# LE ROBERT
## DE POCHE

# LE ROBERT
## DE POCHE

direction de l'ouvrage
**Danièle Morvan**

LANGUE FRANÇAISE
Danièle Morvan, Françoise Gérardin

NOMS PROPRES
*première édition* (1995)
Carl Aderhold

*nouvelle édition*
Alain Rey, Danièle Morvan, Gilles Firmin

La phonétique a été préparée par Aliette Lucot
Les québécismes ont été choisis et rédigés par Bruno de Bessé

mises à jour
Laurence Laporte (2001 à 2013), Bérengère Baucher (depuis 2013),
Sophie Chantreau, Édouard Trouillez (langue),
Nadine Noyelle, Dominique Vernier-Lopin (noms propres)

correction
Annick Valade (2006 à 2010), Élisabeth Huault,
Joëlle Guyon-Vernier, Nathalie Kristy, Anne-Marie Lentaigne,
Brigitte Orcel, Laure-Anne Voisin, Muriel Zarka-Richard

maquette
Gonzague Raynaud

informatique éditoriale
Karol Goskrzynski, Monique Hébrard, Sébastien Pettoello,
Claude Sellin

documentation
Laurent Catach, Émilie Barao, Annick Dehais, Valérie Hue,
Laurent Nicolas

Cet ouvrage est un ouvrage collectif, publié par la société Dictionnaires
Le Robert, représentée par Estelle Dubernard, directrice générale.

# PRÉFACE

par
Alain Rey

Entre le dictionnaire, guide culturel, juge de paix du langage, livre des livres, et le « poche », objet social commode, économique, populaire, existe une relation paradoxale. Comment faire tenir dans ce petit format les références souhaitables ? Comment conserver le ton, les qualités d'analyse, le programme méthodique des « Robert », à l'intérieur d'un laconisme exigé ?

Évaluation faite, il m'apparaît que Danièle Morvan, à qui l'on doit déjà le *Robert pour tous*, a trouvé la réponse à ces défis.

La nomenclature du *Robert de poche* est étonnamment riche : plus de 40 000 formes, en entrées pour la plupart, en dérivés pour certaines, ce qui incite le lecteur à percevoir la morphologie. Cette nomenclature est moderne, parfois très actuelle, mais elle n'abandonne pas ce que l'enseignement incite à conserver de l'usage classique : lecture oblige ! Pour les mots fréquents et essentiels, l'analyse des significations est ici presque aussi subtile que dans de beaucoup plus gros recueils. Les définitions — au moins celles des concepts importants — sont précises, parfois améliorées par rapport aux ouvrages de base. Les locutions, les manières de dire qui font la couleur et le pittoresque du langage, sont plus abondantes que dans les ouvrages équivalents. En outre, ce « poche » est le seul à renvoyer le lecteur d'un mot qu'il connaît, puisqu'il le consulte, à un mot qu'il ignore (synonyme, terme analogue) ou à un mot qu'il peut confondre avec un autre. Les prononciations difficiles sont mentionnées ; les difficultés orthographiques et grammaticales aussi. Toutes ces informations visent un seul objectif : satisfaire des besoins primordiaux, ceux de l'élève, ceux du lecteur désireux de comprendre exactement, ceux de l'apprenant en français à la poursuite de la difficile maîtrise de cette langue, ceux des francophones et des non francophones qui souhaitent se familiariser avec un bon usage qu'ils n'ont pas toujours l'occasion de côtoyer.

Apprentissage, enrichissement, amour de la langue sont les maîtres mots, les grands mots de ce petit livre. C'est au service de ces objectifs qu'une habile technique de mise en texte a été élaborée et employée par les principales responsables de ce dictionnaire de langue condensé. Chaque mot a été pesé, chaque élément hiérarchisé, chaque espace évalué pour aboutir à une « essence », comme dirait un parfumeur — et peut-être un philosophe.

Mais pour dégager la « substantifique moelle », la gestion des ressources typographiques et la chasse aux espaces inutilisés ne suffisent pas. La maîtrise des moyens techniques qu'apporte l'informatique est au service de méthodes, de choix, d'options de nature strictement lexicographique. Et c'est en spécialiste de cette technique délicate, où le savoir est toujours nécessaire et insuffisant, où le goût et une certaine inspiration ne sont jamais inutiles, que je juge ce dictionnaire : il me paraît mériter les poches et les sacs les plus exigeants.

D'autant qu'on y trouvera aussi des annexes sur les deux points les plus ardus de la grammaire française : les conjugaisons et l'accord des participes.

Entre le dictionnaire de langue et le dictionnaire de noms propres, cette nouvelle édition propose une abondante liste de noms propres de lieux, avec l'adjectif et nom qui leur correspond (le gentilé).

La partie « noms propres » a fait l'objet d'un soin particulier. À l'aide-mémoire touffu, bourré de dates et de repères, de la première version, s'est substitué, nous l'espérons, un vrai dictionnaire.

En effet, non seulement ce nouveau texte porte le nombre de noms traités à 9 000, mais il précise, pour les principaux, quelles sont la nature et l'importance du lieu, ou bien celles de l'œuvre, de l'activité du personnage cité.

Au-delà du simple repérage quantitatif, les brefs articles consacrés aux grands noms de la culture, de l'histoire et de la géographie, soulignent les principaux caractères des personnes et des lieux mentionnés, justifiant ainsi la sélection. Cependant, pour obtenir à la fois l'amélioration des contenus culturels et la plus grande économie d'espace, nous avons dû procéder à des choix. Ainsi les noms de pays et de villes généralement bien connus donnent surtout lieu à des repérages et au rappel simplifié d'événements historiques majeurs, alors que les noms d'écrivains, d'artistes, de musiciens donnent lieu aux développements qui nous ont paru nécessaires pour construire une référence culturelle.

Ainsi, en fournissant aux mots de la langue un complément, on veut permettre au lecteur de hiérarchiser et de mémoriser l'essentiel des moyens d'expression en langue française, de manière à s'exprimer et à communiquer avec justesse et précision.

Cette édition, mise à jour et millésimée, enrichie mais à peine épaissie, du petit dernier des «Robert», élève le «poche» aux ambitions des grands dictionnaires les plus sérieux, vers l'exigence difficile d'une culture véritablement démocratique.

# Tableau des signes conventionnels et abréviations

Ce tableau présente les abréviations utilisées dans le dictionnaire, ainsi que certains des signes conventionnels et symboles. Les termes qui ne sont pas abrégés dans le dictionnaire n'ont pas été repris dans cette liste.

### Les informations sur l'usage

Dans le dictionnaire, le marquage d'un mot par un terme en caractères étroits (par exemple fam. « familier ») indique que le mot n'appartient pas à l'usage courant, mais à un usage socialement marqué ; en particulier, les noms de domaines (biol. par exemple) indiquent que le terme dont ils précèdent la définition appartient au vocabulaire des spécialistes de ce domaine. L'absence de tout marquage de cette nature indique que l'emploi du mot est normal dans la langue courante.

### Les informations sur la langue

Les informations sur la langue (métalangue) sont présentées par deux types de caractères :
1) un caractère « bâton » pour les informations grammaticales au sens large et les catégories grammaticales ;
2) un caractère plus étroit pour les autres informations sur la langue (remarques, explicitation des sens, attitudes de discours...).

| | |
|---|---|
| **I, II...** | numéros généraux correspondant à un regroupement de sens apparentés ou de formes semblables |
| **1, 2...** | numéros correspondant à un sens, et éventuellement à un emploi ou un type d'emploi (parfois regroupés sous **I, II..** ) |
| ◆ | signe de subdivision qui introduit les nuances de sens ou d'emploi à l'intérieur d'un sens, notamment un sens numéroté |
| ◆ | signe de subdivision qui introduit les nuances déterminées par le contexte, les emplois ou expressions à l'intérieur d'un même sens ou d'une même valeur |
| ■ | signe de séparation qui suit, dans certains cas, la rubrique consacrée à l'entrée et l'isole du développement de l'article |
| – | signe de séparation qui isole les informations dont la mention ne s'inscrit pas dans l'analyse des sens du mot (remarques, présentation d'abréviations, etc.) |
| ▶ | signe de séparation qui introduit les sous-articles d'un article (forme pronominale d'un verbe transitif, participe passé à valeur d'adjectif...) ; cette subdivision est indépendante des divisions décrites avant elle, et peut elle-même être analysée en **I, II..** , etc. |
| ▷ | signe de séparation qui introduit les sous-entrées d'un article (mots de la même famille, notamment des dérivés) |
| ① | avant une entrée, signale qu'il s'agit d'une forme homographe d'une autre (ex. ① **boucher** et ② **boucher**) |
| 1 | pour les verbes, donne le numéro de conjugaison, qui renvoie aux tableaux placés en annexe |
| [ ] | après une entrée, contient la transcription phonétique d'un mot, quand il ne se prononce pas selon les règles générales de la correspondance entre l'écriture et la prononciation (voir tableau en annexe) |
| * | placé avant un mot (notamment un mot commençant par un h), signale que ce mot se prononce sans liaison et sans élision |

* placé après un mot, signale qu'on trouvera une information à l'article consacré à ce mot

⇒ suivi d'un mot en gras, présente un mot qui a un grand rapport de sens : 1) avec le mot traité ; 2) avec l'exemple ou l'expression qui précède

→ présente un mot de sens comparable, une expression, une locution de même sens, etc.

≠ présente un mot dont l'orthographe, la prononciation ou le sens peuvent prêter à confusion avec le mot qui fait l'objet de l'article

+ présente les constructions (ex. + subj., + adj.)

abrév. abréviation
absolt absolument (en construction absolue : sans le complément attendu)
abusivt abusivement (emploi très critiquable, parfois faux sens ou solécisme)
Acad. Académie
acoust. acoustique
adj. adjectif
adjectivt adjectivement
admin. administratif
adv. adverbe ; adverbial
aéron. aéronautique
agric. agriculture
alchim. alchimie
alg. algèbre
allus. allusion
alphab. alphabétique
alpin. alpinisme
amér. américain (variété d'anglais parlé et écrit en Amérique du Nord, notamment aux États-Unis)
anat. anatomie
anc. ancien
anciennt anciennement (présente un mot ou un sens vivant qui désigne une chose du passé disparue)
angl. anglais
anglic. anglicisme
anthropol. anthropologie
Antiq. Antiquité
apic. apiculture
appos. apposition ; apposé
arbor. arboriculture
archéol. archéologie
archit. architecture
arithm. arithmétique
art. article
astrol. astrologie

astron. astronomie
autom. automobilisme
aviat. aviation
biochim. biochimie
biol. biologie
bot. botanique
c.-à-d. c'est-à-dire
cathol. catholique
cf. confer (« comparez »)
chap. chapitre
chim. chimie
chir. chirurgie
chorégr. chorégraphie
chrét. chrétien
cin. cinéma
cit. citation
class. classique
comm. commerce
compar. comparatif ; comparaison
compl. complément
comptab. comptabilité
cond. conditionnel
confis. confiserie
conj. conjonction ; conjonctif
conjug. conjugaison
contr. contraire
coord. coordination
cour. courant
cout. couture
cuis. cuisine
déf. défini
dém. démonstratif
démogr. démographie
dial. dialecte ; dialectal
dict. dictionnaire
didact. didactique
dimin. diminutif
dir. direct (dans tr. dir. « transitif direct »)
dr. droit
ecclés. ecclésiastique
écol. écologie
écon. économie
électr. électricité
électron. électronique
ellipt elliptiquement
embryol. embryologie
empr. emprunt
entomol. entomologie
équit. équitation
escr. escrime
ethnogr. ethnographie
ethnol. ethnologie
éthol. éthologie
étym. étymologie ; étymologique
ex. exemple
exagér. exagération
exclam. exclamation ; exclamatif
expr. expression
ext. extension (par ext. : présente une acception ou une valeur plus large, plus étendue que celle qui vient d'être traitée ; s'oppose à spécialt)

| | |
|---|---|
| f. | féminin |
| fam. | familier |
| fém. | féminin |
| fig. | figure ; figuré |
| fin. | finance |
| forest. | foresterie |
| franç. | français |
| généralt | généralement |
| géogr. | géographie |
| géol. | géologie |
| géom. | géométrie |
| germ. | germanique |
| gramm. | grammaire ; grammatical |
| hippol. | hippologie |
| hispano-amér. | hispano-américain (espagnol d'Amérique latine) |
| hist. | histoire |
| histol. | histologie |
| hom. | homonyme |
| horlog. | horlogerie |
| hortic. | horticulture |
| hydrogr. | hydrographie |
| imp. | imparfait |
| impér. | impératif |
| impers. | impersonnel |
| imprim. | imprimerie |
| improprt | improprement |
| ind. | indirect (dans tr. ind. « transitif indirect ») |
| indéf. | indéfini |
| indic. | indicatif |
| indir. | indirect |
| inf. | infinitif |
| infl. | influence |
| inform. | informatique |
| interj. | interjection ; interjectif |
| interrog. | interrogation ; interrogatif |
| intr. | intransitif |
| intrans. | intransitif ; intransitivement |
| invar. | invariable |
| iron. | ironique ; ironiquement |
| irrég. | irrégulier |
| ital. | italien |
| journal. | journalisme |
| jurid. | juridique |
| lang. | langage |
| ling. | linguistique |
| littér. | littéraire |
| littéralt | littéralement (« mot pour mot ») |
| loc. | locution |
| loc. adj. | locution adjective |
| loc. adv. | locution adverbiale |
| loc. conj. | locution conjonctive |
| loc. prép. | locution prépositive |
| loc. verb. | locution verbale |
| log. | logique |
| m. | masculin |
| maçonn. | maçonnerie |
| maj. | majuscule |
| mar. | marine |
| masc. | masculin |
| math. | mathématique |
| mécan. | mécanique |
| méd. | médecine ; médical |
| menuis. | menuiserie |
| météorol. | météorologie |
| milit. | militaire |
| minér. | minéralogie |
| mod. | moderne |
| mus. | musique |
| mythol. | mythologie ; mythologique |
| n. | nom |
| n. f. | nom féminin |
| n. m. | nom masculin |
| nat. | naturel (dans sc. nat. « sciences naturelles ») |
| néerl. | néerlandais |
| n. pr. | nom propre |
| océanogr. | océanographie |
| œnol. | œnologie |
| off. | officiel (dans recomm. off. « recommandation officielle ») |
| onomat. | onomatopée ; onomatopéique |
| oppos. | opposition |
| opt. | optique |
| orig. | origine (d'un mot) |
| orth. | orthographe ; orthographique |
| p. | page |
| p. | participe (dans p. p. « participe passé » ; p. prés. « participe présent ») |
| p. | passé (dans p. p. « participe passé ») |
| p.-ê. | peut-être |
| paléont. | paléontologie |
| pathol. | pathologie |
| peint. | peinture |
| péj. | péjoratif |
| pers. | personne ; personnel |
| pharm. | pharmacie |
| philos. | philosophie |
| phonét. | phonétique |
| photogr. | photographie |
| phys. | physique |
| physiol. | physiologie |
| pl. | pluriel |
| plais. | plaisanterie ; plaisant |
| plur. | pluriel |
| poét. | poétique |
| polit. | politique |
| pop. | populaire |
| poss. | possessif |
| pr. | propre (dans n. pr. « nom propre ») |
| préhist. | préhistoire |
| prép. | préposition ; prépositif |
| prés. | présent (temps de l'indicatif, du subjonctif... ; et dans p. prés. « participe présent ») |
| probablt | probablement |
| pron. | pronom ; pronominal |

| | | | | |
|---|---|---|---|---|

pronom.   pronominal ;
              pronominalement
prononc.  prononciation
proprt      proprement (« au sens
              propre »)
prov.       proverbe ; proverbial
psych.     psychiatrie ; psychologie ;
              psychanalyse
qqch.      quelque chose
qqn         quelqu'un
rad.         radical
récipr.      réciproque
recomm.  recommandation (dans
              recomm. off. « recommandation
              officielle » ; terme conforme
              aux lois et décrets français
              sur la langue)
réfl.         réfléchi
rel.          relatif
relig.        religion ; religieux
rem.         remarque
rhét.        rhétorique
s.            siècle
sc.           science ; sciences ;
              scientifique
sc. nat.    sciences naturelles
scol.        scolaire
sing.        singulier
sociol.      sociologie
spécialt    spécialement (présente une
              acception ou une valeur plus
              étroite, moins étendue que
              celle qui vient d'être traitée ;
              s'oppose à par ext.)

statist.     statistique
subj.        subjonctif
subst.       substantif ; substantivement
suff.         suffixe
superl.      superlatif
sylvic.       sylviculture
symb.       symbole
syn.         synonyme
techn.      technique
télécomm.  télécommunication
télév.        télévision
théol.       théologie
tr.            transitif
trans.        transitif ; transitivement
typogr.      typographie
v.             verbe
v. intr.      verbe intransitif
v. pron.     verbe pronominal
v. tr.        verbe transitif
var.          variante
vén.         vénerie
verb.        verbal
vétér.        vétérinaire
vitic.         viticulture
vulg.         vulgaire
vx            vieux (mot, sens ou emploi
              de l'ancienne langue, peu
              compréhensible de nos
              jours)
zool.        zoologie

Dans la partie « noms propres », les abréviations supplémentaires utilisées sont :

anc.     ancien, anciennement
apr.      après
arrond.  arrondissement
auj.      aujourd'hui

env.      environ
J.-C.     Jésus-Christ
s.         siècle
v.         vers

# LANGUE FRANÇAISE

**a** [a] n. m. ▪ Première lettre, première voyelle de l'alphabet. ◆ loc. *De A à Z,* du commencement à la fin. *Prouver qqch. par a + b,* de façon certaine, indiscutable.

① **a-** Élément (du latin *ad* « vers, à ») qui marque la direction, le but, ou le passage d'un état à un autre (ex. *amener, alunir, adoucir*).

② **a-, an-** Élément (du grec *a-* ou *an-*) qui exprime la négation (« pas »), ou la privation (« sans ») (ex. *anormal, apolitique*).

**à** prép. ▪ REM. contraction de *à le* en *au,* de *à les* en *aux* **I** introduisant un objet (complément) indirect *Nuire à qqn. Le recours à la force. Fidèle à sa parole.* ◆ *À CE QUE* (+ subj.). *Je tiens à ce qu'il vienne.* **II** rapports de direction **1** Lieu de destination. *Aller à Lyon.* ◆ *DE... à... Du Nord au Sud.* **2** (*De... à...)* Progression dans une série. *Du premier au dernier.* ◆ (temps) *J'irai de 4 à 6 (heures).* ◆ (approximation) *Un groupe de quatre à dix personnes.* **3** Jusqu'à (un extrême). *Courir à perdre haleine.* → **pour. 4** Destination, but. → **pour.** *Un verre à bière.* **5** Attribution. *Salut à tous ! III* rapports de position **1** Position dans un lieu. *Un séjour à la mer.* **2** Activité, situation. *Se mettre au travail.* **3** Position dans le temps. *Le train part à midi.* **4** Appartenance. *Ceci est à moi.* ◆ *C'est à moi de l'aider,* il m'appartient de l'aider. **IV** manière d'être ou d'agir **1** Moyen, instrument. *Aller à pied.* **2** Manière. *Acheter à crédit.* **3** Prix. *Je vous le vends à dix francs.* → **pour. 4** Accompagnement. → **avec.** *Un pain aux raisins.* **5** (avec des nombres) *Ils sont venus à dix.* ◆ *Deux à deux,* deux à la fois. → **par.**

**abaisser** v. tr. 🔟 ▪ **1** Faire descendre à un niveau plus bas. → **baisser. 2** Diminuer la quantité de, faire baisser. *Abaisser un taux.* **3** Humilier (qqn). → **rabaisser.** ► s'**abaisser** v. pron. ▷ n. m. **abaissement**

**abandon** n. m. ▪ **1** Action d'abandonner, de renoncer à (qqch.) ou de laisser (qqch., qqn). *L'abandon d'un projet.* ◆ *À L'ABANDON* : laissé sans soin. → spécialt (en sport) Action d'abandonner (4). **2** Fait de se laisser aller, de se détendre. *Une pose pleine d'abandon.* ◆ *S'épancher avec abandon.* → **confiance.**

**abandonner** v. tr. 🔟 ▪ **1** Renoncer à, ne plus vouloir de (qqch.). **2** Quitter, laisser définitivement (qqn envers qui on est lié). **3** Quitter définitivement (un lieu). **4** Renoncer à (une action difficile). ◆ sans compl. *Athlète qui abandonne* (en cours d'épreuve). **5** Cesser d'utiliser. *Abandonner une hypothèse.* ► s'**abandonner** v. pron. **1** Se laisser aller (à un sentiment...). *S'abandonner au désespoir.* **2** Se laisser aller, se détendre. ◆ au p. p. *Une pose abandonnée.* **3** Se livrer avec confiance.

**abaque** n. m. ▪ **1** Boulier. **2** math. Graphique donnant la solution d'un calcul.

**abasourdir** v. tr. ② ▪ **1** Assourdir, étourdir par un grand bruit. **2** Étourdir de surprise. → **sidérer, stupéfier.** ► **abasourdi, ie** p. p. ▷ adj. **abasourdissant, ante**

**abâtardir** v. tr. ② ▪ littér. Faire perdre ses qualités à (qqn, qqch., une œuvre). → **avilir, dégrader.** ▷ n. m. **abâtardissement**

**abat-jour** n. m. invar. ▪ Réflecteur qui rabat la lumière d'une lampe.

**abats** n. m. pl. ▪ Parties comestibles d'animaux, autres que leur chair (cœur, foie...).

**abattage** n. m. ▪ **I** Action d'abattre. **II** loc. *AVOIR DE L'ABATTAGE,* du brio, de l'entrain.

**abattement** n. m. ▪ **I** Diminution d'une somme à payer. **II 1** Grande diminution des forces physiques. **2** Dépression morale.

**abattis** n. m. pl. ▪ **1** Abats de volaille. **2** fam. Les bras et les jambes (de qqn). loc. *Tu peux numéroter tes abattis !* (menace).

**abattoir** n. m. ▪ Lieu où l'on abat les animaux de boucherie.

**abattre** v. tr. 🔢 ▪ **I** Faire tomber. **1** Faire tomber, jeter à bas. *Abattre un arbre, un mur.* **2** Faire tomber (un être vivant) en donnant un coup mortel. → **tuer.** ◆ *Abattre qqn,* l'assassiner avec une arme à feu. ◆ Détruire (un avion) en vol. **3** *ABATTRE SON JEU* : étaler ses cartes ; fig. dévoiler ses intentions. **4** *Abattre de la besogne,* travailler beaucoup et efficacement. **II 1** Rendre (qqn) faible. → **épuiser. 2** Ôter l'énergie, l'espoir à (qqn). *Ne vous laissez pas abattre.* ► s'**abattre** v. pron. **1** Tomber tout d'un coup. **2** Se laisser tomber (sur qqch.). ► **abattu, ue** adj. **1** Très fatigué. **2** Triste et découragé.

**abbatial, ale, aux** adj. ▪ D'une abbaye ; d'un abbé.

**abbaye** [abei] n. f. ▪ Monastère dirigé par un abbé ou une abbesse. ◆ Bâtiment de cette communauté.

**abbé** n. m. ▪ **1** Supérieur d'un monastère d'hommes. **2** Titre donné à un prêtre séculier.

**abbesse** n. f. ▪ Supérieure d'une communauté monastique de religieuses.

**abc** n. m. invar. ▪ **1** Petit livre pour apprendre l'alphabet. → **abécédaire. 2** Rudiments (d'un art...). *C'est l'abc du métier.*

**abcès** n. m. ▪ **1** Amas de pus dans une cavité du corps. ◆ *Abcès de fixation,* créé pour localiser une infection ; fig. phénomène qui limite l'extension d'un principe néfaste. **2** fig. *Crever, vider l'abcès,* extirper un mal.

**abdiquer** v. tr. ⓘ ▪ **1** littér. Renoncer à (une chose). **2** sans compl. Renoncer au pouvoir suprême. *Le roi abdiqua en faveur de son fils.* **3** sans compl. Renoncer à agir, se déclarer vaincu. ▷ n. f. **abdication**

**abdomen** [-ɛn] n. m. ▪ Cavité qui renferme les organes de la digestion, les viscères, à la partie inférieure du tronc. → **ventre.** ▷ adj. **abdominal, ale, aux**

**abduction** n. f. ▪ didact. Mouvement qui écarte de l'axe du corps (opposé à *adduction*).

**abécédaire** n. m. ▪ Livre pour apprendre l'alphabet. → **abc, alphabet.**

**abeille** n. f. ▪ Insecte (hyménoptère) vivant en colonie et produisant la cire et le miel (→ **apiculture ; ruche).**

**aber** [abɛʀ] n. m. ▪ (en Bretagne) Vallée envahie par la mer. → **ria.**

**aberrant, ante** adj. ▪ **1** didact. Qui s'écarte du type normal. **2** Qui s'écarte de la règle, est contraire à la raison. → **absurde.**

**aberration** n. f. ▪ **1** didact. Écart par rapport à un type. **2** Déviation du jugement, du bon sens. → **égarement.** ✦ Idée, conduite aberrante.

**abêtir** v. tr. ② ▪ Rendre bête, stupide. ▶ **s'abêtir** v. pron. ▪ **abêti, ie** p. p.

**abêtissement** n. m. ▪ **1** Action d'abêtir. **2** État d'une personne abêtie.

**abhorrer** v. tr. ⓘ ▪ littér. Avoir en horreur (qqn, qqch.). → **abominer, exécrer, haïr.**

**abîme** n. m. ▪ I **1** Gouffre très profond. **2** fig. Grande séparation, grande différence (entre). **3** Situation désespérée. *Être au bord de l'abîme.* II loc. *EN ABÎME.* → **abyme.**

**abîmer** v. tr. ⓘ ▪ **1** vx Précipiter dans un abîme. **2** Mettre (qqch.) en mauvais état. **3** fam. Meurtrir (qqn) par des coups. ▶ **s'abîmer** v. pron. **1** Se plonger (dans). *S'abîmer dans sa rêverie.* **2** Se détériorer.

**abiotique** adj. ▪ biol. Qui est indépendant des organismes vivants (opposé à *biotique*).

**abject, ecte** adj. ▪ Qui mérite le mépris, inspire un dégoût moral. → **ignoble, vil.**

**abjection** n. f. ▪ Caractère de ce qui est abject, ignoble ; comportement, acte abject.

**abjurer** v. intr. ⓘ ▪ Renoncer à sa religion. ▷ n. f. **abjuration**

**ablatif** n. m. ▪ Cas de la déclinaison latine, indiquant qu'un substantif sert de point de départ ou d'instrument à l'action.

**ablation** n. f. ▪ chir. Action d'enlever (→ **-ectomie).** *Ablation d'un rein.*

**-able** élément (du latin *-abilis*) qui signifie « qui peut être », ou parfois « enclin à ».

**ablette** n. f. ▪ Petit poisson d'eau douce à écailles claires, qui vit en troupes.

**ablutions** n. f. pl. ▪ **1** Lavage du corps (purification religieuse). **2** Fait de se laver.

**abnégation** n. f. ▪ Sacrifice de soi-même, de son intérêt. → **dévouement.**

**aboiement** n. m. ▪ Cri du chien et de quelques animaux ; action d'aboyer.

**aux abois** loc. adj. ▪ Se dit d'une bête chassée entourée par les chiens. ✦ fig. *Être aux abois,* dans une situation désespérée.

**abolir** v. tr. ② ▪ **1** Annuler, supprimer (ce qui a un effet juridique). *Abolir une loi.* → **abroger.** **2** Faire disparaître, faire cesser.

**abolition** n. f. ▪ Fait d'abolir (qqch.) ; son résultat. → **suppression.** *L'abolition de la peine de mort.*

**abolitionnisme** n. m. ▪ Doctrine des partisans de l'abolition de qqch.

**abominable** adj. ▪ **1** Qui inspire l'horreur. *Un crime abominable.* **2** Très mauvais. *Un temps abominable.* ▷ adv. **abominablement**

**abomination** n. f. ▪ **1** littér. Horreur ressentie. ✦ loc. *Avoir qqn, qqch. en abomination.* **2** Acte, chose abominable.

**abominer** v. tr. ⓘ ▪ littér. Détester, haïr.

**abondamment** adv. ▪ En grande quantité.

**abondance** n. f. ▪ **1** Grande quantité (supérieure aux besoins). → **profusion.** ✦ *EN ABONDANCE* loc. adv. : abondamment. **2** Ressources supérieures aux besoins. *Vivre dans l'abondance.* ✦ loc. *CORNE D'ABONDANCE,* d'où s'échappent des fruits, des fleurs (emblème de l'abondance). **3** loc. *Parler d'abondance,* avec aisance.

**abondant, ante** adj. ▪ Qui abonde.

**abonder** v. intr. ⓘ ▪ **1** Être en grande quantité. **2** *ABONDER EN* : être plein de, riche en. **3** loc. *Abonder dans le sens de qqn,* être tout à fait de son avis.

**abonnement** n. m. ▪ Contrat par lequel on acquiert le bénéfice d'un service régulier.

**abonner** v. tr. ⓘ ▪ Prendre un abonnement pour (qqn). ▶ **s'abonner** v. pron. *S'abonner à une revue.* ▶ **abonné, ée** p. p. **1** Qui a pris un abonnement. ✦ n. *Liste des abonnés.* **2** fam. *ÊTRE ABONNÉ À* : être coutumier de.

**abord** n. m. ▪ I au plur. *Les abords d'un lieu :* ce qui l'entoure. → **alentours.** II **1** Action d'aborder qqn. *Être d'un abord facile.* ✦ *AU PREMIER ABORD, DE PRIME ABORD* loc. adv. : dès la première rencontre ; tout de suite. **2** *D'ABORD* loc. adv. : en premier lieu ; au préalable. → d'**emblée.** ✦ *Tout d'abord :* avant toute chose. ✦ Avant tout, essentiellement. ✦ fam. *J'irai pas, d'abord !*

**abordable** adj. ▪ **1** D'un prix raisonnable. **2** (personnes) Que l'on peut aborder (II, 3).

**abordage** n. m. ▪ **1** Manœuvre consistant à s'amarrer bord à bord avec un navire. **2** Collision de deux navires.

**aborder** v. ⓘ ▪ I v. intr. Arriver au rivage. II v. tr. **1** Accoster ou heurter (un navire). → **abordage. 2** Arriver à (un lieu inconnu, dangereux...). *Aborder un virage.* **3** Aller près de (qqn qu'on ne connaît pas ou peu) pour lui adresser la parole. → **accoster. 4** fig. En venir à (un sujet....). → **entamer.**

**aborigène** n. ▪ Autochtone dont les ancêtres sont à l'origine du peuplement.

**abortif, ive** adj. ▪ Qui fait avorter.

**aboucher** v. tr. ⓘ ▪ **1** vieilli Mettre en rapport (des personnes). ✦ pronom. *S'aboucher avec qqn.* **2** Faire communiquer (deux conduits). ▷ n. m. **abouchement**

**abouler** v. tr. ⓘ ▪ argot Donner.

**aboulie** n. f. ▪ méd. Diminution pathologique de la volonté. ▷ adj. et n. **aboulique**

**aboutir** v. ② ▪ I v. tr. ind. **1** Arriver par un bout ; se terminer (dans). *Le couloir aboutit dans, à une chambre.* **2** fig. ABOUTIR À... : conduire à..., en s'achevant dans. *Ce projet n'aboutira à rien.* II v. intr. Avoir finalement un résultat. → **réussir.** ► **abouti, ie** adj. *Un travail abouti,* bien mené à terme.

**aboutissants** n. m. pl. ▪ *Les tenants et les aboutissants (d'une affaire),* tout ce qui s'y rapporte (ses causes, ses prolongements...).

**aboutissement** n. m. ▪ **1** Fait d'aboutir (II). **2** Résultat à quoi qqch. aboutit.

**aboyer** v. intr. ⑧ ▪ **1** Pousser un aboiement. **2** fig. (sujet personne) Crier (contre qqn).

**abracadabrant, ante** adj. ▪ Extraordinaire et incohérent.

**abrasif, ive** ▪ **1** n. m. Matière qui use, polit (une surface dure). **2** adj. *Poudre abrasive.*

**abrasion** n. f. ▪ Action d'user par frottement (*abraser* v. tr. ①).

**abréaction** n. f. ▪ psych. Brusque libération émotionnelle.

**abrégé** n. m. ▪ Discours, écrit réduit à l'essentiel. → EN ABRÉGÉ loc. adv. : en résumé, en passant sur les détails.

**abréger** v. tr. ③ et ⑥ ▪ **1** Diminuer la durée de. *Abréger une visite.* → **écourter. 2** Diminuer la matière de (un écrit...). *Abréger un texte.* **3** *Abréger un mot,* supprimer une partie des lettres (→ **abréviation).** ▷ **abrégement** n. m. – var. ABRÈGEMENT.

**abreuver** v. tr. ① ▪ **1** Faire boire abondamment (un animal). **2** fig., poét. Arroser, inonder. **3** Donner beaucoup (de qqch.) à (qqn). *Abreuver qqn de compliments.* ► s'**abreuver** v. pron. Boire abondamment.

**abreuvoir** n. m. ▪ Lieu, récipient aménagé pour faire boire les animaux.

**abréviation** n. f. ▪ **1** Action d'abréger un mot. **2** Mot abrégé.

**abri** n. m. ▪ **1** Endroit où l'on est protégé (du mauvais temps, du danger). *Chercher un abri sous un arbre.* **2** Construction rudimentaire destinée à protéger. **3** À L'ABRI (DE) loc. adv. et prép. : à couvert (de), hors d'atteinte (de). ◆ fig. *Être à l'abri du besoin.*

**abribus** [-bys] n. m. (nom déposé) ▪ Arrêt d'autobus équipé d'un abri. → **aubette.**

**abricot** n. m. ▪ Fruit comestible à noyau, à chair et peau jaune orangé.

**abricotier** n. m. ▪ Arbre qui produit l'abricot.

**abrier** v. tr. ⑦ ▪ franç. du Canada, fam. Couvrir, protéger.

**abrité, ée** adj. ▪ À l'abri des intempéries.

**abriter** v. tr. ① ▪ **1** (sujet personne) Mettre à l'abri. **2** (sujet chose) Protéger. **3** (lieu) Recevoir (des occupants). → **héberger.** ► s'**abriter** v. pron. **1** Se mettre à l'abri (des intempéries, du danger). **2** fig. *S'abriter derrière qqn,* lui faire assumer la responsabilité de qqch.

**abroger** v. tr. ③ ▪ Déclarer nul (ce qui avait été établi, institué). → **abolir, annuler.** *Abroger une loi.* ▷ n. f. **abrogation**

**abrupt, upte** adj. ▪ **1** Dont la pente est quasi verticale. *Un sentier abrupt.* **2** fig. (personnes) Brusque, direct. ▷ adv. **abruptement**

**abruti, ie** adj. ▪ **1** *Abruti de, par...,* hébété. **2** fam. Sans intelligence. → n. *Espèce d'abruti !*

**abrutir** v. tr. ② ▪ **1** littér. Dégrader l'esprit, la raison de (qqn). ◆ Rendre stupide. → **hébéter. 2** Fatiguer l'esprit de (qqn). → pronom. *S'abrutir de travail.*

**abrutissant, ante** adj. ▪ Qui abrutit (2).

**abrutissement** n. m. ▪ Action d'abrutir.

**A. B. S.** ou **ABS** n. m. (sigle) ▪ techn. Système qui empêche le blocage des roues d'un véhicule lors du freinage.

**abscisse** n. f. ▪ math. Coordonnée horizontale qui sert (avec l'ordonnée) à définir la position d'un point dans un plan.

**abscons, onse** adj. ▪ didact. Difficile à comprendre. → **obscur.**

**absence** n. f. ▪ I contr. *présence* **1** Fait de n'être pas dans un lieu où l'on pourrait ou devrait être. ◆ L'absence des personnes qu'on aime. « *L'absence est le plus grand des maux* » (La Fontaine). **2** Fait de manquer, de ne pas se trouver là où l'on devrait (→ **absentéisme). 3** (sujet chose) Fait de ne pas être là. **4** EN L'ABSENCE DE, lorsque (qqn) est absent ; à défaut de (qqn qui est absent). II Fait de ne plus se rappeler qqch. (→ trou de mémoire). *Avoir une absence.*

**absent, ente** adj. ▪ I **1** ABSENT DE, qui n'est pas dans (le lieu où il, elle pourrait, devrait être). **2** Qui n'est pas là où l'on s'attendait à le, la trouver. → n. (prov.) *Les absents ont toujours tort.* **3** (choses) *Être absent :* faire défaut, manquer. II fig. Qui n'a pas l'esprit à ce qu'il devrait faire. → **distrait.**

**absentéisme** n. m. ▪ Comportement d'une personne (*absentéiste*) qui est souvent absente alors qu'elle devrait être présente.

**s'absenter** v. pron. ① ▪ S'éloigner momentanément (d'un lieu).

**abside** n. f. ▪ Extrémité en demi-cercle d'une église, derrière le chœur. → **chevet.**

**absinthe** n. f. ▪ **1** Plante aromatique, variété d'armoise. **2** Liqueur alcoolique toxique tirée de cette plante.

**absolu, ue** ▪ I adj. **1** Qui ne comporte ni restriction ni réserve. → **intégral, total.** *Confiance absolue. Monarchie absolue.* **2** (personnes) Qui ne supporte ni la critique ni la contradiction. → **entier. 3** (opposé à *relatif*) *Majorité\* absolue.* **4** gramm. Sans complément. *Verbe en emploi absolu.* II n. m. **1** Ce qui existe indépendamment de toute condition ou de tout rapport avec autre chose. **2** DANS L'ABSOLU : sans comparer, sans tenir compte des conditions.

**absolument** adv. ▪ **1** D'une manière absolue. **2** (avec un adj.) Tout à fait. **3** gramm. *Verbe employé absolument* (→ **absolu** (I, 4)).

**absolution** n. f. ▪ Effacement d'une faute par le pardon (→ **absoudre).**

**absolutisme** n. m. ▪ Système de gouvernement où le pouvoir du souverain est absolu. ▷ adj. **absolutiste**

**absorbant, ante** adj. ▪ **1** Qui absorbe les fluides, etc. **2** fig. Qui occupe l'esprit.

**absorber** v. tr. 1 ▪ **1** Laisser pénétrer et retenir (un fluide...) dans sa substance. *Le buvard absorbe l'encre.* **2** (êtres vivants) Boire, manger. **3** fig. Faire disparaître en incorporant. **4** Occuper (qqn) totalement. ➤ pronom. *S'absorber dans son travail.*

**absorption** n. f. ▪ Action d'absorber.

**absoudre** v. tr. 51 ▪ **1** relig. cathol. Remettre les péchés de (qqn). → **absolution.** **2** (hors contexte relig.) Pardonner à (qqn).

**abstème** adj. ▪ Qui ne boit pas d'alcool.

**s'abstenir** v. pron. 22 ▪ **1** *S'abstenir de* (+ inf.), ne pas faire, volontairement. **2** Ne pas agir. ➤ prov. *Dans le doute, abstiens-toi.* ▪ Ne pas voter. → **abstention. 3** Se passer volontairement (de qqch.).

**abstention** n. f. ▪ Fait de ne pas voter.

**abstentionnisme** n. m. ▪ Attitude de qqn qui ne vote pas. ▷ adj. et n. **abstentionniste**

**abstinence** n. f. ▪ **1** Privation de certains aliments ou boissons. **2** Continence sexuelle. → **chasteté.**

**abstraction** n. f. ▪ **1** Fait de considérer à part une qualité, une relation, indépendamment des objets qu'on perçoit ou qu'on imagine. ♦ Qualité ou relation isolée par l'esprit. → **notion.** *La couleur est une abstraction.* **2** Idée abstraite (opposée à la réalité vécue). **3** *FAIRE ABSTRACTION DE*, ne pas tenir compte de (qqch.). **4** Art abstrait (4).

**abstraire** v. tr. 50 ▪ **1** didact. Considérer à part, par abstraction (un caractère, une qualité). **2** *S'ABSTRAIRE* v. pron. S'isoler mentalement du milieu extérieur.

**abstrait, aite** adj. ▪ **1** Considéré par abstraction, à part de ce qu'on perçoit (opposé à *concret*). **2** Qui utilise l'abstraction. **3** Qui est difficile à comprendre, par manque d'exemples concrets. *Un texte trop abstrait.* **4** *ART ABSTRAIT*, qui ne représente pas le monde visible, sensible (réel ou imaginaire) (opposé à *figuratif*). ➤ *Peintre abstrait.* **5** (n. m.) *DANS L'ABSTRAIT* loc. adv. : sans référence à la réalité concrète.

**abstraitement** adv. ▪ **1** D'une manière abstraite. **2** Dans l'abstrait.

**absurde** ▪ I **1** adj. (choses) Contraire à la raison, au bon sens, à la logique. ♦ (personnes) Qui agit, parle sans bon sens. **2** n. m. Ce qui est absurde ; ce qui est faux pour des raisons logiques. *Raisonnement par l'absurde.* **II** philos. adj. Dont l'existence semble gratuite, non justifiée par une fin. ♦ n. m. *Les philosophes de l'absurde.*

**absurdement** adv. ▪ De manière absurde.

**absurdité** n. f. ▪ **1** Caractère absurde. **2** Chose absurde. → **ineptie, sottise.**

**abus** n. m. ▪ **1** Action d'abuser (de qqch.) ; usage excessif. ➤ dr. *ABUS DE CONFIANCE* (délit). ➤ fam. *(Il) y a de l'abus,* de l'exagération. **2** Usage mauvais (établi socialement). → **excès, injustice.**

**abuser** v. 1 ▪ **1** v. tr. ind. *ABUSER DE*, user mal, avec excès. ➤ sans compl. *Il abuse :* il exagère. ♦ *Abuser de qqn,* le tromper. **2** v. tr. littér. Tromper (qqn). ➤ **s'abuser** v. pron. Se tromper. ➤ loc. *Si je ne m'abuse :* sauf erreur.

**abusif, ive** adj. ▪ **1** Qui constitue un abus. ➤ *Emploi abusif d'un mot,* dans un sens qu'il n'a pas. **2** (personnes) Qui abuse de sa situation. ▷ adv. **abusivement**

**abyme** n. m. ▪ loc. didact. *EN ABYME,* se dit d'une œuvre qui en contient une autre (récit dans le récit, etc.). – var. *EN ABÎME.*

**abyssal, ale, aux** adj. ▪ **1** Des abysses. **2** Très profond. → **insondable.**

**abysse** n. m. ▪ **1** Fosse sous-marine très profonde. **2** fig., littér. Gouffre, abîme.

**acabit** n. m. ▪ péj. *De cet acabit ; du même acabit,* de cette nature ; de même nature.

**acacia** n. m. ▪ **1** Arbre à branches épineuses, à fleurs en grappes (syn. *robinier, faux acacia*). **2** bot. Plante de la famille des mimosas.

**académicien, ienne** n. ▪ Membre d'une Académie (spécialt de l'Académie française).

**académie** n. f. ▪ **1** Société de gens de lettres, savants, artistes. *L'Académie des sciences.* ➤ *L'ACADÉMIE* : l'Académie française, fondée en 1635 par Richelieu (partie de l'Institut de France). **2** Circonscription universitaire.

**académique** adj. ▪ **1** D'une Académie (1). **2** en art, etc. Qui suit les règles conventionnelles, avec froideur ou prétention. **3** D'une académie (2). ➤ *Palmes académiques* (distinction honorifique).

**académisme** n. m. ▪ en art, etc. Observation étroite des traditions ; classicisme étroit.

**acadien, ienne** adj. et n. ▪ De l'Acadie. → aussi cajun (Louisiane).

**acajou** n. m. ▪ **1** Arbre tropical à bois rougeâtre, très dur ; ce bois. **2** Couleur brun rougeâtre. ➤ adj. invar. *Cheveux acajou.*

**acanthe** n. f. ▪ Plante à longues feuilles très découpées. ➤ *Feuille d'acanthe* (ornement architectural).

**a cappella** loc. adv. et adj. ▪ *Chanter a cappella,* sans accompagnement instrumental. *Chœur a cappella.*

**acariâtre** adj. ▪ D'un caractère désagréable, difficile. → **grincheux, hargneux.**

**acarien** n. m. ▪ Arachnide souvent parasite et pathogène (ordre des *Acariens*).

**accablant, ante** adj. ▪ Qui accable. → **écrasant.** ➤ *Un témoignage accablant.*

**accablement** n. m. ▪ État d'une personne accablée. → **abattement.**

**accabler** v. tr. 1 ▪ **1** Faire supporter à (qqn) une chose pénible. ➤ passif *Être accablé de, par les soucis.* **2** Faire subir à (qqn), par la parole. *Accabler qqn d'injures.*

**accalmie** n. f. ▪ Calme, après l'agitation.

**accaparer** v. tr. 1 ▪ **1** Prendre, retenir en entier. *Accaparer le pouvoir.* ➤ *Son travail l'accapare.* **2** Retenir (qqn). ▷ n. m. **accaparement**

**accapareur, euse** n. ▪ Personne qui accapare (qqch., qqn).

**accédant, ante** n. ▪ *Accédant à la propriété* : personne qui devient propriétaire (d'un logement).

**accéder** v. tr. ind. ⑥ = *ACCÉDER À* **1** Pouvoir pénétrer dans ; avoir accès à. **2** fig. Parvenir à (un état...). → *Accéder à la propriété* : devenir propriétaire (→ **accédant, accession**). **3** Donner satisfaction à. *Accéder aux vœux, aux désirs de qqn.*

**accélérateur** n. m. ■ **1** Organe qui commande l'admission du mélange gazeux au moteur. *Appuyer sur l'accélérateur* (sur la pédale). **2** phys. Appareil qui communique à des particules chargées (électrons, etc.) des énergies très élevées. → **cyclotron.**

**accélération** n. f. ■ Augmentation de la vitesse.

**accéléré** n. m. ■ au cinéma Procédé qui accélère les mouvements.

**accélérer** v. ⑥ ■ **1** v. tr. Rendre plus rapide, augmenter le rythme de (opposé à *ralentir*). **2** v. intr. Augmenter la vitesse d'une voiture ; augmenter la vitesse du moteur.

**accent** n. m. ■ **1** Élévation ou augmentation d'intensité de la voix sur une syllabe. **2** Signe graphique qui sert (en français) à noter des différences dans la prononciation des voyelles ou à distinguer deux mots. *Accent grave (à, è), aigu (é), circonflexe (â, ê...)*. **3** Inflexions de la voix exprimant un sentiment. *Un accent plaintif.* **4** Ensemble des caractères phonétiques qui s'écartent de la norme (dans une langue). *L'accent du Midi.* **5** *METTRE L'ACCENT SUR* : insister sur.

**accentuer** v. tr. ① ■ **1** Élever ou intensifier la voix sur (un son). **2** Mettre un accent (2) sur (une lettre). **3** Augmenter, intensifier (qqch.). → pronom. Devenir plus net, plus fort. ▷ n. f. **accentuation**

**acceptable** adj. ■ Qui peut convenir.

**acceptation** n. f. ■ Fait d'accepter.

**accepter** v. tr. ① ■ **1** v. tr. **1** Recevoir, prendre volontiers (ce qui est offert, proposé). *Accepter une invitation.* → Consentir à. *Accepter le combat.* **2** Donner son accord à. **3** *Accepter qqn*, l'admettre. → pronom. *S'accepter tel qu'on est.* **4** Se soumettre à ; ne pas refuser. *Accepter une épreuve.* **II 1** v. tr. ind. *ACCEPTER DE* (+ inf.) : bien vouloir. **2** v. tr. *ACCEPTER QUE* (+ subj.) : supporter.

**acception** n. f. ■ Sens particulier (d'un mot). → **signification.** → loc. *Dans toute l'acception du terme* : au sens fort, intégral.

**accès** n. m. ■ **I 1** Possibilité d'aller dans (un lieu). → **accéder ; entrée.** *Accès interdit au public.* → *Donner accès* : permettre d'entrer ; fig. permettre d'obtenir. **2** Voie qui permet d'entrer. **3** Possibilité d'approcher (qqn). **4** Possibilité de connaître, de participer à (qqch.). *L'accès à la culture.* **5** inform. Recherche et obtention des informations. **II 1** Arrivée ou retour d'un phénomène pathologique. *Accès de fièvre.* **2** Émotion vive et passagère. *Accès de colère.*

**accessible** adj. ■ **1** Où l'on peut accéder, entrer. **2** fig. Qui ne présente pas d'obstacle. **3** (personnes) Que l'on peut approcher, rencontrer. **4** Sensible (à qqch.). ▷ n. f. **accessibilité**

**accession** n. f. ■ Fait d'accéder (à un état, une situation). *Accession à la propriété.*

**accessit** [-it] n. m. ■ Distinction accordée à ceux qui, sans obtenir de prix, s'en approchent.

**accessoire** ■ **I** adj. Qui vient avec ou après ce qui est principal, essentiel. → **annexe, secondaire.** → n. m. *Distinguer l'essentiel de l'accessoire.* **II** n. m. **1** Objet nécessaire à une représentation théâtrale, etc. **2** Pièce non indispensable (d'un instrument...). → Élément associé à une toilette (sac, etc.).

**accessoirement** adv. ■ D'une manière accessoire ; en plus d'une raison principale.

**accessoiriste** n. ■ Personne qui dispose des accessoires au théâtre, au cinéma, etc.

**accident** n. m. ■ **1** philos. Ce qui n'est pas essentiel. **2** Fait accessoire. → loc. *PAR ACCIDENT* : par hasard. → **fortuitement.** **3** Événement fâcheux. → **contretemps, ennui ; incident.** **4** Événement imprévu et soudain qui entraîne des dégâts, met en danger. *Accident de la route, accident de la circulation. Accident d'avion.* **5** *Accident de terrain* : inégalité du terrain.

**accidenté, ée** adj. ■ **1** Qui présente des accidents (5). **2** fam. Qui a subi un accident (4). → n. *Les accidentés de la route.*

**accidentel, elle** adj. ■ **1** Qui est dû au hasard. → **fortuit.** **2** *Mort accidentelle*, du fait d'un accident. ▷ adv. **accidentellement**

**acclamation** n. f. ■ Cri collectif d'enthousiasme pour saluer qqn ou qqch.

**acclamer** v. tr. ① ■ Saluer par des acclamations.

**acclimatation** n. f. ■ Action d'acclimater (un animal, une plante...). ♦ *JARDIN D'ACCLIMATATION* : jardin zoologique et botanique où vivent des espèces exotiques.

**acclimatement** n. m. ■ Fait de s'habituer à un milieu différent.

**acclimater** v. tr. ① ■ **1** Habituer (un animal, une plante...) à un milieu différent. **2** Introduire quelque part (une idée, un usage). ► **s'acclimater** v. pron. **1** *Plante qui s'acclimate mal.* **2** (personnes) S'habituer à un nouveau pays, à de nouvelles habitudes.

**accointances** n. f. pl. ■ *Avoir des accointances* (dans un milieu), y avoir des relations.

**accolade** n. f. ■ **1** Fait de mettre les bras autour du cou. **2** Signe graphique à double courbure (‖), qui sert à réunir des lignes.

**accoler** v. tr. ① ■ Réunir, rendre contigu. → au p. p. *Maisons accolées.*

**accommodant, ante** adj. ■ Qui s'accommode facilement des personnes, des circonstances. → **arrangeant, conciliant, sociable.**

**accommodation** n. f. ■ **1** Fait d'accommoder ou de s'accommoder (1). → **adaptation.** **2** physiol. Mise au point faite par l'œil, dans la fonction visuelle.

**accommodement** n. m. ■ Accord ou compromis à l'amiable.

**accommoder** v. tr. ⚀ ■ **1** Disposer ou modifier de manière à faire convenir (à). → **adapter.** **2** Préparer (des aliments). *L'art d'accommoder les restes.* **3** intrans. physiol. Effectuer l'accommodation (2). ► **s'accommoder** v. pron. **1** *S'ACCOMMODER À :* s'adapter à. **2** *S'ACCOMMODER DE :* accepter comme pouvant convenir.

**accompagnateur, trice** n. ■ **1** mus. Personne qui accompagne la partie principale. **2** Personne qui accompagne et guide un groupe. → **guide.**

**accompagnement** n. m. ■ **1** Ce qui est servi avec une viande, un poisson. **2** Action de jouer une partie musicale de soutien à la partie principale ; cette partie.

**accompagner** v. tr. ⚀ ■ **1** Se joindre à (qqn) pour aller où il va en même temps que lui. ♦ *Accompagner un mourant,* le soutenir. **2** (sujet chose) S'ajouter à, aller avec. **3** Exécuter l'accompagnement (2) de. ► **s'accompagner** (de) v. pron. (sujet chose) Être suivi (de), avoir pour conséquence.

**accompli, ie** adj. ■ **1** Parfait en son genre. **2** Terminé. ← *LE FAIT ACCOMPLI :* ce qui est fait, ce sur quoi on ne peut revenir.

**accomplir** v. tr. ⚁ ■ **1** Faire (qqch.) jusqu'au bout. → **achever.** ← au p. p. *Mission accomplie !* **2** Faire (ce qui est demandé, ordonné, proposé...). *Accomplir son devoir.* ► **s'accomplir** v. pron. **1** (choses) Se réaliser, avoir lieu. **2** (personnes) Se réaliser pleinement. ⊳ n. m. **accomplissement**

**acconier** → **aconier**

**accord** n. m. ■ **I 1** État qui résulte d'une communauté ou d'une conformité de pensées, de sentiments. → **entente.** ← loc. *D'un commun accord.* **2** *D'ACCORD.* *Être d'accord,* avoir la même opinion. → **s'entendre.** *Je suis d'accord avec vous.* ← (en réponse) *D'accord.* → **oui. 3** Arrangement entre personnes qui se mettent d'accord. **4** *Donner, refuser son accord.* → **autorisation, permission. 5** (choses) *En accord avec :* adapté à. **II 1** mus. Association de plusieurs sons (au moins trois) simultanés, selon les lois de l'harmonie. **2** Action d'accorder (II, 2) un instrument. **3** État d'un récepteur réglé sur une fréquence d'émission. **4** gramm. Correspondance entre des formes dont l'une est subordonnée à l'autre.

**accordéon** n. m. ■ **1** Instrument de musique à soufflet et à anches métalliques. **2** *EN ACCORDÉON,* qui forme des plis parallèles.

**accordéoniste** n. ■ Personne qui joue de l'accordéon.

**accorder** v. tr. ⚀ ■ **I 1** Consentir à donner, à laisser ou à permettre. *Accorder un délai.* **2** Attribuer. *Accorder de l'importance à qqch.* → **attacher. II 1** rare Mettre d'accord (des personnes). ← pronom. S'entendre. *Ils ne s'accordent pas.* **2** Régler (un, des instruments) selon le diapason. ← loc. *Accordez vos violons :* mettez-vous d'accord. **3** gramm. Donner à (un élément du discours) un aspect formel en rapport avec sa fonction ou avec la forme d'un élément dominant. ← pronom. *Le verbe s'accorde avec son sujet.*

**accordeur** n. m. ■ Spécialiste qui accorde les pianos, les orgues, etc.

**accort, accorte** adj. ■ vx ou littér. Gracieux.

**accoster** v. tr. ⚀ ■ **1** Aborder (qqn) de façon cavalière. **2** (bateau, engin spatial) Se mettre bord à bord avec (le quai, un autre bateau ou engin). ⊳ n. m. **accostage**

**accotement** n. m. ■ Espace aménagé entre la chaussée et le fossé. → **bas-côté.**

**s'accoter** v. pron. ⚀ ■ S'appuyer d'un côté.

**accotoir** n. m. ■ Appui (d'un siège) pour les bras, la tête.

**accouchée** n. f. ■ Femme qui vient d'accoucher. → **parturiente.**

**accouchement** n. m. ■ **1** Fait d'accoucher ; sortie de l'enfant du corps de sa mère. **2** Opération médicale par laquelle on assiste la femme qui accouche (→ **obstétrique**).

**accoucher** v. ⚀ ■ **I** v. tr. ind. **1** *ACCOUCHER DE :* mettre au monde. *Elle a accouché d'une fille.* ← sans compl. *Accoucher avant terme.* **2** fig. Élaborer péniblement. ← sans compl. fam. S'expliquer. *Alors, tu accouches ?* **II** v. tr. dir. Assister (une femme) dans l'accouchement.

**accoucheur, euse** n. ■ Personne qui fait des accouchements. → **obstétricien, sage-femme.**

**s'accouder** v. pron. ⚀ ■ S'appuyer sur le(s) coude(s).

**accoudoir** n. m. ■ Appui pour s'accouder.

**accouplement** n. m. ■ **1** techn. Fait d'accoupler (1). **2** Union sexuelle du mâle et de la femelle.

**accoupler** v. tr. ⚀ ■ **1** techn. Joindre par deux. **2** Procéder à l'accouplement de (deux animaux). ► **s'accoupler** v. pron. S'unir sexuellement (animaux ; péj. personnes). ← fig. S'unir.

**accourir** v. intr. ⚀ auxil. *être* ou (vieilli) *avoir* ■ Venir en courant, en se pressant.

**accoutrement** n. m. ■ Tenue étrange.

**accoutrer** v. tr. ⚀ ■ Habiller ridiculement. ► **s'accoutrer** v. pron.

**accoutumance** n. f. ■ **1** Fait de s'habituer. → **adaptation. 2** méd. Processus par lequel un organisme tolère de mieux en mieux un agent extérieur. ♦ État dû à l'usage prolongé d'une drogue (besoin de continuer, etc.).

**accoutumé, ée** adj. ■ **1** Ordinaire, habituel. **2** *À L'ACCOUTUMÉE* loc. adv. : d'ordinaire.

**accoutumer** v. tr. ⚀ ■ Faire prendre l'habitude (de). → **habituer.** *Accoutumer qqn à qqch., à faire qqch.* ► **s'accoutumer** (à) v. pron.

**accréditer** v. tr. ⚀ ■ **1** Donner à (qqn) l'autorité pour agir en qualité de. ⊳ n. f. **accréditation 2** Rendre (qqch.) plausible.

**accro** adj. (invar. en genre) fam. ■ **1** Dépendant (d'une drogue). **2** Passionné (par), enthousiaste (pour). *Elle est accro à la musique.*

**accroc** n. m. ■ **1** Déchirure faite par ce qui accroche. **2** Difficulté qui arrête.

**accrochage** n. m. ■ **1** Action d'accrocher. ♦ Manière d'exposer (des œuvres d'art). **2** Léger choc entre deux véhicules. **3** milit. Bref combat. **4** fam. Dispute légère.

**accroche** n. f. ■ publicité Ce qui accroche l'attention.

**accroche-cœur** n. m. ■ Mèche de cheveux en boucle, sur la tempe. *Des accroche-cœurs.*

**accrocher** v. ⎯ ■ I v. tr. 1 Retenir, arrêter par un crochet, une chose pointue. ♦ Heurter (un véhicule). → **accrochage** (2). 2 Suspendre à un crochet, etc. *Accrocher son manteau.* ♦ loc. *Avoir le cœur bien accroché* : n'être pas facilement dégoûté. 3 Retenir, retenir. *Accrocher la lumière.* 4 Retenir l'attention de (qqn). → sans compl. *Un slogan qui accroche.* 5 au p. p. *Être accroché à une drogue,* en être dépendant (abrév. fam. ACCRO). II v. intr. 1 Présenter des difficultés. 2 *Ça a bien accroché avec lui,* le contact s'est bien établi. ► s'**accrocher** v. pron. 1 Se tenir avec force. → se **cramponner.** ♦ fig. *S'accrocher à ses illusions.* 2 Ne pas céder. 3 S'accrocher avec qqn, se disputer.

**accrocheur, euse** adj. et n. ■ 1 (personnes) Tenace. 2 (choses) Qui attire l'attention.

**accroire** v. tr. (seulement inf.) ■ littér. *Faire accroire qqch. à qqn,* faire croire ce qui n'est pas vrai. ♦ *En faire accroire à qqn,* lui mentir.

**accroître** v. tr. 55 sauf p. p. *accru, ue* ■ Rendre plus grand, plus important. → **augmenter.** ► s'**accroître** v. pron. Aller en augmentant. ▷ n. m. **accroissement**

s'**accroupir** v. pron. 2 ■ S'asseoir sur ses talons. ▷ n. m. **accroupissement**

**accueil** [akœj] n. m. ■ 1 Manière de recevoir qqn. *Faire bon accueil à qqn.* ♦ Manière dont qqn accepte (une œuvre...). *Film qui a reçu un accueil enthousiaste.* 2 *D'ACCUEIL* : organisé pour accueillir. 3 Lieu où l'on accueille des visiteurs.

**accueillir** v. tr. 12 ■ 1 Se comporter d'une certaine manière avec (qqn qui se présente). 2 Recevoir bien ou mal (qqch.). 3 Donner l'hospitalité à. ▷ **accueillant, ante** adj. (personnes ; lieux) → **hospitalier.**

**acculer** v. tr. 1 ■ Pousser dans un endroit, fig. dans une situation où tout recul est impossible. → au p. p. *Être acculé à la faillite.*

**acculturation** n. f. ■ didact. Processus par lequel qqn, un groupe humain assimile une culture étrangère à la sienne.

**accumulateur** n. m. ■ Appareil qui restitue sous forme de courant l'énergie électrique fournie par une réaction chimique. *Batterie d'accumulateurs* (d'un véhicule). ♦ abrév. fam. ACCUS n. m. pl. → loc. fig. *Recharger ses accus* : reconstituer ses forces.

**accumulation** n. f. ■ 1 Action d'accumuler. 2 Stockage d'énergie électrique.

**accumuler** v. tr. 1 ■ Mettre ensemble en grand nombre. → **amasser.** ♦ fig. *Accumuler des preuves.* ► s'**accumuler** v. pron.

**accus** → **accumulateur**

**accusateur, trice** ■ 1 n. Personne qui accuse. 2 adj. Qui constitue une accusation.

**accusatif** n. m. ■ Cas marquant le complément d'objet (langues à déclinaisons).

**accusation** n. f. ■ 1 dr. Action en justice par laquelle on désigne comme coupable. 2 Action de signaler (qqn) comme coupable ou (qqch.) comme répréhensible.

**accusé, ée** ■ 1 n. Personne à qui on impute un délit. 2 n. m. *ACCUSÉ DE RÉCEPTION* : avis informant que qqch. a été reçu.

**accuser** v. tr. 1 ■ I 1 Signaler ou présenter (qqn) comme coupable. → **incriminer** ; dr. *citer, poursuivre.* 2 *Accuser le sort,* les événements, rendre responsable (d'un mal). II 1 Faire ressortir. → **accentuer, marquer.** → au p. p. *Des traits accusés.* ♦ loc. fam. *Accuser le coup,* montrer qu'on est affecté. 2 *ACCUSER RÉCEPTION DE* : donner avis qu'on a reçu (une lettre...).

**-acé, -acés, -acées** Éléments entrant dans la formation de mots savants, notamment des noms de familles de plantes.

**acéphale** adj. ■ Sans tête.

**acerbe** adj. ■ Intentionnellement blessant.

**acéré, ée** adj. ■ 1 Dur, tranchant et pointu. 2 fig. → acerbe, **mordant.**

**acériculture** n. f. ■ franç. du Canada Culture et exploitation de l'érable à sucre (→ **érablière**).

**acétate** n. m. ■ chim. Sel ou ester de l'acide acétique. → spécialt Acétate de cellulose.

**acétique** adj. ■ chim. *Acide acétique* : acide du vinaigre, liquide corrosif et incolore.

**acétone** n. f. ■ chim. Liquide volatil, inflammable, d'odeur pénétrante (solvant).

**acétylène** n. m. ■ Gaz incolore, inflammable et toxique, produit par action de l'eau sur le carbure de calcium.

**acétylsalicylique** adj. ■ chim. et pharm. *Acide acétylsalicylique* : aspirine.

**achalandé, ée** adj. ■ 1 rare Qui a de nombreux clients (→ ② **chaland**). 2 cour. (mais critiqué) Bien approvisionné.

**achaler** v. tr. 1 ■ franç. du Canada, fam. Déranger, importuner.

**acharné, ée** adj. ■ Qui fait preuve d'acharnement. → *Un combat acharné.*

**acharnement** n. m. ■ Ardeur opiniâtre dans la lutte, l'effort. ♦ *Acharnement thérapeutique* : emploi de tous les moyens pour maintenir en vie un malade condamné.

s'**acharner** v. pron. 1 ■ *S'acharner sur, contre* : combattre ou poursuivre avec fureur. → *S'acharner à* (+ inf.), lutter avec ténacité pour.

**achat** n. m. ■ 1 Action d'acheter. *Faire l'achat de qqch.* → **acquisition.** 2 Ce qu'on a acheté. *Montrez-moi vos achats.*

**acheminer** v. tr. 1 ■ 1 Diriger vers un lieu déterminé. 2 fig. Mettre (qqn) dans la voie qui mène à un but. ► s'**acheminer** v. pron. Se diriger vers. → n. m. **acheminement**

**acheter** v. tr. 5 ■ 1 Acquérir (un bien...) contre paiement. 2 péj. Corrompre (qqn). → *Acheter la complicité de qqn.* 3 fig. Obtenir (un avantage) au prix d'un sacrifice.

**acheteur, euse** n. ■ 1 Personne qui achète. → **acquéreur, client.** 2 Agent chargé d'effectuer les achats pour un employeur.

**achevé, ée** adj. ■ littér. Parfait en son genre. → **accompli.** → péj. *D'un ridicule achevé.*

**achèvement** n. m. ■ 1 Action d'achever (un ouvrage) ; fin. 2 littér. Perfection.

**achever** v. tr. 5 ■ **1** Finir en menant à bonne fin. → **terminer.** *Achever le travail commencé.* ◆ (sujet chose) *Achever de* (+ inf.), faire complètement. *Son refus acheva de nous décourager.* **2** Porter le coup de grâce à (qqn, un animal). → **tuer.** ◆ fig. Abattre, anéantir. ► **s'achever** v. pron. (choses) Se terminer.

**achigan** n. m. ■ franç. du Canada Perche noire.

**achoppement** n. m. ■ loc. *Pierre d'achoppement* : obstacle, écueil.

**achopper** v. intr. 1 ■ **1** littér. Buter du pied (contre un obstacle). **2** fig. *Achopper à, sur un problème.*

**acide** ■ I adj. **1** Qui est piquant au goût. **2** fig. Acerbe, désagréable. **3** chim. Propre aux acides. II n. m. **1** chim. Tout corps capable de libérer des ions hydrogène (H⁺), qui donne un sel avec une base et dont le pH est inférieur à 7. *Acide chlorhydrique.* ← *Acides nucléiques.* → **A.D.N., A.R.N. 2** argot fam. L.S.D. (voir ce mot).

**acidifier** v. tr. 7 ■ Rendre acide.

**acidité** n. f. ■ **1** Saveur acide. **2** fig. Caractère mordant. **3** chim. Qualité acide (I, 3).

**acidulé, ée** adj. ■ Légèrement acide.

**acier** n. m. ■ **1** Alliage de fer et de carbone, auquel on donne, par traitement, des propriétés variées (malléabilité, résistance...). *Acier inoxydable.* **2** Industrie de l'acier. → **sidérurgie. 3** appos. *Gris acier* (couleur). **4** fig. *D'ACIER* : solide.

**aciérie** n. f. ■ Usine où l'on fabrique l'acier.

**acmé** n. f. ■ didact. Apogée.

**acné** n. f. ■ Maladie de la peau due à une inflammation des glandes sébacées.

**acolyte** n. ■ **1** relig. cathol. Clerc qui sert à l'autel. **2** péj. Compagnon, complice.

**acompte** [akɔ̃t] n. m. ■ **1** Paiement partiel à valoir sur le montant d'une somme due. → **arrhes. 2** fig., fam. Petit avantage, petit plaisir reçu ou pris en attendant mieux.

**aconier** ou **acconier** n. m. ■ mar. Professionnel chargé du transfert des marchandises, de leur entreposage.

**aconit** [-it] n. m. ■ Plante vénéneuse à fleurs en forme de casque.

**a contrario** ■ loc. adj. didact. Se dit d'un raisonnement qui, partant d'hypothèses opposées, aboutit à des conséquences opposées. ◆ loc. adv. Dans le cas contraire.

**s'acoquiner** v. pron. 1 ■ Se lier (à une personne peu recommandable).

**à-côté** n. m. ■ **1** Point, problème accessoire. **2** Gain d'appoint. *Des à-côtés.*

**à-coup** n. m. ■ Secousse. → **saccade.** ← *Par à-coups* : de façon irrégulière, intermittente.

**acousticien, ienne** n. ■ didact. Spécialiste de l'acoustique.

**acoustique** ■ I adj. **1** Qui sert à, concerne la perception des sons. → **auditif.** ◆ *Guitare acoustique* (opposé à *électrique*). **2** Relatif au son. → **sonore.** *Les phénomènes acoustiques.* II n. f. **1** Partie de la physique qui traite des sons et des ondes sonores. **2** Qualité (d'un local) quant à la propagation du son.

**acquéreur** n. m. ■ Personne qui acquiert (un bien). → **acheteur.**

**acquérir** v. tr. ind. 21 ■ **1** Devenir propriétaire de (un bien, un droit), par achat, échange, succession (→ **acquisition**). ← prov. *Bien mal acquis ne profite jamais.* **2** Parvenir à posséder (un avantage). *Acquérir des connaissances.* **3** (sujet chose) Procurer (à qqn) la disposition de. → **valoir.** *Sa gentillesse lui a acquis notre sympathie.*

**acquêt** n. m. ■ dr. Bien acquis par l'un des époux au cours de la vie conjugale, et qui fait partie des biens communs.

**acquiescer** v. tr. ind. 3 ■ *Acquiescer à qqch.*, donner son entier consentement à. ◆ absolt → **approuver.** *Acquiescer d'un signe de tête.* ▷ n. m. **acquiescement**

**acquis, ise** ■ I adj. **1** Qui a été acquis par l'individu (par opposition à ce qui a été transmis ou à ce qui est naturel). ← biol. *Caractères acquis*, qui apparaissent par adaptation au milieu. **2** Dont qqn peut disposer de façon définitive et sûre. *Droit acquis à qqn.* **3** Reconnu sans contestation. *C'est un fait acquis.* **4** (personnes) *Acquis à* (une idée...) : partisan de. II n. m. **1** Savoir acquis, expérience acquise. **2** *Les acquis sociaux* : les avantages sociaux acquis.

**acquisition** n. f. ■ **1** Action d'acquérir (1 et 2). *Faire l'acquisition de qqch.* **2** Bien acquis.

**acquit** n. m. ■ **1** Reconnaissance écrite d'un paiement. ← *Pour acquit*, mention attestant un paiement. **2** *PAR ACQUIT DE CONSCIENCE* : pour éviter d'avoir qqch. à se reprocher.

**acquittement** n. m. ■ **I** Action d'acquitter (qqch.). **II** Action d'acquitter (un accusé).

**acquitter** v. tr. 1 ■ **I** *Acquitter qqn* **1** Libérer (d'une obligation, d'une dette). **2** Déclarer (par jugement) un accusé non coupable. **II** *Acquitter qqch.* **1** Payer (ce qu'on doit). → **régler. 2** dr. Revêtir (un document) de la mention « pour acquit » et sa signature. ► **s'acquitter** v. pron. *S'acquitter de* : se libérer d'une obligation).

**acra** n. m. ■ (cuisine créole) Beignet de poisson ou de légumes. – var. AKRA.

**acre** n. f. ■ **1** Ancienne mesure agraire (en moyenne 52 ares). **2** Mesure agraire, dans les pays anglo-saxons (40,47 ares).

**âcre** adj. ■ **1** Irritant au goût ou à l'odorat. **2** fig. Irritant, douloureux. ▷ n. f. **âcreté**

**acrimonie** n. f. ■ Mauvaise humeur, aigreur. ▷ adj. **acrimonieux, euse**

**acrobate** n. ■ **1** Artiste exécutant des exercices d'équilibre et de gymnastique périlleux. → **équilibriste, funambule, trapéziste. 2** fig. Personne très habile.

**acrobatie** n. f. ■ **1** Exercice d'acrobate. ← *Acrobatie aérienne*, manœuvres d'adresse exécutées en avion. **2** fig. Exercice difficile et virtuose. ▷ adj. **acrobatique**

**acronyme** n. m. ■ Sigle* qui se prononce comme un mot ordinaire (ex. ovni, sida).

**acropole** n. f. ■ Ville haute, souvent fortifiée, des anciennes cités grecques.

**acrostiche** n. m. ■ Poème où les initiales de chaque vers, lues dans le sens vertical, composent un nom ou un mot-clé.

**acrylique** adj. ■ **1** *Acide acrylique* : acide gras de l'éthylène. **2** Se dit de produits dérivés de cet acide. *Peinture acrylique.* ➛ n. m. Tissu de fibres acryliques.

①**acte** n. m. ■ **I 1** Pièce écrite qui constate un fait, une convention, une obligation. *Acte de vente. Acte d'état civil.* ◆ PRENDRE ACTE *de qqch.*, faire constater légalement ; en prendre bonne note. ➛ DONT ACTE : en prenant note de ce qui s'est passé. **2** au plur. Recueil de procès-verbaux, de communications. **II 1** Action humaine considérée dans son aspect objectif plutôt que subjectif ; fait d'agir. → **action**. *Être responsable de ses actes.* ➛ *Passer aux actes* : agir. **2** FAIRE ACTE DE : manifester, donner une preuve de.

②**acte** n. m. ■ **1** Chacune des grandes divisions d'une pièce de théâtre. **2** Phase d'une action comportant des péripéties.

**acteur, trice** n. ■ **1** Artiste dont la profession est de jouer un rôle à la scène ou à l'écran. → **comédien**. **2** Personne qui prend une part active. → **protagoniste**.

①**actif, ive** adj. ■ **1** Qui agit (personnes), implique une activité (choses). ◆ *Population active* : partie de la population qui est apte à travailler. ◆ gramm. *Voix active d'un verbe*, qui exprime que le sujet est considéré comme agissant. ➛ n. m. *L'actif et le passif.* **2** (choses) Qui agit avec force. **3** (personnes) Qui aime agir. → **dynamique**.

②**actif** n. m. ■ **1** Ensemble des biens ou droits constituant, avec les dettes, un patrimoine. **2** fig. AVOIR À SON ACTIF : compter parmi ses succès.

**actinie** n. f. ■ zool. Animal marin, polype à tentacules, aussi appelé *anémone de mer.*

①**action** n. f. ■ **I 1** Ce que fait qqn et par quoi il réalise une intention ou une impulsion. → **acte, fait.** ➛ *Action d'éclat* : exploit. **2** Fait de produire un effet, manière d'agir sur qqn ou qqch. ➛ *En action*, en train d'agir. **3** Exercice de la faculté d'agir (opposé à la pensée, aux paroles). *Passer à l'action.* ➛ *Une femme D'ACTION.* ◆ *Mettre en action*, faire agir. **4** Combat, lutte. *L'action syndicale.* **II** dr. Exercice d'un droit en justice. → **demande, poursuite, recours.** *Intenter une action.* **III 1** Suite d'événements constituant le sujet (d'une œuvre). → **intrigue.** **2** Animation tenant aux faits représentés ou racontés. *Film d'action.*

②**action** n. f. ■ **1** Titre cessible et négociable représentant une fraction du capital social de certaines sociétés. **2** fig., fam. *Ses actions montent*, il a plus de crédit.

**actionnaire** n. ■ Propriétaire d'actions (②, 1). ▷ n. m. **actionnariat**

**actionner** v. tr. ① ■ Mettre en mouvement, faire fonctionner (un mécanisme).

**activement** adv. ■ Avec ardeur.

**activer** v. tr. ① ■ **1** Rendre plus prompt (en augmentant l'activité). → **hâter.** **2** Rendre plus agissant. ▶ s'**activer** v. pron. S'affairer.

**activisme** n. m. ■ Attitude politique qui préconise l'action, la propagande.

**activité** n. f. ■ **1** (choses) Faculté ou fait d'agir. *L'activité d'un virus.* ➛ *Volcan en activité.* **2** Actes coordonnés et travaux humains. *Activité physique, intellectuelle.* **3** Qualité d'une personne active. **4** Situation de qqn qui exerce ses fonctions (s'oppose à *retraite*, à *disponibilité*).

**actuaire** n. ■ fin. Spécialiste de la statistique appliquée à la finance.

**actualiser** v. tr. ① ■ **1** philos. Faire passer de l'état virtuel à l'état réel. **2** Moderniser. ◆ Mettre à jour. ▷ n. f. **actualisation**

**actualité** n. f. ■ **1** philos. Caractère de ce qui est actuel (1). **2** Caractère de ce qui est actuel, contemporain. *Ce livre n'est plus D'ACTUALITÉ*, il est dépassé. **3** Ensemble des faits tout récents. **4** LES ACTUALITÉS, informations, nouvelles du moment.

**actuariel, elle** adj. ■ fin. Relatif aux méthodes des actuaires. *Taux actuariel*, par versements échelonnés.

**actuel, elle** adj. ■ **1** philos. Qui est effectif, réalisé (opposé à *virtuel, potentiel*). **2** Qui se passe au moment où l'on parle. → **présent ; contemporain.** *Qui intéresse notre époque. Un problème toujours actuel.*

**actuellement** adv. ■ **1** philos. Effectivement. **2** Dans les circonstances actuelles. → **aujourd'hui, maintenant,** à présent.

**acuité** n. f. ■ **1** Caractère aigu, intense. → **intensité.** **2** Degré de sensibilité (d'un sens). *Acuité visuelle.* **3** Finesse (de l'esprit). **4** Gravité (d'une crise...).

**acupuncteur, trice** n. ■ Spécialiste de l'acupuncture. - var. ACUPONCTEUR, TRICE.

**acupuncture** n. f. ■ Thérapeutique consistant à piquer des aiguilles fines en des points précis du corps. - var. ACUPONCTURE.

**adage** n. m. ■ Maxime populaire ancienne.

**adagio** [ada(d)ʒjo] adv. ■ mus. Indication de mouvement lent. ➛ n. m. Ce mouvement.

**adamantin, ine** adj. ■ littér. Qui a la dureté ou l'éclat du diamant.

**adaptable** adj. ■ Qui peut s'adapter, qu'on peut adapter. ▷ n. f. **adaptabilité**

**adaptateur, trice** ■ **1** n. Auteur d'une adaptation (au cinéma...). **2** n. m. Dispositif pour adapter un appareil à un autre usage.

**adaptation** n. f. ■ **1** Action d'adapter ou de s'adapter ; modification qui en résulte. spécialt *Adaptation au milieu*, permettant à un organisme de durer et de se reproduire. → **acclimatation.** **2** Transformation (d'une œuvre) qui conserve la substance narrative. ◆ Arrangement musical.

**adapter** v. tr. ① ■ **1** *Adapter qqch. à qqch.*, réunir, appliquer après ajustement. **2** *Adapter (qqn, qqch.) à (qqn, qqch.)*, approprier, harmoniser. → **accorder.** **3** Faire l'adaptation (2) de. ▶ s'**adapter** v. pron. Se mettre en harmonie (avec le milieu...).

**addenda** [adɛ̃da] n. m. invar. ■ Ensemble de notes additionnelles à la fin d'un ouvrage.

**addiction** n. f. ■ anglic. Dépendance extrême, entraînant une conduite compulsive, une perte de la liberté. *Addiction à une drogue.*

**additif** n. m. ■ **1** Article additionnel. **2** Substance ajoutée à un produit.

**addition** n. f. ■ **1** Action d'ajouter en incorporant. → **adjonction. 2** Écrit ajouté. → **addenda ; annexe. 3** Opération consistant à réunir des quantités en un seul nombre, en les ajoutant. → **somme. 4** Note présentant le total des dépenses, au café, au restaurant.

**additionnel, elle** adj. ■ Qui s'ajoute.

**additionner** v. tr. 1 ■ **1** Modifier, enrichir par addition d'un élément. **2** Faire l'addition (3) de. ▶ s'**additionner** v. pron. S'ajouter.

**adducteur** adj. m. et n. m. ■ **1** (*Canal) adducteur :* canal d'adduction (1) des eaux. **2** anat. (*Muscle) adducteur.* → **adduction** (2).

**adduction** n. f. ■ **1** Action de dériver les eaux d'un lieu pour les amener dans un autre. **2** didact. Mouvement qui rapproche de l'axe du corps (opposé à *abduction*).

**adénoïde** adj. ■ méd. Qui a un rapport au tissu ganglionnaire et à ses affections.

**adénome** n. m. ■ méd. Tumeur bénigne qui se développe sur une glande.

**adepte** n. ■ Fidèle (d'une religion), partisan (d'une doctrine).

**adéquat, ate** [-kwa(t)] adj. ■ Exactement proportionné à son objet, adapté à son but. → **approprié.** ▷ adv. **adéquatement** ▷ n. f. **adéquation**

**adhérence** n. f. ■ **1** État d'une chose qui adhère à une autre. **2** méd. Union accidentelle d'organes ou de tissus, dans l'organisme.

**adhérent, ente** ■ **I** adj. Qui adhère à qqch. **II** n. Personne qui adhère (à un parti...).

**adhérer** v. tr. ind. 6 ■ *ADHÉRER À* **I** Tenir fortement à, par un contact étroit de sa surface. → **coller à. II** (personnes) **1** Se déclarer partisan de. **2** S'inscrire (à un parti, etc.).

**adhésif, ive** adj. ■ Qui reste collé après application. *Ruban adhésif.* ■ n. m. Matériau adhésif ; substance pour coller.

**adhésion** n. f. ■ **1** Approbation réfléchie. → **assentiment. 2** Action d'adhérer (II, 2).

**ad hoc** loc. adj. invar. ■ Destiné à un usage.

**adiabatique** adj. ■ sc. Qui s'effectue sans échange de chaleur.

**adieu** ■ **I** interj. **1** Formule dont on se sert en prenant congé de qqn qu'on ne doit pas revoir de quelque temps ou qu'on ne doit plus revoir. **2** (compl. chose) *Adieu, la belle vie !* ◆ loc. *DIRE ADIEU À,* renoncer à. **3** régional (Midi) Bonjour. ◆ Au revoir. **II** n. m. Fait de se séparer de qqn.

**à-Dieu-va** interj. ■ À la grâce de Dieu ; advienne que pourra. - var. À-DIEU-VAT ; ADIEU VA.

**adipeux, euse** adj. ■ **1** anat. Fait de graisse. **2** cour. Très gras. ▷ n. f. **adiposité**

**adjacent, ente** adj. ■ **1** Qui se trouve dans le voisinage immédiat. → **contigu, voisin. 2** géom. *Angles adjacents,* de même sommet et de part et d'autre d'un côté commun.

**adjectif** n. m. ■ **1** Mot susceptible d'accompagner un substantif avec lequel il s'accorde en genre et en nombre, et qui n'est pas un article. *Adjectifs démonstratifs, indéfinis, interrogatifs, possessifs...* → *Adjectif qualificatif* (→ **attribut, épithète**). **2** adj. Qui a une valeur d'adjectif. *Locution adjective.*

**adjectivement** adv. ■ En fonction d'adjectif. *Participe passé employé adjectivement.*

**adjoindre** v. tr. 49 ■ **1** Associer (une personne à une autre) pour aider ou contrôler. **2** Joindre, ajouter (une chose à une autre).

**adjoint, ointe** n. ■ Personne associée à une autre pour l'aider dans ses fonctions.

**adjonction** n. f. ■ **1** Action d'adjoindre (1 et 2). **2** Chose adjointe.

**adjudant** n. m. ■ (en France) Sous-officier qui vient au-dessus du sergent-chef.

**adjudicataire** n. ■ dr. Bénéficiaire d'une adjudication.

**adjudication** n. f. ■ dr. Acte par lequel on met des entrepreneurs en concurrence. - *Vente par adjudication,* aux enchères.

**adjuger** v. tr. 3 ■ **1** Décerner. - pronom. → s'**attribuer. 2** dr. Attribuer par adjudication.

**adjuration** n. f. ■ Prière instante.

**adjurer** v. tr. 1 ■ Commander ou demander à (qqn) par une adjuration. → **supplier.**

**adjuvant** n. m. ■ **1** Produit ajouté à un autre. **2** littér. Ce qui renforce l'action.

**ad libitum** [-ɔm] loc. adv. ■ À volonté.

**admettre** v. tr. 56 ■ **1** Accepter de recevoir (qqn). → **accueillir, agréer.** *Admettre qqn à siéger.* → **autoriser.** - au p. p. *Candidat admis à l'oral.* **2** Considérer comme acceptable par l'esprit. - *ADMETTRE QUE* (+ subj. ou indic.). - *ADMETTONS, EN ADMETTANT QUE* (+ subj.), en supposant que. **3** (surtout en phrase négative) Accepter, permettre. → **tolérer ; supporter. 4** Laisser entrer. - passif *Les gaz sont admis dans le cylindre.*

**administrateur, trice** n. ■ **1** Personne chargée de l'administration d'un bien. ◆ Membre d'un conseil d'administration. ◆ inform. Personne chargée de la gestion (d'un réseau...). *Administrateur de site* (sur Internet). **2** Personne qui a les qualités requises pour les tâches d'administration.

**administratif, ive** adj. ■ **1** Relatif à l'Administration. **2** Chargé de tâches d'administration. ▷ adv. **administrativement**

**administration** n. f. ■ **1** Action de gérer un bien, un ensemble de biens. → **gestion.** *L'administration d'une société* (par un *conseil d'administration*). **2** Fonction consistant à assurer l'application des lois et la marche des services publics conformément aux directives gouvernementales. ◆ Ensemble des services et agents chargés de cette fonction. *Entrer dans l'Administration* (→ la fonction publique). ◆ (*Une administration)* Service public.

**administré, ée** n. ■ Personne soumise à une autorité administrative.

**administrer** v. tr. ⓘ ▪ I **1** Gérer (qqch.) en faisant valoir, en défendant des intérêts. **2** Assurer l'administration de (un pays, une circonscription). **II 1** relig. Conférer (un sacrement). **2** Faire prendre (un remède). **3** fam. Donner (des coups).

**admirable** adj. ▪ Digne d'admiration. ▷ **admirablement** adv. → **merveilleusement.**

**admirateur, trice** n. ▪ Personne qui admire (qqn, une œuvre).

**admiratif, ive** adj. ▪ Qui est en admiration (devant qqn, un spectacle). → *Regard admiratif.* ▷ adv. **admirativement**

**admiration** n. f. ▪ Sentiment de joie et d'épanouissement devant ce qu'on juge beau ou grand. → **émerveillement.**

**admirer** v. tr. ⓘ ▪ Considérer avec plaisir (ce qu'on juge supérieur); avoir de l'admiration pour. → s'**enthousiasmer.**

**admissible** adj. ▪ **1** (contr. *inadmissible*) Qu'on peut admettre. → **acceptable.** ◆ Tolérable. **2** Qui peut être admis (à un emploi). **3** Admis à subir les épreuves définitives d'un examen. ▷ n. f. **admissibilité**

**admission** n. f. ▪ **1** Action d'admettre (qqn); fait d'être admis. **2** techn. Fait de laisser entrer (un gaz).

**admonester** v. tr. ⓘ ▪ littér. Réprimander sévèrement. ▷ **admonestation** n. f. littér.

**A. D. N.** [adeɛn] n. m. (sigle de *acide désoxyribonucléique*) ▪ biol. Acide nucléique, constituant essentiel des chromosomes. – On écrit aussi ADN.

**adobe** n. m. ▪ Brique de terre séchée.

**adolescence** n. f. ▪ Âge qui suit la puberté et précède l'âge adulte.

**adolescent, ente** n. ▪ Jeune garçon, jeune fille à l'âge de l'adolescence. – abrév. fam. ADO.

**adonis** [-is] n. m. ▪ Jeune homme très beau.

**s'adonner** v. pron. ⓘ ▪ S'appliquer ardemment (à une activité). → se **livrer.** → péj. *S'adonner au jeu.*

**adoptant, ante** adj. et n. ▪ (Personne) qui adopte légalement qqn.

**adopter** v. tr. ⓘ ▪ **1** Prendre légalement pour fils ou pour fille. *Adopter un orphelin.* **2** Traiter comme qqn de la famille, comme l'un des siens. **3** (compl. chose) Faire sien en choisissant. **4** Approuver par un vote.

**adoptif, ive** adj. ▪ **1** Qui est tel par adoption. **2** D'adoption. *Patrie adoptive.*

**adoption** n. f. ▪ **1** Action d'adopter (qqn); acte juridique établissant entre deux personnes (l'*adoptant* et l'*adopté*) des relations de droit analogues à celles résultant de la filiation. **2** loc. *D'ADOPTION* : qu'on reconnaît pour sien. **3** Action d'adopter (qqch.).

**adorable** adj. ▪ **1** vieilli Digne d'être adoré (1). **2** Digne d'être aimé. ◆ Très joli, touchant, gracieux. ▷ adv. **adorablement**

**adorateur, trice** n. ▪ **1** Personne qui adore (1) (une divinité). **2** Admirateur empressé.

**adoration** n. f. ▪ **1** Culte rendu à un dieu. **2** Amour fervent, culte passionné.

**adorer** v. tr. ⓘ ▪ **1** Rendre un culte à (un dieu, un symbole divin). → loc. *Brûler ce qu'on a adoré* : renier ses attachements. **2** Aimer (qqn) d'un amour ou d'une affection passionnée. → pronom. *Ils s'adorent.* **3** fam. Avoir un goût très vif pour (qqch.).

**adosser** v. tr. ⓘ ▪ Appuyer en mettant le dos, la face postérieure contre. → s'**adosser** (à) v. pron. S'appuyer sur le dos (contre).

**adouber** v. tr. ⓘ ▪ hist. (au moyen âge) Armer (qqn) chevalier. ▷ n. m. **adoubement**

**adoucir** v. tr. ② ▪ **1** Rendre plus doux, plus agréable aux sens. → *Adoucir l'eau*, la rendre moins calcaire. **2** Soulager, apaiser. → prov. *La musique adoucit les mœurs.*

**adoucissant, ante** ▪ **1** adj. Qui diminue l'irritation. **2** n. m. Produit utilisé au rinçage pour assouplir le linge.

**adoucissement** n. m. ▪ **1** Action d'adoucir, fait de s'adoucir. **2** fig. Soulagement.

**adoucisseur** n. m. ▪ Appareil servant à adoucir l'eau.

**ad patres** [adpatʁɛs] loc. adv. ▪ fam. *Envoyer qqn ad patres*, le tuer.

**adrénaline** n. f. ▪ méd. Hormone sécrétée par les glandes surrénales, qui accélère le rythme cardiaque, dilate les bronches, etc.

**adressage** n. m. ▪ inform. Procédé définissant l'adresse d'une information.

① **adresse** n. f. ▪ **1** Indication du nom et du domicile (de qqn). → *Adresse électronique* (au sein d'un réseau...). ◆ *Une bonne adresse*, l'adresse d'un bon fournisseur, etc. ◆ fig. *Se tromper d'adresse* : ne pas s'adresser à qui il faudrait. **2** *À L'ADRESSE DE* : à l'intention de. **3** Signe (mot...) sous lequel est classée une information. ◆ inform. Expression représentant un emplacement de mémoire. **II** Déclaration d'une assemblée politique, adressée au souverain.

② **adresse** n. f. ▪ **1** Qualité physique de qqn qui fait les mouvements les mieux adaptés (jeu, travail, exercice). → **dextérité, habileté. 2** Qualité de qqn qui sait s'y prendre pour obtenir un résultat. → **doigté, finesse.**

**adresser** v. tr. ⓘ ▪ **1** Émettre (des paroles) en direction de qqn. → loc. *Adresser la parole à qqn*, lui parler. **2** Faire parvenir à qqn. **3** Diriger (qqn) vers la personne qui convient. **4** inform. Pourvoir d'une adresse (3). → s'**adresser** (à) v. pron. **1** Parler (à qqn); aller trouver (qqn). **2** (sujet chose) Être destiné (à).

**adret** n. m. ▪ géogr. Versant exposé au soleil, en montagne (opposé à *ubac*).

**adroit, oite** adj. ▪ **1** Qui a de l'adresse (physique). **2** Qui se conduit avec adresse. → **habile.** → *Une manœuvre adroite.* → **rusé.**

**adroitement** adv. ▪ Avec adresse (②).

**ADSL** n. m. (sigle) ▪ anglic., inform. Système permettant la transmission de données par le réseau téléphonique.

**adsorber** v. tr. ⓘ ▪ sc. Retenir, fixer à la surface. ▷ n. f. **adsorption**

**aduler** v. tr. ⓘ ▪ littér. Combler de louanges. → **encenser.** → Adorer. ▷ n. f. **adulation**

**adulte** ▪ **1** adj. (êtres vivants) Qui est parvenu au terme de sa croissance. ◆ *Âge adulte.* → **mûr. 2** n. Homme, femme adulte.

**adultère** ▪ **1** n. m. Fait d'avoir volontairement des rapports sexuels avec une personne autre que son conjoint. **2** adj. Qui commet un adultère. → **infidèle.**

**adultérer** v. tr. 6 ▪ rare Altérer la pureté de (qqch.). → **falsifier.**

**adultérin, ine** adj. ▪ Né d'un adultère.

**advenir** v. intr. impers. 22 ▪ Arriver, survenir. ◆ loc. prov. *Advienne que pourra,* quoi qu'il en résulte, peu importe.

**adventice** adj. ▪ Qui s'ajoute. ♦ bot. *Plantes adventices* : mauvaises herbes.

**adverbe** n. m. ▪ Mot invariable ajoutant une détermination à un verbe, un adjectif, un adverbe ou à une phrase entière.

**adverbial, iale, iaux** adj. ▪ Qui a fonction d'adverbe. *Locution adverbiale.*

**adversaire** n. ▪ **1** Personne qui est opposée à une autre dans un conflit, une compétition. **2** Personne hostile (à une doctrine...).

**adverse** adj. ▪ littér. Opposé. ◆ dr. *La partie adverse,* contre laquelle on plaide.

**adversité** n. f. ▪ littér. Sort contraire ; situation de détresse. → **malheur.**

**aède** n. m. ▪ Antiq. grecque Poète épique.

**aérateur** n. m. ▪ Appareil servant à aérer.

**aérer** v. tr. 6 ▪ **1** Faire entrer de l'air dans (un lieu clos) ; exposer à l'air. **2** fig. Rendre moins dense, plus léger. ► **s'aérer** v. pron. Prendre l'air. ► **aéré, ée** adj. *Centre aéré,* qui propose aux enfants des activités de plein air. ⊳ n. f. **aération**

**aérien, ienne** adj. ▪ **1 1** De l'air. **2** Qui est à l'air libre. *Métro aérien.* **3** fig. Léger comme l'air. **II** De l'aviation.

**aéro-** Élément savant (du grec *aêr, aeros* « air ») désignant soit l'air, soit l'aviation.

**aérobie** adj. ▪ contr. *anaérobie* **1** (micro-organisme) Qui ne se développe qu'en présence d'air ou d'oxygène. **2** Qui a besoin de l'oxygène de l'air pour fonctionner.

**aérobiologie** n. f. ▪ Étude des microorganismes en suspension dans l'atmosphère.

**aérodrome** n. m. ▪ Terrain pour le décollage et l'atterrissage des avions (→ aéroport).

**aérodynamique** ▪ **I** n. f. Partie de la physique qui étudie les mouvements des corps dans l'air. **II** adj. Relatif à l'aérodynamique. ♦ Conforme aux lois de l'aérodynamique. *Carrosserie aérodynamique.*

**aérofrein** n. m. ▪ Dispositif de freinage utilisant la résistance de l'air.

**aérogare** n. f. ▪ Bâtiments d'un aéroport destinés aux voyageurs et aux marchandises.

**aéroglisseur** n. m. ▪ Véhicule qui avance (sur l'eau ou sur terre) sur un coussin d'air (équivalent franç. de l'anglic. *hovercraft*).

**aérographe** n. m. ▪ Pulvérisateur à air comprimé.

**aérolithe** n. m. ▪ Météorite.

**aéromodélisme** n. m. ▪ Technique des modèles réduits d'avions.

**aéronautique** ▪ **I** adj. Relatif à la navigation aérienne. **II** n. f. Science de la navigation aérienne ; technique de la construction des appareils volants.

**aéronaval, ale, als** adj. ▪ Qui appartient à la fois à l'aviation et à la marine.

**aéronef** n. m. ▪ didact. Appareil capable de se déplacer dans l'air (avion, hélicoptère...).

**aérophagie** n. f. ▪ Trouble dû à la pénétration d'air dans l'œsophage et l'estomac.

**aéroplane** n. m. ▪ vx Avion.

**aéroport** n. m. ▪ Ensemble d'installations (aérodrome, aérogare, ateliers) nécessaires au trafic aérien.

**aéroporté, ée** adj. ▪ Transporté par air.

**aérosol** [-sɔl] n. m. ▪ **1** phys. Suspension de particules dans un gaz. **2** Appareil qui pulvérise et disperse de telles particules.

**aérospatial, ale, aux** adj. ▪ Qui concerne à la fois l'aéronautique et l'astronautique.

**aérostat** n. m. ▪ Appareil dont la sustentation est due à un gaz plus léger que l'air. → **ballon, dirigeable.**

**aérotrain** n. m. ▪ Véhicule sur rail unique, circulant sur coussin d'air.

**affable** adj. ▪ Qui accueille et écoute de bonne grâce ceux qui s'adressent à lui. ⊳ **affabilité** n. f. ▪ **amabilité, courtoisie.**

**affabulation** n. f. ▪ **1** didact. Arrangement des faits, dans une œuvre d'imagination. **2** Récit inventé. ⊳ **affabuler** v. intr. 1 → **fabuler.**

**affacturage** n. m. ▪ techn. Gestion des créances d'une entreprise par un organisme extérieur.

**affadir** v. tr. 2 ▪ **1** Rendre fade. **2** fig. Priver de saveur, de force. ► **s'affadir** v. pron. ⊳ n. m. **affadissement**

**affaiblir** v. tr. 2 ▪ Rendre moins fort. ► **s'affaiblir** v. pron. *Le malade s'affaiblit.* → **décliner.** ⊳ n. f. **affaiblissement.**

**affaire** n. f. ▪ **I** (*Une, des affaires*) **1** Ce que qqn a à faire, ce qui l'occupe ou le concerne. *J'en fais mon affaire,* je m'en charge. ♦ Ce qui intéresse qqn, lui convient. *Cela doit faire l'affaire,* cela doit convenir. ♦ fam. Faire son *affaire à qqn,* le tuer ; le punir. **2** AFFAIRE DE, affaire où (qqch.) est en jeu. → **question.** *Une affaire de cœur.* **3** Ce qui occupe de façon embarrassante. ◆ *Se tirer d'affaire,* du danger. **4** Ensemble de faits créant une situation où divers intérêts sont aux prises. *Une affaire délicate.* ♦ spécialt Scandale social, politique. ♦ Événement, crime posant une énigme policière. **5** Procès, objet d'un débat judiciaire. **6** Marché conclu ou à conclure avec qqn. *Faire affaire avec qqn.* → **traiter.** ♦ *Faire une affaire,* une affaire avantageuse. **7** Entreprise commerciale ou industrielle. **II** loc. *AVOIR AFFAIRE à* qqn, avoir à traiter, à discuter avec lui. ◆ *Vous aurez affaire à moi !* (menace). **III** au plur. **1** Ensemble des occupations et activités d'intérêt public. *Les affaires publiques.* **2** Situation matérielle, personnelle d'un particulier. **3** Activités économiques (commerciales et financières). ◆ loc. prov. *Les affaires sont les affaires* (titre d'une pièce d'Octave Mirbeau). ◆ *Homme, femme d'affaires.* **4** Objets ou effets personnels. *Ranger ses affaires.*

**affairé, ée** adj. ▪ Très occupé.

**affairement** n. m. ▪ État de qqn d'affairé.

**s'affairer** v. pron. 🔟 ▪ Se montrer actif, empressé ; s'occuper activement.

**affairiste** n. ▪ Homme, femme d'affaires peu scrupuleux (euse). ◄ adj. *Milieu affairiste.* ▷ n. m. **affairisme**

**s'affaisser** v. pron. 🔟 ▪ **1** Plier, baisser de niveau sous un poids ou une pression. *Le sol s'est affaissé.* **2** (personnes) Tomber en pliant sur les jambes. ▷ n. m. **affaissement**

**affaler** v. tr. 🔟 ▪ **1** mar. Faire descendre (une voile...). **2** *S'AFFALER* v. pron. Se laisser tomber. *S'affaler sur un divan.*

**affamer** v. tr. 🔟 ▪ Faire souffrir de la faim. ► **affamé, ée** p. p. **1** Qui a très faim. ◄ n. *Des affamés.* **2** fig. Avide (de). *Affamé de gloire.*

**affameur** n. m. ▪ Personne qui affame, réduit à la misère (le peuple).

**affect** [afɛkt] n. m. ▪ psych. État affectif élémentaire. → **émotion, sentiment.**

① **affectation** n. f. ▪ **1** Action d'affecter (un sentiment...). → **simulation.** *Affectation de franchise.* **2** absolt Manque de naturel.

② **affectation** n. f. ▪ **1** Destination (de qqch.) à un usage déterminé. **2** Désignation (de qqn) à une fonction ; cette fonction.

① **affecter** v. tr. 🔟 ▪ **1** Prendre, adopter (une manière d'être qui n'est pas naturelle) de façon ostentatoire. → **feindre, simuler. 2** (sujet chose) Revêtir (une forme).

② **affecter** v. tr. 🔟 ▪ **1** Destiner, réserver à un usage ou à un usager déterminé. **2** Procéder à l'affectation (②, 2) de (qqn).

③ **affecter** v. tr. 🔟 ▪ Toucher par une impression pénible. → **émouvoir, frapper.**

**affectif, ive** adj. ▪ Qui concerne les affects, les sentiments. ▷ adv. **affectivement**

**affection** n. f. ▪ **1** littér. État affectif. → **affect. 2** Sentiment tendre qui attache à qqn. → **attachement, tendresse. 3** méd. Trouble organique ou fonctionnel. → **maladie.**

**affectionner** v. tr. 🔟 ▪ **1** Avoir de l'affection pour (qqn). **2** Avoir du goût pour (qqch.). ► **affectionné, ée** adj. Plein d'affection.

**affectivité** n. f. ▪ **1** Ensemble des phénomènes affectifs. → **sensibilité. 2** Aptitude à ressentir plaisir ou douleur.

**affectueux, euse** adj. ▪ Qui montre de l'affection. → **tendre.** ▷ adv. **affectueusement**

**afférent, ente** adj. ▪ **1** didact. Qui se rapporte (à). **2** dr. Qui revient (à).

**affermer** v. tr. 🔟 ▪ Louer à ferme (②). ▷ n. m. **affermage**

**affermir** v. tr. 🔟 ▪ **1** Rendre plus ferme. → **consolider, raffermir. 2** fig. Rendre plus assuré, plus fort. → **fortifier, renforcer.** ► **s'affermir** v. pron. ▷ n. m. **affermissement**

**afféterie** n. f. ▪ littér. Affectation, préciosité.

**affichage** n. m. ▪ **1** Action d'afficher, de poser des affiches. **2** inform. Présentation de données (sur un écran). → **visualisation.**

**affiche** n. f. ▪ Feuille imprimée destinée à porter qqch. à la connaissance du public et placardée dans un lieu public. ◆ *Spectacle qui tient l'affiche,* qu'on joue.

**afficher** v. tr. 🔟 ▪ **1** Faire connaître par voie d'affiches. *Afficher une vente aux enchères.* **2** sans compl. Poser des affiches. *Défense d'afficher.* **3** fig. Montrer publiquement, faire étalage de. ► **s'afficher** v. pron. *S'afficher avec qqn,* se montrer en public avec qqn.

**affichette** n. f. ▪ Petite affiche.

**afficheur** n. m. ▪ Personne qui pose ou fait poser des affiches.

**affichiste** n. ▪ Créateur d'affiches.

**affidé, ée** n. ▪ littér. Complice, acolyte.

**d'affilée** loc. adv. ▪ À la file.

**affiler** v. tr. 🔟 ▪ Rendre très tranchant (un instrument). → **affûter, aiguiser.**

**s'affilier** v. pron. 🔟 ▪ Adhérer, s'inscrire (à une association...). ► **affilié, ée** adj. et n. → **adhérent, membre.** ▷ n. f. **affiliation**

**affinage** n. m. ▪ Action d'affiner (1 et 2).

**affine** adj. ▪ math. Qui conserve invariantes les transformations (dans le plan...).

**affinement** n. m. ▪ Fait de s'affiner (3).

**affiner** v. tr. 🔟 ▪ **1** Purifier (un métal, le verre...). **2** Achever la maturation (d'un fromage...). **3** Rendre plus fin, plus délicat. ◄ pronom. *Son goût s'est affiné.*

**affinité** n. f. ▪ **1** Rapport de ressemblance, harmonie de sentiments, etc. *J'ai peu d'affinités avec lui.* **2** chim. Aptitude, tendance des corps à se combiner entre eux.

**affirmatif, ive** ▪ **1** adj. (personnes) Qui affirme. ♦ Qui constitue, exprime une affirmation. *Signe affirmatif.* **2** n. f. *Répondre par l'affirmative,* répondre oui. **3** adv. (milit., etc.) Oui. « *M'entendez-vous ? – Affirmatif.* »

**affirmation** n. f. ▪ **1** Action d'affirmer un jugement (qu'il soit affirmatif ou négatif) ; jugement ainsi énoncé. → **assertion. 2** Action de manifester (une qualité).

**affirmativement** adv. ▪ Par l'affirmative.

**affirmer** v. tr. 🔟 ▪ **1** Donner (une chose) pour vraie, énoncer (un jugement) comme vrai. → **certifier, soutenir. 2** Manifester de façon indiscutable. *Affirmer sa personnalité.* ◄ pronom. *Son talent s'affirme.* ► **affirmé, ée** p. p.

**affixe** n. m. ▪ ling. Élément susceptible d'être incorporé à un mot, avant, dans ou après le radical, pour en modifier le sens ou la fonction. → **préfixe, suffixe.**

**affleurer** v. intr. 🔟 ▪ **1** Apparaître à la surface (du sol...). **2** fig. Émerger, transparaître. ▷ n. m. **affleurement**

**afflictif, ive** adj. ▪ dr. *Peine afflictive,* qui punit physiquement.

**affliction** n. f. ▪ littér. Peine profonde.

**affligeant, ante** adj. ▪ **1** Qui afflige, frappe douloureusement. **2** → **lamentable.**

**affliger** v. tr. 🔟 ▪ **1** littér. Atteindre, frapper durement. ◄ passif *ÊTRE AFFLIGÉ DE qqch., de qqn,* devoir le supporter. **2** Attrister profondément. → **peiner.** ◄ pronom. *S'affliger de qqch.*

**affluence** n. f. ▪ Réunion d'une foule de personnes qui vont au même endroit.

**affluent** n. m. ▪ Cours d'eau qui se jette dans un autre (≠ *effluent*).

**affluer** v. intr. ⏦ ▪ **1** (liquide organique) Couler en abondance vers. *Le sang afflue au cerveau.* ♦ par ext. *Les capitaux affluent.* **2** Arriver en grand nombre vers.

**afflux** n. m. ▪ **1** Fait d'affluer (1). *Un afflux de sang.* **2** Arrivée massive. → **affluence.**

**affolant, ante** adj. ▪ **1** Qui affole, trouble énormément. **2** fam. Très inquiétant.

**affoler** v. tr. ⏦ ▪ **1** Rendre comme fou, sous l'effet d'une émotion violente. → **bouleverser. 2** Rendre fou d'angoisse, d'inquiétude. ▸ s'**affoler** v. pron. ▸ **affolé, ée** adj. ▷ **affolement** n. m. → **inquiétude, peur.**

**affranchi, ie** adj. et n. ▪ **1** (Esclave) rendu libre. **2** Libéré des préjugés, des traditions.

**affranchir** v. tr. ⏦ ▪ **I 1** Rendre libre (un esclave, un serf). **2** *S'AFFRANCHIR DE* v. pron. : se délivrer de (ce qui gêne). *S'affranchir des préjugés.* **3** fam. Mettre au courant (en renseignant). **II** Acquitter le port de (une lettre, un envoi) en y apposant des timbres, etc. ▷ n. m. **affranchissement**

**affres** n. f. pl. ▪ littér. Angoisse.

**affréter** v. tr. ⏦ ▪ Prendre (un navire, un avion) en location. → **noliser.** ▷ n. m. **affrètement**

**affreusement** adv. ▪ **1** D'une manière affreuse. → **atrocement. 2** Extrêmement.

**affreux, euse** adj. ▪ **1** Qui provoque une réaction d'effroi et de dégoût. *Un cauchemar affreux.* **2** Très laid. → **hideux. 3** Tout à fait désagréable. *Un affreux malentendu.*

**affriolant, ante** adj. ▪ Qui excite l'intérêt, le désir. → **excitant, séduisant.**

**affront** n. m. ▪ **1** Offense faite publiquement avec la volonté de marquer son mépris et d'humilier. → **outrage. 2** Échec humiliant.

**affronter** v. tr. ⏦ ▪ Aller hardiment au-devant de (un adversaire, un danger). → **braver.** ▸ s'**affronter** v. pron. Se combattre ; fig. s'opposer. ▷ n. m. **affrontement**

**affubler** v. tr. ⏦ ▪ Habiller bizarrement.

**affût** n. m. ▪ **I** Bâti servant à supporter une arme lourde. *Affût de canon.* **II** Endroit où l'on s'embusque pour attendre le gibier ; l'attente elle-même. ♦ loc. *ÊTRE À L'AFFÛT DE :* guetter l'occasion de saisir ou de faire.

**affûter** v. tr. ⏦ ▪ Aiguiser (un outil tranchant). ▷ n. m. **affûtage**

**aficionado** n. m. ▪ Amateur passionné.

**afin de** loc. prép., **afin que** loc. conj. ▪ *AFIN DE* (+ inf.), *AFIN QUE* (+ subj.). Marquent l'intention, le but. → **pour.**

**a fortiori** loc. adv. ▪ À plus forte raison.

**africain, aine** adj. et n. ▪ De l'Afrique ; spécialt de l'Afrique noire.

**africanisme** n. m. ▪ Tournure, expression propre au français d'Afrique.

**africaniste** n. ▪ Spécialiste des langues et civilisations africaines.

**afrikaans** [-kɑ̃s] n. m. ▪ Variété de néerlandais d'Afrique du Sud, langue officielle avec l'anglais.

**afro-** Élément (du lat. *afer, afri* « africain ») qui signifie « de l'Afrique ».

**after-shave** [aftœrʃɛv] n. m. invar. ▪ anglic. Après-rasage.

**agaçant, ante** adj. ▪ Qui agace, énerve.

**agacement** n. m. ▪ Énervement mêlé d'impatience. → **irritation.**

**agacer** v. tr. ⏦ ▪ **1** Mettre dans un état d'agacement. **2** Causer une légère irritation à. **3** Provoquer par des agaceries.

**agaceries** n. f. pl. ▪ Mines ou paroles inspirées par une coquetterie provocante.

**agapes** n. f. pl. ▪ plais. Festin.

**agaric** n. m. ▪ Champignon à chapeau et à lamelles (nom générique).

**agate** n. f. ▪ **1** Pierre semi-précieuse (calcédoine). **2** Bille en verre imitant l'agate.

**agave** n. m. ▪ Plante d'origine mexicaine, décorative, dont on tire des fibres textiles (→ **sisal**) et un suc fermenté (→ **pulque**).

**âge** n. m. ▪ **1** Temps écoulé depuis qu'une personne est en vie. *Quel âge a-t-il ?* ♦ (choses) *L'âge d'un arbre ; d'un vin.* **2** Période de la vie (enfance, adolescence, jeunesse, maturité, vieillesse). ◆ loc. *Âge tendre,* enfance et adolescence. *Troisième âge* (de la retraite), *quatrième âge.* **3** *L'âge :* la vieillesse. **4** Grande période de l'histoire. loc. *Le moyen âge.* ◆ (préhistoire) *L'âge du bronze.* **5** *L'ÂGE D'OR :* époque prospère. *L'âge d'or du cinéma.*

**âgé, ée** adj. ▪ **1** Qui a tel âge. *Il est âgé de dix ans.* **2** Qui est d'un âge avancé.

**agence** n. f. ▪ **1** Organisme chargé de coordonner des moyens. **2** Établissement commercial servant d'intermédiaire. ♦ *Succursale bancaire.* **3** Organisme qui centralise des informations.

**agencement** n. m. ▪ Action, manière d'agencer ; arrangement, disposition.

**agencer** v. tr. ⏦ ▪ Disposer en combinant (des éléments), organiser (un ensemble) par une combinaison d'éléments. ▪ au p. p. *Un appartement bien agencé.*

**agenda** [aʒɛda] n. m. ▪ Carnet où l'on inscrit jour par jour ce que l'on doit faire.

**s'agenouiller** v. pron. ⏦ ▪ Se mettre à genoux. ▷ n. m. **agenouillement**

**agent** n. m. ▪ **I** didact. **1** La personne ou l'entité qui agit (opposé au *patient* ou *subit l'action*). ◆ gramm. *Complément d'agent :* complément d'un verbe passif, introduit par *par* ou *de,* désignant l'auteur de l'action. **2** Force, corps, etc. intervenant dans la production de phénomènes. *Les agents atmosphériques.* **II 1** Personne chargée des intérêts d'un individu ou d'un groupe, pour le compte duquel elle agit. **2** Personne employée par un service public, une entreprise..., servant d'intermédiaire. *Agent de change.* ◆ *AGENT (DE POLICE).* → **gardien** de la paix ; fam. **flic.** ♦ *Agent secret.* → **espion.**

**agglomérat** n. m. ▪ Ensemble d'éléments agglomérés. → **agrégat, conglomérat.**

**agglomération** n. f. ▪ **1** Action d'agglomérer (des matières). **2** didact. Union, groupement. **3** Ville ou village.

**aggloméré** n. m. ▪ Matériau obtenu en agglomérant des matières diverses.

**agglomérer** v. tr. ⑥ ▪ techn. Unir en un tout (diverses matières) à l'aide d'un liant.

**agglutinant, ante** adj. ▪ **1** Propre à agglutiner. **2** ling. *Langues agglutinantes*, où des affixes s'ajoutent aux bases.

**agglutiner** v. tr. ① ▪ **1** Coller ensemble, réunir pour former une masse compacte. ► **s'agglutiner** v. pron. ⊳ n. f. **agglutination**

**aggravant, ante** adj. ▪ Qui rend plus grave. *Circonstance aggravante.*

**aggravation** n. f. ▪ Fait de s'aggraver, d'empirer. ♦ dr. Augmentation de peine.

**aggraver** v. tr. ① ▪ **1** Rendre plus grave, plus condamnable. *Aggraver son cas.* **2** Rendre plus douloureux, plus dangereux. ◆ pronom. *L'état du malade s'aggrave.* → **empirer.** **3** Rendre plus violent, plus profond.

**agile** adj. ▪ **1** Qui a de l'aisance et de la rapidité dans ses mouvements. **2** fig. Prompt dans les opérations intellectuelles. ⊳ adv. **agilement** ⊳ n. f. **agilité**

**agio** n. m. ▪ Intérêt, commission.

**agioteur, euse** n. ▪ Personne qui spécule malhonnêtement sur les cours de la Bourse.

**agir** v. intr. ② ▪ **I 1** Faire qqch., avoir une activité qui transforme ce qui est. *C'est le moment d'agir.* **2** Se comporter dans l'action de telle manière. *Agir librement.* **3** (sujet chose) Produire un effet sensible, exercer une influence. *Le remède n'agit plus.* **4** trans. littér. (passif) *Être agi* : subir une influence. ▪ **II** *IL S'AGIT DE* v. pron. impers. **1** Marquant ce qui est en question, ce qui intéresse. → **il est question.** *C'est de vous qu'il s'agit.* ◆ *S'agissant de* : à propos de. **2** *Il s'agit de* (+ inf.) : ce qui importe est de. *Il s'agit de faire vite.*

**agissant, ante** adj. ▪ littér. Qui agit.

**agissements** n. m. pl. ▪ péj. Manœuvres.

**agitateur, trice** ▪ **1** n. Personne qui crée ou entretient l'agitation politique ou sociale. **2** n. techn. Ce qui sert à agiter, remuer.

**agitation** n. f. ▪ **1** État de ce qui est agité. **2** État d'une personne en proie à des émotions et à des impulsions diverses et qui ne peut rester en repos. → **nervosité. 3** Mécontentement politique ou social.

**agiter** v. tr. ① ▪ **1** Remuer vivement en divers sens, par des mouvements irréguliers. ◆ Remuer pour mélanger (un liquide). **2** littér. (sujet chose) Troubler (qqn) en déterminant un état d'agitation. **3** Débattre à plusieurs. → **discuter.** ► **s'agiter** v. pron. ► **agité, ée** adj. → **nerveux, tourmenté.**

**agneau, agnelle** n. ▪ **1** Petit de la brebis. ◆ loc. *Doux comme un agneau.* ♦ relig. *L'agneau de Dieu* : Jésus-Christ. **2** Viande d'agneau. **3** Fourrure d'agneau.

**agnosie** [agn-] n. f. ▪ méd. Trouble de la reconnaissance des objets.

**agnostique** [agn-] n. ▪ Personne qui professe que l'absolu est inconnaissable ; sceptique en matière de métaphysique et de religion. ⊳ n. m. **agnosticisme**

**Agnus Dei** [aɲysdei ; agnys-] n. m. invar. ▪ Prière de la messe débutant par ces mots.

**-agogue, -agogie** Éléments savants, du grec *agôgós* « qui conduit ».

**agonie** n. f. ▪ **1** Moments, heures précédant la mort. **2** fig., littér. Déclin précédant la fin.

**agonir** v. tr. ② ▪ Injurier. ≠ *agoniser.*

**agonisant, ante** adj. ▪ Qui agonise. → **mourant.** ◆ n. Moribond.

**agoniser** v. intr. ① ▪ **1** Être à l'agonie. **2** fig. Décliner. ≠ *agonir.*

**agora** n. f. ▪ Grande place publique (dans la Grèce antique). → aussi **forum.**

**agoraphobie** n. f. ▪ didact. Phobie des espaces libres et des lieux publics.

**agrafe** n. f. ▪ **1** Attache formée d'un crochet qu'on passe dans une boucle. **2** Fil métallique recourbé servant notamment à assembler des papiers. **3** chir. Petite lame servant à fermer une plaie ou une incision. **4** techn. Pièce métallique qui retient.

**agrafer** v. tr. ① ▪ **1** Attacher avec des agrafes ; assembler, fixer en posant des agrafes. **2** fam. Prendre, arrêter. → **épingler.**

**agrafeuse** n. f. ▪ Instrument pour agrafer.

**agraire** adj. ▪ Qui concerne la surface, le partage, la propriété des terres.

**agrandir** v. tr. ② ▪ **1** Rendre plus grand, plus spacieux en augmentant les dimensions. **2** Faire paraître plus grand. **3** Rendre plus important. → **développer.** *Agrandir son entreprise.* ► **s'agrandir** v. pron.

**agrandissement** n. m. ▪ **1** Action d'agrandir, fait de s'agrandir. **2** Opération consistant à tirer d'un cliché une épreuve agrandie. ◆ Photo ainsi obtenue.

**agréable** adj. ▪ **1** Qui agrée*, fait plaisir (à qqn). **2** Qui procure un sentiment de plaisir. → **plaisant.** ◆ n. m. *Joindre l'utile à l'agréable.* ⊳ adv. **agréablement**

**agréer** v. tr. ① ▪ **1** v. tr. ind. littér. *AGRÉER À qqn,* être au gré de. → **convenir, plaire.** *Si cela vous agrée.* **2** v. tr. dir. Accueillir avec faveur. ◆ dr. Admettre (qqn) en donnant son agrément. ◆ au p. p. *Fournisseur agréé.*

**agrégat** n. m. ▪ Assemblage hétérogène de substances qui adhèrent solidement.

**agrégatif, ive** n. ▪ Étudiant(e) préparant l'agrégation.

**agrégation** n. f. ▪ **1** Fait d'agréger ; son résultat. → **agrégat. 2** Admission sur concours au titre d'agrégé ; ce concours.

**agrégé, ée** n. ▪ Personne déclarée apte, après avoir été reçue à l'agrégation (2), à être titulaire d'un poste de professeur.

**agréger** v. tr. ③ et ⑥ ▪ **1** surtout pronom. et p. p. Unir en un tout (des particules solides). **2** Adjoindre (qqn à un groupe).

**agrément** n. m. ▪ **I** Permission, approbation (spécialt d'une autorité). **II 1** Qualité (d'une chose, d'un être) qui rend agréable. → **attrait, charme. 2** (dans des expr.) Plaisir. *Jardin d'agrément* (opposé à *potager*). *Voyage d'agrément* (opposé à *affaires*).

**agrémenter** v. tr. ① ▪ Améliorer en donnant de l'agrément (en ornant, variant...).

**agrès** n. m. pl. ▪ **1** mar. Éléments du gréement (d'un navire). **2** Appareils utilisés en gymnastique (barre fixe, etc.).

**agresser** v. tr. ⚀ ▪ Commettre une agression sur. ↳ au p. p. *Se sentir agressé* (moralement).

**agresseur** n. m. ▪ Personne, groupe qui commet une agression.

**agressif, ive** adj. ▪ **1** Qui a tendance à attaquer. ↳ *Attitude agressive.* → **menaçant.** ♦ par ext. Combatif. **2** Qui agresse la sensibilité. → **provocant.** ▷ adv. **agressivement** ⋅

**agression** n. f. ▪ **1** Attaque armée d'un État contre un autre, non justifiée par la légitime défense. **2** Attaque violente contre qqn. **3** Attaque (nuisible) par un agent externe. *Agression microbienne.*

**agressivité** n. f. ▪ Caractère agressif.

**agreste** adj. ▪ littér. Champêtre.

**agricole** adj. ▪ **1** Qui se livre à l'agriculture. **2** Relatif à l'agriculture. → **rural.**

**agriculteur, trice** n. ▪ Personne exerçant un des métiers de l'agriculture. → **cultivateur;** éleveur, fermier, paysan, planteur.

**agriculture** n. f. ▪ Culture du sol; ensemble des travaux transforment le milieu naturel pour la production des végétaux et des animaux utiles à l'homme.

**agripper** v. tr. ⚀ ▪ Saisir en serrant (pour s'accrocher). ► **s'agripper** v. pron. → **s'accrocher.** ▷ n. m. **agrippement**

**agro-** Élément savant (du grec *agros* « champ ») qui signifie « de l'agriculture ».

**agroalimentaire** adj. ▪ Relatif à la transformation par l'industrie alimentaire des produits agricoles. ↳ n. m. *L'agroalimentaire,* cette industrie. – var. AGRO-ALIMENTAIRE.

**agrocarburant** n. m. ▪ Carburant obtenu à partir de matériaux organiques non-fossiles (à l'inverse du pétrole...), provenant de l'agriculture, de déchets végétaux, etc. → **biocarburant.**

**agronome** n. ▪ Spécialiste d'agronomie.

**agronomie** n. f. ▪ Étude scientifique de l'agriculture (milieu naturel, techniques...). ▷ adj. **agronomique**

**agrumes** n. m. pl. ▪ Nom collectif des oranges, citrons, pamplemousses, etc.

**aguerrir** v. tr. ⚁ ▪ **1** Habituer aux dangers de la guerre. **2** Habituer à des choses pénibles. ► **s'aguerrir** v. pron. → **s'endurcir.**

**aux aguets** loc. adv. ▪ En position de guetteur, d'observateur en éveil.

**aguicher** v. tr. ⚀ ▪ Exciter par des manières provocantes. ▷ adj. et n. **aguicheur, euse** ▷ **aguichant, ante** adj. → **provocant.**

**\*ah** interj. ▪ **1** Marque un sentiment vif. **2** (redoublé) Sert à transcrire le rire. **3** (en loc. exclam. ou interrog.) *Ah bon ! Ah oui ?*

**ahan** n. m. ▪ vx Effort pénible.

**ahaner** v. intr. ⚀ ▪ **1** vx Peiner. **2** Respirer bruyamment dans l'effort.

**ahuri, ie** ▪ **1** adj. Surpris au point de paraître stupide. **2** adj. et n. → **abruti.**

**ahurir** v. tr. ⚁ ▪ Déconcerter complètement. ▷ n. m. **ahurissement**

**ahurissant, ante** adj. ▪ **1** Qui ahurit. → **stupéfiant. 2** Scandaleux, excessif.

**aï** n. m. ▪ Paresseux\* (mammifère).

① **aide** n. f. ▪ **1** Action d'intervenir en faveur de qqn en joignant ses efforts aux siens. → **appui, assistance, concours, soutien.** *Venir en aide à qqn.* **2** Secours financier. **3** À L'AIDE DE loc. prép. : au moyen de.

② **aide** n. ▪ **1** n. m. invar. ▪ Personne qui en aide une autre dans une opération et travaille sous ses ordres. ↳ devant un nom *Aide-comptable. Aide-soignant(e).* **2** n. m. milit. *Aide de camp* (attaché au service d'un chef).

**aide-mémoire** n. m. invar. ▪ Abrégé ne présentant que l'essentiel d'un sujet.

**aider** v. tr. ⚀ ▪ **1** v. tr. dir. Appuyer (qqn) en apportant son aide. ↳ (sujet chose) *Cela m'a beaucoup aidé.* → **servir.** *Le temps aidant,* le temps y contribuant. **2** v. tr. ind. AIDER À (qqch.) : faciliter. → **contribuer.** ► **s'aider** v. pron. **1** réfl. (prov.) *Aide-toi, le ciel t'aidera.* ♦ *S'aider de* : se servir de (qqch.). **2** récipr. S'entraider.

**aïe** [aj] interj. ▪ Exclamation de douleur.

**aïeul, aïeule** n. ▪ **1** (plur. *aïeuls, aïeules*) vx Grand-père, grand-mère. **2** au plur. *Les aïeux* : les ancêtres (→ ascendants; trisaïeul).

**aigle** ▪ **I** n. m. **1** Grand rapace diurne, au bec crochu, aux serres puissantes. ↳ *Un regard d'aigle,* perçant. *Ce n'est pas un aigle,* il, elle n'est pas très intelli- gent(e). **II** n. f. **1** Femelle de l'aigle. **2** Figure héraldique représentant un aigle.

**aiglefin** n. m. → **églefin.**

**aiglon** n. m. ▪ Petit de l'aigle. ♦ (avec maj.) Surnom du fils de Napoléon Ier.

**aigre** adj. ▪ **1** D'une acidité désagréable au goût ou à l'odorat. ↳ *Vent aigre,* froid et piquant. ♦ *Une voix aigre,* criarde. **2** Plein d'aigreur (II). → **acerbe.** ↳ n. m. *La discussion tourne à l'aigre,* s'envenime.

**aigre-doux, douce** adj. ▪ **1** Dont la saveur est à la fois acide et sucrée. **2** Où l'aigreur perce sous la douceur. *Propos aigres-doux.*

**aigrefin** n. m. ▪ Escroc, voleur.

**aigrelet, ette** adj. ▪ Légèrement aigre.

**aigrement** adv. ▪ Avec aigreur.

**aigrette** n. f. ▪ **1** Héron blanc aux plumes effilées. **2** Faisceau de plumes surmontant la tête de certains oiseaux. **3** Bouquet (de plumes, etc.); faisceau.

**aigreur** n. f. ▪ **1** Saveur aigre. → **acidité. 2** au plur. Sensation d'acidité. *Aigreurs d'estomac.* **II** fig. Mauvaise humeur se traduisant par des paroles désagréables.

**aigrir** v. ⚁ ▪ **I** v. tr. **1** Rendre aigre. **2** Remplir d'aigreur. **II** v. intr. Devenir aigre. ► **s'aigrir** v. pron. ▶ **aigri, ie** adj.

**aigu, uë** [egy] adj. ▪ **1** Terminé en pointe ou en tranchant. → **acéré, pointu.** ↳ *Angle aigu,* plus petit que l'angle droit (opposé à *obtus*). **2** En haut de l'échelle des sons (opposé à *grave*). *Une note aiguë.* ↳ n. m. *L'aigu,* les sons aigus. **3** (douleur...) Intense et pénétrant. **4** (maladie) À évolution rapide (opposé à *chronique*). **5** Vif et pénétrant (dans le domaine de l'esprit).

**aigue-marine** n. f. ■ Pierre semi-précieuse, transparente et bleue. *Des aigues-marines.*

**aiguière** n. f. ■ Ancien récipient pour l'eau, muni d'une anse et d'un bec.

**aiguillage** [-gɥi-] n. m. ■ 1 Manœuvre des aiguilles (5) des voies ferrées. ♦ Appareil permettant les changements de voie. 2 fig. → **orientation**. *Une erreur d'aiguillage.*

**aiguille** [egɥij] n. f. ■ 1 Fine tige d'acier pointue à une extrémité et percée à l'autre d'un trou (→ **chas**) où passe le fil. ← loc. *Chercher une aiguille dans une botte de foin*, une chose impossible à trouver. *De fil* en aiguille. 2 *Aiguille à tricoter* : tige pour faire du tricot. 3 méd. Tige effilée servant aux injections, aux piqûres. 4 Tige qui sert à indiquer une mesure, etc. *Les aiguilles d'une montre.* 5 Portion de rail mobile servant à opérer les changements de voie. 6 Sommet effilé d'une montagne. 7 Feuille des conifères (pin...). 8 appos. *Talon* aiguille.

**aiguiller** [-gɥi-] v. tr. 1 ■ 1 Diriger (un train) par un aiguillage. 2 fig. Orienter (3).

**aiguillette** [-gɥi-] n. f. ■ 1 ancient Cordon à bout de métal. ♦ Ornement militaire fait de cordons tressés. 2 Tranche de filet (de canard). ♦ Partie du romsteck.

**aiguilleur** [-gɥi-] n. m. ■ Agent chargé d'un poste d'aiguillage. ← *Aiguilleur du ciel* : contrôleur de la navigation aérienne.

**aiguillon** [-gɥi-] n. m. ■ 1 Long bâton pour piquer les bœufs. ♦ fig. Ce qui stimule. 2 Dard à venin de certains insectes.

**aiguillonner** [-gɥi-] v. tr. 1 ■ 1 Piquer (un animal) avec l'aiguillon. 2 fig. Stimuler.

**aiguiser** v. tr. 1 ■ 1 Rendre tranchant ou pointu. → **affûter**. 2 Rendre plus vif, plus pénétrant. *Aiguiser l'appétit.* 3 littér. Affiner, polir. ▷ **aiguisage** n. m. (sens 1) ▷ **aiguisement** n. m. (sens 1, 2 et 3)

**aïkido** n. m. ■ Art martial d'origine japonaise où l'on neutralise la force adverse par rotation du corps, etc.

**ail** [aj] n. m. ■ Plante dont le bulbe (tête) à saveur piquante sert comme condiment. *Gousse d'ail. Des aulx* ou *des ails.*

**aile** n. f. ■ I 1 Chacun des organes du vol chez les oiseaux, les chauves-souris, les insectes. ← loc. *Avoir des ailes*, aller très vite. *Avoir du plomb dans l'aile* : être compromis (choses). *Avoir un coup dans l'aile*, perdre de sa force ; être ivre. *Voler de ses propres ailes*, être indépendant. 2 Partie charnue d'une volaille comprenant tout le membre qui porte l'aile. 3 Chacun des plans de sustentation (d'un avion). ♦ *Aile libre.* → **deltaplane.** 4 Chacun des châssis garnis de toile d'un moulin à vent. II 1 Partie latérale d'un bâtiment. 2 Partie latérale d'une armée. ← sports Côtés de l'attaque d'une équipe (opposé à *centre*). 3 Partie de la carrosserie couvrant les roues d'une voiture. 4 *Ailes du nez* : moitiés inférieures des faces latérales du nez.

**ailé, ée** adj. ■ Pourvu d'ailes.

**aileron** n. m. ■ 1 Extrémité de l'aile (d'un oiseau). 2 Nageoire (de requin...). 3 Volet articulé à l'arrière de l'aile d'un avion.

**ailette** n. f. ■ 1 Petite aile. 2 Lame saillante.

**ailier** n. m. ■ football Chacun des avants situés à droite et à gauche du terrain.

**ailler** v. tr. 1 ■ Piquer ou frotter d'ail.

**ailleurs** adv. ■ 1 Dans un autre lieu (que celui où l'on est ou dont on parle). *Allons ailleurs. Nulle part ailleurs*, en aucun autre endroit. *Des gens venus d'ailleurs*, d'un endroit lointain. 2 loc. adv. *D'AILLEURS.* → d'autre **part**, du **reste**. ← *PAR AILLEURS* : à un autre point de vue. 3 fig. *Être ailleurs* : penser à autre chose, être distrait. → **absent**.

**aïoli** ou **aïoli** n. m. ■ Mayonnaise à l'ail.

**aimable** adj. ■ Qui cherche à faire plaisir. ← *Un mot aimable.* ▷ adv. **aimablement**

① **aimant, ante** adj. ■ Affectueux, tendre.

② **aimant** n. m. ■ Corps ou substance qui a la propriété d'attirer le fer.

**aimanter** v. tr. 1 ■ Communiquer à (un métal) la propriété de l'aimant. ← au p. p. *Aiguille aimantée.* ▷ n. f. **aimantation**

**aimer** v. tr. 1 ■ I 1 Avoir un sentiment passionné qui pousse à respecter, à vouloir le bien de (qqn, une entité). *Aimer son pays.* 2 Éprouver de l'affection, de l'amitié*, de la sympathie pour (qqn). → **affectionner, chérir.** *Aimer ses parents.* ← (avec un adv., distinguer du sens 3) *Je l'aime bien.* 3 Éprouver de l'amour, de la passion pour (qqn). ← au p. p. *L'être aimé.* II 1 Avoir du goût pour (qqch.). *Aimer la musique.* 2 Trouver bon au goût. 3 (+ inf.) Trouver agréable, être content de, se plaire à. *Aimer chanter.* ← littér. *AIMER À. J'aime à croire que*, je veux croire que. ← *AIMER QUE* (+ subj.). → **désirer, souhaiter.** ♦ *AIMER MIEUX* : préférer. ► s'**aimer** v. pron. 1 (réfl.) Se plaire, se trouver bien. 2 (récipr.) ← Être mutuellement attachés par l'affection, l'amour.

**aine** n. f. ■ Partie du corps entre le haut de la cuisse et le bas-ventre.

**aîné, ée** n. 1 adj. Qui est né le premier (par rapport aux autres enfants). ← n. *L'aîné et le cadet.* 2 n. Personne plus âgée (qu'une autre).

**aînesse** n. f. ■ hist. *DROIT D'AÎNESSE* : droit avantageant l'aîné dans une succession.

**ainsi** adv. ■ 1 (manière) De cette façon (comme il a été dit ou comme on va dire). ← loc. *Ainsi soit-il*, formule terminant une prière. → **amen.** *Pour ainsi dire* (atténue l'expression employée). 2 (conclusion) *Ainsi rien n'a changé...* 3 (comparaison) De même. ♦ *Ainsi que* loc. conj. → **comme.**

① **air** n. m. ■ 1 Fluide gazeux formant l'atmosphère, que respirent les êtres vivants, constitué essentiellement d'oxygène et d'azote (→ **aérien, aéro-**). *Air pur.* ← loc. *Prendre l'air* : aller se promener. ← *Changer d'air*, de milieu, de climat. ← fam. *Il ne manque pas d'air !*, il a du culot. 2 *AIR CONDITIONNÉ*, amené à une température et un degré hygrométrique déterminés. 3 loc. *EN PLEIN AIR* : au dehors. *Jeux de plein air.* ← *LIBRE COMME L'AIR* : libre de ses mouvements. 4 Espace au-dessus de la terre. → **ciel.** *Transports par air*, par voie aérienne. 5 *EN L'AIR* loc. adv. *Regarder en l'air.* → en **haut.** ← *Promesses* *en l'air*, pas sérieuses. **6** fig. Atmosphère, ambiance. *L'air du temps*. ⇒ *Être dans l'air* (idées, etc.) : commencer à se répandre.

② **air** n. m. ▪ **1** Apparence générale habituelle à une personne. →**allure**. **2** Apparence expressive manifestée par le visage, la voix, les gestes, à un moment donné. **3** *AVOIR L'AIR* : présenter telle apparence (physique ou morale). *Elle avait l'air soucieuse* (ou *l'air soucieux*). → **paraître**. ⇒ *Avoir l'air de* (+ inf.). → **sembler**.

③ **air** n. m. ▪ Mélodie d'une chanson, d'un morceau de musique. ⇒ loc. *L'air et la chanson*, l'apparence et la réalité.

**airain** n. m. ▪ vx ou littér. Bronze.

**airbag** n. m. ▪ anglic., techn. Coussin de sécurité, qui se gonfle en cas de choc pour protéger les passagers d'un véhicule.

① **aire** n. f. ▪ **1** Surface plane (d'abord, où l'on battait le grain). ⇒ *Aire d'atterrissage*. **2** géom. Portion limitée de surface ; sa mesure. → **superficie**. **3** didact. Lieu de certains phénomènes. → **domaine, zone**. *Aire linguistique*.

② **aire** n. f. ▪ didact. Nid d'un rapace).

**airelle** n. f. ▪ Arbrisseau à baies (myrtilles* et baies semblables) ; cette baie.

**aisance** n. f. ▪ **I** *CABINETS, LIEUX D'AISANCES* : cabinets, toilettes. ⇒ *Fosse\* d'aisances*. **II 1** Situation de fortune qui assure une vie facile. *Vivre dans l'aisance*. **2** Facilité naturelle. *S'exprimer avec aisance*.

**aise** n. f. ▪ **I 1** *ÊTRE À L'AISE* : être bien, ne pas être gêné ; être content, détendu. ⇒ *Mettre qqn à l'aise, à son aise. Il en prend à son aise* : il ne se gêne pas. *À votre aise !*, comme vous voudrez. *À son aise*. *SES AISES* : son bien-être. *Aimer ses aises*. **II** adj. littér. *(Être) BIEN AISE DE* (+ inf.), très content de.

**aisé, ée** adj. ▪ **1** Qui vit dans l'aisance. **2** littér. Qui se fait sans peine. → **facile**.

**aisément** adv. ▪ Facilement.

**aisselle** n. f. ▪ Cavité qui se trouve sous la jonction du bras avec l'épaule.

**aîtres** ou **êtres** n. m. pl. ▪ littér. Disposition des parties (d'une habitation).

**ajonc** [-ʒ] n. m. ▪ Arbrisseau épineux des landes atlantiques, à fleurs jaunes.

**ajourer** v. tr. ① ▪ Percer de jours (ornementaux). ► **ajouré, ée** adj.

**ajourner** v. tr. ① ▪ Renvoyer à une date indéterminée. → **différer, remettre**. ▷ n. m. **ajournement**

**ajout** n. m. ▪ Élément ajouté. → **addition**.

**ajouter** v. ① ▪ **I** v. tr. **1** Mettre en plus ou à côté. *Ajouter du sel*. ⇒ *Dire en plus. Permettez-moi d'ajouter un mot*. **2** littér. *AJOUTER FOI À* : croire. **II** v. tr. ind. *Ajouter à* : augmenter, accroître. ► s'**ajouter** v. pron.

**ajusté, ée** adj. ▪ Qui serre le corps.

**ajustement** n. m. ▪ **1** Fait d'être ajusté. **2** (abstrait) Adaptation, mise en rapport.

**ajuster** v. tr. ① ▪ **1** Mettre aux dimensions convenables. ⇒ *Ajuster une arme à feu*. **3** *AJUSTER À* : mettre en état d'être joint à. ⇒ pronom. *Couvercle qui s'ajuste mal au récipient*. **4** Mettre en conformité, adapter.

**ajusteur** n. m. ▪ Ouvrier qui façonne des pièces mécaniques.

**akra** → **acra**

**akvavit** → **aquavit**

**alacrité** n. f. ▪ littér. Vivacité enjouée.

**alaise** ou **alèse** n. f. ▪ Tissu imperméable pour protéger un matelas, un lit.

**alambic** n. m. ▪ Appareil servant à la distillation.

**alambiqué, ée** adj. ▪ Exagérément compliqué et contourné.

**alangui, ie** adj. ▪ Languissant, langoureux.

**alanguir** v. tr. ② ▪ Rendre languissant. ► s'**alanguir** v. pron. ▷ n. m. **alanguissement**

**alarmant, ante** adj. ▪ Qui alarme, inquiète.

**alarme** n. f. ▪ **1** Signal pour avertir d'un danger. *Donner l'alarme*, avertir d'un danger. ♦ Dispositif d'alarme. **2** Vive inquiétude en présence d'un danger prévu.

**alarmer** v. tr. ① ▪ Inquiéter en faisant pressentir un danger. ► s'**alarmer** v. pron.

**alarmiste** n. ▪ Personne qui répand des bruits alarmants. ⇒ adj. *Article alarmiste*.

**albanais, aise** adj. et n. ▪ De l'Albanie. ⇒ n.. *Les Albanais*. ♦ n. m. *L'albanais* (langue).

**albâtre** n. m. ▪ Minéral formé de gypse ou de calcite. ⇒ poét. *D'albâtre* : très blanc.

**albatros** [-os] n. m. ▪ Grand oiseau de mer, au plumage blanc et gris.

**albinisme** n. m. ▪ Anomalie des albinos.

**albinos** [-os] adj. ▪ Dépourvu de pigmentation (peau, système pileux, yeux). ♦ n. Personne albinos. *Un, une albinos*.

**album** n. m. ▪ **1** Cahier ou classeur destiné à recevoir des dessins, des photos, etc. **2** Livre où prédominent les illustrations. **3** Enregistrement fait d'un ou plusieurs disques vendus ensemble.

**albumine** n. f. ▪ **1** Protéine naturelle présente dans le sérum, le lait, etc. ▷ adj. **albumineux, euse** **2** Albuminurie\*.

**albuminurie** n. f. ▪ Présence d'albumine dans l'urine. ▷ adj. et n. **albuminurique**

**alcade** n. m. ▪ Magistrat municipal, en Espagne.

**alcali** n. m. ▪ **1** Nom générique des bases et sels basiques que donnent avec l'oxygène les métaux alcalins (potassium, sodium, etc.). **2** comm. Ammoniaque.

**alcalin, ine** adj. ▪ Des alcalis (1). *Propriétés alcalines*, basiques. ▷ n. f. **alcalinité**

**alcaloïde** n. m. ▪ Substance organique d'origine végétale (ex. caféine, morphine), contenant au moins un atome d'azote.

**alcane** n. m. ▪ chim. Hydrocarbure saturé (appelé autrefois *paraffine*).

**alcazar** n. m. ▪ Palais arabe fortifié.

**alchimie** n. f. ▪ Science occulte en vogue au moyen âge, basée sur des techniques chimiques secrètes et des spéculations mystiques. → **hermétisme**. ♦ fig. Transformation mystérieuse.

**alchimiste** n. ▪ Spécialiste d'alchimie.

**alcool** [alkɔl] n. m. ■ **I 1** Liquide incolore et inflammable obtenu par distillation du vin et des jus sucrés fermentés. *Alcool à 60 degrés.* **2** Eau-de-vie, spiritueux. **II** chim. Corps organique possédant un groupement hydrogène-oxygène. *Alcool éthylique\*.* – *Alcool à brûler* (mélange combustible).

**alcoolémie** n. f. ■ Taux d'alcool dans le sang.

**alcoolique** adj. ■ **I 1** Qui contient de l'alcool. **2** Qui boit trop d'alcool ; atteint d'alcoolisme. – n. *Un alcoolique.* **II** chim. Relatif aux alcools (II).

**alcooliser** v. tr. ① ■ Additionner d'alcool. – au p. p. *Boisson alcoolisée.* → **alcoolique.**

**alcoolisme** n. m. ■ Abus des boissons alcooliques, déterminant un ensemble de troubles ; ces troubles. → **éthylisme.**

**alcoolodépendance** n. f. ■ didact. Dépendance due à l'alcoolisme.

**alcoologie** n. f. ■ méd. Étude médicale de la consommation d'alcool par les humains.

**alcootest** [alkɔtɛst] n. m. (nom déposé) ■ Appareil, test mesurant l'alcoolémie. → **éthylotest.**

**alcôve** n. f. ■ **1** Enfoncement ménagé dans une chambre pour un lit. **2** Lieu des rapports amoureux. *Secrets d'alcôve.*

**aldéhyde** n. m. ■ chim. Corps formé en enlevant l'hydrogène à un alcool.

**al dente** [aldɛnte] adv. ■ *Pâtes cuites al dente,* peu cuites, fermes sous la dent.

**ale** [ɛl] n. f. ■ Bière anglaise blonde.

**aléa** n. m. ■ littér. Événement imprévisible.

**aléatoire** adj. ■ Lié au hasard.

**alémanique** adj. ■ Propre à la Suisse de langue allemande (dite *Suisse alémanique*).

**alène** n. f. ■ Poinçon pour le cuir. – var. ALÈNE.

**alentir** v. tr. ② ■ vx → **ralentir.**

**alentour** adv. ■ littér. Tout autour.

**alentours** n. m. pl. ■ Lieux voisins. ◆ *Aux alentours de* (approximation). → **vers ; environ.**

① **alerte** adj. ■ Vif et leste (malgré l'âge, etc.). – abstrait Éveillé, vif. *Esprit alerte.*

② **alerte** n. f. ■ **1** Signal prévenant d'un danger et appelant à prendre des mesures de sécurité. *Donner l'alerte.* → **alarme. 2** Indice d'un danger. *Fausse alerte.*

**alerter** v. tr. ① ■ **1** Avertir d'un danger, etc. pour que les mesures soient prises. **2** Faire pressentir un danger à (qqn).

**alésage** n. m. ■ **1** Calibrage exact des trous (d'une pièce mécanique). **2** Diamètre intérieur d'un cylindre. ▷ **aléser** v. tr. ⑥

**alèse** n. f. → **alaise**

**alevin** n. m. ■ Jeune poisson.

**aleviner** v. tr. ① ■ Peupler d'alevins.

**alexandrin** n. m. ■ Vers de douze syllabes.

**alezan, ane** adj. ■ (cheval, mulet) Dont la robe est brun rougeâtre. – n. m. *Un alezan.*

**alfa** n. m. ■ **1** Plante herbacée utilisée en vannerie, en papeterie. **2** Papier d'alfa.

**algarade** n. f. ■ Violente réprimande ou dispute.

**algèbre** n. f. ■ **1** Ensemble d'opérations substituant des lettres aux valeurs numériques ; par ext. étude de structures abstraites définies sur des ensembles et des lois. **2** fig. Chose difficile à comprendre. ▷ adj. **algébrique** ▷ adv. **algébriquement**

**algérien, enne** adj. et n. ■ D'Algérie. – n. *Les Algériens.*

**-algie** Élément, du grec *algos* « douleur ».

**algologie** n. f. ■ bot. Étude des algues et de leurs utilisations.

**algorithme** n. m. ■ math. Ensemble des règles opératoires propres à un calcul ; suite de règles formelles. ▷ adj. **algorithmique**

**alguazil** [-ga-] n. m. ■ hist. Agent de police ou de justice, en Espagne.

**algue** n. f. ■ Plante aquatique à chlorophylle. *Algues marines.* → **goémon, varech.**

① **alias** [aljas] adv. ■ Autrement appelé. *Jean-Baptiste Poquelin, alias Molière.*

② **alias** [aljas] n. m. ■ inform. Fichier virtuel créé pour permettre l'accès immédiat à un autre fichier.

**alibi** n. m. ■ **1** Moyen de défense tiré du fait qu'on était, au moment d'une infraction, dans un autre lieu. **2** fig. Justification.

**aliboron** n. m. ■ vx **1** Âne. **2** Ignorant.

**alidade** n. f. ■ Instrument pour déterminer les directions, mesurer les angles.

**aliénation** n. f. ■ **I 1** dr. Transmission que qqn fait d'une propriété ou d'un droit. **2** Fait de perdre (un droit, un bien naturel). **3** État de l'individu qui, par suite des conditions extérieures (économiques, politiques, religieuses), perd son humanité. **II** Trouble mental grave. → **démence, folie.**

**aliéné, ée** n. ■ Personne atteinte d'aliénation mentale.

**aliéner** v. tr. ⑥ ■ **1** dr. Céder par aliénation (I, 1). **2** Perdre (un droit, un bien naturel). *Aliéner sa liberté.* **3** Éloigner, rendre hostile. **4** Transformer par l'aliénation (I, 3).

**aliéniste** n. m. ■ ancienn Psychiatre.

**alignement** n. m. ■ **1** Fait d'aligner, d'être aligné. ◆ Rangée (de choses alignées). **2** admin. Limite de la voie publique, fixée par l'Administration. **3** fig. Fait d'aligner sa politique, sa conduite.

**aligner** v. tr. ① ■ **1** Ranger sur une ligne droite. **2** Inscrire ou prononcer à la suite. **3** fig. *Aligner* (une politique...) *sur,* rendre conforme à, calquer sur. ▶ **s'aligner** v. pron. ▶ **aligné, ée** adj. (→ non-aligné).

**aligot** n. m. ■ Plat de purée travaillée avec du fromage.

**aligoté** n. m. ■ Cépage de Bourgogne. – Vin blanc qu'il produit.

**aliment** n. m. ■ **1** Substance susceptible de servir à la nutrition d'un être vivant. → **nourriture. 2** fig. Ce qui nourrit l'esprit. **3** dr. au plur. Frais d'entretien (de qqn).

**alimentaire** adj. ■ **1** Qui peut servir d'aliment. **2** Relatif à l'alimentation. *Intoxication alimentaire.* **3** dr. Qui a rapport aux aliments (3). *Pension alimentaire.* **4** péj. Qui a pour rôle de fournir de quoi vivre.

ALIMENTATION

**alimentation** n. f. ■ **1** Action ou manière d'alimenter, de s'alimenter. *Varier son alimentation.* **2** Commerce ou industrie des denrées alimentaires. **3** Action d'alimenter (2).

**alimenter** v. tr. 1 ■ **1** Fournir en aliments. ◆ pronom. → se **nourrir. 2** Approvisionner en fournissant ce qu'il faut. *Alimenter une ville en eau; une chaudière.* **3** fig. Entretenir. *Alimenter la conversation.*

**alinéa** n. m. ■ **1** Renfoncement de la première ligne d'un paragraphe. **2** Passage compris entre deux alinéas (1). → **paragraphe.**

**alisier** n. m. ■ Arbre, variété de sorbier.

**aliter** v. tr. 1 ■ Faire prendre le lit à (qqn). ◆ pronom. *Il a dû s'aliter.* ▷ n. m. **alitement**

**alizé** n. m. ■ Vent régulier soufflant toute l'année de l'est, sur la partie orientale du Pacifique et de l'Atlantique.

**allaitement** n. m. ■ Action d'allaiter; alimentation en lait du nourrisson.

**allaiter** v. tr. 1 ■ Nourrir de son lait (un nourrisson, un petit); donner le sein à.

**allant, ante** ■ **I** adj. littér. Qui fait preuve d'activité. **II** n. m. Ardeur, entrain.

**allécher** v. tr. 6 ■ **1** Attirer par la promesse d'un plaisir. → **appâter. ◆** fig. Attirer, tenter. ▷ **alléchant, ante** adj. → **tentant.**

**allée** n. f. ■ *I ALLÉE ET VENUE* : fait d'aller et de venir; au plur. déplacement de personnes qui vont et viennent. **II** Chemin bordé d'arbres, etc. ◆ (dans un édifice) Passage.

**allégation** n. f. ■ Ce qu'on allègue.

**allégé, ée** adj. ■ (aliment) Dont on a réduit la teneur en lipides, en sucre.

**allégeance** n. f. ■ hist. ou dr. Obligation de fidélité. ◆ Soumission fidèle.

**alléger** v. tr. 6 et 3 ■ **1** Rendre moins lourd, plus léger. **2** (abstrait) Rendre moins pénible (une charge, une peine). ▷ **allégement** n. m. – var. ALLÈGEMENT.

**allégorie** n. f. ■ **1** Suite d'éléments narratifs concrets symbolisant chacun une abstraction. **2** Œuvre dont chaque élément évoque symboliquement les aspects d'une idée. ▷ adj. **allégorique**

**allègre** adj. ■ Plein d'entrain, vif.

**allégrement** adv. ■ **1** Avec entrain. → **vivement. 2** iron. Avec légèreté ou inconscience. – var. ALLÈGREMENT.

**allégresse** n. f. ■ Joie très vive qui se manifeste publiquement. → **liesse.**

**allégro** ou **allegro** [a(l)legʁo] n. m. ■ Morceau de musique exécuté dans un tempo assez rapide. – adv. *Jouer allegro.*

**alléguer** v. tr. 6 ■ **1** Citer comme autorité, pour sa justification. *Alléguer un texte de loi.* **2** Mettre en avant, invoquer. → **prétexter.**

**alléluia** [a(l)leluja] ■ **1** interj. Cri d'allégresse (fréquent dans les psaumes). **2** n. m. Chant liturgique chrétien d'allégresse.

**allemand, ande** adj. et n. ■ De l'Allemagne. → **germanique.** *Le mark, monnaie allemande avant l'euro.* ◆ n. *Un Allemand, une Allemande.* ◆ n. m. *L'allemand* (langue germanique).

① **aller** v. intr. 9 ■ **I** (mouvement) **1** (êtres vivants, véhicules) Se déplacer. *Allons à pied.* → *Aller et venir* : marcher dans des directions indéterminées. **2** (avec un compl. de lieu) → se **rendre.** *Aller à, en, chez...* **3** (avec un compl. de but) *Je vais à mon travail.* → (+ inf.) *Allez donc le voir.* **II** (sans déplacement) **1** (progression dans l'action) *Ce garçon ira loin.* → *Vous allez trop loin !* → **exagérer. 2** Y ALLER (comportement...). *Vous y allez fort !*, vous exagérez. *Il n'y a pas par quatre chemins*. **3** (+ inf. ; auxiliaire du futur) Être sur le point de. *Il va arriver.* **4** interj. pour exhorter *VA !, ALLONS !, ALLEZ !* **III** (évolution, fonctionnement) **1** Être dans tel état de santé. → se **porter.** *Comment allez-vous ? Je vais mieux.* → *Ça va* : je vais bien. **2** (sujet chose) Être porté dans tel état, tel stade d'une évolution. *Les affaires vont bien.* ◆ loc. *Cela va de soi*, c'est évident. ◆ impers. *Il y va de notre vie*, notre vie est en jeu. ◆ *Laisser aller*, laisser évoluer sans intervenir. – *Se laisser aller*, s'abandonner, se décourager. **3** Être adapté, convenir à (qqn, qqch.). **4** (auxiliaire d'aspect, suivi d'un p. prés.) *Son mal va en empirant.* **IV** *S'EN ALLER* v. pron. **1** Partir du lieu où l'on est. → **partir.** *Je m'en vais. Il s'en est allé.* **2** (choses) Disparaître. **3** (+ inf.) Partir faire qqch. ◆ (auxiliaire de temps) *Je m'en vais tout vous raconter.*

② **aller** n. m. ■ **I** (opposé à *retour*) **1** Trajet fait en allant à un endroit déterminé. *Billet valable pour l'aller.* → fig., fam. *Un aller et retour* : une paire de gifles. **3** *Match aller et match retour*\*. **II** *Pis aller.* → **pis.**

**allergie** n. f. ■ **1** Modification des réactions d'un organisme à un agent pathogène, après une première atteinte par cet agent. **2** fig. Réaction hostile, fait de ne pas supporter.

**allergique** adj. ■ **1** Propre à l'allergie. **2** Qui réagit par une allergie (à une substance). **3** fig. Qui supporte mal (qqch.).

**allergologie** n. f. ■ Médecine des allergies. ▷ n. **allergologue**

**alliage** n. m. ■ **1** Produit métallique obtenu en incorporant à un métal un ou plusieurs éléments. **2** fig. Mélange.

**alliance** n. f. ■ **I 1** Union contractée par engagement mutuel. *Alliance électorale.* **2** Pacte avec Dieu, dans la religion juive. **3** Union de puissances qui s'engagent à se porter secours en cas de guerre. **4** Lien juridique établi par le mariage entre les familles des conjoints. **5** Combinaison d'éléments divers. **II** Anneau de mariage.

**allié, ée** ■ **1** adj. Uni par un traité d'alliance. *Pays alliés.* → n. hist. *Les Alliés*, les pays alliés contre l'Allemagne au cours des guerres mondiales de 1914-1918 et 1939-1945. **2** n. Personne qui apporte à une autre son appui, prend son parti. **3** n. (au plur.) Personnes unies par alliance (I, 4).

**allier** v. tr. 7 ■ **1** Combiner par un alliage. **2** fig. Associer (des éléments dissemblables). **3** *S'ALLIER À, AVEC*, s'unir par une alliance.

**alligator** n. m. ■ Reptile voisin du crocodile.

**allitération** n. f. ■ Répétition des consonnes dans une série de mots.

**allo-** Élément, du grec *allos* « autre ».

**allô** ou **allo** interj. ■ Terme d'appel dans les communications téléphoniques.

**allocataire** n. ■ Bénéficiaire d'une allocation. → **prestataire**.

**allocation** n. f. ■ Fait d'allouer ; somme allouée. → **prestation**.

**allocution** n. f. ■ Discours familier et bref adressé par une personnalité.

**allogène** adj. ■ didact. Non autochtone.

**allogreffe** n. f. ■ méd. Greffe provenant d'un autre individu (contr. *autogreffe*).

**allomorphe** adj. ■ sc. Qui se présente sous des formes très différentes.

**allonge** n. f. ■ **1** Pièce servant à allonger. → **rallonge**. **2** Longueur de bras d'un boxeur.

**allongé, ée** adj. ■ **1** Étendu en longueur. **2** Étendu de tout son long. *Rester allongé.* **3** *Café allongé*, auquel on ajoute de l'eau.

**allongement** n. m. ■ Fait d'allonger, de s'allonger.

**allonger** v. ③ ■ **I** v. tr. **1** Rendre plus long. → **rallonger** ; opposé à *raccourcir*. **2** Rendre (une sauce...) plus liquide. ← loc. fam. *Allonger la sauce*, délayer (un texte...). **3** Étendre (un membre). *Allonger le bras.* ← loc. *Allonger le pas*, marcher plus vite. **4** Étendre qqn (sur un lit, etc.). **5** fam. Donner (un coup) en étendant la main, la jambe. **6** fam. Verser (de l'argent). **II** v. intr. Devenir plus long. → **rallonger**. ► **s'allonger** v. pron. **1** Devenir plus long (dans l'espace ou le temps). **2** S'étendre. **3** fam. Avouer.

**allopathie** n. f. ■ La médecine classique, quand on l'oppose à l'homéopathie. ▷ n. **allopathe** ▷ adj. **allopathique**

**allouer** v. tr. ① ■ **1** Attribuer (une somme d'argent). *Allouer une pension à qqn* (→ **allocation**). **2** Accorder (qqch. à qqn).

**allumage** n. m. ■ **1** Action d'allumer (un feu ; un éclairage). **2** Inflammation du mélange gazeux d'un moteur.

**allume-cigare** n. m. ■ Instrument à résistance électrique pour allumer les cigarettes, etc. *Des allume-cigares.*

**allume-gaz** [-gɑz] n. m. invar. ■ Instrument pour allumer le gaz (d'une cuisinière...).

**allumer** v. tr. ① ■ **1** Enflammer ; mettre le feu à. *Allumer une cigarette.* ← *Allumer le feu.* **2** Éveiller de façon soudaine (une passion). ♦ fam. Aguicher (qqn). **3** Rendre lumineux en enflammant, ou par l'électricité. *Allumer une lampe.* ← fam. *Allumer l'électricité.* **4** Faire fonctionner (un appareil électrique). ► **allumé, ée** adj. **1** *Lampe allumée.* **2** fam. Agité et exalté.

**allumette** n. f. ■ **1** Brin (de bois, carton, etc.) imprégné à une extrémité d'un produit susceptible de s'enflammer par friction. **2** appos. *Pommes allumettes*, frites très fines.

**allumeur, euse** ■ **I** n. m. Dispositif d'allumage (d'un moteur). **II** n. f. Femme qui excite le désir des hommes.

**allure** n. f. ■ **1** Vitesse de déplacement. *Ralentir l'allure.* **2** Manière de se déplacer, de se tenir. ← *Avoir de l'allure*, de la distinction. **3** (choses) Apparence générale. ► **alluré, ée** adj. fam. Qui a de l'allure.

**allusif, ive** adj. ■ Qui contient une allusion, procède par allusions. ▷ adv. **allusivement**

**allusion** n. f. ■ Manière d'éveiller l'idée de qqch. sans en faire expressément mention. *L'allusion m'échappe.* ♦ Passage célèbre auquel on fait allusion (→ citation).

**alluvion** n. f. ■ au plur. Dépôts de sédiments (cailloux, sables, boues, limons) d'un cours d'eau. ▷ adj. **alluvial, ale, aux**

**almanach** [-na] n. m. ■ Annuaire, publication ayant pour base le calendrier.

**aloès** [alɔɛs] n. m. ■ Plante grasse, aux feuilles charnues, contenant un suc amer.

**aloi** n. m. ■ **1** didact. Titre légal (d'une monnaie). **2** *De bon, de mauvais aloi* loc. adj. : de bonne, de mauvaise qualité.

**alopécie** n. f. ■ méd. Chute temporaire des cheveux ou des poils, partielle ou totale.

**alors** adv. ■ **I 1** À ce moment-là ; à cette époque-là. ← *Les gens d'alors*, de ce temps. *Jusqu'alors*, jusqu'à cette époque. **2** Dans ce cas. *Alors, je renonce.* **II** *ALORS QUE* loc. conj. (+ indic.) **1** vieilli Lorsque. **2** À un moment où au contraire. → **tandis** que.

**alose** n. f. ■ Poisson voisin du hareng.

**alouette** n. f. ■ Petit passereau des champs, au plumage grisâtre ou brunâtre.

**alourdir** v. tr. ② ■ Rendre lourd, pesant (sens propre et fig.). ▷ n. m. **alourdissement**

**aloyau** n. m. ■ Morceau de bœuf renfermant le filet, le romsteck et le contre-filet.

**alpaga** n. m. ■ **1** Mammifère d'Amérique du Sud, voisin du lama. **2** Tissu de laine (à l'origine laine d'alpaga) et de soie.

**alpage** n. m. ■ Pâturage de haute montagne. – syn. ALPE n. f.

**alpaguer** v. tr. ① ■ argot Arrêter (qqn).

**alpestre** adj. ■ Propre aux Alpes. → **alpin**.

**alpha** n. m. ■ Première lettre (α) de l'alphabet grec.

**alphabet** n. m. ■ **1** Système de signes graphiques (lettres) servant à la transcription des sons (consonnes, voyelles) d'une langue ; série des lettres, rangées dans un ordre traditionnel. ← *Alphabet phonétique*, notant les sons (phonèmes). **2** Livre contenant les premiers éléments de la lecture. → **abc**, **abécédaire**.

**alphabétique** adj. ■ **1** De l'alphabet. **2** Dans l'ordre alphabétique. ▷ adv. **alphabétiquement**

**alphabétiser** v. tr. ① ■ Apprendre à lire et à écrire à (un groupe social qui ignore une écriture). ▷ n. f. **alphabétisation**

**alphanumérique** adj. ■ Qui recourt à la fois à des lettres et à des chiffres.

**alpin, ine** adj. ■ **1** Des Alpes. → **alpestre**. ← *Chasseurs alpins* : troupes spécialisées dans la guerre de montagne. **2** D'alpinisme. ← *Ski alpin* (descente et slalom).

**alpinisme** n. m. ■ Sport des ascensions en montagne. ▷ n. **alpiniste**

**alsacien, ienne** adj. et n. ■ De l'Alsace.

**altération** n. f. ■ **I** Changement en mal. **II** Signe de musique modifiant la hauteur de la note (dièse, bémol, bécarre).

**altercation** n. f. ■ Échange bref de propos vifs, de répliques désobligeantes.

**alter ego** [altɛʀego] n. m. invar. ■ Personne de confiance. ♦ Ami inséparable.

**altérer** v. tr. ⑥ ■ I 1 Changer en mal. → **détériorer, gâter.** ← pronom., fig. *Son visage s'altéra.* 2 Falsifier, fausser. II 1 Exciter la soif de (qqn). 2 fig. *Être altéré de,* avide de.

**altérité** n. f. ■ didact. Caractère de ce qui est autre.

**altermondialiste** adj. ■ Qui s'oppose à la mondialisation libérale (→ **antimondialisation),** et promeut des échanges plus justes entre les peuples, les sociétés. ▷ n. m. **altermondialisme**

**alternance** n. f. ■ 1 Succession répétée, dans l'espace ou dans le temps, dans un ordre régulier, d'éléments d'une série. *L'alternance des saisons.* 2 Succession au pouvoir de deux tendances politiques.

**alternant, ante** adj. ■ Qui alterne.

**alternatif, ive** adj. ■ 1 Qui présente une alternance. → **périodique.** ← *Courant alternatif,* dont l'intensité varie selon une sinusoïde (opposé à *continu).* 2 (emploi critiqué) Qui constitue une alternative (3). → **parallèle.**

**alternative** n. f. ■ 1 au plur. Phénomènes ou états opposés qui se succèdent régulièrement. 2 Situation dans laquelle il n'y a que deux partis possibles. *Une alternative délicate.* 3 (emploi critiqué) Solution de remplacement.

**alternativement** adv. ■ En alternant.

**alterne** adj. ■ didact. Qui présente une alternance d'ordre spatial.

**alterner** v. ① ■ 1 v. intr. Se succéder en alternance. 2 v. tr. Faire succéder (les cultures) par alternance. ► **alterné, ée** adj. *Rimes alternées,* croisées. ← *Stationnement alterné.*

**altesse** n. f. ■ Titre d'honneur donné aux princes et princesses du sang.

**altier, ière** adj. ■ Fier, hautain.

**altimètre** n. m. ■ Appareil indiquant l'altitude du lieu où l'on se trouve.

**altimétrie** n. f. ■ didact. 1 Méthode de mesure des altitudes. 2 Signes qui représentent le relief, sur une carte.

**altiste** n. ■ Joueur, joueuse d'alto (2).

**altitude** n. f. ■ 1 Élévation verticale (d'un point, d'un lieu) par rapport au niveau de la mer. 2 Grande altitude.

**alto** n. m. ■ 1 Voix de contralto. ♦ n. Chanteur (contre-ténor) ou chanteuse (contralto) qui a cette voix. 2 Instrument de la famille des violons, plus grave et un peu plus grand. 3 appos. *Saxophone alto.*

**altruisme** n. m. ■ Disposition à se dévouer à autrui. ▷ adj. et n. **altruiste**

**alumine** n. f. ■ Oxyde d'aluminium.

**aluminium** [-jɔm] n. m. ■ Élément (symb. AL), métal blanc, léger, bon conducteur de l'électricité. – abrév. fam. ALU.

**alun** n. m. ■ Sulfate double de potassium et d'aluminium, utilisé en médecine, etc.

**alunir** v. intr. ② ■ Aborder sur la Lune. ▷ n. m. **alunissage**

**alvéole** n. m. (vieilli) ou f. ■ 1 Cellule de cire que fabrique l'abeille. 2 anat. *Alvéoles dentaires :* cavités où sont implantées les racines des dents. ← *Alvéoles pulmonaires :* culs-de-sac terminaux des ramifications des bronches. ▷ adj. **alvéolaire** 3 Cavité ayant la forme d'une alvéole (1).

**amabilité** n. f. ■ Qualité d'une personne aimable ; manifestation de cette qualité.

**amadou** n. m. ■ Substance inflammable venant d'un champignon (l'*amadouvier).*

**amadouer** v. tr. ① ■ Amener à ses fins ou apaiser (qqn qui était hostile ou réservé) par des flatteries, des attentions adroites.

**amaigrir** v. tr. ② ■ Rendre maigre, plus maigre. ► **amaigri, ie** adj.

**amaigrissant, ante** adj. ■ Qui fait maigrir.

**amaigrissement** n. m. ■ Fait de maigrir.

**amalgame** n. m. ■ 1 Mélange servant à l'obturation des dents. 2 Mélange d'éléments hétérogènes. 3 Fait d'associer artificiellement diverses idéologies, etc., pour les discréditer.

**amalgamer** v. tr. ① ■ Unir dans un mélange. → **mélanger.**

**aman** n. m. ■ (islam) Octroi de la vie sauve.

**amande** n. f. ■ 1 Fruit de l'amandier, dont la graine comestible est riche en huile. ♦ *EN AMANDE :* en forme d'amande. ♦ appos. (invar.) *Vert amande :* vert clair. 2 Graine d'un fruit à noyau. *L'amande de l'abricot.*

**amandier** n. m. ■ Arbre dont le fruit est l'amande.

**amanite** n. f. ■ Champignon à lames dont certaines espèces sont vénéneuses (*amanite tue-mouche)* ou même mortelles (*amanite phalloïde).*

**amant, ante** n. ■ 1 vx ou littér. Personne qui aime d'amour et qui est aimée. → **amoureux, soupirant.** 2 n. m. Homme qui a des relations sexuelles avec une femme sans être son mari. ♦ *Les amants :* l'amant et sa maîtresse.

**amarante** n. f. ■ Plante ornementale, aux nombreuses fleurs rouges en grappes.

**amaretto** n. m. ■ Liqueur italienne à base d'amandes d'abricots.

**amarrage** n. m. ■ Action, manière d'amarrer.

**amarre** n. f. ■ Câble, cordage pour retenir un navire, un ballon à un point fixe.

**amarrer** v. tr. ① ■ 1 Maintenir, retenir avec des amarres. 2 → **arrimer.**

**amaryllis** [-lis] n. f. ■ Plante bulbeuse, aux fleurs ornementales.

**amas** n. m. ■ Réunion d'objets venus de divers côtés. → **amoncellement, tas.**

**amasser** v. tr. ① ■ Réunir en quantité considérable, par additions successives. → **accumuler, amonceler, entasser.**

**amateur** n. m. ■ **1** Personne qui aime, recherche (certaines choses). *La collection d'un amateur* (d'art). ♦ Acheteur éventuel. ➝ loc. *Avis aux amateurs* : avis aux personnes intéressées. **2** Personne qui cultive un art, une science pour son seul plaisir (et non par profession). **3** sports Personne qui pratique un sport sans recevoir de rémunération directe (opposé à *professionnel*). **4** péj. Personne qui exerce une activité de façon fantaisiste.

**amateurisme** n. m. ■ **1** Condition de l'amateur, en sport. **2** péj. Caractère d'un travail d'amateur (4) (négligé, etc.).

**amazone** n. f. ■ **1** Femme qui monte à cheval. ➝ loc. *Monter en amazone*, les deux jambes du même côté de la selle. **2** Longue jupe pour monter à cheval. **3** fam. Prostituée qui racole en voiture.

**ambages** n. f. pl. ■ *Sans ambages* loc. adv. : sans détour, franchement.

**ambassade** n. f. ■ **1** Représentation permanente d'un État auprès d'un État étranger. ➝ Personnel, locaux de cette représentation. **2** Mission délicate auprès de qqn.

**ambassadeur, drice** n. ■ **1** Représentant(e) permanent(e) d'un État auprès d'un État étranger, le plus élevé dans la hiérarchie diplomatique. **2** Personne chargée d'une mission. **3** Personne qui représente à l'étranger (une activité de son pays).

**ambi-** Élément, du latin *ambo* « tous les deux ».

**ambiance** n. f. ■ Atmosphère matérielle ou morale qui environne qqn, des personnes. ➝ fam. *Il y a de l'ambiance ici*, une atmosphère gaie, pleine d'entrain. ➝ *Musique d'ambiance*, discrète et agréable.

**ambiant, ante** adj. ■ Qui entoure de tous côtés, constitue le milieu où l'on se trouve.

**ambidextre** adj. et n. ■ Qui possède la même aisance des deux mains.

**ambigu, uë** [-gy] adj. ■ Qui présente deux ou plusieurs sens possibles ; dont l'interprétation est incertaine. *Réponse ambiguë.* ♦ Dont la nature est équivoque. *Personnage ambigu.* ▷ adv. **ambigument**

**ambiguïté** [-gui-] n. f. ■ Caractère de ce qui est ambigu.

**ambitieux, euse** ■ **1** adj. et n. (Personne) qui a de l'ambition. **2** adj. Qui marque de l'ambition, ou péj. trop d'ambition. ▷ adv. **ambitieusement**

**ambition** n. f. ■ **1** Désir ardent d'obtenir ce qui peut flatter l'amour-propre (pouvoir, réussite...). **2** (sens affaibli) Désir, souhait.

**ambitionner** v. tr. [1] ■ Rechercher par ambition. ➝ **briguer, convoiter.** ➝ (avec *de* + inf.) Souhaiter vivement.

**ambivalence** n. f. ■ Caractère de ce qui a deux composantes de sens contraire, ou de ce qui se présente sous deux aspects. ▷ **ambivalent, ente** adj. ➝ **ambigu.**

**amble** n. m. ■ Allure d'un cheval, etc., qui se déplace en levant en même temps les deux jambes du même côté.

**amblyopie** n. f. ■ didact. Affaiblissement de la vue, sans lésion organique apparente. ▷ adj. et n. **amblyope**

**ambre** n. m. ■ **1** *Ambre gris* : substance provenant des concrétions intestinales du cachalot ; parfum qui en est extrait. **2** *Ambre jaune* : résine fossilisée (transparente).

**ambré, ée** adj. ■ **1** Parfumé à l'ambre gris. **2** Qui a un reflet jaune.

**ambroisie** n. f. ■ Nourriture des dieux de l'Olympe, source d'immortalité.

**ambulance** n. f. ■ Automobile aménagée pour le transport des malades ou des blessés.

**ambulancier, ière** n. ■ Personne qui conduit une ambulance.

**ambulant, ante** adj. ■ Qui se déplace pour exercer son activité professionnelle.

**ambulatoire** adj. ■ méd. **1** Qui concerne la marche. **2** *Traitement ambulatoire*, qui permet au malade de poursuivre ses activités normales.

**âme** n. f. ■ **1** Principe spirituel de l'être humain, conçu dans la religion comme séparable du corps, immortel et jugé par Dieu. *Attribuer une âme aux choses.* ➝ **animisme.** ➝ *Rendre l'âme* : mourir. **2** Principe de la sensibilité et de la pensée (opposé au corps). *De toute son âme* (➝ de tout son cœur). *Être musicien dans l'âme*, profondément. **3** Être vivant, personne. *Un village de cinq cents âmes.* ➝ **habitant.** ➝ loc. *Ne pas trouver ÂME QUI VIVE* : ne trouver personne. ➝ *L'ÂME SŒUR* : une personne avec laquelle on a des affinités sentimentales. **4** Personne qui anime une entreprise collective. **5** *ÂME DAMNÉE* : personne entièrement dévouée à qqn. **II 1** Partie centrale d'un câble. **2** Évidement intérieur d'une arme à feu. **3** mus. Pièce de bois qui réunit la table et le fond d'un instrument à cordes.

**améliorer** v. tr. [1] ■ Rendre meilleur, plus satisfaisant, changer en mieux. ▶ s'**améliorer** v. pron. ▷ n. f. **amélioration**

**amen** [amɛn] interj. ■ relig. chrét. Mot par lequel se terminent les prières (traduit par « ainsi soit-il »). ➝ loc. fig. *Dire amen à ce que dit qqn*, acquiescer sans discuter.

**aménager** v. tr. [3] ■ **1** Disposer et préparer méthodiquement en vue d'un usage déterminé. **2** Adapter pour rendre plus efficace. ▷ n. m. **aménagement**

**amende** n. f. ■ **1** Peine pécuniaire prononcée en matière civile, pénale ou fiscale. ➝ **contravention. 2** loc. *Faire amende honorable* : reconnaître ses torts.

**amendement** n. m. ■ **1** agric. Opération visant à améliorer un sol ; substance incorporée au sol à cet effet. **2** polit. Modification proposée à un texte soumis à une assemblée délibérante. *Voter un amendement.*

**amender** v. tr. [1] ■ **1** littér. Améliorer. **2** agric. Rendre plus fertile (une terre). **3** polit. Modifier par amendement (2).

**amène** adj. ■ littér. Agréable, avenant.

**amenée** n. f. ■ Action d'amener (l'eau...).

**amener** v. tr. ⑤ ▪ **1** Mener (qqn) à un endroit ou auprès d'une personne. ◂ loc. *Quel bon vent\* vous amène ?* ◂ *Mandat d'amener :* ordre de comparaître devant un juge. **2** fig. *Amener qqn à :* conduire, entraîner petit à petit à. → **convaincre. 3** Faire venir à une destination. → **conduire. 4** (sujet chose) Avoir pour suite assez proche. → **occasionner. 5** mar. Tirer à soi. ▸ **s'amener** v. pron. fam. Arriver, venir.

**aménité** n. f. ▪ Amabilité pleine de douceur. *Sans aménité,* durement.

**aménorrhée** n. f. ▪ méd. Absence de flux menstruel chez une femme en âge d'être réglée.

**amenuiser** v. tr. ① ▪ **1** Rendre plus mince. **2** fig. Rendre moins important. ▸ **s'amenuiser** v. pron. → **diminuer.** ▷ n. m. **amenuisement**

① **amer, ère** adj. ▪ **1** Qui produit au goût une sensation âpre, désagréable ou stimulante. ◆ n. m. Liqueur au goût amer. **2** fig. Qui engendre ou marque l'amertume. ◂ *Il est très amer,* plein de ressentiment.

② **amer** [amɛʁ] n. m. ▪ mar. Objet, construction fixe servant de repère pour la navigation.

**amèrement** adv. ▪ De manière amère.

**américain, aine** ▪ **1** adj. De l'Amérique. *Les Indiens américains.* → **amérindien. 2** adj. et n. Des États-Unis d'Amérique.

**américaniser** v. tr. ① ▪ Faire ressembler aux Américains des États-Unis, à leur civilisation. ▸ **s'américaniser** v. pron. ▷ n. f. **américanisation**

**américanisme** n. m. ▪ **1** Idiotisme américain (en anglais). ◆ Emprunt à l'américain. **2** Ensemble des études consacrées au continent américain.

**amérindien, ienne** adj. et n. ▪ Des Indiens d'Amérique. n. *Les Amérindiens.*

**amerrir** v. intr. ② ▪ (hydravion...) Se poser à la surface de l'eau. ▷ n. m. **amerrissage**

**amertume** n. f. ▪ **1** Saveur amère. **2** fig. Sentiment durable de tristesse mêlée de rancœur, lié à une déception, etc.

**améthyste** n. f. ▪ Pierre fine violette (quartz).

**ameublement** n. m. ▪ **1** Ensemble des meubles d'un logement (dans son agencement). **2** Industrie, commerce des meubles.

**ameublir** v. tr. ② ▪ Rendre meuble (le sol). ▷ n. m. **ameublissement**

**ameuter** v. tr. ① ▪ **1** Attrouper dans une intention de manifestation hostile. **2** Alerter, inquiéter (des personnes).

**ami, ie** ▪ I n. **1** Personne avec laquelle on est lié d'amitié. *Un ami d'enfance.* ◂ loc. *Faire ami-ami avec qqn,* lui faire des démonstrations d'amitié. **2** par euphémisme Amant, maîtresse ; amoureux(euse). ◂ *Petit(e) ami(e)* (même sens). **3** Personne qui est bien disposée envers une autre ou une collectivité. *Ses amis politiques.* ◂ *Les amis du livre,* les bibliophiles. **4** FAUX AMI : mot qui, dans une langue étrangère, présente une similitude trompeuse avec un mot de sa propre langue.

**II** adj. **1** Lié d'amitié. ◆ *Être ami de la liberté,* y être attaché. **2** D'un ami ; digne d'amis. → **amical ; accueillant.**

**amiable** adj. ▪ Qui est fait par voie de conciliation. *Constat amiable.* ◆ *À L'AMIABLE* loc. adv. : par voie de conciliation, sans procès.

**amiante** n. m. ▪ Silicate se travaillant en fibres ; ces fibres, résistantes au feu.

**amibe** n. f. ▪ Protozoaire des eaux douces et salées, qui se déplace à l'aide de pseudopodes. ▷ adj. **amibien, ienne**

**amibiase** n. f. ▪ méd. Maladie parasitaire due à des amibes.

**amical, ale, aux** adj. ▪ **1** Qui manifeste, traduit de l'amitié. ◆ *Association amicale* ou n. f. *amicale* (de personnes ayant une même activité). **2** Se dit d'une rencontre sportive qui ne compte pas pour un championnat.

**amicalement** adv. ▪ De façon amicale.

**amidon** n. m. ▪ Glucide emmagasiné par les végétaux, et qui fournit un empois.

**amidonner** v. tr. ① ▪ Empeser à l'amidon.

**amincir** v. tr. ② ▪ **1** Rendre plus mince. **2** Faire paraître plus mince. ▸ **s'amincir** v. pron. ▷ n. m. **amincissement**

**amincissant, ante** adj. ▪ Qui amincit.

**amine** n. f. ▪ biochim. Composé organique dérivé de l'ammoniac.

**aminé, ée** adj. ▪ *Acide aminé :* substance organique possédant les fonctions amine et acide, constituant essentiel des protéines.

**amiral, ale, aux** ▪ **1** n. m. Officier du grade le plus élevé dans la marine. **2** n. f. Femme d'un amiral.

**amirauté** n. f. ▪ Corps des amiraux. ◂ Siège du commandement de la marine.

**amitié** [-tje] n. f. ▪ **1** Sentiment réciproque d'affection ou de sympathie qui ne se fonde ni sur la parenté ni sur l'attrait sexuel. ◂ vieilli *Amitié particulière :* liaison homosexuelle. **2** Marque d'affection.

**ammoniac** n. m. ▪ Combinaison gazeuse d'azote et d'hydrogène, gaz à odeur piquante. ▷ adj. **ammoniacal, ale, aux**

**ammoniaque** n. f. ▪ Solution d'ammoniac.

**ammonite** n. f. ▪ Mollusque céphalopode fossile du secondaire, à coquille enroulée.

**amnésie** n. f. ▪ Perte totale ou partielle de la mémoire. ▷ adj. et n. **amnésique**

**amniocentèse** [-sɛ-] n. f. ▪ Prélèvement, par ponction, de liquide amniotique.

**amnios** [amnjos] n. m. ▪ didact. Annexe embryonnaire enveloppant l'embryon de certains vertébrés (mammifères, oiseaux, reptiles). ▷ adj. **amniotique**

**amnistie** n. f. ▪ Acte du pouvoir législatif par lequel sont suspendues des sanctions.

**amnistier** v. tr. ⑦ ▪ Faire bénéficier d'une amnistie (des délinquants ; des délits).

**amocher** v. tr. ① ▪ fam. Blesser. ◆ Abîmer.

**amoindrir** v. tr. ② ▪ Diminuer (la force, la valeur...) ; diminuer l'importance de (qqch.). → **réduire.** ▸ **s'amoindrir** v. pron. → **décroître.** ▷ n. m. **amoindrissement**

**amok** n. m. ■ didact. Forme de folie homicide observée chez les Malais.

**amollir** v. tr. ② ■ Rendre mou. → **ramollir**. ◆ sans compl. fig. *La paresse amollit*. ► **s'amollir** v. pron. ▷ n. m. **amollissement**

**amonceler** v. tr. ④ ■ 1 Réunir en monceau, en tas. → **entasser**. 2 fig. Accumuler. *Amonceler des preuves*. ▷ n. m. **amoncellement**

**amont** n. m. ■ 1 Partie d'un cours d'eau comprise entre un point et la source (opposé à *aval*). ◆ *EN AMONT DE* loc. prép. : au-dessus de (tel point d'un cours d'eau). 2 fig. Ce qui vient avant (dans un processus).

**amoral, ale, aux** adj. ■ Qui est étranger au domaine de la moralité (≠ *immoral*).

**amorçage** n. m. ■ Action d'amorcer.

**amorce** n. f. ■ I Produit jeté dans l'eau pour amorcer le poisson. II 1 Petite masse de matière détonante servant à provoquer une explosion ; dispositif de mise à feu. → **détonateur**. 2 Ce qui amorce (3) qqch. → **début, ébauche**.

**amorcer** v. tr. ③ ■ I Garnir d'un appât. → **appâter**. ◆ Attirer (le poisson) avec des amorces (I). II 1 Garnir d'eau (II, 1). 2 Mettre (une pompe) en état de fonctionner. 3 fig. Entamer, ébaucher. *Amorcer un geste*.

**amorphe** adj. ■ 1 (roche) Qui n'a pas de forme cristallisée. 2 Qui n'est pas structuré. 3 Sans réaction, sans énergie. → **apathique**.

**amortir** v. tr. ② ■ 1 Rendre moins violent, atténuer l'effet de. ◆ fig. Atténuer. 2 Éteindre (une dette) par remboursement. 3 Constater la dépréciation comptable de (un bien). ▷ n. m. **amortissement**

**amortisseur** n. m. ■ Dispositif qui amortit (1) les chocs, les trépidations, etc.

**amour** n. m. ■ 1 Sentiment vif qui pousse à aimer (qqn), à vouloir du bien, à aider en s'identifiant plus ou moins. → **aimer ; affection**. ◆ Ce sentiment, considéré comme naturel entre les membres d'une même famille. *L'amour filial*. 2 Inclination envers une personne, le plus souvent à caractère passionnel, fondée sur l'instinct sexuel, mais entraînant des comportements variés. ◆ au plur. Liaison, aventure amoureuse. *Comment vont tes amours ?* ◆ littér. au fém. *De brèves amours*. ◆ *FAIRE L'AMOUR* : avoir des relations sexuelles. 3 Personne aimée. *C'est l'amour de sa vie*. 4 Représentation mythologique de l'amour. 5 fam. Chose ou personne aimable. 6 Attachement désintéressé et profond à une valeur. *L'amour de la justice*. ◆ *Faire qqch. avec amour*, avec soin. 7 Goût très vif pour qqch. qui procure du plaisir. → **passion**.

**s'amouracher** v. pron. ① ■ péj. Tomber amoureux (de qqn). → **s'enticher** de.

**amourette** n. f. ■ Amour passager.

**amoureusement** adv. ■ 1 Avec amour (2), tendrement. 2 Avec un soin particulier.

**amoureux, euse** adj. ■ 1 Qui éprouve de l'amour (2), qui aime. ◆ n. *Deux amoureux*. 2 Propre à l'amour ; qui marque de l'amour. *Passion amoureuse*. 3 Qui a un goût très vif (pour qqch.). → **passionné**.

**amour-propre** n. m. ■ Sentiment vif qu'un être a de sa dignité et de sa valeur.

**amovible** adj. ■ 1 (fonctionnaire...) Qui peut être déplacé, révoqué. 2 Qu'on peut ôter ou remettre à volonté. ▷ n. f. **amovibilité**

**ampélopsis** [-sis] n. m. ■ Plante grimpante aussi appelée *vigne vierge*.

**ampérage** n. m. ■ Intensité de courant électrique (emploi incorrect en sc.).

**ampère** n. m. ■ Unité de mesure d'intensité du courant électrique (symb. A).

**amphétamine** n. f. ■ Médicament employé comme excitant du système nerveux central.

**amph(i)-** Élément (du grec *amphi-*) qui signifie « de deux côtés » ou « autour ».

**amphibie** adj. ■ 1 Capable de vivre à l'air ou dans l'eau. 2 Qui peut être utilisé sur terre ou dans l'eau.

**amphibien** n. m. ■ Animal amphibie à la peau criblée de glandes à sécrétion visqueuse, à respiration surtout cutanée, et qui subit une métamorphose (classe des *Amphibiens* ; syn. vieilli *batracien*).

**amphibologie** n. f. ■ didact. Double sens présenté par une proposition (ex. louer un appartement). ▷ adj. **amphibologique**

**amphigouri** n. m. ■ Discours embrouillé.

**amphithéâtre** n. m. ■ 1 Vaste édifice antique, à gradins étagés, occupé au centre par une arène. 2 Salle de cours en gradins dans une université. – abrév. fam. AMPHI.

**amphitryon** n. m. (nom d'un roi de la mythol. grecque) ■ littér. Hôte qui offre à dîner.

**amphore** n. f. ■ Vase antique à deux anses, pansu, à pied étroit.

**ample** adj. ■ 1 Qui a de l'ampleur. → **large**. 2 fig. Abondant ; qui se développe largement. ▷ adv. **amplement**

**ampleur** n. f. ■ 1 Largeur importante. 2 Caractère de ce qui a une grande extension ou importance. *Prendre de l'ampleur*.

**amplificateur, trice** ■ 1 n. m. Appareil destiné à augmenter l'amplitude d'un phénomène. ◆ spécialt Élément d'une chaîne acoustique précédant les haut-parleurs. 2 adj. Qui amplifie.

**amplifier** v. tr. ⑦ ■ 1 Augmenter les dimensions, l'intensité de. *Amplifier un son*. 2 Développer en ajoutant des détails. ▷ n. f. **amplification**

**amplitude** n. f. ■ 1 Grandeur, importance. → **ampleur**. 2 sc. Différence entre les valeurs extrêmes d'une grandeur.

**ampoule** n. f. ■ I 1 Petite fiole. 2 Tube de verre effilé contenant une dose de médicament liquide ; son contenu. 3 Globe de verre contenant le filament des lampes à incandescence. II Cloque de la peau.

**ampoulé, ée** adj. ■ (style...) Emphatique.

**amputation** n. f. ■ 1 Opération chirurgicale consistant à couper un membre, une partie saillante, etc. 2 fig. Perte importante.

**amputer** v. tr. ⒈ ▪ **1** Faire l'amputation de (un membre, etc.). ← *Amputer qqn de*, lui enlever (tel membre). **2** fig. Couper, retrancher. → **mutiler.** ► **amputé, ée** adj. et n.

**amulette** n. f. ▪ Petit objet (porte-bonheur) qu'on porte sur soi par superstition.

**amure** n. f. ▪ mar. Côté d'un bateau qui reçoit le vent. ← (au plur.) *Bâbord amures.*

**amusant, ante** adj. ▪ Qui amuse, est propre à distraire. → **divertissant, drôle.**

**amuse-gueule** n. m. ▪ fam. Petit sandwich, biscuit salé, etc., servi en apéritif. *Des amuse-gueule(s).* – syn. AMUSE-BOUCHE.

**amusement** n. m. ▪ Distraction agréable.

**amuser** v. tr. ⒈ ▪ **1** Détourner l'attention de (qqn). **2** Distraire agréablement ; faire rire ou sourire. → **divertir.** ← loc. fam. *Amuser la galerie* = faire rire l'assistance. ► **s'amuser** v. pron. ► **amusé, ée** adj.

**amusette** n. f. ▪ Passe-temps frivole.

**amuseur, euse** n. ▪ Personne qui amuse, distrait (une société, un public).

**amygdale** [-dal] n. f. ▪ Chacun des deux organes lymphoïdes situés en arrière du pharynx.

**amylacé, ée** adj. ▪ De la nature de l'amidon.

**an** n. m. ▪ **1** Durée conventionnelle, voisine de celle d'une révolution de la Terre autour du Soleil ; cet espace de temps (12 mois consécutifs), utilisé pour mesurer la durée ou l'âge. *Deux fois par an, deux fois l'an. Il a vingt ans.* ← loc. *BON AN, MAL AN,* en moyenne. **2** Année en tant que point du temps. *Le jour de l'an, le premier de l'an* : le 1er janvier. ← loc. *S'en moquer comme de l'an quarante,* complètement.

**an-** → ② **a-**

**ana-** Élément (du grec *ana-*) signifiant « de bas en haut », « en arrière », « de nouveau ».

**anabolisant** n. m. ▪ Substance entraînant un accroissement du système musculaire.

**anacarde** n. m. ▪ Fruit d'un arbre tropical (l'*anacardier*). ← noix de cajou*.

**anachorète** [-kɔ-] n. m. ▪ didact. Religieux contemplatif solitaire. → **ermite.**

**anachronique** [-kʀɔ-] adj. ▪ **1** Entaché d'anachronisme (1). **2** Qui est déplacé à son époque. → **désuet, périmé.**

**anachronisme** [-kʀɔ-] n. m. ▪ **1** Confusion de dates. **2** Caractère de ce qui est anachronique (2) ; chose anachronique.

**anacoluthe** n. f. ▪ didact. Rupture dans la construction d'une phrase.

**anaconda** n. m. ▪ Grand serpent d'Amérique du Sud.

**anaérobie** adj. ▪ contr. *aérobie* **1** (micro-organisme) Qui peut vivre sans air. **2** Capable de fonctionner sans air.

**anaglyphe** n. m. ▪ didact. Ouvrage sculpté en bas-relief.

**anaglyptique** adj. ▪ didact. Se dit d'une écriture en relief à l'usage des aveugles.

**anagramme** n. f. ▪ Mot obtenu par transposition de lettres (ex. Marie-aimer).

**anal, ale, aux** adj. ▪ De l'anus. ♦ psych. *Stade anal,* stade de la libido antérieur au stade génital, selon Freud. ► n. f. **analité**

**analgésie** n. f. ▪ Suppression de la douleur.

**analgésique** adj. ▪ Qui supprime ou atténue la sensibilité à la douleur. → **antalgique.** ← n. m. *La morphine est un analgésique.*

**anallergique** adj. ▪ pharm. Qui ne provoque pas d'allergie. → **hypoallergénique.**

**analogie** n. f. ▪ Ressemblance établie par l'esprit (association d'idées) entre deux ou plusieurs objets de pensée essentiellement différents. ▷ adj. **analogique**

**analogue** adj. ▪ Qui présente une analogie. → **comparable, voisin.** ← n. m. ▪ correspondant, équivalent.

**analphabète** adj. et n. ▪ (Personne) qui n'a pas appris à lire et à écrire (≠ *illettré*).

**analphabétisme** n. m. ▪ didact. État d'analphabète (≠ *illettrisme*).

**analysable** adj. ▪ Qui peut être analysé.

**analyse** n. f. ▪ **1** Opération intellectuelle consistant à décomposer un tout en ses éléments et à en établir les relations. ← gramm. Division d'une phrase en mots (*analyse grammaticale*), en propositions (*analyse logique*). ♦ Examen qui tente d'expliquer une situation, un sentiment, etc. ← loc. *En dernière analyse,* au fond. **2** Séparation d'un composé pour identification ou dosage de ses composants. *Analyse du sang.* **3** Psychanalyse. **4** Opération logique consistant à remonter d'une proposition à d'autres propositions. **5** math. Étude des fonctions, des limites, etc.

**analyser** v. tr. ⒈ ▪ **1** Faire l'analyse de. **2** Psychanalyser.

**analyste** n. ▪ **1** Spécialiste d'un type d'analyse. *Analyste financier.* **2** Personne habile en matière d'analyse. **3** Psychanalyste.

**analyste-programmeur, euse** n. ▪ Spécialiste des problèmes d'analyse informatique et de programmation.

**analytique** adj. ▪ **1** math., log. Qui appartient à l'analyse. **2** Qui procède par analyse. **3** Qui constitue une analyse. *Table analytique.* **4** Psychanalytique.

**anamnèse** n. f. ▪ didact. Retour à la mémoire du passé vécu (s'oppose à *amnésie*).

**anamorphose** n. f. ▪ Image déformée que donne un miroir courbe.

**ananas** [-a(s)] n. m. ▪ Gros fruit écailleux à pulpe parfumée ; plante qui le porte.

**anapeste** n. m. ▪ (métrique anc.) Pied composé de deux brèves et une longue.

**anaphore** n. f. ▪ didact. Répétition d'un mot en tête de plusieurs membres de phrase. ← ling. Reprise d'un segment du discours.

**anarchie** n. f. ▪ **1** Désordre résultant d'une absence ou d'une carence d'autorité. **2** Confusion due à l'absence de règles ou d'ordres précis. **3** Anarchisme.

**anarchique** adj. ▪ Caractérisé par l'anarchie. ▷ adv. **anarchiquement**

**anarchisant, ante** adj. ▪ Qui a des sympathies pour l'anarchisme.

**anarchisme** n. m. ■ **1** Conception politique qui tend à supprimer l'État, à éliminer de la société tout pouvoir de contrainte. **2** Refus de toute autorité, de toute règle.

**anarchiste** n. et adj. ■ **1** Partisan de l'anarchisme (1). → **libertaire**. – abrév. fam. ANAR. **2** Personne qui rejette toute autorité.

**anarchosyndicalisme** [anaʀkos-] n. m. ■ Syndicalisme révolutionnaire et antiétatiste. ▷ adj. et n. **anarchosyndicaliste**

**anastomose** n. f. ■ anat. Communication entre deux vaisseaux, deux nerfs, etc.

**anathème** ■ **1** n. m. relig. Excommunication. *Frapper qqn d'anathème (anathématiser* v. tr. [1]). ◆ fig. Condamnation totale. **2** n. Personne frappée d'anathème.

**anatife** n. m. ■ zool. Crustacé marin à pédoncule, qui se fixe aux objets flottants.

**anatomie** n. f. ■ **1** Étude scientifique de la structure et de la forme des êtres organisés, ainsi que des rapports entre leurs organes. – *Anatomie artistique,* étude des formes du corps en vue de leur représentation par l'art. ◆ Ces formes; le corps. *Dévoiler son anatomie.* **2** Structure de l'organisme ainsi étudié. ▷ adj. **anatomique** ▷ n. **anatomiste**

**anatoxine** n. f. ■ didact. Toxine bactérienne traitée, aux propriétés immunisantes.

**ancestral, ale, aux** adj. ■ **1** Relatif aux ancêtres. **2** Qui remonte très loin.

**ancêtre** n. m. ■ **1** Personne qui est à l'origine d'une famille, dont on descend. **2** Se dit d'une espèce dont une autre provient. **3** Précurseur lointain. **4** au plur. Les êtres humains des siècles passés.

**anche** n. f. ■ Languette vibrante du bec des instruments dits *à anche* (clarinette, saxophone, etc.).

**anchois** n. m. ■ Petit poisson de mer, qu'on consomme surtout mariné et salé.

**ancien, ienne** adj. ■ **1** Qui existe depuis longtemps, qui date d'une époque bien antérieure. ◆ loc. *À l'ancienne* : à la manière d'autrefois. **2** Qui est du passé et n'existe plus. ◆ (devant le nom) Qui a été tel et ne l'est plus. → ② ex-. *Ancien ministre.* **3** Qui a existé il y a longtemps. *Les peuples anciens,* de l'Antiquité. ◆ n. m. pl. *Les Anciens* : les peuples et les auteurs de l'Antiquité. **4** Qui a un certain âge ou de l'ancienneté.

**anciennement** adv. ■ Autrefois.

**ancienneté** n. f. ■ **1** Caractère de ce qui existe depuis longtemps. **2** Temps passé dans une fonction.

**ancillaire** [-sil-] adj. ■ littér. Qui a rapport aux servantes.

**ancolie** n. f. ■ Plante ornementale dont les fleurs ont des pétales en éperon.

**ancrage** n. m. ■ Action, manière d'ancrer.

**ancre** n. f. ■ Pièce d'acier suspendue à une chaîne, que l'on jette au fond de l'eau pour qu'elle s'y fixe et retienne le navire.

**ancrer** v. tr. [1] ■ **1** Retenir un l'ancre. **2** fig. Enraciner, affermir. **3** techn. Fixer solidement.

**andain** n. m. ■ Rangée d'herbe fauchée.

**andante** [ãdãt; andante] adv. ■ Indication d'un mouvement modéré, plus vif que l'adagio. → n. m. *L'andante d'une sonate.*

**andouille** n. f. ■ **1** Charcuterie faite de boyaux coupés et enserrés dans une partie du gros intestin. **2** fam. Imbécile.

**andouiller** n. m. ■ Ramification des bois des cervidés (signe de l'âge de l'animal).

**andouillette** n. f. ■ Petite andouille fraîche.

**andro-, -andre, -andrie** Éléments, du grec *anêr, andros* « homme, mâle ».

**androgène** adj. ■ méd. (hormone) Qui provoque l'apparition des caractères sexuels masculins (ex. la testostérone).

**androgyne** adj. et n. ■ Individu qui présente certains des caractères sexuels du sexe opposé. → **hermaphrodite.**

**androïde** adj. et n. ■ Se dit d'un robot, etc. qui évoque l'homme. → **humanoïde.**

**andropause** n. f. ■ Cessation naturelle de la fonction sexuelle chez l'homme âgé.

**âne** n. m. ■ **1** Mammifère domestique, plus petit que le cheval, à longues oreilles, à robe généralement grise. *L'âne brait.* **2** fig. Individu à l'esprit borné. **3** loc. *Bonnet d'âne* : bonnet de papier dont on affublait les cancres. ◆ *DOS D'ÂNE* : élévation ou bosse de terrain à deux versants opposés.

**anéantir** v. tr. [2] ■ **1** Détruire totalement, réduire à néant. **2** Plonger dans un abattement total. – au p. p. *Être anéanti,* épuisé; consterné. ► s'**anéantir** v. pron. → **disparaître.** ▷ n. m. **anéantissement**

**anecdote** n. f. ■ Récit d'un détail historique, d'un fait curieux. ▷ adj. **anecdotique**

**anémie** n. f. ■ **1** Appauvrissement du sang, caractérisé par la diminution des globules rouges et provoquant un état de faiblesse. **2** fig. Dépérissement, faiblesse.

**anémier** v. tr. [7] ■ Rendre anémique. → **affaiblir, épuiser.**

**anémique** adj. ■ **1** Atteint d'anémie. **2** fig. Dépourvu de fermeté, de force.

**anémomètre** n. m. ■ Instrument servant à mesurer la vitesse du vent.

**anémone** n. f. ■ **1** Plante herbacée vivace, aux fleurs diversement colorées. **2** *Anémone de mer.* → **actinie.**

**ânerie** n. f. ■ Propos ou acte stupide.

**anéroïde** adj. ■ didact. *Baromètre anéroïde,* formé d'une boîte où l'on a fait le vide.

**ânesse** n. f. ■ Femelle de l'âne.

**anesthésie** n. f. ■ Suppression de la sensibilité et spécialt de la sensibilité à la douleur. *Anesthésie générale, locale.*

**anesthésier** v. tr. [7] ■ **1** Provoquer l'anesthésie (d'un organisme, un organe), par l'action d'une substance. **2** fig., littér. Apaiser.

**anesthésique** adj. et n. m. ■ Se dit d'une substance qui provoque l'anesthésie.

**anesthésiste** n. ■ Médecin spécialiste de l'anesthésie.

**aneth** [anɛt] n. m. ■ Plante dont une variété est utilisée comme condiment.

**anévrisme** n. m. ■ méd. Poche résultant de l'altération de la paroi d'une artère.

**anfractuosité** n. f. ▪ Cavité profonde.

**ange** n. m. ▪ **1** relig. chrét. Être spirituel, intermédiaire entre Dieu et l'homme, messager des volontés divines. → *Ange déchu :* démon. ♦ loc. ANGE GARDIEN, appelé à protéger chaque humain ; fig. personne qui protège qqn. ♦ *Être aux anges,* ravi, heureux. → *Un ange passe,* un silence gêné se produit. **2** Personne parfaite.

①**angélique** adj. ▪ **1** Propre aux anges. **2** Digne d'un ange ; qui évoque l'innocence.

②**angélique** n. f. ▪ Plante ombellifère aromatique ; sa tige, utilisée en pâtisserie.

**angélisme** n. m. ▪ Désir de pureté, de perfection, par refus des réalités.

**angelot** n. m. ▪ Petit ange.

**angélus** [-ys] n. m. ▪ Prière qui se dit le matin, à midi et le soir.

**angine** n. f. ▪ **1** Inflammation de la gorge. **2** *Angine de poitrine :* douleurs dans la région du cœur accompagnées d'angoisse.

**angio-** Élément savant, du grec *angeion* « capsule ; vaisseau ».

**angiologie** n. f. ▪ méd. Discipline qui étudie les vaisseaux (veines, artères...) de l'organisme.

**angiome** n. m. ▪ méd. Agglomération de vaisseaux formant une tumeur bénigne.

**angiosperme** n. f. ▪ Plante phanérogame à ovules enclos et à graines enfermées dans des fruits (sous-embranchement des *Angiospermes*).

**anglais, aise** adj. et n. ▪ **1** De l'Angleterre ; abusivt de Grande-Bretagne. → **britannique.** ♦ *Les Anglais.* **2** n. m. Langue germanique parlée notamment en Grande-Bretagne, aux États-Unis, dans l'ancien Empire britannique. **3** loc. *Filer à l'anglaise,* partir discrètement. → *Pommes de terre à l'anglaise,* cuites à la vapeur. **4** n. f. pl. Longues boucles de cheveux verticales roulées en spirale.

**angle** n. m. ▪ **1** Coin saillant ou rentrant (d'un meuble, d'une construction, d'une rue, etc.). **2** géom. Figure formée par deux lignes ou deux plans qui se coupent, mesurée en degrés. *Angle droit* (90°), *aigu, obtus.* ♦ *Angle mort :* zone sans visibilité. **3** *Sous un certain angle,* d'un certain point de vue.

**anglican, ane** adj. ▪ Qui appartient à l'Église d'Angleterre. → n. *Les anglicans.*

**anglicanisme** n. m. ▪ Religion officielle de l'Angleterre depuis le XVIᵉ siècle, qui emprunte des éléments au calvinisme et au catholicisme.

**angliciser** v. tr. ① ▪ Rendre anglais d'aspect. ► s'**angliciser** v. pron.

**anglicisme** n. m. ▪ **1** Tournure propre à la langue anglaise. **2** Emprunt à la langue anglaise (y compris les américanismes).

**angliciste** n. ▪ Spécialiste de la langue, de la littérature et de la civilisation anglaises.

**anglo-** Élément qui signifie « anglais ».

**anglo-arabe** n. m. et adj. ▪ (Cheval) issu du croisement de pur-sang anglais et arabe.

**anglo-normand, ande** adj. ▪ Qui réunit des éléments anglais et normands.

**anglophone** adj. ▪ Où l'on parle anglais. ♦ Qui parle anglais. → n. *Des anglophones.*

**anglo-saxon, onne** adj. ▪ Relatif aux peuples de civilisation britannique. → n. *Les Anglo-Saxons.*

**angoissant, ante** adj. ▪ Qui angoisse.

**angoisse** n. f. ▪ Malaise psychique et physique, né du sentiment d'un danger. → **anxiété, inquiétude, peur.** ♦ philos. Inquiétude métaphysique.

**angoisser** v. tr. ① ▪ Inquiéter au point de faire naître l'angoisse. ► s'**angoisser** v. pron. ► **angoissé, ée** adj. et n. → **anxieux.**

**angora** adj. et n. ▪ **1** Se dit de races d'animaux (chèvres, chats, lapins) aux poils longs et soyeux. **2** *Laine angora* ou n. m. *angora :* textile fait de ces poils.

**angström** [ɑ̃gstʀœm] n. m. ▪ phys. Unité de mesure de longueur de 1/10000 de micron. - var. vieilli ANGSTRŒM.

**anguille** n. f. ▪ Poisson d'eau douce de forme très allongée, à peau glissante. ♦ loc. *Il y a anguille sous roche,* qqch. qu'on nous cache et que nous soupçonnons.

**angulaire** adj. ▪ **1** Qui forme un angle. **2** Situé à un angle. **3** loc. fig. *Pierre angulaire :* élément essentiel. **4** Mesurable par un angle.

**anguleux, euse** adj. ▪ Qui présente des angles, des arêtes vives. *Visage anguleux.*

**anhydride** n. m. ▪ chim. Corps qui, combiné avec l'eau, donne un acide.

**anicroche** n. f. ▪ Petite difficulté.

**ânier, ière** n. ▪ Personne qui mène un âne.

**aniline** n. f. ▪ chim. Produit dérivé du benzène, servant à fabriquer des colorants.

①**animal, aux** n. m. ▪ **1** Être vivant organisé, doué de sensibilité et de motilité (opposé aux végétaux). *L'homme, animal social. Animaux sauvages, domestiques. Étude des animaux.* → **zoologie. 2** fig. (humains) Personne stupide. → injure *Animal !*

②**animal, ale, aux** adj. ▪ **1** Qui a rapport à l'animal (opposé au végétal). **2** Qui, en l'homme, est propre à l'animal. → péj. Bestial. **3** Propre à l'animal (l'homme exclu).

**animalerie** n. f. ▪ Élevage d'animaux.

**animalier, ière** ▪ **1** n. m. Peintre, sculpteur d'animaux. **2** adj. Qui concerne les animaux.

**animalité** n. f. ▪ **1** Caractère propre à l'animal. **2** Partie animale de l'homme. → **instinct.**

**animateur, trice** n. ▪ **1** Personne qui anime une collectivité (par son allant, etc.). **2** Personne qui présente un spectacle, une émission (radio, télévision). **3** Personne qui anime certaines activités (notamment culturelles, sportives...).

**animation** n. f. ▪ **I** Action d'animer. **1** Technique cinématographique permettant de donner l'impression du mouvement par une suite d'images fixes (dessins* animés, etc.). **2** Méthodes qui favorisent la participation dynamique à la vie collective, dans un groupe. **II** Caractère de ce qui est animé, plein de vie. → **entrain.**

**animé, ée** adj. ▪ **1** Doué de vie. → **vivant.**
♦ Doué de mouvement. ― loc. *Dessins\* animés.* **2** Plein de vie, de mouvement. *Rue animée.* **3** Plein de vivacité, d'éclat.

**animer** v. tr. ⏍ ▪ **1** Douer de vie ou de mouvement. **2** Donner l'impulsion à, être responsable de (une activité collective). *Animer un spectacle.* **3** (sujet chose) Donner de l'éclat, de la vivacité à. **4** (sentiments) Inspirer, mener (qqn). ▶ **s'animer** v. pron.

**animisme** n. m. ▪ Attitude consistant à attribuer aux choses une âme analogue à l'âme humaine. ▷ adj. et n. **animiste**

**animosité** n. f. ▪ Sentiment de malveillance.

**anis** [-i(s)] n. m. ▪ Plante ombellifère cultivée pour ses propriétés aromatiques. *Boisson à l'anis* (dite boisson *anisée*).

**anisette** n. f. ▪ Liqueur à l'anis.

**ankylose** n. f. ▪ Diminution ou impossibilité des mouvements d'une articulation naturellement mobile.

**ankyloser** v. tr. ⏍ ▪ Paralyser par ankylose. ▶ **s'ankyloser** v. pron. Être atteint d'ankylose. ♦ fig. → se **rouiller**. *Son esprit s'ankylose.*

**ankylostome** n. m. ▪ zool. Ver intestinal de l'intestin grêle provoquant une anémie pernicieuse (l'*ankylostomiase* n. f.).

**annales** n. f. pl. ▪ **1** Ouvrage rapportant les événements dans l'ordre chronologique, année par année. ♦ par ext. *Les annales de*, l'histoire de. *Les annales du crime.* **2** Revue, recueil périodique (annuel).

**anneau** n. m. ▪ **1** Cercle de matière dure qui sert à attacher ou à retenir. **2** au plur. Agrès faits de cercles suspendus à un portique. **3** Petit cercle que l'on met au doigt. **4** Forme circulaire.

**année** n. f. ▪ **1** Temps d'une révolution de la Terre autour du Soleil (365 jours 1/4). **2** Période de douze mois qui se succèdent (à partir de n'importe quel moment). *Il vient chaque année.* ♦ *Être dans sa vingtième année,* avoir entre 19 et 20 ans. **3** Période de douze mois qui commence le 1er janvier (appelée *année civile*). ♦ *Les années 20,* entre 1920 et 1929. **4** Période d'activité inférieure à une année), considérée d'année en année. *Année scolaire.*

**année-lumière** n. f. ▪ Unité astronomique, distance parcourue par la lumière en une année (9461 milliards de km). *Des années-lumière.* – On dit mieux *année de lumière.*

**annelé, ée** adj. ▪ Disposé en anneaux.

**annélide** n. m. ▪ zool. Animal à corps annelé, porteur de soies (embranchement des *Annélides* ; ex. sangsues, lombrics).

**annexe** ▪ **I** adj. Qui est rattaché à qqch. de plus important, à l'objet principal. → **accessoire, secondaire. II** n. f. Bâtiment, organe ou document annexe.

**annexer** v. tr. ⏍ ▪ **1** Joindre (qqch.) à un objet principal. **2** Faire passer sous sa dépendance. **3** fig. *S'annexer qqn, qqch.,* se l'approprier.

**annexion** n. f. ▪ Action d'annexer.

**annexionniste** adj. ▪ Qui vise à l'annexion d'un territoire. ▷ n. m. **annexionnisme**

**annihiler** v. tr. ⏍ ▪ **1** Réduire à rien, rendre sans effet. → **anéantir. 2** Briser la volonté de (qqn). ▷ n. f. **annihilation**

**anniversaire** n. m. ▪ Jour qui ramène le souvenir d'un événement arrivé à pareil jour une ou plusieurs années auparavant (donnant lieu généralement à une fête).

**annonce** n. f. ▪ **1** Avis par lequel on fait savoir qqch. au public, verbalement ou par écrit. ― *À l'annonce d'un événement,* au moment où on l'apprend. ♦ aux cartes Déclaration par un joueur de certaines cartes du contrat qu'il veut réaliser. **2** Texte, publication qui annonce qqch. ← *Petites annonces,* textes brefs insérés dans un journal, offres et demandes. **3** Ce qui annonce qqch. → **indice, présage, signe.**

**annoncer** v. tr. ③ ▪ **1** Faire savoir, connaître. → **apprendre, communiquer. 2** Signaler (qqn) comme arrivant. *Huissier qui annonce les invités.* **3** Prédire. **4** (sujet chose) Indiquer comme devant prochainement se produire. ▶ **s'annoncer** v. pron. **1** Apparaître comme devant prochainement se produire. **2** Se présenter comme un bon ou un mauvais début.

**annonceur, euse** ▪ **1** n. rare → **annonciateur. 2** n. m. Personne qui paie l'insertion d'une annonce dans un journal ou fait passer un message publicitaire.

**annonciateur, trice** ▪ **1** n. Personne qui annonce (qqch.). **2** adj. Qui présage (qqch.).

**Annonciation** n. f. ▪ relig. cathol. Annonce faite par un ange à la Vierge Marie de la conception miraculeuse de Jésus-Christ.

**annoter** v. tr. ⏍ ▪ Accompagner (un texte) de notes critiques ou de notes personnelles. ▷ **annotation** n. f. → **note.**

**annuaire** n. m. ▪ Recueil publié annuellement et qui contient des renseignements variables d'une année à l'autre. *L'annuaire du téléphone.* → **bottin.**

**annualiser** v. tr. ⏍ ▪ Rendre annuel. ← au p. p. *Salaire annualisé.* ▷ n. f. **annualisation**

**annuel, elle** adj. ▪ **1** Qui a lieu, revient chaque année. **2** Qui dure un an. ← *Plante annuelle* (opposé à *plante vivace*).

**annuellement** adv. ▪ Par an, chaque année.

**annuité** n. f. ▪ **1** Paiement annuel d'une partie du capital emprunté et des intérêts. **2** Année de service (pour le décompte des pensions).

**annulaire** n. m. ▪ Quatrième doigt à partir du pouce.

**annuler** v. tr. ⏍ ▪ **1** dr. Déclarer ou rendre nul, sans effet. → **abroger, invalider, révoquer.** ← cour. *Annuler un rendez-vous.* **2** (sujet chose) Supprimer les effets de. → **anéantir.** ▶ **s'annuler** v. pron. *Ces deux forces s'annulent.* ▷ n. f. **annulation**

**anoblir** v. tr. ② ▪ Conférer un titre de noblesse à (qqn) (≠ *ennoblir*). ▷ n. m. **anoblissement**

**anode** n. f. ▪ Électrode d'entrée du courant, dans l'électrolyse (opposé à *cathode*).

**anodin, ine** adj. ▪ **1** littér. Inoffensif, sans danger. **2** Sans importance, insignifiant.

**anomal, ale, aux** adj. ▪ didact. Aberrant ; irrégulier (≠ *anormal*).

**anomalie** n. f. ▪ **1** didact. Écart par rapport à la normale, à la valeur théorique ; caractère anomal*. **2** Bizarrerie, singularité.

**ânon** n. m. ▪ Petit de l'âne ; petit âne.

**ânonner** v. tr. et intr. 🔲 ▪ Lire, réciter d'une manière hésitante. ▷ n. m. **ânonnement**

**anonymat** n. m. ▪ État d'une personne, d'une chose anonyme. *Garder l'anonymat.*

**anonyme** adj. ▪ **1** Dont on ignore le nom, ou qui ne fait pas connaître son nom. **2** (choses) Où l'auteur n'a pas laissé son nom, l'a caché. *Lettre anonyme.* ◆ **Société anonyme** : société dont les associés ne sont responsables qu'à hauteur de leurs apports (rémunérés en actions). **3** fig. Impersonnel, neutre.

**anonymement** adv. ▪ En gardant l'anonymat.

**anonymographe** n. ▪ Personne qui écrit des lettres anonymes.

**anophèle** n. m. ▪ Moustique dont la femelle transmet le paludisme.

**anorak** n. m. ▪ Veste de sport courte à capuchon, imperméable.

**anorexie** n. f. ▪ méd. Refus passif ou actif de s'alimenter. *Anorexie mentale* (due à des conflits psychiques). ▷ adj. et n. **anorexique**

**anorgasmie** n. f. ▪ didact. Absence d'orgasme ; difficulté à avoir des orgasmes.

**anormal, ale, aux** adj. ▪ **1** Qui n'est pas normal, conforme aux règles ou aux lois reconnues. *Un bruit anormal.* → **inhabituel.** **2** adj. et n. (Personne) dont l'état mental est différent, inférieur à la norme. ▷ adv. **anormalement**

**anoure** adj. ▪ zool. Dépourvu de queue. ▪ n. m. pl. Ordre d'animaux amphibies dépourvus de queue à l'âge adulte (crapauds, grenouilles...).

**anse** n. f. ▪ **1** Poignée recourbée et saillante (d'ustensiles). **2** Petite baie peu profonde.

**antagonique** adj. ▪ Qui est en antagonisme. *Intérêts antagoniques.* → **opposé.**

**antagonisme** n. m. ▪ État d'opposition (de deux forces, de deux principes). → **conflit.**

**antagoniste** adj. ▪ littér. Opposé, rival. *Des partis antagonistes.* ▪ n. Adversaire.

**antalgique** adj. ▪ Qui calme la douleur. → **analgésique.** ▪ n. m. *Un antalgique.*

**d'antan** loc. adj. ▪ littér. D'autrefois.

**antarctique** adj. ▪ Se dit du pôle Sud et des régions voisines (opposé à *arctique*). ▪ n. m. *L'Antarctique* : le continent antarctique.

**anté-** ▪ Élément (du latin *ante* « avant ») qui indique l'antériorité. → ② **anti-.**

**antécédent** n. m. ▪ **1** gramm. Mot représenté par le pronom qui le reprend. *Antécédent du pronom relatif* (ex. *le vin* que je bois). **2** plur. Passé de qqn, en relation avec un aspect de sa vie actuelle. **3** méd. (souvent plur.) Faits antérieurs à une maladie.

**antéchrist** [-krist] n. m. ▪ théol. Ennemi du Christ qui, selon l'Apocalypse, viendra prêcher une religion hostile à la sienne un peu avant la fin du monde.

**antédiluvien, ienne** adj. ▪ **1** Antérieur au déluge. **2** fig., fam. Très ancien, démodé.

**antenne** n. f. ▪ **I** mar. Vergue longue et mince. **II 1** Appendice sensoriel à l'avant de la tête de certains arthropodes (insectes, crustacés). ◆ loc. (personnes) *Avoir des antennes,* de l'intuition. **2** Poste avancé en liaison avec un centre. *Antenne chirurgicale.* **III** Conducteur aérien destiné à diffuser ou à capter les ondes électromagnétiques. → *Être à l'antenne* (radio, télévision).

**antépénultième** adj. ▪ didact. Qui précède l'avant-dernier.

**antéposer** v. tr. 🔲 ▪ ling. Placer devant.

**antérieur, eure** adj. ▪ **1** Qui est avant, qui précède dans le temps (opposé à *ultérieur*). ◆ gramm. *Passé, futur antérieur.* **2** Qui est placé en avant, devant (opposé à *postérieur*).

**antérieurement** adv. ▪ À une époque antérieure ; avant.

**antériorité** n. f. ▪ Caractère de ce qui est antérieur (1).

**anthémis** [-is] n. f. ▪ bot. Plante dont des espèces sont appelées *camomille*.

**anthère** n. f. ▪ bot. Partie terminale de l'étamine.

**anthologie** n. f. ▪ Recueil de morceaux choisis. → **chrestomathie, florilège.**

**anthracite** n. m. ▪ Charbon à combustion lente. ◆ adj. invar. Gris foncé.

**anthrax** [-aks] n. m. ▪ Tumeur inflammatoire du tissu sous-cutané.

**-anthrope, anthropo-** ▪ Éléments, du grec *anthrôpos* « homme, être humain ».

**anthropocentrique** adj. ▪ Qui fait de l'homme l'élément central de l'univers. ▷ n. m. **anthropocentrisme**

**anthropoïde** adj. ▪ zool. Qui ressemble à l'homme. *Singe anthropoïde.*

**anthropologie** n. f. ▪ Ensemble des sciences qui étudient l'homme, les groupes humains. ▷ adj. **anthropologique.** ▷ n. **anthropologue**

**anthropométrie** n. f. ▪ Technique de mensuration du corps humain.

**anthropomorphe** adj. ▪ didact. Qui a la forme, l'apparence d'un être humain.

**anthropomorphisme** n. m. ▪ **1** Tendance à concevoir la divinité à l'image de l'homme. **2** Tendance à décrire, à se représenter la réalité en termes humains. ▷ adj. **anthropomorphique**

**anthropophage** adj. et n. ▪ (êtres humains) Qui mange de la chair humaine. → **cannibale.** ▷ n. f. **anthropophagie**

① **anti-** [ãti-] ▪ Élément (du grec *anti* « contre ») exprimant l'opposition.

② **anti-** [ãti-] ▪ Élément, du latin *anti-*, var. de *ante* « avant », → **anté-** (ex. *antidater*).

**antiaérien, ienne** adj. ▪ Qui s'oppose aux attaques aériennes.

**antialcoolique** [ãtialkɔlik] adj. ▪ Qui combat l'alcoolisme.

**antiallergique** adj. et n. m. ▪ (Substance) qui prévient ou traite les allergies.

**antiatomique** adj. ▪ Qui s'oppose aux effets nocifs des radiations atomiques.

**antibactérien, enne** adj. ▪ méd. Se dit d'une substance active contre les bactéries.

**antibiogramme** n. m. ▪ méd. Analyse permettant de déterminer la sensibilité d'une bactérie à divers antibiotiques.

**antibiotique** ▪ **1** adj. Qui s'oppose à la vie de micro-organismes. **2** n. m. Médicament contre les infections microbiennes.

**antibrouillard** adj. ▪ *Phares antibrouillard(s)*, pour temps de brouillard.

**antibruit** adj. invar. ▪ Qui protège du bruit.

**antichambre** n. f. ▪ Pièce d'attente à l'entrée d'un appartement, d'un bureau...

**antichar** adj. ▪ Qui s'oppose à l'action des blindés.

**antichoc** adj. ▪ Qui protège des chocs.

**anticipation** n. f. ▪ **1** Exécution anticipée (d'un acte). ▪ *Par anticipation*. → d'**avance**. **2** Mouvement de la pensée qui imagine ou vit d'avance un événement. → **prévision**. *Roman, film d'anticipation*. → **science-fiction**.

**anticiper** v. ▪ **I** ▪ v. tr. **1** Exécuter avant le temps déterminé. *Anticiper un paiement*. **2** Imaginer, éprouver à l'avance. → **prévoir**. **II** v. intr. *Anticiper sur* : entamer à l'avance. ▪ sans compl. *N'anticipons pas* : ne devançons pas l'événement. ► **anticipé, ée** adj. Qui se fait avant la date prévue.

**anticlérical, ale, aux** adj. et n. ▪ Opposé à l'influence, à l'intervention du clergé dans la vie publique. ▷ n. m. **anticléricalisme**

**anticlinal, aux** n. m. ▪ géol. Pli convexe vers le haut (opposé à *synclinal*).

**anticoagulant, ante** adj. et n. m. ▪ Se dit d'un produit qui empêche ou retarde la coagulation du sang.

**anticolonialisme** n. m. ▪ Opposition au colonialisme. ▷ adj. et n. **anticolonialiste**

**anticommunisme** n. m. ▪ Opposition au communisme. ▷ adj. et n. **anticommuniste**

**anticonceptionnel, elle** adj. ▪ Qui empêche la conception d'un enfant. *Pilule anticonceptionnelle*. → **contraceptif**.

**anticonformisme** n. m. ▪ Attitude opposée au conformisme. ▷ adj. et n. **anticonformiste**

**anticonstitutionnel, elle** adj. ▪ Contraire à la Constitution. *Loi anticonstitutionnelle*. ▷ adv. **anticonstitutionnellement**

**anticorps** [-kɔʀ] n. m. ▪ biol. Substance défensive engendrée par l'organisme pour neutraliser un antigène. → **antitoxine**.

**anticyclone** n. m. ▪ Lieu de hautes pressions atmosphériques (opposé à *dépression*).

**antidater** v. tr. **1** ▪ Affecter d'une date antérieure à la date réelle.

**antidémocratique** adj. ▪ Opposé à la démocratie ou à l'esprit démocratique.

**antidépresseur** n. m. ▪ Médicament destiné à combattre les états dépressifs.

**antidiphtérique** adj. ▪ Propre à combattre la diphtérie.

**antidote** n. m. ▪ **1** Remède contre un poison. → **contrepoison**. **2** fig. Remède contre un mal moral.

**antidouleur** adj. invar. ▪ Qui combat, atténue la douleur.

**antidrogue** adj. invar. ▪ Destiné à lutter contre le trafic et l'usage de la drogue.

**antienne** [ātjɛn] n. f. ▪ **1** Refrain liturgique repris par le chœur. **2** fig. → **refrain**.

**antiesclavagiste** adj. et n. ▪ Opposé à l'esclavage, aux esclavagistes.

**antifasciste** [-faʃist] adj. et n. ▪ Opposé au fascisme.

**antifongique** adj. ▪ didact. Qui combat les champignons microscopiques.

**anti-g** adj. invar. (pour antigravitationnel, elle) ▪ *Combinaison anti-g*, utilisée par les spationautes, les pilotes de chasse.

**antigang** [-gãg] adj. ▪ *Brigade antigang* : brigade d'intervention de la police.

**antigel** n. m. ▪ Produit qui abaisse le point de congélation de l'eau.

**antigène** n. m. ▪ biol. Substance qui peut engendrer des anticorps.

**antigouvernemental, ale, aux** adj. ▪ Qui est contre le gouvernement.

**anti-héros** → **héros**

**antihistaminique** adj. et n. m. ▪ méd. (Substance) qui combat les effets de l'histamine.

**antillais, aise** adj. et n. ▪ Des Antilles.

**antilope** n. f. ▪ Mammifère ruminant, au corps svelte, aux hautes pattes grêles.

**antimatière** n. f. ▪ Matière constituée d'antiparticules.

**antimilitarisme** n. m. ▪ Opposition au militarisme. ▷ adj. et n. **antimilitariste**

**antimissile** adj. ▪ Qui peut détruire les missiles.

**antimite** adj. et n. m. ▪ (Produit) qui protège contre les mites.

**antimoine** n. m. ▪ Corps simple (symb. Sb), solide blanc argenté, cassant.

**antimondialisation** ▪ **1** n. f. Opinion, idéologie, mouvement qui s'oppose à la mondialisation libérale de l'économie, basée sur le capitalisme, et à ses conséquences sociales, écologiques, etc. **2** adj. invar. → **altermondialiste**.

**antinomie** n. f. ▪ Opposition totale. ▷ **antinomique** adj. → **contradictoire, contraire**.

**antipape** n. m. ▪ hist. Pape élu irrégulièrement, et non reconnu par l'Église.

**antiparasite** adj. ▪ Qui s'oppose à la production et à la propagation des parasites.

**antiparlementarisme** n. m. ▪ Opposition au régime parlementaire.

**antiparticule** n. f. ▪ phys. Particule élémentaire associée à une autre particule de mêmes propriétés, leur contact conduisant à leur annihilation.

**antipathie** n. f. ▪ Aversion instinctive.

**antipathique** adj. ▪ Qui inspire de l'antipathie. → **déplaisant**.

**antipelliculaire** adj. ▪ Destiné à lutter contre les pellicules capillaires.

**antiphonaire** n. m. ▪ Recueil de chants liturgiques.

**antiphrase** n. f. ▪ Utilisation d'un mot, d'une expression dans un sens contraire au sens exact, par ironie ou euphémisme.

**antipiratage** adj. invar. ▪ Destiné à combattre le piratage sur Internet. *Mesures antipiratage.*

**antipode** n. m. ▪ **1** Lieu de la terre diamétralement opposé à un autre. ← loc. *Aux antipodes,* très loin. **2** fig., littér. Chose, personne exactement opposée.

**antipoison** adj. invar. ▪ Qui agit contre un poison. → **antidote.** ← *Centre antipoison :* centre médical spécialisé dans les soins contre les produits toxiques.

**antipollution** adj. invar. ▪ Opposé à la pollution. ◆ Destiné à combattre la pollution.

**antipyrétique** adj. et n. m. ▪ méd. (Remède) qui combat la fièvre. → **fébrifuge.**

**antiquaille** n. f. ▪ Objet ancien sans valeur.

**antiquaire** n. ▪ Marchand d'objets d'art, d'ameublement et de décoration anciens.

**antique** adj. ▪ **1** Qui appartient à un lointain passé. ◆ Très vieux. **2** Qui appartient à l'Antiquité (3).

**antiquité** n. f. ▪ **1** vieilli Ancienneté. **2** littér. Temps très ancien, très reculé. **3** Les plus anciennes civilisations à écritures ; spécialt celles qui sont à la source des cultures occidentales (jusqu'aux premiers siècles de l'ère chrétienne). *L'antiquité grecque.* ◆ (avec maj.) L'antiquité gréco-romaine. **4** au plur. Monuments, œuvres d'art qui restent de l'Antiquité. ◆ Objets d'art, meubles anciens.

**antirabique** adj. ▪ Employé contre la rage.

**antiraciste** adj. et n. ▪ Opposé au racisme. ▷ n. m. **antiracisme**

**antireflet** adj. ▪ Qui diminue les reflets.

**antirejet** adj. invar. ▪ Qui s'oppose au rejet d'une greffe. *Médicaments antirejet.*

**antireligieux, euse** adj. ▪ Opposé à la religion.

**antirides** adj. ▪ Qui atténue les rides.

**antirouille** adj. invar. ▪ Qui protège contre la rouille.

**antiscientifique** adj. ▪ Contraire à l'esprit scientifique.

**antisémitisme** [ɑ̃tis-] n. m. ▪ Hostilité contre les Juifs ; racisme dirigé contre les Juifs. ▷ adj. et n. **antisémite** [ɑ̃tis-]

**antisepsie** [ɑ̃tis-] n. f. ▪ Méthodes destinées à prévenir ou à combattre l'infection en détruisant des microbes.

**antiseptique** [ɑ̃tis-] adj. ▪ De l'antisepsie. ← n. m. *Le formol est un antiseptique.*

**antisismique** adj. ▪ Conçu pour résister aux tremblements de terre.

**antislash** n. m. ▪ inform. Signe typographique de séparation par une barre oblique (\), en sens inverse de celle du slash*.

**antisocial, ale, aux** [ɑ̃tis-] adj. ▪ **1** Contraire à la société, à ses règles. **2** Qui va contre les intérêts des travailleurs.

**antispasmodique** adj. ▪ méd. Destiné à empêcher les spasmes, les convulsions.

**antisportif, ive** adj. ▪ Hostile au sport ; contraire à l'esprit du sport.

**antistatique** adj. ▪ Qui empêche ou limite la formation de l'électricité statique.

**antiterroriste** adj. ▪ Qui lutte contre le terrorisme, est relatif à cette lutte.

**antitétanique** adj. ▪ Qui combat le tétanos.

**antithèse** n. f. ▪ **1** Opposition de deux pensées, de deux expressions que l'on rapproche dans le discours pour en faire ressortir le contraste. **2** fig. Chose, personne entièrement opposée à une autre ; contraste absolu. **3** philos. Deuxième moment d'une dialectique, entre la thèse et la synthèse. ▷ adj. **antithétique**

**antitoxine** n. f. ▪ Anticorps élaboré par l'organisme qui réagit contre les toxines.

**antituberculeux, euse** adj. ▪ Qui combat la tuberculose.

**antitussif, ive** adj. ▪ Qui combat la toux.

**antiviral, ale, aux** adj. ▪ méd. Se dit d'une substance active contre les virus.

**antivirus** n. m. ▪ **I** Substance ou organisme qui combat les virus. **II** inform. Logiciel qui détecte la présence de virus informatiques, et peut réparer les fichiers infectés.

**antivol** n. m. ▪ Dispositif de sécurité destiné à empêcher le vol (des véhicules).

**antonomase** n. f. ▪ rhét. Désignation d'une personne par un nom ou une périphrase qui la caractérise, ou par le nom d'un personnage typique (ex. un don Juan).

**antonyme** n. m. ▪ Mot qui, par le sens, s'oppose directement à un autre. → **contraire.**

**antre** n. m. ▪ littér. Caverne, grotte (spécialt gîte d'une bête fauve). ◆ fig. Lieu mystérieux.

**anus** [anys] n. m. ▪ Orifice du rectum qui donne passage aux matières fécales.

**anxiété** n. f. ▪ État d'angoisse (considéré surtout dans son aspect psychique).

**anxieux, euse** adj. ▪ **1** Qui s'accompagne d'anxiété. **2** Qui éprouve de l'anxiété. → **angoissé, inquiet, tourmenté.** ← n. *C'est un anxieux.* ▷ adv. **anxieusement**

**anxiogène** adj. ▪ Qui produit l'anxiété.

**anxiolytique** adj. et n. m. ▪ méd. (Produit) qui combat l'anxiété.

**aoriste** n. m. ▪ ling. Temps du verbe grec qui correspond à un passé indéterminé.

**aorte** n. f. ▪ Artère qui naît au ventricule gauche du cœur. ▷ adj. **aortique**

**août** [u(t)] n. m. ▪ Huitième mois de l'année.

**aoûtat** [auta] n. m. ▪ Larve d'un insecte (le *trombidion*) qui se loge sous la peau.

**aoûtien, ienne** [ausjɛ̃, jɛn] n. m. ▪ **1** Personne qui prend ses vacances en août. **2** Personne qui reste dans une ville en août.

**apache** n. m. (du n. d'une tribu indienne) ▪ Malfaiteur, voyou de grande ville (vers 1900).

**apaisant, ante** adj. ▪ Qui apaise.

**apaisement** n. m. ▪ **1** Retour au calme. **2** Déclaration destinée à rassurer.

**apaiser** v. tr. [1] ▪ **1** Amener (qqn) à des dispositions plus paisibles. → **calmer. 2** Rendre (qqch.) moins violent. ► **s'apaiser** v. pron. → se **calmer.** *La tempête s'apaise.*

**apanage** n. m. ■ **1** hist. Partie du domaine royal accordée à un prince qui renonçait à la couronne. **2** Bien exclusif, privilège.

**aparté** n. m. ■ **1** Parole que dit un acteur, et que le spectateur seul est censé entendre. **2** Entretien particulier, dans une réunion.

**apartheid** [-tɛd] n. m. ■ Régime de ségrégation systématique qui existait, en Afrique du Sud, entre Blancs et Noirs.

**apathie** n. f. ■ Incapacité d'être ému ou de réagir (par mollesse, etc.). → **indolence, inertie.** ▷ adj. et n. **apathique**

**apatride** n. et adj. ■ Personne sans nationalité légale.

**apercevoir** v. tr. 28 ■ **1** Distinguer plus ou moins nettement. ◆ Entrevoir. **2** Saisir par l'esprit. → **appréhender.** ▶ s'**apercevoir** v. pron. **1** Prendre conscience (d'un fait). → **remarquer. 2** (récipr.) Se voir mutuellement. **3** (passif) Détail qui s'aperçoit mal.

**aperçu** n. m. ■ **1** Première idée que l'on peut avoir d'une chose vue rapidement. **2** Exposé sommaire. **3** Remarque, observation qui jette un jour nouveau.

**apéritif, ive** l adj. littér. Qui ouvre l'appétit. **II** n. m. Boisson à base de vin ou d'alcool, supposée apéritive, que l'on prend avant le repas. – abrév. fam. APÉRO.

**apesanteur** n. f. ■ Absence de pesanteur.

**à-peu-près** n. m. invar. ■ Approximation grossière. ≠ à peu près → **près.**

**apeurer** v. tr. 1 ■ littér. Effrayer.

**aphasie** n. f. ■ méd. Perte totale ou partielle de la capacité de parler ou de comprendre le langage parlé ou écrit, due à une lésion cérébrale. ▷ adj. et n. **aphasique**

**aphélie** n. m. ■ astron. Point de l'orbite d'une planète situé à la plus grande distance du Soleil (opposé à périhélie).

**aphérèse** n. f. ■ ling. Chute d'un ou plusieurs phonèmes au début d'un mot (opposé à apocope) (ex. car pour autocar).

**aphone** adj. ■ Qui n'a provisoirement plus de voix. ▷ n. f. **aphonie**

**aphorisme** n. m. ■ didact. Bref énoncé renfermant un précepte.

**aphrodisiaque** adj. et n. m. ■ Se dit d'une substance réputée exciter le désir sexuel.

**aphte** n. m. ■ Petite ulcération de la muqueuse de la bouche ou du pharynx.

**aphteux, euse** adj. ■ De l'aphte. – Fièvre aphteuse, maladie éruptive des bovidés.

**api** n. m. ■ Pomme d'api : variété de petite pomme d'un rouge vif sur un côté.

**à-pic** n. m. ■ Versant vertical. Des à-pics.

**apical, ale, aux** adj. ■ didact. Du sommet, de la pointe (apex n. m.).

**apicole** adj. ■ De l'apiculture.

**apiculteur, trice** n. ■ Personne qui élève des abeilles.

**apiculture** n. f. ■ Technique de l'élevage des abeilles pour obtenir le miel et la cire.

**apitoyer** v. tr. 8 ■ Toucher de pitié. → **attendrir.** ▶ s'**apitoyer** v. pron. → **compatir.** S'apitoyer sur qqn. ▷ n. m. **apitoiement**

**aplanir** v. tr. 2 ■ **1** Rendre plan ou uni. → **niveler. 2** fig. Lever (une difficulté...).

**aplat** n. m. ■ peint. Surface de couleur uniforme.

**aplati, ie** adj. ■ Dont la courbure ou la saillie est moins accentuée que dans l'état premier ou habituel.

**aplatir** v. tr. 2 ■ Rendre plat. ▶ s'**aplatir** v. pron. **1** Devenir plus plat. **2** fam. Tomber à plat ventre. **3** fig. S'aplatir devant qqn. → **ramper.** ▷ n. m. **aplatissement**

**aplomb** [aplɔ̃] n. m. ■ **1** État d'équilibre d'un corps en position verticale. **2** fig. Assurance, confiance en soi. – péj. → **culot, toupet. 3** D'APLOMB loc. adv. : suivant la verticale ; en équilibre stable. ◆ fig. En bon état physique et moral.

**apnée** n. f. ■ Suspension momentanée de la respiration. Plonger en apnée.

**apo-** Élément, du grec apo « loin de ».

**apocalypse** n. f. ■ Fin du monde.

**apocalyptique** adj. ■ Qui évoque la fin du monde, de terribles catastrophes.

**apocope** n. f. ■ ling. Chute d'un ou plusieurs phonèmes à la fin d'un mot (opposé à aphérèse) (ex. télé pour télévision).

**apocryphe** adj. ■ **1** didact. Que l'Église ne reconnaît pas comme canonique. **2** D'authenticité douteuse. Testament apocryphe.

**apogée** n. m. ■ **1** astron. Point où un astre est le plus éloigné de la Terre (opposé à périgée). **2** fig. Point le plus élevé, plus haut degré.

**apolitique** adj. ■ Qui se tient en dehors de la lutte politique.

**apollon** n. m. (nom mythol.) ■ plais. Homme d'une grande beauté.

**apologétique** l adj. Qui a un caractère d'apologie. **II** n. f. didact. Théologie de la révélation chrétienne.

**apologie** n. f. ■ Discours, écrit visant à défendre, à justifier et par ext. à faire l'éloge de qqn, de qqch. ▷ n. **apologiste**

**apologue** n. m. ■ Petit récit moral.

**aponévrose** n. f. ■ anat. Membrane fibreuse qui enveloppe un muscle.

**apophtegme** n. m. ■ didact. Parole mémorable ayant une valeur de maxime.

**apophyse** n. f. ■ Éminence à la surface d'un os.

**apoplectique** adj. ■ Qui a ou annonce une prédisposition à l'apoplexie.

**apoplexie** n. f. ■ Congestion cérébrale.

**apostasie** n. f. ■ Reniement de la foi chrétienne. – fig. Abandon (d'une doctrine).

**apostat, ate** n. ■ Personne qui a renié la foi chrétienne. – fig. Traître, renégat.

**a posteriori** [-te-] ■ (opposé à a priori) **1** loc. adj. invar. Postérieur à l'expérience. **2** loc. adv. Postérieurement à l'expérience.

**apostille** n. f. ■ Note en marge d'un texte.

**apostolat** n. m. ■ **1** Prédication. **2** Mission qui requiert du désintéressement.

**apostolique** adj. ■ **1** Relatif aux apôtres. **2** Qui émane du Saint-Siège.

**apostrophe** n. f. ■ **I** littér. Figure de rhétorique par laquelle un orateur interpelle qqn, etc. **2** Interpellation brusque. *Mot en apostrophe*, en apposition et qui interpelle (ex. *Jean* dans *Jean, tais-toi !*). **II** Signe (') qui marque l'élision d'une voyelle.

**apostropher** v. tr. 🔲 ■ Adresser brusquement la parole à (qqn).

**apothéose** n. f. ■ **1** Antiq. romaine Déification des empereurs, des héros après leur mort. **2** Honneurs extraordinaires rendus à qqn. **3** fig. Épanouissement ; partie brillante.

**apothicaire** n. m. ■ vx Pharmacien. ◆ fig. *Compte d'apothicaire*, long et compliqué.

**apôtre** n. m. ■ **1** Chacun des douze disciples que Jésus-Christ choisit pour prêcher l'Évangile. ◆ par ext. Prédicateur. **2** fig. Personne qui propage une doctrine.

**apparaître** v. intr. 57 ■ **1** Devenir visible, distinct ; se montrer soudain. → **se révéler, surgir.** ◆ fig. *Tôt ou tard, la vérité apparaît.* **2** Commencer d'exister. **3** Se présenter à l'esprit (sous tel aspect). → **paraître. 4** impers. *IL APPARAÎT QUE* (+ indic.) : il est manifeste que. → **il appert** que.

**apparat** n. m. ■ **1** Éclat solennel (d'une cérémonie). ◆ *D'APPARAT* : de cérémonie. **2** *APPARAT CRITIQUE* : notes et variantes d'un texte.

**appareil** n. m. ■ **I 1** vx Préparatifs. ◆ mod. loc. *Dans le plus simple appareil* : tout nu. **2** Ensemble d'éléments qui concourent à un but en formant un tout. *L'appareil des lois.* ◆ *Appareil critique.* → **apparat** (2). ◆ Ensemble d'organismes administratifs. *L'appareil d'un parti.* **3** Ensemble des organes remplissant une même fonction. → **système.** *L'appareil digestif.* **4** Ensemble des matériaux (d'une maçonnerie). **II 1** Assemblage de pièces ou d'organes (plus complexe que l'outil, l'ustensile, moins que la machine) réunis en un tout pour une fonction. **2** Dispositif corrigeant les défauts fonctionnels du corps (spécialt des dents).

**appareillage** n. m. ■ **I** Ensemble d'appareils (II) disposés pour un usage. **II** Action d'appareiller, de quitter le port.

① **appareiller** v. tr. 🔲 ■ **I** v. tr. mar. Préparer (un navire). **II** v. intr. (bateau) Quitter le port.

② **appareiller** v. tr. 🔲 ■ Réunir (des choses semblables ou qui s'accordent). → **assortir.**

③ **appareiller** v. tr. 🔲 ■ Munir d'un appareil (II, 2), d'une prothèse.

**apparemment** [-amã] adv. ■ Selon toute apparence. → **vraisemblablement.**

**apparence** n. f. ■ **1** Ce qu'on voit (de qqch., qqn), manière dont qqch. se montre. → **air, aspect. 2** Aspect extérieur, considéré comme différent de la réalité. *Ne pas se fier à l'apparence.* ◆ loc. *Sauver les apparences*, préserver sa réputation. ◆ *EN APPARENCE* loc. adv. : autant qu'on peut en juger d'après ce qu'on voit. ◆ *CONTRE TOUTE APPARENCE* loc. adv. : en dépit de ce qui paraît.

**apparent, ente** adj. ■ **1** Qui apparaît, se montre aux yeux. **2** abstrait Évident, manifeste. *Sans cause apparente.* **3** Qui n'est pas tel qu'il paraît être ; qui n'est qu'une apparence.

**apparenté, ée** adj. ■ **1** *Être apparenté à qqn*, de la même famille que lui. **2** Allié par apparentement*. **3** Qui ressemble à.

**apparentement** n. m. ■ Alliance électorale entre listes qui groupent leurs voix.

**s'apparenter** v. pron. 🔲 ■ *S'APPARENTER À* **1** rare S'allier par mariage avec. **2** (sujet chose) Avoir une ressemblance avec.

**apparier** v. tr. 7 ■ Unir par paire.

**appariteur** n. m. ■ Huissier.

**apparition** n. f. ■ **I 1** Action, fait d'apparaître. **2** Venue (d'une chose nouvelle). **II 1** Manifestation (d'un être invisible, sous une forme visible). **2** Être imaginaire que l'on croit voir. → **fantôme, spectre.**

**appartement** n. m. ■ Partie d'une maison, d'un immeuble composée de plusieurs pièces qui servent d'habitation.

**appartenance** n. f. ■ **1** Fait d'appartenir (à une collectivité). **2** math. Propriété d'être un élément d'un ensemble.

**appartenir** v. tr. ind. 22 ■ *APPARTENIR À* **1** Être à (qqn) en vertu d'un droit, d'un titre. **2** (sujet personne) Être entièrement soumis à (qqn). ◆ pronom. *S'appartenir* : être libre. **3** (sujet chose) Être propre à (qqn). ◆ impers. *Il appartient aux parents d'élever leurs enfants*, c'est leur rôle. **4** Faire partie de (qqch.). ◆ math. *Élément qui appartient à un ensemble* (→ **appartenance**).

**appas** n. m. pl. ■ vx Attraits.

**appât** n. m. ■ **1** Produit qui sert à attirer des animaux pour les prendre. **2** fig. Ce qui pousse à faire qqch. *L'appât du gain.*

**appâter** v. tr. 🔲 ■ **1** Garnir d'un appât (1). **2** fig. Attirer (qqn) par une promesse, etc.

**appauvrir** v. tr. 2 ■ **1** Rendre pauvre. **2** fig. Faire perdre sa fécondité à (qqch.). ▶ **s'appauvrir** v. pron. ▷ n. m. **appauvrissement**

**appeau** n. m. ■ Instrument avec lequel on imite le cri des oiseaux pour les attirer.

**appel** n. m. ■ **I 1** Action d'appeler pour faire venir à soi, pour obtenir une réponse. *Un appel au secours.* ◆ *Appel téléphonique.* **2** Action d'appeler des personnes par leur nom. *Faire l'appel.* **3** milit. Action d'appeler sous les drapeaux. *Devancer\* l'appel. Appel aux armes.* → **mobilisation.** ◆ *APPEL DE FONDS* : demande de fonds (à des actionnaires, etc.). **5** Discours ou écrit dans lequel on exhorte le public. *Appel à la révolte.* **6** *FAIRE APPEL À qqn*, demander comme une aide. ◆ *Faire appel à ses souvenirs*, les évoquer. ◆ loc. fig. *APPEL DU PIED* : paroles, allusion constituant une demande. **7** fig. Incitation, invitation. *L'appel du large.* **II 1** *FAIRE APPEL* : recourir à une juridiction supérieure en vue d'obtenir la modification d'un jugement. ◆ *Cour d'appel.* **2** loc. *SANS APPEL* : irrévocable ; irrémédiablement. **III** (mouvement) **1** *APPEL D'AIR* : tirage qui facilite la combustion. **2** sports Appui du pied sur le sol qui donne l'élan.

**appelé, ée** adj. ■ **1** Nommé. **2** Qui est appelé (à). ◆ *APPELÉ À* (+ inf.) : dans la nécessité de. **II** n. m. Jeune homme incorporé dans l'armée pour son service militaire.

**appeler** v. tr. 4 ■ I 1 S'adresser à (qqn) pour l'inviter à venir, à répondre. *Appeler qqn à l'aide.* 2 Joindre (qqn) par téléphone. 3 Inviter (qqn) à venir. *Appeler un médecin.* → *Appeler un contingent sous les drapeaux* (→ **appel**). 4 *Appeler qqn à une fonction,* le désigner pour. 5 (sujet chose) Demander, exiger, entraîner. → **réclamer.** 6 EN APPELER À : s'en remettre à. II Donner un nom à (qqn ou qqch.). → **nommer.** → loc. *Appeler les choses par leur nom,* ne pas atténuer la vérité. ► s'**appeler** v. pron. Avoir pour nom. *Je m'appelle Paul.*

**appellation** n. f. ■ Action, façon d'appeler (II). → **dénomination, désignation.** ♦ Nom donné à qqch., à qqn.

**appendice** [-pɛ̃-] n. m. ■ 1 Partie qui prolonge une partie principale. 2 anat. Prolongement en doigt de gant du cæcum. 3 Supplément (notes, etc.) à la fin d'un livre.

**appendicectomie** [-pɛ̃-] n. f. ■ chir. Ablation de l'appendice (2).

**appendicite** [apɛ̃disit] n. f. ■ Inflammation de l'appendice (2).

**appentis** n. m. ■ Petit bâtiment à toit à une seule pente, adossé à un mur.

il **appert** v. impers. (seulement au présent) ■ dr. *Il appert que* (+ indic.) : il est évident que.

**appesantir** v. tr. 2 ■ littér. Rendre plus lourd ou moins agile. ► s'**appesantir** v. pron. 1 Devenir pesant. 2 *S'appesantir sur qqch.,* en parler longuement. ⊳ n. m. **appesantissement**

**appétence** n. f. ■ littér. Tendance portant qqn vers ce qui satisfait ses penchants, ses besoins. → **envie.**

**appétissant, ante** adj. ■ 1 Dont l'aspect, l'odeur met en appétit. 2 fig. Qui attire.

**appétit** n. m. ■ 1 Désir de nourriture, plaisir de manger. 2 Désir pressant (de qqch.). *Appétit de savoir.* 3 Mouvement qui porte à rechercher ce qui peut satisfaire un besoin, un instinct. → **pulsion.**

**applaudir** v. 2 ■ 1 v. intr. Battre des mains en signe d'approbation, d'enthousiasme. 2 v. tr. ind. littér. APPLAUDIR À qqch. : donner son assentiment à. 3 v. tr. Saluer (qqn, qqch.) par des applaudissements. ► s'**applaudir** (de) v. pron. → se **féliciter** de.

**applaudissement** n. m. ■ Battement des mains (d'approbation ou d'enthousiasme).

**applicable** adj. ■ Qu'on peut appliquer (à).

**applicateur, trice** adj. ■ Qui sert à appliquer (qqch.), à mettre en place.

**application** n. f. ■ I 1 Action d'appliquer (une chose sur une autre). 2 math. Relation établie sur deux ensembles, telle qu'à tout élément du premier corresponde un seul élément du second (→ **fonction**). 3 Utilisation ; mise en pratique. *Les applications d'une découverte.* 4 inform. Logiciel. II Action de s'appliquer ; qualité d'une personne appliquée. → **attention, concentration, soin.**

**applique** n. f. ■ 1 Ce qui est appliqué sur un objet (pour l'orner ou le rendre solide). 2 Appareil d'éclairage fixé au mur.

**appliquer** v. tr. 1 ■ 1 Mettre (une chose) sur une autre de manière à recouvrir, adhérer ou laisser une empreinte. 2 fig. Faire servir, employer (pour un usage). *Appliquer un traitement à une maladie.* → *Appliquer une recette.* → *Appliquer son esprit à qqch.* ► s'**appliquer** v. pron. 1 Être appliqué. 2 fig. Être adapté (à). → **convenir; concerner.** 3 Apporter une attention soutenue (à qqch.), prendre soin (de faire qqch.). ► **appliqué, ée** adj. 1 Placé (sur, contre). 2 Mis en pratique. *Sciences appliquées* (opposé à *pur*). *Recherche appliquée* (opposé à *fondamental*). II Qui s'applique (3). → **studieux, travailleur.**

**appoggiature** [-(d)ʒja-] n. f. ■ mus. Note placée devant une note principale pour la mettre en valeur. - var. APPOGIATURE.

**appoint** n. m. ■ 1 Complément d'une somme en monnaie. *Faire l'appoint* (par ext. avoir la somme exacte). 2 fig. Ce qu'on ajoute à qqch. → *Chauffage D'APPOINT.*

**appointements** n. m. pl. ■ Rétribution fixe attachée à un emploi régulier. ⊳ **appointer** v. tr. 1 → **rétribuer.**

**appontement** n. m. ■ Plate-forme le long de laquelle un navire vient s'amarrer.

**apport** n. m. ■ 1 Action d'apporter. *Apport de capitaux.* 2 Ce qu'on apporte ; bien apporté. 3 fig. Contribution positive.

**apporter** v. tr. 1 ■ I concret 1 *Apporter qqch. à qqn,* porter (qqch.) au lieu où est qqn. → *Porter* (qqch.) avec soi en venant. 2 Fournir pour sa part. *Apporter son écot.* II abstrait 1 Manifester, mettre. *Il y apporte tout son zèle.* 2 Donner, fournir (un élément de connaissance). *Apporter une nouvelle.* 3 Fournir (ce qu'on a fait naître). *Apporter son appui à qqn.* 4 (sujet chose) Être la cause de (qqch.).

**apposer** v. tr. 1 ■ dr. Poser, mettre.

**apposition** n. f. ■ 1 Action d'apposer. 2 grammr. Procédé par lequel deux termes sont juxtaposés sans lien (ex. vert olive).

**appréciable** adj. ■ 1 Qui peut être évalué. 2 Assez important. 3 Digne d'estime.

**appréciation** n. f. ■ 1 Action d'apprécier, de déterminer la valeur, etc. (de qqch.). 2 Fait de juger. *Soumettre une décision à l'appréciation de qqn.* ♦ Opinion. *Noter ses appréciations.* → **observation.**

**apprécier** v. tr. 7 ■ 1 Déterminer le prix, la valeur de (qqch.). → **estimer, évaluer.** 2 Déterminer approximativement, par les sens. *Apprécier une distance.* ♦ (abstrait) Sentir, percevoir. *Apprécier une nuance.* 3 Porter un jugement favorable sur ; aimer, goûter. → au p. p. *Animal à chair appréciée.*

**appréhender** v. tr. 1 ■ I 1 Saisir au corps. → **arrêter.** 2 Saisir par l'esprit. II Envisager (qqch.) avec crainte.

**appréhension** n. f. ■ I didact. Fait de saisir par l'esprit. II Crainte vague, mal définie.

**apprenant, ante** n. ■ Personne qui apprend (une langue).

**apprendre** v. tr. 58 ■ I (sens subjectif) **1** Être informé de (qqch.). *Apprendre une nouvelle.* **2** Chercher à acquérir (un ensemble de connaissances). **3** *APPRENDRE À* (+ inf.) : se rendre capable de. *Apprendre à lire.* **II** (sens objectif) **1** *Apprendre qqch. à qqn,* porter à sa connaissance. → **avertir ; informer. 2** Donner la connaissance, le savoir, la pratique de (qqch.). → **enseigner. 3** *Apprendre à qqn à* (+ inf.). ◆ loc. *Cela lui apprendra à vivre :* cela lui servira de leçon.

**apprenti, ie** n. ■ **1** Personne qui est en apprentissage. **2** Débutant, novice. **3** loc. *APPRENTI SORCIER :* personne qui déchaîne des événements qu'elle ne maîtrise pas.

**apprentissage** n. m. ■ **1** Fait d'apprendre un métier manuel ou technique. **2** littér. Premiers essais. *L'apprentissage de l'amour.*

**apprêt** n. m. ■ **1** vieilli (au plur.) Action d'apprêter (1). **2** techn. Opération que l'on fait subir aux matières premières (cuirs, textiles) avant de les travailler. **3** Substance qui sert à apprêter (enduit...). **II** Manières affectées. → **affectation.**

**apprêté, ée** adj. ■ **1** Enduit d'apprêt (I, 3). **2** Trop étudié, peu naturel. → **affecté.**

**apprêter** v. tr. 1 ■ **1** vx ou littér. Rendre prêt, préparer. **2** techn. Soumettre à un apprêt*. ► s'**apprêter** v. pron. **1** Se préparer, se disposer (à). **2** Préparer sa tenue.

**apprivoiser** v. tr. 1 ■ **1** Rendre moins craintif ou moins dangereux (un animal). ◆ au p. p. *Ours apprivoisé.* **2** Rendre (qqn) plus sociable. ► s'**apprivoiser** v. pron. **1** Devenir moins sauvage (animaux), plus sociable (personnes). **2** fig., littér. *S'apprivoiser à.* → s'**accoutumer,** se **faire** à. ▷ n. m. **apprivoisement**

**approbateur, trice** adj. ■ Qui approuve.

**approbatif, ive** adj. ■ Qui marque l'approbation.

**approbation** n. f. ■ **1** Fait d'approuver ; accord donné. **2** Jugement favorable.

**approchant, ante** adj. ■ vieilli Qui se rapproche de. → **semblable, voisin.**

**approche** n. f. ■ **I 1** Fait d'approcher, de s'approcher. *Le chat s'enfuit à mon approche.* **2** *D'APPROCHE :* par quoi on s'approche. ◆ loc. *Travaux d'approche,* démarches pour arriver à un but. **3** au plur. Ce qui est près de. → **abord.** *Les approches d'une ville.* **4** Manière d'aborder un sujet ; point de vue. **II** (choses) Fait d'approcher. *L'approche de la nuit.*

**approcher** v. tr. 1 ■ **I** v. tr. dir. **1** Mettre près, plus près. **2** Venir près, s'avancer auprès de (qqn). **II** *APPROCHER DE* v. tr. ind. **1** Venir près, plus près de (qqn, qqch.). **2** Être près de, sur le point d'atteindre. *Approcher du but.* **3** intrans. Être imminent, proche. *La nuit approche.* ► s'**approcher** (de) v. pron. ► **approché, ée** adj. Approximatif.

**approfondir** v. tr. 2 ■ **1** Rendre plus profond. **2** fig. Étudier à fond. → **creuser.** *Approfondir un sujet.* ► **approfondi, ie** adj. *Examen approfondi.* ▷ n. m. **approfondissement**

**approprier** v. tr. 7 ■ **1** didact. Rendre (qqch.) propre (à un usage). → **adapter. 2** s'*APPROPRIER* v. pron. Faire sien ; s'attribuer la propriété de (qqch.), spécialt de manière illicite. ► **approprié, ée** adj. → **adéquat.** ▷ n. f. **appropriation**

**approuver** v. tr. 1 ■ **1** Donner son accord (à qqch.). → **accepter; approbation.** ◆ au p. p. (invar.) *Lu et approuvé* (formule au bas d'un acte). **2** Juger bon, trouver louable. ◆ *Approuver qqn,* être de son opinion.

**approvisionnement** n. m. ■ **1** Action d'approvisionner. **2** Ensemble de provisions.

**approvisionner** v. tr. 1 ■ Fournir en provisions. → **ravitailler.** ◆ *Approvisionner un compte en banque,* y déposer de l'argent. ► s'**approvisionner** v. pron. → se **fournir.**

**approximatif, ive** adj. ■ **1** Fait par approximation. **2** Imprécis, vague.

**approximation** n. f. ■ **1** Détermination approchée. → **évaluation. 2** Valeur approchée.

**approximativement** adv. ■ À peu près.

**appui** n. m. ■ **I 1** Action d'appuyer, de s'appuyer sur qqch. → *POINT D'APPUI,* sur lequel qqch. s'appuie. **2** *À L'APPUI DE* loc. prép. : pour appuyer, confirmer. *À l'appui de cette hypothèse...* ◆ *Avec preuves à l'appui.* **II 1** Ce qui sert à soutenir. → **soutien, support. 2** fig. Soutien moral ou aide matérielle.

**appuie-tête** n. m. ■ Dispositif destiné à soutenir la tête. *Des appuie-tête(s).*

**appuyer** v. 8 ■ **I** v. tr. **1** Soutenir ou faire soutenir, supporter. *Appuyer qqch. par, contre, à, sur qqch.* **2** Soutenir, rendre plus sûr (qqch. d'abstrait). **3** Fournir une protection, un soutien à. → **soutenir.** *Appuyer un candidat ; une demande.* **4** Appliquer, presser (une chose sur, contre une autre). *Appuyer le pied sur la pédale.* **II** v. intr. **1** (sujet chose) Être soutenu ; être posé (sur). **2** Peser plus ou moins fortement (sur). *Appuyez sur le bouton.* **3** Mettre l'accent (sur) ; insister. **4** Prendre la direction de. *Appuyez sur la droite, à droite.* → se **diriger.** ► s'**appuyer** v. pron. **1** S'aider, se servir comme d'un appui. **2** fig. Compter (sur). → se **fonder.** **3** (faux pronom.) fam. Devoir faire, supporter. *S'appuyer une corvée ; qqn.* ► **appuyé, ée** adj. **1** *Regard appuyé,* insistant. **2** Exprimé avec insistance. *Plaisanterie appuyée.*

**apraxie** n. f. ■ didact. Incapacité d'exécuter des mouvements adaptés à un but.

**âpre** adj. ■ **1** Qui a une rudesse désagréable. **2** fig. Dur, pénible. **3** *Âpre au gain* : avide. ▷ **âprement** adv. → **rudement.**

**après** ■ **I** prép. (opposé à *avant*) **1** (postériorité dans le temps) *Le printemps vient après l'hiver.* ◆ *APRÈS QUE* loc. conj. (+ indic.) «*Il faut bonne mémoire après qu'on a menti*» (Corneille). ◆ *APRÈS COUP* loc. adv. : après l'événement. **2** (postériorité dans l'espace) *Tournez après le pont.* ◆ *Traîner qqch. après soi.* ◆ *Courir après qqn.* **3** (mouvement de recherche) *Soupirer après qqch., qqn.* ◆ *ÊTRE APRÈS qqn,* le harceler. **4** (subordination dans un ordre, une hiérarchie) *Venir après qqn.* **5** *APRÈS TOUT* loc. adv. : après avoir tout considéré. → en

**définitive**, au **fond. 6** D'APRÈS loc. prép. : à l'imitation de ; en se référant à. ▶ **selon, suivant. II** adv. (temps) → plus **tard ; ensuite**. *L'année d'après* (→ **suivant**). ♦ (espace) → **derrière**. ← CI-APRÈS loc. adv. : plus loin (dans un texte). → ci-**dessous, infra. ♦** ET APRÈS ? (exhortation ; indifférence ou défi).

**après-demain** adv. ■ Au jour qui suivra demain (→ **surlendemain).**

**après-guerre** n. m. ■ Période qui suit une guerre.

**après-midi** n. m. ou f. invar. ■ Partie de la journée entre le déjeuner et le dîner.

**après-rasage** adj. invar. et n. m. ■ Se dit d'une lotion calmant le feu du rasoir.

**après-ski** n. m. ■ Botte que l'on chausse lorsqu'on ne skie pas, aux sports d'hiver.

**après-vente** adj. invar. ■ *Service après-vente* (sigle S A.V.) : services d'entretien assurés après la vente d'un appareil, etc.

**âpreté** n. f. ■ **1** Rudesse désagréable de ce qui est âpre. **2** fig. Caractère dur, pénible.

**a priori** ■ **1** loc. adv. et adj. invar. En partant de données antérieures à l'expérience (contr. *a posteriori*). ← n. m. invar. Idée a priori. **2** loc. adv. Au premier abord.

**apriorisme** n. m. ■ didact. Idée a priori.

**à-propos** n. m. ■ Ce qui vient à propos*. ← loc. *Esprit d'à-propos* : présence d'esprit.

**apsara** n. f. ■ Nymphe hindoue.

**apte** adj. ■ **1** dr. Qui détient une capacité (→ **aptitude** (1)). **2** *Apte à* : qui a des dispositions pour, qui peut (faire qqch.).

**aptère** adj. ■ didact. Sans ailes.

**aptitude** n. f. ■ **1** dr. Capacité légale, juridique. **2** Disposition naturelle (à). → **penchant, prédisposition. 3** Compétence acquise et reconnue.

**apurer** v. tr. 🔲 fin. Reconnaître (un compte) exact. ▷ n. m. **apurement**

**aqua-** [akwa] Élément, du latin *aqua* « eau ».

**aquaculture** n. f. ■ Élevage commercial d'espèces aquatiques. - var. AQUICULTURE. ▷ n. m. **aquaculteur, trice** (var. AQUI-).

**aquafortiste** n. m. ■ Graveur à l'eau-forte.

**aquarelle** n. f. ■ Peinture sur papier avec des couleurs délayées dans de l'eau.

**aquarelliste** n. ■ Peintre à l'aquarelle.

**aquariophilie** n. f. ■ Élevage en aquarium des poissons d'ornement.

**aquarium** [-ʒɔm] n. m. ■ Réservoir à parois de verre dans lequel on entretient des plantes et des animaux aquatiques.

**aquatinte** n. f. ■ Eau-forte imitant le lavis.

**aquatique** adj. ■ Qui croît, vit, se fait dans l'eau ou au bord de l'eau.

**aquavit** [akwavit] n. m. ■ Eau-de-vie scandinave parfumée. - var. AKVAVIT.

**aqueduc** n. m. ■ Canal pour conduire l'eau ; ouvrage supportant ce canal.

**aqueux, euse** adj. ■ sc. De l'eau.

**aquiculture** → **aquaculture**

**aquilin** adj. m. ■ *Nez aquilin*, fin et busqué.

**aquilon** n. m. ■ poét. Vent froid du nord.

**aquoibonisme** n. m. ■ littér. Tendance au défaitisme et à l'abandon. ▷ n. et adj. **aquoiboniste**

**ara** n. m. ■ Grand perroquet des tropiques, au plumage coloré.

**arabe** adj. et n. ■ **1** Des peuples originaires de l'Arabie qui se sont répandus avec l'islam autour du bassin méditerranéen. ← n. *Les Arabes*, le peuple sémite originaire d'Arabie ; les populations arabophones du Proche-Orient et du nord de l'Afrique. ♦ n. m. *L'arabe* (langue sémitique). **2** Issu de la civilisation arabe. *Chiffres arabes*, ceux de notre numération (opposé à *romain*).

**arabesque** n. f. ■ **1** Ornement formé de lettres, de lignes, de feuillages entrelacés. **2** Ligne sinueuse de forme élégante.

**arabique** adj. ■ D'Arabie.

**arabisant, ante** n. ■ Spécialiste de la langue, de la littérature arabes.

**arabiser** v. tr. 🔲 ■ Donner un caractère (culturel...) arabe à. ▷ n. f. **arabisation**

**arable** adj. ■ Qui peut être labouré.

**arabophone** adj. et n. ■ Qui parle arabe.

**arachide** n. f. ■ Graine d'une plante tropicale ; cette plante. → **cacahouète.**

**arachnéen, enne** [-k-] adj. ■ **1** didact. Propre à l'araignée. **2** littér. Qui a la légèreté de la toile d'araignée.

**arachnide** [-k-] n. m. ■ Arthropode sans pattes abdominales (classe des *Arachnides* ; ex. acariens, araignées, scorpions).

**arack** → **arak**

**araignée** n. f. ■ **1** Arachnide pourvu de crochets à venin et de glandes productrices de soie. *Toile d'araignée*, réseau que l'animal tisse pour capturer ses proies. **2** loc. fam. *Avoir une araignée au plafond* : être un peu fou. **3** ARAIGNÉE DE MER, crabe à longues pattes. **4** Morceau prisé de viande de bœuf.

**araire** n. m. ■ Charrue simple.

**arak** n. m. ■ Alcool de riz ou de canne à sucre. - var. ARACK.

**araméen, enne** adj. ■ hist. Des Sémites de Syrie, dans l'Antiquité.

**araser** v. tr. 🔲 ■ techn. Mettre de niveau, mettre à ras. ▷ n. m. **arasement**

**aratoire** adj. ■ Qui sert à travailler la terre. *Instruments aratoires*.

**araucaria** n. m. ■ Conifère décoratif.

**arbalète** n. f. ■ Ancienne arme de trait, arc d'acier monté sur un fût.

**arbitrage** n. m. ■ **1** Règlement d'un différend par un ou des arbitres. **2** Fonction d'arbitre, en sport.

**arbitraire** adj. ■ **1** Qui dépend de la seule volonté, n'est pas lié par l'observation de règles. *Choix arbitraire*. ← péj. Qui ne tient pas compte de la réalité. → **artificiel. 2** Qui dépend du bon plaisir de qqn. **3** ling. Dont la forme et le sens ne sont pas logiquement liés. ▷ adv. **arbitrairement**

① **arbitre** n. ▪ **1** dr. Personne désignée par les parties pour trancher un différend. ← cour. Personne prise pour juge dans un débat, une dispute. **2** Personne apte à juger en une matière. **3** Personne désignée pour veiller à la régularité d'une épreuve sportive.

② **arbitre** n. m. ▪ vx Volonté. ← mod. → **libre arbitre**.

**arbitrer** v. tr. ⊡ ▪ **1** Juger en qualité d'arbitre. *Arbitrer un litige.* **2** Contrôler la régularité de (une épreuve sportive).

**arborer** v. tr. ⊡ ▪ **1** Dresser, élever. *Arborer un drapeau.* **2** Porter ostensiblement.

**arborescent, ente** adj. ▪ Qui a la forme ramifiée d'un arbre. ▷ n. f. **arborescence**

**arboretum** [-etɔm] n. m. ▪ Plantation d'arbres d'essences variées.

**arbor(i)-** Élément, du latin *arbor* « arbre ».

**arboricole** adj. ▪ didact. **1** Qui vit sur les arbres. **2** Relatif à l'arboriculture.

**arboriculture** n. f. ▪ Culture des arbres. ▷ n. **arboriculteur, trice**

**arborisation** n. f. ▪ Dessin naturel ressemblant à des ramifications.

**arbouse** n. f. ▪ Fruit rouge et aigrelet d'un arbre méditerranéen (l'*arbousier* n. m.).

**arbre** n. m. ▪ **I** Végétal dont la tige ligneuse se ramifie à partir d'une certaine hauteur au-dessus du sol. ← loc. prov. *Les arbres cachent la forêt* : les détails empêchent de voir l'ensemble. ♦ *ARBRE DE NOËL*, épicéa décoré à Noël. **II** Axe qui reçoit ou transmet un mouvement de rotation. *Arbre à cames.* **III** (Ce qui a l'apparence d'un arbre) **1** *ARBRE GÉNÉALOGIQUE* : figure ramifiée montrant la filiation des diverses branches d'une même famille. **2** didact. Schéma représentant des trajets et des bifurcations.

**arbrisseau** n. m. ▪ Petit végétal ligneux ramifié dès la base.

**arbuste** n. m. ▪ Petit arbre au tronc bien différencié. ▷ adj. **arbustif, ive**

**arc** n. m. ▪ **I** Arme formée d'une tige souple que l'on courbe au moyen d'une corde attachée aux deux extrémités pour lancer des flèches. ← loc. *Avoir plus d'une corde à son arc*, plus d'une ressource pour parvenir à ses fins. **II 1** math. Portion de courbe (spécialt, de cercle) limitée par deux points. **2** Ce qui a la forme d'un arc. **3** Courbe d'une voûte. ♦ *ARC DE TRIOMPHE* : arcade monumentale sous laquelle passait le général romain triomphateur ; monument commémoratif élevé sur ce modèle.

**arcade** n. f. ▪ **I 1** Ouverture en arc ; ensemble d'un arc et de ses montants. **2** Ce qui a une forme arquée. *Arcade sourcilière.* **II** anglic. *Jeu d'arcades*, jeu vidéo d'action (à l'origine, pratiqué dans les salles de jeux).

**arcane** n. m. ▪ **1** alchim. Préparation mystérieuse, réservée aux adeptes. **2** littér. au plur. *Les arcanes de la politique.* → **secret**.

**arc-boutant** n. m. ▪ Arc qui soutient un mur de l'extérieur. *Des arcs-boutants.*

**s'arc-bouter** v. pron. ⊡ ▪ Prendre appui pour exercer une poussée, un effort.

**arceau** n. m. ▪ **1** Partie cintrée d'une voûte. **2** Objet en forme de petite arche.

**arc-en-ciel** n. m. ▪ Phénomène météorologique lumineux, en arc, présentant les couleurs du spectre. *Des arcs-en-ciel.*

**archaïque** [aʀkaik] adj. ▪ **1** Qui est très ancien. ♦ Désuet, périmé. **2** arts Antérieur aux époques classiques.

**archaïsme** [aʀk-] n. m. ▪ **1** Caractère archaïque. **2** Mot, tour ancien qui n'est plus en usage. *Employer des archaïsmes.*

**archal** [aʀʃal] n. m. ▪ rare Laiton.

**archange** [aʀk-] n. m. ▪ relig. cathol. Ange d'un ordre supérieur.

① **arche** n. f. ▪ **1** *Arche (de Noé)* : vaisseau qui permit à Noé d'échapper aux eaux du Déluge. **2** *Arche d'alliance* : coffre où les Hébreux gardaient les tables de la Loi.

② **arche** n. f. ▪ **1** Voûte arquée qui s'appuie sur les culées, les piles d'un pont. **2** Monument en forme d'arc, de grand portail.

**archéo-** [aʀkeo] Élément savant, du grec *arkhaios* « ancien ».

**archéologie** n. f. ▪ Étude scientifique des civilisations disparues à partir de leurs vestiges. ▷ adj. **archéologique**

**archéologue** n. ▪ Spécialiste d'archéologie.

**archéoptéryx** [-iks] n. m. ▪ Oiseau fossile du jurassique, le premier connu, encore très proche des reptiles.

**archer, ère** ▪ **1** n. m. Soldat armé de l'arc. **2** n. Tireur à l'arc.

**archet** n. m. ▪ Baguette droite sur laquelle sont tendus des crins, qui sert à faire vibrer les cordes d'un instrument de musique.

**archétype** [aʀk-] n. m. ▪ didact. Type primitif ou idéal ; original, modèle.

**archevêché** n. m. ▪ **1** Circonscription d'un archevêque. **2** Siège, palais archiépiscopal.

**archevêque** n. m. ▪ Évêque placé à la tête d'une province ecclésiastique.

**archi-** [aʀʃi] Élément (du grec → -archie). **1** Exprime la prééminence (ex. *archiduc*). **2** Exprime le degré extrême, sert à former des adjectifs (ex. *archiconnu*).

**archiduc, archiduchesse** n. ▪ Titre des princes et princesses de l'ancienne maison d'Autriche.

**-archie** [aʀʃi], **-arque** [aʀk] Éléments savants (du grec *arkhein* « commander ») de mots désignant des gouvernements, des gouvernants.

**archiépiscopal, ale, aux** adj. ▪ Qui appartient à l'archevêque.

**archimandrite** n. m. ▪ Supérieur de certains monastères, dans l'Église grecque.

**archipel** n. m. ▪ Groupe d'îles.

**architecte** n. ▪ **1** Personne diplômée, dont le métier est de concevoir le plan d'un édifice et d'en diriger l'exécution. **2** fig., littér. → **créateur**, maître d'œuvre.

**architectonique** adj. ▪ didact. Qui a rapport à la technique de l'architecture.

**architecture** n. f. ▪ **1** Art de construire les édifices. **2** Disposition (d'un édifice). *L'architecture d'une église.* **3** fig. Principe d'organisation, structure. ▷ adj. **architectural, ale, aux**

**architecturer** v. tr. 🔲 ▪ Construire avec rigueur. → **structurer.**

**architrave** n. f. ▪ archit. Partie inférieure de l'entablement.

**archiver** v. tr. 🔲 ▪ Classer (un document) dans les archives. ▷ n. m. **archivage**

**archives** n. f. pl. ▪ **1** Collection de documents anciens, classés à des fins historiques. **2** Lieu où les archives sont conservées.

**archiviste** n. ▪ Spécialiste préposé à la conservation des archives.

**archonte** [aʀkɔ̃t] n. m. ▪ Antiq. Magistrat qui gouvernait une cité grecque.

**arçon** n. m. ▪ L'une des deux parties arquées qui forment le corps de la selle.

**arctique** adj. ▪ Des régions polaires du nord (opposé à *antarctique*). → **hyperboréen.**

**ardemment** [-amɑ̃] adv. ▪ Avec ardeur (fig.). → **passionnément.**

**ardent, ente** adj. ▪ **1** littér. Qui est en feu ; qui brûle. *Tisons ardents.* ◆ loc. cour. *Être sur des charbons\* ardents.* **2** CHAPELLE ARDENTE : salle mortuaire éclairée de cierges. **3** Qui a la couleur ou l'éclat du feu. *Roux ardent.* **4** littér. Qui dégage une forte chaleur. → **brûlant, torride. 5** Qui a de l'ardeur. → **passionné. 6** (sentiments) Très vif ; violent.

**ardeur** n. f. ▪ **1** littér. Chaleur vive. *L'ardeur du soleil.* **2** fig. Énergie pleine de vivacité.

**ardillon** n. m. ▪ Pointe de métal d'une boucle de courroie, de ceinture.

**ardoise** n. f. ▪ **1** Pierre tendre et feuilletée d'un gris bleuâtre, qui sert à la couverture des maisons ; plaque de cette pierre. **2** Plaque sur laquelle on écrit, et qu'on nettoie après usage. **3** fam. Compte de consommations prises à crédit. → **dette.**

**ardu, ue** adj. ▪ Très difficile.

**are** n. m. ▪ Unité de mesure agraire de surface (symb. a) valant cent mètres carrés.

**arec** n. m. ▪ Aréquier. ← *Noix d'arec,* fruit de cet arbre, qui contient du cachou.

**areligieux, euse** adj. ▪ Sans religion.

**aréna** n. m. ou f. ▪ franç. du Canada Patinoire couverte.

**arène** n. f. ▪ **1** Aire sablée d'un amphithéâtre où les gladiateurs combattaient ; où ont lieu les courses de taureaux. ← loc. *Descendre dans l'arène :* s'engager dans un combat. ◆ fig. *L'arène politique.* **2** au plur. Amphithéâtre romain. ◆ Cirque où se déroulent des corridas.

**arénicole** ▪ **1** adj. Qui vit dans le sable. **2** n. f. Ver annélide qui vit dans le sable.

**aréole** n. f. ▪ **1** anat. Cercle pigmenté qui entoure le mamelon du sein. **2** méd. Aire rougeâtre qui entoure un point enflammé.

**aréomètre** n. m. ▪ Instrument pour mesurer la densité d'un liquide. → **densimètre.**

**aréopage** n. m. ▪ **1** Antiq. Tribunal d'Athènes. **2** fig. Assemblée de savants.

**aréquier** n. m. ▪ Palmier d'Asie équatoriale (→ **arec**), dont le bourgeon terminal (cœur de palmier) est comestible.

**arête** n. f. ▪ **1** Tige du squelette des poissons osseux. **2** Intersection de deux plans.

**argent** n. m. ▪ **I 1** Élément (symb. Ag), métal blanc, très ductile et malléable. **2** *D'ARGENT* loc. adj. : qui a la couleur, l'éclat de l'argent. **II** Monnaie métallique, papier-monnaie ; ce qui représente cette monnaie. *Somme d'argent. Argent liquide\*.* ◆ loc. *En vouloir ; en avoir pour son argent,* en proportion de ce qu'on a donné. ← *Prendre* (qqch.) *pour argent comptant :* croire naïvement. ← prov. *L'argent n'a pas d'odeur,* ne garde pas la marque de sa provenance.

**argentan** n. m. ▪ Alliage de cuivre, zinc et nickel imitant l'argent. → **maillechort.**

① **argenté, ée** adj. ▪ fam. Qui a de l'argent. → **riche.**

**argenter** v. tr. 🔲 ▪ **1** Recouvrir d'une feuille d'argent. **2** fig. Donner la couleur de l'argent à. ← ② **argenté, ée** adj. *Métal argenté.* ← *Tempes argentées.*

**argenterie** n. f. ▪ Vaisselle, couverts, ustensiles d'argent ou de métal argenté.

**argentier** n. m. ▪ hist. *Le grand argentier :* le surintendant des finances ; mod., plais. le ministre des Finances.

**argentifère** adj. ▪ Qui contient de l'argent (I). *Minerai argentifère.*

① **argentin, ine** adj. ▪ Qui résonne clair.

② **argentin, ine** adj. et n. ▪ D'Argentine.

**argenture** n. f. ▪ Application d'argent (I).

**argile** n. f. ▪ Roche terreuse, imperméable, plastique. → **glaise.** ← loc. *Colosse aux pieds d'argile :* puissance fragile.

**argileux, euse** adj. ▪ De la nature de l'argile ; qui évoque l'argile.

**argon** n. m. ▪ Élément (symb. Ar), gaz incolore et inodore.

**argonaute** n. m. (n. pr. mythol.) ▪ Mollusque céphalopode des mers chaudes.

**argot** n. m. ▪ Vocabulaire et habitudes de langage propres à un milieu fermé (dont certains mots passent dans la langue commune). ▷ adj. **argotique**

**argousin** n. m. ▪ **1** ancient Bas officier des galères. **2** péj., vieilli Agent de police.

**arguer** [aʀɡɥe] v. 🔲 ▪ **1** v. tr. dir. littér. *Arguer qqch. de qqch.,* tirer argument, conséquence. → **conclure, inférer. 2** v. tr. ind. *Arguer de qqch. :* mettre (qqch.) en avant, en tirer argument ou prétexte. → **alléguer.**

**argument** n. m. ▪ **1** Preuve à l'appui ou à l'encontre d'une proposition. *Être à court d'arguments.* ◆ *Arguments de vente.* **2** Exposé sommaire. *L'argument d'un film.*

**argumentaire** n. m. ▪ Documentation réunissant des arguments de vente.

**argumentation** n. f. ▪ Ensemble d'arguments tendant à une même conclusion.

**argumenter** v. intr. 🔲 ▪ Présenter des arguments ; prouver par arguments.

**argus** [-ys] n. m. ■ **1** littér. Surveillant, espion. **2** (avec maj.) Publication qui fournit des renseignements spécialisés.

**argutie** [-si] n. f. ■ péj. (générat au plur.) Raisonnement pointilleux, trop subtil.

**argyr(o)-** Élément savant, du grec *arguros* « argent ».

① **aria** n. m. ■ fam., vx Embarras ; tracas.

② **aria** n. f. ■ mus. Mélodie chantée par une seule voix accompagnée.

**aride** adj. ■ **1** Sec, desséché. ⇒ Qui ne porte aucun végétal, faute d'humidité. *Sol aride.* **2** fig. Dépourvu d'intérêt, d'attrait. *Sujet aride.* ▷ n. f. **aridité**

**ariette** n. f. ■ mus. Air léger.

**aristocrate** n. ■ **1** Partisan de l'aristocratie (1). **2** Membre de l'aristocratie (2). → **noble.**

**aristocratie** n. f. ■ **1** Forme de gouvernement où le pouvoir appartient à la noblesse. **2** La noblesse. **3** fig. → **élite.**

**aristocratique** adj. ■ **1** De l'aristocratie. **2** Digne d'un aristocrate. → **distingué.**

**aristoloche** n. f. ■ Plante grimpante, aux fleurs jaunes à corolle tubulaire.

**aristotélicien, ienne** adj. ■ didact. Relatif à Aristote, à sa philosophie.

**aristotélisme** n. m. ■ didact. Doctrine, philosophie d'Aristote.

**arithmétique** ■ **I** adj. Relatif à l'arithmétique (II). ◆ *Progression arithmétique,* où la différence entre les termes consécutifs est constante (ex. 1, 4, 7, 10, 13...). **II** n. f. Partie des mathématiques qui étudie les propriétés des nombres. ◆ Art du calcul.

**arlequin, ine** ■ **1** n. m. Personnage bouffon de la comédie italienne, au costume fait de pièces triangulaires. **2** n. f. Femme déguisée en arlequin.

**arlésien, ienne** adj. et n. ■ D'Arles. ⇒ loc. *Jouer l'Arlésienne, les Arlésiennes* : ne pas se montrer (allus. à l'opéra de Bizet).

**armada** n. f. ■ **1** hist. *L'Invincible Armada,* flotte de Philippe II d'Espagne. **2** fam. *Une armada de* : une grande quantité de.

**armagnac** n. m. ■ Eau-de-vie de raisin que l'on fabrique en Armagnac.

**armateur** n. m. ■ Personne qui s'occupe de l'exploitation commerciale d'un navire.

**armature** n. f. ■ **1** Assemblage de pièces qui sert à maintenir les parties d'un ouvrage. **2** fig. Ce qui sert à maintenir, à soutenir.

**arme** n. f. ■ **I 1** Instrument ou dispositif servant à tuer, blesser ou réduire un ennemi. *Armes blanches* (couteaux, épées...). *Armes à feu* (pistolets, fusils...). ⇒ loc. *Passer l'arme à gauche* : mourir. ◆ Ensemble de moyens offensifs. *Arme chimique.* **2** (au plur.) loc. *Prendre les armes* : s'apprêter au combat. ⇒ *Déposer les armes* : se rendre. ⇒ *Passer qqn par les armes,* le fusiller. **3** spécial *Salle d'armes, maître d'armes,* d'escrime. **II 1** Corps de l'armée (infanterie, artillerie...). **2** littér. LES ARMES : le métier militaire. *Frères d'armes.* ◆ Combat, guerre. ⇒ loc. *Faire ses premières armes* fig. débuter dans une carrière. **III** fig. Ce qui peut agir contre un adversaire. → **argument. IV** ARMES : signes héraldiques. → **armoiries.**

**armée** n. f. ■ **1** Réunion importante de troupes. **2** Ensemble des forces militaires d'un État. *Armée active ; de réserve.* **3** Grande unité militaire (réunissant des *corps d'armée*). **4** fig. *Une armée de* : une grande quantité de.

**armement** n. m. ■ **I 1** Action d'armer ; ensemble d'armes. *L'armement d'un soldat.* **2** au plur. Préparatifs, moyens de guerre. *La course aux armements.* **3** Technique des armes. *Ingénieur de l'armement.* **II** Action d'armer* (un navire). **III** Action d'armer (une arme à feu ; un appareil).

**armer** v. tr. ① ■ **I 1** Pourvoir d'armes. **2** Garnir d'une armure, d'une armature. *Armer le béton.* **II** mar. *Armer un navire,* l'équiper de ce qu'il faut pour prendre la mer. **III 1** Rendre (une arme à feu) prête à tirer. **2** Tendre le ressort de (un mécanisme). *Armer un appareil photo* (l'obturateur). ▶ s'**armer** v. pron. Se munir d'armes. ⇒ fig. *S'armer de patience.* ▶ **armé, ée** p. p. **1** Muni d'armes. ⇒ *Attaque à main armée.* → **hold-up. 2** fig. Pourvu de moyens d'action, de défense. **3** Renforcé de métal. *Béton armé.*

**armillaire** [-ilɛʀ] adj. ■ *Sphère armillaire* : globe formé de cercles figurant le ciel et les astres, selon l'ancienne astronomie.

**armistice** n. m. ■ Convention conclue entre belligérants afin de suspendre les hostilités. ⇒ *L'Armistice* : l'anniversaire de l'armistice de 1918 (le 11 novembre).

**armoire** n. f. ■ **1** Haut meuble de rangement fermé par des battants. *Armoire à glace,* dont la porte est un miroir ; fig., fam. personne de forte carrure. **2** *Armoire à pharmacie,* petit meuble fixé au mur.

**armoiries** n. f. pl. ■ Emblèmes qui distinguent une famille noble ou une collectivité. → **blason ; héraldique.**

**armoise** n. f. ■ Plante aromatique médicinale.

**armorial** n. m. ■ Recueil d'armoiries.

**armorier** v. tr. ⑦ ■ Orner d'armoiries.

**armure** n. f. ■ **I** Harnais protecteur, fait d'un assemblage de plaques, que revêtait un guerrier. **II** Mode d'entrecroisement des fils de chaîne et de trame.

**armurerie** n. f. ■ **1** Profession d'armurier. **2** Fabrication, commerce, dépôt d'armes.

**armurier** n. m. ■ Personne, entreprise qui vend ou fabrique des armes.

**A. R. N.** [ɑɛʀɛn] n. m. (sigle de *acide ribonucléique*) ■ biol. Acide nucléique, essentiel dans le transport du message génétique. – On écrit aussi ARN.

**arnaque** n. f. ■ fam. Escroquerie ; tromperie. ▷ **arnaquer** v. tr. ① fam.

**arnica** n. f. ■ **1** Plante à fleurs jaunes, toxique. **2** Teinture qui en est extraite, utilisée contre les contusions.

**arobase** n. f. ou m. ■ Caractère spécial (@), utilisé dans les adresses électroniques. – Variantes : AROBAS, ARROBAS, ARROBASE.

**aromate** n. m. ■ Substance végétale odoriférante ; épice, condiment.

**aromatique** adj. ■ De la nature des aromates. *Plante, substance aromatique.*

**aromatiser** v. tr. ⨇ ■ Parfumer avec une substance aromatique.

**arôme** ou **arome** n. m. ■ **1** Odeur agréable qui émane de certaines substances. **2** Additif destiné à parfumer les aliments.

**aronde** n. f. ■ vx ou littér. Hirondelle.

**arpège** n. m. ■ mus. Accord dont on égrène vivement les notes. ▷ **arpéger** v. tr. ⨈ et ⨐

**arpent** n. m. ■ Ancienne mesure agraire (de 20 à 50 ares).

**arpentage** n. m. ■ Mesure de la superficie (d'un terrain) ; techniques de l'arpenteur.

**arpenter** v. tr. ⨇ ■ **1** Mesurer la superficie de (un terrain). **2** Parcourir à grands pas.

**arpenteur** n. m. ■ Professionnel des techniques géométriques de mesure des surfaces et des relèvements de terrains.

**arpenteuse** n. f. ■ Chenille de la phalène.

**arpette** n. f. ■ vieilli Jeune apprentie.

**arpion** n. m. ■ fam. Pied.

**-arque** → **-archie**

**arqué, ée** adj. ■ Courbé en arc.

**arquebuse** n. f. ■ anciennt Arme à feu qu'on faisait partir au moyen d'une mèche.

**arquer** v. tr. ⨇ ■ Courber en arc.

**arrachage** n. m. ■ Action d'arracher.

**à l'arrache** loc. adv. ■ fam. Très vite et avec effort, sans avoir préparé.

**à l'arraché** loc. adv. ■ Par un effort violent.

**arrachement** n. m. ■ **1** Action d'arracher. **2** fig. Affliction que cause une séparation.

**d'arrache-pied** loc. adv. ■ Sans faiblir.

**arracher** v. tr. ⨇ ■ **1** Enlever de terre (une plante qui y tient par ses racines). **2** Détacher avec effort (qqch. qui tient ou adhère). ◆ loc. fig. *S'arracher les cheveux* : être désespéré. **3** Enlever de force à qqn, un animal (ce qu'il retient). **4** Obtenir (qqch.) de qqn avec peine, malgré une résistance. **5** *Arracher qqn de* (un lieu), lui faire quitter par force. ◆ *Arracher qqn au sommeil.* → **tirer.** ► s'**arracher** v. pron. **1** faux pronom. Se disputer (qqch. ; qqn). **2** *S'ARRACHER DE, À* : se détacher avec effort, peine ou regret de.

**arracheur, euse** n. ■ **1** Personne qui arrache. ◆ loc. *Mentir comme un arracheur de dents,* effrontément. **2** n. f. agric. Machine servant à arracher (des tubercules, etc.).

**arraisonner** v. tr. ⨇ ■ Arrêter et contrôler (un navire, un avion) pour vérifier son chargement, sa destination, etc. ▷ n. m. **arraisonnement**

**arrangeant, ante** adj. ■ Conciliant.

**arrangement** n. m. ■ **1** .Action de disposer (qqch., ses éléments) dans un certain ordre. → **disposition ; agencement, installation. 2** mus. Adaptation (d'une composition) à d'autres instruments. **3** Convention tendant à régler une situation juridique. → **accord, compromis.**

**arranger** v. tr. ⨈ ■ **1** Disposer de manière correcte ou qui agrée. *Arranger des fleurs dans un vase.* **2** Mettre sur pied, organiser. **3** Améliorer l'aspect de (qqn, qqch.). ◆ fam. Maltraiter (qqn). **4** Régler par un accord mutuel. *Arranger une affaire.* **5** (sujet chose) Être utile, pratique pour (qqn). → **convenir.** ► s'**arranger** v. pron. **1** Ajuster sa toilette, etc. **2** (sujet chose) Aller mieux. *Tout va s'arranger.* **3** Prendre ses dispositions (en vue d'un résultat). *S'arranger pour,* en sorte de. **4** Se mettre d'accord. **5** *S'ARRANGER DE qqch.* → s'**accommoder.**

**arrangeur** n. m. ■ Personne qui écrit un arrangement (2), ou de la musique d'après un thème (jazz, rock, variétés).

**arrérages** n. m. pl. ■ Montant échu d'une rente, d'une pension.

**arrestation** n. f. ■ Action d'arrêter (qqn) pour l'emprisonner.

**arrêt** n. m. ■ **1** Action, fait de s'arrêter (dans son mouvement) ; état de ce qui n'est plus en mouvement. ◆ *Chien d'arrêt,* qui s'immobilise quand il sent le gibier. ◆ Interruption ou fin (d'un processus...). *Arrêt des combats.* ◆ *SANS ARRÊT* loc. adv. : sans interruption. **2** Endroit où doit s'arrêter un véhicule. **3** dr. *Mandat d'arrêt* : ordre d'incarcération délivré par le juge d'instruction. ◆ *Maison d'arrêt,* prison. **4** Décision d'une cour souveraine ou d'une haute juridiction. ◆ fig., littér. *Des arrêts du destin.* → **décret.**

①**arrêté** n. m. ■ **1** Règlement définitif. **2** Décision écrite d'une autorité.

②**arrêté, ée** adj. ■ **1** Convenu, décidé. **2** (idées...) Inébranlable, irrévocable.

**arrêter** v. ⨇ ■ **I** v. tr. **1** Empêcher (qqn, qqch.) d'avancer, d'aller plus loin. **2** Interrompre ou faire finir (un processus...). loc. prov. *On n'arrête pas le progrès.* **3** Empêcher (qqn) d'agir. *Rien ne l'arrête.* **4** Faire prisonnier. → **appréhender. 5** fam. (médecin) Prescrire un arrêt de travail à (qqn). **6** Fixer par un choix. *Arrêter une décision.* **7** Prendre un arrêté. *Le ministre arrête que...* **II** v. intr. **1** Cesser d'avancer. **2** Cesser de parler ou d'agir. ◆ *Arrêter de* (+ inf.). → **cesser.** ► s'**arrêter** v. pron. **1** Interrompre sa marche ; ne pas aller plus loin. **2** (mécanisme) Ne plus fonctionner. **3** (processus...) S'interrompre ou finir. **4** (personnes) Cesser d'agir. ◆ *S'arrêter de fumer.*

**arrhes** n. f. pl. ■ Somme d'argent que l'on verse pour garantir un contrat, etc.

**arriération** n. f. ■ *Arriération mentale* : état d'un sujet dont l'âge mental est inférieur à l'âge réel.

①**arrière** ■ **I** adv. **1** interj. *Arrière !* : allez-vous-en ! **2** (après un nom) *Vent arrière,* en poupe. *Faire marche arrière* (fig. revenir sur une décision). **II 1** *EN ARRIÈRE* loc. adv. : vers le lieu, le côté situé derrière. ◆ À une certaine distance derrière. *Rester en arrière.* **2** *EN ARRIÈRE DE* loc. prép. → **derrière.**

② **arrière** ■ I n. m. **1** Partie postérieure (de qqch.). *À l'arrière du train.* **2** Territoire en dehors de la zone des opérations militaires (opposé à *front*). ◆ *Les arrières d'une armée*, les lignes de communication. ➤ fig. *Assurer ses arrières* : avoir une solution de rechange. **3** Joueur placé derrière les autres. II adj. invar. Qui est à l'arrière. *Les feux arrière d'un camion.*

**arrière-** Élément (invariable) de noms, qui signifie « qui est derrière » ou « qui est plus loin dans le temps ».

**arriéré, ée** ■ I **1** adj. péj. Qui appartient au passé, n'est pas moderne. → **rétrograde.** **2** adj. et n. (Personne) en retard dans son développement mental. II n. m. **1** Dette échue et qui reste due. **2** fig. Ce qui est en retard. *Un arriéré de sommeil.*

**arrière-ban** → **ban**

**arrière-boutique** n. f. ■ Pièce de plain-pied située derrière une boutique.

**arrière-cour** n. f. ■ Petite cour aménagée à l'arrière d'une maison.

**arrière-garde** n. f. ■ **1** Partie d'un corps d'armée qui ferme la marche. **2** fig. *D'arrière-garde*, en retard dans une évolution.

**arrière-gorge** n. f. ■ Fond de la gorge.

**arrière-goût** n. m. ■ **1** Goût qui reste dans la bouche après l'absorption. **2** fig. État affectif qui subsiste après sa cause.

**arrière-grand-mère** n. f. ■ Mère du grand-père ou de la grand-mère.

**arrière-grand-père** n. m. ■ Père du grand-père ou de la grand-mère.

**arrière-grands-parents** n. m. pl. ■ Parents des grands-parents. → **bisaïeul.**

**arrière-pays** [-pei] n. m. invar. ■ Région située en arrière d'une région côtière.

**arrière-pensée** n. f. ■ Pensée, intention que l'on dissimule.

**arrière-petit-fils** [-fis] n. m., **arrière-petite-fille** n. f. ■ Fils, fille du petit-fils, de la petite-fille.

**arrière-petits-enfants** [-patizɑ̃fɑ̃] n. m. pl. ■ Enfants des petits-enfants.

**arrière-plan** n. m. ■ **1** Plan le plus éloigné de l'œil du spectateur (opposé à *premier plan*). **2** fig. Position secondaire.

**arrière-saison** n. f. ■ Fin de l'automne.

**arrière-salle** n. f. ■ Salle située derrière une autre.

**arrière-train** n. m. ■ Partie postérieure du corps (d'un quadrupède). ◆ fam. Fesses (d'une personne). → **postérieur.**

**arrimer** v. tr. 1 ■ Caler ou fixer avec des liens. ▷ n. m. **arrimage**

**arrivage** n. m. ■ Arrivée de marchandises ; ces marchandises.

**arrivant, ante** n. ■ Personne qui arrive.

**arrivé, ée** ■ **1** n. *Premier, dernier arrivé*, personne qui est arrivée la première, la dernière. **2** adj. Qui a réussi (socialement, professionnellement).

**arrivée** n. f. ■ **1** Fait d'arriver ; moment où l'on arrive. **2** Passage (d'un fluide) qui arrive quelque part. *Arrivée d'essence.* **3** Lieu où arrivent des voyageurs, etc.

**arriver** v. intr. 1 ■ I **1** mar. Toucher au port, à terre. **2** Toucher au terme d'un trajet ; parvenir au lieu où l'on voulait aller. **3** Approcher, venir vers qqn. *Le voici qui arrive.* → **venir.** **4** Atteindre le niveau de, par la taille. ➤ fig. *Il ne lui arrive pas à la cheville.* **5** Parvenir (à un état). *Arriver à un certain âge. Arriver à ses fins.* ➤ *Arriver à comprendre qqch.* **6** Réussir (dans sa carrière...). **7** *EN ARRIVER À* : en venir à. II (sujet chose) **1** Parvenir à destination. **2** Parvenir (jusqu'à qqn). **3** Atteindre un certain niveau. *L'eau lui arrivait à la ceinture.* **4** Venir, être sur le point d'être. *La nuit arrive.* **5** (fait...) Se produire. → **survenir.** *Un accident est arrivé.* ➤ impers. *Il est arrivé un accident. Quoi qu'il arrive*, en tout cas.

**arriviste** n. ■ Personne qui veut réussir par n'importe quel moyen. ▷ n. m. **arrivisme**

**arrobas(e)** n. f. ou m. → **arobase**

**arrogance** n. f. ■ Insolence méprisante.

**arrogant, ante** adj. ■ Qui manifeste de l'arrogance.

**s'arroger** v. pron. 3 ■ S'attribuer (un droit, une qualité) sans y avoir droit.

**arroi** n. m. ■ littér. *En grand arroi* : avec une suite nombreuse et un brillant équipage.

**arrondi, ie** ■ **1** adj. À peu près rond. **2** n. m. Contour arrondi. *L'arrondi d'une joue.*

**arrondir** v. tr. 2 ■ **1** Rendre rond. ➤ Donner une forme courbe à. ➤ loc. fig. *Arrondir les angles* : atténuer les oppositions, les dissentiments. **2** Rendre plus important (sa fortune...). ◆ *Arrondir un total*, lui substituer le nombre rond inférieur ou supérieur. ▶ **s'arrondir** v. pron. Devenir rond.

**arrondissement** n. m. ■ **I** vx Action, fait d'arrondir, de s'arrondir. **II** Division territoriale ; spécialt, en France, circonscription administrative. ◆ Subdivision administrative dans certaines grandes villes (Paris, Lyon, Marseille).

**arrosage** n. m. ■ Action d'arroser.

**arrosé, ée** adj. ■ **1** Qui reçoit des précipitations. **2** À travers quoi coule un cours d'eau. **3** (→ arroser, 3) *Un café arrosé.*

**arroser** v. tr. 1 ■ **1** Mouiller en versant un liquide, de l'eau sur. **2** Couler à travers. *La Seine arrose le Bassin parisien.* **3** Verser de l'alcool dans ; accompagner d'alcool. **4** fig., fam. Soudoyer (qqn). **5** argot milit. Bombarder, mitrailler méthodiquement. **6** Diffuser des informations (sur un secteur). → **couvrir.**

**arroseur, euse** ■ **I** Personne qui arrose. **II** n. f. Véhicule pour l'arrosage des rues.

**arrosoir** n. m. ■ Récipient destiné à l'arrosage, muni d'une anse et terminé par une *pomme\* d'arrosoir.*

**arrow-root** [aʀoʀut] n. m. ■ Plante tropicale dont on extrait une fécule ; cette fécule.

**arsenal, aux** n. m. ■ **1** Centre de construction, d'entretien et d'armement des navires de guerre. **2** Dépôt d'armes et de munitions. **3** fig. Moyens d'action. *L'arsenal des lois.* **4** fam. Matériel compliqué.

**arsenic** n. m. ▪ Élément (symb. As), dont un composé est un poison violent.

**arsouille** n. ▪ vieilli Voyou.

**art** n. m. ▪ **I 1** vx ou dans des expr. Moyen d'obtenir un résultat (par l'effet d'aptitudes naturelles) ; ces aptitudes. *Il a l'art de plaire.* **2** Ensemble de connaissances organisées et de règles d'action, dans un domaine particulier. → **technique ; artisan.** *L'art vétérinaire. Les arts ménagers.* ► loc. *Dans les règles de l'art,* en utilisant la manière la plus correcte de procéder. ◄ *Un homme de l'art :* un médecin. **3** loc. *Le grand art :* l'alchimie. ◄ *Le noble art :* la boxe. *Les arts martiaux\*.* **II 1** Expression, par les œuvres humaines, d'un idéal esthétique ; ensemble des activités humaines créatrices visant à cette expression (→ **artiste**). *Œuvre d'art, objet d'art.* **2** Chacun des modes d'expression de la beauté. → **beaux-arts.** *Les arts plastiques. Le septième art :* le cinéma. **3** Création des œuvres d'art ; ensemble des œuvres propres à une époque, un lieu, un style... *L'art égyptien. Art abstrait ; art figuratif.* ◄ (Styles) *Art nouveau* (en Europe, 1885-1914) ; *arts déco* (1925).

**artefact** [aʀtefakt] n. m. ▪ anglic., didact. Phénomène d'origine humaine, artificielle.

**artère** n. f. ▪ **1** anat. Vaisseau à ramifications divergentes qui, partant des ventricules du cœur, distribue le sang au corps. *Les artères et les veines.* **2** fig. Rue importante.

**artériel, ielle** adj. ▪ Des artères.

**artériosclérose** n. f. ▪ État pathologique caractérisé par un durcissement progressif des artères. → **athérosclérose.**

**artérite** n. f. ▪ méd. Affection artérielle d'origine inflammatoire.

**artésien, ienne** adj. ▪ De l'Artois. ◆ *PUITS ARTÉSIEN,* d'eau jaillissante.

**arthrite** n. f. ▪ Affection articulaire d'origine inflammatoire.

**arthritique** adj. ▪ méd. **1** De l'arthrite. **2** adj. et n. (Personne) qui souffre d'arthrite.

**arthro-** Élément savant, du grec *arthron* « articulation ».

**arthropode** n. m. ▪ zool. Invertébré au corps formé de segments articulés (embranchement des *Arthropodes* : crustacés, insectes, arachnides...).

**arthrose** n. f. ▪ méd. Affection des articulations due à une altération des cartilages.

**artichaut** n. m. ▪ Plante potagère à capitules comestibles. *Fond d'artichaut,* le réceptacle charnu qui porte les bractées (« *feuilles* » *d'artichaut*). ◆ loc. fam. *Cœur d'artichaut :* personne inconstante en amour.

**article** n. m. ▪ **I 1** Partie (numérotée ou non) qui forme une division (d'un texte officiel...). *Article de loi.* ◆ relig. *Article de foi :* point essentiel de croyance. **2** Partie (d'un écrit), du point de vue du contenu. ◄ *Sur cet article,* sur ce sujet. **3** loc. *À L'ARTICLE DE LA MORT :* sur le point de mourir. **4** Écrit formant un tout, mais faisant partie d'une publication. *Un article de revue.* ◄ *Les articles d'un dictionnaire.* → **entrée. II 1** Objet de commerce.

*Articles de sport.* **2** loc. *FAIRE L'ARTICLE :* vanter sa marchandise ; fig., péj. faire valoir (qqch., qqn) pour un motif intéressé. **III** Mot qui, placé devant un nom, sert à le déterminer, tout en marquant le genre et le nombre (→ **le ; un,** ② **des ;** ② **de ; du**).

**articulaire** adj. ▪ Des articulations.

**articulation** n. f. ▪ **I 1** anat. Ensemble des parties molles et dures par lesquelles s'unissent deux ou plusieurs os voisins. **2** mécan. Assemblage de plusieurs pièces mobiles les unes sur les autres. **3** (abstrait) Manière dont un tout complexe est organisé ; liaison entre les parties. **II** Action d'articuler (II) les sons d'une langue.

**articulé, ée** adj. ▪ **I** Qui s'articule. **II** Formé de sons reconnaissables. *Langage articulé.*

**articuler** v. tr. ① ▪ **I** Assembler par une articulation\*. **II** Émettre, faire entendre les sons vocaux à l'aide de mouvements des lèvres et de la langue. ◄ sans compl. Prononcer distinctement. ► **s'articuler** v. pron. Former une articulation ; être assemblé par une articulation.

**artifice** n. m. ▪ **I 1** Moyen habile, ingénieux. *Un artifice de calcul.* → **ruse. II** *FEU D'ARTIFICE :* explosifs à effet lumineux qui fait brûler en plein air. ◄ fig. Ce qui éblouit par la rapidité ou par des traits brillants.

**artificiel, elle** adj. ▪ **1** Qui est le produit de l'activité humaine (opposé à *naturel*). *Lac artificiel.* **2** Créé par la vie sociale. *Besoin artificiel.* **3** Créé par l'esprit humain et non lié au réel. **4** Qui manque de naturel. → **affecté.** ▷ adv. **artificiellement**

**artificier** n. m. ▪ **1** Celui qui fabrique ou tire des feux d'artifice. **2** Spécialiste du désamorçage des explosifs.

**artificieux, euse** adj. ▪ littér. Plein de ruse.

**artillerie** n. f. ▪ **1** Matériel de guerre comprenant les canons, etc. **2** Corps de l'armée chargé du service de ce matériel.

**artilleur** n. m. ▪ Militaire de l'artillerie.

**artimon** n. m. ▪ mar. Mât arrière d'un navire. ◆ Voile gréée sur ce mât.

**artisan, ane** n. ▪ rare au fém. **1** Personne qui exerce un métier manuel à son propre compte. **2** fig. *L'artisan de,* la cause.

**artisanal, ale, aux** adj. ▪ **1** Relatif à l'artisan. **2** Qui n'est pas industrialisé. ▷ adv. **artisanalement**

**artisanat** n. m. ▪ **1** Métier, condition d'artisan. **2** Ensemble des artisans.

**artiste** ▪ **I** n. **1** Personne qui se voue à l'expression du beau, pratique l'art (II). ◆ spécialt Personne qui crée une œuvre plastique. **2** Professionnel qui interprète une œuvre musicale, théâtrale, etc. → **interprète ; acteur, comédien. II** adj. Qui aime l'art.

**artistement** adv. ▪ Avec goût.

**artistique** adj. ▪ **1** Qui a rapport à l'art, aux productions de l'art. **2** Qui est fait, présenté avec art. ▷ adv. **artistiquement**

**arum** [aʀɔm] n. m. ▪ Plante dont l'inflorescence est entourée d'un cornet blanc.

**aruspice** n. m. ■ Antiq. romaine Devin qui tirait des présages des entrailles des victimes. – var. anc. HARUSPICE.

**aryen, enne** n. ■ Type de la race blanche, selon les racistes. ⇔ adj. *Race aryenne.*

**arythmie** n. f. ■ méd. Irrégularité du rythme cardiaque.

**as** [ɑs] n. m. ■ **1** Antiq. Unité monétaire romaine. **2** Côté du dé à jouer (ou moitié de domino) marqué d'un seul signe. ♦ Carte à jouer marquée d'un seul signe. ♦ loc. fam. *Être ficelé, fichu comme l'as de pique,* être mal habillé ou mal fait. ⇔ *Être plein aux as,* avoir beaucoup d'argent. ⇔ *Passer qqch. à l'as,* l'escamoter. **3** Personne qui réussit excellemment dans une activité.

**ascendance** n. f. ■ Ligne généalogique par laquelle on remonte de l'enfant aux parents, aux aïeux; ensemble des générations dont est issu qqn.

① **ascendant, ante** adj. ■ Qui va en montant. *Mouvement ascendant.*

② **ascendant** n. m. ■ **1** astrol. Degré du zodiaque montant à l'horizon au moment de la naissance de qqn. **2** Influence (sur qqn). **3** Parent dont on descend.

**ascenseur** n. m. ■ **1** Appareil servant au transport vertical des personnes; cabine où se tiennent les passagers. ♦ loc. fam. *Renvoyer l'ascenseur :* rendre la pareille. ♦ loc. fig. *Ascenseur social,* ce qui permet de progresser socialement, par les études, la formation... **2** inform. Barre occupant le bord d'une fenêtre*, qui permet de faire défiler le document affiché.

**ascension** n. f. ■ **1** (avec maj.) relig. chrét. Élévation miraculeuse de Jésus-Christ dans le ciel; fête la commémorant. **2** Action de gravir (une montagne). **3** Action de s'élever dans les airs. **4** fig. Montée vers un idéal ou une réussite sociale.

**ascensionnel, elle** adj. ■ Qui tend à monter ou à faire monter dans les airs.

**ascensionner** v. tr. 🔲 ■ Escalader par une ascension.

**ascèse** n. f. ■ **1** Discipline destinée à libérer l'esprit en vue d'un perfectionnement spirituel ou moral. **2** Privation voulue.

**ascète** n. ■ **1** Personne qui s'impose, par piété, des privations, des mortifications, etc. **2** Personne qui mène une vie austère.

**ascétique** adj. ■ D'ascète. *Vie ascétique.*

**ascétisme** n. m. ■ **1** Genre de vie religieuse des ascètes. **2** Doctrine de perfectionnement par l'ascèse. **3** Vie austère, frugale.

**ASCII** [aski] n. (sigle) ■ anglic., inform. *Code ASCII,* utilisé pour coder des données.

**ascomycète** n. m. ■ bot. Champignon à thalle cloisonné (ordre des *Ascomycètes;* ex. morille, truffe).

**ascorbique** adj. ■ chim. *Acide ascorbique,* acide de la vitamine C, qui combat le scorbut.

**asepsie** [-s-] n. f. ■ méd. Méthode préventive qui s'oppose aux maladies infectieuses en empêchant l'introduction de microbes dans l'organisme. → **antisepsie.**

**aseptique** [-s-] adj. ■ Exempt de tout germe infectieux. ▷ adv. **aseptiquement**

**aseptiser** [-s-] v. tr. 🔲 ■ Rendre aseptique. ► **aseptisé, ée** adj. **1** *Pansement aseptisé.* **2** fig. Débarrassé de tout élément dangereux. ⇔ péj. Neutre, sans originalité.

**asexué, ée** [-s-] adj. ■ **1** Qui n'a pas de sexe. ⇔ *Multiplication asexuée,* sans intervention de gamètes. **2** fig. Qui ne semble pas appartenir à un sexe déterminé.

**ashkénaze** n. et adj. ■ Juif d'Europe centrale (s'oppose à *séfarade*).

**ashram** [aʃram] n. m. ■ (en Inde) Lieu où des disciples se groupent autour d'un gourou.

**asiatique** adj. et n. ■ De l'Asie.

**asile** n. m. ■ **1** hist. Lieu inviolable où pouvait se réfugier une personne poursuivie. *Droit d'asile,* accordé aux réfugiés. **2** Lieu où l'on se met à l'abri, en sûreté. **3** littér. Lieu où l'on trouve le calme. → **retraite. 4** vieilli *Asile de vieillards.* → **hospice.** *Asile (d'aliénés) :* hôpital psychiatrique.

**asocial, ale, aux** [-s-] adj. ■ Qui n'est pas adapté à la vie sociale. ⇔ n. *Des asociaux.*

**asparagus** [-s-] n. m. ■ Plante ornementale au feuillage très fin.

**aspect** [-pɛ] n. m. ■ **1** À L'ASPECT DE : à la vue de. ⇔ *AU PREMIER ASPECT :* en voyant (ou fig. en envisageant) pour la première fois. **2** Manière dont qqn, qqch. se présente aux yeux. → **apparence; air, allure. 3** Manière dont qqch. se présente à l'esprit. **II** ling. Manière dont l'action exprimée par le verbe est envisagée dans son développement, sa durée, son achèvement.

**asperge** n. f. ■ **1** Plante vivace à tige souterraine d'où naissent des tiges charnues comestibles; une de ces tiges. ♦ loc. *L'asperge du pauvre :* le poireau. **2** fig., fam. Personne grande et maigre.

**asperger** v. tr. ③ ■ *Asperger (qqn, qqch.) de :* répandre (un liquide) sur, sous forme de gouttes, de jet. ⇔ pronom. *S'asperger de parfum.*

**aspérité** n. f. ■ Partie saillante (d'une surface).

**aspersion** n. f. ■ Action d'asperger.

**asphalte** n. m. ■ **1** sc. Mélange noirâtre naturel de calcaire, de silice et de bitume. **2** Revêtement pour les chaussées, à base de goudron et de gravillons. ♦ Chaussée asphaltée.

**asphalter** v. tr. 🔲 ■ Revêtir d'asphalte. ⇔ au p. p. *Chaussée asphaltée.* ⇔ n. m. **asphaltage**

**asphodèle** n. m. ■ Plante vivace à grappes de grandes fleurs étoilées.

**asphyxiant, ante** adj. ■ Qui asphyxie.

**asphyxie** n. f. ■ **1** État pathologique déterminé par le ralentissement ou l'arrêt de la respiration. **2** fig. Arrêt du développement (de facultés; d'un secteur).

**asphyxier** v. tr. ⑦ ■ **1** Causer l'asphyxie de (qqn). **2** fig. Étouffer par une contrainte. ► **s'asphyxier** v. pron. ► **asphyxié, ée** adj. et n.

① **aspic** n. m. ■ Variété de vipère.

② **aspic** n. m. ▪ Plat froid en gelée.

**aspirant, ante** ▪ I adj. Qui aspire (I). II n. m. Grade d'un élève officier qui n'est pas encore sous-lieutenant.

**aspirateur** n. m. ▪ Appareil qui aspire l'air, les liquides, et spécialt les poussières.

**aspiration** n. f. ▪ I Action d'aspirer (I). II Action de porter ses désirs (vers un idéal).

**aspiré, ée** adj. ▪ I *H aspiré*, émis en soufflant de l'air. 2 Se dit du *h* français qui ne permet pas la liaison (ex. le *h* de haie).

**aspirer** v. ▪ I v. tr. 1 Attirer (l'air) dans ses poumons. → **inspirer.** 2 Attirer (qqch.) dans le nez, la bouche. → **humer; avaler.** 3 Attirer (un fluide) en faisant le vide. → **pomper.** II v. tr. ind. *ASPIRER À* : porter ses désirs vers (un objet). → **souhaiter.**

**aspirine** n. f. ▪ Acide acétylsalicylique, remède contre la douleur et la fièvre. ◆ Comprimé d'aspirine.

**asque** n. m. ou f. ▪ bot. Cellule allongée productrice de spores (algues, lichens...).

**assagir** v. tr. 2 ▪ (sujet chose) Rendre plus sage, plus calme. → **calmer, modérer.** ▶ **s'assagir** v. pron. ▷ n. m. **assagissement**

**assaillant, ante** ▪ I adj. Qui assaille. 2 n. m. Personne qui assaille. → **attaquant.**

**assaillir** v. tr. 13 ▪ 1 Se jeter sur (qqn) pour l'attaquer (→ **assaut**). 2 Se précipiter en masse sur (qqn). 3 *Assaillir qqn de...* → **accabler, harceler.** 4 (sujet chose) Attaquer brusquement. *Les soucis qui l'assaillent.*

**assainir** v. tr. 2 ▪ Rendre sain ou plus sain. ◆ fig. *Assainir une monnaie.* → **stabiliser.** ▷ n. m. **assainissement**

**assaisonnement** n. m. ▪ 1 Action, manière d'assaisonner (1). 2 Ingrédient non sucré utilisé pour relever le goût des aliments; préparation qui sert à assaisonner.

**assaisonner** v. tr. 1 ▪ 1 Accommoder (un mets) avec des ingrédients qui en relèvent le goût. 2 littér. Ajouter du piquant à (un écrit...). 3 fam. Rudoyer (qqn).

**assassin** ▪ I n. m. 1 Personne qui commet un meurtre avec préméditation. 2 Personne qui cause la mort (de qqn). II *ASSASSIN, INE* adj. 1 littér. Qui tue. 2 fig. Provocant.

**assassinat** n. m. ▪ 1 Meurtre commis avec préméditation. → **crime, homicide.** ◆ Exécution (d'un innocent). 2 fig. Destruction.

**assassiner** v. tr. 1 ▪ 1 Tuer par assassinat. 2 fig. Causer un préjudice à; détruire.

**assaut** n. m. ▪ 1 Action d'assaillir, d'attaquer. → **attaque, offensive.** *Char d'assaut.* ◆ loc. fig. *Prendre d'assaut* (un lieu), s'y précipiter nombreux. 2 Combat d'escrimeurs (au fleuret, à l'épée). 3 Compétition, lutte d'émulation. *Faire assaut d'élégance.*

**assécher** v. tr. 6 ▪ 1 Enlever l'eau, l'humidité de (un sol). 2 Mettre à sec (un réservoir). ▷ n. m. **assèchement**

**assemblage** n. m. ▪ 1 Action d'assembler (des éléments) pour former un tout. 2 Réunion (d'éléments assemblés).

**assemblée** n. f. ▪ 1 Personnes réunies en un même lieu pour un motif commun. 2 Réunion de membres d'un corps constitué convoqués pour délibérer; les membres de ce corps. *L'Assemblée nationale* (en France).

**assembler** v. tr. 1 ▪ 1 Mettre (des choses ou vieilli des personnes) ensemble. → **réunir; rassembler.** 2 Faire tenir ensemble (des éléments). ▶ **s'assembler** v. pron. Se réunir (groupe).

**assembleur** n. m. ▪ inform. Programme traduisant des instructions en langage machine.

**assener** ou **asséner** [-se-] v. tr. 5 et 6 ▪ 1 Donner (un coup bien appliqué). 2 Dire avec brutalité (qqch. à qqn).

**assentiment** n. m. ▪ Acte par lequel on acquiesce (expressément ou tacitement) à une opinion, une proposition. → **accord.**

**asseoir** [aswar] v. tr. 26 ▪ 1 Mettre (qqn) dans la posture d'appui sur le derrière (sur un siège, etc.). ◆ fam. Déconcerter. 2 littér. Fonder sur une base solide; rendre plus assuré. ▶ **s'asseoir** v. pron. *Asseyez-vous. S'asseoir à une table*, s'attabler.

**assermenté, ée** adj. ▪ Qui a prêté serment.

**assertion** n. f. ▪ Proposition que l'on avance et soutient comme vraie. → **affirmation.**

**asservir** v. tr. 2 ▪ 1 Réduire à la servitude. → **assujettir.** 2 Maîtriser, dompter. 3 sc. Relier par un dispositif d'asservissement.

**asservissement** n. m. ▪ 1 Action d'asservir; état de ce qui est asservi. 2 sc. Relation entre deux grandeurs physiques dont l'une impose ses variations à l'autre; dispositif fondé sur cette relation.

**assesseur** n. m. ▪ 1 Personne qui assiste qqn dans ses fonctions. 2 Magistrat adjoint.

**assez** adv. ▪ 1 En suffisance. → **suffisamment.** ← *En voilà assez!*, arrêtez-vous. 2 *ASSEZ DE* (+ nom) : suffisamment de. *Je n'ai pas assez d'argent.* ← *EN AVOIR ASSEZ* : être fatigué (de). 3 Moyennement. → **plutôt.** *Il est assez gentil.*

**assidu, ue** adj. ▪ 1 Qui est régulièrement présent là où il doit être. 2 Qui est fréquemment (auprès de qqn). 3 (choses) Soutenu, régulier. *Travail assidu.*

**assiduité** n. f. ▪ 1 Présence régulière en un lieu où l'on s'acquitte de ses obligations. 2 Présence fréquente auprès de qqn. ◆ au plur. vieilli Manifestation d'empressement.

**assidûment** adv. ▪ De manière assidue.

**assiéger** v. tr. 3 et 6 ▪ 1 Mettre le siège devant, faire le siège de. *Assiéger une ville.* 2 Entourer; tenir enfermé dans un lieu. → **encercler.** *Les flammes les assiégeaient.* ◆ (personnes) Se presser à l'entrée de (un lieu). 3 fig., littér. Fatiguer (qqn) de ses assiduités, de ses sollicitations. ◆ (sujet chose) Assaillir, obséder. ▶ **assiégé, ée** adj.

① **assiette** n. f. ▪ 1 Équilibre, tenue du cavalier assis sur sa selle. 2 *Ne pas être DANS SON ASSIETTE* : ne pas se sentir bien (physiquement ou moralement). 3 dr. Base sur laquelle porte un droit. ← *Assiette d'un impôt* : matière assujettie à l'impôt.

②**assiette** n. f. ■ **1** Pièce de vaisselle individuelle servant à contenir des aliments. **2** Contenu d'une assiette. ♦ *ASSIETTE ANGLAISE* : assortiment de viandes froides.

**assiettée** n. f. ■ Contenu d'une assiette.

**assignat** n. m. ■ hist. Papier-monnaie émis en France sous la Révolution.

**assigner** v. tr. 🗓 ■ **1** *ASSIGNER qqch. à qqn*, attribuer pour sa part ; destiner ou donner. *Assigner un rôle à qqn.* **2** *ASSIGNER qqch. à qqch.* : fixer, déterminer. **3** dr. *Assigner qqn*, appeler à comparaître en justice. ♦ *Assigner qqn à résidence*, l'obliger à résider en un lieu déterminé. ▷ n. f. **assignation**

**assimilable** adj. ■ **1** Que l'on peut assimiler (à qqch.). → **comparable**. **2** Susceptible d'assimilation (II). *Matière assimilable.* **3** (personnes) Qui peut s'intégrer.

**assimilateur, trice** adj. ■ Qui assimile.

**assimilation** n. f. ■ **I** Acte de l'esprit qui assimile (I). → **identification ; comparaison**. **II 1** Processus par lequel les êtres organisés transforment en leur substance les matières qu'ils absorbent. **2** Acte de l'esprit qui s'approprie les connaissances. **3** Processus par lequel des hommes, des peuples s'assimilent. → **intégration**.

**assimiler** v. tr. 🗓 ■ **I** *ASSIMILER qqch., qqn à*, considérer comme semblable à. **II 1** physiol. Transformer par l'assimilation (II, 1). **2** (abstrait) Faire sien, intégrer (des éléments) à sa vie intellectuelle. *Assimiler ce qu'on apprend.* **3** Rendre semblable au reste d'une communauté. → **intégrer**. ▶ s'**assimiler** v. pron. Être assimilé. ▶ **assimilé, ée** adj.

**assis, ise** adj. ■ **1** Appuyé sur son séant. ♦ fam. *Il en est resté assis*, déconcerté. **2** *Place assise*, où l'on peut s'asseoir. **3** fig. Assuré, stable. *Une coutume bien assise.*

**assise** n. f. ■ **1** Rangée de pierres qu'on pose horizontalement pour construire un mur. **2** fig. Base. → **fondation, fondement**.

**assises** n. f. pl. ■ **1** Session de la juridiction appelée *COUR D'ASSISES*, qui juge les crimes et certains délits ; cette cour. **2** Réunion (d'un parti, etc.). → **congrès**.

**assistanat** n. m. ■ Fonction d'assistant.

**assistance** n. f. ■ **I** Personnes réunies pour assister à qqch. → **public**. **II 1** Secours donné ou reçu. → **aide**. **2** anciennt En France, Institution ou administration chargée de l'aide sociale. ◆ *Assistance publique*, qui gère les hôpitaux publics.

**assistant, ante** n. ■ **I** Personne qui assiste à qqch. **II** Personne qui assiste qqn pour le seconder. ♦ n. f. *ASSISTANTE SOCIALE*, fonctionnaire chargée de missions sociales.

**assisté, ée** adj. ■ **1** Qui reçoit une aide. **2** Pourvu d'un système pour amplifier ou répartir l'effort exercé par l'utilisateur. ♦ *Dessin assisté par ordinateur.*

**assister** v. tr. 🗓 ■ **I** v. tr. ind. *ASSISTER À qqch.*, être présent pour voir, entendre. **II** v. tr. *ASSISTER QQN* **1** Se tenir auprès de (qqn) pour le seconder. **2** Aider, secourir. ♦ Être aux côtés de (un mourant).

**associatif, ive** adj. ■ **1** Qui procède par association. *Mémoire associative.* **2** Qui concerne les associations (3).

**association** n. f. ■ **1** Action d'associer (qqn à qqch.). → **participation**. **2** Réunion durable (de personnes...). → **alliance**. **3** Groupement de personnes, en vue d'un but déterminé. *Association de consommateurs.* **4** Réunion, assemblage (de choses). ♦ Fait psychologique par lequel les représentations et les concepts sont susceptibles de s'évoquer mutuellement. *Association d'idées.*

**associé, ée** n. ■ Personne unie à d'autres par une communauté d'intérêt. ♦ spécialt Personne qui met en commun ses moyens avec d'autres, en vue d'en retirer des avantages.

**associer** v. tr. 🗓 ■ **1** Mettre ensemble. *Associer des idées.* **2** Réunir (des personnes) par une communauté d'intérêt, de sentiment... **3** *ASSOCIER qqn À qqch.*, faire participer à (une activité, etc.). ▶ s'**associer** v. pron. → **adhérer ; se grouper, se réunir**.

**assoiffer** v. tr. 🗓 ■ Donner soif à (qqn). ▶ **assoiffé, ée** p. p. **1** Qui a soif. **2** fig. *Être assoiffé de justice.* → **affamé, avide**.

**assolement** n. m. ■ Culture par alternance.

**assombrir** v. tr. ② ■ **1** Rendre sombre. **2** fig. Rendre triste, soucieux. ▶ s'**assombrir** v. pron. **1** *Le ciel s'assombrit.* **2** fig. → se **rembrunir**. ▷ n. m. **assombrissement**

**assommant, ante** adj. ■ fam. Qui ennuie.

**assommer** v. tr. ② ■ **1** Tuer par un coup violent sur la tête. **2** Frapper sur (qqn) de manière à étourdir. **3** Accabler d'ennui.

**assommoir** n. m. ■ vx Cabaret populaire.

**assomption** n. f. ■ **I** (avec maj.) relig. cathol. Enlèvement miraculeux de la Sainte Vierge au ciel par les anges, célébré le 15 août. **II** didact. Fait d'assumer.

**assonance** n. f. ■ Répétition de la voyelle accentuée, à la fin de mots (ex. *belle* et *rêve*).

**assorti, ie** adj. ■ **1** Qui est en harmonie. **2** *Assorti de* : accompagné de. **3** vieilli *Magasin bien assorti*, bien approvisionné.

**assortiment** n. m. ■ **1** Action d'assortir ; manière dont sont assemblées des choses qui produisent un effet d'ensemble. **2** Assemblage complet de choses qui vont ensemble. *Assortiment de vaisselle.* ♦ Collection de marchandises de même sorte.

**assortir** v. tr. ② ■ **1** Mettre ensemble (des éléments qui se conviennent). → **harmoniser**. **2** *Assortir qqch. de*, accompagner de. ▶ s'**assortir** v. pron. **1** Être en harmonie. **2** S'accompagner ; être enrichi (de).

**assoupir** v. tr. ② ■ **1** Porter à un demi-sommeil. **2** fig. Affaiblir, diminuer. → **engourdir**. *Assoupir une douleur.* ▶ s'**assoupir** v. pron. **1** S'endormir à demi. → **somnoler**. **2** fig. → se **calmer**.

**assoupissement** n. m. ■ Fait de s'assoupir. ♦ État voisin du sommeil. → **somnolence**.

**assouplir** v. tr. ② ■ **1** Rendre souple, plus souple. **2** (abstrait) Rendre plus malléable, maniable. ▷ n. m. **assouplissement**

**assouplisseur** n. m. ■ Produit destiné à assouplir le linge. – syn. ASSOUPLISSANT.

**assourdir** v. tr. ② ▪ **1** Causer une surdité passagère à ; rendre comme sourd. **2** fig. Fatiguer par trop de bruit, de paroles. **3** (compl. chose) Rendre moins sonore.

**assourdissant, ante** adj. ▪ Qui assourdit.

**assourdissement** n. m. ▪ Action d'assourdir. ◆ État d'une personne assourdie.

**assouvir** v. tr. ② ▪ **1** littér. Calmer complètement (un appétit intense). *Assouvir sa faim.* **2** fig. Satisfaire pleinement (un désir, etc.). *Assouvir sa curiosité.* ▷ n. m. **assouvissement**

**assujettir** v. tr. ② ▪ **1** vx ou littér. Maintenir (qqn) sous sa domination. → **asservir. 2** *ASSUJETTIR* (qqn) *à* : soumettre à. ◆ au p. p. *Être assujetti à l'impôt.* ◆ pronom. *S'assujettir à une règle.* Rendre (qqch.) fixe, immobile, stable. *Assujettir un chargement.* → **arrimer.** ▷ n. m. **assujettissement**

**assumer** v. tr. ① ▪ **1** Prendre à son compte ; se charger de (→ **assomption** (II)). *Assumer une responsabilité.* **2** Accepter (une situation, ses conséquences). ▶ s'**assumer** v. pron. Se prendre en charge.

**assurance** n. f. ▪ **1** Confiance en soi-même. **2** Promesse ou garantie qui assure qqn de qqch. **3** Contrat par lequel un assureur garantit à l'assuré, moyennant une prime ou une cotisation, le paiement d'une somme en cas de réalisation d'un risque déterminé.

**assuré, ée** ▪ **I** adj. **1** Certain. → **sûr. 2** Qui a de l'assurance. **3** Ferme, stable. *Une démarche assurée.* **II** n. Personne garantie par un contrat d'assurance. ◆ *Les assurés sociaux,* affiliés à la Sécurité sociale.

**assurément** adv. ▪ Certainement.

**assurer** v. tr. ① ▪ **I 1** *ASSURER à qqn QUE,* lui affirmer, lui garantir que. → **certifier.** absolt *C'est vrai, je vous assure.* **2** *ASSURER qqn DE qqch.,* le prier de n'en pas douter. **II 1** Rendre sûr, durable ; mettre à l'abri des accidents, des risques. *Assurer le repos de qqn.* **2** Faire qu'une chose fonctionne, ne s'arrête pas. *Assurer un service.* **3** Garantir par un contrat d'assurance. **4** alpin. Dans une cordée, garantir la sécurité de (qqn). **5** intrans. fam. Être à la hauteur. ▶ s'**assurer** v. pron. **1** *S'ASSURER DE, QUE, SI :* devenir sûr (de, que). → **vérifier. 2** *S'ASSURER CONTRE :* contracter une assurance contre.

**assureur** n. m. ▪ Personne, compagnie qui assure par contrat d'assurance.

**aster** [-ER] n. m. ▪ bot. Plante à petites fleurs en forme d'étoile.

**astérie** n. f. ▪ zool. Étoile* de mer.

**astérisque** n. m. ▪ Signe en forme d'étoile (*) qui indique un renvoi, une note, etc.

**astéroïde** n. m. ▪ Petite planète ; météorite.

**asthénie** n. f. ▪ méd. Grande fatigue générale. ▷ adj. et n. **asthénique**

**asthmatique** [asm-] adj. ▪ De l'asthme. ◆ adj. et n. (Personne) qui a de l'asthme.

**asthme** [asm] n. m. ▪ Affection caractérisée par une gêne respiratoire et une suffocation intermittente.

**asti** n. m. ▪ Vin blanc mousseux d'Italie.

**asticot** n. m. ▪ **1** Larve de la mouche à viande (appât). → **ver** blanc. **2** fam. Individu.

**asticoter** v. tr. ① ▪ fam. Harceler (qqn).

**astigmate** adj. et n. ▪ (Personne) qui a un trouble de la vision dû à un défaut des milieux réfringents de l'œil (*astigmatisme* n. m.).

**astiquer** v. tr. ① ▪ Faire briller en frottant.

**astragale** n. m. ▪ **I** Os de la rangée postérieure du tarse. **II** archit. Moulure.

**astrakan** n. m. ▪ Fourrure d'agneau bouclée.

**astral, ale, aux** adj. ▪ astrol. Des astres.

**astre** n. m. ▪ **1** Corps céleste naturel visible. → **étoile, planète ; astéroïde, comète, satellite.** ◆ poét. *L'astre du jour,* le soleil. **2** Corps céleste, dans son influence présumée sur les humains (→ **astrologie**).

**astreignant, ante** adj. ▪ Qui constitue une contrainte.

**astreindre** v. tr. ⑤② ▪ Obliger strictement (qqn à qqch.). → **contraindre, forcer, obliger.** ◆ pronom. *S'astreindre à se lever tôt.*

**astreinte** n. f. ▪ **1** Obligation stricte. **2** dr. Obligation de payer une somme pour chaque jour de retard dans l'exécution d'un contrat.

**astringent, ente** adj. ▪ Qui resserre les tissus vivants.

**astro-** Élément, du grec *astron* « astre ».

**astrolabe** n. m. ▪ anciennt Instrument pour mesurer la hauteur des astres sur l'horizon.

**astrologie** n. f. ▪ Art de prévoir le caractère et le destin des hommes par l'étude des influences supposées des astres (→ **horoscope**). ▷ adj. **astrologique**

**astrologue** n. ▪ Spécialiste d'astrologie.

**astronaute** n. ▪ Personne qui se déplace dans un véhicule spatial. → **cosmonaute.**

**astronautique** n. f. ▪ Science qui étudie la navigation spatiale. ◆ adj. Navigation spatiale.

**astronef** n. m. ▪ Vaisseau spatial.

**astronome** n. ▪ Spécialiste d'astronomie.

**astronomie** n. f. ▪ Science des astres, des corps célestes (y compris la Terre) et de la structure de l'univers.

**astronomique** adj. ▪ **1** De l'astronomie. **2** *Prix astronomique,* très élevé.

**astroparticule** n. f. ▪ astron., phys. **1** Branche de l'astrophysique qui étudie les particules présentes dans l'espace. **2** Particule constituant le rayonnement cosmique.

**astrophysicien, ienne** n. ▪ Spécialiste de l'astrophysique.

**astrophysique** n. f. ▪ Partie de l'astronomie qui étudie les astres, les milieux spatiaux du point de vue physique.

**astuce** n. f. ▪ **1** vieilli Ruse. **2** Petite invention qui suppose de l'ingéniosité. **3** Qualité d'une personne ingénieuse et inventive. **4** Plaisanterie. *Faire des astuces.*

**astucieux, ieuse** adj. ▪ **1** vx Rusé et perfide. **2** mod. Qui a ou dénote une habileté fine. ▷ adv. **astucieusement**

**asymétrie** [-s-] n. f. ▪ Absence de symétrie. ▷ adj. **asymétrique**

**asymptomatique** adj. ■ (malade) Qui ne présente pas de symptômes de sa maladie.

**asymptote** [-sɛp-] n. f. ■ math. Droite dont une courbe s'approche de plus en plus, sans jamais l'atteindre.

**ataraxie** n. f. ■ didact. Tranquillité.

**atavisme** n. m. ■ **1** biol. Réapparition d'un caractère après plusieurs générations. **2** cour. Hérédité physique ou psychologique. ▷ **atavique** adj. → **héréditaire.**

**ataxie** n. f. ■ méd. Trouble de la coordination des mouvements. ▷ adj. et n. **ataxique**

**atchoum** [atʃum] interj. ■ Bruit produit par un éternuement.

**atelier** n. m. ■ **1** Lieu où des artisans, des ouvriers travaillent en commun. **2** Section d'une usine où des ouvriers travaillent en commun ; ces ouvriers. **3** Lieu où travaille un artiste (peintre, sculpteur). ◆ Ensemble d'artistes travaillant avec un maître.

**atermoyer** v. intr. 8 ■ littér. Différer de délai en délai, chercher à gagner du temps. → **tergiverser.** ▷ n. m. **atermoiement**

**athée** n. ■ Personne qui ne croit pas en Dieu. → **incroyant.** ■ adj. *Une époque athée.*

**athéisme** n. m. ■ Attitude de l'athée.

**athénée** n. m. ■ en Belgique Établissement public d'enseignement secondaire.

**athérome** n. m. ■ méd. Lésion de la surface interne des artères.

**athérosclérose** n. f. ■ méd. Affection associant athérome et artériosclérose.

**athlète** ■ **1** n. m. Antiq. Celui qui combattait dans les jeux publics ; gymnaste. **2** n. Personne qui pratique l'athlétisme. ◆ par ext. Personne bien musclée.

**athlétique** adj. ■ **1** Qui a rapport aux athlètes. **2** Fort et musclé.

**athlétisme** n. m. ■ Ensemble de sports individuels pratiqués par des athlètes : course, gymnastique, lancer, saut.

**atlante** n. m. ■ archit. Figure d'homme soutenant un entablement.

**atlantique** adj. ■ **1** *L'océan Atlantique* et n. m. *l'Atlantique,* l'océan qui sépare l'Europe et l'Afrique de l'Amérique. **2** Qui a rapport à l'Atlantique, aux pays qui le bordent.

**atlas** [-ɑs] n. m. (nom du dieu grec qui soutient le ciel) ■ **I** Recueil de cartes géographiques. **II** anat. Première vertèbre cervicale.

**atmosphère** n. f. ■ **1** Couche gazeuse qui entoure le globe terrestre, un astre. **2** Partie de l'atmosphère terrestre proche du sol, où apparaissent les nuages, la pluie, la neige. **3** Air qu'on respire dans un lieu. **4** Milieu où l'on vit ; influence qu'il exerce. **5** sc. Unité de mesure de la pression des gaz.

**atmosphérique** adj. ■ De l'atmosphère.

**atoca** n. m. ■ franç. du Canada Baie rouge de saveur acidulée. → **canneberge.**

**atoll** n. m. ■ Île en forme d'anneau constituée de récifs coralliens.

**atome** n. m. ■ **1** hist. des sc. Élément constitutif de la matière, indivisible et homogène (→ **atomisme**). ◆ loc. fig. *Atomes crochus*.* ◆ fig. Très petite quantité. *Il n'a pas un atome de bon sens.* **2** sc. Particule d'un élément chimique qui forme la plus petite quantité susceptible de se combiner. *La molécule d'eau* ($H_2O$) *contient deux atomes d'hydrogène.*

**atomicité** n. f. ■ chim. Nombre d'atomes constituant la molécule d'un corps.

**atomique** adj. ■ **1** Qui a rapport aux atomes. **2** Qui concerne le noyau de l'atome et sa désintégration. → **nucléaire.** *Bombe atomique.* **3** Qui utilise les engins atomiques.

**atomisé, ée** adj. ■ Qui a subi les effets de radiations atomiques.

**atomiser** v. tr. 1 ■ **I** Détruire par un engin atomique. **II** Réduire (un corps) en particules très ténues. → **pulvériser.**

**atomiseur** n. m. ■ Flacon qui atomise le liquide qu'il contient.

**atomisme** n. m. ■ didact. Doctrine philosophique des anciens Grecs qui considère l'univers comme formé d'atomes (1) associés en combinaisons fortuites.

**atonal, ale, aux** adj. ■ mus. Qui n'est pas organisé selon le système tonal.

**atone** adj. ■ **I 1** méd. (tissus vivants) Qui manque de tonicité. **2** Qui manque de vitalité. **II** phonét. Qui n'est pas accentué.

**atonie** n. f. ■ Manque de vitalité.

**atours** n. m. pl. ■ littér. Parure féminine.

**atout** n. m. ■ **1** aux cartes Couleur qui l'emporte sur les autres ; carte de cette couleur. **2** fig. Moyen de réussir.

**atrabilaire** adj. et n. ■ vieilli Bilieux (1 et 2).

**âtre** n. m. ■ Partie dallée de la cheminée où l'on fait le feu ; la cheminée. → **foyer.**

**atrium** [atrijɔm] n. m. ■ Cour intérieure de la maison romaine antique.

**atroce** adj. ■ **1** Horrible, très cruel. **2** Insupportable. **3** fam. Très désagréable. *Un temps atroce.* ▷ adv. **atrocement**

**atrocité** n. f. ■ **1** Caractère de ce qui est atroce. → **cruauté. 2** Action atroce. **3** Propos blessant, calomnie.

**atrophie** n. f. ■ Diminution de volume (d'un organe, d'un tissu), par maladie, etc.

**s'atrophier** v. pron. 7 ■ **1** Dépérir par atrophie. **2** fig. S'arrêter dans son développement. ▶ **atrophié, ée** adj.

**atropine** n. f. ■ chim. Alcaloïde extrait de la belladone, utilisé en médecine.

**s'attabler** v. pron. 1 ■ S'asseoir à table.

**attachant, ante** adj. ■ Qui attache, retient en touchant la sensibilité.

**attache** n. f. ■ **1** (dans des loc.) Action d'attacher. *À L'ATTACHE ; D'ATTACHE. Cheval à l'attache. Point d'attache d'un muscle.* **2** Objet servant à attacher (agrafe, épingle...). ◆ au plur. Le poignet et la cheville. **4** fig. au plur. Rapports affectifs ou relations d'habitude qui lient une personne à qqn ou à qqch.

**attaché, ée** ■ I adj. **1** Fixé, lié. ♦ Fermé par une attache. **2** *ATTACHÉ À* : associé, joint à. *Les avantages attachés à un poste.* ♦ (personnes) Lié par un sentiment d'amitié, une habitude, un goût. **3** *Fichier attaché*, envoyé en même temps qu'un message électronique. ■ II n. Personne attachée à un service. *Attaché(e) de presse.*

**attaché-case** [-kɛz] n. m. ■ anglic. Porte-documents rigide. *Des attachés-cases.*

**attachement** n. m. ■ Sentiment durable qui unit aux personnes ou aux choses.

**attacher** v. tr. ① ■ I **1** Faire tenir (à une chose) au moyen d'une attache, d'un lien. **2** Joindre ou fermer par une attache. **3** (sujet chose) Faire tenir, joindre ou fermer. **4** fig. Unir par un lien affectif ou de dépendance. *Les souvenirs qui l'attachent à son pays.* **5** faux pronom. *S'attacher qqn*, s'en faire aimer. **6** Mettre (qqn) au service de. *Attacher un adjoint à son service.* ■ II **1** Adjoindre par l'esprit, associer. **2** Attribuer (une qualité à qqch.). *Attacher de l'importance à.* → **accorder.** ■ III intrans. Adhérer, coller (spécialt en cuisine). ► **s'attacher** v. pron. **1** Être attaché (à qqch. ; qqn). **2** S'appliquer (à une chose). *S'attacher à rendre un enfant heureux.*

**attaquant, ante** n. ■ Personne qui attaque.

**attaque** n. f. ■ **1** Action d'attaquer, de commencer le combat. → **offensive. 2** (en sport) Initiative pour dépasser l'adversaire. ♦ Les joueurs qui la réalisent. **3** Acte de violence. *Attaque à main armée.* → **agression. 4** surtout plur. Parole qui critique durement. **5** Accès brutal (d'une maladie). *Attaque d'apoplexie* ou absolt *attaque.* **6** loc. fam. *Être D'ATTAQUE*, en forme.

**attaquer** v. tr. ① ■ I **1** Porter les premiers coups à (l'adversaire), commencer le combat. **2** Se jeter sur (qqn) en maltraitant, tuant ou volant par force. → **agresser. 3** dr. Intenter une action judiciaire contre. *Attaquer qqn en justice.* **4** Émettre des jugements qui nuisent à (qqn ou qqch.). *Attaquer qqn ; sa réputation de qqn.* **5** S'adresser avec vivacité à (qqch.). ■ II Détruire la substance (d'une matière). *La rouille attaque le fer.* ■ III Commencer. → **entreprendre. ► s'attaquer** (à) v. pron. **1** Diriger une attaque contre (qqn). **2** Chercher à résoudre. *S'attaquer à un problème.*

**attardé, ée** adj. ■ **1** Qui s'attarde. *Des passants attardés.* **2** Qui est en retard dans son développement. → **arriéré. 3** Qui est en retard sur son époque. → **rétrograde.**

**s'attarder** v. pron. ① ■ **1** Se mettre en retard. ← par ext. *S'attarder à parler avec qqn.* **2** fig. Ne pas progresser. *S'attarder sur un sujet.*

**atteindre** v. tr. ④⑨ ■ I (Parvenir au niveau de) **1** Parvenir à (un lieu). → **arriver** à. **2** Parvenir à toucher, à prendre (qqch.). **3** Parvenir à (un état...). *Atteindre son but.* **4** (sujet chose) Parvenir à (une grandeur, un niveau). *Ce sommet atteint 1000 mètres.* ■ II (Parvenir à frapper) **1** Toucher, blesser au moyen d'une arme, d'un projectile. ← (sujet chose) *La balle l'atteignit au genou.* **2** Faire du mal à (qqn).

**atteint, einte** adj. ■ **1** Touché par un mal. **2** fam. Troublé mentalement.

**atteinte** n. f. ■ (Action d'atteindre) **1** *HORS D'ATTEINTE* : qui ne peut être atteint ; fig. inattaquable. **2** Dommage matériel ou moral. *Atteinte à la vie privée.* ← loc. *Porter atteinte à...* → **attaquer; discréditer.** ♦ au plur. Accès (d'une maladie).

**attelage** n. m. ■ **1** Action ou manière d'atteler. **2** Ce qui sert à atteler. → **harnais, joug. 3** Bêtes attelées ensemble.

**atteler** v. tr. ④ ■ **1** Attacher (une ou plusieurs bêtes) à une voiture, une charrue. ♦ *Atteler une locomotive à un wagon.* **2** *Atteler une voiture*, y atteler le cheval. **3** pronom. *S'atteler à (un travail)*, s'y mettre.

**attelle** n. f. ■ Plaque destinée à maintenir immobile un membre fracturé. → **éclisse.**

**attenant, ante** adj. ■ Qui tient, touche (à un autre terrain, etc.).

**attendre** v. tr. ④① ■ I **1** Se tenir, rester en un lieu jusqu'à l'arrivée de (qqn, qqch.). *Attendre le train. On n'attend plus que vous.* **2** *Attendre qqch.*, ne rien faire avant que cette chose ne se produise. *Attendre l'occasion.* ← (avec *que* + subj.) *J'attends que ça soit fini; (de* + inf.) *de voir le résultat.* **3** (femmes) *Attendre un enfant* : être enceinte. **4** sans compl. Rester dans un lieu pour attendre (I) qqn ou qqch. *«J'ai failli attendre »* (mot prêté à Louis XIV). ← (sujet chose) Être prêt pour (qqn). **5** Compter sur (qqn ou qqch.) ; prévoir (un événement). → *ATTENDRE qqch. DE qqn, qqch.* → **espérer. 7** trans. indir. régional *Attendre après qqn*, l'attendre avec impatience. ← *Attendre après qqch.*, en avoir besoin. ■ II *EN ATTENDANT* loc. adv. : jusqu'au moment attendu ; quoi qu'il en soit. ← *En attendant de* (+ inf.) ; *que* (+ subj.). ► **s'attendre** v. pron. *S'attendre à* (qqch.). → **escompter, prévoir.** ← *S'ATTENDRE À* (+ inf.) ; *À CE QUE* (+ subj.).

**attendrir** v. tr. ② ■ I Rendre plus tendre. *Attendrir une viande.* ■ II Rendre (qqn) plus sensible. → **émouvoir, toucher.** ← pronom. *S'attendrir sur.* ← p. p. adj. → **ému.**

**attendrissant, ante** adj. ■ Qui porte à une indulgence attendrie. → **touchant.**

**attendrissement** n. m. ■ Fait de s'attendrir.

**attendrisseur** n. m. ■ Appareil de boucherie pour attendrir la viande.

①**attendu, ue** ■ I adj. Qu'on attend, qu'on a attendu. ■ II **1** prép. Étant donné ; étant considéré. → vu. **2** *ATTENDU QUE* loc. conj. (+ indic.) : étant donné que. → **puisque.**

②**attendu** n. m. ■ dr. *Les attendus d'un jugement* : les motifs.

**attentat** n. m. ■ **1** Tentative criminelle contre qqn (surtout contexte politique). ♦ Acte de terrorisme. **2** Tentative criminelle contre qqch. *Attentat à la pudeur.*

**attentatoire** adj. ■ Qui porte atteinte (à).

**attente** n. f. ■ **1** Fait d'attendre ; temps pendant lequel on attend. **2** État de conscience d'une personne qui attend. **3** Fait de compter sur qqch. ou qqn. ← *Contre toute attente*, contrairement à ce qu'on attendait.

**attenter** v. tr. ind. ① ■ *ATTENTER À* : faire une tentative criminelle contre (→ **attentat**). ← *Attenter à ses jours* : tenter de se suicider.

**attentif, ive** adj. ■ **1** Qui écoute, regarde, agit avec attention. **2** littér. *ATTENTIF À* : qui se préoccupe avec soin de. **3** Qui marque de la prévenance, des attentions.

**attention** n. f. ■ **1** au sing. Concentration de l'activité mentale sur un objet. *Fixer son attention sur...* ◆ *À l'attention de M. Untel* (mention sur un courrier). ◆ *FAIRE ATTENTION À qqch., qqn,* l'observer, s'en occuper ; en avoir conscience. ◆ *FAIRE ATTENTION QUE* (+ subj.). ◆ interj. *Attention !* **2** au plur. Soins attentifs. → **égard(s), prévenance(s).**

**attentionné, ée** adj. ■ Qui est plein d'attentions pour qqn. → **empressé.**

**attentisme** n. m. ■ Attitude politique consistant à attendre les événements pour agir. ▷ adj. et n. **attentiste**

**attentivement** adv. ■ De manière attentive.

**atténuant, ante** adj. ■ *Circonstances atténuantes,* qui atténuent la gravité d'une infraction.

**atténuer** v. tr. [1] ■ Rendre moins grave, moins violent. → **diminuer ; modérer.** ▬ pronom. *La douleur s'atténue.* ▷ n. f. **atténuation**

**atterrage** n. m. ■ mar. **1** Espace marin proche de la terre. **2** Lieu où l'on peut aborder.

**atterrer** v. tr. [1] ■ Jeter dans l'abattement, la consternation. ▷ adj. **atterrant, ante** → **affligeant.**

**atterrir** v. intr. [2] ■ **1** mar., vieilli Approcher de la terre, toucher terre (→ **atterrage**). **2** (avion, engin ; passagers) Se poser à terre, au sol. **3** fig., fam. Arriver finalement.

**atterrissage** n. m. ■ Action d'atterrir.

**atterrissement** n. m. ■ dr. Terres apportées par la mer ou un cours d'eau.

**attestation** n. f. ■ Acte, écrit ou pièce qui atteste qqch. → **certificat.**

**attester** v. tr. [1] ■ **1** Rendre témoignage de (qqch.). → **certifier, garantir. 2** (sujet chose) Servir de témoignage. → **prouver.**

**attiédir** v. tr. [2] ■ **1** littér. Rendre tiède. **2** fig. Rendre moins vif. ▬ n. m. **attiédissement**

**attifer** v. tr. [1] ■ fam. Habiller d'une manière ridicule. → **accoutrer.** ▶ s'**attifer** v. pron.

**attiger** v. intr. [3] ■ fam. Exagérer.

**attique** ■ didact. **I** adj. Qui a rapport à l'Attique, à Athènes. **II** n. m. archit. Étage surélevé.

**attirail, ails** n. m. ■ fam. Équipement compliqué, encombrant ou ridicule.

**attirance** n. f. ■ Force qui attire vers qqn ou qqch. → **attrait, séduction.**

**attirant, ante** adj. ■ Qui attire. → **séduisant.**

**attirer** v. tr. [1] ■ **1** Tirer, faire venir à soi par une action matérielle. *L'aimant attire le fer* (→ **attraction**). **2** Inciter, inviter, déterminer (un être vivant) à venir. **3** Capter, solliciter (le regard, l'attention). **4** Inspirer à (qqn) un sentiment agréable qui l'incite à vouloir qqch., à se rapprocher de qqn (→ **attrait ; attirance**). **5** *ATTIRER qqch. À, SUR qqn,* lui faire avoir (qqch. d'heureux ou de fâcheux). → **procurer, valoir.** ▬ *Elle s'est attiré des reproches.* → **encourir.**

**attiser** v. tr. [1] ■ **1** Aviver (un feu). **2** fig. Rendre plus vif. *Attiser une querelle.*

**attitré, ée** adj. ■ **1** Qui est chargé par un titre d'une fonction. **2** Habituel, préféré.

**attitude** n. f. ■ **1** Manière de tenir son corps. **2** Comportement qui correspond à une disposition psychologique. → **expression. 3** Disposition à l'égard de qqn ou qqch., provoquant un comportement.

**attorney** n. m. ■ Homme d'affaires (Grande-Bretagne), homme de loi (États-Unis).

**attouchement** n. m. ■ Action de toucher. ◆ Caresse légère (spécialt, sexuelle).

**attractif, ive** adj. ■ Qui attire.

**attraction** n. f. ■ **I 1** Force qui attire. *La loi de l'attraction universelle.* → **gravitation. 2** Force qui tend à attirer les êtres vers qqn ou vers qqch. → **attirance. II 1** Ce qui attire le public. **2** souvent au plur. Élément d'un spectacle de variétés. ◆ Distractions populaires. *Parc d'attractions.*

**attrait** n. m. ■ **1** Ce qui attire agréablement. *L'attrait de la nouveauté.* **2** au plur. littér. *Les attraits d'une femme,* ce qui attire en elle. → **appas. 3** Fait d'être attiré. → **attirance.**

**attrapade** n. f. ■ fam. Réprimande.

**attrape** n. f. ■ Objet destiné à tromper qqn pour s'amuser. *Farces et attrapes.*

**attrape-nigaud** n. m. ■ Ruse grossière. *Des attrape-nigauds.*

**attraper** v. tr. [1] ■ **I 1** Rejoindre (qqn, un animal) et s'en saisir. ◆ Surprendre. **2** Tromper par une ruse. → **duper.** ▬ passif et p. p. *Être (bien) attrapé,* avoir subi une déception. **3** Faire des reproches à. → **réprimander. II 1** Arriver à prendre, à saisir. **2** Subir (une chose fâcheuse). **3** *Attraper le train,* arriver à temps pour réussir à le prendre. **4** Arriver à saisir par l'esprit, l'imitation. *Attraper un style.*

**attrayant, ante** adj. ■ Qui a de l'attrait.

**attribuable** adj. ■ Qui peut être attribué.

**attribuer** v. tr. [1] ■ **1** Allouer (qqch. à qqn). → **octroyer. 2** Considérer comme propre (à qqn, à qqch.). *N'attribuons pas aux autres nos défauts.* **3** Rapporter (qqch.) à une cause ; mettre sur le compte de. *À quoi attribuer ce changement ?* ▶ s'**attribuer** v. pron. → s'**adjuger ;** s'**approprier.**

**attribut** n. m. ■ **1** Ce qui est propre, appartient particulièrement à un être, à une chose. *La raison, attribut de l'être humain.* **2** Emblème, symbole d'une figure, d'un personnage. *Le sceptre est l'attribut de la royauté.* **3** gramm. Terme relié au sujet ou au complément d'objet par un verbe d'état (ex. il est *médecin ;* elle paraît *grande*).

**attribution** n. f. ■ **1** Action d'attribuer. *L'attribution d'un prix.* **2** gramm. *Complément d'attribution,* désignant ce dans l'intérêt de quoi se fait l'action (ex. prêter vingt euros à *un ami*). **3** au plur. Ce qui est attribué (pouvoir, fonction...). *Cela entre dans ses attributions.*

**attrister** v. tr. [1] ■ Rendre triste. → **chagriner.** ▷ **attristant, ante** adj. → **affligeant.**

**attrition** n. f. ■ **1** didact. Usure (par frottement). **2** relig. Contrition.

**attrouper** v. tr. ① ▪ Assembler en troupe, en groupe (spécialt de manière à troubler l'ordre public). ➤ s'**attrouper** v. pron. ▷ **attroupement** n. m. → **rassemblement**; manifestation.

**atypique** adj. ▪ Qui diffère d'un type.

**au, aux** → à et ① le

**aubade** n. f. ▪ Concert donné le matin, sous les fenêtres de qqn (s'oppose à *sérénade*).

**aubaine** n. f. ▪ 1 Avantage, profit inattendu. 2 franç. au Canada Vente à prix réduit ; article à prix réduit. → **solde**.

① **aube** n. f. ▪ I 1 Première lueur du soleil levant ; moment de cette lueur. *L'aube précède l'aurore.* 2 fig., littér. Commencement. II Vêtement (ecclésiastique...) de lin blanc.

② **aube** n. f. ▪ Palette (d'une roue hydraulique, d'une turbine).

**aubépine** n. f. ▪ Arbuste épineux à fleurs odorantes blanches ou roses.

**auberge** n. f. ▪ 1 ancient Maison où l'on trouvait à loger et manger en payant. ➤ loc. *Auberge espagnole* : lieu où l'on ne trouve que ce qu'on a apporté. ➤ fam. *On n'est pas sorti de l'auberge*, les difficultés augmentent. ◆ mod. Hôtel-restaurant d'apparence rustique. 2 *Auberge de jeunesse* : centre d'accueil hébergeant les jeunes.

**aubergine** n. f. ▪ Plante à fruit oblong ; ce fruit, consommé comme légume.

**aubergiste** n. ▪ Personne qui tient une auberge.

**aubette** n. f. ▪ (Belgique) Abri public ; kiosque. – (France) Recomm. off. pour *abribus*.

**aubier** n. m. ▪ Partie tendre qui se forme chaque année entre le cœur et l'écorce d'un arbre.

**auburn** [obœrn] adj. invar. ▪ Se dit d'une couleur de cheveux châtain roux.

**aucuba** n. m. ▪ bot. Arbuste ornemental à feuilles persistantes, originaire d'Asie.

**aucun, une** ▪ I adj. 1 littér. (positif) *Il l'aime plus qu'aucune autre*, que n'importe quelle autre. 2 (négatif) *Ne... aucun, aucun... ne* ; *sans aucun.* → **pas** un, **nul**. *Sans aucun doute.* – Pluriel rare, sauf devant un nom sans sing. : *sans aucuns frais.* II pron. 1 (positif) *Aucun de*, quiconque parmi. ➤ vx ou littér. *D'AUCUNS* : certains. 2 (négatif ; avec *ne* ou *sans*) *Je n'en ai vu aucun.* ➤ (en réponse) Pas un.

**aucunement** adv. ▪ Pas du tout.

**audace** n. f. ▪ 1 Disposition qui porte à des actions difficiles, dangereuses, au mépris des obstacles. 2 Acte, procédé qui brave les goûts dominants. → **originalité**. 3 péj. Hardiesse insolente.

**audacieux, ieuse** adj. ▪ 1 Qui a de l'audace (1). ➤ n. (prov.) *La fortune sourit aux audacieux.* 2 (choses) Qui dénote de l'audace (1). → **hardi**. ▷ adv. **audacieusement**

**au-delà** n. m. ▪ Ce qui est au-delà de la mort (selon les religions...). *Dans l'au-delà.*

**audible** adj. ▪ Perceptible par l'oreille.

**audience** n. f. ▪ 1 littér. Intérêt porté à qqch. par le public. *Une large audience.* 2 Entretien accordé à qqn. 3 dr. Séance d'un tribunal. 4 Public touché par un média.

**audimat** [-mat] n. m. invar. (n. déposé) ▪ Audimètre utilisé par les chaînes de télévision. ◆ L'audience elle-même. ▷ adj. **audimatique**

**audimètre** n. m. ▪ Appareil de mesure de l'audience des émissions de radio, de télévision.

**audio-** Élément, du latin *audire* « entendre ».

**audiodescription** n. f. ▪ Commentaire enregistré décrivant les scènes d'un spectacle, d'un film à l'intention des déficients visuels. *Programme télévisé diffusé en audiodescription.*

**audiogramme** n. m. ▪ Représentation de l'acuité auditive (obtenue à partir d'un *audiomètre* n. m.).

**audiolivre** n. m. ▪ Édition sonore d'un livre (d'une œuvre littéraire, d'une conférence...).

**audionumérique** adj. ▪ Dont le son est enregistré sous forme de signaux numériques. *Disque audionumérique.*

**audioprothésiste** n. ▪ Personne qui vend et adapte les appareils de prothèse auditive.

**audiovisuel, elle** ▪ 1 adj. Qui joint le son à l'image. 2 n. m. Les moyens de communication, d'apprentissage audiovisuels.

**audit** [odit] n. m. ▪ 1 Examen de la gestion, etc. d'une entreprise. 2 Personne qui pratique l'audit. → **auditeur** (3).

**auditeur, trice** n. ▪ 1 Personne qui écoute. 2 (en France) Fonctionnaire qui n'est pas encore conseiller (Conseil d'État, Cour des comptes). 3 Personne chargée d'un audit.

**auditif, ive** adj. ▪ Qui se rapporte à l'ouïe.

**audition** n. f. ▪ 1 Perception des sons par l'ouïe. *Troubles de l'audition.* 2 Action d'entendre ou d'être entendu. – dr. *L'audition des témoins.* 3 Séance d'essai donnée par un artiste (musicien...). 4 Séance musicale où l'on entend une œuvre.

**auditionner** v. ① ▪ 1 v. intr. (artiste) Passer une audition (3). 2 v. tr. Écouter (un artiste) qui donne une audition.

**auditoire** n. m. ▪ Ensemble d'auditeurs (1).

**auditorium** [-jɔm] n. m. ▪ Salle aménagée pour les concerts, etc.

**au fur et à mesure** → au **fur et à mesure**

**auge** n. f. ▪ 1 Mangeoire (surtout du porc). 2 géogr. *Auge glaciaire* : vallée à fond plat.

**augmentation** n. f. ▪ 1 Action d'augmenter ; son résultat. → **accroissement**; **hausse**. 2 Accroissement d'appointements.

**augmenter** v. ① ▪ I v. tr. 1 Rendre plus grand, plus considérable par addition de qqch. de même nature. 2 *Augmenter qqn*, son salaire. → **croître**. – syn. s'*augmenter (de...)* v. pron. 2 Devenir plus cher.

**augure** n. m. ▪ I Antiq. Prêtre chargé d'observer certains signes afin d'en tirer des présages. II 1 Ce qui semble présager qqch. ; signe par lequel on juge de l'avenir. ➤ *Être DE BON AUGURE*, être un présage favorable. 2 loc. *Oiseau de bon, de mauvais augure* : personne qui annonce de bonnes, de mauvaises nouvelles. ▷ adj. **augural, ale, aux**

**augurer** v. tr. ① ■ littér. *Augurer une chose d'une autre*, en tirer une conjecture. → **présager.** *Que faut-il augurer de tout cela ?*

**auguste** ■ **I** adj. littér. ou iron. Qui inspire de la vénération. **II** n. m. Clown au maquillage violent et caricatural.

**aujourd'hui** adv. ■ **1** En ce jour même. — n. m. Ce jour même. **2** Au temps où l'on est. — n. m. La période actuelle.

**aulne** [o(l)n] ou **aune** n. m. ■ Arbre d'Europe qui croît dans les lieux humides.

**aumône** n. f. ■ vieilli Don charitable fait aux pauvres. *Demander l'aumône* : mendier.

**aumônier** n. m. ■ Ecclésiastique chargé de la direction spirituelle dans un établissement, un corps. ▷ n. f. **aumônerie**

**aumônière** n. f. ■ Petit sac de femme.

① **aune** n. f. ■ Ancienne mesure de longueur (1,18 m).

② **aune** n. m. → **aulne**

**auparavant** adv. ■ Avant tel événement, telle action (dans le temps). → **avant.**

**auprès de** loc. prép. ■ **1** Tout près de. → à côté de, près de. **2** En s'adressant à. *S'enquérir de qqch. auprès de qqn.* **3** Dans l'opinion de. *Il passe pour un impoli auprès d'elle.* **4** En comparaison de.

**auquel** pron. rel. → **lequel**

**aura** n. f. ■ littér. Atmosphère qui entoure un être. *Une aura de mystère.*

**auréole** n. f. ■ **1** Cercle qui entoure la tête de Jésus-Christ, de la Vierge et des saints. → **nimbe. 2** fig. Gloire, prestige. **3** Trace circulaire laissée par une tache qui a été nettoyée.

**auréoler** v. tr. ① ■ **1** Entourer d'une auréole. **2** fig. Donner de l'éclat, du prestige à. — au p. p. *Auréolé de gloire.*

**auriculaire** ■ **1** adj. Qui a rapport à l'oreille. **2** n. m. Le petit doigt de la main.

**auriculothérapie** n. f. ■ Traitement par stimulation de points déterminés du pavillon de l'oreille.

**aurifère** adj. ■ Qui contient de l'or.

**aurifier** v. tr. ⑦ ■ Obturer (une dent) avec de l'or.

**aurige** n. m. ■ Antiq. Conducteur de char, dans les courses.

**aurique** adj. ■ mar. *Voile aurique*, en quadrilatère irrégulier.

**aurochs** [-ɔk] n. m. ■ Bœuf sauvage de grande taille dont la race est éteinte.

**aurore** n. f. ■ **1** Lueur brillante et rosée qui suit l'aube et précède le lever du soleil ; moment où le soleil va se lever. **2** fig. Aube, commencement. **3** *AURORE POLAIRE* (*boréale* ou *australe*) : arc lumineux qui apparaît dans le ciel des régions polaires.

**auscultation** n. f. ■ Action d'ausculter en vue d'un diagnostic. *Auscultation au stéthoscope.*

**ausculter** v. tr. ① ■ Écouter les bruits de (l'organisme...) par l'auscultation.

**auspices** n. m. pl. ■ **1** Antiq. Présage tiré du comportement des oiseaux. **2** *Sous d'heureux, de fâcheux auspices.* ◆ *SOUS LES AUSPICES DE qqn*, avec son appui.

**aussi** ■ **I** adv. **1** De la même manière. → **autant.** *Il est aussi grand que vous.* *Aussi vite que possible.* ◆ D'une manière si importante → **si.** *Je n'ai jamais rien vu d'aussi joli.* **2** De la même façon. → **pareillement.** *C'est aussi mon avis.* **3** Pareillement et de plus. → en **outre.** *Non seulement... mais aussi.* **II** conj. En conséquence de quoi. → c'est **pourquoi.**

**aussitôt** adv. ■ **1** Dans le moment même, au même instant. → **immédiatement ;** tout de **suite. 2** *AUSSITÔT QUE* loc. conj. : dès que. — loc. *Aussitôt dit, aussitôt fait* : la chose a été réalisée sans délai.

**austère** adj. ■ **1** Qui se montre sévère pour soi. **2** Dur, rigoureux. *Une vie austère.* **3** (choses) Sans ornement. → **sévère.**

**austérité** n. f. ■ **1** Caractère de ce qui est austère. **2** Gestion stricte de l'économie, visant à restreindre la consommation.

**austral, ale** adj. ■ Qui est au sud du globe terrestre (opposé à *boréal*). → **antarctique.**

**autan** n. m. ■ Vent orageux du sud.

**autant** adv. ■ **1** *AUTANT QUE* : en même quantité, au même degré, de la même façon. *Rien ne plaît autant que la nouveauté.* → **comme, tant.** — loc. fam. *Autant pour moi* : je reconnais m'être trompé. — *Autant que possible*, dans la mesure du possible. **2** *AUTANT DE* : la même quantité, le même nombre de. — (avec *en*) La même chose. *Tâchez d'en faire autant.* — *Pour autant*, malgré cela. **3** Une telle quantité, un tel nombre de. → **tant.** *Je ne pensais pas qu'il aurait autant de patience.* **4** *AUTANT... AUTANT... Autant il est gentil avec elle, autant il est dur avec nous.* **5** *D'AUTANT* loc. adv. : à proportion. — *D'AUTANT QUE* loc. conj. : vu que. — *D'AUTANT PLUS (MOINS) QUE* : encore plus (moins) pour la raison que. *D'AUTANT PLUS !* loc. adv. : à plus forte raison.

**autarcie** n. f. ■ État d'un groupe, d'un pays qui se suffit à lui-même ; économie fermée. ▷ adj. **autarcique**

**autel** n. m. ■ **1** Antiq. Tertre ou table pour les sacrifices offerts aux dieux. **2** Table où l'on célèbre la messe.

**auteur** n. m. ■ **1** Personne qui est à l'origine (de qqch.). *L'auteur d'une découverte.* **2** Personne qui écrit (un livre), qui fait (une œuvre d'art). *L'auteur d'un livre.* ◆ absolt Écrivain. ◆ dr. *Droit d'auteur* : droit exclusif d'exploitation qui appartient à l'ayant droit (écrivain, etc.) sur son œuvre. → **copyright.** — *Droits d'auteur*, profits pécuniaires résultant de cette exploitation. **3** Parolier de chansons.

**authenticité** n. f. ■ Caractère, qualité de ce qui est authentique.

**authentifier** v. tr. ⑦ ■ **1** dr. Rendre authentique. **2** Reconnaître comme authentique. ▷ n. f. **authentification**

**authentique** adj. ▪ **1** dr. *Acte authentique* (opposé à *acte sous seing privé*), qui fait foi par lui-même en raison des formes légales dont il est revêtu. **2** Qui est véritablement de l'auteur auquel on l'attribue. **3** Dont la réalité, la vérité ne peut être contestée. **4** Qui exprime une vérité profonde de l'individu. → **sincère ; vrai.** ▷ adv. **authentiquement**

**autisme** n. m. ▪ psych. Trouble psychique, détachement de la réalité extérieure accompagné de repliement sur soi-même.

**autiste** adj. et n. ▪ Atteint d'autisme.

**autistique** adj. ▪ Relatif à l'autisme.

**auto** n. f. ▪ **1** vieilli Voiture automobile. **2** *Autos tamponneuses*\*.

① **auto-** Élément, du grec *autos* « soi-même ».

② **auto-** Élément tiré de *automobile*.

**auto-accusation** n. f. ▪ Fait de s'accuser soi-même.

**auto-allumage** n. m. ▪ Allumage spontané anormal du mélange carburant dans un cylindre de moteur à explosion.

**autobiographie** n. f. ▪ Biographie de qqn faite par lui-même. ▷ adj. **autobiographique**

**autobronzant, ante** adj. ▪ (produit) Qui permet de bronzer sans exposition au soleil.

**autobus** [-bys] n. m. ▪ Véhicule automobile pour le transport en commun des voyageurs, dans les villes. → **bus.**

**autocar** n. m. ▪ Grand véhicule automobile pour le transport collectif des personnes (hors des villes). → **car.**

**autocensure** n. f. ▪ Censure sur soi-même.

**autochtone** [-ktɔn ; -ktɔn] adj. ▪ Qui est issu du sol où il habite. → **indigène.**

**autoclave** n. m. ▪ Récipient hermétique résistant à des pressions élevées. → **étuve.**

**autocollant, ante** adj. ▪ Qui adhère sans être humecté. → n. m. Image autocollante.

**autocrate** n. m. ▪ Souverain dont la puissance n'est soumise à aucun contrôle. ▷ **autocratie** n. f. → **absolutisme.** ▷ adj. **autocratique**

**autocritique** n. f. ▪ Critique de son propre comportement.

**autocuiseur** n. m. ▪ Appareil pour cuire les aliments sous pression.

**autodafé** n. m. ▪ **1** Cérémonie où des hérétiques étaient condamnés au supplice du feu par l'Inquisition. **2** Action de détruire par le feu. *Un autodafé de livres.*

**autodéfense** n. f. ▪ Fait de se défendre sans recourir aux institutions (police...).

**autodestruction** n. f. ▪ Destruction de soi (matérielle ou morale) par soi-même.

**autodétermination** n. f. ▪ Choix du statut politique d'un pays par ses habitants.

**s'autodétruire** v. pron. 38 ▪ Se détruire soi-même.

**autodidacte** adj. ▪ Qui s'est instruit lui-même, sans maître. → n. *Un autodidacte.*

**autodiscipline** n. f. ▪ Discipline que s'impose soi-même un individu, un groupe.

**auto-école** n. f. ▪ École formant à la conduite automobile. *Des auto-écoles.*

**autoentrepreneur, euse** n. ▪ dr. Personne qui crée seule et pour elle-même une entreprise à but commercial, artisanal ou libéral (*autoentreprise* n. f.).

**autoérotique** adj. ▪ Dont l'érotisme est centré sur le sujet même.

**autofécondation** n. f. ▪ bot. Fécondation par les propres organes (mâles et femelles) de la plante.

**autofinancement** n. m. ▪ Financement d'une entreprise par ses propres capitaux.

**autofocus** adj. ▪ (appareil) Équipé d'un système de mise au point automatique.

**autogéré, ée** adj. ▪ Géré par son personnel.

**autogestion** n. f. ▪ Gestion d'une (entreprise) par le personnel.

**autographe** ▪ **1** adj. Qui est écrit de la propre main de qqn. **2** n. m. Texte écrit à la main par une personne célèbre.

**autogreffe** n. f. ▪ méd. Greffe dans laquelle le greffon provient de l'individu lui-même (contr. *allogreffe, hétérogreffe*).

**autolyse** n. f. ▪ biol. Destruction des tissus par leurs enzymes.

**automate** n. m. ▪ **1** Appareil imitant l'être vivant. **2** fig. Personne qui agit comme une machine.

**automation** n. f. ▪ anglic. Fonctionnement automatique d'un ensemble productif.

**automatique** adj. et n. ▪ **I** adj. **1** Qui s'accomplit sans la participation de la volonté. → **inconscient, involontaire. 2** Qui, une fois mis en mouvement, fonctionne de lui-même ; qui opère par des moyens mécaniques. → n. m. Pistolet automatique. **3** Qui s'accomplit avec une régularité déterminée. *Prélèvement automatique.* **4** fam. Qui doit forcément se produire. ▪ **II** n. f. Ensemble des sciences et des techniques des dispositifs qui fonctionnent sans intervention du travail humain. → **cybernétique, informatique, robotique.**

**automatiquement** adv. ▪ D'une manière automatique. ♦ fam. Forcément.

**automatiser** v. tr. 1 ▪ Rendre automatique (I, 2). ▷ n. f. **automatisation**

**automatisme** n. m. ▪ **1** Accomplissement de mouvements, d'actes, sans participation de la volonté. → Acte, geste rendu automatique par l'habitude. **2** Système automatique. **3** Régularité dans le déroulement d'événements.

**automédication** n. f. ▪ Emploi de médicaments sans prescription médicale.

**automitrailleuse** n. f. ▪ Automobile blindée armée de mitrailleuses.

**automne** [ɔtɔn] n. m. ▪ **1** Saison qui succède à l'été et précède l'hiver dans l'hémisphère Nord : du 22 ou 23 septembre (*équinoxe d'automne*) au 22 décembre, caractérisée par le déclin des jours, la chute des feuilles. **2** fig. *L'automne de la vie,* la vieillesse. ▷ adj. **automnal, ale, aux**

**automobile** ■ **I** adj. (véhicule) Mû par un moteur. **II 1** n. f. Véhicule automobile à quatre roues (ou plus), à l'exclusion des camions, autobus, autocars. ♦ *L'automobile*, la conduite des automobiles ; l'industrie, la vente des automobiles. **2** adj. Relatif aux véhicules automobiles.

**automobilisme** n. m. ■ Ce qui concerne l'automobile ; le sport automobile.

**automobiliste** n. ■ Personne qui conduit une automobile.

**automoteur, trice** ■ **1** adj. Qui se déplace à l'aide d'un moteur. **2** n. f. Autorail.

**automutilation** n. f. ■ Mutilation qu'on s'inflige à soi-même.

**autonettoyant, ante** adj. ■ Qui réalise son nettoyage. *Four autonettoyant.*

**autonome** adj. ■ **1** Qui s'administre lui-même. **2** Qui ne dépend de personne.

**autonomie** n. f. ■ **1** Droit, fait de se gouverner par ses propres lois. **2** Faculté d'agir librement. **3** Distance que peut parcourir un véhicule sans être ravitaillé.

**autonomiste** n. et adj. ■ Partisan de l'autonomie politique.

**autopalpation** n. f. ■ méd. Palpation par soi-même. *Autopalpation des seins*, servant au dépistage du cancer du sein.

**autopompe** n. f. ■ Camion automobile équipé d'une pompe à incendie.

**autoportrait** n. m. ■ Portrait de qqn exécuté par lui-même.

**s'autoproclamer** v. pron. [1] ■ Se décerner (un titre, un statut) de sa propre autorité. ➝ au p. p. *Une élite autoproclamée.*

**autopropulsé, ée** adj. ■ Qui est propulsé par ses propres moyens.

**autopsie** n. f. ■ Examen d'un cadavre (notamment, étude des causes de la mort).

**autoradio** n. m. ■ Poste de radio conçu pour fonctionner dans une automobile.

**autorail** n. m. ■ Véhicule automoteur sur rails.

**autorisation** n. f. ■ **1** Action d'autoriser ; droit accordé à la personne qui autorise. **2** Acte, écrit par lequel on autorise.

**autorisé, ée** adj. ■ **1** Qui est permis. **2** Qui a reçu une autorisation. **3** Qui fait autorité.

**autoriser** v. tr. [1] ■ **1** AUTORISER qqn À (+ inf.), lui accorder le droit, la permission de. *Je vous autorise à partir.* ➝ (sujet chose) ➝ **permettre.** *Rien ne vous autorise à dire cela.* **2** AUTORISER qqch., rendre licite.

**autoritaire** adj. ■ **1** Qui aime l'autorité ; qui en use ou en abuse. **2** Qui aime être obéi. *Homme autoritaire.* ➝ *Ton autoritaire.* ➝ **impérieux.** ▷ adv. **autoritairement**

**autoritarisme** n. m. ■ **1** Caractère d'un régime, d'un gouvernement autoritaire. **2** Comportement d'une personne autoritaire. ▷ adj. et n. **autoritariste**

**autorité** n. f. ■ **1** Droit de commander, pouvoir d'imposer l'obéissance. ➝ D'AUTORITÉ loc. adv. : sans tolérer de discussion ; sans consulter personne. **2** Les organes du pouvoir. *L'autorité publique.* ➝ au plur. LES AUTORITÉS : les personnes qui exercent l'autorité. **3** Capacité à se faire obéir. **4** Supériorité qui impose l'obéissance, le respect. ➝ **ascendant, empire, influence.** ➝ FAIRE AUTORITÉ : s'imposer comme incontestable. **5** Personne qui fait autorité.

**autoroute** n. f. ■ Large route à chaussées séparées, sans croisements. ➝ par analogie *Les autoroutes de l'information* (réseaux informatiques). ▷ adj. **autoroutier, ière**

**autosatisfaction** [-s-] n. f. ■ Satisfaction de soi-même. ➝ **vanité.**

**autos-couchettes** adj. ■ Se dit d'un train de nuit pour des voyageurs et leur voiture.

**auto-stop** n. m. ■ Fait d'arrêter une voiture pour demander de se faire transporter gratuitement. ➝ fam. **stop.** ▷ n. **auto-stoppeur, euse**

**autosuggestion** [-sygʒɛstjɔ̃] n. f. ■ Action de se suggestionner soi-même.

**autotrophe** adj. ■ biol. Capable d'élaborer sa substance à partir d'éléments minéraux.

① **autour** adv. ■ Dans l'espace qui environne qqn, qqch. ➝ **alentour.** *Mettez du papier autour* (➝ **entourer**). ➝ AUTOUR DE loc. prép. *Les planètes gravitent autour du Soleil.* ➝ abstrait *Tourner autour du pot\*. Il a autour de quarante ans*, à peu près.

② **autour** n. m. ■ Rapace voisin de l'épervier.

**autre** ■ **I** adj. (épithète, avant le nom) **1** Qui n'est pas le même, qui est différent, distinct. *Je ne vois aucun autre moyen.* ➝ *L'autre jour*, dans le passé (proche). *L'autre monde*, l'au-delà. **2** AUTRE CHOSE (sans art.) : qqch. de différent. *Parlons d'autre chose.* **3** loc. adv. AUTRE PART : ailleurs. ➝ D'AUTRE PART : par ailleurs. **II** adj. (après le nom ou le prom.; en attribut) Différent ; différent de ce qu'il était. **III** pron. **1** L'AUTRE, UN(E) AUTRE, LES AUTRES : personne, chose différente. *Prendre qqn pour un autre*, *une chose pour une autre. Les autres.* ➝ **autrui.** ➝ loc. *J'en ai vu d'autres* (choses étonnantes). *À d'autres !*, allez dire cela à des gens plus crédules. ➝ ENTRE AUTRES : parmi plusieurs (personnes, choses). ➝ RIEN D'AUTRE : rien de plus. **2** L'UN... L'AUTRE ; LES UNS... LES AUTRES. *L'un et l'autre sont venus, est venu.* ♦ (avec une prép.) *Aller de l'un à l'autre.* ➝ loc. *L'un dans l'autre* : tout compte fait. **3** philos. *L'autre* : autrui.

**autrefois** adv. ■ Dans un temps passé. ➝ **anciennement, jadis.**

**autrement** adv. ■ **1** D'une manière différente. *Faisons autrement.* ➝ AUTREMENT DIT : en d'autres termes. **2** Dans un autre cas, dans le cas contraire. ➝ **sinon.** **3** PAS AUTREMENT : pas beaucoup. ➝ **guère.** **4** (comparatif de supériorité) ➝ **plus ; beaucoup.** *Elle est autrement mieux que sa sœur.*

**autrichien, ienne** adj. ■ De l'Autriche. ➝ n. *Un Autrichien, une Autrichienne.*

**autruche** n. f. ■ Oiseau coureur de grande taille, à ailes rudimentaires. ◆ loc. *Un estomac d'autruche,* qui digère tout. ◆ *Faire l'autruche,* refuser de voir le danger.

**autrui** pron. ■ Un autre, les autres hommes. → **prochain.**

**auvent** n. m. ■ Petit toit en saillie.

**auxiliaire** ■ 1 adj. Qui aide par son concours (sans être indispensable). *Moteur auxiliaire.* 2 n. Personne qui aide. → **adjoint, assistant.** 3 n. Employé recruté à titre provisoire par l'Administration. 4 *Verbe auxiliaire* ou n. m. *un auxiliaire,* verbe qui a la fonction de former les temps composés des verbes (ex. avoir, être).

**auxine** n. f. ■ biol. Hormone végétale, facteur de croissance.

**s'avachir** v. pron. ② ■ 1 Devenir mou, flasque. 2 (personnes) Se laisser aller. ▶ **avachi, ie** adj. → **flasque ; mou.** ▷ n. m. **avachissement**

① **aval** n. m. sing. ■ 1 Côté vers lequel descend un cours d'eau (opposé à *amont*). ◆ EN AVAL DE loc. prép. : au-delà de, dans le sens du courant. 2 fig. Ce qui vient après (dans un processus).

② **aval, als** n. m. ■ Engagement de payer pour qqn, s'il ne peut le faire (→ **avaliser**). ◆ fig. *Donner son aval à qqch.,* son soutien.

**avalanche** n. f. ■ 1 Importante masse de neige qui se détache et dévale. 2 fig. *Avalanche de :* grande quantité de.

**avaler** v. tr. ① ■ 1 Faire descendre par le gosier. ◆ loc. fig. *Avoir avalé sa langue,* garder le silence. *Avaler des couleuvres*. Avaler la pilule*. 2 fig. *Avaler un roman,* le lire avec avidité. 3 Supporter sans réagir. ◆ Croire ; accepter sans critique. → **gober.**

**avaleur, euse** n. ■ Personne qui avale (qqch.). ◆ loc. *Avaleur de sabres,* saltimbanque qui introduit une lame dans son tube digestif.

**avaliser** v. tr. ① ■ Donner son aval (②) à.

**avance** n. f. ■ 1 Action, fait d'avancer. → **marche, progression.** 2 Espace parcouru avant qqn, distance qui en sépare. 3 Anticipation sur un moment prévu (s'oppose à *retard*). 4 loc. adv. À L'AVANCE : avant le moment fixé. ◆ D'AVANCE : avant un moment (fixé ou quelconque). ◆ EN AVANCE loc. adj. (en attribut) : avant le temps fixé ; avancé dans son développement (opposé à *en retard*). ◆ littér. PAR AVANCE loc. adv. : à l'avance ; d'avance. 5 Somme versée par anticipation. → **acompte.** 6 au plur. Démarches auprès de qqn pour nouer des relations (en général amoureuses).

**avancé, ée** adj. ■ 1 Qui est en avant. 2 Dont une grande partie est écoulée (temps). ◆ Qui s'approche du terme (travail...). ◆ Qui commence à se gâter. *Viande avancée.* 3 Qui est en avance (sur les autres). → **précoce.** ◆ *Opinions, idées avancées,* progressistes. 4 iron. *Vous voilà bien avancé !,* ce que vous avez fait ne vous a servi à rien.

**avancée** n. f. ■ I Fait d'avancer. → **avance** (1). ◆ fig. Progrès important. II Ce qui avance, forme saillie.

**avancement** n. m. ■ 1 État de ce qui avance. → **progression.** 2 Fait de s'élever dans une hiérarchie. → **promotion.**

**avancer** v. ③ ■ I v. tr. 1 Pousser, porter en avant. 2 Mettre en avant, dans le discours. *Avancer une hypothèse.* 3 Faire arriver avant le temps prévu ou normal. *Il a avancé son retour.* 4 Faire progresser (qqch.). *Avancer son travail.* ◆ *À quoi cela vous avancera-t-il ?,* quel avantage en aurez-vous ? 5 Prêter (de l'argent). II v. intr. 1 Aller en avant. *Avancer lentement.* 2 Être placé en avant, faire saillie. 3 Avoir déjà fait beaucoup. → **progresser.** *Avancer dans son travail.* 4 (sujet chose) Aller vers son achèvement. 5 S'écouler (temps) ; approcher de sa fin (durée). ◆ (personnes) *Avancer en âge.* 6 (pendules...) Être en avance (opposé à *retarder*). ▶ **s'avancer** v. pron. 1 Aller en avant. 2 Prendre de l'avance. 3 fig. Émettre des idées peu sûres. 4 (temps) S'écouler.

**avanie** n. f. ■ Traitement humiliant.

① **avant** ■ I prép. (s'oppose à *après*) 1 (antériorité dans le temps) *Il est arrivé avant moi* (→ plus tôt). ◆ AVANT DE (+ inf.) ; QUE (+ subj.) 2 (antériorité dans l'espace) *La maison avant l'église.* 3 (priorité dans un ordre) *Faire passer qqn avant les autres.* ◆ AVANT TOUT loc. adv. → d'**abord, surtout.** II adv. 1 (temps) Plus tôt (s'oppose à *après*). *Le jour d'avant,* précédent. 2 (espace) → **devant** ; s'oppose à *derrière.* 3 littér. (précédé de *assez, bien, plus, si, trop...*) Marque un éloignement du point de départ. *Je n'irai pas plus avant.* III 1 EN AVANT loc. adv. : vers le lieu, le côté qui est devant, devant soi (s'oppose à *en arrière*). ◆ fig. *Regarder en avant,* vers l'avenir. ◆ *Mettre qqch. en avant,* l'affirmer. ◆ *Mettre qqn en avant,* le mettre en vue. *Se mettre en avant,* se faire valoir. 2 EN AVANT DE loc. prép. → **devant.**

② **avant** (s'oppose à *arrière*) I n. m. 1 Partie antérieure (de qqch.). *L'avant d'une voiture.* 2 loc. *Aller de l'avant,* avancer (aussi fig.). 3 Joueur placé devant les autres. II adj. invar. Qui est à l'avant. *Roues avant.*

**avant-** Élément (invariable) de noms, qui signifie « qui est devant, en avant ».

**avantage** n. m. ■ I 1 Ce par quoi on est supérieur (qualité ou biens) ; supériorité. *L'avantage de l'expérience.* ◆ *La situation a tourné à son avantage,* à son profit. ◆ *Être à son avantage,* être mieux (saillit, plus beau) que d'habitude. 2 (dans une lutte) *Avoir, prendre... l'avantage.* → **dessus.** 3 (au tennis) Point marqué lorsque la marque est à 40 partout. II Ce qui est utile, profitable (opposé à *désavantage*). → **intérêt.**

**avantager** v. tr. ③ ■ 1 Accorder un avantage à (qqn) ; rendre supérieur. 2 (sujet chose) Faire valoir les qualités de (qqn).

**avantageux, euse** adj. ■ 1 Qui offre, procure un avantage. *Prix avantageux.* 2 Qui est à l'avantage de qqn ; favorable, flatteur. 3 Prétentieux. ▷ adv. **avantageusement**

**avant-bras** n. m. invar. ■ Partie du bras qui va du coude au poignet.

**avant-centre** n. m. ■ Joueur placé au centre du terrain.

**avant-coureur** adj. m. ■ Annonciateur.

**avant-courrier, ière** n. ▪ littér. Chose qui précède et annonce. → **messager.**

**avant-dernier, ière** adj. ▪ Qui est avant le dernier. → **pénultième.**

**avant-garde** n. f. ▪ **1** Partie d'une armée qui marche en avant. ← fig. *Être à L'AVANT-GARDE* (d'une lutte...). **2** Ensemble des mouvements qui jouent un rôle de précurseur. *Littérature d'avant-garde.* ▷ n. m. **avant-gardisme** ▷ adj. et n. **avant-gardiste**

**avant-goût** n. m. ▪ Sensation que procure l'idée d'un événement à venir.

**avant-guerre** n. m. ou f. ▪ Période qui a précédé une guerre.

**avant-hier** [avɑ̃tjɛʀ] adv. ▪ Au jour qui a précédé hier.

**avant-midi** n. m. ou f. invar. ▪ franç. de Belgique, du Canada Matin, matinée.

**avant-poste** n. m. ▪ milit. Poste avancé.

**avant-première** n. f. ▪ **1** Réunion etc. pour présenter un spectacle, avant la présentation au public. **2** *En avant-première,* avant la présentation publique.

**avant-projet** n. m. ▪ Rédaction provisoire d'un projet ; maquette, esquisse.

**avant-propos** n. m. invar. ▪ Courte introduction (présentation, avis au lecteur).

**avant-scène** n. f. ▪ au théâtre Le devant de la scène. ← Loge près de la scène.

**avant-train** n. m. ▪ Partie antérieure du corps d'un quadrupède (opposé à *arrière-train*).

**avant-veille** n. f. ▪ Jour qui précède la veille.

**avare** adj. ▪ **1** Qui a de l'argent et refuse de le dépenser, quitte à se priver. → **avaricieux, chiche, pingre, radin.** ◆ n. *Un vieil avare.* **2** littér. *AVARE DE,* qui ne prodigue pas. *Il est avare de compliments.*

**avarice** n. f. ▪ Comportement de l'avare.

**avaricieux, ieuse** adj. ▪ vx ou plais. Avare.

**avarie** n. f. ▪ Dommage survenu à un navire ou à sa cargaison. ← par ext. Dommage survenu au cours d'un transport.

**avarié, ée** adj. ▪ **1** Qui a subi une avarie. **2** (choses périssables) Gâté, pourri.

**avatar** n. m. ▪ **1** (religion hindouiste) Chacune des incarnations du dieu Vishnou. **2** fig. Métamorphose. ◆ Personnage choisi par qqn (un joueur...) pour le représenter dans la réalité virituelle. **3** abusivt Mésaventure.

**à vau-l'eau** loc. adv. → **à vau-l'eau**

**Ave** ou **Ave Maria** [ave-] n. m. invar. ▪ Prière à la Sainte Vierge.

**avec** prép. ▪ **I** (rapport) **1** En compagnie de. *Se promener avec qqn.* ← En ayant, en portant (qqch.). ← (association) *Être d'accord avec qqn.* **2** (relations entre personnes) *Faire connaissance avec qqn.* ◆ (en tête de phrase) *Avec lui, on peut s'attendre à tout.* **3** (opposition) → **contre.** *Se battre avec qqn.* **II** (simultanéité) **1** En même temps que. *Se lever avec le jour.* **2** → **ainsi que, et.** *Du bleu, avec du rouge et du jaune.* **3** Malgré. *Avec tant de qualités, il n'a pas réussi.* **4** (en tête de phrase) Étant donné la présence de. **5** (accompagnement) Garni de ; qui comporte. **III 1** (moyen) À l'aide de, grâce à, au moyen de. **2** (manière) *J'accepte avec plaisir.*

**IV** adv. fam. (choses) *Il a pris son manteau et il est parti avec.* ← *Il faudra bien FAIRE AVEC,* s'en arranger.

**aveline** n. f. ▪ Noisette oblongue, fruit de l'*avelinier* (n. m.).

**Ave Maria** → **Ave**

**aven** [avɛn] n. m. ▪ Gouffre naturel creusé par les eaux dans un terrain calcaire.

**avenant, ante** n. ▪ **I** adj. Qui plaît par son bon air, sa bonne grâce. **II 1** n. m. dr. Clause ajoutée à un contrat. **2** *À L'AVENANT* loc. adv. : en accord, en rapport.

**avènement** n. m. ▪ **1** Accession au trône. **2** fig. Début du règne (de qqch.).

**avenir** n. m. ▪ **1** Temps à venir (opposé à *passé*). *Penser à l'avenir.* ← *À L'AVENIR* loc. adv. → **désormais, dorénavant. 2** État, situation future (de qqn). ← *D'AVENIR,* qui promet. ← (choses) *Ce projet n'a aucun avenir.*

**avent** n. m. ▪ relig. cathol. Temps liturgique de préparation à la fête de Noël.

**aventure** n. f. ▪ **I** ◆ loc. *Dire la BONNE AVENTURE à qqn,* lui prédire son avenir par la divination. **II 1** Ce qui arrive d'imprévu, de surprenant ; ensemble d'événements qui concernent qqn. ◆ (en amour) *Avoir une aventure.* → **liaison. 2** Activité, exercice qui comporte du risque et de l'imprévu. *L'attrait de l'aventure.* **3** loc. adv. *À L'AVENTURE* : au hasard. ← littér. *D'AVENTURE, PAR AVENTURE* : par hasard.

**aventurer** v. tr. 1 ▪ Exposer avec un certain risque. → **hasarder, risquer.** ► s'**aventurer** v. pron. Se risquer, aller avec un certain risque. ► **aventuré, ée** adj. → **risqué.**

**aventureux, euse** adj. ▪ **1** Qui aime l'aventure. **2** Plein d'aventures. **3** Plein de risques. ▷ adv. **aventureusement**

**aventurier, ière** n. ▪ **1** (parfois péj.) Personne qui cherche l'aventure. **2** péj. Personne qui vit d'intrigues. → **intrigant.**

**aventurisme** n. m. ▪ Tendance à prendre des décisions hâtives, en politique.

**avenu, ue** adj. ▪ loc. *NUL ET NON AVENU* : inexistant, sans effet.

**avenue** n. f. ▪ **1** Allée plantée d'arbres menant à une habitation. **2** Large voie urbaine.

**avéré, ée** adj. ▪ Reconnu vrai. → **certain.**

**s'avérer** v. pron. 6 ▪ littér. Être avéré. ◆ cour. (+ adj.) → **se révéler.** *Son raisonnement s'est avéré juste.* ← abusivt *S'avérer faux.*

**avers** n. m. ▪ Face avant (d'une pièce, d'une médaille) (opposé à *revers,* à *pile*).

**averse** n. f. ▪ Pluie soudaine et abondante.

**aversion** n. f. ▪ Vive répulsion. → **dégoût, horreur.** ← littér. *Avoir qqn, qqch. en aversion.* → **détester.**

**averti, ie** adj. ▪ Qui connaît, est au courant.

**avertir** v. tr. 2 ▪ **1** Informer (qqn) de qqch. afin qu'il y prenne garde. **2** (menace ou réprimande) *Je vous avertis qu'il vous faudra obéir.*

**avertissement** n. m. ▪ **1** Action d'avertir ; appel à la prudence. **2** Petite préface. **3** Réprimande. ← Mesure disciplinaire.

**avertisseur, euse** ▪ I n. m. Appareil destiné à avertir. *Avertisseur sonore.* → **klaxon.** II adj. Qui avertit.

**aveu** n. m. ▪ I loc. *Homme SANS AVEU* (au moyen âge), qui n'était lié à aucun seigneur ; mod. sans scrupule. II 1 Action d'avouer ; ce que l'on avoue. 2 au plur. Reconnaissance de sa culpabilité. 3 loc. *DE L'AVEU DE* : au témoignage de.

**aveuglant, ante** adj. ▪ Qui éblouit. ◆ fig. *Une évidence aveuglante.*

**aveugle** ▪ I adj. 1 Qui est privé du sens de la vue. 2 fig. Dont le jugement est incapable de rien discerner. ◆ (sentiments) *Une confiance aveugle.* ◆ *Attentat aveugle,* qui frappe au hasard. 3 Qui ne laisse pas passer le jour. II n. 1 Personne privée de la vue. → **non-voyant.** ▪ prov. *Au royaume des aveugles, les borgnes sont rois* : les médiocres brillent parmi les sots. 2 loc. adv. *EN AVEUGLE* : sans discernement. → à l'**aveuglette, aveuglément.** ◆ *À L'AVEUGLE* : littér. sans voir ; fig. aveuglément.

**aveuglement** n. m. ▪ État de qqn dont le discernement est troublé. → **égarement.**

**aveuglément** adv. ▪ Sans réflexion.

**aveugler** v. tr. ☐ ▪ I 1 Rendre aveugle. 2 Gêner la vue, éblouir. *Le soleil m'aveugle.* 3 fig. Priver du jugement. ▪ pronom. Se cacher la vérité. II Boucher (une ouverture).

**à l'aveuglette** loc. adv. ▪ 1 Sans y voir clair. 2 fig. Au hasard, sans précaution.

**aveulir** v. tr. ② ▪ littér. Rendre veule.

**aviaire** adj. ▪ didact. Des oiseaux. *Grippe aviaire.*

**aviateur, trice** n. ▪ Personne qui pilote un avion (→ **pilote**) ou appartient au personnel technique navigant de l'aviation.

**aviation** n. f. ▪ 1 Navigation aérienne par les engins plus lourds que l'air ; techniques et activités relatives au transport aérien. → **aéronautique.** 2 Armée de l'air. 3 Industrie de la fabrication des avions.

**avicole** adj. ▪ De l'aviculture.

**aviculture** n. f. ▪ Élevage des oiseaux, des volailles. ▷ n. **aviculteur, trice**

**avide** adj. ▪ 1 Qui a un désir immodéré de nourriture. 2 fig. Qui désire immodérément les biens. → **cupide.** ◆ *AVIDE DE,* qui désire avec passion. 3 Qui exprime l'avidité.

**avidement** adv. ▪ Avec avidité.

**avidité** n. f. ▪ Désir ardent, immodéré de qqch. ; vivacité avec laquelle on le satisfait.

**avilir** v. tr. ② ▪ 1 Rendre vil. → **dégrader, rabaisser.** 2 Abaisser la valeur de. → **déprécier.** ▷ n. m. **avilissement** ▷ **avilissant, ante** adj. → **dégradant, déshonorant.**

**aviné, ée** adj. ▪ Qui a bu trop de vin.

**avion** n. m. ▪ Appareil capable de se déplacer en l'air, plus lourd que l'air, muni d'ailes et d'un organe propulseur. → vx **aéroplane.** *Avion à réaction.* → ② **jet.**

**aviron** n. m. ▪ 1 mar. Rame. 2 cour. Sport du canotage.

**avis** n. m. ▪ 1 Ce que l'on pense, ce que l'on exprime sur un sujet. → **opinion, point de vue.** ▪ *À mon avis* : selon moi. 2 Opinion donnée à qqn sur une conduite à tenir. → **conseil.** 3 Ce que l'on porte à la connaissance de qqn. → **annonce, information.** ◆ Écrit qui avertit. *Avis de décès.*

**avisé, ée** adj. ▪ Qui agit avec réflexion.

① **aviser** v. tr. ☐ ▪ 1 Apercevoir inopinément. 2 tr. ind. *AVISER À* : réfléchir, songer à (qqch.). ▪ s'**aviser** v. pron. 1 Faire attention à qqch. que l'on n'avait pas remarqué. s'apercevoir. 2 *S'aviser de* (+ inf.) : être assez audacieux pour.

② **aviser** v. tr. ☐ ▪ littér. ou admin. Avertir (qqn de qqch.) par un avis. → **informer.**

**aviso** n. m. ▪ mar. Petit escorteur.

**avitaminose** n. f. ▪ Maladie déterminée par une carence en vitamines.

**aviver** v. tr. ☐ ▪ 1 Rendre plus vif, plus éclatant. 2 fig. Rendre plus fort. → **exciter.** 3 méd. Mettre (une plaie) à vif.

① **avocat, ate** n. ▪ 1 Personne régulièrement inscrite à un barreau*, qui conseille en matière juridique, assiste ou représente ses clients en justice (→ **défenseur**) (en parlant d'une femme : *Elle est avocat* ou *avocate*). 2 *AVOCAT GÉNÉRAL,* qui supplée le procureur général (accusateur). 3 fig. Défenseur (d'une cause, d'une personne). ▪ loc. *L'avocat du diable,* personne qui défend volontairement une mauvaise cause (pour prouver qqch.).

② **avocat** n. m. ▪ Fruit de l'*avocatier* (n. m.), à peau verte ou violette et à noyau.

**avocette** n. f. ▪ zool. Petit échassier au bec recourbé vers le haut.

**avoine** n. f. ▪ Céréale qui sert surtout à l'alimentation animale. *Folle avoine* (stérile).

① **avoir** v. tr. ③④ ▪ I (possession) 1 *Avoir qqch.,* posséder, disposer de. *Avoir une maison, de l'argent.* ◆ Bénéficier de. *Nous avons eu du soleil. Avoir du temps.* 2 (relations de parenté, etc.) *Avoir des enfants. Avoir des amis.* 3 Entrer en possession de. *Elle a eu son bac.* 4 Mettre (un certain temps) à une action. *J'en ai pour cinq minutes.* 5 fam. Tromper, vaincre (qqn). → **posséder, rouler.** *Se faire avoir.* II (manière d'être) 1 Présenter en soi une partie, un aspect de soi. *Il a de beaux yeux. Quel âge avez-vous ?* 2 Éprouver dans son corps, sa conscience. *Avoir mal à la tête. Avoir faim. Avoir de la peine.* 3 (présentant l'attribut, le complément ou l'adverbe qui détermine le substantif) *Avoir les yeux bleus. Avoir la tête qui tourne. Avoir l'esprit ailleurs.* 4 *EN AVOIR À, APRÈS* (fam.), *CONTRE* qqn, lui en vouloir. III (verbe auxiliaire) 1 *AVOIR À* (+ inf.) : être dans l'obligation de. → **devoir.** *Avoir des lettres à écrire.* ▪ (sans compl. direct) *J'ai à lui parler.* ▪ *N'AVOIR QU'À* : avoir seulement à. 2 Auxiliaire des temps composés pour les verbes transitifs, la plupart des intransitifs (pour les autres → être), les verbes *avoir* (*il a eu...*) et être (*il a été...*). *J'ai écrit. Il a fini.* IV *IL Y A* loc. impers. 1 (telle chose) existe. *Où y a-t-il une pharmacie ?* ▪ *Qu'est-ce qu'il y a ?* : que se passe-t-il ? ▪ (+ adv. de temps) *Il y a longtemps.* vx *Il n'y a guère.* → **naguère.**

② **avoir** n. m. ▪ **1** Ce que l'on possède. → **fortune. 2** Partie d'un compte où l'on porte les sommes dues. → **actif, crédit.**

**avoisiner** v. tr. ⬚ ▪ **1** Être dans le voisinage, à proximité de (un lieu). **2** fig. Être proche de, ressembler à. ▷ **avoisinant, ante** adj. → **proche.**

**avortement** n. m. ▪ **1** méd. Interruption d'une grossesse, naturelle (→ **fausse couche**) ou provoquée. ◆ cour. Interruption volontaire de grossesse (→ **I. V. G.**). **2** fig. Échec (d'une entreprise, d'un projet).

**avorter** v. intr. ⬚ ▪ **1** Accoucher avant terme (naturellement ou par intervention) d'un fœtus ou d'un enfant mort. ◂ trans. Faire subir un avortement à (une femme). **2** fig. (projet...) Ne pas réussir. → **échouer.**

**avorteur, euse** n. ▪ péj. Personne qui pratique un avortement illégal.

**avorton** n. m. ▪ Être chétif, mal conformé.

**avouable** adj. ▪ Qu'on peut avouer.

**avoué** n. m. ▪ Officier ministériel chargé de représenter les parties devant les cours d'appel.

**avouer** v. tr. ⬚ ▪ **1** Reconnaître (qu'une chose est ou n'est pas) ; reconnaître pour vrai (avec difficulté). *Avouer ses erreurs ; qu'on s'est trompé.* **2** Faire des aveux. *L'assassin a avoué.* **3** pronom. *S'AVOUER* (+ adj. ou p. p.) : reconnaître qu'on est. *S'avouer vaincu.*

**avril** n. m. ▪ Quatrième mois de l'année. ◂ *Poisson d'avril,* plaisanterie, mystification traditionnelle du 1ᵉʳ avril.

**avulsion** n. f. ▪ didact. Arrachement, extraction.

**avunculaire** [avɔ̃-] adj. ▪ didact. Qui a rapport à un oncle ou à une tante.

**axe** n. m. ▪ **1** Ligne idéale autour de laquelle s'effectue une rotation. *L'axe de la Terre.* **2** math. Droite par laquelle un sens a été défini. **3** Pièce allongée qui sert à faire tourner un objet sur lui-même ou à assembler des pièces. → **arbre, essieu, pivot. 4** Ligne qui passe par le centre, dans la plus grande dimension. *L'axe du corps.* ◆ Voie routière importante. **5** fig. Direction générale. *Les grands axes d'une politique.*

**axel** n. m. ▪ sports Saut où un patineur tourne une fois et demie sur lui-même.

**axer** v. tr. ⬚ ▪ **1** Diriger, orienter selon un axe. **2** fig. Orienter. ◂ passif *Être axé sur qqch.*

**axial, iale, iaux** adj. ▪ De l'axe, d'un axe.

**axiomatique** ▪ **I** adj. Relatif aux axiomes. **II** n. f. Recherche et organisation en système des axiomes d'une science.

**axiome** n. m. ▪ sc. Proposition considérée comme évidente, admise sans démonstration. → aussi **postulat.** ▷ v. tr. **axiomatiser** ⬚

**axolotl** [aksɔlɔtl] n. m. ▪ zool. Larve d'un reptile (salamandre) du Mexique.

**axone** n. m. ▪ anat. Prolongement de la cellule nerveuse.

**ayant** ▪ Participe présent du verbe *avoir.*

**ayant cause** n. m. ▪ dr. Personne qui a acquis d'une autre un droit ou une obligation. *Les ayants cause.*

**ayant droit** n. m. ▪ Personne qui a des droits à qqch. *Les ayants droit.*

**ayatollah** [ajatɔla] n. m. ▪ Religieux musulman chiite d'un rang élevé.

**aye-aye** [ajaj] n. m. ▪ zool. Lémurien de Madagascar. *Des ayes-ayes.*

**ayuntamiento** [ajuntamjento] n. m. ▪ Conseil administrant une commune, en Espagne.

**ayurvéda** [ajyrveda] n. m. ▪ Médecine traditionnelle indienne. ▷ adj. **ayurvédique**

**azalée** n. f. ▪ Arbuste à fleurs colorées.

**AZERTY** adj. invar. ▪ *Clavier AZERTY.* → **clavier.**

**azimut** [-yt] n. m. ▪ **1** astron. Angle formé par le plan vertical d'un astre et le plan méridien du point d'observation. **2** loc. *TOUS AZIMUTS :* milit. capable d'intervenir dans toutes les directions ; fig. qui utilise tous les moyens et a des objectifs variés.

**azimuté, ée** adj. ▪ fam. Un peu fou.

**azotate** n. m. ▪ chim., vx Nitrate.

**azote** n. m. ▪ chim. Corps simple (symb. N), gaz incolore, inodore, entrant dans la composition de l'atmosphère et des tissus vivants.

**azoté, ée** adj. ▪ Qui contient de l'azote.

**aztèque** adj. et n. ▪ Relatif aux Aztèques.

**azulejo** [asulexo] n. m. ▪ Carreau de faïence émaillée, à dominante bleue.

**azur** n. m. ▪ littér. Couleur bleue du ciel, des flots. ◂ *La Côte d'Azur,* de la Méditerranée, entre Menton et Toulon.

**azuré, ée** adj. ▪ Couleur d'azur.

**azuréen, enne** adj. ▪ De la Côte d'Azur.

**azurer** v. tr. ⬚ ▪ Colorer d'un bleu d'azur.

**azyme** adj. ▪ *Pain azyme,* pain sans levain.

**b** [be] n. m. ■ Deuxième lettre, première consonne de l'alphabet.

**B. A.** [bea] n. f. invar. ■ Abréviation de *bonne action*, dans le langage des scouts.

① **baba** n. m. ■ Gâteau léger à l'alcool.

② **baba** adj. invar. ■ fam. Stupéfait.

③ **baba** n. ■ Personne non violente, marginale, vivant parfois en communauté.

**b. a.-ba** [beaba] n. m. ■ Premiers rudiments. → **abc**. *Le b. a.-ba du métier.*

**babeurre** n. m. ■ Liquide blanc qui reste du lait après la préparation du beurre.

**babil** n. m. ■ littér. Babillage. → Gazouillis.

**babillage** n. m. ■ Action de babiller.

**babillard, arde** ■ I adj. et n. littér. Qui parle beaucoup ; bavard. II n. fam. 1 n. f. Lettre (écrite à qqn). → **bafouille**. 2 n. m. franç. du Canada Tableau d'affichage.

**babiller** v. intr. 1 ■ Parler beaucoup d'une manière enfantine ou futile.

**babines** n. f. pl. ■ 1 Lèvres pendantes (d'animaux). 2 fam. Lèvres. → loc. *S'en lécher les babines* : se réjouir d'une chose agréable.

**babiole** n. f. ■ 1 Petit objet de peu de valeur. 2 Chose sans importance. → **broutille**.

**babiroussa** n. m. ■ Sanglier de Malaisie.

**bâbord** n. m. ■ Côté gauche d'un navire, en se tournant vers l'avant (s'oppose à *tribord*).

**babouche** n. f. ■ Pantoufle sans talon.

**babouin** n. m. ■ Singe d'Afrique à museau allongé, vivant en société.

**baby-boom** [babibum ; bebi-] n. m. ■ anglic. Forte augmentation de la natalité. *Des baby-booms.*

**baby-foot** [babifut] n. m. invar. ■ anglic. Football de table. → La table de jeu.

**baby-sitter** [babisitœr ; bebi-] n. ■ anglic. Personne rémunérée pour garder de jeunes enfants en l'absence de leurs parents. *Des baby-sitters.* ▷ n. m. **baby-sitting**

① **bac** n. m. ■ I Bateau à fond plat servant à passer un cours d'eau, un lac. II Grand récipient. → **baquet, bassin**. *Bac à sable.* → *Bac d'alimentation* (d'une imprimante). *Bac de vente* (pour des disques...).

② **bac** n. m. ■ fam. Baccalauréat.

**baccalauréat** n. m. ■ Grade universitaire et examen qui terminent les études secondaires (en France). → ② **bac**, ① **bachot**.

**baccara** n. m. ■ Jeu de cartes où le dix, appelé *baccara*, équivaut à zéro.

**baccarat** n. m. ■ Cristal de la manufacture de Baccarat (Lorraine).

**bacchanale** [-k-] n. f. ■ 1 Antiq. au plur. Fêtes en l'honneur de Bacchus. 2 littér. Orgie.

① **bacchante** [-k-] n. f. ■ Antiq. Prêtresse de Bacchus.

② **bacchante** ou **bacante** n. f. ■ fam. Moustache. *De belles bacchantes.*

**bâche** n. f. ■ Pièce de toile imperméable qui sert à préserver qqch. des intempéries.

**bachelier, ière** n. ■ Titulaire du baccalauréat.

**bâcher** v. tr. 1 ■ Couvrir d'une bâche.

**bachi-bouzouk** n. m. ■ hist. Cavalier mercenaire de l'ancienne armée turque.

**bachique** adj. ■ didact. De Bacchus.

① **bachot** n. m. ■ fam., vieilli Baccalauréat.

② **bachot** n. m. ■ Petit bateau à fond plat.

**bachoter** v. intr. 1 ■ Préparer hâtivement et intensivement un examen en vue du seul succès pratique. ▷ n. m. **bachotage**

**bacillaire** [-il-] ■ 1 adj. Dû à un bacille. 2 n. Tuberculeux contagieux.

**bacille** [-il] n. m. ■ Bactérie en forme de bâtonnet. *Bacille de Koch* (→ tuberculose).

**bâcler** v. tr. 1 ■ Expédier (un travail) sans soin. ▷ n. m. **bâclage**

**bacon** [bekɔn] n. m. ■ anglic. 1 Lard fumé, assez maigre. 2 Filet de porc fumé.

**bactéricide** adj. ■ Qui tue les bactéries.

**bactérie** n. f. ■ Micro-organisme unicellulaire, très simple, sans noyau, considéré comme ni animal ni végétal. → **bacille, -coque, vibrion.** ▷ adj. **bactérien, ienne**

**bactériologie** n. f. ■ Étude des bactéries. ▷ n. **bactériologiste**

**bactériologique** adj. ■ De la bactériologie.

**badaboum** [-bum] interj. ■ Onomatopée, bruit d'un corps qui roule avec fracas.

**badaud, aude** n. et adj. ■ Personne qui s'attarde à regarder le spectacle de la rue.

**baderne** n. f. ■ péj. Homme âgé et borné.

**badge** n. m. ■ anglic. 1 Insigne comportant des inscriptions (humoristiques...). 2 Dispositif à piste magnétique permettant l'accès à des locaux, etc.

**badger** v. intr. 1 ■ Utiliser un badge (2).

**badgeuse** n. f. ■ Machine, appareil capable de lire des badges (2).

**badiane** n. f. ■ Arbuste d'Asie aux graines aromatiques (*anis étoilé*).

**badigeon** n. m. ■ Couleur en détrempe à base de chaux, utilisée pour les murs, etc.

**badigeonner** v. tr. ☐ ■ **1** Enduire d'un badigeon. **2** Enduire d'une préparation pharmaceutique. ▷ n. m. **badigeonnage**

**badin, ine** adj. ■ littér. Qui aime à rire, à plaisanter. → **enjoué.** ♦ *Humeur badine.*

**badine** n. f. ■ Baguette mince et souple.

**badiner** v. intr. ☐ ■ Plaisanter avec enjouement. *"On ne badine pas avec l'amour"* (pièce de Musset). ▷ n. m. **badinage**

**badminton** [badmintɔn] n. m. ■ anglic. Jeu de volant apparenté au tennis.

**baffe** n. f. ■ fam. Gifle.

**baffle** n. m. ■ anglic. → ① **enceinte** (3).

**bafouer** v. tr. ☐ ■ littér. Traiter avec un mépris outrageant. → **ridiculiser.**

**bafouille** n. f. ■ fam. Lettre (écrite à qqn).

**bafouiller** v. intr. ☐ ■ Parler d'une façon embarrassée, parfois incohérente. → **bredouiller.** ▷ n. et adj. **bafouilleur, euse**

**bâfrer** v. tr. ☐ ■ fam. Manger avec excès. → s'**empiffrer.** ▷ n. **bâfreur, euse**

**bagad** n. m. ■ régional Formation de musique bretonne (bombardes, binious...) jouant de la musique de marche. – plur. (breton) *Des bagadou.*

**bagage** n. m. ■ **1** Ce que l'on emporte en déplacement, en voyage. → loc. *Plier bagage :* partir. ♦ *Malle, valise, sac... pour le voyage.* **2** fig. Ensemble des connaissances acquises.

**bagagiste** n. ■ Employé chargé de la manutention des bagages (hôtels, etc.).

**bagarre** n. f. ■ **1** Mêlée de gens qui se battent. **2** fam. Lutte violente ; querelle.

**bagarrer** v. ☐ ■ fam. **1** *SE BAGARRER* v. pron. Se battre ; se quereller. **2** v. intr. Lutter (pour). ▷ n. et adj. **bagarreur, euse**

**bagasse** n. f. ■ Résidu des tiges de canne à sucre dont on a extrait le jus.

**bagatelle** n. f. ■ **1** Chose sans importance. → **broutille. 2** Somme d'argent peu importante. **3** plais. *La bagatelle :* l'amour physique.

**bagel** [bagœl] n. m. ■ (cuisine yiddish) Petit pain en forme d'anneau, à la mie très dense.

**bagnard** [baɲaʀ] n. m. ■ Forçat d'un bagne.

**bagne** n. m. ■ **1** anciennt Établissement, lieu où se purgeait la peine des travaux forcés. **2** fig. Lieu où l'on fait un travail pénible.

**bagnole** n. f. ■ fam. Automobile.

**bagout** n. m. ■ Disposition à parler beaucoup, souvent en cherchant à faire illusion, à tromper. *Avoir du bagout.* – var. BAGOU.

**bague** n. f. ■ **1** Anneau que l'on met au doigt. **2** Objet de forme annulaire. **3** Anneau, fil métallique enserrant une dent.

**baguenauder** v. intr. ☐ ■ fam. Flâner.

**baguer** v. tr. ☐ ■ **1** Garnir d'une bague, de bagues. **2** Inciser (un arbre) en enlevant un anneau d'écorce. **3** Munir d'un appareil d'orthodontie fait de bagues. ▷ n. m. **baguage**

**baguette** n. f. ■ **1** Petit bâton mince. → loc. *Mener les gens À LA BAGUETTE,* avec autorité et rigueur. ♦ spécialt *Baguette magique* (des fées, etc.), censée accomplir des prodiges. → fig. *D'un coup de baguette magique,* comme par enchantement. **2** Chacun des deux petits bâtons utilisés pour manger en Extrême-Orient. **3** Petite moulure décorative. **4** Pain long et mince.

**bah** interj. ■ Exclamation d'indifférence.

**bahut** n. m. ■ **1** Buffet rustique large et bas. **2** fam. Lycée, collège. **3** fam. Taxi, voiture.

**bai, baie** adj. ■ (chevaux) Dont la robe est d'un brun rouge.

① **baie** n. f. ■ Échancrure d'une côte ; petit golfe. → **anse, calanque, crique.**

② **baie** n. f. ■ Ouverture pratiquée dans un mur, etc. pour faire une porte, une fenêtre.

③ **baie** n. f. ■ Petit fruit charnu à pépins.

**baignade** n. f. ■ **1** Action de se baigner. **2** Endroit d'un cours d'eau, d'un lac où l'on peut se baigner.

**baigner** v. ☐ ■ **I** v. tr. **1** Mettre et maintenir dans l'eau, dans un liquide pour laver, rafraîchir. **2** (mer) Entourer, toucher (une côte). ♦ littér. → **envelopper, inonder.** → au p. p. *Pièce baignée de lumière.* **3** → **mouiller.** *Baigner ses yeux.* → au p. p. *Visage baigné de larmes.* **II** v. intr. Être plongé entièrement (dans un liquide ou fig. dans une ambiance). ♦ fam. *Ça baigne (dans l'huile) :* ça va très bien. ► se **baigner** v. pron. (plus cour.) **1** Prendre un bain (pour se laver). **2** Prendre un bain (dans la mer...).

**baigneur, euse** n. ■ **1** n. Personne qui se baigne (2). **2** n. m. Poupée figurant un bébé.

**baignoire** n. f. ■ **I** Grand récipient allongé, pour se baigner (1). **II** Loge de rez-de-chaussée, dans une salle de spectacle.

**bail,** plur. **baux** n. m. ■ **1** Contrat par lequel une personne (→ **bailleur**) laisse à une autre (→ **locataire**) le droit de se servir d'une chose pendant un certain temps pour un certain prix (→ **loyer**). **2** loc. fam. *Ça fait un bail :* voilà bien longtemps.

**bailler** v. tr. ☐ ■ loc. *Vous me la baillez belle :* vous vous moquez de moi.

**bâiller** v. intr. ☐ ■ **1** Ouvrir involontairement la bouche en inspirant. **2** (sujet chose) Être entrouvert, mal fermé (→ **entrebâiller**). ▷ n. m. **bâillement**

**bailleur, bailleresse** n. ■ **1** dr. Personne qui donne à bail. **2** *BAILLEUR DE FONDS :* personne qui fournit des fonds pour une entreprise déterminée. → **commanditaire.**

**bailli** n. m. ■ **1** hist. Officier qui rendait la justice. **2** Dignité dans l'ordre de Malte.

**bailliage** n. m. ■ hist. Charge d'un bailli.

**bâillon** n. m. ■ Ce que l'on met (étoffe...) contre la bouche pour empêcher qqn de crier.

**bâillonner** v. tr. ☐ ■ **1** Mettre un bâillon à (qqn). **2** fig. Réduire au silence. → **museler.**

**bain** n. m. ■ I **1** Action de plonger le corps ou une partie du corps dans l'eau ou un autre liquide (pour laver, soigner). *Prendre un bain.* ⇒ SALLE DE BAINS : pièce pour la toilette, contenant une baignoire. ♦ L'eau, le liquide dans lequel on se baigne. ⇒ loc. *ÊTRE DANS LE BAIN :* être compromis, ou engagé dans une entreprise. **2** Action d'entrer dans l'eau pour le plaisir, pour nager. **3** BAIN DE SOLEIL : exposition volontaire au soleil. **4** fig. BAIN DE : action de se plonger dans, de s'imprégner de. *Bain de foule.* **II** au plur. Établissement, endroit où l'on prend des bains. **III** techn. Préparation liquide dans laquelle on plonge qqch.

**bain-marie** n. m. ■ Liquide chaud dans lequel on met un récipient contenant ce que l'on veut faire chauffer. *Des bains-marie.*

**baïonnette** n. f. ■ **1** Arme pointue qui s'ajuste au canon d'un fusil. *« Nous n'en sortirons Id'ici que par la puissance des baïonnettes »* (Mirabeau). **2** À BAÏONNETTE, qui se fixe par des ergots dans des crans.

**baisable** adj. ■ fam. Sexuellement désirable.

**baise** n. f. ■ vulg. Action de baiser (①, II, 1).

**baisemain** n. m. ■ Fait de baiser la main d'une dame (politesse masculine).

① **baiser** v. tr. 1 ■ I Donner un baiser à. → **embrasser.** *Baiser les mains de qqn.* **II** fam. **1** Faire l'amour à (qqn). ⇒ sans compl. *Il baise bien.* **2** Duper, attraper.

② **baiser** n. m. ■ Action de poser ses lèvres sur (qqn...), en signe d'affection, de respect. ⇒ loc. *Baiser de Judas,* perfide.

**baisse** n. f. ■ **1** Fait de baisser de niveau, de descendre à un niveau plus bas. → **diminution. 2** Diminution de prix, de valeur. ⇒ EN BAISSE : en train de baisser.

**baisser** v. 1 ■ I v. tr. **1** Mettre plus bas. → **descendre.** ♦ Diminuer la hauteur de. **2** Incliner, diriger vers la terre (une partie du corps). ⇒ loc. fig. *Baisser les bras* : ne plus lutter. **3** Diminuer la force, l'intensité de (un son...). ⇒ fig. *Baisser le ton* : être moins arrogant. **4** Diminuer (un prix). **II** v. intr. **1** Diminuer de hauteur. → **descendre. 2** Diminuer d'intensité. **3** (personnes) Perdre sa vigueur. → **décliner. 4** Diminuer de valeur, de prix.

**bajoue** n. f. ■ **1** Partie latérale inférieure de la tête (d'animaux), de l'œil à la mâchoire. **2** Joue pendante (d'une personne).

**bakchich** [bakʃiʃ] n. m. ■ Pourboire ; pot-de-vin.

**bakélite** n. f. ■ Matière plastique obtenue en traitant le formol par le phénol.

**baklava** n. m. ■ Gâteau oriental à pâte feuilletée avec du miel et des amandes.

**bal** n. m. ■ **1** Réunion où l'on danse. ⇒ fig. *Mener le bal* : être le moteur d'une action collective. **2** Lieu où se donnent des bals.

**balade** n. f. ■ fam. Action de se promener. ♦ Excursion, sortie, voyage. ≠ *ballade.*

**balader** v. tr. 1 ■ fam. **1** Promener avec soi. **2** intrans. *Envoyer balader* (qqn, qqch.), rejeter. ► **se balader** v. pron. Se promener sans but précis.

**baladeur, euse** ■ I adj. Avoir l'humeur *baladeuse,* aimer se promener. ♦ fam. *Main baladeuse,* qui s'égare en caresses indiscrètes. **II** n. m. Récepteur radio ou lecteur de cassettes portatif, à écouteurs (recomm. off. pour *walkman*). **III** n. f. Lampe électrique portative munie d'un long fil.

**baladin** n. m. ■ littér. Comédien ambulant.

**balafon** n. m. ■ Xylophone africain.

**balafre** n. f. ■ Longue entaille faite par une arme tranchante, particulièrement au visage. ♦ Cicatrice de cette blessure.

**balafrer** v. tr. 1 ■ Blesser par une balafre.

① **balai** n. m. ■ **1** Ustensile ménager formé d'un long manche et d'une brosse, servant à enlever la poussière, les détritus. ⇒ loc. fig. (péj.) COUP DE BALAI : licenciement en masse. ♦ *Balai mécanique,* appareil à brosses roulantes. **2** Frottoir établissant un contact. **3** Lame d'un essuie-glace, qui nettoie le pare-brise. **4** fam. Dernier métro ou autobus de la journée. ♦ *Voiture-balai,* qui recueille les coureurs cyclistes qui abandonnent. **5** Accessoire de percussionniste formé d'un manche court et d'un faisceau métallique.

② **balai** n. m. ■ fam. Année (d'âge).

**balai-brosse** n. m. ■ Brosse de chiendent montée sur un manche à balai.

**balalaïka** n. f. ■ Instrument de musique russe à cordes pincées, à caisse triangulaire.

**balance** n. f. ■ I **1** Instrument qui sert à peser, formé le plus souvent d'une tige mobile (le fléau) et de plateaux dont l'un porte la chose à peser, l'autre les poids marqués. **2** Petit filet pour la pêche aux écrevisses. **3** Septième signe du zodiaque (23 septembre-22 octobre). ⇒ *Être Balance.* **II** 1 loc. fig. *Mettre dans la balance ; mettre en balance* (deux choses), examiner en comparant. **2** fig. État d'équilibre. *La balance des pouvoirs.* **3** Compte récapitulatif. *Balance de l'actif et du passif.* → **bilan.** ⇒ *Balance commerciale* (d'un pays).

**balancé, ée** adj. ■ **1** Équilibré, harmonieux. **2** fam. (personnes) *Être bien balancé,* bien fait.

**balancelle** n. f. ■ Fauteuil balançoire de jardin à plusieurs places, à toit en tissu.

**balancement** n. m. ■ **1** Mouvement alternatif et lent d'un corps, de part et d'autre de son centre d'équilibre. → **oscillation. 2** Disposition équilibrée. **3** littér. Hésitation.

**balancer** v. 3 ■ I v. tr. **1** Mouvoir lentement, tantôt d'un côté, tantôt de l'autre. **2** fam. Jeter (qqch.). ♦ Se débarrasser de (qqch., qqn). ♦ argot Dénoncer. **3** Équilibrer. *Balancer ses phrases,* en soigner le rythme. **4** littér. Comparer. *Balancer le pour et le contre.* → **peser. II** v. intr. littér. Être hésitant. ► **se balancer** v. pron. **1** Se mouvoir d'un côté et de l'autre. **2** fam. *S'en balancer* : s'en moquer.

**balancier** n. m. ■ **1** Pièce dont les oscillations régularisent le mouvement d'une machine. **2** Dispositif (bâton...) utilisé pour maintenir un équilibre.

**balançoire** n. f. ▪ Bascule ou nacelle suspendue sur laquelle on se balance.

**balayer** v. tr. 🔲 ▪ I 1 Pousser, enlever avec un balai (la poussière...). 2 (vent...) Entraîner avec soi. 3 fig. Faire disparaître. *Balayer les préjugés.* II 1 Nettoyer (un lieu) avec un balai. 2 Passer sur (une surface). *Radar qui balaie une zone.* ▷ n. m. **balayage**

**balayette** n. f. ▪ Petit balai à manche court.

**balayeur, euse** ▪ 1 n. Personne qui balaie. 2 n. f. Véhicule destiné au balayage des rues.

**balayures** n. f. pl. ▪ Ce que l'on amasse, enlève avec un balai.

**balbutiement** n. m. ▪ 1 Action de balbutier. 2 fig. au plur. Débuts maladroits.

**balbutier** v. 🔲 ▪ I v. intr. Articuler les mots d'une manière hésitante et imparfaite. 2 v. tr. Dire en balbutiant.

**balbuzard** n. m. ▪ Rapace diurne des étangs.

**balcon** n. m. ▪ 1 Plate-forme en saillie sur une façade et qui communique avec une pièce. 2 Balustrade d'un balcon. 3 Galerie d'une salle de spectacle, entre les avant-scènes.

**baldaquin** n. m. ▪ 1 Dais garni de rideaux, au-dessus d'un lit, etc. 2 archit. Ouvrage à colonnes couronnant un autel, un trône.

**baleine** n. f. ▪ I Grand mammifère cétacé (jusqu'à 20 m de long), à bouche garnie de fanons. II Fanon qui renforçait les corsets. ◆ Lame ou tige flexible (d'acier, etc.).

**baleineau** n. m. ▪ Petit de la baleine.

**baleinier, ière** ▪ I adj. Relatif à la pêche à la baleine. II 1 n. m. Navire de pêche à la baleine. 2 n. f. Canot long et étroit.

**balèze** adj. ▪ fam. 1 Grand et fort. – n. m. *Un gros balèze.* 2 Très calé (dans un domaine). – var. BALÈSE.

**balisage** n. m. ▪ Pose de balises, de signaux pour indiquer une route à suivre, etc. ; ces signaux.

**balise** n. f. ▪ Objet, dispositif, appareil destiné à guider un navigateur, un pilote ou à repérer un navire, un avion.

**baliser** v. 🔲 ▪ I v. tr. Garnir, jalonner de balises. II v. intr. fam. Avoir peur.

**baliste** n. f. ▪ hist. Machine de guerre qui servait à lancer des projectiles.

**balistique** ▪ I adj.° Relatif aux projectiles. II n. f. Science du mouvement des projectiles.

**baliveau** n. m. ▪ Arbre réservé dans une coupe pour qu'il puisse croître en futaie.

**baliverne** n. f. ▪ Propos futile, sans intérêt.

**balkanisation** n. f. ▪ Morcellement politique d'un État, d'un pays.

**ballade** n. f. ▪ 1 Petit poème de forme régulière, avec un refrain et un envoi. 2 Poème de forme libre, d'un genre familier ou légendaire. ≠ *balade.*

**ballant, ante** ▪ 1 adj. Qui pend, oscille. 2 n. m. Mouvement d'oscillation.

**ballast** [-ast] n. m. ▪ 1 Réservoir d'eau, sur un navire. ◆ Réservoir de plongée d'un sous-marin. 2 Pierres concassées tassées sous les traverses d'une voie ferrée.

① **balle** n. f. ▪ I 1 Petite sphère, boule élastique dont on se sert pour divers jeux. 2 (dans des expr.) Fait de lancer une balle. (au tennis) *Balle de match,* qui décide du match. 3 loc. fig. *Saisir la balle au bond :* saisir une occasion avec à-propos. → *Renvoyer la balle :* répliquer. 4 fig., fam. Testicule. 5 au plur. fam. Franc. *Prête-moi cent balles.* II Projectile métallique dont on charge les armes à feu. III loc. *Enfant de la balle :* comédien, artiste élevé dans le métier.

② **balle** n. f. ▪ Gros paquet de marchandises (→ ballot).

③ **balle** n. f. ▪ Enveloppe des graines de céréales. – var. BALE.

**baller** v. intr. 🔲 ▪ Être ballant (1).

**ballerine** n. f. ▪ 1 Danseuse de ballet. 2 Chaussure rappelant un chausson de danse.

**ballet** n. m. ▪ Danse exécutée sur scène par plusieurs personnes. ◆ Ce spectacle de danse. ◆ Musique de cette danse.

① **ballon** n. m. ▪ I 1 Grosse balle gonflée d'air dont on se sert pour jouer. ◆ Sphère de caoutchouc très mince gonflée de gaz. 2 Jeu de ballon. → *Le ballon ovale,* le rugby. 3 appos. *Manches ballon,* gonflantes. II Aérostat. → BALLON-SONDE, utilisé en météorologie. → BALLON D'ESSAI (fig. expérience, test). III 1 Récipient sphérique, en verre. ◆ Verre à boire, à pied, de forme sphérique. 2 Récipient, bouteille, réservoir (de forme quelconque). *BALLON D'OXYGÈNE* (fig. ce qui ranime, maintient en activité). ◆ Chauffe-eau électrique à réservoir.

② **ballon** n. m. ▪ Montagne des Vosges.

**ballonné, ée** adj. ▪ (ventre...) Gonflé.

**ballonnement** n. m. ▪ Gonflement de l'abdomen dû à des gaz intestinaux.

**ballot** n. m. ▪ 1 Petit ballot (②) de marchandises. 2 Paquet. II fam. Imbécile.

**ballottage** n. m. ▪ (dans un scrutin majoritaire) Résultat négatif d'un premier tour, aucun des candidats n'ayant recueilli le nombre de voix nécessaire pour être élu.

**ballottement** n. m. ▪ Mouvement d'un corps qui ballotte.

**ballotter** v. 🔲 ▪ I v. tr. Faire aller dans un sens et dans l'autre. ◆ fig. au p. p. *Être ballotté entre des sentiments contraires.* → tiraillé. II v. intr. Être agité en tous sens.

**ballottin** n. m. ▪ Emballage de carton pour les confiseries, fermé par quatre rabats.

**ballottine** n. f. ▪ Mets de viande roulée.

**ball-trap** [baltrap] n. m. ▪ anglic. Appareil qui lance une cible simulant un oiseau en plein vol. *Des ball-traps.*

**balluchon** ou **baluchon** n. m. ▪ Petit paquet fait d'un carré d'étoffe noué aux quatre coins. ◆ loc. *Faire son balluchon,* partir.

**balnéaire** adj. ▪ Relatif aux bains de mer.

63

BANDER

**balourd, ourde** adj. ▪ Maladroit et grossier. → **lourdaud.** ▪ n. *Un gros balourd.*

**balourdise** n. f. ▪ 1 Caractère balourd. 2 Propos ou action de balourd.

**balsa** [-z-] n. m. ▪ Bois très léger utilisé pour les maquettes.

**balsamine** n. f. ▪ Plante annuelle, dont la capsule éclate dès qu'on la touche.

**balsamique** [-z-] adj. ▪ Qui a des propriétés comparables à celles du baume. ➤ *Vinaigre balsamique*, vieilli longuement dans une série de fûts.

**balte** adj. et n. ▪ De la mer Baltique ; des pays baltes (Lituanie, Lettonie, Estonie). *Les langues baltes.*

**baluchon** → **balluchon**

**balustrade** n. f. ▪ 1 Rangée de balustres (1). 2 Clôture à hauteur d'appui et à jour.

**balustre** n. m. ▪ 1 Petite colonne renflée supportant un appui. 2 Colonnette ornant le dos d'un siège.

**balzane** n. f. ▪ Tache blanche aux pieds d'un cheval.

**bambin** n. m. ▪ Petit garçon.

**bamboche** n. f. ▪ fam. et vieilli Bombance, ripaille. ▷ **bambocher** v. intr. ①

**bambou** n. m. ▪ 1 Plante à tige cylindrique ligneuse, à nœuds épais. ➤ *Pousses de bambou*, les bourgeons (comestibles). 2 fam. *COUP DE BAMBOU* : insolation ; accès de fatigue. ◆ *C'est le coup de bambou* : c'est trop cher.

**bamboula** ▪ fam., vieilli *Faire la bamboula*, la fête, la noce.

**bambouseraie** n. f. ▪ Plantation de bambous.

**ban** n. m. ▪ 1 hist. Convocation des vassaux par le suzerain ; les vassaux convoqués. ➤ loc. fig. *Le ban et l'arrière-ban* : tout le monde. 2 Proclamation solennelle d'un futur mariage. 3 Roulement de tambour précédant une proclamation, etc. ◆ Applaudissements rythmés. 4 hist. Mesure d'exil proclamée (→ **bannir**). ◆ fig. *Être en rupture de ban*, affranchi des contraintes de son état. ➤ *Mettre AU BAN DE* (la société...), rejeter, dénoncer au mépris public.

**banal, ale** adj. ▪ I (plur. *banaux*) hist. Appartenant à la circonscription d'un seigneur. II (plur. *banals*) Extrêmement commun, sans originalité. ▷ adv. **banalement**

**banaliser** v. tr. ① ▪ Rendre banal (II).

**banalité** n. f. ▪ 1 Caractère banal. 2 Propos, écrit banal. → **cliché, poncif.**

**banane** n. f. ▪ I 1 Fruit du bananier, oblong, à pulpe farineuse, à épaisse peau jaune. *Régime de bananes. Peau de banane* (fig. piège). II fig. 1 Hélicoptère allongé. 2 Butoir de pare-chocs. 3 Grosse mèche roulée au-dessus du front. 4 Sac formant ceinture.

**bananeraie** n. f. ▪ Plantation de bananiers.

**bananier** n. m. ▪ I Plante arborescente dont le fruit est la banane. II Cargo équipé pour le transport des bananes.

**banc** [bã] n. m. ▪ I 1 Long siège pour plusieurs personnes, avec ou sans dossier. 2 Ce siège, réservé, dans une assemblée. II techn. Assemblage de montants et de traverses. → **bâti.** ◆ *BANC D'ESSAI*, pour tester un moteur ; fig. ce par quoi on éprouve les capacités de qqn, de qqch. III 1 Amas de matières formant une couche horizontale. *Banc de roches. Banc de coraux.* franç. du Canada *BANC DE NEIGE* : amas de neige durci. 2 Grande quantité de poissons d'une espèce, se déplaçant ensemble.

**bancaire** adj. ▪ Qui a rapport aux banques.

**bancal, ale** adj. ▪ 1 Qui a les jambes torses. 2 (meuble) Qui n'est pas d'aplomb.

**bancarisation** n. f. ▪ Fait, pour une population, de recourir aux services des banques, d'avoir des comptes en banque.

**bancassurance** n. f. ▪ techn. Distribution d'assurances par les réseaux bancaires.

**① banco** n. m. ▪ au jeu *Faire banco* : tenir l'enjeu contre la banque. ◆ interj. *Banco !* (défi).

**② banco** n. m. ▪ franç. d'Afrique Matériau de construction traditionnel, pisé fait de terre mêlée de paille.

**bancroche** adj. ▪ fam. Bancal.

**banc-titre** [bã-] n. m. ▪ techn. Dispositif pour filmer image par image (titres, etc.).

**bandage** n. m. ▪ 1 Bandes de tissu appliquées sur une partie du corps, pour un pansement, etc. 2 Bande de métal ou de caoutchouc entourant la jante d'une roue.

**bandana** n. m. ▪ Petit foulard carré, en coton de couleurs vives.

**① bande** n. f. ▪ 1 Pièce souple plus longue que large (qui sert à lier, maintenir, recouvrir, etc.). *Bande de papier.* ➤ *Bande magnétique.* 2 Partie étroite et allongée (de qqch.). 3 *BANDE DESSINÉE* : suite de dessins qui racontent une histoire, et auxquels sont intégrées les paroles et les pensées des personnages. – syn. B. D., BÉDÉ. 4 Rebord d'un tapis de billard. ➤ loc. fig. *PAR LA BANDE* : par des moyens indirects.

**② bande** n. f. ▪ 1 Personnes (notamment malfaiteurs) groupées autour d'un chef. 2 Groupe de personnes (occasionnel ou non). ➤ loc. *Faire BANDE À PART* : se mettre à l'écart d'un groupe. 3 Groupe d'animaux.

**③ bande** n. f. ▪ (navire) *Donner de la bande* : pencher sur un bord. → **gîter.**

**bandeau** n. m. ▪ 1 Bande qui sert à entourer le front, la tête. 2 Cheveux appliqués contre les tempes. 3 Morceau d'étoffe que l'on met sur les yeux de qqn pour l'empêcher de voir. 4 Surface rectangulaire portant un message publicitaire (livres, pages web...). → **bannière** (II, 2).

**bandelette** n. f. ▪ Petite bande de tissu.

**bander** v. ① ▪ I v. tr. 1 Entourer d'une bande que l'on serre. ➤ au p. p. *Main bandée.* 2 Couvrir (les yeux) d'un bandeau. 3 Tendre avec effort. II v. intr. fam. Être en érection.

**banderille** n. f. ▪ Pique ornée de bandes multicolores que le torero (*banderillero* n. m.) plante sur le garrot du taureau.

**banderole** n. f. ▪ **1** Petite bannière. **2** Longue bande de tissu portant une inscription, portée dans les défilés, etc.

**bandit** n. m. ▪ **1** Malfaiteur vivant hors la loi. **2** Homme sans scrupules. ♦ Fripon (2).

**banditisme** n. m. ▪ Activités des bandits.

**bandonéon** n. m. ▪ Petit accordéon hexagonal des orchestres de tango.

**bandoulière** n. f. ▪ Bande, courroie passée sur l'épaule pour soutenir qqch.

**bang** [bãg] interj. ▪ Bruit d'explosion.

**banian** n. m. ▪ Figuier aux racines aériennes.

**banjo** [bã(d)ʒo] n. m. ▪ Instrument à cordes, à caisse de résonance formée d'une membrane tendue sur un cercle de bois.

**banlieue** n. f. ▪ Ensemble des agglomérations qui entourent une grande ville.

**banlieusard, arde** n. ▪ Habitant de la banlieue.

**banne** n. f. ▪ **1** Grand panier de vannerie. **2** Bâche protégeant des marchandises.

**banni, ie** adj. et n. ▪ Qui est banni de son pays.

**bannière** n. f. ▪ **I** 1 ancient Enseigne guerrière des seigneurs. ▪ loc. fig. *Se ranger sous la bannière de qqn*, avec lui, dans son parti. **2** Étendard que l'on porte aux processions. **3** fam. Pan de chemise. **II** (d'après l'anglais) **1** *La bannière étoilée* : le drapeau des États-Unis. **2** Surface rectangulaire portant un message, une publicité, sur le web. → **bandeau** (4).

**bannir** v. tr. ② ▪ **1** Condamner (qqn) à quitter un pays, avec interdiction d'y rentrer. → **exiler**. ♦ littér. Éloigner (qqn d'un lieu) en chassant. **2** (compl. chose) Écarter, supprimer. *Bannir un usage.*

**bannissement** n. m. ▪ dr. Peine criminelle interdisant à qqn le séjour dans son pays.

**banque** n. f. ▪ **I 1** Commerce de l'argent et des titres, effets de commerce et valeurs de Bourse. **2** Établissement où se fait ce commerce. **3** jeu Somme destinée à payer ceux qui gagnent. **II 1** *Banque du sang, d'organes* : service qui recueille du sang, des organes pour les transfusions, les greffes. **2** *Banque de données* : ensemble d'informations sur un sujet, traitées informatiquement.

**banqueroute** n. f. ▪ Faillite délictueuse.

**banquet** n. m. ▪ Grand repas, repas officiel pour de nombreux convives.

**banqueter** v. intr. ④ ▪ **1** Participer à un banquet. **2** Faire un bon repas. → **festoyer.**

**banquette** n. f. ▪ Siège à plusieurs places relativement dur, avec ou sans dossier.

**banquier, ière** n. ▪ **1** Personne qui fait le commerce de la banque, dirige une banque. **2** jeu Personne qui tient la banque.

**banquise** n. f. ▪ Couche de glace flottante.

**bantoustan** n. m. ▪ hist. Territoire attribué à une population noire, en Afrique du Sud.

**baobab** [baɔbab] n. m. ▪ Arbre des tropiques, à tronc énorme.

**baou** n. m. ▪ (en Provence) Mont escarpé.

**baptême** [batɛm] n. m. ▪ **1** Sacrement destiné à laver le péché originel et à faire qqn chrétien. → *Nom de baptême.* → **prénom.** **2** Bénédiction (d'un navire…). **3** loc. *Baptême du feu* : premier combat. *Baptême de l'air* : premier vol en avion.

**baptiser** [bat-] v. tr. ① ▪ **1** Administrer le baptême à (qqn). **2** Bénir (un navire…) en lui donnant un nom. **3** Donner un nom, une appellation à. → **appeler.**

**baptismal, ale, aux** [bat-] adj. ▪ littér. Du baptême. → *Fonts\* baptismaux.*

**baptistère** [bat-] n. m. ▪ Lieu où l'on baptise (1) (édifice, ou chapelle d'une église).

**baquet** n. m. ▪ **1** Récipient de bois à bords bas. **2** Siège de voiture bas et emboîtant.

① **bar** n. m. ▪ Poisson marin aussi appelé *loup*, à chair très estimée.

② **bar** n. m. ▪ **1** Débit de boissons où l'on peut consommer debout à un comptoir. **2** Comptoir (de bar…). ♦ Meuble analogue.

③ **bar** n. m. ▪ Unité de pression atmosphérique valant $10^5$ pascals.

**baragouin** n. m. ▪ Langage ou langue inintelligible. → **charabia.**

**baragouiner** v. tr. ① ▪ Parler mal (une langue).

**baraka** n. f. ▪ fam. Chance.

**baraque** n. f. ▪ **1** Construction provisoire en planches. → **cabane. 2** fam. Maison mal bâtie. → **bicoque.** ♦ (non péj.) Maison.

**baraqué, ée** adj. ▪ fam. Bien bâti ; costaud.

**baraquement** n. m. ▪ Ensemble de baraques (surtout militaires).

**baratin** n. m. ▪ Discours abondant (surtout pour tromper, séduire). ▷ **baratiner** v. tr. ①

**baratte** n. f. ▪ Appareil à battre le lait pour faire du beurre. ▷ **baratter** v. tr. ①

**barbacane** n. f. ▪ **1** au moyen âge Ouvrage défensif avancé. ♦ Meurtrière. **2** archit. Ouverture étroite pour l'écoulement des eaux.

**barbant, ante** adj. ▪ fam. Ennuyeux.

**barbaque** n. f. ▪ fam. Viande.

**barbare** adj. ▪ **1** Étranger, pour les Grecs et les Romains et, plus tard, pour la chrétienté. ▪ n. *Les barbares.* **2** vieilli Qui n'est pas civilisé. → **primitif, sauvage. 3** Qui choque, est contraire au goût, à l'usage. → **grossier. 4** littér. Cruel, sauvage.

**barbaresque** adj. et n. ▪ hist. Des pays autrefois appelés *Barbarie* (Afrique du Nord).

**barbarie** n. f. ▪ **1** littér. État d'un peuple considéré comme non civilisé. **2** Absence de goût, grossièreté. **3** Cruauté, sauvagerie.

**barbarisme** n. m. ▪ Faute grossière de langage, emploi de mots forgés ou déformés. ≠ *solécisme.*

① **barbe** n. f. ■ **I 1** Poils du menton, des joues et de la lèvre supérieure ; spécialt poils du menton et du bas des joues (à l'exclusion de la moustache et des favoris). *Se faire la barbe* (→ **raser**). ◆ loc. *Rire dans sa barbe*, en se cachant. ◆ *À la barbe de qqn*, devant lui, malgré sa présence. ◆ BARBE À PAPA : confiserie formée de filaments de sucre. **2** Longs poils que certains animaux ont à la mâchoire. **3** Pointe effilée de certains épis. **4** Chacun des filaments serrés formant la plume d'un oiseau. **5** au plur. Irrégularités au bord d'une chose coupée. **II** interj. *La barbe !, quelle barbe !,* quel ennui !

② **barbe** n. m. ■ Cheval d'Afrique du Nord.

**barbeau** n. m. ■ **I** Poisson d'eau douce à chair estimée. **II** fam. Souteneur.

**barbecue** [baʁbəkju ; baʁbəky] n. m. ■ Gril de plein air au charbon de bois.

**barbelé, ée** adj. ■ Garni de pointes. *Fil de fer barbelé* ou n. m. *du barbelé.*

**barber** v. tr. 1 ■ fam. Ennuyer.

**barbet, ette** n. ■ Chien d'arrêt à poil long.

**barbiche** n. f. ■ Petite barbe (I, 1).

**barbichette** n. f. ■ Petite barbiche.

**barbier** n. m. ■ anciennt Celui dont le métier était notamment de faire la barbe.

**barbifier** v. tr. 7 ■ fam. **1** Faire la barbe de (qqn). **2** vieilli Ennuyer. → **barber**.

**barbillon** n. m. ■ Filament charnu aux bords de la bouche de certains poissons.

**barbiturique** n. m. ■ Médicament hypnotique dérivé de l'*acide barbiturique.*

**barbon** n. m. ■ vx ou plais. Vieil homme.

**barboter** v. ■ **I** v. intr. **1** S'agiter, remuer dans l'eau, etc. **2** (gaz) Traverser un liquide. **II** v. tr. fam. Voler, prendre. ▷ n. m. **barbotage**

**barboteuse** n. f. ■ Vêtement de jeune enfant, qui laisse nus les bras et les jambes.

**barbouillage** n. m. ■ Action de barbouiller. ◆ spécialt Mauvaise peinture.

**barbouiller** v. tr. 1 ■ **I 1** Couvrir d'une substance salissante. **2** Peindre grossièrement ; couvrir de gribouillages. **II** *Barbouiller l'estomac, le cœur,* donner la nausée. → au p. p. *Avoir l'estomac barbouillé.*

**barbouilleur, euse** n. ■ Personne qui barbouille. ◆ spécialt Mauvais peintre.

**barbouze** ■ fam. **1** n. f. Barbe. **2** n. m. ou f. Agent secret (police, espionnage).

**barbu, ue** adj. et n. ■ Qui a de la barbe.

**barbue** n. f. ■ Poisson voisin du turbot.

**barcarolle** n. f. ■ Chanson des gondoliers vénitiens. ◆ Air sur un rythme berceur.

**barcasse** n. f. ■ Grosse barque.

**bard** n. m. ■ Civière (1) sans pieds.

**barda** n. m. ■ fam. **1** Équipement du soldat. **2** Bagage, chargement encombrant.

**bardane** n. f. ■ Plante dont les capitules s'accrochent aux vêtements.

① **barde** n. f. ■ hist. Poète celtique.

② **barde** n. f. ■ Fine tranche de lard.

**bardeau** n. m. ■ Petite planche épaisse.

① **barder** v. tr. 1 ■ **1** Couvrir d'une armure. → fig. au p. p. *Être bardé de décorations.* **2** Entourer de bardes (②).

② **barder** v. impers. 1 ■ fam. Prendre une tournure violente. *Ça va barder !*

**bardot** n. m. ■ Animal né de l'accouplement du cheval et de l'ânesse.

**barefoot** [bɛʁfut] n. m. ■ anglic. Sport de glisse comparable au ski nautique, qui se pratique les pieds nus sur l'eau.

**barème** n. m. ■ Tableau de calculs. ◆ Répertoire de tarifs, etc.

**barge** n. f. ■ Grand bateau à fond plat.

**barguigner** v. intr. 1 ■ vieilli Hésiter.

**barigoule** n. f. ■ *Artichauts à la barigoule*, farcis et cuits dans l'huile d'olive.

**baril** [-ʁi(l)] n. m. ■ **1** Petit tonneau. **2** Unité anglo-saxonne de mesure de capacité.

**barillet** [-ijɛ ; -ilɛ] n. m. ■ **1** Petit baril. **2** Dispositif cylindrique. ◆ Cylindre tournant où sont logées les cartouches (d'un revolver...).

**bariolé, ée** adj. ■ À tons vifs et variés.

**barioler** v. tr. 1 ■ Peindre de diverses couleurs vives. ▷ n. m. **bariolage**

**barjo** adj. et n. ■ fam. Fou.

**barlong, ongue** [baʁlɔ̃, 5g] adj. ■ archit. Dont le plus long côté se présente de face.

**barmaid** [-mɛd] n. f. ■ anglic. Serveuse d'un bar.

**barman** [-man] n. m. ■ anglic. Serveur d'un bar. *Des barmans* ou *des barmen.*

**baro-** Élément savant, du grec *baros* « pesanteur » (→ **bary-**).

**baromètre** n. m. ■ **1** Instrument qui sert à mesurer la pression atmosphérique. **2** fig. Ce qui permet d'apprécier des variations. ▷ adj. **barométrique**

① **baron, onne** ■ **1** n. m. hist. Grand seigneur féodal. **2** n. Possesseur du titre de noblesse entre celui de chevalier et celui de vicomte. **3** n. m. fam. Personnage important.

② **baron** n. m. ■ Gigots et lombes d'agneau.

**baronnet** n. m. ■ en Angleterre Chevalier.

**baronnie** n. f. ■ hist. Seigneurie d'un baron.

**baroque** adj. ■ **1** Bizarre, étrange. → **biscornu, excentrique**. *Idée baroque.* **2** adj. et n. m. Se dit d'un style (spécialt, architectural) qui s'est développé du XVIᵉ au XVIIIᵉ siècle, caractérisé par la liberté des formes et les ornements. *Les églises baroques de Bavière.* → *Musique baroque* (entre Monteverdi et le début du XVIIIᵉ siècle).

**baroud** [baʁud] n. m. ■ argot milit. Combat. → loc. *BAROUD D'HONNEUR* : dernier combat d'une guerre perdue, pour sauver l'honneur.

**baroudeur, euse** ■ fam. **1** n. m. Celui qui aime le baroud. **2** n. Aventurier.

**barouf** n. m. ■ fam. Grand bruit.

**barque** n. f. ■ Petit bateau, ponté ou non. →
loc. fig. *Mener la barque* : diriger. *Bien mener
sa barque* : bien conduire ses affaires.

**barquette** n. f. ■ **1** Tartelette de forme allongée. **2** Petit récipient rigide et léger pour les
denrées alimentaires.

**barracuda** [-kyda ; -kuda] n. m. ■ Gros poisson carnivore des mers chaudes.

**barrage** n. m. ■ **1** Action de barrer (un
passage). ♦ Ce qui barre le passage. **2** fig. Obstacle ; opposition. **3** Ouvrage hydraulique
servant à retenir l'eau d'un cours d'eau.

**barre** n. f. ■ **1** Pièce longue et rigide. *Barre
de fer.* → loc. fam. *C'est le coup de barre* : c'est
trop cher. *Avoir un* (ou *le*) *coup de barre* :
se sentir soudain épuisé. **2** Traverse horizontale (servant d'appui, etc.). **3** Dispositif
au moyen duquel on actionne le gouvernail
d'un navire. **4** Lieu où comparaissent les
témoins, où plaident les avocats à l'audience. **5** Amas de sable qui barre l'entrée
d'un port, d'un fleuve. ♦ Déferlement violent
de la houle. **6** au plur. Espace vide de la
mâchoire du cheval. **7** Trait droit. → *Code
à barres.* → **code. 8** inform. Bande réunissant
des informations ou des commandes sous
forme d'icônes, de boutons... *Barre d'outils.*
**9** loc. *AVOIR BARRE SUR QQN* : être en position
de force.

**barreau** n. m. ■ **1** Barre servant de clôture
ou de support. **2** Espace réservé au banc des
avocats, dans les salles d'audience. → **barre.**
♦ Profession, ordre des avocats.

① **barrer** v. tr. 1 ■ **1** Fermer (une voie). → loc.
*Barrer la route à qqn*, l'empêcher de passer ;
fig. lui faire obstacle. **2** Tenir la barre de (une
embarcation). **3** Marquer d'une ou plusieurs
barres. **4** Annuler au moyen d'une barre.
→ **biffer, rayer.** ► **barré, ée** adj. **1** Fermé par
une barrière, une barre, etc. **2** Marqué ou
rayé d'une ou plusieurs barres.

② **barrer** v. 1 ■ fam. **1** *SE BARRER* v. pron. :
partir, filer. **2** loc. *Être mal barré* : être mal
parti, commencer mal.

① **barrette** n. f. ■ **1** Ornement en forme de
petite barre. **2** Pince à cheveux à fermoir.

② **barrette** n. f. ■ Toque d'ecclésiastique.

**barreur, euse** n. ■ Personne qui tient la
barre (3), dans une embarcation.

**barricade** n. f. ■ Obstacle fait d'objets divers,
dans un combat de rue. → loc. fig. *L'autre côté
de la barricade*, le camp opposé.

**barricader** v. tr. 1 ■ **1** Fermer par une
barricade. **2** Fermer solidement. ► **se barricader** v. pron. **1** Se retrancher derrière une
barricade. **2** S'enfermer soigneusement. →
fig. *Se barricader dans le mutisme.*

**barrière** n. f. ■ **1** Assemblage de pièces
de bois, etc. qui ferme un passage, sert
de clôture. **2** Obstacle naturel. *Barrière de
corail.* **3** fig. Ce qui sépare, fait obstacle.

**barrique** n. f. ■ Tonneau de 200 litres.

**barrir** v. intr. 2 ■ (éléphant) Pousser son cri.
▷ n. m. **barrissement**

**bartavelle** n. f. ■ Perdrix rouge du Midi.

**bary-** Élément savant, du grec *barus* « lourd »
(→ **baro-**).

**barycentre** n. m. ■ sc. Centre de gravité.

**baryte** n. f. ■ chim. Oxyde de baryum.

**baryton** n. m. ■ Voix d'homme entre le ténor
et la basse. → Chanteur qui a cette voix.

**baryum** [barjɔm] n. m. ■ Élément (symb. Ba),
métal d'un blanc argenté.

**barzoï** [-zɔj] n. m. ■ Lévrier russe à poil long.

① **bas, basse** adj. ■ (opposé à *haut*) **I** adj. **1** Qui
a peu de hauteur. *Maison basse.* **2** Dont le
niveau, l'altitude est faible. **3** dans des loc.
Baissé. *La tête* basse. → *Faire MAIN BASSE
sur qqch.*, s'en emparer. **4** (intensité) → **faible.**
*Basse pression.* ♦ *Notes basses.* → **grave.**
**5** (prix) Peu élevé. *À bas prix.* → *AU BAS
MOT* : en faisant l'évaluation la plus faible.
♦ *Bas morceaux*, en boucherie les morceaux
de qualité inférieure. **6** (hiérarchie) → **inférieur.**
*Basse condition.* **7** Moralement méprisable.
→ **abject, vil. 8** (temporel) → **proche, récent.**
*Le bas latin* (pratiqué pendant le moyen
âge). **II** n. m. **1** Partie inférieure (de qqch.).
**2** loc. *Avoir des hauts* et *des bas.* **III** adv.
**1** À faible hauteur, à un niveau inférieur. ♦
loc. *Ça vole bas* : c'est médiocre, faible. →
*Être bas*, en mauvais état physique ou moral.
♦ *METTRE BAS* (vieilli) : mettre à terre. *Mettre
bas les armes*, les déposer ; fig. s'avouer
vaincu. → *sans compl. Mettre bas* : accoucher
(animaux supérieurs). → fam. *Bas les pattes* !
n'y touchez pas ! **2** (Dans un écrit) *Voir plus
bas.* → ci-**dessous, infra. 3** En dessous, dans
l'échelle des sons. → À voix basse. → *TOUT
BAS* : intérieurement, à part soi. **4** *À BAS*
(exclamation hostile). *À bas le fascisme* ! **5** *EN BAS
(DE)* : vers le bas (de) ; en dessous (de).

② **bas** n. m. ■ Vêtement souple couvrant le
pied et la jambe. → spécialt Vêtement féminin moulant couvrant jusqu'au haut des
cuisses. → fig. *BAS DE LAINE* : argent économisé.

**basalte** n. m. ■ Roche volcanique noire.
▷ **basaltique** adj. *Orgues* basaltiques.

**basane** n. f. ■ Peau de mouton tannée.

**basané, ée** adj. ■ (peau, teint) Brun ; hâlé.

**bas-bleu** n. m. ■ péj. Intellectuelle pédante.

**bas-côté** n. m. ■ **1** Nef latérale d'une église,
moins haute que la nef principale. **2** Côté
d'une voie, où l'on peut marcher. → **accotement.**

**basculant, ante** adj. ■ Qui peut basculer.

**bascule** n. f. ■ **1** Pièce ou machine mobile sur
un pivot, dont une extrémité se lève quand
on abaisse l'autre. → *Fauteuil À BASCULE*, qui
permet de se balancer. **2** Appareil à plateforme, pour peser les objets lourds.

**basculer** v. 1 ■ **1** v. intr. Faire un mouvement de bascule. ♦ Se renverser, tomber.
**2** fig. Passer brusquement d'une situation à
une autre. **3** v. tr. Faire basculer. ▷ n. m.
**basculement**

**base** n. f. ■ I 1 Partie inférieure sur laquelle une chose porte, repose. ♦ (sans idée d'appui) Partie inférieure. *La base du crâne.* 2 géom. Droite ou plan à partir de quoi on mesure perpendiculairement une hauteur. 3 Point d'appui, de ravitaillement, etc. II 1 Principal ingrédient (on mélange). 2 math. Nombre qui sert à définir un système de numération, etc. 3 chim. Substance susceptible de réagir avec un acide pour former un sel. 4 BASE DE DONNÉES : ensemble structuré de données informatisées. III abstrait Principe fondamental sur lequel repose un raisonnement, un système, une institution. ➤ *Être à LA BASE de qqch.*, à l'origine, à la source. ➤ *DE BASE*, fondamental. *Vocabulaire de base.* IV Ensemble des militants (d'un parti, etc.) par rapport aux dirigeants. ♦ Masse des travailleurs.

**base-ball** [bɛzbol] n. m. ■ Jeu de balle dérivé du cricket.

**baser** v. tr. ① ■ I abstrait Faire reposer sur (une base). ➤ pronom. *Se baser sur* : se fonder sur. II Attacher à une base (militaire).

**bas-fond** n. m. ■ 1 Partie du fond de la mer, d'un cours d'eau, peu profonde mais navigable. 2 Terrain bas et enfoncé. 3 fig. au plur. Couches misérables de la société.

**basic** n. m. (sigle) ■ anglic. Langage informatique simple pour micro-ordinateurs.

**basidiomycètes** n. m. pl. ■ Classe de champignons supérieurs (ex. amanite, bolet).

① **basilic** n. m. ■ Grand lézard d'Amérique, à crête dorsale, voisin de l'iguane.

② **basilic** n. m. ■ Plante à feuilles aromatiques employée comme condiment. *Sauce au basilic.* → *pistou; pesto.*

**basilique** n. f. ■ 1 Antiq. romaine Édifice rectangulaire à plusieurs nefs. 2 Église chrétienne à nefs parallèles. 3 Église privilégiée, dotée d'une dignité particulière.

**basin** n. m. ■ 1 Étoffe croisée de fil et coton. 2 Tissu damassé en coton présentant des effets de bandes. *Boubou en basin.* – var. BAZIN.

**basique** adj. ■ 1 chim. D'une base (II, 3). 2 anglic. De base, fondamental.

① **basket** [-ɛt] ou **basket-ball** [baskɛtbol] n. m. ■ Jeu entre deux équipes de cinq joueurs qui doivent lancer un ballon dans le panier adverse. ▷ n. **basketteur, euse**

② **basket** [-ɛt] n. f. ■ Chaussure de sport haute, souple, à semelle de caoutchouc.

**basmati** n. m. ■ Riz indien très parfumé, aux grains longs et fins. – en appos. *Riz basmati.*

**basoche** n. f. ■ fam., péj. Gens de justice.

**basquaise** adj. f. et n. f. ■ Du Pays basque. ➤ *À la basquaise* : avec des tomates, des poivrons et du jambon cru.

① **basque** n. f. ■ Partie rapportée d'une veste, qui descend sur les hanches. ➤ loc. fam. *Être pendu aux basques de qqn*, ne pas le quitter.

② **basque** adj. et n. ■ Du Pays basque. ♦ n. m. *Le basque* (langue non indo-européenne, la plus ancienne d'Europe occidentale).

**bas-relief** n. m. ■ Ouvrage de sculpture en faible saillie sur un fond uni.

**basse** n. f. ■ 1 Partie faisant entendre les sons les plus graves des accords de l'harmonie. 2 Voix d'homme la plus grave. ♦ Chanteur qui a cette voix. 3 (jazz, rock) Contrebasse; guitare basse.

**basse-cour** n. f. ■ 1 Cour de ferme réservée à l'élevage de la volaille et des petits animaux. 2 L'ensemble de ces animaux.

**basse-fosse** → cul-de-basse-fosse

**bassement** adv. ■ De manière basse, vile.

**bassesse** n. f. ■ 1 Caractère bas, vil; absence de dignité, de fierté. 2 Action basse ou servile. → **lâcheté.**

**basset** n. m. ■ Chien courant bas sur pattes.

**basse-taille** n. f. ■ mus. anc. → baryton.

**bassin** n. m. ■ I 1 Récipient portatif, souvent rond ou ovale. 2 Construction destinée à recevoir de l'eau. 3 Enceinte, partie d'un port où les navires sont à flot. *Bassin de radoub* (que l'on peut assécher). II 1 Territoire arrosé (par un fleuve). 2 Vaste dépression naturelle. *Le Bassin parisien.* 3 Groupement de gisements. III Ceinture osseuse qui forme la base du tronc.

**bassine** n. f. ■ Bassin (I, 1) large et profond.

**bassiner** v. tr. ① ■ I Chauffer avec une bassinoire. II fam. Ennuyer, importuner.

**bassinet** n. m. ■ vx Petit bassin. ➤ loc. fam. *Cracher au bassinet* : donner de l'argent.

**bassinoire** n. f. ■ Bassin rempli de braise qu'on passait dans un lit pour le chauffer.

**bassiste** n. ■ (jazz) Contrebassiste.

**basson** n. m. ■ 1 Instrument à vent en bois, à anche double. 2 Musicien qui joue de cet instrument (syn. BASSONISTE n.).

**basta** interj. ■ fam. Ça suffit !, assez !

**bastide** n. f. ■ 1 dans le Midi Village fortifié. 2 en Provence Maison de campagne.

**bastille** n. f. ■ au moyen âge Ouvrage de fortification; château fort. ➤ spécialt *La Bastille* (à Paris, qui servit de prison d'État).

**bastingage** n. m. ■ Parapet d'un navire.

**bastion** n. m. ■ 1 Ouvrage de fortification en saillie. 2 fig. Ce qui défend, est le soutien (d'une idéologie...).

**baston** n. m. ou f. ■ argot Bagarre.

**bastonnade** n. f. ■ Coups de bâton.

**bastringue** n. m. ■ fam. 1 Bal de guinguette. 2 Orchestre tapageur. ♦ Tapage, vacarme. 3 Choses, affaires. → **attirail, fourbi.**

**bas-ventre** n. m. ■ Partie inférieure du ventre. ➤ par euphémisme Parties génitales.

**bât** n. m. ■ Dispositif que l'on met sur le dos des bêtes de somme pour le transport de leur charge. ➤ loc. *C'est là que le bât blesse* : c'est là le point sensible, la difficulté.

**bataclan** n. m. ■ fam. Attirail embarrassant. ➤ loc. *Et tout le bataclan* : et tout le reste.

**bataille** n. f. ■ **1** Combat entre deux armées. ➔ BATAILLE RANGÉE, où les troupes manœuvrent en rangs ; fig. mêlée générale. ◆ Épisode d'un conflit armé. **2** Échange de coups. → **bagarre.** ◆ fig. Lutte. **3** EN BATAILLE : de travers ; en désordre. **4** Jeu de cartes très simple. ➔ *Bataille navale* (jeu de société).

**batailler** v. intr. 1 ■ Se battre ; lutter.

**batailleur, euse** adj. et n. ■ Qui aime se battre, se quereller. → **belliqueux, querelleur.**

**bataillon** n. m. ■ **1** Unité militaire de l'infanterie groupant plusieurs compagnies. ◆ loc. fam. *Inconnu au bataillon* : totalement inconnu. **2** Grand nombre (de...).

**bâtard, arde** adj. ■ **1** Né hors mariage. → **naturel ; illégitime.** ◆ n. *Les bâtards de Louis XIV.* ◆ n. fam. Terme d'injure, à l'égard de qqn que l'on méprise. **2** Qui n'est pas de race pure ; en **croisé.** *Chien bâtard* ou n. *un bâtard.* **3** fig. Qui tient de genres différents. **4** *Pain bâtard* ou n. m. *un bâtard* : pain d'une demi-livre.

**batardeau** n. m. ■ Digue provisoire.

**bâtardise** n. f. ■ État de bâtard.

**batave** adj. et n. ■ vx ou plais. Habitant des Pays-Bas ; néerlandais.

**batavia** n. f. ■ Laitue à feuilles ondulées.

**bateau** n. m. ■ **1** Construction flottante destinée à la navigation. → **navire ; barque, bâtiment, embarcation, vaisseau.** ➔ BATEAU-MOUCHE : bateau qui circule sur la Seine pour faire visiter Paris. *Des bateaux-mouches.* **2** La navigation de plaisance. *Faire du bateau.* **3** appos. En forme de bateau. *Lit bateau.* **4** Dépression du trottoir devant une porte cochère. **5** loc. fam. *Mener qqn en bateau,* inventer une histoire pour le tromper. ➔ *Monter un bateau à qqn* (même sens). **6** adj. invar. Banal, rebattu.

**bateleur, euse** n. ■ vieilli Personne qui fait des tours d'adresse, dans les foires, etc.

**batelier, ière** n. ■ Personne qui conduit un bateau, sur les rivières et canaux. → **marinier.**

**batellerie** n. f. ■ **1** Industrie du transport fluvial. **2** Ensemble des bateaux de rivière.

**bâter** v. tr. 1 ■ Mettre un bât à (un animal). ◆ (au p. p.) loc. fig. *ÂNE BÂTÉ* : ignorant.

**bat-flanc** n. m. invar. ■ **1** Cloison en bois, dans une écurie. **2** Lit de planches.

**bathy-** Élément savant, du grec *bathus* « profond ».

**bathyscaphe** n. m. ■ Appareil conçu pour l'observation des profondeurs marines.

① **bâti** n. m. ■ **1** Assemblage de montants et de traverses ; support d'une machine. **2** Couture provisoire à grands points.

② **bâti, ie** → **bâtir**

**batifoler** v. intr. 1 ■ S'amuser, folâtrer.

**batik** n. m. ■ Technique artisanale de décoration des tissus à base de dessins à la cire.

**bâtiment** n. m. ■ **1** Ensemble des industries et métiers qui concourent à la construction des édifices. ➔ prov. *Quand le bâtiment va, tout va* (dans les affaires). **2** Construction assez grande. → **bâtisse, édifice.** **3** Gros bateau.

**bâtir** v. tr. 2 ■ **1** Élever sur le sol, à l'aide de matériaux assemblés. → **construire, édifier.** **2** Assembler avec un bâti (①, 2). → **faufiler.** ► **bâti, ie** adj. **1** Sur quoi est construit un bâtiment. **2** (personnes) *Bien, mal bâti* : bien, mal fait.

**bâtisse** n. f. ■ Grand bâtiment (2).

**bâtisseur, euse** n. ■ Personne qui bâtit.

**batiste** n. f. ■ Toile de lin très fine.

**bâton** n. m. ■ **1** Long morceau de bois rond que l'on peut tenir à la main. ➔ *Bâton de vieillesse,* servant d'appui ; fig. soutien d'un vieillard. ◆ (Servant à frapper) → **gourdin, matraque, trique.** ◆ (Symbole d'autorité) loc. *Bâton de maréchal,* couronnement d'une carrière. **2** loc. *Mener une vie de bâton de chaise,* une vie déréglée. ➔ *Mettre des bâtons dans les roues* : susciter des obstacles. ➔ *Parler à BÂTONS ROMPUS,* de manière peu suivie. **3** Objet en forme de bâton. **4** Trait vertical. **5** fam. Somme d'un million de centimes. → **brique.**

**bâtonner** v. tr. 1 ■ Frapper avec un bâton.

**bâtonnet** n. m. ■ **1** Petit bâton. **2** physiol. Cellule nerveuse de la rétine.

**bâtonnier** n. m. ■ Avocat élu par ses confrères pour être le président de l'Ordre.

**batracien** n. m. ■ vieilli → **amphibien.**

**battage** n. m. ■ I Action de battre (I, 3). II fig. Publicité tapageuse, exagérée.

① **battant** n. m. ■ **1** Pièce métallique à l'intérieur d'une cloche, qui vient frapper ses parois. **2** Partie d'un panneau double (porte...) mobile sur des gonds.

② **battant, ante** adj. ■ dans des expr. Qui bat. *Pluie battante,* très violente. ➔ *Le cœur battant* : avec émotion. ➔ *Tambour battant* : au son du tambour ; fig. rapidement, rondement.

③ **battant, ante** n. ■ Personne combative.

**batte** n. f. ■ Instrument pour battre, tasser, etc. ◆ (cricket...) Bâton pour renvoyer la balle.

**battement** n. m. ■ **1** Choc ou mouvement de ce qui bat ; bruit qui en résulte. **2** Mouvement alternatif de contraction et de dilatation du cœur. **3** Intervalle de temps.

**batterie** n. f. ■ I Réunion de pièces d'artillerie et de matériel nécessaire à leur service ; emplacement destiné à les recevoir. ➔ (au plur.) loc. *Dévoiler ses batteries,* ses intentions cachées. II **1** BATTERIE DE CUISINE : ustensiles de métal servant à faire la cuisine. **2** Ensemble, série d'éléments. ◆ Réunion de générateurs de courant électrique. ◆ *Élevage en batterie,* en grand nombre. III Ensemble des instruments à percussion d'un orchestre. ➔ Instrument à percussion complexe.

**batteur** n. m. ■ I Personne qui tient la batterie, joue de la batterie. II Ustensile ménager pour battre, mêler.

**batteuse** n. f. ■ Machine qui sert à égrener des céréales, des plantes fourragères.

**battoir** n. m. ■ 1 Instrument qui sert à battre (les tapis...). 2 fig., fam. Main large.

**battre** v. 41 ■ I v. tr. dir. 1 Frapper à plusieurs reprises (un être vivant). ♦ loc. fig. *Se battre les flancs :* faire des efforts inutiles. → fam. *Je m'en bats l'œil :* je m'en moque. 2 Avoir le dessus sur (un adversaire). 3 Frapper (qqch.) avec un instrument. *Battre le blé. Battre l'or* (en feuilles minces). → loc. *Battre le fer pendant qu'il est chaud :* profiter sans tarder d'une occasion favorable. 4 Frapper sur ou dans (qqch.) pour remuer, agiter. → *Battre les cartes,* les mélanger. 5 Parcourir pour rechercher, explorer. *Battre la campagne* (fig. déraisonner). → *Battre le pavé :* errer par les rues. 6 *Battre la mesure :* indiquer le rythme. 7 loc. BATTRE PAVILLON, naviguer sous un pavillon (de telle nationalité). → BATTRE SON PLEIN*. II v. intr. 1 Produire des mouvements répétés. *Battre des mains.* 2 Être animé de mouvements répétés. *Son pouls bat vite.* ► **se battre** v. pron. 1 récipr. Lutter, se donner des coups. 2 réfl. Combattre (qqn). → fig. *Se battre pour un idéal.* ► **battu, ue** adj. 1 Qui a reçu des coups. ♦ fig. *Yeux battus,* cernés. 2 Qui est vaincu. 3 Frappé avec un instrument.

**battue** n. f. ■ Action de battre les taillis, les bois pour en faire sortir le gibier.

**batture** n. f. ■ franç. du Canada Partie du rivage que la marée basse laisse à découvert. → estran.

**baudet** n. m. ■ fam. Âne.

**baudrier** n. m. ■ Bandoulière qui soutient une arme. ♦ Harnais d'alpiniste, etc.

**baudroie** n. f. ■ Grand poisson de mer à grosse tête, à chair estimée (syn. *lotte*).

**baudruche** n. f. ■ 1 Pellicule provenant de l'intestin du bœuf ou du mouton. 2 Fine pellicule de caoutchouc. ♦ Ballon de cette matière. 3 fig. Personne sans consistance.

**bauge** n. f. ■ Gîte fangeux (du porc...).

**baume** n. m. ■ 1 Résine odoriférante tirée de certaines plantes (→ **balsamique**). 2 Préparation médicamenteuse calmante et cicatrisante. ♦ fig. Ce qui apaise, réconforte. *Cela me met du baume au cœur.*

**bauxite** n. f. ■ Roche siliceuse, principal minerai d'aluminium.

**bavard, arde** adj. et n. ■ 1 Qui aime à parler, parle avec abondance. 2 Qui ne sait pas tenir un secret, bavarde (2).

**bavardage** n. m. ■ 1 Action de bavarder. 2 Propos de bavard. → **verbiage ; racontar**.

**bavarder** v. intr. 1 ■ 1 Parler beaucoup. 2 Divulguer des choses qu'on devrait taire.

**bavarois, oise** ■ 1 adj. et n. De Bavière. 2 *Bavarois(e)* n. m. et f. : entremets froid en gelée.

**bave** n. f. ■ 1 Salive qui s'écoule de la bouche, ou de la gueule de certains animaux. 2 Sécrétion visqueuse de certains mollusques. 3 fig. Propos méchant.

**baver** v. intr. 1 ■ 1 Laisser couler de la bave. → fig., fam. *Il en bave d'envie.* 2 fam. EN BAVER : peiner, souffrir. 3 *Baver sur,* médire. 4 (sujet chose) Se répandre, couler.

**bavette** n. f. ■ I 1 Bavoir. 2 Haut d'un tablier, etc., qui couvre la poitrine. 3 Partie inférieure de l'aloyau. II loc. fam. *Tailler une bavette :* bavarder (avec qqn).

**baveux, euse** adj. ■ 1 Qui bave (1). 2 *Omelette baveuse,* peu cuite, moelleuse.

**bavoir** n. m. ■ Pièce de lingerie qui protège la poitrine des bébés.

**bavolet** n. m. ■ anciennt Coiffure de paysanne couvrant les côtés et l'arrière de la tête.

**bavure** n. f. ■ 1 Trace laissée par un moule. 2 Trace d'encre sur un dessin, etc. → loc. fam. *Sans bavure(s) :* parfaitement exécuté, impeccable ; impeccablement. 3 Erreur fâcheuse. *Bavure policière.*

**bayadère** [-aj-] n. f. ■ Danseuse sacrée de l'Inde.

**bayer** [baje] v. intr. 1 ■ littér. → **béer.** → loc. *Bayer aux corneilles :* rêvasser.

**bayou** [baju] n. m. ■ (Louisiane) Eaux peu profondes à faible courant ou stagnantes.

**bazar** n. m. ■ 1 Marché public, en Orient. → **souk.** 2 Magasin où l'on vend toutes sortes d'objets. 3 fig., fam. Lieu en désordre.

**bazarder** v. tr. 1 ■ fam. Se débarrasser, se défaire rapidement de (qqch.).

**bazin** n. m. → **basin**

**bazooka** [-zu-] n. m. ■ Lance-roquettes antichar.

**B. C. G.** [beseʒe] n. m. (n. déposé ; sigle) ■ Vaccin antituberculeux.

**B. D.** [bede] n. f. (abrév.) ■ fam. Bande* dessinée. - var. BD, BÉDÉ.

**beach-volley** [bitʃvɔlɛ] n. m. ■ anglic., sports Volley-ball de plage, à deux équipes de deux joueurs.

**beagle** [bigl] n. m. ■ Basset à jambes droites.

**béant, ante** adj. ■ littér. Grand ouvert. *Bouche béante.* → **bée.** → Qui ouvre grand la bouche. *Béant d'admiration.* ▷ **béance** n. f. littér.

**béarnais, aise** ■ 1 adj. et n. Du Béarn. 2 *Sauce béarnaise* ou n. f. *béarnaise :* sauce épaisse au beurre et aux œufs.

**béat, ate** adj. ■ Qui exprime une satisfaction tranquille. ▷ adv. **béatement**

**béatification** n. f. ■ Acte pontifical par lequel une personne défunte est mise au rang des bienheureux. ▷ **béatifier** v. tr. 7

**béatitude** n. f. ■ 1 théol. Félicité parfaite des élus au paradis. 2 Bonheur parfait.

① **beau** (ou **bel** devant voyelle ou h muet et dans des locutions), **belle** adj. ■ 1 Qui fait éprouver une émotion esthétique ; qui plaît à l'œil. → **joli, magnifique, ravissant, splendide, superbe ;** s'oppose à *laid.* II Qui fait naître un sentiment d'admiration ou de satisfaction (s'oppose à *mauvais, médiocre*). 1 Remarquable, admirable. *Un beau talent.* → *Un beau geste.* → **bon, généreux.** 2 Très satisfaisant, très réussi. *Un beau voyage.* ♦ (temps) Clair, ensoleillé. 3 Qui est grand ou important. *Un beau poulet. Un bel appétit.* **4** iron. Mauvais, vilain. *C'est du beau travail!* ▷ AVOIR BEAU (+ inf.) : s'efforcer en vain de. → *On a beau dire* : quoi qu'on dise. **6** BEL ET BIEN loc. adv. : réellement, véritablement. → *DE PLUS BELLE* : de nouveau et encore plus fort. **III** n. → ② **beau ; belle.**

② **beau** n. m. ■ **I** Ce qui fait éprouver une émotion esthétique, un sentiment d'admiration. → **beauté. II 1** *Un vieux beau* : un vieil homme coquet. **2** loc. *Faire le beau,* se dresser sur ses pattes postérieures (chien).

**beaucoup** adv. ■ **1** *Beaucoup de* : un grand nombre, une grande quantité, un haut degré de. **2** nominal De nombreuses choses, personnes. *Beaucoup vinrent. Avoir beaucoup à faire.* → *DE BEAUCOUP* : avec une grande différence. **3** avec un verbe En grande quantité ; intensément. *Travailler beaucoup.* **4** avec un compar. *C'est beaucoup mieux.*

**beauf** n. m. ■ fam. **1** Beau-frère. **2** Petit-bourgeois d'esprit et phallocrate.

**beau-fils** [-fis] n. m. ■ **1** Fils que l'autre conjoint a eu précédemment. **2** Gendre.

**beau-frère** n. m. ■ **1** Frère du conjoint, pour l'autre conjoint. **2** Mari de la sœur ou de la belle-sœur de qqn.

**beaujolais** n. m. ■ Vin du Beaujolais.

**beau-père** n. m. ■ **1** Père du conjoint, pour l'autre conjoint. **2** Second mari de la mère, pour les enfants d'un premier lit.

**beaupré** n. m. ■ mar. Mât d'avant, oblique.

**beauté** n. f. ■ **I 1** Caractère de ce qui est beau. *Étude de la beauté.* → **esthétique. 2** Qualité d'une personne belle. → loc. *La beauté du diable* : la beauté de la jeunesse. **3** *Une beauté* : une femme très belle. **4** au plur. *Les beautés* : les belles choses (d'un lieu, d'une œuvre...). **II** Caractère de ce qui est moralement admirable. → *Pour la beauté du geste* : dans un esprit désintéressé.

**beaux-arts** [boz-] n. m. pl. ■ Arts qui ont pour objet la représentation du beau et, spécialt, du beau plastique (peinture, etc.).

**beaux-parents** n. m. pl. ■ Le père et la mère du conjoint.

**bébé** n. m. ■ **1** Enfant très jeune, en bas âge. → loc. *Jeter le bébé avec l'eau du bain* : rejeter en bloc qqch., sans tenir compte d'aspects positifs. **2** Très jeune animal (avec un nom en appos.). *Des bébés phoques.*

**bébête** ■ **1** adj. Un peu bête. **2** n. f. Petite bête.

**bec** n. m. ■ **1** Bouche cornée et saillante des oiseaux, démunie de dents. ♦ Bouche cornée (des tortues, etc.) **2** loc. fam. *Être le bec dans l'eau,* dans l'incertitude. → *Se défendre bec et ongles,* par tous les moyens. ♦ *Ouvrir le bec,* la bouche (pour parler, manger). → *PRISE DE BEC* : dispute. **3** franç. De Belgique, du Canada, de Suisse, fam. Baiser. **4** Extrémité terminée en pointe. **5** Brûleur à gaz. → ancient *BEC DE GAZ* : réverbère à gaz. → loc. fam. *TOMBER SUR UN BEC* : rencontrer un obstacle.

**bécane** n. f. ■ fam. **1** Machine. **2** Bicyclette, cyclomoteur ou moto.

**bécarre** n. m. ■ Signe de musique (♮) placé devant une note modifiée par un dièse ou un bémol, pour la rétablir dans son ton naturel.

**bécasse** n. f. ■ **1** Échassier migrateur, à chair très estimée. **2** fam. Femme sotte.

**bécassine** n. f. ■ **1** Échassier migrateur de petite taille, aux pattes dénudées. **2** fam. Jeune fille niaise.

**bec-de-cane** n. m. ■ Pêne d'une serrure qui rentre lorsqu'on manœuvre le bouton, la poignée. → Cette poignée. *Des becs-de-cane.*

**bec-de-lièvre** n. m. ■ Malformation congénitale de la face, fissure de la lèvre supérieure. *Des becs-de-lièvre.*

**béchamel** n. f. ■ Sauce blanche au lait.

**bêche** n. f. ■ Outil de jardinage fait d'un fer large, plat et tranchant adapté à un manche.

**bêcher** v. tr. 1 ■ Fendre, retourner (la terre) à la bêche.

**bêcheur, euse** n. ■ Personne prétentieuse.

**bécot** n. m. ■ fam. Baiser affectueux.

**bécoter** v. tr. 1 ■ fam. Donner des bécots. → pronom. S'embrasser. - var. BÉCOTTER.

**becquée** ou **béquée** n. f. ■ Nourriture qu'un oiseau prend dans son bec.

**becquerel** n. m. ■ phys. Unité de mesure d'activité radioactive (symb. Bq).

**becquet** n. m. → **béquet**

**becquetance** n. f. ■ fam. Nourriture. - var. BECTANCE.

**becqueter** v. tr. 4 ■ **1** Piquer avec le bec. → **picorer. 2** fam. Manger. - var. BECTER 1

**bedaine** n. f. ■ fam. Gros ventre.

**bédé** n. f. → **B. D.**

**bedeau** n. m. ■ Employé laïque préposé au service d'une église. → **sacristain.**

**bedon** n. m. ■ fam. Ventre rebondi.

**bedonnant, ante** adj. ■ fam. Qui a du ventre.

**bedonner** v. intr. 1 ■ fam. Avoir du ventre.

**bédouin, ine** n ■ Arabe nomade du désert.

**bée** adj. (de *béer*) ■ (seul emploi) BOUCHE BÉE : la bouche ouverte (d'admiration...).

**béer** v. intr. 1 ■ littér. Ouvrir grand la bouche.

**beffroi** n. m. ■ régional Tour, clocher.

**bégaiement** n. m. ■ Trouble de la parole, répétition de syllabes et arrêt involontaire du débit.

**bégayer** v. intr. 8 ■ **1** Souffrir de bégaiement. **2** S'exprimer d'une manière maladroite, hésitante. → trans. *Bégayer une excuse.* → **balbutier.** ▷ adj. **bégayant, ante**

**bégonia** n. m. ■ Plante originaire d'Amérique tropicale, cultivée pour ses fleurs.

**bègue** adj. et n. ■ (Personne) qui bégaie.

**bégueule** adj. et n. ■ D'une pruderie affectée.

**béguin** n. m. ■ **I** ancient Coiffe (d'abord, de béguine). **II 1** Amour vif et passager. **2** Personne qui en est l'objet.

**béguinage** n. m. ■ Couvent de béguines.

**béguine** n. f. ■ (Belgique, Pays-Bas) Religieuse qui n'a pas prononcé de vœux perpétuels.

**bégum** [-ɔm] n. f. ■ Princesse indienne.

**behaviorisme** [bievjɔrism; beav-] n. m. ▪ didact. Théorie qui limite la psychologie à l'observation du comportement. ▷ adj. et n. **behavioriste**

**beige** adj. ▪ D'un brun très clair.

**beigne** ▪ **I** n. f. fam. Coup, gifle. **II** n. m. franç. du Canada Pâtisserie faite de pâte frite saupoudrée de sucre.

**beignet** n. m. ▪ Préparation de pâte frite enveloppant un aliment. ♦ Mets sucré fait de pâte frite.

**béké** n. ▪ Créole né aux Antilles françaises.

**bel** adj. et adv. → ① **beau**

**bel canto** n. m. invar. ▪ L'art du chant, selon les traditions de l'opéra italien.

**bêlement** n. m. ▪ **1** Cri du mouton, de la chèvre. **2** Plainte niaise.

**bêler** v. intr. ①▪ **1** Pousser un bêlement. **2** Se plaindre niaisement. ▷ adj. **bêlant, ante**

**belette** n. f. ▪ Petit mammifère carnassier, bas sur pattes, de couleur fauve.

**belge** adj. et n. ▪ De Belgique. → **flamand, wallon**. *Le franc belge* (avant l'euro). ▪ n. *Les Belges.*

**belgicisme** n. m. ▪ ling. Particularité du français de Belgique.

**bélier** n. m. ▪ **1** Mâle non châtré de la brebis. **2** hist. Machine de guerre servant à enfoncer des murailles. **3** techn. Machine à enfoncer les pieux. → **mouton**. ♦ Machine hydraulique. **II** Premier signe du zodiaque (21 mars-20 avril). ▪ *Être Bélier.*

**bélître** n. m. ▪ vx Vaurien (terme d'injure).

**belladone** n. f. ▪ Plante vénéneuse à baies noires, utilisée en médecine.

**bellâtre** n. m. ▪ Bel homme fat et niais.

**belle** n. f. ▪ **I** Belle femme ou jeune fille. **II** Partie qui doit départager deux joueurs à égalité. **III** loc. fam. SE FAIRE LA BELLE : s'évader.

**belle-de-jour** n. f. ▪ Liseron. *Des belles-de-jour.*

**belle-de-nuit** n. f. ▪ Plante à grandes fleurs qui s'ouvrent le soir. *Des belles-de-nuit.*

**belle-famille** n. f. ▪ Famille du conjoint.

**belle-fille** n. f. ▪ **1** Fille que l'autre conjoint a eue auparavant. **2** Épouse du fils. → **bru.**

**belle-mère** n. f. ▪ **1** Mère de l'autre conjoint. **2** Seconde femme du père, pour les enfants d'un premier lit. → vx **marâtre.**

**belles-lettres** n. f. pl. ▪ vieilli La littérature (du point de vue esthétique).

**belle-sœur** n. f. ▪ **1** Sœur du conjoint, pour l'autre conjoint. **2** Femme du frère ou du beau-frère de qqn.

**bellicisme** n. m. ▪ Attitude belliciste.

**belliciste** adj. et n. ▪ Qui pousse à la guerre.

**belligérant, ante** adj. et n. m. ▪ (État) en guerre. ▷ n. f. **belligérance**

**belliqueux, euse** adj. ▪ **1** Qui aime la guerre, excite à la guerre. **2** Agressif.

**belluaire** n. m. ▪ Antiq. Gladiateur qui combattait des fauves. → ① **bestiaire.**

**belon** n. f. ▪ Huître plate, très savoureuse.

**belote** n. f. ▪ Jeu de cartes à combinaisons.

**belvédère** n. m. ▪ Construction en un lieu élevé, d'où la vue s'étend au loin.

**bémol** n. m. ▪ Signe musical (♭) baissant d'un demi-ton la note devant laquelle il est placé.

**ben** [bɛ̃] adv. ▪ **1** rural Bien. **2** fam. Eh bien.

**bénédicité** n. m. ▪ Prière catholique prononcée avant le repas.

**bénédictin, ine** n. ▪ **I** Religieux, religieuse de l'ordre de saint Benoît. ▪ loc. *Travail de bénédictin*, qui exige de l'érudition et du soin. **II** n. f. (nom déposé) Liqueur fabriquée à l'origine dans un couvent de bénédictins.

**bénédiction** n. f. ▪ **1** Grâce, faveur accordée par Dieu. **2** Action du prêtre qui bénit (qqn, qqch.). **3** (Approbation, protection...) *Donner sa bénédiction à qqn.*

**bénéfice** n. m. ▪ **1** littér. Avantage. ▪ loc. *Le bénéfice du doute* (quand on doute de la culpabilité). ▪ AU BÉNÉFICE DE : au profit de. **2** hist. Patrimoine attaché à une dignité ecclésiastique. **3** dr. Faveur, privilège que la loi accorde à qqn. *Le bénéfice des circonstances atténuantes.* **II** Gain réalisé dans une opération, une entreprise. → **profit.**

**bénéficiaire** ▪ **1** n. Personne qui profite (d'un avantage...). **2** adj. Relatif au bénéfice (II).

**bénéficier** v. ⑦ ▪ BÉNÉFICIER DE v. tr. ind. : profiter de (un avantage).

**bénéfique** adj. ▪ Qui fait du bien.

**benêt** n. m. ▪ Homme, garçon niais.

**bénévole** adj. ▪ **1** Qui fait qqch. sans obligation et gratuitement. ▪ n. *Des bénévoles.* **2** Fait gratuitement et sans obligation. ▷ adv. **bénévolement** ▷ n. m. **bénévolat**

**bengali** [bɛ̃-] ▪ **I** n. m. Petit oiseau passereau au plumage brun tacheté de couleurs vives. **II** adj. et n. Du Bengale.

**béni, ie** adj. ▪ Qui a été béni (I, 1). ≠ *bénit.*

**bénin, igne** adj. ▪ **1** littér. Bienveillant, indulgent. **2** Sans conséquence grave. *Tumeur bénigne* (opposé à *maligne*). ▷ **bénignité** n. f. littér. ou didact.

**bénir** v. tr. ② ▪ **I 1** (Dieu) Répandre sa bénédiction sur. **2** Appeler la bénédiction de Dieu sur (qqn, qqch.). **3** Souhaiter solennellement bonheur, etc. à (qqn). **II 1** Louer, glorifier (Dieu). **2** Glorifier, remercier (qqn, qqch.).

**bénit, ite** adj. ▪ (choses) Qui a reçu la bénédiction rituelle du prêtre (≠ *béni*). ▪ loc. *C'est pain bénit* : c'est parfait, mérité.

**bénitier** n. m. ▪ Vasque pour l'eau bénite. ♦ loc. fam. *Grenouille de bénitier* : bigote.

**benjamin, ine** n. ▪ Le, la plus jeune (d'une famille, d'un groupe).

**benjoin** [bɛ̃-] n. m. ▪ Résine balsamique.

**benne** n. f. ▪ **1** Caisse servant au transport de matériaux dans les mines, etc. **2** Partie basculante (d'un camion. *Benne à ordures.* **3** Cabine de téléphérique.

**benoît, oîte** adj. ▪ vieilli Doucereux.

**benthique** [bɛ̃-] adj. ▪ didact. Relatif au fond des eaux ; qui vit au fond des eaux.

**benthos** [bɛ̃tos] n. m. ■ didact. Ensemble des organismes qui vivent au fond des eaux.

**bento** [bɛnto] n. m. ■ Repas japonais transporté dans un coffret compartimenté. ♦ Coffret contenant ce repas.

**benzène** [bɛ̃-] n. m. ■ Hydrocarbure, liquide incolore, inflammable, extrait des goudrons de houille. ▷ adj. **benzénique**

**benzine** [bɛ̃-] n. f. ■ Mélange d'hydrocarbures (benzol purifié), détachant.

**benzol** [bɛ̃-] n. m. ■ Mélange d'hydrocarbures (benzène, toluène et xylène).

**béotien, enne** n. et adj. ■ **I** hist. De Béotie. **II** Lourd, grossier, inculte.

**B. E. P.** n. m. (sigle) ■ en France Brevet d'études professionnelles.

**B. E. P. C.** n. m. (sigle) ■ en France, ancient Brevet d'études du premier cycle. → **brevet.**

**béquée** n. f. → **becquée**

**béquet** ou **becquet** n. m. ■ imprim. Petit papier écrit qu'on ajoute à une épreuve.

**béquille** n. f. ■ **1** Bâton surmonté d'une traverse sur laquelle on s'appuie pour marcher. **2** Dispositif de soutien, de support.

**ber** [bɛʀ] n. m. ■ mar. Charpente soutenant un bateau en construction.

**berbère** adj. et n. ■ Du peuple autochtone d'Afrique du Nord (ex. kabyle, touareg). ♦ n. m. Langue sémitique des Berbères.

**bercail** n. m. sing. ■ plais. Foyer, pays (natal).

**berceau** n. m. ■ **I 1** Petit lit de bébé (que l'on peut balancer). ♦ littér. La petite enfance. **2** Lieu d'origine (de qqn, d'une institution...). **II 1** archit. Voûte en plein cintre. **2** Support d'un moteur.

**bercement** n. m. ■ Action de bercer.

**bercer** v. tr. ③ ■ **1** Balancer dans un berceau. ♦ Balancer doucement. **2** passif et p. p. littér. *Être bercé, ée de, par,* imprégné, nourri de (qqch.). **3** littér. Apaiser, consoler. *Bercer sa peine.* **4** littér. Leurrer, tromper.

**berceuse** n. f. ■ Chanson, musique pour endormir un enfant.

**béret** n. m. ■ Coiffure souple, ronde et plate.

**bergamote** n. f. ■ **1** Variété de poire fondante. **2** Fruit acide (agrume) du *bergamotier.* **3** Bonbon à la bergamote (2).

① **berge** n. f. ■ Bord relevé (d'un cours d'eau, etc.). → **rive; talus.**

② **berge** n. f. ■ fam. Année (d'âge).

**berger, ère** n. ■ **1** Personne qui garde les moutons. **2** n. m. Chien de berger.

**bergère** n. f. ■ Fauteuil large, à coussin.

**bergerie** n. f. ■ **1** Lieu, bâtiment où l'on abrite les moutons. ♦ loc. *Enfermer le loup dans la bergerie,* laisser qqn dans un lieu où il peut faire du mal. **2** Poème pastoral.

**bergeronnette** n. f. ■ Passereau à longue queue qui vit au bord de l'eau.

**béribéri** n. m. ■ Maladie due au manque de vitamine B.

**berline** n. f. ■ **1** Automobile à quatre portes et quatre glaces latérales. **2** Chariot pour le transport de la houille, dans les mines.

**berlingot** n. m. ■ **1** Bonbon aromatisé, en forme de tétraèdre. **2** Emballage pour les liquides, de cette forme.

**berlue** n. f. ■ *Avoir la berlue,* des visions.

**berme** n. f. ■ Chemin laissé entre une levée et le bord d'un canal ou d'un fossé.

**bermuda** n. m. ■ Short long (au genou).

**bernache** ou **bernacle** n. f. ■ **1** Petite oie sauvage. **2** Anatife (crustacé marin).

**bernard-l'hermite** ou **bernard-l'ermite** n. m. invar. ■ Crustacé qui loge dans une coquille vide de gastéropode.

**en berne** loc. adj. ■ (pavillon) Hissé à mi-mât, en signe de deuil, de détresse. ♦ fig. *Moral en berne,* très bas. ♦ *Croissance en berne,* en baisse.

**berner** v. tr. ① ■ Tromper en ridiculisant.

**bernicle** ou ① **bernique** n. f. ■ Patelle.

② **bernique** interj. ■ vieilli Rien à faire.

**béryl** n. m. ■ Pierre précieuse, silicate d'aluminium et de béryllium. → **aigue-marine, émeraude.**

**béryllium** [beʀiljɔm] n. m. ■ Élément (symb. Be), métal gris, dur et léger.

**besace** n. f. ■ Sac long, ouvert par le milieu et dont les extrémités forment deux poches.

**besant** n. m. ■ **1** hist. Monnaie byzantine. **2** archit. Ornement en forme de disque saillant.

**bésef** ou **bézef** adv. ■ fam. Beaucoup.

**besicles** [bezikl; bazikl] n. f. pl. ■ vx ou plais. Lunettes. - var. BÉSICLES.

**besogne** n. f. ■ Travail imposé (par la profession, etc.). ♦ loc. *Aller vite en besogne,* travailler rapidement ; fig. brûler les étapes.

**besogner** v. intr. ① ■ Travailler péniblement.

**besogneux, euse** adj. ■ **1** littér. Qui est dans le besoin. **2** Qui travaille péniblement.

**besoin** n. m. ■ **I 1** Exigence née de la nature ou de la vie sociale. → **appétit, envie.** *Besoin d'affection.* ♦ *Les besoins naturels,* la nécessité d'uriner, d'aller à la selle. ♦ loc. *Pour les besoins de la cause* (qu'on défend). **2** loc. AVOIR BESOIN DE qqn, qqch., *de* (+ inf.) ; *que* (+ subj.) : ressentir la nécessité de. ♦ littér. *Il est besoin de* (+ inf.) : il est nécessaire de. – *Si besoin est* : si cela est nécessaire. ♦ AU BESOIN loc. adv. : en cas de nécessité. **II** État de privation. → **dénuement, gêne ; pauvreté.** *Être dans le besoin.*

**besson, onne** n. ■ régional Jumeau, jumelle.

① **bestiaire** n. m. ■ Antiq. Gladiateur qui combattait les bêtes féroces. → **belluaire.**

② **bestiaire** n. m. ■ Recueil de fables, de textes sur les animaux.

**bestial, ale, aux** adj. ■ Qui tient de la bête, assimile à la bête. ▷ adv. **bestialement**

**bestialité** n. f. ■ **1** Caractère bestial. **2** vieilli Zoophilie.

**bestiaux** n. m. pl. ▪ Ensemble des animaux qu'on élève dans une ferme (à l'exclusion des animaux de basse-cour). → **bétail.**

**bestiole** n. f. ▪ Petite bête ; spécialt insecte.

**best-seller** [bɛstsɛlœʀ] n. m. ▪ anglic. Livre qui a obtenu un grand succès. *Des best-sellers.*

① **bêta** n. m. ▪ Deuxième lettre de l'alphabet grec (β, Β).

② **bêta, asse** n. et adj. ▪ fam. Niais.

**bétail** n. m. sing. ▪ Ensemble des animaux élevés pour la production agricole. → **bestiaux, cheptel.** *Le gros bétail* (bovins, chevaux). *Le petit bétail* (ovins, porcins).

**bétaillère** n. f. ▪ Véhicule servant à transporter le bétail.

**bête** ▪ **I** n. f. **1** Tout être animé, à l'exception de l'homme. → **animal.** ◆ loc. *Bête à bon Dieu :* coccinelle. **2** loc. *Chercher la petite bête,* être critique à l'excès. ◆ *C'est sa bête noire,* il déteste cette personne, cette chose. ◆ *Comme une bête :* avec acharnement. **3** Personne dominée par ses instincts. *"La Bête humaine"* (roman de Zola). ◆ loc. *Faire la bête,* l'ignorant inintelligente. **II** adj. **1** Qui manque d'intelligence. → **idiot, imbécile. 2** (choses) Qui indique la bêtise ; stupide.

**bétel** n. m. ▪ Mélange de feuilles d'un poivrier exotique, de tabac, de noix d'arec, utilisé dans les régions tropicales.

**bêtement** adv. ▪ D'une manière bête, stupide. ◆ loc. *Tout bêtement,* tout simplement.

**bêtifier** v. intr. ⑦ ▪ Dire des bêtises.

**bêtise** n. f. ▪ **1** Manque d'intelligence et de jugement. **2** Action ou parole sotte ou maladroite. **3** Action, parole, chose futile. → **broutille. 4** Action déraisonnable. **II** *Bêtise de Cambrai :* berlingot à la menthe.

**bêtisier** n. m. ▪ → **sottisier.**

**béton** n. m. ▪ Matériau de construction, mélange de mortier et de gravier. *Béton armé.* ◆ fig. *EN BÉTON* loc. adj. : inébranlable.

**bétonner** v. tr. ① ▪ Construire en béton. ◆ fig. Rendre solide, sûr. ▸ **bétonné, ée** adj.

**bétonnière** n. f. ▪ Machine à cuve tournante, pour faire du béton. – syn. BÉTONNEUSE.

**bette** ou **blette** n. f. ▪ Plante proche de la betterave, dont on mange les feuilles et les côtes.

**betterave** n. f. ▪ Plante cultivée à racine épaisse. *Betterave fourragère ; potagère* (rouge et sucrée) ; *sucrière.*

**betteravier, ière** n. ▪ **1** adj. De la betterave. **2** n. m. Producteur de betteraves sucrières.

**beugler** v. intr. ① ▪ **1** (bovins) Pousser des cris. → **meugler. 2** fig. Produire un son puissant désagréable. ▸ n. m. **beuglement**

**beur** n. ▪ fam. Personne née en France de parents immigrés maghrébins. ◆ au fém. *Une beur,* fam. **beurette.**

**beurre** n. m. ▪ **1** Corps gras alimentaire onctueux qu'on obtient en battant la crème du lait. ◆ *BEURRE NOIR :* beurre fondu noirci à la cuisson. ◆ loc. *Œil au beurre noir,* poché. ◆ loc. fam. *Mettre du beurre dans les épinards,* améliorer sa situation financière. ◆ *Faire son beurre,* s'enrichir. **2** *Beurre de...,* pâte formée d'une substance mêlée à du beurre. **3** Substance grasse extraite de végétaux.

**beurrer** v. tr. ① ▪ Recouvrir de beurre. ▸ **beurré, ée** adj. **1** *Pain beurré.* **2** fam. Ivre.

**beurrier** n. m. ▪ Récipient pour le beurre.

**beuverie** n. f. ▪ Réunion où l'on s'enivre.

**bévue** n. f. ▪ Méprise, erreur grossière due à l'ignorance ou à l'inadvertance. → **impair.**

**bey** n. m. ▪ hist. Titre de souverains vassaux du sultan ou de hauts fonctionnaires turcs.

**bézef** adv. → **bésef**

**bi-** Élément, du latin *bis.* → **bis- ; di-.**

**biais** n. m. ▪ **1** Ligne, direction oblique. ◆ (dans un tissu) Sens de la diagonale par rapport au droit fil. ◆ *DE BIAIS, EN BIAIS* loc. adv. : obliquement, de travers. **2** fig. Côté, aspect. ◆ Moyen détourné, artificieux.

**biaiser** v. intr. ① ▪ User de moyens détournés.

**bibande** adj. ▪ télécomm. (téléphone) Capable de fonctionner sur deux bandes de fréquences distinctes.

**bibelot** n. m. ▪ Petit objet décoratif.

**biberon** n. m. ▪ **I** Bouteille munie d'une tétine, pour nourrir un bébé. **II** vieilli Ivrogne.

**biberonner** v. intr. ① ▪ Boire (2).

① **bibi** n. m. ▪ fam. Petit chapeau de femme.

② **bibi** pron. ▪ fam. Moi.

**bibine** n. f. ▪ Mauvaise boisson.

**bible** n. f. ▪ **1** (avec maj.) Recueil des textes de l'Ancien et du Nouveau Testament. **2** Le livre lui-même. **3** Ouvrage faisant autorité.

**biblio-** Élément, du grec *biblion* « livre ».

**bibliobus** [-bys] n. m. ▪ Véhicule aménagé en bibliothèque de prêt.

**bibliographie** n. f. ▪ **1** Liste des écrits relatifs à un sujet. **2** Science des documents écrits, des livres. ▷ n. **bibliographe** ▷ adj. **bibliographique**

**bibliophile** n. ▪ Personne qui aime, recherche et conserve avec soin les livres rares, précieux. ▷ n. f. **bibliophilie**

**bibliothécaire** n. ▪ Personne préposée à une bibliothèque.

**bibliothéconomie** n. f. ▪ didact. Organisation et gestion des bibliothèques.

**bibliothèque** n. f. ▪ **1** Meuble servant à ranger et classer les livres. **2** Salle, édifice où sont classés des livres, pour la lecture ou pour le prêt. **3** Collection de livres.

**biblique** adj. ▪ Relatif à la Bible. ◆ loc. *D'une simplicité biblique,* très simple.

**bicarbonate** n. m. ▪ Carbonate acide. *Bicarbonate de soude* (de sodium).

**bicentenaire** ▪ **1** adj. Qui a deux cents ans. **2** n. m. Deuxième centième anniversaire.

**bicéphale** adj. ▪ Qui a deux têtes, ou fig. deux directions, deux chefs.

**biceps** [-eps] n. m. ▪ Muscle du bras qui gonfle quand on fléchit celui-ci.

**biche** n. f. ▪ Femelle du cerf.

**bicher** v. intr. 〔1〕 ▪ fam. Se réjouir.

**bichon, onne** n. ▪ Petit chien au nez court, au poil long et soyeux.

**bichonner** v. tr. 〔1〕 ▪ 1 Arranger avec soin et coquetterie. ▸ pronom. *Se bichonner.* 2 Être aux petits soins pour. → **soigner.**

**biclou** n. m. ▪ fam. Bicyclette.

**bicolore** adj. ▪ Qui présente deux couleurs.

**biconcave** adj. ▪ Qui a deux surfaces concaves (contr. *biconvexe* adj.).

**bicoque** n. f. ▪ Petite maison de médiocre apparence. ♦ fam. (non péj.) Maison.

**bicorne** n. m. ▪ Chapeau à deux pointes.

**bicyclette** n. f. ▪ Véhicule à deux roues mû par un système de pédalier. → **vélo.**

**bidasse** n. m. ▪ fam. Soldat.

**bide** n. m. ▪ fam. **I** Ventre. **II** Échec total.

**bidet** n. m. ▪ 1 Petit cheval. ▸ plais. Cheval. 2 Cuvette basse pour la toilette intime.

**bidoche** n. f. ▪ fam. Viande.

**bidon** n. m. ▪ **I** 1 Récipient portatif pour les liquides, à bouchon ou couvercle. 2 fam. Ventre. 3 fam. *C'est du bidon,* des mensonges. **II** adj. invar. Faux, simulé.

**se bidonner** v. pron. 〔1〕 ▪ fam. Rire.

**bidonville** [-vil] n. m. ▪ Agglomération de baraques sans hygiène où vit une population misérable, près d'une grande ville.

**bidouiller** v. tr. 〔1〕 ▪ fam. Faire fonctionner de manière ingénieuse, arranger (qqch.) en bricolant. ▷ n. m. **bidouillage** ▷ n. **bidouilleur, euse**

**bidule** n. m. ▪ fam. Objet quelconque. → **machin, truc.**

**-bie** Élément qui signifie « qui vit ». → **bio-.**

**bief** n. m. ▪ 1 Portion d'un cours d'eau entre deux chutes, d'un canal entre deux écluses. 2 Canal de dérivation des eaux.

**bielle** n. f. ▪ Tige rigide, articulée à ses extrémités et destinée à la transmission d'un mouvement. ▸ *Couler une bielle.*

① **bien** ▪ compar. *mieux* **I** adv. 1 D'une manière satisfaisante. ▸ loc. *Tant bien que mal ; ni bien ni mal.* → **passablement.** 2 D'une manière conforme à la raison ou à la morale. ▸ *Vous feriez bien de* (+ inf.), vous devriez. 3 Avec force, intensité. → **tout** à fait, **très.** *Écoutez bien. C'est bien simple.* ♦ *BIEN DE, DES* : beaucoup de. 4 Au moins. *Cela vaut bien le double.* 5 (renforçant l'affirmation) *Nous le savons bien.* 6 En fait et en dépit des difficultés. *Cela finira bien un jour.* 7 *EH BIEN !,* marque l'interrogation, l'étonnement. 8 *BIEN QUE* loc. conj. (+ subj. ou p. prés. ; concession) *Quoique.* **II** adj. invar. 1 Satisfaisant. ▸ prov. *Tout est bien qui finit bien,* se dit quand qqch. connaît une issue heureuse. 2 Juste, moral. 3 En bonne santé, en bonne forme. 4 Convenable, distingué (→ *comme il faut*).

5 À l'aise, content. ♦ *ÊTRE BIEN AVEC qqn,* être en bons termes avec lui.

② **bien** n. m. ▪ **I** 1 Ce qui est avantageux, agréable, utile. *Faire du bien à qqn* (→ **bénéfique, bienfaisant**). *Le bien commun.* → **intérêt.** ▸ *Dire du bien de qqn, qqch.* 2 Chose matérielle que l'on peut posséder. → **capital, fortune, propriété, richesse.** ♦ Produits de l'économie. *Biens de consommation.* **II** Ce qui possède une valeur morale, qui est juste, honnête. *Discerner le bien du mal.* ▪ *Un homme de bien,* honnête. ▸ fam. *En tout bien tout honneur,* sans mauvaise intention ; spécial chastement.

**bien-aimé, ée** [bjɛ̃-] ▪ 1 adj. Qui est très aimé. 2 n. littér. Personne aimée d'amour.

**bien-être** [bjɛ̃-] n. m. invar. ▪ 1 Sensation agréable procurée par la satisfaction de besoins physiques, l'absence de soucis. 2 Situation d'aisance matérielle. → **confort.**

**bienfaisance** [-fə-] n. f. ▪ Action de faire du bien dans un intérêt social.

**bienfaisant, ante** [-fə-] adj. ▪ (choses) Qui fait du bien, apporte un soulagement.

**bienfait** n. m. ▪ 1 littér. Acte de générosité, bien fait à qqn. 2 Action bienfaisante. *Les bienfaits d'un traitement.*

**bienfaiteur, trice** n. ▪ Personne qui fait du bien.

**bien-fondé** n. m. sing. ▪ 1 Conformité au droit. → **légitimité.** 2 Conformité à la raison.

**bien-fonds** n. m. ▪ dr. Bien immeuble (terre, bâtiment). *Des biens-fonds.*

**bienheureux, euse** [bjɛ̃-] adj. et n. ▪ 1 littér. Heureux. 2 Personne béatifiée.

**biennal, ale, aux** ▪ 1 adj. Qui dure deux ans. ♦ Qui a lieu tous les deux ans. → **bisannuel.** 2 n. f. Manifestation, exposition qui a lieu tous les deux ans.

**bien-pensant, ante** adj. ▪ Dont les idées sont conformistes. ▸ n. *Les bien-pensants.*

**bienséance** n. f. ▪ littér. Conduite sociale en accord avec les usages. → **correction, savoir-vivre.** ♦ au plur. Usages à respecter.

**bienséant, ante** adj. ▪ vieilli Qu'il est séant* de dire, de faire (opposé à *malséant*).

**bientôt** adv. ▪ 1 Dans un proche futur. ▸ *À bientôt !* loc. adv. 2 littér. En un court espace de temps. *Un travail bientôt fait.*

**bienveillance** n. f. ▪ Disposition favorable envers qqn (spécial un inférieur). → **bonté, indulgence.** ▷ adj. **bienveillant, ante**

**bienvenu, ue** ▪ 1 adj. Qui arrive à propos. → **opportun.** 2 n. Personne, chose accueillie avec plaisir. *Soyez la bienvenue.*

**bienvenue** n. f. ▪ (souhait) Heureuse arrivée de qqn. *Bienvenue à vous !* ♦ Canada Terme de politesse en réponse à *merci.*

① **bière** n. f. ▪ Boisson alcoolisée fermentée, à base d'orge germée et de houblon.

② **bière** n. f. ▪ Cercueil. *Mise en bière.*

**biface** n. m. ▪ didact. → **coup-de-poing** (2).

**biffer** v. tr. 〔1〕 ▪ Rayer (ce qui est écrit).

**biffin** n. m. ▪ argot 1 Chiffonnier. 2 Fantassin.

**bifide** adj. ▪ sc. nat. Fendu en deux.

**bifidus** [-ys] n. m. ▪ Bactérie utilisée dans l'industrie alimentaire comme ferment.

**bifteck** n. m. ▪ Tranche de bœuf grillée ou destinée à l'être. ← loc. fam. *Gagner son bifteck, sa vie. Défendre son bifteck,* ses intérêts.

**bifurquer** v. intr. 1 ▪ 1 Se diviser en deux (en fourche). 2 Abandonner une voie pour une autre (aussi fig.). ▷ ▪ n. f. **bifurcation**

**bigame** adj. et n. ▪ (Personne) qui a contracté un second mariage sans qu'il y ait dissolution du premier. ▷ ▪ n. f. **bigamie**

**bigarré, ée** adj. ▪ 1 Qui a des couleurs variées. → **bariolé.** 2 Hétéroclite ; varié.

**bigarreau** n. m. ▪ Cerise à chair ferme.

**bigarrure** n. f. ▪ Aspect bigarré.

**big bang** [bigbɑ̃g] n. m. ▪ anglic. Explosion de matière ayant provoqué la formation de l'univers connu.

**bigler** v. 1 ▪ fam. 1 v. intr. vieilli Loucher. 2 v. tr. Regarder du coin de l'œil.

**bigleux, euse** adj. et n. ▪ fam. 1 Qui louche (syn. vieilli BIGLE). 2 Qui voit mal.

**bignonia** n. m. ▪ Plante ornementale.

**bigophone** n. m. ▪ fam. Téléphone.

**bigorneau** n. m. ▪ Petit coquillage comestible à coquille grise en spirale.

**bigot, ote** adj. et n. ▪ Dévot à l'excès.

**bigoterie** n. f. ▪ Dévotion étroite du bigot.

**bigoudi** n. m. ▪ Rouleau autour duquel on enroule une mèche de cheveux pour la friser.

**bigre** interj. ▪ fam. Exclamation de surprise.

**bigrement** adv. ▪ fam. Très.

**biguine** n. f. ▪ Danse des Antilles.

**bijection** n. f. ▪ math. Application qui établit entre deux ensembles une relation telle que tout élément de l'un soit l'image d'un seul élément de l'autre. ▷ adj. **bijectif, ive**

**bijou** n. m. ▪ 1 Petit objet ouvragé, précieux par la matière ou le travail et servant à la parure. 2 fig. Ouvrage, objet joli.

**bijouterie** n. f. ▪ 1 Fabrication, commerce des bijoux. 2 Magasin où on vend des bijoux.

**bijoutier, ière** n. ▪ Personne qui fabrique, qui vend des bijoux. → **joaillier, orfèvre.**

**bikini** n. m. (nom déposé) ▪ vieilli Maillot de bain deux-pièces.

**bilan** n. m. ▪ 1 Tableau de la comptabilité (d'une entreprise). ← loc. *Déposer son bilan.* → **faillite.** 2 État, résultat global. *Faire le bilan d'une expérience.* 3 loc. *Bilan de santé* : ensemble d'examens médicaux systématiques.

**bilatéral, ale, aux** adj. ▪ 1 Qui a deux côtés ; qui se rapporte à deux côtés. 2 Qui engage les parties l'une envers l'autre.

**bilboquet** n. m. ▪ Jouet formé d'un bâton sur lequel on doit enfiler une boule percée.

**bile** n. f. ▪ 1 Liquide amer sécrété par le foie. 2 loc. *Se faire de la bile,* s'inquiéter.

**se biler** v. pron. 1 ▪ fam. S'inquiéter.

**bileux, euse** adj. ▪ fam. Soucieux.

**biliaire** adj. ▪ De la bile. → *Vésicule* biliaire.

**bilieux, ieuse** adj. ▪ 1 Qui résulte d'un excès de bile. 2 fig. et n. littér. Coléreux.

**bilingue** adj. ▪ 1 Qui est en deux langues. 2 Où l'on parle deux langues. 3 adj. et n. (Personne) qui parle deux langues.

**bilinguisme** [-gɥi-] n. m. ▪ 1 Caractère bilingue (2). 2 (personnes) Qualité de bilingue (3).

**billard** n. m. ▪ 1 Jeu où l'on fait rouler sur une table spéciale des billes lancées au moyen d'un bâton (queue). ♦ Partie de billard. 2 Table sur laquelle on joue au billard. 3 fam. Table d'opération chirurgicale.

① **bille** n. f. ▪ 1 Boule avec laquelle on joue au billard. ← loc. fig. *Bille en tête,* directement, avec audace. ← fam. *Toucher sa bille* : être compétent. 2 Petite boule de verre, etc. servant à des jeux d'enfants. ← loc. *Reprendre ses billes,* se retirer d'une entreprise. ♦ *Les billes,* ce jeu. 3 techn. Petite sphère métallique. 4 fam. Figure.

② **bille** n. f. ▪ Pièce de bois (tronc...) destinée à être débitée en planches.

**billet** n. m. ▪ 1 littér. Courte lettre. ← *Billet doux,* lettre d'amour. 2 Promesse écrite, engagement de payer. 3 *Billet (de banque),* papier-monnaie. *Un billet de dix euros, de dix dollars.* 4 Petit imprimé donnant accès quelque part. → aussi **ticket.** 5 loc. fam. *Je vous donne, je vous fiche mon billet que...,* je vous certifie que...

**billette** n. f. ▪ 1 blason Petit rectangle. 2 archit. Ornement, tronçon de tore répété.

**billetterie** n. f. ▪ Distributeur automatique de billets de banque.

**billevesée** [bilvəze] n. f. ▪ littér. Parole vide de sens, idée creuse. → **faribole.**

**billot** n. m. ▪ 1 Bloc de bois sur lequel on décapitait les condamnés. 2 Masse de bois, etc. sur laquelle on fait un ouvrage.

**bimane** adj. ▪ Qui a deux mains.

**bimbeloterie** n. f. ▪ Fabrication ou commerce de bibelots ; ensemble de bibelots.

**bimbo** [bimbo] n. f. ▪ anglic. Jeune femme, jeune fille qui affiche une féminité très classique (blondeur, poitrine opulente...).

**bimensuel, elle** adj. ▪ Qui a lieu, paraît deux fois par mois.

**bimestriel, elle** adj. ▪ Qui a lieu, paraît tous les deux mois.

**bimoteur** adj. ▪ (avion) À deux moteurs.

**binaire** adj. ▪ Composé de deux éléments.

**biner** v. tr. 1 ▪ Remuer (la terre) pour l'ameublir, etc., avec un outil (*binette* n. f.), une machine (*bineuse* n. f.). ▷ n. m. **binage**

① **binette** → **biner**

② **binette** n. f. ▪ fam. Visage.

**bing** [biŋ] interj. ▪ Bruit de choc.

**bingo** [biŋgo] ▪ anglic. I n. m. franç. du Canada Jeu de loto public. II interj. *Bingo!* : c'est gagné, c'est parfait.

**biniou** n. m. ▪ Cornemuse bretonne.

**binocle** n. m. ▪ ancient Lunettes sans branches se fixant sur le nez. → **lorgnon**.

**binoculaire** adj. ▪ **1** Relatif aux deux yeux. **2** (appareil) Muni de deux oculaires.

**binôme** n. m. ▪ math. Somme algébrique de deux monômes (ex. $5x^3 - 2x$).

**bintje** [bintʃ] n. f. ▪ Pomme de terre d'une variété à chair jaune.

**bio-** Élément, du grec *bios* « vie ». → **-bie**.

**biocarburant** n. m. ▪ Carburant obtenu à partir de matières végétales (céréales, etc. → **agrocarburant**) ou animales (déchets d'abattoir, etc.).

**biocénose** n. f. ▪ biol. Ensemble des êtres vivants dans un même milieu (le biotope*) – var. BIOCŒNOSE.

**biochimie** n. f. ▪ Partie de la chimie qui traite de la matière vivante.

**biodégradable** adj. ▪ Susceptible d'être décomposé par des organismes vivants.

**biodiversité** n. f. ▪ biol. Diversité biologique, relativement aux espèces vivantes et au sein des espèces.

**biodynamie** n. f. ▪ Agriculture basée sur une approche globale de la nature et le respect de son équilibre, de ses rythmes. ▷ adj. **biodynamique**

**bioéthique** n. f. ▪ Étude des problèmes moraux que soulèvent la recherche et les techniques biologiques, génétiques.

**biogaz** n. m. ▪ techn. Gaz produit par la fermentation de matières organiques animales ou végétales (→ **méthanisation**).

**biographe** n. ▪ Auteur de biographies.

**biographie** n. f. ▪ Ouvrage, texte qui relate la vie (d'une personne).

**biologie** n. f. ▪ Science qui étudie la matière vivante et les êtres vivants.

**biologique** adj. ▪ **1** Relatif à la biologie. **2** Qui a rapport à la vie, aux organismes vivants. **3** De la vie naturelle. *Culture biologique.*

**biologiste** n. ▪ Spécialiste de biologie.

**biomasse** n. f. ▪ biol. Masse de matière vivante (dans un milieu), rapportée à une surface ou un volume.

**biométrie** n. f. ▪ didact. **1** Science associant biologie et mathématiques. **2** Analyse des caractéristiques physiques uniques d'une personne (voix, iris, empreintes...). ▷ adj. **biométrique**

**bionique** n. f. ▪ anglic. Discipline qui applique à l'électronique des dispositifs imités du monde vivant. → **cybernétique**.

**biophysique** n. f. ▪ Partie de la physique qui traite de la matière vivante.

**biopsie** n. f. ▪ Prélèvement d'un tissu vivant en vue d'un examen microscopique.

**biorythme** n. m. ▪ Rythme* biologique.

**biosphère** n. f. ▪ Ensemble des organismes vivants qui vivent sur la Terre.

**biotechnologie** [-tɛk-] n. f. ▪ anglic. Technique d'utilisation d'organismes vivants pour l'industrie (agroalimentaire, etc.).

**biothèque** n. f. ▪ Établissement destiné à la conservation du matériel biologique.

**biotique** adj. ▪ biol. Qui concerne les organismes vivants. *Facteur écologique biotique* (s'oppose à *abiotique*).

**biotope** n. m. ▪ biol. Milieu biologique présentant des conditions de vie homogènes. *La biocénose* et le biotope forment ensemble un *écosystème*.*

**bip** [bip] n. m. ▪ **1** Signal sonore. **2** fam. Dispositif (d'alerte...) émettant ce signal.

**bipartite** adj. ▪ Composé de deux groupes.

**bipède** adj. ▪ Qui marche sur deux pieds.

**biplan** n. m. ▪ Avion à deux plans de sustentation.

**bipolaire** adj. ▪ Qui a deux pôles.

**bipolarisation** n. f. ▪ Regroupement en deux blocs des forces politiques d'un pays.

**bique** n. f. ▪ fam. **1** Chèvre. **2** péj. *Vieille bique*, vieille femme déplaisante.

**biquet, ette** n. ▪ Chevreau.

**birbe** n. m. ▪ fam., péj. *Un vieux birbe*, un vieillard ennuyeux.

**biréacteur** n. m. ▪ Avion à deux réacteurs.

①**bis, bise** [bi, biz] adj. ▪ D'un gris tirant sur le brun. → *Pain bis*, contenant du son.

②**bis** [bis] ▪ **1** interj. et n. m. Cri du public pour demander la répétition d'un morceau, etc. **2** adv. mus. Indication d'avoir à répéter une phrase. **3** adv. Indique la répétition du numéro (sur une maison...).

**bis-** Élément, du latin *bis* « deux fois », qui indique le redoublement. → **bi-**.

**bisaïeul, eule** n. ▪ littér. Arrière-grand-père, arrière-grand-mère. *Des bisaïeuls.*

**bisannuel, elle** adj. ▪ **1** Qui a lieu tous les deux ans. → **biennal**. **2** (plante) Qui vit deux ans.

**bisbille** n. f. ▪ fam. Querelle insignifiante.

**biscornu, ue** adj. ▪ **1** Qui a une forme irrégulière. **2** fam. Compliqué et bizarre.

**biscoteau** ou **biscoto** n. m. ▪ fam. Biceps.

**biscotte** n. f. ▪ Tranche de pain de mie séchée au four industriellement.

**biscuit** n. m. ▪ **I** Gâteau sec (galette, sablé...). **II** Porcelaine blanche non émaillée, imitant le marbre. ◆ Ouvrage de cette matière.

①**bise** n. f. ▪ Vent du nord sec et froid.

②**bise** n. f. ▪ fam. Baiser.

**biseau** n. m. ▪ **1** Bord taillé obliquement. **2** Outil acéré au tranchant ainsi taillé.

**biseauter** v. tr. 1 ▪ **1** Tailler en biseau. **2** Marquer (des cartes à jouer) d'un signe sur la tranche, pour tricher. ▸ **biseauté, ée** p. p.

**bisexué, ée** [-s-] adj. ▪ biol. Qui porte les organes des deux sexes. → **hermaphrodite**.

**bisexuel, elle** [-s-] ▪ **1** adj. psych. Qui concerne les deux sexes, dans l'individu humain. **2** adj. et n. À la fois hétérosexuel et homosexuel. ▷ n. f. **bisexualité**

**bismuth** n. m. ▪ **1** Élément (symb. Bi), métal brillant, rougeâtre, très cassant. **2** Composé du bismuth utilisé comme médicament.

**bison** n. m. ■ Bœuf sauvage grand et massif, à cornes courtes et à bosse entre les épaules.

**bisou** n. m. ■ fam. Bise, baiser.

**bisphénol** n. m. chim. ■ *Bisphénol A* : composé organique de synthèse, suspecté d'être toxique.

**bisque** n. f. ■ Potage au coulis de crustacés.

**bisquer** v. intr. 🔟 ■ fam. Éprouver du dépit. → *Bisque, bisque, rage !* (formule pour narguer).

**bissac** n. m. ■ vx Besace.

**bissecteur, trice** ■ géom. **1** adj. Qui divise en deux secteurs. **2** n. f. *BISSECTRICE* : droite qui coupe un angle en deux angles égaux.

**bisser** v. tr. 🔟 ■ **1** Faire répéter par un bis (②, 1). **2** Répéter à la demande du public.

**bissextile** adj. fém. ■ *Année bissextile* : année de 366 jours qui revient tous les quatre ans, le jour supplémentaire étant le 29 février.

**bistouri** n. m. ■ Instrument de chirurgie à lame courte, qui sert à faire des incisions.

**bistre** n. m. ■ Couleur d'un brun noirâtre.

**bistré, ée** adj. ■ D'un brun noirâtre.

**bistrot** ou **bistro** n. m. ■ fam. **1** Tenancier de café. **2** Café, débit de boissons. ▷ n. **bistrotier, ière**

**bit** [bit] n. m. ■ inform. Unité élémentaire d'information pouvant prendre deux valeurs distinctes, notées 0 et 1.

**bitoniau** n. m. ■ fam. Petit objet, partie d'un mécanisme (bouton, etc.). – var. BITONIOT.

① **bitte** ou **bite** n. f. ■ fam. et vulg. Pénis.

② **bitte** n. f. ■ Borne d'amarrage.

**bitume** n. m. ■ Mélange d'hydrocarbures utilisé comme revêtement des chaussées.

**biture** n. f. ■ fam. *Prendre une biture* : s'enivrer (syn. SE BITURER v. pron. 🔟 fam.).

**bivalve** adj. ■ Qui a deux valves. ♦ n. m. pl. *Les bivalves* : classe des mollusques bivalves.

**bivouac** n. m. ■ Campement provisoire d'une troupe, etc. ▷ **bivouaquer** v. intr. 🔟

**bizarre** adj. ■ **1** Qui est inhabituel ; qu'on s'explique mal. → curieux, insolite. **2** (personnes) Fantasque, excentrique. → original. ▷ adv. **bizarrement**

**bizarrerie** n. f. ■ **1** Caractère bizarre. → étrangeté. **2** Chose, action bizarre.

**bizarroïde** adj. ■ fam. Bizarre.

**bizness** n. m. → business

**bizut** ou **bizuth** [-y(t)] n. m. ■ fam. Élève de première année.

**bizutage** n. m. ■ Cérémonie d'initiation des bizuts, comportant des brimades.

**blabla** n. m. sing. ■ fam. Bavardage, verbiage sans intérêt. – syn. BLABLABLA. ▷ **blablater** v. intr. 🔟

**black** n. ■ anglic., fam. Personne de la « race » noire. ◆ adj. *Musique black*.

**blackbouler** v. tr. 🔟 ■ **1** Rejeter par un vote. **2** fam. Écarter, refuser (spécialt à un examen).

**black-out** [-aut] n. m. invar. ■ **1** Obscurité totale commandée par la défense passive. **2** fig. Silence gardé (sur une nouvelle, etc.).

**blafard, arde** adj. ■ Pâle, sans éclat. → blême.

**blaff** n. m. ■ (cuisine des Caraïbes) Ragoût de poisson épicé.

① **blague** n. f. ■ Sac souple pour le tabac.

② **blague** n. f. ■ **1** Histoire inventée pour tromper. ◆ fam. *Blague à part* : pour parler sérieusement. **2** Farce ; plaisanterie. **3** Erreur.

**blaguer** v. 🔟 ■ fam. **1** v. intr. Dire des blagues. → plaisanter. **2** v. tr. Railler, taquiner. ▷ n. et adj. **blagueur, euse**

**blair** n. m. ■ fam. Nez.

**blaireau** n. m. ■ **I** Petit mammifère carnivore, bas sur pattes, au pelage foncé. **II** Brosse pour faire mousser le savon à barbe. **III** fam. Personnage insignifiant, mesquin.

**blairer** v. tr. 🔟 ■ fam. (surtout négatif) Aimer. *Je ne peux pas le blairer* : je le déteste.

**blâmable** adj. ■ Qui mérite le blâme.

**blâme** n. m. ■ **1** Jugement par lequel on blâme (1). **2** Sanction disciplinaire.

**blâmer** v. tr. 🔟 ■ **1** Former un jugement moral défavorable sur (qqn ou qqch.). → condamner. **2** Punir par un blâme (2).

① **blanc, blanche** [blɑ̃, blɑ̃ʃ] ■ **I** adj. **1** D'une clarté neutre, sans couleur (combinant toutes les couleurs du spectre solaire). *Blanc comme la neige*. **2** D'une couleur pâle voisine du blanc. ◆ fam. *De la « race » humaine la moins pigmentée* (opposé à *noir, jaune, de couleur*). **3** Se dit de choses claires, par opposition à d'autres plus colorées de même espèce. *Vin blanc*. **4** Qui n'est pas écrit. *Page blanche*. **5** fig. Qui n'a pas les effets habituels. *Nuit blanche*, sans sommeil. **6** Innocent ; non souillé. **II** n. Personne de la « race » dite blanche.

② **blanc** [blɑ̃] n. m. ■ **I 1** Couleur blanche. ◆ *EN BLANC* : avec la couleur blanche, ou sans écriture. **2** *À BLANC* : de manière à devenir blanc. *Métal chauffé à blanc*. ◆ *Tirer à blanc*, avec des projectiles inoffensifs. **II 1** Partie blanche (de qqch.). *Blanc d'œuf*. ◆ *Le blanc de l'œil*. **2** Intervalle, espace libre dans un écrit. → interligne. **3** Linge de maison. **4** Vin blanc.

**blanc-bec** [blɑ̃bɛk] n. m. ■ Jeune homme sans expérience et sûr de soi.

**blanchâtre** adj. ■ (teinte) Tirant sur le blanc.

**blanche** n. f. ■ mus. Note valant deux noires.

**blancheur** n. f. ■ Couleur blanche ; caractère de ce qui est blanc.

**blanchir** v. ② ■ **I** v. tr. **1** Rendre blanc ou plus blanc. **2** Couvrir d'une couche blanche ; enduire de blanc. **3** Laver, nettoyer (le linge). ▷ n. m. **blanchissage 4** fig. Disculper, innocenter (qqn). ◆ *Donner une existence légale à* (des fonds d'origine frauduleuse ou illicite). ▷ n. m. **blanchiment II** v. intr. Devenir blanc. ▷ n. m. **blanchissement**

**blanchisserie** n. f. ■ Établissement où l'on blanchit et repasse le linge.

**blanchisseur, euse** n. ■ Personne dont le métier est de blanchir et repasser le linge.

**blandice** n. f. ▪ littér. Ce qui flatte, séduit.

**blanquette** n. f. ▪ **1** Vin blanc mousseux.
**2** Ragoût de viande blanche.

**blase** ou **blaze** n. m. ▪ argot Nom.

**blaser** v. tr. ① ▪ littér. Émousser, atténuer
(les sensations) ; atténuer les sensations de
(qqn). ▶ **blasé, ée** adj. cour. → **dégoûté** ; **indifférent.**

**blason** n. m. ▪ **1** Ensemble des emblèmes
d'une famille noble, d'une collectivité.
→ **arme(s), armoiries. 2** Art des armoiries.
→ **héraldique.**

**blasphème** n. m. ▪ Parole qui outrage la
divinité, le sacré. ▷ adj. **blasphématoire**

**blasphémer** v. intr. ⑥ ▪ Proférer des blasphèmes. ▷ n. et adj. **blasphémateur, trice**

**-blaste, blasto-** Éléments savants, du grec
*blastos* « germe ; bourgeon ».

**blatérer** v. intr. ⑥ ▪ Crier (chameau, bélier).

**blatte** n. f. ▪ Insecte nocturne au corps aplati.
→ **cafard, cancrelat.**

**blazer** [blazɛʀ ; blazœʀ] n. m. ▪ Veste de
sport.

**blé** n. m. ▪ **1** Céréale dont le grain sert
à l'alimentation (farine...). → **froment. 2** Ce
grain. 3 *Blé noir.* → **sarrasin.** ◆ franç. du Canada
*Blé d'Inde.* → **maïs. II** fam. Argent.

**bled** [blɛd] n. m. ▪ **1** (Afrique du Nord) L'intérieur
des terres. **2** fam. Lieu, village isolé.

**blême** adj. ▪ Blanc ; très pâle.

**blêmir** v. intr. ② ▪ Devenir blême.

**blender** [blɛndœʀ] n. m. ▪ anglic. Mixeur composé d'une base sur laquelle s'emboîte un bol
haut.

**blenno-** Élément savant, du grec *blennos*
« mucus ».

**blennorragie** n. f. ▪ Maladie vénérienne,
inflammation des voies génito-urinaires.

**bléphar(o)-** Élément savant, du grec *ble-
pharon* « paupière ».

**blessant, ante** adj. ▪ Qui blesse, offense.

**blesser** v. tr. ① ▪ **1** Frapper d'un coup qui
cause une blessure. ▬ pronom. *Se blesser en
tombant.* ◆ (sujet chose) Occasionner une bles-
sure à ; faire mal à. *Blesser la vue.* **3** fig. Porter un coup
pénible à (qqn). → **offenser. ▶ blessé, ée** adj.
et n.

**blessure** n. f. ▪ **1** Lésion faite, involontairement ou pour nuire, aux tissus vivants par un
coup, la chaleur, etc. **2** fig. Atteinte morale.

**blet, blette** adj. ▪ (fruits) Qui est trop mûr.

**blette** n. f. → **bette**

**bleu, bleue** ▪ **I** adj. **1** De la couleur du ciel
pur, de la mer où le ciel se reflète, etc. ▬
*Bifteck bleu,* très saignant. **2** (peau) D'une
couleur livide (1). ▬ loc. *Peur, colère bleue,*
intense. ◆ *Maladie bleue* (par malformation
du cœur). 3 loc. *Sang bleu,* noble. **II** n. m. **1** La
couleur bleue. **2** (couleur d'origine du vêtement)
Jeune recrue. ▬ Nouvel élève. **3** Marque
bleue sur la peau, due à un coup. → **ecchymose. 4** *AU BLEU :* façon de préparer des
poissons au court-bouillon. **5** Fromage de

vache à moisissures. **6** Combinaison d'ouvrier (souvent en toile bleue).

**bleuâtre** adj. ▪ Qui tire sur le bleu.

**bleuet** n. m. ▪ **I** Centaurée à fleur bleue.
**II** franç. du Canada Variété d'airelle à grosses
baies.

**bleuir** v. ② ▪ **1** v. tr. Rendre bleu. **2** v. intr.
Devenir bleu.

**bleuté, ée** adj. ▪ Qui a une nuance bleue.

**bliaud** n. m. ▪ (moyen âge) Longue tunique.

**blindage** n. m. ▪ Protection (d'un abri...) par
des plaques de métal ; ces plaques.

**blinder** v. tr. ① ▪ **1** Protéger par un blindage.
**2** fig., fam. Endurcir, armer.

**bling-bling** adj. invar. ▪ fam. De style ostentatoire et clinquant, avec des objets coûteux et
voyants. ◆ n. m. *Le bling-bling,* ce style.

**blinis** [-is ; -i] n. m. ▪ Crêpe de sarrasin
épaisse.

**blister** n. m. ▪ anglic. Emballage fait d'une
coque de plastique transparent fixée sur du
carton.

**blitz** [blits] n. m. ▪ hist. Attaques aériennes
allemandes contre la Grande-Bretagne.

**blizzard** n. m. ▪ Vent accompagné de tour-
mentes de neige, dans le Grand Nord.

**bloc** n. m. ▪ **I 1** Masse solide et pesante
constituée d'un seul morceau. **2** Feuillets
assemblés sur un seul côté. **3** Éléments
groupés en une masse homogène. ◆ *Bloc
opératoire* (d'un hôpital...), installations pour
les opérations. **4** Coalition (politique). ▬ loc.
*Faire bloc :* s'unir. **5** *EN BLOC* loc. adv. : en
totalité, sans partage. **II** *À BLOC* loc. adv. : en
forçant, coinçant. **III** fam. Prison.

**blocage** n. m. ▪ **1** Action de bloquer (II).
*Blocage des prix.* **2** Difficulté d'adaptation à
une situation ; brusque inhibition.

**blockbuster** [-bœstœʀ] n. m. ▪ anglic. **1** Film à
gros budget, avec une importante campagne
publicitaire. → **superproduction. 2** pharm.
Médicament très utilisé.

**blockhaus** [blɔkos] n. m. ▪ Ouvrage militaire défensif, fortifié de béton.

**blocus** [-ys] n. m. ▪ Investissement (d'une
ville, d'un pays...) pour l'isoler. → aussi
**embargo.** ▬ *Blocus économique* (→ **boycott).**

**blog** n. m. ▪ anglic. Journal personnel, chronique d'humeur sur Internet. - syn. **WEBLOC.**
▷ n. **blogueur, euse**

**blogosphère** n. f. ▪ Ensemble des personnes
qui rédigent des blogs.

**blond, onde** ▪ **1** adj. D'une couleur claire
proche du jaune. ◆ (personnes) Qui a les cheveux blonds. ▬ n. *Un petit blond.* **2** n. m. La
couleur blonde.

**blondasse** adj. ▪ D'un vilain blond.

**blondeur** n. f. ▪ État de ce qui est blond.

**blondinet, ette** n. ▪ Enfant blond.

**blondir** v. intr. ② ▪ Devenir blond.

**bloquer** v. tr. ① ▪ **I** Réunir, mettre en un bloc. → **grouper**. **II 1** Empêcher de se mouvoir. → **immobiliser.** – *Bloquer les prix,* en interdire l'augmentation. **2** Boucher, obstruer. **3** Inhiber par un blocage (2).

**se blottir** v. pron. ② ▪ fam. Se ramasser sur soi-même (pour se protéger, etc.). → **se pelotonner.**

**blousant, ante** adj. ▪ Qui blouse (②).

**blouse** n. f. ▪ **1** Vêtement de travail que l'on met sur les autres. **2** Chemisier de femme.

① **blouser** v. tr. ① ▪ fam. Tromper (qqn).

② **blouser** v. intr. ① ▪ (vêtement) Bouffer (I).

**blouson** n. m. ▪ Veste courte, sportive.

**blue-jean** [bludʒin] n. m. ▪ anglic. Pantalon en jean (d'abord bleu). *Des blue-jeans.*

**blues** [bluz] n. m. ▪ **I** Forme musicale élaborée par les Noirs des États-Unis, à formule harmonique constante et rythme à quatre temps. **II** Mélancolie, cafard.

**bluff** [blœf] n. m. ▪ Attitude destinée à impressionner, intimider. *C'est du bluff.*

**bluffer** [blœfe] v. ① ▪ fam. **1** v. intr. Pratiquer le bluff. ▷ n. et adj. **bluffeur, euse 2** v. tr. Abuser (qqn). ◆ **Impressionner** (qqn).

**bluter** v. tr. ① ▪ Tamiser (la farine) pour la séparer du son (avec un *blutoir* n. m.).

**boa** n. m. ▪ Gros serpent carnassier d'Amérique tropicale, qui étouffe ses proies.

**boat people** [botpipœl] n. invar. ▪ anglic. Personne fuyant son pays sur un bateau.

**bobard** n. m. ▪ fam. Propos, récit fantaisiste et mensonger.

**bobèche** n. f. ▪ Disque destiné à recueillir la cire qui coule des chandeliers.

**bobinage** n. m. ▪ **1** Action de bobiner (du fil). **2** électr. Fils conducteurs enroulés.

**bobine** n. f. ▪ **1** Petit cylindre pour enrouler du fil, un film... **II** fam. Figure, tête.

**bobiner** v. tr. ① ▪ Dévider (un fil, etc.) et l'enrouler sur une bobine.

**bobinette** n. f. ▪ vx Loquet en bois.

① **bobo** n. m. ▪ **1** lang. enfantin Douleur physique. **2** Blessure insignifiante.

② **bobo** n. ▪ anglic. Personne d'un milieu aisé et cultivé (« bourgeois »), qui se veut attachée à des valeurs à la fois authentiques et anticonformistes (« bohème »).

**bobsleigh** [bɔbslɛg] n. m. ▪ Traîneau très rapide, pour descendre des pistes de glace.

**bo bun** ou **bobun** [bobun] n. m. ▪ Salade vietnamienne à base de vermicelle et de bœuf sauté, accompagnée de crudités.

**bocage** n. m. ▪ **1** Paysage formé de prés clos par des talus plantés d'arbres. **2** littér. Petit bois ; lieu ombragé. ▷ adj. **bocager, ère**

**bocal, aux** n. m. ▪ Récipient à col très court et à large ouverture.

**bocard** n. m. ▪ Appareil à broyer le minerai.

**boche** n. et adj. ▪ péj. (xénophobe) Allemand.

**bock** n. m. ▪ Verre à bière (moitié d'un demi).

**body** n. m. ▪ anglic. Justaucorps.

**body art** [bɔdiaʀt] n. m. ▪ anglic. Art plastique utilisant ou modifiant le corps humain (tatouages, etc.). *Body art et performance\*.*

**body-building** [bɔdibildiŋ] n. m. ▪ anglic. Culturisme destiné à remodeler le corps.

**bœuf** [bœf], plur. **bœufs** [bø] n. m. ▪ **I 1** Mammifère ruminant domestique (bovin), lorsqu'il est mâle (opposé à *vache*), castré (opposé à *taureau*) et adulte (opposé à *veau*). **2** Viande de bœuf ou de vache. **3** adj. invar. fam. *Un effet, un succès bœuf,* très grand. **II** argot du jazz Improvisation collective.

**bof** interj. ▪ Exclamation d'indifférence.

**bogie** ou **boggie** [bɔgi] n. m. ▪ anglic. Chariot articulé portant le châssis d'un wagon.

① **bogue** n. f. ▪ Enveloppe piquante de la châtaigne, du marron.

② **bogue** n. m. ▪ anglic., inform. Défaut d'un logiciel causant des anomalies de fonctionnement. – syn. BUG (mot angl.). ▷ adj. **bogué, ée** *Logiciel bogué.*

**bohème** ▪ **1** n. et adj. (Personne) qui mène une vie fantasque, sans règles. **2** n. f. *LA BOHÈME,* ensemble des bohèmes.

**bohémien, ienne** n. ▪ Tsigane nomade.

① **boire** v. tr. ⑤③ ▪ **1** Avaler (un liquide). ▪ loc. *Il y a à boire et à manger,* de bonnes et de mauvaises choses. ◆ fig. *Boire les paroles de qqn,* les écouter avec attention et admiration. **2** sans compl. Prendre régulièrement des boissons alcoolisées avec excès. ▪ prov. *Qui a bu boira* : on ne se corrige pas de ses vieux défauts. **3** (corps poreux...) Absorber. *Papier qui boit l'encre.*

② **boire** n. m. ▪ loc. *Le boire et le manger* : l'action de boire et de manger.

**bois** n. m. ▪ **1** Espace de terrain couvert d'arbres (plus petit que la forêt). **II** Matière ligneuse et compacte des arbres. → **ligni-, xylo-.** – loc. *Montrer de quel bois on se chauffe,* de quoi on est capable (menace). – *N'être pas de bois,* ne pas manquer de sensualité. – fam. *Gueule\* de bois.* – *Langue\* de bois.* **III 1** Bois de lit, cadre en bois qui supporte le sommier. **2** Gravure sur bois. **3** Instrument à vent, muni de trous, en bois (parfois en métal). **4** au plur. Cornes (des cervidés).

**boisé, ée** adj. ▪ Couvert de bois (I).

**boiser** v. tr. ① ▪ **1** Garnir de charpentes en bois. ▷ n. m. **boisage 2** Planter d'arbres. ▷ n. m. **boisement**

**boiserie** n. f. ▪ Revêtement en bois.

**boisseau** n. m. ▪ Ancienne mesure de capacité pour les matières sèches. – loc. *Mettre, laisser qqch. sous le boisseau,* tenir secret.

**boisson** n. f. ▪ **1** Liquide qui se boit. **2** Boisson alcoolique. **3** Alcoolisme.

**boîte** n. f. ▪ **1** Récipient de matière rigide, transportable, souvent muni d'un couvercle. – loc. fam. *METTRE qqn EN BOÎTE,* se moquer de lui. **2** loc. *BOÎTE À MUSIQUE,* dont le mécanisme reproduit des mélodies. – *BOÎTE AUX* (ou *À*) *LETTRES,* où l'on dépose le courrier. *BOÎTE POSTALE,* boîte aux lettres réservée, dans un bureau de poste. ← *BOÎTE NOIRE*, contenant un dispositif d'enregistrement (dans les avions...). **3** Cavité, organe creux. ← *Boîte crânienne*, partie du crâne qui renferme le cerveau. ◆ *Boîte de vitesses*, organe renfermant les engrenages des changements de vitesse. **4** fam. Entreprise, lieu de travail ; lycée. **5** *BOÎTE (DE NUIT)* : établissement ouvert la nuit où l'on boit, danse. → **discothèque.**

**boiter** v. intr. ⚏ ■ **1** Marcher en inclinant le corps d'un côté plus que de l'autre, ou alternativement d'un côté et de l'autre. **2** fig. Manquer d'équilibre ; être imparfait.

**boiterie** n. f. ■ Infirmité, mouvement d'une personne qui boite. → **claudication.**

**boiteux, euse** adj. ■ **1** Qui boite. ← n. *Un boiteux.* **2** (choses) Qui n'est pas d'aplomb. → **bancal. 3** fig. Qui manque d'équilibre, de cohérence. *Un raisonnement boiteux.*

**boîtier** n. m. ■ Boîte destinée à recevoir des objets, un mécanisme, etc.

**boitiller** v. intr. ⚏ ■ Boiter légèrement.

①**bol** n. m. ■ **I** Pièce de vaisselle, récipient individuel hémisphérique. **II** fam. **1** loc. *Ras\* le bol.* **2** Chance. *Avoir du bol.*

②**bol** n. m. ■ *Bol alimentaire*, masse d'aliments déglutis en une seule fois.

**bolchevik** n. m. ■ hist. Partisan du bolchevisme.

**bolchevisme** n. m. ■ hist. Doctrine léniniste du collectivisme marxiste.

**bolduc** n. m. ■ Ruban plat servant à ficeler.

**bolée** n. f. ■ Contenu (liquide) d'un bol.

**boléro** n. m. ■ **1** Danse espagnole à trois temps, de rythme lent. **2** Veste courte.

**bolet** n. m. ■ Champignon charnu. → **cèpe.**

**bolide** n. m. ■ Véhicule très rapide.

**boliviano** n. m. ■ Unité monétaire de la Bolivie.

**bolognais, aise** adj. et n. ■ De Bologne. ◆ *Sauce bolognaise*, n. f. *bolognaise* : sauce à la viande et à la tomate.

**bombance** n. f. ■ *Faire bombance* : faire un repas abondant. → **festoyer.**

**bombarde** n. f. ■ **I** (moyen âge) Machine de guerre. **II** (en Bretagne) Instrument à anche.

**bombarder** v. tr. ⚏ ■ **1** Attaquer, endommager en lançant des bombes, des obus, etc. **2** *Bombarder de* : lancer des projectiles sur. ← fig., fam. *Bombarder qqn de questions.* **3** fam. Nommer brusquement (qqn) à un poste. ▷ n. m. **bombardement**

**bombardier** n. m. ■ Avion, aviateur chargé d'un bombardement.

①**bombe** n. f. ■ **1** Projectile creux rempli d'explosif. ← *Bombe atomique.* ← Tout appareil explosible. *Bombe à retardement.* **2** loc. fam. *Faire l'effet d'une bombe* : surprendre, scandaliser. **3** *Bombe glacée*, glace pyramidale. **4** *Bombe au cobalt*, appareil de traitement médical du cancer. **5** Casquette de cavalier. **6** Atomiseur de grande taille.

②**bombe** n. f. ■ fam. *Faire la bombe*, la noce\*.

**bombé, ée** adj. ■ Qui est convexe.

**bombement** n. m. ■ Fait d'être bombé.

**bomber** v. ⚏ ■ **I** v. tr. Rendre convexe. ← *Bomber le torse* (fig. faire le fier). **2** v. intr. Devenir convexe ; gonfler. **II** fam. Peindre, inscrire à la bombe (de peinture).

**bombyx** [-iks] n. m. ■ Papillon dont une espèce est le *bombyx du mûrier* (→ ver à soie).

①**bon, bonne** adj. ■ REM. Le compar. de *bon* est *meilleur* ; *plus... bon* peut s'employer lorsque les deux mots ne se suivent pas. **I** Qui convient, a une valeur. **1** Qui a les qualités utiles qu'on attend ; qui fonctionne bien. **2** (personnes) Qui fait bien son travail, tient bien son rôle. **3** Qui est bien fait, mérite l'estime. **4** Qui répond aux exigences du bien, de la morale. *Bonnes mœurs.* **5** Agréable ; qui donne du plaisir. **6** Qui convient ; opportun. *C'est le bon moment.* **II 1** Qui veut du bien, fait du bien à autrui. → **généreux. 2** Qui entretient avec autrui des relations agréables. *Un bon garçon.* **3** (actions...) Qui témoigne de bonté. **III 1** Qui atteint largement la mesure exprimée. *Une bonne poignée.* **2** Intense, violent. *Une bonne gifle.* **3** Définitif, total. *Finissons-en une bonne fois.* **IV** n. m. **1** Ce qui est bon. ← loc. *AVOIR DU BON* : présenter des avantages. ◆ *POUR DE BON* loc. adv. : réellement, véritablement. **2** *LES BONS* : les personnes bonnes. *Les bons et les méchants.* **V 1** adv. (loc.) *Sentir bon* : avoir une bonne odeur. ← *Il fait bon* : le temps est agréable. ← *Tenir bon* : ne pas céder. **2** interj. *Bon !*, marque la satisfaction, la surprise, etc., ou sert de ponctuation dans le discours. ◆ loc. *ALLONS BON !* (étonnement ou mécontentement)

②**bon** n. m. ■ Écrit constatant le droit à une prestation, à une somme d'argent, etc.

**bonace** n. f. ■ mar. Calme de la mer.

**bonapartisme** n. m. ■ Attachement aux Bonaparte ou à leur système politique, l'Empire. ▷ adj. n. **bonapartiste**

**bonasse** adj. ■ D'une bonté excessive.

**bonbon** n. m. ■ Petite friandise faite de sirop aromatisé et parfois coloré. - syn. fam. BONBEC.

**bonbonne** n. f. ■ Gros récipient à col étroit.

**bonbonnière** n. f. ■ **1** Petite boîte à bonbons. **2** fig. Petit appartement ravissant.

**bond** n. m. ■ **1** Action de bondir. *Faire un bond* (fig. se précipiter ; augmenter subitement). ← fig. *Bond en avant*, progrès soudain et rapide. **2** loc. *Faire FAUX BOND à qqn*, ne pas faire ce qu'on a promis.

**bondage** n. m. ■ anglic. Pratique sexuelle sadomasochiste dans laquelle l'un des partenaires est attaché.

**bonde** n. f. ■ **1** Ouverture de fond, destinée à vider l'eau d'un réservoir, d'une baignoire... **2** Trou percé dans un tonneau.

**bondé, ée** adj. ■ (espace clos) Qui contient le maximum de personnes. → **comble.**

**bondieuserie** n. f. ■ Objet de piété de mauvais goût.

**bondir** v. intr. ② ▪ **1** S'élever brusquement en l'air par un saut. → **sauter**. ◆ fig. *Cela me fait bondir* (d'indignation...). **2** S'élancer précipitamment. → **courir**. ▷ adj. **bondissant, ante** ▷ **bondissement** n. m. → **bond**.

**bon enfant** [bɔn-] adj. invar. ▪ Qui a une gentillesse simple et naïve.

**bongo** n. m. ▪ Instrument latino-américain constitué de deux petits tambours.

**bonheur** [bɔn-] n. m. ▪ **I** Chance. ◆ loc. *Porter bonheur* (→ **porte-bonheur**). → *AU PETIT BONHEUR* : au hasard. ◆ *PAR BONHEUR* : heureusement. **II** (opposé à *malheur*) **1** État de pleine satisfaction. → **béatitude, bien-être, félicité, plaisir**. **2** Ce qui rend heureux. *De grands bonheurs.*

**bonheur-du-jour** n. m. ▪ Bureau ouvragé.

**bonhomie** [bɔn-] n. f. ▪ Simplicité dans les manières, unie à la bonté du cœur.

**bonhomme** [bɔnɔm], plur. **bonshommes** [bɔ̃zɔm] n. m. ▪ **1** fam. Homme, monsieur. **2** (affectueux) Jeune garçon. **3** Figure humaine dessinée ou façonnée grossièrement. *Bonhomme de neige.* **4** loc. *Aller son petit bonhomme de chemin* : poursuivre son action sans hâte, mais sûrement.

**boni** n. m. ▪ **1** fin. Économie de dépense par rapport aux prévisions. **2** Gratification (I).

**boniche** ou **bonniche** n. f. ▪ péj. Bonne (I).

**bonification** n. f. ▪ **I** Action de bonifier. **II 1** Avantage accordé par l'État sur un emprunt. **2** sports Avantage accordé à un concurrent, en fonction d'une performance.

**bonifier** v. tr. ⑦ ▪ **1** Rendre meilleur ; améliorer le rendement de (qqch.). ▪ se **bonifier** v. pron. S'améliorer.

**boniment** n. m. ▪ **1** Propos destiné à attirer la clientèle. **2** fam. Propos mensonger.

**bonimenter** v. intr. ① ▪ Faire du boniment. ▷ n. et adj. **bonimenteur, euse**

**bonjour** n. m. ▪ Souhait de bonne journée (adressé en arrivant, en rencontrant). ◆ loc. *C'est simple comme bonjour*, très simple.

**bon marché** adj. invar. → **marché**.

**bonne** n. f. ▪ **1** vieilli Servante. → **domestique**. *Bonne d'enfants.* → **nurse**. **II** loc. fam. *AVOIR* (qqn) *À LA BONNE*, avoir de la sympathie pour lui.

**bonne femme** n. f. ▪ fam. Femme. ◆ *Remède* de bonne femme.

**bonne-maman** n. f. ▪ Grand-mère.

**bonnement** adv. ▪ *TOUT BONNEMENT* : franchement ; tout simplement.

**bonnet** n. m. ▪ **1** Coiffure souple sans bords. ◆ loc. *Avoir la tête près du bonnet*, être coléreux. ◆ *Prendre qqch. sous son bonnet*, le faire de sa propre autorité. ◆ *C'est blanc bonnet et bonnet blanc*, cela revient au même. ◆ *Un gros bonnet*, un personnage influent. **2** Chacune des deux poches d'un soutien-gorge. **3** Second estomac d'un ruminant.

**bonneteau** n. m. ▪ Jeu de trois cartes que le *bonneteur* mélange, le joueur devant deviner où se trouve une de ces cartes.

**bonneterie** [bɔn(ə)tʀi ; bɔnɛtʀi] n. f. ▪ Industrie, commerce de vêtements en tissu à mailles. ◆ Ces articles (bas, lingerie, etc.).

**bonnetier, ière** n. ▪ **1** Personne qui fabrique ou vend de la bonneterie. **2** n. f. Petite armoire à une porte.

**bonniche** n. f. → **boniche**

**bonobo** n. m. ▪ Chimpanzé de la forêt congolaise.

**bon-papa** n. m. ▪ Grand-père.

**bonsaï** [bɔ̃(d)zaj] n. m. ▪ Arbre nain en pot.

**bonsoir** n. m. ▪ Salutation du soir (adressée en rencontrant ou en partant).

**bonté** n. f. ▪ **1** Qualité morale qui porte à être bon (II). → **altruisme, humanité ; gentillesse**. **2** au plur. vieilli Acte de bonté.

**bonus** [-ys] n. m. ▪ **1** Avantage consenti par un assureur à qqn qui n'a pas d'accidents. **2** Supplément gratuit (d'un CD, d'un DVD...).

**bon vivant** n. m. ▪ Homme d'humeur joviale.

**bonze** n. m. ▪ Prêtre bouddhiste.

**bookmaker** [bukmɛkœʀ] n. m. ▪ anglic. Personne qui, dans les courses de chevaux, prend les paris et les inscrit.

**boom** [bum] n. m. ▪ Brusque hausse des valeurs ; croissance soudaine.

**boomerang** [bumʀɑ̃g] n. m. ▪ Arme de jet, pièce de bois dur courbée qui revient à son point de départ si le but est manqué.

① **booster** [-bustœʀ] n. m. ▪ anglic. **1** Propulseur auxiliaire, pour les engins spatiaux. **2** Amplificateur d'un autoradio.

② **booster** [buste] v. tr. ① ▪ anglic., fam. (critiqué) Accélérer, stimuler.

**boots** [buts] n. f. pl. ▪ anglic. Bottes courtes.

**boqueteau** n. m. ▪ Petit bois. → **bosquet**.

**borborygme** n. m. ▪ Bruit dû à des gaz dans le tube digestif. → **gargouillement**.

**bord** n. m. ▪ **I 1** mar. Extrémité supérieure des bordages, de chaque côté d'un navire (→ bâbord, tribord). ◆ dans des loc. Le navire lui-même. *Monter à bord. Journal de bord.* ◆ loc. fig. *Les moyens du bord*, qu'offre la situation. **2** fig. *Être du bord de qqn*, de son parti. **II 1** Contour, limite, extrémité (d'une surface). *Le bord de la route.* **2** loc. *ÊTRE AU BORD DE qqch.*, en être tout près. ◆ fam. *SUR LES BORDS* loc. adv. : légèrement ; un peu.

**bordages** n. m. pl. ▪ Planches épaisses ou tôles recouvrant la membrure d'un navire.

**borde** n. f. ▪ régional Métairie.

**bordeaux** n. m. ▪ **1** Vin des vignobles de Gironde. **2** n. m. et adj. Rouge foncé.

**bordée** n. f. ▪ **1** Salve de l'artillerie du bord. ◆ fig. *Une bordée d'injures.* **2** Partie de l'équipage de service à bord. **3** Route parcourue par un navire sans virer. ◆ loc. fam. *Tirer une bordée*, aller de bar en bar.

**bordel** n. m. ▪ **1** vulg. Maison de prostitution. → **boxon**. **2** fig., fam. Grand désordre. **3** vulg. *Bordel !* (juron).

**bordélique** adj. ▪ fam. Désordonné.

**border** v. tr. ⓵ ▪ **1** Occuper le bord de (qqch.). **2** Garnir (un vêtement) d'une bordure. **3** Plier le bord des draps, des couvertures sous le matelas (d'un lit). **4** mar. Tendre les écoutes pour raidir (une voile).

**bordereau** n. m. ▪ Relevé des articles ou pièces d'un compte, d'un dossier, etc.

**borderline** [bɔʀdœʀlajn] adj. et n. invar. ▪ anglic., psych. Qui présente des troubles entre névrose et psychose. → *Des borderline.*

**bordier, ière** adj. ▪ Situé en bordure.

**bordure** n. f. ▪ Ce qui borde (notamment en ornant). → *En bordure (de)* : sur le bord (de).

**bore** n. m. ▪ chim. Corps simple (symb. B), métalloïde, voisin du carbone.

**boréal, ale, aux** adj. ▪ Qui est au nord du globe terrestre (opposé à *austral*). → **arctique.**

**borgne** adj. ▪ **1** Qui a perdu un œil ou ne voit que d'un œil. → n. *Un, une borgne.* **2** *Hôtel borgne,* mal famé.

**borie** n. f. ▪ régional (sud de la France) Hutte en pierres sèches.

**bornage** n. m. ▪ Opération consistant à délimiter deux propriétés par des bornes.

**borne** n. f. ▪ **1** Pierre ou marque servant notamment à délimiter un champ, une propriété. → *Borne kilométrique,* qui sert de repère le long d'une route. → *Borne d'incendie* : bouche d'incendie formant borne. **2** fam. Kilomètre. **3** Pôle d'un circuit électrique. **4** au plur. fig. Frontières, limites. → *Sans bornes,* illimité.

**borne-fontaine** n. f. ▪ **1** Fontaine en forme de borne. **2** franç. du Canada Bouche d'incendie.

**borner** v. tr. ⓵ ▪ **1** Délimiter (un terrain...). **2** fig. Renfermer dans des limites précises. ► **se borner** (à) v. pron. Se limiter (à). ► **borné, ée** adj. **1** Qui a (qqch.) comme borne. **2** Dont les capacités intellectuelles sont limitées.

**bortsch** [bɔʀtʃ] n. m. ▪ Soupe à la betterave (plat ukrainien), au chou (plat russe), à la crème.

**bosco** n. m. ▪ mar. Maître de manœuvre.

**boson** n. m. ▪ phys. Particule fondamentale, atome dont le nombre de spin est entier ou nul. → *Boson de Higgs,* à l'origine de la matière.

**bosquet** n. m. ▪ Petit bois ; groupe d'arbres.

**boss** [bɔs] n. m. ▪ anglic., fam. Patron, chef.

**bossage** n. m. ▪ archit. Saillie ornementale.

**bossa-nova** n. f. ▪ Musique de danse brésilienne ; cette danse.

① **bosse** n. f. ▪ **1** Enflure due à un choc sur une région osseuse. **2** Grosseur dorsale, difformité de la colonne vertébrale (→ **bossu**). **3** Saillie à la surface d'un os (notamment du crâne). → fam. *Avoir la bosse des maths.* → bosse **4** Protubérance naturelle sur le dos d'animaux. **5** Partie renflée et arrondie.

② **bosse** n. f. ▪ mar. Cordage fin.

**bosseler** v. tr. ④ ▪ Déformer (qqch.) par des bosses. → **cabosser.** ▷ n. f. **bosselure**

**bosser** v. intr. et tr. ⓵ ▪ fam. Travailler. ▷ **bosseur, euse** n. et adj. fam. → **travailleur.**

**bossoir** n. m. ▪ mar. Dispositif de levage.

**bossu, ue** adj. et n. ▪ Qui a une, des bosses (2).

**bossué, ée** adj. ▪ Qui présente des bosses.

**bot** adj. ▪ *Pied bot,* difforme par rétraction.

**botanique** ▪ **1** adj. Relatif aux végétaux, à leur étude. **2** n. f. Science des végétaux.

**botaniste** n. ▪ Spécialiste de botanique.

① **botte** n. f. ▪ Chaussure haute qui enferme le pied et la jambe. ♦ loc. *Être à la botte de qqn,* lui obéir servilement. → *Bruits de bottes* : rumeurs de guerre.

② **botte** n. f. ▪ Assemblage de végétaux liés.

③ **botte** n. f. ▪ Coup d'épée, de fleuret.

**botteler** v. tr. ④ ▪ Attacher en botte(s).

**botter** v. tr. ⓵ ▪ **I 1** Chausser de bottes. **2** fam. Donner un coup de pied à. *Botter les fesses à qqn.* ♦ (sans compl.) sports Frapper du pied le ballon. **II** fam. Plaire à (qqn).

**bottier** n. m. ▪ Artisan qui fabrique des chaussures sur mesure. → **chausseur.**

**bottillon** n. m. ▪ Chaussure montante.

**bottin** n. m. ▪ anglic., fam. Annuaire du téléphone.

**bottine** n. f. ▪ Chaussure montante fine.

**botulisme** n. m. ▪ Intoxication grave causée notamment par les conserves avariées. ▷ adj. **botulique**

**boubou** n. m. ▪ Tunique ample africaine.

**bouc** n. m. ▪ **1** Mâle de la chèvre. → loc. *BOUC ÉMISSAIRE* : bouc qu'on chargeait des péchés d'Israël ; fig. personne sur laquelle on fait retomber tous les torts. **2** Barbiche.

① **boucan** n. m. ▪ fam. Grand bruit.

② **boucan** n. m. ▪ (aux Caraïbes) Gril de bois.

**boucane** n. f. ▪ franç. du Canada Fumée (du feu, de cigarette...).

**boucaner** v. tr. ⓵ ▪ **1** Faire sécher à la fumée (de la viande, etc.). ▷ n. m. **boucanage 2** Dessécher et colorer (la peau).

**boucanier** n. m. ▪ Aventurier, pirate.

**bouchage** n. m. ▪ Action de boucher.

**boucharde** n. f. ▪ techn. Marteau ou rouleau à aspérités. ▷ **boucharder** v. tr. ⓵

**bouche** n. f. ▪ **1** Cavité située au bas du visage humain, communiquant avec l'appareil digestif et avec les voies respiratoires (→ **buccal**). ♦ Les lèvres et leur expression. *Une jolie bouche.* → loc. *Faire la fine bouche,* le difficile. ♦ (servant à manger) *Avoir la bouche pleine.* → *Garder qqch. pour la bonne bouche,* pour la fin. → *Une fine bouche* : un gourmet. ♦ (servant à parler) loc. *De bouche à oreille* : en confidence. → *Le bouche à oreille* : ce qui se transmet directement, par la parole. → *Bouche cousue !* → **motus. 2** Cavité buccale (d'animaux). → **gueule. 3** Ouverture, orifice arrondi (de qqch., d'une construction). *Bouche de métro. Bouche d'égout.* → *Bouche d'incendie* : arrivée d'eau aménagée pour les pompiers.

**bouché, ée** adj. ▪ **1** Fermé. **2** fig. Obtus.

**bouche-à-bouche** n. m. invar. ▪ Respiration artificielle où l'on insuffle avec sa bouche de l'air dans celle de l'asphyxié.

**bouchée** n. f. ▪ **1** Quantité d'aliment qu'on met dans la bouche en une seule fois. ♦ loc. *Pour une bouchée de pain :* pour un prix dérisoire. ↝ *Ne faire qu'une bouchée de qqn,* en triompher aisément. ↝ *Mettre les bouchées doubles :* aller plus vite (dans un travail, etc.). **2** BOUCHÉE À LA REINE : croûte feuilletée garnie. **3** Morceau de chocolat fin fourré.

① **boucher** v. tr. ① ▪ **1** Fermer (une ouverture, un récipient...). ♦ *Se boucher le nez* (en le pinçant), pour ne pas sentir. **2** Obstruer (un passage...). **3** loc. fam. *En boucher un coin à qqn,* le rendre muet d'étonnement.

② **boucher, ère** ▪ **1** n. Commerçant(e) qui prépare et vend la viande. **2** n. m. fig. Homme sanguinaire. ↝ Chirurgien maladroit.

**boucherie** n. f. ▪ **1** Commerce de la viande crue de bœuf (et veau), de mouton (et agneau), de porc, de cheval. ♦ Magasin du boucher. **2** fig. Tuerie, carnage.

**bouche-trou** n. m. ▪ Ce qui ne sert qu'à combler une place vide. *Des bouche-trous.*

**bouchon** n. m. ▪ **1** vx Poignée de paille tordue. **2** Petit restaurant. **II 1** Pièce (spécialt en liège) qui sert à boucher les bouteilles, flacons, etc. **2** Flotteur de ligne de pêche. **3** Embouteillage. **4** Jeu où on lançait des bouchons de liège.

**bouchonné, ée** adj. ▪ *Vin bouchonné,* qui a un goût, une odeur de bouchon.

**bouchonner** v. ① ▪ **1** v. tr. Frotter vigoureusement (spécialt un cheval). **2** v. intr. fam. Former un embouteillage.

**bouchot** n. m. ▪ Parc à moules, en bois.

**bouclage** n. m. ▪ Action de boucler (I).

**boucle** n. f. ▪ **1** Anneau ou rectangle métallique muni d'une ou plusieurs pointes (→ **ardillon**) pour tendre une courroie, une ceinture. **2** Objet en forme d'anneau. ♦ *Boucles d'oreilles :* bijoux qu'on fixe aux oreilles. **3** Ligne courbe qui s'enroule. *Boucles de cheveux.* **4** loc. *En boucle,* répété plusieurs fois. **5** inform. Partie d'un programme qui revient à son point de départ.

**boucler** v. ① ▪ **I** v. tr. **1** Attacher, serrer au moyen d'une boucle. **2** (presse...) *Boucler un numéro :* rassembler les articles prêts à paraître. **3** fam. Fermer (un passage...). ↝ loc. *La boucler,* se taire. ↝ Enfermer, emprisonner (qqn). **4** Parcourir entièrement (un circuit...). ↝ **cerner, encercler. II** v. intr. Avoir, prendre la forme de boucles. ► **bouclé, ée** adj. *Cheveux bouclés.*

**bouclette** n. f. ▪ Petite boucle.

**bouclier** n. m. ▪ **1** Ancienne arme défensive, épaisse plaque portée pour se protéger. ↝ loc. *Levée de boucliers :* démonstration collective d'opposition. **2** fig., littér. Ce qui constitue une défense, une protection. → **rempart. 3** zool. Carapace (de crustacés). **4** géol. Plateforme de terrains anciens.

**bouddhisme** n. m. ▪ Doctrine religieuse fondée en Inde, qui succéda au brahmanisme et se répandit en Asie. ▷ adj. **bouddhique** ▷ adj. et n. **bouddhiste**

**bouder** v. ① ▪ **1** v. intr. Montrer du mécontentement par une attitude maussade. **2** v. tr. Montrer de l'hostilité à (qqn) par cette attitude. ↝ fam. Ne plus rechercher (qqch.). *Bouder les distractions.*

**bouderie** n. f. ▪ Action, fait de bouder.

**boudeur, euse** adj. ▪ Qui boude fréquemment. → **maussade.** ↝ n. *Un boudeur.* ♦ Qui marque la bouderie. *Air boudeur.*

**boudin** n. m. ▪ **1** Boyau rempli de sang et de graisse de porc assaisonnés. ↝ *Boudin blanc,* à base de viandes blanches. ↝ loc. fam. *S'en aller en eau de boudin,* échouer progressivement (affaire). **2** Objet cylindrique. ↝ *Ressort à boudin,* hélicoïdal. **3** fam., péj. Fille petite et grosse.

**boudiné, ée** adj. ▪ **1** Serré dans un vêtement étroit. **2** En forme de boudin.

**boudiner** v. tr. ① ▪ **1** Tordre en spirale. **2** Serrer (qqn) dans des vêtements étroits.

**boudoir** n. m. ▪ **1** Petit salon élégant de dame. **2** Biscuit oblong recouvert de sucre.

**boue** n. f. ▪ **1** Terre, poussière détrempée (dans les chemins...). ↝ loc. *Traîner qqn dans la boue,* l'accabler de propos infamants. **2** Limon imprégné d'éléments minéraux. *Bains de boue.* **3** Déchets, résidus liquides.

**bouée** n. f. ▪ Corps flottant qui signale l'emplacement d'un mouillage, d'un écueil... ou délimite une passe, un chenal. ♦ Anneau d'une matière insubmersible.

① **boueux, euse** adj. ▪ **1** Plein de boue. **2** Qui a la consistance, l'aspect de la boue.

② **boueux** n. m. ▪ Éboueur.

**bouffant, ante** adj. ▪ Qui bouffe (I).

**bouffarde** n. f. ▪ fam. Grosse pipe.

① **bouffe** adj. ▪ *Opéra bouffe,* du genre lyrique léger. → **opérette.**

② **bouffe** n. f. ▪ fam. Action de bouffer, de manger. ♦ Nourriture.

**bouffée** n. f. ▪ **1** Souffle exhalé ou inspiré par intermittence par la bouche. **2** Souffle d'air qui arrive. *Une bouffée de parfum.* ♦ Sensation brusque. *Bouffée de chaleur.* **3** fig. → **accès.** *Une bouffée de colère.*

**bouffer** v. ① ▪ **I** v. intr. (matière souple, légère) Gonfler, augmenter de volume. **II** v. tr. fam. **1** Manger. ↝ sans compl. *Bien bouffer.* ↝ loc. *Se bouffer le nez,* se disputer. **2** fig. Absorber, accaparer. ♦ (machines) Consommer.

**bouffetance** n. f. ▪ fam. Nourriture.

**bouffi, ie** adj. ▪ **1** Gonflé, enflé de manière disgracieuse. *Yeux bouffis.* **2** fig., péj. *Bouffi de,* rempli de (un sentiment). *Bouffi d'orgueil.*

**bouffir** v. tr. ② ▪ Déformer par une enflure morbide, disgracieuse. ▷ n. f. **bouffissure**

**bouffon, onne** ▪ **I 1** n. m. ancient Personnage chargé de divertir un prince. → **fou.** ↝ mod. Celui qui amuse. → **pitre. 2** n. fam. Personne niaise, ridicule. **II** adj. D'un comique grotesque. → **burlesque.**

**bouffonnerie** n. f. ■ **1** Caractère bouffon. **2** Action ou parole bouffonne.

**bougainvillée** [-vile] n. f. ■ Arbrisseau grimpant à feuilles persistantes, à bractées ornementales. – syn. BOUGAINVILLIER n. m.

**bouge** n. m. ■ Café, cabaret sordide.

**bougeoir** n. m. ■ Chandelier bas, sans pied.

**bougeotte** n. f. ■ fam. Manie, habitude de bouger, de voyager.

**bouger** v. ③ ■ I v. intr. **1** Faire un mouvement. → **remuer.** ♦ Se déplacer ; partir. *Bouger sans cesse.* **2** fam. Changer, évoluer. *Les prix n'ont pas bougé.* **3** S'agiter avec hostilité ; se révolter. II v. tr. fam. Remuer, déplacer. *Bouger un meuble.*

**bougie** n. f. ■ **1** Appareil d'éclairage, mèche tressée enveloppée de cire, etc. **2** Appareil d'allumage (d'un moteur à explosion).

**bougnat** n. m. ■ fam. et vieilli Marchand de charbon (qui tenait souvent un café).

**bougon, onne** adj. et n. ■ fam. Qui a l'habitude de bougonner. → *Un air bougon.*

**bougonner** v. intr. ① ■ fam. Exprimer pour soi seul, souvent entre les dents, son mécontentement. ⊳ n. m. **bougonnement**

**bougre, bougresse** n. ■ fam. **1** Personne hardie. → **gaillard.** ♦ Individu. *Un bon bougre.* **2** *Bougre de* : espèce de. **3** interj. → **bigre.**

**bougrement** adv. ■ fam. Très.

**boui-boui** n. m. ■ fam. Restaurant médiocre.

**bouillabaisse** n. f. ■ Plat provençal de poissons bouillis, fortement épicé.

**bouillant, ante** adj. ■ **1** Qui bout. **2** Très chaud, brûlant. **3** fig. Ardent, emporté.

**bouille** n. f. ■ fam. Figure, tête.

**bouilleur** n. m. ■ Distillateur. → *BOUILLEUR DE CRU* : personne qui distille ses récoltes.

**bouillie** n. f. ■ **1** Aliment fait de lait et de farine bouillis ensemble. **2** *EN BOUILLIE* : écrasé. Loc. fig. *Bouillie pâteuse.*

**bouillir** v. intr. ⑮ ■ **1** (liquide) S'agiter en formant des bulles (ébullition). **2** (viande...) Cuire dans un liquide qui bout. ♦ Être stérilisé, etc. dans l'eau qui bout. **3** fig. S'impatienter, s'emporter. → *Bouillir de colère.* ► **bouilli, ie** adj.

**bouilloire** n. f. ■ Récipient métallique à bec destiné à faire bouillir de l'eau.

**bouillon** n. m. ■ **1** Bulles qui se forment au sein d'un liquide qui bout. *Bouillir à gros bouillons.* **2** Liquide dans lequel ont bouilli des aliments. **3** *Bouillon de culture* : liquide pour la culture des microbes ; fig. milieu favorable.

**bouillonner** v. intr. ① ■ **1** (liquide) Être agité en formant des bouillons. **2** fig. Être en effervescence. ⊳ n. m. **bouillonnement**

① **bouillotte** n. f. ■ **1** vieilli Bouilloire. **2** Récipient que l'on remplit d'eau bouillante pour se chauffer (dans un lit, etc.).

② **bouillotte** n. f. ■ Ancien jeu de cartes.

**boulanger, ère** n. ■ Personne qui fait et vend du pain.

**boulangerie** n. f. ■ **1** Fabrication et commerce du pain. **2** Magasin du boulanger.

**boule** n. f. ■ **1** Objet sphérique. → *Boule de neige.* loc. fig. *Faire boule de neige* : prendre de l'importance, de l'ampleur. → *BOULE DE GOMME* : bonbon de gomme. **2** *EN BOULE* : en forme de boule. → fig., fam. *Se mettre en boule,* en colère. **3** Corps plein sphérique que l'on fait rouler (jeux). **4** fam. Tête, crâne. → loc. *Perdre la boule,* devenir fou. **5** loc. fam. *Avoir les boules* : être en colère, ou anxieux.

**bouleau** n. m. ■ Arbre des régions froides et tempérées, à écorce blanche.

**bouledogue** n. m. ■ Petit dogue.

**bouler** v. intr. ① ■ **1** Rouler comme une boule. **2** fig., fam. *Envoyer bouler qqn,* le repousser, l'éconduire.

**boulet** n. m. ■ **1** Projectile sphérique de métal dont on chargeait les canons. → loc. fam. *Comme un boulet de canon,* en trombe. **2** Boule de métal qu'on attachait aux pieds des forçats. ♦ fig. Obligation, charge pénible. **3** Aggloméré (ovoïde) de charbon.

**boulette** n. f. ■ **1** Petite boule (spécialt d'un aliment). **2** fam. Bévue, gaffe.

**boulevard** n. m. ■ **1** Rue très large, souvent plantée d'arbres. **2** *Théâtre de boulevard,* d'un comique léger, traditionnel.

**boulevardier, ière** adj. ■ Qui a l'esprit du théâtre de boulevard.

**bouleversant, ante** adj. ■ Très émouvant.

**bouleverser** v. tr. ① ■ **1** Mettre en grand désordre, par une action violente. **2** Apporter des changements brutaux dans. **3** Causer une émotion intense, un grand trouble à (qqn). ⊳ n. m. **bouleversement**

**boulgour** n. m. ■ Blé dur concassé.

**boulier** n. m. ■ Cadre à tringles portant des boules, qui sert à compter. → **abaque.**

**boulimie** n. f. ■ **1** Faim excessive, pathologique. **2** fig. *Une boulimie de lecture.* ⊳ adj. et n. **boulimique**

**boulin** n. m. ■ Trou ménagé dans un mur.

**boulingrin** n. m. ■ Parterre de gazon.

**bouliste** n. ■ Personne qui joue aux boules.

**boulocher** v. intr. ① ■ (lainage) Former, à l'usage, de petites boules pelucheuses (*bouloche* n. f.).

**boulodrome** n. m. ■ Terrain aménagé pour le jeu de boules.

**boulon** n. m. ■ Ensemble constitué par une vis et l'écrou qui s'y adapte.

**boulonner** v. ① ■ **1** v. tr. Fixer par des boulons. ⊳ n. m. **boulonnage** **2** v. intr. fam. Travailler.

① **boulot, otte** adj. et n. ■ Gras et court.

② **boulot** n. m. ■ fam. Travail, activité professionnelle.

**boulotter** v. intr. ① ■ fam. Manger.

**boum** [bum] ■ **1** interj. Bruit de ce qui tombe, explose. **2** (n. m.) loc. *En plein boum* : en pleine activité. **3** n. f. Surprise-partie.

**boumer** v. intr. ① ■ fam. *Ça boume,* ça va.

**① bouquet** n. m. ■ **1** Groupe serré (d'arbres).
→ **boqueteau. 2** Assemblage de fleurs, de
feuillages coupés. ♦ *Bouquet garni*, thym,
laurier, persil. **3** Fusées qui couronnent un
feu d'artifice. ♦ fam. *C'est le bouquet* : c'est le
comble. **4** Arôme (d'un vin...).

**② bouquet** n. m. ■ Crevette rose.

**bouquetière** n. f. ■ Celle qui fait et vend des
bouquets de fleurs dans les lieux publics.

**bouquetin** n. m. ■ Mammifère ruminant à
longues cornes annelées (sauvage).

**bouquin** n. m. ■ fam. Livre, ouvrage.

**bouquiner** v. 🗓 ■ fam. **1** v. intr. vieilli Fouiller
dans de vieux livres. **2** v. tr. et intr. Lire.

**bouquiniste** n. ■ Vendeur de vieux livres.

**bourbe** n. f. ■ Boue, dépôt au fond des eaux
stagnantes. ▷ adj. **bourbeux, euse**

**bourbier** n. m. ■ **1** Lieu plein de bourbe. **2** fig.
Situation très embarrassante.

**bourbon** n. m. ■ Alcool analogue au whisky,
à base de maïs, fabriqué aux États-Unis.

**bourbonien, ienne** adj. ■ De la famille des
Bourbons. ← *Nez bourbonien*, long et busqué.

**bourdaine** n. f. ■ Arbuste à écorce laxative.

**bourde** n. f. ■ Faute lourde, grossière.

**① bourdon** n. m. ■ **1** Insecte hyménoptère
au corps lourd et velu. **2** *Faux bourdon* : mâle
de l'abeille. **II 1** Ton grave, dans certains
instruments. **2** Grosse cloche à son grave.
**III** fam. *Avoir le bourdon* : être mélancolique
(→ le cafard).

**② bourdon** n. m. ■ Long bâton de pèlerin.

**bourdonnement** n. m. ■ **1** Bruit sourd
et continu du vol d'insectes (bourdon,
mouche...). **2** Murmure sourd, confus.

**bourdonner** v. intr. 🗓 ■ **1** Faire entendre un
bourdonnement. ♦ Émettre un son grave,
vibrant. **2** Percevoir un bruit confus (oreilles).

**bourg** [buʀ] n. m. ■ Gros village.

**bourgade** n. f. ■ Village.

**bourgeois, oise** n. ■ **1** hist. (au moyen âge)
Citoyen d'une ville. **2** sous l'Ancien Régime
Membre du tiers état qui ne travaillait pas
de ses mains. **3** mod. Personne de la classe
moyenne et dirigeante, qui ne travaille pas
manuellement. → **petit-bourgeois.** ♦ adj.
Propre à cette classe. **4** adj. péj. Qui est d'un
conformisme excessif. **5** n. f. pop. Épouse.
▷ adv. **bourgeoisement**

**bourgeoisie** n. f. ■ **1** hist. État de bourgeois
(1). **2** Ensemble des bourgeois (2). **3** Ensemble
des bourgeois (3) ; classe dominante.

**bourgeon** n. m. ■ Excroissance sur la tige, la
branche d'un arbre, contenant en germe les
tiges, branches, feuilles, fleurs ou fruits.

**bourgeonner** v. intr. 🗓 ■ **1** (arbres...) Pousser
des bourgeons. **2** fig. (visage...) Se couvrir de
boutons. ▷ n. m. **bourgeonnement**

**bourgeron** n. m. ■ ancient Blouse de toile.

**bourgmestre** [buʀgmɛstʀ] n. m. ■ (Belgique,
Suisse) Premier magistrat d'une commune.

**bourgogne** n. m. ■ Vin de Bourgogne.

**bourguignon, onne** adj. et n. ■ De Bourgogne. ♦ *Bœuf bourguignon*, au vin rouge.

**bourlinguer** v. intr. 🗓 ■ **1** mar. (navire) Avancer péniblement, en roulant. **2** Naviguer ou
voyager beaucoup. ▷ n. **bourlingueur, euse**

**bourrache** n. f. ■ Plante à grandes fleurs
bleues, employée en tisane.

**bourrade** n. f. ■ Poussée donnée à qqn.

**bourrage** n. m. ■ **1** Action de bourrer. **2** fam.
*BOURRAGE DE CRÂNE* : propagande intensive.
**II** Matière servant à bourrer.

**bourrasque** n. f. ■ Coup de vent violent.

**bourratif, ive** adj. ■ (aliment) Qui bourre.

**① bourre** n. f. ■ **1** Poils d'animaux ou déchets
textiles utilisés pour rembourrer. ♦ loc. fam.
*De première bourre* : de première qualité.
**2** Duvet des bourgeons de certains arbres.

**② bourre** n. m. ■ **I** fam. Hâte. ← loc. *À LA
BOURRE* : en retard. **II** n. m. argot Policier.

**bourré, ée** adj. ■ **1** *Bourré de* : rempli de
(qqch.). **2** Bondé, comble. **3** fam. Ivre.

**bourreau** n. m. ■ **1** Celui qui exécute les
peines corporelles ordonnées par la justice
et, spécialt, la peine de mort. **2** Personne qui
martyrise qqn. ← plais. *Bourreau des cœurs* :
séducteur. **3** *Bourreau de travail*, personne
qui travaille beaucoup.

**bourrée** n. f. ■ Danse du folklore auvergnat.

**bourrelé, ée** adj. ■ *Bourrelé de remords* :
tourmenté par les remords.

**bourrelet** n. m. ■ **1** Bande de mousse, etc.,
qui sert à calfeutrer. **2** Renflement allongé.
← spécialt Pli de chair, de graisse.

**bourrelier, ière** n. ■ Artisan qui fait et vend
des harnais, des sacs, etc. → **sellier.**

**bourrellerie** n. f. ■ Métier du bourrelier.

**bourrer** v. tr. 🗓 ■ **I 1** Remplir de bourre.
→ **rembourrer. 2** Remplir complètement en
tassant. **3** Gaver (qqn) de nourriture. ← pronom. *Se bourrer de gâteaux.* ♦ intrans. fam. *Aliment qui bourre*, qui cale l'estomac. → **bourratif. 4** *BOURRER LE CRÂNE à qqn*, essayer de
lui en faire accroire. **II** *Bourrer qqn de coups*,
le frapper à coups redoublés. ► **se bourrer**
v. pron. fam. S'enivrer. ← faux pronom. *Se
bourrer la gueule* (même sens).

**bourriche** n. f. ■ Panier sans anse.

**bourrichon** n. m. ■ fam. Tête. ← loc. *Se monter
le bourrichon* : se faire des illusions.

**bourricot** n. m. ■ Petit âne.

**bourride** n. f. ■ Plat de poissons bouillis.

**bourrin** n. m. ■ fam. Cheval.

**bourrique** n. f. ■ **1** Âne, ânesse. ← loc.
*Faire tourner qqn en bourrique*, l'abrutir de
taquineries, etc. **2** fig., fam. Personne têtue.

**bourru, ue** adj. ■ **1** (choses) Rude, grossier
(comme la bourre). **2** (personnes) Brutal, rude.

**① bourse** n. f. ■ **I 1** Petit sac arrondi destiné à
contenir des pièces de monnaie. ← loc. *Sans
bourse délier*, sans rien débourser. **2** Argent
dont qqn dispose. *Une maigre bourse.* **3** Pension accordée à un étudiant, etc. **II** au plur.
Enveloppe des testicules. → **scrotum.**

② **bourse** ou **Bourse** n. f. ■ **1** Marché des valeurs mobilières ou des marchandises ; lieu où se fait ce marché. ➤ spécialt Bourse des valeurs. **2** Cours de la Bourse. *La Bourse a baissé.* **3** *BOURSE DU TRAVAIL* : réunion de syndicats ouvriers. **4** Lieu où l'on échange certaines marchandises. *Bourse aux livres.*

**boursicoter** v. intr. ① ■ Faire des opérations en Bourse. → **spéculer.** ▷ n. m. **boursicotage** ▷ n. **boursicoteur, euse**

① **boursier, ière** n. et adj. ■ Élève, étudiant qui a obtenu une bourse d'études.

② **boursier, ière** ■ **1** n. Professionnel de la Bourse (fém. rare). **2** adj. De la Bourse.

**boursoufler** v. tr. ① ■ Faire enfler, gonfler. ➤ **boursouflé, ée** adj. → **bouffi.** ▷ n. f. **boursouflure**

**bousculer** v. tr.① ■ **1** Pousser, heurter brutalement. **2** Modifier avec brusquerie. *Bousculer la tradition.* **3** Faire se dépêcher (qqn). ➤ au p. p. *Être bousculé,* très occupé de choses urgentes. ▷ n. f. **bousculade**

**bouse** n. f. ■ Excrément des bovins.

**bouseux** n. m. ■ fam. et péj. Paysan.

**bousier** n. m. ■ Scarabée vivant dans la bouse, qu'il roule en boulettes.

**bousiller** v. ① ■ **I** v. intr. techn. Maçonner en torchis. **II** v. tr. fam. **1** Mal faire (un travail…). ◆ Rendre inutilisable. **2** Tuer, massacrer. ▷ n. m. **bousillage**

**boussole** n. f. ■ Appareil à cadran dont l'aiguille marque le nord. ➤ loc. fam. *Perdre la boussole,* être troublé, affolé.

**boustifaille** n. f. ■ fam. Nourriture.

**boustrophédon** n. m. ■ Écriture ancienne allant de gauche à droite puis inversement.

**bout** n. m. ■ **I 1** Partie qui termine (un objet) dans le sens de la longueur. → **extrémité.** ◆ *À bout de bras* : au bout du bras tendu. ➤ loc. *On ne sait (pas) par quel bout le prendre,* il est d'une humeur difficile. *Tenir le bon bout,* être en passe de réussir. **2** Extrémité (d'un espace). *À l'autre bout de la ville.* ➤ fig. *À tout bout de champ* : à tout propos. **3** Fin d'une durée, de ce qui se termine, s'épuise. ➤ loc. *Au bout du compte,* finalement. ➤ *ÊTRE À BOUT DE,* ne plus avoir de. *Être à bout d'arguments.* ➤ *Être à bout,* être épuisé ou exaspéré. ➤ *VENIR À BOUT d'un travail,* l'achever ; *d'un adversaire,* le vaincre. **II 1** Partie, fragment. ◆ *Un bout de* : un peu de. ◆ *Un bon bout de temps,* longtemps. **2** loc. fam. *METTRE LES BOUTS* : partir. **III** mar. [but] Cordage.

**boutade** n. f. ■ Trait d'esprit, plaisanterie.

**bout-dehors** n. m. ■ mar. Espar horizontal à l'avant d'un voilier, pour fixer une voile.

**boute-en-train** n. invar. ■ Personne enjouée.

**bouteille** n. f. ■ **I 1** Récipient à goulot étroit, pour les liquides (spécialt le vin). ➤ loc. *Prendre de la bouteille* : vieillir. ➤ *Être porté sur la bouteille* : s'adonner à la boisson. **2** Récipient métallique pour le gaz sous pression, etc. **II** appos. *Vert bouteille,* vert sombre.

**bouter** v. tr. ① ■ vx Pousser, chasser.

**bouterolle** n. f. ■ techn. **1** Outil à tête arrondie. **2** Garde de serrure.

**boute-selle** n. m. invar. ■ ancienmt Sonnerie de trompette pour le départ des cavaliers.

**bouteur** n. m. → **bulldozer**

**boutique** n. f. ■ **1** Petit local où un commerçant, un artisan exerce son activité. → **magasin. 2** loc. fam. *Parler boutique,* de ses activités professionnelles.

**boutiquier, ière** n. ■ péj. Marchand.

**boutis** n. m. ■ Broderie effectuée sur deux étoffes superposées, le dessin étant mis en relief par un bourrage ; ouvrage de cette broderie. *Un boutis provençal.*

**boutoir** n. m. ■ Extrémité du groin du porc, etc. ➤ loc. *Coup de boutoir* : vive attaque.

**bouton** n. m. ■ **I** Bourgeon, spécialt bourgeon à fleur. **II** Petite tumeur cutanée. **III 1** Petite pièce cousue sur les vêtements pour les fermer. ➤ *Bouton-pression.* → **pression** (II). **2** Partie saillante (d'un objet) servant à ouvrir, fermer… *Bouton de porte.* → **poignée.** ◆ Petite commande (d'un appareil…) que l'on tourne ou pousse. *Bouton électrique.* → **interrupteur.** ◆ inform. Petite zone rectangulaire (d'un écran), sur laquelle on clique pour déclencher une action.

**bouton-d'or** n. m. ■ Renoncule sauvage, à fleurs jaune doré. *Des boutons-d'or.*

**boutonner** v. tr. ① ■ Fermer, attacher (un vêtement) au moyen de boutons. ▷ **boutonnage** n. m. *Boutonnage dans le dos.*

**boutonneux, euse** adj. ■ Qui a des boutons (II) sur la peau.

**boutonnière** n. f. ■ **1** Petite fente faite à un vêtement pour y passer un bouton. **2** Incision longue et étroite dans les chairs.

**boutre** n. m. ■ Petit voilier à poupe élevée.

**bout-rimé** n. m. ■ Poésie à rimes imposées.

**bouture** n. f. ■ Jeune pousse coupée et plantée pour former une nouvelle plante.

**bouturer** v. tr. ① ■ Reproduire (une plante) par boutures. ▷ n. m. **bouturage**

**bouvier, ière** n. ■ **1** Personne qui garde les bœufs. **2** n. m. Chien de bouvier.

**bouvreuil** n. m. ■ Oiseau passereau au plumage gris et noir, rouge sur la poitrine.

**bovarysme** n. m. ■ (de Emma *Bovary,* personnage de Flaubert) ■ Tendance à se rêver autre, avec un autre destin (par insatisfaction).

**bovidés** n. m. pl. ■ Famille de mammifères ongulés ruminants : bovins, ovins, chèvres, antilopes, gazelles et chamois.

**bovin, ine** ■ **1** adj. Du bœuf (espèce). ➤ fam. (personnes) *Regard bovin,* stupide. **2** n. m. pl. Les bœufs, vaches, taureaux et veaux.

**bowling** [buliŋ] n. m. ■ anglic. Jeu de quilles sur piste. ◆ Salle où l'on y joue.

**bow-window** [bowindo] n. m. ■ anglic. Fenêtre en saillie. ■ *Des bow-windows.*

① **box**, plur. **boxes** [bɔks] n. m. ■ anglic.
**1** Stalle d'écurie pour un seul cheval.
**2** Compartiment cloisonné (d'un garage, d'une salle). ◆ *Le box des accusés*, au tribunal.

② **box** [bɔks] n. m. ■ anglic. Cuir de veau.

**boxe** n. f. ■ Sport de combat opposant deux adversaires qui se frappent à coups de poing, en portant des gants spéciaux.

① **boxer** v. ① ■ **1** v. intr. Pratiquer la boxe. **2** v. tr. fam. Frapper (qqn) à coups de poing.

② **boxer** [-ɛʀ] n. m. ■ Chien de garde à poil ras, à robe fauve ou tachetée.

**boxeur, euse** n. ■ Personne, sportif pratiquant la boxe. → **pugiliste**.

**box-office** n. m. ■ anglic. (spectacles) Échelle de succès, d'après le montant des recettes.

**boxon** n. m. ■ fam. **1** Maison de prostitution. → **bordel**. **2** Désordre ; chahut.

**boy** [bɔj] n. m. ■ anglic. Domestique indigène, en Extrême-Orient, en Afrique, etc.

**boyard** [bɔjaʀ] n. m. ■ hist. Noble russe.

**boyau** n. m. ■ **I** Intestin d'un animal (ou au plur., fam., de l'homme). → loc. *Rendre tripes et boyaux* : vomir. **2** Mince corde faite avec l'intestin d'animaux (pour instruments à cordes, raquettes). **II** Chemin, passage étroit. **III** Pneu de bicyclette de course.

se **boyauter** v. pron. ① ■ fam. Rire beaucoup.

**boycott** [bɔjkɔt] n. m. ■ **1** Cessation volontaire de tout échange avec un individu, un pays, etc. ▷ **boycotter** v. tr. ①

**boy-scout** [bɔjskut] n. m. ■ **1** vieilli Scout. **2** fam. Idéaliste naïf. *Des boy-scouts.*

**bracelet** n. m. ■ Bijou en forme d'anneau porté autour du poignet. ◆ Bande de cuir protégeant le poignet. *Bracelet de force.*

**bracelet-montre** n. m. ■ Montre montée sur un bracelet (de cuir, etc.).

**brachial, ale, aux** [bʀakjal] adj. ■ Du bras.

**brachycéphale** [bʀaki-] adj. ■ Qui a le crâne arrondi (opposé à *dolichocéphale*).

**braconner** v. intr. ① ■ Chasser (ou pêcher) sans permis, ou à une période, en un lieu, avec des engins interdits. ▷ n. m. **braconnage**

**braconnier** n. m. ■ Personne qui braconne.

**bractée** n. f. ■ bot. Feuille qui accompagne la fleur (colorée, elle ressemble à une fleur).

**brader** v. tr. ① ■ Vendre à bas prix.

**braderie** n. f. ■ Foire publique d'objets usagés. ◆ Liquidation de soldes.

**braguette** n. f. ■ **1** ancienn Pièce de tissu devant le haut-de-chausses. **2** mod. Ouverture sur le devant (d'un pantalon...).

**brahmane** n. m. ■ Membre de la caste sacerdotale, la première des castes traditionnelles de l'Inde.

**brahmanisme** n. m. ■ Système social et religieux de l'Inde, caractérisé par la suprématie des brahmanes. ▷ adj. **brahmanique**

**braiement** → **braiment**

**braies** n. f. pl. ■ ancienn Pantalon ample des Gaulois et des peuples germaniques.

**braillard, arde** n. et adj. ■ fam. Personne qui braille. – syn. BRAILLEUR, EUSE.

**braille** n. m. ■ Système d'écriture (alphabet) en points saillants à l'usage des aveugles.

**brailler** v. intr. ① ■ fam. Crier, parler ou chanter très fort. ◆ (enfants) Pleurer bruyamment. ▷ n. m. **braillement**

**braiment** n. m. ■ Cri de l'âne, du mulet. – var. (vieilli) BRAIEMENT.

**brainstorming** [bʀɛnstɔʀmiŋ] n. m. ■ anglic. Recherche collective d'idées dans une réunion (recomm. off. *remue-méninges*).

**brain-trust** [bʀɛntʀœst] n. m. ■ anglic. Équipe d'experts assistant une direction.

**braire** v. intr. 50 ■ **1** (âne) Pousser son cri. **2** fam. Crier ou pleurer bruyamment.

**braise** n. f. ■ Bois réduit en charbons ardents. ◆ *Des yeux de braise*, brillants.

**braiser** v. tr. ① ■ Faire cuire à feu doux et à l'abri de l'air. → au p. p. *Bœuf braisé.*

**braisiller** v. intr. ① ■ (braises) Luire.

**bramer** v. intr. ① ■ **1** (cervidé) Pousser son cri. **2** fam. Crier fort ou se lamentant. ▷ n. m. **brame** et **bramement**

**brancard** n. m. ■ **1** Bras d'une civière. ◆ Civière. **2** Barre de bois pour atteler une bête de trait. → loc. *Ruer\* dans les brancards.*

**brancardier, ière** n. ■ Personne qui porte un brancard ① pour blessés.

**branchage** n. m. ■ **1** Ensemble des branches (d'un arbre). → **ramure**. **2** au plur. Branches coupées.

**branche** n. f. ■ **I 1** Ramification latérale du tronc d'un arbre. ◆ Toute ramification d'une plante. **2** Chacune des divisions (d'un organe, d'un appareil, d'un schéma, etc.), qui partent d'un axe ou d'un centre. **3** fig. Division (d'un système complexe). *Les branches de l'économie.* → **secteur**. **4** loc. AVOIR DE LA BRANCHE : être racé, distingué. **II** fam., vieilli VIEILLE BRANCHE : vieux camarade.

**branché, ée** adj. ■ fam. À la mode ; au courant des dernières nouveautés. *Le public branché* ; n. *les branchés.*

**branchement** n. m. ■ **1** Action de brancher. **2** Conduite, galerie, voie secondaire.

**brancher** v. tr. ① ■ **1** Rattacher (un circuit) à un circuit principal. **2** fig. Orienter, diriger (la conversation ; qqn). **3** fam. Mettre au courant ; intéresser (qqn).

**branchie** n. f. ■ Organe respiratoire des poissons, etc. ▷ adj. **branchial, ale, aux**

**brandade** n. f. ■ Plat de morue émiettée.

**brande** n. f. ■ Plantes des sous-bois.

**brandebourg** [-buʀ] n. m. ■ Passementerie, galon ornant une boutonnière.

**brandir** v. tr. ② ■ **1** Lever de façon menaçante (une arme). **2** Agiter en élevant.

**brandon** n. m. ■ **1** Débris enflammé. **2** loc. *Brandon de discorde* : source de discorde.

**brandy** n. m. ■ anglic. Eau-de-vie de raisins.

**branlant, ante** adj. ▪ Qui branle (II).

**en branle** loc. adv. ▪ **1** En oscillation. **2** *Mettre en branle* : donner une impulsion à.

**branle-bas** n. m. invar. ▪ **1** *Branle-bas de combat* : préparation au combat, sur un navire. **2** Agitation précédant l'action.

**branler** v. ⓘ ▪ **I** v. tr. (loc.) *Branler la tête*, la remuer. → **hocher, secouer.** ▷ n. m. **branlement II** v. intr. Être instable, mal fixé. ◆ loc. *Branler dans le manche* : être précaire. **III** vulg. **1** Masturber. ◆ pronom. Se masturber. ◆ fig. *S'en branler* : s'en moquer. **2** *Qu'est-ce qu'il branle ?* → **fabriquer.**

**branleur, euse** n. ▪ fam. Personne oisive.

**braquage** n. m. ▪ **I** Action de braquer (II). **II** argot Attaque à main armée.

**braque** ▪ **I** n. m. Chien de chasse à poils ras. **II** adj. fam. Un peu fou, écervelé.

**braquemart** n. m. ▪ **1** ancient Poignard, épée courte. **2** fam. Pénis.

**braquer** v. ⓘ ▪ **I** v. tr. **1** *Braquer sur* : tourner (une arme à feu, un instrument d'optique…) dans la direction de l'objectif. **2** argot Mettre en joue (qqn) ; attaquer à main armée. **3** fig. *Braquer qqn contre*, l'amener à s'opposer à. ◆ pronom. → se **buter. II** v. intr. Faire tourner un véhicule (au maximum).

**braquet** n. m. ▪ Rapport entre le pignon et le plateau d'une bicyclette.

**bras** n. m. ▪ **1** Segment du membre supérieur compris entre l'épaule et le coude. *Le bras et l'avant-bras.* ◆ cour. Membre supérieur, de l'épaule à la main. ◆ loc. *BRAS DE FER* : jeu où deux adversaires mesurent la force de leur bras ; fig. épreuve de force. ◆ *BRAS D'HONNEUR*, geste injurieux du bras (simulacre d'érection). → *Les bras m'en tombent* : je suis stupéfait. → *Baisser les bras* : abandonner. → *Accueillir qqn à bras ouverts*, avec effusion. → *Avoir le bras long*, de l'influence. **2** Personne qui agit, travaille, combat. → *Le BRAS DROIT de qqn*, son adjoint. ◆ fam. *Un bras cassé* : une personne inefficace ou incompétente. **3** *À BRAS* loc. adv. : à l'aide des seuls bras (sans machine). ◆ *Se jeter sur qqn à BRAS RACCOURCIS*, avec violence. **4** Partie du membre antérieur du cheval, entre le genou et l'épaule. ◆ Tentacule (des céphalopodes). **5** par analogie Brancard. → Partie mobile (d'un dispositif). → Accoudoir (d'un siège). ◆ sc. *BRAS DE LEVIER* : distance d'une force à son point d'appui. **6** Division d'un cours d'eau. → *Bras de mer* : détroit, passage.

**braser** v. tr. ⓘ ▪ techn. Souder en interposant un métal ou un alliage fusible.

**brasero** [bʀazeʀo] n. m. ▪ Bassin de métal à pieds, rempli de charbons ardents.

**brasier** n. m. ▪ Matières, objets en complète combustion du fait d'un incendie.

**brasiller** v. intr. ⓘ ▪ Scintiller. ◆ Brasiller.

**à bras-le-corps** [-kɔʀ] loc. adv. ▪ Avec les bras et par le milieu du corps.

**brassage** n. m. ▪ **1** Action de brasser (spécialt la bière). **2** fig. Mélange (de peuples…).

**brassard** n. m. ▪ **1** Pièce d'armure qui couvrait le bras. **2** Insigne porté au bras.

**brasse** n. f. ▪ **I** Ancienne mesure de longueur ; mesure de profondeur (environ 1,60 m). **II** Nage ventrale réalisée en pliant et détendant bras et jambes.

**brassée** n. f. ▪ Ce que les bras peuvent contenir, porter. *Brassée de fleurs.*

**brasser** v. tr. ⓘ ▪ **1** *Brasser la bière* : préparer le moût en faisant macérer le malt dans l'eau. **2** Remuer en mélant. **3** fig. Mélanger, mêler. **4** Manier, traiter en quantité. *Brasser des affaires.*

**brasserie** n. f. ▪ **1** Fabrique de bière. ◆ Industrie de la bière. **2** Grand café-restaurant.

① **brasseur, euse** n. ▪ **1** Personne, entreprise qui fabrique ou vend de la bière. **2** *Brasseur, brasseuse d'affaires* : personne qui s'occupe de nombreuses affaires.

② **brasseur, euse** n. ▪ Nageur, nageuse de brasse.

**brassière** n. f. ▪ Chemise de bébé, à manches longues, qui se ferme dans le dos.

**bravache** n. m. et adj. ▪ Fanfaron.

**bravade** n. f. ▪ **1** Ostentation de bravoure. **2** Action ou attitude de défi insolent.

**brave** adj. et n. ▪ **1** (après le nom) Courageux au combat. **2** (avant le nom) Honnête et bon avec simplicité. **3** d'attitude D'une bonté ou d'une gentillesse un peu naïve.

**bravement** adv. ▪ **1** Avec bravoure. **2** D'une manière ▶ **résolument.**

**braver** v. tr. ⓘ ▪ **1** Défier orgueilleusement. **2** Affronter sans crainte (qqch. de redoutable). ◆ Oser ne pas respecter. *Braver les règles.*

**bravissimo** interj. ▪ Exclamation exprimant un très grand contentement.

**bravo** ▪ **1** interj. Exclamation pour approuver. **2** n. m. Applaudissement, acclamation.

**bravoure** n. f. ▪ **1** Qualité d'une personne brave (1). **2** *Morceau de bravoure* : passage (d'une œuvre) particulièrement brillant.

① **break** [bʀɛk] n. m. ▪ anglic. **1** ancient Voiture à quatre roues, ouverte, à siège de cocher élevé et banquettes longitudinales. **2** mod. Fourgonnette à arrière vitré.

② **break** [bʀɛk] n. m. ▪ anglic. **1** sports Écart entre deux adversaires. **2** (jazz) Interruption du jeu, créant une attente. **3** (critiqué) Pause.

**breakfast** [bʀɛkfœst] n. m. ▪ anglic. Petit déjeuner à la manière anglo-saxonne.

**brebis** n. f. ▪ **1** Femelle du mouton. **2** loc. *Brebis galeuse* : personne qu'on rejette.

① **brèche** n. f. ▪ **1** Ouverture dans un mur, une clôture. → Percée dans une enceinte fortifiée, un front. ◆ loc. fig. *Être toujours sur la brèche*, en pleine activité. → *BATTRE EN BRÈCHE*, attaquer, ruiner (un argument, etc.). **2** Petite entaille à une arme, etc. (→ **ébrécher).** → fig. *Faire une brèche à ses économies.*

② **brèche** n. f. ▪ Roche formée d'éléments pointus agglomérés.

**bréchet** n. m. ▪ Sternum saillant (oiseaux).

**bredouille** adj. ■ *Être, rentrer bredouille,* sans avoir rien pris, obtenu ou trouvé.

**bredouiller** v. ① ■ 1 v. intr. Parler vite et peu distinctement. 2 v. tr. Dire en bredouillant. ▷ n. m. **bredouillement**

① **bref, brève** ■ I adj. De peu de durée. → **court; concis, succinct.** ♦ ling. *Syllabe, voyelle brève,* de courte durée d'émission. → **brève.** II adv. 1 Pour résumer en peu de mots. 2 littér. *EN BREF* loc. adv. : en peu de mots.

② **bref** n. m. ■ Courte lettre du pape.

**bréhaigne** adj. f. ■ (femelle) Stérile.

**brelan** n. m. ■ (cartes) Réunion de trois cartes de même valeur. → (dés) Coup amenant trois faces semblables.

**breloque** n. f. ■ 1 Petit bijou de fantaisie qu'on suspend. 2 loc. vieilli *Battre la breloque :* fonctionner mal ; être un peu fou.

**brème** n. f. ■ Poisson d'eau douce (plat).

**brème** n. f. ■ argot fam. Carte à jouer.

**bretelle** n. f. ■ 1 Courroie que l'on passe sur les épaules pour porter un fardeau. → **bandoulière.** 2 Bande qui retient aux épaules certains vêtements. ◆ loc. fam. *Remonter les bretelles à qqn,* le réprimander. 3 Voie de raccordement. *Bretelle d'autoroute.*

**breton, onne** adj. et n. ■ De Bretagne. ◆ n. m. *Le breton* (langue celtique).

**bretonnant, ante** adj. ■ Qui parle breton.

**bretteur** n. m. ■ anciennt Celui qui aime se battre à l'épée. → ① **ferrailleur.**

**bretzel** n. m. ■ Biscuit salé, au cumin.

**breuvage** n. m. ■ littér. Boisson.

**brève** n. f. ■ 1 ling. Voyelle, syllabe brève. 2 journal. Information brièvement annoncée.

**brevet** n. m. ■ Titre ou diplôme délivré par l'État, donnant certains droits. → spécialt (en France) Examen final du premier cycle de l'enseignement secondaire. ◆ *Brevet d'invention,* conférant un droit d'exploitation.

**breveté, ée** adj. ■ 1 Qui a obtenu un brevet. 2 Garanti par un brevet. *Procédé breveté.*

**breveter** v. tr. ④ ■ Protéger par un brevet.

**bréviaire** n. m. ■ Livre de prières du prêtre.

**briard, arde** adj. et n. ■ De la Brie. → *Chien briard* ou n. m. *briard :* berger à poils longs.

**bribe** n. f. ■ Petit morceau, petite quantité.

**bric-à-brac** n. m. invar. ■ Amas hétéroclite.

**de bric et de broc** loc. adv. ■ Avec des éléments de toute provenance, au hasard.

① **brick** n. m. ■ Deux-mâts à voiles carrées.

② **brick** n. m. ■ Beignet salé à pâte fine.

**bricolage** n. m. ■ Action de bricoler ; travail de bricoleur. ◆ Travail rapide, improvisé.

**bricole** n. f. ■ 1 Courroie du harnais passée sur la poitrine du cheval. → Bretelle de porteur. 2 Petit objet. → **babiole.** ◆ loc. fam. *Il va lui arriver des bricoles,* des ennuis.

**bricoler** v. ① ■ I v. intr. 1 Gagner sa vie en faisant de petites besognes. 2 Se livrer à des travaux manuels (réparations, etc.). II v. tr. Installer, aménager en amateur et avec ingéniosité. ◆ Arranger, réparer tant bien que mal. ▷ adj. et n. **bricoleur, euse**

**bride** n. f. ■ 1 Pièce du harnais fixée à la tête du cheval pour le diriger. ◆ loc. *Avoir la bride sur le cou :* être libre. → *À BRIDE ABATTUE :* très vite. → *TOURNER BRIDE :* rebrousser chemin ; fig. changer d'avis. 2 Lien servant à retenir ou à relier.

**bridé, ée** adj. ■ *Yeux bridés,* présentant un repli qui retient la paupière supérieure ; par ext. aux paupières étirées latéralement.

**brider** v. tr. ① ■ 1 Mettre la bride à (un cheval). ◆ Serrer avec une bride. 2 fig. Contenir, réprimer, limiter.

① **bridge** n. m. ■ Jeu de cartes qui se joue à deux contre deux. ▷ **bridger** v. intr. ③

② **bridge** n. m. ■ Appareil de prothèse dentaire prenant appui sur des dents solides.

**bridon** n. m. ■ Bride légère à mors articulé.

**brie** n. m. ■ Fromage fermenté à pâte molle et croûte moisie.

**briefing** [bʀifiŋ] n. m. ■ anglic. Réunion d'information.

**brièvement** adv. ■ En peu de mots.

**brièveté** n. f. ■ Caractère bref.

**briffer** v. ① ■ fam. et vieilli Manger.

**brigade** n. f. ■ 1 Unité militaire tactique. 2 Équipe (de travailleurs).

**brigadier** n. m. ■ 1 Chef d'une brigade. 2 (au théâtre) Bâton pour frapper les trois coups.

**brigand** n. m. ■ 1 Malfaiteur qui se livre au brigandage. → **bandit.** 2 Homme malhonnête.

**brigandage** n. m. ■ Vol ou pillage commis à main armée, généralement en bande.

**brigue** n. f. ■ littér. Manœuvre, intrigue.

**briguer** v. tr. ① ■ Chercher à obtenir (qqch.).

**brillamment** adv. ■ De manière brillante.

**brillance** n. f. ■ Caractère brillant.

**brillant, ante** ■ I adj. 1 Qui brille (1). *Des yeux brillants.* 2 fig. Qui sort du commun, s'impose par sa qualité. ◆ spécialt Qui réussit avec éclat (intellectuellement...). ◆ (avec une négation) *Ce n'est pas brillant,* c'est médiocre. II n. m. 1 Éclat, caractère brillant. 2 Diamant taillé à facettes.

**brillantine** n. f. ■ Cosmétique pour faire briller les cheveux. ▷ **brillantiner** v. tr. ①

**briller** v. tr. ① ■ 1 Émettre ou réfléchir une lumière vive. → **étinceler, luire, resplendir.** 2 fig. Se distinguer avec éclat. *Briller en société.* → iron. *Briller par son absence.*

**brimade** n. f. ■ Épreuve vexatoire imposée aux nouveaux dans les régiments, etc.

**brimbaler** v. tr. et intr. ① ■ vieilli Bringuebaler.

**brimborion** n. m. ■ Menu objet sans valeur.

**brimer** v. tr. ① ■ Soumettre à des brimades. ◆ Soumettre à des vexations.

**brin** n. m. ■ 1 Filament qui constitue un fil, une corde. 2 Tige, jeune pousse (d'un végétal). 3 Petite partie longue et mince (de qqch.). 4 fig. *Un brin de :* quantité infime de. → *UN BRIN* loc. adv. : un peu.

**brindille** n. f. ■ Menue branche.

①**bringue** n. f. ■ fam. et péj. *Une grande bringue*, une grande fille dégingandée.

②**bringue** n. f. ■ fam. *Faire la bringue*, la noce, la foire.

**bringuebaler** v. ⬜ ■ **1** v. tr. Secouer. **2** v. intr. Osciller brusquement. – var. BRINQUEBALER.

**brio** n. m. ■ Technique brillante, en musique. → **maestria**. ♦ Talent brillant, virtuosité.

**brioche** n. f. ■ **1** Pâtisserie légère, souvent ronde, de pâte levée. **2** fam. Ventre replet.

**brioché, ée** adj. ■ Qui a le goût de brioche.

**brique** n. f. ■ **1** Matériau de construction fabriqué avec de la terre argileuse façonnée et séchée (souvent en parallélépipède). ♦ adj. invar. D'un rouge brun. **2** Matière compacte moulée en parallélépipède. ♦ Emballage parallélépipédique pour les liquides. **3** fam. Somme d'un million de centimes.

**briquer** v. tr. ⬜ ■ Nettoyer en frottant.

①**briquet** n. m. ■ Petit appareil pouvant produire du feu à répétition.

②**briquet** n. m. ■ Petit chien de chasse.

**briqueterie** [bʀik(ə)tʀi; bʀikɛtʀi] n. f. ■ Fabrique de briques.

**briquette** n. f. ■ Petite brique (combustible).

**bris** n. m. ■ Action de briser, de se briser. – dr. *Bris de scellés* (délit).

**brisant** n. m. ■ Rocher sur lequel la mer se brise et déferle. → **écueil, récif.**

**briscard** n. m. ■ Vieux soldat de métier. ♦ Homme expérimenté. – var. BRISQUARD.

**brise** n. f. ■ Vent peu violent.

**brisées** n. f. pl. ■ **1** Branches que le veneur casse pour marquer la voie de la bête. **2** loc. *Aller, marcher SUR LES BRISÉES de qqn*, entrer en concurrence avec lui sur son terrain.

**brise-fer** [-fɛʀ] n. invar. ■ Personne qui casse les objets les plus solides. → **brise-tout.**

**brise-glace** n. m. ■ Navire à étrave renforcée pour briser la glace. *Des brise-glaces.*

**brise-jet** n. m. ■ Embout adapté à un robinet pour diriger le jet. *Des brise-jets.*

**brise-lames** n. m. invar. ■ Digue protégeant contre les vagues du large.

**brisement** n. m. ■ Action de briser.

**brise-mottes** n. m. invar. ■ Rouleau servant à écraser les mottes de terre.

**briser** v. tr. ⬜ ■ **1** littér. ou régional Casser. ♦ fig. *Briser le cœur*, affliger profondément. – *Briser qqn*. → **abattre, anéantir. 2** fig. Rendre inefficace ; interrompre, détruire. – *Briser une grève*, la faire échouer. ► se **briser** v. pron. **1** Se casser. **2** (mer) Déferler. ► **brisé, ée** adj. **1** Cassé. – fig. *Cœur brisé*. **2** *Ligne brisée*, composée de segments formant des angles. – archit. *Arc brisé*, formant un angle au faîte (opposé à *en plein cintre*). **3** *Pâte brisée*, pâte à tarte non feuilletée.

**brise-tout** n. invar. ■ Personne maladroite qui casse tout ce qu'elle touche. → **brise-fer.**

**briseur, euse** n. ■ loc. *Briseur, euse de grève* : personne qui ne fait pas la grève lorsqu'elle a été décidée, ou qui remplace un gréviste.

**brisquard** → briscard

**bristol** n. m. ■ **1** Papier satiné fort et blanc. **2** vieilli Carte de visite ou d'invitation.

**brisure** n. f. ■ Cassure, fêlure.

**britannique** adj. et n. ■ De la Grande-Bretagne. → **anglais, anglo-saxon.**

**broc** [bʀo] n. m. ■ Récipient profond à anse, à bec évasé, pour les liquides.

**brocante** n. f. ■ Métier, commerce du brocanteur.

**brocanteur, euse** n. ■ Personne qui fait commerce d'objets anciens, de curiosités.

①**brocard** n. m. ■ vx Petit trait moqueur, raillerie. ▷ **brocarder** v. tr. ⬜ vx ou littér.

②**brocard** n. m. ■ Chevreuil d'un an.

**brocart** n. m. ■ Riche tissu de soie broché.

**brochage** n. m. ■ Action de brocher.

**broche** n. f. ■ **1** Tige de fer qu'on passe au travers d'une viande à rôtir. ♦ chir. Tige fixant un os fracturé. **2** Bijou à épingle et fermoir. **3** au plur. Défenses du sanglier.

**brocher** v. tr. ⬜ ■ **1** Relier sommairement, avec couverture de papier. **2** Tisser en entremêlant des fils d'or, etc., avec des dessins en relief. **3** loc. vx *BROCHANT SUR LE TOUT* : par surcroît. ► **broché, ée** adj. **1** *Livre broché* (opposé à *relié*). **2** *Tissu broché.*

**brochet** n. m. ■ Long poisson d'eau douce carnassier, aux dents aiguës.

**brochette** n. f. ■ **1** Petite broche (1) pour préparer des morceaux d'aliments ; ces morceaux. **2** Petite broche servant à porter des décorations. **3** fig. Groupe disposé en ligne.

**brocheur, euse** n. ■ **1** Ouvrier, ouvrière qui broche (des tissus, des livres). **2** n. f. Machine pour le brochage des livres.

**brochure** n. f. ■ **1** Décor d'un tissu broché. **2** Livret broché. *Brochure publicitaire.*

**brocoli** n. m. ■ Petit chou-fleur vert.

**brodequin** n. m. ■ **1** Chaussure montante de marche. **2** Antiq. Chaussure des personnages de comédie. **3** au plur. hist. Instrument de supplice, pour serrer les pieds.

**broder** v. ⬜ ■ **1** v. tr. Orner de broderies. ♦ Exécuter en broderie. **2** v. intr. fig. Amplifier ou exagérer à plaisir. ► **brodé, ée** adj.

**broderie** n. f. ■ **1** Ouvrage consistant en points recouvrant un motif dessiné sur un tissu. **2** Technique, commerce du brodeur.

**brodeur, euse** n. ■ **1** Ouvrier, ouvrière en broderie. **2** n. f. Métier, machine à broder.

**broiement** n. m. ■ rare Broyage.

**brome** n. m. ■ Élément (symb. Br), gaz suffocant très toxique.

**bromure** n. m. ■ **1** Composé du brome avec un corps simple. – *Bromure (de potassium)*, puissant sédatif. **2** (industrie graphique) Épreuve sur papier au bromure d'argent.

**bronche** n. f. ■ Chacun des deux conduits partant de la trachée et se ramifiant dans les poumons. ▷ adj. **bronchique**

**broncher** v. intr. ⬜ ■ **1** vieilli Trébucher. **2** Réagir. *Se faire insulter sans broncher.*

**bronchiole** n. f. ▪ Ramification terminale des bronches.

**bronchiolite** n. f. ▪ méd. Inflammation des bronchioles. *Bronchiolite du nourrisson*, infection d'origine virale, très contagieuse.

**bronchite** n. f. ▪ Inflammation des bronches. ▷ adj. et n. **bronchitique** et **bronchiteux, euse**

**broncho-** [bʀɔ̃ko] Élément savant, du grec *bronkhia* « bronches ».

**bronchodilatateur, trice** adj. ▪ méd. Qui relâche les muscles des voies respiratoires, facilitant la ventilation pulmonaire.

**bronchopathie** n. f. ▪ méd. Maladie des bronches, aiguë ou chronique (bronchite...).

**bronchopneumonie** n. f. ▪ Inflammation du poumon et des bronches.

**bronchopulmonaire** adj. ▪ Relatif aux bronches et aux poumons. *Infection bronchopulmonaire.*

**brontosaure** n. m. ▪ Reptile fossile gigantesque de l'ère secondaire.

**bronzage** n. m. ▪ **1** techn. Action de bronzer (un métal). **2** Fait de bronzer (3); son résultat. → **hâle.**

**bronze** n. m. ▪ **1** Alliage de cuivre et d'étain. → **airain.** ◆ *L'âge du bronze* : période préhistorique de diffusion de la technique du bronze (environ II$^e$ millénaire avant J.-C.). **2** Objet d'art en bronze.

**bronzer** v. tr. ☐ ▪ **1** v. tr. techn. Recouvrir d'une couche de bronze ou imitant le bronze. **2** v. tr. (soleil...) Brunir (qqn). → **hâler. 3** v. intr. (peau...) Brunir. ▷ **bronzé, ée** adj.

**brosse** n. f. ▪ **1** Ustensile de nettoyage, filaments fixés sur une monture. ◆ loc. fam. *Manier la BROSSE À RELUIRE* : être servilement flatteur. **2** *Cheveux en brosse*, coupés court et droit. **3** Pinceau de peintre. **4** (insectes) Poils pour recueillir le pollen.

**brosser** v. tr. ☐ ▪ **1** Nettoyer, frotter avec une brosse. ▷ n. m. **brossage 2** Peindre à la brosse. ◆ fig. Décrire à grands traits.

**brosserie** n. f. ▪ Fabrication, commerce des brosses et analogues (balais, etc.).

**brou** n. m. ▪ **1** bot. Péricarpe externe de divers fruits. **2** *BROU DE NOIX* : teinture brune faite avec le brou de la noix.

**brouet** n. m. ▪ vx Potage. ◆ Mets grossier.

**brouette** n. f. ▪ Petit véhicule à une roue muni de deux brancards, qui sert à transporter (*brouetter* v. tr. ☐) des fardeaux.

**brouettée** n. f. ▪ Contenu d'une brouette.

**brouhaha** n. m. ▪ Bruit confus d'une foule.

**brouillage** n. m. ▪ Trouble introduit dans la réception des ondes de radio, etc.

**brouillamini** n. m. ▪ vieilli Embrouillamini.

① **brouillard** n. m. ▪ Phénomène naturel, fines gouttelettes d'eau en suspension dans l'air, qui limitent la visibilité.

② **brouillard** n. m. ▪ Livre de commerce où on note les opérations au fur et à mesure.

**brouillasser** v. impers. ☐ ▪ Faire du brouillard.

**brouille** n. f. ▪ Mésentente, fâcherie.

**brouiller** v. tr. ☐ ▪ **1** Mêler en agitant, en dérangeant. **2** Rendre trouble. ◆ Troubler par brouillage. **3** fig. Rendre confus. → **embrouiller. 4** Désunir en provoquant une brouille. ◆ au passif *Ils sont brouillés.* ◆ fam. *Être brouillé avec* (qqch.), ne rien y comprendre. ▶ **se brouiller** v. pron. **1** Devenir trouble ou confus. **2** Cesser d'être ami(s). ▶ **brouillé, ée** adj. **1** Mêlé, mélangé. ◆ *Œufs brouillés.* **2** fig. Confus, peu net.

① **brouillon, onne** adj. ▪ Qui brouille (3) tout, n'a pas de méthode. → **désordonné.**

② **brouillon** n. m. ▪ Première rédaction d'un écrit qu'on mettra au net par la suite.

**broussaille** n. f. ▪ **1** au plur. Végétation touffue des terres incultes. **2** fig. *Cheveux en broussaille*, emmêlés. ▷ adj. **broussailleux, euse**

① **brousse** n. f. ▪ **1** Végétation arbustive des pays tropicaux. **2** Zone éloignée des villes, des villages, en Afrique. → **bled.**

② **brousse** n. f. ▪ Fromage frais de chèvre ou de brebis, en Provence.

**brouter** v. ▪ **1** v. tr. (animaux) Manger en arrachant sur place (l'herbe, etc.). **2** v. intr. Fonctionner par saccades (outil...).

**broutille** n. f. ▪ Objet, élément sans valeur. → **babiole, bagatelle, bricole, vétille.**

**brownie** n. m. ▪ anglic. Biscuit moelleux au chocolat et aux noix de pécan, servi coupé en carrés.

**brownien, ienne** [bʀɔnjɛ̃, jɛn] adj. ▪ phys. *Mouvement brownien* : agitation des particules dans les liquides ou les gaz.

**browning** [bʀoniŋ] n. m. ▪ Pistolet automatique à chargeur.

**broyer** v. tr. ⑧ ▪ **1** Réduire en parcelles très petites, par pression ou choc. ◆ loc. *Broyer du noir* : être triste, déprimé. **2** Écraser. *La machine lui a broyé la main.* ▷ n. m. **broyage**

**broyeur, euse** adj. et n. ▪ Qui broie.

**brrr** interj. ▪ Exprime le frisson.

**bru** n. f. ▪ Épouse d'un fils. → **belle-fille.**

**bruant** n. m. ▪ Petit passereau des champs.

**brucelles** n. f. pl. ▪ Pince fine à ressort.

**brucellose** n. f. ▪ méd. Maladie infectieuse due à des bacilles, transmise à l'homme par les animaux domestiques.

**brugnon** n. m. ▪ Variété de pêche à peau lisse et noyau adhérent. → aussi **nectarine.**

**bruine** n. f. ▪ Petite pluie très fine et froide, due à la condensation du brouillard.

**bruiner** v. impers. ☐ ▪ Faire de la bruine.

**bruire** v. intr. ② seulement inf., 3$^{es}$ pers. prés. et imp., p. prés. ▪ littér. Produire un bruit léger et confus. ▷ n. m. **bruissement**

**bruit** n. m. ▪ **1** Sensation perçue par l'oreille. → ② **son.** *Les bruits de la nature.* ◆ *Bruit de fond*, auquel se superpose un autre bruit. ◆ loc. fig. *Faire grand bruit, faire du bruit*, avoir un grand retentissement. **2** Nouvelle répandue, propos rapportés. → **rumeur; on-dit. 3** phys. Perturbation qui se superpose à un signal utile.

**bruitage** n. m. ▪ Reconstitution des bruits accompagnant l'action (au cinéma, etc.).

**bruiteur, euse** n. ▪ Spécialiste du bruitage.

**brûlage** n. m. ▪ Action de brûler.

**brûlant, ante** adj. ▪ **1** Très ou trop chaud. ‑ fig. *Un terrain brûlant* : un sujet à éviter. **2** Affecté d'une sensation de chaleur intense. **3** fig. Ardent, passionné.

**brûle-gueule** n. m. ▪ Pipe à tuyau très court. *Des brûle-gueule(s).*

**brûle-parfum** n. m. ▪ Cassolette à parfums. *Des brûle-parfums.*

**à brûle-pourpoint** loc. adv. ▪ (après un verbe de déclaration) Sans préparation, brusquement.

**brûler** v. ① ▪ I v. tr. **1** Détruire par le feu. *Brûler des mauvaises herbes.* ♦ Consumer (de l'énergie) pour éclairer, chauffer... **2** Altérer par l'action du feu, de la chaleur... *Brûler un gâteau.* **3** Produire les mêmes effets qu'une brûlure. **4** Passer sans s'arrêter à (un point d'arrêt prévu). *Brûler un feu rouge.* **II** v. intr. **1** Se consumer par le feu. ♦ Être calciné. *Le rôti a brûlé.* ♦ Se consumer en éclairant. **2** Ressentir une sensation de brûlure. ♦ fig. *BRÛLER DE* (+ inf.) : être impatient de. **3** (devinettes) Être tout près du but. ► **se brûler** v. pron. **1** S'immoler par le feu. **2** Subir une brûlure partielle. ► **brûlé, ée III** p. p. **1** Qui a brûlé, a été brûlé. **2** loc. fig. *Une tête brûlée* : un exalté. **3** Démasqué ; qui a perdu tout crédit. **IV 1** n. m. Odeur, goût d'une chose qui brûle ou a brûlé. *Ça sent le brûlé* (fig. l'affaire tourne mal). → **roussi**. **2** n. Personne atteinte de brûlures.

**brûlerie** n. f. ▪ **1** Distillerie d'eau-de-vie. **2** Atelier de torréfaction du café.

**brûleur** n. m. ▪ Appareil qui met en présence un combustible et un comburant afin de permettre une combustion.

**brûlis** n. m. ▪ Défrichement par le feu. ♦ Terrain ainsi traité.

**brûlot** n. m. ▪ **1** ancient Navire chargé de combustibles, pour incendier les bâtiments ennemis. **2** fig. Journal ou article polémique.

**brûlure** n. f. ▪ **1** Lésion produite sur une partie du corps par le feu, la chaleur ou une substance corrosive. ♦ Marque à l'endroit où qqch. a brûlé. **2** Sensation d'irritation dans l'organisme. *Brûlures d'estomac.*

**brumaire** n. m. ▪ Deuxième mois du calendrier républicain (22 octobre-21 novembre).

**brume** n. f. ▪ **1** Brouillard léger. **2** fig. État de confusion (de la pensée).

**brumeux, euse** adj. ▪ **1** Chargé de brume. **2** fig. Qui manque de clarté. → **confus.**

**brun, brune** ▪ **1** adj. De couleur sombre, entre le roux et le noir. → **bistre, marron, tabac.** ♦ Qui a les cheveux bruns. ‑ n. *Une jolie brune.* **2** n. m. Cette couleur.

**brunante** n. f. ▪ franç. du Canada Tombée de la nuit.

**brunâtre** adj. ▪ Tirant sur le brun.

**brunch** [brœnʃ] n. m. ▪ anglic. Repas copieux pris dans la matinée. *Des brunch(e)s.*

**à la brune** loc. adv. ▪ littér. Au crépuscule.

**brunet, ette** n. ▪ Petit brun, petite brune.

**brunir** v. ② ▪ I v. tr. **1** techn. Polir (un métal). ▷ n. m. **brunissage 2** Rendre brun. → **hâler. II** v. intr. Devenir brun, prendre une teinte brune. ▷ n. m. **brunissement**

**brushing** [brœʃiŋ] n. m. ▪ anglic. Mise en plis à la brosse et au séchoir à main.

**brusque** adj. ▪ **1** Qui agit avec rudesse et d'une manière soudaine. → **abrupt, brutal, rude. 2** Qui est soudain, que rien ne laisse prévoir. → **inattendu, subit.** ▷ adv. **brusquement**

**brusquer** v. tr. ① ▪ **1** Traiter de manière lente, d'éloigné). → **malmener. 2** Précipiter (qqch. de lent, d'éloigné). → **hâter.**

**brusquerie** n. f. ▪ **1** Façons brusques envers autrui. **2** Soudaineté, précipitation.

**brut, brute** [bryt] adj. ▪ **1** vx À l'état le plus primitif. *Force brute* (→ **brutal). 2** Qui est à l'état naturel, n'a pas encore été élaboré par l'homme. ♦ Qui résulte d'une première élaboration (avant d'autres transformations). ‑ *Champagne brut,* sans ajout de sucre. **3** Qui n'a subi aucune élaboration intellectuelle. *Fait brut.* À l'état brut. ART BRUT, spontané, échappant aux normes. **4** Évalué avant déduction des frais (opposé à net). *Salaire brut.* ‑ *Poids brut,* total, global.

**brutal, ale, aux** adj. ▪ **1** Qui use volontiers de violence, qui est rude et grossier. ♦ Sans ménagement. *Franchise brutale.* **2** Soudain et violent. ▷ adv. **brutalement**

**brutaliser** v. tr. ① ▪ Traiter de façon brutale. → **maltraiter.**

**brutalité** n. f. ▪ **1** Caractère d'une personne brutale. ♦ Acte brutal, violence. *Brutalités policières.* **2** Caractère inattendu et violent.

**brute** n. f. ▪ **1** littér. L'animal, dans ce qu'il a de plus éloigné de l'homme. **2** Personne grossière, sans esprit. **3** Personne brutale.

**bruyant, ante** [brɥij-; brɥij-] adj. ▪ **1** Qui fait beaucoup de bruit. **2** Où il y a beaucoup de bruit. ▷ adv. **bruyamment**

**bruyère** [brɥijɛ-; brɥijɛ-] n. f. ▪ **1** Arbrisseau des landes à fleurs variant du blanc au pourpre. **2** Racine de cette plante. *Pipe de bruyère.* **3** *Terre de bruyère,* légère, siliceuse.

**bryo-** Élément, du grec *bruon* « mousse ».

**bryophytes** n. m. pl. ▪ bot. Embranchement du règne végétal comprenant les mousses.

**B. T. S.** n. m. (sigle) ▪ En France Brevet de technicien supérieur.

**bu, bue** ▪ Participe passé de *boire.*

**buanderie** n. f. ▪ Local réservé à la lessive.

**bubale** n. m. ▪ Grande antilope d'Afrique aux cornes en forme de lyre.

**bubon** n. m. ▪ Inflammation et gonflement des ganglions lymphatiques, dans certaines maladies (peste, etc.). ▷ adj. **bubonique**

**buccal, ale, aux** adj. ▪ didact. De la bouche.

**buccin** n. m. ▪ **1** Antiq. Trompette. **2** Bulot.

**bucco-** Élément, du latin *bucca* « bouche ».

**bûche** n. f. ■ **I** Morceau de bois de chauffage. – *Bûche de Noël*, pâtisserie en forme de bûche. ♦ loc. *Dormir comme une bûche*, très profondément. → **souche**. **II** fam. *Prendre, ramasser une bûche* : tomber.

① **bûcher** n. m. ■ **1** Local où l'on range le bois à brûler. **2** Amas de bois sur lequel on brûlait les condamnés, etc.

② **bûcher** v. tr. et intr. ① ■ **I** techn. ou régional Couper (du bois) ; abattre des arbres. **II** fam. Travailler avec acharnement. ▷ n. et adj. **bûcheur, euse**

**bûcheron, onne** n. ■ Personne dont le métier est d'abattre du bois, des arbres dans une forêt. ▷ **bûcheronner** v. intr. ①

**bûchette** n. f. ■ Petite bûche.

**bucolique** ■ **1** n. f. Poème pastoral. **2** adj. Relatif à la poésie pastorale. ♦ Qui a rapport à la vie de la campagne.

**bucrane** n. m. ■ Motif sculpté représentant une tête de bœuf. – var. **BUCRÂNE**.

**budget** n. m. ■ Acte par lequel sont prévues et autorisées les recettes et dépenses annuelles (de l'État, d'une entreprise...). ♦ par ext. *Budget familial*. ▷ adj. **budgétaire**

**budgétiser** v. tr. ① ■ Inscrire au budget.

**budgétivore** adj. ■ fam. Qui grève un budget.

**buée** n. f. ■ Vapeur condensée en gouttes.

**buffet** n. m. ■ **1** Meuble servant à ranger la vaisselle, le linge de table, les provisions. **2** Table garnie de mets froids, de boissons à l'occasion d'une réception. **3** Café-restaurant d'une gare. **4** *Buffet d'orgue*, sa menuiserie. **5** fam. Ventre, estomac.

**buffle** n. m. ■ Mammifère ruminant, voisin du bœuf, aux longues cornes arquées (femelle : *bufflonne* ou *bufflesse* n. f.).

**buffleterie** [byflatʀi ; byflɛtʀi] n. f. ■ Équipement en cuir soutenant des armes.

**bug** n. m. ■ anglic. → ② **bogue**.

**bugle** n. m. ■ Instrument à vent à pistons.

**building** [b(ɥ)ildiŋ] n. m. ■ anglic. Vaste immeuble moderne, à nombreux étages.

**buis** n. m. ■ Arbuste à feuilles persistantes vert foncé. ♦ Son bois, jaunâtre et dur.

**buisson** n. m. ■ Touffe d'arbrisseaux sauvages. ▷ adj. **buissonneux, euse**

**buissonner** v. intr. ① ■ Pousser en buisson.

**buissonnier, ière** adj. ■ *Faire l'école buissonnière* : flâner au lieu d'aller en classe.

**bulbaire** adj. ■ anat. D'un bulbe (2).

**bulbe** n. m. ■ **1** Organe de réserve souterrain, renflé, de certaines plantes. → **oignon**. **2** anat. Renflement arrondi. **3** Coupole renflée au faîte en pointe.

**bulbeux, euse** adj. ■ **1** bot. Qui a un bulbe. **2** En forme de bulbe.

**bulgare** adj. et n. ■ De Bulgarie. ♦ n. m. *Le bulgare* (langue slave).

**bulldozer** [byldozɛʀ ; buldozœʀ] n. m. ■ anglic. **1** Engin de terrassement, tracteur à chenilles très puissant. – recomm. off. BOUTEUR n. m. **2** fig., fam. Personne décidée.

**bulle** n. f. ■ **I 1** hist. Boule de métal attachée à un sceau ; ce sceau. **2** Lettre du pape portant son sceau. **II 1** Petite sphère remplie d'air ou de gaz qui s'élève à la surface d'un liquide, etc. ← loc. fam. *Coincer la bulle*, ne rien faire. ♦ Sphère formée d'une pellicule remplie d'air. *Bulle de savon*. **2** Enceinte stérile où sont placés les enfants atteints de déficience immunitaire. ♦ Espace protégé, où l'on se sent en sécurité. **3** Espace où sont inscrites les paroles, les pensées, dans une bande dessinée.

**bulletin** n. m. ■ **1** Information émanant d'une autorité et communiquée au public. → **communiqué**. ♦ Article de journal, dans un domaine. *Bulletin de l'étranger*. – *Bulletin d'information* (radio, télévision). **2** Certificat ou récépissé. **3** *Bulletin de vote*, papier indicatif d'un vote, que l'électeur dépose dans l'urne.

**bull-terrier** [bul-] n. m. ■ Chien ratier d'une race anglaise. *Des bull-terriers*.

**bulot** n. m. ■ Gros mollusque gastéropode comestible, appelé aussi *buccin*.

**bungalow** [bœ̃galo] n. m. ■ **1** Maison indienne basse entourée de vérandas. **2** Petit pavillon en rez-de-chaussée.

**bunker** [bunkœʀ ; -kɛʀ] n. m. ■ Casemate.

**buraliste** n. ■ Personne préposée à un bureau de recette, de poste, etc. ← Personne qui tient un bureau de tabac.

**bure** n. f. ■ Grossière étoffe de laine brune.

**bureau** n. m. ■ **I 1** Table sur laquelle on écrit, on travaille ; meuble de travail où l'on peut ranger des papiers, etc. → **secrétaire**. **2** Pièce où est installée cette table. **3** inform. Plan de travail représenté par l'écran (d'un ordinateur). **II 1** Lieu de travail du personnel (d'une administration, etc.). ♦ Établissement ouvert au public et où s'exerce un service. *Bureau de poste*. **2** Personnel d'un bureau. ♦ *Les bureaux* : l'administration (→ **bureaucratie**). **3** Membres dirigeants d'une assemblée, élus par leurs collègues.

**bureaucrate** n. ■ **1** Fonctionnaire imbu de son importance et abusant de son pouvoir sur le public. **2** péj. Employé de bureau.

**bureaucratie** n. f. ■ **1** Pouvoir politique des bureaux ; influence abusive de l'Administration. **2** L'ensemble des fonctionnaires. ▷ adj. **bureaucratique**

**bureaucratiser** v. tr. ① ■ Transformer par la mise en place d'une bureaucratie.

**bureautique** n. f. (nom déposé) ■ Techniques visant à automatiser les travaux de bureau.

**burette** n. f. ■ **1** Flacon destiné à contenir les saintes huiles, ou l'eau et le vin de la messe. **2** Petit flacon à goulot étroit.

**burgrave** n. m. ■ hist. Commandant d'une ville, d'une citadelle, dans le Saint Empire.

**burin** n. m. ■ Ciseau d'acier qui sert à graver, à couper les métaux.

**buriner** v. tr. ① ■ Graver, travailler au burin. ► **buriné, ée** adj. **1** Gravé au burin. **2** fig. *Visage buriné*, marqué et énergique.

**burka** ou **burqa** [burka] n. f. ■ Voile couvrant le corps entier, s'ouvrant au niveau des yeux par une grille en toile, prescrit aux femmes dans certaines sociétés islamiques.

**burlat** n. f. ■ Gros bigarreau rouge foncé.

**burlesque** ■ 1 adj. D'un comique extravagant et déroutant. *Film burlesque.* ♦ Ridicule et absurde. → **grotesque.** *Idée burlesque.* 2 n. m. Caractère burlesque. ♦ Genre (littéraire...) burlesque. ♦ Strip-tease humoristique dans l'esprit des spectacles de cabaret.

**burnous** [-u(s)] n. m. ■ Grand manteau de laine à capuchon, au Maghreb.

**bus** [bys] n. m. ■ fam. Autobus.

**busard** n. m. ■ Rapace diurne des marais.

**busc** n. m. ■ ancient Baleine de corset.

① **buse** n. f. ■ 1 Rapace diurne, aux formes lourdes. 2 fig., fam. Personne sotte, ignorante.

② **buse** n. f. ■ Conduit, tuyau.

**bushidô** [buʃido] n. m. ■ hist. Préceptes qui constituent la morale du guerrier japonais féodal (le *bushi*).

**business** [biznɛs] n. m. ■ anglic., fam. 1 Travail ; affaires. 2 Chose, truc. – var. BIZNESS.

**businessman** [biznɛsman] n. m. ■ anglic. Homme d'affaires. *Des businessmans* (ou businessmen).

**busqué, ée** adj. ■ (nez) Qui présente une courbure convexe. → **aquilin.**

**buste** n. m. ■ 1 Partie supérieure du corps humain, de la tête à la ceinture. → **torse.** 2 Sculpture représentant la tête et le haut du buste.

**bustier** n. m. ■ Sous-vêtement féminin ou corsage sans bretelles qui moule le buste.

**but** [by(t)] n. m. ■ 1 Point visé, objectif. → **cible.** ← loc. *De but en blanc* : brusquement. 2 Point que l'on se propose d'atteindre. → **terme.** *Le but d'un voyage.* 3 sports Espace que doit franchir le ballon pour qu'un point soit marqué. ♦ Le point marqué. 4 fig. Ce que l'on se propose d'atteindre. *Se donner un but.* ← loc. *Toucher au but* : être près de réussir.

**butane** n. m. ■ Hydrocarbure saturé employé comme combustible.

**butée** n. f. ■ 1 Massif de maçonnerie destiné à supporter une poussée. → **culée.** 2 Organe, pièce limitant un mouvement.

① **buter** v. ① ■ I v. intr. 1 Heurter le pied (contre qqch. de saillant). ← fig. *Buter sur, contre une difficulté.* 2 S'appuyer, être calé. II v. tr. Acculer (qqn) à une position de refus entêté. → **braquer.** ► se **buter** v. pron. S'entêter. ► **buté, ée** adj. Entêté, obstiné.

② **buter** v. tr. ① ■ argot Tuer, assassiner. – var. BUTTER.

**buteur, euse** n. ■ (football, rugby) Joueur, joueuse qui marque des buts.

**butin** n. m. ■ 1 Ce qu'on prend aux ennemis, pendant une guerre, après la victoire. 2 Produit d'un vol, d'un pillage. 3 littér. Produit, récolte résultant d'une recherche.

**butiner** v. ① ■ 1 v. intr. (abeille) Visiter les fleurs pour y chercher la nourriture de la ruche. 2 v. tr. *Les abeilles butinent les fleurs.* ← fig. *Butiner des renseignements.* → **glaner.**

**butô** [byto] n. m. ■ Spectacle issu de traditions japonaises réinterprétées, caractérisé par la nudité des corps peints en blanc et des mouvements très lents.

**butoir** n. m. ■ 1 Pièce ou dispositif servant à arrêter. 2 fig. *Date butoir* : dernier délai. → **limite.**

**butor** n. m. ■ 1 Échassier aux formes lourdes. 2 fig. Grossier personnage. → **malappris, rustre.**

**butte** n. f. ■ 1 Tertre où l'on adosse une cible. *Butte de tir.* ♦ loc. fig. *ÊTRE EN BUTTE À* : être exposé à. 2 Petite éminence de terre.

① **butter** v. tr. ① ■ Garnir (une plante) de terre qu'on élève autour du pied.

② **butter** v. tr. → ② **buter**

**butyr(o)-** Élément savant, du latin *butyrum*, du grec *bouturon* « beurre ».

**buvable** adj. ■ 1 Qui peut se boire. 2 fam. (en tournure négative) Supportable.

**buvard** n. m. ■ Papier qui boit l'encre.

**buvette** n. f. ■ Petit local ou comptoir où l'on sert à boire.

**buveur, euse** n. ■ 1 Personne qui aime boire du vin, des boissons alcoolisées. 2 Personne qui est en train de boire. ♦ *Buveur de*, qui a l'habitude de boire (telle boisson).

**buzz** [bœz] n. m. ■ anglic. Rumeur propageant un message (notamment sur Internet). ▷ **buzzer** v. intr. ① *Ça buzze sur le net.*

**bye-bye** [bajbaj] interj. ■ anglic., fam. Au revoir. → **salut.**

**byssus** [-ys] n. m. ■ zool. Faisceau de filaments qui permet à certains mollusques (moules, etc.) de se fixer.

**byzantin, ine** adj. ■ 1 De Byzance. 2 Oiseux par excès de subtilité et de formalisme.

**bzzz...** [bzzz] interj. ■ Onomatopée, bruit de sifflement continu. → **zzz.**

**c** [se] n. m. ■ Troisième lettre, deuxième consonne de l'alphabet. – REM. C cédille (ç) se prononce toujours [s] : *garçon*. ◆ *C*, chiffre romain (cent).

① **ça** pron. dém. ■ **1** fam. Cela, ceci. → *Il y a de ça* : c'est assez vrai. *Sans ça* : sinon. **2** (approbation) *C'est ça !* ◆ (étonnement...) *Ça, alors !*

② **ça** n. m. ■ psych. L'une des trois instances de la personnalité (selon Freud), ensemble des pulsions inconscientes.

**çà** adv. de lieu ■ *ÇÀ ET LÀ* : de côté et d'autre.

**cabale** n. f. ■ I vx → **kabbale**. II Entente secrète dirigée contre (qqn, qqch.).

**cabalistique** adj. ■ **1** De la science occulte. **2** Mystérieux, incompréhensible.

**caban** n. m. ■ Manteau court en drap de laine (porté à l'origine par les marins).

**cabane** n. f. ■ **1** Petite habitation grossière. **2** *Cabane à lapins.* → **clapier**. **3** fam. *Mettre qqn en cabane*, en prison.

**cabanon** n. m. ■ **1** Cachot où l'on enfermait les fous dangereux. **2** Cabane de jardin.

**cabaret** n. m. ■ **1** vieilli Établissement où l'on sert des boissons. **2** Établissement de spectacle où les clients peuvent souper, danser.

**cabaretier, ière** n. ■ vieilli Personne qui tient un cabaret (1).

**cabas** n. m. ■ Grand sac porté au bras.

**cabécou** n. m. ■ Petit fromage de chèvre rond et plat.

**cabestan** n. m. ■ Treuil à axe vertical.

**cabillaud** n. m. ■ Morue fraîche.

**cabine** n. f. ■ **1** Petite chambre, sur un navire. **2** Petit local à usage déterminé. *Cabine de pilotage* (d'un avion). → *Cabine d'ascenseur*.

**cabinet** n. m. ■ I **1** Petite pièce située à l'écart. → *CABINET DE TOILETTE* : petite salle d'eau. → *CABINET DE TRAVAIL*. → **bureau**. **2** Lieu d'exercice de professions libérales (médecin...). *3 Cabinet* ou *cabinets*. → **toilette(s), waters, W.-C.** II **1** Le gouvernement. **2** Service d'un ministère, d'une préfecture.

**câblage** n. m. ■ **1** Action de câbler. **2** techn. Fils de montage d'un appareil électrique.

**câble** n. m. ■ **1** Faisceau de fils. → **corde**. → Gros cordage en acier. **2** *Câble électrique*, fil conducteur protégé. ◆ *Télévision par câble*. → **câblodistribution**. → *Le câble* : la télévision par câble. **3** vieilli Télégramme.

**câbler** v. tr. ① ■ **1** Assembler (des fils) en un câble. **2** Équiper de câbles. **3** Envoyer (une dépêche) par câble télégraphique.

**câblier** n. m. ■ **1** Fabricant de câbles. **2** Navire qui pose des câbles sous-marins.

**câblodistribution** n. f. ■ Diffusion par câbles d'émissions télévisées (syn. *le câble*).

**câblo-opérateur** n. m. ■ Société exploitant un réseau de câblodistribution.

**cabochard, arde** adj. et n. ■ fam. Entêté.

**caboche** n. f. ■ fam. Tête. → **ciboulot**.

**cabochon** n. m. ■ Pierre précieuse ou pièce de cristal polie, non taillée en facettes.

**cabosser** v. tr. ① ■ Faire des bosses à.

① **cabot** n. m. ■ fam. Chien.

② **cabot** n. m. ■ Cabotin.

**cabotage** n. m. ■ Navigation près des côtes.

**caboteur** n. m. ■ Navire de cabotage.

**cabotin, ine** n. ■ **1** Mauvais acteur. **2** Personne qui cherche à se faire remarquer.

**cabotiner** v. intr. ① ■ Agir en cabotin.

**caboulot** n. m. ■ fam. Café mal famé.

**cabrer** v. ① ■ I *SE CABRER* v. pron. **1** (animaux) Se dresser sur les pattes de derrière. **2** fig. (personnes) Se révolter. → se **braquer**, se **buter**. II v. tr. Faire se dresser (un animal...). ▷ n. m. **cabrage**

**cabri** n. m. ■ Chevreau.

**cabriole** n. f. ■ **1** Bond léger. **2** Pirouette.

**cabrioler** v. intr. ① ■ Faire des cabrioles.

**cabriolet** n. m. ■ ancien Voiture à cheval, à deux roues, à capote mobile. → mod. Automobile décapotable.

**caca** n. m. ■ **1** fam. Excrément. ◆ Chose sans valeur. **2** *CACA D'OIE* : jaune verdâtre.

**cacahouète** ou **cacahuète** [kakawɛt] n. f. ■ Fruit de l'arachide, qui se mange grillé.

**cacao** n. m. ■ **1** Graine du cacaoyer, qui sert à fabriquer le chocolat. **2** Poudre de cette graine.

**cacaoté, ée** adj. ■ Qui contient du cacao.

**cacaoyer** [-ɔje] n. m. ■ Arbre d'Amérique du Sud dont les fruits (appelés *cabosses*) contiennent le cacao. – syn. CACAOTIER.

**cacarder** v. intr. ① ■ Crier (de l'oie).

**cacatoès** [-ɔɛs] n. m. ■ Perroquet à huppe colorée. – var. anc. KAKATOÈS.

**cacatois** n. m. ■ Petite voile carrée au-dessus du perroquet.

**cachalot** n. m. ■ Mammifère marin (cétacé) de la taille de la baleine, à dents.

① **cache** n. f. ■ régional Cachette.

② **cache** n. m. ■ Papier destiné à cacher, masquer une partie d'une surface.

**cache-cache** n. m. invar. ■ Jeu d'enfants où l'un des joueurs doit découvrir les autres qui sont cachés.

**cache-col** n. m. invar. ■ Écharpe qui entoure le cou. → **cache-nez**.

**cachectique** adj. ▪ méd. Relatif à la cachexie.
♦ adj. et n. Atteint de cachexie.

**cachemire** n. m. ▪ Tissu fin en poil de chèvre et laine. - var. (anglic.) CASHMERE.

**cache-misère** n. m. invar. ▪ Vêtement sous lequel on cache des habits usés.

**cache-nez** n. m. invar. ▪ Grosse écharpe couvrant le bas du visage. → **cache-col.**

**cache-pot** n. m. invar. ▪ Vase décoratif qui sert à cacher un pot de fleurs.

**cache-prise** n. m. invar. ▪ Dispositif de sécurité pour les prises de courant.

**cacher** v. tr. ⏴ ▪ 1 Soustraire (qqch.) à la vue ; empêcher d'être vu. → **dissimuler. 2** (sujet chose) Empêcher de voir. **3** Empêcher (qqch.) d'être su ; ne pas exprimer. *Cacher son émotion.* ► **se cacher** v. pron. **1** Se soustraire, être soustrait à la vue. **2** *SE CACHER DE qqn,* lui cacher ce que l'on fait ou dit. ► **caché, ée** adj.

**cache-radiateur** n. m. invar. ▪ Revêtement cachant un radiateur d'appartement.

**cache-sexe** n. m. invar. ▪ Très petit slip.

**cachet** n. m. ▪ 1 ancient Cylindre pour imprimer une marque (sur de la cire). → **sceau.** ‑ hist. *LETTRE DE CACHET :* lettre au cachet du roi, contenant un ordre (d'exil, etc.). **2** Marque apposée à l'aide d'un cachet, d'un tampon. **3** fig. Marque caractéristique ; originalité. *Avoir du cachet.* **4** Rétribution d'un artiste, pour un engagement. **II 1** Enveloppe de pain azyme contenant un médicament en poudre. **2** abusivt Comprimé.

**cache-tampon** n. m. invar. ▪ Jeu où l'on cache un objet à découvrir.

**cacheter** v. tr. ⏴ ▪ 1 Fermer avec un cachet (I, 1) ; marquer d'un cachet (I, 2). **2** Fermer (une lettre). ▷ n. m. **cachetage**

**cachette** n. f. ▪ 1 Endroit retiré propice à (se) cacher. **2** *EN CACHETTE* loc. adv. : en se cachant.

**cachexie** n. f. ▪ Amaigrissement et fatigue généralisée dus à une grave maladie, etc.

**cachot** n. m. ▪ Cellule obscure, dans une prison. → **geôle.**

**cachotterie** n. f. ▪ Petit secret.

**cachottier, ière** n. et adj. ▪ (Personne) qui aime à faire des cachotteries.

**cachou** n. m. ▪ 1 Extrait d'un acacia ou de la noix d'arec. **2** Pastille au cachou.

**cacique** n. m. ▪ 1 Chef indien (en Amérique centrale). **2** Premier au concours. → **major.**

**caco-** Élément, du grec *kakos* « mauvais ».

**cacochyme** adj. ▪ vx En mauvaise santé.

**cacolet** n. m. ▪ Bât à deux sièges.

**cacophonie** n. f. ▪ Rencontre ou répétition discordante de voix, de sons.

**cacou** n. m. ▪ régional (sud de la France) Homme, jeune homme qui fait le fanfaron.

**cactus** [-ys] n. m. ▪ 1 Plante grasse à tige charnue, riche en sucs. **2** fam. Difficulté.

**c.-à-d.** [setadiʀ] ▪ Abrév. de *c'est-à-dire.*

**cadastre** n. m. ▪ Registre public où est relevée la surface des propriétés foncières. ▷ adj. **cadastral, ale, aux**

**cadastrer** v. tr. ⏴ ▪ Inscrire au cadastre.

**cadavre** n. m. ▪ I Corps mort (de l'homme et des gros animaux). ▷ adj. **cadavérique II** fam. Bouteille vidée.

① **caddie** n. m. ▪ golf Garçon qui porte le matériel du joueur.

② **caddie** n. m. (nom déposé) ▪ Petit chariot métallique.

**cadeau** n. m. ▪ Objet que l'on offre. → **don, présent.** ‑ loc. fam. *Ne pas faire de cadeau à qqn,* être dur avec lui (en affaires, etc.).

**cadenas** n. m. ▪ Serrure mobile, à arceau.

**cadenasser** v. tr. ⏴ ▪ Fermer avec un cadenas. ‑ pronom. S'enfermer.

**cadence** n. f. ▪ 1 Rythme de l'accentuation, en poésie ou en musique. **2** mus. Fin d'une phrase musicale sur un accord consonant. **3** *EN CADENCE* loc. adv. : d'une manière rythmée. **4** Rythme (du travail, etc.).

**cadencer** v. tr. ⏴ ▪ Donner une cadence à. → **rythmer.** ► **cadencé, ée** adj. *Pas cadencé.*

**cadenette** n. f. ▪ Petite tresse.

**cadet, ette** n. et adj. ▪ 1 Personne qui, par ordre de naissance, vient après l'aîné. ‑ adj. *Sœur cadette.* **2** Personne moins âgée. **3** loc. *C'EST LE CADET DE MES SOUCIS :* je ne m'en soucie pas. **4** ancient Gentilhomme qui servait comme soldat. **5** Sportif, sportive classé(e) entre les minimes et les juniors.

**cadi** n. m. ▪ Magistrat musulman.

**cadmium** [-ɔm] n. m. ▪ Corps simple (symb. Cd), métal blanc utilisé en alliage.

**cadran** n. m. ▪ 1 *CADRAN SOLAIRE :* surface indiquant l'heure par la position de l'ombre d'une tige. **2** Cercle sur lequel se déplacent les aiguilles (d'une montre, etc.). **3** Surface plane, divisée (d'un appareil).

**cadre** n. m. ▪ I 1 Bordure entourant une glace, un tableau. → **encadrement. 2** Châssis fixe. ‑ *Cadre de bicyclette.* **II** fig. 1 Ce qui entoure un espace, une action. *Cadre de vie.* ♦ *LE CADRE DE :* les limites prévues par. **2** milit. Ensemble des officiers et sous-officiers. **3** Tableau des emplois et du personnel. ‑ *Être rayé des cadres,* être libéré ou licencié. **III** Personne qui a des fonctions d'encadrement, de direction.

**cadrer** v. ⏴ ▪ 1 v. intr. (abstrait) Aller bien (avec qqch.). **2** v. tr. Mettre en place (l'image), en photo, etc. ▷ n. m. **cadrage**

**cadreur** n. m. ▪ Personne qui utilise la caméra (recomm. off. pour *cameraman*).

**caduc, uque** adj. ▪ 1 littér. Qui n'a plus cours. → **dépassé, périmé.** ▷ **caducité** n. f. littér. **2** *Feuilles caduques,* qui tombent en hiver (opposé à *persistant*).

**caducée** n. m. ▪ Attribut de Mercure, baguette entourée de deux serpents entrelacés (symbole du corps médical).

**cæcum** [sekɔm] n. m. ▪ Première partie du gros intestin, fermée à sa base et communiquant avec le côlon droit et l'iléon.

**cafard, arde** n. ▪ I Personne qui dénonce les autres. → **mouchard. II** n. m. Blatte. **III** n. m. *Avoir le cafard,* des idées noires.

**cafarder** v. intr. ⏴ ▪ I Faire le cafard (I). ▷ n. m. **cafardage II** Avoir le cafard.

**cafardeux, euse** adj. ▪ Qui a le cafard (III).
♦ Qui donne le cafard. → **déprimant.**

① **café** n. m. ▪ **1** Graine du caféier. ◆ Ces graines torréfiées. **2** Boisson obtenue par infusion de grains de café torréfiés et moulus. ◆ fam. *C'est fort de café*, exagéré.

② **café** n. m. ▪ Lieu public où l'on consomme des boissons. → **bar, bistrot.**

**café-concert** n. m. ▪ anciennt Café où l'on écoutait de la musique.

**caféier** n. m. ▪ Arbuste tropical dont le fruit contient les grains de café.

**caféine** n. f. ▪ Alcaloïde du café, du thé.

**caféisme** n. m. ▪ Intoxication à la caféine.

**cafetan** ou **caftan** n. m. ▪ Vêtement oriental, ample et long.

**cafeter** → **cafter**

**cafétéria** ou **cafeteria** [kafeterja] n. f. ▪ Lieu public où l'on sert du café, des boissons, des plats simples, etc.

**café-théâtre** n. m. ▪ Petite salle de spectacle.

**cafetier, ière** n. ▪ vieilli Personne qui tient un café.

**cafetière** n. f. ▪ **1** Récipient pour préparer le café. → aussi **percolateur. 2** fam. Tête.

**cafouiller** v. intr. 1 ▪ fam. Agir de façon désordonnée ; fonctionner mal. ▷ n. m. **cafouillage** et **cafouillis** ▷ adj. **cafouilleux, euse**

**caftan** → **cafetan**

**cafter** v. tr. 1 ▪ fam. Dénoncer. → **cafarder.** - var. CAFETER.

**cage** n. f. ▪ **I** Endroit clos (par des barreaux...) servant à enfermer des animaux vivants. *Cage à poules* (fig. logement exigu). **II** (Espace clos) **1** *Cage d'escalier, d'ascenseur*, où se trouve l'escalier, l'ascenseur. **2** *Cage thoracique*, ensemble formé par les vertèbres, les côtes et le sternum.

**cageot** n. m. ▪ Emballage à claire-voie.

**cagibi** n. m. ▪ Petite pièce de rangement.

**cagna** n. f. ▪ argot milit. Abri militaire.

**cagne** ; ② **cagneux** → **khâgne** ; **khâgneux**

① **cagneux, euse** adj. ▪ Qui a les genoux tournés en dedans.

**cagnotte** n. f. ▪ Caisse commune (jeu...).

**cagole** n. f. ▪ régional (sud de la France) Jeune fille, jeune femme qui affiche une féminité provocante et vulgaire.

**cagot, ote** n. ▪ littér. Faux dévot ; hypocrite.

**cagoule** n. f. ▪ **1** Manteau de moine, sans manches, à capuchon. **2** Passe-montagne.

**cahier** n. m. ▪ **1** Feuilles de papier assemblées et munies d'une couverture. **2** *CAHIER DES CHARGES* : liste des clauses et conditions pour l'exécution d'un contrat.

**cahin-caha** adv. ▪ fam. Tant bien que mal.

**cahot** n. m. ▪ Saut que fait un véhicule en roulant sur un terrain inégal.

**cahoter** v. 1 ▪ **1** v. tr. Secouer par des cahots. **2** v. intr. Être secoué par des cahots. ▷ n. m. **cahotement**

**cahute** n. f. ▪ Petite hutte.

**caïd** n. m. ▪ **1** (Afrique du Nord) Fonctionnaire musulman qui a des fonctions de juge, d'administrateur, etc. **2** fam. Chef de bande.

**caïeu** ou **cayeu** [kajø] n. m. ▪ bot. Bourgeon secondaire, sur un bulbe.

**caillasse** n. f. ▪ fam. Cailloux, pierraille.

**caillasser** v. tr. 1 ▪ fam. Attaquer, endommager à coups de pierres.

**caille** n. f. ▪ Oiseau voisin de la perdrix.

**caillebotis** n. m. ▪ Lattes ou rondins servant de passage (sur un sol boueux, etc.).

**cailler** v. 1 ▪ **1** v. tr. Faire prendre en caillots. → **coaguler, figer.** ◆ au p. p. *Lait caillé.* **2** v. intr. Avoir froid.

① **caillette** n. f. ▪ Quatrième compartiment de l'estomac des ruminants.

② **caillette** n. f. ▪ vx Femme frivole.

**caillot** n. m. ▪ Masse de sang coagulé.

**caillou** n. m. ▪ **1** Pierre de petite dimension. **2** fam. Pierre précieuse. **3** fam. Crâne, tête.

**cailloutage** n. m. ▪ Ouvrage de cailloux.

**caillouter** v. tr. 1 ▪ Garnir de cailloux (1).

**caillouteux, euse** adj. ▪ Couvert de cailloux.

**cailloutis** n. m. ▪ Amas ou ouvrage de cailloux concassés.

**caïman** n. m. ▪ Crocodile d'Amérique à museau large et court.

**caïque** n. m. ▪ Embarcation légère et étroite de la mer Égée et du Bosphore.

**cairn** n. m. ▪ didact. Monticule, tumulus.

**caisse** n. f. ▪ **I 1** Grande boîte (souvent en bois) utilisée pour l'emballage, le transport ou le rangement. **2** techn. Dispositif rigide (de protection, etc.). → **caisson.** ◆ Carrosserie d'automobile (opposé à *châssis*). ◆ fam. Voiture. loc. *À fond la caisse* : à toute allure. *Caisse du tympan* : cavité du fond de l'oreille. **II** mus. Instrument de la famille du tambour. **III 1** Coffre dans lequel on dépose de l'argent, des valeurs. **2** Bureau, guichet où se font les paiements, les versements. **3** Argent en caisse. **4** *CAISSE D'ÉPARGNE* : établissement où l'on dépose de l'argent pour l'économiser.

**caissette** n. f. ▪ Petite caisse (I, 1).

**caissier, ière** n. ▪ Personne qui tient la caisse (III).

**caisson** n. m. ▪ **I 1** anciennt Chariot à munitions. **2** Caisse métallique. **3** loc. fam. *Se faire sauter le caisson* : se tirer une balle dans la tête. **II** archit. Compartiment creux d'un plafond, orné de moulures.

**cajoler** v. tr. 1 ▪ Avoir envers (qqn) des manières tendres et caressantes. ▷ n. f. **cajolerie** ▷ adj. et n. **cajoleur, euse**

**cajou** n. m. ▪ Fruit de l'anacardier, dont l'amande *(noix de cajou)* se mange.

**cajun** n. et adj. ▪ Acadien de Louisiane.

**cake** [kɛk] n. m. ▪ anglic. Gâteau garni de raisins secs, de fruits confits.

**cal** n. m. ▪ Épaississement et durcissement de l'épiderme produits par frottement.

**calamar** → **calmar**

**calame** n. m. ▪ Antiq. Roseau pour écrire.

**calamine** n. f. ▪ **1** Silicate ou minerai de zinc. **2** Résidu de la combustion, dans un moteur à explosion. ▷ adj. **calaminé, ée**

**calamité** n. f. ▪ Grand malheur. → **catastrophe, désastre, fléau.**

**calamiteux, euse** adj. ▪ littér. Désastreux.

**calandre** n. f. ▪ 1 Machine à cylindres, pour lisser, lustrer les étoffes, glacer les papiers, etc. (*calandrer* v. tr. ①). 2 Garniture de radiateur d'automobile.

**calanque** n. f. ▪ Crique, en Méditerranée.

**calcaire** ▪ I adj. Qui contient du carbonate de calcium. II n. m. Roche formée surtout de carbonate de calcium (→ **craie, marbre**).

**calcédoine** n. f. ▪ Pierre précieuse (silice cristallisée). → **agate, cornaline, jaspe, onyx.**

**calcification** n. f. ▪ Dépôt de sels calcaires dans les tissus organiques, normal (ossification) ou pathologique.

**calcifié, ée** adj. ▪ Qui a subi une calcification.

**calciner** v. tr. ① ▪ Brûler, griller.

**calcite** n. f. ▪ Calcaire cristallisé.

**calcium** [-jɔm] n. m. ▪ Élément (symb. Ca), métal blanc et mou.

**① calcul** n. m. ▪ Concrétion pierreuse qui se forme dans l'organisme.

**② calcul** n. m. ▪ 1 sc. Opérations sur des symboles représentant des grandeurs (→ **algèbre, arithmétique ; mathématique**). 2 cour. Action de calculer, opération numérique. → *CALCUL MENTAL*, effectué de tête. 3 Appréciation, estimation. 4 Moyens combinés pour arriver à un but. → péj. *Agir par calcul*, d'une manière intéressée.

**calculable** adj. ▪ Qui peut se calculer.

**calculateur, trice** ▪ I 1 n. Personne qui sait calculer. 2 adj. et n. (Personne) habile à combiner des plans. II n. m. Ordinateur de calcul. III n. f. Machine à calculer.

**calculer** v. tr. ① ▪ 1 Déterminer par le calcul. *Calculer un bénéfice*. → absolt → **compter.** *Machine à calculer*. 2 Apprécier, évaluer (qqch.). → **estimer.** 3 Décider ou faire après avoir prémédité, réglé. → **combiner.**

**calculette** n. f. ▪ Petite machine à calculer.

**caldarium** [-jɔm] n. m. ▪ Antiq. Étuve des bains romains.

**① cale** n. f. ▪ 1 Espace entre le pont et le fond d'un navire. 2 Quai en pente. 3 Bassin que l'on peut mettre à sec.

**② cale** n. f. ▪ Ce que l'on place sous un objet pour lui donner de l'aplomb.

**calé, ée** adj. ▪ fam. 1 (personnes) Savant, instruit. 2 (choses) Difficile.

**calebasse** n. f. ▪ Fruit d'un arbre tropical (le *calebassier*), qui peut servir de récipient.

**calèche** n. f. ▪ Voiture à cheval, découverte, à quatre roues, munie d'une capote à l'arrière, et d'un siège surélevé à l'avant.

**caleçon** n. m. ▪ 1 Sous-vêtement masculin, culotte courte et légère. 2 Pantalon de maille très collant, pour femmes.

**calédonien, enne** adj. et n. ▪ 1 De Calédonie (ancien nom de l'Écosse). 2 De Nouvelle-Calédonie.

**calembour** n. m. ▪ Jeu de mots fondé sur des ressemblances de sons.

**calembredaine** n. f. ▪ Propos extravagant.

**calendes** n. f. pl. ▪ Antiq. Premier jour de chaque mois, chez les Romains. ♦ loc. *Renvoyer qqch. AUX CALENDES GRECQUES*, à un temps qui ne viendra jamais (les Grecs n'avaient pas de calendes).

**calendrier** n. m. ▪ 1 Système de division du temps en années, en mois et en jours. → **chronologie.** *Calendrier républicain*, utilisé en France de 1793 (an I) à 1806. 2 Emploi du temps ; programme. 3 Tableau présentant les mois et les jours d'une année.

**cale-pied** n. m. ▪ Petit butoir adapté à la pédale d'une bicyclette. *Des cale-pieds*.

**calepin** n. m. ▪ Petit carnet de poche.

**① caler** v. tr. ① ▪ 1 Mettre d'aplomb au moyen d'une cale. 2 Rendre fixe ou immobile. 3 fam. *Se caler l'estomac* : bien manger. → *Je suis calé* : j'ai l'estomac plein.

**② caler** v. intr. ① ▪ 1 S'arrêter, s'immobiliser brusquement. *Moteur qui cale.* II (personnes) Céder, renoncer ; s'arrêter.

**caleter** ou **calter** v. intr. ① ▪ fam. S'en aller en courant ; s'enfuir.

**calfat** n. m. ▪ Ouvrier qui calfate.

**calfater** v. tr. ① ▪ Garnir d'étoupe goudronnée les interstices de la coque de (un navire). → **caréner, radouber.**

**calfeutrer** v. tr. ① ▪ 1 Boucher les fentes avec un bourrelet (pour arrêter l'air). ▷ n. m. **calfeutrage** 2 SE CALFEUTRER v. pron. S'enfermer (confortablement...).

**calibre** n. m. ▪ I 1 Diamètre intérieur (d'un tube, etc.). ♦ Grosseur (d'un projectile). 2 Diamètre (d'un fruit...). 3 Instrument servant à mesurer un diamètre, etc. II fig., fam. Importance, envergure.

**calibrer** v. tr. ① ▪ 1 Donner le calibre convenable à. 2 Mesurer le calibre de. ♦ Trier selon le calibre. ▷ n. m. **calibrage**

**calibreur** n. m. et **calibreuse** n. f. ▪ Appareil, machine pour calibrer.

**① calice** n. m. ▪ 1 Vase sacré pour le vin de messe. 2 loc. *Boire le calice jusqu'à la lie*.

**② calice** n. m. ▪ Enveloppe de la fleur.

**calicot** n. m. ▪ 1 Toile de coton grossier. 2 Bande de tissu portant une inscription.

**califat** n. m. ▪ Dignité de calife. → Territoire soumis à un calife.

**calife** n. m. ▪ Souverain musulman.

**à califourchon** loc. adv. ▪ Une jambe d'un côté, la deuxième de l'autre. → **à cheval.**

**câlin, ine** ▪ I adj. Qui aime câliner, être câliné. II n. m. Échange de caresses, de baisers. ♦ fam. Acte sexuel.

**câliner** v. tr. ① ▪ Traiter avec douceur, tendresse. → **cajoler.** ▷ n. f. **câlinerie**

**calisson** n. m. ▪ Petit gâteau d'amandes.

**calleux, euse** adj. ▪ 1 Dont la peau est durcie et épaissie (→ **cal**). 2 anat. *Corps calleux*, joignant les hémisphères du cerveau.

**call-girl** [kɔlgœrl] n. f. ▪ anglic. Prostituée qu'on joint par téléphone. *Des call-girls*.

**calli-** Élément, du grec *kallos* « beauté ».

**calligramme** n. m. ▪ Poème dont le texte forme un dessin.

**calligraphie** n. f. ■ Art de bien former les caractères d'écriture ; écriture formée selon cet art. ▷ n. **calligraphe** ▷ **calligraphier** v. tr. [7]

**callipyge** adj. ■ arts Qui a de belles fesses.

**callosité** n. f. ■ Épaississement et durcissement de l'épiderme. → **cal, cor, durillon.**

**calmant, ante** ■ **1** adj. Qui calme la douleur ; qui apaise, tranquillise. **2** n. m. Remède calmant. → **sédatif, tranquillisant.**

**calmar** n. m. ■ Céphalopode comestible, voisin de la seiche. → **encornet. –** var. CALAMAR.

① **calme** n. m. ■ **1** Absence d'agitation, de bruit. **2** Immobilité de l'atmosphère, de la mer. **3** État d'une personne qui n'est ni agitée ni énervée. → **quiétude, sérénité. ←** *Garder son calme.* → **sang-froid.**

② **calme** adj. ■ Qui n'est pas troublé, agité. → **serein ; tranquille.** ▷ adv. **calmement**

**calmer** v. tr. [1] ■ **1** Rendre calme ; apaiser, diminuer (la douleur, les passions). **2** Rendre (qqn) plus calme. ▶ **se calmer** v. pron.

**calomel** n. m. ■ Sel de mercure (purgatif).

**calomnie** n. f. ■ Accusation fausse qui attaque la réputation, l'honneur. → **diffamation.** ▷ adj. **calomnieux, euse**

**calomnier** v. tr. [7] ■ Attaquer (qqn) par des calomnies. ▷ n. **calomniateur, trice**

**calor(i)-** Élément savant, du latin *calor* « chaleur ».

**calorie** n. f. ■ **1** Ancienne unité de mesure de quantité de chaleur. **2** Unité de mesure de la valeur énergétique des aliments.

**calorifère** n. m. ■ vieilli Appareil de chauffage domestique. → **chaudière.**

**calorifique** adj. ■ Qui donne de la chaleur.

**calorifuge** adj. et n. m. ■ Qui empêche la déperdition de la chaleur (→ **isolant).**

**calorifuger** v. tr. [3] ■ Isoler par un calorifuge. ▷ n. m. **calorifugeage**

**calorimétrie** n. f. ■ phys. Mesure des échanges de chaleur entre les corps.

**calorique** adj. ■ Qui apporte des calories.

① **calot** n. m. ■ **1** Coiffure militaire sans bords, dite aussi *bonnet de police.*

② **calot** n. m. ■ Grosse bille à jouer.

**calotin** n. m. ■ fam. et péj. Ecclésiastique. ← Partisan des prêtres.

**calotte** n. f. ■ **I 1** Petit bonnet rond qui couvre le sommet de la tête. 2 relig. *La calotte* : le clergé, les prêtres. **II** fig. **1** Partie supérieure de la boîte crânienne. **2** géogr. *Calotte glaciaire* : glacier qui recouvre tout le relief. **III** fam. Tape sur la tête.

**calotter** v. tr. [1] ■ fam. Gifler.

**calque** n. m. ■ **1** Copie, reproduction calquée. ← *Papier-calque* ou *calque* : papier transparent pour calquer. **2** fig. Imitation ; plagiat.

**calquer** v. tr. [1] ■ **1** Copier un modèle sur une surface contre laquelle il est appliqué. → **décalquer. 2** fig. Imiter ; plagier.

**calter** v. intr. → **caleter**

**calumet** n. m. ■ Pipe de cérémonie, à long tuyau, des Indiens d'Amérique.

**calvados** [-os] n. m. ■ Eau-de-vie de cidre.

**calvaire** n. m. ■ **1** relig. *Le Calvaire* : la colline où Jésus fut crucifié. ← *Un calvaire* : représentation de la passion du Christ. **2** fig. Épreuve longue et douloureuse. → **martyre.**

**calvinisme** n. m. ■ Doctrine de Calvin. ▷ **calviniste** adj. et n. → aussi **protestant.**

**calvitie** n. f. ■ Absence totale ou partielle de cheveux. → **alopécie ; chauve.**

**camaïeu** n. m. ■ Peinture où l'on n'emploie qu'une couleur avec des tons différents.

**camail** n. m. ■ **1** au moyen âge Armure de tête en mailles. **2** Pèlerine d'ecclésiastique.

**camarade** n. ■ **1** Personne qui a les mêmes occupations qu'une autre et des liens de familiarité avec elle. ▷ n. f. **camaraderie 2** Appellation, dans les partis communistes.

**camard, arde** ■ littér. **1** adj. Qui a le nez plat. → **camus. 2** n. f. *La camarde,* la mort.

**cambiste** n. ■ fin. Spécialiste des opérations de change (I, 2).

**cambium** [-jɔm] n. m. ■ bot. Tissu qui donne naissance au bois, au liège.

**cambouis** n. m. ■ Graisse, huile noircie par l'usage.

**cambré, ée** adj. ■ Qui forme un arc.

**cambrer** v. tr. [1] ■ Courber en forme d'arc. → **arquer, infléchir. ▶ se cambrer** v. pron. Se redresser en creusant les reins.

**cambrien, enne** adj. et n. m. ■ géol. Se dit de la première période de l'ère primaire.

**cambrioler** v. tr. [1] ■ Dévaliser en pénétrant par effraction. ▷ n. m. **cambriolage**

**cambrioleur, euse** n. ■ Voleur qui cambriole.

**cambrousse** n. f. ■ fam. et péj. Campagne.

**cambrure** n. f. ■ **1** État de ce qui est cambré. **2** Partie courbée (du pied…).

**cambuse** n. f. ■ **1** Magasin du bord, sur un bateau. **2** fam. Chambre mal tenue.

① **came** n. f. ■ Pièce qui transmet le mouvement d'un mécanisme. *Arbre à cames.*

② **came** n. f. ■ fam. **1** Drogue. **2** Marchandise. → **camelote.**

**camé, ée** adj. et n. ■ fam. Drogué.

**camée** n. m. ■ Pierre fine sculptée en relief.

**caméléon** n. m. ■ Petit reptile d'Afrique et d'Inde, doué de mimétisme.

**camélia** n. m. ■ Arbrisseau à feuilles persistantes, à belle floraison ; sa fleur.

**camelot** n. m. ■ Marchand ambulant d'objets de pacotille. ◆ hist. *Camelot du roi* : vendeur de journaux de propagande royaliste.

**camelote** n. f. ■ fam. **1** Marchandise de mauvaise qualité. **2** Toute marchandise.

**camembert** n. m. ■ **1** Fromage de vache, de forme ronde, à croûte blanche. **2** fig. Graphique circulaire divisé en secteurs.

**se camer** v. pron. [1] ■ fam. Se droguer.

**caméra** n. f. ■ Appareil de prise de vues.

**caméraman** [-man] n. m. ■ anglic. → **cadreur.**

**camérier** n. m. ■ Prélat attaché au service du pape.

**camériste** n. f. ■ vx Femme de chambre.

**caméscope** n. m. ■ Caméra vidéo avec un magnétoscope intégré.

**camion** n. m. ■ Gros véhicule automobile transportant des marchandises. → **poids lourd**; **semi-remorque**. ◆ CAMION-CITERNE n. m., pour le transport des liquides en vrac.

**camionnage** n. m. ■ Transport par camion.

**camionnette** n. f. ■ Véhicule utilitaire, plus petit que le camion.

**camionneur** n. m. ■ 1 Conducteur de camions. → **routier**. 2 Entrepreneur de transports par camion.

**camisole** n. f. ■ 1 ancient Vêtement court porté sur la chemise. 2 CAMISOLE DE FORCE : chemise paralysant les mouvements, utilisée pour maîtriser les malades mentaux. ◆ fig. Camisole chimique : traitement médicamenteux puissant utilisé pour calmer certains malades mentaux.

**camomille** n. f. ■ 1 Plante odorante, à fleurs. 2 Tisane de fleurs de cette plante.

**camoufler** v. tr. 1 ■ Rendre méconnaissable ou invisible. → **dissimuler, maquiller**. ▷ n. m. **camouflage**

**camouflet** n. m. ■ Vexation humiliante.

**camp** n. m. ■ 1 1 Lieu où des troupes s'installent. ◆ LIT DE CAMP, transportable. 2 Terrain où sont groupées des personnes. Camp de réfugiés. ◆ CAMP DE CONCENTRATION, où un pouvoir enferme ceux qu'il veut neutraliser. ◆ CAMPS D'EXTERMINATION (nazis), où furent suppliciés et exterminés certains groupes ethniques, politiques et sociaux. 3 loc. Lever le camp, fam. ficher, foutre le camp. → **décamper**. II Groupe qui s'oppose à un autre.

**campagnard, arde** ■ 1 adj. De la campagne. 2 adj. et n. Qui vit à la campagne.

**campagne** n. f. ■ 1 Ensemble des terres cultivées, des lieux fertiles, hors des villes (s'oppose à ville; à mer, montagne...). II 1 Manœuvres des troupes ; opération de guerre. ◆ loc. Faire campagne pour, contre qqn, militer pour, contre lui. 2 Période d'activité, d'affaires. Campagne électorale.

**campagnol** n. m. ■ Mammifère rongeur, au corps ramassé, à queue courte et poilue.

**campanaire** adj. ■ didact. Relatif aux cloches, spécialt à leur usage musical.

**campanile** n. m. ■ Clocher isolé de l'église.

**campanule** n. f. ■ Plante à clochettes.

**campêche** n. m. ■ Arbre tropical à bois dur, renfermant un colorant rouge.

**campement** n. m. ■ 1 Action de camper. 2 Lieu, installations où l'on campe.

**camper** v. 1 ■ I v. intr. 1 S'installer, être installé dans un camp. 2 Faire du camping. 3 S'installer provisoirement (quelque part). II v. tr. 1 Placer, poser (qqch.) avec décision. → **planter**. 2 fig. Représenter avec vigueur (par l'écriture, etc.). ► se **camper** v. pron. Se tenir dans une posture hardie.

**campeur, euse** n. ■ Personne qui pratique le camping.

**camphre** n. m. ■ Substance aromatique, blanche, d'une odeur vive, provenant d'un arbuste d'Extrême-Orient (le camphrier ou laurier du Japon). ▷ adj. **camphré, ée**

**camping** n. m. ■ 1 Activité touristique consistant à vivre en plein air, sous une tente, dans une caravane... 2 Terrain aménagé pour cette activité.

**camping-car** n. m. ■ anglic. Camionnette aménagée pour le camping. Des camping-cars. - recomm. off. autocaravane.

**camping-gaz** [kãpiŋgaz] n. m. invar. (nom déposé) ■ Réchaud portatif.

**campus** [-ys] n. m. ■ Ensemble des bâtiments d'une université, hors d'une ville.

**camus, use** adj. ■ littér. Camard (1).

**canada** n. f. ■ Variété de pomme.

**canadair** n. m. (nom déposé) ■ Avion équipé de réservoirs d'eau, contre les incendies de forêt.

**canadianisme** n. m. ■ Mot, tournure propre au français parlé au Canada.

**canadien, ienne** adj. et n. ■ Du Canada.

**canadienne** n. f. ■ (en France) 1 Veste chaude, doublée. 2 Petite tente de camping.

**canaille** n. f. ■ 1 Ensemble de gens méprisables. → **racaille**. 2 Personne malhonnête. 3 adj. Fripon. Un air canaille.

**canal, aux** n. m. ■ I 1 Cours d'eau artificiel. 2 Bras de mer. → **détroit**. II 1 Conduit permettant le passage d'un fluide. → **canalisation**. 2 Cavité allongée ou conduit de l'organisme (autre que les artères et les veines). → **vaisseau**. III 1 Agent ou moyen de transmission. Par le canal d'un ami. → **intermédiaire**. 2 Fréquence occupée par une chaîne de télévision. 3 Canal de distribution : circuit de commercialisation.

**canalisation** n. f. ■ Ensemble des conduits distribuant l'eau, le gaz, ou de l'énergie.

**canaliser** v. tr. 1 ■ 1 Rendre (un cours d'eau) navigable. ◆ Sillonner (une région) de canaux. 2 fig. Diriger, concentrer, grouper.

**canapé** n. m. ■ 1 Long siège à dossier pour plusieurs personnes. 2 Tranche de pain sur laquelle on dispose un mets.

**canaque** → **kanak**

**canard** n. m. ■ I Oiseau palmipède, au bec large. ◆ loc. Marcher comme un canard. → se **dandiner**. ◆ Canard boiteux : personne inadaptée. II 1 Morceau de sucre trempé dans une liqueur, du café. 2 Fausse note. 3 fam. Fausse nouvelle. ◆ péj. Journal.

**canarder** v. tr. 1 ■ Tirer sur (qqn, qqch.) d'un lieu où l'on est à couvert.

① **canari** n. m. ■ Serin jaune olivâtre.

② **canari** n. m. ■ (Afrique) Récipient de terre cuite.

**canasson** n. m. ■ fam. Cheval.

**canasta** n. f. ■ Jeu de cartes qui consiste à réaliser des séries de 7 cartes.

① **cancan** n. m. ■ Bavardage médisant. → **potin, ragot**. ▷ **cancaner** v. intr. 1 ▷ adj. **cancanier, ière**

② **cancan** n. m. ■ Danse excentrique, spectacle traditionnel du Montmartre de 1900.

**cancer** [-ɛʁ] n. m. ■ I Quatrième signe du zodiaque (22 juin-22 juillet). ◆ Être Cancer. II 1 Tumeur maligne, maladie grave causée par une multiplication anarchique de cellules. 2 fig. Ce qui ronge, détruit.

**cancéreux, euse** adj. ▪ **1** Du cancer (II, 1). **2** Atteint d'un cancer. ← n. *Un cancéreux.*

**cancérigène** adj. ▪ Qui cause ou peut causer le cancer. → **carcinogène, oncogène.**

**cancérologie** n. f. ▪ Étude, médecine du cancer. → **carcinologie, oncologie.**

**cancérologue** n. ▪ Spécialiste du cancer.

**cancre** n. m. ▪ fam. Élève paresseux et nul.

**cancrelat** n. m. ▪ Blatte d'Amérique.

**candela** n. f. ▪ Unité de mesure d'intensité lumineuse (symb. cd).

**candélabre** n. m. ▪ Grand chandelier à plusieurs branches.

**candeur** n. f. ▪ Qualité d'une personne pure et innocente. → **ingénuité, naïveté.**

**candi** adj. m. ▪ *Sucre candi,* épuré et cristallisé.

**candida** n. f. ▪ méd. Levure d'une famille à laquelle appartient un champignon responsable d'une infection de la peau et des muqueuses (la *candidose* n. f.).

**candidat, ate** n. ▪ Personne qui postule une place, un poste, un titre.

**candidature** n. f. ▪ État de candidat.

**candide** adj. ▪ **1** littér. Blanc. **2** Qui a ou exprime de la candeur. ▷ adv. **candidement**

**candomblé** n. m. ▪ Culte d'origine africaine, pratiqué au Brésil ; lieu de ce culte.

**cane** n. f. ▪ Femelle du canard.

**caner** v. intr. ⏢ ▪ fam. Reculer, céder.

**caneton** n. m. ▪ Petit du canard.

**① canette** n. f. ▪ Jeune cane.

**② canette** ou **cannette** n. f. ▪ Bobine recevant le fil de trame ou du fil à coudre.

**③ canette** n. f. ▪ Bouteille de bière.

**canevas** n. m. ▪ **1** Toile ajourée qui sert de support aux ouvrages de tapisserie à l'aiguille. **2** Ébauche (d'un ouvrage). → **plan.**

**cangue** n. f. ▪ ancient Carcan pour le cou et les poignets, en Extrême-Orient.

**caniche** n. m. ▪ Chien d'agrément à poil frisé.

**canicule** n. f. ▪ Grande chaleur de l'atmosphère. ▷ adj. **caniculaire**

**canif** n. m. ▪ Petit couteau de poche à lames qui se replient dans le manche.

**canin, ine** adj. ▪ Relatif au chien.

**canine** n. f. ▪ Dent pointue, située entre les incisives et les prémolaires.

**canisse** n. f. ▪ régional Canne utilisée pour faire des claies. – var. CANNISSE.

**caniveau** n. m. ▪ Bordure d'une rue, le long d'un trottoir, pour l'écoulement des eaux.

**cannabis** [-is] n. m. ▪ Chanvre* indien.

**cannage** n. m. ▪ Action de canner (un siège). ← Partie cannée.

**canne** n. f. ▪ **I** Tige droite de certaines plantes (roseau, bambou...). ← CANNE À SUCRE, cultivée pour son sucre. **II 1** Bâton sur lequel on s'appuie. **2** CANNE À PÊCHE : gaule portant une ligne de pêche.

**canneberge** n. f. ▪ Airelle des marais.

**cannelé, ée** adj. ▪ Orné de cannelures.

**cannelle** n. f. ▪ Écorce aromatique d'un laurier (le *cannelier*), utilisée en cuisine.

**cannelloni** n. m. ▪ Pâte alimentaire en forme de tube, garnie d'une farce.

**cannelure** n. f. ▪ Sillon longitudinal (creusé dans du bois, de la pierre, etc.).

**canner** v. tr. ⏢ ▪ Garnir le fond, le dossier de (un siège) avec du jonc, du rotin.

**cannette** → ② **canette**

**cannibale** adj. et n. ▪ Anthropophage. ▷ n. m. **cannibalisme**

**cannisse** → **canisse**

**canoë** [kanɔe] n. m. ▪ Embarcation de sport, légère, manœuvrée avec une pagaie simple. → aussi **kayak.** ▷ n. **canoéiste**

**canoë-kayak** n. m. ▪ Ensemble des sports de la navigation des canoës et des kayaks, ou sports de la pagaie.

**① canon** n. m. ▪ **I 1** Pièce d'artillerie servant à lancer des projectiles lourds (obus). ♦ loc. *Chair à canon* : les soldats exposés à être tués. ← péj. *Marchand de canons,* d'armes. **2** Tube (d'une arme à feu). **II** ancient Ornement qu'on attachait au-dessous du genou. **III** fam. Verre de vin.

**② canon** n. m. ▪ **1** Loi ecclésiastique. ← adj. *Droit canon* : droit ecclésiastique. **2** Ensemble des livres reconnus comme appartenant à la Bible. ♦ Partie de la messe qui va de la Préface au Notre Père. **3** Règles déterminant un idéal (de beauté). **4** Composition musicale à plusieurs voix répétant le même chant.

**cañon** [kaɲɔn] ou **canyon** [kanjɔ̃ ; kanjɔn] n. m. ▪ Gorge, vallée profonde.

**canonique** adj. ▪ **1** didact. Conforme à un canon (②). **2** fam. *Être d'un âge canonique,* respectable. **3** didact. Qui correspond à une règle, une norme.

**canoniser** v. tr. ⏢ ▪ Mettre au nombre des saints. ▷ n. f. **canonisation**

**canonnade** n. f. ▪ Tirs de canons.

**canonner** v. tr. ⏢ ▪ Tirer au canon sur (un objectif). ▷ n. m. **canonnage**

**canonnier** n. m. ▪ Soldat qui sert un canon.

**canonnière** n. f. ▪ Navire armé de canons.

**canope** n. m. ▪ didact. Vase funéraire égyptien dont le couvercle figure une tête.

**canopée** n. f. ▪ géogr. Partie supérieure (branches, feuilles) des arbres d'une forêt.

**canot** n. m. ▪ Petite embarcation sans pont (à aviron, moteur...). → **barque, chaloupe.**

**canoter** v. intr. ⏢ ▪ Se promener en canot, en barque. ▷ n. m. **canotage**

**canoteur, euse** n. ▪ Personne qui fait du canot. – syn. (vx) **① CANOTIER, IÈRE.**

**② canotier** n. m. ▪ Chapeau de paille à fond et bords plats.

**cantabile** [-bile] adj. et adv. ▪ mus. (d'un mouvement lent) Chantant.

**cantal** n. m. ▪ Fromage de lait de vache fabriqué dans le Cantal.

**cantaloup** [-lu] n. m. ▪ Melon rugueux.

**cantate** n. f. ▪ Poème lyrique destiné à être mis en musique ; cette musique.

**cantatrice** n. f. ■ Chanteuse professionnelle d'opéra ou de chant classique.

**cantharide** n. f. ■ Coléoptère vert doré.

**cantilène** n. f. ■ Texte lyrique et épique, ou mélancolique.

**cantine** n. f. ■ **1** Restaurant d'une collectivité. **2** Malle de voyage.

**cantinière** n. f. ■ ancient Gérante d'une cantine militaire. → **vivandière.**

**cantique** n. m. ■ Chant d'action de grâces.

**canton** n. m. ■ **I** (en Suisse) État de la Confédération helvétique. **II** (en France) Division territoriale de l'arrondissement. **III** (au Canada) Division cadastrale.

**à la cantonade** loc. adv. ■ *Parler à la cantonade* : sans s'adresser à qqn de précis.

**cantonal, ale, aux** adj. ■ **1** (Suisse) Du canton (I). **II** (France) Du canton (II). *Élections cantonales,* des conseils généraux.

**cantonner** v. tr. □ ■ **1** Établir, faire séjourner (des troupes) en un lieu. **2** Établir (qqn) d'autorité dans une situation. → **reléguer.** ▸ **se cantonner** v. pron. Se retirer (dans un lieu) sans sortir. → fig. Se limiter (à une activité...). ▷ n. m. **cantonnement**

**cantonnier** n. m. ■ Ouvrier qui travaille à l'entretien des routes.

**canular** n. m. ■ fam. Blague, farce.

**canule** n. f. ■ Tube servant à introduire un liquide dans un conduit de l'organisme.

**canuler** v. tr. □ ■ fam. Importuner.

**canut, canuse** n. ■ Ouvrier, ouvrière de l'industrie de la soie (à Lyon).

**canyon** → **cañon**

**C.A.O.** [seao] n. f. ■ Sigle de *conception assistée par ordinateur.*

**caoutchouc** [kautʃu] n. m. ■ **1** Substance élastique, imperméable, provenant du latex, ou synthétique. **2** Vêtement caoutchouc (→ **imperméable**). → Ruban élastique. **3** Ficus à feuilles épaisses et brillantes.

**caoutchouter** v. tr. □ ■ Enduire de caoutchouc. → au p. p. *Tissu caoutchouté.*

**caoutchouteux, euse** adj. ■ Qui a la consistance du caoutchouc.

**cap** n. m. ■ **I** loc. *DE PIED EN CAP* : des pieds à la tête. **II** **1** Pointe (de terre) qui s'avance dans la mer. **2** loc. fig. *Franchir, dépasser un cap,* un seuil, une limite (avec l'idée de difficulté). **3** Direction d'un navire. *Mettre le cap sur* : se diriger vers.

**C.A.P.** [seape] n. m. (sigle) ■ en France Certificat d'aptitude professionnelle ; certificat d'aptitude pédagogique.

**capable** adj. ■ **1** *Capable de qqch.* : qui est en état, a le pouvoir d'avoir (une qualité), de faire (qqch.). → **apte à. 2** absolt Qui a de l'habileté, de la compétence.

**capacité** n. f. ■ **I** Propriété de contenir une quantité de substance. → **contenance, volume. II 1** Qualité d'une personne capable de comprendre, de faire (qqch.). → **aptitude, faculté ; compétence. 2** *Capacité en droit,* diplôme délivré après deux ans d'études.

**caparaçon** n. m. ■ Harnais d'ornement pour les chevaux. ▷ **caparaçonner** v. tr. □

**cape** n. f. ■ **I 1** Vêtement de dessus, sans manches, qui enveloppe le corps et les bras. → loc. *Roman, film DE CAPE ET D'ÉPÉE,* aux héros chevaleresques. **2** loc. fig. *RIRE SOUS CAPE,* en cachette. **II** mar. *À la cape* : en réduisant la voilure.

**capé, ée** adj. ■ sport Qui a remporté de nombreuses victoires.

**capeline** n. f. ■ Large chapeau de femme.

**C.A.P.E.S.** ou **CAPES** [kapɛs] n. m. (sigle) ■ en France Certificat d'aptitude au professorat de l'enseignement secondaire.

**C.A.P.E.T.** ou **CAPET** [kapɛt] n. m. (sigle) ■ en France Certificat d'aptitude au professorat de l'enseignement technique.

**capharnaüm** [-aɔm] n. m. ■ fam. Lieu qui renferme beaucoup d'objets en désordre.

**capillaire** [-il-] ■ **I** adj. **1** Fin comme un cheveu. → adj. et n. m. Se dit des vaisseaux sanguins les plus fins. **2** Relatif aux cheveux. **II** n. m. bot. Fougère à pétioles très fins.

**capillarité** [-il-] n. f. ■ sc. Phénomènes qui se produisent à la surface des liquides.

**en capilotade** loc. adv. ■ En piteux état.

**capitaine** n. m. ■ **1** littér. Chef militaire. **2** (en France) Officier commandant une compagnie. **3** Officier commandant un navire de commerce. **4** Chef (d'une équipe sportive).

① **capital, ale, aux** adj. ■ **1** Qui est le plus important. → **essentiel, fondamental. 2** *PEINE CAPITALE* : peine de mort.

② **capital, aux** n. m. ■ **1** Somme constituant une dette (opposé à *intérêt*). **2** Biens que l'on fait valoir dans une entreprise. **3** Richesses possédées. **4** écon. Richesse destinée à produire un revenu ou de nouveaux biens.

**capitale** n. f. ■ **1** Ville qui occupe le premier rang dans un État, etc. **2** Majuscule.

**capitaliser** v. □ ■ **1** v. tr. Transformer en capital (②). **2** v. intr. Amasser de l'argent. → **thésauriser.** ▷ n. f. **capitalisation**

**capitalisme** n. m. ■ Régime économique et social dans lequel les principaux capitaux, source de revenu, sont propriété privée.

**capitaliste** ■ **1** n. Personne qui possède des capitaux. **2** Relatif au capitalisme.

**capitalistique** adj. ■ écon. Relatif au capital.

**capiteux, euse** adj. ■ Qui monte à la tête. → **enivrant, excitant.** *Parfum capiteux.*

**capiton** n. m. ■ **1** Bourre de soie ou de laine. **2** Division d'un siège capitonné.

**capitonner** v. tr. □ ■ Rembourrer en piquant d'espace en espace. → au p. p. *Fauteuil capitonné.* ▷ n. m. **capitonnage**

**capitulaire** ■ **1** adj. Relatif à un chapitre (de religieux). **2** n. m. hist. Ordonnance des rois et empereurs francs.

**capitule** n. m. ■ bot. Inflorescence formée de fleurs insérées les unes à côté des autres.

**capituler** v. intr. □ ■ **1** Se rendre à un ennemi par un pacte. **2** fig. S'avouer vaincu, céder. ▷ n. f. **capitulation**

**capodastre** n. m. ■ mus. Accessoire que l'on adapte au manche d'une guitare, pour en modifier la tonalité.

**capoeira** n. f. ■ Danse brésilienne associant acrobaties et mouvements de lutte.

**capon, onne** adj. et n. ■ vx Peureux.

**caporal, aux** n. m. ■ **1** Militaire gradé du grade le moins élevé. ◆ *Le Petit Caporal :* Napoléon Ier. **2** Tabac brun ordinaire.

**caporalisme** n. m. ■ Militarisme borné.

① **capot** n. m. ■ Couverture métallique mobile protégeant un moteur.

② **capot** adj. invar. ■ Battu (au jeu).

**capote** n. f. ■ **1** Grand manteau militaire. **2** Couverture mobile de certains véhicules. **3** fam. *Capote anglaise :* préservatif masculin.

**capoter** v. intr. ① ■ **1** (bateau...) Se retourner. **2** fig. Échouer. ▷ n. m. **capotage**

**cappuccino** [kaputʃino] n. m. ■ Café noir serré nappé de crème mousseuse.

**câpre** n. f. ■ Bouton à fleur du câprier, que l'on confit dans le vinaigre (condiment).

**caprice** n. m. ■ **1** Envie subite et passagère. *Suivre son caprice.* → **fantaisie.** ◆ Amour passager. ◆ (enfants) Exigence accompagnée de colère. **2** au plur. (choses) Changements fréquents. *Les caprices de la mode.*

**capricieux, ieuse** adj. ■ **1** Qui a des caprices. → **fantasque.** ◆ n. *Un capricieux.* **2** (choses) Dont la forme, le mouvement varie. → **irrégulier.** ▷ adv. **capricieusement**

**capricorne** n. m. ■ **1** Animal fabuleux, chèvre et poisson. ◆ Dixième signe du zodiaque (21 décembre-19 janvier). ◆ *Être Capricorne.* **2** Grand coléoptère.

**câprier** n. m. ■ Arbre épineux (→ **câpre**).

**caprin, ine** adj. ■ didact. Relatif à la chèvre.

**capsule** n. f. ■ **1** anat. Membrane, cavité en forme de sac. ◆ bot. Fruit à enveloppe sèche et dure. **2** Petite pièce de métal, ronde. **3** *Capsule spatiale :* petit engin spatial.

**capsuler** v. tr. ① ■ Fermer, boucher avec une capsule.

**capter** v. tr. ① ■ **1** Chercher à obtenir (qqch. d'abstrait). *Capter l'attention.* **2** Recueillir pour utiliser. *Capter une source.* **3** Recevoir ou intercepter (une émission...).

**capteur** n. m. ■ sc. Dispositif pour détecter (→ **détecteur**), capter. *Capteur solaire.*

**captieux, euse** adj. ■ littér. Qui cherche à tromper. → **fallacieux, spécieux.**

**captif, ive** adj. ■ **1** littér. Qui a été fait prisonnier (spécialt au cours d'une guerre). ◆ n. *Des captifs.* **2** (animaux) Privé de liberté. **3** fig. *Être captif de ses passions.* → **esclave.**

**captiver** v. tr. ① ■ Attirer et fixer (l'attention); retenir (qqn) en séduisant. ▷ **captivant, ante** adj. → **passionnant, séduisant.**

**captivité** n. f. ■ Situation d'une personne captive (spécialt d'un prisonnier de guerre).

**capture** n. f. ■ **1** Action de capturer. **2** Ce qui est pris. *Une belle capture.* **3** inform. Enregistrement d'une image affichée à l'écran.

**capturer** v. tr. ① ■ S'emparer de (un être vivant). → **arrêter, prendre.**

**capuce** n. m. ■ didact. Capuchon en pointe.

**capuche** n. f. ■ Petit capuchon.

**capuchon** n. m. ■ **1** Large bonnet attaché à un vêtement. **2** Bouchon fileté.

**capucin, ine** n. ■ Religieux, religieuse d'une branche de l'ordre des franciscains.

**capucine** n. f. ■ Plante à feuilles rondes et à fleurs orangées ou rouges ; cette fleur.

**caque** n. f. ■ Barrique à harengs salés. ◆ prov. *La caque sent toujours le hareng,* on porte toujours la marque de ses origines.

**caquelon** n. m. ■ Poêlon (en terre...).

**caquet** n. m. ■ **1** Cri de la poule qui pond. **2** loc. *Rabattre le caquet à qqn,* le faire taire.

**caqueter** v. intr. ⑤ ■ **1** (poule) Glousser au moment de pondre. **2** Bavarder de façon indiscrète, désagréable. ▷ n. m. **caquetage**

① **car** conj. ■ Conjonction de coordination qui introduit une explication de la proposition qui précède. → **parce que, puisque.**

② **car** n. m. ■ Autocar.

**carabe** n. m. ■ Insecte coléoptère, à reflets métalliques.

**carabin** n. m. ■ fam. Étudiant en médecine.

**carabine** n. f. ■ Fusil léger à canon court.

**carabiné, ée** adj. ■ fam. Fort, violent.

**carabinier** n. m. ■ **1** vx Soldat armé d'une carabine. **2** en Italie Gendarme. ◆ en Espagne Douanier.

**caraco** n. m. ■ **1** vieilli Corsage de femme droit et assez ample. **2** mod. Sous-vêtement féminin couvrant le buste.

**caracoler** v. intr. ① ■ Faire des voltes.

**caractère** n. m. ■ **1** Marque, signe gravé ou écrit, élément d'une écriture. → **lettre, symbole ; idéogramme, pictogramme.** **II 1** Trait distinctif propre à qqn, qqch. → **attribut, caractéristique, particularité.** *Caractères héréditaires.* **2** Air original. *Cette maison a du caractère.* → **cachet. III 1** Ensemble des manières habituelles de sentir et de réagir de qqn. *Avoir bon caractère.* **2** *Avoir du caractère,* un caractère énergique. → **fermeté, volonté. 3** Personne, considérée dans son individualité. → **personnalité.**

**caractériel, ielle** adj. ■ **1** didact. Du caractère (III, 1). **2** Qui présente des troubles du caractère. ◆ n. *Un caractériel.*

**caractériser** v. tr. ① ■ **1** Indiquer avec précision les caractères distinctifs de (qqn, qqch.). **2** Constituer le caractère de. → **définir, déterminer.** *La générosité qui la caractérise.* ▷ n. f. **caractérisation**

**caractéristique** adj. ■ **1** adj. Qui permet de caractériser, de distinguer. **2** n. f. Ce qui sert à caractériser. → **particularité.**

**caractérologie** n. f. ■ Étude (psychologique) des types de caractères.

**carafe** n. f. ■ **1** Récipient de verre à base large et col étroit. **2** loc. fam. *Rester EN CARAFE :* être oublié, laissé de côté. **3** fam. Tête (d'une personne).

**carafon** n. m. ■ **1** Petite carafe. **2** fam. Tête (d'une personne). *Recevoir un coup sur le carafon.*

**caraïbe** adj. et n. ■ Des Caraïbes (îles...).

**carambolage** n. m. ■ **1** (billard) Coup dans lequel une bille en touche deux autres. **2** Série de chocs désordonnés (entre véhicules). ▷ **caramboler** v. ①

**carambole** n. f. ■ Fruit d'un arbre de l'Inde (le *carambolier*), d'un jaune orangé, aux côtes saillantes.

**caramel** n. m. ▪ **1** Produit brun, brillant, obtenu en faisant fondre du sucre. **2** Bonbon au caramel. **3** adj. invar. Roux clair.

**caraméliser** v. tr. ⬚ ▪ **1** Transformer (du sucre) en caramel. **2** Enduire de caramel.

**carapace** n. f. ▪ **1** Organe dur, qui protège le corps de certains animaux (tortues...). **2** fig. → **cuirasse**. *La carapace de l'égoïsme*.

**se carapater** v. pron. ⬚ ▪ fam. S'enfuir.

**carat** n. m. ▪ **1** Chaque vingt-quatrième d'or fin contenu dans une quantité d'or. **2** Unité de poids (0,2 g) des pierres précieuses. **3** loc. fam. *Dernier carat* : dernière limite.

**caravane** n. f. ▪ **1** Groupe de voyageurs réunis pour franchir une région désertique. ◆ prov. *Les chiens aboient, la caravane passe*, il faut laisser crier les envieux. **2** Groupe de personnes qui se déplacent. **II** Remorque d'automobile servant de logement.

**caravanier** n. m. ▪ Conducteur d'une caravane (I, 1).

**caravansérail** n. m. ▪ **1** en Orient Halte pour les caravanes (I, 1). **2** Lieu très animé.

**caravelle** n. f. ▪ Ancien navire à voiles.

**carbochimie** n. f. ▪ techn. Chimie industrielle de la houille et de ses dérivés.

**carbonaro** n. m. ▪ hist. Membre des sociétés secrètes italiennes qui luttaient au XIXᵉ siècle pour la liberté nationale (*carbonarisme* n. m.). *Des carbonari*.

**carbonate** n. m. ▪ chim. Sel ou ester de l'acide carbonique.

**carbone** n. m. ▪ **1** Corps simple (symb. C), métalloïde qui se trouve dans tous les corps vivants. ◆ *CARBONE 14* : isotope radioactif du carbone qui permet de dater les restes animaux ou végétaux. **2** *PAPIER CARBONE*, chargé de couleur, pour obtenir des doubles.

**carbonifère** ▪ **1** adj. Qui contient du charbon. *Terrain carbonifère*. **2** n. m. géol. Époque de la fin de l'ère primaire.

**carbonique** adj. ▪ *Anhydride carbonique* ou *gaz carbonique* : gaz incolore ($CO_2$), présent dans l'atmosphère, combinaison du carbone et de l'oxygène (syn. *dioxyde de carbone*).

**carboniser** v. tr. ⬚ ▪ Transformer en charbon. → **brûler, calciner**. ◆ Cuire à l'excès. ▷ n. f. **carbonisation**

**carburant** n. m. ▪ Combustible liquide qui, mélangé à l'air (→ **carburation**), s'utilise dans un moteur à explosion (ex. essence).

**carburation** n. f. ▪ Formation, dans un *carburateur* (n. m.), d'un mélange gazeux inflammable composé d'air et de carburant.

**carbure** n. m. ▪ Composé du carbone avec un autre corps simple (→ hydrocarbure).

**carburer** v. intr. ⬚ ▪ **1** Effectuer la carburation (moteur). **2** fam. Aller, fonctionner.

**carcan** n. m. ▪ **1** anciennt Collier de fer fixé à un poteau. → **pilori**. **2** fig. Ce qui entrave la liberté. → **contrainte, joug**.

**carcasse** n. f. ▪ **1** Ensemble d'ossements décharnés. → **squelette**. **2** fam. Le corps humain. **3** Charpente (d'un appareil...) ; assemblage des pièces soutenant un ensemble.

**carcéral, ale, aux** adj. ▪ De la prison.

**carcino-** Élément (du grec *karkinos* « crabe ; chancre ») qui signifie « crabe » ou « cancer ».

**carcinogène** adj. ▪ didact. → **cancérigène**.

**carcinologie** n. f. ▪ didact. **1** Étude des crustacés. **2** → **cancérologie**.

**carcinome** n. m. ▪ Tumeur cancéreuse (épithélium, glandes).

**cardamome** n. f. ▪ Plante d'Asie à graine aromatique. ◆ Sa graine.

**cardan** n. m. ▪ Système de suspension conservant une position invariable au corps suspendu. ◆ Articulation transmettant un mouvement entre deux arbres d'axes liés (syn. *joint de cardan*).

**carde** n. f. ▪ **I** Peigne, machine pour carder. **II** Côte comestible de cardon, de blette.

**carder** v. tr. ⬚ ▪ Peigner, démêler (des fibres textiles). ▷ n. m. **cardage**

**cardeur, euse** n. ▪ **1** Personne qui carde la laine. **2** n. f. Machine à carder.

**cardia** n. m. ▪ anat. Orifice supérieur de l'estomac (près du cœur).

**cardiaque** adj. et n. ▪ **1** Du cœur. **2** adj. et n. Atteint d'une maladie de cœur.

**cardigan** n. m. ▪ Veste de tricot à manches longues, boutonnée devant.

① **cardinal, ale, aux** adj. ▪ **1** littér. Qui sert de pivot, de centre. → **capital, essentiel, fondamental**. **2** *Nombre cardinal* (opposé à *ordinal*), désignant une quantité (ex. *trois* dans *trois pièces*). **3** *Points cardinaux*, nord, est, sud, ouest. → **rose** des vents.

② **cardinal, aux** n. m. ▪ **1** Prélat, électeur et conseiller du pape. **2** Passereau d'Amérique au plumage rouge foncé.

**cardio-** Élément, du grec *kardia* « cœur ».

**cardiogramme** n. m. ▪ méd. Enregistrement des mouvements du cœur (au moyen d'un *cardiographe* n. m.).

**cardiologie** n. f. ▪ Étude du cœur et de ses affections.

**cardiologue** n. ▪ Médecin spécialiste des maladies du cœur.

**cardiopathie** n. f. ▪ méd. Maladie du cœur.

**cardiovasculaire** adj. ▪ méd. Relatif à la fois au cœur et aux vaisseaux sanguins.

**cardon** n. m. ▪ Plante potagère dont on mange la côte médiane (carde) des feuilles.

**carême** n. m. ▪ relig. chrét. Période de pénitence qui va du mercredi des Cendres à Pâques. ◆ loc. *Face de carême*, triste.

**carénage** n. m. ▪ **1** Action de caréner. **2** Lieu où l'on carène. **3** Carrosserie carénée.

**carence** n. f. ▪ **1** Incapacité à faire face à ses responsabilités. **2** Absence ou insuffisance d'éléments indispensables à l'organisme. ◆ psych. *Carence affective*.

**carène** n. f. ▪ mar. Partie immergée de la coque (d'un navire).

**caréner** v. tr. ⬚ ▪ **1** Nettoyer la carène de (un navire). → **radouber**. **2** Donner un profil aérodynamique à (une carrosserie).

**caressant, ante** adj. ▪ Tendre, affectueux.

**caresse** n. f. ▪ Manifestation physique de tendresse. ◆ spécialt Attouchement érotique.

**caresser** v. tr. 1 ■ 1 Toucher en signe de tendresse. 2 (sujet chose) Effleurer agréablement. 3 fig. Entretenir complaisamment (une idée...). *Caresser un rêve.*

① **caret** n. m. ■ techn. Dévidoir des cordiers. – *Fil de caret* : gros fil de chanvre.

② **caret** n. m. ■ Tortue des mers chaudes.

**car-ferry** [-feʀi ; -feʀe] n. m. ■ anglic. → **ferry-boat.** *Des car-ferries* (ou -ys). – abrév. FERRY.

**cargaison** n. f. ■ 1 Marchandises chargées sur un navire, un avion, etc. → **chargement, fret.** 2 fig., fam. Grande quantité.

**cargo** n. m. ■ Navire destiné au transport des marchandises.

**carguer** v. tr. 1 ■ mar. Serrer (une voile) contre un espar avec des cordages (*cargue* n. f.).

**cariatide** n. f. ■ archit. Statue de femme soutenant une corniche sur sa tête.

**caribou** n. m. ■ Renne du Canada.

**caricatural, ale, aux** adj. ■ 1 Qui tient de la caricature, qui y prête. 2 Qui déforme en exagérant, en ridiculisant.

**caricature** n. f. ■ 1 Représentation qui, par la déformation, l'exagération de détails, tend à ridiculiser le modèle. → **charge.** 2 Ce qui évoque (qqch.) sous une forme déplaisante ou ridicule. → **simulacre, parodie.**

**caricaturer** v. tr. 1 ■ Faire la caricature de (qqn ; qqch.).

**caricaturiste** n. ■ Artiste en caricature.

**carie** n. f. ■ Lésion qui détruit l'émail et l'ivoire de la dent en formant une cavité.

**carier** v. tr. 7 ■ Attaquer par la carie.

**carillon** n. m. ■ 1 Ensemble de cloches de différents tons. 2 Sonnerie (d'une horloge). 3 Sonnerie de cloches vive et gaie.

**carillonner** v. intr. 1 ■ 1 Sonner en carillon. – trans. *Carillonner une fête.* 2 fam. Sonner bruyamment (à une porte...).

**cariste** n. ■ techn. Conducteur (trice) de chariot automoteur.

**caritatif, ive** adj. ■ Inspiré par la charité. – Qui aide les défavorisés.

**carlin** n. m. ■ Petit chien au museau aplati.

**carlingue** n. f. ■ 1 Pièce renforçant la carène (d'un navire). 2 Partie habitable (d'un avion).

**carmagnole** n. f. ■ Ronde révolutionnaire.

**carme** n. m. ■ Religieux du Carmel.

**carmel** n. m. ■ Couvent de carmes, de carmélites (ordre du Carmel).

**carmélite** n. f. ■ Religieuse du Carmel.

**carmin** n. m. ■ Colorant ou couleur rouge vif. ◆ adj. invar. *Étoffes carmin.* → **carminé.**

**carminé, ée** adj. ■ Rouge vif.

**carnage** n. m. ■ Fait de tuer en nombre (des hommes, des animaux). → **massacre.**

**carnassier, ière** adj. ■ Qui se nourrit de viande, de chair crue. → **carnivore.**

**carnassière** n. f. ■ Sac à gibier.

**carnation** n. f. ■ Couleur, aspect de la chair d'une personne. → **teint.**

**carnaval, als** n. m. ■ 1 Période de réjouissances précédant le carême. 2 Divertissements publics (bals, défilés...) de cette période. ▷ adj. **carnavalesque**

**carne** n. f. ■ fam. 1 Mauvaise viande. 2 Mauvais cheval. ◆ (personnes) → **rosse.**

**carné, ée** adj. ■ Composé de viande.

**carnet** n. m. ■ 1 Petit cahier de poche. *Carnet de notes.* 2 Assemblage de feuillets, de timbres, etc. détachables.

**carnier** n. m. ■ Petite carnassière.

**carnivore** adj. ■ Qui se nourrit de chair. → **carnassier.** *Animaux, plantes carnivores.* ◆ n. m. (animaux) *L'ordre des carnivores.*

**carolingien, ienne** adj. ■ De Charlemagne, de son époque, de sa dynastie.

**caroncule** n. f. ■ anat. Petite excroissance charnue.

**carotène** n. m. ■ Matière colorante jaune ou rouge que l'on trouve dans certains tissus végétaux (carottes) et animaux.

**carotide** n. f. ■ Chacune des deux artères qui conduisent le sang du cœur à la tête.

**carotte** n. f. ■ 1 1 Plante potagère à racine rouge orangé comestible. ◆ Cette racine. – loc. fam. *Les carottes sont cuites* : tout est perdu. 2 adj. invar. *Cheveux carotte.* → **roux.** II Échantillon cylindrique tiré du sol.

**carotter** v. tr. 1 ■ I fam. Prendre (qqch.) par ruse ; escroquer (qqn). II Extraire une carotte (II) de (un sol). ▷ n. m. **carottage**

**caroubier** n. m. ■ Arbre méditerranéen qui produit un fruit sucré, la *caroube.*

**carpaccio** [-tʃ(j)o] n. m. ■ Plat fait de fines tranches de bœuf cru, assaisonné.

① **carpe** n. f. ■ 1 Gros poisson d'eau douce à larges écailles. 2 loc. *SAUT DE CARPE,* où l'on se rétablit sur les pieds d'une détente.

② **carpe** n. m. ■ anat. Double rangée de petits os qui soutiennent le poignet.

**carpelle** n. m. ■ Chaque élément du pistil.

**carpette** n. f. ■ 1 Petit tapis. → **descente de lit.** 2 fig., fam. Personnage plat et servile.

**carquois** n. m. ■ Étui à flèches.

**carre** n. f. ■ 1 Angle entre les faces d'un objet. 2 Baguette bordant une semelle de ski.

**carré, ée** ■ I adj. 1 Qui a quatre angles droits et quatre côtés égaux. – *Mètre carré* : unité de mesure de surface (symb. m²), surface d'un carré ayant un mètre de côté. ◆ *Racine\* carrée.* 2 Qui a à peu près cette forme. 3 fig. Dont le caractère est nettement tranché. II n. m. 1 Quadrilatère à quatre angles droits et quatre côtés égaux. 2 Figure, objet, etc. ayant cette forme. 3 Pièce d'un navire servant de salon. 4 math. Produit d'un nombre par lui-même. 5 jeux Réunion de quatre cartes semblables.

**carreau** n. m. ■ I 1 Pavé plat, de forme carrée. 2 Sol pavé de carreaux. → **carrelage.** – loc. *Rester sur le carreau,* vaincu, tué... ; abandonné. 3 Plaque de verre garnissant les fenêtres, etc. → **vitre.** II 1 Dessin carré (d'un assemblage). 2 (cartes à jouer) Série dont la marque est un losange rouge. 3 loc. *Se tenir À CARREAU,* sur ses gardes.

**carrée** n. f. ■ fam. Chambre.

**carrefour** n. m. ■ 1 Endroit où se croisent plusieurs voies. → **croisement.** 2 fig. Situation où l'on doit choisir entre diverses voies. 3 Lieu de rencontre, d'échange.

**carrelage** n. m. ■ **1** Action de carreler. **2** Pavage fait de carreaux.

**carreler** v. tr. ④ ■ **1** Paver avec des carreaux. **2** Quadriller (une feuille, etc.).

**carrelet** n. m. ■ **1** Poisson plat quadrangulaire (syn. *plie*). **2** Filet de pêche carré.

**carreleur, euse** n. ■ Spécialiste de la pose des carrelages.

**carrément** adv. ■ **1** (modifiant un verbe) D'une façon nette, décidée ; sans détours. **2** (modifiant un adj.) Complètement.

**carrer** v. tr. ① ■ **1** Donner une forme carrée à (qqch.). **2** v. pron. SE CARRER *dans un fauteuil*, s'y installer confortablement.

**carrier** n. m. ■ Exploitant d'une carrière.

① **carrière** n. f. ■ **1** vx Terrain pour les courses de chars. **2** littér. Voie, entreprise où l'on s'engage. **3** Métier, profession qui présente des étapes, une progression. ◆ *FAIRE CARRIÈRE* : réussir dans une profession. ◆ *Militaire DE CARRIÈRE*, de métier.

② **carrière** n. f. ■ Lieu d'où l'on extrait de la pierre, etc., à ciel ouvert (s'oppose à *mine*).

**carriériste** adj. et n. ■ péj. Qui cherche avant tout la réussite sociale, professionnelle. ▷ n. m. **carriérisme**

**carriole** n. f. ■ Petite charrette.

**carrossable** adj. ■ Où peuvent circuler des voitures. → **praticable.**

**carrosse** n. m. ■ Ancienne voiture à chevaux, de luxe, à quatre roues et couverte.

**carrosser** v. tr. ① ■ Munir (un véhicule) d'une carrosserie. ▷ n. m. **carrossage**

**carrosserie** n. f. ■ **1** Industrie, commerce des carrossiers. **2** Caisse d'un véhicule automobile (capot, toit, portes, ailes...).

**carrossier** n. m. ■ Tôlier spécialisé dans les carrosseries d'automobiles.

**carrousel** n. m. ■ **1** Parade équestre. **2** Dispositif tournant. **3** Succession (d'impressions, de sensations...).

**carrure** n. f. ■ **1** Largeur du dos, d'une épaule à l'autre. **2** fig. Force, valeur (de qqn). → **envergure, stature.**

**cartable** n. m. ■ Sac, sacoche d'écolier.

**carte** n. f. ■ **1** Rectangle ou carré de papier, de carton. ◆ loc. *Donner CARTE BLANCHE à qqn*, le laisser libre (de choisir...). **2** *CARTE (À JOUER)* : carton rectangulaire illustré, utilisé dans les jeux. ◆ loc. fig. *BROUILLER LES CARTES* : obscurcir une situation. *Jouer sa DERNIÈRE CARTE* : tenter sa dernière chance. *Jouer CARTES SUR TABLE* : agir franchement. ◆ *Tirer les cartes à qqn* (→ **cartomancie**). **3** Liste des plats, des consommations avec leur prix. **4** *CARTE (DE VISITE)* : petit carton imprimé (nom, adresse, etc.). **5** *CARTE (POSTALE)* : carte illustrée dont une face sert à la correspondance. **6** Document personnel établissant certains droits. *Carte d'identité.* **7** Pièce rectangulaire, en plastique, permettant des opérations automatiques (notamment financières). *Carte bancaire. Carte à puce.* **II 1** Représentation à échelle réduite (d'un terrain). *Carte routière.* **2** Document décrivant la répartition (d'une chose). *La carte scolaire.*

**cartel** n. m. ■ **I** Encadrement décoratif de certaines pendules. ◆ Cette pendule. **II 1** Entente entre entreprises d'activités proches. **2** Association de groupements (politiques, syndicaux...).

**carter** [-ɛʀ] n. m. ■ Enveloppe de métal servant à protéger un mécanisme.

**cartésien, ienne** adj. ■ **1** Relatif à Descartes, à sa philosophie (*cartésianisme* n. m.). **2** Logique, rationnel.

**carthame** n. m. ■ bot. Plante appelée aussi *faux safran*, cultivée pour ses graines oléagineuses.

**cartilage** n. m. ■ Tissu animal résistant et souple qui, chez les vertébrés supérieurs, recouvre l'extrémité des os, forme la charpente d'organes (nez, oreille) et le squelette des embryons. ▷ adj. **cartilagineux, euse**

**cartographie** n. f. ■ Technique des cartes (II) et plans. ▷ n. **cartographe**

**cartomancie** n. f. ■ Pratique consistant à prédire l'avenir par l'interprétation des cartes, des tarots. ▷ n. **cartomancien, ienne**

**carton** n. m. ■ **1** Feuille épaisse faite de pâte à papier. *Carton-pâte*, fait de vieux papiers. **2** Boîte en carton fort. **3** *CARTON À DESSIN*, grand dossier pour ranger des dessins, etc. **4** *FAIRE UN CARTON* : tirer à la cible ; fig. vaincre un adversaire ; réussir.

**cartonnage** n. m. ■ **1** Fabrication d'objets en carton. **2** Reliure ou emballage en carton.

**cartonner** v. ① ■ **1** v. tr. Relier (un livre) en carton. **2** v. intr. fam. Faire un carton°.

**cartonnier** n. m. ■ **1** Fabricant, marchand de carton. **2** Meuble de bureau à tiroirs en carton épais, servant à classer des dossiers.

① **cartouche** n. f. ■ **1** Enveloppe contenant la charge d'une arme à feu. ◆ loc. fig. *Les dernières cartouches* : les dernières réserves. **2** Petit étui cylindrique. **3** Paquets de cigarettes emballés et vendus ensemble.

② **cartouche** n. m. ■ **1** Ornement en forme de carte à demi déroulée. **2** Encadrement ovale de hiéroglyphes (noms, etc.).

**cartoucherie** n. f. ■ Fabrique de cartouches (①).

**cartouchière** n. f. ■ Sac à cartouches (①).

**caryotype** n. m. ■ biol. Arrangement des chromosomes d'une cellule.

① **cas** n. m. ■ **I 1** Ce qui arrive. → **circonstance, événement, fait.** *Un cas étrange.* ◆ *Dans le cas présent.* → **situation.** ◆ *EN CAS DE* loc. prép. : dans l'hypothèse de. *En cas de besoin.* **2** *AU CAS OÙ* loc. conj. (+ cond.) : en admettant que. → **si.** ◆ *EN AUCUN CAS.* → **jamais.** ◆ *EN TOUT CAS* loc. adv. : de toute façon. **3** *FAIRE GRAND CAS DE*, accorder de l'importance à. *Faire peu de cas, ne faire aucun cas de qqn, qqch.* **II 1** Situation envisagée par la loi pénale. *2 CAS DE CONSCIENCE* : situation sur un point de morale, etc. → **scrupule.** ◆ *CAS DE FIGURE* : situation envisagée comme hypothèse. **3** État d'un sujet (du point de vue médical, etc.). ◆ *CAS SOCIAL* : personne dont la situation sociale est difficile.

② **cas** n. m. ■ (langues à déclinaisons) Forme d'un mot correspondant à une fonction grammaticale dans la phrase. → **désinence.**

**casanier, ière** adj. ■ Qui aime à rester chez soi.

**casaque** n. f. ■ **1** Veste des jockeys. **2** loc. *TOURNER CASAQUE* : fuir ; changer d'opinion.

**casbah** n. f. ■ Citadelle arabe ; son quartier.

**cascade** n. f. ■ **1** Chute d'eau. **2** Suite saccadée (de rires...). **3** Acrobatie des cascadeurs.

**cascadeur, euse** n. ■ Artiste qui tourne les scènes acrobatiques d'un film.

**case** n. f. ■ **I** Habitation traditionnelle, en Afrique, etc. → **hutte, paillote. II 1** Carré ou rectangle dessiné sur un damier, etc. **2** Compartiment (d'un meuble...). **3** fam. *Il a une case en moins*, il est fou.

**caséine** n. f. ■ Protéines du lait.

**casemate** n. f. ■ Abri militaire enterré.

**caser** v. tr. 1 ■ **1** Mettre à la place qu'il faut ; dans une place qui suffit. **2** fig., fam. Établir (qqn) dans une situation.

**caserne** n. f. ■ Bâtiment destiné au logement des militaires.

**casernement** n. m. ■ Locaux, constructions d'une caserne.

**caseyeur** n. m. ■ Bateau équipé de casiers (3) pour la pêche aux crustacés.

**cash** adv. ■ anglic. *Payer cash*, comptant.

**casher** ou **kascher** [-ɛʀ] adj. invar. ■ (aliment) Conforme aux rites juifs. ◆ (lieu) Où l'on prépare des aliments casher.

**cashmere** → *cachemire*

**casier** n. m. ■ **1** Ensemble de cases formant meuble. **2** *CASIER JUDICIAIRE* : relevé des condamnations prononcées contre qqn. **3** Nasse pour capturer les crustacés.

**casino** n. m. ■ Établissement de spectacle où les jeux d'argent sont autorisés.

**casoar** n. m. ■ **1** Grand oiseau coureur qui porte sur le front une sorte de casque. **2** Plumet de la coiffure des saint-cyriens.

**casque** n. m. ■ **1** Coiffure rigide qui protège la tête. ◆ loc. *Les Casques bleus* : la force militaire de l'O.N.U. **2** Ensemble de deux écouteurs reliés par un serre-tête. **3** Séchoir à cheveux qui couvre la tête.

**casqué, ée** adj. ■ Coiffé d'un casque.

**casquer** v. intr. 1 ■ fam. Payer.

**casquette** n. f. ■ Coiffure ronde à visière.

**cassable** adj. ■ Qui peut se casser.

**cassant, ante** adj. ■ **1** Qui se casse facilement. **2** Dur et autoritaire.

**cassate** n. f. ■ Glace aux fruits confits.

**cassation** n. f. ■ Annulation (d'une décision) par une cour compétente. ◆ (en France) *Cour de cassation* (juridiction suprême).

① **casse** n. f. ■ imprim. Boîte à casiers pour les caractères typographiques en plomb.

② **casse** n. f. ■ **1** Action de casser. → **bris**. **2** fam. Violence ; dégâts. **3** *Mettre une voiture à la casse*, à la ferraille.

③ **casse** n. m. ■ argot Cambriolage.

**cassé, ée** adj. ■ **1** → *casser*. **2** *Voix cassée*, rauque, voilée. **3** *Col cassé*, à coins rabattus. **4** Courbé, voûté (par l'âge). **5** *Blanc cassé*, mêlé d'une faible quantité d'une autre couleur.

**casse-cou** ■ **1** n. m. invar. *Crier casse-cou à qqn*, l'avertir d'un danger. **2** n. et adj. invar. fam. Qui s'expose au danger sans réflexion.

**casse-croûte** n. m. invar. ■ **I** fam. Repas léger rapide. – syn. (plus fam.) CASSE-DALLE. **II** franç. du Canada Restaurant où l'on sert rapidement des repas simples.

**casse-gueule** adj. invar. ■ fam. Dangereux, risqué.

**casse-noisettes** n. m. invar. ■ Pince pour casser des noisettes, des noix. – syn. CASSE-NOIX.

**casse-pieds** n. et adj. invar. ■ fam. Insupportable, ennuyeux. → **importun**. – syn. (très fam.) CASSE-COUILLES.

**casse-pipe** n. m. invar. ■ fam. Guerre.

**casser** v. 1 ■ **I** v. tr. **1** Mettre en morceaux, diviser (une chose rigide) d'une manière soudaine, par choc, coup, pression. ◆ fam. *Casser la croûte* : manger (→ casse-croûte). – *Casser sa pipe* : mourir (→ casse-pipe). – *Se casser la tête* : s'acharner, se faire du souci (→ casse-tête). **2** Rompre l'os de (un membre, etc.). *Elle s'est cassé la jambe*. – fig., fam. *Casser les pieds à qqn*, l'importuner (→ casse-pieds). **3** Endommager (un appareil...). **4** fam. *Ça ne casse rien* : ça n'a rien d'extraordinaire. **5** fam. *À TOUT CASSER* loc. adv. : tout au plus ; loc. adj. extraordinaire. **6** dr. Annuler (une décision) (→ cassation). **7** fig. *Casser les prix*, les baisser brusquement. **8** Dégrader (un officier). **II** v. intr. Se rompre, se briser. ■ **se casser** v. pron. **1** (passif) *Le verre se casse facilement*. **2** fam. Se fatiguer. **3** fam. S'en aller.

**casserole** n. f. ■ Ustensile de cuisine de forme cylindrique, à manche. ◆ loc. fam. *Passer à la casserole* : être contraint à une épreuve pénible ; vulg. à l'acte sexuel.

**casse-tête** n. m. invar. ■ **1** Massue grossière ; matraque. **2** Travail compliqué qui fatigue l'esprit. **3** Jeu d'assemblage complexe.

**cassette** n. f. ■ **1** ancienn Petit coffre pour l'argent, les bijoux. **2** Petit boîtier contenant une bande magnétique pour l'enregistrement de sons, d'images, etc.

**casseur, euse** n. ■ **I 1** Personne qui casse (qqch.). **2** n. m. Personne qui vend des pièces des voitures mises à la casse. **3** n. m. Personne qui endommage volontairement des biens. **II** n. m. argot Cambrioleur.

① **cassis** [-si(s)] n. m. ■ Groseillier à baies noires. ◆ Son fruit. – Liqueur de ce fruit.

② **cassis** [-si(s)] n. m. ■ Rigole ou dépression en travers d'une route.

**cassolette** n. f. ■ **1** Réchaud pour brûler des parfums. **2** Petit récipient allant au four.

**cassonade** n. f. ■ Sucre roux.

**cassoulet** n. m. ■ Ragoût de viande (confit, charcuterie...) et de haricots blancs assaisonnés.

**cassure** n. f. ■ **1** Endroit où qqch. a été cassé. **2** fig. (abstrait) Coupure, rupture.

**castagnettes** n. f. pl. ■ Petit instrument de musique espagnol fait de deux pièces de bois que l'on fait claquer l'une contre l'autre.

**caste** n. f. ■ **1** Classe sociale fermée (d'abord en Inde). **2** péj. Groupe fermé. → **clan**.

**castel** n. m. ■ Petit château.

**caster** v. tr. [1] ■ anglic. Faire passer un casting à (qqn).

**castillan, ane** adj. et n. ■ De la Castille. ◆ n. m. Dialecte espagnol, devenu la langue officielle de l'Espagne. → **espagnol.**

**casting** n. m. ■ anglic. Sélection des acteurs, des personnes qui figurent dans un spectacle. ◆ fig. loc. *Erreur de casting* : mauvaise distribution des rôles (dans la société...).

**castor** n. m. ■ **1** Mammifère rongeur amphibie, à large queue plate. **2** Sa fourrure.

**castrat** n. m. ■ Homme castré (spécialt chanteur qui conservait la voix de soprano).

**castration** n. f. ■ **1** Opération par laquelle on prive un individu de la faculté de se reproduire. ▷ **castrer** v. tr. [1] → **châtrer. 2** psych. *Complexe de castration*, lié à la présence ou non du pénis selon les sexes. **3** fig. *Castration chimique*, arrêt de pulsions sexuelles par traitement médicamenteux.

**casuistique** n. f. ■ **1** relig. Partie de la théologie morale qui s'occupe des cas de conscience. **2** péj. Subtilité excessive (en morale). ▷ n. **casuiste**

**casus belli** [kazysbɛlli ; -beli] n. m. invar. ■ didact. Acte de nature à motiver une guerre.

**catachrèse** [-kʀɛz] n. f. ■ Figure de rhétorique détournant un mot de son sens.

**cataclysme** n. m. ■ **1** Grande catastrophe naturelle. **2** fig. Désastre, calamité.

**catacombe** n. f. ■ Cavité souterraine ayant servi de sépulture.

**catadioptre** n. m. ■ Dispositif réfléchissant la lumière et rendant visible un obstacle (syn. *cataphote*).

**catafalque** n. m. ■ Estrade décorée sur laquelle on place un cercueil.

**catalan, ane** adj. et n. ■ De Catalogne. ◆ n. m. *Le catalan* (langue romane).

**catalepsie** n. f. ■ méd. Suspension du mouvement volontaire des muscles. → **léthargie, paralysie.** ▷ adj. et n. **cataleptique**

**catalogue** n. m. ■ **1** Liste méthodique accompagnée d'explications. → **index, inventaire. 2** Liste d'objets à vendre.

**cataloguer** v. tr. [1] ■ **1** Classer, inscrire par ordre. **2** Classer en jugeant.

**catalpa** n. m. ■ Arbre décoratif d'Amérique, à grandes feuilles.

**catalyse** n. f. ■ chim. Accélération ou ralentissement d'une réaction chimique sous l'effet d'une substance (→ **catalyseur**) qui ne subit aucune transformation.

**catalyser** v. tr. [1] ■ **1** chim. Agir comme catalyseur sur. **2** fig. Déclencher, par sa présence (une réaction, un processus).

**catalyseur** n. m. ■ **1** chim. Substance qui catalyse. **2** fig. Élément qui catalyse (2).

**catamaran** n. m. ■ Bateau à deux coques.

**cataphote** n. m. (nom déposé) ■ → **catadioptre.**

**cataplasme** n. m. ■ Bouillie médicinale que l'on applique sur une partie du corps.

**catapulte** n. f. ■ **1** Ancienne machine de guerre qui lançait de lourds projectiles. → **baliste. 2** Dispositif de lancement des avions à bord d'un porte-avions.

**catapulter** v. tr. [1] ■ **1** Lancer par catapulte (2). **2** Lancer violemment. ◆ Promouvoir subitement (qqn). ▷ n. m. **catapultage**

**cataracte** n. f. ■ **I** Grande chute d'eau. **II** Opacité du cristallin ou de sa membrane, entraînant des troubles de la vision.

**catarrhe** n. m. ■ méd. Inflammation des muqueuses provoquant une sécrétion excessive. ▷ adj. et n. **catarrheux, euse**

**catastrophe** n. f. ■ **I 1** Malheur effroyable et brusque ; sinistre causant de nombreux morts. *Catastrophe naturelle* (inondation, etc.). *Catastrophe aérienne.* ◆ *Catastrophe écologique.* ◆ loc. EN CATASTROPHE : d'urgence. **2** fam. (par exagér.) Événement fâcheux. **II** sc. *Théorie des catastrophes*, qui, à partir de phénomènes discontinus, recherche un modèle commun.

**catastrophé, ée** adj. ■ fam. Abattu, annihilé.

**catastrophique** adj. ■ **1** Qui a le caractère d'une catastrophe. → **effroyable. 2** fam. Désastreux ; très mauvais.

**catastrophisme** n. m. ■ Pessimisme outré, excessif.

**catch** n. m. ■ Lutte libre de caractère spectaculaire. ▷ n. **catcheur, euse**

**catéchèse** n. f. ■ Instruction religieuse.

**catéchiser** v. tr. [1] ■ **1** Instruire dans la religion chrétienne. **2** fig. Endoctriner.

**catéchisme** n. m. ■ Enseignement de la doctrine et de la morale chrétiennes.

**catéchumène** [-ky-] n. ■ Personne qu'on instruit pour la préparer au baptême.

**catégorie** n. f. ■ **1** philos. *Les catégories de l'être*, ses attributs généraux. **2** Classe dans laquelle on range des objets de même nature. → **espèce, famille, genre, groupe, ordre, série.** ◆ *Catégories grammaticales*, qui classent les mots (ex. verbe, nom, adverbe). ◆ (personnes) *Catégories socioprofessionnelles.*

**catégoriel, elle** adj. ■ Propre à une catégorie de travailleurs.

**catégorique** adj. ■ Qui ne souffre pas de discussion. ▷ adv. **catégoriquement**

**caténaire** n. f. ■ Dispositif soutenant le fil conducteur d'une voie de chemin de fer.

**cathare** adj. ■ Des Cathares (secte chrétienne hérétique du moyen âge).

**catharsis** [-is] n. f. ■ didact. Apaisement des passions (selon Aristote). ◆ Libération affective. ▷ adj. **cathartique**

**cathédrale** n. f. ■ **1** Église épiscopale d'un diocèse. **2** appos. *Verre cathédrale*, translucide, à la surface inégale.

**catherinette** n. f. ■ Jeune fille qui fête la Sainte-Catherine (fête des ouvrières de la mode, etc., non mariées à 25 ans).

**cathéter** [-ɛʀ] n. m. ■ méd. Tige que l'on introduit dans un canal, un orifice.

**cathode** n. f. ■ Électrode de sortie du courant, dans l'électrolyse (opposé à *anode*). ◆ Source d'électrons, dans un tube *cathodique.*

**catholicisme** n. m. ■ Religion chrétienne dans laquelle le pape exerce l'autorité en matière de dogme et de morale.

**catholique** adj. ▪ **1** Du catholicisme. ◆ adj. et n. Qui le professe. **2** fam. *Pas très catholique,* louche.

**en catimini** loc. adv. ▪ En cachette.

**catin** n. f. ▪ vieilli Prostituée.

**catogan** n. m. ▪ Nœud, etc. qui attache les cheveux sur la nuque. ◆ Cette coiffure.

**cauchemar** n. m. ▪ **1** Rêve pénible dont l'élément dominant est l'angoisse. **2** fam. Ce qui effraie, obsède. ▷ adj. **cauchemardesque**

**cauchemarder** v. intr. 1 ▪ Faire des cauchemars.

**caudal, ale, aux** adj. ▪ De la queue.

**caudataire** n. m. ▪ didact. **1** Celui qui porte la traîne d'un prélat, etc. **2** Vil flatteur.

**causal, ale, als** adj. ▪ Qui concerne la cause, lui appartient, ou la constitue.

**causalité** n. f. ▪ Rapport de la cause à son effet.

**causant, ante** adj. ▪ fam. Qui aime causer.

**cause** n. f. ▪ **I** Ce qui produit un effet. **1** Ce par quoi un événement arrive, une action se fait. → **origine ; motif, raison.** ◆ *À CAUSE DE* loc. prép. : par l'action, l'influence de. ◆ *Magasin fermé POUR CAUSE DE décès.* ◆ *ET POUR CAUSE* : pour une raison connue (qu'on ne rappelle pas). **2** didact. Ce qui fait qu'une chose existe. → **fondement, origine. 3** littér. Ce pour quoi on fait qqch. ◆ loc. *Pour la bonne cause,* pour des motifs honorables. **II 1** dr. Affaire, procès qui se plaide. ◆ loc. *Plaider une cause.* → **défendre.** ◆ *Obtenir GAIN\* DE CAUSE.* ◆ *EN TOUT ÉTAT DE CAUSE* : de toute manière. ◆ *Être EN CAUSE,* être l'objet du débat, de l'affaire. *Mettre qqn en cause.* → **accuser.** *Mettre hors de cause.* → **disculper. 2** Ensemble d'intérêts à soutenir. *Une cause juste.*

① **causer** v. tr. 1 ▪ Être la cause de.

② **causer** v. intr. 1 ▪ S'entretenir (avec qqn). → **bavarder.** ◆ fam. Parler (à qqn).

**causerie** n. f. ▪ **1** Entretien familier. **2** Discours, conférence sans prétention.

**causette** n. f. ▪ fam. *Faire la causette, un brin de causette* : bavarder familièrement.

**causeur, euse** adj. et n. ▪ Qui aime causer.

**causeuse** n. f. ▪ Canapé à deux places.

**causse** n. m. ▪ Plateau calcaire, dans le centre et le sud-ouest de la France.

**caustique** adj. ▪ **1** Qui attaque, brûle les tissus vivants. → **corrosif. 2** fig. D'une moquerie mordante. → **acerbe.** ▷ n. f. **causticité**

**cauteleux, euse** adj. ▪ Hypocrite et habile.

**cautère** n. m. ▪ Instrument qui brûle les tissus, pour cicatriser. ◆ loc. *Un cautère sur une jambe de bois* : un remède inefficace.

**cautériser** v. tr. 1 ▪ Brûler au cautère. ▷ n. f. **cautérisation**

**caution** n. f. ▪ **1** Garantie d'un engagement. ◆ Somme versée pour servir de garantie. **2** *SUJET, SUJETTE À CAUTION* : sur qui, sur quoi l'on ne peut compter. → **douteux. 3** Personne qui fournit une garantie. → **garant.**

**cautionnement** n. m. ▪ Somme d'argent destinée à servir de garantie.

**cautionner** v. tr. 1 ▪ **1** dr. Se rendre caution pour (qqn). **2** Se porter garant de (une idée...) en la soutenant. → **soutenir.**

**cavalcade** n. f. ▪ **1** Chevauchée animée. **2** fam. Agitation, bousculade.

① **cavale** n. f. ▪ littér. Jument de race.

② **cavale** n. f. ▪ argot Évasion (de prison).

**cavaler** v. intr. 1 ▪ fam. Courir ; fuir.

**cavalerie** n. f. ▪ **1** Ensemble de troupes à cheval. ◆ loc. fig. *C'est de la grosse cavalerie* : cela manque de finesse. **2** Corps de troupes, à cheval à l'origine, aujourd'hui motorisées. **3** Ensemble de chevaux. → **écurie.**

① **cavalier, ière** n. ▪ **I 1** Personne qui est à cheval. **2** n. m. Militaire de la cavalerie. **II** Celui, celle avec qui l'on forme un couple dans un bal, etc. ◆ loc. *Faire cavalier seul* : agir isolément. **III** n. m. **1** Pièce du jeu d'échecs. **2** Clou en U.

② **cavalier, ière** adj. ▪ **I** Destiné aux cavaliers. **II** Désinvolte, sans égards. ▷ **cavalièrement** adv. (sens 2).

① **cave** n. f. ▪ **1** Local souterrain, sous une habitation. **2** Vins (conservés dans une cave). **3** Coffret (à liqueurs...).

② **cave** adj. ▪ **1** (œil...) Enfoncé. **2** *Veines caves,* grosses veines qui amènent au cœur le sang du corps par l'oreillette droite.

③ **cave** n. m. ▪ argot Niais, dupe.

**caveau** n. m. ▪ **1** Petite cave. **2** Construction souterraine servant de sépulture.

**caveçon** n. m. ▪ Mors (du cheval).

**caverne** n. f. ▪ **1** Cavité naturelle creusée dans la roche. → **grotte.** ◆ *L'âge des cavernes* : la préhistoire. **2** méd. Cavité pathologique.

**caverneux, euse** adj. ▪ **1** anat. *Corps caverneux,* susceptible de gonfler fortement. **2** cour. *Voix caverneuse.* → **grave, sépulcral.**

**cavernicole** adj. ▪ Qui vit dans l'obscurité.

**caviar** n. m. ▪ Œufs d'esturgeon préparés.

**caviarder** v. tr. 1 ▪ Biffer à l'encre noire. ◆ Supprimer (un passage) dans un texte. → **censurer.**

**caviste** n. ▪ Personne chargée des soins de la cave, des vins. → **sommelier.**

**cavité** n. f. ▪ Espace vide à l'intérieur d'un corps solide. → **creux, trou, vide.**

**C. B.** [sibi] n. f. (sigle) ▪ anglic. Bande publique de fréquences radio.

**C. C. P.** [sesepe] n. m. (sigle) ▪ Compte chèques postal.

**CD** [sede] n. m. (sigle) ▪ anglic. Disque\* compact. → **CD-ROM, DVD.**

**C. D. D.** ou **CDD** n. m. (sigle) ▪ Contrat (de travail) à durée déterminée (opposé à C. D. I.).

**C. D. I.** ou **CDI** n. m. (sigle) ▪ Contrat (de travail) à durée indéterminée (opposé à C. D. D.).

**CD-ROM** [sederɔm] n. m. (sigle) ▪ anglic. Disque optique numérique à lecture seule, où sont stockées des données (texte, son, images). - var. CD-ROM, CÉDÉROM. - recomm. off. *disque optique compact.*

① **ce, cette, ces** adj. dém. (*ce* prend la forme *cet* devant voyelle ou *h* muet) ▪ Devant un nom, sert à montrer la personne ou la chose désignée par le nom, ou à indiquer un temps rapproché. ➤ (renforcé par *-ci* et *-là*, après le nom) *Ce livre-ci. Cet homme-là.*

② **ce** pron. dém. (*c'* devant les formes des verbes *être* et *avoir* commençant par a, *c'* devant celles qui commencent par e) ▪ I Désignant la chose que la personne qui parle a dans l'esprit. → **ça. 1** C'EST ; CE DOIT, CE PEUT ÊTRE. *C'est fini. C'est à vous. Ce sont eux* (mais *c'est vous*). **2** en phrase interrog. *Est-ce vous ? Qui est-ce ?* 3 C'EST... QUI, C'EST... QUE, sert à détacher un élément. *C'est une bonne idée que vous avez là.* II suivi d'un pronom relatif *Ce que je crois. Ce dont on parle.* ◆ fam. CE QUE : combien, comme. *Ce que c'est beau !* III loc. (*ce* compl. direct) *Ce me semble* : il me semble. *Ce faisant. Pour ce faire.* ➤ *Sur ce* : là-dessus.

**céans** adv. ▪ vx Ici, dedans. ➤ loc. *Le maître de céans* : le maître de maison.

**ceci** pron. dém. ▪ **1** (opposé à *cela*) Désigne la chose la plus proche, ce qui va suivre. **2** Cette chose. → **cela ; ça.** *Regardez ceci.*

**cécité** n. f. ▪ **1** État d'une personne aveugle. **2** fig. Incapacité à comprendre, à sentir.

**céder** v. tr. ⑥ ▪ I v. tr. **1** Abandonner, laisser (qqch.) à qqn. *Céder son tour.* ➤ *Céder du terrain*, reculer. **2** dr. Transporter la propriété de (qqch.) à une autre personne. → **vendre ; cessible, cession.** II v. tr. ind. **1** CÉDER À : ne plus résister à. ◆ sans compl. → **capituler, renoncer. 2** (choses) Plier, se casser. **3** (abstrait) Disparaître, cesser.

**cédétiste** adj. et n. ▪ De la Confédération française démocratique du travail (C. F. D. T.).

**cedex** [sedɛks] n. m. ▪ Sigle de *courrier d'entreprise à distribution exceptionnelle.*

**cédille** n. f. ▪ Signe que l'on place sous la lettre c (*ç*) suivie des voyelles a, o, u pour indiquer qu'elle doit être prononcée [s].

**cédrat** n. m. ▪ Fruit (agrume) du *cédratier.*

**cèdre** n. m. ▪ Grand conifère originaire d'Afrique et d'Asie, à branches en étages.

**cégep** [seʒɛp] n. m. ▪ au Québec Collège d'enseignement général et professionnel.

**cégétiste** adj. et n. ▪ De la Confédération générale du travail (C. G. T.).

**ceindre** v. tr. ⑤² ▪ **1** littér. Entourer, serrer. **2** Mettre autour du corps, de la tête.

**ceinture** n. f. ▪ I **1** Bande servant à ajuster les vêtements à la taille ; partie d'un vêtement (jupe, robe, pantalon) qui l'ajuste autour de la taille. ➤ loc. fam. *Se serrer la ceinture* : se priver. ◆ (judo...) Bande tissée dont la couleur symbolise un grade. **2** Dispositif entourant la taille. *Ceinture de sécurité* (dans une voiture...). II ➤ **taille.** *Nu jusqu'à la ceinture.* III Élément qui entoure.

**ceinturer** v. tr. ① ▪ **1** Entourer d'une ceinture, d'une enceinte. **2** sports Prendre (qqn) par la taille, en le serrant.

**ceinturon** n. m. ▪ Grosse ceinture.

**cela** pron. dém. ▪ **1** (opposé à *ceci*) Désigne ce qui est plus éloigné, ce qui précède. **2** Cette chose. → **ceci ; ça.** *Cela ne fait rien.*

**céladon** ▪ **1** adj. invar. Vert pâle. **2** n. m. Porcelaine chinoise de cette couleur.

**célébrant** n. m. ▪ Prêtre qui célèbre la messe.

**célébration** n. f. ▪ Action de célébrer.

**célèbre** adj. ▪ Très connu. → **illustre.**

**célébrer** v. tr. ⑥ ▪ **1** Accomplir solennellement (une action publique). **2** Marquer (un événement) par une cérémonie. → **fêter. 3** littér. Faire publiquement l'éloge de. → **glorifier, vanter.**

**célébrité** n. f. ▪ **1** Grande réputation. → **notoriété, renom. 2** Personne célèbre.

**celer** [səle ; sele] v. tr. ⑤ ▪ littér. Cacher.

**céleri** n. m. ▪ Plante dont on mange les côtes (*céleri en branches*) ou la racine (*céleri-rave*).

**célérité** n. f. ▪ littér. Grande rapidité (dans l'action...).

**célesta** n. m. ▪ Instrument de musique à percussion et à clavier.

**céleste** adj. ▪ **1** Relatif au ciel. *La voûte céleste* : le ciel. **2** Du ciel, séjour de la divinité, etc. **3** Merveilleux, surnaturel. *Beauté céleste.*

**célibat** n. m. ▪ État d'une personne en âge d'être mariée et qui ne l'est pas, ne l'a jamais été. ▷ adj. et n. **célibataire**

**celle** ➤ **celui**

**cellier** n. m. ▪ Lieu aménagé pour y conserver du vin, des provisions.

**cellophane** n. f. (nom déposé) ▪ Feuille d'emballage transparente obtenue à partir de la cellulose.

**cellulaire** adj. ▪ **1** biol. De la cellule vivante. **2** Qui présente des alvéoles, des pores. **3** *Téléphone cellulaire*, téléphone mobile recevant un signal émis dans une « cellule » de télécommunications et transmis par relais. → **portable. 4** Relatif aux cellules de prison, à la prison.

**cellule** n. f. ▪ I **1** Pièce utilisée pour isoler ou enfermer qqn. II **1** Cavité, alvéole. **2** biol. Élément fondamental de tous les organismes vivants. → **cyt(o)-. 3** Structures d'un avion (ailes, fuselage). **4** sc. Unité productrice d'énergie. III abstrait Élément isolable, constitutif d'un ensemble. *Cellule familiale.*

**cellulite** n. f. ▪ Gonflement du tissu conjonctif sous-cutané.

**celluloïd** n. m. (nom déposé) ▪ Matière plastique flexible, inflammable.

**cellulose** n. f. ▪ Matière contenue dans la membrane des cellules végétales. ▷ adj. **cellulosique**

**celtique** adj. ▪ Des Celtes. – syn. CELTE. ◆ n. m. *Le celtique* (langues indo-européennes : breton, gaulois, irlandais...).

**celui, celle, ceux, celles** pron. dém. ▪ Désigne la personne ou la chose dont il est question dans le discours.

**celui-ci, celle-ci, ceux-ci, celles-ci** et **celui-là, celle-là, ceux-là, celles-là** pron. dém. ▪ Marquent la même opposition que *ceci* et *cela.*

**cément** n. m. ■ **1** techn. Substance qui, chauffée au contact d'un métal, lui fait acquérir de nouvelles propriétés. ⊳ n. f. **cémentation** **2** anat. Substance osseuse recouvrant l'ivoire à la racine des dents.

**cénacle** n. m. ■ **1** relig. Salle de la Cène\*. **2** littér. Réunion d'intellectuels, etc.

**cendre** n. f. ■ **1** Poudre qui reste quand on a brûlé certaines matières organiques. ◆ loc. *Réduire en cendres*, détruire par le feu. **2** Matière pulvérulente. *Cendres volcaniques.* **3** *Les cendres des morts*, leurs restes ; leur mémoire. **4** relig. cathol. *Les Cendres*, symbole de la dissolution du corps.

**cendré, ée** adj. ■ Qui a la couleur grisâtre de la cendre.

**cendrée** n. f. ■ Mélange de mâchefer et de sable, revêtement de pistes d'athlétisme.

**cendreux, euse** adj. ■ Qui contient de la cendre ; qui a l'aspect de la cendre.

**cendrier** n. m. ■ **1** Partie d'un foyer où tombent les cendres. **2** Récipient destiné à recevoir les cendres de tabac.

**Cène** n. f. ■ **1** relig. chrét. Dernier repas de Jésus avec ses apôtres, lors duquel il institua l'Eucharistie. **2** Communion sous les deux espèces, chez les protestants.

**cénobite** n. m. ■ relig. Moine qui vivait en communauté (s'oppose à *anachorète*).

**cénotaphe** n. m. ■ Monument à la mémoire d'un mort (sans corps).

**cens** [sãs] n. m. ■ hist. **1** Antiq. Dénombrement des citoyens romains (→ *recensement*). **2** Redevance due au seigneur d'un fief. **3** Montant de l'impôt nécessaire pour être électeur ou éligible (→ **censitaire**).

**censé, ée** adj. ■ (+ inf.) Supposé, réputé (être...). ⊳ **censément** adv. → **apparemment**.

**censeur** n. m. ■ **I** hist. Magistrat romain qui contrôlait les mœurs. **II 1** littér. Personne qui contrôle, critique. **2** Personne qui applique la censure. **3** ancient Personne chargée de la discipline, dans un lycée.

**censitaire** adj. ■ hist. *Suffrage censitaire*, réservé à ceux qui payaient le cens (3).

**censure** n. f. ■ **I** hist. Charge de censeur (I). **II 1** littér. Action de critiquer, de condamner. **2** Examen des publications, des spectacles..., exigé par les pouvoirs publics avant d'autoriser leur diffusion. **3** Sanction d'un gouvernement, votée par une assemblée. **4** psych. Refoulement dans l'inconscient d'éléments psychiques que le surmoi ne tolère pas.

**censurer** v. tr. ⓵ ■ Interdire (une publication, un spectacle...).

① **cent** ■ **I** REM. Liaison avec les mots commençant par une voyelle ou un *h* muet, sauf *un, une, unième, onze, onzième.* **1** adj. numéral cardinal invar. (sauf s'il est précédé d'un nombre qui le multiplie et n'est pas suivi d'un autre adj. numéral : *deux cents,* mais *deux cent un*) Dix fois dix (100). → **hect(o)-.** ◆ loc. *Faire les cent pas*, aller et venir. **2** adj. numéral ordinal invar. Centième. *Page trois cent.* **II** n. m. Le nombre cent. ◆ loc. *Gagner des mille et des cents*, beaucoup d'argent. ◆ POUR CENT (précédé d'un numéral) : pour une quantité de cent unités (→ **pourcentage**). *Cinquante pour cent* (50 %), la moitié. ◆ *Chemise cent pour cent coton* (→ **entièrement**).

② **cent** [sɛnt] n. m. ■ Centième du dollar.

③ **cent** [sã] n. m. ■ Centième de l'euro. → **centime (d'euro).** *Une pièce de dix cents.*

**centaine** n. f. ■ Groupe de cent unités *(le chiffre des centaines),* ou environ.

**centaure** n. m. ■ Être imaginaire, moitié homme, moitié cheval.

**centaurée** n. f. ■ Plante aux nombreuses espèces, dont le bleuet.

**centenaire** ■ **1** adj. Qui a au moins cent ans. → **séculaire.** ◆ n. Personne qui a cent ans. **2** n. m. Centième anniversaire.

**centésimal, ale, aux** adj. ■ Dont les parties sont des centièmes ; divisé en cent.

**centi-** Élément qui signifie « centième » (2).

**centième** [sãtjɛm] ■ **1** adj. et n. Qui a le numéro cent pour rang. **2** adj. et n. m. Se dit d'une partie d'un tout divisé également en cent.

**centigrade** adj. ■ Divisé en cent degrés.

**centigramme** n. m. ■ Centième du gramme (symb. cg).

**centilitre** n. m. ■ Centième du litre (symb. cl).

**centime** n. m. ■ **1** Centième du franc. **2** *Centime d'euro.* → ③ **cent.**

**centimètre** n. m. ■ **1** Centième du mètre (symb. cm). *Centimètre carré* ($cm^2$), *cube* ($cm^3$). **2** Ruban gradué. → **mètre** (2).

**centon** n. m. ■ littér. Texte, morceau de musique fait de fragments empruntés.

**centrage** n. m. ■ Action de centrer (qqch.).

① **central, ale, aux** adj. ■ **1** Qui est au centre, qui a rapport au centre. **2** Qui constitue l'organe principal. ◆ *Prison centrale* ou n. f. *centrale,* pour les détenus purgeant une longue peine. ◆ *École centrale (des arts et manufactures)* ou n. f. *Centrale.*

② **central** n. m. ■ Lieu où aboutissent les éléments d'un réseau (téléphonique...).

**centrale** n. f. ■ **1** Usine productrice d'électricité. **2** Groupement de syndicats. **3** Organisme qui centralise. **4** → ① **central** (2).

**centraliser** v. tr. ⓵ ■ Réunir dans un même centre. ⊳ n. f. **centralisation** ⊳ adj. et n. **centralisateur, trice**

**centralisme** n. m. ■ Système qui centralise (en politique, en économie).

**centre** n. m. ■ **1** Point (intérieur) situé à égale distance de tous les points d'un cercle, d'une sphère. **2** Milieu approximatif. *Le centre de la France.* **3** (Point intérieur doué de propriétés). phys. CENTRE DE GRAVITÉ (d'un corps), point où s'applique la résultante des forces exercées par la pesanteur sur ce corps. ◆ *Centres nerveux,* constitués de substance grise et reliés par les nerfs aux organes. **4** Lieu caractérisé par l'importance des activités. ◆ Organisme qui coordonne des activités. *Centre national de la recherche scientifique (C.N.R.S.).* **5** abstrait Point principal, essentiel. *Centre d'intérêt.* **6** Courant politique modéré.

**centrer** v. tr. ⓵ ■ **1** Ramener, disposer au centre. **2** abstrait CENTRER SUR : donner comme centre (d'intérêt...). **3** absolt (sports) Ramener le ballon vers l'axe du terrain.

**centrifuge** adj. ■ Qui tend à éloigner du centre (opposé à *centripète*).

**centrifuger** v. tr. ③ ■ Séparer par une rotation très rapide (des éléments de densité différente). ▷ n. f. **centrifugation**

**centrifugeur** n. m. ■ Appareil qui centrifuge. – syn. CENTRIFUGEUSE n. f.

**centripète** adj. ■ Qui tend à rapprocher du centre (opposé à *centrifuge*).

**centriste** adj. et n. ■ Du centre politique.

**centuple** adj. ■ Cent fois plus grand. ♦ n. m. *Le centuple.* → AU CENTUPLE : cent fois plus.

**centupler** v. tr. ① ■ 1 v. tr. Multiplier par cent. 2 v. intr. Être porté au centuple.

**centurion** n. m. ■ Antiq. romaine Officier qui commandait une unité de cent hommes (*centurie* n. f.).

**cep** [sɛp] n. m. ■ Pied (de vigne).

**cépage** n. m. ■ Variété de vigne cultivée.

**cèpe** n. m. ■ Bolet brun très apprécié.

**cependant** adv. ■ Exprime une opposition, une restriction. → **néanmoins, toutefois.**

**céphalée** n. f. ■ méd. Mal de tête.

**céphalique** adj. ■ didact. De la tête.

**céphal(o)-, -céphale** Éléments savants, du grec *kephalê* « tête ».

**céphalopode** n. m. ■ Mollusque marin à tentacules munis de ventouses (ex. la seiche).

**céphalorachidien, ienne** adj. ■ méd. Qui concerne à la fois l'encéphale et le rachis.

**céphalothorax** [-aks] n. m. ■ Partie antérieure du corps de certains arthropodes, tête et thorax soudés.

**céramide** n. m. ■ biochim. Molécule organique, élément de lipides de la membrane cellulaire.

**céramique** n. f. ■ 1 Technique et art du potier, de la fabrication des objets en terre cuite (poteries, faïences, grès, porcelaine). 2 Matière dont sont faits ces objets. 3 Objet en céramique.

**céramiste** n. ■ Artiste en céramique.

**céraste** n. m. ■ zool. Vipère cornue.

**cerbère** n. m. ■ Portier, gardien sévère.

**cerceau** n. m. ■ 1 Cercle (de bois, métal...). 2 Arceau servant de support.

**cercle** n. m. ■ 1 1 Courbe plane fermée dont tous les points sont à égale distance d'un point (le centre). 2 (impropre en sc.) Surface plane limitée par un cercle. 3 Objet ou disposition circulaire. 4 Groupe de personnes réunies habituellement ; leur local. *Cercle littéraire.* II abstrait 1 Domaine qu'on embrasse, parcourt. → **étendue.** *Le cercle de ses connaissances.* 2 CERCLE VICIEUX : log. raisonnement faux où l'on utilise ce qu'il faut démontrer ; cour. situation dans laquelle on est enfermé.

**cercler** v. tr. ① ■ Entourer, munir de cercles, de cerceaux... ▷ n. m. **cerclage**

**cercueil** [-kœj] n. m. ■ Longue caisse dans laquelle on ensevelit un mort.

**céréale** n. f. ■ Plante dont les grains servent de base à l'alimentation (avoine, blé, maïs, riz, seigle, etc.). ▷ adj. **céréalier, ière**

**cérébelleux, euse** adj. ■ anat. Du cervelet.

**cérébral, ale, aux** adj. ■ 1 Qui a rapport au cerveau. *Les hémisphères cérébraux,* les deux moitiés du cerveau. 2 Qui concerne l'esprit, l'intelligence. 3 adj. et n. (personnes) Qui vit surtout par la pensée, par l'esprit.

**cérébrospinal, ale, aux** adj. ■ méd. Relatif au cerveau et à la moelle épinière.

**cérémonial, als** n. m. ■ Ensemble de règles observées lors d'une cérémonie.

**cérémonie** n. f. ■ 1 Actes solennels accompagnant un culte religieux. 2 Formes extérieures (gestes, décor...) destinées à marquer un événement de la vie sociale. 3 Politesse excessive, dans la vie privée.

**cérémonieux, euse** adj. ■ Qui fait trop de cérémonies (3). ▷ adv. **cérémonieusement**

**cerf** [sɛʀ] n. m. ■ Animal ruminant vivant en troupeaux ; spécialt le mâle adulte, aux longues cornes ramifiées (→ **bois**).

**cerfeuil** n. m. ■ Plante herbacée aromatique (condiment).

**cerf-volant** [sɛʀ-] n. m. ■ I Gros insecte volant (coléoptère) aux pinces dentelées. → **lucane.** II Armature tendue de papier ou de tissu, qui peut s'élever dans l'air.

**cerisaie** n. f. ■ Lieu planté de cerisiers.

**cerise** n. f. ■ 1 Petit fruit charnu à noyau, à peau brillante, rouge, parfois jaune pâle, produit par le cerisier. 2 adj. invar. *Rouge cerise,* vif.

**cerisier** n. m. ■ Arbre fruitier à fleurs blanches, qui produit la cerise ; son bois.

**cerne** n. m. ■ 1 Cercle bistre ou bleuâtre qui entoure parfois les yeux, une contusion... (→ **bleu**). 2 Trace d'une tache. → **auréole.** 3 Chacun des cercles concentriques visibles sur le tronc coupé d'un arbre.

**cerné, ée** adj. ■ Entouré d'un cerne (1).

**cerneau** n. m. ■ Chair de la noix épluchée.

**cerner** v. tr. ① ■ 1 Entourer par des troupes. → **encercler.** 2 Entourer d'un trait. 3 fig. → **circonscrire.** *Cerner une question.*

**certain, aine** ■ I adj. (épithète après le nom) 1 Qui est effectif, sans aucun doute. → **assuré, incontestable, indubitable.** 2 Qui ne peut manquer de se produire. → **inévitable, sûr.** 3 (personnes) Qui considère une chose pour vraie. → **convaincu.** *J'en suis certain.* II adj. (avant le nom) 1 (précédé de l'art. indéf.) Imprécis, difficile à fixer. *Un certain temps.* 2 au plur. Quelques-uns parmi d'autres. *Dans certains cas.* 3 *Un certain* (et nom de personne), exprime le dédain, etc. III pron. plur. CERTAINS : certaines personnes.

**certainement** adv. ■ 1 D'une manière certaine. → **sûrement.** 2 (affirmation) → **certes, évidemment.** *Cela en vaut-il la peine ? – Certainement.* 3 Très probablement.

**certes** adv. ■ littér. 1 Certainement (2). *Certes, c'est vrai.* 2 (concession) *Certes, mais...*

**certificat** n. m. ■ 1 Écrit qui émane d'une autorité et atteste un fait. 2 Acte attestant la réussite à un examen ; cet examen.

**certifier** v. tr. ⑦ ■ 1 Assurer qu'une chose est vraie. 2 dr. Garantir par un acte. → au p. p. *Copie certifiée conforme* (à l'original).

**certitude** n. f. ■ **1** Caractère certain, indubitable ; ce qui est certain. **2** État de l'esprit qui ne doute pas.

**céruléen, éenne** adj. ■ littér. Bleu ciel.

**cérumen** [-ɛn] n. m. ■ Matière jaune sécrétée dans le conduit auditif externe.

**céruse** n. f. ■ Colorant blanc très toxique (aujourd'hui interdit). *Blanc de céruse.*

**cerveau** n. m. ■ **I** concret **1** Masse nerveuse contenue dans le crâne de l'être humain (cerveau (2), cervelet, bulbe, pédoncules cérébraux). → **encéphale. 2** anat. Partie antérieure et supérieure de l'encéphale des vertébrés (deux hémisphères cérébraux, méninges). **II** abstrait **1** Le siège de la vie psychique et des facultés intellectuelles. → **esprit, tête ; cervelle.** ♦ Personne, quant à l'esprit. *C'est un grand cerveau,* absolt *un cerveau,* qqn d'une grande intelligence. **2** fig. Organe de direction.

**cervelas** n. m. ■ Gros saucisson cuit, épicé.

**cervelet** n. m. ■ Partie postérieure et inférieure de l'encéphale.

**cervelle** n. f. ■ **1** Substance nerveuse constituant le cerveau. → loc. *Se brûler la cervelle :* se tuer d'une balle dans la tête. ♦ Cerveau comestible de certains animaux. **2** fig. Facultés mentales. *Tête sans cervelle.* → **écervelé.**

**cervical, ale, aux** adj. ■ **1** Relatif au cou. **2** Relatif au col (de l'utérus, etc.).

**cervidé** n. m. ■ Mammifère ongulé dont le mâle porte des bois (cerf, chevreuil...).

**cervoise** n. f. ■ ancienn Bière d'orge, de blé.

**ces** → ① **ce**        .

**C. E. S.** [seøɛs] n. m. (sigle) ■ en France Collège d'enseignement secondaire.

**césar** n. m. ■ Titre d'empereur romain.

**césarienne** n. f. ■ Opération chirurgicale, incision dans la paroi abdominale pour extraire l'enfant de l'utérus de la mère.

**césarisme** n. m. ■ Gouvernement d'un dictateur s'appuyant sur le peuple.

**césium** [-jɔm] n. m. ■ Élément (symb. Cs), métal mou, jaune pâle.

**cessant, ante** adj. ■ loc. *Toute(s) chose(s), toute(s) affaire(s) cessante(s) :* en interrompant tout le reste, en priorité.

**cessation** n. f. ■ Fait de prendre fin ou de mettre fin à qqch.

**cesse** n. f. ■ **1** Fait de cesser (sans art. et dans des loc.). *Sans cesse ni repos.* ◆ *N'avoir de cesse que* (+ subj.) : ne pas arrêter avant que... **2** *SANS CESSE* loc. adv. : constamment.

**cesser** v. tr. ① ■ **1** v. intr. Se terminer ou s'interrompre. → s'**arrêter, finir.** ◆ *FAIRE CESSER :* mettre fin à. **2** v. tr. ind. *CESSER DE* (+ inf.). → s'**arrêter. 3** v. tr. (sujet animé) littér. Faire finir. → **arrêter.** *Cesser le travail.*

**cessez-le-feu** n. m. invar. ■ Arrêt officiel des combats.

**cessible** adj. ■ dr. Qui peut être cédé. → **négociable.**

**cession** n. f. ■ Action de céder (un bien...).

**cessionnaire** n. ■ dr. Bénéficiaire d'une cession.

**c'est-à-dire** [sɛt-] loc. conj. ■ **1** Annonce une explication ou une qualification (abrév. c.-à-d.). **2** Annonce une restriction.

**ceste** n. m. ■ Antiq. Courroie garnie de plomb dont les pugilistes s'entouraient les mains.

**césure** n. f. ■ Repos à l'intérieur d'un vers après une syllabe accentuée.

**cet, cette** → ① **ce**

**cétacé** n. m. ■ Grand mammifère aquatique à nageoires antérieures et nageoire caudale horizontale (ex. la baleine).

**cétoine** n. f. ■ Coléoptère vert doré.

**cétone** n. f. ■ Nom des corps chimiques de constitution analogue à celle de l'acétone.

**ceux** → **celui**

**cf.** [kɔfɛʀ] ■ Indication invitant le lecteur à se référer à ce qui suit.

**C. F. C.** n. m. (sigle) ■ chim. Composé du chlore et du fluor (*chlorofluorocarbone* n. m.), utilisé dans les aérosols, comme réfrigérant... (interdit depuis 2000).

**C. G. S.** [seʒeɛs] adj. (sigle) ■ *Système C. G. S. :* ancien système d'unités de mesure (centimètre, gramme, seconde).

**chablis** n. m. ■ Vin blanc sec de Chablis.

**chabot** n. m. ■ Poisson à grosse tête.

**chabrol** ou **chabrot** n. m. ■ *FAIRE CHABROL, CHABROT :* verser du vin dans le fond d'une assiette de soupe et boire le mélange.

**chacal, als** n. m. ■ Mammifère carnivore d'Asie et d'Afrique, voisin du renard.

**chacun, une** pron. indéf. ■ **1** Personne ou chose prise individuellement dans un ensemble. *Chacun des deux :* l'un et l'autre. *Chacun son tour.* **2** Toute personne. → *TOUT UN CHACUN :* n'importe qui, tout le monde.

**chafouin, ine** adj. ■ Rusé, sournois.

**① chagrin, ine** adj. ■ Triste, morose.

**② chagrin** n. m. ■ État moralement douloureux. *Avoir du chagrin.* ♦ Peine ou déplaisir causé par un événement précis.

**③ chagrin** n. m. ■ Cuir grenu utilisé en reliure. → loc. fig. *C'est une peau de chagrin :* cela ne cesse de rétrécir (allus. à Balzac).

**chagriner** v. tr. ① ■ Faire de la peine à (qqn).

**chahut** n. m. ■ Agitation bruyante.

**chahuter** v. ① ■ **I** v. intr. Faire du chahut dans une classe. **II** v. tr. Manifester contre (qqn) par un chahut ; taquiner (qqn).

**chai** n. m. ■ Lieu en rez-de-chaussée où l'on garde les alcools, les vins en fûts.

**chaîne** n. f. ■ **I 1** Suite d'anneaux entrelacés, servant à orner, manœuvrer, transmettre un mouvement, etc. **2** Cette suite d'anneaux, pour attacher un animal ou une personne. ♦ fig. *Briser ses chaînes :* s'affranchir. **II** Objet (concret ou abstrait) composé d'éléments successifs liés. **1** Ensemble des fils d'un tissu, suivant sa longueur (opposé à *trame*). **2** Suite d'accidents du relief. *Chaîne de montagnes.* **3** chim. Suite d'atomes de carbone. **4** Ensemble d'appareils assurant la transmission de signaux. *Chaîne haute-fidélité :* système de reproduction du son formé d'éléments séparés (lecteur, amplificateur, tuner, haut-parleurs). ♦ Émetteurs et organisme diffusant un programme de radio, de télévision. **5** Organisation de postes successifs de travail. *Travail à la chaîne.* **6** Réseau d'entreprises associées. **7** *Chaîne du froid :* moyens de conservation frigorifique des denrées périssables. **8** *RÉACTION EN CHAÎNE :* série de phénomènes déclenchés les uns par les autres. **III** Ensemble de personnes qui se transmettent qqch. de l'une à l'autre.

**chaînette** n. f. ■ Petite chaîne.

**chaînon** n. m. ■ **1** Anneau d'une chaîne. **2** Élément d'une suite (logique, etc.).

**chair** n. f. ■ **I 1** Substance molle du corps humain ou animal (muscles et tissu conjonctif). ← loc. *EN CHAIR ET EN OS :* en personne. ← *Être BIEN EN CHAIR :* avoir de l'embonpoint. **2** Aspect de la peau. ← *Avoir LA CHAIR DE POULE,* la peau où se hérisse (de peur). **II 1** relig. La nature humaine ; le corps. **2** littér. Les instincts ; les sens. **III 1** Partie comestible (de certains animaux). → **viande.** ← loc. fig. *NI CHAIR NI POISSON :* indéfinissable. ♦ *CHAIR À SAUCISSE :* préparation de porc haché. **2** Partie comestible (d'animaux non mammifères, de fruits...).

**chaire** n. f. ■ **1** Siège d'un pontife. **2** Tribune du prédicateur, dans une église. **3** Poste de professeur de l'enseignement supérieur.

**chaise** n. f. ■ **I 1** Siège à dossier et sans bras pour une personne. ← loc. *Être assis ENTRE DEUX CHAISES :* être dans une situation incertaine. **2** ancient *CHAISE PERCÉE,* dans laquelle s'encastrait un pot de chambre. **3** *CHAISE LONGUE,* à inclinaison réglable, permettant de s'allonger. **4** *CHAISE ÉLECTRIQUE :* siège sur lequel on électrocute les condamnés à mort, aux États-Unis. **II** ancient **1** *CHAISE À PORTEURS :* petit abri muni d'un siège, dans lequel on se faisait porter. **2** Véhicule hippomobile.

**chaisier, ière** n. ■ **1** Personne qui fabrique des chaises. **2** Loueur de chaises.

① **chaland** n. m. ■ Bateau à fond plat pour le transport des marchandises. → **péniche.**

② **chaland, ande** n. ■ vx Client, cliente.

**chalco-** [kalko] Élément savant, du grec *khalkos* « cuivre ».

**chalcographie** n. f. ■ arts **1** Gravure sur métal. **2** Collection de planches gravées.

**châle** n. m. ■ Grande pièce d'étoffe que l'on drape sur les épaules.

**chalet** n. m. ■ Maison de bois des pays de montagne européens.

**chaleur** n. f. ■ **I 1** Température élevée de la matière (par rapport au corps humain) ; sensation produite par un corps chaud. ♦ Température de l'air qui donne à l'organisme une sensation de chaud. **2** sc. Phénomène physique qui se traduit notamment par l'élévation de la température (→ **calorifique, thermique**). **3** *CHALEUR ANIMALE,* chaleur naturelle de l'organisme. **II** État des femelles des mammifères quand elles acceptent l'approche du mâle. → **rut.** **III** fig. Animation, ardeur, passion.

**chaleureux, euse** adj. ■ Qui manifeste de la chaleur (III). ▷ adv. **chaleureusement**

**châlit** n. m. ■ Cadre de lit.

**challenge** [ʃalɑ̃ʒ ; tʃalɛnʒ] n. m. ■ anglic. **1** Épreuve sportive dont le titre est remis en jeu. **2** Situation où la difficulté stimule. → **défi.** – recomm. off. *challenge* (forme de l'anc. franç.). ▷ n. m. **challenger**

**chaloir** v. impers. ■ loc. vieilli *Peu me* (ou *m'en*) *chaut :* peu m'importe.

**chaloupe** n. f. ■ Grand canot.

**chaloupé, ée** adj. ■ (démarche...) Balancé.

**chalumeau** n. m. ■ **1** Tuyau (de paille...). **2** Outil qui produit un jet de gaz enflammé.

**chalut** n. m. ■ Filet en forme d'entonnoir, remorqué par un bateau.

**chalutier** n. m. ■ **1** Bateau de pêche au chalut. **2** Marin qui sert sur un chalutier.

**chamade** n. f. ■ **1** vx Signal de reddition. **2** loc. *Battre la chamade* (cœur), très fort.

**se chamailler** v. pron. 1 ■ fam. Se quereller pour des raisons futiles. ▷ n. f. **chamaillerie** ▷ n. et adj. **chamailleur, euse**

**chaman** [ʃaman] n. ■ Être capable d'interpréter les signes et de communiquer avec les esprits. – var. CHAMANE. ▷ n. m. **chamanisme**

**chamarrer** v. tr. 1 ■ Rehausser d'ornements aux couleurs éclatantes. ► **chamarré, ée** adj. ▷ n. f. **chamarrure**

**chambard** n. m. ■ fam. Désordre ; chahut.

**chambarder** v. tr. 1 ■ Bouleverser ; changer brutalement. ▷ **chambardement** n. m. ■ loc. *Le grand chambardement :* la révolution.

**chambellan** n. m. ■ hist. Gentilhomme chargé du service de la chambre d'un prince. ▷ **chambellanie** n. f. (au Maroc).

**chambouler** v. tr. 1 ■ fam. Bouleverser, mettre sens dessus dessous.

**chambranle** n. m. ■ Encadrement d'une porte, d'une fenêtre, d'une cheminée.

**chambray** n. m. ■ Toile d'un bleu doux, d'apparence délavée.

**chambre** n. f. ■ **I 1** Pièce où l'on couche. **2** *Travailler EN CHAMBRE,* chez soi (artisan). *Musique\* de chambre.* **3** Pièce, à bord d'un navire. **4** Pièce spécialement aménagée. *Chambre froide,* réfrigérée. ♦ *Chambre à gaz\*.* **II 1** Section d'une cour, d'un tribunal. **2** Assemblée législative. *La Chambre des députés* (syn. *Assemblée nationale*). **3** Assemblée s'occupant des intérêts d'un corps. *Chambre de commerce.* **III** (Cavité) **1** *CHAMBRE NOIRE :* enceinte percée d'une ouverture, et fournissant une image. **2** Enceinte (où se produit un phénomène). *Chambre de combustion.* **3** *CHAMBRE À AIR :* enveloppe de caoutchouc gonflée d'air, dans un pneumatique. **4** anat. *Chambre de l'œil,* espace entre l'iris et la cornée.

**chambrée** n. f. ■ Personnes (spécialt soldats) couchant dans une même pièce.

**chambrer** v. tr. 1 ■ **1** Mettre (du vin) à la température de la pièce (s'oppose à *frapper*). **2** Taquiner, se moquer de (qqn).

**chambrette** n. f. ■ Petite chambre.

**chambrière** n. f. ■ **1** vx Femme de chambre. **2** Long fouet de manège.

**chambriste** n. ■ Musicien spécialiste de musique de chambre.

**chameau** n. m. ▪ **1** Grand ruminant à une ou deux bosses, à pelage laineux ; spécialt chameau à deux bosses d'Asie (par oppos. à *dromadaire*). **2** fig., fam. Personne méchante.

**chamelier** n. m. ▪ Personne qui conduit et soigne les chameaux, les dromadaires.

**chamelle** n. f. ▪ Femelle du chameau.

**chamelon** n. m. ▪ Petit du chameau.

**chamois** n. m. ▪ **1** Ruminant à cornes recourbées qui vit dans les montagnes. **2** Peau du chamois. ♦ adj. Jaune clair.

**chamoisage** n. m. ▪ Préparation d'une peau, pour la rendre très souple.

**chamoisine** n. f. ▪ Petit torchon duveteux.

**champ** n. m. ▪ **I 1** Étendue de terre propre à la culture. **2** *LES CHAMPS* : toute étendue rurale. → **campagne**. → *À travers champs* : hors des chemins. **3** (Terrain, espace ; dans des loc.). *Champ de courses*. → *Champ de bataille* : terrain où se livre la bataille. *Champ d'honneur*\*. → *Champ clos*, où avaient lieu les tournois. → loc. fig. *PRENDRE DU CHAMP*, du recul. *Laisser LE CHAMP LIBRE*, donner toute liberté. **II** fig. **1** Domaine d'action. → **sphère**. *Élargir le champ de ses connaissances*. → loc. adv. *SUR-LE-CHAMP*. → **aussitôt, immédiatement**. → *À TOUT BOUT DE CHAMP*. **III** (Espace limité) **1** Secteur couvert (par un instrument d'optique, etc.). **2** *CHAMP OPÉRATOIRE* : zone dans laquelle une opération chirurgicale est pratiquée. **3** phys. Zone où se manifeste un phénomène. *Champ magnétique*.

**champagne** n. m. ▪ Vin blanc de Champagne, rendu mousseux.

**champagniser** v. tr. 1 ▪ Traiter (un vin) pour en faire du champagne.

**champêtre** adj. ▪ littér. Des champs.

**champi** n. ▪ vx Enfant trouvé.

**champignon** n. m. ▪ **1** Végétal sans feuilles, formé souvent d'un pied surmonté d'un chapeau, à nombreuses espèces comestibles ou vénéneuses. **2** Ce qui a la forme d'un champignon à chapeau. → fam. Pédale d'accélérateur. **3** bot. au plur. Classe de végétaux comprenant les champignons (1), les moisissures, les levures... (→ **mycologie**).

**champignonnière** n. f. ▪ Lieu où l'on cultive des champignons (1).

**champion, onne** n. ▪ **1** n. m. ancient Celui qui combattait en champ clos, pour soutenir une cause. **2** fig. Défenseur (d'une cause). **3** Sportif qui remporte un championnat. **4** fig., fam. Personne remarquable. → adj. Extraordinaire.

**championnat** n. m. ▪ Épreuve sportive dont le vainqueur obtient un titre.

**chançard, arde** adj. ▪ fam. Chanceux.

**chance** n. f. ▪ **I 1** Manière (favorable ou défavorable) dont un événement se produit. → **hasard**. *Bonne chance !* ♦ *La chance* : le sort. **2** Possibilité de se produire par hasard. *Calculer ses chances de succès*. **II** *La chance* : la bonne chance (opposé à *malchance*).

**chanceler** v. intr. 4 ▪ **1** Vaciller sur sa base, pencher de côté et d'autre. **2** fig. Être menacé de ruine, de chute. → Hésiter. ▷ **chancelant, ante** adj. → **incertain, fragile**.

**chancelier, ière** n. ▪ **1** Personne chargée de garder les sceaux. **2** Premier ministre (Autriche, Allemagne).

**chancelière** n. f. ▪ Sac fourré pour tenir les pieds au chaud.

**chancellerie** n. f. ▪ **1** Services d'un chancelier. **2** (en France) Ministère de la Justice.

**chanceux, euse** adj. ▪ Qui a de la chance.

**chancre** n. m. ▪ **1** Ulcération de la peau, d'une muqueuse. **2** fig. Ce qui ronge, détruit.

**chandail, ails** n. m. ▪ Gros tricot de laine qu'on enfile par la tête.

**Chandeleur** n. f. ▪ Fête de la présentation de Jésus-Christ au Temple et de la purification de la Vierge (2 février).

**chandelier** n. m. ▪ Support destiné à recevoir des chandelles, cierges, bougies.

**chandelle** n. f. ▪ **1** ancient Appareil d'éclairage fait d'une mèche tressée enveloppée de suif. **2** loc. *Devoir une fière chandelle à qqn*, lui être redevable d'un grand service rendu. → *Économies de bouts de chandelles*, insignifiantes. → *Brûler la chandelle par les deux bouts* : gaspiller son argent, sa santé. → *En voir trente-six chandelles* : être étourdi par un coup. **3** Montée verticale (d'un avion...).

① **chanfrein** n. m. ▪ Partie de la tête du cheval qui va du front aux naseaux.

② **chanfrein** n. m. ▪ techn. Biseau obtenu en abattant l'arête d'une pierre, etc.

**change** n. m. ▪ **I 1** loc. *Gagner, perdre au change*, à l'échange. **2** Échange de deux monnaies de pays différents ; taux auquel se fait cette opération. **II** loc. *DONNER LE CHANGE à qqn*, lui faire prendre une chose pour une autre. **III** Couche-culotte jetable.

**changeant, ante** adj. ▪ **1** Qui est sujet à changer. → **incertain, variable**. **2** Dont l'aspect, la couleur change suivant la lumière.

**changement** n. m. ▪ **1** Fait de changer (quant à un caractère). **2** Fait de quitter une chose, un état pour un(e) autre. **3** État de ce qui évolue, se modifie. **4** Dispositif permettant de changer. *Changement de vitesse*.

**changer** v. 3 ▪ **I** v. tr. **1** Céder (une chose) contre une autre. → **échanger**. **2** Remplacer (qqch., qqn) par une chose, une personne (de même nature). *Changer une roue*. **2** *CHANGER qqch., qqn DE* : faire subir une modification quant à. *Changer qqch. de place*. **3** Rendre autre ou différent. → **modifier**. *Changer ses habitudes*. ♦ *CHANGER qqch., qqn EN*. → **transformer**. **II** v. tr. ind. *CHANGER DE* : abandonner, quitter (une chose, une personne ; un état) pour un(e) autre du même genre. **III** v. intr. Devenir autre, différent. → **évoluer**.

**changeur, euse** n. ▪ **1** Personne qui effectue des opérations de change. **2** n. m. Machine, dispositif permettant de changer.

**chanlatte** n. f. ▪ techn. Latte mise au chant au bas du versant d'un toit.

**chanoine** n. m. ▪ Dignitaire ecclésiastique.

**chanson** n. f. ▪ **I 1** Texte mis en musique, souvent divisé en couplets et refrain, destiné à être chanté. **2** Bruit harmonieux. **3** fig., fam. Propos rebattus. **II** Poème épique du moyen âge, divisé en strophes. *Chanson de geste*\*.

**chansonnette** n. f. ■ Chanson populaire.

**chansonnier** n. m. ■ **1** Recueil de chansons. **2** Auteur de chansons, de sketches.

① **chant** n. m. ■ **1** Émission de sons musicaux par la voix humaine ; technique, art de la musique vocale. **2** Composition musicale destinée à la voix. **3** Bruit harmonieux. **4** Poésie lyrique ou épique.

② **chant** n. m. ■ Face étroite d'un objet. ◆ *Mettre, poser une pierre* DE CHANT, de sorte que sa face longue soit horizontale.

**chantage** n. m. ■ Action d'extorquer à qqn de l'argent, un avantage sous la menace d'une révélation compromettante. → par ext. Pression psychologique. *Chantage au suicide.*

**chantant, ante** adj. ■ **1** Qui chante. **2** (voix...) Mélodieux. **3** Où l'on chante.

**chanter** v. tr. ■ **I** v. intr. **1** Former avec la voix une suite de sons musicaux (chant). **2** (oiseaux...) Crier. → **gazouiller, siffler. 3** FAIRE CHANTER qqn, exercer un chantage sur lui. **4** loc. fam. *Si ça te chante,* si ça te convient. **II** v. tr. **1** Exécuter (un morceau de musique vocale). **2** fam. *Que me chantes-tu là ?* → **dire, raconter. 3** littér. Célébrer, exalter.

① **chanterelle** n. f. ■ Corde la plus fine et la plus aiguë, dans un instrument à cordes.

② **chanterelle** n. f. ■ Champignon jaune à bords ondulés, appelé aussi *girolle*.

**chanteur, euse** ■ **1** n. Personne qui chante, fait métier de chanter. **2** adj. *Oiseau chanteur.*

**chantier** n. m. ■ **1** Lieu où se fait un vaste travail collectif sur des matériaux. **2** loc. *Mettre* (un travail, etc.) *en chantier,* le commencer. **3** fam. Lieu en désordre.

**chantilly** n. f. ■ Crème fouettée sucrée.

**chantonner** v. ■ Chanter à mi-voix. → **fredonner.** ⊳ n. m. **chantonnement**

**chantourner** v. tr. ■ techn. Découper suivant un profil donné.

**chantre** n. m. ■ **1** Chanteur dans un service religieux. **2** littér. *Le chantre de :* personne qui célèbre (qqn, qqch.).

**chanvre** n. m. ■ **1** Plante dont la tige fournit un textile. ◆ *Ce textile.* **2** *Chanvre indien,* qui produit le haschisch.

**chaos** [kao] n. m. ■ **1** Confusion, désordre grave. **2** Entassement naturel et désordonné de rochers. ⊳ adj. **chaotique** [ka-]

**chaource** n. m. ■ Fromage de vache à pâte molle et à croûte fleurie, fabriqué en Champagne.

**chaparder** v. tr. ■ fam. Dérober, voler (de petites choses). ⊳ n. m. **chapardage** ⊳ adj. et n. **chapardeur, euse**

**chape** n. f. ■ **1** Long manteau de cérémonie, sans manches. **2** Objet recouvrant qqch.

**chapeau** n. m. ■ **I** Coiffure de forme élaborée, souvent rigide. → loc. fig. *Coup de chapeau :* hommage rendu à qqn. *Chapeau bas !* → **bravo. II 1** Partie supérieure d'un champignon. **2** Partie qui protège. *Chapeau de roue.* → **enjoliveur.** → fam. *Démarrer* SUR LES CHAPEAUX DE ROUES, très vite. **3** Texte court qui surmonte un article de journal.

**chapeauter** v. tr. ■ **1** Coiffer d'un chapeau. **2** fig. Exercer un contrôle sur.

**chapelain** n. m. ■ Prêtre d'une chapelle.

**chapelet** n. m. ■ **1** Objet formé de grains enfilés que l'on fait glisser entre ses doigts en récitant des prières ; ces prières. **2** Succession de choses identiques alignées.

**chapelier, ière** n. ■ **1** Personne qui fait ou vend des chapeaux. **2** adj. Qui concerne les chapeaux. *L'industrie chapelière.*

**chapelle** n. f. ■ **1** Lieu consacré au culte (dans une demeure...). **2** Église n'ayant pas le titre de paroisse. **3** Partie d'une église où se dresse un autel secondaire. **4** Chanteurs et instrumentistes d'une église. → *MAÎTRE DE CHAPELLE,* celui qui les dirige. **5** fig. Groupe fermé. → **clan, coterie.**

**chapellerie** n. f. ■ Industrie, commerce des chapeaux.

**chapelure** n. f. ■ Pain séché émietté, dont on saupoudre (→ **paner**) certains mets.

**chaperon** n. m. ■ ancient **1** Capuchon. **2** fig. Personne qui accompagne et surveille (*chaperonner* v. tr. ■) une jeune femme.

**chapiteau** n. m. ■ **1** Partie élargie qui couronne une colonne. **2** Tente (d'un cirque...).

**chapitre** n. m. ■ **I 1** Chacune des parties d'un livre. **2** Division (d'un budget). **3** fig. Sujet dont on parle. **II 1** Assemblée délibérante de religieux, de chanoines (→ **capitulaire**). **2** loc. *Avoir* VOIX AU CHAPITRE, le droit de donner son avis.

**chapitrer** v. tr. ■ Sermonner (qqn).

**chapka** n. f. ■ Coiffure de fourrure.

**chapon** n. m. ■ Jeune coq châtré engraissé.

**chaptaliser** v. tr. ■ Ajouter du sucre à (un moût) avant la fermentation.

**chaque** adj. indéf. sing. ■ **1** Qui fait partie d'un tout et qui est considéré à part. → prov. *Chaque chose en son temps.* **2** Chacun.

① **char** n. m. ■ **1** vieilli Voiture rurale à quatre roues, tirée par un animal. **2** Antiq. Voiture à deux roues utilisée dans les combats, les jeux. → **quadrige. 3** Voiture décorée, pour les fêtes publiques. **4** Engin blindé et armé, monté sur chenilles.

② **char** n. m. ■ argot Bluff, blague. → loc. fam. *Arrête ton char !* - var. CHARRE.

**charabia** n. m. ■ fam. Langage, style incompréhensible ou incorrect.

**charade** n. f. ■ Jeu où l'on doit retrouver un mot par la définition de ses syllabes.

**charançon** n. m. ■ Coléoptère nuisible.

**charbon** n. m. ■ **1** Combustible solide, noir, d'origine végétale, tiré du sol ou obtenu par combustion du bois. **2** loc. (fam.) *Aller au charbon,* au travail. ◆ *Être sur des charbons ardents :* être très impatient ou inquiet. **3** Fusain (à dessiner). **II 1** Maladie infectieuse de l'homme et des animaux. **2** Maladie cryptogamique des végétaux.

**charbonnage** n. m. ■ Exploitation de la houille. ◆ au plur. Mines de houille.

**charbonner** v. ■ **1** v. tr. Noircir avec du charbon. **2** v. intr. Se réduire en charbon.

**charbonneux, euse** adj. ■ **1** Qui a l'aspect du charbon. **2** Qui est noir de charbon.

**charbonnier, ière** ■ **I 1** n. Personne qui fait ou vend du charbon. ↠ loc. *La foi du charbonnier* : la foi naïve de l'homme simple. **2** n. m. Cargo pour le transport du charbon. **II** adj. **1** Relatif au charbon. **2** *Mésange charbonnière*, à tête et cou noirs.

**charcuter** v. tr. ① ■ fam. **1** Opérer (qqn) maladroitement. **2** Abîmer, saccager.

**charcuterie** n. f. ■ **1** Industrie et commerce de la viande de porc, des préparations à base de porc. **2** Spécialité à base de viande de porc. **3** Boutique de charcutier.

**charcutier, ière** n. ■ Personne qui apprête et vend du porc, de la charcuterie, etc.

**chardon** n. m. ■ Plante à feuilles et bractées épineuses.

**chardonneret** n. m. ■ Oiseau chanteur au plumage coloré.

**charentaise** n. f. ■ Pantoufle fourrée.

**charge** n. f. ■ **I 1** Ce qui pèse sur (qqch., qqn) ; ce que porte ou peut porter qqn, un animal, un véhicule, un bâtiment... **2** Quantité de poudre, etc. que l'on met dans une arme. **3** Quantité d'électricité. *Charge négative, positive.* **II** abstrait (Ce qui pèse) **1** Ce qui cause de l'embarras. *Une charge pénible.* **2** Ce qui fait faire des dépenses. ↠ *Être à* LA CHARGE DE qqn. *Foyer avec deux enfants à* CHARGE. ♦ *Charges sociales*, versées par les employeurs. **3** Fonction dont qqn a le soin. **4** Responsabilité. ↠ loc. PRENDRE qqn, qqch. EN CHARGE, sous sa responsabilité. **5** Fait qui pèse sur un accusé. *Témoin À CHARGE*, qui accuse. **6** littér. Exagération, caricature. **III** Attaque rapide et violente. → **assaut.** ♦ loc. *Revenir à la charge* : insister (pour obtenir qqch.).

**chargement** n. m. ■ Action de charger (I.). Ce qui est chargé.

**charger** v. tr. ③ ■ **I 1** Mettre sur (qqn, un animal, un véhicule, un bâtiment...) des objets à transporter. *Charger un camion.* **2** Placer, disposer pour être porté. *Charger des valises.* **3** Mettre dans (une arme) ce qui est nécessaire au tir. ♦ Munir (un appareil) de ce qui est nécessaire à son fonctionnement. **4** Accumuler de l'électricité dans. **5** *Charger de* : garnir abondamment de. **II** abstrait **1** CHARGER qqch., qqn DE : faire porter (une accusation ; une charge) sur. **2** Revêtir qqn de (une responsabilité, etc.). **3** CHARGER qqn, l'attaquer ; le calomnier. **III** Attaquer avec impétuosité. *Charger l'ennemi.* ■ **se charger** v. pron. **1** Prendre pour transporter. **2** Assumer, endosser. ► **chargé, ée** **IV** p. p. et adj. **1** *Bras chargés de paquets.* **2** *Fusil chargé.* **3** Alourdi, embarrassé. *Estomac chargé.* **V** n. Personne chargée de (qqch.). *Chargé d'affaires. Chargée de mission.*

**chargeur** n. m. ■ **1** Personne qui charge (qqch.). **2** Entreprise de transports. **3** Dispositif pour charger (une arme ; un appareil).

**charia** n. f. ■ Loi islamique, qui fixe les devoirs des croyants. - var. SHARIA.

**chariot** n. m. ■ **1** Voiture à quatre roues ou appareil pour le transport des fardeaux. **2** Partie d'une machine qui se déplace.

**charisme** [ka-] n. m. ■ **1** théol. Don conféré par grâce divine. **2** Qualité d'une personnalité qui plaît, s'impose, dans la vie publique. ▷ adj. **charismatique** [ka-]

**charitable** adj. ■ **1** Qui a de la charité. Inspiré par la charité. ▷ adv. **charitablement**

**charité** n. f. ■ **1** Amour du prochain (vertu chrétienne). **2** Bienfait envers les pauvres.

**charivari** n. m. ■ **1** ethnol. Tumulte organisé (acte rituel). **2** Grand bruit, tumulte.

**charlatan** n. m. ■ **1** ancient Vendeur ambulant qui débitait des drogues, etc. **2** Imposteur qui exploite la crédulité publique. ▷ adj. **charlatanesque** ▷ **charlatanisme** n. m. (sens 2).

**charleston** [ʃarlɛstɔn] n. m. ■ Danse rapide (à la mode v. 1920-1925).

**charlotte** n. f. ■ **I** Entremets à base de fruits ou de crème et de biscuits. **II** Ancienne coiffure de femme, froncée. **III** Pomme de terre ronde à chair jaune clair.

**charmant, ante** adj. ■ **1** Qui a un grand charme, qui plaît beaucoup. **2** Très agréable (à regarder, à fréquenter...). ♦ iron. Désagréable. *Charmante soirée !*

① **charme** n. m. ■ **1** littér. Enchantement ; action magique. *Jeter un charme.* → **sort.** ↠ fig. *Être sous le charme*, séduit. ↠ *Se porter* COMME UN CHARME, très bien. **2** Qualité de ce qui attire, plaît. → **séduction.** **3** *Faire du charme* : essayer de plaire. **4** vieilli ou iron. *Les charmes d'une femme.* → **appas.**

② **charme** n. m. ■ Arbre à bois blanc.

**charmer** v. tr. ① ■ Plaire par son charme.

**charmeur, euse** n. ■ **1** Personne qui charme, séduit. → **séducteur.** ↠ adj. *Un sourire charmeur.* **2** *Charmeur de serpents* : personne qui présente des serpents.

**charmille** n. f. ■ Allée (de charmes...).

**charnel, elle** adj. ■ **1** Qui a trait aux choses de la chair (opposé à *spirituel*). **2** Relatif à l'instinct sexuel. → **chair.** ▷ adv. **charnellement**

**charnier** n. m. ■ **1** ancient Ossuaire. **2** Lieu où sont entassés des cadavres.

**charnière** n. f. ■ **1** Assemblage articulé de deux pièces métalliques réunies par un axe. **2** fig. Point de jonction, de transition.

**charnu, ue** adj. ■ Bien fourni de chair.

**charognard** n. m. ■ **1** Animal qui se nourrit de charognes (vautour, etc.). **2** (injure) Exploiteur impitoyable.

**charogne** n. f. ■ **1** Cadavre en putréfaction. **2** fam. (injure) → **ordure, saleté.**

**charpente** n. f. ■ **1** Assemblage de pièces de bois ou de métal soutenant une construction. **2** Parties osseuses (du corps humain). → **ossature.** **3** Plan (d'un ouvrage).

**charpenter** v. tr. ① ■ **1** Tailler (des pièces de bois) pour une charpente. **2** fig. Organiser, construire. ► **charpenté, ée** adj. *Homme solidement charpenté.* → **bâti.**

**charpentier** n. m. ■ Celui qui fait des travaux de charpente.

**charpie** n. f. ■ **1** ancient Fils tirés de vieilles toiles, servant à faire des pansements. **2** loc. *Réduire EN CHARPIE* : déchiqueter.

**charretée** n. f. ■ Contenu d'une charrette.

**charretier** n. m. ▪ Conducteur de charrette. → *Jurer comme un charretier*, grossièrement.

**charrette** n. f. ▪ **1** Voiture à deux roues, à ridelles, servant à transporter des fardeaux. **2** Groupe de personnes licenciées. **3** fam. Période de travail intensif.

**charrier** v. tr. ⑦ ▪ **I** (rivière...) Entraîner dans son cours. **II** fam. Se moquer de (qqn). → intrans. *Tu charries !* → **exagérer.**

**charroi** n. m. ▪ Transport par chariot.

**charron** n. m. ▪ Fabricant de chariots.

**charrue** n. f. ▪ Instrument pour labourer. → loc. *Mettre la charrue avant les bœufs* : faire d'abord ce qui devrait être fait ensuite.

**charte** n. f. ▪ **1** au moyen âge Titre de privilège, etc. ◆ *L'École des chartes*, préparant des spécialistes des documents anciens. **2** hist. Constitution établie par un souverain. **3** Lois fondamentales d'une organisation.

**charter** [ʃaʀtɛʀ] n. m. ▪ anglic. Avion affrété (recomm. off. *avion affrété* ou *nolisé*).

**chartiste** n. ▪ Élève de l'École des chartes.

**chartreuse** n. f. ▪ **I** Couvent de *chartreux* (religieux de l'ordre de Saint-Bruno). **II** Liqueur aux herbes.

**chas** n. m. ▪ Trou d'une aiguille.

**chasse** n. f. ▪ **I 1** Action de chasser, de poursuivre les animaux pour les prendre ou les tuer. → CHASSE À COURRE, avec des chiens, sans armes à feu. → **vénerie. 2** Terre réservée pour la chasse. *Chasse gardée* (fig. activité que l'on se réserve). **II** Poursuite ; action de poursuivre. **III** CHASSE D'EAU : dispositif pour nettoyer la cuvette des W.-C.

**châsse** n. f. ▪ **1** Coffre où l'on garde les reliques d'un saint. **2** argot Œil.

**chassé-croisé** n. m. ▪ **1** Mouvement par lequel deux danseurs se croisent. **2** Échange réciproque et simultané (de situation...).

**chasselas** n. m. ▪ Raisin de table blanc.

**chasse-mouches** n. m. invar. ▪ Petit instrument pour écarter les mouches.

**chasse-neige** n. m. invar. ▪ **1** Engin pour ôter la neige. **2** ski Position de freinage.

**chassepot** n. m. ▪ hist. Fusil à aiguille.

**chasser** v. ① ▪ **I** v. tr. **1** Poursuivre (les animaux) pour les prendre ou les tuer. **2** Mettre dehors ; faire sortir de force. ◆ → **éliminer.** *Chasser l'ennui.* **II** v. intr. Être poussé, entraîné ; déraper.

**chasseresse** n. f. ▪ littér. Femme qui chasse.

**chasseur, euse** n. ▪ le fém. ne s'emploie qu'aux sens 1 → aussi **chasseresse 1** Personne qui pratique la chasse (surtout au fusil). ◆ fig. *Chasseur de têtes*, recruteur de cadres. **2** n. m. Domestique en livrée. **3** n. m. Se dit de certains corps de troupes. *Chasseurs alpins.* **4** n. m. Avion de combat léger et rapide.

**chassie** n. f. ▪ Matière gluante qui coule des yeux infectés. ▷ adj. **chassieux, euse**

**châssis** n. m. ▪ **1** Cadre maintenant en place des planches, du tissu... **2** Encadrement (d'une ouverture, d'un vitrage). **3** Charpente, bâti (de machines, de véhicules).

**chaste** adj. ▪ **1** Qui s'abstient des plaisirs sexuels. **2** (actions...) Dénué d'érotisme. *Amour chaste.* ▷ n. f. **chasteté** ▷ adv. **chastement**

**chasuble** n. f. ▪ **1** Manteau sans manches que le prêtre revêt pour célébrer la messe. **2** Vêtement qui a cette forme.

① **chat, chatte** n. ▪ **I 1** Petit mammifère familier à poil doux, aux yeux oblongs, à oreilles triangulaires, aux griffes rétractiles. **2** (au masc.) prov. *La nuit, tous les chats sont gris* : on confond tout dans l'obscurité. → *Quand le chat n'est pas là, les souris dansent* : les gens agissent librement quand il n'y a plus de surveillance. → *Chat échaudé craint l'eau froide* : une mésaventure rend prudent. → *À bon chat, bon rat* : la défense vaudra l'attaque. ◆ loc. *Avoir un chat dans la gorge* : être enroué. → *Il n'y a pas un chat*, absolument personne. → *Donner sa langue* au chat. **3** adj. *Elle est chatte*, câline. ▪ n. m. Personne qui poursuit les autres (à un jeu). **5** Mammifère carnivore dont le chat (I) est le type. *Chats sauvages.* → **chat-tigre, haret, ocelot. II** CHAT À NEUF QUEUES : fouet à neuf lanières.

② **chat** [tʃat] n. m. ▪ anglic. Communication en temps réel sur Internet, par échange de messages écrits. ▷ v. intr. **chatter** ①

**châtaigne** n. f. ▪ **I** Fruit comestible du châtaignier. **II** fam. Coup de poing.

**châtaigneraie** n. f. ▪ Lieu planté de châtaigniers.

**châtaignier** n. m. ◆ Arbre de grande taille, vivace, dont le fruit est la châtaigne.

**châtain** adj. ▪ Brun clair. *Cheveux châtains.*

**château** n. m. ▪ **1** CHÂTEAU (FORT) : demeure féodale fortifiée. **2** Habitation seigneuriale ou royale. → loc. *Vie de château*, vie oisive et opulente. **3** loc. *Faire des châteaux en Espagne*, des projets chimériques. **4** CHÂTEAU D'EAU : grand réservoir à eau. **5** Propriété productrice de vins de Bordeaux.

**chateaubriand** ou **châteaubriant** n. m. ▪ Épaisse tranche de filet de bœuf grillé.

**châtelain, aine** n. ▪ **1** Seigneur, dame d'un château (1). **2** Propriétaire d'un château.

**chat-huant** n. m. ▪ → **hulotte.**

**châtier** v. tr. ⑦ ▪ littér. **1** Infliger une peine à (qqn) pour corriger. → **punir. 2** Rendre (son style) plus correct et plus pur.

**chatière** n. f. ▪ Petite ouverture (passage pour les chats, trou d'aération...).

**châtiment** n. m. ▪ Peine, punition sévère.

**chatoiement** n. m. ▪ Reflet changeant.

① **chaton** n. m. ▪ Jeune chat.

② **chaton** n. m. ▪ Tête d'une bague où s'enchâsse une pierre ; cette pierre.

③ **chaton** n. m. ▪ Assemblage de fleurs de certains arbres, épi duveteux.

**chatouillement** n. m. ▪ **1** Action de chatouiller. - syn. fam. CHATOUILLE. **2** Picotement.

**chatouiller** v. tr. ① ▪ **1** Faire des attouchements légers et répétés sur la peau, qui provoquent le rire. **2** Faire éprouver un léger picotement à. → **gratter** (3). **3** littér. Exciter doucement, agréablement. → **charmer, flatter.**

**chatouilleux, euse** adj. ▪ **1** Sensible au chatouillement. **2** Qui se fâche aisément.

**chatoyant, ante** adj. ▪ Qui chatoie.

**chatoyer** v. intr. ▪ Changer de couleur, avoir des reflets selon le jeu de la lumière.

**châtrer** v. tr. 🔲 ▪ Rendre (un homme, un animal mâle) impropre à la reproduction en mutilant les testicules.→ **castrer.**

**chatrou** n. m. ▪ franç. des Antilles Poulpe (en cuisine). – var. CHATOU.

**chatte** n. f. → **chat**

**chattemite** n. f. ▪ loc. *Faire la chattemite*, affecter la douceur, pour tromper.

**chatter** v. intr. ▪ ② **chat**.

**chatterie** n. f. ▪ **1** Caresse, câlinerie. **2** au plur. Choses délicates à manger.

**chatterton** [ʃatɛʁtɔn] n. m. ▪ Ruban de toile isolant et très adhésif.

**chat-tigre** n. m. ▪ Chat sauvage.

**chaud, chaude** ▪ **I** adj. **1** (opposé à *froid, frais*) Qui est à une température plus élevée que celle du corps ; qui donne une sensation de chaleur. ♦ adv. *Boire chaud.* **2** Qui réchauffe ou garde la chaleur. *Vêtement chaud.* **3** fig. Animé, passionné. → **ardent. 4** Qui évoque la chaleur. *Une voix chaude*, grave. *Tons chauds.* **5** (Sensuel). loc. *Chaud lapin*. → *Quartier chaud* (prostitution). **II** n. m. **1** *Le chaud*, la chaleur. → *Un chaud et froid :* un refroidissement. **2** AU CHAUD : en conservant la chaleur. **3** nominal *Il fait chaud.* → *J'ai eu chaud !*, j'ai eu peur. → loc. *Cela ne me fait ni chaud ni froid*, m'est indifférent. **4** À CHAUD loc. adv. : en chauffant. → *Opérer à chaud*, en pleine crise.

**chaudement** adv. ▪ **1** De manière à conserver sa chaleur. **2** Avec chaleur (III).

**chaud-froid** n. m. ▪ Plat de volaille ou de gibier cuit et servi froid. *Des chauds-froids.*

**chaudière** n. f. ▪ Récipient où l'on transforme de l'eau en vapeur, pour fournir de l'énergie thermique (chauffage), etc.

**chaudrée** n. f. ▪ régional Plat de poissons et de pommes de terre dans leur bouillon de cuisson. → **cotriade.**

**chaudron** n. m. ▪ Récipient métallique à anse mobile, que l'on va au feu.

**chaudronnerie** n. f. ▪ Industrie, commerce des récipients métalliques ; ses objets.

**chaudronnier, ière** ▪ **1** n. Artisan en chaudronnerie. **2** adj. De la chaudronnerie.

**chauffage** n. m. ▪ **1** Action de chauffer. **2** Installations qui chauffent.

**chauffagiste** n. m. ▪ Spécialiste des installations de chauffage.

**chauffant, ante** adj. ▪ Qui chauffe.

**chauffard** n. m. ▪ Mauvais conducteur.

**chauffe** n. f. ▪ Fait de chauffer. → *Bleu de chauffe*, combinaison de chauffeur (I).

**chauffe-eau** n. m. invar. ▪ Appareil producteur d'eau chaude, pour l'hygiène.

**chauffe-plats** n. m. invar. ▪ Réchaud qui tient les plats au chaud pendant le repas.

**chauffer** v. 🔲 ▪ **I** v. tr. Élever la température de ; rendre chaud. **II** v. intr. **1** Devenir chaud. *Faire chauffer de l'eau.* **2** Produire de la chaleur. **3** fam. *Ça va chauffer.* → **barder.** ► se **chauffer** v. pron. **1** S'exposer à la chaleur. **2** Chauffer sa maison. → loc. fig. *Montrer de quel bois on se chauffe* (menace). **3** (sportifs...) → s'**échauffer.**

**chaufferette** n. f. ▪ Petit appareil pour se chauffer les pieds, etc.

**chaufferie** n. f. ▪ Endroit (d'une usine, d'un navire) où sont les chaudières.

**chauffeur** n. m. ▪ **1** Celui qui est chargé de veiller sur une chaudière. **II** Personne qui conduit un véhicule automobile.

**chauffeuse** n. f. ▪ Siège, fauteuil bas.

**chauler** v. tr. 🔲 ▪ **1** Traiter par la chaux. **2** Blanchir à la chaux. ▷ n. m. **chaulage**

**chaume** n. m. ▪ **1** Partie de la tige des céréales qui reste après la moisson. → **paille. 2** Paille qui couvre le toit des maisons.

**chaumière** n. f. ▪ Maison à toit de chaume.

**chaussée** n. f. ▪ **1** Partie d'une voie où circulent les voitures. **2** Talus, levée de terre.

**chausse-pied** n. m. ▪ Lame incurvée utilisée pour se chausser. *Des chausse-pieds.*

**chausser** v. tr. 🔲 ▪ **I 1** Mettre (des chaussures) à ses pieds. ♦ *Chausser du 40*, avoir cette pointure. **2** Mettre des chaussures à (qqn). → pronom. *Se chausser.* **II 1** Entourer de terre le pied (d'une plante). **2** Garnir de pneus (une voiture).

**chausses** n. f. pl. ▪ vx Culotte (→ haut-de-chausses) ou bas.

**chausse-trape** n. f. ▪ **1** Trou recouvert (piège). **2** fig. Embûche. *Des chausse-trapes.*

**chaussette** n. f. ▪ Vêtement de maille qui couvre le pied et le bas de la jambe. → loc. fam. *Jus de chaussette* : mauvais café.

**chausseur** n. m. ▪ Marchand de chaussures.

**chausson** n. m. ▪ **1** Chaussure souple (d'intérieur...). **2** Pâtisserie fourrée de compote.

**chaussure** n. f. ▪ **1** Partie du vêtement qui protège le pied. **2** Chaussure (1) solide, basse et fermée (s'oppose à *chausson, botte*, etc.). → **soulier.** → loc. *Trouver chaussure à son pied*, ce qui convient. **3** Industrie des chaussures.

**chaut** (peu me chaut) → **chaloir**

**chauve** adj. ▪ Qui n'a plus de cheveux.

**chauve-souris** n. f. ▪ Mammifère à ailes membraneuses. *Des chauves-souris.*

**chauvin, ine** adj. et n. ▪ D'un nationalisme partial. ▷ n. m. **chauvinisme**

**chaux** n. f. ▪ Oxyde de calcium (blanc), obtenu par calcination de calcaires (marbre, craie). *Chaux vive* (sans eau). → loc. *Être bâti à chaux et à sable*, très robuste.

**chavirer** v. 🔲 ▪ **I** v. intr. Se retourner (navire) ; se renverser. → **sombrer. II** v. tr. Faire chavirer. ♦ fig. Émouvoir, perturber.

**chèche** n. m. ▪ au Maghreb Longue écharpe.

**chéchia** n. f. ▪ Coiffure en forme de calotte portée dans certains pays d'Islam.

**check-up** [(t)ʃɛkœp] n. m. invar. ▪ anglic. Bilan* de santé.

**cheddar** n. m. | (t)ʃedaʀ] ■ Fromage de vache à pâte dure, souvent colorée.

**cheeseburger** n. m. | (t)ʃiz-] ■ anglic. Hamburger au fromage.

**cheesecake** n. m. | (t)ʃiz-] ■ anglic. Gâteau au fromage blanc.

**chef** n. m. ■ I 1 vx Tête (→ couvre-chef). 2 loc. *DE SON (PROPRE) CHEF* : de sa propre initiative. ◆ (dr.) *CHEF D'ACCUSATION*, point sur lequel elle se fonde. ◆ *AU PREMIER CHEF* : essentiellement. II 1 Personne qui est à la tête, qui dirige, commande, gouverne. 2 spécialt *Chef d'orchestre* : personne qui dirige l'orchestre ; fig. personne qui organise. ◆ *Chef (cuisinier)* ; absolt *chef* : cuisinier. ◆ appos. *Médecin-chef*. ⁃ (avec un n. fém.) *Infirmière-chef*. 3 fam. Personne remarquable. 4 *EN CHEF* : en qualité de chef ; en premier. *Rédacteur en chef*.

**chef-d'œuvre** [ʃɛdœvʀ] n. m. ■ 1 Œuvre capitale qu'un compagnon (2), réalisée pour passer maître dans son métier. 2 La meilleure œuvre (d'un créateur). 3 Œuvre très remarquable. *Des chefs-d'œuvre*.

**chef-lieu** n. m. ■ en France Ville qui est le centre d'une circonscription administrative. *Des chefs-lieux.*

**cheftaine** n. f. ■ Jeune fille, jeune femme responsable d'un groupe de scouts.

**cheik** n. m. ■ Chef de tribu arabe.

**chelem** [ʃlɛm] n. m. ■ 1 (cartes) Réunion, dans la même main, de toutes les levées. 2 sports *Grand chelem* : série de victoires.

**chelou, oue** adj. (verlan de *louche*) ■ fam. Douteux ; bizarre. *Des mecs chelous.*

**chemin** n. m. ■ I 1 Bande déblayée assez étroite, en général non revêtue, qui suit les accidents du terrain. → *piste, sentier*. 2 *CHEMIN DE RONDE* : couloir aménagé au sommet des fortifications. 3 Distance, espace à parcourir d'un lieu à un autre. → *parcours, trajet.* ◆ loc. *Faire du chemin* : aller loin ; fig. progresser. *Chemin faisant* : pendant le trajet. ⁃ *En chemin* : en cours de route. 4 Direction, voie d'accès. *Demander son chemin.* ⁃ loc. *Le chemin des écoliers*, le plus long. ⁃ *Le chemin (de la) croix*, suivi par Jésus portant sa croix. II abstrait Conduite à suivre pour atteindre un but. ⁃ loc. *Ne pas y aller par quatre chemins* : agir franchement.

**chemin de fer** n. m. ■ 1 Moyen de transport utilisant la voie ferrée. → *train.* 2 Entreprise exploitant les lignes de chemin de fer. 3 Jeu, sorte de baccara.

**chemineau** n. m. ■ vieilli Vagabond.

**cheminée** n. f. ■ 1 Construction comprenant un espace aménagé pour faire du feu et un tuyau d'évacuation. 2 Encadrement du foyer. 3 Partie supérieure du conduit qui évacue la fumée. 4 *Cheminée d'un volcan*, par où passent les matières volcaniques. 5 alpin. Couloir de montagne vertical et étroit. 6 Trou, orifice d'accès.

**cheminer** v. intr. [1] ■ 1 Faire du chemin, spécialt un chemin pénible. 2 fig. (choses) Avancer lentement. ▷ n. m. **cheminement**

**cheminot** n. m. ■ Employé de chemin de fer.

**chemise** n. f. ■ I 1 Vêtement couvrant le torse (à même la peau). ⁃ *En manches de chemise* : sans veston. ◆ *CHEMISE DE NUIT* : long vêtement de nuit. 2 Chemise d'uniforme de formations paramilitaires ; ces formations. *Chemises noires* : fascistes. *Chemises brunes* : nazis. 3 loc. fam. *Être comme cul et chemise*, inséparables. II 1 Dossier léger pour classer des papiers. 2 techn. Revêtement de protection.

**chemiserie** n. f. ■ Industrie et commerce des chemises et sous-vêtements d'homme.

**chemisette** n. f. ■ Chemise, blouse ou corsage à manches courtes.

**chemisier** n. m. ■ I Personne qui fabrique ou vend des articles de chemiserie. II Corsage de femme, à col, fermé par-devant.

**chênaie** n. f. ■ Plantation, bois de chênes.

**chenal, aux** n. m. ■ Passage navigable entre des obstacles (entre des rochers...).

**chenapan** n. m. ■ vx ou plais. → *vaurien.*

**chêne** n. m. ■ Grand arbre à feuilles lobées, aux fruits à cupules (→ *gland*). ⁃ Son bois. ◆ *CHÊNE VERT.* → *yeuse.*

**chéneau** n. m. ■ Conduit qui longe le toit et recueille les eaux de pluie. → *gouttière.*

**chêne-liège** n. m. ■ Variété de chêne à feuillage persistant, qui fournit le liège.

**chenet** n. m. ■ Une des pièces jumelles sur lesquelles on pose les bûches, dans un foyer.

**chènevis** n. m. ■ Graine de chanvre.

**chenil** [ʃ(ə)nil] n. m. ■ 1 Abri, élevage de chiens. II régional (Suisse) Désordre.

**chenille** n. f. ■ I Larve des papillons, à corps allongé formé d'anneaux. II Dispositif articulé permettant à un véhicule de se déplacer sur tous les terrains.

**chenillette** n. f. ■ Petit véhicule à chenilles.

**chenu, ue** adj. ■ littér. Blanc (de vieillesse).

**cheptel** [ʃɛptɛl ; ʃtɛl] n. m. ■ Ensemble des bestiaux (d'une exploitation ; d'une région).

**chèque** n. m. ■ Écrit par lequel qqn (le tireur) donne l'ordre de remettre une somme à prélever sur un compte.

**chéquier** n. m. ■ Carnet de chèques.

**cher, chère** adj. ■ I 1 Qui est aimé ; pour qui l'on éprouve une vive affection. 2 (amitié, politesse...) *Cher Monsieur.* ⁃ n. *Mon cher, ma chère.* 3 (choses) *CHER À* : précieux pour. *Son souvenir nous est cher.* II (attribut ou après le nom) 1 D'un prix élevé. → *coûteux, onéreux.* 2 Qui exige de grandes dépenses. *Vie chère.* 3 Qui pratique des prix élevés. III adv. À haut prix. *Coûter cher.*

**chercher** v. tr. [1] ■ 1 S'efforcer de découvrir, de trouver (qqn ou qqch.). 2 Essayer de découvrir (une solution, une idée...). 3 *CHERCHER À* (+ inf.) : essayer de parvenir à. 4 Essayer d'obtenir. *Chercher un emploi.* 5 (à l'inf.) Venir prendre (qqn ou qqch.). *Aller chercher qqn à la gare.* 6 fam. Provoquer (qqn). 7 (choses) fam. Atteindre (un prix). *Ça va chercher dans les cent euros.*

**chercheur, euse** n. ■ I n. 1 dans des loc. Personne qui cherche (qqch.). *Chercheur d'or.* 2 Personne qui se consacre à la recherche. → *savant, scientifique.* II adj. *Tête* chercheuse.

**chère** n. f. ■ littér. Nourriture. → loc. FAIRE BONNE CHÈRE : bien manger.

**chèrement** adv. ■ **1** Affectueusement, tendrement. **2** À haut prix. ► **cher** (adv.).

**chérir** v. tr. ② ■ **1** Aimer tendrement. **2** Être attaché à (qqch.). ► **chéri, ie** adj. et n.

**cherry** n. m. ■ anglic. Liqueur de cerise. ≠ *sherry*.

**cherté** n. f. ■ Prix élevé. *Cherté des prix*.

**chérubin** n. m. ■ **1** Ange. **2** Bel enfant.

**chétif, ive** adj. ■ De faible constitution.

**chevaine** → chevesne

**cheval, aux** n. m. ■ **I 1** Grand mammifère (équidé) à crinière, domestiqué par l'homme comme animal de trait et de transport ; spécialt le mâle adulte (opposé à *jument*, *poulain*). **2** À CHEVAL : sur un cheval. ◆ À califourchon. → fig. Une partie d'un côté, une partie de l'autre. → *Être à cheval sur qqch.*, y tenir rigoureusement. **3** Équitation. **4** loc. *Fièvre de cheval*, très forte. → *Monter sur ses grands chevaux* : s'emporter. ◆ CHEVAL DE RETOUR : récidiviste. ◆ CHEVAL DE BATAILLE : sujet favori. → fam. **dada**. **II** Figure représentant un cheval. *Cheval de bois*. → CHEVAL D'ARÇONS : appareil de gymnastique, gros cylindre rembourré sur pieds. **III** CHEVAL-VAPEUR (symb. ch) : ancienne unité de puissance équivalant à 736 watts. ◆ *Cheval fiscal* (symb. CV) : unité de calcul de cylindrée d'un véhicule.

**chevalement** n. m. ■ techn. Assemblage de poutres qui soutiennent une construction.

**chevaleresque** adj. ■ Digne d'un chevalier (1) (courageux, dévoué, généreux).

**chevalerie** n. f. ■ **1** hist. Ordre militaire d'un caractère religieux, propre à la noblesse féodale. **2** Distinction honorifique.

**chevalet** n. m. ■ **1** Support tenant un objet sur lequel on travaille. **2** Pièce de bois soutenant les cordes, sur la table d'un instrument.

**chevalier** n. m. ■ **1** au moyen âge Noble admis dans l'ordre de la chevalerie. ◆ fig. CHEVALIER SERVANT : homme dévoué à une femme. **2** Membre d'un ordre honorifique. **3** dans la noblesse Celui qui est au-dessous du baron. **4** loc. CHEVALIER D'INDUSTRIE : homme qui vit d'expédients.

**chevalière** n. f. ■ Bague à chaton plat sur lequel sont gravées des initiales, etc.

**chevalin, ine** adj. ■ **1** Du cheval. → **équin**. **2** Qui évoque le cheval. *Visage chevalin*.

**chevauchée** n. f. ■ Promenade à cheval.

**chevauchement** n. m. ■ Position de choses qui se chevauchent.

**chevaucher** v. ① ■ **1** v. intr. littér. Aller à cheval. **2** v. tr. Être à cheval, à califourchon sur. **3** v. intr. (choses) Se recouvrir en partie. ► se **chevaucher** v. pron. *Tuiles qui se chevauchent*.

**chevêche** n. f. ■ Petite chouette.

**chevelu, ue** adj. ■ **1** Garni de cheveux. *Le cuir chevelu*. **2** Qui a de longs cheveux.

**chevelure** n. f. ■ **1** Ensemble des cheveux. **2** Traînée lumineuse (d'une comète).

**chevesne** [ʃ(ə)vɛn] n. m. ■ Poisson d'eau douce à dos brun. - var. CHEVAINE.

**chevet** n. m. ■ **I 1** Partie du lit où l'on pose la tête. → loc. *Livre DE CHEVET*, de prédilection. **2** AU CHEVET de qqn, auprès de son lit. **II** Partie (d'une église) qui se trouve à la tête de la nef, derrière le chœur. → **abside**.

**cheveu** n. m. ■ **1** Poil qui recouvre le crâne humain. → **chevelure**. **2** loc. fig. *S'arracher les cheveux* : être furieux et désespéré. → *C'est tiré par les cheveux*, amené d'une manière forcée et peu logique. → *Couper les cheveux en quatre* : pinailler. → *À un cheveu près* : à très peu de chose près. → *Comme un cheveu sur la soupe* : mal à propos.

**chevillard** n. m. ■ Boucher en gros.

**cheville** n. f. ■ **I 1** Tige rigide servant à boucher un trou, assembler des pièces. ◆ CHEVILLE OUVRIÈRE : grosse cheville de l'avant-train d'une voiture ; fig. agent essentiel (d'un organisme...). ◆ loc. fam. *Être EN CHEVILLE avec qqn*, associé secrètement avec lui. **2** Pièce servant à tendre les cordes d'un instrument. **3** Crochet pour suspendre la viande. → *Viande vendue à la cheville*, en gros (→ chevillard). **II** Saillie des os de l'articulation du pied ; partie située entre le pied et la jambe. → loc. fig. *Ne pas arriver À LA CHEVILLE DE qqn*, lui être inférieur. **III** Terme de remplissage (en poésie...).

**cheviller** v. tr. ① ■ Joindre, assembler avec des chevilles. ◆ (au p. p.) loc. *Avoir l'âme chevillée au corps* : avoir la vie dure.

**chevillette** n. f. ■ vx Petite cheville.

**cheviotte** n. f. ■ Laine de mouton d'Écosse.

**chèvre** n. f. ■ **I 1** Mammifère ruminant, à cornes arquées, à pelage fourni, apte à grimper et à sauter ; spécialt la femelle adulte (opposé à *bouc*). *Fromage de chèvre* ; n. m. *un chèvre*. **2** loc. *Faire devenir chèvre* : faire enrager. → *Ménager la chèvre et le chou*, deux camps, sans prendre parti. **II** Appareil de levage. ◆ Chevalet, support.

**chevreau** n. m. ■ **1** Petit de la chèvre. **2** Peau de chèvre ou de chevreau tannée.

**chèvrefeuille** n. m. ■ Plante grimpante à fleurs jaunes très parfumées.

**chevrette** n. f. ■ Jeune chèvre.

**chevreuil** n. m. ■ **1** Mammifère sauvage à robe fauve. **2** (Canada) Cerf de Virginie.

**chevrier, ière** n. ■ Berger, bergère qui mène paître les chèvres.

**chevron** n. m. ■ **1** Pièce de bois sur laquelle on fixe des lattes qui supportent la toiture. **2** Galon en V renversé (uniformes). ◆ Motif décoratif en zigzag.

**chevronné, ée** adj. ■ Expérimenté.

**chevrotant, ante** adj. ■ Qui chevrote.

**chevroter** v. intr. ① ■ Parler, etc. d'une voix tremblante. ▷ n. m. **chevrotement**

**chevrotine** n. f. ■ Gros plomb de chasse.

**chewing-gum** [ʃwiŋɡɔm] n. m. ■ anglic. Gomme à mâcher. *Des chewing-gums*.

**chez** prép. ■ **1** Au logis de (qqn). *Venez chez moi. Aller chez le dentiste*. → *Faites comme chez vous* : mettez-vous à l'aise. **2** Dans la nation de. *Chez les Anglais*. **3** Dans l'esprit, les œuvres, etc. de (qqn). *On trouve ceci chez Voltaire*. → **dans**.

**chez-moi, chez-toi, chez-soi** n. m. invar. ■ Domicile personnel (avec valeur affective).

**chiader** v. tr. 🔟 ■ fam. Travailler (un examen) ; fignoler (un travail).

**chialer** v. intr. 🔟 ■ fam. Pleurer.

**chiant, ante** adj. ■ fam. et vulg. Ennuyeux.

**chianti** [kjɑ̃ti] n. m. ■ Vin rouge du Chianti (région d'Italie, en Toscane).

**chiasse** n. f. ■ vulg. Colique, diarrhée.

**chic** ■ I n. m. 1 vieilli Adresse, habileté. – *Avoir le chic pour* (+ inf.) : faire (qqch.) avec facilité. 2 Élégance hardie. *Elle a du chic.* II adj. invar. 1 Élégant. 2 fam. Beau, agréable. 3 fam. Sympathique, généreux. 4 *BON CHIC BON GENRE* loc. adj. : d'une élégance bourgeoise. – abrév. fam. B. C. B. G. III interj. fam. Marque la satisfaction.

**chicane** n. f. ■ I 1 Incident suscité dans un procès. ◆ péj. La procédure. 2 Querelle de mauvaise foi. II Passage en zigzag.

**chicaner** v. 🔟 ■ 1 v. intr. Chercher querelle sur des riens. → **ergoter.** 2 v. tr. Chercher querelle à (qqn). ▷ **chicanier, ière** adj. et n. - syn. CHICANEUR, EUSE.

**chicano** [(t)ʃi-] n. (invar. en genre) ■ souvent péj. Mexicain(e) établi(e) aux États-Unis.

① **chiche** adj. ■ *Pois chiche.* → **pois.**

② **chiche** adj. ■ 1 vieilli Avare. ← mod., fig. *Il est chiche de compliments.* 2 littér. Peu abondant. ▷ adv. **chichement**

③ **chiche** ■ 1 interj. Exclamation de défi. 2 (adj.) *Être CHICHE DE* (+ inf.) : être capable de.

**chiche-kebab** [-kebab] n. m. ■ Brochette de mouton. - var. CHICHE-KÉBAB.

**chichi** n. m. ■ Comportement maniéré. → **affectation, minauderie.** ▷ **chichiteux, euse** adj. et n. fam.

**chicon** n. m. ■ (Belgique, Nord) Endive.

**chicorée** n. f. ■ 1 Plante herbacée qui se mange en salade. 2 Racine torréfiée de la chicorée ; boisson chaude qu'on en tire.

**chicot** n. m. ■ Dent cassée, usée.

**chicotin** n. m. ■ Suc très amer d'un aloès.

**chien** n. m. ■ I 1 Mammifère domestique, issu du loup, dont de nombreuses races sont élevées ; spécialt le mâle adulte (opposé à *chienne, chiot*). → **canin, cyn(o)-.** *Chien de race* (→ **pedigree**). 2 loc. *Se regarder en chiens de faïence,* avec hostilité. ← *Comme chien et chat,* en se disputant constamment. ← *Entre chien et loup* : au crépuscule. ← *Nom d'un chien !* (juron faible). ← prov. *Qui veut noyer son chien l'accuse de la rage* : on juge sévèrement ce dont on ne veut plus. *Les chiens aboient, la caravane* passe. ← *Avoir un mal de chien,* rencontrer des difficultés. ← *DE CHIEN* : très pénible. ◆ *Traiter qqn comme un chien,* très mal. ← *Malade comme un chien,* très malade. 3 loc. *Les CHIENS ÉCRA-SÉS* : les faits divers (dans un journal). 4 Personne méprisable. ◆ adj. Dur, méchant ; avare. II Pièce coudée d'une arme à feu qui guide le percuteur. ◆ loc. fig. *Être couché EN CHIEN DE FUSIL,* les genoux repliés. III Charme, allure. *Elle a du chien.*

**chiendent** n. m. ■ 1 Mauvaise herbe vivace, commune. 2 Racine de chiendent séchée.

**chienlit** [ʃjɑ̃li] n. f. ■ littér. Mascarade, déguisement. ◆ Désordre (social).

**chien-loup** n. m. ■ Berger allemand (chien).

**chienne** n. f. ■ 1 Femelle du chien. 2 péj. (injure) Femme détestable ou lubrique.

**chier** v. intr. 🔟 ■ fam. et vulg. 1 Déféquer. 2 *Faire chier qqn,* l'embêter, l'importuner.

**chiffe** n. f. ■ 1 vx Chiffon. 2 fam. *Chiffe molle* : personne d'un caractère faible.

**chiffon** n. m. ■ 1 Morceau de vieille étoffe. 2 *CHIFFON DE PAPIER* : document sans valeur. 3 fam. *Parler chiffons,* de parures.

**chiffonner** v. tr. 🔟 ■ 1 Froisser, friper. 2 fig. *Cela me chiffonne.* → **contrarier.** ▶ **chiffonné, ée** adj. 1 Froissé. 2 fig. (visage) Fatigué.

**chiffonnier, ière** n. ■ 1 Personne qui vend des objets de rebut. 2 loc. *Se battre comme des chiffonniers,* violemment.

**chiffrable** adj. ■ Qu'on peut chiffrer.

**chiffrage** n. m. ■ 1 Évaluation en chiffres. 2 Action de chiffrer (II) (syn. *chiffrement*).

**chiffre** n. m. ■ I 1 Chacun des caractères qui représentent les nombres. *Chiffres arabes* (1, 2, 3, 4, 5, 6, 7, 8, 9, 0). *Chiffres romains* (I, V, X, L, C, D, M). 2 Nombre représenté par les chiffres. *Chiffre de la population.* ← *CHIFFRE D'AFFAIRES* : total des ventes d'une année. II 1 Signe servant à coder des messages ; ensemble de ces signes. → **code.** 2 Entrelacement d'initiales (d'un nom). → **monogramme.**

**chiffrer** v. 🔟 ■ 1 1 v. tr. Noter à l'aide de chiffres. ◆ Évaluer en chiffres. 2 v. intr. (sujet chose) Atteindre un prix élevé. II v. tr. Écrire (un message) en chiffre (II, 1).

**chiffreur, euse** n. ■ Personne qui chiffre des messages.

**chignole** n. f. ■ 1 fam. Voiture. II Perceuse.

**chignon** n. m. ■ 1 Chevelure relevée et ramassée derrière ou sur la tête. 2 loc. fam. *Se crêper le chignon* : se battre, se disputer.

**chiite** [ʃiit] adj. ■ Du courant islamique des partisans d'Ali et de ses descendants. → n. *Les chiites et les sunnites.* - var. SHIITE.

**chimère** n. f. ■ 1 Monstre imaginaire (lion et dragon) qui crache des flammes. 2 Idée illusoire. → **rêve.** ▷ adj. **chimérique**

**chimie** n. f. ■ Science qui étudie les constituants de la matière et leurs interactions.

**chimiothérapie** n. f. ■ méd. Traitement par des substances chimiques.

**chimique** adj. ■ Relatif à la chimie, aux corps qu'elle étudie. ▷ adv. **chimiquement**

**chimiquier** n. m. ■ Navire pour le transport des produits chimiques.

**chimiste** n. ■ Spécialiste de chimie.

**chimpanzé** n. m. ■ Grand singe anthropoïde arboricole d'Afrique.

**chinchilla** [-ila] n. m. ■ 1 Petit mammifère rongeur d'Amérique du Sud. 2 Sa fourrure gris clair.

**chiné, ée** adj. ■ (étoffe...) Fait de fils de couleurs alternées.

**chiner** v. tr. 🔲 ■ I Chercher (des objets) chez les brocanteurs, etc. II Taquiner (qqn).

**chineur, euse** n. ■ fam. Brocanteur. ♦ Amateur qui aime à chiner (I).

**chinois, oise** ■ I 1 adj. De Chine. → **sin(o)-**. ← n. *Les Chinois*. ♦ fig. Subtil, raffiné. *Casse-tête chinois*. 2 n. m. Ensemble des langues parlées en Chine, écrites en idéogrammes ; spécial. le mandarin (région de Pékin). ♦ fig. *C'est du chinois*, c'est incompréhensible. II n. m. Passoire conique.

**chinoiserie** n. f. ■ 1 Bibelot dans le goût chinois. 2 Complication inutile.

**chiot** n. m. ■ Jeune chien.

**chiottes** n. f. pl. ■ fam. Cabinets, W.-C.

**chiourme** n. f. ■ anciennt Rameurs d'une galère ; forçats d'un bagne (→ garde-chiourme).

**chiper** v. tr. 🔲 ■ fam. Dérober, voler.

**chipie** n. f. ■ Femme, fille désagréable.

**chipolata** n. f. ■ Saucisse longue et mince.

**chipoter** v. intr. 🔲 ■ 1 Manger par petits morceaux, sans plaisir. 2 Discuter sur des vétilles. ▷ n. et adj. **chipoteur, euse**

**chips** [ʃips] n. f. pl. ■ Pommes de terre frites en très fines rondelles croustillantes.

**chique** n. f. ■ I Morceau de tabac à mâcher. ♦ loc. fam. *COUPER LA CHIQUE à qqn*, l'interrompre brutalement. II Puce dont la femelle s'enfonce dans la chair.

**chiqué** n. m. ■ fam. Attitude prétentieuse.

**chiquenaude** n. f. ■ 1 Coup donné avec un doigt que l'on détend brusquement. → **pichenette**. 2 fig. Petite impulsion ; poussée.

**chiquer** v. tr. 🔲 ■ Mâcher (du tabac).

**chir(o)-** [kiʀo] Élément savant, du grec *kheir* « main ».

**chiromancie** n. f. ■ Divination d'après les lignes de la main. ▷ n. **chiromancien, ienne**

**chiropraxie** n. f. ■ Thérapeutique par manipulation des vertèbres. ▷ n. **chiropracteur** n. m. – recomm. off. CHIROPRATICIEN, IENNE n.

**chirurgie** n. f. ■ Partie de la médecine qui comporte une intervention manuelle et instrumentale (surtout à l'intérieur du corps). ▷ adj. **chirurgical, ale, aux**

**chirurgien, ienne** n. ■ 1 Spécialiste en chirurgie. 2 *Chirurgien dentiste*. → **dentiste**.

**chistera** [(t)ʃistera] n. f. ou m. ■ Instrument d'osier, recourbé, qui sert à lancer la balle à la pelote basque.

**chitine** [ki-] n. f. ■ Substance organique (téguments des arthropodes, etc.).

**chiure** n. f. ■ Excrément d'insectes.

**chlamyde** [kla-] n. f. ■ Antiq. Manteau court et fendu, agrafé sur l'épaule.

**chlore** [klɔʀ] n. m. ■ Corps simple (symb. Cl), gaz jaune-vert d'odeur suffocante.

**chloré, ée** [kl-] adj. ■ Qui contient du chlore.

**chlorhydrique** [kl-] adj. ■ *Acide chlorhydrique* : solution du *gaz chlorhydrique* (chlorure d'hydrogène (HCl)) dans l'eau, liquide incolore, fumant, corrosif.

**chlorique** [kl-] adj. ■ chim. Du chlore.

**chlorofluorocarbone** n. m. → **C. F. C.**

**chloroforme** [kl-] n. m. ■ Liquide incolore, anesthésique. ▷ **chloroformer** v. tr. 🔲

**chlorophylle** [kl-] n. f. ■ Pigment vert des végétaux, au rôle essentiel dans la photosynthèse. ▷ adj. **chlorophyllien, ienne**

**chlorose** [kl-] n. f. ■ 1 méd. Anémie due au manque de fer. ▷ adj. et n. **chlorotique** 2 bot. Étiolement et jaunissement des végétaux dus au manque de chlorophylle.

**chlorure** [kl-] n. m. ■ 1 Sel de l'acide chlorhydrique. *Chlorure de sodium* (sel marin). 2 *Chlorures (décolorants)* : mélanges industriels utilisés pour le blanchiment, la désinfection, etc.

**choc** n. m. ■ 1 Entrée en contact de deux corps qui se rencontrent violemment ; ébranlement qui en résulte. → **heurt**. 2 Rencontre violente (d'hommes). ← *Unités DE CHOC*. → **commando**. 3 (abstrait) Rencontre brutale. *Choc de caractères*. → **conflit, opposition**. 4 Émotion brutale. → **traumatisme**. ♦ *Choc opératoire, anesthésique*.

**chocolat** n. m. ■ 1 Substance alimentaire (pâte solidifiée) à base de cacao. ♦ Friandise au chocolat. 2 Boisson au cacao. 3 n. m. et adj. invar. Brun foncé. ♦ fam. *Être chocolat* : être privé de qqch. sur quoi on comptait.

**chocolaté, ée** adj. ■ Parfumé au chocolat.

**chocolatier, ière** ■ 1 n. Personne qui fabrique ou vend du chocolat. ← adj. *Industrie chocolatière*. 2 n. f. Récipient pour le chocolat (2).

**choéphore** [kɔe-] n. ■ Antiq. grecque Personne qui portait les offrandes aux morts.

**chœur** [kœʀ] n. m. ■ I 1 Réunion de chanteurs qui exécutent un morceau ensemble. 2 Composition musicale destinée à être chantée par plusieurs personnes. 3 (théâtre antique) Troupe de personnes qui chantent et chantent ensemble. 4 *Le chœur des mécontents*, l'ensemble qui s'exprime. ♦ *EN CHŒUR* : ensemble. II Partie de la nef d'une église, devant le maître-autel.

**choir** v. intr. surtout : *je chois, tu chois, il choit ; je chus ; chu, chue* au p. p. ■ littér. Tomber.

**choisi, ie** adj. ■ Excellent ; de qualité.

**choisir** v. tr. 🔲 ■ 1 Prendre de préférence, faire choix de. 2 Se décider entre deux ou plusieurs partis ou plusieurs solutions.

**choix** n. m. ■ 1 Action de choisir. → **sélection**. 2 Pouvoir, liberté de choisir (actif) ; existence de plusieurs partis entre lesquels choisir (passif). ← loc. *L'embarras* du choix. 3 Ensemble de choses parmi lesquelles on peut choisir. → **assortiment**. 4 Ensemble de choses choisies pour leurs qualités. *Choix de poésies*. ♦ *DE CHOIX* : de prix, de qualité.

**chol(é)-** [kɔle] Élément savant, du grec *kholé* « bile ».

**cholédoque** [kɔ-] adj. m. ■ *Canal cholédoque*, qui conduit la bile au duodénum.

**choléra** [kɔ-] n. m. ■ Très grave maladie intestinale épidémique. ▷ adj. **cholérique**

**cholestérol** [kɔ-] n. m. ■ Substance grasse présente dans l'organisme. ♦ cour. *Avoir du cholestérol*, un taux de cholestérol élevé.

**chômage** n. m. ■ **1** vx Interruption du travail. **2** Inactivité forcée (des personnes) due au manque de travail, d'emploi.

**chômer** v. intr. [1] ■ **1** vx Suspendre son travail pendant les jours fériés. ← mod. trans. (au p. p.) *Jours chômés*, où l'on ne travaille pas. **2** Ne pas avoir de travail, par manque d'emploi. **3** loc. *Ne pas chômer*, travailler beaucoup.

**chômeur, euse** n. ■ Personne qui se trouve involontairement privée d'emploi.

**chope** n. f. ■ Verre à anse, pour la bière.

**choper** v. tr. [1] ■ fam. **1** Arrêter, prendre (qqn). **2** Attraper. *Il a chopé un rhume.*

**chopine** n. f. ■ fam. (rural) Bouteille (de vin).

**choquant, ante** adj. ■ Qui choque (2).

**choquer** v. tr. [1] ■ **1** Faire se heurter (des choses). **2** Contrarier ou gêner en heur- tant les goûts, les bienséances. **3** Faire une impression désagréable sur (un sens).

**choral, ale** [kɔʀal] ■ **I** (plur. *choraux*) adj. Qui a rapport aux chœurs. **II** (plur. *chorals*) n. m. Chant religieux. **III** n. f. Groupe qui interprète des chœurs.

**chorée** [kɔʀ-] n. f. ■ Contractions muscu- laires pathologiques.

**chorégraphe** [kɔʀ-] n. ■ Personne qui com- pose des ballets.

**chorégraphie** [kɔʀ-] n. f. ■ Art de composer des ballets, d'en régler les figures et les pas. ▷ adj. **chorégraphique**

**choriste** [kɔʀ-] n. ■ Personne qui chante dans un chœur.

**chorizo** [ʃɔʀizo ; tʃɔʀizo] n. m. ■ Saucisson espagnol pimenté.

**choroïde** [kɔʀ-] n. f. ■ anat. Membrane de l'œil, entre la sclérotique et la rétine.

**chorus** [kɔʀys] n. m. ■ **I** *FAIRE CHORUS* : approuver d'autres personnes. **II** jazz Impro- visation d'un soliste sur le thème.

**chose** n. f. ■ **I 1** Réalité (concrète ou abs- traite) perçue ou concevable comme un objet unique (→ **être, événement, objet**). ← *De deux choses l'une* : il existe deux possi- bilités. **2** *Les choses* : le réel. *Regarder les choses en face.* **3** spécialt Réalité matérielle non vivante. *Les êtres et les choses.* **4** surtout plur. Ce qui a lieu, se fait, existe. *Les choses de la vie.* **5** *La chose* : ce dont il s'agit. **6** (avec *dire, répéter*, etc.) Paroles, discours. **7** dr. *La chose jugée.* → **cause. II** loc. **1** *AUTRE\* CHOSE.* **2** *QUELQUE CHOSE* loc. indéf. masc. *Chercher quelque chose.* **3** *PEU DE CHOSE* : un acte, un objet peu important **1** n. m. → **machin, truc. 2** n. f. (euphémisme) *La chose* : la sexualité. **3** (adj.) loc. *Se sentir TOUT CHOSE* : éprouver un malaise difficile à analyser.

**chott** [ʃɔt] n. m. ■ Lac salé, dans un désert.

**chou** n. m. ■ **1** Plante crucifère à variétés cul- tivées pour l'alimentation. **2** loc. fam. *Feuille de chou* : journal de peu de valeur. ← *C'est bête comme chou*, facile à comprendre. ← *Être dans les choux*, avoir échoué. ← *Rentrer dans le chou* : attaquer. ← *Faire ses choux gras de qqch.*, en tirer profit. **3** Expression de tendresse. *Mon chou* (→ **chouchou**). ← *Bout de chou*, petit enfant. **4** Pâtisserie légère en pâte à choux. *Chou à la crème.* **5** argot Tête.

**chouan** n. m. ■ Insurgé royaliste de l'ouest de la France (Révolution). ▷ n. f. **chouannerie**

**choucas** n. m. ■ Petite corneille noire.

**chouchen** n. m. ■ Hydromel breton. – var. CHOUCHENN.

**chouchou, oute** ■ **1** n. fam. Favori, préféré. **2** n. Ruban froncé, pour les cheveux.

**chouchouter** v. tr. [1] ■ Dorloter, gâter.

**choucroute** n. f. ■ Plat de choux découpés en rubans, légèrement fermentés et que l'on fait cuire avec de la charcuterie.

① **chouette** n. f. ■ Oiseau rapace nocturne.

② **chouette** ■ **1** adj. Agréable, beau ; sympathique. **2** interj. → **chic.**

**chou-fleur** n. m. ■ Chou dont on mange les fleurs qui forment une masse blanche.

**chouïa** n. m. ■ fam. *Un chouïa* : un peu. – var. CHOUYA.

**chouquette** n. f. ■ Petit chou (4) décoré de grains de sucre.

**chou-rave** n. m. ■ Chou cultivé pour sa racine.

**choyer** v. tr. [8] ■ Soigner avec tendresse.

**chrême** [kʀɛm] n. m. ■ Huile consacrée.

**chrestomathie** [kʀɛst-] n. f. ■ didact. Antho- logie de textes anciens ou classiques.

**chrétien, ienne** [kʀetjɛ̃, jɛn] ■ **I** adj. **1** Qui professe la foi en Jésus-Christ. **2** Du chris- tianisme. ← *Ère chrétienne*, qui commence à la naissance de Jésus-Christ. **II** n. Personne qui professe le christianisme.

**chrétiennement** [kʀetjɛnmɑ̃] adv. ■ Con- formément à la religion chrétienne.

**chrétienté** [kʀetjɛ̃te] n. f. ■ Ensemble des peuples, des pays chrétiens.

**christ** [kʀist] n. m. ■ **1** (avec maj.) Nom donné à Jésus de Nazareth. **2** Représentation du Christ sur la croix. → **crucifix.**

**christiania** [kʀist-] n. m. ■ Technique de virage en skis, les skis restant parallèles.

**christianiser** [kʀist-] v. tr. [1] ■ Rendre chré- tien. ▷ n. f. **christianisation**

**christianisme** [kʀist-] n. m. ■ Religion fon- dée sur l'enseignement, la personne et la vie de Jésus-Christ.

**chromatique** [kʀ-] adj. ■ **1** mus. Qui procède par demi-tons (opposé à *diatonique*). **2** Relatif aux couleurs. **3** biol. Du chromosome.

**chromatisme** [kʀ-] n. m. ■ **1** Ensemble de couleurs. **2** mus. Caractère chromatique.

**chrome** [kʀom] n. m. ■ **1** Corps simple (symb. Cr), métal gris, brillant, dur, utilisé en alliages. **2** Pièce métallique chromée.

**chromer** [kʀ-] v. tr. [1] ■ Recouvrir (un métal) de chrome. ← au p. p. *Acier chromé.*

**chromo** [kʀ-] n. m. (ou f.) ■ **1** Chromolitho- graphie. **2** Image en couleur de mauvais goût.

**chromo-** [kʀomo], **-chrome** [kʀom] ■ Élé- ments savants, du grec *khrôma* « couleur ».

**chromolithographie** n. f. ■ Lithographie en couleur.

**chromosome** n. m. ■ Élément du noyau cellulaire, de forme caractéristique et en nombre constant (23 paires chez l'être humain). *Les chromosomes sont le support des gènes.* ▷ adj. **chromosomique**

① **chronique** [kʀɔnik] adj. ■ **1** (maladie) Qui dure longtemps, se développe lentement (opposé à *aigu*). **2** (chose nuisible) Qui dure.

② **chronique** [kʀɔnik] n. f. ■ **1** Recueil de faits historiques. **2** Ensemble des nouvelles qui circulent. ━ loc. *Défrayer\* la chronique.* **3** Partie (d'un journal...) consacrée à un sujet particulier. ▷ **chroniquer** [kʀ-] v. tr. et intr. ①

**chroniqueur, euse** [kʀ-] ■ **1** n. m. Auteur de chroniques historiques. → **mémorialiste**. **2** n. Personne chargée d'une chronique (3).

**chrono-** [kʀɔno], **-chrone** [kʀɔn] Éléments savants, du grec *khronos* « temps ».

**chronobiologie** n. f. ■ biol. Étude des rythmes\* biologiques.

**chronologie** n. f. ■ **1** Science de la fixation des dates des faits historiques. **2** Ouvrage décrivant une évolution dans l'ordre temporel. **3** Succession des événements dans le temps. ▷ adj. **chronologique** ▷ adv. **chronologiquement**

**chronomètre** n. m. ■ Montre de précision. - abrév. fam. CHRONO.

**chronométrer** v. tr. ⑥ ■ Mesurer avec un chronomètre. ▷ n. m. **chronométrage**

**chronométreur, euse** n. ■ Personne qui chronomètre (une course, etc.).

**chronométrique** adj. ■ Relatif à la mesure exacte du temps.

**chrysalide** [kʀiz-] n. f. ■ État intermédiaire par lequel passe la chenille avant de devenir papillon. → **nymphe**.

**chrysanthème** [kʀiz-] n. m. ■ Plante ornementale qui fleurit en automne ; sa fleur.

**chryso-** [kʀizo] Élément savant, du grec *khrusos* « or ».

**chrysoprase** n. f. ■ Calcédoine verte.

**C. H. U.** [seaʃy] n. m. ■ Sigle de *centre hospitalier universitaire*.

**chuchoter** v. ① ■ **1** v. intr. et tr. Parler, dire bas, indistinctement. **2** v. intr. Produire un bruit indistinct. ▷ n. m. **chuchotement**

**chuintant, ante** adj. ■ Qui chuinte.

**chuinter** v. intr. ① ■ **1** (chose) Produire un sifflement assourdi. **2** Prononcer *s* et *z* comme *ch* et *j*. ▷ n. m. **chuintement**

**chut** [ʃyt] interj. ■ Se dit pour demander le silence.

**chute** n. f. ■ **I** Fait de tomber. **1** *Faire une chute dans un escalier*. ◆ (choses) *Chute de neige.* ━ loc. CHUTE LIBRE, d'un corps soumis à l'accélération de la pesanteur. ◆ loc. CHUTE D'EAU, entre deux parties consécutives d'un cours d'eau. → **cascade**. **2** Action de se détacher (de son support naturel). *La chute des feuilles.* **3** abstrait Fait d'échouer. *La chute d'un régime.* ◆ Action de tomber moralement. → **déchéance**. **4** (choses) Diminution de valeur ou d'intensité. ━ **baisse**. **II 1** Partie où une chose se termine, s'arrête. *La chute des reins* : le bas du dos. **2** Reste inutilisé (tombé en coupant qqch.).

**chuter** v. intr. ① ■ **1** Subir un échec. **2** fam. Tomber, choir. **3** Diminuer brusquement.

**chyle** [ʃil] n. m. ■ Produit de la digestion, contenu dans l'intestin grêle.

**chypriote** adj. et n. ■ De Chypre. ━ n. *Les Chypriotes.*

① **ci** adv. ■ **I 1** (dans des loc.) Ici. *Ci-inclus, incluse ; ci-joint, jointe.* → **inclus**; ① **joint**. ◆ CI-GÎT. → **gésir**. **2** (après un nom précédé de *ce, cette, ces, celui, celle*) *Ce livre-ci. Celle-ci.* **II** loc. adv. CI-DESSUS : plus haut ; CI-DESSOUS : plus bas ; CI-CONTRE : en face. ━ DE-CI DE-LÀ : de côté et d'autre. ━ PAR-CI PAR-LÀ : en divers endroits.

② **ci** pron. dém. ■ (employé avec *ça*) *Demander ci et ça.* ━ fam. *Comme\* ci, comme ça.*

**ciao** [tʃao] interj. ■ fam. Au revoir. - var. TCHAO.

**cible** n. f. ■ **1** But que l'on vise et contre lequel on tire. **2** fig. Objet de critiques (→ **point de mire**). **3** comm. Objectif ou public visé. **4** appos. *Langue cible*, celle dans laquelle on traduit la langue source\*.

**ciboire** n. m. ■ Vase pour les hosties.

**ciboule** n. f. ■ Variété d'ail.

**ciboulette** n. f. ■ Plante à petits bulbes aux feuilles utilisées comme condiment.

**ciboulot** n. m. ■ fam. Tête. → **caboche**.

**cicatrice** n. f. ■ **1** Marque laissée par une plaie après la guérison. **2** fig. Trace d'une souffrance morale. ▷ adj. **cicatriciel, ielle**

**cicatrisation** n. f. ■ Processus par lequel se réparent les plaies, les blessures.

**cicatriser** v. tr. ① ■ Faire guérir, se refermer (une plaie...). ━ se **cicatriser** v. pron.

**cicérone** n. m. ■ littér. Guide.

**ciclosporine** n. f. ■ méd. Médicament immunodépresseur, utilisé lors des greffes, pour éviter les rejets. - var. CYCLOSPORINE.

**-cide** Élément, du latin *caedere* « abattre » qui signifie « qui tue ; meurtre (de...) ».

**cidre** n. m. ■ Boisson obtenue par la fermentation alcoolique du jus de pomme.

**C^ie** [kɔ̃pani] ■ Abrév. de *compagnie* (3).

**ciel**, plur. **ciels** et **cieux** n. m. ■ (plur. *ciels* : multiplicité ; *cieux* : collectif ou sens religieux) **I 1** Espace visible limité par l'horizon. → **firmament**. ━ loc. À CIEL OUVERT : en plein air. ━ TOMBER DU CIEL : arriver à l'improviste. ━ *Remuer ciel et terre\*.* ◆ (qualifié ; plur. *des ciels*) *Ciel bleu ; nuageux.* ━ *Bleu ciel* : bleu clair. **2** Apparence de l'espace extraterrestre, vu de la Terre ; voûte où semblent se mouvoir les astres. ◆ loc. *Être au septième ciel*, dans le ravissement. **II** (plur. *cieux*) **1** Séjour des dieux, de Dieu. → **au-delà**. **2** Séjour des bienheureux, des élus. → **paradis**. **3** La providence. prov. *Aide-toi, le ciel t'aidera.* ━ interj. *Ciel !* (surprise désagréable). **III** fig. (plur. *ciels*) **1** CIEL DE LIT : baldaquin d'un lit. **2** Voûte, plafond (d'une excavation).

**cierge** n. m. ■ **1** Longue chandelle de cire, en usage dans les églises. **2** Plante grasse qui forme de hautes colonnes verticales.

**cigale** n. f. ■ Insecte à quatre ailes membraneuses. *La cigale stridule.*

**cigare** n. m. ■ Petit rouleau de feuilles de tabac, à fumer. *Petit cigare (cigarillo* n. m.).

**cigarette** n. f. ▪ Petit rouleau de tabac haché et enveloppé dans un papier fin.

**ci-gît** → ① ci ; **gésir**

**cigogne** n. f. ▪ Oiseau échassier migrateur à longues pattes, à bec long et rouge.

**ciguë** [sigy] n. f. ▪ Plante toxique ; poison extrait de la variété appelée *grande ciguë*.

**cil** n. m. ▪ **1** Chacun des poils garnissant le bord libre des paupières et protégeant le globe oculaire. **2** biol. Filament fin du cytoplasme de certains organismes (bactéries...) qui assure leur déplacement.

**cilice** n. m. ▪ Chemise, ceinture rugueuse portée par pénitence, par mortification.

**cilié, ée** adj. ▪ Muni de poils, de cils.

**ciller** v. intr. [1] ▪ Battre des cils. ← loc. *Ne pas ciller* : rester imperturbable.

**cimaise** n. f. ▪ Moulure (d'une corniche...) ; spécialt pour accrocher des tableaux.

**cime** n. f. ▪ Extrémité pointue (d'un arbre, d'une montagne...). → **faîte, sommet.**

**ciment** n. m. ▪ Matière calcaire qui, mélangée avec un liquide, forme une pâte durcissant à l'air ou dans l'eau.

**cimenter** v. tr. [1] ▪ **1** Enduire, lier avec du ciment. **2** fig. Rendre plus ferme, solide.

**cimenterie** n. f. ▪ Fabrique de ciment.

**cimeterre** n. m. ▪ Sabre oriental, à lame large et recourbée. → **yatagan.**

**cimetière** n. m. ▪ Lieu où l'on enterre les morts. → **nécropole, ossuaire.** ♦ fig. *Cimetière de voitures* (→ ② **casse**).

**cimier** n. m. ▪ Ornement qui forme la partie supérieure d'un casque.

**cinabre** n. m. ▪ **1** Sulfure de mercure naturel. **2** littér. Sa couleur rouge.

**ciné** n. m. ▪ fam. Cinéma.

**cinéaste** n. ▪ Auteur, réalisateur de films.

**ciné-club** [-klœb] n. m. ▪ Club d'amateurs de cinéma. *Des ciné-clubs.*

**cinéma** n. m. ▪ **1** Procédé permettant d'enregistrer photographiquement et de projeter des vues animées. **2** Salle de projections. **3** Art de composer et de réaliser des films (→ le septième art). ♦ Ensemble de films ; industrie cinématographique. **4** fam. *C'est du cinéma*, de la comédie (II).

**cinémascope** n. m. (marque déposée) ▪ Cinéma sur écran large par anamorphose.

**cinémathèque** n. f. ▪ Endroit où l'on conserve les films de cinéma.

**cinématique** ▪ sc. **1** n. f. Étude scientifique du mouvement. **2** adj. Du mouvement.

**cinématographe** n. m. ▪ **1** hist. Appareil des frères Lumière, reproduisant le mouvement par une suite de photographies. **2** vx Cinéma. ▷ adj. **cinématographique**

**cinéphile** n. ▪ Amateur de cinéma.

**cinéraire** ▪ **1** adj. Qui renferme les cendres d'un mort. *Urne cinéraire.* **2** n. f. Plante herbacée aux feuilles cendrées.

**cinétique** adj. ▪ Relatif au mouvement.

**cinglant, ante** adj. ▪ **1** Qui cingle. **2** fig. Qui blesse. → **acerbe.** *Repartie cinglante.*

**cinglé, ée** adj. et n. ▪ fam. Un peu fou.

① **cingler** v. intr. [1] ▪ (navire) Faire voile (dans une direction).

② **cingler** v. tr. [1] ▪ **1** Frapper avec un objet flexible (baguette...). **2** (vent, pluie, neige) Fouetter.

**cinnamome** n. m. ▪ Arbrisseau aromatique (camphrier, cannelier).

**cinoche** n. m. ▪ fam. Cinéma.

**cinq** [sɛ̃k] ▪ **I** ([sɛ̃] devant consonne) **1** adj. numéral cardinal invar. Nombre égal à quatre plus un (5). ♦ loc. *Dans cinq minutes* : bientôt. ← fam. *EN CINQ SEC* : très rapidement. **2** adj. numéral ordinal invar. Cinquième. *Page cinq. Charles V.* **II** n. m. invar. [sɛ̃k] **1** Le nombre cinq. **2** Dé, etc. marqué de cinq points.

**cinquantaine** n. f. ▪ Nombre de cinquante ou environ.

**cinquante** ▪ **I** adj. numéral cardinal invar. Dix fois cinq (50 ; L). *Cinquante pages.* ♦ (ordinal) *Page cinquante.* **II** n. m. invar. Le nombre cinquante. ▷ adj. **cinquantième**

**cinquantenaire** n. m. ▪ Cinquantième anniversaire.

**cinquième** ▪ **1** adj. et n. Qui suit le quatrième. **2** adj. et n. m. Se dit d'une fraction d'un tout divisé également en cinq.

**cintre** n. m. ▪ **I 1** Courbure de la surface intérieure (d'un arc...). ← *EN PLEIN CINTRE* : dont la courbure est un demi-cercle. **2** techn. Échafaudage en arc de cercle. **3** au théâtre Partie supérieure de la scène, où l'on remonte les décors. **II** Barre à crochet, pour suspendre les vêtements.

**cintrer** v. tr. [1] ▪ **1** Bomber, courber. **2** Rendre (un vêtement) ajusté à la taille. ► **cintré, ée** adj. ▷ n. m. **cintrage**

**cippe** n. m. ▪ archéol. Petite stèle.

**cirage** n. m. ▪ **1** Action de cirer. **2** Produit pour lustrer le cuir. ♦ loc. fam. *Être dans le cirage* : ne plus rien voir ou comprendre.

**circoncire** v. tr. [37] ▪ Exciser le prépuce de (un garçon). ► **circoncis** adj. m.

**circoncision** n. f. ▪ Excision rituelle du prépuce (judaïsme, islam, animisme).

**circonférence** n. f. ▪ **1** vieilli Cercle. ← mod. Périmètre d'un cercle. **2** Pourtour.

**circonflexe** adj. ▪ *Accent circonflexe* : signe (ˆ) placé sur certaines voyelles longues (pâte) ou comme signe distinctif (dû/du).

**circonlocution** n. f. ▪ Manière de s'exprimer d'une façon indirecte. → **périphrase.**

**circonscription** n. f. ▪ Division légale (d'un territoire).

**circonscrire** v. tr. [39] ▪ **1** Décrire une ligne qui limite tout autour. **2** fig. Enfermer dans des limites. → **délimiter ; enrayer.**

**circonspect, ecte** [-ɛ(kt), -ɛkt] adj. ▪ Attentif et prudent. ▷ n. f. **circonspection**

**circonstance** n. f. ▪ **1** Particularité qui accompagne un événement, une situation. *Circonstances atténuantes*. **2** Ce qui constitue le moment présent. *En raison des circonstances...* ← *Concours* de circonstances. ♦ *DE CIRCONSTANCE* : adapté à la situation.

**circonstancié, ée** adj. ▪ Qui comporte les circonstances, les détails (récit).

**circonstanciel, ielle** adj. ▪ D'une circonstance. ➜ gramm. Qui apporte une détermination exprimant les circonstances. *Complément circonstanciel de lieu, de temps...*

**circonvallation** n. f. ▪ Tranchée fortifiée.

**circonvenir** v. tr. 22 ▪ Agir sur (qqn) avec ruse pour obtenir ce que l'on souhaite.

**circonvolution** n. f. ▪ **1** Enroulement autour d'un point central. **2** anat. *Circonvolutions cérébrales,* replis sinueux du cortex.

**circuit** n. m. ▪ **1** Distance à parcourir pour faire le tour (d'un lieu). **2** Chemin (long et compliqué) parcouru pour atteindre un lieu. ◆ Parcours organisé. *Circuit touristique.* ◆ Itinéraire en boucle de certaines courses (auto...). **3** techn. Suite de conducteurs électriques. ➜ *Circuit intégré* : circuit électronique sur une plaquette semi-conductrice. → **microprocesseur, puce.** ◆ loc. fig. *ÊTRE HORS CIRCUIT* : ne pas être impliqué, au courant. **4** Ensemble de conduits pour les fluides. **II** fig. Mouvement d'aller et retour (des biens...). *Circuit de distribution.*

**circulaire** ▪ **I** adj. **1** Qui décrit un cercle. **2** Qui a ou rappelle la forme d'un cercle. → **rond. 3** Dont l'itinéraire ramène au point de départ. **II** n. f. Lettre adressée à plusieurs personnes à la fois.

**circulation** n. f. ▪ **1** Déplacement utilisant les voies de communication. → **trafic** (II). **2** Véhicules qui circulent. **3** Mouvement des fluides, notamment physiologiques. *Circulation du sang.* **4** Mouvement (des biens, des produits). *Circulation des capitaux.* **5** *Mettre EN CIRCULATION* : diffuser, répandre.

**circulatoire** adj. ▪ Relatif à la circulation du sang. *L'appareil circulatoire.*

**circuler** v. intr. 1 ▪ **1** Aller et venir ; se déplacer sur les voies de communication. **2** (fluides) Passer dans un circuit ; se renouveler. **3** Passer de main en main. **4** (information...) Se propager, se répandre.

**circum-** [siʀkɔm] Élément, du latin *circum* « autour » (→ mots en *circon-*).

**cire** n. f. ▪ **1** Matière molle, jaunâtre, produite par les abeilles. **2** Préparation à base de cire pour l'entretien du bois. → **encaustique. 3** *Cire à cacheter* (à base de résine, etc.).

**ciré, ée** ▪ **I** adj. **1** Enduit de cire ou de cirage. **2** *TOILE CIRÉE,* enduite d'un vernis. **II** n. m. Imperméable de tissu plastifié.

**cirer** v. tr. 1 ▪ **1** Enduire de cire, d'encaustique. **2** Enduire de cirage.

**cireur, euse** ▪ **1** n. Personne chargée de cirer. **2** n. f. Appareil qui cire les parquets.

**cireux, euse** adj. ▪ Qui a la consistance, l'aspect blanc jaunâtre de la cire.

**ciron** n. m. ▪ vx ou littér. Insecte minuscule.

**cirque** n. m. ▪ **I 1** hist. Amphithéâtre pour les jeux publics (Rome antique...). **2** Amphithéâtre naturel d'origine glaciaire. **II 1** Édifice ou tente où sont présentés des numéros d'équilibre, des scènes comiques (clowns, augustes), etc. **2** Ce spectacle. **3** fam. Activité désordonnée, agitation.

**cirrhose** n. f. ▪ Maladie du foie due à des granulations. ▷ adj. et n. **cirrhotique**

**cirrus** [-ys] n. m. ▪ Nuage élevé, en flocons ou filaments.

**cis-** [siz] Élément, du latin *cis* « en deçà ».

**cisaille** n. f. ▪ Gros ciseaux ou pinces pour couper les métaux, élaguer les arbres.

**cisailler** v. tr. 1 ▪ Couper aux cisailles.

**ciseau** n. m. ▪ **I** Outil d'acier en biseau, qui sert à tailler. **II** au plur. Instrument pour couper, formé de deux branches d'acier tranchantes croisées sur un pivot.

**ciseler** v. tr. 5 ▪ Travailler (un ouvrage) avec un ciseau (1). ▷ **ciselé, ée** adj.

**ciselure** n. f. ▪ Ornement ciselé.

① **ciste** n. m. ▪ Arbrisseau aromatique.

② **ciste** n. f. ▪ Antiq. Corbeille portée dans les mystères, contenant les objets du culte.

**cistercien, ienne** adj. ▪ De l'ordre religieux de Cîteaux (réformé par saint Bernard).

**citadelle** n. f. ▪ **1** Forteresse qui commandait une ville. **2** fig. → **bastion** (2).

**citadin, ine** ▪ **1** adj. didact. De la ville. **2** n. Habitant d'une grande ville.

**citation** n. f. ▪ **1** Passage cité (d'un auteur, d'une personnalité). **2** dr. Sommation de comparaître en justice. **3** Mention honorable d'un militaire, etc. qui s'est distingué.

**cité** n. f. ▪ **1** Antiq. Fédération autonome de tribus. **2** Ville importante (sous son aspect de personne morale). ◆ Partie ancienne d'une ville. *L'île de la Cité* (à Paris). **3** Groupe d'immeubles ayant une unité. *Cité ouvrière.* **II** loc. *Avoir DROIT DE CITÉ,* être admis dans, faire partie de (qqch.).

**citer** v. tr. 1 ▪ **1** Rapporter (ce qu'a dit ou écrit qqn). **2** Alléguer. *Citer un exemple.* **3** Désigner comme digne d'attention. *Citer un exploit.* **4** dr. Sommer (qqn) à comparaître en justice. **5** Décerner une citation (3) à.

**citerne** n. f. ▪ **1** Réservoir d'eau de pluie. **2** Cuve contenant un liquide, un carburant.

**cithare** n. f. ▪ Instrument de musique à cordes tendues sur une caisse de résonance sans manche. ≠ *sitar.* ▷ n. **cithariste**

**citoyen, enne** ▪ **I** n. **1** Individu, du point de vue de ses droits politiques, spécial dans une république. **2** sous la Révolution Appellatif pour monsieur, etc. **3** fam. Individu. **II** adj. Qui agit en citoyen, qui fait preuve d'esprit civique ; conforme au sens civique.

**citoyenneté** n. f. ▪ Qualité de citoyen.

**citrate** n. m. ▪ chim. Sel de l'acide citrique.

**citrique** adj. ▪ chim. *Acide citrique* : acide extrait de certains fruits (citron, groseille...).

**citron** n. m. ▪ **1** Fruit jaune du citronnier, agrume acide. ◆ *Citron vert.* → ② **lime. 2** fam. Tête. **3** adj. invar. Jaune clair.

**citronnade** n. f. ▪ Boisson au citron.

**citronnelle** n. f. ▪ Plante contenant une essence à odeur de citron. → **mélisse.**

**citronnier** n. m. ▪ Arbre qui produit le citron (jaune ou vert). ◆ Son bois.

**citrouille** n. f. ▪ **1** Courge volumineuse d'un jaune orangé. **2** fam. Tête.

**civet** n. m. ▪ Ragoût (de lièvre, lapin, gibier) au vin rouge.

**civette** n. f. ■ **1** Petit mammifère au pelage gris. **2** Parfum sécrété par cet animal.

**civière** n. f. ■ **1** Dispositif à bras, pour porter des fardeaux. **2** spécialt Ce dispositif, pour transporter les malades, les blessés.

**civil, ile** adj. ■ **I 1** Relatif à l'ensemble des citoyens. → *Guerre civile*, entre citoyens d'un même État. → *Droits civils*, garantis à tous les citoyens. → *État* civil. **2** dr. Relatif aux rapports entre les individus (opposé à *criminel*). *Code civil*. ◆ *Se porter* PARTIE CIVILE : demander des dommages-intérêts pour un préjudice. **3** Qui n'est pas militaire. ■ **1** *Les militaires et les civils*. **4** Qui n'est pas religieux. *Mariage civil*, à la mairie. **II** vieilli Qui observe les usages. → **poli.**

**civilement** adv. ■ **I 1** dr. En matière civile. **2** (opposé à *religieusement*) *Se marier civilement*. **II** Avec civilité.

**civilisateur, trice** adj. et n. ■ Qui répand la civilisation.

**civilisation** n. f. ■ **1** Ensemble des caractères et acquisitions des sociétés humaines complexes (opposé à *nature, barbarie*). **2** Ensemble des phénomènes sociaux (moraux, esthétiques, scientifiques...) d'une grande société. *La civilisation chinoise*.

**civiliser** v. tr. ① ■ **1** Faire passer (une collectivité) à un état social plus complexe (moral, intellectuel...). **2** fam. Rendre plus poli. ► **civilisé, ée** adj. et n.

**civilité** n. f. ■ vieilli ou littér. Politesse.

**civique** adj. ■ Relatif au citoyen (≠ *civil*). → *Sens civique*, des responsabilités et des devoirs du citoyen. *Esprit civique*.

**civisme** n. m. ■ Sens civique.

**clabauder** v. intr. ① ■ littér. Crier, protester sans motif. ► n. m. **clabaudage**

**clac** ■ Interjection imitant un bruit sec.

**clafoutis** n. m. ■ Gâteau cuit au four, à base de lait, d'œufs et de fruits.

**claie** n. f. ■ Treillage en bois, en fer...

**clair, aire** ■ **I** adj. **1** Qui a l'éclat du jour, reçoit beaucoup de lumière. **2** Faiblement coloré (opposé à *foncé*). **3** Peu serré ; peu dense. *Sauce trop claire*. **4** Pur et transparent. *Eau claire*. **5** (sons) Net et pur. *Voix claire*. **II** adj. abstrait **1** Simple, facile à comprendre. **2** Manifeste, évident. *C'est clair !* **III** n. m. (dans les expr.) **1** CLAIR DE LUNE : lumière que donne la Lune. **2** *Tirer AU CLAIR* : éclaircir, élucider (une affaire). ◆ *Dépêche* EN CLAIR, en langage ordinaire (opposé à *chiffré, codé*). → *En clair* : exprimé clairement. ◆ *LE PLUS CLAIR de* : la plus grande partie de. **IV** adv. **1** D'une manière claire. *Essayons d'y voir clair*, de comprendre. **2** *Parler clair*. → **franchement.**

**claire** n. f. ■ Bassin dans lequel se fait l'affinage des huîtres (*fines de claire*).

**clairement** adv. ■ **1** D'une manière claire. → **distinctement. 2** D'une manière claire à l'esprit. → **explicitement ; franchement.**

**clairet, ette** adj. ■ Un peu clair. *Vin clairet*.

**clairette** n. f. ■ Cépage blanc du Midi.

**claire-voie** n. f. ■ **1** Clôture à jour. **2** loc. *À CLAIRE-VOIE* : qui présente des jours.

**clairière** n. f. ■ Endroit dégarni d'arbres dans un bois, une forêt.

**clair-obscur** n. m. ■ **1** peint. Opposition des lumières et des ombres. **2** Lumière douce.

**clairon** n. m. ■ **1** Instrument à vent sans piston ni clé. **2** Soldat qui joue du clairon.

**claironner** v. ① ■ **1** v. intr. Parler d'une voix aiguë et forte. **2** fig. Annoncer avec éclat, affectation. ▷ adj. **claironnant, ante**

**clairsemé, ée** adj. ■ **1** Qui est peu serré. *Arbres clairsemés*. **2** fig. Peu dense. → **rare.**

**clairvoyance** n. f. ■ Vue claire, lucide des choses. ▷ **clairvoyant, ante** adj. → **lucide.**

**clamer** v. tr. ① ■ Manifester par des cris.

**clameur** n. f. ■ Ensemble de cris confus.

**clamp** [klɑ̃p] n. m. ■ anglic., chir. Pince occlusive à deux branches. ► **clamper** v. tr. ①

**clampin** n. m. ■ fam. Traînard, fainéant.

**clamser** [klamse] v. intr. ① ■ fam. Mourir. – var. CLAMECER ③

**clan** n. m. ■ **1** Tribu (Écosse et Irlande). ◆ ethnol. Groupe ayant à l'origine un ancêtre unique. **2** Groupe fermé de personnes.

**clandestin, ine** adj. ■ Qui se fait en cachette et a un caractère illicite. → *Passager clandestin*, sans billet. → *Travailleur clandestin*, sans statut légal. ▷ adv. **clandestinement**

**clandestinité** n. f. ■ Caractère clandestin.

**clanique** adj. ■ ethnol. D'un clan.

**clapet** n. m. ■ **1** Soupape en forme de couvercle. **2** fam. *Ferme ton clapet* : tais-toi.

**clapier** n. m. ■ Abri où on élève des lapins.

**clapoter** v. intr. ① ■ (surface liquide) Être agité de petites vagues au bruit caractéristique. ▷ n. m. **clapotement** et **clapotis**

**clapper** v. intr. ① ■ Produire un bruit sec avec la langue. ▷ n. m. **clappement**

**claquage** n. m. ■ Distension d'un ligament.

**claquant, ante** adj. ■ fam. Qui fatigue.

**claque** n. f. ■ **1** Coup donné avec le plat de la main. → **gifle.** → loc. fam. *Tête à claques*, visage déplaisant ; personne déplaisante. **2** ancient Personnes payées pour applaudir. **3** fam. *EN AVOIR SA CLAQUE* : en avoir assez.

**claquement** n. m. ■ Fait de claquer ; choc, bruit de ce qui claque.

**claquemurer** v. tr. ① ■ Tenir enfermé. ► **se claquemurer** v. pron. Rester chez soi.

**claquer** v. ① ■ **I** v. intr. **1** Produire un bruit sec et sonore. → *Claquer des dents* (de froid...). **2** fam. *L'affaire lui a claqué dans les doigts*, lui a échappé. **3** fam. Mourir. **II** v. tr. **1** Donner une claque à (qqn). **2** Faire claquer. *Claquer la porte*. **3** fam. Dépenser en gaspillant. **4** fam. Éreinter, fatiguer. **5** *Se claquer un muscle* (→ **claquage).**

**claquette** n. f. ■ **1** Petit instrument articulé servant à produire un signal (en claquant). – syn. (anglic.) CLAP. **2** au plur. Lames de métal fixées aux semelles qui permettent de marquer le rythme en dansant. ◆ Cette danse.

**clarifier** v. tr. ⑦ ■ **1** Rendre plus pur en éliminant les substances étrangères, d'un liquide. **2** Rendre plus clair, facile à comprendre. → **éclaircir, élucider.** ▷ n. f. **clarification**

**clarine** n. f. ■ Clochette au cou du bétail.

**clarinette** n. f. ■ Instrument de musique (bois) à anche simple. ▷ n. **clarinettiste**

**clarisse** n. f. ■ Religieuse de l'ordre de Sainte-Claire.

**clarté** n. f. ■ **I 1** Lumière ; caractère de ce qui est clair. **2** Transparence, limpidité. **II** abstrait **1** Qualité de ce qui est intelligible. **2** au plur. littér. Connaissances, notions.

**clash** n. m. ■ anglic. Conflit violent.

**classable** adj. ■ Qui peut être classé.

**classe** n. f. ■ **I 1** (dans une société) Ensemble de personnes qui ont en commun une fonction, une idéologie et surtout un niveau social. **2** Ensemble d'individus ou d'objets qui ont des caractères communs. → **catégorie**. **3** biol. Division inférieure à l'embranchement. **4** (hiérarchie) Grade, rang. *Première classe.* ◆ *DE CLASSE* : de grande qualité. → *Avoir de la classe*, de la distinction. **II 1** Ensemble d'élèves groupés selon un degré d'études. **2** Enseignement donné. ◆ Salle de classe. **III** Contingent des conscrits nés la même année.

**classement** n. m. ■ **1** Action de ranger dans un ordre ; façon dont un ensemble est classé. **2** Place, dans une compétition.

**classer** v. tr. 1 ■ **1** Diviser en classes, en catégories. **2** Ranger (dans une classe) **3** Mettre dans un ordre, à son ordre. ◆ fig. *Classer une affaire*, la considérer comme terminée, ne plus s'en occuper.

**classeur** n. m. ■ Dossier ou meuble qui sert à classer des papiers.

**classicisme** n. m. ■ **1** Caractères propres aux œuvres classiques. **2** Caractère classique.

**classification** n. f. ■ Action de ranger par classes. ▷ adj. et n. **classificateur, trice**

**classique** adj. ■ **I 1** (écrivain, texte) Qui fait autorité ; digne d'être imité. **2** Qui appartient à l'Antiquité gréco-latine. **3** Relatif aux grands auteurs du XVIIᵉ siècle, imitateurs des Anciens (opposé à *romantique*). **4** *MUSIQUE CLASSIQUE*, de la tradition occidentale (s'oppose à *folklorique, de variétés...*). ◆ n. m. *Aimer le classique.* **5** Conforme aux usages, aux habitudes. **II** n. m. Auteur classique ; œuvre classique ou importante, reconnue.

**classiquement** adv. ■ De manière classique.

**claudiquer** v. intr. 1 ■ Boiter. ▷ **claudication** n. f. littér.

**clause** n. f. ■ Disposition particulière (d'un acte). *Les clauses d'un contrat.* → dr. *CLAUSE DE STYLE*, habituelle aux contrats de même nature ; fig., cour. disposition toute formelle.

**claustra** n. m. ou f. ■ Cloison légère, ajourée.

**claustral, ale, aux** adj. ■ Relatif au cloître ou qui l'évoque. → **monacal, religieux.**

**claustrer** v. tr. 1 ■ Enfermer, isoler (surtout pronom. et p. p.). → **cloître.** ▷ **claustration** n. f. littér.

**claustrophobie** n. f. ■ Angoisse d'être enfermé. ▷ adj. et n. **claustrophobe**

**claveau** n. m. ■ archit. Pierre taillée en coin.

**clavecin** n. m. ■ Instrument à claviers et à cordes pincées. ▷ n. **claveciniste**

**clavette** n. f. ■ Petite cheville servant à immobiliser (un boulon, une cheville).

**clavicule** n. f. ■ Os très allongé (partie antérieure de l'épaule). ▷ adj. **claviculaire**

**clavier** n. m. ■ Ensemble des touches de certains instruments de musique (piano, clavecin, orgue...), sur lesquelles on appuie les doigts pour obtenir les sons. ◆ Ensemble des touches (d'un appareil), disposées sur plusieurs rangs. *Le clavier d'une machine à écrire, d'un ordinateur. Clavier AZERTY, QWERTY* (selon l'ordre des touches). *Raccourci\* clavier* → Bloc compact rassemblant les touches d'un ordinateur. *Acheter un nouveau clavier.*

**claviste** n. ■ Personne qui saisit un texte sur ordinateur.

**clayette** n. f. ■ Support à claire-voie.

**clayonnage** n. m. ■ Assemblage de pieux et de branches, pour soutenir des terres.

**clé** ou **clef** n. f. ■ **I 1** Instrument de métal faisant fonctionner le mécanisme d'une serrure. → loc. *Mettre la clé sous la porte* : partir ; déménager. *Clés en main* : prêt à être utilisé. **2** loc. *La CLÉ DES CHAMPS* : la liberté. **II 1** Outil servant à serrer ou à démonter des pièces. *Clé à molette.* **2** *CLEF* (ou *CLÉ*) *DE VOÛTE* : claveau central maintenant une voûte. → fig. Partie essentielle (d'un système...). **3** mus. Pièce qui commande l'ouverture des trous du tuyau (d'un instrument à vent). **III** fig. **1** Signe de référence placé au début d'une portée musicale, et qui indique la hauteur des notes. *Clef de sol.* ◆ loc. *À LA CLÉ* (ou *CLEF*) : avec, à la fin de l'opération. *Récompense à la clé.* **2** Ce qui permet de comprendre (qqch.). **3** appos. Qui commande l'accès (concret et abstrait). *Position-clé.*

**clébard** n. m. ■ fam. Chien. – syn. **CLEBS.**

**clématite** n. f. ■ Plante grimpante à fleurs.

**clémence** n. f. ■ **1** littér. Vertu qui consiste à pardonner les offenses et à adoucir les châtiments. **2** fig. Douceur (du climat...).

**clément, ente** adj. ■ **1** Qui manifeste de la clémence. **2** fig. *Un hiver clément.* → **doux.**

**clémentine** n. f. ■ Mandarine à peau fine.

**clenche** n. f. ■ Levier du loquet d'une porte.

**clepsydre** n. f. ■ didact. Horloge à eau.

**cleptomane** → **kleptomane**

**clerc** [klɛʀ] n. m. ■ **1** Homme qui est entré dans l'état ecclésiastique (→ **clergé**; opposé à *laïc*). **2** vx Lettré, savant. – loc. *Il est GRAND CLERC en la matière*, très compétent. **3** Employé d'une étude d'officier public ou ministériel. *Clerc de notaire.* ◆ loc. *PAS DE CLERC* : maladresse par inexpérience.

**clergé** n. m. ■ Ensemble des ecclésiastiques.

**clergyman** [klɛʀʒiman] n. m. ■ Pasteur anglo-saxon. *Des clergymen* (ou *-mans*).

**clérical, ale, aux** adj. ■ **1** Relatif au clergé. **2** adj. et n. Partisan de l'intervention du clergé dans la vie publique. ▷ n. m. **cléricalisme**

**clic** n. m. ■ **I** Bruit sec, bref. **II** Action de presser le bouton de la souris d'un ordinateur. *Double clic.* → **double-clic.**

**cliché** n. m. ■ 1 Image négative (d'une photo). ♦ Photographie. 2 péj. Idée ou expression trop souvent rapidement. → **poncif.** 3 imprim. Plaque en relief pour l'impression.

**client, ente** [klijā, āt] n. m. ■ 1 Personne qui achète ou reçoit des services moyennant rétribution. ♦ Acheteur (d'un fournisseur). 2 n. m. écon. Consommateur, importateur.

**clientèle** n. f. ■ I 1 Protégés, partisans d'un homme politique. 2 Ensemble de clients. II Fait d'être client, d'acheter.

**clientélisme** n. m. ■ (pour un politicien, un parti) Fait de chercher à élargir son influence en attribuant des privilèges.

**cligner** v. [1] ■ 1 v. tr. Fermer à demi ou fermer et ouvrir rapidement (les yeux). ♦ v. tr. ind. *CLIGNER DE L'ŒIL* (pour faire un signe). 2 v. intr. (yeux, paupières) Se fermer et s'ouvrir. ▷ n. m. **clignement**

**clignotant, ante** ■ I adj. Qui clignote (1 et 2). II n. m. (véhicules) Lumière intermittente, qui sert à indiquer la direction.

**clignoter** v. intr. [1] ■ 1 (yeux...) Cligner rapidement et involontairement. 2 Éclairer et s'éteindre alternativement à brefs intervalles. → **scintiller.** ▷ n. m. **clignotement**

**climat** n. m. ■ 1 Ensemble de circonstances atmosphériques et météorologiques (humidité, températures...) propres à une région. 2 fig. Atmosphère morale.

**climatique** adj. ■ Relatif au climat (1). *Changements climatiques.*

**climatisation** n. f. ■ Techniques et appareils maintenant, dans un local, une atmosphère constante (température, humidité).

**climatiser** v. tr. [1] ■ Équiper de la climatisation. ▶ **climatisé, ée** adj.

**climatiseur** n. m. ■ Appareil de climatisation.

**climatologie** n. f. ■ Étude des phénomènes climatiques. ▷ n. **climatologue**

**clin d'œil** [-œj] n. m. ■ 1 Mouvement rapide de la paupière pour faire signe (→ **cligner**). *Des clins d'œil, d'yeux.* 2 *EN UN CLIN D'ŒIL* loc. adv. : en un temps très court.

**clinicien, ienne** n. ■ Médecin praticien.

**clinique** ■ I 1 adj. Qui concerne les manifestations observables de la maladie. ▷ adv. **cliniquement** 2 n. f. Enseignement médical donné au chevet des malades. II n. f. Établissement de soins privé.

**clinquant, ante** ■ I adj. Qui brille d'un éclat trop voyant. II n. m. 1 Mauvaise imitation de pierreries, etc. 2 fig. Éclat trompeur.

① **clip** [klip] n. m. ■ anglic. Bijou qui se fixe par une pince. ♦ Fixation par pince à ressort. - var. CLIPS [klips] n. m. ▷ v. tr. **clipper** ou **clipser** [1]

② **clip** [klip] n. m. ■ anglic. Court film vidéo promotionnel. - syn. VIDÉOCLIP n. m.

**clique** n. f. ■ 1 Groupe de personnes peu estimables. 2 Ensemble des tambours et des clairons d'une musique militaire.

**cliquer** v. intr. [1] ■ anglic. Actionner le bouton d'une souris (d'ordinateur).

**cliques** n. f. pl. ■ fam. *PRENDRE SES CLIQUES ET SES CLAQUES* : s'en aller en emportant ce que l'on possède.

**cliqueter** v. intr. [4] ■ Produire un cliquetis.

**cliquetis** n. m. ■ Série de bruits secs produits par des corps qui se choquent.

**clitoridectomie** n. f. ■ didact. Ablation rituelle du clitoris. → **excision.**

**clitoris** [-is] n. m. ■ Petit organe érectile de la vulve. ▷ adj. **clitoridien, ienne**

**cliver** v. tr. [1] ■ 1 Fendre (un minéral) dans le sens naturel de ses couches. 2 fig. Séparer par niveaux, par plans. ▷ n. m. **clivage**

**cloaque** n. m. ■ I 1 Lieu destiné à recevoir les immondices, les eaux usées. 2 Lieu malpropre. II zool. Orifice des cavités urinaire, intestinale et génitale (oiseaux...).

**clochard, arde** n. ■ Personne socialement inadaptée, dans les villes. - abrév. fam. CLODO.

① **cloche** n. f. ■ 1 Instrument creux, évasé, en métal sonore (bronze...), dont on tire des vibrations retentissantes en le frappant les parois. ♦ loc. *N'entendre qu'un SON DE CLOCHE,* qu'une opinion. - *Déménager À LA CLOCHE DE BOIS,* en cachette. - fam. *SONNER LES CLOCHES à qqn,* le réprimander fortement. 2 Objet creux qui recouvre, protège. 3 loc. fam. *SE TAPER LA CLOCHE* : bien manger.

② **cloche** n. f. ■ fam. I Personne niaise et incapable. II *La cloche* : les clochards.

**à cloche-pied** loc. adv. ■ En tenant un pied en l'air et en sautant sur l'autre.

① **clocher** n. m. ■ 1 Bâtiment élevé d'une église, où l'on place les cloches. 2 loc. *Querelles de clocher,* purement locales, insignifiantes. - *Esprit de clocher* : chauvinisme.

② **clocher** v. intr. [1] ■ Être défectueux.

**clocheton** n. m. ■ Petit clocher.

**clochette** n. f. ■ 1 Petite cloche. 2 Fleur, corolle en forme de petite cloche.

**cloison** n. f. ■ 1 Paroi qui limite les pièces (d'une maison...). 2 Ce qui divise l'intérieur (d'une cavité). 3 fig. Barrière, séparation.

**cloisonner** v. tr. [1] ■ Séparer par des cloisons (sens propre et fig.). ▷ n. m. **cloisonnement**

**cloître** n. m. ■ 1 Partie d'un monastère interdite aux profanes. → **clôture.** 2 (dans un monastère...) Galerie à colonnes qui encadre une cour ou un jardin carré.

**cloîtrer** v. tr. [1] ■ 1 Enfermer comme religieux, religieuse dans un monastère. 2 fig. Enfermer, mettre à l'écart (qqn).

**clone** n. m. ■ biol. Individu provenant de la reproduction d'un individu unique. ▷ **cloner** v. tr. [1] ▷ n. m. **clonage**

**clope** n. m. ou f. ■ fam. Mégot ; cigarette.

**clopin-clopant** loc. adv. ■ En clopinant.

**clopiner** v. intr. [1] ■ Marcher avec peine, en traînant le pied. → **boiter.**

**cloporte** n. m. ■ 1 Arthropode qui vit sous les pierres. 2 fig. Personnage ignoble.

**cloque** n. f. ■ 1 Poche cutanée pleine de sérosité. → **ampoule.** 2 Boursouflure (d'une surface). 3 loc. vulg. *Être en cloque,* enceinte.

**cloquer** v. intr. [1] ■ Former des cloques.

**clore** v. tr. 45 ▪ **1** vx Fermer. **2** Terminer ; déclarer terminé. ► ① **clos, ose** p. p. adj. ② **clos** n. m. ▪ Terrain cultivé et clos.

**clostridie** n. f. ▪ biol. Bactérie anaérobie de la flore intestinale, responsable de certaines maladies (tétanos, botulisme).

**clôture** n. f. ▪ **1** Ce qui sert à fermer un passage, à enclore un espace. **2** Enceinte où des religieux vivent cloîtrés. → **cloître**. **3** Action de déclarer la fin de qqch.

**clôturer** v. tr. 1 ▪ **1** Fermer par une clôture. **2** Déclarer terminé.

**clou** n. m. ▪ I **1** Petite tige de métal pointue, souvent à tête, qui sert à fixer, assembler, suspendre. **2** *Les clous.* → passage **clouté**. **3** loc. fam. *Ça ne vaut pas un clou* : cela ne vaut rien. II **1** *Clou de girofle*\*. **2** fam. Furoncle. III **1** fam. Mont-de-piété. **2** *Le clou du spectacle* : ce qui accroche l'attention. **3** Mauvais véhicule.

**clouer** v. tr. 1 ▪ **1** Fixer, assembler (avec des clous...). **2** fig. Immobiliser. ‒ passif *Rester cloué sur place.* **3** loc. CLOUER LE BEC à qqn, le réduire au silence.

**clouté, ée** adj. ▪ **1** Garni de clous. **2** *PASSAGE CLOUTÉ* : passage pour piétons (autrefois limité par des clous) (→ les clous).

**clovisse** n. f. ▪ régional Palourde.

**clown** [klun] n. m. ▪ **1** Comique de cirque qui, grotesquement accoutré, fait des scènes de farce. **2** Farceur, pitre.

**clownerie** [klunʀi] n. f. ▪ Pitrerie.

**clownesque** [klunɛsk] adj. ▪ Qui a rapport au clown. ♦ Digne d'un clown.

**club** [klœb] n. m. ▪ **1** Société culturelle, sportive, politique... **2** Cercle où des habitués (membres) se retrouvent. II Large fauteuil de cuir. III Crosse de golf.

**cluse** n. f. ▪ Gorge perpendiculaire, dans une chaîne de montagnes.

**clystère** n. m. ▪ vx Lavement.

**cnidaires** n. m. pl. ▪ zool. Embranchement d'animaux comprenant les méduses, les coraux (ancien nom : *cœlentérés* n. m. pl.).

**co-** Élément, du latin *cum* « avec ». → **con-**.

**coach** [kotʃ] n. m. ▪ anglic. **1** Entraîneur (d'un sportif). **2** Personne qui conseille qqn, pour développer ses performances professionnelles.

**coadjuteur** n. m. ▪ Adjoint d'un prélat.

**coaguler** v. 1 ▪ **1** v. tr. Transformer (un liquide organique) en masse solide. **2** v. intr. Se figer. ▷ n. f. **coagulation**

**coaliser** v. 1 ▪ I *SE COALISER* v. pron. **1** Former une coalition. **2** S'unir, s'entendre (contre qqn). II v. tr. Unir (contre).

**coalition** n. f. ▪ **1** Réunion momentanée (de puissances...) dans la poursuite d'un intérêt commun. → **alliance, entente, ligue**. **2** fig. Union. *Une coalition d'intérêts*.

**coaltar** [koltaʀ ; kɔltaʀ] n. m. ▪ Goudron de houille. ♦ fam. *Être dans le coaltar*, ahuri.

**coasser** v. intr. 1 ▪ (grenouille...) Pousser son cri (≠ *croasser*). ▷ n. m. **coassement**

**coauteur** n. m. ▪ Personne qui a écrit un livre en collaboration avec une autre.

**cobalt** [-alt] n. m. ▪ Élément (symb. Co), métal dur, blanc à reflets. *Cobalt radioactif.*

**cobaye** [-aj] n. m. ▪ Mammifère rongeur (syn. *cochon d'Inde*). ♦ fam. Sujet d'expérience.

**cobra** n. m. ▪ Serpent venimeux à cou dilatable (syn. *serpent à lunettes*). → **naja**.

**coca** ▪ **1** n. m. ou f. Arbrisseau dont les feuilles contiennent des alcaloïdes (→ **cocaïne**). **2** n. f. Substance extraite de ces feuilles.

**coca-cola** n. m. invar. (marque amér.) ▪ Boisson à base de coca et de cola. – abrév. COCA.

**cocagne** n. f. ▪ **1** *PAYS DE COCAGNE* : pays imaginaire où l'on a tout en abondance. **2** *MÂT DE COCAGNE*, au sommet duquel sont suspendus des objets à décrocher.

**cocaïne** n. f. ▪ Alcaloïde extrait du coca (analgésique...). ‒ Cet alcaloïde, utilisé comme stupéfiant (▷ n. **cocaïnomane**).

**cocarde** n. f. ▪ **1** Insigne aux couleurs d'une nation. **2** Nœud décoratif.

**cocardier, ière** adj. ▪ Chauvin, militariste.

**cocasse** adj. ▪ fam. D'une étrangeté comique. ▷ n. f. **cocasserie** ▷ adv. **cocassement**

**coccinelle** n. f. ▪ Coléoptère au corps rouge tacheté de noir (syn. *bête à bon Dieu*).

**coccyx** [kɔksis] n. m. ▪ Petit os situé au bas de la colonne vertébrale (sacrum\*).

① **coche** n. f. ▪ Encoche ; entaille.

② **coche** n. m. ▪ **1** ancient Grande voiture à chevaux, pour le transport des voyageurs. ‒ loc. *La mouche\* du coche.* ♦ *Coche d'eau* (chaland). **2** fig. *MANQUER LE COCHE* : perdre l'occasion de faire une chose profitable.

**cochenille** n. f. ▪ Insecte dont on tirait une teinture rouge écarlate.

① **cocher** v. tr. 1 ▪ Marquer d'un signe.

② **cocher** n. m. ▪ Celui qui conduit une voiture à cheval. *Cocher de fiacre.*

**cochère** adj. f. ▪ *PORTE COCHÈRE*, dont la taille permet l'entrée d'une voiture.

**cochon** ▪ I n. m. **1** Porc élevé pour l'alimentation (mâle, opposé à *truie* ; châtré, opposé à *verrat*). *Cochon de lait* : jeune cochon. ♦ loc. *Manger comme un cochon*, malproprement. ‒ *Tête de cochon*, mauvais caractère. **2** *COCHON D'INDE* : cobaye. II **1** fam. *COCHON, COCHONNE* : personne malpropre ou grossière. **2** adj. *Histoire cochonne*, licencieuse.

**cochonnaille** n. f. ▪ fam. Charcuterie.

**cochonner** v. tr. 1 ▪ fam. Faire (qqch.) mal.

**cochonnerie** n. f. ▪ **1** fam. Saleté. **2** Chose mal faite, sans valeur. **3** Acte obscène.

**cochonnet** n. m. ▪ Petite boule servant de but aux joueurs de boules.

**cocker** [kɔkɛʀ] n. m. ▪ Chien de chasse à longues oreilles pendantes.

**cockney** [kɔknɛ] n. et adj. ▪ Londonien au langage populaire (de l'est de la ville).

**cockpit** [kɔkpit] n. m. ▪ aviat. Cabine de pilote.

**cocktail** [kɔktɛl] n. m. ▪ **1** Mélange de boissons. **2** Réunion mondaine où l'on boit. **3** *COCKTAIL MOLOTOV* : bouteille emplie d'un liquide inflammable (projectile incendiaire).

① **coco** n. m. ■ Fruit du cocotier, aussi appelé *noix de coco*.

② **coco** n. m. ■ **1** (enfantin) Œuf. **2** Terme d'affection. *Mon coco*. **3** Individu bizarre.

③ **coco** n. ■ fam. Communiste.

**cocon** n. m. ■ Enveloppe formée d'un fil de soie enroulé, dont certaines chenilles s'entourent pour se transformer en chrysalide.

**cocooning** [kɔkuniŋ] n. m. ■ anglic. Situation de sécurité, de confort douillet.

**cocorico** n. m. ■ Chant du coq. – var. COQUERICO.

**cocotier** [-tje] n. m. ■ Palmier au tronc élancé, qui produit la noix de coco.

① **cocotte** n. f. ■ **1** (enfantin) Poule. → COCOTTE EN PAPIER : papier plié en forme d'oiseau. **2** vieilli Femme de mœurs légères. **3** Terme d'affection. *Ma cocotte*.

② **cocotte** n. f. ■ Marmite en fonte.

**cocu, e** n. et adj. ■ fam. (Personne) dont le conjoint est infidèle. ♦ loc. *Une veine de cocu*, extraordinaire.

**cocuage** n. m. ■ fam. État de cocu.

**cocufier** v. tr. 7 ■ fam. Faire cocu.

**coda** n. f. ■ mus. Conclusion d'un morceau.

**codage** n. m. ■ Action de coder.

**code** n. m. ■ **1** Ensemble de lois (et de dispositions légales). *Code pénal*. **2** Décret ou loi réglant un domaine particulier. *Code de la route*. → *Phares code* ou *codes*, à puissance réduite. **3** Ensemble de règles, de prescriptions. **4** Système de symboles destinés à représenter une information. → *Code à barres* ou *code-barre* : fines barres parallèles imprimées permettant l'identification d'un produit. ♦ biol. *Code génétique* : mécanismes transmettant l'information génétique.

**coder** v. tr. 1 ■ Mettre en code (4).

**codex** [-ɛks] n. m. ■ Recueil officiel des médicaments. → **pharmacopée**.

**codicille** [-sil] n. m. ■ Acte ajouté à un testament pour le modifier.

**codifier** v. tr. 7 ■ **1** Réunir (des dispositions légales) dans un code. **2** Ériger en système organisé. ▷ n. f. **codification**

**coédition** n. f. ■ Édition (d'un livre) par plusieurs éditeurs (*coéditeurs*).

**cœfficient** n. m. ■ **1** Nombre multipliant une quantité. **2** phys. Nombre caractérisant une propriété. *Cœfficient de dilatation*.

**cœlacanthe** n. m. ■ zool. Grand poisson osseux, très primitif.

**cœlentérés** n. m. pl. ■ → **cnidaires**.

**cœlioscopie** [se-] n. f. ■ méd. Examen de la cavité abdominale par endoscopie.

**coépouse** n. f. ■ Chacune des épouses d'un polygame, par rapport aux autres épouses.

**coéquipier, ière** n. ■ Personne qui fait équipe avec d'autres.

**coercitif, ive** adj. ■ didact. Qui exerce une contrainte (*coercition* n. f.).

**cœur** [kœʀ] n. m. ■ **I 1** Organe central de l'appareil circulatoire (animaux supérieurs) ; chez l'homme viscère musculaire conique situé entre les deux poumons (→ **cardiaque, cardio-**). **2** Poitrine. *Serrer qqn contre son cœur*. **3** *Avoir MAL AU CŒUR*, des nausées (→ écœurer). **II 1** Ce qui a la forme d'un cœur. ♦ aux cartes Série dont la marque est un cœur. **2** Partie centrale (de qqch.). *Cœur de laitue*. **3** Point essentiel. *Le cœur du problème*. **III 1** Siège des sensations et émotions. *Avoir le cœur gros*, de la peine. **2** dans des loc. Siège du désir, de l'humeur. *DE BON CŒUR* : avec plaisir. → *Prendre qqch. À CŒUR*, y prendre un vif intérêt. **3** Siège des sentiments, des passions ; de l'amour. *Avoir du cœur, bon cœur*. **5** littér. Qualités de caractère ; fierté, courage. **6** Pensée intime. *Ouvrir son cœur* : se confier. **7** loc. *PAR CŒUR* : de mémoire.

**coexister** v. intr. 1 ■ Exister ensemble, en même temps. ▷ n. f. **coexistence**

**coffrage** n. m. ■ Dispositif qui moule et maintient le béton que l'on coule ; sa pose.

**coffre** n. m. ■ **1** Meuble en forme de caisse, à couvercle. **2** Caisse où l'on range des choses précieuses. **3** Espace de rangement, dans une voiture. → **malle**. **II** fam. Thorax. → *Avoir du coffre*, de la résistance.

**coffre-fort** n. m. ■ Coffre de sûreté, en acier.

**coffrer** v. tr. 1 ■ **1** fam. Emprisonner (qqn). **2** techn. Munir d'un coffrage.

**coffret** n. m. ■ Boîte ; emballage rigide.

**cogiter** v. intr. 1 ■ plais. Réfléchir.

**cogito** n. m. ■ Base de la philosophie de Descartes : « je pense » (donc je suis).

**cognac** n. m. ■ Eau-de-vie de Cognac.

**cognassier** n. m. ■ Arbre qui produit les coings.

**cognée** n. f. ■ Grosse hache. ← loc. *Jeter le manche après la cognée* : se décourager.

**cogner** v. 1 ■ **I** v. tr. dir. **1** Heurter (qqch.). **2** fam. Battre, rosser (qqn). **II** v. tr. ind. Frapper fort, à coups répétés. *Cogner sur, à la porte*. **III** v. intr. Frapper ; heurter.

**cognitif, ive** [-gn-] adj. ■ didact. Qui concerne la connaissance rationnelle, la faculté, l'acte de connaître (la *cognition* n. f.).

**cohabitation** n. f. ■ **1** Fait d'habiter, de vivre ensemble. **2** (en France) Coexistence d'un président et d'un gouvernement de tendances opposées. ▷ **cohabiter** v. intr. 1

**cohérent, ente** adj. ■ Fait de parties liées et harmonisées. ▷ n. f. **cohérence**

**cohésion** n. f. ■ **1** phys. Force qui unit les parties d'un corps (molécules). **2** Caractère d'un ensemble uni, harmonieux.

**cohorte** n. f. ■ **1** Antiq. Dixième partie de la légion romaine. **2** Troupe, troupe.

**cohue** n. f. ■ Foule agitée ; bousculade.

**coi, coite** adj. ■ loc. *Se tenir coi*, silencieux.

**coiffe** n. f. ■ Coiffure féminine traditionnelle (régionale).

**coiffer** v. tr. ① ▪ **1** Couvrir la tête de (qqn). ◆ loc. *Coiffer sainte Catherine* (→ **catherinette**). **2** Recouvrir, surmonter (qqch.). **3** Arranger les cheveux de (qqn). – pronom. *Se coiffer.* **4** loc. *Être né coiffé :* avoir de la chance. **5** Être à la tête de. → **chapeauter. 6** Dépasser (un concurrent) à l'arrivée.

**coiffeur, euse** n. ▪ Personne qui fait métier de couper et soigner les cheveux.

**coiffeuse** n. f. ▪ Table munie d'un miroir.

**coiffure** n. f. ▪ **1** vieilli Ce qui sert à couvrir ou orner la tête (chapeau, etc.). **2** Arrangement des cheveux. **3** Métier de coiffeur.

**coin** n. m. ▪ **I 1** Instrument triangulaire pour fendre ou assujettir. **2** Morceau d'acier gravé en creux, pour frapper les monnaies, etc. **II 1** Angle rentrant ou saillant. – *Regard en coin*, oblique. **2** Petit espace. – loc. *Un coin de terre.* ◆ Endroit retiré. → **recoin.** ◆ fam. *Le PETIT COIN :* les W.-C.

**coincer** v. tr. ③ ▪ **1** Assujettir, fixer en immobilisant. – pronom. *Se coincer :* se bloquer, cesser de fonctionner. **2** fig., fam. Mettre (qqn) dans l'impossibilité de se mouvoir, d'agir, de répondre. ➤ **coincé, ée** adj. **1** Bloqué, immobilisé. **2** fam. Complexé, inhibé. ➤ n. m. **coincement**

**coïncidence** n. f. ▪ Fait de coïncider. ◆ Événements arrivant ensemble par hasard.

**coïncident, ente** adj. ▪ didact. Qui coïncide.

**coïncider** v. intr. ① ▪ **1** Se produire en même temps. **2** (figures) Se recouvrir exactement. **3** Correspondre exactement, s'accorder.

**coin-coin** n. m. invar. ▪ Cri du canard.

**coing** [kwɛ̃] n. m. ▪ Fruit du cognassier, en forme de poire, de couleur jaune.

**coït** [kɔit] n. m. ▪ Accouplement du mâle avec la femelle. ➤ **coïter** v. intr. ① → **copuler.**

**coke** n. m. ▪ Charbon issu de la carbonisation ou de la distillation de houilles grasses.

**cokéfier** v. tr. ⑦ ▪ techn. Transformer (la houille) en coke. ➤ n. f. **cokéfaction**

**col** n. m. ▪ **I** vx ou littér. Cou. – loc. *Se pousser du col :* prendre de grands airs. **II 1** Partie étroite (d'un récipient). → **goulot. 2** anat. Partie rétrécie (d'une cavité : *col de l'utérus ;* d'un os : *col du fémur*). **III** Passage entre deux sommets de montagne. **IV 1** Partie du vêtement qui entoure le cou. – fam. *COL BLANC :* employé de bureau. **2** *FAUX COL :* mousse (d'un verre de bière).

**cola** ou **kola ▪ 1** n. m. Arbre d'Afrique (appelé aussi *colatier* ou *kolatier*), qui produit la *noix de cola.* **2** n. m. ou f. Produit stimulant extrait de cette noix (→ **coca-cola**).

**colchique** n. m. ▪ Plante des prés humides, vénéneuse, qui fleurit en automne.

**col-de-cygne** n. m. ▪ Tuyau, robinet à double courbe. *Des cols-de-cygne.*

**-cole** Élément, du latin *colere* « cultiver, habiter » qui signifie « culture » (ex. *viticole*) ou « habitat » (ex. *arboricole*).

**coléoptère** n. m. ▪ zool. Insecte à quatre ailes dont deux (les élytres) sont cornées. *L'ordre des coléoptères.*

**colère** n. f. ▪ **1** Violent mécontentement accompagné d'agressivité. **2** Accès, crise de colère. ➤ adj. et n. **coléreux, euse** et **colérique** → **irascible.**

**colibacille** [-sil] n. m. ▪ Bactérie intestinale qui peut devenir pathogène (*colibacillose* [-siloz] n. f.).

**colibri** n. m. ▪ Oiseau de très petite taille, à plumage éclatant. → **oiseau-mouche.**

**colifichet** n. m. ▪ Objet, bijou de fantaisie.

**colimaçon** n. m. ▪ **1** Escargot. **2** *EN COLIMAÇON :* en hélice. *Escalier en colimaçon.*

**colin** n. m. ▪ Poisson de mer à dos noir.

**colin-maillard** n. m. ▪ Jeu où un joueur, les yeux bandés, doit chercher les autres à tâtons, en saisir un et le reconnaître.

**colique** n. f. ▪ **1** Douleur au niveau des viscères abdominaux. → **colite, entérite.** *Colique néphrétique* (due à un calcul). **2** Diarrhée.

**colis** n. m. ▪ Paquet destiné à être expédié.

**colite** n. f. ▪ méd. Inflammation du côlon.

**collaborateur, trice** n. ▪ **1** Personne qui collabore à une œuvre. **2** (en 1940-1944) Français partisan de l'entente avec les Allemands. – abrév. fam. COLLABO.

**collaboratif, ive** adj. ▪ Destiné à un travail en commun, sur le web. *Site collaboratif.* → **wiki.** ◆ par ext. Fondé sur le partage (des équipements, des services).

**collaboration** n. f. ▪ **1** Action de collaborer (1). **2** Politique, attitude des collaborateurs (2).

**collaborer** v. ① ▪ **1** v. tr. ind. Travailler en commun (à qqch. ; avec qqn). **2** v. intr. Agir en collaborateur (2).

**collage** n. m. ▪ **1** Action de coller. **2** Œuvre faite d'éléments collés.

**collagène** n. m. ▪ biochim. Protéine fibreuse du tissu conjonctif.

**collant, ante** adj. ▪ **1** Qui adhère, qui colle. **2** Qui s'applique exactement sur une partie du corps. → **ajusté, moulant.** ◆ n. m. Vêtement réunissant culotte et bas. **3** fam. (personnes) Ennuyeux, importun.

**collapsus** [-ys] n. m. ▪ méd. **1** Malaise soudain, intense, accompagné d'une chute de tension. **2** Affaissement d'un organe.

**collatéral, ale, aux** adj. ▪ **1** didact. Qui est sur le côté. **2** dr. *Parents collatéraux*, descendant d'un même ancêtre sans descendre les uns des autres (ex. frères, cousins...).

**collation** n. f. ▪ Repas léger.

**collationner** v. tr. ① ▪ Comparer (des versions d'un texte) pour les vérifier. ➤ n. m. **collationnement**

**colle** n. f. ▪ **I 1** Matière gluante adhésive. **2** fig. *POT DE COLLE :* personne dont on ne peut se débarrasser. **II 1** fam. *À LA COLLE* loc. adv. : en concubinage. **2** argot scol. Interrogation. – Question difficile. ◆ Consigne (punition).

**collecte** n. f. ▪ **1** Action de recueillir des dons. → **quête. 2** Action de réunir (des produits, des éléments) en vue d'un traitement. ➤ **collecter** v. tr. ①

**collecteur, trice** ∎ **I** n. Personne qui fait une collecte. **2** n. m. Dispositif qui recueille (des gaz, des liquides...). ◆ adj. Qui recueille.

**collectif, ive** ∎ **I** adj. **1** Qui concerne un ensemble de personnes. **2** ling. Se dit d'un terme singulier représentant un ensemble (ex. foule). **II** n. m. **1** Projet de loi de finances. *Collectif budgétaire.* **2** Équipe, groupe ayant un objectif commun.

**collection** n. f. ∎ **1** Réunion d'objets (spécialt précieux, intéressants). **2** Série de publications ayant une unité. **3** Ensemble de modèles présentés en même temps.

**collectionner** v. tr. 1 ∎ **1** Réunir pour faire une collection (1). **2** fig. Accumuler.

**collectionneur, euse** n. ∎ Personne qui fait une, des collections.

**collectivement** adv. ∎ De façon collective.

**collectiviser** v. tr. 1 ∎ Mettre (les moyens de production) en possession de la collectivité. ▷ n. f. **collectivisation**

**collectivisme** n. m. ∎ Système fondé sur la propriété collective des moyens de production. → **communisme.** ▷ adj. et n. **collectiviste**

**collectivité** n. f. ∎ **1** Groupe de personnes. → **communauté, société.** *Vie en collectivité.* **2** Circonscription administrative dotée de la personnalité morale. *Collectivités locales.*

**collector** n. m. ∎ anglic. Objet produit en série qui devient un objet de collection (disque...).

**collège** n. m. ∎ **I** Réunion de personnes ayant la même dignité, la même fonction. ◆ *Collège électoral,* ensemble d'électeurs. **II** Établissement d'enseignement secondaire du premier cycle. ◆ *Le Collège de France* (enseignement supérieur).

**collégial, iale, iaux** adj. ∎ **1** D'un collège (I) de chanoines. *Église collégiale.* **2** Exercé par un collège, un groupe. ▷ n. f. **collégialité**

**collégien, ienne** n. ∎ Élève de collège (II).

**collègue** n. ∎ **1** Personne qui exerce la même fonction qu'une autre. **2** régional Ami.

**coller** v. 1 ∎ **I** v. tr. **1** Joindre et faire adhérer avec de la colle. **2** (sujet chose) Faire adhérer. *La sueur collait ses cheveux.* **3** inform. Insérer (du texte...) dans un document. *Copier et coller.* → **copier-coller. 4** Appliquer étroitement (le corps... contre). **5** fam. Donner ; mettre. *Il lui a collé une gifle.* **6** fam. Infliger une colle (II, 2) à. ◆ *Refuser* (qqn) à un examen. **II** v. intr. **1** Adhérer. **2** Être gluant. **2** fam. *Ça colle :* ça fonctionne. **III** v. tr. ind. *COLLER À :* s'adapter étroitement à.

**collerette** n. f. ∎ **1** Tour de cou plissé. → **fraise. 2** Objet en forme de couronne.

**collet** n. m. ∎ **I 1** vx Col (d'un vêtement). ◆ loc. *COLLET MONTÉ :* prude, austère. → *Prendre qqn AU COLLET,* l'arrêter. **2** Cou (d'animal). **II** Nœud coulant pour prendre des animaux (au cou). **III** Partie (d'une dent) entre la couronne et la gencive.

**se colleter** v. pron. 4 ∎ Se battre, lutter.

**colleur, euse** ∎ **1** n. Personne qui colle (des affiches...). **2** n. f. Appareil pour coller.

**collier** n. m. ∎ **1** Objet passé autour du cou d'un animal pour l'attacher ou le harnacher. ◆ loc. fig. *Reprendre le collier :* se remettre au travail. → *Donner un COUP DE COLLIER :* fournir un gros effort. **2** Bijou, ornement porté autour du cou. **3** Barbe courte et fine. **4** techn. Cercle de renfort.

**colliger** v. tr. 3 ∎ didact. Recueillir, réunir (des textes, des informations...).

**collimateur** n. m. ∎ Dispositif de visée (d'une arme...). → loc. *Avoir qqn dans le collimateur,* guetter le moment de l'attaquer.

**colline** n. f. ∎ Élévation de terrain arrondie.

**collision** n. f. ∎ **1** Choc de deux corps qui se rencontrent. **2** fig. Conflit, opposition.

**colloïdal, ale, aux** adj. ∎ sc. Se dit de corps qui ressemblent à une gelée.

**colloque** n. m. ∎ Réunion de spécialistes pour débattre de questions théoriques, etc.

**collusion** n. f. ∎ Entente secrète au préjudice d'un tiers.

**collutoire** n. m. ∎ Médicament liquide destiné à agir sur la cavité buccale.

**collyre** n. m. ∎ Médicament liquide qu'on instille dans l'œil.

**colmater** v. tr. 1 ∎ Boucher, fermer. ◆ fig. *Colmater un déficit.* ▷ n. m. **colmatage**

**colo-** Élément, tiré de *côlon,* qui sert à former des mots de médecine (ex. coloscopie n. f. « examen du côlon »).

**colombage** n. m. ∎ Mur à charpente apparente en bois. ◆ Cette charpente.

**colombe** n. f. ∎ littér. Pigeon (symbole de douceur, de pureté, de paix).

**colombier** n. m. ∎ littér. Pigeonnier.

**colombo** n. m. ∎ cuisine antillaise Mélange d'épices d'origine indienne (coriandre, piment...) ; plat de viande, de poisson) préparé avec ce mélange.

**colombophile** adj. et n. ∎ Qui élève des pigeons voyageurs. ▷ n. f. **colombophilie**

**colon** n. m. ∎ **I** Personne qui est allée peupler, exploiter une colonie ; habitant d'une colonie. **II** Enfant d'une colonie (II).

**côlon** n. m. ∎ Portion moyenne du gros intestin, entre le cæcum et le rectum.

**colonel** n. m. ∎ Officier supérieur qui commande un régiment, etc.

**colonial, ale, aux** ∎ **1** adj. Relatif aux colonies (I, 1). **2** n. m. Militaire de l'armée coloniale. ◆ n. Habitant d'une colonie. → **colon. 3** n. f. Les troupes coloniales.

**colonialisme** n. m. ∎ Doctrine, système légitimant l'occupation, la domination et l'exploitation de territoires par un pays colonisateur. ▷ adj. et n. **colonialiste**

**colonie** n. f. ∎ **I** Établissement fondé dans un pays moins développé par une nation dominante ; ce pays, placé sous la dépendance du pays occupant, qui en tire profit. **2** Population des colons d'une colonie. **II 1** ancient *COLONIE PÉNITENTIAIRE :* établissement pour jeunes délinquants. **2** *COLONIE DE VACANCES :* groupe d'enfants réunis pour un séjour de vacances. **III 1** Personnes originaires d'un même lieu, qui en habitent un autre. *La colonie chinoise de Paris.* **2** Réunion d'animaux vivant en commun.

**coloniser** v. tr. ① ■ Faire de (un pays) une colonie (I, 1) ; exploiter comme colonie. ► **colonisé, ée** adj. et n. ▷ n. f. **colonisation** ▷ adj. et n. **colonisateur, trice**

**colonnade** n. f. ■ archit. File de colonnes.

**colonne** n. f. ■ **I 1** Support vertical d'un édifice, souvent cylindrique. → **pilastre, pilier. 2** Monument formé d'une colonne. **II 1** COLONNE VERTÉBRALE, axe articulé formé par les vertèbres (33 chez l'homme), soutien du squelette et axe nerveux des vertébrés. **2** Masse verticale (d'un fluide). **Colonne d'air. 3** COLONNE MONTANTE : maçonnerie groupant les canalisations d'un immeuble. **4** Section divisant verticalement une page. **5** Corps de troupe disposé en profondeur. ◆ loc. CINQUIÈME COLONNE : services secrets d'espionnage ennemi sur un territoire. **6** File (de personnes, etc.).

**colonnette** n. f. ■ Petite colonne.

**colopathie** n. f. ■ méd. Affection du côlon.

**colophane** n. f. ■ Résine servant à frotter les crins des archets (de violons, etc.).

**coloquinte** n. f. ■ Plante (cucurbitacée) dont le fruit rond, amer donne un purgatif.

**colorant, ante** ■ **1** adj. Qui colore. **2** n. m. Substance colorée qui peut se fixer à une matière pour la teindre. → **teinture.**

**coloration** n. f. ■ Action de colorer.

**colorature** n. f. ■ mus. **1** Musique vocale très ornée. **2** Chanteuse de ce style.

**-colore** Élément, du latin *color* « couleur ».

**colorectal, ale, aux** adj. ■ méd. Qui concerne le côlon et le rectum.

**colorer** v. tr. ① ■ **1** Revêtir de couleur, donner une teinte à. → **teindre, teinter. 2** fig. → **teinter** (fig.). ► **coloré, ée** adj.

**colorier** v. tr. ⑦ ■ Appliquer des couleurs sur (une surface...). ▷ n. m. **coloriage**

**coloris** n. m. ■ **1** Effet qui résulte du choix et de l'emploi des couleurs (dans un tableau...). **2** Couleur (du visage ; d'objets).

**coloriser** v. tr. ① ■ Mettre en couleur électroniquement (un film en noir et blanc). ▷ n. m. **colorisation**

**coloriste** n. ■ **1** Peintre qui s'exprime surtout par la couleur. **2** Spécialiste des couleurs.

**colossal, ale, aux** adj. ■ Très grand ; très important. → **énorme, immense.**

**colosse** n. m. ■ **1** Statue d'une grandeur extraordinaire. **2** Homme très fort.

**colporter** v. tr. ① ■ **1** Transporter avec soi (des marchandises) pour vendre. **2** Propager, répandre (une information) (souvent péj.). ▷ n. m. **colportage**

**colporteur, euse** n. ■ Marchand(e) ambulant(e) qui vend de porte en porte.

**colt** [kɔlt] n. m. (marque déposée) ■ Revolver ; pistolet automatique.

**coltan** n. m. ■ Minerai composé de niobium et de tantale.

**coltiner** v. tr. ① ■ **1** Porter (un lourd fardeau). **2** fam. SE COLTINER v. pron. : exécuter (un travail ingrat...). *Se coltiner la vaisselle.*

**columbarium** [kɔlɔ̃baʁjɔm] n. m. ■ Édifice où l'on place les urnes funéraires.

**colvert** ou **col-vert** n. m. ■ Espèce commune de canard sauvage.

**colza** n. m. ■ Plante à fleurs jaunes cultivée comme fourrage, et pour ses graines.

**coma** n. m. ■ Perte prolongée de la conscience, de la sensibilité, dans de graves états pathologiques. ← *Coma dépassé* (mort cérébrale). ▷ adj. **comateux, euse**

**comater** v. intr. ① ■ fam. Somnoler.

**combat** n. m. ■ **1** Action d'adversaires armés, d'armées qui se battent. ← *Être mis HORS DE COMBAT*, dans l'impossibilité de poursuivre la lutte. **2** Lutte organisée. *Combat de boxe.* **3** fig., littér. Lutte, opposition.

**combatif, ive** adj. ■ Qui est porté au combat, à la lutte. ▷ n. f. **combativité**

**combattant, ante** ■ **I** n. **1** Personne qui prend part à un combat. **2** fam. Personne qui se bat à coups de poing. **II** n. m. **1** Poisson d'Extrême-Orient, de couleurs vives. **2** Échassier migrateur.

**combattre** v. ④ ■ **I** v. tr. **1** Se battre contre ; faire la guerre à (qqn). **2** S'opposer à, lutter contre (qqn, qqch.). **II** v. tr. ind. Livrer un combat ; lutter (contre un danger...). ← absolt *Combattre avec courage.*

**combe** n. f. ■ régional Vallée profonde.

**combien** adv. ■ **1** Dans quelle mesure, à quel point. → **comme.** *Si vous saviez combien je l'aime !* COMBIEN DE : quelle quantité, quel nombre de. *Depuis combien de temps ?* ← sans compl. *Combien vous dois-je ?*

**combinaison** n. f. ■ **1** Assemblage d'éléments dans un arrangement déterminé. **2** sc. Union des corps qui forment un composé. **3** souvent péj. Organisation précise de moyens en vue du succès d'une entreprise (→ **combine). 4** Sous-vêtement féminin réunissant un haut et un jupon. ◆ Vêtement réunissant veste et pantalon. **5** Système d'ouverture d'un coffre-fort.

**combinard, arde** adj. et n. ■ péj. (Personne) qui utilise la combine.

**combinat** n. m. ■ hist. En U.R.S.S., unité industrielle groupant des industries connexes.

**combinatoire** ■ **1** adj. Relatif aux combinaisons (1). **2** n. f. Arrangement d'éléments ; analyse des combinaisons possibles.

**combine** n. f. ■ Combinaison (3) astucieuse et souvent déloyale.

**combiné** n. m. ■ **1** Partie mobile d'un appareil téléphonique (écouteur et microphone). **2** Épreuve sportive complexe.

**combiner** v. tr. ① ■ **1** Réunir (des éléments) dans un arrangement déterminé. **2** Organiser en vue d'un but précis. *Combiner un mauvais coup.* → **manigancer.**

**① comble** n. m. ■ **1** Le plus haut degré. *Être au comble de la joie.* ← *C'est le comble ; c'est un comble !*, il ne manquait plus que cela. **II 1** Construction supportant le toit d'un édifice. **2** au plur. Partie la plus haute d'une construction. **3** loc. DE FOND EN COMBLE : de bas en haut ; complètement.

**② comble** adj. ■ **1** Rempli de monde. **2** loc. *La mesure est comble* : cela suffit.

**comblement** n. m. ■ Action de combler.

**combler** v. tr. [1] ■ **1** Remplir (un vide, un creux). **2** fig. *Combler une lacune.* **3** COMBLER *qqn DE*, lui donner (qqch.) à profusion. ◆ *Combler qqn*, le satisfaire pleinement. ▶ **comblé, ée** adj. → **heureux, satisfait.**

**combo** n. m. ■ anglic. **1** Petit ensemble musical. **2** techn. Petit moniteur de contrôle intégré.

**comburant, ante** adj. et n. m. ■ Se dit d'un corps qui, se combinant avec un combustible, opère la combustion de celui-ci.

**combustible** ■ **1** adj. Qui a la propriété de brûler. **2** n. m. Corps dont la combustion, la désintégration produit de l'énergie.

**combustion** n. f. ■ Fait de brûler entièrement. ◆ chim. → **oxydation.**

**comédie** n. f. ■ **I 1** vx Théâtre. **2** Pièce de théâtre ayant pour but de divertir en représentant les ridicules d'une société. ◆ *Comédie musicale* : spectacle chanté et dansé. **3** Le genre comique. **II** Affectation (de sentiment...). ◆ *Caprice* (d'un enfant).

**comédien, enne** n. ■ **1** Acteur (de théâtre...). **2** fig. Personne qui se compose une attitude. **3** (emploi à *tragédien*) Acteur tragique.

**comédon** n. m. ■ Amas de matière sébacée qui bouche un pore de la peau (→ point noir).

**comestible** ■ **1** adj. Qui peut servir d'aliment humain. **2** n. m. pl. Denrées alimentaires.

**comète** n. f. ■ **1** Astre qui parcourt le système solaire, présentant un noyau brillant (tête) et une traînée gazeuse (chevelure et queue). **2** loc. *TIRER DES PLANS SUR LA COMÈTE* : faire des projets chimériques.

**comice** n. m. ■ **I** Antiq. romaine Assemblée du peuple. **II 1** *COMICE AGRICOLE* : réunion de cultivateurs. **2** n. f. Poire fondante.

**coming out** [kɔmiŋaut] n. m. ■ anglic. critiqué Révélation publique par qqn de son homosexualité (≠ *outing*).

**comique** adj. ■ **I 1** De la comédie. **2** n. Acteur comique. **3** n. m. Le genre comique. **II** Qui provoque le rire. → **drôle.**

**comiquement** adv. ■ De manière risible.

**comité** n. m. ■ **1** Réunion de personnes choisies pour traiter certaines affaires. **2** *EN PETIT COMITÉ* : entre intimes.

**commandant** n. m. ■ **1** Personne qui a un commandement militaire. **2** Officier supérieur (quatre galons). **3** Personne qui commande (un navire, un avion).

**commande** n. f. ■ **I** Ordre par lequel un client demande une marchandise ou un service. ◆ loc. *SUR COMMANDE* : à la demande ou sur ordre. ◆ *DE COMMANDE.* → **affecté, artificiel.** *Amabilité de commande.* **II** Organe capable de déclencher, arrêter, régler des mécanismes. ◆ loc. *Tenir les commandes* : diriger une affaire.

**commandement** n. m. ■ **1** Ordre bref, donné à voix haute. **2** Règle de conduite édictée par une Église, etc. **3** Pouvoir, droit de commander. *Prendre le commandement.* ◆ Autorité militaire qui détient le commandement des forces armées.

**commander** v. tr. [1] ■ **I** v. tr. **1** Exercer son autorité sur (qqn) en lui dictant sa conduite. ◆ Détenir l'autorité hiérarchique sur. **2** Donner l'ordre de (qqch.); diriger (une action). → **exiger, nécessiter. 4** Demander à qqn par une commande (I). **II** v. tr. ind. *COMMANDER À* **1** Donner à (qqn) ordre de ; exercer son autorité sur. **2** fig. *Commander à ses instincts*, les dominer. **III** v. intr. Exercer son autorité. **IV** v. tr. (sujet et compl. n. de chose) **1** Dominer en empêchant l'accès de. **2** Faire fonctionner.

**commandeur** n. m. ■ **1** Chevalier d'un ordre (militaire...). **2** Grade honorifique au-dessus de l'officier. **3** hist. *Commandeur des croyants* : calife.

**commandite** n. f. ■ Société formée d'associés (*commanditaires*) qui avancent des fonds à d'autres (*commandités ou gérants*), seuls responsables de la gestion.

**commanditer** v. tr. [1] ■ **1** Fournir des fonds à (une société). **2** Financer (qqn...).

**commando** n. m. ■ Groupe de combat employé dans les opérations isolées.

**comme** ■ **I** conj. **1** (comparaison) De la même manière que, au même degré que. *Il écrit comme il parle.* ◆ *C'est comme ça* : c'est la même chose. ◆ fam. *COMME TOUT.* → **extrêmement.** *Joli comme tout.* **2** (addition) Ainsi que. *Cela comme le reste.* **3** (manière) De la manière que. *Comme il vous plaira.* **4** *COMME CELA, comme ça.* → **ainsi.** ← *Comme ci, comme ça*, ni bien ni mal. → **couci-couça. 5** Tel (telle) que. *Une intelligence comme la sienne.* **6** (attribution, qualité) En tant que, pour. *Comme directeur, il est efficace.* **II** conj. **1** cause → **parce que, puisque. 2** temps (simultanéité) → **alors** que, **tandis** que. **III** adv. **1** Marque l'intensité. → **combien, que.** *Comme c'est beau !* **2** en subordonnée → **comment.** *Regardez comme il court !*

**commedia dell'arte** [kɔmedjadelart(e)] n. f. ■ Genre de comédie italienne dans lequel les acteurs improvisaient.

**commémoraison** n. f. ■ relig. cathol. Mention faite d'un saint, le jour de sa fête.

**commémorer** v. tr. [1] ■ Rappeler par une cérémonie le souvenir de (qqn, un événement). ▷ n. f. **commémoration** ▷ adj. **commémoratif, ive**

**commencement** n. m. ■ **1** Ce qui vient d'abord (dans une durée, un processus) ; première partie. → **début. 2** Partie que l'on voit avant les autres (dans l'espace). **3** au plur. Premiers développements, débuts.

**commencer** v. tr. [3] ■ **I** v. tr. **1** Faire la première partie de (qqch.) ; faire exister (le premier temps d'une activité). → **entamer, entreprendre. 2** Être au commencement de. **3** v. tr. ind. *COMMENCER DE, À* (+ inf.) : être aux premiers instants de. *Commencer de, à parler.* **II** v. intr. Entrer dans son commencement.

**commensal, ale, aux** n. ■ didact. Personne qui mange à la même table qu'une autre.

**commensurable** adj. ■ didact. (grandeur) Qui a une commune mesure avec une autre.

**comment** ■ **I** adv. De quelle manière ; par quel moyen. **1** (interrog. dir.) *Comment allez-vous ?* **2** (interrog. indir.) *Je ne sais pas comment il va.* **II** n. m. invar. La manière. *Le pourquoi et le comment.* **III** adv. (étonnement, indignation) → **quoi.** *Comment ! tu es encore ici ?* ♦ *Comment donc !* (approbation).

**commentaire** n. m. ■ Ensemble d'explications, de remarques à propos de qqch.

**commentateur, trice** n. ■ Personne qui commente (un texte, un événement).

**commenter** v. tr. ① ■ Faire des remarques, des observations sur (un fait...).

**commérage** n. m. ■ fam. Racontar.

**commerçant, ante** ■ **1** n. Personne qui fait du commerce. → **marchand, négociant. 2** adj. Qui a le sens du commerce. ♦ Où il y a de nombreux commerces.

**commerce** n. m. ■ **I 1** Opération de vente, ou d'achat et de revente d'une marchandise, d'une valeur ; prestation de ce type de service. **2** Les commerçants. *Le petit commerce.* **3** Magasin de détail. **4** loc. vieilli *Faire commerce de ses charmes* : se prostituer. **II** littér. Relations avec autrui, dans la société. loc. *Être d'un commerce agréable.*

**commercer** v. intr. ③ ■ Faire du commerce.

**commercial, iale, iaux** adj. ■ **1** Qui a rapport au commerce. **2** péj. Conçu pour plaire au grand public. ▷ adv. **commercialement**

**commercialiser** v. tr. ① ■ **1** Faire de (qqch.) l'objet d'un commerce. **2** Mettre en vente. ▷ n. f. **commercialisation**

**commère** n. f. ■ Femme qui sait et colporte toutes les nouvelles.

**commettre** v. tr. 56 ■ **1** Accomplir, faire (une action blâmable ou regrettable). *Commettre une maladresse ; un crime* (→ **perpétrer**). **2** littér. *Commettre qqn à* (une fonction), le désigner pour (cette fonction). ‒ au p. p. *Avocat COMMIS D'OFFICE* (à la défense de qqn). ‒ **se commettre** v. pron. littér. Compromettre sa réputation, ses intérêts.

**comminatoire** adj. ■ Destiné à intimider.

**commis** n. m. ■ **1** Agent subalterne (administration...). ♦ loc. *Les GRANDS COMMIS de l'État* : les hauts fonctionnaires. **2** vieilli *COMMIS VOYAGEUR* : représentant de commerce.

**commisération** n. f. ■ Pitié, compassion.

**commissaire** n. ■ **1** Fonctionnaire, etc. chargé de fonctions spéciales. **2** *COMMISSAIRE AUX COMPTES,* mandaté pour vérifier les comptes d'une société. **3** *COMMISSAIRE (DE POLICE),* fonctionnaire de police (supérieur à l'inspecteur).

**commissaire-priseur** n. m. ■ Officier ministériel chargé de l'estimation des objets mobiliers et de leur vente aux enchères.

**commissariat** n. m. ■ **1** Fonction de commissaire. **2** Bureau d'un commissaire de police.

**commission** n. f. ■ **I 1** didact. Charge, mandat. **2** Pourcentage qu'un intermédiaire perçoit pour sa rémunération. **3** Marchandise achetée, message transmis pour qqn d'autre. ♦ au plur. Provisions pour l'usage quotidien. **4** (enfantin) *Faire la grosse, la petite commission,* aller à la selle, uriner. **II** Réunion de

personnes déléguées pour étudier un projet, préparer ou contrôler un travail. → **comité.**

**commissionnaire** n. ■ **1** Personne qui agit pour le compte d'une autre, dans une opération commerciale. **2** → ② **coursier.**

**commissure** n. f. ■ Point de jonction (des lèvres, des paupières).

① **commode** adj. ■ **1** Adapté à l'usage qu'on en fait. → **pratique. 2** Facile, simple. *Un moyen commode.* **3** (personnes) *PAS COMMODE* : bourru, sévère. ▷ adv. **commodément**

② **commode** n. f. ■ Meuble de rangement à hauteur d'appui, muni de tiroirs.

**commodité** n. f. ■ **1** Qualité de ce qui est commode. **2** au plur. Ce qui rend la vie plus confortable, plus agréable.

**commotion** n. f. ■ **1** Ébranlement violent (de l'organisme...) par un choc direct ou indirect. → **traumatisme. 2** Violente émotion.

**commotionner** v. tr. ① ■ (sujet chose) Frapper (qqn) d'une commotion.

**commuer** v. tr. ① ■ dr. Changer (une peine) en une peine moindre (→ **commutation**).

**commun, une** adj. ■ **I 1** Qui appartient, qui s'applique à plusieurs personnes ou choses (opposé à *particulier, individuel*). **2** Qui se fait ensemble, à plusieurs. → **collectif.** ♦ *EN COMMUN* : ensemble. ‒ *Mettre en commun* : partager. **3** Du plus grand nombre. → **général, public, universel.** *Le bien commun.* ♦ *NOM COMMUN* : nom de tous les individus de la même espèce, correspondant à un concept (opposé à *nom propre*). ♦ (n. m.) loc. *Le commun des mortels.* **II 1** Ordinaire (opposé à *exceptionnel*). ♦ (n. m.) *Hors du commun,* extraordinaire. **2** Qui se rencontre fréquemment. ‒ loc. *Lieu\* commun.* **3** Quelconque, vulgaire. **III** n. m. pl. Dépendances d'une propriété.

**communal, ale, aux** adj. ■ D'une commune. ♦ n. f. *La communale,* l'école communale.

**communard, arde** n. ■ hist. Partisan de la Commune de Paris, en 1871.

**communautaire** adj. ■ D'une communauté ; propre à une communauté.

**communautarisme** n. m. ■ Tendance à favoriser sa communauté, au sein d'un ensemble plus vaste.

**communauté** n. f. ■ **I 1** Groupe social dont les membres vivent ensemble, ou ont des intérêts communs. ♦ Groupe d'États. *La Communauté européenne.* **2** Groupe (de religieux) vivant ensemble. **II** État, caractère de ce qui est commun. *Communauté d'intérêts.* **III** dr. Régime matrimonial où certains biens des époux sont communs.

**commune** n. f. ■ **1** La plus petite subdivision administrative du territoire français. → **municipalité. 2** hist. *La Commune de Paris,* la municipalité qui devint Gouvernement révolutionnaire (en 1789, en 1871). ♦ *Chambre des communes,* chambre élective, en Grande-Bretagne.

**communément** adv. ■ Suivant l'usage commun, ordinaire, habituel.

**communiant, ante** n. ■ Personne qui communie (1).

**communicant, ante** adj. ▪ Qui communique (III). *Vases\* communicants.*

**communicateur, trice** n. ▪ 1 adj. Qui met en communication. 2 n. Personne habile en communication (I, 4).

**communicatif, ive** adj. ▪ 1 Qui se communique facilement. *Rire communicatif.* 2 (personnes) → **expansif, exubérant.**

**communication** n. f. ▪ I 1 Fait de communiquer, d'établir une relation avec (qqn, qqch.). ◆ sc. Échange de signes, de messages entre un émetteur et un récepteur. 2 Action de communiquer qqch. à qqn ; résultat de cette action. → **information.** 3 Moyen technique par lequel des personnes communiquent. 4 Ensemble des techniques médiatiques d'information et de publicité. II Ce qui permet de communiquer (III) dans l'espace ; passage. *Moyens de communication.* → **transport.**

**communier** v. intr. [7] ▪ 1 relig. chrét. Recevoir le sacrement de l'eucharistie. 2 Être en accord (→ **communion** (3)).

**communion** n. f. ▪ 1 relig. chrét. Fait de communier. 2 Union de ceux qui ont la même religion. 3 Accord, union (des esprits...). *Être EN COMMUNION d'idées avec qqn.*

**communiqué** n. m. ▪ Avis au public.

**communiquer** v. [1] ▪ I v. tr. 1 Faire connaître (qqch. à qqn). *Communiquer un renseignement à qqn.* 2 Faire partager. *Il nous a communiqué sa joie.* 3 (sujet chose) Transmettre (qqch.). II v. intr. 1 Être, se mettre en relation. *Communiquer par radio.* 2 Exercer les techniques de communication (4). III v. intr. (choses) Être en rapport avec, par un passage. *Chemins qui communiquent.*

**communisant, ante** adj. et n. ▪ Qui sympathise avec les communistes.

**communisme** n. m. ▪ 1 vx Organisation fondée sur la propriété collective. → **collectivisme.** 2 (marxisme) Système où les biens de production appartiennent à la communauté et qui tend à la disparition des classes sociales. 3 Idéologie communiste.

**communiste** adj. ▪ 1 Du communisme. 2 Qui se réclame du marxisme. 3 adj. et n. Partisan du communisme. → Membre d'un parti communiste.

**communs** n. m. pl. → **commun** (III)

**commutateur** n. m. ▪ Appareil permettant de modifier un circuit électrique ou les connexions entre circuits. → **interrupteur.**

**commutation** n. f. ▪ 1 didact. Substitution. 2 dr. *Commutation de peine* (→ **commuer**).

**commuter** v. intr. [1] ▪ Modifier, changer par une commutation (1).

**compact, acte** [-akt] adj. ▪ 1 Qui est formé de parties serrées. → **dense.** 2 (appareils) D'un faible encombrement relatif. ◆ *Disque\* compact.* ▷ n. m. **compacité** n. f. didact.

**compacter** v. tr. [1] ▪ Faire réduire de volume en comprimant. ▷ n. m. **compactage**

**compagne** n. f. ▪ 1 Camarade (femme). 2 Épouse, concubine, maîtresse.

**compagnie** n. f. ▪ 1 Présence auprès de qqn, fait d'être avec qqn. → *EN COMPAGNIE de :* avec. → *Fausser compagnie à qqn.* → **quitter.** *Tenir compagnie à qqn,* rester auprès de lui. → *Dame de compagnie,* qui reste auprès de qqn. 2 vx Réunion, assemblée. → loc. fam. *Salut la compagnie !* 3 Association de personnes que rassemblent des statuts communs. → **entreprise, société.** ◆ Troupe de spectacle permanente. 4 milit. Unité d'infanterie commandée par un capitaine. ◆ *Compagnies républicaines de sécurité,* forces chargées du maintien de l'ordre. → **C. R. S.**

**compagnon** n. m. ▪ 1 Camarade (homme). ◆ Époux, concubin, amant. 2 Celui qui n'est plus apprenti et n'est pas maître, dans certains métiers.

**compagnonnage** n. m. ▪ Organisation d'ouvriers, d'artisans caractérisée par la formation professionnelle et la solidarité.

**comparable** adj. ▪ Qui peut être comparé. → **analogue.**

**comparaison** n. f. ▪ 1 Fait d'envisager ensemble (des objets de pensée) pour les comparer. → *Adverbes de comparaison* (ex. comme, plus, moins, autant). 2 Rapport établi entre un objet et un autre terme, dans le langage. → **image, métaphore.**

**comparaître** v. intr. [57] ▪ dr. Se présenter par ordre. *Comparaître en justice.*

**comparatif, ive** adj. ▪ Qui contient ou établit une comparaison. ▪ n. m. gramm. Degré de supériorité (→ **plus**), d'égalité (→ **aussi**), d'infériorité (→ **moins**).

**comparatiste** adj. ▪ didact. Relatif aux études comparées (*comparatisme* n. m.). → n. Spécialiste de ces études.

**comparativement** adv. ▪ Par comparaison, par rapport.

**comparé, ée** adj. ▪ Qui étudie les rapports entre des objets d'étude. *Littérature comparée,* étudiant les échanges entre littératures.

**comparer** v. tr. [1] ▪ 1 Examiner les rapports de ressemblance et de différence (entre des choses ou personnes). 2 Mettre en parallèle. *Comparer la vie à un roman.*

**comparse** n. ▪ Personnage dont le rôle est insignifiant.

**compartiment** n. m. ▪ 1 Division pratiquée dans un espace pour ranger en séparant. *Tiroir à compartiments.* ◆ Division d'une voiture de chemin de fer (voyageurs), délimitée par des cloisons. 2 Subdivision (d'une surface) par des figures régulières.

**compartimenter** v. tr. [1] ▪ 1 Diviser en compartiments. → **cloisonner.** 2 Diviser en catégories. ▷ n. m. **compartimentage**

**comparution** n. f. ▪ Action de comparaître.

**compas** n. m. ▪ 1 Instrument à deux branches mobiles, pour prendre des mesures ou tracer des cercles. → loc. *Avoir le compas dans l'œil :* estimer avec précision. 2 Instrument de marine indiquant le nord et la direction du bateau. → **boussole.**

**compassé, ée** adj. ▪ Affecté et guindé.

**compassion** n. f. ▪ Sentiment qui porte à plaindre autrui et à partager sa douleur.

**compatible** adj. ■ Qui peut s'accorder avec autre chose, exister en même temps. → **conciliable.** ▷ n. f. **compatibilité**

**compatir** v. tr. ind. ② – *COMPATIR À* : avoir de la compassion pour (une souffrance). ▷ **compatissant, ante** adj. → **humain, sensible.**

**compatriote** n. ■ Personne originaire du même pays qu'une autre.

**compendieux, ieuse** adj. ■ Concis, laconique. ▷ adv. **compendieusement**

**compensateur, trice** adj. ■ Qui compense. *Indemnité compensatrice.* → **compensatoire.**

**compensation** n. f. ■ 1 Avantage qui compense (un désavantage). → **dédommagement. 2** Action, fait de compenser. *Compensation entre les gains et les pertes.*

**compensatoire** adj. ■ Qui compense.

**compensé, ée** adj. ■ Équilibré. ◆ *Semelle compensée,* formant un bloc avec le talon.

**compenser** v. tr. ① ■ Équilibrer (un effet, souvent négatif, par un autre).

**compère** n. m. ■ 1 vieilli et fam. Ami, camarade. **2** Complice d'une supercherie.

**compère-loriot** n. m. ■ Orgelet.

**compétence** n. f. ■ 1 Connaissance approfondie et reconnue (dans une matière). **2** dr. Aptitude légale (à instruire, à juger...).

**compétent, ente** adj. ■ 1 Qui a de la compétence. **2** dr. Qui a la compétence (2).

**compétiteur, trice** n. ■ Personne qui entre en compétition. → **concurrent.**

**compétitif, ive** adj. ■ Qui supporte la concurrence du marché. ▷ n. f. **compétitivité**

**compétition** n. f. ■ 1 Recherche simultanée par des personnes d'un même résultat, d'un même avantage. → **concurrence. 2** Épreuve sportive entre des concurrents.

**compilateur, trice** ■ I n. 1 didact. Personne qui réunit des documents. **2** péj. Plagiaire. **II** n. m. inform. Programme qui en traduit un autre en « langage machine ».

**compilation** n. f. ■ 1 didact. Rassemblement de documents. **2** inform. Traduction (d'un programme) par un compilateur. **3** Enregistrement réunissant des morceaux à succès. – syn. fam. COMPIL OU COMPILE n. f.

**compiler** v. tr. ① ■ I Rassembler (des documents) pour former un recueil. **II** inform., anglic. Traduire en « langage machine ».

**complainte** n. f. ■ 1 vx ou littér. Plainte. **2** Chanson populaire de caractère plaintif.

**complaire** v. tr. ind. 54 ■ 1 littér. *Complaire à qqn,* lui être agréable. **2** *SE COMPLAIRE (À, DANS)* v. pron. : trouver son plaisir à, dans.

**complaisance** n. f. ■ 1 Disposition à s'accommoder aux goûts, aux sentiments d'autrui pour lui plaire. ◆ péj. *Certificat DE COMPLAISANCE,* délivré à qqn qui n'y a pas droit. **2** Satisfaction ou faiblesse vaniteuse.

**complaisant, ante** adj. ■ 1 Qui a de la complaisance (1). → **empressé, prévenant.** ◆ péj. Trop indulgent. **2** Qui a ou témoigne de la complaisance (2). ▷ adv. **complaisamment**

**complément** n. m. ■ 1 Ce qui s'ajoute ou doit s'ajouter à une chose pour qu'elle soit complète. **2** Mot ou proposition rattaché(e) à un(e) autre pour en compléter ou préciser le sens. *Complément du nom, du verbe...* **3** géom. *Complément d'un angle,* ce qu'on ajoute pour obtenir un angle droit.

**complémentaire** adj. ■ 1 Qui apporte un complément. **2** géom. Qui constitue un complément (3). **3** *Couleurs complémentaires,* dont la combinaison donne la lumière blanche. ▷ n. f. **complémentarité**

**complémenter** v. tr. ① ■ Rendre complet par un complément. → **compléter.**

**complet, ète** ■ I adj. **1** Auquel ne manque aucun des éléments qui doivent le constituer. *Œuvres complètes.* ◆ *Pain complet,* au son. **2** Qui a un ensemble achevé de caractères, de qualités. *Destruction complète.* → **total. 3** *C'est un complet idiot.* → **parfait. 4** Tout à fait réalisé. *Obscurité complète.* → **absolu.** ◆ Écoulé. *Dix années complètes.* **5** Qui n'a plus de place disponible. *Train complet.* **II** n. m. **1** *AU (GRAND) COMPLET* : en entier. → **intégralement. 2** vieilli Vêtement masculin en pièces assorties. → **costume.** – On dit aussi *complet-veston.*

**complètement** adv. ■ 1 D'une manière complète. → **entièrement. 2** Tout à fait.

**compléter** v. tr. ⑥ ■ 1 Rendre complet. *Compléter une collection.* **2** v. pron. (récipr.) Se parfaire en s'associant (→ **complémentaire**). ◆ (passif) Être complété.

**complétif, ive** adj. et n. f. ■ (Proposition) qui joue le rôle d'un complément.

**complétude** n. f. ■ Caractère complet.

**complexe** ■ I adj. **1** Qui contient, réunit des éléments différents. *Réflexion complexe.* ◆ math. *Nombre complexe,* à partie réelle et partie imaginaire. **2** Difficile, compliqué. **II** n. m. psych. **1** Ensemble des traits personnels, acquis dans l'enfance, doués d'une puissance affective et généralement inconscients. *Complexe d'Œdipe,* attachement érotique de l'enfant au parent du sexe opposé. ◆ cour. Sentiment d'infériorité ; inhibition. **III** n. m. Grand ensemble de bâtiments.

**complexé, ée** adj. ■ Timide, inhibé.

**complexer** v. tr. ① ■ fam. Donner des complexes (II), un sentiment d'infériorité à (qqn). → **inhiber.**

**complexifier** v. tr. ⑦ ■ Rendre complexe. ▷ n. f. **complexification**

**complexion** n. f. ■ littér. Constitution, tempérament. *Complexion délicate.* → **nature.**

**complexité** n. f. ■ État, caractère de ce qui est complexe. → **complication, difficulté.**

**complication** n. f. ■ 1 Caractère de ce qui est compliqué. **2** Circonstances amenant des difficultés. **3** au plur. Phénomènes morbides nouveaux, au cours d'une maladie.

**complice** ■ I adj. **1** Qui participe avec qqn à une action répréhensible. **2** Qui favorise qqch. – *Sourire complice.* → **amical ; entendu. II** n. *Les complices du crime.*

**complicité** n. f. ■ 1 Participation au délit, etc. commis par un autre. **2** Entente profonde, spontanée entre personnes.

**complies** n. f. pl. ■ relig. cathol. Dernière heure de l'office divin (après les vêpres).

**compliment** n. m. ■ 1 Paroles louangeuses que l'on adresse à qqn pour le féliciter. → **éloge. 2** Paroles de politesse. **3** Petit discours à qqn, pour lui faire honneur.

**complimenter** v. tr. ① ■ Faire un compliment, des compliments à. → **féliciter.** ▷ **complimenteur, euse** adj. → **louangeur.**

**compliqué, ée** adj. ■ 1 Qui possède de nombreux éléments difficiles à analyser. → **complexe; confus. 2** Difficile à comprendre. **3** Qui aime la complication.

**compliquer** v. tr. ① ■ Rendre compliqué.

**complot** n. m. ■ Projet concerté secrètement (contre qqn, une institution).

**comploter** v. ① ■ 1 v. tr. ind. COMPLOTER DE (+ inf.): préparer par un complot. **2** v. tr. dir. Préparer ensemble, à plusieurs. → **manigancer.** *Que complotez-vous ?* **3** v. intr. Conspirer. ▷ n. **comploteur, euse**.

**componction** n. f. ■ Gravité affectée.

**comportement** n. m. ■ 1 Manière de se comporter. → **attitude, conduite. 2** psych. Ensemble des réactions observables.

**comportemental, ale, aux** adj. ■ didact. Du comportement. ▷ **comportementalisme** n. m. ■ **behaviorisme.**

**comporter** v. tr. ① ■ 1 Inclure en soi ou être la condition de. → **comporter, impliquer. 2** concret Comprendre en soi. → **avoir; se composer** de. **3** *SE COMPORTER* v. pron. Se conduire, agir d'une certaine manière.

**composant, ante** ■ 1 adj. Qui entre dans la composition de qqch. **2** n. m. chim. Élément d'un corps composé. ◆ techn. Élément d'un circuit électronique.

**composante** n. f. ■ Élément (d'un ensemble complexe). *Les composantes d'une idée.*

**composé, ée** adj. ■ 1 Formé de plusieurs éléments. ◆ chim. *Corps composé,* formé par la combinaison d'atomes différents. – n. m. *Composé chimique.* ◆ ling. *Mot composé,* formé de plusieurs mots ou d'un élément (préfixe, etc.) et d'un mot (ex. antigel, chou-fleur). ◆ *Temps composé,* formé d'un auxiliaire et du participe passé. **2** n. m. Ensemble formé de parties différentes.

**composées** n. f. pl. ■ bot. Très vaste famille de plantes dicotylédones aux fleurs groupées en capitules (ex. l'artichaut, le bleuet).

**composer** v. ① ■ I v. tr. **1** Former par la réunion d'éléments. *Composer un menu. Composer un poème.* → **créer. 2** imprim. Assembler des caractères pour former (un texte). → **photocomposer. 3** Élaborer, adopter (une apparence...). *Composer son attitude.* **4** (sujet chose) Constituer en tant qu'élément. **II** v. intr. **1** S'accorder (avec qqn ou qqch.) en faisant des concessions. **2** Faire une composition scolaire. ► **se composer** (de) v. pron. Être formé de.

**composite** adj. ■ Formé d'éléments très différents.

**compositeur, trice** n. ■ I Personne qui compose (I, 1) des œuvres musicales. **II** Personne qui compose (I, 2) un texte.

**composition** n. f. ■ I 1 Action ou manière de former un tout en assemblant des éléments; disposition des éléments. *La composition d'un mélange; d'une assemblée.* **2** imprim. Action de composer (I, 2) un texte. **II 1** Manière de composer (une œuvre d'art); cette œuvre. **2** Exercice scolaire de français et de littérature. → **dissertation, rédaction.** ◆ Devoir sur table. *Composition d'histoire.* **III** vieilli Accord (entre personnes). ◆ loc. mod. *Être de bonne composition,* accommodant.

**compost** [kɔpɔst] n. m. ■ Engrais obtenu par la fermentation de résidus organiques et minéraux. ▷ ② **composter** v. tr. ① ▷ adj. **compostable**

① **composteur** n. m. ■ Appareil mécanique servant à perforer ou marquer (① *composter* v. tr. ①) des titres de transport, etc.

② **composteur** n. m. ■ Bac où l'on dépose des matières organiques pour en faire du compost.

**compote** n. f. ■ 1 Fruits écrasés, cuits avec de l'eau et du sucre. → **marmelade. 2** fam. *Avoir les membres en compote,* douloureux.

**compotier** n. m. ■ Plat en forme de coupe.

**compréhensible** adj. ■ 1 Qui peut être compris. → **intelligible. 2** Qui s'explique facilement. *Réaction compréhensible.*

**compréhensif, ive** adj. ■ Qui comprend autrui. → **bienveillant, indulgent, tolérant.**

**compréhension** n. f. ■ I 1 Faculté de comprendre, de percevoir par l'esprit. **2** (choses) Possibilité d'être compris. **II** Qualité par laquelle on comprend autrui.

**comprendre** v. tr. 58 ■ I 1 (sujet chose) Contenir en soi. → **comporter, se composer** de. **2** (sujet personne) Faire entrer dans un ensemble. → **intégrer. II** (sujet personne) **1** Avoir une idée de; saisir le sens de. *Comprendre une explication.* ◆ *Comprendre qqn,* ce qu'il dit, écrit. **2** Se faire une idée claire des motifs de (qqch.). **3** Se rendre compte de (qqch.). → **voir.** *Il comprit la gravité de la situation.* **4** Avoir une attitude compréhensive envers (qqch., qqn). *Personne ne me comprend.* ► **se comprendre** v. pron.

**comprenette** n. f. ■ fam. Intelligence.

**compresse** n. f. ■ Morceau de linge fin que l'on applique sur une partie malade.

**compresseur** ■ 1 n. m. Appareil qui comprime un gaz. **2** adj. m. *Rouleau\* compresseur.*

**compressible** adj. ■ 1 Qui peut être comprimé. *L'air est compressible.* **2** fig. Qui peut être diminué. ▷ n. f. **compressibilité**

**compression** n. f. ■ 1 Action de comprimer (1). **2** Réduction forcée.

**comprimé, ée** ■ I adj. Diminué de volume par pression. *Air comprimé.* **II** n. m. Pastille pharmaceutique (poudre comprimée).

**comprimer** v. tr. ① ■ 1 Exercer une pression sur (qqch.) et en diminuer le volume. **2** vieilli Empêcher de se manifester. *Comprimer ses larmes.* → **refouler, retenir. 3** Réduire (une dépense; un effectif).

**compris, ise** adj. ■ **1** Contenu dans qqch. → **inclus**. *Service compris.* ✦ *Il s'est fâché avec sa famille, Y COMPRIS sa sœur* (*sa sœur y comprise* ou *sa sœur comprise*). **2** Dont le sens, les raisons, les idées sont saisis.

**compromettre** v. tr. 56 ■ **1** Mettre dans une situation critique (en exposant au jugement d'autrui). ✦ au p. p. *Être compromis dans une affaire.* **2** Mettre en péril, nuire à. ▷ **compromettant, ante** adj. *Document compromettant.*

**compromis** n. m. ■ Arrangement dans lequel on se fait des concessions mutuelles.

**compromission** n. f. ■ **1** Action par laquelle qqn est compromis. **2** Acte par lequel on transige avec ses principes.

**comptabiliser** [kɔ̃t-] v. tr. 1 ■ Inscrire dans la comptabilité. ✦ fig. Évaluer. ▷ n. f. **comptabilisation**

**comptabilité** [kɔ̃t-] n. f. ■ **1** Tenue des comptes ; comptes tenus selon les règles. **2** Service chargé d'établir les comptes.

**comptable** [kɔ̃t-] ■ I adj. **1** littér. Qui a des comptes à rendre. **2** De la comptabilité. II n. Professionnel qui tient les comptes.

**comptage** [kɔ̃t-] n. m. ■ Fait de compter.

**comptant** [kɔ̃t-] ■ **1** adj. m. Que l'on peut compter immédiatement ; disponible. *Argent comptant*, payé immédiatement et en espèces. ✦ loc. *Prendre qqch. pour argent\* comptant.* **2** n. m. loc. *Au comptant* : en réglant d'un seul coup la somme due. **3** adv. *Payer, régler comptant*, au comptant.

**compte** [kɔ̃t] n. m. ■ **1** Action d'évaluer une quantité ; cette quantité. **2** Énumération, calcul des recettes et des dépenses (→ **comptabilité**). ✦ prov. *Les bons comptes font les bons amis.* ✦ État de l'avoir et des dettes d'une personne, dans une banque... **3** *Argent dû. Pour solde de tout compte.* ✦ loc. fig. *RÉGLER SON COMPTE à qqn*, lui faire un mauvais parti. ✦ *Son compte est bon* : il aura ce qu'il mérite. **4** loc. *À BON COMPTE* : à bon prix ; fig. sans trop de dommage. ✦ *Trouver son compte à qqch.* → **avantage, profit. 5** loc. *À CE COMPTE-LÀ* : d'après ce raisonnement. *AU BOUT DU COMPTE* : tout bien considéré. *EN FIN DE COMPTE* : après tout. ✦ *Être LOIN DU COMPTE* : se tromper de beaucoup. ✦ *TOUT COMPTE FAIT* : tout bien considéré. **6** loc. *Au compte de, pour le compte de qqn*, pour lui. *Travailler à son compte* : être son propre patron. **7** *TENIR COMPTE DE* : prendre en considération. **8** Explication, information. *Demander, rendre des comptes.* ✦ *RENDRE COMPTE de* : rapporter, relater (→ **compte rendu**). ✦ *SE RENDRE COMPTE.* → s'**apercevoir, comprendre**.

**compte-fils** [-fil] n. m. ■ Forte loupe.

**compte-gouttes** n. m. ■ Petite pipette pour doser des médicaments. *Des compte-gouttes.* ✦ loc. *Au compte-gouttes* : avec parcimonie.

**compter** [kɔ̃te] v. 1 ■ I v. tr. **1** Déterminer (une quantité) par le calcul ; établir le nombre de. → **chiffrer, dénombrer, évaluer. 2** Mesurer avec parcimonie. *Compter l'argent que l'on dépense.* **3** Prévoir,

évaluer (une quantité, une durée). **4** Comprendre dans un compte, un total. → **inclure. 5** (+ inf.) Avoir l'intention de. → **espérer, penser.** ✦ *Compter que* (+ indic.). → s'**attendre** à. **6** *COMPTER* (qqn, qqch.) *POUR* : considérer comme. ✦ *SANS COMPTER QUE* : sans considérer que. II v. intr. **1** Calculer. *Compter sur ses doigts.* **2** *COMPTER AVEC qqn, qqch.*, tenir compte de. **3** *COMPTER SUR* : s'appuyer sur. *Comptez sur moi.* **4** Avoir de l'importance. → **importer. 5** Être (parmi). *Compter parmi, au nombre de.* → **figurer. 6** *À COMPTER DE* : à partir de.

**compte rendu** n. m. ■ Texte par lequel on rend compte, on expose. *Des comptes rendus.*

**compte-tours** n. m. invar. ■ Appareil comptant les tours de l'arbre d'un moteur.

**compteur** [kɔ̃t-] n. m. ■ Appareil servant à compter, à mesurer. *Compteur de vitesse. Compteur Geiger* (de radioactivité). ✦ loc. fig. et fam. *Au compteur* : dans son existence. *Avoir cinq victoires au compteur.*

**comptine** [kɔ̃t-] n. f. ■ Formule enfantine, chantée, parlée ou scandée.

**comptoir** [kɔ̃t-] n. m. ■ **1** Support long et étroit sur lequel le marchand reçoit l'argent, etc. ✦ (cafés) → **bar, zinc. 2** hist. Installation commerciale dans un pays éloigné. **3** Entente entre producteurs pour la vente ; entreprise commerciale, financière.

**compulser** v. tr. 1 ■ Consulter, feuilleter.

**compulsion** n. f. ■ psych. Acte que le sujet est forcé d'accomplir sous peine d'angoisse, de culpabilité. ▷ adj. **compulsif, ive**

**comput** [-yt] n. m. ■ hist. ou relig. Calcul du calendrier des fêtes mobiles.

**comte** n. m. ■ Titre de noblesse (après le marquis et avant le vicomte).

① **comté** n. m. ■ **1** Domaine qui conférait le titre de comte. **2** Circonscription administrative, dans les pays anglo-saxons.

② **comté** n. m. ■ Fromage de Franche-Comté voisin du gruyère. - var. CONTÉ.

**comtesse** n. f. ■ Femme possédant un comté. ✦ Femme d'un comte.

**con, conne** n. m. ■ fam. et vulg. I n. m. Sexe de la femme. II **1** n. et adj. Imbécile, idiot. **2** *À LA CON* loc. adj. : mal fait, inepte.

**con-** Élément, du latin *cum* « avec ». → **co-**. var. col-, com-, cor-.

**conard, arde** adj. et n. ■ vulg. Con (II, 1). - var. CONNARD, ARDE.

**concasser** v. tr. 1 ■ Réduire (un solide) en petits fragments. ▷ n. m. **concassage**

**concaténation** n. f. ■ didact. Enchaînement (de termes).

**concave** adj. ■ Courbé en creux (opposé à *convexe*). ▷ n. f. **concavité**

**concéder** v. tr. 6 ■ **1** Accorder (qqch.) à qqn comme une faveur. II Céder sur (un point). → **concession** (II).

**concentration** n. f. ■ **1** Réunion dans un même lieu. → **accumulation.** ✦ *Camp\* de concentration.* **2** chim. Proportion d'un composant dans un mélange. II Application de l'effort intellectuel sur un seul objet.

**concentrationnaire** adj. ▪ Relatif aux camps de concentration.

**concentrer** v. tr. ① ▪ I 1 Réunir en un point (ce qui était dispersé). 2 Augmenter la concentration (I, 2) de. II Appliquer avec force sur un seul objet. *Concentrer son énergie, son attention.* ► **se concentrer** v. pron. ► **concentré, ée** adj. III *Lait concentré.* ─ n. m. *Concentré de tomate.* IV → **attentif.**

**concentrique** adj. ▪ 1 (cercles, sphères...) Qui a un même centre. 2 (mouvement) → **centripète.** ▷ adv. **concentriquement**

**concept** [-ɛpt] n. m. ▪ Idée générale ; représentation abstraite d'un objet ou d'un ensemble d'objets ayant des caractères communs. → **notion.** *Le concept de liberté.*

**concepteur, trice** n. ▪ Personne chargée de trouver des idées nouvelles (publicité...).

**conception** n. f. ▪ I Formation d'un nouvel être dans l'utérus maternel à la suite de la réunion d'un spermatozoïde et d'un ovule ; moment où un enfant est conçu. → **fécondation.** II Action de concevoir (II). ♦ Manière de concevoir qqch., d'en juger.

**conceptualiser** v. ① ▪ didact. 1 v. intr. Élaborer des concepts. 2 v. tr. Organiser en concepts. ▷ n. f. **conceptualisation**

**conceptuel, elle** adj. ▪ 1 Du concept. 2 *Art conceptuel,* privilégiant l'idée.

**concernant** prép. ▪ À propos, au sujet de.

**concerner** v. tr. ① ▪ 1 (sujet chose) Avoir rapport à, s'appliquer à. ─ *En ce qui concerne...* → **quant à.** 2 passif et p. p. Être intéressé, touché (par qqch.).

**concert** n. m. ▪ I Séance musicale. ─ fig. *Un concert d'avertisseurs.* II 1 *DE CONCERT* loc. adv. : en accord. → **de conserve.** 2 *Un concert de louanges :* des louanges nombreuses.

**concertant, ante** adj. ▪ mus. Qui exécute une partie. ♦ *Symphonie concertante :* concerto à plusieurs solistes.

**concertation** n. f. ▪ Fait de se concerter.

**concerter** v. tr. ① ▪ 1 Projeter ensemble, en discutant. → **organiser.** ♦ *SE CONCERTER* v. pron. S'entendre pour agir de concert. 2 Décider après réflexion. → **calculer.**

**concertiste** n. ▪ Musicien, instrumentiste qui donne des concerts.

**concerto** n. m. ▪ Composition de forme sonate, pour orchestre et instrumentiste.

**concession** n. f. ▪ I Action de concéder (un droit, une terre, qqch. du domaine public) ; droit concédé. ─ (dans un cimetière) *Concession à perpétuité.* II 1 Fait d'abandonner à son adversaire un point de discussion. 2 gramm. Opposition, restriction (par des termes dits *concessifs*).

**concessionnaire** n. ▪ 1 Personne qui a obtenu une concession. ─ adj. *Société concessionnaire.* 2 Intermédiaire qui a reçu un droit exclusif de vente dans une région.

**concevable** adj. ▪ Qu'on peut concevoir (II).

**concevoir** v. tr. ㉘ ▪ I Former (un enfant) par la conception* ; devenir, être enceinte. II 1 Former (une idée, un concept). « *Ce que l'on conçoit bien s'énonce clairement* » (Boileau). 2 Avoir une idée claire de. → **comprendre, saisir.** 3 Créer par l'imagination. → **inventer.** 4 littér. Éprouver (un état affectif). *Concevoir de l'amitié pour qqn.*

**conchier** v. tr. ⑦ ▪ fam. et vulg. Souiller d'excréments.

**conchyli(o)-** Élément savant, du grec *kogkhulion* « coquillage ».

**concierge** n. ▪ Personne qui a la garde d'un immeuble, d'une maison importante.

**conciergerie** n. f. ▪ Logement de concierge (d'un château...). ♦ Réception d'un hôtel.

**concile** n. m. ▪ Assemblée d'évêques.

**conciliable** adj. ▪ Que l'on peut concilier.

**conciliabule** n. m. ▪ Conversation où l'on chuchote (pour se confier des secrets...).

**conciliaire** adj. ▪ D'un concile.

**conciliation** n. f. ▪ 1 Action de concilier (des personnes, des opinions, des intérêts). 2 Règlement amiable d'un conflit.

**concilier** v. tr. ⑦ ▪ 1 Faire aller ensemble, rendre harmonieux (ce qui était très différent, contraire). 2 littér. Mettre d'accord (des personnes). 3 *SE CONCILIER qqn,* le disposer favorablement envers soi. ▷ **conciliant, ante** adj. → **accommodant.** ▷ **conciliateur, trice** n. → **arbitre, médiateur.**

**concis, ise** adj. ▪ Qui s'exprime en peu de mots. ▷ n. f. **concision**

**concitoyen, enne** n. ▪ Citoyen du même État, d'une même ville (qu'un autre).

**conclave** n. m. ▪ Assemblée des cardinaux pour élire un nouveau pape.

**concluant, ante** adj. ▪ Qui apporte une preuve irréfutable. → **probant.**

**conclure** v. tr. ㉟ ▪ I v. tr. dir. 1 Amener à sa fin par un accord. ─ au p. p. *Marché conclu !* 2 Terminer, achever. 3 Tirer (une conséquence) de. → **déduire.** II v. tr. ind. *CONCLURE À :* tirer (une conclusion, un enseignement). *On conclut à l'assassinat.*

**conclusion** n. f. ▪ 1 Arrangement final (d'une affaire). 2 Fin, achèvement. ♦ Ce qui termine (un ouvrage...). 3 Jugement qui suit un raisonnement. *Tirer une conclusion de qqch.* ─ *EN CONCLUSION* loc. adv. : pour conclure.

**concocter** v. tr. ① ▪ plais. Élaborer.

**concombre** n. m. ▪ Plante rampante (cucurbitacée) ; son fruit (légume).

**concomitant, ante** adj. ▪ Qui coïncide avec (un autre fait). → **simultané.**

**concordance** n. f. ▪ 1 Fait d'être semblable, de tendre au même résultat. → **accord, correspondance.** 2 gramm. *Concordance des temps :* règle subordonnant le choix du temps du verbe dans certaines complétives à celui de la proposition complétée (ex. je veux qu'il vienne ; je voulais qu'il vînt).

**concordant, ante** adj. ▪ Qui concorde.

**concordat** n. m. ▪ Accord écrit (spécialt entre le pape et un État). ▷ adj. **concordataire**

**concorde** n. f. ■ littér. Paix qui résulte de la bonne entente ; union des volontés.

**concorder** v. intr. ① ■ 1 Être semblable ; correspondre au même contenu. 2 Pouvoir s'accorder. *Nos projets concordent.*

**concourir** v. ⑪ ■ I v. tr. ind. *CONCOURIR À* : tendre à (un but commun). Il v. intr. 1 didact. (directions) Converger. 2 (personnes) Entrer en compétition (→ **concurrent**).

**concours** n. m. ■ I Fait d'aider, de participer. *Prêter son concours à un projet.* Il loc. *CONCOURS DE CIRCONSTANCES* : rencontre de circonstances (heureuse ou non). → **coïncidence.** III Épreuve, compétition pour un nombre limité de places.

**concret, ète** ■ I adj. 1 Qui peut être perçu par les sens ou imaginé ; qui correspond à un élément de la réalité (s'oppose à *abstrait*). ◆ *Des avantages concrets.* → **réel.** 2 Musique *concrète,* faite d'éléments sonores préexistants. Il n. m. Qualité de ce qui est concret ; ensemble des choses concrètes. → **réel.**

**concrètement** adv. ■ 1 Relativement à ce qui est concret. 2 En fait, en pratique.

**concrétion** n. f. ■ Agrégation en un corps solide ; ce corps. *Concrétion calcaire.*

**concrétiser** v. tr. ① ■ Rendre concret (ce qui était abstrait). ► **se concrétiser** v. pron. → **se réaliser.** ▷ n. f. **concrétisation**

**conçu, ue** ■ Participe passé de *concevoir.*

**concubinage** n. m. ■ État de personnes (*concubin, ine* n.) qui vivent comme mari et femme sans être mariés. → **union libre.**

**concupiscence** n. f. ■ 1 relig. Désir des biens et plaisirs terrestres. 2 vieilli ou plais. Désir sexuel. ▷ adj. **concupiscent, ente**

**concurremment** [-amã] adv. ■ Conjointement, de concert.

**concurrence** n. f. ■ I 1 littér. Rivalité entre des personnes, des forces poursuivant un même but. 2 Rapport entre producteurs, commerçants qui se disputent une clientèle. ◆ *Prix défiant toute concurrence,* très bas. ◆ L'ensemble des concurrents. Il loc. *JUSQU'À CONCURRENCE DE* : jusqu'à ce qu'une somme en égale une autre.

**concurrencer** v. tr. ③ ■ Être en concurrence avec, faire concurrence à (qqn, qqch.).

**concurrent, ente** n. ■ 1 Personne en concurrence avec d'autres. 2 Fournisseur, commerçant en concurrence avec d'autres. ◆ adj. *Entreprises concurrentes.*

**concurrentiel, ielle** adj. ■ Où la concurrence s'exerce. ◆ *Prix concurrentiels.* → **compétitif.**

**concussion** n. f. ■ Malversation d'un fonctionnaire. ▷ adj. **concussionnaire**

**condamnable** [-dɑn-] adj. ■ Qui mérite d'être condamné. → **blâmable, répréhensible.**

**condamnation** [-dɑn-] n. f. ■ 1 Décision de justice qui condamne qqn. 2 Action de blâmer (qqn ou qqch.).

**condamné, ée** [-dɑn-] adj. ■ 1 Que la justice a condamné. ◆ n. *Un condamné.* 2 Qui n'a aucune chance de guérison. 3 Obligé (à).

**condamner** [-dɑn-] v. tr. ① ■ 1 Frapper (qqn) d'une peine par un jugement. 2 Obliger (à une chose pénible). *Condamner qqn au silence.* 3 Interdire formellement. *La loi condamne la bigamie.* 4 Blâmer avec rigueur. → **réprouver.** Il Faire en sorte qu'on n'utilise pas (un lieu, un passage).

**condensateur** n. m. ■ Appareil accumulant de l'énergie électrique. → **accumulateur.**

**condensation** n. f. ■ Phénomène par lequel un gaz, une vapeur se condense.

**condenser** v. tr. ① ■ 1 Rendre (un fluide) plus dense. ► pronom. *L'humidité se condense en buée.* 2 fig. Ramasser (l'expression de la pensée). ► **condensé, ée** adj. 1 *Lait condensé.* → **concentré.** 2 *Texte condensé.*

**condenseur** n. m. ■ techn. Appareil où se fait une condensation.

**condescendance** n. f. ■ Supériorité bienveillante mêlée de mépris. ▷ **condescendant, ante** adj. → **hautain.**

**condescendre** v. tr. ind. ④ ■ *CONDESCENDRE À* : daigner consentir à.

**condiment** n. m. ■ Substance de saveur forte, pour relever le goût des aliments.

**condisciple** n. m. ■ Compagnon d'études.

**condition** n. f. ■ I 1 Rang social. 2 Situation où se trouve un être vivant (notamment l'être humain). *"La Condition humaine"* (roman de Malraux). 3 État passager, relativement au but visé. *Être en bonne condition pour,* dans un état favorable à. 4 loc. *METTRE EN CONDITION* : préparer (qqn), spécialt par la propagande. → **conditionner.** Il 1 État, situation, fait dont l'existence est indispensable pour qu'un autre existe. *Condition nécessaire.* ◆ *Dicter ses conditions.* → **exigence.** ◆ *Se rendre SANS CONDITION* : sans restriction. ◆ *SOUS CONDITION* : en respectant certaines conditions. ◆ *À CONDITION DE* loc. prép. ; *à CONDITION QUE* loc. conj. → **si; moyennant, pourvu que.** 2 au plur. Ensemble de faits dont dépend qqch. → **circonstance.** *Conditions de vie.* ◆ *Dans ces conditions* : dans ce cas. ◆ *Conditions* (de paiement) *avantageuses.*

**conditionné, ée** adj. ■ 1 Soumis à des conditions. 2 Qui a subi un conditionnement. Il anglic. *Air\* conditionné.*

**conditionnel, elle** ■ 1 adj. Qui dépend de certaines conditions. 2 n. m. gramm. Mode du verbe exprimant un état, etc. subordonné à une condition (ex. *j'irais si vous le vouliez*). ◆ La même forme, exprimant le futur du passé, dans la concordance des temps (ex. *j'affirmais qu'il viendrait*).

**conditionnellement** adv. ■ Sous condition.

**conditionner** v. tr. ① ■ 1 Préparer, traiter (un produit) selon des règles, avant de le proposer au public. ◆ spécialt Emballer pour la vente. 2 (sujet chose) Être la condition de. 3 Déterminer le comportement de ; influencer moralement ou intellectuellement. ▷ n. m. **conditionnement**

**condoléances** n. f. pl. ■ Expression de la part que l'on prend à la douleur de qqn.

**condom** n. m. [-ɔm] ■ Préservatif masculin.

**condominium** [-jɔm] n. m. ▪ anglic. Souveraineté exercée par deux ou plusieurs États sur un même pays.

**condor** n. m. ▪ Grand vautour des Andes.

**condottiere** [kɔ̃dɔ(t)tjɛr] n. m. ▪ au moyen âge Chef de mercenaires, en Italie. *Des condottieres,* ou plur. ital. *condottieri.* ◆ fig. Aventurier.

**conducteur, trice** ▪ I n. 1 littér. Personne qui dirige (des hommes). → **chef. 2** Personne qui conduit (des animaux ; un véhicule). **3** *CONDUCTEUR DE TRAVAUX* : technicien qui dirige des travaux. II adj. **1** Qui conduit. *Idée conductrice.* **2** Qui conduit l'électricité. ◆ n. m. *Les métaux sont de bons conducteurs.*

**conduction** n. f. ▪ Transmission de la chaleur, de l'électricité ; de l'influx nerveux.

**conduire** v. tr. 38 ▪ I **1** Mener (qqn) quelque part. → **emmener. 2** Diriger (un animal ; un véhicule). **3** (choses) Faire passer, transmettre. *Corps conduisant l'électricité* (→ **conducteur). 4** (sujet chose) Faire aller quelque part. *Mes pas m'ont conduit jusqu'à vous.* II **1** Faire agir, mener en étant à la tête. → **diriger. 2** Entraîner (à un sentiment...). *Conduire qqn à l'erreur.* ▶ se **conduire** v. pron. Se comporter.

**conduit** n. m. ▪ Canal étroit, tuyau.

**conduite** n. f. ▪ I **1** Action de conduire qqn ou qqch. ; son résultat. **2** Action de diriger, de commander. **3** Manière de se comporter. → **attitude.** II Canalisation (→ conduit).

**condylome** n. m. ▪ méd. Petite tumeur, sur la muqueuse génitale ou anale.

**cône** n. m. ▪ **1** Figure engendrée par une droite passant par un point fixe (sommet) et dont la base est une courbe fermée. **2** (Ce qui a la forme d'un cône). *Cône volcanique.* ◆ Fruit des conifères.

**confection** n. f. ▪ **1** Préparation (d'un plat...). **2** Industrie des vêtements qui ne sont pas faits sur mesure. → **prêt-à-porter.**

**confectionner** v. tr. 1 ▪ Faire, préparer.

**confédération** n. f. ▪ **1** Union d'États s'associant en gardant leur souveraineté. **2** Groupement (d'associations, de fédérations). ▷ adj. **confédéral, ale, aux**

**confédéré, ée** n. ▪ **1** Qui fait partie d'une confédération. **2** hist. *Les Confédérés,* les Sudistes (guerre de Sécession).

**conférence** n. f. ▪ **1** Assemblée de personnes discutant d'un sujet important. **2** Discours en public sur une question. **3** *CONFÉRENCE DE PRESSE* : réunion où une personnalité s'adresse aux journalistes.

**conférencier, ière** n. ▪ Personne qui parle en public, qui fait des conférences (2).

**conférer** v. 6 ▪ I v. tr. Accorder (qqch. à qqn) en vertu d'un pouvoir qu'on a. ◆ fig. *La sagesse que confère l'âge.* II v. tr. ind. ou intr. littér. S'entretenir (de qqch. avec qqn).

**confesse** n. f. ▪ *Aller à confesse,* se confesser.

**confesser** v. tr. 1 ▪ I **1** Déclarer (ses péchés) à un prêtre. ◆ pronom. *Se confesser à un prêtre.* **2** Déclarer, reconnaître pour vrai (qqch. qu'on a réticence à confier). *Confesser son erreur.* **3** littér. Proclamer (sa croyance). II Entendre (qqn) en confession.

**confesseur** n. m. ▪ Prêtre qui confesse qqn.

**confession** n. f. ▪ I **1** Aveu de ses péchés à un prêtre. **2** Déclaration que l'on fait (d'un acte blâmable). → **aveu.** ◆ Action de se confier. II Religion, croyance.

**confessionnal, aux** n. m. ▪ Lieu fermé où le prêtre entend le fidèle en confession.

**confessionnel, elle** adj. ▪ D'une confession (II).

**confetti** n. m. ▪ Rondelle de papier coloré qu'on lance par poignées pendant les fêtes.

**confiance** n. f. ▪ **1** Espérance ferme, assurance d'une personne qui se fie à qqn ou à qqch. *On peut lui faire confiance.* → *Personne DE CONFIANCE,* à qui l'on peut se fier. → **sûr. 2** Sentiment de sécurité d'une personne qui se fie à elle-même. → **assurance. 3** Sentiment collectif de sécurité. ◆ polit. *Vote de confiance,* d'approbation.

**confiant, ante** adj. ▪ **1** Qui a confiance (en qqn ou en qqch.). **2** Qui a confiance en soi. **3** Enclin à la confiance, à l'épanchement.

**confidence** n. f. ▪ **1** Communication d'un secret qui concerne soi-même. **2** loc. *DANS LA CONFIDENCE* : dans le secret. ◆ *EN CONFIDENCE* loc. adv. : secrètement.

**confident, ente** n. ▪ Personne qui reçoit les plus secrètes pensées de qqn.

**confidentialité** n. f. ▪ Maintien du secret d'informations (dans une administration...).

**confidentiel, ielle** adj. ▪ **1** Qui se dit, se fait sous le sceau du secret. **2** Qui s'adresse à peu de gens. ▷ adv. **confidentiellement**

**confier** v. tr. 7 ▪ **1** Remettre (qqn, qqch...) aux soins d'un tiers dont on est sûr. **2** Communiquer (qqch. de personnel) sous le sceau du secret. ◆ pronom. (réfl.) Faire des confidences.

**configuration** n. f. ▪ **1** didact. Forme extérieure (d'une chose). **2** inform. Ensemble des éléments d'un système informatique.

**configurer** v. tr. 1 ▪ didact. Donner une forme, une configuration à.

**confiner** v. tr. 1 ▪ **1** v. tr. ind. *Confiner à :* toucher aux limites de (→ **confins). 2** v. tr. dir. Forcer à rester dans un espace limité (concret ; abstrait). ▶ se **confiner** v. pron. → s'**isoler**; se **cantonner** → **confiné, ée** adj. ▷ n. m. **confinement**

**confins** n. m. pl. ▪ Parties (d'un territoire) situées à l'extrémité. ◆ Espace éloigné.

**confire** v. tr. 37 ▪ Mettre (des aliments) dans un élément qui les conserve (→ **confit).**

**confirmation** n. f. ▪ I Ce qui rend une chose plus certaine. *La confirmation d'une nouvelle.* II Sacrement catholique qui confirme dans la grâce du baptême.

**confirmer** v. tr. 1 ▪ **1** *CONFIRMER qqn DANS* : rendre plus ferme, plus assuré. *Nous l'avons confirmé dans sa résolution.* **2** Affirmer l'exactitude, l'existence de (qqch.). → **assurer, certifier, corroborer.** ◆ pronom. *La nouvelle se confirme.* II Conférer le sacrement de la confirmation (II) à.

**confiscation** n. f. ▪ Action de confisquer.

**confiserie** n. f. ▪ **1** Commerce, magasin, usine du confiseur. **2** Produits à base de sucre, fabriqués par les confiseurs.

**confiseur, euse** n. ■ Personne qui fabrique des sucreries. → loc. *La trêve des confiseurs* (trêve politique entre Noël et le nouvel an).

**confisquer** v. tr. 🔟 ■ 1 Prendre (ce qui appartient à qqn) par une mesure de punition. 2 Prendre (qqch.) à son profit.

**confit, ite** ■ I adj. *FRUITS CONFITS*, préparés et conservés dans du sucre. 2 *Être CONFIT EN DÉVOTION*, très dévot. II n. m. Viande cuite et conservée dans sa graisse. *Confit d'oie.*

**confiteor** [-teɔʀ] n. m. ■ relig. Prière de contrition de la liturgie catholique.

**confiture** n. f. ■ Fruits frais qu'on a fait cuire dans du sucre pour les conserver (au sens large, inclut marmelades et gelées).

**conflagration** n. f. ■ Bouleversement de grande portée ; spécialt conflit international.

**conflictuel, elle** adj. ■ Qui constitue un conflit, est source de conflits.

**conflit** n. m. ■ 1 Guerre ou opposition entre États. 2 Rencontre d'éléments contraires, qui s'opposent. *Conflit de générations.*

**confluence** n. f. ■ 1 Jonction de cours d'eau. 2 fig. Convergence, rencontre.

**confluent** n. m. ■ Endroit où deux cours d'eau se joignent.

**confondant, ante** adj. ■ Très étonnant.

**confondre** v. tr. 41 ■ I 1 littér. Remplir d'un grand étonnement. → **déconcerter.** → au p. p. *Rester confondu.* 2 Réduire (qqn) au silence, en prouvant ses torts. *Confondre un menteur.* II 1 littér. Réunir, mêler pour ne former qu'un tout. 2 Prendre une personne, une chose pour une autre. ► **se confondre** v. pron. 1 littér. *Se confondre en excuses :* multiplier les excuses. 2 Se mêler, s'unir.

**conformation** n. f. ■ Disposition des différentes parties (d'un corps organisé) *Vice de conformation.* → **malformation.**

**conforme** adj. ■ (avec à) 1 Dont la forme est semblable (à celle d'un modèle). → sans compl. *Copie conforme* (à l'original). 2 Qui convient. *Une vie conforme à ses goûts.* 3 sans compl. Conventionnel, conformiste.

**conformément** adv. ■ D'après, selon.

**conformer** v. tr. 🔟 ■ littér. Rendre conforme (à qqch.). *Conformer son attitude à sa morale.* ► **se conformer** v. pron. Devenir conforme (à). ► **conformé, ée** p. p. Qui a telle conformation. *Être bien, mal conformé.*

**conformisme** n. m. ■ Fait de se conformer aux normes, aux usages ; attitude passive qui en résulte. ▷ adj. et n. **conformiste**

**conformité** n. f. ■ Caractère de ce qui est conforme. → **accord.** → *Agir EN CONFORMITÉ AVEC ses principes,* conformément à.

**confort** n. m. ■ I Ce qui contribue au bien-être, à la commodité matérielle. II *Médicament de confort,* qui permet de mieux supporter un mal (sans agir sur la cause).

**confortable** adj. ■ 1 Qui procure, présente du confort. 2 (quantité) Assez important. ▷ adv. **confortablement**

**conforter** v. tr. 🔟 ■ Donner de la force à.

**confraternel, elle** adj. ■ De confrère ou de consœur. *Salutations confraternelles.*

**confrère** n. m. ■ Celui qui appartient à une société, à une compagnie, considéré par rapport aux autres membres (→ consœur).

**confrérie** n. f. ■ Association pieuse.

**confronter** v. tr. 🔟 ■ 1 Mettre en présence (des personnes) pour comparer leurs affirmations. 2 *ÊTRE CONFRONTÉ À, AVEC,* se trouver en face de. 3 Comparer point par point. ▷ n. f. **confrontation**

**confus, use** adj. ■ I (personnes) Qui est embarrassé par pudeur, par honte. II (choses) 1 Dont les éléments sont mêlés, impossibles à distinguer. → **indistinct.** 2 Qui manque de clarté. *Une situation confuse.*

**confusément** adv. ■ Indistinctement.

**confusion** n. f. ■ I Trouble d'une personne confuse (I). → **embarras, gêne.** II 1 État de ce qui est confus. → **désordre.** 2 (abstrait) Manque de clarté. → *Confusion mentale* (→ **démence**). 3 Action de confondre (II, 2). *Confusion de noms, de dates.*

**confusionnel, elle** adj. ■ De la confusion mentale.

**congé** n. m. ■ 1 Permission de s'absenter, de quitter un service, un travail, etc. → *Congés payés* (des salariés). 2 *Donner son congé à qqn,* le renvoyer. 3 *PRENDRE CONGÉ de qqn,* le saluer avant de le quitter.

**congédier** v. tr. 7 ■ 1 Inviter à se retirer, à s'en aller. → **éconduire.** 2 Renvoyer, licencier. ▷ n. m. **congédiement**

**congélateur** n. m. ■ Appareil servant à congeler les aliments.

**congeler** v. tr. 5 ■ 1 Faire passer (un liquide) à l'état solide par l'action du froid. → pronom. *L'eau se congèle à 0 °C.* 2 Soumettre (un produit) au froid (– 18 °C) pour conserver. → au p. p. *Viande congelée.* → aussi **surgelé.** ▷ n. f. **congélation**

**congénère** adj. ■ didact. (animal...) Qui appartient au même genre, à la même espèce. ◆ n. fam. (personnes) → **semblable.**

**congénital, ale, aux** adj. ■ 1 (opposé à *acquis*) Présent à la naissance (sans être génétique). 2 fam. Inné. *Optimisme congénital.*

**congère** n. f. ■ Neige entassée par le vent.

**congestion** n. f. ■ Afflux de sang dans une partie du corps. ▷ adj. **congestif, ive**

**congestionner** v. tr. 🔟 ■ Produire une congestion dans. → au p. p. *Visage congestionné.*

**conglomérat** n. m. ■ 1 Roche formée de fragments agglomérés. 2 Assemblage informe.

**conglomérer** v. tr. 6 ■ didact. Réunir en masse compacte. ◆ fig. Assembler, réunir.

**conglutiner** v. tr. 🔟 ■ littér. 1 Faire adhérer. 2 Rendre visqueux. ▷ n. f. **conglutination**

**congolais, aise** ■ 1 adj. et n. Du Congo. 2 n. m. Gâteau à la noix de coco.

**congratuler** v. tr. 🔟 ■ (souvent iron.) Faire des compliments à. ▷ n. f. **congratulation**

**congre** n. m. ■ Long poisson de mer au corps cylindrique, sans écailles (syn. *anguille de mer*).

**congrégation** n. f. ■ Compagnie de prêtres, de religieux, de religieuses.

**congrès** n. m. ■ **1** Réunion diplomatique. **2** (avec maj.) Corps législatif des États-Unis d'Amérique. **3** Importante réunion d'échange d'idées, de connaissances.

**congressiste** n. ■ Participant à un congrès.

**congru, ue** adj. ■ littér. Qui convient, est approprié. ◆ loc. *PORTION CONGRUE* : ressources à peine suffisantes pour subsister.

**conifère** n. m. ■ Arbre résineux aux organes reproducteurs coniques et aux aiguilles souvent persistantes (ex. pin, sapin).

**conique** ■ **1** adj. En forme de cône. **2** n. f. Courbe, section d'un cône par un plan.

**conjecture** n. f. ■ Opinion fondée sur des probabilités. → **hypothèse, supposition.** ≠ *conjoncture.* ▷ adj. **conjectural, ale, aux**

**conjecturer** v. tr. 1 ■ littér. Croire, juger par conjecture. → **présumer, supposer.**

**conjoindre** v. tr. 49 ■ vx ou littér. Joindre.

**conjoint, ointe** ■ **I** adj. Joint avec ; uni. **II** n. Personne unie (à une autre) par les liens du mariage. → **époux.**

**conjointement** adv. ■ Ensemble.

**conjonctif, ive** adj. ■ **1** anat. *Tissu conjonctif,* qui occupe les intervalles entre les organes. **2** gramm. *Locution conjonctive,* au rôle de conjonction (ex. après que).

**conjonction** n. f. ■ **I** Action de joindre. → **rencontre, réunion. II** gramm. Mot qui sert à joindre deux mots ou groupes de mots. *Conjonctions de coordination* (union [et], opposition [mais], etc.). *Conjonctions de subordination,* qui établissent une dépendance (comme, quand, que...).

**conjonctive** n. f. ■ Membrane muqueuse qui joint le globe de l'œil aux paupières.

**conjonctivite** n. f. ■ Inflammation de la conjonctive.

**conjoncture** n. f. ■ Situation qui résulte d'une rencontre de circonstances. ≠ *conjecture.* ▷ adj. **conjoncturel, elle**

**conjugaison** n. f. ■ Ensemble des formes verbales suivant les voix, les modes, les temps, les personnes, les nombres.

**conjugal, ale, aux** adj. ■ Relatif à l'union entre le mari et la femme.

**conjuguer** v. tr. 1 ■ **I** littér. Joindre ensemble. → **unir.** *Conjuguons nos efforts.* **II** Donner la conjugaison de (un verbe).

**conjuration** n. f. ■ **1** Action secrète d'un groupe de personnes (*conjuré, ée* n.) (contre qqn ou qqch.). → **complot, conspiration. 2** Rite, formule pour chasser les démons, etc.

**conjurer** v. tr. 1 ■ **I 1** Dissiper (une menace), écarter (un danger). **2** Chasser (les démons...). **II** littér. Adjurer, implorer.

**connaissance** n. f. ■ **I 1** Fait ou manière de connaître. → **conscience ; compréhension.** *Connaissance expérimentale.* ◆ *Avoir connaissance de* : être informé de. ◆ *Prendre connaissance de* : s'informer de. ◆ *À ma connaissance* : autant que je sache. **2** Fait de sentir, d'être conscient. ◆ loc. *Perdre connaissance* : → s'**évanouir. 3** au plur. Ce que l'on sait, pour l'avoir appris. → **culture, savoir. II 1** *FAIRE CONNAISSANCE* : entrer en relation (avec qqn) la première fois. ◆ *DE CONNAISSANCE* : connu. **2** Personne que l'on connaît.

**connaissement** n. m. ■ comm. Reçu de marchandises expédiées par mer.

**connaisseur** n. m. ■ Personne experte, compétente. ◆ adj. *Il, elle est connaisseur.*

**connaître** v. tr. 57 ■ **I 1** Avoir présent à l'esprit ; être capable de former l'idée, l'image de. **I** *CONNAÎTRE qqch.* **1** Se faire une idée claire de. → **savoir.** ◆ pronom. « Connais-toi toi-même » (trad. de Socrate). **2** Avoir l'expérience de. *Connaître son métier.* **3** Avoir présent à l'esprit ; pouvoir utiliser. ◆ *SE CONNAÎTRE à, S'Y CONNAÎTRE en* (qqch.), être compétent. **4** Éprouver. *Connaître l'amour ; le succès.* **II** *CONNAÎTRE qqn* **1** Être conscient de l'existence de (qqn). ◆ Être capable de reconnaître. *Connaître qqn de vue.* **2** Avoir des relations sociales avec. ◆ pronom. *Ils se sont connus en Italie.* **3** Se faire une idée de la personnalité de (qqn). ▶ **connu, ue** adj. Notoire, célèbre.

**connard, arde** → **conard**

**connecter** v. tr. 1 ■ Unir par une connexion ; mettre en liaison (des éléments électriques ; des appareils). ▶ **se connecter** v. pron. *Se connecter à un serveur, à Internet.*

**connecteur** n. m. ■ Dispositif, pièce mécanique qui connecte.

**connectique** n. f. ■ techn. Ensemble des techniques et des procédés utilisés pour établir des liaisons électriques, informatiques...

**connerie** n. f. ■ fam. **1** Imbécillité, bêtise. **2** Action, parole inepte, absurde.

**connétable** n. m. ■ hist. (Ancien Régime) Chef suprême de l'armée.

**connexe** adj. ■ Qui a des rapports étroits avec autre chose. ▷ n. f. **connexité**

**connexion** n. f. ■ **1** Fait d'être connexe. → **affinité, analogie. 2** Liaison à un circuit électrique (→ **connecter**). **3** inform. Liaison d'un ordinateur avec un réseau. *Connexion à Internet.*

**connivence** n. f. ■ Accord tacite.

**connotation** n. f. ■ ling. Effet de sens (d'un mot...) en rapport avec le contexte.

**connu, ue** → **connaître**

**conque** n. f. ■ Coquillage de grande taille.

**conquérant, ante** n. ■ **1** Personne qui fait des conquêtes par les armes. ◆ adj. *Nation conquérante.* **2** Personne qui séduit. **3** fam. *Un air conquérant,* un peu fat.

**conquérir** v. tr. 21 ■ **1** Acquérir par les armes, soumettre par la force. *Conquérir un pays.* → **vaincre.** ◆ en luttant. *Conquérir un marché.* **2** Acquérir une forte influence sur (qqn). ▶ **conquis, ise** p. p.

**conquête** n. f. ■ **1** Action de conquérir. ◆ fig. *La conquête de l'espace.* **2** Ce qui est conquis. *Les conquêtes de la science.* **II 1** Action de séduire (qqn). **2** fam. Personne séduite, conquise.

**conquistador** n. m. ■ Conquérant espagnol de l'Amérique. *Des conquistador(e)s.*

**consacré, ée** adj. ■ Qui est de règle, normal dans une circonstance.

**consacrer** v. tr. ☐ ▪ 1 Rendre sacré en dédiant à Dieu. 2 *CONSACRER qqch. À*, destiner à, affecter. ► se **consacrer** v. pron. *Se consacrer à une œuvre.*

**consanguin, ine** adj. ▪ 1 Parent du côté du père. 2 Qui a un ascendant commun.

**consanguinité** [-g(ц)i-] n. f. ▪ didact. Lien entre parents consanguins.

**consciemment** [-jamã] adv. ▪ D'une façon consciente.

**conscience** [-jãs] n. f. ▪ Faculté humaine de connaître sa propre réalité et de la juger. I 1 Connaissance de sa propre activité psychique (s'oppose à *inconscience*). 2 Connaissance immédiate, spontanée. *Avoir conscience de sa force.* II 1 Faculté ou fait de porter des jugements de valeur sur ses propres actes. — *Avoir qqch. SUR LA CONSCIENCE*, qqch. à se reprocher. — *EN CONSCIENCE* : honnêtement. — *En mon âme et conscience* (formule de serment). 2 *BONNE CONSCIENCE* : état de qqn qui estime n'avoir rien à se reprocher. — *Avoir MAUVAISE CONSCIENCE* (→ **culpabilité**). 3 *Conscience professionnelle* : honnêteté, soin dans son travail.

**consciencieux, ieuse** [-sjã-] adj. ▪ 1 Qui fait son devoir avec soin. 2 Qui est fait avec soin. ▷ adv. **consciencieusement**

**conscient, ente** [-jã] adj. ▪ 1 (personnes) Qui a conscience (I) de soi (s'oppose à *inconscient*). 2 (choses) Dont on a conscience (I).

**conscrit** n. m. ▪ Jeune homme inscrit pour accomplir son service militaire (*conscription* n. f.). — Soldat nouvellement recruté.

**consécration** n. f. ▪ I Action de consacrer à Dieu. II Action de sanctionner, de rendre durable. *La consécration du succès.*

**consécutif, ive** adj. ▪ 1 au plur. Qui se suit dans le temps. 2 *CONSÉCUTIF À* : qui suit, résulte de. 3 gramm. (proposition) Qui exprime une conséquence. ▷ n. f. **consécution** ▷ **consécutivement** adv. → **successivement**.

**conseil** n. m. ▪ I 1 Opinion donnée à qqn sur ce qu'il doit faire. *Demander conseil à qqn. Être de bon conseil.* 2 Incitation qui résulte de qqch. — prov. *La nuit porte conseil.* 3 appos. *Avocat-conseil, ingénieur-conseil* (qui donnent des avis). ♦ *Conseil juridique.* → **avocat**. II Réunion de personnes qui délibèrent, donnent leur avis sur des affaires publiques ou privées. → **assemblée**. ♦ (institutions françaises) *Conseil d'État* (tribunal administratif suprême). — *Conseil des ministres* (sous la présidence du chef de l'État). → **gouvernement**. — *Conseil constitutionnel*. — *Conseils généraux*, dans chaque département. *Conseils municipaux* (→ **municipalité**). ♦ (institutions internationales) *Le Conseil de sécurité* (de l'O.N.U.). — *Le Conseil de l'Europe*. ♦ *CONSEIL D'ADMINISTRATION* : réunion d'actionnaires (d'une société anonyme) pour gérer les affaires. — *Conseil de classe*, réunion des professeurs, parents d'élèves et délégués d'une classe.

① **conseiller, ère** n. ▪ I Personne qui donne des conseils. — prov. *La colère est mauvaise conseillère.* II Membre d'un conseil.

② **conseiller** v. tr. ☐ ▪ 1 Indiquer à qqn (ce qu'il doit faire, ne pas faire). → **recommander, suggérer**. ♦ v. tr. ind. *Conseiller à qqn de faire qqch.* 2 Guider (qqn) en lui indiquant ce qu'il doit faire. *Conseiller un ami.*

**conseilleur, euse** n. ▪ littér. Personne qui donne des conseils. → ① **conseiller**.

**consensus** [kɔ̃sɛ̃sys] n. m. ▪ Accord entre personnes. ▷ adj. **consensuel, elle**

**consentement** n. m. ▪ Acquiescement donné à un projet. → **accord, permission**.

**consentir** v. tr. ⑯ ▪ I v. tr. ind. *CONSENTIR À*, accepter qu'une chose se fasse. II v. tr. dir. 1 *Consentir que* (+ subj.). → **permettre**. 2 Accorder (un avantage) à qqn.

**conséquence** n. f. ▪ 1 Suite qu'une action, un fait entraîne. → **effet, résultat**. — *Sans conséquence* : sans suite fâcheuse. 2 *SANS CONSÉQUENCE* loc. adv. : comme il convient.

**conséquent, ente** adj. ▪ I 1 Qui agit ou raisonne avec logique. 2 *PAR CONSÉQUENT* loc. adv. : comme suite logique. → **ainsi, donc**. II fam. (critiqué) Important, considérable.

**conservateur, trice** ▪ I n. Personne qui a la charge de conserver des choses (précieuses...). II adj. (en politique) Qui veut préserver ce qui existe (l'ordre social, les valeurs traditionnelles...). — n. *Les conservateurs*, la droite. III n. m. 1 Produit pour la conservation des aliments. 2 Congélateur.

**conservation** n. f. ▪ 1 Action de conserver. — *Instinct de conservation* (de sa propre vie). 2 État de ce qui est conservé.

**conservatisme** n. m. ▪ Esprit conservateur.

① **conservatoire** adj. ▪ dr. Destiné à conserver. *Mesure conservatoire.*

② **conservatoire** n. m. ▪ 1 École de musique. ♦ École qui forme les comédiens. 2 *Conservatoire national des arts et métiers*, établissement de recherche et d'enseignement français (sciences et techniques).

**conserve** n. f. ▪ I Substance alimentaire stérilisée et conservée dans un récipient hermétique. II *DE CONSERVE* loc. adv. : ensemble ; en accord. → **de concert**.

**conserver** v. tr. ☐ ▪ 1 Maintenir en bon état, préserver de l'altération, de la destruction. 2 Ne pas laisser disparaître. → **garder**. *Conserver une tradition.* 3 Ne pas perdre, garder (avec soi). *Conserver son calme.* 4 Ne pas jeter. *Conserver des lettres.* ► **conservé, ée** p. p. (spécialt) *Être bien conservé*, ne pas paraître son âge.

**conserverie** n. f. ▪ 1 Usine de conserves alimentaires. 2 Industrie des conserves.

**conserveur, euse** n. ▪ Industriel(le) de la conserverie.

**considérable** adj. ▪ Très important. ▷ **considérablement** adv. → **beaucoup**.

**considération** n. f. ▪ 1 Motif, raison que l'on considère pour agir. *Considérations d'honneur.* 2 Fait de considérer, d'envisager. ♦ *Prendre EN CONSIDÉRATION* : tenir compte de. 3 Estime que l'on porte à qqn.

**considérer** v. tr. 6 ■ 1 Regarder attentivement. → **observer.** 2 Envisager par un examen attentif, critique. → (au p. p.) loc. *Tout bien considéré* (→ tout bien pesé). 3 Faire cas de (qqn). → **estimer.** 4 CONSIDÉRER COMME. → **juger, tenir** pour. → pronom. *Il se considère comme un génie.* → **estimer, penser.** ► **considéré, ée** adj. *Il est très considéré*, très estimé.

**consignation** n. f. ■ Fait de consigner.

**consigne** n. f. ■ I 1 Instruction stricte. 2 Défense de sortir par punition. II 1 Service, endroit de garde provisoire des bagages. 2 Somme remboursée versée à qqn qui consigne un emballage.

**consigner** v. tr. 1 ■ 1 Remettre en dépôt (une somme...). 2 Mentionner, rapporter par écrit. → **enregistrer.** 3 Empêcher (qqn) de sortir par mesure d'ordre, par punition. 4 Interdire l'accès de. 5 Mettre à la consigne (II, 1). 6 Facturer (un emballage) en s'engageant à reprendre et à rembourser.

**consistance** n. f. ■ 1 Degré plus ou moins grand de solidité ou d'épaisseur (d'un corps). → (liquide) *Prendre consistance*, épaissir. 2 fig. État de ce qui est ferme, solide.

**consistant, ante** adj. ■ 1 Qui est ferme, épais. 2 Qui nourrit. *Un repas consistant.* → **copieux.** 3 (abstrait) Ferme, solide.

**consister** v. tr. ind. 1 ■ Être constitué par. ◆ CONSISTER EN, DANS : se composer de. ◆ CONSISTER À (+ inf.). *La sagesse consiste maintenant à patienter.*

**consistoire** n. m. ■ 1 Assemblée de cardinaux. 2 Assemblée de ministres protestants ou israélites. ▷ adj. **consistorial, ale, aux**

**consœur** n. f. ■ Celle qui appartient à une société, à une compagnie, considérée par rapport aux autres membres (→ confrère).

**consolant, ante** adj. ■ Propre à consoler.

**consolateur, trice** adj. et n. ■ Qui console.

**consolation** n. f. ■ Soulagement apporté à la douleur, à la peine de qqn. → **réconfort.**

**console** n. f. ■ 1 archit. Support saillant en forme de S. 2 Table adossée contre un mur. 3 Meuble qui porte les claviers, etc. (d'un orgue). 4 Périphérique (écran et clavier) d'un ordinateur. → **terminal.** ◆ Pupitre d'enregistrement sonore.

**consoler** v. tr. 1 ■ 1 Soulager (qqn) dans son chagrin, sa douleur. 2 Apporter un réconfort, une compensation (à une peine...).

**consolider** v. tr. 1 ■ Rendre (qqch.) plus solide, plus stable. → **renforcer.** ◆ fig. *Consolider sa position.* ▷ n. f. **consolidation**

**consommateur, trice** n. ■ 1 Personne qui consomme (des marchandises...). 2 Personne qui consomme dans un café.

**consommation** n. f. ■ 1 vx ou littér. Accomplissement ; fin. II 1 Usage (de qqch.). *Consommation d'essence.* ◆ Utilisation de biens, de services (s'oppose à *production*). 2 Ce qu'un client consomme au café.

**consommé, ée ■ I** adj. littér. Parvenu à un degré élevé de perfection. → **accompli.** **II** n. m. Bouillon de viande concentré.

**consommer** v. tr. 1 ■ I littér. Mener (qqch.) à son accomplissement. → *Consommer un forfait.* ■ **perpétrer.** II 1 Amener (qqch.) à destruction en utilisant sa substance. *Consommer des aliments ; de l'électricité.* 2 intrans. Prendre une consommation au café. 3 (sujet chose) User (du combustible, etc.).

**consomption** n. f. ■ Amaigrissement et dépérissement, dans une longue maladie.

**consonance** n. f. ■ 1 Ensemble de sons (accord) considéré comme agréable à l'oreille. 2 Uniformité ou ressemblance du son final de mots. → **assonance, rime.** 3 Succession, ensemble de sons. *Consonances harmonieuses.* ▷ adj. **consonant, ante**

**consonantique** adj. ■ Des consonnes.

**consonne** n. f. ■ 1 Phonème produit par le passage de l'air à travers la gorge, la bouche, formant obstacles (≠ *voyelle*). 2 Lettre représentant une consonne.

**consort ■ 1** n. m. pl. *Un tel ET CONSORTS*, et ceux qui agissent avec lui ; (péj.) et les gens de même espèce. 2 adj. *PRINCE CONSORT :* époux d'une reine, quand il ne règne pas.

**consortium** [-sjɔm] n. m. ■ Groupement d'entreprises. *Des consortiums d'achat.*

**conspiration** n. f. ■ 1 Accord secret contre le pouvoir établi. → **complot, conjuration.** 2 Entente contre qqn ou qqch.

**conspirer** v. 1 ■ 1 v. intr. S'entendre secrètement contre qqn, qqch. ▷ n. **conspirateur, trice** 2 v. tr. ind. (sujet chose) CONSPIRER À : contribuer à (un même effet).

**conspuer** v. tr. 1 ■ Manifester bruyamment et en groupe contre (qqn). → **huer.**

**constamment** adv. ■ D'une manière constante. → sans **cesse.**

**constance** n. f. ■ 1 littér. Force morale, courage. 2 Persévérance, obstination. ◆ fam. Patience. 3 didact. Caractère constant (2).

**constant, ante** adj. ■ 1 littér. Qui a de la constance. 2 (choses) Qui persiste dans l'état où il se trouve. *Qualité constante.* 3 n. f. Élément qui ne varie pas. → sc. *Constante physique.*

**constat** n. m. ■ 1 Procès-verbal décrivant un état de fait. *Constat amiable.* 2 Ce par quoi on constate (qqch.). *Constat d'échec.*

**constater** v. tr. 1 ■ Établir par expérience directe la réalité de. ▷ adj. **constatable** ▷ n. f. **constatation**

**constellation** n. f. ■ Groupe d'étoiles.

**consteller** v. tr. 1 ■ Couvrir d'étoiles, de points brillants. → **parsemer.**

**consternant, ante** adj. ■ Qui consterne.

**consterner** v. tr. 1 ■ 1 Jeter brusquement (qqn) dans un abattement profond. 2 Attrister et étonnant. ▷ n. f. **consternation**

**constipation** n. f. ■ Difficulté dans l'évacuation des selles.

**constiper** v. tr. 1 ■ Causer la constipation de (qqn). ► **constipé, ée** adj. (fig.) fam. Anxieux, contraint, embarrassé. → **coincé.**

**constituant, ante** adj. ■ 1 Qui entre dans la composition (de). 2 *Assemblée constituante*, chargée d'établir une Constitution (II). → n. f. hist. *La Constituante* (1789).

**constituer** v. tr. ⒈ ▪ **1** dr. Établir (qqn) dans une situation légale. ✦ pronom. *Se constituer partie civile.* **2** dr. Créer (qqch.) à l'intention de qqn. **3** (sujet chose) Concourir à former (un tout). **4** Organiser, créer (une chose complexe). *Constituer un gouvernement.* **5** passif *Être bien constitué* : avoir une bonne constitution (I, 2).

**constitutif, ive** adj. ▪ **1** dr. Qui constitue ou établit qqch. **2** → **constituant** (1).

**constitution** n. f. ▪ **I 1** Action, manière de constituer. **2** Ensemble des caractères congénitaux (d'un individu). *Robuste constitution.* **II** (souvent avec maj.) Textes fondamentaux qui déterminent la forme du gouvernement d'un pays.

**constitutionnel, elle** adj. ▪ **1** Qui constitue, forme l'essence (de qqch.). ✦ Qui tient à la constitution (I, 2). **II 1** Relatif ou conforme à une constitution. **2** *Droit constitutionnel,* qui étudie le pouvoir politique. ▷ n. f. **constitutionnalité**

**constitutionnellement** adv. ▪ D'une manière conforme à la Constitution.

**constricteur** adj. m. ▪ anat. Qui resserre. ✦ zool. *Boa constrictor,* qui étreint sa proie dans ses anneaux (syn. *constrictor*).

**constriction** n. f. ▪ didact. Action de serrer, de resserrer. ✦ Fait de se resserrer.

**constructeur, trice** n. et adj. ▪ Qui construit.

**constructible** adj. ▪ Où l'on a le droit de construire un édifice.

**constructif, ive** adj. ▪ Capable de construire, d'élaborer, de créer. → **créateur.** ✦ Qui aboutit à des résultats positifs.

**construction** n. f. ▪ **1** Action de construire. ✦ Techniques qui permettent de construire. **2** Ce qui est construit, bâti. → **bâtiment, édifice. 3** fig. Élaboration (d'une chose abstraite). ✦ gramm. Place relative des mots dans la phrase (→ **syntaxe**).

**constructivisme** n. m. ▪ Mouvement artistique né en Russie, basé sur des lignes et des plans assemblés, construits.

**construire** v. tr. ㊳ ▪ **1** Bâtir suivant un plan déterminé. → **édifier.** *Construire un pont.* **2** Faire exister (un système complexe) en organisant des éléments mentaux. → **concevoir, élaborer.** *Construire une théorie.* ✦ Tracer (une figure) selon un schéma. **3** Disposer (un énoncé) selon un ordre.

**consubstantialité** n. f. ▪ théol. chrét. Unité et identité de substance de la Trinité.

**consubstantiel, ielle** adj. ▪ théol. chrét. Qui est unique par la substance. ✦ littér. *Consubstantiel à* : inséparable de.

**consul** n. m. ▪ **I** hist. **1** Antiq. romaine L'un des deux magistrats qui exerçaient l'autorité suprême. **2** L'un des trois chefs suprêmes du Consulat (2). **II** Agent chargé par un État de la défense des intérêts de ses nationaux dans un pays étranger.

**consulaire** adj. ▪ D'un consul.

**consulat** n. m. ▪ **1** Charge de consul. **2** (avec maj.) Gouvernement des consuls (1799-1804), en France. **3** Services d'un consul (II).

**consultant, ante** n. ▪ Personne qui donne des consultations. → **conseil** (I, 3).

**consultatif, ive** adj. ▪ Qui donne des avis.

**consultation** n. f. ▪ **1** Action de prendre avis. **2** Fait de recevoir des patients.

**consulter** v. ㊒ ▪ **I** v. tr. **1** Demander avis, conseil à (qqn). **2** Regarder (qqch.) pour y chercher des renseignements. **II** v. intr. (médecin) Donner des consultations (2).

**consumer** v. tr. ⒈ ▪ **1** littér. Épuiser les forces de (qqn). ✦ pronom. *Se consumer d'amour.* **2** Détruire par le feu. → **brûler.**

**consumérisme** n. m. ▪ anglic. Protection du consommateur. ▷ adj. et n. **consumériste**

**contact** [-akt] n. m. ▪ **1** Position, état relatif de corps qui se touchent. ✦ *Être EN CONTACT,* se toucher. ✦ *Verres DE CONTACT* : verres correcteurs qui s'appliquent sur l'œil (→ cornéen). **2** *Contact électrique,* entre conducteurs, permettant le passage du courant. ✦ Dispositif d'allumage d'un moteur à explosion. **3** Relation entre personnes. ✦ *Entrer EN CONTACT avec qqn,* en relation.

**contacter** v. tr. ⒈ ▪ (emploi critiqué) Entrer en contact (3) avec (qqn).

**contactologie** n. f. ▪ didact. Partie de l'ophtalmologie qui traite des verres de contact.

**contagieux, euse** adj. ▪ **1** Qui se communique par contagion. **2** Qui est un agent de contagion. **3** fig. → **communicatif** (1).

**contagion** n. f. ▪ **1** Transmission d'une maladie par contact. **2** Imitation involontaire.

**container** [-ɛʀ] → **conteneur**

**contaminer** v. tr. ⒈ ▪ **1** Transmettre une maladie à. ✦ Polluer (par la radioactivité, des micro-organismes, etc.). ✦ au p. p. *Sang contaminé* (par un virus). ▷ n. f. **contamination**

**conte** n. m. ▪ **1** Récit de faits imaginaires destiné à distraire. **2** Histoire invraisemblable.

**contemplatif, ive** adj. ▪ **1** Qui aime la contemplation. **2** relig. Voué à la méditation.

**contemplation** n. f. ▪ **1** Fait de s'absorber dans l'observation attentive (de qqn, qqch.). **2** Concentration de l'esprit sur des sujets intellectuels ou religieux.

**contempler** v. tr. ⒈ ▪ Considérer, observer attentivement.

**contemporain, aine** adj. ▪ **1** *CONTEMPORAIN DE* : qui est de la même époque que. ✦ n. *Nos contemporains.* **2** Du temps actuel. ▷ **contemporanéité** n. f. littér.

**contempteur, trice** n. ▪ littér. Personne qui méprise, dénigre (qqn, qqch.).

**contenance** n. f. ▪ **1** Quantité qu'un récipient peut contenir. → **capacité. 2** Manière de se tenir. ✦ loc. *Faire bonne contenance* : garder son sang-froid. ✦ *Perdre contenance* : se troubler (→ **décontenancé).**

**contenant** n. m. ▪ Ce qui contient qqch.

**conteneur** n. m. ▪ Caisse pour le transport des marchandises. – syn. CONTAINER anglic.

**contenir** v. tr. ㉒ ▪ **1** Avoir, comprendre en soi, dans sa capacité, son étendue, sa substance. → **renfermer. 2** Avoir une capacité de. **3** Empêcher (des personnes) d'avancer. *Contenir la foule.* **4** Empêcher (un sentiment...) de se manifester. ► **se contenir** v. pron. Se dominer, se retenir. ► **contenu, ue** adj. *Émotion contenue,* que l'on retient.

**content, ente** adj. ■ **I** Satisfait. **1** *Content de qqch.* → **ravi.** ♦ *NON CONTENT DE* (+ inf.) (→ non seulement) **2** *Être content que* (+ subj.). → **heureux. 3** *Content de qqn.* ← *Content de soi :* vaniteux. **4** absolt Gai, joyeux. **II** n. m. *AVOIR SON CONTENT DE-qqch.,* être comblé.

**contenter** v. tr. 1 ■ Rendre (qqn) content en lui donnant ce qu'il désire. → **combler, satisfaire.** ► se **contenter** (de) v. pron. Être satisfait de (qqch.). → n. m. **contentement**

**contentieux** n. m. ■ Ensemble de litiges. ♦ Service qui s'occupe des litiges.

**contention** n. f. ■ **I 1** littér. Tension de l'esprit. **2** Effort physique intense. **II** chir. Maintien, immobilisation d'organes accidentellement déplacés.

① **contenu, ue** adj. → **contenir**
② **contenu** n. m. ■ **1** Ce qui est dans un contenant. **2** fig. Ce qui est exprimé (dans un texte...). → **teneur.** *Contenu d'un rêve.*

**conter** v. tr. 1 ■ **1** Dire (un conte...) pour distraire. **2** vieilli Dire (qqch.) pour tromper. ← loc. *EN CONTER à qqn :* le tromper.

**contestable** adj. ■ Qui peut être contesté.

**contestataire** adj. et n. ■ Qui conteste.

**contestation** n. f. ■ **1** Fait de contester qqch. ; controverse. **2** littér. Vive opposition. **3** Remise en cause de l'ordre établi.

**sans conteste** loc. adv. ■ Sans discussion possible. → **incontestablement.**

**contester** v. tr. 1 ■ **1** Mettre en discussion (le droit, les prétentions de qqn). **2** Mettre en doute. → **nier.** ← au p. p. → **controversé.**

**conteur, euse** n. ■ Personne qui compose, dit ou écrit des contes.

**contexte** n. m. ■ **1** Ensemble du texte qui entoure un élément de la langue (mot, phrase...). **2** Ensemble des circonstances en relation avec un fait. → **situation.**

**contexture** n. f. ■ Manière dont se présentent les éléments d'un tout complexe (notamment organique). → **structure.**

**contigu, uë** [-gy] adj. ■ Qui touche (à qqch.). → **attenant, voisin.** ▷ n. f. **contiguïté**

① **continent, ente** adj. ■ Qui s'abstient du plaisir charnel. → **chaste.** ▷ n. f. **continence**
② **continent** n. m. ■ **1** Grande étendue de terre limitée par des océans. **2** Partie du monde. *Les cinq continents* (traditionnellement : Europe, Asie, Afrique, Amérique et Océanie). **3** *Le continent,* la terre, par rapport à une île. ▷ adj. **continental, ale, aux**

**contingence** n. f. ■ **1** philos. Caractère de ce qui est contingent. **2** au plur. Ce qui peut changer, n'a pas une importance capitale.

**contingent, ente** ■ adj. philos. Qui peut se produire ou non. **II** n. m. **1** Effectif des appelés au service militaire pour une période. **2** Part que chacun apporte ou reçoit. **3** Quantité de marchandises dont l'importation ou l'exportation est autorisée.

**contingenter** v. tr. 1 ■ Fixer un contingent (3) à ; limiter, restreindre. ▷ n. m. **contingentement**

**continu, ue** adj. ■ **1** Qui n'est pas interrompu dans le temps. ← *Courant continu* (opposé à *alternatif*). ← (n. m.) *EN CONTINU :* sans interruption. **2** Fait de parties non séparées.

**continuateur, trice** n. ■ Personne qui continue ce qu'une autre a commencé.

**continuation** n. f. ■ Action de continuer.

**continuel, elle** adj. ■ Qui dure sans interruption ou se répète à intervalles rapprochés. ▷ adv. **continuellement**

**continuer** v. 1 ■ **I** v. tr. **1** Faire ou maintenir plus longtemps ; ne pas interrompre. *Continuer ses études.* ← tr. ind. (+ inf.) *Continuer à, de parler.* **2** Prolonger (qqch.) dans l'espace. **II** v. intr. (sujet chose) **1** Ne pas s'arrêter. **2** S'étendre plus loin.

**continuité** n. f. ■ Caractère de ce qui est continu. ← loc. *Solution\* de continuité.*

**continûment** adv. ■ De manière continue.

**continuo** n. m. ■ mus. Basse continue.

**continuum** [-nɥɔm] n. m. ■ **1** phys. Ensemble d'éléments homogènes. ← *Le continuum espace\*-temps.* **2** didact. Phénomène progressif dont on ne peut considérer une partie que par abstraction.

**contondant, ante** adj. ■ didact. Qui blesse, meurtrit sans couper ni percer.

**contorsion** n. f. ■ **1** Attitude anormale par torsion des membres, du corps. **2** Attitude affectée. ▷ se **contorsionner** v. pron. 1

**contorsionniste** n. ■ Acrobate spécialisé(e) dans les contorsions.

**contour** n. m. ■ Limite extérieure (d'un objet ; du corps). → **courbe, forme, galbe.**

**contourné, ée** adj. ■ **1** Qui a un contour compliqué. **2** Affecté et compliqué.

**contourner** v. tr. 1 ■ Faire le tour, passer autour de. ♦ fig. *Contourner une difficulté.* → **éviter.** ▷ n. m. **contournement**

**contra-** Élément, du latin *contra* « contre ».

**contraceptif, ive** adj. ■ (produit, dispositif) Qui empêche les rapports sexuels d'aboutir à la conception. ← n. m. *Un contraceptif.*

**contraception** n. f. ■ Moyens employés pour rendre les rapports sexuels inféconds.

**contractant, ante** adj. ■ dr. Qui s'engage par contrat. ← n. *Les contractants.*

**contracté, ée** adj. ■ **1** Tendu, crispé. ♦ Inquiet, nerveux. **2** ling. Formé de deux éléments réunis. *« Au », forme contractée de « à le ».*

① **contracter** v. tr. 1 ■ **1** S'engager par contrat à faire, à respecter. ♦ *Contracter des dettes :* s'endetter. **II 1** Prendre, acquérir (une habitude, un sentiment...). *Contracter une manie.* **2** Attraper (une maladie).

② **contracter** v. tr. 1 ■ Réduire dans sa longueur, son volume. ← *Contracter ses muscles.* → **raidir.** ► se **contracter** v. pron.

**contractile** adj. ■ Qui peut se contracter (②).

**contraction** n. f. ■ Fait de (se) contracter (②). ← spécialt *Contractions* (utérines) *de l'accouchement.*

**contractuel, elle** adj. ■ **1** Stipulé par contrat. **2** *Agent contractuel :* agent public non fonctionnaire. ♦ n. Auxiliaire de police chargé de surveiller le stationnement.

**contracture** n. f. ■ méd. Contraction musculaire prolongée.

**contradicteur** n. m. ■ Personne qui contredit.

**contradiction** n. f. ■ **1** Action de contredire qqn, de se contredire. → *Esprit de contradiction* : disposition à contredire. **2** log. Réunion d'éléments incompatibles.

**contradictoire** adj. ■ **1** Qui contredit qqch. → **contraire. 2** Où il y a contradiction, discussion. **3** au plur. Qui implique contradiction. ▷ adv. **contradictoirement**

**contraindre** v. tr. 52 ■ *Contraindre qqn à faire qqch.*, le lui imposer contre sa volonté. → **forcer, obliger.** ◆ au passif *Être contraint de* (+ inf.). ► **contraint, ainte** adj. Gêné, mal à l'aise. ▷ **contraignant, ante** adj. → **astreignant.**

**contrainte** n. f. ■ **1** Violence exercée contre qqn ; entrave à la liberté d'action. **2** Règle, exigence. *Les contraintes d'un métier.* **3** Gêne, retenue. *Parler sans contrainte.* **4** dr. *Contrainte par corps* : emprisonnement pour obtenir le paiement d'une dette. **5** phys. Forces qui tendent à déformer un corps.

**contraire** ■ **I** adj. **1** Qui présente la plus grande différence possible (en parlant de deux choses du même genre) ; qui s'oppose (à qqch.). *Opinions contraires.* **2** Qui, en s'opposant, gêne le cours de qqch. **II** n. m. **1** Ce qui est opposé (logiquement). ◆ Mot de sens contraire. *« Rapide » est le contraire de « lent ».* **2** *AU CONTRAIRE* loc. adv. : d'une manière opposée. ▷ adv. **contrairement**

**contralto** n. m. ■ La plus grave des voix de femme. ◆ Femme qui a cette voix.

**contrapuntique** [-pɔ̃tik] adj. ■ mus. Du contrepoint.

**contrariant, ante** adj. ■ **1** Qui est porté à contrarier. **2** (choses) Qui contrarie.

**contrarier** v. tr. 7 ■ **1** Avoir une action contraire, s'opposer à (qqch.). → **contrecarrer, résister** à. **2** Causer du dépit, du mécontentement à (qqn). ◆ (sujet chose) Rendre inquiet, mal à l'aise.

**contrariété** n. f. ■ Déplaisir causé par ce qui contrarie. → **mécontentement.**

**contraste** n. m. ■ **1** Opposition de deux choses dont l'une fait ressortir l'autre. **2** Variation de l'ombre et de la lumière (d'une image). ◆ méd. *Produit DE CONTRASTE* (utilisé en radiographie).

**contrasté, ée** adj. ■ Qui présente, comporte des contrastes.

**contraster** v. intr. 1 ■ Être en contraste.

**contrat** n. m. ■ **1** Convention par laquelle une ou plusieurs personnes s'obligent à donner, faire ou ne pas faire qqch. **2** Acte qui enregistre cette convention.

**contravention** n. f. ■ dr. Infraction punie d'une amende. ◆ Cette amende. ◆ Procès-verbal de cette infraction.

**contre** ■ **I** prép. et adv. **1** (proximité, contact) → **près. De.** *Pousser le lit contre le mur.* ◆ adv. *Tout contre* : très près. **2** À l'opposé de. *Nager contre le courant.* → *PAR CONTRE* loc. adv. (critiqué) : en revanche. **3** En dépit de. → **malgré.** *Contre toute apparence.* **4** En opposition à (surtout avec *lutter*, etc.). *Se battre contre qqn.* → **avec. 5** Pour se protéger

de. *S'assurer contre l'incendie.* **6** (proportion...) *Parier à cent contre un.* **7** En échange de. *Envoi contre remboursement.* **II** n. m. **1** *LE POUR* ET *LE CONTRE.* **2** Riposte, parade.

**contre-** ■ Élément qui signifie « opposé », contraire » (reste invar. dans les composés).

**contre-allée** n. f. ■ Allée latérale.

**contre-amiral, aux** n. m. ■ Officier général de la marine, au-dessous du vice-amiral.

**contre-attaque** n. f. ■ Riposte offensive à une attaque. ► **contre-attaquer** v. tr. 1

**contrebalancer** v. tr. 3 ■ **1** Faire équilibre à. **2** Compenser en étant égal à. **II** *SE CONTREBALANCER (DE)* v. pron. fam. Se moquer éperdument (de).

**contrebande** n. f. ■ Introduction clandestine de marchandises dans un pays ; ces marchandises. ▷ n. **contrebandier, ière**

en **contrebas** loc. adv. ■ À un niveau inférieur.

**contrebasse** n. f. ■ **1** Le plus grand et le plus grave des instruments à archet. **2** Musicien qui joue de la contrebasse (syn. CONTREBASSISTE n. → **bassiste**).

**contrecarrer** v. tr. 1 ■ S'opposer à.

**contrechamp** n. m. ■ cin. Prise de vues dans le sens opposé à celui de la précédente.

**contre-chant** n. m. ■ mus. Contrepoint sur les harmonies du thème.

à **contrecœur** [-kœr] loc. adv. ■ Malgré soi, avec répugnance.

**contrecoup** [-ku] n. m. ■ Événement qui est la conséquence indirecte d'un autre.

**contre-courant** n. m. ■ **1** Courant contraire (au courant principal). **2** *À CONTRE COURANT* loc. adv. : dans le sens opposé.

**contre-culture** n. f. ■ Courant culturel opposé à la culture dominante.

**contredanse** n. f. ■ **1** Danse ancienne par couples. **II** fam. Contravention.

**contredire** v. tr. 37 2e pers. du plur. *vous contredisez* ■ **1** S'opposer à (qqn) en disant le contraire de ce qu'il dit. **2** (choses) Aller à l'encontre de. ► **se contredire** v. pron. Dire successivement des choses contradictoires.

sans **contredit** loc. adv. ■ → sans **conteste.**

**contrée** n. f. ■ Étendue de pays. → **région.**

**contre-électromotrice** adj. f. ■ électr. *Force contre-électromotrice* (abrév. *f. c. e. m.*), qui s'oppose au courant direct.

**contre-emploi** n. m. ■ Rôle qui ne correspond pas au style d'un acteur.

**contre-enquête** n. f. ■ Enquête destinée à vérifier les résultats d'une autre.

**contre-épreuve** n. f. ■ **1** Épreuve tirée sur une estampe. **2** Second essai pour vérifier.

**contre-espionnage** n. m. ■ Organisme de surveillance des espions ; cette surveillance.

**contre-exemple** n. m. ■ Exemple qui contredit une affirmation, une thèse.

**contre-expertise** n. f. ■ Expertise destinée à en contrôler une autre.

**contrefaçon** n. f. ■ Imitation frauduleuse.

**contrefaire** v. tr. 60 ▪ **1** Imiter pour tourner en dérision. **2** Imiter frauduleusement. **3** Feindre (un état...) ; changer l'apparence de (qqch.) pour tromper.

**contrefait, aite** adj. ▪ Difforme, mal bâti.

**contre-feu** n. m. ▪ Feu allumé pour arrêter un incendie en créant un espace vide.

**se contreficher** ou **se contrefiche** v. pron. 1 ▪ fam. Se moquer complètement (de). – syn. (très fam.) SE CONTREFOUTRE.

**contre-filet** n. m. ▪ Morceau de bœuf correspondant aux lombes. → **faux-filet.**

**contrefort** n. m. ▪ **1** Pilier, mur servant d'appui à un mur. **2** Montagne latérale.

en **contrehaut** loc. adv. ▪ À un niveau supérieur.

**contre-indication** n. f. ▪ méd. Circonstance où il serait dangereux d'employer un traitement, un médicament.

**contre-indiqué, ée** adj. ▪ Qui ne convient pas, est dangereux (dans un cas précis).

**contre-interrogatoire** n. m. ▪ Interrogatoire (d'un témoin...) par la partie adverse.

**contre-jour** n. m. ▪ Éclairage qui vient du côté opposé à celui d'où l'on regarde (à *contre-jour* loc. adv.).

**contremaître** n. m. ▪ Chef d'une équipe d'ouvriers (fém. rare *contremaîtresse*).

**contre-manifestation** n. f. ▪ Manifestation pour faire échec à une autre.

**contremarche** n. f. ▪ Partie verticale de chaque marche d'un escalier.

**contremarque** n. f. ▪ Ticket donné à qqn qui sort momentanément d'une salle de spectacle.

**contre-mesure** n. f. ▪ Mesure contraire à une autre mesure.

**contre-offensive** n. f. ▪ → **contre-attaque.**

**contrepartie** n. f. ▪ **1** Avis contraire. **2** Chose qui s'oppose à une autre en la complétant ou en l'équilibrant. ▪ *En contrepartie* loc. adv. → **en échange, en revanche.**

**contre-performance** n. f. ▪ Mauvais résultat (de qqn dont on attendait le succès).

**contrepèterie** n. f. ▪ Interversion des lettres ou des syllabes d'un ensemble de mots, produisant un sens burlesque.

**contre-pied** [-pje] n. m. ▪ Ce qui est opposé à (une opinion, un comportement).

**contreplaqué** n. m. ▪ Matériau fait de plaques de bois minces collées, à fibres opposées.

**contre-plongée** n. f. ▪ cin. Prise de vues faite de bas en haut (s'oppose à *plongée*).

**contrepoids** n. m. ▪ **1** Poids qui fait équilibre à un autre. **2** fig. Ce qui équilibre.

**contrepoint** n. m. ▪ **1** mus. Art de composer en superposant des dessins mélodiques. **2** fig. Motif secondaire superposé à qqch.

**contrepoison** n. m. ▪ Substance destinée à neutraliser l'effet d'un poison. → **antidote.**

**contre-porte** n. f. ▪ Face intérieure d'une porte (de voiture, etc.), aménagée.

**contre-pouvoir** n. m. ▪ Pouvoir qui s'oppose ou fait équilibre à l'autorité établie.

**contre-productif, ive** adj. ▪ Qui produit l'effet inverse de l'effet recherché.

**contre-proposition** n. f. ▪ Proposition qu'on fait pour l'opposer à une autre.

**contre-publicité** n. f. ▪ **1** Action (publicité...) qui nuit à son objet. **2** Publicité destinée à lutter contre une autre publicité.

**contrer** v. 1 ▪ **1** v. tr. fam. S'opposer avec succès à. **2** v. intr. aux cartes S'opposer à l'annonce d'un joueur.

**Contre-Réforme** n. f. ▪ hist. Mouvement catholique qui s'opposa à la Réforme.

**contre-révolution** n. f. ▪ Mouvement destiné à combattre une révolution. ▷ adj. et n. **contre-révolutionnaire**

**contresens** [-sãs] n. m. ▪ **1** Interprétation contraire à la signification véritable. **2** fig. Erreur dans un choix, etc. **II** Sens, direction contraire. ▪ À CONTRESENS loc. adv. : dans un sens contraire au sens normal.

**contresigner** v. tr. 1 ▪ Apposer une deuxième signature (*contreseing* n. m.) à.

**contretemps** n. m. ▪ **1** mus. Action d'attaquer un son sur un temps faible. **2** Événement, circonstance qui s'oppose à ce que l'on attendait. ▪ À CONTRETEMPS loc. adv. : au mauvais moment.

**contre-ténor** n. m. ▪ → **haute-contre.**

**contre-terrorisme** n. m. ▪ Lutte contre le terrorisme, par les mêmes méthodes.

**contre-torpilleur** n. m. ▪ → **destroyer.**

**contre-ut** [kɔ̃tryt] n. m. invar. ▪ mus. Ut d'une octave au-dessus de l'ut supérieur d'un registre normal.

**contre-valeur** n. f. ▪ fin. Valeur échangée.

**contrevenir** v. tr. ind. 22 ▪ CONTREVENIR À : agir contrairement à (une obligation...). → **enfreindre.** ▷ n. **contrevenant, ante**

**contrevent** n. m. ▪ Volet extérieur en bois.

**contrevérité** ou **contre-vérité** n. f. ▪ Assertion visiblement contraire à la vérité.

**contre-visite** n. f. ▪ méd. Visite destinée à contrôler les résultats d'une visite.

**contribuable** n. ▪ Personne qui paie des impôts.

**contribuer** v. tr. ind. 1 ▪ CONTRIBUER À : aider à l'exécution de (une œuvre) ; avoir part à (un résultat). → **concourir.**

**contribution** n. f. ▪ **1** Part que chacun donne pour une charge, une dépense commune. → **quote-part. 2** souvent au plur. Impôts et taxes. *Contributions directes* (impôt sur le revenu...), *indirectes.* ▪ en France *Contribution sociale généralisée (C. S. G.)*, perçue sur tous les revenus. **3** Administration chargée des impôts. → **fisc. 3** Collaboration à une œuvre commune. ▪ loc. *METTRE À CONTRIBUTION* : utiliser les services de (qqn, qqch.).

**contrister** v. tr. 1 ▪ littér. Affliger (qqn).

**contrit, ite** adj. ▪ Qui marque le repentir.

**contrition** n. f. ▪ **1** relig. Douleur d'avoir offensé Dieu. **2** littér. Remords, repentir.

**contrôle** n. m. ■ **1** Vérification (d'actes, de droits, de documents). **2** Devoir scolaire. **3** Examen de l'état, du fonctionnement (de qqch.). **4** Fait de maîtriser. → *Contrôle de soi.* → **maîtrise. 5** *Contrôle des naissances :* maîtrise de la fécondité (par ex. grâce aux méthodes contraceptives).

**contrôler** v. tr. ⬚ ■ **1** Soumettre à un contrôle. **2** Maîtriser, dominer ; surveiller.

**contrôleur, euse** n. ■ **1** Personne qui exerce un contrôle. **2** n. m. Appareil de contrôle.

**contrordre** n. m. ■ Ordre qui annule un ordre précédent.

**controuvé, ée** adj. ■ littér. Inventé ; mensonger.

**controverse** n. f. ■ Discussion, polémique.

**controversé, ée** adj. ■ Qui fait l'objet d'une controverse. *Théorie controversée.*

**contumace** n. f. ■ dr. Refus de comparaître devant un tribunal. ◆ loc. *Être condamné PAR CONTUMACE,* sans être présent.

**contumax** [-aks] adj. et n. ■ dr. Se dit de l'accusé en état de contumace.

**contusion** n. f. ■ Meurtrissure sans déchirure, due à un choc. ▷ **contusionner** v. tr. ⬚

**conurbation** n. f. ■ Grand ensemble urbain.

**convaincre** v. tr. ⬚ ■ **1** Amener (qqn) à reconnaître la vérité, la nécessité d'une proposition ou d'un fait. → **persuader. 2** *Convaincre* (qqn) *de* (qqch.), donner des preuves de (sa culpabilité...). → passif *Être convaincu d'imposture.* ▶ **convaincu, ue** adj. → **certain, sûr.** → n. *Prêcher un convaincu.* ▷ **convaincant, ante** adj. → **probant.**

**convalescence** n. f. ■ Période de transition entre la fin d'une maladie et le retour à la santé. ▷ adj. et n. **convalescent, ente**

**convecteur** n. m. ■ Appareil de chauffage où l'air est chauffé par convection.

**convection** n. f. ■ phys. Transport de chaleur dans un fluide. - var. CONVEXION.

**convenable** adj. ■ **1** littér. Qui convient. **2** Suffisant, acceptable. **3** Conforme à la bienséance. ▷ adv. **convenablement**

**convenance** n. f. ■ **1** littér. Caractère de ce qui convient. **2** Ce qui convient à qqn. *Vivre à sa convenance.* **3** au plur. Ce qui est en accord avec les usages. → **bienséance.**

**convenir** v. tr. ind. ⬚ ■ I (auxiliaire *avoir*) **1** *CONVENIR à* (qqch.) : être approprié à. **2** *CONVENIR à* (qqn), être agréable ou utile à. **3** impers. *IL CONVIENT (de..., que...),* il est conforme aux usages, aux besoins, etc. II (auxiliaire *être* [littér.] ou *avoir*) *CONVENIR DE* **1** (sujet sing.) Reconnaître la vérité de. *J'en conviens volontiers.* **2** (sujet plur.) S'accorder sur. *Ils ont convenu* (littér. *sont convenus*) *d'une date ; d'y aller.* → loc. *COMME CONVENU :* comme prévu.

① **convention** n. f. ■ **1** Accord portant sur un fait. → *Convention collective* (entre salariés et employeurs). **2** au plur. Ce qu'il est convenu de faire, etc. dans une société. **3** *DE CONVENTION* loc. adj. : admis par convention.

② **convention** n. f. ■ **1** Assemblée réunie pour établir ou modifier la constitution d'un État (→ **constituant** (2)). → hist. (en France) *La Convention* (1792-1795). **2** anglic. (aux États-Unis) Congrès d'un parti.

**conventionné, ée** adj. ■ Lié par une convention avec la Sécurité sociale.

① **conventionnel, elle** adj. ■ **1** Qui résulte d'une convention. **2** Conforme aux conventions (2). **3** anglic. *Armement conventionnel,* non atomique. ▷ adv. **conventionnellement**

② **conventionnel** n. m. ■ hist. Membre de la Convention.

**conventuel, elle** adj. ■ D'un couvent.

**convenu, ue** adj. ■ **1** Qui est le résultat d'un accord. **2** péj. Conventionnel, artificiel.

**convergeant** ■ P. prés. de *converger.*

**convergent, ente** adj. ■ **1** Qui converge. ◆ *Lentille convergente,* qui fait converger les rayons lumineux. **2** Qui tend au même résultat. ▷ n. f. **convergence**

**converger** v. intr. ⬚ → contr. *diverger* **1** Se diriger (vers un point). **2** fig. Tendre au même résultat ; aller en se rapprochant.

**conversation** n. f. ■ **1** Échange spontané de propos. *Sujet de conversation.* **2** Manière de parler, propos (de qqn). → fam. *Avoir de la conversation,* parler avec aisance.

**conversationnel, elle** adj. ■ anglic. Qui permet de dialoguer avec un ordinateur.

**converser** v. intr. ⬚ ■ Parler avec (qqn, des personnes) d'une manière spontanée.

**conversion** n. f. ■ **1** Fait de se convertir (1). **2** Fait de convertir (2).

**convertible** adj. ■ **1** fin. Qui peut être converti (2). **2** (meubles) Transformable. *Canapé convertible* (en lit).

**convertir** v. tr. ⬚ ■ **1** Amener (qqn) à adopter une croyance, une religion (considérée comme vraie). → pronom. *Se convertir.* ◆ Faire adhérer (à une opinion). **2** (compl. chose) Transformer, changer. *Convertir ses biens en espèces.* ▶ **converti, ie** adj. et n. Qui s'est converti. → loc. *Prêcher un converti,* vouloir convaincre qqn qui l'est déjà.

**convertisseur** n. m. ■ techn. Se dit d'appareils qui transforment.

**convexe** adj. ■ Arrondi vers l'extérieur (opposé à *concave*). ▷ n. f. **convexité**

**convexion** → convection

**convict** [-ikt] n. m. ■ anglic. Bagnard.

**conviction** n. f. ■ **1** Certitude fondée sur des preuves. **2** loc. *Pièce\* à conviction.* **3** Opinion ferme. *Agir selon ses convictions.*

**convier** v. tr. ⬚ ■ **1** Inviter (qqn) à (un repas, une réunion...). **2** fig. Inviter, engager (qqn) à (une activité).

**convive** n. ■ Personne invitée à un repas en même temps que d'autres.

**convivial, ale, aux** adj. ■ anglic. **1** didact. Relatif à la nourriture prise en commun et avec plaisir. **2** Relatif aux rapports positifs entre personnes, dans la société. **3** inform. D'emploi aisé. ▷ n. f. **convivialité**

**convocation** n. f. ■ **1** Action de convoquer. **2** Feuille, lettre de convocation.

**convoi** n. m. ■ **1** Ensemble de véhicules militaires, de navires faisant route sous escorte. **2** Groupe de véhicules, de personnes se déplaçant. **3** Train. **4** Cortège funèbre.

**convoiter** v. tr. [1] ■ Désirer avec avidité.

**convoitise** n. f. ■ Fort désir de posséder.

**convoler** v. intr. [1] ■ plais. Se marier.

**convolvulus** [-ys] n. m. ■ bot. Liseron.

**convoquer** v. tr. [1] ■ **1** Faire se réunir (un groupe). **2** Faire venir (qqn) auprès de soi.

**convoyer** v. tr. [8] ■ Escorter ; transporter.

**convulser** v. tr. [1] ■ Agiter, tordre par des convulsions. ► se **convulser** v. pron.

**convulsif, ive** adj. ■ **1** méd. Caractérisé par des convulsions. **2** Qui a le caractère mécanique, involontaire et violent des convulsions. ▷ adv. **convulsivement**

**convulsion** n. f. ■ **1** Contraction violente, involontaire des muscles. → **spasme. 2** abstrait Agitation violente ; trouble soudain.

**convulsionner** v. tr. [1] ■ méd. Donner des convulsions à (→ **convulser).**

① **cookie** n. m. ■ anglic. Biscuit sec contenant des éclats de chocolat.

② **cookie** n. m. ■ anglic. Petit fichier déposé à son insu sur l'ordinateur d'un internaute lors d'une connexion.

**cool** [kul] adj. invar. ■ anglic. **1** *Jazz cool,* aux sonorités douces. **2** fam. Calme, détendu. **3** fam. (intensif) Remarquable, très agréable.

**coolie** [kuli] n. m. ■ en Orient Porteur.

**coopérant** n. m. ■ Spécialiste envoyé au titre de la coopération (2) dans un pays.

**coopératif, ive** adj. ■ **1** Fondé sur la coopération (1). **2** anglic. Qui aide volontiers.

**coopération** n. f. ■ **1** Fait de participer à une œuvre commune. **2** Politique d'échanges entre États ; spécialt aide au développement de nations moins développées.

**coopérative** n. f. ■ Entreprise où les droits de chaque associé (*coopérateur, trice* n.) sont égaux et où le profit est réparti.

**coopérer** v. intr. [6] ■ **1** Agir, travailler conjointement (avec qqn). → **collaborer. 2** anglic. Aider, être coopératif (2).

**cooptation** n. f. ■ Nomination d'un membre nouveau d'une assemblée par ceux qui en font partie. ▷ **coopter** v. tr. [1]

**coordinateur, trice** adj. et n. ■ Qui coordonne. – syn. COORDONNATEUR, TRICE.

**coordination** n. f. ■ **1** Agencement logique des parties d'un tout en vue d'obtenir un résultat. **2** gramm. Construction liant des mots ou des propositions de même nature ou fonction. *Conjonction*\* *de coordination.*

**coordonnée** n. f. ■ **1** math. Chacun des éléments qui déterminent la position d'un point par rapport à un système de référence (→ **abscisse, ordonnée, cote).** ♦ *Coordonnées géographiques :* latitude et longitude. **2** au plur. fig., fam. Renseignements permettant de joindre qqn (adresse, etc.).

**coordonner** v. tr. [1] ■ **1** Organiser (les parties d'un ensemble) pour former un tout efficace ou harmonieux. **2** Relier (des mots, des propositions) par une conjonction de coordination. ► **coordonné, ée** adj.

**copain, copine** n. ■ fam. Camarade. – adj. *Ils sont très copains.* → **ami.**

**coparent** n. m. ■ didact. Personne qui exerce l'autorité parentale avec une autre. ▷ adj. **coparental, ale, aux** ▷ n. f. **coparentalité**

**copeau** n. m. ■ Éclat, mince ruban (de bois, etc.) détaché par un instrument tranchant.

**copiage** n. m. ■ Action, fait de copier.

**copie** n. f. ■ **I 1** Reproduction (d'un écrit). *L'original et la copie.* **2** Texte (d'un ouvrage...), servant de référence. → **manuscrit. 3** Devoir rédigé sur une feuille. – Cette feuille. **II 1** Reproduction (d'une œuvre d'art). **2** Imitation (d'une œuvre). **III** Reproduction (d'un film de cinéma). – Double d'un enregistrement. → inform. *Copie de sauvegarde.*

**copier** v. tr. [7] ■ **1** Reproduire (une œuvre). **2** Imiter (spécialt frauduleusement). **3** inform. Effectuer une copie de. *Copier un fichier.*

**copier-coller** v. tr. (à l'inf.) ■ inform. Copier puis insérer (des données) à un autre endroit. – n. m. *Faire un copier-coller.*

**copieur, euse** ■ **I** n. Personne qui copie en fraude. **II** n. m. Photocopieur.

**copieux, euse** adj. ■ Abondant. *Un repas copieux.* ▷ adv. **copieusement**

**copilote** n. ■ Pilote en second (d'un avion).

**copinage** n. m. ■ fam., péj. Favoritisme.

**copine** n. f. → **copain**

**copiner** v. intr. [1] ■ fam. Avoir des relations de camaraderie.

**copinerie** n. f. ■ fam. Relations de copains.

**copiste** n. ■ **1** ancient Professionnel qui copiait des manuscrits, etc. **2** → **plagiaire.**

**coppa** n. f. ■ Charcuterie italienne roulée.

**copra** ou **coprah** n. m. ■ Amande de la noix de coco, produisant de l'huile.

**coproduction** n. f. ■ Production (d'un film...) par plusieurs producteurs (*coproducteurs*).

**coprophage** adj. ■ didact. Qui se nourrit d'excréments (insecte...).

**copropriété** n. f. ■ Propriété de plusieurs personnes sur un bien. ▷ n. **copropriétaire**

**copte** adj. et n. ■ Des chrétiens d'Égypte. ♦ n. m. Langue liturgique des Coptes.

**copule** n. f. ■ didact. Mot qui relie le sujet au prédicat\*. *Le verbe « être » est une copule.*

**copuler** v. intr. [1] ■ didact. S'unir charnellement. ▷ **copulation** n. f. → **coït.**

**copyright** [kɔpiʀajt] n. m. ■ Droit exclusif d'exploiter une œuvre (symb. ©).

① **coq** [kɔk] n. m. ■ **I 1** Oiseau de basse-cour, mâle de la poule. **2** loc. *Comme un COQ EN PÂTE,* dorloté. ♦ *Passer du coq à l'âne.* → **coq-à-l'âne. II** Mâle d'autres espèces de gallinacés (*coq de bruyère :* tétras ; etc.).

② **coq** n. m. ■ Cuisinier, à bord d'un navire.

**coq-à-l'âne** n. m. invar. ■ Passage sans transition, sans motif d'un sujet à un autre.

**coque** n. f. ■ **1** Enveloppe rigide (de certains fruits). **2** Coquillage comestible très commun. **3** *ŒUF À LA COQUE,* cuit dans sa coquille et encore mou. **II 1** Ensemble de la membrure et du revêtement extérieur (d'un navire). **2** Bâti rigide remplaçant le châssis et la carrosserie (d'automobiles).

**-coque** Élément savant, du grec *kokkos* « grain » (ex. *staphylocoque, streptocoque*).

**coquelet** n. m. ▪ cuis. Jeune coq.

**coquelicot** n. m. ▪ Petit pavot des champs à fleur rouge vif.

**coqueluche** n. f. ▪ **1** Maladie contagieuse, caractérisée par une toux convulsive. **2** *Être LA COQUELUCHE DE :* être admiré de.

**coquet, ette** adj. ▪ **1** Qui cherche à plaire, à séduire. ◆ n. *Faire le coquet.* **2** Qui a le goût de la toilette, de l'élégance. **3** (choses) Plaisant et soigné. **II** (somme…) Important.

**coquetier** n. m. ▪ Petite coupe dans laquelle on sert un œuf à la coque.

**coquettement** adv. ▪ D'une manière coquette (I).

**coquetterie** n. f. ▪ **1** Souci de plaire, de séduire. ◆ Légère affectation. ◆ loc. fam. *Avoir une coquetterie dans l'œil* : loucher légèrement. **2** Goût de la toilette, souci d'élégance.

**coquillage** n. m. ▪ **1** Mollusque marin comestible à coquille. **2** La coquille.

**coquille** n. f. ▪ **1** Enveloppe calcaire dure qui recouvre le corps de la plupart des mollusques et d'autres animaux aquatiques. ← loc. *Rentrer dans sa coquille* : se replier sur soi. ◆ *COQUILLE SAINT-JACQUES* : mollusque marin très apprécié. → **peigne. 2** Objet représentant ou évoquant une coquille. **II 1** Enveloppe dure (des noix, etc.) ; enveloppe calcaire (des œufs d'oiseaux). **2** fig. *COQUILLE DE NOIX* : petit bateau. **III** imprim. Lettre substituée à une autre.

**coquillette** n. f. ▪ Pâte alimentaire en forme de petit tube courbe.

**coquin, ine** n. ▪ **1** vx Bandit, canaille. **2** Personne espiègle. **3** adj. Grivois, égrillard.

**coquinerie** n. f. ▪ vx ou littér. Canaillerie.

**cor** n. m. ▪ **1 1** ancient Corne, trompe (→ **olifant**). **2** Instrument à vent en métal, contourné en spirale et à extrémité évasée. *Cor de chasse.* → **trompe.** ◆ *COR ANGLAIS* : hautbois alto. **3** loc. *À COR ET À CRI* : en insistant bruyamment. **II 1** Petite excroissance dure et douloureuse du pied. **2** au plur. Ramifications des bois du cerf.

**corail, aux** n. m. ▪ **1** Animal marin des mers chaudes, qui sécrète un squelette calcaire (→ **polypier**) de couleur rouge ou blanche. **2** Matière calcaire qui forme les coraux. **3** Partie rouge d'une coquille Saint-Jacques.

**corailleur, euse** n. ▪ Pêcheur de corail.

**corallien, ienne** adj. ▪ Formé de coraux.

**coran** n. m. ▪ Livre sacré des musulmans.
▷ adj. **coranique**

**corbeau** n. m. ▪ **1 1** Grand oiseau à plumage noir ou gris (→ **choucas, corneille, freux**) ; spécialt le grand corbeau (à plumage noir). **2** Auteur de lettres anonymes. **II** Pierre, poutre en saillie sur un mur, soutenant une corniche, etc. (→ **encorbellement**).

**corbeille** n. f. ▪ **1 1** Panier léger. **2** vieilli *Corbeille de mariage*, cadeaux offerts aux mariés. **II 1** Massif de fleurs rond ou ovale. **2** Espace réservé aux agents de change, à la Bourse. **3** → **mezzanine.**

**corbillard** n. m. ▪ Voiture mortuaire.

**cordage** n. m. ▪ **1** Lien servant au gréement, à la manœuvre. **2** Cordes d'une raquette.

**corde** n. f. ▪ **I 1** Réunion de brins d'une matière textile tordus ensemble. ◆ loc. *Avoir plusieurs cordes à son arc*, plusieurs moyens pour parvenir à ses fins. **2** géom. Segment joignant deux points d'une courbe. **3** Lien servant à pendre qqn. ← Supplice de la pendaison. ◆ loc. *Se mettre la corde au cou*, dans une situation de dépendance (spécialt se marier). ← *Parler de corde dans la maison d'un pendu* : commettre un impair. **4** Trame d'une étoffe. **5** (courses) *La corde* : l'intérieur de la piste. **6** Fil tendu sur lequel on fait des exercices. ← loc. *Être SUR LA CORDE RAIDE*, dans une situation délicate. **7** boxe *Les cordes*, qui limitent le ring. **8** loc. *Il pleut des cordes*, très fort. **II 1** Boyau, crin, fil métallique tendu qui produit les sons sur certains instruments (dits *à cordes* ; ellipt *les cordes*). **2** loc. *Faire vibrer la corde sensible* : parler à qqn de ce qui le touche le plus. **III 1** *CORDES VOCALES* : replis du larynx produisant les sons de la voix. **2** loc. *Ce n'est pas DANS MES CORDES*, de ma compétence.

**cordeau** n. m. ▪ **1** Corde tendue pour obtenir une ligne droite. **2** Mèche de mise à feu.

**cordée** n. f. ▪ Groupe d'alpinistes attachés ensemble pour faire une ascension.

**cordelette** n. f. ▪ Corde fine.

**cordelier** n. m. ▪ Religieux franciscain. ◆ hist. Membre du club révolutionnaire.

**cordelière** n. f. ▪ Corde tressée, à nœuds.

**corder** v. tr. ⚀ ▪ **1** Lier avec une corde. **2** Garnir de cordes (une raquette de tennis).

**cordial, iale, iaux** adj. ▪ **1** vx Qui stimule le cœur. ◆ n. m. mod. Boisson alcoolisée. **II** Chaleureux et sincère. ▷ adv. **cordialement** ▷ n. f. **cordialité**

**cordier, ière** n. ▪ Personne qui fabrique ou vend des cordes, des cordages.

**cordillère** n. f. ▪ Chaîne de montagnes.

**cordon** n. m. ▪ **I 1** Petite corde (attache, ornement…). ← loc. *Tenir les cordons de la bourse* : régler les dépenses. **2** Cordeau (2). **II** Ruban servant d'insigne (ordres honorifiques). **III 1** *Cordon ombilical*, rattachant l'embryon au placenta. **2** Série (de choses ou de personnes). *Cordon sanitaire* (postes de surveillance sanitaire). **3** *Cordon littoral* : bande de terre émergée, près d'une côte.

**cordon-bleu** n. m. ▪ Cuisinier(ère) habile.

**cordonnerie** n. f. ▪ Commerce, métier, atelier du cordonnier.

**cordonnet** n. m. ▪ Petit cordon (I).

**cordonnier, ière** n. ▪ Artisan qui répare, entretient les chaussures.

**coreligionnaire** n. ▪ Personne qui professe la même religion qu'une autre.

**coriace** adj. ▪ **1** (viande…) Très dur. **2** (personnes) Qui ne cède pas.

**coriandre** n. f. ▪ Plante au fruit aromatique, utilisé surtout comme condiment.

**coricide** n. m. ▪ Préparation qu'on met sur les cors aux pieds, pour les détruire.

**corindon** n. m. ■ Pierre précieuse très dure (ex. aigue-marine, rubis, saphir).

**corinthien, ienne** adj. et n. m. ■ Se dit d'un ordre d'architecture grecque (succédant au dorique et à l'ionique) caractérisé par des chapiteaux ornés de feuilles d'acanthe.

**corium** [kɔʀjɔm] n. m. ■ phys. Magma formé de combustible et de métaux fondus résultant de la fusion du cœur d'un réacteur nucléaire.

**cormier** n. m. ■ Sorbier cultivé.

**cormoran** n. m. ■ Oiseau palmipède au plumage sombre, bon plongeur.

**cornac** n. m. ■ Celui qui mène un éléphant.

**cornaline** n. f. ■ Calcédoine rouge.

**corne** n. f. ■ I 1 Excroissance épidermique, dure et pointue, sur la tête de certains animaux (bœuf, vache, chèvre...). ◆ loc. *Prendre le taureau par les cornes*, affronter une difficulté. — fam. *Porter des cornes*, être trompé (mari, femme). **2** Appendice comparé à une corne. *Les cornes* (pédicules oculaires) *d'un escargot*. **3** Corne d'animal évidée. ◆ *Corne de gazelle*, gâteau oriental. **4** Angle saillant, coin. **II 1** Substance qui constitue les productions dures de l'épiderme (ongles, cornes, etc.). → **kératine. 2** Callosité de la peau. **III 1** Instrument sonore fait d'une corne (I, 1) creuse. **2** vx Avertisseur sonore.

**corné, ée** adj. ■ Qui a la consistance dure de la corne (II).

**corned-beef** [kɔʀnɛdbif; kɔʀnbif] n. m. invar. ■ Viande de bœuf en conserve.

**cornée** n. f. ■ Enveloppe antérieure et transparente de l'œil.

**cornéen, enne** adj. ■ De la cornée. — *Lentilles cornéennes*, verres de contact.

**corneille** n. f. ■ Oiseau du genre corbeau, à queue arrondie et plumage terne.

**cornélien, ienne** adj. ■ Qui appartient à Pierre Corneille, évoque ses tragédies.

**cornemuse** n. f. ■ Instrument à vent fait d'un sac de cuir et de tuyaux percés de trous.

① **corner** v. ① ■ **I** v. tr. Plier en forme de corne (I, 4). *Corner les pages d'un livre.* **II** v. intr. Faire fonctionner une corne (III), une trompe. ◆ trans. fam. Dire bruyamment (qqch.).

② **corner** [-ɛʀ] n. m. ■ anglic. Faute d'un footballeur qui envoie le ballon derrière la ligne de but de son équipe.

**cornet** n. m. ■ **I** Objet en corne ; récipient conique. **II** Petite trompe. ◆ *CORNET (À PISTONS)* : cuivre plus court que la trompette.

**cornette** n. f. ■ **1** Coiffure de certaines religieuses. **2** ancien Étendard de cavalerie.

**cornettiste** n. ■ Joueur, joueuse de cornet.

**corn flakes** [-flɛks] n. m. pl. ■ anglic. Flocons de maïs grillés et croustillants.

**corniaud** n. m. ■ **1** Chien bâtard. **2** fam. Imbécile, sot.

**corniche** n. f. ■ **1** Partie saillante qui couronne un édifice. — Ornement en saillie sur un mur, un meuble, etc. **2** Saillie naturelle surplombant un escarpement. — Route en surplomb.

**cornichon** n. m. ■ **1** Petit concombre conservé dans du vinaigre. **2** fam. Niais.

**cornier, ière** adj. ■ Qui est à l'angle.

**cornière** n. f. ■ Pièce cornière, en équerre.

**corniste** n. ■ Personne qui joue du cor.

**cornouiller** n. m. ■ Arbre commun dans les haies, les bois.

**cornu, ue** adj. ■ **1** Qui a des cornes. **2** Qui a la forme d'une corne.

**cornue** n. f. ■ Récipient à col étroit, long et courbé, qui sert à distiller.

**corollaire** n. m. ■ didact. **1** Proposition dérivant d'une autre. **2** Conséquence, suite.

**corolle** n. f. ■ Ensemble des pétales d'une fleur. — *En corolle*, évasé.

**coron** n. m. ■ Ensemble d'habitations de mineurs (nord de la France, sud de la Belgique).

**coronaire** adj. ■ anat. Disposé en couronne. — *Artères coronaires*, qui irriguent le cœur. ▷ adj. **coronarien, ienne**

**coronaro-** Élément de mots de médecine, tiré de *coronaire* (ex. *coronarographie* « radiographie des artères coronaires »).

**corossol** n. m. ■ Gros fruit tropical aussi appelé *anone*.

**corozo** n. m. ■ Matière blanche tirée de la noix d'un palmier et dite *ivoire végétal*.

**corporatif, ive** adj. ■ Des corporations.

**corporation** n. f. ■ **1** hist. Association d'artisans, groupés en vue de réglementer leur profession. **2** Ensemble des personnes qui exercent la même profession.

**corporatisme** n. m. ■ Doctrine préconisant les groupements du type des corporations.

**corporel, elle** adj. ■ Relatif au corps.

**corps** [kɔʀ] n. m. ■ **I** Partie matérielle des êtres animés. **1** L'organisme humain (opposé à l'esprit, à l'âme). ◆ *CORPS À CORPS* : en serrant qqn contre soi (dans la lutte). — *CORPS ET ÂME* : tout entier, sans restriction. — *Se jeter À CORPS PERDU* (dans une entreprise), avec impétuosité. **2** Cadavre. **3** Le tronc humain (par opposition à la tête et aux membres). **4** (Individu) *Garde\* du corps*. **II** Partie principale. *Le corps d'un bâtiment*. — loc. *Navire perdu CORPS ET BIENS*, le navire lui-même et les marchandises. **III** Objet matériel. **1** *Les corps célestes*. → **astre, satellite. 2** Objet matériel caractérisé par ses propriétés physiques. *Corps solide*. **3** Élément anatomique (organe, etc.). **IV** Épaisseur, consistance. **2** loc. *PRENDRE CORPS* : devenir réel ; commencer à s'organiser. — *FAIRE CORPS AVEC*, adhérer, ne faire qu'un. **V** abstrait **1** Institution. *Les corps constitués* (administration, justice). **2** Compagnie, groupe organisé. *Le corps enseignant*. **3** Unité militaire (bataillon, régiment). — *Corps d'armée*, formé de plusieurs divisions.

**corpulence** n. f. ■ Ampleur du corps humain (grosseur...). — absolt → **embonpoint**.

**corpulent, ente** adj. ■ De forte corpulence.

**corpus** [kɔʀpys] n. m. ■ didact. Ensemble limité de textes contenant de l'information.

**corpuscule** n. m. ■ **1** Petit organe. **2** phys., vx → **particule**. ▷ adj. **corpusculaire**

**corral** n. m. ■ Enclos à bétail (en Espagne...).

**correct, ecte** adj. ■ I (s'oppose à *incorrect*) **1** Qui respecte les règles. *Syntaxe correcte.* **2** Conforme aux usages ; à la morale. **3** loc. anglic. *Politiquement\* correct.* II fam. Acceptable, sans être remarquable.

**correctement** adv. ■ D'une manière correcte. → **convenablement.**

**correcteur, trice** n. ■ **1** Personne qui corrige (un texte) en jugeant. **2** Professionnel(le) qui corrige les épreuves d'imprimerie.

**correctif, ive** ■ I adj. Qui a le pouvoir de corriger. II n. m. Contrepartie qui atténue.

**correction** n. f. ■ I (Action de corriger (I)) **1** Changement apporté pour améliorer. ◆ spécialt Rectification des erreurs sur les épreuves d'imprimerie. ← Action de corriger des devoirs, etc. **2** ancienn MAISON DE CORRECTION, où des mineurs délinquants étaient détenus. II Châtiment corporel ; coups. III **1** Qualité de ce qui est correct. **2** Comportement correct (I, 2).

**correctionnel, elle** adj. ■ Relatif aux actes qualifiés de délits par la loi. *Tribunal correctionnel* ou n. f. la *correctionnelle.*

**corrélat** n. m. ■ Terme d'une corrélation.

**corrélation** n. f. ■ Lien logique, rapport réciproque. ▷ adj. **corrélatif, ive**

**correspondance** n. f. ■ I **1** Rapport logique entre un terme et un ou plusieurs autres déterminés par le premier ; rapport de conformité. → **relation.** II **1** Relation par écrit entre deux personnes ; lettres échangées. **2** Liaison entre deux moyens de transport.

**correspondant, ante** ■ I adj. Qui correspond à qqch. II n. **1** Personne avec qui l'on correspond (II). **2** Journaliste qui transmet des nouvelles d'un lieu éloigné.

**correspondre** v. 41 ■ I CORRESPONDRE À v. tr. ind. Être en rapport de conformité ou d'équivalence avec (qqch.), se rapporter à. II v. intr. **1** Avoir des relations par lettres, par téléphone, etc. (avec qqn). **2** (sujet chose) Être en communication, en relation (avec).

**corrida** n. f. ■ **1** Course de taureaux. **2** fam. Dispute, agitation.

**corridor** n. m. ■ Passage couvert reliant plusieurs pièces d'un même étage.

**corrigé** n. m. ■ Devoir donné comme modèle.

**corriger** v. tr. 3 ■ I **1** Ramener à la règle (qqn ou qqch. qui s'en écarte). ← pronom. *Se corriger d'un défaut.* **2** Supprimer (les fautes, les erreurs...). → **remanier. 3** Lire (un texte) en vue de donner une note, ou d'améliorer. *Corriger des devoirs.* **4** Rendre exact ou plus exact ; améliorer, rectifier. II Infliger un châtiment corporel, donner des coups à. → **battre.**

**corroborer** v. tr. 1 ■ Donner appui à (une opinion...). → **confirmer, renforcer.**

**corroder** v. tr. 1 ■ Détruire lentement, progressivement, par une action chimique.

**corroi** n. m. ■ techn. Corroyage.

**corrompre** v. tr. 41 ■ I vieilli Altérer en décomposant. II fig. **1** littér. Altérer, gâter (ce qui était pur, bon ; honnête). **2** Engager (qqn) par des dons, des promesses, etc. à agir contre son devoir. → **acheter, soudoyer ; corruption.** ▶ **corrompu, ue** adj. → **pourri ; dépravé ; vénal.**

**corrosif, ive** adj. ■ **1** Qui corrode. **2** (abstrait) Qui attaque avec violence.

**corrosion** n. f. ■ Action, fait de corroder.

**corroyer** v. tr. 8 ■ Apprêter (le cuir), l'assouplir. ▷ n. m. **corroyage**

**corroyeur** n. m. ■ Ouvrier qui corroie.

**corrupteur, trice** ■ **1** n. Personne qui corrompt. **2** adj. littér. Qui corrompt.

**corruption** n. f. ■ I vieilli Altération par décomposition. II **1** littér. Altération (du jugement, du goût ; de la morale). **2** Moyens pour corrompre (II, 2) qqn ; fait de se laisser corrompre.

**corsage** n. m. ■ Vêtement féminin qui recouvre le buste.

**corsaire** n. m. ■ **1** ancienn Navire armé par qqn, et autorisé à attaquer les navires d'autres pays. ◆ Capitaine de ce navire. **2** Aventurier, pirate.

**corse** adj. et n. ■ De la Corse. ◆ n. m. *Le corse* (dialecte italien).

**corsé, ée** adj. ■ **1** Fort (au goût). **2** Compliqué. **3** Scabreux. → **salé.**

**corselet** n. m. ■ **1** ancienn Vêtement féminin serrant la taille et lacé sur le corsage. II Partie antérieure du thorax (insectes).

**corser** v. tr. 1 ■ **1** Rendre plus fort (un aliment). **2** Accroître l'intérêt de. ← pronom. *L'affaire se corse,* se complique.

**corset** n. m. ■ **1** ancienn Gaine baleinée serrant la taille et le ventre des femmes. **2** Appareil orthopédique pour le tronc.

**corseté, ée** adj. ■ Raide, guindé.

**cortège** n. m. ■ **1** Personnes qui en accompagnent une autre lors d'une cérémonie. **2** Groupe organisé qui avance.

**cortex** [-ɛks] n. m. ■ physiol. Partie périphérique externe d'un organe ; spécialt, du cerveau. ▷ adj. **cortical, ale, aux**

**cortisone** n. f. ■ Hormone du cortex des glandes surrénales (anti-inflammatoire...).

**coruscant, ante** adj. ■ littér. Éclatant.

**corvée** n. f. ■ **1** hist. Travail gratuit dû au seigneur. **2** Obligation ou travail pénible et inévitable. **3** Travail que font à tour de rôle les membres d'une communauté.

**corvette** n. f. ■ Ancien navire d'escorte.

**corvidé** n. m. ■ zool. Oiseau de la famille des corbeaux, corneilles, geais, pies, etc.

**coryphée** n. m. ■ **1** (théâtre antique) Chef de chœur. **2** littér. Chef (dans un parti...).

**coryza** n. m. ■ Inflammation de la muqueuse des fosses nasales (syn. *rhume de cerveau*).

**cosaque** n. m. ■ Cavalier de l'armée russe.

**cosinus** [kɔsinys] n. m. ■ math. Sinus\* du complément d'un angle.

**cosmétique** n. m. ■ Produit destiné aux soins de beauté.

**cosmique** adj. ■ **1** Du cosmos (2). **2** RAYONS COSMIQUES : rayonnement de grande énergie, d'origine cosmique (étudié par ses effets sur l'atmosphère : ionisation).

**cosm(o)-** Élément savant, du grec *kosmos* « univers ».

**cosmogonie** n. f. ■ didact. Théorie expliquant la formation de l'univers, des objets célestes. ▷ adj. **cosmogonique**

**cosmographie** n. f. ■ Astronomie descriptive. ▷ adj. **cosmographique**

**cosmologie** n. f. ■ Science des lois de l'univers. ▷ adj. **cosmologique**

**cosmonaute** n. ■ Voyageur de l'espace (contexte soviétique). → **astronaute.**

**cosmopolite** adj. ■ **1** Qui s'accommode de tous les pays ou civilisations. **2** Qui comprend des personnes de tous les pays. *Ville cosmopolite.* ▷ n. m. **cosmopolitisme**

**cosmos** [-os] n. m. ■ **1** philos. L'univers considéré comme un système bien ordonné. **2** Espace extraterrestre.

**cossard, arde** n. et adj. ■ fam. Paresseux.

① **cosse** n. f. ■ fam. Paresse.

② **cosse** n. f. ■ Enveloppe qui renferme les graines de certaines légumineuses.

**cossu, ue** adj. ■ Riche, aisé.

**costal, ale, aux** adj. ■ anat. Des côtes.

**costard** n. m. ■ fam. Costume d'homme.

**costaud, aude** adj. ■ fam. **1** Fort, robuste. ← n. *Un gros costaud.* **2** (choses) Solide.

**costume** n. m. ■ **1** Pièces d'habillement formant un ensemble. *Costume de théâtre.* **2** Vêtement d'homme composé d'une veste, d'un pantalon et parfois d'un gilet.

**costumer** v. tr. ⓘ ■ Revêtir d'un déguisement. ← pronom. *Se costumer en Pierrot.* ► **costumé, ée** adj. Déguisé. ← *Bal costumé.*

**costumier, ière** n. ■ Personne qui fait, vend ou loue des costumes de scène.

**cotation** n. f. ■ Action de coter.

**cote** n. f. ■ **1** Montant d'une cotisation, d'un impôt. ◆ loc. fig. COTE MAL TAILLÉE : compromis. **2** Constatation officielle des cours (d'une valeur, d'une monnaie). **3** Appréciation. *Cote de popularité.* ← fam. *Avoir la cote :* être estimé. **4** Chiffre servant à classer, ou indiquant un niveau. ← Troisième coordonnée* d'un point. ◆ COTE D'ALERTE : niveau au-delà duquel commence une inondation ; fig. point critique.

① **côte** n. f. ■ I **1** Os plat du thorax, courbe, qui s'articule sur la colonne vertébrale et le sternum. ← loc. SE TENIR LES CÔTES : rire beaucoup. ◆ *Côte de bœuf, d'agneau* (→ **côtelette ; entrecôte**). **2** loc. CÔTE À CÔTE : l'un à côté de l'autre. II Partie saillante.

② **côte** n. f. ■ **1** Pente formant un côté d'une colline. → **coteau. 2** Route en pente.

③ **côte** n. f. ■ Rivage de la mer.

**coté, ée** adj. ■ Qui a une cote (2 et 3).

**côté** n. m. ■ **1** Région des côtes (de l'aisselle à la hanche). ← loc. POINT* DE CÔTÉ. ◆ Partie droite ou gauche de tout le corps. **2** (choses) Partie qui est à droite ou à gauche (→ **latéral**). **3** Ligne ou surface qui constitue la limite (d'une chose). *Les quatre côtés d'un carré. Les deux côtés d'une feuille de papier* (recto, verso). **4** fig. Aspect. *Le bon côté des choses.* **5** (après *de, du*). *De ce côté-ci ; de ce côté-là :* par ici, par là. *De tous côtés :* partout. ← DU CÔTÉ DE : dans la direction de ; aux environs de. ◆ fig. *De mon côté :* pour ma part. ← *Du côté de.* → **parti, camp.** ◆ DE CÔTÉ loc. adv. *Se jeter de côté,* faire un écart. *Laisser de côté,* à l'écart. *Mettre de côté,* en réserve. **6** À CÔTÉ loc. adv. : à une distance proche. ← À CÔTÉ DE loc. prép. → **auprès de, près de ;** fig. en comparaison de. ← *Être à côté de la question,* en dehors.

**coteau** n. m. ■ Petite colline ; son versant.

**côtelé, ée** adj. ■ (tissu) À côtes (①, II).

**côtelette** n. f. ■ Côte des animaux de boucherie de taille moyenne (mouton, porc).

**coter** v. tr. ⓘ ■ **1** Marquer d'une cote, de cotes. **2** Indiquer le cours de (une valeur...).

**coterie** n. f. ■ péj. Réunion de personnes soutenant ensemble leurs intérêts.

**côtes-du-rhône** n. m. invar. ■ Vin des côtes du Rhône. *Un côtes-du-rhône* (ou *-Rhône*).

**cothurne** n. m. ■ Chaussure montante à semelle épaisse (théâtre antique).

**côtier, ière** adj. ■ Relatif aux côtes (③).

**cotignac** n. m. ■ Confiture, pâte de coings.

**cotillon** n. m. ■ I ancient Jupon. II Réunion festive avec accessoires (confettis, etc.).

**cotisant, ante** adj. et n. ■ Qui cotise.

**cotisation** n. f. ■ Action de (se) cotiser ; somme à verser par chacun.

**cotiser** v. ⓘ ■ **1** SE COTISER v. pron. : contribuer à réunir une somme en vue d'une dépense commune. **2** v. intr. (même sens) *Cotiser pour un cadeau.* ◆ Verser une somme régulière (à un organisme...).

**coton** n. m. ■ **1** Filaments soyeux qui entourent les graines du cotonnier. ◆ Fil de coton. ◆ Tissu de coton. **2** Coton hydrophile (purifié). → **ouate.** ◆ loc. *Avoir les jambes en coton :* être très faible. **3** loc. *Filer un mauvais coton :* être dans une situation dangereuse. **4** adj. invar. fam. Difficile.

**cotonnade** n. f. ■ Étoffe de coton.

**cotonneux, euse** adj. ■ Dont l'aspect évoque le coton, la ouate.

**cotonnier, ière** ■ I n. m. Arbrisseau aux graines entourées de poils soyeux (→ **coton**). II adj. Qui a rapport au coton.

**coton-tige** n. m. (nom déposé) ■ Fin bâtonnet aux extrémités recouvertes de coton, pour nettoyer les oreilles, le nez.

**côtoyer** v. tr. ⑧ ■ **1** Aller, se trouver le long de. **2** Vivre à côté, près de (qqn). **3** fig. → **frôler.** *Cela côtoie le ridicule.*

**cotre** n. m. ■ Navire à voiles à un seul mât.

**cotriade** n. f. ■ régional Plat de poissons et de pommes de terre, avec du bouillon de poisson. → **chaudrée.**

**cottage** n. m. ▪ anglic. Petite maison de campagne élégante, de style rustique.

**cotte** n. f. ▪ **1** ancient *COTTE DE MAILLES* : armure à mailles métalliques. **2** vieilli Vêtement de travail (→ **salopette**).

**cotylédon** n. m. ▪ bot. Feuille ou lobe qui naît sur l'axe de l'embryon d'une plante.

**cou** n. m. ▪ **1** Partie du corps (de vertébrés, dont l'homme) qui unit la tête au tronc. ◆ loc. *Se jeter au cou de qqn*, l'embrasser avec effusion. → *Se rompre le cou*, se blesser grièvement. → *Prendre ses jambes à son cou*, fuir en courant. → *Jusqu'au cou*, complètement. **2** Goulot (d'une bouteille). → **col**.

**couac** n. m. ▪ Son faux et discordant.

**couard, arde** adj. ▪ littér. Qui est lâchement peureux. → **poltron**. ▷ n. f. **couardise**

**couchage** n. m. ▪ **1** Action de (se) coucher. **2** *Sac de couchage*, qui sert au coucher.

**couchant, ante** ▪ **I** adj. **1** *Chien couchant*, chien d'arrêt qui se couche quand il sent le gibier. **2** *Soleil couchant*, qui disparaît à l'horizon. **II** n. m. Côté de l'horizon où le soleil se couche (opposé à *levant*). → **ouest**.

**couche** n. f. ▪ **I 1** vx Lit. **2** Garniture absorbante dont on enveloppe les couches des bébés. **II** au plur. État de la femme qui accouche ; enfantement. ◆ → aussi **fausse couche**. **III 1** Substance étalée sur une surface. → loc. fam. *En tenir une couche* : être stupide. **2** Disposition en zones superposées. *Couches géologiques*. **3** Catégorie, classe. *Les couches sociales*.

① **coucher** v. ① ▪ **I** v. tr. **1** Mettre (qqn) au lit. → *Coucher qqn sur un brancard*, l'étendre. **2** Rapprocher de l'horizontale (ce qui est vertical). → au p. p. *Écriture couchée*, penchée. **3** Mettre par écrit. *Coucher qqn sur son testament*. **II** v. intr. **1** S'étendre pour se reposer, dormir. *Coucher tout habillé*. **2** Loger, passer la nuit. *Coucher sous les ponts*. → loc. *Un nom à COUCHER DEHORS*, difficile à prononcer. **3** *Coucher avec qqn*, partager son lit ; avoir des relations sexuelles avec lui, elle. ▪ **se coucher** v. pron. **III 1** Se mettre au lit (pour se reposer, dormir). **2** S'étendre. → s'**allonger**. **3** Se courber (sur qqch.). **IV** (Soleil, astre) Descendre vers l'horizon.

② **coucher** n. m. ▪ **I** Action de se coucher. **II** Moment où un astre (spécialt le Soleil) descend et se cache sous l'horizon.

**couche-tard** n. et adj. invar. ▪ Qui se couche souvent tard. - contr. *couche-tôt*.

**couchette** n. f. ▪ Lit sommaire (navires...).

**coucheur, euse** n. ▪ loc. *MAUVAIS COUCHEUR* : personne de caractère difficile.

**couci-couça** loc. adv. ▪ fam. Ni bien ni mal.

**coucou** n. m. ▪ **I 1** Oiseau grimpeur au plumage gris, dont la femelle pond ses œufs dans le nid d'autres oiseaux. **2** Pendule à sonnerie imitant le cri du coucou. **II** Plante sauvage à fleurs jaunes. **III** hist. Avion (1914-1918). ◆ fam. Vieil avion. **IV** interj. Cri de qqn qui annonce son arrivée, etc.

**coude** n. m. ▪ **I 1** Partie extérieure du bras, à l'endroit où il se plie. ◆ loc. *Lever le coude*, boire beaucoup. → *L'huile de coude*, l'énergie physique. → *Garder un dossier SOUS LE COUDE*, en attente. → *Se tenir les coudes*, s'entraider. **2** Partie d'une manche qui recouvre le coude. **II** Angle saillant. ◆ Tuyauterie formant un angle.

**coudé, ée** adj. ▪ Qui a un coude (II).

**coudée** n. f. ▪ **1** Ancienne mesure de longueur (50 cm). **2** loc. *Avoir ses, les COUDÉES FRANCHES*, la liberté d'agir.

**cou-de-pied** n. m. ▪ Dessus du pied. *Des cous-de-pied*.

**coudoyer** v. tr. ⑧ ▪ **1** Passer près de. **2** Être en contact avec. ▷ n. m. **coudoiement**

**coudre** v. tr. ㊽ ▪ Assembler au moyen d'un fil et d'une aiguille. - au p. p. → **cousu**.

**coudrier** n. m. ▪ Noisetier.

**couenne** [kwan] n. f. ▪ Peau de porc.

① **couette** n. f. ▪ **1** ancient Lit de plumes. **2** mod. Édredon que l'on met dans une housse amovible.

② **couette** n. f. ▪ Touffe de cheveux retenue par un lien de chaque côté de la tête.

**couffin** n. m. ▪ **1** régional Panier souple. **2** Corbeille souple servant de berceau.

**coufique** adj. et n. m. ▪ Se dit d'une écriture arabe ornementale (calligraphie, etc.).

**cougar** n. f. ▪ anglic. Femme mûre qui recherche et séduit des hommes beaucoup plus jeunes.

**cougouar** ou **cougouar** [kugwaʀ] n. m. ▪ Puma.

**couic** interj. ▪ Onomatopée, cri étranglé.

**couille** n. f. ▪ fam. et vulg. **1** Testicule. **2** *Une couille* : une erreur, un ennui.

**couillon** n. m. et adj. ▪ très fam. Imbécile.

**couillonnade** n. f. ▪ très fam. Bêtise.

**couillonner** v. tr. ① ▪ très fam. Tromper.

**couiner** v. intr. ① ▪ fam. **1** Pousser de petits cris. **2** (choses) Grincer. ▷ n. m. **couinement**

**coulage** n. m. ▪ **1** Action de couler (I). *Coulage d'un métal*. **2** fam. Gaspillage.

**coulant, ante** ▪ **I** adj. **1** *Nœud coulant*, formant une boucle qui se resserre quand on tire. **2** Qui semble se faire aisément, sans effort. **3** fam. (personnes) Accommodant. **II** n. m. Pièce qui coulisse le long de qqch.

**à la coule** loc. adj. ▪ fam. Au courant, averti.

**coulée** n. f. ▪ **1** Écoulement. *Coulée de lave*. **2** Matière en fusion que l'on coule (I, 2).

**couler** v. ① ▪ **I** v. tr. **1** Faire passer (un liquide) d'un lieu à un autre. → **transvaser**. **2** Jeter (une matière en fusion) dans le moule. ◆ *Couler une bielle*, la détériorer. **3** *Couler des jours heureux*. → **passer**. **II** v. intr. **1** (liquide) Se déplacer naturellement. **2** S'en aller rapidement. *L'argent lui coule des doigts*. No. *Couler de source* : être évident. **4** Laisser échapper un liquide. **III 1** v. intr. S'enfoncer dans l'eau (objet flottant...). **2** v. tr. Faire sombrer (un navire). ◆ fig. Ruiner (qqn, une entreprise). ▪ **se couler** v. pron. Passer sans faire de bruit. → se **glisser**.

**couleur** n. f. ■ I 1 Qualité de la lumière renvoyée par la surface d'un objet, selon l'impression visuelle qu'elle produit ; propriété de produire une telle impression. → coloris, nuance, teinte, ton ; chromo-. *Les couleurs du spectre* (violet, indigo, bleu, vert, jaune, orangé, rouge). ◆ loc. *En voir DE TOUTES LES COULEURS,* subir des choses désagréables. ◆ au plur. Zones colorées d'un drapeau. 3 Chacune des quatre marques, aux cartes (carreau, cœur, pique, trèfle). ◆ loc. fig. *Annoncer la couleur* : dire ses intentions. 4 Teinte naturelle (de la peau humaine). ◆ vieilli *DE COULEUR,* qui n'appartient pas à la « race » dite blanche (se dit surtout des Noirs). 5 en art Teintes, coloris. ◆ loc. fig. *COULEUR LOCALE* : traits extérieurs caractérisant un endroit. II Couleur du spectre (excluant le blanc, le noir, le gris) couleur vive. *Film EN COULEURS* (opposé à *en noir et blanc*). III Substance colorante. → colorant, pigment ; peinture, teinture. IV fig. 1 Aspect que prennent les choses. *Couleur politique.* → tendance. 2 *SOUS COULEUR DE* loc. prép. : sous le prétexte de. 3 fam. *Ne pas voir la couleur de qqch.,* n'en être privé.

**couleuvre** n. f. ■ 1 Serpent non venimeux d'Europe. 2 loc. *AVALER DES COULEUVRES* : subir des affronts ; tout craindre.

**couleuvrine** n. f. ■ ancient Long canon fin.

**coulis** ■ I (adj. m.) loc. *VENT COULIS* : courant d'air. II n. m. Sauce concentrée tamisée.

**coulissant, ante** adj. ■ Qui coulisse.

**coulisse** n. f. ■ I 1 Support à rainure le long duquel une pièce peut glisser ; cette pièce. 2 Ourlet pour passer un cordon de serrage. 3 (regard) *EN COULISSE* : en coin. II (surtout au plur.) 1 Partie d'un théâtre située sur les côtés et en arrière de la scène. 2 fig. Le côté secret. *Les coulisses de la mode.* 3 au sing. vx (Bourse) Marché des valeurs non cotées.

**coulisser** v. 1 ■ 1 v. intr. Glisser sur des coulisses. 2 v. tr. Garnir de coulisses (I, 2).

**couloir** n. m. ■ 1 Passage étroit et long, pour aller d'une pièce à l'autre. ◆ loc. *Bruits de couloir* : rumeurs. ◆ *Couloir de la mort,* où sont incarcérés les condamnés à mort (aux États-Unis). 2 Passage étroit. *Couloir d'avalanche.* ◆ *Couloir aérien* (itinéraire).

**coulpe** n. f. ■ loc. *BATTRE SA COULPE,* témoigner son repentir ; s'avouer coupable.

**coulure** n. f. ■ Traînée de qqch. qui a coulé.

**country** [kuntri] n. f. ou m. invar. ■ anglic. Musique américaine issue du folklore.

**coup** n. m. ■ I 1 Mouvement par lequel un corps matériel vient en heurter un autre ; impression produite par ce qui heurte. ◆ Choc brutal que l'on fait subir à qqn pour faire mal, blesser. *Coup de poing.* ◆ *Coup bas,* donné plus bas que la ceinture ; fig. procédé déloyal. 2 Décharge (d'une arme à feu) ; ses effets. ◆ loc. fig. *COUP DOUBLE* : double résultat par un seul effort. 3 fig. Acte, action qui attaque, frappe qqn. *Un coup du sort.* ◆ loc. *TENIR LE COUP* : résister, supporter. II (souvent *coup de...*) 1 Mouvement (d'une partie du corps de l'homme ou d'un animal). *Coup d'aile.* ◆ loc. *COUP DE MAIN* : aide, appui ; attaque à l'improviste. 2 Mouvement (d'un

objet, d'un instrument). *Coup de chapeau* (salut). ◆ *Coup de téléphone.* 3 Bruit (d'un appareil sonore). *Coup de sifflet.* 4 Action brusque ou violente (du temps...) ; impression qu'elle produit. *Coup de froid.* 5 Fait de lancer (les dés) ; action d'un joueur (jeux de hasard, d'adresse...). → *Coup de dé*.* ◆ *Coup franc*.* 6 Quantité absorbée en une fois. *Boire un coup.* III 1 Action subite et hasardeuse. *Coup de chance.* ◆ *(Mauvais) coup* : action malhonnête. 2 loc. fam. *Être DANS LE COUP,* participer à qqch. → *Être AUX CENT COUPS,* très inquiet. → *Faire les QUATRE CENTS COUPS* : se livrer à des excès. 3 loc. (Action rapide, faite en une fois) *D'un seul coup.* → *Coup sur coup* : sans interruption. → *Sur le coup* : immédiatement. → *Après coup* : après. → *À coup sûr* : infailliblement. → *Tout d'un coup, tout à coup* : brusquement, soudain.

**coupable** adj. ■ 1 Qui a commis une faute. → n. *Un coupable.* 2 (actions...) Blâmable.

**coupage** n. m. ■ 1 rare Action de couper. 2 Action de couper (III, 1) des liquides.

**coupant, ante** adj. ■ 1 Qui coupe. 2 Autoritaire. *Un ton coupant.* → **impérieux.**

**coup-de-poing** [-pwɛ̃] n. m. ■ 1 Arme de main, masse métallique percée de trous pour les doigts. *Des coups-de-poing.* 2 didact. Silex taillé servant d'arme. → **biface.**

① **coupe** n. f. ■ 1 Verre à pied, plus large que profond. → prov. *Il y a loin de la coupe aux lèvres,* d'un plaisir projeté à sa réalisation. 2 Prix qui récompense le vainqueur d'une compétition sportive. → La compétition.

② **coupe** n. f. ■ I 1 Action de couper, de tailler. 2 Abattage des arbres en forêt ; étendue de forêt à abattre. *COUPE SOMBRE,* où on laisse une partie des arbres ; fig. suppression importante. → loc. fig. *Mettre en COUPE RÉGLÉE,* exploiter (qqn, une population). 3 Manière dont on taille l'étoffe, le cuir... pour en assembler les pièces. II 1 Contour, forme de ce qui est coupé ; endroit où qqch. a été coupé. 2 Dessin d'un objet supposé coupé par un plan. 3 Légère pause dans une phrase. III 1 Division d'un jeu de cartes en deux paquets. 2 loc. *Être SOUS LA COUPE de qqn,* sous sa dépendance.

**coupé** n. m. ■ Voiture à deux portes.

**coupe-choux** n. m. invar. ■ 1 fam. Sabre court. 2 Rasoir à longue lame.

**coupe-circuit** n. m. invar. ■ Appareil qui interrompt un circuit électrique (→ **fusible,** lorsque le courant est trop important.

**coupe-coupe** n. m. invar. ■ → **machette.**

**coupée** n. f. ■ Ouverture d'un navire qui permet l'entrée ou la sortie du bord.

**coupe-faim** n. m. invar. ■ Substance destinée à diminuer l'appétit.

**coupe-feu** n. m. invar. ■ Espace libre ou obstacle destiné à interrompre la propagation d'un incendie. ◆ appos. *Porte coupe-feu.*

**coupe-file** n. m. invar. ■ Carte de priorité.

**coupe-gorge** n. m. invar. ■ Lieu dangereux, fréquenté par des malfaiteurs.

**coupelle** n. f. ■ Petite coupe.

**coupe-papier** n. m. invar. ■ Instrument, lame pour couper le papier.

**couper** v. tr. 🔲 ▪ I concret **1** Diviser (un corps solide) avec un instrument tranchant ; séparer en tranchant. *Couper du bois.* ◆ Préparer des pièces de tissu à assembler. → **tailler. 2** Enlever une partie de (qqch.) avec un instrument tranchant. *Couper de l'herbe.* **3** intrans. Être tranchant. *Couteau qui ne coupe plus.* **4** Faire une entaille à la peau. ◆ pronom. *Se couper en se rasant.* **II 1** Diviser en plusieurs parties. → **partager.** *Cette haie coupe le champ.* **2** Passer au travers de (qqch.). → **croiser. 3** Enlever (une partie d'un texte, etc.). ▪ inform. Enlever (du texte…) pour insérer ailleurs. **4** Interrompre. *Couper la parole à qqn.* ◆ *Ça m'a coupé l'appétit.* **5** Arrêter, barrer. ◆ *Couper les ponts*. **6** Interrompre le passage de. *Couper l'eau.* **III 1** Mélanger à un autre liquide. *Couper son vin*, l'additionner d'eau. **2** Diviser (un jeu de cartes) en deux. ◆ Jouer avec l'atout. **IV** ◆ v. tr. ind. **1** fam. COUPER À. → **éviter. 2** loc. *Couper court*\* (II, 2) à qqch. ▶ **se couper** v. pron. Se contredire ; se trahir.

**couper-coller** v. tr. (à l'inf.) ▪ inform. Sélectionner puis déplacer (des données) à un autre endroit. ◆ n. m. Faire un *couper-coller.*

**couperet** n. m. ▪ **1** Large couteau pour trancher la viande. **2** Lame de guillotine.

**couperose** n. f. ▪ Inflammation chronique de la peau du visage, caractérisée par des taches rougeâtres. ▷ adj. **couperosé, ée**

**coupeur, euse** n. ▪ **1** *Coupeur de*, personne qui coupe (qqch.). **2** → **tailleur.**

**coupe-vent** n. m. invar. ▪ **1** Dispositif à angle aigu, pour réduire la résistance de l'air. **2** Blouson qui protège du vent.

**couplage** n. m. ▪ Fait de coupler ; assemblage (de pièces mécaniques, etc.).

**couple** n. m. ▪ I Un homme et une femme réunis. ◆ (animaux) Le mâle et la femelle. II sc. Système de deux forces parallèles, égales et de sens contraire.

**coupler** v. tr. 🔲 ▪ Assembler deux à deux.

**couplet** n. m. ▪ **1** Chacune des parties d'une chanson séparées par le refrain. **2** fam. Propos répété, ressassé.

**coupole** n. f. ▪ Voûte hémisphérique d'un dôme. ◆ *Être reçu sous la Coupole*, à l'Académie française.

**coupon** n. m. ▪ **1** Pièce d'étoffe. **2** Partie détachable d'un document. *Coupon-réponse.*

**coupure** n. f. ▪ I **1** Blessure faite par un instrument tranchant. → **entaille. 2** abstrait Séparation nette, brutale. → **cassure, fossé. 3** Suppression d'une partie (d'un ouvrage, d'un film…). **4** Interruption (du gaz, de l'eau…). II **1** *Coupures de journaux*, articles découpés. **2** Billet de banque.

**cour** n. f. ▪ I Espace découvert et clos, dépendant d'une habitation. ◆ *Cour de récréation.* II **1** Résidence du souverain et de son entourage ; cet entourage (→ **courtisan**). ◆ loc. fig. *Être bien en cour* (auprès de qqn d'important). **2** fig. Personnes empressées auprès d'une autre. ◆ loc. *FAIRE LA COUR à qqn*, chercher à lui plaire. → **courtiser.** III Tribunal. ◆ (en France) *Cour d'appel. Cour d'assises.* ◆ COUR DES COMPTES, char- gée

de contrôler la comptabilité publique. ◆ *La HAUTE> COUR de justice*, tribunal chargé de juger le président et les ministres.

**courage** n. m. ▪ **1** Force morale ; fait d'agir malgré les difficultés, énergie dans l'action. → **ardeur, volonté. 2** Fait de ne pas avoir peur ; force devant le danger ou la souffrance (s'oppose à *lâcheté, peur*). → **bravoure.**

**courageusement** adv. ▪ Avec courage.

**courageux, euse** adj. ▪ **1** Qui a du courage. **2** (acte…) Qui manifeste du courage.

**couramment** adv. ▪ **1** Avec aisance. **2** D'une façon habituelle. → **communément.**

① **courant, ante** adj. ▪ I **1** Qui court. *Chien (de chasse) courant.* **2** *Eau courante*, distribuée par tuyaux. **3** loc. MAIN\* COURANTE. **4** (temps, action) Qui s'écoule, se fait au moment où l'on parle. → **en cours; actuel.** II Qui a cours d'une manière habituelle.

② **courant** n. m. ▪ **1** Mouvement de l'eau, d'un liquide. *Suivre, remonter le courant* (d'une rivière…). **2** COURANT D'AIR : passage d'air froid. **3** *Courant* (électrique) : déplacement d'électricité dans un conducteur. **4** Déplacement orienté. *Courants de populations* (émigration…). ◆ fig. *Les courants de l'opinion.* → **mouvement. 5** DANS LE COURANT DE la semaine, pendant. **6** AU COURANT, informé.

**courante** n. f. ▪ I Ancienne danse à trois temps ; sa musique. II fam. Diarrhée.

**courbatu, ue** adj. ▪ littér. Extrêmement las.

**courbature** n. f. ▪ Sensation de fatigue douloureuse (effort prolongé, fièvre…).

**courbaturer** v. tr. 🔲 ▪ Donner une courbature à. ▶ **courbaturé, ée** adj.

**courbe** adj. ▪ I Qui change de direction sans former d'angles ; qui n'est pas droit. → **arrondi, incurvé, recourbé.** II n. f. **1** Ligne courbe. **2** Ligne représentant un phénomène (→ **graphique**).

**courber** v. tr. 🔲 ▪ **1** Rendre courbe (ce qui est droit). → **arrondir, incurver. 2** Pencher en abaissant. → **incliner.** ◆ loc. fig. *Courber la tête* : obéir. **3** intrans. Devenir courbe. → **ployer.** ▶ **se courber** v. pron.

**courbette** n. f. ▪ Action de s'incliner exagérément, avec une politesse obséquieuse.

**courbure** n. f. ▪ Forme courbe.

**coureur, euse** n. ▪ I **1** Personne qui court. ◆ adj. *Oiseaux coureurs.* **2** Athlète qui participe à une course. II Personne constamment à la recherche d'aventures amoureuses.

**courge** n. f. ▪ **1** Plante potagère cultivée pour son fruit : courge, citrouille… **2** Fruit d'une variété de courge. **3** fam. Imbécile.

**courgette** n. f. ▪ Courge allongée (verte).

**courir** v. 🔲 ▪ I v. intr. **1** Se déplacer par une suite d'élans, en reposant alternativement le corps sur l'une puis l'autre jambe, et plus allure, la course\*, plus rapide que la marche. **2** Aller vite. → **se dépêcher.** ◆ fig. *Courir à sa perte, à sa ruine.* ◆ fam. *Courir après qqn*, le rechercher avec assiduité. *Courir après qqch.*, essayer de l'obtenir. **3** (choses) Se mouvoir avec rapidité. **4** Être répandu, passer de l'un à l'autre. → **circuler, se propager, se répandre.** *Le bruit court que…* **5** (temps)

Suivre son cours, passer. ← loc. *Par les temps qui courent* : actuellement. ← *L'intérêt court à partir de tel jour*, marque compté à partir de ce jour. **II** v. tr. **1** vx ou dans des loc. Poursuivre. *Courir deux lièvres* à la *fois*. **2** Participer à (une épreuve de course). **3** Aller au-devant de. ← *Courir un danger*, y être exposé. *Courir sa chance*. → **essayer, tenter. 4** Parcourir. ← loc. *Ça court les rues* : c'est banal. **5** Fréquenter assidûment. *Courir les filles*.

**courlis** n. m. ■ Oiseau échassier migrateur, à long bec, qui vit près de l'eau.

**couronne** n. f. ■ **I 1** Cercle que l'on met autour de la tête (parure, marque d'honneur). *Couronne de laurier*\*. **2** Cercle de métal posé sur la tête (insigne d'autorité). **3** Royauté, souveraineté. *L'héritier de la couronne*. **II 1** EN COURONNE : en cercle. **2** Objet circulaire ; choses disposées en cercle. ◆ spécialt Partie visible d'une dent. ← Capsule de métal, de porcelaine, dont on recouvre une dent. **III** Unité monétaire du Danemark, de la Norvège, de la Suède, etc.

**couronnement** n. m. ■ **I** Cérémonie par laquelle on couronne un souverain. → **sacre. II 1** Ce qui termine et orne le sommet (d'un édifice...). **2** abstrait Ce qui achève.

**couronner** v. tr. ① ■ **I 1** Coiffer (qqn) d'une couronne. ◆ Décerner un prix à (qqn, qqch.). **2** Proclamer (qqn) souverain. **II** Orner, entourer comme d'une couronne. **III** abstrait Achever en complétant.

**courre** v. tr. seulement inf. ■ *CHASSE À COURRE*, avec des chiens courants et à cheval.

**courriel** n. m. (mot créé en franç. du Québec) ■ Document, message transmis par courrier électronique. → **e-mail, mél, méel.**

**courrier** n. m. ■ **I** ancient Homme qui portait les lettres. **II 1** Transport des lettres, journaux, etc. → **poste.** ← *Courrier électronique* (par un réseau informatique, télématique). → **messagerie. 2** Ensemble des lettres, journaux, etc. reçus ou expédiés. **3** Article, chronique d'un journal, sur un sujet.

**courroie** n. f. ■ Bande étroite d'une matière souple et résistante servant à lier, à attacher. ← *Courroie de transmission* (fig. intermédiaire).

**courroucer** v. tr. ③ ■ littér. Mettre en colère, irriter. ◆ **courroucé, ée** adj.

**courroux** n. m. ■ littér. Violente irritation.

**cours** n. m. ■ **I** Écoulement continu (de l'eau des rivières, etc.). ← loc. fig. *Donner LIBRE COURS à sa douleur, sa joie*, ne plus contenir. ◆ *COURS D'EAU*. → **fleuve, rivière, ruisseau, torrent. II 1** Suite continue dans le temps. → **déroulement, succession.** *Le cours des saisons*. ← *Suivre son cours* : évoluer normalement. ◆ loc. *AU, EN COURS DE*. → **durant, pendant. 2** Enseignement sur une matière déterminée. ◆ Degré d'études. ◆ Établissement d'enseignement privé. **III 1** Prix auquel sont négociées des marchandises, des valeurs. → **cote, taux.** *Les cours de la Bourse*. ◆ *AVOIR COURS* : avoir valeur légale. ← fig. Être reconnu, utilisé. **IV** loc. *AU LONG COURS* : à longue distance sur mer (→ **long-courrier**). **V** Avenue servant de promenade.

**course** n. f. ■ **I 1** Action de courir, mode de locomotion plus rapide que la marche. ← loc. *Au pas de course* : en marchant très vite. **2** Épreuve de vitesse. ← au plur. Courses de chevaux. *Champ de courses* : hippodrome. ◆ *DE COURSE* : destiné à la course. **3** *COURSE DE TAUREAUX*. → **corrida. II 1** Action de parcourir un espace. → **parcours, trajet. 2** au plur. Déplacement pour porter, aller chercher qqch. *Garçon de courses*. → ② **coursier.** ◆ Achats. *Faire des courses.* **3** (choses) littér. Mouvement plus ou moins rapide. *La course d'un projectile.*

**courser** v. tr. ① ■ fam. Poursuivre (qqn).

① **coursier** n. m. ■ littér. Beau cheval.

② **coursier, ière** n. ■ Personne chargée des courses (II, 2) pour une entreprise, etc.

**coursive** n. f. ■ Couloir étroit d'un navire.

① **court, courte** adj. ■ **I** adj. (contr. *long*) **1** Qui a peu de longueur d'une extrémité à l'autre (relativement à la normale ou par comparaison). **2** Qui a peu de durée. → **bref.** ◆ Peu développé. *Un court récit*. **3** Qui est rapproché dans le temps. loc. *À COURT TERME* : dans un avenir rapproché. **4** De fréquence rapide. *Ondes courtes.* ◆ *Avoir le souffle court*, s'essouffler. **II** adv. **1** De manière à rendre court. *Se couper les cheveux très court.* **2** loc. *COUPER COURT À* (un entretien), l'interrompre au plus vite. ← *TOURNER COURT* : ne pas aboutir. **3** *TOUT COURT* : sans rien d'autre. ◆ *Prendre qqn DE COURT*, à l'improviste. **5** *À COURT DE*. Être à court d'idées, en manquer.

② **court** n. m. ■ Terrain pour le tennis.

**courtage** n. m. ■ **1** Profession de courtier. **2** Commission, rémunération de courtier.

**court-bouillon** n. m. ■ Bouillon aromatisé dans lequel on fait cuire du poisson.

**court-circuit** n. m. ■ Interruption du courant par fusion des plombs.

**court-circuiter** v. tr. ① ■ **1** Mettre en court-circuit. **2** fig. Laisser de côté (un intermédiaire) pour atteindre un but.

**courtepointe** n. f. ■ Couverture de lit ouatée et piquée.

**courtier, ière** n. ■ Agent qui met en rapport vendeurs et acheteurs pour des opérations de Bourse ou de commerce. → **agent, représentant, V. R. P.**

**courtine** n. f. ■ **1** Rideau de lit ; tenture. **2** Mur de fortification.

**courtisan** n. m. ■ **1** Homme qui fréquente la cour d'un souverain. **2** fig. Personne qui cherche à plaire aux gens influents.

**courtisane** n. f. ■ vieilli Femme entretenue, d'un rang social élevé.

**courtiser** v. tr. ① ■ Faire la cour à (qqn).

**courtois, oise** adj. ■ **1** Qui est d'une politesse raffinée. ◆ adv. **courtoisement 2** Littérature, poésie courtoise (du moyen âge), qui exalte l'amour d'une manière raffinée.

**courtoisie** n. f. ■ Politesse raffinée.

**court-vêtu, ue** adj. ■ Dont le vêtement est court. *Des femmes court-vêtues.*

**couru, ue** adj. ■ **1** Recherché. *Un spectacle très couru.* **2** fam. C'était couru, prévu.

**couscous** [kuskus] n. m. ▪ **1** Semoule de blé dur. **2** Plat de cette semoule, avec de la viande, des légumes et du bouillon.

**cousette** n. f. ▪ vx Jeune couturière.

① **cousin, ine** n. ▪ Enfant, descendant de l'oncle ou de la tante.

② **cousin** n. m. ▪ Moustique.

**coussin** n. m. ▪ **1** Pièce souple rembourrée, servant à supporter une partie du corps. **2** *Coussin d'air* : support d'air comprimé.

**coussinet** n. m. ▪ **1** Petit coussin. **2** Partie charnue sous la patte (d'un chat, etc.).

**cousu, ue** adj. ▪ Joint par une couture. ◆ loc. *Être cousu d'or*, très riche.

**coût** n. m. ▪ Somme que coûte une chose. → **montant, prix.**

**coûtant** adj. m. ▪ loc. PRIX COÛTANT : prix qu'une chose a coûté.

**couteau** n. m. ▪ **1** Instrument tranchant servant à couper, composé d'une lame et d'un manche. *Couteau de poche.* → **canif.** ◆ *Couteau à cran d'arrêt* (arme). ◆ loc. *Être à couteaux tirés*, en guerre ouverte. ◆ *Mettre le couteau sous la gorge*, contraindre par la menace. ◆ *Deuxième, second couteau* : personnage de second plan. **2** Outil, instrument tranchant. ◆ Petite truelle de peintre. **3** Arête du prisme qui porte le fléau (d'une balance). **4** Mollusque à coquille allongée.

**couteau-scie** n. m. ▪ Couteau à dents.

**coutelas** n. m. ▪ Couteau à lame large.

**coutellerie** n. f. ▪ **1** Fabrication des couteaux et instruments tranchants. ◆ Ces produits. **2** Usine, atelier de cette industrie.

**coûter** v. 1 ▪ **I** v. intr. et tr. ind. *Coûter à qqn* **1** Nécessiter le paiement d'une somme pour être obtenu. → **valoir ; coût, prix.** *Les cent francs que ce livre m'a coûté.* **2** COÛTER CHER : entraîner des dépenses. – fig. *Cela pourrait vous coûter cher*, vous attirer des ennuis. **II** fig. **1** v. tr. Causer (une peine, un effort) à qqn. ◆ Causer (une perte). *Cela lui a coûté la vie* : il en est mort. **2** v. intr. et tr. ind. *COÛTER À* : être pénible, difficile pour. *Cet effort me coûte.* – prov. *Il en coûtera plus pas qui coûte.* **3** COÛTE QUE COÛTE loc. adv. : à n'importe quel prix. → **absolument.**

**coûteux, euse** adj. ▪ Qui coûte cher. → **cher, onéreux.** ▷ adv. **coûteusement**

**coutil** [-ti] n. m. ▪ Toile croisée et serrée.

**coutre** n. m. ▪ techn. Tranchant d'un soc.

**coutume** n. f. ▪ **1** Manière à laquelle la plupart se conforment, dans un groupe social. → **tradition, usage ; mœurs.** *Us\* et coutumes.* **2** vx ou dans des loc. Habitude. *Une fois n'est pas coutume* : on peut faire une exception. – *AVOIR COUTUME DE*, l'habitude de. – *DE COUTUME* loc. adv. : d'habitude, d'ordinaire.

**coutumier, ière** ▪ **I** adj. **1** littér. Habituel, ordinaire. **2** *Droit coutumier* : règles juridiques que constituent les coutumes. **3** loc. *Être COUTUMIER DU FAIT*, avoir déjà fait la même chose (répréhensible). **4** Qui suit la loi ancestrale (par ex. en Afrique). **II** n. m. didact. Recueil de coutumes.

**couture** n. f. ▪ **I 1** Action de coudre. **2** Confection professionnelle des vêtements. – Profession de couturier. → *HAUTE COUTURE* (de vêtements uniques). **II 1** Assemblage réalisé avec du fil et une aiguille. **2** loc. *Examiner SOUS TOUTES LES COUTURES*, très attentivement. – *BATTRE À PLATE COUTURE*, complètement. **3** Cicatrice.

**couturé, ée** adj. ▪ Marqué de cicatrices.

**couturier** n. m. ▪ Personne qui dirige une maison de couture, crée des modèles.

**couturière** n. f. ▪ Celle qui coud, qui exécute des vêtements.

**couvain** n. m. ▪ Amas d'œufs (d'abeilles...).

**couvée** n. f. ▪ **1** Œufs couvés par un oiseau. **2** Petits qui viennent d'éclore. → **nichée.**

**couvent** n. m. ▪ **1** Maison dans laquelle des religieux(euses) vivent en commun ; ces religieux. → **communauté, monastère. 2** Pensionnat religieux de jeunes filles.

**couver** v. 1 ▪ **I** v. tr. **1** (oiseaux) Se tenir sur des œufs pour les faire éclore. **2** *Couver qqn*, l'entourer de soins attentifs. – COUVER DES YEUX : regarder avec convoitise, tendresse... **3** abstrait Entretenir, préparer en secret. **4** *Couver une maladie*, porter en soi les germes (→ **incubation**). **II** (sujet chose) v. intr. Être entretenu sourdement. – Se préparer secrètement.

**couvercle** n. m. ▪ Pièce mobile s'adaptant à l'ouverture (d'un récipient) pour la fermer.

① **couvert** n. m. ▪ **I 1** vx Logement. ◆ loc. *Le vivre et le couvert* : la nourriture et le logement. **2** loc. *À COUVERT* loc. prép. et adv. : dans un lieu où l'on est protégé. **3** *SOUS (LE) COUVERT DE* : sous la responsabilité de (qqn) ; sous le prétexte de (qqch.). **II 1** Ce que l'on dispose pour le repas. **2** Ustensiles de table pour une personne ; spécialt, cuiller, fourchette et couteau.

② **couvert, erte** adj. ▪ **I 1** Qui a un vêtement. ◆ *Restez couvert* : gardez votre chapeau. **2** Qui a sur lui (qqch.). *Couvert de boue.* ◆ *Ciel couvert*, nuageux. **3** À MOTS COUVERTS : en termes voilés. **II** Protégé (par qqn). *Il est couvert par le directeur.* – *Être couvert contre le vol*, assuré.

**couverture** n. f. ▪ **I** concret **1** Pièce de toile, etc. pour recouvrir. ◆ spécialt Pièce de laine, etc. qu'on place sur les draps d'un lit. ◆ loc. fig. *Tirer la couverture à soi* : s'approprier la meilleure part. **2** Ce qui recouvre un livre, un cahier. **3** Toit. **II** abstrait **1** Ce qui sert à couvrir (II), à protéger. *Couverture sociale*, protection des assurés sociaux. **2** fig. Affaire dissimulant une activité secrète. **3** Garantie d'une dette. → **provision. 4** Fait de couvrir (III, 2) (un événement).

**couveuse** n. f. ▪ **1** Poule qui couve. **2** Étuve où l'on fait éclore des œufs. ◆ Enceinte où l'on place les prématurés fragiles.

**couvre-chef** n. m. ▪ plais. Ce qui couvre la tête. → **chapeau, coiffure.** *Des couvre-chefs.*

**couvre-feu** n. m. ▪ **1** Signal indiquant l'heure de rentrer chez soi. *Des couvre-feux.* **2** Interdiction de sortir (mesure de police).

**couvre-lit** n. m. ▪ Couverture légère servant de dessus de lit. *Des couvre-lits.*

**couvre-livre** n. m. ▪ Protection souple recouvrant un livre. *Des couvre-livres.*

**couvre-pied** n. m. ou **couvre-pieds** n. m. invar. [-pje] ▪ Couverture qui recouvre une partie du lit, à partir des pieds.

**couvreur** n. m. ▪ Ouvrier qui fait ou répare les toitures des maisons.

**couvrir** v. tr. 18 ▪ Revêtir pour cacher, orner, protéger... **I 1** Garnir (un objet) en disposant qqch. dessus. → **recouvrir.** ⊷ (sujet chose) Être disposé sur. **2** Habiller chaudement. **3** Parsemer d'une grande quantité de. ♦ fig. *On l'a couvert d'éloges.* ⊷ pronom. *Il s'est couvert de ridicule.* ♦ (choses) Être répandu sur. → **joncher.** ⊷ pronom. *Le ciel se couvre* (de nuages). **4** Cacher en mettant qqch. par-dessus, autour. **II 1** Protéger par qqch. *Couvrir qqn de son corps.* **2** Abriter (qqn) par sa protection. ⊷ passif *Être couvert par son chef.* **3** Fournir une garantie, ou la somme nécessaire. **III 1** Parcourir (une distance). **2** Informer sur (un événement).

**cover-girl** [kɔvœrɡœrl] n. f. ▪ anglic. Jeune femme qui pose pour les photographies de mode. *Des cover-girls.*

**covoiturage** n. m. ▪ Transport de plusieurs personnes sur le même trajet au moyen d'une voiture individuelle, en partageant les frais. ▷ v. intr. **covoiturer** 1

**cow-boy** [kɔbɔj; kaɔbɔj] n. m. ▪ anglic. Gardien de troupeaux à cheval (États-Unis).

**coxal, ale, aux** adj. ▪ didact. De la hanche.

**coxalgie** n. f. ▪ méd. Douleur de la hanche.

**coyote** [kɔj-] n. m. ▪ Mammifère carnivore d'Amérique, voisin du chacal.

**C. Q. F. D.** [sekyɛfde] ▪ Abrév. de *ce qu'il fallait démontrer* (fin d'une démonstration).

**crabe** n. m. ▪ Crustacé marin à corps arrondi, à cinq paires de pattes (étrille, tourteau, etc.). ♦ loc. *Marcher EN CRABE,* de côté. ⊷ *PANIER DE CRABES* : groupe d'individus cherchant à se nuire.

**crac** interj. ▪ Imite un bruit sec (choc...).

**crachat** n. m. ▪ Salive, mucosité rejetée par la bouche.

**tout craché** loc. adj. invar. ▪ (après un nom, un pron.) Très ressemblant. *C'est sa mère tout craché.*

**crachement** n. m. ▪ **1** Action de cracher. **2** Projection (de gaz...). **3** → **crachotement** (2).

**cracher** v. 1 ▪ **I** v. intr. **1** Projeter de la salive, des mucosités par la bouche. → **expectorer.** ⊷ loc. fam. *Cracher dans la soupe* : critiquer ce dont on profite. **2** fig., fam. *Cracher sur qqch., qqn,* exprimer un violent mépris. **3** *Ce stylo crache,* l'encre en sort. **4** Émettre des crépitements. → **crachoter. II** v. tr. **1** Lancer (qqch.) de la bouche. **2** fig. *Cracher des injures.* **3** fam. Donner (de l'argent). **4** Émettre en lançant. *Volcan qui crache de la lave.*

**cracheur, euse** n. ▪ Personne qui crache.

**crachin** n. m. ▪ Pluie fine et serrée.

**crachiner** v. impers. 1 ▪ Faire du crachin.

**crachoir** n. m. ▪ Récipient dans lequel on peut cracher. ⊷ loc. fam. *TENIR LE CRACHOIR* : parler sans arrêt.

**crachotement** n. m. ▪ **1** Action de crachoter. **2** Bruit de ce qui crachote.

**crachoter** v. intr. 1 ▪ **1** Cracher un peu. **2** Émettre des crépitements.

① **crack** n. m. ▪ **1** Cheval qui gagne des courses. **2** fam. Personne remarquable. → **as, champion.**

② **crack** n. m. ▪ argot Dérivé cristallisé de la cocaïne, fumable, très toxique.

① **cracker** n. m. ▪ anglic. Petit biscuit salé croustillant.

② **cracker** n. m. ▪ anglic. Personne qui déjoue un système de protection informatique pour voler ou nuire. → **pirate ; hacker.**

**cracking** n. m. ▪ anglic. → **craquage.**

**cracra ; crade ; crado** → **crasseux.**

**craie** n. f. ▪ **1** Calcaire naturel. **2** Calcaire moulé (en bâtons) pour écrire.

**craindre** v. 52 ▪ **I** v. tr. **1** Envisager (qqn, qqch.) comme dangereux, nuisible, et en avoir peur. → **redouter. 2** (plantes...) Être sensible à, ne pas supporter. **II** v. intr. fam. *Ça craint* : c'est pénible, dangereux.

**crainte** n. f. ▪ **1** Sentiment par lequel on craint (qqn ou qqch.) ; appréhension inquiète. **2** *DE CRAINTE DE ; PAR CRAINTE DE* loc. prép. (devant un nom ou un inf.). ⊷ *DE CRAINTE QUE* (+ subj., avec *ne* explétif) loc. conj. *De crainte qu'on ne nous entende.*

**craintif, ive** adj. ▪ Qui est sujet à la crainte. → **inquiet, peureux.** ♦ Qui manifeste de la crainte. ▷ adv. **craintivement**

**cramer** v. 1 ▪ fam. **1** v. tr. Brûler (qqch.) légèrement. **2** v. intr. Brûler.

**cramique** n. m. ▪ régional Pain aux raisins.

**cramoisi, ie** adj. ▪ **1** Rouge foncé, presque violet. **2** (teint...) Très rouge.

**crampe** n. f. ▪ Contraction douloureuse et passagère des muscles. ⊷ *Crampe d'estomac.*

**crampon** n. m. ▪ **1** Pièce de métal pour attacher, etc. (agrafe, crochet). ♦ *Chaussures à crampons,* pour éviter de glisser. **2** Organe de fixation d'une plante grimpante. **II** fig., fam. Personne importune et tenace.

**se cramponner** v. pron. 1 ▪ S'accrocher, se tenir fermement à.

**cran** n. m. ▪ **I 1** Entaille faite à un corps dur et destinée à accrocher, à arrêter qqch. ♦ fig. *Monter, baisser d'un cran* : passer à qqch. de supérieur, d'inférieur. **2** Entaille servant de repère. **3** Trou d'une sangle, d'une ceinture... **4** Ondulation (notamment des cheveux). **II 1** fam. Audace, courage. **2** *Être À CRAN,* prêt à se fâcher.

① **crâne** n. m. ▪ **1** Boîte osseuse renfermant le cerveau. **2** Tête ; sommet de la tête.

② **crâne** adj. ▪ vieilli Courageux, décidé. ▷ adv. **crânement**

**crâner** v. intr. 1 ▪ fam. **1** Affecter la bravoure. **2** Prendre un air vaniteux. ▷ **crâneur, euse** n. et adj. → **prétentieux.**

**crânien, ienne** adj. ▪ Du crâne.

**cranter** v. tr. 1 ▪ Faire des crans à (qqch.).

**crapahuter** v. intr. 1 ▪ fam. Marcher, progresser en terrain difficile.

**crapaud** n. m. ■ I Batracien au corps trapu, à peau verruqueuse. II fig. 1 Défaut dans un diamant, etc. 2 Petit piano à queue. 3 appos. *Fauteuil crapaud*, bas et large.

**crapoteux** → **crasseux**

**crapouillot** n. m. ■ Mortier (1914-1918).

**crapule** n. f. ■ I vx Débauche. II 1 vieilli Ensemble de débauchés. 2 Individu malhonnête. ▷ **crapuleux, euse** adj. *Crime crapuleux.* → **sordide.** ▷ adv. **crapuleusement**

**craquage** n. m. ■ Procédé de raffinage du pétrole.

**craquant, ante** adj. ■ 1 Qui craque. 2 fam. Qui fait craquer, est très tentant.

**craque** n. f. ■ fam. Mensonge, exagération.

**craqueler** v. tr. ④ ■ Fendiller (une surface polie). ▷ **craquelure** n. f. → **fêlure.**

**craquelin** n. m. ■ Biscuit dur et croquant.

**craquement** n. m. ■ Bruit de ce qui craque.

**craquer** v. ① ■ I v. intr. 1 Produire un bruit sec, bref. 2 Céder, se déchirer brusquement. ♦ loc. fig. *PLEIN À CRAQUER.* → **bondé.** 3 fig. Être ébranlé, menacer ruine. 4 S'effondrer nerveusement. 5 fam. Céder à une envie ; être séduit. II v. tr. Allumer (une allumette) en la frottant.

**craqueter** v. intr. ④ ■ 1 Produire des craquements. 2 (cigogne...) Crier. ▷ n. m. **craquètement** ou **craquettement**

**crash** n. m. ■ anglic. Atterrissage forcé, souvent brutal (d'un avion).

**crasse** ■ I adj. f. *Ignorance, bêtise... crasse,* totale. II n. f. 1 Couche de saleté. 2 fam. Indélicatesse. → **vacherie.**

**crasseux, euse** adj. ■ Couvert de crasse ; très sale. – syn. fam. CRACRA, CRADE, CRADO, CRAPOTEUX, EUSE, CRASPEC.

**crassier** n. m. ■ Amoncellement des scories de hauts fourneaux. → **terril.**

**-crate, -cratie** [kʀasi], **-cratique** [kʀatik] Éléments, du grec *kratos* « pouvoir ».

**cratère** n. m. ■ 1 Vase antique à deux anses. 2 Dépression d'un volcan par laquelle s'échappent des matières en fusion.

**cravache** n. f. ■ Badine de cavalier.

**cravacher** v. ① ■ 1 v. tr. Frapper d'une cravache. 2 v. intr. fam. Aller vite, travailler dur.

**cravate** n. f. ■ 1 Bande d'étoffe que l'on noue et qui passe sous le col de chemise. 2 Insigne de haute décoration.

**cravater** v. tr. ① ■ 1 Mettre une cravate à (qqn). 2 fam. Attaquer (qqn) en le serrant par le cou. ♦ Prendre, attraper (qqn).

**crawl** [kʀol] n. m. ■ anglic. Nage rapide avec un battement continu des jambes et une rotation des bras. ▷ **crawler** v. intr. ①

**crayeux, euse** adj. ■ 1 De la nature de la craie. 2 De la couleur (blanche) de la craie.

**crayon** n. m. ■ I 1 Petite baguette, souvent en bois, enfermant une longue mine. ♦ par ext. *Crayon à bille. Crayon feutre.* 2 Bâtonnet (de fard). II Dessin au crayon.

**crayonner** v. tr. ① ■ Dessiner, écrire au crayon. ▷ n. m. **crayonnage**

**créance** n. f. ■ I vx Croyance, foi. II Droit en vertu duquel qqn (le créancier) peut exiger qqch., de l'argent de qqn.

**créancier, ière** n. ■ Titulaire d'une créance ; personne à qui de l'argent est dû.

**créateur, trice** ■ I n. m. Puissance qui crée. → **dieu ; démiurge.** 2 n. Auteur, inventeur (de qqch.). ♦ Premier interprète (d'un rôle). ♦ Personne qui conçoit et vend sous sa marque (un produit nouveau, spécial. des vêtements). II adj. Qui crée. *Pensée créatrice.*

**créatif, ive** adj. ■ Inventif, imaginatif.

**création** n. f. ■ I 1 Action de créer (I, 1). *La création du monde.* → **genèse.** 2 Le monde, considéré comme l'œuvre d'un créateur. II 1 Action de faire, d'organiser (qqch. qui n'existait pas). ♦ Fait de créer (une œuvre). 2 Ce qui est créé. → **œuvre.** ♦ Nouvelle fabrication ; modèle inédit.

**créativité** n. f. ■ Pouvoir de création.

**créature** n. f. ■ 1 Être qui a été créé (opposé à *créateur* I, 1). 2 *Créature humaine.* → **femme, homme ; humain.** 3 vx et péj. Femme de mœurs légères. ← fam. Travesti d'allure sophistiquée. 4 Personne qui tient sa position de qqn. → **protégé.**

**crécelle** n. f. ■ 1 Moulinet de bois produisant un bruit sec et aigu. 2 fig. *Voix de crécelle,* aiguë, désagréable.

**crécerelle** n. f. ■ Faucon à longue queue.

**crèche** n. f. ■ I 1 Mangeoire où Jésus fut placé à sa naissance, dans l'étable de Bethléem, selon la tradition de Noël. 2 Représentation de cette étable, de la Nativité. II Établissement qui reçoit dans la journée les enfants de moins de trois ans.

**crécher** v. intr. ⑥ ■ fam. Habiter, loger.

**crédence** n. f. ■ Buffet à tablettes superposées, pour poser les plats, la verrerie.

**crédible** adj. ■ anglic. Digne de confiance. → **fiable.** ▷ n. f. **crédibilité**

**crédit** n. m. ■ I 1 vx Confiance inspirée par qqn, qqch. (→ accréditer). 2 littér. Influence due à cette confiance. II 1 (Confiance dans la solvabilité de qqn) 1 loc. *À CRÉDIT :* sans paiement immédiat (opposé à *au comptant*). 2 Opération par laquelle qqn met une somme d'argent à la disposition d'un autre ; cette somme. → **prêt ; avance.** ♦ Établissement de crédit. → **banque.** 3 au plur. Sommes allouées sur un budget pour un usage. 4 Partie d'un compte où sont inscrites les sommes remises. → **avoir.**

**créditer** v. tr. ① ■ Porter au crédit de (qqn ; son compte) (opposé à *débiter*).

**créditeur, trice** n. ■ Personne qui a des sommes à son crédit. ← adj. *Solde créditeur.*

**credo** [kʀedo] n. m. ■ 1 relig. chrét. (avec maj.) Articles fondamentaux de la foi. 2 Principes sur quoi on fonde sa conduite.

**crédule** adj. ■ Qui a une confiance excessive et naïve. ▷ n. f. **crédulité**

**créer** v. tr. ⬚ ■ I (sens fort) **1** relig. Donner l'existence à ; tirer du néant. **2** Faire, réaliser (qqch. qui n'existait pas encore). → **concevoir, inventer.** II (sens faible) **1** Établir ou organiser. *Créer des emplois.* **2** *Créer un rôle*, en être le premier interprète. **3** Fabriquer (un produit nouveau). **4** Être la cause de. → **provoquer, susciter.**

**crémaillère** n. f. ■ **1** Tige de fer à crans d'une cheminée, pour suspendre une marmite. → loc. *PENDRE LA CRÉMAILLÈRE* : célébrer une installation dans un nouveau logement. **2** Pièce munie de crans. → Rail denté.

**crémation** n. f. ■ Action de brûler le corps d'un mort. → **incinération.**

**crématoire** adj. ■ *FOUR CRÉMATOIRE*, où l'on réduit les corps en cendres.

**crématorium** [-ɔm] n. m. ■ Lieu où l'on incinère les morts. – var. CREMATORIUM.

**crème** n. f. ■ I **1** Matière grasse du lait, dont on fait le beurre. **2** fam. *C'est la crème des hommes*, le meilleur des hommes. **3** Entremets composé surtout de lait et d'œufs. **4** Potage velouté. **5** Liqueur épaisse (sucrée). **6** Préparation pour les soins de la peau. II adj. invar. D'une couleur blanche légèrement teintée de jaune.

**crémerie** n. f. ■ Magasin de crémier. ♦ loc. fam. *Changer de crémerie* : aller ailleurs.

**crémeux, euse** adj. ■ **1** Qui contient beaucoup de crème (I, 1). **2** Qui a la consistance, l'aspect de la crème.

**crémier, ière** n. ■ Commerçant qui vend des produits laitiers, des œufs, etc.

**crémone** n. f. ■ Espagnolette*.

**créneau** n. m. ■ I Ouverture pratiquée au sommet d'un rempart, pour la défense. → loc. fig. *Monter au créneau* : s'engager dans une lutte (politique, etc.). II **1** Manœuvre pour se garer, en marche arrière. **2** comm. Place disponible (sur un marché...).

**créneler** v. tr. ⬚ ■ **1** Munir de créneaux. → au p. p. *Mur crénelé.* **2** Entailler de crans.

**créole** n. ■ **1** n. Personne, notamment d'ascendance européenne, née dans les pays de la zone intertropicale caractérisés (à l'origine) par la colonisation blanche et l'esclavage des Noirs (Antilles...). **2** n. m. Langue provenant du contact des langues de colonisation avec les langues indigènes ou importées (africaines). **3** adj. *Culture créole.*

**créosote** n. f. ■ Liquide huileux extrait de goudrons, désinfectant.

**crêpage** n. m. ■ Action de crêper (1).

① **crêpe** n. f. ■ Fine galette d'une pâte faite de lait, de farine et d'œufs, cuite à la poêle.

② **crêpe** n. m. ■ I Tissu léger de soie, de laine. ♦ Morceau de crêpe noir (signe de deuil). II Caoutchouc séché. *Semelles de crêpe.*

**crêper** v. tr. ⬚ ■ **1** Rebrousser, faire gonfler (les cheveux). **2** loc. fam. *Se crêper le chignon*.

**crêperie** n. f. ■ Lieu où l'on fait, où l'on vend, où l'on consomme des crêpes.

**crépi** n. m. ■ Couche de plâtre, de ciment d'aspect raboteux, dont on revêt un mur.

**crêpier, ière** n. ■ I n. Personne qui fait des crêpes pour les vendre. II n. m. ou f. Appareil ou poêle pour faire des crêpes.

**crépine** n. f. ■ boucherie Membrane qui entoure les viscères de certains animaux.

**crépinette** n. f. ■ Saucisse plate entourée de crépine.

**crépir** v. tr. ⬚ ■ Garnir d'un crépi.

**crépiter** v. intr. ⬚ ■ Faire entendre une succession de bruits secs. ▷ **crépitement** n. m. et **crépitation** n. f.

**crépon** n. m. ■ **1** Crêpe épais. **2** appos. *Papier crépon* : papier gaufré décoratif.

**crépu, ue** adj. ■ (cheveux...) Très frisé.

**crépuscule** n. m. ■ **1** Lumière incertaine qui succède au coucher du soleil. **2** fig., littér. Déclin, fin. ▷ adj. **crépusculaire**

**crescendo** [kreʃɛndo ; -fɛdo] ■ mus. **1** adv. En augmentant progressivement l'intensité sonore. ♦ *Aller crescendo*, en augmentant. **2** n. m. Son d'intensité croissante.

**cresson** n. m. ■ Plante herbacée à petites feuilles rondes comestibles (souvent cultivée dans des bassins : *cressonnière* n. f.).

**crésus** [-ys] n. m. ■ Homme très riche.

**crêt** n. m. ■ Escarpement rocheux bordant une combe.

**crétacé, ée** adj. et n. m. ■ géol. Se dit d'une période de la fin du secondaire, correspondant à la formation des terrains à craie.

**crête** n. f. ■ **1** Excroissance charnue, rouge, dentelée, sur la tête de certains gallinacés. II **1** Ligne de faîte. **2** Arête supérieure (d'une vague).

**crétin, ine** n. ■ **1** méd. Personne atteinte de crétinisme (1). **2** cour. Personne stupide.

**crétinerie** n. f. ■ Action de crétin.

**crétiniser** v. tr. ⬚ ■ Rendre crétin (2).

**crétinisme** n. m. ■ **1** méd. Arriération mentale grave. **2** Grande bêtise.

**cretonne** n. f. ■ Toile de coton très forte.

**creuser** v. ⬚ ■ I v. tr. **1** Rendre creux en enlevant de la matière ; faire un, des trous dans (qqch). → **évider, trouer.** ♦ loc. *L'exercice m'a creusé* (l'estomac), donné faim. → *Se creuser la tête, la cervelle* : faire un effort de réflexion. **2** Donner une forme concave à. **3** → **approfondir.** *Creuser une idée.* II v. tr. Faire (qqch.) en enlevant de la matière. *Creuser un trou.* III v. intr. Faire, approfondir un trou. ► se **creuser** v. pron. **1** Devenir creux. **2** (trou) Se former. → fig. *Un fossé s'est creusé entre eux.* ▷ n. m. **creusage** et **creusement**

**creuset** n. m. ■ **1** Récipient qui sert à faire fondre ou calciner certaines substances. **2** littér. Lieu où diverses choses se mêlent.

**creux, creuse** ■ I adj. **1** Qui est vide à l'intérieur. ♦ *Son creux*, celui d'un objet creux sur lequel on frappe. → adv. *Sonner creux.* **2** (texte...) Vide de sens. **3** *Heures creuses*, de faible activité. **4** Qui présente une concavité. → *Chemin creux*, en contrebas. → *Joues creuses.* → **maigre.** II n. m. **1** Vide intérieur (dans un corps). → **cavité, trou.** → fam. *Avoir un creux* (à l'estomac) : avoir faim. **2** Partie concave. *Le creux de la main.* → *Le creux d'une vague* (opposé à crête). loc. *Être dans le creux de la vague*, dans une période difficile.

**crevaison** n. f. ■ Fait de crever (pneu...).

**crevant, ante** adj. ▪ fam. **1** Qui exténue. **2** Qui fait éclater de rire.

**crevard, arde** adj. ▪ fam. En mauvaise santé. → **maladif.**

**crevasse** n. f. ▪ **1** Fente profonde à la surface (de qqch.). ◆ Cassure étroite et profonde dans un glacier. **2** Petite fente de la peau (froid, etc.). → **engelure, gerçure.**

**crevasser** v. tr. 1 ▪ Faire des crevasses à.

**crève** n. f. ▪ fam. *Attraper la crève,* attraper froid. → *Avoir la crève* (rhume, grippe).

**crevé, ée** adj. ▪ **1** (animaux, plantes) Mort. *Un chien crevé.* **2** fam. (personnes) Très fatigué.

**crève-cœur** n. m. ▪ Peine profonde mêlée de regret. *Des crève-cœurs.*

**crève-la-faim** n. invar. ▪ fam. Miséreux.

**crever** v. 5 ▪ **I** v. intr. **1** S'ouvrir en éclatant, par excès de tension. **2** (personnes) Être trop rempli (de). → *C'est à crever de rire,* à éclater de rire. **3** (animaux, plantes ; (fam.) personnes) Mourir. → au p. p. *Pneu crevé.* **2** loc. *Crever les yeux* : être bien en vue ; être évident. → *Crever le plafond* : dépasser la limite supérieure. **3** Exténuer (un animal ; fam. qqn) par un effort excessif.

**crevette** n. f. ▪ Petit crustacé marin, dont certaines espèces sont très appréciées.

**cri** n. m. ▪ **1** Son perçant émis par la voix. **2** Paroles prononcées très fort, sur un ton aigu. ▪ loc. *Jeter les hauts cris,* protester avec véhémence. *À cor* et *à cri.* ◆ fig., fam. *Le dernier cri* (de la mode), les nouveautés. **3** Opinion manifestée hautement. **4** *Cri du cœur,* expression non maîtrisée d'un sentiment sincère. **5** Son émis par les animaux.

**criailler** v. intr. 1 ▪ Crier, se plaindre sans cesse. → **geindre.**

**criaillerie** n. f. ▪ Plainte criarde et répétée. → **jérémiade, récrimination.**

**criant, criante** adj. ▪ Évident, flagrant.

**criard, criarde** adj. ▪ **1** Qui crie désagréablement. **2** (son...) Aigu et désagréable. **II** Qui choque à la vue. *Couleur criarde* (vive).

**crible** n. m. ▪ **1** Instrument percé de trous, qui sert à trier des objets de grosseur inégale. → **tamis. 2** abstrait *PASSER* (une idée...) *AU CRIBLE,* examiner avec soin.

**cribler** v. tr. 1 ▪ **1** Trier avec un crible. **2** Percer de nombreux trous. ◆ (au p. p.) loc. *Être criblé de dettes,* en avoir beaucoup.

**cric** n. m. ▪ Appareil pour soulever à une faible hauteur des fardeaux très lourds.

**cricket** [-ɛt] n. m. ▪ Sport d'équipe britannique, qui se pratique avec des balles.

**criée** n. f. ▪ *Vente à la criée* ou *criée* : vente publique aux enchères.

**crier** v. 7 ▪ **I** v. intr. **1** Produire un ou plusieurs cris. **2** Parler fort, élever la voix. → *CRIER À* (qqch.), dénoncer *(crier au scandale)* ou proclamer *(crier au miracle).* ◆ Protester violemment. **3** (choses) → **grincer. II** v. tr. **1** Dire d'une voix forte. *Crier un slogan.* ◆ Faire connaître avec force. → **affirmer, clamer, proclamer.** → *N'allez pas le crier sur les toits,* restez discret. **2** loc. *Crier famine,* se plaindre de la faim. → *Crier vengeance,* réclamer la vengeance.

**crieur, euse** n. ▪ **1** Marchand ambulant qui annonce ce qu'il vend. **2** *Crieur public,* qui faisait les proclamations publiques.

**crime** n. m. ▪ **1** dr. Infraction grave, que les lois punissent d'une peine afflictive ou infamante (opposé à *contravention, à délit*). **2** cour. Assassinat, meurtre. **3** Action blâmable.

**criminalité** n. f. ▪ **1** Ensemble des actes criminels. **2** Le milieu des criminels.

**criminel, elle** ▪ **I** n. Personne coupable d'un crime ; assassin, meurtrier. → *Criminel de guerre,* qui commet des atrocités au cours d'une guerre. **II** adj. **1** Qui constitue un crime. **2** dr. Relatif aux crimes et à leur répression (→ **pénal**). **3** fam. (acte...) Très regrettable. ▷ adv. **criminellement**

**criminologie** n. f. ▪ Science de la criminalité (causes, manifestations...).

**criminologue** n. ▪ Spécialiste de criminologie. - syn. CRIMINOLOGISTE.

**crin** n. m. ▪ **1** Poil long et rude qui pousse au cou (→ **crinière**) et à la queue de certains animaux (chevaux, lions, etc.). **2** par ext. *Crin végétal.* **3** loc. *À TOUS CRINS* (ou *à tout crin*) : complet ; ardent, énergique.

**crincrin** n. m. ▪ fam. Mauvais violon.

**crinière** n. f. ▪ **1** Ensemble des crins du cou (d'animaux). **2** fam. Chevelure abondante.

**crinoline** n. f. ▪ anciennt Armature que l'on portait pour faire bouffer les jupes.

**crique** n. f. ▪ Petite baie. → **anse, calanque.**

**criquet** n. m. ▪ Insecte volant et sauteur, gris ou brun, vorace. *Le criquet stridule.*

**crise** n. f. ▪ **1** Manifestation brutale ou aggravation brusque d'une maladie. → **accès, attaque. 2** Manifestation soudaine et violente (d'émotions). *Crise de colère.* → loc. *Crise de nerfs*\*. → par ext. *Une crise d'autorité.* **3** Phase grave dans une évolution. *Crise économique.* → **dépression.**

**crispant, ante** adj. ▪ Qui crispe (2).

**crispation** n. f. ▪ **1** Contraction brève des muscles. **2** Mouvement d'agacement.

**crisper** v. tr. 1 ▪ **1** Contracter les muscles de. → **convulser.** *La douleur lui crispait le visage.* **2** fam. Causer une vive irritation à (qqn). → **agacer, impatienter.** → **crispé, ée** adj. *Poings crispés.* → *Sourire crispé,* tendu.

**criss** n. m. → **kriss**

**crisser** v. intr. 1 ▪ Produire un bruit aigu de frottement. ▷ n. m. **crissement**

**cristal, aux** n. m. ▪ **I 1** Minéral naturel transparent et dur. *Cristal de roche.* **2** Verre très limpide. ◆ fig. (symbole de pureté...) *Une voix de cristal.* **II** sc. Forme géométrique définie prise par des substances minérales ou solidifiées. ◆ *Cristal liquide* (utilisé pour l'affichage électronique).

**cristallerie** n. f. ▪ Fabrication, fabrique d'objets en cristal (I, 2).

**cristallin, ine** ▪ **I** adj. **1** Clair, transparent comme le cristal. → (son) Pur et clair. **2** sc. Relatif à un état solide où la disposition des atomes *(réseau cristallin)* produit des formes géométriques définies (opposé à *amorphe*). → **cristal** (II). **II** n. m. Partie transparente de l'œil, en arrière de la pupille.

**cristalliser** v. ① ▪ **I 1** v. tr. Faire passer (un corps) à l'état de cristaux (II). **2** v. intr. et pron. Passer à l'état cristallin. **II** fig., littér. **1** v. tr. Rassembler (des éléments épars) en un tout cohérent. **2** v. intr. (sentiments...) Se préciser. ▷ n. f. **cristallisation**

**cristallisoir** n. m. ▪ chim. Récipient de laboratoire en verre, à bords bas.

**cristallographie** n. f. ▪ Science qui étudie les cristaux. ▷ adj. **cristallographique**

**critère** n. m. ▪ Ce qui sert de base à un jugement. → **référence**.

**critérium** [-jɔm] n. m. ▪ sports Épreuve servant à classer, à éliminer des concurrents.

**critiquable** adj. ▪ Qui mérite d'être critiqué. → **discutable; blâmable**.

① **critique** adj. ▪ **1** Qui a rapport à une crise (1); qui correspond à un seuil. *Phase critique d'une maladie.* **2** Qui décide du sort de qqn ou de qqch. → **décisif; crucial**. ← *Situation critique.* → **dangereux, grave**. **3** phys. Où se produit un changement dans l'état ou les propriétés d'un corps.

② **critique** ▪ **I** n. f. **1** Examen en vue de porter un jugement. *Critique de soi-même.* → **autocritique**. **2** spécialt Art de juger les ouvrages de l'esprit, les œuvres d'art. ♦ Analyse, examen d'une œuvre. **3** Action de critiquer (II); jugement défavorable. **II 1** n. Professionnel de la critique (I, 2). **2** n. L'ensemble des critiques. **III** adj. **1** Qui décide de la valeur des œuvres. *Analyse critique.* **2** Qui examine la valeur d'une assertion, l'authenticité d'un texte, etc. ← loc. *ESPRIT CRITIQUE*, qui n'accepte rien sans s'interroger sur sa valeur. **3** Qui critique (II). *Être critique à l'égard de qqn, envers qqn.*

**critiquer** v. tr. ① ▪ **I** Examiner (les ouvrages d'art ou d'esprit) pour la critique. **II** Émettre un jugement négatif sur.

**croasser** v. intr. ① ▪ (corbeau...) Pousser son cri (≠ *coasser*). ▷ n. m. **croassement**

**croate** adj. et n. ▪ De la Croatie. ← n. *Les Croates.*

**croc** [kʀo] n. m. ▪ **1** Instrument, bâton muni d'un crochet. **2** Dent pointue de certains animaux (→ **canine**). ← loc. fam. *Avoir les crocs*, extrêmement faim.

**croc-en-jambe** [kʀɔk-] n. m. ▪ Fait de déséquilibrer qqn en lui tirant une jambe à l'aide du pied. → **croche-pied**. *Des crocs-en-jambe.*

**croche** n. f. ▪ Note de musique qui vaut la moitié d'une noire.

**croche-pied** n. m. ▪ Croc-en-jambe. *Des croche-pieds.* – syn. fam. CROCHE-PATTE.

**crocher** v. ① ▪ **I** v. tr. régional Attraper; accrocher. **II** v. intr. mar. S'agripper.

**crochet** n. m. ▪ **I 1** Pièce de métal recourbée, pour prendre ou retenir qqch. ♦ loc. *Vivre aux crochets de qqn*, à ses dépens. **2** Instrument à extrémité recourbée (spécialt pour le tricot, la dentelle). **3** zool. Dent à pointe recourbée. **II** fig. **1** Signe graphique, parenthèse à extrémités en angle droit : [ ]. **2** Tournant brusque. ♦ Détour. **3** boxe Coup de poing vers l'intérieur.

**crocheter** v. tr. ⑤ ▪ Ouvrir (une serrure) avec un crochet. ▷ n. m. **crochetage**

**crochu, ue** adj. ▪ **1** Recourbé en forme de crochet. *Nez crochu.* **2** loc. *Avoir des ATOMES CROCHUS avec qqn*, des affinités.

**crocodile** n. m. ▪ **1** Grand reptile à fortes mâchoires, à quatre courtes pattes (famille des *Crocodiliens*), qui vit dans les fleuves des régions chaudes. ← loc. *Larmes de crocodile*, hypocrites. **2** Peau de crocodile.

**crocus** [-ys] n. m. ▪ Plante à bulbe dont une espèce est le safran; sa fleur.

**croire** v. ㊹ p. p. *cru, crue* ▪ **I** v. tr. dir. **1** Penser que (qqch.) est véritable, donner une adhésion de principe à. *Il ne croit que ce qu'il voit.* **2** *Croire qqn*, penser que ce qu'il dit est vrai. **3** littér. *EN CROIRE*, s'en rapporter à (qqn). *Si vous m'en croyez...* ← loc. *Ne pas en croire ses yeux, ses oreilles*, s'étonner de ce qu'on voit, entend. **4** *CROIRE QUE*, considérer comme vraisemblable ou probable. **5** (+ inf.) Sentir, éprouver comme vrai. **6** (+ attribut) → **estimer, supposer**. *On l'a cru mort.* ← pronom. *Il se croit le plus malin.* **II** v. tr. ind. **1** *CROIRE À qqch.*, tenir pour réel, vraisemblable ou possible. **2** *CROIRE EN qqn, qqch.* : avoir confiance en. → **compter** sur, se **fier** à. **3** (avec à, en) Être persuadé de l'existence et de la valeur de (tel dogme, tel être religieux ou mythique). **III** v. intr. **1** Avoir une attitude d'adhésion intellectuelle. **2** Avoir la foi religieuse (→ **croyant**).

**croisade** n. f. ▪ **1** hist. Expédition entreprise par les chrétiens coalisés pour délivrer les lieux saints qu'occupaient les musulmans. **2** fig. Lutte d'opinion, campagne.

① **croisé** n. m. ▪ Celui qui participait à une croisade.

② **croisé, ée** adj. ▪ **I 1** Disposé en croix; qui se croise. *Rester les bras croisés* (fig. rester à ne rien faire). ← (vêtement) Dont les bords se croisent. *Veste croisée.* **2** *Rimes croisées*, qui alternent. ♦ *Mots\* croisés.* **II** Qui est le résultat d'un croisement. → **hybride**.

**croisée** n. f. ▪ **1** *La croisée des chemins*, l'endroit où ils se coupent. → **croisement**. **2** Châssis vitré d'une fenêtre; la fenêtre.

**croisement** n. m. ▪ **I 1** Action de disposer en croix, de faire se croiser; disposition croisée. **2** Point où se coupent des voies. → **croisée, intersection; carrefour**. **II** Hybridation, métissage (d'animaux...).

**croiser** v. ① ▪ **I** v. tr. **1** Disposer (deux choses) l'une sur l'autre, en forme de croix. *Se croiser les bras* (fig. rester dans l'inaction). **2** *CROISER LE FER* : se battre à l'épée. **3** Passer au travers de. → **couper, traverser**. *La voie ferrée croise la route.* ← Passer à côté de, en allant en sens contraire. *Croiser qqn dans la rue.* **II** v. tr. Faire un croisement (d'animaux, de plantes d'espèces différentes). **III** v. intr. **1** (bords d'un vêtement) Passer l'un sur l'autre. **2** (navire) Aller et venir dans un même parage. ► se **croiser** v. pron. **1** Être ou se mettre en travers l'un de l'autre. **2** Passer l'un près de l'autre en allant dans une direction différente.

**croiseur** n. m. ▪ Navire de guerre rapide.

**croisière** n. f. ▪ **1** Voyage sur un paquebot, un navire de plaisance. **2** loc. *VITESSE DE CROISIÈRE* : (bateau, avion) allure moyenne; fig. rythme normal d'activité.

**croisillon** n. m. ■ **1** Traverse d'une croix. ◆ archit. Moitié du transept d'une église. **2** Barre qui partage un châssis de fenêtre.

**croissance** n. f. ■ **1** (organisme) Fait de croître, de grandir. **2** (choses) → **développement.** *Croissance économique.*

① **croissant** n. m. ■ **I 1** Forme échancrée de la partie éclairée de la Lune (pendant qu'elle croît, décroît). **2** Forme analogue. ◆ *Le Croissant rouge,* équivalent islamique de la Croix-Rouge. **II** Petite pâtisserie feuilletée (en forme de croissant).

② **croissant, ante** adj. ■ Qui croît.

**croître** v. intr. 55 p. p. *crû, crue, crus* ■ **1** Grandir progressivement jusqu'au terme du développement normal. ◆ loc. *Ne faire que croître et embellir,* se dit d'une chose qui augmente en bien, et iron. en mal. **2** (choses) Devenir plus grand, plus nombreux.

**croix** n. f. ■ **1** Poteau muni d'une traverse sur lequel on attachait des condamnés pour les faire mourir ; spécialt celui où Jésus fut mis à mort. ◆ loc. fig. *Porter sa croix* : supporter ses épreuves avec résignation. **2** Représentation de la croix de Jésus-Christ. → **calvaire, crucifix.** ◆ loc. fam. *C'est la croix et la bannière,* c'est toute une histoire. **3** Décoration, insigne d'un ordre honorifique. *Croix de guerre.* **4** *La CROIX-ROUGE,* organisation humanitaire internationale et apolitique. **5** Marque formée par deux traits croisés. ◆ loc. fig. *Faire une croix sur qqch.,* y renoncer définitivement. **6** EN CROIX : à angle droit (ou presque). **7** *La CROIX DU SUD,* constellation de l'hémisphère austral.

**cromlech** [kʀɔmlɛk] n. m. ■ archéol. Monument mégalithique formé de menhirs placés en cercle.

**cromorne** n. m. ■ mus. Instrument à vent ancien, en bois et à anche. ◆ Jeu de l'orgue.

**crooner** n. m. ■ anglic. Chanteur de charme, dans le style des chanteurs américains des années 1950.

① **croquant** n. m. ■ hist. Paysan révolté, sous Henri IV et Louis XIII. ◆ péj. Paysan.

② **croquant, ante** adj. ■ Qui croque (I).

**à la croque au sel** loc. adv. ■ Cru, avec du sel.

**croque-madame** n. m. invar. ■ Croque-monsieur surmonté d'un œuf frit.

**croquemitaine** n. m. ■ Personnage imaginaire évoqué pour effrayer les enfants. ◆ Personne qui fait peur.

**croque-monsieur** [-məsjø] n. m. invar. ■ Sandwich chaud fait de pain de mie grillé, au jambon et au fromage.

**croque-mort** ou **croquemort** n. m. ■ fam. Employé des pompes funèbres chargé du transport des morts. *Des croque(-)morts.*

**croquenot** n. m. ■ fam. Gros soulier.

**croquer** v. 1 ■ **I** v. intr. Faire un bruit sec en parlant des choses que l'on broie avec les dents). **II** v. tr. **1** Broyer sous la dent (ce qui fait un bruit sec). *Croquer une pomme* ; intrans. *dans une pomme.* **2** *Croquer un héritage.* → **dilapider.** **III** v. tr. **1** Prendre sur le vif en un dessin rapide (→ croquis). *Croquer une silhouette.* **2** fam. *Jolie À CROQUER,* très jolie.

**croquet** n. m. ■ Jeu consistant à faire passer des boules de bois sous des arceaux.

**croquette** n. f. ■ **1** Boulette de pâte, de hachis, frite dans l'huile. **2** au plur. Aliment pour animaux, déshydraté, en boulettes.

**croqueuse** n. f. ■ fam. *CROQUEUSE DE DIAMANTS :* femme qui dilapide l'argent.

**croquignolet, ette** adj. ■ fam. Mignon.

**croquis** n. m. ■ Dessin, esquisse rapide.

**crosne** [kʀon] n. m. ■ Plante originaire du Japon, aux petits tubercules comestibles.

**cross** [kʀɔs] n. m. ■ **1** Course à pied en terrain varié. – syn. vieilli CROSS-COUNTRY. **2** Abrév. de *cyclo-cross, de moto-cross.*

**crosse** n. f. ■ **1** Bâton (d'évêque...) à extrémité recourbée en volute. **2** Bâton recourbé utilisé dans certains jeux pour pousser la balle. **3** Extrémité recourbée. *La crosse de l'aorte.* ◆ *Les crosses des fougères.* **II** Partie postérieure (d'une arme à feu portative).

**crosses** n. f. pl. ■ loc. fam. *Chercher des crosses à qqn,* lui chercher querelle.

**crotale** n. m. ■ **I** Antiq. Instrument à percussion. **II** Serpent venimeux dont la queue vibre avec bruit (syn. *serpent à sonnette*).

**crotte** n. f. ■ **I 1** Excrément solide. ◆ fam. Chose sans valeur. **2** fam. *Crotte !* (dépit). **3** *Crotte en chocolat* (bonbon). **II** vx Boue.

**crotté, ée** adj. ■ vieilli Couvert de boue.

**crottin** n. m. ■ **1** Excrément (du cheval...). **2** Petit fromage de chèvre.

**croulant, ante** ■ **1** adj. Qui menace ruine. **2** n. fam. Personne âgée ou d'âge mûr.

**crouler** v. intr. 1 ■ **1** (édifice...) Tomber en s'affaissant. ◆ fig. *La salle croule sous les rires.* **2** fig. S'effondrer, échouer.

**croup** [kʀup] n. m. ■ méd., vieilli Laryngite diphtérique très grave.

**croupe** n. f. ■ **1** Partie postérieure arrondie qui s'étend des hanches à la queue de certains animaux (cheval, âne...). ◆ *EN CROUPE :* à cheval et derrière la personne en selle. ◆ (personnes) fam. → **derrière, fesse(s). 2** Sommet arrondi (d'une colline...).

**à croupetons** loc. adv. ■ En étant accroupi.

**croupier, ière** n. ■ Employé(e) d'une maison de jeu qui tient le jeu, paie et encaisse.

**croupière** n. f. ■ Longe de cuir qui passe sous la queue du cheval. – loc. *TAILLER DES CROUPIÈRES à qqn,* lui créer des ennuis.

**croupion** n. m. ■ (oiseaux) Extrémité postérieure du corps, portant les plumes de la queue.

**croupir** v. intr. 2 ■ **1** (personnes) Demeurer longtemps (dans un état pénible...). → **moisir.** **2** Rester sans couler et se corrompre (liquide) ; rester dans l'eau stagnante.

**croupissant, ante** adj. ■ Qui croupit.

**croustade** n. f. ■ Croûte feuilletée garnie.

**croustillant, ante** adj. ■ **1** Qui croustille. **2** Léger, grivois. *Des détails croustillants.*

**croustiller** v. intr. 1 ■ Croquer sous la dent.

**croustilles** n. f. pl. ■ franç. du Canada Pommes de terre frites en minces rondelles. → **chips.**

**croûte** n. f. ■ I 1 Partie extérieure du pain, durcie par la cuisson. 2 loc. fam. *Casser la croûte*, manger. ← *Gagner sa croûte*, sa vie. 3 Pâte feuilletée garnie (pâté, vol-au-vent...). 4 Partie superficielle du fromage. II 1 Couche superficielle durcie. → *Croûte terrestre*. → **écorce**. ♦ Plaque qui se forme sur une plaie (→ **escarre**). 2 fam. Mauvais tableau. 3 Côté chair d'un cuir (opposé à *fleur*).

**croûter** v. intr. 1 ■ fam. Manger.

**croûton** n. m. ■ I Extrémité d'un pain long. ♦ Morceau de pain frit utilisé en cuisine. II fam. Personne bornée. *Un vieux croûton.*

**croyable** adj. ■ (choses) Qui peut être cru (surtout négatif). *C'est à peine croyable.*

**croyance** n. f. ■ 1 Action, fait de croire une chose vraie, vraisemblable ou possible. → **certitude, conviction.** 2 Ce que l'on croit (surtout en matière religieuse).

**croyant, ante** adj. ■ Qui a une foi religieuse. ← n. *Les croyants.* → **fidèle.**

**C.R.S.** [seeres] n. m. (sigle) ■ Agent des compagnies* républicaines de sécurité.

① **cru** n. m. ■ I 1 Vignoble. ← *Un grand cru.* → **vin.** 2 loc. *Un vin DU CRU*, du terroir. II loc. *DE SON CRU* : de son invention.

② **cru, crue** adj. ■ 1 (aliment) Qui n'est pas cuit. 2 (lumière...) Que rien n'atténue. 3 Exprimé sans ménagement. ♦ adv. *Je vous le dis tout cru*. → **crûment.** 4 *À CRU* loc. adv. *Monter à cru* : monter à cheval sans selle.

**cruauté** n. f. ■ 1 Tendance à faire souffrir. → **férocité, méchanceté.** 2 Caractère de ce qui est très nuisible. → **rigueur.** *La cruauté du sort.* 3 Action cruelle. → **atrocité.**

**cruche** n. f. ■ 1 Récipient pansu, à bec et à anse. → prov. *Tant va la cruche à l'eau qu'à la fin elle se casse* : à s'exposer à un danger, on finit par le subir. 2 fam. Personne niaise, bête et ignorante.

**cruchon** n. m. ■ Petite cruche. → **pichet.**

**cruci-** Élément, du latin *crux, crucis* « croix ».

**crucial, ale, aux** adj. ■ 1 didact. En forme de croix. II 1 didact. Qui permet de choisir entre des hypothèses. 2 Fondamental, très important. → **capital, décisif.**

**crucifère** adj. ■ bot. Aux fleurs à pétales en croix. ← n. f. *La giroflée est une crucifère.*

**crucifiement** n. m. ■ Supplice de la croix. → **crucifixion.**

**crucifier** v. tr. 7 ■ Attacher (un condamné) sur la croix pour l'y faire mourir.

**crucifix** [-fi] n. m. ■ Croix sur laquelle est représenté Jésus crucifié.

**crucifixion** n. f. ■ Crucifiement du Christ. ♦ Sa représentation en arts.

**cruciforme** adj. ■ En forme de croix.

**cruciverbiste** n. ■ Amateur de mots croisés.

**crudité** n. f. ■ I au plur. Légumes consommés crus. II Caractère cru (②, 2 et 3).

**crue** n. f. ■ Élévation du niveau d'un cours d'eau, d'un lac.

**cruel, elle** adj. ■ 1 Qui prend plaisir à faire, à voir souffrir. → **féroce, inhumain, méchant.** 2 Qui témoigne de cruauté. 3 littér. Dur, inflexible. 4 (choses) Qui fait souffrir. *Un sort cruel.* → **pénible.**

**cruellement** adv. ■ 1 Avec cruauté. 2 D'une façon douloureuse, pénible.

**crumble** [krœmbœl] n. m. ■ anglic. Pâtisserie à base de fruits et de pâte sablée émiettée.

**crûment** adv. ■ 1 De manière crue (②, 3). 2 *Éclairer crûment*, d'une lumière crue.

**crural, ale, aux** adj. ■ didact. De la cuisse.

**crustacé** n. m. ■ 1 zool. Animal arthropode à carapace, dont les segments sont munis chacun d'une paire d'appendices. 2 cour. Cet animal aquatique et comestible (crabe, crevette, écrevisse, homard, langouste...).

**cruzado** et **cruzeiro** n. m. ■ Nom de deux anciennes monnaies du Brésil. → **réal.**

**cryo-** Élément, du grec *kruos* « froid ».

**cryoconservation** n. f. ■ biol. Conservation par le froid de tissus ou d'organismes vivants (embryons...).

**crypte** n. f. ■ Tombeau souterrain, dans certaines églises. ♦ Chapelle souterraine.

**crypter** v. tr. 1 ■ Coder, rendre incompréhensible (un message ; un signal) pour protéger son caractère secret.

**crypto-** Élément, du grec *kruptos* « caché ».

**cryptocommuniste** n. et adj. ■ polit. Partisan occulte du communisme.

**cryptogame** adj. ■ bot. (plante) Qui a les organes de la fructification peu apparents (s'oppose à *phanérogame*). ← n. m. pl. *Les cryptogames.*

**cryptogamique** adj. ■ Se dit de maladies des végétaux, dues à des champignons.

**cryptogramme** n. m. ■ Ce qui est écrit en caractères secrets, en langage chiffré.

**cryptographie** n. f. ■ Code graphique secret. ▷ adj. **cryptographique**

**csardas** → **czardas**

**C.S.G.** n. f. → **contribution**

**cubage** n. m. ■ Évaluation d'un volume.

**cube** n. m. ■ 1 géom. Solide à six faces carrées égales. ♦ Objet cubique. 2 appos. Se dit d'une mesure qui exprime le volume. *Mètre cube* (m³). 3 math. *Cube d'un nombre* : produit de trois fois ce nombre (→ **puissance**).

**cuber** v. tr. 1 ■ I v. tr. Évaluer en unités de volume. II v. intr. 1 Avoir un volume de (+ nombre). 2 fam. Atteindre un chiffre élevé.

**cubilot** n. m. ■ techn. Fourneau pour la préparation de la fonte de seconde fusion.

**cubique** adj. ■ 1 Du cube. ← En forme de cube. 2 *Racine cubique d'un nombre n* : nombre qui, élevé au cube, donne n.

**cubisme** n. m. ■ Mouvement artistique qui se proposait de décomposer les formes en éléments géométriques. ▷ adj. et n. **cubiste**

**cubitainer** [-ɛR] n. m. (nom déposé) ■ Récipient en plastique, cubique, pour les liquides.

**cubitus** [-ys] n. m. ■ Le plus gros des deux os de l'avant-bras, articulé avec l'humérus. ▷ adj. **cubital, ale, aux**

**cucul** [kyky] adj. invar. ■ fam. Niais.

**cucurbitacée** n. f. ■ Plante de la famille du concombre, de la courge, du melon, etc.

**cueillette** [kœj-] n. f. ■ 1 Action de cueillir. 2 Ce qui est cueilli (fleurs, fruits).

**cueillir** [kœjiʀ] v. tr. 12 ■ 1 Détacher (une partie d'un végétal) de la tige. 2 littér. Prendre. *Cueillir un baiser.* 3 fam. Prendre (qqn) au passage. ⇒ *Cueillir un voleur.* → **pincer.**

**cuiller** [kɥijɛʀ] ou **cuillère** [kɥijɛʀ] n. f. ■ 1 Ustensile formé d'un manche et d'une partie creuse, qui sert à transvaser ou à porter à la bouche les aliments liquides ou peu consistants. ◆ loc. *Faire qqch. en deux coups de cuiller à pot,* très vite. ⇒ *Ne pas y aller avec le dos de la cuiller :* agir sans modération. 2 Ustensile, pièce de forme analogue. 3 loc. fam. *Serrer la cuiller à qqn,* lui serrer la main.

**cuillerée** [kɥijʀe ; kɥijɛʀe] n. f. ■ Contenu d'une cuiller.

**cuir** n. m. ■ 1 1 Peau des animaux séparée de la chair, tannée et préparée. → **basane, box, chagrin, maroquin, vélin.** 2 *Le CUIR CHEVELU :* la peau du crâne. 3 Peau épaisse. II fam. Faute de langage, liaison incorrecte.

**cuirasse** n. f. ■ 1 Partie de l'armure qui recouvre le buste. ⇒ loc. fig. *LE DÉFAUT DE LA CUIRASSE :* le point faible, le côté sensible. 2 Revêtement d'acier des navires. 3 fig. Défense, protection. ⇒ **carapace.**

**cuirassé** n. m. ■ Grand navire de guerre blindé et armé d'artillerie lourde.

**cuirasser** v. tr. 1 ■ Armer, revêtir d'une cuirasse. ► se **cuirasser** v. pron. 1 Se revêtir d'une cuirasse. 2 fig. Se protéger (contre), s'endurcir.

**cuirassier** n. m. ■ anciennt Soldat d'un régiment de grosse cavalerie.

**cuire** v. 38 p. p. *cuit*, *cuite* ■ I v. tr. 1 Rendre propre à l'alimentation par le feu, la chaleur. 2 Transformer par l'action du feu. *Cuire une poterie* (→ terre cuite*). II v. intr. 1 Devenir propre à l'alimentation par l'action du feu. 2 fam. Avoir très chaud. 3 Produire une sensation de brûlure. ⇒ loc. *Il vous en cuira :* vous vous en repentirez.

**cuisant, ante** adj. ■ Qui provoque une douleur, une peine très vive.

**cuisine** n. f. ■ 1 Pièce d'une habitation dans laquelle on prépare les aliments. II 1 Préparation des aliments ; art de cette préparation (→ **culinaire**). 2 fam. Manœuvre, intrigue louche. 3 Aliments servis aux repas.

**cuisiné, ée** adj. ■ Préparé par la cuisine (II, 1).

**cuisiner** v. 1 ■ 1 v. intr. Faire la cuisine. 2 v. tr. Préparer (un mets). 3 v. tr. fig., fam. Interroger (qqn) pour obtenir des aveux.

**cuisinette** n. f. ■ Partie de pièce servant de cuisine (recomm. off. pour l'anglic. *kitchenette*).

**cuisinier, ière** n. ■ Personne qui a pour métier de faire la cuisine. ◆ Personne qui sait faire la cuisine.

**cuisinière** n. f. ■ Fourneau de cuisine servant à chauffer, à cuire les aliments.

**cuissage** n. m. ■ hist. *DROIT DE CUISSAGE :* droit du seigneur féodal de poser sa jambe nue sur le lit de la nouvelle mariée, et, parfois, de passer la nuit des noces avec elle.

**cuissard, arde** ■ 1 n. m. Protection de la cuisse. 2 n. f. pl. Bottes montant jusqu'aux cuisses.

**cuisse** n. f. ■ 1 Partie du membre inférieur qui s'articule à la hanche et va jusqu'au genou. ⇒ (animaux) *Cuisse de poulet* (pilon), *de mouton* (gigot)... 2 loc. fam. *Se croire sorti de la cuisse de Jupiter :* être très orgueilleux.

**cuisseau** n. m. ■ Partie du veau dépecé, du dessous de la queue au rognon. ≠ *cuissot.*

**cuisson** n. f. ■ 1 Action de cuire (I, 1) les aliments. 2 Préparation par le feu. *Cuisson de la porcelaine.* 3 Vive douleur.

**cuissot** n. m. ■ Cuisse (du gros gibier). *Cuissot de chevreuil.* ≠ *cuisseau.*

**cuistance** n. f. ■ fam. Cuisine (II, 1 et III).

**cuistot** n. m. ■ fam. Cuisinier professionnel.

**cuistre** n. m. et adj. ■ littér. Pédant vaniteux et ridicule. ▷ n. f. **cuistrerie**

**cuit, cuite** adj. ■ 1 Qui a subi la cuisson (1) (opposé à cru). 2 Qui a subi la cuisson (2). *Terre cuite.* 3 fam. *Être cuit,* pris, vaincu. ⇒ *C'est du tout cuit,* c'est réussi d'avance.

**cuite** n. f. ■ fam. *Prendre une cuite :* s'enivrer.

**se cuiter** v. pron. 1 ■ fam. S'enivrer.

**cuivre** n. m. ■ 1 Élément (symb. Cu), métal rouge, très malléable, bon conducteur électrique. II au plur. 1 Ensemble d'ustensiles, d'objets en cuivre. 2 Ensemble des instruments à vent en cuivre d'un orchestre.

**cuivré, ée** adj. ■ 1 De la couleur rougeâtre du cuivre. 2 (son) D'un timbre éclatant.

**cuivrer** v. tr. 1 ■ 1 techn. Recouvrir de cuivre. 2 Donner une teinte de cuivre à.

**cul** [ky] n. m. ■ 1 fam. Derrière, postérieur humain. ◆ loc. fig. *En rester sur le cul,* être très étonné. ⇒ *Être comme cul et chemise*. ⇒ *Tirer au cul :* paresser. ◆ vulg. Anus. ⇒ loc. *En avoir plein le cul,* en avoir assez. 2 *FAUX CUL :* anciennt tournure portée par les femmes. ◆ mod. n. et adj. Hypocrite. 2 (par analogie (non vulg.) Fond de certains objets. → **cul-de-...** (à l'ordre alphab.). ⇒ *Faire CUL SEC* (en buvant), vider le verre d'un trait.

**culasse** n. f. ■ 1 Extrémité postérieure du canon d'une arme à feu. 2 (moteur) Partie du cylindre où les gaz sont comprimés.

**culbute** n. f. ■ 1 Tour qu'on fait en mettant la tête en bas et les jambes en haut, de façon à retomber de l'autre côté. → **galipette.** 2 Chute à la renverse. ⇒ fig., fam. *Faire la culbute :* être ruiné. 3 comm. *Faire la culbute,* revendre au double du prix d'achat.

**culbuter** v. 1 ■ 1 v. intr. Faire une culbute (2). → **dégringoler.** II v. tr. 1 Faire tomber (qqn). ◆ vulg. *Culbuter une femme,* la posséder sexuellement. 2 Bousculer, pousser.

**culbuteur** n. m. ■ techn. 1 Appareil qui sert à faire basculer un wagon, etc. pour le vider. 2 (moteur à explosion) Levier oscillant servant à ouvrir et à fermer les soupapes.

**cul-de-basse-fosse** n. m. ■ Cachot souterrain. *Des culs-de-basse-fosse.*

**cul-de-four** n. m. ■ Voûte formée d'une demi-coupole. *Des culs-de-four.*

**cul-de-jatte** n. et adj. ■ Infirme qui n'a plus de jambes. *Des culs-de-jatte.*

**cul-de-lampe** n. m. ■ Vignette à la fin d'un chapitre d'un livre. *Des culs-de-lampe.*

en **cul-de-poule** loc. adv. ■ *Bouche en cul-de-poule*, qui s'arrondit en une moue.

**cul-de-sac** n. m. ■ **1** Rue sans issue. *Des culs-de-sac.* **2** fig. Entreprise sans issue.

**culée** n. f. ■ Massif de maçonnerie destiné à contenir la poussée d'une voûte, etc.

**culinaire** adj. ■ Qui a rapport à la cuisine.

**culminant, ante** adj. ■ Qui atteint sa plus grande hauteur. ◆ *POINT CULMINANT*, qui domine. ← fig. Apogée, sommet, zénith.

**culminer** v. intr. 1 ■ **1** Atteindre la plus grande hauteur. *Pic qui culmine.* → **dominer**. **2** fig., littér. Atteindre son apogée.

**culot** n. m. ■ **1** Partie inférieure (de certains objets). → **fond**. **2** Résidu au fond d'un creuset, d'une pipe. **II** fam. Audace.

**culotte** n. f. ■ **1** anciennt Vêtement masculin de dessus qui couvre de la ceinture aux genoux. ← mod. *Culottes courtes.* → **short**. ◆ loc. *Porter la culotte* : commander (dans un ménage). **2** Sous-vêtement (féminin) qui couvre les fesses et le bas du ventre. → **slip**. **3** fam. Perte importante au jeu.

**culotté, ée** adj. ■ fam. Qui a du culot (II).

① **culotter** v. tr. 1 ■ **1** Fumer (une pipe) jusqu'à ce que son fourneau soit couvert d'un dépôt noir. ← au p. p. *Pipe culottée.* **2** Noircir par l'usage. ← au p. p. *Théière culottée.*

② **culotter** v. tr. 1 ■ Mettre une culotte à.

**culpabiliser** v. tr. 1 ■ Donner un sentiment de culpabilité à (qqn).

**culpabilité** n. f. ■ État d'une personne qui est coupable. ← *Sentiment de culpabilité*, par lequel on se sent coupable.

**culte** n. m. ■ **1** Hommage religieux rendu à la divinité ou à qqn. **2** Pratiques réglées par une religion. ← *Ministre du culte*, prêtre. **3** Service religieux protestant. **4** Admiration mêlée de vénération. ◆ en appos. Qui fait l'objet d'une très grande admiration. *Un film-culte.*

**cul-terreux** n. m. ■ péj. et injurieux Paysan. *Des culs-terreux.*

**cultivable** adj. ■ Qui peut être cultivé.

**cultivateur, trice** ■ **I** n. Personne qui cultive la terre, exploite une ferme. → **agriculteur, paysan**. **II** n. m. Machine qui fait un labourage superficiel.

**cultivé, ée** adj. ■ Qui a de la culture (II, 1).

**cultiver** v. tr. 1 ■ **I 1** Travailler (la terre) pour lui faire produire des végétaux utiles à l'homme (→ **agriculture**). **2** Soumettre (une plante) à divers soins ; faire pousser. **II 1** Former par l'éducation, l'instruction. **2** S'intéresser à (qqch.), s'y adonner. *Cultiver les arts.* **3** Entretenir (une relation avec qqn). ► se **cultiver** v. pron. Cultiver son esprit.

**cultuel, elle** adj. ■ didact. Du culte.

**culture** n. f. ■ **I 1** Action de cultiver (la terre) pour la production de végétaux (à l'exception des arbres forestiers). ← au plur. Terres cultivées. **3** Action de cultiver (un végétal). *Culture de la vigne* (viticulture), *culture fruitière* (arboriculture)... **4** biol. Méthode consistant à faire croître des micro-organismes, etc. pour les étudier. *Bouillon\* de culture.* **II 1** Développement de l'esprit

par des exercices intellectuels appropriés ; ensemble des connaissances acquises. *Culture générale*, dans les domaines considérés comme nécessaires à tous (en dehors des spécialités, des métiers). **2** Ensemble des aspects intellectuels, artistiques d'une civilisation. *La culture orientale.* ◆ didact. Ensemble des formes acquises de comportement dans les sociétés humaines. *Nature et culture.* **3** *CULTURE PHYSIQUE* : développement méthodique du corps. → **éducation** physique, **gymnastique**.

**culturel, elle** adj. ■ Relatif à la culture (II, 2). ▷ adv. **culturellement**

**culturisme** n. m. ■ Culture physique destinée à développer certains muscles. → **musculation**. ▷ adj. et n. **culturiste**

**cumin** n. m. ■ Plante aromatique ; sa graine, utilisée comme assaisonnement.

**cumul** n. m. ■ Action de cumuler.

**cumulable** adj. ■ Que l'on peut cumuler.

**cumulatif, ive** adj. ■ Qui s'ajoute, ajoute.

**cumuler** v. tr. 1 ■ Avoir à la fois (plusieurs activités, avantages ou caractères).

**cumulus** [-ys] n. m. ■ **I** Gros nuage de beau temps, à sommet arrondi. **II** Réservoir d'eau chaude.

**cunéiforme** adj. ■ didact. Qui a la forme d'un coin. ◆ *Écriture cunéiforme* (des Assyriens, des Mèdes, des Perses), constituée de signes en forme de clous, de coins.

**cunnilinctus** [-lɛ̃ktys] n. m. ■ Pratique sexuelle, caresses buccales du sexe féminin (→ aussi fellation). – syn. CUNNILINGUS.

**cupide** adj. ■ littér. Avide d'argent.

**cupidité** n. f. ■ Désir immodéré de l'argent.

**cupri-, cupro-** Élément savant, du latin *cuprum* « cuivre ».

**cupule** n. f. ■ Organe en forme de coupe qui enserre certains fruits (ex. le gland).

**curable** adj. ■ Qui peut être guéri.

**curaçao** [kyraso] n. m. ■ Liqueur à base d'eau-de-vie et d'écorces d'oranges.

**curare** n. m. ■ Poison végétal paralysant.

**curateur, trice** n. ■ dr. Personne qui a la charge (*curatelle* n. f.) d'assister une personne majeure incapable\*.

**curatif, ive** adj. ■ Relatif au traitement d'une maladie.

① **cure** n. f. ■ **I 1** Traitement médical d'une certaine durée ; méthode thérapeutique. ◆ Traitement dans une station thermale. **2** Usage abondant (de qqch.) par hygiène, etc. *Une cure de grand air.* **II** loc. *N'AVOIR CURE DE qqch.*, ne pas s'en soucier.

② **cure** n. f. ■ **1** Fonction de curé. **2** Résidence du curé. → **presbytère**.

**curé** n. m. ■ **1** Prêtre placé à la tête d'une paroisse. **2** fam. (souvent péj.) Prêtre catholique. ← *Les curés*, le clergé.

**cure-dent** n. m. ■ Petit bâtonnet pointu pour se curer les dents. *Des cure-dents.*

**curée** n. f. ■ **1** vén. Portion de la bête tuée donnée aux chiens. **2** fig. Ruée, lutte âpre.

**cure-pipe** n. m. ■ Instrument pour nettoyer un fourneau de pipe. *Des cure-pipes.*

**curer** v. tr. 1 ▪ Nettoyer (qqch.) en raclant.

**curetage** n. m. ▪ méd. Opération consistant à nettoyer avec une curette une cavité naturelle (utérus...) ou accidentelle (abcès).

**curette** n. f. ▪ 1 Outil à partie tranchante, pour racler. 2 méd. Instrument chirurgical en forme de cuiller (→ **curetage**).

① **curie** n. f. ▪ 1 Antiq. romaine Subdivision de la tribu. 2 Gouvernement du Saint-Siège.

② **curie** n. m. ▪ Ancienne unité de mesure d'activité d'une substance radioactive.

**curiethérapie** n. f. ▪ méd. Emploi thérapeutique des éléments radioactifs.

**curieusement** adv. ▪ Bizarrement.

**curieux, euse** adj. ▪ I 1 Qui est désireux (de voir, de savoir). *Être curieux de tout.* 2 absolt Qui cherche à connaître ce qui ne le regarde pas. → **indiscret.** 3 n. Personne qui s'intéresse à qqch. par curiosité. *La foule des curieux.* → **badaud.** ◆ Amateur d'objets, collectionneur. II Qui attire et retient l'attention. → **bizarre, étrange, singulier.**

**curiosité** n. f. ▪ I 1 Tendance qui porte à apprendre des choses nouvelles ou cachées. 2 Désir de savoir les secrets d'autrui. → **indiscrétion.** II Chose curieuse (II).

**curiste** n. ▪ Patient en cure thermale.

**curium** [-ɔm] n. m. ▪ chim. Élément (symb. Cm), fortement radioactif.

**curling** [kœrliŋ] n. m. ▪ anglic. Sport de glace consistant à lancer un lourd palet.

**curriculum vitæ** [-ɔmvite] n. m. invar. ▪ Liste d'indications relatives à l'état civil, aux capacités, aux diplômes et aux activités (de qqn). – abrév. CURRICULUM ; C. V.

**curry** n. m. ▪ Assaisonnement indien fait de piment et d'autres épices. ◆ Plat préparé au curry. – var. anc. CARRY, CARI.

**curseur** n. m. ▪ 1 Repère qui glisse dans une coulisse graduée. 2 Repère mobile, sur un écran d'ordinateur, qui matérialise le point d'insertion des données.

**cursif, ive** adj. ▪ *Écriture cursive,* tracée rapidement. ◆ Rapide, bref. *Lecture cursive.*

**cursus** [-ys] n. m. ▪ Ensemble des études à poursuivre dans une matière donnée.

**curule** adj. ▪ Antiq. *CHAISE CURULE :* siège d'ivoire des premiers magistrats de Rome.

**curv(i)-** Élément savant, du latin *curvus* « courbe, recourbé ».

**curviligne** adj. ▪ Formé de lignes courbes.

**cuscute** n. f. ▪ Plante herbacée parasite.

**custode** n. f. ▪ 1 relig. Boîte où le prêtre place l'hostie. 2 techn. Panneau latéral arrière d'une carrosserie de voiture.

**customiser** v. tr. 1 ▪ anglic. Adapter (un produit du commerce) selon son goût, en le personnnalisant.

**cutané, ée** adj. ▪ De la peau.

**cuticule** n. f. ▪ 1 zool. Membrane externe (insectes, crustacés), qui contient de la chitine. 2 bot. Pellicule luisante (tiges...). 3 anat. Mince couche de peau.

**cuti-réaction** ou **cuti** n. f. ▪ Test médical pour déceler certaines maladies (tuberculose...). *Des cuti-réactions, des cutis.* ◆ loc. fig., fam. *Virer sa cuti :* changer radicalement sa façon de vivre, de penser.

**cutter** [kœtœr ; kytɛr] n. m. ▪ anglic. Instrument tranchant à lame coulissante.

**cuve** n. f. ▪ 1 Grand récipient pour la fermentation du raisin. 2 Grand récipient. → **citerne.** *Cuve à mazout.*

**cuvée** n. f. ▪ 1 Quantité de vin qui se fait à la fois dans une cuve. 2 Produit d'une vigne. *La cuvée (de) 1981.*

**cuveler** v. tr. 4 ▪ techn. Consolider les parois de (un puits de mine, de pétrole...). ▷ n. m. **cuvelage**

**cuver** v. ▪ 1 ▪ I v. intr. (vin) Séjourner dans la cuve pendant la fermentation. II v. tr. *Cuver son vin :* dissiper son ivresse en dormant, etc. ◆ *Cuver sa colère :* se calmer.

**cuvette** n. f. ▪ 1 Récipient portatif large et peu profond. ◆ Partie (d'un lavabo, des W.-C.) où coule l'eau. 2 géogr. Dépression fermée.

**cuvier** n. m. ▪ ancienmt Cuve pour la lessive.

**C. V.** [seve] n. m. (sigle) ▪ → **curriculum vitæ.**

**cyanhydrique** adj. ▪ chim. *Acide cyanhydrique,* acide (HCN), poison violent.

**cyan(o)-** [sjano] Élément savant, du grec *kuanos* « bleu sombre ».

**cyanose** n. f. ▪ méd. Coloration bleue ou noirâtre de la peau (troubles circulatoires, etc.). ▷ **cyanoser** v. tr. 1

**cyanure** n. m. ▪ chim. Sel de l'acide cyanhydrique. ◆ *Cyanure (de potassium),* poison violent.

**cyber-** Élément, de même origine que *cybernétique,* servant à former des composés en rapport avec le multimédia, Internet, le web (ex. *cybernaute* n.).

**cybercafé** n. m. ▪ Café qui met à la disposition de ses clients des ordinateurs connectés à Internet.

**cybercriminalité** n. f. ▪ Activités illégales effectuées par l'intermédiaire d'Internet.

**cyberculture** n. f. ▪ Culture des utilisateurs d'Internet, développée et véhiculée par le web.

**cyberdépendance** n. f. ▪ Dépendance à Internet (jeux en ligne, réseaux sociaux...).

**cyberespace** n. m. ▪ didact. Espace de communication créé par l'interconnexion mondiale des ordinateurs.

**cybernéticien, ienne** n. ▪ Spécialiste de cybernétique.

**cybernétique** n. f. ▪ Science des communications et de la régulation (êtres vivants, machines). ◆ adj. De la cybernétique.

**cyclable** adj. ▪ Réservé aux cycles (②).

**cyclamen** [-ɛn] n. m. ▪ Plante à fleurs roses.

① **cycle** n. m. ▪ 1 Suite de phénomènes se renouvelant sans arrêt dans un ordre immuable. *Le cycle des saisons.* ◆ sc. Série de changements subis par un système, qui le ramène à son état primitif. ◆ chez la femme *Cycle menstruel :* déroulement régulier des phénomènes physiologiques permettant la reproduction (→ **menstrues, règle(s)).**

**2** Série d'œuvres à même sujet et mêmes personnages. **3** Division de l'enseignement regroupant plusieurs années d'études.

② **cycle** n. m. ▪ Véhicule à deux roues, sans moteur (→ **bicyclette**) ou avec un petit moteur (→ **cyclomoteur**).

**cyclique** adj. ▪ **I** D'un cycle ; qui se produit selon un cycle. ▪ **II** chim. Se dit de composés dont la molécule forme une chaîne fermée.

**cyclisme** n. m. ▪ Pratique ou sport de la bicyclette. → **vélo**.

**cycliste** ▪ **1** adj. Qui concerne le cyclisme. **2** n. Personne qui va à bicyclette.

**cyclo-** Élément, du grec *kuklos* « cercle ».

**cyclo-cross** [-kʀɔs] n. m. ▪ Épreuve de cyclisme en terrain accidenté. → **cross** (2).

**cycloïde** n. f. ▪ géom. Courbe décrite par un point d'un cercle qui roule sur une droite.

**cyclomoteur** n. m. ▪ Bicyclette à moteur (moins de 50 cm³).

**cyclone** n. m. ▪ **1** Tempête violente à vents tourbillonnants. *L'œil\* d'un cyclone.* **2** Zone de basses pressions. **3** fig. Personne, événement qui bouleverse tout.

**cyclope** n. m. ▪ **1** mythol. grecque Géant n'ayant qu'un œil au milieu du front. **2** Petit crustacé d'eau douce à œil unique.

**cyclopéen, enne** adj. ▪ **1** mythol. Des cyclopes. **2** fig., littér. Énorme, gigantesque.

**cyclosporine** n. f. → **ciclosporine**

**cyclothymie** n. f. ▪ méd. Trouble psychique faisant alterner des périodes d'excitation et de dépression. ▷ adj. et n. **cyclothymique**

**cyclotourisme** n. m. ▪ Tourisme à bicyclette. ▷ adj. et n. **cyclotouriste**

**cyclotron** n. m. ▪ phys. Accélérateur circulaire de particules lourdes.

**cygne** n. m. ▪ **1** Grand palmipède à plumage blanc (rarement noir), à long cou flexible. **2** loc. *Le CHANT DU CYGNE :* le dernier chef-d'œuvre (de qqn). **3** Duvet de cygne.

**cylindre** n. m. ▪ **1** géom. Solide engendré par une droite tournant autour d'un axe (parallèle). **2** Rouleau exerçant une pression uniforme. **3** Enveloppe dans laquelle se meut le piston d'un moteur à explosion.

**cylindrée** n. f. ▪ Volume des cylindres (d'un moteur à explosion).

**cylindrer** v. tr. 1 ▪ **1** Faire passer (qqch.) sous un rouleau. **2** Donner la forme d'un cylindre à (qqch.).

**cylindrique** adj. ▪ En forme de cylindre.

**cymbale** n. f. ▪ Disque de métal composant un instrument de musique à percussion.

**cynégétique** adj. ▪ didact. De la chasse.

**cynique** adj. et n. ▪ **1** hist. philos. D'une doctrine de l'Antiquité qui cherchait le retour à la nature par le rejet des conventions sociales. **2** Qui exprime des opinions contraires à la morale reçue. ▷ adv. **cyniquement**

**cynisme** n. m. ▪ **1** Doctrine des philosophes cyniques. **2** Attitude cynique.

**cyn(o)-** Élément, du grec *kuôn* « chien ».

**cynocéphale** n. m. ▪ Singe à museau allongé (ex. babouin, mandrill).

**cynodrome** n. m. ▪ Piste aménagée pour les courses de lévriers.

**cyphose** n. f. ▪ méd. Déviation de la colonne vertébrale qui rend le dos convexe.

**cyprès** n. m. ▪ Arbre (conifère) à feuillage vert sombre, à forme droite et élancée.

**cyprin** n. m. ▪ Poisson de la famille de la carpe. → *Cyprin doré :* poisson rouge.

**cyrillique** [-ilik] adj. ▪ Se dit de l'alphabet slave (attribué à saint Cyrille).

**cyst-, cysti-, cysto-** Élément savant, du grec *kustis* « vessie ; sac ».

**cystite** n. f. ▪ Inflammation de la vessie.

**cytise** n. m. ▪ Arbrisseau vivace aux fleurs en grappes jaunes.

**cyt(o)-, -cyte** Éléments savants, du grec *kutos* « cavité » qui signifient « cellule ».

**cytogénétique** n. f. ▪ biol. Partie de la génétique qui étudie les chromosomes.

**cytologie** n. f. ▪ Biologie de la cellule vivante. ▷ n. **cytologiste** et **cytologue**

**cytoplasme** n. m. ▪ biol. Partie de la cellule qui entoure le noyau.

**czardas** ou **csardas** [gzaʀdas ; tsaʀdas] n. f. ▪ Danse hongroise formée d'une partie lente et d'une partie rapide ; sa musique.

# D

**d** [de] n. m. ■ **1** Quatrième lettre, troisième consonne de l'alphabet. **2** fam. *Le système D :* le système débrouille. **3** *D :* cinq cents, en chiffres romains.

**d'** prép. élidée ou art. élidé → **de**

**d'abord** loc. adv. → **abord**

**dactyle** n. m. ■ didact. (poésie) Pied formé d'une syllabe longue suivie de deux brèves.

**dactylo** ■ **1** n. Personne dont la profession est de taper des textes à la machine à écrire. **2** n. f. Dactylographie.

**dactylo-, -dactyle** Éléments savants, du grec *daktulos* « doigt ».

**dactylographe** n. ■ vieilli Dactylo (1).

**dactylographie** n. f. ■ Technique de la machine à écrire. ▷ adj. **dactylographique** ▷ **dactylographier** v. tr. ⑦ ← au p. p. *Texte dactylographié.* → **tapuscrit**.

**dactylologie** n. f. ■ Langage gestuel (digital) à l'usage des sourds-muets.

**dactyloscopie** n. f. ■ Procédé d'identification par les empreintes digitales.

① **dada** n. m. ■ fam. **1** (enfantin) Cheval. **2** Sujet favori, auquel on revient sans cesse.

② **dada** n. m. et adj. invar. ■ Se dit d'un mouvement artistique et littéraire révolutionnaire créé en 1916 (syn. DADAÏSME n. m.).

**dadais** n. m. ■ Garçon niais et gauche.

**dague** n. f. ■ Épée courte.

**daguerréotype** n. m. ■ Procédé primitif de la photographie (image sur une plaque).

**dahlia** n. m. ■ Plante à tubercules, aux fleurs ornementales.

**daigner** v. tr. ⑦ ■ Consentir à (faire qqch.). ← (formule de politesse) *Daignez agréer...*

**daim** n. m. ■ **1** Cervidé aux andouillers en palette et à robe tachetée. **2** Cuir suédé.

**daine** n. f. ■ Femelle du daim.

**dais** n. m. ■ **1** Ouvrage (de bois, de tissu) qui s'étend au-dessus d'un autel, d'une chaire ou d'un lit. → **baldaquin**. **2** Voûte saillante au-dessus d'une statue.

**dalaï-lama** n. m. ■ Souverain spirituel et temporel du Tibet. *Des dalaï-lamas.*

**dallage** n. m. ■ Action de daller ; ensemble de dalles.

① **dalle** n. f. ■ **1** Plaque (de pierre dure, de béton, etc.), dont on pave le sol. **2** fam. Gorge, gosier (dans des loc.). *Se rincer la dalle :* boire. ← *Avoir la dalle :* avoir faim.

② **que dalle** loc. ■ argot Rien.

**daller** v. tr. ⑦ ■ Revêtir de dalles.

**dalmatien, ienne** n. ■ Chien, chienne à robe blanche tachetée de sombre.

**daltonien, ienne** adj. ■ Atteint de daltonisme. ← n. *Un daltonien.*

**daltonisme** n. m. ■ Anomalie héréditaire de la vue (non-perception ou confusion de certaines couleurs).

**dam** [dã ; dam] n. m. ■ littér. *AU GRAND DAM de qqn*, à son détriment.

**damas** [-a(s)] n. m. ■ Tissu dont les dessins brillants sur fond mat à l'endroit se retrouvent mats sur fond brillant à l'envers.

**damasquiner** v. tr. ⑦ ■ Incruster un filet d'or, d'argent formant un dessin.

**damassé, ée** adj. ■ Tissé comme le damas.

① **dame** n. f. ■ **I 1** hist. Suzeraine ; châtelaine. ← *Le chevalier et sa dame* (qui règne sur son cœur). **2** vx ou hist. Femme de haute naissance. ♦ mod. *Agir en grande dame,* avec noblesse. **3** vieilli Femme mariée. **4** Femme. *Une vieille dame.* **II** *Jeu de dames,* où se joue à deux avec des pions sur un damier. ♦ cartes Carte où est figurée une reine. ♦ échecs La reine. **III** Masse de paveur. → **hie**.

② **dame** interj. ■ fam. Assurément, pardi.

**dame-jeanne** [-ʒan-] n. f. ■ Bonbonne. *Des dames-jeannes.*

**damer** v. tr. ⑦ ■ **I** loc. *DAMER LE PION à qqn,* l'emporter sur lui. **II** techn. Tasser.

**damier** n. m. ■ Surface divisée en cent carreaux (cases) tour à tour blancs et noirs.

**damnation** [dɑn-] n. f. ■ Condamnation aux peines de l'enfer ; ces peines.

**damner** [dɑne] v. tr. ⑦ ■ **1** Condamner aux peines de l'enfer. **2** Conduire à la damnation. *Damner son âme.* ► **damné, ée** adj. **1** Condamné aux peines de l'enfer. ← n. *Les damnés.* **2** (avant le nom) fam. → **maudit**.

**damoiseau** n. m. ■ ancient Jeune gentilhomme (pas encore chevalier).

**damoiselle** n. f. ■ ancient Jeune fille noble ou femme d'un damoiseau.

**dan** [dan] n. m. ■ Chacun des grades de la ceinture noire (arts martiaux).

**dancing** n. m. ■ Établissement public où l'on danse.

**se dandiner** v. pron. ⑦ ■ Se balancer gauchement (debout). ▷ n. m. **dandinement**

**dandy** n. m. ■ Homme très élégant (type social et moral du XIXᵉ siècle).

**dandysme** n. m. ■ Attitude du dandy.

**danger** n. m. ■ Ce qui menace la sûreté, l'existence de qqn ou de qqch. → **péril**. ← *DANGER PUBLIC* (personnes). *Cet automobiliste est un danger public.*

**dangereux, euse** adj. ■ **1** Qui constitue ou présente un danger. *Virage dangereux.* **2** (personnes ; animaux) Qui est capable de nuire. ▷ adv. **dangereusement**

**danois, oise** ■ 1 adj. et n. Du Danemark. ◆ n. *Un Danois, une Danoise.* ➤ n. m. *Le danois* (langue germanique). 2 n. m. Grand chien de garde, à poil court.

**dans** prép. ■ Préposition indiquant la situation d'une personne, d'une chose par rapport à ce qui la contient. 1 (lieu) À l'intérieur de. *Monter dans une voiture.* → **en.** ➤ fig. *Cette idée est dans Descartes.* → **chez.** 2 (manière, situation) *Agir dans les règles.* 3 (temps) Pendant. *Dans son enfance.* ➤ (futur) *Dans un instant :* bientôt. 4 *DANS LES :* environ. *Cela coûte dans les cent euros.*

**dansant, ante** adj. ■ 1 Qui danse. 2 Qui fait danser. 3 Où l'on danse.

**danse** n. f. ■ 1 Suite de mouvements rythmés du corps (le plus souvent au son d'une musique) ; art, technique qui règle ces mouvements (→ **chorégraphie**). 2 Musique sur laquelle on danse. 3 loc. *Entrer dans la danse,* participer à qqch. ➤ péj. *Mener la danse :* diriger une action collective. 4 *Danse de Saint-Guy.* → **chorée.**

**danser** v. 1 ■ I v. intr. Exécuter une danse. *Il danse bien.* ➤ loc. fam. *Ne pas savoir sur quel pied danser,* hésiter. II v. tr. Exécuter (une danse). *Danser la valse.*

**danseur, euse** n. ■ 1 Personne dont la profession est la danse. ➤ *Danseur, danseuse de corde.* → **funambule.** ◆ fig. *La danseuse de qqn,* ce à quoi il, elle consacre par plaisir beaucoup d'argent. 2 *EN DANSEUSE :* en pédalant debout et balançant le corps. 3 Personne qui danse avec qqn.

**dantesque** adj. ■ Qui a le caractère sombre et sublime de l'œuvre de Dante.

**daphnie** n. f. ■ Petit crustacé d'eau douce.

**dard** n. m. ■ 1 Organe servant à piquer, à inoculer un venin. → **aiguillon.** *Dard d'abeille.* 2 Langue (inoffensive) des serpents.

**darder** v. tr. 1 ■ Jeter, lancer.

**dare-dare** loc. adv. ■ fam. En toute hâte.

**darne** n. f. ■ Tranche de gros poisson.

**darse** n. f. ■ Bassin à l'intérieur d'un port.

**dartre** n. f. ■ Desquamation de l'épiderme, accompagnée de rougeurs.

**darwinisme** [darwinism] n. m. ■ Théorie de Darwin (évolution des espèces selon les lois de la sélection* naturelle).

**D. A. T.** ou **DAT** n. m. (sigle) ■ inform. Procédé d'enregistrement des sons sous forme numérique sur un support magnétique.

**datation** n. f. ■ Action de dater (qqch.).

**datcha** n. f. ■ Maison de campagne russe.

**date** n. f. ■ 1 Indication du jour, du mois et de l'année où s'est produit un fait. *Date de naissance.* ➤ loc. *Prendre date :* fixer avec qqn la date d'un rendez-vous. 2 Époque, moment où un événement s'est produit. *Science des dates.* → **chronologie.** ◆ loc. *FAIRE DATE :* marquer un moment important.

**dater** v. 1 ■ I v. tr. 1 Mettre la date sur. 2 Déterminer la date de. *Dater un fossile.* ◆ passif *ÊTRE DATÉ,* démodé. II v. intr. 1 *DATER DE :* avoir commencé d'exister à (telle époque). → **remonter** à. ◆ loc. prép. *À dater de :* à partir de. 2 Faire date*. 3 Être démodé.

**dateur, euse** ■ 1 adj. Qui sert à dater. 2 n. m. Dispositif qui indique la date.

**datif** n. m. ■ Cas marquant le complément d'attribution (langues à déclinaisons).

**dation** n. f. ■ dr. Action de donner en paiement. ➤ spécialt Possibilité d'acquitter un impôt en œuvres d'art ; ces œuvres.

**datte** n. f. ■ Fruit comestible du dattier.

**dattier** n. m. ■ Palmier qui porte les dattes.

**daube** n. f. ■ Manière de faire cuire certaines viandes à l'étouffée.

**dauber** v. tr. et intr. 1 ■ littér. Dénigrer.

① **dauphin** n. m. ■ Cétacé carnivore dont la tête se prolonge en forme de bec.

② **dauphin** n. m. ■ 1 hist. *Le Dauphin :* le fils aîné du roi de France. 2 Successeur choisi par une personnalité importante.

**dauphine** n. f. ■ 1 Femme du Dauphin. 2 appos. *Pommes dauphine :* boulettes à base de pommes de terre, frites dans l'huile.

**daurade** ou **dorade** n. f. ■ Poisson marin à reflets dorés ou argentés.

**davantage** adv. ■ 1 Plus. *En vouloir davantage.* 2 Plus longtemps.

**davier** n. m. ■ Pince servant notamment à l'extraction des dents.

**dazibao** [da(d)zibao] n. m. ■ (en Chine...) Journal mural affiché dans les lieux publics.

**D. C. A.** [desea] n. f. (sigle de *défense contre avions*) ■ Défense antiaérienne.

**D. D. T.** [dedete] n. m. (sigle) ■ Insecticide organique, toxique pour les animaux à sang chaud.

① **de, du** (pour *de le*), **des** (pour *de les*) prép. ■ de s'élide en d' devant une voyelle ou un *h* muet || après un v. ou un n. Préposition qui marque l'origine (lieu, provenance ; temps ; cause ; moyen ; manière ; mesure ; agent, auteur). *Sortir de chez soi. Mourir de faim. Être armé d'un bâton. D'heure en heure. Être aimé de tous.* II Marquant les relations d'appartenance, de détermination. *Le style de Céline. Les membres du jury.* III (fonctions grammaticales) *Se souvenir de qqn. La pensée de la mort.* ➤ avec les v. *traiter, qualifier Traiter qqn de menteur.* ➤ devant adj., pron., adv. (facultatif) *Avoir trois jours (de) libres.* (obligatoire) *Quoi de neuf ?*

② **de, du** (pour *de le*), **de la, des** (pour *de les*) art. partitif ■ Article précédant les noms de choses qu'on ne peut compter. 1 devant un nom concret *Boire du vin.* ➤ (valeur d'une espèce) *Manger du lapin.* 2 devant un nom abstrait *Jouer de la musique.* ➤ *C'est du Bach.*

③ **de** art. indéf. → ② **des**

① **dé** n. m. ■ 1 Petit cube dont chaque face est marquée de un à six points. ◆ loc. *COUP DE DÉ(S) :* tentative hasardeuse. 2 Petit cube.

② **dé** n. m. ■ *Dé (à coudre) :* étui rigide pour protéger le doigt qui pousse l'aiguille. ➤ fig., fam. *DE À COUDRE :* très petit verre.

① **dé-, des-, dés-** ■ Élément qui indique la négation, la privation, la séparation.

② **dé-, des-, dés-** ■ Élément à valeur intensive (ex. *découper*).

**deal** [dil] n. m. ■ anglic., fam. Marché, arrangement (entre personnes...). *Conclure un deal.*

① **dealer** [dilœʀ] n. m. ▪ anglic. Revendeur de drogue.

② **dealer** [dile] v. tr. ① ▪ anglic., fam. Trafiquer, revendre (de la drogue).

**déambulateur** n. m. ▪ Cadre à pieds qui sert aux malades d'appui pour marcher.

**déambulatoire** n. m. ▪ didact. Galerie entourant le chœur d'une église.

**déambuler** v. intr. ① ▪ Marcher sans but précis. ▷ n. f. **déambulation**

**débâcle** n. f. ▪ 1 Rupture subite de la couche de glace (d'un cours d'eau). 2 fig. Fuite soudaine (d'une armée). → **déroute**. ◆ Effondrement soudain. → **faillite, ruine.**

**déballer** v. tr. ① ▪ 1 Sortir et étaler. *Déballer ses affaires.* 2 fig., fam. Exposer sans retenue. *Déballer ses petits secrets.* ▷ n. m. **déballage**

**débandade** n. f. ▪ 1 Fait de se disperser rapidement et en tous sens. 2 *À LA DÉBANDADE* loc. adv. : dans la confusion.

① **débander** v. tr. ① ▪ 1 v. tr. Ôter la bande de. 2 v. tr. Détendre (ce qui est bandé). 3 v. intr. fam. Cesser d'être en érection.

② se **débander** v. pron. ▪ Se disperser.

**débaptiser** [-bat-] v. tr. ① ▪ Changer le nom de. *Débaptiser une rue.*

**débarbouiller** v. tr. ① ▪ Nettoyer la figure de (qqn). ► se **débarbouiller** v. pron.

**débarbouillette** n. f. ▪ franç. du Canada Petit carré en tissu éponge, qui sert à se laver.

**débarcadère** n. m. ▪ Lieu aménagé pour l'embarquement et le débarquement des navires. → **embarcadère, ponton.**

**débardeur** n. m. ▪ 1 Celui qui décharge et charge un navire, une voiture. → **docker.** 2 Tricot sans manches, très échancré.

**débarquement** n. m. ▪ 1 Action de débarquer. 2 Opération militaire consistant à débarquer en territoire ennemi. ◆ spécialt *Le débarquement,* celui des Alliés en Normandie en 1944.

**débarquer** v. ① ▪ I v. tr. Faire sortir d'un navire, mettre à terre. II v. intr. 1 Quitter un navire, descendre à terre. ◆ par ext. *Débarquer du train.* 2 fam. *Débarquer chez qqn,* arriver à l'improviste. 3 fam. Ignorer des faits récents. *Tu débarques !*

**débarras** n. m. ▪ 1 fam. Délivrance de qui embarrassait. *Bon débarras !* 2 Endroit où l'on remise les objets qui encombrent.

**débarrasser** v. tr. ① ▪ Dégager de ce qui embarrasse. ◆ *Débarrasser la table,* enlever le couvert. ► se **débarrasser** v. pron. *Se débarrasser d'un objet inutile.* ◆ *Se débarrasser de qqn,* l'éloigner ; le faire mourir.

**débat** n. m. ▪ 1 Action de débattre une question. ◆ Discussion organisée. 2 au plur. Discussion des assemblées politiques. *Débats parlementaires.* ◆ Phase d'un procès.

**débattre** v. tr. ④1 ▪ 1 Examiner contradictoirement avec un ou plusieurs interlocuteurs. → **discuter ; négocier.** ◆ tr. ind. *Débattre d'une affaire.* 2 *SE DÉBATTRE* v. pron. Lutter, en faisant beaucoup d'efforts.

**débauche** n. f. ▪ 1 Usage excessif des plaisirs sensuels. ◆ dr. *Incitation des mineurs à la débauche.* 2 fig. Abus, excès ; profusion. *Une débauche de couleurs.*

**débaucher** v. tr. ① ▪ I 1 Détourner (qqn) de ses occupations. 2 Renvoyer (qqn) faute de travail. → **licencier.** II Entraîner (qqn) à l'inconduite, notamment sexuelle. → **dépraver.** ► **débauché, ée** adj. et n.

**débile** ▪ 1 adj. littér. Qui manque de force physique. 2 n. *Débile mental(e),* personne atteinte de débilité (2). 3 adj. fam. Idiot.

**débilité** n. f. ▪ 1 État d'une personne débile (1). 2 *Débilité mentale :* déficience de l'intelligence (pour un adulte, âge mental de 7 à 10 ans). → **arriération.**

**débiliter** v. tr. ① ▪ 1 littér. Rendre débile (1), faible. 2 fig. Démoraliser, déprimer. ▷ adj. **débilitant, ante**

**débine** n. f. ▪ fam. et vieilli Pauvreté.

① **débiner** v. tr. ① ▪ Dénigrer, médire de.

② se **débiner** v. pron. ▪ fam. Se sauver.

① **débit** n. m. ▪ 1 Écoulement des marchandises par la vente au détail. 2 (dans des loc.) Magasin. ◆ *Débit de boissons,* bar, café. 3 Manière d'énoncer. *Un débit monotone.* 4 Volume écoulé par unité de temps. ◆ Quantité fournie, produite, par unité de temps. ◆ inform. *Réseau à haut débit.*

② **débit** n. m. ▪ 1 Compte des sommes dues. ◆ Partie d'une comptabilité où figurent les sommes déboursées.

**débitant, ante** n. ▪ Personne qui tient un débit (2). *Débitant de tabac.*

① **débiter** v. tr. ① ▪ I Découper en morceaux. II 1 Écouler (une marchandise) par la vente au détail. 2 Dire à la suite (des choses sans intérêt). ◆ Réciter mécaniquement. *Débiter un compliment.* 3 Faire s'écouler (un volume...) en un temps donné.

② **débiter** v. tr. ① ▪ Porter au débit de (qqn). *Débiter qqn d'une somme.* ◆ par ext. *Débiter un compte de telle somme.*

**débiteur, trice** n. ▪ 1 Personne qui doit qqch. (spécialt de l'argent) à qqn. *Créancier et débiteur.* ◆ adj. *Solde débiteur d'un compte* (dont le débit est supérieur au crédit). 2 fig. Personne qui a une dette morale.

**déblai** n. m. ▪ 1 Action de déblayer. 2 au plur. Terres, décombres déblayés.

**déblatérer** v. intr. ⑥ ▪ Parler longuement et avec violence (contre qqn, qqch.). → **médire** de, **vitupérer.** ◆ trans. *Déblatérer des injures.*

**déblayer** v. tr. ⑧ ▪ 1 Débarrasser (un lieu) de ce qui encombre. 2 loc. fig. *Déblayer le terrain :* faire disparaître les obstacles avant d'agir. ▷ n. m. **déblaiement**

**déblocage** n. m. ▪ Action de débloquer.

**débloquer** v. ① ▪ I v. tr. 1 Remettre (une chose bloquée) en marche. 2 Remettre en circulation, en exercice. *Débloquer des crédits.* ◆ Libérer. *Débloquer les prix.* II v. intr. fam. Divaguer, déraisonner. ► se **débloquer** v. pron. Se dégager d'un blocage.

**débobiner** v. tr. ① ▪ Dérouler (ce qui était en bobine).

**déboguer** v. tr. ① ▪ Supprimer les bogues de (un programme).

**déboire** n. m. ▪ littér. Impression pénible de déception. ◆ Événement fâcheux.

**déboiser** v. tr. ① ▪ Dégarnir (un terrain) de ses arbres. ▷ n. m. **déboisement**

**déboîter** v. 🔟 ■ **I** v. tr. **1** Faire sortir de ce qui emboîte. **2** Sortir (un os) de l'articulation. → **démettre**. **II** v. intr. (véhicule) Sortir d'une file. ▷ n. m. **déboîtement**

**débonder** v. tr. 🔟 ■ Ouvrir en retirant la bonde.

**débonnaire** adj. ■ D'une bonté douce.

**débordant, ante** adj. ■ Qui déborde.

**débordé, ée** adj. ■ Submergé ; dépassé.

**débordement** n. m. ■ **1** Action de déborder. **2** fig. Fait de se répandre ; excès.

**déborder** v. 🔟 ■ **I** v. intr. **1** Répandre une partie de son contenu liquide par-dessus bord. ✦ loc. *La goutte d'eau qui fait déborder le vase*, la chose pénible qui fait que l'ensemble devient insupportable. ✦ *DÉBORDER DE* : être rempli de. *Déborder de vie.* **2** Se répandre par-dessus bord. *Le lait a débordé.* ✦ *Sa joie déborde.* **II** v. tr. **1** Dépasser (le bord), aller au-delà de. **2** Défaire (ce qui était bordé). *Déborder un lit ; un malade.*

**débotté** n. m. ■ *Au débotté* : au moment où l'on arrive, sans préparation.

**débouché** n. m. ■ **1** Issue vers un lieu ouvert. *Débouché d'une vallée.* **2** Lieu où l'on vend un produit. **3** fig. Perspective de carrière.

① **déboucher** v. tr. 🔟 ■ **1** Débarrasser de ce qui bouche. **2** Débarrasser de son bouchon. ▷ n. m. **débouchage**

② **déboucher** v. intr. 🔟 ■ (personnes ; voie, passage) Passer d'un lieu resserré dans un lieu plus ouvert. ✦ fig. *Des discussions qui ne débouchent sur rien.* → **mener à**.

**déboucler** v. tr. 🔟 ■ **1** Ouvrir la boucle de. **2** Défaire les boucles (de cheveux).

**débouler** v. intr. 🔟 ■ **1** Tomber en roulant. **2** fam. Faire irruption. **3** Fuir (gibier).

**déboulonner** v. tr. 🔟 ■ **1** Démonter (ce qui était boulonné). **2** fam. Déposséder (qqn) de sa place, de son prestige. ▷ n. m. **déboulonnage** ou **déboulonnement**

**débourrer** v. tr. 🔟 ■ **1** Ôter la bourre de. **2** *Débourrer une pipe*, en ôter le tabac.

**débours** n. m. ■ Somme déboursée.

**débourser** v. tr. 🔟 ■ Tirer de son avoir (une certaine somme). → **dépenser**. ▷ n. m. **déboursement**

**déboussoler** v. tr. 🔟 ■ fam. Désorienter, déconcerter (qqn). ▶ **déboussolé, ée** adj. → **désemparé**.

**debout** adv. ■ **1** (choses) Verticalement ; sur l'un des bouts. *Mettre des livres debout.* **2** (personnes) Sur ses pieds (opposé à *assis*, *couché*). ✦ *Être debout dès l'aube*, levé. **2** *TENIR DEBOUT* : être solide. ✦ *NE PAS TENIR DEBOUT* : être malade, épuisé ou ivre ; fig. (choses) être incohérent, invraisemblable. **4** mar. *VENT DEBOUT* : de face. ✦ fig. *Être vent debout contre (qqn, qqch.)*, s'y opposer vivement.

**débouté** n. m. ■ dr. **1** n. m. Rejet d'une demande en justice. **2** n. Personne qui en fait l'objet.

**débouter** v. tr. 🔟 ■ dr. Rejeter par jugement ou arrêt la demande en justice de (qqn).

**déboutonner** v. tr. 🔟 ■ Ouvrir en dégageant les boutons de la boutonnière. ▶ se **déboutonner** v. pron. **1** Déboutonner ses vêtements. **2** fig. Se confier librement.

**débraillé, ée** adj. ■ **1** Dont les vêtements sont en désordre. ✦ n. m. → **laisser-aller**. **2** fig. Libre, sans retenue.

**débrancher** v. tr. 🔟 ■ Supprimer le branchement de (un appareil électrique).

**débrayer** v. 🟤 ■ **1** v. tr. Interrompre la liaison entre un mécanisme et l'arbre moteur. **2** v. intr. fam. Cesser le travail, se mettre en grève. ▷ n. m. **débrayage**

**débrider** v. tr. 🔟 ■ **1** Ôter la bride à (un animal). **2** Dégager de ce qui serre. *Débrider un abcès* (en l'incisant). ▶ **débridé, ée** adj. → **déchaîné**. *Imagination débridée.*

**débriefing** [debʁifiŋ] n. m. ■ anglic. Réunion pour commenter une situation, faire le bilan d'une opération.

**débris** n. m. ■ Reste (d'un objet...).

**débrouillard, arde** adj. et n. ■ fam. (Personne) qui sait se débrouiller.

**débrouillardise** n. f. ■ fam. Qualité d'une personne débrouillarde.

**débrouille** n. f. ■ fam. Art de se tirer d'affaire.

**débrouiller** v. tr. 🔟 ■ **1** Démêler (ce qui est embrouillé). **2** fig. Tirer de la confusion. → **élucider**. **3** *SE DÉBROUILLER* v. pron. Se comporter habilement, se tirer d'affaire.

**débroussailler** v. tr. 🔟 ■ **1** Débarrasser (un terrain) des broussailles. → **défricher**. **2** fig. Éclaircir (ce qui est confus).

**débuché** ou **débucher** n. m. ■ Moment où la bête débuche (ou débusque).

**débusquer** v. 🔟 ■ **I** v. tr. **1** Chasser (le gibier) du bois. **2** fig. *Débusquer qqn*, le chasser de sa position. **II** v. intr. Sortir du bois (gibier). - syn. (sens I, I et II) **DÉBUCHER** v. 🔟.

**début** n. m. ■ **1** Commencement. **2** *Les débuts de qqn*, ses premiers essais.

**débuter** v. intr. 🔟 ■ **1** Faire ses premiers pas dans une carrière, une activité. **2** (choses) Commencer. *Le livre débute par une préface.* ▷ adj. et n. **débutant, ante**

**déca** n. m. ■ fam. Café décaféiné.

**déca-** Élément, du grec *deka* «dix». ✦ *déci-*.

**deçà** adv. ■ *EN DEÇÀ (DE)* loc. prép. et adv. ■ de ce côté-ci (de) (opposé à *au-delà*). ✦ fig. *Rester en deçà de la vérité*, ne pas l'atteindre.

**décacheter** v. tr. 🟤 ■ Ouvrir (ce qui est cacheté). *Décacheter une lettre.*

**décade** n. f. ■ **1** Durée de dix jours. **2** (anglic. critiqué) Durée de dix ans. → **décennie**.

**décadence** n. f. ■ Acheminement vers la ruine. → **déclin**. ✦ hist. Derniers siècles de l'Empire romain. ▷ adj. et n. **décadent, ente**

**décaèdre** adj. et n. m. ■ géom. (Solide) qui a dix faces.

**décaféiné, ée** adj. ■ Dont on a enlevé la caféine. ✦ n. m. Café décaféiné. → fam. **déca**.

**décagone** n. m. ■ géom. Polygone à dix côtés.

**décalage** n. m. ■ **1** Fait de décaler ; écart temporel ou spatial. *Décalage horaire* (entre deux pays). **2** fig. Défaut de concordance. → **écart**.

**décalcifier** v. tr. 🟤 ■ Priver d'une partie de son calcium. ▶ se **décalcifier** v. pron. ▷ n. f. **décalcification**

**décalcomanie** n. f. ▪ Procédé de transfert d'images colorées sur un support ; ces images.

**décalé, ée** adj. ▪ Qui n'est pas conforme au contexte, aux attentes. *Un ton décalé.*

**décaler** v. tr. ⏣ ▪ Déplacer un peu de la position normale (dans l'espace ; dans le temps).

**décalitre** n. m. ▪ Mesure de dix litres.

**décalogue** n. m. ▪ relig. Les dix commandements reçus de Dieu par Moïse.

**décalotter** v. tr. ⏣ ▪ **1** Enlever la calotte de. **2** *Décalotter le gland*, le découvrir en dégageant le prépuce.

**décalquer** v. tr. ⏣ ▪ Reporter le calque de (un dessin, etc.) sur un support. ▷ n. m. **décalquage** et **décalque**

**décamètre** n. m. ▪ Mesure de dix mètres.

**décamper** v. intr. ⏣ ▪ S'en aller en hâte.

**décan** n. m. ▪ Chacune des trois dizaines de degrés de chaque signe du zodiaque.

**décaniller** v. intr. ⏣ ▪ fam. Partir, s'en aller ; s'enfuir.

**décanter** v. ⏣ ▪ Séparer (un liquide) des matières en suspension en les laissant se déposer. → **clarifier**. ► **se décanter** v. pron. Devenir plus clair (aussi fig.). ▷ n. f. **décantation**

**décapant, ante** adj. ▪ Qui décape. ◆ fig. *Un humour décapant.* → **corrosif.**

**décaper** v. tr. ⏣ ▪ Débarrasser (une surface) des dépôts, des matières qui y adhèrent fortement. ◆ fig. (sans compl.) *Une satire qui décape.* ▷ n. m. **décapage**

**décapiter** v. tr. ⏣ ▪ **1** Trancher la tête de (qqn). ◆ par analogie *Décapiter un arbre.* **2** fig. Détruire ce qui est à la tête de, ce qui est essentiel. ▷ n. f. **décapitation**

**décapode** ▪ **1** adj. Qui a cinq paires de pattes. **2** n. m. Crustacé à cinq paires de pattes (crevette, crabe, etc.).

**décapotable** adj. ▪ Qui peut être décapoté. *Voiture décapotable* ; n. f. *décapotable.*

**décapoter** v. tr. ⏣ ▪ Enlever ou ouvrir la capote, le toit mobile de.

**décapsuler** v. tr. ⏣ ▪ Ôter la capsule de.

**décapsuleur** n. m. ▪ Ustensile faisant levier, pour ôter les capsules de bouteilles.

**se décarcasser** v. pron. ⏣ ▪ fam. Se donner beaucoup de mal. → se **démener.**

**décasyllabe** [-si(l)lab] adj. et n. m. ▪ (Vers) qui a dix syllabes.

**décathlon** n. m. ▪ Ensemble de dix épreuves disputées par les mêmes athlètes.

**décatir** v. tr. ② ▪ **1** techn. Débarrasser (une étoffe) du lustre que lui ont donné les apprêts. **2** *SE DÉCATIR* v. pron. Perdre sa fraîcheur ; vieillir. ► **décati, ie** [-ti] adj.

**décéder** v. intr. ⑥ ▪ (personnes) Mourir. *Il est décédé depuis peu.* ► **décédé, ée** adj. *Un ami décédé.*

**déceler** v. tr. ⑤ ▪ **1** Découvrir (ce qui était celé, caché). ◆ Détecter. → **repérer.** **2** (sujet chose) Laisser voir. ▷ adj. **décelable**

**décélérer** v. intr. ⑥ ▪ Ralentir (véhicule ; conducteur). ▷ n. f. **décélération**

**décembre** n. m. ▪ Douzième et dernier mois de l'année.

**décemment** [-amã] adv. ▪ **1** D'une manière décente. **2** Raisonnablement.

**décence** n. f. ▪ **1** Respect de ce qui touche les convenances. **2** Discrétion, retenue.

**décennal, ale, aux** adj. ▪ **1** Qui dure dix ans. **2** Qui a lieu tous les dix ans.

**décennie** n. f. ▪ Période de dix ans.

**décent, ente** adj. ▪ **1** Conforme à la décence. → **bienséant, convenable. 2** Acceptable.

**décentraliser** v. tr. ⏣ ▪ **1** Rendre plus autonome (ce qui dépend d'un pouvoir central). → **régionaliser. 2** → **délocaliser.** ▷ n. f. **décentralisation** ▷ adj. et n. **décentralisateur, trice**

**décentrer** v. tr. ⏣ ▪ Déplacer le centre de.

**déception** n. f. ▪ **1** Fait d'être déçu. **2** Ce qui déçoit. *Une cruelle déception.*

**décerner** v. tr. ⏣ ▪ **1** dr. Ordonner, décréter. **2** Accorder à qqn (une distinction...).

**décès** n. m. ▪ Mort (d'une personne).

**décevant, ante** adj. ▪ Qui déçoit.

**décevoir** v. tr. ㉘ ▪ Tromper (qqn) dans ses espoirs, son attente. → **désappointer.**

**déchaîner** v. tr. ⏣ ▪ Donner libre cours à (une force). ► **se déchaîner** v. pron. Se déclencher avec violence. *La tempête se déchaîne.* ◆ Se mettre en colère, s'emporter (contre qqn, qqch.). ► **déchaîné, ée** adj. *Mer déchaînée.* → **démonté.** ◆ *Cet enfant est déchaîné*, très excité. ▷ n. m. **déchaînement**

**déchanter** v. intr. ⏣ ▪ Abandonner ses espérances, perdre ses illusions.

**décharge** n. f. ▪ **1** Lieu où l'on jette les ordures, les décombres. **II 1** Libération d'une obligation, d'une dette. *Signer une décharge.* **2** *À DÉCHARGE* : qui lève les charges pesant sur qqn. *Témoin à décharge.* ◆ *Il faut dire, à sa décharge...*, pour l'excuser. **III 1** Tir d'armes à feu. → **fusillade, salve. 2** fam. Éjaculation. **3** Brusque perte d'une charge électrique.

**déchargement** n. m. ▪ Fait de décharger.

**décharger** v. tr. ③ ▪ **I 1** Débarrasser de sa charge (une personne, un navire, etc.). **2** Enlever (un chargement). *Décharger une cargaison.* **3** *Décharger une arme*, en enlever la charge. ◆ *Décharger son arme sur...* → **tirer. 4** Diminuer la charge électrique de. **II** fig. **1** Débarrasser ou libérer (qqn) d'une charge, d'une obligation, d'une responsabilité. → **dispenser. 2** Libérer d'une accusation. **3** *Décharger sa conscience*, avouer. **III** v. intr. fam. Éjaculer.

**décharné, ée** adj. ▪ **1** Qui n'a plus de chair. **2** Très maigre. → **émacié.**

**déchausser** v. tr. ⏣ ▪ **1** Enlever les chaussures de (qqn). ◆ sans compl. Enlever ou perdre ses skis. **2** techn. Dégarnir à la base. ► **se déchausser** v. pron. **1** Enlever ses chaussures. **2** Dent qui se déchausse, qui bouge (*déchaussement* n. m.).

**dèche** n. f. ▪ fam. Manque d'argent.

**déchéance** n. f. ▪ **1** Fait de déchoir. → **chute, disgrâce.** ◆ *Déchéance physique.* → **décrépitude. 2** Perte d'un droit (sanction). *Déchéance de l'autorité parentale.*

**déchet** n. m. ■ **1** Perte qu'une chose subit dans l'emploi qui en est fait. *Il y a du déchet.* **2** Résidu inutilisable. **3** fig. Personne déchue, méprisable.

**déchetterie** n. f. ■ Lieu aménagé pour recueillir les déchets à recycler.

**déchiffrer** v. tr. ① ■ **1** Lire (ce qui est chiffré), traduire en clair. → **décrypter**. *Déchiffrer un message codé.* **2** Parvenir à lire, à comprendre. *Déchiffrer des hiéroglyphes.* **3** *Déchiffrer de la musique,* la lire à première vue. ▷ n. m. **déchiffrement** (sens 1) et **déchiffrage**

**déchiqueter** v. tr. ④ ■ Déchirer en morceaux irréguliers, en lambeaux.

**déchirant, ante** adj. ■ Qui déchire le cœur, émeut vivement.

**déchirement** n. m. ■ **1** Action de déchirer ; son résultat. **2** fig. Grande douleur morale.

**déchirer** v. tr. ① ■ **1** Séparer en morceaux par des tractions opposées. → *Se déchirer un muscle* (se rompre des fibres). **2** Faire un accroc à. **3** Rompre par un son éclatant. *Un cri déchira le silence.* **4** Causer une vive douleur à. ♦ fig. *Déchirer le cœur.* → **fendre.** **5** Troubler par de tragiques divisions. → **diviser.** *La guerre civile déchire le pays.*

**déchirure** n. f. ■ **1** Fente faite en déchirant. → **accroc. 2** Rupture ou ouverture irrégulière dans les tissus, les chairs.

**déchoir** ㉕ pas d'imp. ni de p. prés. ■ **1** v. intr. Tomber dans un état inférieur à celui où l'on était. **2** v. tr. *Déchoir qqn de* (un droit...), l'en priver à titre de sanction. → au p. p. *Être déchu de ses droits civiques.*

**déchu, ue** adj. ■ Qui n'a plus (une position supérieure). ♦ relig. Privé de l'état de grâce.

**déci-** Élément (du latin *decimus* « dixième ») qui signifie « dixième partie ». ≠ **déca-**.

**décibel** n. m. ■ Unité de puissance sonore.

**décidé, ée** adj. ■ **1** Qui n'hésite pas pour prendre un parti. → **déterminé. 2** Arrêté par décision. *C'est (une) chose décidée.*

**décidément** adv. ■ En définitive.

**décider** v. ① ■ I v. tr. dir. **1** Prendre la décision de. *Décider une opération.* → sans compl. *C'est moi qui décide.* **2** Amener (qqn à agir). → **convaincre, persuader.** *Je l'ai décidé à rester.* II v. tr. ind. DÉCIDER DE qqch. Disposer en maître par son action ou son jugement. → (choses) *Le hasard décide de tout.* ► se **décider** v. pron. **1** Être décidé. *Ça s'est décidé hier.* → prendre la décision de. → sans compl. *Il n'arrive pas à se décider* (→ **indécis**). **3** *Se décider pour :* donner la préférence à. → **opter.**

**décideur, euse** n. ■ Personne ayant le pouvoir de décision.

**décigramme** n. m. ■ Dixième du gramme.

**décilitre** n. m. ■ Dixième du litre.

**décimal, ale, aux** adj. ■ Qui procède par dix ; qui a pour base le nombre dix. *Système décimal. Nombre décimal,* pouvant s'écrire sous la forme d'une fraction dont le dénominateur est une puissance de 10. → n. f. Chiffre placé après la virgule, dans un nombre décimal. *3,25 a deux décimales.*

**décimer** v. tr. ① ■ Faire périr un grand nombre de personnes de (un groupe).

**décimètre** n. m. ■ Dixième partie d'un mètre. → Règle graduée mesurant un ou deux décimètres. *Un double décimètre.*

**décisif, ive** adj. ■ (choses) Qui résout une difficulté, tranche un débat. *Argument décisif.* → Qui conduit à un résultat définitif, capital. *Moment décisif.*

**décision** n. f. ■ **1** Jugement qui apporte une solution. *Décision judiciaire.* **2** Fin de la réflexion dans l'acte volontaire de faire ou ne pas faire (une chose). → **parti, résolution.** *Prendre une décision ; la décision de...* **3** Qualité qui consiste à ne pas hésiter ou changer sans motif ce qu'on a décidé.

**déclamation** n. f. ■ **1** Art de déclamer. **2** péj. Emploi de phrases emphatiques.

**déclamatoire** adj. ■ Emphatique.

**déclamer** v. tr. ① ■ Dire en rythmant ou avec emphase. *Déclamer des vers.*

**déclaration** n. f. ■ Action de déclarer ; discours ou écrit par lequel on déclare. ♦ spécialt *Déclaration d'amour.* → *Déclaration de revenus,* ou abusivt *déclaration d'impôts.* → *Déclaration de guerre.*

**déclarer** v. tr. ① ■ **1** Faire connaître d'une façon claire, manifeste, ou d'une façon officielle. *Déclarer ses sentiments à qqn.* → *Déclarer la guerre à un pays.* ♦ (avec attribut) *On l'a déclaré coupable.* ♦ DÉCLARER QUE. → **assurer, prétendre. 2** Faire connaître à une autorité l'existence de. *Déclarer ses revenus* (au fisc). *Déclarer un enfant à la mairie.* ► se **déclarer** v. pron. **1** Donner son avis. ♦ (avec attribut) Se dire (tel). *Se déclarer satisfait.* ♦ *Déclarer son amour.* **2** (danger, maladie...) Commencer à se manifester. ► **déclaré, ée** adj. *Être l'ennemi déclaré de qqn.* → **juré.**

**déclasser** v. tr. ① ■ **1** Faire passer dans une classe, une catégorie inférieure. II Déranger (des objets classés). ► **déclassé, ée** adj. *Athlète déclassé.* ▷ n. m. **déclassement**

**déclenchement** n. m. ■ Fait de (se) déclencher. *Le déclenchement des hostilités.*

**déclencher** v. tr. ① ■ **1** Déterminer le fonctionnement de (un système) par un mécanisme. *Déclencher une alarme.* **2** Déterminer brusquement (une action...). → **entraîner, provoquer.** ► se **déclencher** v. pron.

**déclencheur** n. m. ■ Pièce qui déclenche un mécanisme.

**déclic** n. m. ■ **1** Mécanisme qui déclenche. → fam. *Avoir un déclic :* comprendre soudainement. **2** Bruit sec de ce qui se déclenche.

**déclin** n. m. ■ État de ce qui diminue, commence à régresser. *Être dans son déclin.*

**déclinaison** n. f. ■ **1** astron. Distance angulaire d'un astre au plan équatorial. **2** gramm. Ensemble des formes (→ **désinence**) que prennent les noms, pronoms et adjectifs des langues à flexion, suivant les nombres, les genres et les cas. *Les cinq déclinaisons du latin.*

**décliner** v. ⊡ ▪ **I** v. tr. **1** Repousser (ce qui est proposé, attribué). → **rejeter. 2** gramm. Donner toutes ses désinences à (→ **déclinaison). 3** comm. Donner plusieurs formes à (un produit). **4** Dire à la suite. → **énumérer. II** v. intr. **1** astron. Approcher de l'horizon (astre). **2** Être dans son déclin. → **diminuer.**

**déclive** adj. ▪ Qui est incliné, en pente.

**déclivité** n. f. ▪ État de ce qui est en pente.

**décloisonner** v. tr. ⊡ ▪ Ôter les cloisons (3) administratives, etc., pour faciliter la communication. ▷ n. m. **décloisonnement**

**décocher** v. tr. ⊡ ▪ **1** Lancer par une brusque détente. **2** fig. *Décocher une œillade, une méchanceté.*

**décoction** n. f. ▪ Action de faire bouillir dans l'eau une substance pour en extraire les principes solubles ; liquide ainsi obtenu.

**décoder** v. tr. ⊡ ▪ Analyser le contenu de (un message) selon un code. → **décrypter.** ▷ n. m. **décodage**

**décodeur** n. m. ▪ Dispositif de décodage (spécialt d'un signal de télévision).

**décoiffer** v. tr. ⊡ ▪ **1** Déranger la coiffure de (qqn). **2** sans compl. fam. Déranger, surprendre. *Un slogan qui décoiffe.*

**décoincer** v. tr. ③ ▪ **1** Dégager (ce qui est coincé). **2** fig., fam. Détendre (qqn).

**décolérer** v. intr. ⑥ ▪ *Ne pas décolérer :* ne pas cesser d'être en colère.

**décollage** n. m. ▪ Action de décoller (III).

**décollation** n. f. ▪ littér. Action de couper la tête de (qqn). → **décapitation.**

**décollement** n. m. ▪ Action de décoller ; état de ce qui est décollé, n'adhère plus.

**décoller** v. tr. ⊡ ▪ **I** v. tr. Détacher (ce qui est collé). **II** v. tr. ind. (avec *de*) **1** fam. S'en aller, partir. **2** Se détacher de. **III** v. intr. Quitter le sol (avion). → **s'envoler. ◆** fig. Prendre son essor. ▶ **décollé, ée** adj. *Oreilles décollées,* qui s'écartent de la tête.

**décolleter** v. tr. ④ ▪ Couper (un vêtement) de sorte qu'il dégage le cou et une partie de la gorge, du dos. → **échancrer.** ▶ **décolleté, ée 1** adj. *Robe décolletée.* **2** n. m. Bords, échancrure d'un vêtement décolleté. ◆ Partie laissée nue par le décolleté.

**décolonisation** n. f. ▪ Cessation, pour un pays, de l'état de colonie ; processus par lequel une colonie devient indépendante. ▷ **décoloniser** v. tr. ⊡

**décolorant, ante** adj. ▪ Qui décolore.

**décolorer** v. tr. ⊡ ▪ Altérer, effacer la couleur de. → au p. p. *Cheveux décolorés.* ▶ se **décolorer** v. pron. **1** Perdre sa couleur. **2** Décolorer ses cheveux. ▷ n. f. **décoloration**

**décombres** n. m. pl. ▪ Amas de matériaux provenant d'un édifice détruit. → **gravats.**

**décommander** v. tr. ⊡ ▪ **1** Annuler la commande de (une marchandise). **2** Annuler (une invitation). ▪ pronom. *Se décommander :* annuler un rendez-vous.

**décompensation** n. f. ▪ **1** méd. Aggravation brutale de l'état d'un organe ou d'un organisme, quand il ne parvient plus à compenser les effets de la maladie. **2** psych. Fait de décompenser (2).

**décompenser** v. intr. ⊡ ▪ **1** méd. Subir une décompensation (1). **2** psych. (personnes) S'effondrer nerveusement, après un choc, un stress.

**décomplexer** v. tr. ⊡ ▪ fam. Libérer (qqn) de ses inhibitions, de ses complexes.

**décomposer** v. tr. ⊡ ▪ **I** Diviser, séparer en éléments constitutifs. *Le prisme décompose la lumière solaire.* ◆ Effectuer lentement pour montrer les éléments. *Décomposer un pas de danse.* **II 1** Altérer chimiquement (une substance organique). → **pourrir, putréfier. 2** Altérer passagèrement (les traits du visage). → au p. p. *Visage décomposé.* ▶ se **décomposer** v. pron.

**décomposition** n. f. ▪ **I** Action de décomposer (I). **II** Altération (d'une substance) suivie de putréfaction. ◆ fig. *La décomposition d'une société.*

**décompresser** v. intr. ⊡ ▪ fam. Relâcher sa tension nerveuse, après un effort intense.

**décompression** n. f. ▪ Action de décomprimer. ◆ *Accident de décompression,* provoqué chez les plongeurs par un retour brutal à la pression atmosphérique.

**décomprimer** v. tr. ⊡ ▪ Faire cesser ou diminuer la compression de (un gaz).

**décompte** [dekɔ̃t] n. m. ▪ **1** Ce qu'il y a à déduire sur une somme qu'on paie. → **déduction, réduction. 2** Décomposition (d'une somme...) en ses éléments.

**décompter** [-kɔ̃t-] v. tr. ⊡ ▪ **1** Déduire, soustraire. **2** → **compter, dénombrer.**

**déconcentrer** v. tr. ⊡ ▪ **1** Diminuer la concentration de. **2** Cesser de concentrer (son attention). ▷ n. f. **déconcentration**

**déconcerter** v. tr. ⊡ ▪ **1** Faire perdre contenance à (qqn) ; jeter dans l'incertitude. → **décontenancer.** ▷ adj. **déconcertant, ante**

**déconfit, ite** adj. ▪ Penaud, dépité.

**déconfiture** n. f. ▪ **1** fam. Échec, défaite morale. **2** Ruine financière.

**décongeler** v. tr. ⑤ ▪ Ramener (ce qui est congelé) à une température supérieure à 0 °C. ▷ n. f. **décongélation**

**décongestionner** v. tr. ⊡ ▪ **1** Faire cesser la congestion de. **2** fig. Dégager, faciliter la circulation dans. → **désencombrer.**

**déconnecter** v. tr. ⊡ ▪ **1** Supprimer la connexion électrique de. → **débrancher. 2** fig. Séparer. ◆ au p. p. *Être déconnecté :* ne plus être intéressé, concerné.

**déconner** v. intr. ⊡ ▪ fam. **1** (personnes) Dire, faire des absurdités, des bêtises. ◆ Plaisanter. **2** (choses) Mal fonctionner.

**déconnexion** n. f. ▪ Action de déconnecter ; son résultat.

**déconseiller** v. tr. ⊡ ▪ Conseiller de ne pas faire. → **dissuader.**

**déconsidérer** v. tr. ⑥ ▪ Priver (qqn) de la considération, de l'estime d'autrui. ▷ **déconsidération** n. f. littér. → **discrédit.**

**décontaminer** v. tr. ⊡ ▪ Éliminer ou réduire les effets d'une contamination sur (qqn, qqch.). ▷ n. f. **décontamination**

**décontenancer** v. tr. ③ ▪ Faire perdre contenance à. → **déconcerter, dérouter.**

**décontracter** v. tr. ① ▪ **1** Faire cesser la contraction musculaire de. → **relâcher**. *Décontracter ses muscles.* **2** fam. *Décontracter qqn,* l'aider à se détendre. ► se **décontracter** v. pron. ► **décontracté, ée** adj.

**décontraction** n. f. ▪ **1** Relâchement du muscle. **2** Détente du corps. → **relaxation**. **3** fig. Aisance, désinvolture.

**déconvenue** n. f. ▪ Désappointement causé par un insuccès. → **déception**.

**décor** n. m. ▪ **1** Ce qui sert à décorer (un édifice, un intérieur). *Décor Louis XV.* **2** Représentation figurée du lieu où se passe l'action (théâtre...). ► loc. fig. *Faire partie du décor :* passer inaperçu. **3** Cadre, environnement. ► loc. fam. *Foncer DANS LE DÉCOR,* quitter accidentellement la route.

**décorateur, trice** n. ▪ Personne qui conçoit des décors, des travaux de décoration.

**décoratif, ive** adj. ▪ **1** Destiné à décorer. → *ARTS DÉCORATIFS.* → **design**. **2** Agréable, mais accessoire. *Un rôle décoratif.*

**décoration** n. f. ▪ **I 1** Action, art de décorer. **2** Ce qui décore. **II** Insigne d'un ordre honorifique (→ cordon, croix, médaille, palme, rosette, ruban).

**décorer** v. tr. ① ▪ **I** Pourvoir d'accessoires destinés à embellir. → **orner**. **II** Remettre à (qqn) une décoration (II).

**décortiquer** v. tr. ① ▪ **1** Dépouiller de son écorce ; séparer de son enveloppe. **2** fig. Analyser à fond. → **éplucher**. *Décortiquer un texte.* ▷ n. m. **décorticage**

**décorum** [-ɔm] n. m. sing. ▪ Ensemble des règles de bienséance d'une société.

**découcher** v. intr. ① ▪ Coucher hors de chez soi.

**découdre** v. tr. 48 ▪ **1** Défaire (ce qui est cousu). **2** *EN DÉCOUDRE :* se battre.

**découler** v. intr. ① ▪ S'ensuivre par développement naturel. → **émaner, résulter**.

**découpage** n. m. ▪ **1** Action de découper. **2** Image à découper. **3** cin. Division du scénario en séquences et plans.

**découpe** n. f. ▪ **1** Action de découper. **2** Morceau d'étoffe rapporté (décoratif).

**découper** v. tr. ① ▪ **1** Diviser en morceaux, en coupant ou en détachant. **2** Couper régulièrement suivant un tracé. ► se **découper** v. pron. *Se découper sur,* se détacher nettement. ► **découpé, ée** adj. **1** Qu'on a découpé. **2** → **dentelé**. *Rivage découpé.*

**découplé, ée** adj. ▪ *BIEN DÉCOUPLÉ, ÉE :* qui a un corps souple, agile ; bien bâti(e).

**découpure** n. f. ▪ État, forme de ce qui est découpé ; bord découpé.

**découragement** n. m. ▪ État d'une personne découragée. → **abattement**.

**décourager** v. tr. ③ ▪ **1** Rendre (qqn) sans courage, sans énergie ni envie d'action. → **abattre, démoraliser**. **2** *Décourager qqn de* (+ inf.), lui ôter l'envie de. → **dissuader**. **3** Diminuer, arrêter l'élan de. *Décourager le zèle de qqn.* ► se **décourager** v. pron. ▷ adj. **décourageant, ante**

**décousu, ue** adj. ▪ **1** Dont la couture a été défaite. **2** fig. Sans suite, incohérent.

---

**à découvert** loc. adv. ▪ **1** Dans une position qui n'est pas protégée. **2** *Compte bancaire à découvert,* dont le solde est débiteur.

① **découvert, erte** adj. ▪ Qui n'est pas couvert. ► loc. fig. *À visage\* découvert.*

② **découvert** n. m. ▪ Montant d'une dette excédant les disponibilités de qqn.

**découverte** n. f. ▪ **1** Action de découvrir ce qui était ignoré, inconnu, caché. ► *Partir À LA DÉCOUVERTE,* afin de découvrir. ♦ spécialt Connaissances nouvelles (sur qqch.), en sciences. **2** Ce qu'on a découvert.

**découvreur, euse** n. ▪ Personne qui découvre. *Un découvreur de talents.*

**découvrir** v. tr. 18 ▪ **I** (concret) **1** Dégarnir de ce qui couvre, protège. **2** Laisser voir, montrer. *Robe qui laisse voir le dos.* **II** (abstrait) **1** Faire connaître (ce qui est caché). → **révéler**. ► *Découvrir son jeu* (aux cartes), le montrer ; loc. fig. laisser connaître ses intentions. **2** Apercevoir. *Découvrir un paysage.* **3** Arriver à connaître (ce qui était resté caché ou ignoré). → **trouver**. *Découvrir un trésor.* **4** Parvenir à connaître (ce qui était délibérément caché). → **surprendre**. ► se **découvrir** v. pron. **1** Ôter ce dont on est couvert. ♦ Enlever son chapeau. **2** (temps) Devenir moins couvert. **3** Être découvert. **4** Déclarer sa pensée. → se **confier**. **5** Apprendre à se connaître.

**décrasser** v. tr. ① ▪ Débarrasser de la crasse. → **nettoyer**. ▷ n. m. **décrassage**

**décrêper** v. tr. ① ▪ Rendre lisses (des cheveux crêpés ou crépus).

**décrépir** v. tr. ② ▪ Dégarnir du crépi. ► au p. p. *Façade décrépie.*

**décrépit, ite** adj. ▪ **1** Dans une extrême déchéance physique. *Vieillard décrépit.* **2** Qui menace ruine. *Maison décrépite.*

**décrépitude** n. f. ▪ Déchéance, décadence.

**decrescendo** [dekreʃɛndo ; -ʃẽdo] adv. ▪ mus. En diminuant l'intensité d'un son.

**décret** n. m. ▪ **1** Décision écrite émanant du pouvoir exécutif. → **arrêté, ordonnance**. **2** littér. Décision (d'une puissance supérieure).

**décréter** v. tr. 6 ▪ **1** Ordonner par un décret. **2** Décider avec autorité.

**décrier** v. tr. 7 ▪ littér. Attaquer, rabaisser dans sa réputation. ► **décrié, ée** adj. Critiqué.

**décrire** v. tr. 39 ▪ **1** Représenter dans son ensemble, par écrit ou oralement. *Décrire une plante.* **2** Tracer ou suivre (une ligne).

**décrisper** v. tr. ① ▪ Détendre (les rapports sociaux, etc.). ▷ **décrispation** n. f.

**décrochement** n. m. ▪ État de ce qui est décroché. ► Forme de ce qui est en retrait.

**décrocher** v. tr. ① ▪ **I** v. tr. **1** Détacher (ce qui était accroché). ► *Décrocher le téléphone* (opposé à *raccrocher*). **2** fig., fam. Obtenir. *Décrocher un prix.* **3** fig. Distancer. **II** v. intr. milit. Se replier. ♦ fam. Renoncer à poursuivre un effort. ▷ n. m. **décrochage**

**décroiser** v. tr. ① ▪ Faire cesser d'être croisé. *Décroiser les bras.*

**décroître** v. intr. 55 sauf p. p. : *décru* ▪ Diminuer progressivement. → **baisser**. *Ses forces décroissent.* ▷ n. f. **décroissance** ▷ **décroissant, ante** adj. *Par ordre décroissant.*

**décrotter** v. tr. ①  ▪ Nettoyer de sa boue.

**décrottoir** n. m. ▪ Lame de fer ou petite grille servant à décrotter les chaussures.

**décrue** n. f. ▪ Baisse du niveau des eaux (après une crue).

**décrypter** v. tr. ①  ▪ **1** Traduire en clair (un message chiffré dont on ignore la clé). → **déchiffrer, décoder. 2** Restituer le sens de (qqch.). → **analyser.** ▷ n. m. **décryptage**

**déçu, ue** adj. ▪ **1** Qui n'est pas réalisé. *Espoir déçu.* **2** Qui a éprouvé une déception.

**déculottée** n. f. ▪ fam. Défaite humiliante.

**déculotter** v. tr. ①  ▪ Enlever la culotte, le pantalon de (qqn). ► se **déculotter** v. pron. **1** Enlever sa culotte, son pantalon. **2** fig., fam. Avoir une attitude servile ; se soumettre.

**déculpabiliser** v. tr. ①  ▪ **1** Ôter à (qqn) un sentiment de culpabilité. **2** Ôter à (qqch.) son caractère de faute. ▷ n. f. **déculpabilisation**

**décuple** adj. et n. m. ▪ Qui vaut dix fois (la quantité désignée).

**décupler** ①  ▪ **1** v. tr. Rendre dix fois plus grand. → fig. *La colère décuplait ses forces.* **2** v. intr. Devenir dix fois plus grand.

**décurie** n. f. ▪ Antiq. romaine Groupe de dix soldats, etc. dont le chef était un *décurion.*

**dédaigner** v. ①  ▪ **1** v. tr. dir. Considérer avec dédain. → **mépriser. 2** v. tr. ind. littér. *DÉDAIGNER DE* (+ inf.) : ne pas daigner.

**dédaigneux, euse** adj. ▪ **1** Qui a ou exprime du dédain. **2** littér. *DÉDAIGNEUX DE* (+ inf.) : qui ne daigne pas. ▷ adv. **dédaigneusement**

**dédain** n. m. ▪ Fait de dédaigner. → **arrogance, mépris.**

**dédale** n. m. ▪ **1** Lieu où l'on risque de s'égarer à cause de la complication des détours. → **labyrinthe. 2** fig. Ensemble de choses embrouillées. ▷ adj. **dédaléen, enne**

**dedans** ▪ **I** adv. de lieu **1** À l'intérieur. *Vous attendrai-je dehors ou dedans ?* ♦ *Rentrer dedans,* heurter. → *Il va lui rentrer dedans,* l'attaquer. **2** loc. *LÀ-DEDANS* : à l'intérieur de ce lieu. → fig. *Il y a du vrai là-dedans.* → *DE DEDANS* : de l'intérieur. → *EN DEDANS* : à l'intérieur. **II 1** n. m. *Le dedans.* → **intérieur. 2** *AU(-)DEDANS* loc. adv. : à l'intérieur.

**dédicace** n. f. ▪ **1** Hommage qu'un auteur fait de son œuvre à qqn (le ou la *dédicataire* n.), par une inscription imprimée (→ **dédier**). **2** Formule manuscrite sur un livre, etc. pour en faire hommage à qqn. → **envoi.** ▷ **dédicacer** v. tr. ③

**dédier** v. tr. ⑦  ▪ **I 1** Mettre (un ouvrage) sous le patronage de qqn par une dédicace (1). **2** littér. Consacrer, vouer. *Dédier ses efforts à une œuvre.* **II** anglic. critiqué, inform. Affecter à un usage spécifique. → au p. p. *Programmes dédiés.*

**dédire** v. ③⑦  ▪ vx Contredire, démentir. ► se **dédire** v. pron. mod. Se rétracter. → loc. fam. *Cochon qui s'en dédit* (formule de serment).

**dédit** n. m. ▪ **1** Action de se dédire. **2** dr. Faculté de ne pas exécuter un engagement (souvent contre indemnité). ♦ Cette indemnité.

**dédommager** v. tr. ③  ▪ **1** Indemniser (qqn) d'un dommage subi. *Dédommager qqn d'une perte.* **2** Donner une compensation à (qqn). ▷ **dédommagement** n. m. → **indemnisation ; compensation.**

**dédorer** v. tr. ①  ▪ Ôter la dorure de.

**dédouaner** v. tr. ①  ▪ **1** Libérer (une marchandise) des droits de douane en les acquittant. **2** fig. Relever (qqn) du discrédit dans lequel il était tombé. → **disculper, réhabiliter.** ▷ n. m. **dédouanement**

**dédoubler** v. tr. ①  ▪ Partager en deux. → *Dédoubler un train,* en faire partir deux au lieu d'un. ► se **dédoubler** v. pron. Se séparer en deux. ▷ n. m. **dédoublement**

**dédramatiser** v. tr. ①  ▪ Ôter à (qqch.) son caractère dramatique. ▷ n. f. **dédramatisation**

**déductible** adj. ▪ Que l'on peut déduire (d'un revenu, d'un bénéfice).

**déduction** n. f. ▪ **I** Fait de déduire (I). **II** Raisonnement par lequel on déduit, on conclut. ≠ *induction.*

**déduire** v. tr. ③⑧  ▪ **I** Retrancher (une certaine somme) d'un total à payer. → au p. p. *Tous frais déduits.* **II** Conclure, trouver (qqch.) par un raisonnement, à titre de conséquence (opposé à *induire*).

**déesse** n. f. ▪ Divinité féminine.

**de facto** [de-] loc. adv. ▪ dr. De fait.

**défaillance** n. f. ▪ **1** Diminution importante et momentanée des forces physiques. → **malaise. 2** Faiblesse, incapacité ; fonctionnement défectueux.

**défaillant, ante** adj. ▪ **1** Qui défaille, décline. **2** dr. *Témoin défaillant,* qui fait défaut.

**défaillir** v. intr. ⑬  ▪ **1** Tomber en défaillance (1). → se trouver **mal. 2** S'affaiblir, décliner, diminuer.

**défaire** v. tr. ⑥⑩  ▪ **1** Réduire à l'état antérieur ou à l'état d'éléments (ce qui était construit, assemblé). *Défaire un nœud.* **2** Supprimer l'ordre, l'arrangement de (qqch.). *Défaire son lit.* **3** littér. Mettre en déroute. *Défaire une armée.* → **vaincre ; défaite.** ► se **défaire** v. pron. **1** Cesser d'être fait, arrangé. *Ton lacet s'est défait.* **2** *Se défaire de* : se débarrasser de. ► **défait, aite** adj. **1** Qui n'est plus fait, arrangé. **2** Qui semble épuisé. **3** Vaincu, battu.

**défaite** n. f. ▪ **1** Perte d'une bataille ; d'une guerre. **2** Échec. *Défaite électorale.*

**défaitisme** n. m. ▪ Attitude de ceux qui préconisent l'abandon de la lutte. ♦ par ext. Pessimisme. ♦ adj. et n. **défaitiste**

**défalquer** v. tr. ①  ▪ Retrancher une somme. → **déduire.** ▷ n. f. **défalcation**

**se défausser** v. pron. ①  ▪ jeux Se débarrasser d'une carte. ♦ fig. Se décharger (d'une responsabilité...).

**défaut** n. m. ▪ **I 1** Absence de ce qui serait nécessaire ou désirable. → **manque.** ♦ *FAIRE DÉFAUT* : manquer. ♦ dr. *Jugement PAR DÉFAUT.* → par **contumace. 2** *Être EN DÉFAUT* : manquer à ses engagements ; commettre une erreur. **3** *À DÉFAUT DE* loc. prép. : faute de. **II 1** Imperfection physique. **2** Partie imparfaite, défectueuse*. *Défaut de fabrication.*

**3** Imperfection morale. → **faiblesse, travers.**
**4** Ce qui est imparfait, insuffisant (dans une œuvre...).

**défaveur** n. f. ■ → **discrédit, disgrâce.**

**défavorable** adj. ■ Qui n'est pas favorable. ▷ adv. **défavorablement**

**défavoriser** v. tr. ① ■ Priver (qqn) d'un avantage. → **désavantager.** ▷ **défavorisé, ée** adj. *Les classes sociales défavorisées.*

**défécation** n. f. ■ didact. Expulsion des matières fécales.

**défectif, ive** adj. ■ gramm. (verbe) Dont certaines formes de conjugaison sont inusitées (ex. *choir, quérir*).

**défection** n. f. ■ **1** Abandon (par qqn) d'une cause, d'un parti. *Faire défection* : abandonner. **2** Fait de ne pas venir là où l'on était attendu.

**défectueux, euse** adj. ■ Qui présente des imperfections, des défauts.

**défectuosité** n. f. ■ **1** État de ce qui est défectueux. **2** Défaut, malfaçon.

**défendable** adj. ■ **1** Qui peut être défendu (I, 1 et 2). **2** Qui peut se défendre (3).

**défendeur, deresse** n. ■ dr. Personne contre laquelle est intentée une action.

**défendre** v. tr. ④① ■ I **1** Protéger (qqn, qqch.) contre une attaque en se battant. ◆ loc. À SON CORPS DÉFENDANT : malgré soi. **2** fig. Soutenir (qqn, qqch.) contre des attaques. *L'avocat défend son client.* → **plaider** pour. ◆ Justifier. *Défendre une opi- nion.* **3** (sujet chose) *Défendre de* : préserver, protéger de. **II** DÉFENDRE qqch. À qqn ; DÉFENDRE À qqn DE (+ inf.), interdire, pros- crire. *Le médecin lui défend l'alcool, de boire de l'alcool.* ► **se défendre** v. pron. **1** Résister à une attaque. → **se battre, lutter.** – fig., fam. *Il se défend bien en affaires.* **2** Se justifier. ◆ littér. Nier. *Il se défend d'être avantagé.* **3** passif (choses) Être justifiable. *Cela se défend.* **4** SE DÉFENDRE DE, CONTRE, se protéger, se préserver. **5** SE DÉFENDRE DE (+ inf.). → s'**interdire.**

**défenestrer** v. tr. ① ■ Précipiter d'une fenêtre. ▷ n. f. **défenestration**

① **défense** n. f. ■ I **1** Action de défendre (un lieu) contre des ennemis. – DÉFENSE NATIONALE : ensemble des moyens visant à assurer l'intégrité d'un territoire contre les agressions de l'étranger. – *Défense passive* : moyens de protection de la population civile contre les bombardements. **2** fig. Action de défendre, de soutenir (qqn, qqch.). **3** Fait de se défendre, de résister (au moral et au physique). ◆ dr. *Légitime défense,* fait enlevant son caractère illégal à un homicide, etc. lorsqu'il a été commandé par la nécessité de se défendre ou de défendre autrui. **4** Action de défendre qqn ou de se défendre contre une accusation. ◆ Représentation en justice des intérêts des parties (→ **avocat, défenseur**). **5** Fait de défendre (II), d'interdire. → **interdiction.**

② **défense** n. f. ■ Longue dent saillante de certains mammifères (sanglier, éléphant...).

**défenseur** n. m. ■ **1** Personne qui défend qqn ou qqch. contre des agresseurs. **2** fig. Personne qui soutient une cause. **3** Personne chargée de soutenir les intérêts d'une partie, devant le tribunal. → ① **défense** (I, 4).

**défensif, ive** adj. ■ Fait pour la défense.

**défensive** n. f. ■ Disposition à se défendre sans attaquer. – *Être SUR LA DÉFENSIVE,* prêt à répondre à toute attaque.

**déféquer** v. intr. ⑥ ■ didact. Expulser les matières fécales (→ **défécation**).

**déférence** n. f. ■ Considération très respectueuse que l'on témoigne à qqn.

**déférent, ente** adj. ■ I didact. Qui conduit vers l'extérieur. ◆ anat. *Canal déférent* : canal excréteur des testicules. **II** Qui a, témoigne de la déférence. → **respectueux.**

**déférer** v. ⑥① ■ **1** v. tr. Porter (une affaire), traduire (un accusé) devant l'autorité judiciaire compétente. **2** v. tr. ind. littér. *Déférer à,* céder par respect à (qqn ; qqch.).

**déferlant, ante** adj. ■ Qui déferle.

**déferler** v. intr. ① ■ Se briser en écume en roulant sur le rivage (vagues). → fig. *La foule déferle dans les rues.* ▷ n. m. **déferlement**

**déferrer** v. tr. ① ■ Ôter les fers de.

**défi** n. m. ■ **1** Fait de défier (①, 1) ; invitation au combat. **2** Fait de provoquer qqn en le déclarant incapable de faire qqch. *Mettre qqn au défi de* (+ inf.). **3** Refus de se soumettre. → **bravade, provocation.** – *C'est un défi au bon sens.* → **insulte.**

**défiance** n. f. ■ Sentiment d'une personne qui se défie. → **méfiance, suspicion.** ▷ **défiant, ante** adj. → **méfiant.**

**déficience** [-jãs] n. f. ■ Insuffisance organique ou mentale. ▷ adj. **déficient, ente**

**déficit** [-it] n. m. ■ **1** Ce qui manque pour équilibrer les recettes avec les dépenses. **2** Manque, insuffisance. *Déficit immunitaire.* → **immunodéficience.** ▷ adj. **déficitaire**

① **défier** v. tr. ⑦ ■ **1** Inviter (qqn) à venir se mesurer comme adversaire. **2** Mettre (qqn) au défi (de faire qqch.). **3** (choses) Ne pas être menacé par. *Des prix défiant toute concurrence.* **4** fig. Refuser de se soumettre à. → **affronter, braver.** *Défier le danger.*

② **se défier** v. pron. ⑦ ■ littér. Avoir peu de confiance en. → **se méfier.**

**défigurer** v. tr. ① ■ **1** Altérer l'aspect de (qqch.). ◆ Abîmer le visage de. **2** fig. Dénaturer, travestir. *Défigurer les faits.*

**défilé** n. m. ■ I Couloir naturel encaissé et étroit. **II** Manœuvre des troupes qui défilent. ◆ Marche de personnes, etc. disposées en file. – Succession ininterrompue. *Un défilé de visiteurs.*

① **défiler** v. intr. ① ■ **1** Marcher en file, en colonne. **2** Se succéder sans interruption. **3** (choses) Passer de manière continue. – inform. *Faire défiler le contenu d'une fenêtre.* ▷ n. m. **défilement**

② **se défiler** v. pron. ① ■ fam. Se dérober.

**défini, ie** adj. ■ **1** Qui est défini (→ **définir** (1)). **2** Déterminé, précis. **3** *ARTICLE DÉFINI,* qui se rapporte (en principe) à un objet particulier, déterminé (→ ① **le**).

**définir** v. tr. ② ■ **1** Déterminer par une formule précise (→ **définition**) les caractères de (un concept, une idée générale). *Définir un mot,* en donner le, les sens. **2** Caractériser. *Sensation difficile à définir.* **3** Préciser l'idée de. *Conditions à définir.*

**définissable** adj. ▪ Que l'on peut définir.

**définitif, ive** adj. ▪ **1** Qui est défini, fixé une fois pour toutes. **2** *EN DÉFINITIVE* loc. adv. : tout bien considéré, finalement. ▷ adv. **définitivement** → **irrémédiablement, irrévocablement.**

**définition** n. f. ▪ **1** Opération par laquelle on détermine le contenu d'un concept en énumérant ses caractères. **2** Formule qui donne le ou les sens d'un mot, d'une expression et qui vise à être synonyme de ce qui est défini. **3** Grandeur caractérisant le degré de finesse d'une image de télévision.

**défiscaliser** v. tr. ① ▪ admin. Libérer de tout impôt. ▷ n. f. **défiscalisation**

**déflagration** n. f. ▪ Explosion.

**déflation** n. f. ▪ Freinage de l'inflation.

**déflationniste** adj. ▪ **1** De la déflation. **2** adj. et n. Partisan de la déflation.

**déflecteur** n. m. ▪ Petit volet orientable d'une vitre de portière d'automobile.

**déflocage** n. m. ▪ techn. Opération par laquelle on supprime des matières projetées par flocage.

**défloraison** n. f. ▪ bot. Chute des fleurs.

**déflorer** v. tr. ① ▪ **1** Faire perdre sa virginité à (une fille). ▷ n. f. **défloration 2** fig. Enlever la fraîcheur, l'originalité de.

**défoliant, ante** adj. ▪ (produit) Qui provoque la défoliation. ▪ n. m. *Un défoliant.*

**défoliation** n. f. ▪ **1** bot. Chute naturelle des feuilles. **2** Destruction artificielle massive de la végétation au moyen de défoliants (▷ **défolier** v. tr. ⑦).

**défonce** n. f. ▪ fam. Perte de conscience ou délire, après l'absorption de drogue.

**défoncer** v. tr. ③ ▪ **1** techn. Enlever le fond de. **2** Briser, abîmer par enfoncement. *Défoncer une porte.* → **enfoncer. 3** Creuser profondément. **4** fam. (drogue) Provoquer chez (qqn) un état hallucinatoire. ▶ se **défoncer** v. pron. fam. **1** Se droguer. **2** Se donner à une activité avec intensité. ▶ **défoncé, ée** adj. **1** *Chaise défoncée.* **2** *Chaussée défoncée.* **3** fam. Sous l'effet d'une drogue.

**déforestation** n. f. ▪ Action de détruire une forêt ; son résultat.

**déformant, ante** adj. ▪ Qui déforme.

**déformation** n. f. ▪ **1** Action de (se) déformer. **2** fig. Altération, falsification. ▪ loc. *Déformation professionnelle* : habitudes prises dans un métier, et conservées abusivement dans la vie courante.

**déformer** v. tr. ① ▪ **1** Altérer la forme de. **2** Altérer en changeant. *Tu déformes ma pensée.* → **dénaturer.** ▶ se **déformer** v. pron.

**défoulement** n. m. ▪ Fait de se défouler.

**défouler** v. tr. ① ▪ fam. (choses) Permettre, favoriser l'extériorisation des pulsions. *Va courir, ça te défoulera.* ▶ se **défouler** v. pron. Se libérer des contraintes, des tensions.

**défraîchir** v. tr. ② ▪ Dépouiller de sa fraîcheur. ▶ se **défraîchir** v. pron. (couleur, étoffe...) Perdre l'éclat du neuf. ▶ **défraîchi, ie** adj.

**défrayer** v. tr. ⑧ ▪ **1** Décharger (qqn) de ses frais. → **indemniser, rembourser.** ▷ n. m. **défraiement 2** loc. *Défrayer la chronique* : faire parler de soi (surtout en mal).

**défricher** v. tr. ① ▪ Rendre propre à la culture (une terre en friche) en détruisant la végétation. ▪ abstrait Déblayer, préparer. ▷ n. m. **défrichement** et **défrichage**

**défriser** v. tr. ① ▪ **1** Défaire la frisure de. ▷ n. m. **défrisage 2** fam. Contrarier.

**défroisser** v. tr. ① ▪ Remettre en état (ce qui est froissé).

**défroque** n. f. ▪ Vieux vêtements qu'on abandonne. ▪ Habillement bizarre.

**défroqué, ée** adj. ▪ Qui a abandonné l'état ecclésiastique.

**défunt, unte** adj. ▪ littér. **1** Qui est mort. ▪ n. *Le défunt.* **2** fig. Passé, révolu.

**dégagement** n. m. ▪ **1** Action de dégager. ▪ *Itinéraire de dégagement.* → **délestage. 2** Espace libre. **3** (choses) Action de se dégager.

**dégager** v. tr. ③ ▪ **I 1** Retirer (ce qui était en gage). ▪ fig. *Dégager sa responsabilité.* → **décliner. 2** Libérer de ce qui retient. **3** Rendre disponible (une somme d'argent). *Dégager des crédits.* **4** Laisser échapper (un fluide...). **5** Isoler (un élément) d'un ensemble. → **tirer.** *Dégager une conclusion.* **II 1** *Dégager (qqn) de,* soustraire à. *Dégager qqn de sa promesse.* **2** Débarrasser de ce qui encombre. **3** intrans. fam. Faire de l'effet. ▶ se **dégager** v. pron. **1** Libérer son corps (de ce qui le retient). ◆ fig. Se libérer (d'une obligation...). **2** Devenir libre de ce qui encombre. *Le ciel se dégage.* → s'**éclaircir. 3** Sortir d'un corps. *Odeur qui se dégage.* **4** Se faire jour. *La vérité se dégage peu à peu.* ▶ **dégagé, ée** adj. **1** Qui n'est pas recouvert, encombré. *Ciel dégagé. Vue dégagée.* **2** Qui a de l'aisance. ▪ *Air dégagé.* → **désinvolte.**

**dégaine** n. f. ▪ fam. Allure ridicule, bizarre.

**dégainer** v. tr. ① ▪ Tirer (une arme) de son étui. ▪ sans compl. Sortir une arme (spécialt un revolver) pour se battre.

**dégarnir** v. tr. ② ▪ Dépouiller de ce qui garnit. ▶ se **dégarnir** v. pron. Perdre ce qui garnit. ▪ spécialt Perdre ses cheveux.

**dégât** n. m. ▪ Dommage dû à une cause violente. ▪ loc. *Limiter les dégâts* : éviter le pire.

**dégazage** n. m. ▪ techn. **1** Action de dégazer (1). **2** Nettoyage (des citernes et soutes d'un pétrolier) des résidus d'hydrocarbures.

**dégazer** v. ① ▪ techn. **1** v. tr. Expulser les gaz contenus dans (un liquide, un solide). **2** v. intr. Procéder au dégazage (2).

**dégel** n. m. ▪ **1** Fonte naturelle de la glace et de la neige, lorsque la température s'élève. **2** fig. Reprise de l'activité.

**dégelée** n. f. ▪ fam. Volée (de coups).

**dégeler** v. ⑤ ▪ **I** v. tr. **1** Faire fondre (ce qui était gelé). **2** fam. Faire perdre sa réserve à. **3** Débloquer. *Dégeler des crédits.* **II** v. intr. Cesser d'être gelé. *Le lac a dégelé.*

**dégêner** v. tr. ① ▪ franç. du Canada Mettre (qqn) à l'aise.

**dégénérer** v. intr. ⑥ ▪ **1** Perdre ses qualités (naturelles). **2** *DÉGÉNÉRER EN* : se transformer en (ce qui est pis). ▶ **dégénéré, ée** adj.

**dégénérescence** n. f. ▪ Fait de dégénérer.

**dégingandé, ée** [-ʒɛ̃-] adj. ■ Qui est dispro-portionné dans sa haute taille.

**dégivrer** v. tr. ① ■ Enlever le givre. ▷ n. m. **dégivrage**

**dégivreur** n. m. ■ Appareil pour dégivrer.

**déglacer** v. tr. ③ ■ Mouiller et chauffer les sucs de cuisson, pour faire une sauce.

**déglinguer** v. tr. ① ■ fam. Détraquer.

**déglutir** v. tr. ② ■ Avaler (la salive, les ali-ments). ▷ n. f. **déglutition**

**dégobiller** v. tr. et intr. ① ■ fam. Vomir.

**dégoiser** v. tr. et intr. ① ■ fam. et péj. Dire.

**dégommer** v. tr. ① ■ fam. Destituer.

**dégonfler** v. tr. ① ■ 1 Faire cesser d'être gonflé. ■ intrans. *Sa paupière a dégonflé.* → **désenfler.** 2 fig. Minimiser, amoindrir. ■ se **dégonfler** v. pron. 1 *Pneu qui se dégonfle.* 2 fam. Manquer de courage au moment d'agir. → **flancher.** ► **dégonflé, ée** 1 adj. *Bouée dégonflée.* 2 adj. et n. fam. → **lâche.** ▷ n. m. **dégonflage** et **dégonflement**

**dégorger** v. tr. ③ ■ I v. tr. 1 Faire sortir de soi, déverser. 2 Déboucher. II v. intr. Rendre un liquide. *Faire dégorger des escargots, leur faire rendre leur eau.* ▷ n. m. **dégorgement**

**dégoter** v. tr. ① ■ fam. Trouver. → **dénicher.** *Où as-tu dégoté ça ?* - var. DÉGOTTER.

**dégouliner** v. intr. ① ■ Couler lentement. ▷ n. m. **dégoulinement** et n. f. (fam.) **dégouli-nade**

**dégoupiller** v. tr. ① ■ Ôter la goupille de.

**dégourdir** v. tr. ② ■ 1 Faire sortir de l'engourdissement. *Se dégourdir les jambes.* ▷ n. m. **dégourdissement** 2 fig. Débarrasser (qqn) de sa gêne. ■ se **dégourdir** v. pron. ► **dégourdi, ie** adj. → **débrouillard, malin.**

**dégoût** n. m. ■ 1 Manque de goût, d'appétit, entraînant de la répugnance. 2 Aversion (pour qqch., qqn). 3 Lassitude (de...).

**dégoûtant, ante** adj. ■ 1 Qui inspire du dégoût. 2 (moral) *C'est un type dégoûtant.* → **abject, ignoble.** ■ fam. Grossier, obscène. ▷ **dégoûtamment** adv. ■ **salement.**

**dégoûtation** n. f. ■ fam. Dégoût. - Ce qui dégoûte.

**dégoûter** v. tr. ① ■ 1 Inspirer du dégoût, une répugnance (physique, morale) à. 2 DÉGOÛ-TER DE : ôter l'envie de. ► **dégoûté, ée** adj. 1 → **délicat, difficile.** - n. *Faire le dégoûté :* se montrer difficile (sans raison). 2 DÉGOÛTÉ DE. → **las** de, **lassé** de.

**dégoutter** v. intr. ① ■ 1 Couler goutte à goutte. 2 *Dégoutter de :* laisser tomber goutte à goutte. *Cheveux dégouttant de pluie.*

**dégradant, ante** adj. ■ Qui abaisse morale-ment. → **avilissant.**

① **dégradation** n. f. ■ 1 Destitution infa-mante. *Dégradation militaire.* 2 Fait de s'avi-lir. 3 Détérioration (d'un site...). ♦ fig. *La dégradation du climat international.*

② **dégradation** n. f. ■ Affaiblissement con-tinu (de la lumière...). → **dégradé** (1).

**dégradé** n. m. ■ 1 Affaiblissement ou modi-fication progressive (d'une couleur, d'une lumière). 2 Coupe diminuant progressive-ment l'épaisseur des cheveux.

① **dégrader** v. tr. ① ■ 1 Destituer (qqn) d'une manière infamante de sa dignité, de son grade. 2 littér. Faire perdre sa dignité à (qqn). → **avilir.** 3 Détériorer (un édifice...). ■ se **dégrader** v. pron.

② **dégrader** v. tr. ① ■ 1 Affaiblir progressi-vement (un ton, une couleur). 2 Couper (les cheveux) en dégradé.

**dégrafer** v. tr. ① ■ Défaire, détacher (ce qui est agrafé). ■ se **dégrafer** v. pron.

**dégraffiter** v. tr. ① ■ Faire disparaître les graffitis de (un mur...). ▷ n. m. **dégraffitage**

**dégraisser** v. tr. ① ■ 1 Enlever la graisse de. 2 fam. Alléger les frais de. *Dégraisser les effectifs d'une entreprise* (par des licencie-ments). ▷ n. m. **dégraissage**

**degré** n. m. ■ I littér. Marche (d'un escalier). II 1 Niveau dans un ensemble hiérarchisé. → **échelon.** 2 État, dans une évolution. → **stade.** - *AU PLUS HAUT DEGRÉ.* → **extrê-mement.** - *PAR DEGRÉ(S).* → **graduellement, progressivement.** 3 État intermédiaire. → **gradation ; nuance.** 4 Niveau d'interpré-tation. *Prendre une plaisanterie AU PREMIER DEGRÉ,* à la lettre. III 1 Proximité relative dans la parenté. *Le père et le fils sont parents au premier degré.* 2 gramm. *Degrés de comparaison.* → **comparatif, superlatif.** 3 math. *Équation du premier, du second degré,* dont l'inconnue est à la puissance 1, à la puissance 2. IV (Unité) 1 La 360e partie du cercle (symb. °). *Degrés, minutes et secondes.* - *Angle de 180 degrés* (angle plat), *de 90 degrés* (angle droit). 2 Division d'une échelle de mesure. → **graduation.** ♦ Unité de mesure de la température. → *Degré alcoolique* (proportion d'alcool). *Alcool à 90 degrés. Vin de 11 degrés.*

**dégressif, ive** adj. ■ Qui va en diminuant. - *Impôt dégressif,* dont le taux diminue en fonction du revenu. → n. f. **dégressivité**

**dégrever** [-ɡʀə-] v. tr. ⑤ ■ Alléger la charge fiscale de. ▷ n. m. **dégrèvement**

**dégriffé, ée** adj. ■ Vendu sans sa griffe d'origine.

**dégringoler** v. ① ■ 1 v. intr. Descendre pré-cipitamment. ♦ fig. *La Bourse dégringole.* 2 v. tr. *Dégringoler l'escalier.* → **dévaler.** ▷ **dégringolade** n. f. fam. → **chute.**

**dégripper** v. tr. ① ■ Faire cesser le grippage de (un mécanisme).

**dégriser** v. tr. ① ■ 1 Tirer (qqn) de l'état d'ivresse. 2 fig. Détruire les illusions, l'en-thousiasme, l'exaltation de (qqn). ▷ n. m. **dégrisement**

**dégrossir** v. tr. ② ■ 1 Donner une première forme à (ce qui l'on façonne) en enlevant le plus gros. *Dégrossir un bloc de marbre.* 2 fam. *Dégrossir qqn,* lui donner des rudiments de formation. - au p. p. (loc.) *MAL DÉGROSSI, IE :* grossier. ▷ n. m. **dégrossissage**

**dégrouper** v. tr. ① ■ 1 didact. Diviser en groupes ; répartir au sein d'un groupe. 2 télé-comm. Ouvrir l'accès de (une ligne télé-phonique) à plusieurs opérateurs. ▷ n. m. **dégroupage**

**déguenillé, ée** adj. ■ Vêtu de guenilles.

**déguerpir** v. intr. ② ■ S'enfuir.

**dégueulasse** adj. ▪ fam. Sale, répugnant (au physique ou au moral). → **dégoûtant, infect**. ◆ n. *Quel dégueulasse !* → **salaud**. ▷ **dégueulasser** v. tr. 1 fam. → **salir**.

**dégueuler** v. tr. 1 ▪ fam. et vulg. Vomir. ▷ **dégueulis** n. m. → **vomissure**.

**déguiser** v. tr. 1 ▪ 1 Vêtir (qqn) de manière à rendre méconnaissable. ◆ pronom. *Se déguiser en fée.* 2 Modifier pour tromper. *Déguiser sa voix.* 3 littér. Cacher sous des apparences trompeuses. → **dissimuler**. ► **déguisé, ée** adj. ▷ n. m. **déguisement**

**déguster** v. tr. 1 ▪ 1 Goûter (un vin, une liqueur) pour juger de la qualité. 2 Savourer (qqch.). 3 absolt fam. Subir un mauvais traitement. ◆ **dégustation** n. f. (sens 1 et 2)

**se déhancher** v. pron. 1 ▪ 1 Se balancer sur ses hanches en marchant. ◆ se **dandiner**. 2 Faire reposer le poids du corps sur une hanche, en étant debout. ► **déhanché, ée** adj. ▷ n. m. **déhanchement**

**déhiscent, ente** adj. ▪ bot. Se dit des organes clos qui s'ouvrent d'eux-mêmes.

**dehors** adv. ▪ I 1 À l'extérieur. ◆ *Jeter qqn dehors,* le chasser, le renvoyer. 2 loc. adv. EN DEHORS : vers l'extérieur. ◆ AU(-)DEHORS : à l'extérieur. 3 EN DEHORS DE loc. prép. : hors de ; excepté. II n. m. 1 *Le dehors* : l'extérieur. 2 LES DEHORS : l'aspect.

**déicide** ▪ relig. 1 n. m. Meurtre de Dieu. 2 n. et adj. Meurtrier de Dieu.

**déifier** v. tr. 7 ▪ Considérer comme un dieu ; adorer (qqn, qqch.) comme un être inaccessible. → **diviniser**. ▷ n. f. **déification**

**déisme** n. m. ▪ Position de ceux qui admettent l'existence d'une divinité, sans accepter de religion. → **théisme**. ▷ n. et adj. **déiste**

**déjà** adv. ▪ 1 Dès maintenant. *Il est déjà midi.* ◆ Dès ce moment-là. *Il était déjà parti.* 2 Auparavant, avant. *Tu l'as déjà dit.* 3 fam. *C'est déjà beau.* ◆ Le n'est pas si mal. ◆ (pour s'informer...) *Quand partez-vous, déjà ?*

**déjanter** v. tr. 1 ▪ I v. tr. Faire sortir (un pneu) de la jante. II v. intr. 1 *Le pneu a déjanté.* 2 fam. Devenir un peu fou. ► **déjanté, ée** adj. → **cinglé**.

**déjauger** v. intr. 3 ▪ S'élever sur l'eau sous l'effet de la vitesse (navire, hydravion).

**déjection** n. f. ▪ 1 Évacuation d'excréments ; au plur. excréments. 2 Matières rejetées par les volcans.

**déjeter** v. tr. 4 ▪ Écarter de sa position normale. → **dévier**. ► **déjeté, ée** adj. 1 *Mur déjeté.* 2 (personnes) Diminué physiquement.

① **déjeuner** v. intr. 1 ▪ 1 Prendre le petit-déjeuner. ◆ ② petit-déjeuner. 2 Prendre le repas du milieu de la journée.

② **déjeuner** n. m. ▪ 1 vx ou régional Premier repas du matin. → ① petit-déjeuner. 2 (remplace *dîner,* en France, mais non au Québec) Repas pris au milieu du jour. 3 Mets qui composent ce repas. 4 loc. DÉJEUNER DE SOLEIL : ce qui ne dure pas longtemps.

**déjouer** v. tr. 1 ▪ Faire échouer (les manœuvres de qqn). *Déjouer un complot.* ◆ *Déjouer la surveillance de l'ennemi.* → **tromper**.

**se déjuger** v. pron. 3 ▪ Revenir sur un jugement exprimé, un parti pris.

**de jure** [deʒyʀe] loc. adv. ▪ dr. Selon le droit.

**delà** prép. et adv. ▪ 1 PAR-DELÀ loc. prép. : plus loin que, de l'autre côté de. 2 AU-DELÀ (DE) ou AU DELÀ (DE) loc. adv. et prép. : plus loin (que). 3 L'AU-DELÀ n. m. → **au-delà**.

**délabrer** v. tr. 1 ▪ Mettre en mauvais état. → **détériorer**. ► se **délabrer** v. pron. ► **délabré, ée** adj. ▷ n. m. **délabrement**

**délacer** v. tr. 3 ▪ Desserrer ou retirer (une chose lacée).

**délai** n. m. ▪ 1 Temps accordé pour faire qqch. 2 Prolongation de temps accordée pour faire qqch. ◆ SANS DÉLAI : sur-le-champ. 3 Temps à l'expiration duquel on sera tenu de faire qqch. *Délai de paiement.* ◆ *Dans les plus brefs délais* : très bientôt.

**délaissement** n. m. ▪ littér. 1 Abandon (de qqn, de qqch.). 2 État d'une personne délaissée. → **isolement**.

**délaisser** v. tr. 1 ▪ 1 Laisser (qqn) sans secours ou sans affection. → **abandonner**. *Il délaisse ses amis.* 2 Abandonner (une activité, etc.). ► **délaissé, ée** adj.

**délassant, ante** adj. ▪ Qui délasse.

**délassement** n. m. ▪ 1 Fait de se délasser. → **détente, loisir, repos**. 2 Ce qui délasse.

**délasser** v. tr. 1 ▪ Tirer (qqn) de l'état de lassitude, de fatigue. → **détendre, reposer**. ► se **délasser** v. pron. Se reposer en se distrayant.

**délateur, trice** n. ▪ Personne qui dénonce pour des motifs méprisables.

**délation** n. f. ▪ Dénonciation inspirée par des motifs méprisables.

**délavé, ée** adj. ▪ Dont la couleur est, ou semble trop étendue d'eau. → **décoloré**. ◆ Éclairci, notamment à l'eau de Javel.

**délaver** v. tr. 1 ▪ 1 Enlever ou éclaircir avec un liquide (une couleur). 2 Imbiber d'eau, détremper.

**délayage** n. m. ▪ Action de délayer. ◆ fig. → **remplissage, verbiage**.

**délayer** v. tr. 8 ▪ 1 Mélanger (une substance) à un liquide. 2 fig. Exposer trop longuement, de manière peu claire.

**delco** n. m. (marque déposée) ▪ Système d'allumage d'un moteur à explosion.

**délectable** adj. ▪ littér. Délicieux.

**délectation** n. f. ▪ Plaisir, délice.

**se délecter** v. pron. 1 ▪ Prendre un plaisir intense et prolongé (à qqch.).

**délégation** n. f. ▪ 1 Acte par lequel on délègue. 2 Ensemble de délégués.

**délégué, ée** n. ▪ Personne chargée de représenter qqn, un groupe.

**déléguer** v. tr. 6 ▪ 1 Charger (qqn) d'une fonction, etc. en transmettant son pouvoir. 2 Transmettre, confier (un pouvoir...).

**délester** v. tr. 1 ▪ 1 Décharger de son lest. 2 fig., iron. Voler. *Elle s'est fait délester de son sac.* 3 Décongestionner (une route), par des déviations. ▷ **délestage** n. m. (sens 1 et 3)

**délétère** adj. ▪ Qui met la santé, la vie en danger. ◆ fig., littér. Nuisible, pernicieux.

**délibérant, ante** adj. ▪ Qui délibère.

**délibératif, ive** adj. ▪ Qui a qualité pour voter, décider dans une délibération.

**délibération** n. f. ■ **1** Action de délibérer avec d'autres personnes. → **débat, discussion. 2** Examen réfléchi. → **réflexion.**

**délibérément** adv. ■ De manière délibérée.

**délibérer** v. intr. ⑥ ■ **1** Discuter avec d'autres personnes en vue d'une décision à prendre. *Le jury délibère.* **2** littér. (Avec soi-même). → **réfléchir.** ▷ **délibéré, ée I** adj. **1** Qui a été délibéré. ◆ *DE PROPOS DÉLIBÉRÉ* : expres. **2** Assuré, décidé. *D'un air délibéré.* **II** n. m. dr. Délibération des magistrats.

**délicat, ate** adj. ■ **1** littér. Qui plaît par la qualité, la finesse. *Parfum délicat.* → **raffiné, subtil.** ◆ Qui plaît par la finesse de l'exécution. *Travail délicat.* **2** Que sa finesse rend sensible aux moindres influences extérieures. → **fragile.** *Peau délicate.* ◆ *Santé délicate.* **3** Que sa subtilité, sa complexité rendent difficile. *Question délicate.* **4** Doué d'une grande sensibilité. → **subtil.** ◆ (relations humaines) *Attention délicate,* pleine de tact. **5** Que sa grande sensibilité rend difficile à contenter. → **exigeant.**

**délicatement** adv. ■ Avec délicatesse.

**délicatesse** n. f. ■ **1** littér. Qualité de ce qui est fin, délicat (1). **2** Finesse et précision dans l'exécution, le toucher. *Faire qqch. avec délicatesse.* **3** Caractère de ce qui est fragile à cause de sa finesse. **4** Aptitude à sentir, à juger, à exprimer finement. → **sensibilité. 5** Sensibilité morale dans les relations avec autrui. → **discrétion, tact.**

**délice** ■ **I** n. f. pl. littér. *DÉLICES* : plaisir qui ravit. **II** n. m. Plaisir vif et délicat.

**délicieux, euse** adj. ■ Extrêmement agréable. → **exquis.** ▷ adv. **délicieusement**

**délictueux, euse** adj. ■ dr. Qui a le caractère d'un délit.

① **délié, ée** adj. ■ **1** littér. Fin, mince. *Taille déliée.* ◆ n. m. Partie déliée d'une lettre (opposé à *plein*). **2** fig. *Un esprit délié.* → **subtil.**

**délier** v. tr. ⑦ ■ **1** Dégager de ce qui lie. → **détacher. 2** Défaire le nœud de. → **dénouer.** ◆ loc. *Sans bourse délier* : sans rien payer. ◆ fig. *Délier la langue de qqn,* le faire parler. **3** fig. Libérer (d'un engagement). → **dégager.** ▷ ② **délié, ée** adj. *Cordons déliés.* ◆ loc. *Avoir la langue déliée* : être bavard.

**délimitation** n. f. ■ Action de délimiter.

**délimiter** v. tr. ① ■ **1** Déterminer les limites de. **2** Former la limite de. **3** abstrait *Délimiter les attributions de qqn.* → **fixer.**

**délinquance** n. f. ■ Ensemble des délits, considérés sur le plan social. → **criminalité.**

**délinquant, ante** n. ■ Personne qui commet un délit. ◆ adj. *L'enfance délinquante.*

**déliquescence** n. f. ■ **1** didact. Propriété qu'ont certains corps de se liquéfier par l'humidité de l'air. **2** fig. Décadence complète. → **décomposition.** ▷ adj. **déliquescent, ente**

**délirant, ante** adj. ■ **1** didact. Qui présente les caractères du délire. **2** fig. Qui manque de mesure, exubérant. *Joie délirante.* ◆ fam. Totalement déraisonnable.

**délire** n. m. ■ **1** psych. Trouble psychique de qqn qui perçoit et dit des choses qui ne concordent pas avec la réalité ou l'évidence (quelle que puisse être leur cohérence interne). **2** Enthousiasme exubérant.

**délirer** v. intr. ① ■ **1** Avoir le délire. ◆ fam. Déraisonner. **2** Être en proie à une émotion qui trouble l'esprit. *Délirer de joie.*

**delirium tremens** [delirjɔmtʀemɛ̃s] n. m. invar. ■ didact. Délire (1) aigu accompagné d'agitation, particulier aux alcooliques.

**délit** n. m. ■ **1** (sens large) Fait prohibé ou dont la loi prévoit la sanction par une peine. → **infraction ; crime.** ◆ *Le CORPS DU DÉLIT* : l'élément qui constitue le délit. ◆ *FLAGRANT DÉLIT* : infraction en train de se commettre. **2** (sens restreint) *Délit (correctionnel),* infraction punie de peines correctionnelles.

**déliter** v. tr. ① ■ Diviser (une pierre) dans le sens des couches de stratification. → **cliver.**

**délivrance** n. f. ■ **1** Action de délivrer (I, 1). **2** fig. Fin d'un tourment ; soulagement qui en résulte. **3** méd. Fin de l'accouchement. **II** Action de délivrer (II).

**délivrer** v. tr. ① ■ **I 1** Rendre libre. → **libérer.** *Délivrer un captif.* **2** *Délivrer qqn de.* → **débarrasser.** *Délivrer qqn d'une crainte.* **II** Remettre (qqch.) à qqn. *Délivrer un reçu.*

**délocaliser** v. tr. ① ■ Déplacer (une activité située dans un centre) vers un lieu éloigné. → **décentraliser.** ▷ n. f. **délocalisation**

**déloger** v. ③ ■ **1** v. intr. vieilli Quitter son logement, sa place. **2** v. tr. Faire sortir (qqn) du lieu qu'il occupe. → **expulser.**

**déloyal, ale, aux** adj. ■ Qui n'est pas loyal ; de mauvaise foi. ▷ adv. **déloyalement**

**déloyauté** n. f. ■ Manque de loyauté. → mauvaise **foi, fourberie, malhonnêteté.**

**delta** n. m. ■ **I** Quatrième lettre de l'alphabet grec (δ ; Δ [majuscule]). **II** Dépôt d'alluvions émergeant à l'embouchure d'un fleuve et le divisant en bras ramifiés.

**deltaplane** n. m. ■ Aile triangulaire utilisée pour le vol libre ; sport de cet engin.

**deltoïde** n. m. ■ anat. Muscle triangulaire de l'épaule.

**déluge** n. m. ■ **1** Cataclysme consistant en précipitations continues submergeant la Terre ; ce cataclysme raconté dans la Bible. ◆ loc. *Remonter au déluge* : être très ancien (→ **antédiluvien**). **2** Pluie très abondante, torrentielle. ◆ fig. *Un déluge de larmes.*

**déluré, ée** adj. ■ Qui a l'esprit vif et avisé, qui est habile. ◆ péj. → **effronté.**

**démagnétiser** v. tr. ① ■ Supprimer le caractère magnétique de. ◆ au p. p. *Carte de crédit démagnétisée.*

**démagogie** n. f. ■ Politique par laquelle on flatte les masses pour gagner et exploiter leur adhésion. ▷ adj. **démagogique**

**démagogue** n. et adj. ■ (Personne) qui pratique la démagogie.

**démailler** v. tr. ① ■ Défaire en rompant les mailles. ▷ n. m. **démaillage**

**demain** adv. et n. m. ■ **I** Le jour suivant celui où s'exprime la personne qui parle. **1** adv. *Je le verrai demain.* ◆ loc. *Demain il fera jour* : rien ne presse. *Demain on rase gratis* (souligne l'inanité d'un espoir, d'une promesse). **2** n. m. *Demain est jour férié.* ◆ loc. *À DEMAIN* : nous nous reverrons demain. **II 1** adv. Dans un avenir plus ou moins proche. **2** n. m. L'avenir. → **futur.**

**démancher** v. tr. ① ▪ **1** Séparer de son manche. **2** fam. Démettre, disloquer. *Se démancher le cou pour voir qqch.*

**demande** n. f. ▪ I **1** Action de demander (I). *Demande insistante.* **2** *Demande en mariage,* démarche par laquelle on demande une jeune fille en mariage. **3** Ensemble des biens ou des services demandés par les acheteurs. **4** dr. Action intentée en justice pour faire reconnaître un droit. **5** Annonce d'un contrat, au bridge. **II** Question. *Faire les demandes et les réponses.*

**demander** v. tr. ① ▪ I **1** Faire connaître à qqn (ce qu'on désire obtenir de lui) ; exprimer (un souhait). *Demander du feu à qqn. Demander une faveur.* ➡ Indiquer (ce l'on veut gagner). *Demander X euros de l'heure.* ◆ DEMANDER À ; DE (+ inf.). ◆ *Ne pas demander mieux que :* consentir volontiers à. **2** dr. Réclamer par une demande (4) en justice. **3** Prier de donner, d'apporter (qqch.). → **réclamer.** *Demander l'addition.* **4** Faire venir, faire chercher (qqn). *Demander un médecin.* ➡ Rechercher pour un travail. *On demande un coursier.* ◆ *Demander la main de qqn, demander qqn en mariage.* **5** (sujet chose) Avoir pour condition de succès, de réalisation. → **nécessiter, réclamer.** *Votre proposition demande réflexion.* **II** Essayer de savoir (en interrogeant qqn). *Demander son nom à qqn.* ▶ **se demander** v. pron. Se poser une question à soi-même. ▶ **demandé, ée** adj. Qui fait l'objet d'une forte demande.

**demandeur** n. ▪ **1** DEMANDEUR, EUSE : personne qui demande qqch. *Demandeur d'emploi.* **2** dr. DEMANDEUR, ERESSE : personne qui a l'initiative du procès. → **plaignant.**

**démangeaison** n. f. ▪ **1** Sensation d'irritation au niveau de la peau, qui incite à se gratter. **2** fig., fam. Désir irrépressible.

**démanger** v. intr. ③ ▪ **1** Faire ressentir une démangeaison. **2** fig. loc. *La langue lui démange :* il a grande envie de parler. ➡ trans. *Ça la démange de lui dire son fait.*

**démanteler** v. tr. ⑤ ▪ **1** Démolir les murailles, les fortifications de. **2** fig. Abattre, désorganiser. ⊳ n. m. **démantèlement**

**démantibuler** v. tr. ① ▪ fam. Démolir de manière à rendre inutilisable.

**démaquillant, ante** adj. ▪ (produit) Qui sert à démaquiller. ➡ n. m. *Du démaquillant.*

**démaquiller** v. tr. ① ▪ Enlever le maquillage de. ⊳ n. m. **démaquillage**

**démarcation** n. f. ▪ Action de limiter ; ce qui limite. → **délimitation, frontière, séparation.** *Ligne de démarcation :* frontière.

**démarchage** n. m. ▪ Activité commerciale qui consiste à solliciter la clientèle à son domicile. → **courtage.** ▶ **démarcher** v. tr. ①

**démarche** n. f. ▪ I **1** Manière de marcher. **2** fig. Manière dont l'esprit progresse dans son activité. **II** Tentative auprès de qqn pour réussir une entreprise.

**démarcheur, euse** n. ▪ Personne qui fait du démarchage.

**démarquer** v. tr. ① ▪ **1** Priver de la marque indiquant le possesseur. **2** fig. Copier, plagier en dissimulant l'emprunt (⊳ n. m. **démarcage** ou **démarquage**). **3** Vendre moins cher (un article), notamment en un enlevant sa marque d'origine (⊳ n. f. **démarque**). ▶ **se démarquer** v. pron. *Se démarquer de qqn,* prendre ses distances par rapport à lui.

**démarrage** n. m. ▪ Fait de démarrer.

**démarrer** v. ① ▪ I v. tr. **1** mar. Larguer les amarres de. **2** fam. Commencer. **II** v. intr. **1** mar. Partir (navire). **2** Commencer à fonctionner, à rouler. *Démarrer en trombe.* ◆ fig. *Son affaire démarre.*

**démarreur** n. m. ▪ Appareil servant à mettre en marche un moteur.

**démasquer** v. tr. ① ▪ **1** Enlever le masque de (qqn). **2** fig. Faire connaître (qqn) pour ce qu'il est. ➡ **confondre.** *Démasquer un imposteur.* **3** loc. *Démasquer ses batteries :* dévoiler ses intentions secrètes.

**démâter** v. ① ▪ **1** v. tr. Priver (un navire) de ses mâts. **2** v. intr. Perdre ses mâts.

**dématérialiser** v. tr. ① ▪ **1** Rendre immatériel. **2** fin. Priver (une valeur) de support matériel. ⊳ n. f. **dématérialisation**

**dème** n. m. ▪ Division territoriale et unité administrative de la Grèce antique.

**démédicaliser** v. tr. ① ▪ Ôter à (qqch.) son caractère médical. ⊳ n. f. **démédicalisation**

**démêlé** n. m. ▪ Conflit né d'une opposition entre deux parties. → **différend, dispute.** ◆ au plur. Difficultés qui en résultent.

**démêler** v. tr. ① ▪ **1** Séparer (ce qui était emmêlé). n. m. **démêlage 2** fig. Débrouiller, éclaircir (une chose compliquée). ⊳ n. m. **démêlement 3** littér. *Avoir qqch. à démêler avec qqn,* à débattre.

**démêloir** n. m. ▪ Peigne à dents espacées servant à démêler les cheveux.

**démembrer** v. tr. ① ▪ Diviser en parties (ce qui forme un tout, qui devrait rester entier). → **morceler, partager.** *Démembrer un domaine.* ⊳ n. m. **démembrement**

**déménagement** n. m. ▪ Action de déménager ; son résultat.

**déménager** v. ③ ▪ I v. tr. Transporter (des objets) d'un logement à un autre. **II** v. intr. **1** Changer de logement. **2** fam. → **déraisonner.** *Tu déménages !*

**déménageur** n. m. ▪ Celui dont le métier est de faire des déménagements.

**démence** n. f. ▪ **1** Ensemble des troubles mentaux graves. → **aliénation, folie.** ◆ psych. Déchéance irréversible des activités psychiques, mentales. **2** Conduite extravagante. *C'est de la démence !*

**se démener** v. pron. ⑤ ▪ **1** S'agiter violemment. → se **débattre. 2** fig. Se donner beaucoup de mal pour arriver à un résultat.

**dément, ente** adj. ▪ **1** Atteint de démence. → **aliéné, fou.** ➡ n. *Un regard de dément.* **2** Déraisonnable. ◆ fam. Extraordinaire.

**démenti** n. m. ▪ Action de démentir ; ce qui dément qqch. → **dénégation, désaveu.**

**démentiel, ielle** adj. ▪ **1** De la démence. **2** Absurde, fou.

**démentir** v. tr. 16 ▪ **1** Contredire (qqn) en prétendant qu'il n'a pas dit la vérité. **2** Prétendre (qqch.) contraire à la vérité. → **nier. 3** (sujet chose) Aller à l'encontre de. → **contredire.** ► se **démentir** v. pron. **1** Se contredire. **2** (choses) *Ne pas se démentir* : ne pas cesser de se manifester. → **persister.**

**se démarder** v. pron. 1 ▪ fam. Se débrouiller. ▷ **démerde** n. f. → **débrouillardise.** ▷ **démerdard, arde** n. et adj. → **débrouillard.**

**démériter** v. intr. 1 ▪ Agir de manière à encourir le blâme, la désapprobation.

**démesure** n. f. ▪ Manque de mesure dans les sentiments, les attitudes. → **excès.**

**démesuré, ée** adj. ▪ **1** Qui dépasse la mesure ordinaire. → **énorme, immense. 2** D'une très grande intensité. *Ambition démesurée.* ▷ **démesurément** adv. → **énormément.**

① **démettre** v. tr. 56 ▪ Déplacer (un os, une articulation). → **disloquer, luxer.** ◆ *Elle s'est démis l'épaule.* → **démis, ise** adj. (os, articulation) Déplacé, luxé.

② **démettre** v. tr. 56 ▪ Retirer (qqn) d'un poste, etc. *On l'a démis de ses fonctions.* ► se **démettre** v. pron. Quitter ses fonctions (volontairement ou sous une contrainte).

**au demeurant** loc. adv. ▪ littér. D'ailleurs, au fond ; tout bien considéré.

**demeure** n. f. ▪ **I** dans des loc. (Fait de demeurer, de rester) **1** *MISE EN DEMEURE* : sommation. ◆ *METTRE qqn EN DEMEURE DE* (+ inf.). → **ordonner.** ◆ *Il y a PÉRIL EN LA DEMEURE* : il peut être dangereux de tarder, il faut agir vite. **2** *À DEMEURE* loc. adv. : en permanence. **II 1** vieilli Habitation. ◆ mod. Maison (belle ou importante, souvent ancienne). **2** fig., littér. *La dernière demeure* : le tombeau.

**demeuré, ée** adj. ▪ fam. Intellectuellement retardé. ◆ n. *Des demeurés.*

**demeurer** v. intr. 1 ▪ **I** (auxiliaire *être*) **1** Rester. *Demeurer chez soi.* ◆ *En demeurer là* : ne pas donner suite. **2** littér. Passer du temps (à). → s'**attarder à. 3** Continuer à être (dans une situation). *Il préfère demeurer inconnu.* **4** (choses) Durer, subsister. **II** (auxiliaire *avoir*) Habiter, résider.

**demi, ie** ▪ **I** adj. **1** Qui est la moitié d'un tout (*demi* reste invar. et se rattache au nom qu'il qualifie par un trait d'union → **demi**- et composés). **2** *ET DEMI(E)* (après un nom) : et la moitié. **II** adv. À moitié, pas entièrement. *Lait demi-écrémé.* **III** *À DEMI* loc. adv. : à moitié. → **partiellement.** *Ils sont à demi morts.* → **presque. IV** n. **1** Moitié d'une unité. *Un demi* ou *1/2* ou *0,5*. **2** n. m. Verre de bière (au café). **3** n. f. *LA DEMIE* : la fin de la demi-heure (qui suit une heure quelconque). *Je pars à la demie.* **4** n. m. sports Joueur placé entre les avants et les arrières. ◆ *Demi de mêlée* (au rugby).

**demi-** ▪ Élément invariable (de l'adj. *demi*) qui indique la division par deux *(demi-litre)* ou le caractère incomplet, imparfait *(demi-jour).* → **semi-.**

**demi-bouteille** n. f. ▪ Petite bouteille d'environ 37 cl. - abrév. *Une DEMIE Vichy.*

**demi-cercle** n. m. ▪ Moitié d'un cercle limitée par un diamètre. ▷ **demi-circulaire** adj. → **semi-circulaire.**

**demi-dieu** n. m. ▪ Personnage mythologique issu d'une mortelle et d'un dieu, d'une déesse et d'un mortel, ou divinisé pour ses exploits. → **héros.**

**demi-douzaine** n. f. ▪ Moitié d'une douzaine ou six unités. ◆ Environ six.

**demi-droite** n. f. ▪ géom. Portion de droite limitée par un point appelé *origine.*

**demi-finale** n. f. ▪ Avant-dernière épreuve d'une compétition. ▷ n. **demi-finaliste**

**demi-fond** n. m. ▪ sports *Course de demi-fond,* de moyenne distance.

**demi-frère** n. m. ▪ Frère par le père ou la mère seulement.

**demi-gros** n. m. invar. ▪ Commerce intermédiaire entre le gros et le détail.

**demi-heure** n. f. ▪ Moitié d'une heure.

**demi-jour** n. m. ▪ Clarté faible comme celle de l'aube, du crépuscule. *Des demi-jour(s).*

**demi-journée** n. f. ▪ Moitié d'une journée.

**démilitariser** v. tr. 1 ▪ Priver (une zone, un pays) de sa force militaire. → **désarmer.**

**demi-litre** n. m. ▪ Moitié d'un litre.

**demi-lune** n. f. ▪ Espace en demi-cercle (spécialt fortification).

**demi-mal** n. m. sing. ▪ Inconvénient moins grave que celui qu'on prévoyait.

**demi-mesure** n. f. ▪ Moyen insuffisant et provisoire. → **compromis.**

**demi-mondaine** n. f. ▪ ancient Femme légère fréquentant le monde. → **courtisane.**

**demi-mot** n. m. ▪ *À DEMI-MOT* loc. adv. : sans qu'il soit nécessaire de tout exprimer.

**déminer** v. tr. 1 ▪ Débarrasser (un lieu) des mines ou engins explosifs. ▷ n. m. **déminage**

**déminéraliser** v. tr. 1 ▪ **1** méd. Faire perdre des sels minéraux à (l'organisme). **2** Éliminer les sels minéraux de (l'eau). → au p. p. *Eau déminéralisée.* ▷ n. f. **déminéralisation**

**démineur** n. m. ▪ Technicien du déminage.

**demi-pension** n. f. ▪ **1** Pension partielle (un seul repas). **2** Régime scolaire où l'élève déjeune sur place. ▷ n. **demi-pensionnaire**

**demi-portion** n. f. ▪ fam. et péj. Personne petite, insignifiante.

**demi-queue** adj. ▪ *Piano demi-queue,* plus court que le piano à queue. ◆ n. m. *Des demi-queues.*

**démis, ise** → ① **démettre**

**demi-saison** n. f. ▪ L'automne ou le printemps. *Vêtement de demi-saison.*

**demi-sang** n. m. ▪ Cheval dont un seul géniteur est de pur sang. *Des demi-sang(s).*

**demi-sel** ▪ **1** adj. invar. Qui n'est que légèrement salé. *Beurre demi-sel.* **2** n. m. argot Homme qui feint d'appartenir au milieu.

**demi-sœur** n. f. ▪ Sœur par le père ou la mère seulement.

**demi-solde** ▪ **1** n. f. Solde réduite d'un militaire en non-activité. **2** n. m. invar. Militaire qui touche une demi-solde.

**demi-sommeil** n. m. ▪ État intermédiaire entre le sommeil et la veille. → **somnolence.**

**demi-soupir** n. m. ▪ mus. Silence dont la durée est égale à la moitié d'un soupir.

**démission** n. f. ■ 1 Acte par lequel on se démet d'une fonction, d'un emploi. *Donner sa démission.* 2 fig. Acte par lequel on renonce à qqch.; attitude de fuite devant les difficultés. ▷ adj. **démissionnaire**

**démissionner** v. intr. ① ■ 1 Donner sa démission. ♦ trans. fam. Forcer à démissionner. *On l'a démissionné.* 2 fam. Renoncer.

**demi-tarif** n. m. ■ Tarif réduit de moitié. – adj. invar. *Places demi-tarif.* ♦ *Billet à demi-tarif. Deux demi-tarifs.*

**demi-teinte** n. f. ■ Teinte ni claire ni foncée. – fig. *En demi-teinte(s)* : tout en nuances.

**demi-ton** n. m. ■ mus. Le plus petit intervalle entre deux degrés (ex. mi et fa).

**demi-tour** n. m. ■ 1 Moitié d'un tour que l'on fait sur soi-même. 2 loc. *Faire demi-tour* : retourner sur ses pas.

**démiurge** n. m. ■ 1 philos. Créateur de l'univers. 2 par ext., littér. Créateur, animateur du monde. ▷ adj. **démiurgique**

**demi-vie** n. f. ■ phys. Temps au bout duquel une grandeur atteint la moitié de sa valeur initiale.

**demi-vierge** n. f. ■ vieilli Jeune fille encore vierge et de mœurs très libres.

**démobilisateur, trice** adj. ■ Propre à démobiliser (2).

**démobiliser** v. tr. ① ■ 1 Rendre à la vie civile (des troupes mobilisées). 2 fig. Priver (les militants...) de toute combativité. → **démotiver**. ▷ n. f. **démobilisation**

**démocrate** n. et adj. ■ Partisan de la démocratie. *Une démocrate convaincue.*

**démocratie** n. f. ■ Forme de gouvernement dans laquelle la souveraineté appartient au peuple; État ainsi gouverné.

**démocratique** adj. ■ 1 De la démocratie. 2 Conforme à la démocratie. *Loi démocratique.* ▷ adv. **démocratiquement**

**démocratiser** v. tr. ① ■ 1 Introduire la démocratie dans. 2 Rendre accessible à tous. ▷ n. f. **démocratisation**

**se démoder** v. pron. ① ■ N'être plus à la mode. ► **démodé, ée** adj. → **vieillot**. – *Procédé démodé.* → **dépassé, désuet**.

**démographie** n. f. ■ 1 Étude statistique des populations humaines. 2 État quantitatif (d'une population). ▷ adj. **démographique** ▷ n. **démographe**

**demoiselle** n. f. ■ 1 1 Femme célibataire. ♦ courtois ou iron. Jeune fille. 2 *DEMOISELLE D'HONNEUR* : jeune fille ou fillette qui accompagne la mariée. II Libellule.

**démolir** v. tr. ② ■ I *Démolir qqch.* (opposé à *construire*). 1 Défaire (une construction) en abattant élément par élément. 2 fig. Détruire entièrement. → **anéantir**. 3 Mettre (qqch.) en pièces, en mauvais état. → **abîmer, casser**. II *Démolir qqn.* 1 fam. Frapper avec violence. ♦ Fatiguer, épuiser; déprimer. 2 Ruiner la réputation de (qqn). ▷ n. m. **démolissage**

**démolisseur, euse** n. ■ 1 Personne qui démolit un bâtiment. 2 fig. Destructeur.

**démolition** n. f. ■ I 1 Action de démolir (une construction). 2 fig. Destruction. II au plur. Décombres, gravats.

**démon** n. m. ■ I mythol. Être surnaturel, bon ou mauvais, attaché à la destinée de qqn, d'une collectivité. → **génie**. *Le démon de Socrate.* II 1 relig. Ange déchu, révolté contre Dieu (esprit du mal). → **diable, satan**. – *LE DÉMON* : Satan. 2 Personne méchante ou espiègle. 3 *LE DÉMON DE*, personnification d'un défaut. *Le démon du jeu.* – loc. *LE DÉMON DE MIDI* : appétit érotique qui s'empare des humains vers le milieu de leur vie.

**démonétiser** v. tr. ① ■ Retirer (une monnaie) de la circulation. ▷ n. f. **démonétisation**

**démoniaque** ■ 1 adj. et n. didact. Possédé du démon. 2 adj. Digne du démon. → **diabolique, satanique**.

**démonstrateur, trice** n. ■ Personne qui parle d'un produit pour le faire vendre.

**démonstratif, ive** adj. ■ I 1 Qui démontre. *Preuve démonstrative.* 2 gramm. Qui sert à montrer. *Adjectif, pronom démonstratif.* → ① **ce**; ② **ce; celui; ceci, cela; ça**. II Qui manifeste vivement ses sentiments (éprouvés ou simulés). → **expansif**.

**démonstration** n. f. ■ 1 Opération mentale, raisonnement par lequel on établit la vérité d'une proposition. *La démonstration d'un théorème.* 2 Action de montrer par des expériences les principes d'une science, etc. 3 Signes extérieurs volontaires qui manifestent les intentions, les sentiments. *Des démonstrations de joie.*

**démonte-pneu** n. m. ■ Levier destiné à déjanter un pneu. *Des démonte-pneus.*

**démonter** v. tr. ① ■ 1 Jeter (qqn) à bas de sa monture. → **désarçonner**. 2 fig. Étonner au point de faire perdre l'assurance. 3 Défaire (un tout) en séparant les éléments. – n. m. **démontage** ► se **démonter** v. pron. 1 Perdre son sang-froid. 2 passif *Ce lit se démonte*. ► **démonté, ée** adj. 1 Qu'un a démonté. 2 *Mer démontée*, agitée par la tempête.

**démontrer** v. tr. ① ■ 1 Établir la vérité de (qqch.) d'une manière rigoureuse (→ **démonstration**). 2 (sujet chose) Fournir une preuve de. → **indiquer, montrer, prouver**. ▷ adj. **démontrable**

**démoralisant, ante** adj. ■ Qui démoralise.

**démoralisateur, trice** adj. ■ littér. Qui fait perdre courage, qui tend à décourager.

**démoraliser** v. tr. ① ■ Affaiblir le moral, le courage de (qqn). ▷ n. f. **démoralisation**

**démordre** v. tr. ind. ④ ■ *DÉMORDRE DE* : renoncer à. *Il ne veut pas en démordre.*

**démotiver** v. tr. ① ■ Faire perdre à (qqn) toute motivation, toute envie de continuer un travail, une action. ► **démotivé, ée** adj.

**démouler** v. tr. ① ■ Retirer (qqch.) du moule. ▷ n. m. **démoulage**

**démultiplication** n. f. ■ Rapport de réduction de vitesse.

**démultiplier** v. tr. ⑦ ■ Réduire la vitesse de (un mouvement transmis).

**démunir** v. tr. ② ■ Priver (qqn, qqch. d'une chose essentielle). ► se **démunir** (de) v. pron. ► **démuni, ie** adj. *Être complètement démuni* (spécialt ne plus avoir d'argent).

**démystifier** v. tr. ⑦ ▪ Détromper (les victimes d'une mystification collective, d'un mythe). ▷ n. f. **démystification** ▷ n. et adj. **démystificateur, trice**

**démythifier** v. tr. ⑦ didact. Supprimer en tant que mythe. ▷ n. f. **démythification**

**dénatalité** n. f. ▪ Diminution du nombre des naissances.

**dénationaliser** v. tr. ① ▪ Transférer au secteur privé (une entreprise nationalisée). → **privatiser**. ▷ n. f. **dénationalisation**

**dénaturé, ée** adj. ▪ **1** techn. *Alcool dénaturé* (→ **dénaturer** (1)). **2** Altéré dans ses caractères humains. → **dépravé**.

**dénaturer** v. tr. ① ▪ **1** Altérer la nature de (qqch.). *Dénaturer du vin.* → **frelater**. **2** abstrait Donner une fausse apparence à. → **déformer**. *Vous dénaturez ma pensée.*

**dendrite** [dɑ̃dʀit ; dɛ̃dʀit] n. f. ▪ anat. Prolongement ramifié du neurone.

**dénégation** n. f. ▪ Action de dénier (qqch.). → **démenti, désaveu**. *Geste de dénégation.*

**déneiger** v. tr. ③ ▪ Débarrasser (un lieu) de la neige. ▷ n. m. **déneigement**

**déni** n. m. ▪ **1** *Déni (de justice)* : refus de rendre justice à qqn. **2** psych. *Déni (de la réalité)* : refus de reconnaître une réalité traumatisante.

**déniaiser** v. tr. ① ▪ **1** Rendre (qqn) moins niais. → **dégrossir**. **2** fam. Faire perdre sa virginité à (qqn).

**dénicher** v. tr. ① ▪ **1** Enlever (un oiseau) du nid. → fig. Faire sortir (qqn) de sa cachette. **2** Trouver à force de recherches.

**denier** n. m. ▪ **1** Ancienne monnaie romaine. **2** Ancienne monnaie française, douzième d'un sou. **3** loc. *Denier du culte* : somme versée par les catholiques pour les besoins du culte. **4** au plur. *DE SES DENIERS* : avec son propre argent. – *LES DENIERS PUBLICS* : les revenus de l'État.

**dénier** v. tr. ⑦ ▪ **1** Refuser de reconnaître comme sien. → **nier**. **2** Refuser injustement d'accorder. *Dénier à qqn le droit de...*

**dénigrer** v. tr. ① ▪ S'efforcer de diminuer (qqn, qqch.) en disant du mal, en niant les qualités. ▷ n. m. **dénigrement**

**denim** [dənim] n. m. ▪ anglic. Toile servant à fabriquer les jeans. → **jean**.

**dénivelé** n. m. ▪ Différence de niveau, d'altitude. – syn. DÉNIVELÉE et DÉNIVELLATION n. f.

**dénombrable** adj. ▪ Que l'on peut dénombrer, compter.

**dénombrer** v. tr. ① ▪ Faire le compte de ; énoncer en comptant. → **compter, énumérer, recenser**. ▷ n. m. **dénombrement**

**dénominateur** n. m. ▪ math. Terme situé sous la barre de fraction, qui indique le diviseur. *Numérateur et dénominateur.* – *DÉNOMINATEUR COMMUN*, diviseur commun à plusieurs fractions ; fig. élément commun.

**dénomination** n. f. ▪ Nom affecté (à une chose, une notion). → **appellation**.

**dénommer** v. tr. ① ▪ Donner un nom à. → **appeler, désigner, nommer**. ← au p. p. *Le dénommé Untel.*

**dénoncer** v. tr. ③ ▪ **1** Annoncer la rupture de. → **annuler, rompre**. *Dénoncer un contrat.* **2** Faire connaître (une chose répréhensible). *Dénoncer des abus.* ◆ Signaler (qqn) comme coupable. ▷ **dénonciation** n. f. → **annulation ; accusation, délation**. ▷ n. et adj. **dénonciateur, trice**

**dénoter** v. tr. ① ▪ (sujet chose) Indiquer par une caractéristique. *Cela dénote du courage.*

**dénouement** n. m. ▪ **1** Ce qui termine, dénoue une action au théâtre. **2** Manière dont se dénoue une affaire difficile.

**dénouer** v. tr. ① ▪ **1** Défaire (un nœud, une chose nouée). → loc. *DÉNOUER LA LANGUE* : faire parler. **2** fig. Démêler, résoudre (une difficulté, une intrigue). → se **dénouer** v. pron.

**dénoyauter** v. tr. ① ▪ Séparer (un fruit) de son noyau. ▷ n. m. **dénoyautage**

**denrée** n. f. ▪ **1** Produit servant à l'alimentation de l'homme ou du bétail. **2** fig. *Une denrée rare* : une chose, une qualité rare.

**dense** adj. ▪ **1** Qui est compact, épais. *Feuillage dense.* – *Une foule dense* (nombreuse). **2** (écrits...) Qui renferme beaucoup d'éléments en peu de place. **3** Qui a une certaine densité (2). *Le plomb, métal dense.*

**densifier** v. intr. et tr. ① ▪ Augmenter en densité.

**densimètre** n. m. ▪ techn. Instrument de mesure des densités des liquides. → **aréomètre**. ▷ n. f. **densimétrie**

**densité** n. f. ▪ **1** Qualité de ce qui est dense. ◆ *Densité de population* : nombre d'habitants au km². **2** phys. Rapport entre la masse d'un corps et celle d'un même volume d'eau (ou d'air, pour les gaz).

**dent** n. f. ▪ **1 1** Chacun des organes annexes de la bouche, durs et calcaires, implantés sur le bord libre des deux maxillaires. *Les 32 dents de l'homme.* → **dentition ; odonto-**. *Dents de lait* (premières dents). *Dents de sagesse,* les quatre troisièmes molaires. ◆ (animaux) *Les dents d'un chien.* → **croc**. **2** loc. fig. *Serrer les dents* : s'apprêter à un dur effort. *Parler entre ses dents,* peu distinctement. – *Montrer les dents* : menacer. – *Avoir, garder une dent contre qqn,* du ressentiment. *Avoir la dent dure* : être sévère dans la critique. – fam. *Avoir la dent* : avoir faim. – *Mordre à BELLES DENTS,* vigoureusement. – *Avoir les dents longues,* être ambitieux. *Se casser les dents* : échouer. – *Être SUR LES DENTS,* très occupé. – *Quand les poules auront des dents* : jamais. **II** (Objet ou forme pointue) **1** Découpure pointue (→ **denteler**). **2** Élément allongé et pointu. *Les dents d'un peigne.* – loc. *En dents de scie* : qui présente des pointes et des creux aigus.

**dentaire** adj. ▪ Relatif aux dents.

**dental, ale, aux** adj. ▪ *Consonnes dentales,* qui se prononcent en appliquant la langue sur les dents ([d], [t]).

**denté, ée** adj. ▪ Dont le bord présente des saillies pointues, aiguës. *Roue dentée.*

**dentelé, ée** adj. ▪ Qui présente des pointes et des creux aigus. *Feuille dentelée.*

**dentelle** n. f. ▪ **1** Tissu fin à motifs ajourés. – loc. fam. *Ne pas faire dans la dentelle* : agir sans délicatesse. **2** appos. (invar.) *Crêpes dentelle,* très fines.

**dentellier, ière** [-əlje, -əljɛʀ] ■ **1** n. f. Ouvrière ou machine qui fabrique de la dentelle. **2** adj. *Industrie dentellière*, de la dentelle.

**dentelure** n. f. ■ Découpure dentelée.

**dentier** [-tje] n. m. ■ Prothèse amovible remplaçant tout ou partie des dents.

**dentifrice** n. m. ■ Préparation, pâte pour nettoyer les dents.

**dentiste** n. ■ Praticien diplômé spécialiste des soins dentaires. → aussi **orthodontiste, stomatologiste**.

**dentisterie** n. f. ■ didact. Étude et pratique des soins dentaires. → **odontologie**.

**dentition** n. f. ■ **1** didact. Formation des dents. **2** cour. Ensemble des dents. → **denture**.

**denture** n. f. ■ Ensemble des dents (d'une personne, d'un animal). → **dentition**.

**dénucléariser** v. tr. ① ■ didact. Diminuer ou interdire les armes nucléaires dans (un pays, une région). ▷ n. f. **dénucléarisation**

**dénuder** v. tr. ① ■ Mettre à nu ; dépouiller (qqch.) de ce qui recouvre. → **découvrir**. ▶ **se dénuder** v. pron. *Cet arbre se dénude*, perd ses feuilles. **2** (personnes) Se déshabiller, se dévêtir. ▶ **dénudé, ée** adj.

**dénué, ée** adj. ■ *DÉNUÉ DE* : démuni de.

**dénuement** n. m. ■ État de qqn qui est dénué du nécessaire. → **misère, pauvreté**.

**se dénuer** v. pron. ① ■ littér. Se priver (de).

**dénutrition** n. f. ■ didact. Ensemble des troubles dus à une alimentation ou une assimilation déficitaire. → **malnutrition**.

**déodorant** n. m. et adj. ■ anglic. Désodorisant contre les odeurs corporelles.

**déontologie** n. f. ■ didact. Ensemble des règles et devoirs régissant une profession. *Code de déontologie*. ▷ adj. **déontologique**

**dépanner** v. tr. ① ■ **1** Réparer (un mécanisme en panne). **2** fig., fam. Tirer (qqn) d'embarras, notamment en prêtant de l'argent. ▷ n. m. **dépannage**

**dépanneur, euse** ■ **1** n. **1** Professionnel chargé de dépanner. ◆ adj. Qui dépanne. **2** n. f. Voiture de dépannage. **II** n. m. (au Québec) Épicerie ouverte tard le soir.

**dépaqueter** v. tr. ④ ■ Défaire (un paquet) ; retirer (le contenu) d'un paquet. → **déballer**.

**dépareiller** v. tr. ① ■ Rendre incomplet (un ensemble de choses assorties). → **désassortir**. ▶ **dépareillé, ée** adj.

**déparer** v. tr. ① ■ Nuire à la beauté, au bon effet de. → **enlaidir**.

① **départ** n. m. ■ **1** Action de partir. ◆ *Être sur le départ*, prêt à partir. ◆ fig. *Prendre un bon départ dans la vie*. **2** Fait de quitter un lieu, une situation. **3** fig. loc. *AU DÉPART* : au début. – *DE DÉPART* : initial. *L'idée de départ. Point de départ.* → **origine**.

② **départ** n. m. ■ loc. littér. *FAIRE LE DÉPART* entre (deux abstractions) : distinguer nettement.

**départager** v. tr. ③ ■ **1** Séparer (un groupe) en deux parties inégales. *Départager les votes*, pour établir une majorité. **2** Choisir entre (les opinions, des camps). → **arbitrer**. *Venez nous départager.* – Faire cesser d'être à égalité. *Départager des gagnants*.

**département** n. m. ■ **1** Division administrative du territoire français dirigée par un préfet et administrée par un conseil général. **2** Secteur dont s'occupe un ministre. ◆ Branche spécialisée d'une administration. ▷ adj. **départemental, ale, aux**

**départir** v. tr. ⑯ ■ **1** littér. Attribuer en partage. → **impartir**. **II** *SE DÉPARTIR DE* v. pron. Se séparer de ; abandonner (une attitude). *Sans se départir de son calme*.

**dépassement** n. m. ■ **1** Action de dépasser. *Dépassement dangereux* (véhicule). **2** Fait de se dépasser.

**dépasser** v. tr. ① ■ **1** Laisser derrière soi en allant plus vite. *Dépasser un cycliste*. → **doubler**. **2** Aller plus loin que. *Dépasser la ligne d'arrivée*. – *Dépasser le temps imparti*. **3** Surpasser (qqn) dans un domaine. **4** Aller au-delà de (certaines limites). → **outrepasser**. – *Cela me dépasse* : c'est trop difficile pour moi ; ou bien je ne peux l'admettre. ▶ **se dépasser** v. pron. Se surpasser. ▶ **dépassé, ée** adj. **1** Qui a été dépassé. **2** (choses) Qui n'a plus cours. → **caduc, périmé**. **3** Qui ne peut plus maîtriser la situation. *Il est complètement dépassé.*

**dépassionner** v. tr. ① ■ Rendre moins passionné (un sujet...). → **dédramatiser**.

**se dépatouiller** v. pron. ① ■ fam. Se débrouiller.

**dépaver** v. tr. ① ■ Dégarnir de pavés.

**dépaysant, ante** [-pei-] adj. ■ Qui procure un dépaysement (2).

**dépaysement** [-pei-] n. m. ■ **1** État d'une personne dépaysée (2). **2** Changement agréable d'habitudes.

**dépayser** [-pei-] v. tr. ① ■ **1** vx Faire changer (qqn) de pays. **2** Troubler, désorienter par un changement de milieu, d'habitudes.

**dépecer** v. tr. ⑤ et ③ ■ **1** Mettre en pièces (un animal). **2** fig. Morceler. ▷ n. m. **dépeçage**

**dépêche** n. f. ■ **1** Lettre concernant les affaires publiques. **2** Communication transmise par voie rapide.

**dépêcher** v. tr. ① ■ Envoyer (qqn) en hâte pour porter un message. ▶ **se dépêcher** v. pron. Se hâter, faire vite.

**dépeigner** v. tr. ① ■ Déranger l'arrangement des cheveux de (qqn).

**dépeindre** v. tr. ⑤² ■ Décrire et représenter par le discours.

**dépenaillé, ée** adj. ■ fam. En lambeaux, en loques. – Dont la mise est très négligée.

**dépénaliser** v. tr. ① ■ dr. Soustraire (une infraction, une action) à la sanction du droit pénal. ▷ n. f. **dépénalisation**

**dépendance** n. f. ■ **1** Rapport qui fait qu'une chose dépend d'une autre. → **corrélation, enchaînement**. **2** (surtout plur.) Terre, bâtiment dépendant d'un domaine. **3** Fait d'être dépendant d'une drogue. **4** État d'une personne qui n'est pas, n'est plus autonome dans la vie quotidienne. ▷ adj. **dépendant, ante**

① **dépendre** v. tr. ind. 41 ■ *DÉPENDRE DE* **1** Ne pouvoir se réaliser sans l'action ou l'intervention de (qqn, qqch.). → **résulter** de. ◆ impers. *Cela dépend des circonstances.* ‒ (en réponse) *Ça dépend* : peut-être. **2** Faire partie de (qqch.). → **appartenir** à ; **relever** de. **3** Être sous l'autorité de.

② **dépendre** v. tr. 41 ■ = Retirer (ce qui est pendu). → **décrocher.**

**dépens** n. m. pl. ■ **1** *AUX DÉPENS DE* (qqn) : en faisant supporter la dépense par. → à la **charge** de. ◆ fig. → au **détriment** de. *Apprendre qqch. à ses dépens*, par une expérience désagréable. **2** dr. Frais judiciaires à la charge de la personne condamnée.

**dépense** n. f. ■ **1** Action de dépenser. *S'engager dans des dépenses.* → **frais.** ‒ loc. *Regarder à la dépense* : être économe (→ regardant). ◆ comptab. Sortie d'argent ; compte sur lequel elle est portée (→ **débit**). **2** fig. Emploi (de qqch.). *Dépense d'énergie.*

**dépenser** v. tr. 1 ■ **1** Employer (de l'argent). *Dépenser une forte somme.* **2** Consommer (une quantité d'énergie). **3** fig. Employer (ses efforts). ► se **dépenser** v. pron. **1** (passif) *Cent francs, cela se dépense vite.* **2** Faire des efforts. → se **démener.**

**dépensier, ière** adj. ■ Qui aime dépenser (1).

**déperdition** n. f. ■ Diminution, perte.

**dépérir** v. intr. 2 ■ **1** S'affaiblir par consomption graduelle. **2** S'acheminer vers la ruine, la destruction. → **péricliter.** ▷ n. m. **dépérissement**

**dépersonnaliser** v. tr. 1 ■ Ôter sa personnalité à ; rendre impersonnel. ► se **dépersonnaliser** v. pron. ▷ n. f. **dépersonnalisation**

**dépêtrer** v. tr. 1 ■ Dégager de ce qui gêne les mouvements. ◆ fig. Dégager d'une difficulté. ► se **dépêtrer** (de) v. pron. → se **libérer.**

**dépeupler** v. tr. 1 ■ **1** Dégarnir d'habitants (une région...). **2** Dégarnir (un lieu) d'animaux. ► se **dépeupler** v. pron. → **dépeuplé, ée** adj. ▷ n. m. **dépeuplement**

**déphasé, ée** adj. ■ fam. Qui n'est pas en accord avec la réalité présente ; désorienté.

**dépiauter** v. tr. 1 ■ fam. **1** Dépouiller (un animal) de sa peau. **2** Débarrasser de ce qui recouvre (emballage, etc.).

**dépiler** v. tr. 1 ■ Provoquer la chute des poils, des cheveux de (qqn). ▷ **dépilatoire** adj. → **épilatoire.**

① **dépister** v. tr. 1 ■ **1** Découvrir (le gibier) ou retrouver (qqn) en suivant sa piste. **2** fig. Rechercher et découvrir (ce qui est peu apparent). *Dépister une maladie.* ▷ n. m. **dépistage**

② **dépister** v. tr. 1 ■ Détourner de la piste.

**dépit** n. m. ■ **1** Chagrin mêlé de colère, dû à une déception, à un froissement d'amour-propre. → **amertume, rancœur, ressentiment. 2** *EN DÉPIT DE* loc. prép. : sans tenir compte de. → **malgré.**

**dépiter** v. tr. 1 ■ Causer du dépit à (qqn). → **vexer.** ► **dépité, ée** adj.

**déplacement** n. m. ■ **1** Action de (se) déplacer. **2** Voyage auquel oblige un métier.

**déplacer** v. tr. 3 ■ **1** Changer (qqch.) de place. **2** Faire changer (qqn) de poste, de pays... ► se **déplacer** v. pron. **1** (choses) Changer de place. **2** (êtres vivants) Quitter sa place. ‒ Avancer, marcher. ► **déplacé, ée** adj. **1** Qu'on a déplacé. **2** Qui n'est pas opportun. **3** → **inconvenant, malséant.**

**déplafonner** v. tr. 1 ■ Supprimer le plafond, la limite supérieure de (un crédit, une cotisation). ▷ n. m. **déplafonnement**

**déplaire** v. tr. indir. 54 ■ *DÉPLAIRE À* **1** Ne pas plaire ; causer du dégoût, de l'aversion à. **2** Causer une irritation passagère à. → **contrarier, fâcher, indisposer. 3** loc. *Ne vous en déplaise* : que cela vous plaise ou non. ► se **déplaire** v. pron. Ne pas se plaire (à soi ; là où l'on est).

**déplaisant, ante** adj. ■ **1** Qui ne plaît pas. **2** Qui contrarie, agace. → **désagréable.**

**déplaisir** n. m. ■ Impression désagréable. → **contrariété, mécontentement.**

**déplâtrer** v. tr. 1 ■ Ôter le plâtre de. ▷ n. m. **déplâtrage**

**déplétion** n. f. ■ didact. Diminution de la quantité (de qqch.).

**dépliant, ante** adj. ■ **1** n. m. Imprimé que l'on déplie pour le lire. **2** adj. Qui se déplie.

**déplier** v. tr. 7 ■ Étendre (ce qui était plié). ► se **déplier** v. pron. → n. m. **dépliage**

**déplisser** v. tr. 1 ■ Défaire les plis de (une étoffe, un papier...). ▷ n. m. **déplissage**

**déploiement** n. m. ■ **1** Action de déployer. **2** fig. Étalage, démonstration.

**déplorable** adj. ■ **1** littér. Qui mérite d'être déploré. → **attristant, navrant. 2** Très regrettable. → **fâcheux. 3** Très mauvais. → **exécrable.** ▷ adv. **déplorablement**

**déplorer** v. tr. 1 ■ **1** S'affliger à propos de (qqch). *Déplorer la perte d'un ami.* → **pleurer. 2** Regretter beaucoup.

**déployer** v. tr. 8 ■ **1** Développer dans toute son extension (ce qui était plié). *L'oiseau déploie ses ailes.* ◆ loc. *RIRE À GORGE DÉPLOYÉE* : rire aux éclats. **2** Disposer sur une grande étendue. ‒ pronom. *Le cortège se déploie.* **3** fig. Montrer dans toute son étendue. *Déployer toute sa séduction.*

**se déplumer** v. pron. 1 ■ Perdre ses plumes. ◆ fam. Perdre ses cheveux.

**dépoitraillé, ée** adj. ■ fam. Qui porte un vêtement largement ouvert sur la poitrine.

**dépolir** v. tr. 2 ■ Enlever le poli, l'éclat de. ► **dépoli, ie** adj. *Verre dépoli*, qui laisse passer la lumière mais sans images.

**dépolitiser** v. tr. 1 ■ Ôter tout caractère politique à. ▷ n. f. **dépolitisation**

**dépolluer** v. tr. 1 ■ Diminuer, supprimer la pollution de (un lieu). ▷ n. f. **dépollution**

**déponent, ente** adj. ■ Se dit d'un verbe latin à forme passive et sens actif.

**déportation** n. f. ■ **1** dr. (ancienne) Exil définitif d'un condamné. **2** Internement dans un camp de concentration à l'étranger. *La déportation des Juifs par les nazis.*

**déporté, ée** n. ■ Personne qui a subi la déportation (spécialt, dans un camp nazi).

**déportement** n. m. ■ au plur. littér. Écarts de conduite, excès. → **débauche.**

**déporter** v. tr. ⚀ ▪ **I** Infliger la déportation à (qqn). **II** Dévier de sa direction, de sa trajectoire.

**déposant, ante** n. ▪ **1** dr. Personne qui fait une déposition en justice. **2** Personne qui fait un dépôt d'argent.

**déposer** v. tr. ⚀ ▪ **I** Dépouiller (qqn) de l'autorité souveraine. → **destituer.** *Déposer un roi.* **II 1** Poser (une chose que l'on portait). **2** Laisser (qqn) quelque part, après l'y avoir conduit. **3** (sujet chose) Laisser (un dépôt). ← pronom. *La poussière se dépose sur les meubles.* **4** Mettre (qqch.) en lieu sûr, en dépôt. ◆ Faire enregistrer. ← au p. p. *Marque déposée.* ◆ dr. *Déposer une plainte en justice.* ← *Déposer son bilan :* se déclarer en faillite. **5** intrans. Déclarer ce que l'on sait d'une affaire. → **témoigner.**

**dépositaire** n. ▪ **1** Personne à qui l'on confie un dépôt. ← Commerçant qui a des marchandises en dépôt. **2** fig., littér. *Le, la dépositaire d'un secret.*

**déposition** n. f. ▪ Déclaration que fait sous la foi du serment la personne qui témoigne en justice. → **témoignage.**

**dépositoire** n. m. ▪ Lieu servant au dépôt des défunts, dans leur cercueil fermé.

**déposséder** v. tr. ⚅ ▪ Priver (qqn) de la possession (d'une chose). → **dépouiller.** ▷ n. f. **dépossession**

**dépôt** n. m. ▪ **1** Action de déposer; spécialt de placer en lieu sûr. *Dépôt d'espèces. Mettre qqch. en dépôt.* ◆ *DÉPÔT LÉGAL :* remise à l'Administration d'exemplaires de toute publication. **2** Ce qui est confié au dépositaire. **3** Lieu où l'on dépose certaines choses, où l'on gare du matériel. ◆ Prison où sont gardés les prisonniers de passage. **4** Particules solides qui tombent au fond d'un liquide trouble au repos.

**dépoter** v. tr. ⚀ ▪ **1** techn. Transvaser (un liquide). **2** Enlever (une plante) d'un pot pour la replanter. ▷ n. m. **dépotage**

**dépotoir** n. m. ▪ Lieu public où l'on dépose des ordures. → **décharge.**

**dépouille** n. f. ▪ **I 1** Peau enlevée à un animal. ← Peau perdue lors de la mue. **2** littér. *Dépouille (mortelle).* → **cadavre. II** au plur. *DÉPOUILLES :* ce qu'on enlève à l'ennemi sur le champ de bataille. → **trophée.**

**dépouillement** n. m. ▪ **1** État d'une personne privée de tout. → **dénuement. 2** (choses) Fait d'être débarrassé du superflu, des ornements. *Le dépouillement d'un scrutin.* **3** Examen minutieux (de documents).

**dépouiller** v. tr. ⚀ ▪ **I 1** Enlever la peau de (un animal). **2** Dégarnir (qqn, qqch.) de ce qui couvre. **3** Déposséder (qqn) en lui enlevant ce qu'il a. **4** Analyser, examiner (un document). **II** littér. **1** Ôter (ce qui couvre). *Dépouiller ses vêtements.* **2** fig. Renoncer à. *Dépouiller tout orgueil.* ← **se dépouiller** (de) v. pron. **1** Ôter. ◆ Perdre. **2** Se défaire (de), abandonner. → **dépouillé, ée** adj. Sans ornement. → **sobre.**

**dépourvu, ue** adj. ▪ *DÉPOURVU DE :* qui n'a pas de. → **sans; dénué de. 2** *AU DÉPOURVU* loc. adv. : sans qu'on soit averti. → **à l'improviste.** *Votre question me prend au dépourvu.*

**dépoussiérer** v. tr. ⚅ ▪ **1** Débarrasser de sa poussière par des moyens mécaniques. **2** fig. Rénover. ▷ n. m. **dépoussiérage**

**dépraver** v. tr. ⚀ ▪ **1** Amener (qqn) à désirer le mal, à s'y complaire. → **corrompre, pervertir. 2** littér. Altérer. *Dépraver le jugement.* ► **dépravé, ée** adj. et n. ▷ n. f. **dépravation**

**déprécier** v. tr. ⑦ ▪ **1** Diminuer la valeur, le prix de. **2** fig. Ne pas apprécier à sa valeur réelle; chercher à déconsidérer. → **dénigrer.** ► **se déprécier** v. pron. **1** Perdre de sa valeur. *Monnaie qui se déprécie.* **2** fig. → se **dévaloriser.** ▷ n. f. **dépréciation** ▷ **dépréciatif, ive** adj. didact. → **péjoratif.**

**déprédation** n. f. ▪ Dommage matériel causé aux biens d'autrui, aux biens publics.

**se déprendre** v. pron. 58 ▪ littér. (abstrait) se dégager (de ce qui retient, immobilise).

**dépressif, ive** adj. **1** adj. Relatif à la dépression (II). **2** adj. et n. Sujet à la dépression.

**dépression** n. f. ▪ **I 1** Enfoncement, concavité. → **creux.** *Dépression de terrain.* **2** Baisse de la pression atmosphérique; zone de basse pression. ▷ adj. **dépressionnaire II** État mental caractérisé par la lassitude, du découragement, de la faiblesse, de l'anxiété. **III** anglic. Crise économique.

**dépressuriser** v. tr. ⚀ ▪ Faire perdre sa pressurisation à. ▷ n. f. **dépressurisation**

**déprimant, ante** adj. ▪ Qui déprime.

**déprime** n. f. ▪ fam. Dépression (II).

**déprimer** v. tr. ⚀ ▪ **I** v. tr. **1** (concret) Abaisser, incurver par une pression. **2** Affaiblir, abattre (qqn). **II** v. intr. fam. Être abattu, démoralisé. ► **déprimé, ée** adj.

**de profundis** [depʀɔfɔ̃dis] n. m. invar. ▪ Psaume des prières pour les morts.

**déprogrammer** v. tr. ⚀ ▪ Supprimer d'un programme. ▷ n. f. **déprogrammation**

**dépuceler** v. tr. ④ ▪ fam. Faire perdre sa virginité, son pucelage à (qqn). → **déflorer.**

**depuis** prép. ▪ **À** partir de. **I** (temps) **1** À partir de (un moment passé). *Depuis hier.* ← adv. *Nous ne l'avons plus vu depuis.* ← *DEPUIS QUE* loc. conj. (+ indic.). **2** Pendant la durée (passée) écoulée. *Depuis longtemps.* **II** (espace) **1** *DEPUIS... JUSQU'À :* de tel endroit à tel autre. **2** (provenance) *Depuis la fenêtre, il observait la rue.* **III** *DEPUIS... JUSQU'À :* exprime une succession dans une série.

**dépuratif, ive** adj. ▪ (produit) Qui purifie l'organisme, en favorisant l'élimination.

**dépurer** v. tr. ⚀ ▪ didact. Rendre plus pur. → **épurer, purifier.** ▷ n. f. **dépuration**

**députation** n. f. ▪ **1** Envoi de personnes chargées d'une mission; ces personnes. → **délégation. 2** Fonction de député.

**député, ée** n. (rare au fém.) ▪ **1** Personne envoyée en mission. **2** Personne qui fait partie d'une assemblée délibérante. → **représentant.** ← Personne élue à une chambre législative. → **élu, parlementaire.**

**députer** v. tr. ⚀ ▪ Envoyer (qqn) comme député (1). → **déléguer, mandater.**

**déqualifier** v. tr. ⑦ ▪ Employer (qqn) à un niveau de qualification inférieur au sien. → **sous-employer.** ▷ n. f. **déqualification**

**déraciner** v. tr. 🔲 ■ **1** Arracher (ce qui a des racines). **2** fig. Arracher (qqn) de son pays, de son milieu. ▷ n. m. **déracinement**

**dérailler** v. intr. 🔲 ■ **1** (wagon, train) Sortir des rails. **2** fig., fam. S'écarter du bon sens. → **déraisonner.** ▷ n. m. **déraillement**

**dérailleur** n. m. ■ Mécanisme qui fait changer de pignon à la chaîne d'une bicyclette.

**déraison** n. f. ■ littér. Manque de raison (dans les paroles, la conduite).

**déraisonnable** adj. ■ Qui n'est pas raisonnable. → **absurde, insensé.** Conduite déraisonnable. ▷ adv. **déraisonnablement**

**déraisonner** v. intr. 🔲 ■ littér. Tenir des propos dépourvus de raison. → **divaguer.**

**dérangement** n. m. ■ **1** Mise en désordre. **2** Fait de déranger qqn. → **gêne, trouble. 3** EN DÉRANGEMENT : qui ne fonctionne pas.

**déranger** v. tr. 🔲 ■ **1** Déplacer, mettre en désordre (ce qui était rangé). **2** Troubler le fonctionnement de (qqch.). ◆ au p. p. Avoir l'estomac dérangé. **3** Gêner (qqn) dans ses occupations. → **importuner.** ► se **déranger** v. pron. Modifier ses occupations.

**déraper** v. intr. 🔲 ■ **1** Glisser latéralement sur le sol (automobile...). **2** fig. Effectuer un écart incontrôlé. La conversation a dérapé. ▷ n. m. **dérapage**

**dératé** n. m. ■ loc. Courir comme un dératé, très vite.

**dératiser** v. tr. 🔲 ■ Débarrasser (un lieu) des rats. ▷ n. f. **dératisation**

**derby** n. m. ■ **1** Course de chevaux annuelle qui a lieu à Epsom, en Angleterre. **2** sports Rencontre entre deux équipes voisines.

**derche** n. m. ■ argot Derrière. ◆ loc. FAUX DERCHE : hypocrite (→ faux cul).

**derechef** [dəʁəʃɛf] adv. ■ littér. Une seconde fois ; encore une fois.

**déréglement** n. m. ■ Fait de se dérégler.

**déréglementer** v. tr. 🔲 ■ Soustraire à la réglementation. ▷ n. f. **déréglementation**

**dérégler** v. tr. 🔲 ■ **1** Faire que (qqch.) ne soit plus réglé ; mettre en désordre. Dérégler un mécanisme. **2** fig. Troubler l'ordre moral de. ► **déréglé, ée** adj. **1** Pendule déréglée. ◆ Estomac déréglé. **2** fig. Qui est hors de l'équilibre. Vie déréglée. **3** Excessif, démesuré.

**déréliction** n. f. ■ relig. État d'une personne qui se sent abandonnée, privée de secours.

**déremboursement** n. m. ■ admin. (en France) Arrêt du remboursement (d'un médicament) par la Sécurité sociale. ▷ v. tr. **dérembourser** 🔲

**déresponsabiliser** v. tr. 🔲 ■ Ôter toute responsabilité à (qqn).

**dérider** v. tr. 🔲 ■ Rendre moins soucieux, moins triste. → **égayer.** ► se **dérider** v. pron. Cesser d'être tendu ; sourire, rire.

**dérision** n. f. ■ Mépris qui incite à rire, à se moquer de qqn. → **ironie, moquerie, raillerie.**

**dérisoire** adj. ■ **1** Très faible, insignifiant. **2** (personnes) Qui paraît ridicule par son insignifiance. Un rival dérisoire.

**dérivatif** n. m. ■ Ce qui permet de se distraire de ses préoccupations. → **distraction.**

**dérivation** n. f. ■ **1** Action de dériver (les eaux). **2** gramm. Formation de mots à partir d'une base et d'affixes*. « Saison » donne « saisonnier » par dérivation. **3** électr. Communication entre deux points d'un circuit, au moyen d'un second conducteur.

**dérive** n. f. ■ **1** Déviation d'un navire, d'un avion, sous l'effet des vents ou des courants. ◆ loc. À LA DÉRIVE : en dérivant. ◆ fig. La dérive d'un adolescent. **II** Dispositif qui empêche un navire, un avion de dériver.

**dérivé** n. m. ■ **1** Mot qui provient d'une dérivation. **2** Produit dérivé (d'un autre). Les dérivés de la houille.

**dérivée** n. f. ■ math. Limite du rapport de l'accroissement d'une fonction à celui de la variable lorsqu'il tend vers zéro.

① **dériver** v. tr. 🔲 ■ **I** v. tr. Détourner (des eaux) de leur cours. **II** v. tr. ind. DÉRIVER DE : avoir son origine dans. → **provenir de.** ► **dérivé, ée** adj. comm. Produit dérivé, d'une autre nature que le produit original, et exploitant sa marque.

② **dériver** v. intr. 🔲 ■ **1** S'écarter de sa direction (navire...). → fig. Une politique qui dérive. **2** Être sans volonté, sans énergie.

**dériveur** n. m. ■ Voilier muni d'une dérive.

**dermato-, derm(o)-, -derme** Éléments savants, du grec derma, dermatos « peau ».

**dermatologie** n. f. ■ Partie de la médecine qui a trait aux maladies de la peau. ▷ adj. **dermatologique** ▷ n. **dermatologue**

**dermatose** n. f. ■ méd. Maladie de la peau.

**derme** n. m. ■ Couche profonde de la peau, recouverte par l'épiderme. ▷ adj. **dermique**

**dernier, ière** adj. ■ **I 1** adj. (avant le n.) Qui vient après tous les autres (s'oppose à premier). Le dernier mois de l'année. ◆ Faire un dernier effort. → **ultime.** Avoir le dernier mot*. ◆ (attribut) Il est arrivé bon dernier. **2** n. Le dernier de la famille ; le petit dernier. → **benjamin. 3** EN DERNIER loc. adv. : à la fin, après tous les autres. **II** Extrême. **1** Au plus haut, le plus grand. Au dernier degré. **2** Le plus bas, le pire... C'est mon dernier prix (dans un marchandage). **III** Qui est le plus proche du moment présent. → **récent.** L'an dernier. ◆ (n. f.) fam. Tu connais la dernière ?, l'événement qui vient de se produire.

**dernièrement** adv. ■ Ces derniers temps. → **récemment.**

**dernier-né, dernière-née** n. ■ Enfant qui, dans une famille, est né le dernier. → **benjamin.** Les derniers-nés, les dernières-nées.

**dérobade** n. f. ■ Action de se dérober. → **échappatoire, faux-fuyant.**

**à la dérobée** loc. adv. ■ En cachette.

**dérober** v. tr. 🔲 ■ **1** Prendre furtivement (ce qui appartient à autrui). → **subtiliser, voler. 2** fig. Obtenir (qqch.) par des moyens peu honnêtes → **extorquer. 3** (sujet chose) Masquer, dissimuler. **4** littér. Cacher ou éloigner. Dérober son regard. ► se **dérober** v. pron. **1** SE DÉROBER À : se **soustraire** à. **2** Éviter de répondre, d'agir. **3** S'écarter de qqn. ◆ spécial (cheval) Faire un écart pour éviter l'obstacle. **4** (sujet chose) Se dérober sous, s'effondrer. ► **dérobé, ée** adj. Escalier dérobé, porte dérobée, qui permet de sortir ou d'entrer sans être vu. → **secret.**

**dérogation** n. f. ■ **1** Fait de déroger (à une loi...). **2** Autorisation spéciale, dispense.

**dérogatoire** adj. ■ Qui contient, qui constitue une dérogation.

**déroger** v. tr. ind. ③ ■ *DÉROGER À* **1** dr. Ne pas observer, ne pas appliquer (une loi...). *Déroger à la loi.* → **enfreindre. 2** littér. Manquer à (sa situation sociale, ses principes).

**dérouillée** n. f. ■ fam. Volée de coups.

**dérouiller** v. tr. ① ■ fam. **1** Exercer, dégourdir. *Se dérouiller les jambes.* **2** Battre. ◆ intrans. Être battu ; souffrir.

**déroulé** n. m. ■ Succession des étapes (d'un événement, d'un processus). → **déroulement, enchaînement.**

**déroulement** n. m. ■ Fait de (se) dérouler.

**dérouler** v. tr. ① ■ **1** Défaire, étendre (ce qui était roulé). **2** fig. Montrer, développer successivement. ► **se dérouler** v. pron. **1** *Store qui se déroule.* **2** Avoir lieu (à tel endroit, à tel moment). → **se passer.**

**dérouleur** n. m. ■ Dispositif pour l'enroulement et le déroulement d'une bande.

**déroutant, ante** adj. ■ Qui déroute (2).

**déroute** n. f. ■ Fuite désordonnée de troupes. → **débâcle, débandade.**

**dérouter** v. tr. ① ■ **1** Faire changer d'itinéraire, de destination (un navire, un avion). **2** fig. Déconcerter, démonter (qqn).

**derrick** n. m. ■ anglic. Bâti métallique qui supporte le trépan servant à forer les puits de pétrole. – recomm. off. *tour de forage.*

① **derrière** ■ Du côté opposé au visage, à la face, au côté visible. **I** prép. **1** En arrière, au dos de. *Derrière le mur.* – *DE DERRIÈRE, PAR-DERRIÈRE* loc. prép. **2** À la suite de. *Marcher l'un derrière l'autre.* **II** adv. **1** Du côté opposé à la face, à l'avant ; en arrière. *Il est resté derrière.* **2** *PAR-DERRIÈRE* loc. adv. : par l'arrière.

② **derrière** n. m. ■ **1** Le côté opposé au *devant*, la partie postérieure. → **arrière. 2** Partie du corps qui comprend les fesses. → **arrière-train, postérieur.**

**derviche** n. m. ■ Religieux musulman appartenant à une confrérie mystique. *Les derviches tourneurs* (turcs), qui tournent sur eux-mêmes (danse rituelle).

① **des** → ① **de** et ② **de**

② **des** art. indéf. ■ Pluriel de *un, une. Un livre, des livres.* – REM. *Des* est remplacé par *de* devant un adjectif (*il a de bonnes idées* ; [élidé] *il m'a fait d'amers reproches*) sauf si l'adjectif fait corps avec le nom (*des petits fours*).

**des-** ou **dés-** → **dé-**

**dès** prép. ■ **I** (temps) **1** Immédiatement, à partir de. *Être debout dès l'aube.* **2** *DÈS LORS* loc. adv. : dès ce moment, aussitôt ; fig. en conséquence. ◆ *DÈS LORS QUE* loc. conj. (+ indic.) : dès l'instant où ; fig. étant donné que, puisque. ◆ *DÈS QUE* loc. conj. (+ indic.) : aussitôt que. **II** (lieu) À partir de, depuis.

**désabonner** v. tr. ① ■ Faire cesser d'être abonné. ► **se désabonner** v. pron.

**désabuser** v. tr. ① ■ littér. Tirer (qqn) de l'erreur, de l'illusion qui l'abuse. ► **désabusé, ée** adj. cour. Qui a perdu ses illusions.

**désaccord** n. m. ■ **1** Fait de n'être pas d'accord ; état de personnes qui s'opposent. → **différend, mésentente. 2** (choses) Fait de ne pas aller ensemble.

**désaccorder** v. tr. ① ■ **1** Détruire l'accord de (un instrument). **2** Rompre l'accord, l'harmonie de. ► **désaccordé, ée** p. p.

**désaccoutumer** v. tr. ① ■ littér. Faire perdre une habitude (à qqn). ► **se désaccoutumer** v. pron. ▷ n. f. **désaccoutumance**

**désacraliser** v. tr. ① ■ didact. Retirer son caractère sacré à (qqch., qqn).

**désaffecter** v. tr. ① ■ Faire cesser, changer l'affectation de (un édifice). ► **désaffecté, ée** adj. Qui a perdu sa destination première.

**désaffection** n. f. ■ Perte de l'attachement que l'on éprouvait. → **détachement.**

**désagréable** adj. ■ **1** Qui se conduit de manière à choquer, blesser. **2** (choses) Qui déplaît. → **pénible.** ▷ adv. **désagréablement**

**désagréger** v. tr. ③ et ⑥ ■ Décomposer (qqch.) en séparant les parties liées. ► **se désagréger** v. pron. ▷ n. f. **désagrégation**

**désagrément** n. m. ■ Déplaisir causé par qqch. de désagréable ; sujet de contrariété.

**désaltérant, ante** adj. ■ Qui désaltère.

**désaltérer** v. tr. ⑥ ■ Apaiser la soif de. ► **se désaltérer** v. pron. → **boire.**

**désamianter** v. tr. ① ■ Débarrasser (un lieu) de l'amiante qu'il contient. ▷ n. m. **désamiantage** → **déflocage.**

**désamorcer** v. tr. ③ ■ **1** Enlever l'amorce de. **2** Interrompre le fonctionnement de (une pompe...). **3** fig. Empêcher le déclenchement de. *Désamorcer un conflit.* ▷ n. m. **désamorçage**

**désamour** n. m. ■ littér. Fin de l'amour.

**désappointer** v. tr. ① ■ Tromper (qqn) dans son attente, dans ses espérances. → **décevoir.** ► **désappointé, ée** adj. ▷ **désappointement** n. m. → **déception, déconvenue.**

**désapprendre** v. tr. ⑤⑧ ■ littér. Oublier (ce qu'on a appris). – *Désapprendre d'aimer.*

**désapprobateur, trice** adj. ■ Qui marque la désapprobation.

**désapprobation** n. f. ■ Action de désapprouver. → **réprobation.**

**désapprouver** v. tr. ① ■ Juger d'une manière défavorable. → **blâmer, réprouver.**

**désarçonner** v. tr. ① ■ **1** Mettre (qqn) hors des arçons, jeter à bas de la selle. **2** Faire perdre son assurance à. → **déconcerter.**

**désarmant, ante** adj. ■ Qui enlève toute sévérité ou laisse sans défense.

**désarmement** n. m. ■ Action de désarmer ; spécialt réduction ou suppression des armements. *Désarmement nucléaire.*

**désarmer** v. tr. ① ■ **I** ■ **1** Enlever ses armes à (qqn). **2** Limiter ou supprimer les armements militaires (un pays...). **3** mar. *Désarmer un navire*, en retirer le matériel et l'équipage. **II** fig. **1** Rendre moins sévère, pousser à l'indulgence. *Sa candeur me désarme.* **2** Céder (sentiment hostile, violent). *Sa colère ne désarme pas.*

**désarroi** n. m. ■ Trouble moral, détresse.

**désarticuler** v. tr. ① ▪ 1 Faire sortir (un os) de son articulation. 2 fig. Démonter, disloquer ; défaire.

**désassortir** v. tr. ② ▪ Priver (un ensemble de choses assorties) d'une partie de ses éléments. ► **désassorti, ie** adj.

**désastre** n. m. ▪ 1 Malheur très grave ; ruine qui en résulte. ⇒ **calamité, cataclysme, catastrophe.** 2 Échec entraînant de graves conséquences. *Nous courons au désastre.*

**désastreux, euse** adj. ▪ Malheureux, mauvais ; fâcheux. ▷ adv. **désastreusement**

**désavantage** n. m. ▪ Condition d'infériorité ; élément négatif. → **inconvénient.** *Tourner au désavantage de qqn.* → **détriment.**

**désavantager** v. tr. ③ ▪ Faire subir un désavantage à (qqn). → **handicaper.**

**désavantageux, euse** adj. ▪ Qui cause ou peut causer un désavantage.

**désaveu** n. m. ▪ Fait de désavouer.

**désavouer** v. tr. ① ▪ 1 Refuser de reconnaître pour sien. ⇒ **renier.** 2 Blâmer.

**désaxer** v. tr. ① ▪ 1 Faire sortir de l'axe. 2 fig. Faire sortir (qqn) de l'état normal, habituel. ► **désaxé, ée** adj. 1 *Roue désaxée.* 2 adj. et n. → **déséquilibré.**

**desceller** v. tr. ① ▪ Détacher, arracher (ce qui est scellé). ▷ n. m. **descellement**

**descendance** n. f. ▪ Ensemble des descendants de qqn.

**descendant, ante** ▪ I n. Personne qui est issue d'un ancêtre. II adj. Qui descend.

**descendre** v. ④ ▪ I v. intr. (auxiliaire *être*) 1 Aller du haut vers le bas. *Il est descendu à pied.* 2 Aller vers le sud. 3 Loger, au cours d'un voyage. 4 *Descendre de* : cesser d'être sur, dans ; sortir de. *Descendre de voiture.* 5 Faire irruption (→ **descente** (I, 2)). 6 (abstrait) Aller vers ce qui est considéré comme plus bas ou plus profond. II (choses) 1 Aller de haut en bas. *Le soleil descend sur l'horizon.* ♦ *La nuit descend.* → **tomber.** 2 S'étendre de haut en bas. *Robe qui descend à la cheville.* 3 Diminuer de niveau. → **baisser.** *La marée descend.* III fig. (personnes) *Descendre de* : tenir son origine, être issu de (→ **descendance**). IV v. tr. (auxiliaire *avoir*) 1 Aller en bas, vers le bas de. 2 Porter de haut en bas. ♦ fam. Avaler, boire. 3 fam. Faire tomber ; abattre. *Se faire descendre.* → **tuer.** ▪ loc. *Descendre (qqn, qqch.) en flammes* : critiquer violemment.

**descente** n. f. ▪ I 1 Action de descendre, d'aller d'un lieu élevé vers un autre plus bas. 2 Vive attaque (militaire...) dans le camp adverse. ♦ Irruption soudaine (en vue d'un contrôle...). *Descente de police.* 3 (choses) Déplacement de haut en bas. II Action de porter en bas. ► DESCENTE DE CROIX : représentation de Jésus-Christ qu'on détache de la croix. III 1 Chemin par lequel on descend. *Freiner dans les descentes.* 2 DESCENTE DE LIT : petit tapis placé le long du lit. 3 fam. *Avoir une bonne descente* : boire beaucoup.

**déscolarisé, ée** adj. ▪ Dont la scolarité se trouve interrompue ou empêchée. *Des enfants déscolarisés.*

**descriptif, ive** adj. ▪ 1 Qui décrit, s'attache à décrire. 2 n. m. Document (plans, schémas...) qui décrit précisément qqch.

**description** n. f. ▪ 1 Action de décrire. 2 dans une œuvre littéraire Passage qui évoque la réalité concrète. *Description vivante.*

**désembuer** v. tr. ① ▪ Débarrasser (une vitre, etc.) de la buée. ▷ n. m. **désembuage**

**désemparé, ée** adj. ▪ Qui ne sait plus où il en est, qui ne sait plus que dire, que faire. → **déconcerté, décontenancé.**

**désemparer** v. intr. ① ▪ loc. littér. *SANS DÉSEMPARER* : sans faiblir.

**désemplir** v. intr. ② ▪ (forme négative) *Ne pas désemplir* : être constamment plein.

**désenchanter** v. tr. ① ▪ Faire revenir (qqn) de ses illusions. ► **désenchanté, ée** adj. → **blasé, déçu.** ▷ n. m. **désenchantement**

**désenclaver** v. tr. ① ▪ Faire cesser d'être enclavé ; rompre l'isolement de (une région...).

**désencombrer** v. tr. ① ▪ Faire cesser d'être encombré.

**désenfler** v. intr. ① ▪ Cesser d'être enflé.

**désengager** v. tr. ③ ▪ Faire cesser d'être engagé ; libérer d'un engagement. ► se **désengager** v. pron. ▷ n. m. **désengagement**

**désennuyer** [-ɑ̃nɥi-] v. tr. ⑧ ▪ Faire cesser l'ennui de (qqn). ► se **désennuyer** v. pron.

**désensibiliser** [des-] v. tr. ① ▪ 1 méd. Diminuer la sensibilité à l'égard de certaines substances. ♦ *Désensibiliser une dent.* → **dévitaliser.** 2 Rendre (qqn) moins sensible à qqch. ▷ n. f. **désensibilisation**

**désépaissir** v. tr. ② ▪ Rendre moins épais.

**déséquilibre** n. m. ▪ 1 Absence d'équilibre. → **instabilité.** ♦ méd. Trouble de l'équilibre ; trouble de la régulation. 2 État psychique qui se manifeste par des difficultés d'adaptation, des changements d'humeur...

**déséquilibré, ée** adj. et n. ▪ (Personne) qui n'a pas ou n'a plus son équilibre mental.

**déséquilibrer** v. tr. ① ▪ 1 Faire perdre l'équilibre à (qqch., qqn). 2 Causer un déséquilibre chez (qqn).

① **désert, erte** adj. ▪ 1 Sans habitants. ◆ Peu fréquenté. *Plage déserte.* 2 Privé de ses occupants. → **vide.** *Rue déserte.*

② **désert** n. m. ▪ Zone aride et peu habitée. ♦ loc. *Prêcher, parler dans le désert*, sans être entendu.

**déserter** v. tr. ① ▪ 1 Abandonner (un lieu où l'on doit être, etc.). *Déserter son poste.* 2 sans compl. Quitter l'armée sans permission. 3 fig. Renier, trahir. ▷ n. f. **désertion**

**déserteur** n. m. ▪ Soldat qui a déserté.

**se désertifier** v. pron. ⑦ ▪ 1 Se transformer en désert (par le climat...). 2 fig. Se dépeupler. ▷ n. f. **désertification**

**désertique** adj. ▪ 1 Relatif au désert. 2 Vide ; inhabité. *Quartier désertique.*

**désescalade** n. f. ▪ Retour au calme après une escalade* (domaine militaire, etc.).

**désespérance** n. f. ▪ littér. État d'une personne qui n'a aucune espérance. → **désespoir.**

**désespérant, ante** adj. ▪ Qui fait perdre espoir, qui lasse. → **décourageant.**

**désespéré, ée** adj. ▪ **1** Réduit au désespoir. ← n. *Un désespéré.* **2** Qui exprime le désespoir. *Regard désespéré.* **3** Extrême ; dicté par le danger. *Tentative désespérée.* **4** Qui ne laisse aucune espérance.

**désespérément** adv. ▪ **1** Avec désespoir. ◆ Absolument, dans la tristesse. *Être désespérément seul.* **2** Avec acharnement.

**désespérer** v. ⑥ ▪ **I** v. tr. ind. (avec *de*) Perdre l'espoir en. ← littér. *Désespérer que* (+ subj.). **2** v. intr. Cesser d'espérer. **II** v. tr. Réduire au désespoir. ◆ par exagér. Désoler, navrer. ► se **désespérer** v. pron.

**désespoir** n. m. ▪ **1** Perte de tout espoir. ← loc. *L'énergie du désespoir* : la force déployée lorsque tout est perdu. **2** Affliction extrême. → **détresse. 3** par exagér. Ce qui cause une grande contrariété. *Faire le désespoir de qqn.* ← *Être au désespoir* : regretter vivement. **4** *En désespoir de cause* loc. adv. : comme dernière tentative et sans grand espoir de succès.

**déshabillé** n. m. ▪ Léger vêtement d'intérieur féminin.

**déshabiller** v. tr. ① ▪ Dépouiller (qqn) de ses vêtements. ► se **déshabiller** v. pron. ▷ n. m. **déshabillage**

**déshabituer** v. tr. ① ▪ Faire perdre une habitude à (qqn). → **désaccoutumer.** ► se **déshabituer** v. pron. *Se déshabituer de fumer.*

**désherbant** n. m. ▪ Produit qui détruit les mauvaises herbes.

**désherber** v. tr. ① ▪ Enlever les mauvaises herbes de. → **sarcler.** ▷ n. m. **désherbage**

**déshérence** n. f. ▪ dr. Absence d'héritiers pour recueillir une succession qui est en conséquence dévolue à l'État.

**déshériter** v. tr. ① ▪ **1** Priver (qqn) de l'héritage auquel il a droit. **2** fig. Priver (qqn) des avantages naturels. → **désavantager.** *La nature l'a déshérité.* ► **déshérité, ée** adj. **1** Privé d'héritage. **2** fig. Défavorisé.

**déshonnête** adj. ▪ littér. Contraire à la pudeur. → **inconvenant.** ≠ *malhonnête.*

**déshonneur** n. m. ▪ Perte de l'honneur.

**déshonorant, ante** adj. ▪ Qui déshonore.

**déshonorer** v. tr. ① ▪ **1** Porter atteinte à l'honneur de (qqn). → **avilir. 2** vieilli Abuser de, séduire (une femme). ► se **déshonorer** v. pron.

**déshumaniser** v. tr. ① ▪ Faire perdre le caractère humain à. ► **déshumanisé, ée** adj.

**déshydratant, ante** adj. ▪ Qui déshydrate.

**déshydrater** v. tr. ① ▪ Enlever l'eau de. → **dessécher ; lyophiliser.** ► se **déshydrater** v. pron. Perdre l'eau nécessaire à l'organisme. ► **déshydraté, ée** adj. **1** *Organisme déshydraté.* **2** fam. Assoiffé. ▷ n. f **déshydratation**

**desiderata** [deziderata] n. m. pl. ▪ Choses souhaitées.

**design** [dizajn ; dezajn] n. m. ▪ anglic. Esthétique industrielle appliquée à la recherche de formes nouvelles et adaptées à leur fonction. - recomm. off. *stylique* n. f. ◆ adj. invar. D'une esthétique fonctionnelle. ▷ **designer** n. m. anglic. - recomm. off. *stylicien, ienne.*

**désignation** n. f. ▪ **1** Action de désigner ; appellation. **2** Action de choisir, d'élire (qqn).

**désigner** v. tr. ① ▪ **I 1** Indiquer de manière à faire distinguer, par un geste, une marque, un signe. **2** DÉSIGNER QQN À, le signaler à. *Son talent l'a désigné à l'attention du jury.* **3** Être le signe linguistique de. → **représenter.** *Tout ce que désigne le mot « amour ».* **II 1** Choisir (qqn) pour une activité, un rôle... **2** (sujet chose) → **destiner** à. *Ses qualités le désignent pour ce rôle.*

**désillusion** n. f. ▪ Perte d'une illusion.

**désillusionner** v. tr. ① ▪ Faire perdre une illusion à. → **décevoir, désappointer.**

**désincarcération** n. f. ▪ Dégagement d'une personne bloquée à l'intérieur d'un véhicule accidenté.

**désincarné, ée** adj. ▪ Qui néglige les choses charnelles (souvent iron.).

**désinence** n. f. ▪ Élément variable qui s'ajoute au radical d'un mot pour produire les formes des conjugaisons, des déclinaisons. → **flexion, terminaison.**

**désinfectant, ante** adj. ▪ Qui sert à désinfecter. ← n. m. *Un désinfectant.*

**désinfecter** v. tr. ① ▪ Procéder à la désinfection de. → **assainir, purifier.**

**désinfection** n. f. ▪ Destruction des germes infectieux, notamment à la surface du corps. → **antisepsie, asepsie, stérilisation.**

**désinformation** n. f. ▪ Utilisation des médias pour cacher ou travestir les faits.

**désinformer** v. tr. ① ▪ Informer de manière à cacher ou falsifier certains faits.

**désinhiber** v. tr. ① ▪ Lever l'inhibition de (qqn). → **décomplexer.** ▷ **désinhibiteur, trice** adj. *L'effet désinhibiteur de l'alcool.*

**désinstaller** v. tr. ① ▪ inform. Ôter (un logiciel) d'un ordinateur.

**désintégrer** v. tr. ⑥ ▪ **1** phys. Transformer (la matière) en énergie. **2** abstrait Détruire complètement. ► se **désintégrer** v. pron. ▷ n. f. **désintégration**

**désintéressé, ée** adj. ▪ Qui n'agit pas par intérêt personnel. → **altruiste.** ← *Avis désintéressé.* ▷ n. m. **désintéressement**

**se désintéresser** v. pron. ① ▪ (avec *de*) Ne plus porter intérêt à. → **négliger.**

**désintérêt** n. m. ▪ littér. État de l'esprit qui se désintéresse de qqch. → **indifférence.**

**désintoxication** n. f. ▪ Traitement qui a pour but de désintoxiquer.

**désintoxiquer** v. tr. ① ▪ Guérir (qqn) d'une intoxication, de l'habitude d'une drogue... ► se **désintoxiquer** v. pron.

**désinvolte** adj. ▪ Qui fait montre d'une liberté un peu insolente, d'une légèreté excessive. → **sans-gêne.** ▷ n. f. **désinvolture**

**désir** n. m. ▪ **1** Tendance qui porte à vouloir obtenir un objet connu ou imaginé. → **aspiration, envie ; souhait, vœu. 2** Tendance consciente aux plaisirs sexuels.

**désirable** adj. ▪ **1** Attrayant ; souhaitable. **2** Qui inspire un désir charnel.

**désirer** v. tr. ① ▪ **1** Tendre consciemment vers (ce que l'on aimerait posséder) ; éprouver le désir de. → **souhaiter, vouloir. 2** *LAISSER À DÉSIRER* : être imparfait. **3** *SE FAIRE DÉSIRER* : se faire attendre (souvent iron.). **4** Éprouver du désir (2) pour (qqn).

**désireux, euse** adj. ▪ *DÉSIREUX DE* (+ inf.) : qui veut, a envie de. *Désireux de plaire.*

**se désister** v. pron. ① ▪ Renoncer à une candidature ; se retirer d'une élection. *Se désister en faveur de qqn.* ▷ n. m. **désistement**

**désobéir** v. tr. ind. ② ▪ *DÉSOBÉIR À* **1** Ne pas obéir à (qqn), en refusant de faire ce qu'il commande ou en faisant ce qu'il défend. **2** (compl. chose) → **contrevenir ; enfreindre, transgresser.** *Désobéir à la loi.* ▷ n. f. **désobéissance** ▷ adj. **désobéissant, ante**

**désobliger** v. tr. ③ ▪ littér. Indisposer (qqn) par des actions ou des paroles désagréables. ▷ **désobligeance** n. f. littér. ▪ **désobligeant, ante** adj. → **désagréable.**

**désodorisant, ante** adj. ▪ Qui désodorise. → n. m. **déodorant.**

**désodoriser** v. tr. ① ▪ Débarrasser des mauvaises odeurs, au moyen d'un produit.

**désœuvré, ée** adj. ▪ Qui ne fait rien et ne cherche pas à s'occuper. → **inactif, oisif.** ▷ n. m. **désœuvrement**

**désolant, ante** adj. ▪ **1** littér. Qui désole. → **affligeant. 2** cour. Contrariant, ennuyeux.

**désolation** n. f. ▪ **1** État de ce qui est désolé (1). **2** Extrême affliction. → **détresse.**

**désoler** v. tr. ① ▪ **1** littér. Ruiner, dévaster. **2** Causer une affliction extrême à (qqn). → **affliger, consterner.** ▪ **désolé, ée** adj. **1** Désert et triste. **2** Affligé, éploré. *Avoir l'air désolé.* **3** par exagér. *Être désolé* : regretter.

**se désolidariser** [des-] v. pron. ① ▪ Cesser d'être solidaire (de).

**désopilant, ante** adj. ▪ Qui fait rire.

**désordonné, ée** adj. ▪ **1** Mal réglé, sans ordre. *Gestes désordonnés.* **2** Qui manque d'ordre, ne range pas ses affaires. **3** littér. → **dérégler, dissolu.** *Vie désordonnée.*

**désordre** n. m. ▪ **1** Absence d'ordre. *Chambre en désordre.* **2** Trouble dans un fonctionnement. *Désordre hormonal.* **3** littér. Fait de ne pas respecter les règles, la morale ; débauche. **4** Absence d'ordre ou rupture de l'ordre dans un groupe. → **anarchie. 5** au plur. Troubles sociaux. → **agitation.**

**désorganiser** v. tr. ① ▪ Détruire l'organisation de. ▷ n. f. **désorganisation.**

**désorienter** v. tr. ① ▪ **1** Faire perdre la bonne direction à. **2** Rendre hésitant sur le comportement à avoir. → **déconcerter, troubler.** ▪ **désorienté, ée** adj.

**désormais** adv. ▪ À partir du moment actuel. → **dorénavant.**

**désosser** v. tr. ① ▪ Ôter l'os, les os de.

**désoxyribonucléique** adj. ▪ biol. *Acide désoxyribonucléique.* → **A. D. N.**

**desperado** [dɛspeʀado] n. m. ▪ Hors-la-loi prêt à tout.

**despote** n. m. ▪ **1** Souverain qui gouverne avec une autorité arbitraire et absolue. → **tyran ; dictateur.** ◆ *Despote éclairé* (→ despotisme éclairé). **2** fig. *Ce directeur est un despote.* ▷ adj. **despotique**

**despotisme** n. m. ▪ Pouvoir absolu du despote. → Dictature, tyrannie. ◆ hist. *Despotisme éclairé* : doctrine des philosophes du XVIIIe siècle, selon laquelle le souverain doit gouverner selon les lumières de la raison.

**se desquamer** [-kwa-] v. pron. ① ▪ (peau) Se détacher par petites lamelles (squames). ▷ n. f. **desquamation**

**desquels, desquelles** → **lequel**

**dessaisir** v. tr. ② ▪ *Dessaisir qqn de*, enlever son bien, ses responsabilités. dr. *Dessaisir un tribunal d'une affaire.* ▪ **se dessaisir** (de) v. pron. ▪ Se défaire volontairement (de). ▷ n. m. **dessaisissement** dr.

**dessaler** v. tr. ① ▪ **I** v. tr. **1** Rendre moins salé. **2** fam. Rendre plus déluré. **II** v. intr. fam. Se renverser, chavirer (bateau).

**dessécher** v. tr. ⑥ ▪ **1** Rendre sec (ce qui contient de l'eau). → **déshydrater.** *Le froid dessèche les lèvres.* **2** Rendre insensible. → **endurcir ; appauvrir.** ▪ **se dessécher** v. pron. ▷ n. m. **dessèchement**

**dessein** n. m. ▪ Idée que l'on forme d'exécuter qqch. → **but, intention, projet.** ◆ *DANS LE DESSEIN DE* (+ inf.) : dans l'intention de. ◆ *À DESSEIN* : délibérément. → **exprès.**

**desseller** v. tr. ① ▪ Ôter la selle de.

**desserrer** v. tr. ① ▪ Relâcher (ce qui était serré). ▷ n. m. **desserrage**

**dessert** n. m. ▪ Mets sucré, pâtisserie, fruits servis à la fin du repas.

① **desserte** n. f. ▪ Fait de desservir (①).

② **desserte** n. f. ▪ Meuble où l'on pose les plats et couverts, après avoir desservi (②).

**desservant** n. m. ▪ Ecclésiastique qui dessert une cure, une paroisse... (→ **curé**).

① **desservir** v. tr. ⑭ ▪ **1** Assurer le service religieux de (une paroisse...). **2** Faire le service de (un lieu). *Aucun train ne dessert ce village.* **3** Donner dans (un lieu).

② **desservir** v. tr. ⑭ ▪ **I** Débarrasser (une table) après un repas. **II** Nuire à (qqn). ◆ Faire obstacle à l'exécution de (qqch.).

**dessiccation** n. f. ▪ Élimination de l'humidité d'un corps (→ **dessécher**).

**dessiller** v. tr. ① ▪ *Dessiller les yeux de, à qqn*, lui ouvrir les yeux, l'amener à connaître ce qu'il ignorait ou voulait ignorer.

**dessin** n. m. ▪ **1** Représentation ou suggestion des objets sur une surface, à l'aide de moyens graphiques. *Dessin rapide.* → **croquis, ébauche.** ◆ *DESSIN ANIMÉ* : film composé d'une suite de dessins (film d'animation*). **2** Art, technique du dessin. **3** Représentation linéaire précise des objets. → **épure.** *Dessin industriel.* **4** Aspect linéaire des formes naturelles. → **contour, ligne.** *Le dessin d'un visage.*

**dessinateur, trice** n. ▪ Personne qui pratique le dessin, qui fait métier de dessiner.

**dessiner** v. tr. ⚀ ■ **1** Représenter ou suggérer par le dessin. **2** (sujet chose) Faire ressortir le dessin de. → Former (un dessin). ▸ **se dessiner** v. pron. Paraître avec un contour net. ← fig. Prendre forme, se préciser. ▸ **dessiné, ée** adj. **1** *Visage bien dessiné*, dont la forme est jolie. **2** *BANDE\* DESSINÉE.*

**dessouder** v. tr. ⚀ ■ Ôter la soudure de.

**dessoûler** v. ⚀ ■ fam. **1** v. tr. Tirer (qqn) de l'ivresse. → **dégriser.** **2** v. intr. Cesser d'être soûl. *Il ne dessoûle jamais.*

① **dessous** [d(ə)su] adv. ■ Indique la position d'une chose sous une autre (opposé à *dessus*). **I 1** À la face inférieure, dans la partie inférieure. **2** loc. adv. *PAR-DESSOUS.* ← *EN DESSOUS* : contre la face inférieure ; fig. sournoisement. ← *CI-DESSOUS* (dans un texte). → **infra.** ← *LÀ-DESSOUS* : sous cet objet. fig. *Il y a qqch. là-dessous* : cela cache qqch. **II** *PAR-DESSOUS ; DE DESSOUS* loc. prép. → **sous.**

② **dessous** [d(ə)su] n. m. ■ (opposé à *dessus*) **1** Face inférieure (de qqch.) ; ce qui est sous, au plus bas que qqch. **2** *DESSOUS-DE-...*, nom de certains objets qui se placent sous qqch. (pour isoler, protéger). *Un, des dessous-de-plat.* **3** Ce qui est caché. *Les dessous de la politique.* → **secret. 4** au plur. Sous-vêtements féminins. **5** loc. *Être dans le trente-sixième dessous*, très mal. ← *Avoir le dessous*, être dans un état d'infériorité (lutte, discussion). **6** *AU-DESSOUS* loc. adv. : en bas ; plus bas. ♦ *AU-DESSOUS DE* loc. prép. : plus bas que ; fig. inférieur à. ← *Être au-dessous de tout*, n'avoir aucune valeur (personne, œuvre).

**dessous-de-table** n. m. invar. ■ Somme d'argent versée secrètement, illégalement, lors d'une transaction. → **pot-de-vin.**

① **dessus** [d(ə)sy] adv. ■ Indique la position d'une chose sur une autre (opposé à *dessous*). **I 1** À la face supérieure (opposé à *dessous*), extérieure (opposé à *dedans*). ← fig. *Mettre la main dessus.* → **saisir ; trouver. 2** loc. adv. *PAR-DESSUS.* ← *CI-DESSUS* : plus haut que ce qu'on vient d'écrire. → **supra.** ← *LÀ-DESSUS* : sur cela ; alors, sur ce. **II** *PAR-DESSUS* loc. prép. ← fig. *Par-dessus tout.* → **surtout.** ← fam. *En avoir par-dessus la tête de* (qqch., qqn), en avoir assez. ← *Par-dessus le marché\*.*

② **dessus** [d(ə)sy] n. m. ■ (opposé à *dessous*) **1** Face, partie supérieure (de qqch.). ← loc. *Le dessus du panier* : ce qu'il y a de mieux. **2** *DESSUS-DE-...*, nom de certains objets qui se placent sur qqch. (pour protéger, garnir). *Un, des dessus-de-lit.* **3** fig. *Avoir le dessus.* → **avantage.** ← *Reprendre le dessus* : surmonter un état pénible. **4** *AU-DESSUS* loc. adv. : en haut ; plus haut. ♦ *AU-DESSUS DE* loc. prép. : plus haut que ; fig. supérieur à. ← *Être au-dessus de tout soupçon. Il est au-dessus de cela* : cela ne l'atteint pas.

**déstabiliser** v. tr. ⚀ ■ Rendre moins stable ou instable. ▷ n. f. **déstabilisation**

**destin** n. m. ■ **1** Puissance censée fixer de façon irrévocable le cours des événements. → **destinée, fatalité. 2** Ensemble des événements qui composent la vie d'un être humain. → **sort.** *Il a eu un destin tragique.* **3** Ce qui adviendra (de qqch.). → **avenir.** *Le destin d'une civilisation.*

**destinataire** n. ■ Personne à qui s'adresse un envoi. *L'expéditeur et le destinataire.*

**destination** n. f. ■ **1** Ce pour quoi qqn, qqch. est fait, ce à quoi il est destiné. **2** Lieu où l'on doit se rendre, où qqch. est adressé. → **but.** ← *Arriver à destination.*

**destinée** n. f. ■ **1** Destin (1). **2** Destin (d'un être). ♦ Avenir (de qqch.). **3** littér. Vie, existence. *Unir sa destinée à qqn*, l'épouser.

**destiner** v. tr. ⚀ ■ *DESTINER À* **1** Fixer d'avance (pour être donné à qqn). *Il vous destine ce poste.* ← passif *Cette remarque vous est destinée*, vous concerne. **2** Réserver (qqch.) pour un usage. → **affecter.** *Destiner une somme à tel achat.* **3** Préparer (qqn) à un emploi, une occupation.

**destituer** v. tr. ⚀ ■ Priver (qqn) de sa fonction, de son emploi. → **démettre, limoger, renvoyer, révoquer.** ▷ n. f. **destitution**

**destrier** n. m. ■ Cheval de bataille, au moyen âge (opposé à *palefroi*).

**destroy** [dɛstrɔj] adj. invar. ■ anglic., fam. Relatif à une attitude qui exprime un goût pour la destruction. *Un look destroy.*

**destroyer** [dɛstrwaje ; dɛstrɔjœʀ] n. m. ■ mar. Bâtiment de guerre rapide.

**destructeur, trice** ■ **1** n. Personne qui détruit. **2** adj. Qui détruit.

**destructible** adj. ■ Qui peut être détruit.

**destructif, ive** adj. ■ Qui peut détruire.

**destruction** n. f. ■ Action de détruire. **1** Action de démolir (une construction). **2** Action d'altérer profondément, de faire disparaître. **3** Action de tuer (des êtres vivants). *Destruction d'un peuple.* → **extermination, génocide. 4** Fait de se dégrader jusqu'à disparaître. *La destruction d'un empire.*

**déstructurer** v. tr. ⚀ ■ didact. Faire disparaître la structure de. ▸ **se déstructurer** v. pron. ▷ n. f. **déstructuration**

**désuet, ète** [dezɥɛ ; desɥɛ, ɛt] adj. ■ Archaïque, sorti des habitudes, du goût moderne. → **suranné ; vieillot.**

**désuétude** [desɥetyd ; dezɥetyd] n. f. ■ *TOMBER EN DÉSUÉTUDE* : être abandonné, n'être plus en usage.

**désunion** n. f. ■ Désaccord, mésentente.

**désunir** v. tr. ② ■ **1** Séparer (des choses, des personnes unies). **2** Jeter le désaccord entre. ▸ **désuni, ie** adj. *Famille désunie.*

**détachable** adj. ■ Qu'on peut détacher.

**détachage** n. m. ■ Action de détacher (②).

**détachant** n. m. ■ Produit pour enlever les taches.

**détaché, ée** adj. ■ **1** Qui n'est plus attaché. ♦ Séparé d'un tout. *PIÈCES DÉTACHÉES*, servant au remplacement des pièces usagées d'un mécanisme. **2** Froid, insensible, indifférent. **3** *Fonctionnaire détaché.* → ① **détacher** (5).

**détachement** n. m. ■ **I 1** État d'une personne détachée (2). → **indifférence. 2** Situation d'une personne détachée (3). **II** Petit groupe de soldats affecté à un service spécial.

① **détacher** v. tr. ① ▪ **1** Dégager (qqn, qqch.) qui était attaché. **2** Éloigner (qqn, qqch.) de ce avec quoi il était en contact. → **écarter**. **3** loc. *Ne pouvoir détacher son regard, sa pensée de...* → **détourner**. **4** Faire partir (qqn) pour faire qqch. → **dépêcher, envoyer**. **5** Affecter provisoirement (qqn) à un autre service. **6** Ne pas lier. *Détacher nettement les syllabes.* ▸ se **détacher** v. pron. **1** (concret) Cesser d'être attaché. → Se séparer. **2** Apparaître nettement sur un fond. *Titre qui se détache en grosses lettres.* **3** Ne plus être attaché (par le sentiment, etc.) à.

② **détacher** v. tr. ① ▪ Débarrasser des taches. → **dégraisser, nettoyer.**

**détacheur, euse** n. ▪ **1** Personne qui nettoie le linge. **2** n. m. → **détachant.**

**détail, ails** n. m. ▪ **1** *LE DÉTAIL* : fait de vendre ou d'acheter des marchandises par petites quantités (opposé à *gros, demi-gros*). *Vente au détail.* **2** *LE DÉTAIL DE,* action de considérer qqch. dans ses éléments, ses particularités. → *Raconter qqch. dans le détail, en détail.* ▪ Les détails. *Se perdre dans le détail.* **3** *(UN, DES DÉTAILS)* Élément non essentiel d'un ensemble ; circonstance particulière.

**détaillant, ante** n. ▪ Vendeur au détail.

**détailler** v. tr. ① ▪ **1** Vendre (une marchandise) au détail. **2** littér. Considérer (qqch.) avec toutes ses particularités. **3** Examiner (qqn) en détail. ▸ **détaillé, ée** adj. Qui contient beaucoup de détails.

**détaler** v. intr. ① ▪ fam. S'en aller très vite.

**détartrer** v. tr. ① ▪ Débarrasser du tartre (un conduit ; les dents). ▷ n. m. **détartrage**

**détaxer** v. tr. ① ▪ Réduire ou supprimer la taxe sur (qqch.). ▷ n. f. **détaxation** et **détaxe**

**détecter** v. tr. ① ▪ Déceler l'existence de (un objet, un phénomène caché).

**détecteur, trice** ▪ **1** n. m. Appareil servant à détecter. **2** adj. Qui détecte.

**détection** n. f. ▪ Action de détecter.

**détective** n. m. ▪ **1** en Grande-Bretagne Policier enquêteur. **2** *DÉTECTIVE (PRIVÉ)* : personne chargée d'enquêtes policières privées.

**déteindre** v. tr. ⑤⑤ ▪ **1** v. tr. Faire perdre sa teinture à. **2** v. intr. Perdre sa couleur. ♦ fig. *DÉTEINDRE SUR* : avoir de l'influence sur.

**dételer** v. tr. ④ ▪ **1** v. tr. Détacher (une bête attelée ; l'attelage). **2** v. intr. fam. Cesser de faire qqch. *Sans dételer* : sans s'arrêter.

**détendre** v. tr. ④① ▪ **1** Relâcher (ce qui était tendu, contracté). **2** fig. Faire cesser l'état de tension de (qqn, qqch.). *Chercher à détendre l'atmosphère.* ▸ se **détendre** v. pron. ▸ **détendu, ue** adj.

**détenir** v. tr. ② ▪ **1** Garder, tenir en sa possession. *Détenir un objet volé.* → **receler.** → *Détenir le pouvoir.* **2** Garder, retenir (qqn) en captivité (→ **détention ; détenu**).

**détente** n. f. ▪ **1** Relâchement de ce qui est tendu. ♦ sports Relâchement (d'un athlète). **2** (armes à feu) Pièce qui sert à faire partir le coup (≠ *gâchette*). → loc. fam. *Être DUR À LA DÉTENTE*, avare ; difficile à décider ; lent à comprendre. **3** Expansion (d'un fluide). **4** fig. Relâchement d'une tension intellectuelle, nerveuse... ; état agréable qui en résulte. ♦ Diminution de la tension internationale. *Politique de détente.*

**détenteur, trice** n. ▪ Personne qui détient qqch. *Le détenteur d'un titre.* → **tenant.**

**détention** n. f. ▪ **1** Fait de détenir (qqch.). *Détention d'armes.* **2** Action de détenir (qqn) ; situation d'une personne détenue.

**détenu, ue** adj. ▪ Maintenu en captivité. → n. → **prisonnier.** *Détenu politique.*

**détergent, ente** adj. ▪ Qui nettoie en entraînant par dissolution les impuretés. → **détersif.** → n. m. *Un détergent.*

**détériorer** v. tr. ① ▪ **1** Mettre (qqch.) en mauvais état, rendre inutilisable. → **abîmer, dégrader, endommager. 2** fig. *Détériorer sa santé par des excès.* ▸ se **détériorer** v. pron. ▷ n. f. **détérioration**

**déterminant, ante** ▪ **1** adj. Qui détermine, qui décide d'une chose ou d'une action. → **essentiel, prépondérant. 2** n. m. gramm. Mot qui en détermine un autre.

**déterminatif, ive** adj. ▪ gramm. Qui détermine, précise le sens d'un mot.

**détermination** n. f. ▪ **1** Action de déterminer. **2** Résultat d'une décision. → **résolution. 3** Attitude d'une personne qui agit sans hésitation, selon les décisions qu'elle a prises. → **décision, fermeté, ténacité.**

**déterminer** v. tr. ① ▪ **1** Indiquer, délimiter avec précision. → **caractériser, définir, fixer, préciser, spécifier.** ♦ gramm. Rapporter à une situation précise (→ **déterminant, déterminatif**). **2** Entraîner la décision de (qqn). → **décider. 3** (sujet chose) Être la cause de, être à l'origine de (un phénomène...). → **provoquer.** ▸ se **déterminer** v. pron. *Se déterminer à* : prendre la décision de. ▸ **déterminé, ée** adj. **1** Précisé, défini. **2** (personnes) Décidé, résolu.

**déterminisme** n. m. ▪ Doctrine philosophique suivant laquelle les événements sont liés et déterminés par les événements antérieurs. ▷ adj. et n. **déterministe**

**déterrer** v. tr. ① ▪ Retirer de terre (ce qui s'y trouvait enfoui). → **exhumer.** ▸ **déterré, ée** p. p. → n. fam. *Une mine de déterré,* pâle.

**détersif, ive** adj. et n. m. → **détergent.**

**détestable** adj. ▪ Très désagréable ; très mauvais. ▷ adv. **détestablement**

**détestation** n. f. ▪ littér. Fait de détester.

**détester** v. tr. ① ▪ **1** Avoir de l'aversion pour. → **abhorrer, exécrer ; haïr. 2** Ne pas pouvoir endurer, supporter (qqch.).

**détonant, ante** adj. ▪ Qui peut détoner.

**détonateur** n. m. ▪ Dispositif qui fait détoner un explosif. ♦ fig. Fait, événement qui déclenche une action.

**détonation** n. f. ▪ Bruit soudain et violent de ce qui détone.

**détoner** v. intr. ① ▪ Exploser avec bruit.

**détonner** v. intr. ① ▪ **1** mus. Sortir du ton ; chanter faux. **2** fig. Ne pas être dans le ton, ne pas être en harmonie avec le reste.

**détour** n. m. ▪ **1** Tracé qui s'écarte du chemin direct (voie, cours d'eau). → *Au détour du chemin.* → **tournant.** ♦ fig. *Au détour de la conversation.* **2** Action de parcourir un chemin plus long que le chemin direct ; ce chemin. **3** fig. Moyen indirect de dire, de faire ou d'éluder qqch. → **biais, faux-fuyant.** → *Sans détour* : simplement.

**détourné, ée** adj. ■ **1** Qui fait un détour. **2** Qui n'est pas exprimé directement.

**détournement** n. m. ■ **1** Action de détourner (I, 1). ◆ *Détournement d'avion* : action de contraindre l'équipage d'un avion de ligne à changer de destination. **2** Action de détourner (qqch.) à son profit. *Détournement de fonds.* **3** *DÉTOURNEMENT DE MINEUR* : séduction (punie par la loi) d'une personne mineure par une personne majeure.

**détourner** v. tr. 🔲 ■ **I 1** Changer la direction de (qqch.). → *Détourner un avion* (→ **détournement**). **2** Changer le cours de. ▶ *Détourner les soupçons.* **3** Écarter (qqn) du chemin à suivre. *Détourner la tête.* **III** Soustraire à son profit (ce qui a été confié). → **voler.**

**détracteur, trice** n. ■ Personne qui cherche à rabaisser le mérite de qqn, la valeur de qqch.

**détraquer** v. tr. 🔲 ■ **1** Déranger dans son mécanisme, dans son fonctionnement. **2** fig., fam. *Se détraquer l'estomac.* ▶ **détraqué, ée** adj. **1** *Horloge détraquée.* **2** fam. *Avoir le cerveau détraqué.* → n. → **déséquilibré.** ▷ n. m. **détraquement**

**détrempe** n. f. ■ Couleur liée avec de la colle ou de la gomme ; œuvre utilisant ce procédé.

① **détremper** v. tr. 🔲 ■ Amollir ou délayer en mélangeant avec un liquide. → p. p. adj. *Terrain détrempé,* imbibé d'eau.

② **détremper** v. tr. 🔲 ■ techn. Faire perdre sa trempe à (l'acier).

**détresse** n. f. ■ **1** Sentiment d'abandon, de solitude, d'impuissance que l'on éprouve dans une situation difficile. → **désarroi.** **2** Situation très pénible et angoissante ; spécialt, manque dramatique de moyens matériels. **3** Situation périlleuse (d'un navire, d'un avion). → **perdition.**

**détriment** n. m. ■ *À (MON, SON...) DÉTRIMENT ; AU DÉTRIMENT DE* : au préjudice de.

**détritique** adj. ■ géol. Formé de débris.

**détritivore** adj. ■ zool. Qui se nourrit de débris organiques. *Poissons détritivores.*

**détritus** [-y(s)] n. m. ■ Matériaux réduits à l'état de débris ; ordures, déchets.

**détroit** n. m. ■ Bras de mer entre deux terres rapprochées.

**détromper** v. tr. 🔲 ■ Tirer (qqn) d'erreur. ▶ se **détromper** v. pron. Revenir de son erreur. *Détrompez-vous* : n'en croyez rien.

**détrôner** v. tr. 🔲 ■ **1** Déposséder de la souveraineté, du trône. **2** fig. Faire cesser la prééminence de. → **éclipser, supplanter.**

**détrousser** v. tr. 🔲 ■ vx ou plais. Dépouiller, dévaliser (qqn), en usant de violence.

**détruire** v. tr. 38 ■ **1** Jeter bas, démolir (une construction). → **abattre, raser ; destruction. 2** Altérer jusqu'à faire disparaître. → **anéantir, supprimer.** *Détruire un document.* **3** Supprimer (un être vivant) en ôtant la vie. → **tuer. 4** fig. Défaire entièrement (ce qui est établi, organisé). *Détruire un régime ; une théorie.* **5** sans compl. (opposé à créer, construire...) *Le besoin de détruire.* ▶ se **détruire** v. pron. **1** Se tuer, se suicider. **2** récipr. S'annuler.

**dette** n. f. ■ **1** Argent qu'une personne (→ **débiteur**) doit à une autre. ◆ *DETTE PUBLIQUE,* engagements financiers contractés par l'État. → **emprunt. 2** fig. Devoir qu'impose une obligation contractée envers qqn.

**deuil** n. m. ■ **1** Douleur, affliction que l'on éprouve de la mort de qqn. ◆ psych. *Travail du deuil,* par lequel on se détache d'un objet d'attachement disparu. **2** Mort d'un proche. **3** Signes extérieurs du deuil, consacrés par l'usage. *Être en deuil.* **4** fam. *FAIRE SON DEUIL de qqch.,* se résigner à en être privé.

**deus ex machina** [deusɛksmakina ; deys-] n. m. invar. ■ (au théâtre, et fig. dans la vie) Personnage dont l'intervention apporte un dénouement inespéré.

**D.E.U.S.T.** n. m. (sigle) ■ en France Diplôme sanctionnant une formation scientifique ou professionnelle, obtenu en deux ans après le bac.

**deutérocanonique** adj. ■ didact. Se dit de certains livres de la Bible qui ont été intégrés au canon catholique après les autres.

**deux** ■ **I** adj. numéral cardinal **1** Un plus un. → loc. *De deux choses l'une* : il n'y a que deux possibilités. ◆ (Indiquant la distance) *L'algèbre et moi, cela fait deux.* **2** (Indiquant un petit nombre) *C'est à deux pas,* tout près. **II** adj. numéral ordinal → **deuxième, second.** *Tome deux.* **III** n. m. *Un et un, deux.* → loc. fam. *En moins de deux* : très vite. *Ne faire ni une ni deux* : se décider rapidement. *Entre les deux* : ni ceci ni cela ; à moitié.

**deuxième** adj. numéral ordinal ■ Qui succède au premier. → **second.** → n. *Le, la deuxième.* ▷ **deuxièmement** adv. → **secundo.**

**deux-mâts** n. m. ■ Voilier à deux mâts.

**deux-pièces** n. m. ■ **1 1** Ensemble féminin comprenant jupe et veste. **2** Maillot de bain formé d'un slip et d'un soutien-gorge. → **bikini. II** Appartement de deux pièces.

**deux-points** n. m. ■ Signe de ponctuation formé de deux points superposés ( :).

**deux-roues** n. m. ■ Véhicule à deux roues (bicyclette, cyclomoteur, moto...).

**deux-temps** n. m. ■ Moteur à deux temps ; véhicule ayant ce moteur.

**dévaler** v. intr. et tr. 🔲 ■ Descendre rapidement.

**dévaliser** v. tr. 🔲 ■ Dépouiller (qqn) de tout ce qu'il a sur lui, avec lui. → par ext. *Dévaliser un appartement.* → **cambrioler.**

**dévaloriser** v. tr. 🔲 ■ **1** Diminuer la valeur de (spécialt de la monnaie). → **déprécier, dévaluer. 2** fig. Déprécier. *Dévaloriser le talent.* ▶ se **dévaloriser** v. pron. **1** Perdre de sa valeur. **2** Se déprécier soi-même. ▷ adj. **dévalorisant, ante** ▷ n. f. **dévalorisation**

**dévaluer** v. tr. 🔲 ■ **1** Abaisser la valeur légale d'une monnaie. **2** fig. Dévaloriser. ▷ n. f. **dévaluation**

**devancer** v. tr. 3 ■ **1** Être devant (d'autres qui avancent). → **dépasser, distancer. 2** Être avant, quant au mérite. → **surpasser. 3** Arriver avant (qqn) dans le temps. → **précéder. 4** *Devancer l'appel* : s'engager dans l'armée avant d'avoir l'âge d'y être appelé. ♦ Aller au-devant de. → **prévenir**. *Devancer une objection.* → n. m. **devancement** ▷ **devancier, ière** n. → **prédécesseur.**

① **devant** ■ I prép. **1** Du même côté que le visage d'une personne, que le côté visible ou accessible d'une chose. → **en face de, vis-à-vis.** **2** En présence de (qqn). → À l'égard de, face à. *Égaux devant la loi.* **3** Dans la direction qui est en face de qqn, qqch. ; à l'avant de. → loc. *Avoir de l'argent devant soi*, en réserve. **II adv. 1** adv. de lieu Du côté du visage d'une personne, de la face d'une chose ; en avant. → PAR-DEVANT : du côté qui est devant. **2** adv. de temps vx Auparavant. → loc. *Être Gros-Jean comme devant* : se retrouver comme avant, avoir été dupé.

② **devant** n. m. ■ **1** La partie qui est placée devant. ♦ loc. *Prendre les devants* : devancer qqn ou qqch. dans l'action. **2** AU-DEVANT DE loc. prép. : à la rencontre de. → fig. *Aller au-devant des désirs de qqn.* → **devancer.**

**devanture** n. f. ■ **1** Façade, revêtement du devant d'une boutique. **2** Étalage des marchandises soit à la vitrine, soit dehors.

**dévaster** v. tr. 🔟 ■ Ruiner, ravager en détruisant systématiquement. ▷ n. f. **dévastation** ▷ adj. et n. **dévastateur, trice**

**déveine** n. f. ■ fam. Malchance.

**développement** n. m. ■ I Action de développer (I). **II 1** (organisme, organe) Fait de se développer. → **croissance.** **2** Progrès, en extension ou en qualité. ♦ loc. *Pays EN VOIE DE DÉVELOPPEMENT* (économique). → DÉVELOPPEMENT DURABLE : développement économique qui tend au respect de l'environnement naturel, et ne compromet pas les développements futurs. **3** Suite, prolongement. *Les développements d'un scandale.* **4** Exposition détaillée (d'un sujet). **5** comm. Phase de l'élaboration (d'un produit...) avant la commercialisation.

**développer** v. tr. 🔟 ■ I **1** Étendre (ce qui était plié) ; donner toute son étendue à. → **déployer.** **2** Faire apparaître les images de (une pellicule), au moyen de procédés chimiques. **II 1** Faire croître ; donner de l'ampleur à. **2** Exposer en détail. *Développer une argumentation.* ► se **développer** v. pron. **1** Se déployer. **2** (êtres vivants) Croître, s'épanouir. **3** Prendre de l'importance. ► **développé, ée** adj.

**développeur, euse** n. ■ inform. Personne qui écrit des logiciels.

① **devenir** v. intr. 22 ■ **1** Passer d'un état à (un autre), commencer à être (ce qu'on n'était pas). *Il est devenu fou.* **2** (dans des questions, etc.) Être dans un état, avoir un sort nouveau. *Qu'allons-nous devenir ?* → *Qu'est devenu mon sac ?*, où est-il passé ?

② **devenir** n. m. ■ Passage d'un état à un autre ; suite des changements. → **évolution.**

**déverbal, aux** n. m. ■ ling. Nom formé à partir du radical d'un verbe (ex. *pliage* de *plier*), et spécialt sans suffixe (ex. *pli* de *plier*).

**dévergondé, ée** adj. ■ **1** Qui ne respecte pas la morale sexuelle admise (s'est surtout dit des femmes). → n. *Une dévergondée.* ♦ Vie *dévergondée.* **2** littér. Excessif, exubérant.

se **dévergonder** v. pron. 🔟 ■ Devenir dévergondé. ▷ n. m. **dévergondage**

**déverrouiller** v. tr. 🔟 ■ Ouvrir en tirant le verrou. ▷ n. m. **déverrouillage**

**devers** prép. ■ PAR-DEVERS loc. prép. dr. En présence de. → littér. En la possession de.

**dévers** n. m. ■ Inclinaison, pente. → Relèvement du bord extérieur d'un virage.

**déverser** v. tr. 🔟 ■ **1** Faire couler (un liquide) d'un lieu dans un autre. → pronom. s'**écouler.** **2** Déposer en versant. → **décharger.** **3** fig. Laisser sortir, répandre en grandes quantités. ▷ n. m. **déversement**

**déversoir** n. m. ■ Orifice par lequel s'écoule le trop-plein d'un canal, d'un réservoir.

**dévêtir** v. tr. 20 ■ Dépouiller (qqn) de ses vêtements. → **déshabiller.** ► se **dévêtir** v. pron. Enlever ses vêtements.

**déviant, ante** adj. ■ Qui s'écarte de la règle, de la norme sociale. ▷ n. f. **déviance**

**déviation** n. f. ■ I Changement de direction ; changement de position. **II** Action de dévier (un véhicule) ; chemin que doivent prendre les véhicules déviés.

**déviationnisme** n. m. ■ Attitude qui s'écarte de la doctrine, dans un parti. ▷ n. et adj. **déviationniste**

**dévider** v. tr. 🔟 ■ **1** Mettre en écheveau (du fil). → Dérouler. *Dévider un cordage.* **2** Faire passer entre ses doigts. *Dévider son chapelet* (fig. débiter tout ce qu'on a à dire).

**dévier** v. 🖉 ■ **1** v. intr. Se détourner, être détourné de sa direction, de sa voie. *La balle a dévié.* ♦ DÉVIER DE son chemin, s'en écarter (aussi fig.). **2** v. tr. Écarter de la direction normale. *Dévier la circulation.*

**devin, devineresse** n. ■ Personne qui prétend découvrir ce qui est caché, prédire l'avenir par la divination. → **voyant.**

**deviner** v. tr. 🔟 ■ **1** Parvenir à connaître par conjecture, supposition, intuition. → **découvrir, pressentir, trouver. 2** Trouver la solution de (une énigme).

**devinette** n. f. ■ Question dont il faut deviner la réponse. *Poser une devinette.*

**devis** n. m. ■ État détaillé des travaux à exécuter avec l'estimation des prix.

**dévisager** v. tr. ③ ■ Regarder (qqn) avec attention, avec insistance.

**devise** n. f. ■ I **1** Formule qui accompagne l'écu dans les armoiries. **2** Paroles exprimant une pensée, un mot d'ordre. *La devise d'un pays.* → Règle de vie (de qqn). **II** Valeur étrangère négociable dans un pays.

**deviser** v. intr. 🔟 ■ littér. Converser, parler.

**dévisser** v. 🔟 ■ **1** v. tr. Défaire (ce qui est vissé). **2** v. intr. alpin. Lâcher prise et tomber. ▷ n. m. **dévissage**

**de visu** [devizy] loc. adv. ■ Après l'avoir vu, pour l'avoir vu. *S'assurer de qqch. de visu.*

**dévitaliser** v. tr. 🔟 ■ Priver (une dent) de son tissu vital (pulpe dentaire).

**dévoiler** v. tr. 🔟 ■ **1** Enlever le voile de (qqn), ce qui cache (qqch.). → **découvrir. 2** fig. Découvrir, révéler (ce qui était secret). ► se **dévoiler** v. pron. ▷ n. m. **dévoilement**

① **devoir** v. tr. [28] p. p. dû, due, dus, dues ■ I DEVOIR
*qqch. À qqn* **1** Avoir à payer (une somme
d'argent), à fournir (qqch.) à qqn (→ **dette**).
**2** Être redevable (à qqn ou à qqch.) de ce
qu'on possède. ← *Devoir la vie à qqn*, avoir
été sauvé par lui. ← passif (sujet chose) *Être
dû* à *qqn* : avoir pour cause. **3** Être tenu à (qqch.)
par la loi, les convenances, etc. *Je vous dois
des excuses.* II (+ inf.) **1** Être dans l'obligation
de (faire qqch.). → **avoir** à. *Il doit terminer
ce travail ce soir.* ♦ (obligation atténuée) *Je dois
avouer que je me suis trompé.* **2** (nécessité)
*Cela devait arriver.* **3** Avoir l'intention de.
*Nous devons partir demain.* **4** (vraisemblance,
hypothèse...) *Elle devrait réussir.* ► se **devoir**
v. pron. **1** réfl. Être obligé de se consacrer (à).
*Se devoir à ses enfants.* ← *Se devoir de* (+ inf.).
**2** passif (impers.) *Comme il se doit* : comme il
le faut ; fam. comme c'était prévu.
② **devoir** n. m. ■ **1** (*Le devoir*) Obligation
morale générale. *Le sentiment du devoir.*
**2** (*Un, des devoirs*) Ce que l'on doit faire,
défini par le système moral que l'on accepte,
par la loi, les circonstances... → **charge,
obligation, responsabilité, tâche**. ← *Faire son
devoir de citoyen* : voter. **3** au plur. Présenter
*ses devoirs à qqn*. → **hommage, respect**.
← loc. *Rendre à qqn* LES DERNIERS DEVOIRS,
assister à ses funérailles. **4** Exercice scolaire
qu'un professeur fait faire à ses élèves.

**dévolu, ue** ■ adj. Acquis, échu par droit.
**2** n. m. (loc.) JETER SON DÉVOLU SUR (qqn,
qqch.) : fixer son choix sur.

**dévorant, ante** adj. ■ **1** *Une faim dévorante*,
qui pousse à manger beaucoup. **2** Ardent,
brûlant, dévastateur.

**dévorer** v. tr. [1] ■ **1** Manger en déchirant avec
les dents. **2** (personnes) Manger avidement.
→ **engloutir, engouffrer**. **3** fig. Lire avec avidité. **4** *Dévorer qqn, qqch. des yeux* : regarder
avec avidité. **5** Faire disparaître rapidement.
→ **consumer**. **6** Faire éprouver un trouble
violent à (qqn), tourmenter. *Le mal qui le
dévore.* ← passif *Être dévoré de remords.* ▷ n.
**dévoreur, euse**

**dévot, ote** adj. ■ **1** vieilli ou péj. Qui est attaché à
une religion et à ses pratiques. → **pieux**. ♦ n.
→ **bigot**. **2** Qui a le caractère de la dévotion.
▷ adv. **dévotement**

**dévotion** n. f. ■ **1** Attachement sincère,
fervent à une religion (en général monothéiste ; souvent la religion chrétienne), à ses
pratiques. → **piété**. **2** Culte. *Dévotion à la
Vierge.* **3** fig. Adoration, vénération.

**dévouement** n. m. ■ **1** Action de sacrifier
sa vie, ses intérêts (à qqn, à une cause).
**2** Disposition à se dévouer pour qqn.

se **dévouer** v. pron. [1] ■ **1** *Se dévouer à* :
se consacrer entièrement à. ← sans compl.
Faire une chose pénible (effort, privation)
au profit d'une personne, d'une cause.
→ se **sacrifier**. **2** passif *Être (tout) dévoué
à qqn*, être prêt à le servir. ► **dévoué, ée**
adj. → **fidèle ; serviable**. ← (politesse épistolaire)
*Veuillez croire à mes sentiments dévoués.*

**dévoyer** v. tr. [8] ■ littér. Pervertir (qqn).
► **dévoyé, ée** adj. et n.

**dextérité** n. f. ■ Adresse manuelle. ← Habileté dans l'exécution de qqch.

**dextre** n. f. ■ vx Main droite (opposé à *sénestre*).

**dey** n. m. ■ hist. Gouverneur (d'Alger).

**DHEA** [deaʃa] n. f. (sigle) ■ biol., méd. Hormone
naturelle synthétisée par les glandes surrénales. *Le taux de DHEA dans le sang décroît
lentement après 25 ans.*

**di-** Élément, du grec *dis* « deux fois ». → **bi-**.

**dia** interj. ■ Cri pour faire aller un cheval à
gauche. ← loc. *Tirer à hue\* et à dia.*

**dia-** Élément, du grec *dia* « à travers ».

**diabète** n. m. ■ Maladie liée à un trouble de
l'assimilation des glucides, avec présence de
sucre dans le sang et les urines.

**diabétique** adj. ■ Du diabète. ♦ Atteint de
diabète. ← n. *Un(e) diabétique.*

**diable** n. m. ■ I **1** Démon, personnage représentant le mal, dans la tradition populaire
chrétienne. *Un diable à pieds fourchus.* **2** *Le
diable* : le prince des démons ou des diables.
→ **démon, satan**. ♦ loc. *Avoir* LE DIABLE AU
CORPS : avoir de l'énergie (notamment pour
faire le mal). ← *Tirer le diable par la queue* :
avoir peu pour vivre. ← *Ce serait bien le
diable si...*, ce serait bien étonnant si. **3** fig.
AU DIABLE : très loin. ← À LA DIABLE : sans
soin. ← DU DIABLE : extrême. ← EN DIABLE :
très, terriblement. **4** interj. Exprime l'étonnement. *Diable ! C'est cher.* II fig. **1** Enfant
turbulent. **2** *UN PAUVRE DIABLE* : un homme
pitoyable. **3** *DIABLE DE* (+ nom) : bizarre.
→ **drôle**. III **1** Petit chariot bas. **2** Ustensile
de cuisson fait de deux poêlons en terre.

**diablement** adv. ■ fam. Très. → **rudement**.

**diablerie** n. f. ■ Parole, action pleine de
turbulence, de malice. → **espièglerie**.

**diablesse** n. f. ■ **1** Diable femelle. **2** fig.
Femme très active, remuante, pétulante.

**diablotin** n. m. ■ Petit diable ; lutin.

**diabolique** adj. ■ **1** Qui tient du diable.
→ **démoniaque**. **2** Qui rappelle le diable.
→ **satanique ; méchant**. ▷ adv. **diabolique-
ment**

**diaboliser** v. tr. [1] ■ Faire passer pour diabolique ; présenter sous un jour défavorable.

**diabolo** n. m. ■ I Jouet fait d'une bobine que
l'on lance et rattrape au moyen d'une ficelle.
II Boisson, limonade au sirop.

**diachronie** [-kʀɔni] n. f. ■ ling. Évolution des
faits linguistiques dans le temps (opposé à
*synchronie*).

**diaconat** n. m. ■ relig. Le second des ordres
majeurs dans l'Église catholique, inférieur à
la prêtrise (→ **diacre**).

**diaconesse** n. f. ■ Religieuse protestante se
consacrant à des œuvres de charité.

**diacre** n. m. ■ Clerc qui a reçu le diaconat.

**diacritique** adj. ■ ling. Se dit d'un signe graphique (point, accent...) que l'on adjoint à
une lettre (ex. les accents sur *à* et *dû*).

**diadème** n. m. ■ **1** Antiq. Bandeau orné,
insigne du pouvoir monarchique. **2** Bijou
féminin qui ceint le haut du front.

**diagnostic** [-gn-] n. m. ■ **1** Détermination
(d'une maladie, d'un état) d'après ses symptômes. **2** fig. Prévision, hypothèse.

**diagnostique** [-gn-] adj. ■ méd. Qui permet
de déterminer une maladie.

**diagnostiquer** [-gn-] v. tr. [1] ■ Connaître par
un diagnostic (sens propre et fig.).

**diagonal, ale, aux** adj. ■ géom. Qui joint deux sommets d'une figure qui n'appartiennent pas au même côté (→ **diagonale**).

**diagonale** n. f. ■ **1** Ligne diagonale. **2** EN DIAGONALE loc. adv. ■ en biais, obliquement. ◆ fig. Lire en diagonale : parcourir.

**diagramme** n. m. ■ **1** Schéma montrant la disposition des parties d'un ensemble. **2** Représentation graphique des variations (d'un phénomène). → **courbe, graphique.**

**dialecte** n. m. ■ Forme régionale, nettement distincte, d'une langue. ▷ adj. **dialectal, ale, aux**

**dialecticien, ienne** n. ■ Personne qui emploie les procédés de la dialectique.

**dialectique** ■ I n. f. **1** Moyens mis en œuvre dans la discussion en vue de démontrer, réfuter (→ **argumentation, raisonnement**). **2** philos. Marche de la pensée reconnaissant le caractère inséparable des propositions contradictoires (thèse, antithèse), que l'on peut unir dans une synthèse. II adj. Qui opère par la dialectique (2). Raisonnement dialectique.

**dialectologie** n. f. ■ Étude des dialectes.

**dialogue** n. m. ■ **1** Entretien entre deux personnes. → **conversation.** ◆ Contact, discussions entre deux groupes. **2** Ensemble des paroles qu'échangent les personnages d'une pièce, d'un film... **3** Ouvrage littéraire, philosophique, en forme de conversation. Les dialogues de Platon.

**dialoguer** v. 1 ■ **1** v. intr. Avoir un dialogue (avec qqn). → s'**entretenir. 2** v. tr. Mettre en dialogue (2).

**dialoguiste** n. ■ Auteur des dialogues (d'un film...).

**dialyse** n. f. ■ **1** chim. Séparation de substances en solution. **2** méd. Méthode d'épuration du sang lors d'une insuffisance rénale.

**diamant** n. m. ■ **1** Pierre précieuse, la plus brillante et la plus dure de toutes, le plus souvent incolore. **2** techn. Instrument de coupe à pointe de diamant. **3** Pointe de lecture des disques microsillons.

**diamantaire** n. ■ Personne qui taille ou vend des diamants. → **joaillier.**

**diamanté, ée** adj. ■ Garni de diamants.

**diamantifère** adj. ■ Qui contient du diamant.

**diamétral, ale, aux** adj. ■ Relatif au diamètre. ◆ fig. Opposition diamétrale, totale.

**diamétralement** adv. ■ Selon le diamètre. ◆ fig. Opinions diamétralement opposées. → **absolument, radicalement.**

**diamètre** n. m. ■ Segment qui joint deux points (d'un cercle, d'une sphère) en passant par le centre. ◆ par ext. Diamètre d'un tube. → **calibre.**

**diantre** interj. ■ vieilli Juron qui marque l'étonnement, l'admiration... → **diable.**

**diapason** n. m. ■ **1** Son de référence utilisé pour l'accord des voix et des instruments. ◆ fig. Être, se mettre au diapason, en harmonie avec (qqn, un groupe). **2** Petit instrument qui donne le la lorsqu'on le fait vibrer.

**diaphane** adj. ■ **1** Qui laisse passer la lumière sans laisser distinguer les formes. → **translucide. 2** littér. Très pâle, délicat.

**diaphragme** n. m. ■ **1** Muscle large et mince qui sépare le thorax de l'abdomen. **2** Contraceptif féminin (capuchon souple). **3** Membrane vibrante (d'appareils acoustiques). **4** Disque opaque à ouverture réglable.

**diaporama** n. m. ■ **1** Projection de diapositives. **2** Diffusion séquentielle d'images numériques.

**diapositive** n. f. ■ Tirage photographique positif destiné à la projection.

**diapré, ée** adj. ■ De couleur variée et changeante. ▷ **diaprure** n. f. littér.

**diarrhée** n. f. ■ Évacuation de selles liquides. → **colique.** ▷ adj. **diarrhéique**

**diaspora** n. f. ■ hist. Dispersion des Juifs exilés de leur pays. ◆ par ext. Dispersion (d'une communauté) à travers le monde.

**diastase** n. f. ■ biol., vx Enzyme.

**diastole** n. f. ■ Mouvement de dilatation du cœur, qui alterne avec la systole*.

**diatomée** n. f. ■ Algue unicellulaire.

**diatonique** adj. ■ mus. Qui procède par tons et demi-tons (opposé à chromatique).

**diatribe** n. f. ■ Critique violente.

**dichotomie** n. f. ■ didact. Division, opposition. ▷ adj. **dichotomique**

**dicible** adj. ■ Qui peut être dit, exprimé.

**dicotylédone** adj. et n. f. ■ (Plante) dont la graine a deux cotylédons.

**dictaphone** n. m. ■ Magnétophone servant à la dictée du courrier.

**dictateur** n. m. ■ **1** Antiq. romaine Magistrat nommé en cas de crise, investi d'un pouvoir illimité. **2** Personne qui s'empare du pouvoir et l'exerce sans contrôle. → **despote, tyran.** ▷ adj. **dictatorial, iale, iaux**

**dictature** n. f. ■ **1** Antiq. romaine Magistrature extraordinaire, la plus élevée de toutes. **2** Concentration de tous les pouvoirs entre les mains d'un individu, d'un parti... **3** fig. Pouvoir absolu. La dictature des trusts.

**dictée** n. f. ■ **1** Action de dicter. ◆ fig., littér. Agir sous la dictée des circonstances. **2** Exercice consistant en un texte lu à haute voix qui doit être transcrit correctement.

**dicter** v. tr. 1 ■ **1** Dire (qqch.) à haute voix en détachant les mots, pour que qqn les écrive. **2** Indiquer à l'avance à qqn (ce qu'il doit dire ou faire). **3** Stipuler et imposer. Dicter ses conditions. → **prescrire.**

**diction** n. f. ■ Manière de dire, de réciter (un texte, des vers, etc.). → **élocution.**

**dictionnaire** n. m. ■ **1** Recueil contenant des mots, des expressions d'une langue, présentés dans un ordre convenu, et qui donne des définitions, des informations sur eux. ◆ Dictionnaire de langue, donnant des renseignements sur les mots de la langue commune et leurs emplois. ◆ Dictionnaire encyclopédique, donnant des informations sur les choses désignées par les mots, et souvent traitant les noms propres. ◆ Dictionnaire bilingue, qui donne la traduction des mots d'une langue dans une autre en tenant compte des emplois. **2** Ensemble des mots différents (d'un groupe...). → **lexique, vocabulaire. 3** fam. *Un dictionnaire vivant,* une personne aux connaissances très étendues. → **encyclopédie.**

**dicton** n. m. ■ Sentence passée en proverbe. → **adage, maxime.**

**didacticiel** n. m. ■ inform. Logiciel à fonction pédagogique.

**didactique** adj. ■ **1** Qui vise à instruire. *Ouvrage didactique.* **2** Qui appartient à la langue des sciences et des techniques.

**didactisme** n. m. ■ Caractère didactique.

**didascalie** n. f. ■ didact. Indication de jeu, dans une œuvre théâtrale, un scénario.

**dièdre** n. m. ■ géom. Figure formée par deux demi-plans à arête commune.

**diégèse** n. f. ■ didact. Espace et temps servant de cadre au récit (d'un film...).

**diérèse** n. f. ■ phonét. Prononciation dissociant deux voyelles (ex. pli-er).

**dièse** n. m. ■ mus. Signe (♯) élevant d'un demi-ton chromatique la note devant laquelle il est placé. ▷ **diéser** v. tr. 6

**diesel** [djezɛl] n. m. ■ **1** Moteur à combustion interne, à allumage par compression. **2** Véhicule à moteur Diesel.

**dies irae** [djesiʀe] n. m. invar. ■ Chant de la messe des morts, qui commence par les mots *dies irae.*

① **diète** n. f. ■ **1** méd. Régime alimentaire particulier. **2** cour. Privation de nourriture pour raison médicale ou hygiénique.

② **diète** n. f. ■ hist. Assemblée politique (en Allemagne, Suède, Suisse...).

**diététique** ■ **1** n. f. Science de l'hygiène alimentaire. **2** adj. Relatif à la diététique; préparé selon les règles de la diététique. ▷ n. **diététicien, ienne**

**dieu** n. m. ■ Principe d'explication de l'existence du monde, conçu comme un être personnel, selon des modalités particulières aux croyances, aux religions. **I** (dans le monothéisme) **1** Être éternel, unique, créateur et juge. *Croire en Dieu; ne pas croire en Dieu* (→ **athée**). ◆ avec article *Le Dieu des juifs* (Yahvé, Jéhovah), *des chrétiens* (Dieu), *des musulmans* (Allah). **2** dans des loc. *DIEU SAIT...* (pour insister) *Dieu sait si je dis la vérité.* ◆ (incertitude) *Dieu sait ce que nous ferons demain.* ◆ *À la grâce de Dieu.* ◆ *Dieu vous entende!* **3** interj. *Mon Dieu! Grand Dieu!* ◆ (jurons) *Nom de Dieu! Bon Dieu!* **II** (dans le polythéisme) *UN DIEU, LES DIEUX* **1** Être supérieur doué d'un pouvoir sur l'homme et d'attributs particuliers. → **divinité; idole.** *Histoire des dieux.* → **mythologie. 2** loc. *Être aimé, béni des dieux,* avoir des atouts, de la chance. *Jurer ses grands dieux:* jurer solennellement.

**diffamateur, trice** n. ■ Personne qui diffame.

**diffamation** n. f. ■ **1** Action de diffamer. **2** Écrit, parole qui diffame.

**diffamatoire** adj. ■ (parole, écrit...) Qui diffame.

**diffamer** v. tr. 1 ■ Chercher à porter atteinte à la réputation, à l'honneur de (qqn). → **attaquer, calomnier, médire de.**

**différé** n. m. ■ Fait d'émettre, de diffuser (une émission) après l'enregistrement. ◆ *EN DIFFÉRÉ* (opposé à *en direct*).

**différemment** [-amɑ̃] adv. ■ D'une manière autre, différente.

**différence** n. f. ■ **1** Caractère ou ensemble de caractères qui distingue une chose d'une autre, un être d'un autre. → **dissemblance, distinction; hétéro-.** ◆ *À LA DIFFÉRENCE DE* loc. prép. : contrairement à. ◆ *À LA DIFFÉRENCE QUE* loc. conj. (+ indic.) : avec cette différence que. ◆ *Le droit à la différence* (de culture, de mœurs...). **2** Écart entre deux quantités. *La différence entre 7 et 5 est 2.*

**différenciation** n. f. ■ **1** Action de se différencier. *Différenciation des cellules.* **2** Action de différencier (2). → **distinction.**

**différencier** v. tr. 7 ■ **1** (sujet chose) Rendre différent. → **distinguer. 2** (sujet personne) Établir une différence entre. → **distinguer, séparer.** ▶ se **différencier** v. pron. **1** Être caractérisé par telle ou telle différence. → **différer. 2** Devenir différent ou de plus en plus différent.

**différend** n. m. ■ Désaccord résultant d'une opposition d'opinions, d'intérêts entre des personnes. → **conflit.**

**différent, ente** adj. ■ **1** Qui diffère, présente une différence. → **autre, dissemblable, distinct. 2** au plur. (avant le nom) Plusieurs et distincts. → **divers.** *Par différents moyens.*

**différentiel, elle** ■ didact. **I** adj. Qui concerne les différences; qui établit des différences. ◆ math. *Calcul différentiel* (partie du calcul infinitésimal*). **II** n. m. Combinaison d'engrenages qui permet une différence de vitesse de rotation.

**différer** v. 6 ■ **I** v. tr. Remettre à un autre temps; éloigner la réalisation de (qqch.). **II** v. intr. Être différent, dissemblable.

**difficile** adj. ■ **1** Qui n'est pas facile; qui ne se fait qu'avec effort, avec peine. → **ardu, dur, laborieux, malaisé. 2** Qui demande un effort, des capacités (pour être compris, résolu). *Problème difficile.* → **compliqué. 3** (passage...) Qui présente un danger. **4** Qui donne du souci, du mal. *Situation difficile.* **5** (personnes) Avec qui les relations ne sont pas aisées. **6** Qui n'est pas facilement satisfait. → **exigeant.**

**difficilement** adv. ■ Avec difficulté.

**difficulté** n. f. ■ **1** Caractère de ce qui est difficile; ce qui rend qqch. difficile. **2** Mal que l'on a à faire qqch. *Se déplacer avec difficulté.* **3** Chose difficile; embarras, ennui. *Difficultés matérielles.* **4** Raison alléguée, opposition soulevée contre qqch. → **objection.** *Il n'a pas fait de difficultés.* **5** *EN DIFFICULTÉ:* dans une situation difficile.

**difficultueux, euse** adj. ■ littér. Difficile.

**difforme** adj. ■ Qui n'a pas la forme et les proportions naturelles (se dit surtout du corps humain). ▷ n. f. **difformité**

**diffraction** n. f. ■ phys. Déviation d'un rayonnement au voisinage d'un obstacle. ▷ **diffracter** v. tr. 1

**diffus, use** adj. ■ **1** Qui est répandu dans toutes les directions. *Douleur diffuse.* **2** littér. Qui délaye sa pensée. → **verbeux.**

**diffuser** v. tr. ① ▪ **1** Répandre dans toutes les directions. → **propager.** **2** Transmettre par la radio, la télévision. **3** fig. Répandre dans le public. *Diffuser une nouvelle.* **4** Distribuer (un ouvrage de librairie).

**diffuseur** n. m. ▪ **1** Appareil qui diffuse qqch. **2** Entreprise qui diffuse des livres.

**diffusion** n. f. ▪ **1** Action de diffuser. **2** Fait de se répandre.

**digérer** v. tr. ⑥ ▪ **1** Faire la digestion de. *Digérer son repas.* **2** fig. Mûrir par un travail intellectuel. → **assimiler. 3** fam. Supporter patiemment (qqch. de fâcheux).

**digestible** adj. ▪ Qui se digère facilement. - syn. (critique) DIGESTE adj.

**digestif, ive** adj. ▪ **1** Relatif à la digestion. *L'appareil digestif* (bouche, œsophage, estomac, intestin). *Le tube\* digestif.* **2** n. m. Alcool, liqueur pris après le repas.

**digestion** n. f. ▪ **1** Ensemble des transformations subies par les aliments dans le tube digestif avant l'assimilation. **2** fig. Assimilation.

**digicode** n. m. (marque déposée) ▪ anglic. Appareil à code alphanumérique commandant l'ouverture d'une porte.

**digit-, digiti-, digito-** Élément savant, du latin *digitus* « doigt ».

① **digital, ale, aux** adj. ▪ Des doigts.

② **digital, ale, aux** adj. ▪ anglic. Basé sur des données numériques. - recomm. off. *numérique.*

**digitale** n. f. ▪ Plante herbacée vénéneuse à fleurs en forme de doigtier.

**digitaline** n. f. ▪ Principe actif très toxique extrait de la digitale, utilisé en cardiologie.

**digitaliser** v. tr. ① ▪ anglic. → **numériser.**

**digitigrade** adj. ▪ zool. Qui marche en appuyant sur les doigts (ex. le chat).

**digne** adj. ▪ **I** *DIGNE DE* **1** Qui mérite (qqch.). *Objet digne d'intérêt.* **2** Qui est en accord, en conformité avec (qqn ou qqch.). **II** Qui a de la dignité. ◆ adv. **dignement**

**dignitaire** n. m. ▪ Personne revêtue d'une dignité (I).

**dignité** n. f. ▪ **I** Fonction, titre ou charge qui donne à qqn un rang éminent. **II 1** Respect que mérite qqn, qqch. → **grandeur, noblesse. 2** Respect de soi. → **fierté, honneur.**

**digression** n. f. ▪ Développement oral ou écrit qui s'écarte du sujet.

**digue** n. f. ▪ Construction destinée à contenir les eaux. → **chaussée, jetée, môle.**

**diktat** [-at] n. m. ▪ Chose imposée, décision unilatérale. → **oukase.**

**dilapider** v. tr. ① ▪ Dépenser (des biens) de manière désordonnée. → **gaspiller.** ▷ n. f. **dilapidation**

**dilatable** adj. ▪ Qui peut se dilater.

**dilatateur, trice** adj. ▪ anat. Qui dilate. *Muscles dilatateurs* (opposé à constricteur).

**dilater** v. tr. ① ▪ Augmenter le volume de (qqch.). *Pupilles dilatées,* agrandies. ◆ loc. fam. *Se dilater la rate* : rire beaucoup. ▶ **se dilater** v. pron. ▷ n. f. **dilatation**

**dilatoire** adj. ▪ dr. Qui tend à retarder par des délais, à prolonger un procès. ◆ *Réponse dilatoire,* qui vise à gagner du temps.

**dilemme** n. m. ▪ Alternative contenant deux propositions contraires ou contradictoires entre lesquelles on doit choisir.

**dilettante** n. ▪ Personne qui s'occupe de qqch. pour le plaisir. ▷ n. m. **dilettantisme**

**diligemment** [-amã] adv. ▪ D'une manière diligente, avec diligence (I).

**diligence** n. f. ▪ **I 1** littér. Activité empressée. → **célérité, empressement.** ▪ loc. *Faire diligence* : se dépêcher. **2** dr. *À la diligence de qqn,* sur sa demande. **II** Voiture à chevaux qui servait au transport des voyageurs.

**diligent, ente** adj. ▪ littér. Qui montre de la diligence. ▪ *Soins diligents.* → **attentif.**

**diluant** n. m. ▪ Liquide qui sert à diluer.

**diluer** v. tr. ① ▪ Délayer, étendre (une substance) dans un liquide. ▷ n. f. **dilution**

**diluvien, ienne** adj. ▪ **1** Relatif au déluge (1). **2** *Pluie diluvienne,* très abondante.

**dimanche** n. m. ▪ Septième jour de la semaine, qui succède au samedi. ▪ loc. *DU DIMANCHE,* se dit de qqn qui agit en ama- teur.

**dîme** n. f. ▪ hist. Ancien impôt sur les récoltes, prélevé par l'Église.

**dimension** n. f. ▪ **I 1** Grandeur réelle, mesurable, qui détermine la portion d'espace occupée par un corps. → **étendue, grandeur, grosseur ; taille. 2** Grandeur qui mesure (un objet). **3** math. Nombre associé à un objet. *Espace à deux dimensions* (plan), *à trois dimensions* (géométrie dans l'espace). ◆ *La quatrième dimension* (dans la théorie de la relativité) : le temps. **II** fig. **1** Importance. **2** Aspect significatif (d'une chose). *La dimension politique d'un problème.*

**diminué, ée** adj. ▪ **1** Rendu moins grand. **2** (personnes) Amoindri, affaibli.

**diminuer** v. tr. ① ▪ **I** v. tr. **1** Rendre plus petit (une grandeur). → **réduire** ; contr. augmenter. **2** Rendre moins grand, moins fort. *Diminuer un risque.* **3** Réduire les mérites, la valeur de (qqn). → **déprécier. II** v. intr. Devenir moins grand. → **baisser, décroître.**

**diminutif, ive** ▪ **1** adj. Qui ajoute une idée de petitesse. *Suffixe diminutif.* **2** n. m. Mot formé d'un radical et d'un suffixe diminutif (ex. *tablette* sur *table*). ◆ Nom propre formé par suffixation, etc., ayant une valeur affective (ex. *Pierrot* sur *Pierre*).

**diminution** n. f. ▪ Action de diminuer ; son résultat. → **baisse, réduction.**

**dinanderie** n. f. ▪ Ensemble des ustensiles de cuivre jaune.

**dinar** n. m. ▪ Unité monétaire de l'Algérie, de la Tunisie, de l'Irak, etc.

**dînatoire** adj. ▪ Qui sert à dîner.

**dinde** n. f. ▪ **1** Femelle du dindon. **2** fig. Femme stupide et prétentieuse.

**dindon** n. m. ▪ **1** Grand oiseau de basse-cour, dont la tête et le cou sont recouverts d'une membrane rouge violacé ; spécialt le mâle. *Le dindon glougloute.* **2** loc. *Être le dindon de la farce,* la dupe.

**dindonneau** n. m. ▪ Petit de la dinde.

① **dîner** v. intr. 🔲 ■ 1 vx ou régional Prendre le repas du milieu du jour. → ① **déjeuner**. 2 Prendre le repas du soir. 3 prov. *Qui dort dîne* : le sommeil fait oublier la faim.

② **dîner** n. m. ■ 1 vx ou régional Repas de la mi-journée. 2 Repas du soir. → **souper**.

**dînette** n. f. ■ 1 Petit repas, vrai ou simulé, que les enfants s'amusent à faire entre eux. 2 Service de table miniature (jouet).

**dîneur, euse** n. ■ Personne qui dîne.

**ding** [diŋ] interj. ■ Onomatopée évoquant un tintement. → *Ding, ding, dong* (carillon).

**dinghy** [diŋgi] n. m. ■ anglic. Canot pneumatique. *Des dinghys ou des dinghies.*

① **dingo** n. m. ■ Chien sauvage d'Australie.

② **dingo** adj. et n. ■ fam. Fou. → **dingue**.

**dingue** adj. ■ fam. 1 Fou. → n. *Mener une vie de dingue.* 2 Extraordinaire. → **dément**.

**dinguer** v. intr. 🔲 ■ fam. Tomber, être projeté. *Envoyer dinguer qqn* (fig. l'éconduire).

**dinosaure** [-zɔʀ] n. m. ■ Très grand reptile fossile quadrupède de l'ère secondaire (ordre des *Dinosauriens*).

**diocèse** n. m. ■ Circonscription d'un évêque ou d'un archevêque. ▷ adj. **diocésain, aine**

**diode** n. f. ■ phys. Composant électronique utilisé pour transformer un courant alternatif en courant de sens constant.

**dioptrie** n. f. ■ sc. Unité de convergence ou de divergence d'un système optique.

**dioptrique** n. f. ■ didact. Partie de l'optique qui traite de la réfraction. ▷ adj. *Le système dioptrique de l'œil.*

**diorama** n. m. ■ Tableau que l'on soumet à des jeux d'éclairage (à la mode au XIXᵉ s.).

**dioxine** n. f. ■ Sous-produit d'un dérivé du phénol, très toxique.

**dioxyde** n. m. ■ chim. Oxyde contenant deux atomes d'oxygène.

**diphtérie** n. f. ■ Maladie contagieuse due à un bacille, et provoquant des étouffements. → **croup**. ▷ adj. et n. **diphtérique**

**diphtongue** n. f. ■ Voyelle qui change de timbre en cours d'émission.

**dipl(o)-** Élément savant, du grec *diploos* « double ».

**diplodocus** [-ys] n. m. ■ Reptile dinosaurien herbivore.

**diplômant, ante** adj. ■ Qui permet d'obtenir un diplôme. *Stage diplômant.*

**diplomate** ■ I n. 1 Personne chargée par un gouvernement de fonctions diplomatiques. 2 n. et adj. fig. (Personne) qui sait mener une affaire avec tact. II n. m. Gâteau à base de biscuits et de fruits confits.

**diplomatie** n. f. ■ 1 Partie de la politique qui concerne les relations entre États : représentation des intérêts d'un gouvernement à l'étranger, négociations entre États, etc. (→ **ambassade, légation ; consulat**). ◆ Carrière diplomatique. 2 fig. Habileté, tact dans la conduite d'une affaire. → **doigté**.

**diplomatique** adj. ■ 1 Relatif à la diplomatie. ◆ *Maladie diplomatique*, invoquée pour se dérober à une obligation. 2 fig. (actions...) → **adroit, habile**. ▷ adv. **diplomatiquement**

**diplôme** n. m. ■ 1 Acte qui confère et atteste un titre, un grade. 2 Examen, concours passé pour obtenir un diplôme.

**diplômé, ée** adj. et n. ■ (Personne) qui a obtenu un diplôme.

**diplômer** v. tr. 🔲 ■ Décerner un diplôme à (qqn).

**diptère** ■ 1 n. m. Insecte à métamorphoses complètes, à deux ailes et à trompe (ex. la mouche). 2 adj. Qui a deux ailes (insecte).

**diptyque** n. m. ■ 1 Tableau pliant formé de deux volets. 2 Œuvre en deux parties.

① **dire** v. tr. 37 ■ I Émettre (les sons, les éléments signifiants d'une langue). *Dire un mot, quelques paroles.* → **articuler, énoncer, prononcer**. II Exprimer (la pensée, les sentiments, les intentions) par la parole. 1 Exprimer, communiquer, formuler. *Dire la vérité. Dire oui.* ◆ loc. *À ce qu'il dit* : selon ses paroles. ◆ *À vrai dire* : véritablement. ◆ — *C'est beaucoup dire* : c'est exagéré. — *Pour tout dire* : en somme, en résumé. — *Cela va sans dire* : la chose est évidente. — *Entre nous soit dit* : confidentiellement. — *Ce disant* : en disant cela. *Ceci dit* : ayant dit ces mots. ← CECI DIT ou CELA DIT : malgré tout. 2 Décider, convenir de (qqch.). → *Tenez-vous le pour dit* : considérez que c'est un ordre. ← *Aussitôt* dit, aussitôt fait. 3 Exprimer (une opinion ; un jugement). Énoncer une objection. → **objecter**. prov. *Bien faire et laisser dire* : il faut faire ce qu'on croit bien sans se soucier des critiques. 7 Lire, réciter. *Dire un poème.* 8 pronom. SE DIRE : être employé (expression, locution). *Cela ne se dit plus.* III Exprimer par le langage (écrit ou oral). *Avoir des choses à dire.* → **écrire**. 1 Exprimer par écrit. → **écrire**. *La loi dit que.* → **stipuler**. 2 (avec un adv. ou une loc. adv.) → **exprimer**. *C'est très bien dit.* ← loc. *Il ne croit pas si bien dire* : il ne sait pas que ce qu'il dit correspond tout à fait à la réalité. — *Pour ainsi dire* ; fam. COMME QUI DIRAIT. 3 Employer (telles expressions linguistiques) pour exprimer qqch. *Il faut dire « se souvenir de qqch. » et non pas « se rappeler de qqch. »*. 4 (auteur) Exprimer, révéler (qqch. de personnel...). IV (sujet chose) 1 Faire connaître, exprimer par un signe, une manifestation quelconque. *Son silence en dit long.* → *Que dit le baromètre ?* → **indiquer**. ◆ CELA ME DIT, ME NE DIT RIEN, me tente, ne me tente pas. 2 VOULOIR DIRE. → **signifier**. ◆ C'EST DIRE : cela montre.

② **dire** n. m. ■ 1 Ce qu'une personne dit, rapporte. AU DIRE DE, SELON LE(S) DIRE(S) DE : d'après. 2 dr. Déclaration juridique.

**direct, ecte** [-kt] ■ I adj. 1 Qui est en ligne droite. 2 fig. Sans détour. *Être franc et direct.* 3 Qui se fait sans intermédiaire. *Vente directe.* ◆ gramm. *Complément direct*, construit sans préposition. *Verbe transitif direct.* — *Discours direct*, rapporté dans sa forme originale, après un verbe de parole (ex. Il m'a dit : « J'étais là hier »). **4** Qui ne s'arrête pas (ou peu). *Train direct.* **II** n. m. **1** boxe Coup droit. **2** EN DIRECT (radio...) : transmis au moment même (opposé à *en différé*).

**directement** adv. ▪ **1** En droite ligne, sans détour. **2** Sans intermédiaire.

**directeur, trice** ▪ **I** n. **1** Personne qui dirige (une entreprise...). → **chef, patron, président ; directorial. 2** *Directeur de conscience :* prêtre qui dirige qqn en matière de religion. **3** Membre d'un directoire ; (hist.) du Directoire. **II** adj. Qui dirige. → **dirigeant.** ← fig. *L'idée directrice d'un ouvrage.*

**directif, ive** adj. ▪ **1** Qui décide seul du programme d'action d'un groupe. → **autoritaire. 2** Conduit de façon prédéterminée. *Entretien directif.* ▷ n. f. **directivité**

**direction** n. f. ▪ **I 1** Action de diriger (I). **2** Fonction de directeur ; équipe qui dirige. **3** Services confiés à un directeur. **II 1** Ligne suivant laquelle un corps se meut, une force s'exerce. **2** Voie à suivre pour aller à un endroit ; orientation (aussi fig.). **3** Ensemble des mécanismes qui permettent de guider les roues d'un véhicule.

**directive** n. f. ▪ Indication donnée par une autorité. → **consigne, instruction, ordre.** ♦ *Directive européenne,* fixant à un État membre un résultat à atteindre.

**directoire** n. m. ▪ **1** hist. *Le Directoire :* dans la Constitution de l'an III, Conseil de cinq membres (directeurs) chargé du pouvoir exécutif ; le régime politique durant cette période (de 1795 à 1799). **2** Organe chargé de la gestion d'une société anonyme.

**directorial, ale, aux** adj. ▪ D'un directeur.

**dirham** [diram] n. m. ▪ Unité monétaire du Maroc.

**dirigeable** adj. et n. m. ▪ *(Ballon) dirigeable :* aérostat qu'on peut diriger.

**dirigeant, ante** ▪ **1** adj. Qui dirige. *Classes dirigeantes.* **2** n. Personne qui dirige.

**diriger** v. tr. ③ ▪ **I 1** Conduire, mener (une entreprise, une opération, des affaires...) comme chef responsable. → **administrer, gérer, organiser. 2** Conduire l'activité de (qqn...). *Diriger un orchestre.* **II** Guider (qqch.) dans une certaine direction (déplacement, mouvement...). *Diriger une voiture.* ← *Diriger ses pas vers...* → **aller.** ← *Diriger son regard vers qqch.* ← fig. (passif) *Cet article est dirigé contre vous.* ► **se diriger** v. pron. *Se diriger vers.* → **aller.** ← fig. → s'**orienter.** ► **dirigé, ée** adj. *Économie dirigée* (→ **dirigisme**).

**dirigisme** n. m. ▪ Système dans lequel l'État assume la direction de l'économie (dans le cadre de la société capitaliste).

**dirigiste** adj. et n. ▪ Partisan du dirigisme.

**dirimant, ante** adj. ▪ dr. *Empêchement dirimant,* qui annule un mariage.

**dis-** Élément (du latin *dis*) indiquant la séparation, la différence, le défaut.

**discal, ale, aux** adj. ▪ Relatif à un disque intervertébral. *Hernie discale.*

**discernable** adj. ▪ Qui peut être discerné.

**discernement** n. m. ▪ Capacité de l'esprit à juger clairement et sainement. → **jugement.**

**discerner** v. tr. ① ▪ **1** Percevoir (un objet) par rapport à ce qui l'entoure. → **distinguer, identifier, reconnaître. 2** (abstrait) Se rendre compte de la nature de (qqch.) ; faire la distinction entre (des choses). *Discerner le vrai du faux.*

**disciple** n. ▪ **1** Personne qui reçoit l'enseignement d'un maître. **2** Personne qui adhère aux doctrines de qqn. → **adepte.**

**disciplinaire** adj. ▪ Qui se rapporte à la discipline, et spécialt aux sanctions.

**discipline** n. f. ▪ **1** vx Fouet utilisé pour se mortifier. **2** Règle de conduite d'un groupe ; obéissance à cette règle. **3** Règle de conduite que qqn s'impose. **4** Branche de la connaissance, des études. → **matière.**

**discipliner** v. tr. ① ▪ **1** Accoutumer à la discipline. **2** Plier à une discipline (3). ► **discipliné, ée** adj. → **obéissant, soumis.**

**disc-jockey** n. m. ▪ anglic. Personne qui passe de la musique de variétés à la radio, dans une discothèque. → **D. J.** - var. DISQUE-JOCKEY - recomm. off. *animateur.*

**disco** n. m. ▪ anglic. Musique de danse inspirée du jazz et du rock.

**disco-** Élément tiré de *disque.*

**discobole** n. ▪ Athlète lanceur de disque.

**discographie** n. f. ▪ Répertoire de disques. ▷ adj. **discographique**

**discontinu, ue** adj. ▪ **1** Qui n'est pas continu, qui offre des solutions de continuité. ← math. *Quantité discontinue.* → ② **discret. 2** Qui n'est pas continuel. → **intermittent.**

**discontinuer** v. tr. ① ▪ **1** v. tr. littér. Ne pas continuer (une chose commencée). **2** (intrans.) loc. SANS DISCONTINUER : sans arrêt.

**discontinuité** n. f. ▪ Absence de continuité.

**disconvenir** v. tr. ind. ㉒ ▪ littér. NE PAS DISCONVENIR DE qqch., ne pas le nier.

**discophile** adj. et n. ▪ Amateur de musique enregistrée ; collectionneur de disques.

**discordance** n. f. ▪ Défaut d'harmonie.

**discordant, ante** adj. ▪ Qui manque d'harmonie. ← Qui sonne faux ; dissonant.

**discorde** n. f. ▪ littér. Dissentiment durable entre personnes (s'oppose à *concorde*). ← loc. *Pomme de discorde :* sujet de division.

**discothèque** n. f. ▪ **1** Collection de disques. ♦ Organisme de prêt de disques. **2** Lieu de réunion où l'on peut danser.

**discount** [diskunt ; diskaunt] n. m. ▪ anglic. **1** Rabais sur un prix. - recomm. off. *ristourne.* **2** Vente à bas prix.

**discourir** v. tr. ⑪ ▪ péj. Parler sur un sujet en le développant longuement. → **pérorer.** ▷ **discoureur, euse** n. péj.

**discours** n. m. ▪ **1** vieilli Propos que l'on tient. ← mod., péj. *Assez de discours !* → **bavardage. 2** Développement oratoire fait en public. **3** Écrit didactique sur un sujet. *"Discours de la méthode"* (de Descartes). **4** Expression verbale de la pensée. → **parole ; langage.** ← *Les parties du discours :* les catégories grammaticales traditionnelles. ♦ ling. Ensemble des énoncés, des messages parlés ou écrits (par opposition au système abstrait que constitue la langue). → **parole.**

**discourtois, oise** adj. ▪ littér. Qui n'est pas courtois. → **impoli**. ▷ n. f. **discourtoisie**

**discrédit** n. m. ▪ Perte du crédit, de l'estime, de la considération. → **défaveur**.

**discréditer** v. tr. ① ▪ 1 Diminuer fortement la valeur, le crédit de (qqch.). 2 Porter atteinte à la réputation de (qqn).

① **discret, ète** adj. ▪ 1 Qui témoigne de retenue, se manifeste peu dans les relations sociales, n'intervient pas dans les affaires d'autrui. → **réservé. ♦** (choses) *Tenue discrète.* – *Endroit discret*, retiré. 2 Qui garde les secrets. ▷ adv. **discrètement**

② **discret, ète** adj. ▪ didact. (quantité) Qui ne peut prendre qu'un ensemble fini ou dénombrable de valeurs. → **discontinu**.

**discrétion** n. f. ▪ I 1 Qualité d'une personne discrète. → **délicatesse, réserve, tact.** 2 Qualité consistant à savoir garder les secrets. II vx Discernement ; pouvoir de décider. ♦ mod. loc. *ÊTRE À LA DISCRÉTION DE qqn*, dépendre de lui. – *À DISCRÉTION* loc. adv. : comme on le veut. → **volonté**.

**discrétionnaire** adj. ▪ Qui est laissé à la discrétion (II) de qqn.

**discriminant, ante** adj. ▪ didact. Qui établit une distinction, une discrimination (1).

**discrimination** n. f. ▪ 1 littér. Action de discerner, de distinguer (les choses les unes des autres) avec précision. 2 Fait de séparer un groupe social des autres en le traitant plus mal. → **ségrégation. –** *Sans discrimination* : de manière égalitaire. ♦ loc. *Discrimination positive* : réaction contre une discrimination, qui favorise le groupe qui la subit (en établissant des quotas...).

**discriminatoire** adj. ▪ Qui tend à créer une discrimination (2), à distinguer (un groupe...) à son détriment.

**discriminer** v. tr. ① ▪ littér. Faire la discrimination (1) entre. → **distinguer**.

**disculper** v. tr. ① ▪ Prouver l'innocence de (qqn). ► **se disculper** v. pron. Se justifier, s'excuser. ▷ n. f. **disculpation**

**discursif, ive** adj. ▪ 1 Qui procède par raisonnements successifs (opposé à *intuitif*). 2 ling. Relatif au discours.

**discussion** n. f. ▪ 1 Action de discuter, d'examiner (qqch.). 2 Fait de discuter (qqch.), de s'y opposer. 3 Échange d'arguments, de vues contradictoires.

**discutable** adj. ▪ 1 Qu'on peut discuter, contester. → **contestable.** 2 Plutôt mauvais. → **douteux**.

**discutailler** v. intr. ① ▪ péj. Discuter de façon oiseuse et interminable. → **ergoter**.

**discuté, ée** adj. ▪ Qui soulève des discussions. → **contesté, controversé, critiqué**.

**discuter** v. ① ▪ I v. tr. 1 Examiner (qqch.) par qqn, en étudiant le pour et le contre. → **débattre.** *Discuter un point litigieux.* 2 Mettre en question, considérer comme peu fondé. → **contester.** 3 Opposer des arguments à (une décision), refuser d'exécuter. *Discuter un ordre.* 4 loc. fam. *Discuter le coup* : discuter (II). II v. intr. Parler avec d'autres en échangeant des idées, des arguments sur un sujet. *Discuter (de) politique.* ► **se discuter** v. pron. *Cela*

*se discute*, on peut en faire l'objet d'une discussion.

**disert, erte** adj. ▪ littér. Qui parle avec facilité et élégance. → **éloquent**.

**disette** n. f. ▪ Manque de vivres. → **famine**.

**diseur, diseuse** n. ▪ 1 *Diseur de* : personne qui dit habituellement (telles choses). 2 *Diseur, diseuse de bonne aventure* : personne qui prédit l'avenir.

**disgrâce** n. f. ▪ 1 Perte des bonnes grâces, de la faveur d'une personne dont on dépend ; état qui en découle. → **défaveur.** 2 vx Événement malheureux. → **infortune**.

**disgracié, ée** adj. ▪ 1 Qui est tombé en disgrâce. 2 fig. Peu favorisé. → **défavorisé**.

**disgracieux, euse** adj. ▪ Qui n'a aucune grâce. ▷ adv. **disgracieusement**

**disharmonie** n. f. ▪ littér. Absence d'harmonie. → **discordance**.

**disjoindre** v. tr. ④⑨ ▪ 1 Écarter les unes des autres (des parties jointes). 2 fig. Séparer ; traiter isolément. ► **disjoint, ointe** adj. 1 Qui n'est plus joint. 2 → **distinct**.

**disjoncter** v. ① ▪ I v. tr. Interrompre (le courant). II v. intr. fam. 1 Se mettre en position d'interruption du courant. 2 Perdre le contact avec la réalité.

**disjoncteur** n. m. ▪ Interrupteur automatique de courant électrique.

**disjonction** n. f. ▪ 1 didact. Action de disjoindre (des idées) ; son résultat (s'oppose à *conjonction*). 2 dr. Séparation (de causes).

**dislocation** n. f. ▪ 1 Fait de se disloquer. 2 Séparation des membres (d'un groupe). *La dislocation d'un cortège.* → **dispersion**.

**disloquer** v. tr. ① ▪ 1 Déplacer violemment (les parties d'une articulation). → **démettre, désarticuler.** 2 Séparer violemment (les parties d'un ensemble) ; séparer les éléments de. → **casser, démolir.** ► **se disloquer** v. pron. ► **disloqué, ée** adj.

**disparaître** v. intr. ⑤⑦ ▪ I Ne plus être vu ou visible. 1 Cesser d'être visible. *Il a disparu dans la foule.* 2 S'en aller. → **fuir, partir.** 3 Être introuvable. *Mes gants ont disparu.* 4 *FAIRE DISPARAÎTRE qqn, qqch.*, le soustraire à la vue, le cacher. II Cesser d'être, d'exister. 1 (êtres vivants) → **s'éteindre, mourir.** *Navire qui disparaît en mer.* → **sombrer.** 3 abstrait *Ses soucis ont disparu.* → **s'évanouir.** 4 *FAIRE DISPARAÎTRE qqch. ; qqn.* → **détruire, effacer ; supprimer, tuer**.

**disparate** adj. ▪ Qui n'est pas en harmonie avec ce qui l'entoure ; dont la diversité est gênante. → **discordant, hétéroclite**.

**disparité** n. f. ▪ Caractère disparate.

**disparition** n. f. ▪ 1 Fait de n'être plus visible. 2 Action de partir d'un lieu ; absence inexplicable. 3 Fait de disparaître en cessant d'exister. → **mort ; extinction**.

**disparu, ue** adj. ▪ 1 Qui a cessé d'être visible. 2 Qui est parti ; introuvable. 3 Qui a cessé d'exister. ♦ n. Mort, défunt.

**dispatcher** v. tr. ① ▪ anglic. Répartir, distribuer.

**dispendieux, ieuse** adj. ▪ Qui exige une grande dépense. → **coûteux**.

**dispensaire** n. m. ■ Établissement où l'on donne des consultations, des soins médicaux.

**dispensateur, trice** n. ■ Personne qui dispense, qui distribue.

**dispense** n. f. ■ Autorisation spéciale qui décharge d'une obligation.

**dispenser** v. tr. 1 ■ I littér. (personnes ; réalités...) Distribuer. → **accorder, prodiguer.** II *DISPENSER* (qqn) *DE* 1 Libérer (qqn) de (une obligation). → **exempter.** *Dispenser un élève de gymnastique.* ♦ (sujet chose) *Ton succès ne te dispense pas de travailler.* 2 iron. *Dispensez-moi de vos réflexions.* → **épargner.**

**disperser** v. tr. 1 ■ 1 Jeter, répandre çà et là. → **éparpiller.** 2 Répartir çà et là, en divers endroits. ← fig. *Disperser son attention,* ne pas la concentrer. 3 Faire se séparer (des personnes). ► se **disperser** v. pron. 1 *Les manifestants se dispersent.* 2 S'occuper à des activités trop diverses. ► **dispersé, ée** adj. *Habitat dispersé.* → **clairsemé.**

**dispersion** n. f. ■ 1 Action de (se) disperser ; état de ce qui est dispersé. ♦ phys. Décomposition (d'un rayonnement). 2 fig. *Dispersion des efforts.* → **éparpillement.**

**disponibilité** n. f. ■ État de ce qui est disponible, d'une personne disponible. ♦ spécialt au plur. Fonds dont on peut disposer.

**disponible** adj. ■ 1 Dont on peut disposer. → **libre.** *Appartement disponible.* 2 *Officier, fonctionnaire disponible,* qui n'est pas en activité, mais demeure à la disposition de l'armée, de l'Administration. 3 Qui n'est lié ou engagé par rien ; qui peut disposer de son temps. → **libre.**

**dispos, ose** adj. ■ En bonne disposition pour agir. → **en forme.** ← loc. *FRAIS ET DISPOS.*

**disposer** v. 1 ■ I v. tr. 1 Arranger, mettre dans un certain ordre. 2 *DISPOSER* (qqn) *à,* préparer psychologiquement (qqn) à (qqch.). *Disposer un malade à mourir, à la mort.* II v. tr. ind. *DISPOSER DE* 1 Avoir à sa disposition, avoir la possession, l'usage de. *Disposer de qqn,* s'en servir comme on le veut. ← *Le droit des peuples à disposer d'eux-mêmes* (→ **liberté**). ← sans compl. *Vous pouvez disposer :* partez (se dit à un inférieur). III v. intr. Décider, décréter. prov. *L'homme propose, Dieu dispose.* ► se **disposer** (à) v. pron. Être sur le point (de) ; se préparer (à). ► **disposé, ée** adj. 1 Arrangé, placé. 2 *Être disposé à :* être préparé à, avoir l'intention de. 3 *Être bien, mal disposé envers qqn,* lui vouloir du bien, du mal. ← absolt *Être bien, mal disposé,* de bonne, de mauvaise humeur.

**dispositif** n. m. ■ 1 dr. Énoncé final (d'un jugement). 2 Manière dont sont disposées les pièces d'un appareil ; le mécanisme lui-même. *Dispositif de commande.* 3 Ensemble de moyens disposés conformément à un plan. *Dispositif de défense.*

**disposition** n. f. ■ I 1 Action de disposer, de mettre dans un certain ordre ; son résultat. 2 au plur. Moyens, précautions par lesquels on se dispose à qqch. → **mesure, préparatifs.** II 1 *DISPOSITION À* (+ inf.) : tendance à. → **prédisposition.** 2 État d'esprit passager. ♦ au plur. (qualifié) Intentions envers qqn.

3 Aptitude à faire qqch. → **don.** 4 (À... *DISPOSITION*). Faculté de disposer, pouvoir de faire ce que l'on veut (de qqn, de qqch.). *Je mets ma voiture ; je me mets à votre disposition.* 5 Clause d'un acte juridique (contrat...). ♦ Point réglé par une loi, un arrêté, etc.

**disproportion** n. f. ■ Défaut de proportion, différence excessive (entre des choses).

**disproportionné, ée** adj. ■ Qui n'est pas proportionné (à qqch.). ← sans compl. → **démesuré.**

**dispute** n. f. ■ Échange violent de paroles (arguments, reproches...) entre personnes qui s'opposent. → **altercation, querelle.**

**disputer** v. 1 ■ I v. tr. ind. littér. *DISPUTER DE* 1 Discuter de. → **débattre.** 2 Rivaliser de. II v. tr. 1 littér. *Le disputer en :* rivaliser de. 2 Lutter pour la possession ou la conservation de (qqch.). *Disputer un poste à un rival.* ♦ *Disputer un combat* (en vue de la victoire). 3 fam. Réprimander (qqn). → se **disputer** v. pron. 1 → se **quereller.** 2 *Le match s'est disputé hier.*

**disquaire** n. ■ Marchand(e) de disques.

**disqualifier** v. tr. 7 ■ 1 Exclure d'une épreuve, en raison d'une infraction au règlement. 2 littér. Discréditer. ► se **disqualifier** v. pron. ▷ n. f. **disqualification**

**disque** n. m. ■ 1 Palet que des athlètes (→ **discobole**) lancent en pivotant sur eux-mêmes. 2 Surface visible (de certains astres). *Le disque du Soleil.* 3 Objet de forme ronde et plate. ← *Freins à disques* (à mâchoires serrant un disque). ← anat. *Disque intervertébral,* séparant deux vertèbres. II 1 Plaque circulaire sur laquelle sont enregistrés des sons dans la gravure d'un sillon spiralé (→ **microsillon**). *Disque noir, disque vinyle.* ← loc. fam. *Changer de disque :* parler d'autre chose. ♦ *Disque optique :* disque de petite taille sur lequel les informations sont enregistrées sous forme de microcavités, et peuvent être lues par un système optique (rayon laser). ← *Disque compact :* disque optique destiné au grand public, permettant la reproduction de sons. ← On emploie aussi *CD* et l'anglic. *compact-disc* (marque déposée). ← *Disque compact vidéo.* → **vidéodisque.** *Disque optique compact* (sigle *D. O. C.*). → **CD-ROM.** ← *Disque numérique à usages multiples.* → **DVD.** 2 Support magnétique d'information (→ **disquette**).

**disque-jockey** → **disc-jockey**

**disquette** n. f. ■ Petit disque (II, 2) destiné à s'insérer dans le lecteur d'un ordinateur.

**dissection** n. f. ■ Action de disséquer.

**dissemblable** adj. ■ Se dit de personnes ou de choses qui ne sont pas semblables, bien qu'ayant des caractères communs.

**dissemblance** n. f. ■ Caractère de ce qui est dissemblable.

**dissémination** n. f. ■ 1 Action de disséminer ; son résultat. 2 Éparpillement.

**disséminer** v. tr. 1 ■ 1 Répandre en de nombreux points assez écartés. → **disperser, éparpiller, semer.** 2 Disperser. *Disséminer des troupes.* ► se **disséminer** v. pron.

**dissension** n. f. ■ Division profonde de sentiments, d'intérêts, et de convictions.

**dissentiment** n. m. ■ Différence dans la manière de voir, qui crée des heurts.

**disséquer** v. tr. ⑥ ■ 1 Diviser les parties de (un organisme) en vue de l'étudier. *Disséquer une grenouille.* 2 fig. Analyser minutieusement. *Disséquer un texte.*

**dissertation** n. f. ■ 1 vieilli Texte où l'on disserte. 2 Exercice scolaire écrit sur des sujets littéraires, philosophiques, etc.

**disserter** v. intr. ① ■ Faire un développement, le plus souvent oral (sur un sujet).

**dissidence** n. f. ■ 1 Action ou état de ceux qui se séparent d'une communauté politique, etc. ◆ Groupe de dissidents.

**dissident, ente** adj. et n. ■ Qui est en dissidence, qui fait partie d'une dissidence.

**dissimulateur, trice** n. et adj. ■ (Personne) qui dissimule (1). → **hypocrite.**

**dissimulation** n. f. ■ 1 Action de dissimuler. 2 Comportement d'une personne qui dissimule. ◆ péj. Hypocrisie.

**dissimuler** v. tr. ① ■ 1 Ne pas laisser paraître (ce qu'on pense, ce qu'on sait), ou chercher à en donner une idée fausse. → **cacher, taire; déguiser.** 2 Empêcher de voir (une chose concrète). → **masquer.** ◆ Camoufler, cacher; tenir secret. ► **se dissimuler** v. pron. Cacher sa présence. ► **dissimulé, ée** adj. 1 *Une joie non dissimulée.* 2 (personnes) → **dissimulateur.**

**dissipateur, trice** n. et adj. ■ (Personne) qui dissipe son bien.

**dissipation** n. f. ■ I 1 Fait de (se) dissiper (1). 2 Action de dissiper en dépensant. II 1 Manque d'attention; agitation (spécialt d'un écolier). → **indiscipline.** 2 littér. Débauche.

**dissipé, ée** adj. ■ 1 Qui manque d'application. 2 littér. → **dissolu.** *Vie dissipée.*

**dissiper** v. tr. ① ■ I 1 Faire cesser, faire disparaître. → **chasser.** ◆ fig. *Dissiper un malentendu.* 2 Dépenser follement. *Dissiper une fortune.* → **dilapider.** II littér. *Dissiper qqn, le détourner de ses occupations sérieuses, du devoir.* ► **se dissiper** v. pron. 1 *La brume se dissipe.* 2 Devenir dissipé.

**dissocier** v. tr. ⑦ ■ 1 Séparer (des éléments qui étaient associés). 2 Distinguer, séparer. *Dissocier deux questions.* ⊳ n. f. **dissociation**

**dissolu, ue** adj. ■ Qui vit dans la débauche. ◆ *Mœurs dissolues.* → **dépravé, déréglé.**

**dissolution** n. f. ■ I 1 Décomposition, désagrégation. ◆ dr. Action de mettre fin légalement. → **rupture; dissoudre.** *Dissolution d'une assemblée.* 2 vieilli Débauche. II 1 Passage à l'état de solution. → **solution.** 2 Liquide résultant de la dissolution. → **solution.** 2 Colle au caoutchouc.

**dissolvant, ante** ■ 1 adj. Qui dissout (1), forme une solution avec un corps. 2 n. m. Produit qui dissout (un corps). → **solvant.**

**dissonance** n. f. ■ 1 Réunion désagréable de sons. ◆ mus. Intervalle, accord qui appelle une consonance*. 2 fig. Manque d'harmonie, discordance. ⊳ adj. **dissonant, ante**

**dissoner** v. intr. ① ■ Faire une dissonance; produire des dissonances.

**dissoudre** v. tr. ⑤1 ■ 1 Désagréger (un corps solide ou gazeux) au moyen d'un liquide dans lequel ses molécules se dispersent (→ **diluer**). ◆ pronom. *Le sel se dissout dans l'eau* (→ **soluble**). 2 Mettre légalement fin à (une association...).

**dissuader** v. tr. ① ■ *DISSUADER qqn DE,* l'amener à renoncer à (faire qqch.).

**dissuasif, ive** adj. ■ 1 Propre à dissuader. 2 Propre à dissuader l'ennemi d'attaquer.

**dissuasion** n. f. ■ Action de dissuader; son résultat. ◆ *Force de dissuasion :* force de frappe dissuasive.

**dissyllabique** adj. ■ Qui a deux syllabes (mot, vers). - syn. DISSYLLABE.

**dissymétrie** n. f. ■ Défaut de symétrie. → **asymétrie.** ⊳ adj. **dissymétrique**

**distance** n. f. ■ 1 Longueur qui sépare une chose d'une autre. *Parcourir de grandes distances. Distance de la Terre à la Lune.* - À DISTANCE loc. adv. : de loin. 2 Espace qui sépare deux personnes. ◆ loc. *Prendre ses distances :* s'aligner en étendant le bras horizontalement; fig. se tenir dans la réserve vis-à-vis de qqn. *Garder ses distances* (même sens). 3 Écart dans le temps. → **intervalle.** 4 fig. Différence notable. → **abîme.**

**distancer** v. tr. ③ ■ Dépasser (ce qui avance). → **devancer.** ◆ fig. → **surpasser.**

**distanciation** n. f. ■ Recul, détachement pris par rapport à qqn, qqch. (spécialt, au théâtre, par rapport à la situation).

**se distancier** v. pron. ⑦ ■ Mettre une distance (fig.) entre soi et qqn, qqch.

**distant, ante** adj. ■ 1 Qui est à une certaine distance. → **éloigné, loin.** 2 Qui garde ses distances. → **froid, réservé.**

**distendre** v. tr. ④1 ■ Augmenter les dimensions de (qqch.) par la tension. → **étirer,** ① **tendre.** ► **se distendre** v. pron. Être moins tendu, serré; se relâcher.

**distension** n. f. ■ Action de se distendre.

**distillat** [-il-] n. m. ■ sc. Produit d'une distillation.

**distillateur, trice** [-il-] n. ■ Personne qui distille des produits et les vend; spécial fabricant d'eau-de-vie.

**distillation** [-il-] n. f. ■ Procédé de purification par ébullition puis condensation de la vapeur dans un autre récipient.

**distiller** [-il-] v. ① ■ I v. tr. 1 Laisser couler goutte à goutte. → **sécréter.** 2 Soumettre (qqch.) à la distillation. ◆ au p. p. *Eau distillée,* absolument pure. II v. intr. Se séparer (d'un mélange) par distillation.

**distillerie** [-il-] n. f. ■ Lieu où l'on fabrique les produits de la distillation.

**distinct, incte** [-ɛ̃(kt), ɛ̃kt] adj. ■ 1 Qui ne se confond pas avec qqch. d'analogue. 2 Qui se perçoit nettement. *Une voix distincte.* → **clair, net.** ⊳ adv. **distinctement**

**distinctif, ive** adj. ■ Qui permet de distinguer. → **caractéristique, typique.**

**distinction** n. f. ■ **1** Action de distinguer, de reconnaître pour différent. **2** Fait d'être distinct, séparé. **3** vieilli Supériorité qui place au-dessus du commun. **4** Marque d'estime, d'honneur. *Distinction honorifique.* **5** Élégance, délicatesse et réserve dans la tenue et les manières (→ **distingué**).

**distingué, ée** adj. ■ **1** littér. Remarquable par son rang, son mérite. → **éminent.** ♦ (dans des formules de politesse) Particulier, spécial. **2** Qui a de la distinction (5).

**distinguer** v. tr. ⊡ ■ **1** (le sujet désigne un trait caractéristique) Permettre de reconnaître (une personne ou une chose d'une autre). → **différencier. 2** Reconnaître (une personne ou une chose) pour distincte (d'une autre). → **discriminer, séparer.** *Distinguer le vrai du faux.* → **discerner. 3** Mettre (qqn) à part, en le remarquant comme supérieur. **4** Percevoir d'une manière nette. ► **se distinguer** v. pron. **1** Être ou se rendre distinct, différent. **2** Se faire remarquer. → **s'illustrer. 3** Être perçu, discerné.

**distinguo** n. m. ■ Distinction subtile.

**distique** n. m. ■ Groupe de deux vers.

**distordre** v. tr. ⊠ ■ Déformer par une torsion. ◆ au p. p. *Bouche distordue.*

**distorsion** n. f. ■ **1** méd. État d'une partie du corps qui se tourne d'un seul côté. **2** Défaut d'un système qui déforme ce qu'il doit reproduire. **3** fig. Déséquilibre entraînant une tension. → **décalage, disparité.**

**distraction** n. f. ■ **I** Action de distraire (I); son résultat. → **prélèvement. II 1** Manque d'attention aux choses dont on devrait normalement s'occuper, l'esprit étant absorbé par un autre objet. → **inattention.** ◆ *UNE DISTRACTION.* → **étourderie, oubli. 2** Diversion apportée par une occupation propre à délasser l'esprit en l'amusant. ◆ *Cette occupation.* → **divertissement.**

**distraire** v. tr. ⊠ ■ **I** littér. Séparer d'un ensemble. **II 1** Détourner (qqn) de l'objet auquel il s'applique, de ce qui l'occupe. ◆ *Distraire l'attention.* **2** Faire passer le temps agréablement à (qqn). → **amuser, divertir.** ► **se distraire** v. pron. S'amuser, se détendre.

**distrait, aite** adj. ■ **1** Absorbé par autre chose. → **absent. 2** Qui est, par caractère, sujet à la distraction. → **étourdi.**

**distraitement** adv. ■ De façon distraite.

**distrayant, ante** adj. ■ Avec quoi l'on peut se distraire. → **amusant, divertissant.**

**distribuer** v. tr. ⊡ ■ **1** Donner à plusieurs personnes prises séparément (une partie de qqch). → **partager, répartir.** *Distribuer à chacun sa ration.* **2** Donner à diverses personnes, au hasard. *Distribuer des poignées de main.* **3** (sujet chose) Répartir dans plusieurs endroits. → **amener, conduire. 4** Répartir d'une manière particulière. → **arranger. 5** Assurer la distribution de (un produit...). ► **distribué, ée** p. p. *Appartement bien distribué.* → **agencé.**

**distributeur, trice** ■ **1** n. Personne qui distribue (qqch.; spécialt un produit). **2** n. m. Appareil servant à distribuer.

**distributif, ive** adj. ■ **1** Qui distribue. **2** gramm. Qui désigne en particulier (opposé à *collectif*). « *Chaque* » *est un adjectif distributif.*

**distribution** n. f. ■ **1** Répartition à des personnes. *La distribution du courrier.* **2** Ensemble d'opérations et de circuits qui mettent un produit à la disposition des acheteurs. **3** Répartition à des endroits différents. **4** Arrangement selon un certain ordre. → **agencement. 5** Ensemble des interprètes (d'un film...).

**district** [-ikt] n. m. ■ Subdivision administrative territoriale.

**dit, dite** ■ **I** adj. **1** Surnommé. **2** dr. (joint à l'article défini) *Ledit, ladite, lesdits, lesdites*, dont on vient de parler. **3** Fixé, convenu. **II** n. m. Pièce de vers, au moyen âge.

**dithyrambe** n. m. ■ littér. Éloge.

**dithyrambique** adj. ■ Très élogieux.

**diurèse** n. f. ■ méd. Excrétion de l'urine.

**diurétique** adj. ■ Qui augmente la sécrétion urinaire. ◆ n. m. *Un diurétique.*

**diurne** adj. ■ **1** didact. Qui dure vingt-quatre heures. **2** (opposé à *nocturne*) Qui se montre le jour; du jour.

**diva** n. f. ■ Cantatrice en renom.

**divaguer** v. intr. ⊡ ■ **1** Errer çà et là. **2** fig. Ne pas raisonner correctement. → **déraisonner.** ▷ n. f. divagation

**divan** n. m. ■ **I** hist. Conseil du Sultan. **II** Siège sans dossier ni bras qui peut servir de lit.

**dive** adj. f. ■ loc. *La dive bouteille* : le vin.

**divergence** n. f. ■ **1** Situation de ce qui diverge (1). **2** fig. Grande différence.

**divergent, ente** adj. ■ **1** Qui diverge (1). *Strabisme divergent.* **2** fig. Qui ne s'accorde pas. → **opposé.**

**diverger** v. intr. ⊡ ■ contr. *converger* **1** Aller en s'écartant de plus en plus. → **s'écarter. 2** fig. Être en désaccord. → **s'opposer.**

**divers, erse** adj. ■ **1** littér. au sing. Qui présente plusieurs aspects. → **varié.** *Un pays divers.* **2** au plur. Qui présentent des différences intrinsèques et qualitatives. *Les divers sens d'un mot.* **3** FAITS DIVERS, les incidents du jour (accidents, crimes, etc.); la rubrique qui les regroupe. **4** adj. indéf. (au plur.) → **plusieurs.** *À diverses reprises.*

**diversement** adv. ■ D'une manière diverse; de plusieurs manières différentes.

**diversifier** v. tr. ⊡ ■ Rendre divers. ► **se diversifier** v. pron. ▷ n. f. diversification

**diversion** n. f. ■ **1** Opération militaire destinée à détourner l'ennemi d'un point. **2** fig., littér. Ce qui détourne qqn d'une préoccupation. → **distraction.** ◆ *Son arrivée a fait diversion*, a détourné l'attention.

**diversité** n. f. ■ État de ce qui est divers.

**divertir** v. tr. ⊡ ■ **1** vx ou dr. Détourner. *Divertir de l'argent.* **2** vieilli Détourner (qqn) d'une occupation. **3** mod. Distraire en amusant. ► **se divertir** v. pron. Se distraire.

**divertissant, ante** adj. ■ Qui divertit. → **distrayant; amusant, récréatif.**

**divertissement** n. m. ■ **1** vx ou dr. Action de divertir (1). **2** vieilli Ce qui détourne l'être humain de l'essentiel. **3** Action de (se) divertir; moyen de se divertir. **4** Petit opéra ou pièce musicale.

**dividende** n. m. ■ **1** math. Nombre à diviser par un autre (le diviseur). **2** Part des bénéfices attribuée à chaque actionnaire.

**divin, ine** adj. ■ **1** Qui appartient à Dieu, aux dieux. ◆ *Droit divin,* considéré comme révélé par Dieu aux hommes. **2** Dû à Dieu, à un dieu. *L'amour divin* (opposé à *profane*). **3** Excellent, parfait. ◆ **Délicieux.**

**divinateur, trice** adj. ■ Qui devine l'avenir.

**divination** n. f. ■ **1** Art de découvrir ce qui est caché par des moyens qui ne relèvent pas d'une connaissance naturelle. → **devin ; -mancie. 2** Faculté, action de deviner, de prévoir. → **intuition, prescience.**

**divinatoire** adj. ■ Relatif à la divination.

**divinement** adv. ■ D'une manière divine (3), à la perfection. → **parfaitement.**

**diviniser** v. tr. 1 ■ **1** Mettre au rang des dieux. → **déifier. 2** Donner une valeur sacrée à (qqn, qqch.). ▷ n. f. **divinisation**

**divinité** n. f. ■ **1** Nature, essence divine. **2** Être divin. → **déesse, dieu.** *Les divinités antiques.*

**divis, ise** adj. ■ dr. Divisé (opposé à *indivis*).

**diviser** v. tr. 1 ■ **I 1** Séparer en plusieurs parties. → **fractionner, partager.** *Diviser une somme en plusieurs parts.* ◆ (en parties égales) *Diviser un gâteau en six.* ◆ Calculer combien de fois une quantité est contenue dans une autre (→ **division ; dividende, diviseur**). *Diviser un nombre par six* (opposé à *multiplier*). **2** abstrait Séparer en éléments. **II** Séparer, semer la discorde entre (des personnes, des groupes). *L'affaire Dreyfus divisa la France.* ◆ (sans compl.) loc. prov. *Diviser pour régner.* ▶ **se diviser** v. pron. **1** Se séparer en parties. **2** Être en désaccord.

**diviseur, euse** ■ **1** n. Ce qui divise (personne...). **2** n. m. math. Nombre par lequel on en divise un autre (le dividende).

**divisible** adj. ■ Qui peut être divisé. ◆ *Les nombres pairs sont divisibles* (exactement) *par 2.* ▷ n. f. **divisibilité**

**division** n. f. ■ **1** Action de diviser ; état de ce qui est divisé (rare en emploi concret). ◆ Opération par laquelle on divise* une quantité par une autre, pour obtenir le quotient. *Division qui tombe juste,* dont le reste est nul. ◆ *Division du travail* (décomposition et répartition des tâches). **2** Fait de se diviser. *Division cellulaire,* où une cellule donne deux cellules filles. → **mitose. 3** Trait qui divise. **4** Partie d'un tout divisé. **5** Grande unité militaire. ◆ Réunion de services, de groupes... **6** fig. Opposition d'intérêts, de sentiments entre personnes. → **désaccord, discorde, dissension.**

**divisionnaire** adj. ■ D'une division (5).

**divorce** n. m. ■ **1** Rupture légale du mariage civil, du vivant des époux. **2** Séparation d'intérêts, de sentiments... → **divergence.**

**divorcer** v. intr. 3 ■ Se séparer par le divorce (de l'autre époux). ▶ **divorcé, ée** adj. et n.

**divulguer** v. tr. 1 ■ Porter à la connaissance du public. → **publier, répandre.** ▷ n. f. **divulgation** ▷ n. **divulgateur, trice**

**dix** [dis] ■ **1** adj. numéral cardinal Nombre égal à neuf plus un (10). → **déca-.** ◆ Un grand nombre de. *Répéter dix fois la même chose.* **2** adj. numéral ordinal Dixième. *Page dix. Charles X.* **3** n. m. Le nombre 10. ◆ Carte, dé, etc. marqué de dix signes.

**dix-huit** [dizɥit] adj. numéral invar. ■ (cardinal) Dix plus huit (18). *Dix-huit ans.* ◆ (ordinal) *Louis XVIII.* ◆ n. m. invar. *Nous sommes le 18.* ▷ adj. et n. **dix-huitième**

**dixième** [diz-] adj. ■ **1** Qui suit le neuvième. **2** Se dit d'une partie d'un tout divisé également en dix. ◆ n. m. *Un dixième.* **3** n. *Le, la dixième.* ▷ adv. **dixièmement**

**dixit** [diksit] ■ didact. ou iron. S'emploie devant ou après le nom de qqn dont on rapporte les paroles.

**dix-neuf** [diznœf] adj. numéral invar. ■ (cardinal) Dix plus neuf (19). *Dix-neuf ans.* ◆ (ordinal) *Page dix-neuf.* ◆ n. m. invar. *Dix-neuf est un nombre premier.* ▷ adj. et n. **dix-neuvième**

**dix-sept** [di(s)sɛt] adj. numéral invar. ■ (cardinal) Dix plus sept (17). *Dix-sept ans.* ◆ (ordinal) *Louis XVII.* ◆ n. m. invar. *Neuf et huit, dix-sept.* ▷ adj. et n. **dix-septième**

**dizain** n. m. ■ Pièce de poésie de dix vers.

**dizaine** n. f. ■ **1** Groupe de dix unités (nombre). *Le chiffre des dizaines* (ex. 9 dans 298). **2** Réunion de dix personnes, de dix choses ; quantité voisine de dix.

**D. J.** [didʒi ; didʒe] n. invar. (sigle) ■ anglic. **1** Disc-jockey. **2** Personne qui crée de la musique, des effets musicaux en manipulant des disques de musique (de vinyle) en cours de lecture.

**djebel** [dʒebɛl] n. m. ■ Montagne, terrain montagneux, en Afrique du Nord.

**djellaba** [dʒɛ(l)laba] n. f. ■ (au Maghreb) Longue robe à manches longues, à capuchon.

**djembé** [dʒɛmbe] n. m. ■ Tambour d'Afrique de l'Ouest, creusé dans une bille de bois et recouvert d'une peau de chèvre.

**djihad** [dʒi(j)ad] n. m. ■ Guerre sainte menée pour propager ou défendre l'islam. ◆ var. JIHAD.

**djinn** [dʒin] n. m. ■ Génie (bon ou mauvais), dans le Coran, etc.

**do** n. m. invar. ■ Premier son de la gamme naturelle. → **ut.**

**doberman** [-man] n. m. ■ Chien de garde haut et svelte, à poil ras.

**docile** adj. ■ Qui obéit facilement ; qui se laisse diriger. ▷ adv. **docilement**

**docilité** n. f. ■ Comportement soumis.

**docimologie** n. f. ■ didact. Étude des moyens de contrôle des connaissances, en éducation.

**dock** n. m. ■ anglic. **1** Vaste bassin destiné au chargement et au déchargement des navires. **2** souvent au plur. Hangar, magasin situé en bordure de ce bassin.

**docker** [dɔkɛʀ] n. m. ■ anglic. Celui qui charge et décharge les navires. → **débardeur.**

**docte** adj. ■ Érudit, savant. ◆ *Un ton docte.* → **doctoral** (2). ▷ adv. **doctement**

**docteur** n. m. ■ I (souvent avec un compl.) **1** relig. Celui qui enseignait des points de doctrine. *Les docteurs de la Loi* (dans le judaïsme). *Les docteurs de l'Église* (→ les Pères de l'Église). **2** Personne promue au plus haut grade universitaire (→ doctorat). *Docteur ès sciences.* II Personne qui a le titre de docteur en médecine et qui exerce la médecine ou la chirurgie. → **médecin.**

**doctoral, ale, aux** adj. ■ **1** didact. Des docteurs. **2** péj. Grave, solennel, pontifiant.

**doctorant, ante** n. ■ Personne qui prépare un doctorat. → **thésard.**

**doctorat** n. m. ■ Grade de docteur (I, 2).

**doctoresse** n. f. ■ vieilli Femme médecin.

**doctrinaire** ■ **1** n. Personne étroitement attachée à une doctrine. **2** adj. Sentencieux.

**doctrinal, ale, aux** adj. ■ D'une doctrine.

**doctrine** n. f. ■ Ensemble de notions qu'on affirme être vraies et par lesquelles on prétend fournir une interprétation des faits ou diriger l'action. → **dogme, idéologie, théorie.**

**docu-fiction** n. m. ■ techn. Film de fiction intégrant des éléments didactiques (archives...) dans une histoire basée sur des faits réels. - syn. DOCU-DRAME n. m.

**document** n. m. ■ **1** Écrit servant de preuve ou de renseignement. - par ext. *Document sonore.* **2** Ce qui sert de témoignage. **3** inform. Fichier créé à partir d'un logiciel. *Ouvrir, enregistrer un document.*

**documentaire** adj. ■ **1** Qui a le caractère d'un document, repose sur des documents. - loc. *À titre documentaire,* d'information. **2** n. m. Film didactique présentant des faits authentiques. **3** Relatif à la documentation.

**documentaliste** n. ■ Personne qui collecte, gère et diffuse des documents.

**documentariste** n. ■ Auteur de documentaires (2).

**documentation** n. f. ■ **1** Recherche de documents. **2** Ensemble de documents. **3** Activité de documentaliste.

**documenter** v. tr. 1 ■ **1** Fournir des documents à (qqn). **2** Appuyer (un travail) sur des documents. ► **se documenter** v. pron. → s'**informer.** ► **documenté, ée** adj.

**dodéca-** Élément savant, du grec *dôdeka* « douze ».

**dodécaphonique** adj. ■ mus. Qui utilise la série de douze sons de la gamme chromatique (→ sériel) en dehors des modes et des tons (→ atonal). *Musique dodécaphonique* (*dodécaphonisme* n. m.).

**dodécasyllabe** [-si(l)lab] adj. ■ (vers) Qui a douze syllabes. - n. m. → **alexandrin.**

**dodeliner** v. intr. 1 ■ Se balancer doucement. ▷ n. m. **dodelinement**

① **dodo** n. m. ■ (enfantin) Fait de dormir.

② **dodo** n. m. ■ anglic. Oiseau disparu d'Afrique australe (syn. *dronte* n. m.).

**dodu, ue** adj. ■ Bien en chair. → **gras.**

**doge** n. m. ■ Chef élu de l'ancienne république de Venise (ou de Gênes).

**dogmatique** adj. ■ **1** didact. Relatif au dogme. ♦ Qui admet certaines vérités ou principes (opposé à *sceptique*). **2** Qui exprime ses opinions d'une manière péremptoire. → **doctrinaire ; doctoral, sentencieux.**

**dogmatisme** n. m. ■ **1** Caractère d'une philosophie, d'une religion qui s'appuie sur un dogme. **2** Caractère dogmatique (2).

**dogme** n. m. ■ **1** Point de doctrine établi ou regardé comme une vérité fondamentale, incontestable (dans une religion, une école philosophique). ♦ Opinion émise comme une vérité indiscutable. **2** LE DOGME : l'ensemble des dogmes (d'une religion).

**dogue** n. m. ■ Chien de garde trapu, à grosse tête, au museau écrasé.

**doigt** [dwa] n. m. ■ I **1** Chacun des cinq prolongements qui terminent la main de l'homme. → **-dactyle.** ♦ loc. *Vous avez mis le doigt sur la difficulté,* vous l'avez trouvée. - *Montrer qqn du doigt,* le désigner ; fig. le ridiculiser. - *Se mordre les doigts de qqch.,* regretter. - *Ils sont comme les deux doigts de la main,* très unis. - *Être obéi au doigt et à l'œil,* exactement. - *Savoir qqch. sur le bout des doigts,* parfaitement. - *Mon petit doigt me l'a dit* : je l'ai appris (se dit à un enfant). **2** Extrémité articulée des pieds, des pattes de certains animaux (et de la main du singe). *Doigt de pied.* → **orteil. 3** par analogie *Les doigts d'un gant.* II Mesure approximative, équivalant à un travers de doigt. - loc. *À un doigt, à deux doigts de,* très près.

**doigté** [dwate] n. m. ■ **1** Jeu des doigts dans l'exécution d'un morceau de musique. **2** fig. → **diplomatie, savoir-faire, tact.**

**doigtier** [dwatje] n. m. ■ Fourreau servant à protéger un doigt.

**doit** n. m. ■ comptab. Partie d'un compte établissant ce que qqn doit (→ ② débit).

**dojo** n. m. ■ sports Salle où l'on pratique les arts martiaux.

**dol** n. m. ■ dr. Manœuvres frauduleuses destinées à tromper (→ dolosif).

**dolby** n. m. (nom déposé) ■ Procédé de réduction du bruit de fond (enregistrements sonores).

**doléances** n. f. pl. ■ Plaintes. → **récrimination.**

**dolent, ente** adj. ■ Qui se sent malheureux et cherche à se faire plaindre.

**dolichocéphale** [-ko-] adj. ■ Qui a le crâne long (opposé à *brachycéphale*).

**doline** n. f. ■ didact. Dépression fermée de forme circulaire (relief calcaire).

**dollar** n. m. ■ Unité monétaire des États-Unis d'Amérique et de divers autres pays, divisée en 100 cents.

**dolmen** [-ɛn] n. m. ■ Monument mégalithique fait de pierres brutes agencées en forme de table gigantesque.

**dolosif, ive** adj. ■ dr. Qui tient du dol.

**dom** n. m. ■ **1** Titre donné à certains religieux. **2** Titre donné aux nobles espagnols et portugais. → ② **don.**

**D. O. M.** [dɔm] n. m. invar. ■ Département français d'outre-mer. *Les D. O. M.-T. O. M.* : départements et territoires d'outre-mer.

**domaine** n. m. ■ **1** Terre possédée par un propriétaire. → **propriété, terre. ♦** *Domaine de l'État :* les biens de l'État. *Domaine public,* biens affectés à l'usage direct du public ou à un service public (→ **domanial**). **2** loc. *Tomber dans le* DOMAINE PUBLIC, se dit des œuvres qui, après un temps déterminé par les lois (en France, 50 ans, plus les années de guerre), cessent d'être la propriété des auteurs ou de leurs héritiers. **3** fig. Ce qu'embrasse (un art, une science, un sujet...). → **champ, discipline, secteur, sphère. ♦** *Être du domaine de qqn, de qqch.* → **relever de**. – *L'art médiéval est son domaine.* → **spécialité.**

**domanial, iale, iaux** adj. ■ Qui appartient à un domaine ; spécialt, au domaine public.

**dôme** n. m. ■ Sommet arrondi de certains grands édifices. → **coupole.**

**domesticité** n. f. ■ Ensemble des domestiques.

**domestique** ■ I adj. **1** (dans des expr.) Qui concerne la vie à la maison. *Travaux domestiques.* **2** (animaux) Qui vit auprès de l'homme, et dont l'espèce est depuis longtemps apprivoisée. ■ II n. ancient Employé(e) de maison.

**domestiquer** v. tr. ⦗1⦘ ■ **1** Rendre domestique (une espèce ; un animal). → **apprivoiser. 2** Maîtriser (qqch.) pour utiliser. *Domestiquer un fleuve.* ▷ n. f. **domestication**

**domicile** n. m. ■ Lieu ordinaire d'habitation, demeure légale et habituelle. → **logement, résidence.** *Élire domicile* (quelque part), s'y fixer pour y habiter. ♦ *À* DOMICILE loc. adv. : dans la demeure même de qqn. ♦ *Domicile d'une société.* → **siège.**

**domiciliaire** adj. ■ dr. *Visite domiciliaire,* au domicile de qqn (par autorité de justice).

**domiciliation** n. f. ■ dr. Désignation du domicile où un effet est payable.

**domicilier** v. tr. ⦗7⦘ ■ **1** Fixer un domicile à (qqn). – passif *Être domicilié à Lyon.* **2** *Domicilier une traite* (→ **domiciliation** (1)).

**dominant, ante** adj. ■ **1** Qui exerce l'autorité, domine sur d'autres. ♦ biol. *Gène dominant,* qui se manifeste seul (opposé à *récessif*). **2** Qui est le plus important, l'emporte parmi d'autres. → **prédominant, prépondérant. 3** Qui domine, surplombe.

**dominante** n. f. ■ **1** Ce qui est dominant (2), parmi plusieurs choses. **2** mus. Cinquième degré de la gamme diatonique ascendante (ex. sol dans la gamme de do).

**dominateur, trice** ■ **1** n. littér. Personne ou puissance qui domine sur d'autres. **2** adj. Qui aime à dominer. → **autoritaire.**

**domination** n. f. ■ **1** Action, fait de dominer ; autorité souveraine. → **suprématie. 2** Fait d'exercer une influence déterminante.

**dominer** v. ⦗1⦘ ■ I v. tr. **1** Avoir, tenir sous sa suprématie, sous sa domination. **2** fig. Être plus fort que. *Dominer son trouble.* → **maîtriser. ♦** *Sa voix dominait le tumulte.* **3** Avoir au-dessous de soi, dans l'espace environnant. → **surplomber. ♦** fig. *Dominer son sujet,* l'embrasser dans son ensemble. ■ II v. intr. **1** littér. Avoir la suprématie. **2** Être le plus apparent, le plus important, parmi plusieurs éléments. *Les femmes dominent dans cette profession,* il y a surtout des femmes. ► **se dominer** v. pron. Se maîtriser.

**dominicain, aine** n. ■ Religieux, religieuse de l'ordre des Frères prêcheurs, fondé par saint Dominique, aujourd'hui XIIIe siècle.

**dominical, ale, aux** adj. ■ Du dimanche.

**dominion** [-njɔn] n. m. ■ Ancienne colonie britannique, aujourd'hui État indépendant.

**domino** n. m. ■ I Costume de bal masqué, robe à capuchon. II Petite plaque dont le dessus est divisé en deux parties portant chacune de zéro à six points noirs.

**dominoterie** n. f. ■ Fabrication de papiers marbrés et coloriés ; ces papiers.

**dommage** n. m. ■ **1** Préjudice subi par qqn. – *Dommages-intérêts* (ou *dommages et intérêts*) : indemnité due à qqn en réparation d'un préjudice. **2** Dégâts matériels causés aux choses. → **ravage.** – *Dommages de guerre.* **3** Chose fâcheuse (dans quelques emplois). *Quel dommage ! C'est (bien) dommage !* – ellipt *Dommage !,* tant pis !

**dommageable** adj. ■ Qui cause du dommage. → **nuisible, préjudiciable.**

**domotique** n. f. ■ techn. Ensemble des techniques de gestion automatisée appliquées à l'habitation (confort, sécurité...).

**dompter** [d5(p)te] v. tr. ⦗1⦘ ■ **1** Réduire à l'obéissance (un animal sauvage, dangereux). → **dresser. 2** Soumettre à son autorité. ♦ fig., littér. *Dompter ses passions.*

**dompteur, euse** [d5(p)tœr, øz] n. ■ Personne qui dompte des animaux.

**① don** n. m. ■ **1** Action d'abandonner gratuitement (→ **donner**) à qqn la propriété ou la jouissance de qqch. *Faire don de qqch. à qqn.* ♦ fig. *Le don de soi.* → **dévouement. 2** Ce qu'on abandonne à qqn (sans rien recevoir de lui en retour). → **cadeau, donation, présent. 3** Avantage naturel (considéré comme donné par la nature, Dieu...). → **faveur. 4** Disposition innée pour qqch. → **aptitude, génie, talent.**

**② don** n. m., **doña** [dɔnja] n. f. ■ Titre d'honneur des nobles d'Espagne. → **dom.**

**donataire** n. ■ Bénéficiaire d'une donation.

**donateur, trice** n. ■ **1** Personne qui fait un don, des dons à une œuvre. **2** Personne qui fait une donation.

**donation** n. f. ■ Contrat par lequel le *donateur* abandonne un bien en faveur du *donataire* qui l'accepte.

**donc** [d5k] conj. ■ **1** Amenant la conséquence, la conclusion de ce qui précède. → par **conséquent. ♦** *« Si ce n'est toi, c'est donc ton frère »* (La Fontaine). ♦ Pour revenir à un sujet, après une digression. *Je disais donc que...* **2** Exprimant la surprise. → **ainsi.** *Vous habitez donc là ?* ♦ Pour renforcer une injonction. *Taisez-vous donc !*

**dondon** n. ■ fam. et péj. Grosse femme.

**à donf** loc. adv. ■ fam. À fond (concret ou abstrait). *Vas-y à donf ! C'est l'angoisse à donf !*

**donjon** n. m. ■ Tour principale qui domine un château fort.

**don Juan** n. m. ■ Séducteur sans scrupule. ▷ adj. **donjuanesque** ▷ n. m. **donjuanisme**

**donnant, ante** adj. ■ loc. DONNANT(,) DONNANT : en ne donnant qu'à la condition de recevoir en échange.

**donne** n. f. ▪ **1** Distribution des cartes, au jeu. **2** fig. Répartition (des chances, des forces).

**donné, ée** adj. ▪ **1** Qui a été donné. **2** *C'est donné* : c'est vendu bon marché. **3** Connu, déterminé. ◆ loc. *À un moment donné* : soudain. **4** *ÉTANT DONNÉ* loc. prép. → **vu.** *Étant donné* (ou littér. *donnée*) *l'heure, il faut partir.* ◆ *ÉTANT DONNÉ QUE* loc. conj. (+ indic.) : puisque.

**donnée** n. f. ▪ **1** Ce qui est donné, connu dans l'énoncé d'un problème. **2** Élément qui sert de base à un raisonnement, à une recherche. **3** inform. Représentation d'une information, permettant un traitement automatique. *Données alphanumériques. Banque, base de données.*

**donner** v. 🔲 ▪ **I** v. tr. Mettre (qqch.) en la possession de qqn (*DONNER qqch. À qqn*). **1** Abandonner à qqn sans rien demander en retour (une chose que l'on possède ou dont on jouit). → **offrir.** *Donner de l'argent à qqn.* **2** Faire don de. *Donner son sang.* **3** *DONNER qqch. POUR, CONTRE qqch.* : céder en échange d'autre chose. → **échanger, fournir.** ◆ (dans le commerce) Vendre. *Donnez-moi une laitue.* **4** Confier (une chose) à qqn, pour un service. *Donner sa montre à réparer.* ■ **II** v. tr. à la disposition de qqn (*DONNER À*). **1** Mettre à la disposition, à la portée de. → **fournir, offrir, procurer.** *Donner du travail à qqn.* **2** Organiser (pour un public). *Donner un spectacle.* **3** Communiquer, exposer (qqch.) à qqn. *Donner son avis.* ◆ *Donner un cours* (à des élèves). **4** Transmettre, provoquer (une maladie). **5** Accepter de mettre (qqch.) à la disposition, à la portée de qqn. → **accorder, concéder, octroyer.** *Donnez-moi un peu de répit.* **6** fam. Dénoncer à la police. **7** littér. passif *Être donné à* : être possible pour... *Ce n'est pas donné à tout le monde.* **8** Assigner à qqn, à qqch. (une marque, un signe, etc.). *Donner un nom à un enfant.* **9** *DONNER À* (+ inf.). Confier. *On m'a donné cela à faire.* ■ **III** v. tr. Être l'auteur, la cause de. **1** (dans des loc.) *Donner l'alarme. Donner des soins à qqn.* **2** (le compl. exprime un sentiment, etc.) → **causer, susciter.** *Cela me donne envie de dormir.* ◆ loc. *Donner lieu, matière, sujet à, provoquer.* ◆ *Donner à rire, à penser.* → **prêter. 3** (choses concrètes) sans compl. indir. Produire ; rapporter. *L'eau que donne une source.* **4** Appliquer, mettre. *Donner un baiser à qqn.* **5** Conférer (un caractère nouveau) à (qqn, qqch.) en modifiant. *Donner une forme à qqch.* ◆ loc. *Donner la vie à un enfant*, engendrer. *Donner la mort* : tuer. **6** Considérer (un caractère) comme propre à qqn, à qqch. → **accorder, attribuer, prêter, supposer.** *Quel âge lui donnez-vous ?* **7** *DONNER POUR* : présenter comme réel. *Donner une chose pour certaine.* ■ **IV** v. intr. **1** Porter un coup (contre, sur). → **cogner, heurter.** ◆ loc. *Ne plus savoir où donner de la tête*. **2** Se porter (dans, vers). → *se jeter, tomber. Donner dans un piège.* **3** Attaquer, combattre. *Faire donner l'infanterie.* **4** *DONNER SUR* : être exposé, situé ; avoir vue, accès. ► **se donner** v. pron. **1** réfl. Faire don de soi-même. → *se consacrer, se vouer.* ◆ *SE DONNER POUR un progressiste*, faire croire qu'on l'est. **2** passif Être donné ; avoir lieu, être représenté. **3** faux pron. Donner à soi-même. *Se*

*donner du mal.* **4** récipr. → **échanger.** ◆ loc. *Se donner le mot* : s'entendre à l'avance. *Ils s'étaient donné le mot.*

**donneur, euse** n. ▪ **1** Donneur, donneuse de : personne qui donne (qqch.). *Un donneur de leçons.* ◆ Personne qui donne (son sang, un organe, etc.). *Donneur de sang.* **2** fam. Personne qui donne (II, 6), dénonce.

**don Quichotte** n. m. ▪ Homme généreux et naïf qui se pose en redresseur de torts. ▷ n. m. **donquichottisme**

**dont** pron. ▪ Pronom relatif des deux genres et des deux nombres servant à relier une proposition correspondant à un complément introduit par *de.* → **duquel, de qui.** I Exprimant le complément du verbe. **1** (Provenance). *La pièce dont je sors.* **2** (Moyen, instrument, manière). *La manière dont il est habillé.* ◆ (Agent). *La femme dont il est aimé.* **3** (Objet). *L'homme dont je parle.* **4** Au sujet de qui, de quoi. *Cet homme dont je sais qu'il a été marié.* ■ **II** Exprimant le complément de l'adjectif. *Le malheur dont vous êtes responsable.* ■ **III** Exprimant le complément de nom. **1** Possession, qualité, matière. *Un pays dont le climat est doux.* **2** Partie d'un tout. *Des livres dont trois sont reliés.*

**donzelle** n. f. ▪ Jeune fille prétentieuse.

**dopage** n. m. ▪ Action de (se) doper. – syn. DOPING n. m. (anglic.).

**dopant, ante** adj. ▪ (produit) Qui dope.

**dope** n. f. ▪ anglic., fam. Drogue, stupéfiant.

**doper** v. tr. 🔲 ▪ Administrer un stimulant à. ► **se doper** v. pron. Prendre un stimulant.

**doppler** [dɔplɛʀ] n. m. ▪ méd. Examen basé sur l'*effet Doppler* (modification de la fréquence d'ondes quand la source de ces ondes et l'observateur sont en mouvement relatif), permettant notamment de déceler des anomalies dans la circulation sanguine.

**dorade** n. f. → **daurade.**

**doré, ée** adj. ▪ **1** Recouvert d'une mince couche d'or (ou d'un métal jaune). **2** Qui a l'éclat, la couleur de l'or. **3** *La JEUNESSE DORÉE* : jeunes gens riches et oisifs.

**dorénavant** adv. ▪ À partir du moment présent, à l'avenir. → **désormais.**

**dorer** v. tr. 🔲 ▪ **1** Revêtir (qqch.) d'une couche d'or. **2** loc. *DORER LA PILULE à qqn*, lui faire accepter une chose désagréable par des paroles aimables. **3** Donner une teinte dorée à.

**doreur, euse** n. ▪ Personne dont le métier est de dorer (1).

**dorique** adj. et n. m. ▪ Se dit du premier, plus simple des trois ordres d'architecture grecque (→ **corinthien, ionique).**

**dorloter** v. tr. 🔲 ▪ Entourer de soins ; traiter délicatement (qqn). → **cajoler, choyer.**

**dormant, ante** adj. ▪ **1** rare Qui dort. *Eau dormante.* → **immobile, stagnant. 3** techn. Qui ne bouge pas. → **fixe.** ◆ n. m. Partie fixe (d'un châssis, d'une porte...).

**dormeur, euse** n. ▪ **1** Personne qui dort ; qui aime dormir. **2** n. m. Tourteau (crabe).

**dormir** v. intr. [16] ■ **1** Être dans l'état de sommeil. ◆ loc. *Ne dormir que d'un œil*, en restant vigilant. *Dormir à poings fermés*, profondément. *Dormir debout*, avoir sommeil. *Une histoire à dormir debout*, invraisemblable. **2** fig. Être dans l'inactivité. ◆ *Laisser dormir un projet*, ne pas s'en occuper. ← *Capitaux qui dorment*, ne rapportent pas d'intérêts. **3** littér. Rester caché. *Les souvenirs qui dorment au fond de nous.*

**dormitif, ive** adj. ■ vx *ou* plais. Qui fait dormir. → **soporifique.**

**dorsal, ale, aux** ■ **1** adj. Du dos. *L'épine\* dorsale.* **2** n. f. Crête d'une chaîne de montagnes. ← *Chaîne sous-marine.*

**dorsalgie** n. f. ■ méd. Douleur au dos.

**dortoir** n. m. ■ **1** Grande salle où dorment les membres d'une communauté. **2** appos. Qui n'est habité que la nuit. *Cité-dortoir.*

**dorure** n. f. ■ **1** techn. Action de dorer (1). **2** Mince couche d'or appliquée à un objet. ◆ Ornement doré.

**doryphore** n. m. ■ Insecte coléoptère aux élytres rayés de noir, parasite des pommes de terre.

**dos** n. m. ■ **1** Partie du corps de l'homme qui s'étend des épaules jusqu'aux reins, de chaque côté de la colonne vertébrale. ◆ loc. *AVOIR BON DOS* : supporter injustement une responsabilité ; servir de prétexte. ← *TOURNER LE DOS* : se détourner de dos. *Tourner le dos à qqch.* : marcher dans une direction opposée ; *à qqn* (fig. cesser de le fréquenter). ← *Se mettre qqn À DOS*, s'en faire un ennemi. ← *DANS LE DOS. Passer la main dans le dos de qqn*, le flatter. *Donner froid dans le dos* : effrayer. *Agir dans le dos de qqn*, par-derrière (syn. *derrière le dos*). ← *DE DOS* (opposé à *face*). *Vu de dos.* ← *DOS À DOS* (opposé à *face à face*). *Renvoyer deux adversaires dos à dos* : refuser de donner raison à l'un plus qu'à l'autre. ← *Mettre qqch. SUR LE DOS DE qqn*, l'en accuser. ← *Être toujours sur, derrière le dos de qqn*, surveiller ce qu'il fait. **2** Face supérieure du corps des animaux. *FAIRE LE GROS DOS* : bomber le dos (chat) ; fig. attendre que les choses se passent ou s'améliorent. **II 1** Partie (d'un vêtement) qui couvre le dos. **2** Dossier. **3** Partie supérieure et convexe. *Dos de la main.* → **revers. 4** Côté opposé au tranchant. **5** Partie d'un livre qui unit les deux plats (opposé à *tranche*). **6** Envers d'un papier écrit. → **verso.** *Signer au dos d'un chèque* (→ endosser).

**dosage** n. m. ■ Action de doser ; son résultat.

**dos d'âne** n. m. invar. → **âne.**

**dose** n. f. ■ **1** Quantité d'un médicament qui doit être administrée en une fois. ◆ (stupéfiant) *Dose excessive.* → **overdose** (anglic.), **surdose. 2** Quantité quelconque.

**doser** v. tr. [1] ■ **1** Déterminer la dose de (un médicament). **2** Déterminer la proportion des éléments (d'un mélange). ▸ **dosé, ée** adj. *Mélange savamment dosé.*

**doseur** n. m. ■ Instrument donnant la mesure d'une dose. ← appos. *Bouchon doseur.*

**dossard** n. m. ■ Carré d'étoffe que les concurrents d'une épreuve sportive portent sur le dos et qui indique leur numéro d'ordre.

**dossier** n. m. ■ **1** Partie d'un siège sur laquelle on appuie le dos. **II** Ensemble des pièces relatives à une affaire ; chemise les contenant. ◆ *Les informations du dossier.*

**dot** [dɔt] n. f. ■ Bien qu'une femme apporte en se mariant. ▷ adj. **dotal, ale, aux**

**dotation** n. f. ■ **1** Revenus assignés à un établissement d'utilité publique. **2** Action de doter d'un équipement, de matériel.

**doter** v. tr. [1] ■ **1** Pourvoir d'une dot. **2** Assigner un revenu à (un service, un établissement). **3** Fournir en équipement, en matériel. → **équiper, munir. 4** fig. Pourvoir de certains avantages. ← passif *Être doté d'une excellente mémoire.* → **doué.**

**douairière** n. f. ■ péj. Vieille femme de la haute société.

**douane** n. f. ■ **1** Administration chargée d'établir et de percevoir les droits imposés sur les marchandises, à la sortie ou à l'entrée d'un pays. *Droits de douane.* **2** Siège de cette administration. **3** Droits de douane.

① **douanier** n. m. ■ Membre du service actif de l'administration des douanes.

② **douanier, ière** adj. ■ Relatif à la douane.

**doublage** n. m. ■ **1** Action de doubler, de mettre en double (2). **2** Remplacement d'un acteur par une doublure (2). **3** Adaptation des dialogues (d'un film) dans une langue différente.

**double** ■ **I** adj. **1** Qui est répété deux fois, qui vaut deux fois (la chose désignée), ou qui est formé de deux choses identiques. *Fermer à double tour* (de clé). **2** Qui a deux aspects dont un est caché. *Phrase à double sens.* ← loc. *Mener une DOUBLE VIE* : mener, en marge de sa vie habituelle, une existence cachée. **3** Pour deux personnes (opposé à *individuel*). **II** n. m. **1** Quantité qui équivaut à deux fois une autre. **2** Chose semblable à une autre. *L'original et le double d'une facture.* ◆ (personnes) Personne qui ressemble beaucoup à qqn. → **alter ego. 3** Partie de tennis entre deux équipes de deux joueurs.

**double-clic** n. m. ■ anglic. Succession très rapprochée de deux clics (sur la souris d'un ordinateur). ▷ **double-cliquer** v. intr. [1] anglic.

① **doublement** adv. ■ De deux manières.

② **doublement** n. m. ■ Action de doubler.

**doubler** v. [1] ■ **I** v. tr. **1** Rendre double. ← loc. *Doubler le pas* : accélérer le pas. **2** Mettre (qqch.) en double. **3** Garnir intérieurement de qqch. que recouvre. *Doubler une veste.* **4** Dépasser en contournant. *Doubler un camion.* **5** Remplacer (un acteur). → **doublure** (2). **6** Faire le doublage (3) de. **II** v. intr. Devenir double. *Les ventes ont doublé.* ▸ **se doubler** v. pron. *Se doubler de* (fig.) : s'accompagner de. ▸ **doublé, ée** III adj. **1** Rendu ou devenu double. **2** Garni d'une doublure. **3** *DOUBLÉ DE* : qui est aussi. *Un ivrogne doublé d'un menteur.* **4** Qui a subi le doublage (3). **IV** n. m. Deux réussites successives (sport, jeu).

**doublet** n. m. ■ Chacun des deux mots de même origine, ayant le même étymon, et de forme et de signification différentes (ex. *frêle* et *fragile*, d'étymon latin *fragilis*).

**doublure** n. f. ■ **1** Étoffe, matière qui sert à doubler (I, 3). **2** Personne qui remplace, en cas de besoin, un acteur, une actrice.

en **douce** loc. adv. → **doux**

**douceâtre** adj. ▪ D'une douceur fade.

**doucement** adv. ▪ 1 Sans grande énergie, sans hâte, sans violence. *Marcher doucement.* 2 Avec douceur, sans sévérité. 3 fam. Médiocrement ; assez mal. *Ça va doucement.* 4 Interjection pour calmer, modérer.

**doucereux, euse** adj. ▪ 1 D'une douceur fade. 2 D'une douceur affectée. → **mielleux.** ▷ adv. **doucereusement**

**doucettement** adv. ▪ fam. Très doucement.

**douceur** n. f. ▪ 1 Qualité de ce qui procure aux sens un plaisir délicat. *La douceur d'une peau.* 2 Qualité de ce qui est sans rudesse, sans heurt. ◆ *En douceur :* sans brusquerie. 3 Impression douce, plaisir modéré et calme. *La douceur de* (+ inf.) : l'agrément qu'il y a à. 4 Qualité morale qui porte à ne pas heurter autrui, à être patient, conciliant. → **bienveillance, bonté, gentillesse, indulgence.** 5 Chose douce ; petit plaisir. ◆ Friandise, sucrerie.

**douche** n. f. ▪ 1 Projection d'eau qui arrose le corps et produit une action hygiénique. ◆ *DOUCHE ÉCOSSAISE,* alternativement chaude et froide ; fig. paroles, événements désagréables qui en suivent d'autres agréables. 2 Installation pour prendre des douches. 3 Averse que l'on subit ; liquide qui asperge. 4 fig. Ce qui détruit un espoir, une illusion.

**doucher** v. tr. 1 ▪ 1 Arroser au moyen d'une douche. ◆ pronom. *Se doucher à l'eau froide.* 2 Se faire doucher : recevoir une averse ; fig., fam. (vieilli) se faire réprimander. 3 Rabattre l'exaltation de (qqn).

**douchette** n. f. ▪ 1 Petit appareil analogue à une pomme de douche (pour un évier...). 2 techn. Appareil servant à la lecture des codes-barres.

① **doudou** n. f. ▪ (aux Antilles) Jeune femme ; compagne.

② **doudou** n. m. ▪ fam. Objet, généralement souple et doux (tissu, etc.) qu'un jeune enfant choisit pour « compagnon » (pour jouer, pour dormir).

**doudoune** n. f. ▪ Veste en duvet.

**doué, ée** adj. ▪ 1 *DOUÉ DE* : qui possède naturellement. 2 Qui a un don, des dons.

**douer** v. tr. 1 ▪ (le sujet désigne la nature, etc.) Pourvoir (qqn) de qualités. → **doter.**

**douille** n. f. ▪ Pièce cylindrique creuse (spécialt, d'une cartouche ; dans laquelle on fixe le culot d'une ampoule électrique).

**douillet, ette** adj. ▪ 1 Délicatement moelleux. ◆ (lieu) Confortable et protecteur. 2 (personnes) Trop sensible aux petites douleurs physiques. ▷ adv. **douillettement**

**douillette** n. f. ▪ Manteau, vêtement ouaté.

**douleur** n. f. ▪ 1 Sensation physique pénible. → **-algie.** *Avoir une douleur à la tête.* → **mal ; souffrir.** 2 Sentiment ou émotion pénible résultant d'un manque, d'une peine, d'un événement malheureux. → **affliction, peine, souffrance.**

**douloureux, euse** adj. ▪ 1 Qui cause une douleur, s'accompagne de douleur physique. 2 Qui est le siège d'une douleur physique. 3 Qui cause une douleur morale. 4 Qui exprime la douleur. *Regard douloureux.* 5 n. f. fam. *LA DOULOUREUSE* : la note à payer. ▷ adv. **douloureusement**

**douma** n. f. ▪ hist. Assemblée législative, dans la Russie tsariste.

**doute** n. m. ▪ 1 État de l'esprit qui est incertain de la réalité d'un fait, de la vérité de paroles, de la conduite à adopter. → **hésitation, incertitude, perplexité.** ← *HORS DE DOUTE* : incontestable. ← *METTRE qqch. EN DOUTE* : contester la valeur de. ◆ Position philosophique qui consiste à ne rien affirmer d'aucune chose. → **scepticisme.** 2 Jugement par lequel on doute de qqch. *Il n'y a pas de doute, pas l'ombre d'un doute :* la chose est certaine. 3 Manque de confiance en qqn. 4 *SANS DOUTE* loc. adv. : selon toutes les apparences, mais sans certitude. → **apparemment, peut-être, probablement.**

**douter** v. tr. ind. 1 ▪ *DOUTER DE* 1 Être dans l'incertitude de (la réalité d'un fait, la vérité d'une assertion). *N'en doutez pas :* soyez-en certain. ◆ tr. ind. *DOUTER QUE* (+ subj.). 2 Mettre en doute (des croyances reçues). *Les sceptiques doutent de tout.* 3 loc. *NE DOUTER DE RIEN* : aller de l'avant sans s'inquiéter des difficultés. 4 Ne pas avoir confiance en. *Douter de soi.* ◆ se douter v. pron. *SE DOUTER DE.* → **pressentir, soupçonner.** *Je m'en doutais :* je l'avais prévu. ← *SE DOUTER QUE* (+ indic. ou cond.). → **supposer.**

**douteusement** adv. ▪ D'une manière douteuse, suspecte.

**douteux, euse** adj. ▪ 1 Dont l'existence ou la réalisation n'est pas certaine. → **incertain.** *Son succès est douteux.* 2 Dont la valeur n'est pas certaine ; sur quoi l'on s'interroge. 3 Dont la qualité est mise en cause. ◆ *D'une propreté douteuse :* plutôt sale. ◆ *Plaisanterie douteuse,* de mauvais goût. 4 Suspect. *Individu douteux.* → ① **louche.**

① **douve** n. f. ▪ 1 Fossé, originellement rempli d'eau, autour d'un château. 2 Planche servant à la fabrication des tonneaux.

② **douve** n. f. ▪ Ver parasite du foie.

**doux, douce** adj. ▪ 1 1 Qui a un goût faible ou sucré. *Amandes douces. Vin doux,* sucré (opposé à *sec, brut*). ◆ Non salé. *Eau douce.* 2 Agréable au toucher par son caractère lisse, souple. *Peau douce.* 3 Qui épargne les sensations violentes, désagréables. *Climat doux.* ← *Voix douce.* 4 fig. Qui procure une jouissance calme et délicate. → **agréable.** 5 Qui n'a rien d'extrême, d'excessif. → **faible, modéré.** *Pente douce.* ◆ Qui agit sans effets secondaires néfastes, en utilisant les ressources de la nature. *Énergies douces,* peu polluantes. *Médecines douces.* → **alternatif, parallèle.** 6 (personnes) Qui ne heurte, ne blesse personne, n'impose rien, ne se met pas en colère. ◆ loc. *Faire les yeux doux :* regarder amoureusement. II adv. 1 loc. *FILER DOUX* : obéir humblement. 2 fam. *EN DOUCE* loc. adv. : avec discrétion.

**doux-amer, douce-amère** adj. ▪ littér. À la fois plaisant et amer. *Réflexions douces-amères.*

**douzaine** n. f. ■ **1** Réunion de douze choses de même nature. **2** Quantité d'environ douze.

**douze** adj. numéral invar. ■ **1** (cardinal) Nombre égal à dix plus deux (12). → **dodéca-**. *Douze francs.* **2** (ordinal) Douzième. *Louis XII.* - *12 heures* : midi. **3** n. m. invar. Le nombre douze. *Trois fois quatre, douze.*

**douzième** adj. ■ **1** Qui suit le onzième. ♦ n. *Arriver le, la douzième.* **2** adj. et n. m. Se dit d'une partie d'un tout divisé également en douze. ▷ adv. **douzièmement**

**doyen, enne** n. ■ **1** Titre de dignité ecclésiastique ou universitaire. **2** Le plus ancien des membres d'un corps. **3** Personne la plus âgée (on dit aussi *doyen d'âge*).

**doyenné** n. m. ■ Circonscription ecclésiastique ayant à sa tête un doyen.

**drachme** [dʀakm] n. f. ■ **1** (dans la Grèce antique) Monnaie d'argent. **2** Unité monétaire de la Grèce moderne (avant l'euro).

**draconien, ienne** adj. ■ Très sévère.

**dragage** n. m. ■ Action de draguer (I).

**dragée** n. f. ■ **1** Confiserie, amande ou noisette recouverte de sucre durci. **2** Médicament recouvert de sucre. **3** loc. *TENIR LA DRAGÉE HAUTE à qqn*, lui tenir tête.

**dragéifier** v. tr. [7] ■ Présenter sous forme de dragée. ► au p. p. *Comprimé dragéifié.*

**dragon** n. m. ■ **1** Animal fabuleux représenté avec des ailes, des griffes et une queue de serpent. **2** Gardien vigilant. ► plais. loc. *Un dragon de vertu* : une femme affectant une vertu farouche. **3** relig. Figure du démon. **II 1** hist. Soldat de cavalerie. **2** Soldat d'une unité blindée.

**dragonne** n. f. ■ Cordon de la poignée d'une épée. ► Courroie attachée à un objet.

**drag-queen** [dʀagkwin] n. f. ou m. ■ anglic. Travesti masculin vêtu de manière recherchée et exubérante.

**drague** n. f. ■ **I 1** Filet de pêche qui racle le fond. **2** Engin pour curer les fonds des fleuves, etc. **3** Dispositif pour détruire les mines sous-marines. **II** fam. Fait de draguer (II).

**draguer** v. tr. [1] ■ **I 1** Curer, nettoyer le fond de (une rivière...) à la drague. **2** Enlever les mines sous-marines de (un lieu). **II** fam. Faire la cour à (qqn).

**dragueur, euse** ■ **I** n. m. Bateau qui drague (I). **II** n. fam. Personne qui drague (II).

**drain** n. m. ■ **1** Tuyau pour drainer les sols humides. **2** méd. Tube destiné à favoriser l'écoulement des liquides (pus, etc.).

**drainer** v. tr. [1] ■ **1** Débarrasser (un terrain) de son excès d'eau. **2** méd. *Drainer une plaie, un organe*, favoriser l'écoulement des liquides (pus, etc.) en plaçant un drain. **3** fig. Faire affluer en attirant à soi. *Drainer des capitaux.* ▷ n. m. **drainage**

**draisienne** n. f. ■ Véhicule à deux roues (ancêtre de la bicyclette) que l'on faisait avancer par l'action des pieds sur le sol.

**draisine** n. f. ■ Wagonnet léger.

**drakkar** n. m. ■ hist. Navire des Vikings, à voile carrée et à rames.

**dramatique** adj. ■ **1** Destiné au théâtre (texte) ; relatif aux ouvrages de théâtre. *Art dramatique* : ensemble des activités théâtrales. ♦ *Auteur dramatique.* → **dramaturge.** **2** *Comédie dramatique*, qui tient du drame (2). **3** Susceptible d'émouvoir le spectateur, au théâtre. **4** fig. (événements réels) Très grave et dangereux ou pénible. **5** n. f. Récit créé pour la télévision ou la radio.

**dramatiquement** adv. ■ D'une manière dramatique (4), tragique. → **tragiquement.**

**dramatiser** v. tr. [1] ■ Présenter (qqch.) sous un aspect dramatique ; accorder une gravité excessive à. ▷ n. f. **dramatisation**

**dramaturge** n. ■ Auteur d'ouvrages destinés au théâtre.

**dramaturgie** n. f. ■ didact. Art de la composition théâtrale.

**drame** n. m. ■ **1** didact. Genre littéraire comprenant tous les ouvrages composés pour le théâtre. → **théâtre. 2** Genre théâtral comportant des pièces dont l'action généralement tragique, pathétique, s'accompagne d'éléments réalistes, comiques ; pièce de théâtre appartenant à ce genre. ♦ Pièce d'un caractère grave (opposé à *comédie*). **3** fig. Événement ou suite d'événements tragiques, terribles.

**drap** n. m. ■ **1** Tissu de laine dont les fibres sont feutrées par le foulage. ♦ *Drap d'or*, tissé d'or. **2** Pièce de toile rectangulaire servant à isoler le corps du matelas ou des couvertures. ► loc. fig. *DANS DE BEAUX DRAPS* : dans une situation critique. ♦ *Drap de bain* : grande serviette éponge.

**drapé** n. m. ■ Plis formés par un vêtement.

**drapeau** n. m. ■ **1** Étoffe attachée à une hampe et portant les couleurs, les emblèmes (d'une nation, d'un groupe...) pour servir de symbole, etc. → **étendard, pavillon. 2** fig. *Être SOUS LES DRAPEAUX* : appartenir à l'armée ; faire son service militaire. **3** Drapeau de signal.

**draper** v. tr. [1] ■ **1** Habiller (qqn) de vêtements aux plis harmonieux. ► au p. p. *Indienne drapée dans un sari.* **2** Disposer (une étoffe) en plis harmonieux. ► se **draper** v. pron. (loc. fig.) *Se draper dans sa dignité* : affecter une attitude de dignité offensée.

① **draperie** n. f. ■ **1** comm. Tissu de laine. → **lainage. 2** Étoffe drapée. **3** (peinture, sculpture) Représentation d'un drapé.

② **draperie** n. f. ■ Industrie du drap.

**drap-housse** [dʀaus] n. m. ■ Drap de dessous aux coins cousus de manière à emboîter le matelas. *Des draps-housses.*

**drapier, ière** n. ■ Personne qui fabrique ou vend le drap (1).

**drastique** adj. ■ **1** Qui exerce une action très énergique. *Purgatif drastique.* **2** anglic. *Mesures drastiques.* → **draconien.**

**drave** n. f. ■ franç. du Canada Flottage du bois.

**dravidien, ienne** adj. ■ didact. Des populations du sud de l'Inde.

**dreadlocks** [dʀɛdlɔks] n. f. pl. ■ anglic. Petites tresses réalisées sur l'ensemble de la chevelure (coiffure des rastas*).

**drêche** n. f. ■ techn. Résidu de l'orge après soutirage du moût, en brasserie.

**drelin** interj. ▪ Bruit de sonnette.

**dressage** n. m. ▪ **1** Action de dresser (①, 2). **2** Action de dresser (un animal).

**① dresser** v. tr. 〔1〕 ▪ **1** Tenir droit et verticalement. → **lever, redresser.** ← loc. *Dresser l'oreille* : écouter attentivement. **2** Faire tenir droit ; installer, ériger. *Dresser une statue.* **3** littér. Disposer comme il le faut. **4** Faire, établir avec soin ou dans la forme prescrite. *Dresser un procès-verbal.* **5** fig. Mettre (qqn) en opposition (contre qqn). → **braquer, monter.** ► **se dresser** v. pron. **1** Se mettre droit. ♦ Être droit. **2** fig. *Se dresser contre qqn.* → s'opposer à.

**② dresser** v. tr. 〔1〕 ▪ **1** Habituer (un animal) à faire docilement et régulièrement qqch. **2** fam. Faire céder, plier (qqn). → **mater.**

**dresseur, euse** n. ▪ Personne qui dresse (des animaux).

**dressoir** n. m. ▪ Étagère, buffet où l'on dresse, dispose de la vaisselle.

**dreyfusard, arde** adj. et n. ▪ hist. Partisan de Dreyfus (condamné injustement, dans une atmosphère d'antisémitisme).

**D. R. H.** ou **DRH** [deəraʃ] n. (sigle) ▪ **1** n. f. Direction des ressources humaines (d'une entreprise). **2** Directeur, directrice des ressources humaines (d'une entreprise).

**dribble** n. m. ▪ anglic. Action de dribbler. - recomm. off. DRIBLE.

**dribbler** v. 〔1〕 ▪ anglic. **1** v. intr. Courir en poussant devant soi la balle sans en perdre le contrôle. **2** v. tr. Éviter (un joueur) en dribblant. - recomm. off. *dribler.*

**drille** n. m. ▪ *Un JOYEUX DRILLE* : un joyeux compagnon, un homme jovial. → **luron.**

**dring** [driŋ] interj. ▪ Onomatopée, bruit de sonnette (surtout électrique).

**drisse** n. f. ▪ mar. Cordage servant à hisser.

**drogue** n. f. ▪ **1** Médicament confectionné par des non-spécialistes. ♦ péj. Médicament dont on conteste l'efficacité. **2** Substance toxique, stupéfiant. *Drogues dures* (entraînant une dépendance) *et drogues douces.*

**droguer** v. tr. 〔1〕 ▪ **1** Faire prendre à (un malade) beaucoup de médicaments. **2** Administrer une drogue, un somnifère à. ► **se droguer** v. pron. **1** Prendre de nombreux médicaments. **2** Prendre de la drogue (2). ► **drogué, ée** adj. et n. → **toxicomane.**

**droguerie** n. f. ▪ Commerce des produits chimiques courants, des produits d'hygiène, d'entretien ; magasin où on les vend.

**droguiste** n. ▪ Personne qui tient une droguerie.

**① droit, droite** ▪ **I** adj. **1** Qui est sans déviation, d'un bout à l'autre. *Tige droite.* ♦ Dont la direction est constante. → **direct, rectiligne.** *Il y a deux kilomètres EN LIGNE DROITE* (→ à vol d'oiseau). ← fig. *Ramener qqn dans le droit chemin*, dans la norme. **2** Vertical. *Remettre droit.* → **debout ; dresser, redresser.** ♦ *Veston droit*, bord à bord. *Jupe droite*, sans ampleur. **3** *Angle droit*, de 90°. *À angle droit* (→ **perpendiculaire).** **4** fig. Qui ne s'écarte pas d'une norme, d'une règle morale (→ **droiture).** ♦ Qui adhère à la franchise. → **droit. II** adv. **1** Selon une ligne droite. *Aller droit devant soi.* **2** fig. Par la voie la plus courte, la plus rapide. → **directement.** *Aller droit au but.*

**② droit, droite** ▪ **I** adj. Qui est du côté opposé à celui du cœur de qqn (opposé à *gauche*). *La rive droite d'une rivière* (sens du courant). **II** n. m. boxe *Poing droit.*

**③ droit** n. m. ▪ **I** UN DROIT, DES DROITS **1** Ce que chacun peut exiger, ce qui est permis, selon une règle morale, sociale. ♦ *DROITS DE L'HOMME*, définis notamment par la Constitution de 1789 et considérés comme droits naturels. ♦ *AVOIR LE DROIT DE* (+ inf.) ; *ÊTRE EN DROIT DE* (+ inf.). → **permission ; possibilité.** ♦ *AVOIR DROIT À* (+ n.). *Vous avez droit à des excuses.* **2** Ce qui est exigible ou permis par conformité à une loi, un règlement. *Droits civiques* (électorat, éligibilité, etc.). ← *Défendre ses droits devant la justice* (→ **procès).** ← *Droit de grève.* **3** Ce qui donne une autorité, une influence considérée comme légitime. → **prérogative, privilège.** *Les droits de l'amitié.* **4** Somme d'argent, redevance exigée. *Acquitter un droit.* **II** LE DROIT **1** Ce qui constitue le fondement des droits de l'homme vivant en société. → **légalité, légitimité ; justice ; juridique.** *Le droit et la force.* ← *À BON DROIT* loc. adv. : à juste titre. ♦ *DROIT DIVIN\**. **2** Pouvoir de faire ce que l'on veut. *Le droit du plus fort.* **3** Règles juridiques en vigueur dans un État correspondant à la coutume, à des lois (→ **code),** à des jurisprudences. *Le droit romain.* ← *DROIT COMMUN* (règles générales). ← loc. *DE DROIT* : d'une manière légale. ← *DE PLEIN DROIT* : sans qu'il soit nécessaire de manifester de volonté. ← *QUI DE DROIT* : personne habilitée à... ♦ *Droit public et droit privé. DROIT CIVIL*, traitant des personnes, des biens, de leur transmission non commerciale. *DROIT CONSTITUTIONNEL* : partie du droit public relative à l'organisation de l'État. ← *DROIT PÉNAL* ou *CRIMINEL*, qui a trait aux infractions et aux peines, à la procédure criminelle. **4** La science juridique. *Étudiant en droit.*

**① droite** n. f. ▪ Ligne dont l'image est celle d'un fil parfaitement tendu ; (géom.) notion de base de la géométrie élémentaire.

**② droite** n. f. ▪ (opposé à *gauche*) **I** Le côté droit, la partie droite. ← *À DROITE* loc. adv. : du côté droit. **2** Main droite. ♦ Coup de la main droite. **II** Représentants des partis conservateurs. ♦ Fraction conservatrice de l'opinion publique. → *Voter à droite.*

**droitier, ière** adj. et n. ▪ (Personne) qui se sert mieux de la main droite que de la main gauche.

**droiture** n. f. ▪ Qualité d'une personne droite. → **franchise, honnêteté, loyauté.**

**drolatique** adj. ▪ littér. Qui a de la drôlerie.

**① drôle** adj. ▪ **I** Comique. **1** Qui prête à rire, fait rire. → **amusant, comique. 2** (personnes) Qui sait faire rire. **II** Bizarre. **1** Anormal, étonnant. → **bizarre, curieux, étrange, singulier.** ← *Se sentir tout drôle.* **2** *DRÔLE DE...* Un drôle de type, qui étonne. ♦ fam. (intensif) *Il a une drôle de poigne.* → **rude, sacré. 3** *DE DRÔLES* : des choses curieuses ou désagréables. *En faire voir de drôles à qqn.*

**② drôle, drôlesse** n. ▪ **1** vx Coquin, coquine. **2** régional Gamin, gamine.

**drôlement** adv. ▪ **1** Bizarrement. **2** fam. (intensif) → **rudement, sacrément.**

**drôlerie** n. f. ■ **1** Parole, action drôle. **2** Caractère de ce qui est drôle, cocasse.

**dromadaire** n. m. ■ Mammifère voisin du chameau, à une seule bosse.

**-drome, -dromie** Éléments savants, du grec *dromos* « course ; piste ».

**drone** n. m. ■ anglic., milit. Petit avion de reconnaissance, sans pilote.

**drop-goal** [dʀɔpgol] n. m. ■ anglic. (rugby) Coup de pied donné dans le ballon, au rebond. *Des drop-goals.* – abrév. DROP.

**droséra** n. m. ■ Plante carnivore des tourbières.

**drosophile** n. f. ■ Insecte diptère, aussi appelé *mouche du vinaigre.*

**drosser** v. tr. ⓵ ■ mar. Entraîner vers la côte. – au p. p. *Navire drossé à la côte.*

**dru, ue** ■ **1** adj. Qui pousse vigoureusement et en épaisseur. → **épais, touffu.** *Herbe drue.* ◆ *Pluie drue.* **2** adv. *La neige tombe dru.*

**drugstore** [dʀœgstɔʀ] n. m. ■ anglic. Ensemble formé d'un bar, d'un café-restaurant, de magasins divers.

**druide** n. m. ■ Prêtre gaulois ou celte. ▷ adj. **druidique**

**druidesse** n. f. ■ Prêtresse gauloise ou celte.

**drupe** n. f. ■ bot. Fruit indéhiscent, charnu, à noyau (ex. amande, pêche, cerise).

**dry** [dʀaj] adj. invar. ■ anglic. Sec (vin).

**dryade** n. f. ■ mythol. Nymphe des forêts.

**du** ■ **1** Article défini contracté. *Venir du Portugal.* → ① **de. 2** Article partitif. *Manger du pain.* → ② **de.**

**dû, due** ⓵ adj. **1** Que l'on doit. *Somme due.* **2** *DÛ À :* causé par. **3** dr. *Acte EN BONNE ET DUE FORME,* conforme à la loi. **II** n. m. Ce qui est dû. *Réclamer son dû.*

**dual, ale, als** adj. ■ didact. Double et réciproque. ◆ Caractérisé par le dualisme.

**dualisme** n. m. ■ didact. **1** Doctrine ou système qui admet la coexistence de deux principes irréductibles. **2** Coexistence de deux éléments différents. → **dualité.**

**dualité** n. f. ■ Caractère ou état de ce qui est double en soi ; coexistence de deux éléments de nature différente. → **dualisme.**

**dubitatif, ive** adj. ■ Qui exprime le doute. ▷ adv. **dubitativement**

**duc** n. m. ■ **I** hist. **1** Souverain d'un duché. **2** Celui qui porte le titre de noblesse le plus élevé après celui de prince. **II** Rapace nocturne, variété de hibou. *Grand(-)duc.*

**ducal, ale, aux** adj. ■ D'un duc, d'une duchesse.

**ducasse** n. f. ■ Fête publique, en Belgique et dans le nord de la France. → **kermesse.**

**ducat** n. m. ■ Ancienne monnaie d'or.

**duc-d'albe** n. m. ■ mar. Groupe de pieux enfoncés au fond de l'eau, auquel viennent s'amarrer les navires.

**duché** n. m. ■ Seigneurie, principauté à laquelle le titre de duc était attaché.

**duchesse** n. f. ■ **I** hist. Femme possédant un duché. **2** Épouse d'un duc. **II** Variété de poire fondante.

**ductile** adj. ■ Qui peut être allongé, étendu, étiré sans se rompre. ▷ n. f. **ductilité**

**duègne** n. f. ■ anciennt Femme âgée chargée de veiller sur la conduite d'une jeune fille ou d'une jeune femme. → **chaperon.**

① **duel** n. m. ■ **1** Combat entre deux personnes dont l'une exige la réparation d'une offense par les armes. **2** fig. Compétition.

② **duel** n. m. ■ gramm. Nombre* des déclinaisons et conjugaisons de certaines langues (arabe, grec...) qui sert à désigner deux personnes, deux choses. *Singulier, duel et pluriel.*

**duelliste** n. ■ Personne qui se bat en duel.

**duettiste** n. ■ Interprète d'un duo.

**duffel-coat** ou **duffle-coat** [dœfœlkot] n. m. ■ anglic. Manteau trois-quarts à capuchon, en laine. *Des duffel-(duffle-)coats.*

**dugong** [dygɔ̃g] n. m. ■ Mammifère marin herbivore qui vit dans l'océan Indien.

**dulcinée** n. f. ■ plais. Femme aimée.

**dûment** adv. ■ Selon les formes prescrites. – iron. *Il l'a dûment sermonné.*

**dumping** [dœmpiŋ] n. m. ■ anglic. Pratique qui consiste à casser les prix sur les marchés extérieurs.

**dune** n. f. ■ Butte, colline de sable fin formée par le vent (bord des mers, déserts).

**dunette** n. f. ■ Large superstructure élevée sur le pont arrière du navire.

**duo** n. m. ■ **1** Composition musicale pour deux voix ou deux instruments. ◆ *Duo comique* (music-hall). **2** fig., fam. *Un duo d'injures :* échange d'injures. **3** fam. Couple.

**duodécimal, ale, aux** adj. ■ arithm. Qui a pour base le nombre douze.

**duodénum** [-ɔm] n. m. ■ Partie initiale de l'intestin grêle, qui commence au pylore. ▷ adj. **duodénal, ale, aux**

**dupe** ■ **1** n. f. Personne que l'on trompe facilement. – loc. *Marché de dupes,* où l'on est abusé. **2** adj. (seulement attribut) Que l'on abuse facilement.

**duper** v. tr. ⓵ ■ littér. Abuser, tromper (qqn).

**duperie** n. f. ■ littér. Action de duper (qqn).

**duplex** [-ɛks] n. m. ■ **1** Système de télécommunications qui permet des transmissions simultanées (→ **multiplex**). **2** Appartement sur deux étages.

**duplicata** n. m. ■ Double d'une pièce ou d'un acte ayant même validité. *Des duplicata(s).*

**duplication** n. f. ■ Fait de (se) reproduire en double. ◆ Copie (d'un enregistrement).

**duplicité** n. f. ■ Caractère d'une personne qui feint, qui a deux attitudes. → **hypocrisie.**

**dupliquer** v. tr. ⓵ ■ Faire une ou des copies de.

**duquel** → **lequel**

**dur, dure** ■ **I** adj. **1** Qui résiste à la pression, au toucher ; qui ne se laisse pas entamer facilement. → **résistant, rigide, solide.** ← loc. fig. *Avoir la peau dure :* résister à tout. *Avoir la tête dure :* être obtus ou entêté. *Qui résiste ; qui ne cède pas facilement. Serrure dure.* ◆ loc. *Être dur d'oreille,* un peu sourd. – *Avoir la vie dure :* résister à la mort. fig. *Les préjugés ont la vie dure.* → **tenace.** ◆ *DUR À* (+ n.) : résistant à. loc. *Être dur à la détente*.* – (+ inf.) → **difficile.** ◆ Difficile, qui résiste à l'effort intellectuel. → **ardu. 3** Pénible à supporter. → **âpre, rigoureux, rude.** ♦ *Avoir les traits* (du visage) *durs,* accusés et sans grâce. **4** Qui manque de cœur, d'humanité, d'indulgence. → **inflexible, inhumain, insensible, sévère. 5** Intransigeant (surtout dans : *pur et dur*). **II** adv. Avec violence. *Cogner dur.* → **fort.** ♦ Avec intensité. *Travailler dur.* **III** n. **1** n. m. Ce qui est dur. *Bâtiment EN DUR,* en matériau dur (opposé à *préfabriqué*). **2** n. f. *Coucher sur LA DURE,* par terre. ← *À LA DURE :* de manière rude. ♦ *En voir de dures :* subir des épreuves pénibles. **3** n. Personne qui n'a peur de rien, ne recule devant rien (aussi loc. : *dur, dure à cuire*). ♦ Politicien, etc. intransigeant.

**durable** adj. ◾ De nature à durer. *Faire œuvre durable.* ← loc. *Développement* durable.* ▷ adv. **durablement**

**duralumin** n. m. ◾ Alliage léger d'aluminium, cuivre, magnésium et manganèse.

**duramen** [-ɛn] n. m. ◾ bot. Partie ancienne, lignifiée d'un tronc d'arbre. → **cœur.**

**durant** prép. ◾ **1** (avant le n.) Pendant la durée de. → **pendant.** *Durant la nuit.* **2** (après le n., dans des loc.) *Parler une heure durant.*

**durcir** v. ② ◾ **I** v. tr. **1** Rendre dur, ferme. **2** fig. Rendre plus ferme, plus intransigeant. **3** Faire paraître dur, fig. *Sa coiffure lui durcit les traits.* **II** v. intr. Devenir dur. ► se **durcir** v. pron. ▷ n. m. **durcissement**

**durcisseur** n. m. ◾ Produit qui, ajouté à un autre, provoque son durcissement.

**durée** n. f. ◾ **1** Espace de temps qui s'écoule entre le début et la fin (d'un phénomène). **2** Déroulement du temps qui passe. → **temps.**

**durement** adv. ◾ **1** D'une manière pénible à supporter. **2** Sans bonté, sans humanité.

**dure-mère** n. f. ◾ La plus superficielle et la plus résistante des trois méninges.

**durer** v. intr. ① ◾ **I** Avoir une durée de. *Leur entretien a duré deux heures.* ♦ absolt *DURER :* durer longtemps. **2** Résister contre les causes de destruction, d'usure. → se **conserver, subsister, tenir. II** (personnes) Vivre, exister longtemps.

**dureté** n. f. ◾ **1** Propriété, caractère de ce qui est dur. **2** fig. *Dureté d'une eau,* teneur en certains sels (de calcium, etc.).

**durillon** n. m. ◾ Callosité qui se forme aux pieds, aux mains. → **cal, cor.**

**durit** ou **durite** [-it] n. f. ◾ Tuyau en caoutchouc traité pour les raccords de canalisations des moteurs à explosion.

**D. U. T.** n. m. (sigle) ◾ en France Diplôme universitaire de technologie, obtenu en deux ans après le bac.

**duvet** n. m. ◾ **I 1** Petites plumes molles et très légères des oisillons, et du ventre et du dessous des ailes des oiseaux adultes. **2** Sac de couchage bourré de duvet ou d'une matière analogue. **II** Poils fins et doux (de certains animaux ou plantes ; chez l'être humain).

**duveté, ée** adj. ◾ Couvert de duvet. – syn. DUVETEUX, EUSE.

se **duveter** v. pron. ⑤ ◾ Se couvrir de duvet.

**D. V. D.** ou **DVD** [devede] n. m. (sigle) ◾ anglic. Disque optique numérique de très grande capacité, adapté au multimédia et à la vidéo numérique (films, spectacles...).

**dyade** n. f. ◾ didact. Ensemble de deux éléments. ▷ adj. **dyadique**

**dynam-** → **dynam(o)-**

**dynamique** ◾ **I** adj. **1** phys. Relatif aux forces, à la notion de force (s'oppose à *statique*). **2** Qui considère les choses dans leur mouvement, leur devenir. **3** cour. Qui manifeste une grande vitalité. **II** n. f. **1** Partie de la mécanique qui étudie le mouvement et les forces. **2** Ensemble de forces orientées vers un développement ; leur étude.

**dynamiquement** adv. ◾ Avec dynamisme.

**dynamiser** v. tr. ① ◾ anglic. Communiquer du dynamisme à. ▷ n. f. **dynamisation**

**dynamisme** n. m. ◾ Énergie, vitalité.

**dynamite** n. f. ◾ Substance explosive à base de nitroglycérine.

**dynamiter** v. tr. ① ◾ **1** Faire sauter à la dynamite. **2** fig. Détruire violemment (un système...). ▷ n. m. **dynamitage**

**dynamo** n. f. ◾ Machine transformant l'énergie mécanique en énergie électrique.

**dynam(o)-** ◾ Élément savant, du grec *dunamis* « puissance, force ».

**dynamomètre** n. m. ◾ Instrument servant à mesurer l'intensité des forces.

**dynastie** n. f. ◾ **1** Succession de souverains d'une même famille. **2** fig. Succession d'hommes célèbres, dans une même famille. *La dynastie des Bach.* ▷ adj. **dynastique**

**dyne** n. f. ◾ Ancienne unité de mesure de force, valant $10^{-5}$ newton.

**dys-** [dis] ◾ Élément savant (du grec *dus-*) exprimant l'idée de trouble, de manque.

**dysenterie** [dis-] n. f. ◾ Maladie infectieuse provoquant des diarrhées graves. ▷ adj. et n. **dysentérique** [dis-]

**dysfonctionnement** n. m. ◾ Trouble dans le fonctionnement. *Dysfonctionnement rénal.*

**dyslexie** n. f. ◾ didact. Trouble de la capacité à lire, ou difficulté à reconnaître et reproduire le langage écrit. ▷ adj. et n. **dyslexique**

**dysménorrhée** n. f. ◾ didact. Menstruation difficile et douloureuse.

**dysorthographie** n. f. ◾ didact. Trouble dans la maîtrise des règles de l'orthographe.

**dyspepsie** n. f. ◾ Digestion difficile et douloureuse. ▷ adj. et n. **dyspeptique**

**dyspnée** n. f. ◾ méd. Difficulté respiratoire.

**dystrophie** n. f. ◾ méd. Trouble de la nutrition ou du développement (d'un organe...). ▷ adj. **dystrophique**

**dytique** n. m. ◾ zool. Insecte coléoptère très carnassier, qui vit dans l'eau.

# E

**e** [ø] n. m. ■ Cinquième lettre, deuxième voyelle de l'alphabet. *É, è, ê.*

**e-** [i] ou [ø] Élément (emprunté à l'anglais, de *electronic*) qui sert à construire des composés dont le second élément peut être anglais *(e-business)* ou français *(e-commerce)*, et qui désigne des activités, des produits liés à Internet.

**é-** Élément (du latin *e(x)* « hors de » → ① ex-) marquant la privation ou l'achèvement. var. ef- devant *f*; es- devant *s*.

**E. A. O.** [øɑo] ■ Sigle de *enseignement assisté par ordinateur.*

**eau** n. f. ■ **I 1** Liquide naturel, inodore, incolore et transparent quand il est pur. → aqua-, ① hydr(o)-. *Eau douce; eau de mer. Eau minérale.* – loc. fig. *Mettre de l'eau dans son vin* : modérer ses prétentions. ◆ *PRENDRE L'EAU* : (vêtement) être perméable. *FAIRE EAU* : (bateau) laisser entrer l'eau. **2** au plur. Eaux minérales d'une station thermale. *Ville d'eaux.* **3** Étendue ou masse de ce liquide. *Tomber à l'eau* (fig. échouer, être oublié). ◆ au plur. *Basses eaux*, niveau le plus bas d'un fleuve. – *Grandes eaux*, jets d'eau d'un parc. **4** Solution aqueuse. *Eau oxygénée.* **5** *Les Eaux et Forêts*\*. **II** dans des loc. Sécrétion liquide incolore du corps humain. *Être en eau*, en sueur. *Avoir l'eau à la bouche*, saliver ; fig. être attiré par qqch. ◆ au plur. Liquide amniotique. *Poche des eaux.* **III** Transparence, pureté (des pierres précieuses).

**eau-de-vie** n. f. ■ Liquide alcoolique obtenu par distillation de jus fermenté des fruits ou de céréales, etc. *Des eaux-de-vie.*

**eau-forte** n. f. ■ **1** Acide dont les graveurs (→ aquafortiste) se servent pour attaquer le cuivre. **2** Gravure obtenue par ce procédé.

**ébahir** v. tr. ② ■ Frapper d'un grand étonnement. – au p. p. *Un air ébahi.* → ahuri.

**ébahissement** n. m. ■ Fort étonnement.

**ébarber** v. tr. ① ■ Débarrasser des aspérités, des barbes. → limer. ▷ n. m. **ébarbage**

**ébats** n. m. pl. ■ littér. Mouvements de qqn qui s'ébat. – *Ébats amoureux* (érotiques).

**s'ébattre** v. pron. ④① ■ littér. Se donner du mouvement pour s'amuser. → folâtrer.

**ébaubi, ie** adj. ■ vx Ébahi, ahuri.

**ébauche** n. f. ■ **1** Première forme, encore imparfaite, que l'on donne à une œuvre. → esquisse. **2** fig. *L'ébauche d'un sourire.*

**ébaucher** v. tr. ① ■ **1** Donner la première forme à (→ dégrossir) ; préparer dans les grandes lignes (→ esquisser). **2** Commencer sans aller jusqu'au bout. *Ébaucher un geste.*

**ébauchoir** n. m. ■ Outil pour ébaucher.

**s'ébaudir** v. pron. ② ■ vx Se réjouir. – var. S'ESBAUDIR.

**ébène** n. f. ■ Bois d'un arbre (l'*ébénier*), très noir, d'une grande dureté.

**ébéniste** n. ■ Artisan en ébénisterie.

**ébénisterie** n. f. ■ Fabrication des meubles de luxe, ou décoratifs.

**éberlué, ée** adj. ■ Ébahi, stupéfait.

**éblouir** v. tr. ② ■ **1** Troubler (la vue ou qqn dans sa vision) par un éclat insoutenable. → aveugler. **2** fig. Frapper d'admiration. → émerveiller.

**éblouissant, ante** adj. ■ **1** Qui éblouit. **2** Qui impressionne par sa beauté, ses qualités.

**éblouissement** n. m. ■ **1** Fait d'éblouir, d'être ébloui. ◆ Trouble de la vue accompagné de vertige. **2** Émerveillement.

**ébonite** n. f. ■ Matière dure et noire, isolante, obtenue par vulcanisation du caoutchouc.

**e-book** [ibuk] n. m. ■ anglic. Livre\* électronique. → liseuse, tablette. *Des e-books.*

**éborgner** v. tr. ① ■ Rendre borgne.

**éboueur** n. m. ■ Personne chargée du ramassage des ordures. → boueux.

**ébouillanter** v. tr. ① ■ **1** Passer à l'eau bouillante. **2** Blesser, brûler avec de l'eau très chaude. ► s'**ébouillanter** v. pron.

**éboulement** n. m. ■ Chute de terre, de rochers, constructions qui s'éboulent.

**s'ébouler** v. pron. ① ■ Tomber par morceaux, en s'affaissant. → s'effondrer.

**éboulis** n. m. ■ Amas de matériaux éboulés. → éboulement.

**ébouriffant, ante** adj. ■ fam. Étonnant.

**ébouriffer** v. tr. ① ■ **1** Mettre (les cheveux) en désordre. – au p. p. *Être tout ébouriffé.* **2** fig., fam. Surprendre au point de choquer.

**ébrancher** v. tr. ① ■ Dépouiller (un arbre) de ses branches. → élaguer, émonder, tailler.

**ébranlement** n. m. ■ **1** Oscillation ou vibration produite par un choc ou une secousse. **2** fig. État chancelant. ◆ Choc nerveux, commotion.

**ébranler** v. tr. ① ■ **1** Faire trembler, osciller, vibrer par un choc. **2** fig. Mettre en danger de crise. **3** Rendre peu ferme, incertain. → affaiblir, troubler. **4** *S'ÉBRANLER* v. pron. Se mettre en marche.

**ébrécher** v. tr. ⑥ ■ **1** Endommager en entamant le bord de. **2** fig. → écorner (2).

**ébriété** n. f. ■ (style admin.) Ivresse.

**s'ébrouer** v. pron. ① ■ **1** (cheval) Souffler bruyamment en secouant la tête. **2** Souffler en s'agitant. ▷ n. m. **ébrouement**

**ébruiter** v. tr. 1 ■ Faire circuler (une nouvelle). → **divulguer.**

**ébullition** n. f. ■ **1** État d'un liquide qui bout. **2** fig. EN ÉBULLITION : dans un état de vive agitation. → **effervescence.**

**éburnéen, enne** adj. ■ littér. Qui a l'apparence de l'ivoire.

**e-business** n. m. → **e-commerce**

**écaille** n. f. ■ **1** Chacune des petites plaques qui recouvrent la peau (de poissons, de reptiles). ◆ Lame enveloppant certains organes végétaux. **2** Parcelle détachée de qqch. qui se desquame. **3** Matière qui recouvre la carapace de grandes tortues.

① **écailler** v. tr. 1 ■ **1** Enlever, racler les écailles de (un poisson). **2** Ouvrir (une huître). **3** Faire tomber en écailles (2). ◆ pronom. *La peinture s'écaille.* ▷ n. m. **écaillage** et **écaillement.**

② **écailler, ère** n. ■ Personne qui ouvre et vend des huîtres.

**écailleux, euse** adj. ■ **1** Qui a des écailles. **2** Qui se détache par écailles.

**écale** n. f. ■ bot. Enveloppe recouvrant la coque des noix, noisettes, amandes, etc.

**écaler** v. tr. 1 ■ Enlever l'écale de. → *Écaler des œufs,* en ôter la coquille.

**écarlate** ■ **1** n. f. Couleur rouge tirée de la cochenille. **2** adj. Très rouge.

**écarquiller** v. tr. 1 ■ Ouvrir démesurément (les yeux).

**écart** n. m. ■ **1** Distance qui sépare deux choses qu'on écarte ou qui s'écartent. → GRAND ÉCART : position où les jambes forment un angle de 180°. **2** Différence entre deux grandeurs ou valeurs. **3** Action de s'écarter, de s'éloigner. ◆ fig. *Écart de conduite.* → **faute.** 5 À L'ÉCART loc. adv. : dans un endroit écarté, à distance (d'un groupe).

① **écarté, ée** adj. ■ **1** Éloigné, isolé. **2** au plur. Éloignés l'un de l'autre.

② **écarté** n. m. ■ Jeu de cartes où le joueur peut rejeter (→ ② **écarter**) des cartes.

**écarteler** v. tr. 5 ■ **1** ancient Déchirer (un condamné) en faisant tirer ses membres par quatre chevaux. **2** fig. (surtout passif et p. p.) → **tirailler.** ▷ n. m. **écartèlement.**

**écartement** n. m. ■ Espace qui sépare une chose d'une ou plusieurs autres.

① **écarter** v. tr. 1 ■ **1** Mettre (plusieurs choses ou des parties d'une chose) à distance les unes des autres (s'oppose à *rapprocher*). *Écarter les bras.* **2** Mettre à une certaine distance. → **éloigner.** ◆ Repousser. *Écarter un danger.* **3** Éloigner d'une direction. → **détourner.** ► s'**écarter** v. pron. Se disperser. ◆ S'éloigner (d'un lieu, d'une direction) ; fig. se détourner (d'une ligne...).

② **écarter** v. tr. 1 ■ aux cartes Rejeter de son jeu (des cartes). → ② **écarté.**

**E. C. B. U.** n. m. (sigle) ■ méd. Examen cytobactériologique des urines, comportant une étude des cellules (*cyto-*) et la recherche de bactéries.

**ecchymose** [eki-] n. f. ■ Tache (noire, jaunâtre...) produite par l'épanchement du sang sous la peau. → **bleu, contusion, hématome.**

**ecclésiastique** ■ **1** adj. Relatif à une Église, à son clergé. **2** n. m. Membre d'un clergé (→ **ministre, pasteur, prêtre, religieux**).

**écervelé, ée** adj. et n. ■ Qui est sans jugement.

**échafaud** n. m. ■ Plate-forme en charpente destinée à l'exécution des condamnés. ◆ Peine de mort par décapitation.

**échafaudage** n. m. ■ **1** Construction temporaire soutenue par une charpente (sur la façade d'un bâtiment à édifier, à réparer). **2** Assemblage de choses posées les unes sur les autres. *Un échafaudage de livres.*

**échafauder** v. tr. 1 ■ **1** v. intr. Construire un échafaudage. **2** v. tr. fig. Former par des combinaisons fragiles. *Échafauder des projets.*

**échalas** n. m. ■ Pieu soutenant un arbuste. ► fig. Personne grande et maigre.

**échalier** n. m. ■ **1** Échelle rudimentaire. **2** Clôture mobile.

**échalote** n. f. ■ **1** Variété d'ail dont les bulbes sont utilisés comme condiment. **2** franç. du Canada Petit oignon vert.

**échancrer** v. tr. 1 ■ Creuser ou découper en creux. ► **échancré, ée** adj. *Corsage échancré.* → **décolleté.** ◆ *Côte échancrée.* → **découpé.**

**échancrure** n. f. ■ Partie échancrée.

**échange** n. m. ■ **1** Opération par laquelle on échange ; fait de donner une chose contre une autre. **2** Commerce, opération commerciale. **3** Communication réciproque (de documents, etc.). *Un échange de lettres.* → loc. *Échange de vues*\*. **4** sc. Passage de substances entre la cellule et le milieu extérieur. *Échanges gazeux.* **5** EN ÉCHANGE loc. adv. → **en contrepartie, en retour.**

**échanger** v. tr. 3 ■ **1** *Échanger qqch. contre,* laisser (qqch.) à qqn en recevant autre chose en contrepartie. ◆ (sujet au plur.) Donner et recevoir (des choses équivalentes). *Ils échangent des timbres.* **2** (abstrait) Adresser et recevoir en retour. ◆ (sujet au plur.) *Ils échangèrent un regard.*

**échangeur** n. m. ■ **1** Appareil destiné à réchauffer ou refroidir un fluide au moyen d'un autre fluide. **2** Intersection routière à plusieurs niveaux.

**échangiste** adj. ■ Qui procède à des échanges ; fondé sur des échanges. ◆ spécialt Qui pratique l'échange des partenaires sexuels entre couples (*échangisme* n. m.).

**échanson** n. m. ■ ancient Officier d'une cour, dont la fonction était de servir à boire.

**échantillon** n. m. ■ **1** Petite quantité (d'une marchandise) qu'on montre pour donner une idée. **2** Spécimen remarquable (d'une espèce, etc.). → **exemple, représentant. 3** Fraction représentative d'une population, choisie en vue d'un sondage.

**échantillonnage** n. m. ■ **1** Action d'échantillonner. **2** Collection d'échantillons.

**échantillonner** v. tr. 1 ■ **1** Prélever, choisir des échantillons de (tissus, etc.). **2** Choisir un échantillon en vue d'un sondage.

**échappatoire** n. f. ■ Moyen détourné par lequel on cherche à se tirer d'embarras. → **faux-fuyant, subterfuge.**

**échappée** n. f. ■ **1** Action d'échapper à des poursuivants. ← Action menée par un coureur qui lâche le peloton. **2** Espace libre mais resserré (ouvert à la vue, etc.). *Échappée sur la mer.* ◆ littér. Bref moment.

**échappement** n. m. ■ **1** Mécanisme d'horlogerie qui règle le mouvement. **2** Dernier temps du cycle d'un moteur pendant lequel les gaz brûlés sont évacués.

**échapper** v. ☐ ■ *I ÉCHAPPER À* v. tr. ind. **1** Cesser d'être prisonnier de (un lieu, qqn). ← Se tirer de (un danger). *Échapper à un accident.* → **réchapper. 2** Cesser d'appartenir à, de subir l'influence de (qqn). **3** Être prononcé par inadvertance par (qqn). *Ça m'a échappé.* **4** Éviter (qqn, qqch. de menaçant). **5** (sujet chose) N'être pas touché, contrôlé, compris par. *Son raisonnement m'échappe.* II *ÉCHAPPER DE* v. tr. ind. (sujet chose) Cesser d'être tenu, retenu par. *La tasse lui a échappé des mains.* III v. tr. **1** loc. *L'ÉCHAPPER BELLE,* échapper de justesse à un danger. **2** régional (centre et est de la France), franç. du Canada Laisser échapper, laisser tomber involontairement. ► **s'échapper** v. pron. **1** S'enfuir ; partir discrètement. **2** (choses) Sortir.

**écharde** n. f. ■ Petit fragment de bois qui a pénétré sous la peau par accident.

**écharpe** n. f. ■ **1** Large bande d'étoffe servant d'insigne. **2** Bandage passé par-dessus une épaule, qui soutient l'avant-bras. *Avoir un bras en écharpe.* ◆ *EN ÉCHARPE* loc. adv. : en bandoulière ; en oblique. **3** Bande de tissu, de tricot portée autour du cou.

**écharper** v. tr. ☐ ■ Massacrer.

**échasse** n. f. ■ **1** Chacun des deux bâtons munis d'un étrier pour le pied, pour se déplacer dans des terrains difficiles. **2** Oiseau des marais, à longues pattes fines, au plumage noir et blanc.

**échassier** n. m. ■ Oiseau des marais à longues pattes fines (ex. la bécasse).

**échauder** v. tr. ☐ ■ **1** Passer, laver à l'eau chaude. ← Tremper dans l'eau bouillante. → **ébouillanter.** ◆ prov. *Chat échaudé craint l'eau froide.* **2** fig. *Se faire échauder, être échaudé,* être victime d'une mésaventure.

**échauffer** v. tr. ☐ ■ Rendre chaud par degrés. → **chauffer.** ◆ loc. *Échauffer la bile, les oreilles* : irriter. ► **s'échauffer** v. pron. **1** Entraîner ses muscles avant l'effort. **2** S'animer en parlant. ▷ n. m. **échauffement**

**échauffourée** n. f. ■ Courte bagarre.

**échauguette** n. f. ■ Guérite d'angle en pierre, pour surveiller.

**èche** ou **esche** n. f. ■ Appât fixé à l'hameçon.

**échéance** n. f. ■ **1** Date à laquelle expire un délai. ◆ Obligations, paiement dont l'échéance tombe. ◆ fig. Date à laquelle un événement doit se produire. **2** *À LONGUE, À BRÈVE ÉCHÉANCE* loc. adv. : à long, à court terme.

**échéancier** n. m. ■ Registre d'obligations inscrites à leur échéance. ◆ Ensemble de délais à respecter. → **calendrier.**

**échéant, ante** adj. ■ **1** dr. Qui arrive à échéance. **2** *LE CAS ÉCHÉANT* loc. adv. : si l'occasion se présente.

**échec** n. m. ■ *I LES ÉCHECS* : jeu dans lequel deux joueurs font manœuvrer l'une contre l'autre deux séries de 16 pièces (pion, fou, cavalier, tour, roi, reine), sur une tablette divisée en 64 cases (→ **échiquier**). **II** *éq.* aux échecs Situation du roi ou de la reine qui se trouve battu. *Échec et mat*. **III** fig. **1** Fait de ne pas réussir, de ne pas obtenir qqch. ← Insuccès, faillite (d'un projet...). *Tentative vouée à l'échec.* **2** Tenir qqn en échec, le mettre en difficulté.

**échelle** n. f. ■ **1** Objet formé de deux montants réunis de distance en distance par des barreaux transversaux (→ **échelon**) servant de marches. ← loc. *Faire la COURTE ÉCHELLE à qqn,* l'aider à s'élever en lui offrant comme points d'appui les mains puis les épaules. **2** Suite continue ou progressive. *Échelle sociale,* hiérarchie des conditions. *L'échelle des salaires. Échelle mobile* (selon le coût de la vie). **3** Rapport existant entre une longueur et sa représentation sur le plan ; proportion (d'un plan...). *1 mm représente 100 m à l'échelle de 1/100000. Carte à grande échelle,* détaillée. ◆ Série de divisions (sur un instrument, etc.). → **graduation.** ◆ fig. *À L'ÉCHELLE (DE)* : à la mesure (de). *À l'échelle mondiale.*

**échelon** n. m. ■ **1** Traverse d'une échelle. → **barreau. 2** fig. Ce par quoi on monte ou descend d'un rang à un autre. ◆ Position hiérarchique d'un fonctionnaire. **3** *À L'ÉCHELON (DE)* : au niveau (d'une administration, etc.).

**échelonner** v. tr. ☐ ■ **1** Disposer (des choses) à distance les unes des autres, ou par degrés. **2** Distribuer dans le temps, exécuter à intervalles réguliers. ► **s'échelonner** v. pron. ▷ n. m. **échelonnement**

**écheniller** v. tr. ☐ ■ Débarrasser (un arbre, une haie) des chenilles. ▷ n. m. **échenillage**

**écheveau** n. m. ■ **1** Assemblage de fils repliés et liés. **2** fig. Situation compliquée.

**échevelé, ée** adj. ■ **1** Dont les cheveux sont en désordre. **2** Désordonné, effréné.

**écheveler** v. tr. ☐ ■ Mettre en désordre les cheveux de (qqn). ▷ n. m. **échevellement**

**échevin** n. m. ■ **1** hist. Magistrat municipal. **2** Magistrat adjoint au bourgmestre (Belgique...). ▷ adj. **échevinal, ale, aux**

**échevinat** n. m. ■ Charge d'échevin.

**échidné** [-ki-] n. m. ■ zool. Mammifère australien, ovipare, hérissé de piquants.

**échine** n. f. ■ **1** Colonne vertébrale de l'homme et de certains animaux ; région correspondante du dos. ← loc. fig. *Courber, plier l'échine,* se soumettre. **2** Partie antérieure de la longe du porc.

**s'échiner** v. pron. ☐ ■ Se donner de la peine.

**échinoderme** [-ki-] n. m. ■ Invertébré marin à symétrie radiale (embranchement des *Échinodermes* : astéries, oursins, etc.).

**échiquier** n. m. ■ **1** Tableau divisé en 64 cases alternativement blanches et noires sur lequel on joue aux échecs. → **Damier,** quadrillage. **2** fig. Terrain où s'opposent des intérêts. *L'échiquier international.* **3** (en Grande-Bretagne) *Le chancelier de l'Échiquier,* le ministre des Finances.

**écho** [eko] n. m. ▪ **1** Réflexion du son par un obstacle qui le répercute ; le son répété. **2** fig. Ce qui est répété par qqn. ← loc. *Se faire l'écho d'une nouvelle.* → **propager.** ♦ *Les échos d'un journal,* nouvelles mondaines ou locales. **3** Accueil et réaction favorable. *Sa protestation est restée sans écho.*

**écho-** Élément, du grec *êkhô* « son répercuté, écho ».

**échographie** [eko-] n. f. ▪ Exploration médicale du corps, au moyen d'ultrasons ; image qui en résulte. ▷ adj. **échographique**

**échoir** v. intr. défectif : *il échoit, ils échoient, il échut, il échoira* (vx *écherra*), *il échoirait* (vx *écherrait*), *échéant\*, échu\** ▪ littér. **1** Être dévolu par le sort ou par un hasard. *Le rôle qui m'échoit.* **2** Arriver à échéance.

**échoppe** n. f. ▪ Petite boutique.

**échotier, ière** [ekɔtje] n. ▪ Journaliste chargé des échos.

**échouage** n. m. ▪ Fait d'échouer (1).

**échouer** v. intr. ▪ **1** (navire) Toucher le fond par accident et être arrêté dans sa marche. *Le navire a échoué* (pronom. *s'est échoué*) *sur la côte.* ← Être poussé sur la côte. **2** S'arrêter par lassitude, ou comme par hasard. *Échouer dans un hôtel miteux.* **3** Ne pas réussir (dans une entreprise...). ← (sujet chose) *Tous ses essais ont échoué.*

**échu, ue** adj. ▪ Arrivé à échéance.

**écimer** v. tr. ▪ Couper la cime de (un arbre, une plante).

**éclabousser** v. tr. ▪ **1** Couvrir d'un liquide salissant qu'on a fait rejaillir. **2** fig. Salir par contrecoup.

**éclaboussure** n. f. ▪ **1** Trace d'un liquide salissant qui a rejailli. **2** fig. Tache morale.

① **éclair** n. m. ▪ **1** Lumière intense et brève, formant une ligne sinueuse, provoquée par une décharge électrique pendant un orage. ♦ loc. *Comme l'éclair,* très vite. **2** appos. (invar.) Très rapide. *Visite éclair.* **3** Lumière vive, de courte durée. **4** Manifestation passagère ; bref moment. *Un éclair de génie.*

② **éclair** n. m. ▪ Petit gâteau allongé, fourré d'une crème pâtissière et glacé.

**éclairage** n. m. ▪ **1** Action, manière d'éclairer artificiellement. *Éclairage public.* **2** Distribution de la lumière (naturelle ou artificielle). **3** fig. Manière de décrire, d'envisager. → **angle, aspect, point de vue.**

**éclairagiste** n. ▪ (théâtre...) Personne qui s'occupe de l'éclairage.

**éclaircie** n. f. ▪ Endroit clair dans un ciel nuageux ; brève amélioration du temps. → **embellie.**

**éclaircir** v. tr. ▪ **1** Rendre plus clair, moins sombre. ← faux pronom. *S'éclaircir la gorge,* se racler la gorge. **2** Rendre moins épais, moins dense. **3** fig. Rendre clair pour l'esprit. → **débrouiller, élucider.**

**éclaircissement** n. m. ▪ **1** Fait d'éclaircir (1 et 2). **2** Explication, mise au point.

**éclairé, ée** adj. ▪ Qui a de l'instruction, de l'esprit critique. ← loc. *Despotisme\* éclairé.*

**éclairement** n. m. ▪ Durée ou intensité de la lumière ; rapport de cette intensité à la surface éclairée.

**éclairer** v. tr. ▪ **I 1** Répandre de la lumière sur. ♦ Pourvoir de la lumière nécessaire. **2** Répandre une sorte de lumière sur (le visage). → **illuminer.** ← pronom. *Son visage s'éclaira.* **II** fig. **1** Mettre (qqn) en état de voir clair, de discerner le vrai du faux. **2** Rendre clair, intelligible. → **éclaircir.**

**éclaireur, euse** n. ▪ **1** n. m. Soldat envoyé en reconnaissance. **2** Membre de certaines associations scoutes.

**éclat** n. m. ▪ **I 1** Fragment d'un corps qui éclate, qu'on brise. *Éclat de verre ; d'obus.* ← *Voler EN ÉCLATS,* se briser. **2** Bruit violent et soudain. *Éclat de voix. Éclat de rire.* **3** Scandale, tapage. **II 1** Lumière vive. **2** (couleurs) Vivacité et fraîcheur. **3** Caractère de ce qui est brillant, magnifique. ← *D'ÉCLAT :* remarquable, éclatant. *Action, coup d'éclat.*

**éclatant, ante** adj. ▪ **1** Qui fait un grand bruit. **2** Qui brille avec éclat, dont la couleur a de l'éclat. → **éblouissant. 3** Qui se manifeste de façon frappante. → **remarquable.**

**éclatement** n. m. ▪ Fait d'éclater.

**éclater** v. intr. ▪ **1** Se rompre avec violence et généralement avec bruit, en projetant des fragments, ou en s'ouvrant. → **exploser, sauter. 2** Se diviser en plusieurs éléments. **3** Retentir avec un bruit violent et soudain. ← loc. (personnes) *Éclater de rire. Éclater en sanglots.* **4** (sujet chose) Se manifester brutalement. *La guerre a éclaté.* **5** littér. Apparaître de façon manifeste, évidente. ▸ **s'éclater** v. pron. fam. Éprouver un violent plaisir (dans une activité).

**éclectique** adj. ▪ **1** philos. Qui emprunte des éléments à plusieurs systèmes. **2** Qui n'a pas de goût exclusif. ▷ n. m. **éclectisme**

**éclipse** n. f. ▪ **1** Disparition passagère d'un astre, masqué par un autre corps céleste. **2** fig. Période de fléchissement, de défaillance. **3** *À ÉCLIPSES :* intermittent.

**éclipser** v. tr. ▪ **1** Provoquer l'éclipse de (un autre astre). **2** Empêcher de paraître, de plaire, en brillant soi-même davantage. ▸ **s'éclipser** v. pron. S'en aller à la dérobée.

**écliptique** n. m. ▪ Grand cercle d'intersection du plan de l'orbite terrestre avec la sphère céleste ; ce plan.

**éclisse** n. f. ▪ **1** Éclat de bois. ♦ Plaque qui maintient un membre fracturé. **2** Pièce d'acier reliant les rails de chemin de fer.

**éclopé, ée** adj. et n. ▪ Qui marche péniblement (accident, blessure). → **estropié.**

**éclore** v. intr. ▪ **1** (œuf ; fleur) S'ouvrir. *Les œufs ont* (ou *sont*) *éclos.* **2** fig. Naître, apparaître. → n. f. **éclosion**

**écluse** n. f. ▪ Espace limité par des portes à vannes, destiné à retenir ou lâcher l'eau.

**écluser** v. tr. ▪ **1** Faire passer (un bateau) par une écluse. **2** fam. Boire.

**éclusier, ière** n. ▪ Personne chargée de la manœuvre d'une écluse.

**éco-** Élément, du grec *oikos* « maison ».

**écobilan** n. m. ▪ didact. Bilan des effets sur l'environnement (d'un objet fabriqué).

**écobuer** v. tr. 1 ▪ Enlever les mottes, les racines de (une terre) et les brûler.

**écœurant, ante** adj. ▪ Qui écœure.

**écœurer** v. tr. 1 ▪ 1 Dégoûter au point de donner envie de vomir. 2 fig. Dégoûter, en inspirant indignation ou mépris. 3 Décourager profondément. ▷ n. m. **écœurement**

**écohabitat** n. m. ▪ Habitat conçu pour un respect maximal de l'environnement.

**écoinçon** n. m. ▪ techn. Pièce en coin.

**école** n. f. ▪ 1 Établissement dans lequel est donné un enseignement collectif (général ou spécialisé). ♦ spécialt Établissement d'enseignement maternel et primaire. 2 Instruction, exercice militaire. ← loc. *Haute école*, équitation savante. 3 Ce qui est propre à instruire et à former ; source d'enseignement. → *Être à bonne école*. 4 Groupe ou suite de personnes qui se réclament d'un maître ou d'une doctrine. → **mouvement**. ← loc. *FAIRE ÉCOLE* : avoir des disciples.

**écolier, ière** n. ▪ Enfant qui fréquente l'école primaire, un collège. → **élève**.

**écologie** n. f. ▪ 1 sc. Étude des milieux où vivent les êtres vivants et des rapports de ces êtres avec le milieu. 2 cour. Doctrine visant à un meilleur équilibre entre l'homme et l'environnement. ▷ adj. **écologique**

**écologiste** n. ▪ 1 sc. Spécialiste de l'écologie. 2 adj. et n. cour. Partisan de la défense de la qualité de l'environnement.

**e-commerce** [i-] n. m. ▪ anglic. Commerce électronique, pratiqué par l'intermédiaire du réseau Internet. – syn. E-BUSINESS [ibiznɛs] n. m. anglic.

**écomusée** n. m. ▪ Musée présentant une activité humaine dans son contexte.

**éconduire** v. tr. 38 ▪ 1 Repousser (un solliciteur). 2 Congédier, renvoyer.

**économat** n. m. ▪ Fonction d'économe.

**économe** ▪ I n. ▪ Personne chargée de l'administration, dans une communauté, un établissement. → **intendant**. II 1 adj. Qui dépense avec mesure. 2 n. m. Épluche-légumes.

**économétrie** n. f. ▪ Étude statistique des données économiques.

**économie** n. f. ▪ I 1 didact. Organisation des éléments, des parties (d'un ensemble). *L'économie d'une œuvre.* 2 Science des phénomènes concernant la production, la distribution et la consommation des richesses, des biens matériels, dans un groupe humain. 3 Activité économique. *L'économie française.* II 1 littér. Gestion où l'on évite toute dépense inutile. 2 Ce que l'on épargne ou évite de dépenser. ← loc. *Des économies de bouts de chandelle\**. ← fig. *Faire l'économie de*, éviter. 3 au plur. Somme d'argent économisée.

**économique** adj. ▪ I Qui concerne l'économie (I, 2 et 3). II (choses) Qui réduit la dépense. ▷ adv. **économiquement**

**économiser** v. tr. 1 ▪ 1 Dépenser, utiliser avec mesure. 2 Mettre de côté en épargnant.

**économiste** n. ▪ Spécialiste d'économie (I, 2).

**écoparticipation** n. f. ▪ Taxe payée par le consommateur sur un appareil électrique ou électronique, destinée à financer le recyclage du produit.

**écopastille** n. f. ▪ en France Dispositif de taxation des véhicules polluants.

**écope** n. f. ▪ Pelle pour écoper.

**écoper** 1 ▪ I v. tr. mar. Vider l'eau de (un bateau) avec l'écope. II v. tr. ind. fam. *Écoper de* : recevoir (un coup, une punition...).

**écorce** n. f. ▪ 1 Enveloppe d'un tronc d'arbre et de ses branches, qu'on peut détacher du bois. 2 Enveloppe coriace de fruits : melon, orange...). 3 *Écorce terrestre*, partie superficielle du globe.

**écorcer** v. tr. 3 ▪ Dépouiller de l'écorce.

**écorché, ée** n. ▪ 1 Bête, personne écorchée. ← fig. *Écorché vif, écorchée vive* : personne d'une sensibilité et d'une susceptibilité extrêmes. 2 n. m. Statue d'homme, d'animal représenté dépouillé de sa peau.

**écorcher** v. tr. 1 ▪ 1 Dépouiller de sa peau (un corps). 2 Blesser en entamant superficiellement la peau. → **égratigner, griffer**. ← par exagér. *Ces cris écorchent les oreilles*. 3 Mal prononcer. ▷ n. m. **écorchement**

**écorchure** n. f. ▪ Légère déchirure cutanée.

**écorner** v. tr. 1 ▪ 1 Casser, abîmer un angle de. 2 fig. Entamer. *Écorner ses économies.*

**écossais, aise** adj. ▪ 1 De l'Écosse. ← n. *Un Écossais, une Écossaise.* 2 (tissu) À bandes de couleurs croisées.

**écosser** v. tr. 1 ▪ Dépouiller de la cosse.

**écosystème** n. m. ▪ Unité écologique de base, formée par le milieu (→ **biotope**) et les organismes qui y vivent (→ **biocénose**).

**écot** n. m. ▪ Quote-part d'un convive.

**écotaxe** n. f. ▪ Impôt sur les activités économiques polluantes (industrie, commerce), visant un effet dissuasif.

**écoulement** n. m. ▪ Fait d'écouler, de s'écouler ; mouvement de ce qui s'écoule.

**écouler** v. 1 ▪ I S'ÉCOULER v. pron. 1 (liquide) Couler hors d'un endroit. → se **déverser**. ♦ par analogie *La foule s'écoulait lentement.* 2 Disparaître progressivement ; se passer (temps). ← au p. p. *Les années écoulées*, passées. II v. tr. Vendre de façon continue jusqu'à épuisement. ← *Écouler de faux billets*, les mettre en circulation.

**écourter** v. tr. 1 ▪ 1 Rendre plus court en longueur. → **raccourcir**. 2 Rendre plus court en durée. 3 Abréger ; tronquer.

① **écoute** n. f. ▪ 1 Action d'écouter (qqn). ← *Être à l'écoute de qqn*, lui prêter attention. 2 milit. Détection par le son. 3 Action d'écouter (une émission). *Les heures de grande écoute.* ♦ Action d'écouter (une communication téléphonique) à l'insu des personnes qui communiquent. 4 loc. *AUX ÉCOUTES de* : attentif à.

② **écoute** n. f. ▪ Manœuvre, cordage servant à orienter une voile.

**écouter** v. tr. ① ▪ **1** S'appliquer à entendre, prêter son attention à (des bruits, des paroles). **2** Recevoir, accepter. *Écouter les conseils d'un ami.* → **suivre.** – *N'écouter que son courage,* se laisser guider par lui. ► s'**écouter** v. pron. **1** Entendre sa propre voix. **2** Suivre son inspiration. **3** Prêter une trop grande attention à sa personne.

**écouteur** n. m. ▪ Partie du récepteur téléphonique qui sert à écouter.

**écoutille** n. f. ▪ Ouverture rectangulaire dans le pont d'un navire, qui permet l'accès aux étages inférieurs.

**écouvillon** n. m. ▪ Brosse cylindrique pour nettoyer un objet creux. → **goupillon.**

**écrabouiller** v. tr. ① ▪ fam. Écraser, réduire en bouillie. → **broyer.** ▷ n. m. **écrabouillage** et **écrabouillement**

**écran** n. m. ▪ **1** Enveloppe ou paroi destinée à protéger de la chaleur, d'un rayonnement. **2** Objet interposé qui dissimule ou protège. **3** Surface sur laquelle se reproduit l'image d'un objet. ◆ spécialt Surface blanche pour les projections. ◆ Surface fluorescente sur laquelle se forme l'image dans les tubes cathodiques. *L'écran d'un téléviseur.* – *Écran publicitaire.* → anglic. **spot** (3). **4** *L'écran,* l'art cinématographique. – *Le PETIT ÉCRAN* : la télévision.

**écrasant, ante** adj. ▪ **1** Extrêmement lourd. → **accablant.** **2** Qui entraîne l'écrasement de l'adversaire.

**écrasé, ée** adj. ▪ Très aplati.

**écrasement** n. m. ▪ **1** Action d'écraser ; fait d'être écrasé. **2** Destruction complète (des forces de l'adversaire).

**écrase-merde** n. m. ▪ fam. Grosse chaussure. *Des écrase-merdes.*

**écraser** v. tr. ① ▪ **1** Aplatir et déformer (un corps) par une forte compression, par un choc violent. **2** Renverser et passer sur le corps de. **3** Dominer par sa masse. ◆ fig. Dominer, humilier. → **Accabler.** *Écraser qqn de travail.* **5** Vaincre, réduire totalement (un ennemi...). → **anéantir.** **6** fam. *Écrase !,* n'insiste pas ! ► s'**écraser** v. pron. **1** S'aplatir, éclater en tombant. **2** Se faire petit. **3** fam. Ne rien dire.

**écrémer** v. tr. ⑥ ▪ **1** Dépouiller (le lait) de la crème, de la matière grasse. **2** fig. Dépouiller (un ensemble) des meilleurs éléments. ▷ n. m. **écrémage**

**écrémeuse** n. f. ▪ Machine à écrémer.

**écrêter** v. tr. ① ▪ Ôter la crête (de qqch.).

**écrevisse** n. f. ▪ Crustacé d'eau douce, aux pattes antérieures armées de pinces.

**s'écrier** v. pron. ⑦ ▪ Dire d'une voix forte.

**écrin** n. m. ▪ Boîte ou coffret où l'on range des bijoux, des objets précieux.

**écrire** v. tr. ㊳ ▪ **I 1** Tracer (des signes d'écriture), un ensemble organisé de ces signes). – sans compl. *Apprendre à écrire.* ◆ Orthographier. *Je ne sais pas écrire ce mot.* **2** Consigner, noter par écrit. → **inscrire.** **3** Rédiger (un message destiné à être envoyé). *Écrire une lettre à qqn.* **4** Annoncer par lettre. **II 1** Composer (un ouvrage littéraire, etc.). *Écrire un roman.* **2** sans compl.

Exprimer par l'écriture (littéraire). *Il écrit bien.* → **rédiger. 3** Composer (une œuvre musicale). **III** (passif et p. p.) *C'était écrit,* voulu par la Providence ou le destin, fixé d'avance. → **fatal.**

① **écrit** n. m. ▪ **1** Document écrit. **2** Composition littéraire, etc. → **livre. 3** Épreuves écrites (d'un examen...). *L'écrit et l'oral.* **4** *PAR ÉCRIT* : par un document écrit.

② **écrit, ite** adj. ▪ **1** Tracé par l'écriture. – Couvert de signes d'écriture. **2** Exprimé par l'écriture. *Langue écrite, langue parlée.*

**écriteau** n. m. ▪ Surface plane portant une inscription en grosses lettres.

**écritoire** n. f. ▪ Petit coffret contenant tout ce qu'il faut pour écrire.

**écriture** n. f. ▪ **1** Système de signes visibles, tracés, représentant le langage. → **grapho-.** *Écriture idéographique, alphabétique.* **2** Caractères adoptés dans un tel système. *Écriture romaine, arabe, russe.* **3** Manière personnelle dont qqn trace les caractères en écrivant ; ces caractères. **4** littér. Manière de s'exprimer par écrit. → **style. 5** Acte d'écrire (un texte, une œuvre) ; activité de l'écrivain. **6** dr., admin. Écrit. **7** *L'Écriture, les Écritures,* les livres saints. → **Bible.**

**écrivailleur, euse** n. ▪ péj. Homme ou femme de lettres médiocre. – syn. ÉCRIVASSIER, IÈRE ; (du masc.) ÉCRIVAILLON n. m.

**écrivain** n. m. ▪ **1** Personne qui compose, écrit des ouvrages littéraires. → **auteur.** – au fém. *une écrivaine.* **2** *ÉCRIVAIN PUBLIC* : personne qui écrit, rédige (des lettres, etc.) pour le compte d'autrui.

① **écrou** n. m. ▪ dr. Procès-verbal constatant l'emprisonnement de qqn. – *Levée d'écrou,* constatation de la libération du détenu.

② **écrou** n. m. ▪ Pièce percée d'un trou fileté pour le logement d'une vis.

**écrouelles** n. f. pl. ▪ vx Abcès ganglionnaire. → **scrofule.**

**écrouer** v. tr. ① ▪ Incarcérer.

**écroulement** n. m. ▪ **1** Fait de s'écrouler. **2** fig. Anéantissement soudain.

**s'écrouler** v. pron. ① ▪ **1** Tomber soudainement de toute sa masse. → s'**affaisser, crouler,** s'**effondrer. 2** fig. Subir une destruction, une fin brutale. **3** fam. Se laisser tomber lourdement. → s'**affaler.**

**écru, ue** adj. ▪ **1** Qui n'est pas blanchi (chanvre, soie, toile). **2** De couleur beige.

**ecstasy** n. f. ▪ anglic. Stupéfiant hallucinogène dérivé de l'amphétamine, à effet désinhibiteur. – abrév. fam. ECSTA n. f.

**ecto-** Élément, du grec *ektos* « au-dehors ».

**-ectomie** Élément (du grec *ektomê* « amputation ») qui signifie « ablation ». → **-tomie.**

**ectoplasme** n. m. ▪ **1** (occultisme) Émanation visible du corps du médium. **2** Personne inconsistante. → **zombi.**

① **écu** n. m. ▪ **1** Bouclier des hommes d'armes, au moyen âge. **2** blason Bouclier où sont représentées les armoiries. **3** Ancienne monnaie française.

② **écu** ou **E.C.U.** n. m. (sigle de l'angl. *European Currency Unit*) ▪ anglic. Unité monétaire européenne (unité de compte). → **euro.**

**écubier** n. m. ▪ Ouverture ménagée à l'avant d'un navire, de chaque côté, pour le passage des câbles ou des chaînes.

**écueil** [ekœj] n. m. ▪ **1** Rocher, banc de sable à fleur d'eau contre lequel un navire risque de se briser ou de s'échouer. → **brisant, récif. 2** fig. Obstacle dangereux.

**écuelle** n. f. ▪ Assiette sans rebord.

**éculé, ée** adj. ▪ **1** Dont le talon est usé, déformé. **2** fig. Usé, ressassé. → **rebattu.**

**écumant, ante** adj. ▪ **1** Qui écume (I, 1). **2** Qui bave. ← fig. *Être écumant de rage.*

**écume** n. f. ▪ **1 1** Mousse blanchâtre qui se forme à la surface des liquides agités, chauffés ou en fermentation. **2** Bave mousseuse (d'animaux; de malades...). ← Sueur blanchâtre (d'un cheval...). **3** Impuretés à la surface des métaux en fusion. **II** *ÉCUME (DE MER)* : silicate naturel de magnésium.

**écumer** v. ① ▪ **I** v. intr. **1** (mer) Se couvrir d'écume. **2** Baver. ← fig. *Écumer (de rage)*, être au comble de la fureur. **II** v. tr. **1** Débarrasser (qqch.) de son écume, des impuretés. **2** Parcourir en pillant, en raflant.

**écumeux, euse** adj. ▪ Qui écume.

**écumoire** n. f. ▪ Ustensile composé d'un disque percé de trous, servant à écumer.

**écureuil** n. m. ▪ Petit mammifère rongeur au pelage généralement roux, à longue queue en panache.

**écurie** n. f. ▪ **1** Bâtiment destiné à loger des chevaux, ânes, mulets. **2** Ensemble des bêtes logées dans une écurie. ◆ Ensemble des chevaux qu'un propriétaire fait courir. ← Voitures de course, coureurs, cyclistes courant pour une même marque.

**écusson** n. m. ▪ **1** Petit écu (①, 2). **2** Plaque servant d'enseigne. **3** Morceau d'étoffe décoré, cousu sur un vêtement.

**écuyer, yère** n. m. ▪ anciennt Gentilhomme qui était au service d'un chevalier. ← Celui qui s'occupait des écuries d'un prince. **2** n. ▪ Personne sachant bien monter à cheval. ← Personne qui fait des numéros d'équitation.

**eczéma** [ɛgzema] n. m. ▪ Affection cutanée caractérisée par des vésicules et des rougeurs. ▷ adj. et n. **eczémateux, euse**

**édam** [edam] n. m. ▪ Fromage de Hollande à pâte cuite et à croûte rouge.

**edelweiss** [edɛlvɛs; edɛlvajs] n. m. ▪ Plante alpine, couverte d'un duvet blanc.

**éden** [edɛn] n. m. ▪ *L'Éden*, le Paradis. ◆ fig. Lieu de délices. ▷ adj. **édénique**

**édenté, ée** adj. ▪ **1** Qui a perdu une partie ou la totalité de ses dents. **2** n. m. Mammifère à dents réduites (ordre des *Édentés* : paresseux, fourmilier, etc.).

**édenter** v. tr. ① ▪ Casser les dents de.

**édicter** v. tr. ① ▪ Établir par une loi, un règlement. → **promulguer.** ▷ n. f. **édiction**

**édicule** n. m. ▪ **1** Dépendance d'un édifice religieux. **2** Petite construction édifiée sur la voie publique (kiosque, urinoir...).

**édifiant, ante** adj. ▪ Qui édifie (II).

**édification** n. f. ▪ Action d'édifier (I et II).

**édifice** n. m. ▪ **1** Bâtiment important. **2** fig. Ensemble vaste et organisé.

**édifier** v. tr. ① ▪ **1** Bâtir (un édifice, un ensemble architectural). **2** abstrait Établir, créer (un vaste ensemble). **II 1** Porter (qqn) à la vertu, par l'exemple ou par le discours. **2** iron. Mettre à même d'apprécier, de juger sans illusion. → **éclairer.**

**édile** n. m. ▪ **1** Antiq. Magistrat romain chargé de l'approvisionnement de la ville, etc. **2** Magistrat municipal d'une grande ville (en style officiel). ▷ n. f. **édilité**

**édit** n. m. ▪ hist. (Ancien Régime) Acte législatif émanant du roi.

**éditer** v. tr. ① ▪ **1 1** Publier et mettre en vente (un texte imprimé). *Éditer des romans.* ← *Éditer un auteur.* **2** didact. Faire paraître (un texte qu'on présente, etc.). **II** anglic., inform. Présenter (des informations).

**éditeur, trice** n. ▪ **1** Personne, société qui assure la publication d'ouvrages imprimés. **2** didact. Érudit qui établit un texte.

**édition** n. f. ▪ **1 1** Reproduction et diffusion (d'une œuvre) par un éditeur (1). **2** Ensemble des exemplaires d'un ouvrage publié édités en une fois. *Édition originale.* ← Ensemble des exemplaires (d'un journal) imprimés en une fois. **3** Métier, activité d'éditeur. **II** Action d'éditer (un texte qu'on présente, etc.). ◆ Texte ainsi édité. *Édition critique.* **III** anglic., inform. Matérialisation des informations traitées.

① **éditorial, aux** n. m. ▪ Article (de journal...) qui reflète une orientation générale.

② **éditorial, ale, aux** adj. ▪ Qui concerne l'activité (technique, économique) d'édition.

**éditorialiste** n. ▪ Personne qui écrit l'éditorial d'un journal, etc.

**-èdre** Élément (du grec *hedra* « base ») qui sert à former des termes de géométrie.

**édredon** n. m. ▪ Couvre-pied de duvet.

**éducateur, trice** n. ▪ **1** Personne qui éduque. ◆ Personne spécialisée dans l'éducation de certains groupes (jeunes, handicapés...). **2** adj. Éducatif.

**éducatif, ive** adj. ▪ Qui a l'éducation pour but ; qui éduque, forme efficacement.

**éducation** n. f. ▪ **1** Mise en œuvre des moyens propres à assurer la formation et le développement d'un être humain ; moyens pour y parvenir. → **instruction.** ◆ *Éducation physique.* → **gymnastique, sport. 2** Développement méthodique (d'une faculté...). **3** Connaissance et pratique des usages de la société. → **savoir-vivre.**

**édulcorant** n. m. ▪ Substance qui donne une saveur douce.

**édulcorer** v. tr. ① ▪ **1** Adoucir par addition de sucre, de sirop. **2** fig. Rendre plus faible dans son expression. → **atténuer.**

**éduquer** v. tr. ① ▪ Former par l'éducation.

**ef- →** é-

**effacé, ée** adj. ▪ **1** Qui a disparu ou presque. *Une inscription effacée.* **2** Qui ne se fait pas voir, reste dans l'ombre. → **discret.**

**effacer** v. ③ ■ v. tr. **1** Faire disparaître sans laisser de trace (ce qui était marqué, écrit). ◆ (sujet chose) Rendre moins visible. **2** Faire oublier. **3** Empêcher de paraître. → **éclipser** (2). **4** Tenir en retrait. *Effacez le ventre.* ► **s'effacer** v. pron. **1** (choses) Disparaître plus ou moins. → **s'estomper. 2** (personnes) Se tenir de façon à paraître ou à gêner le moins possible. ▷ n. m. **effacement**

**effarant, ante** adj. ■ Qui effare.

**effarer** v. tr. ① ■ Troubler en provoquant un effroi mêlé de stupeur. → **affoler, effrayer, stupéfier.** ► **effaré, ée** adj. → **étonné.** ▷ n. m. **effarement**

**effaroucher** v. tr. ① ■ **1** Effrayer (un animal) de sorte qu'on le fait fuir. **2** Mettre (qqn) dans un état de crainte ou de défiance. ▷ n. m. **effarouchement**

① **effectif, ive** adj. ■ Qui se traduit par un effet réel. → **concret, tangible.**

② **effectif** n. m. ■ **1** milit. Nombre réglementaire des hommes qui constituent une formation militaire. ◆ au plur. Troupes. **2** Nombre des membres (d'un groupe).

**effectivement** adv. ■ **1** D'une manière effective. → **réellement. 2** adv. de phrase → en **effet.** *Effectivement, il s'est trompé.*

**effectuer** v. tr. ① ■ Faire, exécuter (une opération complexe ou délicate, technique).

**efféminé, ée** adj. ■ Qui a certains des caractères qu'on prête traditionnellement aux femmes (s'oppose à *viril*).

**effervescence** n. f. ■ **1** Bouillonnement produit par un dégagement de gaz lorsque certaines substances entrent en contact. **2** fig. Agitation, émotion vive mais passagère.

**effervescent, ente** adj. ■ **1** Qui est ou peut être en effervescence. *Comprimé effervescent.* **2** fig. *Foule effervescente.* → **tumultueux.**

**effet** n. m. ■ **1** Ce qui est produit par une cause. → **conséquence, résultat, suite. 2** Phénomène (acoustique, etc.) apparaissant dans certaines conditions. **3** loc. *PRENDRE EFFET* : devenir applicable, exécutoire (loi...). ◆ *EN EFFET* : s'emploie pour confirmer, ou pour introduire un argument. ◆ *À CET EFFET* : en vue de cela. **4** Impression produite (sur qqn). *Faire mauvais effet.* ◆ *FAIRE DE L'EFFET* : produire une forte impression. ◆ *FAIRE L'EFFET DE* : donner l'impression de. **5** Impression esthétique recherchée par l'emploi de certaines techniques. ◆ *Effets spéciaux*, trucages (cinéma...). **6** au plur. Impression recherchée par des gestes, des attitudes. *Faire des effets de voix.* **II** *EFFET (DE COMMERCE)* : titre donnant droit au paiement d'une somme d'argent à une échéance (billet, chèque, traite). ◆ *Effets publics* (émis et garantis par l'État, les collectivités publiques). **III** au plur. Le linge et les vêtements.

**effeuiller** v. tr. ① ■ **1** Dépouiller de ses feuilles. **2** Dépouiller de ses pétales.

**effeuillage** n. m. ■ fam. Strip-teaseuse.

① **efficace** adj. ■ **1** (choses) Qui produit l'effet qu'on en attend. *Un remède efficace.* **2** (personnes) Dont la volonté, l'activité produisent leur effet. ▷ adv. **efficacement**

② **efficace** n. f. ■ didact. Efficacité.

**efficacité** n. f. ■ **1** Caractère de ce qui est efficace. **2** Capacité de produire un résultat avec le minimum d'effort.

**effigie** n. f. ■ **1** Représentation d'une personne (en arts). **2** Représentation du visage (de qqn), sur une monnaie, une médaille.

① **effilé** n. m. ■ Frange formée en effilant.

② **effilé, ée** adj. ■ Qui va en s'amincissant.

**effiler** v. tr. ① ■ **1** Défaire (un tissu) fil à fil. ◆ *Effiler des haricots verts*, en enlever les fils. **II** Rendre effilé.

**effilocher** v. tr. ① ■ Effiler (des tissus, des chiffons) pour réduire en bourre, en ouate. ► **s'effilocher** v. pron. ► **effiloché, ée** adj. Qui laisse échapper des fils. ▷ n. m. **effilochage** et **effilochement**

**efflanqué, ée** adj. ■ (cheval) Trop maigre.

**effleurer** v. tr. ① ■ **1** Toucher légèrement. → **frôler. 2** fig. Examiner superficiellement (un sujet). ◆ (sujet chose) Faire une impression fugitive sur (qqn). ▷ n. m. **effleurement**

**efflorescence** n. f. ■ littér. Floraison (d'un art...).

**effluent** n. m. ■ **1** Cours d'eau issu d'un lac, d'un glacier (≠ *affluent*). **2** Eaux usées.

**effluve** n. m. ■ **1** littér. (surtout au plur.) Émanation qui se dégage d'un corps. **2** phys. Décharge électrique faiblement lumineuse.

**effondré, ée** adj. ■ Très abattu, sans réaction (après un malheur, un échec).

**s'effondrer** v. pron. ① ■ **1** Tomber sous le poids ou faute d'appui. → **s'affaisser, s'écrouler. 2** fig. S'écrouler, ne plus tenir. **3** (personnes) Tomber comme une masse. ◆ fig. Céder brusquement. → fam. **craquer.** ▷ n. m. **effondrement**

**s'efforcer** v. pron. ③ ■ **1** *S'EFFORCER DE* (+ inf.) : faire des efforts, employer toutes ses qualités en vue de (faire, etc.). **2** littér. *S'EFFORCER À, VERS* (+ nom) : vouloir atteindre, réaliser.

**effort** n. m. ■ **1** Activité d'un être conscient qui emploie ses forces pour vaincre une résistance. *Effort physique ; intellectuel.* ◆ loc. *Je veux bien faire un effort*, faire preuve de bonne volonté. **2** sc. Force exercée.

**effraction** n. f. ■ Bris de clôture ou de serrure.

**effraie** n. f. ■ Chouette au plumage clair.

**effranger** v. tr. ③ ■ Effiler le bord (d'un tissu).

**effrayant, ante** adj. ■ **1** Qui inspire ou peut inspirer de la frayeur. **2** fam. Extraordinaire, extrême.

**effrayer** v. tr. ⑧ ■ **1** Frapper de frayeur. → **épouvanter, terrifier. 2** Inquiéter.

**effréné, ée** adj. ■ littér. Qui est sans retenue, sans mesure. → **démesuré, immodéré.**

**effriter** v. tr. ① ■ Réduire en poussière. ► **s'effriter** v. pron. ▷ n. m. **effritement**

**effroi** n. m. ■ Grande frayeur. → **terreur.**

**effronté, ée** adj. et n. ■ Qui est d'une grande insolence. ▷ adv. **effrontément**

**effronterie** n. f. ■ Caractère, attitude d'une personne effrontée. → **insolence.**

**effroyable** adj. ■ **1** Effrayant. **2** Extrême, énorme. → **effrayant** (2). ▷ adv. **effroyablement**

**effusion** n. f. ■ **1** *EFFUSION DE SANG :* action de faire couler le sang (violemment). **2** littér. Manifestation sincère d'un sentiment.

**s'égailler** [egaje ; egeje] v. pron. 🔲 ■ Se disperser, s'éparpiller.

**égal, ale, aux** adj. et n. ■ **1** (personnes, choses) Qui est de même quantité, dimension, nature, qualité ou valeur. → **identique**, **même ; équivalent**. ← loc. *Toutes choses égales d'ailleurs,* en supposant que la situation reste la même. ← *N'avoir d'égal que,* n'être égalé que par. *Sa sottise n'a d'égale que sa méchanceté.* **2** Qui ne crée pas de différence entre les personnes. **3** (personnes) Qui est sur le même rang ; qui a les mêmes droits ou charges. *Égaux devant la loi.* ◆ n. Personne égale. ← loc. *Traiter d'égal à égal avec qqn* (→ sur un pied d'égalité). ← *SANS ÉGAL,* inégalable (invar. au masc. plur.). ← *À L'ÉGAL DE,* autant que. **4** Qui est toujours le même ; qui ne varie pas. → **constant, régulier. 5** loc. *Cela m'est (bien, complètement...) égal,* indifférent. ← *C'EST ÉGAL :* quoi qu'il en soit.

**également** adv. ■ **1** D'une manière égale. → **pareillement. 2** De même, aussi.

**égaler** v. tr. 🔲 ■ **1** Être égal à. **2** Être égal en quantité à. *Deux plus trois égalent* (ou *égale*) *cinq* (2+3=5). **3** Faire une performance égale à. *Égaler un record.*

**égaliser** v. tr. 🔲 ■ **1** Rendre égal quant à la quantité ou aux dimensions. ← Aplanir, niveler (un terrain...). **2** intrans. (sports) Obtenir le même nombre de points que l'adversaire. ▷ n. f. **égalisation**

**égalitaire** adj. ■ Qui vise à l'égalité (2) entre les hommes. *Socialisme égalitaire.*

**égalitarisme** n. m. ■ Doctrine ou système égalitaire. ▷ adj. et n. **égalitariste**

**égalité** n. f. ■ **1** Caractère de ce qui est égal. ◆ Rapport entre des grandeurs égales. ← *Les joueurs sont à égalité* (de points). → **ex æquo.** ← gramm. *Comparatif d'égalité* (ex. aussi, autant... que). **2** Rapport entre individus égaux. ← loc. *Être sur un pied\* d'égalité.* **3** Qualité de ce qui est égal (4).

**égard** n. m. ■ **1** loc. *AVOIR ÉGARD À :* considérer (qqn, qqch.) avec une attention particulière. ← *EU ÉGARD À* prép. : en tenant compte de. ← *À L'ÉGARD DE* prép. : envers (qqn). ← *À CET ÉGARD* adv. : sous ce rapport. ← *À TOUS ÉGARDS* adv. : sous tous les rapports. **2** Considération d'ordre moral, déférence, respect. *Par égard pour son âge.* ← au plur. Marques de considération, d'estime.

**égaré, ée** adj. ■ **1** Qui a perdu son chemin. ◆ Qui a été égaré, perdu. **2** Qui est comme fou ; qui trahit le désordre mental.

**égarement** n. m. ■ Dérèglement mental.

**égarer** v. tr. 🔲 ■ **1** Mettre (qqn) hors du bon chemin. ← Mettre (qqch.) à une place qu'on oublie ; perdre momentanément. **2** Écarter (qqn) de la vérité, du bien. *La colère vous égare.* ► **s'égarer** v. pron. **1** Se perdre. **2** fig. Faire fausse route ; s'écarter du bon sens.

**égayer** v. tr. 🔢 ■ **1** Rendre gai, amuser. → **divertir, réjouir. 2** (sujet chose) Rendre agréable, gai. ► **s'égayer** v. pron. S'amuser.

**égérie** n. f. ■ Conseillère, inspiratrice (d'un artiste...). ◆ comm. Personnalité rémunérée par une marque pour être son image publicitaire.

**égide** n. f. ■ **1** mythol. Bouclier de Zeus, d'Athéna. **2** fig., littér. *SOUS L'ÉGIDE DE :* sous la protection de (une autorité, une loi).

**églantier** n. m. ■ Rosier sauvage.

**églantine** n. f. ■ Fleur de l'églantier.

**églefin** n. m. ■ Poisson de mer, proche de la morue (→ **haddock**). - var. AIGLEFIN.

**église** n. f. ■ I (*L'Église*) **1** Ensemble des chrétiens. → **chrétienté. 2** Ensemble de chrétiens unis dans une communion particulière. *L'Église catholique, orthodoxe ; les Églises réformées.* **3** absolt L'Église catholique. **4** L'ensemble des ecclésiastiques. → **clergé. II** (*Une, des églises*) Édifice consacré au culte de la religion chrétienne (surtout catholique).

**églogue** n. f. ■ Petit poème pastoral.

**ego** [ego] n. m. ■ philos. Sujet pensant. ◆ psych. Le moi.

**égocentrisme** n. m. ■ Tendance à tout rapporter à soi, à ne s'intéresser qu'à soi. ▷ adj. et n. **égocentrique** et **égocentriste** → **égoïste.**

**égoïne** n. f. ■ Petite scie à main, à poignée.

**égoïsme** n. m. ■ Attachement excessif à soi-même qui fait rechercher exclusivement son plaisir et son intérêt personnels.

**égoïste** adj. ■ Qui fait preuve d'égoïsme ; caractérisé par l'égoïsme. ← n. *Un, une égoïste.* ▷ adv. **égoïstement**

**égorger** v. tr. 🔳 ■ Tuer en coupant la gorge. ▷ n. m. **égorgement** ▷ **égorgeur, euse** n. → **assassin.**

**s'égosiller** v. pron. 🔲 ■ **1** Se fatiguer la gorge à parler, à crier. → **s'époumoner. 2** (oiseaux) Chanter longtemps et très haut.

**égotisme** n. m. ■ littér. Disposition à parler de soi, à s'analyser en détail. ◆ Culte du moi. → **narcissisme.** ▷ adj. et n. **égotiste**

**égout** n. m. ■ Canalisation, généralement souterraine, servant à l'écoulement et à l'évacuation des eaux usées.

**égoutier** n. m. ■ Personne qui travaille à l'entretien des égouts.

**égoutter** v. tr. 🔲 ■ Débarrasser (qqch.) d'un liquide qu'on fait écouler goutte à goutte. ► **s'égoutter** v. pron. ▷ n. m. **égouttage** et **égouttement**

**égouttoir** n. m. ■ Ustensile pour égoutter.

**égrapper** v. tr. 🔲 ■ Détacher (les fruits) de la grappe. ▷ n. m. **égrappage**

**égratigner** v. tr. 🔲 ■ **1** Écorcher, en déchirant superficiellement la peau. → **érafler, griffer.** ◆ Entamer superficiellement (une matière quelconque). **2** fig. Blesser légèrement par un mot, un trait ironique.

**égratignure** n. f. ■ Blessure superficielle. ◆ Dégradation légère, rayure.

**égrenage** [egʀənaʒ ; -gʀe-] n. m. ■ Action d'égrener.

**égrènement** n. m. ▪ Fait de s'égrener.

**égrener** [egʀəne; -gʀe-] v. tr. 5 ▪ 1 Dégarnir de ses grains (un épi, une cosse, une grappe). **2** *Égrener un chapelet*, en faire passer chaque grain successivement entre ses doigts. **3** Présenter un à un, de façon détachée. *L'horloge égrène les heures.* ▶ **s'égrener** v. pron. Se présenter en une série d'éléments semblables et distincts.

**égrillard, arde** adj. ▪ Qui se complaît dans des propos licencieux.

**égrotant, ante** adj. ▪ littér. Maladif.

**égyptien, ienne** ▪ **1** adj. et n. De l'Égypte. **2** n. *L'égyptien ancien* : la langue des anciens Égyptiens (écrite en hiéroglyphes). ♦ *L'égyptien moderne* : l'arabe d'Égypte.

**égyptologie** n. f. ▪ Connaissance de l'ancienne Égypte, de sa civilisation.

**égyptologue** n. ▪ Spécialiste d'égyptologie.

***eh** interj. ▪ Exclamation, variante de *hé*.

**éhonté, ée** adj. ▪ Qui commet sans honte des actes répréhensibles. → **cynique**. *Un tricheur éhonté.* ▪ *Mensonge éhonté.*

**eider** [ɛdɛʀ] n. m. ▪ Grand canard des pays du Nord, fournissant un duvet apprécié.

**éjaculation** n. f. ▪ Émission du sperme par la verge. ▷ adj. **éjaculatoire**

**éjaculer** v. intr. 1 ▪ Émettre le sperme.

**éjectable** adj. ▪ (siège) Qui peut être éjecté hors de l'avion, avec son occupant.

**éjecter** v. tr. 1 ▪ **1** Rejeter en dehors. **2** fam. Renvoyer (qqn). ▷ n. f. **éjection**

**éjecteur** n. m. ▪ Appareil, mécanisme servant à éjecter, à évacuer.

**élaboration** n. f. ▪ **1** Action d'élaborer (1). **2** physiol. Production (d'une substance) par une transformation physiologique.

**élaborer** v. tr. 1 ▪ **1** Préparer mûrement, par un lent travail de l'esprit. **2** physiol. Réaliser l'élaboration de. → **élaboré, ée** adj.

**élæis** [eleis] → **éléis**

**élaguer** v. tr. 1 ▪ **1** Dépouiller (un arbre) des branches superflues. → **ébrancher**. **2** fig. Débarrasser des détails ou développements inutiles. *Élaguer un exposé.* → Retrancher. → **couper**. ▷ n. m. **élagage**

① **élan** n. m. ▪ **1** Mouvement par lequel on s'élance. *Prendre son élan.* ♦ Mouvement d'une chose lancée. **2** fig. Mouvement subit, ardent. *Un élan de générosité.*

② **élan** n. m. ▪ Grand cerf des pays du Nord, à grosse tête, aux bois aplatis.

**élancé, ée** adj. ▪ Mince et svelte.

**élancement** n. m. ▪ Douleur brusque, aiguë, lancinante.

**élancer** v. 3 ▪ **I** v. tr. vx Lancer ; élever très haut. **II** v. tr. et tr. ind. Causer des élancements (à). ▶ **s'élancer** v. pron. Se lancer en avant avec force et vitesse.

**élargir** v. tr. 2 ▪ **I** **1** Rendre plus large. ♦ intrans. Devenir plus large. **2** fig. Rendre plus ample, plus général. → **développer, étendre**. **II** dr. Mettre en liberté (un détenu). → **libérer, relâcher**. ▷ n. m. **élargissement**

**élasthanne** n. m. ▪ Fibre synthétique, élastomère d'une grande élasticité. – var. ÉLASTHANE.

**élasticité** n. f. ▪ **1** Propriété qu'ont certains corps de reprendre (au moins partiellement) leur forme et leur volume primitifs quand la force qui s'exerçait sur eux cesse d'agir. **2** Souplesse (de l'allure, des mouvements). **3** fig. Possibilité de s'adapter, de varier.

**élastique** ▪ **I** adj. **1** Qui a de l'élasticité ; qui est fait d'une matière douée d'élasticité. **2** Souple. *Une foulée élastique.* **3** fig. Dont on peut étendre l'application, le sens. → péj. *Une morale élastique*, accommodante. **II** n. m. Tissu souple contenant des fils de caoutchouc. ▪ Ruban d'une matière élastique.

**élastomère** n. m. ▪ Polymère ayant des propriétés voisines de celles du caoutchouc.

**eldorado** n. m. ▪ Pays merveilleux, lieu d'abondance (→ pays de cocagne).

**électeur, trice** n. ▪ **1** Personne qui a le droit de vote. **2** hist. Prince, évêque de l'Empire germanique qui élisait l'empereur.

**électif, ive** adj. ▪ **1** Qui choisit, élit. **2** Désigné ou conféré par élection.

**élection** n. f. ▪ **1** vx Choix. → mod. loc. *D'ÉLECTION* : qu'on a choisi. *Patrie d'élection.* **2** Désignation (de qqn) par un vote (→ **élire**).

**électoral, ale, aux** adj. ▪ Des élections.

**électoralisme** n. m. ▪ Tendance à subordonner sa politique à la recherche des succès électoraux. ▷ adj. et n. **électoraliste**

**électorat** n. m. ▪ **1** Qualité d'électeur. **2** Ensemble des électeurs.

**électricien, ienne** n. ▪ **1** didact. Physicien spécialiste de l'électricité. **2** Spécialiste du matériel et des installations électriques.

**électricité** n. f. ▪ **1** Une des formes de l'énergie, mise en évidence par la structure de la matière ; ensemble des phénomènes causés par une charge électrique. *Électricité statique* (en équilibre). *Électricité dynamique* (courant électrique). → loc. *Il y a de l'électricité dans l'air*, les gens sont nerveux. **2** Cette énergie dans ses usages domestiques, industriels, techniques. → fam. *Allumer, éteindre l'électricité*, l'éclairage électrique.

**électrifier** v. tr. 7 ▪ **1** Faire fonctionner par l'énergie électrique. **2** Pourvoir d'énergie électrique. ▷ n. f. **électrification**

**électrique** adj. ▪ **1** Propre ou relatif à l'électricité. *Charge, courant électrique.* → *Centrale électrique*, qui produit de l'électricité. **2** Qui utilise l'électricité. **3** fig. Qui évoque les effets de l'électricité. *Atmosphère électrique*, tendue. → *Bleu électrique*, très vif. ▷ adv. **électriquement**

**électriser** v. tr. 1 ▪ **1** Communiquer à (un corps) des charges électriques. **2** fig. Pousser à l'action. → **galvaniser**. ▷ n. f. **électrisation**

**électro** ou **electro** n. f. et adj. ▪ Musique électronique. → adj. *Morceaux électros.*

**électro-** Élément signifiant « électrique ».

**électroacoustique** n. f. ▪ Technique de production, d'enregistrement et de reproduction des sons par des moyens électriques. → adj. *Musique électroacoustique.*

**électroaimant** n. m. ▪ Dispositif produisant un champ magnétique par des bobines parcourues par un courant électrique.

**électrocardiogramme** n. m. ▪ Tracé obtenu par enregistrement des phénomènes électriques du cœur vivant (l'*électrocardiographie* n. f.).

**électrochimie** n. f. ▪ Étude des transformations réciproques de l'énergie électrique et de l'énergie chimique.

**électrochoc** n. m. ▪ méd. Traitement psychiatrique consistant à faire passer un courant à travers la boîte crânienne.

**électrocuter** v. tr. [1] ▪ **1** Tuer (qqn) par une décharge électrique. **2** Commotionner par une décharge électrique. ▷ n. f. **électrocution**

**électrode** n. f. ▪ Conducteur par lequel le courant arrive ou sort. → **anode, cathode.**

**électrodynamique** ▪ **I** n. f. Science qui traite de l'électricité dynamique (courants électriques). **II** adj. Relatif à cette science.

**électro-encéphalogramme** n. m. ▪ méd. Tracé obtenu par enregistrement de l'activité électrique du cerveau (l'*électro-encéphalographie* n. f.).

**électrogène** adj. ▪ Qui produit de l'électricité. → *Groupe électrogène,* formé par un moteur et une dynamo.

**électrolyse** n. f. ▪ Décomposition chimique obtenue par le passage d'un courant électrique. ▷ **électrolyser** v. tr. [1]

**électrolyte** n. m. ▪ chim. Corps qui peut être décomposé par électrolyse.

**électrolytique** adj. ▪ chim. **1** D'un électrolyte. **2** De l'électrolyse.

**électromagnétique** adj. ▪ Relatif à l'électromagnétisme. → *Ondes électromagnétiques* (ondes hertziennes, lumière visible, rayons X, etc.).

**électromagnétisme** n. m. ▪ sc. Étude des relations entre électricité et magnétisme.

**électroménager** adj. m. ▪ *Appareils électroménagers :* appareils électriques à usage domestique (aspirateurs, etc.). → n. m. Ces appareils ; industrie qui les produit.

**électromètre** n. m. ▪ Appareil servant à mesurer les différences de potentiel.

**électromoteur, trice** adj. ▪ Qui développe de l'électricité sous l'action d'un agent mécanique ou chimique.

**électron** n. m. ▪ phys. Particule chargée d'électricité négative, gravitant normalement autour du noyau atomique.

**électronicien, ienne** n. ▪ Spécialiste de l'électronique.

**électronique** ▪ **I** adj. **1** Propre ou relatif aux électrons. **2** Qui appartient à l'électronique (II), fonctionne suivant ses lois. → Fait par des procédés électroniques. **II** n. f. **1** Partie de la physique étudiant les phénomènes où sont mis en jeu des électrons à l'état libre. **2** Technique dérivant de cette science. ▷ adv. **électroniquement**

**électronucléaire** adj. ▪ Qui produit de l'électricité à partir de la fission nucléaire.

**électronvolt** [-vɔlt] n. m. ▪ phys. Unité de mesure d'énergie (symb. eV) utilisée en physique des particules et en électronique.

**électrophone** n. m. ▪ vieilli Appareil de reproduction sonore à partir de disques.

**électrosensibilité** n. f. ▪ didact. Forte sensibilité aux ondes électromagnétiques, notamment celles de la téléphonie mobile. ▷ adj. **électrosensible**

**électrostatique** ▪ **I** adj. De l'électricité statique. **II** n. f. Partie de la physique traitant de l'électricité statique.

**électrotechnicien, ienne** [-tɛk-] n. ▪ Spécialiste d'électrotechnique.

**électrotechnique** [-tɛk-] ▪ **I** n. f. Étude des applications techniques de l'électricité. **II** adj. Relatif à cette étude.

**électrum** [-ɔm] n. m. ▪ didact. Alliage d'or et d'argent utilisé dans l'Antiquité.

**électuaire** n. m. ▪ didact. Préparation pharmaceutique molle (poudres dans du miel...).

**élégance** n. f. ▪ Qualité de ce qui est élégant ; bon goût, délicatesse, raffinement.

**élégant, ante** adj. ▪ **1** Qui a de la grâce et de la simplicité. **2** Qui a de la délicatesse, du chic. → **distingué. 3** Qui a de la pureté dans l'expression. **4** Qui a de la distinction morale, intellectuelle. ▷ adv. **élégamment**

**élégie** n. f. ▪ Poème lyrique exprimant une plainte, de la mélancolie. ▷ adj. **élégiaque**

**éléis** [eleis] n. m. ▪ Palmier à huile. – var. ELÆIS.

**élément** n. m. ▪ **I 1** Chacune des choses dont la combinaison, la réunion forme une autre chose, un tout. → **composant(e), morceau, partie.** → math. Un des «objets» qui constituent un ensemble. → Partie (d'un mécanisme, d'un appareil composé de séries semblables). **2** au plur. Premiers principes sur lesquels on fonde une science, une technique. → **rudiment ; élémentaire. 3** Personne appartenant à un groupe. → (sing. collectif) *L'élément féminin était fortement représenté.* **II 1** *Les quatre éléments :* terre, eau, air, feu. **2** LES ÉLÉMENTS : ensemble des forces naturelles qui agitent la terre, la mer, l'atmosphère. **3** Milieu, entourage habituel ou favorable, où qqn est à l'aise. **4** sc. Corps chimique simple. → *Classification périodique des éléments,* qui les répartit en lignes et en colonnes faisant apparaître des propriétés analogues.

**élémentaire** adj. ▪ **I 1** Qui concerne les premiers éléments d'une science, etc. **2** Très simple ; réduit au minimum. **II** sc. D'un élément (II, 4). *Particule élémentaire.*

**éléphant** n. m. ▪ **1** Très grand mammifère herbivore, à corps massif, à peau rugueuse, à grandes oreilles plates, au nez allongé en trompe et à défenses d'ivoire. **2** fig. Personne grosse, inélégante. **3** loc. PATTES D'ÉLÉPHANT : bas de pantalon évasé. **4** ÉLÉPHANT DE MER : phoque de grande taille.

**éléphanteau** n. m. ▪ Très jeune éléphant.

**éléphantesque** adj. ▪ Énorme.

**éléphantiasis** [-tjazis] n. m. ▪ méd. Maladie de la peau, caractérisée par un œdème de certaines parties du corps.

**élevage** n. m. ▪ **1** Action d'élever (les animaux domestiques ou utiles) ; ensemble des techniques permettant de les faire naître et de veiller à leur entretien, leur reproduction. → absolt Élevage du bétail. **2** Ensemble des animaux élevés ensemble.

**élévateur, trice** ▪ adj. (muscle) Qui élève, relève. **2** n. m. Appareil de levage.

**élévation** n. f. ▪ **1** Action de lever, d'élever ; position élevée. **2** relig. cathol. Moment de la messe où le prêtre élève l'hostie. **3** Fait de s'élever. → **montée ; hausse. 4** Terrain élevé. → **hauteur. 5** Caractère élevé (de l'esprit).

**élève** n. ▪ **1** Personne qui reçoit ou suit l'enseignement d'un maître (dans un art, une science). → **disciple. 2** Enfant, adolescent qui reçoit l'enseignement donné dans une école, un collège, un lycée... **3** Candidat à un grade militaire.

**élevé, ée** adj. ▪ **I 1** Situé à une certaine hauteur. **2** Qui atteint une grande importance. **3** littér. Supérieur moralement ou intellectuellement. **II** BIEN, MAL ÉLEVÉ, ÉE : qui a reçu une bonne, une mauvaise éducation, est poli, impoli. → n. *Un, une* MAL ÉLEVÉ, ÉE. → fam. *C'est très mal élevé.* → **impoli, incorrect.**

**élever** v. tr. ⑤ ▪ **I 1** Mettre ou porter plus haut. **2** Faire monter à un niveau supérieur. → **hausser. 3** Construire (en hauteur). *Élever un mur.* **II** fig. **1** Porter à un rang supérieur. → **promouvoir. 2** Porter à un degré supérieur. → **augmenter, relever.** → *Élever la voix,* parler plus haut. **3** Rendre moralement ou intellectuellement supérieur. *Lecture qui élève l'esprit.* **III 1** Amener (un enfant) à son plein développement physique et moral. **2** Faire l'éducation de (qqn). → **éduquer. 3** Faire l'élevage de (un animal). ▶ s'**élever** v. pron. **1** Aller plus haut, monter. **2** Se dresser jusqu'à une certaine hauteur. **3** (personnes) S'ÉLEVER CONTRE : intervenir contre. **4** (personnes) Arriver à un rang supérieur. **5** (choses mesurables) Augmenter. → *S'élever à* : atteindre.

**éleveur, euse** n. ▪ Personne qui pratique l'élevage.

**elfe** n. m. ▪ (mythol. scandinave) Génie de l'air.

**élider** v. tr. ① ▪ Effacer (une voyelle) par l'élision. ▶ s'**élider** v. pron.

**éligible** adj. ▪ **1** Qui est dans les conditions requises pour pouvoir être élu. **2** *Être éligible à* : remplir les conditions requises pour bénéficier de (un service, un produit, etc.). ▷ n. f. **éligibilité**

**élimer** v. tr. ① ▪ User (un tissu) par le frottement, à force de s'en servir. ▶ **élimé, ée** adj. *Chemise élimée.*

**élimination** n. f. ▪ **1** Action d'éliminer. → *Procéder par élimination,* en écartant des hypothèses. **2** Fait d'être éliminé. **3** Fait d'éliminer (4).

**éliminatoire** ▪ **1** adj. Qui sert à éliminer (1). **2** n. f. Épreuve sportive qui sélectionne les sujets les plus qualifiés.

**éliminer** v. tr. ① ▪ **1** Écarter à la suite d'un choix, d'une sélection. **2** Supprimer, faire disparaître (ce qui est gênant ou inutile). *Éliminer une erreur.* **3** Faire disparaître en supprimant l'existence. → **détruire, tuer. 4** Évacuer (les déchets, toxines de l'organisme).

**élingue** n. f. ▪ mar. Cordage, câble dont on entoure les fardeaux pour les soulever.

**élire** v. tr. ㊸ ▪ **1** vx Choisir. → mod. *Élire domicile*\* *quelque part.* **2** Nommer (qqn) à une dignité, à une fonction par voie de suffrages (→ **élection**).

**élisabéthain, aine** adj. ▪ Qui appartient au règne d'Élisabeth Iʳᵉ (1533-1603). *Le théâtre élisabéthain* (Shakespeare...).

**élision** n. f. ▪ Effacement d'une voyelle finale devant une voyelle ou un h muet.

**élite** n. f. ▪ **1** Ensemble des personnes les plus remarquables (d'un groupe, d'une communauté). → *D'ÉLITE* loc. adj. : éminent, supérieur. **2** *LES ÉLITES* : les personnes qui occupent le premier rang. ▷ adj. **élitaire**

**élitisme** n. m. ▪ Fait de favoriser une élite aux dépens de la masse. ▷ adj. **élitiste**

**élixir** n. m. ▪ **1** Médicament liquide, mélange de sirop, d'alcool et d'aromates. **2** Boisson magique. → **philtre.**

**elle, elles** pron. pers. f. ▪ Pronom personnel féminin de la troisième personne.

**ellébore** n. m. ▪ Herbe dont la racine a des propriétés purgatives et vermifuges.

① **ellipse** n. f. ▪ **1** Procédé d'omission d'un ou plusieurs mots dans une phrase (ex. « chacun pour soi » pour « chacun *agit* pour soi »). ◆ Art du raccourci, du sous-entendu.

② **ellipse** n. f. ▪ géom. Courbe plane fermée dont chaque point est tel que la somme de ses distances à deux points fixes (→ **foyer**) est constante. ◆ Ovale.

① **elliptique** adj. ▪ **1** Qui présente une ellipse (①), des ellipses. **2** Qui ne développe pas toute sa pensée. ▷ adv. **elliptiquement**

② **elliptique** adj. ▪ De l'ellipse (②).

**élocution** n. f. ▪ Manière de s'exprimer oralement, d'articuler et d'enchaîner les phrases. ▷ adj. **élocutoire**

**éloge** n. m. ▪ **1** Discours pour célébrer qqn ou qqch. → **dithyrambe, panégyrique. 2** Jugement favorable (qu'on exprime sur qqn). → **compliment, félicitation, louange.**

**élogieux, ieuse** adj. ▪ Qui fait, qui renferme un, des éloges. ▷ adv. **élogieusement**

**éloigné, ée** adj. ▪ **1** Qui est à une certaine distance, à une assez grande distance (dans l'espace ou dans le temps). ◆ littér. *Je ne suis pas éloigné de croire que,* je crois presque que. **2** Qui a des liens de parenté indirects avec qqn. **3** fig. Différent, divergent.

**éloignement** n. m. ▪ **1** Fait d'éloigner (qqn). **2** Fait d'être éloigné (dans l'espace ou le temps). **3** littér. Fait de se tenir à l'écart.

**éloigner** v. tr. ① ▪ **1** Mettre ou faire aller à une certaine distance, loin (dans l'espace ou dans le temps). **2** fig. Écarter, détourner. ▶ s'**éloigner** v. pron.

**élongation** n. f. ▪ Lésion produite par un étirement d'un muscle, d'un tendon.

**éloquemment** [-amã] adv. ■ Avec éloquence ; d'une manière éloquente.

**éloquence** n. f. ■ **1** Don de la parole, facilité pour bien s'exprimer. **2** Art de toucher et de persuader par le discours. → **rhétorique. 3** Qualité de ce qui (sans parole) est expressif, éloquent (3).

**éloquent, ente** adj. ■ **1** Qui a, qui montre de l'éloquence. ■ Qui convainc (paroles). **2** Qui, sans discours, est expressif, révélateur. *Un geste éloquent.* ■ Qui parle de lui-même. → **probant.** *Ces chiffres sont éloquents.*

**élu, ue** adj. ■ **I** relig. Choisi par Dieu. → loc. *Le peuple élu*, le peuple juif. ♦ n. *Les élus*, les personnes destinées à la vie éternelle. **2** n. Personne aimée. *L'élu de son cœur.* **II** Désigné par élection. → n. *Les élus locaux.*

**élucider** v. tr. ① ■ Rendre clair (ce qui présente à l'esprit des difficultés). → **clarifier, éclaircir, expliquer.** *Élucider une énigme.* ▷ n. f. **élucidation**

**élucubration** n. f. ■ péj. Œuvre ou théorie laborieusement édifiée et peu sensée.

**éluder** v. tr. ① ■ Éviter avec adresse, par un artifice, un faux-fuyant. → **escamoter.**

**élyséen, enne** adj. ■ **1** mythol. De l'Élysée, région des enfers. **2** De l'Élysée, présidence de la République française.

**élytre** n. m. ■ Aile dure et cornée des coléoptères, qui recouvre l'aile postérieure.

**em-** → **en-**

**émacié, ée** adj. ■ Très amaigri.

**e-mail** [imɛl] n. m. ■ anglic. Courrier* électronique. *Envoyer un document par e-mail.* → **courriel, mail, mél.**

**émail, aux** n. m. ■ **1** Vernis constitué par un produit vitreux, coloré, fondu, puis solidifié. **2** au plur. Ouvrages émaillés. **3** Matériau émaillé. **4** Substance transparente et dure qui recouvre l'ivoire de la couronne des dents.

**émailler** v. tr. ① ■ **1** Recouvrir d'émail. → au p. p. *Fonte émaillée.* ▷ n. m. **émaillage 2** littér. (sujet chose) Orner de points de couleur. **3** fig. Semer (un ouvrage) d'ornements. → au p. p. iron. *Lettre émaillée de fautes.*

**émailleur, euse** n. ■ Personne qui fabrique des émaux ou qui émaille des métaux.

**émanation** n. f. ■ **1** Ce qui émane (de qqn ou qqch.). → **expression, manifestation.** (relig.) *L'âme, émanation de Dieu.* **2** Émission ou exhalaison de particules ; odeur.

**émancipation** n. f. ■ **1** dr. Acte par lequel un mineur est émancipé (1). **2** Action d'affranchir ou de s'affranchir d'une autorité, de servitudes ou de préjugés.

**émanciper** v. tr. ① ■ **1** dr. Affranchir (un mineur) de la puissance parentale ou de la tutelle. **2** Affranchir, libérer (qqn). → **émancipation** (2). ► s'**émanciper** v. pron. ▷ **émancipateur, trice** adj. (sens 2).

**émaner** v. intr. ① ■ **1** Provenir comme de sa source naturelle. → **découler, procéder de. 2** Provenir (d'une source physique, d'un corps). **3** Provenir comme par rayonnement. *Le charme qui émane de qqn.*

**émarger** v. tr. ③ ■ Signer dans la marge (un compte, un état). ♦ sans compl. Toucher son traitement. ▷ n. m. **émargement**

**émasculer** v. tr. ① ■ **1** Priver (un mâle) des organes de la reproduction. → **castrer, châtrer. 2** fig. Dépouiller de sa force originelle. ▷ n. f. **émasculation**

**embâcle** n. m. ■ Obstruction du lit d'un cours d'eau par un amas de glace flottante.

**emballage** n. m. ■ **1** Action d'emballer. **2** Ce qui sert à emballer.

**emballement** n. m. ■ Fait de s'emballer.

**emballer** v. tr. ① ■ **I 1** Mettre (un objet, une marchandise) dans qqch. qui protège, sert au transport, à la présentation. → **empaqueter, envelopper. 2** fam. Arrêter (qqn). **II 1** Faire tourner (un moteur) trop vite. **2** fam. Enchanter, enthousiasmer. ► s'**emballer** v. pron. **1** (cheval) Prendre le mors aux dents. ♦ (moteur...) Prendre un régime trop rapide. **2** (personnes) Céder à l'impatience, à l'enthousiasme.

**emballeur, euse** n. ■ Personne spécialisée dans l'emballage.

**embarcadère** n. m. ■ Emplacement aménagé dans un port, etc. pour permettre l'embarquement et le débarquement.

**embarcation** n. f. ■ Bateau de petite dimension.

**embardée** n. f. ■ Brusque changement de direction (d'un bateau, d'un véhicule).

**embargo** n. m. ■ **1** Interdiction gouvernementale de laisser partir les navires étrangers ou d'exporter des marchandises. **2** Interdiction de laisser circuler (une nouvelle...).

**embarquement** n. m. ■ Action d'embarquer, de s'embarquer.

**embarquer** v. ① ■ **I** v. tr. **1** Mettre, faire monter dans un navire. ♦ mar. Recevoir par-dessus bord (un paquet de mer). **2** Charger (dans un véhicule). ♦ fam. Arrêter et emmener (qqn). **3** Engager dans une affaire difficile. **II** v. intr. **1** Monter à bord d'un bateau. **2** mar. Passer par-dessus bord (mer). ► s'**embarquer** v. pron. **1** Monter à bord d'un bateau. **2** fig. S'engager (dans une affaire difficile).

**embarras** n. m. ■ **1** vx Encombrement, embouteillage. **2** Encombrement des voies digestives. **II 1** Situation difficile et ennuyeuse. *Être dans l'embarras.* **2** Obstacle, gêne. **3** Incertitude de l'esprit. *Vous n'avez que L'EMBARRAS DU CHOIX*, la seule difficulté est de choisir. **4** Malaise pour agir ou parler. **5** loc. *Faire des embarras* : faire des manières.

**embarrassant, ante** adj. ■ **1** Qui met dans l'embarras. → **gênant. 2** Qui encombre.

**embarrasser** v. tr. ① ■ **1** Gêner dans les mouvements ; encombrer. **2** Mettre dans une position difficile. → **gêner. 3** Rendre hésitant, perplexe. → **déconcerter, troubler.** ► s'**embarrasser** v. pron. **1** S'encombrer. **2** Se soucier (de). **3** S'empêtrer. ► **embarrassé, ée** adj. **1** Gêné, encombré. **2** Qui éprouve de l'incertitude. → **perplexe. 3** Qui montre de la gêne. **4** Qui manque d'aisance ou de clarté. → **confus, obscur.**

**embastiller** v. tr. [1] ▪ hist. Emprisonner à la Bastille. ← mod., plais. Emprisonner.

**embauche** n. f. ▪ Action d'embaucher. *Offre d'embauche*. - syn. EMBAUCHAGE n. m.

**embaucher** v. tr. [1] ▪ **1** Engager (qqn) en vue d'un travail. **2** fam. Entraîner (qqn) dans une activité (souvent, une corvée).

**embauchoir** n. m. ▪ Ustensile qui se place dans les chaussures pour garder leur forme.

**embaumer** v. tr. [1] ▪ **I** Remplir (un cadavre) de substances qui permettent de le conserver. ← fig. Fixer pour préserver. **II** Remplir d'une odeur agréable. ← sans compl. *Ces fleurs embaument.* ▷ n. m. **embaumement**

**embaumeur, euse** n. ▪ Personne dont le métier est d'embaumer les morts.

**embellie** n. f. ▪ **1** Accalmie (sur mer). **2** Brève amélioration du temps. → **éclaircie**.

**embellir** v. [2] ▪ **I** v. tr. **1** Rendre beau ou plus beau (une personne, un visage). ← Orner, décorer (un lieu, une maison...). **2** Faire apparaître sous un plus bel aspect. → **idéaliser, poétiser**. **II** v. intr. Devenir beau, plus beau. ▷ n. m. **embellissement**

**emberlificoter** v. tr. [1] ▪ Entortiller, embrouiller (qqn, notamment pour le tromper). ← pronom. → s'**embrouiller**. ← au p. p. *Réponse emberlificotée*, embrouillée.

**embêtant, ante** adj. ▪ fam. Qui ennuie. ♦ Qui contrarie. → **fâcheux**. ← n. m. *L'embêtant, c'est que...* → **ennui**.

**embêtement** n. m. ▪ fam. Chose qui donne du souci. → **contrariété, ennui**.

**embêter** v. tr. [1] ▪ fam. **1** Ennuyer. → **raser**. **2** Contrarier. ← Importuner. ▶ s'**embêter** v. pron. S'ennuyer. ♦ *Il ne s'embête pas!*, il n'est pas à plaindre.

**emblaver** v. tr. [1] ▪ agric. Ensemencer (une terre) en blé, ou toute autre céréale.

**d'emblée** loc. adv. ▪ Du premier coup.

**emblème** n. m. ▪ **1** Figure, ornement symbolique. **2** Attribut destiné à représenter une personne, une autorité, un métier, etc. → **symbole**. ▷ adj. **emblématique**

**embobiner** v. tr. [1] ▪ fam. Tromper en embrouillant. - syn. EMBOBELINER.

**emboîtage** n. m. ▪ **1** Action d'emboîter. **2** Étui d'un livre de luxe.

**emboîtement** n. m. ▪ Assemblage de deux pièces qui s'emboîtent. → **encastrement**.

**emboîter** v. tr. [1] ▪ **1** Faire entrer (une chose dans une autre ; plusieurs choses l'une dans l'autre). → **encastrer**. **2** Envelopper exactement. **3** loc. *EMBOÎTER LE PAS à qqn*, marcher juste derrière lui ; fig. l'imiter. ▶ s'**emboîter** v. pron. → s'**ajuster**.

**embolie** n. f. ▪ méd. Obstruction brusque d'un vaisseau sanguin par un corps étranger. *Embolie cérébrale.*

**embonpoint** n. m. ▪ État d'un corps bien en chair, un peu gras. → **corpulence**.

**mal embouché, ée** adj. ▪ Mal élevé.

**emboucher** v. tr. [1] ▪ Mettre à sa bouche (un instrument à vent).

**embouchure** n. f. ▪ **I 1** Bout ou trou latéral d'un instrument à vent, qu'on met contre les lèvres pour jouer. **2** Ouverture extérieure (d'un récipient). **II** Ouverture par laquelle un cours d'eau se jette dans une mer, un lac.

**embourber** v. tr. [1] ▪ Enfoncer dans un bourbier. → **enliser**. ▶ s'**embourber** v. pron.

**s'embourgeoiser** v. pron. [1] ▪ Prendre les habitudes, l'esprit de la bourgeoisie (goût de l'ordre, du confort, respect des conventions...). ▷ n. m. **embourgeoisement**

**embout** n. m. ▪ Garniture qui se place au bout (d'une canne, d'un parapluie, etc.).

**embouteillage** n. m. ▪ Encombrement qui arrête la circulation. → **bouchon**.

**embouteiller** v. tr. [1] ▪ **1** Mettre en bouteilles. **2** fig. Obstruer (une voie) en provoquant un encombrement.

**emboutir** v. tr. [2] ▪ **1** techn. Travailler (un métal ; une plaque de métal) pour lui donner une forme. **2** Enfoncer en heurtant violemment. ▷ n. m. **emboutissage**

**embranchement** n. m. ▪ **1** Subdivision d'une voie, d'une canalisation en une ou plusieurs autres secondaires. → **ramification**. **2** Point de jonction de ces voies. → **carrefour, croisement**. **3** sc. Chacune des grandes divisions du monde animal ou végétal, partagée en classes.

**embrancher** v. tr. [1] ▪ Raccorder (une voie...) à une ligne déjà existante.

**embraser** v. tr. [1] ▪ **1** Enflammer, incendier. **2** Illuminer. **3** fig. Emplir d'une passion ardente. ▷ n. m. **embrasement**

**embrassade** n. f. ▪ Geste de personnes qui s'embrassent amicalement. → **accolade**.

**embrasse** n. f. ▪ Cordelière ou pièce d'étoffe servant à retenir un rideau.

**embrassement** n. m. ▪ littér. Action, fait d'embrasser.

**embrasser** v. tr. [1] ▪ **I 1** Prendre et serrer entre ses bras (souvent pour marquer son affection). **2** fig., littér. Adopter (une opinion...). ← Choisir (une carrière). ← prov. *Qui trop embrasse mal étreint* : qui veut trop faire risque de ne rien réussir. **3** Saisir par la vue dans toute son étendue. ♦ fig Appréhender par la pensée. **II** Donner un, des baiser(s) à. ← pronom. *S'embrasser sur la bouche*.

**embrasure** n. f. ▪ Ouverture d'un mur qui reçoit une porte, une fenêtre.

**embrayage** n. m. ▪ Mécanisme permettant d'embrayer. *Pédale d'embrayage*.

**embrayer** v. [8] ▪ **1** v. tr. Mettre en communication (une pièce mobile) avec l'arbre moteur. ← sans compl. Mettre en communication un moteur et les mécanismes qu'il entraîne. **2** v. intr. fig. (personnes) *EMBRAYER SUR*, commencer à parler de. ← Avoir de l'influence sur.

**embrigader** v. tr. [1] ▪ péj. Rassembler sous une autorité, en vue d'une action. → **enrégimenter, enrôler**. ▷ n. m. **embrigadement**

**embringuer** v. tr. [1] ▪ fam. Engager de façon fâcheuse. → **embarquer**.

**embrocation** n. f. ▪ méd. **1** Application d'un liquide calmant. **2** Ce liquide.

**embrocher** v. tr. ① ▪ 1 Enfiler (de la viande) sur une broche, des brochettes. 2 fam. Transpercer (qqn) d'un coup d'épée.

**embrouillamini** n. m. ▪ fam. Désordre ou confusion extrême. → imbroglio.

**embrouille** n. f. ▪ fam. 1 Action de tromper. 2 Situation confuse.

**embrouillé, ée** adj. ▪ Extrêmement compliqué et confus.

**embrouiller** v. tr. ① ▪ 1 Emmêler (des fils). 2 fig. Compliquer, rendre obscur (qqch.). 3 Troubler (qqn) ; tromper. ► s'embrouiller v. pron. 1 Devenir confus. 2 Se perdre (dans qqch.).

**embroussailler** v. tr. ① ▪ Couvrir de broussailles. ► embroussaillé, ée adj. → broussailleux. ◆ fig. Cheveux embroussaillés, emmêlés.

**embrumer** v. tr. ① ▪ 1 Couvrir de brume. 2 fig. Mettre de la confusion dans (les idées...). 3 Rendre triste. ► embrumé, ée adj.

**embrun** n. m. ▪ surtout plur. Poussière de gouttelettes formée par les vagues qui se brisent, et emportée par le vent.

**embryo-** Élément savant, du grec embruon « embryon ».

**embryogenèse** n. f. ▪ sc. Ensemble des transformations par lesquelles passent l'œuf et l'embryon, de la fécondation à l'éclosion (ovipares) ou à la naissance (vivipares).

**embryologie** n. f. ▪ Science du développement des organismes. → génétique. ▷ adj. embryologique ▷ n. embryologiste

**embryon** n. m. ▪ 1 Organisme en développement dans l'œuf des ovipares, et chez l'animal vivipare ou l'homme, avant d'être un fœtus. ◆ bot. Ensemble de cellules donnant naissance à la jeune tige. 2 fig. Ce qui commence d'être. → ébauche, germe.

**embryonnaire** adj. ▪ 1 Relatif à l'embryon. 2 fig. Qui n'est qu'en germe.

**embu, ue** adj. et n. m. ▪ peint. Se dit d'une zone imbibée d'huile, qui a un aspect mat.

**embûche** n. f. ▪ Difficulté ; traquenard.

**embuer** v. tr. ① ▪ Couvrir d'une buée.

**embuscade** n. f. ▪ Manœuvre par laquelle on dissimule une troupe pour attaquer.

**embusquer** v. tr. ① ▪ 1 Mettre en embuscade. 2 Affecter par faveur (un mobilisé) à un poste non exposé.

**éméché, ée** adj. ▪ fam. Un peu ivre. → gai.

**émeraude** n. f. ▪ 1 Pierre précieuse verte, variété de béryl (ou de corindon). 2 adj. invar. D'un vert qui rappelle celui de l'émeraude.

**émergence** n. f. ▪ didact. 1 Endroit d'où sort (qqch.). 2 fig. Apparition soudaine (dans une suite d'événements, d'idées).

**émerger** v. intr. ③ ▪ 1 Sortir d'un milieu liquide de manière à apparaître à la surface. L'îlot émerge à marée basse. ◆ Sortir d'un milieu quelconque. → apparaître. 2 Se manifester, apparaître clairement. La vérité émerge. 3 fam. Devenir actif, attentif.

**émeri** n. m. ▪ 1 Abrasif fait d'une roche (corindon) réduite en poudre. ← Papier (d')émeri, enduit de poudre d'émeri. 2 loc. BOUCHÉ À L'ÉMERI, complètement borné.

**émerillon** n. m. ▪ Petit faucon très vif.

**émérite** adj. ▪ Qui, par une longue pratique, a acquis une grande compétence.

**émerveiller** v. tr. ① ▪ Frapper d'étonnement et d'admiration. ← pronom. S'émerveiller de qqch. ← au p. p. Un regard émerveillé. ▷ émerveillement n. m. → enchantement.

**émétique** adj. et n. m. ▪ Vomitif.

**émetteur, trice** ▪ 1 n. Personne, organisme qui émet (des billets, des effets). 2 n. m. Poste émetteur ou émetteur : dispositifs produisant des ondes électromagnétiques qui transmettent des signaux, des sons et des images.

**émettre** v. tr. ⑤⑥ ▪ 1 Mettre en circulation, offrir au public (des billets...). ← au p. p. Emprunt émis par l'État. 2 Faire sortir de soi (un son). ← Exprimer (une opinion...). 3 Projeter par rayonnement (des radiations...). ◆ Envoyer sur ondes électromagnétiques.

**émeu** n. m. ▪ Oiseau coureur d'Australie.

**émeute** n. f. ▪ Soulèvement populaire.

**émeutier, ière** n. ▪ Personne qui excite à une émeute ou qui y prend part.

**-émie** Élément savant, du grec haima « sang ». → héma-.

**émietter** v. tr. ① ▪ 1 Réduire en miettes ; désagréger en petits morceaux. 2 Morceler à l'excès. ▷ n. m. émiettement

**émigrant, ante** ▪ Personne qui émigre.

**émigration** n. f. ▪ 1 Action, fait d'émigrer. 2 Ensemble des émigrés.

**émigré, ée** n. ▪ 1 hist. Personne réfugiée à l'étranger pendant la Révolution française. 2 Personne qui s'est expatriée (pour des raisons politiques, économiques...). ← adj. Populations émigrées. → immigré.

**émigrer** v. intr. ① ▪ 1 Quitter son pays pour aller s'établir dans un autre, momentanément ou définitivement. → s'expatrier. 2 (animaux) Quitter par troupes une contrée (→ migration).

**émincer** v. tr. ③ ▪ Couper en tranches minces (une viande...). ▷ adj. émincé, ée

**éminemment** [-amã] adv. ▪ Au plus haut degré. → supérieurement.

**éminence** n. f. ▪ 1 Élévation de terrain isolée. II Titre honorifique des cardinaux. ◆ loc. Éminence grise, conseiller secret.

**éminent, ente** adj. ▪ Remarquable, supérieur.

**émir** n. m. ▪ Titre honorifique du monde musulman.

**émirat** n. m. ▪ Territoire d'un émir.

① **émissaire** n. m. ▪ I Agent chargé d'une mission. II techn. Canal d'évacuation.

② **émissaire** adj. m. → bouc émissaire.

**émissif, ive** adj. ▪ phys. D'une émission (3).

**émission** n. f. ▪ 1 physiol. Fait de projeter au-dehors (un liquide physiologique). Émission d'urine. 2 Production (de sons vocaux). 3 phys. Production en un point donné et rayonnement dans l'espace (d'ondes, de vibrations, etc.). ◆ spécialt Transmission, à l'aide d'ondes électromagnétiques, de signaux, de sons et d'images. ← Ce qui est ainsi transmis. Émission télévisée. 4 Mise en circulation (de monnaies, etc.).

**emmagasiner** [ãm-] v. tr. 🔟 ■ **1** Mettre en magasin, entreposer (des marchandises). → **stocker. 2** fig. Garder dans l'esprit, dans la mémoire. ▷ n. m. **emmagasinage**

**emmailloter** [ãm-] v. tr. 🔟 ■ **1** ancient Envelopper (un bébé) dans un maillot. **2** Envelopper (un corps, un objet...).

**emmancher** [ãm-] v. tr. 🔟 ■ **1** Ajuster sur un manche ; engager et fixer dans un support. **2** fig. fam. (surtout pronom.) Engager, mettre en train (un processus...).

**emmanchure** [ãm-] n. f. ■ Chacune des ouvertures d'un vêtement, pour adapter une manche ou laisser passer le bras.

**emmêlement** [ãm-] n. m. ■ Action d'emmêler ; fait d'être emmêlé.

**emmêler** [ãm-] v. tr. 🔟 ■ **1** Mêler ensemble, de manière désordonnée. → au p. p. *Cheveux emmêlés.* **2** fig. Embrouiller, compliquer. ► s'**emmêler** v. pron. → s'**embrouiller.**

**emménager** [ãm-] v. intr. ③ ■ S'installer dans un nouveau logement. ▷ n. m. **emménagement**

**emmener** [ãm-] v. tr. ⑤ ■ **1** Mener avec soi (qqn, un animal) en allant d'un lieu à un autre, en partant. – Avec un compl. désignant un objet, on emploie *emporter.* **2** (sujet chose) Conduire, transporter au loin.

**emmenthal** [emɛ̃tal ; emɑ̃tal] n. m. ■ Fromage à pâte cuite, à grands trous.

**emmerdant, ante** [ãm-] adj. ■ fam. Qui contrarie. → Qui fait naître l'ennui.

**emmerdement** [ãm-] n. m. ■ fam. **1** Gros ennui. - syn. fam. EMMERDE n. f. **2** Action d'emmerder ; fait d'être emmerdé.

**emmerder** [ãm-] v. tr. 🔟 ■ fam. **1** (sujet personne) Importuner (qqn) ; (sujet chose) contrarier (qqn). → **embêter, ennuyer, importuner.** → pronom. Se donner du mal. **2** Faire naître l'ennui. → pronom. *On s'emmerde ferme.* **3** Tenir pour négligeable (par défi).

**emmerdeur, euse** [ãm-] n. ■ fam. Personne ennuyeuse ou agaçante.

**emmitoufler** [ãm-] v. tr. 🔟 ■ Envelopper dans des vêtements chauds et moelleux. → pronom. Se couvrir chaudement.

**emmurer** [ãm-] v. tr. 🔟 ■ Enfermer (qqn) dans un cachot muré. → (sujet chose) *L'éboulement les a emmurés.* ◆ fig. (surtout pronom. et p. p.) *S'emmurer, être emmuré dans le silence.* → se **murer.** ▷ n. m. **emmurement**

**émoi** n. m. ■ littér. **1** Agitation, effervescence. **2** Trouble qui naît de l'appréhension, ou d'une émotion sensuelle.

**émollient, ente** [-ljɑ̃, ɑ̃t] adj. ■ **1** méd. Qui relâche les tissus. **2** fig. Doux, apaisant.

**émoluments** n. m. pl. ■ Rétribution.

**émonctoire** n. m. ■ didact. Organe d'élimination, d'excrétion.

**émonder** v. tr. 🔟 ■ Débarrasser (un arbre) des branches inutiles. ▷ n. m. **émondage**

**émoticône** ou **émoticon** [-kɔn] n. m. ■ anglic., inform. → **smiley.**

**émotif, ive** adj. ■ **1** Relatif à l'émotion. **2** (personnes) Qui est facilement ému. → n. *Un émotif, une émotive.*

**émotion** n. f. ■ **1** État affectif intense, accompagné de troubles divers (pâleur, tremblements, etc.). **2** État affectif, plaisir ou douleur, nettement prononcé. → **sentiment.**

**émotionnel, elle** adj. ■ Relatif à l'émotion.

**émotionner** v. tr. 🔟 ■ fam. → **émouvoir.**

**émotivité** n. f. ■ Capacité de ressentir des émotions. ◆ Caractère d'une personne émotive.

**émouchet** n. m. ■ Petit rapace diurne.

**émoulu, ue** adj. ■ loc. *FRAIS ÉMOULU de :* récemment sorti de (une école). → fém. *Frais* ou *fraîche émoulue.*

**émousser** v. tr. 🔟 ■ **1** Rendre moins coupant, moins aigu. **2** fig., littér. Rendre moins vif, moins incisif. → pronom. *Son chagrin s'est émoussé.* ► **émoussé, ée** adj.

**émoustillant, ante** adj. ■ Qui émoustille.

**émoustiller** v. tr. 🔟 ■ Mettre de bonne humeur en excitant.

**émouvant, ante** adj. ■ Qui émeut, qui fait naître une émotion désintéressée.

**émouvoir** v. tr. ㉗ p. p. *ému, ue* ■ **1** Agiter (qqn) par une émotion. **2** Toucher en éveillant un intérêt puissant, une sympathie profonde. ► s'**émouvoir** v. pron. **1** Se troubler ; s'alarmer. **2** Être touché.

**empailler** v. tr. 🔟 ■ **1** Bourrer de paille (la peau d'animaux morts qu'on veut conserver). → **naturaliser ; taxidermie. 2** Entourer de paille pour protéger. → **pailler.** ▷ n. m. **empaillage**

**empailleur, euse** n. ■ **1** Rempailleur. **2** Taxidermiste.

**empaler** v. tr. 🔟 ■ **1** Soumettre au supplice du pal. **2** *S'EMPALER* v. pron. : tomber sur un objet pointu qui traverse le corps.

**empan** n. m. ■ **1** ancient Mesure de longueur, espace maximum entre l'extrémité du pouce et du petit doigt. **2** fig. Ampleur, envergure.

**empanaché, ée** adj. ■ Orné d'un panache.

**empaqueter** v. tr. ④ ■ Faire un paquet de (linge, etc.). ▷ n. m. **empaquetage**

**s'emparer** v. pron. 🔟 ■ *S'EMPARER DE* **1** Prendre violemment ou indûment possession de (qqn, qqch.). → se **saisir de. 2** Se rendre maître de (qqn, une faculté). → (sujet chose) → **envahir, gagner.** *Le sommeil s'empara de lui.*

**empâté, ée** adj. ■ Devenu épais. → **bouffi.**

**empâter** v. tr. 🔟 ■ **1** Rendre épais ; surcharger. **2** *S'EMPÂTER* v. pron. Épaissir, grossir. ▷ n. m. **empâtement**

**empathie** n. f. ■ didact. Capacité de s'identifier à autrui par l'émotivité.

**empattement** n. m. ■ **1** Pied, base plus large. **2** Distance entre les essieux d'une voiture.

**empêchement** n. m. ■ Ce qui empêche d'agir. → **contretemps, difficulté, obstacle.**

**empêcher** v. tr. 🔟 ■ **1** *Empêcher qqch.,* faire en sorte que cela ne se produise pas. ◆ loc. *IL N'EMPÊCHE que :* cependant, malgré cela. → fam. *N'empêche* (même sens). **2** *Empêcher qqn de faire qqch.,* faire en sorte qu'il ne puisse pas. ► s'**empêcher** v. pron. Se retenir de. *Il ne put s'empêcher de rire.* ► **empêché, ée** adj. Retenu par des occupations.

**empêcheur, euse** n. ■ loc. *Empêcheur, empêcheuse de danser en rond.* → **rabat-joie, trouble-fête.**

**empeigne** n. f. ■ Dessus (d'une chaussure).

**empennage** n. m. ■ **1** Ensemble des plumes qui empennent une flèche. - syn. EMPENNE n. f. **2** Surfaces à l'arrière des ailes ou de la queue d'un avion, destinées à lui donner de la stabilité. → Ailettes d'un projectile.

**empenner** v. tr. ① ■ Garnir (une flèche) de plumes pour régulariser sa direction.

**empereur** n. m. ■ Souverain d'un empire.

**emperler** v. tr. ① ■ Couvrir de gouttelettes.

**empeser** v. tr. ⑤ ■ Apprêter en amidonnant. → **amidonner ; empois.** ➤ **empesé, ée** adj. **1** *Col empesé.* **2** fig. → **guindé.**

**empester** v. ① ■ **1** v. tr. Infester de mauvaises odeurs. **2** v. intr. Sentir mauvais.

**empêtrer** v. tr. ① ■ **1** Entraver (qqn ou les pieds, les jambes) dans qqch. qui retient ou embarrasse. **2** fig. Engager dans une situation difficile (surtout passif et pronom.).

**emphase** n. f. ■ Ton, style déclamatoire. → **grandiloquence.**

**emphatique** adj. ■ Plein d'emphase. → **pompeux.** ▷ gramm. Qui marque une certaine intensité dans l'expression. ▷ adv. **emphatiquement**

**emphysème** n. m. ■ méd. Gonflement produit par une infiltration gazeuse dans le tissu cellulaire (notamment du poumon). ▷ adj. et n. **emphysémateux, euse**

**emphytéotique** adj. ■ dr. *Bail emphytéotique,* de longue durée (18 à 99 ans).

**empiècement** n. m. ■ Pièce rapportée qui constitue le haut d'un vêtement (robe, etc.).

**empierrer** v. tr. ① ■ Couvrir d'une couche de pierres. ▷ n. m. **empierrement**

**empiéter** v. intr. ⑥ ■ **1** EMPIÉTER SUR (une propriété, un droit...), en prendre indûment et progressivement une partie. **2** (choses) Déborder sur. ▷ **empiétement** n. m. - var. EMPIÈTEMENT.

**s'empiffrer** v. pron. ① ■ fam. Manger avec excès, gloutonnement.

**empiler** v. tr. ① ■ **1** Mettre en pile. **2** Entasser (des êtres vivants) dans un petit espace. **3** fam. Tromper (qqn) en le volant. ▷ n. m. **empilement** et **empilage** ▷ adj. **empilable.**

**empire** n. m. ■ **1** Autorité, domination absolue. → *Être SOUS L'EMPIRE de :* sous l'influence de. **2** Autorité d'un empereur ; État ou ensemble d'États soumis à cette autorité. → *Style Empire,* du Premier Empire (Napoléon Iᵉʳ). **3** Ensemble de territoires colonisés par une puissance.

**empirer** v. ① ■ **1** v. intr. (situation, état) Devenir pire. **2** v. tr. Rendre pire. → **aggraver.**

**empirique** adj. ■ Qui s'appuie principalement sur l'expérience. ▷ adv. **empiriquement**

**empirisme** n. m. ■ **1** Méthode empirique. **2** philos. Théorie d'après laquelle les connaissances viennent de l'expérience. ▷ n. et adj. **empiriste**

**emplacement** n. m. ■ Lieu choisi (pour une construction...). ◆ Place effectivement occupée par qqch.

**emplâtre** n. m. ■ **1** Médicament externe adhérent. **2** fig. Aliment lourd et bourratif.

**emplette** n. f. ■ vieilli Achat. ◆ mod. au plur. *Faire des emplettes.* → Objets achetés.

**emplir** v. tr. ② ■ **1** littér. Rendre plein. → **remplir.** **2** Occuper (un espace).

**emploi** n. m. ■ **1** Action ou manière d'employer (qqch.) ; ce à quoi sert (qqch.). → **usage, utilisation.** → *Mode d'emploi :* notice expliquant la manière de se servir d'un objet. → *EMPLOI DU TEMPS :* répartition dans le temps de tâches à effectuer. → loc. *Faire DOUBLE EMPLOI :* être superflu. **2** Ce à quoi s'applique une activité rétribuée. *Demandeur d'emploi* (→ **chômeur**). ◆ Travail humain effectivement employé et rémunéré, dans un système économique. *Marché de l'emploi.* **3** Genre de rôle dont est chargé un acteur. → loc. *Avoir la tête de l'emploi,* l'aspect correspondant à ce qu'on fait.

**employé, ée** n. ■ Salarié non cadre qui effectue un travail non manuel.

**employer** v. tr. ⑧ ■ **1** Faire servir à une fin (un instrument, un moyen...). → **se servir de, utiliser. 2** Faire travailler (qqn) contre rémunération. ► **s'employer** v. pron. **1** Être en usage. **2** *S'EMPLOYER À.* → **se consacrer à.**

**employeur, euse** n. ■ Personne, entreprise employant du personnel salarié.

**emplumé, ée** adj. ■ Couvert de plumes.

**empocher** v. tr. ① ■ Recevoir (de l'argent).

**empoignade** n. f. ■ Altercation.

**empoigne** n. f. ■ loc. péj. *FOIRE D'EMPOIGNE :* mêlée, affrontement d'intérêts.

**empoigner** v. tr. ① ■ **1** Prendre en serrant dans la main. ► pronom. Se battre ; fig. se quereller. **2** fig. (sujet chose) Émouvoir.

**empois** n. m. ■ Colle à base d'amidon employée à l'apprêt du linge (→ **empeser**).

**empoisonnant, ante** adj. ■ fam. Très ennuyeux, agaçant.

**empoisonnement** n. m. ■ **1** Grave intoxication. **2** Meurtre par le poison. **3** fam. Ennui, embêtement.

**empoisonner** v. tr. ① ■ **1** (sujet personne) Faire mourir, ou mettre en danger de mort (qqn, un animal) en faisant absorber du poison. ◆ Intoxiquer. **2** Mêler, infecter de poison. **3** Remplir d'une odeur infecte. **4** Altérer dans son agrément. → **gâcher. 5** fam. Importuner (qqn). ► **s'empoisonner** v. pron. Absorber du poison. ► **empoisonné, ée** adj. *Flèche empoisonnée.* → fig. *Des propos empoisonnés.* → **venimeux.**

**empoisonneur, euse** n. ■ **1** Criminel(le) qui use du poison. **2** Personne ennuyeuse.

**empoissonner** v. tr. ① ■ Peupler de poissons. ▷ n. m. **empoissonnement**

**emporté, ée** adj. ■ Qui s'emporte facilement. → **coléreux, irritable, violent.**

**emportement** n. m. ■ **1** littér. Élan, ardeur. **2** Violent mouvement de colère.

**emporte-pièce** n. m. invar. ■ **1** Outil servant à découper et à enlever des pièces. **2** loc. fig. À L'EMPORTE-PIÈCE : mordant, incisif.

**emporter** v. tr. 1 ■ **1** Prendre avec soi et porter hors d'un lieu (qqch., qqn). ◆ loc. Il ne l'emportera pas au paradis, je me vengerai. **2** (sujet chose) Enlever avec rapidité, violence. ◆ loc. Autant en emporte le vent : il n'en restera rien. ◆ (maladie) Faire mourir. **3** S'emparer de (qqch.) par la force. ◆ loc. Emporter le morceau, avoir gain de cause. **4** (passion...) Entraîner, pousser. **5** L'EMPORTER : avoir le dessus. → triompher. ▸ s'emporter v. pron. Se laisser aller à la colère.

**empoté, ée** adj. ■ fam. Maladroit, lent.

**empoter** v. tr. 1 ■ Mettre en pot.

**empourprer** v. tr. 1 ■ littér. Colorer de pourpre, de rouge (par un phénomène naturel). ◆ pronom. Devenir cramoisi.

**empreindre** v. tr. 52 ■ Marquer (une forme) par pression sur une surface. ▸ **empreint, einte** p. p. (fig., littér.) Marqué (par).

**empreinte** n. f. ■ **1** Marque laissée par un corps qu'on presse sur une surface. ◆ Trace naturelle. Les empreintes d'un animal. ◆ EMPREINTES DIGITALES : traces laissées par les doigts, qui permettent d'identifier qqn. **2** fig. Marque profonde, durable.

**empressé, ée** adj. ■ Très zélé.

**s'empresser** v. pron. 1 ■ **1** Mettre de l'ardeur, du zèle à servir qqn ou à lui plaire. **2** S'EMPRESSER DE (+ inf.) : se hâter de. ▷ n. m. **empressement**

**emprise** n. f. ■ **1** Domination intellectuelle ou morale. **2** dr. Mainmise de l'Administration sur une propriété privée.

**emprisonnement** n. m. ■ Action d'emprisonner ; fait d'être emprisonné.

**emprisonner** v. tr. 1 ■ **1** Mettre en prison. → incarcérer. **2** Tenir à l'étroit, serrer.

**emprunt** n. m. ■ **1** Action d'obtenir une somme d'argent, à titre de prêt ; cet argent. ◆ spécialt Mesure par laquelle l'État, etc. demande des fonds ; ces fonds. **2** fig. Action d'emprunter (2) à un auteur ; ce qui est ainsi pris. ◆ ling. Processus par lequel une langue accueille un élément d'une autre langue ; élément (mot, tour) ainsi incorporé. **3** D'EMPRUNT loc. adj. : qui n'appartient pas en propre au sujet, vient d'ailleurs.

**emprunté, ée** adj. ■ Qui manque d'aisance ou de naturel. ◆ contraint.

**emprunter** v. tr. 1 ■ **1** Obtenir (de l'argent, un objet...) à titre de prêt ou pour un usage momentané. **2** fig. Prendre ailleurs et faire sien (un bien d'ordre intellectuel...). ◆ au p. p. spécialt Mot emprunté à une langue. → emprunt (2). **3** Prendre (une voie). Emprunter un sens interdit.

**emprunteur, euse** n. ■ Personne qui emprunte de l'argent. → débiteur.

**empuantir** v. tr. 2 ■ Remplir (un lieu), gêner (qqn) par une odeur infecte. ▷ n. m. **empuantissement**

**empyrée** n. m. ■ littér. Ciel, paradis.

**ému, ue** adj. ■ **1** En proie à une émotion. **2** Qui manifeste une émotion.

① **émulation** n. f. ■ Sentiment qui porte à égaler ou à surpasser qqn.

**émule** n. ■ Personne qui cherche à égaler ou à surpasser qqn en qqch. de louable.

**émuler** v. tr. 1 ■ anglic., inform. Simuler, imiter le fonctionnement de (un programme...). ▷ n. f. ② **émulation**

**émulsifiant** n. m. ■ Produit qui favorise la formation et la stabilité d'une émulsion.

**émulsion** n. f. ■ **1** Préparation liquide tenant en suspension, à l'état de particules très fines, un autre liquide. **2** photogr. Couche sensible à la lumière.

**émulsionner** v. tr. 1 ■ Mettre (une substance) à l'état d'émulsion.

① **en** prép. ■ **I** (devant un nom sans art. déf.) Préposition marquant la position à l'intérieur d'un espace, d'un temps, d'un état. **1** Dans. Monter en voiture. ◆ (abstrait) Avoir qqch. en mémoire. **2** (matière) Un buste en marbre. → **de**. **3** Pendant. En été, en automne, en hiver (mais au printemps). ◆ (espace de temps) En dix minutes. **4** (état, manière) Être en danger. ◆ (+ nom qui fait fonction d'attribut) → comme. Il parle en connaisseur. **5** EN... EN... (progression) De plus en plus. ◆ (périodicité) De temps en temps. **II** (formant des loc. adv.) En général, en vain. **III** (devant un p. prés.) L'appétit vient en mangeant.

② **en** pron. et adv. ■ De ce..., de cette..., de ces..., de cela (représente une chose, un énoncé, et quelquefois une personne). **I** (compl. d'un verbe) **1** Indique le lieu d'où l'on vient, la provenance, l'origine. J'en viens. ◆ (cause, agent) Je n'en dors plus. **2** (compl. d'un verbe construit avec de) J'en veux. **3** (dans des loc. verb.) Je m'en tiens là. **II** De (cela). J'en connais les avantages. Je n'en sais rien ! **III** (compl. d'adj.) Il en est bien capable.

**en-** ou **em-** (devant b, m, p) Élément (du latin in « dans ») servant à former des verbes à partir du substantif (ex. enterrer, emboîter).

**s'enamourer** [ɑ̃n-] v. pron. 1 ■ vieilli ou plais. S'éprendre (de). – var. S'ÉNAMOURER [en-].

**énarque** n. ■ Ancien(ne) élève de l'École nationale d'administration.

**en-avant** [ɑ̃n-] n. m. invar. ■ au rugby Faute commise par un joueur qui envoie le ballon à la main en avant de lui.

**encablure** n. f. ■ mar. Mesure de longueur d'environ 200 m. – var. ENCÂBLURE.

**encadré** n. m. ■ Texte encadré.

**encadrement** n. m. ■ **1** Action d'entourer d'un cadre ; ornement servant de cadre. ◆ Ce qui entoure comme un cadre. L'encadrement d'une porte. **2** Action d'encadrer (un objectif de tir). **3** Action d'encadrer (du personnel...). ◆ Personnes qui encadrent. → cadre.

**encadrer** v. tr. 1 ■ **1** Mettre dans un cadre, entourer d'un cadre. ◆ loc. fam. Ne pas pouvoir encadrer qqn, le détester. **2** Entourer à la manière d'un cadre. ◆ Encadrer un objectif, en réglant le tir. ◆ pronom. Apparaître comme dans un cadre. **3** Pourvoir de cadres (un personnel...) ; diriger pour le travail.

**encadreur, euse** n. ■ Artisan qui exécute et pose des cadres (de tableaux, etc.).

**encaisse** n. f. ▪ Sommes, valeurs qui sont dans la caisse ou en portefeuille.

**encaissé, ée** adj. ▪ Resserré entre deux pentes. *Vallée encaissée*, profonde et étroite.

**encaissement** n. m. ▪ **1** Action d'encaisser (de l'argent...). **2** État de ce qui est encaissé (rivière, voie...).

**encaisser** v. tr. 1 ▪ **1** Recevoir, toucher (de l'argent...). **2** fam. Recevoir (des coups). **3** fam. (surtout contexte négatif) Supporter.

**encaisseur** n. m. ▪ Employé qui va à domicile encaisser de l'argent.

**à l'encan** loc. ▪ littér. En vente aux enchères publiques. ♦ fig. Livré au plus offrant.

**s'encanailler** v. pron. 1 ▪ Fréquenter des gens de mœurs douteuses.

**encapuchonner** v. tr. 1 ▪ Couvrir d'un capuchon, comme d'un capuchon.

**encart** n. m. ▪ Feuille volante ou petit cahier que l'on insère dans une brochure.

**encarter** v. tr. 1 ▪ **1** Insérer (un encart). **2** techn. Fixer sur des cartons.

**en-cas** n. m. invar. ▪ Repas léger.

**encastrer** v. tr. 1 ▪ Insérer (dans qqch. qui est taillé ou creusé à cet effet). ▸ **s'encastrer** v. pron. ▹ n. m. **encastrement**

**encaustique** n. f. ▪ Préparation à base de cire et d'essence pour faire briller le bois. ▹ **encaustiquer** v. tr. 1 → **cirer**.

**enceindre** v. tr. 52 ▪ Entourer d'une enceinte.

① **enceinte** n. f. ▪ **1** Ce qui entoure un espace et en défend l'accès. **2** Espace ainsi entouré. *L'enceinte du tribunal.* **3** *Enceinte (acoustique)*, ensemble de haut-parleurs. - syn. (anglic.) BAFFLE.

② **enceinte** adj. f. ▪ En état de grossesse.

**encens** n. m. ▪ Substance résineuse aromatique, qui brûle en parfumant.

**encenser** v. tr. 1 ▪ **1** Honorer en brûlant de l'encens, en agitant l'encensoir. **2** fig. Honorer d'hommages excessifs, flatter.

**encensoir** n. m. ▪ Cassolette suspendue à des chaînettes, où on brûle l'encens. - fig., fam. *Manier l'encensoir*, flatter avec excès.

**encéphale** n. m. ▪ anat. Ensemble des centres nerveux contenus dans le crâne (le cerveau et ses annexes).

**encéphalite** n. f. ▪ méd. Inflammation de l'encéphale.

**encéphalo-** Élément savant, du grec *enkephalos* « cerveau ».

**encéphalogramme** n. m. ▪ méd. Tracé obtenu par exploration radiographique de l'encéphale (*encéphalographie* n. f.). → **électro-encéphalogramme**.

**encéphalopathie** n. f. ▪ Affection du cerveau, d'origine toxique ou liée à une dégénérescence. *Encéphalopathie spongiforme bovine*, causée par un prion.

**encercler** v. tr. 1 ▪ Entourer de toutes parts. → **cerner**. ▹ n. m. **encerclement**

**enchaînement** n. m. ▪ **1** Série de choses en rapport de dépendance. **2** Rapport entre des éléments. **3** Action d'enchaîner (II).

**enchaîner** v. 1 ▪ **I** v. tr. **1** Attacher avec une chaîne. **2** fig., littér. Mettre sous une dépendance, asservir. **3** Unir par une succession naturelle ou des liens logiques. ◆ pronom. *Idées qui s'enchaînent.* **II** v. intr. Reprendre, continuer (un discours...).

**enchanté, ée** adj. ▪ **1** Qui a un pouvoir d'enchantement (1). ◆ Soumis à un enchantement. **2** (personnes) Très content, ravi.

**enchantement** n. m. ▪ **1** Opération magique consistant à enchanter (1); son effet. → **charme, ensorcellement, incantation. 2** État d'une personne enchantée (2), joie très vive. ◆ Sujet de joie, de plaisir.

**enchanter** v. tr. 1 ▪ **1** Soumettre à une action surnaturelle par magie. → **ensorceler. 2** Remplir d'un vif plaisir. → **ravir.**

**enchanteur, teresse** ▪ **I** n. Personne qui pratique des enchantements (1). → **magicien, sorcier. II** adj. Qui enchante (2).

**enchâsser** v. tr. 1 ▪ **1** Mettre (une pierre) dans une monture. → **monter, sertir.** ◆ Encastrer, fixer (dans un châssis...). **2** fig. Insérer, inclure. ▹ n. m. **enchâssement**

**enchère** n. f. ▪ **1** Offre d'une somme supérieure, dans une vente au plus offrant. *Vente aux enchères.* **2** (cartes) Demande supérieure à celle de l'adversaire.

**enchérir** v. intr. 2 ▪ **1** Mettre une enchère. **2** fig., littér. → **renchérir.**

**enchérisseur, euse** n. ▪ Personne qui fait une enchère.

**enchevêtrement** n. m. ▪ **1** Disposition ou amas de choses enchevêtrées. **2** (abstrait) Complication, désordre. → **imbroglio.**

**enchevêtrer** v. tr. 1 ▪ **1** Engager l'une dans l'autre (des choses) de façon désordonnée ou complexe. **2** fig. Embrouiller, compliquer. ▸ **s'enchevêtrer** v. pron.

**enchifrené, ée** adj. ▪ Enrhumé.

**enclave** n. f. ▪ Terrain, territoire complètement entouré par un autre.

**enclaver** v. tr. 1 ▪ **1** Contenir, entourer en formant une enclave. **2** Engager (une pièce dans une autre). ▸ **enclavé, ée** adj. ▹ n. m. **enclavement**

**enclenchement** n. m. ▪ Dispositif qui enclenche un mécanisme.

**enclencher** v. tr. 1 ▪ **1** Faire fonctionner (un mécanisme) en rendant les pièces solidaires. **2** Engager (un processus). ▸ **s'enclencher** v. pron.

**enclin, ine** adj. ▪ littér. Porté, par un penchant naturel et permanent (à); sujet (à).

**enclore** v. tr. 45 ▪ littér. **1** Entourer d'une clôture. **2** Entourer comme une clôture.

**enclos** n. m. ▪ **1** Espace entouré d'une clôture. **2** Clôture. *Un enclos de pierres sèches.*

**enclume** n. f. ▪ **1** Masse métallique sur laquelle on bat les métaux. ◆ Outil destiné à recevoir des chocs. - loc. *Être entre le marteau et l'enclume*, pris entre deux partis opposés. **2** anat. Un des quatre osselets de l'oreille.

**encoche** n. f. ▪ Petite entaille.

**encocher** v. tr. 1 ▪ Faire une encoche à.

**encoder** v. tr. 1 ■ didact. Produire selon un code. ⊳ n. m. **encodage**

**encoignure** [ɑ̃kɔɲyʀ; ɑ̃kwaɲyʀ] n. f. ■ 1 Angle intérieur de deux murs. → **coin.** 2 Petit meuble de coin.

**encoller** v. tr. 1 ■ Enduire de colle, de gomme, d'apprêt. ⊳ n. m. **encollage**

**encolure** n. f. ■ 1 Partie du corps (du cheval, etc.) qui s'étend entre la tête et le poitrail. – Longueur de cette partie du corps. 2 Dimension du col d'un vêtement. 3 Partie (du vêtement) où passe la tête.

**encombrant, ante** adj. ■ 1 Qui encombre. 2 fig. Importun, pesant.

**sans encombre** [sɑ̃z-] loc. adv. ■ Sans rencontrer d'obstacle, sans incident.

**encombrement** n. m. ■ 1 État de ce qui est encombré (1). ◆ fig. *L'encombrement d'un marché* (→ surproduction). 2 Amas de choses qui encombrent. ◆ Voitures qui encombrent une voie. → **bouchon, embouteillage.** 3 Dimensions, volume (d'un objet).

**encombrer** v. tr. 1 ■ 1 Remplir en s'entassant, en faisant obstacle. → **gêner, obstruer.** 2 fig. Remplir ou occuper à l'excès, en gênant. ► **s'encombrer** de v. pron. Se charger de (qqn, qqch. de gênant).

**à l'encontre** ■ littér. 1 loc. adv. Contre cela. 2 loc. prép. *À l'encontre de :* contre.

**encorbellement** n. m. ■ archit. Position d'une construction en saillie soutenue par des corbeaux ; cette construction.

**s'encorder** v. pron. 1 ■ alpin. S'attacher avec une corde pour constituer une cordée.

**encore** adv. ■ var. vx ou poét. ENCOR 1 adv. de temps Marquant la persistance d'une action ou d'un état au moment considéré. *Vous êtes encore là ?* ► PAS ENCORE : pas au moment présent. 2 Marquant une idée de répétition ou de supplément. *J'en veux encore.* 3 Introduisant une restriction. *Si encore il faisait un effort...* → si **seulement.** 4 littér. ENCORE QUE loc. conj. : quoique.

**encorné, ée** adj. ■ Qui a des cornes.

**encorner** v. tr. 1 ■ Frapper, blesser à coups de cornes.

**encornet** n. m. ■ régional Calmar.

**encourageant, ante** adj. ■ Qui encourage.

**encouragement** n. m. ■ 1 Action d'encourager. 2 Acte, parole qui encourage.

**encourager** v. tr. 3 ■ 1 Donner du courage, de l'assurance à (qqn). → **réconforter, stimuler.** – (avec à + inf.) *Encourager qqn à persévérer.* → **inciter.** 2 Aider ou favoriser par une protection, des subventions...

**encourir** v. tr. 11 ■ littér. Se mettre dans la situation de subir (qqch. de fâcheux). → s'**exposer à, mériter.**

**encrage** n. m. ■ 1 Opération consistant à encrer. 2 Manière dont qqch. est encré.

**encrasser** v. tr. 1 ■ Couvrir d'un dépôt (suie, rouille, saletés diverses) qui empêche le bon fonctionnement. ► s'**encrasser** v. pron. ⊳ n. m. **encrassement**

**encre** n. f. ■ 1 Liquide coloré, utilisé pour écrire. – *Encre sympathique,* qui apparaît sous l'action d'un réactif ou de la chaleur. ◆ loc. fam. *Se faire un sang d'encre,* beaucoup de souci. 2 Liquide noir émis par certains céphalopodes (seiche...) pour se protéger.

**encrer** v. tr. 1 ■ Enduire d'encre (typographique...).

**encreur** adj. m. ■ Qui sert à encrer.

**encrier** n. m. ■ Petit récipient pour l'encre.

**encroûter** v. tr. 1 ■ 1 Couvrir d'une croûte. 2 fig. (surtout pronom. et p. p.) Enfermer (qqn) dans des habitudes figées, routinières. ⊳ n. m. **encroûtement**

**enculer** v. tr. 1 ■ vulg. Sodomiser. ► **enculé, ée** n. (terme injurieux).

**encyclique** n. f. ■ Lettre du pape aux évêques.

**encyclopédie** n. f. ■ 1 Ouvrage où l'on expose méthodiquement les connaissances dans tous les domaines. – Ouvrage analogue qui traite d'un domaine. 2 fig. Personne aux connaissances très étendues et variées.

**encyclopédique** adj. ■ 1 Qui embrasse l'ensemble des connaissances. 2 De l'encyclopédie. *Dictionnaire* encyclopédique.

**encyclopédiste** n. ■ Auteur d'une encyclopédie ; spécialt. auteur qui collabora à l'Encyclopédie de Diderot (XVIIIᵉ s.).

**endémie** n. f. ■ méd. Présence habituelle d'une maladie dans une région déterminée.

**endémique** adj. ■ 1 méd. Qui a un caractère d'endémie. 2 fig. Qui sévit constamment. *Un chômage endémique.*

**endetter** v. tr. 1 ■ Engager dans des dettes. ► s'**endetter** v. pron. ⊳ n. m. **endettement**

**endeuiller** v. tr. 1 ■ Plonger dans le deuil ; remplir de tristesse.

**endiablé, ée** adj. ■ D'une grande vivacité.

**endiguer** v. tr. 1 ■ 1 Contenir au moyen de digues. 2 fig. Retenir ; canaliser.

**s'endimancher** v. pron. 1 ■ S'habiller de manière plus soignée que d'habitude, avec une certaine gêne. – au p. p. *Avoir l'air endimanché.*

**endive** n. f. ■ Pousse blanche d'une variété de chicorée, obtenue par forçage et étiolement.

**endo-** Élément savant, du grec *endon* « en dedans » (contr. exo-).

**endocarde** n. m. ■ anat. Tunique interne du cœur.

**endocarpe** n. m. ■ Partie interne du fruit.

**endocrine** adj. f. ■ Se dit des glandes à sécrétion interne, dont les produits sont déversés directement dans le sang (contr. *exocrine*). ⊳ adj. **endocrinien, ienne**

**endocrinologie** n. f. ■ Discipline médicale qui traite des glandes endocrines et soigne leurs troubles. ⊳ n. **endocrinologue**

**endoctriner** v. tr. 1 ■ péj. Faire la leçon à (qqn) pour convaincre, faire adhérer à une doctrine. ⊳ n. m. **endoctrinement**

**endogène** adj. ■ didact. Qui provient de l'intérieur, est dû à une cause interne.

**endolorir** v. tr. ② ■ Rendre douloureux. ► **endolori, ie** adj. → **douloureux.**

**endomètre** n. m. ■ anat. Muqueuse qui tapisse l'intérieur de l'utérus.

**endométriose** n. f. ■ méd. Affection caractérisée par la présence d'endomètre dans des endroits anormaux (trompes...).

**endommager** v. tr. ③ ■ Causer des dommages, des dégâts à (qqch.).

**endormant, ante** adj. ■ Qui donne envie de dormir à force d'ennui. → **soporifique.**

**endormi, ie** adj. ■ 1 En train de dormir. ♦ Où tout semble en sommeil. 2 fig. Dont l'activité est en sommeil. 3 Indolent, inerte.

**endormir** v. tr. ⑯ ■ 1 Faire dormir, amener au sommeil. — (Sommeil artificiel) → **anesthésier.** 2 Donner envie de dormir à (qqn) par ennui. 3 fig., littér. Atténuer, calmer (une sensation, etc. pénible). — Rendre moins vif, moins agissant (un sentiment...). *Endormir les soupçons.* ► **s'endormir** v. pron. 1 Commencer à dormir. 2 fig., littér. Perdre de sa vivacité, de sa force.

**endormissement** n. m. ■ Fait de s'endormir ; début du sommeil.

**endorphine** n. f. ■ sc. Substance sécrétée par l'hypophyse, qui lutte contre la douleur.

**endos** n. m. ■ Mention au dos (d'une traite, etc.) pour ordonner son paiement.

**endoscope** n. m. ■ méd. Instrument servant à l'examen des cavités profondes du corps en les éclairant (l'*endoscopie* n. f.).

**endosser** v. tr. ① ■ 1 Mettre sur son dos (un vêtement). 2 Assumer la responsabilité de. II Mettre un endos sur (une traite, etc.). ▷ **endossement** n. m. → **endos.** ▷ **endossable** adj. *Chèque endossable.*

**endroit** n. m. ■ I 1 Partie déterminée d'un espace. → **lieu, place.** *Un bel endroit.* 2 Place déterminée, localisée (d'une chose, du corps). *Trouver l'endroit sensible.* → **point.** 3 Passage déterminé (d'un ouvrage). 4 *PAR ENDROITS* loc. adv. : çà et là. — littér. À *L'ENDROIT DE* (qqn) loc. prép. : envers (qqn). II Côté destiné à être vu, dans un objet à deux faces. → **recto ;** opposé à *envers.* — À *L'ENDROIT* loc. adv. : du bon côté.

**enduire** v. tr. ㊳ ■ Recouvrir (une surface) d'une matière qui imprègne.

**enduit** n. m. ■ Préparation qu'on applique sur une surface pour protéger. → **revêtement.** — Préparation préalable à la peinture.

**endurance** n. f. ■ Aptitude à résister à la fatigue, à la souffrance. → **résistance.**

**endurant, ante** adj. ■ Qui a de l'endurance.

**endurci, ie** adj. ■ 1 Devenu dur, résistant ou insensible. 2 Qui a avec le temps s'est figé dans une option. → **invétéré.**

**endurcir** v. tr. ② ■ Rendre (qqn) plus dur, plus résistant (physiquement ou moralement). ► **s'endurcir** v. pron. ▷ n. m. **endurcissement**

**endurer** v. tr. ① ■ Supporter avec patience (ce qui est dur, pénible). → **subir ; supporter.**

**enduro** n. m. ■ anglic. Épreuve d'endurance tout-terrain, en moto.

**énergétique** ■ I adj. Relatif à l'énergie. II n. f. Science de l'énergie et de ses transformations.

**énergie** n. f. ■ I Force et fermeté dans l'action, qui rend efficace. → **détermination, volonté.** ♦ Vitalité physique. → **dynamisme, vigueur.** II sc. 1 Caractère d'un système matériel capable de produire du travail. *Énergie électrique, thermique, solaire...* 2 Énergie chimique potentielle de l'organisme vivant. *Dépense d'énergie.*

**énergique** adj. ■ 1 Actif, efficace. 2 (personnes ; actions) Qui a ou marque de l'énergie, de la volonté. → **ferme, résolu.** ▷ **énergiquement** adv. → **fermement.**

**énergisant, ante** adj. et n. m. ■ Se dit d'un produit qui stimule, tonifie.

**énergivore** adj. ■ Qui consomme de l'énergie, beaucoup d'énergie.

**énergumène** n. ■ Personne exaltée qui se livre à des cris, des gestes excessifs.

**énervant, ante** adj. ■ Agaçant, irritant.

**énervé, ée** adj. ■ Qui est dans un état de nervosité inhabituel. ♦ Qui marque de l'énervement.

**énerver** v. tr. ① ■ Agacer, exciter, en provoquant de la nervosité. ► **s'énerver** v. pron. Devenir de plus en plus nerveux, agité. ▷ **énervement** n. m. → **agacement, nervosité.**

**enfance** n. f. ■ 1 Première période de la vie humaine, de la naissance à l'adolescence. 2 (sing. collectif) Les enfants. *Protection de l'enfance.* 3 fig. Première période d'existence (de qqch.). — loc. *C'est L'ENFANCE DE L'ART,* c'est élémentaire.

**enfant** n. ■ I 1 Être humain dans l'âge de l'enfance. ♦ *ENFANT DE CHŒUR* : enfant qui sert le prêtre pendant les offices ; fig. personne naïve. ♦ loc. *L'enfant terrible* (d'un groupe), un membre qui manifeste de l'indépendance d'esprit. 2 fig. Personne qui a conservé dans l'âge adulte des traits propres à l'enfance. — adj. *Il est resté très enfant.* → **enfantin, puéril.** II 1 Être humain à l'égard de sa filiation. → **fils, fille.** — *Enfant naturel,* né hors mariage. 2 Descendant (→ **postérité**). ♦ Personne originaire de (un pays, un milieu). *Un enfant du peuple.* — ancient *ENFANT DE TROUPE* : fils de militaire élevé dans une école militaire. 3 fig., littér. Ce qui est produit par qqch. « *Ce livre est enfant de la hâte* » (Valéry).

**enfanter** v. tr. ① ■ 1 littér. Mettre au monde (un enfant). 2 fig. Créer, produire (une œuvre). ▷ n. m. **enfantement**

**enfantillage** n. m. ■ Comportement peu sérieux, qui ne conviendrait qu'à un enfant.

**enfantin, ine** adj. ■ 1 Qui est propre à l'enfant, à l'enfance. 2 péj. Qui ne conviendrait qu'à un enfant. → **infantile, puéril.** 3 Très facile. ▷ adv. **enfantinement**

**enfariné, ée** adj. ■ Couvert de farine ou de poudre blanche. — loc. fam. *Venir le bec enfariné,* avec de naïves certitudes.

**enfer** [ãfɛʀ] n. m. ■ **I 1** relig. chrét. Lieu destiné au supplice des damnés (→ **infernal**). ◆ prov. *L'enfer est pavé de bonnes intentions* : de bonnes résolutions peuvent n'aboutir qu'à un résultat nul. ◆ *D'ENFER* loc. adj. : qui évoque l'enfer; fig. très intense; fam. extraordinaire, fabuleux. **2** fig. Lieu, occasion de souffrance. **3** Endroit (d'une bibliothèque) où sont regroupés les livres licencieux. **II** *LES ENFERS* : lieu souterrain habité par les morts, séjour des ombres (mythol. et diverses religions).

**enfermer** v. tr. ① ■ **1** Mettre en un lieu d'où il est impossible de sortir. ◆ *Il est bon à enfermer* : il est fou. ◆ pronom. *S'ENFERMER.* Fermer sa porte pour s'isoler. → se **barricader**. ◆ fig. *S'enfermer dans son silence.* **2** Mettre (qqch.) dans un lieu clos. **3** (sujet chose) Entourer complètement (un espace...). → **enclore**. ▷ n. m. **enfermement**

**s'enferrer** v. pron. ① ■ **1** Tomber sur l'épée de son adversaire. **2** fig. Se prendre à ses propres mensonges, ses propres pièges.

**enfeu** n. m. ■ archéol. Niche funéraire.

**enfiévrer** v. tr. ⑥ ■ littér. Animer d'une sorte de fièvre, d'une vive ardeur. → **exalter, surexciter.** ◆ au p. p. *Une atmosphère enfiévrée.*

**enfilade** n. f. ■ Suite de choses en file. *Une enfilade de pièces.* ◆ *Des chambres en enfilade.*

**enfiler** v. tr. ① ■ **1** Passer un fil, un lien à l'intérieur d'un objet percé. *Enfiler une aiguille.* ◆ *Enfiler des perles*, les réunir par un fil; loc. fam. perdre son temps à des futilités. **2** Mettre (un vêtement). **3** S'engager tout droit dans (une voie). **4** fam. *S'ENFILER qqch.*, l'avaler. ◆ Avoir à supporter (une corvée). ▷ n. m. **enfilage**

**enfin** adv. ■ **1** Au terme d'une longue attente. *Enfin seuls!* **2** En dernier lieu (dans une succession). **3** En conclusion. **4** (impatience...) *Mais enfin!* **5** (pour rectifier) *Elle est blonde, enfin rousse.*

**enflammé, ée** adj. ■ **1** En flammes. **2** Dans un état inflammatoire. **3** Plein d'ardeur.

**enflammer** v. tr. ① ■ **1** Mettre en flammes. → **allumer.** ◆ fig. Colorer vivement. *Une rougeur enflammait ses joues.* **2** Mettre dans un état inflammatoire. → **irriter. 3** Remplir d'ardeur, de passion. ► **s'enflammer** v. pron. **1** Prendre feu. **2** S'enthousiasmer.

**enflé, ée** ■ **1** adj. Atteint d'enflure. **2** n. m. Gros lourdaud, imbécile.

**enfler** v. tr. ① ■ **I** v. tr. **1** Faire augmenter de volume. ◆ Provoquer l'enflure de (une partie du corps). **2** Augmenter la force de (un son...). **3** fig. Exagérer, grossir. **II** v. intr. Augmenter anormalement de volume.

**enflure** n. f. ■ **1** État d'un organe, d'une partie du corps qui enfle par suite d'une maladie, d'un accident... **2** (injure) fam. Crétin.

**enfoiré, ée** ■ **1** vulg. Souillé d'excréments. **2** n. (injure) Imbécile.

**enfoncé, ée** ■ Qui rentre dans le visage, dans le corps. *Des yeux très enfoncés.*

**enfoncement** n. m. ■ **1** Action d'enfoncer; fait de s'enfoncer. **2** Partie située vers le fond ou en retrait. → **renfoncement.**

**enfoncer** v. ③ ■ **I** v. tr. **1** Faire aller vers le fond, faire pénétrer profondément. ◆ loc. *Enfoncer le clou* : recommencer inlassablement une explication. ◆ *Enfoncer qqch. dans la tête de qqn*, l'en persuader de force. **2** fig. Entraîner, pousser (dans une situation comparable à un fond, un abîme). *Enfoncer qqn dans l'erreur.* **3** Briser, faire plier (une porte, etc.) en poussant, en pesant. ◆ loc. *Enfoncer une porte ouverte* : démontrer une évidence. **4** Forcer (une troupe) à plier. ◆ fam. Surpasser. **II** v. intr. Aller vers le fond, pénétrer jusqu'au fond. ► **s'enfoncer** v. pron. **1** Aller vers le fond, vers le bas ; pénétrer profondément. **2** (sujet personne) Pénétrer, s'engager dans (un lieu ; une situation).

**enfouir** v. tr. ② ■ **1** Mettre en terre, sous terre, après avoir creusé le sol. **2** *ENFOUIR SOUS, DANS qqch.* : enfoncer, cacher. ▷ n. m. **enfouissement**

**enfourcher** v. tr. ① ■ Se mettre à califourchon sur (un cheval, une bicyclette). ◆ fig., fam. *Enfourcher son dada*, reprendre un sujet favori.

**enfourner** v. tr. ① ■ **1** Mettre dans un four (du pain, un aliment, des poteries). **2** fam. Avaler rapidement. **3** fam. Introduire brutalement dans. → **fourrer.**

**enfreindre** v. tr. ⑤² ■ littér. Ne pas respecter (une loi...). → **transgresser; infraction.**

**s'enfuir** v. pron. ⑰ ■ **1** S'éloigner en fuyant, ou en hâte. **2** poét. S'écouler rapidement. *Le temps s'enfuit.*

**enfumer** v. tr. ① ■ Remplir ou environner de fumée. *Enfumer des abeilles*, pour les neutraliser (n. m. **enfumage**). ◆ au p. p. *Pièce enfumée.*

**engageant, ante** adj. ■ Attirant, séduisant.

**engagement** n. m. ■ **1** Action de se lier par une promesse ou une convention. *Prendre l'engagement de...* **2** Contrat par lequel un individu s'engage à servir dans l'armée. ◆ Contrat par lequel qqn loue son service. **3** Fait d'être engagé (II, 1). **4** milit. Introduction d'une unité dans la bataille ; combat localisé. **5** sports Coup d'envoi (d'un match...). **6** Acte ou attitude d'une personne qui s'engage politiquement.

**engager** v. tr. ③ ■ **I 1** Mettre, donner (qqch.) en gage. **2** Lier par une promesse ou une convention. **3** Recruter (qqn) par contrat. **II 1** Faire entrer (dans qqch. qui retient ; dans un lieu resserré). *Engager la clé dans la serrure.* **2** Mettre en train, commencer. *Engager la conversation.* → **entamer. 3** Faire entrer (dans une entreprise, etc. qui ne laisse pas libre). **III** *ENGAGER qqn À*, tenter d'amener à. → **exhorter, inciter.** ► **s'engager** v. pron. **1** Se lier par une promesse, une convention. **2** Contracter un engagement (2). **3** Entrer, avancer (dans). **4** (choses) Commencer. **5** Se lancer dans une entreprise... **6** Se mettre au service d'une cause politique ou sociale. ◆ au p. p. *Écrivain engagé* (→ **engagement** (6)).

**engeance** n. f. ■ Catégorie de personnes méprisables ou détestables.

**engelure** n. f. ■ Lésion et enflure douloureuse des extrémités, due au froid.

**engendrer** v. tr. ⊡ ▪ **1** littér. Donner la vie à (un enfant). **2** Faire naître, avoir pour effet (qqch.). → **causer, produire. 3** géom. Décrire ou produire (une figure) en se déplaçant. ▷ n. m. **engendrement**

**engin** n. m. ▪ **1** Appareil, instrument, machine. ◆ (armes) *Engins sol-sol, sol-air...,* projectiles autopropulsés (nommés d'après leur point de départ et leur objectif). ◆ (véhicules) *Engin blindé.* **2** fam. Objet. → **bidule, machin.** ◆ Sexe de l'homme.

**englober** v. tr. ⊡ ▪ **1** ENGLOBER (qqch.) *dans :* faire entrer dans (un ensemble déjà existant). **2** Réunir en un tout (des choses ou personnes). → **amalgamer.**

**engloutir** v. tr. ② ▪ **1** Avaler gloutonnement. **2** fig. Dépenser rapidement. → **dissiper. 3** (sujet chose) Faire disparaître brusquement en noyant ou submergeant. ▷ n. m. **engloutissement**

**engluer** v. tr. ⊡ ▪ **1** Prendre à la glu (un oiseau). ◆ Prendre dans une matière gluante. ◆ fig. *Se laisser engluer* (pronom. *s'engluer*) *dans des ennuis.* **2** Enduire de glu, d'une matière gluante. ▷ n. m. **engluement**

**engobe** n. m. ▪ techn. Enduit appliqué sur la pâte céramique, avant cuisson.

**engoncer** v. tr. ③ ▪ (vêtement) Habiller d'une façon disgracieuse, en faisant paraître le cou enfoncé dans les épaules.

**engorger** v. tr. ③ ▪ **1** Obstruer (un conduit...) par l'accumulation de matières. → **boucher. 2** Obstruer (une voie de communication). ▷ n. m. **engorgement**

**s'engouer** v. pron. ⊡ ▪ *S'engouer de :* se prendre d'une passion ou d'une admiration excessive pour (qqn ou qqch.). → **s'enticher de.** ▷ **engouement** n. m. → **toquade.**

**engouffrer** v. tr. ⊡ ▪ **1** littér. Faire disparaître comme dans un gouffre. **2** fam. Manger avidement. ► **s'engouffrer** v. pron. Entrer précipitamment (dans).

**engoulevent** n. m. ▪ Oiseau passereau brun-roux, au bec largement fendu.

**engourdir** v. tr. ② ▪ **1** Priver en grande partie (un membre, le corps) de mobilité et de sensibilité. **2** Mettre dans un état général de moindre réaction. ► **s'engourdir** v. pron. → **engourdi, ie** adj. *Mains engourdies.* → **gourd.** ▷ **engourdissement** n. m. → **léthargie, torpeur.**

**engrais** n. m. ▪ **I** (animaux) *À L'ENGRAIS :* de manière qu'ils engraissent. **II** Substance que l'on mêle au sol pour le fertiliser.

**engraisser** v. tr. ⊡ ▪ **I** v. tr. **1** Rendre gras, faire grossir (des animaux). **2** fig. Rendre prospère. **3** Enrichir (une terre) par de l'engrais. → **fertiliser. II** v. intr. Devenir gras, gros. ▷ n. m. **engraissement**

**engranger** v. tr. ③ ▪ **1** Mettre (une récolte) en grange. **2** fig., littér. Mettre en réserve. ▷ n. m. **engrangement**

**engrenage** n. m. ▪ **1** Système de roues dentées, de pignons qui s'engrènent. **2** fig. Enchaînement à caractère mécanique et irréversible. *L'engrenage de la violence.*

① **engrener** v. tr. ⑤ ▪ agric. Emplir de grain. ◆ Engraisser avec du grain.

② **engrener** v. pron. ⑤ ▪ Faire entrer (les dents d'une roue) dans les espaces correspondants d'une autre roue, pour transmettre le mouvement (→ **engrenage**). ◆ pronom. *Les pignons s'engrènent.*

**engrosser** v. tr. ⊡ ▪ fam. Rendre (une femme) enceinte.

**engueulade** n. f. ▪ fam. **1** Vive réprimande. **2** Dispute, querelle.

**engueuler** v. tr. ⊡ ▪ fam. **1** Invectiver grossièrement et bruyamment pour exprimer son mécontentement. ◆ pronom. *Ils se sont engueulés dans la rue.* **2** Réprimander.

**enguirlander** v. tr. ⊡ ▪ **I** Orner de guirlandes. **II** fam. Réprimander.

**enhardir** [ɑ̃aʀdiʀ] v. tr. ② ▪ Rendre hardi, plus hardi. ► **s'enhardir** v. pron.

**enharmonique** [ɑ̃n-] adj. ▪ mus. Se dit des notes de noms distincts représentées par un son unique dans les instruments à son fixe (ex. do dièse et ré bémol).

**énième** [ɛnjɛm] → **nième**

**énigmatique** adj. ▪ **1** Qui tient de l'énigme. **2** (personnes) Mystérieux, ambigu.

**énigme** n. f. ▪ **1** Jeu d'esprit où l'on donne à deviner une chose définie ou écrite en termes obscurs. ◆ *Le mot de l'énigme,* l'explication qu'on attendait. **2** Chose difficile à comprendre, à expliquer, à connaître.

**enivrant, ante** [ɑ̃nivʀɑ̃; en-] adj. ▪ Qui remplit d'une sorte d'ivresse. → **grisant.**

**enivrement** [ɑ̃n-; en-] n. m. ▪ littér. Exaltation voluptueuse. → **griserie.**

**enivrer** [ɑ̃n-; en-] v. tr. ⊡ ▪ **1** littér. Rendre ivre. → **griser, soûler.** ◆ pronom. Se mettre en état d'ivresse. **2** fig. Remplir d'une sorte d'ivresse, d'une émotion très vive.

**enjambée** n. f. ▪ Grand pas.

**enjambement** n. m. ▪ Rejet vers le vers suivant d'un ou plusieurs mots nécessaires au sens du vers précédent.

**enjamber** v. tr. ⊡ ▪ **1** Franchir (un obstacle) en étendant la jambe. **2** (choses) *Pont qui enjambe une rivière.*

**enjeu** n. m. ▪ **1** Argent mis en jeu au début d'une partie et qui revient au gagnant. → **mise. 2** par ext. Ce que l'on peut gagner ou perdre. *Les enjeux d'une décision.*

**enjoindre** v. tr. ④⑨ ▪ littér. *Enjoindre à qqn de* (+ inf.), ordonner (→ **injonction**).

**enjôler** v. tr. ⊡ ▪ littér. Abuser par de belles paroles, des flatteries. → **séduire.**

**enjôleur, euse** ▪ **1** n. Personne habile à enjôler. **2** adj. Charmeur, séduisant.

**enjolivement** n. m. ▪ Ornement ou ajout destiné à enjoliver.

**enjoliver** v. tr. ⊡ ▪ **1** Orner de façon à rendre plus joli. → **embellir. 2** Agrémenter de détails ajoutés (plus ou moins exacts).

**enjoliveur** n. m. ▪ Garniture métallique des roues de voiture.

**enjolivure** n. f. ▪ Ornement qui enjolive.

**enjoué, ée** adj. ▪ Qui a ou marque de l'enjouement. *Caractère enjoué.*

**enjouement** n. m. ▪ littér. Disposition à la bonne humeur, à la gaieté. → **entrain.**

**s'enkyster** v. pron. ① ▪ méd. Former un kyste.

**enlacer** v. tr. ③ ▪ **1** Entourer plusieurs fois en serrant. **2** Serrer (qqn) dans ses bras, ou en passant un bras autour de la taille. → **embrasser** (I, 1), **étreindre.** ► **s'enlacer** v. pron. ▷ **enlacement** n. m. littér.

**enlaidir** v. ② ▪ **1** v. tr. Rendre ou faire paraître laid, plus laid. **2** v. intr. Devenir laid. ▷ n. m. **enlaidissement**

**enlevé, ée** adj. ▪ Fait avec brio.

**enlèvement** n. m. ▪ Action d'enlever (II et III). ← spécialt → **kidnapping.**

**enlever** v. tr. ⑤ ▪ **I 1** littér. Porter vers le haut. → **lever, soulever. 2** Faire bondir (un cheval). **3** fig. Faire brillamment (→ **enlevé**). **II 1** Faire qu'une chose ne soit plus là où elle était (en déplaçant, séparant, supprimant). → **ôter, retirer ; supprimer. 2** Priver (qqn) de. *Vous m'enlevez tout espoir.* → **emporter. ♦** S'emparer de. *Enlever une place forte.* ♦ Obtenir facilement (ce qui fait l'objet d'une compétition). **3** Prendre (qqn) avec soi, par force. → **kidnapper. ♦** fam. Emmener qqn avec soi (fugue amoureuse, etc.). **4** littér. (maladie...) Faire mourir (qqn). ► **s'enlever** v. pron. **1** S'élever. **2** Se déplacer, se retirer. **3** Disparaître.

**enliser** v. tr. ① ▪ Enfoncer en terrain mouvant ou marécageux. ► **s'enliser** v. pron. **1** *S'enliser dans le sable.* **2** fig. *S'enliser dans la médiocrité.* ▷ n. m. **enlisement**

**enluminer** v. tr. ① ▪ **1** Orner d'enluminures. **2** Colorer vivement.

**enlumineur, euse** n. ▪ Artiste spécialisé dans l'enluminure. → **miniaturiste.**

**enluminure** n. f. ▪ **1** Lettre peinte ou miniature ornant d'anciens manuscrits, des livres religieux. **2** Art des enlumineurs.

**enneigé, ée** [ãn-] adj. ▪ Couvert de neige.

**enneigement** [ãn-] n. m. ▪ État d'une surface enneigée ; hauteur de la neige.

**ennemi, ie** n. ▪ **I 1** Personne qui est hostile et cherche à nuire (à qqn). ← *ENNEMI PUBLIC :* personne qui présente un danger pour la communauté. ♦ adj. *Des familles ennemies.* **2** Personne qui a de l'aversion (pour qqch.). *Les ennemis du progrès.* **3** (choses) Ce qui est jugé nuisible. **II** (au plur. ou sing. collectif) Ceux contre lesquels on est en guerre, leur nation ou leur armée. ← *Passer à l'ennemi :* trahir. → adj. *L'armée ennemie.*

**ennoblir** [ãn-] v. tr. ② ▪ Donner de la noblesse, de la grandeur morale à (qqn, qqch.). ≠ *anoblir.* ▷ n. m. **ennoblissement**

**ennui** [ãnɥi] n. m. ▪ **1** vx Tristesse profonde. **2** Peine qu'on éprouve d'une contrariété ; cette contrariété. → **désagrément, souci, tracas.** ← *L'ennui, c'est que...,* ce qu'il y a d'ennuyeux. ♦ Mauvais fonctionnement (d'un objet). *Ennuis mécaniques.* **3** au sing. Impression de vide, de lassitude causée par le désœuvrement, par une occupation monotone ou sans intérêt. **4** littér. Mélancolie profonde, désintérêt de tout. → **neurasthénie, spleen.**

**ennuyer** [ãn-] v. tr. ⑧ ▪ **1** (sujet chose) Causer de la contrariété à (qqn). → **contrarier, préoccuper. 2** (sujet personne) Importuner (qqn). **3** Remplir (qqn) d'ennui. ► **s'ennuyer** v. pron. **1** Éprouver de l'ennui. **2** *S'ennuyer de qqn,* souffrir de son absence.

**ennuyeux, euse** [ãn-] adj. ▪ **1** Qui cause de la contrariété, de la gêne. → **contrariant, désagréable. 2** Qui ennuie (3). → **fastidieux, monotone.** ▷ adv. **ennuyeusement** ← syn. régional (usuel au Québec) ENNUYANT, ANTE adj.

**énoncé** n. m. ▪ **1** Formule, ensemble de formules exprimant (qqch.) de façon précise. **2** ling. Résultat de l'énonciation ; segment de discours (oral ou écrit). → **parole, texte.**

**énoncer** v. tr. ③ ▪ Exprimer (ce qu'on veut dire) en termes nets. → **formuler.**

**énonciation** n. f. ▪ **1** Action, manière d'énoncer. **2** ling. Acte de production (individuelle) d'un énoncé.

**enorgueillir** [ãnɔrgœjir] v. tr. ② ▪ littér. Rendre orgueilleux, flatter (qqn) dans sa vanité. ► **s'enorgueillir** v. pron. Devenir orgueilleux ; tirer vanité (de qqch.).

**énorme** adj. ▪ **1** Qui dépasse ce que l'on a l'habitude d'observer et de juger. → **démesuré, monstrueux.** *Une faute énorme.* **2** Dont les dimensions sont considérables. → **gigantesque, immense.**

**énormément** adv. ▪ D'une manière énorme (sert de superlatif à *beaucoup*).

**énormité** n. f. ▪ **1** Importance anormale ou considérable. **2** Très grosse faute ou maladresse. *Dire des énormités,* des sottises.

**s'enquérir** v. pron. ㉑ ▪ littér. *S'enquérir de :* chercher à savoir (en examinant, en interrogeant). → **s'informer ; se renseigner.**

**enquête** n. f. ▪ **1** Recherche de la vérité par l'audition de témoins et l'accumulation d'informations. ← Phase de l'instruction criminelle comportant les interrogatoires. **2** Recherche méthodique sur des questions et des témoignages. ← Étude d'une question par le rassemblement des avis des intéressés. → **sondage.**

**enquêter** v. intr. ① ▪ Faire une enquête.

**enquêteur, euse** (ou **enquêtrice**) adj. et n. ▪ (Personne) qui mène une enquête.

**enquiquinant, ante** adj. ▪ fam. Ennuyeux.

**enquiquiner** v. tr. ① ▪ fam. Ennuyer.

**enquiquineur, euse** n. ▪ fam. → **emmerdeur.**

**enraciné, ée** adj. ▪ **1** Fixé par des racines. **2** fig. *Des préjugés bien enracinés.*

**enraciner** v. tr. ① ▪ **1** Faire prendre racine à (un arbre, une plante). **2** fig. Fixer profondément, solidement (dans l'esprit, le cœur). → **ancrer. ♦** Établir de façon durable (dans un pays). ▷ n. m. **enracinement**

**enragé, ée** adj. ▪ **1** Atteint de la rage. **2** Fou de colère. ♦ Très passionné.

**enrageant, ante** adj. ▪ → **rageant.**

**enrager** v. intr. ③ ▪ Éprouver un violent dépit. ← *Faire enrager qqn,* l'exaspérer en le taquinant.

**enrayer** v. tr. 8 ■ 1 Empêcher accidentellement de fonctionner (une arme à feu, un mécanisme). ➤ pronom. *Son fusil s'est enrayé.* 2 fig Arrêter dans son cours (un mal...). ▷ n. m. **enraiement** ou **enrayement**

**enrégimenter** v. tr. 1 ■ 1 vieilli Incorporer dans un régiment. 2 péj. → **embrigader.**

**enregistrement** n. m. ■ 1 dr. Transcription sur un registre public, moyennant le paiement d'un droit fiscal (d'actes, de déclarations). ➤ Administration chargée de ce service. ◆ Opération par laquelle on enregistre les bagages. 2 Action de noter par écrit. 3 Action ou manière d'enregistrer (3). ◆ Support sur lequel a été effectué un enregistrement (disque, bande magnétique).

**enregistrer** v. tr. 1 ■ 1 Inscrire sur un registre. ➤ dr. Procéder à l'enregistrement de. ◆ Inscrire (les bagages qui ne restent pas avec le voyageur). 2 Consigner par écrit, noter. ➤ Constater avec l'intention de se rappeler. *J'enregistre votre promesse.* 3 Transcrire et fixer sur un support matériel (un phénomène, une information ; des sons, des images).

**enregistreur, euse** adj. et n. m. ■ Se dit d'un appareil destiné à enregistrer (3) un phénomène (→ **-graphe**).

**enrhumer** v. tr. 1 ■ Causer le rhume de (qqn). ➤ pronom. Attraper un rhume.

**enrichir** v. tr. 2 ■ 1 Rendre riche ou plus riche. 2 fig. Rendre plus riche ou plus précieux en ajoutant qqch. *Enrichir une collection.* ➤ fig. *Lectures qui enrichissent l'esprit.* 3 Traiter en augmentant la teneur en une substance. ➤ **s'enrichir** v. pron. ➤ **enrichi, ie** adj. 1 Qui est devenu riche. 2 *Minerai enrichi.*

**enrichissant, ante** adj. ■ Qui enrichit l'esprit. *Une expérience enrichissante.*

**enrichissement** n. m. ■ 1 Fait de devenir riche. 2 Action, manière d'enrichir (une collection, un ouvrage, l'esprit, etc.).

**enrober** v. tr. 1 ■ 1 Entourer (un produit...) d'une enveloppe ou d'une couche protectrice. 2 fig. Envelopper de manière à masquer ou adoucir. ▷ n. m. **enrobage** et **enrobement**

**enrôler** v. tr. 1 ■ 1 Inscrire sur les rôles (I) de l'armée ; amener à s'engager. → **recruter.** 2 fig. → **embrigader.** ➤ **s'enrôler** v. pron. ▷ n. m. **enrôlement**

**enroué, ée** adj. ■ Atteint d'enrouement.

**enrouement** n. m. ■ Altération de la voix due à une inflammation du larynx.

**enrouer** v. tr. 1 ■ Rendre (la voix) voilée, rauque, moins nette. ➤ **s'enrouer** v. pron. Devenir enroué.

**enroulement** n. m. ■ 1 Disposition de ce qui est enroulé. 2 Ornement en spirale.

**enrouler** v. tr. 1 ■ 1 Rouler (une chose) sur elle-même. 2 Rouler (qqch.) sur, autour de qqch. ➤ **s'enrouler** v. pron.

**enrouleur, euse** adj. et n. m. ■ (Dispositif) qui sert à enrouler.

**enrubanner** v. tr. 1 ■ Garnir de rubans.

**ensablement** n. m. ■ Dépôt de sable naturel ; état d'un lieu ensablé.

**ensabler** v. tr. 1 ■ 1 Enfoncer dans le sable. 2 Remplir (un lieu naturel) de sable. ➤ **s'ensabler** v. pron. 1 S'enliser. 2 Se remplir de sable. ➤ au p. p. *Port ensablé.*

**ensacher** v. tr. 1 ■ Mettre en sac, en sachet. ▷ n. m. **ensachage**

**ensanglanter** v. tr. 1 ■ 1 Tacher de sang. 2 (guerre, etc.) Couvrir, souiller de sang.

**enseignant, ante** adj. ■ Qui enseigne. *Le corps enseignant* ; n. *les enseignants.*

**enseigne** ■ I n. f. 1 vx Marque, indice. ➤ mod. À TELLE ENSEIGNE QUE loc. adv. : si bien que. 2 Signe de ralliement pour les troupes. 3 Panneau portant un emblème, une inscription, etc. qui signale un établissement. ➤ loc. *Être logé À LA MÊME ENSEIGNE que qqn,* être dans la même situation désagréable. II n. m. Officier de la marine de guerre.

**enseignement** n. m. ■ 1 Action, art d'enseigner. → **éducation, instruction, pédagogie.** ◆ Profession des enseignants. 2 surtout plur. littér. Précepte, leçon.

**enseigner** v. tr. 1 ■ 1 Transmettre à un élève de façon qu'il comprenne et assimile (des connaissances...). → **apprendre.** 2 Apprendre à qqn (par l'exemple, etc.).

**ensellure** n. f. ■ Cambrure des reins.

**ensemble** ■ I adv. 1 L'un avec l'autre, les uns avec les autres. → en **commun.** *Aller bien ensemble* (→ s'**assortir,** s'**harmoniser**). 2 L'un avec l'autre en même temps. → **simultanément.** II n. m. 1 Unité tenant au synchronisme des mouvements, à l'harmonie des éléments, etc. 2 Totalité d'éléments constituant un tout. ➤ loc. *Vue d'ensemble,* globale. ➤ *DANS L'ENSEMBLE* loc. adv. → en **gros.** 3 Groupe de plusieurs personnes ou choses réunies en un tout. *Ensemble vocal.* ➤ *Ensemble architectural.* loc. *GRAND ENSEMBLE* : groupe important d'habitations collectives présentant une unité. ◆ Pièces d'habillement assorties. ◆ math. Collection d'éléments ayant en commun certaines propriétés, et susceptibles d'avoir entre eux des relations.

**ensemencer** v. tr. 3 ■ 1 Pourvoir de semences (une terre). → **semer.** 2 Peupler (une rivière) de poisson. → **aleviner.** 3 biol. Introduire des germes, des bactéries dans (un milieu). ▷ n. m. **ensemencement**

**enserrer** v. tr. 1 ■ littér. (sujet chose) Entourer en serrant étroitement, de près.

**ensevelir** v. tr. 2 ■ 1 littér. Mettre (un mort) au tombeau. → **enterrer.** ◆ Envelopper dans un linceul. 2 (sujet chose) Faire disparaître sous un amoncellement. ▷ **ensevelissement** n. m. littér.

**ensiler** v. tr. 1 ■ Mettre en silo (des produits agricoles) pour conserver. - var. ENSILOTER. ▷ n. m. **ensilage** - var. ENSILOTAGE

**ensoleillement** n. m. ■ 1 État d'un lieu ensoleillé. 2 Temps pendant lequel un lieu est ensoleillé.

**ensoleiller** v. tr. 1 ■ 1 Remplir de la lumière du soleil. 2 fig., littér. → **illuminer.** ➤ **ensoleillé, ée** adj. Exposé au soleil.

**ensommeillé, ée** adj. ■ Mal réveillé, encore sous l'influence du sommeil. → **somnolent.**

**ensorceler** v. tr. ⚃ ▪ **1** Soumettre (qqn) à l'action d'un sortilège. → **envoûter**. **2** fig. Captiver entièrement, comme par un sortilège. → **charmer, fasciner, séduire**. ▷ **ensorcelant, ante** adj. → **séduisant**.

**ensorceleur, euse** adj. et n. ▪ littér. (Personne) qui ensorcelle.

**ensorcellement** n. m. ▪ **1** Action d'ensorceler (1). ♦ État d'un être ensorcelé. **2** fig. Séduction irrésistible.

**ensuite** adv. ▪ **1** Après cela, plus tard. **2** Derrière, en suivant. ♦ fig. En second lieu.

**s'ensuivre** v. pron. ⃞ inf. et 3ᵉ pers. seulement ▪ **1** loc. *Et tout ce qui s'ensuit*, et tout ce qui vient après. **2** Survenir en tant qu'effet naturel ou conséquence logique. *Jusqu'à ce que mort s'ensuive*. – impers. *Il s'ensuit que* : il résulte que.

**ensuqué, ée** adj. ▪ régional (sud de la France) Fatigué, abruti, endormi.

**entablement** n. m. ▪ archit. **1** Saillie au sommet d'un mur, qui supporte la charpente. **2** Partie surmontant une colonnade, comprenant l'architrave, la frise et la corniche.

**entacher** v. tr. ⃞ ▪ **1** littér. Marquer d'une tache morale. → **souiller, ternir**. **2** *(ÊTRE) ENTACHÉ, ÉE DE* : gâté par (un défaut).

**entaille** n. f. ▪ **1** Coupure qui enlève une partie, laisse une marque allongée ; cette marque. → **encoche, fente**. **2** Incision profonde dans les chairs. ▷ **entailler** v. tr. ⃞

**entame** n. f. ▪ Premier morceau coupé (d'une chose à manger).

**entamer** v. tr. ⃞ ▪ **1** Enlever en coupant une partie à (qqch. dont on n'a encore rien pris). **2** Diminuer (un tout encore intact) en utilisant une partie. *Entamer son capital*. **3** (sujet chose) Couper, pénétrer (la matière). **4** fig. *Rien ne peut entamer sa détermination*. **II** Commencer à faire (qqch.). → **engager, entreprendre**.

**entarter** v. tr. ⃞ ▪ fam. Agresser (qqn) en jetant une tarte à la crème au visage, pour ridiculiser. *Entarter un ministre*.

**entartrer** v. tr. ⃞ ▪ Recouvrir de tartre incrusté. ▷ n. m. **entartrage**

**entassement** n. m. ▪ **1** Action d'entasser, de s'entasser. **2** Choses entassées. → **tas**.

**entasser** v. tr. ⃞ ▪ **1** Mettre (des choses) en tas, sans ordre. → **amonceler**. **2** Réunir (des personnes) dans un espace trop étroit. **3** Accumuler, amasser.

**entéléchie** n. f. ▪ philos. Principe qui détermine un être à une existence définie.

**entendement** n. m. ▪ **1** philos. Faculté de comprendre. **2** Ensemble des facultés intellectuelles. – loc. *Cela dépasse l'entendement* : c'est incompréhensible.

**entendeur** n. m. ▪ loc. *À BON ENTENDEUR, SALUT* : que celui qui comprend en profite.

**entendre** v. tr. ⃞ ▪ **1** littér. *ENTENDRE QUE* (+ subj.), *ENTENDRE* (+ inf.) : avoir l'intention de. → **vouloir**. – *Faites comme vous l'entendez*. **II 1** littér. Percevoir, saisir par l'intelligence. → **comprendre ; entendement**. – loc. *Laisser entendre*, laisser deviner. → **sous-entendre**. **2** (personnes) Vouloir dire. *Qu'entendez-vous par là ?* **III 1** Percevoir par le sens de l'ouïe. – loc. *Il ne l'entend pas de cette oreille*, il n'est pas d'accord. ♦ *ENTENDRE PARLER de qqch., qqn*, apprendre qqch. à ce sujet. *Ne pas vouloir entendre parler d'une chose*, la rejeter sans examen. **2** absolt Percevoir (plus ou moins bien) par l'ouïe. *Il entend mal*. **3** littér. Écouter, prêter attention à. – loc. *Entendre raison*, accepter les conseils raisonnables. ▶ **s'entendre** v. pron. **1** littér. Être compris. **2** Être entendu, perçu par l'ouïe. – *Cette expression s'entend encore*, est encore employée. **3** *S'ENTENDRE À, EN* : être habile (dans un domaine). → *S'Y CONNAÎTRE*. **4** Se mettre d'accord. → **s'y connaître**. ♦ Avoir des rapports (bons ou mauvais). *Elles s'entendent très bien*.

**entendu, ue** adj. ▪ **1** Accepté ou décidé après accord. – *Entendu !* → **d'accord**. ♦ *BIEN ENTENDU* loc. adv. → **évidemment**. **2** *Un air, un sourire entendu*, malin, complice.

**entente** n. f. ▪ **I** vx Compréhension (→ entendement). – mod. loc. *Une phrase À DOUBLE ENTENTE*, qui a deux significations. → **ambigu**. **II** Fait de s'entendre, de s'accorder ; état qui en résulte. → **accord**. ♦ Collaboration entre entreprises, entre États... ♦ *(Bonne) entente*, relations amicales entre personnes.

**enter** v. tr. ⃞ ▪ Greffer. *Enter la vigne*.

**entériner** v. tr. ⃞ ▪ **1** dr. Rendre définitif, valide (un acte) en l'approuvant juridiquement. → **ratifier, valider**. **2** Admettre ou consacrer. ▷ n. m. **entérinement**

**entérite** n. f. ▪ Inflammation intestinale, généralement accompagnée de diarrhée.

**entéro-** Élément savant, du grec *enteron* « intestin ».

**enterrement** n. m. ▪ **1** Action d'enterrer un mort. → **inhumation**. ♦ Cérémonies qui s'y rattachent. → **funérailles, obsèques**. ♦ Cortège funèbre. **2** fig. Abandon (d'un projet...).

**enterrer** v. tr. ⃞ ▪ **I 1** Déposer le corps de (qqn) dans la terre, dans une sépulture. → **ensevelir, inhumer**. ♦ loc. *Vous nous enterrerez tous* : vous vivrez plus longtemps que nous. – *Enterrer sa vie de garçon* : passer avec ses amis une dernière et joyeuse soirée de célibataire. **2** fig. Abandonner (comme une chose finie). **II 1** Enfouir dans la terre. **2** Recouvrir d'un amoncellement. **3** pronom. fig. Se retirer (dans un lieu).

**entêtant, ante** adj. ▪ Qui entête.

**en-tête** n. m. ▪ Inscription en tête d'un texte (officiel, commercial...).

**entêté, ée** adj. ▪ Qui s'entête. → **têtu**.

**entêtement** n. m. ▪ Fait de s'entêter. → **obstination**. ♦ Caractère d'une personne têtue.

**entêter** v. ⃞ ▪ **I** v. tr. littér. Incommoder par des émanations qui montent à la tête. **II** v. pron. *S'ENTÊTER À* (faire qqch.), *DANS* (une opinion, etc.) : persister avec obstination.

**enthousiasmant, ante** adj. ▪ Qui enthousiasme. → **passionnant**.

**enthousiasme** n. m. ▪ **1** didact. (dans l'Antiquité) Délire sacré. ♦ par ext. État d'inspiration exaltée. **2** mod. Émotion vive portant à admirer. **3** Émotion vive et joyeuse.

**enthousiasmer** v. tr. ① ■ Remplir d'enthousiasme. ◆ pronom. *S'enthousiasmer pour qqn, qqch.*

**enthousiaste** adj. ■ Qui ressent de l'enthousiasme, marque de l'enthousiasme.

**s'enticher** v. pron. ① ■ *S'enticher de* : se prendre d'un goût extrême et irraisonné pour. → s'**engouer** de.

**entier, ière** adj. ■ 1 Dans toute son étendue. ◆ *Payer place entière,* sans réduction. ◆ *TOUT ENTIER* : absolument entier. ♦ n. m. *EN, DANS SON ENTIER* : dans sa totalité. → *EN ENTIER* loc. adv. : complètement. 2 À quoi il ne manque rien. → **complet, intact, intégral.** ◆ *Lait entier,* non écrémé. ♦ *Nombre entier,* composé d'unités. 3 (chose abstraite) Sans altération. → **absolu, parfait, total.** ◆ *La question reste entière,* le problème n'a pas reçu un commencement de solution. 4 Qui n'admet aucune demi-mesure. *Un caractère entier.*

**entièrement** adv. ■ D'une manière entière. → **complètement, totalement.**

**entité** n. f. ■ didact. Idée générale, abstraction considérée comme une réalité.

**entoiler** v. tr. ① ■ Fixer sur une toile. ◆ Renforcer d'une toile. ▷ n. m. **entoilage**

**entôler** v. tr. ① ■ argot Voler (qqn).

**entomo-** Élément savant, du grec *entomon* « insecte ».

**entomologie** n. f. ■ Partie de la zoologie qui traite des insectes. ▷ adj. **entomologique**

**entomologiste** n. ■ Spécialiste d'entomologie.

① **entonner** v. tr. ① ■ 1 Verser dans un tonneau. 2 Avaler, ingurgiter.

② **entonner** v. tr. ① ■ 1 Commencer à chanter. 2 fig. *Entonner des louanges.*

**entonnoir** n. m. ■ 1 Instrument conique terminé par un tube et servant à verser un liquide dans un récipient étroit. 2 Cavité naturelle qui va en se rétrécissant.

**entorse** n. f. ■ 1 Lésion douloureuse d'une articulation, provenant d'une distension violente. → **foulure, luxation.** 2 fig. *Faire une entorse à,* ne pas respecter.

**entortiller** v. tr. ① ■ 1 Envelopper (un objet) dans qqch. que l'on tortille ; tortiller (qqch.), notamment autour d'un objet. 2 fig. Persuader, circonvenir (qqn) par la ruse. 3 Compliquer, embrouiller (des propos). ▷ n. m. **entortillage** et **entortillement**

**entour** n. m. ■ au plur. Environs (d'un lieu).

**entourage** n. m. ■ 1 Personnes qui vivent dans la familiarité (de qqn). 2 Ornement disposé autour (de certains objets).

**entourer** v. tr. ① ■ 1 Garnir de qqch. qu'on met tout autour ; mettre autour de. ◆ fig. *Entourer qqn d'égards.* 2 (sujet chose) Être autour de (qqch., qqn) de manière à fermer. 3 (personnes ou choses) Être habituellement autour de (qqn) (→ **entourage ; milieu**). 4 S'occuper de (qqn), aider ou soutenir. ◆ passif et p. p. *Elle est très entourée.*

**entourloupette** n. f. ■ fam. Mauvais tour joué à qqn. - syn. fam. ENTOURLOUPE n. f.

**entournure** n. f. ■ Partie du vêtement qui fait le tour du bras, là où s'ajuste la manche. → **emmanchure.** ◆ loc. *Être gêné aux entournures,* mal à l'aise, en difficulté.

**entr-** → **entre-**

**entracte** n. m. ■ 1 Intervalle entre les parties d'un spectacle. 2 fig. Temps de repos.

**entraide** n. f. ■ Aide mutuelle.

**s'entraider** v. pron. ① ■ S'aider mutuellement. → s'**épauler.**

**entrailles** n. f. pl. ■ 1 Ensemble des organes enfermés dans l'abdomen (hommes, animaux). 2 littér. Les organes de la gestation. → **sein** (littér.) ; **utérus.** 3 fig. Partie profonde, intime (de qqch., de qqn).

**entrain** n. m. ■ 1 Vivacité et bonne humeur communicatives (→ **boute-en-train**). 2 (actes, paroles) Animation gaie.

**entraînant, ante** adj. ■ Qui entraîne à la gaieté, donne de l'entrain.

**entraînement** n. m. ■ I 1 Communication d'un mouvement. *Entraînement par engrenages.* 2 Mouvement par lequel qqn se trouve déterminé à agir, indépendamment de sa volonté. → **impulsion.** II Action d'entraîner (II) qqn, de s'entraîner.

**entraîner** v. tr. ① ■ I 1 Emmener de force avec soi. ◆ Communiquer son mouvement à. 2 Conduire, mener (qqn) avec soi. → **emmener, mener.** ◆ (En exerçant une pression). *Il se laisse entraîner par ses camarades.* 3 fig. (sujet chose) Pousser (qqn) par un enchaînement. → **emporter, inciter.** 4 (sujet chose) Avoir pour conséquence. → **amener, provoquer.** II 1 Préparer à une performance (sportive) au moyen d'exercices appropriés. ◆ pronom. *S'entraîner quotidiennement.* 2 → **former.** ◆ pronom. *S'entraîner à prendre la parole en public.*

**entraîneur** n. m. ■ 1 Personne qui entraîne les autres. → **chef, meneur.** II Personne qui entraîne (des chevaux ; des sportifs).

**entraîneuse** n. f. ■ Jeune femme employée dans les bars, les dancings pour engager les clients à danser, à consommer.

**entrave** n. f. ■ 1 Ce qu'on met aux jambes d'un animal pour gêner sa marche. 2 fig. Ce qui retient, gêne, contraint.

① **entraver** v. tr. ① ■ 1 Retenir (un animal) au moyen d'une entrave. ◆ au p. p. *Cheval entravé.* 2 fig. Empêcher de se faire, de se développer. → **freiner, gêner.**

② **entraver** v. tr. ① ■ fam. Comprendre.

**entre** prép. ■ I 1 Dans l'espace qui sépare (des choses, des personnes). *Distance entre deux points.* → **intervalle.** 2 Dans le temps qui sépare (deux dates, deux époques...). 3 fig. À égale distance de. *Être entre la vie et la mort.* II (Au milieu de) 1 (En tirant d'un ensemble) Choisir entre plusieurs solutions. → **parmi.** 2 suivi d'un pron. pers. En ne sortant pas d'un groupe. ◆ *Entre nous,* dans le secret. III 1 (réciprocité) L'un l'autre, l'un à l'autre, avec l'autre. → aussi **entre-.** *Dialogue entre deux personnes.* 2 (comparaison) *Il n'y a rien de commun entre lui et moi.*

**entre-** Élément (du latin *inter* «entre») formant des noms et des verbes, avec l'idée d'intervalle, d'action réciproque, d'une action partielle ou interrompue.

**entrebâiller** v. tr. ⓘ ■ Ouvrir très peu (une porte...). → **entrouvrir. ◆** au p. p. *Porte entrebâillée.* ▷ n. m. **entrebâillement**

**entrechat** n. m. ■ 1 danse Saut pendant lequel les pieds passent rapidement l'un devant l'autre. 2 Saut, gambade.

**entrechoquer** v. tr. ⓘ ■ Choquer, heurter l'un contre l'autre. ► **s'entrechoquer** v. pron.

**entrecôte** n. f. ■ Morceau de viande de bœuf coupé entre les côtes.

**entrecouper** v. tr. ⓘ ■ Interrompre par intervalles. ◆ au p. p. *Paroles entrecoupées.*

**entrecroiser** v. tr. ⓘ ■ Croiser ensemble plusieurs fois. → **entrelacer. ►** s'**entrecroiser** v. pron. ▷ n. m. **entrecroisement**

**s'entredéchirer** v. pron. ⓘ ■ Se détruire mutuellement.

**entre-deux** n. m. invar. ■ 1 État entre deux extrêmes. 2 Bande qui coupe un tissu.

**entre-deux-guerres** n. m. invar. ■ Période entre deux guerres (spécialt de 1918 à 1939).

**s'entredévorer** v. pron. ⓘ ■ Se dévorer, se détruire mutuellement.

**entrée** n. f. ■ I 1 Passage de l'extérieur à l'intérieur (opposé à *sortie*). *À son entrée...* → **arrivée. ◆** abstrait *Entrée en fonctions.* 2 Possibilité d'entrer dans un lieu. → **accès.** *Entrée interdite.* ▷ Titre pour entrer. → **billet, place. ◆** loc. AVOIR SES ENTRÉES *chez qqn,* y être reçu. 3 (biens...) Fait d'entrer (dans un pays). 4 *Les entrées,* l'argent qui entre dans un avoir. 5 inform. Passage (des informations) dans un ordinateur. ■ II 1 Ce qui donne accès ; endroit par où l'on entre. → **porte; orifice, ouverture.** 2 Pièce à l'entrée d'un appartement. → **antichambre, vestibule.** 3 ENTRÉE DE : ce qui donne accès à. *Entrée d'air.* 4 anglic. Mot faisant l'objet d'un article de dictionnaire. ■ III (temporel) loc. À L'ENTRÉE DE : au début de. ◆ D'ENTRÉE DE JEU loc. adv. : dès le commencement. ■ IV Plat qui est servi avant le plat principal.

**sur ces entrefaites** loc. adv. ■ À ce moment. → **alors.**

**entrefilet** n. m. ■ Court article de journal.

**entregent** n. m. ■ Adresse à se conduire en société, à lier d'utiles relations.

**entrejambe** n. m. ■ 1 fam. Sexe, organes sexuels (syn. *entrecuisse*). 2 Partie d'un pantalon, d'une culotte, entre les jambes.

**entrelacer** v. tr. ③ ■ Enlacer l'un dans l'autre ; entrecroiser. ► **s'entrelacer** v. pron. ▷ n. m. **entrelacement**

**entrelacs** [-lɑ] n. m. ■ Ornement composé de motifs entrelacés.

**entrelarder** v. tr. ⓘ ■ 1 Piquer de lardons. → **larder.** 2 fig. Parsemer, truffer.

**entremêler** v. tr. ⓘ ■ 1 Mêler (des choses différentes). 2 ENTREMÊLER DE : insérer dans. ► **s'entremêler** v. pron.

**entremets** n. m. ■ Préparation servie comme dessert (excluant la pâtisserie).

**entremetteur, euse** n. ■ 1 vx Personne qui s'entremet. → **intermédiaire.** 2 péj. Intermédiaire dans les intrigues amoureuses.

**s'entremettre** v. pron. ⑤⑥ ■ Intervenir entre des personnes pour les rapprocher.

**entremise** n. f. ■ Action d'une personne qui s'entremet. → **intervention, médiation. ◆** *Par l'entremise de...* → **canal, moyen.**

**entrepont** n. m. ■ Espace, étage compris entre deux ponts d'un navire.

**entreposer** v. tr. ⓘ ■ 1 Déposer dans un entrepôt. ▷ n. m. **entreposage** 2 Déposer, laisser en garde.

**entrepôt** n. m. ■ Bâtiment, lieu servant d'abri, de dépôt pour les marchandises.

**entreprenant, ante** adj. ■ 1 Qui entreprend avec audace, hardiesse. 2 adj. m. Hardi auprès des femmes. → **galant.**

**entreprendre** v. tr. ⑤⑧ ■ I Se mettre à faire (qqch.). → **commencer.** II 1 Tâcher de convaincre, de séduire (qqn). 2 *Entreprendre qqn sur qqch.,* commencer à l'en entretenir.

**entrepreneur, euse** n. (fém. rare) ■ 1 Personne, société qui se charge d'un travail (spécialt, de travaux de construction) par un contrat d'entreprise (2). 2 Personne qui dirige une entreprise pour son compte.

**entrepreneurial, ale, aux** adj. ■ anglic., écon. Relatif à l'entreprise, à l'entrepreneur (2).

**entreprise** n. f. ■ I 1 Ce qu'on se propose d'entreprendre, de faire ; mise à exécution d'un projet. *Son entreprise est difficile.* ◆ *Libre entreprise* : liberté de créer et de gérer des entreprises (3) privées, en régime capitaliste libéral. 2 dr. Fait, pour un entrepreneur, de s'engager à fournir son travail pour un ouvrage, dans des conditions données. 3 Organisation de production de biens ou de services à caractère commercial. → **affaire, commerce, établissement, exploitation, industrie; firme, société.** II au plur. vieilli Tentatives de séduction.

**entrer** v. intr. (auxiliaire *être*) et tr. (auxiliaire *avoir*) ⓘ ■ I v. intr. 1 (êtres vivants) Passer du dehors au dedans. *Entrer dans une maison; chez un commerçant.* 2 Commencer à être dans (un lieu), à (un endroit). *Entrer dans un pays.* 3 absolt Passer à l'intérieur, dedans. *Défense d'entrer.* 4 (sujet chose) Aller à l'intérieur. → **pénétrer.** 5 Commencer à faire partie d'un (groupe...). ◆ Commencer à prendre part à. → **participer. 6** fig. ENTRER DANS : comprendre, saisir (ce que l'esprit pénètre). ■ II v. intr. (temporel) 1 Aborder (une période), commencer à être (dans une période). *Nous entrons dans l'hiver.* 2 ENTRER EN : commencer à être dans, mettre en *en ébullition.* ◆ *Entrer en guerre.* ■ III v. intr. 1 Être compris dans. *Entrer dans un tout.* 2 Être un élément de. *De la colère entre dans sa décision.* 3 (sujet chose) Être employé dans la composition ou dans la fabrication de qqch. ■ IV v. tr. 1 Faire entrer (qqch.). 2 Enfoncer.

**entresol** [-s-] n. m. ■ Étage entre le rez-de-chaussée et le premier étage.

**entre-temps** [-tɑ̃] ■ I adv. Pendant ce temps. ■ II n. m. vx Intervalle de temps.

**entretenir** v. tr. 22 ■ I 1 Faire durer, faire persévérer. *Entretenir un feu.* → *Entretenir de bons rapports avec ses voisins.* 2 ENTRETENIR *qqn* DANS : maintenir dans (un état affectif ou psychologique). 3 Faire durer en soi (un état). *Entretenir une illusion.* 4 Maintenir en bon état. 5 Fournir ce qui est nécessaire à la subsistance de (qqn). → se **charger** de, **nourrir.** → au p. p. *Femme entretenue,* qui vit de la générosité d'un amant. II ENTRETENIR *qqn* DE *qqch.,* lui en parler. → pronom. Converser (avec qqn).

**entretien** [-tjɛ̃] n. m. ■ I 1 Soins, réparations, dépenses qu'exige le maintien en bon état. *Produits d'entretien.* 2 Ce qui est nécessaire à l'existence matérielle (d'un individu, d'une collectivité). II Action d'échanger des paroles avec qqn ; sujet dont on s'entretient. → **conversation, discussion.**

**entretoise** n. f. ■ Pièce qui sert à relier dans un écartement fixe des poutres, etc.

**s'entretuer** v. pron. 1 ■ Se tuer mutuellement ; se battre jusqu'à la mort.

**entrevoir** v. tr. 30 ■ 1 Voir à demi. → **apercevoir.** 2 Avoir une lueur soudaine de (qqch. d'actuel ou de futur). → **pressentir.**

**entrevue** n. f. ■ Rencontre concertée entre personnes qui ont à parler, qqch. à régler.

**entrisme** n. m. ■ polit. Technique d'influence dans (un groupe ou parti) en utilisant des éléments qu'on y fait entrer.

**entropie** n. f. ■ 1 phys. Fonction exprimant le principe de la dégradation de l'énergie. 2 fig. Augmentation du désordre.

**entrouvrir** v. tr. 18 ■ Ouvrir à demi. → **entrebâiller.** → s'**entrouvrir** v. pron. ► **entrouvert, erte** p. p.

**entuber** v. tr. 1 ■ fam. Duper, escroquer.

**énucléation** n. f. ■ 1 Extraction du noyau (d'un fruit). 2 chir. Extirpation (d'une tumeur ; d'un organe). ▷ **énucléer** v. tr. 1

**énumérer** v. tr. 6 ■ Énoncer une à une (les parties d'un tout). → **détailler.** ▷ **énumération** n. f. → **dénombrement** ; **inventaire.**

**énurésie** n. f. ■ méd. Émission involontaire et inconsciente d'urine. → **incontinence.**

**envahir** v. tr. 2 ■ 1 Occuper (un territoire) brusquement et par la force. 2 Occuper (un espace) de manière abusive ou intense. 3 (idée...) Occuper en entier. *La joie l'envahit.*

**envahissant, ante** adj. ■ 1 (choses) Qui envahit. 2 (personnes) Qui s'introduit dans l'intimité d'autrui. → **indiscret.**

**envahissement** n. m. ■ 1 Action d'envahir (1). → **invasion.** 2 Fait d'envahir (2 et 3).

**envahisseur, euse** ■ 1 n. m. Ennemi qui envahit. 2 adj. Qui envahit.

**envaser** v. tr. 1 ■ 1 Enfoncer dans la vase. 2 Remplir de vase. ► s'**envaser** v. pron. 1 S'enfoncer dans la vase. → s'**enliser.** 2 Se remplir de vase. ▷ n. m. **envasement**

**enveloppant, ante** adj. ■ 1 Qui enveloppe. 2 abstrait Qui séduit, captive habilement.

**enveloppe** n. f. ■ I 1 Chose qui enveloppe ; étui, gaine. 2 Feuille de papier pliée et collée en forme de poche. II littér. Apparence extérieure ; aspect extérieur.

**enveloppé, ée** adj. ■ (personnes) Qui a un peu d'embonpoint, qui est bien en chair.

**envelopper** v. tr. 1 ■ 1 Entourer d'une chose souple qui couvre de tous côtés. ♦ (sujet chose) Constituer l'enveloppe de. 2 Entourer complètement. 3 littér. ENVELOPPER DE : entourer de qqch. qui cache. → **déguiser, dissimuler.** ▷ n. m. **enveloppement**

**envenimer** v. tr. 1 ■ 1 Infecter (une blessure). 2 Rendre plus virulent, plus pénible. *Envenimer une querelle.* ► s'**envenimer** v. pron.

**envergure** n. f. ■ 1 Étendue des ailes déployées (d'un oiseau). ♦ La plus grande largeur (d'un avion). 2 (personnes) Ampleur, ouverture (de l'esprit). → (choses) Étendue. *Une entreprise de grande envergure.*

① **envers** prép. ■ 1 À l'égard de (qqn). *Il est bien disposé envers vous.* → À l'égard de (une chose morale). 2 loc. ENVERS ET CONTRE TOUS : en dépit de l'opposition générale. → ENVERS ET CONTRE TOUT : malgré tout.

② **envers** n. m. ■ I 1 Côté (d'une chose) opposé à celui qui doit être vu ou qui est vu d'ordinaire. → loc. fig. *L'envers du décor,* les aspects cachés d'une situation. 2 Aspect opposé, mais inséparable. → **contrepartie.** II À L'ENVERS loc. adv. 1 Du mauvais côté, du côté qui n'est pas fait pour être vu. 2 Sens dessus dessous. 3 Dans un sens inhabituel. → *C'est le monde à l'envers!,* c'est aberrant.

**à l'envi** loc. adv. ■ littér. En rivalisant.

**enviable** adj. ■ Digne d'envie ; que l'on peut envier. → **désirable, tentant.**

**envie** n. f. ■ I 1 Sentiment de désir mêlé d'irritation, de haine qu'éprouve qqn contre ceux qui ont ce qu'il n'a pas. → **jalousie.** 2 Désir de jouir d'un avantage, d'un plaisir égal à celui d'autrui. *Un regard d'envie.* 3 ENVIE DE : désir (d'avoir, de faire qqch.). → **besoin, désir, goût.** → Besoin organique. *Envie de dormir.* 4 AVOIR ENVIE DE (+ nom ou inf.) ; AVOIR ENVIE QUE (+ subj.). → **souhaiter, vouloir.** → *Avoir envie de* (qqn), le désirer sexuellement. → *FAIRE ENVIE* : exciter l'envie. → **tenter.** II 1 Tache rouge cutanée de naissance. 2 au plur. Petits filets de peau autour des ongles.

**envier** v. tr. 7 ■ 1 Éprouver de l'envie (1 ou 2) envers (qqn). 2 Souhaiter pour soi-même (qqch.). → **convoiter, désirer.**

**envieux, euse** adj. ■ 1 Qui éprouve de l'envie. ♦ n. (loc.) *Faire des envieux,* provoquer l'envie. 2 Qui manifeste de l'envie.

**environ** ■ I adv. À peu près ; un peu plus, un peu moins (+ nom de nombre). → **approximativement.** II n. m. → **environs.**

**environnant, ante** adj. ■ Qui environne.

**environnement** n. m. ■ 1 Entourage (de qqn). 2 Ensemble des conditions naturelles et culturelles qui agissent sur les êtres vivants et les activités humaines.

**environner** v. tr. 1 ■ 1 Être autour de, dans les environs de. 2 Vivre habituellement auprès de (qqn). → pronom. *S'environner d'amis.*

**environs** n. m. pl. ■ Les alentours (d'un lieu). → temporel (emploi critiqué) *Aux environs de Noël,* à peu près à Noël.

**envisageable** adj. ■ Qu'on peut envisager.

**envisager** v. tr. ③ ■ **1** Considérer sous un certain aspect. *Envisager la situation.* **2** Prendre en considération. → **considérer. 3** Prévoir comme possible. *Envisager le pire.* **4** ENVISAGER DE (+ inf.) : faire le projet de.

**envoi** n. m. ■ **1** Action, fait d'envoyer. ← COUP D'ENVOI : au football envoi du ballon qui ouvre le jeu ; fig. ce qui déclenche une action. **2** Ce qui est envoyé. ■ Dernière strophe qui dédie une ballade à qqn.

**envol** n. m. ■ **1** Action de s'envoler. **2** (avion...) Fait de quitter le sol. → **décollage.**

**envolée** n. f. ■ **1** Action de s'envoler. → **envol. 2** Élan de l'inspiration (dans le discours). *Une envolée lyrique.*

**s'envoler** v. pron. ① ■ **1** Prendre son vol ; partir en volant. **2** fam. Disparaître subitement. **3** Être emporté par le vent, par un souffle. **4** (temps...) Passer rapidement, disparaître.

**envoûtant, ante** adj. ■ Qui envoûte.

**envoûter** v. tr. ① ■ **1** Représenter (qqn) par une figurine pour lui faire subir l'effet magique de ce qui est fait à cette image (incantations...). **2** fig. Exercer sur (qqn) un attrait irrésistible. → **captiver, ensorceler, fasciner.** ▷ n. m. **envoûtement**

**envoyé, ée** n. ■ Personne qu'on envoie en mission. ← loc. ENVOYÉ(E) SPÉCIAL(E), journaliste envoyé(e) à l'occasion d'un événement.

**envoyer** v. tr. ⑧ ■ **I** *Envoyer qqn* **1** Faire aller, partir (qqn quelque part). *Envoyer un enfant à l'école.* **2** Faire aller (qqn) quelque part (afin de faire qqch.). *Envoyer qqn aux nouvelles.* **3** Pousser, jeter (qqn quelque part). *Envoyer son adversaire au tapis.* **II** *Envoyer qqch.* **1** Faire partir, faire parvenir (qqch. à qqn). → **adresser, expédier. 2** Faire parvenir (qqch.) à, jusqu'à (qqn ou qqch.), par une impulsion matérielle. → **jeter, lancer. 3** (sujet chose) Faire aller jusqu'à. *Le cœur envoie le sang dans les artères.* **III** fam. S'ENVOYER qqch. : prendre pour soi. → **s'enfiler.** ♦ très fam. Posséder sexuellement (qqn).

**envoyeur, euse** n. ■ Personne qui envoie. *Retour à l'envoyeur.* → **expéditeur.**

**enzyme** n. f. ou m. ■ Substance organique produite par des cellules vivantes, qui catalyse une réaction chimique. ▷ adj. **enzymatique**

**éocène** n. m. ■ géol. Période du début de l'ère tertiaire.

**éolien, ienne ■ 1** adj. Mû par le vent. **2** n. f. Machine à capter l'énergie du vent.

**éosine** n. f. ■ chim. Matière colorante rouge utilisée notamment comme désinfectant.

**épagneul, eule** n. ■ Chien, chienne de chasse, à poil soyeux et oreilles pendantes.

**épais, épaisse** adj. ■ **I 1** Qui est de grande dimension, en épaisseur (2) (opposé à *mince*). *Un mur épais.* ← *Épais de :* qui mesure (telle dimension) en épaisseur. **2** Dont la grosseur rend les formes lourdes. **3** Qui manque de finesse (au moral). → **grossier, lourd. 4** Dont les constituants sont nombreux et serrés. → **fourni.** *Feuillage épais.* ← n. m. *Au plus épais de,* à l'endroit le plus dense. **5** (liquide) Qui est peu fluide. *Une huile épaisse.* ♦ (gaz,

vapeur) Dense. *Brouillard épais.* **II** ÉPAIS adv. **1** *Semer épais.* **2** fam. Beaucoup. *Il n'y en a pas épais !*

**épaisseur** n. f. ■ **1** Caractère de ce qui est épais, gros. **2** Troisième dimension (d'un solide), les deux autres étant la longueur (ou la hauteur) et la largeur. ← *Trois épaisseurs de tissu.* → **couche. 3** Caractère de ce qui est épais (I, 4). **4** Consistance, densité.

**épaissir** v. ② ■ **I** v. tr. Rendre plus épais. **II** v. intr. Devenir plus épais (syn. *s'épaissir* v. pron.). ▷ n. m. **épaississement**

**épanchement** n. m. ■ **1** méd. Écoulement anormal ou accumulation dans les tissus ou dans une cavité, d'un liquide organique. *Épanchement de synovie.* **II** Action de s'épancher (2). → **confidence, expansion.**

**épancher** v. tr. ① ■ **I** littér. Répandre. **II** Communiquer librement, avec confiance et sincérité. *Épancher ses secrets.* ← *Épancher son cœur.* ► s'**épancher** v. pron. **1** Se répandre. **2** Communiquer librement ses sentiments, etc. ← s'**abandonner, se confier.**

**épandage** n. m. ■ Action d'épandre. ← *Champ d'épandage,* où s'épurent les eaux d'égout ; où l'on verse les ordures.

**épandre** v. tr. ④ ■ **1** Étendre en étalant. → **répandre.** *Épandre de l'engrais.* **2** littér. Donner en abondance.

**épanouir** v. tr. ② ■ **1** Ouvrir, déployer. **2** fig. Détendre, en rendant joyeux. → **réjouir.** ► s'**épanouir** v. pron. **1** Éclore (fleur). ← S'ouvrir comme une fleur. **2** fig. Devenir radieux. **3** Se développer librement dans toutes ses possibilités. ► **épanoui, ie** adj. *Fleur épanouie.* ← fig. → **radieux.** ▷ **épanouissement** n. m. → **éclosion.** ← fig. *L'épanouissement d'un talent.*

**épargnant, ante** n. ■ Personne qui épargne (II, 2), met de l'argent de côté.

**épargne** n. f. ■ **1** Fait de dépenser moins que ce qu'on gagne. ← CAISSE* D'ÉPARGNE. **2** Ensemble des sommes mises en réserve ou employées à créer du capital. **3** fig. Action de ménager, d'épargner (II, 3).

**épargner** v. tr. ① ■ **I** (compl. personne) **1** Ne pas tuer (qqn), laisser vivre. → **gracier. 2** Traiter avec ménagement, indulgence. **3** Ménager (en paroles, dans un écrit). **II** (compl. chose) **1** Consommer, dépenser avec mesure, de façon à garder une réserve. → **économiser. 2** Conserver, accumuler par épargne. → **économiser, thésauriser. 3** Employer avec mesure. → **compter, ménager.** *Épargner ses forces.* **4** ÉPARGNER qqch. à qqn, ne pas imposer. → **éviter.** *Épargnez-moi vos justifications.*

**éparpiller** v. tr. ① ■ **1** Jeter, laisser tomber çà et là (des choses légères ou des parties d'une chose légère). → **disséminer. 2** Disposer irrégulièrement. → **disperser. 3** *Éparpiller son attention,* la disperser inefficacement. ► s'**éparpiller** v. pron. → se **disperser.** ▷ n. m. **éparpillement**

**épars, arse** adj. ■ **1** au plur. Placé dans des lieux séparés et au hasard. → **dispersé, éparpillé.** ← fig. *Souvenirs épars.* **2** au sing. Dispersé ; dont les éléments sont dispersés.

**épatant, ante** adj. ▪ fam. et vieilli Qui provoque l'admiration, donne un grand plaisir. ▷ adv. **épatamment**

**épate** n. f. ▪ fam. Action d'épater. → **bluff.**

**épater** v. tr. ① ▪ I vx Écraser, aplatir. II fam. Provoquer un étonnement admiratif chez (qqn). → **ébahir, stupéfier.** ▶ **épaté, ée** adj. **1** Élargi à la base. **2** fam. Très étonné.

**épaulard** n. m. ▪ Mammifère marin à haute nageoire dorsale (syn. *orque*).

**épaule** n. f. ▪ **1** Partie supérieure du bras à l'endroit où il s'attache au tronc. *Largeur d'épaules* (→ **carrure**). ‒ loc. *Avoir la tête sur les épaules*, être sensé. **2** Partie de la jambe de devant qui se rattache au corps (d'un quadrupède). ♦ Cette partie découpée pour la consommation.

**épaulé-jeté** n. m. ▪ (poids et haltères) Mouvement consistant à amener la barre au niveau des épaules (*épaulé*), puis à la soulever à bout de bras (*jeté*). *Des épaulés-jetés.*

**épaulement** n. m. ▪ **1** Mur de soutènement. **2** Escarpement naturel.

**épauler** v. tr. ① ▪ I *Épauler qqn*, l'aider dans sa réussite. → **assister, soutenir.** ‒ pronom. S'entraider. II **1** Appuyer (qqch.) contre l'épaule. *Épauler un fusil* (pour tirer). **2** techn. Amortir la poussée de (un mur...) par une maçonnerie pleine.

**épaulette** n. f. ▪ **1** Ornement militaire fait d'une patte placée sur l'épaule. **2** Bretelle étroite d'un vêtement féminin. **3** Rembourrage cousu à l'épaule d'un vêtement.

**épave** n. f. ▪ I **1** Coque d'un navire naufragé ; objet abandonné en mer. ♦ Véhicule irréparable. **2** fig. Personne désemparée, qui a des difficultés sociales. II dr. Objet mobilier égaré par son propriétaire.

**épeautre** n. m. ▪ Blé dur.

**épée** n. f. ▪ **1** Arme blanche faite d'une lame aiguë et droite, munie d'une poignée à garde. ‒ loc. *Un coup d'épée dans l'eau*, un effort inutile. ‒ *Épée de Damoclès*, danger qui peut s'abattre sur qqn d'un moment à l'autre. **2** Escrime à l'épée.

**épeiche** n. f. ▪ Variété de pic (oiseau).

**épeire** n. f. ▪ Araignée très commune, à l'abdomen développé, qui tisse des toiles à réseau concentrique.

**épeler** v. tr. ④ ▪ Nommer successivement chacune des lettres de (un mot).

**éperdu, ue** adj. ▪ **1** Qui a l'esprit troublé par une émotion violente. *Être éperdu de joie.* **2** (sentiments) Très violent. → **passionné. 3** Extrêmement rapide.

**éperdument** adv. ▪ D'une manière éperdue. → **follement.** ‒ *Je m'en moque éperdument*, complètement.

**éperlan** n. m. ▪ Petit poisson marin.

**éperon** n. m. ▪ **1** Pièce de métal fixée au talon du cavalier et terminée par une roue à pointes, pour piquer les flancs du cheval. **2** Pointe de la proue (d'un navire). **3** Avancée en pointe. *Éperon rocheux.*

**éperonner** v. tr. ① ▪ **1** Piquer avec des éperons (1). **2** fig., littér. Stimuler.

**épervier** n. m. ▪ I Petit rapace diurne. II Filet de pêche conique, garni de plomb.

**épeurant, ante** adj. ▪ franç. du Canada Qui fait peur. → **effrayant.**

**éphèbe** n. m. ▪ **1** (Grèce antique) Jeune garçon arrivé à l'âge de la puberté. **2** iron. Très beau jeune homme. → **adonis, apollon.**

**éphélides** n. f. pl. ▪ Taches de rousseur.

**éphémère** ▪ I adj. **1** vx Qui ne vit qu'un jour. **2** Qui est de courte durée. II n. m. Insecte ressemblant à une petite libellule, dont l'adulte vit quelques heures.

**éphéméride** n. f. ▪ **1** Calendrier dont on détache chaque jour une feuille. **2** au plur. Tables astronomiques donnant pour chaque jour la position des astres.

**épi** n. m. ▪ I **1** Partie terminale de la tige de certaines graminées (graines serrées). *Un épi de blé, de maïs.* **2** bot. Fleurs disposées le long d'un axe allongé. **3** Mèche de cheveux de direction contraire à celle des autres. II **1** Ornement sur la crête d'un toit. **2** Ouvrage perpendiculaire ; ramification. **3** *EN ÉPI* : selon une disposition oblique.

**épi-** Élément savant, du grec *epi* « sur ».

**épice** n. f. ▪ **1** Substance végétale, aromatique ou piquante, pour l'assaisonnement des mets. **2** anc. dr. (au plur.) Cadeau offert au juge ; taxe payée dans un procès.

**épicéa** n. m. ▪ Conifère à tronc conique.

**épicène** adj. ▪ didact. **1** (terme) Qui désigne aussi bien le mâle que la femelle (ex. *la souris*). **2** Dont la forme ne varie pas selon le genre. « *Habile* » *est un adjectif épicène.*

**épicentre** n. m. ▪ Foyer apparent des ébranlements d'un tremblement de terre.

**épicer** v. tr. ③ ▪ **1** Assaisonner avec des épices. **2** fig. → **pimenter, relever.** ▶ **épicé, ée** adj. **1** *Plat épicé.* **2** fig. → **grivois.**

**épicerie** n. f. ▪ **1** ancient Commerce d'épices. **2** Vente de produits d'alimentation courante ; magasin où se fait cette vente. **3** Produits d'alimentation qui se conservent.

**épicier, ière** n. ▪ Personne qui tient une épicerie.

**épicurien, ienne** ▪ **1** adj. philos. Relatif à la doctrine d'Épicure (*épicurisme* n. m.), recherche d'un plaisir maîtrisé. ‒ adj. et n. Partisan de cette doctrine. **2** n. Personne qui ne songe qu'au plaisir.

**épicycle** n. m. ▪ astron. Petit cercle décrit par un astre, lorsque le centre de ce cercle décrit lui-même un autre cercle.

**épidémie** n. f. ▪ **1** Apparition et propagation d'une maladie infectieuse contagieuse qui frappe un grand nombre de sujets (personnes...). → **pandémie. 2** fig. Ce qui touche un grand nombre de personnes en se propageant. ▷ adj. **épidémique**

**épidémiologie** n. f. ▪ Étude des rapports entre les maladies et les facteurs susceptibles de les causer. ▷ n. **épidémiologiste**

**épiderme** n. m. ▪ Couche superficielle de la peau qui recouvre le derme.

**épidermique** adj. ▪ **1** De l'épiderme. → **cutané. 2** fig. (réaction...) Superficiel.

**épier** v. tr. 7 ▪ **1** Observer attentivement et secrètement. → **espionner. 2** Observer attentivement (qqch.), avant d'agir. → **guetter.** *Épier les réactions de qqn.*

**épierrer** v. tr. 1 ▪ Débarrasser (un lieu) des pierres.

**épieu** n. m. ▪ Gros bâton terminé par un fer plat, large et pointu.

**épigastre** n. m. ▪ anat. Creux de l'estomac.

**épigone** n. m. ▪ littér. Successeur, imitateur.

① **épigramme** n. f. ▪ **1** Petit poème satirique. **2** Trait satirique contre qqn.

② **épigramme** n. m. ▪ *Épigramme d'agneau :* mince tranche de poitrine.

**épigraphe** n. f. ▪ **1** Inscription sur un édifice qui en indique la date, etc. **2** Courte citation en tête d'un livre, d'un chapitre.

**épigraphie** n. f. ▪ didact. Étude scientifique des inscriptions. ▷ adj. **épigraphique**

**épilateur** n. m. ▪ Appareil qui sert à épiler.

**épilation** n. f. ▪ Action d'épiler.

**épilatoire** adj. ▪ Qui sert à épiler.

**épilepsie** n. f. ▪ Maladie nerveuse caractérisée par des phénomènes convulsifs.

**épileptique** adj. ▪ **1** Relatif à l'épilepsie. **2** Atteint d'épilepsie. ▪ n. *Un, une épileptique.*

**épiler** v. tr. 1 ▪ Arracher les poils de (une partie du corps).

**épilobe** n. m. ▪ bot. Plante à fleurs roses ou mauves, qui pousse dans les lieux humides.

**épilogue** n. m. ▪ **1** Partie qui termine (un ouvrage littéraire). **2** fig. Dénouement.

**épiloguer** v. tr. ind. 1 ▪ *ÉPILOGUER SUR :* faire de longs commentaires sur.

**épinard** n. m. ▪ **1** Plante aux feuilles épaisses d'un vert soutenu. **2** au plur. Feuilles comestibles de cette plante.

**épine** n. f. ▪ **1** vx ou dans des loc. Arbrisseau aux branches armées de piquants. **2** Piquant (d'une plante). ▪ loc. *Enlever, ôter à qqn une épine du pied,* le tirer d'embarras. ♦ (animaux) *Les épines du hérisson.* **3** *ÉPINE DORSALE :* saillie longitudinale que déterminent les vertèbres au milieu du dos. → Colonne vertébrale, qui contient la moelle* épinière.

① **épinette** n. f. ▪ Instrument à clavier et cordes pincées, plus petit qu'un clavecin.

② **épinette** n. f. ▪ régional (Canada) Épicéa.

**épineux, euse** adj. ▪ **1** Hérissé d'épines ou de piquants. **2** fig. Plein de difficultés.

**épine-vinette** n. f. ▪ Arbrisseau à fleurs jaunes, à baies rouges comestibles. *Des épines-vinettes.*

**épingle** n. f. ▪ **1** Petite tige de métal, pointue d'un bout, garnie d'une boule (tête) de l'autre, qui sert à attacher, fixer des choses souples. ▪ loc. *Être tiré à quatre épingles :* être vêtu avec soin. → *Tirer son épingle du jeu,* se tirer adroitement d'une situation délicate. **2** Objet servant à attacher, à fixer. *Épingle de cravate.* → *Monter en épingle,* mettre en relief. ♦ *ÉPINGLE À CHEVEUX,* à deux branches. ♦ fig. *Virage en épingle à cheveux,* très serré. ♦ *Épingle de sûreté* ou *épingle de nourrice,* munie d'une fermeture.

**épingler** v. tr. 1 ▪ **1** Attacher, fixer avec des épingles. **2** fig., fam. Arrêter (qqn).

**épinglette** n. f. ▪ Insigne fixé au moyen d'une épingle (recomm. off. pour *pin's*).

**épinière** adj. f. ▪ *Moelle épinière.* → **moelle.**

**épinoche** n. f. ▪ Poisson qui porte de deux à quatre épines sur le dos.

**Épiphanie** n. f. ▪ **1** Fête catholique qui commémore l'adoration des Rois mages *(jour des Rois).* **2** didact. Manifestation de la divinité ; de qqch. qui était caché.

**épiphénomène** n. m. ▪ didact. Phénomène accessoire lié à un phénomène essentiel.

**épiphyse** n. f. ▪ anat. Extrémité renflée (d'un os long).

**épiphyte** adj. ▪ bot. Qui croît sur d'autres plantes sans les parasiter.

**épiploon** [-plɔɔ̃] n. m. ▪ anat. Repli du péritoine.

**épique** adj. ▪ **1** Qui raconte en vers une action héroïque (→ **épopée**). ▪ Relatif à l'épopée. **2** Qui a un caractère d'épopée.

**épiscopal, ale, aux** adj. ▪ D'un évêque.

**épiscopat** n. m. ▪ **1** Dignité, fonction d'évêque ; sa durée. **2** Ensemble des évêques.

**épisiotomie** n. f. ▪ Incision du périnée pratiquée lors de l'accouchement pour éviter les déchirures.

**épisode** n. m. ▪ **1** Action secondaire (dans un roman, un film...). ♦ Division (d'un roman, d'un film...). **2** Fait accessoire. *Ce n'est qu'un épisode dans sa vie.*

**épisodique** adj. ▪ **1** littér. De l'épisode (1). **2** Qui a un caractère secondaire. **3** Qui a lieu irrégulièrement. ▷ adv. **épisodiquement**

**épissure** n. f. ▪ Jonction, nœud de deux cordages, etc. dont on entrelace les fils.

**épistémologie** n. f. ▪ didact. **1** Étude critique des sciences (de leur origine, leur valeur...). **2** Théorie de la connaissance et de sa validité. ▷ adj. **épistémologique**

**épistémologue** ou **épistémologiste** n. ▪ Spécialiste de l'épistémologie (1 et 2).

**épistolaire** adj. ▪ Qui a rapport à la correspondance par lettres.

**épistolier, ière** n. ▪ littér. Écrivain, personne qui écrit des lettres.

**épitaphe** n. f. ▪ Inscription funéraire.

**épithalame** n. m. ▪ littér. Poème composé à l'occasion d'un mariage.

**épithélium** [-jɔm] n. m. ▪ biol. Tissu formé de cellules juxtaposées disposées en couches. ▷ adj. **épithélial, ale, aux**

**épithète** n. f. ▪ **1** Ce qu'on adjoint à un nom, à un pronom pour le qualifier (adjectif qualificatif, nom...). ♦ n. f. et adj. gramm. Se dit d'un adjectif qualificatif qui n'est pas relié au nom par un verbe (opposé à *attribut*). **2** Qualification (1) donnée à qqn.

**épitoge** n. f. ▪ **1** Antiq. romaine Vêtement porté sur la toge. **2** Bande d'étoffe fixée à l'épaule de la robe des magistrats, etc.

**épitomé** n. m. ▪ didact. Abrégé d'histoire.

**épître** n. f. ▪ **1** au plur. Lettres des Apôtres, dans le Nouveau Testament. **2** littér. Lettre.

**épizootie** [-zooti] n. f. ■ didact. Épidémie qui frappe les animaux. ▷ adj. **épizootique**

**éploré, ée** adj. ■ littér. En pleurs.

**éployer** v. tr. ⑧ ■ littér. Étendre (les ailes).

**épluche-légumes** n. m. invar. ■ Couteau à éplucher les légumes, les fruits.

**éplucher** v. tr. ① ■ 1 Nettoyer en enlevant les parties inutiles ou mauvaises, en coupant, grattant. ◆ Enlever la peau de. → **peler.** *Éplucher des carottes.* 2 fig. Examiner avec soin pour critiquer. ▷ n. m. **épluchage**

**épluchette** n. f. ■ franç. du Canada Fête où l'on mange des épis de maïs.

**éplucheur, euse** n. ■ Personne ou instrument qui épluche.

**épluchure** n. f. ■ Ce qu'on enlève en épluchant.

**E. P. O.** n. f. → **érythropoïétine.**

**épointer** v. tr. ① ■ Émousser la pointe de.

**éponge** n. f. ■ I 1 Substance légère et poreuse (d'abord *éponge*, II), qui peut absorber les liquides et les rejeter à la pression ; objet fait de cette substance (→ **spongieux**). 2 loc. *Passer l'éponge sur* (une erreur, etc.), pardonner. ◆ *Jeter l'éponge,* abandonner un combat. 3 appos. (invar.) *Tissu éponge,* dont les fils dressés absorbent l'eau. II Animal marin dont le squelette léger et poreux fournit la matière appelée *éponge* (I, 1).

**éponger** v. tr. ③ ■ 1 Étancher (un liquide) avec une éponge, un chiffon. 2 Essuyer, sécher. 3 fig. Résorber, absorber (ce qui est en excédent). ◆ *Éponger une dette.*

**éponyme** adj. ■ didact. Qui donne son nom à. *Athéna, déesse éponyme d'Athènes.*

**épopée** n. f. ■ 1 Long poème ou récit de style élevé où la légende se mêle à l'histoire pour célébrer un héros ou un fait (→ **épique**). 2 Suite d'événements de caractère héroïque et sublime.

**époque** n. f. ■ 1 vx Début d'une ère ; moment important. 2 mod. Période historique déterminée par des événements importants ou caractérisée par un état de choses. ◆ loc. *La Belle Époque,* les premières années du XXᵉ siècle. 3 Période caractérisée par un style artistique. ◆ *D'ÉPOQUE :* authentique, ancien. 4 Période marquée par un fait déterminé. → **moment.** ◆ *À l'époque,* à ce moment-là (passé). 5 Division d'une période géologique.

**épouiller** v. tr. ① ■ Débarrasser (un être vivant) de ses poux. ▷ n. m. **épouillage**

**s'époumoner** v. pron. ① ■ Parler, crier très fort. ◆ Se fatiguer (en parlant).

**épousailles** n. f. pl. ■ vx ou plais. Noce.

**épouser** v. tr. ① ■ 1 Prendre pour époux, épouse ; se marier avec. 2 fig. S'attacher avec ardeur à (qqch.). *Épouser les idées de qqn.* → **soutenir.** 3 S'adapter exactement à (une forme...). → **mouler.**

**épousseter** v. tr. ④ ■ Nettoyer en ôtant la poussière. ▷ n. m. **époussetage**

**époustoufler** v. tr. ① ■ fam. Jeter (qqn) dans la surprise admirative. → **épater.** ▷ **époustouflant, ante** adj. → **stupéfiant.**

**épouvantable** adj. ■ 1 Qui cause ou peut causer de l'épouvante. 2 Inquiétant ; très désagréable. 3 Excessif. *Fracas épouvantable.* → **terrible.** ▷ adv. **épouvantablement**

**épouvantail** n. m. ■ 1 Objet (mannequin, etc.) qu'on utilise pour effrayer les oiseaux. 2 Chose, personne laide ou qui inspire d'excessives terreurs.

**épouvante** n. f. ■ 1 Peur violente et soudaine causée par qqch. de menaçant. → **effroi, frayeur, terreur.** 2 Vive inquiétude.

**épouvanter** v. tr. ① ■ 1 Remplir d'épouvante. → **effrayer, terrifier.** 2 Causer de vives appréhensions à. → **inquiéter.**

**époux, ouse** n. ■ Personne unie à qqn par le mariage. → **femme, mari ; conjoint.**

**s'éprendre** v. pron. ⑱ ■ *S'ÉPRENDRE DE* 1 littér. Être saisi, entraîné (par un sentiment...). 2 Tomber amoureux de (qqn). → **épris.**

**épreuve** n. f. ■ I 1 Ce qui permet de juger la valeur de (une idée, qqn, une œuvre...). ◆ *À L'ÉPREUVE. Mettre à l'épreuve.* → **éprouver** (1). ◆ *À TOUTE ÉPREUVE :* inébranlable, résistant. 2 Essai qui permet de juger les qualités de qqch. ◆ *À L'ÉPREUVE DE :* capable de résister à. 3 Acte imposé à qqn et destiné à lui conférer une qualité, une dignité, à le classer. *Les épreuves d'un examen.* II 1 Texte imprimé, tel qu'il sort de la composition. 2 Exemplaire d'une estampe. ◆ Photographie. III Souffrance, malheur, difficulté qui atteint qqn.

**épris, ise** adj. ■ 1 *Épris de qqch.,* pris de passion pour. 2 *Épris de qqn,* amoureux de (qqn). ◆ *sans compl. Il semble très épris.*

**éprouvant, ante** adj. ■ Qui éprouve (qqn).

**éprouver** v. tr. ① ■ I 1 Essayer (qqch.) pour vérifier la valeur, la qualité. ◆ au p. p. *Des qualités éprouvées,* certaines. 2 Apprécier, connaître par une expérience personnelle. → **constater, reconnaître.** 3 Ressentir (une sensation, un sentiment). II 1 (sujet chose) Faire subir une épreuve (III), des souffrances à (qqn). 2 Subir (qqch. de nuisible ou de désagréable).

**éprouvette** n. f. ■ Tube allongé fermé à un bout employé dans les expériences de laboratoire. → **tube** à essai.

**epsilon** [ɛpsilɔn] n. m. ■ *E* bref (E, ɛ) des Grecs, cinquième lettre de l'alphabet.

**épuisant, ante** adj. ■ Qui épuise (II).

**épuisé, ée** adj. ■ 1 Qui n'est pas disponible pour la vente. 2 À bout de forces. → **exténué.**

**épuisement** n. m. ■ 1 Action d'épuiser (I). 2 Absence de forces, grande faiblesse (physique ou morale).

**épuiser** v. tr. ① ■ I 1 Utiliser (qqch.) jusqu'à ce qu'il ne reste plus rien. → **consommer, dépenser, user.** 2 fig. User jusqu'au bout. *Épuiser la patience de qqn.* ◆ *Épuiser un sujet,* le traiter à fond. II Réduire (qqn ; ses forces, sa santé) à un affaiblissement complet. → **exténuer, user.** ◆ Excéder, lasser. *Son bavardage m'épuise.*

**épuisette** n. f. ■ Petit filet de pêche monté sur un cerceau et fixé à un manche.

**épurateur** n. m. ■ Appareil servant à épurer (1).

**épuration** n. f. ■ **1** Action d'épurer (1 et 2). → **purification. 2** Élimination (des membres jugés indésirables) dans un parti, etc. → **exclusion, purge.** ◆ hist. *L'épuration* (des collaborateurs, en 1944).

**épure** n. f. ■ **1** Dessin au trait qui donne l'élévation, le plan et le profil d'une figure. → **plan. 2** fig. Schéma simplifié ; ébauche.

**épurer** v. tr. [1] ■ **1** Rendre pur, plus pur. → **purifier.** *Épurer de l'eau ; un minerai.* **2** fig. Rendre meilleur, plus correct. → **améliorer, perfectionner. 3** Éliminer certains éléments de (un groupe).

**équanimité** [ekwa-] n. f. ■ littér. Égalité d'humeur. → **impassibilité, sérénité.**

**équarrir** v. tr. [2] ■ **1** Tailler pour rendre carré, régulier. ◆ au p. p. *Tronc équarri.* ◆ fig. *Mal équarri*, grossier. **II** Couper en quartiers (un animal mort). → **équarrissage.**

**équarrissage** n. m. ■ **I** Action d'équarrir (I). **II** Abattage et dépeçage d'animaux impropres à la consommation alimentaire, pour en retirer ce qui peut être utilisé.

**équarrisseur** n. m. ■ Personne dont le métier est d'équarrir les animaux.

**équateur** [ekwa-] n. m. ■ **1** Grand cercle de la sphère terrestre, perpendiculaire à son axe de rotation. **2** Régions comprises dans la zone équatoriale (jusqu'aux tropiques).

**équation** [ekwa-] n. f. ■ **1** math. Relation d'égalité qui n'est vérifiée que pour certaines valeurs de la variable (appelée inconnue). **2** Formule d'égalité. ◆ *Équation chimique* (représentation d'une réaction).

**équatorial, iale, iaux** [ekwa-] ■ **I** adj. Relatif à l'équateur. **II** n. m. astron. Appareil qui sert à mesurer la position d'une étoile.

**équerre** n. f. ■ **1** Instrument destiné à tracer des angles droits. **2** *À L'ÉQUERRE, EN ÉQUERRE ; D'ÉQUERRE* : à angle droit.

**équestre** adj. ■ **1** Qui représente une personne à cheval. **2** Relatif à l'équitation.

**équeuter** v. tr. [1] ■ Dépouiller (un fruit) de sa queue.

**équi-** [ekɥi ; eki] Élément savant, du latin *aequus* « égal ».

**équidé** n. m. ■ Mammifère à pattes terminées par un seul doigt (famille des *Équidés* ; ex. cheval, âne, zèbre).

**équidistant, ante** [ekɥi-] adj. ■ Qui est à égale distance (de points, etc. déterminés).

**équilatéral, ale, aux** [ekɥi-] adj. ■ Dont tous les côtés sont égaux.

**équilibrage** n. m. ■ Action d'équilibrer.

**équilibre** n. m. ■ **I** État de ce qui est soumis à des forces qui se compensent. ◆ spécialt Attitude ou position verticale stable. *Perdre l'équilibre.* **II 1** Juste proportion entre des choses opposées ou juste répartition des parties d'un ensemble ; état qui en résulte. *Équilibre politique.* **2** Harmonie entre les tendances psychiques qui se traduit par un comportement dit normal. **3** Répartition des lignes, des masses, etc. ; agencement harmonieux (en art).

**équilibré, ée** adj. ■ **1** En état d'équilibre. → **stable. 2** Dont les qualités sont dans un rapport harmonieux.

**équilibrer** v. tr. [1] ■ **1** Opposer une force à (une autre), de manière à créer l'équilibre. → **compenser, contrebalancer. 2** Mettre en équilibre ; rendre stable. **3** Répartir harmonieusement. ► s'**équilibrer** v. pron. *Ses qualités et ses défauts s'équilibrent.*

**équilibriste** n. ■ Personne dont le métier est de faire des tours d'adresse, d'équilibre. → **acrobate.**

**équille** n. f. ■ Poisson long et mince qui s'enfouit dans le sable.

**équin, ine** adj. ■ didact. Relatif au cheval.

**équinoxe** n. m. ■ L'une des deux périodes de l'année où le jour a une durée égale à celle de la nuit. *Équinoxe de printemps* (21 mars), *d'automne* (23 septembre).

**équipage** n. m. ■ **I 1** Personnel navigant, marins assurant la manœuvre et le service sur un navire. **2** Ensemble des personnes qui assurent la manœuvre et le service, dans un avion. **II 1** ancient Voitures, chevaux, personnel (d'un grand personnage). **2** loc. *TRAIN DES ÉQUIPAGES* : militaires qui s'occupent du matériel, de son transport.

**équipe** n. f. ■ **1** Groupe de personnes devant accomplir une tâche commune. ◆ *ESPRIT D'ÉQUIPE,* animant une équipe en parfait accord. **2** Groupe de personnes qui agissent, se distraient ensemble. → **bande. 3** sports Groupe de joueurs en nombre déterminé.

**équipée** n. f. ■ **1** Sortie, promenade. **2** Aventure entreprise à la légère.

**équipement** n. m. ■ Action d'équiper ; ce qui sert à équiper. → **matériel.**

**équiper** v. tr. [1] ■ Pourvoir des choses nécessaires à une activité. *Équiper une armée ; un navire.* → **armer, fréter.** ◆ *Équiper un local.* → **aménager, installer.**

**équipier, ière** n. ■ Membre d'une équipe sportive. → **coéquipier.**

**équitable** adj. ■ **1** littér. (personnes) Qui a de l'équité. → **impartial. 2** (choses) Conforme à l'équité. ◆ *Commerce équitable,* basé sur la juste rémunération du travail et le refus de l'exploitation des pays pauvres. ▷ adv. **équitablement**

**équitation** n. f. ■ Art de monter à cheval.

**équité** n. f. ■ **1** Vertu qui consiste à régler sa conduite sur le sentiment naturel du juste et de l'injuste (s'oppose à *iniquité*). → **droiture, justice.** *En toute équité.* **2** dr. Justice spontanée (opposé à *loi,* etc.).

**équivalence** n. f. ■ Qualité de ce qui est équivalent. → **égalité.** ◆ Assimilation d'un titre, d'un diplôme à un autre.

**équivalent, ente** ■ **I** adj. **1** Dont la quantité a la même valeur. → **égal.** *Sommes équivalentes.* **2** Qui a la même valeur ou fonction. **II** n. m. Ce qui équivaut, la chose équivalente (en quantité ou en qualité). ◆ *Sans équivalent,* unique.

**équivaloir** v. tr. ind. [29] rare à l'inf. = *ÉQUIVALOIR À* **1** Avoir la même valeur en quantité que. **2** Avoir la même valeur ou fonction que. *Cela équivaut à un refus.*

**équivoque** ■ I adj. 1 Qui peut s'interpréter, s'expliquer de plusieurs manières. → **ambigu**. ♦ Qui semble impliquer un désir sexuel. *Geste équivoque*. 2 Qui n'inspire pas confiance. → **douteux, louche**. II n. f. 1 Caractère de ce qui prête à des interprétations diverses. → **ambiguïté**. 2 Incertitude laissant le jugement hésitant. *Dissiper l'équivoque*. ▷ adv. **équivoquement**

**érable** n. m. ■ Grand arbre dont le fruit est muni de deux ailes membraneuses (→ samare). *Érable faux platane*. → **sycomore**. ◆ *Érable du Canada* ou *érable à sucre*, qui donne un sucre comestible (→ **acériculture**). ♦ Bois d'érable.

**érablière** n. f. ■ Plantation d'érables.

**éradiquer** v. tr. 1 ■ Arracher, extirper, supprimer. ▷ n. f. **éradication**

**érafler** v. tr. 1 ■ 1 Entamer légèrement la peau de. → **écorcher, égratigner**. 2 par analogie *Érafler le plâtre d'un mur*. → **rayer**.

**éraflure** n. f. ■ → **égratignure**.

**éraillé, ée** adj. ■ 1 Qui présente des déchirures superficielles. 2 *Voix éraillée*, rauque.

**érailler** v. tr. 1 ■ 1 Déchirer superficiellement. → **érafler, rayer**. 2 Rendre rauque (la voix). ▷ n. m. **éraillement**

**éraillure** n. f. ■ Marque sur ce qui est éraillé.

**ère** n. f. ■ 1 Espace de temps de longue durée, qui commence à un point déterminé. *L'ère chrétienne*. 2 Époque qui commence avec un nouvel ordre de choses. → **âge, époque, période**. *L'ère atomique*. 3 La plus grande division des temps géologiques.

**érectile** adj. ■ Capable de se dresser.

**érection** n. f. ■ I littér. Action d'ériger. *L'érection d'une statue*. II Fait, pour des tissus ou organes (spécialt le pénis), de se redresser en devenant durs et gonflés.

**éreintage** n. m. ■ Critique très sévère.

**éreintant, ante** adj. ■ Qui éreinte (1).

**éreintement** n. m. ■ 1 Fatigue intense. 2 Critique maladroite.

**éreinter** v. tr. 1 ■ 1 Accabler de fatigue. → **épuiser, harasser**. 2 fig. Critiquer de manière à nuire à la réputation de (qqn, qqch.).

**érémitique** adj. ■ didact. Propre aux ermites.

**érésipèle** → **érysipèle**

**éréthisme** n. m. ■ méd. État d'excitabilité accrue (d'un organe).

①**erg** [ɛʀɡ] n. m. ■ Dunes désertiques.

②**erg** [ɛʀɡ] n. m. ■ Ancienne unité de mesure d'énergie valant $10^{-7}$ joules.

**ergonomie** n. f. ■ didact. Étude des conditions de travail et des relations entre l'homme et la machine. ▷ adj. **ergonomique**

**ergot** n. m. ■ I (chez les gallinacés mâles) Pointe recourbée du tarse servant d'arme offensive. ◆ loc. fig. *Monter sur ses ergots* : prendre une attitude agressive, menaçante. II Petit corps oblong et vénéneux formé par un champignon parasite des céréales.

**ergoter** v. intr. 1 ■ Trouver à redire sur des points de détail. → **chicaner, pinailler**. ▷ n. m. **ergotage** ▷ n. et adj. **ergoteur, euse**

**ergothérapie** n. f. ■ didact. Traitement de rééducation des infirmes, etc. par le travail manuel. ▷ n. **ergothérapeute**

**ériger** v. tr. 3 ■ 1 Placer (un monument) en station verticale. → **dresser ; érection**. ♦ Construire, bâtir. *Ériger un temple*. 2 fig. *ÉRIGER qqn, qqch. EN* : donner à (qqn, qqch.) le caractère de. *Ériger qqn en modèle*. — pronom. *S'ÉRIGER EN* : se **poser** en.

**ermitage** n. m. ■ 1 Habitation d'un ermite. 2 Lieu écarté, solitaire.

**ermite** n. m. ■ Religieux retiré dans un lieu désert. → **anachorète**. ◆ *Vivre en ermite*, seul et coupé du monde.

**éroder** v. tr. 1 ■ didact. User, détruire par une action lente (→ **érosion**).

**érogène** adj. ■ psych. Susceptible de provoquer une excitation sexuelle.

**éros** [-os] n. m. ■ didact. Principe du désir, dont l'énergie correspond à la libido*.

**érosion** n. f. ■ 1 Usure et transformation que les eaux et agents atmosphériques font subir à l'écorce terrestre. 2 fig. Usure, dégradation graduelle.

**érotique** adj. ■ 1 didact. Qui a rapport à l'amour. 2 Qui a rapport à l'amour physique, au plaisir. ♦ Qui provoque le désir amoureux. → **excitant**. ▷ adv. **érotiquement**

**érotiser** v. tr. 1 ■ Donner un caractère érotique à. ▷ n. f. **érotisation**

**érotisme** n. m. ■ 1 Caractère érotique. 2 Caractère de ce qui a les activités érotiques pour thème. *Érotisme et pornographie*.

**erpétologie** n. f. ■ didact. Étude des reptiles.

**errance** n. f. ■ Action d'errer çà et là.

①**errant, ante** adj. ■ 1 Qui va de côté et d'autre. → **vagabond**. 2 littér. (expression, sourire...) Flottant, incertain.

②**errant, ante** adj. ■ dans des loc. Qui voyage. *Chevalier errant*.

**erratique** adj. ■ 1 didact. Qui n'est pas fixe ; qui n'est pas régulier. 2 géol. *Blocs erratiques*, transportés par les glaciers.

**erratum** [-ɔm] n. m. ■ 1 Faute signalée dans un ouvrage imprimé. 2 au plur. *ERRATA* : liste des fautes d'impression d'un ouvrage.

**erre** n. f. ■ loc. *Navire qui court sur son erre*, sur sa lancée, par la vitesse acquise.

**errements** n. m. pl. ■ littér. Habitude mauvaise ; manière d'agir blâmable.

**errer** v. intr. 1 ■ 1 1 Aller au hasard, à l'aventure. → **vagabonder ; rôder**. 2 (choses) Se manifester çà et là, ou fugitivement. → **flotter**. *Un sourire errait sur ses lèvres*. II fig. Se tromper (→ **erreur ; aberrant**).

**erreur** n. f. ■ I 1 Acte de l'esprit qui tient pour vrai ce qui est faux et inversement. ◆ *FAIRE ERREUR*. → se **méprendre**, se **tromper**. ◆ *SAUF ERREUR* : excepté si l'on se trompe. ◆ *PAR ERREUR* : à la suite d'une confusion. 2 État d'une personne qui se trompe. 3 Assertion, opinion fausse. 4 Action regrettable, maladroite, déraisonnable. → **faute ; bévue, maladresse**. II 1 Chose fausse par rapport à une norme (différence par rapport à un modèle ou au réel). → **faute, inexactitude**. 2 Chose fausse, élément inexact, dans une opération particulière (→ **erroné**). *Erreur de calcul.* ♦ *Erreur judiciaire :* condamnation injuste.

**erroné, ée** adj. ▪ Qui contient des erreurs ; qui constitue une erreur. → **faux, inexact ; fautif.** ▷ adv. **erronément**

**ers** [ɛʀ] n. m. ▪ agric. Plante herbacée annuelle, cultivée comme fourrage.

**ersatz** [ɛʀzats] n. m. ▪ 1 Produit alimentaire qui en remplace un autre de qualité supérieure. → **succédané.** 2 fig. Ce qui remplace (qqch., qqn) sans le valoir.

**éructation** n. f. ▪ littér. Renvoi. → fam. **rot.**

**éructer** v. ① ▪ 1 v. intr. littér. Renvoyer par la bouche les gaz de l'estomac. → fam. **roter.** 2 v. tr. fig. Proférer grossièrement.

**érudit, ite** ▪ 1 adj. Qui a de l'érudition. → **savant.** ♦ (choses) Relatif à l'érudition. 2 n. Personne érudite. → **lettré.**

**érudition** n. f. ▪ Savoir approfondi fondé sur l'étude des sources, des documents.

**éruptif, ive** adj. ▪ 1 méd. Qui s'accompagne d'éruption (1). 2 Des éruptions (2).

**éruption** n. f. ▪ 1 Apparition soudaine (de boutons, etc.) sur la peau. 2 Jaillissement des matières volcaniques ; état d'un volcan qui émet ces matières. 3 *Éruption solaire,* accroissement de l'activité solaire.

**érysipèle** ou **érésipèle** n. m. ▪ Maladie infectieuse où la peau est enflammée.

**érythème** n. m. ▪ Affection cutanée caractérisée par une rougeur superficielle.

**érythr(o)-** Élément savant, du grec *eruthros* « rouge ».

**érythrocyte** n. m. ▪ Hématie.

**érythropoïétine** n. f. ▪ biochim. Hormone qui stimule la formation des érythrocytes (en réponse à une carence en oxygène). – abrév. E. P. O. ou EPO n. f.

**es-** → **é-**

**ès** [ɛs] prép. ▪ (devant un nom pluriel) *Docteur ès lettres,* en lettres. *Licence ès sciences.*

**E. S. B.** ou **ESB** n. f. (sigle) ▪ Encéphalopathie* spongiforme bovine.

**esbroufe** n. f. ▪ fam. Étalage de manières fanfaronnes. ▷ **esbroufer** v. tr. ① fam. → **bluffer, épater.**

**escabeau** n. m. ▪ 1 Tabouret. 2 Marchepied à quelques degrés.

**escabèche** n. f. ▪ Marinade de poissons.

**escadre** n. f. ▪ 1 Force navale importante. 2 *Escadre aérienne :* division d'avions.

**escadrille** n. f. ▪ Groupe d'avions de combat.

**escadron** n. m. ▪ 1 Unité de cavalerie, de blindés, etc. 2 plais. Groupe important.

**escalade** n. f. ▪ 1 Action d'escalader (1). 2 Ascension (d'une montagne...). → *Faire de l'escalade* (sport). 3 fig. Stratégie qui consiste à prendre des mesures de plus en plus graves. ♦ Intensification (d'un phénomène). *L'escalade de la violence.*

**escalader** v. tr. ① ▪ 1 Passer par-dessus (une clôture...). → **franchir.** 2 Faire l'ascension de. → **gravir ; grimper** sur. 3 (sujet chose) S'élever le long de.

**escale** n. f. ▪ 1 Lieu d'arrêt, de ravitaillement (pour un navire, un avion). 2 Fait de s'arrêter pour se ravitailler, pour embarquer ou débarquer des passagers, du fret. *Faire escale.* ♦ Durée de l'arrêt.

**escalier** n. m. ▪ 1 Suite de degrés qui servent à monter et à descendre. ← loc. *Avoir l'esprit de l'escalier, d'escalier,* un esprit de repartie à retardement. 2 *Escalier mécanique :* escalier articulé et mobile, qui transporte l'usager (syn. anglic. *escalator*).

**escalope** n. f. ▪ Tranche mince (de viande blanche, de poisson).

**escamotage** n. m. ▪ Action d'escamoter.

**escamoter** v. tr. ① ▪ 1 Faire disparaître (qqch.) par un tour de main qui échappe à la vue des spectateurs. 2 S'emparer de (qqch.) sans être vu. → **dérober, subtiliser.** 3 Rentrer (un train d'atterrissage...). 4 fig. Éviter habilement, de façon peu honnête. → **éluder, esquiver.** 5 *Escamoter un mot,* le prononcer très vite ou très bas.

**escamoteur, euse** n. ▪ Personne qui escamote (1 ou 2) qqch. → **illusionniste, prestidigitateur ; pickpocket.**

**escampette** n. f. ▪ loc. *Prendre la poudre d'escampette :* s'enfuir. → **déguerpir.**

**escapade** n. f. ▪ Fait d'échapper aux obligations, aux habitudes de la vie quotidienne (par une absence...).

**escarbille** n. f. ▪ Fragment incandescent qui s'échappe d'un foyer.

**escarboucle** n. f. ▪ vx Grenat rouge foncé.

**escarcelle** n. f. ▪ 1 ancient Grande bourse suspendue à la ceinture. 2 plais. Bourse.

**escargot** n. m. ▪ Mollusque gastéropode terrestre, à coquille arrondie en spirale. → **colimaçon, limaçon.**

**escarmouche** n. f. ▪ 1 Petit combat entre des soldats ou groupes isolés. → **échauffourée.** 2 fig. Petite lutte ou dispute.

**escarpé, ée** adj. ▪ En pente raide. → **abrupt.**

**escarpement** n. m. ▪ Pente raide.

**escarpin** n. m. ▪ Chaussure fine qui laisse le cou-de-pied découvert.

**escarpolette** n. f. ▪ vielli Balançoire suspendue par des cordes.

**escarre** n. f. ▪ Croûte noirâtre formée sur la peau par la nécrose des tissus, après une brûlure, un frottement prolongé, etc.

**eschatologie** [ɛska-] n. f. ▪ théol. Étude des fins dernières de l'homme et du monde.

**esche** → **èche**

**escient** [-jɑ̃] n. m. ▪ loc. adv. *À bon, à mauvais escient :* avec, sans discernement.

**s'esclaffer** v. pron. ① ▪ Éclater de rire.

**esclandre** n. m. ▪ Éclat, scandale.

**esclavage** n. m. ▪ 1 État, condition d'esclave. → **servitude.** ← *Esclavage moderne :* situation où une personne est contrainte de servir qqn, en étant privée de ses droits et de sa liberté. 2 Soumission à une autorité tyrannique. → **asservissement.** 3 Chose qui impose une contrainte.

**esclavagiste** adj. et n. ▪ Partisan de l'esclavage. ▷ n. m. **esclavagisme**

**esclave** n. ■ **1** Personne qui n'est pas libre, qui est sous la puissance absolue d'un maître. *La traite* des esclaves noirs, aux XVII° et XVIII° siècles. **2** Personne qui se soumet (à qqn, qqch.), qui se laisse dominer. ➜ adj. *Être esclave de ses habitudes.*

**escogriffe** n. m. ■ Homme dégingandé.

**escompte** [ɛskɔ̃t] n. m. ■ **1** fin. Action d'escompter un effet de commerce. **2** Réduction du montant d'une dette lorsqu'elle est payée avant son échéance. ♦ Remise sur le prix de vente.

**escompter** [-kɔ̃te] v. tr. 🔢 ■ **I** Payer (un effet de commerce) avant l'échéance, moyennant une retenue. **II** S'attendre à (qqch.), et se comporter en conséquence. → **attendre, compter** sur, **espérer, prévoir.**

**escopette** n. f. ■ anciennt Arme à feu portative à bouche évasée. → **tromblon.**

**escorte** n. f. ■ **1** Action d'escorter (qqn, qqch.) pour protéger. *Faire escorte à qqn.* ♦ Troupe chargée d'escorter. **2** Cortège qui accompagne une personnalité.

**escorter** v. tr. 🔢 ■ Accompagner pour guider, surveiller, protéger, etc.

**escorteur** n. m. ■ Petit navire de guerre.

**escouade** n. f. ■ Petite troupe.

**escrime** n. f. ■ Exercice par lequel on apprend l'art de manier l'arme blanche (épée, fleuret, sabre).

**s'escrimer** v. pron. 🔢 ■ **1** vieilli Se battre (comme avec une épée). **2** mod. *S'ESCRIMER À* (+ inf.) : faire avec effort. → s'**évertuer à.**

**escrimeur, euse** n. ■ Personne qui fait de l'escrime.

**escroc** [-o] n. m. ■ Personne qui escroque.

**escroquer** v. tr. 🔢 ■ **1** Obtenir (qqch. de qqn) en trompant. → **extorquer, soutirer. 2** *Escroquer qqn*, obtenir qqch. de lui en le trompant. → fam. **arnaquer.**

**escroquerie** n. f. ■ Fait d'escroquer.

**escudo** [ɛskydo ; ɛskudo] n. m. ■ Unité monétaire du Portugal (avant l'euro).

**esgourde** n. f. ■ argot Oreille.

**eskimo** → **esquimau**

**ésotérique** adj. ■ **1** (connaissance...) Qui ne se transmet qu'à des adeptes qualifiés. → **occulte. 2** Incompréhensible pour qui ne fait pas partie des initiés.

**ésotérisme** n. m. ■ **1** Doctrine ésotérique (ex. alchimie, hermétisme, occultisme). **2** Caractère d'une œuvre impénétrable.

**① espace** n. m. ■ **I** (Milieu où peut se situer qqch.) **1** (espace physique) *L'ESPACE* : étendue qui ne fait pas obstacle au mouvement. ➜ *Espace visuel, tactile.* **2** Portion de ce milieu. → **place.** *Espace vacant.* **3** Milieu géographique. *L'espace urbain.* ➜ *ESPACE VERT* : espace planté d'arbres, entre des espaces construits. ➜ *ESPACE VITAL*, revendiqué par un pays ; nécessaire au bien-être d'un individu. **4** Étendue des airs. → **air, atmosphère, ciel.** ♦ L'espace extraterrestre. → **cosmos.** *La conquête de l'espace* (→ **spatial**). **II** (Milieu abstrait) **1** Système de référence d'une géométrie. *L'espace à trois dimensions de la géométrie*

euclidienne. ➜ phys. (relativité) *ESPACE-TEMPS* : milieu à quatre dimensions (les trois de l'espace euclidien, et le temps). **2** Distance qui sépare deux objets. → **espacement, intervalle. 3** Étendue de temps. *En l'espace de dix minutes.*

**② espace** n. f. ■ Blanc entre deux mots.

**espacement** n. m. ■ **1** Disposition de choses espacées. **2** Distance, écart.

**espacer** v. tr. 🔢 ■ **1** Disposer (des choses) en laissant entre elles un intervalle. **2** Séparer par un intervalle de temps. ➜ s'**espacer** v. pron. Devenir plus distant ; devenir plus rare. → **espacé, ée** adj.

**espadon** n. m. ■ Grand poisson comestible à mâchoire en forme d'épée.

**espadrille** n. f. ■ Chaussure de toile à semelle en corde.

**espagnol, ole** adj. ■ **1** De l'Espagne. → **hispanique, ibérique.** *La peseta, unité monétaire espagnole, avant l'euro.* ➜ n. *Un Espagnol, une Espagnole.* ➜ n. m. *L'espagnol* (langue romane). → **castillan. 2** loc. *Auberge* espagnole. ➜ *Parler français comme une vache espagnole* : très mal.

**espagnolette** n. f. ■ Ferrure à poignée tournante servant à fermer et à ouvrir les châssis d'une fenêtre. → **crémone.**

**espalier** n. m. ■ **1** Mur le long duquel on plante des arbres fruitiers. **2** Appareil de gymnastique, large échelle fixée à un mur.

**espar** n. m. ■ Longue pièce de bois, de métal... du gréement d'un navire.

**espèce** n. f. ■ **I** au plur. vx Apparences sensibles des choses. **1** relig. *Communier sous les deux espèces* (pain et vin). **2** littér. *SOUS LES ESPÈCES DE* : sous la forme de. **II 1** Nature propre à plusieurs personnes ou choses, qui permet de les considérer comme appartenant à une catégorie distincte. → **genre, qualité, sorte, type. 2** *UNE ESPÈCE DE* : personne ou chose qu'on ne peut définir précisément et qu'on assimile à une autre. → **sorte.** *Une espèce de chapeau.* ♦ (personnes) *Espèce d'imbécile !* **3** loc. *CAS D'ESPÈCE*, qui ne rentre pas dans la règle générale. → **particulier.** ➜ *EN L'ESPÈCE*, en ce cas particulier. **III 1** dans une classification Division du genre. *Les caractères d'une espèce* (→ **spécifique**). **2** Ensemble d'individus ayant en commun des caractères distinctifs et pouvant se croiser. *Espèces animales, végétales.* ➜ *L'ESPÈCE HUMAINE* : les humains. **IV** au plur. anciennt Monnaie métallique (opposé à *billet*). ♦ mod. *Payer en ESPÈCES*, en argent liquide.

**espérance** n. f. ■ **1** Sentiment qui fait entrevoir comme probable la réalisation de ce que l'on désire. → **espoir. 2** Ce sentiment, appliqué à un objet déterminé. **3** *Espérance de vie* : durée moyenne de la vie humaine, dans une société donnée. **4** au plur. vieilli Biens qu'on attend d'un héritage.

**espéranto** n. m. ■ Langue internationale conventionnelle, créée par Zamenhof vers 1887.

**espérer** v. 6 ■ **1** v. tr. Considérer (ce qu'on désire) comme devant se réaliser. → **compter** sur, **escompter; attendre, souhaiter.** ◆ *Espérer qqn*, sa venue. ◆ (appliqué au passé) *J'espère avoir bien fait.* ◆ (formule de souhait) *Espérons qu'il n'a rien entendu.* **2** v. intr. Avoir confiance. *Il espère encore.* → *Espérer en des temps meilleurs.*

**esperluette** n. f. ■ Signe typographique représentant le mot *et* (&).

**espiègle** adj. ■ Vif et malicieux. ▷ **espiègle-rie** n. f. → **farce, gaminerie.**

**espion, onne** n. ■ **1** Personne chargée d'épier qqn. **2** Personne chargée de recueil-lir clandestinement des renseignements secrets sur une puissance étrangère.

**espionnage** n. m. ■ **1** Action d'espionner. → **surveillance.** → *Espionnage industriel* (pour connaître des secrets de fabrication...). **2** Activité des espions (2).

**espionner** v. tr. 1 ■ **1** Surveiller secrètement. **2** Faire de l'espionnage (2).

**esplanade** n. f. ■ Terrain plat aménagé.

**espoir** n. m. ■ **1** Fait d'espérer, d'attendre (qqch.) avec confiance. → **espérance.** ◆ *Ce qu'on espère. Ses espoirs se sont réalisés.* ◆ Personne sur laquelle on fonde un espoir. **2** Sentiment qui porte à espérer.

**esprit** n. m. ■ **1** Souffle de Dieu. ◆ relig. chrét. *SAINT-ESPRIT* ou *ESPRIT SAINT* : Dieu comme troisième personne de la Trinité, qui procède du Père et du Fils. **2** Inspiration provenant de Dieu. **3** Principe de la vie de l'homme. → **âme.** ◆ littér. *Rendre l'esprit.* → **mourir.** **II** (Émanation) **1** loc. *Reprendre ses esprits* : reprendre connaissance. **2** *ESPRIT-DE-SEL* : acide chlorhydrique étendu d'eau. → *ESPRIT-DE-VIN* : alcool éthylique (→ **spiritueux**). **III 1** Être immatériel, sans corps (→ **spirituel**). **2** Être actif dans les mythes, les légendes (fée, génie...). **3** Âme d'un mort. → **fantôme, revenant; spiritisme.** **IV 1** Le principe pensant en général (opposé à l'objet de pensée, à la matière). → **intellect;** **pensée. 2** Principe de la vie psychique, affective et intellectuelle (chez qqn). → **âme, conscience, moi.** *L'esprit et le corps.* → loc. *Avoir l'esprit ailleurs* : être distrait. *En esprit* : par la pensée. **3** Ensemble des dispositions, des façons d'agir habituelles. → **caractère.** → *AVOIR L'ESPRIT À* : être d'humeur à. **4** Principe de la vie intellectuelle (opposé à la sensibilité). → **entendement, intelligence, pensée, raison.** *Esprit logique.* → *Dans mon esprit,* selon moi. ◆ La personne qui pense. *Un grand esprit.* **5** Aptitude à l'intelligence, à une activité intellectuelle. *Esprit de syn-thèse.* **6** Vivacité, ingéniosité dans la façon de concevoir et d'exposer qqch.(→ **finesse, humour; spirituel**). **7** Attitude, idée qui détermine (une action...). → **intention, volonté.** *Esprit de révolte.* ◆ Fonds d'idées, de sentiments (d'une collectivité). *L'esprit d'une époque.* → **génie. 8** Sens profond (d'un texte). *L'esprit et la lettre.*

**-esque** Élément joint à des noms propres avec le sens de « à la façon de ».

**esquif** n. m. ■ littér. Embarcation légère.

**esquille** n. f. ■ Petit fragment d'un os.

① **esquimau, aude** ou **eskimo** n. et adj. ■ Inuit*.

② **esquimau** n. m. ■ Glace enrobée de cho-colat qu'on tient par un bâtonnet plat.

**esquinter** v. tr. 1 ■ fam. **1** Abîmer (qqch.); blesser (qqn). ◆ fig. Critiquer sévèrement. → **éreinter. 2** Fatiguer extrêmement. → **épuiser.** ▷ **esquinté, ée** adj.

**esquisse** n. f. ■ **1** Première forme (d'un des-sin, d'une statue...), qui sert de guide à l'ar-tiste. → **croquis, ébauche, maquette. 2** Plan, notes indiquant l'essentiel (d'un travail...). → **canevas, projet. 3** Action d'esquisser (3). → **ébauche.**

**esquisser** v. tr. 1 ■ **1** Représenter en esquisse (1). **2** Fixer les grands traits de (une œuvre...). **3** Commencer à faire. → **amorcer, ébaucher.** *Esquisser un sourire.*

**esquive** n. f. ■ Action d'esquiver un coup.

**esquiver** v. tr. 1 ■ **1** Éviter adroitement. *Esquiver un coup.* ◆ fig. → **éluder. 2** *S'ESQUIVER* v. pron. S'en aller en évitant d'être vu.

**essai** n. m. ■ **I 1** Opération par laquelle on s'assure des qualités, des propriétés (de qqch.) ou de la manière d'utiliser. *Banc\* d'essai.* → *Vol, pilote D'ESSAI,* pour essayer les prototypes d'avions. → *À L'ESSAI :* aux fins d'essai. *Mettre qqn à l'essai.* **2** Action faite sans être sûr du résultat. → **tentative.** *Coup d'essai.* → Chacune des tentatives d'un athlète. **3** (au rugby) Avantage obtenu quand un joueur pose le ballon derrière la ligne de but adverse. *Transformer un essai* (en but). **II 1** Résultat d'un essai; premières productions. **2** Ouvrage littéraire en prose, de facture libre. *Essai philosophique.*

**essaim** n. m. ■ **1** Groupe d'abeilles, d'in-sectes. **2** fig. Groupe nombreux.

**essaimer** v. intr. 1 ■ (abeilles) Quitter la ruche en essaim pour aller s'établir ailleurs. ◆ fig. (collectivité) *Sa famille a essaimé dans toute l'Europe.* ▷ n. m. **essaimage**

**essart** n. m. ■ agric. Terre essartée.

**essarter** v. tr. 1 ■ agric. Débroussailler (un terrain) par arrachage ou brûlage. ▷ n. m. **essartage**

**essayage** n. m. ■ Action d'essayer (2).

**essayer** v. tr. 8 ■ **1** Soumettre (une chose) à une ou des opérations pour voir si elle répond aux caractères qu'elle doit avoir. → **contrôler, examiner, tester; essai. 2** Mettre (un vêtement, etc.) pour voir s'il va. **3** Employer, utiliser (une chose) pour voir si elle convient. *Essayer un vin.* **4** Employer (qqch.) pour un but particulier. *Essayer une méthode.* → *ESSAYER DE* (+ inf.). → **chercher** à; **tenter** de. ▶ **s'essayer** (à) v. pron. Faire l'essai de ses capacités pour (une activité). *S'essayer à la course.* → (+ inf.) *S'essayer à parler en public.*

**essayeur, euse** n. ■ **1** Personne qui fait essayer les vêtements aux clients. **2** Per-sonne qui essaie, contrôle un matériel, etc.

**essayiste** n. m. ■ Auteur d'essais littéraires.

**esse** n. f. ■ Crochet en forme de S.

**essence** n. f. ■ I philos. **1** Fond de l'être, nature des choses. → **nature, substance.** ← (opposé à *existence*) Nature d'un être, opposée au fait d'être. **2** Ce qui fait qu'une chose est ce qu'elle est ; ensemble des caractères constitutifs et invariables (→ **essentiel**). ← *PAR ESSENCE* : par sa nature même. → par **définition. II** Espèce (d'un arbre). *Une forêt d'essences variées.* **III 1** Liquide volatil odorant qu'on extrait des végétaux (→ **huile** * essentielle). *Essence de lavande.* **2** Extrait concentré (d'aliments). *Essence de café.* **3** Produit liquide, volatil, inflammable, de la distillation du pétrole (utilisé comme carburant).

**essentialisme** n. m. ■ Philosophie pour laquelle l'essence (I) précède l'existence.

**essentiel, elle** ■ I adj. **1** philos. Qui est ce qu'il est par son essence (I). ← Qui appartient à l'essence. → **fondamental. 2** *ESSENTIEL À, POUR,* absolument nécessaire. → **indispensable. 3** Le plus important, très important (opposé à *secondaire*). → **principal ; capital. 4** *Huiles* * essentielles. **II** n. m. Ce qui est le plus important. → **principal.**

**essentiellement** adv. ■ **1** Par essence. → **fondamentalement. 2** Avant tout, au plus haut point. → **absolument.**

**esseulé, ée** adj. ■ littér. Seul, délaissé.

**essieu** n. m. ■ Pièce transversale d'un véhicule, entrant dans les moyeux des roues.

**essor** n. m. ■ **1** Élan d'un oiseau qui s'envole. → **envol, envolée. 2** fig. Élan, développement important et rapide.

**essorer** v. tr. 🔲 ■ Débarrasser (une chose mouillée) d'une grande partie de l'eau qu'elle contient. ▷ n. m. **essorage**

**essoreuse** n. f. ■ Machine pour essorer.

**essoriller** v. tr. 🔲 ■ Couper les oreilles.

**essouffler** v. tr. 🔲 ■ Mettre hors d'haleine, à bout de souffle. ▶ s'**essouffler** v. pron. **1** Avoir du mal à respirer. **2** fig. Perdre l'inspiration ; ne plus pouvoir suivre un rythme. ▷ n. m. **essoufflement**

**essuie-** Élément tiré du verbe *essuyer.*

**essuie-glace** n. m. ■ Tige de métal munie d'une lame (balai) qui essuie le pare-brise (ou la vitre arrière) d'un véhicule. *Des essuie-glaces.*

**essuie-mains** n. m. invar. ■ Serviette pour s'essuyer les mains.

**essuie-tout** n. m. invar. ■ Papier absorbant assez résistant, à usage domestique.

**essuyage** n. m. ■ Action d'essuyer.

**essuyer** v. tr. 🔲 ■ I **1** Sécher (ce qui est mouillé) en frottant avec un linge sec, etc. ← loc. fam. (fig.) Subir le premier une situation fâcheuse. ◆ Ôter (ce qui mouille). *Essuyer ses larmes.* ◆ Enlever (ce qui salit...). **II** fig. Avoir à supporter (qqch. de fâcheux). → **endurer, subir.**

**est** [ɛst] n. m. ■ **1** Celui des quatre points cardinaux qui est au soleil levant. ← Lieu situé du côté de l'est (→ **oriental**). **2** *L'Est* (en France) : l'Alsace et la Lorraine. ◆ hist. Les pays à l'est de l'Europe.

**estacade** n. f. ■ Barrage, jetée de pieux.

**estafette** n. f. ■ anciennt Messager. ◆ mod. Militaire agent de liaison.

**estafilade** n. f. ■ Entaille faite avec une arme tranchante. → **balafre, coupure.**

**estaminet** n. m. ■ régional Café populaire.

**estampe** n. f. ■ Image imprimée par gravure sur bois, etc. ou par lithographie. → **gravure.**

**estamper** v. tr. 🔲 ■ **1** Imprimer en relief ou en creux sur (un support) une empreinte gravée. **2** fig. fam. Faire payer trop cher (qqn). → **escroquer.** ▷ n. m. **estampage**

**estampille** n. f. ■ Empreinte (cachet, poinçon...) qui atteste l'authenticité, l'origine d'un produit, d'un document.

**estampiller** v. tr. 🔲 ■ Marquer d'une estampille. ▷ n. m. **estampillage**

**estancia** n. f. ■ Grande exploitation agricole d'élevage, en Amérique latine.

① **ester** [ɛste] v. intr. 🔲 ■ dr. *Ester en justice :* intenter un procès.

② **ester** [ɛstɛʁ] n. m. ■ chim. Corps résultant de l'action d'un acide sur un alcool avec élimination d'eau (→ **polyester**).

**esthète** n. et adj. ■ (Personne) qui affecte le culte raffiné de la beauté formelle.

**esthéticien, ienne** n. ■ **1** didact. Spécialiste d'esthétique (I, 1). **2** Personne qui donne des soins de beauté (maquillage, etc.).

**esthétique** ■ I n. f. **1** Science du beau dans la nature et dans l'art ; conception particulière du beau. *L'esthétique d'un monument.* **2** Beauté. *L'esthétique industrielle.* → anglic. **design. II** adj. **1** Relatif à la beauté, à l'esthétique (I, 1). **2** Qui a un caractère de beauté. **3** *CHIRURGIE ESTHÉTIQUE,* qui change les formes du corps, du visage dans un but esthétique.

**esthétiquement** adv. ■ Du point de vue esthétique ; d'une manière esthétique.

**estimable** adj. ■ **1** Digne d'estime. **2** Qui a du mérite, sans être remarquable.

**estimatif, ive** adj. ■ Qui contient une estimation. *Devis estimatif.*

**estimation** n. f. ■ **1** Action d'estimer (I, 1). → **expertise ; devis. 2** Action d'évaluer (une grandeur). *Selon mes estimations...*

**estime** n. f. ■ **1** mar. Calcul de la position d'un navire en estimant le chemin parcouru. ◆ *À L'ESTIME* loc. adv. *Naviguer à l'estime,* en utilisant les instruments de navigation. → fig. Approximativement, au jugé. **II 1** Sentiment favorable né de la bonne opinion qu'on a de la valeur (de qqn). → **considération, respect. 2** Sentiment qui attache du prix (à qqch.). *Succès d'estime* (d'une œuvre qui a la faveur de la critique).

**estimer** v. tr. 🔲 ■ I **1** Déterminer le prix, la valeur (de qqch.) par une appréciation. → **apprécier, évaluer ; estimation. 2** Calculer approximativement. **II 1** Avoir une opinion sur. → **considérer, tenir** pour. *Estimer utile de faire qqch. J'estime avoir fait mon devoir.* **2** Reconnaître la valeur de (qqn ou, moins souvent, qqch.). → **apprécier, considérer ; estime.** ▶ s'**estimer** v. pron. (+ adj. attribut) Se considérer. *Estimons-nous heureux.* ▶ **estimé, ée** adj. Qui jouit de l'estime d'autrui. ← (choses) Apprécié.

---

# ESTIVAL  264

**estival, ale, aux** adj. ■ Propre à l'été.

**estivant, ante** n. ■ Vacancier qui passe l'été dans une station de villégiature.

**estiver** v. ① ■ Se dit des troupeaux qui passent l'été dans des pâturages de montagne (→ transhumance). ▷ n. m. **estivage**

**estoc** n. m. ■ *D'ESTOC ET DE TAILLE*, avec la pointe et le tranchant de l'épée.

**estocade** n. f. ■ (tauromachie) Coup d'épée, dans la mise à mort du taureau.

**estomac** [-a] n. m. ■ I Viscère creux, organe de l'appareil digestif. 1 (personnes) Poche musculeuse, située dans la partie supérieure de la cavité abdominale. → gastéro- ; stomacal. ◆ loc. *Avoir l'estomac dans les talons* : avoir faim. 2 (animaux) Partie renflée du tube digestif, qui reçoit les aliments. *L'estomac des ruminants* (panse, bonnet, feuillet, caillette). II Partie du torse située sous les côtes. *Frapper qqn à l'estomac.* III *Avoir de l'estomac*, de l'audace.

**estomaquer** v. tr. ① ■ fam. Étonner, surprendre par qqch. de choquant.

**estompe** n. f. ■ Petit rouleau servant à étendre la trace du crayon, du fusain, etc. sur un dessin.

**estomper** v. tr. ① ■ 1 Dessiner, ombrer avec l'estompe. 2 Rendre flou, moins net. → voiler. 3 fig. Enlever de son relief à (un sentiment...). → adoucir, atténuer. ▶ s'estomper v. pron. ▷ n. m. **estompage**

**estonien, enne** adj. ■ De l'Estonie. *La couronne estonienne, monnaie remplacée par l'euro.* ◆ n. *Un Estonien, une Estonienne.* ◆ n. m. *L'estonien*, langue finno-ougrienne parlée par les Estoniens.

**estoquer** v. tr. ① ■ Tuer par l'estocade.

**estourbir** v. tr. ② ■ fam. Assommer.

**① estrade** n. f. ■ vx Route. ◆ loc. *Battre l'estrade* : courir les chemins.

**② estrade** n. f. ■ Plancher élevé au-dessus du sol ou du parquet.

**estragon** n. m. ■ Plante dont la tige et les feuilles servent comme condiment.

**estran** n. m. ■ Partie du littoral périodiquement recouverte par la marée.

**estrapade** n. f. ■ ancient Supplice qui consistait à laisser tomber un condamné suspendu par une corde à une potence.

**estrogène** → œstrogène

**estropier** v. tr. ⑦ ■ 1 Priver d'un membre, mutiler par blessure ou maladie. 2 fig. Modifier, déformer ou tronquer (un mot, etc.). ▶ estropié, ée adj. et n. → infirme.

**estuaire** n. m. ■ Embouchure (d'un cours d'eau) dessinant un golfe évasé et profond.

**estudiantin, ine** adj. ■ Des étudiants.

**esturgeon** n. m. ■ Grand poisson qui vit en mer et va pondre dans les grands fleuves. *Œufs d'esturgeon.* → caviar.

**et** conj. ■ I Conjonction de coordination qui sert à lier les mots, les syntagmes, les propositions ayant même fonction ou même rôle et à exprimer une addition, une liaison. 1 reliant des parties de même nature *Deux et deux font quatre. Du thym, du laurier et du romarin.* 2 reliant deux parties de nature différente et de même fonction *Il chanta, et avec brio.* 3 dans les nombres composés (joignant *un* aux dizaines) *Vingt et un* (mais *quatre-vingt-un*). ◆ devant la fraction *Deux heures et quart* (aussi *un quart*), *et demie.* II (en début de phrase) *Et voici que tout à coup...* → alors. III n. m. 1 Le mot *et*. Signe représentant *et*. → esperluette. 2 math., log. Symbole ou opérateur représentant l'intersection, le produit logique.

**étable** n. f. ■ Bâtiment où on loge le bétail, les bovidés (→ stabulation).

**établi** n. m. ■ Table massive sur laquelle on dispose ou fixe la pièce à travailler.

**établir** v. tr. ② ■ I Mettre, faire tenir (une chose) dans un lieu et d'une manière stable. → construire, installer. *Établir un campement.* II fig. 1 Mettre en vigueur, en application. → fonder, instituer. *Établir un impôt.* ◆ Fonder de manière stable. *Établir sa réputation.* 2 vieilli Pourvoir (qqn) d'une situation, d'un emploi. 3 Fonder sur des arguments. → appuyer, baser, étayer. ◆ Faire apparaître comme vrai. → démontrer, prouver. 4 Faire commencer (des relations). *Établir des liens avec qqn.* → nouer. ▶ s'établir v. pron. 1 Se fixer (en un lieu). → s'installer. 2 (+ attribut) Se poser en. *S'établir juge des actes d'autrui.* 3 Prendre naissance, s'instaurer. ▶ établi, ie adj. → solide.

**établissement** n. m. ■ I 1 Action de fonder, d'établir. → création, fondation, institution. 2 Fait d'établir (II, 3). → démonstration, preuve. 3 Fait de s'établir (1). II Ensemble des installations d'une entreprise ; cette entreprise. *Les établissements X.* → société. ◆ *Établissement scolaire.*

**étage** n. m. ■ I 1 Espace compris entre deux planchers successifs d'un édifice. *Immeuble de six étages.* 2 Chacun des plans (d'une chose aux parties superposées). *Le terrain descend par étages.* 3 géol. Ensemble de terrains de même âge (subdivision de l'époque). 4 Élément détachable (d'une fusée). II loc. *DE BAS ÉTAGE* : de condition médiocre.

**étager** v. tr. ③ ■ Disposer par étages superposés. → échelonner, superposer. ▶ s'étager v. pron. ▷ n. m. **étagement**

**étagère** n. f. ■ 1 Planche fixée horizontalement. 2 Meuble fait de montants supportant des tablettes horizontales.

**① étai** n. m. ■ Pièce de charpente destinée à soutenir provisoirement (→ étayer).

**② étai** n. m. ■ Câble à l'avant d'un navire, soutenant un mât (→ aussi hauban).

**étaiement** → étayage

**étain** n. m. ■ 1 Élément (symb. Sn), métal grisâtre, très malléable. 2 Objet d'étain.

**étal, étals** ou rare **étaux** n. m. ■ 1 Table où l'on expose les marchandises dans les marchés. → éventaire. 2 Table de bois sur laquelle les bouchers débitent la viande.

**étalage** n. m. ▪ **1** admin. Exposition de marchandises qu'on veut vendre. **2** Lieu où l'on expose des marchandises ; marchandises exposées. → **étal ; devanture, vitrine. 3** fig. Action d'exposer avec ostentation. *Étalage d'érudition.* ◆ *FAIRE ÉTALAGE DE.* → **exhiber.**

**étalagiste** n. ▪ Personne dont le métier est de disposer les étalages des magasins.

**étale** adj. ▪ Sans mouvement, immobile. ◄ *Mer étale,* qui ne monte ni ne descend.

**étalement** n. m. ▪ Action d'étaler, de répartir (dans l'espace ou dans le temps).

**étaler** v. tr. 1 ▪ **I** concret **1** Exposer (des marchandises à vendre). **2** Disposer sur une grande surface, notamment pour montrer. *Étaler ses cartes.* ◄ *Étaler un journal.* → **déployer. 3** Étendre en couche fine. *Étaler du beurre sur du pain.* **4** fam. Faire tomber (qqn). **II** abstrait **1** Montrer avec prétention. *Étaler son savoir.* **2** Montrer, exposer. *Étaler ses amours.* **III** Répartir dans le temps. → **échelonner.** ► **s'étaler** v. pron. **1** (passif) *Peinture qui s'étale bien.* **2** S'afficher, s'exhiber. **3** S'étendre (dans le temps). **4** fam. (personnes) Prendre de la place. **5** fam. Tomber.

① **étalon** n. m. ▪ Cheval destiné à la reproduction (opposé à *hongre*).

② **étalon** n. m. ▪ **1** Modèle légal de mesure ; représentation matérielle d'une unité de mesure. ◄ appos. *Mètre étalon.* **2** fig. → **modèle, référence. 3** écon. Métal fondant la valeur d'une monnaie.

**étalonner** v. tr. 1 ▪ **1** Vérifier (une mesure) par comparaison avec un étalon. **2** Graduer (un instrument) conformément à l'étalon. ▷ n. m. **étalonnage** et **étalonnement**

**étambot** n. m. ▪ Partie d'un navire qui continue la quille à l'arrière.

**étamer** v. tr. 1 ▪ **1** Recouvrir (un métal) d'une couche d'étain. ◄ au p. p. *Tôle étamée* : ferblanc. **2** Recouvrir (une face d'une glace) de tain*. ▷ n. m. **étamage**

**étameur, euse** n. ▪ Personne qui étame.

① **étamine** n. f. ▪ **1** Étoffe mince, légère. **2** Tissu lâche qui sert à filtrer.

② **étamine** n. f. ▪ Organe mâle producteur du pollen, chez les plantes à fleurs.

**étampe** n. f. ▪ Poinçon, outil pour étamper.

**étamper** v. tr. 1 ▪ techn. Imprimer une marque sur (une surface dure).

**étanche** adj. ▪ Qui ne laisse pas passer les fluides, ne fuit pas. *Toiture étanche.* → **imperméable.** ▷ n. f. **étanchéité**

**étancher** v. tr. 1 ▪ **1** Arrêter (un liquide) dans son écoulement. → **éponger. 2** *Étancher sa soif,* l'apaiser en buvant. → se **désaltérer.** ▷ n. m. **étanchement**

**étançon** n. m. ▪ Grosse pièce de bois de soutien. → **béquille, contrefort, étai.**

**étang** [etɑ̃] n. m. ▪ Étendue d'eau moins vaste et moins profonde qu'un lac.

**étape** n. f. ▪ **1** Lieu où l'on s'arrête au cours d'un déplacement, d'un voyage. ◄ loc. *Brûler l'étape :* ne pas s'arrêter à l'étape prévue. fig. *Brûler les étapes :* aller plus vite que prévu. **2** Distance pour arriver à une étape (1). *Une longue étape.* **3** fig. Période dans une progression, une évolution. → **moment, phase.** *Par étapes.* → **degré.**

**état** n. m. ▪ **I** Manière d'être (d'une personne ou d'une chose), considérée dans ce qu'elle a de plus ou moins durable (opposé à *devenir*). *État permanent ; momentané.* **1** Manière d'être physique, intellectuelle, morale (d'une personne). ◆ loc. *Être dans tous ses états,* très agité. ◆ *ÉTAT D'ESPRIT :* disposition d'esprit. ◆ *ÉTAT D'ÂME :* disposition des sentiments. *Avoir des états d'âme,* des réactions affectives incontrôlées. ◆ *EN ÉTAT DE, HORS D'ÉTAT DE* (+ inf.) : capable ou non de. **2** Manière d'être (d'une chose). ◄ *En bon, en mauvais état. En état de marche.* ◆ *EN ÉTAT :* dans l'état normal ou antérieur. ◆ *EN L'ÉTAT :* tel quel. ◆ *ÉTAT DE CHOSES :* circonstance. ◆ *EN TOUT ÉTAT DE CAUSE :* dans tous les cas. ◆ (choses abstraites) *L'état de la question.* **3** sc. Manière d'être (d'un corps) résultant de la plus ou moins grande cohésion de ses molécules. *État solide, liquide, gazeux.* **4** *FAIRE ÉTAT DE :* tenir compte de ; mettre en avant. **5** Écrit constatant ou décrivant un fait, une situation à un moment donné. *État des lieux.* **II** Situation (d'une personne) dans la société. **1** littér. Fonction sociale. *L'état religieux.* ◄ *Il est architecte DE SON ÉTAT,* c'est son métier. **2** dr. Ensemble de qualités inhérentes à la personne, auxquelles la loi civile attache des effets juridiques. *État d'époux.* ◆ *ÉTAT CIVIL :* mode de constatation des principaux faits relatifs à l'état des personnes (naissance, mariage, décès...) ; service chargé de constater ces faits. **3** hist. *TIERS ÉTAT :* sous l'Ancien Régime, Troisième état comprenant ceux qui n'appartenaient ni à la noblesse ni au clergé. ◄ au plur. *ÉTATS GÉNÉRAUX :* assemblée des députés des trois états, convoquée par le roi. **III** (avec une maj.) **1** Autorité souveraine s'exerçant sur un peuple et un territoire déterminés. *L'État et la nation.* ◆ *CHEF D'ÉTAT :* personne qui exerce l'autorité souveraine dans un pays. *Le chef de l'État* (même sens). ◆ *HOMME, FEMME D'ÉTAT :* personne qui a ou peut avoir un rôle très important dans l'État. ◆ *COUP D'ÉTAT :* conquête ou tentative de conquête du pouvoir par des moyens illégaux. → **putsch.** ◆ *RAISON D'ÉTAT :* considération d'intérêt public que l'on invoque pour justifier une action. **2** Ensemble des services généraux d'une nation ; pouvoir central. *L'État et les collectivités locales.* **3** Groupement humain fixé sur un territoire déterminé, soumis à une même autorité. → **nation, pays.**

**étatique** adj. ▪ Qui concerne l'État.

**étatiser** v. tr. 1 ▪ Transformer en propriété d'État ; faire gérer par l'État. → **nationaliser.** ▷ n. f. **étatisation**

**étatisme** n. m. ▪ Doctrine préconisant l'extension du rôle de l'État dans la vie économique et sociale. ▷ adj. et n. **étatiste**

**état-major** n. m. ▪ **1** Officiers et personnel attachés à un officier supérieur ou général pour élaborer et transmettre les ordres. → **commandement**. *Des états-majors.* **2** Ensemble des dirigeants (d'un groupe...).

**étau** n. m. ▪ **1** Presse formée de deux mâchoires qu'on rapproche de manière à serrer l'objet que l'on veut travailler. **2** loc. fig. *Être pris dans un étau,* dans une situation pénible.

**étayage** n. m. ▪ Action d'étayer; opération par laquelle on étaie. - syn. ÉTAIEMENT.

**étayer** v. tr. 8 ▪ **1** Soutenir à l'aide d'étais (①). *Étayer un mur.* **2** fig. Appuyer, soutenir. *Étayer une démonstration.*

**et cætera** ou **et cetera** [ɛtsetera] loc. ▪ Et le reste. - abrév. graphique ETC.

① **été** ▪ Participe passé (invar.) de *être.*

② **été** n. m. ▪ Saison qui succède au printemps et précède l'automne, et qui, dans l'hémisphère Nord, commence au *solstice* d'été s'achève à l'équinoxe d'automne. ♦ *L'été indien :* période de beaux jours en automne, en Amérique du Nord.

**éteignoir** n. m. ▪ **1** Ustensile creux qu'on pose sur une bougie, etc. pour l'éteindre. **2** fig. Ce qui arrête l'élan de l'esprit, de la gaieté. → (personnes) → **rabat-joie.**

**éteindre** v. tr. 52 ▪ **1** Faire cesser de brûler. *Éteindre un feu* (→ **extinction**). ♦ Faire cesser d'éclairer. *Éteindre une lampe.* ♦ Faire cesser de fonctionner (un appareil). *Éteindre la radio.* **2** fig., littér. Diminuer l'intensité de; faire cesser d'exister. → **apaiser, calmer, diminuer. 3** dr. *Éteindre un droit; une dette.* → **annuler; acquitter.** ► **s'éteindre** v. pron. **1** Cesser de brûler; cesser d'éclairer. **2** littér. (sons...) Perdre son éclat, sa vivacité. **3** fig. Disparaître, finir. *Souvenir qui s'éteint.* → (personnes) Mourir. ■ **éteint, einte** adj. **1** Qui ne brûle plus; qui n'éclaire plus. **2** Qui a perdu son éclat, sa vivacité. **3** fig. Affaibli; supprimé.

**étendage** n. m. ▪ **1** Action d'étendre pour faire sécher. **2** Cordes à linge, séchoir.

**étendard** n. m. ▪ **1** Enseigne de guerre, drapeau. **2** fig. Signe de ralliement; symbole (d'une cause...). *L'étendard de la liberté.*

**étendoir** n. m. ▪ → **étendage** (2).

**étendre** v. tr. 41 ▪ **1** Déployer (un membre, une partie du corps) dans sa longueur (en l'écartant, en le dépliant). **2** Placer à plat ou dans sa grande dimension (ce qui était plié). *Étendre du linge,* pour qu'il sèche. **3** Coucher (qqn) de tout son long. ♦ fig., fam. → **coller, refuser.** *Se faire étendre au bac.* **4** Faire couvrir une surface plus grande à. → **étaler. 5** Diluer. *Étendre une sauce.* **6** fig. Rendre plus grand. → **accroître.** *Étendre son influence.* ► **s'étendre** v. pron. **1** Augmenter en surface ou en étendue. **2** (personnes) → **s'allonger,** se coucher. **3** (sujet chose) Occuper un certain espace. **4** Prendre de l'ampleur. **5** *S'étendre sur un sujet,* le développer longuement. ■ **étendu, ue** adj. **1** Qu'on a étendu ou qui s'est étendu. **2** Qui a une grande étendue.

**étendue** n. f. ▪ **1** philos. Propriété des corps d'être situés dans l'espace et d'en occuper une partie. **2** Espace perceptible, visible; espace occupé par qqch. **3** (voix...) Écart entre le son le plus grave et le son le plus aigu. → **registre. 4** Espace de temps. → **durée. 5** fig. Importance, développement.

**éternel, elle** adj. ■ **I 1** Qui est hors du temps, qui n'a pas eu de commencement et n'aura pas de fin. ♦ n. m. *L'ÉTERNEL :* Dieu. - Ce qui a une valeur d'éternité*. **2** Qui est de tous les temps ou qui doit durer toujours. - relig. *La vie éternelle,* après la mort. - *Le repos éternel :* la mort. **3** Qui dure très longtemps ; dont on ne peut imaginer la fin. - *Neiges éternelles,* qui ne fondent pas. **II** (avant le nom) **1** Qui ne semble pas devoir finir; qui ennuie par la répétition. → **sempiternel.** → (personnes) *Un éternel mécontent.* **2** Qui se trouve continuellement associé à qqch., à qqn. → **inséparable.** *Avec son éternel chapeau.*

**éternellement** adv. ▪ **1** De tout temps. → **indéfiniment. 2** Sans cesse. → **toujours.**

**éterniser** v. tr. 1 ▪ **1** littér. Rendre éternel. → **immortaliser, perpétuer. 2** Prolonger indéfiniment. ► **s'éterniser** v. pron. **1** Se perpétuer, se prolonger. **2** fam. S'attarder trop longtemps.

**éternité** n. f. ■ **I 1** Durée qui n'a ni commencement ni fin (surtout dans un contexte religieux). **2** Durée ayant un commencement, mais pas de fin ; relig. la vie future. **3** Temps qui semble extrêmement long. **4** *DE TOUTE ÉTERNITÉ :* depuis toujours. **II** Caractère de ce qui est éternel. → **pérennité.**

**éternuement** n. m. ▪ Expulsion brusque d'air par le nez et la bouche, provoquée par l'irritation des muqueuses nasales (→ **sternutation**).

**éternuer** v. intr. 1 ▪ Faire un éternuement.

**étêter** v. tr. 1 ▪ Couper la tête de (un arbre...). ▷ n. m. **étêtage** et **étêtement**

**éteule** n. f. ▪ agric. Chaume laissé sur place.

**éthane** n. m. ▪ Gaz combustible, hydrocarbure saturé.

**éthanol** n. m. ▪ Alcool éthylique*.

① **éther** [etɛʀ] n. m. ▪ **1** littér. L'air le plus pur ; les espaces célestes. → **air, ciel. 2** sc. anc. Fluide subtil supposé emplir l'espace.

② **éther** [etɛʀ] n. m. ▪ **1** chim. anc. Tout composé volatil résultant de la combinaison d'acides avec les alcools. **2** Oxyde d'éthyle, liquide d'une odeur forte, très volatil.

**éthéré, ée** adj. ▪ **1** Qui est de la nature de l'éther (①). **2** → **aérien, irréel, léger.** *Créature éthérée.* - *Sentiments éthérés.* → **pur.**

**éthéromane** adj. et n. ▪ Toxicomane qui se drogue à l'éther (②, 2).

**éthique** ■ **I** n. f. **1** Science de la morale. **2** Ensemble des conceptions morales de qqn, un milieu, une culture. ■ **II** adj. **1** Qui concerne la morale. → **moral. 2** Qui intègre des critères moraux dans le fonctionnement social.

**ethnie** n. f. ▪ Ensemble de personnes que rapprochent des caractères de civilisation, notamment la langue et la culture.

# 267 ÉTOUFFÉE

**ethnique** adj. ■ **1** Relatif à une ethnie. ← *loc. Purification\* ethnique.* **2** Qui représente une tradition étrangère, notamment non occidentale. *Bijoux ethniques.*

**ethno-** Élément, du grec *ethnos* « peuple ».

**ethnocentrisme** n. m. ■ didact. Tendance à privilégier son groupe ethnique.

**ethnographe** n. ■ Spécialiste d'ethnographie.

**ethnographie** n. f. ■ Étude descriptive des groupes humains (ethnies). ▷ adj. **ethnographique**

**ethnologie** n. f. ■ Étude théorique des groupes humains (décrits par l'ethnographie\*). → **anthropologie.** ▷ adj. **ethnologique**

**ethnologue** n. ■ Spécialiste d'ethnologie.

**éthologie** n. f. ■ Étude des comportements animaux. ▷ adj. **éthologique**

**éthologiste** n. ■ Spécialiste d'éthologie.

**éthyle** n. m. ■ chim. Radical formé de carbone et d'hydrogène.

**éthylène** n. m. ■ Hydrocarbure gazeux incolore, peu soluble dans l'eau.

**éthylique** adj. ■ **1** chim. *Alcool éthylique :* l'alcool ordinaire. **2** Dû à l'ingestion exagérée d'alcool. ♦ n. Alcoolique, ivrogne.

**éthylisme** n. m. ■ méd. Alcoolisme.

**éthylomètre** n. m. ■ techn. Appareil qui sert à mesurer le taux d'alcool dans le sang.

**étiage** [etjaʒ] n. m. ■ Baisse des eaux (d'un cours d'eau) ; le plus bas niveau des eaux.

**étincelant, ante** adj. ■ **1** littér. Qui étincelle. ♦ Qui brille, scintille. **2** D'un ton éclatant. **3** fig. → **brillant.** *Une verve étincelante.*

**étinceler** v. intr. ④ ■ **1** Briller au contact d'un rayon lumineux. **2** littér. Produire un éclat vif. **3** littér. (abstrait) Avoir de l'éclat.

**étincelle** n. f. ■ **1** Parcelle incandescente qui se détache d'un corps qui brûle, ou qui jaillit au contact ou sous le choc de deux corps. **2** Point brillant ; reflet. ← (personnes) *Faire des étincelles,* être brillant. **3** fig. *Une étincelle de raison.* → **lueur.**

**étincellement** n. m. ■ Fait d'étinceler ; éclat de ce qui étincelle. → **scintillement.**

**étioler** [etjɔle] v. tr. ① ■ **1** Rendre (une plante) grêle et décolorée, par manque d'air, de lumière. **2** Rendre (qqn) chétif, pâle. **3** fig. Affaiblir, atrophier. ► s'**étioler** v. pron. ▷ n. m. **étiolement**

**étiologie** [-tjɔ-] n. f. ■ méd. Étude des causes des maladies.

**étique** adj. ■ littér. D'une extrême maigreur.

**étiqueter** v. tr. ④ ■ **1** Marquer d'une étiquette. **2** fig. Classer (qqn) d'après son origine, ses opinions, etc. ▷ n. m. **étiquetage**

**étiquette** n. f. ■ **1** Petit morceau de papier, de carton, fixé à un objet (pour en indiquer la nature, le prix, le possesseur...). **2** Ce qui marque qqn ou sa classe (dans un parti, une école, etc.). **II** Ordre de préséances ; cérémonial en usage auprès d'un grand personnage. → **protocole.**

**étirage** n. m. ■ Action d'étirer.

**étirement** n. m. ■ Fait de s'étirer.

**étirer** v. tr. ① ■ Allonger ou étendre par traction. ► s'**étirer** v. pron. **1** Se tendre, s'allonger. **2** (êtres vivants) Étendre ses membres. **3** S'étendre dans le temps.

**étoffe** n. f. ■ **I** Tissu dont on fait des habits, des garnitures d'ameublement. **II 1** Ce qui constitue la nature, les qualités (de qqn ou qqch.). ← *Avoir de l'étoffe,* une forte personnalité. **2** Matière, sujet. *Ce roman manque un peu d'étoffe.*

**étoffer** v. tr. ① ■ Rendre plus abondant, plus riche. → **enrichir.** *Étoffer un roman.* → **nourrir.** ► s'**étoffer** v. pron. (personnes) S'élargir. ← (choses) Devenir plus consistant.

**étoile** n. f. ■ **I 1** cour. Tout astre visible, excepté le Soleil et la Lune ; point brillant dans le ciel, la nuit. *L'étoile Polaire,* située dans la direction du nord. *L'étoile du berger :* la planète Vénus. ← *À la belle étoile :* en plein air, la nuit. **2** astron. Astre producteur et émetteur d'énergie. → aussi **nova, supernova. 3** *ÉTOILE FILANTE* : météorite dont le passage dans l'atmosphère terrestre se signale par une traînée de lumière. **II** (dans des expr.) Astre, considéré comme influant sur la destinée de qqn. *Être né sous une bonne étoile.* **III 1** Objet, ornement disposé en rayons (représentation traditionnelle des étoiles). ← *L'étoile de David,* symbole du judaïsme. *L'étoile jaune,* insigne que les nazis obligeaient les Juifs à porter. ← Signe en relief. → **astérisque. 2** *ÉTOILE DE MER* : échinoderme marin en forme d'étoile à cinq branches (syn. *astérie*). **IV** Personne qui a une très grande réputation (dans le monde du spectacle). → **star, vedette.** ← appos. *Danseur, danseuse étoile.*

**étoilement** n. m. ■ **1** Action d'étoiler, de s'étoiler. **2** Disposition en étoile.

**étoiler** v. tr. ① ■ **1** Parsemer d'étoiles. → **consteller.** ► pronom. Se couvrir d'étoiles. **2** Former une étoile (III) sur. **3** Fêler en forme d'étoile. ► **étoilé, ée** adj.

**étole** n. f. ■ **1** Bande d'étoffe que l'évêque, le prêtre et le diacre portent au cou. **2** Fourrure rappelant la forme de l'étole.

**étonnant, ante** adj. ■ **1** Qui surprend par qqch. d'extraordinaire. → **incroyable, surprenant. 2** Qui frappe par un caractère remarquable, réussi. → **épatant, fantastique.** ← (personnes) Digne d'admiration ; singulier. ▷ adv. **étonnamment**

**étonnement** n. m. ■ Surprise causée par qqch. d'extraordinaire, d'inattendu.

**étonner** v. tr. ① ■ **1** vx Ébranler. **2** Causer de la surprise à (qqn). → **abasourdir, ébahir, surprendre.** ← *Cela m'étonnerait,* cela est peu probable. ► s'**étonner** v. pron., (être) **étonné, ée** v. passif : trouver étrange, être surpris. ← au p. p. *Regard étonné.*

**étouffant, ante** adj. ■ Qui fait qu'on étouffe. → **asphyxiant, suffocant.**

**étouffe-chrétien** [-kʀetjɛ̃] n. m. ■ plais. Aliment épais, difficile à avaler.

**à l'étouffée** loc. adj. et adv. ■ Se dit d'aliments cuits dans un récipient clos, à la vapeur (syn. *à l'étuvée*).

**étouffement** n. m. ▪ **1** Action d'étouffer (un être vivant). → **asphyxie. 2** Difficulté à respirer. **3** fig. Action d'étouffer, d'empêcher de se développer.

**étouffer** v. ▫ ■ **I** v. tr. **1** Asphyxier ou suffoquer (qqn) en empêchant de respirer. **2** (sujet chose) Gêner (qqn) en rendant la respiration difficile. ◆ fig., fam. *Les scrupules ne l'étouffent pas* : il n'a aucun scrupule. **3** Gêner la croissance de (une plante). **4** Priver de l'oxygène nécessaire à la combustion. → **éteindre.** *Étouffer un foyer d'incendie.* **5** Empêcher de se propager. ◆ au p. p. *Bruits étouffés.* ◆ fig. Faire taire. *Étouffer l'opposition.* → **bâillonner, garrotter. 6** Empêcher de se développer en soi. → **contenir, refouler, réprimer.** *Étouffer ses émotions.* **7** Empêcher de se développer. *Étouffer un scandale.* **II** v. intr. **1** Respirer avec peine ; ne plus pouvoir respirer. → **suffoquer.** ◆ Avoir très chaud. **2** fig. Être mal à l'aise, ressentir une impression d'oppression. ▸ **s'étouffer** v. pron. Perdre la respiration. ◆ Mourir par asphyxie.

**étouffoir** n. m. ■ Lieu où l'on étouffe.

**étoupe** n. f. ■ Partie grossière de la filasse.

**étourderie** n. f. ■ **1** Acte d'étourdi. **2** Caractère d'une personne étourdie.

**étourdi, ie** ■ **1** adj. Qui agit sans réflexion, sans attention. → **distrait, irréfléchi, léger.** ◆ Qui oublie, égare facilement ; qui manque d'organisation. **2** n. *Un, une étourdi(e).* **3** À *L'ÉTOURDIE* loc. adv. → **étourdiment.**

**étourdiment** adv. ■ À la manière d'un étourdi. → **inconsidérément.**

**étourdir** v. tr. ▫ ■ **1** Faire perdre à demi connaissance à (qqn). **2** Causer une ivresse, un vertige à (qqn). → **griser. 3** Fatiguer par le bruit, les paroles. ▸ **s'étourdir** v. pron. Perdre la claire conscience de soi-même. → *S'étourdir de paroles.* → **se griser.**

**étourdissant, ante** adj. ■ **I** Qui étourdit par son bruit. **II** Qui fait sensation.

**étourdissement** n. m. ■ **1** Trouble caractérisé par une sensation de tournoiement, d'engourdissement. → **faiblesse, vertige.** ◆ État d'une personne grisée. → **griserie. 2** Action de s'étourdir.

**étourneau** n. m. ■ **1** Petit oiseau à plumage sombre moucheté de taches blanches. → **sansonnet. 2** Personne étourdie.

**étrange** adj. ■ **1** Très différent de ce qu'on a l'habitude de voir, d'apprendre ; qui étonne, surprend. → **bizarre, curieux, drôle, extraordinaire, singulier. 2** n. m. Caractère étrange (de...). → **étrangeté.** ◆ Goût de l'étrange. *Le goût de l'étrange.* ▸ **étrangement** adv. → **bizarrement, curieusement.**

**étranger, ère** ■ **I** adj. **1** Qui est d'une autre nation. ◆ Qui est autre (en parlant d'une nation). **2** Relatif aux rapports avec les autres nations. *Politique étrangère.* **3** Qui n'appartient pas à un groupe (familial, social). **4** (choses) *ÉTRANGER À* (qqn) : qui n'est pas naturel à (qqn). ◆ Qui n'est pas familier de (qqn). **5** (personnes) *ÉTRANGER À* (qqch.) : qui se tient à l'écart de (qqch.). ◆

*Être étranger à toute envie,* être incapable d'éprouver ce sentiment. **6** (choses) Qui ne fait pas partie (de) ; qui n'a aucun rapport (avec). → **distinct, extérieur. 7** *CORPS ÉTRANGER* : chose qui se trouve contre nature dans l'organisme. **II** n. **1** Personne dont la nationalité n'est pas celle d'un pays donné. **2** Personne qui ne fait pas partie d'un groupe ; personne inconnue. **3** n. m. Pays étranger.

**étrangeté** n. f. ■ **1** Caractère étrange. → **singularité. 2** littér. Action, chose étrange.

**étranglement** n. m. ■ **1** Fait d'étrangler (1). → **strangulation. 2** Fait de se resserrer. **3** fig., littér. Action d'entraver, de freiner.

**étrangler** v. tr. ▫ ■ **1** Priver de respiration (jusqu'à ce que mort s'ensuive, ou non) par une forte compression du cou. ◆ pronom. *S'étrangler en avalant de travers.* ▸ **s'étouffer. 2** Gêner la respiration de (qqn). *L'émotion l'étranglait.* ◆ pronom. *S'étrangler à force de crier.* ◆ au p. p. *Voix étranglée* (par l'émotion). **3** fig. Gêner ou supprimer par une contrainte insupportable. **4** (sujet chose) Resserrer, comprimer.

**étrangleur, euse** ■ **1** n. Personne qui étrangle. **2** adj. Qui étrangle.

**étrave** n. f. ■ Pièce saillante qui forme la proue d'un navire.

① **être** v. intr. 61 aux temps composés, se conjugue avec *avoir* ■ **I 1** Avoir une réalité. → **exister.** ◆ littér. *Il n'est plus* : il est mort. **2** impers. (surtout littér.) *IL EST, EST-IL, IL N'EST PAS...* : il y a, y a-t-il, etc. *Il était une fois...* (début de contes). *Il n'est rien d'aussi beau.* ◆ *Toujours est-il que,* en tout cas. ◆ *Un menteur* S'IL EN EST, *un parfait menteur.* ◆ (moment dans le temps) *Il est midi.* ◆ V. verbe reliant l'attribut au sujet *La Terre est ronde. Soyez poli.* ◆ *Il est tout pour moi.* → **représenter. III** ◆ (+ prép. ou adv.) **1** (état) *Être bien, être mal* (relativement au confort, à la santé). → **aller. 2** (lieu) *Je suis chez des amis.* → **demeurer. 3** Avoir l'esprit attentif. *Il n'est pas à ce qu'il fait.* ◆ *Y ÊTRE* : comprendre. *Ah ! J'y suis !* **4** (au passé + compl. de lieu ou inf.) Aller. *J'y ai été ; j'ai été la voir* (= je suis allé). **5** (temps) *Quel jour sommes-nous ?* **6** *ÊTRE À.* *Ceci est à moi,* m'appartient. ◆ *Être à son travail,* occupé. ◆ *ÊTRE DE* : venir, provenir de. ◆ Participer à. *Être de la fête.* **IV** *C'EST, CE SERA, C'ÉTAIT...* **1** Présentant une personne, une chose ; rappelant ce dont il a été question. *Ce sont mes amis. Qui est-ce ?* **2** Annonçant ce qui suit (mise en relief). *C'est à vous d'agir.* ◆ *SI CE N'ÉTAIT* ; littér. *N'EÛT ÉTÉ* : sans (cette circonstance). ◆ *EST-CE QUE ?,* formule interrogative qui s'emploie concurremment avec l'inversion du sujet (rétablit l'ordre sujet-verbe inversé dans est-il...?). *Est-ce qu'il est arrivé ?* ◆ fam. (après un adv., un pron. interrog.) *Quand est-ce qu'il vient ? Qu'est-ce que se passe ?* ◆ *C'EST-À-DIRE.* → **n'est-ce pas. V** verbe auxiliaire **1** passif des v. tr. *Être aimé.* **2** temps composés de v. intr. *Nous étions partis.* **3** temps composés des v. pron. *Ils se sont aimés, plu.*

② **être** n. m. ■ ■ Fait d'être (→ **existence**), qualité de ce qui est. *Étude de l'être.* → **ontologie.** II 1 Ce qui est vivant et animé. *Les êtres et les choses.* ♦ *L'Être suprême*, Dieu. 2 Être humain. → **personne.** *L'être aimé.* ~ loc. *Désirer qqch. de tout son être.*

**étreindre** v. tr. 52 ■ 1 Entourer avec les membres, avec le corps, en serrant étroitement. → **enlacer, serrer.** 2 (sentiments) → **oppresser.** *Angoisse qui étreint le cœur.*

**étreinte** n. f. ■ 1 Action d'étreindre ; pression exercée par ce qui étreint (aussi abstrait). 2 Action de presser (qqn) dans ses bras.

**étrenne** n. f. ■ I vieilli *Avoir l'étrenne de qqch.,* l'utiliser le premier. → **primeur.** II surtout au plur. Présent ou gratification offert à l'occasion du premier jour de l'année.

**étrenner** v. tr. 1 ■ 1 v. tr. Être le premier à employer. ~ Utiliser pour la première fois. 2 v. intr. Être le premier à subir (un inconvénient).

**êtres** n. m. pl. → **aîtres**

**étrier** n. m. ■ 1 Anneau qui pend de chaque côté de la selle et soutient le pied du cavalier. ~ loc. *Avoir le pied à l'étrier* (fig. *être bien placé pour réussir*). ~ *Le coup de l'étrier* : le dernier verre avant de partir. 2 Un des osselets de l'oreille interne.

**étrille** n. f. ■ I Instrument garni de petites lames dentelées, utilisé pour nettoyer certains animaux (cheval, etc.). II Crabe à pattes postérieures aplaties, à la chair très appréciée.

**étriller** v. tr. 1 ■ 1 Frotter (un animal) avec une étrille. 2 Malmener violemment.

**étriper** v. tr. 1 ■ 1 Ôter les tripes à (un animal). → **vider.** 2 fig., fam. S'*ÉTRIPER* v. pron. : se battre. ▷ n. m. **étripage**

**étriqué, ée** adj. ■ 1 (vêtement) Qui est trop étroit. ~ (personnes) *Il semblait étriqué dans ce vieux manteau.* 2 fig. Sans ampleur. *Un esprit étriqué.* → **étroit, mesquin.**

**étriquer** v. tr. 1 ■ Rendre étriqué.

**étrivière** n. f. ■ Courroie par laquelle l'étrier est suspendu à la selle.

**étroit, oite** adj. ■ 1 Qui a peu de largeur. 2 (espace) De peu d'étendue, petit. → **exigu.** ♦ *Mot pris dans son sens étroit* (opposé à *large*). → **restreint.** 3 fig. Insuffisant par l'ampleur. *Esprit étroit.* → **borné, mesquin.** 4 Qui tient serré. *Nœud étroit.* ♦ fig. Qui unit de près. *Une union étroite.* 5 À L'ÉTROIT loc. adv. : dans un espace trop petit.

**étroitement** adv. ■ 1 Par un lien étroit. 2 De près. 3 Rigoureusement.

**étroitesse** n. f. ■ 1 (spatial) Caractère de ce qui est étroit. 2 Caractère de ce qui est étroit (3), borné.

**étron** n. m. ■ Excrément moulé (de l'homme et de certains animaux). → **crotte.**

**étude** n. f. ■ I Application méthodique de l'esprit cherchant à apprendre et à comprendre. 1 Effort pour acquérir des connaissances. ♦ au plur. Série ordonnée de travaux et d'exercices nécessaires à l'instruction. *Études primaires, secondaires, supérieures* (→ **enseignement**). ~ loc. iron. *Renvoyer qqn à ses chères études*, à ses activités antérieures et privées. 2 Effort intellectuel orienté vers l'observation et la compréhension (de qqch.). → **science.** 3 Examen. *Projet de loi à l'étude.* II (Ouvrage) 1 Ouvrage littéraire étudiant un sujet. → **essai.** 2 Représentation graphique (dessin, peinture) constituant un essai. 3 Composition musicale écrite pour servir (en principe) à exercer l'habileté. → **essai.** III (Lieu) 1 Cabinet de travail. 2 Salle où les élèves travaillent en dehors des heures de cours. 3 Local où travaille un notaire, etc.

**étudiant, ante** ■ 1 n. Personne qui fait des études supérieures et suit les cours d'une université, d'une grande école. 2 adj. Propre aux étudiants. → **estudiantin.**

**étudier** v. tr. 7 ■ 1 Chercher à acquérir la connaissance de. *Étudier l'histoire.* 2 Chercher à comprendre par un examen. → **analyser, observer.** 3 Examiner afin de décider, d'agir. *Étudier un projet.* ▶ s'**étudier** v. pron. 1 Se prendre pour objet d'étude. 2 (récipr.) S'observer l'un l'autre. ▶ **étudié, ée** adj. 1 Médité et préparé. 2 Produit de manière voulue (s'oppose à *naturel, spontané*). *Des gestes étudiés.*

**étui** n. m. ■ Enveloppe, le plus souvent rigide, adaptée à ce qu'elle doit contenir.

**étuve** n. f. ■ 1 Endroit clos chauffé pour provoquer la sudation. ~ Lieu où il fait très chaud. 2 Appareil clos destiné à chauffer, stériliser, etc. → **autoclave.**

▶ à l'**étuvée** loc. adj. et adv. ■ ~ à l'**étouffée.**

**étuver** v. tr. 1 ■ 1 Faire passer à l'étuve (2). 2 Cuire à l'étuvée.

**étymologie** n. f. ■ 1 Science de l'origine des mots, reconstitution de leur évolution en remontant à l'état le plus ancien accessible (hors de la langue ou dans la langue). 2 Origine (d'un mot). → **étymon.**

**étymologique** adj. ■ 1 Relatif à l'étymologie. 2 Conforme à l'étymologie.

**étymologiste** n. ■ Linguiste spécialiste d'étymologie.

**étymon** n. m. ■ Mot, racine qui donne l'étymologie (2) d'un autre mot. *Le latin « pater » est l'étymon de « père ».*

**eu, eue** [y] ■ Participe passé de *avoir*.

**eucalyptus** [-ys] n. m. ■ Arbre originaire d'Australie, à feuilles odorantes.

**eucaryote** adj. ■ biol. À cellules à noyau structuré (s'oppose à *procaryote*).

**eucharistie** [økaʀisti] n. f. ■ Sacrement essentiel du christianisme qui commémore et perpétue le sacrifice du Christ. → **communion.** ▷ adj. **eucharistique**

**euclidien, ienne** adj. ■ Relatif à Euclide. ~ *Géométrie euclidienne,* qui repose sur le postulat d'Euclide sur les parallèles (opposé à *non-euclidien*).

**eugénique** ■ I n. f. Étude et mise en œuvre de méthodes censées améliorer l'espèce humaine, fondée sur la génétique. II adj. Relatif à l'eugénique.

**eugénisme** n. m. ■ Eugénique (I). ▷ n. et adj. **eugéniste**

*****euh** interj. ■ Marque l'embarras, le doute.

**eunuque** n. m. ■ 1 Homme châtré qui gardait les harems. ♦ méd. Homme castré. → **castrat.** 2 fig., fam. (péj.) Homme sans virilité (physique ou morale).

**euphémisme** n. m. ■ Expression atténuée d'une notion dont l'expression directe aurait quelque chose de déplaisant, de choquant. ▷ adj. **euphémique**

**euphonie** n. f. ■ Harmonie de sons agréablement combinés (spécialt dans le mot ou la phrase). ▷ adj. **euphonique**

**euphorbe** n. f. ■ Plante à suc laiteux âcre.

**euphorie** n. f. ■ Sentiment de bien-être.

**euphorique** adj. ■ 1 adj. et n. m. → **euphorisant.** 2 De l'euphorie. — (personnes) *Se sentir euphorique.*

**euphorisant, ante** adj. ■ Qui suscite l'euphorie. *Une atmosphère euphorisante.* — *Médicament euphorisant* en n. m. *un euphorisant.*

**eurasien, enne** adj. et n. ■ 1 D'Eurasie. 2 Métis d'Européen(ne) et d'Asiatique.

**eurêka** interj. ■ S'emploie lorsqu'on trouve subitement une solution, une bonne idée.

**eur(o)-** Élément tiré de *Europe, européen.*

**euro** n. m. ■ Monnaie unique européenne (à partir de janvier 1999). → ② **écu.** — *La zone euro,* où l'euro a cours.

**eurodéputé, ée** n. ■ Député(e) au Parlement européen.

**eurodevise** n. f. ■ Avoir convertible déposé en Europe hors du pays émetteur.

**eurodollar** n. m. ■ Avoir en dollars déposé dans des banques européennes.

**euromissile** n. m. ■ Missile nucléaire de moyenne portée basé en Europe.

**euro-obligation** n. f. ■ fin. 1 Obligation libellée dans une monnaie autre que celle du pays dans lequel elle est émise. 2 Obligation émise par l'ensemble des pays de la zone euro.

**européaniser** v. tr. [1] ■ 1 Donner un caractère européen à. 2 Envisager à l'échelle européenne. ▶ **s'européaniser** v. pron.

**européen, éenne** ■ 1 adj. et n. De l'Europe. 2 adj. Qui concerne le projet d'une Europe unifiée ; qui en est partisan.

**euryhalin, ine** adj. ■ didact. Qui peut vivre dans des eaux de salinité variable.

**eurythmie** n. f. ■ didact. Harmonie des proportions (en arts). ▷ adj. **eurythmique**

**eustatisme** n. m. ■ géol. Variation du niveau général des mers.

**euthanasie** n. f. ■ Usage de procédés qui permettent de hâter ou de provoquer la mort de malades incurables.

**eutocie** n. f. ■ méd. Accouchement qui se déroule normalement. ▷ adj. **eutocique**

**eux** pron. pers. (3ᵉ pers. masc. plur.) ■ Pronom compl. après une préposition, pluriel de *lui* (→ **lui**). *C'est à eux de parler.* ♦ (insistance) *Ils savent, eux.* — (sujet) *Eux sauront.*

**évacuation** n. f. ■ 1 Rejet hors de l'organisme. 2 Écoulement (d'un liquide) hors d'un lieu. 3 Fait d'abandonner en masse (un lieu). 4 Action d'évacuer (des personnes).

**évacuer** v. tr. [1] ■ 1 Rejeter, expulser de l'organisme. → **éliminer.** 2 Faire sortir (un liquide) d'un lieu. → **vider.** 3 Cesser d'occuper (militairement un lieu). ♦ Quitter (un lieu) en masse, par nécessité ou par ordre. 4 Faire partir (des personnes) en masse, hors d'un lieu dangereux, etc. 5 fig. Se débarrasser de (un souci).

**s'évader** v. pron. [1] ■ 1 S'échapper (d'un lieu où l'on était retenu, enfermé). → **s'enfuir**, se **sauver** ; **évasion.** ♦ au p. p. *Prisonnier évadé.* — n. *Un, une évadé(e).* → **fugitif.** 2 Quitter furtivement. 3 fig. Échapper volontairement (à une réalité). → **fuir.**

**évaluation** n. f. ■ 1 Action d'évaluer. 2 Valeur, quantité évaluée. → **mesure.**

**évaluer** v. tr. [1] ■ 1 Porter un jugement sur la valeur, le prix de. → **estimer** (I, 1). 2 Déterminer (une quantité) par le calcul sans recourir à la mesure. 3 Fixer approximativement. → **apprécier, juger.** *Évaluer ses chances.*

**évanescent, ente** adj. ■ 1 littér. Qui s'amoindrit et disparaît graduellement. 2 (personnes, comportements) Délicat et insaisissable. ▷ **évanescence** n. f. littér.

**évangéliaire** n. m. ■ Livre contenant les passages des Évangiles lus ou chantés à la messe. → **missel.**

**évangélique** adj. ■ 1 Relatif ou conforme à l'Évangile. → **chrétien.** 2 De la religion protestante, fondée sur la Bible.

**évangéliser** v. tr. [1] ■ Prêcher l'Évangile à. → **christianiser.** ▷ n. f. **évangélisation**

**évangéliste** n. m. ■ 1 Auteur de l'un des Évangiles. 2 Prédicateur itinérant de l'Église réformée.

**évangile** n. m. ■ 1 (avec maj.) Enseignement de Jésus-Christ. 2 (avec maj.) Chacun des livres de la Bible où la vie et la doctrine de Jésus-Christ ont été consignées. *Les Évangiles synoptiques*. — *L'Évangile* : les quatre Évangiles. — loc. *PAROLE D'ÉVANGILE* : chose sûre, indiscutable. 3 Document essentiel (d'une croyance...). → **bible.**

**s'évanouir** v. pron. [2] ■ 1 Disparaître sans laisser de traces. → **s'effacer.** 2 Perdre connaissance ; tomber en syncope. → **défaillir.** ▶ **évanoui, ie** p. p. 1 *Rêve évanoui,* disparu. 2 Qui est tombé en syncope.

**évanouissement** n. m. ■ 1 littér. Disparition complète. 2 Fait de s'évanouir (2).

**évaporateur** n. m. ■ 1 Appareil de dessiccation. 2 Appareil qui produit du froid par évaporation d'un fluide.

**évaporation** n. f. ■ Fait de s'évaporer (1).

**évaporé, ée** adj. ■ Étourdi, léger.

**s'évaporer** v. pron. ■ 1 Se transformer lentement en vapeur par sa surface libre. 2 fig., fam. Disparaître brusquement. → **s'évanouir.**

**évasement** n. m. ■ Forme évasée.

**évaser** v. tr. [1] ■ Élargir (qqch.) à l'orifice, à l'extrémité. ▶ **s'évaser** v. pron. ▶ **évasé, ée** adj. Qui va en s'élargissant.

**évasif, ive** adj. ■ Qui cherche à éluder en restant dans l'imprécision. → **ambigu, vague.** ▷ adv. **évasivement**

**évasion** n. f. ▪ **1** Action de s'évader (1). **2** fig. Fait d'échapper (à une réalité). *Besoin d'évasion.* → **changement, distraction. 3** Fuite (de valeurs). *Évasion de capitaux.*

**évêché** n. m. ▪ **1** Juridiction d'un évêque. → **diocèse. 2** Palais épiscopal.

**éveil** n. m. ▪ **1** Action d'éveiller. ‑ *Être EN ÉVEIL*, attentif, sur ses gardes (facultés...). Action de se révéler, de se manifester. ‑ *Activité d'éveil* (pour stimuler l'observation, la curiosité intellectuelle des enfants). **3** *L'éveil de la nature au printemps.* → **réveil.**

**éveillé, ée** adj. ▪ **1** Qui ne dort pas. ‑ *Rêve éveillé*, que l'on a sans dormir. **2** (personnes) Plein de vie. → **déluré, vif.**

**éveiller** v. tr. 1 ▪ **1** littér. Tirer du sommeil. → **réveiller** (plus cour.). **2** Rendre effectif, manifester (une disposition, etc.). *La lecture éveille l'imagination.* **3** Faire naître, apparaître (un sentiment...). → **provoquer, susciter.** *Éveiller la curiosité.* ▶ **s'éveiller** v. pron. **1** Sortir du sommeil. → **se réveiller.** ♦ *S'éveiller à* (un sentiment), l'éprouver pour la première fois. **2** (sentiments...) Naître, se manifester.

**événement** ou **évènement** n. m. ▪ Ce qui arrive et a de l'importance pour les humains. → **fait.** ‑ loc. *Un heureux événement* : une naissance. ‑ *par euphémisme Les événements d'Algérie* : la guerre d'Algérie.

**événementiel, elle** adj. ▪ didact. *Histoire événementielle*, qui décrit les événements.

**évent** n. m. ▪ **1** Narines des cétacés. **2** techn. Conduit pour l'échappement des gaz.

**éventail** n. m. ▪ **1** Instrument portatif qu'on agite pour produire un courant d'air. ♦ *EN ÉVENTAIL* : en forme d'éventail ouvert (lignes qui s'écartent d'un point). **2** Ensemble de choses diverses d'une même catégorie qui peut augmenter ou diminuer (comme on ouvre ou ferme un éventail). *Éventail de produits.* → **choix, gamme.**

**éventailliste** n. ▪ Fabricant d'éventails.

**éventaire** n. m. ▪ Étalage en plein air, sur la voie publique, sur un marché.

**éventé, ée** adj. ▪ **I** Exposé au vent. **II 1** Altéré, corrompu par l'air. *Parfum, vin éventé.* **2** Découvert, connu. *Secret éventé.*

**éventer** v. tr. 1 ▪ **1** Rafraîchir (qqn) en agitant l'air. **II 1** vx Exposer à l'air. ♦ loc. *Éventer la mèche\*.* **2** Rendre public, faire connaître. *Éventer un complot.* ▶ **s'éventer** v. pron. **1** *S'éventer avec un journal.* **2** Perdre son parfum, son goût, au contact de l'air.

**éventration** n. f. ▪ **1** Fait d'être éventré. ♦ Hernie ventrale. **2** Action d'éventrer.

**éventrement** n. m. ▪ Action d'éventrer.

**éventrer** v. tr. 1 ▪ **1** Déchirer en ouvrant le ventre. **2** Fendre largement (un objet) pour atteindre le contenu. *Éventrer un sac.* ‑ Défoncer (qqch.). *Éventrer un mur.*

**éventreur** n. m. ▪ Meurtrier qui éventre.

**éventualité** n. f. ▪ **1** Caractère de ce qui est éventuel. → **possibilité. 2** Circonstance, événement pouvant survenir. ‑ *Parer à toute éventualité*, prévoir ce qui peut s'opposer à un projet.

**éventuel, elle** adj. ▪ Qui peut ou non se produire. → **possible ; hypothétique.** ‑ (personnes) *Son successeur éventuel.* ▷ **éventuellement** adv. → le cas échéant\*.

**évêque** n. m. ▪ Dignitaire le plus élevé de la prêtrise chrétienne. → **évêché ; épiscopat.**

**éversion** n. f. ▪ méd. Renversement, retournement (d'un organe).

**s'évertuer** v. pron. 1 ▪ *S'évertuer à* : se donner de la peine pour. → **s'escrimer à.**

**éviction** n. f. ▪ Action d'évincer.

**évidemment** [-amã] adv. ▪ **1** littér. De manière évidente. **2** (affirmation) → **assurément, certainement ; naturellement.**

**évidence** n. f. ▪ **1** Caractère de ce qui s'impose à l'esprit avec une telle force qu'on n'a besoin d'aucune autre preuve pour en connaître la vérité, la réalité. → **certitude.** ‑ loc. *Se rendre à l'évidence* : admettre ce qui est incontestable. ♦ Chose évidente. ♦ *EN ÉVIDENCE* : en se présentant de façon à être vu immédiatement. **3** *À l'évidence ; de toute évidence* loc. adv. → **sûrement.**

**évident, ente** adj. ▪ Qui a un caractère d'évidence. → **certain, incontestable, manifeste.**

**évider** v. tr. 1 ▪ Creuser en enlevant une partie de la matière. ▷ n. m. **évidage** et **évidement**

**évier** n. m. ▪ Bassin d'une cuisine muni d'une alimentation en eau et d'une vidange (servant à la vaisselle, etc.).

**évincer** v. tr. 3 ▪ Déposséder (qqn) d'une affaire, etc., notamment par intrigue. → **chasser, écarter, éliminer ; éviction.**

**éviscérer** v. tr. 6 ▪ Enlever les viscères de. ▷ n. f. **éviscération**

**évitable** adj. ▪ Qui peut être évité.

**évitement** n. m. ▪ Action d'éviter. ♦ *Voie d'évitement*, où l'on gare les trains.

**éviter** v. tr. 1 ▪ **1** Faire en sorte de ne pas heurter en rencontrant (qqn, qqch.). **2** Faire en sorte de ne pas rencontrer (qqn). ‑ pronom. *Ils s'évitent depuis des mois.* **3** Écarter, ne pas subir (ce qui menace). *Éviter le pire.* **4** *ÉVITER DE* (+ inf.). → **s'abstenir**, se dispenser de. **5** *ÉVITER qqch. à qqn.* → **épargner.** *Je voulais vous éviter cette fatigue.*

**évocateur, trice** adj. ▪ **1** Qui peut évoquer (2). → **évocatoire. 2** Qui évoque (4 et 5).

**évocation** n. f. ▪ **1** dr. Fait de porter une cause au tribunal. **2** Action d'évoquer (les esprits...) par la magie. → **sortilège. 3** Action de rappeler, de rendre présent à l'esprit. *L'évocation du passé.*

**évocatoire** adj. ▪ Relatif à l'évocation (2).

**évolué, ée** adj. ▪ Qui a subi une évolution.

**évoluer** v. intr. 1 ▪ **I 1** Changer de position par des mouvements réglés. *Danseuse qui évolue sur scène.* **2** Vivre (dans un milieu). **II** Passer par une série de transformations. → **changer**, se modifier.

**évolutif, ive** adj. ▪ Qui peut évoluer (II).

**évolution** n. f. ▪ **I** Mouvements réglés. **II 1** Suite de transformations dans un même sens; transformation graduelle. → **changement**. *L'évolution des mœurs.* **2** Transformation progressive d'une espèce vivante. *Théories de l'évolution.* → **évolutionnisme, transformisme; darwinisme.**

**évolutionnisme** n. m. ▪ Théorie biologique qui défend l'idée d'évolution (opposé à *fixisme*). ▷ adj. et n. **évolutionniste**

**évoquer** v. tr. ⧫ ▪ **1** dr. Se saisir de (une cause). *Le tribunal qui doit évoquer l'affaire.* **2** Appeler, faire apparaître par la magie. **3** littér. Interpeller dans un discours (l'esprit d'un héros, des choses, en leur prêtant vie). **4** Rappeler à la mémoire. *Évoquer qqn, son souvenir.* **5** Faire apparaître à l'esprit (par des images et des associations d'idées). → **représenter; décrire.** ◂ (sujet chose) Faire penser à. → **suggérer.**

**évulsion** n. f. ▪ chir. Arrachement, extraction.

**evzone** n. m. ▪ Fantassin grec.

① **ex-** Élément, du latin *ex.* → **é-.**

② **ex-** ▪ (+ nom, joint par un trait d'union) Antérieurement. *M. X, ex-député.* → **ancien.** *Son ex-mari, son ex-femme;* abrév. fam. *son ex.*

**ex abrupto** [ɛksabʀypto] loc. adv. ▪ De manière brusque, immédiate.

**exacerber** v. tr. ⧫ ▪ **1** Porter (un mal) à son paroxysme. **2** Rendre plus violent. ◂ au p. p. *Orgueil exacerbé.* ▷ n. f. **exacerbation**

**exact, exacte** [-a(kt), akt] adj. ▪ **1** littér. Scrupuleux, soigneux. **2** Entièrement conforme à la réalité, à la vérité. → **correct, vrai.** *C'est l'exacte vérité; c'est exact.* ◆ Qui reproduit fidèlement la réalité, le modèle... → **conforme.** *Copie exacte.* **3** (après le nom) Adéquat à son objet. → **juste.** *Un raisonnement exact.* **4** (après le nom) Égal à la grandeur mesurée. *Mesure exacte.* → **précis.** ◂ *Sciences exactes,* celles qui sont constituées par des propositions déterminées quantitativement. **5** (personnes) Qui arrive à l'heure convenue. → **ponctuel.**

**exactement** adv. ▪ D'une manière exacte. ◆ (en réponse) Tout à fait.

**exaction** n. f. ▪ didact. **1** Action d'exiger ce qui n'est pas dû ou plus qu'il n'est dû. **2** au plur. Mauvais traitements, sévices.

**exactitude** n. f. ▪ Caractère de ce qui est exact; qualité d'une personne exacte.

**ex æquo** [ɛgzeko] loc. adv. ▪ À égalité.

**exagération** n. f. ▪ **1** Action d'exagérer. **2** Propos exagéré. **3** Caractère exagéré.

**exagéré, ée** adj. ▪ Qui exagère, amplifie. → **excessif; extrême, outré.** ▷ **exagérément** adv. → **trop.**

**exagérer** v. tr. ⑥ ▪ **1** Présenter (qqch.) comme plus grand, plus important qu'il n'est. → **amplifier, grossir.** **2** Accentuer en donnant un caractère (taille, intensité, etc.) qui dépasse la normale. *Exagérer une attitude.* **3** S'EXAGÉRER *qqch.,* se représenter comme plus important qu'il n'est. **4** sans compl. En prendre trop à son aise. → **abuser.**

**exaltant, ante** adj. ▪ Qui exalte.

**exaltation** n. f. ▪ **1** littér. Fait d'exalter (1). **2** Grande excitation de l'esprit. → **ardeur.**

**exalter** v. tr. ⧫ ▪ **1** littér. Glorifier, magnifier. **2** littér. Rendre plus fort, plus actif, plus intense. **3** Élever (qqn) au-dessus de l'état d'esprit ordinaire. → **enthousiasmer, passionner, transporter.** ▶ **exalté, ée** adj. **1** *Imagination exaltée.* **2** (personnes) → **enthousiaste, passionné.** ◂ n. *Des exaltés.*

**examen** [-mɛ̃] n. m. ▪ **1** Action d'examiner (1). → **étude, investigation, observation.** ◂ *Examen médical.* **2** EXAMEN DE CONSCIENCE : réflexion sur sa propre conduite, du point de vue moral. **3** Épreuve que subit un candidat et où l'admission dépend d'une note à atteindre.

**examinateur, trice** n. ▪ Personne qui fait passer un examen (3).

**examiner** v. tr. ⧫ ▪ **1** Considérer avec attention, avec réflexion. → **observer; analyser.** *Examiner un projet; un malade.* **2** Regarder très attentivement. **3** Faire subir un examen (3), une épreuve à (qqn).

**exanthème** n. m. ▪ Rougeur cutanée qui accompagne certaines maladies (rougeole...).

**exaspérant, ante** adj. ▪ Qui exaspère (2).

**exaspération** n. f. ▪ **1** littér. Aggravation (d'un mal...). **2** État de violente irritation.

**exaspérer** v. tr. ⧫ ▪ **1** littér. Rendre plus intense (un mal physique ou moral; un sentiment). → **aggraver, exacerber.** **2** Irriter (qqn) excessivement. → **crisper, énerver, excéder.** ▶ **exaspéré, ée** adj. **1** Très intense. *Douleur exaspérée.* **2** Très irrité, furieux.

**exaucer** v. tr. ③ ▪ **1** (en parlant de Dieu...) Satisfaire (qqn) en accordant ce qu'il demande. **2** Accueillir favorablement (une demande...).

**ex cathedra** [-te-] loc. adv. ▪ *Parler ex cathedra,* du haut de la chaire. ◆ plais. D'un ton doctoral, dogmatique.

**excavateur** n. m. ▪ Machine destinée à creuser le sol. → **bulldozer, pelle, pelleteuse.** – syn. EXCAVATRICE n. f.

**excavation** n. f. ▪ **1** Action de creuser le sol (*excaver* v. tr. ⧫). **2** Creux d'un terrain.

**excédant, ante** adj. ▪ Qui excède (II).

**excédent** n. m. ▪ Ce qui est en plus du nombre fixé. → **excès, surplus.** ◂ *En excédent* : en plus. ▷ adj. **excédentaire**

**excéder** v. tr. ⑥ ▪ *EXCÉDER qqch.* **1** Dépasser en nombre, en quantité. ◂ Dépasser en durée. **2** Aller au-delà de (certaines limites; une capacité). → **outrepasser. II** EXCÉDER *qqn.* Fatiguer en irritant. → **exaspérer.** ◂ au p. p. *Un air excédé.*

**excellemment** [-amɑ̃] adv. ▪ Parfaitement.

**excellence** n. f. ▪ **1** littér. Caractère de ce qui est excellent, ne peut être meilleur. → **perfection, supériorité.** **2** (avec maj.) Titre honorifique donné aux ambassadeurs, ministres, évêques. **3** loc. adv. PAR EXCELLENCE : au plus haut point.

**excellent, ente** adj. ▪ **1** Très bon. → **admirable, merveilleux, parfait, supérieur.** **2** (moralement) Bon et généreux.

**exceller** v. intr. ① ▪ Être supérieur, excellent. *Exceller dans sa profession.* → EXCELLER À (+ n. ou inf.).

**excentrer** v. tr. ① ▪ techn. Déplacer le centre de ; mettre loin du centre. ► **excentré, ée** adj. **1** techn. *Poulie excentrée.* **2** Qui est loin du centre. *Quartier excentré.*

**excentricité** n. f. ▪ I sc. Position, caractère excentrique (I). **II 1** Manière excentrique (II) d'être, de penser. **2** Acte excentrique.

**excentrique** adj. ▪ I **1** Qui s'éloigne d'un centre, d'un axe de référence. ♦ n. m. techn. Mécanisme dont l'axe de rotation de la pièce motrice n'occupe pas le centre. **2** Éloigné du centre. *Quartier excentrique.* → **périphérique. II** Dont l'apparence, le comportement s'écarte (volontairement) des habitudes sociales. → **extravagant, original.** ► n. *Un, une excentrique.* ♦ (choses) *Des idées excentriques.* ▷ adv. **excentriquement**

**excepté** prép. ▪ I (placé devant le nom) À l'exception de. → **hormis, hors, à part, sauf.**

**excepter** v. tr. ① ▪ Ne pas comprendre dans (un ensemble). → **exclure.** *Tous, sans excepter aucun.* → **négliger, oublier.** ► au p. p. (après le nom et accordé → excepté) *Tout le journal, la publicité exceptée.*

**exception** n. f. ▪ **1** Action d'excepter. → **dérogation, restriction.** ► *D'EXCEPTION* : en dehors de ce qui est courant. *Tribunal d'exception.* ► *À L'EXCEPTION DE* loc. prép. → **excepté, sauf. 2** Ce qui est en dehors de la norme, du commun. → **anomalie, singularité.** *L'exception confirme la règle,* il n'y aurait pas d'exception s'il n'y avait pas de règle.

**exceptionnel, elle** adj. ▪ **1** Qui constitue une exception (1). *Congé exceptionnel.* **2** Qui est hors de l'ordinaire, spécialt par ses qualités. → **extraordinaire ; remarquable, supérieur.**

**exceptionnellement** adv. ▪ **1** Par exception (1). **2** D'une manière exceptionnelle. → **extraordinairement.**

**excès** n. m. ▪ **1** Différence entre deux quantités inégales ; ce qui dépasse cette quantité. → **excédent. 2** Trop grande quantité ; dépassement de la mesure normale. *Excès de vitesse.* ► *À L'EXCÈS* : excessivement. **3** Chose, action qui dépasse la mesure ordinaire ou permise. → **abus.**

**excessif, ive** adj. ▪ **1** Qui dépasse la mesure souhaitable ou permise ; trop important. → **énorme, exagéré. 2** (critiqué) Très grand (sans idée d'excès). → **extrême. 3** (personnes) Incapable de modération.

**excessivement** adv. ▪ **1** Qui dépasse la mesure. → **trop. 2** (critiqué) Très, tout à fait.

**exciper** v. tr. ind. ① ▪ littér. *EXCIPER DE* : se servir, faire état de (qqch.) pour sa défense. *Exciper de sa bonne foi.*

**excipient** [-pjɑ̃] n. m. ▪ Substance qui entre dans la composition d'un médicament et qui sert à incorporer les principes actifs.

**exciser** v. tr. ① ▪ Enlever par excision.

**excision** n. f. ▪ Ablation d'une partie (d'organe, de tissu). ♦ spécialt Ablation rituelle du clitoris (→ **clitoridectomie**) ou du prépuce (→ **circoncision**).

**excitabilité** n. f. ▪ I Caractère excitable (I). **II** physiol. Propriété de réagir aux excitations (II, 1). *Excitabilité musculaire.*

**excitable** adj. ▪ I Irritable, nerveux. **II** physiol. Qui répond à l'excitation (II).

**excitant, ante** adj. ▪ I Qui excite, éveille des sensations, des sentiments. ♦ spécialt Qui provoque le désir sexuel. **II** Qui excite, stimule l'organisme (s'oppose à *calmant*). ► n. m. *Prendre un excitant.*

**excitateur, trice** n. ▪ littér. Personne qui excite (I). *Excitateur de troubles.* → **fauteur.**

**excitation** n. f. ▪ I **1** État d'une personne excitée ; accélération des processus psychiques. → **agitation, énervement, surexcitation. 2** Action d'exciter (à). *Excitation à la violence.* **II 1** physiol. Modification liée à un stimulus, pouvant déclencher une réponse dans un tissu ou un organe ; cette réponse. **2** phys. Accroissement d'énergie.

**excité, ée** adj. ▪ Qui a une activité psychique anormalement vive. ► n. *Une bande d'excités.*

**exciter** v. tr. ① ▪ I **1** Faire naître, provoquer (une réaction physique ou, plus cour., morale, mentale). → **éveiller, susciter.** *Exciter la curiosité.* **2** Accroître, rendre plus vif (une sensation, un sentiment...). → **stimuler. 3** *EXCITER À* (+ n. ou inf.) : pousser fortement à (qqch. de difficile ou violent) *Exciter qqn à l'action ; à agir.* → **encourager, inciter. 4** Augmenter l'activité psychique, intellectuelle de (qqn). → **agiter, surexciter.** *La boisson l'excite.* ♦ (personnes) Mettre en colère. ♦ Éveiller le désir sexuel de (qqn). **II** Déclencher l'activité de (un système excitable) par une excitation (II).

**exclamatif, ive** adj. ▪ Qui marque, exprime l'exclamation. *Phrase exclamative.*

**exclamation** n. f. ▪ Fait de s'exclamer ; paroles, cris par lesquels on s'exclame. ► *Point d'exclamation,* signe de ponctuation ( ! ) qui suit une phrase exclamative.

**s'exclamer** v. pron. ① ▪ Proférer des paroles, des cris (→ **exclamation**) en exprimant spontanément une émotion. → **s'écrier.**

**exclu, ue** adj. ▪ **1** (personnes) Renvoyé, refusé. *Les membres exclus.* ♦ Victime d'exclusion (sociale). ► n. *Les exclus.* **2** (choses) Qu'on refuse d'envisager. ► Non compté (s'oppose à *inclus*). *Jusqu'à mardi exclu.* → **exclusivement.**

**exclure** v. tr. ③⑤ ▪ **1** Renvoyer (qqn) d'un endroit où il était admis, ou refuser d'admettre. → **expulser ; écarter. 2** Ne pas admettre, ne pas employer (qqch.). **3** Refuser d'envisager. **4** (sujet chose) Rendre impossible (qqch.) par son existence même. *La bonté n'exclut pas la sévérité.*

**exclusif, ive** adj. ▪ **1** Qui exclut tout partage. *Droits exclusifs,* qui appartiennent à une seule personne. **2** Qui est produit, vendu par une seule firme. *Modèle exclusif.* ► *Concessionnaire exclusif* (d'une marque). **3** Qui exclut tout élément étranger. **4** Absolu dans ses opinions, ses goûts... → **entier.**

**exclusion** n. f. ■ 1 Action d'exclure (qqn). ◆ *Exclusion (sociale)* : situation de personnes mises à l'écart, qui ne bénéficient pas des avantages minimaux attachés à un type de société. 2 Action d'exclure (qqch.) d'un ensemble. 3 *À L'EXCLUSION DE* loc. prép. : en excluant.

**exclusive** n. f. ■ Décision d'exclure. *Sans exclusive*, sans rien rejeter ni personne.

**exclusivement** adv. ■ 1 En excluant tout le reste. → **seulement, uniquement.** 2 D'une manière exclusive, absolue. II (en fin de proposition) En ne comprenant pas. → **exclu**; s'oppose à *inclusivement.*

**exclusivité** n. f. ■ 1 Propriété exclusive; droit exclusif (de vendre, de publier...). ◆ *EN EXCLUSIVITÉ* : d'une manière exclusive. *Film en exclusivité*, qui sort pour la première fois. 2 Produit vendu, exploité par une seule firme. 3 presse Information importante donnée en exclusivité. → anglic. **scoop.**

**excommunier** v. tr. 7 ■ 1 Retrancher (qqn) de la communion de l'Église catholique (sanction). 2 fig. Exclure, rejeter avec force. ▷ n. f. **excommunication**

**excrément** n. m. ■ souvent au plur. Matière évacuée du corps par les voies naturelles; spécialt matière solide évacuée par le rectum. → **déjection, fèces, selle(s); crotte, crottin; fiente, guano.** ▷ adj. **excrémentiel, ielle**

**excrétion** n. f. ■ physiol. 1 Action par laquelle les déchets de l'organisme sont rejetés au-dehors. 2 au plur. Déchets de la nutrition rejetés hors de l'organisme. → **excrément.** ▷ v. tr. 6 ▷ adj. **excréteur, trice**

**excroissance** n. f. ■ Petite tumeur bénigne de la peau.

**excursion** n. f. ■ Action de parcourir une région pour l'explorer, la visiter. → **expédition, tournée.** ▷ **excursionner** v. intr. 1

**excusable** adj. ■ Qui peut être excusé.

**excuse** n. f. ■ 1 Raison alléguée pour se défendre d'une accusation, d'un reproche, pour expliquer ou atténuer une faute. → **justification.** 2 Regret que l'on témoigne à qqn de l'avoir offensé, contrarié, gêné. *J'accepte vos excuses.* 3 Motif allégué pour se dispenser de qqch. → **prétexte.**

**excuser** v. tr. 1 ■ 1 S'efforcer de justifier (qqn, qqch.) par des excuses. ◆ (sujet chose) Servir d'excuse à (qqn, qqch.). 2 Décharger (qqn) d'un reproche, en admettant les motifs qui atténuent ou justifient une faute. → **pardonner.** 3 Dispenser (qqn) d'une obligation. *Se faire excuser.* 4 (formules de politesse) *Excusez-moi, je vous prie de m'excuser...*, je regrette (de vous gêner, de refuser, etc.). ► **s'excuser** v. pron. Exprimer ses regrets (de qqch.). *Je m'excuse d'avoir pris du retard.* ◆ *Je m'excuse* (emploi critiqué pour : *excusez-moi*).

**exécrable** [ɛgz-; ɛks-] adj. ■ 1 littér. Qu'on doit exécrer. *Procédé exécrable.* 2 Extrêmement mauvais. *Un temps exécrable.*

**exécrer** [ɛgz-; ɛks-] v. tr. 6 ■ 1 littér. Haïr (qqn) au plus haut point. → **abhorrer, détester.** 2 Avoir de l'aversion pour (qqch.). ▷ **exécration** n. f. littér. → **aversion, horreur.**

**exécutable** adj. ■ Qui peut être exécuté.

**exécutant, ante** n. ■ 1 Personne qui exécute (un ordre, une tâche...). 2 Interprète d'un ensemble musical.

**exécuter** v. tr. 1 ■ I *EXÉCUTER qqch.* 1 Mener à accomplissement (un projet; un ordre). → **accomplir, réaliser.** 2 Faire (un ouvrage) d'après un plan, un projet. *Exécuter une commande.* 3 Interpréter, jouer (une œuvre musicale). 4 Faire (un ensemble de gestes). *Exécuter un pas de danse.* II *EXÉCUTER qqn.* 1 Faire mourir (qqn) conformément à une décision de justice. 2 Faire mourir sans jugement. → **assassiner.** *Exécuter un otage.* 3 fig. Discréditer (qqn). → **éreinter.** ► **s'exécuter** v. pron. Se décider à faire une chose pénible. → se **résoudre.**

**exécuteur, trice** n. ■ I *EXÉCUTEUR, TRICE TESTAMENTAIRE* : personne chargée de l'exécution d'un testament. II n. m. Personne qui exécute un condamné. → **bourreau.**

**exécutif, ive** adj. ■ Relatif à la mise en œuvre des lois. *Pouvoir exécutif*, le gouvernement. ◆ n. m. *L'EXÉCUTIF* : le pouvoir exécutif.

**exécution** n. f. ■ I 1 Action d'exécuter (qqch.). → **réalisation.** ◆ *Mettre à exécution* : commencer à exécuter (ce qui a été prévu, décidé...). ◆ dr. Application (du jugement, d'un acte juridique). 2 Action, manière d'exécuter (un ouvrage) d'après une règle, un plan. 3 Action, manière d'interpréter une œuvre musicale. → **interprétation.** II Mise à mort (d'un condamné à mort).

**exécutoire** adj. ■ dr. Qui peut et doit être mis à exécution.

**exégèse** n. f. ■ didact. Interprétation d'un texte dont le sens, la portée sont obscurs.

**exégète** n. ■ Spécialiste d'exégèse.

① **exemplaire** n. m. ■ Chacun des objets reproduisant un type commun.

② **exemplaire** adj. ■ 1 Qui peut servir d'exemple. → **édifiant.** 2 Dont l'exemple doit servir de leçon. *Châtiment exemplaire.* ▷ adv. **exemplairement**

**exemplarité** n. f. ■ Caractère d'exemple.

**exemple** n. m. ■ I 1 Action, manière d'être qu'on peut imiter. ◆ *Prendre exemple sur qqn*, l'imiter. ◆ littér. *À L'EXEMPLE DE* loc. prép. : pour imiter. → **comme.** 2 Personne dont les actes sont dignes d'être imités. → **modèle.** 3 Châtiment censé servir de leçon (pour les autres). *Fusillé pour l'exemple.* II 1 Chose semblable ou comparable à celle dont il s'agit. 2 Cas particulier qui entre dans une catégorie et sert à illustrer, à préciser l'idée. *Donnez-moi un exemple.* ◆ Énoncé que l'on cite pour illustrer l'emploi d'un mot, d'une expression. *Les exemples d'un dictionnaire.* 3 *PAR EXEMPLE* loc. adv. : pour illustrer par un cas. *Considérons par exemple...* ◆ *Par exemple !* (marque l'étonnement).

**exemplifier** v. tr. 7 ■ didact. Illustrer d'exemples. ▷ n. f. **exemplification**

**exempt, empte** [ɛgzɑ̃(pt), -ɑ̃(p)t] ■ I adj. 1 (personnes) *EXEMPT DE*, qui n'est pas obligé d'accomplir (une charge...). ◆ (choses) *Revue exempte de timbre.* 2 Préservé (d'un mal, etc.). → **à l'abri** de. 3 Qui n'est pas sujet à (un défaut...). *Être exempt de vanité.* ◆

*Calcul exempt d'erreurs.* → **sans. II** n. m. Personne exempte, exemptée (d'une charge, d'un service...).

**exempter** [-ā(p)te] v. tr. ⅟ ▪ **1** Rendre exempt (d'une charge...). → **dispenser.** ◆ passif *Il a été exempté du service militaire.* → **exempt. 2** littér. (sujet chose) Dispenser, mettre à l'abri de. → **préserver.**

**exemption** n. f. ▪ Dispense (d'une charge, d'un service...).

**exercer** v. tr. ③ ▪ **1** Soumettre à une activité régulière, en vue d'entretenir ou de développer. *Exercer son souffle, sa mémoire.* **2** Soumettre (qqn) à un entraînement. **3** Faire agir (un moyen, une disposition). *Exercer une influence.* **4** Pratiquer (un métier). *Exercer la médecine.* ◆ sans compl. *Il n'exerce plus.* ▶ **s'exercer** v. pron. **1** Avoir une activité réglée pour acquérir la pratique. **2** (choses) Se manifester. → se faire **sentir.** ▶ **exercé, ée** adj. Devenu habile à force de s'exercer ou d'être exercé.

**exercice** n. m. ▪ **I 1** littér. Action ou façon de s'exercer. → **apprentissage, étude, travail.** *Acquérir une pratique par un long exercice.* **2** Fait d'exercer son corps par l'activité physique. *Prendre de l'exercice.* **3** Entraînement des soldats à la manœuvre. **4** Activité réglée destinée à exercer qqn dans un domaine particulier. **II 1** Action d'exercer (3) en employant. *L'exercice du pouvoir.* → **pratique. 2** Fait d'exercer (une fonction, un métier). ◆ *EN EXERCICE* : en activité. **3** Fait de pratiquer (un culte). **III** Période (souvent une année) comprise entre deux inventaires, deux budgets.

**exérèse** n. f. ▪ méd. Ablation, extraction.

**exergue** n. m. ▪ **1** Inscription, dans une œuvre d'art (tableau...) ou en tête d'un texte. **2** *EN EXERGUE* : comme présentation.

**exfiltrer** v. tr. ⅟ ▪ Assurer le rapatriement de (un agent secret...).

**exfoliant, ante** adj. ▪ Qui exfolie (la peau).

**exfolier** v. tr. ⑦ ▪ Détacher par feuilles, par lamelles. ▷ n. f. **exfoliation**

**exhalaison** n. f. ▪ Ce qui s'exhale.

**exhalation** n. f. ▪ Action d'exhaler. ◆ physiol. Rejet de l'air (opposé à *inhalation*).

**exhaler** v. tr. ⅟ ▪ **1** Dégager et répandre au-dehors (une chose volatile : odeur, vapeur, gaz...). **2** Laisser échapper de sa bouche (un souffle, un son...). **3** littér. Exprimer (un sentiment). *Exhaler sa douleur.* ▶ **s'exhaler** v. pron. → **émaner.**

**exhausser** v. tr. ⅟ ▪ Rendre plus élevé (un bâtiment). ▷ n. m. **exhaussement**

**exhaustif, ive** adj. ▪ Qui traite complètement un sujet. → **complet.** *Liste exhaustive.* ▷ adv. **exhaustivement**

**exhaustivité** n. f. ▪ Caractère exhaustif.

**exhiber** v. tr. ⅟ ▪ **1** Montrer à une autorité. *Exhiber son passeport.* ◆ (À un public) *Exhiber des chiens savants.* **2** péj. Montrer avec ostentation ou impudeur. → **étaler.** ▶ **s'exhiber** v. pron. péj. Se montrer en public.

**exhibition** n. f. ▪ **1** Action d'exhiber (1). → **présentation. 2** Étalage ostentatoire.

**exhibitionnisme** n. m. ▪ **1** psych. Obsession qui pousse qqn à exhiber ses organes génitaux. ◆ par ext. Goût de se montrer nu. **2** fig. Fait d'afficher ses sentiments, sa vie privée, etc. ▷ n. et adj. **exhibitionniste**

**exhortation** n. f. ▪ Paroles pour exhorter.

**exhorter** v. tr. ⅟ ▪ *EXHORTER qqn à* (+ n. ou inf.) : s'efforcer par des discours persuasifs de lui faire faire qqch. → **encourager, inciter.**

**exhumer** v. tr. ⅟ ▪ **1** Retirer (un cadavre) de la terre, de la sépulture. → **déterrer. 2** Retirer (une chose enfouie) du sol, spécialt par des fouilles. **3** fig. Tirer de l'oubli. ▷ **exhumation** n. f. littér.

**exigeant, ante** adj. ▪ **1** Qui est habitué à exiger beaucoup. **2** (sentiment, activité...) Qui a besoin de beaucoup pour s'exercer. *Profession exigeante.* → **prenant.**

**exigence** n. f. ▪ Action d'exiger ; ce qui est exigé. **1** Ce qu'on réclame comme nécessaire. *Une exigence de clarté.* ◆ au plur. Ce qu'on réclame d'autrui. ◆ spécialt Ce qu'on demande en argent (prix, salaire). → **condition, prétention. 2** Caractère d'une personne exigeante.

**exiger** v. tr. ③ ▪ **1** Demander impérativement (ce que l'on pense avoir le droit ou la force d'obtenir). → **réclamer. 2** (sujet chose) Rendre indispensable, obligatoire. → **imposer, nécessiter, requérir.**

**exigible** adj. ▪ Qu'on a le droit d'exiger ; qu'on peut exiger. ▷ n. f. **exigibilité**

**exigu, uë** [-gy] adj. ▪ (espace...) D'une dimension insuffisante. → n. f. **exiguïté** [-gyi-]

**exil** n. m. ▪ **1** Expulsion de qqn hors de sa patrie, avec défense d'y rentrer ; situation de la personne expulsée. → **bannissement ; déportation. 2** littér. Obligation de séjourner hors d'un lieu, loin de qqn qu'on regrette.

**exiler** v. tr. ⅟ ▪ **1** Envoyer (qqn) en exil. → **bannir, déporter, expatrier, expulser, proscrire. 2** Éloigner (qqn) d'un lieu et l'empêcher d'y revenir. ▶ **s'exiler** v. pron. S'installer loin de son pays. ▶ **exilé, ée** adj. et n.

**existant, ante** adj. ▪ **1** didact. Qui existe, qui a une réalité. → **positif, réel. 2** Qui existe actuellement. → **actuel.**

**existence** n. f. ▪ **I 1** philos. Fait d'exister. → ② **être.** ◆ (opposé à *essence*) La réalité vivante, vécue (d'un être conscient). **2** Fait d'exister (pour un observateur). *J'ignorais l'existence de ce livre.* **II 1** Vie, considérée dans sa durée, son contenu. **2** Mode de vie.

**existentialisme** n. m. ▪ philos. Doctrine selon laquelle l'être humain n'est pas déterminé d'avance par son essence* (« l'existence précède l'essence »), mais libre et responsable de son existence. → adj. et n. **existentialiste**

**existentiel, elle** adj. ▪ didact. De l'existence en tant que réalité vécue. *Angoisse existentielle.*

**exister** v. intr. ⅟ ▪ **1** Avoir une réalité. → ① **être.** ◆ Se trouver (quelque part). *Une plante qui n'existe pas en Europe.* ◆ impers. *IL EXISTE... :* il y a... **2** (sujet personne) Vivre. **3** (sens fort) Avoir de l'importance. → **compter.** *Le passé n'existe pas pour elle.*

**ex-libris** [-is] n. m. invar. ▪ Inscription ou vignette apposée sur un livre pour en indiquer le propriétaire.

**ex nihilo** adv. et adj. invar. ▪ didact. En partant de rien. *Création ex nihilo.*

**exo-** Élément savant, du grec *exô* « audehors » (contr. *endo-*).

**exocet** n. m. ▪ Poisson volant (aussi nom d'un missile français).

**exocrine** adj. f. ▪ Se dit d'une glande qui déverse sa sécrétion à la surface de la peau ou d'une muqueuse (contr. *endocrine*).

**exode** n. m. ▪ Émigration en masse. ♦ *Exode rural*, dépeuplement des campagnes.

**exogène** adj. ▪ didact. Qui provient de l'extérieur, se produit à l'extérieur.

**exonérer** v. tr. [6] ▪ Décharger (qqn de qqch. à payer). ▷ **exonération** n. f. → **abattement, déduction, dégrèvement, exemption.**

**exophtalmie** n. f. ▪ méd. Saillie anormale du globe oculaire hors de l'orbite. ▷ adj. **exophtalmique**

**exoplanète** n. f. ▪ astron. Planète qui se trouve hors du système solaire.

**exorbitant, ante** adj. ▪ Qui sort des bornes, qui dépasse la juste mesure. → **excessif.**

**exorbité, ée** adj. ▪ *Yeux exorbités*, qui sortent de l'orbite ; grand ouverts (de peur, etc.).

**exorciser** v. tr. [1] ▪ **1** Chasser (les démons) du corps des possédés à l'aide de formules et de cérémonies. ▪ fig. *Exorciser la peur.* **2** Délivrer (un possédé) de ses démons.

**exorcisme** n. m. ▪ Pratique pour exorciser.

**exorciste** n. ▪ Personne qui exorcise.

**exorde** n. m. ▪ Première partie (d'un discours). → **introduction, préambule.**

**exotique** adj. ▪ Qui (dans une perception, notamment la perception occidentale) est perçu comme étrange et lointain et stimule l'imagination ; qui vient de pays lointains.

**exotisme** n. m. ▪ **1** Caractère de ce qui est exotique. **2** Goût des choses exotiques.

**expansé, ée** adj. ▪ techn. Qui a subi une expansion (1). *Polystyrène expansé.*

**expansible** adj. ▪ Qui est susceptible d'expansion. ▷ n. f. **expansibilité**

**expansif, ive** adj. ▪ **1** didact. Qui tend à s'étendre. **2** cour. Qui s'exprime avec effusion. → **démonstratif, exubérant.**

**expansion** n. f. ▪ **1** Développement (d'un corps) en volume. *L'expansion des gaz.* **2** Action de s'étendre, de se développer. → **extension. 3** Mouvement par lequel une personne communique ses pensées, etc. → **effusion, épanchement ; expansif.**

**expansionnisme** n. m. ▪ Politique d'expansion (2) d'un pays. ▷ n. et adj. **expansionniste**

**expansivité** n. f. ▪ Caractère expansif.

**expatrier** v. tr. [7] ▪ Obliger (qqn) à quitter sa patrie. → **exiler.** ♦ *Expatrier des capitaux*, les placer à l'étranger. ▶ **s'expatrier** v. pron. → **émigrer.** ▶ **expatrié, ée** adj. et n.

**expectative** n. f. ▪ **1** littér. Attente fondée sur des promesses. **2** Attente prudente.

**expectorer** v. tr. [1] ▪ Rejeter (les mucosités des voies respiratoires). → **cracher, tousser.** ▷ n. f. **expectoration**

① **expédient, ente** adj. [-jɑ̃, ɑ̃t] adj. ▪ littér. Qui convient. → **opportun.**

② **expédient** [-jɑ̃] n. m. ▪ **1** Moyen, méthode pour se tirer d'une difficulté, contourner un obstacle. **2** péj. *Vivre d'expédients*, de moyens peu honnêtes.

**expédier** v. tr. [7] ▪ **I 1** Faire (qqch.) rapidement, sans attente ou sans soin. **2** En finir au plus vite avec (qqn) pour s'en débarrasser. **II 1** Faire partir pour une destination. → **envoyer. 2** fam. Envoyer (qqn) au loin.

**expéditeur, trice** n. ▪ Personne qui expédie. → **envoyeur.** ◆ adj. *Gare expéditrice.*

**expéditif, ive** adj. ▪ **1** Qui expédie les affaires, son travail. → **rapide. 2** (choses) Qui permet d'expédier les affaires. *Moyen expéditif.* ♦ péj. *Justice expéditive.* → **sommaire.**

**expédition** n. f. ▪ **I 1** Action d'expédier (I) ce qu'on a à faire. **2** dr. Copie (d'un acte, d'un jugement). **II 1** Action d'expédier (II) (qqch.). → **envoi. 2** Opération militaire exigeant un déplacement de troupes. **3** Voyage d'exploration.

**expéditionnaire** ▪ **1** n. Employé(e) chargé(e) des expéditions (II, 1). **2** adj. Envoyé en expédition militaire.

**expérience** n. f. ▪ **I 1** *L'EXPÉRIENCE DE qqch. :* fait d'éprouver qqch., considéré comme un élargissement ou un enrichissement du savoir, des aptitudes. → **pratique, usage.** *Acquérir l'expérience d'un art.* **2** Événement vécu ou pratique prolongée de qqch., apportant un enseignement. *Une expérience amoureuse.* **3** absolt Connaissance acquise par des situations vécues. → **savoir.** *Un débutant sans expérience.* ◆ philos. La connaissance empirique (→ **empirisme**). **II 1** Fait de provoquer un phénomène dans l'intention de l'étudier, de contrôler une hypothèse. → **épreuve, essai ; expérimentation.** ← Méthode scientifique utilisant les expériences. **2** Essai, tentative. *Une expérience de vie commune.*

**expérimental, ale, aux** adj. ▪ **1** Fondé sur l'expérience scientifique. *Méthode expérimentale. Sciences expérimentales.* **2** Qui constitue une expérience ; fait, construit pour une expérience. ▷ adv. **expérimentalement**

**expérimentateur, trice** n. ▪ Personne qui effectue des expériences scientifiques.

**expérimentation** n. f. ▪ Emploi systématique de l'expérience scientifique.

**expérimenté, ée** adj. ▪ Qui est instruit par l'expérience (I, 3). → **exercé, expert.**

**expérimenter** v. tr. [1] ▪ **I** Éprouver, connaître par l'expérience. **II** Pratiquer des expériences (II) pour étudier, juger (qqch.). → **éprouver, essayer, tester, vérifier.**

**expert, erte** adj. ▪ **1** Qui a acquis une grande habileté par l'expérience, par la pratique. → **expérimenté. 2** inform. *Système expert :* programme d'intelligence artificielle. **II** n. m. Personne choisie pour ses connaissances et chargée de faire des examens, constatations, appréciations.

**expert-comptable** [-kɔ̃t-] n. m. ■ Personne faisant profession d'organiser, vérifier ou redresser les comptabilités.

**expertise** n. f. ■ I Examen, étude, estimation par un expert. II Compétence d'un expert.

**expertiser** v. tr. ① ■ Soumettre à une expertise. → **estimer, évaluer.**

**expiation** n. f. ■ Souffrance imposée ou acceptée à la suite d'une faute et considérée comme une purification. → **rachat, repentir.**

**expiatoire** adj. ■ Destiné à une expiation.

**expier** v. tr. ⑦ ■ 1 Réparer par une expiation. 2 *Expier une erreur.* → **payer.**

**expirant, ante** adj. ■ 1 Près d'expirer. → **agonisant, mourant.** 2 (choses) Qui finit.

**expiration** n. f. ■ I Action d'expirer (I). II Moment où (qqch.) se termine. → **terme.**

**expirer** v. ① ■ I v. tr. Expulser des poumons (l'air inspiré). → **souffler.** II v. intr. 1 littér. Rendre le dernier soupir. → **mourir.** ◆ (choses) Cesser d'être. 2 Arriver à son terme (durée déterminée). → **finir.**

**explétif, ive** adj. ■ Qui est dans une phrase sans être nécessaire au sens. *Le ne explétif* (ex. *il craint que je ne sois trop jeune*).

**explicable** adj. ■ (choses) Qui peut s'expliquer.

**explicatif, ive** adj. ■ (choses) Qui explique.

**explication** n. f. ■ 1 Développement destiné à éclaircir le sens de qqch. → **commentaire, éclaircissement.** 2 Ce qui rend compte (d'un fait). → **cause, motif, raison.** *Quelle est l'explication de ce phénomène ?* 3 Éclaircissement sur la conduite de qqn. → **justification.** 4 Discussion dans laquelle on s'explique (3).

**explicitation** n. f. ■ Action d'expliciter.

**explicite** adj. ■ 1 dr. Exprimé, formulé. 2 Clair et précis dans l'énoncé. 3 (personnes) Qui s'exprime avec clarté. ▷ adv. **explicitement**

**expliciter** v. tr. ① ■ 1 Énoncer formellement. 2 Rendre clair et précis.

**expliquer** v. tr. ① ■ 1 Faire connaître, faire comprendre nettement en développant. *Expliquer ses projets à qqn.* → **exposer.** 2 Rendre clair, faire comprendre (ce qui est ou paraît obscur). ◆ Donner les indications (pour faire qqch.). 3 Faire connaître la raison, la cause de (qqch.). *Expliquer un phénomène.* ◆ (sujet chose) Être la cause, la raison visible de. ▶ s'**expliquer** v. pron. 1 Faire connaître sa pensée. 2 Justifier un fait, une opinion. 3 récipr. Avoir une discussion, faire une mise au point. ◆ fam. Se battre. 4 Comprendre la raison, la cause de (qqch.). 5 passif Être rendu intelligible. *Cet accident s'explique par une négligence.*

**exploit** n. m. ■ I Action remarquable. → **prouesse; performance.** II dr. *Exploit d'huissier :* acte judiciaire signifié par huissier.

**exploitable** adj. ■ Qui peut être exploité.

**exploitant, ante** n. ■ 1 Personne (ou société) qui gère une exploitation. 2 Personne qui exploite une salle de cinéma.

**exploitation** n. f. ■ 1 Action d'exploiter, de faire valoir (une chose) (→ mise en valeur). ◆ inform. *Système d'exploitation :* programme qui gère le fonctionnement de l'ordinateur. 2 Bien exploité ; lieu où se fait la mise en valeur de ce bien. *Exploitation agricole, industrielle, commerciale.* 3 abstrait Utilisation méthodique. *L'exploitation d'une idée.* 4 Action d'abuser (de qqn) à son profit. ◆ (marxisme) *L'exploitation de l'homme par l'homme :* le fait de tirer un profit (plus-value) du travail d'autrui.

**exploiter** v. tr. ① ■ 1 Faire valoir (une chose) ; tirer parti de. *Exploiter une mine.* 2 Utiliser d'une manière avantageuse. *Exploiter une situation.* 3 Se servir de (qqn) en n'ayant en vue que le profit (→ **exploitation** (4)**).**

**exploiteur, euse** n. ■ Personne qui exploite (2 ou 3). → **profiteur.**

**explorateur, trice** n. ■ Personne qui explore un pays lointain, peu connu.

**exploration** n. f. ■ 1 Action d'explorer (un lieu). 2 abstrait → **approfondissement.** 3 méd. Examen minutieux (d'un organe).

**exploratoire** adj. ■ Destiné à explorer.

**explorer** v. tr. ① ■ 1 Parcourir (un endroit mal connu) en l'étudiant avec soin. ◆ Parcourir (un lieu) en observant. 2 abstrait Faire des recherches sur (qqch.). → **approfondir, étudier.** *Explorer une question.* 3 méd. Observer (un organe, etc.) à l'aide d'instruments ou de procédés spéciaux. → **ausculter, examiner, sonder.**

**exploser** v. intr. ① ■ 1 Faire explosion. → **éclater, détoner, sauter.** 2 fig. → **éclater.** *Sa colère explosa.* 3 Se développer largement.

**explosible** adj. ■ didact. → **explosif** (2).

**explosif, ive** adj. ■ I adj. 1 Relatif à l'explosion. 2 Qui peut faire explosion. 3 fig. *Situation explosive,* tendue. ◆ *Tempérament explosif,* sujet à la colère. II n. m. Composé ou mélange de corps susceptible d'explosion. ▷ n. f. **explosivité**

**explosion** n. f. ■ 1 Fait de se rompre brutalement en projetant des fragments. ◆ sc. Phénomène au cours duquel des gaz sous pression sont produits dans un temps très court. → **déflagration, éclatement.** *L'explosion d'un obus.* ◆ *Explosion nucléaire.* ◆ Rupture violente, accidentelle. 2 *MOTEUR À EXPLOSION,* qui emprunte son énergie à l'expansion d'un gaz, provoquée par la combustion rapide d'un mélange détonant. 3 fig. Manifestation soudaine et violente (de). 4 Expansion soudaine et spectaculaire. *Explosion démographique.*

**exponentiel, ielle** adj. ■ 1 math. Dont la variable est en exposant. 2 Qui augmente de manière continue et rapide.

**export** n. m. ■ Exportation. *Ventes à l'export.*

**exportable** adj. ■ Qui peut être exporté.

**exportateur, trice** n. ■ Personne qui exporte. ← adj. *Pays exportateurs de pétrole.*

**exportation** n. f. ■ 1 Action d'exporter (des produits). 2 Ce qui est exporté.

**exporter** v. tr. 1 ▪ 1 Envoyer et vendre hors d'un pays (des produits). ◆ *Exporter des capitaux*, les placer à l'étranger. 2 fig. Transporter à l'étranger (une mode, etc.).

**exposant** n. m. ▪ 1 Personne dont les œuvres, les produits sont présentés dans une exposition. 2 math. Expression exprimant la puissance à laquelle une quantité est élevée. *Deux est l'exposant du carré.*

**exposé** n. m. ▪ 1 Développement par lequel on expose (des faits, des idées). → **description, rapport, récit.** 2 Bref discours sur un sujet didactique. → **conférence**; fam. **laïus.**

**exposer** v. tr. 1 ▪ I 1 Disposer de manière à mettre en vue. → **montrer, présenter.** 2 Placer (des œuvres d'art...) dans un lieu de présentation publique. 3 Présenter en ordre (un ensemble de faits, d'idées). → **décrire, énoncer, raconter.** 4 *EXPOSER qqch. à :* disposer dans la direction de. → **orienter.** 5 Disposer pour soumettre à une action. *Exposer un film à la lumière.* II 1 *EXPOSER qqn à,* mettre dans une situation dangereuse. 2 Risquer de perdre. *Exposer sa vie.* ▶ **s'exposer** v. pron. 1 Se soumettre à l'action de. *S'exposer au soleil.* 2 Se mettre dans la situation de subir. *S'exposer à un péril.* ◆ sans compl. Se mettre en danger.

**exposition** n. f. ▪ 1 Action d'exposer, de mettre en vue (spécialt des choses à vendre). → **étalage.** 2 Présentation publique de produits, d'œuvres d'art; objets exposés. 3 Action de faire connaître, d'expliquer. → **exposé.** ◆ Partie initiale (d'une œuvre littéraire). *L'exposition d'une tragédie.* 4 Situation par rapport à une direction donnée. → **orientation.** 5 Action de soumettre à l'action de. *Exposition à la lumière.*

① **exprès, esse** [-prɛs] adj. ▪ 1 dr. Qui exprime formellement la volonté de qqn. *Défense expresse.* 2 (invar.) *Lettre exprès, colis exprès* (ou n. m. *un exprès*), remis immédiatement au destinataire.

② **exprès** [-prɛ] adv. ▪ Avec intention spéciale; à dessein. → **délibérément, intentionnellement.** ◆ *FAIRE EXPRÈS. Il fait exprès de vous contredire.* ◆ loc. *UN FAIT EXPRÈS :* une coïncidence (fâcheuse).

① **express** [-prɛs] adj. ▪ Qui assure un service rapide. ◆ n. m. vieilli *Train express.*

② **express** [-prɛs] adj. ▪ *Café express* (ou n. m. *un express*), fait à la vapeur. → **expresso.**

**expressément** adv. ▪ En termes exprès (①), formels. → **explicitement, nettement.**

**expressif, ive** adj. ▪ 1 Qui exprime bien ce qu'on veut exprimer, faire comprendre. *Geste expressif.* → **éloquent.** 2 Qui a beaucoup d'expression, de vivacité. → **animé, mobile, vivant.** *Une physionomie expressive.*

**expression** n. f. ▪ I vx Action de faire sortir (un liquide) en pressant (→ **expression** (II). II Action ou manière d'exprimer ou de s'exprimer. 1 Fait d'exprimer par le langage. → *Liberté d'expression,* d'exprimer ses opinions. ◆ *Au-delà de toute expression :* extrêmement. 2 Manière de s'exprimer. ▪ spécialt Groupe de mots faisant partie de la langue. → **locution, tour, tournure.** 3 math. Formule par laquelle on exprime une valeur, un système. ◆ loc. fig. *Réduire qqch. à sa plus simple expression,* à la forme la plus simple. 4 Fait d'exprimer, de s'exprimer par l'art. ◆ Qualité d'un artiste ou d'une œuvre qui exprime qqch. avec force. 5 Fait d'exprimer (les émotions, les sentiments...) par le comportement. *Une expression indifférente.* 6 absolt Aptitude à manifester ce qui est ressenti. *Un sourire plein d'expression.* III Ce par quoi qqn ou qqch. s'exprime, se manifeste. *L'expression d'un besoin.* → **manifestation.** *L'expression d'une volonté.* → **émanation.**

**expressionnisme** n. m. ▪ Forme d'art où prime l'intensité de l'expression (d'abord en peinture). ▷ adj. et n. **expressionniste**

**expressivité** n. f. ▪ Caractère expressif.

**expresso** n. m. ▪ Café express à l'italienne.

**exprimable** adj. ▪ Qu'on peut exprimer.

**exprimer** v. tr. 1 ▪ I littér. ou techn. Faire sortir par pression (un liquide). II Rendre sensible par un signe (→ **expression**). 1 Faire connaître par le langage. 2 sc. Servir à noter (une relation...). *Le signe = exprime l'égalité.* 3 Rendre sensible, faire connaître par le moyen de l'art. 4 Rendre sensible par le comportement. → **manifester.** ▶ **s'exprimer** v. pron. 1 Manifester sa pensée, ses sentiments (par le langage, les gestes, l'art). 2 Se manifester librement, selon des tendances profondes.

**exproprier** v. tr. 7 ▪ Déposséder légalement (qqn) d'un bien. ▷ n. f. **expropriation**

**expulser** v. tr. 1 ▪ I 1 Chasser (qqn) du lieu où il était établi. *Expulser qqn de son pays.* → **exiler.** ◆ *Expulser des locataires.* 2 Faire sortir (qqn) avec violence. II Évacuer (qqch.) de l'organisme. → **éliminer.**

**expulsion** n. f. ▪ I 1 Action d'expulser (qqn) d'un lieu. 2 Exclusion (d'un groupe...). II Évacuation (→ expulser (II).

**expurger** v. tr. 3 ▪ Abréger (un texte) en éliminant ce qui est contraire à une morale, à un dogme. → n. f. **expurgation**

**exquis, ise** adj. ▪ 1 D'une délicatesse raffinée. → **délicat.** 2 Agréable par sa délicatesse. → **délicieux.** ▷ **exquisément** adv. littér.

**exsangue** [ɛksɑ̃g ; ɛgzɑ̃g] adj. ▪ 1 méd. Qui a perdu beaucoup de sang. 2 Très pâle. *Lèvres exsangues.* 3 fig., littér. Vidé de sa substance, de sa force. *Pays exsangue.*

**exsuder** v. 1 ▪ didact. 1 v. intr. Sortir comme la sueur. → **suinter.** 2 v. tr. Émettre par suintement. ▷ n. f. **exsudation**

**extase** n. f. ▪ 1 État dans lequel qqn se trouve comme transporté hors de soi et du monde sensible. 2 Exaltation due à une joie ou une admiration extrême. → **ravissement.**

**s'extasier** v. pron. 7 ▪ Manifester avec enthousiasme son admiration, son émerveillement. → **se pâmer.** ▶ **extasié, ée** adj.

**extatique** adj. ▪ littér. 1 De l'extase (1). *Vision extatique.* 2 Qui est en extase.

**extenseur** ■ 1 adj. m. Qui sert à étendre. 2 n. m. Appareil pour les exercices d'extension musculaire.

**extensible** adj. ■ Qui peut s'étendre. → **élastique ; ductile.** ▷ n. f. **extensibilité**

**extensif, ive** adj. ■ 1 didact. Relatif à l'étendue, à l'extension. 2 (opposé à *intensif*) CULTURE EXTENSIVE, sur de grandes surfaces (avec un rendement assez faible). 3 Qui marque une extension (3) plus grande.

**extension** n. f. ■ 1 Action de donner à qqch. une plus grande dimension ; fait de s'étendre. → **augmentation, développement.** 2 Mouvement par lequel on étend un membre. *Extension et flexion du bras.* 3 fig. Action de donner à qqch. une portée plus générale. ♦ Propriété d'un terme de s'appliquer à plus d'objets. *Extension du sens propre d'un mot.*

**exténuant, ante** adj. ■ Qui exténue.

**exténuer** v. tr. [1] ■ Rendre faible par épuisement des forces. → **épuiser.** ◆ au p. p. *Un air exténué.* ▷ **exténuation** n. f. littér.

① **extérieur, eure** adj. ■ 1 EXTÉRIEUR À : qui est situé dans l'espace hors de (qqch.). → en **dehors** de. ♦ fig. → **étranger** à. *Des considérations extérieures au sujet.* 2 (sans compl.) Qui est dehors ou loin du centre. ♦ Qui concerne les pays étrangers. *Politique extérieure.* 3 Qui existe en dehors d'un individu. *La réalité extérieure.* II 1 (partie) En contact avec l'espace que qqch. n'occupe pas. *Poche extérieure.* 2 Que l'on peut voir du dehors. → **apparent, visible.**

② **extérieur** n. m. ■ 1 Partie de l'espace en dehors de qqch. (opposé à *dedans, intérieur*). → **dehors.** 2 cin. Prise de vues hors des studios. II 1 Partie (de qqch.) en contact avec l'espace qui l'environne. *L'extérieur d'un coffret.* 2 littér. Apparence (de qqn, qqch.).

**extérieurement** adv. ■ 1 À l'extérieur. 2 En apparence. → **apparemment.**

**extériorisation** n. f. ■ Fait d'extérioriser.

**extérioriser** v. tr. [1] ■ Donner une réalité extérieure, visible à (ce qui n'existait que dans la conscience). → **exprimer, manifester, montrer.** ▶ **s'extérioriser** v. pron.

**extériorité** n. f. ■ didact. Caractère de ce qui est extérieur.

**exterminateur, trice** adj. ■ littér. Qui extermine. *L'ange exterminateur,* de la mort.

**extermination** n. f. ■ Action d'exterminer. → **massacre ; génocide.**

**exterminer** v. tr. [1] ■ Faire périr en nombre et jusqu'au dernier. → **anéantir, détruire, supprimer.**

**externaliser** v. tr. [1] ■ Confier (une activité relative à une entreprise) à une entreprise extérieure. *Externaliser la comptabilité.* ▷ n. f. **externalisation**

**externat** n. m. ■ 1 École où l'on ne reçoit que des élèves externes. 2 Fonction, statut d'externe (II).

**externe** ■ I adj. Qui est situé en dehors, est tourné vers l'extérieur. *Bord externe.* ◆ *Médicament à usage externe* (à ne pas avaler). II n. 1 Élève qui suit les cours d'une école, mais n'y vit pas en pension. 2 Étudiant(e) en médecine, qui assiste les internes dans les hôpitaux.

**exterritorialité** n. f. ■ Privilège par lequel les agents diplomatiques sont censés résider dans le pays qu'ils représentent et ne sont pas soumis à la juridiction du pays où ils exercent leurs fonctions.

**extincteur** n. m. ■ Appareil capable d'éteindre un foyer d'incendie.

**extinction** n. f. ■ 1 Action d'éteindre. 2 Fait de perdre son existence ou son efficacité. *Espèce en voie d'extinction.* → **disparition.** ◆ loc. EXTINCTION DE VOIX : impossibilité momentanée de parler d'une voix claire.

**extirpation** n. f. ■ Action d'extirper.

**extirper** v. tr. [1] ■ 1 littér. Faire disparaître (qqch. d'abstrait). *Extirper un mal.* 2 Arracher (une plante) avec ses racines. ♦ chir. Enlever complètement. → **extraire.** 3 fam. Faire sortir avec difficulté. → **arracher.**

**extorquer** v. tr. [1] ■ Obtenir (qqch.) sans le consentement du détenteur (par la ruse...).

**extorsion** n. f. ■ didact. Action d'extorquer. *Extorsion de fonds.*

① **extra** n. m. ■ 1 Chose ajoutée à ce qui est habituel. → **supplément.** 2 Personnel supplémentaire engagé pour peu de temps.

② **extra** adj. invar. ■ De qualité supérieure. ♦ fam. Très bien, très agréable.

**extra-** Élément qui signifie « en dehors (de), au-delà (de) » et « plus que, tout à fait » (ex. *extralucide*). → **super-, ultra-.**

**extraconjugal, ale, aux** adj. ■ Qui a lieu en dehors du mariage.

**extracorporel, elle** adj. ■ Qui existe ou se fait à l'extérieur du corps.

**extracteur** n. m. ■ Appareil d'extraction (I).

**extractible** adj. ■ Qui peut être extrait.

**extractif, ive** adj. ■ Relatif à l'extraction.

**extraction** n. f. ■ I Action d'extraire*. II vieilli Origine, lignage.

**extrader** v. tr. [1] ■ Livrer par extradition.

**extradition** n. f. ■ Procédure permettant à un État de se faire livrer par un autre État un individu poursuivi ou condamné.

**extra-fin, fine** adj. ■ 1 Très fin, très petit. 2 (aliments, confiserie) Supérieur.

**extra-fort, forte** ■ I adj. Très fort. *Moutarde extra-forte.* II n. m. Ruban dont on garnit intérieurement les ourlets, etc.

**extragalactique** adj. ■ astron. Qui est en dehors de la Galaxie (celle du Soleil).

**extraire** v. tr. [50] ■ I 1 Tirer (une chose) du lieu dans lequel elle se trouve enfouie ou enfoncée. *Extraire la houille d'une mine.* ♦ Enlever, retirer de l'organisme (un corps étranger, etc.) par une opération. 2 Tirer (un passage → **extrait**) d'un livre, d'un écrit. 3 Faire sortir (qqn) avec difficulté d'un lieu étroit. II 1 Séparer (une substance) du corps dont elle fait partie. 2 littér. Dégager (un contenu, une idée...). 3 *Extraire la racine carrée d'un nombre,* la calculer.

**extrait** n. m. ▪ **1** Produit qu'on retire d'une substance par une opération chimique. ♦ Parfum concentré. → **essence**. ♦ Préparation alimentaire concentrée. **2** Passage tiré d'un texte. → **fragment, morceau**. ← par ext. *Projeter des extraits d'un film*. **3** Copie conforme (d'un acte officiel).

**extralégal, ale, aux** adj. ▪ didact. En dehors de la légalité. → **illégal**.

**extralucide** adj. ▪ *Voyante extralucide*, réputée voir et prédire l'avenir.

**extra-muros** [-os] adv. et adj. ▪ Hors de la ville.

**extraordinaire** adj. ▪ **1** Qui n'est pas selon l'usage ordinaire, selon l'ordre commun. → **exceptionnel, inhabituel**. ← *PAR EXTRAORDINAIRE* : par un événement peu probable. **2** Qui suscite la surprise ou l'admiration par sa rareté, sa singularité. → **bizarre, étonnant, étrange, insolite, singulier**. **3** Remarquable dans son genre. → **exceptionnel**. *Une femme extraordinaire*.

**extraordinairement** adv. ▪ **1** Par l'effet de circonstances extraordinaires. **2** D'une manière étrange, bizarre. **3** D'une manière intense. → **extrêmement, très**.

**extrapoler** v. intr. ⊡ ▪ didact. Appliquer une chose connue à un autre domaine pour en déduire qqch. ▷ n. f. **extrapolation**

**extrasensoriel, ielle** [-s-] adj. ▪ psych. Qui ne se fait pas par les sens.

**extrasolaire** adj. ▪ astron. Extérieur au système solaire. *Planète extrasolaire*. → **exoplanète**.

**extrasystole** [-s-] n. f. ▪ méd. Contraction anticipée du cœur.

**extraterrestre** ▪ **1** adj. Extérieur à la Terre ou à l'atmosphère terrestre. **2** n. Habitant d'une autre planète que la Terre (dans un contexte d'anticipation).

**extra-utérin, ine** adj. ▪ méd. *Grossesse extra-utérine*, qui se fait, se produit (anormalement) hors de la cavité utérine.

**extravagant, ante** adj. ▪ **1** Bizarre et déraisonnable. **2** (personnes) Très excentrique. ▷ **extravagance** n. f. → **excentricité**.

**extravaguer** v. intr. ⊡ ▪ littér. Penser, parler, agir de manière extravagante.

**extravaser** v. tr. ⊡ ▪ didact. Faire se répandre hors de son contenant naturel.

**extraverti, ie** adj. ▪ Qui est tourné vers le monde extérieur. – syn. EXTROVERTI, IE.

**extrême** ▪ **I** adj. **1** (souvent avant le nom) Qui est tout à fait au bout, qui termine (un espace, une durée). *L'extrême limite. L'extrême droite, l'extrême gauche* (politique). **2** littér.

Qui est au plus haut point ou à un très haut degré. → **grand, intense**. *Joie extrême*. ← *D'extrême urgence*. **3** (après le nom) Qui est le plus éloigné de la moyenne, du juste milieu. → **excessif, immodéré**. **II** n. m. **1** (surtout plur.) Situation extrême. **2** *Les extrêmes* : les deux limites extrêmes d'une chose. → **contraire, opposé**. ← au sing. *Passer d'un extrême à l'autre. À L'EXTRÊME* loc. adv. : à la dernière limite ; au-delà de toute mesure.

**extrêmement** adv. ▪ D'une manière extrême, à un très haut degré. → **très**.

**extrême-onction** n. f. ▪ relig. cathol. Sacrement destiné aux fidèles en péril de mort.

**extrême-oriental, ale, aux** [-ʀjɑ̃-] adj. et n. ▪ De l'Extrême-Orient. ← n. *Les Extrême-Orientaux*.

**in extremis** → **in extremis**

**extrémisme** n. m. ▪ Attitude extrémiste.

**extrémiste** n. ▪ Partisan d'une doctrine, jusqu'à ses limites extrêmes ; personne qui a des opinions extrêmes. ← adj. *Parti extrémiste*.

**extrémité** n. f. ▪ **1** Partie extrême, qui termine une chose. → **bout, fin**. **2** au plur. Les pieds et les mains. **3** État très misérable, situation désespérée. ← loc. *Être réduit à la dernière extrémité*. ← *Le malade est à la dernière extrémité*, à l'agonie. **4** Décision, action extrême ; excès de violence.

**extrinsèque** adj. ▪ didact. Qui est extérieur, n'appartient pas à l'essence de qqch. (opposé à *intrinsèque*).

**extroverti, ie** → **extraverti**

**extruder** v. tr. ⊡ ▪ techn. Fabriquer par extrusion (2).

**extrusion** n. f. ▪ **1** géol. Sortie de lave. **2** techn. Fabrication de produits par écoulement de matières liquides (spécialt, matières plastiques).

**exubérance** n. f. ▪ **1** État de ce qui est très abondant. → **profusion**. **2** Vitalité irrépressible qui se manifeste dans le comportement.

**exubérant, ante** adj. ▪ **1** Qui a de l'exubérance (1). **2** Qui se comporte ou se manifeste sans retenue.

**exulter** v. intr. ⊡ ▪ (personnes) Être transporté d'une joie extrême, qu'on ne peut contenir ni dissimuler. → **jubiler**. ▷ **exultation** n. f. → **allégresse**.

**exutoire** n. m. ▪ littér. Ce qui permet de se soulager (d'un besoin, d'une envie).

**ex-voto** n. m. invar. ▪ Objet symbolique placé dans une église en accomplissement d'un vœu ou en remerciement.

**f** [εf] n. m. ■ **I** Sixième lettre et quatrième consonne de l'alphabet. **II 1** *F1, F2*..., logement de une, deux... pièces principales. **2** *F* : symbole du *franc.*

**fa** n. m. invar. ■ Note de musique, quatrième degré de la gamme de do.

**fable** n. f. ■ **1** littér. Récit de fiction exprimant une vérité générale. → **légende, mythe.** **2** Petit récit en vers ou en prose, destiné à illustrer un précepte. *Les Fables d'Ésope.* **3** littér. Mensonge élaboré (→ **fabuler**). **4** loc. *Être la fable de,* être un sujet de moquerie pour. → **risée.**

**fabliau** n. m. ■ Petit récit en vers de huit syllabes (XIIIᵉ et XIVᵉ siècles).

**fabricant, ante** n. ■ Personne qui fabrique, fait fabriquer des produits commerciaux.

**fabrication** n. f. ■ Art ou action de fabriquer.

**fabrique** n. f. ■ Établissement industriel de moyenne importance produisant des objets finis. → **manufacture ; usine.**

**fabriquer** v. tr. 1 ■ **1** Faire (un objet) grâce à un travail exécuté sur une matière. → **confectionner. 2** fam. *Qu'est-ce que tu fabriques ?* → **faire. 3** Produire par des procédés mécaniques, à l'aide de matières premières ou semi-finies (des objets destinés au commerce). **4** Élaborer (pour tromper). *Fabriquer de la fausse monnaie.* ⊸ au p. p. *Une histoire fabriquée.* → **faux ; inventé.**

**fabuler** v. intr. 1 ■ Présenter comme réels des faits imaginés. → **affabuler ; fable.** ▷ n. f. **fabulation** ▷ adj. et n. **fabulateur, trice**

**fabuleusement** adv. ■ D'une manière fabuleuse, incroyable.

**fabuleux, euse** adj. ■ **1** littér. Qui appartient à la fable, au merveilleux. → **légendaire, mythique, mythologique.** *Animal fabuleux.* **2** Qui paraît fabuleux ; incroyable mais vrai. → **extraordinaire, prodigieux.**

**fabuliste** n. ■ Auteur de fables.

**fac** n. f. ■ fam. Faculté ou université.

**façade** n. f. ■ **1** Face antérieure (d'un bâtiment) où s'ouvre l'entrée principale. **2** fig. Apparence (qui trompe). ⊸ *Une amabilité de façade.*

**face** n. f. ■ **1** Partie antérieure de la tête humaine. → **figure, visage ; facial.** ◆ loc. *À LA FACE DE :* devant, en présence de. ⊸ *PERDRE LA FACE :* perdre toute considération. *SAUVER LA FACE :* sauvegarder sa dignité. **2** (médaille...) Côté qui porte une figure (opposé à *pile,* à *revers*). → **avers. 3** Chacun des côtés (d'une chose). *Les faces d'un cube.* **4** fig. Aspect sous lequel une chose se présente. **5** loc. *FAIRE FACE À :* présenter l'avant vers ; fig. réagir efficacement en présence de (une difficulté). **6** *FACE À* loc. prép. : en faisant face à ; fig. en étant confronté à. **7** *EN FACE* loc. adv. : par-devant. *Il le lui a dit en face,* directement. ⊸ fig. *Voir les choses en face.* ◆ *EN FACE DE* loc. prép. → **vis-à-vis** de. **8** *FACE À FACE* loc. adv. : les faces tournées l'une vers l'autre (→ **nez** à nez, vis-à-vis). **9** *DE FACE* : le visage s'offrant aux regards. *Un portrait de face* (par oppos. à *de profil*). ⊸ (par oppos. à *de côté*) *Une loge de face* (au théâtre).

**face-à-face** n. m. invar. ■ Débat confrontant des personnalités.

**face-à-main** n. m. ■ Binocle à manche, tenu à la main. *Des faces-à-main.*

**facétie** n. f. ■ Plaisanterie burlesque.

**facétieux, euse** adj. ■ Qui aime à dire ou à faire des facéties.

**facette** n. f. ■ **1** Une des petites faces (d'un corps qui en a beaucoup). *Les facettes d'un diamant.* **2** fig. Chacun des aspects (d'une chose). ⊸ *À FACETTES,* à plusieurs aspects. **3** zool. Chacun des éléments de l'œil composé des insectes.

**fâché, ée** adj. ■ **1** Mécontent. *Vous avez l'air fâché.* ⊸ *Fâché de,* qui regrette (qqch.). **2** *Être fâché contre qqn,* en colère contre lui. ◆ *Être fâché avec qqn,* brouillé avec lui.

**fâcher** v. tr. 1 ■ Mettre (qqn) dans un état d'irritation. → **mécontenter.** ▶ **se fâcher** v. pron. Se mettre en colère. ◆ *Se fâcher avec qqn.* → **se brouiller, rompre.**

**fâcherie** n. f. ■ Brouille, désaccord.

**fâcheux, euse** adj. ■ **1** Qui est cause de déplaisir ou de souffrance. *Une fâcheuse nouvelle.* **2** Qui comporte des inconvénients ; qui porte préjudice. *Un contretemps fâcheux.* ▷ adv. **fâcheusement**

**facho** adj. et n. ■ fam. Fasciste (2).

**facial, ale, aux** adj. ■ De la face.

**faciès** [-jεs] n. m. ■ didact. Aspect (permanent), expression du visage. → **physionomie.**

**facile** adj. ■ **1** Qui se réalise, s'accomplit, s'obtient sans effort. → **aisé, commode, élémentaire, enfantin, simple. 2** *FACILE À* (+ inf.) : qui demande peu d'efforts pour être (fait, réussi). ◆ (personnes) *Être facile à vivre,* d'humeur égale. **3** Qui semble avoir été fait sans effort. → **aisé.** ⊸ péj. Sans profondeur. *Une ironie facile.* **4** Accommodant, tolérant. **5** (femme) Qui accepte facilement des relations sexuelles. **6** adv. fam. Pour le moins. *Il faut une heure, facile.*

**facilement** adv. ■ **1** Sans effort, sans peine. → **aisément**. ♦ Pour peu de chose. *Il se vexe facilement.* **2** Au moins. → **facile** (6).

**facilité** n. f. ■ **1** Caractère, qualité de ce qui se fait sans peine, sans effort. **2** surtout au plur. Moyen qui permet de réaliser, d'obtenir qqch. sans effort, sans peine. *Facilités de paiement* : délai. ♦ Disposition à faire qqch. sans peine, sans effort. → **aisance, aptitude.**

**faciliter** v. tr. ① ■ Rendre facile, moins difficile. → **aider, arranger.**

**façon** n. f. ■ **I** (Action de donner une forme à qqch.) **1** *DE MA, TA, SA... FAÇON. C'est bien une idée de sa façon.* **2** *LA FAÇON* : le travail qui met en œuvre une matière. → **exécution, fabrication; main-d'œuvre. ◄** *Travail À FAÇON* (sans fournir la matière première). **3** Manière dont une chose est faite; forme donnée par l'artiste, l'artisan. ♦ appos. *Reliure façon cuir,* qui imite le cuir. **4** littér. *UNE FAÇON DE,* une espèce, une sorte de. **II** (Manière d'agir) **1** *FAÇON DE* (+ inf.) : manière d'agir, de se comporter. **2** *DE... FAÇON* : de (telle) manière. *De cette façon.* → **ainsi.** *De quelle façon... ?* → **comment. ◄** *De toute façon,* en tout cas. **◄** *DE FAÇON À, QUE* : pour (que). **◄** *DE TELLE FAÇON QUE* : de sorte que. **3** *À LA FAÇON DE.* → **comme. ◄** *À MA, TA, SA... FAÇON. Il veut vivre à sa façon.* → à sa guise. **III** au plur. Manières particulières (de qqn). *Il a de curieuses façons.* ♦ spécialt *Ne faites pas tant de façons.* → **cérémonie, chichi, simagrée.** ♦ *SANS FAÇON* loc. adj. et adv. : simple; simplement.

**faconde** n. f. ■ littér. Élocution facile, abondante (jusqu'à déplaire).

**façonnage** n. m. ■ Action de façonner; son résultat.

**façonner** v. tr. ① ■ **1** Mettre en œuvre, travailler (une matière...). **2** Faire (un ouvrage), fabriquer en travaillant la matière. **3** littér. Former peu à peu (qqn).

**façonnier, ière** ■ **1** n. Personne qui travaille à façon. **2** adj. littér. Qui fait des façons (III).

**fac-similé** n. m. ■ Reproduction à l'identique (d'un dessin...). *Des fac-similés.*

① **facteur, trice** n. ■ **I** techn. (mus.) Fabricant (d'instruments). *Facteur d'orgues.* **II** Personne qui distribue le courrier, les colis... envoyés par la poste. → admin. **préposé.**

② **facteur** n. m. ■ **1** math. Chacun des éléments constitutifs d'un produit. **2** biol. Substance qui favorise un processus. *Facteur de croissance.* **3** Élément contribuant à un résultat. **◄** (+ appos.) *Le facteur chance.*

**factice** adj. ■ **1** Qui est faux, imité. **2** Qui n'est pas naturel. → **artificiel.**

**factieux, euse** ■ **1** adj. Qui exerce contre le pouvoir établi une opposition violente tendant à provoquer des troubles. → **séditieux. 2** n. → **agitateur, insurgé.**

**faction** n. f. ■ **I** Groupe se livrant à une activité factieuse (dans un État...); cette activité. **II** Service d'un soldat en armes qui surveille les abords d'un poste. ► par ext. Surveillance, attente prolongée.

**factionnaire** n. m. ■ Soldat en faction. → **sentinelle.**

**factitif, ive** adj. ■ gramm. *Emploi factitif,* dans lequel le sujet du verbe est la cause de l'action, sans agir lui-même (ex. elle *fait construire* une maison).

**factoriel, ielle** adj. ■ Relatif à un facteur (②). ♦ n. f. math. Produit des nombres entiers inférieurs ou égaux à (un nombre donné). *La factorielle de 3 est : 3 != 1×2×3.*

**factoriser** v. tr. ① ■ math. Écrire (une expression, un nombre) sous la forme d'un produit de facteurs. ▷ n. f. **factorisation**

**factotum** [-ɔm] n. m. ■ littér. Personne dont les fonctions consistent à s'occuper de tout (dans une maison, auprès de qqn).

**factuel, elle** adj. ■ didact. Qui est de l'ordre du fait. → **attesté, réel.** *Preuves factuelles.*

**factum** [-ɔm] n. m. ■ littér. Pamphlet.

**facturation** n. f. ■ **1** Action d'établir une facture (②). **2** Service (d'une entreprise), locaux où ce travail s'effectue.

① **facture** n. f. ■ **1** Manière dont est faite, réalisée (une œuvre). **2** Fabrication des instruments de musique.

② **facture** n. f. ■ Écrit (pièce comptable) indiquant la nature, la quantité et le prix de marchandises vendues, de services exécutés. **◄** Note d'une somme à payer.

**facturer** v. tr. ① ■ Porter, compter (une marchandise) sur une facture.

**facturette** n. f. ■ Reçu de paiement par carte bancaire.

**facturier, ière** n. ■ Personne chargée d'établir les factures comptables.

**facultatif, ive** adj. ■ Qu'on peut faire, employer, suivre ou non. ▷ adv. **facultativement**

**faculté** n. f. ■ **I 1** Possibilité naturelle ou légale (de faire qqch.). **2** Aptitude, capacité. *Facultés intellectuelles.* **II 1** Corps des professeurs qui, dans une université, sont chargés d'une même discipline; partie de l'université où se donne cet enseignement. **2** absolt vieilli *La Faculté* : les médecins.

**fada** adj. et n. ■ fam. Un peu fou, niais.

**fadaise** n. f. ■ Propos sot ou insignifiant.

**fadasse** adj. ■ fam. Trop fade.

**fade** adj. ■ **1** Qui manque de saveur, de goût. → **insipide.** ♦ Sans éclat. *Une couleur fade.* **2** fig. Sans caractère, sans intérêt.

**fadeur** n. f. ■ Caractère de ce qui est fade.

**fado** n. m. ■ Chanson portugaise, mélancolique et nostalgique.

**fafiot** n. m. ■ fam. Billet de banque.

**fagne** n. f. ■ régional (Ardennes) Petit marais.

**fagot** n. m. ■ Faisceau de petit bois, de branchages. **◄** loc. *Bouteille DE DERRIÈRE LES FAGOTS,* du meilleur vin (vieilli à la cave).

**fagoter** v. tr. ① ■ **1** vx Mettre en fagots. **2** Habiller mal, sans goût. → **accoutrer, affubler.** ► au p. p. *Mal fagoté.* → **ficelé.**

**faiblard, arde** adj. ■ fam. Un peu faible.

**faible** ■ I adj. **1** Qui manque de force, de vigueur physique (opposé à *fort*). **2** (choses) Qui a peu de résistance, de solidité. → **fragile.** **3** Qui n'est pas en état de résister, de lutter. *Un État faible.* **4** Qui manque de capacités (facultés intellectuelles). **5** Sans force, sans valeur. *Un argument faible.* **6** Qui manque de force morale, d'énergie. **7** (choses) Qui a peu d'intensité. *Une faible lumière.* **8** Peu considérable. *De faibles revenus.* **9** *Le côté, le point faible* (de qqn, qqch.), ce qu'il y a de faible. → **faiblesse.** II n. **1** Personne faible. ◆ spécialt Personne sans force morale. ◆ *FAIBLE D'ESPRIT* : personne dont les facultés intellectuelles sont peu développées. → **simple** d'esprit. ▲ n. m. littér. Défaut, partie faible (de qqn, qqch.). ◆ Goût, penchant. *Il a un faible pour le porto.*

**faiblement** adv. ■ **1** D'une manière faible. **2** À un faible degré. → **peu.**

**faiblesse** n. f. ■ **1** Manque de force, de vigueur physique. ◆ *UNE FAIBLESSE.* → **défaillance, évanouissement. 2** Incapacité à se défendre, à résister. **3** Manque de valeur intellectuelle (d'une œuvre...). → **médiocrité. 5** Manque de force morale. ◆ Défaut, point faible. *Chacun a ses faiblesses.* **6** Manque d'intensité, d'importance. → **petitesse ; insignifiance.**

**faiblir** v. intr. 2 ■ **1** Devenir faible. → s'**affaiblir. 2** Perdre de son ardeur. *Travailler sans faiblir.* **3** (choses) Perdre de son intensité. → **diminuer. 4** Ne plus opposer de résistance. → **céder, fléchir. 5** (productions intellectuelles) Devenir moins bon.

**faïence** [fajɑ̃s] n. f. ■ Poterie de terre recouverte de vernis ou d'émail.

**faïencerie** [fajɑ̃-] n. f. ■ **1** Industrie et commerce de la faïence. ◆ Fabrique de faïence. **2** Objets de faïence.

① **faille** n. f. ■ **1** Fracture de l'écorce terrestre, accompagnée du glissement des parties séparées. **2** fig. Point faible, défaut.

② **faille** n. f. ■ Tissu de soie à gros grain.

**failli, ie** n. et adj. ■ dr. (Commerçant) qui a fait faillite.

**faillible** adj. ■ Qui peut se tromper.

**faillir** v. intr. 2 ou archaïque : *je faux*, etc. (surtout inf., passé simple et temps composés) ■ **1** littér. *FAILLIR À* : manquer à, négliger. **2** vieilli Commettre une faute ; se tromper. **3** (+ inf.) Indique que l'action était sur le point de se produire. *J'ai failli tomber.*

**faillite** n. f. ■ **1** Situation d'un commerçant, d'une entreprise qui ne peut pas payer ses dettes, tenir ses engagements. **2** Échec (d'une idée...).

**faim** n. f. ■ **1** Sensation qui, normalement, accompagne le besoin de manger. *Rester sur sa faim* (après avoir mangé) ; fig. ne pas obtenir ce qu'on attendait. **2** fig. Appétit, aspiration ardente. *Avoir faim de justice.*

**faîne** ou **faine** n. f. ■ Fruit du hêtre.

**fainéant, ante** n. et adj. ■ (Personne) qui ne veut rien faire. → **paresseux.** ▷ **fainéanter** v. intr. 1 ▷ **fainéantise** n. f. → **paresse ; inaction.**

**faire** v. tr. 60 ■ I (Réaliser [un être : qqch. ou qqn]) **1** Réaliser hors de soi (une chose matérielle). → **construire, fabriquer.** *Faire un outil. Faire le pain.* **2** Réaliser (une chose abstraite). → **élaborer.** *Faire une loi.* **3** (emplois spéciaux) Produire de soi, hors de soi. *Faire un enfant.* → **engendrer, procréer.** *La chatte a fait ses petits.* → **mettre** bas. ◆ Évacuer (les déchets de l'organisme). *Faire ses besoins* (euphémisme). → **déféquer, uriner. 4** Se fournir en ; prendre (qqch.). → s'**approvisionner** en. *Faire de l'essence.* → **obtenir.** *Faire des bénéfices.* ◆ → **fournir, produire.** *Faire du blé,* le cultiver. **5** Constituer (quant à la quantité, la qualité...). *Deux et deux font quatre.* → **égaler.** ◆ (personnes) *Elle fera une excellente avocate.* II (Réaliser [une manière d'être] ; être le sujet de [une activité], la cause de [un effet]) **1** Effectuer (un mouvement). *Faire un pas.* **2** Effectuer (une opération, un travail) ; s'occuper à (qqch.). ◆ *CE N'EST NI FAIT NI À FAIRE,* c'est très mal fait. ◆ *AVOIR À FAIRE AVEC* (qqn), avoir à faire un travail avec lui. → *par ext. Je n'ai rien à faire avec lui,* je ne veux avoir aucune relation. **3** Exercer (une activité suivie). *Que fait-il dans la vie ?* **4** Accomplir, exécuter (un acte, une action). *Faire une erreur.* ◆ *C'EST BIEN FAIT,* c'est mérité. ◆ intrans. Agir. *Il a bien fait.* ◆ *EN FAIRE À sa tête, à sa fantaisie,* faire ce qui plaît. ◆ *JE, TU... FERAIS BIEN DE, MIEUX DE* (+ inf.) : je, tu devrais... ◆ *NE FAIRE QUE (DE)* (+ inf.). *Ne faire que,* ne pas cesser de. → *Ne faire que, que de,* venir de (passé récent). **5** Exécuter (une prescription). *Faire son devoir.* → s'**acquitter** de. **6** Être la cause de, l'agent de. *Faites-moi plaisir.* → (sujet chose) *Cela ne fait rien,* c'est sans importance. ◆ *FAIRE...* (à qqch.), *Y FAIRE. Cela ne fait rien à l'affaire,* cela ne change rien. → fam. *Savoir y faire,* être habile, débrouillard. ◆ *FAIRE QUE,* suivi d'une complétive. → (souhait → **pourvu que**) *Fasse le ciel qu'il revienne bientôt.* → (avec l'indic.) *Sa négligence a fait qu'il a perdu beaucoup d'argent.* **7** Parcourir (un trajet, une distance). *Faire dix kilomètres à pied.* → fam. Parcourir pour visiter. *Faire la Bretagne.* **8** Exprimer, par la parole. → **dire.** *Chut ! fit-il.* → (geste) *Il fit « non » de la tête.* ◆ (choses) *La pendule fait tic-tac.* **9** Présenter (un aspect). *Tissu qui fait des plis.* ◆ Avoir pour variante morphologique. *« Journal » fait « journaux » au pluriel.* ◆ Avoir pour mesure, pour valeur. *Mur qui fait six mètres de haut.* → impers. *Ça fait huit jours qu'il n'est pas venu.* **10** Subir (un trouble physique). *Faire de la tension.* III (Déterminer [qqn, qqch.] dans sa manière d'être) **1** Arranger, disposer (qqch.) comme il convient. *Faire sa chambre.* → **nettoyer, ranger.** **2** Former (qqn, qqch.). *École qui fait de bons ingénieurs.* **3** *FAIRE QQN...* → **rendre.** *Il les a faits riches.* → Représenter comme. *Vous le faites plus méchant qu'il n'est.* ◆ fam. Donner un prix à (qqch. qu'on vend).

*Je vous le fais cent vingt euros.* **4** FAIRE (qqn ; qqch.) *DE* (qqn ; qqch.). → **transformer** en. *Vous en avez fait un enfant heureux.* ♦ N'AVOIR QUE FAIRE DE, n'avoir aucun besoin de. ♦ Disposer (de), mettre en un endroit. *Qu'avez-vous fait de mon stylo ?* **5** Jouer un rôle (dans un spectacle...). *Faire Harpagon dans "L'Avare" de Molière.* ♦ Avoir, remplir le rôle de. *Faire l'imbécile.* ♦ → **contrefaire, imiter, simuler.** *Faire le mort.* **6** (+ adj. ou n. sans article [qui reste généralt invar.]) Avoir l'air de, donner l'impression d'être. → **paraître.** *Elle fait vieux, elle fait vieille pour son âge.* → FAIRE BIEN, avoir belle allure (dans un décor...). **IV** (+ inf.) Être cause que. *Faire tomber un objet. Faire taire qqn. -* REM. *Fait* reste invar. *Je les ai fait venir.* → FAIRE FAIRE. *Faire faire un costume à* (ou par) *son tailleur.* **V** (sujet impers.) **1** Pour exprimer les conditions de l'atmosphère ou du milieu. *Il fait jour. Il fait (du) soleil.* **2** *Il fait bon, beau...* (+ inf.). *Il fait bon vivre ici.* **VI** (employé comme substitut d'autres verbes) littér. (dans une compar.) *On n'agit point comme vous faites.* → (avec *de* ou *pour*) *Il l'embrassa comme il aurait fait d'un ami, pour un ami.* **VII** SE FAIRE (emplois spéciaux). **1** Se former. *Fromage qui se fait.* ♦ *Cet homme s'est fait seul.* **2** (+ adj.) → **devenir.** *Se faire vieux. Produit qui se fait rare.* → impers. *Il se fait tard,* il commence à être tard. **3** Devenir volontairement. → se **rendre.** *Elle s'est faite belle.* → Se faire avocat. **4** SE FAIRE À : s'habituer à. **5** Se procurer. *Se faire des amis.* **6** Former en soi. *Se faire du souci.* ♦ fam. S'EN FAIRE : être soucieux. **7** fam. Attaquer, posséder ; spécialt posséder sexuellement. **8** (passif) *Voilà ce qui se fait de mieux.* → *Cela ne se fait pas.* **VIII** passif **1** ÊTRE FAIT POUR, destiné à. **2** littér. C'EN EST FAIT DE, c'est fini (de...). *C'en est fait de la vie facile.* → *C'en est fait de moi, je suis perdu.*

**faire-part** n. m. invar. ■ Lettre imprimée qui annonce une nouvelle ayant trait à la vie civile (naissance, décès).

**faire-valoir** n. m. invar. ■ Personne qui met en valeur qqn (→ comparse).

**fair-play** [fɛʀplɛ] n. m. invar. ■ anglic. Acceptation loyale des règles (dans un sport...). - recomm. off. *franc-jeu.* → adj. invar. *Il n'est pas très fair-play* (→ **beau joueur**).

**faisable** [fə-] adj. ■ Qui peut être fait. → **possible, réalisable.** ▷ n. f. **faisabilité**

**faisan, ane** [fə-] n. ■ Oiseau gallinacé à plumage coloré, dont la chair est estimée.

**faisander** [fə-] v. tr. 1 ■ Soumettre (le gibier) à un début de décomposition, pour faire acquérir du fumet. → **faisandé, ée** adj. **1** *Viande faisandée.* **2** fig. → **corrompu, malsain.**

**faisanderie** [fə-] n. f. ■ Élevage de faisans.

**faisceau** n. m. ■ **1** Assemblage (de choses de forme allongée liées ensemble). ♦ Antiq. romaine *Les faisceaux :* verges liées autour d'une hache (portés par les licteurs ; symbole du pouvoir de l'État). → hist. mod. Emblème du fascisme italien. **2** par analogie *Faisceau*

*lumineux* (ensemble de rayons). → *Faisceau musculaire.* **3** fig. Ensemble (d'éléments abstraits assemblés).

**faiseur, euse** [fə-] n. ■ **1** FAISEUR, EUSE DE : personne qui fait, fabrique (qqch.). → absolt *Un bon faiseur.* → **tailleur.** ♦ plais. Personne qui fait habituellement qqch. *Un faiseur d'embarras.* ♦ loc. vieilli *Faiseuse d'anges :* avorteuse. **2** n. m. péj. Celui qui cherche à se faire valoir. → **hâbleur, poseur.**

**faisselle** n. f. ■ Récipient percé de trous, pour faire égoutter le fromage.

① **fait, faite** adj. ■ **1** Qui présente tel aspect. *Être bien fait.* → bien **bâti. 2** Qui est arrivé à son plein développement. *Un homme fait.* → **mûr.** ♦ *Fromage bien fait.* → à **point. 3** Fabriqué, composé, exécuté. *Un travail bien fait.* ♦ TOUT FAIT : fait à l'avance, tout prêt. → *Idées toutes faites.* → **préjugé. 4** Maquillé. *Des yeux faits.* **5** (personnes) fam. Être fait, pris.

② **fait** n. m. ■ **1** (*LE*) *FAIT DE* : action de faire (qqch.). → **acte, action.** *Le fait de parler.* → *La générosité n'est pas son fait,* n'est pas dans ses habitudes. *Prendre qqn SUR LE FAIT,* au moment où il agit. → **flagrant délit.** → *Les FAITS ET GESTES de qqn,* ses activités. **2** (dans des loc.) Action remarquable. → **exploit, prouesse.** *Fait d'armes ; hauts faits.* **3** dr. Action susceptible de produire un effet juridique. → **voie** DE **fait :** coup, violence. → PRENDRE FAIT ET CAUSE pour qqn, prendre son parti. **11 1** Ce qui est arrivé, a eu lieu. → **événement.** *Le déroulement des faits.* → DU FAIT DE : par suite de. → DU FAIT QUE. → **puisque.** → loc. LE FAIT ACCOMPLI*. ♦ Information (dans un journal). → FAITS DIVERS : nouvelles peu importantes. **2** Ce qui existe réellement (opposé à l'idée, au rêve, etc.). → **réalité, réel.** ♦ loc. adv. PAR LE FAIT, DE FAIT, EN FAIT : en réalité. → **effectivement, réellement.** → TOUT À FAIT. → ① **tout. 3** Ce qui est constaté par l'observation (notamment scientifique). *Faits sociaux.* **4** Cas, sujet particulier. *Aller au fait,* à l'essentiel. *Être au fait de,* au courant de. → AU FAIT (en tête de phrase) : à propos. → EN FAIT DE : en matière de. → DE CE FAIT. → par **suite.**

**faîtage** n. m. ■ **1** Arête supérieure d'un comble. **2** par ext. Toiture (d'un bâtiment).

**faîte** n. m. ■ **1** techn. Faîtage (1). **2** Partie haute (de qqch. d'élevé). → **sommet.**

**fait-tout** (invar.) ou **faitout** n. m. ■ Grande marmite à deux poignées et à couvercle.

**faix** n. m. ■ littér. Lourd fardeau.

**fakir** n. m. ■ **1** didact. Ascète. **2** cour. Professionnel présentant des numéros d'insensibilité à la douleur, d'hypnose, etc.

**falaise** n. f. ■ Escarpement rocheux créé par le travail des eaux.

**falbalas** n. m. pl. ■ Ornements excessifs (d'une toilette).

**falconidé** n. m. ■ zool. Rapace diurne aux ailes et à la queue pointues (ex. le faucon).

**fallacieux, euse** adj. ■ littér. Trompeur ; illusoire.

**falloir** v. impers. [29] ■ I (Manquer) *IL S'EN FAUT (DE),* il manque. *Il s'en faut de beaucoup.* → *Il est perdu ou PEU S'EN FAUT.* → **presque.** II (Être l'objet d'un besoin) *IL FAUT (qqch.) à (qqn). Combien vous faut-il ?* III (Être l'objet d'une nécessité ou d'une obligation) **1** *IL FAUT* (+ inf.). *Il faut l'avertir tout de suite.* ♦ *IL FAUT QUE* (+ subj.). *Il faut qu'il vienne.* ♦ *IL LE FAUT* (en remplaçant l'inf. ou la proposition). *Vous irez le voir, il le faut.* **2** (avec ellipse) *Il fait ce qu'il faut,* ce qui est juste, à propos. **3** *COMME IL FAUT* loc. adv. → **convenablement.** → loc. adj. invar. fam. *Des gens très comme il faut.* IV *IL FAUT* (+ inf.), *IL FAUT QUE* (+ subj.) : il est nécessaire, selon la logique (que). *Dire cela ! Il faut avoir perdu, que vous ayez perdu l'esprit,* vous avez dû...

**falot, ote** adj. ■ Terne, sans personnalité.

**falsifier** v. tr. [7] ■ Altérer volontairement, dans le dessein de tromper. *Falsifier un vin.* ▷ n. f. **falsification** ▷ n. **falsificateur, trice**

**falzar** n. m. ■ fam. Pantalon.

**famé, ée** adj. ■ *MAL FAMÉ, ÉE* (lieu) : qui a une mauvaise réputation.

**famélique** adj. ■ littér. Qui ne mange pas à sa faim, qui est maigre.

**fameux, euse** adj. ■ **1** Qui a une grande réputation. → **célèbre, renommé.** *Région fameuse par (ou pour) ses crus.* ♦ iron. *C'était le fameux jour où...* **2** (avant le nom) *Une fameuse canaille.* → **beau, rude, sacré. 3** (après le nom) Très bon. → **excellent.** *Un vin fameux.* ▷ adv. **fameusement**

**familial, ale, aux** adj. ■ **1** Relatif à la famille. *Allocations familiales.* **2** Qui concerne une famille. *Fête familiale.*

**familiariser** v. tr. [1] ■ Rendre familier (avec). → **accoutumer, habituer.** ► se **familiariser** v. pron. **1** Devenir familier (avec qqn). **2** *Se familiariser avec (qqch.),* se le rendre familier par la pratique.

**familiarité** n. f. ■ **1** Relations familières (comme celles des membres d'une même famille). → **intimité. 2** Manière familière de se comporter. **3** au plur. péj. Façons trop libres. → **liberté, privauté. 4** littér. Manière de parler ou d'écrire qui a le ton de la conversation familière.

**familier, ière** ■ I n. m. Personne qui est considérée comme un membre de la famille. → **ami, intime.** ♦ Personne qui fréquente (un lieu). → **habitué.** II adj. **1** Qui est bien connu. *Visages familiers.* **2** Qui montre une grande simplicité. → péj. Trop désinvolte. **3** (mot, expression...) Qu'on emploie dans la conversation courante, et même par écrit, mais qu'on évite dans les relations officielles et le style soutenu.

**familièrement** adv. ■ D'une manière familière ; avec simplicité.

**famille** n. f. ■ **1** didact. Groupe de personnes unies par le sang ou les alliances. II **1** (sens restreint) Les personnes apparentées vivant sous le même toit et, spécialt, le père, la mère et les enfants. → fam. *Un petit dîner des familles,* sans prétention. ♦ spécialt Les enfants d'un couple, d'un parent. **2** (sens large)

L'ensemble des personnes liées entre elles par le mariage ou par la filiation (ou par l'adoption). *Nom de famille.* → **patronyme. 3** Succession des individus qui descendent les uns des autres, de génération en génération. → **descendance, lignée, postérité.** *Une famille de musiciens.* III fig. **1** (avec un adj., un déterminatif) Personnes ayant des caractères communs. *Famille littéraire.* **2** *Famille de langues,* groupe de langues ayant une origine commune. → *Famille de mots* (provenant d'un même origine, ou d'un même radical). **3** L'une des grandes divisions de la classification des animaux et des végétaux, qui regroupe des genres.

**famine** n. f. ■ Manque d'aliments par lequel une population souffre de la faim. → aussi **disette.** ♦ loc. *Salaire de famine,* très insuffisant.

**fan** [fan] n. et adj. ■ anglic. Admirateur, admiratrice enthousiaste (d'une vedette). → **groupie.** → par ext. *Il est fan de musique.* → **fana.**

**fana** adj. et n. ■ fam. Amateur passionné (de qqn, de qqch.).

**fanal, aux** n. m. ■ Grosse lanterne (signal).

**fanatique** adj. ■ **1** Animé envers une religion (et, par ext., une doctrine, qqn), d'une foi absolue et d'un zèle aveugle. → n. *Les excès des fanatiques.* **2** Qui a une passion intense pour qqn, qqch. → n. *Une fanatique de jazz.* ▷ adv. **fanatiquement**

**fanatiser** v. tr. [1] ■ Rendre fanatique.

**fanatisme** n. m. ■ **1** Comportement de fanatique (1). **2** Enthousiasme de fanatique (2).

**fan-club** n. m. ■ anglic. Association, club d'admirateurs (d'une vedette).

**fandango** n. m. ■ Danse espagnole (andalouse), accompagnée de castagnettes.

**fane** n. f. ■ surtout au plur. Tiges et feuilles de certaines plantes. *Fanes de radis.*

① **faner** v. tr. [1] ■ Retourner (un végétal fauché) pour faire sécher. → n. **faneur, euse**

② **faner** v. tr. [1] ■ **1** Faire perdre à (une plante) sa fraîcheur. → **flétrir, sécher. 2** littér. Altérer dans sa fraîcheur, son éclat. → **défraîchir.** ► se **faner** v. pron. ► **fané, ée** adj.

**fanfare** n. f. ■ **1** Air vif et rythmé, dans le mode majeur, exécuté par des cuivres. *Réveil en fanfare* (fig. réveil brutal). **2** Orchestre de cuivres. → **orphéon.**

**fanfaron, onne** adj. ■ **1** Qui se vante avec exagération d'exploits réels ou imaginaires. → n. → **bravache, matamore.**

**fanfaronnade** n. f. ■ Propos ou acte de fanfaron. → **rodomontade, vantardise.**

**fanfaronner** v. intr. [1] ■ littér. Faire des fanfaronnades.

**fanfreluche** n. f. ■ (souvent péj.) Ornement léger du vêtement ou de l'ameublement.

**fange** n. f. ■ littér. **1** Boue liquide et sale. **2** fig. Ce qui souille moralement.

**fangeux, euse** adj. ■ Plein de fange.

**fangothérapie** n. f. ■ didact. Traitement par bains de boue.

**fanion** n. m. ▪ Petit drapeau.

**fanon** n. m. ▪ **1** Repli de la peau qui pend sous le cou de certains animaux. **2** Chacune des lames cornées qui garnissent la bouche de certains cétacés.

**fantaisie** n. f. ▪ **1** vx Imagination. ♦ mod. *DE FANTAISIE*, se dit de produits dont la valeur réside dans l'originalité. → appos. *Bijoux fantaisie*. **2** Œuvre dans laquelle l'imagination s'est donné libre cours. *Fantaisie littéraire*. **3** Désir, goût passager. → **caprice, désir, envie**. **4** Tendance à agir selon son humeur. *N'en faire qu'à sa fantaisie* (→ à sa guise). **5** Imagination ; originalité amusante.

**fantaisiste** ▪ **I** adj. **1** vieilli Qui s'abandonne à sa fantaisie, à son imagination. **2** Qui agit à sa guise ; qui n'est pas sérieux. → **fantasque, farfelu**. **3** (choses) Qui n'est pas sérieux ; qui est sans fondement. *Une hypothèse fantaisiste*. **4** Qui témoigne de fantaisie. *Une tenue fantaisiste*. **II** n. **1** Personne qui agit par fantaisie, par caprice. **2** vieilli Artiste de music-hall, de cabaret qui chante, imite, etc.

**fantasia** n. f. ▪ Divertissement équestre de cavaliers arabes.

**fantasmagorie** n. f. ▪ Vision fantastique, surnaturelle. ▷ adj. **fantasmagorique**

**fantasmatique** adj. ▪ Du fantasme ; relatif aux fantasmes.

**fantasme** ou (vieilli) **phantasme** n. m. ▪ Production de l'imaginaire par laquelle le moi cherche à échapper à l'emprise de la réalité. *Fantasmes sexuels*.

**fantasmer** v. intr. ⓘ ▪ Avoir des fantasmes.

**fantasque** adj. ▪ **1** Dont on ne peut prévoir le comportement. → **changeant, lunatique**. **2** (choses) littér. Bizarre, extravagant.

**fantassin** n. m. ▪ Soldat d'infanterie.

**fantastique** ▪ **I** adj. **1** Qui est créé par l'imagination, ou semble tel. → **imaginaire**. *Une créature fantastique*. **2** Où dominent des éléments surnaturels. *Littérature fantastique*. **3** Qui paraît invraisemblable. **4** (intensif) Étonnant, extravagant. **II** n. m. **1** Ce qui est fantastique, irréel. **2** Le genre fantastique, dans l'art. ▷ adv. **fantastiquement**

**fantoche** n. m. ▪ **1** Marionnette articulée manipulée par des fils. → **pantin**. **2** Personne sans consistance ni volonté. → appos. *Gouvernement fantoche*.

**fantomatique** adj. ▪ Relatif aux fantômes ; semblable à un fantôme.

**fantôme** n. m. ▪ **1** Apparition surnaturelle d'une personne morte. → **revenant**. **2** Personnage ou chose qui hante l'esprit. **3** Idée, être imaginaire. **4** appos. Qui apparaît et disparaît comme un fantôme. ♦ Qui a peu de réalité. *Un pouvoir fantôme*.

**faon** [fɑ̃] n. m. ▪ Petit du cerf, du daim ou du chevreuil.

**FAQ** n. f. (sigle) ▪ inform. Foire* aux questions (sur Internet...).

**far** n. m. ▪ Dessert breton, sorte de flan cuit au four. *Far aux pruneaux*.

**faramineux, euse** adj. ▪ fam. Qui étonne par son étrangeté ou son importance. – var. PHARAMINEUX, EUSE.

**farandole** n. f. ▪ Danse provençale rythmée, exécutée par une file de danseurs.

**faraud, aude** n. ▪ vieilli Personne qui affecte l'élégance, qui cherche à se faire valoir. → adj. *Un air faraud*.

① **farce** n. f. ▪ Hachis d'aliments (viande ou autres) servant à farcir.

② **farce** n. f. ▪ **1** Pièce comique où dominent les jeux de scène. → Genre littéraire de ces pièces. **2** Tour qu'on joue à qqn. ♦ Objet servant à faire des farces. *Farces et attrapes*.

**farceur, euse** n. et adj. ▪ (Personne) qui fait des farces, ou qui raconte des histoires pour mystifier. → **blagueur, plaisantin**.

**farci, ie** adj. ▪ **1** Rempli de farce (①). **2** péj. Rempli (de). *Il est farci de préjugés*.

**farcir** v. tr. ② ▪ **1** Remplir de farce (①). **2** (abstrait) péj. Remplir, garnir abondamment (de). → **bourrer**. **3** fam. *SE FARCIR* (qqch.) : prendre, consommer. *Se farcir un bon repas*. → Faire (une corvée) ; supporter.

**fard** n. m. ▪ **1** Produit qu'on applique sur le visage pour en changer l'aspect naturel. → **maquillage**. **2** fig. *SANS FARD* : sans artifice. **3** loc. *Piquer un fard*, rougir brusquement.

**fardeau** n. m. ▪ **1** Chose pesante qu'il faut lever ou transporter. **2** fig. Chose pénible (qu'il faut supporter).

**farder** v. tr. ⓘ ▪ **1** Mettre du fard à. → pronom. *Se farder discrètement*. **2** fig. Déguiser (qqch.) sous une apparence trompeuse.

**fardier** n. m. ▪ anciennt Chariot servant à transporter des fardeaux pesants.

**fardoches** n. f. pl. ▪ franç. du Canada Broussailles.

**farfadet** n. m. ▪ Esprit follet, lutin d'une grâce vive et légère.

**farfelu, ue** adj. ▪ fam. Un peu fou, bizarre.

**farfouiller** v. intr. ⓘ ▪ fam. Fouiller en bouleversant tout.

**faribole** n. f. ▪ Propos vain et frivole.

**farine** n. f. ▪ **1** Poudre obtenue par la mouture de grains de céréales. *Farine de maïs*. ♦ absolt Farine de froment. ♦ loc. *De la même farine*, qui ne valent pas mieux l'un(e) que l'autre. → *Rouler qqn dans la farine*, le tromper. **2** Poudre résultant du broyage de certaines denrées (poisson, soja...).

**farineux, euse** adj. ▪ **1** Qui contient de la farine et, par ext., de la fécule. → n. m. *Les pois sont des farineux*. **2** Couvert de farine. **3** Qui donne en bouche l'impression de la farine. *Pomme farineuse*.

**farlouche** n. f. → **ferlouche**.

**farniente** [faʀnjɛt ; faʀnjɛnte] n. m. ▪ Douce oisiveté.

**farouche** adj. ▪ **1** (animaux) Qui n'est pas apprivoisé et s'effarouche facilement. → **sauvage**. **2** (personnes) Qui redoute par tempérament le contact avec d'autres personnes (→ **timide**). **3** (personnes) D'une rudesse sauvage. *Un adversaire farouche.* → **acharné**. **4** (choses) D'aspect rude et sauvage. *Une côte farouche.* ◆ Qui exprime l'hostilité, la violence. *Un air farouche.* ▷ adv. **farouchement**

**farsi** n. m. ▪ Langue parlée en Iran, en Afghanistan. → **persan**.

**fart** [faʀt] n. m. ▪ Produit dont on enduit la semelle des skis pour améliorer la glisse.

**farter** v. tr. [1] ▪ Enduire de fart.

**Far West** [-wɛst] n. m. ▪ L'ouest des États-Unis, au moment de sa conquête.

**fascicule** n. m. ▪ Chaque partie d'un ouvrage publié par fragments. ◆ Petit cahier imprimé.

**fascinant, ante** adj. ▪ Qui fascine, charme.

**fascination** n. f. ▪ **1** Action de fasciner (1). **2** Vive influence, irrésistible séduction.

**fascine** n. f. ▪ Fagot serré.

**fasciner** v. tr. [1] ▪ **1** Maîtriser par la seule force du regard (→ hypnotiser). **2** Éblouir, captiver par la beauté, le prestige.

**fascisme** [faʃism ; fasism] n. m. ▪ **1** Doctrine, système politique nationaliste et totalitaire que Mussolini établit en Italie en 1922. **2** Doctrine ou système politique totalitaire du même type. **3** par ext. Attitude politique réactionnaire et autoritaire.

**fasciste** [faʃist ; fasist] n. ▪ **1** Partisan du fascisme italien et, par ext., d'un régime analogue. ◆ adj. *Régime fasciste.* **2** Personne réactionnaire. ◆ adj. *Idées fascistes.*

**faseyer** [fas- ; faz-] v. intr. [1] ▪ mar. (voile) Battre au vent.

① **faste** n. m. ▪ Déploiement de magnificence. → **apparat, luxe, pompe**.

② **faste** adj. ▪ *JOUR FASTE* Antiq. (à Rome) Jour où les auspices étaient favorables. ◆ cour. Jour heureux, favorable. - contr. néfaste.

**fast-food** [fastfud] n. m. ▪ anglic. Commerce de repas rapides, standardisés (recomm. off. *restauration rapide*). ◆ Établissement servant ces repas. *Des fast-foods.*

**fastidieux, euse** adj. ▪ Qui rebute en provoquant l'ennui. ▷ adv. **fastidieusement**

**fastoche** adj. ▪ fam. Facile.

**fastueux, euse** adj. ▪ Qui aime le faste. ◆ Qui marque le faste. ▷ adv. **fastueusement**

**fat, fate** [fa(t), fat] ▪ littér. **1** adj. m. (homme) Qui montre sa prétention de façon déplaisante. → **vaniteux**. ◆ n. m. *Quel fat !* **2** adj. (choses) Qui manifeste de la fatuité.

**fatal, als** adj. ▪ littér. Du destin ; fixé par le destin. *L'instant fatal,* décisif. **2** Qui doit arriver inévitablement. → **inévitable**. **3** Qui est signe de mort ou accompagne la mort. ◆ Qui donne la mort. *Un coup fatal.* **4** Qui a des effets désastreux. ◆ loc. *Femme fatale,* qui séduit et perd les hommes.

**fatalement** adv. ▪ littér. D'une manière fatale, inévitable.

**fatalisme** n. m. ▪ Doctrine ou attitude selon laquelle on ne peut modifier le cours des événements.

**fataliste** n. ▪ Personne qui professe le fatalisme, ou qui accepte les événements avec fatalisme. *"Jacques le Fataliste"* (œuvre de Diderot). ◆ adj. *Attitude fataliste.*

**fatalité** n. f. ▪ **1** Caractère de ce qui est fatal (1 et 2). **2** Force surnaturelle par laquelle, selon certains, tout ce qui arrive est déterminé d'avance. → **destin**. **3** Contrainte irrémédiable. *Fatalité historique.* **4** Hasard malheureux.

**fatidique** adj. ▪ Qui marque un arrêt du destin, une intervention du destin.

**fatigant, ante** adj. ▪ **1** Qui cause de la fatigue. → **épuisant, pénible, rude**. **2** Qui lasse. → **assommant, ennuyeux**.

**fatigue** n. f. ▪ **1** Affaiblissement physique dû à un effort excessif ; sensation pénible qui l'accompagne. → **lassitude ; épuisement**. ◆ *Fatigue intellectuelle.* **2** Cause de fatigue.

**fatigué, ée** adj. ▪ **1** Dont l'activité est diminuée par la fatigue. *Muscle fatigué.* ◆ (personnes) Qui ressent de la fatigue. **2** Qui dénote de la fatigue. *Des traits fatigués.* **3** Qui a beaucoup servi. *Des souliers fatigués.* **4** (personnes) *Fatigué de,* las de.

**fatiguer** v. [1] ▪ **I** v. tr. **1** Causer de la fatigue à. *Lecture qui fatigue les yeux.* ◆ *Ce travail m'a fatigué.* ◆ fig. *Fatiguer la terre* (en la remuant). **2** Rebuter par l'ennui. → **lasser**. **II** v. intr. **1** Se donner de la fatigue ; donner des signes de fatigue. → **peiner**. **2** (choses) Subir des déformations dues à un effort. ▶ se **fatiguer** v. pron.

**fatras** n. m. ▪ Ensemble confus, hétéroclite (de choses sans valeur, sans intérêt).

**fatrasie** n. f. ▪ hist. littér. Pièce satirique du moyen âge, d'un caractère absurde.

**fatuité** n. f. ▪ Satisfaction de soi qui s'étale d'une manière déplaisante ou ridicule.

**fatwa** n. f. ▪ didact. (dans l'islam) Consultation juridique sur un point de religion (donnant lieu parfois à condamnation).

**faubourg** [-buʀ] n. m. ▪ **1** hist. Partie d'une ville qui déborde son enceinte, ses limites. **2** Quartier populaire périphérique.

**faubourien, ienne** adj. ▪ Qui appartient aux faubourgs populaires de Paris.

**fauchage** n. m. ▪ Action de faucher.

**fauche** n. f. ▪ fam. **1** Fait d'être fauché, sans argent. **2** Action de faucher (II) ; vol.

**fauché, ée** adj. et n. ▪ fam. Sans argent.

**faucher** v. tr. [1] ▪ **I 1** Couper avec une faux, une faucheuse. *Faucher l'herbe.* ◆ fig. *La mort fauche tout.* **2** Faire tomber. → **abattre**. **II** fam. Voler. → **barboter, chiper**.

**faucheur, euse** ▪ **I** n. Personne qui fauche (I, 1). ◆ fig. *La Faucheuse, le Faucheur* : la Mort. **II** n. f. Machine agricole pour faucher.

**faucheux** n. m. ▪ Animal voisin de l'araignée, à pattes longues et fines.

**faucille** n. f. ▪ Petite faux à manche court, pour couper l'herbe. → **serpe.** ← *La faucille et le marteau,* symboles des classes paysanne et ouvrière (et emblème communiste).

**faucon** n. m. ▪ Oiseau rapace diurne au bec court et crochu.

**fauconneau** n. m. ▪ Jeune faucon.

**fauconnerie** n. f. ▪ Art de dresser les oiseaux de proie.

**faufiler** v. ▯ ▪ I v. tr. Coudre à grands points pour maintenir (les parties d'un ouvrage). → **bâtir.** ▷ n. m. **faufilage** ‖ *SE FAUFILER* v. pron. Passer adroitement. *Se faufiler dans, à travers la cohue.*

①**faune** n. m. ▪ Divinité champêtre, à l'image du dieu grec Pan. → **satyre.** ▷ adj. **faunesque**

②**faune** n. f. ▪ 1 Ensemble des animaux (d'une région, d'un milieu). 2 péj. Ensemble de gens qui fréquentent un lieu. ▷ adj. **faunique** et **faunistique**

**faussaire** n. ▪ Personne qui fait un faux*.

**fausse couche** n. f. ▪ Interruption accidentelle de la grossesse entraînant la mort du fœtus.

**faussement** adv. ▪ 1 Contre la vérité. ← à **tort.** 2 D'une manière fausse, inexacte. 3 devant un adj. D'une manière affectée.

**fausser** v. ▯ ▪ I v. tr. 1 Rendre faux, déformer la vérité, l'exactitude de (une chose abstraite). → **altérer, dénaturer, falsifier.** 2 Faire perdre sa justesse à. → **déformer.** *Ses lectures lui ont faussé le jugement.* 3 Déformer (un instrument, un objet...) par une pression excessive. 4 loc. *FAUSSER COMPAGNIE À qqn,* le quitter brusquement ou sans se faire remarquer. II v. intr. franç. du Canada Chanter faux.

**fausset** n. m. ▪ *Voix de fausset* ou *fausset :* registre vocal aigu, résonnant dans la tête.

**fausseté** n. f. ▪ I ▪ 1 Caractère d'une chose fausse, contraire à la vérité. 2 Caractère de ce qui manque de justesse. → **inexactitude.** II Défaut qui consiste à dissimuler ses pensées véritables, à mentir.

**faute** n. f. ▪ I Fait de manquer ; manque (dans quelques expr.). *FAUTE DE* loc. prép. : par manque de. ← *SANS FAUTE* : à coup sûr. ← *NE PAS SE FAIRE FAUTE DE* : ne pas manquer de. II 1 Manquement à la règle morale, au devoir ; mauvaise action. → **méfait.** - *Prendre qqn en faute.* 2 dr. Acte ou omission constituant un manquement à une obligation. 3 Manquement à une règle, à un principe (dans une discipline). → **erreur.** - *Faute de langage.* → **incorrection.** - *Faute d'impression.* → **coquille.** 4 Manière d'agir maladroite, imprudente. *Une faute de jeunesse.* 5 (dans une expr.) Responsabilité d'une action. *C'est (de) sa faute.*

**fauter** v. intr. ▯ ▪ 1 vx Faire une faute morale. 2 vieilli (jeune fille) Se laisser séduire.

**fauteuil** n. m. ▪ 1 Siège à dossier et à bras, pour une personne. ♦ loc. fam. *Arriver (comme) dans un fauteuil,* être premier sans peine (dans une compétition). 2 Siège, dans une assemblée. *Fauteuil d'académicien.*

**fauteur, trice** n. ▪ littér. (surtout au masc.) Personne qui favorise, cherche à provoquer (qqch. de blâmable). *Fauteur de troubles.*

**fautif, ive** adj. ▪ 1 Qui est en faute. → **coupable.** ← n. *C'est lui le fautif.* → **responsable.** 2 Qui renferme des fautes, des erreurs, des défauts. ▷ adv. **fautivement**

**fauve** ▪ I adj. 1 D'un jaune tirant sur le roux. 2 Se dit des grands mammifères féroces (félins). ← n. *Les grands fauves.* 3 *Odeur fauve* : odeur forte et animale. II n. m. arts Peintre appartenant au fauvisme. ← adj. *La période fauve de Matisse.*

**fauvette** n. f. ▪ Petit oiseau des buissons, au plumage fauve, au chant agréable.

**fauvisme** n. m. ▪ arts Mouvement pictural français du début du XXᵉ siècle, fondé sur la simplification des formes et l'utilisation de couleurs pures juxtaposées.

①**faux, fausse** ▪ I adj. 1 Qui n'est pas vrai, qui est contraire à la vérité (pensable, constatable). *Avoir des idées fausses sur une question.* → **erroné.** ← *Faux témoignage.* → **mensonger.** 2 (souvent avant le nom) Qui n'est pas vraiment, réellement ce qu'il paraît être. *Fausses perles.* ← *Un faux Vermeer.* ♦ abstrait *Une fausse indifférence.* → **simulé.** 3 Qui n'est pas ce qu'on le nomme (et pour marquer une désignation approximative ; ex. *faux acacia, fausse oronge, faux-filet, faux frais*). ♦ Qui ne mérite pas son nom. *Un faux champion.* 4 Qui n'est pas ce qu'il veut paraître. *Un faux prophète.* ♦ Hypocrite. *Un homme faux.* 5 Qui n'est pas naturel à qqn. *Une fausse barbe.* 6 Qui n'est pas justifié, fondé. *Fausse alerte.* 7 Qui n'est pas comme il doit être (par rapport à ce qui est normal). *Faire un faux pas.* ← *Une situation fausse.* → **équivoque.** 8 Qui marque un écart par rapport à ce qui est correct, exact. *Un calcul faux.* 9 (esprit, faculté) Qui juge mal. ← adv. *Il raisonne faux.* 10 Qui n'est pas dans le son juste. *Fausse note.* ← adv. *Il chante faux.* 11 À *FAUX* loc. adv. Accuser à faux. → **calomnier.** ♦ Hors d'aplomb. *Porter à faux.* → **porte-à-faux.** II n. m. 1 Ce qui est faux. *Le vrai et le faux.* 2 *Un faux* : contrefaçon ou falsification d'une œuvre, d'un objet.

②**faux** n. f. ▪ Instrument formé d'une lame arquée fixée au bout d'un long manche, pour couper le fourrage, les céréales.

**faux-filet** n. m. ▪ Morceau de bœuf à rôtir, situé à côté du filet (→ contre-filet).

**faux-fuyant** n. m. ▪ Moyen détourné par lequel on évite de s'expliquer, de se décider, etc. → **échappatoire, prétexte.**

**faux-monnayeur** n. m. ▪ Personne qui fabrique de la fausse monnaie.

**faux-semblant** n. m. ▪ littér. Apparence trompeuse. → **simulacre.**

**faux sens** n. m. ▪ Erreur de compréhension portant sur le sens d'un mot.

**favela** [favela] n. f. ▪ Bidonville, au Brésil.

**faveur** n. f. ▪ I 1 Disposition à accorder son appui à qqn de préférence aux autres. 2 Considération (de qqn, du public) qui confère une importance sociale à qqn. ← *EN FAVEUR* : qui a la faveur de qqn, du public. → en **vogue**. 3 Avantage que l'on tire de la préférence de qqn. ← littér. *Accorder ses faveurs*, se donner sexuellement (femme). 4 Bienfait, décision indulgente qui avantage qqn. *Solliciter une faveur.* ← *DE FAVEUR* : obtenu par faveur. 5 *EN FAVEUR DE* loc. prép. : en considération de. ← Au profit, au bénéfice de. *Le jugement a été rendu en votre faveur.* ◆ *À LA FAVEUR DE* loc. prép. : en profitant de. II Ruban étroit qui sert d'ornement.

**favorable** adj. ▪ 1 Qui est animé d'une disposition bienveillante (à l'égard de qqn). *L'opinion lui est favorable.* 2 Qui est à l'avantage de qqn ou de qqch. → **propice**. ▷ adv. **favorablement**

**favori, ite** ▪ I adj. 1 Qui plaît particulièrement. *C'est sa lecture favorite.* 2 Qui est considéré comme le gagnant probable. II 1 n. Personne qui a la faveur, la préférence (de qqn, du public…). → **préféré**. 2 n. m. hist. Celui qui a la faveur d'un roi, d'un grand personnage. 3 n. f. hist. Maîtresse préférée d'un roi. 4 n. m. Cheval et, par ext., concurrent considéré comme devant gagner une compétition. III n. m. pl. Touffe de poils qu'un homme laisse pousser sur la joue devant chaque oreille.

**favoriser** v. tr. 1 ▪ 1 Agir en faveur de ; être favorable à (qqn). → **aider ; avantager**. 2 Contribuer au succès de (qqch.). ▶ **favorisé, ée** adj. *Les classes (sociales) favorisées.*

**favoritisme** n. m. ▪ Attribution d'avantages par faveur, et non selon la justice.

**fax** [faks] n. m. ▪ anglic. 1 Télécopie. 2 Télécopieur. 3 Document transmis par fax. ▷ **faxer** v. tr. 1

**fayot** [-aj-] n. m. ▪ I fam. Haricot blanc. II 1 argot Marin de carrière ; militaire rengagé. 2 fam. Personne qui fait du zèle (*fayoter* v. intr. 1) pour se faire bien voir.

**fazenda** [fazɛnda] n. f. ▪ Grande propriété terrienne, au Brésil.

**féal, ale, aux** ▪ 1 adj. vx Fidèle à la foi jurée. 2 n. m. littér. Partisan, ami dévoué.

**fébrifuge** adj. ▪ Qui combat la fièvre. → **antipyrétique**. ← n. m. Remède fébrifuge.

**fébrile** adj. ▪ 1 De la fièvre. ← *Se sentir fébrile.* → **fiévreux**. 2 Qui manifeste une grande agitation.

**fébrilement** adv. ▪ D'une manière fébrile.

**fébrilité** n. f. ▪ État fébrile, état d'excitation intense. → **fièvre** (2), **nervosité**.

**fécal, ale, aux** adj. ▪ Des excréments humains. *Matières fécales.* → **fèces**.

**fèces** [fɛs] n. f. pl. ▪ didact. Excréments solides des humains.

**fécond, onde** adj. ▪ 1 Capable de se reproduire (contr. *stérile*). 2 (animaux) Qui produit beaucoup de petits. → **prolifique**. 3 littér. (terre, sol) Qui produit beaucoup. → **fertile**. 4 fig. → **fructueux ; productif**.

**fécondation** n. f. ▪ Action de féconder (1 et 2) ; résultat de cette action. ← *Fécondation in vitro* (sigle F. I. V.).

**féconder** v. tr. 1 ▪ 1 Transformer en embryon, en œuf. 2 Rendre (une femelle) pleine. 3 Rendre fertile, productif (la terre, le sol). 4 fig. Développer, faire produire.

**fécondité** n. f. ▪ Faculté, état de ce qui est fécond.

**fécule** n. f. ▪ Substance composée d'amidon, extraite notamment de tubercules.

**féculent, ente** adj. ▪ Qui est riche en fécule. ← n. m. *Les pois sont des féculents.*

**fedayin** [fedajin] n. m. ▪ Combattant palestinien menant des opérations de guérilla.

**fédéral, ale, aux** adj. ▪ 1 Se dit d'un État composé de collectivités politiques autonomes (États fédérés), dans lequel les compétences constitutionnelles sont partagées entre celles-ci et un gouvernement central. ← D'un État fédéral. *Armée fédérale.* 2 Relatif au gouvernement central, dans un État fédéral. 3 Relatif à une fédération de sociétés, etc. *Union fédérale de syndicats.*

**fédéralisme** n. m. ▪ Système politique d'un État fédéral.

**fédéraliste** adj. ▪ Du fédéralisme. ← adj. et n. Partisan du fédéralisme.

**fédération** n. f. ▪ 1 Groupement, union de plusieurs États en un État fédéral. → aussi **confédération**. 2 Association, groupement de sociétés, de syndicats, etc.

**fédéré, ée** ▪ 1 adj. Qui fait partie d'une fédération. 2 n. m. hist. Insurgé de la Commune de Paris, en 1871 (→ **communard**).

**fédérer** v. tr. 6 ▪ Réunir en une fédération. ▶ se **fédérer** v. pron.

**fée** n. f. ▪ 1 Être imaginaire d'apparence féminine auquel la légende attribue un pouvoir surnaturel. 2 loc. *Avoir des doigts de fée* : être d'une grande adresse. ← *La fée du logis*, maîtresse de maison très habile.

**feeling** [filiŋ] n. m. ▪ anglic. 1 Expressivité musicale (en jazz). 2 fam. Intuition.

**féerie** [fe(e)ʀi] n. f. ▪ 1 littér. Univers des fées. 2 Spectacle splendide, merveilleux.

**féerique** [fe(e)ʀik] adj. ▪ 1 Du monde des fées. 2 Magnifique, extraordinaire.

**feignant, ante** n. et adj. ▪ fam. Paresseux.

**feindre** v. tr. 52 ▪ 1 Simuler (un sentiment que l'on n'a pas). → **affecter**. 2 *FEINDRE DE* : faire semblant de. 3 intrans. littér. Cacher à autrui ce qu'on sent, ce qu'on pense.

**feinte** n. f. ▪ 1 vieilli Action, fait de feindre. 2 Coup simulé par lequel on trompe l'adversaire. 3 fam. Piège ; ruse. ▷ **feinter** v. 1

**feldspath** [fɛldspat] n. m. ▪ Minéral à structure en lamelles, à éclat vitreux.

**fêlé, ée** adj. ■ **1** Qui a une fêlure. **2** (voix) Au timbre peu clair. **3** fam. Un peu fou.

**fêler** v. tr. 1 ■ Fendre (un objet cassant) sans que les parties se séparent.

**félibre** n. m. ■ Écrivain de langue d'oc.

**félibrige** n. m. ■ École littéraire provençale, fondée en 1854 pour redonner au provençal un statut de langue littéraire.

**félicitation** n. f. ■ au plur. **1** Compliments que l'on adresse à qqn à propos d'un événement heureux. **2** Chaleureuse approbation (de la conduite, etc. de qqn). → **éloge.**

**félicité** n. f. ■ littér. **1** Bonheur calme et durable. → **béatitude. 2** Joie, plaisir.

**féliciter** v. tr. 1 ■ **1** Assurer (qqn) de la part qu'on prend à ce qui lui arrive d'heureux. **2** Complimenter (qqn) sur sa conduite. ► se **féliciter** (de) v. pron. **1** S'estimer content (de). → se **réjouir. 2** S'approuver soi-même.

**félin, ine** adj. ■ **1** Qui appartient au genre chat. – n. m. *UN FÉLIN* : un carnassier du type chat (puma, tigre, lion, panthère...). **2** Qui a des mouvements souples et gracieux.

**fellaga** ou **fellagha** n. m. ■ Combattant pour l'Algérie indépendante (1954-1962).

**fellah** n. m. ■ Paysan (Égypte, etc.).

**fellation** n. f. ■ Pratique sexuelle, caresses buccales du sexe masculin (→ aussi cunnilinctus).

**félon, onne** adj. et n. ■ hist. ou littér. Traître. ▷ n. f. **félonie**

**felouque** n. f. ■ Petit bateau de la Méditerranée, à voile ou à rames.

**fêlure** n. f. ■ Fente d'une chose fêlée.

**femelle** ■ I n. f. Animal du sexe qui reproduit l'espèce en étant fécondé par le mâle. **II** adj. **1** (animaux, plantes) Qui appartient au sexe des femelles. **2** Se dit de pièces destinées à en recevoir une autre, appelée **mâle**. *Prise femelle.*

**féminin, ine** adj. ■ **1** De la femme ; propre à la femme (contr. *masculin, viril*). **2** Qui appartient au sexe féminin. **3** Qui a de la féminité. **4** Qui a rapport aux femmes. *Revendications féminines* (→ féminisme). **5** Qui est composé de femmes. **6** gramm. Qui appartient au genre marqué (opposé à *masculin*). – n. m. *Féminin singulier.* ♦ *Rime féminine,* terminée par un e muet.

**féminiser** v. tr. 1 ■ **1** Donner un caractère, un aspect féminin à. **2** Augmenter la proportion de femmes dans (une profession, etc.). **3** gramm. Faire du genre féminin ; donner un féminin à. ▷ n. f. **féminisation**

**féminisme** n. m. ■ Doctrine qui préconise l'égalité entre l'homme et la femme, et l'extension du rôle de la femme dans la société.

**féministe** adj. ■ Relatif au féminisme. – n. Partisan du féminisme.

**féminité** n. f. ■ Caractère féminin ; ensemble des caractères correspondant à une image biologique et sociale (charme, douceur...) de la femme (contr. *virilité*).

**femme** [fam] n. f. ■ **I** Être humain du sexe capable de concevoir les enfants. **2** Être humain adulte de sexe féminin. **2** collectif *LA FEMME* : l'ensemble des femmes (au plan biologique, de l'image sociale, etc.). **3** loc. *FEMME AU FOYER,* qui n'exerce pas de profession. – *FEMME-OBJET,* considérée comme un objet sexuel et non comme un sujet. ♦ → **bonne femme ; sage-femme. II** Épouse. – *Prendre femme,* se marier. **III** (dans des expr.) *Femme de chambre ; femme de ménage ; femme de service* (métiers de service, de nettoyage).

**femmelette** [famlɛt] n. f. ■ péj. **1** vieilli Femme malingre. **2** fam. Homme sans énergie.

**fémur** n. m. ■ Os long qui constitue le squelette de la cuisse. ▷ adj. **fémoral, ale, aux**

**fenaison** n. f. ■ Coupe et récolte des foins.

**fendiller** v. tr. 1 ■ Faire des fentes à. ► se **fendiller** v. pron. ▷ n. m. **fendillement**

**fendre** v. tr. 41 ■ **1** Diviser (un corps solide), le plus souvent dans le sens de la longueur. *Fendre du bois.* – loc. fam. *Se fendre la gueule* : s'amuser. **2** fig. *Fendre le cœur, l'âme* (à qqn), faire éprouver du chagrin, etc. **3** S'ouvrir un chemin à travers. *Fendre la foule.* ► se **fendre** v. pron. **1** Se couvrir de fentes. **2** fig. *Son cœur se fend.* **3** escr. Porter vivement une jambe en avant. **4** fam. *Se fendre de,* se décider à offrir. ► **fendu, ue** adj. **1** Coupé. **2** Qui présente une fente. **3** Ouvert en longueur. *Yeux fendus en amande.*

**fenêtre** n. f. ■ **1** Ouverture (faite dans un mur) pour laisser pénétrer l'air et la lumière ; le dispositif qui la ferme. – loc. *Jeter l'argent par les fenêtres,* le dépenser inconsidérément. **2** par analogie *Enveloppe à fenêtre,* comportant un rectangle découpé. ♦ inform. Zone rectangulaire (d'un écran), constituant l'espace de travail. **3** techn. Intervalle de temps à l'intérieur duquel une opération se fait. *Fenêtre de lancement* (d'une fusée).

**feng shui** [fɛŋʃɥi] n. m. invar. ■ Art de vivre, d'inspiration chinoise, par la recherche d'une harmonie avec l'environnement.

**fenil** [fəni(l)] n. m. ■ Grenier à foin.

**fennec** [fenɛk] n. m. ■ Mammifère carnivore, à grandes oreilles pointues, aussi appelé *renard des sables.*

**fenouil** n. m. ■ Plante à goût anisé, cultivée comme potagère ou aromatique.

**fente** n. f. ■ **I 1** Ouverture étroite et longue (à la surface d'un solide). – anat. Séparation étroite. *Fente vulvaire.* **2** Ouverture étroite et allongée (dans l'épaisseur d'une matière). → **interstice. II** Action de fendre (dans quelques emplois). *Bois de fente.*

**féodal, ale, aux** ■ **I** adj. Qui appartient à un fief, à l'ordre politique et social fondé sur l'institution du fief. ♦ Qui rappelle la féodalité. **II** n. m. Grand seigneur féodal. ♦ par analogie Grand propriétaire terrien.

**féodalisme** n. m. ■ Caractère féodal.

**féodalité** n. f. ■ Forme d'organisation politique, économique et sociale du moyen âge, caractérisée par l'existence des fiefs.

**fer** [fɛʀ] n. m. ▪ **I 1** Métal blanc grisâtre (symb. Fe), très commun. *Industries du fer.* → **métallurgie, sidérurgie.** ◆ *Âge du fer,* période qui succède à l'âge du bronze (vers l'an 1000 av. J.-C.). ◆ loc. *Croire dur comme fer à qqch.,* en être convaincu. **2** fig. *DE FER* loc. adj. → **résistant, robuste ; inflexible. II** (Objet en fer, en acier) **1** Partie en fer ou métallique (d'un instrument, d'une arme). ◆ fig. *Le fer de lance* (d'une organisation...), l'avant-garde. **2** Objet, instrument en fer, en métal (servant à donner une forme, à marquer...). *Fers de relieur.* ◆ *FER À REPASSER* et absolt *FER. Fer à vapeur.* ◆ *FER ROUGE* : tige de fer que l'on porte au rouge. **3** (dans des loc.) Épée, fleuret. *Croiser le fer,* se battre à l'épée. **4** (Bande de métal formant semelle) *FER À CHEVAL* ou *FER* : pièce de métal qui sert à garnir les sabots des chevaux, etc. ◆ fig. *Tomber les quatre fers en l'air,* à la renverse. ◆ Renfort métallique (d'une semelle). ◆ au plur. *LES FERS* : ce qui sert à enchaîner un prisonnier. ◆ littér. *Être dans les fers.* → **captif.**

**fer-blanc** n. m. ▪ Tôle de fer recouverte d'étain.

**ferblantier, ière** n. ▪ Personne qui fabrique ou vend des objets en fer-blanc.

**-fère** Élément, du latin *ferre* « porter », qui entre dans la formation de mots savants (ex. *mammifère, aurifère*).

**féria** n. f. ▪ En Espagne, etc., Fête comportant des courses de taureaux.

**férié, ée** adj. ▪ (jour) Où il y a cessation de travail. → **chômé** ; contr. *ouvrable.*

**férir** v. tr. (seulement inf.) ▪ **1** vx Frapper. **2** mod. loc. *SANS COUP FÉRIR,* sans rencontrer la moindre résistance.

**ferler** v. tr. ① ▪ mar. Serrer (une voile) pli par pli contre un espar.

**ferlouche** n. f. ▪ franç. du Canada Mélange de raisins secs et de mélasse, pour garnir une tarte. - var. FARLOUCHE.

**fermage** n. m. ▪ Exploitation agricole par ferme (I, 1). *Fermage et métayage.*

① **ferme** ▪ **I** adj. **1** Qui n'est ni mou, ni dur, mais entre les deux. → **compact, consistant.** *Sol ferme.* **2** Qui se tient, qui a de l'assurance. → **solide ; assuré, décidé.** ◆ *DE PIED FERME* : sans bouger ; fig. sans crainte. **3** Qui ne se laisse pas ébranler ou influencer, qui montre une calme autorité. → **déterminé, inflexible.** *Soyez ferme avec lui.* ◆ *Avoir la ferme intention de...* **4** (conventions...) Qui ne change pas. *Prix fermes et définitifs.* **II** adv. **1** Avec force, vigueur. *Frotter ferme.* ◆ *Discuter ferme,* avec ardeur. **2** Beaucoup, intensément. *S'ennuyer ferme.*

② **ferme** n. f. ▪ **I 1** Louage d'une exploitation agricole à qqn. → **fermage.** *Donner une terre À FERME.* **2** hist. (Ancien Régime) Système de perception des impôts indirects dans lequel le fonctionnaire (→ **fermier**) traitait à forfait pour une somme remise d'avance au roi. **II 1** Exploitation agricole. **2** Bâtiments de l'exploitation agricole ; maison de paysans.

**fermement** adv. ▪ **1** D'une manière ferme, assurée. **2** Avec fermeté, conviction.

**ferment** n. m. ▪ **1** Substance qui en fait fermenter une autre. **2** fig. Ce qui fait naître (un sentiment, un changement...).

**fermentation** n. f. ▪ **1** Transformation (d'une substance organique) sous l'influence d'enzymes produites par des micro-organismes. **2** fig. Agitation fiévreuse (des esprits). → **effervescence.**

**fermenté, ée** adj. ▪ Qui a subi une fermentation.

**fermenter** v. intr. ① ▪ **1** Être en fermentation. **2** fig. (esprits) S'échauffer.

**fermentescible** adj. ▪ didact. Qui peut entrer en fermentation.

**fermer** v. ① ▪ **I** v. tr. **1** Appliquer les éléments mobiles (d'une ouverture) de manière à boucher le passage entre l'intérieur et l'extérieur (contr. *ouvrir*). *Fermer une porte.* **2** Priver de communication avec l'extérieur, par la mise en place d'un élément mobile. *Fermer un magasin.* **3** Rapprocher, réunir (des éléments mobiles) ; disposer en rapprochant les éléments. *Fermer les yeux. Fermer un livre.* **4** Rendre infranchissable. *Fermer une route.* **5** fam. Arrêter par un mécanisme. **6** abstrait Rendre inaccessible. *Fermer une carrière à qqn.* **7** Mettre une fin à. *Fermer une liste.* → **arrêter, clore. II** v. intr. **1** Être fermé. **2** Pouvoir être fermé. ▪ **se fermer** v. pron. ▶ **fermé, ée** adj. **1** Qui ne communique pas avec l'extérieur. *Mer fermée.* **2** Qu'on a fermé. → **clos. 3** Où l'on s'introduit difficilement. *Un milieu fermé.* **4** *Courbe fermée,* qui limite une surface (ex. le cercle). **5** Peu expansif. ◆ *Visage fermé.* **6** *Fermé à,* inaccessible, insensible à.

**fermeté** n. f. ▪ **1** État de ce qui est ferme. *Fermeté des chairs.* **2** État de ce qui est assuré, décidé. → **vigueur.** ◆ *Fermeté du style.* **3** Qualité d'une personne ferme, déterminée. → **détermination.**

**fermeture** n. f. ▪ **I** Dispositif servant à fermer. ◆ *FERMETURE À GLISSIÈRE,* formée de deux rubans dentelés qui s'engagent l'un dans l'autre. ◆ (marque déposée) *Fermeture Éclair* (même sens). **II** Action de fermer ; état de ce qui est fermé (local, etc.).

**fermier, ière** n. ▪ **1** Personne qui exploite un domaine agricole à ferme*. ◆ hist. Personne qui prenait à ferme le recouvrement des impôts. *Les fermiers généraux.* **2** Personne (propriétaire ou non) qui exploite un domaine agricole. → **agriculteur. 3** en fonction d'adj. Produit dans une ferme, de manière artisanale. *Beurre fermier.*

**fermoir** n. m. ▪ Attache ou dispositif destiné à tenir fermé (un sac, un bijou...).

**féroce** ▪ **I** adj. **1** (animaux) Qui est cruel par instinct. **2** (personnes) Cruel et brutal. **3** Très dur, impitoyable. *Une ironie féroce.* **4** par exagér. → **terrible.** *Une faim féroce.* ▷ adv. **férocement** ▷ n. f. **férocité. II** n. m. Plat antillais à base d'avocat et de morue écrasés, relevé de piment.

**ferraille** n. f. ■ **1** Déchets de fer, d'acier. **2** fam. Petite monnaie. → **mitraille.**

**ferrailler** v. intr. ⚀ ■ Se battre au sabre ou à l'épée.

①**ferrailleur** n. m. ■ péj. Celui qui aime à ferrailler, à se battre à l'épée. → **bretteur.**

②**ferrailleur, euse** n. ■ Marchand(e) de ferraille.

**ferré, ée** adj. ■ **1** De fer ; garni de fer. → *Voie* *ferrée.* **2** Qui a des fers. **3** fig. *Être ferré sur,* in (tel domaine), calé, fort.

**ferrer** v. tr. ⚀ ■ **1** Garnir de fer. **2** Munir de fers. *Ferrer un âne.* **3** Engager le fer d'un hameçon dans les chairs de (un poisson).

**ferret** n. m. ■ Pièce (de fer, etc.) au bout d'un lacet, d'une aiguillette.

**ferreux, euse** adj. ■ Qui contient du fer.

**ferro-** Élément, du latin *ferrum* « fer ».

**ferromagnétisme** n. m. ■ phys. Propriété de certains corps fortement magnétiques.

**ferronnerie** n. f. ■ **1** Travail (spécialt, artistique) du fer. **2** Objets, ornements en fer.

**ferronnier, ière** n. ■ Personne qui fabrique ou vend des objets en fer.

**ferroviaire** adj. ■ Des chemins de fer.

**ferrugineux, euse** adj. ■ Qui contient du fer (le plus souvent à l'état d'oxyde).

**ferrure** n. f. ■ Garniture de fer, de métal.

**ferry** n. m. → **car-ferry ; ferry-boat**

**ferry-boat** [feribot ; fere-] n. m. ■ anglic. Navire conçu pour le transport des trains, des véhicules. *Des ferry-boats.* – abrév. FERRY.

**fertile** adj. ■ **1** (sol, terre) Qui produit beaucoup de végétation utile. **2** fig. Inventif ; riche (en). *Imagination fertile.*

**fertilisant, ante** adj. ■ Qui fertilise. ← n. m. Produit fertilisant. → **engrais.**

**fertiliser** v. tr. ⚀ ■ **1** Rendre fertile (une terre). → **amender. 2** fig. Rendre capable de produire. ▷ n. f. **fertilisation**

**fertilité** n. f. ■ **1** Qualité d'un sol, d'une terre fertile. **2** fig. Capacité à inventer.

**féru, ue** adj. ■ Qui est très épris, pris d'un vif intérêt. *Être féru de poésie.*

**férule** n. f. ■ **1** Petite palette avec laquelle on frappait les écoliers. **2** loc. *Être sous la férule de qqn,* dans l'obligation de lui obéir.

**fervent, ente** adj. ■ **1** Qui a de la ferveur. **2** Où il entre de la ferveur. *Amour fervent.*

**ferveur** n. f. ■ Ardeur vive et enthousiaste.

**fesse** n. f. ■ Chacune des deux masses charnues à la partie postérieure du bassin, dans l'espèce humaine et chez certains mammifères. *Les fesses.* → **derrière ; croupe.** ← loc. fam. *Coûter la peau des fesses,* très cher.

**fessée** n. f. ■ **1** Tape(s) donnée(s) sur les fesses. **2** fig. Défaite humiliante.

**fesse-mathieu** n. m. ■ vx Usurier ; avare.

**fesser** v. tr. ⚀ ■ Battre sur les fesses.

①**fessier** n. m. ■ fam. Les deux fesses.

②**fessier, ière** adj. ■ Relatif aux fesses.

**fessu, ue** adj. ■ fam. Qui a de grosses fesses.

**festif, ive** adj. ■ didact. De la fête.

**festin** n. m. ■ Repas somptueux, excellent.

**festival, als** n. m. ■ **1** Grande manifestation musicale. ♦ par ext. *Festival de cinéma.* **2** fig. Démonstration remarquable.

**festivalier, ière** adj. et n. ■ (Personne) qui fréquente les festivals.

**festivité** n. f. ■ Fête, réjouissance.

**fest-noz** [fɛstnoz] n. m. ■ régional Fête bretonne traditionnelle, bal breton. *Des fest-noz* ou (plur. breton) *festou-noz.*

**feston** n. m. ■ **1** Guirlande de fleurs et de feuilles liées. **2** Bordure, ornement dentelé.

**festonner** v. tr. ⚀ ■ Orner de festons.

**festoyer** v. intr. ⑧ ■ Participer à un festin.

**feta** [feta] n. f. ■ Fromage de brebis grec.

**fêtard, arde** n. ■ fam. Personne qui aime faire la fête.

**fête** n. f. ■ **I** (Solennité à caractère commémoratif) **1** Solennité religieuse célébrée certains jours de l'année. *Jour de fête* (→ **férié**). **2** Jour de la fête du saint dont qqn porte le nom. **3** Réjouissance publique et périodique (civile) en mémoire d'un événement. *La fête nationale.* **4** Réjouissances organisées occasionnellement. *Fête de village.* **5** Réjouissances en famille, entre amis. **6** loc. *FAIRE LA FÊTE* : mener joyeuse vie. **II** (dans des expr.) Bonheur, joie, plaisir. *Se faire une fête de qqch.* ← *Avoir le cœur EN FÊTE,* gai. ← *Être À LA FÊTE,* heureux, satisfait.

**fêter** v. tr. ⚀ ■ **1** Marquer par une fête. **2** Faire fête à. *Fêter un ami retrouvé.*

**fétiche** n. m. ■ **1** Objet de culte des civilisations animistes. **2** Objet auquel on attribue un pouvoir bénéfique. → **amulette.**

**féticheur** n. m. ■ Prêtre des religions animistes ; initié qui fait agir des fétiches.

**fétichisme** n. m. ■ **1** Culte des fétiches. **2** Perversion sexuelle centrée sur des objets normalement dénués d'érotisme.

**fétichiste** adj. ■ **1** Qui pratique le fétichisme (1). **2** Relatif au fétichisme (2) ; qui le pratique. ← n. *Un, une fétichiste.*

**fétide** adj. ■ Qui a une odeur très désagréable. → **nauséabond.** ▷ n. f. **fétidité**

**fétu** n. m. ■ Brin de paille.

①**feu** n. m. ■ **I 1** *LE FEU* : combustion dégageant de la chaleur et de la lumière (→ **flamme ; pyr(o)-**). ← loc. *Jouer avec le feu,* avec le danger. ← *FEU FOLLET*. **2** Matières rassemblées et allumées (pour produire de la chaleur, etc.). → **foyer.** ← prov. *Il n'y a pas de fumée sans feu,* pas d'effet sans cause. ← loc. *Feu de paille* : sentiment vif et passager. **3** Source de chaleur (à l'origine, foyer enflammé) pour la cuisson des aliments, etc. ← *COUP DE FEU* : action vive du feu ; fig. moment de grande activité. **4** vieilli Foyer, famille. ← loc. *N'avoir ni feu ni lieu,* ne pas avoir de domicile fixe. **5** Embrasement ; incendie. *Au feu !* ← loc. *Mettre à feu et à sang,* détruire par la guerre. **6** Supplice du bûcher. ← fig. *À PETIT FEU,* lentement et cruellement. **7** Ce qui sert à allumer le tabac.

**II** (Combustion amenant une déflagration) **1** COUP DE FEU. → **détonation.** ← ARME À FEU : arme lançant un projectile par l'explosion d'une matière fulminante. ♦ fig. FAIRE LONG FEU : échouer. ← NE PAS FAIRE LONG FEU : ne pas durer. **2** Tir d'armes à feu. Ouvrir le feu. **3** FEU D'ARTIFICE*. **4** fam. Pistolet, revolver. **III 1** Source de lumière (d'abord flamme d'un feu). Les feux de la ville. **2** Signal lumineux. ♦ (Réglant la circulation) Feu tricolore. ← loc. fig. Donner le feu vert, autoriser qqn à agir. **3** poét. Les feux du couchant. **4** loc. fig. N'Y VOIR QUE DU FEU, ne rien y voir (comme qqn qui est ébloui) ; par ext., n'y rien comprendre. **5** Éclat. Le feu d'un regard. **IV 1** Sensation de chaleur intense, de brûlure. Avoir les joues EN FEU. **2** Ardeur (des sentiments). Dans le feu de la colère. ← loc. Être TOUT FEU TOUT FLAMME, ardent, passionné.

② **feu, feue** adj. ■ littér. Qui est mort depuis peu de temps. → **défunt.** Feu son père. Feu la reine ; la feue reine.

**feudataire** n. ■ hist. Titulaire d'un fief.

**feuillage** n. m. ■ **1** Ensemble des feuilles (d'un arbre...). **2** Rameaux coupés.

**feuillaison** n. f. ■ Renouvellement annuel des feuilles.

**feuille** n. f. ■ **I 1** Partie des végétaux (siège de la photosynthèse) par laquelle ils respirent. **2** Représentation d'une feuille. ← FEUILLE DE VIGNE : feuille sculptée cachant le sexe des statues nues. **II 1** Morceau de papier rectangulaire. Feuille blanche. ♦ (documents) Feuille de paye. Feuille de soins. **2** Journal. Feuille locale. **III 1** Plaque mince (d'une matière). **2** fam. Oreille.

**feuillée** n. f. ■ **I** littér. Abri que forme le feuillage des arbres. **II** au plur. Tranchée servant de latrines.

**feuillet** n. m. ■ **I** Chaque partie d'une feuille de papier pliée ; feuille de papier utilisée sur ses deux faces. **II** anat. Troisième poche de l'estomac des ruminants.

**feuilleté, ée** adj. ■ **1** Qui présente des feuilles, des lames superposées. **2** Pâte feuilletée, faite de fines feuilles superposées. ♦ n. m. Pâtisserie feuilletée.

**feuilleter** v. tr. ④ ■ Tourner les pages de (un livre...), en regardant rapidement.

**feuilleton** n. m. ■ **1** Chronique régulière, dans un journal. **2** Épisode d'un roman qui paraît régulièrement dans un journal. ← Histoire fragmentée (télévision, radio). ♦ ROMAN-FEUILLETON, qui paraît par fragments dans un journal. → fig. Histoire invraisemblable.

**feuilletoniste** n. ■ Personne qui écrit des feuilletons ou des romans-feuilletons.

**feuillu, ue** adj. ■ **1** Qui a beaucoup de feuilles. **2** Qui porte des feuilles. Arbre feuillu ; n. m. un feuillu, à feuilles caduques.

**feulement** n. m. ■ Cri du tigre.

**feuler** v. intr. ① ■ (tigre) Pousser son cri. ← (chat) Grogner.

**feutre** n. m. ■ **1** Étoffe non tissée obtenue en agglutinant du poil ou de la laine. **2** Chapeau de feutre. ♦ Instrument pour écrire à pointe en feutre ou en nylon.

**feutré, ée** adj. ■ **1** Fait, garni de feutre. **2** Qui a l'aspect du feutre. → **pelucheux. 3** Peu sonore. Marcher à pas feutrés.

**feutrer** v. ① ■ **I** v. tr. **1** techn. Mettre en feutre (du poil, de la laine). ♦ Garnir de feutre. **2** Amortir (un bruit). **II** SE FEUTRER v. pron. ou FEUTRER v. intr. Prendre l'aspect du feutre. ▷ n. m. **feutrage**

**feutrine** n. f. ■ Feutre mince.

**fève** n. f. ■ **1** Plante légumineuse dont on consomme les graines. ← Graine de cette plante. **2** Figurine que l'on met dans la galette de la fête des Rois. **3** franç. du Canada Haricot. Fèves jaunes, rouges.

**février** n. m. ■ Second mois de l'année, qui a vingt-huit jours dans les années ordinaires et vingt-neuf dans les années bissextiles.

**fez** [fɛz] n. m. ■ Calotte de laine. → **chéchia.**

**fi** interj. ■ **1** vx Interjection exprimant le dédain. **2** FAIRE FI DE : dédaigner, mépriser.

**fiable** adj. ■ En qui ou en quoi on peut avoir toute confiance, auquel on peut se fier (personne, matériel...). ▷ n. f. **fiabilité**

**fiacre** n. m. ■ ancient Voiture à cheval louée à la course ou à l'heure.

**fiançailles** n. f. pl. ■ **1** Promesse solennelle de mariage entre futurs époux. **2** Temps qui s'écoule entre la promesse et le mariage.

**fiancé, ée** n. ■ Personne fiancée.

**fiancer** v. tr. ③ ■ Engager par une promesse de mariage. ► se **fiancer** v. pron.

**fiasco** n. m. ■ **1** Défaillance d'ordre sexuel (chez l'homme). **2** Échec complet.

**fiasque** n. f. ■ Bouteille à col long et à large panse garnie de paille.

**fibre** n. f. ■ **I 1** Chacun des filaments qui, groupés en faisceaux, constituent certaines substances. Les fibres du bois. Fibres musculaires. **2** Fibre textile, substance filamenteuse susceptible d'être tissée. Fibres synthétiques. ♦ Fibre de verre (isolation thermique). ♦ Fibre optique, filament conducteur de lumière. **3** Matière fabriquée à partir de fibres. **II** fig., littér. Disposition à ressentir certaines émotions. Avoir la fibre paternelle.

**fibreux, euse** adj. ■ Qui a des fibres.

**fibrille** [-ij ; -il] n. f. ■ Petite fibre.

**fibrine** n. f. ■ biol. Protéine du plasma sanguin qui contribue à la coagulation.

**fibro-** Élément tiré de fibre.

**fibrociment** n. m. ■ Matériau de construction fait de ciment renforcé de fibres.

**fibrome** n. m. ■ Tumeur bénigne formée de tissu fibreux. ▷ adj. **fibromateux, euse**

**fibroscope** n. m. ■ méd. Endoscope souple comportant des fibres optiques.

**fibroscopie** n. f. ■ méd. Exploration (d'un organe) au fibroscope.

**fibule** n. f. ■ Antiq. Agrafe, épingle.

**ficelage** n. m. ▪ Action de ficeler.

**ficeler** v. tr. ④ ▪ 1 Attacher, lier avec de la ficelle. 2 fam. Habiller. 3 fig. Bâtir (un travail intellectuel). ▸ **ficelé, ée** adj. 1 *Paquet ficelé.* 2 fam. *Mal ficelé*, mal habillé. → **fagoté.** 3 *Un travail bien ficelé*, bien fait.

**ficelle** n. f. ▪ **I** 1 Corde mince. ◀ loc. fig. *Tirer sur la ficelle* : exagérer. 2 fig. *Tirer les ficelles*, faire agir les autres. ◆ *Les ficelles d'un art*, les procédés cachés. 3 Petite baguette (pain). **II** adj. fam. Malin, futé.

① **fiche** n. f. ▪ **I** Cheville, tige de bois ou de métal destinée à être fichée, enfoncée. **II** Feuille cartonnée sur laquelle on écrit des renseignements en vue d'un classement.

② **fiche** v. tr. → ② **ficher**

① **ficher** v. tr. ① ▪ Faire pénétrer et fixer par la pointe. → **planter.**

② **ficher** ou **fiche** v. tr. ① p. p. *fichu, ue* ▪ fam. (équivalent moins fam. de *foutre\**) 1 Faire. *Je n'ai rien fichu hier.* 2 Donner, faire subir. *Ça me fiche le cafard.* 3 Mettre. *Je l'ai fichu à la poubelle.* 4 loc. *Se fiche dedans*, se tromper. ◀ *Fiche* (ou *ficher*) *le camp*, décamper, partir. 5 *SE FICHER DE* v. pron. : se moquer de. ▸ ① **fichu, ue** adj. fam. (équivalent moins fam. de *foutu\**) 1 Détestable, mauvais. 2 Dans un mauvais état. 3 Arrangé. *Il est fichu comme l'as\* de pique.* ◀ *BIEN, MAL FICHU* : bien, mal bâti, fait. ◀ (moins fam.) *MAL FICHU* : un peu malade, souffrant. ◆ *Fichu de* : capable de.

③ **ficher** v. tr. ① ▪ Mettre sur une fiche. *Ficher qqn*, établir une fiche à son nom.

**fichier** n. m. ▪ 1 Réunion de fiches. ◀ inform. Ensemble structuré d'informations, qui peut être manipulé et mémorisé. *Fichier (de) programme. Fichier de données.* → **document.** 2 Meuble, etc. contenant des fiches.

**fichtre** interj. ▪ fam. Interjection qui exprime l'étonnement, l'admiration.

① **fichu, ue** → ② **ficher**

② **fichu** n. m. ▪ Pièce d'étoffe triangulaire dont les femmes se couvrent la tête.

**fictif, ive** adj. ▪ 1 Créé par l'imagination. 2 Qui n'existe qu'en apparence. → **faux, feint.** 3 Supposé par convention (→ **fiduciaire**).

**fiction** n. f. ▪ 1 Fait imaginé (opposé à *réalité* ; construction imaginaire. → **invention.** 2 Création de l'imagination, en littérature ; genre littéraire formé par ces œuvres (romans...).

**fictivement** adv. ▪ De manière fictive.

**ficus** [-ys] n. m. ▪ Plante d'appartement (du genre *Ficus*), d'origine tropicale.

**fidèle** n. I adj. ▪ 1 Qui ne manque pas à la foi donnée (à qqn), aux engagements pris (envers qqn). → **dévoué, loyal.** 2 Dont les sentiments (envers qqn) ne changent pas. 3 Qui n'a de relations amoureuses qu'avec la personne à laquelle il (elle) a donné sa foi. 4 *Fidèle à* (qqch.) : qui ne manque pas à, qui ne trahit pas. *Être fidèle à ses engagements.* 5 Qui ne s'écarte pas de la vérité. → *Traduction fidèle*, conforme au texte original. ◆

*Mémoire fidèle.* → **fiable.** 6 (instrument) Dont les résultats ne changent pas au cours du temps. **II** n. 1 Personne fidèle. 2 Personne unie à une religion par la foi. → **croyant.**

**fidèlement** adv. ▪ D'une manière fidèle.

**fidélité** n. f. ▪ 1 Qualité d'une personne fidèle (à qqn). 2 Constance dans les sentiments, les relations. 3 *Fidélité à* (qqch.) : fait de ne pas manquer à, de ne pas trahir. 4 Conformité à la vérité, à un modèle. → **exactitude, véracité.** 5 Qualité d'un instrument fidèle (6). 6 *HAUTE-FIDÉLITÉ* : technique visant à obtenir une restitution très exacte du son enregistré. → anglic. **hi-fi.** ◀ appos. *Chaîne\* haute-fidélité.*

**fiduciaire** adj. ▪ écon. Se dit de valeurs fictives, fondées sur la confiance en celui qui les émet. *Monnaie fiduciaire* (billets...). ◆ *Société fiduciaire*, qui effectue des travaux d'organisation, etc. pour d'autres sociétés.

**fief** n. m. ▪ 1 Au moyen âge, Domaine concédé par le seigneur à son vassal (→ **feudataire**), en contrepartie de certains services. 2 fig. Domaine où qqn est maître.

**fieffé, ée** adj. ▪ hist. Pourvu d'un fief. **II** Qui possède au plus haut degré un défaut, un vice. *Un fieffé menteur.*

**fiel** n. m. ▪ 1 Bile des animaux de boucherie, etc. 2 fig., littér. Amertume méchante.

**fielleux, euse** adj. ▪ Plein de fiel (2). → **haineux, méchant.**

**fiente** [fjɑ̃t] n. f. ▪ Excrément d'oiseau, de certains animaux. ▷ **fienter** v. intr. ①

se **fier** v. pron. ▪ Accorder sa confiance (à qqn, à qqch.). *Je me fie à vous.*

**fier, fière** [fjɛʀ] adj. ▪ 1 vieilli Hautain, méprisant. → **arrogant, prétentieux.** ◀ n. *Faire le fier.* 2 Qui a un vif sentiment de sa dignité. 3 *FIER DE* : qui a de la satisfaction de (qqn, qqch.). 4 (avant le nom) vieilli → **fameux.** *Une fière canaille !*

**fier-à-bras** n. m. ▪ vieilli Fanfaron.

**fièrement** adv. ▪ D'une manière fière.

**fierté** n. f. ▪ 1 vieilli Attitude arrogante. 2 Sentiment élevé de la dignité, de l'honneur. 3 Fait d'être fier de qqn, de qqch. ◆ Ce qui fait concevoir de la fierté. *C'est sa fierté.*

**fiesta** n. f. ▪ fam. Partie de plaisir, fête.

**fièvre** n. f. ▪ 1 Élévation anormale de la température du corps (→ **fébrile ; fiévreux**). ◆ *Maladie fébrile. Fièvre jaune* (maladie virale). 2 fig. Vive agitation, état passionné. ◆ *FIÈVRE DE* : désir ardent de.

**fiévreux, euse** adj. ▪ 1 Qui a ou dénote la fièvre. → **fébrile** (1). 2 Agité, hâtif, inquiet. → **fébrile** (2). ▷ adv. **fiévreusement**

**fifre** n. m. ▪ 1 Petite flûte en bois. 2 Joueur de fifre. *"Le Fifre"* (tableau de Manet).

**fifrelin** n. m. ▪ vieilli Chose sans valeur.

**fifty-fifty** loc. adv. ▪ anglic., fam. Moitié-moitié. *Partager fifty-fifty.*

**figaro** n. m. ▪ vx Coiffeur.

**figement** n. m. ▪ Fait de (se) figer.

**figer** v. tr. ⟨3⟩ ▪ **1** Coaguler (le sang). **2** Solidifier (un liquide gras) par le froid. **3** Rendre immobile, fixer dans une certaine attitude. ► **se figer** v. pron. **1** Se coaguler. **2** Se solidifier. **3** S'immobiliser. ➡ **figé, ée** adj. *Huile figée*. ➡ *Regard figé*. ◆ *Expression, locution figée*, dont on ne peut changer aucun des termes et dont le sens global ne peut pas se déduire de celui de ses constituants (ex. prendre le mors aux dents).

**fignoler** v. tr. ⟨1⟩ ▪ Exécuter avec un soin minutieux jusque dans les détails. ➡ au p. p. *Travail fignolé.* → **léché**. ▷ n. m. **fignolage**

**fignoleur, euse** n. ▪ Personne qui fignole.

**figue** n. f. ▪ **1** Fruit charnu et comestible du figuier, vert ou violacé. **2** *Figue de Barbarie* : fruit comestible de l'oponce. **3** *MI-FIGUE, MI-RAISIN* : qui exprime un mélange de satisfaction et de mécontentement.

**figuier** n. m. ▪ **1** Arbre méditerranéen (Ficus), à feuilles lobées, qui donne les figues. **2** *Figuier de Barbarie* : oponce.

**figurant, ante** n. ▪ **1** Personnage de théâtre, de cinéma, remplissant un rôle secondaire. **2** Personne dont le rôle est accessoire, dans une réunion, une société.

**figuratif, ive** adj. ▪ Qui représente la forme de qqch. ➡ *Art figuratif*, attaché à la représentation de l'objet (par oppos. à *art abstrait*).

**figuration** n. f. ▪ **1** Fait de figurer, de représenter (qqch.), notamment par des moyens graphiques. ◆ *LA FIGURATION* : la peinture figurative. **2** Fait de figurer, dans un spectacle. ◆ Ensemble des figurants.

**figure** n. f. ▪ **I 1** vx Forme, aspect. ➡ loc. mod. *Ne plus avoir figure humaine* : être si mal en point que l'apparence humaine n'est plus reconnaissable. **2** vx Représentation visuelle (de qqn, qqch.). → **image**. ◆ spécial Représentation d'un personnage humain. → **effigie, portrait, statue**. ◆ *FIGURE DE PROUE* : buste (d'une personne, d'un animal...) à la proue des anciens navires; fig. personnalité de premier plan. **3** loc. littér. *FAIRE FIGURE* : être un personnage important. ➡ *Faire bonne, piètre, triste figure*, avoir une apparence (bonne...). ➡ *Faire figure de* : paraître, passer pour. ◆ *PRENDRE FIGURE* : prendre forme. **4** Personnalité marquante. *Les grandes figures d'une époque.* **5** Représentation des objets géométriques (droites, courbes, surfaces...); ensemble de points constituant ces objets. ◆ danse, sports Chemin suivi par un danseur, un patineur, suivant une ligne déterminée. **II** (Forme de la face humaine) **1** Apparence momentanée de la face humaine, exprimant une attitude, des sentiments. → **tête ; air, physionomie**. **2** Partie antérieure de la tête humaine. ➡ **tête, visage**. ◆ (Caractériser la personne) *Des figures de connaissance.* **III** *Figure de style, de rhétorique* et absolt *figure* : mode d'expression linguistique et stylistique de certaines formes de pensée dans le discours ; transfert de sens (→ sens **figuré**). → **trope**.

**figuré, ée** adj. ▪ **1** Représenté par une figure. **2** *Sens figuré* (d'un mot), qui résulte d'une figure* de style (transfert sémantique d'une image concrète à des relations abstraites). *Sens propre et sens figuré.*

**figurer** v. ⟨1⟩ ▪ **I** v. tr. Représenter sous une forme visible. → **dessiner, peindre, sculpter**. ◆ Représenter d'une manière symbolique ou conventionnelle. **II** v. intr. **1** Jouer un rôle de figurant. **2** Se trouver (quelque part). *Son nom figure sur la liste.* ► **se figurer** v. pron. → s'**imaginer**, se **représenter**.

**figurine** n. f. ▪ Statuette.

**fil** n. m. ▪ **I 1** Brin long et fin des matières textiles ; réunion de ces brins, tordus et filés (→ **filature, filer**). ➡ *DROIT FIL* : sens des fils d'un tissu (opposé à *biais*) ; fig. ligne de pensée, orientation. ◆ loc. *Malice cousue de fil blanc*, trop apparente. ➡ *De fil en aiguille*, petit à petit. ➡ *Donner du fil à retordre à qqn*, lui créer des difficultés. **2** Brin de matière souple, servant à tenir, à attacher. ➡ loc. *Ne tenir qu'à un fil*, être fragile. ➡ fig. *Le fil d'Ariane*, ce qu'on peut suivre pour se guider. ◆ *FIL À PLOMB* : instrument, masse de plomb fixée à un fil, qui donne la verticale. **3** Morceau d'une matière qui s'étire en brins longs et minces. **4** Matière métallique étirée en un long brin mince. *Fil d'acier.* **5** Conducteur électrique, fil métallique entouré d'une gaine isolante. ➡ loc. fam. *Donner un COUP DE FIL*, un coup de téléphone. **6** Matière produite et filée par quelques animaux (araignée, ver à soie). ➡ loc. *Fils de la Vierge*. → **filandre** (2). **7** Fibre de certaines matières ; sens des fibres. *Le fil du bois.* **8** Filament dur de certains légumes (notamment les haricots). **II** fig. **1** Sens dans lequel un cours d'eau coule. *Au fil de l'eau.* **2** Cours, enchaînement. *Suivre le fil de ses idées.* **III** Partie coupante (d'une lame). ➡ loc. *Être sur le fil du rasoir*, dans une situation instable, dangereuse. ➡ *Passer au fil de l'épée*, tuer à l'épée.

**fil-à-fil** n. m. invar. ▪ Tissu de laine ou de coton, en fils de deux couleurs alternées.

**filage** n. m. ▪ Action de filer (un textile) à la main.

**filament** n. m. ▪ **1** Production organique longue et fine comme un fil. **2** Fil conducteur très fin (ampoules électriques).

**filamenteux, euse** adj. ▪ Qui a des filaments (1). → **fibreux**.

**filandière** n. f. ▪ littér. Femme qui file à la main.

**filandre** n. f. ▪ didact. **1** Fibre coriace (des viandes, légumes). **2** Fil d'araignée qui vole dans l'air (→ **fil*** de la Vierge).

**filandreux, euse** adj. ▪ **1** (viande, légumes) Rempli de filandres. **2** fig. Confus.

**filant, ante** adj. ▪ **1** Qui coule en s'allongeant en une sorte de fil continu. **2** *Pouls filant*, très faible. ➡ *Étoile* filante*.

**filasse** n. f. ▪ **1** Matière textile végétale non encore filée (→ **étoupe**). **2** appos. *Cheveux blond filasse*, et adj. invar. *cheveux filasse*, d'un blond fade, sans éclat.

**filature** n. f. ▪ I 1 Opérations industrielles qui transforment les matières textiles en fils à tisser. 2 Usine où est fabriqué le fil. II Action de filer, de suivre (qqn).

**file** n. f. ▪ Suite (de personnes, de choses) en rang et l'un derrière l'autre. → fig. *Chef de file*, personne qui dirige. ♦ EN FILE, À LA FILE loc. adv. : les uns derrière les autres, l'un derrière l'autre. ♦ EN DOUBLE FILE : à côté d'une première file de voitures.

**filer** v. ① ▪ I v. tr. 1 Transformer en fil (une matière textile). *Filer de la laine* (→ **filage** ; **filature**). ♦ *Filer du verre*, l'étirer en fil. 2 (ver à soie, araignée) Faire en sécrétant son fil. *L'araignée file sa toile.* 3 (Dérouler de façon égale et continue) mar. *Filer les amarres.* → *Navire qui file trente nœuds*, qui a une vitesse de trente nœuds. ♦ mus. *Filer une note*, la tenir. ♦ littér. *Filer une métaphore*, la développer. ♦ fam. *Filer le parfait amour*, vivre un amour partagé. 4 Marcher derrière (qqn), suivre pour surveiller. 5 fam. Donner. → **refiler**. II v. intr. 1 (liquide, matière) Former des fils. 2 Se dérouler, se dévider. 3 Aller droit devant soi, très vite. *Filer ventre à terre.* 4 fam. S'en aller très vite.

① **filet** n. m. ▪ 1 Ce qui ressemble à un fil fin. → Saillie en hélice (d'une vis...). 2 Écoulement fin et continu. *Un filet d'eau.* → fig. *Un filet de voix*, une voix très faible.

② **filet** n. m. ▪ 1 Morceau de viande, partie tendre le long de l'épine dorsale (de quelques animaux). 2 Morceau de chair, de part et d'autre de l'arête (d'un poisson).

③ **filet** n. m. ▪ Réseau de filet (①), de fil, fait de mailles. 1 Réseau à larges mailles servant à capturer les animaux. → fig. *Coup de filet*, arrestation de malfaiteurs. 2 Réseau de mailles (pour envelopper, tenir, retenir). ♦ Réseau tendu sous les acrobates. → loc. fig. *Travailler sans filet*, en prenant des risques. ♦ en sports Réseau au-dessus duquel la balle doit passer (tennis, etc.). → fig. *Monter au filet*, s'engager seul, avant son groupe.

**filetage** n. m. ▪ 1 Action de fileter. 2 Ensemble des filets (d'une vis, etc.).

**fileter** v. tr. ⑤ ▪ Pratiquer un filet, des filets (①) dans. → **tarauder**. → au p. p. *Tige filetée.*

**fileur, euse** n. ▪ I n. Personne qui file (du textile). II adj. (animal) Qui sécrète un fil.

**fileyeur** n. m. ▪ pêche Bateau équipé pour la pêche au filet.

**filial, ale, aux** adj. ▪ Qui émane d'un enfant à l'égard de ses parents.

**filiale** n. f. ▪ Société jouissant d'une personnalité juridique mais dirigée ou contrôlée par la société mère.

**filialiser** v. tr. ① ▪ écon. Transformer (une entreprise) en filiale. → Découper (une entreprise) en filiales. ▷ n. f. **filialisation**

**filiation** n. f. ▪ 1 Lien de parenté unissant l'enfant à son père, à sa mère. 2 fig. Succession, enchaînement.

**filière** n. f. ▪ 1 mar. Filin servant de garde-corps. 2 Instrument, outil destiné à produire des fils, à pratiquer des filets (①). 3 Succession d'étapes avant un résultat.

**filiforme** adj. ▪ Mince, fin comme un fil.

**filigrane** n. m. ▪ 1 Ouvrage de fils de métal (or...). 2 Dessin qui se voit par transparence dans l'épaisseur d'un papier. → loc. *EN FILIGRANE*, d'une manière implicite.

**filigrané, ée** adj. ▪ 1 Façonné en filigrane (1). 2 Qui présente un filigrane (2).

**filin** n. m. ▪ mar. Cordage.

**fille** n. f. ▪ I 1 (opposé à *fils*) LA FILLE DE qqn, SA FILLE : personne du sexe féminin, par rapport à son père, à sa mère. → plais. *Fille d'Ève* : femme. *Une fille de rois.* II 1 (opposé à *garçon*) Enfant du sexe féminin. 2 (dans des loc.) PETITE FILLE : enfant du sexe féminin jusqu'à l'âge nubile. → JEUNE FILLE : fille nubile ou femme jeune non mariée. 3 Jeune fille ; jeune femme. *Une jolie fille.* 4 vieilli Femme non mariée. *Elle est restée fille.* → FILLE-MÈRE : mère célibataire. → péj. VIEILLE FILLE : femme qui a atteint l'âge mûr sans se marier. 5 Prostituée. → loc. *Fille de joie* (même sens). 6 Nom donné à certaines religieuses. 7 vieilli FILLE DE, jeune fille employée à un travail. *Fille de salle* : femme de ménage (collectivités).

① **fillette** n. f. ▪ Petite fille. → Jeune fille.

② **fillette** n. f. ▪ Petite bouteille de vin.

**filleul, eule** n. ▪ Personne qui a été tenue sur les fonts baptismaux, par rapport à ses parrain et marraine.

**film** [film] n. m. ▪ I 1 Pellicule photographique. → Pellicule cinématographique. 2 Œuvre cinématographique enregistrée sur film (→ **cinéma**). II anglic., techn. Couche très mince (d'une matière).

**filmage** n. m. ▪ Action de filmer.

**filmer** v. tr. ① ▪ I Enregistrer (des vues) sur un film cinématographique ; par ext. sur un support magnétique. → **tourner**. → absolt *Filmer en studio.* → au p. p. *Théâtre filmé.* II Couvrir d'un film (II).

**filmographie** n. f. ▪ didact. Liste des films (d'un auteur, d'un acteur, d'un genre...).

**filocher** v. intr. ① ▪ fam. Aller vite, filer*.

**filon** n. m. ▪ 1 Masse allongée (de minéraux solides, dans le sol). → **veine**. 2 fig. → **mine**. *Ce sujet est un filon.*

**filou** n. m. ▪ Escroc, voleur.

**filouter** v. tr. ① ▪ Voler adroitement (qqch. ; qqn). ▷ n. f. **filouterie**

**fils** [fis] n. m. ▪ I 1 (opposé à *fille*) Personne du sexe masculin, par rapport à son père, à sa mère. → loc. péj. *Fils à papa*. 2 relig. chrét. *Fils de Dieu, Fils de l'homme* : Jésus-Christ. 3 Descendant du sexe masculin. 4 fig. *Fils spirituel.* → **disciple**. II Enfant du sexe masculin. → **garçon**.

**filtrage** n. m. ▪ Action de filtrer.

**filtrat** n. m. ▪ didact. Liquide filtré.

**filtre** n. m. ▪ **1** Dispositif (tissu ou réseau, passoire) à travers lequel on fait passer un liquide pour le débarrasser des particules solides qui s'y trouvent. → *Café-filtre*, préparé au moyen d'un filtre. **2** Appareil servant à débarrasser un fluide ou un aérosol de ses impuretés. **3** sc. Dispositif modifiant certaines oscillations. **4** Bout poreux (d'une cigarette). → appos. *Bout filtre*.

**filtrer** v. ① ▪ **I** v. tr. **1** Faire passer à travers un filtre. **2** fig. *Filtrer la lumière.* → **tamiser.** **3** Soumettre à un contrôle, un tri. *Censure qui filtre les nouvelles.* **II** v. intr. **1** S'écouler lentement. **2** (lumière) Passer faiblement.

① **fin** n. f. ▪ **I** (Point d'arrêt, arrêt) **1** Moment, instant auquel s'arrête (un phénomène, une période, une action). → **limite, terme.** ♦ *À LA FIN* loc. adv. → **en définitive, enfin, finalement. 2** Point auquel s'arrête qqch. dont on fait usage. *Arriver à la fin d'un livre.* **3** Derniers éléments (d'une durée), dernière partie (d'une action, d'un ouvrage). *La fin du film.* → **dénouement, épilogue. 4** Disparition (d'un être, d'un phénomène, d'un sentiment). → *METTRE FIN À* : faire cesser. → **terminer.** *Mettre fin à ses jours,* se suicider. → *PRENDRE FIN* : cesser. **5** Cessation par achèvement. → **aboutissement.** *Mener à BONNE FIN un travail.* **II** (But, terme) **1** souvent au plur. Chose qu'on veut réaliser. → **but, objectif.** *En venir à ses fins.* → **réussir.** → philos. *FIN EN SOI*, objective et absolue ; cour. résultat cherché pour lui-même. → loc. *À CETTE FIN*, pour arriver à ce but (→ **afin de**). *À TOUTES FINS UTILES*, pour servir le cas échéant. **2** Terme auquel tend un être ou une chose (par instinct, par nature). → **tendance ; finalité. 3** dr. But juridiquement poursuivi. → loc. cour. *FIN DE NON-RECEVOIR* : refus.

② **fin, fine** adj. ▪ **I 1** (dans des loc.) Extrême ; qui est au bout. *Le fin fond de la forêt.* → *Le fin mot de l'histoire,* le dernier mot, celui qui donne la clé. **2** adv. Tout à fait. *Elle est fin prête.* **II 1** Qui est d'une très grande pureté. *Pierres fines.* → **précieux. 2** Qui est de la meilleure qualité. *Vins fins.* → *Eau-de-vie fine,* eau-de-vie naturelle de qualité supérieure. ♦ (n. m.) loc. *Le fin du fin,* ce qu'il y a de mieux dans le genre. **3** D'une grande acuité. → **sensible.** *Avoir l'oreille fine.* **4** Qui marque de la subtilité. *Une remarque fine et spirituelle.* **5** (personnes) Qui excelle dans une activité réclamant du discernement. *Fin limier.* → *Un fin gourmet.* **6** Qui a une habileté proche de la ruse. → **astucieux, malin, rusé.** → *Une fine manœuvre.* **III 1** Dont les éléments sont très petits. *Sel fin* (opposé à *gros sel*). → *Une pluie fine.* **2** Délié, mince. *Taille fine.* **3** Qui est très mince ou aigu (par oppos. à *épais*). **4** Difficile à percevoir. *Une fine nuance.* → **ténu.**

**final, ale, als** ou (rare) **aux** adj. ▪ **1** Qui est à la fin, qui termine (II contr. *initial*). → *La solution\* finale.* ♦ fam. *AU FINAL* loc. adv. : finalement. **2** philos. Qui marque une fin (II), un but. **3** gramm. *Proposition finale* et n. f. *finale* : subordonnée de but.

① **finale** n. f. ▪ **1** Son ou syllabe qui termine (un mot....). **2** Dernière épreuve (d'une coupe...) qui désigne le vainqueur.

② **finale** n. m. ▪ Dernière partie (d'un opéra, d'une symphonie...). → **coda.**

**finalement** adv. ▪ À la fin ; en définitive.

**finaliser** v. tr. ① ▪ **1** didact. Donner une fin, un but à. **2** anglic. Mettre au point de manière détaillée (un projet...).

**finaliste** n. ▪ Concurrent(e), équipe qualifié(e) pour une finale.

**finalité** n. f. ▪ Fait de tendre à un but.

**finance** n. f. ▪ **1** vx Ressources pécuniaires. → mod. loc. *MOYENNANT FINANCE*, contre de l'argent. → fam. au plur. *Ses finances vont mal.* **2** au plur. Activité de l'État dans le domaine de l'argent. → **budget, fisc, Trésor.** → *Loi de finances,* fixant le budget de l'État. **3** Grandes affaires d'argent ; activité bancaire, boursière. *Être dans la finance.*

**financement** n. m. ▪ Action de financer.

**financer** v. tr. ③ ▪ Soutenir financièrement, procurer des capitaux à (une entreprise).

**financier, ière** ▪ **I 1** n. m. hist. (Ancien Régime) Celui qui s'occupait des finances publiques. **2** n. (rare au fém.) Personne qui fait de la finance (3). **II** adj. **1** Relatif à l'argent. **2** Relatif aux finances publiques. **3** Relatif à la finance (3).

**financièrement** adv. ▪ En matière de finances ; au point de vue financier.

**finasser** v. intr. ① ▪ Agir avec une finesse excessive. ▷ n. f. **finasserie**

**finaud, aude** adj. et n. ▪ Qui cache de la finesse sous un air simple. → **matois.**

**fine** n. f. → ② *fin* (II, 2)

**fine de claire** n. f. → **claire**

**finement** adv. ▪ **1** Avec finesse, subtilité. **2** Avec habileté. **3** D'une manière fine, délicate. *Objet finement ouvragé.*

**finesse** n. f. ▪ **1** Qualité de ce qui est délicat, bien exécuté. **2** (sens) Grande acuité. *Finesse de l'ouïe.* **3** Aptitude à discerner des choses subtiles. → **pénétration. 4** Adresse, habileté. **5** Extrême délicatesse (de matière...). ♦ surtout au plur. Plan, action marquant la ruse. ♦ Chose difficile à saisir. → **subtilité.**

**finette** n. f. ▪ Étoffe de coton pelucheux.

**finir** v. ② ▪ **I** v. tr. (Mener à sa fin (I)) **1** Conduire (une occupation) à son terme en faisant ce qui reste à faire. → **achever, terminer ; parachever. 2** Mener (une période) à son terme. *Finir ses jours à la campagne.* **3** Mener (une quantité) à épuisement. *Finir son verre.* **4** Mettre un terme à. → **arrêter, cesser,** mettre fin à. → *FINIR DE* (+ inf.) : cesser de. **II** v. intr. (Arriver à sa fin (I)) **1** Arriver à son terme dans le temps. → **se terminer ; cesser. 2** Avoir telle fin. *Un film qui finit bien.* → *Ce garçon finira mal.* **3** Arriver à son terme dans l'espace. *Le sentier finit là.* → s'**arrêter. 4** *FINIR PAR* (+ inf.) : arriver à (tel résultat). *Tout finit par s'arranger.* **III** *EN FINIR* **1** (personnes) Mettre fin à une chose longue, désagréable. → *En finir avec qqch.* → **régler.**

*En finir avec qqn*, se débarrasser de lui. **2** Avec une négation Arriver à son terme. *Cela n'en finit plus.* ► **fini, ie** adj. **1** Qui a été mené à son terme. **2** Dont la finition est bonne. ← n. m. *Le fini*, la qualité de ce qui est soigné. ♦ péj. Achevé, parfait en son genre. *Un menteur fini.* **3** Qui est arrivé à son terme. → **révolu. 4** Qui a des limites. ← n. m. *Le fini et l'infini.*

**finish** n. m. ■ anglic., sports Aptitude à finir (dans une course...). *Gagner au finish.*

**finissage** n. m. ■ Action de finir (une fabrication, une pièce). → **finition.**

**finissant, ante** adj. ■ En train de finir.

**finisseur, euse** n. ■ **1** Personne chargée des travaux de finissage, de finition. **2** Sportif qui finit bien une épreuve.

**finition** n. f. ■ **1** Opération ou ensemble d'opérations (finissage, etc.) qui termine la fabrication d'un objet, d'un produit. **2** Caractère de ce qui est plus ou moins bien fini. **3** au plur. Les derniers travaux.

**finitude** n. f. ■ didact. Fait d'être fini, borné.

**finlandais, aise** adj. ■ De Finlande. *Le mark finlandais, monnaie remplacée par l'euro.* ← n. *Les Finlandais.* → **finnois.**

**finnois, oise** adj. ■ Du peuple de langue non indo-européenne (→ finno-ougrien) qui vit en Finlande. ← n. m. *Le finnois*, cette langue.

**finno-ougrien, ienne** adj. ■ didact. Se dit d'un groupe de langues comprenant le finnois, le lapon, l'estonien, le hongrois et des langues de Sibérie.

**fiole** n. f. ■ **1** Petite bouteille de verre à col étroit. **2** fig., fam. Tête.

**fiord** → **fjord**

**fioriture** n. f. ■ **1** mus. Ornement ajouté à la phrase. **2** Ornement complexe.

**fioul** → **fuel**

**firmament** n. m. ■ poét. Voûte céleste.

**firme** n. f. ■ Entreprise industrielle ou commerciale.

**fisc** n. m. ■ Administrations qui s'occupent des impôts. → **contribution(s).**

**fiscal, ale, aux** adj. ■ Qui se rapporte au fisc, à l'impôt. ▷ adv. **fiscalement**

**fiscaliser** v. tr. 🔲 ■ **1** Soumettre à l'impôt. **2** Financer par l'impôt. ▷ n. f. **fiscalisation**

**fiscalité** n. f. ■ Système fiscal.

**fissible** adj. ■ phys. → **fissile** (2).

**fissile** adj. ■ sc. **1** Qui tend à se fendre. **2** Susceptible de subir la fission (syn. *fissible*).

**fission** n. f. ■ phys. Rupture d'un noyau atomique.

**fissure** n. f. ■ Fente fine. → **fêlure, lézarde.**

**fissurer** v. tr. 🔲 ■ Diviser par fissures. ► se **fissurer** v. pron.

**fiston** n. m. ■ fam. Fils.

**fistule** n. f. ■ Canal qui se forme pour donner passage à un liquide physiologique ou pathologique. ▷ adj. **fistuleux, euse**

**fitness** n. m. ■ anglic. Exercices destinés à restaurer ou entretenir à bonne forme physique.

**F. I. V.** [efive] n. f. ■ Fécondation in vitro, où l'ovule prélevé est fécondé en laboratoire.

**fixateur, trice** ■ **I** adj. Qui fixe. **II** n. m. **1** Vaporisateur projetant un fixatif. **2** Substance qui fixe une image photographique, une préparation de cellules, etc.

**fixatif** n. m. ■ peint. Vernis fixateur.

**fixation** n. f. ■ **1** Action de fixer. **2** Attache. *Fixations de sécurité.* **3** psych. Attachement intense à qqn, qqch.

① **fixe** adj. ■ **I 1** Qui ne bouge pas, ne change pas de position. → **immobile. ♦** *Avoir le regard fixe.* **2** interj. *FIXE !* : commandement militaire prescrivant de se tenir immobile. → **garde-à-vous. II 1** Qui ne change pas, reste en l'état. → **immuable, permanent. 2** Réglé d'une façon précise et définitive. *Menu à prix fixe.* **3** loc. *IDÉE FIXE* : idée dominante, dont l'esprit ne peut se détacher. → **obsession. 4** ← **assuré, régulier.** *Revenu fixe.* ← n. m. *Fixe mensuel.*

② **fixe** n. m. ■ anglic., argot de la drogue Injection d'un stupéfiant.

**fixement** adv. ■ D'un regard fixe.

**fixer** v. tr. 🔲 ■ **I 1** Établir d'une façon durable à une place déterminée. → **attacher, maintenir. ♦** pronom. (personnes) S'installer durablement. **2** *Fixer (qqn) du regard*, le regarder avec insistance. **3** abstrait *Fixer son attention sur qqch.* **II 1** Rendre stable et immobile (ce qui évolue, change). **2** Faire qu'une personne ne soit plus dans l'indécision ou l'incertitude. ← au p. p. *Je ne suis pas encore fixé.* → **décidé. III** Régler d'une façon déterminée, définitive. *Fixer une règle ; un rendez-vous.* ← au p. p. *Au jour fixé*, convenu.

**fixette** n. f. ■ fam. **1** Fixation (3) sur qqch., qqn. **2** Injection d'une drogue.

**fixisme** n. m. ■ hist. des sc. Doctrine de la fixité des espèces (opposé à *évolutionnisme*).

**fixité** n. f. ■ **1** État de ce qui est fixe. **2** didact. Caractère de ce qui est stable, fixé.

**fjord** ou **fiord** [fjɔʀ(d)] n. m. ■ Golfe (ancienne vallée glaciaire) s'enfonçant profondément dans l'intérieur des terres (Scandinavie, Écosse).

**flac** interj. ■ Onomatopée, bruit de chute.

**flacon** n. m. ■ Petit récipient de verre, fermé par un bouchon.

**fla-fla** n. m. ■ fam. Recherche de l'effet. → **chichi, manière(s). -** var. FLAFLA.

**flagada** adj. ■ fam. Sans force, fatigué.

**flagellation** n. f. ■ Action de flageller ; supplice du fouet.

**flagelle** n. m. ■ biol. Filament mobile, organe locomoteur de certains protozoaires, du spermatozoïde.

**flagellé, ée** adj. ■ biol. Muni d'un flagelle.

**flageller** v. tr. 🔲 ■ Battre de coups de fouet. → **fouetter.**

**flageoler** v. intr. 🔲 ■ (jambes) Trembler de faiblesse, de fatigue, de peur. ← *Flageoler sur ses jambes.* → **chanceler.** ▷ adj. **flageolant, ante**

① **flageolet** n. m. ■ Flûte à bec, généralement percée de six trous.

② **flageolet** n. m. ■ Variété de haricot nain très estimé, qui se mange en grains.

**flagorner** v. tr. 🔟 ■ littér. Flatter bassement. ▷ n. et adj. **flagorneur, euse**

**flagornerie** n. f. ■ Flatterie servile.

**flagrant, ante** adj. ■ 1 Qui est commis sous les yeux de la personne qui le constate. loc. *Flagrant délit\**. 2 Qui paraît évident.

**flair** n. m. ■ 1 Faculté de discerner par l'odeur. → **odorat.** 2 fig. Aptitude à deviner. → **intuition, perspicacité.**

**flairer** v. tr. 🔟 ■ 1 (animaux) Discerner ou chercher par l'odeur. ♦ (personnes) Sentir avec insistance. 2 fig. Discerner (qqch.) par intuition. → **deviner, pressentir.**

**flamand, ande** ■ 1 adj. et n. De la Flandre. 2 n. m. Ensemble des parlers néerlandais de Belgique (→ **flamingant**).

**flamant** n. m. ■ Oiseau échassier au plumage généralement rose *(flamant rose).*

**flambage** n. m. ■ Action de flamber (qqch.).

**flambant, ante** adj. ■ 1 Qui flambe. 2 fam. Superbe. ◆ loc. *FLAMBANT NEUF* : tout neuf.

**flambé, ée** adj. ■ 1 Passé à la flamme. 2 Arrosé d'alcool auquel on met le feu.

**flambeau** n. m. ■ 1 Mèche enduite de cire, de résine pour éclairer. → **torche.** 2 fig. Ce qui éclaire (intellectuellement...). *Le flambeau de la liberté.* 3 Candélabre.

**flambée** n. f. ■ 1 Feu vif et assez bref. 2 fig. Explosion (d'un sentiment violent, d'une action). ◆ Brusque hausse (des prix).

**flamber** v. 🔟 ■ I v. intr. 1 Brûler avec flammes et production de lumière. 2 Produire une vive lumière, de l'éclat. 3 *Prix qui flambent,* qui augmentent très rapidement. II v. tr. 1 Passer à la flamme. *Flamber une aiguille* (pour la stériliser). 2 Arroser (un mets) d'alcool que l'on brûle. 3 Dépenser de manière immodérée. ◆ intrans. fam. *Jouer gros jeu* (▷ n. **flambeur, euse**)

**flamboiement** n. m. ■ Éclat de ce qui flamboie.

**flamboyant, ante** ■ I adj. 1 Qui flamboie. 2 *GOTHIQUE FLAMBOYANT* (XVe siècle), aux ornements ondulés. II n. m. Arbre des régions tropicales à fleurs rouge vif.

**flamboyer** v. intr. 🔟 ■ 1 Jeter par intervalles des flammes ou des reflets éclatants de lumière. 2 Briller, étinceler.

**flamenco** [-men-] n. m. ■ Genre musical traditionnel andalou, caractérisé par son expressivité, qui associe le chant et la danse.

**flamingant, ante** adj. ■ 1 Qui parle flamand ; où l'on parle flamand. 2 adj. et n. Partisan de la limitation de l'influence française en Flandre belge.

**flamme** n. f. ■ I 1 Production lumineuse et mobile de gaz en combustion (→ **flamber ; flamboyer**). ◆ *En flammes,* qui brûle par incendie. 2 Éclat (du regard...). 3 Animation, passion. *Parler avec flamme.* 4 littér. Passion amoureuse. II 1 Pavillon long et étroit. → **oriflamme.** 2 Marque postale allongée.

**flammé, ée** adj. ■ Qui présente des taches en forme de flamme, des tons variés.

**flammèche** n. f. ■ Parcelle enflammée qui se détache d'un brasier, d'un foyer.

**flammekueche** [flaməkyʃə] n. f. ■ régional (Alsace) Préparation de pâte fine cuite au four, garnie de lardons, d'oignons, de crème. – var. FLAMMEKÜCHE. – syn. TARTE FLAMBÉE.

**flan** n. m. ■ I 1 Crème à base de lait, d'œufs, de farine cuite au four. 2 techn. Disque destiné à recevoir une empreinte. II loc. fam. 1 *En rester COMME DEUX RONDS DE FLAN* : être stupéfait. 2 *C'est du flan,* de la blague. ◆ *Au flan* : au hasard, sans réfléchir.

**flanc** [flɑ̃] n. m. ■ 1 Partie latérale du corps (de l'homme et de certains animaux). ◆ loc. fam. *Tirer au flanc* : paresser (→ **tire-au-flanc**). 2 littér. Côtés du torse, symbole de la vie. → **entrailles, sein.** 3 littér. (choses) Partie latérale. ◆ *À FLANC DE* : sur le flanc de. 4 Côté droit ou gauche (d'une armée) (opposé à *front*). → **aile.** ◆ loc. fig. *PRÊTER LE FLANC* : donner prise (à). → s'**exposer.** *Prêter le flanc à la critique.*

**flancher** v. intr. 🔟 ■ fam. Céder, faiblir.

**flanchet** n. m. ■ Morceau de bœuf, de veau, entre la poitrine et la tranche grasse.

**flandrin, ine** ■ 1 adj. et n. De la Flandre. 2 n. m. Homme grand, d'allure gauche.

**flanelle** n. f. ■ Tissu de laine pelucheux.

**flâner** v. intr. 🔟 ■ 1 Se promener sans hâte, en s'abandonnant à l'impression du moment. 2 S'attarder, être dans l'inaction.

**flânerie** n. f. ■ Action, habitude de flâner.

**flâneur, euse** n. ■ Personne qui flâne, ou qui aime flâner. ◆ adj. *Il est un peu flâneur.*

① **flanquer** v. tr. 🔟 ■ 1 Être sur le côté, sur le flanc de (une construction...). ◆ au p. p. *Château flanqué de tours.* 2 (surtout p. p.) Accompagner ; escorter.

② **flanquer** v. tr. 🔟 ■ fam. 1 Lancer, jeter brutalement ou brusquement. *Flanquer qqn à la porte.* → **renvoyer.** 2 Provoquer brutalement. → **donner.** *Il m'a flanqué la frousse.*

**flapi, ie** adj. ■ fam. Épuisé, éreinté.

**flaque** n. f. ■ Petite nappe de liquide.

**flash** n. m. ■ anglic. 1 Lampe à émission de lumière brève et intense, pour prendre des instantanés. ◆ Éclair produit par cet appareil. ◆ fig. Idée, réminiscence soudaine. 2 Séquence de courte durée. *Flash publicitaire.* 3 Courte nouvelle (presse). 4 fam. Vif plaisir (par la drogue...).

**flash-back** n. m. ■ anglic. Retour en arrière, dans un film, un récit.

**flash-ball** n. m. ■ anglic. Arme à feu défensive, utilisant des balles de caoutchouc durci.

**flasher** v. 🔟 ■ I v. intr. 1 Produire un éclair (flash). 2 fam. Avoir un flash (4). 3 fam. *Flasher sur* (qqn, qqch.), être très intéressé, séduit. II v. tr. 1 Photographier au flash. 2 techn. Produire (une page...) en photocomposition. 3 Enregistrer l'image de (un véhicule) au moyen d'un appareil (radar...).

① **flasque** adj. ■ Qui manque de fermeté.

② **flasque** n. f. ▪ Petite bouteille plate.

**flatter** v. tr. ① ▪ I 1 Louer excessivement ou faussement (qqn), pour séduire. → **encenser, flagorner. 2** littér. *Flatter qqn de qqch.*, le lui laisser faussement espérer. → **encenser, flagorner. 2** littér. *Flatter qqn de qqch.*, le lui laisser faussement espérer. **3** Caresser avec la main. *Flatter un chien.* **II** (sujet chose) **1** Faire concevoir de la fierté à. *Cet honneur me flatte.* **2** Faire paraître plus beau que la réalité. → **avantager.** *Ce portrait la flatte.* **III** (compl. chose) **1** Favoriser avec complaisance. *Flatter les vices de qqn.* **2** Affecter agréablement (les sens). *Ce vin flatte le palais.* ▪ ► se **flatter** (de) v. pron. **1** (+ inf.) Se croire assuré de. **2** (+ n. ou inf.) Tirer orgueil, vanité de. → se **targuer** de.

**flatterie** n. f. ▪ Action, fait de flatter.

**flatteur, euse** ▪ **I** n. Personne qui flatte. **II** adj. **1** Qui loue avec exagération ou de façon intéressée. **2** Qui flatte l'amour-propre (→ **élogieux**). **3** Qui flatte (II, 2), embellit. ▷ adv. **flatteusement**

**flatulence** n. f. ▪ Accumulation de gaz dans les intestins (se traduisant par un ballonnement intestinal, des flatuosités).

**flatulent, ente** adj. ▪ Qui s'accompagne de flatulence. ► Sujet à la flatulence.

**flatuosité** n. f. ▪ Gaz accumulé dans les intestins ou expulsé. → **vent ; pet.**

① **fléau** n. m. ▪ **1** Instrument à battre les céréales, composé de deux bâtons liés bout à bout. **2** ancient *Fléau d'armes* : arme formée d'une boule cloutée reliée à un manche par une chaîne. **3** Pièce rigide (d'une balance), mobile verticalement.

② **fléau** n. m. ▪ **1** Calamité qui s'abat sur un peuple. **2** Personne, chose nuisible.

**flèche** n. f. ▪ **I 1** Arme de jet consistant en une tige munie d'une pointe à une extrémité et d'un empennage à l'autre. ► loc. *Faire flèche de tout bois* : utiliser tous les moyens disponibles. **2** littér. Trait d'esprit, raillerie. → **pique. 3** loc. *LA FLÈCHE DU PARTHE* : trait piquant qu'on conclut une conversation. **II 1** Signe figurant une flèche, servant à indiquer une direction. **2** Toit pyramidal ou conique d'un clocher, d'une tour. **3** Ce qui avance en pointe. ► loc. *Se trouver EN FLÈCHE,* à l'avant-garde.

**flécher** v. tr. ⑥ ▪ Indiquer par des flèches (II, 1). ► au p. p. *Itinéraire fléché.* ▷ n. m. **fléchage**

**fléchette** n. f. ▪ Petite flèche.

**fléchir** v. ② ▪ **I** v. tr. **1** Faire plier progressivement sous un effort, une pression. → **courber, ployer.** ► *Fléchir le genou* : s'agenouiller. **2** fig. Faire céder peu à peu (qqn). **II** v. intr. **1** Plier, se courber peu à peu sous un effort, une pression. **2** fig. Céder ; perdre de sa force.

**fléchissement** n. m. ▪ **1** Action de fléchir ; état d'un corps qui fléchit. → **flexion. 2** fig. Fait de céder, de faiblir.

**flegmatique** adj. ▪ Calme, peu émotif.

**flegmatiquement** adv. ▪ Avec flegme.

**flegme** n. m. ▪ Caractère, comportement calme, non émotif. → **impassibilité, sang-froid.**

**flegmon** → **phlegmon**

**flemmard, arde** adj. et n. ▪ fam. Paresseux.

**flemmarder** v. intr. ① ▪ fam. Avoir la flemme ; ne rien faire.

**flemme** n. f. ▪ fam. Grande paresse. *Tirer sa flemme* : paresser. ► adj. et n. Paresseux.

**flétan** n. m. ▪ Grand poisson plat des mers froides, à chair blanche et délicate.

① **flétrir** v. tr. ② ▪ **1** Faire perdre sa forme, son port et ses couleurs à (une plante), en privant d'eau. → **faner, sécher. 2** littér. Dépouiller de son éclat, de sa fraîcheur. → **altérer. 3** littér. Faire perdre la pureté, l'innocence à. → **avilir, souiller.**

② **flétrir** v. tr. ② ▪ **1** ancient Marquer (un criminel) au fer rouge. → **stigmatiser. 2** littér. Vouer à l'opprobre ; déshonorer.

① **flétrissure** n. f. ▪ **1** État d'une plante flétrie. **2** Altération de l'éclat (du teint...).

② **flétrissure** n. f. ▪ **1** ancient Marque au fer rouge. **2** littér. Atteinte à l'honneur.

**fleur** n. f. ▪ **I 1** Production délicate, souvent odorante, des plantes à graines, qui porte les organes reproducteurs (→ **flor(i)-**). ► *Des arbres en fleur(s).* ◆ par métaphore "*Les Fleurs du mal*" (poèmes de Baudelaire). **2** Plante qui porte des fleurs (belles, grandes). *Pot de fleurs.* **3** Reproduction, imitation de cette partie du végétal. ► *Fleur de lis\*.* **4** loc. *Couvrir qqn de fleurs,* de louanges. ◆ *FLEUR BLEUE* loc. adj. invar. : d'une sentimentalité romanesque. ◆ fam. *COMME UNE FLEUR* : très facilement. ► *FAIRE UNE FLEUR à qqn,* une faveur. **5** *À LA, DANS LA FLEUR DE* : au moment le plus beau de. ► fam., plais. Virginité. *Elle a perdu sa fleur.* **7** Ce qu'il y a de meilleur. → **crème, élite. 8** par métaphore Ornement poétique. *Fleurs de rhétorique.* **II** *Fleurs de vin, de vinaigre,* moisissures qui s'y développent. **III 1** *À FLEUR DE* loc. prép. : presque au niveau de, et sur le même plan (→ **affleurer, effleurer**). ► *Sensibilité à fleur de peau,* qui réagit à la plus petite excitation. **2** Côté du poil (d'une peau tannée).

**fleurdelisé, ée** adj. ▪ Orné, décoré de fleurs de lis. ► n. m. franç. du Canada Drapeau du Québec (orné de fleurs de lis).

**fleurer** v. tr. ① ▪ littér. Répandre une odeur agréable de. → **embaumer.**

**fleuret** n. m. ▪ **1** Épée à lame de section carrée, pour s'exercer. **2** Sport du fleuret.

**fleurette** n. f. ▪ **I 1** Petite fleur. **2** loc. *Conter fleurette à une femme,* la courtiser. **II** appos. *Crème fleurette* : crème très fluide.

**fleuri, ie** adj. ▪ **1** En fleur, couvert de fleurs. **2** Garni de fleurs. **3** Orné de fleurs. **4** Qui présente des moisissures (fromage...). **5** Qui a la fraîcheur de la santé. *Un teint fleuri.* **6** plais. Qui a des boutons. *Un nez fleuri.* **7** Très orné, précieux. *Un style fleuri.*

**fleurir** v. ② ∎ **I** v. intr. **1** (plantes) Produire des fleurs, être en fleur. **2** plais. (visage...) Se couvrir de boutons. → **bourgeonner. 3** fig. S'épanouir ; être dans tout son éclat (imparfait *fleurissait* ou littér. *florissait*). → **florissant. II** v. tr. Orner de fleurs.

**fleuriste** n. ∎ Personne qui vend des fleurs.

**fleuron** n. m. ∎ Ornement en forme de fleur. ← fig. *Le plus beau fleuron de* (une collection) : l'élément le plus précieux.

**fleuve** n. m. ∎ **1** Cours d'eau important (remarquable par le nombre de ses affluents, la longueur de son cours...) qui se jette dans la mer. **2** Ce qui coule. *Un fleuve de sang.* ♦ appos. *Roman-fleuve* : roman très long.

**flexible** adj. ∎ **1** Qui fléchit facilement, se laisse plier. *Tige flexible.* **2** fig. Qui s'accommode aux circonstances. *Caractère flexible.* ← *Horaire flexible.* ▷ n. f. **flexibilité**

**flexion** n. f. ∎ **1** Mouvement par lequel une chose fléchit ; état de ce qui est fléchi. → **fléchissement.** *Flexion de la jambe* (opposé à *extension*). **2** ling. Modification d'un mot à l'aide d'éléments (→ **désinence**) qui expriment certains aspects et rapports grammaticaux (ex. conjugaison, déclinaison).

**flibustier** n. m. ∎ ancient Pirate.

**flic** n. m. ∎ fam. **1** Agent de police ; policier. **2** péj. Personne autoritaire.

**flingue** n. m. ∎ fam. Pistolet, revolver, etc.

**flinguer** v. tr. ① ∎ fam. Tirer sur (qqn) avec une arme à feu.

① **flipper** [flipœʀ] n. m. ∎ anglic. **1** Dans un billard électrique, Dispositif qui permet de renvoyer la bille. **2** Billard électrique.

② **flipper** [flipe] v. intr. ① ∎ anglic., fam. Être subitement déprimé ; être angoissé.

**fliquer** v. tr. ① ∎ fam. Surveiller (qqn).

**flirt** [flœʀt] n. m. ∎ anglic. **1** Relation amoureuse plus ou moins chaste. ♦ fig. Rapprochement momentané (→ **flirter**, fig.). **2** Personne avec laquelle on flirte.

**flirter** [flœʀte] v. intr. ① ∎ anglic. Avoir un flirt (avec qqn). ♦ fig. *Flirter avec* : se rapprocher de (notamment en politique).

**floc** interj. ∎ Onomatopée, chute dans l'eau.

**flocage** n. m. ∎ techn. Collage de fibres courtes, qui donne un aspect velouté.

**floche** adj. ∎ techn. (fil) De faible torsion.

**flocon** n. m. ∎ **1** Petite touffe (de laine, de soie, etc.). **2** Petite masse peu dense (de neige...). **3** Petite lamelle (de céréales).

**floconneux, euse** adj. ∎ En flocons.

**floculation** n. f. ∎ chim. Rassemblement en flocons des particules d'une solution colloïdale.

**flonflons** n. m. pl. ∎ Accords bruyants de certains morceaux de musique populaire.

**flopée** n. f. ∎ fam. Grande quantité.

**floqué, ée** adj. ∎ techn. Traité par flocage.

**floraison** n. f. ∎ **1** Épanouissement des fleurs. **2** fig. *Une floraison de talents.*

**floral, ale, aux** adj. ∎ De la fleur.

**floralies** n. f. pl. ∎ **I** Antiq. Fêtes pour la déesse Flore. **II** Exposition de fleurs.

**flore** n. f. ∎ **1** Ensemble des plantes (d'une région...). **2** biol. Ensemble des microorganismes vivant dans les tissus, les organes.

faire **florès** [-ɛs] loc. verbale ∎ littér. Obtenir du succès. → **briller, réussir.**

**flor(i)-, -flore** Éléments savants, du latin *flos, floris* « fleur ».

**floriculture** n. f. ∎ Branche de l'horticulture qui s'occupe des fleurs.

**florilège** n. m. ∎ Recueil de pièces choisies. → **anthologie.**

**florin** n. m. ∎ **1** ancient Pièce de monnaie en or. **2** mod. Unité monétaire des Pays-Bas (avant l'euro).

**florissant, ante** adj. ∎ En plein épanouissement ; en pleine prospérité.

**flot** n. m. ∎ **I 1** au plur. Eaux en mouvement ; spécialt, poét. la mer. ♦ au sing. Eau qui s'écoule. ← *Le flot* : la marée montante. **2** Ce qui est ondoyant, se déroule en vagues. *Un flot de rubans.* **3** Grande quantité de liquide versé, répandu. *Des flots de larmes.* **4** Écoulement, mouvement abondant. *Des flots de lumière.* ← abstrait *Des flots de paroles.* ♦ À *FLOTS* loc. adv. → **abondamment. II** À *FLOT* loc. adj. : qui flotte. *Navire à flot.* ← fig. *Être à flot,* cesser d'être submergé par les difficultés.

**flottable** adj. ∎ **1** techn. (cours d'eau) Sur lequel on peut faire flotter du bois. **2** Qui peut flotter. ▷ n. f. **flottabilité**

**flottage** n. m. ∎ Transport de bois flotté.

**flottaison** n. f. ∎ Intersection avec le plan de l'eau de la surface d'un navire à flot.

**flottant, ante** adj. ∎ **1** Qui flotte. **2** Qui flotte au gré du vent. **3** Qui n'est pas fixe ou assuré. → **variable. 4** Qui ne s'arrête à rien de précis. *Attention flottante.*

① **flotte** n. f. ∎ **1** Réunion de navires naviguant ensemble. → **escadre. 2** Forces navales d'un pays. ♦ par analogie *Flotte aérienne.*

② **flotte** n. f. ∎ fam. Eau. ← Pluie.

**flottement** n. m. ∎ **1** Mouvement d'ondulation. **2** fig. État incertain ; fluctuation.

① **flotter** v. ① ∎ **I** v. intr. **1** Être porté sur un liquide (notamment l'eau). → **surnager. 2** Être en suspension dans l'air. **3** Bouger, remuer au gré du vent ou d'un mouvement. ♦ Être libre, ample (vêtement). **4** (abstrait) Être instable, variable. **II** v. tr. Lâcher (du bois) dans un cours d'eau pour qu'il soit transporté. ← au p. p. *Bois flotté.*

② **flotter** v. impers. ① ∎ fam. Pleuvoir.

**flotteur** n. m. ∎ **1** Objet capable de flotter à la surface de l'eau. **2** Organe qui repose sur l'eau et fait flotter un engin.

**flottille** n. f. ∎ Flotte de petits bâtiments.

**flou, floue** adj. ∎ **1** De contours peu nets. *Photo floue.* ← n. m. *Flou artistique* (fig. imprécision volontaire). **2** fig. Incertain, indécis.

**flouer** v. tr. ① ∎ Voler, tromper (qqn).

**flouter** v. tr. 1 ▪ techn. Rendre volontairement flou, par altération de la netteté de l'image. *Flouter un visage.*

**flouze** n. m. ▪ fam. Argent. – var. FLOUSE.

**flow** [flo] n. m. ▪ anglic. Débit, style de chant, dans le rap.

**fluctuant, ante** adj. ▪ 1 Qui varie, va d'un objet à un autre. → **inconstant**; **indécis.** 2 Qui subit des fluctuations. → **flottant.**

**fluctuation** n. f. ▪ surtout au plur. Variations successives en sens contraire.

**fluctuer** v. intr. 1 ▪ Être fluctuant.

**fluet, ette** adj. ▪ (personnes...) Mince et frêle. ♦ *Une voix fluette.* → **faible.**

**fluide** ▪ I adj. 1 Qui n'est ni solide ni épais, qui coule aisément. 2 fig. Coulant, limpide. *Un style fluide.* 3 Difficile à saisir, à fixer. → **fluctuant.** 4 (circulation) Qui se fait aisément. II n. m. 1 Tout corps qui épouse la forme de son contenant (les liquides, les gaz) (opposé à *solide*). 2 Influence subtile qui émanerait des êtres, des choses.

**fluidifier** v. tr. 7 ▪ didact. Rendre fluide.

**fluidité** n. f. ▪ État de ce qui est fluide.

**fluo** ▪ n. m. Couleur vive transparente, apposée au marqueur (surligneur) *Passer un mot au fluo.*

**fluor** n. m. ▪ Corps simple (symb. F), gaz toxique jaune verdâtre.

**fluoré, ée** adj. ▪ Qui contient du fluor.

**fluorescence** n. f. ▪ Propriété de certains corps d'émettre de la lumière sous l'influence d'un rayonnement (→ aussi *phosphorescence*).

**fluorescent, ente** adj. ▪ 1 Relatif à la fluorescence ; doué de fluorescence. 2 Qui évoque la fluorescence (couleurs ; objets).

**flûte** n. f. ▪ I 1 Instrument à vent formé d'un tube percé de plusieurs trous. *▪ Flûte de Pan*, à plusieurs tuyaux. 2 Pain de forme allongée. → **baguette.** 3 Verre à pied, haut et étroit. 4 au plur. fam. Les jambes. II interj. Interjection marquant la déception. → **zut.**

**flûté, ée** adj. ▪ Proche du son de la flûte.

**flûtiau** [-tjo] n. m. ▪ Petite flûte rustique.

**flûtiste** n. ▪ Musicien qui joue de la flûte.

**fluvial, ale, aux** adj. ▪ Relatif aux fleuves, aux rivières. *Navigation fluviale.*

**flux** n. m. ▪ 1 didact. Écoulement (d'un liquide organique). ♦ fig. *Un flux de reproches.* 2 Marée montante (opposé à *reflux*). 3 sc. *Flux lumineux*, débit de lumière. 4 écon. Mouvement, déplacement. *Flux monétaires.*

**fluxion** n. f. ▪ 1 méd. Congestion. – *Fluxion de poitrine* : congestion pulmonaire. → **pneumonie.** 2 Gonflement inflammatoire des joues.

**flyer** [flajœR] n. m. ▪ anglic. Tract, petit prospectus servant à annoncer un spectacle (concert...), un événement.

**foc** n. m. ▪ Voile triangulaire à l'avant d'un bateau.

**focal, ale, aux** adj. ▪ Qui concerne le foyer, les foyers d'un instrument d'optique. *▪ Distance focale* ou n. f. *focale* : distance de la lentille au foyer principal.

**focaliser** v. tr. 1 ▪ 1 Concentrer (un rayonnement) en un point (→ **foyer**). 2 fig. Concentrer, rassembler. ▪ se **focaliser** v. pron. ▷ n. f. **focalisation**

**foehn** [føn] n. m. ▪ Vent chaud des Alpes.

**fœtal, ale, aux** [fe-] adj. ▪ Du fœtus.

**fœtus** [fetys] n. m. ▪ Produit de la conception encore renfermé dans l'utérus, lorsqu'il n'est plus à l'état d'embryon* et présente les caractères de l'espèce.

**fofolle** → **foufou**

**foi** n. f. ▪ I 1 littér. Assurance donnée d'être fidèle à ses engagements. *▪ MA FOI* : certes, en effet. *C'est ma foi vrai.* 2 (Garantie résultant d'une promesse) *Sous la foi du serment. ▪ Sur la foi des témoins.* ♦ *FAIRE FOI* (sujet chose) : porter témoignage. *Le cachet de la poste faisant foi.* 3 loc. *BONNE FOI* : qualité d'une personne qui parle, agit avec une intention droite, sans ruse. – *MAUVAISE FOI* : déloyauté, duplicité. II 1 Fait de croire qqn, qqch. *Un témoin digne de foi.* 2 Confiance absolue que l'on met (en qqn, en qqch.) (→ se **fier**). 3 Fait de croire en un dieu (spécialt, en la religion dominante), en un dogme par une adhésion profonde. → **croyance.** – *N'avoir ni foi ni loi*, ni religion ni morale.

**foie** n. m. ▪ 1 Organe situé dans la partie supérieure droite de l'abdomen, qui filtre et renouvelle le sang (→ **hépatique**). 2 Cet organe, chez certains animaux, utilisé pour la consommation. ▪ *FOIE GRAS* : foie de canard (ou d'oie) engraissé par gavage. 3 loc. *Avoir les foies* : avoir peur.

**foil** [fɔjl] n. m. ▪ anglic., techn. Aileron incurvé placé sous une coque, pouvant porter un bateau capable de déjauger (→ **hydrofoil**).

① **foin** n. m. ▪ 1 Herbe des prairies fauchée et séchée pour la nourriture du bétail. → **fourrage.** 2 Herbe sur pied destinée à être fauchée. 3 au plur. *Faire les foins* : couper et ramasser les foins. ♦ *Rhume des foins* (coryza chronique saisonnier). 4 Poils soyeux du fond de l'artichaut. 5 fam. *Faire du foin*, du scandale ; protester.

② **foin** interj. ▪ Interjection de dédain, de mépris. → **fi.**

① **foire** n. f. ▪ 1 Grand marché public qui a lieu à des dates et en un lieu fixes. *Foire aux bestiaux.* 2 Grande manifestation commerciale périodique. 3 fam. *FAIRE LA FOIRE* : mener une vie de plaisirs. 4 *Foire aux questions* (pour traduire le sigle angl. *FAQ*) : rubrique, document électronique rassemblant les principales questions posées sur un sujet et leur réponse. – abrév. FAQ n. f. *La rubrique FAQ d'un site web.*

② **foire** n. f. ▪ vulg., vieilli Diarrhée.

**foirer** v. intr. 1 ▪ 1 vulg., vieilli Évacuer des excréments liquides. 2 fam. Mal fonctionner ; échouer lamentablement.

**foireux, euse** adj. ▪ **1** vulg., vieilli Qui a la diarrhée. **2** fam. Qui échoue ; raté.

**fois** n. f. ▪ **I** marquant la fréquence, le retour d'un événement Cas, occasion où un fait se produit, se reproduit. **1** (sans prép.) *Une seule fois. Une bonne fois, une fois pour toutes,* d'une manière définitive. → fam. *DES FOIS.* → **parfois, quelquefois. 2** (précédé d'une prép.) *Par deux fois :* à deux reprises. → *Pour une fois..., pour cette fois... →* **exceptionnellement. 3** À LA FOIS loc. adv. ▪ en même temps. **4** vx UNE FOIS : un certain jour. *Il était une fois* (commencement traditionnel des contes de fées). **5** UNE FOIS QUE loc. conj. : dès que, dès l'instant où. ▪ ellipt *Une fois la crise passée...* **II 1** servant d'élément multiplicateur ou diviseur *Deux fois plus grand, plus petit...* **2** littér. Équivalent d'un superlatif. « *Ô jour trois fois heureux !* » (Racine). → cour. *Vous avez mille fois raison.*

**foison** n. f. ▪ **1** vx ou littér. Abondance. **2** mod. À FOISON loc. adv. : en grande quantité.

**foisonner** v. intr. [1] ▪ **1** Être en grande abondance, à foison. → **abonder. 2** FOISONNER EN, DE : être pourvu abondamment de. ▷ adj. **foisonnant, ante** ▷ n. m. **foisonnement**

**fol, folle → fou**

**folâtre** adj. ▪ Qui aime la plaisanterie.

**folâtrer** v. intr. [1] ▪ Jouer ou s'agiter de façon folâtre. → **batifoler.**

**foliacé, ée** adj. ▪ didact. En forme de feuille.

**foliation** n. f. ▪ didact. Disposition ; développement des feuilles.

**folichon, onne** adj. ▪ vieilli Léger, gai. → mod. loc. *PAS FOLICHON, ONNE* : pas drôle.

① **folie** n. f. ▪ **I 1** Trouble mental ; égarement de l'esprit. → **aliénation, démence. 2** Manque de jugement ; absence de raison. → **déraison ; inconscience. →** loc. *À LA FOLIE.* → **passionnément. 3** Idée, parole, action déraisonnable. → spécialt Dépense excessive. **II** Danse ancienne (XVIIe siècle).

② **folie** n. f. ▪ vx Maison d'agrément.

**folié, ée** adj. ▪ bot. Garni de feuilles.

**folio** n. m. ▪ **1** Feuillet de registre. **2** Chiffre qui numérote chaque page d'un livre. ▷ **folioter** v. tr. [1]

**foliole** n. f. ▪ bot. Chacune des feuilles qui forment une feuille composée (trèfle...).

**folk** adj. et n. m. ▪ anglic. *Musique folk ; le folk :* musique traditionnelle modernisée (d'abord aux États-Unis). → adj. *Groupe folk.*

**folklore** n. m. ▪ anglic. **1** Science des traditions, des usages et de l'art populaires (d'un pays...). **2** Ensemble de ces traditions. **3** fam. *C'est du folklore,* ce n'est pas sérieux.

**folklorique** adj. ▪ **1** Relatif au folklore. **2** fam. Pittoresque, mais sans sérieux.

**folle → fou**

**follement** adv. ▪ D'une manière folle, excessive. → Au plus haut point.

**follet, ette** adj. ▪ **1** Qui a quelque chose de capricieux, d'irrégulier. **2** *FEU FOLLET :* flamme due à une exhalaison de gaz (hydrogène phosphoré) qui brûle spontanément.

① **folliculaire** n. ▪ Mauvais journaliste.

**follicule** n. m. ▪ anat. Petit sac membraneux. ▷ adj. ② **folliculaire**

**fomenter** v. tr. [1] ▪ Susciter (qqch. de néfaste) *Fomenter des troubles.* ▷ n. **fomentateur, trice** et **fomenteur, euse**

**foncé, ée** adj. ▪ D'une nuance sombre.

**foncer** v. [3] ▪ **I** v. tr. techn. Garnir d'un fond. **II 1** v. tr. Rendre (une teinte) plus sombre. **2** v. intr. Devenir plus foncé. **III** v. intr. **1** Se jeter impétueusement (sur, dans). **2** fam. Aller très vite et tout droit. → fig. Aller hardiment de l'avant (→ **fonceur**).

**fonceur, euse** n. ▪ Personne qui fonce, qui va de l'avant. → **battant.** → adj. *Tempérament fonceur.*

**foncier, ière** adj. ▪ **1** Qui constitue, est relatif à un bien-fonds. **2** Qui est au fond du caractère de qqn. ▷ adv. **foncièrement**

**fonction** n. f. ▪ **I** (personnes) **1** Ce que doit accomplir une personne dans son travail, son emploi. → **activité, office, service, tâche, travail. 2** Cet emploi, considéré en rapport avec la collectivité. → **charge, métier, poste, situation.** → *Voiture DE FONCTION,* allouée à qqn dans le cadre de sa fonction. ◆ *Fonction publique* : situation de l'agent d'un service public. **II** (choses) **1** (sens général) Action particulière (d'une chose dans un ensemble). → **rôle.** *Faire fonction de* : tenir lieu de. **2** spécialt Ensemble des propriétés actives concourant à un but, chez l'être vivant. *La fonction respiratoire.* ◆ ling. Ensemble des propriétés (d'une unité par rapport aux autres). *Fonctions de l'adjectif* (attribut, épithète). **3** math. Correspondance qui à tout élément d'un ensemble associe au plus un élément d'un autre ensemble. → **application. 4** loc. *ÊTRE FONCTION DE* : dépendre de. ◆ *EN FONCTION DE* : par rapport à.

**fonctionnaire** n. ▪ Personne qui a un emploi permanent dans une administration publique.

**fonctionnel, elle** adj. ▪ **1** didact. Relatif aux fonctions (II). **2** cour. (choses) Qui est adapté à sa fonction. *Meuble fonctionnel.*

**fonctionner** v. intr. [1] ▪ (organe, mécanisme...) Accomplir une fonction. → **marcher.** → *Sa mémoire ne fonctionne plus.* ▷ n. m. **fonctionnement**

**fond** n. m. ▪ **I** Partie la plus basse de qqch. de creux, de profond (contr. *dessus ; surface*). **1** Paroi ou partie inférieure (d'un récipient, d'un contenant). *Le fond d'un verre ; d'un sac.* **2** Substance contenue au fond, près du fond. → *Un fond* (de verre, etc.), une petite quantité. **3** Sol où reposent les eaux. → **bas-fond, haut-fond.** ◆ Hauteur d'eau. → **profondeur. 4** fig. Point le plus bas. *Toucher le fond du désespoir.* **5** Partie basse (du paysage). **6** Intérieur de la cour. *Mineur de fond.* **II** (Partie la plus reculée) **1** Partie (d'un lieu) opposée à l'entrée (contr. *bord, entrée*). *Au fond de la cour.* → (Opposée à l'ouverture). *Le fond d'une armoire.* **2** Partie (d'un vêtement) éloignée des bords. *Un fond* de culotte. **3** Partie (d'un organe) opposée à l'orifice. *Le fond de la gorge.* **III** (Partie qui sert d'appui) **1** Ce qui supporte un édifice. ‒ loc. *De fond en comble\*.* **2** Ce que l'on voit, etc. en arrière-plan. *Rayures noires sur fond rouge.* **3** FOND DE TEINT : crème colorée destinée à unifier le teint. **4** loc. fam. *Le fond de l'air,* la température de base. **IV** (abstrait) **1** (pensées, sentiments) *Le fond des cœurs.* → **tréfonds. 2** Réalité profonde. *Aller au fond des choses.* **3** loc. adv. AU FOND, DANS LE FOND : en considérant le fond des choses. → en **réalité.** ♦ À FOND → **complètement, entièrement.** **4** Élément essentiel, permanent. *Un fond d'honnêteté.* **5** Ce qui appartient au contenu (d'une œuvre...) (opposé à *forme*). *Je suis d'accord sur le fond.* ‒ *Article DE FOND,* qui fait le point sur un sujet important. **6** Qualités physiques de résistance. *Course de fond, de demi-fond,* disputée sur une longue distance (opposé à *vitesse, sprint*). ‒ *Ski de fond.*

**fondamental, ale, aux** adj. ▪ **1** Qui sert de fondement ; qui a un caractère essentiel et déterminant. **2** Qui se manifeste avant toute chose et à fond. → **foncier, radical. 3** *Recherche fondamentale,* théorique. ▷ **fondamentalement** adv. ▪ **essentiellement.**

**fondamentalisme** n. m. ▪ Tendance religieuse conservatrice. ♦ Courant religieux intégriste.

**fondamentaliste** adj. ▪ **1** didact. Qui se livre à la recherche fondamentale. **2** Du fondamentalisme religieux. → **intégriste.** ‒ n. *Les fondamentalistes musulmans.*

**fondant, ante** adj. ▪ Qui fond (II, 1 et 2 ; spécialt dans la bouche).

**fondateur, trice** n. ▪ Personne qui fonde (qqch.). ‒ adj. *Membres fondateurs.*

**fondation** n. f. ▪ **1** (généralt au plur.) Travaux et ouvrages destinés à assurer la stabilité d'une construction dans le sol. **2** Action de fonder (une ville, une institution...). → **création. 3** dr. Création par donation ou legs d'une œuvre d'intérêt public ou d'utilité sociale. **4** Œuvre qui recueille des dons ou des legs.

**fondé, ée de pouvoir** n. ▪ Personne chargée d'agir au nom d'une autre, d'une société.

**fondement** n. m. ▪ **1** **1** Fait justificatif (d'un discours...). *Vos craintes sont sans fondement.* → **motif, raison. 2** Point de départ (d'un système d'idées). → **principe. II** fam. Derrière ; anus.

**fonder** v. tr. 1 ▪ **1** Prendre l'initiative d'établir, d'édifier (une ville ; une œuvre). → **créer ; constituer, former. 2** FONDER (qqch.) SUR : établir sur (une base déterminée). → **baser. 3** Constituer le fondement de. → **justifier, motiver.** ♦ au p. p. *Un reproche fondé.* → **juste.** ‒ (personnes) *ÊTRE FONDÉ À* (+ inf.) : avoir de bonnes raisons pour.

**fonderie** n. f. ▪ Usine où l'on fond le minerai (→ **aciérie, forge**), où l'on coule le métal en fusion.

① **fondeur** n. m. ▪ Personne (technicien...) qui travaille dans une fonderie.

② **fondeur, euse** n. ▪ Personne qui fait du ski de fond.

**fondre** v. 41 ▪ **I** v. tr. **1** Rendre liquide (un corps solide ou pâteux) par l'action de la chaleur. → **liquéfier ; fondu, fonte, fusion. 2** Fabriquer avec une matière fondue. *Fondre une cloche.* **3** fig. Combiner intimement de manière à former un tout. **II** v. intr. **1** (solide) Passer à l'état liquide par l'effet de la chaleur. *La neige a fondu.* ♦ *FONDRE EN. La glace fond en eau.* ‒ fig. *Fondre en larmes.* ♦ fig. S'attendrir. *J'ai fondu devant sa gentillesse.* **2** Se dissoudre dans un liquide. ‒ *Cela fond dans la bouche* (→ **fondant**). **3** fig. Diminuer rapidement. **III** v. intr. FONDRE SUR : s'abattre avec violence sur. ► **se fondre** v. pron. **1** Se liquéfier. **2** S'unir en un tout. → se **confondre, fusionner.** ‒ *Se fondre dans la foule.* → **disparaître, s'évanouir.**

**fondrière** n. f. ▪ Trou, dans un chemin.

**fonds** n. m. ▪ **I 1** Bien immeuble (domaine ou sol à bâtir). → **bien-fonds ; foncier. 2** FONDS (DE COMMERCE) : ensemble des biens mobiliers et des droits appartenant à un commerçant ou un industriel et lui permettant d'exercer sa profession. **II** (souvent au plur.) **1** Capital. ‒ *Bailleur de fonds :* commanditaire. ♦ *Fonds publics :* emprunts d'État ou ressources garanties par l'État. **2** Organisme de financement. *Le Fonds monétaire international* (F. M. I.). **3** Argent comptant. ‒ *ÊTRE EN FONDS :* disposer d'argent. **III** Ressources (en œuvres, documents...).

**fondu, ue** ▪ **I** adj. **1** Amené à l'état liquide. **2** (couleur, ton) Mélangé, dégradé. **II** n. m. cin. *Fondu enchaîné,* dans lequel une image se substitue à une autre.

**fondue** n. f. ▪ **1** *Fondue (savoyarde) :* mets à base de fromage fondu, dans lequel on trempe du pain. **2** *Fondue bourguignonne :* plat composé de morceaux de viande crue que l'on trempe dans l'huile bouillante.

**fong(i)-** Élément savant, du latin *fungus* « champignon ».

**fongicide** adj. et n. ▪ didact. Qui détruit les champignons parasites. → **antifongique.**

**fongique** adj. ▪ didact. Relatif aux champignons. ‒ Causé par les champignons.

**fontaine** n. f. ▪ **1** vieilli Source. **2** Construction d'où sortent les eaux amenées par canalisation (souvent avec bassin).

**fontanelle** n. f. ▪ Espace membraneux entre les os du crâne des nouveau-nés, qui s'ossifie au cours de la croissance.

① **fonte** n. f. ▪ **I 1** Fait de fondre, de se liquéfier. **2** Fabrication par fusion et moulage d'un métal. *La fonte d'une statue.* **II** Alliage de fer et de carbone obtenu dans les hauts fourneaux. **III** typogr. Ensemble de caractères d'un même type.

② **fonte** n. f. ▪ Fourreau de cuir attaché à une selle (pour y placer des armes, etc.).

**fonts** n. m. pl. ▪ *FONTS BAPTISMAUX :* bassin sur un socle, destiné à l'eau du baptême.

**football** [futbol] n. m. ■ Sport opposant deux équipes de onze joueurs, où il faut faire pénétrer un ballon rond dans les buts adverses sans utiliser les mains (au Canada, on dit soccer). - abrév. fam. FOOT. *Jouer au foot.* ♦ *Football américain* (sport voisin du rugby ; au Canada, on dit *football*). ▷ adj. **footballistique**

**footballeur, euse** [futbolœʀ, øz] n. ■ Joueur, joueuse de football.

**footing** [futiŋ] n. m. ■ anglic. Promenade hygiénique rapide, à pied.

**for** n. m. ■ loc. *En, dans mon (son...) FOR INTÉRIEUR :* au fond de soi-même.

**forage** n. m. ■ Action de forer.

**forain, aine** ■ **1** adj. Qui a son activité sur les marchés et les foires. ♦ *FÊTE FORAINE,* groupant des entrepreneurs forains. **2** n. Personne qui organise des distractions dans les foires et fêtes foraines.

**forban** n. m. ■ **1** Pirate qui entreprenait une expédition armée sur mer sans autorisation. **2** littér. Individu sans scrupules.

**forçage** n. m. ■ Culture des plantes avant la saison (en châssis, serres...).

**forçat** n. m. ■ **1** ancient Bagnard ; galérien. **2** Condamné aux travaux forcés. **3** fig. Personne réduite à une condition pénible.

**force** n. f. ■ **I** au sens individuel **1** Puissance d'action physique. → **vigueur**. *Ne plus avoir la force de marcher.* ■ au plur. Énergie personnelle. *De toutes ses forces :* le plus fort possible. ♦ *EN FORCE,* en utilisant la force physique. ← *DE FORCE :* qui exige de la force. *Épreuve de force :* conflit ouvert. ← *DANS LA FORCE DE L'ÂGE :* mûr, adulte. **2** Capacité de l'esprit ; possibilités intellectuelles et morales. *Force de caractère.* → **courage, énergie, fermeté, volonté.** *Ils sont de la même force en chimie.* → **niveau.** **II** au sens collectif **1** Pouvoir, puissance. prov. *L'union fait la force.* ← *Force de frappe :* ensemble des moyens militaires modernes (missiles, armes nucléaires). *Force de dissuation\**. ← comm. *Force de vente :* personnel commercial. ← *EN FORCE. Être en force,* avoir des effectifs considérables. **2** au plur. Ensemble des armées. *Les forces de l'ordre :* la police. **III** (choses) **1** Résistance (d'un objet). → **robustesse, fermeté, solidité.** **2** Intensité ou pouvoir d'action ; caractère de ce qui est fort. *La force du vent.* ← (abstrait) *La force d'un sentiment.* **IV** (Principe d'action) sc. Cause capable de déformer un corps, ou d'en modifier le mouvement. *Force centrifuge.* ♦ cour. Courant électrique ; spécial courant triphasé. **V** (Pouvoir de contrainte) **1** Contrainte, violence (individuelle ou collective). *Recourir à la force.* **2** (choses) Caractère irrésistible. ← loc. *La force des choses :* la nécessité qui résulte d'une situation. ← *Cas de force majeure :* événement imprévisible et inévitable. ← *FORCE EST DE* (+ inf.) : on ne peut éviter de. **3** loc. adv. *DE FORCE :* en faisant effort pour surmonter une résistance. *Il obéira de gré ou de force,* qu'il le veuille ou non. ← *PAR FORCE :* en recourant à ou en cédant à la force. **VI** adv. littér. Beaucoup de. *Il nous a reçus avec force*

*sourires.* ♦ *À FORCE DE* loc. prép. : par, grâce à beaucoup de. ← fam. *À FORCE* loc. adv. : à la longue.

**forcé, ée** adj. ← **1** Qui est imposé par la force des hommes ou des choses. *Atterrissage forcé.* ♦ fam. *C'est forcé.* → **inévitable. 2** Qui s'écarte du naturel. *Un sourire forcé.* → **affecté.**

**forcement** n. m. ■ Action de forcer (I, 1).

**forcément** adv. ■ D'une manière nécessaire, inévitable. → **inévitablement.**

**forcené, ée** ■ **I** adj. **1** Qui dépasse la mesure. *Un désir forcené.* **2** Plein de rage. **3** Plein d'une folle ardeur. → **acharné. II** n. Personne en proie à une crise furieuse.

**forceps** [-ɛps] n. m. ■ Instrument en forme de pince qui sert à faciliter l'expulsion, lors de certains accouchements.

**forcer** v. ③ ■ **I** v. tr. **1** Faire céder (qqch.) par force. *Forcer une porte* (→ **effraction). 2** Faire céder (qqn) par la force ou la contrainte. → **contraindre, obliger.** ← *FORCER* (qqn) *À* (+ subst. ou inf.). ← littér. *FORCER* (qqn) *DE* (+ inf.). **3** Obtenir, par un effet personnel. *Forcer l'admiration.* **4** Imposer un effort excessif à. **5** Altérer, déformer par une interprétation abusive. → **dénaturer.** *Forcer la vérité.* **II** v. intr. Fournir un grand effort. ► se **forcer** v. pron. → se **contraindre.**

**forces** n. f. pl. ■ techn. Grands ciseaux pour tondre les moutons, couper le métal, etc.

**forcing** n. m. ■ anglic. Attaque sportive soutenue. ← fig., fam. Attaque à outrance.

**forcir** v. intr. ② ■ Devenir plus fort ou plus gros.

**forclore** v. tr. ④⑤ ■ didact. Exclure, rejeter. ▷ n. f. **forclusion**

**forer** v. tr. ① ■ **1** Percer un trou dans (une matière dure) par des moyens mécaniques. **2** Former (un trou) en creusant mécaniquement.

**foresterie** n. f. ■ Exploitation des forêts.

**forestier, ière** ■ **I** n. m. Personne qui exerce une charge dans une forêt publique. ← adj. *Garde forestier.* **II** adj. Qui est couvert de forêts ; qui appartient à la forêt. *Maison forestière :* habitation du garde forestier.

**foret** n. m. ■ Instrument servant à forer. → **perceuse, vilebrequin, vrille.**

**forêt** n. f. ■ **1** Vaste étendue de terrain couverte d'arbres ; ensemble des arbres. → **bois ; sylv(i)-.** ← *EAUX ET FORÊTS :* ancien nom de l'administration française chargée des forêts. **2** fig. Ensemble très dense (d'objets hauts et serrés). *Une forêt de mâts.*

**foreur** n. m. ■ Spécialiste du forage.

**foreuse** n. f. ■ Machine servant à forer.

① **forfait** n. m. ■ littér. Crime énorme.

② **forfait** n. m. ■ Convention fixant par avance le prix d'un travail, etc. ← *À FORFAIT :* à un prix fixé d'avance. ▷ adj. **forfaitaire**

③ **forfait** n. m. ■ Indemnité que doit payer le propriétaire d'un cheval engagé dans une course, s'il ne le fait pas courir. ← loc. fig. *Déclarer forfait :* abandonner, renoncer.

**forfaiture** n. f. ▪ **1** hist. Violation du serment féodal. **2** littér. Déloyauté. **3** dr. Crime d'un fonctionnaire qui commet de graves infractions aux devoirs de sa charge.

**forfanterie** n. f. ▪ Vantardise impudente.

**forge** n. f. ▪ **1** Atelier où l'on travaille les métaux au feu et au marteau. **2** Installation où l'on façonne par traitement mécanique les métaux et alliages. **3** *Maître de forges :* industriel possédant une, des fonderies.

**forgeage** n. m. ▪ Action de forger.

**forger** v. tr. ③ ▪ **1** Travailler (un métal, un alliage) à chaud ou à froid (pour lui donner une forme...). → **battre**. ◆ au p. p. *FER FORGÉ* (servant à fabriquer la ferronnerie d'art). **2** Façonner (un objet de métal) à la forge. **3** fig. Élaborer, inventer.

**forgeron** n. m. ▪ Celui qui travaille le fer au marteau, au feu de la forge.

①se **formaliser** v. pron. ① ▪ Être choqué (d'un manquement au savoir-vivre, etc.).

②**formaliser** v. tr. ① ▪ didact. Donner à (un ensemble de connaissances) des caractères formels. ▷ n. f. **formalisation**

**formalisme** n. m. ▪ **1** littér. Attachement aux formes, aux formalités, dans la vie sociale. **2** dr. Système dans lequel la validité des actes est soumise à l'observation de formalités. **3** en art Tendance à rechercher la beauté formelle. **4** philos. Doctrine selon laquelle les vérités sont formelles, reposent sur les conventions. **5** didact. Emploi de systèmes formels (II, 3). ▷ adj. et n. **formaliste**

**formalité** n. f. ▪ **1** Opération prescrite par la loi, la règle et sans laquelle un acte n'est pas légal, valide. **2** Acte social, geste imposé par le respect des convenances. **3** Acte que l'on doit accomplir, mais qui ne présente pas de difficulté. *Une simple formalité.*

**format** n. m. ▪ **1** Dimension caractéristique d'un imprimé (livre, journal). **2** Dimension type (d'une feuille de papier, etc.). **3** Dimension, taille (d'un objet). **4** inform. Organisation des données d'un support d'information.

**formater** v. tr. ① ▪ anglic., inform. Préparer (un support) à recevoir des données, selon un format. ▷ n. m. **formatage**

**formateur, trice** ▪ **I** n. Personne qui forme, éduque. **II** adj. Qui forme. *Influence formatrice.*

**formation** n. f. ▪ **I** Action de former, de se former ; manière dont une chose est formée. → **constitution, création, élaboration**. **II** (Ce qui est formé) **1** Couche de terrain d'origine définie. *Formations sédimentaires.* **2** Disposition d'une troupe. *Formation en carré.* **3** Groupement (de personnes). *Formation politique.* **III 1** Éducation intellectuelle et morale. *La formation du goût.* **2** Ensemble de connaissances (dans un métier...) ; leur acquisition. *Formation professionnelle.*

**forme** n. f. ▪ **I** (Apparence naturelle) **1** Ensemble des contours (d'un objet, d'un être), en fonction de ses parties. → **configuration, conformation, contour, figure**. *Forme allongée.* **2** Être ou objet confusément aperçu. *Une forme imprécise au loin.* **3** Apparence extérieure (d'un objet, d'un être) ; modèle à reproduire. ◆ *En forme de. Sous (la) forme de :* avec l'apparence de. **4** *Les formes :* les contours du corps humain. **5** Contour considéré d'un point de vue esthétique. → **galbe, ligne, modelé**. *Beauté des formes* (→ **plastique**). **II** (Réalisation d'un fait, d'une notion) **1** Manière dont une notion, un phénomène se présente. *Les différentes formes de la vie.* → **aspect, état, variété**. **2** Variante grammaticale ; aspect sous lequel se présente un mot, un énoncé (→ **morphologie**). *Les formes du féminin.* **3** Manière dont (une pensée, une idée) s'exprime. → **expression, style**. **III** (Idée de conformité à une norme) **1** Manière de procéder, d'agir selon les règles. → **formalité, norme, règle**. ◆ *Pour la forme ; dans les formes,* en respectant les formes habituelles. **2** Aspect d'un acte juridique. *Contrat EN BONNE ET DUE FORME.* **IV** Condition physique (d'un sportif, etc.). *Être en pleine forme.* ◆ absolt Bonne condition physique et morale. *Être en forme.* **V** didact. (Principe interne d'unité) **1** Ce qui règle l'exercice de la pensée. *Forme d'un raisonnement.* **2** Entité organisée considérée dans sa structure*. **VI 1** Ce qui sert à donner une forme déterminée à un produit manufacturé. → **gabarit, modèle, patron**. **2** Moule creux.

**-forme** Élément tiré de *forme,* qui signifie « en forme de » (ex. *cruciforme, cunéiforme*). → **-morphe**.

**formel, elle** adj. ▪ **I** Dont la précision et la netteté excluent tout malentendu. → **clair, explicite, précis**. *Refus formel.* ◆ *Il a été formel.* **II 1** Qui repose sur la forme, qui privilégie la forme par rapport au contenu. **2** Relatif à la forme (d'une œuvre...). *Beauté formelle.* **3** didact. Qui concerne les formes de la pensée ; qui traite et décrit des structures, des relations entre éléments. *Logique formelle.* ▷ adv. **formellement**

**former** v. tr. ① ▪ **I 1** Faire naître dans son esprit. *Former un projet.* **2** Créer (un ensemble, une chose complexe). → **constituer**. **3** (sujet chose) Être la cause de. *Dépôts qui forment des sédiments.* **II 1** Façonner en donnant une forme déterminée. *Bien former ses lettres.* **2** Développer, exercer (une aptitude ; l'esprit de qqn). *Former son goût.* **III 1** Constituer en tant qu'élément. *Les personnes qui forment une assemblée.* **2** Prendre la forme de. *La route forme des courbes.* ▶ se **former** v. pron. **1** Acquérir une forme. **2** Prendre une forme déterminée. **3** S'instruire, se cultiver... ▶ **formé, ée** p. p. adj.

**formica** n. m. (nom déposé) ▪ Matériau stratifié recouvert d'une résine dure.

**formidable** adj. ▪ **1** vieilli Qui inspire une grande crainte. → **effrayant. 2** Dont la taille, la force, la puissance est très grande. → **énorme, imposant. 3** fam. Excellent. → **sensationnel.** ▷ adv. **formidablement**

**formique** adj. ▪ *Acide formique* : liquide corrosif présent dans l'organisme des fourmis, les orties, etc. ← *Aldéhyde formique* (antiseptique). → aussi **formol.**

**formol** n. m. ▪ Solution d'aldéhyde formique, employée comme antiseptique.

**formulaire** n. m. ▪ **1** Recueil de formules. **2** Imprimé portant une série de questions auxquelles on répond. → **questionnaire.**

**formulation** n. f. ▪ Action de formuler ; manière dont qqch. est formulé.

**formule** n. f. ▪ **I 1** dr. Modèle selon lequel un acte doit être rédigé. **2** Paroles rituelles prononcées dans certaines circonstances (en religion...). **3** Expression dont la coutume commande l'emploi dans certaines circonstances. *Formules de politesse.* **II 1** Expression concise et générale, souvent symbolique, définissant une relation ou une opération. *Formule algébrique.* **2** Solution type (d'un problème) ; manière de procéder. *Trouver la bonne formule.* → **méthode, procédé. 3** Expression concise, nette et frappante (d'une idée). → **aphorisme, sentence. 4** Imprimé destiné à recevoir un texte court. → **formulaire.**

**formuler** v. tr. 1 ▪ **1** didact. Rédiger en formule ; faire d'après une formule. *Formuler un problème.* **2** Énoncer avec précision et netteté. **3** Exprimer (par des mots). *Formuler son opinion ; un souhait.*

**forniquer** v. intr. 1 ▪ relig. Avoir des relations sexuelles coupables. ▷ n. f. **fornication**

**fors** prép. ▪ vx Excepté, sauf. → **hormis.** « *Tout est perdu, fors l'honneur* » (attribué à François Ier, après la défaite de Pavie).

**forsythia** [-sja] n. m. ▪ bot. Arbuste décoratif à fleurs jaunes.

① **fort, forte** adj. ▪ **I 1** (personnes) Qui a de la force physique. → **robuste, vigoureux.** ♦ *La manière forte,* la force. → **force** (V). **2** Considérable par les dimensions. ← (euphémisme pour *gros*) → **corpulent. 3** Qui a une grande force intellectuelle, de grandes connaissances (dans un domaine). → **doué, habile. II 1** (choses) Qui résiste. → **solide.** *Papier fort.* **2** (dans des expr.) Fortifié. *Une place forte. Un château fort.* → ③ **fort** (III). **3** (sur le plan moral) Capable de résister au monde extérieur ou à soi-même. → **courageux, ferme. III 1** (mouvement, effort physique) Intense. *Un coup très fort.* ← (avant le nom) Qui dépasse la normale. *Une forte fièvre.* **2** Dont l'intensité a une grande action sur les sens. *Voix forte. Moutarde forte.* **3** (abstrait) Intense. *Faire une forte impression sur qqn.* **4** Difficile à croire ou à supporter par son caractère excessif. *C'est un peu fort !* **5** (personnes) Qui a un grand pouvoir d'action, de l'influence. → **puissant.** ♦ loc. *ÊTRE FORT DE* : puiser sa force dans. *Fort de*

*son innocence.* ← *SE FAIRE FORT DE* (*fort* invar.) : se dire capable de. → se **targuer** de. **6** Qui a la force (II) et n'hésite pas à l'employer. *Gouvernement fort.* **7** Qui agit efficacement, produit des effets importants (qualités morales ou intellectuelles). « *L'amour est fort comme la mort* » (Bible). **8** *Monnaie forte,* à cours élevé et stable.

② **fort** adv. ▪ **I 1** Avec de la force physique, en fournissant un effort. *Frapper fort.* **2** Avec intensité. ← *Y ALLER FORT* : exagérer. **II** littér. → **beaucoup.** *J'en doute fort.* ← → **très.** *Un homme fort occupé. Fort bien !*

③ **fort** n. m. ▪ **I** (personnes) **1** *Les forts des Halles* : les employés de la Halle de Paris. **2** Personne qui a la force, la puissance (matérielle). → **puissant. 3** Personne qui a de la force morale. **II** Ouvrage fortifié. → **forteresse, fortin. III 1** (après un poss. ; surtout négatif) Ce en quoi qqn est fort, excelle. *Le courage n'est pas son fort.* **2** *AU FORT DE* l'été. → **cœur, milieu.**

**forte** [fɔʀte] adv. ▪ mus. Fort (opposé à *piano*).

**fortement** adv. ▪ **1** Avec force. → ② **fort.** ← *Espérer fortement.* → **profondément. 2** Très. *Il a été fortement ému.* → **vivement.**

**forteresse** n. f. ▪ Lieu fortifié pour défendre une ville, etc. → **citadelle,** ③ **fort.**

**fortiche** adj. et n. ▪ fam. Fort ; habile, malin.

**fortifiant, ante** adj. ▪ Qui fortifie. → **reconstituant, tonique.** ← n. m. → **remontant.**

**fortification** n. f. ▪ **1** Action de fortifier. **2** souvent plur. Ouvrages fortifiés destinés à la défense d'une position, d'une place. → **bastion, citadelle,** ③ **fort, forteresse, fortin.** ♦ au plur. Les anciennes fortifications de Paris. – abrév. fam. *Les FORTIFS.*

**fortifier** v. tr. 7 ▪ **1** Rendre fort, vigoureux ; donner plus de force à. ♦ fig. *Le temps fortifie l'amitié.* → **renforcer. II** Munir d'ouvrages de défense. ← au p. p. *Ville fortifiée.*

**fortin** n. m. ▪ Petit fort (③, II).

**a fortiori** → **a fortiori**

**fortissimo** adv. ▪ mus. Très fort.

**fortran** n. m. ▪ inform. Langage informatique évolué, pour le calcul scientifique.

**fortuit, uite** adj. ▪ Qui arrive par hasard, de manière imprévue. ▷ adv. **fortuitement**

**fortune** n. f. ▪ **I 1** littér. → **hasard, sort. 2** (dans des expr.) Événement ou suite d'événements considérés dans ce qu'ils ont d'heureux ou de malheureux. *Bonne, mauvaise fortune.* ← *DE FORTUNE* : improvisé pour parer au plus pressé. *Une installation de fortune.* ♦ loc. *À LA FORTUNE DU POT* : sans préparatifs ni façons (→ à la bonne franquette). **II** Ensemble important des biens, des richesses (de qqn). → **argent, capital, richesse.** ♦ par métonymie *Les plus grandes fortunes d'un pays,* les gens les plus fortunés.

**fortuné, ée** adj. ▪ **1** vx Heureux. **2** Qui a de la fortune (III). → **aisé, riche.**

**forum** [-ɔm] n. m. ▪ **1** Antiq. Place où se discutaient les affaires publiques à Rome (→ aussi agora). **2** Réunion-débat.

FOSSE

308

**fosse** n. f. ▪ **1** Trou creusé dans le sol et aménagé. ◦ *Fosse d'aisances*, destinée à recevoir les matières fécales. *Fosse septique\**. ◆ *Fosse d'orchestre* : espace devant la scène, en contrebas. **2** Trou creusé en terre pour l'inhumation des morts. → **tombe ; fossoyeur. 3** Cavité naturelle. *Fosses nasales.*

**fossé** n. m. ▪ **1** Fosse creusée en long dans le sol. **2** fig. Coupure. *Le fossé des générations.*

**fossette** n. f. ▪ Petit creux dans une partie charnue (joues, menton, etc.).

**fossile ▪ I** adj. Se dit des débris ou des empreintes d'espèces disparues, conservés dans les dépôts sédimentaires. **2** n. m. *Science des fossiles.* → **paléontologie. II** adj. fig. Archaïque. ◆ n. m. Personne aux idées archaïques.

**fossiliser** v. tr. 1 ▪ Rendre fossile ; amener à l'état de fossile. ► se **fossiliser** v. pron. ▪ **fossilisé, ée** p. p. ▷ n. f. **fossilisation**

**fossoyeur** n. m. ▪ **1** Personne qui creuse les fosses dans un cimetière. **2** littér. Personne qui anéantit quelque chose. *Les fossoyeurs d'un régime.*

① **fou** (ou **fol**), **folle ▪ I** n. **1** Personne atteinte de troubles, de désordres mentaux (ne s'emploie plus en psychiatrie). → **aliéné, dément.** ◆ adj. « *La folle du logis* » (Malebranche) : l'imagination. **2** Personne qui se comporte d'une manière extravagante. **3** fam. FOLLE n. f. Homosexuel efféminé. **4** Personne d'une gaieté exubérante. *Faire le fou* (→ **folâtrer). 5** *Un fou de* : un fanatique, un passionné de. **II** adj. (*fol* devant un n. sing. commençant par une voyelle ou un *h* aspiré : *fol espoir, fol hasard* ; sinon par archaïsme) **1** cour. Atteint de désordres mentaux. **2** Qui est hors de soi. *Être fou de joie.* **3** *FOU DE* : qui a un goût extrême pour. → **passionné ; fanatique. 4** Qui agit, se comporte d'une façon peu sensée. → **anormal, bizarre.** *Il est fou à lier.* ◦ *Regard fou.* → **hagard.** *FOU RIRE* : rire que l'on ne peut réprimer. **5** Contraire à la raison. → **absurde, déraisonnable.** *Idée folle.* **5** (après le n.) Dont le mouvement est irrégulier. *Moteur fou.* fam. *Patte folle* : jambe qui boite. ◦ *Herbes folles.* **6** (après le n.) → **énorme, prodigieux.** *Il y avait un monde fou.* **III** n. m. **1** ancient Bouffon (d'un roi…). ◆ Personnage parodique qui jouait la déraison. *La fête des fous.* **2** Pièce du jeu d'échecs qui se déplace en diagonale.

② **fou** n. m. ▪ Oiseau marin palmipède plongeur. *Fou de Bassan.*

**fouailler** v. tr. 1 ▪ littér. **1** Frapper de coups de fouet. **2** fig. Stimuler ou attaquer.

**foucade** n. f. ▪ littér. Caprice. → **toquade.**

① **foudre ▪ I** n. f. **1** Décharge électrique qui se produit par temps d'orage, avec un éclair et une détonation (→ **tonnerre). 2** *COUP DE FOUDRE* : manifestation subite de l'amour dès la première rencontre. **3** au plur. Condamnation, reproches. **II** n. m. vieilli *Un foudre de guerre* : un grand capitaine.

② **foudre** n. m. ▪ techn. Grand tonneau.

**foudroyer** v. tr. 8 ▪ **1** (surtout passif) Frapper, tuer par la foudre (ou par une décharge électrique → **électrocuter). 2** Tuer, anéantir avec soudaineté. ◦ par exagér. *Foudroyer qqn du regard.* ▷ adj. **foudroyant, ante**

**fouet** n. m. ▪ **1** Instrument formé d'une lanière de cuir ou d'une cordelette au bout d'un manche (→ **cravache, knout, martinet**). **2** loc. fig. *COUP DE FOUET* : excitation, impulsion vigoureuse. **3** *DE PLEIN FOUET* loc. adv. : de face et violemment. **II** Ustensile servant à battre les sauces, etc.

**fouetter** v. 1 ▪ **I** v. tr. **1** Frapper avec un fouet. ◦ loc. *Avoir d'autres chats à fouetter*, autre chose à faire. **2** (sujet chose) Frapper comme avec un fouet. **3** Battre vivement. ◦ au p. p. *Crème fouettée.* **4** fig. Exciter, stimuler. **II** v. intr. **1** Frapper comme le fait un fouet. **2** vulg. Sentir mauvais.

**foufou, fofolle** adj. ▪ fam. Un peu fou, folle ; léger et folâtre.

**foufoune** n. f. ▪ fam. Sexe de la femme. ◦ dimin. *FOUFOUNETTE* n. f. fam. (même sens).

**fougère** n. f. ▪ Plante cryptogame à tige rampante souterraine, à grandes feuilles très découpées.

**fougue** n. f. ▪ Ardeur impétueuse. → **élan, enthousiasme.** *La fougue de la jeunesse.*

**fougueux, euse** adj. ▪ Qui a de la fougue. → **impétueux.** ▷ adv. **fougueusement**

**fouille** n. f. ▪ **1** (surtout au plur.) Excavation pratiquée dans la terre pour découvrir et étudier les ruines de civilisations disparues. **2** Excavation faite dans la terre (pour les constructions, etc.). **3** Action d'explorer en vue de découvrir qqch. de caché (→ **fouiller** (I, 2)). **4** fam. Poche.

**fouiller** v. 1 ▪ **I** v. tr. **1** Creuser (un sol, un emplacement), notamment pour mettre à découvert ce qui peut être enfoui. **2** Explorer avec soin. *Fouiller un appartement.* ◦ par ext. *Fouiller qqn.* **3** Travailler les détails de. ◦ au p. p. *Étude très fouillée.* **II** v. intr. **1** Faire un creux dans le sol (→ **fouir). 2** Explorer en déplaçant tout ce qui peut cacher ce que l'on cherche. ◦ fig. *Fouiller dans son passé.*

**fouillis** n. m. ▪ fam. Entassement d'objets disparates réunis pêle-mêle. → **désordre.**

**fouine** n. f. ▪ Petit mammifère carnivore à corps mince et museau allongé.

**fouiner** v. intr. 1 ▪ fam. Fouiller indiscrètement. → **fureter.** ▷ adj. et n. **fouineur, euse**

**fouir** v. tr. 2 ▪ (animaux dits *fouisseurs*) Creuser (la terre, le sol). → **fouiller.**

**foulage** n. m. ▪ techn. Action de fouler (1).

**foulard** n. m. ▪ Écharpe ou carré de tissu.

**foule** n. f. ▪ **1** Multitude de personnes rassemblées en un lieu. → **affluence.** *Foule en désordre.* → **cohue. 2** *LA FOULE* : le commun des humains. → **masse, multitude. 3** *UNE FOULE DE* : un grand nombre de. ◆ *EN FOULE* : en masse, en grand nombre.

**foulée** n. f. ■ Appui que le cheval prend sur le sol à chaque temps de sa course ; mouvement effectué à chaque temps de galop. ♦ Enjambée de l'athlète en course. ♦ loc. fig. *DANS LA FOULÉE* : sur son élan.

**fouler** v. tr. ⊞ ■ **1** Presser (qqch.) en appuyant à plusieurs reprises, avec les mains, les pieds, un outil. *Fouler des cuirs, du drap. Fouler le raisin.* **2** littér. Presser (le sol) en marchant dessus. ➝ *FOULER AUX PIEDS.* → **piétiner** (II, 1 et 2). **3** Blesser en donnant une foulure. *Se fouler la cheville.* ♦ pronom. fam. *Ne pas se fouler* : ne pas se fatiguer.

**foulon** n. m. ■ techn. *TERRE À FOULON* : argile pour le dégraissage du drap avant foulage.

**foulque** n. f. ■ Oiseau échassier au plumage noir, voisin de la poule d'eau.

**foulure** n. f. ■ Légère entorse.

①**four** n. m. ■ **1** Ouvrage de maçonnerie muni d'une ouverture, où l'on fait cuire le pain, la pâtisserie. → **fournil. 2** Partie fermée d'une cuisinière ou appareil où l'on peut faire cuire les aliments. **3** Appareil dans lequel on soumet des matières à une chaleur intense, pour obtenir des transformations physiques ou chimiques. → **fourneau. II** *Petit four* : petit gâteau.

②**four** n. m. ■ (spectacle) Échec complet.

**fourbe** adj. ■ Qui trompe ou agit mal en se cachant, en feignant. ➝ **hypocrite, sournois.** ➝ n. *Un fourbe.* ▷ n. f. **fourberie**

**fourbi** n. m. ■ fam. **1** Les armes, les objets que possède un soldat. → **barda, fourniment. 2** Les affaires, les effets que possède qqn. **3** Choses en désordre.

**fourbir** v. tr. ⊟ ■ Nettoyer (un objet de métal) de façon à rendre brillant. ➝ littér. *Fourbir ses armes* : se préparer au combat.

**fourbu, ue** adj. ■ Harassé, épuisé.

**fourche** n. f. ■ **1** Instrument agricole à long manche muni de deux dents ou plus. **2** Disposition en forme de fourche. ➝ *Fourche de bicyclette,* partie du cadre où est fixée la roue. **3** loc. (allus. à l'histoire romaine) *Passer sous les fourches caudines* : subir une cuisante humiliation.

**fourcher** v. intr. ⊞ ■ loc. *La langue lui a fourché,* il a dit un mot au lieu d'un autre.

**fourchette** n. f. ■ **1 1** Ustensile de table, à dents, dont on se sert pour piquer les aliments et les porter à la bouche. ➝ loc. *Avoir un bon coup de fourchette,* être gros mangeur. **2** techn. Pièce en forme de fourchette. **II** Écart entre deux valeurs extrêmes.

**fourchu, ue** adj. ■ Qui a la forme, l'aspect d'une fourche ; qui fait une fourche.

①**fourgon** n. m. ■ vieilli Tisonnier.

②**fourgon** n. m. ■ **1** Long véhicule couvert pour le transport de bagages, d'animaux, etc. **2** Wagon servant au transport des bagages.

**fourgonner** v. intr. ⊞ ■ **1** vieilli Remuer avec un fourgon (①). **2** Fouiller (dans qqch.) en dérangeant tout. → **fourgon.**

**fourgonnette** n. f. ■ Petite camionnette.

**fourguer** v. tr. ⊞ ■ **1** argot Vendre à un receleur (*une fourgue*). **2** fam. Placer (une mauvaise marchandise). → **refiler.**

**fourme** n. f. ■ Fromage de lait de vache à pâte ferme, chauffée et pressée.

**fourmi** n. f. ■ **1** Petit insecte hyménoptère qui vit en colonies nombreuses et organisées dans des fourmilières. **2** loc. *Avoir des fourmis dans les membres,* des picotements. **3** *Un travail de fourmi,* accompli obstinément. ➝ *C'est une fourmi,* une personne laborieuse.

**fourmilier** n. m. ■ Mammifère à langue visqueuse qui se nourrit de fourmis et de termites (→ **tamanoir**).

**fourmilière** n. f. ■ **1** Colonie de fourmis. **2** fig. Lieu où s'agite une multitude de personnes.

**fourmilion** ou **fourmi-lion** n. m. ■ Insecte dont la larve se nourrit des fourmis qui tombent dans un trou qu'elle a creusé.

**fourmillement** n. m. ■ **1** Agitation désordonnée et continuelle d'une multitude d'êtres. **2** Sensation comparable à celle de fourmis courant sur la peau.

**fourmiller** v. intr. ⊞ ■ **1** S'agiter en grand nombre. → **grouiller, pulluler. 2** Être le siège d'un picotement. → **démanger.**

**fournaise** n. f. ■ **1** Feu ardent. **2** Endroit très chaud, surchauffé.

**fourneau** n. m. ■ **1** Four dans lequel on soumet à un feu violent des substances à fondre, à calciner. ➝ *HAUT FOURNEAU,* destiné à fondre le minerai de fer. **2** Petite cuisinière à bois, à charbon... **3** *Fourneau de mine* : cavité garnie d'explosifs. **4** Partie évasée (d'une pipe) où brûle le tabac.

**fournée** n. f. ■ **1** Quantité de pain que l'on fait cuire à la fois dans un four. **2** fig. Ensemble, groupe de personnes.

**fournil** [-ni] n. m. ■ Local où est placé le four du boulanger et où se pétrit la pâte.

**fourniment** n. m. ■ Ensemble des objets composant l'équipement (du soldat, etc.).

**fournir** v. tr. ⊟ ■ **I** v. tr. dir. **1** *Fournir qqn en qqch.,* pourvoir de ce qui est nécessaire. → **approvisionner.** ➝ pronom. → **se ravitailler, se servir. 2** *Fournir qqch. à qqn,* le lui faire avoir. *Je vous en fournirai les moyens.* ♦ Procurer (à un client). → **vendre ; livrer. 3** Produire. *Fournir un effort.* **II** v. tr. ind. *FOURNIR À* : contribuer à. *Fournir à la dépense.* ▷ **fourni, ie** adj. **1** Approvisionné, pourvu. **2** Où la matière abonde. *Barbe fournie.* → **dru.**

**fournisseur** n. m. ■ Personne qui fournit des marchandises à un client, à un marchand.

**fourniture** n. f. ■ **1** Action de fournir. **2** Ce qu'on fournit, ce qu'on livre (surtout plur.). *Fournitures scolaires.*

**fourrage** n. m. ■ Plantes servant à la nourriture du bétail.

①**fourrager, ère** adj. ■ Qui fournit du fourrage. *Betterave fourragère.*

②**fourrager** v. ⊟ ■ **1** v. intr. Chercher en mettant du désordre. *Fourrager dans un tiroir.* **2** v. tr. Mettre en désordre en manipulant. *Fourrager des papiers.*

**fourragère** n. f. ■ **I 1** Champ consacré à la production du fourrage. **2** Charrette servant au transport du fourrage. **II** Ornement, insigne formé d'une tresse agrafée à l'épaule.

① **fourré** n. m. ■ Massif épais et touffu de végétaux de taille moyenne.

② **fourré, ée** adj. → **fourrer**

**fourreau** n. m. ■ **1** Enveloppe allongée, destinée à recevoir une chose de même forme. → **étui, gaine. 2** Robe de femme très moulante.

**fourrer** v. tr. ☐ ■ **I 1** Doubler de fourrure, de ce qui tient chaud. **2** Garnir l'intérieur de (une confiserie...). ■ **II 1** Faire entrer, mettre (dans une chose creuse). *Fourrer ses mains dans ses poches.* **2** Faire entrer brutalement ou sans ordre. → **enfourner, mettre.** *Fourrer des objets dans un sac.* → **fourrer qqch.** (une idée...) *dans la tête, le crâne de qqn* (pour le lui faire croire, apprendre, etc.). **3** Placer sans soin. *Où ai-je fourré mes lunettes ?* ► **se fourrer** v. pron. (personnes) **1** Se mettre, se placer (quelque part). **2** *Se fourrer dans une mauvaise affaire.* → **se jeter.** ◆ ② **fourré, ée** adj. **1** Bonne fourré. ◆ *Bonbons fourrés.* **2** COUP FOURRÉ : en escrime Coup porté et reçu en même temps par les deux adversaires. ◆ fig. Attaque hypocrite, coup en traître.

**fourre-tout** n. m. invar. ■ fam. Endroit, sac où l'on met toutes sortes de choses.

**fourreur** n. m. ■ Personne qui confectionne et vend des vêtements de fourrure.

**fourrière** n. f. ■ Lieu de dépôt d'animaux, de voitures, saisis et retenus par la police.

**fourrure** n. f. ■ **1** Peau d'animal munie de son poil, préparée pour servir de vêtement, etc. (→ **pelleterie**). **2** Pelage épais.

**fourvoyer** v. tr. ⑧ ■ littér. **1** Mettre hors de la voie, détourner du bon chemin. **2** fig. Tromper, égarer. ► **se fourvoyer** v. pron. Faire fausse route, se tromper. ▷ n. m. **fourvoiement**

**foutaise** n. f. ■ fam. Chose sans intérêt.

**foutoir** n. m. ■ fam. Grand désordre.

① **foutre** v. tr. (*je fous, nous foutons; je foutais; je foutrai; que je foute, que nous foutions; foutant, foutu*) inusité aux passés simple et antérieur de l'indic., aux passé et plus-que-parfait du subj.) ■ **I** vx, vulg. Posséder sexuellement. ◆ mod., fig, fam. *Va te faire foutre !* ■ **II** fam. **1** *Qu'est-ce que ça peut me foutre ?* → **Donner** (avec violence). *Foutre une baffe à qqn.* → **flanquer.** ◆ Mettre. *Il a tout foutu par terre.* ◆ loc. *Foutre le camp,* s'en aller. *Ça la fout mal,* c'est fâcheux. ► **se foutre** v. pron. fam. **1** Se mettre. *Se foutre par terre.* ◆ Se donner. *Se foutre un coup.* **2** *Se foutre de...,* → se **moquer.**

② **foutre** interj. ■ vulg. → **fichtre.**

**foutriquet** n. m. ■ fam. Personnage insignifiant, incapable.

**foutu, ue** adj. ■ **1** (avant le n.) Mauvais. *Il a un foutu caractère.* **2** (après le n.) Perdu, ruiné. **3** Dans tel ou tel état. → ① **fichu** (3).

**fox-terrier** ou **fox** [fɔks] n. m. ■ Chien terrier à poils lisses et durs, blancs avec des taches fauves ou noires. *Des fox-terriers.*

**fox-trot** [fɔkstʀɔt] n. m. invar. ■ Danse d'origine américaine, d'allure saccadée.

**foyer** n. m. ■ **I 1** Espace aménagé dans une maison pour y faire du feu. → **âtre. 2** Feu qui brûle dans cet espace. ◆ *Foyer d'incendie,* brasier d'où se propage l'incendie. **3** Partie fermée (d'un appareil de chauffage) où brûle le combustible. ■ **II 1** Lieu où habite la famille. ◆ La famille. *Fonder un foyer.* ◆ au plur. *Rentrer dans ses foyers,* chez soi. **2** Lieu de réunion, d'asile... *Foyer d'étudiants.* **3** Salle d'un théâtre où l'on fume, boit. ■ **III 1** Point d'où rayonne la chaleur, la lumière. ◆ Point où convergent des rayons lumineux (→ **focal**). **2** Point par rapport auquel se définit une courbe. *Foyers d'une ellipse.* **3** Lieu d'origine (d'un phénomène). ◆ *Foyer d'infection.*

**frac** n. m. ■ Habit d'homme, noir et à basques.

**fracas** n. m. ■ Bruit violent. ◆ loc. *Avec perte et fracas,* brutalement.

**fracassant, ante** adj. ■ **1** Très bruyant. **2** fig. Qui fait sensation. → **retentissant.**

**fracasser** v. tr. ☐ ■ Mettre en pièces, briser avec violence. ► **se fracasser** v. pron.

**fractal, ale, als** adj. ■ math. Se dit d'une figure (une *fractale* n. f.) dont le motif se trouve indéfiniment répété à des échelles de plus en plus fines.

**fraction** n. f. ■ **I** vx ou relig. Action de briser. ■ **II 1** Nombre rationnel (représenté par un dénominateur et un numérateur). **2** Partie d'une totalité. *Une fraction de seconde.*

**fractionnaire** adj. ■ Qui est sous forme de fraction.

**fractionner** v. tr. ☐ ■ Diviser (une totalité) en parties, en fractions. ◆ pronom. *Se fractionner en trois groupes.* → se **scinder.** ▷ n. m. **fractionnement**

**fracture** n. f. ■ **1** Rupture d'un os. *Fracture ouverte,* avec plaie. **2** Cassure (de l'écorce terrestre...). → **faille. 3** fig. Rupture, cassure (d'un équilibre...). *Fracture sociale* (séparation en groupes cloisonnés).

**fracturer** v. tr. ☐ ■ **1** Blesser par une fracture. **2** Briser (qqch.) avec effort.

**fragile** adj. ■ **1** Qui se casse facilement. → **cassant. 2** (personnes) De constitution faible. → **délicat.** ◆ *Une santé fragile.* ◆ Qui manque de résistance psychique. **3** Facile à ébranler, précaire. *Autorité fragile.*

**fragilité** n. f. ■ **1** Manque de solidité (de qqch.). **2** Faiblesse de constitution. ◆ Manque de résistance psychique. **3** Caractère éphémère. *La fragilité de la vie.*

**fragment** n. m. ■ **1** Morceau d'une chose qui a été cassée. → **débris, éclat. 2** Partie (d'une œuvre...). → **extrait, passage.**

**fragmentaire** adj. ■ À l'état de fragments.

**fragmenter** v. tr. ☐ ■ Partager en fragments. → **morceler.** ▷ n. f. **fragmentation.**

**fragrance** n. f. ■ littér. Odeur agréable.

**frai** n. m. ■ **1** Ponte des œufs (poissons). **2** Œufs (de batraciens, de poissons).

**à la fraîche** loc. adv. ■ À l'heure où il fait frais (matin ou soir).

**fraîchement** adv. ■ **1** Depuis très peu de temps. → **récemment. 2** Avec une froideur marquée. → **froidement.**

**fraîcheur** n. f. ■ **1** Propriété de ce qui est frais (I, 1). **2** Température fraîche. ♦ Sensation de fraîcheur. **II 1** Qualité d'un produit frais, non altéré. **2** Qualité de ce qui a un aspect sain, vigoureux, éclatant.

**fraîchir** v. intr. ② ■ Devenir frais, ou plus frais. ← mar. Le vent fraîchit. → **forcir.**

① **frais, fraîche** adj. ■ **I 1** Un peu froid. Un vent frais. ← adv. Il fait frais ce matin. ← n. m. Prendre le frais, respirer l'air frais du dehors. **2** fig. Sans chaleur, sans cordialité. **II 1** Qui vient d'arriver, de se produire, d'être fait. → **neuf, nouveau, récent.** De fraîche date, récent. ← Peinture fraîche, pas encore séchée. ← adv. → **fraîchement** (1). Un collègue frais émoulu* de l'université. **2** Qui est tout nouvellement produit, n'a rien perdu de ses qualités naturelles. Du pain frais. **3** Qui a ou garde des qualités d'éclat, de vitalité, de jeunesse. Être frais et dispos. ← Avoir le teint frais. **4** fam. Dans une fâcheuse situation. Nous voilà frais! ← **propre. 5** En bon état, dans l'aspect du neuf. **6** Qui donne une impression de pureté, de jeunesse. Couleurs fraîches.

② **frais** n. m. pl. ■ **1** Dépenses occasionnées par une opération. ← loc. Rentrer dans ses frais, en être remboursé par un gain (→ **défrayer**). ← FAUX FRAIS : dépense supplémentaire accidentelle. **2** loc. À grands frais, en dépensant beaucoup; fig. en se donnant de la peine. ← À peu de frais, fig. facilement. ← Se mettre EN FRAIS : s'engager dans des dépenses; fig. faire des efforts. ← FAIRE LES FRAIS DE qqch., en être la victime. ← fam. Arrêter les frais : cesser de se donner du mal inutilement.

① **fraise** n. f. ■ **1** Fruit du fraisier. **2** loc. fam. Sucrer les fraises, être agité d'un tremblement (malades...). **3** fam. Figure.

② **fraise** n. f. ■ **1** techn. Outil pour usiner le bois, le métal. **2** Roulette de dentiste.

③ **fraise** n. f. ■ **I** Membrane qui enveloppe les intestins du veau, etc. **II** Grand col blanc, plissé et empesé, porté au XVIᵉ siècle.

**fraiser** v. tr. ① ■ **I** techn. Évaser l'orifice de (un trou). ← Usiner (un matériau) à l'aide d'une fraise. ▷ **fraisage** n. m. techn.

**fraiseur** n. m. ■ techn. Ouvrier qualifié qui exécute des travaux de fraisage.

**fraiseuse** n. f. ■ techn. Machine-outil servant à fraiser les métaux.

**fraisier** n. m. ■ **I** Plante qui produit les fraises. **II** Génoise à la crème et aux fraises.

**framboise** n. f. ■ **1** Fruit du framboisier, de couleur rouge sombre, très parfumé. **2** Liqueur, eau-de-vie de framboise.

**framboisier** n. m. ■ Arbrisseau qui produit les framboises.

① **franc, franque** [fʀɑ̃, fʀɑ̃k] n. et adj. ■ hist. Membre de peuplades germaniques qui envahirent la Gaule.

② **franc, franche** [fʀɑ̃, fʀɑ̃ʃ] adj. ■ **I 1** vx Libre. ← mod. (dans des loc.) Sans entrave, ni obligation. Avoir les coudées* franches. ← CORPS FRANCS (troupes). → **franc-tireur.** ← COUP FRANC (football, etc.) : coup tiré sans opposition de l'adversaire, pour sanctionner une faute. **2** Exempt de charges, taxes. Zone franche. **II 1** Qui s'exprime ou se présente ouvertement, sans artifice. → **droit, honnête, loyal, sincère.** ♦ loc. Jouer FRANC JEU : agir loyalement. **2** Qui présente des caractères de naturel. Couleurs franches, tranchées. **3** (avant le nom) péj. Qui est véritablement tel. → **vrai.** Une franche canaille. **4** adv. À parler franc, franchement.

③ **franc** [fʀɑ̃] n. m. ■ **1** Unité monétaire de la France (jusqu'à l'euro), divisée en cent centimes. **2** Franc (belge), franc (luxembourgeois) : unité monétaire de la Belgique, du Luxembourg (avant l'euro); franc suisse : unité monétaire de la Suisse.

**français, aise** adj. et n. ■ **1** adj. Qui appartient, est relatif à la France et à ses habitants. ← n. Un Français, une Française : personne de nationalité française, ou qui est originaire de France. **2** n. m. Langue romane parlée en France, Belgique, Suisse, au Luxembourg, au Canada, et comme seconde langue en Afrique, etc. (→ **francophonie**). Ancien français (IXᵉ-XIIIᵉ s.); moyen français (XIVᵉ-XVIᵉ s.); français classique (XVIIᵉ-XVIIIᵉ s.); français moderne. ♦ adj. La grammaire française.

**franchement** adv. ■ **1** Sans hésitation. → **carrément. 2** Sans équivoque, clairement. ← (devant un adjectif) Indiscutablement. **3** Sans détour, sans dissimulation. → **loyalement.**

**franchir** v. tr. ② ■ **1** Passer par-dessus (un obstacle), en sautant, en grimpant. ← fig. Surmonter, vaincre (une difficulté). **2** Aller au-delà de (une limite). Franchir une frontière. **3** Traverser (un passage).

**franchise** n. f. ■ **I 1** anciennt Droit qui limitait l'autorité souveraine au profit d'une ville, etc. **2** Franchise (d'assurance), partie des dommages non garantie par l'assureur. ♦ Exemption (d'une taxe). Franchise postale. **3** Commerce en franchise, dont l'exploitant est lié par contrat à une marque et à ses produits. **II** Qualité d'une personne franche. → **droiture, loyauté, sincérité.**

**franchissement** n. m. ■ Fait de franchir.

**franchouillard, arde** adj. ■ péj. Caractéristique des défauts du Français moyen.

**francique** n. m. ■ ling. **1** Langue germanique des Francs. **2** Dialecte allemand.

**franciscain, aine** n. ■ Religieux(euse) de l'ordre fondé par saint François d'Assise.

**franciser** v. tr. ① ■ Donner une forme française à (un mot). ← au p. p. « Gazole » est un anglicisme francisé. ▷ n. f. **francisation**

**francisque** n. f. ■ **1** Hache de guerre des Francs. **2** Emblème du pétainisme.

**franc-maçon, onne** [frã-] n. m. ▪ Membre de la franc-maçonnerie. *Les francs-maçons.* ← adj. *Association franc-maçonne.*

**franc-maçonnerie** [frã-] n. f. ▪ **1** Association internationale, de caractère mutualiste et philanthropique, de nature initiatique et ésotérique. **2** péj. → **coterie.**

**franc-maçonnique** adj. → **maçonnique**

**franco** adv. ▪ **1** Sans frais de transport. *Franco de port.* **2** fam. Franchement, carrément.

**franco-** Élément tiré de *français.*

**franco-français, aise** adj. ▪ **1** Qui concerne les rapports entre groupes de Français. **2** Inhérent aux Français. → **franchouillard. 3** ling. Propre au français de France.

**francophone** adj. ▪ **1** Qui parle habituellement le français. ← n. *Les francophones d'Afrique.* **2** De la francophonie.

**francophonie** n. f. ▪ Ensemble des peuples francophones.

**franc-parler** [frã-] n. m. sing. ▪ Liberté de dire ce qu'on pense.

**franc-tireur** [frã-] n. m. ▪ **1** Combattant qui n'appartient pas à une armée régulière. ← Tireur isolé. **2** fig. Personne qui mène une action indépendante.

**frange** n. f. ▪ **1** Bande de tissu d'où pendent des fils, servant d'ornement. **2** Cheveux coupés couvrant le front. **3** Contour, bordure. *Une frange de lumière.* **4** Limite imprécise entre deux états, deux notions. **5** Minorité marginale (d'un groupe humain).

**franger** v. tr. 🔢 ▪ Garnir, orner de franges.

**frangin, ine** n. ▪ fam. Frère, sœur.

**frangipane** n. f. ▪ Crème aux amandes.

**franglais** n. m. ▪ Usage du français où l'anglicisme est excessif.

**à la bonne franquette** loc. adv. ▪ Sans façon, sans cérémonie. → **simplement.**

**franquisme** n. m. ▪ hist. Doctrine du régime autoritaire du général Franco (en Espagne). ▷ adj. et n. **franquiste**

**frappant, ante** adj. ▪ Qui frappe, fait une vive impression. → **impressionnant.**

① **frappe** n. f. ▪ fam. Voyou. – var. FRAPE.

② **frappe** n. f. ▪ **1** Action, manière de taper sur un clavier. *Faute de frappe.* ▷ FORCE DE FRAPPE. → **force** (II, 1).

**frapper** v. 🔢 ▪ **I** ▪ v. tr. **1** Toucher rudement en portant un ou plusieurs coups. → **battre. 2** Marquer (qqch.) d'une empreinte par un choc, une pression. *Frapper la monnaie* (avec le poinçon, etc.). **3** *Frapper du vin,* le refroidir avec de la glace. ← au p. p. *Champagne frappé.* **4** Atteindre d'un coup porté avec une arme. **5** Donner, porter (un coup). → **assener. 6** (sujet chose) Atteindre d'un mal. **7** Affecter d'une impression vive et soudaine. → **saisir, surprendre.** ← passif *Être frappé de stupeur.* **II** ▪ v. tr. ind. Donner un coup, des coups. *Frapper dans ses mains.* **III** SE FRAPPER v. pron. S'inquiéter, se faire du souci.

**frappeur, euse** adj. ▪ Qui frappe. ← loc. *Esprit frappeur* (séances de spiritisme).

**frasque** n. f. ▪ Écart de conduite. → **fredaine, incartade.**

**fraternel, elle** adj. ▪ **1** Qui concerne les relations entre frères ou entre frères et sœurs. **2** Propre à des êtres qui se traitent en frères. → **amical, cordial.** ▷ adv. **fraternellement**

**fraterniser** v. intr. 🔢 ▪ Faire acte de fraternité, de sympathie ou de solidarité (avec qqn). ▷ n. f. **fraternisation**

**fraternité** n. f. ▪ **1** Lien existant entre personnes considérées comme membres de la famille humaine ; sentiment de ce lien. → **solidarité. 2** Lien particulier établissant des rapports fraternels. → **camaraderie.**

**fratricide** n. et adj. ▪ **I** ▪ n. m. Meurtre d'un frère, d'une sœur. **II 1** Personne qui tue son frère ou sa sœur. **2** adj. Du fratricide. ♦ Qui conduit les humains à s'entre-tuer. *Guerre fratricide.*

**fraude** n. f. ▪ Tromperie ou falsification punie par la loi. ← EN FRAUDE → **illégalement.**

**frauder** v. 🔢 ▪ **1** v. tr. Commettre une fraude au détriment de. *Frauder le fisc.* **2** v. intr. Être coupable de fraude. ▷ n. f. **fraudeur, euse**

**frauduleux, euse** adj. ▪ Entaché de fraude. *Faillite frauduleuse.* ▷ adv. **frauduleusement**

**frayer** v. 🔢 ▪ **I** ▪ v. tr. Tracer ou ouvrir (un chemin) au milieu d'obstacles. *Se frayer un chemin à travers la foule.* **II** ▪ v. intr. **1** Se dit de la femelle du poisson qui dépose ses œufs, et du mâle qui les féconde (→ **frai**). **2** (personnes) Avoir des relations familières et suivies (avec qqn). → **fréquenter.**

**frayeur** n. f. ▪ Peur très vive.

**fredaine** n. f. ▪ Écart de conduite sans gravité. → **frasque.**

**fredonner** v. tr. 🔢 ▪ Chanter (un air) à mi-voix. ▷ n. m. **fredonnement**

**freezer** [frizœr] n. m. ▪ anglic. Compartiment à glace (d'un réfrigérateur).

**frégate** n. f. ▪ **I 1** Ancien bateau de guerre à trois mâts. **2** Bâtiment de combat, entre la corvette et le croiseur. **II** Oiseau de mer aux grandes ailes fines, au bec long.

**frein** n. m. ▪ **1** Morceau de la bride qui entre dans la bouche du cheval et permet de l'arrêter. ♦ loc. fig. *Ronger son frein,* contenir difficilement son impatience. **2** Dispositif servant à ralentir, à arrêter le mouvement d'un ensemble mécanique. ← *Frein moteur* (résistance opposée par le moteur). **3** fig. Ce qui entrave un développement.

**freiner** v. 🔢 ▪ **I** ▪ v. tr. **1** Ralentir (qqn, qqch.) dans son mouvement. **2** fig. Ralentir (un essor). **II** ▪ v. intr. Ralentir, arrêter la marche d'une machine au moyen de freins. ▷ n. m. **freinage**

**frelater** v. tr. 🔢 ▪ Altérer la pureté de (→ **falsifier**). ► **frelaté, ée** adj. **1** *Vin frelaté.* **2** fig. Qui n'est pas pur. → **dénaturé.**

**frêle** adj. ▪ **1** Dont l'aspect ténu donne une impression de fragilité. **2** (personnes) Délicat, fragile. **3** littér. Fragile, faible. *De frêles espérances.*

**frelon** n. m. ▪ Grosse guêpe à corselet noir, dont la piqûre est douloureuse.

**freluquet** n. m. ▪ Jeune homme frivole et prétentieux. → **godelureau.**

**frémir** v. intr. ▪ **1** Être agité d'un faible mouvement d'oscillation ou de vibration qui produit un son léger, confus. → sur le point de bouillir. **2** (personnes) Être agité d'un tremblement. → *Frémir de,* être bouleversé par. *Frémir d'horreur.*

**frémissant, ante** adj. ▪ **1** Qui frémit. **2** Prompt à s'émouvoir. → **vibrant.**

**frémissement** n. m. ▪ Action de frémir (1 et 2) ; tremblement léger. → **frisson.** ♦ Léger changement positif (en politique, économie).

**frêne** n. m. ▪ Arbre à bois clair et dur.

**frénésie** n. f. ▪ **1** État d'exaltation violente qui met hors de soi. **2** Ardeur extrême.

**frénétique** adj. ▪ Qui marque de la frénésie, est poussé jusqu'à la frénésie. *Rythme frénétique.* ▷ adv. **frénétiquement**

**fréquemment** [-amã] adv. ▪ D'une manière fréquente. → **souvent.**

**fréquence** n. f. ▪ **1** Caractère de ce qui se reproduit à intervalles rapprochés. **2** sc. Nombre de périodes ou de cycles complets de variations qui se succèdent en une seconde (spécialt pour le son).

**fréquent, ente** adj. ▪ **1** Qui se produit souvent, se répète à intervalles rapprochés. → **nombreux, répété. 2** Dont on voit de nombreux exemples. → **commun, courant.**

**fréquentatif, ive** adj. ▪ ling. Qui marque la fréquence, la répétition de l'action (verbe).

**fréquentation** n. f. ▪ **1** Action de fréquenter (un lieu, qqn). **2** Personne qu'on fréquente.

**fréquenter** v. tr. ▪ **1** Aller souvent, habituellement dans (un lieu). **2** Avoir des relations habituelles (avec qqn) ; voir fréquemment. **3** Voir (qqn) fréquemment pour des raisons sentimentales ; courtiser. ▸ **se fréquenter** v. pron. récipr. ▪ **fréquenté, ée** adj. Où il y a habituellement du monde. → *Lieu mal fréquenté* (→ mal famé).

**fréquentiel, elle** adj. ▪ didact. De la fréquence (2).

**frère** n. m. ▪ **1** Celui qui est né des mêmes parents que qqn, ou du même père ou de la même mère. *Son frère aîné, cadet* (fam. *son grand, son petit frère*). *Ils sont frère et sœur.* → *Frère de lait\*.* **2** (surtout plur.) Homme, considéré comme membre de la famille humaine. ♦ Fidèle d'une même religion. → Appellation des membres d'ordres religieux. **3** Homme qui a une communauté d'origine, d'idées, etc. (avec d'autres). *Des frères d'armes.* → appos. *Peuples frères.* → *Un faux frère :* un traître.

**frérot** n. m. ▪ fam. Petit frère.

**fresque** n. f. ▪ **1** Peinture murale qui utilise des couleurs à l'eau sur un enduit de mortier frais. **2** (abusif en art) Vaste peinture murale. **3** Vaste composition littéraire, tableau d'ensemble d'une époque, etc.

**fressure** n. f. ▪ Ensemble des gros viscères d'un animal (cœur, foie, rate, poumons).

**fret** [fʀɛ(t)] n. m. ▪ **1** Prix du transport des marchandises ; leur transport. *Payer le fret. Fret aérien.* **2** Chargement (d'un navire ; d'un avion, d'un camion).

**fréter** v. tr. ▪ **1** Donner en location (un navire). ♦ Armer (un navire), mettre en état de prendre la mer. **2** → **affréter.**

**frétiller** v. intr. ▪ S'agiter par petits mouvements rapides. → *Frétiller de joie.* ▷ adj. **frétillant, ante** ▷ n. m. **frétillement**

**fretin** n. m. ▪ **1** Petits poissons. **2** (dans un groupe) *Fretin, menu fretin :* ce qu'on considère comme négligeable ou insignifiant.

**frette** n. f. ▪ techn. Cercle métallique servant de renfort. ▷ **fretter** v. tr. ▪

**freudien, ienne** adj. ▪ Propre ou relatif à Freud (créateur de la psychanalyse). ♦ n. Partisan de Freud, de sa psychanalyse.

**freudisme** n. m. ▪ Ensemble des théories et méthodes de Freud et de ses disciples.

**freux** n. m. ▪ Corneille à bec étroit.

**friable** adj. ▪ Qui peut facilement se réduire en menus fragments, en poudre.

**friand, ande** ▪ **I** adj. **1.** vx Gourmand. **2** fig. Qui recherche (qqch.). *Être friand de compliments.* → **avide. II** n. Petit pâté feuilleté à la viande. ♦ Petit gâteau à la pâte d'amandes.

**friandise** n. f. ▪ Petite pièce de confiserie ou de pâtisserie.

**fric** n. m. sing. ▪ fam. Argent (II).

**fricandeau** n. m. ▪ Morceau de poisson, de viande cuit dans son jus.

**fricassée** n. f. ▪ Ragoût de poulet ou de lapin cuit à la casserole. → **gibelotte.**

**fric-frac** n. m. ▪ fam. Effraction.

**friche** n. f. ▪ **1** Terre non cultivée. **2** *EN FRICHE :* inculte. → à l'abandon. → fig. *Laisser ses dons en friche,* ne pas les employer.

**frichti** n. m. ▪ fam. Repas que l'on cuisine.

**fricot** n. m. ▪ fam. **1** Mets grossièrement cuisiné. **2** Nourriture ; repas.

**fricoter** v. tr. et intr. ▪ fam. Trafiquer.

**friction** n. f. ▪ **I 1** techn. Résistance au mouvement, entre deux surfaces en contact. → **frottement. 2** fig. Désaccord entre personnes. **II** Fait de frotter vigoureusement une partie du corps pour la masser.

**frictionner** v. tr. ▪ Administrer une friction (II) à. ▸ **se frictionner** v. pron.

**frigidaire** n. m. invar. (nom déposé) ▪ Réfrigérateur.

**frigide** adj. ▪ **1** littér. Froid, insensible. **2** cour. Qui n'éprouve pas le plaisir sexuel.

**frigidité** n. f. ▪ Absence de plaisir sexuel.

**frigo** n. m. ▪ fam. Réfrigérateur.

**frigorifier** v. tr. ⑦ ▪ **1** Soumettre au froid pour conserver. → **réfrigérer. 2** fam. passif *Être frigorifié*, avoir très froid.

**frigorifique** adj. ▪ Qui sert à produire le froid. → **réfrigérant. ◄** *Camion frigorifique*, équipé d'une installation frigorifique.

**frigoriste** n. ▪ techn. Technicien(enne) des installations frigorifiques.

**frileux, euse** adj. ▪ **1** (personnes, animaux) Qui craint le froid, y est très sensible. **2** Qui dénote la crainte du froid. **3** fig. Craintif, apeuré. ▷ adv. **frileusement**

**frilosité** n. f. ▪ Caractère frileux.

**frimas** n. m. ▪ **1** poét. (surtout plur.) Brouillard givrant. ◄ *Les frimas* : l'hiver. **2** vx *Être poudré à frimas*, avec de la poudre blanche.

**frime** n. f. ▪ fam. Apparence trompeuse ; comportement trompeur. *C'est de la frime.* → **bluff.** ▷ **frimer** v. intr. ① ▪ n. **frimeur, euse**

**frimousse** n. f. ▪ Visage agréable (d'enfant...). → **minois.**

**fringale** n. f. ▪ **1** Faim violente et pressante. **2** fig. Désir violent, irrésistible.

**fringant, ante** adj. ▪ **1** (chevaux) Très vif. **2** (personnes) Dont l'allure vive et élégante dénotent une belle humeur.

**fringuer** v. tr. ① ▪ fam. Habiller. ► **se fringuer** v. pron.

**fringues** n. f. pl. ▪ fam. Vêtements.

**fripe** n. f. ▪ Vieux vêtement (surtout plur.). ◄ *La fripe* : les vêtements d'occasion.

**friper** v. tr. ① ▪ Défraîchir en froissant.

**friperie** n. f. ▪ **1** Vieux habits, linge usagé. **2** Commerce, boutique de fripier.

**fripier, ière** n. ▪ Personne qui revend d'occasion des habits (→ **fripe**), du linge.

**fripon, onne** n. et adj. ▪ **1** vieilli Personne malhonnête. **2** Personne espiègle. **3** adj. Malin et provocant. ▷ n. f. **friponnerie**

**fripouille** n. f. ▪ **1** vx (collectif) Racaille. **2** Personne malhonnête.

**friqué, ée** adj. ▪ fam. Riche. → **rupin.**

**frire** v. ▪ **1** v. tr. Faire cuire (qqch.) en plongeant dans un corps gras bouillant. **2** v. intr. Cuire dans la friture. *Mettre des pommes de terre à frire.* ► **frit, frite** adj.

① **frise** n. f. ▪ **1** archit. Partie de l'entablement entre l'architrave et la corniche. **2** Ornement en forme de bande continue.

②**cheval de frise** n. m. ▪ Pièce de bois ou de fer hérissée de pointes.

**friselis** n. m. ▪ littér. Faible frémissement.

**friser** v. tr. ① ▪ **I** v. tr. **1** Mettre en boucles (des cheveux, poils, fibres, etc.). **2** Passer au ras de, effleurer. → **frôler, raser. 3** Approcher de très près. *Friser la quarantaine.* **II** v. intr. Être ou paraître frisé. ► **frit, frite** adj. *Cheveux frisés.* ◆ *Chou frisé* ; *chicorée frisée* et n. f. *frisée*, aux bords ondulés.

① **frisette** n. f. ▪ Boucle de cheveux frisés.

② **frisette** n. f. ▪ Ensemble de planches fines de sapin ou de pin.

**frison, onne** adj. ▪ De la Frise. ◄ n. m. Langue germanique dont des dialectes sont parlés en Allemagne, aux Pays-Bas...

**frisotter** v. ① ▪ **1** v. tr. Friser en petites boucles serrées. ◄ au p. p. *Cheveux frisottés.* **2** v. intr. Friser (II) en ondulations serrées. ▷ adj. **frisottant, ante** ▷ n. m. **frisottement**

**frisquet, ette** adj. ▪ Un peu frais. → **frais.**

**frisson** n. m. ▪ **1** Tremblement irrégulier, accompagné d'une sensation de froid (dû à la fièvre...). **2** Frémissement qui accompagne une émotion. *Donner le frisson* : faire peur. **3** poét. Léger mouvement ; bruit léger (eau, etc.).

**frissonnement** n. m. ▪ littér. Léger frisson.

**frissonner** v. intr. ① ▪ **1** Être agité de frissons. **2** Être saisi d'un léger tremblement dû à une émotion. **3** (choses) Trembler légèrement. ▷ adj. **frissonnant, ante**

**frisure** n. f. ▪ **1** Façon de friser ; état des cheveux frisés. **2** Boucle. → ① **frisette.**

**frit, frite** adj. → **frire**

**frite** n. f. ▪ **1** Petit morceau allongé de pomme de terre frite. **2** loc. fam. *Avoir la frite* : se sentir en forme.

**se friter** ou **se fritter** v. pron. ① ▪ fam. Avoir une violente dispute (avec qqn). *Se friter avec ses voisins.* ◄ récipr. *Ils ne cessent pas de se friter.*

**friterie** n. f. ▪ **1** Installation pour la friture des poissons. **2** Échoppe de marchand de frites.

**friteuse** n. f. ▪ Récipient pourvu d'un égouttoir, destiné aux fritures.

**friture** n. f. ▪ **I 1** Action, manière de frire un aliment. **2** Matière grasse servant à frire. **3** Aliment frit. ◄ spécial Petits poissons frits. **II** Grésillement parasite (radio...).

**frivole** adj. ▪ **1** (choses) Qui a peu de sérieux et, par suite, d'importance. → **futile. 2** (personnes) Qui ne s'occupe que de choses futiles. **3** Inconstant en amour. → **volage.**

**frivolité** n. f. ▪ **1** Caractère d'une personne, d'une action frivole. **2** Chose frivole. → **bagatelle, futilité. 3** au plur. vieilli Petits articles de mode, de parure.

**froc** n. m. ▪ **I** vieilli Habit de moine. **II** fam. Pantalon.

**froid, froide ▪ I** adj. (opposé à *chaud*) **1** Qui est à une température sensiblement plus basse que celle du corps humain (dans l'échelle : *glacial, glacé, froid, frais*). *Un vent froid.* ◄ *Couleurs froides*, qui ont peu d'éclat (bleu, vert...). ◄ *Sueur\* froide.* **2** Qui s'est refroidi. *Le moteur est froid.* **II** adj. **1** Qui ne s'anime ou ne s'émeut pas facilement. → **calme.** ◄ *Une colère froide*, rentrée. **2** Dont la réserve marque de l'indifférence ou de l'hostilité (opposé à *chaleureux*). ◄ loc. *Cela me laisse froid*, indifférent. **3** en art Qui ne suscite aucune émotion, par défaut de sensibilité. → **inexpressif, terne. 4** loc. *Guerre froide* : tension internationale sans conflit déclaré. **III** À *FROID* loc. adv. : sans mettre au feu, sans chauffer. ◄ *Opérer à froid*, en dehors d'une crise aiguë. ◄ *Plaisanter à froid*, d'une façon distanciée. **IV** n. m. (opposé à *chaleur*)

**1** État de la matière, spécial de l'atmosphère quand elle est froide ; sensation résultant du contact de la peau avec un corps ou un milieu froid. → *Prendre, attraper froid,* un refroidissement. → loc. *N'avoir pas froid aux yeux :* être audacieux, décidé. ♦ *Froid artificiel,* produit par réfrigération ou congélation. → **cryo-.** **2** Sensation comparable à celle donnée par le froid. → loc. *Cela me fait froid dans le dos* (de peur...). *JETER UN FROID :* provoquer une gêne. ♦ Absence d'émotion, de chaleur humaine. → loc. *Ils sont EN FROID,* brouillés, fâchés.

**froidement** adv. ▪ **1** Avec réserve. *On l'a reçu froidement.* **2** Calmement. **3** Avec insensibilité. *Abattre froidement qqn.*

**froideur** n. f. ▪ **1** Absence relative d'émotivité. → **impassibilité.** → Manque de sensualité. ‖ Indifférence marquée. → **détachement.** **3** en art Défaut de chaleur, d'éclat.

**froidure** n. f. ▪ Grand froid de l'hiver.

**froissement** n. m. ▪ Action de froisser ; son résultat. ♦ Bruit de ce qui est froissé.

**froisser** v. tr. ① ▪ **I 1** Meurtrir par une pression violente. *Se froisser un muscle.* **2** Comprimer, en écrasant. **3** Faire prendre des faux plis à (une étoffe). ‖ fig. Blesser légèrement (qqn) dans son amour-propre, dans sa délicatesse. → **désobliger, vexer.** ► se **froisser** v. pron. **1** *Tissu qui ne se froisse pas.* **2** Se vexer. *Ne vous froissez pas.*

**frôlement** n. m. ▪ Léger et rapide contact d'un objet qui se déplace le long d'un autre.

**frôler** v. tr. ① ▪ **1** Toucher légèrement en passant. → **effleurer.** **2** Passer très près de, en touchant presque. ♦ fig. *Frôler le ridicule.*

**fromage** n. m. ▪ **1** Aliment obtenu par la coagulation du lait, suivie ou non de cuisson, de fermentation ; masse moulée de cet aliment. ♦ loc. fam. *Faire un fromage de qqch.,* en faire toute une histoire. **2** Situation avantageuse. → **sinécure.** **3** *FROMAGE DE TÊTE :* pâté de tête de porc en gelée.

① **fromager, ère** ▪ **1** adj. Relatif au fromage. **2** n. Fabricant ou marchand de fromages.

② **fromager** n. m. ▪ Grand arbre tropical, dont les fruits fournissent le kapok.

**fromagerie** n. f. ▪ Local où l'on fabrique et où l'on vend en gros des fromages. → Industrie, commerce des fromages.

**froment** n. m. ▪ Blé. → Grains de blé.

**fronce** n. f. ▪ Pli court et serré donné à une étoffe en y passant un fil.

**froncer** v. tr. ③ ▪ **1** Plisser, rider en contractant, en resserrant. *Froncer les sourcils.* ▷ n. m. **froncement 2** Plisser (une étoffe) en formant des fronces.

**frondaison** n. f. ▪ Feuillage (des arbres).

① **fronde** n. f. ▪ bot. Feuille des plantes sans cotylédons. *Les frondes des fougères.*

② **fronde** n. f. ▪ **1** Arme de jet, poche de cuir contenant un projectile (balle ou pierre). **2** Lance-pierres à élastique.

③ **fronde** n. f. ▪ **1** avec maj. Sédition qui éclata contre Mazarin (1648-1653). **2** *Un esprit de fronde, un vent de fronde,* de révolte.

**fronder** v. ① ▪ **I** v. intr. hist. Appartenir à la Fronde. ‖ **II** v. tr. littér. Attaquer ou railler (ce qui est entouré de respect).

**frondeur, euse** n. ▪ **1** Personne qui appartenait à la Fronde. **2** Personne qui critique l'autorité, etc. → adj. *Un esprit frondeur.*

**front** n. m. ▪ **I 1** Partie supérieure du visage entre les sourcils et la racine des cheveux, s'étendant d'une tempe à l'autre. ♦ Partie antérieure et supérieure de la tête (d'animaux). **2** loc. *Avoir le front de,* l'audace, la prétention de. ‖ **II 1** Face antérieure, d'une certaine étendue. → loc. *FRONT DE MER :* avenue en bordure de la mer. **2** Ligne des positions occupées face à l'ennemi. → loc. *FAIRE FRONT :* faire face pour résister. ♦ Zone des batailles (s'oppose à *l'arrière*). **3** Union politique étroite entre des partis, etc. **4** technol. Face, plan vertical. → météorol. Ligne entre des masses d'air. *Front froid.* **5** *DE FRONT* loc. adv. : par-devant. ♦ fig. Directement. ♦ Sur la même ligne, côte à côte. *Chevaux attelés de front.* → fig. *Mener de front plusieurs affaires.*

**frontal, ale, aux** ▪ **I** adj. anat. Du front. ‖ **II** n. m. Pièce couvrant le front.

**frontalier, ière** n. ▪ Habitant d'une région frontière. → adj. *Ville frontalière.*

**frontière** n. f. ▪ **1** Limite d'un territoire, ou séparant deux États. *Frontière naturelle* (obstacle géographique). ♦ Région près d'une frontière. → appos. *Des villes frontière(s).* ♦ loc. *Sans frontières,* international. **2** fig. Limite, séparation. → **confins.**

**frontispice** n. m. ▪ **1** Grand titre d'un ouvrage. **2** Gravure placée face au titre.

**fronton** n. m. ▪ **1** Couronnement vertical d'un édifice. **2** Mur de pelote basque.

**frottement** n. m. ▪ **1** Action de frotter ; contact et friction de deux corps dont l'un se déplace par rapport à l'autre. **2** sc. Force qui s'oppose au glissement. **3** fig. Difficulté.

**frotter** v. ① ▪ **I** v. tr. **1** Exercer une pression accompagnée de mouvement. **2** Rendre plus propre en frottant. → **astiquer, briquer. 3** loc. *Se frotter les mains* (en signe de contentement). **4** *Frotter qqch. de, avec...,* enduire par frottement. ‖ **II** v. intr. Produire un frottement. ► se **frotter** v. pron. **1** Frotter son corps. → **frictionner. 2** S'enduire de. **3** *Se frotter à qqn,* se mesurer à lui.

**frottis** n. m. ▪ **1** peint. Mince couche de couleur. **2** Préparation en couche mince d'une substance organique (pour examen au microscope).

**frottoir** n. m. ▪ Objet pour frotter.

**froufrou** ou **frou-frou** n. m. ▪ Bruit léger de frôlement, de froissement (étoffe, etc.).

**froufrouter** v. intr. ① ▪ Produire un froufrou. ▷ adj. **froufroutant, ante**

**froussard, arde** adj. et n. ▪ fam. Peureux.

**frousse** n. f. ▪ fam. Peur. → fam. **trouille.**

**fructification** n. f. ▪ Fait de fructifier.

**fructifier** v. intr. ⑦ ■ **1** Produire, donner des récoltes. **2** Produire des bénéfices. *Faire fructifier un capital.*

**fructueux, euse** adj. ■ Qui donne des résultats avantageux. → **profitable, rentable.**

**frugal, ale, aux** adj. ■ **1** Qui consiste en aliments simples et peu abondants. *Repas frugal.* **2** *Vie frugale.* → **austère, simple.** ▷ n. f. **frugalité**

**frugivore** adj. ■ Qui se nourrit de fruits.

**fruit** n. m. ■ **I 1** Production des plantes qui apparaît après la fleur (surtout comestible et sucrée). **2** loc. *LE FRUIT DÉFENDU* (que Dieu avait défendu à Adam et Ève de manger) : chose qu'on désire et dont on doit s'abstenir. **II** (Produit) **1** littér. *Le fruit d'une union, d'un mariage, l'enfant.* **2** Résultat avantageux. → **avantage, profit.** *Le fruit de l'expérience.* **3** loc. *FRUITS DE MER :* coquillages comestibles, oursins, crustacés.

**fruité, ée** adj. ■ Au goût de fruit frais.

**fruiterie** n. f. ■ Commerce de fruits.

**fruitier, ière** ■ **I** adj. Qui donne des fruits comestibles. **II 1** n. m. Lieu planté d'arbres fruitiers. → **verger.** ♦ Local où l'on garde les fruits. **2** n. Personne qui tient une fruiterie.

**fruitière** n. f. ■ régional Fromagerie.

**frusques** n. f. pl. ■ fam. Vieux habits ; habits.

**fruste** adj. ■ **1** didact. Usé, altéré par le temps. **2** (personnes) Mal dégrossi. → **grossier, primitif.**

**frustrant, ante** adj. ■ Qui frustre (2).

**frustrer** v. tr. ① ■ **1** Priver (qqn) d'un bien, d'un avantage sur lequel il comptait. *Frustrer un héritier de sa part.* **2** Priver (qqn) d'une satisfaction. → au p. p. *Être, se sentir frustré.* ▷ n. f. **frustration**

**fuchsia** [fyʃja ; fyksja] n. m. ■ **1** Arbrisseau aux fleurs pourpres, roses, en clochettes. **2** *Fuchsia, rose fuchsia* (couleur).

**fucus** [-ys] n. m. ■ bot. Algue brune.

**fuel** ou **fioul** [fjul] n. m. ■ anglic. Mazout.

**fugace** adj. ■ Qui disparaît vite, dure très peu. → **éphémère, fugitif.** ▷ n. f. **fugacité**

**-fuge** Élément, qui signifie « fuir » (ex. *centrifuge*) ou « faire fuir » (ex. *fébrifuge*).

**fugitif, ive** adj. ■ **1** Qui s'enfuit, qui s'est échappé. → n. → **évadé, fuyard.** **2** Qui passe et disparaît rapidement. → **bref, fugace.** ▷ adv. **fugitivement**

**fugue** n. f. ■ **I** Action, fait de s'enfuir du lieu où l'on vit habituellement. *Enfant qui fait une fugue.* **II** Composition musicale écrite dans le style du contrepoint, basée sur des imitations successives d'un thème.

**fugué, ée** adj. ■ mus. De la forme semblable ou comparable à celle de la fugue.

**fuguer** v. intr. ① ■ Faire une fugue (I).

**fugueur, euse** adj. et n. ■ (Personne) qui fait des fugues.

**führer** [fyʀœʀ] n. m. ■ Titre de Hitler.

**fuir** v. ⑰ ■ **I** v. intr. **1** S'éloigner en toute hâte, partir pour échapper à une difficulté. → s'**enfuir.** ← Partir au loin. **2** (sujet chose) S'éloigner ou sembler s'éloigner par un mouvement rapide. ← (temps) Passer rapidement. **3** (liquide) S'échapper. **4** Présenter une issue, une fente par où s'échappe ce qui est contenu. *Tonneau qui fuit.* **II** v. tr. **1** Chercher à éviter. *Fuir qqn ; les responsabilités.* **2** (sujet chose) littér. Échapper à, se refuser à (qqn). *Le sommeil me fuit.*

**fuite** n. f. ■ **I** (êtres vivants) **1** Action de fuir ; mouvement d'une personne qui fuit. ← dr. *Délit de fuite* (après avoir causé un accident). ♦ loc. *Fuite en avant,* accélération risquée d'un processus. **2** Action de se dérober (à un devoir...). **II** (choses) **1** Action de s'éloigner. *Fuite des capitaux* (à l'étranger). ← *La fuite du temps.* **2** Écoulement par une issue étroite ou cachée. *Fuite de gaz.* ♦ Cette issue (fissure...). **3** Disparition de documents secrets ; divulgation d'informations destinées à demeurer secrètes.

**fuiter** v. intr. ① ■ fam. **1** Fuir, se sauver. **2** Faire l'objet d'une fuite (II, 3).

**fulgurant, ante** adj. ■ **1** Qui jette une lueur vive et rapide. *Clarté fulgurante.* **2** Qui frappe vivement et soudainement l'esprit. *Idée fulgurante.* **3** Très vif, très fort et rapide. *Des progrès fulgurants.* → **foudroyant.**

**fulgurer** v. intr. ① ■ littér. Briller vivement.

**fuligineux, euse** adj. ■ De la suie ; qui rappelle la suie ; qui a la couleur noirâtre.

**full-contact** [ful-] n. m. ■ anglic. Sport de combat à mains nues, aussi appelé *boxe américaine.*

**fullerène** n. m. ■ chim. Molécule stable formée d'atomes de carbone (60 et plus), troisième variété connue de carbone pur (avec le graphite et le diamant).

**fulminant, ante** adj. ■ **1** chim. Qui peut détoner par l'effet de la chaleur ou d'un choc. **2** Qui est en colère et menaçant.

**fulminer** v. ① ■ **I** v. intr. **1** chim. Faire explosion. → **détoner, exploser. 2** Éclater en menaces, en reproches (contre qqn, qqch.). **II** v. tr. **1** dr. canon Lancer (une condamnation) dans les formes. **2** littér. Formuler avec véhémence. *Fulminer des reproches.* ▷ n. f. **fulmination**

① **fumage** n. m. ■ Action de fumer (des aliments). → ① **fumer** (II). - syn. FUMAISON n. f.

② **fumage** n. m. ■ Action de fumer (②).

**fumant, ante** adj. ■ **1** Qui émet de la fumée, qui fume (①). **2** Qui émet (ou semble émettre) de la vapeur. *Soupe fumante.* **3** fam. *Un coup fumant,* très bien réussi.

**fumé, ée** adj. ■ **1** Préparé par fumage (①). **2** Obscurci comme par de la fumée.

**fume-cigarette** n. m. ■ Petit tube au bout duquel on met une cigarette pour la fumer.

**fumée** n. f. ■ **1** Produit gazeux, plus ou moins coloré, qui se dégage d'un feu, etc. ◆ prov. *Il n'y a pas de fumée sans feu\**. ◆ loc. *S'en aller EN FUMÉE* : être consommé sans profit. **2** Vapeur qui se dégage d'une surface liquide plus chaude que l'air. **3** au plur. Vapeurs qui sont supposées monter au cerveau, brouiller les idées. *Les fumées de l'ivresse.*

① **fumer** v. ▯ ■ I v. intr. **1** Dégager de la fumée (1). **2** Exhaler de la vapeur. ■ II v. tr. soumettre à l'action de la fumée. → **boucaner.** *Fumer du lard, du poisson* (pour sécher et conserver). ■ III v. tr. Faire brûler (du tabac, etc.) en aspirant la fumée par la bouche. ◆ absolt *Défense de fumer.*

② **fumer** v. tr. ▯ ■ Répandre du fumier sur (une terre). → **fumure ; fertiliser.**

**fumerie** n. f. ■ Lieu où l'on fume l'opium.

**fumerolle** n. f. ■ Émanation de gaz qui s'échappe d'un volcan.

**fumeron** n. m. ■ **1** Morceau de charbon de bois fumant. **2** Petite lampe qui fume.

**fumet** n. m. ■ **1** Odeur agréable et pénétrante d'un plat. **2** Odeur animale puissante.

**fumeterre** n. f. ■ Plante à feuilles très découpées et à fleurs roses.

**fumeur, euse** n. ■ Personne qui a l'habitude de fumer (III).

**fumeux, euse** adj. ■ **1** Qui répand de la fumée. **2** Qui manque de clarté, de netteté.

**fumier** n. m. ■ **1** Mélange des litières et des excréments des animaux d'élevage, utilisé comme engrais. **2** fam. (très injurieux) Personne méprisable.

**fumigation** n. f. ■ **1** Destruction de germes, etc. par des fumées toxiques. **2** méd. Soin par des vapeurs médicamenteuses.

**fumigène** adj. ■ Qui produit de la fumée. *Grenade fumigène.* ◆ n. m. *Des fumigènes.*

① **fumiste** n. m. ■ Personne qui installe ou répare les cheminées et appareils de chauffage.

② **fumiste** n. et adj. ■ fam. (Personne) qui ne fait rien sérieusement, sur qui on ne peut compter. → **plaisantin.** ▷ n. f. **fumisterie**

**fumoir** n. m. ■ Local pour les fumeurs.

**fumure** n. f. ■ Amélioration des terres par le fumier, par un fertilisant.

**fun** [fœn] n. m. invar. ■ anglic. (d'abord en franç. du Canada) Amusement, plaisir. ◆ adj. invar. *Elles sont fun !*

**funambule** n. ■ Personne qui marche, danse sur la corde raide. → **acrobate.**

**funambulesque** adj. ■ **1** Du funambule. **2** fig. Bizarre, extravagant.

**funboard** [fœnbɔʀd] n. m. ■ anglic. Planche à voile très courte, permettant de sauter. ◆ Sport pratiqué avec cette planche.

**funèbre** adj. ■ **1** Qui a rapport aux funérailles. → **funéraire, mortuaire.** ◆ *POMPES FUNÈBRES* : entreprise spécialisée dans l'organisation des obsèques. **2** Qui évoque la mort. ◆ Qui inspire un sentiment de sombre tristesse. → **lugubre, sinistre.**

**funérailles** n. f. pl. ■ Ensemble des cérémonies accomplies pour rendre les derniers devoirs à un mort. → **enterrement, obsèques.**

**funéraire** adj. ■ Qui concerne le souvenir, la commémoration des morts.

**funérarium** [-jɔm] n. m. ■ Établissement qui reçoit le corps des personnes décédées, et où se réunissent les proches avant les obsèques (syn. *chambre funéraire*).

**funeste** adj. ■ Qui porte avec soi le malheur et la désolation. ◆ *FUNESTE À.* → **fatal à.**

**funiculaire** n. m. ■ Chemin de fer tiré par des câbles (sur une voie en forte pente).

**furax** [-aks] adj. ■ fam. Furieux.

**furet** n. m. ■ **1** Petit mammifère carnivore, au pelage blanc et aux yeux rouges. **2** Jeu dans lequel des joueurs se passent rapidement un objet (le *furet*) qu'il faut déceler.

**au fur et à mesure** loc. adv. ■ En même temps et proportionnellement.

**fureter** v. intr. ▯ ■ Chercher, s'introduire partout avec curiosité.

**fureteur, euse** n. ■ Personne curieuse qui cherche partout. ◆ adj. *Des yeux fureteurs.*

**fureur** n. f. ■ **1** littér. Folie poussant à la violence. **2** Colère sans mesure. **3** (choses) Caractère d'extrême violence. *La fureur de vivre.* **2** loc. *FAIRE FUREUR* : avoir grand succès.

**furibard, arde** adj. ■ fam. Furibond.

**furibond, onde** adj. ■ Qui ressent ou annonce une grande fureur.

**furie** n. f. ■ **1** Fureur brutale. **2** mythol. romaine Chacune des trois divinités infernales de la vengeance. ◆ fig. Femme haineuse, méchante, coléreuse.

**furieux, euse** adj. ■ **1** En proie à la fureur (I, 1), au délire. *Un fou furieux.* → **forcené. 2** En proie à une folle colère. **3** (choses) Fort et violent. *Vent furieux.* ▷ adv. **furieusement**

**furoncle** n. m. ■ Abcès fermé, douloureux, dû à un staphylocoque. → **anthrax, clou.**

**furonculose** n. f. ■ Éruption de furoncles.

**furtif, ive** adj. ■ **1** Qui se fait à la dérobée, qui passe presque inaperçu. *Regard, sourire furtif.* **2** Avion furtif, impossible à déceler au radar.

**furtivement** adv. ■ D'une manière furtive.

**fusain** n. m. ■ **1** Arbrisseau à feuilles sombres et luisantes et à fruits rouges. **2** Charbon à dessiner (fait avec le bois du fusain). **3** Dessin exécuté au fusain.

**fusant, ante** adj. ■ Qui fuse. *Obus fusant.*

**fuseau** n. m. ■ **1** Petite toupie allongée qui sert à tordre puis à enrouler le fil, lorsqu'on file à la quenouille. ◆ Petite bobine de fil à broder. **2** *EN FUSEAU* : de forme allongée, le centre étant renflé. ◆ *Un fuseau, des fuseaux* : pantalon étroit à sous-pieds. ◆ *FUSEAU HORAIRE* : chacun des 24 fuseaux imaginaires à la surface de la Terre, d'un pôle à l'autre, servant à fixer l'heure locale légale.

**fusée** n. f. ■ **1** Pièce de feu d'artifice propulsée par de la poudre et qui éclate en dégageant une vive lumière colorée. **2** Engin propulsé par un moteur anaérobie à réaction *(moteur-fusée).* ◆ Véhicule spatial.

**fuselage** n. m. ■ Corps d'un avion.

**fuselé, ée** adj. ■ En forme de fuseau. ⇀ *Doigts fuselés,* longs et minces.

**fuser** v. intr. ⊞ ■ **1** techn. Couler en fondant. **2** (explosifs) Brûler sans détoner. **3** Jaillir comme une fusée. *Les rires fusaient.*

**fusible** ■ **I** adj. didact. Qui peut fondre sous l'effet de la chaleur. ▷ n. f. **fusibilité II** n. m. Petit fil d'un alliage fusible qu'on interpose dans un circuit électrique pour protéger une installation. → **coupe-circuit, plomb.**

**fusiforme** adj. ■ En forme de fuseau.

**fusil** [-zi] n. m. ■ **I 1** Tige d'acier munie d'un manche, sur laquelle on aiguise les couteaux. **2** PIERRE À FUSIL : silex donnant une étincelle par percussion sur une petite pièce d'acier. **II 1** Arme à feu portative à long canon. ◆ *Fusil sous-marin,* arme tirant une flèche, un harpon attaché par un fil. **2** loc. *Changer son fusil d'épaule :* changer de projet. ⇀ fam. *Coup de fusil,* addition très élevée, dans un hôtel, etc.

**fusilier** n. m. ■ Soldat armé d'un fusil. ⇀ FUSILIER MARIN, marin qui prend part aux combats.

**fusillade** n. f. ■ **1** Combat à coups de fusil. **2** Action de fusiller pour exécuter.

**fusiller** v. tr. ⊞ ■ **1** Tuer (un condamné) par une décharge de coups de fusil (→ passer par les armes). **2** fam. *Fusiller qqn du regard.* → **foudroyer.** ▸ **fusillé, ée** adj. et n. (Personne) mise à mort par fusillade.

**fusil-mitrailleur** [fyzi-] n. m. ■ Arme collective automatique à chargeur.

**fusion** n. f. ■ **I 1** Passage d'un corps solide à l'état liquide sous l'action de la chaleur (→ fondre). **2** État d'une matière liquéfiée par la chaleur. *Métal en fusion.* **3** *Fusion nucléaire,* dans laquelle deux noyaux atomiques légers s'unissent et libèrent de l'énergie. **II** fig. Union intime. *La fusion des cœurs.* ◆ *Fusion d'entreprises.*

**fusionnel, elle** adj. ■ De la fusion (entre personnes). ⇀ psych. *La relation fusionnelle entre mère et enfant.*

**fusionner** v. ⊞ ■ **1** v. tr. Unir par fusion (des collectivités). **2** v. intr. S'unir par fusion.

**fustanelle** n. f. ■ Court jupon masculin, tuyauté, du costume national grec.

**fustiger** v. tr. ③ ■ **1** vx Battre à coups de bâton, etc. **2** littér. Blâmer violemment.

**fût** n. m. ■ **I 1** Tronc d'arbre dans sa partie droite et dépourvue de branches. **2** Tige d'une colonne entre la base et le chapiteau. **3** techn. Monture de bois (d'une arme...). **II** Tonneau pour le vin, le cidre, etc. → **baril, futaille.**

**futaie** n. f. ■ Forêt de grands arbres aux fûts dégagés.

**futaille** n. f. ■ **1** → **fût** (II). **2** (collectif) Tonneaux, fûts. *Ranger la futaille dans un chai.*

**futal** n. m. ■ fam. Pantalon. *Des futals.*

**futé, ée** adj. ■ Qui est plein de finesse, de malice. ⇀ n. *C'est une futée.*

**futile** adj. ■ **1** Qui est dépourvu d'intérêt, de sérieux. → **insignifiant. 2** (personnes) Qui ne se préoccupe que de choses sans importance. → **frivole, superficiel.** ▷ adv. **futilement** ▷ n. f. **futilité**

**futon** n. m. ■ Matelas de coton de faible épaisseur, de style japonais.

**futur, ure** ■ **I** adj. **1** Qui appartient à l'avenir. → **prochain, ultérieur.** ⇀ *Croire en une vie future* (après la mort). **2** (avant le nom) Qui sera tel dans l'avenir. *Vos futurs collègues.* ⇀ n. vieilli *Son futur, sa future.* → **fiancé. II** n. m. **1** Partie du temps qui vient après le présent. → **avenir. 2** Ensemble des formes d'un verbe qui expriment qu'une action, un état sont placés dans un moment de l'avenir. *Futur simple* (ex. *je parlerai*) ; *antérieur* (ex. *j'aurai parlé*)...

**futurisme** n. m. ■ Mouvement esthétique moderniste né en Italie au début du XXᵉ siècle.

**futuriste** ■ **1** adj. et n. Partisan du futurisme. **2** adj. Qui évoque l'état futur de l'humanité tel qu'on peut l'imaginer.

**futurologie** n. f. ■ didact. Recherches concernant les évolutions futures. → **prospective.** ▷ n. **futurologue**

**fuyant, ante** adj. ■ **1** littér. Qui fuit, s'éloigne. **2** Qui se dérobe. → **insaisissable.** *Regard fuyant.* **3** en art Qui paraît s'éloigner. *Perspective fuyante.* **4** Dont les lignes s'incurvent vers l'arrière. *Front fuyant.*

**fuyard, arde** n. ■ Personne qui s'enfuit. → **fugitif.** ◆ spécialt n. m. Soldat qui fuit devant l'ennemi.

**g** [ʒe] n. m. ■ **1** Septième lettre, cinquième consonne de l'alphabet. **2** *g* : symbole du *gramme*.

**gabardine** n. f. ■ **1** Tissu serré de laine ou de coton. **2** Imperméable en gabardine.

**gabarit** n. m. ■ **1** techn. Modèle en grandeur réelle d'une pièce de construction. **2** Appareil pour vérifier une forme ou des dimensions. **3** Type, modèle ; taille, stature. ◆ fig. *Du même gabarit.* → acabit.

**gabarre** n. f. ■ **1** Embarcation plate. **2** Grand filet de pêche. – var. GABARE.

**gabbro** n. m. ■ Roche éruptive grenue.

**gabegie** n. f. ■ Désordre ; gaspillage.

**gabelle** n. f. ■ hist. Impôt indirect sur le sel (sous l'Ancien Régime, en France).

**gabelou** n. m. ■ hist. Commis de la gabelle. – plais. Douanier.

**gabier** n. m. ■ Matelot chargé de l'entretien de la voilure.

**gabion** n. m. ■ **1** milit. Cylindre rempli de terre (protection). **2** Abri de chasse.

**gable** ou **gâble** n. m. ■ Pignon décoratif.

**gâchage** n. m. ■ Action de gâcher.

**gâche** n. f. ■ Pièce de métal dans laquelle s'engage le pêne* d'une serrure.

**gâcher** v. tr. ① ■ **1** Délayer (du mortier, du plâtre) avec de l'eau. **2** fig. Faire (un travail) sans soin. ◆ Manquer, gâter, compromettre (qqch.).

**gâchette** n. f. ■ **1** techn. Petite gâche. **2** Pièce immobilisant le percuteur d'une arme à feu. ◆ abusivt Détente de cette arme.

**gâcheur, euse** n. ■ Personne qui gâche.

**gâchis** n. m. ■ **1** Mortier gâché. **2** Amas de choses abîmées. ◆ fig. Désordre, gaspillage.

**gadget** [gadʒɛt] n. m. ■ anglic. Objet amusant et nouveau, plus ou moins futile.

**gadin** n. m. ■ fam. Chute (d'une personne).

**gadoue** n. f. ■ Terre détrempée. → boue.

**gaélique** ■ **1** adj. Des populations celtes du nord de l'Écosse. **2** n. m. Groupe des dialectes celtiques des îles Britanniques.

① **gaffe** n. f. ■ Perche munie d'un croc.

② **gaffe** n. f. ■ fam. **1** *FAIRE GAFFE* : faire attention. **2** Maladresse, bévue.

**gag** [gag] n. m. ■ anglic. **1** (au cinéma) Brève action comique. **2** Situation burlesque.

**gaga** adj. et n. ■ fam. Gâteux.

**gage** n. m. ■ **I 1** Bien mobilier remis pour garantir le paiement d'une dette. → caution, dépôt, garantie. **2** (jeux) Pénitence que le perdant doit exécuter. **3** Ce qui représente une garantie. → assurance, promesse. **II** au plur. **1** Salaire d'un domestique. → appointements. **2** loc. *TUEUR À GAGES*, payé pour assassiner.

**gager** v. tr. ③ ■ **1** littér. *GAGER QUE* (+ indic.) : supposer que. **2** fin. Garantir par un gage.

**gageure** [-ʒyʀ] n. f. ■ littér. Projet, opinion qui semble relever d'un défi, d'un pari.

**gagnant, ante** ■ s'oppose à *perdant* **1** adj. Qui gagne. **2** n. Le concurrent qui gagne.

**gagne-pain** n. m. invar. ■ Ce qui permet à qqn de gagner modestement sa vie.

**gagne-petit** n. m. invar. ■ Personne dont le métier rapporte peu.

**gagner** v. tr. ① ■ **I** S'assurer (un profit matériel) **1** (Par une activité). *Gagner sa vie* (en travaillant). **2** (Par un hasard). *Gagner le gros lot.* **II 1** Acquérir, obtenir (un avantage). *Gagner de l'assurance.* – *Gagner du temps* (→ temporiser); *de la place.* ◆ *GAGNER EN*, sous le rapport de. *Son style a gagné en force.* ◆ intrans. *GAGNER À* (+ inf.) : retirer des avantages. *Il gagne à être connu.* **2** Obtenir (les dispositions favorables d'autrui). → s'attirer, conquérir, mériter. *Il a gagné l'estime de tous.* – *Gagner qqn à sa cause.* **III** (Dans une compétition, une rivalité ; opposé à *perdre*) **1** Obtenir, remporter (un enjeu ; un prix). **2** Être vainqueur dans (la compétition). *Gagner un match.* – *On a gagné !* **3** L'emporter sur (qqn). – *Gagner qqn de vitesse.* → devancer. **4** *GAGNER DU TERRAIN sur qqn*, se rapprocher de qqn (si on le poursuit), s'en éloigner (si l'on est poursuivi). – (choses) *L'incendie gagne du terrain.* → s'étendre. **5** intrans. S'étendre, se propager. *L'obscurité gagne.* **IV** Atteindre (une position). – (En se déplaçant) *Gagner la sortie.* – (En s'étendant) *Le cancer a gagné le foie.* – *Le sommeil le gagne, s'empare de lui.*

**gagneur, euse** n. ■ **I** Personne qui gagne. ◆ n. f. argot Prostituée qui rapporte. **II** Personne animée par la volonté de réussir.

**gai, gaie** adj. ■ **1** Qui a de la gaieté. → content, joyeux. ◆ Dont la gaieté provient d'une légère ivresse. → éméché. **2** (choses) Qui marque de la gaieté ; où règne la gaieté. **3** Qui inspire de la gaieté. → amusant, comique, drôle. – *Couleurs gaies.* → riant. **II** anglic. adj. et n. Homosexuel. → gay.

**gaiement** adv. ■ Avec gaieté. → joyeusement. - var. anc. GAÎMENT.

**gaieté** n. f. var. anc. gaîté ■ **1** Comportement, état d'esprit d'une personne animée par la bonne humeur. → entrain, joie. – loc. *De gaieté de cœur* : volontiers. **2** Caractère de ce qui est gai.

① **gaillard, arde** ■ **I** adj. **1** Plein de vie. → alerte, vif. **2** D'une gaieté un peu osée. → grivois. **II** n. m. **1** Homme plein de vigueur. **2** fam. Garçon, homme.

② **gaillard** n. m. ▪ mar. Superstructure située sur le pont supérieur d'un navire.

**gaillardement** adv. ▪ Avec vigueur, entrain.

**gaillardise** n. f. ▪ Gaieté un peu osée.

**gaîment ; gaîté** → **gaiement ; gaieté**

**gain** n. m. ▪ **1** Action, fait de gagner. ▪ loc. *Obtenir GAIN DE CAUSE*, ce qu'on voulait. **2** Ce qu'on gagne. → **bénéfice, profit, revenu.** **3** Avantage obtenu. → **fruit, profit.** *Gain de temps.* → **économie.**

**gaine** n. f. ▪ **1** Enveloppe ayant la forme de ce qu'elle protège. **2** Sous-vêtement féminin élastique enserrant les hanches et la taille. **3** Support (d'une statue) plus étroit à la base. **4** anat. Enveloppe protectrice.

**gainer** v. tr. [1] ▪ **1** Mettre une gaine à. **2** Mouler comme fait une gaine.

**gala** n. m. ▪ Grande fête. → **cérémonie.**

**galactique** adj. ▪ D'une galaxie.

**galact(o)-** Élément savant, du grec *gala, galaktos* « lait ».

**galamment** adv. ▪ Avec galanterie (1).

**galant, ante** adj. ▪ **I 1** (homme) Qui cherche à plaire aux femmes. ♦ Attentionné à l'égard des femmes. **2** vx *Un galant homme,* un homme d'honneur. **3** Qui a rapport aux relations amoureuses. **II** n. m. vieilli Amoureux, soupirant.

**galanterie** n. f. ▪ **1** Courtoisie auprès des femmes. **2** Propos flatteur (à une femme).

**galantine** n. f. ▪ Charcuterie à base de viande ou de volaille, servie en gelée.

**galapiat** n. m. ▪ fam. Vaurien.

**galaxie** n. f. ▪ **1** (avec maj.) La Voie lactée, galaxie (2) où se trouve le Soleil. **2** Vaste amas d'étoiles, l'une des structures essentielles de l'Univers.

**galbe** n. m. ▪ Contour harmonieux (d'un objet ; d'un corps ; d'un visage).

**galbé, ée** adj. ▪ Dont le contour est courbe et harmonieux.

**gale** n. f. ▪ **1** Maladie contagieuse de la peau, due à un acarien parasite, et caractérisée par des démangeaisons. ♦ fam. (personnes) *Mauvais comme la gale* : très méchant. **2** Maladie des végétaux.

**galéjade** n. f. ▪ régional (Provence) Blague.

**galène** n. f. ▪ Sulfate naturel de plomb.

**galère** n. f. ▪ **1** Grand navire à rames et à voiles (de l'Antiquité au XVIIIᵉ siècle). **2** au plur. Peine de ceux qui étaient condamnés à ramer sur les galères. **3** fig., fam. Métier pénible, situation difficile.

**galérer** v. intr. [6] ▪ fam. Être dans une situation pénible, difficile.

**galerie** n. f. ▪ **1** Lieu de passage ou de promenade, couvert, plus long que large. **2** Salle où sont réunies des œuvres d'art. ♦ Magasin où sont vendues des œuvres d'art. **3** (au théâtre) Balcon à plusieurs rangs de spectateurs. ♦ dans des loc. *L'assistance. Amuser la galerie.* **4** Cadre métallique fixé sur le toit d'une voiture. **5** Passage souterrain. *Galeries de mine.*

**galérien** n. m. ▪ Homme condamné à ramer sur les galères.

**galet** n. m. ▪ **1** Caillou usé et poli par l'eau. **2** techn. Disque, petite roue.

**galetas** n. m. ▪ Logement sordide.

**galette** n. f. ▪ **1** Gâteau plat et rond. ♦ Crêpe de sarrasin ou de maïs. **2** Objet en forme de galette. **II** fam. Argent.

**galeux, euse** adj. ▪ **1** Atteint de la gale. — n. *Un galeux.* **2** méd. De la gale. **3** Dont la surface est sale ou pelée. → **lépreux.**

**galicien, ienne** adj. et n. ▪ **I** De la Galice (Espagne). — n. m. Langue romane parlée en Galice, apparentée au portugais. **II** De la Galicie (Pologne).

**galimatias** [-tja] n. m. ▪ Discours confus.

**galion** n. m. ▪ Ancien navire de commerce.

**galiote** n. f. ▪ mar. anc. Petite galère.

**galipette** n. f. ▪ fam. Cabriole, culbute.

**galle** n. f. ▪ Tumeur d'un tissu végétal due à des insectes parasites.

**gallican, ane** adj. ▪ Qui concerne l'Église catholique de France. ♦ adj. et n. Partisan des libertés de cette Église (opposé à *ultramontain*).

**gallicisme** n. m. ▪ **1** Construction, emploi propre à la langue française. **2** Emprunt fait au français par une autre langue.

**gallinacé** n. m. ▪ Oiseau de la famille de la poule et du coq (caille, dindon, faisan...).

**gallium** [-jɔm] n. m. ▪ Corps simple (symb. Ga), métal proche de l'aluminium.

**gallois, oise** adj. et n. ▪ Du pays de Galles. ♦ n. m. *Le gallois* (langue celtique).

**gallon** n. m. ▪ Mesure de capacité des pays anglo-saxons pour les grains et les liquides.

**gallo-romain, aine** adj. et n. ▪ De la civilisation née en Gaule après la conquête par les Romains. — n. *Les Gallo-Romains.*

**gallo-roman** n. m. ▪ Langue romane parlée en Gaule avant la romane.

**galoche** n. f. ▪ Chaussure grossière. ♦ fig., fam. *Menton en galoche,* relevé.

**galon** n. m. ▪ Ruban de tissu épais ; spécialt signe distinctif des grades dans l'armée. — loc. *Prendre du galon* : monter en grade.

**galonner** v. tr. [1] ▪ Orner de galons. ▸ **galonné, ée** adj. *Revers galonnés.* — n. m. fam. Officier ou sous-officier.

**galop** [-o] n. m. ▪ **1** Allure la plus rapide du cheval (et d'animaux de la même famille). **2** loc. *GALOP D'ESSAI* : entraînement, essai. — *AU GALOP* : très vite.

**galopade** n. f. ▪ **1** Chevauchée faite au galop. **2** Course précipitée.

**galopant, ante** adj. ▪ Qui croît très vite.

**galoper** v. intr. [1] ▪ **1** Aller au galop. **2** Courir vite. ♦ fig. *Son imagination galope.*

**galopin** n. m. ▪ Gamin qui court les rues. ♦ Enfant espiègle, effronté. → **polisson.**

**galoubet** n. m. ▪ Flûte provençale.

**galuchat** n. m. ▪ Peau de certains poissons (squale, raie), traitée et utilisée en maroquinerie.

**galurin** n. m. ▪ fam. Chapeau. – syn. GALURE.

**galvanique** adj. ▪ sc. Relatif aux courants électriques continus de basse tension.

**galvaniser** v. tr. [1] ▪ **1** sc. Électriser au moyen d'un courant galvanique. **2** fig. Animer d'une énergie soudaine, souvent passagère. → **électriser. 3** techn. Recouvrir (un métal) d'une couche d'un autre métal par électrolyse. ▷ n. f. **galvanisation**

**galvanisme** n. m. ■ sc. Phénomènes électriques des muscles et des nerfs.

**galvanomètre** n. m. ■ phys. Instrument mesurant de faibles intensités de courant électrique.

**galvanoplastie** n. f. ■ techn. Procédé de galvanisation (→ **galvaniser** (3)) d'un objet.

**galvauder** v. tr. ① ■ Compromettre (un avantage...) par un mauvais usage. → **gâcher**.

**gambade** n. f. ■ Bond joyeux et spontané.

**gambader** v. intr. ① ■ Faire des gambades. ◆ fig. *Son esprit gambade,* suit sa fantaisie.

**gambas** [-as] n. f. pl. ■ Grosses crevettes de la Méditerranée.

**gambe** → **viole de gambe**

**gamberger** v. ③ ■ argot fam. **1** v. intr. Réfléchir. **2** v. tr. Combiner. ⊳ n. f. **gamberge**

**gambette** n. f. ■ fam. Jambe.

**gambiller** v. intr. ① ■ fam. Danser.

**gambiste** n. ■ Instrumentiste qui joue de la viole* de gambe.

**gambit** n. m. ■ aux échecs Sacrifice d'un pion (pour préparer une attaque, etc.).

**-game, -gamie** Éléments savants, du grec *gamos* « mariage ».

**gamelan** n. m. ■ Orchestre traditionnel indonésien (gongs, tambours...).

**gamelle** n. f. ■ **1** Récipient individuel pour la nourriture. **2** fam. *Ramasser une gamelle :* tomber ; fig. subir un échec.

**gamète** n. m. ■ Cellule reproductrice sexuée qui contient un chromosome de chaque paire.

**gamin, ine** ■ **I 1** n. vieilli Petit garçon, petite fille vivant dans la rue. **2** mod. Enfant. → **gosse**. **II** adj. Jeune et espiègle. ⊳ n. f. **gaminerie** → **enfantillage**.

**gamma** n. m. invar. ■ Troisième lettre de l'alphabet grec (Γ, γ), correspondant au g.

**gammaglobuline** n. f. ■ biol. Fraction du sérum sanguin contenant des anticorps.

**gamme** n. f. ■ **1** mus. Suite montante ou descendante de notes* comprises dans une octave. **2** Gradation de couleurs. **3** Série continue (d'objets...). ◆ loc. *HAUT DE GAMME, BAS DE GAMME,* produits les plus chers, les moins chers d'une série.

**gammée** adj. f. ■ *CROIX GAMMÉE,* aux branches en forme de gamma. → **svastika**.

① **ganache** n. f. ■ fam., vieilli Personne sotte.

② **ganache** n. f. ■ Crème à base de chocolat fondu et de crème fraîche.

**gandin** n. m. ■ vx Jeune homme élégant.

**gandoura** n. f. ■ Tunique sans manches, portée dans le Maghreb.

**gang** [gãg] n. m. ■ anglic. Bande organisée, association de malfaiteurs.

**ganglion** n. m. ■ Renflement sur le trajet d'un vaisseau lymphatique ou d'un nerf.

**gangrène** n. f. ■ **1** Putréfaction des tissus vivants. **2** fig. Ce qui pourrit, corrompt.

**gangrener** [-gʀə- ; -gʀe-] v. tr. ⑤ ■ **1** Attaquer par la gangrène (1). **2** fig. → **empoisonner, pervertir**. ⊳ **gangrené, ée** adj.

**gangreneux, euse** [-gʀə- ; -gʀe-] adj. ■ Qui est de la nature de la gangrène.

**gangster** [gãgstɛʀ] n. m. ■ anglic. Membre d'un gang. → **bandit, malfaiteur**. ◆ Crapule. → **escroc**. ⊳ n. m. **gangstérisme**

**gangue** n. f. ■ **1** Matière sans valeur qui entoure un minerai, une pierre précieuse à l'état naturel. ◆ par analogie *Une gangue de boue*. **2** fig. Ce qui enveloppe, dissimule.

**ganse** n. f. ■ Cordonnet, ruban (ornement).

**ganser** v. tr. ① ■ Garnir d'une ganse.

**gant** n. m. ■ **1** Pièce de l'habillement qui s'adapte exactement à la main en couvrant chaque doigt séparément. **2** Objet analogue, qui enveloppe la main sans séparer les doigts. → **moufle**. *Gant de boxe. → Gant de toilette*. **3** loc. *Retourner qqn comme un gant,* le faire changer d'avis. ◆ *Aller comme un gant à qqn,* lui convenir parfaitement. ◆ *Jeter le gant (à qqn),* le défier. *Relever le gant,* le défi. ◆ *Prendre des gants :* agir avec ménagement. ◆ littér. *Se donner les gants* (de qqch.), s'en attribuer le mérite.

**gantelet** n. m. ■ **1** Gant (d'une armure). **2** Morceau de cuir pour protéger la main.

**ganter** v. tr. ① ■ Mettre des gants à (qqn).

**ganterie** n. f. ■ Métier, commerce du gantier.

**gantier, ière** n. ■ Personne qui confectionne ou qui vend des gants.

**garage** n. m. ■ **I** Action de garer. ◆ spécialt Action de ranger des wagons à l'écart. ◆ *VOIE DE GARAGE,* pour les wagons ; fig. situation sans avenir. **II 1** Abri destiné aux véhicules. **2** Entreprise d'entretien et de réparation des automobiles.

**garagiste** n. ■ Personne qui tient un garage (II, 2).

**garance** adj. invar. ■ Rouge vif.

**garant, ante** n. ■ **1** dr. Personne qui s'engage à répondre (de qqch.). → **responsable**. **2** *Être, se porter garant de :* répondre de. **3** n. m. Ce qui constitue une garantie (2). → **assurance, gage**.

**garantie** n. f. ■ **1** dr. Obligation d'assurer à qqn la jouissance d'une chose, d'un droit. ◆ Engagement par lequel un vendeur répond de la qualité de ce qu'il vend. **2** Ce qui garantit, sert à garantir.

**garantir** v. tr. ② ■ **1** dr. Assurer sous sa responsabilité (qqch.) à qqn. **1** dr. Fournir l'assurance, la garantie de (qqch.) → (sujet chose) *Lois garantissant les libertés.* **2** Assurer de la qualité. ◆ au p. p. *Appareil garanti un an.* **3** Donner (qqch.) pour certain, véridique. → **certifier**. **II 1** dr. Assurer (qqn) par une garantie. **2** Mettre à l'abri (de). → **préserver, protéger**.

**garbure** n. f. ■ régional Soupe au chou.

**garce** n. f. ■ fam. **1** Fille de mauvaise vie. **2** Femme désagréable. ◆ fig. *Garce de vie !*

**garçon** n. m. ■ **I 1** Enfant du sexe masculin. ◆ loc. *GARÇON MANQUÉ :* fille qui aime les jeux violents. **2** Jeune homme. ◆ *MAUVAIS GARÇON :* voyou. **3** *Garçon* (vieilli), *vieux garçon* (mod.) : jeune homme non marié. → **célibataire**. **II** Aide, commis. ◆ Serveur.

**garçonnet** n. m. ■ Petit garçon.

**garçonnier, ière** adj. ■ Qui, chez une fille, rappelle les allures d'un garçon.

**garçonnière** n. f. ■ Petit appartement pour un homme seul.

① **garde** n. f. ■ **I 1** Action de conserver ou protéger (qqch.) en surveillant. *Confier à un ami la garde de ses affaires.* **2** Action de veiller sur (qqn). *Père divorcé qui a la garde des enfants.* **3** Surveillance. *Faire bonne garde.* ◆ *Être DE GARDE,* chargé de rester à un poste, d'assurer un service. *Le médecin de garde.* ◆ Surveillance militaire. *Monter la garde.* **4** Fait de surveiller, de garder (qqn). ➙ dr. GARDE À VUE : mesure judiciaire par laquelle la police retient qqn pendant un délai légal. **II 1** Position de défense (en escrime...). *En garde !* **2** *Mettre qqn EN GARDE,* l'avertir, le prévenir. *Mise en garde :* avertissement. ◆ *Être SUR SES GARDES,* vigilant. → se **méfier. 3** *PRENDRE GARDE :* faire attention. → **veiller. 4** littér. *N'AVOIR GARDE DE,* s'abstenir soigneusement de (faire qqch.). **III 1** Groupe de personnes chargées de veiller sur qqn, qqch. ; spécialt corps de troupe. ◆ loc. *LA VIEILLE GARDE* : les partisans les plus anciens d'un homme politique, etc. **2** Ensemble des soldats en armes qui occupent un poste, exercent une surveillance. ◆ *CORPS DE GARDE :* groupe de soldats chargés de garder un poste. ➙ *Plaisanterie de corps de garde,* grossière. **3** Service de garde. *La garde de nuit.* **IV** (Chose qui protège) **1** Rebord (d'une épée...) placé entre la lame et la poignée. **2** *Pages de garde :* pages vierges laissées au début et à la fin d'un livre. **3** techn. *Garde d'une pédale,* espace à parcourir avant qu'elle soit efficace.

② **garde** ■ **I** n. m. **1** Personne qui garde (qqch., un lieu). ➙ *Le garde des Sceaux :* le ministre de la Justice. ➙ *Garde forestier,* chargé de surveiller les forêts. ➙ *GARDE CHAMPÊTRE,* préposé à la garde des propriétés rurales. **2** Personne qui a la garde d'un prisonnier. → **gardien. 3** Personne qui veille sur une personnalité. ➙ *Garde du corps,* qui suit qqn pour le protéger. **4** Soldat d'une garde. **II** n. f. Celle qui garde un malade, un enfant. → **garde-malade.**

**garde-** Élément tiré du verbe *garder.*

**gardé, ée** adj. ■ **1** *CHASSE GARDÉE,* réservée (au propriétaire, à un groupe). **2** loc. *Toutes proportions gardées.* → **garder** (II, 7).

**garde-à-vous** n. m. invar. ■ Position immobile du soldat prêt à exécuter un ordre.

**garde-barrière** n. ■ Personne qui surveille un passage à niveau. *Des gardes-barrières.*

**garde-boue** n. m. invar. ■ Pièce qui recouvre le dessus d'une roue de bicyclette, etc. pour éviter les éclaboussures.

**garde champêtre** → ② **garde**

**garde-chasse** n. m. ■ Homme préposé à la garde du gibier. *Des gardes-chasse(s).*

**garde-chiourme** n. m. ■ anciennt Surveillant des galériens, des forçats. ➙ péj. Surveillant brutal. *Des gardes-chiourme.*

**garde-corps** [-kɔʀ] → **garde-fou**

**garde-côte** n. m. ■ Bateau chargé de la surveillance des côtes. *Des garde-côtes.*

**garde-fou** n. m. ■ Parapet. *Des garde-fous.* – syn. GARDE-CORPS n. m. invar.

**garde-magasin** n. m. ■ Militaire chargé de surveiller les magasins d'un corps de troupe. *Des gardes-magasins.*

**garde-malade** n. ■ Personne qui garde et soigne les malades. *Des gardes-malades.*

**garde-manger** n. m. invar. ■ Petite armoire dans laquelle on conserve des aliments.

**garde-meuble** n. m. ■ Lieu où l'on entrepose des meubles. *Des garde-meubles.*

**gardénal** n. m. ■ Nom d'un calmant.

**gardénia** n. m. ■ Arbuste exotique à feuilles persistantes, à fleurs blanches.

**garden-party** [gaʀdɛn-] n. f. ■ anglic., vieilli Réception mondaine donnée dans un jardin. *Des garden-partys* ou *garden-parties.*

**garde-pêche** n. m. ■ **1** Personne chargée de faire observer les règlements sur la pêche. *Des gardes-pêche.* **2** (invar.) Navire qui assure le même service.

**garder** v. tr. ① ■ **I 1** Prendre soin de (qqn, un animal). → **surveiller, veiller** sur. *Garder des enfants.* **2** Empêcher (qqn) de sortir, de s'en aller. *Garder un prisonnier.* **3** Rester dans (un lieu) pour le surveiller. **4** littér. Protéger, préserver (qqn de qqch.). → **garantir.** *Garder qqn de l'erreur.* ➙ loc. (souhait) *Dieu m'en garde !* **II** (Conserver) **1** Empêcher que (qqch.) ne se gâte, ne disparaisse. *Garder du beurre au frais.* **2** Conserver pour soi. *Garder le double d'une lettre.* **3** Conserver sur soi (un vêtement, un bijou). **4** dans des loc. Ne pas quitter (un lieu). *Garder la chambre, le lit.* **5** Retenir (une personne) avec soi. *Garder qqn à dîner.* **6** Ne pas divulguer. *Garder un secret.* **7** Continuer à avoir. *Garder sa liberté.* ➙ loc. *TOUTES PROPORTIONS GARDÉES* : en tenant compte des différences, dans une comparaison. ◆ (avec un adj. attribut du compl.) *Garder les idées claires.* **III** Mettre de côté, en réserve. → **réserver. IV** Observer avec soin. *Garder le silence.* ■ se **garder** v. pron. **1** vx Se protéger. **2** *Se garder de* (+ n.). → se **méfier.** ➙ *Se garder de* (+ inf.) : s'abstenir de. **3** (passif) Pouvoir être conservé.

**garderie** n. f. ■ Local où l'on garde de jeunes enfants.

**garde-robe** n. f. ■ **1** Armoire où l'on range les vêtements. → **penderie. 2** Ensemble des vêtements d'une personne. *Des garde-robes.* **II** vx Lieu où l'on mettait la chaise percée. → **cabinet(s).**

**gardeur, euse** n. ■ Personne qui garde (des animaux). *Gardeuse d'oies.*

**gardian** n. m. ■ Gardien d'un troupeau (→ **manade**) de gros bétail, en Camargue.

**gardien, ienne** n. ■ **1** Personne qui a charge de garder. *Gardien de prison.* ➙ *GARDIEN DE BUT :* joueur chargé de défendre le but (football, etc.). **2** n. m. anciennt *GARDIEN DE LA PAIX :* agent de police.

**gardiennage** n. m. ■ Service du gardien.

**gardon** n. m. ■ Petit poisson d'eau douce.

① **gare** n. f. ■ Ensemble des bâtiments et installations établis aux stations des lignes de chemin de fer. ◆ *Gare routière,* pour les cars. ➙ *Gare de fret,* dans un aéroport.

② **gare** interj. ■ Exclamation pour avertir d'un danger. → **attention.** ➙ loc. *SANS CRIER GARE :* à l'improviste. ➙ (menace) *Gare à toi !*

**garenne** n. f. ■ Bois où les lapins vivent à l'état sauvage. ➙ loc. *Lapin de garenne.*

**garer** v. tr. ① ▪ Ranger (un bateau, un véhicule...) à l'écart de la circulation, ou dans un lieu abrité. ► **se garer** v. pron. **1** Garer son véhicule. **2** Se ranger pour laisser passer. **3** *SE GARER DE qqch.*, faire en sorte d'éviter.

**gargantuesque** adj. ▪ Digne de Gargantua, personnage de Rabelais (→ pantagruélique). *Repas gargantuesque.*

**se gargariser** v. pron. ① ▪ **1** Se rincer la gorge avec un liquide. **2** fig., fam. → **se délecter** de.

**gargarisme** n. m. ▪ Médicament pour se gargariser. ► Fait de se gargariser (1).

**gargote** n. f. ▪ Restaurant à bon marché.

**gargouille** n. f. ▪ Gouttière sculptée par laquelle s'éjectent les eaux de pluie.

**gargouillement** n. m. ▪ Bruit analogue à celui de l'eau tombant dans une gargouille. → **glouglou.** ► Ce bruit, dans l'organisme. → **borborygme.** – syn. fam. GARGOUILLIS.

**gargouiller** v. intr. ① ▪ Produire un gargouillement.

**gariguette** → **garriguette**

**garnement** n. m. ▪ Garçon turbulent.

**garni** n. m. ▪ vx → **meublé.**

**garnir** v. tr. ② ▪ **1** Pourvoir d'éléments destinés à protéger ou à renforcer (→ **garniture**). **2** Pourvoir de tous les éléments nécessaires ou normaux. → **équiper. 3** Pourvoir d'accessoires ou d'ornements. *Garnir de fleurs.* **4** (sujet chose) Orner en tant que garniture.

**garnison** n. f. ▪ Corps de troupes caserné dans une ville.

**garnissage** n. m. ▪ Action de garnir.

**garniture** n. f. ▪ **1** Ce qui sert à garnir qqch. → **ornement, parure. 2** Pièce destinée à protéger, à renforcer. *Garniture de frein.* **3** Ce qui accompagne (un plat).

**garou** → **loup-garou**

**garrigue** n. f. ▪ Terrain acide et calcaire de la région méditerranéenne ; végétation broussailleuse de ce terrain. → **maquis.**

**garriguette** n. f. ▪ Petite fraise cultivée, précoce, oblongue et parfumée. – var. GARIGUETTE.

① **garrot** n. m. ▪ Partie du corps des grands quadrupèdes située au-dessus de l'épaule, qui prolonge l'encolure.

② **garrot** n. m. ▪ **1** Lien servant à comprimer les vaisseaux pour arrêter une hémorragie. **2** Instrument de supplice pour étrangler, collier de fer serré par une vis.

**garrotter** v. tr. ① ▪ **1** Serrer ou étrangler avec un garrot. **2** Attacher très solidement.

**gars** [gɑ] n. m. ▪ fam. Garçon, homme.

**gascon, onne** adj. et n. ▪ De Gascogne. ► loc. *Une promesse de Gascon*, non tenue.

**gas-oil** → **gazole**

**gaspiller** v. tr. ① ▪ Dépenser, consommer inutilement. → **dilapider ; gâcher.** ▷ n. m. **gaspillage** ▷ **gaspilleur, euse** adj. et n. → **dépenser.**

**gastéro-, gastr(o)-, -gastre** Éléments, du grec *gastêr, gastros* « ventre ; estomac ».

**gastéropode** n. m. ▪ Mollusque au large pied charnu qui lui sert à ramper (classe des *Gastéropodes* ; ex. escargot, limace, bigorneau).

**gastralgie** n. f. ▪ méd. Douleur à l'estomac. ▷ adj. **gastralgique**

**gastrectomie** n. f. ▪ méd. Ablation totale ou partielle de l'estomac.

**gastrique** adj. ▪ De l'estomac.

**gastrite** n. f. ▪ méd. Inflammation de la muqueuse de l'estomac.

**gastroentérite** n. f. ▪ Inflammation des muqueuses de l'estomac et de l'intestin. – abrév. fam. GASTRO n. f.

**gastroentérologie** n. f. ▪ Médecine du tube digestif (estomac, œsophage, intestins). ▷ n. **gastroentérologue**

**gastronome** n. ▪ Amateur de bonne chère.

**gastronomie** n. f. ▪ Art de la bonne chère (cuisine, vins, ordonnance des repas, etc.). ▷ adj. **gastronomique**

**gastroplastie** n. f. ▪ méd. Réduction chirurgicale du volume de l'estomac, traitement de l'obésité grave.

**gâteau** n. m. ▪ **I 1** Pâtisserie à base de farine, de beurre et d'œufs, le plus souvent sucrée. *Gâteaux secs*, qui se conservent. ► *Gâteau de riz* (entremets). ◆ loc. fam. *Réclamer sa part du gâteau*, du profit. ► *C'est du gâteau*, c'est tout simple. **2** *Gâteau de cire, de miel :* ensemble des alvéoles dans lesquelles les abeilles déposent leur miel. → ② **rayon. II** appos. (invar.) fam. Qui gâte les enfants. *Une tata gâteau.*

**gâter** v. tr. ① ▪ **I 1** (surtout passif) Détériorer en pourrissant. → **corrompre ; avarié. 2** Priver de sa beauté, de ses qualités naturelles. → **enlaidir. 3** Enrayer la bonne marche de (qqch.). → **compromettre.** ► loc. *Ça ne gâte rien :* c'est un avantage de plus. **4** Diminuer l'effet agréable de (qqch.). **II 1** Combler (qqn) d'attentions, de cadeaux. ► **se gâter** v. pron. **1** S'abîmer, pourrir. **2** Se détériorer. ► **gâté, ée** adj. **1** *Dent gâtée*, cariée. **2** *ENFANT GÂTÉ*, dont on satisfait tous les désirs.

**gâterie** n. f. ▪ **1** Moyen de gâter (qqn). **2** Petit cadeau (surprise, friandise).

**gâte-sauce** n. m. ▪ vx Mauvais cuisinier. ◆ mod. Marmiton. *Des gâte-sauces.*

**gâteux, euse** adj. ▪ **1** Dont les facultés intellectuelles sont amoindries par l'âge. ► n. *Un vieux gâteux.* **2** Qui devient stupide sous l'effet d'un sentiment (amour...).

**gâtisme** n. m. ▪ État d'une personne gâteuse (1 et 2).

**gauche** ▪ **I** adj. **1** Qui est de travers, dévié par rapport à une surface plane. **2** (personnes) Maladroit et disgracieux. **II 1** adj. Situé du côté du cœur de qqn (opposé à *droit*). *Main gauche.* **2** n. m. boxe Poing gauche. **3** n. f. Le côté gauche. ◆ loc. fam. *Jusqu'à la gauche :* complètement. ◆ *À GAUCHE* loc. adv. : du côté gauche. ► *Mettre de l'argent à gauche*, de côté. **III** n. f. Personnes qui professent des idées politiques avancées, progressistes. ► *Voter à gauche.*

**gauchement** adv. ▪ Maladroitement.

**gaucher, ère** adj. et n. ▪ Qui se sert ordinairement de la main gauche.

**gaucherie** n. f. ▪ Maladresse.

**gauchir** v. ▪ **I** v. intr. (choses planes) Perdre sa forme. → **se courber. II** v. tr. **1** Rendre gauche. → **tordre. 2** fig. Altérer, fausser.

**gauchisant, ante** adj. et n. ■ Dont les idées se rapprochent de celles de la gauche.

**gauchisme** n. m. ■ Courant politique d'extrême gauche. ▷ adj. et n. **gauchiste**

**gauchissement** n. m. ■ Action de gauchir.

**gaucho** [go(t)ʃo] n. m. ■ en Amérique du Sud Gardien de troupeaux de la pampa.

**gaudriole** n. f. ■ fam. **1** Plaisanterie un peu leste. **2** *La gaudriole* : l'amour physique.

**gaufrage** n. m. ■ **1** Action de gaufrer. **2** Ornement gaufré.

**gaufre** n. f. ■ Gâteau léger cuit entre deux plaques qui lui impriment un relief.

**gaufrer** v. tr. ⎯ ■ Imprimer des motifs en relief ou en creux sur (qqch.).

**gaufrette** n. f. ■ Petite gaufre sèche.

**gaufrier** n. m. ■ Moule à gaufres.

**gaule** n. f. ■ **1** Longue perche pour faire tomber les fruits d'un arbre. ◆ Canne à pêche.

**gauler** v. tr. ⎯ ■ Faire tomber (des fruits) avec une gaule. ▷ n. m. **gaulage**

**gaullisme** n. m. ■ Courant se réclamant du général de Gaulle. ▷ adj. et n. **gaulliste**

**gaulois, oise** ■ adj. De Gaule. ◆ n. *Les Gaulois.* ◆ n. m. *Le gaulois* (langue celtique). ◆ par ext. Français, en tant que descendant des Gaulois. *Le coq gaulois.* **II** adj. D'une gaieté un peu leste.

**gauloiserie** n. f. ■ Propos licencieux.

**se gausser** v. pron. ⎯ ■ littér. Se moquer ouvertement (de qqn ou de qqch.).

**gave** n. m. ■ Torrent pyrénéen.

**gaver** v. tr. ⎯ ■ **1** Faire manger de force et abondamment (les volailles qu'on veut engraisser). **2** *Gaver qqn de,* lui faire manger trop de. ► **se gaver** v. pron. Manger énormément (de). ▷ n. m. **gavage**

**gavial, als** n. m. ■ Animal voisin du crocodile, à longues mâchoires étroites.

**gavotte** n. f. ■ **1** Ancienne danse à deux temps. **2** Danse bretonne collective.

**gavroche** n. m. ■ Gamin de Paris, spirituel et moqueur. ◆ adj. *Un air gavroche.*

**gay** adj. et n. ■ anglic. Homosexuel. – forme francisée *gai.*

**gaz** [gaz] n. m. ■ **1** Tout corps qui se présente à l'état de fluide expansible et compressible (état gazeux) dans les conditions normales de température et de pression. ◆ *Gaz rares* (hélium, néon, argon, krypton, xénon, radon). ◆ *Avoir du gaz.* → **flatuosité.** **2** Produit gazeux, naturel ou manufacturé, utilisé comme combustible, etc. ◆ loc. fam. *Il y a de l'eau dans le gaz* : l'atmosphère est à la querelle. **3** Mélange gazeux utilisé dans les moteurs. *Mettre les gaz* (pour accélérer). **4** Corps gazeux destiné à produire des effets nocifs sur l'organisme. ◆ *Chambre à gaz,* utilisée dans les camps nazis et pour l'exécution de condamnés à mort.

**gaze** n. f. ■ Tissu léger de soie ou de coton.

**gazéifier** v. tr. ⎯ ■ **1** Faire passer à l'état de gaz. **2** Faire dissoudre du gaz carbonique dans. ◆ au p. p. *Boisson gazéifiée.*

**gazelle** n. f. ■ Mammifère ruminant d'Afrique et d'Asie, à longues pattes fines.

① **gazer** v. tr. ⎯ ■ vx Couvrir d'une gaze.

② **gazer** v. ⎯ ■ **I** v. tr. Intoxiquer (qqn) avec un gaz. → **asphyxier.** **II** v. intr. fam. **1** Aller à toute vitesse. **2** *Ça gaze* : ça va bien.

**gazette** n. f. ■ vx ou plais. Journal, revue.

**gazeux, euse** adj. ■ **1** Relatif au gaz. **2** Qui contient du gaz carbonique dissous. *Eau gazeuse.* → **pétillant.**

**gazoduc** n. m. ■ Canalisation qui alimente en gaz sur de très longues distances.

**gazogène** n. m. ■ techn. Appareil transformant un combustible en gaz. ◆ (en 1940-1945) Véhicule à gazogène.

**gazole** n. m. ■ Produit pétrolier utilisé comme carburant dans les moteurs diesel. - syn. (anglic.) GAS-OIL.

**gazomètre** n. m. ■ Réservoir de gaz.

**gazon** n. m. ■ **1** hortic. Motte de terre garnie d'herbe. **2** Herbe courte et fine.

**gazouiller** v. intr. ⎯ ■ **1** (oiseaux...) Produire un bruit léger et doux. **2** (nourrisson) Émettre des sons à peine articulés. ▷ n. m. **gazouillement** et **gazouillis**

**geai** n. m. ■ Oiseau passereau de la taille du pigeon, à plumage bigarré. *Le geai jase.*

**géant, ante** ■ n. **1** Personne dont la taille dépasse anormalement la moyenne (→ **gigantisme**). **2** Génie, personne remarquable. *Les géants de l'art.* **II** adj. Dont la taille dépasse de beaucoup la moyenne.

**gecko** n. m. ■ Lézard des régions chaudes.

**geek** [gik] n. ■ anglic., fam. Passionné d'informatique et de nouveautés techniques (Internet, etc.).

**géhenne** n. f. ■ **1** (dans la Bible) Enfer. **2** fig., littér. Torture ; souffrance intolérable.

**geignard, arde** adj. ■ fam. Qui se lamente à tout propos. ◆ *Un ton geignard.*

**geindre** v. intr. 52 ■ **1** Faire entendre des plaintes faibles et inarticulées. **2** Se lamenter à tout propos (→ **geignard**).

**geisha** [gɛʃa ; gɛjʃa] n. f. ■ Hôtesse japonaise qui reçoit et divertit les hommes.

**gel** n. m. ■ **I 1** Temps de gelée. **2** Congélation des eaux (et de la vapeur d'eau atmosphérique). **3** fig. Arrêt, blocage (d'une activité économique...). **II 1** sc. Substance souple obtenue par formation de flocons dans une solution colloïdale. **2** Produit translucide à base d'eau ou d'huile.

**gélatine** n. f. ■ Substance extraite, sous forme de gelée, de certains tissus animaux. ▷ adj. **gélatineux, euse**

**gelée** n. f. ■ **I** Abaissement de la température au-dessous de zéro, ce qui provoque la congélation de l'eau. ◆ *Gelée blanche,* congélation de la rosée avant le lever du soleil, par nuit claire. **II 1** Suc de substance animale (viande, os) coagulé. **2** Jus de fruits cuit au sucre et coagulé. **3** Corps de consistance gélatineuse.

**geler** v. ⎯ ■ **I** v. tr. **1** Transformer en glace. **2** Endommager (des tissus organiques) par le froid. **3** Faire souffrir du froid. **4** fig. Arrêter, bloquer. **II** v. intr. **1** Se transformer en glace. **2** (tissus organiques) Être endommagé par le froid. **3** Souffrir du froid. **III** impers. *Il a gelé cette nuit.* ◆ **gelé, ée** adj. *Étang gelé.* ◆ *Je suis gelé* : j'ai froid.

**gélifiant** n. m. ▪ Additif destiné à donner la consistance d'un gel à une préparation.

**gélifier** v. tr. ⑦ ▪ Transformer en gel (II).

**gélinotte** n. f. ▪ Oiseau voisin de la perdrix (communément appelé *coq des marais*).

**gélule** n. f. ▪ Capsule en gélatine dure qui contient un médicament en poudre.

**gelure** n. f. ▪ Lésion grave de la peau causée par le froid.

**gémeau** n. m. ▪ 1 vx Jumeau. 2 au plur. Troisième signe du zodiaque (21 mai-21 juin). → *Être Gémeaux.*

**gémellaire** adj. ▪ Relatif aux jumeaux.

**géminé, ée** adj. ▪ Disposé par paires.

**gémir** v. intr. ② ▪ 1 Exprimer sa souffrance d'une voix plaintive et inarticulée. → **geindre.** 2 Se plaindre. *Gémir sur son sort.* 3 (sujet chose) Émettre un son plaintif et prolongé. ▷ **gémissant, ante** adj. ▪ **plaintif.** ▷ n. m. **gémissement**

**gemme** ▪ 1 n. f. Pierre précieuse. 2 adj. *Sel gemme*, qu'on extrait des mines. 3 Résine des pins.

**gemmer** v. tr. ① ▪ techn. Inciser l'écorce de (un pin) pour recueillir la gemme (3).

**gemmologie** n. f. ▪ Étude des gemmes (1).

**gémonies** n. f. pl. ▪ loc. *VOUER qqn AUX GÉMONIES*, l'accabler publiquement de mépris.

**gén-** → **gén(o)-**

**gênant, ante** adj. ▪ Qui gêne.

**gencive** n. f. ▪ Muqueuse épaisse qui recouvre la base des dents.

**gendarme** n. m. ▪ I ancient Homme de guerre à cheval. II Militaire appartenant à la gendarmerie. III fig., fam. 1 Saucisson sec, plat et très dur. 2 Hareng saur.

**se gendarmer** v. pron. ① ▪ Protester, réagir vivement.

**gendarmerie** n. f. ▪ I ancient Corps de cavalerie lourde. II 1 Corps militaire, chargé de maintenir l'ordre et la sécurité publics, et de collaborer à la police judiciaire. 2 Caserne, bureaux des gendarmes.

**gendre** n. m. ▪ Mari d'une femme, pour le père et la mère de celle-ci. → **beau-fils.**

**gène** n. m. ▪ biol. Unité définie localisée sur un chromosome, grâce à laquelle se transmet un caractère héréditaire.

**-gène** Élément (du grec *genos* «famille, race» → *gén(o)-*) qui signifie « origine ».

**gêne** n. f. ▪ I vx Torture. II 1 Malaise, trouble physique. 2 Situation imposant une contrainte, un désagrément. → **dérangement, embarras.** ♦ *Être dans la gêne,* manquer d'argent. 3 Impression désagréable de malaise que l'on éprouve devant qqn. → **confusion, embarras.**

**généalogie** n. f. ▪ 1 Liste des ancêtres de (qqn). 2 Étude des filiations. ▷ **généalogique** adj. *Arbre\* généalogique.*

**généalogiste** n. ▪ Spécialiste de généalogie.

**génépi** n. m. ▪ Armoise, plante des montagnes. ♦ Liqueur faite avec cette plante.

**gêner** v. tr. ① ▪ 1 Mettre (qqn) à l'étroit ou mal à l'aise, physiquement. → **serrer; incommoder, indisposer.** 2 Entraver (une action). *Gêner la circulation.* 3 Mettre dans une situation embarrassante, difficile. ♦ Infliger à (qqn) qqch. d'importun. → **déranger, importuner.** 4 Mettre mal à l'aise. *Votre question me gêne.* ▶ **se gêner** v. pron. S'imposer une contrainte physique ou morale. ▶ **gêné, ée** adj. 1 Qui a, manifeste de la gêne. 2 (personnes) Dans une situation financière difficile.

① **général, ale, aux** adj. ▪ 1 Qui se rapporte à un ensemble de cas ou d'individus. *En règle générale,* dans la plupart des cas. 2 Qui concerne, réunit la totalité des membres d'un groupe. *Grève générale.* → *Répétition générale,* ou n. f. *GÉNÉRALE :* dernière répétition d'une pièce. → *Culture\* générale. Médecine\* générale.* 3 Qui concerne ou dirige l'ensemble d'un service, d'une organisation. 4 *EN GÉNÉRAL* loc. adv. (opposé à *en particulier*). → **généralement.**

② **général, ale, aux** ▪ I n. m. 1 Celui qui commande une armée. 2 Celui qui est à la tête d'un ordre religieux. → **supérieur.** 3 Officier du plus haut grade commandant une grande unité dans les armées de terre et de l'air. 4 hist. Directeur d'une administration. II n. f. Femme d'un général.

**généralement** adv. ▪ 1 D'un point de vue général. 2 Dans la majorité des individus. 3 Dans la plupart des cas.

**généraliser** v. tr. ① ▪ 1 Étendre, appliquer (qqch.) à l'ensemble ou à la majorité des individus. → pronom. *Mode qui se généralise.* → au p. p. *Crise généralisée.* 2 Tirer une conclusion générale de l'observation d'un cas limité. ▷ n. f. **généralisation**

**généralissime** n. m. ▪ Général en chef.

**généraliste** adj. ▪ 1 Qui pratique la médecine\* générale. → n. *Un, une généraliste.* → **omnipraticien.** 2 Qui n'est pas spécialisé. *Ingénieur généraliste.* → *Télévision généraliste*

① **généralité** n. f. ▪ 1 Caractère de ce qui est général (1). → **universalité.** 2 Idée, notion générale. 3 *La généralité des...,* le plus grand nombre de (→ la plupart).

② **généralité** n. f. ▪ 1 hist. Circonscription dirigée par un *général des finances.* II Gouvernement de la province de Catalogne.

**générateur, trice** adj. ▪ 1 Qui génère. 2 n. m. Appareil, dispositif qui produit qqch.

**génératif, ive** adj. ▪ ling. *Grammaire générative :* description systématique des lois de production des phrases d'une langue.

**génération** n. f. ▪ I Action d'engendrer. 1 vx Reproduction (I). *Génération spontanée* (à partir de matière non vivante ; théorie ancienne). 2 fig. Fait de faire exister. → **genèse, production.** II 1 Ensemble des êtres qui descendent de qqn à chacun des degrés de filiation. *La suite des générations.* 2 Espace de temps d'une trentaine d'années. 3 Ensemble des individus qui, à la même époque, sont dans la même tranche d'âge. 4 Série de produits d'un même niveau de la technique.

**générationnel, elle** adj. ▪ Propre à une génération, à plusieurs générations. *Un conflit générationnel.*

**génératrice** n. f. ▪ Machine produisant de l'énergie électrique. → **dynamo.**

**générer** v. tr. ⑥ ▪ Engendrer, produire.

**généreusement** adv. ▪ **1** Avec générosité. **2** Abondamment.

**généreux, euse** adj. ▪ **1** Qui a des sentiments qui le portent au désintéressement, au dévouement. **2** Qui donne sans compter. ◆ *Don généreux.* **3** D'une nature riche, abondante. *Une poitrine généreuse.*

**générique** ▪ **I** adj. **1** didact. Du genre (II, 1) (opposé à *spécifique*). *Terme générique.* **2** pharm. *Médicament générique,* dont la formule est dans le domaine public. **II** n. m. Partie (d'un film...) où sont indiqués les noms de ceux qui y ont participé.

**générosité** n. f. ◆ **1** Caractère d'une personne, d'une action généreuse. **2** Qualité qui dispose à sacrifier son intérêt. → **bonté; altruisme.** ◆ Disposition à donner sans compter. → **libéralité.**

**genèse** n. f. ◄ **1** Création du monde. **2** Manière dont qqch. se forme, se développe. *La genèse d'une œuvre.*

**-genèse** ou (vieilli) **-génèse** Élément, du grec *genesis* « création, formation ».

**génésique** adj. ▪ vx ou didact. De la génération (I, 1). *Instinct génésique.* → **sexuel.**

**genêt** n. m. ▪ Arbrisseau sauvage, à fleurs jaunes odorantes.

**généticien, ienne** n. ▪ Spécialiste de la génétique.

**génétique** ▪ **I** adj. **1** Relatif à une genèse (2). **2** Relatif aux gènes, à l'hérédité. *Patrimoine génétique.* → **génotype. II** n. f. Science des lois de l'hérédité.

**gêneur, euse** n. ▪ Personne qui gêne.

**genévrier** n. m. ▪ Arbuste à feuilles piquantes, aux baies violettes. → **genièvre.**

**génial, ale, aux** adj. ▪ **1** Inspiré par le génie. **2** (personnes) Qui a du génie. **3** fam. Extraordinaire. ▷ adv. **génialement**

**génie** n. m. ▪ **I 1** Personnage surnaturel censé influer sur la destinée de qqn. **2** Être allégorique, sa représentation. *Le génie de la liberté.* **II 1** *LE GÉNIE DE* (qqch.), les caractères distinctifs qui fondent son originalité. *Le génie d'un peuple.* ◆ Disposition naturelle. *Il a le génie des affaires.* **2** Aptitude supérieure de l'esprit qui rend qqn capable de créations, d'inventions qui paraissent extraordinaires. *Le génie et le talent.* ◆ *DE GÉNIE* loc. adj. → **génial** (1 et 2). **3** Personne qui a du génie. **III 1** *Génie militaire* : services de travaux de l'armée. **2** *Génie civil* : art des constructions. ◆ Ensemble de techniques. → **ingénierie.** *Génie génétique.*

**genièvre** n. m. ▪ **1** Genévrier. → Son fruit. **2** Eau-de-vie aux baies de genièvre.

**génique** adj. ▪ biol. Relatif aux gènes. ◆ *Thérapie génique,* par intervention sur les gènes.

**génisse** n. f. ▪ Jeune vache qui n'a pas encore eu de veau.

**génital, ale, aux** adj. ▪ Qui se rapporte à la reproduction sexuée des animaux et des hommes. *Organes génitaux.* → **sexe.** ◆ psych. *Stade génital,* dernier stade de la libido, selon Freud.

**géniteur, trice** ▪ **1** n. plais. Mère ou père. **2** n. m. Animal destiné à la reproduction.

**génitif** n. m. ▪ dans les langues à déclinaisons Cas qui exprime le plus souvent la dépendance ou l'appartenance.

**gén(o)-** Élément (du grec *genos* → **-gène**) qui signifie « groupe humain » et « des gènes ».

**génocide** n. m. ▪ Destruction méthodique d'un groupe humain. ▷ adj. **génocidaire**

**génois, oise** adj. et n. ▪ De Gênes. ◆ *GÉNOISE* n. f. (pâtisserie légère).

**génome** n. m. ▪ biol. Ensemble des gènes (d'une espèce, d'un individu). ▷ adj. **génomique**

**génothérapie** n. f. ▪ biol. Thérapie génique.

**génotype** n. m. ▪ biol. Patrimoine héréditaire, dépendant de l'ensemble des gènes. *Génotype et phénotype\*.*

**genou** n. m. ▪ **1** Partie du corps humain où la jambe s'articule avec la cuisse. *Fléchir le genou* (→ **génuflexion**). ◆ fam. *Être sur les genoux,* très fatigué. ◆ *À GENOUX* loc. adv. : sur les genoux posés au sol (→ **s'agenouiller**). ◆ *C'est à se mettre à genoux* : c'est admirable. **2** (quadrupèdes) Articulation du membre antérieur.

**genouillère** n. f. ▪ Ce qu'on met sur le genou pour le protéger.

**genre** n. m. ▪ **I** *Le genre humain* : l'espèce humaine. → **humanité. II** (Ensemble abstrait) **1** didact. Idée générale d'un groupe d'êtres ou d'objets présentant des caractères communs (→ **générique**). ◆ *Du même genre.* → **espèce, sorte. 2** sc. nat. Subdivision de la famille. **3** Catégorie d'œuvres (définie par la tradition). **III** Catégorie grammaticale suivant laquelle un nom est dit masculin, féminin ou neutre. **IV 1** *Genre de vie,* habitudes de vie. → **mode. 2** Façons de s'habiller, de se comporter. → **allure, manière(s). 3** *Faire du genre,* se donner un genre : affecter certaines manières.

**gens** [ʒɑ̃] n. m. pl. et f. pl. [L'adj. placé avant *gens* se met au fém.; ce qui suit reste au masc. ▪ **1** Personnes, en nombre indéterminé. *Beaucoup de gens* (mais : *plusieurs personnes*). ◆ *Des gens simples.* ◆ *VIEILLES GENS* : personnes âgées. ◆ *JEUNES GENS* : jeunes célibataires. ◆ *Les gens* : les humains. **2** *GENS DE* (et activité). *Gens de loi, gens de lettres.* **3** *LE DROIT DES GENS* : droit des nations, droit international public.

**gent** [ʒɑ̃(t)] n. f. ▪ littér. ou plais. Espèce.

**gentiane** n. f. ▪ **1** Plante des montagnes à suc amer. **2** Boisson à base de gentiane.

**① gentil** [-ti] n. m. ▪ Nom que les juifs et les chrétiens donnaient aux personnes étrangères à leur religion. → **infidèle.**

**② gentil, ille** [-ti, ij] adj. ▪ **1** Qui plaît par sa grâce. → **charmant, mignon. 2** Qui plaît par sa délicatesse morale, sa douceur. ◆ (enfants) → **sage. 3** (somme d'argent) D'une certaine importance. → **coquet.**

**gentilé** n. m. ■ didact. Dénomination des habitants d'un lieu, relativement à ce lieu.

**gentilhomme** [-ijɔ-] n. m. ■ **1** vieilli Homme d'origine noble. *Des gentilshommes.* **2** Homme généreux, distingué. → **gentleman.**

**gentilhommière** [-ijɔ-] n. f. ■ Petit château à la campagne.

**gentillesse** n. f. ■ **1** Qualité d'une personne gentille. → **amabilité. 2** Action, parole pleine de gentillesse. → **attention.**

**gentillet, ette** adj. ■ Assez gentil.

**gentiment** adv. ■ D'une manière gentille.

**gentleman** [ʒɑ̃tləman; dʒɛntləman] n. m. ■ anglic. Homme distingué, bien élevé. *Des gentlemen* ou (francisé) *gentlemans.*

**génuflexion** n. f. ■ Action de fléchir le genou, les genoux (signe de respect, etc.).

**géo-** Élément savant, du grec *gê* « Terre ».

**géode** n. f. ■ Pierre arrondie, creuse, dont l'intérieur est tapissé de cristaux.

**géodésie** n. f. ■ Science qui étudie la forme et les dimensions de la Terre.

**géographe** n. ■ Spécialiste de géographie.

**géographie** n. f. ■ **1** Science qui a pour objet la description de l'aspect actuel du globe terrestre, au point de vue naturel et humain. **2** La réalité étudiée par cette science. ▷ adj. **géographique**

**geôle** [ʒol] n. f. ■ littér. Cachot, prison. ▷ **geôlier, ière** n. littér. → **gardien.**

**géolocalisation** n. f. ■ Localisation précise à la surface de la Terre (d'objets, de personnes). *Géolocalisation par satellite.* → **G. P. S.**

**géologie** n. f. ■ **1** Science qui étudie la structure et l'évolution de l'écorce terrestre. **2** Terrains, formations que la géologie étudie. ▷ adj. **géologique**

**géologue** n. ■ Spécialiste de géologie.

**géomagnétisme** n. m. ■ Magnétisme terrestre.

**géomancie** n. f. ■ didact. Divination par l'apparence du sol, des figures sur le sol.

**géomètre** n. ■ **1** Spécialiste de géométrie. **2** Professionnel(le) qui relève des plans de terrains. → **arpenteur.**

**géométrie** n. f. ■ **1** Science de l'espace ; partie des mathématiques qui a pour objet l'étude des figures dans l'espace. **2** loc. *À géométrie variable* : qui peut varier dans ses dimensions.

**géométrique** adj. ■ **1** De la géométrie. ◆ *Progression géométrique*, dont chaque terme s'obtient en multipliant le précédent par un nombre constant (ex. 2, 6, 18, 54...). **2** Simple et régulier. **3** Rigoureux et précis. ▷ adv. **géométriquement**

**géomorphologie** n. f. ■ Étude de la forme et de l'évolution du relief terrestre.

**géophysique** n. f. ■ Étude des propriétés du globe terrestre (mouvements, magnétisme...). → adj. *Études géophysiques.*

**géopolitique** n. f. ■ Étude des rapports entre les données de la géographie et la politique. ◆ adj. *Théories géopolitiques.*

**géosciences** n. f. pl. ■ didact. Ensemble des disciplines scientifiques dont l'objet est la planète Terre (géographie, géologie, etc.).

**géostationnaire** adj. ■ *Satellite géostationnaire*, dont l'orbite est telle qu'il semble immobile vu de la Terre.

**géostratégie** n. f. ■ didact. Ensemble des facteurs stratégiques en relation avec la réalité géographique. ▷ adj. **géostratégique**

**géothermie** n. f. ■ Étude de la chaleur des profondeurs de la Terre.

**gérance** n. f. ■ Fonction de gérant.

**géranium** [-jɔm] n. m. ■ **1** bot. Plante sauvage odorante, souvent ornementale. **2** cour. Pélargonium, plante à feuilles arrondies et velues, à fleurs en ombelles.

**gérant, ante** n. ■ Personne qui gère pour le compte d'autrui. *Gérant d'immeuble.* → **syndic.**

**gerbe** n. f. ■ **1** Botte de céréales coupées, où les épis sont disposés d'un même côté. **2** Botte de fleurs coupées à longues tiges. **3** (par analogie de forme) *Une gerbe d'eau.*

**gerber** v. ① ■ I v. tr. **1** Mettre en gerbes. **2** Ranger en hauteur. II v. intr. fam. Vomir.

**gerbier** n. m. ■ Grand tas de gerbes.

**gerboise** n. f. ■ Petit rongeur à pattes postérieures et à queue très longues.

**gercer** v. tr. ③ (froid...) Crevasser l'épiderme. ◆ au p. p. *Lèvres gercées.*

**gerçure** n. f. ■ Petite fissure de l'épiderme.

**gérer** v. tr. ⑥ ■ **1** Administrer (les intérêts, les affaires d'un autre). → **gérant. 2** Administrer (ses propres affaires). *Gérer son budget.* **3** *Gérer une crise*, y faire face.

**gerfaut** n. m. ■ Faucon à plumage gris.

**gériatrie** n. f. ■ Médecine de la vieillesse et de ses troubles spécifiques. ▷ n. **gériatre** ▷ adj. **gériatrique**

**① germain, aine** adj. ■ *COUSINS GERMAINS* : cousins ayant une grand-mère ou un grand-père commun.

**② germain, aine** adj. et n. ■ hist. De la Germanie.

**germanique** adj. ■ **1** Qui a rapport aux Germains, à la Germanie. ◆ *Langues germaniques* : langues des peuples que les Romains nommaient Germains, et celles qui en dérivent (francique, gotique... ; allemand, anglais, néerlandais, langues scandinaves). **2** De l'Allemagne. → **allemand.**

**germaniser** v. tr. ① ■ Rendre germanique.

**germanisme** n. m. ■ Tournure propre à la langue allemande. ◆ Emprunt à l'allemand.

**germaniste** n. ■ Spécialiste de la langue et de la culture allemandes.

**germanium** [-jɔm] n. m. ■ Élément (symb. Ge), métal utilisé en électronique.

**germano-** Élément, du latin *germanus* « allemand ».

**germe** n. m. ■ **1** Forme initiale d'un être vivant (terme non sc.). **2** biol. Œuf fécondé. ◆ Micro-organisme capable d'engendrer une maladie. ◆ bot. Première pousse (d'une plante). **3** fig. Principe, élément de développement (de qqch.). ◆ *EN GERME*, à l'état latent.

**germer** v. intr. ① ■ **1** Pousser son germe au-dehors. *Le blé a germé.* **2** fig. Commencer à se développer.

**germinal** n. m. ▪ Septième mois du calendrier républicain (21-22 mars au 18-19 avril).

**germination** n. f. ▪ Phénomènes par lesquels une graine se développe et donne une plante. ▷ adj. **germinatif, ive**

**germon** n. m. ▪ Thon blanc.

**gérondif** n. m. ▪ **1** en latin Forme verbale, déclinaison de l'infinitif. **2** en français Participe présent généralement précédé de *en*, formant des compléments circonstanciels (ex. en forgeant, on devient forgeron).

**géront(o)-** Élément savant, du grec *gerôn, gerontos* « vieillard ».

**gérontocratie** n. f. ▪ didact. Gouvernement, domination par des vieillards.

**gérontologie** n. f. ▪ Étude des phénomènes de vieillissement de l'organisme humain. → **gériatrie.** ▷ n. **gérontologue** ▷ adj. **gérontologique**

**gésier** n. m. ▪ Troisième poche digestive des oiseaux.

**gésine** n. f. ▪ vx *EN GÉSINE* : en train d'accoucher (femme).

**gésir** v. intr. défectif (*je gis, tu gis, il gît, nous gisons, vous gisez, ils gisent ; je gisais, etc. ; gisant*) ▪ littér. **1** Être couché, étendu, sans mouvement (→ *gisant*). ♦ *CI-GÎT, ICI-GÎT* : ici repose (formule d'épitaphe). **2** Se trouver. → **résider.** *C'est là que gît le problème.*

**gesse** n. f. ▪ Plante légumineuse cultivée comme fourragère ou ornementale.

**gestation** n. f. ▪ **1** État d'une femelle vivipare qui porte son petit, jusqu'à la naissance. **2** fig. Lent travail d'élaboration.

① **geste** n. m. ▪ **1** Mouvement du corps (surtout des bras, des mains, de la tête), révélant un état d'esprit ou visant à exprimer, à exécuter qqch. ▪ **attitude, mouvement.** *S'exprimer par gestes.* **2** fig. Geste, acte, action de. *Un geste de générosité.* ◆ loc. *Les faits* et gestes de qqn. *Faire un geste,* une bonne action.

② **geste** n. f. ▪ Poèmes épiques du moyen âge relatant les exploits d'un héros.

**gesticuler** v. intr. ① ▪ Faire beaucoup de gestes, trop de gestes. ▷ n. f. **gesticulation**

**gestion** n. f. ▪ Action, manière de gérer.

**gestionnaire** ▪ **1** adj. Qui concerne la gestion. **2** n. Personne chargée de la gestion d'une affaire.

**gestuel, elle** adj. ▪ didact. Du geste. *Langage gestuel.* ♦ n. f. Ensemble de gestes.

**gewurztraminer** [gevyʁstʁaminɛʁ] n. m. ▪ **1** Cépage rosé à petits grains, cultivé en Alsace. **2** Vin blanc d'Alsace, très fruité, issu de ce cépage.

**geyser** [ʒɛzɛʁ] n. m. ▪ Source d'eau chaude qui jaillit par intermittence.

**ghetto** n. m. ▪ **1** Quartier où les Juifs étaient forcés de résider. **2** Quartier où une communauté vit à l'écart.

**ghettoïser** v. tr. ① ▪ Transformer (un lieu) en ghetto. ▷ n. f. **ghettoïsation**

**gibbon** n. m. ▪ Singe d'Asie, sans queue.

**gibbosité** n. f. ▪ littér. Bosse.

**gibecière** n. f. ▪ Sac où le chasseur met son gibier. ♦ Sac en bandoulière.

**gibelotte** n. f. ▪ Fricassée au vin blanc.

**giberne** n. f. ▪ anciennt Cartouchière.

**gibet** n. m. ▪ Potence où l'on exécutait les condamnés à la pendaison.

**gibier** n. m. ▪ **1** Animaux sauvages à chair comestible que l'on prend à la chasse. **2** fig. Personne que qqn cherche à prendre, à attraper, à duper. ← loc. *Gibier de potence* : mauvais sujet.

**giboulée** n. f. ▪ Grosse averse.

**giboyeux, euse** adj. ▪ Riche en gibier.

**gibus** [-ys] n. m. ▪ Chapeau haut-de-forme à ressorts (syn. *chapeau claque*).

**giclée** n. f. ▪ Jet de ce qui gicle.

**gicler** v. intr. ① ▪ **1** (liquide) Jaillir avec force. **2** fam. Être expulsé. → fam.

**gicleur** n. m. ▪ **1** Petit tube du carburateur servant à doser l'arrivée d'essence. **2** Tube, dispositif qui fait jaillir de l'eau (notamment en cas d'incendie).

**gifle** n. f. ▪ **1** Coup donné de la main sur la joue de qqn. **2** fig. Humiliation, affront.

**gifler** v. tr. ① ▪ **1** Frapper d'une gifle. **2** (sujet chose) Cingler, fouetter.

**giga-** Élément qui multiplie par 10⁹ l'unité (ex. gigahertz, gigawatt).

**gigantesque** adj. ▪ **1** Qui dépasse de beaucoup la taille ordinaire ; qui paraît très grand. **2** Qui dépasse la commune mesure. *L'œuvre gigantesque de Balzac.*

**gigantisme** n. m. ▪ Développement excessif de la taille (de qqn, de qqch.).

**gigogne** adj. ▪ (épithète) Se dit d'objets qui s'emboîtent les uns dans les autres.

**gigolo** n. m. ▪ fam. Jeune amant d'une femme plus âgée par laquelle il est entretenu.

**gigot** n. m. ▪ **1** Cuisse de mouton, d'agneau, coupée pour être mangée. **2** *Manches gigot,* bouffantes, serrées au coude.

**gigoter** v. intr. ① ▪ fam. Agiter son corps.

① **gigue** n. f. ▪ *Gigue de chevreuil.* → **cuissot.**

② **gigue** n. f. ▪ Danse très rythmée.

**gilet** n. m. ▪ **1** Vêtement court sans manches. ◆ *Gilet de sauvetage,* qui permet de flotter. ← *Gilet pare-balles.* **2** Tricot à manches longues fermé devant. → **cardigan.**

**gin** [dʒin] n. m. ▪ Eau-de-vie de grain aromatisée au genièvre. *Cocktail au gin et au citron (gin-fizz* n. m. invar.).

**gingembre** n. m. ▪ Plante tropicale dont le rhizome est utilisé comme condiment.

**gingival, ale, aux** adj. ▪ Des gencives.

**gingivite** n. f. ▪ Inflammation des gencives.

**ginseng** [ʒinsɛŋ] n. m. ▪ Plante d'Asie dont la racine possède des qualités toniques.

a **giorno** [adʒɔʁno ; -jɔʁ-] loc. adv. ▪ Comme par la lumière du jour.

**girafe** n. f. ▪ Grand mammifère, à cou très long, au pelage roux. ← loc. *Peigner la girafe* : faire un travail inutile ; ne rien faire.

**girandole** n. f. ▪ **1** Gerbe tournoyante de feu d'artifice. **2** Candélabre orné de pendeloques. **3** Guirlande lumineuse.

**giration** n. f. ▪ Mouvement circulaire.

**giratoire** adj. ▪ (mouvement) Circulaire. ← *Sens giratoire* (autour d'un rond-point).

**girl** [gœʀl] n. f. ■ anglic. Jeune danseuse de music-hall faisant partie d'une troupe.

**girofle** n. m. ■ CLOU DE GIROFLE : bouton des fleurs d'un arbre exotique (le *giroflier*), utilisé comme condiment.

**giroflée** n. f. ■ 1 Plante à fleurs odorantes. 2 fam. *Giroflée à cinq feuilles* : gifle.

**girolle** n. f. ■ → ② **chanterelle.**

**giron** n. m. ■ 1 vx Partie du corps allant de la ceinture aux genoux, chez une personne assise. 2 littér. Milieu qui offre un refuge.

**girond, onde** adj. ■ fam. (personnes) Bien fait et un peu rond.

**girouette** n. f. ■ 1 Plaque mobile autour d'un axe vertical, qui indique la direction du vent. 2 fig. Personne versatile.

**gisant** n. m. ■ Statue funéraire représentant le défunt étendu.

**gisement** n. m. ■ Masse de minerai.

**gît** → **gésir**

**gitan, ane** n. et adj. ■ Tsigane (d'Espagne).

**gîte** ■ I n. m. 1 littér. Lieu où l'on trouve à se loger, où l'on peut coucher. → cour. *Gîte rural.* 2 Lieu où s'abrite le gibier. 3 Partie inférieure de la cuisse du bœuf (en boucherie). II n. f. (navire) *Donner de la gîte* : s'incliner sur un bord. → ③ **bande.**

**gîter** v. intr. ① ■ 1 littér. Avoir son gîte (I, 1 et 2). II (navire) Donner de la gîte.

**giton** n. m. ■ littér. Jeune homme entretenu par un amant.

**givrage** n. m. ■ Formation de givre.

**givrant, ante** adj. ■ Qui produit du givre.

**givre** n. m. ■ Très fine couche de glace qui se forme par temps brumeux.

**givré, ée** adj. ■ 1 Couvert de givre. *Arbres givrés.* 2 *Citron givré, orange givrée,* sorbet présenté dans l'écorce du fruit. II fam. Fou ; ivre.

**givrer** v. tr. ① ■ 1 Couvrir de givre. 2 Couvrir d'une couche évoquant le givre.

**glabre** adj. ■ Dépourvu de poils.

**glaçage** n. m. ■ Action de glacer (II).

**glaçant, ante** adj. ■ Qui glace (fig.).

**glace** n. f. ■ I 1 Eau congelée. ◆ loc. *Rester de glace,* imperturbable. → *Rompre la glace* : dissiper la gêne. 2 Crème glacée ou sorbet. II 1 Plaque de verre transparente. 2 Vitre (d'une voiture...). 3 → **miroir.** 4 *Sucre glace,* en poudre très fine.

**glacer** v. tr. ③ ■ I 1 rare Transformer (un liquide) en glace. → **congeler, geler.** ◆ pronom. *Son sang se glaça dans ses veines.* 2 Causer une vive sensation de froid à. 3 fig. Paralyser, décourager par sa froideur. 4 Frapper d'une émotion violente et profonde, qui paralyse. II 1 Garnir d'un apprêt, d'un enduit brillant. 2 Couvrir de sucre, de sirop. ▷ **glacé, ée** adj.

**glaciaire** adj. ■ Des glaciers. → *Période glaciaire* : période géologique caractérisée par l'extension des glaciers (syn. *glaciation*).

**glacial, ale, als** ou (rare) **aux** adj. ■ 1 Qui est très froid. 2 fig. D'une froideur qui glace, paralyse. *Un accueil glacial.*

**glaciation** n. f. ■ géol. Période glaciaire.

**① glacier** n. m. ■ Champ de glace éternelle qui s'écoule très lentement.

**② glacier** n. m. ■ Personne qui prépare ou vend des glaces (I, 2).

**glacière** n. f. ■ 1 Coffre isotherme refroidi par de la glace, pour conserver les aliments. 2 fig., fam. Lieu très froid.

**glaciologie** n. f. ■ Étude des glaciers (①).

**① glacis** n. m. ■ Talus incliné.

**② glacis** n. m. ■ peint. Vernis coloré.

**glaçon** n. m. ■ 1 Morceau ou cube de glace. 2 fig., fam. Personne froide.

**gladiateur** n. m. ■ Homme qui combattait armé dans les jeux du cirque, à Rome.

**glaïeul** n. m. ■ Plante à feuilles pointues, à grandes fleurs décoratives ; ces fleurs.

**glaire** n. f. ■ 1 rare Blanc d'œuf cru. 2 Liquide visqueux sécrété par les muqueuses. ▷ adj. **glaireux, euse**

**glaise** n. f. ■ Terre grasse compacte et plastique, imperméable. → **argile, marne.** ▷ adj. *Terre glaise.* ▷ adj. **glaiseux, euse**

**glaive** n. m. ■ ancient Épée de combat à deux tranchants. ◆ littér. Symbole du combat, de la guerre, du châtiment.

**glamour** n. m. ■ anglic. Charme sophistiqué et sensuel (mode, spectacle...).

**gland** n. m. ■ 1 Fruit du chêne. 2 Ornement en forme de gland. 3 Extrémité de la verge ; du clitoris. 4 fam. Imbécile.

**glande** n. f. ■ 1 Organe dont la fonction est de produire une sécrétion. 2 fam. Ganglion lymphatique. 3 loc. fam. *Avoir les glandes* : être énervé, ennuyé ; avoir peur.

**glander** v. intr. ① ■ fam. Ne rien faire, perdre son temps. – syn. GLANDOUILLER.

**glandulaire** adj. ■ Des glandes ; d'une glande.

**glaner** v. tr. ① ■ 1 Ramasser dans les champs (les épis), après la moisson. 2 fig. Recueillir par-ci par-là (des éléments).

**glaneur, euse** n. ■ Personne qui glane.

**glapir** v. intr. ② ■ 1 (animaux) Pousser un cri bref et aigu. *Le renard glapit.* 2 (personnes) Crier d'une voix aigre, aiguë. ▷ n. m. **glapissement**

**glas** n. m. ■ Sonnerie de cloches pour annoncer un décès ou un enterrement. → fig. *SONNER LE GLAS DE qqch.,* en annoncer la fin, la chute.

**glatir** v. intr. ② ■ Crier (aigle).

**glaucome** n. m. ■ Maladie des yeux (dureté du globe, compression du nerf optique).

**glauque** adj. ■ 1 D'un vert qui tire sur le bleu. 2 fig. Triste, lugubre, sordide.

**glèbe** n. f. ■ littér. Terre cultivée.

**glissade** n. f. ■ Action, fait de glisser.

**glissant, ante** adj. ■ 1 Qui fait glisser. 2 Qui glisse facilement (entre les mains...).

**glisse** n. f. ■ Aptitude à glisser. ◆ *Sports de glisse* : sports où l'on glisse (ski, surf...).

**glissement** n. m. ■ 1 Action de glisser. 2 fig. Changement progressif.

**glisser** v. ⬚ ▪ **I** v. intr. **1** Se déplacer d'un mouvement continu, sur une surface lisse ou le long d'un autre corps. *Glisser sur une pente raide.* → **échapper. 2** Avancer comme en glissant. ♦ fig. Évoluer doucement, graduellement (vers). **3** Passer légèrement (sur). → **effleurer. II** v. tr. Faire passer, introduire adroitement ou furtivement (qqch.). ▶ **se glisser** v. pron. → se **faufiler.**

**glissière** n. f. ▪ Pièce métallique rainurée dans laquelle glisse une autre pièce. *Fermeture\* à glissière.* ♦ *Glissière de sécurité* : bordure de protection, le long d'une route.

**glissoire** n. f. ▪ Étendue de glace où l'on peut glisser.

**global, ale, aux** adj. ▪ Qui s'applique à un ensemble (opposé à *partiel*). → **entier, total.**

**globalement** adv. ▪ Dans l'ensemble.

**globalisation** n. f. ▪ anglic. Mondialisation\*.

**globalité** n. f. ▪ didact. Caractère global, intégral. → **intégralité, totalité.**

**globe** n. m. ▪ **1** Boule, sphère. ← *Le globe oculaire,* l'œil. **2** *Le globe terrestre; le globe* : la Terre. ♦ Sphère représentant la Terre. **3** Sphère ou demi-sphère creuse (de verre...).

**globe-trotter** [-œʀ ; -ɛʀ] n. ▪ Voyageur qui parcourt la terre. *Des globe-trotters.*

**globulaire** adj. ▪ **1** Qui a la forme d'un globe. **2** Relatif aux globules du sang.

**globule** n. m. ▪ **1** vx Petit globe. **2** Corps, cellule en suspension dans un liquide organique. *Globules sanguins : globules rouges* (hématies), *blancs* (leucocytes).

**globuleux, euse** adj. ▪ En globule. ← *Œil globuleux,* dont le globe est saillant.

**gloire** n. f. ▪ **1** Grande renommée répandue dans un très vaste public. → **célébrité, honneur, renom. 2** Honneur acquis par une action, un mérite. ← *Se faire gloire de qqch.,* s'en vanter. **3** Personne célèbre. *Il fut une des gloires de son pays.* **II 1** vx Rayonnement, splendeur. ♦ relig. *Rendre gloire à Dieu,* rendre hommage. **2** relig. État de béatitude des élus. **3** arts Auréole enveloppant tout le corps du Christ. ← Rayons émanant du triangle de la Trinité.

**gloria** n. m. invar. ▪ Hymne de la messe chanté ou récité à la gloire de Dieu.

**glorieux, euse** adj. ▪ **1** (choses) Qui procure de la gloire ou est plein de gloire. → **célèbre, fameux, illustre, mémorable. 2** Qui s'est acquis de la gloire. **3** vieilli, péj. *Être glorieux de qqch.,* en tirer vanité. **4** n. f. hist. *Les Trois Glorieuses* : les journées révolutionnaires des 27, 28 et 29 juillet 1830 (en France). ▷ adv. **glorieusement**

**glorifier** v. tr. ⬚ ▪ **1** Proclamer la gloire de (qqn, qqch.). → **célébrer, exalter. 2** Rendre gloire à (Dieu). ▶ **se glorifier (de)** v. pron. → se **flatter de.** ▷ n. f. **glorification**

**gloriole** n. f. ▪ Vanité futile.

**glose** n. f. ▪ Note explicative.

**gloser** v. tr. ⬚ ▪ **1** Expliquer par une glose. **2** *Gloser sur* (qqn, qqch.), critiquer.

**gloss** n. m. ▪ anglic. Fard gras qui donne un aspect brillant.

**glossaire** n. m. ▪ Lexique expliquant des mots mal connus. ♦ Lexique (d'un dialecte, d'un patois...).

**-glosse, glosso-** Éléments savants, du grec *glôssa* « langue ».

**glotte** n. f. ▪ Partie du larynx située entre les cordes vocales inférieures.

**glouglou** n. m. ▪ **1** fam. Bruit d'un liquide qui coule. **2** Cri de la dinde, du dindon.

**glouglouter** v. intr. ⬚ ▪ **1** Produire un glouglou. → **gargouiller. 2** Crier (dindon).

**glousser** v. intr. ⬚ ▪ **1** Crier (poule...). **2** (personnes) Rire en poussant de petits cris. ▷ n. m. **gloussement**

**glouton, onne** ▪ **1** adj. Qui mange avidement, excessivement. ← n. *Quel glouton!* **2** n. m. Mammifère carnivore de la toundra. ▷ adv. **gloutonnement**

**gloutonnerie** n. f. ▪ Avidité de glouton (1).

**glu** n. f. ▪ Matière végétale visqueuse et collante. ♦ fig., fam. Personne importune.

**gluant, ante** adj. ▪ Visqueux et collant.

**glucide** n. m. ▪ sc. Composant de la matière vivante formé de carbone, d'hydrogène et d'oxygène. ▷ adj. **glucidique**

**gluc(o)-, glyc(o)-** Élément (du grec *glukus* « sucré ») qui signifie « sucre, sucré ».

**glucose** n. m. ▪ Glucide à six atomes de carbone, sucre très répandu dans la nature, source d'énergie de l'organisme.

**glutamate** n. m. ▪ Sel d'un acide aminé, utilisé en cuisine (notamment asiatique).

**gluten** [-ɛn] n. m. ▪ Matière visqueuse obtenue après élimination de l'amidon des farines de céréales. ▷ adj. **glutineux, euse**

**glycémie** n. f. ▪ méd. Teneur du sang en glucose.

**glycérine** n. f. ▪ Liquide incolore, sirupeux, sucré, extrait de corps gras.

**glycine** n. f. ▪ Arbre grimpant, à grappes de fleurs mauves et odorantes.

**glyc(o)-** → **gluc(o)-**

**gnangnan** [nɑ̃nɑ̃] adj. invar. ▪ fam. Mou, sans énergie ; mièvre.

**gneiss** [gnɛs] n. m. ▪ Roche composée de feldspath, de quartz, de mica.

**gnocchi** [nɔki] n. m. ▪ Boulette de pâte pochée, puis cuite au four.

**gnognote** ou **gnognotte** n. f. ▪ fam. *C'est de la gnognote,* c'est tout à fait négligeable.

**gnôle** ou **gniole** n. f. ▪ fam. Eau-de-vie, alcool.

**gnome** [gnom] n. m. ▪ Petit personnage de contes, laid et difforme.

**gnomon** [gnɔmɔ̃] n. m. ▪ didact. Tige faisant ombre portée, marquant la marche apparente du Soleil (heures, équinoxes...).

**gnon** n. m. ▪ Coup. ← Marque de coup.

**gnose** [gnoz] n. f. ▪ didact. Philosophie prétendant à la connaissance des choses divines. ▷ **gnostique** adj. et n.

**gnou** [gnu] n. m. ▪ Mammifère (antilope) d'Afrique, à tête épaisse et barbue.

① **go** n. m. ▪ Jeu de stratégie qui se joue avec des pions sur un quadrillage.

② **tout de go** loc. adv. ▪ fam. Directement.

**goal** [gol] n. m. ▪ anglic. Gardien de but.

**gobelet** n. m. ■ **1** Récipient pour boire, sans pied. **2** Récipient pour lancer les dés.

**gobe-mouches** n. m. invar. ■ **1** Oiseau passereau (se nourrissant d'insectes). **2** fig., vieilli Personne crédule. – var. GOBE-MOUCHE n. m. *Des gobe-mouches.*

**gober** v. tr. ☐ ■ **1** Avaler brusquement en aspirant, et sans mâcher. *Gober un œuf cru.* **2** fig., fam. Croire sans examen. → **avaler.**

**se goberger** v. pron. ③ ■ Faire bombance.

**godasse** n. f. ■ fam. Chaussure.

**godelureau** n. m. ■ péj. Jeune élégant.

**godemiché** n. m. ■ Phallus artificiel.

**goder** v. intr. ☐ ■ Faire des faux plis.

**godet** n. m. ■ **1** Petit récipient sans pied ni anse. **2** fam. Verre. *Boire un godet.* **3** Récipient fixé sur certaines machines. **II** Faux pli ou large pli (d'un vêtement...).

**godiche** adj. et n. ■ fam. Benêt, maladroit.

**godille** n. f. ■ **1** Aviron d'arrière. **2** ski Enchaînement de virages courts. ▷ **godiller** v. intr. ☐

**godillot** n. m. ■ **1** Chaussure militaire à tige courte. **2** fam. Gros soulier.

**godron** n. m. ■ **1** Ornement ovoïde. **2** anciennt Gros pli rond et empesé.

**goéland** n. m. ■ Oiseau de mer à tête blanche, plus gros que la mouette.

**goélette** n. f. ■ Bateau léger à deux mâts.

**goémon** n. m. ■ Algues marines.

**goémonier, ière** ■ **1** n. Ramasseur, ramasseuse de goémon. **2** adj. Relatif à la récolte du goémon. *La pêche goémonière.*

①**à gogo** loc. adv. ■ fam. À volonté.

②**gogo** n. m. ■ fam. Personne crédule.

**goguenard, arde** adj. ■ Narquois.

**goguette** n. f. ■ fam. EN GOGUETTE : émoustillé, légèrement ivre ; d'humeur festive ; en promenade.

**goinfre** n. m. ■ Personne qui mange avec excès et salement. → **glouton, goulu.** ▷ se **goinfrer** v. pron. ☐ → s'**empiffrer.**

**goinfrerie** n. f. ■ Voracité du goinfre.

**goitre** n. m. ■ Tumeur de la thyroïde, qui déforme l'avant du cou. ▷ adj. et n. **goitreux, euse**

**golden** [-ɛn] n. f. invar. ■ Pomme jaune à chair juteuse.

**golem** [-ɛm] n. m. ■ Être artificiel animé par un verset biblique (légendes juives).

**golf** n. m. ■ **1** Sport consistant à envoyer une balle (au moyen d'un club) dans des trous disposés le long d'un parcours. **2** Terrain gazonné de ce parcours (→ **green**). **3** *Golf miniature*, jeu de jardin ou de salon. **4** *Culottes de golf*, bouffantes, serrées au-dessous du genou.

**golfe** n. m. ■ Vaste échancrure du littoral.

**golfeur, euse** n. ■ Joueur, joueuse de golf.

**gombo** n. m. ■ Plante potagère tropicale.

**gomina** n. f. ■ Pommade pour les cheveux.

**gommage** n. m. ■ Action de gommer.

①**gomme** n. f. ■ **I 1** Substance visqueuse et transparente qui suinte de l'écorce de certains arbres (→ **gommier**). *Gomme arabique* (d'un acacia). **2** *Boule de gomme*, bonbon fait à partir d'une gomme (1). ◆ *Gomme à mâcher* (francisation de *chewing-gum*). **II** Petit bloc de caoutchouc ou de plastique servant à effacer. **III** Substance caoutchoutée des pneus. ◆ loc. fam. METTRE LA GOMME : accélérer.

②**à la gomme** loc. adj. ■ Sans valeur.

**gommer** v. tr. ☐ ■ **I** Enduire de gomme, pour coller. – au p. p. *Papier gommé.* **II** Effacer avec une gomme. ◆ fig. *Gommer un souvenir ; le réel.*

**gommette** n. f. ■ Petit morceau de papier gommé ou adhésif.

**gommeux** n. m. ■ vieilli Jeune homme désœuvré, d'une élégance ridicule.

**gommier** n. m. ■ Arbre fournissant de la gomme (ex. acacia, mimosa).

**gonade** n. f. ■ Organe qui produit les gamètes. *Gonade femelle* (ovaire), *mâle* (testicule).

**gond** n. m. ■ **1** Pièce métallique autour de laquelle pivote le battant d'une porte ou d'une fenêtre. → **charnière. 2** loc. SORTIR DE SES GONDS : se mettre en colère.

**gondole** n. f. ■ **1** Barque vénitienne à un seul aviron, longue et plate, aux extrémités relevées. **2** Siège à dossier incurvé (style Empire). **3** Comptoir de vente.

**gondoler** v. intr. ☐ ■ **1** Se bomber anormalement dans certaines parties. ▷ SE GONDOLER v. pron. fam. Rire beaucoup.

**gondolier** n. m. ■ Batelier d'une gondole.

①**-gone** Élément savant, du grec *gônia* « angle ». → **gonio-.**

②**-gone** Élément savant, du grec *gonos* « procréation ».

**gonflable** adj. ■ Qui se gonfle.

**gonflage** n. m. ■ Action de gonfler d'air.

**gonflant, ante** adj. ■ **1** Qui gonfle. – n. m. *Le gonflant des cheveux.* **2** fam. Irritant.

**gonflement** n. m. ■ Action de (se) gonfler.

**gonfler** v. ☐ ■ **I** v. tr. **1** Distendre en remplissant d'air, de gaz. *Gonfler un pneu.* **2** Faire augmenter de volume. *Gonfler ses muscles.* **3** fig. → **remplir.** *Ses succès l'ont gonflé d'orgueil.* **4** Surestimer volontairement (un chiffre, un fait). → **grossir. 5** fam. Ennuyer, importuner. **II** v. intr. Augmenter de volume. ► se **gonfler** v. pron. Augmenter de volume. – fig. *Son cœur se gonfle d'amertume.* ► **gonflé, ée** adj. (spécialt) fam. Courageux ; audacieux.

**gonfleur** n. m. ■ Appareil pour gonfler.

**gong** [gɔ̃g] n. m. ■ Plateau de métal sur lequel on frappe pour qu'il résonne.

**gonio-** Élément savant, du grec *gônia* « angle ». → ①**-gone.**

**goniomètre** n. m. ■ Instrument servant à mesurer les angles. ◆ Radiogoniomètre.

**gonocoque** n. m. ■ Microbe de la blennorragie.

**gore** ■ anglic. **1** adj. invar. Se dit d'un genre de films d'épouvante, où beaucoup de sang est versé. **2** n. m. Ce genre de films.

**goret** n. m. ■ Jeune cochon.

**gorfou** n. m. ▪ Manchot des mers australes.

**gorge** n. f. ▪ **I 1** Partie antérieure du cou. ▪ loc. *AVOIR LE COUTEAU SUR, SOUS LA GORGE* : subir une contrainte (qui oblige à agir). **2** littér. Seins de femme. ▪ **II 1** Cavité intérieure du cou, à partir de l'arrière-bouche (larynx, pharynx). ◆ **gosier. 2** loc. *RENDRE GORGE*, restituer par force ce qu'on a pris. ◆ *FAIRE DES GORGES CHAUDES de qqch.*, se moquer. **III** fig. **1** Partie étroite et encaissée. **2** Partie creuse, cannelure (dans une pièce métallique...).

**gorge-de-pigeon** adj. invar. ▪ D'une couleur à reflets changeants.

**gorgée** n. f. ▪ Quantité de liquide qu'on avale en une seule fois. ▪ *Une gorgée d'alcool* (syn. fam. GORGEON n. m.).

**gorger** v. tr. ③ ▪ **1** Remplir (qqn) de nourriture avec excès. **2** Remplir complètement. **3** fig. Pourvoir à profusion (de). ▶ **se gorger** (de) v. pron. → se **gaver.**

**gorgonzola** n. m. ▪ Fromage (bleu) italien à moisissures internes.

**gorille** n. m. ▪ **1** Grand singe anthropoïde d'Afrique. **2** fam. Garde du corps.

**gosier** n. m. ▪ Arrière-gorge et pharynx.

**gospel** n. m. ▪ anglic. Musique vocale sacrée des Noirs américains. → **negro-spiritual.**

**gosse** n. ▪ fam. **1** Enfant. → **môme.** ◆ adj. *Elle est toute gosse.* **2** Adolescent(e). *Un beau gosse*, un garçon jeune et beau.

**gothique** adj. ▪ **I** vx Médiéval. **II** mod. **1** adj. et n. Se dit du style répandu en Europe du XIIᵉ au XVIᵉ siècle, entre le style roman et le style Renaissance. **2** *Écriture gothique*, à caractères droits et anguleux. **III 1** littér. *Roman gothique*, type de récits à thèmes médiévaux, aux XVIIIᵉ-XIXᵉ siècles. **2** Se dit d'un style à tendance macabre, parfois satanique (romans...).

**gotique** n. m. ▪ ling. Langue germanique disparue, qui était parlée par les Goths.

**gouache** n. f. ▪ Peinture à l'eau opaque. ◆ Tableau peint par ce procédé.

**gouaille** n. f. ▪ Attitude insolente et railleuse. – syn. GOUAILLERIE.

**gouailler** v. intr. ① ▪ littér. Dire des railleries. ▷ **gouailleur, euse** adj. → **railleur.**

**goualante** n. f. ▪ Chanson populaire.

**gouape** n. f. ▪ argot Voyou.

**gouda** n. m. ▪ Fromage de Hollande à pâte pressée.

**goudron** n. m. ▪ Produit visqueux, brun ou noir, obtenu par distillation de matières végétales ou minérales. → **asphalte, bitume.** ▷ **goudronner** v. tr. ①

**gouffre** n. m. ▪ **1** Trou vertical, impressionnant par sa profondeur et sa largeur. → **abîme, précipice.** ◆ Cavité naturelle souterraine. → **aven. 2** Courant tourbillonnant. **3** fig., littér. → **abîme.** ▪ loc. *Être AU BORD DU GOUFFRE*, devant un péril imminent. **4** Ce qui engloutit de l'argent.

**gouge** n. f. ▪ techn. Outil en demi-tube, servant à creuser. ▷ **gouger** v. tr. ③

**gougère** n. f. ▪ Pâtisserie au fromage.

**gouine** n. f. ▪ fam. (injurieux) Homosexuelle.

**goujat** n. m. ▪ Homme grossier, indélicat (surtout envers les femmes). → **malotru.** ▷ **goujaterie** n. f. → **muflerie.**

① **goujon** n. m. ▪ Cheville d'assemblage.

② **goujon** n. m. ▪ Petit poisson d'eau douce. ▪ loc. *Taquiner le goujon*, pêcher à la ligne.

**goulag** [-ag] n. m. ▪ hist. Camp de travail ; système concentrationnaire (en U. R. S. S.).

**goulash** ou **goulache** n. m. ou f. ▪ Ragoût de bœuf au paprika.

**goule** n. f. ▪ Vampire femelle des légendes orientales.

**goulée** n. f. ▪ fam. Grande gorgée.

**goulet** n. m. ▪ **1** Passage étroit dans un relief naturel. **2** Entrée étroite (d'une rade...).

**gouleyant, ante** adj. ▪ (vin) Frais et léger.

**goulot** n. m. ▪ Col étroit d'un récipient.

**goulu, ue** adj. ▪ Qui mange avec avidité. ▪ n. *Un goulu.* ▷ **goulûment** adv.

**goupil** [-i(l)] n. m. ▪ vx Renard.

**goupille** n. f. ▪ Cheville, broche métallique.

**goupiller** v. tr. ① ▪ **1** Fixer avec des goupilles. **2** fam. Arranger, combiner.

**goupillon** n. m. ▪ **1** Instrument liturgique pour asperger d'eau bénite. ▪ loc. *Le sabre et le goupillon* : l'armée et l'Église. **2** Longue brosse cylindrique pour nettoyer les objets creux.

**gourbi** n. m. ▪ **1** Habitation sommaire, en Afrique du Nord. **2** fam. Habitation sale.

**gourd, gourde** adj. ▪ Engourdi par le froid. *Avoir les doigts gourds.*

**gourde** n. f. ▪ **I 1** Variété de courge (pouvant servir de récipient). **2** Bouteille ou bidon pour transporter de la boisson. **II** Personne niaise et maladroite.

**gourdin** n. m. ▪ Gros bâton solide.

**se gourer** v. pron. ① ▪ fam. Se tromper.

**gourgandine** n. f. ▪ vx Femme facile.

**gourmand, ande** adj. ▪ **I 1** Qui aime la bonne nourriture, mange par plaisir. ▪ n. *Un gourmand, une gourmande.* **2** Qui dénote le désir, l'avidité. *Un regard gourmand.* ◆ *Son associé est trop gourmand.* **II** techn. *Branche gourmande*, dont la pousse nuit aux rameaux voisins.

**gourmander** v. tr. ① ▪ littér. Réprimander.

**gourmandise** n. f. ▪ **1** Goût de la nourriture. **2** Mets délicieux, friandise.

**gourme** n. f. ▪ **1** Maladie de peau au visage, au cuir chevelu. **2** Maladie respiratoire du cheval. **3** loc. fig. *JETER SA GOURME* : faire ses premières frasques.

**gourmé, ée** adj. ▪ Compassé, guindé.

**gourmet** n. m. ▪ Personne raffinée en matière de boire et de manger.

**gourmette** n. f. ▪ **1** Chaînette qui fixe le mors dans la bouche du cheval. **2** Bracelet à mailles de métal aplaties.

**gourou** n. m. ▪ **1** Maître spirituel, dans la religion brahmanique. **2** Maître à penser.

**gousse** n. f. ▪ **1** Fruit des légumineuses et de quelques plantes, de forme allongée, s'ouvrant par deux fentes. **2** *Gousse d'ail*, chacun des éléments de la tête d'ail.

**gousset** n. m. ▪ **1** ancient Petite bourse. **2** Petite poche de gilet, de pantalon...

**goût** n. m. ■ I 1 Sens grâce auquel l'homme et les animaux perçoivent les saveurs des aliments. 2 Saveur. *Goût acide, amer, sucré.* 3 Appétit, envie (s'oppose à *dégoût*). *Le goût de vivre.* 4 GOÛT DE, POUR qqch. : penchant. → disposition, vocation. ◆ *Prendre goût à,* se mettre à apprécier. ◆ *Être au goût de qqn.* → **plaire.** II 1 Aptitude à sentir, à discerner les beautés et les défauts (d'une œuvre, etc.). *Un goût sûr.* → Avis, jugement. *À mon goût...* 2 LE BON GOÛT ; LE GOÛT : jugement sûr en matière esthétique. *Avoir du goût.* 3 au plur. Tendances, préférences. *Être liés par des goûts communs.* 4 DE (tel ou tel) GOÛT : qui dénote, révèle tel goût. *Une plaisanterie d'un goût douteux.* 5 DANS LE GOÛT... → **genre, manière, style.** *Tableau dans le goût classique.*

① **goûter** v. 🔲 ■ I v. tr. 1 Manger ou boire un peu de (qqch.) pour connaître le goût. 2 Éprouver avec plaisir (une sensation, une émotion). → **savourer.** 3 littér. Trouver à son goût. II v. tr. ind. 1 GOÛTER À : prendre un peu de (une chose dont on n'a pas encore bu ou mangé). 2 GOÛTER DE : boire ou manger pour la première fois. ← fig. Faire l'expérience de. III v. intr. Faire une collation, entre le déjeuner et le dîner.

② **goûter** n. m. ■ Collation de l'après-midi.

① **goutte** n. f. ■ I 1 Très petite quantité de liquide de forme arrondie. *Goutte d'eau.* ← GOUTTE À GOUTTE loc. adv. : une goutte après l'autre. 2 Très petite quantité de boisson. ◆ fam. Petite quantité d'alcool. 3 au plur. Médicament administré en gouttes. II Petit objet ou petite tache ronde.

② **goutte** adv. ■ vx NE... GOUTTE : ne... pas.

③ **goutte** n. f. ■ Inflammation douloureuse des articulations. → **rhumatisme.**

**goutte-à-goutte** n. m. ■ Appareil médical permettant une perfusion lente et régulière.

**gouttelette** n. f. ■ Petite goutte de liquide.

**goutter** v. intr. 🔲 ■ Couler goutte à goutte.

**goutteux, euse** adj. ■ Atteint de la goutte.

**gouttière** n. f. ■ 1 Canal demi-cylindrique, fixé au bord inférieur des toits, pour l'écoulement des eaux de pluie. 2 Appareil qui sert à immobiliser un membre fracturé.

**gouvernable** adj. ■ Qui peut être gouverné.

**gouvernail** n. m. ■ 1 Plan mince orientable qui sert à diriger un bateau. ◆ (avions) → **gouverne.** 2 fig. Ce qui sert à diriger.

**gouvernant** n. m. ■ au plur. Personnes qui détiennent et exercent le pouvoir politique (opposé à *gouvernés*).

**gouvernante** n. f. ■ vieilli 1 Femme à qui on confie la garde et l'éducation d'enfants. 2 Femme chargée du ménage d'un homme.

**gouverne** n. f. ■ I Dispositif externe orientable qui sert à diriger un engin aérien (avion, etc.). → **gouvernail.** II loc. POUR MA (TA...) GOUVERNE : pour servir de règle ; pour informer.

**gouvernement** n. m. ■ I 1 vx ou littér. Action de diriger. 2 ancienn Direction politique, administrative ; charge de gouverneur. II mod. 1 Le pouvoir politique ; les organes de ce pouvoir (exécutif, législatif). → **État.** 2 Pouvoir exécutif suprême ; organes qui l'exercent. *Le gouvernement français* (chef de l'État ; conseil des ministres). 3 (régimes parlementaires) Le corps des ministres. III Organisation politique de l'État. *Gouvernements démocratiques.*

**gouvernemental, ale, aux** adj. ■ 1 Relatif au pouvoir exécutif. 2 Relatif au ministère. 3 Qui soutient le gouvernement.

**gouverner** v. tr. 🔲 ■ I Diriger la conduite de (qqch., qqn). 1 vx ou littér. Exercer une influence déterminante sur. → **commander, guider.** 2 gramm. Régir. *En latin, le verbe actif gouverne l'accusatif.* II Exercer le pouvoir politique sur. → **conduire, diriger.** ← au p. p. subst. *Les gouvernés et les gouvernants.* ◆ sans compl. Diriger les affaires publiques d'un État, détenir et exercer le pouvoir politique, et spécialt le pouvoir exécutif. III Diriger (une embarcation, un navire).

**gouverneur** n. m. ■ 1 hist. Haut fonctionnaire royal. 2 Personne qui est à la tête d'une région, d'une institution. II n. franç. du Canada *Gouverneur(e) général(e)* : personne qui représente le souverain britannique au Canada.

**goy** [gɔj] n. ■ Non-juif, pour les Israélites. *Des goyim* (plur. hébreu) ou *des goys.*

**goyave** [-j-] n. f. ■ Fruit d'un arbre d'Amérique tropicale (le *goyavier*, n. m.).

**G. P. L.** ou **GPL** (sigle) ■ Gaz de pétrole liquéfié, utilisé notamment comme carburant.

**G. P. S.** ou **GPS** (sigle) ■ anglic., techn. Système de localisation par satellite (de mobiles).

**grabat** n. m. ■ Lit misérable.

**grabataire** adj. et n. ■ (Personne) qui ne peut quitter son lit (maladie, vieillesse...).

**grabuge** n. m. ■ fam. Dispute, désordre.

**grâce** n. f. ■ I 1 Faveur accordée librement à qqn. ← LES BONNES GRÂCES DE qqn, ses dispositions favorables. 2 Disposition à faire des faveurs, à être agréable à qqn. ◆ loc. *Être EN GRÂCE auprès de qqn,* jouir de sa faveur. ← TROUVER GRÂCE *auprès de qqn, aux yeux de qqn,* lui plaire. ← DE GRÂCE : je vous en prie. ◆ BONNE, MAUVAISE GRÂCE : bonne, mauvaise volonté. 3 Titre d'hon- neur (pays anglo-saxons). 4 La bonté divine ; les faveurs qu'elle dispense. → **bénédic- tion, faveur.** ◆ loc. *À la grâce de Dieu,* en laissant les choses évoluer. ← *An de grâce,* année de l'ère chrétienne. 5 relig. Aide de Dieu qui rend l'homme capable de par- venir au salut. 6 AVOIR LA GRÂCE, avoir le don, l'inspiration. II 1 Pardon, remise de peine, de dette accordée bénévolement. *Demander une grâce.* ← *Demander grâce. Crier grâce,* supplier. ← *Je vous fais grâce du travail qui reste,* je vous en dispense. ← COUP DE GRÂCE, qui achève qqn (qui est blessé, qui souffre). III 1 Reconnaissance, remerciements. ← *Action de grâce(s),* témoignage de gratitude envers Dieu. 2 loc. prép. GRÂCE À qqn, qqch. : à l'aide, au moyen de (en parlant d'un résultat heureux). IV 1 Charme, agrément (→ *gracieux*). ◆ au plur. vieilli *Les* *grâces d'une personne.* → **attrait. 2** (mythol. grecque) *Les Trois Grâces* : les trois déesses personnifiant le don de plaire.

**gracier** v. tr. [7] ▪ Faire grâce (II) à (qqn).

**gracieux, ieuse** adj. ▪ **I** Qui a de la grâce ; qui est aimable (s'oppose à *disgracieux*). **II** Qui est accordé bénévolement. → **gratuit.** ▷ adv. **gracieusement**

**gracile** adj. ▪ Mince et délicat.

**gradation** n. f. ▪ Progression par degrés.

**grade** n. m. ▪ **I 1** Degré d'une hiérarchie (surtout militaire). → **échelon.** ← *Avancer EN GRADE.* **2** loc. *En prendre pour son grade* : se faire réprimander. **II** Unité de mesure, centième partie d'un quadrant.

**-grade** Élément (du latin *gradus* « pas ; marche ») qui signifie « façon de marcher ».

**gradé, ée** ▪ adj. et n. (Personne) qui a un grade inférieur à celui d'officier.

**gradient** [-jɑ̃] n. m. ▪ sc. Taux de variation (d'une grandeur).

**gradin** n. m. ▪ **1** Chacun des étages d'un amphithéâtre. **2** *EN GRADINS* : disposé par paliers successifs. *Cultures en gradins.*

**graduation** n. f. ▪ Action de graduer (2). ← Échelle graduée (d'un instrument).

**graduel, elle** adj. ▪ Qui va par degrés. → **progressif.** ▷ adv. **graduellement**

**graduer** v. tr. [1] ▪ **1** Augmenter de manière graduelle. **2** Diviser en degrés. → **étalonner ; graduation.** ▶ **gradué, ée** p. p.

**graff** n. m. ▪ Fresque murale réalisée à la bombe. ▷ n. **graffeur, euse**

**graffiti** n. m. ▪ Inscription, dessin tracé sur un mur. → anglic. **tag.** *Des graffiti(s).* ▷ **graffiter** v. tr. [1]

**graillon** n. m. ▪ **1** au plur. Restes de gras frits. **2** péj. Odeur de graisse brûlée, de mauvaise cuisine.

**graillonner** v. intr. [1] ▪ fam. **1** Tousser en crachant. **2** Parler d'une voix grasse.

**grain** n. m. ▪ **I 1** Fruit comestible des graminées*. *Grain de blé, de riz.* ← *LES GRAINS OU LE GRAIN* (collectif) : les grains récoltés des céréales. **2** Semence. → **graine.** *Semer le grain.* **3** Fruit, petite graine arrondie. *Grain de raisin.* **4** Petite parcelle arrondie. *Grain de sable.* **5** *GRAIN DE BEAUTÉ* : nævus brun. **6** *LE GRAIN* : aspect d'une surface qui a plus ou moins d'aspérités (→ grenu). **7** Très petite quantité. ← loc. *AVOIR UN (PETIT) GRAIN* : être un peu fou. **8** ancienn Très petite unité de poids (0,053 g). **II 1** Coup de vent soudain, en mer. **2** loc. *VEILLER AU GRAIN* : être vigilant.

**graine** n. f. ▪ **I 1** Partie des plantes à fleurs qui, une fois germée, assure leur reproduction (→ **grain**). **2** loc. fig. *MONTER EN GRAINE*, se dit d'un enfant qui grandit rapidement. ← *En prendre de la graine* : tirer un exemple, une leçon (de qqch.). **3** fig., péj. *GRAINE DE* (personnes). *De la graine de voyou.* ← *MAUVAISE GRAINE* (même sens). **II** loc. fam. *Casser la graine* : manger.

**graineterie** [gʀɛntʀi ; gʀɛnɛtʀi] n. f. ▪ Commerce, magasin du grainetier.

**grainetier, ière** [gʀɛntje] n. ▪ Personne qui vend des grains, des graines, des bulbes...

**graissage** n. m. ▪ Action de graisser.

**graisse** n. f. ▪ **1** Substance onctueuse répandue en diverses parties du corps de l'homme et des animaux, sous la peau, dans le tissu conjonctif. **2** Cette substance, tirée d'animaux et utilisée dans l'alimentation. → **gras. 3** Corps gras. *Graisses végétales* (huile...), *animales* (beurre, saindoux...).

**graisser** v. tr. [1] ▪ **1** Enduire, frotter d'un corps gras. **2** loc. fig. *GRAISSER LA PATTE à qqn*, le soudoyer.

**graisseur** n. m. ▪ Ouvrier ou appareil qui opère le graissage.

**graisseux, euse** adj. ▪ **1** De la nature de la graisse. → **adipeux. 2** Taché, enduit de graisse. → **gras.**

**graminée** n. f. ▪ Plante à fleurs minuscules groupées en épis, à tige souvent creuse.

**grammage** n. m. ▪ techn. Poids de l'unité de surface (du papier, etc.), en grammes.

**grammaire** n. f. ▪ **1** Ensemble des règles à suivre pour parler et écrire correctement une langue. **2** Partie de la linguistique qui regroupe la phonologie, la morphologie et la syntaxe. ← spécial Syntaxe. **3** Système grammatical (d'une langue). **4** Livre, traité, manuel de grammaire.

**grammairien, ienne** n. ▪ **1** Lettré qui fixe les règles du bon usage d'une langue. **2** Linguiste spécialiste de grammaire.

**grammatical, ale, aux** adj. ▪ **1** Relatif à la grammaire ; de la grammaire. **2** Conforme aux règles de la grammaire.

**gramme** n. m. ▪ **1** Unité de masse valant un millième de kilogramme (symb. g). **2** fig. Très petite quantité.

**-gramme** Élément, du grec *gramma* « lettre, écriture ». → aussi **-graphe.**

**gramophone** n. m. ▪ ancienn Phonographe à disques, à plateau et pavillon.

**grand, grande** adj. ▪ **I** dans l'ordre physique (avec possibilité de mesure) (opposé à *petit*) **1** Dont la hauteur, la taille dépasse la moyenne. *De grands arbres.* **2** Qui atteint toute sa taille. ← *Les grandes personnes* : les adultes. ← n. *Les grands*, les aînés. **3** Dont la longueur dépasse la moyenne. → **long.** *Un grand nez.* **4** Dont la surface dépasse la moyenne. → **étendu, spacieux, vaste.** *Une grande pièce.* **5** Dont le volume, l'ensemble des dimensions dépasse la moyenne. **6** (mesures) *Grand nombre. Grand âge. À grande vitesse.* **7** Très abondant ou très important. → **considérable, nombreux.** ← loc. *À grands frais. Au grand air* : en plein air. **II** dans l'ordre qualitatif **1** → **important.** *C'est un grand jour.* ♦ (équivalent d'un superlatif) *Grand blessé*, blessé grave. **2** (personnes) D'une condition sociale ou politique élevée. ← n. *Les grands ; les grands de ce monde.* **3** Supérieur en raison de ses talents, de ses qualités, etc. → **illustre, supérieur.** *Un grand homme.* → **génie, héros.** ♦ (actions, qualités...) → **beau, grandiose, magnifique, noble.** *Grandes actions.* **III** dans les expr. *GRAND* (+ n. f.). *La grand-rue* : la rue principale. *Avoir grand-faim. À grand-peine.* **IV 1** adv. *VOIR GRAND* : avoir de grands projets. ♦ *Yeux ouverts tout grand / grand ouverts* (ou *grands ouverts*). **2** *EN GRAND* loc. adv. : sur de grandes dimensions, un vaste plan. *Il faut voir les choses en grand.*

**grand-angle** [gʀɑ̃t-] n. m. ▪ Objectif photographique couvrant un large champ. *Des grands-angles.* – syn. GRAND-ANGULAIRE.

**grand-chose ▪ 1** pron. indéf. *Cela ne vaut PAS GRAND-CHOSE,* cela vaut peu de chose. **2** n. invar. fam. *UN, UNE PAS GRAND-CHOSE,* personne qui mérite peu d'estime.

**grand-duc** n. m. ▪ I **1** Titre de princes souverains (fém. *grande-duchesse*). **2** fam. *Faire la tournée des grands-ducs,* la tournée des restaurants, des cabarets. **II →** duc (rapace).

**grand-duché** n. m. ▪ Pays gouverné par un grand-duc, une grande-duchesse.

**grandement** adv. ▪ **1** Beaucoup, tout à fait. *Il s'est grandement trompé.* **2** Dans des proportions qui dépassent l'ordinaire.

**grande surface** n. f. ▪ Grand magasin en libre service. → **hypermarché, supermarché.**

**grandeur** n. f. ▪ I (sens absolu) **1** Caractère de ce qui est grand, important. **2** Importance sociale, politique. → **gloire ; pouvoir, puissance. ◂** au plur. *Folie des grandeurs.* → **mégalomanie. 3** Élévation, noblesse. *Grandeur d'âme.* **II** (sens relatif) **1** Qualité de ce qui est plus ou moins grand. → **dimension, étendue, taille. 2** GRANDEUR NATURE loc. adj. invar. : représenté selon ses dimensions réelles. **3** Unité de mesure de l'éclat des étoiles. → **magnitude. III** sc. Ce qui est susceptible de mesure. → **quantité.**

**grand-guignolesque** adj. ▪ Digne du Grand-Guignol, d'une horreur bizarre.

**grandiloquence** n. f. ▪ péj. Forme d'expression affectée, abusant des effets faciles. ▷ **grandiloquent, ente** adj. → **pompeux.**

**grandiose** adj. ▪ (choses) Qui impressionne par sa grandeur, son aspect majestueux.

**grandir** v. ▪ **I** v. intr. **1** Devenir plus grand. **2** Devenir plus intense ; augmenter. **3** Gagner en valeur humaine, en réputation. **◂** au p. p. *Sortir grandi d'une épreuve.* **II** v. tr. **1** Rendre ou faire paraître plus grand. **2** fig. Donner plus de grandeur, de noblesse à.

**grandissant, ante** adj. ▪ Qui grandit peu à peu, qui va croissant.

**grand-mère** n. f. ▪ **1** Mère du père ou de la mère de qqn. *Des grands-mères* (ou vx *grand-mères*). – syn. vieilli GRAND-MAMAN. **2** fam. Vieille femme.

**grand-oncle** [gʀɑ̃t-] n. m. ▪ Frère du grand-père ou de la grand-mère. *Un de mes grands-oncles.*

**grand-père** n. m. ▪ **1** Père du père ou de la mère de qqn. *Des grands-pères.* – syn. vieilli GRAND-PAPA. **2** fam. Vieil homme.

**grands-parents** n. m. pl. ▪ Le grand-père et la grand-mère (du côté paternel ou maternel).

**grand-tante** n. f. ▪ Sœur du grand-père ou de la grand-mère. *Des grands-tantes.*

**grange** n. f. ▪ Bâtiment pour abriter la récolte, dans une exploitation agricole.

**granit** ou **granite** [-it] n. m. ▪ Roche dure, formée de cristaux de feldspath, de quartz, de mica, etc. ▷ adj. **granitique**

**granité, ée ▪ I** adj. Qui présente des grains. → **grenu. II** n. m. Sorbet granuleux.

**granivore** adj. ▪ Qui se nourrit de grains.

**granny smith** [gʀanismis] n. f. invar. ▪ anglic. Pomme verte à chair acidulée.

**granulation** n. f. ▪ Masse granuleuse.

**granule** n. m. ▪ Petite pilule.

**granulé** n. m. ▪ Préparation pharmaceutique présentée sous forme de petits grains.

**granuleux, euse** adj. ▪ Formé de petits grains ; qui présente des petits grains.

**granulome** n. m. ▪ méd. Tumeur inflammatoire, au sein d'un tissu.

**grapefruit** ou **grape-fruit** [gʀɛpfʀut] n. m. ▪ anglic. Pomélo. *Des grape(-)fruits.*

**graphe** n. m. ▪ math. Représentation graphique d'une fonction.

**-graphe** Élément savant, du grec *graphein* « écrire ». → **grapho- ; -gramme.**

**graphème** n. m. ▪ ling. Lettre ou groupe de lettres correspondant à un phonème.

**graphie** n. f. ▪ Manière dont un mot est écrit. *Graphie correcte.* → **orthographe.**

**graphiose** n. f. ▪ arbor. Maladie parasitaire des ormes.

**graphique ▪ I** adj. **1** Qui représente ou suggère qqch. par des lignes, des figures. **◂** *Arts graphiques* : dessin, peinture, gravure, etc. **2** Relatif à une écriture. *L'alphabet est un système graphique.* **II** n. m. Représentation des variations d'un phénomène, à l'aide d'une ligne. → **courbe, diagramme.** ▷ adv. **graphiquement**

**graphisme** n. m. ▪ **1** Manière de former les lettres, d'écrire. **2** Manière de dessiner, d'écrire, considérée sur le plan esthétique.

**graphiste** n. ▪ Spécialiste en techniques et arts graphiques (dessin, illustration...).

**graphite** n. m. ▪ Carbone cristallisé, grisnoir, dont on se sert pour écrire.

**grapho-** Élément savant, du grec *graphein* « écrire ». → **-graphe.**

**graphologie** n. f. ▪ Étude du graphisme (1) de qqn en relation avec sa personnalité.

**grappe** n. f. ▪ **1** Assemblage de fleurs ou de fruits portés par des pédoncules étagés sur un axe commun. *Grappe de glycine.* **◂** spécialt Grappe de raisin. **2** Assemblage serré (de petits objets ou de personnes).

**grappiller** v. tr. ☐ ▪ **1** Prendre de-ci, de-là (des fruits, des fleurs). **2** fig. Prendre, recueillir au hasard. ▷ n. m. **grappillage**

**grappin** n. m. ▪ **1** mar. Petite ancre. ▪ Instrument muni de crochets. **2** loc. fig. METTRE LE GRAPPIN SUR qqn, l'accaparer.

**gras, grasse** adj. ▪ **I 1** Formé de graisse ; qui contient de la graisse. *Les corps gras,* les graisses\*, les lipides. **◂** n. m. *Le gras,* la partie grasse de la viande. **2** *Jour gras,* où l'Église catholique permet aux fidèles de manger de la viande. *Mardi\* gras.* **3** (personnes) Qui a beaucoup de graisse. → **adipeux, gros. 4** Enduit, sali de graisse. **II** par analogie **1** Qui évoque la graisse par sa consistance. → **onctueux. ◂** *Toux grasse,* accompagnée d'expectorations. **2** Important par le volume, l'épaisseur. **◂** *Crayon gras* (à mine tendre). **◂** *Plantes grasses,* à feuilles épaisses et charnues. **◂** n. m. *Le gras de la jambe,* le mollet. **3** fig. → **abondant.** *La prime n'est pas grasse.* **◂** loc. *Grasse matinée\*.*

**gras-double** n. m. ■ Membrane comestible de l'estomac du bœuf.

**grassement** adv. ■ Abondamment.

**grasseyer** v. 1 ■ 1 v. intr. Parler de manière gutturale. 2 v. intr. et tr. Prononcer les *r* sans les rouler.

**grassouillet, ette** adj. ■ Gras et potelé.

**gratifiant, ante** adj. ■ Qui gratifie (II).

**gratification** n. f. ■ I Somme donnée à qqn en sus. II anglic. Ce qui gratifie (II).

**gratifier** v. tr. 7 ■ I Pourvoir libéralement (qqn) d'un avantage (don, faveur...). II anglic. Satisfaire, valoriser (qqn).

**gratin** n. m. ■ I 1 *AU GRATIN*, se dit de plats cuits au four après avoir été saupoudrés de chapelure ou de fromage râpé. 2 Croûte dorée qui se forme à la surface d'un plat ainsi préparé ; ce plat. II fam. Partie d'une société particulièrement distinguée.

**gratiné, ée** adj. ■ I Cuit au gratin. Soupe à l'oignon gratinée (ou n. f. *gratinée*). II fam. Remarquable, par l'excès ou le ridicule.

**gratiner** v. tr. 1 ■ 1 v. intr. Se couvrir de gratin. 2 v. tr. Faire cuire au gratin.

**gratis** [-is] adv. ■ fam. Gratuitement. *Entrer gratis.* ◆ adj. *L'entrée est gratis.*

**gratitude** n. f. ■ Reconnaissance que l'on éprouve envers qqn dont on est l'obligé.

**gratos** [-os] adv. ■ fam. Gratuitement. ◆ adj. Gratuit. *Un repas gratos.*

**gratouiller** ou **grattouiller** v. tr. 1 ■ Gratter légèrement. → Démanger.

**grattage** n. m. ■ Action de gratter.

**gratte** n. f. ■ fam. I Petit profit obtenu en grattant. → gratter (I, 5). II Guitare. III techn. ou régional Grattoir.

**gratte-ciel** n. m. invar. ■ Immeuble très haut à très nombreux étages. → tour.

**gratte-cul** [-ky] n. m. ■ fam. Fruit du rosier, de l'églantier. *Des gratte-cul(s).*

**grattement** n. m. ■ Action de (se) gratter. ◆ Bruit de ce qui gratte.

**gratte-papier** n. m. ■ péj. Employé de bureau. → scribouillard. *Des gratte-papier(s).*

**gratter** v. tr. 1 ■ I v. tr. 1 Frotter avec qqch. de dur en entamant très légèrement la surface. → racler. 2 (En employant les ongles, les griffes) *Chien qui gratte le sol.* ◆ *Gratte-moi le dos, il me démange.* 3 fam. Faire éprouver une démangeaison à (qqn). *Ce pull me gratte.* 4 Enlever en grattant. *Gratter un vernis.* 5 fig., fam. Prélever, mettre de côté de petites sommes. II v. intr. 1 Faire entendre un grattement. 2 fam. Travailler. ► se gratter v. pron. Gratter l'endroit qui démange.

**grattoir** n. m. ■ Instrument pour gratter.

**gratton** n. m. ■ régional I Petite aspérité (de rocher...). II au plur. Morceaux de graisse (de porc, d'oie...) salés et frits.

**gratuit, uite** adj. ■ 1 Que l'on donne sans faire payer ; dont on profite sans payer. 2 Qui n'a pas de fondement, de preuve. → arbitraire. *Accusation gratuite.* 3 *Acte gratuit*, sans motif apparent. ▷ n. f. **gratuité** ▷ adv. **gratuitement**

**grau** n. m. ■ régional Chenal entre un cours d'eau, un étang et la mer.

**gravats** n. m. pl. ■ Débris provenant d'une démolition. → décombres, plâtras.

**grave** adj. ■ I vx Lourd, pesant. II abstrait 1 Qui se comporte, agit avec réserve et dignité. → austère, digne, posé, sérieux. 2 (choses) Qui a de l'importance. → important, sérieux. 3 Susceptible de suites dangereuses. *Maladie grave.* 4 *Blessé grave*, gravement touché. 5 fam. Lourd, pénible (personnes, situations...). ◆ adv. *Il commence à nous fatiguer grave.* III 1 (son) Qui occupe le bas du registre musical (opposé à *aigu*). ◆ n. m. *Le grave*, les sons graves. 2 *Accent grave*, en français, signe (`) servant à noter le timbre de l'*e* ouvert et à distinguer certains mots de leurs homonymes (*à, où, là*).

**graveleux, euse** adj. ■ I Qui contient du gravier. II fig., littér. Très licencieux.

**gravelle** n. f. ■ vx Maladie qui provoque des calculs dans le rein. → pierre.

**gravement** adv. ■ 1 Avec gravité. → dignement. 2 D'une manière importante ou dangereuse. *Être gravement blessé.*

**graver** v. tr. 1 ■ 1 Tracer en creux sur une matière dure, au moyen d'un instrument pointu. 2 Tracer en creux (un dessin, etc.) sur une matière dure, dans le but de reproduire (→ gravure). 3 Reproduire par la gravure. 4 fig. Rendre durable (dans l'esprit...).

**graveur, euse** n. ■ Professionnel(le) de la gravure.

**gravide** adj. ■ méd. Qui contient un embryon.

**gravier** n. m. ■ 1 Roche détritique, sable grossier mêlé de cailloux (rivières, bord de la mer). 2 Ensemble de petits cailloux servant de revêtement. 3 Petit caillou.

**gravillon** n. m. ■ 1 Fin gravier. *Du gravillon.* 2 Petit caillou du gravillon.

**gravimétrie** n. f. ■ phys. Mesure de l'intensité de la pesanteur.

**gravir** v. tr. 2 ■ Monter avec effort (une pente). → escalader. ◆ fig. *Gravir les degrés de la hiérarchie.*

**gravitation** n. f. ■ Phénomène par lequel les corps s'attirent avec une force proportionnelle à leurs masses et inversement proportionnelle au carré de leur distance. ▷ adj. **gravitationnel, elle, els**

**gravité** n. f. ■ 1 Qualité d'une personne grave. → austérité, dignité. 2 Caractère de ce qui a de l'importance, de ce qui peut entraîner de graves conséquences. II Phénomène par lequel un corps subit l'attraction de la Terre. → pesanteur ; gravitation. *Centre\* de gravité.*

**graviter** v. intr. 1 ■ *Graviter autour :* tourner autour (d'un centre d'attraction).

**gravure** n. f. ■ I 1 Action de graver. ◆ Manière dont un objet est gravé. 2 Fait de graver un disque. II 1 Art, technique de la décoration obtenue en gravant. *Gravure sur métaux.* 2 Art de graver une surface dure pour obtenir une œuvre graphique (spécialt pour reproduire une œuvre). *Gravure sur bois, sur pierre...* 3 Reproduction ainsi obtenue (estampe, lithographie...).

**gré** n. m. ■ **1** dans des loc. Ce qui plaît ; ce qui convient. *AU GRÉ DE* : selon le goût de. *Agissez à votre gré.* → **convenance, guise.** ◆ *DE SON PLEIN GRÉ.* → **volontairement.** ◆ *DE SON BON CŒUR.* ◆ *DE GRÉ OU DE FORCE* : qu'on le veuille ou non. ◆ *BON GRÉ, MAL GRÉ* : en se résignant, malgré soi. ◆ dr. *DE GRÉ À GRÉ* : à l'amiable. **2** *SAVOIR GRÉ à qqn*, avoir de la reconnaissance pour qqn.

**grèbe** n. m. ■ Oiseau palmipède à plumage argenté, duveteux.

**grec, grecque** ■ **1** adj. et n. De Grèce. → **hellénique.** ◆ n. *Les Grecs.* **2** n. m. La langue grecque. *Le grec ancien, le grec moderne.* **3** loc. *À la grecque*, à l'huile d'olive et aux aromates.

**gréco-latin, ine** adj. ■ Qui concerne à la fois les civilisations grecque et latine.

**gréco-romain, aine** adj. ■ Commun aux civilisations grecque et romaine antiques. ◆ *Lutte gréco-romaine*, excluant les coups.

**grecque** n. f. ■ Ornement fait de lignes brisées qui reviennent sur elles-mêmes.

**gredin, ine** n. ■ vieilli → **bandit, coquin.**

**gréement** n. m. ■ Ensemble du matériel nécessaire à la manœuvre des voiliers ; à l'amarrage et à la sécurité de tous les navires.

**green** [gʀin] n. m. ■ anglic. Espace gazonné d'un terrain de golf.

**gréer** v. tr. [1] ■ Garnir de gréement. ◆ au p. p. *Navire gréé en goélette.*

**greffage** n. m. ■ Action de greffer.

① **greffe** n. m. ■ Bureau où l'on garde les minutes des actes de procédure.

② **greffe** n. f. ■ **1** Greffon végétal. ◆ Opération par laquelle on implante un greffon. **2** Opération par laquelle une portion (tissu, organe) d'un organisme est implantée sur une autre partie du corps ou sur un autre organisme (→ receveur).

**greffer** v. tr. [1] ■ **1** Soumettre (une plante) à l'opération de la greffe. **2** Implanter (un greffon ②) sur un sujet. **3** pronom. fig. *SE GREFFER SUR* : s'ajouter à.

**greffier, ière** n. ■ Officier du greffe.

**greffon** n. m. ■ **1** Partie d'une plante que l'on insère sur une autre plante pour obtenir un spécimen nouveau. **2** Partie de l'organisme prélevée afin d'être greffée.

**grégaire** adj. ■ **1** Qui vit par troupeaux. **2** Relatif au groupement des êtres vivants, à la tendance à vivre en groupe.

**grège** adj. ■ *Soie grège*, brute (de couleur beige).

**grégorien, ienne** adj. ■ *Chant grégorien* et n. m. *le grégorien* : le plain-chant.

① **grêle** adj. ■ **1 1** D'une longueur et d'une finesse excessives. **2** *L'INTESTIN GRÊLE* : portion la plus étroite de l'intestin, comprise entre le duodénum et le cæcum. **II** (sons) Aigu et peu intense.

② **grêle** n. f. ■ **1** Précipitation faite de grains de glace. **2** fig. Ce qui tombe comme la grêle. *Une grêle de balles ; d'injures.*

**grêlé, ée** adj. ■ Marqué par de petites cicatrices (dues à la variole, etc.).

**grêler** v. impers. [1] ■ (grêle) Tomber.

**grêlon** n. m. ■ Grain de glace de la grêle.

**grelot** n. m. ■ **1** Sonnette constituée d'une boule de métal creuse contenant un morceau de métal. **2** loc. fam. *AVOIR LES GRELOTS* : trembler de peur (→ grelotter).

**grelottant, ante** adj. ■ Qui grelotte.

**grelotter** v. intr. [1] ■ **1** Émettre un bruit de grelot. **II** Trembler (de froid, de peur...).

**grenade** n. f. ■ **I** Fruit comestible du grenadier, grosse baie ronde à la pulpe rouge. **II** Projectile explosif muni d'un détonateur, qui se lance à la main ou au fusil.

① **grenadier** n. m. ■ Arbrisseau épineux à fleurs rouges, qui produit les grenades.

② **grenadier** n. m. ■ **1** vx Soldat chargé de lancer des grenades. **2** hist. Soldat d'élite.

**grenadine** n. f. ■ Sirop sucré, rouge.

**grenaille** n. f. ■ **1** Métal réduit en grains. **2** Pommes de terre de petit calibre. *De la grenaille de Noirmoutier.*

**grenat** n. m. ■ **1** Pierre précieuse, souvent rouge. **2** adj. invar. Rouge sombre.

**grenier** n. m. ■ **1** Partie d'une ferme, combles où l'on conserve le grain et le fourrage. → **fenil, grange. 2** Étage supérieur d'une maison, sous les combles (débarras...).

**grenouille** n. f. ■ Batracien aux pattes arrière palmées, à peau lisse, nageur et sauteur.

**grenouiller** v. intr. [1] ■ fam. Intriguer, magouiller. ▷ n. m. **grenouillage**

**grenouillère** n. f. ■ **1** vx Baignade encombrée. **II** Combinaison de bébé recouvrant les pieds.

**grenu, ue** adj. ■ Qui présente des grains.

**grès** n. m. ■ **1** Roche sédimentaire dure formée de sable aux grains unis par un ciment. ▷ adj. **gréseux, euse 2** Terre glaise mêlée de sable fin dont on fait des poteries.

**grésil** n. m. ■ Grêle fine, blanche et dure.

**grésiller** v. intr. [1] ■ Produire un crépitement rapide et faible. ▷ n. m. **grésillement**

**gressin** n. m. ■ Petite flûte de pain séché.

① **grève** n. f. ■ Terrain formé de graviers, au bord de la mer ou d'un cours d'eau.

② **grève** n. f. ■ **1** Cessation volontaire et collective du travail décidée par des travailleurs, en vue d'obtenir des avantages. **2** *Grève de la faim*, refus de manger, en manière de protestation.

**grever** [gʀə-] v. tr. [5] ■ Frapper de charges financières, de servitudes.

**gréviste** n. ■ Personne qui fait grève.

**gribiche** adj. ■ *Sauce gribiche* : vinaigrette mêlée d'œuf dur et de condiments.

**gribouillage** n. m. ■ **1** Dessin confus, informe. → **gribouillis. 2** Écriture, texte informe, illisible.

**gribouille** n. m. ■ Personne naïve qui se jette dans les ennuis qu'elle voulait éviter.

**gribouiller** v. [1] ■ **1** v. intr. Faire des gribouillages. **2** v. tr. Écrire de manière confuse, peu lisible.

**gribouillis** n. m. ■ Dessin, écriture informe. → **gribouillage.**

**grièche** → **pie-grièche**

**grief** n. m. ■ Sujet, motif de plainte. *Avoir des griefs contre qqn.* ← loc. *TENIR, FAIRE GRIEF À qqn DE qqch.*, le lui reprocher.

**grièvement** adv. ■ *Grièvement blessé, brûlé...*, gravement.

**griffe** n. f. ■ **1** Ongle pointu et crochu de certains animaux. ← loc. *Montrer les griffes* : menacer. *Toutes griffes dehors* : avec agressivité. **2** Petit crochet qui maintient une pierre sur un bijou. **3** Empreinte reproduisant une signature. ← Marque au nom d'un fabricant, apposée sur ses produits. **4** Marque caractéristique du style (de qqn).

**griffer** v. tr. 🔲 ■ Égratigner d'un coup de griffe ou d'ongle.

① **griffon** n. m. ■ **I** Animal fabuleux, ailé, à corps de lion et à tête d'aigle. **II** Sortie de l'eau d'une source.

② **griffon** n. m. ■ Chien à poils longs.

**griffonner** v. tr. 🔲 ■ **1** Écrire (qqch.) d'une manière confuse, peu lisible. ← sans compl. Tracer des signes informes. **2** Rédiger à la hâte. ▷ n. m. **griffonnage**

**griffu, ue** adj. ■ Armé de griffes.

**griffure** n. f. ■ Égratignure provoquée par un coup de griffe.

**grignoter** v. 🔲 ■ **I** v. intr. Manger en rongeant. *Le hamster grignote.* **2** Manger très peu. **II** v. tr. **1** Manger (qqch.) petit à petit, lentement, en rongeant. **2** fig. Détruire peu à peu. *Grignoter ses économies.* **3** S'approprier, gagner. → **gratter.** ▷ n. m. **grignotement** et **grignotage**

**grigou** n. m. ■ fam. Homme avare.

**gri-gri** → **gris-gris**

**gril** [gʀil] n. m. ■ Ustensile de cuisine fait d'une grille ou d'une plaque permettant une cuisson à feu vif. ← loc. fig. *Être sur le gril*, extrêmement anxieux ou impatient.

**grillade** n. f. ■ **1** Viande grillée. **2** Morceau de porc à griller.

**grillage** n. m. ■ **1** Treillis métallique qu'on met aux ouvertures (fenêtres, portes). **2** Clôture, etc. en treillis de fil de fer.

**grillager** v. tr. 🔲 ■ Munir d'un grillage.

**grille** n. f. ■ **I 1** Assemblage de barreaux entrecroisés ou parallèles fermant une ouverture. **2** Clôture formée de barreaux métalliques verticaux, plus ou moins ouvragés. ◆ Porte en grillage. **3** Châssis soutenant le charbon ou le petit bois dans un fourneau, une cheminée. **II 1** Surface quadrillée. ← *Grille de mots croisés.* **2** Tableau présentant une organisation, une répartition chiffrée ; cette organisation.

**grille-pain** n. m. invar. ■ Appareil servant à griller des tranches de pain.

① **griller** v. 🔲 ■ **I** v. tr. **1** Faire cuire sur le gril. ← au p. p. *Bifteck grillé.* **2** Chauffer à l'excès. **3** Torréfier. **4** fam. *Griller une cigarette*, la fumer. **5** Mettre hors d'usage par un court-circuit ou un courant trop intense. **6** *Griller un feu rouge*, ne pas s'y arrêter. → **brûler. 7** fam. Dépasser, supplanter (qqn). **II** v. intr. **1** Rôtir sur le gril. **2** fam. Être exposé à une chaleur trop vive. **3** fig. *GRILLER DE.* → **brûler** de. *Griller d'impatience.*

② **griller** v. tr. 🔲 ■ Fermer d'une grille.

**grillon** n. m. ■ Insecte sauteur noir.

**grimaçant, ante** adj. ■ Qui grimace.

**grimace** n. f. ■ **1** Contorsion du visage, faite inconsciemment (→ tic) ou volontairement. ← fig. *Faire la grimace* : manifester du mécontentement. ← loc. *Soupe à la grimace* : accueil hostile ; attitude maussade. **2** au plur. Mines affectées, hypocrites.

**grimacer** v. intr. ③ ■ **1** Faire une grimace, des grimaces. **2** Faire un faux pli.

**grimacier, ière** adj. ■ **1** Qui a l'habitude de faire des grimaces. **2** vx Affecté, maniéré.

**grimage** n. m. ■ Maquillage de théâtre.

**grimaud** n. m. ■ vx **1** Jeune écolier ignorant. **2** Maître ignare. ← Pédant.

**grimer** v. tr. 🔲 ■ Maquiller pour le théâtre, le cinéma, etc. ▶ **se grimer** v. pron.

**grimoire** n. m. ■ **1** Livre de magie. **2** Écrit illisible ou incompréhensible.

**grimpant, ante** ■ **I** adj. (plante) Qui s'élève le long du support. **II** n. m. fam. Pantalon.

**grimpée** n. f. ■ Ascension rude et pénible.

**grimper** v. 🔲 ■ **I** v. intr. **1** Monter en s'aidant des mains et des pieds. *Grimper aux arbres.* ← n. m. Exercice de montée d'une corde. **2** (plantes) *Le lierre grimpe jusqu'au toit.* **3** Monter sur un lieu élevé, d'accès difficile. **4** S'élever en pente raide. **5** fam. Monter, augmenter rapidement. *Les prix ont grimpé.* **II** v. tr. Gravir.

**grimpette** n. f. ■ fam. Chemin court qui monte raide. ← Ascension.

**grimpeur, euse** adj. ■ **1** (animaux) Qui a l'habitude de grimper. **2** n. Alpiniste. ← Coureur qui excelle à monter les côtes.

**grinçant, ante** adj. ■ **1** Qui grince. **2** fig. Acerbe. *Humour grinçant.*

**grincement** n. m. ■ Action de grincer ; bruit aigre ou strident qui en résulte.

**grincer** v. intr. ③ ■ **1** (choses) Produire un son aigu et prolongé, désagréable. **2** (personnes) loc. *GRINCER DES DENTS* : faire entendre un crissement en serrant les mâchoires.

**grincheux, euse** adj. ■ Revêche, acariâtre. → **hargneux.** ← n. *Un vieux grincheux.*

**gringalet** n. m. ■ péj. Homme chétif.

**gringue** n. m. ■ loc. fam. *Faire du gringue à qqn*, lui faire la cour.

**griot** n. m. ■ en Afrique noire Membre d'une caste de poètes musiciens.

**griotte** n. f. ■ **1** Cerise à queue courte, à chair acide. **2** Marbre taché de brun.

**grippage** n. m. ■ Action de (se) gripper.

**grippe** n. f. ■ **1** Maladie infectieuse, contagieuse, caractérisée par de la fièvre, un abattement général et des symptômes tels que rhume, bronchite, etc. → **influenza.** *Vaccin contre la grippe.* **2** Maladie infectieuse (des animaux), avec lésions broncho-pulmonaires. *Grippe porcine. Grippe aviaire* (à l'origine d'une grave pneumopathie chez l'homme). **II** loc. *PRENDRE EN GRIPPE* : avoir une aversion contre (qqn, qqch.). ▷ adj. **grippal, ale, aux**

**grippé, ée** adj. ■ Atteint de la grippe.

**gripper** v. 🔲 ■ **1** v. tr. Coincer, arrêter par manque de lubrifiant. **2** v. intr. *Le moteur risque de gripper* (ou pron. *se gripper*).

**grippe-sou** n. m. ■ Personne avare. → *Des grippe-sous.* → adj. *Elle est grippe-sou.*

**gris, grise** ■ I adj. 1 D'une teinte intermédiaire entre le blanc et le noir. → *Il fait gris*, le ciel est couvert. 2 *Cheveux gris*, mêlés de cheveux blancs. 3 loc. *Faire grise mine\* à qqn.* 4 fig. Monotone, morne. → **terne.** 5 Légèrement ivre. ■ II n. m. 1 Couleur grise. 2 Tabac ordinaire (enveloppé de papier gris).

**grisaille** n. f. ■ 1 arts Peinture en camaïeu gris. 2 Teinte grise d'un paysage.

**grisant, ante** adj. ■ Qui grise (2).

**grisâtre** adj. ■ Qui tire sur le gris.

**grisé** n. m. ■ Teinte grise obtenue par des hachures ou par un pointillé.

**griser** v. tr. ① ■ 1 Rendre un peu ivre. 2 Mettre dans un état d'excitation comparable aux premières impressions de l'ivresse. ► se **griser** v. pron. 1 S'enivrer. 2 S'exalter (de).

**griserie** n. f. ■ Excitation, exaltation.

**grisette** n. f. ■ vx Jeune ouvrière coquette.

**gris-gris** ou **gri-gri** n. m. ■ Amulette.

**grisonnant, ante** adj. ■ Qui grisonne.

**grisonner** v. intr. ① ■ (poil) Commencer à devenir gris. → Avoir le poil gris par l'effet de l'âge. ▷ n. m. **grisonnement**

**grisou** n. m. ■ Gaz inflammable qui se dégage des mines de houille et explose au contact de l'air (*coup de grisou*).

**grive** n. f. ■ Oiseau passereau au plumage brunâtre, au chant mélodieux.

**grivèlerie** n. f. ■ dr. Délit qui consiste à consommer sans payer, dans un café, etc.

**grivois, oise** adj. ■ Licencieux. → **égrillard.**

**grivoiserie** n. f. ■ 1 Caractère grivois. 2 Action ou propos grivois.

**grizzli** ou **grizzly** n. m. ■ Ours des montagnes Rocheuses.

**grœnendael** [gRɔ(n)ɛndal] n. m. ■ Chien de berger à longs poils noirs.

**grog** [gRɔg] n. m. ■ Boisson faite d'eau chaude sucrée, de rhum et de citron.

**groggy** [gRɔgi] adj. invar. ■ anglic. 1 Étourdi par les coups. → **sonné.** 2 fam. Assommé (par la fatigue, l'ivresse, etc.).

**grognard** n. m. ■ Soldat de la vieille garde, sous Napoléon Iᵉʳ.

**grogne** n. f. ■ Mécontentement exprimé en grognant.

**grognement** n. m. ■ Action de grogner.

**grogner** v. intr. ① ■ 1 (cochon, ours...) Pousser son cri. ◆ (chien...) Émettre un grondement. 2 (personnes) Manifester son mécontentement par de sourdes protestations.

**grognon, onne** adj. et n. ■ Qui a l'habitude de grogner (2) ; maussade. ◆ au fém. *Grognon* ou *grognonne*. → n. *Un vieux grognon.*

**groin** n. m. ■ Museau du porc, du sanglier, propre à fouir.

**grolle** ou **grole** n. f. ■ fam. Chaussure.

**grommeler** v. intr. et tr. ④ ■ Murmurer entre ses dents. ▷ n. m. **grommellement**

**grondant, ante** adj. ■ Qui gronde.

**grondement** n. m. ■ Bruit sourd et prolongé. *Un grondement de tonnerre.*

**gronder** v. ① ■ I v. intr. 1 Produire un bruit sourd et menaçant. *Le canon gronde.* 2 fig. Être menaçant, près d'éclater. *La révolte gronde.* II v. tr. Réprimander.

**gronderie** n. f. ■ Réprimande.

**grondeur, euse** adj. ■ Qui gronde.

**grondin** n. m. ■ Poisson de mer comestible. → appos. *Rouget grondin.*

**groom** [gRUM] n. m. ■ Jeune employé en livrée, dans les hôtels, cercles, etc.

**groove** [gRUv] n. m. ■ anglic., mus. Qualité rythmique (d'une musique de danse). → **swing.**

**gros, grosse** ■ I adj. 1 Qui, dans son genre, dépasse la mesure ordinaire. → **grand; énorme;** opposé à *petit. Une grosse vague.* 2 (personnes) Qui est plus large et plus gras que la moyenne. → **corpulent, replet.** 3 (dimensions relatives) *Gros comme :* qui est de la taille de. 4 Désignant une catégorie de grande taille par rapport à une autre. *Du gros sel. Gros gibier.* 5 Qui est temporairement, anormalement gros. *La mer est grosse*, houleuse. ◆ vieilli *Femme grosse*, enceinte. ◆ loc. *Avoir le cœur gros*, du chagrin. 6 GROS DE, qui recèle certaines choses en germe. *Un fait gros de conséquences.* 7 Abondant, important. *De grosses dépenses.* 8 (personnes) Remarquable en tant que tel. *Un gros travailleur.* ◆ Important (par le rang...). *Un gros capitaliste.* 9 Dont les effets sont importants. *Grosse fièvre.* → **violent.** *De gros ennuis.* → **grave.** 10 Qui manque de raffinement, de délicatesse. → **grossier, ordinaire;** opposé à *fin. Grosse plaisanterie.* → **vulgaire.** → GROS MOT : mot grossier\*. 11 Exagéré, excessif. *C'est un peu gros.* II adv. 1 Écrire gros, avec de gros caractères. ◆ *En avoir gros sur le cœur* (de chagrin, de dépit). 2 EN GROS loc. adv. : en grandes dimensions ; en grande quantité ; dans les grandes lignes (→ **grosso modo**). III n. 1 Personne grosse. → fam. *Un gros plein de soupe\*.* 2 fam. LES GROS, les personnes riches, influentes. 3 n. m. LE GROS DE : la plus importante partie de. 4 Commerce de gros, en grandes quantités (opposé à *détail*). 5 Gros poissons. *Pêche au gros.*

**groseille** n. f. ■ 1 Fruit du groseillier, petite baie acide rouge ou blanche, en grappes. → *Groseille à maquereau* (autre espèce). 2 adj. invar. De la couleur de la groseille rouge.

**groseillier** n. m. ■ Arbuste cultivé pour ses fruits, les groseilles.

**gros-grain** n. m. ■ Large ruban à côtes, résistant, qui sert à renforcer. *Des gros-grains.*

**grosse** n. f. ■ 1 dr. Copie exécutoire d'un acte. 2 comm. Douze douzaines.

**grossesse** n. f. ■ État d'une femme enceinte. → *Grossesse nerveuse*, signes évoquant la grossesse (sans embryon).

**grosseur** n. f. ■ 1 (sens absolu) État d'une personne grosse. → **corpulence, embonpoint; obésité.** 2 (sens relatif) Volume, dimension. 3 Enflure visible ou sensible au toucher. → **bosse, tumeur.**

**grossier, ière** adj. ▪ **1** Qui est de mauvaise qualité ou qui est fait de façon rudimentaire. **2** Qui n'est pas assez élaboré, approfondi. **3** Qui manque de finesse, de grâce. → **épais, lourd. 4** Sans éducation ni culture. → **fruste, inculte, primitif.** ♦ Digne d'une personne grossière. **5** Qui est contraire aux bienséances. *Mot grossier* (→ **gros mot**). **6** Qui manque d'éducation, de politesse.

**grossièrement** adv. ▪ **1** D'une manière grossière. **2** D'une façon inconvenante.

**grossièreté** n. f. ▪ **1** Caractère de ce qui est grossier. **2** Ignorance ou mépris des bonnes manières. **3** Mot, propos grossier.

**grossir** v. ② ▪ **I** v. intr. **1** (personnes) Devenir gros, plus gros. **2** (choses) Enfler, gonfler. **3** Augmenter en nombre, en importance, en intensité. **II** v. tr. **1** Faire paraître plus gros. *Microscope qui grossit mille fois.* **2** Rendre plus nombreux, plus important. **3** Amplifier, exagérer.

**grossissant, ante** adj. ▪ Qui grossit (II, 1).

**grossissement** n. m. ▪ **1** Fait de devenir gros. **2** Accroissement apparent, grâce à un instrument. *Télescope à fort grossissement.* **3** Amplification, exagération. *Le grossissement d'un fait divers.*

**grossiste** n. ▪ Marchand en gros.

**grosso modo** loc. adv. ▪ En gros, sans entrer dans le détail.

**grotesque** ▪ **I** n. f. pl. arts Ornements faits de compositions fantaisistes, de figures caricaturales. → **II** adj. **1** Risible par son aspect bizarre. → **burlesque, extravagant. 2** Qui prête à rire (sans idée de bizarrerie). → **ridicule. 3** n. m. Ce qui est grotesque. ▷ adv. **grotesquement**

**grotte** n. f. ▪ Cavité naturelle de grande taille dans le rocher, le flanc d'une montagne. → **caverne ; spéléo-.**

**grouillant, ante** adj. ▪ **1** Qui grouille (1). **2** Qui grouille (de...).

**grouillement** n. m. ▪ État de ce qui grouille.

**grouiller** v. intr. ① ▪ **1** Remuer, s'agiter en masse confuse (en parlant d'éléments nombreux). **2** (sujet chose) Présenter une agitation confuse ; être plein (d'éléments qui s'agitent). *Rue qui grouille de monde.* **3** *SE GROUILLER* v. pron. fam. Se dépêcher.

**grouillot** n. m. ▪ Garçon de course.

**① groupage** n. m. ▪ Action de réunir des colis ayant une même destination.

**② groupage** n. m. ▪ méd. Détermination du groupe sanguin.

**groupe** n. m. ▪ **1** Réunion de plusieurs personnes dans un même lieu. **2** Ensemble de personnes ayant qqch. en commun. → *Groupe de pression.* → anglic. **lobby.** ♦ Petit orchestre. ♦ milit. Unité de combat. ♦ Ensemble (de choses) ayant une cohérence. *Groupe de lettres.* → *Groupe scolaire* (bâtiments). ♦ (dans une classification) *GROUPES SANGUINS*, permettant la classification des individus selon la composition de leur sang. → *Les trois groupes des verbes français* (selon leur conjugaison). ♦ math. Ensemble associé à une loi particulière.

**groupement** n. m. ▪ **1** Action de grouper ; fait d'être groupé. → **assemblage. 2** Réunion importante (de personnes ou de choses). → **association.**

**grouper** v. tr. ① ▪ Mettre ensemble. → **assembler, réunir.** ► **se grouper** v. pron.

**groupie** n. ▪ anglic. Jeune admirateur ou (surtout) admiratrice d'un chanteur, d'un groupe, qui le suit dans ses tournées.

**groupuscule** n. m. ▪ péj. Petit groupe.

**grouse** n. f. ▪ anglic. Lagopède d'Écosse.

**gruau** n. m. ▪ **1** Grains de céréales broyés et privés de son. **2** Fine fleur de froment.

**grue** n. f. ▪ **I 1** Oiseau échassier migrateur qui vole par bandes. → loc. *FAIRE LE PIED DE GRUE* : attendre longtemps debout. **2** fam. Femme vénale. **II 1** Machine de levage et de manutention. **2** Appareil articulé permettant les mouvements de caméra.

**gruger** v. tr. ③ ▪ **1** littér. Duper, spolier (qqn). **2** fam., franç. du Canada Grignoter. **3** absolt, fam. Tricher, frauder.

**grume** n. f. ▪ *Bois de grume*, encore couvert de l'écorce. ♦ Tronc d'arbre non encore équarri.

**grumeau** n. m. ▪ Petite masse coagulée (dans un liquide, une pâte...). ▷ adj. **grumeleux, euse**

**grunge** [grœn(d)z] adj. invar. ▪ anglic. Qualifie un style vestimentaire sale et négligé (jeans troués, etc.).

**grutier** n. m. ▪ Conducteur de grue (II).

**gruyère** [gryjɛr] n. m. ▪ Fromage de lait de vache, à pâte cuite et formant des trous.

**G. S. M.** ou **GSM** n. m. ▪ télécomm. Norme de téléphonie mobile (en Europe).

**guacamole** [gwakamɔl(ə)] n. m. ▪ Préparation à base d'avocat, tomates, oignons, épices écrasés en purée.

**guano** [gwano] n. m. ▪ Engrais à base d'excréments d'oiseaux de mer.

**gué** n. m. ▪ Endroit d'une rivière où l'on peut traverser à pied (à *gué* loc. adv.).

**guelte** n. f. ▪ vieilli Pourcentage touché par un vendeur.

**guenille** n. f. ▪ **1** Vêtement vieux et déchiré. → **haillon, loque.** → *en guenilles.* → **déguenillé. 2** fig., littér. Chose vile, méprisable.

**guenon** n. f. ▪ Femelle du singe.

**guépard** n. m. ▪ Félin voisin de la panthère, au pelage tacheté de noir, à la course très rapide.

**guêpe** n. f. ▪ Insecte hyménoptère, dont la femelle porte un aiguillon venimeux. → loc. *Taille de guêpe*, très fine.

**guêpier** n. m. ▪ **1** Nid de guêpes. **2** fig. Affaire dangereuse, piège.

**guêpière** n. f. ▪ Corset très serré.

**guère** adv. ▪ *NE... GUÈRE* **1** Pas beaucoup, très. **2** Pas longtemps. *La paix ne dura guère.* → Pas souvent. *Il ne vient guère.*

**guéret** n. m. ▪ Terre labourée et non ensemencée. ♦ par ext. Jachère.

**guéridon** n. m. ▪ Petite table ronde ou ovale, généralement à pied central.

**guérilla** n. f. ▪ Guerre de coups de main.

**guérillero** [ɡeʁijeʁo] n. m. ■ Celui qui se bat dans une guérilla.

**guérir** v. ② ■ I v. tr. 1 Délivrer d'un mal physique ; rendre la santé à (qqn). *Guérir un malade.* ◆ Faire cesser (une maladie). *Guérir une bronchite.* 2 fig. Délivrer d'un mal moral. II v. intr. 1 Recouvrer la santé. → se **rétablir.** ◆ (maladie) Disparaître. 2 fig. Être débarrassé (d'un mal moral...). ► se **guérir** v. pron. ► **guéri, ie** adj.

**guérison** n. f. ■ Fait de guérir.

**guérissable** adj. ■ Qui peut être guéri.

**guérisseur, euse** n. ■ Personne qui soigne les malades sans être médecin, et par des procédés non reconnus par la médecine.

**guérite** n. f. ■ 1 Abri d'une sentinelle. 2 Baraque aménagée en abri.

**guerre** n. f. ■ I 1 Lutte armée entre groupes sociaux, entre États (considérée comme un phénomène historique et social). → *EN GUERRE* : en état de guerre. → *DE GUERRE. Blessé de guerre.* → prov. *À la guerre comme à la guerre* : il faut accepter les inconvénients qu'imposent les circonstances. 2 Les questions militaires ; l'organisation des armées. *Conseil de guerre.* 3 (qualifié) Conflit particulier. *La Grande Guerre, la guerre de 14* (1914). *La drôle de guerre* : la période qui précéda l'invasion allemande en France (septembre 1939-mai 1940). → **croisade, djihad.** ◆ *Guerre sainte,* menée au nom d'une foi. → **croisade, djihad.** ◆ *GUERRE CIVILE,* au sein d'un même État. 4 Lutte n'allant pas jusqu'au conflit armé. → loc. *Guerre des nerfs,* visant à briser le moral de l'adversaire. → *Guerre froide* : état de tension prolongée. II Lutte. *Guerre littéraire.* III loc. *DE GUERRE LASSE* : en renonçant à résister, par lassitude. → *C'est DE BONNE GUERRE,* légitime, sans hypocrisie.

**guerrier, ière** n. 1 ancient Personne dont le métier était de faire la guerre. → **soldat.** ◆ (collectif) *Le guerrier,* le soldat. → loc. *Le repos du guerrier,* de l'homme, auprès d'une femme. II adj. 1 Relatif à la guerre. → **militaire.** 2 Qui aime la guerre. → **belliqueux.**

**guerroyer** v. intr. ⑧ ■ littér. Faire la guerre.

**guet** n. m. ■ 1 Action de guetter. 2 ancient Troupe chargée de la police, la nuit.

**guet-apens** [ɡɛtapɑ̃] n. m. ■ 1 Fait d'attendre qqn dans un endroit afin de l'attaquer. 2 Piège préparé en vue de nuire gravement à qqn. *Des guets-apens.*

**guêtre** n. f. ■ Enveloppe qui couvre le haut de la chaussure et le bas de la jambe. → loc. *Traîner ses guêtres* (quelque part), y flâner.

**guetter** v. tr. ① ■ 1 Observer en cachette pour surprendre. *Le chat guette la souris.* 2 Attendre avec impatience (qqn, qqch.) en étant attentif. 3 (sujet chose) Menacer. *La ruine le guette.*

**guetteur** n. m. ■ Personne chargée de surveiller et de donner l'alerte. → **sentinelle.**

**gueulante** n. f. ■ fam. Explosion de colère ; clameur de protestation.

① **gueulard** n. m. ■ Ouverture supérieure (d'un haut fourneau, d'une chaudière).

② **gueulard, arde** adj. et n. ■ 1 fam. Qui a l'habitude de parler haut et fort. → **braillard.** II régional Gourmand.

**gueule** n. f. ■ I Bouche (d'animaux, surtout carnassiers). → loc. *Se jeter dans la gueule du loup* : aller au-devant d'un danger, avec imprudence. II fam. Bouche humaine. 1 (Vivant à parler ou crier) *(Ferme) ta gueule !* : tais-toi ! *Coup de gueule.* → **engueulade.** → *Une grande gueule* : qui parle avec autorité, ou qui est plus fort en paroles qu'en actes. 2 (Servant à manger) → loc. *Avoir la gueule de bois* : avoir la bouche empâtée après avoir trop bu. → *Une fine gueule,* un gourmet. III fam. 1 Figure, visage. → **tête.** *Il a une sale gueule.* → loc. *Faire la gueule* : bouder. → argot milit. *Une gueule cassée* : un mutilé de guerre, blessé au visage. → argot du Nord *Les gueules noires* : les mineurs. 2 fam. Aspect, forme d'un objet. → **allure.** IV Ouverture par laquelle entre ou sort qqch. *La gueule d'un canon.*

**gueule-de-loup** n. f. ■ Plante ornementale à fleur ouverte (comme une gueule). *Des gueules-de-loup.*

**gueulement** n. m. ■ fam. Cri.

**gueuler** v. ① ■ fam. I v. intr. 1 Chanter, crier, parler très fort. → **hurler.** ◆ *Faire gueuler sa radio.* 2 Protester bruyamment. II v. tr. Dire en criant. *Gueuler des ordres.*

**gueules** n. f. pl. ■ blason Couleur rouge.

**gueuleton** n. m. ■ fam. Très bon repas, copieux, et souvent gai. ▷ **gueuletonner** v. intr. ① fam. → **festoyer.**

**gueuse** n. f. ■ techn. Masse de métal fondu sortant du haut fourneau.

**gueux, euse** n. ■ 1 vx Personne qui vit d'aumônes. → **mendiant, miséreux.** 2 n. f. vieilli Femme de mauvaise vie.

① **gui** n. m. ■ Plante parasite à baies blanches qui vit sur certains arbres.

② **gui** n. m. ■ mar. Forte vergue.

**guibolle** n. f. ■ fam. Jambe. - var. GUIBOLE.

**guiche** n. f. ■ Accroche-cœur.

**guichet** n. m. ■ 1 Petite ouverture d'une porte, d'un mur par laquelle on peut parler, etc. 2 Ouverture ou comptoir permettant au public de communiquer avec les employés d'un bureau. ◆ *Guichet automatique* (de banque). → **billetterie.**

**guichetier, ière** n. ■ Personne préposée à un guichet.

**guidage** n. m. ■ Action de guider. → spécialt → **radioguidage.**

**guide** n. ■ I n. m. 1 Personne qui accompagne pour montrer le chemin. 2 Personne qui conduit qqn dans la vie. → **conseiller.** ◆ Principe directeur suivi par qqn. 3 Ouvrage contenant des renseignements utiles. → Description (d'une région, d'un pays) à l'usage des voyageurs. II n. f. Jeune fille appartenant à un mouvement féminin de scoutisme. III 1 n. f. Lanière de cuir qui sert à diriger un cheval de trait. 2 n. m. techn. Objet ou système servant à guider.

**guider** v. tr. ① ■ 1 Accompagner (qqn) en montrant le chemin. → **diriger, mener.** 2 Faire aller dans une certaine direction. 3 (sujet chose) Mettre sur la voie, le chemin. 4 fig. Entraîner (qqn) dans une certaine direction ; aider à choisir. → **conseiller, éclairer, orienter.** ► se **guider** (sur) v. pron. Se diriger (d'après un repère).

**guidon** n. m. ■ **1** vx Étendard. **2** Saillie à l'extrémité du canon d'une arme. **II** Tube de métal qui commande la roue directrice d'une bicyclette, d'une motocyclette.

① **guigne** n. f. ■ **1** Petite cerise à chair ferme et sucrée. **2** loc. *Se soucier de qqn, qqch. comme d'une guigne*, pas du tout.

② **guigne** n. f. ■ fam. Malchance.

**guigner** v. tr. 1 ■ **1** Regarder à la dérobée. **2** fig. Considérer avec convoitise.

**guignol** n. m. ■ **1** Marionnette à gaine de la tradition lyonnaise. **2** Personne comique ou ridicule. → **pantin, pitre. II** Théâtre de marionnettes lyonnais.

**guignolée** n. f. ■ franç. du Canada Collecte effectuée en fin d'année en faveur des personnes démunies.

**guignolet** n. m. ■ Liqueur de cerises.

**guilde** n. f. ■ **1** (au moyen âge) Association de secours mutuel entre marchands, bourgeois, etc. **2** Association commerciale.

**guili-guili** interj. ■ fam. *Faire guili-guili à qqn*, le chatouiller. → n. m. *Cela me fait des guili-guili(s)*.

**guilledou** n. m. ■ loc. fam. COURIR LE GUILLEDOU : chercher des aventures galantes.

**guillemet** n. m. ■ Signe typographique (« ... ») qu'on emploie par paires pour isoler un mot, etc., cité ou mis en valeur. → fig. *Entre guillemets*, prétendu (→ soi-disant).

**guilleret, ette** adj. ■ Gai et insouciant.

**guillocher** v. tr. 1 ■ Orner de traits gravés en creux et entrecroisés.

**guillotine** n. f. ■ **1** (en France) Instrument de supplice qui servait à trancher la tête des condamnés à mort. **2** *Fenêtre à guillotine*, dont le châssis glisse verticalement entre deux rainures.

**guillotiner** v. tr. 1 ■ Faire mourir par le supplice de la guillotine. → **décapiter.**

**guimauve** n. f. ■ **1** Plante des terrains humides, à haute tige, à fleurs d'un blanc rosé. *Guimauve rose* : rose trémière. **2** (*Pâte de) guimauve* : pâte comestible molle et sucrée. **3** fig. Niaiserie sentimentale.

**guimbarde** n. f. ■ **1** Petit instrument de musique rudimentaire que l'on fait vibrer dans la bouche. **2** Vieille voiture délabrée.

**guimpe** n. f. ■ **1** Pièce de toile qui couvre la tête, encadre le visage des religieuses. **2** Corsage ou plastron léger porté avec une robe décolletée.

**guincher** v. intr. 1 ■ fam. Danser.

**guindé, ée** adj. ■ Compassé, contraint.

**guindeau** n. m. ■ mar. Treuil à axe horizontal qui sert à manœuvrer les ancres.

**guinder** v. tr. 1 ■ **1** mar. Hisser (un mât). ◆ Élever (un fardeau) avec une machine. **2** littér. Donner une allure raide.

**de guingois** loc. adv. ■ fam. De travers.

**guinguette** n. f. ■ anciennt Café populaire où l'on danse, souvent en plein air.

**guiper** v. tr. 1 ■ techn. Gainer (un fil électrique) d'un isolant.

**guipure** n. f. ■ Dentelle à mailles larges.

**guirlande** n. f. ■ Cordon décoratif de végétaux, de papier découpé, etc.

**guise** n. f. ■ **I** À SA GUISE loc. adv. : selon son goût, sa volonté propre. **II** EN GUISE DE loc. prép. : pour tenir lieu de.

**guitare** n. f. ■ Instrument à cordes qu'on pince avec les doigts ou avec un petit instrument (→ médiator, plectre). → *Guitare électrique*, à son amplifié.

**guitariste** n. ■ Personne, instrumentiste qui joue de la guitare.

**guitoune** n. f. ■ fam. Tente.

**gus** n. m. [gys] ■ fam. Individu.

**gustatif, ive** adj. ■ Qui a rapport au goût.

**gutta-percha** [-ka] n. f. ■ Gomme isolante tirée du latex de certains arbres.

**guttural, ale, aux** adj. ■ Du gosier. → *Une voix gutturale*, rauque.

**gymkhana** [ʒim-] n. m. ■ Course d'obstacles au parcours compliqué.

**gymn-** [ʒimn] → **gymn(o)-**

**gymnase** n. m. ■ **1** Établissement pour la pratique de la gymnastique. **2** (en Allemagne, en Suisse) École secondaire.

**gymnaste** n. ■ Athlète qui pratique la gymnastique.

**gymnastique** n. f. ■ **I** adj. vieilli Des exercices du corps. → **gymnique. II** n. f. **1** Art d'assouplir et de fortifier le corps par des exercices ; ces exercices (→ culture, éducation physique). → *Pas de gymnastique* : pas de course cadencé. **2** Série de mouvements acrobatiques. **3** fig. Exercice intellectuel.

**gymnique** adj. ■ didact. De gymnastique.

**gymn(o)-** [ʒimno] Élément savant, du grec *gumnos* « nu ; à nu, non recouvert ».

**gymnosperme** n. ■ bot. Plante à ovule nu porté par une feuille fertile (sous-embranchement des *Gymnospermes* ; ex. pin, if).

**gymnote** n. m. ■ zool. Poisson d'eau douce qui paralyse ses proies par des décharges électriques.

**-gyne, gynéco-** Éléments savants, du grec *gunê, gunaikos* « femme ».

**gynécée** n. m. ■ Antiq. Appartement réservé aux femmes.

**gynécologie** n. f. ■ Discipline médicale qui a pour objet l'étude de l'appareil génital de la femme. *Gynécologie et obstétrique.* ▷ adj. **gynécologique**

**gynécologue** n. ■ Médecin spécialiste de gynécologie.

**gypaète** n. m. ■ zool. Grand oiseau rapace, diurne, qui se nourrit surtout de charognes.

**gypse** n. m. ■ Roche sédimentaire, sulfate de calcium hydraté (aussi appelé *pierre à plâtre*).

**gyro-** Élément savant (du grec *guros* « cercle ») qui signifie « tourner ».

**gyrocompas** n. m. ■ techn. Compas utilisant un gyroscope électrique, utilisé dans les avions, les navires.

**gyrophare** n. m. ■ Phare rotatif placé sur le toit de certains véhicules prioritaires.

**gyroscope** n. m. ■ Appareil tournant autour d'un axe, qui fournit une direction constante. ▷ adj. **gyroscopique**

**\*h** [aʃ] n. m. ▪ Huitième lettre, sixième consonne de l'alphabet. ← Le h dit *aspiré* interdit la liaison et l'élision (*un héros, le héros*); cf. dans ce dictionnaire les mots précédés de \*. Le h *muet* rend la liaison et l'élision obligatoires (*un homme, l'homme*).

**\*ha** [a ; ha] interj. ▪ **1** Exprime la surprise, le soulagement. **2** (redoublé) Exprime le rire.

**habeas corpus** [abeaskɔʀpys] n. m. ▪ dr. Institution assurant le respect de la liberté individuelle (en Angleterre, au XVII<sup>e</sup> siècle).

**habile** adj. ▪ **I 1** Qui exécute (qqch.) avec adresse et compétence. ♦ (souvent péj.) Qui trouve les moyens de parvenir à ses fins. **2** Fait avec adresse et intelligence. ▷ adv. **habilement**

**habileté** n. f. ▪ **1** Qualité de qqn d'habile, de ce qui est habile. **2** Action habile.

**habiliter** v. tr. 1 ▪ Rendre légalement apte à (certains actes...). ▷ n. f. **habilitation**

**habillage** n. m. ▪ **I** techn. Action d'habiller (I). **II 1** Action d'habiller (II, 1). **2** Action d'habiller (II, 3). ♦ Ce qui protège (qqch.).

**habillement** n. m. ▪ **1** Action de (se) pourvoir d'habits. **2** Ensemble des habits. **3** Ensemble des professions du vêtement.

**habiller** v. tr. 1 ▪ **I** techn. Préparer. *Habiller une bête de boucherie.* **II 1** Couvrir (qqn) de vêtements, d'habits. ← HABILLER EN (+ nom). → **costumer, déguiser.** ♦ Fournir (qqn) en vêtements. ♦ (sujet vêtement) *Un rien l'habille.* **2** Couvrir, recouvrir (qqch.). ► **s'habiller** v. pron. **1** Mettre des habits. ← S'HABILLER EN. → se déguiser. **2** Se vêtir ; se pourvoir d'habits. ► **habillé, ée** adj. **1** Couvert de vêtements. **2** Dans une tenue élégante. ← par ext. *Robe habillée.*

**habilleur, euse** n. ▪ Personne qui aide les acteurs, les mannequins à s'habiller.

**habit** n. m. ▪ **1** au plur. LES HABITS : l'ensemble des pièces qui composent l'habillement ; spécialt les vêtements visibles. **2** Vêtement propre à une fonction, à une circonstance. ← L'HABIT VERT, tenue officielle des académiciens. ♦ loc. PRENDRE L'HABIT : devenir prêtre, moine. ← prov. *L'habit ne fait pas le moine :* on ne doit pas juger les gens sur leur aspect. **3** Costume de cérémonie masculin, à longues basques.

**habitable** adj. ▪ Où l'on peut habiter, vivre, se tenir. ← *Surface habitable,* disponible pour être habitée. ▷ n. f. **habitabilité**

**habitacle** n. m. ▪ **1** mar. Abri pour le compas, etc. sur un navire. **2** Poste de pilotage (d'un avion...). **3** Intérieur d'une voiture.

**habitant, ante** n. ▪ **1** Être vivant qui peuple un lieu. **2** Personne qui réside habituellement en un lieu. ← (collectif) *Loger chez l'habitant,* chez les gens du pays. **3** Personne qui habite (une maison...). → **occupant.** **4** régional (Québec) Paysan.

**habitat** n. m. ▪ **1** Milieu propre à la vie d'une espèce animale ou végétale. **2** Mode d'organisation et de peuplement par l'homme du milieu où il vit.

**habitation** n. f. ▪ **1** Fait d'habiter quelque part. **2** Lieu où l'on habite.

**habiter** v. 1 ▪ **I** v. intr. Avoir sa demeure. → **demeurer, loger, résider, vivre.** *Habiter à la campagne.* **II** v. tr. **1** Demeurer dans. *Habiter un studio.* ← *Habiter la banlieue.* **2** fig. (sujet chose) *La passion qui l'habite.* → **animer.** ► **habité, ée** adj. Qui a des habitants.

**habitude** n. f. ▪ **1** Manière usuelle d'agir, de se comporter (de qqn). ← loc. *Par habitude.* → **machinalement.** ← *À son habitude, suivant son habitude :* comme il fait d'ordinaire. ← *Avoir, prendre, perdre l'habitude* de (qqch., de faire qqch.). ♦ (collectif) L'HABITUDE : l'ensemble des habitudes de qqn. **2** Usage d'une collectivité, d'un lieu. → **coutume, mœurs. 3** Fait d'être accoutumé, par la répétition (à qqn, qqch.). *C'est une question d'habitude.* **4** *D'HABITUDE* loc. adv. : de manière courante. → **généralement.** ← COMME D'HABITUDE : comme toujours.

**habitué, ée** n. ▪ Personne qui fréquente habituellement un lieu.

**habituel, elle** adj. ▪ **1** Passé à l'état d'habitude. → **coutumier. 2** Constant ; fréquent. → **courant, ordinaire.** ▷ adv. **habituellement**

**habituer** v. tr. 1 ▪ HABITUER À 1 Faire prendre à (qqn, un animal) l'habitude de. **2** passif *ÊTRE HABITUÉ À :* avoir l'habitude de. ► **s'habituer** à v. pron. Prendre l'habitude de.

**\*hâbleur, euse** n. et adj. ▪ Personne qui parle beaucoup, en exagérant, en se vantant. ▷ n. f. **\*hâblerie**

**\*hache** n. f. ▪ Instrument à lame tranchante, servant à fendre. *Fendre du bois à la hache.* ← *Hache de guerre des Indiens* (→ tomahawk). loc. *Enterrer, déterrer la hache de guerre :* suspendre, ouvrir les hostilités.

**\*hacher** v. tr. 1 ▪ Couper en petits morceaux avec un instrument tranchant. *Hacher du persil.* ► **\*haché, ée** adj. **1** *Viande hachée* ; n. m. *du haché.* **2** fig. Entrecoupé, interrompu (langage). *Style haché.*

**\*hachis** n. m. ▪ Préparation d'aliments hachés très fin. *Hachis Parmentier :* hachis de bœuf à la purée de pommes de terre.

**\*hachisch** → **haschisch**

**\*hachoir** n. m. ▪ Large couteau ou appareil servant à hacher.

**\*hachure** n. f. ▪ Traits parallèles ou croisés figurant les ombres d'un dessin, etc.

**\*hachurer** v. tr. 1 ▪ Couvrir de hachures.

**hacienda** [asjɛnda] n. f. ▪ Grande exploitation rurale, en Amérique latine.

**\*hacker** [akœʀ] n. ■ anglic. Passionné(e) d'informatique qui s'infiltre dans un réseau protégé, par malveillance (→ ② **cracker**) ou goût de l'exploit.

**\*haddock** n. m. ■ Églefin fumé.

**\*hadith** n. m. ■ didact. Recueil des actes et paroles de Mahomet.

**\*hadji** [adʒi] n. m. ■ Musulman qui a fait le pèlerinage de La Mecque.

**hadron** n. m. ■ phys. Particule élémentaire lourde (ex. neutron, proton).

**hagard, arde** adj. ■ Qui a une expression égarée et farouche.

**hagiographie** n. f. ■ didact. 1 Rédaction des vies des saints. 2 Biographie excessivement élogieuse. ▷ adj. **hagiographique**

**\*haie** n. f. ■ 1 Clôture végétale pour limiter, protéger un champ, un jardin. ♦ COURSE DE HAIES, où l'on franchit des barrières. 2 File de personnes formée pour laisser le passage à qqn, un cortège. Haie d'honneur.

**\*haïk** n. m. ■ Pièce d'étoffe drapée sur les vêtements (vêtement féminin musulman).

**\*haïku** [ajku ; aiku] n. m. ■ Poème classique japonais de dix-sept syllabes réparties en trois vers. – syn. (forme anc.) HAÏ-KAÏ.

**\*haillon** n. m. ■ Vieux morceau d'étoffe servant de vêtement.

**\*haillonneux, euse** adj. ■ En haillons.

**\*haine** n. f. ■ 1 Sentiment violent qui pousse à vouloir du mal à qqn. 2 Aversion profonde pour qqch.

**\*haineux, euse** adj. ■ 1 Porté à la haine. → **malveillant, méchant.** 2 Qui marque la haine. Regard haineux. 3 Inspiré par la haine. → **fielleux.** ▷ adv. **haineusement**

**\*haïr** v. tr. 10 ■ 1 Avoir (qqn) en haine. → **détester.** 2 Avoir (qqch.) en haine.

**\*haire** n. f. ■ vx Chemise rugueuse portée par mortification.

**\*haïssable** adj. ■ Qui mérite d'être haï. → **détestable, exécrable, odieux.**

**\*halage** n. m. ■ Action de haler un bateau.

**\*halal** adj. invar. ■ (viande) Conforme au rite musulman. ♦ Où l'on prépare de la viande halal. – var. HALLAL.

**\*halbran** n. m. ■ Jeune canard sauvage.

**\*hâle** n. m. ■ Couleur brune que prend la peau à l'air et au soleil. → **bronzage.**

**haleine** n. f. ■ 1 Mélange gazeux qui sort des poumons pendant l'expiration. 2 La respiration (inspiration et expiration). → **souffle.** ♦ loc. ÊTRE HORS D'HALEINE, à bout de souffle. – À PERDRE HALEINE loc. adv. : au point de ne plus pouvoir respirer ; fig. sans s'arrêter. 3 (dans des loc.) Intervalle entre deux inspirations. D'UNE (SEULE) HALEINE. → d'un trait. – TENIR qqn EN HALEINE, maintenir dans un état d'attente. – Travail DE LONGUE HALEINE, qui exige beaucoup de temps et d'efforts.

**\*haler** v. tr. 1 ■ 1 Tirer à soi, spécialt à l'aide d'un cordage. 2 Remorquer (un bateau) à l'aide d'un câble tiré du rivage.

**\*hâler** v. tr. 1 ■ (air, soleil) Rendre (le teint...) brun. → **bronzer.** ▶ **\*hâlé, ée** adj.

**\*haletant, ante** adj. ■ 1 Qui halète. → **essoufflé.** ♦ fig. Être haletant d'impatience. 2 Qui tient en haleine. Intrigue haletante.

**\*haleter** v. intr. 5 ■ 1 Respirer à un rythme précipité ; être hors d'haleine. ▷ n. m. **\*halètement** 2 fig. Être tenu en haleine.

**\*haleur, euse** n. ■ Personne qui hale les bateaux le long des cours d'eau.

**halieutique** adj. ■ didact. De la pêche.

**\*hall** [ol] n. m. ■ anglic. 1 Grande salle servant d'entrée, d'accès. 2 Vaste local.

**hallali** n. m. ■ chasse Cri ou sonnerie de cor annonçant que l'animal est aux abois.

**\*halle** n. f. ■ 1 Vaste emplacement couvert où se tient un marché, un commerce de gros. 2 au plur. LES HALLES : emplacement, bâtiment où se tient le marché central de denrées alimentaires d'une ville.

**\*hallebarde** n. f. ■ anciennt Arme d'hast à fers latéraux, l'un en croissant, l'autre en pointe. ♦ loc. fam. Il pleut, il tombe des hallebardes : il pleut à verse.

**\*hallebardier** n. m. ■ anciennt Homme d'armes portant la hallebarde.

**\*hallier** n. m. ■ Groupe de buissons serrés.

**halloween** [alɔwin] n. f. ■ En Amérique du Nord, fête (31 octobre) où les enfants déguisés, quêtent des friandises.

**hallucinant, ante** adj. ■ Qui a une grande puissance d'évocation. ♦ Extraordinaire.

**hallucination** n. f. ■ 1 méd. Perception pathologique de faits, d'objets, de sensations sans rapport avec le réel. 2 Erreur des sens, illusion. ▷ adj. **hallucinatoire**

**halluciné, ée** adj. ■ Qui a des hallucinations. – Un air halluciné. → **égaré.**

**halluciner** v. tr. 1 ■ Rendre halluciné.

**hallucinogène** adj. et n. m. ■ Se dit d'une substance qui donne des hallucinations.

**\*halo** n. m. ■ 1 Auréole lumineuse diffuse. 2 fig. → **auréole.** Un halo de gloire.

**halo-** ■ Élément, du grec hals, halos « sel ; mer ».

**halogène** n. m. ■ 1 chim. Se dit des cinq éléments analogues au chlore (fluor, chlore, brome, iode, astate). 2 Lampe (à) halogène, qui contient un halogène.

**\*halte** n. f. ■ 1 Temps d'arrêt consacré au repos, au cours d'une marche, d'un voyage. 2 Lieu où l'on fait halte. 3 interj. Commandement pour ordonner à qqn de s'arrêter.

**haltère** n. m. ■ Instrument de gymnastique fait de deux boules ou disques de métal réunis par une tige. ♦ POIDS ET HALTÈRES : sport consistant à soulever des haltères en exécutant des mouvements (syn. haltérophilie). ▷ n. **haltérophile**

**\*halva** n. m. ■ Confiserie au sésame.

**\*hamac** n. m. ■ Rectangle de toile ou de filet suspendu, utilisé comme lit.

**hamamélis** [-is] n. m. ■ Arbuste dont l'écorce et les feuilles servent en pharmacie.

**\*hamburger** [ɑ̃buʀɡœʀ; ɑ̃bœʀɡœʀ] n. m. ■ anglic. Bifteck haché (servi dans un pain rond).

**\*hameau** n. m. ■ Petit groupe de maisons.

**hameçon** n. m. ■ 1 Crochet pointu qu'on met au bout d'une ligne et qu'on garnit d'un appât, pour pêcher. 2 fig. Appât ; piège.

**\*hammam** [amam] n. m. ■ Établissement de bains de vapeur.

① **\*hampe** n. f. ■ **1** Long manche de bois portant une arme, etc. **2** bot. Tige portant une ou des fleurs. **3** Trait vertical d'une lettre. *La hampe du p.*

② **\*hampe** n. f. ■ Partie supérieure et latérale du ventre du bœuf.

**\*hamster** [amstɛʀ] n. m. ■ Petit rongeur roux et blanc.

**\*han** [ã ; hã] interj. ■ Onomatopée traduisant le cri de qqn qui fait un effort.

**\*hanap** [-ap] n. m. ■ (moyen âge) Grand vase à boire en métal, à pied et couvercle.

**\*hanche** n. f. ■ Chacune des deux régions du corps formant saillie sous la taille.

**\*handball** [ɑdbal] n. m. ■ Sport d'équipe qui se joue à la main avec un ballon rond. ▷ n. **\*handballeur, euse**

**\*handicap** [-ap] n. m. ■ **1** Course de chevaux ou épreuve sportive où l'on impose aux meilleurs certains désavantages au départ. **2** Déficience physique ou mentale, congénitale ou acquise. **3** fig. Désavantage.

**\*handicapant, ante** adj. ■ Qui handicape. *Maladie handicapante.* → **invalidant.**

**\*handicapé, ée** adj. et n. ■ (Personne) qui présente un handicap physique ou mental.

**\*handicaper** v. tr. 🔟 ■ **1** Soumettre au handicap (1). **2** Donner un handicap (2) à. **3** fig. → **défavoriser, désavantager.**

**\*handisport** adj. ■ Relatif au sport pratiqué par les handicapés physiques.

**\*hangar** n. m. ■ Construction sommaire destinée à abriter du gros matériel, des marchandises. → Vaste garage pour avions.

**\*hanneton** n. m. ■ **1** Coléoptère ordinairement roux, au vol lourd et bruyant. **2** loc. fam. *Pas piqué des hannetons.* → **piquer.**

**\*hanse** n. f. ■ hist. Association de marchands, au moyen âge.

**\*hanter** v. tr. 🔟 ■ **1** littér. Fréquenter (un lieu) d'une manière habituelle. *Hanter les bars.* **2** (esprits...) Fréquenter (un lieu). → au p. p. *Maison hantée.* **3** fig. Obséder (qqn).

**\*hantise** n. f. ■ Tourment constant.

**hapax** [-aks] n. m. ■ ling. Mot, emploi dont on ne connaît qu'un exemple.

**haploïde** adj. ■ biol. Dont chaque paire de chromosomes est dédoublée.

**\*happening** n. m. ■ anglic. Spectacle où priment l'imprévu et la spontanéité.

**\*happer** v. tr. 🔟 ■ **1** Saisir, attraper brusquement et avec violence. **2** (animaux) Saisir brusquement dans la gueule, le bec.

**haptique** adj. ■ didact. Qui concerne le sens du toucher. → **tactile.**

**haptonomie** n. f. ■ Communication avec le fœtus par toucher du ventre de la mère.

**\*haquenée** n. f. ■ vx Cheval ou jument d'allure douce, que montaient les dames.

**\*haquet** n. m. ■ Charrette étroite.

**\*hara-kiri** n. m. ■ Suicide par éventration, très honorable, au Japon. *Des hara-kiris.*

**\*harangue** n. f. ■ **1** Discours solennel. **2** Discours pompeux et ennuyeux.

**\*haranguer** v. tr. 🔟 ■ Adresser une harangue à. ▷ n. **\*harangueur, euse**

**\*haras** n. m. ■ Établissement destiné à la reproduction et à l'élevage des chevaux.

**\*harasser** v. tr. 🔟 ■ Accabler de fatigue. ▶ **\*harassé, ée** adj. → épuisé. ▷ **\*harassant, ante** adj. → épuisant. ▷ n. m. **\*harassement**

**\*harcèlement** n. m. ■ Action de harceler (en actes ou paroles). → *Harcèlement sexuel. Harcèlement moral.*

**\*harceler** v. tr. 🛐 ■ Soumettre sans répit à de petites attaques. → **assaillir.** ▷ adj. **\*harceleur, euse**

**\*harde** n. f. ■ Troupe de bêtes sauvages.

**\*hardes** n. f. pl. ■ péj. Vêtements pauvres.

**\*hardi, ie** adj. ■ **1** Qui ose ; audacieux, intrépide. **2** péj., vieilli Effronté, insolent. ♦ Provocant. → **osé. 3** Original, nouveau. **4** interj. Formule pour encourager.

**\*hardiesse** n. f. ■ littér. **1** Qualité d'une personne, d'une action hardie. ♦ péj., vieilli Effronterie. **2** Action, parole, etc. hardie.

**\*hardiment** adv. ■ Avec hardiesse.

**hard rock** n. m. ■ anglic. Rock d'un style simple et énergique, né dans les années 1970. – var. HARD-ROCK.

**\*hardware** [-wɛʀ] n. m. ■ anglic., inform. Matériel\*.

**\*harem** [aʀɛm] n. m. ■ Appartement réservé aux femmes (dans l'Islam).

**\*hareng** [aʀɑ̃] n. m. ■ Poisson de mer vivant en bancs. → *Hareng saur\*.*

**\*harengère** n. f. ■ Femme grossière.

**\*haret** adj. m. ■ *Chat haret* ou n. m. *haret* : chat domestique retourné à l'état sauvage.

**\*hargne** n. f. ■ Mauvaise humeur se traduisant par des propos acerbes, une attitude agressive. ♦ Ténacité rageuse.

**\*hargneux, euse** adj. ■ Qui est plein de hargne. ▷ adv. **\*hargneusement**

**\*haricot** n. m. ■ I *Haricot de mouton* : ragoût de mouton. II **1** Plante légumineuse à fruits comestibles. **2** au plur. Gousses de cette plante, qui se mangent vertes ou contenant les graines. → Ces graines, fraîches ou sèches. **3** loc. fig., fam. *C'est la fin des haricots,* la fin de tout. **4** Récipient en forme de graine de haricot, utilisé en chirurgie.

**\*haridelle** n. f. ■ Mauvais cheval.

**\*harissa** n. f. ou m. ■ Poudre ou purée de piments utilisée comme condiment.

**\*harki** n. m. ■ Militaire indigène d'Afrique du Nord qui servait aux côtés des Français.

**harmattan** n. m. ■ Alizé chaud et sec qui souffle sur l'Afrique occidentale.

**harmonica** n. m. ■ Instrument de musique en forme de petite boîte plate, dont on fait vibrer les anches par le souffle.

**harmonie** n. f. ■ I **1** littér. Combinaison de sons agréables à l'oreille. **2** mus. Ensemble des principes qui règlent l'emploi et la combinaison des sons simultanés ; science des accords (opposé à *mélodie*). **3** Orchestre de bois, de cuivres et de percussions. II **1** Rapports entre les parties d'un tout, qui font qu'elles concourent à un effet d'ensemble. ♦ Beauté régulière. **2** Accord entre personnes. → **entente, union.**

**harmonieux, euse** adj. ■ **1** Agréable à l'oreille. → **mélodieux.** *Voix harmonieuse.* **2** Qui a, qui produit de l'harmonie ; qui est en harmonie. ▷ adv. **harmonieusement**

**harmonique** adj. ■ Relatif à l'harmonie (I, 2). ♦ n. m. ou f. Son de fréquence multiple de celle du son fondamental.

**harmoniser** v. tr. ⬚ ■ 1 Mettre en harmonie. 2 mus. Combiner (une mélodie) avec d'autres parties, des accords. ▶ s'**harmoniser** v. pron. → s'accorder. ▷ n. f. **harmonisation**

**harmoniste** n. ■ Musicien qui accorde de l'importance à l'harmonie (I, 2).

**harmonium** [-jɔm] n. m. ■ Instrument à clavier et à soufflerie, comme l'orgue, mais muni d'anches libres au lieu de tuyaux.

***harnacher** v. tr. ⬚ ■ 1 Mettre le harnais à (un animal). 2 Habiller (qqn) de manière incommode. ▷ n. m. ***harnachement**

***harnais** n. m. ■ 1 ancient Équipement complet d'un homme d'armes. ◆ loc. *Blanchi sous le harnais* ou (forme anc.) *le harnois* : vieilli dans le métier (des armes...). 2 Équipement d'un animal de selle ou de trait. 3 Système de sangles pour s'attacher.

***haro** n. m. ■ loc. *Crier haro sur le baudet* : condamner publiquement qqn, qqch.

***harpe** n. f. ■ Grand instrument à cordes pincées, à cadre souvent triangulaire.

***harpie** n. f. ■ 1 mythol. Monstre à corps de vautour à tête de femme. 2 fig. Femme méchante, acariâtre.

***harpiste** n. ■ Personne qui joue de la harpe.

***harpon** n. m. ■ Instrument relié à une ligne, pour prendre les cétacés, etc.

***harponner** v. tr. ⬚ ■ 1 Accrocher avec un harpon. 2 fig., fam. Arrêter, saisir brutalement. *Harponner un voleur.* ▷ n. m. ***harponnage** et (rare) ***harponnement**

**haruspice** → aruspice

***hasard** n. m. ■ I 1 Événement fortuit ; concours de circonstances inattendu et inexplicable. → aléa. 2 littér. Risque. *Les hasards de la guerre.* II 1 LE HASARD : cause attribuée à des événements apparemment inexplicables. *Les caprices du hasard.* → destin, fatalité, sort. 2 AU HASARD loc. adv. : n'importe où ; n'importe comment. ♦ AU HASARD DE loc. prép. : selon les hasards (I, 1) de. ♦ À TOUT HASARD loc. adv. : en prévision de tout ce qui pourrait arriver. ♦ PAR HASARD loc. adv. → accidentellement, fortuitement. ◆ *Comme par hasard* : comme si c'était un hasard. 3 JEU DE HASARD, où le calcul, l'habileté n'ont aucune part (dés, loterie...).

***hasarder** v. tr. ⬚ ■ 1 littér. Livrer (qqch.) au hasard, aux aléas du sort. → exposer, risquer. *Hasarder sa réputation.* 2 Entreprendre, dire (qqch.) en courant le risque d'échouer ou de déplaire. → tenter. ▶ se **hasarder** v. pron. → s'aventurer.

***hasardeux, euse** adj. ■ Périlleux.

***haschisch** n. m. ■ Chanvre indien, fournissant une drogue ; cette drogue. → cannabis, marijuana. - var. HACHISCH.

***hase** n. f. ■ Femelle du lièvre.

***hassidisme** n. m. ■ Nom de courants religieux juifs mystiques (dont les fidèles s'appellent des *hassidim* n. m. pl.).

**hast** [ast] n. m. ■ ancient *Arme d'hast* : arme au fer monté sur une longue hampe.

***hâte** n. f. ■ Grande promptitude (dans un travail, etc.). → célérité, empressement. ◆ *Avoir hâte de* (+ inf.) : être pressé, impatient de. ♦ loc. adv. EN HÂTE. *En toute hâte.* ◆ À LA HÂTE : avec précipitation.

***hâter** v. tr. ⬚ ■ 1 littér. Faire arriver plus vite. *Hâter son départ.* 2 Faire évoluer plus vite ; rendre plus rapide. → accélérer. *Hâter le pas.* ▶ se **hâter** v. pron. Se dépêcher.

***hâtif, ive** adj. ■ 1 Qui se fait trop vite. → bâclé ; prématuré. 2 De maturité précoce. *Petits pois hâtifs.* ▷ adv. ***hâtivement**

***hauban** n. m. ■ 1 mar. Câble tenant le mât d'un navire par le travers et par l'arrière (→ aussi étai). 2 Câble de consolidation.

***haubaner** v. tr. ⬚ ■ Consolider par des haubans. ▷ n. m. ***haubanage**

***haubert** n. m. ■ (au moyen âge) Chemise de mailles à manches et à capuchon.

***hausse** n. f. ■ 1 techn. Objet ou dispositif qui sert à hausser. 2 Augmentation (d'une grandeur numérique). *La hausse des prix.*

***haussement** n. m. ■ *Haussement d'épaules* : mouvement (→ hausser) que l'on fait en signe de dédain, d'irritation, etc.

***hausser** v. tr. ⬚ ■ 1 Donner plus de hauteur à. *Hausser une maison d'un étage.* 2 Mettre à un niveau plus élevé. *Hausser les épaules* (→ haussement). ◆ pronom. *Se hausser sur la pointe des pieds.* ◆ *Hausser les prix.* → augmenter. 3 Donner plus d'ampleur, d'intensité à. *Hausser le ton.*

① ***haut, haute** adj. ■ (opposé à *bas*) I 1 D'une dimension déterminée (*haut de, comme...*) ou supérieure à la moyenne, dans le sens vertical. ◆ loc. *Haut comme trois pommes* : tout petit. 2 Dans sa position la plus élevée. *Le soleil est haut dans le ciel.* ◆ loc. *La tête* haute. → *Avoir la* HAUTE MAIN *dans, sur qqch.*, en avoir le contrôle. 3 Situé au-dessus. *Le plus haut mqssif.* → culminant. ◆ *Le haut Rhin, la haute Égypte* (région proche de la source ou éloignée de la mer). 4 dans le temps (avant le nom) → ancien, reculé. *Le haut moyen âge.* 5 en intensité → fort, grand. *Haute fréquence.* → *Lire à voix haute.* II abstrait (avant le nom) 1 (dans l'ordre de la puissance) → important. *La haute société* ; n. f. fam. *la haute.* → *En haut lieu*. ◆ n. m. *Le Très-Haut,* Dieu. 2 (dans l'échelle des valeurs) → éminent, supérieur. *Haute intelligence.* 3 Très grand. → extrême. *Tenir qqn en haute estime.*

② ***haut** ■ I n. m. 1 Dimension verticale déterminée, de la base au sommet. → altitude, hauteur. *Tour de cent mètres de haut.* 2 Position déterminée par la verticale. *Voler à mille mètres de haut.* 3 Partie, région haute d'une chose. 4 Partie la plus haute. → sommet. 5 loc. *Avoir DES HAUTS ET DES BAS,* alternances de bon et de mauvais état. 6 dans des expr. Terrain élevé. *Les hauts de Meuse.* II adv. 1 En un point élevé sur la verticale. *Sauter haut.* 2 (adj. à valeur adverbiale) En position haute. *HAUT LES MAINS !* : sommation faite à qqn de lever les mains ouvertes. ◆ *HAUT LA MAIN* : avec brio, en surmontant les obstacles. 3 En un point reculé dans le temps. → loin. ◆ (dans un texte) *Voir plus haut.* → ci-dessus, supra. 4 (intensité) À haute voix, d'une voix forte. 5 À un haut degré. *Il vise haut,* il est ambitieux. III loc. adv. 1 DE

*HAUT* : d'un lieu élevé. ➔ loc. fig. *Tomber de haut* : perdre ses illusions. *Voir les choses de haut*, d'une vue générale. *Le prendre de haut*, réagir avec arrogance. **2** EN HAUT (DE) : dans la région haute (de) ; en direction du haut (de). **3** D'EN HAUT : de la région haute. ➔ fig. *Des ordres qui viennent d'en haut*, d'une autorité supérieure.

*\*hautain, aine* adj. ■ Fier et dédaigneux.

*\*hautbois* n. m. ■ **1** Instrument de musique à vent, à anche double. **2** Hautboïste.

*\*hautboïste* [oboist] n. ■ Personne qui joue du hautbois.

*\*haut-de-chausses* n. m. ■ anciennt Partie du vêtement masculin allant de la ceinture aux genoux. *Des hauts-de-chausses.*

*\*haut-de-forme* n. m. ■ Chapeau d'homme haut et cylindrique. *Des hauts-de-forme.*

*\*haute-contre* ■ **1** n. f. Voix d'homme plus aiguë que celle du ténor. **2** n. m. Chanteur qui a cette voix. ➔ **contre-ténor.** *Des hautes-contre.*

*\*haute-fidélité* n. f. → **fidélité**

*\*hautement* adv. ■ **1** littér. Tout haut. **2** À un degré supérieur, fortement.

*\*hauteur* n. f. ■ **I 1** Dimension dans le sens vertical, de la base au sommet. ♦ géom. Droite abaissée perpendiculairement du sommet à la base d'une figure. **2** Position déterminée sur la verticale. *Voler à une grande hauteur.* **3** À LA HAUTEUR DE loc. prép. : au niveau de (aussi fig.). ➔ absolt *Être à la hauteur :* faire preuve d'efficacité. **4** Terrain, lieu élevé. **II** fig. **1** Supériorité (morale, intellectuelle). → **grandeur.** **2** péj. Attitude de qqn qui regarde les autres avec mépris.

*\*haut-fond* n. m. ■ Sommet sous-marin recouvert de peu d'eau. *Des hauts-fonds.*

*\*haut fourneau* n. m. ■ Four à cuve pour fondre le minerai de fer. *Des hauts fourneaux.*

*\*haut-le-cœur* n. m. invar. ■ Soulèvement de l'estomac. → **nausée.**

*\*haut-le-corps* n. m. invar. ■ Mouvement brusque et involontaire du buste vers le haut sous l'effet de la surprise, etc.

*\*haut-parleur* n. m. ■ Appareil qui transforme en ondes sonores les courants électriques. *Des haut-parleurs.*

*\*haut-relief* n. m. ■ Sculpture présentant un relief très saillant sans se détacher du fond (opposé à *bas-relief*). *Des hauts-reliefs.*

*\*hauturier, ière* adj. ■ De la haute mer\*.

*\*havane* ■ **1** n. m. Tabac de La Havane. ➔ Cigare de ce tabac. **2** adj. invar. Marron clair.

*\*hâve* adj. ■ littér. Amaigri et pâli.

*\*haver* v. tr. 1 ■ techn. Entailler (le charbon) dans une mine. ▷ n. m. **havage**

*\*havre* n. m. ■ **1** vx Petit port bien abrité. **2** fig., littér. Abri, refuge. *Un havre de paix.*

*\*havresac* [-s-] n. m. ■ anciennt Sac que le fantassin portait sur le dos, et qui contenait son équipement.

*\*hayon* n. m. ■ Partie mobile tenant lieu de porte à l'arrière d'un véhicule. ➔ *Hayon élévateur :* élévateur à l'arrière d'un camion.

*\*hé* [e ; he] interj. ■ Sert à interpeller. ➔ *Hé ! Hé !* (approbation, ironie, etc.).

*\*heaume* n. m. ■ au moyen âge Casque enveloppant toute la tête du combattant.

**hebdomadaire** ■ **1** adj. Qui s'effectue en une semaine. ➔ Qui se fait chaque semaine. **2** n. m. Publication qui paraît chaque semaine. ▷ adv. **hebdomadairement**

**héberger** v. tr. 3 ■ **1** Loger (qqn) chez soi. **2** Accueillir, recevoir sur son sol. *Pays qui héberge des réfugiés.* **3** (lieu) Servir de logement à. ▷ n. m. **hébergement**

**hébéter** v. tr. 6 ■ Rendre obtus, stupide. ▶ **hébété, ée** adj. → **ahuri.**

**hébétude** n. f. ■ littér. État d'une personne hébétée. → **abrutissement, stupeur.**

**hébraïque** adj. ■ Qui concerne la langue ou la civilisation des Hébreux.

**hébreu** ■ **I 1.** Membre du peuple sémitique dont la Bible retrace l'histoire. → **juif. 2** n. m. Langue sémitique parlée autrefois par les Hébreux, et aujourd'hui par les Israéliens. ➔ loc. fig. *C'est de l'hébreu*, c'est inintelligible. **II** adj. m. Se dit du peuple, de la langue des Hébreux. → **hébraïque.**

**hécatombe** n. f. ■ Massacre, carnage.

**hectare** n. m. ■ Mesure de superficie équivalant à cent ares (symb. ha).

**hect(o)-** Élément, du grec *hekaton* « cent ».

**hectolitre** n. m. ■ Mesure de cent litres (symb. hl).

**hectomètre** n. m. ■ Longueur de cent mètres (symb. hm).

**hectopascal** n. m. ■ météorol. Unité de pression valant cent pascals (symb. hPa).

**hédonisme** n. m. ■ philos. Doctrine qui prend pour principe de la morale la recherche du plaisir. ▶ n. et adj. **hédoniste**

**hégémonie** n. f. ■ Suprématie d'un État sur d'autres. ▷ adj. **hégémonique**

**hégire** n. f. ■ Ère des musulmans (qui commence en l'an 622 de l'ère chrétienne).

*\*hein* [ɛ̃ ; hɛ̃] interj. ■ fam. **1** Pour faire répéter ou interrompre qqn. → **comment, pardon. 2** Renforce une phrase interrogative ou exclamative. ➔ *n'est-ce pas.*

**hélas** [-ɑs] interj. ■ Interjection de plainte, exprimant la douleur, le regret.

*\*héler* v. tr. 6 ■ Appeler de loin.

**hélianthe** n. m. ■ Plante d'origine exotique, à grands capitules jaunes.

**hélice** n. f. ■ **1** math. Courbe engendrée par une droite oblique s'enroulant sur un cylindre. ♦ *Escalier en hélice.* → (abusivt) en **spirale. 2** Appareil de propulsion, de traction ou de sustentation constitué de plusieurs pales solidaires d'un arbre.

**héliciculture** n. f. ■ Élevage des escargots.

**hélicoïdal, ale, aux** adj. ■ En forme d'hélice (1).

**hélicon** n. m. ■ Tuba contrebasse circulaire que l'on fait reposer sur l'épaule.

**hélicoptère** n. m. ■ Aéronef muni d'une ou de plusieurs hélices horizontales, et qui décolle à la verticale.

**héli(o)-, -hélie** Éléments savants, du grec *hêlios* « soleil ».

**héliogravure** n. f. ■ Procédé de photogravure en creux.

**héliomarin, ine** adj. ▪ méd. Qui utilise l'action simultanée du soleil et de l'air marin.

**héliothérapie** n. f. ▪ Traitement médical par la lumière et la chaleur solaires.

**héliotrope** n. m. ▪ Plante à fleurs odorantes des régions chaudes et tempérées.

**héliport** n. m. ▪ Aéroport pour hélicoptères.

**héliporté, ée** adj. ▪ Transporté par hélicoptère.

**hélium** [eljɔm] n. m. ▪ Élément (symb. He), gaz rare le plus léger, ininflammable.

**hélix** [eliks] n. m. ▪ **1** Ourlet du pavillon de l'oreille. **2** zool. Escargot (→ **héliciculture**).

**hellène** adj. et n. ▪ De la Grèce ancienne (*Hellade*) ou moderne. → **grec.**

**hellénique** adj. ▪ Des Hellènes. → **grec.**

**hellénisme** n. m. ▪ **1** Construction ou emploi propre à la langue grecque. **2** Civilisation grecque (dans son ensemble).

**helléniste** n. ▪ Spécialiste de philologie, de littérature grecques.

**hellénistique** adj. ▪ De la civilisation de langue grecque, après la mort d'Alexandre et jusqu'à la conquête romaine.

**helminthe** n. m. ▪ Ver parasite de l'homme et de certains mammifères.

**helminthiase** n. f. ▪ méd. Parasitose causée par les helminthes.

**helminthologie** n. f. ▪ zool. Étude des vers.

**helvétique** adj. ▪ De la Suisse. → **suisse.**

**helvétisme** n. m. ▪ ling. Mot, tournure propre au français de la Suisse romande.

**héma-, hémat(o)-, hémo-** Éléments, du grec *haima, haimatos* « sang ». → **-émie.**

**hématie** n. f. ▪ Globule rouge du sang.

**hématite** n. f. ▪ Minerai de fer rougeâtre.

**hémat(o)-** → **héma-**

**hématocrite** n. m. ▪ biol. Rapport du volume des hématies au volume sanguin.

**hématologie** n. f. ▪ didact. Étude du sang. ▷ **hématologue** n. - var. HÉMATOLOGISTE.

**hématome** n. m. ▪ Accumulation de sang dans un tissu (surtout tissu cutané), due à des lésions vasculaires. → **bleu.**

**hématose** n. f. ▪ physiol. Échanges gazeux qui se produisent lors de la respiration.

**hématozoaire** n. m. ▪ zool. Parasite (protozoaire) vivant dans le sang.

**hématurie** n. f. ▪ méd. Présence anormale de sang dans l'urine.

**hémi-** Élément, du grec *hêmi* « demi ».

**hémicycle** n. m. ▪ **1** Construction en demi-cercle. **2** Gradins disposés en demi-cercle.

**hémione** n. m. ▪ zool. Équidé d'Asie.

**hémiplégie** n. f. ▪ Paralysie d'une moitié latérale du corps. ▷ adj. et n. **hémiplégique**

**hémiptère** n. m. ▪ Insecte suceur (ordre des *Hémiptères* ; ex. pucerons, punaises).

**hémisphère** n. m. ▪ **1** Moitié d'une sphère. **2** Moitié du globe terrestre. **3** *Hémisphères cérébraux* : les deux moitiés latérales du cerveau. ▷ adj. **hémisphérique**

**hémistiche** n. m. ▪ Moitié d'un vers, marquée par une césure.

**hémo-** → **héma-**

**hémoculture** n. f. ▪ didact. Ensemencement d'un milieu de culture avec du sang pour y rechercher des microbes.

**hémoglobine** n. f. ▪ **1** Protéine contenue dans les hématies, qui donne au sang sa couleur rouge. **2** fam. Sang.

**hémogramme** n. m. ▪ méd. Étude quantitative et qualitative des globules du sang.

**hémolyse** n. f. ▪ Destruction des hématies.

**hémophile** adj. ▪ Atteint d'hémophilie. ◆ n. *Un hémophile.*

**hémophilie** n. f. ▪ Maladie héréditaire qui se traduit par une incapacité du sang à coaguler. *L'hémophilie se transmet par les femmes ; seuls les hommes en sont atteints.*

**hémoptysie** n. f. ▪ méd. Crachement de sang provenant des voies respiratoires. ▷ adj. et n. **hémoptysique**

**hémorragie** n. f. ▪ **1** Fuite de sang hors d'un vaisseau sanguin. **2** fig. Perte de vies humaines. ◆ Perte, fuite. *L'hémorragie des capitaux.* ▷ adj. **hémorragique**

**hémorroïde** n. f. ▪ Varice qui se forme à l'anus et au rectum. ▷ adj. et n. **hémorroïdaire** ▷ adj. **hémorroïdal, ale, aux**

**hémostase** n. f. ▪ méd. Arrêt d'une hémorragie.

**hémostatique** adj. ▪ Propre à arrêter les hémorragies. ◆ n. m. Médicament hémostatique.

**hendéca-** [ɛ̃deka] Élément savant, du grec *hendeka* « onze ».

***henné** n. m. ▪ Poudre jaune ou rouge d'origine végétale utilisée pour teindre les cheveux, etc. (surtout dans l'Islam).

***hennin** n. m. ▪ anciennt Coiffure féminine du moyen âge, bonnet conique très haut.

***hennissement** n. m. ▪ **1** Cri du cheval. **2** Bruit rappelant ce cri. ▷ ***hennir** v. intr. ②

***hep** [ɛp ; hɛp] interj. ▪ Cri pour appeler.

**héparine** n. f. ▪ Substance acide anticoagulante, abondante dans le foie.

**hépatique** adj. ▪ **1** Qui a rapport au foie. **2** adj. et n. (Personne) qui souffre du foie.

**hépatite** n. f. ▪ Inflammation du foie. → **cirrhose, ictère, jaunisse.** *Hépatite virale.*

**hépat(o)-** Élément, du grec *hêpar, hêpatos* « foie ».

**hepta-** Élément, du grec *hepta* « sept ».

**heptathlon** n. m. ▪ Discipline de l'athlétisme qui regroupe sept épreuves.

**héraldique** ▪ **1** adj. Relatif au blason. **2** n. f. Art des armoiries. → **blason.**

**héraldiste** n. ▪ Spécialiste du blason.

***héraut** n. m. ▪ **1** (au moyen âge) HÉRAUT (D'ARMES) : officier qui transmettait les messages, faisait les proclamations solennelles, etc. **2** fig., littér. → **annonciateur, messager.**

**herbacé, ée** adj. ▪ bot. De la nature de l'herbe (opposé à *ligneux*).

**herbage** n. m. ▪ Prairie naturelle dont le bétail consomme l'herbe sur place.

**herbe** n. f. ■ **1** bot. Végétal non ligneux, dont les parties aériennes meurent chaque année. ♦ cour. Ce végétal, lorsqu'il est de petite taille et souple. ♦ *Fines herbes ; herbes de Provence,* herbes aromatiques utilisées pour l'assaisonnement. **2** Plante herbacée, graminée sauvage. – *MAUVAISE HERBE :* herbe qui nuit aux cultures. **3** sing. collectif Végétation naturelle de plantes herbacées peu élevées. *Déjeuner sur l'herbe.* – loc. *Couper l'herbe sous les pieds de qqn,* le frustrer d'un avantage. **4** fam. → **haschisch, marijuana.** *Fumer de l'herbe.* **5** *EN HERBE,* se dit des céréales qui, au début de leur croissance, sont vertes et molles. – loc. *Manger son blé en herbe,* dépenser un capital. – (en parlant d'enfants, de jeunes personnes) *Un cinéaste en herbe.* → **apprenti, futur.**

**herbeux, euse** adj. ■ Où il y a de l'herbe.

**herbicide** adj. ■ Qui détruit les mauvaises herbes. – n. m. → **défoliant, désherbant.**

**herbier** n. m. ■ Collection de plantes séchées conservées entre des feuillets.

**herbivore** adj. ■ Qui se nourrit exclusivement de végétaux. – n. m. pl. *Les herbivores* (groupe de mammifères).

**herboriser** v. intr. 1 ■ Recueillir des plantes dans la nature pour les étudier ou les utiliser. ▷ n. f. **herborisation**

**herboriste** n. ■ Personne qui vend des plantes médicinales. ▷ n. f. **herboristerie**

**herbu, ue** adj. ■ Où l'herbe foisonne.

**hercule** n. m. (n. d'un demi-dieu mythol.) ■ Homme d'une très grande force physique.

**herculéen, éenne** adj. ■ Digne d'Hercule.

**hercynien, ienne** adj. ■ géol. Se dit de plissements datant du carbonifère.

**\*hère** n. m. ■ loc. *PAUVRE HÈRE :* homme pauvre, misérable.

**héréditaire** adj. ■ **1** Relatif à l'hérédité (I). **2** Qui se transmet par voie de succession, des parents aux descendants (→ **hérédité** (II) ; **génétique**). **3** Hérité des parents, des ancêtres par l'habitude, la tradition. *Ennemi héréditaire.* ▷ adv. **héréditairement**

**hérédité** n. f. ■ **I** Transmission par voie de succession (d'un bien, d'un titre). **II 1** Transmission des caractères d'un être vivant à ses descendants par l'intermédiaire des gènes (→ **génétique**). **2** Ensemble des caractères hérités des parents, des ascendants. *Une hérédité chargée,* comportant des tares physiques ou mentales.

**hérésiarque** n. m. ■ relig. Auteur d'une hérésie ; chef d'une secte hérétique.

**hérésie** n. f. ■ **1** Doctrine, opinion émise au sein de l'Église catholique et condamnée par elle. **2** Idée, théorie, pratique qui heurte les opinions communément admises.

**hérétique** adj. ■ **1** Qui soutient une hérésie (1). – n. *Un hérétique.* **2** Entaché d'hérésie. *Doctrine hérétique.* **3** Qui soutient une opinion, etc. contraire aux idées reçues (par un groupe). → **dissident.**

**\*hérissement** n. m. ■ littér. **1** Fait d'être hérissé. **2** Disposition de choses hérissées.

**\*hérisser** v. tr. 1 ■ **1** (animal) Dresser (ses poils, ses plumes...). ♦ par ext. Le froid hérisse les poils. – p. p. adj. *Cheveux hérissés.* **2** *HÉRISSER qqch. DE,* garnir, munir de choses pointues. ♦ fig. → **surcharger.** – au p. p. *Parcours hérissé d'obstacles.* **3** Disposer défavorablement (qqn) en inspirant de la colère, de l'aversion. → **horripiler, irriter.** *Cela me hérisse.* ► **se hérisser** v. pron. **1** (poils, plumes...) Se dresser. **2** – **se fâcher,** s'irriter.

**\*hérisson** n. m. ■ **1** Petit mammifère au corps recouvert de piquants, qui se nourrit essentiellement d'insectes. **2** fig. Personne d'un abord difficile. **3** techn. Appareil, instrument muni de pointes.

**héritage** n. m. ■ **1** Patrimoine laissé par une personne décédée et transmis par succession. **2** fig. Ce qui est transmis comme par succession. *Héritage culturel.* → **patrimoine.**

**hériter** v. 1 ■ **1** *HÉRITER DE* v. tr. ind. Devenir propriétaire de (qqch.), titulaire de (un droit) par voie de succession. ♦ fig. *Il a hérité des qualités de son père.* **2** v. tr. dir. Recevoir (un bien, un titre) par voie de succession. ► **hérité, ée** adj. *Patrimoine hérité.* – *Mot hérité,* en français, mot issu du latin parlé en Gaule (par oppos. à *emprunt*).

**héritier, ière** n. ■ **1** Personne qui doit recevoir ou qui reçoit des biens en héritage. → **légataire, successeur. 2** fig. → **continuateur, successeur.**

**herméneutique** n. ■ didact. **1** adj. Qui a pour objet l'interprétation des textes (philosophiques, religieux...). **2** n. f. Étude des signes et de leur sens. → **interprétation.**

**hermétique** adj. ■ **1** didact. Relatif à l'hermétisme (1). **II 1** Se dit d'une fermeture aussi parfaite que possible. → **étanche.** ♦ fig. *Être hermétique à qqch.,* y être fermé, insensible. **2** Impénétrable, difficile ou impossible à comprendre.

**hermétiquement** adv. ■ Par une fermeture hermétique.

**hermétisme** n. m. ■ didact. **1** Ensemble des doctrines ésotériques de l'alchimie. **2** Caractère incompréhensible, obscur.

**hermine** n. f. ■ **1** Mammifère carnivore voisin de la belette. **2** Fourrure de l'hermine.

**herminette** n. f. ■ Hachette à fer recourbé.

**\*herniaire** adj. ■ méd. D'une hernie.

**\*hernie** n. f. ■ **1** Tumeur molle formée par un organe totalement ou partiellement sorti de sa cavité naturelle. **2** Gonflement localisé d'une chambre à air.

**héroïcomique** adj. ■ Qui tient du genre héroïque et du comique (en littérature).

① **héroïne** n. f. ■ **1** Femme qui fait preuve de vertus exceptionnelles. **2** Principal personnage féminin (d'une œuvre...).

② **héroïne** n. f. ■ Médicament et stupéfiant dérivé de la morphine.

**héroïnomane** n. et adj. ■ Toxicomane qui se drogue à l'héroïne.

**héroïque** adj. ■ **1** Qui a trait aux héros anciens, à leurs exploits. ← loc. *Temps héroïques* : époque très reculée. **2** littér. Qui célèbre les héros. → **épique**. **3** Qui est digne d'un héros. **4** Qui fait preuve d'héroïsme. → **courageux**. ▷ adv. **héroïquement**

**héroïsme** n. m. ■ Courage des héros.

*****héron** n. m. ■ Grand oiseau échassier à long cou grêle et à très long bec.

*****héros** n. m. ■ **1** Personnage légendaire auquel on prête un courage et des exploits remarquables. **2** Celui qui se distingue par ses exploits, son courage (notamment dans le domaine des armes). **3** Homme digne de gloire par son courage, son génie, etc. *Les héros de la science.* **4** Personnage principal (d'une œuvre, etc. → ① **héroïne**). ← *Le héros du jour* : celui qui occupe le premier rang de l'actualité. ♦ *Un anti-héros* : un héros (au sens 4) très ordinaire.

**herpès** [-ɛs] n. m. ■ Affection cutanée d'origine virale (éruption de vésicules sur une tache congestive). ▷ adj. **herpétique**

*****herse** n. f. ■ **1** Instrument à dents pour briser les mottes de terre. **2** Grille mobile armée par le bas de fortes pointes, à l'entrée d'un château fort.

*****hertz** [ɛʀts] n. m. ■ phys. Unité de mesure de fréquence (symb. Hz).

*****hertzien, ienne** [ɛʀtsjɛ̃ ; ɛʀdzjɛ̃] adj. ■ Se dit d'ondes électromagnétiques.

**hésitant, ante** adj. ■ **1** (personnes) Qui hésite. → **indécis, irrésolu. 2** Qui n'est pas déterminé. *Réponse hésitante.* **3** Qui manque d'assurance, de fermeté. *Pas hésitant.*

**hésitation** n. f. ■ Fait d'hésiter. ♦ Attitude qui traduit de l'indécision, de l'embarras.

**hésiter** v. intr. ① ■ **1** Être dans un état d'incertitude, d'irrésolution. *Répondre sans hésiter.* ← *Hésiter sur, entre...* ; à (+ inf.). **2** Marquer de l'indécision (par un temps d'arrêt, etc.). *Hésiter en parlant.*

**hétaïre** n. f. ■ Antiq. grecque Prostituée d'un rang social élevé.

**hétéro-** ■ Élément savant, du grec *heteros* « autre, différent » (contr. *homo-*).

**hétérochromosome** [-kʀo-] n. m. ■ biol. Chromosome qui détermine le sexe.

**hétéroclite** adj. ■ Fait de parties de styles différents. *Édifice hétéroclite.* ♦ Composé d'éléments variés. *Mélange hétéroclite.*

**hétérodoxe** adj. ■ opposé à *orthodoxe* **1** relig. Qui s'écarte du dogme. **2** didact. Qui n'est pas conformiste. ▷ n. f. **hétérodoxie**

**hétérogamie** n. f. ■ biol. Reproduction sexuée par deux gamètes de morphologie différente (par ex. ovule et spermatozoïde).

**hétérogène** adj. ■ contr. *homogène* **1** Composé d'éléments de nature différente. **2** Qui n'a pas d'unité. *Œuvre hétérogène.* ▷ n. f. **hétérogénéité**

**hétérogreffe** n. f. ■ méd. Greffe entre individus d'espèces différentes. → **allogreffe.**

**hétérosexuel, elle** [-s-] adj. ■ Qui éprouve une attirance sexuelle pour les individus du sexe opposé (s'oppose à *homosexuel*). ← n. *Un hétérosexuel, une hétérosexuelle.* – abrév. fam. HÉTÉRO. ▷ n. f. **hétérosexualité**

**hétérozygote** adj. ■ biol. Se dit d'une cellule ou d'un individu qui possède deux gènes différents (récessif et dominant) sur chaque chromosome de la même paire (contr. *homozygote*).

*****hêtraie** n. f. ■ Lieu planté de hêtres.

*****hêtre** n. m. ■ Grand arbre forestier à écorce lisse gris clair. ♦ Son bois.

*****heu** interj. ■ Marque l'embarras, la gêne.

**heur** n. m. ■ loc. *N'avoir pas l'heur de* : n'avoir pas la chance de.

**heure** n. f. ■ **1** Espace de temps égal à la vingt-quatrième partie du jour. *L'heure est subdivisée en 60 minutes.* ← HEURE DE : heure occupée par. *Une heure de sommeil.* **2** Point précis du jour, chiffré sur la base des 24 divisions du jour (symb. h). *Le train de 20 h 50.* ← 0 heure. → **minuit.** *12 heures.* → **midi.** ← *Heure locale* (différente d'un méridien à l'autre). *Heure légale*, déterminée pour chaque pays. ♦ absolt *L'HEURE* : l'heure fixée, prévue. *Commencer à l'heure.* ♦ loc. À *L'HEURE* : exact, ponctuel. *Il n'est jamais à l'heure.* **3** Moment de la journée, selon son emploi ou l'aspect sous lequel il est considéré. *Les heures de pointe. Une heure indue, avancée.* → **tard.** ♦ *À la première heure* : de très bon matin. ← fig. *Les combattants de la première heure*, les premiers à avoir combattu. ♦ (avec un possessif) *Il est poète à SES HEURES*, quand ça lui plaît. ♦ À LA BONNE HEURE loc. adv. : à propos ; par ext. c'est parfait. **4** spécialt Moment où l'on récite les différentes parties du bréviaire (ex. matines, vêpres). ♦ *Livre d'heures, heures* : recueil de prières. **5** Moment de la vie d'un individu, d'une société. *Des heures heureuses.* ← *Sa dernière heure*, ellipt *son heure est venue* : il va bientôt mourir. ♦ (avec un possessif) Moment particulier de la vie. *Avoir son heure de gloire.* ♦ absolt *L'HEURE* : le moment présent. *L'heure est grave.* → **circonstance.** ♦ *L'HEURE H* : l'heure prévue (pour attaquer, etc.). ♦ *Dernière heure*, information récente. **6** loc. À CETTE HEURE (régional) : maintenant. ← À TOUTE HEURE : à tout moment de la journée. ← POUR L'HEURE : pour le moment. ← SUR L'HEURE : sur-le-champ. ← TOUT À L'HEURE : dans un moment. ← Il y a très peu de temps. ← D'HEURE EN HEURE : à mesure que le temps passe. ← D'UNE HEURE À L'AUTRE : d'un moment à l'autre. ← DE BONNE HEURE : à une heure matinale (→ **tôt**), ou en avance (→ **précocement**).

**heureusement** adv. ■ **1** D'une manière heureuse, avantageuse ; avec succès. **2** Par une heureuse chance, par bonheur.

**heureux, euse** adj. ■ **I 1** Qui bénéficie d'une chance favorable, que le sort favorise. *Être heureux au jeu, en amour.* ← s'attendre *heureux de* (+ inf.), *que* (+ subj.) : estimer qu'on a de la chance de, que. **2** Favorable. → **avantageux, bon.** *Heureux hasard.* ♦ impers. *C'est heureux pour vous* : c'est une chance pour vous. **3** Qui semble marquer une disposition favorable de la nature. *Un heureux* *caractère.* **4** (domaine esthétique) Bien trouvé. → **réussi.** *La formule n'est pas très heureuse.* **II 1** Qui jouit du bonheur. ◆ loc. *Être heureux comme un roi, comme un poisson dans l'eau,* très heureux. ◆ *Être heureux de.* → se **réjouir** de. ◆ n. *Faire un heureux :* faire le bonheur de qqn. **2** Qui exprime le bonheur. *Un air heureux.* → **radieux. 3** Marqué par le bonheur. *Bonne et heureuse année!*

**heuristique** ■ didact. **1** adj. Qui sert à la découverte. **2** n. f. Partie de la science qui a pour objet la découverte des faits.

*****heurt** n. m. ■ **1** Action de heurter; son résultat. → **choc, coup. 2** Opposition, choc résultant d'un désaccord. → **conflit.**

*****heurter** v.🗆 ■ **I** v. tr. dir. **1** Toucher rudement, en entrant brusquement en contact avec. *Heurter un arbre.* ◆ Faire entrer brutalement en contact. *Heurter sa tête contre qqch.* **2** Contrecarrer (qqn) d'une façon qui choque et provoque une résistance. → **buter, cogner. 2** v. tr. ind. HEURTER À : frapper avec intention à. *Heurter à la porte.* ◆ se *****heurter** v. pron. **1** (réfl.) → se **cogner.** ◆ fig. *Se heurter à un refus.* **2** (récipr.) *Ils se sont heurtés de plein fouet.* ◆ fig. Entrer en conflit; faire un violent contraste. ► *****heurté, ée** adj. Fait de contrastes trop appuyés.

*****heurtoir** n. m. ■ Marteau dont on se sert pour frapper à la porte d'une maison.

**hévéa** n. m. ■ Grand arbre originaire de la Guyane, cultivé pour son latex.

**hexa-** [ɛgza] Élément, du grec *hex* « six ».

**hexagone** n. m. ■ **1** Polygone à six côtés. **2** *L'Hexagone :* la France métropolitaine (à cause de la forme de sa carte). ▷ adj. **hexagonal, ale, aux**

**hexamètre** adj. et n. m. ■ Se dit d'un vers à six pieds ou six syllabes.

**hexapode** adj. ■ zool. Qui a six pattes. ◆ n. m. *Les insectes sont des hexapodes.*

*****hi** [i; hi] interj. ■ Onomatopée qui, répétée, figure le rire et, parfois, les pleurs.

(*) **hiatus** [-ys] n. m. ■ **1** Rencontre de deux voyelles prononcées, à l'intérieur d'un mot (ex. *aérer*), ou entre deux mots (ex. *il a été*). **2** fig. Coupure, discontinuité.

**hibernal, ale, aux** adj. ■ didact. Relatif à l'hibernation, à l'engourdissement d'hiver.

**hibernation** n. f. ■ État d'engourdissement où sont certains mammifères pendant l'hiver. ◆ *Hibernation artificielle :* refroidissement du corps humain (chirurgie, etc.).

**hiberner** v. intr. 🗆 ■ Passer l'hiver en hibernation. ▷ adj. **hibernant, ante**

**hibiscus** [-ys] n. m. ■ Arbre tropical à grandes fleurs de couleurs vives.

*****hibou** n. m. ■ Oiseau rapace nocturne voisin de la chouette, mais à aigrettes.

*****hic** n. m. ■ fam. Point difficile, délicat.

**hidalgo** n. m. ■ Noble espagnol.

*****hideur** n. f. ■ littér. Caractère de ce qui est hideux; laideur extrême.

*****hideux, euse** adj. ■ **1** D'une laideur repoussante, horrible. **2** Moralement ignoble; répugnant. ▷ adv. *****hideusement**

*****hidjab** ou **hijab** [idʒab] n. m. ■ Voile, pièce d'étoffe qui couvre les cheveux, les oreilles et le cou, prescrit aux femmes dans certaines communautés musulmanes.

*****hie** n. f. ■ techn. Lourde masse servant à enfoncer (des pavés, etc.). → **dame.**

**hiémal, ale, aux** adj. ■ didact. De l'hiver.

**hier** [jɛʀ] adv. ■ **1** Le jour qui précède immédiatement celui où l'on est. *Hier (au) soir.* ◆ n. m. *Tout hier, il a plu.* **2** Dans un passé récent, à une date récente. ◆ loc. fam. *N'être pas né d'hier :* avoir de l'expérience.

*****hiérarchie** n. f. ■ **1** Organisation sociale fondée sur des rapports de subordination. **2** Organisation d'un ensemble en une série où chaque terme est supérieur au suivant.

*****hiérarchique** adj. ■ Relatif à la hiérarchie. ▷ adv. *****hiérarchiquement**

*****hiérarchiser** v. tr. 🗆 ■ Organiser selon une hiérarchie. ◆ p. adj. *Société très hiérarchisée.* ▷ n. f. *****hiérarchisation**

*****hiérarque** n. m. ■ Personnage important dans une hiérarchie (surtout politique).

*****hiératique** adj. ■ **1** didact. Qui concerne les choses sacrées, et spécialt la liturgie. **2** littér. Qui semble réglé par un rite, un cérémonial, une tradition. *Gestes hiératiques.*

*****hiératisme** n. m. ■ Caractère hiératique.

*****hiér(o)-** Élément savant, du grec *hieros* « sacré ».

*****hiéroglyphe** n. m. ■ **1** Caractère, signe des plus anciennes écritures égyptiennes. **2** fig. au plur. Écriture difficile à déchiffrer.

*****hiéroglyphique** adj. ■ **1** Formé de hiéroglyphes; qui constitue un hiéroglyphe. **2** fig. Indéchiffrable.

*****hiérophante** n. m. ■ **1** Antiq. grecque Prêtre des mystères d'Éleusis. **2** fig. Prêtre.

*****hi-fi** n. f. invar. ■ adj. invar. ■ anglic. Haute-fidélité. → **fidélité.**

*****hi-han** interj. ■ Onomatopée évoquant le cri de l'âne. ◆ n. m. invar. → **braiment.**

**hijab** → **hidjab**

**hilarant, ante** adj. ■ Qui fait rire.

**hilare** adj. ■ Très gai, très content.

**hilarité** n. f. ■ Brusque accès de gaieté; explosion de rires.

*****hile** n. m. ■ anat. Point d'insertion, généralement déprimé, des vaisseaux et des conduits excréteurs sur un organe.

(*) **hindi** [indi] n. m. ■ Langue indo-européenne dérivée du sanskrit (syn. *hindoustani* n. m.).

**hindou, oue** adj. et n. ■ De l'Inde et de la civilisation brahmanique. ◆ n. Indien(ne) adepte de l'hindouisme.

**hindouisme** n. m. ■ Religion brahmanique pratiquée en Inde. → **brahmanisme.** ▷ adj. et n. **hindouiste**

*****hip-hop** n. m. ■ anglic. Mouvement culturel et artistique (rap, danse acrobatique...), né aux États-Unis.

*****hippie** ou *****hippy** n. et adj. ■ anglic. Adepte d'un mouvement des années 1970, refusant la société de consommation et prônant liberté des mœurs et non-violence.

**hippique** adj. ■ De l'hippisme.

**hippisme** n. m. ▪ Sports pratiqués à cheval ou avec un cheval (course, polo...) et activités en rapport (paris).

**hipp(o)-** Élément savant, du grec *hippos* « cheval ».

**hippocampe** n. m. ▪ Petit poisson de mer qui nage en position verticale et dont la tête rappelle celle d'un cheval.

**hippocratique** adj. ▪ D'Hippocrate.

**hippodrome** n. m. ▪ Terrain de sport hippique ; champ de courses.

**hippogriffe** n. m. ▪ Animal fabuleux, monstre ailé moitié cheval, moitié griffon.

**hippologie** n. f. ▪ didact. Étude du cheval.

**hippomobile** adj. ▪ Tiré par des chevaux.

**hippophagique** adj. ▪ (boucherie) Où l'on vend de la viande de cheval. → **chevalin.**

**hippopotame** n. m. ▪ **1** Gros mammifère amphibie, aux membres trapus à quatre doigts. **2** fig., fam. Personne énorme.

**hirondelle** n. f. ▪ **1** Oiseau migrateur noir et blanc, aux ailes fines, à la queue fourchue. **2** *Hirondelle de mer.* → **sterne. 3** *Nid d'hirondelle* : nid d'un martinet, mets très apprécié en Extrême-Orient.

**hirsute** adj. ▪ Qui a le poil, le cheveu très fourni et en désordre.

**hispanique** adj. ▪ Qui a trait à l'Espagne.

**hispanisant, ante** n. ▪ Spécialiste de l'Espagne, de l'espagnol. – syn. HISPANISTE.

**hispanisme** n. m. ▪ ling. Construction ou emploi propre à la langue espagnole.

**hispano-** Élément, du latin *hispanus* « espagnol ».

**hispano-américain, aine** ▪ **1** adj. Qui a rapport à l'Amérique et à l'Espagne. **2** adj. et n. De l'Amérique où l'on parle espagnol.

**hispanophone** adj. et n. ▪ Qui parle espagnol. ◆ Où l'on parle espagnol.

***hisser** v. tr. [1] ▪ **1** Élever au moyen d'une manœuvre, d'une cordage. *Hisser un mât.* **2** Tirer en haut et avec effort. **3** interj. *OH ! HISSE !* (pour accompagner un effort collectif). ► **se hisser** v. pron. S'élever avec effort.

**histamine** n. f. ▪ Amine présente dans la plupart des tissus animaux, et dont le rôle est important dans les manifestations allergiques. ▷ adj. **histaminique**

**hist(o)-** Élément savant (du grec *histos* « tissu ») qui signifie « tissu vivant ».

**histogénèse** n. f. ▪ didact. Formation des divers tissus de l'embryon.

**histoire** n. f. ▪ **I 1** Connaissance et récit des événements du passé jugés dignes de mémoire ; faits ainsi relatés. *L'histoire ancienne, contemporaine. Histoire de l'art.* ◆ HISTOIRE SAINTE : les récits de la Bible. ◆ LA PETITE HISTOIRE : les anecdotes que se rattachent à une période historique. **2** Étude scientifique d'une évolution. *L'histoire d'un mot.* **3** absolt Science et méthode permettant d'acquérir et de transmettre la connaissance du passé. *Les sources, les documents de l'histoire* (annales, archives, chroniques...). **4** La mémoire des hommes, le jugement de la postérité. *L'histoire jugera.* ◆ La vérité historique. *Mélanger l'histoire et la fiction.* **5** La suite des événements qu'étudie l'histoire. → **passé.** ◆ La partie du passé de

l'humanité connue par des écrits (par oppos. à *préhistoire*). **II** *HISTOIRE NATURELLE* : ancienne désignation des sciences* naturelles. **III 1** Récit d'actions, d'événements (réels ou imaginaires). *Une histoire vraie.* **2** Histoire inventée, invraisemblable ou destinée à tromper. **3** Succession d'événements concernant qqn. *Une histoire d'argent.* → **question.** ◆ Succession d'événements malencontreux. *Se fourrer dans une sale histoire.* ◆ *Faire des histoires pour rien.* → **embarras, façon, manière.** ◆ loc. fam. *HISTOIRE DE* (+ inf.). → **pour.** *Histoire de rire...*

**histologie** n. f. ▪ Partie de la biologie qui traite des tissus vivants. ▷ adj. **histologique**

**historicité** n. f. ▪ didact. Caractère de ce qui est historique. → **authenticité.**

**historié, ée** adj. ▪ Décoré de scènes à personnages. *Chapiteau historié.*

**historien, ienne** n. ▪ Spécialiste de l'histoire ; auteur de travaux historiques.

**historiette** n. f. ▪ Récit d'événements de peu d'importance.

**historiographe** n. ▪ Écrivain chargé d'écrire l'histoire de son temps.

**historiographie** n. f. ▪ didact. **1** Travail de l'historiographe. **2** Aspect narratif du travail de l'historien.

**historique** adj. ▪ **1** Qui a rapport à l'histoire. *Méthode historique.* **2** (opposé à *légendaire*) Réel, vrai. **3** Qui est ou mérite d'être conservé par l'histoire. *Mot historique.* ◆ *Monument historique*, présentant un intérêt au regard de l'histoire, etc. et protégé par l'État. **4** n. m. Exposé chronologique de faits. ▷ adv. **historiquement**

**histrion** n. m. ▪ littér. et péj. Comédien.

**hitlérien, ienne** adj. ▪ Qui a rapport à Hitler. ◆ n. et adj. Partisan de Hitler.

**hitlérisme** n. m. ▪ Doctrine de Hitler. → **national-socialisme, nazisme.**

***hit-parade** [it-] n. m. ▪ anglic. Palmarès de disques de variétés. ◆ par ext. Classement selon la popularité. *Des hit-parades.* – recomm. off. *palmarès.*

***hittite** adj. et n. ▪ Des Hittites. ◆ n. m. *Le hittite* (langue indo-européenne).

***H. I. V.** [aʃive] n. m. ▪ anglic. → **V. I. H.**

**hiver** n. m. ▪ La plus froide des quatre saisons de l'année (dans les zones tempérée et polaire), qui suit l'automne (→ **hiémal, hivernal**). *L'hiver commence au solstice d'hiver* (22 décembre) *et s'achève à l'équinoxe de printemps* (20 ou 21 mars).

**hivernage** n. m. ▪ **1** Temps de la mauvaise saison que les navires passent à l'abri ; cet abri. **2** Séjour du bétail à l'étable, l'hiver. **3** Saison des pluies, dans les tropiques.

**hivernal, ale, aux** adj. ▪ Propre à l'hiver.

**hivernant, ante** n. ▪ Personne qui séjourne dans un lieu pendant l'hiver (opposé à *estivant*).

**hiverner** v. [1] ▪ **1** v. intr. Passer l'hiver à l'abri (navires...) ou dans un lieu tempéré (animaux). **2** v. tr. *Hiverner les bestiaux.*

***H. L. M.** [aʃɛlɛm] n. m. ou (plus correct) n. f. (sigle de *habitation à loyer modéré*) ▪ Grand immeuble construit par une collectivité et affecté aux foyers qui ont de petits revenus.

***ho** [o ; ho] interj. ▪ Cri pour appeler.

\*hoax [ɔks] n. m. ▪ anglic. Information fausse, périmée ou invérifiable propagée par Internet. *Des hoax* ou *des hoaxes*.

\*hobby n. m. ▪ anglic. Passe-temps favori. → violon d'Ingres. *Des hobbys* ou *des hobbies*.

\*hobereau n. m. ▪ Gentilhomme campagnard de petite noblesse.

\*hochequeue n. m. ▪ Bergeronnette.

\*hocher v. tr. ⓛ ▪ loc. *HOCHER LA TÊTE*, la secouer (de haut en bas ou de droite à gauche). ▷ n. m. \*hochement

\*hochet n. m. ▪ 1 Jouet de bébé qui fait du bruit quand on le secoue. 2 fig., littér. Chose futile qui flatte ou console.

\*hockey n. m. ▪ anglic. Sport d'équipe qui consiste à envoyer une balle dans un but au moyen d'une crosse. → *Hockey sur glace*, joué avec un palet par des patineurs. ▷ n. \*hockeyeur, euse

hoir n. m. ▪ vx Héritier.

hoirie n. f. ▪ vx Héritage. → mod. *Avancement d'hoirie* : donation faite à un héritier présomptif. ♦ (Suisse) Héritage indivis.

\*holà [ɔla ; hɔla] ▪ 1 interj. Sert à appeler ou à modérer. *Holà ! Du calme !* 2 (n. m.) loc. *METTRE LE HOLÀ À* (qqch.), y mettre fin.

\*holding n. m. ou f. ▪ anglic. Société qui détient des participations financières dans d'autres sociétés et les contrôle.

\*hold-up [ɔldœp] n. m. invar. ▪ anglic. Vol à main armée dans un lieu public.

\*hollandais, aise adj. et n. ▪ De Hollande ; abusivt des Pays-Bas. → néerlandais. ♦ n. m. *Le hollandais* (langue). → néerlandais.

\*hollande n. m. ▪ 1 Fromage de Hollande à pâte dure. 2 Papier de luxe.

holo- Élément, du grec *holos* « entier ».

holocauste n. m. ▪ 1 Sacrifice religieux où la victime était brûlée, chez les Hébreux. ♦ fig. Sacrifice total. 2 *L'Holocauste* : le génocide des Juifs par les nazis. → shoah.

holographie n. f. ▪ Procédé photographique qui donne une image en relief (*hologramme* n. m.) en utilisant les interférences de deux faisceaux laser.

holothurie n. f. ▪ Animal marin, échinoderme au corps mou et allongé.

\*homard n. m. ▪ Grand crustacé marin décapode, aux pattes avant armées de grosses pinces, pêché pour sa chair fine.

\*home [om] n. m. ▪ anglic. 1 Le foyer, le logis. → chez-soi. 2 *HOME D'ENFANTS* : centre d'accueil, foyer pour enfants.

homélie n. f. ▪ 1 Discours simple prononcé au cours de la messe. → sermon. 2 littér. Longue et ennuyeuse leçon de morale.

homéo- Élément savant, du grec *homoios* « semblable ». → homo-.

homéopathe n. ▪ Médecin qui pratique l'homéopathie.

homéopathie n. f. ▪ Méthode thérapeutique qui consiste à administrer à doses infinitésimales des remèdes capables, à doses plus élevées, de produire des symptômes semblables à ceux de la maladie à combattre (s'oppose à *allopathie*).

homéopathique adj. ▪ De l'homéopathie. ♦ fig. *À dose homéopathique*, très faible.

homéostasie n. f. ▪ physiol. Réglage des constantes physiologiques d'un organisme.

homérique adj. ▪ 1 Qui a rapport aux textes attribués à Homère. 2 Qui a un caractère épique. → loc. *Rire homérique* : fou rire.

① homicide ▪ I n. littér. Personne qui tue un être humain. II adj. Qui cause la mort d'une ou de nombreuses personnes.

② homicide n. m. ▪ Action de tuer un être humain. → assassinat, meurtre ; -cide.

hominiens n. m. pl. ▪ sc. Sous-ordre de primates auquel appartient l'espèce humaine. → au sing. *Un hominien*.

hommage n. m. ▪ 1 hist. Serment du vassal à son seigneur. 2 Acte de courtoisie d'un homme pour une femme. → au plur. (formule de politesse) *Mes hommages, Madame*. 3 (dans des expr.) Témoignage de respect. *Rendre hommage à qqn*. → honorer. 4 vieilli Don respectueux.

hommasse adj. ▪ péj. (femme) Qui évoque un homme par la carrure, les manières.

homme n. m. ▪ I 1 Être (mâle ou femelle) appartenant à l'espèce animale la plus évoluée de la Terre, mammifère de la famille des hominiens, seul représentant de son espèce (*Homo sapiens*), vivant en société, caractérisé par une intelligence développée et un langage articulé. → anthropo-. 2 L'être humain, en général. → humanité. *Les droits de l'homme*. → loc. *Le Fils de l'homme* : le Christ. II Être humain mâle. 1 (dans tous les âges de la vie) → garçon, mâle ; masculin, viril ; andro-. *Les hommes et les femmes*. 2 Être humain mâle et adulte. ♦ *HOMME DE. Homme d'action.* → (condition) *Homme du monde*. → (profession) *Homme d'affaires*. ♦ *HOMME À. Un homme à idées.* → loc. *Homme à femmes* : séducteur. → *ÊTRE HOMME À* (+ inf.) : être capable de. ♦ (précédé d'un possessif) *L'homme qui convient*, dont on a besoin. ♦ loc. *D'HOMME À HOMME* : directement et en toute franchise. 3 L'homme, considéré en tant qu'adulte responsable, courageux, fort. *Parole d'homme !* III Individu considéré comme dépendant d'une autorité. *Équipage de six hommes*. → loc. *COMME UN SEUL HOMME* : avec un ensemble parfait. IV *JEUNE HOMME*. Homme jeune ; spécialt homme jeune célibataire. → garçon.

homme-grenouille n. m. ▪ Plongeur muni d'un scaphandre autonome, qui travaille sous l'eau. *Des hommes-grenouilles*.

homme-orchestre [-kɛstʀ] n. m. ▪ 1 Musicien qui joue de plusieurs instruments. 2 Personne qui a des fonctions diverses. *Des hommes-orchestres*.

homme-sandwich [-sɑ̃dwitʃ] n. m. ▪ Homme qui porte sur lui des panneaux publicitaires. *Des hommes-sandwichs*.

homo- Élément savant, du grec *homos* « le même ». → homéo- ; contr. hétéro-.

homogène adj. ▪ contr. *hétérogène* 1 Formé d'éléments de même nature ou répartis de façon uniforme. 2 abstrait Qui a une grande unité. ▷ n. f. homogénéité

homogénéiser v. tr. ⓛ ▪ Rendre homogène. ▷ n. f. homogénéisation

**homographe** adj. et n. m. ▪ ling. Se dit des mots qui ont même orthographe. *« Son »* (adj.) *et « son »* (n. m.) *sont homographes et homophones* (→ homonyme).

**homologie** n. f. ▪ État d'éléments homologues. ▷ adj. **homologique**

**homologue** adj. ▪ Équivalent. → n. *Le ministre a salué son homologue allemand.*

**homologuer** v. tr. 1 ▪ 1 dr. Entériner (un acte) afin de permettre son exécution. **2** Reconnaître, enregistrer officiellement (un record...). ▷ n. f. **homologation**

**homoncule** n. m. ▪ **1** Petit être à forme humaine, que les alchimistes disaient fabriquer. **2** vx Petit homme. – var. HOMUNCULE.

**homonyme** adj. et n. m. ▪ Se dit des mots de prononciation identique (→ homophone) et de sens différents, qu'ils soient de même orthographe (→ homographe) ou non (ex. *ceint, sain, sein, seing*).

***homoparental, ale, aux** adj. ▪ *Famille homoparentale*, où un parent est homosexuel. ▷ n. f. **homoparentalité**

**homophobe** adj. et n. ▪ (Personne) qui manifeste de l'hostilité à l'égard des homosexuels. ▷ n. f. **homophobie**

**homophone** adj. et n. m. ▪ Se dit de mots de même prononciation. → **homonyme.**

**homosexuel, elle** [-s-] adj. ▪ Qui éprouve une attirance sexuelle pour les individus de son propre sexe (s'oppose à *hétérosexuel*). → n. *Un homosexuel, une homosexuelle.* – abrév. fam. HOMO. ▷ n. f. **homosexualité**

**homothétie** n. f. [-si] ▪ géom. Transformation qui fait correspondre à tout point de l'espace un autre point dans un rapport constant, par rapport à un point fixe.

**homozygote** adj. ▪ biol. Se dit d'une cellule ou d'un individu qui possède deux gènes identiques sur chaque chromosome de la même paire (contr. *hétérozygote*).

***hongre** adj. ▪ (cheval) Châtré.

***hongrois, oise** adj. et n. ▪ De Hongrie. → **magyar. ♦** n. m. *Le hongrois* (langue).

**honnête** adj. ▪ **I 1** Qui se conforme aux lois de la probité, du devoir. → **droit, intègre, loyal. ♦** vieilli (femmes) → **vertueux. ♦** spécialt Qui respecte le bien d'autrui ; scrupuleux en matière d'argent. **2** (choses) → **bon, louable, moral.** *Intention honnête.* **3** (aux XVIIe et XVIIIe siècles) *Honnête homme*, homme de manières et d'esprit agréables. **2** vx ou régional Qui fait preuve de savoir-vivre. **III** Satisfaisant. → **convenable, correct.**

**honnêtement** adv. ▪ **I 1** Selon le devoir, la vertu, la probité. **2** Franchement. *Honnêtement, qu'en penses-tu ?* **II** Selon les normes raisonnables ; assez bien.

**honnêteté** n. f. ▪ **1** Qualité d'une personne honnête (I) ou de ce qui est honnête. → **probité. 2** vieilli Décence. **3** vx Politesse.

**honneur** n. m. ▪ **I** Dignité morale. **1** Fait de mériter la considération, l'estime (d'autrui ou de soi-même) sur le plan moral et selon les valeurs de la société. → **dignité, fierté. ◆** *AFFAIRE D'HONNEUR*, où l'honneur est engagé. → *Donner sa PAROLE D'HONNEUR* : jurer. **◆** vieilli *L'honneur d'une femme*, réputation liée au caractère irréprochable de ses mœurs. **◆** (collectivité) *L'honneur d'un*

peuple. **2** Sentiment qui pousse à obtenir ou préserver l'estime d'autrui ou de soi-même. → *HOMME D'HONNEUR* : homme de probité, de vertu. **II** Considération accordée au mérite reconnu. **1** Considération qui s'attache au mérite, à la vertu, aux talents. → **gloire, réputation.** → *Travailler pour l'honneur*, de façon désintéressée. **♦** (sujet chose) *Être EN HONNEUR*, entouré de considération. → **apprécié. ♦** *ÊTRE L'HONNEUR DE*, une source d'honneur pour. → **fierté. ♦** *CHAMP D'HONNEUR* : champ de bataille, à la guerre. **2** Traitement spécial destiné à honorer qqn. → *À toi l'honneur !*, à toi de commencer. → *RENDRE HONNEUR À* : célébrer. **♦** *EN L'HONNEUR DE...*, en vue de célébrer. **♦** fam. *En quel honneur ?*, pourquoi, pour qui ? **♦** *L'HONNEUR DE* (+ inf.). *Il m'a fait l'honneur de me recevoir.* → **faveur, grâce.** → sens affaibli (formules de politesse) *Faites-moi l'honneur d'être mon témoin.* ellipt *À qui ai-je l'honneur* (de parler) ? **3** (après un subst.) *D'HONNEUR* (qui rend ou confère un honneur). *Vin d'honneur. La Légion d'honneur.* → *Président d'honneur.* → **honoraire. 4** *FAIRE HONNEUR À qqn*, lui valoir de la considération. **♦** *FAIRE HONNEUR À qqch.*, le respecter. **5** *VOTRE HONNEUR* : traduction d'un titre usité en Grande-Bretagne et dans l'ancienne Russie. **III** au plur. **1** Témoignages d'honneur. *Les honneurs dus à son rang.* → **égard. ♦** *Honneurs militaires* : saluts, salves d'artillerie, sonneries. **♦** *Faire à qqn les honneurs d'une maison*, l'y accueillir et l'y guider soi-même avec politesse. **2** Ce qui confère éclat ou supériorité dans la société. **3** Cartes les plus hautes, à certains jeux.

***honnir** v. tr. 2 ▪ vieilli ou littér. Vouer à la haine et au mépris publics de façon à couvrir de honte. → (au p. p.) loc. (souvent iron.) *Honni soit qui mal y pense !*, honte à qui y voit du mal (devise en français de l'ordre de la Jarretière, en Angleterre).

**honorabilité** n. f. ▪ Qualité d'une personne honorable.

**honorable** adj. ▪ **I 1** Qui mérite d'être honoré, estimé. → **estimable, respectable. 2** Qui honore, attire la considération. **3** Qui sauvegarde l'honneur. **II** (sens affaibli) → **honnête** (III). *Un résultat très honorable.*

**honorablement** adv. ▪ **1** D'une manière respectable. **2** D'une manière convenable.

**honoraire** adj. ▪ **1** Qui, ayant cessé d'exercer une fonction, en garde le titre et les prérogatives honorifiques. *Recteur honoraire.* **2** Qui, sans exercer de fonction, en a le titre honorifique. *Président honoraire.*

**honoraires** n. m. pl. ▪ Rétribution des personnes exerçant une profession libérale.

**honorer** v. tr. 1 ▪ **1** Faire honneur à (qqn) (s'oppose à *déshonorer*). *Ces scrupules vous honorent.* **2** Rendre honneur à, traiter avec respect. → **célébrer. 3** Tenir en haute estime. → **respecter. 4** Acquitter afin de faire honneur à un engagement. ▶ **s'honorer** v. pron. *S'honorer de* : tirer fierté de. ▶ **honoré, ée** adj. **1** Respecté. **2** (politesse) Flatté. **♦** *Mon honoré confrère.* → **estimé, honorable. 3** n. f. (correspondance commerciale) Lettre. *Votre honorée du trois août.*

**honorifique** adj. ▪ Qui confère des honneurs. → *À titre honorifique.* → **d'honneur, honoraire ; honoris causa.**

**honoris causa** [ɔnɔʀiskoza] loc. adj. ■ *Docteur honoris causa* (d'une université), à titre honorifique.

**\*honte** n. f. ■ **1** Déshonneur humiliant. → **opprobre**. *Couvrir qqn de honte.* ◆ *C'est une honte !*, c'est une chose honteuse. **2** Sentiment pénible d'infériorité ou d'humiliation devant autrui. → **confusion**. – *AVOIR HONTE* : éprouver de la honte. – loc. littér. *Avoir toute honte bue* : être insensible au déshonneur. **3** *FAIRE HONTE À qqn*, être pour lui un sujet de honte. **4** *FAUSSE HONTE* : scrupule excessif. **5** Sentiment de gêne éprouvé par scrupule de conscience, crainte du ridicule, etc.

**\*honteusement** adv. ■ D'une manière honteuse ; avec honte.

**\*honteux, euse** adj. ■ **1** Qui cause de la honte. → **avilissant, dégradant, déshonorant**. ◆ Dont on a honte. *Pensée honteuse.* – spécialt, vieilli *Les parties honteuses*, les organes génitaux. *Maladies honteuses.* → **vénérien**. **2** Qui éprouve un sentiment de honte. **3** (épithète ; après le n.) Qui se cache d'être (ce qu'il est). *Un gourmand honteux.*

**\*hooligan** ou **\*houligan** [uligan ; uligã] n. m. ■ Voyou qui exerce la violence, notamment lors de rencontres sportives.

**\*hop** [ɔp ; hɔp] interj. ■ Interjection pour stimuler, ou évoquer une action brusque.

**hôpital, aux** n. m. ■ **1** ancient Établissement charitable où l'on recevait les gens sans ressources. → **hospice**. **2** mod. Établissement public qui reçoit ou traite les malades, les blessés et les femmes en couches.

**hoplite** n. m. ■ didact. (Antiq. grecque) Fantassin lourdement armé.

**\*hoquet** n. m. ■ Contraction spasmodique du diaphragme ; bruit qui en résulte.

**\*hoqueter** v. intr. ④ ■ Avoir le hoquet.

**\*hoqueton** n. m. ■ ancient Veste de toile.

**horaire ■ I** adj. **1** Relatif aux heures. **2** Qui correspond à une durée d'une heure. *Vitesse horaire.* **3** Qui a lieu toutes les heures. **II** n. m. **1** Relevé des heures de départ, etc. (transports), d'activité. – Tableau indiquant un horaire. **2** Emploi du temps.

**\*horde** n. f. ■ **1** didact. Tribu nomade. **2** Troupe d'hommes indisciplinés.

**\*horion** n. m. ■ littér. Coup violent.

**horizon** n. m. ■ **1** Limite circulaire de la vue, pour un observateur. – *Ligne d'horizon*, qui semble séparer le ciel de la terre (ou de la mer), à l'horizon. **2** Parties de la surface terrestre (ou de la mer) et du ciel voisines de l'horizon. *Scruter l'horizon.* – *À L'HORIZON* : au loin. **3** fig. Domaine qui s'ouvre à la pensée, à l'activité. *Des horizons insoupçonnés.* – *Tour d'horizon* : examen (d'une question).

**horizontal, ale, aux ■ I** adj. Perpendiculaire à la direction de la pesanteur (opposé à *vertical*). **II** n. f. Position horizontale. *Amener ses bras à l'horizontale.* ▷ adv. **horizontalement** ▷ n. f. **horizontalité**

**horloge** n. f. ■ **1** Grand appareil, souvent muni d'une sonnerie, qui indique l'heure. – *L'horloge parlante*, qui diffuse l'heure par téléphone. **2** fig. *Horloge interne* ou *biologique* : mécanismes réglant la répartition dans le temps de l'activité de l'organisme. → **rythme** biologique.

**horloger, ère ■ 1** n. Personne qui s'occupe d'horlogerie. **2** adj. Relatif à l'horlogerie.

**horlogerie** n. f. ■ **1** Industrie, commerce des instruments de mesure du temps. ◆ Magasin d'horloger. **2** Ouvrages de cette industrie.

**\*hormis** prép. ■ littér. Excepté. → **sauf**.

**hormone** n. f. ■ Substance élaborée par une glande endocrine ou un tissu et qui exerce une action spécifique sur le fonctionnement d'un organe ou sur un processus. ▷ adj. **hormonal, ale, aux**

**\*hornblende** [ɔʀnblɛ̃d] n. f. ■ Silicate de fer, d'aluminium et de magnésium.

**horo-** Élément, du grec *hôra* « heure ».

**horodaté, ée** adj. ■ Qui mentionne l'heure à laquelle il a été établi (document).

**horodateur, trice ■ 1** adj. Qui imprime la date et l'heure. **2** n. m. Appareil horodateur.

**horoscope** n. m. ■ Étude astrologique de la destinée de qqn, effectuée d'après sa date, son heure et son lieu de naissance.

**horreur** n. f. ■ **I** (sens subjectif) **1** Impression violente causée par la vue ou la pensée d'une chose qui fait peur ou qui répugne. → **épouvante**. – *FAIRE HORREUR (À)*. → **répugner**. **2** Sentiment très défavorable qu'une chose inspire. → **dégoût**. ◆ *AVOIR HORREUR DE*. → **détester**. **II** (sens objectif) **1** Caractère de ce qui inspire de l'horreur. → **atrocité**. **2** Ce qui inspire un sentiment d'horreur. → **monstruosité**. ◆ au plur. Aspects horribles d'une chose ; choses horribles. **3** au plur. Propos outrageants ou obscènes.

**horrible** adj. ■ **1** Qui fait horreur. *Une mort horrible.* **2** Très laid ; très mauvais. **3** Excessif, désagréable. *Une chaleur horrible.*

**horriblement** adv. ■ **1** D'une manière horrible. **2** par exagér. → **extrêmement**.

**horrifier** v. tr. ⑦ ■ Remplir d'horreur. ▷ **horrifiant, ante** adj. → **épouvantable**.

**horrifique** adj. ■ vx Qui cause de l'horreur.

**horripilation** n. f. ■ **1** Érection des poils (frisson). **2** Agacement, exaspération.

**horripiler** v. tr. ① ■ Agacer fortement (qqn). → **énerver, exaspérer, impatienter**. ▷ adj. **horripilant, ante**

**\*hors** prép. ■ **I** En dehors de, à l'extérieur de, au-delà de (dans des expr.). *Hors saison. Talent hors pair.* **II** *HORS DE* loc. prép. **1** À l'extérieur de. **2** loc. *Être hors d'affaire*, tiré d'affaire. – *Hors de prix* : très cher. – *HORS DE MOI, SOI...* : furieux. *Elle était hors d'elle.*

**\*horsain** n. m. ■ (Normandie) Étranger.

**\*hors-bord** n. m. invar. ■ **1** Moteur placé en dehors de la coque d'une embarcation. **2** Canot propulsé par un moteur hors-bord.

**\*hors-d'œuvre** n. m. invar. ■ Petit plat que l'on sert au début du repas.

**\*hors-jeu** n. m. invar. ■ (sports d'équipe) Faute d'un joueur dont la position sur le terrain est interdite par les règles. ◆ adj. invar. (sans trait d'union) *Joueur hors jeu.*

**\*hors-la-loi** n. m. invar. ■ Personne qui vit en marge des lois. → **bandit**.

**\*hors-piste** n. m. invar. ■ Ski pratiqué en dehors des pistes balisées.

**\*hors service** adj. invar. ■ Qui n'est pas ou plus en service (définitivement ou non). - abrév. H. S. adj. invar. ➡ fig., fam. (personnes) Très fatigué. *Je suis complètement H. S.*

**hors-sol** adj. invar. ■ **1** *Élevage hors-sol*, dans lequel la nourriture des animaux ne provient pas de l'exploitation elle-même. **2** *Culture hors-sol*, sans terre. ➡ *Tomates hors-sol.*

**\*hors-texte** n. m. invar. ■ Illustration imprimée à part, intercalée dans un livre.

**hortensia** n. m. ■ Arbrisseau ornemental aux fleurs groupées en boules ; ces fleurs.

**horticole** adj. ■ Relatif à l'horticulture.

**horticulteur, trice** n. ■ Personne qui pratique l'horticulture.

**horticulture** n. f. ■ Culture des plantes d'ornement ; culture maraîchère.

**hortillonnage** n. m. ■ (en Picardie) Marais où l'on cultive des légumes.

**hosanna** n. m. ■ Chant, cri de joie.

**hospice** n. m. ■ **1** Maison où des religieux donnent l'hospitalité aux voyageurs. **2** *Hospice (de vieillards)* : établissement où l'on accueille les personnes âgées démunies.

**hospitalier, ière** adj. ■ **I** Relatif aux hôpitaux. **II** Qui pratique, où l'on pratique l'hospitalité. → **accueillant.**

**hospitalisation** n. f. ■ Admission dans un hôpital ; séjour dans un hôpital.

**hospitaliser** v. tr. 1 ■ Faire entrer, admettre (qqn) dans un hôpital.

**hospitalité** n. f. ■ Fait de recevoir qqn sous son toit, de le loger gratuitement. *Demander l'hospitalité.* ◆ Action de recevoir chez soi. *Merci de votre aimable hospitalité.*

**hospitalo-universitaire** adj. ■ De l'hôpital, dans la mesure où il y est dispensé un enseignement médical.

**hostellerie** n. f. ■ comm. Hôtellerie (I, 1).

**hostie** n. f. ■ Petite rondelle de pain azyme que le prêtre consacre pendant la messe.

**hostile** adj. ■ **1** Qui manifeste de l'agressivité, se conduit en ennemi. *Foule hostile.* ➡ *Nature hostile.* → **inhospitalier.** ◆ *HOSTILE À.* → **défavorable ; opposé à. 2** Qui est d'un ennemi, caractérise un ennemi. *Silence hostile.* ▷ adv. **hostilement**

**hostilité** n. f. ■ **1** au plur. Ensemble des opérations de guerre. **2** Disposition hostile, inamicale. → **antipathie, haine.**

**hosto** n. m. ■ fam. Hôpital.

**\*hot-dog** [ɔtdɔg] n. m. ■ anglic. Saucisse servie chaude dans du pain. *Des hot-dogs.*

**hôte, hôtesse** n. ■ **I** *UN HÔTE, UNE HÔTESSE* **1** Personne qui reçoit qqn (→ **hospitalité**). **2** vx Aubergiste, hôtelier. ◆ loc. *TABLE D'HÔTE* : table commune où l'on mange à prix fixe. **3** n. m. biol. Organisme animal ou végétal qui héberge un parasite. **II 1** *UN HÔTE, UNE HÔTE.* Personne qui est reçue chez un hôte. ◆ *CHAMBRE D'HÔTE*, louée au voyageur par un particulier. **2** littér. *Les hôtes de l'air, des bois* : les oiseaux, les animaux.

**hôtel** n. m. ■ **1** Maison meublée où on loge et où l'on trouve les commodités du service (à la différence du *meublé*), pour un prix journalier. **2** Demeure citadine d'un grand seigneur (ancien) ou d'un riche particulier (*hôtel particulier*). **3** *MAÎTRE D'HÔTEL* : personne qui dirige le service de table, chez un particulier, dans un restaurant. **4** Grand édifice destiné à un établissement public. ➡ *HÔTEL DE VILLE.* → **mairie.**

**hôtel-Dieu** n. m. ■ anciennt Hôpital principal de certaines villes. *Des hôtels-Dieu.*

**hôtelier, ière** n. ■ **I** n. Personne qui tient un hôtel, une hôtellerie, une auberge. **II** adj. Relatif aux hôtels, à l'hôtellerie (II).

**hôtellerie** n. f. ■ **I 1** Hôtel ou restaurant rustique, souvent luxueux. **2** Bâtiment d'une abbaye où l'on reçoit les hôtes laïcs. **II** Métier d'hôtelier ; industrie hôtelière.

**hôtesse** n. f. ■ **1** *HÔTESSE (DE L'AIR)* : jeune femme chargée de veiller au confort et à la sécurité des passagers d'un avion. **2** Jeune femme chargée de l'accueil de visiteurs, de clients.

**\*hot-line** [ɔtlajn] n. f. ■ anglic. Service d'assistance téléphonique. - var. HOT LINE, HOTLINE.

**\*hotte** n. f. ■ **1** Grand panier qu'on porte sur le dos. **2** Construction se raccordant au bas d'un tuyau de cheminée, etc.

**\*hottentot, ote** adj. ■ Des Hottentots.

**\*hou** [u ; hu] interj. ■ **1** Sert à railler ou à faire peur. **2** (redoublé) Sert à appeler.

**\*houblon** n. m. ■ Plante grimpante dont les fleurs servent à aromatiser la bière.

**\*houblonnière** n. f. ■ Champ de houblon.

**\*houe** n. f. ■ Pioche à lame assez large dont on se sert pour biner la terre.

**\*houille** n. f. ■ **1** Combustible minéral de formation sédimentaire, noir, à facettes brillantes, à forte teneur en carbone. **2** *HOUILLE BLANCHE* : énergie hydraulique fournie par les chutes d'eau en montagne.

**\*houiller, ère** adj. ■ Relatif à la houille.

**\*houillère** n. f. ■ Mine de houille.

**\*houle** n. f. ■ Mouvement d'ondulation qui agite la mer sans faire déferler les vagues.

**\*houlette** n. f. ■ Bâton de berger. ◆ loc. *Sous la houlette de qqn*, sous sa conduite.

**\*houleux, euse** adj. ■ **1** Agité par la houle. **2** fig. Agité, mouvementé. *Débat houleux.*

**\*houligan** n. m. → **hooligan**

**\*houppe** n. f. ■ **1** Assemblage de brins (de fil...) formant une touffe. **2** Touffe.

**\*houppelande** n. f. ■ anciennt Long vêtement de dessus, chaud et très ample.

**\*houppette** n. f. ■ Petite houppe.

**\*hourdis** n. m. ■ Maçonnerie légère garnissant un colombage.

**\*houri** n. f. ■ Beauté céleste du paradis d'Allah. ◆ vx Femme belle et sensuelle.

**\*hourra** n. m. ■ Cri de joie, d'acclamation. ➡ interj. *Hip, hip, hip, hourra !*

**\*hourvari** n. m. ■ littér. Grand tumulte.

**\*house music** ou **house** ['aus] n. f. ■ anglic. Style de musique associant la pop et le disco à la manipulation électronique du son.

**\*houspiller** v. tr. 1 ■ Réprimander (qqn).

**\*housse** n. f. ■ Enveloppe souple dont on recouvre certains objets pour les protéger.

**\*houx** n. m. ■ Arbre ou arbuste à feuilles bordées de piquants, à baies rouge vif.

**hovercraft** [ɔvœʀkʀaft] n. m. ■ anglic. → **aéroglisseur.**

**H. S.** [aʃɛs] adj. → **hors service**

**\*HTML** n. m. invar. (sigle) ■ anglic., inform. Langage de structuration de documents utilisé pour la création de pages web et la définition de liens hypertextes. ◆ appos. *Le langage HTML.*

**\*huard** ou **\*huart** n. m. ■ **I** Plongeon (oiseau). **II** franç. du Canada **1** Pièce de 1 dollar canadien (où cet oiseau figure). **2** Dollar canadien.

**\*hublot** n. m. ■ **1** Petite fenêtre étanche, souvent ronde, munie d'un verre épais, sur un navire. ◆ Fenêtre, dans un avion. **2** Partie vitrée de la porte (d'un four, etc.).

**\*huche** n. f. ■ Grand coffre de bois rectangulaire à couvercle plat.

**\*hue** [y; hy] interj. ■ Cri pour faire avancer un cheval, ou le faire tourner à droite. ◆ loc. *Tirer à hue et à dia,* aller dans des directions contraires et, fig., contradictoires.

**\*huée** n. f. ■ Cri collectif de réprobation.

**\*huer** v. tr. 1 ■ Pousser des cris de dérision, des cris hostiles contre (qqn).

**\*huguenot, ote** n. ■ Surnom (péjoratif à l'origine) donné par les catholiques aux calvinistes, en France, du XVIᵉ au XVIIIᵉ siècle. ◆ adj. *Parti huguenot.*

**huile** n. f. ■ **1** Liquide gras, inflammable, insoluble dans l'eau, d'origine végétale, animale ou minérale. → **oléi-.** *Huile d'olive.* ◆ *Huile de foie de morue.* ◆ *Huiles minérales :* hydrocarbures liquides. ◆ *Huiles essentielles,* obtenues par distillation de substances aromatiques végétales. → **essence. 2** (emplois spéciaux) Huile comestible. ◆ Huile de graissage. → **lubrifiant.** ◆ Huile de lampe. **3** *Peinture à l'huile,* dont les pigments sont liés avec de l'huile (de lin, etc.). ◆ *Une huile,* tableau peint à l'huile. **4** *Les saintes huiles.* → **chrême. 5** loc. *Mer d'huile,* très calme. ◆ *Faire tache d'huile,* se propager lentement. ◆ *Jeter de l'huile sur le feu,* pousser à la dispute. ◆ fam. *Huile de coude*. **6** fam. Personnage important.

**huiler** v. tr. 1 ■ Frotter avec de l'huile. → **graisser, lubrifier.** ▷ n. m. **huilage**

**huilerie** n. f. ■ **1** Fabrique d'huiles végétales. **2** Industrie des huiles végétales.

**huileux, euse** adj. ■ **1** Qui contient de l'huile. **2** Qui évoque l'huile. → **onctueux. 3** Qui est ou semble imbibé d'huile. → **gras.**

① **huilier** n. m. ■ Ustensile composé de deux flacons pour l'huile et le vinaigre.

② **huilier, ière** adj. ■ Qui a rapport à la fabrication des huiles.

**huis** n. m. ■ **1** vx Porte. *Fermer l'huis.* **2** loc. *À HUIS CLOS :* toutes portes fermées; dr. sans que le public soit admis. ◆ *\*HUIS CLOS* n. m. *Tribunal qui ordonne le huis clos.*

**huisserie** n. f. ■ techn. Bâti formant l'encadrement d'une baie.

**huissier** n. m. ■ **1** Celui qui a pour métier d'introduire les visiteurs (dans une administration...). **2** Employé préposé au service de certaines assemblées. **3** *Huissier (de justice),* officier ministériel chargé de signifier les actes de procédure et de mettre à exécution les décisions de justice.

**\*huit** ■ **I** adj. numéral invar. (prononcé [ɥi] devant un nom commençant par une consonne ou un h aspiré, [ɥit] dans les autres cas) **1** (cardinal) Sept plus un (8). ◆ *HUIT JOURS :* une semaine (bien qu'elle n'ait que sept jours). ◆ *Jeudi EN HUIT :* le jeudi après celui qui vient. **2** (ordinal) Huitième. *Henri VIII.* **II** n. m. invar. [ɥit] *Huit et deux, dix.*

**\*huitaine** n. f. ■ Ensemble de huit (ou d'environ huit) éléments de même sorte.

**\*huitième** [-tjɛm] adj. ■ **1** Qui suit le septième. **2** Se dit d'une partie d'un tout divisé également en huit. ◆ n. m. *Un huitième.* **3** n. *Le, la huitième.* ▷ adv. **\*huitièmement**

**huître** n. f. ■ Mollusque bivalve, à coquille rugueuse, comestible (→ **ostréiculture**) ou recherché pour ses sécrétions (nacre, perle).

**\*hulotte** n. f. ■ Grande chouette au plumage brun (syn. *chat-huant*).

**\*hululer** ou **ululer** v. intr. 1 ■ Crier (oiseaux de nuit). ▷ n. m. **hululement** ou **ululement**

**\*hum** [œm; hœm] interj. ■ Exprime le doute, la réticence. ◆ Note une petite toux.

**humain, aine** ■ **I** adj. **1** De l'homme (I), propre à l'homme. *La condition humaine.* ◆ *Être humain.* → **individu, personne. 2** Qui est compréhensif et compatissant. **3** Qui a les caractéristiques de l'homme (opposé à *inhumain, surhumain*). **II** n. m. **1** Ce qui est humain. *L'humain et le divin.* **2** littér. Être humain. *Les humains.*

**humainement** adv. ■ **1** En tant qu'être humain. **2** Avec humanité (2).

**humaniser** v. tr. 1 ■ Rendre plus humain. ▷ s'**humaniser** v. pron. ▷ n. f. **humanisation**

**humanisme** n. m. ■ **1** philos. Théorie, doctrine centrée sur la personne humaine. **2** hist. Mouvement de la Renaissance, caractérisé par un essor intellectuel et le retour aux sources gréco-latines.

**humaniste** n. m. ■ **1** philos. Partisan de l'humanisme. **2** Spécialiste des langues et littératures grecques et latines. ◆ spécialt Lettré de la Renaissance qui se consacrait à l'étude des auteurs antiques.

**humanitaire** adj. ■ **1** Qui vise au bien de l'humanité. → **philanthropique. 2** Qui agit pour sauver des vies humaines, dans une situation de conflit. *Action humanitaire.*

**humanitarisme** n. m. ■ didact. (souvent péj.) Conceptions humanitaires (jugées utopiques, etc.). ▷ adj. et n. **humanitariste**

**humanité** n. f. ■ **1** philos. Caractère de ce qui est humain; nature humaine (opposé à *divinité,* à *animalité*). **2** Sentiment de bienveillance, de compassion envers autrui. → **bonté, sensibilité. 3** Le genre humain, en général. **4** didact. *LES HUMANITÉS :* étude des langues et littératures grecques et latines.

**humanoïde** ■ **1** adj. Qui rappelle l'homme (I). **2** n. (lang. de la science-fiction) Être vivant ou robot d'apparence humaine. → **androïde.**

**humble** adj. ▪ I 1 Qui s'abaisse volontiers, par modestie ou par déférence. → **effacé, modeste.** 2 D'une condition sociale modeste. → n. vieilli *Les humbles.* II (choses) 1 Qui marque de l'humilité. 2 littér. Sans éclat, sans prétention. *Une humble demeure.*

**humblement** adv. ▪ De manière humble.

**humecter** v. tr. 1 ▪ Rendre humide, mouiller légèrement. ▷ n. m. **humectage**

**\*humer** v. tr. 1 ▪ Aspirer par le nez (spécialt pour sentir). → **inspirer, respirer.**

**humérus** [-ys] n. m. ▪ Os long constituant le squelette du bras, de l'épaule au coude. ▷ adj. **huméral, ale, aux**

**humeur** n. f. ▪ I méd., vx *LES HUMEURS* : les liquides organiques du corps humain (sang, lymphe, etc.). ◆ mod. *Humeur vitrée* de l'œil. II 1 Ensemble des tendances dominantes qui forment le tempérament de qqn (attribuées autrefois aux *humeurs* (I) du corps). *Être d'humeur égale.* 2 littér. Ensemble des tendances spontanées. → **fantaisie, impulsion.** 3 Disposition momentanée de qqn. *Cela dépendra de mon humeur.* → *ÊTRE D'HUMEUR À* (+ inf.). → **disposé, enclin.** 4 *BONNE HUMEUR* : disposition à la gaieté, à l'optimisme. ◆ *MAUVAISE HUMEUR* : disposition à la tristesse, à la colère. 5 littér. Mauvaise humeur. *Mouvement d'humeur.*

**humide** adj. ▪ Imprégné d'eau, de liquide.

**humidificateur** n. m. ▪ Appareil utilisé pour accroître le degré d'humidité de l'air.

**humidifier** v. tr. 7 ▪ Rendre humide. ▷ n. f. **humidification**

**humidité** n. f. ▪ Caractère de ce qui est humide ; eau imprégnant un corps, un lieu.

**humiliant, ante** adj. ▪ Qui humilie.

**humiliation** n. f. ▪ 1 Action d'humilier, fait d'être humilié ; sentiment qui en découle. 2 Ce qui humilie. → **affront, vexation.**

**humilier** v. tr. 7 ▪ 1 vx ou relig. Rendre humble. 2 Rabaisser d'une manière insultante. 3 (sujet chose) Faire honte à (qqn).

**humilité** n. f. ▪ 1 Sentiment de sa propre insuffisance qui pousse à réprimer son orgueil. → **modestie.** 2 littér. Caractère humble (d'une condition sociale...).

**humoral, ale, aux** adj. ▪ Des humeurs (I).

**humoriste** n. ▪ Écrivain, dessinateur satirique ou comique.

**humoristique** adj. ▪ Plein d'humour.

**humour** n. m. ▪ Forme d'esprit qui consiste à dégager les aspects plaisants et insolites de la réalité, avec un certain détachement. → *HUMOUR NOIR*, qui s'exerce à propos de situations graves, voire macabres.

**humus** [-ys] n. m. ▪ Terre provenant de la décomposition des végétaux. → **terreau.**

**\*hune** n. f. ▪ Plate-forme arrondie fixée au mât d'un navire, à une certaine hauteur.

**\*huppe** n. f. ▪ 1 Touffe de plumes que certains oiseaux ont sur la tête. → **aigrette.** 2 Oiseau passereau qui porte une huppe.

**\*huppé, ée** adj. ▪ 1 Qui porte une huppe. 2 fam. Haut placé et, spécialt, riche.

**\*hure** n. f. ▪ 1 Tête du sanglier, du cochon, et de poissons à tête allongée. 2 Charcuterie à base de morceaux de hure de porc.

**\*hurlant, ante** adj. ▪ 1 Qui hurle. 2 *Couleurs hurlantes.* → **criard.**

**\*hurlement** n. m. ▪ 1 Cri aigu et prolongé de certains animaux (loup, chien). 2 (personnes) *Hurlement de rage, de terreur.* 3 par analogie *Les hurlements du vent.*

**\*hurler** v. 1 ▪ I v. intr. 1 (animaux) Pousser des hurlements. ▪ loc. fig. *Hurler avec les loups,* se ranger du côté du plus fort. 2 (personnes) Pousser des cris prolongés et violents. *Hurler de douleur.* 3 Parler, crier, chanter de toutes ses forces. 4 Produire un bruit semblable à un hurlement. 5 fig. Jurer (couleurs). II v. tr. Exprimer, dire en hurlant. *Hurler des injures.*

**\*hurleur, euse** adj. ▪ Qui hurle.

**hurluberlu** n. m. ▪ Personne extravagante, qui agit de manière inconsidérée.

**\*huron, onne** n. ▪ Membre d'un peuple amérindien du Canada.

**\*hurricane** [yrikan ; œrikan] n. m. ▪ anglic. Cyclone, en Amérique centrale.

**\*husky** [œski] n. m. ▪ anglic. Chien de traîneau à fourrure beige et noire, aux yeux bleus. *Des huskys ou des huskies.*

**\*hussard** n. m. ▪ ancient Soldat de la cavalerie légère, dans diverses armées.

**\*hussarde** n. f. ▪ loc. *À LA HUSSARDE* : brutalement, sans retenue ni délicatesse.

**\*hutte** n. f. ▪ Abri rudimentaire.

**hyacinthe** n. f. ▪ Pierre fine jaune (zircon).

**hyalin, ine** adj. ▪ Qui a la transparence du verre. *Quartz hyalin* : cristal de roche.

**hybridation** n. f. ▪ biol. Croisement entre variétés d'une même espèce, entre espèces.

**hybride** adj. et n. m. ▪ 1 Issu du croisement de variétés ou d'espèces différentes. → n. m. *Le mulet est un hybride.* 2 ling. Mot hybride, formé d'éléments empruntés à des langues différentes. 3 Composé d'éléments de nature, style, etc. différents.

**hydrate** n. m. ▪ 1 Composé contenant une ou plusieurs molécules d'eau. 2 vieilli *Hydrate de carbone* : glucide.

**hydrater** v. tr. 1 ▪ 1 chim. Combiner avec de l'eau. 2 Introduire de l'eau dans (les tissus, l'organisme). ▷ n. f. **hydratation** ▷ **hydratant, ante** adj. *Crème hydratante.*

**hydraulique** ▪ I adj. 1 Mû par l'eau ; qui utilise l'énergie de l'eau. 2 *Énergie hydraulique,* fournie par les cours d'eau, les marées. 3 Relatif à la distribution de l'eau. II n. f. Science, technique des liquides en mouvement (▷ n. **hydraulicien, ienne**)

**hydravion** n. m. ▪ Avion conçu pour décoller et se poser à la surface de l'eau.

**hydre** n. f. ▪ 1 mythol. *L'hydre de Lerne* : serpent à sept têtes qui repoussaient sitôt coupées. 2 littér. Mal qui se renouvelle en dépit des efforts faits pour l'éradiquer.

**hydrique** adj. ▪ didact. De l'eau.

① **hydr(o)-, -hydre** Éléments savants, du grec *hudôr* « eau ».

② **hydr(o)-** Élément savant qui signifie « hydrogène ».

**hydroalcoolique** adj. ▪ (liquide) Qui contient de l'eau, de l'alcool et un agent antibactérien. *Solution hydroalcoolique* (antiseptique cutané).

**hydrocarbure** n. m. ■ Composé contenant seulement du carbone et de l'hydrogène.

**hydrocéphale** adj. et n. ■ Atteint d'un épanchement de sérosité à l'intérieur du cerveau (*hydrocéphalie* n. f.).

**hydrocution** n. f. ■ Syncope due au contact brutal du corps avec l'eau froide, et pouvant entraîner la mort par noyade.

**hydrodynamique** n. f. ■ Partie de la mécanique des fluides qui traite des liquides.

**hydroélectricité** ou **hydro-électricité** n. f. ■ Électricité produite par l'énergie hydraulique. ▷ adj. **hydro(-)électrique**

**hydrofoil** [-fɔjl] n. m. ■ anglic. Navire rapide à coque munie d'ailerons portants (les foils*). – recomm. off. *hydroptère.*

**hydrofuge** adj. ■ didact. Qui préserve de l'eau, de l'humidité.

**hydrogène** n. m. ■ Corps simple le plus léger (symb. H), gaz inflammable, incolore et inodore. ■ *Bombe à hydrogène* ou *bombe H.* → **thermonucléaire.**

**hydrogéner** v. tr. ⑥ ■ Combiner avec de l'hydrogène. ▷ n. f. **hydrogénation**

**hydroglisseur** n. m. ■ Bateau à fond plat mû par une hélice aérienne ou un réacteur.

**hydrographie** n. f. ■ didact. **1** Partie de la géographie physique qui traite des océans, des mers, des lacs et des cours d'eau. **2** Ensemble des cours d'eau et des lacs d'une région. ▷ n. **hydrographe**

**hydrolat** n. m. ■ pharm. Eau chargée, par distillation, de principes végétaux volatils.

**hydrologie** n. f. ■ didact. Étude des eaux, de leurs propriétés. ▷ n. **hydrologue**

**hydrolyse** n. f. ■ chim. Décomposition chimique d'un corps par fixation d'eau.

**hydromel** n. m. ■ Boisson faite d'eau et de miel, souvent fermentée.

**hydrophile** adj. ■ (choses) Qui absorbe l'eau, les liquides. *Coton hydrophile.*

**hydrophobe** adj. ■ didact. **1** Qui a une peur morbide de l'eau. ▷ n. f. **hydrophobie 2** Que l'eau ne mouille pas.

**hydropisie** n. f. ■ méd. Épanchement de sérosité dans une partie du corps (spécialt l'abdomen). ▷ adj. et n. **hydropique**

**hydrosphère** n. f. ■ géogr. L'élément liquide de la Terre (eau, glaces, vapeur...).

**hydrostatique** ■ sc. **1** n. f. Partie de la mécanique qui étudie l'équilibre des liquides. **2** adj. Relatif à l'hydrostatique.

**hydrothérapie** n. f. ■ méd. Emploi thérapeutique de l'eau (bains, douches, etc.). ▷ adj. **hydrothérapique**

**(\*)hyène** n. f. ■ Mammifère carnassier d'Afrique et d'Asie, se nourrissant surtout de charognes. *L'hyène* ou *la hyène.*

**hygiaphone** n. m. ■ Plaque transparente perforée équipant un guichet.

**hygiène** n. f. ■ Principes et pratiques tendant à préserver, à améliorer la santé. *Précautions d'hygiène.* ◆ spécialt Ensemble des soins visant à la propreté du corps.

**hygiénique** adj. ■ **1** Relatif à l'hygiène, spécialt des parties intimes du corps. **2** → **sain.** *Promenade hygiénique.*

**hygiéniste** n. ■ Spécialiste de l'hygiène.

**hygro-** Élément savant, du grec *hugros* « humide ».

**hygromètre** n. m. ■ Instrument pour mesurer le degré d'humidité de l'air.

**hygrométrie** n. f. ■ Mesure du degré d'humidité de l'atmosphère ; cette humidité.

① **hymen** [-ɛn] n. m. ■ vx Mariage.

② **hymen** [-ɛn] n. m. ■ anat. Membrane qui obstrue partiellement l'orifice vaginal, chez une femme vierge.

**hyménée** n. m. ■ vx Hymen, noces.

**hyménoptère** n. m. ■ Insecte à quatre ailes membraneuses transparentes (ordre des *Hyménoptères* ; ex. les abeilles).

**hymne** ■ **1** n. m. ou f. (dans la tradition chrét.) Chant à la gloire de Dieu. **2** n. m. Chant, poème exprimant la joie, l'enthousiasme, célébrant qqn, qqch.

**hyoïde** adj. ■ anat. *Os hyoïde* : os en forme de fer à cheval situé au-dessus du larynx.

**\*hype** ['ajp] adj. invar. ■ anglic. À l'avant-garde de la mode. → **branché.** *Des boutiques hype.*

**hyper-** [ipɛʀ] **1** Préfixe qui exprime l'exagération, l'excès, le plus haut degré. – contr. *hypo-*. **2** Préfixe familier de renforcement. → **super-.**

**hyperbole** n. f. ■ **I** Figure de style qui consiste à exagérer l'expression pour mettre en relief une idée. **II** math. Courbe formée par l'ensemble des points d'un plan dont la différence des distances à deux points fixes de ce plan (foyers) est constante. ▷ adj. **hyperbolique**

**hyperboréen, enne** adj. ■ didact. ou littér. De l'extrême Nord. → **arctique, boréal.**

**hyperglycémie** n. f. ■ méd. Excès de sucre dans le sang (→ diabète).

**hyperlien** n. m. ■ inform. Lien hypertexte*.

**hypermarché** n. m. ■ Magasin à libre service de surface supérieure à 2500 m².

**hypermédia** n. m. ■ inform. Ensemble des liaisons hypertextes* appliquées à des données multimédias (textes, sons, images). ◆ adj. *Des liens hypermédias.*

**hypermétropie** n. f. ■ Défaut de la vision qui fait que l'image se forme en arrière de la rétine (s'oppose à *myopie*). ▷ adj. et n. **hypermétrope**

**hypernerveux, euse** adj. et n. ■ Qui est d'une nervosité excessive, pathologique.

**hyperréalisme** n. m. ■ Courant artistique (peinture, sculpture) né aux États-Unis, caractérisé par un rendu minutieux de la réalité. ▷ adj. et n. **hyperréaliste**

**hypersécrétion** n. f. ■ physiol. Sécrétion excessive (d'une glande).

**hypersensible** adj. et n. ■ Qui est d'une sensibilité extrême, exagérée. ▷ n. f. **hypersensibilité**

**hypertension** n. f. ■ Tension artérielle supérieure à la normale ; augmentation de la tension. ▷ adj. et n. **hypertendu, ue**

**hypertexte** n. m. et n. ■ Fonction qui, dans un ensemble de documents informatiques, permet de définir des renvois directs entre des éléments. *L'hypertexte est à la base du web.* ◆ adj. *Un lien hypertexte* (hyperlien). ▷ **hypertextuel, elle**

**hypertrophie** n. f. ■ **1** physiol. Augmentation de volume (d'un organe) avec ou sans altération (s'oppose à *atrophie*). **2** fig. Développement excessif. *Hypertrophie du moi.* ▷ adj. **hypertrophique**

**hypertrophier** v. tr. 7 ■ Produire l'hypertrophie de. ▸ **hypertrophié, ée** adj.

**hypnagogique** adj. ■ didact. Qui précède immédiatement le sommeil.

**hypn(o)-** Élément, du grec *hupnos* « sommeil ».

**hypnose** n. f. ■ **1** État voisin du sommeil, provoqué par des manœuvres de suggestion (→ **hypnotisme, magnétisme**), ou des moyens chimiques (→ **narcose**). **2** fig. État d'engourdissement de la volonté.

**hypnotique** ■ **1** adj. et n. m. méd. Se dit d'une substance qui provoque l'hypnose. → **narcotique, somnifère. 2** adj. Qui a rapport à l'hypnose, à l'hypnotisme.

**hypnotiser** v. tr. 1 ■ **1** Mettre (qqn) sous hypnose. **2** fig. Fasciner ou obséder (qqn).

**hypnotiseur** n. m. ■ Personne qui hypnotise. → **magnétiseur.**

**hypnotisme** n. m. ■ **1** Ensemble des procédés (suggestion...) mis en œuvre pour provoquer un état d'hypnose. **2** Science qui traite des phénomènes hypnotiques.

**hypo-** ■ Préfixe qui exprime la diminution, l'insuffisance (contr. *hyper-*).

**hypoallergénique** adj. ■ pharm. Qui minimise les risques d'allergie. → **anallergique.**

**hypocagne** → **hypokhâgne**

**hypocalorique** adj. ■ Qui comporte peu de calories.

**hypocondrie** n. f. ■ Anxiété habituelle et excessive (de qqn) à propos de sa santé. ▷ adj. et n. **hypocondriaque**

**hypocoristique** adj. ■ ling. Qui exprime une intention affectueuse (mot).

**hypocrisie** n. f. ■ **1** Fait de déguiser son caractère, d'exprimer des opinions ou sentiments qu'on n'a pas. → **dissimulation, duplicité, fausseté. 2** Caractère de ce qui est hypocrite. **3** Acte hypocrite.

**hypocrite** ■ **I** n. Personne qui fait preuve d'hypocrisie. **II** adj. Qui a de l'hypocrisie. ▷ adv. **hypocritement**

**hypodermique** adj. ■ Qui concerne le tissu sous-cutané (ou *hypoderme* n. m.).

**hypogée** n. m. ■ Sépulture souterraine.

**hypoglosse** adj. et n. m. ■ anat. Se dit du nerf crânien qui innerve les muscles de la langue.

**hypoglycémie** n. f. ■ méd. Diminution ou insuffisance du taux de glucose du sang.

**hypokhâgne** ou **hypocagne** n. f. ■ fam. Classe de préparation à l'École normale supérieure (lettres), précédant la khâgne.

**hypophyse** n. f. ■ Glande endocrine située à la base du crâne. ▷ adj. **hypophysaire**

**hyposodé, ée** [-s-] adj. ■ didact. Qui comporte peu de sel ajouté.

**hypostase** n. f. ■ didact. Substance distincte ; spécialt, relig. chacune des trois personnes de la Trinité.

**hypostyle** adj. ■ archéol. Dont le plafond est soutenu par des colonnes.

**hypotaupe** n. f. ■ fam. Classe de mathématiques supérieures, avant la taupe*.

**hypotenseur** adj. m. et n. m. ■ méd. Se dit d'un médicament qui fait baisser la tension artérielle.

**hypotension** n. f. ■ Tension artérielle inférieure à la normale ; diminution de la tension. ▷ adj. et n. **hypotendu, ue**

**hypoténuse** n. f. ■ Le côté opposé à l'angle droit, dans un triangle rectangle.

**hypothalamus** [-ys] n. m. ■ anat. Partie du cerveau, située sous le thalamus*, qui joue un rôle capital dans la régulation des fonctions vitales.

**hypothèque** n. f. ■ **1** Droit accordé à un créancier sur un bien immeuble en garantie d'une dette (sans que le propriétaire en soit dépossédé). ▷ adj. **hypothécaire 2** Difficulté dans l'accomplissement de qqch.

**hypothéquer** v. tr. 6 ■ **1** Grever d'une hypothèque. ▸ au p. p. *Maison hypothéquée.* ◆ fig. Engager d'une façon compromettante. *Hypothéquer l'avenir.* **2** dr. Garantir par une hypothèque. *Hypothéquer une créance.*

**hypothèse** n. f. ■ **I** sc. **1** Proposition admise comme donnée d'un problème ou pour la démonstration d'un théorème. **2** Proposition admise provisoirement avant d'être soumise au contrôle de l'expérience. **II** Conjecture concernant l'explication ou la possibilité d'un événement. → **supposition.** ◆ *Dans l'hypothèse où...* → **éventualité.**

**hypothétique** adj. ■ **1** sc. Qui est de la nature de l'hypothèse. **2** Qui n'est pas certain. → **douteux, incertain.** *Un héritage hypothétique.* ▷ adv. **hypothétiquement**

**hysope** n. f. ■ Arbrisseau méditerranéen à feuilles persistantes et à fleurs bleues.

**hystérectomie** n. f. ■ méd. Ablation de l'utérus.

**hystérie** n. f. ■ **1** psych. Névrose caractérisée par une tendance aux manifestations émotives spectaculaires, qui peut se traduire par des symptômes organiques et des manifestations psychiques pathologiques (délire, angoisse, mythomanie...). *Crise d'hystérie.* **2** cour. Excitation intense. *Hystérie collective.* ▷ adj. et n. **hystérique**

**hystérotomie** n. f. ■ méd. Incision de l'utérus.

**i** [i] n. m. ■ Neuvième lettre, troisième voyelle de l'alphabet. → loc. *Mettre les points sur les i* : préciser. ♦ *I* : un (en chiffres romains).

**iambe** n. m. ■ didact. **1** Pied composé d'une syllabe brève et d'une longue. **2** Pièce de vers satiriques. – var. ÏAMBE. ▷ adj. **iambique**

**-iatre** Élément, du grec *iatros* « médecin ».

**iatrogène** adj. ■ didact. Se dit d'une manifestation pathologique due à un acte médical, spécial à un médicament.

**ibérique** adj. ■ De l'Espagne et du Portugal.

**ibidem** [-ɛm] adv. ■ didact. Dans le même ouvrage, déjà cité (abrév. *ibid.*).

**ibis** [ibis] n. m. ■ Échassier d'Afrique et d'Amérique, à bec long, mince et arqué.

**iceberg** [isbɛʀɡ ; ajsbɛʀɡ] n. m. ■ Masse de glace flottante, détachée de la banquise. → loc. *La partie cachée de l'iceberg*, partie cachée et importante d'une chose.

**icelui, icelle,** plur. **iceux, icelles** pron. et adj. dém. ■ archaïsme littér. Celui-ci, celle-ci.

**ichtyo-** [iktjo] Élément savant, du grec *ikhthus* « poisson ».

**ichtyologie** n. f. ■ [ikt-] Partie de la zoologie qui traite des poissons.

**ichtyosaure** [iktjozɔʀ] n. m. ■ paléont. Grand reptile marin fossile.

**ici** adv. ■ **I** (lieu) **1** Dans le lieu où se trouve celui qui parle (opposé à *là*, *là-bas*). *Il fait frais ici.* → À cet endroit. *Assieds-toi ici.* ♦ *D'ICI* : de ce lieu. → loc. *Je vois ça d'ici* : j'imagine la chose. ♦ *PAR ICI* : par cet endroit ; dans les environs. **2** *ICI-BAS* loc. adv. : dans ce monde ; sur la terre. **3** À l'endroit dont on parle (dans un écrit...). **II** (temps) *Jusqu'ici* : jusqu'à présent. → *D'ICI* (point de départ dans le temps). *D'ici peu* : dans peu de temps.

①**icône** n. f. ■ **1** (Église d'Orient) Peinture religieuse exécutée sur un panneau de bois. **2** fig. Personne, personnage qui symbolise (un courant...). *Une icône de l'antiracisme.*

②**icône** n. f. ■ anglic., inform. Élément graphique, pictogramme qui représente à l'écran un fichier, un logiciel, etc.

**icono-** Élément, du grec *eikôn* « image ».

**iconoclasme** n. m. ■ hist. Mouvement des iconoclastes, à Byzance (VIIIᵉ et IXᵉ s.).

**iconoclaste** n. et adj. ■ **1** Qui interdit ou détruit les images saintes et par ext. les œuvres d'art. **2** fig. Hostile aux traditions.

**iconographe** n. ■ Spécialiste d'iconographie.

**iconographie** n. f. ■ didact. **1** Étude des représentations figurées d'un sujet. *Iconographie religieuse.* **2** Ensemble des illustrations d'un livre. ▷ adj. **iconographique**

**iconologie** n. f. ■ didact. Étude des images, des modes de représentation, en art.

**iconostase** n. f. ■ (dans les églises orthodoxes) Cloison décorée d'images, d'icônes, qui sépare la nef du sanctuaire.

**ictère** n. m. ■ méd. Coloration jaune de la peau et des muqueuses, due à la présence de pigments biliaires. → **jaunisse.**

**idéal, ale, als** ou **aux** ■ **I** adj. **1** Qui est conçu et représenté dans l'esprit sans être ou pouvoir être perçu par les sens. → **théorique. 2** Qui atteint toute la perfection que l'on peut concevoir ou souhaiter. → **absolu.** *Beauté idéale.* **3** Parfait en son genre. *Un moyen idéal.* **II** n. m. **1** Ce que l'on se représente ou se propose comme type parfait ou modèle absolu (dans l'ordre pratique, esthétique ou intellectuel) **2** *L'IDÉAL* : ce qui donnerait une satisfaction parfaite. → loc. *Dans l'idéal* : sans tenir compte de la réalité.

**idéalement** adv. ■ D'une manière idéale ; parfaitement.

**idéaliser** v. tr. ① ■ Revêtir d'un caractère idéal. ▷ n. f. **idéalisation**

**idéalisme** n. m. ■ **1** Système philosophique qui ramène l'être à la pensée, et les choses à l'esprit (s'oppose à *matérialisme*). **2** Attitude d'esprit inclinant à faire une large place à l'idéal. ▷ adj. et n. **idéaliste**

**idéalité** n. f. ■ didact. **1** Caractère de ce qui est idéal. **2** Être, objet idéal.

**idée** n. f. ■ **1** Représentation intellectuelle (d'un être, d'une manière d'être, d'un rapport). *Idée générale, abstraite.* → **concept, notion.** *L'idée de nombre.* ♦ hist. philos. (chez Platon) Essence éternelle qui rend les choses intelligibles. **2** Toute représentation élaborée par la pensée (qu'il existe ou non un objet qui lui corresponde). *Perdre le fil de ses idées.* **3** Vue élémentaire, approximative. → **aperçu.** → *On n'a pas idée* : c'est inconcevable. → *J'ai idée que* : il me semble que. **4** Conception imaginaire fausse ou irréalisable. → **chimère, rêve.** *Se faire des idées.* **5** Vue originale, dans le domaine de la connaissance, de l'action, de la création. *C'est une bonne idée.* **6** Façon particulière de se représenter le réel. → **opinion.** – *Idée reçue* : opinion courante. ♦ au plur. Ensemble des opinions (d'un individu, d'un groupe). *Des idées avancées.* → absolt *Les idées* : spéculations touchant aux grands problèmes.

*Histoire des idées.* **7** Façon d'envisager la réalité. *Avoir des idées noires.* **8** loc. *J'ai dans l'idée que..., dans l'esprit.*

**idem** [idɛm] adv. ▪ Le même (être...). - S'emploie (abrév. *id.*) pour éviter une répétition.

**identifiable** adj. ▪ Qui peut être identifié.

**identifiant** n. m. ▪ inform. Informations choisies pour identifier l'utilisateur d'un service, sur Internet. *Identifiant et mot de passe.*

**identifier** v. tr. ⁊ ▪ **1** Considérer comme identique, ou comme ne faisant qu'un (avec autre chose). **2** Reconnaître. *Identifier qqn.* ◆ (Du point de vue de l'état civil). *Identifier un cambrioleur.* **3** Reconnaître comme appartenant à une catégorie. → **caractériser.** ▪ s'**identifier** v. pron. Se faire ou devenir identique. ▷ n. f. **identification**

**identique** adj. ▪ **1** (êtres, objets) Tout à fait semblable, mais distinct. → **pareil.** *Deux couteaux identiques.* ← n. m. *Reproduire à l'identique.* **2** Qui reste le même à des moments différents. ▷ adv. **identiquement**

**identitaire** adj. ▪ Relatif à l'identité personnelle, culturelle. *Une quête identitaire.*

**identité** n. f. ▪ **I 1** Caractère de deux choses identiques. **2** Caractère de ce qui demeure identique à soi-même. *L'identité du moi.* **II** Ce qui permet de reconnaître une personne parmi toutes les autres (état civil, signalement). *Carte d'identité.*

**idéo-** Élément, du grec *idea* « idée ».

**idéogramme** n. m. ▪ Signe graphique qui représente le sens d'un mot (concret ou abstrait), et non les sons qui le composent.

**idéographique** adj. ▪ Se dit d'une écriture, d'un système de signes à idéogrammes.

**idéologie** n. f. ▪ Ensemble des idées, des croyances et des doctrines propres à qqn, une époque, une société, une classe.

**idéologique** adj. ▪ Relatif à l'idéologie. ▷ adv. **idéologiquement**

**idéologue** n. ▪ Personne qui professe avec foi une idéologie.

**ides** n. f. pl. ▪ Dans le calendrier romain, Division du mois tombant vers son milieu.

**-idés** Élément servant à former des noms de familles d'animaux.

**idio-** Élément savant, du grec *idios* « particulier, propre ».

**idiolecte** n. m. ▪ ling. Emploi particulier d'une langue par une personne.

**idiome** n. m. ▪ ling. Langue, envisagée comme ensemble des moyens d'expression propres à une communauté. ▷ adj. **idiomatique**

**idiosyncrasie** [-sɛ̃-] n. f. ▪ didact. Tempérament personnel de qqn.

**idiot, idiote** ▪ **I** adj. Qui manque d'intelligence, de bon sens. → **bête, stupide.** **II** n. **1** Personne sans intelligence. **2** méd. Personne atteinte d'idiotie.

**idiotement** adv. ▪ D'une façon idiote.

**idiotie** n. f. ▪ **1** Manque d'intelligence, de bon sens. **2** Action, parole qui traduit un manque d'intelligence, de bon sens. **3** méd. Grave arriération mentale. → **crétinisme.**

**idiotisme** n. m. ▪ ling. Forme, locution propre à une seule langue, intraduisible.

**idoine** adj. ▪ vx ou plais. Adéquat, approprié.

**idolâtre** adj. ▪ **1** Qui rend un culte aux idoles. **2** littér. Qui voue une adoration (à qqn, à qqch.). ▷ **idolâtrer** v. tr. ① littér.

**idolâtrie** n. f. ▪ **1** Culte rendu à l'image d'un dieu comme si elle était ce dieu. **2** Amour passionné, admiration outrée.

**idole** n. f. ▪ **1** Représentation d'une divinité (image, statue...), adorée comme si elle était la divinité elle-même. **2** Personne ou chose qui est l'objet d'une adoration. ◆ Vedette adulée du public.

**idylle** n. f. ▪ **1** Petit poème à sujet pastoral et amoureux. → **églogue, pastorale.** **2** Aventure amoureuse naïve et tendre. ◆ iron. Situation sans conflit ; bonne entente parfaite. ▷ adj. **idyllique**

**if** n. m. ▪ Conifère à fruits rouges.

**igloo** [iglu] n. m. ▪ Abri des Inuits, construit avec des blocs de glace. - var. IGLOU.

**igname** [iɲam ; iɡnam] n. f. ▪ Plante tropicale à gros tubercules farineux ; ce tubercule (consommé en Afrique).

**ignare** adj. et n. ▪ Totalement ignorant.

**igné, ée** [iɲe ; iɡne] adj. ▪ **1** littér. Qui est de feu. **2** sc. Produit par le feu.

**ignifuge** [iɲi- ; iɡni-] adj. ▪ Qui rend ininflammables les objets combustibles.

**ignifuger** [iɲi- ; iɡni-] v. tr. ③ ▪ Rendre ininflammable. ← au p. p. *Carton ignifugé.*

**ignition** n. f. ▪ didact. État de ce qui est en feu. → **combustion.**

**ignoble** adj. ▪ **1** Vil, moralement bas. → **abject, infâme. 2** Très laid ou sale. *Un ignoble taudis.* ◆ par exagér. *Un temps ignoble,* très mauvais. ▷ adv. **ignoblement**

**ignominie** n. f. ▪ littér. **1** Déshonneur extrême. **2** Caractère de ce qui déshonore. *L'ignominie d'un crime.* **3** Action ignoble.

**ignominieux, euse** adj. ▪ littér. Qui apporte, cause de l'ignominie. → **abject, honteux.** ▷ adv. **ignominieusement**

**ignorance** n. f. ▪ **1** État d'une personne qui ignore qqch. ; fait de ne pas connaître qqch. **2** Manque d'instruction, de savoir, de culture générale. *Combattre l'ignorance.*

**ignorant, ante** adj. ▪ **1** *IGNORANT DE :* qui n'a pas la connaissance d'(une chose) ; qui n'est pas informé de. **2** adj. et n. (Personne) qui manque d'instruction, de savoir.

**ignorer** v. tr. ① ▪ **1** Ne pas connaître, ne pas savoir. *Nul n'est censé ignorer la loi.* ◆ *Ignorer qqn,* le traiter comme si sa personne ne méritait aucune considération. **2** Ne pas avoir l'expérience de. *Un peuple qui ignore la guerre.* → **ignoré, ée** adj. → **inconnu.**

**iguane** [iɡwan] n. m. ▪ Reptile saurien, grand lézard d'Amérique tropicale.

**iguanodon** [iɡwa-] n. m. ▪ Reptile fossile du crétacé, à très grosse queue.

**ikebana** [ike-] n. m. ▪ Art floral japonais.

**il, ils** pron. pers. m. ■ I **1** Pronom personnel masculin de la troisième personne, faisant fonction de sujet. *Il cherche ses clés.* **2** *Ils* : des personnes indéterminées (gouvernement, etc.). → **on.** *Ils vont augmenter les impôts.* II au sing. Sert à introduire les verbes impersonnels et les verbes employés impersonnellement. *Il pleut. Il était une fois. Il se fait tard.*

**ilang-ilang** [ilãilã] n. m. ■ Arbre cultivé en Indonésie, etc. pour ses fleurs utilisées en parfumerie. - var. YLANG-YLANG.

**île** n. f. ■ **1** Étendue de terre ferme émergée d'une manière durable dans les eaux. **2** *Les Îles* : les Antilles. **3** *Île flottante* : entremets composé de blancs d'œufs battus flottant sur de la crème anglaise.

**iléon** n. m. ■ anat. Troisième partie de l'intestin grêle, qui précède le gros intestin.

**iliaque** adj. ■ *Os iliaque* : os de la hanche.

**îlien, îlienne** adj. ■ Qui habite une île. → **insulaire.** - n. *Les îliens de Sein.*

**ilion** n. m. ■ anat. Partie supérieure de l'os iliaque.

**illégal, ale, aux** adj. ■ Contraire à la loi. → **illicite.** ▷ adv. **illégalement**

**illégalité** n. f. ■ **1** Caractère de ce qui est illégal. ♦ Acte illégal. **2** Situation de qqn qui contrevient à la loi.

**illégitime** adj. ■ **1** (enfant) Né hors du mariage. **2** Non conforme au droit moral. → **illégal, irrégulier. 3** Qui n'est pas fondé. *Peur illégitime.* ▷ n. f. **illégitimité**

**illettré, ée** adj. ■ **1** vieilli Inculte. **2** Qui est partiellement ou complètement incapable de lire et d'écrire. → aussi **analphabète.** - n. *Alphabétiser les illettrés.*

**illettrisme** n. m. ■ Incapacité de déchiffrer un texte (≠ *analphabétisme*).

**illicite** adj. ■ Qui n'est pas licite.

**illico** adv. ■ fam. Sur-le-champ. - loc. *Illico presto* (même sens).

**illimité, ée** adj. ■ **1** Qui n'a pas de limites perceptibles. → **immense, infini. 2** Dont la grandeur n'est pas fixée. → **indéterminé.** *Durée illimitée.*

**illisible** adj. ■ **1** Que l'on ne peut pas lire ; très difficile à lire. *Signature illisible.* **2** Dont la lecture est insupportable.

**illogique** adj. ■ Qui n'est pas logique. ▷ adv. **illogiquement**

**illogisme** n. m. ■ didact. Caractère de ce qui manque de logique.

**illumination** n. f. ■ I théol. Lumière divine. **2** cour. Inspiration subite. II Action d'éclairer, de baigner de lumière. ♦ au plur. Ensemble de lumières en vue d'une fête. III (sens anc.) Enluminure. "*Les Illuminations*" (poèmes de Rimbaud).

**illuminé, ée** ■ **1** n. Mystique qui se croit inspiré par Dieu. ♦ péj. Visionnaire qui ne doute pas de ses inspirations. **2** adj. Éclairé de nombreuses lumières.

**illuminer** v. tr. 🔲 ■ **1** Éclairer d'une vive lumière. **2** Mettre un éclat lumineux sur. - pronom. *Son visage s'illumina.*

**illusion** n. f. ■ I **1** Interprétation fausse de ce que l'on perçoit. - loc. *Illusion d'optique,* provenant des lois de l'optique ; fig. erreur de point de vue. **2** Apparence dépourvue de réalité. *Illusions dues à des trucages.* II Opinion fausse, croyance erronée qui trompe par son caractère séduisant. → **chimère, rêve, utopie.** *Se faire des illusions.* ♦ *FAIRE ILLUSION* : donner une impression favorable trompeuse.

**illusionner** v. tr. 🔲 ■ Tromper par une illusion. - s'**illusionner** v. pron. Se faire des illusions.

**illusionnisme** n. m. ■ Art de créer l'illusion par des trucages, etc.

**illusionniste** n. ■ Personne qui pratique l'illusionnisme. → **prestidigitateur.**

**illusoire** adj. ■ Qui peut faire illusion, mais ne repose sur rien de réel.

**illustrateur, trice** n. ■ Artiste spécialisé dans l'illustration (III).

**illustration** n. f. ■ I vx Action de rendre (qqn, qqch.) illustre. II Action d'illustrer (II). III Figure (gravure, etc.) illustrant un texte.

**illustre** adj. ■ Qui est très connu, du fait d'un mérite ou de qualités extraordinaires. - plais. *Un illustre inconnu.*

**illustré, ée** ■ **1** adj. Orné d'illustrations. **2** n. m. Périodique qui comporte de nombreuses illustrations.

**illustrer** v. tr. 🔲 ■ I vx ou littér. Rendre illustre, célèbre. - pronom. *S'illustrer par des découvertes.* II Rendre plus clair (par des exemples...). III Orner (un ouvrage) de figures, d'images en rapport avec le texte.

**îlot** n. m. ■ **1** Très petite île. **2** Petit espace isolé. *Îlot de verdure.* ♦ fig. Point isolé. *Îlot de résistance.* **3** Groupe de maisons.

**ilote** n. ■ **1** Antiq. grecque Habitant de Laconie réduit en esclavage par les Spartiates. **2** littér. Personne asservie.

**image** n. f. ■ I **1** Reproduction visuelle d'un objet réel. **1** Reproduction inversée (d'un objet qui se réfléchit). *Voir son image dans la glace.* **2** sc. Reproduction (d'un objet) par l'intermédiaire d'un système optique. ♦ Figure qui fait reconnaître ou évoque une réalité (produite par la photographie, le cinéma, la télévision). *Images de synthèse.* **3** Représentation (d'un objet) par les arts graphiques ou plastiques. → **dessin, figure, gravure, illustration.** - *Images d'Épinal* (images naïves du XIXe siècle). II fig. **1** Reproduction ou représentation analogique (d'un être, d'une chose). *Il est l'image de son père.* → **portrait.** - *À l'image de.* → **ressemblance. 2** Ce qui évoque une réalité. *C'est l'image de la vie moderne.* **3** Expression de l'abstrait par le concret, dans le langage. → **figure, métaphore. 4** math. Élément d'un ensemble qui, par une relation déterminée (application), correspond à un élément d'un premier ensemble. III **1** philos. Reproduction mentale d'une perception (ou impression) antérieure, en l'absence de l'objet. *Évoquer l'image d'un être.* → **souvenir. 2** Produit de l'imagination. → **illusion, vision. 3** loc. *Image de marque* : réputation (d'une entreprise, de qqn).

**imagé, ée** adj. ▪ (style) Orné d'images.

**imagerie** n. f. ▪ **1** Ensemble d'images caractéristique d'un genre, d'une époque. *L'imagerie populaire.* **2** didact. Technique permettant d'obtenir des images grâce à des rayonnements. *Imagerie médicale* (échographie, scanographie, I. R. M., etc.).

**imaginable** adj. ▪ Que l'on peut imaginer.

**imaginaire** ▪ I adj. **1** Qui n'existe que dans l'imagination. → **irréel; fictif. 2** Qui n'est tel que dans son imagination. *"Le Malade imaginaire"* (de Molière). **II** n. m. Domaine de l'imagination. *L'imaginaire et le réel.*

**imaginatif, ive** adj. et n. ▪ Qui a l'imagination fertile. → **inventif.**

**imagination** n. f. ▪ **I 1** Faculté que possède l'esprit d'imaginer (1). **2** Faculté de former des images d'objets qu'on n'a pas perçus ou de faire des combinaisons nouvelles d'images ou d'idées. *Avoir de l'imagination.* **II** littér. Chose imaginaire ou imaginée. → **chimère, rêve.**

**imaginer** v. tr. ① ▪ **1** Se représenter dans l'esprit. → **concevoir.** *J'imagine très bien la scène.* – IMAGINER QUE. → **penser, supposer. 2** Inventer. *Imaginer une théorie.* ► s'**imaginer** v. pron. **1** Se représenter, concevoir. → se **figurer. 2** Croire à tort. *Si tu t'imagines...* → **imaginé, ée** adj. → **inventé.**

**imam** [imam] n. m. ▪ **1** Chef religieux musulman. **2** Enseignant islamique.

**imbattable** adj. ▪ Qui ne peut être battu.

**imbécile** adj. ▪ **1** Atteint d'imbécillité (1). **2** Qui manifeste de la bêtise. ♦ n. → **idiot.** – loc. *Imbécile heureux*, satisfait de lui. ▷ adv. **imbécilement**

**imbécillité** [-ili-] n. f. ▪ **1** Faiblesse d'esprit, arriération mentale. **2** Grave manque d'intelligence. ♦ Acte, parole, idée imbécile. → **ânerie, bêtise, idiotie.**

**imberbe** adj. ▪ Sans barbe (→ **glabre**).

**imbiber** v. tr. ① ▪ Pénétrer, imprégner d'eau, d'un liquide.

**imbrication** n. f. ▪ Disposition de choses imbriquées.

**imbriqué, ée** adj. ▪ **1** Se dit de choses qui se recouvrent partiellement. **2** fig. Se dit de choses étroitement liées.

**s'imbriquer** v. pron. ① ▪ **1** Se chevaucher. **2** fig. Être étroitement lié.

**imbroglio** [ɛ̃bRɔljo; ɛ̃bRɔglijo] n. m. ▪ Situation confuse, embrouillée.

**imbu, ue** adj. ▪ Imprégné, pénétré (de sentiments, d'idées...). – péj. *Être imbu de soi-même :* se croire supérieur aux autres.

**imbuvable** adj. ▪ **1** Qui n'est pas buvable. **2** fam. (personnes) Insupportable.

**imitable** adj. ▪ Qui peut être imité.

**imitateur, trice** ▪ I n. **1** Personne qui imite le comportement d'autrui. – Artiste qui imite des personnages connus. **2** Personne qui imite (les œuvres d'autrui). → **plagiaire, suiveur. II** adj. *Esprit imitateur.*

**imitatif, ive** adj. ▪ Qui imite.

**imitation** n. f. ▪ **1** Action de reproduire volontairement ou de chercher à reproduire (une apparence, un geste, un acte). *Imitation fidèle.* ♦ Reproduction consciente ou inconsciente de gestes, d'actes. *Instinct d'imitation.* **2** Fait de prendre qqn, une œuvre pour modèle. **3** Œuvre imitée d'un modèle. → **plagiat. 4** Reproduction (d'un objet, etc.) qui imite l'original ; objet imité. → **copie, reproduction; contrefaçon; simili-.**

**imiter** v. tr. ① ▪ **1** Chercher à reproduire. *Imiter le cri d'un animal.* ♦ Faire comme (qqn). *Il s'assit et tout le monde l'imita.* **2** Prendre pour exemple. *Imiter un maître.* **3** Prendre pour modèle (l'œuvre d'un autre). → s'**inspirer** de. **4** Reproduire, pour faire passer la reproduction pour authentique. → **contrefaire. 5** (sujet chose) Produire le même effet que. → **ressembler** à.

**immaculé, ée** adj. ▪ **1** relig. chrét. Qui est sans péché. **2** (choses) Sans une tache ; d'une propreté, d'une blancheur parfaite.

**immanence** n. f. ▪ philos. Caractère de ce qui est immanent (s'oppose à *transcendance*).

**immanent, ente** adj. ▪ philos. Qui est contenu dans la nature d'un être (s'oppose à *transcendant*). ♦ *Justice immanente*, qui découle naturellement des actions commises.

**immangeable** [ɛ̃m-] adj. ▪ Qui n'est pas bon à manger ; très mauvais.

**immanquable** [ɛ̃m-] adj. ▪ **1** Qui ne peut manquer d'arriver. **2** Qui ne peut manquer son but. ▷ adv. **immanquablement**

**immatériel, elle** adj. ▪ **1** Qui n'est pas formé de matière, ou ne concerne pas les sens. → **spirituel. 2** Qui ne semble pas matériel. *Une finesse immatérielle.*

**immatriculer** v. tr. ① ▪ Inscrire sur un registre public. – au p. p. *Voiture immatriculée en Belgique.* ► n. f. **immatriculation**

**immature** adj. ▪ anglic. Qui manque de maturité intellectuelle, affective.

**immédiat, ate** adj. ▪ **1** Qui précède ou suit sans intermédiaire (dans l'espace ou dans le temps). *Le successeur immédiat de qqn.* ♦ philos. Qui agit ou se produit sans intermédiaire (s'oppose à *médiat*). **2** Qui suit sans délai ; qui a lieu tout de suite. → **imminent; instantané.** – (n. m.) loc. *Dans l'immédiat :* pour le moment.

**immédiatement** adv. ▪ **1** didact. De manière immédiate (1). **2** Tout de suite avant ou après. ♦ À l'instant même.

**immémorial, ale, aux** adj. ▪ Qui remonte à une époque si ancienne qu'elle est sortie de la mémoire. → **ancestral.**

**immense** adj. ▪ **1** Dont l'étendue, les dimensions sont considérables. **2** Très considérable (par la force, l'importance...).

**immensément** adv. ▪ Extrêmement.

**immensité** n. f. ■ 1 Étendue très vaste. *L'immensité de la mer.* ➝ *L'immensité* : l'infini. 2 Grandeur considérable (de qqch.).

**immerger** v. tr. ③ ■ Plonger (qqch., qqn dans un liquide). ➤ s'**immerger** v. pron. (fig.) *S'immerger dans un milieu.*

**immérité, ée** adj. ■ Qui n'est pas mérité.

**immersion** n. f. ■ Action d'immerger.

**immettable** [ɛ̃mə-] adj. ■ (vêtement) Que l'on ne peut pas mettre.

**immeuble** ■ I adj. dr. Qui ne peut être déplacé (ou qui est réputé tel par la loi) (opposé à *meuble*). *Biens immeubles.* II n. m. Grand bâtiment urbain à plusieurs étages.

**immigrant, ante** n. ■ Personne qui immigre dans un pays. ➝ *migrant.*

**immigration** n. f. ■ 1 Fait d'immigrer dans un pays, généralement pour y chercher un emploi. 2 Ensemble d'immigrés.

**immigré, ée** adj. et n. ■ Qui est venu de l'étranger, souvent d'un pays peu développé, et qui vit dans un pays industrialisé.

**immigrer** v. intr. ① ■ Entrer dans un pays étranger pour s'y établir (opposé à *émigrer*).

**imminent, ente** adj. ■ Qui va se produire dans très peu de temps. ➝ **immédiat, proche.** ▷ n. f. **imminence**

**s'immiscer** v. pron. ③ ■ Intervenir mal à propos ou indûment (dans une affaire).

**immixtion** [imiksjɔ̃] n. f. ■ Action de s'immiscer. ➝ **ingérence.**

**immobile** adj. ■ 1 Qui ne se déplace pas, reste sans bouger. ➝ (choses) Que rien ne fait mouvoir. 2 fig. Fixé. ➝ **invariable.**

**immobilier, ière** adj. ■ 1 dr. Qui est immeuble, composé de biens immeubles. 2 Qui concerne les immeubles. ➝ *Société immobilière,* s'occupant de la construction, de la vente d'immeubles. ◆ n. m. *L'immobilier* : le commerce d'immeubles, de maisons, etc.

**immobilisation** n. f. ■ 1 Action d'immobiliser. 2 au plur. fin. Les éléments de l'actif (d'une entreprise) qui servent de façon durable à son exploitation.

**immobiliser** v. tr. ① ■ Rendre immobile, maintenir dans l'immobilité ou l'inactivité. ➤ s'**immobiliser** v. pron.

**immobilisme** n. m. ■ Disposition à refuser le mouvement ou le progrès.

**immobilité** n. f. ■ 1 État de ce qui est immobile. 2 fig. État de ce qui ne change pas.

**immodéré, ée** adj. ■ Qui n'est pas modéré, qui dépasse la mesure. ➝ **démesuré, excessif.** ▷ **immodérément** adv. fin.

**immodeste** adj. ■ vieilli Qui manque à la pudeur. ▷ **immodestie** n. f. vieilli

**immoler** v. tr. ① ■ 1 relig. Tuer en sacrifice à une divinité. 2 fig., littér. *Immoler ses intérêts à son devoir.* ➝ **sacrifier.** ➤ s'**immoler** v. pron. Faire le sacrifice de sa vie. ▷ **immolation** n. f. littér.

**immonde** adj. ■ 1 littér. Impur selon la loi religieuse. 2 D'une saleté ou d'une laideur qui soulève le dégoût. ➝ **répugnant.** 3 Très immoral, révoltant. ➝ **ignoble.**

**immondice** n. f. ■ 1 vx Chose immonde. 2 au plur. Déchets, détritus. ➝ **ordure.**

**immoral, ale, aux** adj. ■ Contraire aux principes de la morale établie ; qui viole ces principes. ➝ **corrompu, dépravé.**

**immoralisme** n. m. ■ Doctrine qui propose des règles d'action différentes, voire inverses de celles qu'admet la morale courante. ▷ adj. et n. **immoraliste**

**immoralité** n. f. ■ Caractère immoral (d'une personne, d'actions...).

**immortaliser** v. tr. ① ■ Rendre immortel dans la mémoire des hommes.

**immortalité** n. f. ■ 1 Qualité, état de ce qui est immortel. 2 littér. État de ce qui survit sans fin dans la mémoire des hommes.

**immortel, elle** adj. et n. ■ 1 Qui n'est pas sujet à la mort. ➝ n. littér. *Les immortels* : les dieux. 2 Que l'on suppose ne devoir jamais finir, que rien ne pourra détruire. ➝ **impérissable.** 3 Qui survit et doit survivre dans la mémoire des hommes. 4 n. Membre de l'Académie française.

**immortelle** n. f. ■ Plante dont la fleur desséchée présente une collerette colorée.

**immotivé, ée** adj. ■ Qui n'a pas de motif. ➝ **gratuit, injustifié.**

**immuable** adj. ■ 1 didact. Qui reste identique. 2 cour. Qui ne change guère, dure longtemps. ➝ **constant, invariable.** ▷ n. f. **immuabilité** ▷ adv. **immuablement**

**immuniser** v. tr. ① ■ 1 Rendre réfractaire à une maladie. 2 fig. *Immuniser qqn contre,* protéger de. ▷ n. f. **immunisation**

**immunitaire** adj. ■ méd. De l'immunité (II). *Système immunitaire de l'organisme.*

**immunité** n. f. ■ I Prérogative accordée par la loi à une catégorie de personnes. ➝ *Immunité parlementaire,* protégeant les parlementaires des actions judiciaires. ➝ *Immunité diplomatique,* protégeant les diplomates. II Propriété (d'un organisme) de résister à une cause de maladie.

**immuno-** Élément savant qui signifie « immunité » (II).

**immunodéficience** [-jɑ̃s] n. f. ■ méd. Déficience immunitaire. *Syndrome d'immunodéficience acquise.* ➝ **sida.** ▷ adj. **immunodéficitaire**

**immunodépresseur** adj. m. et n. m. ■ biol. Se dit d'une substance, d'un procédé capable de diminuer ou de supprimer les réactions immunitaires de l'organisme. - syn. IMMUNOSUPPRESSEUR adj. m. et n. m.

**immunodéprimé, ée** adj. ■ méd. Qui n'a pas des réactions immunitaires normales.

**immunologie** n. f. ■ Étude des phénomènes d'immunité (II).

**immunothérapie** n. f. ■ méd. Traitement pour provoquer ou augmenter l'immunité (II), par injection d'anticorps ou d'antigènes.

**impact** [-akt] n. m. ■ **1** Collision, heurt. ← *POINT D'IMPACT*, endroit où un projectile vient frapper ; trace qu'il laisse. **2** fig. Effet produit. *L'impact d'une décision.*

**impair, aire** ■ I adj. Se dit d'un nombre entier qui n'est pas divisible par deux. **II** n. m. Maladresse choquante. → fam. **gaffe.**

**impala** [impala] n. m. ■ Petite antilope des savanes d'Afrique du Sud-Ouest.

**impalpable** adj. ■ **1** Immatériel, imperceptible au toucher. **2** Dont les éléments séparés sont si petits qu'on ne les sent pas au toucher. *Une poussière impalpable.*

**imparable** adj. ■ Qu'on ne peut éviter.

**impardonnable** adj. ■ Qui ne mérite pas de pardon, d'excuse.

**imparfait, aite** ■ I adj. **1** littér. Qui n'est pas achevé, pas complet. → **incomplet. 2** Qui présente des défauts, des imperfections. → **inégal. II** n. m. Temps du verbe ayant surtout pour fonction d'énoncer une action en voie d'accomplissement dans le passé et conçue comme non achevée.

**imparfaitement** adv. ■ D'une manière imparfaite.

**impartial, ale, aux** adj. ■ Qui est sans parti pris. → **juste, neutre, objectif.** ▷ adv. **impartialement** ▷ n. f. **impartialité**

**impartir** v. tr. ② seulement inf., indic. prés. et p. p. ■ littér. Donner en partage. *Les dons que la nature nous a impartis.* ← dr. Accorder. *Impartir un délai à qqn.*

**impasse** n. f. ■ **1** Rue sans issue. ◆ fig. Situation sans issue. **2** *Impasse budgétaire* : déficit qui sera couvert par l'emprunt, etc. **3** (aux cartes) *Faire l'impasse au roi* : jouer la dame, quand on a l'as. ◆ Partie du programme qu'un élève néglige d'apprendre. ← loc. *Faire l'impasse sur qqch.*, ne pas prendre en compte (en prenant un risque).

**impassibilité** n. f. ■ Calme, sang-froid.

**impassible** adj. ■ Qui n'éprouve ou ne trahit aucune émotion, aucun sentiment. ▷ adv. **impassiblement**

**impatience** [-jɑ̃s] n. f. ■ **1** Manque de patience (habituel, naturel). **2** Incapacité de se contraindre pour supporter, attendre qqch. ou qqn. *Donner des signes d'impatience.*

**impatient, ente** [-jɑ̃, -ɑ̃t] adj. ■ **1** Qui manque de patience. **2** *Impatient de* (+ inf.) : pressé de. ▷ adv. **impatiemment**

**impatienter** [-sjɑ̃-] v. tr. ① ■ Faire perdre patience à. → **agacer, énerver.** ► s'**impatienter** v. pron.

**impavide** adj. ■ littér. Qui n'éprouve ou ne montre aucune crainte. ▷ n. f. **impavidité**

**impayable** adj. ■ fam. Bizarre et comique.

**impayé, ée** adj. ■ Qui n'a pas été payé. ◆ n. m. Effet de commerce impayé.

**impeccable** adj. ■ **1** littér. Incapable de commettre une erreur, une faute morale. **2** Sans défaut, parfait. → **irréprochable. 3** D'une propreté, d'une tenue parfaite.

**impeccablement** adv. ■ D'une manière impeccable (2 ou 3).

**impécunieux, ieuse** adj. ■ littér. Qui manque d'argent. ▷ n. f. **impécuniosité**

**impédance** n. f. ■ électr. Grandeur qui est, pour les courants alternatifs, l'équivalent de la résistance pour les courants continus.

**impedimenta** [ɛ̃pedimɛ̃ta] n. m. pl. ■ littér. Ce qui entrave l'activité.

**impénétrable** adj. ■ **1** Où l'on ne peut pénétrer ; qui ne peut être traversé. *Forêt impénétrable.* **2** Difficile à connaître, à expliquer. → **incompréhensible, insondable. 3** Qui ne laisse rien deviner de soi-même. ▷ **impénétrabilité** n. f. littér.

**impénitent, ente** adj. ■ **1** relig. Qui ne se repent pas de ses péchés. **2** Qui persiste dans une habitude. → aussi **invétéré.**

**impensable** adj. ■ Difficile à concevoir.

**impératif, ive** ■ I n. m. **1** gramm. Mode qui exprime le commandement et la défense. **2** Prescription d'ordre moral, etc. *Les impératifs de la mode.* **II** adj. Qui exprime, impose un ordre. ▷ adv. **impérativement**

**impératrice** n. f. ■ **1** Épouse d'un empereur. **2** Souveraine d'un empire.

**imperceptible** adj. ■ **1** Impossible ou difficile à percevoir par les organes des sens. **2** Difficile à apprécier par l'esprit. *Nuance imperceptible.* ▷ adv. **imperceptiblement**

**imperfectif** adj. ■ gramm. *Verbe imperfectif*, qui exprime la durée (opposé à *perfectif*).

**imperfection** n. f. ■ **1** État de ce qui est imparfait. **2** Ce qui rend imparfait ; défaut.

**impérial, ale, aux** adj. ■ D'un empereur, d'un empire. ◆ Qui évoque un empereur.

**impériale** n. f. ■ Étage supérieur de véhicules publics. *Autobus à impériale.*

**impérialisme** n. m. ■ **1** Politique d'un État visant à réduire d'autres États sous sa dépendance. **2** fig. Caractère dominateur (de qqn, qqch.). ▷ adj. et n. **impérialiste**

**impérieux, euse** adj. ■ **1** Qui commande d'une façon qui n'admet ni résistance ni réplique. **2** (choses) Qui force à céder. *Un besoin impérieux.* ▷ adv. **impérieusement**

**impérissable** adj. ■ (choses) Qui ne peut périr, qui dure très longtemps.

**impéritie** n. f. ■ littér. Manque d'aptitude, d'habileté. → **incapacité.**

**imperméabiliser** v. tr. ① ■ Rendre imperméable (1). ◆ au p. p. *Tissu imperméabilisé.*

**imperméabilité** n. f. ■ **1** Caractère de ce qui est imperméable. **2** fig. Insensibilité.

**imperméable** adj. ■ **1** Qui ne se laisse pas traverser par un liquide, notamment par l'eau. ◆ n. m. Vêtement de pluie en tissu imperméabilisé. **2** fig. Qui ne se laisse pas atteindre ; étranger (à). *Imperméable à l'art.* → **insensible.**

**impersonnalité** n. f. ■ didact. Caractère impersonnel.

**impersonnel, elle** adj. ▪ **1** gramm. Qui exprime une action sans sujet réel ou déterminé. *Verbes impersonnels* (ex. *pleuvoir*). **2** didact. Qui n'appartient pas, ne s'adresse pas à une personne. *La loi est impersonnelle.* **3** Qui n'a aucune particularité. *Un style impersonnel.* → **neutre.** ▷ adv. **impersonnellement**

**impertinence** n. f. ▪ **1** Attitude, conduite d'une personne impertinente. **2** Parole, action impertinente.

**impertinent, ente** adj. ▪ Qui montre de l'irrévérence. → **insolent.** ← n. *Un impertinent.* ♦ (choses) *Ton impertinent.*

**imperturbable** adj. ▪ Que rien ne peut troubler. ← (choses) *Une foi imperturbable.* → **inébranlable.** ▷ adv. **imperturbablement**

**impétigo** n. m. ▪ méd. Maladie de la peau caractérisée par la formation de vésicules.

**impétrant, ante** n. ▪ admin. Personne qui a obtenu qqch. (titre, etc.) d'une autorité.

**impétueux, euse** adj. ▪ **1** littér. Dont l'impulsion est violente et rapide. *Vent impétueux.* **2** (personnes) Ardent, fougueux. ← adv. **impétueusement** ▷ n. f. **impétuosité**

**impie** adj. et n. ▪ Qui a ou marque le mépris de la religion. ▷ n. f. **impiété**

**impitoyable** adj. ▪ **1** Qui est sans pitié. → **implacable.** **2** Qui juge sans indulgence. → **sévère.** ▷ adv. **impitoyablement**

**implacable** adj. ▪ **1** littér. Dont on ne peut apaiser la violence. *Une haine implacable.* **2** Qui est sans pitié. → **inflexible.** **3** À quoi l'on ne peut se soustraire. *Une logique implacable.* → adv. **implacablement**

**implant** n. m. ▪ méd. Comprimé ou objet introduit sous la peau ou dans un tissu organique à des fins thérapeutiques.

**implanter** v. tr. ① ▪ Introduire et faire se développer d'une manière durable. *Implanter un mode.* ← **s'implanter** v. pron. Se fixer, s'établir. ▷ n. f. **implantation**

**implémenter** v. tr. ① ▪ anglic., inform. Réaliser la phase finale d'élaboration de (un système), permettant la mise en fonction. ▷ **implémentation** n. f. anglic.

**implication** n. f. ▪ **1** Action d'impliquer qqn. **2** Relation par laquelle une chose en implique une autre. ← au plur. Conséquences. → **incidence, retombée.**

**implicite** adj. ▪ Qui est contenu dans une proposition, un fait, sans être exprimé. *Condition implicite.* ▷ adv. **implicitement**

**impliquer** v. tr. ① ▪ **1** Engager (dans une affaire fâcheuse) ; mettre en cause (dans une accusation). → **compromettre, mêler.** ← passif *Être impliqué dans un trafic.* **2** (sujet chose) Entraîner (qqch.) comme conséquence. **3** Engager (dans un processus...). ← pronom. *S'impliquer dans son travail.* → **s'investir.**

**implorant, ante** adj. ▪ littér. Suppliant.

**implorer** v. tr. ① ▪ **1** Supplier (qqn) d'une manière humble. **2** Demander (une aide, une faveur) avec insistance. → **solliciter.** ▷ **imploration** n. f. littér.

**imploser** v. intr. ① ▪ Faire implosion.

**implosion** n. f. ▪ Irruption brutale d'un fluide dans un milieu de pression beaucoup plus faible que la pression extérieure.

**impluvium** [-jɔm] n. m. ▪ Antiq. romaine Bassin creusé pour les eaux de pluie.

**impoli, ie** adj. ▪ Qui manque à la politesse. → **incorrect.** *Être impoli envers qqn.* ← *Des manières impolies.* ▷ adv. **impoliment**

**impolitesse** n. f. ▪ **1** Manque de politesse. **2** Acte, manifestation d'impolitesse.

**impondérable** adj. ▪ **1** didact. Qui n'a pas de poids mesurable. **2** Dont l'action, quoique effective, ne peut être appréciée ni prévue. ← n. m. *Les impondérables de la vie.*

**impopulaire** adj. ▪ Qui déplaît au peuple. ♦ Qui est mal vu (dans un groupe). ▷ n. f. **impopularité**

**importance** n. f. ▪ **1** Caractère de ce qui est important. **2** (personnes) Autorité que confèrent un rang social élevé, des responsabilités. **3** *D'IMPORTANCE* loc. adj. : important. *L'affaire d'importance.*

**important, ante** adj. ▪ **I** (choses) **1** Qui a de grandes conséquences, beaucoup d'intérêt (→ ② *importer*). *Un rôle important.* ← n. m. *Ce qui importe. Le plus important est fait.* **2** Considérable. *Une somme importante.* **II** (personnes) Qui a de l'importance (2). ← n. péj. *Faire l'important.*

**importateur, trice** n. ▪ Personne qui importe (①) des produits. ← adj. *Pays importateur.*

**importation** n. f. ▪ **1** Action d'importer (des produits). **2** Ce qui est importé.

**① importer** v. tr. ① ▪ **1** Introduire sur le territoire national (des produits en provenance de pays étrangers). **2** Introduire (qqch. ; une coutume) dans un pays.

**② importer** v. tr. ① ▪ seulement à l'inf. et aux 3ᵉˢ pers. ▪ **1** v. tr. ind. (choses) *IMPORTER À qqn* : avoir de l'importance pour qqn. → **intéresser.** *Votre opinion nous importe beaucoup.* **2** v. intr. Avoir de l'importance. → **compter.** *C'est la seule chose qui importe.* **3** v. impers. *Il importe de réfléchir, que nous réfléchissions.* **4** *N'IMPORTE QUI, QUOI* loc. pron. indéf. : une personne, une chose quelconque. ← *N'IMPORTE QUEL, QUELLE* (chose, personne) loc. adj. indéf. *Acheter à n'importe quel prix.* ← *N'IMPORTE COMMENT, OÙ, QUAND* loc. adv. : d'une manière, dans un endroit, à un moment quelconque.

**import-export** n. m. ▪ anglic. Commerce de produits importés et exportés.

**importun, une** adj. ▪ **1** Qui ennuie, gêne par sa présence ou sa conduite. ← n. *Éviter un importun.* → **gêneur. 2** (choses) Gênant.

**importuner** v. tr. ① ▪ littér. Ennuyer en étant importun. → **déranger, gêner.**

**imposable** adj. ▪ Qui peut être imposé, assujetti à l'impôt.

**imposant, ante** adj. ▪ **1** Qui impose le respect. **2** Qui impressionne par l'importance, la quantité. → **considérable.**

**imposer** v. tr. 🔲 ▪ **I 1** Faire payer obligatoirement. *Imposer une taxe.* **2** Assujettir (qqn) à l'impôt. **3** IMPOSER *qqch. à qqn :* prescrire ou faire subir à qqn (une chose pénible). ◆ Faire admettre (qqch.). *Il a imposé ses vues.* **4** Faire accepter (qqn) par force, etc. *Il nous a imposé son protégé.* **II** tr. ind. EN IMPOSER À *qqn,* faire une forte impression sur lui. **III** *Imposer les mains,* les poser sur qqn (pour bénir...). ► **s'imposer** v. pron. **1** (sujet chose) Être obligatoire. **2** (personnes) Se faire admettre (par sa valeur...). ► **imposé, ée** adj. **1** Obligatoire. **2** Soumis à l'impôt.

**imposition** n. f. ▪ **I 1** Fait d'imposer (une contribution). **2** Impôt, contribution. **II** Action d'imposer (les mains).

**impossibilité** n. f. ▪ **1** Caractère de ce qui est impossible. **2** Chose impossible.

**impossible** ▪ **I** adj. **1** Qui ne peut se produire, être réalisé. *Événement impossible.* → *Une idée impossible à admettre,* qu'on ne peut admettre. ◆ impers. *Il est impossible de* (+ inf.) ; *que* (+ subj.). **2** Très difficile, très pénible (à faire, imaginer...). **3** fam. Extravagant, invraisemblable. *Il lui arrive toujours des aventures impossibles.* **4** (personnes) Insupportable. → **invivable.** **II** n. **1** Ce qui n'est pas possible. *Vouloir l'impossible.* → par exagér. *Nous ferons l'impossible,* tout notre possible. **2** PAR IMPOSSIBLE loc. adv. : par une hypothèse peu vraisemblable.

**imposte** n. f. ▪ **1** archit. Tablette saillante sur un pilier. **2** Partie supérieure (d'une porte, d'une fenêtre).

**imposteur** n. m. ▪ Personne qui trompe autrui en usurpant une qualité.

**imposture** n. f. ▪ Tromperie d'un imposteur.

**impôt** n. m. ▪ Prélèvement que l'État opère sur les ressources des particuliers pour subvenir aux charges publiques ; sommes prélevées. → *Impôts directs,* prélèvement d'une partie du revenu. *Impôts indirects,* taxes.

**impotence** n. f. ▪ État d'impotent.

**impotent, ente** adj. ▪ Qui ne peut pas se déplacer, ou se déplace très difficilement. → **infirme, invalide.** → n. *Des impotents.*

**impraticable** adj. ▪ **1** littér. Que l'on ne peut mettre en pratique. **2** Où l'on passe très difficilement. *Piste impraticable.*

**imprécateur, trice** n. ▪ littér. Personne qui profère des imprécations.

**imprécation** n. f. ▪ littér. Souhait de malheur contre qqn. → **malédiction.** ▷ **imprécatoire** adj. littér.

**imprécis, ise** adj. ▪ Qui n'est pas précis, manque de netteté. → **flou, vague.**

**imprécision** n. f. ▪ Manque de précision.

**imprédictible** adj. ▪ didact. Que l'on ne peut prédire. → **imprévisible.**

**imprégner** v. tr. 🔲 ▪ **1** Pénétrer (un corps) de liquide dans toutes ses parties. → **imbiber.** **2** fig. Pénétrer, influencer profondément. ▷ n. f. **imprégnation**

**imprenable** adj. ▪ **1** Qui ne peut être pris. *Fort imprenable.* **2** *Vue imprenable,* qui ne peut être masquée par des constructions.

**impréparation** n. f. ▪ Manque de préparation (en sports, avant un examen...).

**imprésario** [ɛ̃presarjo; -z-] n. ▪ Personne qui s'occupe de l'organisation des spectacles et des engagements d'un artiste.

**imprescriptible** adj. ▪ Qui ne peut être enlevé après un délai (→ **prescription**).

**impression** n. f. ▪ **I 1** Procédé de reproduction par pression d'une surface sur une autre qui en garde l'empreinte. **2** Reproduction d'un texte par l'imprimerie. **II 1** Marque, effet qu'une cause produit sur qqn. → *Faire impression :* attirer l'attention. **2** Connaissance élémentaire, immédiate et vague. → **sentiment, sensation.** *Éprouver une impression de gêne.* → *Avoir l'impression de... ; que...* → **croire, imaginer. 3** psych. État physiologique provoquant une sensation. *Impression tactile.*

**impressionnable** adj. ▪ Facile à impressionner. → **émotif, sensible.**

**impressionner** v. tr. 🔲 ▪ **I** Affecter (qqn) d'une vive impression. → **frapper, toucher. II** Laisser une image (sur une pellicule photographique). ▷ **impressionnant, ante** adj. → **étonnant, frappant.**

**impressionnisme** n. m. ▪ **1** Style des peintres impressionnistes (1). **2** Manière littéraire, musicale qui cherche à rendre des impressions fugitives.

**impressionniste** ▪ **1** adj. et n. Se dit de peintres qui, à la fin du XIXᵉ siècle, s'efforcèrent d'exprimer les impressions que les objets et la lumière suscitent. **2** adj. De l'impressionnisme (2).

**imprévisible** adj. ▪ Qui ne peut être prévu.

**imprévoyance** n. f. ▪ Caractère de qqn d'imprévoyant. ◆ Action imprévoyante.

**imprévoyant, ante** adj. ▪ Qui manque de prévoyance. → **insouciant.**

**imprévu, ue** adj. ▪ Qui n'a pas été prévu. → **inopiné.** → n. m. *Aimer l'imprévu.*

**imprimante** n. f. ▪ Machine (périphérique d'ordinateur) qui imprime sur papier des textes ou des éléments graphiques.

**imprimatur** n. m. invar. ▪ didact. Autorisation d'imprimer (accordée par une autorité).

**imprimé, ée** adj. ▪ **1** Reproduit par impression ; orné de motifs ainsi reproduits. *Tissu imprimé.* → n. m. *Un imprimé à fleurs.* **2** Reproduit par l'imprimerie. → n. m. Impression ou reproduction sur papier. → Feuille imprimée. *Remplir un imprimé.*

**imprimer** v. tr. 🔲 ▪ **I 1** littér. Faire pénétrer (dans l'esprit de qqn). → **inspirer, inculquer. 2** Communiquer, transmettre (un mouvement). *Imprimer des secousses à qqch.* **II 1** littér. Faire, laisser (une trace) par pression. → au p. p. *Traces imprimées dans le sable.* **2** Reproduire (une figure, une image) par pression d'une surface sur une autre (→ **impression** (I, 1)). **3** Reproduire (un texte) par la technique de l'imprimerie.

**imprimerie** n. f. ■ **1** Action d'imprimer (II, 3) ; techniques permettant la reproduction d'un texte par impression de caractères mobiles (→ **typographie**) ou report sur plaques (→ **héliogravure, offset**). **2** Établissement, lieu où l'on imprime (des livres, des journaux...). ♦ Matériel artisanal servant à l'impression.

**imprimeur** n. m. ■ **1** Propriétaire, directeur d'une imprimerie. **2** Ouvrier travaillant dans une imprimerie.

**improbable** adj. ■ **1** Qui n'est pas probable. *Éventualité improbable.* **2** Étonnant, insolite. *Tenue improbable.* ▷ n. f. **improbabilité**

**improbation** n. f. ■ littér. Action de désapprouver, de condamner (contr. *approbation*).

**improductif, ive** adj. ■ Qui ne produit, ne rapporte rien. *Un sol improductif.* ♦ n. Personne qui ne contribue pas à produire des biens. ▷ n. f. **improductivité**

**impromptu, ue** [-5pty] ■ **I** n. m. Petite pièce (de vers, de musique...). **II** adj. Improvisé. *Dîner impromptu.* **III** adv. À l'improviste, sans préparation.

**impropre** adj. ■ **1** Qui ne convient pas, n'exprime pas exactement l'idée. *Mot impropre.* **2** *IMPROPRE À* : qui n'est pas propre, adapté à. ▷ adv. **improprement**

**impropriété** n. f. ■ Caractère de ce qui est impropre. ♦ Emploi impropre d'un mot.

**improvisateur, trice** n. ■ Personne qui improvise.

**improvisation** n. f. ■ **1** Action, art d'improviser. **2** Ce qui est improvisé.

**improviser** v. tr. ① ■ **1** Composer sur-le-champ et sans préparation. *Improviser un discours.* ◆ absolt *Improviser au piano.* **2** Organiser à la hâte. *Improviser une rencontre.* **3** Pourvoir inopinément (qqn) d'une fonction. *On l'improvisa cuisinier.*

**à l'improviste** loc. adv. ■ D'une manière imprévue. → **inopinément, subitement.**

**imprudence** n. f. ■ **1** Manque de prudence. **2** Action imprudente.

**imprudent, ente** adj. ■ Qui manque de prudence. → n. *Une imprudente.* ♦ (choses) *Choix imprudent.* ▷ adv. **imprudemment**

**impubère** adj. et n. ■ littér. Qui n'a pas atteint la puberté. ▷ n. f. **impuberté**

**impubliable** adj. ■ Qu'on ne peut pas publier (pour des raisons esthétiques...).

**impudence** n. f. ■ littér. **1** Effronterie audacieuse ou cynique qui choque, indigne. **2** Action, parole impudente.

**impudent, ente** adj. ■ littér. Qui montre de l'impudence. → **cynique, effronté, insolent.** ▷ adv. **impudemment** [-amã]

**impudeur** n. f. ■ **1** Absence de pudeur, de retenue, de discrétion. → **impudicité, indécence. 2** rare Impudence, cynisme.

**impudique** adj. ■ Qui outrage la pudeur. ♦ (choses) → **indécent, obscène.** ▷ adv. **impudiquement** ▷ **impudicité** n. f. vieilli

**impuissance** n. f. ■ **1** Manque de moyens suffisants pour faire qqch. → **faiblesse, incapacité. 2** (pour l'homme) Incapacité d'accomplir l'acte sexuel normal et complet.

**impuissant, ante** adj. ■ **1** Qui n'a pas de moyens suffisants pour faire qqch. ◆ (choses) Sans effet, inefficace. **2** (homme) Qui souffre d'impuissance (2). → n. m. *Un impuissant.*

**impulsif, ive** adj. ■ Qui agit sous l'impulsion de mouvements plus forts que sa volonté. → n. *Un impulsif.* ♦ *Acte impulsif.* ▷ adv. **impulsivement**

**impulsion** n. f. ■ **1** Action de pousser ; ce qui pousse. *Communiquer une impulsion à qqch.* **2** fig. Fait d'inciter ; ce qui anime. *Impulsion donnée à un projet.* **3** littér. → **influence.** *Sous l'impulsion de la colère.* **4** Tendance spontanée qui pousse à agir.

**impulsivité** n. f. ■ Caractère impulsif.

**impunément** adv. ■ **1** Sans subir de punition. **2** Sans dommage pour soi.

**impuni, ie** adj. ■ Qui n'est pas puni.

**impunité** n. f. ■ Absence de punition.

**impur, ure** adj. ■ **1** Altéré, corrompu par des éléments étrangers. **2** Dont la loi religieuse commande de fuir le contact. **3** littér. Mauvais (moralement). ♦ Indécent.

**impureté** n. f. ■ **1** Caractère impur. **2** Ce qui rend impur ; élément qui altère qqch.

**imputable** adj. ■ **1** Qui peut ou doit être imputé (I). **2** Qui doit être imputé (II).

**imputation** n. f. ■ **1** Action d'imputer (I) (une faute). **2** Action d'imputer (II) (une somme).

**imputer** v. tr. ① ■ **I** *IMPUTER À qqn* : attribuer à qqn (une chose blâmable). **II** Appliquer (une somme) à un compte déterminé.

**imputrescible** adj. ■ Qui ne peut pourrir.

① **in-** Élément, du latin *in* « dans, en ».

② **in-** Élément à valeur négative, du préfixe latin *in-* (var. *im-* devant *b, m, p* ; *il-* devant *l* ; *ir-* devant *r*, sauf *inracontable*).

**inabordable** adj. ■ **1** littér. Impossible ou très difficile à approcher (sens propre et fig.). → **inaccessible. 2** D'un prix très élevé.

**in abstracto** [in-] loc. adv. et adj. ■ Abstraitement ; dans l'abstrait.

**inaccentué, ée** adj. ■ Qui ne porte pas d'accent (1). → **atone.**

**inacceptable** adj. ■ Que l'on ne peut, que l'on ne doit accepter. → **inadmissible.**

**inaccessible** adj. ■ **1** Dont l'accès est impossible. *Un sommet inaccessible.* ♦ (personnes) D'un abord difficile. ♦ Qu'on ne peut atteindre, comprendre. **2** *INACCESSIBLE À*, qui ne se laisse ni convaincre ni toucher par (qqch.). ▷ n. f. **inaccessibilité**

**inaccoutumé, ée** adj. ■ Qui n'a pas coutume de se produire. → **inhabituel.**

**inachevé, ée** adj. ■ Qui n'est pas achevé.

**inachèvement** n. m. ■ État de ce qui n'est pas achevé.

**inactif, ive** adj. ▪ **1** Qui est sans activité. → **oisif.** ♦ écon. Qui n'a pas d'activité professionnelle régulière. – n. *Les inactifs.* **2** (choses) Qui est sans action, sans efficacité.

**inaction** n. f. ▪ Absence de toute action.

**inactiver** v. tr. ⏹ ▪ biol. Rendre inactif. – au p. p. *Virus inactivé.* ▷ n. f. **inactivation**

**inactivité** n. f. ▪ Absence d'activité.

**inadaptation** n. f. ▪ Défaut d'adaptation (à qqch). ♦ État d'une personne inadaptée.

**inadapté, ée** adj. ▪ Qui n'est pas adapté (à qqch.). ♦ absolt *Enfant inadapté* (à la vie scolaire...). – n. *Rééducation des inadaptés.*

**inadéquat, ate** [-kwa(t), -at] adj. ▪ Qui n'est pas adéquat. ▷ n. f. **inadéquation**

**inadmissible** adj. ▪ Qu'on ne peut admettre.

**inadvertance** n. f. ▪ rare Inattention. ♦ cour. PAR INADVERTANCE loc. adv. : par mégarde.

**inaliénable** adj. ▪ **1** Qui ne peut être aliéné (1), cédé. **2** Qui ne peut être enlevé. *Droit inaliénable.*

**inaltérable** adj. ▪ **1** Qui ne peut être altéré. **2** Que rien ne peut changer. → **constant, éternel.** ▷ n. f. **inaltérabilité**

**inaltéré, ée** adj. ▪ Qui n'a subi aucune altération. → **intact, pur.**

**inamical, ale, aux** adj. ▪ Qui n'est pas amical. → **hostile.**

**inamovible** adj. ▪ **1** dr. Qui n'est pas amovible (1). **2** plais. Qu'on ne peut déplacer ; qui ne change pas. ▷ n. f. **inamovibilité**

**inanimé, ée** adj. ▪ **1** Qui, par essence, est sans vie. **2** (personnes) Mort ou sans connaissance. *Il est tombé inanimé.*

**inanité** n. f. ▪ littér. Caractère de ce qui est inutile, vain. *L'inanité de nos efforts.*

**inanition** n. f. ▪ Épuisement par défaut de nourriture. *Mourir d'inanition,* de faim.

**inaperçu, ue** adj. ▪ Qui n'est pas aperçu. – *Passer inaperçu,* ne pas être remarqué.

**inappétence** n. f. ▪ littér. Absence de besoin, de désir. – Absence d'appétit.

**inapplicable** adj. ▪ Qui ne peut être appliqué.

**inappréciable** adj. ▪ Qu'on ne saurait trop estimer ; de grande valeur. → **inestimable.**

**inapproprié, ée** adj. ▪ didact. Qui n'est pas approprié. → **inadéquat.**

**inapte** adj. ▪ **1** Qui n'est pas apte (à qqch.) ; qui manque d'aptitude. → **incapable. 2** milit. Impropre au service militaire ou à une arme en particulier. ▷ n. f. **inaptitude**

**inarticulé, ée** adj. ▪ Non articulé (son).

**inassouvi, ie** adj. ▪ littér. Qui n'est pas assouvi, satisfait. ▷ n. m. **inassouvissement**

**inattaquable** adj. ▪ **1** Qu'on ne peut attaquer ou mettre en cause avec succès. **2** Qui ne peut être altéré.

**inattendu, ue** adj. ▪ Qu'on n'attendait pas ; à quoi on ne s'attendait pas. → **inopiné.**

**inattentif, ive** adj. ▪ Qui ne prête pas attention. → **distrait, étourdi.**

**inattention** n. f. ▪ Manque d'attention.

**inaudible** adj. ▪ Qu'on ne peut entendre.

**inaugural, ale, aux** adj. ▪ Qui a rapport à une inauguration.

**inauguration** n. f. ▪ **1** Cérémonie par laquelle on inaugure (1). **2** fig., littér. Commencement, début.

**inaugurer** v. tr. ⏹ ▪ **1** Ouvrir au public pour la première fois (un monument, un édifice...). **2** Utiliser, entreprendre, mettre en pratique pour la première fois.

**inauthentique** adj. ▪ Qui n'est pas authentique. ▷ n. f. **inauthenticité**

**inavouable** adj. ▪ Qui n'est pas avouable.

**inavoué, ée** adj. ▪ Qui n'est pas avoué.

**inca** ▪ **1** adj. Relatif aux Incas. **2** n. m. *L'Inca :* le chef de l'Empire inca.

**incalculable** adj. ▪ Impossible ou difficile à calculer ou à apprécier.

**incandescent, ente** adj. ▪ Chauffé à blanc ou au rouge vif ; rendu lumineux par une chaleur intense. ♦ fig., littér. → **ardent.** ▷ n. f. **incandescence**

**incantation** n. f. ▪ Emploi de paroles magiques pour opérer un charme, un sortilège ; ces paroles. ▷ adj. **incantatoire**

**incapable** adj. ▪ **1** INCAPABLE DE : qui n'est pas capable de (par nature ou par accident, de façon temporaire ou définitive). → **impuissant, inapte. 2** absolt Qui n'a pas l'aptitude, la capacité nécessaire. – n. *Un, une incapable.* → **nullité. 3** dr. Qui est en état d'incapacité (3) juridique.

**incapacité** n. f. ▪ **1** État d'une personne incapable (de faire qqch.). *Je suis dans l'incapacité de vous répondre.* ♦ absolt Incompétence. **2** État d'une personne qu'une blessure, une maladie a rendue incapable de travailler. **3** dr. Absence de l'aptitude à jouir d'un droit ou à l'exercer soi-même.

**incarcération** n. f. ▪ Action d'incarcérer ; état d'une personne incarcérée.

**incarcérer** v. tr. ⑥ ▪ Mettre en prison.

**incarnat, ate** adj. ▪ D'un rouge clair, vif.

**incarnation** n. f. ▪ **1** relig. chrét. Union en Jésus-Christ des natures divine et humaine. **2** Ce qui incarne (qqch. d'abstrait).

② **incarné, ée** adj. ▪ *Ongle incarné,* qui a pénétré dans la chair.

**incarner** v. tr. ⏹ ▪ **1** Revêtir (un être spirituel) d'un corps, d'une forme humaine ou animale (surtout pronom.). **2** Représenter en soi (une chose abstraite). **3** Représenter (un personnage) dans un spectacle. → **jouer.** ► ① **incarné, ée** adj. → **personnifié.**

**incartade** n. f. ▪ Léger écart de conduite.

**incassable** adj. ▪ Qui ne se casse pas.

**incendiaire** ▪ **I** n. Personne qui allume un incendie. → **pyromane. II** adj. **1** Propre à causer un incendie. **2** fig. Propre à enflammer les esprits, à allumer la révolte. ♦ Qui éveille le désir amoureux.

**incendie** n. m. ▪ Grand feu qui se propage en causant des dégâts.

**incendier** v. tr. 7 ▪ **1** Mettre en feu. → **brûler.**
**2** (sujet chose) Irriter en donnant une impression de brûlure. **3** littér. Colorer d'une lueur ardente. **4** fig. Enflammer, exciter (l'esprit...). **5** fam. Accabler (qqn) de reproches.

**incertain, aine** adj. ▪ **I 1** Qui n'est pas fixé d'avance, certain, assuré. *Le résultat est incertain.* ◆ Sur lequel on ne peut compter. ← *Le temps est incertain.* → **changeant. 2** Qui n'est pas connu avec certitude. **3** littér. Dont la forme, la nature n'est pas nette. → **confus, imprécis, vague. II** (personnes) Qui manque de certitude, de décision; qui est dans le doute. → **embarrassé, hésitant, indécis, irrésolu.** ◆ *Une démarche incertaine.*

**incertitude** n. f. ▪ **1** État de ce qui est incertain. **2** Chose imprévisible. → **aléa. II** État d'une personne incertaine.

**incessamment** adv. ▪ **1** vieilli Continuellement. **2** mod. Très prochainement.

**incessant, ante** adj. ▪ Qui ne cesse pas. → **continuel, ininterrompu.**

**incessible** adj. ▪ dr. Qui ne peut être cédé.

**inceste** n. m. ▪ Relations sexuelles entre proches parents (dont le mariage est interdit). ▷ adj. **incestueux, euse**

**inchangé, ée** adj. ▪ Qui n'a pas changé.

**inchoatif, ive** [-kɔ-] adj. ▪ ling. Qui sert à exprimer une progression.

**incidemment** [-amã] adv. ▪ D'une manière incidente. → **accessoirement.**

**incidence** n. f. ▪ **1** phys. Rencontre d'un rayon et d'une surface. **2** littér. Conséquence, effet, influence. → **retombée.**

**① incident** n. m. ▪ **1** Petit événement qui survient. ◆ Petite difficulté imprévue. **2** Événement peu important en lui-même mais capable d'entraîner de graves conséquences. *Un incident de frontière.* **3** Objection, difficulté (dans un débat). ← loc. *L'incident est clos* : la querelle est terminée.

**② incident, ente** adj. ▪ **1** Qui est accessoire, non essentiel. **2** phys. *Rayon incident* (à une surface), qui la rencontre. **3** adj. et n. f. gramm. Se dit d'une proposition qui introduit dans une phrase un énoncé accessoire (ex. *Vous irez — je le suppose — avec elle*).

**incinérateur** n. m. ▪ Dispositif pour incinérer (spécialt les ordures).

**incinérer** v. tr. 6 ▪ Réduire en cendres. → **brûler.** ▷ **incinération** n. f. → **crémation.**

**incipit** [ɛ̃sipit] n. m. invar. ▪ didact. Premiers mots (d'un livre...).

**incise** n. f. ▪ gramm. Courte proposition insérée dans une phrase, notamment pour rapporter les paroles de qqn (ex. *dit-elle,* dans *dès demain, dit-elle, je pars*).

**inciser** v. tr. 1 ▪ Fendre avec un instrument tranchant. → **couper, entailler.**

**incisif, ive** adj. ▪ **1** vx Tranchant (→ **incisive**). **2** fig. Mordant dans l'expression.

**incision** n. f. ▪ **1** Action d'inciser. **2** Coupure, fente faite en incisant.

**incisive** n. f. ▪ Dent aplatie et tranchante, sur le devant de la mâchoire.

**incitatif, ive** adj. ▪ Qui incite à faire qqch.

**incitation** n. f. ▪ Action d'inciter; ce qui incite. ▪ dr. *Incitation à la débauche.*

**inciter** v. tr. 1 ▪ **1** Entraîner, pousser (qqn à faire qqch.). **2** (sujet chose) Conduire (qqn) à un comportement. → **engager.**

**incivil, ile** adj. ▪ littér. Impoli.

**incivilité** n. f. ▪ littér. Impolitesse.

**inclassable** adj. ▪ Qu'on ne peut classer, définir. *Une œuvre inclassable.*

**inclément, ente** adj. ▪ littér. Dur, rigoureux. *Temps inclément.* ▷ n. f. **inclémence**

**inclinaison** n. f. ▪ **1** État de ce qui est incliné. **2** phys. *Inclinaison magnétique* : angle formé avec l'horizon par une aiguille aimantée. **3** Position penchée (de la tête...).

**inclination** n. f. ▪ **1** Action d'incliner (la tête ou le corps) en signe d'acquiescement ou de déférence. **II** fig. **1** Mouvement affectif, spontané vers qqn, qqch. → **penchant, tendance.** *Suivre ses inclinations.* **2** littér. Mouvement qui porte à aimer qqn.

**incliner** v. tr. 1 ▪ **I** v. tr. **1** Rendre oblique (ce qui est droit). → **baisser, courber, pencher.** *Incliner la tête.* **2** *INCLINER qqn À*, le rendre enclin à. → **inciter** à. **II** v. intr. littér. *INCLINER À* : être enclin, porté à (qqch.). ▶ **s'incliner** v. pron. **1** Se courber, se pencher. **2** fig. *S'incliner devant qqn,* reconnaître sa supériorité. ◆ S'avouer vaincu, renoncer à lutter. *Je m'incline.*

**inclure** v. tr. 35 ▪ **1** Mettre (qqch.) dans un ensemble. → **insérer, introduire. 2** abstrait (sujet chose) Comporter, impliquer.

**inclus, use** adj. ▪ **1** Contenu, compris (dans). *Jusqu'à la page dix incluse.* **2** *CI-INCLUS, CI-INCLUSE,* ci-joint. *La lettre ci-incluse.* ← (invar. avant le nom) *Ci-inclus notre facture.*

**inclusif, ive** adj. ▪ didact. Qui inclut (qqch.) en soi.

**inclusion** n. f. ▪ **1** Action d'inclure; ce qui est inclus. **2** math. Rapport entre deux ensembles dont l'un est compris dans l'autre.

**inclusivement** adv. ▪ En incluant (ce dont on vient de parler) (s'oppose à *exclusivement*).

**incoercible** [-kɔɛʁ-] adj. ▪ littér. Qu'on ne peut contenir, réprimer. → **irrépressible.**

**incognito** ▪ **1** adv. En faisant en sorte de ne pas être reconnu. **2** n. m. Situation de qqn qui cherche à ne pas être reconnu.

**incohérent, ente** adj. ▪ **1** Qui n'est pas cohérent. *Propos incohérents.* **2** Qui est sans unité. ▷ n. f. **incohérence**

**incollable** adj. ▪ **1** fam. Qu'on ne peut coller, qui répond à toutes les questions. **II** Qui ne colle pas. *Riz incollable.*

**incolore** adj. ▪ **1** Qui n'est pas coloré; sans couleur. **2** fig. Sans éclat. → **terne.**

**incomber** v. tr. ind. 1 ▪ 3ᵉˢ pers. seulement ▪ (obligation...) *INCOMBER À* : peser sur (qqn), être imposé à (qqn). *Ces responsabilités lui incombent.* ▪ impers. *C'est à vous qu'il incombe de,* c'est vous qui devez...

**incombustible** adj. ▪ Qui ne brûle pas.

**incommensurable** adj. ▪ didact. Non mesurable. ♦ cour. Très grand, très important.

**incommode** adj. ▪ **1** Peu pratique à l'usage. **2** littér. Désagréable, qui gêne. ▷ adv. **incommodément** ▷ n. f. **incommodité**

**incommoder** v. tr. [1] ▪ Causer une gêne physique à (qqn), mettre mal à l'aise. → **indisposer**. ◀ au p. p. *Être incommodé*, souffrant. ▷ **incommodant, ante** adj. → **gênant**.

**incommunicable** adj. ▪ **1** Dont on ne peut faire part à personne. **2** au plur. Qui ne peuvent être mis en communication. ▷ n. f. **incommunicabilité**

**incomparable** adj. ▪ **1** au plur. Qui ne peuvent être mis en comparaison. **2** À qui ou à quoi rien ne semble pouvoir être comparé (en bien) ; sans pareil. → **inégalable**.

**incomparablement** adv. ▪ Sans comparaison possible.

**incompatible** adj. ▪ **1** Qui ne peut coexister, être associé (avec autre chose). **2** dr. (fonctions...) Dont la loi interdit le cumul. ▷ n. f. **incompatibilité**

**incompétent, ente** adj. ▪ **1** Qui n'a pas les connaissances suffisantes pour juger (dans un domaine). **2** dr. Qui n'est pas juridiquement compétent. ▷ n. f. **incompétence**

**incomplet, ète** adj. ▪ Qui n'est pas complet. ▷ adv. **incomplètement**

**incompréhensible** adj. ▪ **1** (sens fort) Inconcevable. **2** (sens faible) Impossible ou difficile à comprendre, à expliquer. *Texte incompréhensible.* ▪ *Attitude incompréhensible.* ▷ n. f. **incompréhensibilité**

**incompréhensif, ive** adj. ▪ (personnes) Qui ne comprend pas autrui.

**incompréhension** n. f. ▪ Incapacité ou refus de comprendre qqn ou qqch.

**incompressible** adj. ▪ Qui n'est pas compressible.

**incompris, ise** adj. ▪ Qui n'est pas compris, apprécié. ◀ n. *Un incompris.*

**inconcevable** adj. ▪ **1** Dont l'esprit humain ne peut se former aucune représentation. *L'infini est inconcevable.* **2** Impossible ou difficile à imaginer, à croire. → **incompréhensible, incroyable, inimaginable.**

**inconciliable** adj. ▪ Qui n'est pas conciliable. → **incompatible.**

**inconditionnel, elle** adj. ▪ **1** Qui ne dépend d'aucune condition. → **absolu.** *Soutien inconditionnel.* **2** Partisan sans réserve de qqn ; d'un parti). ◀ n. *Des inconditionnels.* ▷ adv. **inconditionnellement**

**inconduite** n. f. ▪ Mauvaise conduite sur le plan moral. → **débauche.**

**inconfort** n. m. ▪ Manque de confort.

**inconfortable** adj. ▪ Qui n'est pas confortable. ▷ adv. **inconfortablement**

**incongru, ue** adj. ▪ Contraire aux usages, à la bienséance. *Une remarque incongrue.*

**incongruité** n. f. ▪ Action ou parole incongrue, déplacée.

**inconnaissable** adj. ▪ Qui ne peut être connu. ◀ n. m. Ce qui échappe à la connaissance humaine.

**inconnu, ue** adj. ▪ **1** (choses) Dont on ignore l'existence ou la nature. ◀ n. m. *La soif de l'inconnu.* **2** (personnes) Dont on ignore l'identité. *Enfant né de père inconnu.* ◀ loc. fam. *Inconnu au bataillon\*.* **3** (choses) Qu'on connaît très peu, faute d'expérience. ♦ Qu'on n'a encore jamais ressenti. → **nouveau. 4** (personnes) Dont on n'a jamais fait connaissance. ◀ n. *Un inconnu l'a abordé.* **5** Qui n'est pas connu, célèbre. ◀ n. plais. *Un illustre inconnu.*

**inconnue** n. f. ▪ math. Quantité inconnue (d'une équation). *Équation à deux inconnues.* ♦ Élément inconnu d'une situation.

**inconsciemment** [-amã] adv. ▪ De façon inconsciente, sans s'en rendre compte.

**inconscience** [-jãs] n. f. ▪ **1** Privation permanente ou momentanée de la conscience. **2** Absence de jugement. *C'est de l'inconscience.* → **folie.**

**inconscient, ente** [-jã, -ãt] adj. ▪ **1** À qui la conscience fait défaut. **2** Qui n'a pas conscience (de qqch.). *Être inconscient du danger.* ♦ absolt *Il est complètement inconscient.* → **fou.** ◀ n. m. *C'est un inconscient.* **3** (choses) Qui échappe à la conscience. *Mouvement inconscient.* II ◀ n. m. Ce qui échappe entièrement à la conscience, même quand le sujet cherche à le percevoir.

**inconséquence** n. f. ▪ **1** Manque de réflexion. **2** Action, parole inconséquente.

**inconséquent, ente** adj. ▪ littér. **1** (choses) Qui n'est pas conforme à la logique. ♦ Dont on n'a pas calculé les conséquences (qui risquent d'être fâcheuses). **2** (personnes) En contradiction avec soi-même. ♦ Qui ne calcule pas les conséquences de ses actes.

**inconsidéré, ée** adj. ▪ Qui témoigne d'un manque de réflexion. → **imprudent, irréfléchi.** ▷ adv. **inconsidérément**

**inconsistant, ante** adj. ▪ **1** Qui manque de consistance morale, de cohérence. *Un caractère inconsistant.* **2** Sans intérêt, sans profondeur (récit...). ▷ n. f. **inconsistance**

**inconsolable** adj. ▪ Qu'on ne peut consoler.

**inconsolé, ée** adj. ▪ Qui n'est pas consolé.

**inconstant, ante** adj. ▪ **1** Qui n'est pas constant, change facilement (d'opinion, etc.). → **changeant, instable, versatile.** ♦ spécialt Infidèle en amour. **2** (choses) littér. Qui est sujet à changer. ▷ n. f. **inconstance**

**inconstitutionnel, elle** adj. ▪ Qui n'est pas en accord avec la Constitution d'un État. ▷ n. f. **inconstitutionnalité**

**inconstructible** adj. ▪ (terrain) Où l'on ne peut construire.

**incontestable** adj. ▪ **1** Que l'on ne peut contester. → **certain, sûr. 2** Indiscutable. *C'est un incontestable chef-d'œuvre.* ▷ **incontestablement** adv. → **assurément.**

**incontesté, ée** adj. ▪ Qui n'est pas contesté.

**incontinence** n. f. ▪ **1** Absence de retenue (dans le langage). **2** méd. Émission involontaire d'urine ou de matières fécales.

① **incontinent, ente** adj. ▪ **1** Qui manque de retenue, de modération. **2** méd. Atteint d'incontinence (2).

② **incontinent** adv. ▪ vieilli Sur-le-champ.

**incontournable** adj. ▪ Que l'on ne peut éviter ; dont il faut tenir compte.

**incontrôlable** adj. ▪ Qui n'est pas contrôlable.

**incontrôlé, ée** adj. ▪ **1** Qui n'est pas contrôlé. *Des nouvelles incontrôlées.* **2** Qui échappe à toute autorité. *Des éléments incontrôlés* (dans une manifestation).

**inconvenance** n. f. ▪ littér. **1** Caractère inconvenant. **2** Parole, action inconvenante.

**inconvenant, ante** adj. ▪ littér. Qui est contraire aux convenances, aux usages. → **choquant.** ◆ spécialt Qui enfreint les règles sociales, en matière sexuelle. → **indécent.**

**inconvénient** [-jã] n. m. ▪ **1** Conséquence fâcheuse (d'une action, d'une situation). ◆ *Si vous n'y voyez pas d'inconvénient :* si cela ne vous dérange pas. **2** Désavantage inhérent à une chose qui, par ailleurs, est ou peut être bonne.

**inconvertible** adj. ▪ Qu'on ne peut convertir (2). *Monnaie inconvertible.*

**incorporation** n. f. ▪ Action d'incorporer. → **mélange ; intégration.**

**incorporel, elle** adj. ▪ **1** Qui n'a pas de corps, n'est pas matériel. **2** dr. *Biens incorporels :* les droits, sauf le droit de propriété.

**incorporer** v. tr. ⎣1⎦ ▪ **1** Unir intimement (une matière à une autre). → **mélanger. 2** Faire entrer comme partie dans un tout. → **joindre, réunir.** ◆ Enrôler (un conscrit).

**incorrect, ecte** [-ɛkt] adj. ▪ **1** Qui n'est pas correct (dans le domaine intellectuel, technique...). *Expression incorrecte.* → **impropre. 2** Contraire aux usages, aux bienséances. *Tenue incorrecte.* ◆ *Être incorrect avec qqn.* ▷ adv. **incorrectement**

**incorrection** n. f. ▪ **1** Défaut de correction du style. ◆ Expression incorrecte (1). **2** Caractère de ce qui est incorrect (2). → **inconvenance, indélicatesse.** ◆ Parole ou action incorrecte.

**incorrigible** adj. ▪ **1** Qui persévère dans ses défauts, ses erreurs. ◆ plais. *Un incorrigible optimiste.* **2** (erreurs, défauts) Qui persiste chez qqn. ▷ adv. **incorrigiblement**

**incorruptible** adj. ▪ **1** (choses) Qui ne s'altère pas. → **inaltérable. 2** (personnes) Qui ne se laisse pas corrompre. → **intègre.** ▷ n. f. **incorruptibilité**

**incrédule** adj. ▪ **1** Qui ne croit pas, qui doute (en matière de religion). → **sceptique.** ◆ n. *Les incrédules.* **2** Qui se laisse difficilement persuader. ◆ Qui marque un doute. *Un sourire incrédule.* ▷ n. f. **incrédulité**

**incréé, ée** adj. ▪ relig. Qui existe sans avoir été créé.

**increvable** adj. ▪ **1** Qui ne peut être crevé. **2** fig., fam. Qui n'est jamais fatigué.

**incriminer** v. tr. ⎣1⎦ ▪ Mettre (qqn, qqch.) en cause ; accuser (qqn).

**incroyable** ▪ **I** adj. **1** Qu'il est impossible ou très difficile de croire. → **étonnant, invraisemblable. 2** Peu commun, peu ordinaire. → **extraordinaire, inouï.** *Un courage incroyable.* **3** (personnes) Dont le comportement étonne. **II** n. hist. *Les Incroyables :* sous le Directoire, Jeunes gens qui affichaient une recherche extravagante dans leur mise et dans leur langage.

**incroyablement** adv. ▪ D'une manière incroyable. → **extrêmement.**

**incroyant, ante** adj. ▪ Qui n'est pas croyant, refuse la foi religieuse. ◆ n. *Les incroyants.* → **athée.** ▷ n. f. **incroyance**

**incrustation** n. f. ▪ **1** Action d'incruster. ◆ Ornement incrusté. **2** Dépôt pierreux laissé par une eau calcaire. **3** audiovis. Insertion d'une image dans une autre.

**incruste** n. f. ▪ fam. **1** Fait de s'incruster (chez qqn...). ◆ loc. *Taper l'incruste,* se faire inviter. → **s'incruster** (2). **2** audiovis. Incrustation (3).

**incruster** v. tr. ⎣1⎦ ▪ **1** Orner (un objet, une surface) en insérant des fragments d'une autre matière. ◆ au p. p. *Poignard incrusté d'or.* ◆ Insérer dans une surface (des fragments ornementaux). *Incruster de l'émail.* **2** (sujet chose) Couvrir d'un dépôt. **3** télév. Réaliser l'incrustation (3) (d'une image). ▪ **s'incruster** v. pron. **1** Adhérer fortement. **2** fig., fam. (personnes) *S'incruster chez qqn,* ne plus en partir.

**incubateur** n. m. ▪ → **couveuse** (2).

**incubation** n. f. ▪ **1** Action de couver des œufs ; développement de l'embryon dans l'œuf. **2** Temps qui s'écoule entre la contagion et l'apparition des symptômes d'une maladie. **3** fig. Période pendant laquelle un événement se prépare.

**incube** n. m. ▪ relig. Démon censé abuser d'une femme pendant son sommeil. ≠ *succube.*

**inculper** v. tr. ⎣1⎦ ▪ Imputer à (qqn) une infraction sanctionnée pénalement. ▶ **inculpé, ée** adj. et n. ▷ n. f. **inculpation**

**inculquer** v. tr. ⎣1⎦ ▪ Faire entrer (qqch.) dans l'esprit d'une façon durable, profonde.

**inculte** adj. ▪ **I 1** (sol...) Qui n'est pas cultivé. **2** (cheveux...) Qui n'est pas soigné. **II** (personnes) Sans culture intellectuelle.

**inculture** n. f. ▪ Absence de savoir.

**incunable** n. m. ▪ Ouvrage imprimé antérieur à 1500 (très rare).

**incurable** adj. ▪ Qui ne peut être guéri.

**incurie** n. f. ▪ Manque de soin, d'organisation. → **négligence.**

**incuriosité** n. f. ▪ Absence de curiosité.

**incursion** n. f. ▪ **1** Entrée d'envahisseurs en pays ennemi. ◆ Entrée brusque. **2** fig. Fait de pénétrer momentanément dans un domaine qui n'est pas le sien.

**incurver** v. tr. ① ▪ Rendre courbe.

**indécence** n. f. ▪ 1 rare Manque de correction. → **impudence.** 2 Caractère impudique. 3 Action, parole indécente.

**indécent, ente** adj. ▪ 1 vieilli Choquant. → **inconvenant.** 2 Contraire à la décence. → **impudique, obscène.** 3 Qui choque par sa démesure. *Une chance indécente.* ▷ adv. **indécemment** [-amã]

**indéchiffrable** adj. ▪ Qui ne peut être déchiffré. → **illisible.** ◆ Incompréhensible.

**indécis, ise** adj. ▪ 1 (choses) Qui n'est pas décidé, certain. ◆ Qui n'est pas bien déterminé. → **imprécis, vague.** *Des formes indécises.* 2 (personnes) Qui a du mal à se décider. ← n. *Un perpétuel indécis.*

**indécision** n. f. ▪ Hésitation, incertitude.

**indécrottable** adj. ▪ fam. Qu'on ne peut débarrasser de ses manières grossières.

**indéfectible** adj. ▪ littér. Qui ne peut cesser d'être. *Une amitié indéfectible.*

**indéfendable** adj. ▪ 1 rare Qui ne peut être défendu contre l'ennemi. 2 abstrait Trop mauvais pour être défendu.

**indéfini, ie** adj. ▪ 1 Dont les limites ne peuvent être déterminées. → **illimité.** 2 Qui n'est pas défini, qu'on ne peut définir. → **imprécis, vague.** 3 gramm. Qui sert à présenter un concept sous son aspect le plus général. *Articles, pronoms, adjectifs indéfinis.* ← n. m. *Un indéfini.*

**indéfiniment** adv. ▪ → **perpétuellement.**

**indéfinissable** adj. ▪ 1 Qu'on ne peut définir. 2 Dont on ne saurait préciser la nature. → **indescriptible, indicible.**

**indéfrisable** n. f. ▪ vieilli Frisure artificielle.

**indéhiscent, ente** adj. ▪ bot. (fruit) Qui ne s'ouvre pas spontanément, à l'époque de la maturité.

**indélébile** adj. ▪ Qui ne peut s'effacer (sens propre et fig.).

**indélicat, ate** adj. ▪ 1 Qui manque de délicatesse morale. 2 Malhonnête.

**indélicatesse** n. f. ▪ 1 Défaut d'une personne indélicate. → **grossièreté.** 2 Procédé, acte indélicat. → **malhonnêteté.**

**indémaillable** adj. ▪ (tissu) Dont les mailles ne peuvent se défaire.

**indemne** adj. ▪ Qui n'a éprouvé aucun dommage. *Sortir indemne d'un accident.*

**indemnisation** n. f. ▪ Action d'indemniser. ◆ Somme fixée pour indemniser.

**indemniser** v. tr. ① ▪ Dédommager (qqn) de ses pertes, de ses frais, etc.

**indemnité** n. f. ▪ 1 Somme attribuée en réparation d'un dommage. 2 Somme versée en compensation d'un frais. → **allocation.**

**indémodable** adj. ▪ Qui ne peut se démoder.

**indémontrable** adj. ▪ Qui ne peut être démontré, prouvé.

**indéniable** adj. ▪ Qu'on ne peut nier ou réfuter. → **certain, incontestable, indiscutable.** ▷ adv. **indéniablement**

**indépendamment** adv. ▪ *INDÉPENDAMMENT DE* loc. prép. 1 En faisant abstraction de. 2 En plus de. → ② **outre.**

**indépendance** n. f. ▪ I 1 État d'une personne indépendante. 2 Caractère indépendant. 3 Situation d'une collectivité qui n'est pas soumise à une autre. → **autonomie.** II Absence de relation, de dépendance (entre des phénomènes...).

**indépendant, ante** adj. ▪ I 1 Qui ne dépend pas (de qqn, de qqch.) ; libre de toute dépendance. 2 Qui aime l'indépendance, ne veut être soumis à personne. 3 Qui jouit de l'indépendance politique. II 1 *INDÉPENDANT DE* : qui n'a pas de rapport avec (qqch.). 2 au plur. Sans dépendance mutuelle. *Roues indépendantes.* 3 (logement) Qui est séparé des logements contigus. 4 gramm. *Proposition indépendante,* qui ne dépend d'aucune autre.

**indépendantiste** adj. et n. ▪ Partisan de l'indépendance, de l'autonomie politique. → **autonomiste.** ▷ n. m. **indépendantisme**

**indéracinable** adj. ▪ Qu'on ne peut arracher de l'esprit, de la conscience.

**indescriptible** adj. ▪ Si fort, si important, etc. qu'on ne peut le décrire. → **indicible, inexprimable.**

**indésirable** adj. ▪ 1 Qui n'est pas désiré, souhaité. 2 Qu'on ne désire pas accueillir dans un groupe. ← n. *Des indésirables.*

**indestructible** adj. ▪ 1 Qui ne peut être détruit. 2 abstrait Que rien ne peut altérer.

**indétectable** adj. ▪ Qu'on ne peut détecter.

**indétermination** n. f. ▪ 1 Caractère de ce qui n'est pas défini ou connu avec précision. 2 État d'une personne qui hésite.

**indéterminé, ée** adj. ▪ 1 Qui n'est pas déterminé, fixé. 2 (personnes) rare → **indécis.**

**indéterminisme** n. m. ▪ philos. Théorie selon laquelle les phénomènes ne sont pas soumis à une détermination causale stricte.

**index** [-ɛks] n. m. ▪ I Doigt de la main le plus proche du pouce. II 1 Table alphabétique (de sujets, de noms cités) accompagnée de références. 2 *L'Index* : catalogue des livres interdits par l'Église catholique (avant 1965). ◆ loc. *Mettre qqn, qqch. à l'index.* → **exclure, proscrire.**

**indexer** v. tr. ① ▪ 1 Lier les variations de (une valeur) à celles d'un indice (II, 2) déterminé. 2 Attribuer à (un document) une marque distinctive. ▷ n. f. **indexation**

**indicateur, trice** ▪ I n. Personne qui renseigne la police en échange d'argent ou de protection. II n. m. 1 Livre, brochure donnant des renseignements. 2 Instrument, etc. fournissant des indications sur un phénomène. *Indicateur de vitesse.* 3 Variable significative (en statistique...). III adj. Qui fournit une indication.

**indicatif, ive** ▪ I adj. Qui indique. *À titre indicatif.* II n. m. 1 Mode verbal convenant à l'énoncé de la réalité. 2 Fragment musical qui annonce une émission (radio, etc.).

**indication** n. f. ■ **1** Action d'indiquer. **2** Ce qui indique qqch. → **indice, signe. 3** Information indiquée. **4** méd. Cas où un traitement est indiqué (opposé à *contre-indication*).

**indice** n. m. ■ **1** Signe apparent qui indique qqch. avec probabilité. *Un indice de colère.* **II 1** math. Indication qui caractérise un signe. *a_n se lit « a indice n ».* **2** Nombre qui exprime un rapport. ← *Indice des prix,* mesurant l'évolution des prix.

**indicible** adj. ■ Qu'on ne peut exprimer.

**indiciel, ielle** adj. ■ Relatif à un indice.

**indien, ienne** adj. et n. ■ **1** De l'Inde. **II** Des autochtones d'Amérique. → **amérindien.**

**indienne** n. f. ■ Toile de coton peinte ou imprimée (fabriquée d'abord aux Indes).

**indifféremment** [-amɑ̃] adv. ■ Sans distinction, sans faire de différence.

**indifférence** n. f. ■ **1** État de qqn qui n'éprouve ni douleur, ni plaisir, ni crainte, ni désir. → **apathie, insensibilité. 2** *Indifférence à, pour* (qqch.). → **détachement. 3** Absence d'intérêt pour qqn. ♦ spécialt Absence d'amour.

**indifférencié, ée** adj. ■ Qui n'est pas différencié. *Cellules vivantes indifférenciées.*

**indifférent, ente** adj. ■ **I** (choses, personnes) **1** Sans intérêt, sans importance. *Parler de choses indifférentes.* **2** Qui ne fait pas de différence (avec qqch.). *Cela m'est indifférent.* → **égal. II** Qui n'est pas intéressé, ému. → **froid, insensible.** ♦ Qui marque de l'indifférence en amour.

**indifférer** v. tr. ind. ⑥ ■ fam. Être indifférent (surtout 3ᵉ pers. ; avec pronom compl.). *Cela m'indiffère,* cela m'est égal.

**indigence** n. f. ■ **1** État d'une personne indigente. → **misère, pauvreté. 2** fig., littér. Pauvreté (intellectuelle, morale).

**indigène** adj. et n. ■ **1** didact. Né dans le pays dont il est originaire. → **aborigène, autochtone. 2** adj. (animal, plante) Qui vit naturellement dans une région. **3** vieilli Originaire d'un pays d'outre-mer (avant la décolonisation).

**indigent, ente** adj. ■ **1** Qui manque des choses nécessaires à la vie. ← n. *Aide aux indigents.* **2** fig., littér. Insuffisant, médiocre.

**indigeste** adj. ■ **1** Difficile à digérer. **2** fig. Difficile à assimiler. *Un livre indigeste.*

**indigestion** n. f. ■ **1** Indisposition momentanée due à une mauvaise digestion. **2** fig. Satiété, dégoût (de qqch.).

**indignation** n. f. ■ Sentiment de colère que soulève ce qui heurte la conscience morale, le sentiment de la justice.

**indigne** adj. ■ **I** *INDIGNE DE* **1** Qui n'est pas digne de (qqch.), qui ne mérite pas. **2** Qui n'est pas à la hauteur de (qqn). *Une tâche indigne de lui.* **II** absolt **1** Qui n'est pas digne de son rôle. *Père indigne.* **2** (choses) Très condamnable. ▷ adv. **indignement**

**indigné, ée** adj. ■ Qui éprouve ou marque de l'indignation. → **outré.**

**indigner** v. tr. ① ■ Remplir d'indignation. → **révolter, scandaliser.** ► s'**indigner** v. pron.

**indignité** n. f. ■ **1** Caractère indigne (II). → **bassesse. 2** Action, conduite indigne.

**indigo** n. m. ■ **1** Teinture bleue, extraite autrefois d'un arbrisseau exotique (l'*indigotier* n. m.). **2** Bleu violacé très sombre. ← adj. invar. *Des étoffes indigo.*

**indiquer** v. tr. ① ■ **1** Faire voir d'une manière précise, par un geste, un repère, un signal. *L'horloge indique l'heure.* **2** Faire connaître (à qqn) ce qu'il a besoin de connaître. *Indiquez-moi vos intentions.* **3** (sujet chose) Faire connaître en servant d'indice. *Les traces indiquent un passage.* **4** Représenter, décrire en s'en tenant aux traits essentiels. → **esquisser.** ► **indiqué, ée** adj. **1** Déterminé, fixé. *À l'heure indiquée.* **2** Signalé comme étant bon, efficace (remède...). **3** Adéquat, opportun. *C'est le moyen indiqué !*

**indirect, ecte** [-ɛkt] adj. ■ **1** Qui n'est pas direct, qui fait des détours. **2** Qui comporte des intermédiaires. ♦ gramm. *Complément indirect,* construit avec une préposition. *Verbe transitif indirect* (ex. parler à qqn). ← *Discours indirect,* rapportant les paroles de qqn sous forme de propositions subordonnées (ex. Il m'a dit qu'il accepterait). ▷ adv. **indirectement**

**indiscernable** adj. ■ **1** Qui ne peut être discerné (d'autre chose). **2** Dont on ne peut se rendre compte précisément.

**indiscipline** n. f. ■ Manque de discipline.

**indiscipliné, ée** adj. ■ Qui n'est pas discipliné, qui n'observe pas la discipline. ♦ *Cheveux indisciplinés,* difficiles à coiffer.

**indiscret, ète** adj. ■ **1** Qui manque de discrétion, de retenue dans les relations sociales. **2** Qui dénote de l'indiscrétion. *Une curiosité indiscrète.* **3** Qui ne sait pas garder un secret. ▷ adv. **indiscrètement**

**indiscrétion** n. f. ■ **1** Manque de discrétion, de retenue dans les relations sociales. **2** Fait de révéler un secret. ♦ Racontar.

**indiscutable** adj. ■ Qui s'impose par son évidence, son authenticité. → **évident, incontestable.** ▷ adv. **indiscutablement**

**indispensable** adj. ■ Dont on ne peut se passer. ← n. m. *L'indispensable :* ce qui est indispensable. ▷ adv. **indispensablement**

**indisponible** adj. ■ Qui n'est pas disponible. ▷ n. f. **indisponibilité**

**indisposé, ée** adj. ■ **1** Affecté d'une indisposition. **2** (femme) Qui a ses règles.

**indisposer** v. tr. ① ■ **1** Altérer légèrement la santé de (qqn), mettre mal à l'aise. → **incommoder. 2** Déplaire à (qqn).

**indisposition** n. f. ■ Légère altération de la santé. → **malaise ; fatigue.**

**indissociable** adj. ■ Qu'on ne peut dissocier, séparer.

**indissoluble** adj. ■ (abstrait) Qui ne peut être dissous, délié, désuni. ▷ adv. **indissolublement** ▷ n. f. **indissolubilité**

**indistinct, incte** [-ɛ̃(kt), ɛ̃kt] adj. ■ Qui n'est pas distinct. → **imprécis, vague.**

**indistinctement** adv. ■ **1** D'une manière indistincte. → **confusément. 2** Sans distinction. → **indifféremment.**

**individu** n. m. ■ **I 1** sc. Être formant une unité distincte (dans une classification). → **exemplaire, spécimen. 2** Corps organisé vivant d'une existence propre et qui ne saurait être divisé sans être détruit (plante, animal...). **3** Unité élémentaire dont se composent les sociétés, notamment la collectivité humaine (→ **personne**). ◆ Être humain, en tant qu'être particulier. **II** péj. Homme quelconque. *Un sinistre individu.*

**individualiser** v. tr. ① ■ **1** Différencier par des caractères individuels. → **caractériser, distinguer. 2** Rendre individuel (en adaptant, etc.). ━ au p. p. *Enseignement individualisé.* ► s'**individualiser** v. pron. Acquérir ou accentuer des caractères distinctifs. ▷ n. f. **individualisation**

**individualisme** n. m. ■ Théorie, tendance ou attitude qui privilégie la valeur et les droits de l'individu. ▷ adj. et n. **individualiste**

**individualité** n. f. ■ **1** Caractères par lesquels qqn ou qqch. diffère des autres. → **originalité, particularité. 2** Individu, considéré dans ce qui le différencie des autres.

**individuel, elle** adj. ■ **1** De l'individu, propre à un individu. → **personnel, propre. 2** Qui concerne une seule personne, (opposé à *collectif*). ▷ adv. **individuellement**

**indivis, ise** adj. ■ dr. Sur lequel plusieurs personnes ont un droit et qui n'est pas divisé entre elles (bien). ▷ n. f. **indivision**

**indivisible** adj. ■ Qui n'est pas divisible. *La République française, proclamée une et indivisible en 1791.* ▷ n. f. **indivisibilité**

**indocile** adj. ■ littér. Qui n'est pas docile. → **désobéissant, rebelle.** ▷ n. f. **indocilité**

**indo-européen, éenne** adj. ■ Se dit de langues d'Europe et d'Asie qui ont une origine commune, répandues de l'Inde à l'Europe occidentale. ◆ Se dit des peuples qui parlent ces langues.

**indolence** n. f. ■ littér. Disposition à éviter l'effort. → **mollesse, nonchalance.**

**indolent, ente** adj. ■ littér. Qui évite de faire des efforts. ▷ adv. **indolemment** [-amɑ̃]

**indolore** adj. ■ (choses) Non douloureux.

**indomptable** [-d5(p)t-] adj. ■ **1** Qu'on ne peut dompter (animaux). **2** littér. Qu'on ne peut soumettre. → **inflexible.**

**indu, ue** adj. ■ Qui va à l'encontre de l'usage. ━ *Rentrer à une heure indue,* très tard. ◆ Qui n'est pas fondé. *Réclamation indue.*

**indubitable** adj. ■ littér. Dont on ne peut douter. ▷ adv. **indubitablement**

**inductance** n. f. ■ phys. Quotient du flux d'induction créé par un courant (dans un circuit) par l'intensité de ce courant.

**inducteur, trice** ■ **1** adj. Qui produit l'induction (II). **2** n. m. Aimant ou électroaimant produisant un champ inducteur.

**inductif, ive** adj. ■ **I** log. Qui procède par induction (I). **II** phys. De l'induction (II).

**induction** n. f. ■ **I** Opération mentale qui consiste à remonter des faits à la loi, du particulier au général. → **généralisation**; ≠ *déduction.* **II** phys. Transmission d'énergie électrique ou magnétique par l'intermédiaire d'un aimant ou d'un courant.

**induire** v. tr. ③⑧ p. p. *induit, ite* ■ **1** vieilli Inciter (qqn) à faire qqch. ◆ mod. loc. *Induire qqn en erreur,* le tromper. **2** log. Trouver par l'induction. → **inférer**; ≠ *déduire.*

**induit, ite** adj. ■ phys. *Courant induit,* produit par induction (II). ◆ n. m. Organe dans lequel prennent naissance les forces électromotrices produites par un inducteur.

**indulgence** n. f. ■ **1** Facilité à excuser, à pardonner. → **compréhension. 2** relig. cathol. Remise des peines méritées par les péchés, accordée par l'Église.

**indulgent, ente** adj. ■ Qui a de l'indulgence. → **bienveillant, favorable.**

**indûment** adv. ■ D'une manière indue.

**induration** n. f. ■ méd. Durcissement d'un tissu organique (peau, etc.).

**industrialiser** v. tr. ① ■ **1** Exploiter industriellement; organiser en industrie. **2** Équiper d'industries (une région, un pays...). ▷ n. f. **industrialisation**

**industrie** n. f. ■ **I 1** vx Habileté, art (→ industrieux). **2** littér. Métier. ━ plais. *Voleur qui exerce sa coupable industrie.* **II 1** vieilli Activités techniques qui produisent et font circuler les richesses. **2** Ensemble des activités économiques ayant pour objet l'exploitation des richesses minérales et des sources d'énergie, la transformation des matières premières en produits fabriqués. *Industrie lourde,* qui transforme les matières premières. **3** Secteur industriel.

**industriel, elle** ■ **I** adj. **1** Qui a rapport à l'industrie (II). **2** Produit par l'industrie. ◆ Qui emploie les procédés de l'industrie (opposé à *artisanal*). **3** Où l'industrie est développée. **II** n. (fém. rare) Chef d'un établissement industriel. ▷ adv. **industriellement**

**industrieux, euse** adj. ■ littér. Qui montre de l'adresse, de l'habileté.

**-ine** Élément savant, qui sert notamment à former les noms d'alcaloïdes (ex. *caféine*).

**inébranlable** adj. ■ **1** Qu'on ne peut ébranler. → **solide. 2** (personnes) Qui ne se laisse pas abattre. ◆ Qu'on ne peut faire changer de dessein, d'opinion. → **inflexible.** ━ (choses) *Une certitude inébranlable.*

**inédit, ite** adj. ■ **1** (texte) Qui n'a pas été édité. ━ n. m. *Publier un inédit.* **2** Qui n'est pas connu. → **nouveau.** ━ n. m. *C'est de l'inédit.*

**ineffable** adj. ■ littér. Qui ne peut être exprimé par des paroles (se dit de choses agréables). **2** iron. → **inénarrable.**

**ineffaçable** adj. ■ Qui ne peut être effacé.

**inefficace** adj. ■ Qui n'est pas efficace. → **inopérant.** ▷ adv. **inefficacement**

**inefficacité** n. f. ■ Caractère inefficace.

**inégal, ale, aux** adj. ■ **I 1** au plur. De quantités, natures ou qualités différentes. *Des forces inégales.* ➙ **différent.** *Importance inégale.* **2** Dont les éléments ne sont pas égaux. *Combat inégal.* **II 1** Qui n'est pas uni, lisse. **2** Irrégulier. *Pouls inégal.* **3** Qui n'est pas constant. ➙ **changeant. 4** Dont la qualité n'est pas constamment bonne.

**inégalable** adj. ■ Qui ne peut être égalé.

**inégalé, ée** adj. ■ Qui n'est pas égalé.

**inégalement** adv. ■ De manière inégale.

**inégalitaire** adj. ■ Caractérisé par des inégalités sociales (s'oppose à *égalitaire*).

**inégalité** n. f. ■ **I 1** Défaut d'égalité. ➙ **différence, disproportion.** ♦ Absence d'égalité (entre humains). **2** Rapport entre deux quantités inégales. **II** Défaut d'uniformité, de régularité. *Inégalité de terrain.* ➙ **accident.**

**inélégant, ante** adj. ■ **1** Qui n'est pas élégant. **2** Qui n'est pas très correct. ➙ **indélicat.** ▷ n. f. **inélégance**

**inéligible** adj. ■ Qui ne peut pas être élu. ▷ n. f. **inéligibilité**

**inéluctable** adj. ■ Qu'on ne peut empêcher, éviter. *Conséquences inéluctables.* ➙ **inévitable ; fatal.** ▷ adv. **inéluctablement**

**inénarrable** adj. ■ **1** vx Qu'on ne peut raconter. **2** mod. Bizarre et comique.

**inepte** adj. ■ Tout à fait absurde, stupide.

**ineptie** n. f. ■ **1** Caractère de ce qui est inepte. **2** Action, parole inepte.

**inépuisable** adj. ■ **1** Qu'on ne peut épuiser. *Source inépuisable.* **2** ➙ **intarissable** (2).

**inéquation** [-kwa-] n. f. ■ math. Inégalité conditionnelle dépendant de variables.

**inerte** adj. ■ **1** Qui n'a ni activité ni mouvement propre. *La matière inerte.* **2** Sans signe de vie. ♦ (personnes) Sans réaction.

**inertie** n. f. ■ **1** sc. Propriété qu'ont les corps de ne pouvoir d'eux-mêmes changer l'état de repos ou de mouvement où ils se trouvent. ➙ *FORCE D'INERTIE :* résistance au mouvement ; fig. résistance, apathie (de qqn). **2** cour. Manque d'activité, d'énergie.

**inespéré, ée** adj. ■ Que l'on n'espérait pas.

**inesthétique** adj. ■ **1** philos. Sans rapport avec l'esthétique. **2** Sans beauté. ➙ **laid.**

**inestimable** adj. ■ **1** didact. Impossible à estimer, à évaluer. **2** Dont la valeur dépasse toute estimation. ➙ **inappréciable.**

**inévitable** adj. ■ **1** Qu'on ne peut éviter. ➙ n. m. *Se résigner à l'inévitable.* **2** plais. Qui est toujours là ; qu'il faut subir. *Son inévitable cigare.* ▷ adv. **inévitablement**

**inexact, acte** [-a(kt), akt] adj. ■ **1** Qui n'est pas exact. ➙ **faux.** ▷ adv. **inexactement** **2** Qui manque de ponctualité.

**inexactitude** n. f. ■ **1** Manque d'exactitude. **2** Erreur. **3** Manque de ponctualité.

**inexcusable** adj. ■ Qu'il est impossible d'excuser. ➙ **impardonnable.**

**inexistant, ante** adj. ■ **1** littér. Qui n'existe pas. ➙ **irréel. 2** Sans valeur, sans efficacité.

**inexistence** n. f. ■ Fait de ne pas exister.

**inexorable** adj. ■ littér. **1** Sans pitié. ➙ **impitoyable. 2** À quoi l'on ne peut se soustraire. ▷ adv. **inexorablement**

**inexpérience** n. f. ■ Manque d'expérience.

**inexpérimenté, ée** adj. ■ Sans expérience. ➙ **novice.**

**inexpiable** adj. ■ littér. **1** Qui ne peut être expié. **2** Que rien ne peut faire cesser.

**inexplicable** adj. ■ Impossible ou difficile à (s')expliquer. *Son comportement ne s'explique pas.* ▷ adv. **inexplicablement**

**inexpliqué, ée** adj. ■ Non expliqué.

**inexploitable** adj. ■ Qu'on ne peut exploiter ou utiliser. ➙ **inutilisable.**

**inexploité, ée** adj. ■ Qui n'est pas exploité.

**inexploré, ée** adj. ■ Qui n'a pas été exploré.

**inexpressif, ive** adj. ■ Qui n'est pas expressif. ➙ **froid, terne.**

**inexprimable** adj. ■ **1** Qu'il est impossible d'exprimer. ➙ **indicible. 2** Trop intense ou trop complexe pour pouvoir être exprimé.

**inexprimé, ée** adj. ■ Non exprimé.

**inexpugnable** [-pygnabl ; -pynabl] adj. ■ littér. Qui résiste aux attaques.

**in extenso** [inɛkstɛ̃so] loc. adv. et adj. invar. ■ littér. Dans toute sa longueur (d'un texte). ➙ **intégralement ; intégral.**

**inextinguible** adj. ■ littér. Qu'il est impossible d'éteindre, d'apaiser, d'arrêter.

**in extremis** [inɛkstʀemis] loc. adv. et adj. invar. ■ **1** À l'article de la mort, à la dernière extrémité*. **2** Au dernier moment.

**inextricable** adj. ■ **1** Qu'on ne peut démêler. **2** Dont on ne peut sortir. *Dédale inextricable.* ▷ adv. **inextricablement**

**infaillible** adj. ■ **1** vx Certain, inévitable. **2** Qui ne peut manquer de réussir. *Un moyen infaillible.* **3** (personnes) Qui ne peut pas se tromper, qui n'est pas sujet à l'erreur. ➙ *Un instinct infaillible.* ➙ **sûr.** ▷ adv. **infailliblement** ▷ n. f. **infaillibilité**

**infaisable** [-fə-] adj. ■ Qui ne peut être fait. ➙ **impossible, irréalisable.**

**infamant, ante** adj. ■ littér. Qui entache l'honneur, la réputation. ➙ **déshonorant.**

**infâme** adj. ■ **1** littér. Infamant. *Un infâme trafic.* ➙ **dégradant, honteux. 2** Détestable, odieux. *Une infâme canaille.* ➙ **ignoble, vil. 3** Répugnant.

**infamie** n. f. ■ littér. **1** Atteinte à la réputation de qqn. **2** Caractère infâme. ➙ **abjection, bassesse. 3** Action, parole infâme.

**infant, ante** n. ■ Titre donné aux enfants puînés des rois d'Espagne et du Portugal.

**infanterie** n. f. ■ **1** ancient Ensemble des soldats qui allaient et combattaient à pied. **2** Arme chargée de la conquête et de l'occupation du terrain (➙ **fantassin**).

**infanticide** ■ **I** n. m. Meurtre d'un enfant (spécialt d'un nouveau-né). **II** adj. et n. (Personne) qui tue volontairement un enfant (spécialt un nouveau-né).

**infantile** adj. ■ **1** Relatif à la première enfance. *Maladies infantiles.* **2** péj. (d'un adulte) Puéril. *Une réaction infantile.*

**infantiliser** v. tr. 1 ■ Rendre infantile (2).

**infantilisme** n. m. ■ **1** didact. État d'un adulte qui présente des caractères propres à l'enfant. **2** Caractère infantile (2).

**infarctus** [ɛ̃faʀktys] n. m. ■ méd. Altération d'un tissu, d'un organe par obstruction de l'artère qui assure son irrigation. *Infarctus du myocarde* (du cœur).

**infatigable** adj. ■ Qui ne peut se fatiguer, qui ne se fatigue pas facilement. ▷ **infatigablement** adv. → **inlassablement.**

**infatuation** n. f. ■ littér. Satisfaction de soi d'une personne infatuée. → **fatuité.**

**infatuer** v. tr. 1 ■ littér. Inspirer à (qqn) un engouement excessif. ← pronom. *S'infatuer de qqch.; de ses qualités, de soi.* ▶ **infatué, ée** p. p. → **fat, prétentieux, vaniteux.**

**infécond, onde** adj. ■ didact. **1** Qui n'est pas fécond. → **stérile. 2** Qui ne produit rien. ▷ **infécondité** n. f. didact.

**infect, ecte** [-ɛkt] adj. ■ **1** (odeur, goût...) Répugnant. **2** Très mauvais dans son genre. *Repas infect.* **3** Moralement ignoble.

**infecter** v. tr. 1 ■ **I** vieilli Imprégner (l'air) d'émanations malsaines. → **polluer. II 1** Communiquer, transmettre (à l'organisme) des germes pathogènes. ← pronom. *La plaie s'infecte.* ← au p. p. *Une blessure infectée.* **2** par métaph. (virus informatique) Affecter (un programme...). ← au p. p. *Un fichier infecté.*

**infectieux, euse** adj. ■ Qui communique l'infection. *Germe infectieux.* ◆ Qui s'accompagne d'infection. *Maladie infectieuse.*

**infectiologie** n. f. ■ didact. Discipline médicale qui étudie les maladies infectieuses. → **épidémiologie.**

**infection** n. f. ■ **I 1** vieilli Puanteur. **2** Chose infecte. **II 1** Entrée dans l'organisme de germes pathogènes. **2** Maladie infectieuse.

**inféoder** v. tr. 1 ■ **1** au moyen âge Donner (une terre) en fief. **2** Soumettre (à une autorité). ← pronom. *S'inféoder à un parti.*

**inférence** n. f. ■ Opération logique par laquelle on admet une proposition en vertu de sa liaison avec d'autres propositions déjà tenues pour vraies. → **induction.**

**inférer** v. tr. 6 ■ Établir par inférence.

**inférieur, eure** adj. ■ **I** concret Qui est au-dessous, plus bas, en bas (opposé à *supérieur*). *La lèvre inférieure.* **II** abstrait **1** Qui a une valeur moins grande; qui occupe une place au-dessous, dans une hiérarchie. **2** Plus petit que. *Nombre inférieur à 10* (<10). **3** Moins avancé dans l'évolution. *Les animaux inférieurs.* **4** n. Personne de position sociale inférieure (par rapport à une autre). → **subalterne, subordonné.**

**inférioriser** v. tr. 1 ■ Rendre inférieur; rabaisser (qqn). ▷ n. f. **infériorisation**

**infériorité** n. f. ■ État de ce qui est inférieur (en rang, valeur...). ◆ *Sentiment d'infériorité* : impression pénible d'être inférieur (aux autres, à un idéal...).

**infernal, ale, aux** adj. ■ littér. Des enfers, de l'enfer. **2** Qui évoque l'enfer, le mal. → **diabolique. 3** Insupportable, terrible. *Un temps infernal.* → **exécrable.** ◆ (personnes) → **insupportable.**

**infertile** adj. ■ littér. Qui n'est pas fertile.

**infester** v. tr. 1 ■ **1** Ravager (un pays) par des attaques. **2** (êtres nuisibles) Envahir.

**infibulation** n. f. ■ didact. Opération par laquelle on suture les petites lèvres de la vulve ou on y passe un anneau afin d'empêcher les relations sexuelles.

**infidèle** ■ **I** hist. Qui n'a pas la religion considérée comme vraie. ← n. *Croisade contre les infidèles.* **II 1** Changeant dans ses sentiments, notamment en amour. **2** Qui ne respecte pas (qqch. qui engage). *Infidèle à sa parole.* **3** Qui manque à la vérité, à l'exactitude.

**infidélité** n. f. ■ **1** Manque de fidélité (dans les sentiments, en amour); acte qui en résulte. **2** rare Manque de fidélité (à une obligation). **3** Manque d'exactitude.

**infiltration** n. f. ■ **1** (eau...) Fait de s'infiltrer. ◆ Pénétration accidentelle d'eau. **2** méd. Envahissement d'un tissu par un liquide, par des gaz. **3** méd. Injection d'un médicament à action prolongée. **4** Pénétration de personnes étrangères (dans un pays, un milieu...).

**infiltrer** v. tr. 1 ■ **1** (liquide...) Pénétrer peu à peu (un corps). ◆ Faire entrer (un liquide) dans un corps. **2** Introduire qqn dans (un groupe). ▶ s'**infiltrer** v. pron. **1** *L'eau s'infiltre dans le sol.* **2** → s'**introduire.**

**infime** adj. ■ **1** Situé au plus bas (d'une hiérarchie). **2** Tout petit; peu important. → **minime, minuscule.** ▷ **infimité** n. f. didact.

**infini, ie** adj. ■ **1** Qui n'a pas de limite; en quoi on ne peut observer ni concevoir aucune limite. ← (dans le temps) Qui n'a pas de fin. → **éternel. 2** Très considérable (par la grandeur, l'intensité...). *Une patience infinie.* **II** n. m. **1** Ce qui est infini. *L'infini mathématique* (signe ∞). **2** Ce qui semble infini. *L'infini de l'océan.* **3** *À L'INFINI* loc. adv. : sans qu'il y ait de borne, de fin (perceptible ou imaginable); (dans le temps) indéfiniment.

**infiniment** adv. ■ **1** D'une manière infinie. *Nombres infiniment petits* (→ **infinitésimal**). **2** Beaucoup, extrêmement. *Merci infiniment.*

**infinité** n. f. ■ **1** didact. Quantité infinie, nombre infini. → **infini. 2** Très grande quantité. → **multitude.**

**infinitésimal, ale, aux** adj. ■ **1** math. Relatif aux quantités infiniment petites. **2** cour. Extrêmement petit. → **infime.**

**infinitif, ive** ■ **I** n. m. Forme nominale du verbe (mode impersonnel) exprimant l'idée de l'action ou de l'état d'une façon abstraite et indéterminée. **II** adj. *Proposition infinitive,* dont le verbe est à l'infinitif.

**infirme** adj. ■ **1** vx Faible. **II** mod. Atteint d'une infirmité (II, 2). → **handicapé, impotent, invalide.** ← n. *Un, une infirme.*

**infirmer** v. tr. [1] ■ contr. *confirmer* **1** Affaiblir (qqch.) dans son autorité, son crédit. **2** dr. Annuler ou modifier (un jugement).

**infirmerie** n. f. ■ Local destiné aux soins des malades, dans une communauté.

**infirmier, ière** n. ■ Personne qui, par profession, soigne des malades et s'en occupe, sous la direction des médecins.

**infirmité** n. f. ■ I littér. Faiblesse. II **1** vieilli Maladie. **2** mod. État d'un individu ne jouissant pas d'une de ses fonctions ou n'en jouissant qu'imparfaitement (sans que sa santé en souffre).

**inflammable** adj. ■ Qui a la propriété de s'enflammer facilement.

**inflammation** n. f. ■ I didact. Fait de s'enflammer. II Réactions qui se font au point de l'organisme irrité par un agent pathogène. → suff. **-ite.** ▷ adj. **inflammatoire**

**inflation** n. f. ■ **1** Accroissement excessif des instruments de paiement, entraînant une hausse des prix (s'oppose à *déflation*). **2** par ext. Augmentation, extension excessive (d'un phénomène). ▷ adj. **inflationniste**

**infléchir** v. tr. [2] ■ **1** Fléchir de manière à former une courbe. → **courber. 2** fig. Modifier la direction, l'orientation de (un phénomène...). ▶ **s'infléchir** v. pron. ▷ n. m. **infléchissement**

**inflexible** adj. ■ Que rien ne peut fléchir ni émouvoir. → **ferme, intransigeant.** ▷ adv. **inflexiblement** ▷ n. f. **inflexibilité**

**inflexion** n. f. ■ **1** Mouvement par lequel qqch. s'infléchit. → **flexion. 2** Changement subit d'accent ou de ton (dans la voix).

**infliger** v. tr. [3] ■ **1** Appliquer (une peine à qqn). *On lui a infligé une amende.* **2** Faire subir (qqch. à qqn). *Infliger un affront à qqn.*

**inflorescence** n. f. ■ Mode de groupement des fleurs d'une plante (par ex. en grappes). ◆ Ce groupe de fleurs (souvent appelé *fleur*).

**influençable** adj. ■ Qui se laisse influencer.

**influence** n. f. ■ **1** Action exercée sur (qqn ou qqch.). → **effet.** *Influence utile.* **2** (personnes) Action (sur qqn), volontaire ou non. *Elle a une bonne influence sur lui.* **3** Pouvoir social (de qqn qui amène les autres à se ranger à son avis). → **autorité, crédit. 4** Action morale, intellectuelle... *L'influence d'un penseur.*

**influencer** v. tr. [3] ■ **1** Soumettre à son influence (2). **2** (sujet chose) Agir sur (qqch.).

**influent, ente** adj. ■ Qui a de l'influence.

**influenza** [ɛ̃flyãza] n. f. ■ vx ou didact., anglic. (emprunt de l'anglais à l'italien) Grippe. *Influenza aviaire. Des influenzas.*

**influer** v. intr. [1] ■ *INFLUER SUR,* exercer une action qui modifie. → **influencer.**

**influx** n. m. ■ **1** Fluide hypothétique transmettant une force. **2** physiol. *Influx nerveux :* phénomène par lequel se transmet l'excitation dans les centres nerveux.

**info** n. f. ■ fam. Information.

**infogérance** n. f. ■ inform. Service assuré par un prestataire extérieur, qui prend en charge l'informatique (systèmes...) d'une entreprise.

**infographie** n. f. ■ Ensemble des techniques informatiques liées à la création et au traitement des images. ▷ adj. **infographique**

**in-folio** [infɔljo] adj. invar. ■ (format) Dont la feuille d'impression est pliée en deux. ◆ n. m. invar. Livre de ce grand format.

**informateur, trice** n. ■ Personne qui donne des informations. ◆ spécialt Personne qui informe la police. → **indicateur.**

**informaticien, ienne** n. ■ Spécialiste d'informatique.

**information** n. f. ■ I dr. Enquête pour établir la preuve d'une infraction, pour en découvrir les auteurs. *Ouvrir une information contre X.* II **1** Renseignement (sur qqn, sur qqch.). **2** Action d'informer, de s'informer. *Réunion d'information.* **3** Renseignement qu'on porte à la connaissance de qqn, du public. *Bulletin d'informations.* III sc. Ce qui peut être transmis par un signal ou une combinaison de signaux (message), selon un code commun.

**informatique** n. f. ■ **1** Théorie et traitement de l'information (III), par des programmes mis en œuvre sur ordinateurs. **2** adj. De l'informatique. ▷ adv. **informatiquement**

**informatiser** v. tr. [1] ■ Traiter, organiser par les méthodes et les moyens de l'informatique. ▷ n. f. **informatisation**

**informe** adj. ■ **1** Qui n'a pas de forme propre. **2** Dont la forme n'est pas achevée. *Un brouillon informe.* **3** Laid, disgracieux.

**informé, ée** ■ **1** adj. Qui sait ce qu'il faut savoir. **2** (n. m.) loc. *Jusqu'à plus ample informé :* avant d'en savoir plus.

**informel, elle** adj. ■ I arts Qui ne représente et ne produit pas de formes classables. II anglic. Qui n'est pas organisé de manière officielle. *Réunion informelle.*

**informer** v. tr. [1] ■ I **1** v. tr. philos. Donner une forme, une structure à. **2** v. tr. mod. dr. Faire une instruction en matière criminelle. *Informer d'un fait, sur un fait.* → **information** (I). II cour. Transmettre des connaissances, des renseignements (→ **information**) à (qqn). ▶ **s'informer** v. pron. S'enquérir en vue de se mettre au courant. *S'informer de la santé de qqn.* ◆ absolt *S'informer avant d'agir.*

**infortune** n. f. ■ littér. Malheur. ◆ loc. *Compagnon d'infortune :* personne qui supporte les mêmes malheurs. ▷ **infortuné, ée** adj. littér. → **malheureux.**

**infra** adv. ■ Sert à renvoyer à un passage qui se trouve après, dans un texte. → ci-**dessous.**

**infra-** Élément, du latin *infra* « au-dessous ».

**infraction** n. f. ■ **1** Violation (d'un engagement, d'une règle). *Infraction au règlement* (→ **enfreindre**). **2** dr. Violation d'une loi, sanctionnée par le droit. → **délit.**

**infranchissable** adj. ■ Qu'on ne peut franchir.

**infrarouge** adj. ■ Se dit des radiations invisibles qui sont en deçà du rouge, dans le spectre solaire. → n. m. *Four à infrarouge.*

**infrason** [-s5] n. m. ■ Vibration inaudible, de fréquence très basse.

**infrastructure** n. f. ■ **1** Parties inférieures (d'une construction) (opposé à *superstructure*). → **fondation. 2** Ensemble d'installations (militaires, etc.). **3** Ensemble des équipements économiques ou techniques. *Infrastructure routière.* **4** (marxisme) Organisation économique de la société, considérée comme le fondement de son idéologie.

**infroissable** adj. ■ Qui ne se froisse pas.

**infructueux, euse** adj. ■ Sans résultat. *Soins infructueux.* ▷ adv. **infructueusement**

**infus, use** adj. ■ loc. *Avoir LA SCIENCE INFUSE :* être savant sans avoir étudié.

**infuser** v. tr. ① ■ **1** Laisser tremper (une substance) dans un liquide afin qu'il se charge des principes qu'elle contient. **2** fig., littér. Faire pénétrer, communiquer.

**infusion** n. f. ■ **1** Action d'infuser (1) (une substance). **2** Tisane de plantes.

**infusoire** n. m. ■ zool. (vx) Protozoaire à cils qui vit dans les liquides.

**ingambe** adj. ■ vx ou plais. Qui a un usage normal de ses jambes. → **alerte, vif.**

**s'ingénier** v. pron. ⑦ ■ *S'INGÉNIER À* (+ inf.) : mettre en jeu, mobiliser les ressources de son esprit pour.

**ingénierie** n. f. ■ **1** Étude globale d'un projet industriel. **2** Discipline d'applications scientifiques. → **génie** (III).

**ingénieur** n. m. ■ Personne qui a reçu une formation scientifique et technique la rendant apte à diriger certains travaux.

**ingénieux, euse** adj. ■ **1** Qui a l'esprit inventif. *Un bricoleur ingénieux.* **2** (choses) Qui marque beaucoup d'invention, d'imagination. *Un mécanisme ingénieux.* ▷ adv. **ingénieusement** ▷ n. f. **ingéniosité**

**ingénu, ue** adj. ■ Qui a une sincérité innocente et naïve. → **candide, naïf.** → *Une ingénue.* ▷ adv. **ingénument** ▷ **ingénuité** n. f. littér. → **candeur, naïveté.**

**ingérable** adj. ■ Qu'on ne peut gérer.

① **s'ingérer** v. pron. ⑥ ■ Intervenir sans être requis ou sans en avoir le droit. → **s'immiscer.** ▷ **ingérence** n. f. *Droit d'ingérence* (en politique) *pour raisons humanitaires.*

② **ingérer** v. tr. ⑥ ■ didact. Introduire par la bouche (dans les voies digestives). → **avaler.** ▷ **ingestion** n. f. didact.

**ingrat, ate** adj. ■ **1** Qui n'a aucune reconnaissance, ne sait pas gré à qqn. **2** (choses) Qui ne dédommage guère de la peine qu'il donne. *Une terre ingrate.* **3** Qui manque de grâce. → **disgracieux.** → loc. *Âge ingrat,* la puberté. ▷ n. f. **ingratitude**

**ingrédient** [-jã] n. m. ■ Élément qui entre dans la composition (d'une préparation, d'un mélange).

**inguérissable** adj. ■ → **incurable.**

**inguinal, ale, aux** [-gui-] adj. ■ didact. De l'aine, de la région de l'aine.

**ingurgiter** v. tr. ① ■ Avaler avidement.

**inhabile** adj. ■ littér. Qui manque d'habileté. → **malhabile.** ▷ n. f. **inhabileté**

**inhabitable** adj. ■ Qui n'est pas habitable.

**inhabité, ée** adj. ■ Qui n'est pas habité.

**inhabituel, elle** adj. ■ Qui n'est pas habituel. → **inaccoutumé, insolite.**

**inhalation** n. f. ■ Action d'inhaler (un gaz...). ♦ absolt Aspiration par le nez de vapeurs qui décongestionnent.

**inhaler** v. tr. ① ■ Absorber par les voies respiratoires. → **aspirer.**

**inhérent, ente** adj. ■ Qui appartient essentiellement (à). → **intrinsèque.**

**inhiber** v. tr. ① ■ **1** (sujet chose) Empêcher (qqn) d'agir, de manifester ses sentiments, ses opinions. → **bloquer, paralyser.** → au p. p. → **complexé. 2** didact. Réduire ou empêcher (un processus physiologique ou psychologique). *La pilule inhibe l'ovulation.*

**inhibiteur, trice** adj. ■ Qui inhibe. → n. m. (sens 2 de *inhiber*) *Inhibiteur de croissance.*

**inhibition** n. f. ■ **1** Fait d'être inhibé. **2** Action d'inhiber (2).

**inhospitalier, ière** adj. ■ **1** Qui ne pratique pas l'hospitalité. **2** (choses) Peu accueillant.

**inhumain, aine** adj. ■ **1** Qui manque d'humanité. → **barbare, cruel.** ♦ (actions) *Un traitement inhumain.* **2** Qui n'a rien d'humain. *Un cri inhumain.* ▷ adv. **inhumainement** ▷ **inhumanité** n. f. littér.

**inhumer** v. tr. ① ■ Mettre en terre (un mort), avec les cérémonies d'usage. → **ensevelir, enterrer.** ▷ n. f. **inhumation**

**inimaginable** adj. ■ **1** Qu'on ne peut imaginer. → **extraordinaire, incroyable. 2** Très grand, important, intense.

**inimitable** adj. ■ Qui ne peut être imité.

**inimitié** [-tje] n. f. ■ littér. Sentiment hostile (envers qqn). → **aversion, haine.**

**ininflammable** adj. ■ Qui n'est pas inflammable (→ aussi ignifuger).

**inintelligent, ente** adj. ■ Qui n'est pas intelligent. ▷ n. f. **inintelligence**

**inintelligible** adj. ■ Qu'on ne peut comprendre. → **incompréhensible.** *Des bredouillements inintelligibles.* ▷ adv. **inintelligiblement** ▷ n. f. **inintelligibilité**

**inintéressant, ante** adj. ■ Sans intérêt.

**ininterrompu, ue** adj. ■ Qui n'est pas interrompu (espace ou temps). → **continu.**

**inique** adj. ■ littér. Qui manque gravement à l'équité ; très injuste (s'oppose à *équitable*).

**iniquité** n. f. ■ littér. Injustice extrême (s'oppose à *équité*). ♦ Acte, chose inique.

**initial, ale, aux** adj. ■ **1** Qui est au commencement (de qqch.). *Vitesse initiale d'un projectile.* **2** Qui commence (qqch., spécialt un mot). ♦ n. f. Première lettre (d'un nom propre). *Signer de ses initiales.*

**initialement** adv. ■ Au commencement.

**initiateur, trice** n. ■ Personne qui initie (qqn), qui propose (qqch.) le premier.

**initiation** n. f. ■ Action d'initier. ➤ spécialt *Rites d'initiation* (des jeunes, dans les sociétés traditionnelles). ▷ adj. **initiatique**

**initiative** n. f. ■ **1** Action d'une personne qui propose, entreprend (qqch.) en étant la première. **2** polit. Droit de soumettre à l'autorité compétente une proposition en vue de la faire adopter. *Le Parlement a l'initiative des lois.* **3** Qualité d'une personne disposée à entreprendre, à oser.

**initié, ée** n. ■ **1** Personne qui a été initiée (1). **2** Personne qui est dans le secret (d'un art...).

**initier** v. tr. ⑦ ■ **1** Admettre (qqn) à la connaissance de savoirs secrets, ésotériques. ◆ Recevoir (qqn) au sein d'un groupe fermé (société secrète, etc.). **2** Introduire à une connaissance ; être le premier à mettre au fait. → **instruire.** *Elle l'a initié à la musique.* ◆ pronom. *S'initier à la peinture.* **3** anglic. Prendre l'initiative de (qqch.).

**injectable** adj. ■ Qu'on doit injecter.

**injecté, ée** adj. ■ *Yeux injectés de sang,* colorés par l'afflux du sang.

**injecter** v. tr. ① ■ **1** Introduire (un liquide en jet, un gaz sous pression) dans un organisme. **2** Faire pénétrer (un liquide sous pression) dans un matériau. *Injecter du ciment dans un mur.* **3** écon. Apporter (des capitaux) pour relancer (une entreprise...).

**injecteur** n. m. ■ techn. Dispositif assurant l'alimentation forcée d'une machine (moteur...).

**injection** n. f. ■ **1** Action d'injecter. **2** Piqûre. **3** *Moteur à injection,* alimenté en carburant par un injecteur (sans carburateur).

**injonction** n. f. ■ Action d'enjoindre ; ordre exprès, formel.

**injouable** adj. ■ Qui ne peut être joué.

**injure** n. f. ■ **1** littér. Offense grave. **2** Parole offensante. → **insulte.** ▷ **injurier** v. tr. ⑦

**injurieux, euse** adj. ■ Qui contient ou constitue une injure. → **insultant, offensant.**

**injuste** adj. ■ **1** Qui agit contre la justice ou l'équité. **2** (choses) Qui est contraire à la justice. ▷ adv. **injustement**

**injustice** n. f. ■ **1** Caractère d'une personne, d'une chose injuste ; manque de justice. → **iniquité. 2** Acte injuste.

**injustifiable** adj. ■ Qu'on ne peut justifier.

**injustifié, ée** adj. ■ Qui n'est pas justifié.

**inlandsis** [inlɑ̃dsis] n. m. ■ géogr. Glacier continental (régions polaires).

**inlassable** adj. ■ Qui ne se lasse pas. → **infatigable.** ▷ adv. **inlassablement**

**inné, ée** adj. ■ Que l'on a en naissant, dès la naissance (opposé à *acquis*).

**innerver** v. tr. ① ■ (tronc nerveux) Fournir de nerfs (un organe). ▷ n. f. **innervation**

**innocemment** [-amɑ̃] adv. ■ Avec innocence, sans faire ou vouloir faire le mal.

**innocence** n. f. ■ **1** relig. État de l'être qui n'est pas souillé par le mal. → **pureté. 2** État d'une personne qui ignore le mal. → **candeur, ingénuité. 3** État d'une personne qui n'est pas coupable (de qqch.). *L'accusé affirme son innocence.*

**innocent, ente** adj. ■ **I 1** relig. Qui n'est pas souillé par le mal. → **pur. 2** Qui ignore le mal. → **candide. 3** Trop naïf. → **crédule, niais.** ◆ n. Simple d'esprit. prov. *Aux innocents les mains pleines :* les simples sont heureux dans leurs entreprises. **4** (action) Qui n'est pas blâmable. *Des plaisirs innocents.* **II** Qui n'est pas coupable. ◆ n. *On a condamné un innocent.*

**innocenter** v. tr. ① ■ Déclarer innocent, non coupable. → **disculper.**

**innocuité** n. f. ■ didact. Qualité de ce qui n'est pas nuisible.

**innombrable** adj. ■ Très nombreux.

**innommable** adj. ■ **1** didact. Qui ne peut être nommé. → **indicible. 2** cour. Méprisable, ignoble ; très mauvais. → **infect.**

**innovant, ante** adj. ■ Qui innove, constitue une innovation.

**innovateur, trice** n. et adj. ■ (Personne) qui innove. → **créateur, novateur.**

**innovation** n. f. ■ Fait d'innover ; chose nouvelle. → **création, découverte, invention.**

**innover** v. intr. ① ■ Introduire du nouveau (dans un domaine).

**inoccupé, ée** adj. ■ **1** (lieu) Où il n'y a personne. **2** (personnes) Désœuvré, oisif.

**inoculer** v. tr. ① ■ **1** Introduire dans l'organisme (les germes d'une maladie). **2** fig. Communiquer, transmettre (une idée mauvaise...). ▷ n. f. **inoculation**

**inodore** adj. ■ **1** Sans odeur. **2** fig. Sans intérêt ; plat.

**inoffensif, ive** adj. ■ Incapable de nuire.

**inondable** adj. ■ Susceptible d'être inondé. *Zone inondable.*

**inondation** n. f. ■ **1** Débordement d'eaux qui inondent une région. **2** Grande quantité d'eau qui se répand. **3** fig. Afflux massif.

**inonder** v. tr. ① ■ **1** Couvrir d'eaux qui débordent. *Le fleuve a inondé les prés.* **2** Mouiller abondamment. → **arroser, tremper. 3** fig. Envahir massivement. **4** littér. (sentiments...) Submerger, remplir. ▶ **inondé, ée** p. p. **1** *Terrains inondés.* ◆ *Joues inondées de larmes.* **2** littér. *Le cœur inondé de joie.*

**inopérable** adj. ■ Qui ne peut être opéré.

**inopérant, ante** adj. ■ Sans effet.

**inopiné, ée** adj. ■ Qui arrive, se produit alors qu'on ne s'y attendait pas. → **imprévu, inattendu.** ▷ adv. **inopinément**

**inopportun, une** adj. ■ Qui n'est pas opportun. → **déplacé, intempestif.** ▷ adv. **inopportunément** ▷ n. f. **inopportunité**

**inorganique** adj. ■ sc. Qui n'a pas l'organisation d'un être vivant.

**inorganisation** n. f. ■ Absence, manque d'organisation.

**inorganisé, ée** adj. ■ **1** sc. Qui n'est pas constitué en organisme. **2** Qui manque d'organisation. **3** Qui n'appartient pas à une organisation (syndicale, politique...).

**inoubliable** adj. ■ Que l'on ne peut oublier (du fait de sa qualité, de son caractère exceptionnel). → **mémorable.**

**inouï, ïe** adj. ■ **1** littér. Qu'on n'a jamais entendu. **2** cour. Extraordinaire, incroyable.

**inox** [-ɔks] n. m. (abrév.) ■ Acier inoxydable.

**inoxydable** adj. ■ Qui ne s'oxyde pas.

**in pace** [inpase; inpatʃe] n. m. ■ hist. Cachot secret où l'on enfermait qqn à perpétuité.

**in petto** [in-] loc. adv. ■ littér. À part soi.

**inqualifiable** adj. ■ Qu'on ne peut qualifier (assez sévèrement). → **indigne.**

**inquiet, ète** adj. ■ **1** vx Agité. **2** Agité par l'inquiétude. → **anxieux, soucieux. 3** Empreint d'inquiétude. *Un air inquiet.*

**inquiétant, ante** adj. ■ Qui inquiète (3).

**inquiéter** v. tr. ⑥ ■ **1** vx Troubler, agiter. **2** Poursuivre, menacer (qqn). *La police ne l'a plus inquiété.* **3** Remplir (qqn) d'inquiétude. → **alarmer, tourmenter. ➤ s'inquiéter** v. pron. Commencer à être inquiet. ◆ *S'inquiéter de,* se préoccuper de.

**inquiétude** n. f. ■ **1** État pénible déterminé par l'attente d'un événement, d'une souffrance que l'on craint, par l'incertitude. → **appréhension, souci, tourment. ◆** *Avoir des inquiétudes,* des sujets d'inquiétude.

**inquisiteur, trice** ■ **1** n. m. hist. Juge du tribunal de l'Inquisition. **2** adj. Qui interroge indiscrètement ou de façon autoritaire.

**inquisition** n. f. ■ **1** hist. *L'Inquisition :* juridiction ecclésiastique d'exception (surtout XIIIᵉ-XVIᵉ s.). **2** littér. Enquête arbitraire et vexatoire. ▷ adj. **inquisitorial, ale, aux**

**inracontable** adj. ■ Impossible à raconter. → **inénarrable.** – syn. IRRACONTABLE.

**insaisissable** adj. ■ **1** dr. Qui ne peut être saisi. **2** Qu'on ne peut saisir, attraper. **3** Qui échappe aux sens. → **imperceptible.**

**insalubre** adj. ■ Qui n'est pas salubre. → **malsain.** ▷ n. f. **insalubrité**

**insane** adj. ■ vx ou littér. Qui est contraire au bon sens. → **absurde, inepte, insensé.**

**insanité** n. f. ■ littér. **1** Caractère de ce qui est déraisonnable. **2** Action ou parole absurde, insensée. → **absurdité, ineptie.**

**insatiable** adj. ■ Qui ne peut être satisfait.

**insatisfait, aite** adj. ■ Qui n'est pas satisfait. ➤ n. *Un éternel insatisfait.* → **mécontent. ◆** (désir, passion) Qui n'est pas assouvi. ▷ n. f. **insatisfaction**

**inscription** n. f. ■ **1** Ensemble de caractères écrits ou gravés pour transmettre une information, conserver un souvenir, etc. → **épigraphe; graffiti. 2** Action d'inscrire (qqn, qqch.) sur un registre, etc.; ce qui est inscrit. ◆ dr. *Inscription en faux,* procédure qui tend à établir la fausseté d'un écrit.

**inscrire** v. tr. ㊴ ■ **1** Écrire, graver (sur une matière dure). **2** Écrire (ce qui ne doit pas être oublié). → **noter. ◆** pronom. Inscrire ou faire inscrire son nom. *S'inscrire à un club.* → **s'affilier. ➤** p. p. subst. *Les inscrits.* ◆ loc. S'INSCRIRE EN FAUX (dr. → **inscription**) *contre,* opposer un démenti à. **3** géom. Tracer dans une figure (une autre figure). ➤ au p. p. *Angle inscrit* (dans un cercle). **4** Placer dans un cadre plus général. ➤ pronom. *Ce projet s'inscrit dans un plan de réformes.*

**insécable** adj. ■ Qui ne peut être coupé.

**insecte** n. m. ■ Petit animal invertébré articulé *(Arthropodes),* à six pattes, le plus souvent ailé, respirant par des trachées et subissant des métamorphoses. *Étude des insectes.* → **entomologie.**

**insecticide** adj. ■ Qui tue les insectes. *Poudre insecticide.* ➤ n. m. *Un insecticide.*

**insectivore** adj. ■ Qui se nourrit d'insectes. ➤ n. m. pl. Les Insectivores (ordre de mammifères ; ex. la taupe, le hérisson).

**insécurité** n. f. ■ Manque de sécurité.

**insémination** n. f. ■ *Insémination artificielle,* introduction de sperme dans les voies génitales femelles sans accouplement.

**inséminer** v. tr. ① ■ Féconder par insémination artificielle.

**insensé, ée** adj. ■ **1** vx Fou. **2** Contraire au bon sens. → **absurde, déraisonnable, extravagant. 3** Extraordinaire. → **dément.**

**insensibiliser** v. tr. ① ■ Rendre insensible (I, 1). → **anesthésier.** ▷ n. f. **insensibilisation**

**insensible** adj. ■ **I 1** Qui n'a pas de sensibilité physique. **2** Qui n'a pas ou a peu d'émotions. → **froid, impassible, indifférent.** ➤ *Il est insensible à la poésie.* **II 1** Qu'on ne sent pas, qui est à peine sensible. → **imperceptible. 2** Graduel, progressif. ▷ adv. **insensiblement** ▷ n. f. **insensibilité**

**inséparable** adj. ■ **1** (abstractions) Que l'on ne peut séparer, considérer isolément. **2** Qui est toujours avec (qqn) ; qui sont toujours ensemble. *Son inséparable ami. Deux amis inséparables.* ➤ n. *Des inséparables.*

**insérer** v. tr. ⑥ ■ **1** Introduire (une chose) dans une autre de façon à incorporer. **2** Faire entrer (un texte) dans. ➤ au p. p. *Communiqué inséré dans un journal.* ➤ **s'insérer** v. pron. **1** S'attacher à, sur. *Les muscles s'insèrent sur les os.* **2** Trouver sa place (dans un ensemble ; un groupe). → s'**intégrer.**

**insermenté** adj. ■ hist. Se dit des prêtres qui refusèrent de prêter serment à la Constitution civile du clergé, en 1790.

**insertion** n. f. ■ Action d'insérer, de s'insérer. ➤ spécialt Intégration sociale.

**insidieux, euse** adj. ■ **1** Qui a le caractère d'un piège. *Question insidieuse.* **2** (maladie) Dont l'apparence bénigne masque la gravité.

① **insigne** adj. ■ littér. Qui s'impose à l'attention. → **remarquable.**

② **insigne** n. m. ■ **1** Marque extérieure et distinctive d'une dignité, d'un grade. → **emblème, marque, symbole. 2** Signe distinctif des membres (d'un groupe...).

**insignifiant, ante** adj. ▪ **1** Qui ne présente aucun intérêt. → **quelconque**. **2** Qui n'est pas important. *Des détails insignifiants.* → **infime, négligeable**. ▷ n. f. **insignifiance**

**insinuant, ante** adj. ▪ **1** vieilli (personnes) Qui s'insinue auprès des gens. **2** (action) Qui cherche à réussir par la ruse.

**insinuation** n. f. ▪ Ce que l'on fait comprendre sans le dire. → **sous-entendu**.

**insinuer** v. tr. 1 ▪ **1** littér. Faire pénétrer, introduire (qqch. dans qqch.). **2** Donner à entendre (qqch.) sans dire expressément (surtout avec un mauvais dessein). ▶ **s'insinuer** v. pron. **1** Pénétrer en se glissant. **2** S'introduire habilement (auprès de qqn).

**insipide** adj. ▪ **1** Qui n'a aucune saveur. **2** fig. Sans intérêt. ▷ n. f. **insipidité**

**insistance** n. f. ▪ Action d'insister.

**insistant, ante** adj. ▪ Qui insiste. ← *Un regard insistant.* → **appuyé**.

**insister** v. intr. ▪ **1** S'arrêter avec force sur un point particulier ; mettre l'accent sur. *Insister sur un sujet.* **2** Persévérer à demander (qqch.). *Il insiste pour vous voir.* **3** fam. Persévérer dans son effort.

**insociable** adj. ▪ Qui n'est pas sociable.

**insolation** n. f. ▪ **1** didact. Exposition à la chaleur, à la lumière. **2** Troubles provoqués par l'exposition prolongée au soleil.

**insolence** n. f. ▪ **1** Manque de respect injurieux. → **effronterie**. ♦ Parole insolente. **2** Orgueil offensant. → **arrogance, morgue**.

**insolent, ente** adj. ▪ **1** Dont le manque de respect est offensant. → **impertinent, impoli**. – n. *Un insolent.* **2** Arrogant. *Un vainqueur insolent.* **3** Extraordinaire au point de choquer. *Une chance insolente.* ▷ adv. **insolemment** [-amã]

**insoler** v. tr. 1 ▪ Exposer à la lumière.

**insolite** adj. ▪ Qui étonne, surprend par son caractère inaccoutumé. → **étrange, inhabituel**. ← n. m. *Rechercher l'insolite.*

**insoluble** adj. ▪ **1** Qu'on ne peut résoudre. **2** Qui ne peut se dissoudre.

**insolvable** adj. ▪ Qui est hors d'état de payer ses dettes. ▷ n. f. **insolvabilité**

**insomnie** n. f. ▪ Difficulté à s'endormir ou à dormir suffisamment. ♦ Temps pendant lequel qqn qui le souhaite ne peut dormir. ▷ adj. et n. **insomniaque**

**insondable** adj. ▪ **1** Dont on ne peut atteindre le fond. **2** fig. Difficile à comprendre. → **énigmatique**. **3** péj. Immense. *Bêtise insondable.*

**insonore** adj. ▪ Qui amortit les sons.

**insonoriser** v. tr. 1 ▪ Rendre moins sonore, plus silencieux en isolant. *Insonoriser une pièce.* ← au p. p. *Local insonorisé.* ▷ n. f. **insonorisation**

**insortable** adj. ▪ Qui n'est pas sortable.

**insouciance** n. f. ▪ État ou caractère d'une personne insouciante.

**insouciant, ante** adj. ▪ **1** littér. *INSOUCIANT DE* : qui ne se soucie pas de (qqch.). **2** Qui ne se préoccupe de rien, vit sans souci.

**insoucieux, euse** adj. ▪ littér. Insouciant.

**insoumis, ise** adj. ▪ **1** Qui refuse de se soumettre. → **rebelle, révolté**. **2** *Soldat insoumis* et n. m. *un insoumis,* militaire qui ne s'est pas rendu là où il devait. → **déserteur**.

**insoumission** n. f. ▪ **1** Caractère, état d'une personne insoumise. **2** Délit du militaire insoumis.

**insoupçonnable** adj. ▪ À l'abri du soupçon.

**insoupçonné, ée** adj. ▪ Dont l'existence n'est pas soupçonnée. → **inconnu**.

**insoutenable** adj. ▪ **1** Qu'on ne peut soutenir, défendre. → **indéfendable**. **2** Qu'on ne peut supporter. → **insupportable**.

**inspecter** v. tr. 1 ▪ **1** Examiner (ce dont on a la surveillance). → **contrôler, surveiller**. **2** Examiner avec attention.

**inspecteur, trice** n. ▪ Personne chargée de surveiller, de contrôler. ♦ spécialt *INSPECTEUR (DE POLICE)* : agent en civil chargé de tâches de direction et d'encadrement.

**inspection** n. f. ▪ **1** Examen attentif dans un but de contrôle, de surveillance, de vérification. **2** Ensemble d'inspecteurs.

**inspirateur, trice** n. ▪ Personne qui inspire (qqn ; une entreprise…).

**inspiration** n. f. ▪ **I 1** didact. Souffle divin qui apporterait des révélations aux humains. **2** Souffle créateur qui anime les artistes, les chercheurs. *Inspiration poétique.* **3** Fait d'inspirer, de conseiller qqch. à qqn. → **influence, instigation**. **4** *D'INSPIRATION* (+ adj.), qui s'inspire de (une œuvre, un style…). **5** Idée spontanée et soudaine. **II** Fait d'inspirer (II).

**inspiré, ée** adj. ▪ **1** Animé par l'inspiration. *Un poète inspiré.* **2** *Bien, mal inspiré,* qui a une bonne, une mauvaise idée (pour agir).

**inspirer** v. 1 ▪ **I** v. tr. **1** Animer d'une inspiration (I, 1). **2** Donner l'inspiration (I, 2) à (qqn) (dans l'art, les activités intellectuelles). **3** Être la cause de (un sentiment, un dessein…) chez qqn. *Il m'inspire confiance ; du courage.* **4** *S'INSPIRER DE* v. pron. Prendre des idées, des éléments à (un auteur…). **II** v. intr. Faire entrer l'air dans ses poumons.

**instable** adj. ▪ **1** Mal équilibré. → **branlant**. **2** chim. Qui se décompose facilement en ses éléments. **3** Qui n'est pas stable en un lieu. → **nomade**. **4** Qui n'est pas fixe, durable. *Temps instable.* **5** (personnes) Qui change constamment d'état affectif, de comportement. ← n. *Un, une instable.* ▷ n. f. **instabilité**

**installateur, trice** n. ▪ Personne (artisan…) qui s'occupe d'installations.

**installation** n. f. ▪ **1** Action d'installer qqn, de s'installer dans un logement. ← Manière dont qqn est installé. **2** Action d'installer (2) (qqch.). **3** Objets, bâtiments, etc., installés en vue d'un usage déterminé. → **équipement**. **4** (art contemporain) Œuvre d'art complexe, réunissant divers objets et techniques.

**installer** v. tr. 1 ■ **1** Mettre (qqn) dans la demeure ou l'endroit qui lui est destiné. **2** Disposer, établir (qqch.) dans un lieu désigné. *Installer un télécopieur dans un bureau.* ◆ Aménager (un appartement, une pièce). ◆ inform. Ajouter et rendre utilisable (un logiciel, un périphérique). **3** fig. Établir durablement. *Installer le mensonge autour de soi.* ► **s'installer** v. pron.

**instamment** adv. ■ D'une manière instante (①), avec force.

**instance** n. f. ■ **1** Sollicitation pressante, instante. *Céder aux instances de qqn.* ‖ **1** dr. Poursuite en justice ; procédure concernant un litige. ◆ *Tribunal d'instance,* jugeant les contraventions. *Tribunal de grande instance* (délits). ◆ loc. EN INSTANCE (DE) : en cours (de). *Être en instance de divorce.* **2** Juridiction. ◆ Autorité, corps constitué. **3** psych. Partie du psychisme, élément dynamique de la personnalité (selon Freud : moi, surmoi et ça).

① **instant, ante** adj. ■ littér. Très pressant. *De manière instante.* → **instamment.**

② **instant** n. m. ■ Durée très courte que la conscience saisit comme un tout. → **moment.** ◆ loc. adv. EN UN INSTANT : très vite. ◆ DANS UN INSTANT : bientôt. ◆ À L'INSTANT : tout de suite. ◆ PAR INSTANTS : par moments. ◆ DE TOUS LES INSTANTS loc. adj. : constant.

**instantané, ée** adj. ■ **1** Qui se produit en un instant, soudainement. → **immédiat, subit.** ◆ n. m. Photographie obtenue par une exposition de très courte durée. **2** Qui se dissout immédiatement. ▷ n. f. **instantanéité** ▷ **instantanément** adv. → **aussitôt.**

**à l'instar** de loc. prép. ■ littér. À l'exemple, à la manière de.

**instaurer** v. tr. 1 ■ Établir pour la première fois. → **fonder.** ◆ pronom. Se mettre en place. ▷ **instauration** n. f. littér.

**instigateur, trice** n. ■ Personne qui incite, qui pousse à faire qqch.

**instigation** n. f. ■ **1** rare Incitation. **2** loc. *À l'instigation de qqn,* sur ses conseils.

**instiller** [-il-] v. tr. 1 ■ Verser goutte à goutte. ▷ n. f. **instillation** [-il-]

**instinct** [ɛ̃stɛ̃] n. m. ■ **1** Tendance innée et puissante, commune à tous les êtres vivants ou à tous les individus d'une même espèce. *L'instinct sexuel.* **2** sc. Tendance innée à des actes déterminés, exécutés parfaitement sans expérience préalable. **3** (chez l'être humain) L'intuition, le sentiment (opposé à la raison). *Se fier à son instinct.* ◆ D'INSTINCT loc. adv. : d'une manière naturelle et spontanée. ◆ Faculté naturelle (de sentir, de deviner...). *Un instinct infaillible.* ◆ Tendance irréfléchie. → **pulsion.**

**instinctif, ive** adj. ■ **1** sc. De l'instinct. **2** Qui naît d'un instinct, de l'instinct. → **spontané. 3** (personnes) En qui domine la spontanéité de l'instinct. ▷ adv. **instinctivement**

**instituer** v. tr. 1 ■ **1** didact. Établir officiellement en charge, en fonction. **2** Établir de manière durable. → **fonder, instaurer.** ◆ au p. p. *Le régime institué par la Vᵉ République.*

**institut** n. m. ■ **1** Corps constitué de savants, d'artistes, d'écrivains. ◆ spécialt *L'Institut de France,* comprenant cinq Académies. **2** Établissement où l'on donne des soins. **3** Institution scolaire (privée).

**instituteur, trice** n. ■ (anciennt, en France) Personne qui enseigne dans une école primaire (terme off. *professeur d'école*).

**institution** n. f. ■ **1** Action d'instituer. → **création, établissement. 2** La chose instituée (groupement, régime...). ◆ *Les institutions,* ensemble des organisations sociales établies par la loi ou la coutume. **3** iron. Pratique, etc. solidement établie. ‖ Établissement d'enseignement privé. → **institut** (3).

**institutionnaliser** v. tr. 1 ■ Donner à (qqch.) le caractère (stable, officiel) d'une institution. ▷ n. f. **institutionnalisation**

**institutionnel, elle** adj. ■ Des institutions.

**instructeur** n. m. ■ **1** Militaire qui forme les recrues. **2** dr. Personne qui instruit (II) une affaire. ◆ adj. *Juge instructeur.*

**instructif, ive** adj. ■ (choses) Qui instruit.

**instruction** n. f. ■ **1** Action d'enrichir et de former l'esprit (de la jeunesse). → **enseignement, pédagogie.** *L'instruction publique,* dispensée par l'État (en France). ◆ *Instruction civique.* **2** Savoir d'une personne instruite. → **connaissance(s), culture.** ‖ **1** au plur. Explications à l'usage d'une personne chargée d'une mission, etc. → **consigne, directive.** ◆ Ordre émanant d'une autorité. ◆ Mode d'emploi d'un produit. **2** inform. Consigne exprimée dans un langage de programmation. **III** dr. Action d'instruire (II) une cause. *Juge d'instruction.*

**instruire** v. tr. 38 ■ **1** littér. Mettre en possession de connaissances nouvelles. ◆ au p. p. *Instruit par l'expérience...* **2** Dispenser un enseignement à (un élève). ◆ pronom. Enrichir ses connaissances, son expérience. → **étudier. 3** littér. INSTRUIRE qqn DE, l'informer de (qqch.). **II** dr. Mettre (une cause) en état d'être jugée. *Instruire une affaire.*

**instruit, ite** adj. ■ Qui a des connaissances étendues dénotant une solide instruction. → **cultivé, érudit, savant.**

**instrument** n. m. ■ **1** Objet fabriqué servant à exécuter qqch., à faire une opération. → **appareil, machine, outil, ustensile. 2** *Instrument (de musique),* destiné à produire des sons musicaux. ‖ fig., littér. Personne ou chose servant à obtenir un résultat. ▷ adj. **instrumental, ale** adj.

**instrumentalisme** n. m. ■ philos. Doctrine pragmatique selon laquelle la théorie est un outil, un instrument (II) pour l'action.

**instrumentation** n. f. ■ mus. Orchestration en fonction des qualités des instruments.

**instrumenter** v. intr. 1 ■ dr. Dresser un contrat, un exploit, un procès-verbal.

**instrumentiste** n. ■ Musicien qui joue d'un instrument.

**à l'insu** de loc. prép. ■ Sans que la chose soit sue (de qqn). *À l'insu de qqn.* ◆ Sans en avoir conscience. *Tu t'es trahi à ton insu.*

**insubmersible** adj. ▪ Qui ne peut être submergé, coulé.

**insubordination** n. f. ▪ Refus de se soumettre. ➔ spécialt Refus d'obéissance d'un militaire aux ordres d'un supérieur.

**insubordonné, ée** adj. ▪ Qui refuse de se soumettre. → **indiscipliné, insoumis.**

**insuccès** n. m. ▪ Fait d'échouer. → **échec.**

**insuffisance** n. f. ▪ **1** Caractère, état de ce qui ne suffit pas. *Insuffisance de moyens.* **2** au plur. Défaut, lacune. **3** méd. Déficience (d'un organe). *Insuffisance hépatique.*

**insuffisant, ante** adj. ▪ **1** Qui ne suffit pas. **2** (personnes) Qui manque de dons, de talent. → **inapte.** ▷ adv. **insuffisamment**

**insuffler** v. tr. 1 ▪ **1** littér. Communiquer par le souffle. *Dieu insuffla la vie à sa créature.* ◆ Inspirer (un sentiment). **2** méd. Faire pénétrer (de l'air...) dans une cavité de l'organisme. ▷ **insufflation** n. f. méd.

**insulaire** adj. ▪ D'une île ; qui habite une île. ➔ n. → **îlien.** ▷ n. f. **insularité**

**insuline** n. f. ▪ Hormone sécrétée par le pancréas. ▷ adj. **insulinique**

**insulte** n. f. ▪ **1** Acte ou parole qui outrage ou vise à outrager. → **injure. 2** Atteinte, offense. *Une insulte à sa pudeur.*

**insulter** v. tr. 1 ▪ **1** Attaquer (qqn) par des insultes (1). → **injurier, offenser. 2** v. tr. ind. littér. *INSULTER À* : constituer une atteinte à. ▷ **insultant, ante** adj. → **injurieux.**

**insupportable** adj. ▪ **1** Qu'on ne peut supporter, endurer. → **intolérable.** ◆ Extrêmement désagréable. **2** (personnes) Particulièrement désagréable ou agaçant.

**insupporter** v. tr. 1 ▪ Déplaire à (qqn).

**insurgé, ée** adj. ▪ Qui s'est insurgé, soulevé. ➔ n. *Des insurgés.*

**s'insurger** v. pron. 3 ▪ **1** Se soulever (contre l'autorité). **2** Protester vivement.

**insurmontable** adj. ▪ **1** Qu'on ne peut surmonter. → **infranchissable. 2** (sentiments) Qu'on ne peut dominer, réprimer.

**insurrection** n. f. ▪ **1** Action de s'insurger ; soulèvement qui vise à renverser le pouvoir établi. **2** littér. Révolte, opposition indignée. ▷ adj. **insurrectionnel, elle**

**intact, acte** [ɛ̃takt] adj. ▪ **1** Qui n'a pas subi de dommage. **2** (abstrait) Qui n'a souffert aucune atteinte. *Honneur intact.*

**intaille** n. f. ▪ Pierre fine gravée en creux.

**intangible** adj. ▪ littér. À quoi l'on ne doit pas porter atteinte ; que l'on doit maintenir intact. → **inviolable, sacré.**

**intarissable** adj. ▪ **1** Qui coule sans arrêt. → **inépuisable.** **2** fig. *Une verve intarissable.* ➔ (personnes) *Il est intarissable sur ce sujet.* ▷ **intarissablement** adv. littér.

**intégral, ale, aux** adj. ▪ **I** Qui n'est l'objet d'aucune diminution, d'aucune restriction. → **complet, entier.** ▷ adv. **intégralement** ◆ n. f. Édition intégrale. *L'intégrale des cantates de Bach.* **II** math. **1** *Calcul intégral :* méthodes de calcul des primitives et des intégrales. **2** n. f. Résultat de l'opération fondamentale du calcul intégral, l'intégration (II).

**intégralité** n. f. ▪ État d'une chose complète. → **complétude, intégrité.** ➔ *Dans son intégralité,* dans sa totalité.

**intégrant, ante** adj. ▪ *Partie intégrante,* sans laquelle un ensemble, un tout ne serait pas complet.

**intégration** n. f. ▪ **I 1** Incorporation (d'éléments) à un système. **2** Assimilation (d'un individu, d'un groupe) à une communauté, un groupe social. **3** didact. Établissement d'une interdépendance plus étroite entre des parties. **II** math. Opération par laquelle on détermine la grandeur limite de la somme de quantités infinitésimales en nombre indéfiniment croissant.

**intégrationniste** adj. et n. ▪ Favorable à l'intégration (I, 2) politique ou raciale.

**intègre** adj. ▪ D'une honnêteté absolue.

**intégrer** v. 6 ▪ **I** v. tr. Faire entrer dans un ensemble en tant que partie intégrante. → **assimiler, incorporer.** ➔ pronom. *S'intégrer dans un groupe.* ➔ au p. p. *Être bien, mal intégré* (à un groupe, dans une société). **II** v. tr. math. Faire l'intégration (II) de. **III** v. tr. et intr. argot scol. Être reçu au concours d'entrée d'une grande école. *Elle a intégré (à) Centrale.* ▶ **intégré, ée** adj. *Populations intégrées.* ◆ techn. *Circuit* intégré.

**intégrisme** n. m. ▪ Attitude qui consiste à refuser toute évolution d'une doctrine (spécialt d'une religion). ▷ adj. et n. **intégriste**

**intégrité** n. f. ▪ **I** État d'une chose qui demeure entière. **II** Honnêteté absolue.

**intellect** [-ɛkt] n. m. ▪ L'esprit, dans son fonctionnement intellectuel.

**intellectualiser** v. tr. 1 ▪ Revêtir d'un caractère intellectuel. ➔ Élaborer par l'intelligence. ▷ n. f. **intellectualisation**

**intellectualisme** n. m. ▪ Tendance à tout subordonner à la vie intellectuelle.

**intellectuel, elle** adj. et n. ▪ **1** Qui se rapporte à l'intelligence (connaissance ou compréhension). *La vie intellectuelle.* → **mental. 2** Qui a un goût prononcé (ou excessif) pour les choses de l'esprit. → **cérébral.** ◆ Qui se consacre aux activités de l'esprit. ➔ n. *Les intellectuels.*

**intellectuellement** adv. ▪ Sous le rapport de l'intelligence, de l'activité intellectuelle.

**intelligemment** [-amã] adv. ▪ Avec intelligence ; d'une manière intelligente.

**intelligence** n. f. ■ I 1 Faculté de connaître, de comprendre ; qualité de l'esprit qui comprend et s'adapte facilement. 2 Ensemble des fonctions mentales ayant pour objet la connaissance rationnelle (opposé à la sensation et à l'intuition). 3 *INTELLIGENCE ARTIFICIELLE* : techniques développant des programmes informatiques complexes capables de simuler l'intelligence. 4 Personne intelligente. → **cerveau.** 5 *L'INTELLIGENCE DE qqch.* : acte ou capacité (pour qqn) de comprendre (qqch.). ■ II 1 littér. *Être, agir D'INTELLIGENCE avec qqn.* → **complicité, connivence.** 2 au plur. Complicités secrètes. 3 *EN bonne, mauvaise INTELLIGENCE* : en s'entendant bien, mal.

**intelligent, ente** adj. ■ 1 Qui a la faculté de connaître et de comprendre. → **pensant.** 2 (qualifié) Qui est, à un degré variable, doué d'intelligence. ✦ absolt Qui comprend vite et bien, s'adapte facilement aux situations. 3 Qui dénote de l'intelligence. 4 techn., anglic. (choses). Dont le fonctionnement est en partie automatisé, notamment par les techniques de l'intelligence* artificielle.

**intelligentsia** [ɛ̃teliʒɛnsja ; inteligɛnsja] n. f. ■ parfois péj. Le groupe des intellectuels (dans une société, un pays).

**intelligible** adj. ■ 1 didact. Qui ne peut être connu que par l'entendement (opposé à *sensible*). 2 Qui peut être compris, est aisé à comprendre. → **clair, compréhensible ;** opposé à *inintelligible.* 3 Qui peut être distinctement entendu. ✦ loc. *Parler à haute et intelligible voix.* ▷ adv. **intelligiblement** ▷ n. f. **intelligibilité**

**intempérant, ante** adj. ■ 1 vx Qui n'est pas modéré. 2 littér. Qui manque de modération dans les plaisirs de la table et les plaisirs sexuels. → n. f. **intempérance**

**intempéries** n. f. pl. ■ Rigueurs du climat (pluie, vent...).

**intempestif, ive** adj. ■ Qui se fait ou se manifeste à contretemps. → **déplacé, inopportun.** ▷ adv. **intempestivement**

**intemporel, elle** adj. ■ Qui, par sa nature, est étranger au temps. → **éternel.**

**intenable** adj. ■ 1 Que l'on ne peut tenir ou soutenir. *Une position intenable.* 2 Insupportable, indocile.

**intendance** n. f. ■ 1 hist. Charge, circonscription des intendants (I). 2 Service chargé du ravitaillement et de l'entretien (dans une armée, une collectivité).

**intendant, ante** n. ■ 1 n. m. hist. Agent du pouvoir royal dans une province. 2 Personne chargée de l'intendance (2).

**intense** adj. ■ (choses) Qui agit avec force, est à un haut degré. ▷ adv. **intensément**

**intensif, ive** adj. ■ 1 Qui est l'objet d'un effort intense, pour accroître l'effet. *Propagande intensive.* 2 (opposé à *extensif*) *Culture intensive,* à haut rendement.

**intensifier** v. tr. [7] ■ Rendre plus intense, au prix d'un effort. → **augmenter.** ▶ s'**intensifier** v. pron. Devenir plus intense. ▷ n. f. **intensification**

**intensité** n. f. ■ 1 Degré d'activité, de force ou de puissance. ✦ *Intensité d'un courant électrique,* quantité d'électricité traversant un conducteur par unité de temps. 2 Caractère de ce qui est intense, très vif.

**intensivement** adv. ■ De manière intensive.

**intenter** v. tr. [1] ■ Entreprendre contre qqn (une action en justice).

**intention** n. f. ■ Fait de se proposer un certain but. → **dessein.** *Acte commis avec l'intention de nuire.* ✦ *AVOIR L'INTENTION DE* (+ inf.) : se proposer de, vouloir. ✦ *DANS L'INTENTION DE* (+ inf.). → **pour.** ✦ *À L'INTENTION de qqn,* pour lui ; à son adresse.

**intentionné, ée** adj. ■ *Bien, mal intentionné :* qui a de bonnes, de mauvaises intentions.

**intentionnel, elle** adj. ■ Qui est fait exprès, avec intention. ▷ adv. **intentionnellement**

**inter-** [ɛ̃tɛʀ] Élément (du latin *inter* « entre ») qui exprime l'espacement, la répartition ou une relation réciproque.

**interactif, ive** adj. ■ Qui permet une interaction. ✦ Qui permet un échange aisé entre l'utilisateur d'un ordinateur et la machine. ▷ n. f. **interactivité**

**interaction** n. f. ■ Réaction réciproque. → **interdépendance.** ✦ sc. Force qui s'exerce entre objets physiques. *Interaction forte* : la plus forte des *interactions fondamentales* (entre les constituants de la matière), au sein du noyau atomique.

**interallié, ée** adj. ■ Qui concerne des nations alliées.

**interbancaire** adj. ■ Qui relève de relations entre les banques.

**intercalaire** adj. ■ Qui peut s'intercaler, être inséré. *Feuillet intercalaire.* ✦ n. m. *Un intercalaire.* ✦ didact. *Jour intercalaire,* ajouté au mois de février, les années bissextiles.

**intercaler** v. tr. [1] ■ Faire entrer après coup dans un ensemble ; mettre (une chose) entre deux autres. → **insérer, introduire.** ▷ n. f. **intercalation** n. f. didact.

**intercéder** v. intr. [6] ■ Intervenir, user de son influence (en faveur de qqn). ▷ n. f. **intercession** n. f. littér. ▷ **intercesseur** n. m. littér. → **défenseur.**

**intercepter** v. tr. [1] ■ 1 Prendre au passage et par surprise (ce qui est adressé, envoyé ou destiné à qqn). *Intercepter une lettre ; un ballon.* 2 Arrêter (une action, spécialt la lumière). ▷ n. f. **interception**

**interchangeable** adj. ■ Se dit de choses, de personnes qui peuvent être mises à la place les unes des autres. → **remplaçable.**

**interclasse** n. m. ■ Court intervalle entre deux cours, deux heures de classe.

**interclasser** v. tr. [1] ■ Classer (les éléments de deux ou plusieurs séries) en une série unique. ▷ n. m. **interclassement**

**intercommunal, ale, aux** adj. ■ Qui concerne plusieurs communes.

**intercommunication** n. f. ■ Communication réciproque.

**interconnecter** v. tr. 1 ■ Relier entre eux (des réseaux...). ▷ n. f. **interconnexion**

**intercontinental, ale, aux** adj. ■ Qui concerne les relations entre continents.

**intercostal, ale, aux** adj. ■ Qui est situé ou se fait sentir entre deux côtes.

**interdépendance** n. f. ■ Dépendance réciproque. → **corrélation, interaction.** ▷ adj. **interdépendant, ante**

**interdiction** n. f. ■ **1** Action d'interdire (qqch.). → **défense.** *Interdiction de stationner.* **2** Action d'interdire (à qqn) l'exercice de ses fonctions. ◆ dr. *Interdiction légale :* privation des droits civils. ◆ *Interdiction de séjour,* défense de se trouver dans certains lieux.

**interdire** v. tr. 37 sauf *vous interdisez* ■ **1** Défendre (qqch. à qqn). **2** (sujet chose) Empêcher. **3** Frapper (qqn) d'interdiction (2).

**interdisciplinaire** adj. ■ Qui concerne plusieurs disciplines, plusieurs sciences à la fois. ▷ n. f. **interdisciplinarité**

① **interdit, ite** adj. ■ **I 1** Non autorisé. *Passage interdit.* **2** Frappé d'interdiction (2). **II** Très étonné, stupide d'étonnement.

② **interdit** n. m. ■ Interdiction émanant d'un groupe social. ◆ psych. → **tabou.**

**intéressant, ante** adj. ■ **1** Qui retient l'attention, captive l'esprit. → **captivant, passionnant.** ◆ péj. *Chercher à se rendre intéressant,* à se faire remarquer. ◆ n. *Faire l'intéressant(e).* **2** Qui touche moralement, qui est digne d'intérêt. ◆ vieilli *Être dans une situation intéressante,* être enceinte. **3** Avantageux. *Une affaire intéressante.*

**intéressé, ée** adj. ■ **I** Qui a un rôle (dans qqch.); qui est en cause. ◆ n. *Le principal intéressé.* **II** (s'oppose à *désintéressé*) Qui recherche avant tout son intérêt matériel, est avide et avare. ◆ Inspiré par la recherche d'un avantage personnel. *Un avis intéressé.*

**intéressement** n. m. ■ Action d'intéresser (I, 3) (qqn) aux bénéfices d'une entreprise.

**intéresser** v. tr. 1 ■ **I 1** (sujet chose) Avoir de l'importance pour (qqn, qqch.). → **concerner, regarder. 2** Avoir un intérêt (matériel...) pour (qqn). *Votre offre m'intéresse.* **3** Associer (qqn) à un profit. *Intéresser qqn aux bénéfices.* **II 1** Éveiller et retenir l'attention de (qqn); constituer un objet d'intérêt pour (qqn). *Cette conférence nous a intéressés.* ◆ (personnes) *Il ne sait pas intéresser son auditoire.* **2** Toucher (qqn), tenir à cœur à (qqn). *Leur sort n'intéresse personne.* ▶ s'**intéresser** (à) v. pron. Prendre intérêt (à).

**intérêt** n. m. ■ **I 1** vx Préjudice. ◆ mod., dr. *Dommages\* et intérêts.* **2** Somme qui rémunère un créancier pour l'usage de son argent par un débiteur. *Prêt à intérêt.* ◆ Ce que rapporte un capital placé. **3** Ce qui importe, ce qui convient (à qqn, un groupe). *Mesures d'intérêt général. Avoir intérêt à* (faire qqch). → **avantage.** *Agir par intérêt.* **II** (domaine intellectuel) **1** Attention favorable que l'on porte à qqn. *Témoigner de l'intérêt à qqn.* **2** État

de l'esprit qui prend part à ce qu'il trouve digne d'attention, important. *Lire avec intérêt.* **3** Qualité de ce qui est intéressant. *Histoire pleine d'intérêt.*

**interface** n. f. ■ **1** sc. Limite entre deux états (de la matière). **2** inform. Jonction entre deux éléments d'un système.

**interférence** n. f. ■ **1** phys. Rencontre d'ondes (lumineuses, sonores...) de même nature. **2** Conjonction de faits.

**interférer** v. intr. 6 ■ **1** phys. Produire des interférences. **2** (actions) Se gêner.

**intergalactique** adj. ■ Situé entre des galaxies. *L'espace intergalactique.* ◆ (contexte de la fiction) *Vaisseau intergalactique.*

**intérieur, eure** ■ **I** adj. **1** Qui est au-dedans, tourné vers le dedans (opposé à *extérieur*). → **interne.** *Poche intérieure.* **2** Qui concerne un pays, son territoire. *Politique intérieure.* **3** Qui concerne la vie psychologique ; qui se passe dans l'esprit. *La vie intérieure. For\* intérieur.* **II** n. m. **1** Espace compris entre les limites (d'une chose). → **dedans.** ◆ absolt *Attendez-moi à l'intérieur* (de la maison). **2** Habitation, considérée dans son aménagement. ◆ *Femme, homme d'intérieur,* qui se plaît à tenir sa maison. **3** Espace compris entre les frontières d'un pays. *Le ministère de l'Intérieur.*

**intérieurement** adv. ■ **1** Au-dedans. ◆ Par l'intérieur. **2** Dans l'esprit, dans le cœur.

**intérim** [ɛ̃teʀim] n. m. ■ Temps pendant lequel une fonction est exercée par qqn d'autre que le titulaire ; exercice de cette fonction. ◆ Activité de travail temporaire.

**intérimaire** adj. ■ Relatif à un intérim ; qui assure l'intérim. ◆ n. *Un(e) intérimaire.*

**intérioriser** v. tr. 1 ■ Ramener à la vie intérieure. ◆ au p. p. *Sentiment intériorisé.*

**intériorité** n. f. ■ Caractère intérieur.

**interjection** n. f. ■ Mot invariable pouvant être employé seul pour traduire une attitude affective (ex. ah !, zut !). → **exclamation.**

**interligne** n. f. ■ Espace qui est entre deux lignes écrites ou imprimées.

**interligner** v. tr. 1 ■ **1** Écrire dans les interlignes. **2** Séparer par des interlignes.

**interlocuteur, trice** n. ■ **1** Personne qui parle avec une autre. **2** Personne avec laquelle on engage une négociation.

**interlope** adj. ■ **1** Dont l'activité n'est pas légale. **2** D'apparence louche, suspecte.

**interloquer** v. tr. 1 ■ Rendre (qqn) interdit (II), déconcerté. ▶ **interloqué, ée** adj. (plus cour.) Déconcerté, interdit.

**interlude** n. m. ■ **1** Petit intermède (1). **2** Courte pièce musicale exécutée entre deux autres. **3** → **intermède** (2).

**intermède** n. m. ■ **1** Divertissement entre les actes d'une pièce de théâtre, les parties d'un spectacle. **2** Ce qui interrompt momentanément une activité.

**intermédiaire ▪ I** adj. ▪ Qui, étant entre deux termes, forme une transition ou assure une communication. *Solution intermédiaire.* **II 1** n. m. Terme, état intermédiaire. ◆ *Par l'intermédiaire de,* par l'entremise* de. **2** n. Personne qui met en relation deux personnes ou deux groupes. ⇒ *Personne* qui intervient dans un circuit commercial.

**intermezzo** [ɛ̃tɛʀmɛdzo] n. m. ▪ Intermède musical.

**interminable** adj. ▪ Qui n'a pas ou ne semble pas avoir de fin (dans l'espace ou dans le temps). ▷ adv. **interminablement**

**interministériel, elle** adj. ▪ Commun à plusieurs ministères.

**intermittence** n. f. ▪ Caractère intermittent ; arrêt momentané. ◆ *Par intermittence,* irrégulièrement, par accès.

**intermittent, ente** adj. ▪ Qui s'arrête et reprend par intervalles. → **discontinu.** ◆ (personnes) Dont l'activité est intermittente. ▪ *Les intermittents du spectacle.*

**internat** n. m. ▪ **1** École où vivent des internes. → **pensionnat. 2** État d'élève interne. ◆ Fonction d'interne des hôpitaux, obtenue sur concours ; ce concours.

**international, ale, aux** adj. ▪ **1** Qui a lieu de nation à nation, entre plusieurs nations ; qui concerne les rapports entre nations. **2** (personnes) *Fonctionnaire international.* ⇒ en sports *Joueur international* ; n. *un international.* **3** n. f. *L'Internationale* : groupement international de partis ouvriers.

**internationaliser** v. tr. [1] ▪ Rendre international. ▷ n. f. **internationalisation**

**internationalisme** n. m. ▪ Doctrine préconisant l'union internationale des peuples. ▷ adj. et n. **internationaliste**

**internaute** n. ▪ Utilisateur, utilisatrice d'Internet.

**① interne ▪ I** adj. **1** Qui est situé en dedans, est tourné vers l'intérieur (s'oppose à *externe*). **2** Qui appartient au dedans. *Structure interne.* **II** n. **1** Élève qui vit dans l'établissement scolaire qu'il (elle) fréquente. → **pensionnaire. 2** Étudiant(e) en médecine reçu(e) au concours de l'internat, qui exerce des fonctions hospitalières.

**② interne** adj. ▪ anglic. *Médecine interne :* médecine générale (exercée par des *internistes*).

**interner** v. tr. [1] ▪ Enfermer (qqn) par mesure administrative. ◆ Enfermer dans un hôpital psychiatrique. ▷ n. m. **internement**

**internet** [-nɛt] n. m. ▪ Réseau informatique mondial, réunissant des sous-réseaux utilisant le même protocole de communication. *Naviguer* (avec maj.) *sur Internet, sur l'internet.* → aussi **web.**

**interpellateur, trice** n. ▪ Personne qui interpelle.

**interpellation** n. f. ▪ Action d'interpeller. ◆ polit. Demande d'explications adressée au gouvernement par un membre du Parlement en séance publique.

**interpeller** [-pəle] v. tr. [1] ▪ **1** Adresser la parole brusquement à (qqn). → **apostropher. 2** polit. Adresser une interpellation à (un ministre). **3** dr. Questionner (un suspect) sur son identité. **II** (sujet chose) critiqué (ou iron.) Susciter de l'intérêt chez (qqn).

**interphone** n. m. ▪ Appareil de communication téléphonique intérieure.

**interplanétaire** adj. ▪ Qui est, qui a lieu entre les planètes.

**interpoler** v. tr. [1] ▪ **1** Introduire dans un texte (des passages n'appartenant pas à l'original). **2** sc. Intercaler dans une série de valeurs connues (des valeurs intermédiaires). ▷ n. f. **interpolation**

**interposer** v. tr. [1] ▪ **1** Poser (qqch.) entre deux choses. **2** Faire intervenir. *Interposer un médiateur.* ▶ **s'interposer** v. pron. *S'interposer dans une dispute,* intervenir pour y mettre fin. ▶ **interposé, ée** adj. *Par personnes interposées :* avec des intermédiaires. ▷ n. f. **interposition**

**interprétation** n. f. ▪ Action d'interpréter ; son résultat.

**interprète** n. ▪ **1** littér. Personne qui éclaircit le sens (d'un texte, etc.). **2** Personne qui donne oralement l'équivalent en une autre langue (→ **traducteur**) de ce qui est dit. **3** Personne qui fait connaître les sentiments, les volontés de qqn. → **porte-parole. 4** Acteur ou musicien qui interprète (4).

**interpréter** v. tr. [6] ▪ **1** Expliquer (un texte, un fait, un rêve, etc.) en rendant clair ce qui est obscur. **2** Donner un sens à (qqch.), tirer une signification de. *Interpréter l'attitude de qqn.* **3** Traduire oralement comme interprète (2). **4** Jouer (une œuvre) de manière à exprimer le contenu. *Interpréter une pièce ; une sonate.*

**interprofession** n. f. ▪ Organisation d'acteurs économiques d'une même filière.

**interprofessionnel, elle** adj. ▪ Commun à plusieurs professions.

**interracial, ale, aux** [-ɛʀʀ-] adj. ▪ Qui se fait entre personnes de races différentes.

**interrègne** [-ɛʀʀ-] n. m. ▪ Intervalle pendant lequel un État reste sans chef.

**interrogateur, trice ▪ 1** n. → **examinateur. 2** adj. Qui contient une interrogation.

**interrogatif, ive** adj. ▪ **1** Qui exprime l'interrogation. **2** gramm. Qui sert à interroger. *Pronoms* (ex. lequel), *adjectifs* (ex. quel), *adverbes interrogatifs* (ex. où). ▪ n. f. *Proposition interrogative.*

**interrogation** n. f. ▪ **1** Action de questionner, d'interroger (qqn). ⇒ Question ou ensemble de questions que l'on pose à un élève, à un candidat. **2** Type de phrase logiquement incomplète qui sert à poser une question ou qui implique un doute. *Interrogation directe* (ex. quelle heure est-il ?), *indirecte* (ex. je me demande quelle heure il est). ⇒ *Point d'interrogation* (?).

**interrogatoire** n. m. ▪ Questions posées pour savoir la vérité dans une affaire juridique. ⇒ Série de questions posées à qqn.

**interroger** v. tr. ③ ▪ **1** Questionner (qqn) avec l'idée qu'il doit une réponse. ♦ par ext. *Interroger une base de données.* **2** Examiner avec attention (qqch.) pour y trouver une réponse. *Interroger le passé.*

**interrompre** v. tr. ④① ▪ **1** Rompre (qqch.) dans sa continuité. **2** Empêcher (qqn) de continuer ce qu'il fait. **3** Couper la parole à (qqn). ► **s'interrompre** v. pron. S'arrêter (de faire qqch., de parler...).

**interrupteur, trice** ▪ **1** n. Personne qui interrompt qqn. **2** Dispositif pour interrompre et rétablir le passage du courant électrique dans un circuit. → **commutateur.**

**interruption** n. f. ▪ Action d'interrompre; état de ce qui est interrompu. → **arrêt, coupure.**

**intersection** n. f. ▪ Rencontre (de lignes, de surfaces, de volumes qui se coupent).

**intersidéral, ale, aux** adj. ▪ Qui est situé, se passe entre les astres.

**interspécifique** adj. ▪ biol. Qui concerne deux espèces différentes et leurs relations.

**interstellaire** adj. ▪ Situé entre les étoiles.

**interstice** n. m. ▪ Très petit espace vide (entre les parties de qqch., etc.).

**intertropical, ale, aux** adj. ▪ géogr. Qui est situé entre les tropiques.

**interurbain, aine** adj. ▪ Qui assure les communications entre des villes.

**intervalle** n. m. ▪ **1** Distance d'un objet à un autre. **2** mus. Écart entre deux sons, mesuré par le rapport de leurs fréquences. **3** Espace de temps qui sépare deux faits. ➞ *Dans l'intervalle.* → **entre-temps.** *Par intervalles :* de temps à autre.

**intervenant, ante** n. ▪ Personne qui prend la parole au cours d'une discussion.

**intervenir** v. intr. ㉒ ▪ **1** Arriver, se produire au cours d'une affaire, d'une discussion. *Un accord est intervenu.* **2** Prendre part à une action, à une affaire en cours. ➞ absolt *La police est prête à intervenir.* **3** (sujet chose) Agir, jouer un rôle.

**intervention** n. f. ▪ **1** Action d'intervenir. **2** Acte chirurgical. → **opération.**

**interventionnisme** n. m. ▪ Doctrine qui préconise l'intervention de l'État dans le domaine économique. ➞ Politique d'intervention d'un État dans un conflit. ▷ adj. et n. **interventionniste**

**intervertir** v. tr. ② ▪ Déplacer (les éléments d'un tout) en renversant l'ordre. ➞ *Intervertir les rôles* (entre deux personnes). ▷ n. f. **interversion**

**interview** [ɛ̃tɛʀvju] n. f. ▪ anglic. Entrevue au cours de laquelle un journaliste (① *interviewer* [-œʀ] n. m.) interroge qqn (② *interviewer* [-e] v. tr. ①) pour publier une relation de l'entretien; cette relation.

**intestat** adj. m. et f. ▪ Qui n'a pas fait de testament. *Elle est morte intestat.* ➞ n. *Des intestats.*

**① intestin, ine** adj. ▪ Qui se passe à l'intérieur d'un groupe social. *Luttes intestines.*

**② intestin** n. m. ▪ Partie du tube digestif qui fait suite à l'estomac. L'intestin grêle (→ duodénum, iléon, jéjunum) et le gros intestin.

**intestinal, ale, aux** adj. ▪ De l'intestin.

**inti** [inti] n. m. ▪ Unité monétaire du Pérou. *Des intis.*

**intifada** [intifada] n. f. ▪ polit. Lutte menée à jets de pierres par les jeunes Palestiniens contre les Israéliens, dans les territoires occupés par Israël.

**intime** adj. ▪ **1** littér. Qui correspond à la réalité profonde, à l'essence (d'un être conscient). → **profond.** *Avoir l'intime conviction de qqch.* **2** Qui lie étroitement, par ce qu'il y a de plus profond. *Relations intimes* (spécialt de nature sexuelle). ♦ (personnes) Très lié, uni. *Ami intime.* ➞ n. *Des intimes.* **3** Qui est privé et généralement tenu caché aux autres (opposé à *public*). → **personnel, privé.** ♦ *Toilette intime,* des parties génitales. **4** Qui crée ou évoque l'intimité. *Un décor intime.* ▷ adv. **intimement**

**intimer** v. tr. ① ▪ Signifier (qqch. à qqn) avec autorité. → **commander, enjoindre.** *Il m'a intimé l'ordre de rester.*

**intimidant, ante** adj. ▪ Qui intimide (2).

**intimidation** n. f. ▪ Action d'intimider (1) volontairement. → **menace, pression.**

**intimider** v. tr. ① ▪ **1** Remplir (qqn) de peur, en imposant sa force, son autorité. **2** Remplir (involontairement) de timidité, de gêne. → **impressionner, troubler.**

**intimiste** n. et adj. ▪ Se dit d'un peintre ou d'un écrivain qui prend pour sujet des scènes, des sentiments délicats, intimes. ♦ adj. *Atmosphère intimiste.* ▷ n. m. **intimisme**

**intimité** n. f. ▪ **1** littér. Caractère intime et profond. *Dans l'intimité de la conscience.* **2** Relations étroites et familières. *Désir d'intimité.* **3** La vie privée. *Préserver son intimité.* ➞ *Dans l'intimité,* avec des intimes. **4** Agrément (d'un endroit intime).

**intitulé** n. m. ▪ Titre (d'un livre, etc.).

**intituler** v. tr. ① ▪ Donner un titre à (un livre, etc.). ► **s'intituler** v. pron. Avoir pour titre. ♦ (personnes) Se donner le titre de.

**intolérable** adj. ▪ **1** Qu'on ne peut supporter. *Une douleur intolérable.* ♦ Pénible, désagréable. **2** → **inadmissible.**

**intolérance** n. f. ▪ **1** Tendance à ne pas supporter, à condamner ce qui déplaît dans les opinions ou la conduite d'autrui. → **fanatisme, intransigeance, sectarisme.** **2** méd. Inaptitude (d'un organisme) à tolérer un agent extérieur (aliment, remède).

**intolérant, ante** adj. ▪ Qui fait preuve d'intolérance.

**intonation** n. f. ▪ **1** mus. Action, manière d'émettre les sons. **2** Ton que l'on prend en parlant, en lisant. → **accent, inflexion.**

**intouchable** adj. ▪ **1** Qu'on ne doit pas toucher. ➞ n. *Un, une intouchable* (en Inde). → **paria. 2** fig. Qui ne peut être l'objet d'aucun blâme, d'aucune sanction.

**intoxication** n. f. ▪ **1** Action d'intoxiquer (1); troubles qui en résultent. *Intoxication alimentaire.* **2** fig. Action insidieuse sur les esprits (pour influencer, démoraliser...).

**intoxiquer** v. tr. 🔲 ▪ **1** Affecter (un être vivant) de troubles plus ou moins graves par l'effet de substances toxiques. **2** Influencer par l'intoxication (2).

**intra-** Élément savant, du latin *intra* « à l'intérieur de ».

**intradermique** adj. ▪ Qui se fait dans l'épaisseur du derme. *Injection intradermique* et n. f. *une intradermique.*

**intraduisible** adj. ▪ Qu'il est impossible de traduire ou d'interpréter.

**intraitable** adj. ▪ Qu'on ne peut pas faire changer d'avis ; qui refuse de céder.

**intra-muros** [ɛ̃tramyʀos] adv. et adj. ▪ À l'intérieur (de la ville).

**intramusculaire** adj. ▪ Qui se fait dans l'épaisseur d'un muscle. *Injection intramusculaire* et n. f. *une intramusculaire.*

**intranet** [-nɛt] n. m. ▪ Réseau informatique interne (dans une entreprise...), utilisant les protocoles et les techniques d'Internet. *Installer Intranet, l'intranet.*

**intransigeant, ante** [-tʀɑ̃z-] adj. ▪ Qui transige pas, n'admet aucun compromis. → **intraitable, irréductible.** ▷ n. f. **intransigeance**

**intransitif, ive** [-tʀɑ̃z-] adj. ▪ (verbe) Qui n'admet aucun complément d'objet. ← n. m. Verbe intransitif.

**intransitivement** [-tʀɑ̃z-] adv. ▪ D'une manière intransitive. *Verbe transitif employé intransitivement.* → **absolument.**

**intransportable** adj. ▪ Qui n'est pas transportable. *Blessé intransportable.*

**intra-utérin, ine** adj. ▪ Qui a lieu, se situe dans l'utérus.

**intraveineux, euse** adj. ▪ Qui se fait à l'intérieur des veines. *Injection intraveineuse* et n. f. *une intraveineuse.*

**intrépide** adj. ▪ **1** Qui ne craint pas le danger. *Un alpiniste intrépide.* **2** fig. Déterminé, imperturbable. → **inébranlable.** ▷ adv. **intrépidement** ▷ n. f. **intrépidité**

**intrication** n. f. ▪ didact. État de ce qui est entremêlé. → **enchevêtrement.**

**intrigant, ante** adj. ▪ Qui recourt à l'intrigue (2) pour parvenir à ses fins. ← n. *Un intrigant sans scrupules.* → **arriviste.**

**intrigue** n. f. ▪ **1** Ensemble de combinaisons secrètes et compliquées. → **manœuvre.** **2** littér. Liaison amoureuse généralement clandestine et peu durable. **3** Ensemble des événements principaux (d'un récit, d'un film...). → **action, scénario.**

**intriguer** v. 🔲 ▪ **I** v. tr. Exciter la curiosité de (qqn). **II** v. intr. Mener une intrigue, recourir à l'intrigue (2).

**intrinsèque** adj. ▪ Qui est intérieur et propre (à ce dont il s'agit).

**intrinsèquement** adv. ▪ En soi.

**introducteur, trice** n. ▪ Personne qui introduit (qqn, qqch.).

**introduction** n. f. ▪ **I** Action d'introduire, de faire entrer. **II 1** Ce qui prépare qqn à la connaissance, à la pratique d'une chose (texte, etc.). *C'est une bonne introduction à la psychanalyse.* **2** Préface explicative. ♦ Entrée en matière (d'un exposé).

**introduire** v. tr. 38 ▪ **1** Faire entrer (qqn) dans un lieu. ♦ Faire admettre (qqn) dans un groupe, une société. **2** Faire adopter (qqch.). *Introduire une mode dans un pays.* **3** (concret) Faire entrer (qqch.). → **engager, insérer.** *Introduire la clé dans la serrure.* ► s'**introduire** v. pron. ► **introduit, ite** adj. Qui a ses entrées, est reçu.

**intromission** n. f. ▪ didact. Action d'introduire, de mettre (qqch. dans qqch.). ♦ spécialt Copulation.

**intronisation** n. f. ▪ Action d'introniser.

**introniser** v. tr. 🔲 ▪ **1** Installer sur le trône, la chaire (un roi, un pape). **2** Introduire (qqch.) de manière officielle.

**introspection** n. f. ▪ littér. Observation, analyse de qqn par lui-même.

**introuvable** adj. ▪ **1** Qu'on ne peut trouver. **2** Très rare et difficile à trouver.

**introversion** n. f. ▪ psych. Orientation de l'énergie psychique sur le sujet lui-même.

**introverti, ie** adj. ▪ psych. Porté à l'introversion. ← n. *Un introverti.*

**intrus, use** n. ▪ Personne qui s'introduit quelque part sans y être invitée, ni désirée. → **importun, indésirable.**

**intrusion** n. f. ▪ Fait de s'introduire sans en avoir le droit (dans un groupe, etc.).

**intubation** n. f. ▪ méd. Introduction d'un tube creux (dans la trachée...) pour permettre le passage de l'air dans l'appareil respiratoire. ► **intuber** v. tr. 🔲 *Intuber un malade.*

**intuitif, ive** adj. ▪ **1** Qui est le résultat d'une intuition. **2** (personnes) Qui fait preuve d'intuition. ← n. *Un intuitif.* **3** Dont l'utilisation ne demande pas de connaissances techniques. *Logiciel intuitif.*

**intuition** n. f. ▪ **1** Forme de connaissance immédiate qui ne recourt pas au raisonnement. **2** Sentiment de ce qu'on ne peut vérifier, de ce qui n'existe pas encore. ← *Avoir de l'intuition,* sentir les choses.

**intuitivement** adv. ▪ Par l'intuition.

**intumescence** n. f. ▪ didact. Fait de gonfler ; enflure, tuméfaction.

**inuit** [inɥit] adj. et n. (invar. en genre) ▪ Des ethnies naguère appelées *Eskimos.* ← n. *Les Inuit(s).* – REM. On emploie parfois *Inuk* au sing. et *Inuit* au plur.

**inuktitut** [inuktitut] n. m. ▪ didact. ou franç. du Canada Langue des Inuits.

**inusable** adj. ▪ Qui ne peut s'user.

**inusité, ée** adj. ▪ **1** (mot...) Que personne n'emploie ou presque. **2** Inhabituel.

**inutile** adj. ▪ **1** Qui n'est pas utile. → **superflu.** **2** (personnes) Qui ne rend pas de services. ▷ adv. **inutilement** ▷ n. f. **inutilité**

**inutilisable** adj. ■ Qui ne peut être utilisé.

**inutilisé, ée** adj. ■ Qui n'est pas utilisé.

**invagination** n. f. ■ didact. Fait de se retourner vers l'intérieur (organe, etc.).

**invaincu, ue** adj. ■ Qui n'a pas été vaincu.

**invalidant, ante** adj. ■ Qui invalide (II).

**invalidation** n. f. ■ Action d'invalider.

**invalide** adj. ■ I dr. Qui n'est pas valable. II (personnes) Qui n'est pas en état de mener une vie active, du fait de sa mauvaise santé, de ses infirmités, etc. ← *Invalide de guerre ; du travail.*

**invalider** v. tr. ⎕ ■ I dr. Rendre non valable. → **annuler.** II Rendre invalide (II).

**invalidité** n. f. ■ I dr. Défaut de validité entraînant la nullité. II État d'invalide (II).

**invariable** adj. ■ 1 Qui ne varie pas. ← (mot) Qui ne comporte pas de modifications dans sa forme. *Les adverbes sont invariables.* 2 Qui se répète sans varier. ▷ n. f. **invariabilité** ▷ **invariablement** adv. → **toujours.**

**invariant, ante** ■ sc. (grandeur) Qui ne varie pas, qui se conserve.

**invasif, ive** adj. ■ méd. 1 (examen, traitement...) Qui peut altérer l'organisme. *L'échographie, méthode non invasive.* 2 (tumeur...) Qui se propage dans l'organisme.

**invasion** n. f. ■ 1 Pénétration massive (de forces armées sur le territoire d'un autre État). 2 Action d'envahir, de se répandre dangereusement. *Une invasion de rats.* 3 fig. (sans idée de danger) → **irruption** (2).

**invective** n. f. ■ Parole ou suite de paroles violentes (contre qqn ou qqch.). → **injure.**

**invectiver** v. tr. ⎕ ■ 1 v. intr. Lancer des invectives. 2 v. tr. Couvrir (qqn) d'invectives. → **injurier.**

**invendable** adj. ■ Qui n'est pas vendable.

**invendu, ue** adj. ■ Qui n'a pas été vendu. *Journaux invendus.* ← n. m. *Des invendus.*

**inventaire** n. m. ■ 1 Opération qui consiste à recenser l'actif et le passif (d'une entreprise, etc.) ; état descriptif de cette opération. 2 Revue minutieuse et détaillée. *L'inventaire d'une collection.*

**inventer** v. tr. ⎕ ■ 1 Créer ou découvrir (qqch. de nouveau). *Les Chinois ont inventé l'imprimerie.* 2 Trouver, imaginer pour un usage particulier. 3 Imaginer de façon arbitraire. *Inventer une excuse.* ← pronom. *Cela ne s'invente pas,* c'est sûrement vrai.

**inventeur, trice** n. ■ 1 Personne qui invente, qui a inventé. ♦ Auteur d'inventions importantes. 2 didact. Personne qui trouve (un trésor, un objet, etc.).

**inventif, ive** adj. ■ 1 Qui a le don d'inventer. 2 Ingénieux, astucieux.

**invention** n. f. ■ 1 didact. Fait de trouver. *L'invention d'un trésor.* → **inventeur** (2). II 1 Action d'inventer. *L'invention de l'imprimerie.* ♦ Chose inventée ; nouveauté scientifique ou technique. 2 Faculté, don d'inventer. → **imagination, inventivité.** 3 Action d'imaginer (un moyen), d'inventer (une histoire). 4 Chose imaginée. → **fiction,**

mensonge. **5** mus. Petite pièce instrumentale en style fugué.

**inventivité** n. f. ■ Capacité d'inventer.

**inventorier** v. tr. ⎕ ■ Faire l'inventaire de.

**invérifiable** adj. ■ Qui ne peut être vérifié.

**inverse** ■ I adj. 1 (direction...) Qui est exactement opposé, contraire. *En sens inverse.* 2 *Rapport inverse,* de quantités dont l'une augmente dans la même proportion que l'autre diminue. II n. m. *L'inverse,* la chose inverse. *C'est justement l'inverse.* ← loc. *À l'inverse,* tout au contraire.

**inversement** adv. ■ 1 D'une manière inverse. 2 Par un phénomène, un raisonnement inverse. ← *Ou inversement :* ou c'est l'inverse. → **vice versa.**

**inverser** v. tr. ⎕ ■ 1 Changer (la position, l'ordre de). → **intervertir.** 2 Renverser le sens de (un mouvement, etc.).

**inversion** n. f. ■ I 1 Déplacement (d'un mot, d'un groupe de mots) par rapport à l'ordre habituel de la construction. 2 Changement de sens (d'un mouvement, etc.). II *Inversion sexuelle :* homosexualité (→ **inverti**).

**invertébré, ée** adj. ■ Qui n'a pas de vertèbres, de squelette. ← n. m. Animal qui ne possède pas de colonne vertébrale.

**inverti, ie** n. ■ Homosexuel(elle).

**investigation** n. f. ■ Recherche suivie, systématique. → **enquête, examen.**

**investir** v. tr. ⎕ ■ I Mettre (qqn) en possession (d'un pouvoir, d'un droit...). ♦ Conférer l'investiture (2) à (qqn). II Encercler (un objectif militaire). III 1 Employer, placer (des capitaux) dans une entreprise. 2 intrans. Mettre son énergie (dans une activité, un objet) (syn. *s'investir* v. pron.).

**investissement** n. m. ■ 1 Action d'investir (II). II Action d'investir dans une entreprise des capitaux destinés à son équipement, etc. ; ces capitaux.

**investisseur, euse** n. ■ Personne ou collectivité qui investit des capitaux.

**investiture** n. f. ■ 1 hist. Acte solennel qui accompagnait la mise en possession (d'un fief...). 2 Acte par lequel un parti désigne un candidat à une élection.

**invétéré, ée** adj. ■ 1 Fortifié et rendu immuable par la durée. *Une habitude invétérée.* 2 (personnes) Qui a depuis longtemps (un caractère, un vice) et ne change pas. → **endurci.** *Un buveur invétéré.*

**invincible** adj. ■ 1 Qui ne peut être vaincu. 2 (choses) Dont on ne peut triompher.

**inviolable** adj. ■ Qu'il n'est pas permis de violer, d'enfreindre. → **intangible, sacré.**

**invisible** adj. ■ 1 Qui n'est pas visible. ♦ fig. Imperceptible. 2 (personnes) Qui se dérobe aux regards ; qu'on ne peut rencontrer. ▷ n. f. **invisibilité**

**invitation** n. f. ■ 1 Action d'inviter (1). 2 Action d'inviter (2), d'engager (à).

**invite** n. f. ■ Invitation (2) discrète.

**invité, ée** n. ■ Personne invitée (1).

**inviter** v. tr. 1 ▪ **1** Prier (qqn) de se rendre, de se trouver à un endroit, d'assister à qqch. → **convier**. *Invitons-les à dîner.* ◆ pronom. *Il s'invite partout.* **2** Engager (qqn) de façon courtoise mais nette (à faire qqch.). → **exhorter, inciter.** *Je vous invite à me suivre.* ◆ (sujet chose) Inciter, porter (à).

**in vitro** [invitʀo] loc. adv. ▪ En milieu artificiel. *Fécondation in vitro.* ← S'oppose à IN VIVO loc. adv. « dans l'organisme vivant ».

**invivable** adj. ▪ **1** Très difficile à vivre, à supporter. **2** (personnes) Insupportable.

**invocation** n. f. ▪ Action d'invoquer.

**involontaire** adj. ▪ **1** Qui échappe au contrôle de la volonté. *Geste involontaire.* **2** Qui agit ou se trouve dans une situation, sans le vouloir. *Le héros involontaire d'un drame.* ▷ adv. **involontairement**

**involution** n. f. ▪ didact. Mouvement de repli vers l'intérieur (concret ou abstrait).

**invoquer** v. tr. 1 ▪ **1** Appeler à l'aide par des prières. *Invoquer Dieu.* **2** Faire appel, avoir recours à (qqch. qui peut aider). *Invoquer une excuse.*

**invraisemblable** [-s-] adj. ▪ **1** Qui n'est pas vraisemblable. → **incroyable.** *Une histoire invraisemblable.* **2** (concret) Très étonnant (et souvent comique). ◆ Excessif.

**invraisemblance** [-s-] n. f. ▪ **1** Défaut de vraisemblance. **2** Chose invraisemblable.

**invulnérable** adj. ▪ Qui n'est pas vulnérable (1 et 2). ▷ n. f. **invulnérabilité**

**iode** n. m. ▪ Corps simple (symb. I), très volatil, présent dans l'eau de mer, qui répand des vapeurs violettes quand on le chauffe. ← *Teinture d'iode* (désinfectant).

**iodé, ée** adj. ▪ Qui contient de l'iode.

**iodler** ou **jodler** v. intr. 1 ▪ Vocaliser en passant de la voix de tête à la voix de poitrine et vice versa, sans transition.

**iodoforme** n. m. ▪ pharm. Composé à base d'iode, antiseptique.

**iodure** n. m. ▪ Nom de composés de l'iode.

**ion** n. m. ▪ Atome ou molécule ayant gagné ou perdu un ou plusieurs électrons. *Ion positif* (cation), *négatif* (anion).

① **ionique** adj. et n. ▪ Se dit d'un des trois styles d'architecture grecque (avec le dorique et le corinthien) caractérisé par un chapiteau orné de deux volutes latérales.

② **ionique** adj. ▪ sc. Relatif aux ions.

**ioniser** v. tr. 1 ▪ sc. Modifier en créant des ions. ▷ n. f. **ionisation**

**ionosphère** n. f. ▪ Couche supérieure ionisée de l'atmosphère.

**iota** n. m. invar. ▪ Neuvième lettre de l'alphabet grec (ι), qui correspond à *i.* ← loc. *Sans changer d'un iota,* sans rien changer.

**ipéca** n. m. ▪ Racine à propriétés vomitives d'un arbrisseau du Brésil.

**ipso facto** adj. ▪ Par voie de conséquence.

**irascible** adj. ▪ littér. Qui s'irrite, s'emporte facilement. → **coléreux ; irritable.**

**ire** n. f. ▪ vx Colère.

**iridium** [-jɔm] n. m. ▪ Corps simple (symb. Ir), métal blanc très dur et cassant.

**iridologie** n. f. ▪ méd. Méthode de diagnostic fondée sur l'examen de l'iris de l'œil.

**iris** [iʀis] n. m. ▪ **I** Plante à haute tige, à grandes fleurs ornementales. **II 1** Membrane de l'œil, située derrière la cornée et présentant un orifice (pupille) en son centre. **2** Diaphragme (photographique).

**iriser** v. tr. 1 ▪ Colorer des couleurs du spectre, de manière changeante. ▶ **irisé, ée** adj. *Reflets irisés.* ▷ n. f. **irisation**

**irlandais, aise** adj. et n. ▪ D'Irlande. ← *Café irlandais,* avec du whisky et de la crème fraîche. ← n. *Les Irlandais.* ◆ n. m. *L'irlandais :* les dialectes celtiques d'Irlande.

**I. R. M.** [iɛʀɛm] (sigle de *imagerie par résonance magnétique*) ▪ méd. Technique permettant d'obtenir des images à partir de la résonance magnétique nucléaire.

**ironie** n. f. ▪ **1** Manière de se moquer (de qqn ou de qqch.) en disant le contraire de ce qu'on veut exprimer. → aussi **humour.** *Une ironie amère ; légère.* ◆ ling. → **antiphrase. 2** Disposition moqueuse. → **moquerie.** *Une lueur d'ironie dans le regard.* **3** IRONIE DU SORT, intention de moquerie méchante qu'on prête au sort.

**ironique** adj. ▪ Qui use d'ironie ; où entre de l'ironie. → **moqueur, railleur, sarcastique.** ▷ adv. **ironiquement**

**ironiser** v. intr. 1 ▪ Employer l'ironie.

**ironiste** n. ▪ vieilli → **humoriste.**

**iroquois, oise** adj. ▪ Des Iroquois.

**irracontable** adj. ▪ → **inracontable.**

**irradier** v. 7 ▪ **1** v. intr. (lumière, douleur...) Se propager en rayonnant à partir d'un centre. **2** v. tr. Exposer (un organisme, etc.) à des radiations (notamment à la radioactivité). ▶ **irradié, ée** adj. ▷ n. f. **irradiation**

**irraisonné, ée** adj. ▪ Non raisonné.

**irrationalisme** n. m. ▪ didact. Hostilité au rationalisme ; croyance en l'irrationnel.

**irrationnel, elle** adj. ▪ **1** Qui n'est pas rationnel, n'est pas du domaine de la raison. ← n. m. *La peur de l'irrationnel.* **2** math. *Nombre irrationnel,* qui ne peut être mis sous la forme d'un rapport entre deux nombres entiers (ex. le nombre π [pi]).

**irréalisable** adj. ▪ Qui ne peut se réaliser.

**irréalisme** n. m. ▪ Manque de réalisme, de sens des réalités. ▷ adj. **irréaliste**

**irréalité** n. f. ▪ Caractère irréel.

**irrecevable** adj. ▪ Qui n'est pas recevable, qui ne peut être admis. → **inacceptable.**

**irrécupérable** adj. ▪ Qui ne peut être récupéré (choses ; personnes).

**irrécusable** adj. ▪ **1** dr. Qui ne peut être récusé en justice. **2** Qu'on ne peut contester. *Preuve irrécusable.*

**irrédentisme** n. m. ▪ polit. Mouvement réclamant l'annexion des territoires où vivent des nationaux sous domination étrangère. ▷ adj. et n. **irrédentiste**

**irréductible** adj. ■ Qui ne peut être réduit ; dont on ne peut venir à bout. → **intraitable.** ◆ n. *Des irréductibles.*

**irréel, elle** adj. ■ **1** Qui n'est pas réel, qui est en dehors de la réalité. → **abstrait, imaginaire, fantastique.** ◆ n. m. Ce qui est irréel. **2** Qui ne semble pas du domaine de la réalité. *Des couleurs irréelles.* → **merveilleux.**

**irréfléchi, ie** adj. ■ Qui agit ou se fait sans réflexion. → **étourdi ; inconsidéré.**

**irréflexion** n. f. ■ Manque de réflexion.

**irréfragable** adj. ■ didact. (preuve...) Qu'on ne peut récuser. → **irrécusable.**

**irréfutable** adj. ■ Qui ne peut être réfuté. ▷ adv. **irréfutablement**

**irrégularité** n. f. ■ **1** Caractère, aspect irrégulier. **2** Chose ou action irrégulière. ◆ Chose contraire à la loi, à un règlement.

**irrégulier, ière** adj. ■ **I 1** Qui n'est pas régulier dans sa forme, ses dimensions, sa disposition, son rythme. *Un visage aux traits irréguliers.* ◆ *Pouls irrégulier.* **2** Qui n'est pas conforme à la règle, à l'usage commun. ◆ gramm. *Verbes irréguliers.* **II** (personnes) **1** *Troupes irrégulières,* qui n'appartiennent pas à l'armée régulière. **2** Qui n'est pas constamment égal à soi-même. → **inégal.** ▷ adv. **irrégulièrement**

**irréligieux, euse** adj. ■ Qui n'a pas de croyance religieuse ; qui s'oppose à la religion. → **incrédule, incroyant, sceptique.**

**irréligion** n. f. ■ littér. Absence de religion.

**irrémédiable** adj. ■ À quoi on ne peut remédier. ▷ adv. **irrémédiablement**

**irrémissible** adj. ■ littér. (crime, faute) Impardonnable.

**irremplaçable** adj. ■ Qui ne peut être remplacé (par qqch. ou qqn). → **unique.**

**irréparable** adj. ■ **1** Qui ne peut être réparé. **2** fig. → **irrémédiable.** *C'est une perte irréparable.* ◆ n. m. *L'irréparable est accompli.*

**irrépressible** adj. ■ littér. Qu'on ne peut réprimer, contenir. → **irrésistible.**

**irréprochable** adj. ■ À qui, à quoi on ne peut faire aucun reproche. → **parfait.**

**irrésistible** adj. ■ **1** À quoi on ne peut résister. **2** Très séduisant. **3** Qui fait beaucoup rire. ▷ adv. **irrésistiblement**

**irrésolu, ue** adj. ■ littér. Qui a du mal à se résoudre, à se déterminer. → **hésitant, indécis.** ▷ n. f. **irrésolution**

**irrespect** [-pɛ] n. m. ■ Manque de respect.

**irrespectueux, euse** adj. ■ Qui n'est pas respectueux. → **impertinent, insolent, irrévérencieux.**

**irrespirable** adj. ■ Qui est pénible ou dangereux à respirer. *Une atmosphère irrespirable* (aussi fig.). → **insupportable.**

**irresponsable** adj. ■ **1** dr. Qui, devant la loi, n'est pas responsable, n'a pas à répondre de ses actes. **2** Qui se conduit sans assumer de responsabilités ; qui agit à la légère. ◆ n. *C'est un irresponsable.* ◆ *Une attitude irresponsable.* ▷ n. f. **irresponsabilité**

**irrétrécissable** adj. ■ Qui ne peut rétrécir.

**irrévérence** n. f. ■ littér. Manque de révérence (I), de respect. → **irrespect.**

**irrévérencieux, euse** adj. ■ littér. Qui fait preuve d'irrévérence.

**irréversible** adj. ■ Qui ne peut se faire que dans un seul sens, sans pouvoir être arrêté. *Une évolution irréversible.*

**irrévocable** adj. ■ Qui ne peut être révoqué, repris. *Ma décision est irrévocable.* → **définitif.** ▷ **irrévocablement** adv. littér.

**irriguer** v. tr. 1 ■ Arroser par arrosage artificiel et méthodique. *Irriguer des champs.* ◆ fig. *Les vaisseaux qui irriguent le cœur.* ▷ n. f. **irrigation**

**irritable** adj. ■ Qui se met facilement en colère. → **irascible.** ▷ n. f. **irritabilité**

**irritant, ante** adj. ■ **1** Qui irrite (1), met en colère. **2** Qui détermine de l'irritation (2).

**irritation** n. f. ■ **1** État d'une personne irritée. → **colère, exaspération. 2** Inflammation légère. *Irritation de la gorge.*

**irriter** v. tr. 1 ■ **1** Mettre en colère. ◆ pronom. → **se fâcher. 2** littér. Rendre plus vif. *Irriter la curiosité.* **3** Rendre douloureux, sensible en déterminant une irritation (2). → **enflammer.** ◆ au p. p. *Gorge irritée.*

**irruption** n. f. ■ **1** Invasion (I) soudaine et violente. **2** Entrée de force, en masse ou de façon inattendue (dans un lieu).

**isard** n. m. ■ Chamois des Pyrénées.

**isba** n. f. ■ Petite maison de bois de paysans russes.

**ischion** [iskjɔ̃] n. m. ■ anat. Partie inférieure et postérieure de l'os iliaque.

**islam** [islam] n. m. ■ **1** Religion prêchée par Mahomet et fondée sur le Coran. **2** (avec maj.) L'ensemble des peuples musulmans ; leur civilisation.

**islamique** adj. ■ De l'islam. → **musulman.**

**islamiser** v. tr. 1 ■ Convertir, intégrer à l'islam. ▷ n. f. **islamisation**

**islamisme** n. m. ■ Religion musulmane, islam. ◆ Propagande, action en faveur de l'islam. ▷ adj. et n. **islamiste**

**islandais, aise** adj. et n. ■ D'Islande. ◆ n. *Les Islandais.* ◆ n. m. *L'islandais* (langue germanique).

**ISO** adj. invar. ■ anglic. *Norme ISO :* norme définie par l'Organisation internationale de normalisation, s'appliquant aux produits et aux services.

**iso-** Élément, du grec *isos* « égal ».

**isobare** adj. ■ D'égale pression atmosphérique. ◆ *Ligne isobare,* qui relie sur une carte des points isobares.

**isocèle** adj. ■ (triangle) À deux côtés égaux.

**isolant, ante** adj. ■ Qui isole, est mauvais conducteur de l'électricité, de la chaleur ou du son. ◆ n. m. *Un isolant.*

**isolateur, trice** adj. et n. m. ■ → **isolant.**

**isolation** n. f. ■ Action d'isoler (une pièce...) ; son résultat.

**isolationnisme** n. m. ■ Politique d'isolement (3). ▷ adj. et n. **isolationniste**

**isolé, ée** adj. ■ **1** Séparé des choses de même nature ou de l'ensemble auquel il (elle) appartient. **2** Éloigné de toute habitation. *Un endroit isolé.* **3** (personnes) Séparé des autres humains. → **seul, solitaire. 4** fig. Seul de sa sorte, non représentatif. *Un cas isolé.* **5** Protégé par un isolant.

**isolement** n. m. ■ **1** État d'une chose isolée. **2** État, situation d'une personne isolée (→ **solitude**) ou qu'on isole. **3** État d'un pays sans relation avec les autres.

**isolément** adv. ■ Séparément.

**isoler** v. tr. [1] ■ **1** Séparer (qqch.) des objets environnants ; empêcher d'être en contact. *La tempête a isolé le village.* → *Isoler un virus* (pour l'étudier, l'identifier). ◆ Protéger avec un isolant. *Isoler une pièce.* **2** Éloigner (qqn) de la société des autres humains. → pronom. *S'isoler dans un coin.* **3** abstrait Considérer à part, hors d'un contexte.

**isoloir** n. m. ■ Cabine où l'électeur s'isole pour préparer son bulletin de vote.

**isomère** adj. et n. m. ■ chim. Se dit de composés ayant la même formule d'ensemble, mais des propriétés différentes. ▷ n. f. **isomérie**

**isomorphe** adj. ■ chim. Se dit de corps qui ont la propriété (*isomorphisme* n. m.) d'avoir les formes cristallines voisines.

**isopet** → **ysopet**

**isotherme** adj. ■ **1** Qui a même température. → *Ligne isotherme,* reliant sur une carte des points de même température moyenne. **2** phys. Qui se produit à température constante. **3** Isolé thermiquement.

**isotope** n. m. ■ Chacun des éléments de même numéro atomique, mais de masses atomiques différentes.

**israélien, ienne** adj. et n. ■ D'Israël.

**israélite** n. ■ Personne qui appartient à la communauté et à la religion juive. → **hébreu, juif.** → adj. *Culte israélite.*

**issu, ue** adj. ■ Qui est né (de qqn...). *Issu d'une famille modeste.* → fig. Qui provient (de qqch.). *Progrès issu du travail.*

**issue** n. f. ■ **1** Ouverture, passage offrant la possibilité de sortir. → **sortie.** *Issue de secours.* **2** fig. Moyen de se dégager d'une situation difficile. *Je ne vois pas d'autre issue.* ◆ Manière dont une chose arrive à son terme. → **fin.** *Une heureuse issue.* **3** À L'ISSUE DE : à la fin de.

**isthme** [ism] n. m. ■ **1** Bande de terre resserrée entre deux mers ou deux golfes et

réunissant deux terres. **2** anat. Partie rétrécie (d'un organe). ▷ adj. **isthmique**

**italianisme** n. m. ■ Manière de parler, mot propre à l'italien, dans une autre langue.

**italien, ienne** adj. et n. ■ De l'Italie. *La lire, monnaie italienne avant l'euro.* → n. *Les Italiens.* ◆ n. m. *L'italien,* la langue officielle de l'Italie.

**italique** adj. ■ **I** Qui a rapport à l'Italie ancienne. **II** *Lettres, caractères italiques* (inventés en Italie), légèrement inclinés vers la droite. → n. m. *Mot en italique.*

**-ite** Élément servant à former des noms de maladies de nature inflammatoire.

① **item** [item] adv. ■ comm. De même.

② **item** [item] n. m. ■ anglic., sc. Élément, unité (d'un ensemble).

**itératif, ive** adj. ■ didact. Qui est répété plusieurs fois.

**itinéraire** ■ **I** n. m. **1** Chemin à suivre ou suivi pour aller d'un lieu à un autre. *Itinéraire spirituel.* **II** adj. didact. Qui a rapport aux voies de circulation.

**itinérant, ante** adj. ■ Qui se déplace, dans son activité.

**itou** adv. ■ fam. et vieilli Aussi, de même.

**I. U. F. M.** ou **IUFM** [iyɛfɛm] n. m. (sigle) ■ Institut universitaire de formation des maîtres (qui forme les enseignants).

**I. U. T.** [iyte] n. m. (sigle) ■ Institut universitaire de technologie.

**I. V. G.** [iveʒe] n. f. (sigle de *interruption volontaire de grossesse*) ■ Avortement provoqué volontaire et légal.

**ivoire** n. m. ■ **1** Matière résistante, d'un blanc un peu jaune, qui constitue les défenses de l'éléphant. → loc. *Tour* d'ivoire.* ◆ Objet d'art en ivoire. **2** Partie dure des dents, revêtue d'émail à la couronne.

**ivraie** n. f. ■ Plante herbacée, nuisible aux céréales. → loc. (Évangile) *Séparer le bon grain de l'ivraie,* le bien du mal.

**ivre** adj. ■ **1** Qui est sous l'effet de l'alcool. → **soûl. 2** Transporté hors de soi (par une émotion violente). *Ivre d'orgueil.*

**ivresse** n. f. ■ **1** État d'une personne ivre ; intoxication par l'alcool, qui constitue les perturbations dans l'adaptation nerveuse et la coordination motrice. → **ébriété. 2** État d'euphorie ou d'exaltation.

**ivrogne** adj. et n. ■ Qui a l'habitude de s'enivrer et en témoigne par son comportement. → **alcoolique.** → loc. *Serment d'ivrogne,* qui ne sera pas tenu. ▷ n. f. **ivrognerie**

**j** [ʒi] n. m. ▪ Dixième lettre, septième consonne de l'alphabet. → loc. *Le jour* J.

**jabadao** n. m. ▪ régional (Bretagne) Danse bretonne à figures.

**jabot** n. m. ▪ **1** Poche de l'œsophage des oiseaux, où les aliments séjournent. **2** Ornement (de dentelle...) du col d'une chemise, qui s'étale sur la poitrine.

**jaboter** v. intr. 1 ▪ fam., vieilli Bavarder.

**jacaranda** n. m. ▪ Arbre d'Amérique tropicale à bois recherché.

**jacassement** n. m. ▪ **1** Cri de la pie. **2** Bavardage bruyant (syn. JACASSERIE n. f.).

**jacasser** v. intr. 1 ▪ **1** (pie) Pousser son cri. **2** Parler beaucoup d'une voix criarde.

**jacasseur, euse** adj. et n. ▪ Qui jacasse.

**jachère** n. f. ▪ État d'une terre labourable qu'on laisse temporairement reposer ; cette terre. → fig. *Laisser qqn, qqch. en jachère*, ne pas en tirer parti.

**jacinthe** n. f. ▪ Plante à bulbe, à fleurs en grappe colorée et parfumée.

**jackpot** [(d)ʒakpɔt] n. m. ▪ Combinaison gagnante qui déclenche un mécanisme envoyant au joueur l'argent accumulé dans une machine à sous ; cet argent.

**jacobin, ine** ▪ **1** n. m. vx Dominicain. **2** n. m. hist. Membre de la société révolutionnaire des Jacobins (établie à Paris dans un ancien couvent de jacobins). ◆ n. fig. Républicain intransigeant, partisan d'un État centralisé. → adj. *Politique jacobine.*

**jacquard** n. m. ▪ **1** Métier à tisser conçu par Jacquard. **2** Tricot à dessins géométriques multicolores. → adj. invar. *Pulls jacquard.*

**jacquemart** n. m. → jaquemart

**jacquerie** n. f. ▪ hist. Révolte paysanne.

**jacquet** n. m. ▪ Jeu voisin du trictrac.

**jacquier** n. m. → jaquier

① **jactance** n. f. ▪ littér. Arrogance, vanité.

② **jactance** n. f. ▪ fam. Bavardage ; bagout.

**jacter** v. intr. 1 ▪ fam. Parler, bavarder.

**jaculatoire** adj. ▪ relig. *Oraison jaculatoire :* prière courte et fervente.

**jacuzzi** [ʒakyzi] n. m. (nom déposé) ▪ anglic. Bassin ou baignoire muni(e) d'un dispositif qui provoque des remous dans l'eau.

**jade** n. m. ▪ **1** Pierre fine très dure, d'un vert plus ou moins foncé. **2** Objet en jade.

**jadis** [-is] adv. ▪ Dans le temps passé. → *autrefois.* ◆ adj. *Au temps jadis.*

**jaguar** [-gwa-] n. m. ▪ Félin d'Amérique du Sud à pelage fauve tacheté de noir.

**jaillir** v. intr. 2 ▪ **1** (liquide...) Sortir, s'élancer en un jet subit et puissant. ◆ par analogie *Des rires jaillissaient.* → **fuser. 2** Apparaître, se manifester soudainement. → **surgir.** *Idée qui jaillit.* ▷ adj. **jaillissant, ante** ▷ n. m. **jaillissement**

**jais** n. m. ▪ Variété de lignite dure, d'un noir luisant. → *Des yeux de jais,* très noirs.

**jalon** n. m. ▪ **1** Tige qu'on plante en terre pour prendre un alignement, déterminer une direction. **2** fig. Ce qui sert à situer, diriger. → loc. *Poser des jalons :* faire les premières démarches, préparer une action.

**jalonner** v. 1 ▪ **I** v. intr. Planter des jalons. **II** v. tr. **1** Marquer la direction, les limites de (qqch.) au moyen de jalons, de repères. **2** (sujet chose) Marquer en se suivant (comme des jalons). *Les succès jalonnent sa carrière.* ▷ n. m. **jalonnement**

**jalousement** adv. ▪ Avec jalousie.

**jalouser** v. tr. 1 ▪ Être jaloux (2) de.

① **jalousie** n. f. ▪ **1** Sentiment hostile éprouvé en voyant autrui jouir d'un avantage qu'on ne possède pas ou qu'on voudrait posséder seul. → **dépit, envie. 2** Sentiment douloureux que font naître un amour inquiet, le désir de possession de la personne aimée, la crainte de son infidélité.

② **jalousie** n. f. ▪ **1** vx Treillis de bois ou de métal au travers duquel on peut voir sans être vu. **2** Volet à lames orientables.

**jaloux, ouse** adj. ▪ **1** littér. *JALOUX DE qqch.,* très attaché à. *Être jaloux de son indépendance.* → loc. *Avec un soin jaloux :* avec une vigilance particulière. ◆ **dépit,** n. *Sa réussite fait des jaloux.* **3** Qui éprouve de la jalousie (2). → n. *Un jaloux, une jalouse.*

**jamais** adv. de temps ▪ **I** sens positif En un temps quelconque, un jour. *Elle est plus belle que jamais.* → *À (TOUT) JAMAIS ; POUR JAMAIS* loc. adv. : pour toujours. **II** sens négatif **1** (avec *ne*) En aucun temps, à aucun moment. → loc. *On ne sait jamais :* on ne sait pas ce qui peut arriver. **2** (sans *ne*) À aucun moment. → *Jamais de la vie :* certainement pas. → *C'est le moment ou jamais (de...),* il faut agir.

**jambage** n. m. ▪ Trait vertical des lettres *m, n* et *u.* → Trait vertical du *p,* du *q.*

**jambe** n. f. ▪ **1** anat. Partie de chacun des membres inférieurs de l'homme, qui s'étend du genou au pied. → cour. Cette partie, ou le membre inférieur tout entier (y compris la cuisse). → en sport *JEU DE JAMBES :* aptitude à mouvoir les jambes. ◆ loc. *Courir, s'enfuir À TOUTES JAMBES,* le plus vite possible. → *Prendre ses jambes à son cou*\*. → fam. *Tenir la jambe à qqn,* le retenir en lui parlant. → *Traiter qqn par-dessus la jambe,* de façon désinvolte. ➝ *Partie de jambes en l'air* : ébats sexuels. ➝ iron. *Cela me fait une belle jambe* : cela ne me sert à rien. **2** par analogie *Jambe de bois*, adaptée au moignon d'un amputé. → **pilon. 3** Patte des quadrupèdes. **4** Partie (d'un pantalon) qui couvre la jambe. **5** Branche (d'un compas).

**jambier, ière** adj. ■ anat. Relatif à la jambe.

**jambière** n. f. ■ Pièce qui enveloppe et protège la jambe.

**jambon** n. m. ■ **1** Cuisse (ou épaule) de porc préparée (par salaison ou cuisson) pour être conservée. **2** fam. Cuisse.

**jambonneau** n. m. ■ Petit jambon fait avec la partie inférieure de la jambe du porc.

**jamboree** [ʒɑ̃bɔʀe] n. m. ■ anglic. Réunion internationale de scouts.

**jam-session** [dʒam-] n. f. ■ anglic. Réunion de musiciens de jazz qui improvisent. → **bœuf** (II. *Des jam-sessions.*

**janissaire** n. m. ■ hist. Soldat d'élite de l'infanterie ottomane.

**jansénisme** n. m. ■ Doctrine de Jansénius ; mouvement religieux et intellectuel animé par ses partisans. ♦ par ext. Morale austère, rigoriste. ▷ adj. et n. **janséniste**

**jante** n. f. ■ Cercle qui constitue la périphérie d'une roue de véhicule, etc.

**janvier** n. m. ■ Premier mois de l'année.

**japon** n. m. ■ Papier de couleur ivoire.

**japonais, aise** adj. et n. ■ Du Japon. → **nippon.** ♦ n. m. *Le japonais* (langue).

**japonaiserie** n. f. ■ Objet d'art, bibelot de style japonais.

**japonisant, ante** n. ■ Spécialiste de la langue et de la civilisation japonaises.

**japper** v. intr. 🔲 ■ Pousser des aboiements aigus et clairs. → **glapir.** *Chiot qui jappe.* ➝ Crier (chacal). ▷ n. m. **jappement**

**jaque** n. m. ■ Fruit du jaquier.

**jaquemart** ou **jacquemart** n. m. ■ Automate muni d'un marteau, qui frappe les heures d'une horloge monumentale.

① **jaquette** n. f. ■ **1** Vêtement masculin de cérémonie à pans descendant aux genoux. **2** vieilli Veste de femme à basques.

② **jaquette** n. f. ■ **1** Chemise protégeant la couverture (d'un livre...). **2** Couronne dentaire en céramique ou en résine.

**jaquier** ou **jacquier** n. m. ■ Arbre des régions tropicales, voisin de l'arbre à pain.

**jardin** n. m. ■ **1** Terrain, généralement clos, où l'on cultive des végétaux utiles ou d'agrément. ➝ *Jardin à la française*, aux parties symétriques. *Jardin anglais*, imitant la nature. ➝ loc. *C'est une pierre dans son jardin*, une attaque voilée. **2** *JARDIN D'HIVER* : pièce formant serre. **3** *JARDIN JAPONAIS* : vasque contenant un jardin miniature. **4** *JARDIN D'ENFANTS* : établissement privé pour enfants d'âge préscolaire. **5** fig. *Jardin secret* : domaine des sentiments, des pensées les plus intimes.

**jardinage** n. m. ■ Culture des jardins.

**jardiner** v. intr. 🔲 ■ Cultiver, entretenir un jardin en amateur.

**jardinet** n. m. ■ Petit jardin.

**jardinier, ière** ■ **I** n. Personne qui cultive les jardins. **2** n. f. *Jardinière d'enfants* : éducatrice d'un jardin* d'enfants. **II** adj. Relatif aux jardins.

**jardinière** n. f. ■ **I** Meuble où l'on fait pousser des plantes d'agrément. **II** Mélange de légumes cuits (carottes, petits pois...).

**jargon** n. m. ■ **1** Langage déformé, fait d'éléments disparates. ➝ par ext. Langage incompréhensible. **2** Façon de s'exprimer propre à un groupe, une activité. → **argot.**

**jargonner** v. intr. 🔲 ■ Parler un jargon ; s'exprimer de façon peu intelligible.

**jarre** n. f. ■ Grand récipient de forme ovoïde, en grès, en terre cuite, etc.

**jarret** n. m. ■ **1** Région postérieure du genou humain. → creux **poplité. 2** Endroit analogue, chez les ongulés. ♦ Partie inférieure de la noix et de l'épaule, en boucherie. *Jarret de veau.*

**jarretelle** n. f. ■ Bande élastique d'un porte-jarretelles, terminée par une attache.

**jarretière** n. f. ■ Cordon, bande élastique destinée à fixer les bas en les entourant.

**jars** n. m. ■ Mâle de l'oie domestique.

**jaser** v. intr. 🔲 ■ **1** vieilli Parler sans arrêt. **2** Parler avec indiscrétion, ou de manière médisante. → **cancaner, médire. 3** → **gazouiller.** ▷ n. m. **jaseur, euse** adj. et n.

**jasmin** n. m. ■ **1** Arbuste vivace à fleurs jaunes ou blanches très odorantes. ➝ Ces fleurs. **2** Parfum extrait de cette fleur.

**jaspe** n. m. ■ **1** Roche siliceuse, souvent rouge, présentant des taches ou des bandes colorées. **2** Objet d'art en jaspe.

**jaspé, ée** adj. ■ Bigarré comme le jaspe.

**jaspiner** v. intr. 🔲 ■ fam. Parler, bavarder.

**jaspure** n. f. ■ Aspect de ce qui est jaspé.

**jatte** n. f. ■ Récipient de forme arrondie, très évasé, sans rebord ni anse.

**jauge** n. f. ■ **1** Capacité que doit avoir un récipient déterminé. ➝ mar. Capacité d'un navire, exprimée en tonneaux. → **tonnage. 2** Instrument étalonné (baguette, règle...) qui sert à mesurer la contenance d'un récipient ou le niveau de son contenu.

**jauger** v. 🔳 ■ **I** v. tr. **1** Mesurer ou contrôler (un récipient...) avec une jauge. **2** fig. Apprécier, évaluer. **II** v. intr. **1** Avoir un tirant d'eau de. *Péniche jaugeant un mètre.* **2** (navire) Avoir une jauge de. ▷ n. m. **jaugeage**

**jaunâtre** adj. ■ Qui tire sur le jaune.

**jaune** ■ **I** adj. **1** Qui est d'une couleur placée dans le spectre entre le vert et l'orangé et dont la nature offre de nombreux exemples (soufre, citron...). **2** Qui est jaune (1) ou tire sur le jaune, par rapport à qqch. de même nature mais d'une autre couleur. ➝ loc. *Le métal jaune* : l'or. ➝ *Race jaune*, « race » humaine caractérisée par une peau d'un brun très clair. **II** n. m. **1** Une des sept couleurs fondamentales du spectre solaire, placée entre le vert et l'orangé. **2** Matière colorante jaune. **3** Partie jaune (de qqch.). *Jaune d'œuf* (opposé à *blanc*). **III** n. **1** Personne de la « race » dite jaune (emploi désobligeant). → **asiatique. 2** Personne qui refuse de prendre part à une grève. **IV** adv. *Rire jaune*, d'un rire forcé.

**jaunir** v. ② ■ I v. tr. Rendre jaune ; colorer de jaune. II v. intr. Devenir jaune. ▷ n. m. **jaunissement**

**jaunisse** n. f. ■ Synonyme courant de *ictère*. ← fig., fam. *Faire une jaunisse de qqch.*, en éprouver un violent dépit.

**java** n. f. ■ 1 Danse de bal musette à trois temps, assez rapide. ← Musique de cette danse. 2 loc. fam. *Faire la java* : faire la fête.

① **javanais, aise** adj. et n. ■ De l'île de Java. ♦ n. m. Groupe de langues indonésiennes parlées à Java et à Sumatra.

② **javanais** n. m. ■ Argot qui intercale dans les mots les syllabes *va* ou *av*.

**eau de Javel** n. f. ■ Mélange de dérivés du chlore en solution aqueuse, utilisé comme détergent, décolorant et antiseptique.

**javeline** n. f. ■ Javelot léger (arme de jet).

**javelle** n. f. ■ Brassée de céréales qu'on laisse sur place avant de les mettre en gerbe.

**javelliser** v. tr. ① ■ Stériliser au moyen d'eau de Javel. ▷ n. f. **javellisation**

**javelot** n. m. ■ 1 Arme de jet assez longue et lourde. 2 Instrument de lancer en forme de lance employé en athlétisme.

**jazz** [dʒaz] n. m. ■ Musique issue de la musique profane des Noirs des États-Unis, caractérisée notamment par son articulation du rythme et du phrasé (→ **swing**).

**jazzman** [dʒazman] n. m. ■ anglic. Musicien de jazz. *Des jazzmans* ou *jazzmen* [-mɛn].

**jazzy** [dʒazi] adj. invar. ■ Du jazz ; qui évoque le jazz. *Un style jazzy.*

**je** pron. pers. ■ 1 Pronom personnel sujet de la première personne du singulier des deux genres. *Je parle. J'entends.* ← REM. En cas d'inversion, le *e* devient muet : *où suis-je ?* [usɥiʒ]. ← (renforcé par moi) *Moi, j'y crois.* 2 n. m. invar. Employer le « je » dans un récit.

**jean** [dʒin] n. m. ■ 1 Pantalon de toile très solide (bleu à l'origine → **blue-jean**). *Un jean* ou *un jeans.* 2 Toile servant notamment à confectionner ces pantalons.

**jean-foutre** [ʒɑ̃-] n. m. invar. ■ fam. 1 vx Gredin. 2 Individu incapable.

① **jeannette** n. f. ■ Planchette à repasser.

② **jeannette** n. f. ■ Petite fille appartenant au scoutisme catholique.

**jeep** [(d)ʒip] n. f. ■ Automobile tout-terrain à quatre roues motrices.

**jéjunum** [-ɔm] n. m. ■ anat. Deuxième partie de l'intestin grêle, avant l'iléon.

**je-m'en-fichisme** ou **je-m'en-foutisme** n. m. ■ fam. Attitude indifférente envers ce qui devrait intéresser ou préoccuper. ▷ **je-m'en-fichiste** ou **je-m'en-foutiste** adj. et n.

**je-ne-sais-quoi** n. m. invar. ■ Chose qu'on ressent et qu'on ne peut définir ou exprimer.

**jérémiade** n. f. ■ fam. Plainte sans fin.

**jerez** n. m. → **xérès**

**jerk** [(d)ʒɛʀk] n. m. ■ anglic. Danse dans laquelle tout le corps est agité de secousses rythmées.

**jéroboam** [-bɔam] n. m. ■ Grosse bouteille contenant trois litres.

**jerrycan** [(d)ʒeʀikan] n. m. ■ anglic. Bidon à poignée, d'environ 20 litres.

**jersey** n. m. ■ Tissu très souple à mailles toujours semblables sur une même face. *Jersey de laine.* ← *Point de jersey* (au tricot).

**jésuite** ■ I 1 n. m. Membre de la Compagnie de Jésus. 2 adj. Se dit d'un style d'architecture baroque (XVIIᵉ siècle). II n. péj. Personne qui recourt à des astuces hypocrites. ← adj. *Air jésuite.* → **hypocrite.**

**jésuitique** adj. ■ péj. 1 Propre aux jésuites. 2 D'un jésuite (II). → **hypocrite.**

**jésuitisme** n. m. ■ péj. 1 Système moral reproché aux jésuites. 2 Attitude, conduite jésuitique (2). → **hypocrisie.**

**jésus** ■ I interj. Marquant la surprise, etc. *Jésus !* II n. m. Représentation de Jésus enfant. III n. m. Gros saucisson court.

① **jet** [ʒɛ] n. m. ■ I 1 Action de jeter ; trajectoire d'une chose lancée. ← (Distance) *À un jet de pierre.* 2 loc. *D'un seul jet, d'un jet* : d'un coup. ← *Premier jet* : première expression d'une œuvre. II 1 Mouvement par lequel une chose jaillit avec force. *Jet de vapeur.* 2 *JET D'EAU* : gerbe d'eau jaillissante. ← abusivt Tuyau d'arrosage. 3 Rayons qui jaillissent. *Jet de lumière.* 4 Nouvelle pousse (d'un arbre). → **rejet.**

② **jet** [dʒɛt] n. m. ■ anglic. Avion à réaction.

**jetable** adj. ■ Destiné à être remplacé.

① **jeté** n. m. ■ 1 danse Saut lancé par une jambe et reçu par l'autre. 2 sports → **épaulé-jeté.** 3 Tissu que l'on étend sur un meuble en guise d'ornement. *Jeté de lit.*

② **jeté, ée** adj. ■ fam. Fou, cinglé.

**jetée** n. f. ■ Chaussée qui s'avance dans l'eau. → **digue, estacade, môle.**

**jeter** v. tr. ④ ■ I 1 Envoyer (qqch.) à quelque distance de soi. 1 Lancer. *Jeter une pierre.* ← (vers le bas) *Jeter l'ancre.* 2 Disposer dans l'espace, d'un point à un autre. *Jeter une passerelle sur un fossé.* ♦ Établir, poser. *Jeter les bases d'une société.* 3 Abandonner, rejeter comme encombrant ou inutile. *Vieux papiers bons à jeter.* 4 Déposer, mettre avec vivacité ou sans soin. *Jeter une lettre à la boîte.* ← fig. *Jeter une idée sur le papier*, noter rapidement. 5 → **répandre, semer.** *Jeter l'épouvante.* II 1 Diriger (une partie du corps). *Elle lui jeta ses bras autour du cou.* 2 Faire sortir de soi. → **émettre.** *Jeter un cri.* III 1 Pousser, diriger avec force. *Jeter qqn dehors*, le mettre à la porte. 2 fig. → **plonger.** *Jeter qqn dans le désarroi.* ► se **jeter** v. pron. 1 Sauter, se laisser tomber. *Se jeter à l'eau* (fig. prendre une décision audacieuse). 2 → **s'élancer, se précipiter.** *Se jeter dans les bras de qqn.* 3 fig. S'engager avec fougue (dans). 4 (cours d'eau) Déverser ses eaux. *Les rivières qui se jettent dans la Seine.*

**jeteur, euse** n. ■ *Jeteur, jeteuse de sort* : sorcier, sorcière qui jette un sort.

**jeton** n. m. ■ 1 Pièce plate représentant une valeur, servant de marque, etc. 2 *JETON DE PRÉSENCE* : honoraires des membres d'un conseil d'administration. 3 fam. *FAUX JETON* [foʃtɔ̃] : hypocrite. 4 fam. Coup. 5 loc. fam. *Avoir les jetons* : avoir peur.

**jet-set** [dʒɛtsɛt] n. f. ou m. ■ anglic. Ensemble des personnalités de la vie mondaine internationale (qui voyagent beaucoup en avion). - syn. (anglic.) *JET-SOCIETY* [dʒɛtsɔsajti] n. f.

**jet-ski** [dʒɛt-] n. m. ■ anglic. Petite embarcation à moteur se pilotant debout ; sport ainsi pratiqué.

**jeu** n. m. ■ I 1 Activité physique ou mentale dont le but essentiel est le plaisir qu'elle procure. → **amusement, divertissement, récréation ; ludique.** 2 Activité qui présente un ou plusieurs caractères du jeu (gratuité, futilité, facilité...). ← JEU DE MOTS : allusion plaisante fondée sur l'équivoque de mots qui ont une ressemblance phonétique (→ **calembour**). 3 JEU D'ÉCRITURE : opération comptable purement formelle. II 1 Cette activité, organisée par des règles définissant un succès et un échec, un gain et une perte. – loc. JOUER LE JEU : se conformer aux règles (du jeu, et fig. d'une activité). 2 au plur. Antiq. Compétitions sportives. – JEUX OᴸYMPIQUES*. 3 LE JEU : les jeux où l'on risque de l'argent (→ **jouer; joueur**). Se ruiner au jeu. ♦ (dans des expr.) Argent joué, mise. Jouer gros jeu (fig. prendre de grands risques). 4 Partie qui se joue. Suivre le jeu. ♦ loc. fig. Entrer en jeu. → **intervenir.** ← Être EN JEU, en cause, en question. – Se prendre, se piquer AU JEU : se laisser passionner ; s'obstiner. 5 hist. littér. Pièce de théâtre en vers, au moyen âge. III (Ce qui sert à jouer) 1 Instruments du jeu. Jeu de 52 cartes. 2 Assemblage de cartes qu'un joueur a en main. 3 Série complète d'objets de même nature et d'emploi analogue. IV 1 Manière dont on joue. Un jeu habile. ← fig. JOUER DOUBLE JEU : agir de deux façons différentes pour tromper. Jouer franc* jeu. 2 Façon de jouer d'un instrument, etc. Le jeu d'un violoniste. 3 Manière de jouer un rôle. → **interprétation.** ← loc. Jouer le grand jeu : utiliser tous ses talents pour séduire. ← VIEUX JEU : démodé, archaïque. 4 Jeu de, manière de mettre en œuvre. Jeu de physionomie. ← Jeu de lumière ; jeu d'eau (à effet esthétique). V 1 Mouvement aisé, régulier d'un mécanisme, etc. Le jeu des muscles. 2 Espace libre ou défaut de serrage.

**jeudi** n. m. ■ Quatrième jour de la semaine, qui succède au mercredi. ← loc. fam. La semaine des quatre jeudis : jamais.

**à jeun** [-ʒœ̃] loc. adv. ■ Sans avoir mangé.

**jeune** ■ I adj. Peu avancé en âge (opposé à vieux). 1 (personnes) Qui est dans la jeunesse. 2 (animaux) Jeune chat. ← (plantes) Jeune chêne. 3 (choses) Nouveau, récent. Une industrie jeune. 4 (qualifiant une période) Nos jeunes années. 5 Qui a les caractères de la jeunesse. Rester jeune. 6 Qui convient à la jeunesse. Une coiffure jeune. ← adv. S'habiller jeune. 7 Qui est nouveau (dans un état...). Jeunes mariés. 8 fam. → **insuffisant, léger.** C'est un peu jeune ! II n. Personne jeune. Les jeunes. → **adolescent ; jeunesse.**

**jeûne** n. m. ■ Privation volontaire de toute nourriture. → **abstinence ; diète.**

**jeûner** v. intr. 1 ■ Se priver de nourriture ou en être privé ; rester à jeun.

**jeunesse** n. f. ■ I 1 Temps de la vie entre l'enfance et la maturité. 2 Fait d'être jeune ; état d'une personne jeune. ♦ Ensemble de caractères attribués à la jeunesse. Jeunesse de cœur. II 1 Les personnes jeunes. prov. Si jeunesse savait, si vieillesse pouvait : si les jeunes avaient l'expérience et les vieux la vigueur. 2 fam., vieilli Fille ou femme très jeune. 3 au plur. Mouvement de jeunes gens. Les jeunesses communistes.

**jeunet, ette** adj. ■ fam. Bien jeune.

**jeûneur, euse** n. ■ Personne qui jeûne.

**jeunisme** n. m. ■ I Discrimination envers les jeunes. II Culte des valeurs associées à la jeunesse (beauté, etc.).

**jeunot, otte** adj. ■ fam. Jeune.

**jihad** n. m. → **djihad**

**jingle** [dʒiŋœl] n. m. ■ anglic. Court motif sonore répétitif. – recomm. off. sonal.

**jiu-jitsu** n. m. ■ Technique japonaise de combat sans armes, d'où dérive le judo. – var. JU-JITSU.

**joaillerie** n. f. ■ 1 Art de monter les pierres précieuses ou fines pour en faire des joyaux. 2 Métier, commerce, atelier du joaillier.

**joaillier, ière** n. ■ Personne qui fabrique ou vend des joyaux. → **bijoutier.**

**job** n. m. ■ anglic., fam. Travail rémunéré.

**jobard, arde** adj. et n. ■ Crédule jusqu'à la bêtise. ▷ n. f. **jobarderie** et **jobardise**

**jockey** n. m. ■ Personne dont le métier est de monter les chevaux dans les courses.

**jocrisse** n. m. ■ vx Benêt, nigaud.

**jodhpur** n. m. ■ anglic. Pantalon de cheval serrant la jambe du genou au pied.

**jodler** → **iodler**

**jogging** [(d)ʒɔgiŋ] n. m. ■ anglic. 1 Course à pied faite par exercice. 2 Survêtement.

**joie** n. f. ■ 1 Émotion agréable et profonde, sentiment exaltant ressenti par toute la conscience. Joie extrême. → **allégresse, jubilation, ravissement.** 2 Cette émotion, liée à une cause particulière. C'est une joie de vous revoir. ♦ au plur. Les joies de la vie. → **agrément, douceur, plaisir.**

**joignable** adj. ■ Que l'on peut joindre (I, 5).

**joindre** v. 49 ■ I v. tr. 1 Mettre (des choses) ensemble, de façon qu'elles se touchent ou tiennent ensemble. Joindre les mains. ← loc. fig. Joindre les deux bouts : équilibrer son budget. 2 (sujet chose) Mettre en communication. → **relier.** 3 Mettre ensemble. Joignons nos efforts. 4 JOINDRE À : mettre avec. → **ajouter.** ← loc. Joindre l'utile à l'agréable. 5 Entrer en communication avec (qqn). Il est difficile à joindre. II v. intr. Se toucher sans laisser d'interstice. Planches qui joignent bien (→ **jointif**). ▷ se joindre v. pron. Se joindre en un tout. ♦ SE JOINDRE À : se mettre avec, s'associer à.

① **joint, jointe** adj. ■ 1 Qui est joint, qui a été joint. Les pieds joints. ← Compte joint : compte bancaire qui a plusieurs titulaires. Fichier joint (à un courrier électronique). → **attaché.** 2 CI-JOINT, CI-JOINTE : joint ici même (→ ci-inclus). Les documents ci-joints. ← (invar. avant le nom) Ci-joint la copie.

② **joint** n. m. ■ 1 Espace qui subsiste entre des éléments joints. Joints d'une fenêtre. 2 Articulation entre deux pièces. Joint de cardan*. 3 Garniture assurant l'étanchéité. Joint de robinet. 4 loc. Chercher, trouver le joint, le moyen de résoudre une difficulté.

③**joint** n. m. ■ anglic., fam. Cigarette de haschisch.

**jointif, ive** adj. ■ techn. Qui est joint, qui est en contact par les bords.

**jointoyer** v. tr. ⑧ ■ techn. Remplir les joints de (une maçonnerie) avec du mortier.

**jointure** n. f. ■ 1 Endroit où les os se joignent. → **articulation**. 2 Endroit où deux parties, deux choses se joignent.

① **jojo** adj. invar. ■ fam. Joli, agréable. *C'est pas jojo, tout çà !*

② **affreux jojo** n. m. ■ fam. Enfant, jeune homme insupportable.

**jojoba** n. m. ■ Arbuste des déserts américains dont on tire une huile utilisée en pharmacie.

**joker** [-ɛʀ] n. m. ■ Carte à jouer à laquelle on est libre d'attribuer une valeur.

**joli, ie** adj. ■ 1 Très agréable à voir. → **gracieux, mignon**. ♦ Très agréable à entendre. 2 fam. Assez réussi ou important. *Une jolie somme.* → **coquet**. *Un joli succès.* 3 iron. *Un joli coco* : un individu peu recommandable. ♦ n. m. *C'est du joli !*, c'est mal.

**joliesse** n. f. ■ Caractère de ce qui est joli.

**joliment** adv. ■ 1 D'une manière jolie, agréable. 2 Très, beaucoup. → fam. **rudement**.

**jonc** [ʒɔ̃] n. m. ■ 1 Plante des terrains humides, à hautes tiges droites et flexibles ; sa tige. 2 Canne, badine (de jonc, etc.). 3 Bague, bracelet de grosseur uniforme.

**jonchée** n. f. ■ littér. Amas (de branchages, de fleurs, etc.) jonchant le sol.

**joncher** v. tr. ① ■ 1 Parsemer (un lieu) de branchages, de fleurs, etc. 2 (le sujet désigne les choses éparses) → **couvrir**.

**jonchet** n. m. ■ Chacun des bâtonnets jetés en tas que l'on joue à retirer, avec un crochet, sans faire bouger les autres.

**jonction** n. f. ■ Action de joindre (des choses), de se joindre ; fait d'être joint. *Point de jonction.* ♦ Endroit où des choses se joignent. *À la jonction des deux routes.*

**jongler** v. intr. ① ■ 1 Lancer en l'air plusieurs objets où on reçoit et relance alternativement. 2 fig. *Jongler avec* : manier de façon adroite et désinvolte.

**jonglerie** n. f. ■ 1 Art du jongleur. 2 fig. (souvent péj.) Exercice de virtuosité.

**jongleur, euse** n. ■ 1 anciennt Ménestrel. 2 Personne dont le métier est de jongler.

**jonque** n. f. ■ Voilier d'Extrême-Orient, dont les voiles sont tendues par des lattes horizontales de bambou.

**jonquille** n. f. ■ Variété de narcisse à fleurs jaunes et odorantes ; cette fleur.

① **jota** [xɔta] n. f. ■ Danse aragonaise.

② **jota** [xɔta] n. f. ■ Consonne gutturale [x], notée *j*, du castillan (langue).

**jouabilité** n. f. ■ inform. Qualité de maniabilité, d'ergonomie (d'un logiciel de jeu).

**jouable** adj. ■ Qui peut être joué ou tenté.

**joual** n. m. ■ Français populaire canadien, marqué par des écarts phonétiques, lexicaux et des anglicismes.

**joubarbe** n. f. ■ Plante grasse à feuilles charnues en rosettes, à fleurs roses.

**joue** n. f. ■ 1 Partie latérale de la face s'étendant entre le nez et l'oreille, du dessous de l'œil au menton. ◆ allus. biblique *Tendre l'autre joue* : s'exposer volontairement à un second affront. ♦ loc. *Mettre, coucher EN JOUE*, viser avec un fusil, pour tirer. → **épauler**. 2 (animaux) *Joues du singe, du bœuf.*

**jouer** v. ① ■ I v. intr. 1 Se livrer au jeu. → s'**amuser**. 2 Se comporter dans un jeu (de telle manière). *Elle joue très bien.* 3 Agir à son tour, lors d'une partie. *À vous de jouer* (fig. à vous d'agir). 4 Pratiquer les jeux d'argent (→ **joueur**). 5 Se servir d'un instrument de musique. 6 Exercer l'activité d'acteur. 7 (sujet chose) Exercer librement son action. *La lumière joue dans les rideaux.* ♦ *Meuble qui a joué*, dont l'assemblage ne joint plus exactement. → **coquet**. ♦ Fonctionner à l'aise. *Faire jouer la clé dans la serrure.* 8 Intervenir ; entrer, être en jeu. *Le temps joue pour lui.* II v. intr. (+ prép.) 1 *JOUER AVEC. Jouer avec une poupée.* → s'**amuser**. ♦ Manier, pour s'amuser ou distraitement. *Ne jouez pas avec le feu.* ♦ fig. Exposer imprudemment. *Jouer avec sa santé.* 2 *JOUER À* (un jeu déterminé). *Jouer au tennis.* ♦ abstrait Affecter d'être. *Jouer au héros.* 3 *JOUER SUR* : jouer le cours des devises. ♦ *Jouer sur les mots* (→ **jeu** de mots). 4 *JOUER DE qqch.* : se servir avec plus ou moins d'adresse de. *Jouer du couteau.* ♦ loc. *Jouer de malchance* : accumuler les ennuis. ♦ Exploiter, tirer parti de. *Jouer de son charme.* III v. tr. 1 Faire (une partie). *Jouer la revanche.* ♦ *Jouer un cheval*, miser sur lui. 2 Risquer au jeu. *Jouer une grosse somme.* 3 Tromper en ridiculisant. *Il vous a joué.* 4 Interpréter avec un instrument de musique. 5 Représenter ou interpréter sur scène ou à l'écran. → fig. *Jouer l'étonné* ; jouer la surprise. → **feindre**. ► se **jouer** v. pron. 1 vx Jouer. ◆ mod. *Faire qqch. (comme) en se jouant*, très facilement. 2 *SE JOUER DE* : se moquer de. 3 passif *Ce jeu se joue à six.*

**jouet** n. m. ■ 1 Objet dont les enfants se servent pour jouer. 2 *Être le jouet de* : être entièrement réglé, gouverné par.

**joueur, euse** n. ■ 1 Personne qui joue (actuellement ou habituellement) à un jeu. ♦ adj. Qui aime jouer. 2 Personne qui joue à des jeux d'argent. 3 loc. (sens propre et fig.) *BEAU JOUEUR* : personne qui s'incline devant la victoire de l'adversaire. *MAUVAIS JOUEUR*, qui accepte mal sa défaite. 4 Personne qui joue d'un instrument. *Joueur de flûte.*

**joufflu, ue** adj. ■ Qui a de grosses joues.

**joug** [ʒu] n. m. ■ 1 Pièce de bois qu'on met sur la tête des bœufs pour les atteler. 2 fig. Contrainte matérielle ou morale.

**jouir** v. tr. ind. ② ■ *JOUIR DE* I 1 Tirer plaisir, agrément, profit de (qqch.). *Jouir de la vie.* ◆ dr. *Jouir d'un bien*, en percevoir les fruits (→ **jouissance, usufruit**). 2 absolt Éprouver le plaisir sexuel. II Avoir la possession de (qqch. ; un droit).

**jouissance** n. f. ■ 1 Plaisir que l'on goûte pleinement. ◆ spécialt Plaisir sexuel. → **orgasme**. 2 Action de se servir d'une chose, d'en tirer des satisfactions. → **usage**. ◆ dr. Fait de jouir (I, 1) d'un bien.

**jouisseur, euse** n. ■ Personne qui ne songe qu'aux plaisirs matériels de la vie.

**jouissif, ive** adj. ▪ fam. Qui réjouit.

**joujou** n. m. ▪ lang. enfantin **1** *FAIRE JOUJOU* : jouer. **2** vieilli Jouet. *Des joujoux.*

**joule** n. m. ▪ Unité de mesure (symb. J) de travail, d'énergie et de quantité de chaleur.

**jour** n. m. ▪ **I** (Clarté, lumière) **1** Clarté que le Soleil répand sur la Terre. *La lumière du jour.* ➡ loc. *C'est le jour et la nuit*, deux choses, deux personnes très opposées. ➡ fig. *Au grand jour* : aux yeux de tous. **2** loc. *DONNER LE JOUR à un enfant*, le mettre au monde. *VOIR LE JOUR* : naître. ➡ *SE FAIRE JOUR* : apparaître, se montrer. ➡ *SOUS UN JOUR* (+ adj.) : sous un aspect particulier. **II 1** Ouverture qui laisse passer le jour. **2** Ouverture décorative dans un tissu (→ ajourer). **III 1** Espace de temps entre le lever et le coucher du soleil. → **journée ; diurne.** ➡ loc. *Nuit et jour, jour et nuit* : sans arrêt. **2** Espace de temps qui s'écoule pendant une rotation de la Terre sur elle-même (24 heures). ♦ loc. *UN JOUR* : un certain jour (dans le passé ou dans l'avenir). ➡ *JOUR APRÈS JOUR* : quotidiennement. ➡ *DE JOUR EN JOUR* : peu à peu. ➡ *D'UN JOUR À L'AUTRE* : dans peu de jours. ➡ *DU JOUR* : du jour même. *Nouvelles du jour.* ➡ *DU JOUR AU LENDEMAIN* : sans transition. ➡ *À JOUR* : en tenant compte des données du jour. *Des comptes à jour.* **3** Durée d'un jour. → **journée.** ➡ *Une fois, trois fois PAR JOUR.* → **quotidiennement.** ➡ *Vivre AU JOUR LE JOUR*, sans se préoccuper de l'avenir. **4** (Caractérisé par des événements...) → **journée.** *Jour férié.* ➡ *LE JOUR J*, fixé pour une opération (militaire...). ➡ *Être dans un bon (mauvais) jour*, de bonne (mauvaise) humeur. **5** Espace de temps, époque. ➡ *Le goût DU JOUR*, de l'époque. ➡ *DE NOS JOURS* loc. adv. → **actuellement. 6** au plur. *LES JOURS.* → **vie.** *La fuite des jours.* ➡ *Vieux jours*, la vieillesse.

**journal, aux** n. m. ▪ **I** comm. Registre de comptes. **II 1** Récit quotidien des événements ; écrit portant ce récit. *Journal intime. Journal en ligne.* → **blog.** ➡ *Journal de bord* (sur un navire). **2** Publication périodique. → **revue.** ♦ Publication quotidienne consacrée à l'actualité. → **quotidien.** ♦ L'administration, la direction, les bureaux d'un journal. *Écrire au journal.* **3** Bulletin quotidien d'information. *Journal parlé* (radiodiffusé), *télévisé.*

**journalier, ière** ▪ **1** adj. Qui se fait chaque jour. → **quotidien. 2** n. Ouvrier, ouvrière agricole payé(e) à la journée.

**journalisme** n. m. ▪ **1** Métier de journaliste. **2** Le style propre aux journaux.

**journaliste** n. ▪ Personne qui collabore à la rédaction d'un journal (I, 2 ou 3).

**journalistique** adj. ▪ Propre aux journaux.

**journée** n. f. ▪ **1** Espace de temps qui s'écoule du lever au coucher du soleil. → **jour** (III). ➡ loc. *À longueur de journée* : continuellement. **2** *Journée (de travail)*, travail effectué pendant une journée.

**journellement** adv. ▪ **1** Chaque jour. → **quotidiennement. 2** Souvent.

**joute** n. f. ▪ **1** ancient Combat singulier à la lance et à cheval. **2** fig. → **lutte.** *Joute oratoire.* ▷ **jouter** v. intr. ①

**jouvence** n. f. ▪ *Fontaine de jouvence*, dont les eaux, selon la légende, redonnaient la jeunesse. ♦ fig. Source de jeunesse.

**jouvenceau, elle** n. ▪ vx Adolescent(e).

**jouxter** v. tr. ① ▪ vx ou littér. Avoisiner.

**jovial, ale, aux** adj. ▪ Plein de gaieté franche et communicative. ▷ n. f. **jovialité**

**joyau** n. m. ▪ **1** Bijou de grande valeur. **2** fig. Chose rare et belle, de grande valeur.

**joyeusement** adv. ▪ Avec joie.

**joyeuseté** n. f. ▪ littér. Caractère joyeux. ♦ Propos, action qui amuse.

**joyeux, euse** adj. ▪ **1** Qui éprouve de la joie. → **gai, heureux.** ♦ Qui aime manifester sa joie. → **enjoué.** ➡ loc. *Mener joyeuse vie*, une vie de plaisirs. **2** Qui exprime la joie. **3** Qui apporte la joie. *Joyeux Noël !*

**joystick** [(d)ʒɔjstik] n. m. ▪ anglic. Manette de commande des jeux vidéo d'action.

**jubé** n. m. ▪ Tribune élevée entre la nef et le chœur, dans certaines églises.

**jubilation** n. f. ▪ Joie vive, expansive, exubérante. ▷ adj. **jubilatoire**

**jubilé** n. m. ▪ Fête célébrée à l'occasion du cinquantenaire d'un événement.

**jubiler** v. intr. ① ▪ Se réjouir vivement (de qqch., spécialt des malheurs d'autrui).

**jucher** v. ① ▪ **1** v. intr. Se percher en un lieu élevé pour dormir (oiseaux). **2** v. tr. Placer très haut. ➡ pronom. → **se percher.**

**juchoir** n. m. ▪ Perchoir de basse-cour.

**judaïsme** n. m. ▪ Religion, communauté des Juifs. ▷ adj. **judaïque**

**judas** n. m. ▪ **I** Personne qui trahit. → **fourbe, traître. II** Petite ouverture pratiquée dans un mur, une porte, etc. pour voir sans être vu.

**judéo-** ▪ Élément, du latin *judaeus* « juif ».

**judéo-chrétien, ienne** [-kretje, jɛn] adj. ▪ Commun au judaïsme et au christianisme.

**judiciaire** adj. ▪ **1** Relatif à la justice et à son administration. **2** Qui se fait en justice ; par autorité de justice. → **juridique.** *Débat judiciaire.* ▷ adv. **judiciairement** ▷ **judiciariser** v. tr. ① *Judiciariser la vie politique.*

**judicieux, euse** adj. ▪ **1** Qui a le jugement bon, sain. → **sensé. 2** Qui résulte d'un bon jugement. → **intelligent, pertinent.** *Choix judicieux.* ▷ adv. **judicieusement**

**judo** n. m. ▪ Sport de combat d'origine japonaise qui se pratique à mains nues.

**judoka** n. ▪ Sportif qui pratique le judo.

**juge** n. ▪ **1** Magistrat chargé de rendre la justice. ➡ (en France) *Juge d'instruction* : magistrat chargé d'informer en matière criminelle ou correctionnelle. *Juge de paix* (ancient) ; *juge d'instance*, du tribunal d'instance. **2** Personne appelée à faire partie d'un jury, à se prononcer comme arbitre. **3** Personne appelée à donner une opinion, à porter un jugement. ♦ (n. m.) loc. *Être à la fois juge et partie\*.* ➡ *Être bon, mauvais juge*, plus ou moins apte à porter un jugement.

**jugé** n. m. ▪ *AU JUGÉ* loc. adv. : d'une manière approximative. – syn. AU JUGER.

**jugement** n. m. ■ **1** Action de juger; décision en justice. *Rendre un jugement.* → **décision; arrêt, sentence, verdict.** ♦ relig. chrét. JUGEMENT DERNIER, celui que Dieu prononcera à la fin du monde. **2** Opinion exprimée sur qqn ou qqch. ♦ Façon de voir particulière à qqn. → **point de vue. 3** Faculté de l'esprit permettant de bien juger des choses, hors d'une connaissance certaine. → **discernement, perspicacité,** bon **sens.**

**jugeote** n. f. ■ fam. Jugement (3), bon sens.

**juger** v. tr. ③ ■ **1** Soumettre (une cause, qqn) à la décision de sa juridiction. ◆ absolt Rendre la justice. *Le tribunal jugera.* → **conclure, décider, statuer. 2** Prendre nettement position sur (une question). *C'est à vous de juger ce qu'il faut faire.* **3** Émettre un jugement, une opinion sur (qqn, qqch.). *Juger un livre.* ◆ trans. indir. *Il est difficile d'en juger.* **4** (+ adj. ou complétive) Considérer comme. → **estimer, trouver.** *Si vous le jugez bon. Il jugea qu'il était trop tard.* ◆ pronom. *Se juger perdu.* **5** v. tr. ind. (surtout à l'impér.) → **imaginer,** se **représenter.** *Jugez de ma surprise.*

**jugulaire** n. f. ■ **1** adj. anat. De la gorge. ◆ *Veines jugulaires* : les quatre veines du cou. **2** n. f. Attache qui maintient une coiffure d'uniforme en passant sous le menton.

**juguler** v. tr. ① ■ Arrêter le développement de (qqch.). *Juguler une maladie; une révolte.*

**juif, juive** n. et adj. ■ **1** n. Nom donné depuis l'Exil (IVᵉ siècle av. J.-C.) aux descendants d'Abraham, peuple sémite monothéiste qui vivait en Palestine. → **hébreu, israélite.** ◆ Personne descendant de ce peuple. **2** loc. fam. *Le petit juif* : endroit sensible du coude. **3** adj. Relatif à la communauté des Juifs.

**juillet** [ʒɥijɛ] n. m. ■ Septième mois de l'année, de trente et un jours.

**juin** n. m. ■ Sixième mois de l'année, de trente jours.

**ju-jitsu** n. m. → jiu-jitsu

**jujube** n. m. ■ **1** Fruit d'un arbre épineux (le *jujubier*). **2** Pâte extraite de ce fruit.

**juke-box** [ʒykbɔks; dʒukbɔks] n. m. ■ anglic. Machine faisant passer automatiquement le disque demandé.

**jules** n. m. ■ fam. Amant, amoureux, mari.

**julien, ienne** adj. ■ *Calendrier julien,* réformé par Jules César, et modifié ensuite par Grégoire XIII. *Année julienne,* de 365 jours ou de 366 jours (bissextile).

**julienne** n. f. ■ Préparation (spécialt, potage) de légumes variés coupés en bâtonnets.

**jumeau, elle** ■ **1** adj. et n. Se dit d'enfants nés d'un même accouchement. ◆ *Vrais jumeaux,* provenant d'un seul œuf. **2** adj. Se dit de choses semblables. *Lits jumeaux.*

**jumeler** v. tr. ④ ■ **1** Ajuster ensemble (deux choses semblables). ◆ au p. p. *Fenêtres jumelées.* **2** Associer (deux villes) afin de susciter entre elles des échanges.

**jumelle** n. f. ■ Instrument portatif à deux lunettes; double lorgnette. *Une jumelle marine.* ◆ au plur. *Des jumelles de spectacle.*

**jument** n. f. ■ Femelle du cheval.

**jumping** [dʒœmpiŋ] n. m. ■ anglic. Saut d'obstacles à cheval.

**jungle** [ʒɔ̃gl; ʒɛ̃gl] n. f. ■ **1** Forme de savane touffue des pays de mousson, où vivent les grands fauves. **2** fig. Milieu humain où règne la loi du plus fort.

**junior** adj. et n. ■ anglic. **1** Jeune, cadet. **2** sports Se dit d'une catégorie intermédiaire entre les seniors et les cadets.

**junte** [ʒœ̃t] n. f. ■ hist. **1** Assemblée administrative, politique, dans les pays ibériques. **2** Groupe de militaires de haut rang qui se saisissent du pouvoir politique.

**jupe** n. f. ■ **1** Vêtement féminin qui descend de la ceinture à la jambe. **2** techn. Se dit de divers objets cylindriques.

**jupe-culotte** n. f. ■ Vêtement féminin, culotte ample qui a l'aspect d'une jupe.

**jupette** n. f. ■ Jupe très courte. → minijupe.

**jupon** n. m. ■ **1** Jupe de dessous. **2** fig. (collectif) Les femmes. *Courir le jupon.*

**jurande** n. f. ■ hist. Charge de juré (I, 1).

**jurassien, ienne** adj. et n. ■ Du Jura.

**jurassique** adj. et n. m. ■ géol. Se dit de la partie centrale de l'ère secondaire.

**juré, ée** ■ **I** adj. **1** anc. dr. Qui a prêté serment en accédant à la maîtrise, dans une corporation. → n. *Les jurés d'un métier* (→ **jurande**). **2** ENNEMI JURÉ : ennemi déclaré et acharné. **II** n. Personne appelée par tirage au sort à faire partie d'un jury.

**jurement** n. m. ■ vieilli Blasphème; juron.

**jurer** v. ① ■ **I** v. tr. **1** Promettre (qqch.) solennellement (→ **serment**). *Jurer fidélité à qqn.* ◆ pronom. *Elle s'est juré de ne rien dévoiler.* **2** littér. Décider avec force. *Ils ont juré sa perte.* **3** Affirmer solennellement. → **assurer, déclarer.** *Je vous jure que ce n'est pas moi.* **4** JURER DE (qqch.), affirmer de façon catégorique. *"Il ne faut jurer de rien"* (pièce de Musset). **II** v. intr. **1** Faire un serment. ◆ loc. *On ne jure plus que par lui,* on l'admire en tout. **2** Dire des jurons. **3** (sujet chose) Produire une discordance. *Ces couleurs jurent.*

**juridiction** n. f. ■ **1** Pouvoir de juger, de rendre la justice; étendue de ce pouvoir. *Juge exerçant sa juridiction.* **2** Tribunal; ensemble de tribunaux. → **chambre, conseil, cour.**

**juridique** adj. ■ **1** Qui se fait, s'exerce en justice, devant la justice. → **judiciaire. 2** Qui a rapport au droit. ▷ adv. **juridiquement**

**jurisconsulte** n. m. ■ Juriste consultant.

**jurisprudence** n. f. ■ **1** Ensemble des décisions des juridictions, en tant qu'elles constituent une source de droit (droit coutumier\*). **2** Manière dont un tribunal juge habituellement une question.

**juriste** n. ■ Spécialiste du droit.

**juron** n. m. ■ Terme plus ou moins grossier ou familier, dont on se sert pour jurer.

**jury** n. m. ■ **1** Commission de jurés (II) chargée de l'examen d'une question criminelle. **2** Ensemble d'examinateurs.

**jus** n. m. ■ **1** Liquide contenu dans une substance végétale. *Jus de fruits.* **2** Liquide rendu par une substance animale qui cuit, macère. *Jus de viande.* **3** fam. Café noir. **4** fam. Courant électrique. ◆ *Court-jus* : court-circuit.

**jusant** n. m. ■ Marée descendante.

**jusqu'au-boutiste** n. ▪ Personne qui va jusqu'au bout de ses idées (en politique...). → **extrémiste.** ▷ n. m. **jusqu'au-boutisme**

**jusque** ▪ Marque le terme final, la limite que l'on ne dépasse pas. **I** prép. **1** JUSQU'À. (lieu) *Aller jusqu'au terminus.* ← (devant un inf. après *aller,* etc.) *Il est allé jusqu'à nous insulter.* ← (temps) *J'ai dormi jusqu'à midi.* ← (totalité) *Tous, jusqu'à lui.* **2** (suivi d'une prép. autre que *à*) *C'est fermé jusqu'en mars.* **3** (suivi d'un adv.) *Jusqu'alors, jusqu'à présent.* **II 1** JUSQU'À adv. → **même.** *Il aime son caractère et jusqu'à ses défauts.* **2** conj. JUSQU'À CE QUE (+ subj.) : jusqu'au moment où. ← JUSQU'À TANT QUE (même sens). ► **jusques** prép. VX ou POÉT. Jusque.

**jusquiame** n. f. ▪ Plante à fleurs jaunes rayées de pourpre, à propriétés toxiques.

**justaucorps** [-kɔʀ] n. m. ▪ **1** ancienn Vêtement serré, à basques. **2** Maillot collant qui couvre le tronc (pour la danse, etc.).

**juste** ▪ **I** adj. **1** Qui se comporte, agit conformément à la justice, à l'équité. → **équitable.** *Il est sévère mais juste.* ← (n. m.) loc. *Dormir du sommeil du juste,* d'un sommeil paisible. **2** (choses) Conforme à la justice, au droit, à l'équité. *Une loi juste.* **3** (devant le nom) → **fondé, légitime.** *Une juste colère.* ← *À juste titre* : à bon droit. **II** adj. **1** Qui a de la justesse, qui convient bien. *Chercher le mot juste.* → **adéquat.** *L'heure juste.* → **exact.** ← (d'un son ; s'oppose à *faux*) *Note juste.* ♦ Qui fonctionne avec précision. *Ma montre est juste.* **2** Conforme à la vérité, à la raison, au bon sens. *Remarque très juste.* ← *C'est juste* : vous avez raison. **3** (vêtements...) Qui est trop ajusté. → **étroit, petit.** ♦ Qui suffit à peine. *Repas trop juste.* ← fam. (personnes) *Être un peu juste* : manquer d'argent. **III** adv. **1** Avec justesse, exactitude ; comme il convient. *Penser juste.* **2** Exactement, précisément. *C'est juste à côté.* ← TOUT JUSTE ! : c'est bien cela. **3** D'une manière trop stricte, insuffisante. *Prévoir un peu juste* (opposé à *largement*). **4** loc. adv. AU JUSTE. → **exactement, précisément.** ← COMME DE JUSTE : comme il se doit.

**justement** adv. ▪ **1** rare Conformément à la justice. **2** À bon droit, avec raison. **3** Avec justesse, pertinence. **II** adv. de phrase → **précisément.** *C'est justement ce qu'il fallait faire.* ← *Justement, ne lui dites rien !*

**justesse** n. f. ▪ **1** Qualité qui rend une chose parfaitement, exactement adaptée. *Justesse d'un récit ; d'une balance.* **2** Qualité qui permet d'exécuter très exactement une chose. → **précision. 3** loc. adv. DE JUS TESSE : de peu. *Éviter de justesse une collision.*

**justice** n. f. ▪ **1** Juste appréciation, reconnaissance et respect des droits et du mérite de chacun. → **droiture, équité, impartialité, intégrité.** *Agir avec justice.* **2** Principe moral de conformité au droit. *Faire régner la justice.* **3** Pouvoir de faire régner le droit ; exercice de ce pouvoir. ← *Rendre la justice.* → **juger.** ♦ Reconnaissance du droit, du bon droit. *Obtenir justice.* ← FAIRE JUSTICE DE qqch. : récuser, réfuter. ← RENDRE JUSTICE À qqn, lui reconnaître son droit ; par ext. ses mérites. ← SE FAIRE JUSTICE : se venger ; en parlant d'un coupable, se tuer. **4** Organisation du pouvoir judiciaire ; ensemble des organes chargés d'administrer la justice. *Litige soumis à la justice* (→ **procès**).

**justiciable** adj. ▪ **1** Qui relève de certains juges, de leur juridiction. ← n. *Les justiciables.* **2** fig. Qui relève (d'une mesure...). *Malade justiciable d'une cure.*

**justicier, ière** n. ▪ **1** Personne qui fait régner la justice. **2** Personne qui venge les innocents, etc. (→ **redresseur de torts**).

**justifiable** adj. ▪ **1** Qui peut être justifié. → **défendable. 2** Qui peut être expliqué.

**justificateur, trice** adj. ▪ Qui justifie.

**justificatif, ive** adj. ▪ **1** Qui sert à justifier qqn. **2** Qui sert à prouver. ← n. m. Pièce justificative. *Produire des justificatifs.*

**justification** n. f. ▪ **1** Action de justifier (qqn, qqch.), de se justifier. **2** Action d'établir (une chose) comme réelle. → **preuve. 3** imprim. Longueur d'une ligne.

**justifier** v. tr. ⁊ ▪ **1 1** Innocenter (qqn) en expliquant sa conduite, en démontrant que l'accusation n'est pas fondée. → **décharger, disculper. 2** (sujet chose) Rendre (qqch.) légitime. → **autoriser, légitimer.** ← prov. *La fin justifie les moyens.* **3** Faire admettre ou s'efforcer de faire reconnaître (qqch.) comme juste, légitime. → **expliquer, motiver.** ← au p. p. *Un reproche justifié.* **4** (sujet chose) Confirmer après coup. *Les faits ont justifié ses espoirs.* **5** Montrer (qqch.) comme vrai, juste, réel, par des arguments, des preuves. *Justifier ce qu'on affirme.* **6** v. tr. ind. dr. *Justifier de son identité,* la prouver. **II** imprim. Mettre (une ligne) à la longueur requise (→ **justification**). ► se **justifier** v. pron. **1** réfl. Prouver son innocence. **2** passif Être fondé sur de bonnes raisons.

**jute** n. m. ▪ **1** Plante cultivée pour la fibre textile de ses tiges. **2** Cette fibre.

**juter** v. intr. ⁊ ▪ Rendre du jus.

① **juteux, euse** adj. ▪ **1** Qui a beaucoup de jus. **2** fam. Qui rapporte beaucoup.

② **juteux** n. m. ▪ argot Adjudant.

**juvénile** adj. ▪ Propre à la jeunesse. ← *Délinquance juvénile,* des mineurs.

**juxta-** Élément, du latin *juxta* « près de ».

**juxtalinéaire** adj. ▪ didact. *Traduction juxtalinéaire,* où texte et traduction se répondent ligne à ligne dans deux colonnes.

**juxtaposer** v. tr. ⁊ ▪ Poser, mettre (une, des choses) près d'une ou plusieurs autres, sans liaison. ▷ n. f. **juxtaposition**

# K

**k** [ka] n. m. ■ **1** Onzième lettre, huitième consonne de l'alphabet. **2** *k* : symbole de *kilo-*.

**kabbale** n. f. ■ Tradition juive donnant une interprétation allégorique de l'Ancien Testament. - var. (vx) CABALE. ▷ adj. **kabbalistique**

**kabig** [kabik] n. m. ■ Manteau court à capuche, à poche formant manchon.

**kabuki** [kabuki] n. m. ■ Genre théâtral japonais traditionnel, avec musique et danses.

**kabyle** adj. et n. ■ De Kabylie. ◆ n. m. Ensemble des parlers berbères de Kabylie.

**kaddish** n. m. ■ Prière juive pour les morts.

**kafkaïen, ïenne** adj. ■ Qui rappelle l'atmosphère absurde des romans de Kafka.

**kaiser** [kɛzɛʀ; kajzɛʀ] n. m. ■ *Le Kaiser* : l'empereur d'Allemagne (de 1870 à 1918).

**kakémono** n. m. ■ Peinture japonaise étroite, se roulant autour d'un bâton.

① **kaki** adj. invar. et n. m. invar. ■ (D'une) couleur jaunâtre tirant sur le brun.

② **kaki** n. m. ■ Arbre aux fruits d'un jaune orangé. ➙ Fruit de cet arbre.

**kalanchoé** [-koe] n. m. ■ bot. Plante à fleurs tubulaires disposées en grappes, ornementale.

**kaléidoscope** n. m. ■ **1** Petit tube contenant un jeu de miroirs qui y produit d'infinies combinaisons d'images. **2** fig. Succession rapide et changeante (de sensations, etc.).

**kamikaze** n. m. ■ Avion-suicide, piloté par un volontaire ; le volontaire. ◆ par ext. Personne d'une grande témérité.

**kana** n. m. ■ Signe syllabique japonais.

**kanak, kanake** ou **canaque** n. et adj. ■ Autochtone de Nouvelle-Calédonie.

**kangourou** n. m. ■ Grand marsupial australien herbivore, à pattes postérieures permettant des sauts de plusieurs mètres.

**kanji** [kɑ̃dʒi] n. m. ■ Caractère chinois de l'écriture japonaise.

**kantien, ienne** adj. ■ philos. Qui a rapport à la philosophie de Kant.

**kantisme** n. m. ■ philos. Doctrine de Kant, idéalisme transcendantal et philosophie critique.

**kaolin** n. m. ■ Argile blanche, réfractaire, friable, utilisée pour faire la porcelaine.

**kapok** n. m. ■ Fibre végétale faite du duvet qui recouvre les graines de certains arbres exotiques (notamment le *kapokier*).

**karaoké** n. m. ■ Assemblée où l'on chante des airs à succès, sur une bande vidéo.

**karaté** n. m. ■ Art martial japonais, sport de combat dans lequel les coups sont retenus avant l'impact.

**karatéka** n. ■ Sportif qui pratique le karaté.

**karité** n. m. ■ Arbre d'Afrique qui fournit une matière grasse, le *beurre de karité*.

**karma** n. m. ■ Dogme central de l'hindouisme, du bouddhisme, selon lequel la destinée d'un être est déterminée par la totalité de ses actions passées, de ses vies antérieures.

**karst** [kaʀst] n. m. ■ géogr. Phénomènes de corrosion du calcaire ; région où prédominent ces phénomènes. ▷ adj. **karstique**

**kart** [kaʀt] n. m. ■ anglic. Petit véhicule automobile de compétition, sans carrosserie, ni boîte de vitesses, ni suspension.

**karting** n. m. ■ anglic. Sport pratiqué avec le kart.

**kascher** [kaʃɛʀ] adj. invar. → **casher**

**kathakali** n. m. ■ didact. Théâtre sacré traditionnel de l'Inde du Sud.

**kayak** [kajak] n. m. ■ Embarcation de sport manœuvrée avec une pagaie double. → aussi **canoë**. ▷ n. **kayakiste**

**keepsake** [kipsɛk] n. m. ■ anglic., anciennt Livre-album romantique, illustré.

**keffieh** [kefje; kefjɛ] n. m. ■ Coiffure des Bédouins, carré de tissu plié et retenu par un lien.

**kelvin** [kɛlvin] n. m. ■ Unité de mesure de température (symb. K), partant du zéro absolu (– 273,16 °C).

**kendo** [kɛndo] n. m. ■ Art martial japonais pratiqué avec un sabre de bambou.

**képhir** ou **kéfir** n. m. ■ Boisson gazeuse et acidulée, obtenue par fermentation de petit-lait avec une levure (*grains de képhir*).

**képi** n. m. ■ Coiffure militaire rigide, à fond plat et surélevé, munie d'une visière.

**kératine** n. f. ■ Protéine présente dans les productions épidermiques de l'homme et des animaux (cheveux, ongles, cornes...).

**kératite** n. f. ■ méd. Inflammation de la cornée.

**kérat(o)-** Élément savant, du grec *keras*, *keratos* « corne ; cornée ».

**kératose** n. f. ■ méd. Épaississement de la couche cornée de l'épiderme.

**kermès** [-ɛs] n. m. ■ **1** Cochenille parasite de certains chênes **2** Chêne des garrigues méditerranéennes (arbuste épineux).

**kermesse** n. f. ■ **1** régional (Nord) Fête patronale, foire annuelle. → **ducasse. 2** Fête de bienfaisance.

**kérosène** n. m. ■ Produit pétrolier liquide utilisé comme carburant pour les avions.

**ketchup** [kɛtʃœp] n. m. ■ anglic. Sauce à la tomate, légèrement sucrée et épicée.

**kevlar** n. m. (n. déposé) ■ techn. Résine très résistante, utilisée en fibres dans des matériaux composites. *Mât en kevlar.*

**khâgne** ou **cagne** n. f. ■ fam. Classe préparatoire à l'École normale supérieure (lettres), qui fait suite à l'hypokhâgne.

**khâgneux, euse** ou **cagneux, euse** n. ■ fam. Élève d'une classe de khâgne.

**khalife ; khalifat** → **calife ; califat**

**khamsin** [xamsin] n. m. ■ Vent de sable analogue au sirocco, en Égypte.

**khan** n. m. ■ Titre des souverains mongols, des chefs tartares, etc.

**khat** → **qat**

**khédive** n. m. ■ Titre porté par le vice-roi d'Égypte entre 1867 et 1914.

**khmer, ère** [kmɛʀ] adj. et n. ■ Des Khmers. → *Art khmer :* art ancien du Cambodge. ♦ n. m. *Le khmer* (langue).

**khôl** ou **kohol** n. m. ■ Fard sombre pour les paupières, les cils, les sourcils (d'abord dans le monde arabe).

**kibboutz** [-uts] n. m. ■ Ferme collective, en Israël. *Des kibboutz* ou (hébreu) *kibboutzim.*

**kick** n. m. ■ anglic. Dispositif de mise en marche d'un moteur de motocyclette à l'aide du pied.

**kidnapper** v. tr. 1 ■ Enlever (qqn), en général pour obtenir une rançon. ⊳ **kidnappage** n. m. – syn. (anglic.) KIDNAPPING.

**kif** n. m. ■ Haschisch mélangé à du tabac.

**kiffer** ou **kiffer** v. 1 ■ fam. **1** v. intr. Prendre du plaisir. → *Kiffer sur qqn,* l'apprécier. **2** v. tr. Apprécier, aimer bien (qqn, qqch.).

**kif-kif** adj. invar. ■ fam. Pareil. *C'est kif-kif !*

**kiki** n. m. ■ fam. Gorge, gosier.

**kil** n. m. ■ pop. Litre (de vin).

**kilim** [kilim] n. m. ■ Tapis d'Orient tissé.

**kilo** n. m. (abrév.) ■ Kilogramme.

**kilo-** Élément, du grec *khilioi* « mille ».

**kiloeuro** n. m. ■ Unité de compte correspondant à mille euros (symb. kE ou k€).

**kilogramme** n. m. ■ Unité de mesure de masse du système universel, valant mille grammes (symb. kg). → **kilo.**

**kilométrage** n. m. ■ **1** Mesure en kilomètres. **2** Distance en kilomètres.

**kilomètre** n. m. ■ Unité pratique de distance qui vaut mille mètres (symb. km). ⊳ **kilométrique** adj. *Borne kilométrique.*

**kilowatt** [-wat] n. m. ■ Ancienne unité de puissance valant 1 000 watts (symb. kW).

**kilowattheure** n. m. ■ Unité de travail, travail accompli en une heure par un moteur d'une puissance de 1000 watts (symb. kWh).

**kilt** [kilt] n. m. ■ Jupe courte et plissée du costume écossais. ♦ Jupe analogue.

**kimono** n. m. ■ **1** Longue tunique japonaise à manches, croisée, à large ceinture. **2** appos. (invar.) *Manches kimono,* amples.

**kinési-** Élément savant, du grec *kinêsis* « mouvement ».

**kinésithérapie** n. f. ■ Traitement des affections osseuses, musculaires, articulaires par des mouvements combinés à des massages. ⊳ **kinésithérapeute** n. – abrév. KINÉ.

**kinesthésie** n. f. ■ didact. Perception des déplacements des parties du corps.

**kinkajou** n. m. ■ Mammifère arboricole d'Amérique tropicale, à queue préhensile.

**kiosque** n. m. ■ **1** Pavillon de jardin ouvert. **2** Édicule où l'on vend des journaux, des fleurs, etc. **3** Superstructure d'un sous-marin.

**kippa** n. f. ■ Calotte des juifs pratiquants.

**kir** n. m. ■ Apéritif composé de vin blanc et de liqueur de cassis.

**kirsch** n. m. ■ Eau-de-vie de cerise.

**kit** [kit] n. m. ■ anglic. Ensemble des éléments d'un objet vendu prêt à être monté.

**kitchenette** n. f. ■ anglic. → **cuisinette.**

**kite-surf** [kajtsœʀf] n. m. ■ anglic. Sport nautique où le surfeur sur sa planche est entraîné par un cerf-volant.

**kitsch** adj. invar. ■ Volontairement démodé et de mauvais goût. → n. m. invar. *Le kitsch.*

① **kiwi** [kiwi] n. m. ■ Oiseau coureur de Nouvelle-Zélande, à ailes rudimentaires.

② **kiwi** [kiwi] n. m. ■ Fruit oblong, à pulpe verte, d'un arbuste originaire de Chine.

**klaxon** [klaksɔn] n. m. (nom déposé) ■ Avertisseur sonore. – recomm. off. *avertisseur.* ⊳ **klaxonner** v. 1 – recomm. off. *avertir.*

**kleptomane** ou **cleptomane** n. et adj. ■ (Personne) qui a une propension pathologique à commettre des vols (*kleptomanie* ou *cleptomanie* n. f.).

**knickers** [(k)nikœʀ(s) ; -ɛʀ(s)] n. m. pl. ■ **1** Pantalon de golf. **2** mod. Pantalon de sport court serré sous le genou.

**knock-out** [(k)nɔkaut] ■ anglic. – abrév. K.-O. **1** n. m. invar. Mise hors de combat du boxeur resté à terre plus de dix secondes. **2** adj. invar. *Boxeur knock-out.* ♦ fam. Épuisé.

**knout** [knut] n. m. ■ Fouet de cuir, instrument de supplice de l'ancienne Russie.

**K.-O.** [kao] ■ → **knock-out.**

**koala** n. m. ■ Marsupial grimpeur australien au pelage gris, évoquant un petit ours.

**kob** ou **cob** n. m. ■ Grande antilope.

**kobold** [-ɔld] n. m. ■ Esprit familier, lutin, dans les contes allemands.

**kohol** → khôl

**koinè** [kɔine ; -nɛ] n. f. ■ ling. Langue véhiculaire*.

**kola** → cola

**kolkhoze** n. m. ■ hist. Exploitation agricole collective, en U. R. S. S.

**kopeck** n. m. ■ Monnaie russe valant le centième du rouble.

**korê** n. f. ■ didact. Statue de jeune fille de l'art grec archaïque (→ kouros).

**korrigan, ane** n. ■ Esprit, lutin des traditions populaires bretonnes.

**koto** n. m. ■ Cithare japonaise traditionnelle.

**kouglof** n. m. ■ Gâteau alsacien garni de raisins secs.

**koulak** n. m. ■ hist. Riche paysan russe.

**koulibiac** n. m. ■ Pâté de poisson russe.

**kouros** [-os] n. m. ■ didact. Statue de jeune homme de l'art grec archaïque (→ korê).

**krach** [kʀak] n. m. ■ Effondrement des cours de la Bourse.

**kraft** n. m. ■ Papier d'emballage résistant.

**krak** n. m. ■ hist. Château fort établi au XIIᵉ siècle par les croisés, en Syrie.

**kraken** [-ɛn] n. m. ■ Monstre marin fabuleux des légendes scandinaves.

**krill** [kʀil] n. m. ■ Plancton des mers froides, constitué de petits crustacés.

**kriss** n. m. ■ Poignard malais à lame sinueuse. – var. CRISS.

**krypton** n. m. ■ Élément (symb. Kr), un des gaz rares de l'atmosphère.

**kss kss** interj. ■ Onomatopée moqueuse.

**kummel** n. m. ■ Alcool parfumé au cumin.

**kumquat** [kɔmkwat ; kumkwat] n. m. ■ Très petite orange. → Arbuste qui la produit.

**kung-fu** [kuŋfu] n. m. ■ Art martial chinois, proche du karaté.

**kurde** adj. et n. ■ Du Kurdistan. ♦ n. m. *Le kurde* (langue).

**kuru** [kuʀu] n. m. ■ méd. Maladie dégénérative du système nerveux central, due à un prion, observée chez des aborigènes de Nouvelle-Guinée, et attribuée au cannibalisme (ingestion rituelle du cerveau des défunts).

**kwas** [kvɑs] n. m. ■ Boisson russe alcoolisée à base de céréales ou de fruits fermentés.

**kwashiorkor** [kwaʃjɔʀkɔʀ] n. m. ■ méd. Syndrome de dénutrition infantile extrême.

**kyrie** ou **kyrie eleison** [kiʀ(i)jeeleisɔn] n. m. invar. ■ Invocation par laquelle commencent les litanies, lors de la messe.

**kyrielle** n. f. ■ Longue suite (de paroles...).

**kyste** n. m. ■ Cavité pathologique contenant souvent un liquide. ▷ adj. **kystique**

**l** [ɛl] n. m. ▪ Douzième lettre, neuvième consonne de l'alphabet. ♦ *l*, symbole du litre. ♦ *L*, chiffre romain (50).

①**la** → ①**le**

②**la** → ②**le**

③**la** n. m. invar. ▪ Sixième note de la gamme. ⟶ loc. fig. *Donner le la*, le ton.

**là** ▪ **I** adv. de lieu et de temps **1** Dans un lieu autre que celui où l'on est (opposé à *ici*). *Allez là.* ♦ Dans le lieu où l'on est. → **ici**. *Je reste là.* **2** À ce moment. *Là, il s'interrompit.* **3** Dans, en cela. *Là est l'idée.* ♦ (avec *en*) À ce point. *Nous n'en sommes pas là.* **4** (suivi d'une relative) *C'EST LÀ QUE* : dans ce lieu ; alors. ⟶ *LÀ OÙ* : à l'endroit où. **5** (renforçant un pron. ou un adj. dém.) *C'est là le problème. Ce jour-là.* **6** loc. (précédé d'une prép.) *DE LÀ* : en partant de cet endroit ; fig. en se fondant sur ce fait. ⟶ *D'ici là...*, entre le moment présent et un moment postérieur. ⟶ *PAR LÀ* : par cet endroit. ⟶ *De-ci de-là ; par-ci par-là.* → **ci**. ⟶ *ÇA\* ET LÀ.* **7** *LÀ-BAS* : à une distance assez grande. ⟶ *LÀ-DEDANS* : dans ce lieu ; fig. dans cela. ⟶ *LÀ-HAUT* : dans ce lieu au-dessus. **II** interj. Pour exhorter, apaiser, rassurer. *Hé là ! Là ! là !, calme-toi.*

**label** n. m. ▪ anglic. Marque sur un produit (pour en garantir l'origine, la qualité).

**labeur** n. m. ▪ Travail pénible et soutenu.

**labial, ale, aux** adj. ▪ anat. Relatif aux lèvres. ♦ phonét. *Consonne labiale*, qui s'articule avec les lèvres (ex. b, p, m).

**labié, ée** adj. ▪ bot. Se dit des fleurs, des plantes dont la corolle présente deux lobes en lèvres (famille des *Labiées* n. f. pl.).

**labile** adj. ▪ didact. Précaire, changeant.

**laborantin, ine** n. ▪ Aide de laboratoire.

**laboratoire** n. m. ▪ Local aménagé pour faire des expériences, des analyses biologiques, des recherches, etc.

**laborieusement** adv. ▪ Avec peine.

**laborieux, euse** adj. ▪ **1** littér. Qui coûte beaucoup de peine, de travail. ♦ Qui sent l'effort. *Style laborieux.* **2** Qui travaille beaucoup. ♦ *Les masses laborieuses*, qui n'ont pour vivre que leur travail.

**labour** n. m. ▪ **1** Action de labourer (1). → **labourage**. **2** Terre labourée. → **guéret**.

**labourage** n. m. ▪ Action de labourer (1).

**labourer** v. tr. ① ▪ **1** Ouvrir et retourner (la terre) avec un instrument aratoire. **2** fig. Creuser, marquer profondément. ⟶ au p. p. *Visage labouré de rides.* → **sillonné**.

**laboureur** n. m. ▪ Personne qui laboure.

**labrador** n. m. ▪ Grand chien à poil ras.

**labre** n. m. ▪ Poisson marin comestible.

**labyrinthe** n. m. ▪ **I 1** Réseau compliqué de chemins, etc. dont on a peine à sortir. **2** fig. Complication inextricable. **II** anat. Ensemble des cavités de l'oreille interne.

**lac** n. m. ▪ Grande nappe naturelle d'eau à l'intérieur des terres. ⟶ *Lac artificiel.* ♦ loc. fam. *TOMBER DANS LE LAC* : échouer.

**lacer** v. tr. ③ ▪ Attacher avec un lacet. ▷ n. m. **laçage**

**lacérer** v. tr. ⑥ ▪ Mettre en lambeaux, en pièces. ▷ n. f. **lacération**

**lacet** n. m. ▪ **1** Cordon étroit, qu'on passe dans des œillets pour serrer, attacher. **2** Succession d'angles aigus. *Virage en lacet.* **3** Nœud coulant pour capturer le gibier.

**lâchage** n. m. ▪ **1** Action de lâcher (qqch.). **2** fam. Action d'abandonner (qqn).

**lâche** adj. ▪ **I 1** Qui n'est pas tendu, pas serré. *Nœud lâche.* **2** fig., littér. Qui manque d'énergie et de concision. *Style lâche.* **II 1** adj. et n. Qui manque de vigueur morale, de courage. ♦ Qui est brutal ou cruel sans risque. **2** Qui porte la marque de la lâcheté. → **bas, méprisable, vil.** ▷ **lâchement** adv. (sens I et II).

①**lâcher** v. ① ▪ **I** v. tr. **1** Cesser de tenir. *Lâche-moi, tu me fais mal.* ♦ fam. Donner. *Il ne lâchera pas un sou.* **2** Cesser de retenir, laisser aller (qqch., un animal). ♦ loc. fam. *Lâcher le morceau*, tout avouer. **3** Émettre brusquement (des paroles, etc.). *Lâcher une absurdité.* **4** Lancer (un animal) à la poursuite de qqn, du gibier. **II** v. tr. **1** Laisser aller, partir (qqn). **2** Distancer (un concurrent) dans une course. **3** fam. Abandonner brusquement (qqn). → **plaquer**. **III** v. intr. (sujet chose) Se rompre, se détacher brusquement. *Le nœud a lâché.*

②**lâcher** n. m. ▪ Action de lâcher (dans quelques emplois). *Un lâcher de ballons.*

**lâcheté** n. f. ▪ **1** littér. Manque d'énergie morale. **2** Manque de bravoure, de courage devant le danger. ♦ Manque de courage moral qui porte à profiter de l'impunité. **3** Action, manière d'agir d'un lâche.

**lâcheur, euse** n. ▪ fam. Personne qui abandonne sans scrupule (qqn, un groupe).

**lacis** n. m. ▪ Réseau (de fils, etc.).

**laconique** adj. ▪ Qui s'exprime en peu de mots. ▷ adv. **laconiquement**

**laconisme** n. m. ▪ littér. Manière de s'exprimer en peu de mots. → **concision**.

**lacryma-christi** [-kʀisti] n. m. invar. ■ Vin provenant de vignes du Vésuve.

**lacrymal, ale, aux** adj. ■ Qui a rapport aux larmes. *Glande lacrymale.*

**lacrymogène** adj. ■ Qui fait pleurer, par une action chimique. *Gaz lacrymogène.*

**lacs** [lɑ] n. m. ■ littér. Nœud coulant.

**lactation** n. f. ■ Sécrétion du lait, chez la femme et les femelles des mammifères.

**lacté, ée** adj. ■ **I 1** Qui a rapport au lait. **2** littér. Qui a l'aspect du lait. → **laiteux. 3** Qui est à base de lait. **II** *VOIE LACTÉE :* bande blanchâtre qu'on voit dans le ciel pendant les nuits claires (apparence de la Galaxie).

**lactique** adj. ■ *Acide lactique,* qui existe dans le lait aigri. ◆ *Ferment lactique,* transformant le sucre du lait en acide lactique.

**lact(o)-** Élément savant, du latin *lac, lactis* « lait ».

**lacune** n. f. ■ Interruption fâcheuse dans un texte, un enchaînement de faits ou d'idées. ▷ **lacunaire**. → **incomplet.**

**lacustre** adj. ■ Qui se trouve, vit auprès d'un lac, dans un lac.

**lad** [lad] n. m. ■ anglic. Garçon d'écurie.

**ladre ■ 1** adj. (animaux) Qui souffre de larves de ténia. **2** n. et adj. littér. Avare.

**ladrerie** n. f. ■ littér. Avarice sordide.

**lagon** n. m. ■ Petit lac d'eau salée entre la terre et un récif corallien.

**lagopède** n. m. ■ Oiseau gallinacé des montagnes neigeuses d'Europe.

**laguiole** [lagjɔl] régional [lajɔl] n. m. ■ **I** Fromage au lait de vache, fabriqué dans l'Aubrac. **II** Couteau de la coutellerie de Laguiole.

**lagune** n. f. ■ Étendue d'eau de mer retenue par un cordon littoral (→ **lido**).

① **lai** n. m. ■ au moyen âge Poème lyrique.

② **lai, laie** adj. ■ vx Laïque. ◆ *Frère lai :* frère servant, dans un couvent.

**laïc** → **laïque**

**laïciser** v. tr. ⓵ ■ **1** Rendre laïque. **2** Organiser suivant les principes de la laïcité (2). ▷ n. f. **laïcisation**

**laïcité** n. f. ■ **1** Caractère laïque. **2** (en France) Principe de séparation de la société civile et de la société religieuse.

**laid, laide** adj. ■ **1** Qui produit une impression désagréable en heurtant le sens esthétique. ◆ (personnes) Qui déplaît par ses imperfections physiques (surtout visage). **2** Qui inspire le dégoût, le mépris moral. → **honteux, ignoble. 3** n. m. → **laideur.** *Le laid et le beau.* ▷ adv. **laidement.**

**laideron** n. m. ■ Jeune fille laide.

**laideur** n. f. ■ **1** (physique) Caractère, état de ce qui est laid. **2** (moral) → **bassesse.**

① **laie** n. f. ■ Femelle du sanglier.

② **laie** n. f. ■ techn. Layon.

**lainage** n. m. ■ **1** Étoffe de laine. **2** Vêtement de laine (tricotée, en général).

**laine** n. f. ■ **1** Matière souple provenant du poil de l'épiderme des moutons (et de quelques mammifères). ◆ loc. fig. *Se laisser manger la laine sur le dos :* se laisser exploiter. ◆ fam. *Une (petite) laine,* un vêtement de laine. **2** Produit fibreux utilisé comme la laine (isolant, textile). *Laine de verre.*

**laineux, euse** adj. ■ **1** Garni de laine, riche en laine. **2** De l'apparence de la laine.

**lainier, ière** adj. ■ Relatif à la laine.

**laïque** adj., **laïc, laïque** n. ■ **1** Qui ne fait pas partie du clergé. **2** Indépendant des religions, des confessions religieuses. *Enseignement laïque* (→ **laïcité**).

**lais** n. m. ■ **1** vx Legs. **2** dr. au plur. Terrains que les eaux découvrent en se retirant.

**laisse** n. f. ■ **I** Lien avec lequel on attache un chien, un animal pour le mener. **II** littér. Tirade, couplet d'une chanson de geste.

**laissé(e)-pour-compte** [-kɔ̃t] adj. ■ Dont personne ne veut. ◆ n. *Les laissés-pour-compte de la société.* → **exclu.**

**laisser** v. tr. ⓵ ■ **I 1** (semi-auxiliaire ; + inf.) Ne pas empêcher de. → **consentir, permettre.** *Laisser faire qqn.* ◆ *Laisser voir son trouble,* le montrer. ◆ absolt *Laisser faire, laisser dire :* ne pas se préoccuper de ce que disent, font les autres. ◆ *SE LAISSER* (+ inf.) : ne pas s'empêcher de. *Se laisser aller.* → **s'abandonner, se détendre.** ◆ (sens passif) *Se laisser attendrir.* **2** (avec un compl. déterminé) Maintenir (qqn, qqch.) dans un état, un lieu, une situation. *Cela me laisse indifférent.* **3** *Laisser* (qqn, qqch.) *à qqn,* maintenir avec ; ne pas priver de. **II 1** Ne pas prendre (ce qui se présente). *Manger les raisins et laisser les pépins.* **2** Ne pas supprimer. *Le correcteur a laissé des fautes.* **3** *LAISSER À :* ne pas prendre pour soi (afin qu'un autre prenne). → **réserver.** *Laissez-nous de la place.* ◆ *Laisser un travail à qqn.* → **confier.** ◆ loc. *LAISSER À PENSER, À JUGER :* laisser (à qqn) le soin de penser, de juger par soi-même. **III** Ne pas garder avec soi, pour soi. **1** Se séparer de (qqn, qqch.). → **abandonner, quitter. 2** Abandonner (qqch. de soi). → **perdre.** *Y laisser sa santé.* ◆ (choses) *Liquide qui laisse un dépôt.* **3** Remettre (qqch. à qqn) en partant. → **confier. 4** Vendre à un prix avantageux. → **céder. 5** Donner par voie de succession. → **léguer. IV** littér. *NE PAS LAISSER DE :* ne pas cesser de.

**laisser-aller** n. m. invar. ■ **1** Absence de contrainte. → **abandon, désinvolture. 2** péj. Absence de soin. → **débraillé ; négligence.**

**laissez-passer** n. m. invar. ■ Pièce autorisant qqn à circuler librement.

**lait** n. m. ■ **I 1** Liquide blanc, opaque, très nutritif, sécrété par les glandes mammaires des femmes, des femelles des mammifères. → **galact(o)-, lact(o)-.** ◆ *Cochon DE LAIT,* qui tète encore. ◆ *Frères, sœurs de lait,* qui ont eu la même nourrice. **2** Lait de mammifères domestiques destiné à l'alimentation. *Lait de vache, de chèvre.* ◆ *PETIT-LAIT :* ce qui reste du lait caillé en fromage. ➛ loc. *Boire du petit(-)lait*, éprouver une vive satisfaction d'amour-propre. **II** 1 Suc blanchâtre (de végétaux). 2 Préparation laiteuse.

**laitage** n. m. ▪ Aliment à base de lait.

**laitance** n. f. ▪ Liquide laiteux constitué par le sperme des poissons. – syn. LAITE.

**laiterie** n. f. ▪ 1 Lieu où s'effectuent la collecte et le traitement du lait. ◆ Industrie laitière. 2 vieilli Crémerie.

**laiteux, euse** adj. ▪ Qui a l'aspect, la couleur blanchâtre du lait.

① **laitier, ière** ▪ I n. Personne qui vend (→ *crémier*) ou livre du lait. **II** adj. 1 *Vache laitière*, élevée pour son lait. 2 Relatif au lait, matière première alimentaire.

② **laitier** n. m. ▪ Masse d'impuretés qui se forme à la surface des métaux en fusion.

**laiton** n. m. ▪ Alliage de cuivre et de zinc.

**laitue** n. f. ▪ Salade à feuilles tendres.

**laïus** [lajys] n. m. ▪ 1 fam. Allocution. 2 Discours emphatique. ▷ **laïusser** v. intr. ⌶

① **lama** n. m. ▪ Mammifère ongulé qui vit dans les montagnes d'Amérique du Sud.

② **lama** n. m. ▪ Moine du lamaïsme.

**lamaïsme** n. m. ▪ Forme de bouddhisme (Tibet, Mongolie). ▷ adj. et n. **lamaïste**

**lamantin** n. m. ▪ Gros mammifère marin au corps épais, à nageoire non échancrée.

**lamaserie** n. f. ▪ Monastère de lamas (②).

**lambda** ▪ 1 n. m. Onzième lettre de l'alphabet grec (correspond à *l*). 2 adj. fam. Moyen, quelconque. *Le téléspectateur lambda.*

**lambeau** n. m. ▪ 1 Morceau d'une étoffe déchirée. 2 Morceau arraché ; fragment.

**lambin, ine** n. et adj. ▪ fam. Lent, indolent. ▷ **lambiner** v. intr. ⌶

**lambourde** n. f. ▪ techn. Poutrelle supportant un parquet.

**lambrequin** n. m. ▪ Bordure à festons.

**lambris** n. m. ▪ Revêtement (en bois...) de murs, de plafonds. ▷ **lambrisser** v. tr. ⌶

① **lame** n. f. ▪ 1 Bande plate et mince d'une matière dure (métal, verre, bois). *Lames de parquet*. 2 Fer (d'un instrument, d'un outil tranchant). ◆ loc. *Une fine lame*, un bon escrimeur. 3 sc. Formation naturelle mince et allongée (en anat., etc.).

② **lame** n. f. ▪ Ondulation de la mer sous l'action du vent. → *vague*. ➛ *Lame de fond*, provenant d'un phénomène sous-marin ; fig. phénomène brutal, qui emporte tout.

**lamé, ée** adj. ▪ (tissu) Où entre un fil entouré de métal. *Tissu lamé or*. ➛ n. m. *Une robe de lamé*.

**lamelle** n. f. ▪ Petite lame très mince.

**lamellibranche** n. m. ▪ zool. Bivalve.

**lamentable** adj. ▪ 1 vx ou littér. Qui mérite des lamentations. → **déplorable**. 2 Qui exprime une lamentation. 3 Très mauvais. → **minable**. ▷ adv. **lamentablement**

**lamentation** n. f. ▪ Suite de paroles exprimant le regret, la récrimination.

**se lamenter** v. pron. ⌶ ▪ Se plaindre.

**lamento** [lamɛnto] n. m. ▪ mus. Air plaintif.

**laminer** v. tr. ⌶ ▪ 1 Amincir (une masse métallique) en feuilles, en lames, par une forte pression. 2 fig. Diminuer (qqch.) jusqu'à l'anéantissement. ▷ n. m. **laminage**

**laminoir** n. m. ▪ Machine pour laminer.

**lampadaire** n. m. ▪ Appareil d'éclairage électrique monté sur un haut support.

**lampant, ante** adj. ▪ *Pétrole lampant*, raffiné pour l'éclairage.

**lamparo** n. m. ▪ régional Source de lumière pour attirer le poisson.

**lampe** n. f. ▪ **I** 1 Récipient contenant un liquide ou un gaz combustible, pour éclairer. ➛ *Lampe-tempête*, à flamme protégée du vent. 2 Appareil d'éclairage par l'électricité. 3 Récipient dont le combustible produit de la chaleur. *Lampe à souder*. 4 Tube électronique. **II** fam. *S'en mettre PLEIN LA LAMPE* : manger et boire abondamment.

**lampée** n. f. ▪ fam. Grande gorgée.

**lamper** v. tr. ⌶ ▪ fam. Boire d'un trait.

**lampion** n. m. ▪ 1 ancient Godet contenant une matière combustible et une mèche. 2 Lanterne* vénitienne.

**lampiste** n. ▪ 1 Personne qui entretient les lampes. 2 Subalterne modeste.

**lampisterie** n. f. ▪ 1 vx Industrie des lampes. 2 Entrepôt de lampes (gares...).

**lamproie** n. f. ▪ Poisson au corps cylindrique et allongé (rappelant l'anguille).

**lampyre** n. m. ▪ zool. Ver luisant.

**lance** n. f. ▪ **I** Arme à longue hampe terminée par un fer pointu. ➛ *En fer de lance* (forme). ➛ loc. fig. *Fer\* de lance*. **II** Pièce servant à diriger un jet d'eau.

**lancée** n. f. ▪ Élan de ce qui est lancé.

**lance-flammes** n. m. invar. ▪ Engin de combat projetant des liquides enflammés.

**lance-fusées** n. m. invar. ▪ Dispositif de lancement de projectiles autopropulsés.

**lance-grenades** n. m. invar. ▪ Engin servant à lancer des grenades.

**lancement** n. m. ▪ Action de lancer. *Lancement du javelot*. ➛ *Le lancement d'un film*.

**lance-missiles** n. m. invar. ▪ Engin servant à lancer des missiles.

**lancéolé, ée** adj. ▪ 1 En fer de lance. 2 archit. Caractérisé par des lancettes (2).

**lance-pierres** n. m. invar. ▪ Petite fronde. ➛ fam. *Manger avec un lance-pierres*, vite.

① **lancer** v. tr. ③ ■ **1** Envoyer loin de soi dans une direction déterminée. → **jeter, projeter.** *Lancer une balle.* ← *Lancer une fusée.* **2** Faire sortir de soi, avec force. → **émettre.** *Lancer un cri.* ◆ Faire mouvoir avec rapidité (une partie du corps). **3** Envoyer sans ménagement (des paroles...) à l'adresse de qqn. **4** Faire partir vite et avec force. *Lancer un cheval au galop.* **5** Mettre en mouvement. *Lancer un moteur.* ◆ fam. Engager (qqn) dans un sujet de conversation. **6** Pousser (qqn, qqch.) en mettant en valeur. *Lancer un artiste ; une mode.*

② **lancer** n. m. ■ **1** *Lancer ou pêche au lancer,* pêche à la ligne, qui consiste à lancer un leurre. **2** Épreuve d'athlétisme consistant à lancer le plus loin possible un poids, un disque, un javelot ou un marteau.

**lance-roquettes** n. m. invar. ■ Dispositif pour le lancement des roquettes.

**lance-torpilles** n. m. invar. ■ Dispositif pour le lancement des torpilles.

**lancette** n. f. ■ **1** Petit instrument de chirurgie utilisé pour les petites incisions. **2** archit. Arc brisé aigu (en fer de lance).

**lanceur, euse** n. ■ **1** Personne qui lance (qqch.). ← Athlète spécialisé dans les lancers. **2** n. m. Fusée chargée d'envoyer un satellite, un missile, etc. dans l'espace.

**lancier** n. m. ■ vx Soldat armé d'une lance.

**lanciner** v. tr. ① ■ littér. **1** (douleur) Donner des élancements douloureux à. **2** Tourmenter de façon qui obsède. ▷ **lancinant, ante** adj. *Douleur lancinante.*

**land** [lɑ̃d], plur. **länder** [lɛndœʀ] n. m. ■ État fédéré de l'Allemagne.

**landau** n. m. ■ **1** ancient Voiture à cheval à quatre roues, à capote à soufflets. **2** Voiture d'enfant à caisse suspendue.

**lande** n. f. ■ Étendue de terre où croissent l'ajonc, la bruyère, le genêt, etc.

**landgrave** [lɑ̃dgʀav] n. m. ■ hist. Titre de princes souverains allemands.

**langage** n. m. ■ **1** Fonction d'expression de la pensée et de communication entre les humains, mise en œuvre par la parole ou par l'écriture. *Le langage et les langues* (II). **2** Tout système de signes permettant la communication. ← inform. Ensemble codé de signes utilisé pour la programmation. *Langage machine* (d'un ordinateur). **II** Façon de s'exprimer propre à un groupe ou à un individu. *Langage littéraire.*

**langagier, ière** adj. ■ Du langage.

**lange** n. m. ■ Carré (de laine...) dont on emmaillotait un bébé (*langer* v. tr. ③).

**langoureux, euse** adj. ■ Qui manifeste de la langueur (2). ▷ adv. **langoureusement**

**langouste** n. f. ■ Grand crustacé marin très apprécié, sans pinces.

**langoustier** n. m. ■ Bateau équipé pour la pêche à la langouste.

**langoustine** n. f. ■ Petit crustacé marin très estimé, aux longues pinces.

**langue** n. f. ■ **I 1** Organe charnu, musculeux, allongé et mobile, placé dans la bouche. ← loc. *Tirer la langue* (fig. désirer qqch. sans l'obtenir). ◆ Langue comestible (de certains animaux). *Langue de bœuf.* **2** (Organe de la parole) loc. *Avoir la langue bien pendue,* être bavard. *Ne pas savoir tenir sa langue,* être indiscret. *Se mordre la langue,* se retenir de parler, ou se repentir d'avoir parlé. *Donner sa langue au chat :* avouer son ignorance. *Tourner sept fois sa langue dans sa bouche,* réfléchir avant de parler. ← loc. *LANGUE DE BOIS* : discours figé, stéréotypé (notamment politique). ← fig. Mode d'expression. *La langue des signes* (autres que ceux du langage). → **sémiotique.**

**languette** n. f. ■ Petite langue (I, 3).

**langueur** n. f. ■ **1** vieilli État de qqn dont les forces diminuent lentement. **2** Mélancolie douce et rêveuse. *Langueur amoureuse.* **3** Manque d'activité, d'énergie.

**languide** adj. ■ littér. Languissant.

**languir** v. intr. ② ■ **1** (personnes) Manquer d'activité, d'énergie, de vigueur. ◆ (choses) *La conversation languit.* **2** Attendre avec impatience (ce qu'on désire).

**languissant, ante** adj. ■ **1** vieilli Faible, abattu. **2** littér. ou plais. Qui exprime la langueur amoureuse. **3** Qui manque d'énergie, de vie, d'entrain.

**lanière** n. f. ■ Étroite bande (de cuir, etc.).

**lanoline** n. f. ■ Matière grasse utilisée dans la préparation des pommades.

**lansquenet** n. m. ■ **1** hist. Mercenaire allemand (XVᵉ-XVIᵉ s.). **2** ancien Jeu de cartes.

**lanterne** n. f. ■ **I 1** Boîte à parois ajourées, translucides ou transparentes, contenant une source de lumière. *Lanterne vénitienne,* en papier de couleur. ← *Lanterne rouge,* à l'arrière d'un convoi ; fig. dernier (d'un classement...). ◆ Feux de position (d'une automobile). **2** Appareil de projection. ← *LANTERNE MAGIQUE,* qui projetait des images peintes. ← loc. *Éclairer la lanterne de qqn,* lui fournir des explications. **II** archit. Dôme vitré. ← Tourelle ajourée surmontant un dôme.

**lanterner** v. intr. ① ■ **1** Perdre son temps. **2** *Faire lanterner qqn,* le faire attendre.

**lanternon** n. m. ■ Petite lanterne au sommet d'une coupole ; cage vitrée au-dessus d'un escalier, d'un atelier. – syn. LANTERNEAU.

**lapalissade** n. f. ■ Affirmation évidente.

**laper** v. tr. ① ■ (animal) Boire à petits coups de langue. ▷ n. m. **lapement**

**lapereau** n. m. ■ Jeune lapin.

**lapidaire ■ I** n. Artisan ou commerçant en pierres précieuses. **II** adj. **1** didact. Relatif aux pierres (précieuses ou non). **2** littér. Concis et vigoureux. *Style lapidaire.*

**lapider** v. tr. ⓵ ■ Attaquer, poursuivre ou tuer à coups de pierres. ▷ n. f. **lapidation**

**lapilli** [lapi(l)li] n. m. pl. ■ Petites pierres projetées par les volcans en éruption.

**lapin** n. m. ■ **1** Petit mammifère rongeur à grandes oreilles. ♦ Sa chair comestible. *Civet de lapin.* **2** Fourrure de cet animal. **3** fam. *CHAUD LAPIN* : homme porté sur les plaisirs sexuels. **4** terme d'affection *Mon petit lapin.* **II** loc. fam. *POSER UN LAPIN à qqn* : ne pas venir à un rendez-vous.

**lapine** n. f. ■ **1** Femelle du lapin. **2** fig. Femme très féconde.

**lapis-lazuli** [lapis-] n. m. ■ Pierre d'un bleu d'azur ou d'outremer. *Des lapis-lazulis.*

**lapon, one** ou **onne** adj. et n. ■ De Laponie. ← n. *Les Lapons.* ♦ n. m. *Le lapon* : langue finno-ougrienne parlée en Laponie.

**laps** [laps] n. m. ■ loc. *LAPS DE TEMPS* : espace de temps.

**lapsus** [-ys] n. m. ■ Emploi involontaire d'un mot pour un autre.

**laquais** n. m. ■ anciennt Valet en livrée.

**laque** n. ■ **I** n. f. **1** Matière résineuse d'un rouge brun extraite d'arbres d'Extrême-Orient. **2** Peinture brillante. **3** Vernis chimique. **4** Produit que l'on vaporise sur les cheveux pour les fixer. **II 1** n. m. ou f. Vernis préparé avec la laque (I, 1). **2** n. m. Objet d'art laqué (1).

**laquer** v. tr. ⓵ ■ **1** Enduire de laque. **2** Vaporiser de la laque (I, 4) sur. ▸ **laqué, ée** adj. **1** *Bibelot laqué.* **2** *Cheveux laqués.* **3** *Canard laqué*, badigeonné d'une sauce aigre-douce spéciale pendant la cuisson. ▷ n. m. **laquage**

**larbin** n. m. ■ **1** fam. et péj. Domestique. **2** fig. Individu servile.

**larcin** n. m. ■ littér. Petit vol (sans violence).

**lard** n. m. ■ **1** Graisse ferme en couche épaisse dans le tissu sous-cutané du porc, employée dans l'alimentation. ♦ loc. fam. *Un GROS LARD* : un homme gros. ← *TÊTE DE LARD* : entêté. ← *Se demander si c'est du lard ou du cochon*, de quoi il s'agit. **2** fam. Graisse de l'homme. ← loc. *Se faire du lard*, engraisser. *Rentrer dans le lard à qqn*, l'agresser.

**larder** v. tr. ⓵ ■ **1** Garnir (une pièce de viande) de lard, de lardons. **II** fig. **1** Piquer à plusieurs reprises. *Larder qqn de coups de couteau.* **2** Entremêler. *Larder un texte de citations.*

**lardon** n. m. ■ **1** Morceau de lard (pour la cuisine). **II** fam. Petit enfant.

**lare** n. m. ■ chez les Romains Esprit tutélaire protégeant la maison. ← adj. *Les dieux lares.*

**largable** adj. ■ Qui peut être largué (2).

**largage** n. m. ■ Action de larguer.

**large ■ I** adj. **1** Qui a une étendue supérieure à la moyenne dans le sens de la largeur (s'oppose à *étroit*). **2** *LARGE DE* (tant), qui a une largeur de. **3** (vêtement) Qui n'est pas serré. → **ample. 4** Étendu, vaste. *Décrire un large cercle.* **5** fig. Qui a une grande extension ou importance. *Dans une large mesure.* **6** Qui n'est pas borné. *Avoir les idées larges.* **7** Qui dépense volontiers (→ **largesse**). **II** n. m. **1** *DE LARGE* : de largeur. *Deux mètres de large.* **2** loc. *EN LONG* ET *EN LARGE*. ← *DE LONG* EN *LARGE*. **3** *Être AU LARGE* : avoir beaucoup de place ; fig. être dans l'aisance. **4** La haute mer. *Le grand large.* ← fig., fam. *Prendre le large*, partir, s'enfuir. **III** adv. **1** D'une manière ample. *S'habiller large.* **2** D'une manière peu rigoureuse et par excès. *Compter large.* **3** loc. *Il n'en mène pas large*, il a peur.

**largement** adv. ■ **1** Sur une grande largeur, un large espace. *Col largement ouvert.* ♦ *Idée largement répandue*, abondamment. **2** Sans compter. **3** En calculant large.

**largesse** n. f. ■ **1** Disposition à être généreux. → **libéralité. 2** Don généreux.

**largeur** n. f. ■ **1** La plus petite dimension d'une surface (opposé à *longueur*), la dimension moyenne d'un volume (opposé à *longueur* et *hauteur*) ; son étendue. ♦ loc. fam. *Dans les grandes largeurs*, au maximum, complètement. **2** fig. Caractère de ce qui n'est pas borné, restreint. *Largeur d'esprit.*

**largo** adv. ■ mus. Avec un mouvement majestueux. ♦ n. m. Mouvement joué largo.

**larguer** v. tr. ⓵ ■ **1** Lâcher ou détacher (un cordage). *Larguer les amarres* (fig. partir). **2** Lâcher, laisser tomber (d'un avion...). **3** fig., fam. Se débarrasser de. → **lâcher. 4** sports Distancer. ♦ fig. (passif) *Être largué* : ne plus suivre.

**larme** n. f. ■ **1** Goutte de liquide salé qui humecte l'œil, et s'en écoule sous l'effet d'une douleur, d'une émotion. ← loc. *Pleurer à chaudes larmes*, abondamment. *Avoir toujours la larme à l'œil*, une sensibilité excessive. ← fam. *Larmes de crocodile**. **2** fig., littér. (au plur.) Affliction, chagrin. ← *Cette vallée de larmes* : le monde terrestre. **3** fam. Très petite quantité (de boisson).

**larmier** n. m. ■ **1** techn. Moulure à rainure pour les eaux de pluie. **2** Angle interne de l'œil, d'où les larmes s'écoulent.

**larmoiement** n. m. ■ **1** Écoulement continuel de larmes. **2** Plainte geignarde.

**larmoyer** v. intr. ⓼ ■ **1** Être atteint de larmoiement. **2** fig. Se lamenter. ▷ **larmoyant, ante** adj. → **éploré ; plaintif.**

**larron** n. m. ■ vx Voleur. ← *Le bon, le mauvais larron*, crucifiés avec le Christ. ← loc. *S'entendre comme larrons en foire*, à merveille. ← *Le troisième larron* : la personne qui profite du conflit de deux autres.

**larsen** [-ɛn] n. m. ■ *Effet larsen ; larsen* : oscillations parasites (sifflement), dans la diffusion du son par haut-parleurs.

**larvaire** adj. ■ **1** Propre aux larves (II). **2** fig. À l'état d'ébauche. → **embryonnaire.**

**larve** n. f. ■ I 1 Antiq. romaine Esprit des morts. **2** littér. Fantôme. ‖ 1 Forme embryonnaire (des animaux à métamorphoses), à vie libre hors de l'œuf. **2** fig. et péj. Personne molle, sans énergie.

**larvé, ée** adj. ■ 1 (maladie) Aux symptômes atténués. **2** Qui n'éclate pas, n'éclot pas.

**laryngé, ée** adj. ■ Du larynx.

**laryngite** n. f. ■ Inflammation du larynx.

**laryng(o)-** Élément savant (du grec *larunx* « gosier ») qui signifie « larynx ».

**laryngologie** n. f. ■ méd. Étude du larynx. ▷ n. **laryngologue** ou **laryngologiste**

**larynx** [-ɛks] n. m. ■ Partie supérieure du canal respiratoire, entre le pharynx et la trachée, où se trouvent les cordes vocales.

① **las, lasse** [lɑ] adj. ■ 1 Qui éprouve une sensation de fatigue générale et vague. **2** littér. *LAS DE :* fatigué et dégoûté de.

② **las** [lɑs] interj. ■ vx Hélas.

**lasagne** n. f. ■ souvent au plur. Pâtes en forme de large ruban.

**lascar** n. m. ■ fam. 1 Homme hardi et rusé. **2** Homme malin, qui fait le malin.

**lascif, ive** adj. ■ 1 littér. Enclin aux plaisirs amoureux. **2** Très sensuel. *Pose lascive.* ▷ adv. **lascivement** ▷ **lascivité** n. f. littér.

**laser** [lazɛʀ] n. m. (sigle angl.) ■ phys. Générateur d'ondes lumineuses, émettant des faisceaux très puissants et très fins. ◆ appos. cour. *Disque laser.* → **compact.**

**lasser** v. tr. ① ■ Fatiguer en ennuyant. *Lasser son auditoire.* ◆ Décourager, rebuter. ▶ se **lasser** (de) v. pron. Devenir las (de). ▷ **lassant, ante** adj. ◆ **ennuyeux.**

**lassi** n. m. ■ Boisson indienne à base de yaourt. *Lassi salé, sucré.*

**lassitude** n. f. ■ 1 État d'une personne lasse (1). **2** Abattement mêlé d'ennui, de découragement.

**lasso** n. m. ■ Longue corde à nœud coulant servant à attraper le bétail.

**lastex** [-ɛks] n. m. (nom déposé) ■ Fil de latex recouvert de fibres textiles.

**lasure** n. f. ■ techn. Produit qui protège le bois en laissant les veines apparentes. ▷ **lasurer** v. tr. ①

**latent, ente** adj. ■ Qui reste caché, ne se manifeste pas. ▷ n. f. **latence**

**latéral, ale, aux** adj. ■ Du côté ; situé sur le côté. ▷ adv. **latéralement**

**latéralisé, ée** adj. ■ didact. Dont la latéralité est (bien ou mal) établie.

**latéralité** n. f. ■ didact. Prépondérance droite ou gauche dans l'utilisation d'organes pairs (main, pied, œil).

**latérite** n. f. ■ Roche rouge riche en fer et en alumine. ◆ Sol rouge de cette roche.

**latex** [-ɛks] n. m. ■ Liquide visqueux, d'aspect laiteux, sécrété par certains végétaux (surtout l'hévéa).

**latin, ine** ■ I adj. 1 Du Latium (région d'Italie) ; de la Rome antique. → **romain.** ◆ De la langue latine. *Version latine.* ◆ *QUARTIER LATIN :* quartier de Paris où se trouvent des facultés. **2** D'origine latine. → ② **roman.** *Langues latines.* ◆ Où l'on parle des langues latines. *Amérique latine.* ◆ *Le tempérament latin.* → **méditerranéen.** ‒ n. *Les Latins.* ‖ n. m. La langue latine. *Latin classique.* ◆ *Latin de cuisine :* jargon imitant le latin. ◆ loc. *Y perdre son latin :* n'y rien comprendre.

**latinisme** n. m. ■ Construction ou emploi propre à la langue latine ; emprunt au latin.

**latiniste** n. ■ Spécialiste de la langue ou de la littérature latine. ◆ Étudiant de latin.

**latinité** n. f. ■ La civilisation latine.

**latino** n. et adj. ■ Latino-américain (dans un contexte nord-américain). *Les Latinos de Los Angeles.* ◆ adj. *La musique latino.*

**latino-américain, aine** adj. et n. ■ De l'Amérique latine, partie de l'Amérique parlant espagnol ou portugais.

**latitude** n. f. ■ 1 littér. dans des loc. Pouvoir d'agir. *Avoir toute latitude de* (+ inf.). ‖ 1 Distance angulaire d'un point de la Terre à l'équateur. **2** Région. *Sous nos latitudes.*

**-lâtre, -lâtrie** Éléments savants (du grec *latreuein* « servir ») qui signifient « adorateur » et « adoration ».

**latrines** n. f. pl. ■ W.-C. sommaires.

**latte** n. f. ■ Longue pièce de bois étroite.

**latter** v. tr. ① ■ Garnir de lattes.

**lattis** n. m. ■ Ouvrage en lattes.

**laudanum** [-ɔm] n. m. ■ Teinture alcoolique d'opium, calmante.

**laudatif, ive** adj. ■ 1 Qui contient un éloge. **2** Qui fait un éloge. – syn. (littér.) LAUDATEUR, TRICE adj. (et n.).

**lauréat, ate** n. ■ Personne qui a remporté un prix dans un concours.

**laurier** n. m. ■ I 1 Arbre à feuilles allongées, luisantes, persistantes et aromatiques (d'où le nom de *laurier-sauce*). **2** Feuilles de cet arbre. ◆ *Couronne de laurier,* dont on ornait le front des vainqueurs. ‒ loc. *Être couvert de lauriers,* de gloire. *Se reposer, s'endormir sur ses lauriers :* ne plus agir, après un succès. ‖ *LAURIER(-)ROSE :* arbuste ornemental (toxique) à grandes fleurs roses ou blanches. *Des lauriers(-)roses.*

**lause** ou **lauze** n. f. ■ Pierre plate et fine, utilisée comme tuile ou comme dalle.

**L. A. V.** [ɛlave] n. m. (sigle amér.) ■ anglic. Virus du sida. → **V. I. H.** – var. LAV.

**lavable** adj. ■ Qui peut être lavé.

**lavabo** n. m. ■ I Prière dite par le prêtre au moment où il se lave les mains. ‖ 1 Dispositif de toilette à hauteur de table, avec cuvette, robinets d'eau courante et vidange. **2** (surtout au plur.) Pièce réservée à ce dispositif. ◆ Toilettes (publiques).

**lavage** n. m. ■ 1 Action de laver. **2** loc. *Lavage de cerveau :* actions psychologiques menées pour modifier de force les opinions de qqn.

**lavallière** n. f. ■ Cravate souple, nouée.

**lavande** n. f. ■ 1 Arbrisseau vivace aux fleurs bleues en épi, très odorantes. ◆ Feuilles et fleurs séchées de cette plante. 2 Eau, essence de lavande. 3 appos. (invar.) *Bleu lavande :* bleu mauve, assez clair.

**lavandière** n. f. ■ 1 Femme qui lave le linge à la main. 2 Bergeronnette.

**lavandin** n. m. ■ Lavande hybride.

**lavasse** n. f. ■ fam. Boisson, soupe trop étendue d'eau.

**lave** n. f. ■ 1 Matière en fusion qui se répand hors d'un volcan. 2 Lave pétrifiée utilisée comme pierre de construction.

**lave-auto** n. m. ■ franç. du Canada Station de lavage automatique pour automobiles.

**lave-glace** n. m. ■ Appareil qui envoie un jet de liquide sur le pare-brise, les vitres d'un véhicule. *Des lave-glaces.*

**lave-linge** n. m. invar. ■ Machine à laver le linge.

**lavement** n. m. ■ 1 vx ou liturgie cathol. Lavage, ablution. 2 Injection d'un liquide dans le gros intestin, par l'anus.

**laver** v. tr. ⒈ ■ 1 1 Nettoyer avec de l'eau, un liquide. ← loc. *Laver son linge sale en famille,* régler les conflits intimes entre soi. 2 (corps...) *Laver un enfant.* ← fig. *Laver la tête à qqn,* le réprimander. 3 loc. *Se laver les mains de qqch.,* décliner toute responsabilité. 4 *SE LAVER* v. pron. (passif) *La soie se lave à l'eau froide.* ← (réfl.) Faire sa toilette. 5 fig. *Laver qqn d'un soupçon.* → **disculper.** II 1 Enlever au moyen d'un liquide. *Laver une tache.* 2 fig. *Laver un affront,* s'en venger.

**laverie** n. f. ■ *Laverie (automatique) :* blanchisserie en libre-service.

**lavette** n. f. ■ 1 Morceau de linge pour nettoyer. II fig., fam. Personne veule, lâche.

**laveur, euse** ■ I n. Personne qui lave. II n. f. franç. du Canada Machine à laver le linge. → **lave-linge.**

**lave-vaisselle** n. m. invar. ■ Machine à laver la vaisselle.

**lavis** n. m. ■ Passage de couleurs étendues d'eau sur un dessin. ◆ Dessin ainsi obtenu.

**lavoir** n. m. ■ 1 Lieu où l'on lave le linge à la main. 2 Bac en ciment pour la lessive. 3 techn. Atelier de lavage du minerai.

**laxatif, ive** adj. et n. m. ■ Se dit d'un remède qui aide à évacuer les selles. → **purgatif.**

**laxisme** n. m. ■ Tendance excessive à la conciliation, à la tolérance (s'oppose à *purisme*). ▷ adj. et n. **laxiste**

**layette** n. f. ■ Linge, habits du nouveau-né.

**layon** n. m. ■ Sentier (rectiligne) en forêt.

**lazaret** n. m. ■ Établissement où s'effectue le contrôle sanitaire des voyageurs susceptibles de maladies contagieuses.

**lazzi** [la(d)zi] n. m. ■ (surtout au plur.) Plaisanterie, moquerie bouffonne. *Des lazzi(s).*

① **le, la, les** art. déf. ■ *Le* et *la* se réduisent à *l'* devant une voyelle ou un *h* muet : *l'école, l'habit.* — *De* + *le, les* devient *du, des* ; *à* + *le, les* devient *au, aux* I devant un nom **1** (devant un nom générique) *L'homme est un mammifère.* ◆ (désignant qqch. de connu) *Le soleil.* **2** (devant un nom déterminé par la situation) *Ferme le verrou.* **3** (remplaçant l'adj. poss.) *Je me lave les mains.* **4** (devant un nom propre) *Le Japon, le Rhône.* ← littér. *Le Paris de ma jeunesse.* ← régional ou rural *La Marie.* ← *Les Dupont :* la famille Dupont. **5** (pour transformer toute partie du discours en subst.) *Le boire et le manger. Les moins de vingt ans.* **6** (valeur distributive) → **chaque, par.** *Dix francs le kilo. Trois fois la semaine.* **II** (devant un adj. lorsque le nom n'est pas répété) *Quelle main, la droite ou la gauche ?* **III** (devant un adj. épithète) *C'est le plus beau.* ← *Ce jour-là, elle fut la plus heureuse. C'est ce jour-là qu'elle a été la plus heureuse.*

② **le, la, les** pron. pers. ■ Pronom personnel objet ou attribut de la 3ᵉ personne. ← *Le, la* sont élidés en *l'* devant une voyelle ou un *h* muet, sauf après un impér. *(faites-le entrer)* **I** (objet direct) **1** (représentant un nom, un pronom) *Claire ? Je la connais.* **2** *LE,* de valeur neutre. → **cela.** *Je vais vous le dire.* **3** (dans des gallicismes) *L'échapper belle. Se la couler douce.* **II** *LE* (attribut) *J'étais naïve, mais je ne le suis plus.*

**lé** n. m. ■ 1 Largeur d'une étoffe. ← Chaque partie verticale d'une jupe. 2 Largeur d'une bande de papier peint.

**leader** [lidœʀ] n. m. ■ anglic. **1** Chef, porte-parole (d'un parti, d'un groupe...). **2** Concurrent qui est en tête (courses...).

**leasing** [liziŋ] n. m. ■ anglic. Location avec option d'achat. – recomm. off. *crédit-bail.*

**lèche** n. f. ■ fam. *Faire de la lèche à qqn,* le flatter servilement.

**lèche-bottes** n. et adj. invar. ■ fam. Flatteur servile. – syn. (très fam.) LÈCHE-CUL.

**lèchefrite** n. f. ■ Ustensile placé sous une broche pour recevoir la graisse et le jus.

**lécher** v. tr. ⒍ ■ 1 Passer la langue sur (qqch.). ← fig., fam. *S'en lécher les babines*\*. **2** loc. fam. *Lécher les bottes* (vulg. *le cul*) *à qqn,* le flatter bassement. ◆ (au p. p.) OUVRAGE MAL LÉCHÉ : individu grossier. **3** fig. Finir, polir avec soin. → **fignoler.** ▷ n. m. **léchage**

**lécheur, euse** n. ■ péj. Flatteur.

**lèche-vitrine(s)** n. m. ■ *Faire du lèche-vitrines :* flâner en regardant les vitrines.

**lécithine** n. f. ■ biochim. Lipide des tissus végétaux et animaux (jaune d'œuf...).

**leçon** n. f. ■ 1 Ce qu'un élève doit apprendre. **2** Enseignement donné par un professeur à une classe, un auditoire. → **cours.** ← loc. ancient LEÇONS DE CHOSES : activités d'éveil, d'observation. ← *Leçons particulières.* **3** Conseils, règles de conduite donnés à qqn. ← loc. *Faire la leçon à qqn.* → **réprimander. 4** Enseignement, morale à tirer de qqch.

**lecteur, trice** n. ■ **1** Personne qui lit. ♦ Personne dont la fonction, le métier est de lire des œuvres pour les juger. **2** Personne qui lit à haute voix. **3** Assistant étranger, dans l'enseignement supérieur des langues vivantes. **4** n. m. Dispositif de lecture (II, 1 et 2).

**lecture** n. f. ■ **I 1** Action matérielle de lire, de déchiffrer (ce qui est écrit). **2** Action de lire, de prendre connaissance du contenu (d'un écrit). *Aimer la lecture.* ♦ Livre, ouvrage lu. **3** Déchiffrage (d'un système graphique). *La lecture d'une partition.* **4** Action de lire à haute voix. *Faire la lecture à qqn.* **5** Délibération d'une assemblée législative sur un projet de loi. **II 1** Première phase de la reproduction des sons enregistrés. *Tête de lecture.* **2** Reconnaissance d'informations par une unité de traitement. *Lecture optique.*

**ledit, ladite** → **dit**

**légal, ale, aux** adj. ■ Qui a valeur de loi, résulte de la loi, est conforme à la loi. → **juridique, réglementaire** ; s'oppose à *illégal* ; ≠ *légitime.* ▷ adv. **légalement**

**légaliser** v. tr. ① ■ **1** Certifier authentique. **2** Rendre légal. ▷ n. f. **légalisation**

**légalité** n. f. ■ **1** Caractère légal. **2** Ce qui est légal. *Sortir de la légalité.*

**légat** n. m. ■ Ambassadeur du Saint-Siège.

**légataire** n. ■ Bénéficiaire d'un legs.

**légation** n. f. ■ **1** Charge de légat. **2** Représentation diplomatique (sans ambassade).

**legato** [legato] adv. ■ mus. D'une manière liée, sans détacher les notes.

**légendaire** adj. ■ **1** Des légendes ; qui a rapport aux légendes. **2** Qui est entré dans la légende par sa célébrité.

**légende** n. f. ■ **I 1** Récit populaire traditionnel, plus ou moins fabuleux. → **fable, mythe. 2** Faits réels, déformés ou amplifiés. *Entrer dans la légende.* **II 1** Inscription (d'une médaille, d'une monnaie). **2** Texte qui accompagne et explique une image. **3** (plans, cartes) Liste explicative de signes conventionnels.

**légender** v. tr. ① ■ Accompagner d'une légende (II, 2 et 3).

**léger, ère** adj. ■ **I 1** Qui a peu de poids, se soulève facilement (opposé à *lourd*). ♦ De faible densité. *Métal léger.* ♦ Qui ne pèse pas sur l'estomac. *Cuisine légère.* **2** Qui est peu chargé. *Avoir l'estomac léger.* → fig. *Le cœur léger* : sans inquiétude. **3** Qui se meut avec aisance et rapidité. → **agile, vif.** *D'un pas léger.* **4** Peu appuyé. *Peindre par touches légères.* **5** (voix) Qui monte aisément dans les aigus. **II** Qui a peu de matière, de substance (s'oppose à *épais, à fort, à intense...*). **III** Peu sensible ; peu important. *Un léger mouvement.* → *Une légère tristesse.* **IV 1** Qui a peu de profondeur, de sérieux. → **frivole, superficiel.** ♦ fam. *C'est un peu léger.* → **insuffisant. 2** Qui est trop libre. → **grivois. 3** Qui a de la grâce, de la désinvolture. *Ironie légère.* **4** *À LA LÉGÈRE* loc. adv. : sans réfléchir ; avec insouciance.

**légèrement** adv. ■ **1** D'une manière légère. **2** Un peu, à peine. **3** À la légère.

**légèreté** n. f. ■ **I** Caractère léger (I à III). **II 1** Manque de profondeur, de sérieux. **2** Délicatesse et agrément (du style...).

**légiférer** v. intr. ⑥ ■ Faire des lois.

**légion** n. f. ■ **I 1** Antiq. romaine Corps d'armée composé d'infanterie et de cavalerie. **2** *LÉGION (ÉTRANGÈRE)* : en France, Corps composé de volontaires (étrangers). **II** *LÉGION D'HONNEUR* : ordre national français (et décoration). **III** littér. Grande quantité. → loc. *ÊTRE LÉGION* : être très nombreux.

**légionelle** n. f. ■ biol. Bactérie responsable de la légionellose.

**légionellose** n. f. ■ méd. Maladie pulmonaire grave, associée à divers troubles neurologiques, digestifs, etc., due à la légionelle.

**légionnaire** n. ■ **1** hist. Soldat d'une légion romaine. **2** Soldat de la Légion étrangère. **3** n. dr. Membre de la Légion d'honneur.

**législateur, trice** n. ■ **1** Personne qui fait les lois. → adj. *Monarque législateur.* **2** n. m. Le pouvoir qui légifère. → **législatif.**

**législatif, ive** adj. ■ **1** Qui légifère. *Assemblée législative.* → n. m. → **parlement.** *Le législatif et l'exécutif.* **2** Qui concerne l'Assemblée législative. *Élections législatives,* élections des députés. **3** Qui a le caractère d'une loi. *Acte législatif.*

**législation** n. f. ■ **1** Ensemble des lois, dans un pays, un domaine déterminé. → **droit. 2** Science, connaissance des lois.

**législature** n. f. ■ Période d'exercice d'une assemblée législative.

**légiste** n. ■ Spécialiste des lois. → **juriste.** ♦ adj. *Médecin légiste,* chargé d'expertises en matière légale.

**légitime** adj. ■ **1** Qui est consacré par la loi ou reconnu conforme au droit (≠ *légal*). *Union légitime* (opposé à *libre*). → *Enfant légitime* (opposé à *naturel*). **2** Conforme à la justice, à l'équité. → *Légitime défense*\*. **3** Justifié (par le bon droit, la raison, le bon sens). → **fondé.** ▷ adv. **légitimement**

**légitimer** v. tr. ① ■ **1** Rendre légitime (1). **2** Faire admettre comme juste ou excusable. → **justifier.** ▷ n. f. **légitimation**

**légitimiste** n. et adj. ■ hist. Partisan d'une dynastie considérée comme seule légitime ; spécialt la branche aînée des Bourbons, après 1830 (s'oppose à *orléaniste*).

**légitimité** n. f. ■ **1** État de ce qui est légitime. **2** Qualité de ce qui est juste, équitable.

**legs** [lɛg ; lɛ] n. m. ■ **1** Don par testament. **2** fig., littér. *Le legs du passé.* → **héritage.**

**léguer** v. tr. ⑥ ■ **1** Donner par disposition testamentaire. **2** fig. → **transmettre.** *Léguer une œuvre à la postérité.*

**légume** ■ **I** n. m. ■ Plante potagère dont certaines parties peuvent entrer dans l'alimentation humaine. **II** n. f. fam. *Une GROSSE LÉGUME* : un personnage important.

**légumier, ière ▪ I** adj. Relatif aux légumes.
**II** n. m. Plat à légumes.

**légumineuse** n. f. ▪ Plante dont le fruit est une gousse (haricot, lentille…).

**leitmotiv** [lɛtmɔtiv; lajtmɔtif] n. m. ▪ **1** mus. Motif musical répété. **2** fig. Phrase, formule qui revient à plusieurs reprises.

**lemme** n. m. ▪ didact. Proposition intermédiaire (d'un raisonnement).

**lemming** n. m. ▪ Rongeur des régions boréales.

**lémurien** n. m. ▪ Primate tropical, proche du singe (sous-ordre des *Lémuriens*).

**lendemain** n. m. ▪ **1** Jour qui suit immédiatement celui dont il est question. ▸ loc. *Du jour\* au lendemain.* **2** L'avenir. *Songer au lendemain.* **3** Temps qui suit de peu un événement. *Au lendemain de la guerre.*

**lénifier** v. tr. [7] ▪ méd. ou littér. Calmer, apaiser. ▹ adj. **lénifiant, ante** et **lénitif, ive** → **calmant ; apaisant.**

**léninisme** n. m. ▪ Doctrine marxiste de Lénine. ▹ adj. et n. **léniniste**

**lent, lente** adj. ▪ **1** Qui manque de rapidité, met plus, trop de temps (opposé à *rapide*). **2** Qui met du temps à agir, à s'accomplir. *Combustion lente.* ▹ adv. **lentement**

**lente** n. f. ▪ Œuf de pou.

**lenteur** n. f. ▪ **1** Manque de rapidité, de vivacité. **2** au plur. Actions, décisions lentes. *Les lenteurs de la procédure.*

**lenticulaire** adj. ▪ didact. Qui a la forme d'une lentille. ▪ syn. **LENTIFORME.**

**lentigo** n. m. ▪ méd. Petite tache de la peau, pigmentée et ronde.

**lentille** n. f. ▪ **I 1** Plante aux gousses plates. **2** Graine comestible de cette plante, en forme de disque bombé. **3** *LENTILLE D'EAU :* plante flottante à petites feuilles rondes. **II** Disque transparent à surface courbe, utilisé en optique. → *Lentilles cornéennes, verres de contact\*.* **III** vieilli Tache de rousseur lenticulaire.

**lentisque** n. m. ▪ Arbuste méditerranéen.

**lento** [lɛnto] adv. ▪ mus. Avec lenteur (plus lentement qu'*adagio*).

**léonin, ine** adj. ▪ **1** littér. Du lion ; qui rappelle le lion. **2** *CONTRAT LÉONIN,* qui attribue tous les avantages à qqn.

**léopard** n. m. ▪ Panthère d'Afrique.

**lépidoptère** n. m. ▪ Nom savant des papillons (ordre des *Lépidoptères*).

**lépiote** n. f. ▪ Champignon dont une espèce (la *coulemelle*) est appréciée.

**lépisme** n. m. ▪ zool. Insecte aptère au corps effilé gris argenté (syn. *poisson d'argent*).

**lèpre** n. f. ▪ **1** Maladie infectieuse et contagieuse due à un bacille. **2** fig. Ce qui ronge. **3** littér. Mal qui s'étend et gagne.

**lépreux, euse** adj. ▪ **1** De la lèpre. ♦ adj. et n. Atteint de la lèpre. **2** *Mur lépreux.* → **galeux.**

**léproserie** n. f. ▪ Hôpital pour lépreux.

**-leptique** Élément (du grec *lêptikos*) qui signifie « qui calme » (ex. *neuroleptique*).

**lepto-** Élément, du grec *leptos* « mince ».

**lepton** n. m. ▪ phys. Particule élémentaire légère (ex. électron). ≠ *hadron.*

**lequel, laquelle, lesquels, lesquelles** pron. ▪ avec les prép. *à* et *de, lequel* se contracte en *auquel* et *duquel* **I** pron. rel. **1** (sujet) littér. Qui. **2** (compl. indir.) *La personne à laquelle vous venez de parler.* **3** adj. rel. (littér.) *Vous serez peut-être là, auquel cas je viendrai.* **II** pron. interrog. *Lequel préférez-vous ?*

**lérot** n. m. ▪ Petit rongeur hibernant.

① **les** → ① **le**

② **les** → ② **le**

**lesbien, ienne ▪ 1** adj. De l'homosexualité féminine. → **saphique. 2** n. f. et adj. Homosexuelle. ▹ **lesbianisme** n. m. didact.

**lèse-majesté** n. f. ▪ hist. *Crime de lèse-majesté,* atteinte à la majesté du souverain.

**léser** v. tr. [6] ▪ **1** Causer du tort à (qqn ; ses intérêts). → au p. p. *Se sentir lésé.* **2** méd. Blesser (un organe) (→ **lésion**).

**lésine** n. f. ▪ littér. Avarice sordide.

**lésiner** v. intr. [1] ▪ Épargner avec avarice.

**lésion** n. f. ▪ Changement grave (dans un organe) dû à une maladie, un accident.

**lessive** n. f. ▪ **1** Liquide alcalin qui sert à nettoyer. ▪ Substance alcaline pour le lavage du linge. **2** Action de laver le linge. **3** Linge à laver, ou qui vient d'être lavé.

**lessiver** v. tr. [1] ▪ **1** Nettoyer, laver avec une solution détergente. **2** fam. Dépouiller, éliminer (un adversaire). ▪ **lessivé, ée** adj. (fig., fam.) Épuisé, très fatigué. ▹ adj. **lessivable** ▹ n. m. **lessivage**

**lessiveuse** n. f. ▪ Récipient en métal pour faire bouillir et laver le linge.

**lessiviel, elle** adj. ▪ Relatif à la lessive (1).

**lest** [lɛst] n. m. ▪ **1** Poids dont on charge un navire pour en assurer la stabilité. **2** Corps pesant (sacs de sable, etc.) pour régler le mouvement d'un aérostat. → loc. fig. *Lâcher du lest,* faire des concessions.

**leste** adj. ▪ **1** Qui a de l'agilité dans ses mouvements. → loc. *Avoir la main leste,* être prompt à frapper. **2** (langage) Trop libre. → **licencieux.** ▹ adv. **lestement**

**lester** v. tr. [1] ▪ **1** Garnir, charger de lest. **2** fam. Charger, remplir. ▹ n. m. **lestage**

**létal, ale, aux** adj. ▪ méd. Mortel (dose, etc.).

**léthargie** n. f. ▪ **1** Sommeil très profond et prolongé. **2** fig. Engourdissement complet. → **apathie.** ▹ adj. **léthargique**

**letton, one** ou **onne** adj. et n. ▪ De Lettonie. → n. *Les Lettons.* ♦ n. m. *Le letton :* langue du groupe balte. ▪ syn. **LETTE** n. m.

**lettre** n. f. ■ **I** **1** Signe de l'écriture. → **caractère**. *Les 26 lettres de l'alphabet* (français). ◆ loc. *EN TOUTES LETTRES* : sans abréviation. ◆ fam. *Les cinq lettres*, le mot « merde ». **2** Caractère typographique représentant une lettre. **3** fig., littér. Le sens strict des mots, la forme (opposé à *l'esprit*). ◆ *À LA LETTRE, AU PIED DE LA LETTRE* : au sens propre ; rigoureusement. ◆ loc. *Rester LETTRE MORTE*, sans effet. **II** **1** Écrit que l'on adresse à qqn pour lui communiquer qqch. ◆ loc. *Comme une lettre à la poste*, facilement. ◆ *LETTRE OUVERTE* : article de journal rédigé en forme de lettre. **2** loc. (écrits officiels...) *Lettres de créance*, accréditant un diplomate. ◆ *Lettre de change*, effet de commerce. **III** *LETTRES* n. f. pl. **1** littér. La culture littéraire. *Avoir des lettres.* ◆ *Les BELLES-LETTRES*, la littérature. ◆ *Homme, femme DE LETTRES*, écrivain. **2** (opposé à *sciences*) Enseignement de la littérature, de la philosophie, de l'histoire, des langues. *Lettres classiques* (grec et latin).

**lettré, ée** adj. et n. ■ Qui a des lettres*.

**lettrine** n. f. ■ Lettre (ornée, etc.) qui commence un chapitre, un paragraphe.

**leucémie** n. f. ■ Maladie très grave caractérisée par la prolifération des globules blancs dans le sang. ▷ adj. et n. **leucémique**

**leuc(o)-** Élément, du grec *leukos* « blanc ».

**leucocyte** n. m. ■ Globule blanc du sang. ▷ adj. **leucocytaire**

① **leur** pron. pers. invar. ■ (compl.) À eux, à elles. *Je le leur dirai.*

② **leur**, plur. **leurs** ■ **1** adj. Qui est (sont) à eux, à elles. **2** *LE LEUR, LA LEUR, LES LEURS* pron. poss. Celui, celle (ceux, celles) qui est (sont) à eux, à elles. ◆ *Les leurs* : leurs parents, leurs amis, etc.

**leurre** n. m. ■ **1** Ce qui trompe. → **illusion**. **2** Appât factice pour la pêche.

**leurrer** v. tr. ① ■ Attirer par de fausses espérances. ► se **leurrer** v. pron. → s'**illusionner**.

**levage** n. m. ■ Action de lever, soulever.

**levain** n. m. ■ **1** Pâte de farine qu'on a laissée fermenter ou qu'on a mélangée à de la levure. **2** fig., littér. Ce qui est capable d'exciter, d'aviver (les idées...).

**levant** ■ **1** adj. m. *Soleil levant*, qui se lève. **2** n. m. Côté de l'horizon où le soleil se lève. → **est**. **3** n. m. vieilli *Le Levant*, les régions de la Méditerranée orientale.

**levantin, ine** adj. et n. ■ vieilli Du Levant (3).

**levé, ée** n. m. ■ Action d'établir (un plan...).

**levée** n. f. ■ **1** Remblai (de terre, de pierres...). → **chaussée, digue**. **2** Action d'enlever, de retirer. ◆ spécialt *La levée du corps* (avant l'enterrement). **3** Action de mettre fin à. *La levée d'un siège.* **4** Action de lever, de ramasser (le courrier, etc.).

① **lever** v. ⑤ ■ **I** v. tr. **1** Faire mouvoir de bas en haut. → **élever, soulever**. ◆ *Lever l'ancre*, appareiller. **2** Mettre plus haut, soulever (une partie du corps). *Lever la main.* ◆ (au p. p.) loc. *Voter à main levée. Au pied levé* : sans préparation. ◆ *Diriger vers le haut. Lever la tête.* **3** Relever, soulever. *Lever sa jupe.* **4** Faire sortir de son gîte (un animal). **5** Rendre (qqch.) vertical. *Lever une échelle.* **6** Établir (un plan, une carte). **7** *LEVER LE CAMP* : replier les tentes ; fig. s'en aller. **8** Faire cesser. *Lever une punition.* ◆ loc. *Lever le siège.* **9** Remonter pour prendre. *Lever les filets.* ◆ Ramasser. *Lever les cartes.* ◆ *Lever des impôts.* → **percevoir**. ◆ *Lever les troupes.* → **recruter**. **II** v. intr. (Se mouvoir vers le haut) **1** (plantes) Commencer à sortir de terre. **2** (pâte) Se gonfler par la fermentation. ► se **lever** v. pron. **1** Se mettre debout. **2** Sortir de son lit. **3** (astre...) Apparaître à l'horizon. *Le soleil se lève.* ◆ *Le jour se lève.* **4** (vent) Commencer à souffler.

② **lever** n. m. ■ **1** Moment où un astre paraît. **2** Action de se lever (2). **3** *Lever du rideau* : début d'un spectacle.

**levier** n. m. ■ **1** Corps solide, mobile autour d'un point d'appui, permettant de multiplier une force. **2** Organe de commande (d'une machine...). **3** fig. Moyen d'action.

**lévitation** n. f. ■ Élévation (de qqn, de qqch.) au-dessus du sol, sans aide.

**levraut** n. m. ■ Jeune lièvre.

**lèvre** n. f. ■ **I** Chacune des deux parties charnues, plus pigmentées que la face, qui bordent extérieurement la bouche. ◆ *Manger du bout des lèvres*, sans appétit. ◆ (Servant à parler) loc. *Être suspendu aux lèvres de qqn*, l'écouter avec attention. *Approuver du bout des lèvres*, sans conviction. **II** au plur. Bords saillants (d'un organe, etc.). ◆ *Les grandes, les petites lèvres* (de la vulve).

**levrette** n. f. ■ **1** Femelle du lévrier. **2** Petit lévrier d'Italie.

**lévrier** n. m. ■ Chien à jambes hautes, au corps allongé, agile et rapide.

**levure** n. f. ■ **1** Ferment végétal. *Levure de bière.* ◆ *Levure chimique.* **2** sc. Champignon unicellulaire qui produit la levure (1).

**lexical, ale, aux** adj. ■ Du lexique (2).

**se lexicaliser** v. pron. ■ ling. Devenir une unité du lexique (mot composé, expression figée, locution...).

**lexicographe** n. ■ Personne qui fait un dictionnaire de la langue.

**lexicographie** n. f. ■ Recensement et étude des mots d'une langue. ▷ adj. **lexicographique**

**lexicologie** n. f. ■ Science des mots, de leurs fonctions, de leurs relations dans la langue (→ **lexique**). ▷ adj. **lexicologique**

**lexicologue** n. ■ Spécialiste de lexicologie.

**lexique** n. m. ■ **1** Dictionnaire succinct (d'un domaine...). **2** Ensemble des mots (d'une langue). ♦ Ensemble des mots employés par qqn, un groupe. → **vocabulaire.**

**lézard** n. m. ■ **1** Petit reptile à longue queue effilée, au corps allongé et recouvert d'écailles. **2** Peau traitée de cet animal.

**lézarde** n. f. ■ Crevasse étroite et irrégulière, dans un ouvrage de maçonnerie.

① **lézarder** v. intr. 🔲 ■ fam. Se chauffer au soleil ; rester sans rien faire.

② **lézarder** v. tr. 🔲 ■ Fendre par une ou des lézardes. ▶ **lézardé, ée** adj. *Mur lézardé.*

**liaison** n. f. ■ **I** (choses) **1** Ce qui lie, relie les éléments du discours, d'un raisonnement... **2** Prononciation de la dernière consonne d'un mot unie à la première voyelle du mot suivant (ex. les petits enfants). **3** Épaississement (d'une sauce) par ajout d'ingrédients. **4** chim. Relation d'interaction entre éléments. **II** (personnes) **1** Fait d'être lié avec qqn ; relations entre deux personnes. ▪ *Avoir une liaison avec qqn,* une relation amoureuse. **2** Communication (des ordres), transmission (des nouvelles). ▪ *Entrer en liaison* (→ **contact**). **3** Communication entre deux lieux. *Liaison aérienne.*

**liane** n. f. ■ Plante grimpante des forêts tropicales, de la jungle.

**liant, liante** ■ **1** adj. Qui se lie facilement avec autrui. → **sociable. 2** n. m. littér. Disposition favorable aux relations sociales.

**liard** n. m. ■ Ancienne monnaie française.

**liasse** n. f. ■ Ensemble de papiers superposés (attachés ou non).

**libanais, aise** adj. et n. ■ Du Liban.

**libation** n. f. ■ **1** Antiq. Fait de répandre un liquide en offrande à un dieu. **2** loc. *Faire des libations,* boire abondamment (du vin, de l'alcool).

**libelle** n. m. ■ littér. Court écrit satirique ou diffamatoire. → **pamphlet.**

**libellé** n. m. ■ Termes dans lesquels un texte est rédigé.

**libeller** v. tr. 🔲 ■ **1** Rédiger dans les formes. **2** Exposer, formuler par écrit.

**libellule** n. f. ■ Insecte aux quatre ailes transparentes et nervurées, qui vit près de l'eau.

**liber** [-ɛʀ] n. m. ■ Partie (d'un arbre) entre l'écorce et le bois, où circule la sève.

**libérable** adj. ■ Qui peut être libéré (notamment, du service militaire).

**libéral, ale, aux** adj. ■ **I** littér. Qui donne facilement. → **généreux. II 1** *PROFESSIONS LIBÉRALES,* de caractère intellectuel (avocat, médecin, etc.) et exercées librement. **2** adj. et n. Favorable aux libertés individuelles, en politique. **3** Partisan du libéralisme (2). **4** Qui respecte l'indépendance, les opinions d'autrui.

**libéralement** adv. ■ Avec générosité.

**libéraliser** v. tr. 🔲 ■ Rendre plus libéral (un régime, une économie). ▷ n. f. **libéralisation**

**libéralisme** n. m. ■ **1** Doctrine des libéraux, partisans des libertés individuelles. **2** (opposé à *étatisme, socialisme*) Doctrine selon laquelle la liberté économique, le libre jeu de l'entreprise ne doivent pas être entravés. **3** Respect de l'indépendance, des opinions d'autrui. → **tolérance.**

**libéralité** n. f. ■ littér. **1** Disposition à donner généreusement. **2** Don généreux.

**libérateur, trice** ■ **1** n. Personne qui libère. **2** adj. Qui libère. *Guerre libératrice.*

**libération** n. f. ■ **1** Action de libérer (1). **2** fig. Délivrance d'une sujétion, d'un lien. **3** Délivrance (d'un pays, d'un peuple). ▪ hist. *La Libération* en France, à la fin de la Seconde Guerre mondiale. **4** Fait de libérer (de la matière, de l'énergie).

**libératoire** adj. ■ dr. Qui libère d'une obligation, d'une dette.

**libérer** v. tr. 🔲 ■ **1** Mettre (qqn) en liberté. → **relâcher.** ♦ Renvoyer (un soldat) chez lui. **2** Délivrer de ce qui lie, gêne, retient. *Libérer le passage.* **3** Rendre libre, affranchi (d'une obligation...). **4** Délivrer (un pays, un peuple) d'un asservissement. **5** *Libérer sa conscience* (en avouant). ♦ Laisser se manifester. *Libérer ses instincts.* **6** sc. Dégager (une substance, une énergie). *Réaction chimique qui libère un gaz.*

**libertaire** adj. et n. ■ Qui n'admet aucune limitation de la liberté. → **anarchiste.**

**liberté** n. f. ■ **I 1** Situation d'une personne qui n'est pas sous la dépendance de qqn (opposé à *esclavage, servitude*), ou qui n'est pas enfermée (opposé à *captivité*). → **libre. 2** Possibilité, pouvoir d'agir sans contrainte. → **autonomie, indépendance.** *Liberté d'action. Agir en toute liberté.* ▪ **librement.** ♦ *Liberté d'esprit ; de mœurs.* **II 1** Pouvoir d'agir, dans une société organisée, selon sa propre détermination, dans la limite de règles. *Liberté politique.* ♦ *LA LIBERTÉ :* absence de toute contrainte illégitime. **2** Pouvoir que la loi reconnaît aux individus (dans un domaine). → **droit.** *Liberté de la presse.* **3** (État) Indépendance nationale. ♦ Libre arbitre humain (sans déterminisme). **III** philos. Libre arbitre humain (sans déterminisme).

**libertin, ine** adj. et n. ■ **1** hist. Qui rejette la contrainte, spécialt en matière de religion (→ **incrédule**). **2** littér. Qui est déréglé dans ses mœurs. → **dévergondé, dissolu.**

**libertinage** n. m. ■ **1** hist. Indépendance d'esprit du libertin (1). **2** Licence des mœurs.

**libidineux, euse** adj. ■ littér. ou plais. Qui recherche constamment le plaisir sexuel.

**libido** n. f. ■ **1** Recherche instinctive du plaisir et, spécialt, du plaisir sexuel. **2** psych. Énergie qui sous-tend les instincts de vie et, en particulier, les instincts sexuels.

**libraire** n. ■ **1** vx Éditeur vendant des livres. **2** mod. Commerçant qui vend des livres.

**librairie** n. f. ■ **1** vx Bibliothèque. **2** Commerce, profession des libraires. **3** Magasin où l'on vend des livres.

**libre** adj. ■ **I 1** (opposé à *esclave, serf,* ou à *captif, prisonnier*) Qui n'est pas privé de sa liberté. **2** Qui a le pouvoir de décider, d'agir par soi-même. → **autonome, indépendant. 3** littér. *LIBRE DE* (+ nom) : affranchi de. ← *LIBRE DE* (+ inf.) : qui a la possibilité de. **4** Qui n'est pas retenu (par une obligation...). *Se rendre libre.* **5** (choses) Qui s'accomplit librement, sans contrainte. ← loc. *Donner libre cours* à. **6** Qui ne se contraint pas. → **désinvolte, spontané. 7** Qui transgresse les convenances. → **cru, osé. II 1** Qui n'est pas soumis à une autorité arbitraire ; qui jouit de libertés* reconnues et garanties. **2** Dont le libre exercice est reconnu, garanti par la loi. *Élections libres.* ← *Presse libre.* **III** philos. Qui jouit de liberté (III). **IV** (choses) **1** Autorisé, permis. *Accès libre.* ← impers. *Libre à vous de* (+ inf.), vous êtes libre de. **2** Qui n'est pas attaché, retenu ou serré. *Avoir les mains libres.* **3** Qui n'est pas occupé, ne présente pas d'obstacle. *Place ; voie libre.* ← *Temps libre,* que l'on peut employer à sa guise. **4** Dont la forme n'est pas imposée. *Vers libres.* ← *Papier libre* (opposé à *papier timbré*).

**libre arbitre** n. m. ■ philos. Volonté libre.

**libre-échange** n. m. sing. ■ Système dans lequel les échanges commerciaux entre États sont libres (s'oppose à *protectionnisme*).

**librement** adv. ■ D'une manière libre.

**libre penseur, euse** n. ■ Personne qui pense librement, ne se fiant qu'à sa raison.

**libre-service** n. m. ■ **1** Service assuré par le client lui-même (magasins...). **2** Magasin où l'on se sert soi-même. *Des libres-services.*

**librettiste** n. ■ Auteur d'un livret (II).

① **lice** n. f. ■ ancient Palissade, enclos ; champ clos pour les tournois. ← loc. *Entrer en lice,* dans une compétition, un débat.

② **lice** ou **lisse** n. f. ■ techn. Pièce d'un métier à tisser qui maintient les fils de chaîne. ← *Haute lice* (chaîne verticale), *basse lice* (horizontale).

③ **lice** n. f. ■ Chien de chasse femelle.

**licence** n. f. ■ **I 1** littér. *Avoir, laisser (toute) licence de* (+ inf.), la liberté (I, 2) de. **2** Liberté que prend un écrivain avec les règles (de la grammaire, etc.). *Licence poétique.* **3** vieilli Désordre moral ; dérèglement dans les mœurs. **II 1** Grade universitaire intermédiaire entre le baccalauréat et la maîtrise. **2** Autorisation d'exercer une activité réglementée (commerce, sport, etc.).

① **licencié, ée** n. ■ **1** Diplômé titulaire d'une licence (II, 1). **2** Titulaire d'une licence (II, 2).

**licencier** v. tr. ⑦ ■ Priver (qqn) de son emploi. → **congédier, renvoyer.** ► adj. et n. ② **licencié, ée** ▷ n. m. **licenciement**

**licencieux, euse** adj. ■ littér. Qui manque de pudeur, de décence. *Propos licencieux.*

**lichen** [likɛn] n. m. ■ Végétal formé de l'association d'un champignon et d'une algue, qui ressemble à la mousse.

**lichette** n. f. ■ fam. Petite tranche, petit morceau (d'un aliment).

**licite** adj. ■ Qui est permis par la loi.

**licorne** n. f. ■ Animal fabuleux, cheval (ou cerf) avec une corne unique au front.

**licou** ou (vx) **licol** n. m. ■ Pièce de harnais qu'on met au cou des animaux attelés.

**licteur** n. m. ■ Antiq. romaine Garde portant un faisceau, qui escortait les hauts magistrats.

**lido** n. m. ■ géogr. Lagune derrière un cordon littoral ; ce cordon littoral.

**lie** n. f. ■ **1** Dépôt qui se forme au fond des récipients contenant des boissons fermentées. ← adj. invar. *LIE(-)DE(-)VIN :* rouge violacé. ← loc. *Boire (le calice,* etc.) *jusqu'à la lie :* endurer jusqu'au bout une situation pénible. **2** fig., littér. Ce qu'il y a de plus vil.

**lied** [lid] n. m. ■ Mélodie populaire allemande. *Des lieds* ou *lieder* (plur. allemand).

**liège** n. m. ■ Matériau léger, imperméable et élastique, fourni par l'écorce de certains arbres (chêne-liège...).

**liégeois, oise** adj. et n. ■ De Liège (Belgique). ← *Café, chocolat liégeois* (dessert).

**lien** n. m. ■ **1** Chose flexible et allongée servant à lier, à attacher. **2** abstrait Ce qui relie, unit (des choses). *Lien logique.* ♦ inform. Relation établie entre des informations. *Lien hypertexte*.* **3** Ce qui unit des personnes. *Lien de parenté.* **4** fig. Ce qui retient, enchaîne.

**lier** v. tr. ⑦ ■ **I** (compl. chose) **1** Entourer, serrer avec un lien (des choses). → **attacher. 2** Assembler, joindre. ← au p. p. *Notes liées* (→ **legato**). **3** Joindre, unir à l'aide d'une substance. ← *Lier une sauce,* l'épaissir. **4** abstrait Unir par un rapport logique, fonctionnel. → **relier.** ← au p. p. *Tout cela est lié.* **5** dans des loc. Faire naître (un lien). → **nouer.** *Lier amitié avec qqn.* ← *AVOIR PARTIE LIÉE (avec qqn),* être d'accord pour une affaire. **II** (compl. personne) **1** Attacher, enchaîner. → **ligoter.** ← loc. *Être fou à lier,* complètement fou. **2** Imposer une obligation (juridique, morale...) à. ← passif *Être lié par un serment.* **3** Unir par des relations d'affection, de goût... ← au p. p. *Ils sont très liés,* très amis.

**lierre** n. m. ■ Arbrisseau rampant et grimpant, à feuilles luisantes toujours vertes.

**liesse** n. f. ■ littér. Joie collective.

① **lieu** n. m. ■ **I 1** Portion déterminée de l'espace (considérée de façon abstraite). → **endroit, place.** *La date et le lieu d'un événement.* ← loc. *En lieu sûr,* en sûreté. ← *Adverbe de lieu,* qui indique le lieu. ♦ math. *Lieu géométrique :* ensemble de points satisfaisant à une condition. **2** loc. *HAUT LIEU :* endroit où se sont passées des choses mémorables. ← *EN HAUT LIEU :* auprès de personnes haut placées. ♦ *LIEU SAINT :* temple ; sanctuaire. **3** *LIEU PUBLIC :* lieu qui par destination admet le public (rue...), ou auquel le public peut accéder (café...). **II** plur. à valeur de sing.

**1** Endroit précis où un fait s'est passé. *J'étais sur les lieux.* **2** Appartement, maison, propriété. *État des lieux.* **3** *Lieux d'aisances.* → **cabinet(s). III 1** (dans des loc.) Espace ou temps déterminé (dans un ensemble, une succession). *En son lieu,* à son tour. ◆ *En temps et lieu,* au moment et à la place convenables. ◆ *En premier lieu,* d'abord. ◆ *LIEU COMMUN :* banalité. **2** *AVOIR LIEU :* se passer (à un endroit, à un moment). **3** *AU LIEU DE* loc. prép. : à la place de. ◆ (+ inf. ; exprime l'opposition) *Vous rêvez au lieu d'agir.* **4** *TENIR LIEU DE.* → **remplacer, servir.** ◆ *AVOIR LIEU DE* (+ inf.), avoir des raisons de. ◆ *Il y a lieu de,* il convient de. ◆ *DONNER LIEU À* (+ n.) : fournir l'occasion de.

② **lieu** n. m. ■ Poisson de la famille du merlan. *Des lieus.* ◆ *Lieu noir.* → **colin.**

**lieu-dit** ou **lieudit** n. m. ■ Lieu de la campagne qui porte un nom traditionnel. *Des lieux-dits ; des lieudits.*

**lieue** n. f. ■ **1** Ancienne mesure de distance (environ 4 km). **2** loc. fig. *Être à cent, à mille lieues de* (+ inf.), très loin de. **3** *Lieue marine :* 5555 m.

**lieuse** n. f. ■ Machine pour lier les gerbes.

**lieutenant** n. m. ■ **1** Adjoint (d'un chef). ◆ hist. *Lieutenant général :* haut magistrat ou officier. **2** Officier de grade immédiatement inférieur à celui de capitaine. **3** *Lieutenant de vaisseau,* officier de marine dont le grade correspond à celui de capitaine.

**lieutenant-colonel** n. m. ■ Officier de grade immédiatement inférieur à celui de colonel.

**lièvre** n. m. ■ **1** Mammifère rongeur, voisin du lapin, et qui vit en liberté. ◆ Sa chair comestible. **2** prov. *Il ne faut pas courir deux lièvres à la fois,* mener de front plusieurs activités. ◆ loc. *Soulever un lièvre,* une question embarrassante.

**lifter** v. tr. ① ■ anglic. sports Donner à (une balle) un effet (*lift* n. m.) qui l'accélère quand elle rebondit. ◆ au p. p. *Balle liftée.*

**liftier, ière** n. ■ anglic. Personne qui manœuvre un ascenseur.

**lifting** n. m. ■ anglic. Opération de chirurgie esthétique visant à remonter et tendre la peau du visage. – recomm. off. *lissage.*

**ligament** n. m. ■ Faisceau de tissu fibreux blanchâtre, très résistant, unissant les éléments (cartilages, os) d'une articulation.

**ligature** n. f. ■ **1** Opération consistant à serrer, fixer avec un lien. **2** Lien permettant cette opération. ▷ **ligaturer** v. tr. ①

**lige** adj. ■ *HOMME LIGE,* dévoué (à qqn, un groupe). *Être l'homme lige de qqn.*

**light** [lajt] adj. invar. ■ anglic. Qui est allégé (aliment), et notamment sucré avec des édulcorants ; qui contient (en principe) moins de produits nocifs pour la santé.

**lignage** n. m. ■ **1** littér. Ascendance. **2** didact. Les descendants d'un ancêtre commun.

**ligne** n. f. ■ **I 1** Trait continu allongé, sans épaisseur. **2** Trait réel ou imaginaire qui sépare deux choses. → **frontière, limite.** ◆ *Ligne blanche* (autrefois *jaune*), divisant une route. **3** Chacun des traits qui sillonnent la paume de la main. **4** Effet produit par une combinaison de lignes (silhouette, dessin). *La ligne d'une voiture.* ◆ loc. *Garder la ligne,* rester mince. **5** fig. Élément, point. *Les lignes essentielles d'un projet.* **II 1** Direction. *En ligne droite.* ◆ fig. *Ligne de conduite ; ligne politique.* **2** Tracé idéal dans une direction déterminée. *Ligne de tir.* **3** Trajet emprunté par un service de transport ; ce service. **III 1** Fil portant un hameçon pour la pêche. **2** Fils, câbles transportant l'énergie électrique. *Ligne téléphonique.* **3** *EN LIGNE* loc. adj. Qualifie un matériel informatique connecté à un réseau, à Internet. ◆ loc. adv. En étant connecté (à Internet). *Regarder une vidéo en ligne.* **IV 1** Suite alignée (de choses, de personnes). *Être placé EN LIGNE, SUR UNE LIGNE.* ◆ fig. *HORS LIGNE :* hors pair, supérieur. **2** Série alignée d'ouvrages ou de positions (militaires). *Ligne de fortifications.* ◆ loc. fig. *SUR TOUTE LA LIGNE :* tout à fait, complètement. **3** Suite de caractères disposés sur une ligne horizontale. ◆ loc. *Lire entre les lignes,* deviner ce qui est sous-entendu. **4** loc. *Entrer EN LIGNE DE COMPTE :* avoir de l'importance. **5** Suite des degrés de parenté.

**ligné, ée** adj. ■ Marqué de lignes.

**lignée** n. f. ■ **1** Ensemble des descendants (d'une personne). → **lignage. 2** fig. Filiation spirituelle.

**ligneux, euse** adj. ■ De la nature du bois.

**ligni-** Élément, du latin *lignum* « bois ».

**se lignifier** v. pron. ⑦ ■ Se changer en bois.

**lignite** n. m. ■ Charbon naturel fossile.

**ligoter** v. tr. ① ■ **1** Attacher, lier (qqn) en privant de l'usage des bras et des jambes. **2** fig. Priver (qqn) de son indépendance.

**ligue** n. f. ■ **1** Alliance entre États, pour défendre des intérêts communs, poursuivre une politique. → **coalition, union. 2** Association pour défendre des intérêts politiques, religieux, moraux, etc.

**liguer** v. tr. ① ■ **1** Unir dans une ligue. **2** Associer dans un mouvement, une action. ► **se liguer** v. pron.

**ligueur, euse** n. ■ Membre d'une ligue.

**lilas** n. m. ■ **1** Arbuste ornemental aux fleurs en grappes très parfumées. ◆ Ces fleurs. **2** adj. et n. m. Se dit d'un violet rosé.

**liliacée** n. f. ■ bot. Plante d'une famille comprenant le lis, la tulipe, l'ail, etc.

**lilliputien, ienne** [lili-] adj. ■ Très petit.

**limace** n. f. ■ **1** Mollusque gastéropode terrestre, sans coquille. **2** fig., fam. Personne lente et molle.

**limaçon** n. m. ■ **1** Escargot. **2** anat. Conduit en spirale, partie de l'oreille interne.

**limaille** n. f. ■ Parcelles de métal.

**limande** n. f. ■ Poisson de mer ovale et plat, comestible.

**limbe** n. m. ▪ **1** Partie graduée, en arc de cercle (d'instruments). **2** bot. Partie large (d'une corolle); partie plate (d'une feuille).

**limbes** n. m. pl. ▪ **1** théol. cathol. Séjour des âmes des justes morts avant la Rédemption, des enfants morts sans baptême. **2** littér. Région mal définie, état incertain.

① **lime** n. f. ▪ Outil de métal garni d'aspérités servant à user par frottement.

② **lime** n. f. ou m. ▪ Citron vert.

**limer** v. tr. 🔟 ▪ Travailler (qqch.) à la lime.

**limier** n. m. ▪ **1** Grand chien de chasse qui cherche l'animal. **2** fig. Policier, détective.

**liminaire** adj. ▪ didact. Placé en tête, au début (d'un ouvrage, d'un discours).

**limitatif, ive** adj. ▪ Qui fixe des limites.

**limitation** n. f. ▪ Action de limiter.

**limite** n. f. ▪ **1** Ligne qui sépare deux terrains ou territoires contigus. → **bord, confins, frontière. 2** Partie extrême où se termine une surface, une étendue. **3** Terme extrême dans le temps (commencement ou fin). *Limite d'âge* (pour exercer une fonction, etc.). **4** fig. Point qu'on ne peut dépasser. → **borne.** *La patience a des limites!* → *Dans une certaine limite.* → **mesure.** ◆ À LA LIMITE : à l'extrême. ◆ SANS LIMITES : illimité. ◆ au plur. Possibilités extrêmes (physiques, intellectuelles). *Connaître ses limites.* ◆ adj. *Cas limite. Vitesse limite.* → **maximum. 5** sc. Grandeur dont une variable peut s'approcher indéfiniment, sans jamais l'atteindre (→ asymptote).

**limiter** v. tr. 🔟 ▪ **1** Constituer la limite de. → **borner, délimiter. 2** Renfermer dans des limites. → **restreindre.** *Limiter le pouvoir de qqn.* ▸ **se limiter** v. pron. **(1)** (réfl.) S'imposer des limites. **2** (passif) Avoir pour limites. ▸ **limité, ée** adj. Qui a des limites. → **restreint.** ◆ fam. *Il est un peu limité* (intellectuellement...).

**limitrophe** adj. ▪ **1** Qui est aux frontières. → **frontalier. 2** Qui est voisin, proche (de).

**limnée** n. f. ▪ Gastéropode d'eau douce.

**limoger** v. tr. ③ ▪ Frapper (une personne haut placée) d'une mesure de disgrâce. → **destituer, révoquer.** ▷ n. m. **limogeage**

**limon** n. m. ▪ Terre ou fines particules, spécial. entraînées par les eaux et déposées sur le lit et les rives des fleuves.

**limonade** n. f. ▪ **1** Boisson gazeuse sucrée et acidulée. **2** comm. Activité de cafetier.

**limonadier, ière** n. ▪ **1** Fabricant de boissons gazéifiées. **2** vieilli Cafetier.

**limonaire** n. m. ▪ Orgue de Barbarie.

**limoneux, euse** adj. ▪ Qui contient du limon. *Terre limoneuse.*

**limousine** n. f. ▪ **1** Grande cape. **2** Voiture longue, à six glaces latérales.

**limpide** adj. ▪ **1** (liquide) Dont rien ne trouble la transparence. → **clair, pur.** ◆ par ext. *Regard limpide.* **2** fig. Parfaitement clair, intelligible. ▷ n. f. **limpidité**

**lin** n. m. ▪ **1** Herbe à fleurs bleues, à graines oléagineuses, cultivée surtout pour les fibres textiles de sa tige. **2** Tissu de lin.

**linceul** n. m. ▪ Pièce de toile dans laquelle on ensevelit un mort. → **suaire.**

**linéaire** adj. ▪ **1** Qui a rapport aux lignes. ◆ *Mesure linéaire,* de longueur. **2** fig. Qui suit l'ordre du temps. *Récit linéaire.* ▷ adv. **linéairement** ▷ n. f. **linéarité**

**linéament** n. m. ▪ littér. **1** Ligne élémentaire, caractéristique d'un aspect général. *Les linéaments d'un visage.* **2** fig. Ébauche.

**lingam** [-am] n. m. ▪ didact. Symbole phallique du dieu Shiva.

**linge** n. m. ▪ **1** (collectif) Ensemble des pièces de tissu servant aux besoins domestiques. *Linge de maison* (lit, toilette, etc.). **2** *Linge de corps* : sous-vêtements et pièces détachables (cols, etc.). ◆ fam. *Du beau linge* : des gens élégants. **3** Pièce de linge (1).

**lingère** n. f. ▪ Femme chargée de l'entretien du linge, dans une collectivité, etc.

**lingerie** n. f. ▪ **1** vieilli Fabrication et commerce du linge. **2** Local pour le linge. **3** Linge de corps (surtout pour femmes).

**lingot** n. m. ▪ Masse de métal coulé.

**linguiste** [lɛ̃ɡɥist] n. ▪ Spécialiste du langage, des langues.

**linguistique** [-ɡɥi-] ▪ **I** n. f. Science qui a la langue (II) pour objet. **II** adj. **1** Relatif à la linguistique. **2** Qui concerne la langue. ▷ adv. **linguistiquement**

**liniment** n. m. ▪ Liquide gras qui contient un médicament, pour frictionner la peau.

**linoléum** [-ɔm] n. m. ▪ Forte toile imperméabilisée (revêtements de sol, etc.).

**linon** n. m. ▪ Tissu fin de lin ou de coton.

**linotte** n. f. ▪ **1** Petit passereau au plumage brun et rouge. **2** loc. TÊTE DE LINOTTE : personne écervelée, étourdie.

**linotype** n. f. (marque déposée) ▪ imprim. (ancient) Machine à composer fondant d'un seul bloc la ligne. ▷ n. **linotypiste**

**linteau** n. m. ▪ Pièce horizontale qui forme la partie supérieure d'une ouverture et soutient la maçonnerie.

**lion, lionne** n. ▪ **I 1** Grand mammifère carnivore, à pelage fauve, à crinière (chez le mâle), vivant en Afrique et en Asie. **2** (n. m.) loc. *La part du lion,* la plus grosse part (que s'adjuge le plus fort). ◆ fam. *Avoir mangé du lion,* faire preuve d'une énergie inhabituelle. **3** n. m. Homme courageux. **II** n. m. Cinquième signe du zodiaque (23 juillet-22 août). ◆ *Être Lion.*

**lionceau** n. m. ▪ Petit du lion.

**lipide** n. m. ▪ Corps gras. ▷ adj. **lipidique**

**lipo-** Élément, du grec *lipos* « graisse ».

**lipogramme** n. m. ▪ didact. Texte d'où une lettre est bannie.

**liposome** n. m. ▪ Vésicule formée de lipides, renfermant une substance active.

**liposuccion** n. f. ◾ méd. Traitement par aspiration chirurgicale de graisse en excès.

**lippe** n. f. ◾ 1 littér. Lèvre inférieure épaisse et proéminente. ▷ adj. **lippu, ue** 2 loc. *Faire la lippe*, la moue.

**liquéfier** v. tr. 7 ◾ 1 Faire passer à l'état liquide (un solide ou un gaz). – pronom. *L'hélium se liquéfie difficilement.* – au p. p. *Gaz liquéfié.* 2 (personnes) SE LIQUÉFIER v. pron. : perdre toute énergie. ▷ adj. **liquéfiable** ▷ n. f. **liquéfaction**

**liquette** n. f. ◾ fam. Chemise.

**liqueur** n. f. ◾ 1 vx Liquide. 2 Solution pharmaceutique. 3 Boisson sucrée aromatisée, à base d'alcool ou d'eau-de-vie. 4 comm. Eau-de-vie ou alcool (sucré ou non).

**liquidation** n. f. ◾ 1 Action de calculer le montant de sommes à régler ; règlement de ces sommes. *Liquidation d'une succession.* 2 Vente au rabais (de marchandises). → **solde(s)**.

① **liquide** ◾ I adj. 1 Qui coule ou tend à couler. – *Air liquide*, conservé à l'état liquide par le froid. 2 phonét. Se dit des consonnes *l* et *r*. II n. m. 1 Corps à l'état liquide. 2 Aliment liquide. *Liquides organiques*, lymphe, sang, sérosité.

② **liquide** adj. ◾ *Argent liquide* (et n. m. *liquide*), disponible, en espèces.

**liquider** v. tr. 1 ◾ 1 Soumettre à une liquidation (1). *Liquider un compte.* 2 Vendre, au rabais. 3 fig., fam. En finir avec (qqch.). 4 Se débarrasser de (qqn) (en tuant...).

**liquidité** n. f. ◾ 1 État d'un bien liquide (②). 2 au plur. Sommes disponibles.

**liquoreux, euse** adj. ◾ Qui rappelle la liqueur (3), par la saveur douce, etc.

① **lire** v. tr. 43 ◾ I 1 Suivre des yeux en identifiant (des caractères, une écriture). → **lecture**. *Lire des lettres, des numéros.* – absolt Être capable de lire une écriture. *Savoir lire et écrire.* 2 Déchiffrer. *Lire une partition.* 3 Reconnaître et interpréter (des informations codées). 4 Prendre connaissance du contenu de (un texte) par la lecture. *Lire un roman.* – absolt *Aimer lire.* 5 Énoncer à haute voix (un texte écrit). II fig. 1 Déchiffrer (ce qui est caché). *Lire l'avenir dans les astres.* 2 Discerner par un signe. *On lit la peur dans ses yeux.*

② **lire** n. f. ◾ Unité monétaire italienne (avant l'euro).

**lis** ou **lys** [lis] n. m. ◾ 1 Plante vivace, à feuilles allongées et pointues, à grandes fleurs blanches. 2 Fleur blanche du lis. – *Un teint de lis*, très blanc. 3 FLEUR DE LYS, DE LIS : figure héraldique, fleur de lis schématisée (emblème de la royauté).

**liseré** ou **liséré** n. m. ◾ Ruban étroit dont on borde un vêtement, une étoffe.

**liseron** n. m. ◾ Plante grimpante, à fleurs.

**liseur, euse** n. ◾ Personne qui aime lire.

**liseuse** n. f. ◾ 1 Couvre-livre. 2 Veste d'intérieur féminine chaude et légère. 3 Petite lampe pour la lecture. 4 Boîtier plat à écran pour livres* électroniques.

**lisible** adj. ◾ 1 Qui est aisé à lire, à déchiffrer. ▷ adv. **lisiblement** ▷ n. f. **lisibilité** 2 Digne d'être lu.

**lisier** n. m. ◾ agric. Mélange liquide d'excréments d'animaux (engrais). → **purin**.

**lisière** n. f. ◾ 1 Bordure d'une pièce d'étoffe. 2 Partie extrême (d'un terrain, d'une région). *À la lisière du bois.* → **orée**.

**lissage** n. m. ◾ Action de lisser. → **lifting**.

① **lisse** adj. ◾ Sans aspérités au toucher.

② **lisse** n. f. ◾ 1 Membrure longitudinale de la coque d'un navire. 2 Garde-fou.

③ **lisse** n. f. → ② **lice**

**lisser** v. tr. 1 ◾ Rendre lisse. → **aplanir**.

**listage** n. m. ◾ Document produit par une imprimante (recomm. off. pour *listing*).

**liste** n. f. ◾ 1 Suite de mots, de signes, généralement inscrits les uns au-dessous des autres. – *Liste électorale.* – LISTE NOIRE : liste de gens à surveiller. *LISTE ROUGE* (d'abonnés au téléphone qui refusent de figurer dans l'annuaire). 2 *LISTE CIVILE* : somme allouée annuellement à un chef d'État.

**listel** n. m. ◾ Petite moulure plate.

**lister** v. tr. 1 ◾ Mettre sous forme de liste.

**listériose** n. f. ◾ biol. Maladie due à l'infection par une bactérie (la *listeria* n. f.).

**listing** n. m. ◾ anglic. → **listage**.

**lit** n. m. ◾ I 1 Meuble destiné au coucher. 2 Literie sur laquelle on s'étend. *Lit douillet.* 3 loc. *Dormir dans son lit*, chez soi. – *Au saut du lit* : au réveil. – *Garder le lit.* – *s'aliter*. – fig. *Faire le lit de qqn, qqch.*, préparer son succès. 4 Enfants du premier lit, d'un premier mariage. 5 *LIT DE REPOS* : siège sur lequel on peut s'étendre. 6 Couche où l'on peut s'étendre, dormir. *Lit de feuillage.* II Matière répandue en couche. *Lit de cendres.* ♦ géol. Couche de matériaux déposés par les eaux, l'érosion. III Creux du sol (dans lequel coule un cours d'eau).

**litanie** n. f. ◾ 1 au plur. Prières liturgiques à formules brèves. 2 Répétition ennuyeuse et monotone (de plaintes, de demandes).

**litchi** n. m. ◾ Fruit à chair blanche, parfumée, d'un arbuste d'Extrême-Orient.

**liteau** n. m. ◾ 1 Baguette de bois (support). → **tasseau**. 2 Raie de couleur (du linge de maison) parallèle à la lisière.

**literie** n. f. ◾ Ensemble des objets qui recouvrent le sommier : matelas, traversin, oreiller, etc. ; matériel de couchage.

**litham** [-am] n. m. ◾ Voile couvrant la partie inférieure du visage (Touaregs...).

**-lithe, -lithique, lith-** ◾ Éléments savants, du grec *lithos* « pierre ».

**lithium** [-jɔm] n. m. ◾ Élément (symb. Li), métal alcalin, le plus léger des solides.

**lithographe** n. ■ Personne qui imprime par la lithographie. → **graveur.**

**lithographie** n. f. ■ **1** Reproduction par impression sur une pierre calcaire. **2** Estampe obtenue par ce procédé. ▷ **lithographier** v. tr. 🔽 ▷ adj. **lithographique**

**litière** n. f. ■ **1** anciennt Lit ambulant porté sur des brancards. **2** Paille, fourrage répandu sur le sol pour que les animaux puissent s'y coucher. ♦ Gravier absorbant où les chats font leurs besoins. **3** loc. littér. *FAIRE LITIÈRE de qqch.,* n'en tenir aucun compte.

**litige** n. m. ■ **1** Contestation donnant matière à procès. *Arbitrer un litige.* **2** Contestation, différend.

**litigieux, ieuse** adj. ■ Qui est en litige.

**litote** n. f. ■ Figure de rhétorique qui consiste à atténuer l'expression de sa pensée (ex. *ce n'est pas mauvais* pour *c'est très bon*).

**litre** n. m. ■ **1** Unité de mesure de capacité équivalant à 1 décimètre cube (symb. l ou L). **2** Récipient (bouteille...) contenant un litre.

**litron** n. m. ■ fam. Litre de vin.

**littéraire** adj. ■ **1** Qui a rapport à la littérature. ♦ Qui traite de littérature. *Critique littéraire.* ♦ (style, langue) Qui répond aux exigences esthétiques de la littérature. ▷ adv. **littérairement 2** Doué pour les lettres. ← n. *Un, une littéraire.*

**littéral, ale, aux** adj. ■ **1** Qui utilise les lettres. ← *Arabe littéral* (écrit, classique). **2** Qui suit un texte lettre à lettre. ← *Traduction littérale,* mot à mot. **3** Qui s'en tient, est pris à la lettre. *Sens littéral d'un mot* (s'oppose à *figuré*). → **propre.** ▷ adv. **littéralement**

**littérarité** n. f. ■ didact. Caractère d'un texte considéré comme littéraire.

**littérateur** n. m. ■ souvent péj. Écrivain.

**littérature** n. f. ■ **I** Les œuvres écrites, dans la mesure où elles portent la marque de préoccupations esthétiques ; connaissances, activités qui s'y rapportent. **1** Œuvres littéraires. *La littérature contemporaine.* **2** Le travail de l'écrivain. **3** Ce qu'on trouve dans les œuvres littéraires (par opposition au réel). **4** Connaissances concernant les œuvres littéraires, leurs auteurs. **II** Ensemble des ouvrages publiés (sur une question).

**littoral, ale, aux** ■ **1** adj. Relatif à la zone de contact entre la terre et la mer. → **côtier. 2** n. m. La zone littorale. → **côte.**

**lituanien, enne** adj. et n. ■ De Lituanie. ← n. *Les Lituaniens.* ♦ n. m. *Le lituanien :* langue du groupe balte.

**liturgie** n. f. ■ relig. chrét. Culte public et officiel (dans une Église). ▷ adj. **liturgique**

**livarot** n. m. ■ Fromage rond, fermenté, à pâte molle, à odeur forte.

**livide** adj. ■ **1** littér. De couleur plombée, bleuâtre. **2** D'une pâleur terne. → **blafard, blême.** ▷ n. f. **lividité**

**living-room** [livinʀum] ou (abrév.) **living** n. m. ■ anglic. Salle de séjour. → **séjour.** *Des living-rooms ; des livings.*

**livrable** adj. ■ Qui peut ou doit être livré.

**livraison** n. f. ■ Remise matérielle (d'un objet) à celui auquel l'objet est dû.

① **livre** n. m. ■ **I 1** Assemblage (broché ou relié) d'un nombre assez grand de pages (à l'exclusion des périodiques). ← loc. *Livre blanc,* recueil de pièces officielles. ♦ *LE LIVRE :* l'imprimerie et ses produits. **2** Texte imprimé sous forme de livre (1), à un certain nombre d'exemplaires. *Écrire, lire un livre.* ← loc. *Parler comme un livre,* savamment. ← *À livre ouvert,* couramment. **3** par analogie *Livre sonore.* → **audiolivre.** ← *Livre électronique, numérique :* texte numérisé pour pouvoir être lu sur un écran ; boîtier portable pour la lecture d'éditions numérisées. → **liseuse, tablette. II 1** Grande division (d'un ouvrage long). **2** Cahier, registre. ← anciennt *LIVRE DE RAISON :* livre de comptes. ← *LIVRE D'OR :* registre destiné à l'inscription de noms célèbres ou de commentaires élogieux.

② **livre** n. f. ■ **I** Un demi-kilogramme. **II 1** Ancienne monnaie française. **2** *Livre (sterling) :* unité monétaire britannique (symb. £). ♦ *Livre irlandaise* (avant l'euro). *Livre égyptienne, turque.*

**livrée** n. f. ■ **1** Vêtements aux couleurs des armes d'un roi, d'un seigneur, que portaient les hommes de leur suite. **2** Uniforme de certains serviteurs d'une même maison. **3** Pelage, plumage (d'un animal).

**livrer** v. 🔽 ■ **I** v. tr. **1** Mettre (qqn) au pouvoir de (qqn, une entité). *Livrer un coupable à la justice.* **2** littér. Soumettre à l'action destructrice de qqch. ← au p. p. *Pays livré au chaos.* **3** Remettre (qqn) par une trahison (à). *Livrer son complice à la police.* **4** Confier à qqn. *Il a livré son secret.* **5** Remettre au destinataire (ce qui a été commandé, payé). **II 1** Engager, commencer (un combat...). loc. *Livrer bataille.* **2** *LIVRER PASSAGE À :* laisser passer. ► se **livrer** v. pron. **1** Se mettre au pouvoir de. → se **rendre,** se **soumettre. 2** absolt Se confier. *Cœur qui se livre.* **3** Se laisser aller à (un sentiment, etc.). *Se livrer à des excès.* ♦ Effectuer (un travail), exercer (une activité).

**livresque** adj. ■ péj. Qui vient des livres, est purement théorique (s'oppose à *vécu,* etc.).

**livret** n. m. ■ **1 1** vieilli Catalogue explicatif. **2** Petit registre. ← *Livret de famille,* contenant des informations sur l'état civil des membres de la famille. **II** Texte sur lequel s'écrit la musique (d'une œuvre lyrique).

**livreur, euse** n. ■ Personne qui livre (I, 5) des marchandises volumineuses.

**lob** n. m. ■ anglic. (tennis) Coup haut.

**lobby** n. m. ■ anglic. Groupe de pression*. Des lobbies* ou *des lobbys.* ▷ **lobbying** n. m. anglic. *Faire du lobbying.*

**lobe** n. m. ■ **1** Partie arrondie et saillante (d'un organe). **2** *Lobe de l'oreille,* prolongement arrondi et charnu du pavillon. **3** bot. Partie arrondie (des feuilles, des pétales).

**lobé, ée** adj. ■ Qui présente des lobes.

**lobectomie** n. f. ■ chir. Opération par laquelle on enlève un lobe (du poumon...).

**lober** v. tr. ① ■ **1** Envoyer (la balle) par un lob. **2** Passer (l'adversaire) par un lob.

**lobotomie** n. f. ■ chir. Section de fibres nerveuses à l'intérieur du cerveau.

**local, ale, aux** ■ **I** adj. **1** Qui concerne, est particulier à un lieu, une région. *Presse locale.* → **régional.** ◆ loc. *Couleur\* locale.* **2** Qui n'affecte qu'une partie du corps. *Anesthésie locale.* → **locorégional.** ▷ adv. **localement II** n. m. Partie d'un bâtiment, à usage déterminé.

**localiser** v. tr. ① ■ **1** Placer par la pensée en un lieu déterminé de l'espace (un phénomène...). *Localiser un bruit.* ◆ Repérer précisément. **2** Circonscrire, renfermer dans des limites. → **limiter.** ▷ adj. **localisable** ▷ n. f. **localisation**

**localité** n. f. ■ **1** didact. Lieu déterminé. **2** Petite ville, village.

**locataire** n. ■ Personne qui prend à bail une maison, un logement, etc. (→ **louer**).

① **locatif, ive** adj. ■ dr. Qui concerne la location ou le locataire.

② **locatif, ive** adj. ■ gramm. Qui marque le lieu.

**location** n. f. ■ **1** Action de donner ou de prendre à loyer (un logement...). ◆ *Location-vente* (→ anglic. leasing). **2** Action de retenir à l'avance (une place). → **réservation.**

① **loch** [lɔk] n. m. ■ Appareil pour mesurer la vitesse d'un navire.

② **loch** [lɔx ; lɔk] n. m.' ■ en Écosse Lac qui occupe le fond d'une vallée.

**loche** n. f. ■ **1** Petit poisson d'eau douce à chair comestible. **2** Limace grise.

**lock-out** [lɔkaut] n. m. invar. ■ anglic. Fermeture temporaire d'une entreprise décidée par la direction (répression d'une grève, etc.). ▷ **lock-outer** [-aute] v. tr. ①

**loco-** Élément, du latin *locus* « lieu ».

**locomotion** n. f. ■ **1** Action de se mouvoir, de se déplacer un lieu vers un autre ; fonction qui assure ce mouvement. *Muscles de la locomotion.* **2** → **transport.** *Moyens de locomotion.* ▷ adj. **locomoteur, trice**

**locomotive** n. f. ■ **1** Engin, véhicule de traction pour remorquer les trains. **2** fig. Personne, chose qui entraîne, fait agir.

**locorégional, ale, aux** adj. ■ méd. *Anesthésie locorégionale,* anesthésie locale touchant un ensemble de nerfs, une partie du corps.

**locuteur** n. m. ■ ling. Personne qui emploie le langage, qui parle (opposé à *auditeur*).

**locution** n. f. ■ Groupe de mots figé ou relativement stable ayant la même fonction qu'un mot. → **expression.**

**loden** [-ɛn] n. m. ■ **1** Tissu de laine épais et imperméable. ◆ Manteau de loden.

**lœss** [løs] n. m. ■ Limon très fin et fertile, déposé par le vent.

**lof** n. m. ■ mar. Côté d'un navire qui reçoit le vent. ◆ *Virer lof pour lof,* vent arrière.

**loft** [lɔft] n. m. ■ anglic. Local commercial ou industriel aménagé en habitation.

**logarithme** n. m. ■ math. Exposant à affecter à un nombre (la base) pour en obtenir un autre. – abrév. fam. LOG n. m. *Calculs de logs.* ▷ adj. **logarithmique**

**loge** n. f. ■ **1 1** Logement de concierge, de portier. **2** Pièce où les comédiens se préparent et se reposent. **3** Compartiment cloisonné. **4** (théâtre...) Compartiment contenant plusieurs sièges. ◆ loc. fig. *Être AUX PREMIÈRES LOGES,* à la meilleure place. **II** Association de francs-maçons.

**logeable** adj. ■ **1** Où l'on peut habiter, être logé. **2** Où l'on peut ranger des objets.

**logement** n. m. ■ **1** Action de (se) loger. ◆ collectif *Crise du logement.* **2** Local à usage d'habitation. → **domicile, résidence.**

**loger** v. ③ ■ **I** v. intr. Avoir sa demeure (le plus souvent temporaire) en un endroit. *Loger chez des amis, à l'hôtel.* **II** v. tr. **1** Établir dans une maison. *Je peux vous loger pour la nuit.* ◆ pronom. Avoir du mal à se loger. ◆ (sujet : le local) Être susceptible d'abriter, d'héberger. **2** Faire entrer, faire pénétrer. *Loger une balle dans la cible.*

**logeur, euse** n. ■ Personne qui loue des chambres meublées.

**loggia** [lɔdʒja] n. f. ■ Balcon couvert.

**logiciel** n. m. ■ inform. Programme relatif au traitement de l'information (s'oppose à *matériel* ; remplace l'anglic. *software*).

**logicien, ienne** n. ■ **1** Spécialiste de la logique. **2** Personne qui raisonne avec rigueur, selon les règles de la logique.

**-logie** Élément (du grec *logia* « théorie ») qui signifie « science, discours ». → **-logue.**

① **logique** n. f. ■ **1 1** Étude scientifique, surtout formelle, des normes de la vérité. **2** Livre, traité de logique. **II 1** Manière de raisonner. *La logique de l'enfant.* **2** Enchaînement cohérent d'idées, manière de raisonner juste. *Manquer de logique.*

② **logique** adj. ■ **1** Conforme aux règles, aux lois de la logique. *Conclusion logique.* **2** Conforme au bon sens. **3** fam. Normal, explicable. *C'est logique qu'il soit furieux.* **4** Qui raisonne bien, avec cohérence. **5** Qui se rapporte à l'intelligence, à l'entendement. → **intellectuel.** *Processus logiques.*

**logiquement** adv. ■ **1** Conformément à la logique. **2** D'une façon logique (3).

**logis** n. m. ■ littér. Endroit où l'on loge.

**logistique** n. f. ■ **1** milit. Techniques de transport, ravitaillement et logement des troupes. **2** Moyens et méthodes d'organisation (d'une entreprise). **3** adj. *Soutien logistique* (sens 1 et 2).

**logithèque** n. f. ■ Collection de logiciels.

**logo** n. m. → **logotype**

**logomachie** n. f. ■ didact. Discours creux.

**logorrhée** n. f. ■ didact. Flux de paroles. ▷ adj. **logorrhéique**

**logos** [-os ; -ɔs] n. m. ■ didact. **1** philos. anc. Être semi-divin, esprit raisonnable. ♦ théol. Le verbe* divin. **2** Langage en tant qu'instrument de la raison.

**logotype** n. m. ■ **1** Lettres liées. **2** Symbole graphique d'une marque (abrév. *logo*).

**-logue** Élément (du grec *logos* « discours ») qui signifie « savant, spécialiste ». → **-logie**.

**loi** n. f. ■ **I** Règle impérative. **1** Règle obligatoire établie par l'autorité souveraine d'une société et sanctionnée par la force publique. ♦ Disposition prise par le pouvoir législatif. *Projet de loi* (gouvernement) ; *proposition de loi* (parlement). → LOI-CADRE, servant de cadre à des textes d'application. **2** LA LOI : l'ensemble des règles juridiques. → **droit, législation ; légal.** → *Homme de loi,* juriste, magistrat. **3** (après un v. exprimant l'ordre) Commandement que l'on donne. *Dicter sa loi.* → FAIRE LA LOI : commander. **4** Règle, condition imposée par les circonstances. *La loi du destin.* **5** relig. Règle exprimant la volonté de Dieu. **6** (au plur.) Règles, conventions établies dans les rapports sociaux. *Les lois de l'honneur.* **II 1** Règle dictée à l'être humain par sa conscience, sa raison. *Loi morale.* → **devoir, principe. 2** *Les lois du beau,* les conditions de la perfection esthétique. → **canon. III** Formule générale énonçant une corrélation entre des phénomènes. *Lois physiques.*

**loin ■ I** adv. **1** À une grande distance (d'un observateur ou du point d'origine). ♦ loc. *Aller loin* (au futur), réussir. *Elle ira loin.* → *Aller trop loin,* exagérer. → *Une affaire qui peut aller loin,* avoir de graves conséquences. **2** Dans un temps éloigné (du présent ou d'un temps de référence). → *Sans remonter si loin,* il n'y a pas si longtemps. **II** n. m. (dans des loc.) **1** IL Y A LOIN, une grande distance, fig. une grande différence. **2** AU LOIN loc. adv. : dans un lieu éloigné. **3** DE LOIN loc. adv. : d'un lieu éloigné. → *Revenir de loin,* d'une situation très grave. → *De beaucoup. C'est de loin son meilleur roman.* ♦ (temps) *D'un temps très ancien.* **4** DE LOIN EN LOIN loc. adv. : par intervalles ; de temps en temps. **III** LOIN DE loc. prép. **1** À une grande distance (dans l'espace ou dans le temps). → prov. *Loin des yeux, loin du cœur.* → loc. *Loiñ de moi la pensée de...,* j'écarte cette pensée. → LOIN DE LÀ : bien au contraire. **2** ÊTRE LOIN DE (+ inf.). *Il était loin de s'attendre à cela,* il ne s'y attendait pas du tout. **IV** D'AUSSI LOIN QUE, DU PLUS LOIN QUE loc. conj. : d'une grande distance (espace ou temps).

**lointain, aine ■ I** adj. **1** Qui est à une grande distance dans l'espace. **2** Qui n'est pas proche, direct. *Une ressemblance lointaine.* **3** Très éloigné dans le temps. **II** n. m. Plan (spécialt dans un tableau) situé dans l'éloignement. → **arrière-plan.**

**loir** n. m. ■ Petit rongeur hibernant.

**loisible** adj. ■ *Il lui est loisible de* (+ inf.), il lui est permis, possible de.

**loisir** n. m. ■ **1** Temps dont on dispose pour faire commodément qqch. *Je n'ai guère de loisir de vous écrire.* **2** surtout plur. Temps libre. *Avoir beaucoup de loisirs.* **3** au plur. Distractions, pendant le temps libre. *Des loisirs coûteux.* ♦ (TOUT) À LOISIR loc. adv. : en prenant son temps, à son aise. → *Autant qu'on le désire.*

**lokoum** → **loukoum**

**lolita** n. f. ■ fam. Adolescente, très jeune fille qui suscite le désir par l'image d'une féminité précoce.

**lolo** n. m. ■ lang. enfantin Lait.

**lombaire** adj. ■ Des lombes.

**lombes** n. m. pl. ■ Régions postérieures de l'abdomen, situées symétriquement à droite et à gauche de la colonne vertébrale.

**lombric** n. m. ■ Ver de terre.

**long, longue** [lɔ̃, lɔ̃g] ■ **I** adj. **1** (avant le nom) Qui a une étendue supérieure à la moyenne dans le sens de la longueur. *Un long nez.* ♦ Qui couvre une grande étendue, s'étend sur une grande distance. *Longues enjambées.* **2** (après le nom) Dont la grande dimension (longueur) est importante (opposé à *court*). *Manches longues.* **3** LONG DE (telle grandeur). *Texte long d'une page.* **4** (langage, discours) *Un long roman.* **II** adj. (dans le temps) **1** Qui a une durée très étendue. *Un long hiver.* → (opposé à *bref*) *Syllabe longue.* ♦ Qui dure longtemps et ne se répète pas souvent. *À de longs intervalles.* **2** Qui remonte loin dans le temps. *Une longue habitude.* → loc. DE LONGUE DATE : depuis longtemps. **3** Éloigné dans l'avenir. → À LA LONGUE loc. adv. : avec le temps. **4** *Long à,* lent. *Le feu a été long à s'éteindre.* LONG DE : de telle ou telle durée. **III** n. m. **1** (précédé de *au, de, en*) *Tomber DE TOUT SON LONG,* allongé par terre. → DE LONG EN LARGE, en faisant des allées et venues. → EN LONG ET EN LARGE, dans tous les sens ; fig. sous tous les aspects. → TOUT DU LONG, sur toute la longueur. → (TOUT) AU LONG : complètement. **2** AU LONG DE, LE LONG DE, TOUT DU LONG DE loc. prép. : en suivant sur toute la longueur de ; (temps) durant. **IV** adv. **1** Beaucoup. *En savoir long.* **2** Avec un vêtement long. *S'habiller long.*

**longanime** adj. ■ littér. D'une grande patience (tolérante...). ▷ n. f. **longanimité**

**long-courrier** adj. m. et n. m. ■ (navire ; avion) Qui fait de longs parcours. *Des long-courriers.*

① **longe** n. f. ■ (veau...) Moitié de l'échine.

② **longe** n. f. ■ Corde, courroie qui sert à attacher, à mener un cheval, un animal.

**longer** v. tr. ③ ■ **1** Aller le long de (qqch.), en suivant le bord. **2** (sujet chose) Être, s'étendre le long de. *La route longe la mer.*

**longeron** n. m. ■ Poutre transversale.

**longévité** n. f. ■ Longue durée de la vie (d'un individu, d'un groupe, d'une espèce).

**longi-** Élément, du latin *longus* « long ».

**longiligne** adj. ■ Mince et élancé.

**longitude** n. f. ■ Distance angulaire à un méridien d'origine, vers l'est ou l'ouest.

**longitudinal, ale, aux** adj. ■ Qui est dans le sens de la longueur (opposé à *transversal*).

**longtemps** [lɔ̃tɑ̃] ■ I adv. Pendant un long espace de temps. II n. m. 1 (compl. de prép.) *DE LONGTEMPS* : depuis longtemps. ➞ *Pas de longtemps* (après un verbe au futur), pas de sitôt. ➞ *AVANT LONGTEMPS*, bientôt. 2 *Il y a, voici longtemps.* ➞ autrefois.

**à la longue** loc. adv. → long (II, 3)

**longuement** adv. ■ Pendant un long temps, avec longueur et continuité.

**longuet, ette** adj. ■ fam. Un peu trop long.

**longueur** n. f. ■ I (dans l'espace) 1 Dimension d'une chose dans le sens de sa plus grande étendue (s'oppose à *largeur, hauteur, profondeur*) ; cette étendue. 2 en sport Unité définie par la longueur de la bête, du véhicule, et servant à évaluer la distance séparant les concurrents. ➞ *Avoir UNE LONGUEUR D'AVANCE* (fig. avoir un avantage). 3 Grandeur linéaire mesurant ce qui n'a qu'une dimension. *Longueur, surface et volume.* II 1 Espace de temps. → durée. ➞ *À LONGUEUR DE* loc. prép. : pendant la durée de. 2 Longue durée. ➞ *Tirer les choses en longueur*, les faire durer. III 1 Étendue, durée (d'une œuvre...). 2 (surtout au plur.) Passage trop long.

**longue-vue** n. f. ■ Lunette d'approche.

**loofa ; loofah** → **luffa**

**look** [luk] n. m. ■ anglic. Allure (de qqn...).

**looping** [lupiŋ] n. m. ■ anglic. Acrobatie aérienne, boucle dans le plan vertical.

**lope** n. f. ■ argot 1 Homosexuel. 2 Homme lâche. - dimin. LOPETTE n. f. (mêmes sens).

**lopin** n. m. ■ Petit morceau (de terrain).

**loquace** adj. ■ Qui parle volontiers. → bavard. ▷ **loquacité** n. f. littér.

**loque** n. f. ■ 1 Vêtement usé et déchiré. → guenille, haillon. ➞ *Être en loques.* ▷ **loqueteux.** 2 fig. Personne sans énergie.

**loquet** n. m. ■ Fermeture de porte à tige mobile dont l'extrémité se bloque.

**loqueteux, euse** adj. ■ 1 Vêtu de loques. 2 littér. En loques. *Habit loqueteux.*

**lord** [lɔʀ(d)] n. m. ■ Titre de noblesse britannique. *La Chambre des lords.*

**lordose** n. f. ■ méd. Déformation de la colonne vertébrale (cambrure excessive).

**lorgner** v. tr. ⚀ ■ 1 Observer de façon particulière (avec insistance, de côté...). 2 fig. Convoiter (qqch.).

**lorgnette** n. f. ■ Petite lunette (II, 2). ➞ loc. *Voir par le PETIT BOUT DE LA LORGNETTE* : ne voir qu'un aspect secondaire des choses.

**lorgnon** n. m. ■ Ensemble de deux lentilles et de leur monture sans branches. → binocle, pince-nez.

**loriot** n. m. ■ Petit passereau au plumage jaune et noir.

**lors** adv. ■ 1 *LORS DE* loc. prép. : au moment de, à l'époque de. 2 loc. conj. *DÈS LORS QUE* : du moment que ; puisque. ➞ littér. *LORS MÊME QUE* (+ indic. ou cond.) : même si.

**lorsque** conj. de temps ■ (le *e* s'élide en général devant les voyelles) 1 (simultanéité) Au moment où, quand. 2 littér. (opposition et simultanéité) Alors que, tandis que.

**losange** n. m. ■ Parallélogramme à côtés égaux (spécialt autre que le carré).

**lot** n. m. ■ 1 Partie (d'un tout) que l'on partage entre des personnes). *Diviser un terrain en lots.* → lotissement. 2 Ensemble (de marchandises). 3 Ce qu'on gagne dans une loterie. 4 littér. *Le lot de qqn*, ce que la vie lui réserve.

**loterie** n. f. ■ 1 Jeu où des lots sont attribués à des gagnants désignés par le sort. 2 fig. Ce qui semble gouverné par le hasard.

**lotion** n. f. ■ Liquide utilisé pour rafraîchir le corps, le soigner. ♦ Application de ce liquide. → friction. ▷ **lotionner** v. tr. ⚀

**lotir** v. tr. ⚁ ■ 1 Partager, répartir par lots (spécialt terrain). 2 Mettre (qqn) en possession d'un lot. ♦ fig. au p. p. *Être BIEN, MAL LOTI*, favorisé, défavorisé par le sort.

**lotissement** n. m. ■ 1 Action de lotir (1). 2 Habitations construites sur un terrain loti.

**lotisseur, euse** n. ■ Personne qui lotit.

**loto** n. m. ■ 1 Jeu de hasard où l'on doit remplir une carte de cylindres de bois *(boules de loto)* ou de cartons numérotés tirés au hasard. ➞ loc. fam. *Des yeux en BOULES DE LOTO*, tout ronds, surpris. 2 en France Jeu public à numéros gagnants tirés au sort.

**lotte** n. f. ■ Baudroie (poisson).

**lotus** [-ys] n. m. ■ Nénuphar blanc (de l'Inde). ♦ Nénuphar du Nil. *Lotus bleu.*

① **louable** adj. ■ Digne d'être loué (①).

② **louable** adj. ■ Qu'on peut louer (②).

**louage** n. m. ■ dr. Action de louer (②). → location. ➞ *Louage de services.*

**louange** n. f. ■ 1 littér. Action de louer (①) (qqn, qqch.) ; fait d'être loué. ➞ éloge. 2 au plur. Témoignage d'admiration ou de grande estime. → compliment, félicitation.

**louanger** v. tr. ③ ■ littér. Couvrir de louanges. ▷ adj. et n. **louangeur, euse**

**loubard** n. m. ■ fam. Jeune citadin asocial.

① **louche** adj. ■ Qui n'est pas clair, pas honnête. → suspect, trouble.

② **louche** n. f. ■ 1 Grande cuiller à long manche pour servir le potage. 2 fam. *Serrer la louche à qqn*, la main.

**loucher** v. intr. ⚀ ■ 1 Être atteint de strabisme. 2 fig., fam. *Loucher sur, vers*, regarder avec envie, convoiter.

① **louer** v. tr. ⚀ ■ 1 Déclarer (qqn, qqch.) digne d'admiration ou de grande estime (→ faire l'éloge de). ♦ *LOUER qqn DE, POUR qqch.* → féliciter. 2 *Louer Dieu.* → bénir, glorifier. ➞ loc. *Dieu soit loué !* (joie, soulagement). ➤ se **louer** v. pron. ➞ s'applaudir, se féliciter de. ➞ *Se louer de qqn*, être satisfait de lui.

②**louer** v. tr. 1 ■ I Donner (qqch.) en location. *Louer une chambre à un étudiant.* II 1 Prendre en location, à bail. *Louer un appartement.* ♦ Réserver, retenir en payant. *Louer des places de concert.* 2 → **engager.** *Louer un guide.* ◆ *Louer les services de qqn.*

**loueur, euse** n. ■ Personne qui fait métier de donner (des voitures, etc.) en location.

**loufiat** n. m. ■ fam. Garçon de café.

**loufoque** adj. ■ fam. Fou ; extravagant. – syn. LOUF ; LOUFTINGUE. ⊳ n. f. **loufoquerie**

**louis** n. m. ■ 1 Ancienne monnaie d'or, à l'effigie du roi de France. 2 Pièce d'or française de vingt francs. → **napoléon.**

**loukoum** [-um] n. m. ■ Confiserie orientale, pâte aromatisée sucrée. – var. LOKOUM.

**loulou** n. m. ■ I Petit chien au museau pointu, à long poil. II Terme d'affection (fém. *louloute*). 2 Mauvais garçon.

**loup** n. m. ■ I 1 Mammifère carnivore sauvage, qui ressemble à un grand chien. – loc. *Être connu comme le loup blanc*, très connu. ◆ loc. prov. *Quand on parle du loup, on en voit la queue*, se dit quand qqn survient au moment où l'on parle de lui. ◆ fig. *Un jeune loup*, un jeune arriviste. 2 fam. Terme d'affection. *Mon loup.* 3 fam. LOUP DE MER : vieux marin expérimenté. 4 Bar (poisson). II Masque noir couvrant le haut du visage. III techn. Défectuosité dans un ouvrage (→ *louper*).

**loup-cervier** n. m. ■ Lynx d'Europe.

①**loupe** n. f. ■ 1 Nœud (d'un arbre). → **nœud.** 2 Kyste sébacé du cuir chevelu.

②**loupe** n. f. ■ Instrument d'optique, lentille convexe et grossissante.

**louper** v. tr. 1 ■ fam. 1 Ne pas réussir (un travail, une action). 2 Laisser échapper. → **manquer.** *Louper son train.* ◆ *Il n'en loupe pas une*, il fait toutes les sottises. 3 intrans. *Ça n'a pas loupé*, ça devait arriver.

**loup-garou** n. m. ■ Personnage légendaire, homme-loup errant la nuit dans la campagne. → **lycanthrope.** *Des loups-garous.*

**loupiot, iotte** n. ■ fam. Enfant.

**loupiote** n. f. ■ fam. Petite lampe, lumière.

**lourd, lourde** adj. ■ I 1 Difficile à déplacer, en raison de son poids (opposé à *léger*). → **pesant.** ◆ Qui gêne par une impression de pesanteur. *Aliment lourd.* → **indigeste.** ◆ *Terrain lourd*, compact. 2 De poids élevé ou supérieur à la moyenne. ◆ De densité élevée. *Gaz plus lourd que l'air.* 3 loc. *Avoir LA MAIN LOURDE :* frapper fort ; punir sévèrement. – Mesurer, verser en trop grande quantité. 4 Difficile à supporter. *Lourde responsabilité.* 5 Qui accable, oppresse. *Temps lourd.* 6 LOURD (DE) : chargé (de). *Phrase lourde de menaces.* 7 Qui donne une impression de lourdeur, de pesanteur, sur les sens. → **épais, fort.** 8 adv. Beaucoup. *Peser lourd* (fig. avoir de l'importance). – fam. *Il n'en fait pas lourd.* II (Maladroit) 1 (personnes) Qui manque de finesse, de subtilité. → **grossier.** 2 Gauche, embarrassé.

**lourdaud, aude** n. et adj. ■ Lourd, maladroit (au moral et au physique). → **balourd.**

**lourde** n. f. ■ fam. Porte.

**lourdement** adv. ■ 1 De tout son poids, de toute sa force. 2 Avec une charge pesante. 3 Maladroitement. – *Se tromper lourdement.* → **grossièrement.**

**lourder** v. tr. 1 ■ fam. Mettre à la porte. – Se débarrasser de (qqn, qqch.).

**lourdeur** n. f. ■ I 1 Caractère de ce qui est difficile à supporter. 2 Caractère massif. *Lourdeur des formes.* II Manque de finesse, de délicatesse. ◆ Gaucherie, maladresse.

**loustic** n. m. ■ Farceur. ◆ fam., péj. Homme.

**loutre** n. f. ■ 1 Petit carnivore à pelage brun épais et court, à pattes palmées, mangeur de poissons. 2 Fourrure de cet animal.

**louve** n. f. ■ Femelle du loup.

**louveteau** n. m. ■ 1 Petit du loup et de la louve. 2 Scout de moins de douze ans.

**louveterie** n. f. ■ vx ou admin. Chasse aux loups et aux grands animaux nuisibles.

**louvoyer** v. intr. 8 ■ 1 mar. Naviguer en zigzag pour utiliser un vent contraire. 2 Prendre des détours pour atteindre un but. → **biaiser.** ⊳ **louvoiement** n. m. → **détour.**

**lover** v. tr. 1 ■ 1 mar. Ramasser en rond (un câble, un cordage). 2 SE LOVER v. pron. S'enrouler sur soi-même. – Se pelotonner.

**loyal, ale, aux** adj. ■ Qui obéit aux lois de l'honneur et de la probité. → **honnête ; fidèle ; correct, droit.** ⊳ adv. **loyalement**

**loyalisme** n. m. ■ Fidélité à une cause.

**loyauté** n. f. ■ Caractère loyal.

**loyer** n. m. ■ 1 Prix de la location d'un local. 2 *Le loyer de l'argent*, le taux d'intérêt. 3 dr. Location (d'une chose quelconque).

**L. S. D.** [εlεsde] n. m. (sigle) ■ Substance hallucinogène, dite aussi (argot fam.) *acide.*

**lubie** n. f. ■ Idée, envie capricieuse.

**lubricité** n. f. ■ Caractère lubrique.

**lubrifiant, ante** adj. ■ Qui lubrifie. *Liquide lubrifiant.* – n. m. Produit lubrifiant.

**lubrifier** v. tr. 7 ■ Enduire d'une matière qui atténue les frottements, facilite le fonctionnement. ⊳ n. f. **lubrification**

**lubrique** adj. ■ Qui a un fort penchant pour la luxure. – plais. *Un regard lubrique.*

**lucane** n. m. ■ Cerf-volant (insecte).

**lucarne** n. f. ■ Petite fenêtre, ouverture.

**lucide** adj. ■ 1 Caractérisé par la raison saine et claire. → **conscient.** 2 Qui perçoit, comprend, exprime les choses avec perspicacité. 3 Clairvoyant sur soi-même. ⊳ adv. **lucidement**

**lucidité** n. f. ■ 1 Qualité d'une personne, d'un esprit lucide. 2 Fonctionnement normal des facultés intellectuelles.

**luciole** n. f. ■ Insecte lumineux (parfois confondu avec le ver luisant).

**lucite** n. f. ■ méd. Lésion cutanée causée par un excès de radiations lumineuses (soleil, par ex.).

**lucratif, ive** adj. ■ Qui procure un gain, des profits, des bénéfices. → **rentable.**

**lucre** n. m. ■ littér. et péj. Gain, profit recherché avec avidité.

**ludion** n. m. ■ Dispositif placé dans un bocal, qui bouge quand la pression varie.

**ludique** adj. ■ didact. Relatif au jeu.

**ludo-** Élément, du latin *ludus* « jeu » (ex. *ludothèque* n. f. « centre de prêt de jeux »).

**luette** n. f. ■ Prolongement vertical du bord postérieur du voile du palais, formant un petit appendice charnu à l'entrée du gosier.

**lueur** n. f. ■ **1** Lumière faible, diffuse, ou éphémère. *Les lueurs de l'aube.* **2** Expression vive et momentanée (du regard). *Une lueur de colère.* **3** fig. Légère apparence ou trace. → **éclair.** *Lueur de raison.* ◆ littér. au plur. Connaissances superficielles.

**luffa** [lufa] n. m. ■ Plante grimpante originaire d'Afrique et d'Asie. → Son fruit (éponge végétale). – var. LOOFA; LOOFAH.

**luge** n. f. ■ Petit traîneau à patins relevés.

**lugubre** adj. ■ **1** littér. Qui est signe de deuil, de mort. **2** D'une profonde tristesse. → **sinistre.** ▷ adv. **lugubrement**

**lui** pron. pers. ■ Pronom personnel de la troisième personne du singulier. **I** (aux deux genres) Représentant un nom de personne ou d'animal (plur. *leur*). **1** À lui, à elle. *Il lui parle.* → compl. d'un adj. attribut *Il lui est facile de venir,* c'est facile pour lui (pour elle). → *Je lui ai serré la main* : j'ai serré sa main. **2** compl. d'un v. et sujet d'un inf. ayant un complément *Je lui ai laissé lire cette lettre, je la lui ai laissé lire.* **II** (masculin; → fém. **elle,** plur. **eux**) **1** sujet *Elle est moins raisonnable que lui* (n'est raisonnable). → *Lui, il a refusé.* **2** (après c'est) *C'est, c'était lui qui...* **3** (compl. direct) *Je n'aime que lui.* **4** À LUI (compl. indirect). *Elle renonce à lui.* → après un nom (possession...) *Des idées bien à lui.* ◆ DE LUI, EN LUI, PAR LUI, etc. *J'ai confiance en lui. Je le fais pour lui.* **5** réfléchi (au lieu de *soi*) *Un homme fier de lui.* **6** LUI-MÊME. → **même.**

**luire** v. intr. 38 p. p. *lui* (invar.) ■ **1** Émettre ou refléter de la lumière. → **briller, éclairer.** **2** fig., littér. Apparaître comme une lueur.

**luisant, ante** adj. ■ **1** Qui réfléchit la lumière, a des reflets. **2** VER* LUISANT.

**lumbago** [lɔ̃bago; lœ̃-] n. m. ■ Douleur des lombes (→ tour de reins).

**lumen** [-ɛn] n. m. ■ Unité de mesure des flux lumineux (symb. lm).

**lumière** n. f. ■ **I 1** Ce par quoi les choses sont éclairées. *La lumière du soleil, du jour.* → *Lumière électrique.* **2** Source de lumière, point lumineux. *Les lumières de la ville.* **3** Rayonnement (visible ou invisible) émis par les corps incandescents ou luminescents. *Vitesse de la lumière* (environ 300000 km/s). **II** fig. **1** Ce qui éclaire l'esprit. → *Faire la lumière sur qqch.* → **élucider. 2** au plur.

L'intelligence ou le savoir. *Aidez-moi de vos lumières.* ◆ *Le siècle des lumières,* le XVIIIᵉ siècle (en Europe occidentale). **3** Personne d'une grande intelligence.

**lumignon** n. m. ■ Lampe faible.

**luminaire** n. m. ■ Appareil d'éclairage.

**luminescent, ente** adj. ■ Qui émet de la lumière à froid (après avoir reçu un rayonnement, etc.). ▷ n. f. **luminescence**

**lumineux, euse** adj. ■ **I 1** Qui émet ou réfléchit la lumière. **2** Clair, radieux. *Un regard lumineux.* **3** De la nature de la lumière (visible). *Rayon lumineux.* **II** Clair, lucide. *Une intelligence lumineuse.* → *Raisonnement lumineux.* ▷ **lumineusement** adv. (sens II).

**luminosité** n. f. ■ **1** Qualité de ce qui est lumineux. **2** sc. Puissance lumineuse.

**lump** [lœ̃p] n. m. ■ Poisson nordique. → *Œufs de lump* (succédané du caviar).

**lunaire** adj. ■ **1** Qui appartient ou a rapport à la lune. **2** Qui évoque la lune. *Paysage lunaire.* → *Face lunaire,* blafarde.

**lunaison** n. f. ■ Mois lunaire (environ 29 jours), intervalle entre deux nouvelles lunes.

**lunatique** adj. ■ D'humeur changeante.

**lunch** [lœntʃ; lœ̃ʃ] n. m. ■ anglic. Repas léger servi en buffet. *Des lunch(e)s.*

**lundi** n. m. ■ Premier jour de la semaine*.

**lune** n. f. ■ **1** Satellite de la Terre, recevant sa lumière du Soleil. → *Nuit sans lune,* sans clair de lune. **2** loc. *Être DANS LA LUNE,* très distrait. → *Demander, promettre la lune,* l'impossible. → LUNE DE MIEL : les premiers temps de l'amour. ◆ *Face de lune :* gros visage rond. **3** fam. Derrière (humain).

**luné, ée** adj. ■ BIEN, MAL LUNÉ : dans une disposition d'esprit bonne, mauvaise.

**lunetier, ière** n. ■ Fabricant, marchand de lunettes (II). → adj. *Industrie lunetière.*

**lunette** n. f. ■ **I 1** Vitre arrière (d'une automobile). **2** Ouverture du siège d'aisances; ce siège. **II 1** au plur. Paire de verres (lentilles) enchâssés dans une monture munie de deux branches, et servant à corriger la vue. **2** au sing. Instrument d'optique grossissant (tube).

**lunetterie** n. f. ■ Métier du lunetier.

**lunule** n. f. ■ Tache blanche en demi-lune, à la base de l'ongle.

**lupanar** n. m. ■ Maison de prostitution.

**lupin** n. m. ■ Plante herbacée à fleurs.

**lupus** [-ys] n. m. ■ Maladie de la peau caractérisée par des nodules (*lupome* n. m.).

**lurette** n. f. ■ loc. *Il y a BELLE LURETTE, cela fait BELLE LURETTE :* il y a longtemps.

**luron, onne** n. ■ vieilli Personne décidée et énergique. ◆ loc. *Joyeux luron,* bon vivant.

**lusitanien, ienne** adj. et n. ■ Portugais.

**lustrage** n. m. ■ Action de lustrer.

**lustral, ale, aux** adj. ■ littér. Qui purifie.

① **lustre** n. m. ▪ littér. Cinq années. ➔ au plur. *Il y a des lustres*, il y a longtemps.

② **lustre** n. m. ▪ **I 1** Éclat (d'un objet brillant ou poli). **2** fig. Ce qui rehausse, met en valeur. ➔ **éclat**. **II** Appareil d'éclairage à plusieurs lampes, suspendu au plafond.

**lustrer** v. tr. [1] ▪ Rendre brillant, luisant, spécialt par le frottement, l'usure.

**lustrine** n. f. ▪ Tissu de coton glacé.

**lut** [lyt] n. m. ▪ techn. Enduit servant à boucher, à protéger du feu. ▷ **luter** v. tr. [1]

**luth** n. m. ▪ Instrument à cordes pincées, ovale. ♦ poét. Symbole de la poésie.

**lutherie** n. f. ▪ Fabrication des instruments à cordes : violons, guitares, etc.

**luthérien, ienne** adj. ▪ De Luther, de sa doctrine. ➔ n. Protestant luthérien.

**luthier** n. m. ▪ Artisan en lutherie.

**lutin** n. m. ▪ Petit démon espiègle.

**lutiner** v. tr. [1] ▪ Taquiner (une femme) de manière érotique.

**lutrin** n. m. ▪ Pupitre pour poser un livre.

**lutte** n. f. ▪ **1** Combat corps à corps de deux adversaires qui s'efforcent de se terrasser. **2** Opposition violente entre deux adversaires (individus, groupes), où chacun s'efforce de triompher. ➔ loc. (marxisme) *La lutte des classes* (sociales). **3** *Lutte contre, pour...*, action énergique. ➔ *LUTTE POUR LA VIE* : sélection naturelle des espèces ; efforts pour survivre. **4** Antagonisme entre forces contraires. *La lutte du bien et du mal.* **5** *DE HAUTE LUTTE* loc. adv. : avec grand effort.

**lutter** v. intr. [1] ▪ **1** Combattre à la lutte (1). **2** S'opposer dans une lutte (2). ➔ *Lutter de vitesse avec qqn.* ➔ **rivaliser. 3** Mener une action énergique (contre ou pour qqch.). *Lutter contre la maladie ; pour la liberté.*

**lutteur, euse** n. ▪ **1** Athlète qui pratique la lutte. **2** Personne qui aime l'action.

**luxation** n. f. ▪ Déplacement anormal des surfaces d'une articulation.

**luxe** n. m. ▪ **1** Mode de vie caractérisé par de grandes dépenses consacrées au superflu. ➔ fam. *Ce n'est pas du luxe :* c'est utile. **2** Caractère coûteux, somptueux (d'un bien....). *Le luxe d'un salon.* ➔ *Produits de luxe.* **3** Bien ou plaisir (relativement) coûteux. *Le cinéma est son seul luxe.* ➔ *Se donner le luxe de* (+ inf.), se permettre, comme chose inhabituelle et agréable. **4** *UN LUXE DE*, abondance ou profusion de.

**luxembourgeois, oise** adj. et n. ▪ Du Luxembourg. ➔ n. *Les Luxembourgeois.* ♦ n. m. Dialecte germanique, langue du Luxembourg (avec le français et l'allemand).

**luxer** v. tr. [1] ▪ Provoquer la luxation de. ➔ ① **démettre**. ➔ *Elle s'est luxé la rotule.*

**luxueux, euse** adj. ▪ Qui se signale par son luxe. ➔ **fastueux, magnifique, somptueux.** ▷ adv. **luxueusement**

**luxure** n. f. ▪ littér. Goût immodéré, recherche des plaisirs sexuels. ▷ **luxurieux, euse** adj. littér. ➔ **débauché, lascif.**

**luxuriant, ante** adj. ▪ Qui se développe avec une remarquable abondance. *Végétation luxuriante.* ▷ n. f. **luxuriance**

**luzerne** n. f. ▪ Plante fourragère à petites fleurs violettes.

**lycanthrope** n. m. ▪ didact. Loup-garou.

**lycaon** [likaɔ̃] n. m. ▪ Mammifère carnivore d'Afrique tenant du loup et de l'hyène.

**lycée** n. m. ▪ **1** Établissement public d'enseignement secondaire (seconde à terminale). **2** Époque des études secondaires.

**lycéen, enne** ▪ **1** n. Élève d'un lycée. **2** adj. De lycéens. *Organisations lycéennes.*

**lycopode** n. m. ▪ bot. Plante à tige grêle dont les spores renferment une poudre inflammable.

**lymphatique** adj. ▪ **I** Relatif à la lymphe. **II** Apathique, lent (▷ n. m. **lymphatisme**).

**lymphe** n. f. ▪ Liquide organique incolore ou ambré (d'une composition comparable à celle du plasma sanguin).

**lymphocyte** n. m. ▪ Petit leucocyte à gros noyau.

**lymphoïde** adj. ▪ didact. Qui se rapporte à la lymphe, aux lymphocytes.

**lymphome** n. m. ▪ méd. Prolifération cancéreuse du tissu lymphoïde.

**lyncher** v. tr. [1] ▪ anglic. **1** Exécuter (qqn) sans jugement et par une décision collective. **2** (foule) Exercer de graves violences sur (qqn). ▷ n. m. **lynchage**

**lynx** [lɛ̃ks] n. m. ▪ Mammifère carnivore, fort et agile, aux oreilles pointues. ➔ loc. *Avoir des yeux de lynx*, une vue perçante.

**lyophiliser** v. tr. [1] ▪ Déshydrater par dessiccation. ➔ au p. p. *Café lyophilisé.*

**lyre** n. f. ▪ Instrument antique à cordes pincées. ♦ poét. Symbole de la poésie.

**lyrique** adj. ▪ **I 1** (poésie...) Qui exprime des sentiments intimes au moyen de rythmes et d'images propres à émouvoir. ♦ n. m. Poète lyrique. **2** Plein d'un enthousiasme passionné. **II** Destiné à être mis en musique et chanté sur une scène (opéra, oratorio, etc.). ➔ *Artiste lyrique* (chanteur).

**lyriquement** adv. ▪ littér. Avec lyrisme.

**lyrisme** n. m. ▪ **1** Poésie, genre lyrique. **2** Manière passionnée, poétique de sentir.

**lys** → **lis**

**lyse** n. f. ▪ sc. Destruction d'éléments organiques par des agents physiques, chimiques ou biologiques. ▷ **lyser** v. tr. [1]

**-lyse, -lytique** Éléments savants, du grec *lusis* « dissolution » (ex. *électrolyse*).

**lytique** adj. ▪ sc. Qui provoque une lyse.

**m** [ɛm] n. m. ■ **I 1** Treizième lettre, dixième consonne de l'alphabet. **2** *M.,* abrév. de *Monsieur ; MM.,* de *Messieurs.* **II** *m,* symb. de *mètre.* **III** *M,* chiffre romain (1 000).

**ma** → **mon**

**maboul, e** n. et adj. ■ fam. Fou.

**macabre** adj. ■ Qui évoque la mort, les cadavres, les squelettes.

**macadam** [-am] n. m. ■ Revêtement de pierre concassée et de sable agglomérés.

**macadamia** n. m. ■ Arbre originaire d'Australie dont les noix comestibles *(noix de macadamia)* produisent une huile.

**macaque** n. m. ■ **1** Singe d'Asie. **2** fig., fam. Personne très laide.

**macareux** n. m. ■ Oiseau palmipède des mers septentrionales.

**macaron** n. m. ■ **1** Gâteau sec, rond, à la pâte d'amandes. **2** Natte de cheveux roulée sur l'oreille. **3** fam. Insigne rond.

**macaroni** n. m. ■ Pâte alimentaire en tube.

**macaronique** adj. ■ didact. *Poésie macaronique,* poésie burlesque mêlée de latin (XVIe-XVIIe s.).

**macchabée** [-ka-] n. m. ■ fam. Cadavre.

**macédoine** n. f. ■ Mélange de légumes ou de fruits.

**macérer** v. 6 ■ **I** v. tr. relig. Mortifier (son corps). **II 1** v. tr. Mettre à tremper. **2** v. intr. Tremper longtemps. ▷ n. f. **macération**

**macfarlane** n. m. ■ anciennt Cape à grand collet.

**Mach** [mak] n. (nom propre) ■ *Nombre de Mach,* rapport d'une vitesse à celle du son. ◆ ellipt *Voler à Mach 2.*

**mâche** n. f. ■ Plante à petites feuilles allongées. ◆ Salade de cette plante.

**mâchefer** [-fɛʁ] n. m. ■ Scories, déchets solides de la combustion de la houille.

**mâcher** v. tr. 1 ■ **1** Broyer avec les dents, par le mouvement des mâchoires (→ **mastication**). **2** loc. fig. *Mâcher le travail à qqn,* le lui préparer. ◆ *Ne pas mâcher ses mots,* s'exprimer avec une franchise brutale. **3** Triturer dans sa bouche. ◆ *Gomme à mâcher :* chewing-gum. ▷ n. **mâcheur, euse**

**machette** n. f. ■ Grand couteau pour se frayer un chemin, ou servant d'arme.

**machiavélique** [-kja-] adj. ■ Rusé et perfide. ▷ n. m. **machiavélisme** [-kja-]

**mâchicoulis** n. m. ■ Balcon au sommet d'une muraille, percé d'ouvertures à sa partie inférieure (pour laisser tomber des projectiles).

**machin** n. m. ■ fam. Chose (quelconque). → **bidule, truc.**

**machinal, ale, aux** adj. ■ Qui est fait sans intervention de la volonté, de l'intelligence, comme par une machine. → **automatique, instinctif.** ▷ adv. **machinalement**

**machination** n. f. ■ Ensemble de manœuvres secrètes déloyales. → **complot, intrigue.**

**machine** n. f. ■ **I 1** Objet fabriqué qui transforme l'énergie pour produire un travail (l'appareil et l'outil ne font qu'utiliser l'énergie). ◆ *Machine à vapeur.* ◆ *Machine à écrire. Taper à la machine* (à écrire). ◆ *MACHINE À SOUS :* appareil où l'on mise et où l'on peut gagner des pièces de monnaie. ◆ *Machines agricoles, industrielles.* ◆ *MACHINE-OUTIL :* machine portant un outil amovible. ◆ spécialt Machine électronique. → **ordinateur.** *Langage machine.* **2** *Les machines* (assurant la propulsion d'un navire). ◆ loc. *Faire machine arrière,* reculer. **3** *Machine infernale,* engin terroriste. → **bombe. 4** Véhicule comportant un mécanisme. ◆ vieilli Locomotive. **5** techn. *Machines simples* (levier, plan incliné, poulie, treuil, vis). **6** théâtre Décors installés au moyen de machines. **II 1** Ce qui fonctionne comme une machine. → **robot. 2** Ensemble complexe qui fonctionne de façon implacable. *La machine administrative.* **3** péj. *Une grande machine :* une grande peinture à sujet compliqué.

**machiner** v. tr. 1 ■ Organiser (des machinations). → **comploter, ourdir, tramer.**

**machinerie** n. f. ■ **1** Ensemble des machines concourant à un but commun. **2** Salle des machines d'un navire.

**machinisme** n. m. ■ hist. Emploi généralisé des machines (agriculture, industrie).

**machiniste** n. ■ **1** théâtre, cinéma Personne qui s'occupe des machines, des changements de décor. **2** Conducteur (d'un véhicule de transport en commun).

**macho** [matʃo] n. m. ■ Homme qui prétend faire sentir aux femmes sa supériorité de mâle. → **phallocrate.** ▷ adj. et n. **machiste**

**mâchoire** n. f. ■ **1** Chacun des deux arcs osseux dans lesquels sont implantées les dents. → **maxillaire ; mâchefer. 2** Pièce mécanique qui peut serrer, tenir.

**mâchonner** v. tr. 1 ■ Mâcher lentement, longuement. ▷ n. m. **mâchonnement**

**mâchouiller** v. tr. 1 ▪ fam. Mâchonner.

**mackintosh** [makintɔʃ] n. m. ▪ anciennt Imperméable.

① **macle** n. f. ▪ I blason Losange. II 1 Minéral à inclusions symétriques, en losanges. 2 Cristal formé de cristaux simples semblables orientés différemment.

② **macle** n. f. ▪ Plante aquatique à fleurs blanches (châtaigne d'eau).

**maçon, onne** n. ▪ I Personne qui bâtit les maisons. II → **franc-maçon.**

**maçonner** v. tr. 1 ▪ Construire en maçonnerie.

**maçonnerie** n. f. ▪ I 1 Édification du gros œuvre et revêtement, en construction. 2 Construction faite d'éléments assemblés et joints. II Franc-maçonnerie.

**maçonnique** adj. ▪ Relatif à la franc-maçonnerie, aux francs-maçons.

**macoute** adj. m. et n. m. ▪ hist. *Tonton macoute* ou *macoute* : membre de la milice créée par F. Duvalier en Haïti, chargée de réprimer toute opposition.

**macramé** n. m. ▪ Ouvrage de fils tressés et noués, présentant des jours.

**macreuse** n. f. ▪ I Oiseau palmipède, migrateur, voisin du canard. II Viande maigre sur l'os de l'épaule du bœuf.

**macro-** ▪ Élément, du grec *makros* « long, grand » (s'oppose à *micro-*).

**macrobiotique** adj. ▪ *Zen macrobiotique :* doctrine diététique bouddhique. ♦ n. f. Régime alimentaire végétarien.

**macrocéphale** adj. ▪ didact. À grosse tête.

**macrocosme** n. m. ▪ littér. Le cosmos, l'univers. ▷ adj. **macrocosmique**

**macromolécule** n. f. ▪ sc. Très grosse molécule à groupements d'atomes répétés (ex. polymères). ▷ adj. **macromoléculaire**

**macroscopique** adj. ▪ didact. Qui se voit à l'œil nu (opposé à *microscopique*).

**macule** n. f. ▪ didact. Tache.

**maculer** v. tr. 1 ▪ littér. Couvrir, souiller de taches (surtout p. p.).

**madame** n. f. ▪ I 1 Titre donné à une femme qui est ou a été mariée. *Chère madame. Bonsoir mesdames.* 2 Titre respectueux (toutes femmes). ▪ hist. Titre donné à la femme du frère du roi, à la cour de France. 3 La maîtresse de maison. *Madame est servie.*

**made in** [medin] loc. adj. invar. ▪ anglic. Fabriqué en (tel pays).

**madeleine** n. f. ▪ I loc. fam. *Pleurer comme une Madeleine,* abondamment (comme sainte Madeleine, dans l'Évangile). II Petit gâteau sucré de forme arrondie.

**mademoiselle** n. f. ▪ 1 Titre donné aux jeunes filles et aux femmes célibataires. *Bonjour, mesdemoiselles.* 2 hist. *La Grande Mademoiselle,* la fille aînée du frère du roi Louis XIII.

**madère** n. m. ▪ Vin de Madère.

**madérisé, ée** adj. ▪ (vin) Qui a pris une saveur anormalement sucrée.

**madone** n. f. ▪ 1 Représentation de la Vierge. 2 (avec maj.) La Vierge.

**madras** [-as] n. m. ▪ 1 Étoffe de soie et coton, de couleurs vives. 2 Mouchoir noué sur la tête et servant de coiffure (typiquement, aux Antilles).

**madré, ée** adj. ▪ Malin, rusé.

**madrépore** n. m. ▪ Animal *(Cnidaires),* variété de corail des mers chaudes.

**madréporique** adj. ▪ De madrépores.

**madrier** n. m. ▪ Planche très épaisse.

**madrigal, aux** n. m. ▪ 1 Courte pièce de vers galants. 2 Chant profane, à plusieurs voix. ▷ n. **madrigaliste**

**maelström** [malstʁøm] n. m. ▪ Courant marin formant un tourbillon. – var. MALSTROM.

**maestria** [maɛstʁija] n. f. ▪ Maîtrise, facilité dans l'exécution (d'une œuvre). → **brio.**

**maestro** [maɛstʁo] n. m. ▪ Compositeur, chef d'orchestre célèbre.

**maffia** ou **mafia** n. f. ▪ Association secrète servant des intérêts privés par des moyens illicites (violence, racket...). ▷ adj. et n. **maf(f)ieux, euse**

**magasin** n. m. ▪ 1 Endroit où l'on garde des marchandises. → **entrepôt.** 2 Partie creuse (d'un appareil) destinée à être chargée. *Le magasin d'une arme à feu.* II Local où l'on vend des marchandises. → **boutique, commerce.** – *GRAND MAGASIN,* comportant de nombreux rayons spécialisés.

**magasinage** n. m. ▪ (Canada) Fait d'aller dans les magasins (*magasiner* v. intr. 1) faire des achats (→ anglic. shopping).

**magasinier, ière** n. ▪ Personne qui garde les marchandises en magasin (I, 1).

**magazine** n. m. ▪ 1 Publication périodique, généralement illustrée. 2 Émission périodique d'actualité (radio, télévision).

**magdalénien, ienne** adj. ▪ didact. D'une période de la préhistoire (paléolithique supérieur ; civilisation du renne).

**mage** n. m. ▪ 1 Prêtre, astrologue, dans la Babylone antique, en Assyrie. ♦ loc. *Les (trois) Rois mages,* qui rendent hommage à l'enfant Jésus. 2 Personne qui pratique la magie. ♦ fig. Prophète, voyant.

**maghrébin, ine** adj. et n. ▪ Du Maghreb.

**magicien, ienne** n. ▪ 1 Personne qui pratique la magie. 2 fig. Personne qui produit des effets extraordinaires.

**magie** n. f. ▪ 1 Art de produire, par des procédés occultes, des phénomènes inexplicables. – *Magie noire,* magie qui ferait intervenir les démons (s'oppose à magie blanche). 2 fig. Impression forte, inexplicable. *La magie de la musique.*

**magique** adj. ▪ 1 De la magie. *Formule magique.* 2 fig. Qui produit des effets extraordinaires. ▷ adv. **magiquement**

**magistère** n. m. ■ **1** didact. Autorité absolue. **2** Diplôme universitaire de formation professionnelle supérieure.

**magistral, ale, aux** adj. ■ **1** D'un maître. *Cours magistral.* **2** Qui fait preuve de maîtrise. ▷ adv. **magistralement**

**magistrat** n. m. ■ Fonctionnaire public de l'ordre judiciaire, ayant pour fonction de rendre la justice (juge) ou de réclamer l'application de la loi (procureur général...).

**magistrature** n. f. ■ **1** Fonction, charge de magistrat. **2** Corps des magistrats. ◆ en France *Magistrature debout* (procureurs, avocats généraux); *assise* (juges).

**magma** n. m. ■ **1** Masse épaisse, pâteuse. ♦ géol. Masse minérale profonde qui peut s'épancher en lave. ▷ adj. **magmatique 2** fig. Mélange confus.

**magnanerie** n. f. ■ Local où se pratique l'élevage des vers à soie.

**magnanime** adj. ■ Qui pardonne les injures, est bienveillant envers les faibles.

**magnanimité** n. f. ■ Clémence, générosité.

**magnat** [-gna; -ɲa] n. m. ■ Puissant capitaliste.

**se magner** v. pron. 1 ■ fam. Se dépêcher.

**magnésie** n. f. ■ **1** chim. Poudre blanche d'oxyde de magnésium. **2** Sulfate de magnésie (purgatif).

**magnésium** [-jɔm] n. m. ■ Corps simple, métal léger, blanc argenté et malléable, qui brûle avec une flamme éblouissante.

**magnet** [maɲɛt] n. m. ■ anglic. Petit objet décoratif monté sur un aimant.

**magnétique** adj. ■ **1** Qui a rapport au magnétisme. *Bande magnétique*, magnétisée. **2** Du magnétisme *animal. Influx magnétique.* **3** fig. Qui fascine, envoûte.

**magnétiser** v. tr. 1 ■ **1** Rendre (une substance) magnétique. → **aimanter. 2** Soumettre (un être vivant) à l'action du magnétisme (2 et 3). ▷ n. f. **magnétisation**

**magnétiseur, euse** n. ■ Personne qui pratique le magnétisme animal.

**magnétisme** n. m. ■ **1** phys. Étude des propriétés des aimants et des phénomènes qui s'y rattachent (→ aussi **électricité**). ◆ *Magnétisme terrestre*, champ magnétique de la Terre. **2** *Magnétisme animal*, force occulte (fluide*) dont disposeraient les êtres; phénomènes (hypnose, suggestion) produits par elle. **3** fig. Charme, fascination.

**magnéto** n. f. ■ Génératrice de courant électrique continu utilisant un aimant.

**magnéto-** Élément qui signifie « magnétique »; aimant ».

**magnétophone** n. m. ■ Appareil d'enregistrement et de reproduction des sons sur une bande magnétique.

**magnétoscope** n. m. ■ Appareil permettant l'enregistrement des images et du son sur bande magnétique. → **vidéo**.

**magnificat** [maɲifikat; -gni-] n. m. ■ relig. cathol. Cantique de la Vierge Marie. ◆ Sa musique.

**magnificence** n. f. ■ **1** Beauté magnifique. → **éclat, luxe, splendeur. 2** littér. Disposition à dépenser sans compter. → **prodigalité.** ≠ munificence.

**magnifier** v. tr. 7 ■ littér. **1** Célébrer, glorifier. **2** Idéaliser.

**magnifique** adj. ■ **I** vx (personnes) Qui dépense avec générosité. **II 1** D'une beauté luxueuse, éclatante. → **somptueux. 2** Très beau. → **splendide.** ▷ adv. **magnifiquement**

**magnitude** n. f. ■ **1** astron. Grandeur qui caractérise l'éclat des astres visibles. *Astre de magnitude 1* (plus brillant). **2** Nombre qui caractérise l'énergie d'un séisme.

**magnolia** n. m. ■ Arbre à feuilles luisantes, à grandes fleurs blanches, très odorantes.

**magnum** [magnɔm] n. m. ■ Grosse bouteille d'un litre et demi.

①**magot** n. m. ■ Figurine trapue de l'Extrême-Orient.

②**magot** n. m. ■ Somme d'argent cachée.

**magouille** n. f. ■ fam. Manœuvre, tractation malhonnête.

**magouiller** v. 1 ■ **1** v. intr. Se livrer à des magouilles. **2** v. tr. Manigancer. ▷ n. m. **magouillage** n. et adj. ▷ **magouilleur, euse**

**magret** n. m. ■ Filet de canard, d'oie.

**magyar, are** [magjar] adj. et n. ■ Hongrois.

**maharajah** ou **maharadjah** [ma(a)radʒa] n. m. ■ Prince hindou. *La maharané* ou *maharani*, épouse du maharajah.

**mahatma** n. m. ■ Chef spirituel (en Inde). *Le mahatma Gandhi.*

**mahdi** n. m. ■ Envoyé d'Allah, attendu pour compléter l'œuvre de Mahomet.

**mah-jong** [maʒɔ̃g] n. m. ■ Jeu chinois voisin des dominos. *Des mah-jongs.*

**mahométan, ane** n. et adj. ■ vieilli De Mahomet. → **musulman.**

**mahous; mahousse** → **maous**

**mai** n. m. ■ Cinquième mois de l'année.

**maie** n. f. ■ Coffre à pain. → **huche.**

**maïeutique** n. f. ■ philos. Méthode d'« accouchement » des pensées confuses, par le dialogue (Socrate).

**maigre** adj. ■ **1** (êtres vivants) Dont le corps a peu de graisse; qui pèse relativement peu. **2** Qui n'a, qui ne contient pas de graisse (opposé à *gras*). *Viande maigre.* ◆ (n. m.) loc. *FAIRE MAIGRE* : ne manger ni viande ni aliment gras. **3** Peu épais. *Caractères maigres.* **4** (végétation) Peu abondant. **5** De peu d'importance. → **médiocre, piètre.** *Un maigre salaire.* ▷ **maigrement** adv. (sens 5).

**maigreur** n. f. ■ **1** État d'un être vivant maigre; absence de graisse. **2** Caractère de ce qui est peu fourni, peu abondant.

**maigriot, otte** adj. ■ Un peu trop maigre. – syn. MAIGRELET, ETTE; MAIGRICHON, ONNE.

**maigrir** v. ② ■ I v. intr. Devenir maigre. II v. tr. Faire paraître maigre. → **amincir**. *Cette robe la maigrit.*

① **mail** [maj] n. m. ■ I Maillet pour un jeu ; ce jeu (croquet). II Allée, promenade bordée d'arbres. *Des mails.*

② **mail** [mɛl] n. m. ■ anglic. Courrier électronique ; message transmis par courrier électronique. → **e-mail.**

**mailing** [meliŋ] n. m. ■ anglic. Prospection par courrier auprès d'une clientèle. – recomm. off. → **publipostage.**

① **maille** n. f. ■ 1 Chacune des boucles dont l'entrelacement forme un tissu, un tricot. ← *Les mailles d'un filet.* 2 Trou formé par chaque maille. *Passer à travers les mailles.* 3 Anneau de métal. loc. *Cotte\* de mailles.*

② **maille** n. f. ■ (au moyen âge) Un demi-denier. ◆ loc. *SANS SOU NI MAILLE :* sans argent. → *AVOIR MAILLE À PARTIR* (« partager ») *avec qqn,* avoir une dispute.

③ **maille** n. f. ■ fam. (collectif) Argent. *Avoir de la maille.*

**maillechort** [-ʃɔR] n. m. ■ Alliage inaltérable de cuivre, de zinc et de nickel qui imite l'argent.

**mailler** v. ① ■ I v. tr. Faire avec des mailles. II v. intr. (filet) Retenir le poisson.

**maillet** n. m. ■ Outil fait d'une masse dure emmanchée en son milieu, pour frapper, enfoncer. ◆ *Maillet de sculpteur.*

**mailloche** n. f. ■ 1 Gros maillet de bois. 2 Baguette terminée par une boule, pour la percussion (timbale, tambour...).

**maillon** n. m. ■ Anneau (d'une chaîne). ← loc. *Être un maillon de la chaîne,* un élément d'un ensemble complexe.

**maillot** n. m. ■ I ancienn Lange. ← loc. *Enfant au maillot,* en bas âge. II 1 Vêtement souple porté à même la peau. 2 Vêtement collant qui couvre le haut du corps. ← *Le maillot jaune* (du premier au Tour de France). ← *Maillot de corps,* sous-vêtement en tissu à mailles. 3 *MAILLOT (DE BAIN),* costume de bain collant (d'une ou deux pièces).

**main** n. f. ■ I 1 Partie du corps humain, à l'extrémité du bras, munie de cinq doigts (pouvant toucher, prendre, tenir...). *Prendre dans sa main, tenir dans ses mains. Se laver les mains. Se frotter les mains* (en signe de satisfaction). ← loc. *À main droite, gauche :* à droite, gauche. 2 (La main qui peut, qui possède) ← *(...) À MAIN :* qui se tient, se manipule avec la main. *Sac à main.* ◆ loc. *METTRE LA MAIN SUR qqn, qqch.,* le trouver. *Faire MAIN BASSE\* sur qqch.* ← *LA MAIN DANS LE SAC,* en train de voler ; en flagrant délit. ◆ *Demander, obtenir la main d'une jeune fille,* le mariage. ◆ *EN MAIN. Preuve en main :* en montrant une preuve. ← *EN BONNES MAINS :* sous la responsabilité d'une personne sérieuse. ◆ *SOUS LA MAIN :* à disposition. 3 (La main qui frappe) loc. *En venir aux mains,* aux coups. ← fam. *Ne pas y aller de main morte :* agir avec brutalité ou vigueur. ◆ *Homme de main*

(tueur à gages...). ← *Faire le COUP DE MAIN,* une attaque rapide. 4 (La main qui donne, reçoit) *Remettre qqch. EN MAIN(S) PROPRE(S),* au destinataire en personne. *DE LA MAIN À LA MAIN :* sans intermédiaire. ← *DE PREMIÈRE MAIN :* directement, de la source. *Une voiture d'occasion de seconde main,* qui a eu deux propriétaires. 5 (La main qui travaille, agit → **manuel**) loc. *Faire DES PIEDS ET DES MAINS :* multiplier les efforts (en vue d'un résultat). ← *Mettre LA MAIN À LA PÂTE :* participer à un travail. *Donner un COUP DE MAIN à qqn,* l'aider. ← *FORCER LA MAIN à qqn,* le forcer d'agir. ◆ (Habileté professionnelle) *Se faire la main :* apprendre. → s'**exercer.** 6 L'initiative, au jeu. ← loc. fig. *Passer la main :* abandonner. II (objets) 1 *Main de justice :* sceptre terminé par une main. 2 *Main de Fatma,* amulette arabe. 3 *MAIN COURANTE :* rampe fixée au mur. ◆ Registre d'opérations commerciales, d'événements. 4 Assemblage de vingt-cinq feuilles de papier. III (personnes) *PETITE MAIN :* apprentie couturière ; ouvrière débutante. ← *PREMIÈRE MAIN :* première couturière d'un atelier.

**mainate** n. m. ■ Passereau noir au bec rouge, parleur (originaire de Malaisie).

**main-d'œuvre** n. f. ■ 1 Travail de l'ouvrier sur un ouvrage. 2 Ensemble des salariés, des ouvriers. *Des mains-d'œuvre.*

**main-forte** n. f. ■ *DONNER, PRÊTER MAIN-FORTE à qqn,* lui venir en aide.

**mainlevée** n. f. ■ dr. Acte qui lève les effets d'une saisie, d'une hypothèque.

**mainmise** n. f. ■ Action de s'emparer ; prise de possession, domination.

**mainmorte** n. f. ■ 1 hist. Droit du seigneur sur les biens de son vassal mort. 2 dr. *Biens de mainmorte,* biens des collectivités qui survivent à leurs membres.

**maint, mainte** adj. ■ (dans des loc.) Nombreux. ← au sing. *En mainte occasion.*

**maintenance** n. f. ■ Opérations d'entretien d'un matériel technique.

**maintenant** adv. ■ 1 Dans le temps actuel, au moment présent. → à **présent.** ← (+ futur) À partir du moment présent. *Maintenant, tout ira bien.* 2 (en tête de phrase) *Voilà les faits ; maintenant, décidez.*

**maintenir** v. tr. ㉒ ■ 1 Conserver dans le même état ; faire ou laisser durer. ← *Maintenir un malade en vie.* 2 Affirmer avec constance, fermeté. *Je l'ai dit et je le maintiens.* ← *Maintenir sa candidature.* → **confirmer.** 3 Tenir dans une même position, empêcher de bouger. ← se **maintenir** v. pron. Rester dans le même état.

**maintien** [-tjɛ̃] n. m. ■ 1 Action de faire durer. *Assurer le maintien de l'ordre.* 2 Manière de se tenir en société. ← ancienn *Leçons de maintien.*

**maire** n. m. ■ 1 Premier officier municipal élu par le conseil municipal, parmi ses membres. – En Belgique, en Suisse, on dit *bourgmestre.* 2 hist. (Mérovingiens) *MAIRE DU PALAIS :* intendant du palais, jouant le rôle de premier ministre.

**mairie** n. f. ▪ Administration municipale. ↝ Bâtiment où elle se trouve.

**mais ▪ I** conj. **1** (introduisant une idée contraire) *Je n'en veux pas un, mais deux.* ◆ (restriction, correction, précision) → en **revanche**. *C'est beau, mais c'est cher.* ◆ (objection) *Oui, mais...* **2** (transition ; en tête de phrase) *Mais c'est tout naturel.* **II** adv. **1** loc. vx ou littér. *N'EN POUVOIR MAIS* : n'y pouvoir rien. **2** (renforçant un mot exprimé) *Mais bien sûr.* **III** exclam. Marque la surprise, la menace, l'indignation.

**maïs** [mais] n. m. ▪ Céréale cultivée pour ses grains comestibles. ◆ Les grains.

**maison** n. f. ▪ **I 1** Bâtiment d'habitation (→ **immeuble, logement, résidence**) ; spécialt bâtiment conçu pour un seul ou quelques foyers (→ **pavillon, villa**). ↝ *Maison de campagne*, résidence secondaire. ↝ loc. *LA MAISON(-)BLANCHE* : résidence du président des États-Unis d'Amérique ; le gouvernement américain. **2** Habitation, logement. → **domicile, foyer, logis ; appartement.** ↝ *À LA MAISON* : chez soi. ◆ (économie domestique) loc. *Maître\*, maîtresse de maison. Les gens, le personnel DE MAISON* : les domestiques. **II** (+ adj. ; + *de* et nom) Bâtiment, édifice (pour un usage spécial). *Maison d'arrêt.* → **prison.** ↝ *Maison de repos, de retraite...* ↝ *Maison de rendez-vous ; maison close, maison de tolérance.* → **bordel. III** Entreprise commerciale. → **établissement, firme.** *La maison mère et ses succursales.* **IV** fig. **1** vx Famille. *Une maison princière.* ↝ hist. Lignée. *La maison d'Autriche.* **2** hist. Ensemble des personnes employées au service des grands personnages. **V** appos. invar. **1** Qui a été fait à la maison, sur place. *Tarte, pâté maison.* **2** fam. Particulièrement réussi, soigné. *Une bagarre maison.* **3** Particulier à une entreprise. *L'esprit maison.*

**maisonnée** n. f. ▪ Les habitants d'une maison ; la famille.

**maisonnette** n. f. ▪ Petite maison.

**maître, maîtresse** n. ▪ **I 1** Personne qui a pouvoir et autorité (sur qqn) pour se faire obéir. *Être le maître* (quelque part) : commander. ↝ loc. *L'œil du maître*, la vigilance du maître. *Trouver son maître* : trouver plus fort, plus habile que soi. **2** Possesseur (d'un animal domestique). *Chien sans maître.* **3** (*Maître de...*) Personne qui dirige. → **chef.** ↝ loc. *MAÎTRE, MAÎTRESSE DE MAISON* : personne (d'une famille) qui dirige la maison. **4** *ÊTRE SON MAÎTRE* : être libre et indépendant. ↝ *ÊTRE MAÎTRE, MAÎTRESSE DE SOI* : avoir de l'empire sur soi-même. **5** Personne qui possède une chose, en dispose. ↝ loc. *Voiture, maison DE MAÎTRE*, belle voiture, maison dont l'usager est le propriétaire (opposé à *de louage*). **II** Personne compétente pour diriger. **1** dans des loc. → **chef.** *Maître d'œuvre\*. Maître de chapelle\*. Maître d'hôtel\*.* ↝ *Maître d'équipage* (marin officier). **2** ancient *Maître, maîtresse d'école.* → **instituteur, professeur. 3** n. m. Artisan qui dirige le travail et enseigne aux apprentis (corporations). *Un maître boulanger.*

◆ loc. *ÊTRE, PASSER MAÎTRE EN, DANS* : devenir particulièrement adroit à. **4** n. m. Peintre, sculpteur qui dirigeait un atelier. ◆ Artiste, créateur célèbre (parfois anonyme) qui a fait école. *Le Maître de Moulins.* **5** n. m. Personne dont on est le disciple. *Maître spirituel.* → **gourou. III** (Titre) n. m. **1** vx Appellatif d'artisans, paysans propriétaires. *Maître Pierre.* **2** Appellatif des gens de loi (avocat, huissier, notaire). *Maître X, avocate à la cour.* ↝ Appellatif pour un professeur éminent, un artiste, un écrivain célèbre. **IV** *MAÎTRE, MAÎTRESSE* appos. ou adj. **1** Qui a les qualités d'un chef. *Une maîtresse femme.* **2** (choses) Le plus important, la plus importante. → **principal.** *Maître-autel.* ↝ (jeux) *Carte maîtresse.*

**maître chanteur** n. m. ▪ Personne (homme ou femme) qui exerce un chantage\*.

**maître-chien** n. m. ▪ Personne responsable d'un chien de surveillance.

**maîtresse** n. f. ▪ **I** Féminin de *maître\*.* **II** (correspond à *amant*) *La maîtresse d'un homme.* **1** vx Jeune fille ou femme aimée. **2** mod. Femme qui a des relations sexuelles durables avec un homme, en dehors du mariage.

**maîtrisable** adj. ▪ Qui peut être maîtrisé.

**maîtrise** n. f. ▪ **I 1** *MAÎTRISE DE SOI* : qualité d'une personne qui sait se dominer, se contrôler. **2** Contrôle militaire. *L'Angleterre avait la maîtrise des mers.* **II 1** École de chant, chœur d'église. → **manécanterie. 2** Qualité, fonction de maître (II, 3) dans un corps de métier. ◆ Ensemble des maîtres d'une corporation. ◆ *AGENT DE MAÎTRISE*, technicien, cadre subalterne. **3** Diplôme universitaire du second cycle. **4** Perfection digne d'un maître (II, 5). ◆ Fait de connaître à fond (un sujet, une langue).

**maîtriser** v. tr. [1] ▪ **1** Se rendre maître de. *Maîtriser un cheval, un incendie.* **2** Dominer (une passion, une émotion, un réflexe). *Maîtriser ses nerfs.* ↝ pronom. ↝ se **contrôler, se dominer. 3** Dominer (ce que l'on fait, ce dont on se sert).

**majesté** n. f. ▪ **I 1** Grandeur suprême. *La majesté divine.* ↝ arts *Christ en majesté*, représenté de face, sur un trône. **2** Titre donné aux souverains héréditaires. **II** Caractère de grandeur, de noblesse.▪

**majestueux, euse** adj. ▪ **1** Qui a de la majesté. **2** D'une beauté pleine de grandeur, de noblesse. ▷ adv. **majestueusement**

① **majeur, eure ▪ I** adj. compar. (opposé à *mineur*). **1** Plus grand, plus important. *En majeure partie* : pour la plupart. **2** Très grand, très important. *Cas de force majeure.* **II** mus. Se dit d'une gamme diatonique dont certains intervalles ont un demi-ton de plus que dans le mode mineur. *Mode majeur.* ↝ n. m. *Morceau en majeur.* **III** n. m. Le plus grand doigt de la main. → **médius.**

② **majeur, eure** adj. ▪ Qui a atteint, dépassé l'âge de la majorité légale.

**majolique** n. f. ▪ Faïence italienne, notamment de la Renaissance.

**major ■ I** adj. Supérieur par le rang (dans quelques composés). *Sergent\*-major. Tambour-major. Infirmière-major.* **II** n. m. **1** (jusqu'en 1975) Officier supérieur chargé de l'administration. **2** Chef de bataillon (→ **commandant**), sous l'Ancien Régime français ; aujourd'hui dans certaines armées. **3** anciennt Médecin militaire. **4** Candidat reçu premier au concours (d'une grande école).

**majoration** n. f. ■ Action de majorer.

**majordome** n. m. ■ Maître d'hôtel.

**majorer** v. tr. ⨥ ■ Porter à un chiffre plus élevé (s'oppose à *minorer*). → **augmenter.**

**majorette** n. f. ■ Jeune fille en uniforme militaire de fantaisie, qui défile en maniant une canne de tambour-major.

**majoritaire** adj. ■ **1** (système électoral) Dans lequel la majorité l'emporte. *Scrutin majoritaire* (opposé à *proportionnel*). **2** Qui fait partie d'une majorité ; qui détient la majorité. ▷ adv. **majoritairement**

① **majorité** n. f. ■ **1** Groupement de voix qui l'emporte par le nombre, dans un vote. *La majorité des suffrages. Majorité absolue* (au moins la moitié plus un des suffrages exprimés). *Majorité relative.* **2** Parti, fraction qui réunit la majorité des suffrages. *La majorité et l'opposition.* **3** Le plus grand nombre. ◆ *La majorité silencieuse* (en politique).

② **majorité** n. f. ■ dr. Âge légal (dix-huit ans en France) à partir duquel une personne devient pleinement capable (*majorité civile*) ou responsable (*majorité pénale*).

**majuscule** adj. et n. f. ■ (*Lettre) majuscule*, plus grande que la minuscule et d'une forme différente (début de phrases, noms propres).

**maki** n. m. ■ Lémurien de Madagascar, à longue queue touffue.

① **mal, male** adj. ■ **1** vx Mauvais. ◆ loc. *Bon gré, mal gré. Bon an, mal an.* **II 1** Contraire à un principe moral, à une obligation (opposé à *bien*). **2** *PAS MAL* loc. adj. : plutôt bien.

② **mal** adv. ■ (opposé à *bien*). **I 1** D'une manière contraire à l'intérêt ou au plaisir de qqn. **2** Avec malaise, douleur. *Se sentir mal :* éprouver un malaise. *SE TROUVER MAL* : s'évanouir. ◆ *ALLER MAL*, très mal. *Être AU PLUS MAL*, dans un état de santé très grave. **3** D'une façon défavorable, avec malveillance. *Être mal avec qqn*, brouillé avec lui. **II 1** Autrement qu'il ne convient. *Travail mal fait.* ◆ *Vous êtes mal renseigné.* **2** Insuffisamment (en qualité ou quantité). → **médiocrement.** *Travail mal payé.* **3** Difficilement, avec effort. *Le malade respire mal.* **III 1** *PAS MAL* (+ négation) loc. adv. : assez bien. *Cela ne t'irait pas mal du tout.* ◆ ellipt *Comment vas-tu ? – Pas mal, et toi ? 2 PAS MAL* (sans négation) loc. adv. : assez, beaucoup (opposé à *peu*). *Je m'en moque pas mal.*

③ **mal, maux** n. m. ■ **I 1** Ce qui cause de la douleur, de la peine, du malheur (à qqn). → **dommage, perte, préjudice, tort.** *Rendre le mal pour le mal.* ◆ *UN MAL, DES MAUX.* → **malheur, peine. 2** Souffrance, malaise physique. ◆ loc. *AVOIR MAL.* → **souffrir.** ◆ (*Avoir le*) *mal de mer*, des nausées (en bateau). ◆ *FAIRE MAL* : causer de la douleur. ◆ (formule de politesse) *Il n'y a pas de mal*, ce n'est rien. **3** *Maladie. Prendre mal, du mal* (spécialt prendre froid). ◆ vx *Le haut mal, le mal sacré* : l'épilepsie. **4** Souffrance morale. *Le mal du pays.* → **nostalgie.** ◆ *Être EN MAL DE* (+ nom), souffrir de l'absence, du défaut (de qqch). **5** Difficulté, peine. *Se donner du mal.* **6** Choses mauvaises exprimées. *Dire, penser du mal de qqn.* → **calomnier, médire. II** *LE MAL.* Ce qui est contraire à la morale, au bien. *Le problème du mal.* ◆ *Sans penser à mal* : sans intentions mauvaises.

**mal-** Élément qui signifie « mal ① ou ② » (ex. *malaise ; malmener ; malfaiteur*). → **mé-.**

**malabar** n. m. ■ fam. Homme très fort.

**malachite** [-ʃit, -kit] n. f. ■ Pierre (carbonate de cuivre) d'un beau vert diapré.

**malacologie** n. f. ■ didact. Étude des mollusques.

**malade ■ I** adj. **1** Qui souffre de troubles (→ **maladie**) ; qui est en mauvaise santé. *Tomber malade. Être malade du cœur.* ◆ fam. → **cinglé, fou. 2** fam. (choses) Détérioré, en mauvais état, très usé. **II** n. Personne malade. *Guérir, opérer un malade.* → **patient.** ◆ *MALADE MENTAL.* → **aliéné, fou.** ◆ *C'est un malade.* → **désaxé, détraqué.** ◆ *Un, une malade imaginaire*, qui se croit malade sans l'être. → **hypocondriaque.**

**maladie** n. f. ■ **I** Altération, trouble de l'organisme. *Maladie sexuellement transmissible (M. S. T.). Maladie mentale :* psychose. ◆ *LA MALADIE* : l'état des organismes malades ; les maladies en général. ◆ *Les maladies des plantes.* **II** fig. **1** Ce qui trouble, épuise. **2** Manie (II).

**maladif, ive** adj. ■ **1** Qui est de constitution fragile, qui est souvent malade. **2** De la maladie. *Pâleur maladive.* **3** Excessif et irrépressible. *Peur maladive.* → **pathologique.** ▷ adv. **maladivement**

**maladrerie** n. f. ■ vx Léproserie.

**maladresse** n. f. ■ **1** Manque d'adresse. ◆ Manque d'habileté ou de tact. *Action maladroite.* → **bêtise, bévue, erreur.**

**maladroit, oite ■ 1** adj. et n. Qui manque d'adresse, n'est pas adroit. → **gauche, inhabile, malhabile.** ◆ (comportement, relations sociales) *Un amoureux maladroit.* **2** adj. Qui dénote de la maladresse. *Remarque maladroite.* ▷ adv. **maladroitement**

**malaga** n. m. ■ Vin liquoreux de la région de Malaga.

**mal-aimé, ée** adj. ■ Qui n'est pas assez aimé. – n. *Des mal-aimés.*

**malais, aise** adj. et n. ■ De Malaisie. – n. m. *Le malais :* langue du groupe indonésien parlée en Malaisie, en Indonésie.

**malaise** n. m. ■ **1** Sensation pénible d'un trouble physiologique. ⇒ spécialt Évanouissement. **2** Sentiment pénible et irraisonné. **3** Mécontentement social inexprimé. *Le malaise paysan.*

**malaisé, ée** adj. ■ littér. Qui ne se fait pas facilement. → **difficile.** *Tâche malaisée.* ▷ adv. **malaisément**

**malandrin** n. m. ■ vieilli ou littér. Voleur ou vagabond dangereux.

**malappris, ise** n. ■ (rare au fém.) Personne sans éducation.

**malaria** n. f. ■ Paludisme.

**malaxer** v. tr. 1 ■ **1** Pétrir (une substance) pour la rendre plus molle, plus homogène. *Malaxer le plâtre.* **2** Remuer ensemble pour mélanger. ▷ n. m. **malaxage**

**malaxeur** n. m. ■ Appareil servant à malaxer.

**malbouffe** n. f. ■ fam. et péj. Nourriture de qualité médiocre, produite industriellement.

**malchance** n. f. ■ Mauvaise chance (1). → **adversité, déveine.** ⇒ loc. *Jouer de malchance*, accumuler les ennuis.

**malchanceux, euse** adj. ■ Qui a de la malchance. ⇒ n. *C'est un malchanceux.*

**malcommode** adj. ■ Peu pratique.

**maldonne** n. f. ■ **1** Mauvaise donne (aux cartes). **2** fig. Erreur, malentendu.

**mâle** ■ I n. m. **1** Individu du sexe doué du pouvoir de fécondation. *Le mâle et la femelle.* **2** fam. Homme viril. II adj. **1** dr. Masculin. *Héritier mâle.* **2** Du sexe mâle. *Souris mâle.* ⇒ *Hormones mâles.* **3** Viril. **4** Se dit d'une pièce de mécanisme qui s'insère dans une autre, dite *femelle. Prise (de courant) mâle.*

**malédiction** n. f. ■ **1** littér. Paroles par lesquelles on souhaite du mal à qqn en invoquant Dieu. ⇒ Condamnation au malheur (par Dieu). **2** Malheur auquel on semble voué par le sort.

**maléfice** n. m. ■ Opération magique visant à nuire. → **envoûtement, sortilège.**

**maléfique** adj. ■ Néfaste et occulte.

**malencontreux, euse** adj. ■ Qui se produit, survient mal à propos. → **fâcheux.** ▷ adv. **malencontreusement**

**mal en point** → ① **point**

**malentendant, ante** n. et adj. ■ (Personne) qui a des troubles de l'audition. → **sourd.**

**malentendu** n. m. ■ **1** Méprise entre personnes qui croyaient se comprendre. → **quiproquo. 2** Mésentente sentimentale.

**malfaçon** n. f. ■ Défaut dans un ouvrage mal exécuté.

**malfaisant, ante** [-fəzã, ãt] adj. ■ **1** Qui fait ou cherche à faire du mal à autrui. **2** Pernicieux, néfaste. ▷ n. f. **malfaisance** [-fəzãs]

**malfaiteur** n. m. ■ Personne qui commet des méfaits*, des actes criminels.

**mal famé, ée** adj. → **famé**

**malformation** n. f. ■ Anomalie, vice de conformation congénitale. → **difformité.**

**malfrat** n. m. ■ fam. Malfaiteur. → **truand.**

**malgache** adj. et n. ■ De Madagascar. ♦ n. m. Langue parlée à Madagascar.

**malgré** prép. ■ I **1** Contre le gré de (qqn), en dépit de son opposition. **2** En dépit de (qqch.). ⇒ *MALGRÉ TOUT :* quoi qu'il arrive ; quand même. II **1** *MALGRÉ QUE* loc. conj. (+ subj.). En dépit de. **2** (critiqué) Bien que.

**malhabile** adj. ■ Qui manque d'habileté.

**malheur** n. m. ■ **1** Événement qui affecte péniblement (qqn). → **catastrophe, désastre, épreuve.** ⇒ prov. *À quelque chose malheur est bon.* ♦ Désagrément, inconvénient. *C'est un petit malheur.* ♦ fam. *Faire un malheur,* un éclat ; fig. remporter un triomphe. **2** *Le malheur,* situation, condition pénible (opposé à *bonheur*). **3** Malchance. *Jouer de malheur.* ⇒ *Avoir le malheur de* (+ inf.). ⇒ *Par malheur.* ♦ *DE MALHEUR :* qui porte malheur. *Oiseau* de malheur. ⇒ fam. → **maudit.** *Quelle pluie de malheur !* **4** *MALHEUR À.* → **malédiction.** *Malheur aux vaincus !*

**malheureusement** adv. ■ Par malheur.

**malheureux, euse** adj. ■ I **1** Qui est accablé de malheurs. ♦ n. Personne qui est dans le malheur, spécialt indigent. **2** Personne qui inspire une pitié méprisante. → **misérable.** *Le malheureux n'a rien compris.* **3** Qui n'est pas heureux. loc. *Être malheureux comme les pierres.* ♦ Mal à l'aise. *Être malheureux de ne pouvoir fumer.* **4** (choses) Qui cause du malheur. ⇒ *Avoir un mot malheureux,* qui offense ou peine. II Qui a de la malchance ; qui ne réussit pas. *Candidat malheureux.* ⇒ *Initiative malheureuse.* III (avant le nom) Qui mérite peu d'attention ; sans importance. *Quelle histoire pour un malheureux billet de dix euros !*

**malhonnête** adj. ■ I Qui n'est pas honnête (financièrement ; moralement). II vx Qui manque aux convenances. ♦ spécialt mod. *Intentions, propositions malhonnêtes,* contraires à la pudeur. ▷ adv. **malhonnêtement**

**malhonnêteté** n. f. ■ Caractère d'une personne malhonnête.

**malice** n. f. ■ **1** Tournure d'esprit de la personne qui prend plaisir à s'amuser aux dépens d'autrui. **2** loc. *SAC À MALICE :* ensemble de ressources, de tours. **3** vx Méchanceté. ⇒ loc. *SANS MALICE.*

**malicieux, euse** adj. ■ Qui s'amuse, rit volontiers aux dépens d'autrui. → **espiègle, spirituel, taquin.** ▷ adv. **malicieusement**

**malignité** n. f. ■ **1** Caractère d'une personne qui cherche à nuire de façon dissimulée. **2** méd. Tendance à s'aggraver (tumeur…).

**malin, maligne** adj. et n. ■ I **1** vx Mauvais, méchant. ⇒ fig. *L'esprit malin* ou *le malin :* Satan. ⇒ *Prendre un malin plaisir à* (+ inf.). **2** Se dit d'une maladie grave, d'une tumeur, pouvant se généraliser et entraîner la mort (opposé à *bénin*). II **1** Qui a de la ruse et de la finesse. → **astucieux, débrouillard,**

**ingénieux, rusé.** ◆ Intelligent. → n. *FAIRE LE MALIN* : vouloir faire de l'esprit. **2** impers. fam. *C'est malin !* → **fin, intelligent.** ◆ *Ce n'est pas bien malin,* pas difficile.

**malingre** adj. ■ D'une constitution faible.

**malintentionné, ée** adj. ■ Qui a de mauvaises intentions. → **mauvais, méchant.**

**malle** n. f. ■ I **1** Bagage de grande dimension. → loc. fam. *Se faire la malle* : s'enfuir. **2** Coffre d'une automobile. II **1** *MALLE-POSTE* : ancienne voiture postale. **2** hist. *La malle des Indes* : service postal de Londres.

**malléable** adj. ■ **1** Qui a la propriété de s'aplatir et de s'étendre. → **ductile** ; contr. *cassant.* **2** (personnes) Qui se laisse manier, influencer. ▷ n. f. **malléabilité**

**malléole** n. f. ■ anat. Saillie osseuse de la cheville. ▷ adj. **malléolaire**

**mallette** n. f. ■ Petite valise (≠ *serviette*).

**malmener** v. tr. 5 ■ **1** Traiter (qqn) rudement. → **maltraiter** ; **brutaliser. 2** en sport Mettre (l'adversaire) en danger.

**malnutrition** n. f. ■ Alimentation mal équilibrée ou mal adaptée.

**malodorant, ante** adj. ■ Qui a une mauvaise odeur.

**malotru, ue** n. ■ Personne grossière.

**malpoli, ie** adj. et n. ■ pop. Mal élevé, grossier. → **impoli.**

**malpropre** adj. ■ **1** Sale. ◆ *Travail malpropre,* mal fait. ▷ adv. **malproprement 2** Qui manque d'honnêteté, de délicatesse. → ■ *Se faire renvoyer comme un malpropre,* sans ménagement.

**malpropreté** n. f. ■ Caractère malpropre.

**malsain, aine** adj. ■ **1** vieilli Dont la nature n'est pas saine. **2** Qui n'est pas normal, manifeste de la perversité. *Curiosité malsaine.* → **morbide. 3** Qui engendre la maladie. *Logement malsain.* → **insalubre.** → fam. *Le coin est malsain !* → **dangereux.** ◆ fig. Pernicieux, qui corrompt l'esprit.

**malséant, ante** adj. ■ littér. Contraire à la bienséance. → **incongru, inconvenant.**

**malsonnant, ante** adj. ■ littér. Inconvenant (paroles).

**malt** [malt] n. m. ■ Orge germée artificiellement et séchée. *Whisky pur malt.*

**maltais, aise** ■ **1** adj. et n. De Malte. → *Les Maltais.* ◆ n. m. *Le maltais,* dialecte arabe de Malte. **2** adj. et n. f. *(Orange) maltaise,* juteuse et sucrée.

**malté, ée** adj. ■ Mêlé de malt.

**malthusianisme** n. m. ■ **1** Limitation des naissances par restriction de la sexualité. **2** Restriction volontaire de la production.

**malthusien, ienne** adj. ■ Du malthusianisme. → adj. et n. Partisan du malthusianisme.

**maltraitance** n. f. ■ Mauvais traitements répétés sur (qqn, notamment un enfant). → **sévices.** ▷ **maltraitant, ante** adj. *Parents maltraitants.*

**maltraiter** v. tr. 1 ■ **1** Traiter avec brutalité. **2** Traiter sévèrement en paroles.

**malus** [-ys] n. m. ■ Majoration d'une prime d'assurance automobile (opposé à *bonus*).

**malveillance** n. f. ■ **1** Tendance à vouloir du mal à autrui. → **hostilité** ; **animosité. 2** Intention de nuire. *Incendie dû à la malveillance.*

**malveillant, ante** adj. ■ Qui a de la malveillance. → *Des propos malveillants.*

**malvenu, ue** adj. ■ **1** littér. Qui n'est pas fondé à, n'a pas le droit de (faire telle chose). *Vous êtes malvenu de, à vous plaindre.* → *Requête malvenue.* → **déplacé. 2** Incomplètement développé (plantes).

**malversation** n. f. ■ Faute grave, détournement de fonds, dans l'exercice d'une charge.

**malvoisie** n. f. ■ Vin grec liquoreux.

**malvoyant, ante** adj. et n. ■ (Personne) dont l'acuité visuelle est très diminuée.

**maman** n. f. ■ fam. (enfants, intimes) Mère. *C'est sa maman. Comment va la future maman ?* → (appellatif) *Oui, maman.* ◆ *Bonne(-)maman* : grand-mère.

**mamelle** n. f. ■ **1** Organe des femelles des mammifères, sécrétant le lait. → **pis, tétine** ; **mammaire. 2** loc. *Enfant à la mamelle.* → **nourrisson. 3** fig. Ce qui nourrit.

**mamelon** n. m. ■ I Bout du sein. II fig. Sommet arrondi (colline).

**mamelonné, ée** adj. ■ Formé de collines arrondies.

**mamelouk** ou **mameluk** [-uk] n. m. ■ hist. **1** Cavalier égyptien. **2** Cavalier de la garde impériale de Napoléon.

**mamie** n. f. ■ anglic. **1** Grand-mère. **2** Vieille femme.

**mammaire** adj. ■ Relatif aux mamelles. *Glandes mammaires* (de la lactation).

**mammifère** n. m. ■ Animal vertébré, à température constante, respirant par des poumons, à système nerveux central développé.

**mammographie** n. f. ■ méd. Radiographie du sein.

**mammouth** n. m. ■ Très grand éléphant fossile du quaternaire.

**mamours** n. m. pl. ■ fam. Démonstrations de tendresse.

**manade** n. f. ■ En Provence, Troupeau (de taureaux, de chevaux).

**management** [manaʒmã ; manadʒmɛnt] n. m. ■ anglic. Techniques d'organisation et de gestion des entreprises.

**manager** [-dʒɛʀ ; -dʒœʀ] n. m. ■ anglic. **1** Organisateur de spectacles, concerts, etc. **2** Dirigeant d'une entreprise.

**manant** n. m. ■ **1** hist. (au moyen âge) Roturier assujetti à la justice seigneuriale. **2** vx Paysan. → fig. et péj. Rustre.

①**manche** n. f. ▪ **I** Partie du vêtement qui entoure le bras. ⇨ loc. *Relever, retrousser ses manches* (fig. se mettre au travail avec ardeur). ⇨ *Avoir qqn dans sa manche*, en disposer à son gré. ⇨ fam. *C'est une autre paire de manches*, c'est tout à fait différent ; c'est plus difficile. **II** Chacune des deux parties liées d'un jeu. **III** MANCHE À AIR : conduit d'aération (navires). ◆ Tube en toile pour indiquer la direction du vent.

②**manche** n. m. ▪ **1** Partie allongée (d'un outil, d'un instrument) par laquelle on le tient. *Manche à balai* (loc. fig. commande manuelle des gouvernails d'un avion). ◆ loc. fig. *Être, se mettre du côté du manche*, du côté du plus fort. **2** Os (de gigot, de côtelette). **3** Partie (d'un instrument de musique), le long de laquelle sont tendues les cordes.

③**manche** n. m. et adj. ▪ Maladroit.

④**manche** n. f. ▪ loc. *FAIRE LA MANCHE :* faire la quête, mendier.

**manchette** n. f. ▪ **I 1** Poignet à revers d'une chemise. **2** Manche amovible de protection. **3** SPORTS Coup porté avec l'avant-bras. **II** Titre de journal en gros caractères.

**manchon** n. m. ▪ **1** Fourreau cylindrique pour protéger les mains du froid. **2** TECHN. Pièce cylindrique (pour assembler, isoler).

**manchot, ote** ▪ **I** adj. **1** Privé d'une main, d'un bras ou des deux. ⇨ n. *Un manchot.* **2** fam. Maladroit. *Ne pas être manchot.* **II** n. m. Oiseau marin palmipède des régions antarctiques à moignons d'ailes.

**-mancie** Élément savant, du grec *manteia* « divination » (ex. *chiromancie*).

**mandala** n. m. ▪ DIDACT. Dans le bouddhisme, Représentation symbolique de l'univers, géométrique et centrée.

**mandarin** n. m. ▪ **1** HIST. Haut fonctionnaire lettré, dans l'Empire chinois. **2** fig. Personne d'un grand savoir, et très puissante. **3** Forme du chinois (pékinois).

**mandarinal, ale, aux** adj. ▪ **1** Des mandarins chinois. **2** Du mandarinat.

**mandarinat** n. m. ▪ Corps social prétendant s'ériger en élite et exerçant une autorité intellectuelle.

**mandarine** n. f. ▪ Petit agrume à la peau orange, sucré. ▷ n. m. **mandarinier**

**mandat** n. m. ▪ **1** DR. Acte par lequel une personne donne à une autre (le *mandataire*) le pouvoir de faire qqch. en son nom. → ② **pouvoir, procuration. 2** Mission conférée par élection. *Mandat présidentiel.* ◆ Durée de cette mission (syn. *mandature* n. f.). **3** *Mandat (postal)* : titre remis par la Poste, contre une somme versée ; somme versée au destinataire. **4** Ordre écrit émanant de la justice. *Mandat de perquisition.*

**mandataire** n. ▪ Personne à qui est conféré un mandat (1).

**mandater** v. tr. ⊡ ▪ Investir (qqn) d'un mandat (1).

**mandchou, oue** adj. et n. ▪ De Mandchourie. ◆ n. m. *Le mandchou* (langue).

**mander** v. tr. ⊡ ▪ VX ou LITTÉR. **1** Transmettre (un ordre, une instruction). ◆ Faire savoir par lettre. **2** Faire venir (qqn).

**mandibule** n. f. ▪ **1** SC. Maxillaire inférieur. ⇨ fam. (au plur.) Mâchoires. **2** ZOOL. Partie du bec des oiseaux, des pièces buccales des arthropodes (sauf les arachnides).

**mandoline** n. f. ▪ Instrument à cordes pincées, à caisse de résonance bombée.

**mandragore** n. f. ▪ Plante dont la racine fourchue évoque une forme humaine.

**mandrill** [-dʀil] n. m. ▪ Singe des forêts d'Afrique tropicale, au museau rouge.

**mandrin** n. m. ▪ Outil cylindrique pour forer. ◆ Pièce cylindrique de fixation.

①**-mane** Élément, du latin *manus* « main ».

②**-mane, -manie** Éléments, du grec *mania* « folie, manie ».

**manécanterie** n. f. ▪ École de chant choral (sacré) pour garçons.

**manège** n. m. ▪ **I 1** Exercice que l'on fait faire à un cheval pour le dresser. **2** Lieu où l'on monte les chevaux. **3** *Manège (de chevaux de bois)* : plate-forme circulaire tournante garnie de montures (attraction foraine). **II** Comportement rusé.

**mânes** n. m. pl. ▪ dans la religion romaine Âmes des morts.

**manette** n. f. ▪ Clé, levier, poignée de commande.

**manga** n. m. ▪ Bande dessinée japonaise.

**manganèse** n. m. ▪ Métal gris clair, dur et cassant.

**mangeable** adj. ▪ Tout juste bon à manger, sans rien d'appétissant.

**mangeaille** n. f. ▪ fam. Nourriture abondante et médiocre.

**mangeoire** n. f. ▪ Auge pour animaux domestiques (chevaux, bestiaux, volaille).

①**manger** v. tr. ③ ▪ **1** Avaler pour se nourrir (un aliment solide ou consistant). ◆ sans compl. dir. S'alimenter, se nourrir. ⇨ Prendre un repas. **2** Dévorer (un être vivant, une proie). ◆ loc. fig. *Manger qqn des yeux*, le regarder avidement. **3** Ronger. *Laine mangée par les mites, aux mites.* **4** fig. *Manger ses mots*, les prononcer indistinctement. ⇨ *Manger la consigne, la commission*, oublier. **5** Consommer, dépenser. → **dilapider.**

②**manger** n. m. ▪ fam. Nourriture, repas.

**mange-tout** n. m. invar. ▪ Pois, haricots dont on mange la cosse avec la graine. ◆ adj. invar. *Haricot, pois mange-tout.*

**mangeur, euse** n. ▪ **1** Personne qui mange (beaucoup, peu). *Un gros mangeur.* **2** *Mangeur de...* : personne, animal qui mange (qqch.). → **-phage, -vore.**

**mangouste** n. f. ▪ Petit mammifère carnivore, prédateur des serpents.

**mangrove** n. f. ▪ GÉOGR. Forêt impénétrable des littoraux tropicaux (→ **palétuvier).**

**mangue** n. f. ▪ Fruit d'un arbre tropical (le *manguier*), à chair jaune très parfumée.

**maniable** adj. ■ **1** Qu'on manie et utilise facilement. *Outil maniable.* ◆ (véhicule) Qu'on manœuvre facilement. **2** fig. Qui se laisse aisément diriger. → **docile, souple.** ▷ n. f. **maniabilité**

**maniacodépressif, ive** adj. ■ psych. *Psychose maniacodépressive,* faisant alterner la manie (I, 1) et la dépression. ◆ adj. et n. (Personne) atteinte de cette psychose.

**maniaque** adj. ■ I psych. **1** Qui a une idée fixe ou une manie (I, 1). → n. *Un dangereux maniaque.* **2** adj. De la manie (I). **II** cour. **1** Qui a une manie (II). **2** Exagérément attaché à ses manies (▷ n. f. **maniaquerie**). → n. *Un maniaque de l'ordre.* ◆ Propre à un maniaque.

**manichéen, enne** [-keɛ̃] adj. ■ Du manichéisme. ◆ Partisan du manichéisme.

**manichéisme** [-ke-] n. m. ■ didact. Conception du bien et du mal comme deux forces égales et antagonistes.

**manie** n. f. ■ I psych. **1** Maladie mentale caractérisée par l'exaltation euphorique, de l'incohérence, alternant souvent avec la dépression (→ **maniacodépressif**). **2** Idée fixe pathologique. *Avoir la manie de la persécution.* **II** cour. **1** Goût excessif, déraisonnable (pour qqch.). **2** Habitude bizarre et tyrannique, souvent agaçante ou ridicule. *À chacun ses petites manies.*

**maniement** n. m. ■ **1** Action ou façon de manier, d'utiliser manuellement. → **manipulation, usage.** *Maniement d'armes.* **2** fig. Action, manière d'employer ; de diriger.

① **manier** v. tr. ⑦ ■ **1** Avoir en main, entre les mains tout en déplaçant, en remuant. **2** Utiliser en ayant en main. *Voiture facile à manier.* ◆ *Manier de l'argent* (→ **brasser**), *des fonds* (→ **gérer**). **3** fig. Mener à son gré (qqn). **4** fig. Employer plus ou moins habilement. *Savoir manier l'ironie.*

② **se manier** v. pron. seulement inf. ■ fam. Se remuer, se dépêcher. → **se magner.**

**manière** n. f. ■ I **1** Façon de faire, de procéder, de se produire. → loc. *Avoir la manière :* savoir s'y prendre. → loc. adv. *De cette manière :* ainsi. *De toute manière :* en tout cas. → loc. prép. *À la manière de :* comme. *De manière à* (+ inf.) : afin de. → loc. conj. *De manière que* (+ subj.) : de telle sorte que. **2** Forme de comportement personnelle et habituelle. *À sa manière, il est heureux.* **3** littér. *En manière de plaisanterie,* comme une plaisanterie. **4** gramm. *Complément, adverbe de manière,* qui indique comment se fait qqch. **II** au plur. Comportement considéré dans son effet sur autrui. *Apprendre les bonnes manières.* → **politesse.** ◆ *FAIRE DES MANIÈRES :* être maniéré.

**maniéré, ée** adj. ■ péj. **1** Qui montre de l'affectation, manque de naturel. **2** arts Qui manque de spontanéité.

**maniérisme** n. m. ■ didact. Tendance de l'art italien au XVIe siècle, caractérisé par le raffinement et la mise en évidence de l'artifice. ▷ adj. et n. **maniériste**

**manieur, euse** n. ■ *Manieur, euse de :* personne qui manie (qqch.).

**manifestant, ante** n. ■ Personne qui participe à une manifestation.

**manifestation** n. f. ■ I Action ou manière de (se) manifester. *Des manifestations de joie.* → **démonstration, marque. II 1** Événement organisé pour attirer un large public. **2** Réunion, marche publique organisée pour manifester une opinion ou une volonté. - abrév. fam. MANIF n. f.

① **manifeste** adj. ■ Dont l'existence ou la nature est évidente. → **flagrant.**

② **manifeste** n. m. ■ Déclaration écrite et publique par laquelle un groupe (politique, artistique, littéraire...) expose son programme.

**manifestement** adv. ■ D'une manière manifeste, à l'évidence ; visiblement.

**manifester** v. ① ■ I v. tr. **1** Exprimer clairement. *Manifester sa sympathie (à qqn).* **2** Faire ou laisser apparaître clairement. *Manifester de la crainte.* **II** v. intr. Participer à une manifestation (II, 2). ► **se manifester** v. pron. Se révéler clairement. ► Donner de ses nouvelles.

**manigance** n. f. ■ Manœuvre secrète et suspecte, sans grande portée.

**manigancer** v. tr. ③ ■ Combiner par manigances.

① **manille** n. f. ■ Jeu de cartes où les plus fortes sont le dix *(manille),* puis l'as *(manillon* n. m.).

② **manille** n. f. ■ **1** anciennt Anneau pour assujettir la chaîne (d'un forçat). **2** techn. Étrier métallique arrondi (fixation).

**manioc** n. m. ■ Racine d'un arbrisseau tropical ; sa fécule. → **tapioca.**

**manipulateur, trice** ■ I n. **1** Personne qui procède à des manipulations. **2** fig. Personne qui en manipule (4) d'autres. **II** n. m. Transmetteur de signaux télégraphiques.

**manipulation** n. f. ■ **1** Action, manière de manipuler (des substances, des produits, des appareils). ◆ *Manipulations génétiques.* ◆ Opérations manuelles de prestidigitation. **2** fig. Manœuvre pour manipuler (4) qqn. ◆ fam. Plan, manœuvre.

**manipuler** v. tr. ① ■ **1** Manier avec soin (expériences, etc.). **2** Manier et transporter (→ **manutention**). **3** fig. Modifier de façon malhonnête. → **trafiquer. 4** fig. Amener habilement (qqn) à faire ce qu'on veut.

**manitou** n. m. ■ **1** Grand esprit (Amérindiens). **2** fam. Personnage important et puissant.

**manivelle** n. f. ■ **1** Levier coudé, manœuvré à la main pour imprimer un mouvement de rotation. ► *Retour* * *de manivelle.* **2** techn. Pièce qui transmet un mouvement.

① **manne** n. f. ■ Nourriture miraculeuse envoyée aux Hébreux dans le désert. ◆ fig. et littér. Don ou avantage inespéré.

② **manne** n. f. ■ vieilli Grand panier d'osier.

**mannequin** n. m. ■ **1** Forme humaine utilisée pour la confection, la présentation de modèles de vêtements. **2** Personne dont le métier est de porter et de présenter les modèles des couturiers.

**manœuvrable** adj. ■ (bateau, véhicule) Apte à être manœuvré. ▷ n. f. **manœuvrabilité**

① **manœuvre** n. f. ■ **I 1** Actions destinées à régler le mouvement d'un bateau, d'un véhicule. *Manœuvre pour se garer.* ↝ *Fausse manœuvre* (fig. décision, démarche maladroite et sans résultat). ◆ Opérations permettant la marche d'un appareil, d'une machine. **2** Exercice militaire. *Grandes manœuvres.* **II** fig. Moyen pour atteindre un but (souvent avec ruse). **III** surtout au plur. Cordage du gréement d'un navire.

② **manœuvre** n. m. ■ Ouvrier peu qualifié exécutant de gros travaux.

**manœuvrer** v. ① ■ **I** v. intr. **1** Effectuer une manœuvre sur un bateau, un véhicule. **2** (militaires) Faire l'exercice. **3** fig. Employer des moyens adroits. **II** v. tr. **1** Faire fonctionner. *Manœuvrer le gouvernail, le volant.* **2** fig. Faire agir (qqn) habilement. ↝ **manipuler.** ↝ *Manœuvrer la presse.*

**manœuvrier, ière** n. ■ Personne qui manœuvre habilement.

**manoir** n. m. ■ Petit château ancien à la campagne.

**manomètre** n. m. ■ sc. Appareil pour mesurer la pression. ▷ adj. **manométrique**

**manouche** n. ■ Gitan nomade.

**manquant, ante** adj. ■ Qui manque, est en moins. ↝ n. *Les manquants* (choses, personnes). ↝ loc. *Le chaînon\* manquant.*

① **manque** n. m. ■ **1** Fait de manquer, absence ou grave insuffisance. *Manque d'argent; d'imagination.* ↝ *Manque de chance, de pot.* ◆ *ÉTAT DE MANQUE*, de privation (drogue, alcool). ↝ loc. *Être en manque.* ◆ *PAR MANQUE DE* loc. prép. : faute de. **2** au plur. littér. ↝ **insuffisance, lacune.** *Il est conscient de ses manques.* **3** loc. *MANQUE À GAGNER* (fig. occasion manquée de faire une affaire profitable).

② **manque** adj. ■ loc. fam. *À LA MANQUE* : raté, défectueux, mauvais.

**manquement** n. m. ■ Fait de manquer à un devoir. *Un manquement à la discipline.*

**manquer** v. ① ■ **I** v. intr. **1** Ne pas être, lorsqu'il le faudrait ; faire défaut. *Si l'eau venait à manquer.* ↝ (impers.) loc. *Il ne manquait plus que cela !*, c'est le comble. **2** *MANQUER À* qqn. *Le temps me manque.* ↝ impers. *Il me manque cinq euros.* ◆ *Son frère lui manque*, il souffre de son absence. ◆ (sujet chose) Ne plus fonctionner. **3** (sujet chose) Échouer, rater. **II** v. tr. ind. Ne pas avoir, ne pas faire. **1** *MANQUER DE* : ne pas avoir (quand il le faudrait ou suffisamment). *Elle manque d'amis.* ↝ *Manquer d'humour.* ◆ *La sauce manque de sel.* **2** *MANQUER À qqch.* : ne pas se conformer à (qqch. qu'on doit observer). *Manquer à sa parole.* **3** *NE PAS MANQUER DE* (+ inf.) : faire. *Je* ne manquerai pas de vous informer ; je n'y manquerai pas. **4** semi-auxiliaire (+ inf. ; + de et inf.) Être tout près de, sur le point de. ↝ **faillir.** *Elle avait manqué (de) mourir.* **III** v. tr. dir. **1** Ne pas réussir. ↝ **rater.** *Manquer son coup.* **2** Ne pas atteindre. *Manquer une marche ; la cible.* **3** Ne pas rencontrer (qqn qu'on voulait voir). ◆ *Manquer son train*, arriver après son départ. **4** Laisser échapper (qqch. de profitable). *Manquer une occasion.* **5** S'abstenir d'assister, d'être présent à. *Manquer un cours.* ↝ **manqué, ée** adj. Qui n'est pas réussi. *Photo manquée.* ◆ loc. *Acte manqué*, révélateur d'un contenu inconscient.

**mansarde** n. f. ■ **1** Toit brisé à quatre pans. **2** Chambre dans un comble, dont un mur est en pente.

**mansardé, ée** adj. ■ Dont une paroi est inclinée, du fait de la pente du toit.

**mansuétude** n. f. ■ littér. Disposition à pardonner généreusement.

① **mante** n. f. ■ *Mante (religieuse)* : insecte carnassier à fortes pattes antérieures, dont la femelle dévore son partenaire.

② **mante** n. f. ■ ancient Manteau de femme ample et sans manches.

**manteau** n. m. ■ **I 1** Vêtement à manches qui se porte par-dessus les autres vêtements. **2** loc. fig. *SOUS LE MANTEAU* : clandestinement. **II** *Manteau de cheminée*, partie en saillie au-dessus du foyer.

**mantille** n. f. ■ Écharpe de dentelle drapée sur la tête (coiffure féminine).

**mantra** n. m. ■ didact. Formule sacrée hindouiste, bouddhiste.

**manucure** n. ■ Personne chargée des soins esthétiques des mains, des ongles.

**manucurer** v. tr. ① ■ Faire les mains, les ongles de (qqn).

① **manuel, elle** ■ **I** adj. **1** Qui se fait avec la main ; nécessite une activité physique. *Travail manuel.* **2** Qui fait appel à l'intervention humaine (opposé à *automatique*). ▷ adv. **manuellement II** n. Personne disposée à l'activité manuelle.

② **manuel** n. m. ■ Ouvrage présentant les notions d'une science, d'une technique.

**manufacture** n. f. ■ **1** vx Fabrique, usine. **2** Établissement industriel où la qualité de la main-d'œuvre est primordiale.

**manufacturer** v. tr. ① ■ Transformer (une matière première). ↝ au p. p. cour. (opposé à *brut*). *Produits manufacturés.*

**manu militari** loc. adv. ■ En employant la force armée, la force publique.

**manuscrit, ite** ■ **I** adj. Écrit à la main. **II** n. m. **1** Texte, ouvrage écrit ou copié à la main. *Manuscrit enluminé.* **2** Œuvre originale manuscrite ou dactylographiée.

**manutention** n. f. ■ Déplacement de marchandises (emmagasinage, expédition, vente...). ▷ **manutentionner** v. tr. ①

**manutentionnaire** n. ■ Personne employée aux travaux de manutention.

**Mao** n. appos. ■ loc. COL MAO, col droit semblable à celui des vestes chinoises.

**maoïsme** n. m. ■ Mouvement gauchiste se réclamant de la politique de Mao Zedong. ▷ adj. et n. **maoïste**

**maous, ousse** [maus] adj. ■ fam. Gros, énorme. – var. MAHOUS.

**mappemonde** n. f. ■ **1** Carte plane représentant le globe terrestre. → planisphère. **2** abusivt Globe terrestre.

**maquer** v. tr. 〔1〕 ■ argot fam. Mettre ensemble, marier.

① **maquereau** n. m. ■ Poisson de mer comestible au dos vert et bleu.

② **maquereau, elle** n. ■ fam. et vulg. Personne qui vit de la prostitution des femmes. → proxénète.

**maquette** n. f. ■ **1** Modèle en réduction (d'une sculpture). **2** Modèle réduit, spécialt servant de jouet. **3** Projet (d'un imprimé).

**maquettiste** n. ■ Spécialiste qui conçoit, exécute des maquettes (1, 2 et 3).

**maquignon** n. m. ■ **1** Marchand de chevaux. ♦ péj. Marchand de bestiaux. **2** fig. Homme d'affaires ou entremetteur malhonnête.

**maquignonnage** n. m. ■ Manœuvres, transactions frauduleuses.

**maquillage** n. m. ■ **1** Action, manière de (se) maquiller, d'être maquillé. **2** Produits (fond de teint, fards) servant à se maquiller. **3** Modification frauduleuse de l'aspect (d'une chose).

**maquiller** v. tr. 〔1〕 ■ **1** Modifier ou embellir (le visage) par des procédés et produits appropriés. → farder. ➤ pronom. Se maquiller. **2** Modifier de façon trompeuse l'apparence de (qqch.). Maquiller un passeport, une voiture. **3** fig. Dénaturer volontairement. ▷ n. **maquilleur, euse**

**maquis** n. m. ■ **1** Végétation méditerranéenne d'arbrisseaux touffus. **2** fig. Complication inextricable. **II** France, sous l'occupation allemande Lieu peu accessible où se regroupaient les résistants. ♦ Organisation de résistance.

**maquisard** n. m. ■ Résistant d'un maquis.

① **mara** n. m. ■ zool. Petit rongeur de Patagonie ou des pampas.

② **mara** n. f. ■ MARA DES BOIS : variété de fraise cultivée, petite, d'un rouge foncé, très parfumée.

**marabout** n. m. ■ **1 1** Pieux ermite, saint de l'islam. **2** Musulman sage et respecté. **3** français d'Afrique Envoûteur, sorcier (d'où *marabouter* v. tr. 〔1〕 « envoûter » ; *maraboutage* n. m.). **II** Tombeau d'un saint de l'islam. **III** Grand échassier d'Afrique au bec épais et au cou déplumé.

**maraîcher, ère** n. ■ Cultivateur de légumes. ♦ adj. *Production maraîchère.*

**marais** n. m. ■ **1** Nappe d'eau stagnante où pousse la végétation (→ marécage). **2** MARAIS SALANT : bassin où l'on extrait le sel de mer.

**marasme** n. m. ■ **1** Accablement, apathie profonde. **2** fig. Situation stagnante.

**marasquin** n. m. ■ Liqueur parfumée avec une cerise acide (la *marasque*).

**marathon** n. m. ■ **1** Course à pied de grand fond (42,195 km) sur route. **2** fig. Épreuve, délibération prolongée qui exige une grande résistance. *Le marathon budgétaire.*

**marâtre** n. f. ■ **1** vx Belle-mère* (2). **2** Mauvaise mère.

**maraud, aude** n. ■ vx Misérable, vaurien.

**maraude** n. f. ■ **1** Vols commis en maraudant. **2** *Taxi en maraude* (→ marauder (2)).

**marauder** v. intr. 〔1〕 ■ **1** Voler des produits dans les jardins et les fermes. **2** Circuler à vide, à la recherche de clients (taxi). ▷ n. m. **maraudage** ▷ n. **maraudeur, euse**

**marbre** n. m. ■ **1 1** Roche calcaire, souvent veinée, qu'on peut polir. **2** Statue de marbre. **3** loc. *Être, rester de marbre*, impassible. **II** Surface utilisée pour des opérations techniques ; spécialt table de presse (d'imprimerie).

**marbrer** v. tr. 〔1〕 ■ **1** Marquer (une surface) de veines, de taches pour donner l'apparence du marbre. **2** Marquer (la peau) de marbrures. ▶ **marbré, ée** p. p.

**marbrerie** n. f. ■ **1** Métier du marbrier. **2** Industrie du marbre. *Marbrerie funéraire.*

**marbrier** n. m. ■ **1** Ouvrier qui traite le marbre. **2** Fabricant, marchand d'ouvrages en marbre.

**marbrière** n. f. ■ Carrière de marbre.

**marbrure** n. f. ■ **1** Imitation des veines et taches du marbre. **2** Marques sur la peau.

① **marc** [maʀ] n. m. ■ hist. Poids de huit onces.

② **marc** [maʀ] n. m. ■ **1** Résidu des fruits pressés. **2** Eau-de-vie de marc de raisin. **3** Résidu (d'une substance infusée). *Lire dans le marc de café* (pour prédire l'avenir).

**marcassin** n. m. ■ Petit sanglier.

**marcel** n. m. ■ fam. Débardeur (maillot de corps).

**marchand, ande** ■ **I** n. Commerçant. ➤ *Marchand de biens* : agent immobilier. *Marchand des quatre saisons**. ♦ loc. péj. *Marchand de soupe* : personne qui ne songe qu'au profit. **II** adj. **1** Commercial. *Valeur marchande.* **2** *Galerie marchande*, où se trouvent des commerces. **3** *Marine marchande* (transports commerciaux).

**marchander** v. tr. 〔1〕 ■ Essayer d'acheter (une chose) à meilleur marché, en discutant avec le vendeur. ▷ n. m. **marchandage**

**marchandisage** n. m. ■ comm. Ensemble des techniques de présentation des marchandises. – syn. (anglic.) MERCHANDISING.

**marchandise** n. f. ■ **1** Objet destiné à la vente, denrée. **2** loc. *Faire valoir sa marchandise* (fig. présenter les choses sous un jour favorable).

① **marche** n. f. ■ I Surface plane sur laquelle on pose le pied pour passer d'un plan horizontal à un autre. *Les marches d'un escalier.* II (s'oppose à *arrêt*) 1 Action de marcher, suite de pas. ➜ loc. fig. *La* MARCHE À SUIVRE : série d'opérations. 2 Mouvement, manifestation de personnes en marche. *Une marche de protestation.* 3 Musique rythmée pouvant régler la marche. 4 (choses) Déplacement continu dans une direction. *Marche arrière.* 5 Mouvement (d'un mécanisme...). 6 Fonctionnement. *Appareil en état de marche.* 7 EN MARCHE loc. adv. : en train d'avancer. ➜ En fonctionnement.

② **marche** n. f. ■ surtout plur. hist. Région frontière (d'un État).

**marché** n. m. ■ I 1 Réunion périodique de marchands, notamment de denrées alimentaires. *Marché couvert.* → **halle.** 2 Opérations commerciales, financières dans une zone ; cette zone. *Le marché du blé ; des devises.* ➜ ancient MARCHÉ COMMUN : communauté économique européenne (C. E. E.). ➜ MARCHÉ NOIR : marché clandestin, parallèle. 3 Débouché pour un produit. *Étude de marché.* II 1 Accord portant sur la fourniture de marchandises, de valeurs ou de services. → **affaire, contrat.** ➜ loc. *Mettre* (à qqn) *le marché en main*, le sommer d'accepter ou non. ➜ *Par-dessus le marché*, en plus, en outre. 2 loc. À BON MARCHÉ : à bas prix. ♦ BON MARCHÉ adj. invar. : pas cher.

**marchepied** n. m. ■ Degré(s) aidant à monter dans une voiture.

**marcher** v. intr. ① ■ I 1 Se déplacer par mouvements et appuis successifs des jambes et des pieds (→ **pas**), sans interrompre le contact avec le sol (s'oppose à *courir, sauter*). → **marche** (II, 1). 2 Aller à pied. *Marcher sans but.* ➜ **errer, flâner.** ➜ *Marcher sur* (qqn, l'ennemi), pour attaquer. 3 (sujet chose) Se mouvoir de manière continue. (mécanisme) Fonctionner. *La radio ne marche plus.* 5 Produire l'effet souhaité. *Ça n'a pas marché.* II 1 Avancer à pied. 2 Poser le, les pieds. *Marcher dans une flaque d'eau.* III fam. Donner son adhésion à qqch. → **accepter, consentir.** *Je ne marche pas !* ➜ *Faire marcher qqn*, le tromper.

**marcheur, euse** n. ■ 1 Personne qui marche (bien ou mal). 2 adj. *Oiseaux marcheurs*, qui marchent (et volent difficilement). → **coureur.**

**marcotte** n. f. ■ Tige, branche qui a pris racine, ou qui peut produire un rejeton.

**mardi** n. m. ■ 1 Deuxième jour de la semaine, qui succède au lundi. 2 *Mardi gras*, dernier jour du carnaval.

**mare** n. f. ■ 1 Petite nappe d'eau peu profonde qui stagne. 2 *Mare de :* grande quantité de (liquide répandu).

**marécage** n. m. ■ Lieu inculte et humide où s'étendent des marais\*. ▷ adj. **marécageux, euse**

**maréchal, aux** n. m. ■ Officier général qui a la dignité la plus élevée dans la hiérarchie militaire. ▷ n. m. **maréchalat**

**maréchal des logis** n. m. ■ Sous-officier (→ **sergent**) de cavalerie ou d'artillerie.

**maréchal-ferrant** n. m. ■ Artisan qui ferre les chevaux. *Des maréchaux-ferrants.*

**maréchaussée** n. f. ■ plais. Gendarmerie.

**marée** n. f. ■ I 1 Mouvement journalier d'oscillation de la mer, dû à l'attraction lunaire. *À marée haute, basse.* 2 *MARÉE NOIRE :* mazout polluant l'eau de mer et atteignant les côtes. 3 fig. → **flot.** *Une marée humaine.* II Poissons, fruits de mer frais (→ **mareyeur**).

**marelle** n. f. ■ Jeu d'enfants qui consiste à pousser à cloche-pied un palet dans des cases numérotées.

**marémotrice** adj. f. ■ *Usine marémotrice*, où la marée produit de l'électricité.

**marengo** [-ʀɛ̃-] n. appos. ■ *Poulet, veau marengo*, préparé avec tomates, champignons, vin blanc.

**mareyeur, euse** n. ■ Grossiste qui achète et expédie les produits de la pêche.

**margarine** n. f. ■ Corps gras alimentaire, végétal ou (plus rarement) animal.

**marge** n. f. ■ 1 Espace blanc autour (spécialt, à gauche) d'un texte écrit ou imprimé. *Écrire dans la marge.* 2 fig. Intervalle d'espace ou de temps ; possibilité d'action. *Avoir une marge de réflexion.* → **délai.** 3 *Marge (bénéficiaire) :* différence entre prix de vente et coût. 4 EN MARGE DE : en dehors de, et en rapport. ➜ *Vivre en marge* (→ **marginal**).

**margelle** n. f. ■ Rebord de pierre (d'un puits, du bassin d'une fontaine).

**marginal, ale, aux** adj. ■ 1 didact. Qui est mis dans la marge. 2 Secondaire. 3 Qui vit en marge de la société. ➜ **asocial.** ➜ n. *Des marginaux.* ▷ n. f. **marginalité**

**marginaliser** v. tr. ① ■ Mettre à l'écart, tendre à exclure.

**marginalisme** n. m. ■ écon. Théorie selon laquelle la valeur d'échange est déterminée par celle de la dernière unité disponible d'un produit. ▷ adj. et n. **marginaliste**

**margoulette** n. f. ■ fam. Tête, face.

**margoulin** n. m. ■ péj. Individu peu scrupuleux qui fait de petites affaires.

**margrave** n. m. ■ hist. Prince souverain (Allemagne). ▷ n. m. **margraviat**

**marguerite** n. f. ■ Fleur blanche à cœur jaune, commune dans les prés. ■

**mari** n. m. ■ Homme marié, par rapport à l'épouse.

**mariage** n. m. ■ I 1 Union légitime d'un homme et d'une femme (→ **matrimonial**). 2 Cérémonie du mariage. → **noce.** 3 État d'une personne mariée, d'un couple marié (opposé à *célibat*). II fig. Alliance, union. *Le mariage de deux parfums.*

**marié, ée** adj. et n. ■ 1 Uni(s) par le mariage. 2 n. Personne dont on célèbre le mariage. ➜ loc. prov. *Se plaindre que la mariée est trop belle*, se plaindre alors qu'on devrait se réjouir.

**marier** v. tr. 7 ■ **1** Unir (un homme et une femme) en célébrant le mariage. ♦ Donner en mariage. **2** pop. Épouser. **3** fig. Allier, unir. ► **se marier** v. pron.

**marigot** n. m. ■ Bras mort d'un fleuve, marais*, eau morte (tropiques).

**marijuana** [maʀiʀwana ; -ʒyana] n. f. ■ Stupéfiant tiré du chanvre indien.

**marimba** [maʀimba] n. m. ■ Xylophone africain dont chaque lame est munie d'un résonateur.

① **marin, ine** adj. ■ **1** De la mer. *Sel marin.* **2** Relatif à la navigation sur mer. → loc. *Le pied marin,* l'équilibre à bord.

② **marin** n. m. ■ **1** Navigateur. **2** Personne dont la profession est de naviguer sur la mer. → **matelot, navigateur.** loc. fam. *Marin d'eau douce,* médiocre marin. **3** adj. *Costume marin,* qui rappelle celui des marins.

**marina** n. f. ■ anglic. Ensemble touristique côtier comportant un port de plaisance.

**marinade** n. f. ■ **1** Liquide (vin, etc.) salé et pour mariner le poisson, la viande. **2** Aliment mariné.

① **marine** ■ I n. f. **1** Ce qui concerne la navigation sur mer. **2** Navires d'une nation ou d'une catégorie. **II** adj. invar. *(BLEU) MARINE :* bleu foncé (des uniformes de marine). **III** n. f. Peinture ayant la mer pour sujet.

② **marine** n. m. ■ Soldat de l'infanterie de marine américaine ou anglaise.

**mariner** v. 1 ■ **1** v. tr. Tremper dans une marinade. → au p. p. *Poissons marinés.* ♦ intrans. *La viande marine.* **2** v. intr. fam. (sujet personne) Rester longtemps et désagréablement.

**maringouin** n. m. ■ (Tropiques ; Canada) Moustique.

**marinier, ière** n. ■ Personne qui navigue sur les rivières. → **batelier.**

**marinière** n. f. ■ I *(À LA) MARINIÈRE :* à la manière des pêcheurs, des marins. *Moules (à la) marinière.* **II** Blouse sans ouverture sur le devant.

**mariolle** ou **mariol** adj. et n. ■ fam. Malin.

**marionnette** n. f. ■ **1** Figurine représentant un être humain ou un animal, actionnée à la main par une personne cachée. ▷ n. **marionnettiste** **2** fig. Personne qu'on manœuvre à son gré.

**marital, ale, aux** adj. ■ Du mari ; du couple marié. ▷ adv. **maritalement**

**maritime** adj. ■ **1** Près de la mer ; qui subit l'influence de la mer. **2** Qui se fait sur mer, par mer. **3** De la navigation. → **naval.**

**maritorne** n. f. ■ Femme laide et sale.

**marivauder** v. intr. 1 ■ Échanger des propos d'une galanterie délicate et recherchée. ▷ n. m. **marivaudage**

**marjolaine** n. f. ■ Plante aromatique méditerranéenne (syn. *origan*).

**mark** [maʀk] n. m. ■ Unité monétaire de l'Allemagne, de la Finlande (avant l'euro).

**marketing** [-ke-] n. m. ■ anglic. Techniques de stratégie commerciale, d'études de marché. – recomm. off. *mercatique* n. f.

**marlin** n. m. ■ Grand poisson des mers chaudes, à rostre.

**marmaille** n. f. ■ fam. Groupe nombreux de jeunes enfants (→ **mômes**).

**marmelade** n. f. ■ **1** Fruits écrasés et cuits avec du sucre. **2** *EN MARMELADE :* en bouillie.

**marmite** n. f. ■ **1** Récipient pour faire bouillir l'eau, cuire des aliments. → loc. *Nez en pied de marmite,* épaté. *Faire bouillir la marmite,* faire vivre sa famille. **2** géol. *Marmite de géants :* cuvette d'érosion.

**marmiton** n. m. ■ Jeune aide-cuisinier.

**marmonner** v. tr. 1 ■ Dire, murmurer entre ses dents. ▷ n. m. **marmonnement**

**marmoréen, éenne** adj. ■ littér. Qui a l'apparence du marbre.

**marmot** n. m. ■ **1** fam. Jeune enfant. **2** loc. *Croquer le marmot,* attendre longtemps.

**marmotte** n. f. ■ **1** Mammifère rongeur, hibernant. → loc. *Dormir comme une marmotte.* ♦ Sa fourrure. **II** Malle à deux parties qui s'emboîtent.

**marmotter** v. tr. 1 ■ Marmonner. ▷ n. m **marmottement**

**marmouset** n. m. ■ vx Figurine grotesque.

**marne** n. f. ■ Mélange naturel d'argile et de calcaire. ▷ adj. **marneux, euse**

**marner** v. intr. 1 ■ **1** Amender (la terre) avec de la marne. **2** fig., fam. Travailler dur.

**marocain, aine** adj. et n. ■ Du Maroc.

**maronner** v. intr. 1 ■ régional Maugréer.

**maroquin** n. m. ■ Peau de chèvre ou de mouton, tannée et teinte.

**maroquinerie** n. f. ■ Industrie des cuirs fins pour articles de luxe (portefeuilles, sacs, bagages). ♦ Commerce, magasin de ces articles. ▷ n. **maroquinier, ière**

**marotte** n. f. ■ **1** hist. Sceptre de bouffon, surmonté d'une tête à capuchon garni de grelots. **2** mod. Idée fixe, manie.

**maroufler** v. tr. 1 ■ Appliquer (un papier, une toile peinte) sur une surface avec de la colle forte. ▷ n. m. **marouflage**

**marquage** n. m. ■ **1** Opération par laquelle on marque (I, 1) des animaux, etc. **2** sports Action de marquer (I, 8) un joueur.

**marquant, ante** adj. ■ Qui laisse une trace, un souvenir. *Événement marquant.*

**marque** n. f. ■ **I 1** Signe matériel, empreinte sur une chose, permettant de distinguer, reconnaître, repérer. *Faire une marque sur une liste.* **2** sports Trait, repère, dispositif pour régler certains mouvements. **3** Signe attestant un contrôle. → **cachet, estampille, poinçon. 4** *Marque de fabrique.* → **étiquette, label** (anglic.). *Produits de marque,* qui portent une marque connue. ♦ Entreprise qui fabrique ces produits. → loc. *IMAGE* DE MARQUE.* **II 1** Trace naturelle dont l'origine est reconnaissable. → **empreinte, indice,**

**trace. 2** Objet qui sert à faire reconnaître, à retrouver. **3** Insigne. *Les marques de son grade.* **4** fig. Manifestation reconnaissable. *Donner des marques d'estime.* → **preuve.** **III** sports Décompte des points.

**marquer** v. ① ▪ **I** v. tr. **1** Distinguer, rendre reconnaissable par une marque (I), un repère. *Marquer des animaux.* **2** fam. Écrire, noter. → au p. p. *C'est marqué dessus.* **3** (sujet chose) Former, laisser une trace, une marque sur (qqch). → fig. *Ces événements l'ont marqué.* **4** Indiquer, signaler. *Marquer une limite.* **5** (instrument) Indiquer. **6** *Marquer les points,* les enregistrer (→ **marque** (III)). → loc. *MARQUER LE COUP :* réagir ; manifester que l'on a été atteint, touché. → *MARQUER UN POINT,* obtenir un avantage. → sports *Marquer un but, un essai.* → **réussir. 7** Rendre sensible. *Marquer la mesure.* loc. *MARQUER LE PAS :* piétiner sur place ; fig. être ralenti dans son activité. **8** sports Surveiller (un joueur) en le serrant. **II** v. tr. fig. **1** Faire connaître, extérioriser (un sentiment, une pensée). → **exprimer, manifester.** *Marquer son mépris.* **2** (sujet chose) Faire connaître, révéler par un signe. *Cela marque son intérêt.* **III** v. intr. **1** Faire une impression forte. *Des événements qui marquent.* **2** Laisser une trace, une marque. ▪ **marqué, ée** adj. *Visage marqué,* aux traits tirés, ou ridé. **4** Qui se reconnaît facilement. *Une différence très marquée.*

**marqueté, ée** adj. ▪ **1** Bigarré, tacheté. **2** Formé ou décoré en marqueterie.

**marqueterie** [-kɛtʀi ; -kətʀi] n. f. ▪ **1** Assemblage décoratif de pièces (bois précieux, écaille, ivoire) sur un fond de menuiserie. **2** Fabrication de ces assemblages (ébénisterie).

**marqueur, euse** ▪ **I** n. **1** Personne qui appose des marques. **2** Personne qui compte les points. **II** n. m. **1** Instrument pour marquer. ◆ Crayon feutre. **2** sc. Élément repérable.

**marquis, ise** n. ▪ Noble qui prend rang avant le comte, la comtesse.

**marquise** n. f. ▪ Auvent vitré au-dessus d'une porte, d'un perron, etc.

**marraine** n. f. ▪ Femme qui tient (ou a tenu) un enfant (→ **filleul**) à son baptême.

**marrant, ante** adj. ▪ fam. **1** Amusant, drôle. **2** Bizarre, curieux.

**marre** adv. ▪ fam. *EN AVOIR MARRE :* en avoir assez (→ **ras le bol**), être dégoûté.

**se marrer** v. pron. ① ▪ fam. S'amuser, rire.

**marri, ie** adj. ▪ vx ou littér. Triste, fâché.

①**marron** n. m. ▪ **I 1** Fruit comestible cuit du châtaignier cultivé. → **châtaigne.** → *Marrons glacés,* confits dans du sucre. → loc. *Tirer les marrons du feu,* se donner de la peine pour autrui. **2** *Marron d'Inde* ou *marron,* graine non comestible du marronnier d'Inde. **3** adj. invar. et n. m. (D'une) couleur brun foncé. **II** fam. Coup de poing.

②**marron, onne** adj. ▪ **1** ancient *ESCLAVE MARRON,* qui s'était enfui pour vivre en liberté. **2** Qui se livre à l'exercice illégal d'une profession. *Médecin, avocat marron.* **3** adj. invar. fam. *Être (fait) marron,* pris, attrapé.

**marronnier** n. m. ▪ **1** Châtaignier cultivé. **2** *Marronnier (d'Inde) :* grand arbre d'ornement à fleurs blanches ou roses. **3** Sujet d'information rebattu, répétitif.

**mars** [maʀs] n. m. ▪ Troisième mois de l'année.

**marseillais, aise** ▪ **1** adj. et n. De Marseille. **2** n. f. L'hymne national français.

**marsouin** n. m. ▪ Mammifère cétacé des mers froides, plus petit que le dauphin.

**marsupiaux** n. m. pl. ▪ Ordre de mammifères vivipares, dont la femelle porte une poche ventrale, qui renferme les mamelles (ex. kangourou, koala). → sing. *Un marsupial.*

**marte** → **martre**

**marteau** n. m. ▪ **I 1** Outil pour frapper, masse métallique fixée à un manche. *Le marteau et l'enclume.* **2** Machine-outil agissant par percussion. → loc. *Marteau pneumatique. Marteau-piqueur.* **3** Petit maillet de commissaire-priseur. **4** Pièce qui correspond à une touche du clavier et frappe une corde du piano. **5** Heurtoir (d'une porte). **6** appos. *REQUIN MARTEAU,* dont la tête présente deux prolongements latéraux. **7** Osselet de l'oreille moyenne. **8** Sphère métallique, à poignée, que les athlètes lancent. ◆ Lancer de cet engin. **II** adj. fam. Fou, cinglé.

**martel** n. m. ▪ vx Marteau. ◆ loc. *Se mettre martel en tête :* se faire du souci.

**martelage** n. m. ▪ Action de marteler (1).

**martèlement** ou **martellement** n. m. ▪ Choc du marteau. ◆ Bruit répété.

**marteler** v. tr. ⑤ ▪ **1** Frapper, forger à coups de marteau. **2** Frapper fort et à coups répétés sur (qqch). **3** Articuler avec force.

**martial, ale, aux** adj. ▪ **1** Relatif à la guerre, à la force armée. *Loi martiale.* → *Cour martiale,* tribunal militaire exceptionnel. **2** Militaire. *Allure martiale.* **3** *Arts martiaux,* sports de combat d'origine japonaise (aïkido, jiu-jitsu, judo, karaté...).

**martien, ienne** ▪ **1** adj. De la planète Mars. **2** n. Habitant (fictif) de la planète Mars ; extraterrestre.

①**martinet** n. m. ▪ Oiseau passereau, à longues ailes, qui ressemble à l'hirondelle.

②**martinet** n. m. ▪ Petit fouet à plusieurs lanières.

**martingale** n. f. ▪ **I** Bande horizontale dans le dos d'un vêtement, à la taille. **II** au jeu Combinaison basée sur les probabilités.

**martin-pêcheur** n. m. ▪ Petit oiseau à long bec, qui se nourrit de poissons.

**martre** n. f. ▪ Mammifère carnivore au corps allongé, au museau pointu, au pelage brun. → Sa fourrure. – var. MARTE.

**martyr, yre** n. ■ **1** Personne qui a souffert, a été mise à mort pour avoir refusé d'abjurer sa foi. **2** Personne qui meurt ou souffre pour une cause. **3** Personne que les autres maltraitent, martyrisent. → **souffre-douleur.** ◦ appos. *Enfant martyr.*

**martyre** n. m. ■ **1** La mort, les tourments des martyrs (1 et 2). **2** Grande souffrance.

**martyriser** v. tr. ⁊ ■ Faire souffrir beaucoup, physiquement ou moralement.

**martyrologe** n. m. ■ Liste de martyrs.

**marxisme** n. m. ■ Doctrine de Karl Marx, Friedrich Engels et leurs continuateurs. → **communisme, socialisme.** *Marxisme-léninisme.* ▷ adj. et n. **marxiste**

**mas** [mɑ(s)] n. m. ■ Ferme (en Provence).

**mascara** n. m. ■ Fard pour les cils.

**mascarade** n. f. ■ **1** Divertissement masqué. **2** Déguisement, accoutrement ridicule ou bizarre. **3** fig. Mise en scène trompeuse.

**mascaret** n. m. ■ Longue vague déferlante à la rencontre du flux et du reflux.

**mascarpone** n. m. ■ Fromage italien, crème de gorgonzola.

**mascotte** n. f. ■ Animal, personne ou objet porte-bonheur. → **fétiche.**

**masculin, ine** adj. ■ **1** Qui a les caractères de l'homme, du mâle. → **viril. 2** Qui a rapport à l'homme, est réservé aux hommes. **3** Composé d'hommes. **II** gramm. **1** adj. et n. m. Se dit d'un genre des noms (et adjectifs) opposé à d'autres (féminin, neutre) et qui s'applique à l'origine aux êtres mâles. **2** *Rime masculine,* qui ne se termine pas par un e muet.

**maskinongé** n. m. ■ franç. du Canada Grand brochet.

**masochisme** n. m. ■ Comportement d'une personne qui trouve du plaisir à souffrir (s'oppose à *sadisme*). ▷ adj. et n. **masochiste**

**masquage** n. m. ■ Action de masquer.

**masque** n. m. ■ **I 1** Objet dont on couvre le visage humain pour le transformer. *Masques africains. Masque de carnaval.* ◦ loc. *Lever, jeter le masque,* se montrer tel qu'on est. ◆ Personne masquée. **II 2** fig. Dehors trompeur. *Un masque d'indifférence.* **3** Aspect du visage. *Avoir un masque impénétrable.* → **air, expression. II 1** Empreinte prise sur le visage d'un mort. **2** Appareil qui sert à protéger le visage. *Masque d'escrime.* ◆ *MASQUE À GAZ,* protégeant des gaz toxiques. → Dispositif anesthésique. **3** Couche appliquée sur le visage pour traiter l'épiderme.

**masquer** v. tr. ⁊ ■ **1** Couvrir d'un masque (I, 1). **2** Déguiser sous une fausse apparence. *Masquer la vérité.* **3** Cacher. *Cela masque la vue.* → **masqué, ée** adj. *Bandits masqués.* → *BAL MASQUÉ,* avec masques.

**massacrant, ante** adj. ■ loc. *HUMEUR MASSACRANTE,* très mauvaise.

**massacre** n. m. ■ **I 1** Action de massacrer. → **carnage, tuerie ; génocide, pogrom.** ◆ *JEU DE MASSACRE,* où l'on abat des figurines, en lançant des balles. **2** fig. Mise à mal d'un adversaire. **3** fig. Destruction massive. ◆ Travail très mal exécuté. **II** Tête (par ext. bois) de cerf, de daim, servant de trophée.

**massacrer** v. tr. ⁊ ■ **1** Tuer avec sauvagerie et en masse (des êtres sans défense). → **exterminer. 2** Mettre à mal (un adversaire en état d'infériorité). → fam. **démolir. 3** fam. Mettre (une chose) en très mauvais état. ◆ Endommager involontairement. ◆ Faire très mal (un travail). ▷ n. **massacreur, euse**

**massage** n. m. ■ Action de masser ② ; technique du masseur.

① **masse** n. f. ■ **I 1** Quantité relativement grande (de substance solide ou pâteuse), sans forme précise. ◆ Quantité relativement grande (d'un fluide). *Masse d'air froid.* ◆ Volume important (de qqch.). → *Taillé dans la masse,* dans un seul bloc. **2** arts Éléments principaux perçus comme des unités. **3** *MASSE DE* (suivi du plur.) : réunion de nombreux éléments distincts. **4** Multitude de personnes. *Culture de masse. Les masses laborieuses.* → absolt *LES MASSES.* → **peuple. II** *EN MASSE* loc. adv. **1** En un groupe nombreux. → en **bloc,** en **foule. 2** fam. En grande quantité. **III** sc. **1** Quantité de matière (d'un corps) ; rapport constant qui existe entre les forces appliquées à un corps et les accélérations correspondantes (≠ *poids*). *Masse spécifique* (de l'unité de volume). → **densité.** → *Masse atomique.* **2** Conducteur électrique commun auquel sont reliés les points de même potentiel d'un circuit. → loc. fig. *Être à la masse,* un peu fou.

② **masse** n. f. ■ **1** hist. *MASSE (D'ARMES)* : arme de choc. → **massue. 2** Gros maillet. **3** fam. *COUP DE MASSE :* choc violent ; prix excessif.

**massepain** n. m. ■ Pâtisserie d'amandes pilées, sucre et blancs d'œufs.

① **masser** v. tr. ⁊ ■ Rassembler en une masse, en masses. ► se **masser** v. pron.

② **masser** v. tr. ⁊ ■ Frotter, presser, pétrir (des parties du corps) avec les mains ou des appareils, dans une intention thérapeutique (→ **masseur**).

**masséter** [-ɛʀ] n. m. ■ anat. Muscle élévateur du maxillaire inférieur.

**masseur, euse** ■ **1** n. Professionnel du massage. *Masseur kinésithérapeute.* **2** n. m. Appareil servant à masser.

**massicot** n. m. ■ techn. Machine à rogner le papier. ▷ **massicoter** v. tr. ⁊

① **massif, ive** adj. ■ **1** Dont la masse occupe tout le volume (opposé à *creux*). *Bijou d'or massif.* **2** Qui semble une masse épaisse ou compacte. *Une construction massive.* **3** Qui est fait, donné en masse. *Dose massive.*

② **massif** n. m. ■ **1** archit. Ouvrage de maçonnerie formant une masse pleine. **2** Groupe compact (d'arbres, de fleurs). **3** Ensemble montagneux (opposé à *chaîne*).

**massivement** adv. ■ **1** D'une manière massive. **2** En masse, en grand nombre.

**mass media** [masmedja] n. m. pl. ■ anglic. Supports de diffusion massive de l'information. → **média.**

**massue** n. f. ■ **1** Bâton à grosse tête noueuse, servant d'arme. → ② **masse. 2** appos. *Des ARGUMENTS MASSUE,* qui laissent sans réplique.

**mastaba** n. m. ■ archéol. Tombeau égyptien en pyramide tronquée.

① **master** n. m. ■ anglic. Enregistrement original à partir duquel on réalise des copies.

② **master** n. m. ■ anglic. Grade universitaire entre la licence et le doctorat.

**mastère** n. m. ■ Diplôme sanctionnant une année de formation supérieure spécialisée de haut niveau.

**mastic** n. m. ■ **I 1** Mélange pâteux et adhésif durcissant à l'air. **2** adj. invar. D'une couleur gris-beige clair. **II** imprim. Mélange de caractères par interversion.

**masticateur, trice** adj. ■ Qui sert à mâcher.

**masticatoire** ■ **1** adj. didact. Qui sert à la mastication. **2** n. m. Substance à mâcher.

① **mastiquer** v. tr. ⓘ ■ Joindre ou boucher avec du mastic.

② **mastiquer** v. tr. ⓘ ■ Mâcher longuement. ▷ n. f. **mastication**

**mastoc** adj. invar. ■ péj. Massif et sans grâce.

**mastocyte** n. m. ■ biol. Cellule du tissu conjonctif, de grande taille, qui participe aux réactions immunitaires.

**mastodonte** n. m. ■ **1** Grand animal fossile proche du mammouth. **2** Personne énorme. **3** Machine, objet gigantesque.

**mastoïdite** n. f. ■ Inflammation de la muqueuse de la partie postérieure de l'os temporal (*mastoïde* n. m.).

**mastroquet** n. m. ■ vx Tenancier de débit de boissons. ◆ Café populaire.

**masturber** v. tr. ⓘ ■ Procurer à (qqn) le plaisir par des contacts manuels. ▶ se **masturber** v. pron. ▷ n. f. **masturbation**

**m'as-tu-vu** [maty-] n. invar. et adj. invar. ■ Prétentieux, vaniteux.

**masure** n. f. ■ Petite habitation misérable.

① **mat, mate** [mat] adj. ■ **1** Qui n'est pas brillant ou poli. **2** *Teint mat,* assez foncé et peu coloré (→ **matité**). **3** (sons) Qui a peu de résonance. *Un bruit mat.*

② **mat** [mat] adj. invar. et n. m. ■ Se dit, aux échecs, du roi qui peut être pris et sera pris si on le déplace. *Échec\* et mat.*

**mât** n. m. ■ **1** Long poteau sur le pont d'un navire pour porter les voiles et leur gréement (voiliers), ou les installations radio-électriques, etc. **2** Longue perche ou poteau lisse.

**matador** n. m. ■ Torero chargé de la mise à mort du taureau.

**matamore** n. m. ■ Faux brave, fanfaron.

**match** n. m. ■ Compétition entre concurrents ou équipes. *Des match(e)s.*

**matcha** n. m. ■ Thé vert japonais finement moulu, utilisé notamment comme arôme dans des desserts. ◆ en appos. *Thé matcha.*

**maté** n. m. ■ Feuilles séchées et torréfiées de houx ; leur infusion, riche en caféine (comme le thé).

**matelas** n. m. ■ **1** Pièce de literie, long et large coussin rembourré (≠ *sommier*). ◆ *Matelas pneumatique,* enveloppe gonflable. **2** Épaisse couche. *Un matelas de billets.*

**matelasser** v. tr. ⓘ ■ **1** Rembourrer comme un matelas. **2** Doubler de tissu ouaté. ◆ au p. p. *Manteau matelassé.* ▷ n. m. **matelassage**

**matelot** n. m. ■ Homme d'équipage d'un navire. → **marin.**

**matelote** n. f. ■ Plat de poissons en morceaux, avec du vin rouge et des oignons.

① **mater** v. tr. ⓘ ■ **1** Rendre définitivement docile (des personnes qui résistaient). → **dompter. 2** Réprimer. *Mater une révolte.*

② **mater** v. tr. ⓘ ■ fam. Regarder. (→ **maton**.)

**mâter** v. tr. ⓘ ■ mar. Pourvoir de mâts.

**matérialiser** v. tr. ⓘ ■ Représenter sous forme matérielle. ▶ se **matérialiser** v. pron. → se **concrétiser.** ▷ n. f. **matérialisation**

**matérialisme** n. m. ■ **I** philos. **1** Doctrine d'après laquelle il n'existe d'autre substance que la matière (s'oppose à *idéalisme, spiritualisme*). **2** *Matérialisme historique, dialectique,* le marxisme. **II** Recherche des jouissances, des biens matériels.

**matérialiste** adj. et n. ■ **1** Du matérialisme. *Philosophie matérialiste.* ◆ Partisan du matérialisme. **2** (Personne) qui recherche des jouissances et des biens matériels.

**matérialité** n. f. ■ Caractère matériel.

**matériau** n. m. ■ Matière servant à construire, à fabriquer.

**matériaux** n. m. pl. ■ **1** Matières nécessaires à la construction (d'un bâtiment, d'un ouvrage, d'un navire, d'une machine). *Matériaux de construction.* **2** fig. Éléments constitutifs d'un tout, d'une œuvre.

**matériel, elle** ■ **I** adj. **1** didact. De la nature de la matière, constitué par de la matière (s'oppose à *idéal, spirituel*). **2** De nature concrète, physique. *Impossibilités matérielles. Preuve matérielle.* → **tangible. 3** Qui concerne les aspects extérieurs, concrets. *L'organisation matérielle d'un spectacle.* **4** Relatif aux biens tangibles (spécialt à l'argent). *Difficultés matérielles,* financières. **II** n. m. **1** Ensemble des objets, instruments, machines utilisés ensemble. → **équipement, outillage. 2** inform. Éléments concrets des machines informatiques (remplace l'anglic. *hardware ;* s'oppose à *logiciel*). **3** didact. Ensemble d'éléments soumis à l'analyse. → **donnée.**

**matériellement** adv. ■ **1** Dans le domaine de la matière. ◆ Concrètement, physiquement. **2** Quant aux biens matériels. **3** En fait, effectivement. *C'est matériellement impossible.*

**maternel, elle** adj. ▪ **1** De la mère. **2** Qui a le comportement, joue le rôle d'une mère. *Elle est maternelle avec son mari* (▷ adv. **maternellement**). ◆ *(ÉCOLE) MATERNELLE*, établissement d'enseignement primaire (deux à six ans). **3** Par la mère (filiation) (opposé à *paternel*). *Sa grand-mère maternelle.* **4** *Langue maternelle*, la première langue apprise par un enfant.

**materner** v. tr. 🔟 ▪ psych. Soigner, traiter en recréant la relation de la « bonne mère » à l'enfant. ▷ n. m. **maternage**

**maternité** n. f. ▪ **I 1** État, qualité de mère. **2** Fait de porter et de mettre au monde un enfant. **II** Établissement ou service hospitalier réservé aux femmes qui accouchent.

**mathématicien, ienne** n. ▪ Spécialiste, chercheur en mathématiques. → **matheux.**

**mathématique** ▪ **I** adj. **1** Des mathématiques. **2** Qui présente les caractères de la pensée mathématique. → **précis, rigoureux. 3** fam. Absolument certain. → **automatique, logique. II** n. f. **1** *LES MATHÉMATIQUES* ; fam. *LES MATHS* ; didact. *LA MATHÉMATIQUE* : sciences ayant pour objet la quantité et l'ordre. → **algèbre, analyse, arithmétique, calcul, géométrie ; nombre.** *Mathématiques pures ; appliquées (physique, statistique, etc.).* **2** Enseignement, classe de mathématiques.

**mathématiquement** adv. ▪ **1** Selon les méthodes des mathématiques. **2** Exactement, rigoureusement.

**matheux, euse** adj. et n. ▪ fam. Qui étudie les maths ; fort en maths. → **mathématicien.**

**maths** n. f. pl. → **mathématique.**

**matière** n. f. ▪ **I 1** didact. Substance qui constitue le monde sensible, les corps. *Les trois états de la matière,* solide, liquide, gazeux. **2** Substance que l'on peut connaître par les sens. ◆ *MATIÈRE PREMIÈRE* : produit ou substance non encore transformé(e). ◆ *MATIÈRES GRASSES* : graisses alimentaires. **3** *Matières (fécales).* → **excrément. 4** fam. *MATIÈRE GRISE* : le cerveau ; l'intelligence. **II** fig. **1** Contenu, sujet (d'un ouvrage). ◆ *ENTRÉE EN MATIÈRE* (d'un discours) : commencement. **2** Domaine d'études scolaires, d'enseignement. **3** (après *en, sur*) Ce sur quoi s'exerce ou peut s'exercer l'activité humaine. ◆ *EN MATIÈRE* (+ adj.). *En matière artistique, scientifique.* ◆ *EN MATIÈRE DE* loc. prép. : dans le domaine, sous le rapport de. **4** *Donner MATIÈRE À...,* donner lieu (III, 5) à.

**matin** n. m. ▪ **1** Début du jour. *Le petit matin* : le moment où se lève le jour. ◆ *De bon matin* : très tôt. **2** La première partie de la journée qui se termine à midi. → **matinée.** ◆ *Tous les lundis matin.* ◆ *Un beau matin* (→ un beau jour). **3** Temps (douze heures) entre minuit et midi (opposé à *après-midi* ou à *soir*). **4** fig. Commencement. *Le matin de la vie.*

**mâtin** ▪ **I** n. m. Grand et gros chien de garde ou de chasse. **II** interj. vx Marque la surprise ou l'admiration.

**matinal, ale, aux** adj. ▪ **1** Du matin. **2** (personnes) Qui s'éveille, se lève tôt.

**mâtiné, ée** adj. ▪ *MÂTINÉ DE* : mêlé de.

**matinée** n. f. ▪ **1** La partie de la journée qui va du lever du soleil à midi. ◆ loc. *Faire la GRASSE MATINÉE* : se lever tard, paresser au lit. **2** Réunion, spectacle qui a lieu l'après-midi (s'oppose à *soirée*).

**matines** n. f. pl. ▪ relig. cathol. Office nocturne.

**matité** n. f. ▪ Caractère de ce qui est mat.

**matois, oise** adj. ▪ littér. Rusé sous des dehors de bonhomie.

**maton, onne** n. ▪ argot Gardien(ne) de prison (qui *mate*, surveille les détenus).

**matos** n. m. ▪ fam. Matériel, équipement pour une activité.

**matou** n. m. ▪ Chat domestique mâle.

**matraque** n. f. ▪ Arme contondante assez courte.

**matraquer** v. tr. 🔟 ▪ **1** Frapper à coups de matraque sur (qqn). **2** Présenter une addition excessive à (qqn). **3** Infliger (un message publicitaire...) d'une manière répétée. ▷ n. m. **matraquage**

**matras** n. m. ▪ chim. Récipient au col étroit et long.

**matri-** Élément savant (du latin *mater*) qui signifie « mère, par la mère ».

**matriarcat** n. m. ▪ didact. Régime juridique ou social où la mère est le chef de la famille (opposé à *patriarcat*). ▷ adj. **matriarcal, ale, aux**

**matrice** n. f. ▪ **I** vx Utérus. **II** Moule qui, après avoir reçu une empreinte en creux et en relief, peut la reproduire. *La matrice d'un disque.* **III** sc. Tableau rectangulaire de nombres.

**matriciel, ielle** adj. ▪ sc. Où interviennent les matrices (III). *Calcul matriciel.*

**matricule** n. ▪ **1** n. f. Liste où sont inscrits des noms avec un numéro. ◆ adj. *Livret matricule* d'un soldat. **2** n. m. Numéro d'inscription. ◆ loc. fam. *Ça va barder pour son matricule* : il va avoir des ennuis.

**matrimonial, ale, aux** adj. ▪ Qui a rapport au mariage. → **conjugal.**

**matrone** n. f. ▪ **1** Antiq. Épouse d'un citoyen romain. **2** vx Sage-femme. **3** péj. Grosse femme d'âge mûr.

**maturation** n. f. ▪ Fait de mûrir.

**mâture** n. f. ▪ Les mâts d'un navire.

**maturité** n. f. ▪ **1** État d'un fruit mûr. **2** fig. Plein développement. *Idée qui vient à maturité.* **3** L'âge mûr. **4** Sûreté de jugement qui s'acquiert avec l'expérience. **II** (Suisse) Examen de fin d'études secondaires.

**maudire** v. tr. 🔟 sauf pour l'inf. et le p. p. *maudit, ite* ▪ **1** Vouer au malheur (→ malédiction). **2** relig. Vouer (qqn) à la damnation.

**maudit, ite** adj. ▪ **1** Rejeté par Dieu. ◆ Condamné, repoussé. → **réprouvé.** *Les poètes maudits.* **2** (avant le nom) Mauvais. → **sale.** *Maudite panne !*

**maugréer** v. intr. ⏉ ▪ Protester à mi-voix avec mauvaise humeur.

**maure** adj. et n. ▪ **1** hist. De la Mauritanie romaine. ◆ au moyen âge Arabe, sarrasin. - var. MORE. **2** Du Sahara occidental.

**mauresque** n. et adj. ▪ vx Arabe, musulman (style d'architecture).

**mausolée** n. m. ▪ Grand monument funéraire.

**maussade** adj. ▪ **1** Triste et désagréable. **2** Qui inspire de l'ennui. *Temps maussade.*

**maussaderie** n. f. ▪ littér. Caractère de ce qui est maussade.

**mauvais, aise** adj. ▪ en épithète, souvent avant le nom **I** (opposé à *bon*) **1** Qui présente un défaut, une imperfection essentielle ; qui a une valeur faible ou nulle. *Un mauvais repas. Produit de mauvaise qualité. Ce film est mauvais. Mauvais raisonnement.* ◆ Qui ne fonctionne pas correctement. *Il a de mauvais yeux.* **2** n. m. *Il y a du bon et du mauvais.* **3** (personnes) Qui ne remplit pas correctement son rôle. *Un mauvais directeur.* **4** Qui est mal choisi, ne convient pas. *Prendre la mauvaise route.* **II** (opposé à *bon, beau, heureux*) **1** Qui annonce du malheur. *C'est mauvais signe. Mauvaise nouvelle.* **2** Qui est cause de mal, de malheur, d'ennuis. → **dangereux, nuisible.** *C'est mauvais pour lui.* ◆ *La mer est mauvaise*, très agitée. **3** Désagréable aux sens. *Mauvais goût.* ◆ *Mauvais temps* (opposé à *beau*). *Il fait mauvais.* **4** Peu accommodant. *Mauvaise humeur.* **III** (opposé à *bon, honnête*) **1** Contraire à la morale. *Mauvaise conduite.* **2** (personnes) Qui fait ou aime à faire le mal. → **méchant.** ◆ MAUVAIS GARÇON : homme du milieu. ◆ *Une mauvaise langue* (qui calomnie). ◆ *Mauvaise action. Donner le mauvais exemple.* **3** (choses ; peut s'employer après le nom) Qui dénote de la méchanceté, de la malveillance. *Une joie mauvaise.* **IV** adv. *Sentir mauvais* (fig. prendre une mauvaise tournure).

**mauve** ▪ **I** n. f. Plante à fleurs roses ou violettes. **II** adj. et n. m. (D'un) violet pâle.

**mauviette** n. f. ▪ **1** vieilli Petit oiseau bon à manger. **2** fig. Personne chétive, maladive.

**maxi-** Élément tiré de *maximum* signifiant « grand, long » (opposé à *mini-*).

**maxillaire** [-il-] n. m. ▪ Os des mâchoires.

**maximal, ale, aux** adj. ▪ Qui constitue un maximum. *Températures maximales.*

**maxime** n. f. ▪ Formule énonçant une règle de conduite. → **aphorisme, sentence.**

**maximum** [-ɔm] ▪ **1** n. m. Valeur la plus grande atteinte par une quantité variable ; limite supérieure (s'oppose à *minimum*). *Les maximums* ou *les maxima.* ◆ *Le maximum de* (+ nom au plur.), le plus grand nombre de. ◆ *Au maximum*, au plus. **2** adj. Qui constitue un maximum. *Rendement maximum.* ◆ au plur. *Des prix maximums* ou *maxima.*

**maya** [maja] adj. ▪ Des Mayas (Indiens).

**mayonnaise** [-ajɔ-] n. f. ▪ Sauce froide composée d'huile, d'œufs et d'assaisonnements battus jusqu'à prendre de la consistance (aussi adj. : *sauce mayonnaise*). ◆ loc. *La mayonnaise prend* (fig. la chose prend tournure). ◆ appos. invar. *Des œufs mayonnaise.*

**mazagran** n. m. ▪ **1** vx Café (chaud ou froid). **2** Verre à pied en porcelaine.

**mazdéisme** n. m. ▪ Religion de l'Iran antique, dualiste. → **manichéisme.**

**mazette** interj. ▪ régional Exclamation d'étonnement, d'admiration.

**mazout** [-ut] n. m. ▪ Résidu de la distillation du pétrole, combustible épais, brun. → **fuel.** ▸ **mazouté, ée** adj. Souillé par le mazout répandu (→ marée noire).

**mazurka** n. f. ▪ Danse à trois temps d'origine polonaise ; sa musique.

**MBA** ou **M. B. A.** n. m. (sigle angl.) ▪ anglic. Diplôme d'études supérieures, sanctionnant une formation consacrée aux affaires (droit, finance...).

**me** pron. pers. ▪ (s'élide en *m'* devant voyelle ou *h* muet) Pronom personnel complément de la première personne du singulier. **1** compl. d'objet dir. (représente la personne qui parle, qui écrit) *On m'a vu.* ◆ *Je me suis préparé.* ◆ *Me voici de retour.* **2** compl. d'objet indir. À moi. *Il me fait pitié.*

**mé-** ou **més-** (devant voyelle) ▪ Préfixe qui signifie « mauvais » (ex. *mésaventure*).

**mea-culpa** [mea-] n. m. invar. ▪ Aveu (d'une faute, de ses fautes).

**méandre** n. m. ▪ **1** Sinuosité (d'un cours d'eau). **2** fig. *Les méandres d'un récit.*

**méat** n. m. ▪ Canal, orifice (d'un canal anatomique). *Méat urinaire.*

**mec** n. m. ▪ fam. Homme, individu.

**mécanicien, ienne** n. ▪ **1** didact. Physicien(ne) spécialiste de la mécanique (II, 1). ◆ Ingénieur en mécanique (II, 2). **2** cour. Professionnel(le) qui monte, entretient, répare les machines. ◆ fam. **mécano. 3** Personne qui conduit une locomotive.

**mécanique** ▪ **I** adj. **1** Exécuté ou mû par un mécanisme ; qui utilise des machines. **2** Qui concerne les machines et moteurs. *Avoir des ennuis mécaniques.* **3** Machinal. *Un geste mécanique.* **4** sc. Qui consiste en mouvements, se produit par un mouvement. *Énergie mécanique.* **II** n. f. **1** Partie des mathématiques et de la physique qui étudie le mouvement et l'équilibre des corps. *Mécanique quantique.* **2** Science de la construction et du fonctionnement des machines. **3** Mécanisme. ◆ loc. fam. *Rouler les* (ou *des*) *mécaniques*, les épaules.

**mécaniquement** adv. ▪ D'une manière mécanique (I, 1 et 3).

**mécaniser** v. tr. ⏉ ▪ Rendre mécanique (par l'utilisation de machines). ▷ n. f. **mécanisation**

**mécanisme** n. m. ▪ **1** Combinaison, agencement de pièces, d'organes, montés en vue d'un fonctionnement. **2** Fonctionnement. *Les mécanismes économiques.*

**mécano** n. m. ▪ fam. Mécanicien, ienne.

**mécano-** Élément, du grec *mêkhanê* « machine ».

**mécanographie** n. f. ▪ Emploi de mécanismes pour des calculs, tris, classements documentaires. ▷ adj. **mécanographique**

**mécénat** n. m. ▪ **1** État de mécène. **2** Soutien financier d'un mécène (2).

**mécène** n. m. ▪ **1** Personne riche qui aide les écrivains, les artistes. **2** Personne, entreprise qui soutient financièrement une activité culturelle, sportive. → anglic. **sponsor.**

**méchamment** adv. ▪ **1** Avec méchanceté. **2** fam. Fortement, beaucoup.

**méchanceté** n. f. ▪ **1** Caractère, comportement d'une personne méchante. **2** Parole ou action méchante.

**méchant, ante** adj. ▪ **I 1** Qui fait délibérément du mal ou cherche à en faire. → *Une critique méchante.* → loc. *Bête et méchant.* **2** (enfants) Qui se conduit mal (opposé à *gentil*). **3** (animaux) Qui attaque. *Chien méchant.* **4** loc. fam. *Ce n'est pas bien méchant*, ni grave ni important. **II** (avant le nom) **1** littér. Mauvais, médiocre. **2** Dangereux ou désagréable. *Une méchante histoire.* **III** n. Personne méchante. *Faire le méchant*, s'emporter, menacer ; opposer de la résistance.

① **mèche** n. f. ▪ **I 1** Cordon de fils imprégné de combustible et qu'on fait brûler. **2** Cordon qui transmet le feu. ♦ loc. fig. *Éventer, découvrir la mèche* : découvrir le secret d'un complot. *Vendre la mèche* : trahir le secret. **II** Tige, foret d'acier. **III** Groupe de cheveux distincts dans la chevelure.

② **de mèche** loc. invar. ▪ fam. *Être de mèche avec qqn*, être d'accord en secret.

**méchoui** n. m. ▪ **1** Mouton rôti à la broche. **2** Repas collectif où l'on sert ce plat.

**mécompte** [-kɔ̃t] n. m. ▪ Erreur de prévision ; faux espoir. → Déception.

**méconnaissable** adj. ▪ Tellement changé qu'on ne peut le reconnaître.

**méconnaître** v. tr. 57 ▪ **1** littér. Ne pas reconnaître (une chose), refuser d'en tenir compte. → **ignorer, négliger.** *Méconnaître les lois.* **2** Ne pas apprécier (qqn, qqch.) à sa juste valeur. ▷ n. f. **méconnaissance**

**méconnu, ue** adj. ▪ Qui n'est pas reconnu, estimé à sa juste valeur.

**mécontent, ente** ▪ **1** adj. Qui n'est pas content, pas satisfait. **2** n. (rare au fém.) *Un perpétuel mécontent.*

**mécontentement** n. m. ▪ Sentiment pénible d'insatisfaction. → **déplaisir.** *Sujet de mécontentement* : contrariété, ennui.

**mécontenter** v. tr. 1 ▪ Rendre mécontent. → **contrarier, fâcher.**

**mécréant, ante** adj. ▪ littér. ou plais. Qui n'a aucune religion. → **athée, irréligieux.** ▪ n. *Un mécréant* (s'oppose à *croyant*).

**médaille** n. f. ▪ **1** Pièce de métal, généralement circulaire, frappée ou fondue en souvenir de qqn, d'un événement. *Science des monnaies et médailles.* → **numismatique. 2** Décoration. *La médaille militaire.* **3** Petite pièce de métal portée autour du cou. *Médaille pieuse.*

**médaillé, ée** adj. ▪ Qui a reçu une médaille (2). → n. *Les médaillés olympiques.*

**médaillon** n. m. ▪ **1** Portrait ou sujet sculpté, dessiné ou gravé. **2** Bijou circulaire. **3** Tranche mince et ronde (de viande).

**médecin** n. m. ▪ Docteur en médecine. → **docteur ; généraliste, spécialiste.** *Médecin traitant*, qui suit le malade.

**médecine** n. f. ▪ **I** vx ou régional Médicament, remède. **II 1** Techniques pour la conservation et le rétablissement de la santé ; art de prévenir et de soigner les maladies (humaines). *Médecine et chirurgie.* → *Médecine mentale.* → **psychiatrie.** → *Médecines douces\*.* → *Médecine légale*, pour aider la justice (en cas de crime supposé). **2** Profession du médecin.

**médersa** n. f. ▪ Établissement d'enseignement religieux musulman.

**média** n. m. ▪ anglic. au plur. *Les médias*, techniques, supports, organismes de diffusion de l'information (presse, radio, télévision, cinéma, Internet, web). → **mass media.** → au sing. *Un nouveau média.*

**médian, ane** adj. ▪ Situé, placé au milieu.

**médiane** n. f. ▪ **1** géom. Segment de droite joignant un sommet d'un triangle au milieu du côté opposé. **2** statist. Valeur centrale qui sépare en deux parties égales un ensemble. ≠ *moyenne.*

**médiat, ate** adj. ▪ didact. Qui se fait par intermédiaire. - contr. *immédiat.*

**médiateur, trice** ▪ **1** n. Personne qui s'entremet pour faciliter un accord. → **arbitre, conciliateur.** → adj. *Puissance médiatrice.* **2** n. m. Ce qui sert d'intermédiaire. ♦ *Médiateur chimique* : substance produite par une cellule, agissant sur une autre cellule.

**médiathèque** n. f. ▪ Collection de données consultables, de différents médias.

**médiation** n. f. ▪ Entremise destinée à mettre d'accord, à concilier.

**médiatique** adj. ▪ **1** Des médias. **2** Qui exerce une influence par les médias.

**médiatiser** v. tr. 1 ▪ Diffuser largement par les médias. ▷ n. f. **médiatisation**

**médiator** n. m. ▪ Lamelle utilisée pour jouer d'instruments à cordes. → **plectre.**

**médiatrice** n. f. ▪ géom. Lieu géométrique des points équidistants de deux points.

**médical, ale, aux** adj. ▪ Qui concerne la médecine. ▷ adv. **médicalement**

**médicaliser** v. tr. ⏹ ▪ Développer l'action médicale dans (un domaine), pour (des personnes). ⊳ n. f. **médicalisation**

**médicament** n. m. ▪ Substance préparée pour servir de remède.

**médicamenteux, euse** adj. ▪ didact. (substance) Qui a des propriétés thérapeutiques.

**médication** n. f. ▪ Emploi thérapeutique de médicaments.

**médicinal, ale, aux** adj. ▪ Qui a des propriétés curatives. *Plantes médicinales.*

**médico-** Élément qui signifie « médical ».

**médicolégal, ale, aux** adj. ▪ De la médecine légale. *Institut médicolégal.* → **morgue.**

**médicosocial, ale, aux** [-sɔsjal, jo] adj. ▪ De la médecine sociale, du travail.

**médiéval, ale, aux** adj. ▪ Du moyen âge.

**médiéviste** n. ▪ didact. Spécialiste (historien...) du moyen âge.

**médina** n. f. ▪ Partie musulmane d'une ville (Maroc).

**médio-** Élément, du latin *medius* « moyen »; au milieu ».

**médiocre** adj. ▪ **1** Qui est au-dessous de la moyenne, insuffisant. *Un salaire médiocre.* ♦ Assez mauvais. *Travail médiocre.* ⊳ adv. **médiocrement** (personnes) Qui ne dépasse pas ou ne même n'atteint pas la moyenne. *Esprit médiocre.* ← n. *C'est un médiocre.*

**médiocrité** n. f. ▪ État de ce qui est médiocre ; insuffisance de valeur.

**médire** v. intr. ⧈ sauf *vous médisez* ▪ Dire du mal (de qqn). *Médire de, sur qqn.*

**médisance** n. f. ▪ **1** Action de médire. **2** Propos d'une personne qui médit. → **ragot.**

**médisant, ante** adj. et n. ▪ (Personne) qui médit.

**méditatif, ive** adj. ▪ Qui est porté à la méditation. ← n. *Un méditatif.* ♦ *Avoir un air méditatif.*

**méditation** n. f. ▪ **1** Réflexion approfondie; relig. recueillement. **2** Pensée profonde.

**méditer** v. ⏹ ▪ **I** v. tr. Examiner (qqch.); préparer (une activité) par une longue et profonde réflexion. **II** v. intr. Penser longuement (sur un sujet) ; spécialt se recueillir.

**méditerranéen, enne** adj. et n. ▪ De la Méditerranée, de ses rivages.

① **médium** [-djɔm] n. m. ▪ Registre des sons entre le grave et l'aigu.

② **médium** [-djɔm] n. m. ▪ Personne réputée avoir le don de communiquer avec les esprits. ⊳ adj. **médiumnique**

**médius** [-jys] n. m. ▪ Doigt du milieu de la main. → **majeur.**

**médullaire** adj. ▪ Qui a rapport à la moelle épinière ou à la moelle des os.

**méduse** n. f. (nom mythol.) ▪ **1** Animal marin formé de tissus transparents d'apparence gélatineuse, à tentacules, ayant la forme d'une cloche (*ombrelle*). **2** fam. au plur. Sandales de plage en plastique.

**méduser** v. tr. ⏹ ▪ Frapper de stupeur (surtout passif et p. p.).

**meeting** [mitiŋ] n. m. ▪ anglic. **1** Réunion politique publique. **2** Réunion sportive.

**méfait** n. m. ▪ **1** Action mauvaise, nuisible à autrui. **2** Résultat, effet pernicieux.

**méfiance** n. f. ▪ Disposition à se méfier ; état de celui qui se méfie. → **défiance.**

**méfiant, ante** adj. ▪ Qui se méfie, est enclin à la méfiance. → **soupçonneux.**

se **méfier** v. pron. ⏼ ▪ **1** *SE MÉFIER DE* : ne pas se fier à (qqn) ; se tenir en garde. **2** Être sur ses gardes. *Méfiez-vous !* (→ attention).

**méga-, mégalo-** ; **-mégalie** Éléments, du grec *megas* « grand ».

**mégahertz** [-ɛʀts] n. m. ▪ sc. Unité valant 1 million de hertz (symb. MHz).

**mégalithe** n. m. ▪ didact. Monument de pierre brute de grandes dimensions (ex. dolmen, menhir). ⊳ adj. **mégalithique**

**mégalomanie** n. f. ▪ **1** méd. Comportement pathologique caractérisé par le désir excessif de gloire, de puissance (folie des grandeurs). **2** Ambition, orgueil démesurés. ⊳ adj. et n. **mégalomane**

**mégalopole** n. f. ▪ didact. Très grande agglomération urbaine.

**mégaoctet** n. m. ▪ inform. Unité de capacité de mémoire valant $2^{20}$ octets (symb. Mo).

**mégaphone** n. m. ▪ Porte-voix.

par **mégarde** loc. adv. ▪ Par inattention, sans le vouloir.

**mégatonne** n. f. ▪ Unité de puissance destructrice (1 million de tonnes de T. N. T.).

**mégawatt** [-wat] n. m. ▪ techn. Unité valant 1 million de watts (symb. MW).

**mégère** n. f. ▪ Femme méchante, criarde.

**mégisserie** n. f. ▪ **1** Préparation des cuirs de ganterie et pelleterie. **2** Industrie, commerce de ces cuirs. ⊳ n. m. **mégissier**

**mégot** n. m. ▪ fam. Bout de cigarette ou de cigare en partie fumé(e).

**mégoter** v. tr. ⏹ ▪ fam. Lésiner.

**méhari** n. m. ▪ Dromadaire d'Arabie, dressé pour les courses rapides. *Des méharis* ou *des méhara.*

**meilleur, eure** adj. ▪ **I** Comparatif de *bon* (contr. *pire*). **1** Qui l'emporte (en bonté, qualité, agrément). *Rêver d'un monde meilleur.* **2** adv. *Il fait meilleur,* le temps est meilleur. **II** *LE MEILLEUR, LA MEILLEURE.* Superlatif de *bon.* **1** *C'est la meilleure émission du programme. Meilleurs vœux.* ♦ (après un nom) *Ils choisissent les vins les meilleurs.* **2** (sans nom) *Que le meilleur gagne !* ← La meilleure partie. *Garder le meilleur pour la fin.* ← *Pour le meilleur et pour le pire* : dans toutes les circonstances de la vie. ♦ au fém. La chose, l'histoire la plus remarquable. *Tu sais la meilleure ?* **III** *Meilleurs vœux !*, acceptez mes vœux les meilleurs. *Meilleure santé !*

**méiose** n. f. ■ biol. Division de la cellule en deux étapes, avec réduction de moitié du nombre de chromosomes.

**méjuger** v. tr. ③ ■ **1** v. tr. ind. *MÉJUGER DE :* estimer trop peu. *Méjuger de qqn.* **2** v. tr. dir. Juger mal. *On l'a méjugé.*

**mél** n. m. → **messagerie**

**mélancolie** n. f. ■ **I** vx Bile noire, hypocondrie. **II 1** littér. État de tristesse accompagné de rêverie. ♦ *La mélancolie d'un paysage.* **2** psych. État d'asthénie dépressive.

**mélancolique** adj. ■ **1** Qui manifeste de la mélancolie (2). → **triste. 2** Qui engendre la mélancolie. ▷ adv. **mélancoliquement**

**mélange** n. m. ■ **1** Action de (se) mêler. ♦ *SANS MÉLANGE :* pur, parfait. *Un bonheur sans mélange.* **2** Union de choses différentes. ← fig. *Un mélange de courage et de faiblesse.* **3** au plur. Réunion d'écrits variés.

**mélanger** v. tr. ③ ■ **1** Unir (des choses différentes) de manière à former un tout. ← pronom. *Les deux liquides se mélangent bien.* **2** fam. Mettre ensemble (des choses) sans ordre ni aucune unité. → **brouiller ; classer, trier.** ← loc. fam. *Se mélanger les pédales, les pinceaux,* s'embrouiller. ▶ **mélangé, ée** adj. *Une société assez mélangée.* → **composite, mêlé.**

**mélangeur, euse** n. ■ Appareil servant à mélanger. ← appos. *Robinet mélangeur* (d'eau froide et d'eau chaude).

**mélanine** n. f. ■ biol. Pigment brun foncé (peau, cheveux, iris de l'œil).

**mélan(o)-** Élément, du grec *melas, melanos* « noir ».

**mélanome** n. m. ■ méd. Tumeur constituée de cellules capables de produire de la mélanine, le plus souvent pigmentées. *Mélanome bénin (nævus).*

**mélasse** n. f. ■ **I** Résidu sirupeux de la cristallisation du sucre. **II** fig., fam. Situation pénible et inextricable.

**Melba** adj. invar. ■ *Pêches, fraises Melba,* servies avec de la glace et de la crème Chantilly.

**mêlécasse** n. m. ■ **1** anciennt Mélange d'eau-de-vie et de cassis. **2** loc. fam. *Voix de mêlécasse,* rauque, cassée.

**mêlée** n. f. ■ **1** Combattants au corps à corps. ♦ *Lutte, conflit.* ← loc. *Au-dessus de la mêlée,* sans prendre parti. **2** Phase du jeu de rugby, où les joueurs de chaque équipe sont groupés autour du ballon.

**mêler** v. tr. ① ■ **1** (surtout abstrait) Unir, mettre ensemble (plusieurs choses différentes), réellement ou par la pensée, de manière à former un tout. → **amalgamer, combiner, mélanger.** **2** Mettre en désordre. → **brouiller, embrouiller. 3** *Mêler* (qqch.) *à, avec,* ajouter, mettre ensemble et confondre. ← fig. Allier, joindre. *Il mêle la bêtise à l'ignorance.* **4** *Mêler* (qqn) *à :* faire participer à. ▶ **se mêler** v. pron. **1** (choses) Être mêlé, mis ensemble. ← *Se mêler à, avec :* s'unir. **2** (personnes) Se joindre (à un ensemble de gens), aller avec eux. **3** *SE MÊLER DE :* s'occuper de (qqch.), quand on ne le devrait pas. *Mêlez-vous de ce qui vous regarde !* ▶ **mêlé, ée** adj. **1** Qui forme un mélange. **2** *Mêlé de :* mélangé à (qqch.).

**mélèze** n. m. ■ Conifère à cônes dressés.

**méli-mélo** n. m. ■ fam. Mélange confus. *Des mélis-mélos* ou (invar.) *des méli-mélo.*

**mélisse** n. f. ■ **1** Plante herbacée et aromatique. → **citronnelle. 2** *EAU DE MÉLISSE* (médicament).

**mélo** n. m. ■ fam. Mélodrame.

**mélodie** n. f. ■ **1** Suite de sons reconnaissable et agréable. ♦ Art de composer ces suites. *La mélodie et l'harmonie.* **2** Pièce vocale composée sur un texte, avec accompagnement. → **chanson, lied.**

**mélodieux, euse** adj. ■ (son, musique) Agréable à l'oreille.

**mélodique** adj. ■ **1** Qui a rapport à la mélodie. **2** Qui a les caractères de la mélodie.

**mélodiste** n. ■ mus. Musicien(enne) qui donne plus d'importance à la mélodie.

**mélodrame** n. m. ■ **1** Drame populaire que caractérisent l'outrance des caractères, le sentimentalisme. **2** fig. Situation réelle analogue. ▷ adj. **mélodramatique**

**mélomane** n. ■ Personne qui connaît et aime la musique. ← adj. *Peuple mélomane.*

**melon** n. m. ■ **1** Gros fruit rond à chair juteuse et sucrée (cucurbitacée). ← *Melon d'eau.* → **pastèque. 2** *(Chapeau) melon,* chapeau d'homme de forme ronde et bombée.

**mélopée** n. f. ■ Chant, mélodie monotone et mélancolique.

**melting-pot** [-pɔt] n. m. ■ anglic. Brassage de population.

**membrane** n. f. ■ **1** Tissu organique animal, mince et souple, qui enveloppe un organe, tapisse une cavité. ♦ Tissu végétal formant enveloppe, cloison. **2** biol. Couche différenciée constituant une limite. **3** phys., techn. Mince cloison.

**membraneux, euse** adj. ■ Qui est de la nature d'une membrane (1).

**membre** n. m. ■ **I 1** Chacune des quatre parties appariées du corps humain (bras, jambes) qui s'attachent au tronc. ← Chacune des quatre parties articulées (ailes, pattes) qui s'attachent au corps des tétrapodes. **2** loc. *Membre (viril).* → **pénis. II 1** Personne qui fait partie (d'un groupe). *Il n'est plus membre du parti.* ← Personne qui appartient à (un groupe). **2** Groupe, pays qui fait librement partie (d'une union). **III 1** Fragment (d'énoncé). *Un membre de phrase.* **2** Chacune des deux parties d'une équation ou d'une inégalité.

**membrure** n. f. ■ **1** littér. (avec un adj.) Ensemble des membres (d'une personne). **2** techn. Poutres transversales attachées à la quille et soutenant le pont d'un navire.

**même ■ I** adj. indéf. **1** (devant le nom) Identique ou semblable. *Être du même avis.* **2** (après le nom ou le pronom) *Ce sont les mots mêmes qu'il a prononcés.* → **propre.** ‒ *Moi-même, elle-même, lui-même...* **II** pron. indéf. *Le, la, les même(s).* ‒ loc. *Cela revient au même,* c'est pareil. **III** adv. **1** Marquant un renchérissement, une gradation. *Je ne m'en souviens même plus.* **2** Exactement, précisément. *Je l'ai rencontré ici même.* ‒ À MÊME : directement sur (qqch.). *Il dort à même le sol.* **3** loc. adv. *DE MÊME :* de la même façon. → **pareillement.** ‒ *TOUT DE MÊME :* néanmoins, pourtant. ‒ *QUAND MÊME :* malgré tout. **4** loc. conj. *DE MÊME QUE :* ainsi que, comme. ‒ *MÊME SI* (introduit une propos. concessive). **5** À MÊME DE loc. prép. : en état, en mesure de. *Il n'est pas à même de répondre.* → **capable.**

**mémé** n. f. ■ fam. **1** Grand-mère. **2** Femme ni jeune ni élégante.

**mémento** [-mɛ̃-] n. m. ■ **1** relig. Prière de souvenir. **2** Agenda.

**mémère** n. f. ■ fam. → **mémé** (2).

① **mémoire** n. f. ■ **I 1** Faculté de conserver et de rappeler des choses passées et ce qui s'y trouve associé ; fonction mentale de représentation du passé. *Mémoire visuelle, auditive. Bonne mémoire.* ‒ loc. *Perte, trou de mémoire.* ‒ *DE MÉMOIRE* loc. adv. : sans autre aide. *Réciter de mémoire.* → **par cœur. 2** inform. Dispositif permettant de recueillir et de conserver des informations ; le support de ces informations. *Mémoire vive, mémoire de travail. Mémoire morte,* dont les informations ne peuvent être modifiées. *Mémoire de masse,* où les données sont sauvegardées (disque dur...). **II 1** *La mémoire de,* le souvenir (de qqch., de qqn). **2** Souvenir qu'une personne laisse d'elle à la postérité. ‒ loc. *À la mémoire de qqn.* **3** (en phrase négative) *De mémoire d'homme,* d'aussi loin qu'on s'en souvienne. **4** *POUR MÉMOIRE :* à titre de rappel, d'indication.

② **mémoire** n. m. ■ **I 1** État des sommes dues. → **facture. 2** Exposé ; dissertation. ♦ *Mémoire de maîtrise* (après la licence). **II** au plur. Relation écrite des événements dont une personne a été témoin. *Les Mémoires de Saint-Simon.*

**mémorable** adj. ■ Dont le souvenir est durable, mérite de l'être. *Jour mémorable.* ‒ iron. *Une cuite mémorable.*

**mémorandum** [-ɔm] n. m. ■ **1** Note diplomatique, point de vue d'un gouvernement. **2** Recueil de notes pour se souvenir.

**mémorial, iaux** n. m. ■ **1** Monument commémoratif. **2** Livre de souvenirs.

**mémorialiste** n. ■ Auteur de mémoires historiques.

**mémoriser** v. tr. ① ■ didact. **1** Fixer volontairement dans sa mémoire. **2** inform. Mettre en mémoire (des informations). ▷ n. f. **mémorisation**

**menaçant, ante** adj. ■ **1** Qui exprime une menace. **2** (choses) Qui constitue une menace, un danger. → **inquiétant.** *Le temps est menaçant.*

**menace** n. f. ■ **1** Annonce d'un mal, d'une violence (à, contre qqn). **2** Signe par lequel se manifeste ce qu'on doit craindre (de qqch.). → **danger.** *Menace de guerre.*

**menacer** v. tr. ③ ■ **1** Chercher à intimider par des menaces. **2** (sujet chose) Mettre en danger. ♦ Laisser craindre (un mal).

**ménage** n. m. ■ **I 1** Les choses domestiques ; travaux d'entretien et de propreté. **2** *DE MÉNAGE :* fait à la maison. *Jambon de ménage.* **II 1** (dans des loc.) Vie en commun d'un couple. *Scène\* de ménage. Se mettre en ménage,* vivre ensemble. ♦ *Faire bon, mauvais ménage avec qqn,* s'entendre bien, mal. **2** Couple constituant une communauté domestique. *La paix des ménages.* ♦ Unité de population (famille, personne seule) en tant que consommateur.

**ménagement** n. m. ■ **1** Mesure, réserve dans le comportement envers qqn (par respect, par intérêt). *Traiter qqn sans ménagement,* brutalement. **2** Procédé qui épargne. → **attention, égard.**

① **ménager, ère** adj. ■ **1** (choses) Qui a rapport aux soins du ménage, à la tenue de l'intérieur domestique. **2** Qui provient du ménage, de la maison. *Ordures ménagères.*

② **ménager** v. tr. ③ ■ **1** Employer (un bien) avec mesure, économie. *Ménager ses vêtements ; ses forces.* **2** Dire avec mesure. *Ménagez vos expressions !* **3** Employer ou traiter (un être vivant) avec le souci d'épargner. ‒ prov. *Qui veut voyager loin ménage sa monture.* **4** Traiter (qqn) avec prudence ou indulgence. **II 1** Disposer, régler. ‒ **arranger.** *Ménager une entrevue à, avec qqn.* **2** S'arranger pour réserver, laisser. *Se ménager du temps.* **3** Installer, pratiquer. *Ménager un passage.* ▶ se **ménager** v. pron. Avoir soin de sa santé, ne pas se fatiguer.

**ménagère** n. f. ■ **1** Femme qui tient une maison, s'occupe du ménage. **2** Service de couverts de table.

**ménagerie** n. f. ■ Lieu où sont rassemblés des animaux rares ; ces animaux.

**mendiant, ante** n. ■ **1** Personne sans ressources qui mendie pour vivre. ‒ adj. *Ordres* (religieux) *mendiants,* vivant d'aumônes. **2** Mélange de (quatre) fruits secs.

**mendicité** n. f. ■ **1** Condition de mendiant. **2** Action de mendier.

**mendier** v. ⑦ ■ **1** v. intr. Demander l'aumône, la charité. **2** v. tr. Solliciter (qqch.) à titre d'aumône. ‒ fig., péj. *Mendier des compliments.*

**mendigot, ote** n. ■ fam. et péj. Mendiant.

**meneau** n. m. ■ archéol., techn. Montant qui divise la baie (d'une fenêtre).

**menées** n. f. pl. ■ Agissements secrets dans un dessein nuisible. *Menées subversives.*

**mener** v. tr. 5 ▪ **I** Faire aller (qqn, un animal) avec soi. **1** MENER À, EN, DANS ; MENER (+ inf.) : conduire en accompagnant ou en commandant. **2** Être en tête de (un cortège, une file). **3** Diriger. ← *Les idées qui mènent le monde.* **II** Faire aller en contrôlant. → **conduire.** ◆ fig. Faire marcher, évoluer sous sa direction. *Mener rondement une affaire.* ← MENER À... *Mener qqch. à bien, à terme.* **III** (sujet chose) **1** Transporter. → **amener, conduire. 2** Permettre d'aller (quelque part). *Où mène cette route ?* ← *Cela peut vous mener loin,* avoir de graves conséquences. **IV** géom. Tracer.

**ménestrel** n. m. ▪ au moyen âge Musicien et chanteur ambulant.

**ménétrier** n. m. ▪ anciennt Violoniste de village, qui escortait les noces.

**meneur, euse** n. ▪ **1** Personne qui mène, conduit. ← fig. *Un meneur d'hommes.* **2** *Meneur de jeu,* animateur. **3** souvent péj. Personne qui conduit un mouvement populaire.

**menhir** [menir] n. m. ▪ Monument mégalithique vertical.

**menin, menine** [menɛ̃, -in] n. ▪ hist. Jeune noble d'une maison princière d'Espagne.

**méninge** n. f. ▪ **1** anat. Membrane entourant le cerveau, la moelle épinière. **2** fam. au plur. Le cerveau, l'esprit.

**méningé, ée** adj. ▪ Des méninges (1).

**méningite** n. f. ▪ Inflammation aiguë ou chronique des méninges (1).

**ménisque** n. m. ▪ **1** anat. Cloison cartilagineuse entre deux surfaces articulaires mobiles. **2** phys. Lentille convexe d'un côté et concave de l'autre.

**ménopause** n. f. ▪ Cessation des règles et de la fonction ovarienne (syn. *retour d'âge*).

**menotte** n. f. ▪ **1** au plur. Bracelets métalliques réunis par une chaîne, qui se fixent aux poignets. **2** Petite main.

**mensonge** n. m. ▪ **1** Assertion sciemment contraire à la vérité. **2** *Le mensonge,* l'acte de mentir ; les fausses affirmations. **3** fig. Ce qui est trompeur, illusoire.

**mensonger, ère** adj. ▪ Qui repose sur des mensonges ; qui trompe. → **fallacieux, faux.**

**menstruation** n. f. ▪ Fonction physiologique caractérisée par les règles (→ menstrues), de la puberté à la ménopause.

**menstruel, elle** adj. ▪ Des règles.

**menstrues** n. f. pl. ▪ vx Règles*.

**mensualiser** v. tr. 1 ▪ **1** Rendre mensuel (un paiement). **2** Payer (qqn) au mois. ▷ n. f. **mensualisation**

**mensualité** n. f. ▪ Somme payée mensuellement ou perçue chaque mois.

**mensuel, elle** adj. ▪ **1** Qui a lieu, se fait tous les mois. **2** Payé chaque mois. ▷ adv. **mensuellement**

**mensuration** n. f. ▪ Détermination et mesure des dimensions caractéristiques du corps humain ; ces mesures.

**mental, ale, aux** adj. ▪ **1** Qui se fait dans l'esprit seulement, sans expression orale ou écrite. *Calcul mental.* **2** Qui a rapport aux fonctions intellectuelles. *Maladie mentale.* ← *Âge mental,* degré de développement intellectuel. **3** n. m. LE MENTAL, l'état d'esprit (→ **moral**).

**mentalement** adv. ▪ **1** Par la pensée. **2** Du point de vue mental (2).

**mentalité** n. f. ▪ **1** Ensemble de croyances et habitudes d'esprit collectives. **2** État d'esprit. *Sa mentalité me déplaît.*

**menterie** n. f. ▪ vx ou régional Mensonge.

**menteur, euse** ▪ **1** n. Personne qui ment. **2** adj. Qui ment. → **faux, hypocrite.**

**menthe** n. f. ▪ **1** Plante très aromatique, qui croît dans les lieux humides. **2** Sirop ; essence de menthe. *Alcool de menthe.*

**menthol** n. m. ▪ Alcool de menthe poivrée. ▷ adj. **mentholé, ée**

**mention** n. f. ▪ **1** Action de nommer, de citer. *Faire mention de.* **2** Brève note donnant un renseignement. **3** Appréciation favorable (jury d'examen). *Mention bien.*

**mentionner** v. tr. 1 ▪ Faire mention de. → **citer, nommer, signaler.** *Ne faire que mentionner une chose,* la signaler seulement.

**mentir** v. intr. 16 ▪ **1** Faire un mensonge, affirmer ce qu'on sait être faux, nier ou taire ce qu'on devrait dire. ← loc. *Il ment comme il respire,* continuellement. **2** (sujet chose) Exprimer une chose fausse. *Son sourire ment.* ← loc. *Faire mentir le proverbe,* le contredire par l'action.

**menton** n. m. ▪ Partie saillante du visage ; avancée du maxillaire inférieur.

**mentonnet** n. m. ▪ techn. Pièce saillante (d'un mécanisme).

**mentonnière** n. f. ▪ **1** Jugulaire. **2** Plaquette d'un violon, appui du menton.

**mentor** [mɛ̃-] n. m. ▪ littér. Guide, conseiller expérimenté.

① **menu, ue** adj. ▪ littér. **1** Petit, fin. *Couper qqch. en menus morceaux.* ← (personnes) Petit et mince. **2** Qui a peu d'importance, de valeur. *Menue monnaie.* ← n. m. PAR LE MENU loc. adv. : en détail. **3** adv. Finement. *Oignons hachés menu.*

② **menu** n. m. ▪ **1** Liste des mets d'un repas. ← *Menu de restaurant (à prix fixe) ;* opposé à *carte.* **2** Liste d'opérations proposées sur l'écran d'un ordinateur.

**menuet** n. m. ▪ **1** Ancienne danse à trois temps. **2** Forme instrumentale comportant trois parties, dans la suite, la sonate.

**menuiserie** n. f. ▪ **1** Travail (assemblage) du bois pour la fabrication des meubles, la décoration des maisons (≠ *ébénisterie*). **2** Bois ainsi travaillé. **3** *Menuiserie métallique,* fabrication de portes et fenêtres en métal.

**menuisier** n. m. ▪ Artisan, ouvrier qui travaille le bois équarri en planches.

**méphitique** adj. ▪ (vapeur, exhalaison) Qui sent mauvais et est toxique.

**méplat** n. m. ▪ Partie plate, plane (du visage, d'une forme). *Le méplat de la tempe.*

**se méprendre** v. pron. 58 ▪ littér. Se tromper en prenant une personne, une chose pour une autre.

**mépris** n. m. ▪ **1** vx Fait de négliger. → *AU MÉPRIS DE* loc. prép. : en dépit de. *Au mépris du danger.* **2** Sentiment par lequel on méprise (2) (qqn).

**méprisable** adj. ▪ Qui mérite le mépris.

**méprisant, ante** adj. ▪ Qui a, montre, exprime du mépris (2).

**méprise** n. f. ▪ Erreur d'une personne qui se méprend. → **malentendu, quiproquo.**

**mépriser** v. tr. 1 ▪ **1** Estimer indigne d'attention ou d'intérêt. → **dédaigner, négliger.** **2** Considérer (qqn) comme indigne d'estime, condamnable.

**mer** [mɛʀ] n. f. ▪ **1** Vaste étendue d'eau salée. *Haute, pleine mer,* partie éloignée des rivages. ♦ loc. *Un homme à la mer,* tombé dans la mer. ♦ *Ce n'est pas la mer à boire :* ce n'est pas difficile. **2** *Une mer,* partie de la mer, délimitée (≠ *océan*). **3** *La mer de Glace :* grand glacier des Alpes.

**mercanti** n. m. ▪ Commerçant malhonnête.

**mercantile** adj. ▪ Qui ne considère que le profit.

**mercantilisme** n. m. ▪ hist. Doctrine économique des XVIᵉ et XVIIᵉ siècles, fondée sur le profit monétaire de l'État.

**mercatique** n. f. ▪ → **marketing.**

**mercenaire** ▪ **I** adj. littér. Qui n'agit que pour un salaire. ♦ **II** n. m. Soldat à la solde d'un gouvernement étranger.

**mercerie** n. f. ▪ Marchandises servant aux travaux de couture ; commerce de mercier.

**merchandising** n. m. ▪ → **marchandisage**

**merci** n. f. ▪ **I** littér. Pitié, grâce. ♦ *À LA MERCI DE* loc. prép. : dans la dépendance absolue de (qqn, qqch.). → *DIEU MERCI* loc. adv. : grâce à Dieu. → *SANS MERCI :* impitoyable (lutte, combat). ♦ **II** n. m. Remerciement. **2** interj. *Merci beaucoup.* → *Merci de* (+ inf.) : je vous remercie de bien vouloir... ♦ *Non merci.*

**mercier, ière** n. ▪ Marchand(e) d'articles de mercerie.

**mercredi** n. m. ▪ Troisième jour de la semaine*, qui succède au mardi.

**mercure** n. m. (nom mythol.) ▪ Métal d'un blanc argenté, très mobile, liquide à la température ordinaire (symb. Hg). *Le mercure du thermomètre.*

**mercurochrome** [-kʀɔm] n. m. ▪ Composé chimique rouge vif, antiseptique externe.

**merde** ▪ fam. **I** n. f. **1** Matière fécale. → **excrément ; crotte. 2** fig. Être ou chose méprisable, sans valeur. ♦ Situation mauvaise et confuse. loc. *Foutre la merde :* mettre la pagaille. → Ennui. → **emmerdement. II** interj. Exclamation de colère, d'impatience, de mépris, parfois d'admiration.

**merdeux, euse** adj. ▪ fam. **1** Sali d'excréments. **2** Mauvais. → n. Gamin(e), blanc-bec.

**merdier** n. m. ▪ fam. Grand désordre.

**merdique** adj. ▪ fam. Mauvais, sans valeur.

**merdoyer** v. intr. 8 ▪ fam. S'embrouiller maladroitement ; échouer.

**mère** n. f. ▪ **I 1** Femme qui a mis au monde un ou plusieurs enfants. ♦ par ext. *Mère adoptive.* → *Mère porteuse*.* **2** Femelle qui a un ou plusieurs petits. **3** Femme qui est comme une mère. **4** Titre donné à une religieuse (supérieure d'un couvent, etc.). **5** Appellatif rural, pour une femme d'un certain âge. **II 1** *La mère patrie,* la patrie d'origine. **2** Origine, source. prov. *L'oisiveté est mère de tous les vices.*

**mère-grand** n. f. ▪ vx Grand-mère. *Des mères-grand.*

**merguez** [-ɛz] n. f. ▪ Saucisse pimentée.

**méridien, ienne** ▪ **I** adj. *Plan méridien,* plan défini par l'axe de rotation de la Terre et la verticale du lieu. → *Hauteur méridienne d'un astre.* **II** n. m. Cercle imaginaire passant par les deux pôles terrestres. → Demi-cercle joignant les pôles. *Méridiens et parallèles.*

**méridienne** n. f. ▪ **1** vieilli Sieste du milieu du jour. **2** Canapé à deux chevets.

**méridional, ale, aux** adj. ▪ **1** Qui est au sud (s'oppose à *septentrional*). **2** Qui est du Midi, du Sud (d'un pays). → n. *Les Méridionaux.*

**meringue** n. f. ▪ Gâteau très léger fait de blancs d'œufs battus et de sucre. ▷ adj. **meringué, ée**

**mérinos** [-os] n. m. ▪ **1** Mouton à toison épaisse ; sa laine. **2** loc. fam. *Laisser pisser le mérinos,* laisser aller les choses.

**merise** n. f. ▪ Petite cerise sauvage.

**merisier** n. m. ▪ **1** Cerisier sauvage. ♦ Bois de cet arbre. **2** franç. du Canada Bouleau à écorce foncée.

**méristème** n. m. ▪ bot. Tissu jeune, à cellules serrées, qui engendre les autres tissus végétaux.

**méritant, ante** adj. ▪ souvent iron. Qui a du mérite (I, 1).

**mérite** n. m. ▪ **I 1** Ce qui rend (une personne) digne d'estime, de récompense. **2** Ce qui rend (une conduite) digne d'éloges. **II 1** Ensemble de qualités particulièrement estimables. *Un homme de mérite.* → **valeur.** → *Vanter les mérites de qqn, de qqch.* → **louer. 2** Avantage (de qqch.). *Cela n'a au moins le mérite d'exister.*

**mériter** v. tr. 1 ▪ **1** (personnes) Être en droit d'obtenir (un avantage) ou exposé à subir (un inconvénient). → au p. p. *Un repos bien mérité.* ♦ *MÉRITER DE* (+ inf.). *Il ne mérite pas de réussir.* ♦ (sujet chose) Donner lieu à, requérir. *Ceci mérite réflexion.* **2** Être digne d'avoir (qqn) à ses côtés, dans sa vie. *Il ne méritait pas de tels amis.*

**méritoire** adj. ▪ (choses) Où le mérite est grand. → Digne d'éloge. *Effort méritoire.*

**merlan** n. m. ▪ **I** Poisson de mer comestible, à chair légère. → fam. *Faire des yeux de merlan frit,* rouler les yeux. **II** vx Coiffeur.

**merle** n. m. ■ Oiseau passereau au plumage généralement noir chez le mâle. ➤ loc. *Merle blanc* : chose, personne rare.

**merlin** n. m. ■ Masse pour assommer les bœufs.

**merlu** n. m. ■ régional Colin (poisson).

**merluche** n. f. ■ Morue séchée.

**mérou** n. m. ■ Grand poisson des côtes de la Méditerranée, à la chair très délicate.

**mérovingien, ienne** adj. ■ Des Mérovingiens (rois des Francs).

**merveille** n. f. ■ **1** Chose qui cause une intense admiration. ➤ *Les Sept Merveilles du monde* (pour les Anciens : pyramides d'Égypte, phare d'Alexandrie, jardins de Babylone, temple de Diane à Éphèse, tombeau de Mausole, statue de Zeus par Phidias, colosse de Rhodes). **2** À MERVEILLE loc. adv. : parfaitement.

**merveilleux, euse** ■ I adj. **1** littér. Qui étonne par son caractère inexplicable, surnaturel. → **magique, miraculeux. 2** Très admirable, exceptionnel. ▷ adv. **merveilleusement II 1** n. m. L'inexplicable, le surnaturel (dans une œuvre) (≠ *fantastique*). **2** n. hist. Élégant(e) excentrique, pendant la Révolution et le Directoire.

**mes** adj. poss. → **mon**

**mésalliance** n. f. ■ Mariage avec une personne socialement inférieure.

**mésallier** v. tr. 7 ■ Marier (qqn) par mésalliance. ▶ se **mésallier** v. pron. ▶ **mésallié, ée** adj.

**mésange** n. f. ■ Petit oiseau au corps rond.

**mésaventure** n. f. ■ Aventure fâcheuse, désagréable.

**mescal** ou **mezcal** n. m. ■ Alcool tiré de l'agave. → **pulque.**

**mescaline** n. f. ■ Alcaloïde hallucinogène.

**mesclun** [mɛs-] n. m. ■ Mélange de salades (laitue, mâche, trévise...).

**mesdames, mesdemoiselles** [me-] n. f. ■ Pluriel de *madame, mademoiselle.*

**mésentente** n. f. ■ Défaut d'entente ou mauvaise entente. → **brouille, désaccord.**

**mésentère** n. m. ■ anat. Repli du péritoine qui enveloppe l'intestin.

**mésestimer** v. tr. 1 ■ littér. Ne pas apprécier (qqn, qqch.) à sa juste valeur. → **méconnaître, sous-estimer.**

**mésintelligence** n. f. ■ littér. Défaut d'accord. → **discorde, mésentente.**

**més(o)-** Élément, du grec *mesos* « au milieu, moyen ».

**mésolithique** n. m. et adj. ■ didact. Se dit de la période qui suit le paléolithique.

**méson** n. m. ■ phys. Particule de masse intermédiaire entre celle de l'électron (très faible) et celles du proton et du neutron.

**mésosphère** n. f. ■ sc. Couche de l'atmosphère terrestre, après la stratosphère.

**mésozoïque** adj. et n. m. ■ géol. (Ère) secondaire.

**mesquin, ine** adj. ■ **1** (personnes) Qui manque de générosité. ➤ *Des idées mesquines.* **2** Qui témoigne de petitesse morale, d'avarice. ▷ n. f. **mesquinerie**

**mess** [mɛs] n. m. ■ Lieu où se réunissent les officiers ou les sous-officiers d'une unité, pour prendre leurs repas, etc.

**message** n. m. ■ **1** Charge de dire, de transmettre (qqch.). *S'acquitter d'un message.* **2** Information, paroles transmises. → **annonce, avis. 3** Contenu de ce qui est révélé. *Chanson à message.* **4** sc. Transmission d'une information. *Code et message.*

**messager, ère** n. ■ **1** Personne chargée de transmettre une nouvelle, un objet. **2** littér. Ce qui annonce (qqch.). **3** biol. *A. R. N. messager* : forme de l'acide ribonucléique transportant l'information génétique.

**messagerie** n. f. ■ **1** Service de transports de colis et de voyageurs. **2** *Messageries de presse* : organismes de distribution de la presse. **3** *Messagerie électronique* : transmission télématique de messages (abrév. *mél*). → **courriel.**

**messe** n. f. ■ **1** Célébration rituelle du culte catholique commémorant le sacrifice de Jésus-Christ. **2** *MESSE NOIRE* : parodie sacrilège du saint sacrifice. **3** Œuvre musicale sur les chants de la messe. **4** loc. *Faire des MESSES BASSES* : parler en aparté.

**messidor** n. m. ■ Dixième mois du calendrier révolutionnaire (19-20 juin au 19-20 juillet).

**Messie** n. m. ■ relig. Libérateur désigné et envoyé par Dieu.

**messieurs** [mesjø] n. m. ■ Pluriel de *monsieur.*

**messire** n. m. ■ anciennt Dénomination des personnes de qualité.

**mesurable** adj. ■ Qui peut être mesuré.

**mesure** n. f. ■ I **1** Détermination (de grandeurs) par comparaison avec une grandeur constante de même espèce (→ **mesurer**). **2** Grandeur ainsi déterminée. ➤ *SUR MESURE* : adapté à une personne, à un but. *Costume sur mesure.* fig. *Rôle sur mesure.* **3** Valeur, capacité appréciée ou estimée. *Donner sa mesure*, montrer ce dont on est capable. **4** loc. À *LA MESURE DE* : proportionné à. ➤ *DANS LA MESURE DE..., OÙ...* : dans la proportion de, où ; pour autant que. À *MESURE* : progressivement. À *MESURE QUE...* : en même temps que. ➤ *Au fur* et *à mesure.* II **1** Quantité, unité de comparaison pour mesurer. *Mesures de longueur, de capacité.* **2** Récipient de capacité connue. **3** *COMMUNE MESURE* (en phrase négative) : rapport. *Il n'y a pas de (c'est sans) commune mesure.* **4** Appréciation par un étalon. III **1** Quantité, dimension normale, souhaitable. *Dépasser la mesure.* ➤ loc. *OUTRE MESURE* : excessivement. **2** Modération dans le comportement. → **retenue ; mesuré** (2). **3** Manière d'agir proportionnée à un but ; acte officiel. *Prendre des mesures d'urgence.* **4** Division de la durée musicale en parties égales. *Le métro-nome donne la mesure.* ➛ EN MESURE loc. adv. : en suivant la mesure. ♦ Chacune de ces parties. *Mesure à quatre temps.* **5** loc. *(ÊTRE) EN MESURE DE* : avoir la possibilité de.

**mesurer** v. tr. ⟨1⟩ ▪ **I 1** Évaluer (une lon-gueur, une surface, un volume) par une comparaison (→ **mesure** (I, 1)). *Mesurer une longueur.* ➛ *Mesurer un appartement* (sa surface). **2** Déterminer la valeur de (une grandeur mesurable) par l'observation ou le calcul. **3** fig. Juger par comparaison. → **esti-mer, évaluer. 4** intrans. Avoir pour mesure. *Mesurer un mètre quatre-vingts.* **II** fig. *Mesu-rer qqch. à* (qqn, qqch.). **1** Donner, régler avec mesure. → **compter.** *Le temps nous est mesuré.* **2** Donner, répartir avec modération. ► se **mesurer** v. pron. (personnes) *Se mesurer avec, à qqn,* avoir une épreuve de force avec. → se **battre, lutter.** ► **mesuré, ée** adj. **1** Évalué par la mesure. **2** Qui montre de la mesure (III, 2). → **modéré.**

**mésurer** v. tr. ⟨1⟩ ▪ littér. Faire mauvais usage (de).

**méta-** Élément (du grec *meta* « après »).

**métabolisme** n. m. ▪ physiol. Transformations chimiques et biologiques dans l'organisme (spécialt humain).

**métacarpe** n. m. ▪ anat. Ensemble des os (dits *métacarpiens*) de la main.

**métadonnée** n. f. ▪ inform. Caractéristique formelle normalisée et structurée utilisée pour la description et le traitement des contenus des ressources numériques.

**métairie** n. f. ▪ Domaine agricole exploité par métayage*. ♦ Ses bâtiments (→ **ferme).**

**métal, aux** n. m. ▪ **1** Corps simple, doué d'un éclat particulier, bon conducteur de la chaleur et de l'électricité, et formant, avec l'oxygène, des oxydes basiques. **2** Substance métallique (métal, alliage).

**métalangage** n. m. ▪ didact. Langage qui décrit un autre langage (dit « primaire »).

**métalangue** n. f. ▪ didact. Langue naturelle qui parle du langage, des faits de la langue.

**métallique** adj. ▪ **1** Fait de métal. **2** Du métal. *Reflet métallique.* **3** (son) Qui semble venir d'un corps fait de métal.

**métalliser** v. tr. ⟨1⟩ ▪ techn. **1** Couvrir d'une couche de métal. **2** Donner un éclat métal-lique à. ▷ n. f. **métallisation**

**métallo** n. m. ▪ fam. Ouvrier métallurgiste.

**métallographie** n. f. ▪ sc. Étude de la struc-ture et des propriétés des métaux.

**métalloïde** n. m. ▪ chim. Corps simple qui a certaines propriétés des métaux et des propriétés opposées (syn. *non-métal*).

**métallurgie** n. f. ▪ Industries, techniques de fabrication et mise en œuvre des métaux. *Métallurgie du fer.* → **sidérurgie.** ▷ adj. **métallurgique**

**métallurgiste** n. m. ▪ **1** Ouvrier qui travaille dans la métallurgie. → **métallo. 2** Industriel de la métallurgie.

**métalogique** adj. ▪ didact. Qui étudie les valeurs de vérité en logique.

**métamorphique** adj. ▪ didact. Se dit d'une roche qui a été modifiée par la chaleur et la pression. ▷ n. m. **métamorphisme**

**métamorphose** n. f. ▪ **1** Changement de forme, de nature ou de structure qui rend méconnaissable. **2** Changement total surve-nant dans l'organisme (de batraciens, d'in-sectes), dans son développement vers la forme adulte. **3** Changement complet.

**métamorphoser** v. tr. ⟨1⟩ ▪ **1** Modifier par métamorphose (1 et 2). **2** fig. Changer complè-tement (qqn, qqch.). *L'amour l'a métamor-phosé.* ► se **métamorphoser** v. pron.

**métaphore** n. f. ▪ Changement de sens (figure, trope) par substitution analogique (emploi d'un terme concret dans un contexte abstrait, etc.). « *Donner dans le panneau* » est une métaphore. ≠ figuré.

**métaphorique** adj. ▪ **1** De la métaphore. **2** Qui abonde en métaphores. → **imagé.** ▷ adv. **métaphoriquement**

**métaphysicien, ienne** n. ▪ Philosophe qui s'occupe de métaphysique.

**métaphysique** ▪ **I** n. f. **1** Recherche rationnelle sur l'être (esprit, nature, matière, Dieu...), les principes premiers de la connaissance. → **ontologie, philosophie. 2** Réflexion abstraite. **II** adj. Qui relève de la métaphysique.

**métastase** n. f. ▪ méd. Foyer secondaire éloigné d'un foyer initial (par ex. cancer).

**métatarse** n. m. ▪ anat. Os du pied entre le talon et les phalanges des orteils.

**métayage** n. m. ▪ Mode d'exploitation agri-cole, louage d'un domaine pour une partie du produit cultivé.

**métayer, yère** n. ▪ Personne qui prend à bail et fait valoir par métayage.

**métazoaire** n. m. ▪ zool. Organisme animal formé de plusieurs cellules (opposé à *protiste*).

**méteil** n. m. ▪ Mélange de seigle et de blé.

**métempsychose** [-koz] n. f. ▪ didact. Doc-trine pour laquelle une âme se réincarne en plusieurs corps. – var. MÉTEMPSYCOSE.

**météo** (abrév.) ▪ **1** n. f. Météorologie. ➛ Informations météorologiques. **2** adj. invar. Météorologique.

**météore** n. m. ▪ **1** didact. Phénomène atmosphérique (pluie, neige...). **2** cour. Corps céleste traversant l'atmosphère (→ **météorite).** ▷ adj. **météorique**

**météorisme** n. m. ▪ méd. Gonflement de l'abdomen par des gaz.

**météorite** n. m. ou f. ▪ Fragment de corps céleste qui traverse l'atmosphère. → **aéro-lithe, météore** (2).

**météorologie** n. f. ▪ **1** Étude scientifique des météores (1). **2** Service, informations de précision du temps. → **météo.** ▷ adj. **météo-rologique** ▷ n. **météorologiste**

**métèque** n. m. ▪ **1** Antiq. grecque Étranger. **2** (terme xénophobe) Étranger dont l'aspect physique, les allures sont jugés déplaisants.

**méthadone** n. f. ▪ méd. Substance de synthèse, voisine de la morphine, utilisée dans le traitement de toxicomanes.

**méthane** n. m. ▪ Carbure d'hydrogène, gaz incolore, inflammable.

**méthanier** n. m. ▪ Cargo destiné à transporter du gaz (méthane) liquéfié.

**méthanisation** n. f. ▪ techn. Transformation (de matières organiques) en méthane (→ **biogaz**), par fermentation. ▷ **méthaniser** v. tr. ①

**méthanol** n. m. ▪ Alcool méthylique (→ **méthyle**).

**méthode** n. f. ▪ **1** sc. Démarche de l'esprit pour découvrir et démontrer la vérité. **2** Démarches raisonnées, suivies pour parvenir à un but. *Méthode de travail.* **3** Principes (d'une technique, d'un art). **4** fam. Moyen. ▪ **formule, procédé.**

**méthodique** adj. ▪ **1** Fait selon une méthode (s'oppose à *empirique*). *Classement méthodique.* **2** Qui agit, raisonne avec méthode. ▷ adv. **méthodiquement**

**méthodiste** adj. et n. ▪ D'un mouvement religieux protestant cherchant la pureté de la doctrine. ▷ n. m. **méthodisme**

**méthodologie** n. f. ▪ didact. Étude des méthodes scientifiques, techniques (→ **épistémologie**). ▷ adj. **méthodologique**

**méthyle** n. m. ▪ chim. Radical monovalent $CH_3$. ▷ **méthylique** adj. *Alcool méthylique (méthanol, méthylène).*

**méthylène** n. m. ▪ **1** Alcool méthylique impur. **2** chim. Radical bivalent dérivé du méthane. ▪ cour. *Bleu de méthylène,* colorant et antiseptique.

**méticuleux, euse** adj. ▪ Soigneux et très attentif aux détails. ▷ adv. **méticuleusement** ▷ n. f. **méticulosité**

**métier** n. m. ▪ **1 1** Travail reconnu par la société et dont on peut tirer des moyens d'existence. → **fonction, profession. 2** *Le métier de :* la fonction de. → **rôle. 3** Habileté technique que confère l'expérience d'un métier. *Il a du métier.* **II** Machine servant à travailler les textiles. *Métier à tisser.*

**métis, isse** [-is] ▪ **I** adj. **1** Issu d'un métissage. ▪ n. *Des métis.* **2** Hybride. *Œillet métis.* **II** n. m. Toile de coton et de lin.

**métissage** n. m. ▪ **1** Croisement de races, de variétés. **2** fig. *Le métissage des cultures.* ▷ **métisser** v. tr. ①

**métonymie** n. f. ▪ didact. Figure par laquelle on exprime un concept au moyen d'un terme désignant un autre concept qui lui est uni par une relation nécessaire (cause et effet, inclusion, ressemblance, etc.). ▷ adj. **métonymique**

**métope** n. f. ▪ archéol. Intervalle, souvent sculpté, entre deux triglyphes.

**métrage** n. m. ▪ **1** Action de mesurer au mètre. **2** Longueur de tissu vendu au mètre. **3** *Le métrage d'un film,* sa longueur. *Long, moyen, court métrage,* le film.

**mètre** n. m. ▪ **I 1** Élément de mesure des vers grecs et latins. **2** Type de vers d'après le nombre de syllabes et la coupe. **II 1** Unité principale de longueur, base du système métrique (symb. m), longueur parcourue par la lumière en 1/299792458 de seconde. ◆ *Un cent mètres,* une course de cent mètres. ◆ *Mètre carré,* unité de superficie (symb. $m^2$). *Mètre cube,* unité de volume (symb. $m^3$). **2** Étalon du mètre. ◆ Règle ou ruban gradué en centimètres.

**-mètre, -métrie** Éléments, du grec *metron* « mesure ».

**métrer** v. tr. ⑥ ▪ Mesurer au mètre.

**métreur, euse** n. ▪ Personne qui mètre.

① **métrique** n. f. ▪ Étude de la versification fondée sur l'emploi des mètres.

② **métrique** adj. ▪ Qui a rapport au mètre, unité de mesure. *Système métrique.*

**métrite** n. f. ▪ Inflammation de l'utérus.

**métro** n. m. ▪ Chemin de fer électrique, souvent souterrain, d'une grande ville.

**métronome** n. m. ▪ mus. Petit instrument à pendule, servant à marquer la mesure.

**métropole** n. f. ▪ **I** Ville principale. → **capitale. II** État considéré par rapport aux colonies, aux territoires extérieurs.

① **métropolitain, aine** adj. ▪ **I** relig. D'une métropole (I). **II** D'une métropole (II). ◆ n. Personne originaire de la métropole (dans un territoire extérieur).

② **métropolitain** n. m. ▪ admin. → **métro.**

**métropolite** n. m. ▪ Archevêque de l'Église orthodoxe.

**mets** n. m. ▪ littér. Chacun des aliments préparés servis dans un repas. → **plat.**

**mettable** adj. ▪ (vêtements) Qu'on peut mettre.

**metteur, euse** n. ▪ (fém. rare) **1** techn. *METTEUR EN PAGES* (→ mise* en pages). **2** *METTEUR EN SCÈNE :* responsable de la mise* en scène (théâtre, cinéma, télévision). → **réalisateur.** ◆ *METTEUR EN ONDES* (radio).

**mettre** v. tr. ⑤⑥ ▪ **I 1** Faire changer de lieu. **1** Faire passer (une chose) dans un endroit, à une place (où elle n'était pas). ◆ *Mettre près* (approcher), *loin* (éloigner)... **2** Placer (un être vivant) à un endroit. → **installer. 3** Placer (un vêtement, un ornement, etc.) sur qqn, sur soi. **4** Ajouter en adaptant. *Mettre un couvercle à une casserole.* **5** Disposer. *Mettre le couvert.* ◆ Installer. *Mettre l'électricité dans une grange.* **6** fig. Ajouter, apporter (un élément moral, affectif). *Mettre de l'énergie à faire qqch., un espoir dans...* **7** *METTRE* (certain temps, de l'argent) *à :* dépenser, employer. **8** Provoquer, faire naître. *Il a mis du désordre partout.* **9** Écrire. *Mettre son nom sur un album.* ◆ fam. *METTONS QUE :* admettons que. **10** (compl. personne) Occuper, affecter. *On l'a mis à ce travail, sur* *cette affaire.* **II 1** (avec un adv.) Placer dans une position nouvelle (sans déplacement ni modification d'état). *Mettre qqn debout.* ➝ sans compl. METTRE BAS, accoucher (femelles d'animaux). **2** Placer, disposer dans une position. *Mettre le verrou* (le pousser). **III** Faire passer dans un état nouveau. **1** (concret) METTRE À : transformer en. ➝ METTRE À. *Mettre un bassin à sec.* **2** (abstrait) *Mettre en contact, en présence. Mettre au point, en œuvre ; en mouvement, en service, en scène, en vente* (→ *mise* [en]). **3** Faire fonctionner. *Mettre la radio.* ➝ **se mettre** v. pron. **1** réfl. Venir occuper un lieu, une situation. ➝ se **placer.** **2** passif (sujet chose) Avoir pour place habituelle. ➝ se **ranger.** **3** Devenir. *Se mettre en colère.* ➝ récipr. *Elles se sont mises d'accord.* **4** réfl. Prendre une position, un état, une apparence. *Se mettre à genoux.* ➝ loc. *N'avoir rien à se mettre* (pour s'habiller à son goût). **5** SE METTRE À (+ nom ; + inf.) : commencer (à faire). **6** fam. récipr. Se donner des coups. ➝ **mis, mise** → **mis.**

**meuble** ■ **I 1** adj. (terre) Qui se remue, se laboure facilement. **2** adj. et n. m. dr. (Bien) qui peut être déplacé (opposé à *immeuble*). **II** n. m. Objet mobile de formes rigides servant à l'aménagement de l'habitation, des locaux. → **ameublement, mobilier.**

**meubler** v. tr. ① ■ **1** Garnir de meubles (II). **2** Constituer le mobilier de. **3** fig. Remplir ou orner. *Meubler ses loisirs.* ➝ **occuper.** ➝ **se meubler** v. pron. Acquérir des meubles. ➝ **meublé, ée** adj. ➝ n. m. *Un meublé :* logement loué meublé.

**meuf** n. f. ■ fam. Femme, amie, épouse. → **nana.**

**meugler** v. intr. ① ■ Beugler. ▷ n. m. **meuglement**

**meuh** interj. ■ Onomatopée évoquant le meuglement des bovidés.

**meule** n. f. ■ **I 1** Cylindre plat et massif, servant à broyer, à moudre. *Meules de moulin.* **2** Disque en matière abrasive pour user, aiguiser, polir. **3** Grand fromage en forme de disque épais. **II 1** Gros tas de foin, de gerbes. **2** Tas de bois pour la confection du charbon de bois. **3** Champignonnière.

**meuler** v. tr. ① ■ Passer, dégrossir, affûter à la meule.

**meulière** adj. f. et n. f. ■ *(Pierre) meulière :* pierre à surface rugueuse (construction).

**meunerie** n. f. ■ Industrie de la farine.

**meunier, ière** n. ■ **1** Personne qui exploite un moulin à céréales, qui fabrique de la farine. → **minotier. 2** appos. invar. Frit dans la farine. *Des soles meunière.*

**meurette** n. f. ■ Sauce au vin rouge.

**meurtre** n. m. ■ Fait de tuer volontairement un être humain. → **assassinat.**

**meurtrier, ière** ■ **I** n. Personne qui a commis un ou des meurtres. **II** adj. (choses) **1** Qui concerne la mort de nombreuses personnes (circonstance, lieu). **2** Qui pousse à tuer. *Fureur meurtrière.*

**meurtrière** n. f. ■ Fente verticale pratiquée dans un mur pour tirer.

**meurtrir** v. tr. ② ■ **1** Blesser en laissant une marque sur la peau. **2** (surtout p. p.) Endommager (un fruit, un légume). **3** fig., littér. Déchirer (le cœur...).

**meurtrissure** n. f. ■ **1** Marque sur la peau (→ **bleu, contusion**), sur des fruits, etc. meurtris. **2** Marque de fatigue, de maladie.

**meute** n. f. ■ **1** Troupe de chiens dressés pour la chasse à courre. **2** Bande, troupe de poursuivants acharnés.

**mévente** n. f. ■ Insuffisance des ventes.

**mexicain, aine** adj. et n. ■ Du Mexique.

**mezcal** → **mescal**

**mézigue** pron. ■ argot Moi.

**mezzanine** [mɛdza-] n. f. ■ **1** Petit entresol. ◆ Étage entre l'orchestre et le premier balcon (d'un théâtre, etc.) (syn. *corbeille*). **2** Petite plate-forme dans une pièce haute de plafond.

**mezze** [medze] n. m. ■ Assortiment de hors-d'œuvre à l'orientale.

**mezzo** [medzo] n. ■ **1** n. m. Voix de femme, entre soprano et contralto (aussi *mezzo-soprano*). **2** n. f. La chanteuse.

**mi** n. m. invar. ■ Troisième note de la gamme d'ut. *Mi bémol.*

**mi-** ■ **1** (formant un nom composé) Le milieu de. *La mi-janvier.* **2** (loc. adv.) À *MI-* : à la moitié de. *À mi-hauteur.* **3** (formant un adj. composé) *Yeux mi-clos.*

**miam-miam** [mjammjam] interj. ■ fam. Exclamation de plaisir à manger.

**miaou** interj. et n. m. ■ Cri du chat.

**miasme** n. m. ■ Émanation à laquelle on attribuait les maladies infectieuses.

**miauler** v. intr. ① ■ **1** (chats, certains félins) Pousser un cri (le cri de l'espèce). **2** Faire un bruit analogue. ▷ n. m. **miaulement**

**mi-bas** n. m. invar. ■ Chaussette montante.

**mica** n. m. ■ **1** Minerai constituant des roches volcaniques et métamorphiques. **2** Plaque de mica blanc transparent (vitre).

**mi-carême** n. f. ■ Jeudi de la troisième semaine de carême, fête à déguisements.

**micelle** n. f. ■ sc. Particule en suspension dans une solution colloïdale.

**miche** n. f. ■ **1** Pain rond. **2** fam. Fesse.

**miché** n. m. ■ argot Client d'une prostituée. – syn. MICHETON.

**micheline** n. f. ■ ancient Automotrice sur pneus.

**à mi-chemin** loc. adv. ■ Au milieu du chemin, du trajet (aussi fig.).

**mi-clos, ose** adj. ■ littér. À moitié fermé. *Yeux mi-clos.*

**micmac** n. m. ■ fam. Agissements compliqués et suspects. → **manigance.**

**micocoulier** n. m. ■ Arbre du genre orme.

**à mi-corps** [-kɔʀ] loc. adv. ■ Au milieu du corps, jusqu'à la taille.

à **mi-course** loc. adv. ■ Au milieu du parcours.

**micro** n. (abrév.) ■ **1** n. m. Microphone. *Parler au micro.* **2** n. m. Micro-ordinateur. **3** n. f. Micro-informatique.

**micro-** Élément, du grec *mikros* « petit ». ◆ spécialt Élément divisant (une unité) par 10⁶, un millionième (ex. *microseconde* n. f.).

**microbe** n. m. ■ **1** Micro-organisme pathogène. ▷ adj. **microbien, ienne 2** fam. Personne chétive, petite.

**microbiologie** n. f. ■ Science des micro-organismes.

**microchirurgie** n. f. ■ Chirurgie des structures vivantes microscopiques.

**microclimat** n. m. ■ Conditions climatiques d'une petite zone.

**microcosme** n. m. ■ littér. Abrégé, image réduite du monde (opposé à *macrocosme*).

**microcrédit** n. m. ■ Prêt d'un faible montant accordé, pour un projet, à des personnes démunies.

**microentreprise** n. f. ■ Entreprise de très petite taille (qui peut bénéficier d'aides diverses).

**microfibre** n. f. ■ Fibre textile synthétique extrêmement fine, donnant des tissus doux au toucher.

**microfilm** [-film] n. m. ■ Photographie de très petit format sur film.

**micrographie** n. f. ■ didact. Étude microscopique des matériaux. ▷ adj. **micrographique**

**micro-informatique** n. f. ■ Informatique des micro-ordinateurs. → **micro** (3).

**micron** n. m. ■ Unité de longueur (symb. µ : lettre *mu*) égale à un millionième de mètre.

**micro-onde** n. f. ■ Onde électromagnétique de très petite longueur. *Four à micro-ondes.*

**micro-ordinateur** n. m. ■ Ordinateur de format réduit (d'usage individuel). → **micro** (2), **P. C.** *Des micro-ordinateurs.*

**micro-organisme** n. m. ■ didact. Organisme microscopique. → **microbe; bacille, bactérie, virus.** *Des micro-organismes.*

**microphone** n. m. ■ Appareil qui amplifie les ondes sonores. → **micro** (1).

**microphotographie** n. f. ■ Photographie à fort coefficient de réduction.

**microphysique** n. f. ■ Physique de l'atome, des particules.

**micropilule** n. f. ■ Pilule contraceptive ne contenant que des progestatifs.

**microprocesseur** n. m. ■ Très petit circuit intégré *(microcircuit)*, unité de traitement de l'information. → **puce.**

**microscope** n. m. ■ Instrument d'optique qui permet de voir des objets invisibles à l'œil nu. – *Microscope optique, binoculaire ; électronique* (à faisceau d'électrons).

**microscopique** adj. ■ **1** didact. Qui se fait à l'aide du microscope. **2** Visible seulement au microscope. ◆ Très petit, minuscule.

**microsillon** [-s-] n. m. ■ anciennt Disque « noir » (vinyle) à sillon très petit.

**micro-trottoir** n. m. ■ Enquête faite dans la rue, auprès de passants, par la radio ou la télévision.

**miction** n. f. ■ méd. Action d'uriner.

**midi** n. m. ■ **1 1** Milieu du jour. *La Douzième heure (après et avant minuit).* ← loc. *Chercher midi à quatorze heures,* des difficultés où il n'y en a pas. **II 1** Sud, exposition au sud. **2** Région qui est au sud.

**midinette** n. f. ■ Jeune fille de la ville, simple, sentimentale ou frivole.

① **mie** adv. ■ vx *Ne... mie, ne... pas.*

② **mie** n. f. ■ Partie molle du pain (s'oppose à *croûte*).

**miel** n. m. ■ **1** Substance sirupeuse et sucrée élaborée par les abeilles. **2** loc. *Être TOUT SUCRE TOUT MIEL :* mielleux (2). *Lune\* de miel.*

**mielleux, euse** adj. ■ **1** De miel. **2** Qui a une douceur affectée. → **doucereux.**

**mien, mienne** ■ **I** adj. poss. de la 1ʳᵉ pers. du sing. À moi. **1** épithète *Un mien cousin.* **2** attribut *Des idées que j'ai faites miennes.* **II** pron. poss. Ce qui est à moi. *LE MIEN, LA MIENNE (les miens, les miennes).* **III** n. m. pl. *LES MIENS :* mes parents, mes amis...

**miette** n. f. ■ **1** Petit morceau (de pain, de gâteau...) qui tombe quand on le coupe. **2** fig. *Les miettes* (d'une fortune, d'un partage). → **bribe. 3** Petit fragment. *Mettre qqch. en miettes* (en cassant).

**mieux** adv. ■ Comparatif de *bien.* **I 1** D'une manière plus accomplie, meilleure (s'oppose à *plus mal*). ← *ALLER MIEUX :* être en meilleure santé. ← *Vous feriez mieux de vous taire :* vous auriez avantage. **2** *MIEUX QUE... Il réussit mieux que son frère. Mieux que jamais.* **3** (avec *plus, moins*) *Moins il mange, mieux il se porte.* **4** loc. adv. *ON NE PEUT MIEUX,* parfaitement. ← *À QUI MIEUX MIEUX,* à qui fera mieux (ou plus) que l'autre. **II** *LE MIEUX* **1** De la meilleure façon. *Le mieux du monde.* **2** loc. *AU MIEUX :* dans le meilleur des cas. **3** *POUR LE MIEUX :* le mieux possible, très bien. **III** adj. attribut **1** (personnes) En meilleure situation, état. *Mettez-vous là, vous serez mieux.* **2** (choses) Préférable, d'une plus grande qualité (s'oppose à *pire*). **3** loc. *QUI MIEUX EST :* ce qui est mieux encore (s'oppose à *pis*). **IV** nominal **1** (sans article) Quelque chose de mieux. *En attendant mieux. Faute de mieux.* **2** n. m. invar. *Le mieux est l'ennemi du bien.* ← *Un mieux,* une amélioration. ← *Faire de mon (ton, son) mieux.*

**mieux-être** [mjøz-] n. m. invar. ■ État plus heureux, amélioration du bien-être\*.

**mièvre** adj. ■ D'une grâce fade. ▷ n. f. **mièvrerie**

**mignard, arde** adj. ■ vx Mignon.

**mignardise** n. f. ■ **1** Délicatesse, grâce affectée. **2** Petit œillet odorant.

**mignon, onne ▪ I** adj. **1** Qui a de la grâce et de l'agrément. **2** Aimable, gentil. **3** *FILET MIGNON* : pointe du filet (bœuf, veau...). **II** n. **1** Personne mignonne. **2** n. m. hist. *Les mignons d'Henri III*, ses favoris homosexuels.

**migraine** n. f. ▪ Mal de tête. ▷ adj. et n. **migraineux, euse**

**migrant, ante** adj. et n. ▪ Qui participe à une migration.

**migrateur, trice** adj. et n. m. ▪ (animaux) Qui émigre (→ **migration** (2)).

**migration** n. f. ▪ **1** Déplacement de populations qui passent d'un pays dans un autre pour s'y établir (→ **émigrer, immigrer**). **2** Déplacement saisonnier d'animaux (oiseaux, poissons...). ▷ adj. **migratoire**

**migrer** v. intr. 1 ▪ Émigrer.

**mihrab** n. m. ▪ didact. Niche orientée vers la Mecque aménagée dans le mur d'une mosquée.

**à mi-jambe** loc. adv. ▪ Au niveau du milieu de la jambe. – var. À MI-JAMBES.

**mijaurée** n. f. ▪ péj. Femme, jeune fille aux manières affectées. → **pimbêche.**

**mijoter** v. tr. 1 ▪ I **1** Faire cuire ou bouillir lentement, avec soin. **2** Préparer avec réflexion et discrétion. **II** intrans. Cuire lentement. *Ça mijote.*

**mikado** n. m. ▪ I Empereur du Japon. **II** Jeu d'adresse, jonchet.

**mil** n. m. ▪ Céréale à petits grains (sorgho, millet), cultivée en Afrique.

**milan** n. m. ▪ Rapace diurne, brun.

**mildiou** n. m. ▪ Maladie de plantes causée par des champignons minuscules. → Rouille des feuilles de la vigne.

**mile** n. m. ▪ Mesure anglo-saxonne de longueur (1609 m). → ② **mille.**

**milice** n. f. ▪ **1** Troupe de police supplétive. → spécialt *La Milice* : corps de volontaires français qui soutint les occupants allemands. **2** Formation paramilitaire non officielle. ▷ n. **milicien, ienne**

**milieu** n. m. ▪ I **1** Partie à égale distance des extrémités. → loc. hist. *L'Empire du Milieu*, l'Empire chinois. **2** Ce qui est placé entre d'autres. *Le doigt du milieu.* **3** Période entre le commencement et la fin. **4** *AU MILIEU* : à mi-distance (espace, temps). → *EN PLEIN MILIEU*, *AU BEAU MILIEU* : exactement au milieu. **II** Ce qui est éloigné des extrêmes, des excès ; position, état intermédiaire. → loc. *LE JUSTE MILIEU* : la position moyenne. **III 1** Ensemble des objets matériels, des circonstances physiques qui entourent et influencent un organisme vivant. → **environnement. 2** Entourage, groupe social (d'une personne, d'un groupe). *Sortir du milieu familial.* **3** *Le milieu*, groupe social vivant du vol, de la prostitution.

**militaire** n. m. ▪ I adj. De la force armée. → *Coup d'État militaire.* ▷ adv. **militairement II** n. Personne qui fait partie des forces armées. → **soldat.**

**militant, ante** adj. et n. ▪ **1** Qui combat dans les luttes idéologiques. **2** Qui milite dans un parti, une organisation. ▷ n. m. **militantisme**

**militariser** v. tr. 1 ▪ Organiser d'une façon militaire ; pourvoir d'une force armée. ▷ n. f. **militarisation**

**militarisme** n. m. ▪ **1** Exaltation des valeurs militaires. **2** péj. Prépondérance (politique) de l'armée. ▷ adj. et n. **militariste**

**militaro-** Élément tiré de *militaire.*

**militer** v. intr. 1 ▪ **1** (sujet chose) *MILITER POUR, CONTRE...* : constituer un argument (pour, contre). **2** (personnes) Agir, lutter pour ou contre (une cause). ◆ Agir dans et pour un parti, une organisation (syndicat, etc.).

① **mille** [mil] ▪ I adj. numéral invar. **1** cardinal Dix fois cent (1000). **2** Un grand nombre. → loc. *Je vous le donne en mille* : vous n'avez pas une chance sur mille de deviner. **3** ordinal *Page mille.* → (dans une date ; parfois écrit *mil*) *L'an deux mille cinq.* **II** n. m. invar. **1** Le nombre mille. → *POUR MILLE* (précédé d'un numéral). *Natalité de 15 pour mille* (15 ‰). **2** Partie centrale d'une cible (marquée 1000). *Mettre dans le mille.* → **but. 3** Millier. → fam. *Des mille et des cents* : beaucoup d'argent.

② **mille** [mil] n. m. ▪ **1** Nom d'anciennes mesures de longueur. **2** *Mille anglais.* → **mile.** ◆ *Mille marin* (1852 m).

**millefeuille** [mil-] n. m. ▪ Gâteau à pâte feuilletée.

**millénaire** [mil-] ▪ **1** adj. Qui a mille ans (ou plus). **2** n. m. Période de mille ans.

**mille-pattes** n. m. invar. ▪ Myriapode à quarante-deux pattes (deux par segment).

**millepertuis** [mil-] n. m. ▪ Plante dont la feuille est criblée de petits pores.

**millésime** [mil-] n. m. ▪ **1** Chiffre d'une date exprimant le nombre mille. **2** Date (à quatre chiffres) d'une monnaie, d'un timbre-poste, d'un vin.

**millésimé, ée** [mil-] adj. ▪ Qui porte un millésime. *Champagne millésimé.*

**millet** n. m. ▪ Graminée cultivée pour les grains (→ **mil**) ou comme fourrage.

**milli-** [mil-] Élément qui signifie « un millième » (ex. *millimètre*).

**milliard** [miljar] n. m. ▪ Nombre ou somme de mille millions. ▷ adj. et n. **milliardième**

**milliardaire** [mil-] adj. et n. ▪ Qui possède un milliard d'une monnaie.

**millibar** n. m. ▪ ancien Millième de bar. → **hectopascal.**

**millième** [mil-] ▪ **1** adj. numéral ordinal Qui occupe le rang indiqué par le nombre mille. → *Le, la millième.* **2** adj. et n. m. Se dit d'une des parties d'un tout divisé en mille.

**millier** [milje] n. m. ▪ Nombre, quantité d'environ mille. → loc. adv. *PAR MILLIERS.*

**milligramme** n. m. ▪ Millième partie du gramme (symb. mg).

**millimètre** n. m. ▪ Millième partie du mètre (symb. mm). ▷ adj. **millimétré, ée**

**million** [miljɔ̃] n. m. ■ **1** Mille fois mille. **2** Un million d'unités monétaires. *Un appartement d'un million.*

**millionième** [mil-] ■ **1** adj. numéral ordinal Qui occupe le rang marqué par le nombre de un million. ◆ n. *Le, la millionième.* **2** adj. et n. m. Se dit d'une partie d'un tout divisé en un million.

**millionnaire** [mil-] adj. et n. ■ (Personne) qui possède un ou plusieurs millions (2).

**mi-lourd** adj. et n. m. ■ (Sportif, boxeur) entre les poids moyens et les lourds.

**mime** ■ I n. Acteur qui s'exprime par les attitudes et les gestes, sans paroles. II n. m. Spectacle sans paroles. → **pantomime**.

**mimer** v. tr. 1 ■ Exprimer sans le secours de la parole.

**mimétisme** n. m. ■ **1** (animaux, plantes) Propriété de se rendre semblables par l'apparence au milieu environnant ou à une autre espèce. **2** Imitation involontaire ; fait de se conformer à qqn d'autre.

**mimique** n. f. ■ **1** didact. Signes (gestes, jeux de physionomie) qui accompagnent ou remplacent le langage. **2** cour. Expression du visage. → **grimace**.

**mimodrame** n. m. ■ didact. Mime (II).

**mimolette** n. f. ■ Fromage de Hollande à pâte demi-tendre, orangée.

**mimosa** n. m. ■ **1** Variété d'acacia à fleurs jaunes en petites boules ; ces fleurs. **2** appos. invar. *Œufs mimosa :* œufs durs mayonnaise, à jaune écrasé.

**minable** adj. et n. ■ fam. Très médiocre. → **lamentable**, **piteux**. ◆ n. (personnes) *Une bande de minables.*

**minaret** n. m. ■ Tour d'une mosquée.

**minauder** v. intr. 1 ■ Prendre des manières affectées pour plaire, séduire.

**minauderie** n. f. ■ **1** Action de minauder. **2** (surtout au plur.) Air, manière, geste affectés.

**minaudier, ière** adj. ■ Qui minaude.

**minaudière** n. f. ■ Petit sac du soir destiné à contenir des objets de maquillage.

**minbar** [min-] n. m. ■ didact. Chaire d'une mosquée.

**mince** adj. ■ I **1** (opposé à *épais*) Qui a peu d'épaisseur ; fin. ◆ (opposé à *large*) Étroit. **2** (personnes ; parties du corps) Qui donne une impression de finesse. **3** fig. Sans importance. II interj. fam. Exclamation de surprise.

**minceur** n. f. ■ Caractère de ce qui est mince (I) (choses, personnes).

**mincir** v. intr. 2 ■ Devenir plus mince.

① **mine** n. f. ■ I (aspect physique) Aspect extérieur, apparence. ◆ loc. *Ne pas payer de mine :* avoir mauvaise apparence. ◆ *FAIRE MINE DE* (+ inf.) : paraître disposé à. ◆ *faire semblant* de. ◆ fam. *MINE DE RIEN :* sans en avoir l'air. II Aspect du visage, selon la santé, l'humeur. *Avoir bonne mine.* ◆ loc. *Faire GRISE MINE à qqn,* l'accueillir avec froideur. III au plur. Attitudes, gestes (affectés).

② **mine** n. f. ■ I Petit bâton d'une matière laissant une trace (partie centrale d'un crayon). *Mine de plomb.* → **graphite**. II **1** Terrain d'où l'on peut extraire un métal, du charbon ; ensemble d'ouvrages souterrains aménagés pour l'extraction d'un minerai. **2** fig. Réserve, source importante. *Une mine de renseignements.* III Engin explosif (sur terre ou dans l'eau). *Champ de mines.*

**miner** v. tr. 1 ■ I **1** Creuser, attaquer. *La mer mine les falaises.* **2** fig. Attaquer, affaiblir par une action progressive. ◆ passif et p. p. *Il est miné par le souci.* II Garnir de mines explosives. ◆ au p. p. *Terrain miné.*

**minerai** n. m. ■ Minéral qui contient des substances qu'on peut extraire.

**minéral, ale, aux** ■ I adj. **1** Constitué de matière inorganique. *Huiles minérales.* **2** Relatif aux corps minéraux. *Chimie minérale.* **3** *EAU MINÉRALE*, contenant naturellement des matières minérales. II n. m. Élément ou composé naturel inorganique, constituant de l'écorce terrestre. → **roche**.

**minéralier** n. m. ■ Cargo pour le transport des minerais.

**minéralogie** n. f. ■ Science des minéraux, matériaux de l'écorce terrestre. ▷ n. **minéralogiste**

**minéralogique** adj. ■ I De la minéralogie. II en France *Numéro minéralogique :* numéro d'immatriculation d'un véhicule.

**minerve** n. f. ■ Appareil orthopédique pour maintenir la tête.

**minestrone** n. m. ■ Soupe (italienne) au riz et aux légumes.

**minet, ette** n. ■ **1** Petit chat. **2** (personnes) terme d'affection *Mon minet.* **3** n. m. Jeune élégant. ◆ n. f. Jeune fille à la mode.

① **mineur, eure** adj. ■ (opposé à *majeur*) I **1** D'importance, d'intérêt secondaire (choses, personnes). **2** mus. *Intervalle mineur,* réduit d'un demi-ton. *Ton mineur.* ◆ n. m. *Morceau en mineur.* II adj. et n. (Personne) qui n'a pas atteint l'âge de la majorité.

② **mineur** n. m. ■ Ouvrier d'une mine, spécialt de houille. *Mineur de fond.*

**mini** ■ **1** adj. invar. Très court. **2** n. m. Mini-ordinateur.

**mini-** Élément qui signifie « (plus) petit ».

**miniature** n. f. ■ **1** Peinture fine de petits sujets. → **enluminure**. ▷ adj. **miniaturé, ée** **2** Genre de peinture de très petit format. **3** loc. *EN MINIATURE :* en réduction.

**miniaturiser** v. tr. 1 ■ Donner à (un objet, un mécanisme) les plus petites dimensions possibles. ▷ n. f. **miniaturisation**

**miniaturiste** n. ■ Peintre de miniatures.

**minibar** n. m. ■ Réfrigérateur de petite dimension, destiné aux boissons.

**minibus** [-bys] n. m. ■ Petit autobus.

**minicassette** n. f. ■ Cassette magnétique de petit format.

**minidosé, ée** adj. ■ (médicament) Faiblement dosé (en principes actifs).

**minier, ière** adj. ■ **1** Qui a rapport aux mines (②). **2** Où il y a des mines.

**minijupe** n. f. ■ Jupe très courte.

**minimal, ale, aux** adj. ■ Qui constitue un minimum. *Températures minimales.*

**minime** ■ **1** adj. Très petit, peu important. → **infime. 2** n. Jeune sportif (âge entre les benjamins et les cadets).

**minimiser** v. tr. ① ■ Réduire l'importance de (qqch.).

**minimum** [-ɔm] ■ n. m. Valeur la plus petite atteinte par une variable ; limite inférieure (s'oppose à *maximum*). *Des minimums* ou *des minima.* ➤ loc. *AU MINIMUM* : pour le moins. ➤ *MINIMUM VITAL* : le plus petit revenu permettant de subsister.

**mini-ordinateur** n. m. ■ Ordinateur de taille moyenne.

**minipilule** n. f. ■ Pilule contraceptive faiblement dosée en hormones.

**ministère** n. m. ■ **I 1** Corps des ministres et secrétaires d'État. **2** Administration, services dépendant d'un ministre. **3** Fonction de ministre. **II** *MINISTÈRE PUBLIC* : magistrats qui défendent les intérêts de la société (avocat général, procureur, etc.). **III** relig. Charge de ministre (II).

**ministériel, elle** adj. ■ **1** Relatif au ministère (I). *Crise ministérielle.* **2** Qui émane d'un ministre.

**ministre** n. ■ **I 1** Agent supérieur du pouvoir exécutif ; homme ou femme d'État à la tête d'un ministère. *Le Premier ministre :* le chef du gouvernement. *Madame la* (ou le) *ministre.* **2** Diplomate à la tête d'une légation. **II** n. m. *Ministre du culte :* prêtre. ➤ Pasteur protestant.

**minitel** n. m. (nom déposé) ■ en France Petit terminal de banques de données.

**minium** [-jɔm] n. m. ■ Peinture rouge préservant le fer de la rouille.

**minois** n. m. ■ Jeune visage délicat, éveillé.

**minorer** v. tr. ① ■ didact. (s'oppose à *majorer*) Diminuer l'importance, la valeur de (qqch.).

**minorité** n. f. ■ **I** (opposé à *2majorité*) État d'une personne qui n'a pas atteint la majorité légale. ➤ Temps pendant lequel un individu est mineur (①, II). **II 1** Groupement (de voix) inférieur en nombre (vote). ◆ Parti, groupe qui n'a pas la majorité des suffrages. **2** *La, une minorité de :* le plus petit nombre de. **3** Groupe englobé dans une collectivité plus importante. *Minorités ethniques.* ➤ adj. **minoritaire**

**minoterie** n. f. ■ **1** Établissement transformant les grains en farine. **2** Meunerie.

**minotier** [-tje] n. m. ■ Industriel qui exploite une minoterie.

**minou** n. m. ■ fam., lang. enfantin Petit chat.

**minuit** n. m. ■ **1** Milieu de la nuit. **2** Heure du milieu de la nuit, la douzième après midi (24 heures ou 0 heure).

**minus** [-ys] n. m. ■ fam. Individu incapable ou peu intelligent.

**minuscule** ■ **1** n. f. Lettre courante, plus petite que la majuscule. **2** adj. Très petit.

① **minute** n. f. ■ **1** Division du temps, soixantième partie de l'heure (symb. min ou mn). **2** Court instant. ➤ loc. *D'UNE MINUTE À L'AUTRE* : dans un futur imminent. *À LA MINUTE* : tout de suite. ◆ appos. invar. Préparé rapidement. *Des entrecôtes minute.* **3** Unité d'angle ; soixantième partie d'un degré (symb. ').

② **minute** n. f. ■ dr. Original (d'un acte).

**minuter** v. tr. ① ■ Organiser selon un horaire précis. ➤ n. m. **minutage**

**minuterie** n. f. ■ Appareil électrique (spécialt éclairage) réglé pour fonctionner pendant quelques minutes. – syn. MINUTEUR n. m.

**minutie** n. f. ■ Application minutieuse.

**minutieux, euse** adj. ■ **1** (personnes) Qui s'attache, s'arrête aux détails. **2** (choses) Soigneux et précis. ➤ adv. **minutieusement**

**mioche** n. ■ fam. Enfant. → **môme.**

**mirabelle** n. f. ■ **1** Petite prune ronde et jaune. **2** Eau-de-vie de ce fruit.

**mirabellier** n. m. ■ Prunier à mirabelles.

**miracle** n. m. ■ **1** Fait extraordinaire qu'on suppose surnaturel. *Les miracles de Lourdes.* **2** Drame médiéval sacré. **3** Chose étonnante et inattendue. ➤ *PAR MIRACLE* loc. adv. : d'une façon inattendue et heureuse.

**miraculer** v. tr. ① ■ rare Guérir par un miracle. ➤ **miraculé, ée** adj. et n.

**miraculeux, euse** adj. ■ **1** Résultant d'un miracle (1). **2** Inattendu et heureux. → **merveilleux.** ➤ adv. **miraculeusement**

**mirador** n. m. ■ **1** Belvédère. **2** Construction surélevée de surveillance (camp, prison).

**mirage** n. m. ■ **1** Phénomène optique, illusion d'une nappe d'eau à l'horizon. **2** fig. Apparence séduisante et trompeuse.

**mire** n. f. ■ **1** *LIGNE DE MIRE*, ligne droite imaginaire déterminée par l'œil du tireur. ➤ fig. *POINT DE MIRE :* centre d'intérêt. **2** Signal fixe déterminant une direction. **3** Image fixe de télévision.

**mirer** v. ① ■ **I** v. tr. Examiner (un œuf) à contre-jour pour vérifier sa fraîcheur. **II** *SE MIRER* v. pron. littér. Se regarder, se refléter (dans l'eau, etc.).

**mirifique** adj. ■ plais. Merveilleux.

**mirliton** n. m. ■ Tube creux dans lequel on chantonne un air. ➤ loc. *Vers de mirliton,* mauvaise poésie.

**mirobolant, ante** adj. ■ fam. Incroyablement magnifique.

**miroir** n. m. ■ **1** Surface polie qui sert à réfléchir la lumière, à refléter les images. ➤ loc. *MIROIR AUX ALOUETTES* : ce qui trompe en attirant. **2** littér. Surface unie (eau, marbre...) qui réfléchit la lumière ou les objets. **3** *En miroir :* en fournissant une image inversée.

**miroiter** v. intr. 🔟 ■ **1** Réfléchir la lumière en produisant des reflets scintillants. → **chatoyer. 2** loc. fig. *FAIRE MIROITER :* proposer (qqch.) de manière à séduire. ▷ adj. **miroitant, ante** ▷ n. m. **miroitement**

**miroiterie** n. f. ■ Commerce, industrie des miroirs et des glaces. ▷ n. m. **miroitier, ière**

**miroton** n. m. ■ Bœuf bouilli aux oignons. – appos. *Du bœuf miroton.*

**MIRV** [mirv] n. m. (sigle angl.) ■ anglic., milit. Dernier étage d'un missile à têtes multiples, formé des têtes nucléaires.

**mis, mise** adj. ■ (personnes) Vêtu, habillé. *Bien, mal mis. Mis avec soin.*

**misaine** n. f. ■ Voile basse du mât de l'avant (d'un navire). *Mât de misaine.*

**misanthrope** ■ **1** n. Personne qui fuit le genre humain, qui aime la solitude. **2** adj. Qui évite de fréquenter ses semblables.

**misanthropie** n. f. ■ Caractère d'un(e) misanthrope. ▷ adj. **misanthropique**

**miscible** adj. ■ sc. Qui peut se mêler à une autre substance en un mélange homogène.

**mise** n. f. ■ **I** avec un compl. **1** (qqch.) Action de mettre (quelque part). *Mise en place.* ♦ *MISE EN PAGES :* répartition en pages (d'un texte imprimé). – *MISE EN SCÈNE :* organisation de la représentation : décors, places, mouvements, jeu des acteurs (théâtre ; cinéma, télévision). **2** (dans quelques loc.) *La mise sur pied d'un programme.* ♦ (avec *en, à*) *Mise au net. Mise à prix* (avant les enchères). **II 1** Investissement, risque (d'argent). → **enjeu.** ♦ *MISE DE FONDS :* placement. **2** *DE MISE :* qui a cours, est reçu. *Ces manières ne sont plus de mise.* **3** Manière d'être habillé. *Soigner sa mise.*

**miser** v. tr. 🔟 ■ **1** Déposer, mettre (un enjeu). *Miser cinq euros.* – *Miser sur un cheval.* **2** *Miser sur*, compter sur.

**misérabiliste** adj. ■ arts Qui montre la misère sociale. ▷ n. m. **misérabilisme**

**misérable** adj. et n. ■ **1** Qui inspire la pitié ; qui est dans le malheur, la misère. → **lamentable, malheureux, pitoyable. 2** Qui manifeste une extrême pauvreté. → **indigent.** – n. vieilli *Secourir les misérables. "Les Misérables"* (roman de Victor Hugo). **3** Sans valeur, sans mérite. *Une argumentation misérable.* **4** n. Personne méprisable.

**misérablement** adv. ■ **1** Pitoyablement, tristement. **2** Dans l'extrême pauvreté.

**misère** n. f. ■ **1** littér. Malheur extrême. **2** Événement pénible. – *Faire des misères à qqn,* le tracasser. **3** Extrême pauvreté, privation des choses nécessaires. → **indigence. 4** *Une misère,* chose, somme négligeable.

**miserere** [mizerere] n. m. invar. ■ relig. Psaume par lequel le croyant implore la pitié de Dieu. – *Musique sur ce psaume.*

**miséreux, euse** adj. ■ Qui est dans la misère (3). – n. *Un miséreux.*

**miséricorde** n. f. ■ **1** Pitié par laquelle on pardonne. **2** interj. Exclamation de surprise et de douleur.

**miséricordieux, ieuse** adj. ■ Qui a de la miséricorde, de la compassion.

**mis(o)-** Élément (du grec *misein* « haïr ») qui signifie « qui déteste » (ex. *misogyne*).

**miso** n. m. ■ Pâte de soja fermentée (cuisine japonaise).

**misogyne** adj. et n. ■ Qui hait ou méprise les femmes. ▷ n. f. **misogynie**

**miss** n. f. ■ **1** Demoiselle anglo-saxonne. **2** Reine de beauté élue. *Miss France.*

**missel** n. m. ■ Livre liturgique qui contient les prières et les lectures de la messe.

**missile** n. m. ■ Engin de destruction autopropulsé et téléguidé. → **fusée.**

**mission** n. f. ■ **1** Charge de faire qqch. *Mission accomplie.* – *Chargé de mission* (diplomatique). **2** Charge de propager une religion (prédications, œuvres). – *Groupe* chargé de cette propagation. **3** Action, but auquel qqn semble destiné. → **vocation.** *La mission de l'artiste.*

**missionnaire** ■ **1** n. Religieux, religieuse des Missions. **2** adj. Qui a la mission de propager sa religion, son idéal.

**missive** n. f. ■ littér. Lettre.

**mistigri** n. m. ■ (jeux) Valet de trèfle. ♦ Jeu de cartes (où ce valet est important).

**miston, onne** n. ■ régional Gamin.

**mistral** n. m. ■ Vent violent qui souffle du nord ou du nord-ouest vers la mer (vallée du Rhône, Méditerranée).

**mitage** n. m. ■ géogr. Éparpillement des constructions, des habitations. *Mitage du tissu urbain.*

**mitaine** n. f. ■ **1** Gant qui laisse à nu les deux dernières phalanges des doigts. **2** régional et franç. du Canada Moufle.

**mitan** n. m. ■ vx ou régional Milieu, centre.

**mitard** n. m. ■ argot Cachot.

① **mite** n. f. ■ Petit papillon blanchâtre (teigne) dont la larve ronge les étoffes.

② **mite** n. f. ■ Chassie (de l'œil).

**mité, ée** adj. ■ Troué par les mites.

**mi-temps** [-tɑ̃] n. f. invar. ■ **1** Temps de repos au milieu d'un match (football, rugby, hockey). ♦ Chacune des deux moitiés du temps réglementaire (dans un match). **2** *Travail à MI-TEMPS ;* n. m. *un mi-temps,* pendant la moitié de la durée normale du travail.

**se miter** v. pron. 🔟 ■ Être attaqué, rongé par les mites.

**miteux, euse** adj. ■ En piteux état ; d'apparence misérable. *Un hôtel miteux.*

**mithridatiser** v. tr. 🔟 ■ didact. Immuniser en accoutumant au poison.

**mitigé, ée** adj. ■ **1** vx Adouci. *Sévérité mitigée.* **2** cour. Mêlé. *Des réactions mitigées.*

**mitochondrie** [-kɔ̃dri] n. f. ■ biol. Granule du cytoplasme, indispensable aux réactions énergétiques de la cellule.

**mitonner** v. 🔟 ■ **I** v. intr. Cuire longtemps à petit feu. **II** v. tr. Préparer soigneusement, longuement (cuisine ; et fig.).

**mitose** n. f. ▪ biol. Division de la cellule où chaque chromosome se dédouble.

**mitoyen, enne** adj. ▪ Entre deux choses, commun aux deux. *Mur mitoyen.* ▷ n. f. **mitoyenneté**

**mitraille** n. f. ▪ **1** ancient Morceaux de métal servant de projectiles. **2** Décharge d'artillerie, de balles. **3** fam. Petite monnaie.

**mitrailler** v. tr. ⚀ ▪ **1** Prendre pour objectif d'un tir de mitrailleuse. **2** fam. Photographier ou filmer sans arrêt. ▷ n. m. **mitraillage**

**mitraillette** n. f. ▪ Arme portative à tir automatique (syn. *pistolet-mitrailleur*).

**mitrailleur** ▪ **1** n. m. Servant d'une mitrailleuse. **2** adj. m. (arme) Qui peut tirer par rafales. ▬ → aussi **fusil-mitrailleur, pistolet-mitrailleur.**

**mitrailleuse** n. f. ▪ Arme automatique lourde, sur support, à tir rapide.

**mitral, ale, aux** adj. ▪ **1** anat. En forme de mitre. *Valvule mitrale du cœur.* **2** méd. De la valvule mitrale. *Insuffisance mitrale.*

**mitre** n. f. ▪ Haute coiffure triangulaire de cérémonie portée par les évêques.

**mitron** n. m. ▪ Garçon boulanger.

**à mi-voix** loc. adv. ▪ D'une voix basse.

**mixage** n. m. ▪ anglic. Regroupement du son sur une même bande (film, chanson).

① **mixer** v. tr. ⚀ ▪ anglic. **1** Procéder au mixage de. **2** Passer au mixer.

② **mixer** ou **mixeur** [miksœr] n. m. ▪ anglic. Appareil électrique servant à mélanger, à battre des aliments.

**mixité** n. f. ▪ Caractère mixte (2).

**mixte** adj. ▪ **1** didact. Formé de plusieurs éléments de nature différente. **2** Qui comprend des personnes des deux sexes. *École mixte.*

**mixtion** [mikstjɔ̃] n. f. ▪ didact. Action de mélanger, spécialt des drogues.

**mixture** n. f. ▪ **1** Mélange de substances chimiques, pharmaceutiques. **2** péj. Mélange comestible compliqué.

**M**<sup>lle</sup> ▪ Abréviation de *mademoiselle.*

**M**<sup>me</sup> ▪ Abréviation de *madame.*

**MMS** [ɛmɛmɛs] n. m. (sigle) ▪ techn., anglic. Technique et service d'envoi de messages multimédias à partir d'un téléphone mobile.

**mnémo-, -mnèse, -mnésie** Éléments, du grec *mnêmê* « mémoire ».

**mnémonique** adj. ▪ didact De la mémoire.

**mnémotechnique** [-tɛk-] adj. ▪ Capable d'aider la mémoire par des procédés d'association mentale.

**mobile** ▪ **I** adj. **1** Dont on peut changer la place ou la position. *Cloison mobile.* → **amovible.** ▬ *Téléphone mobile.* → **portable. 2** Dont la date, la valeur peut être modifiée. *Les fêtes mobiles du calendrier.* **3** (personnes) Qui se déplace ou peut se déplacer. **4** Dont l'apparence change sans cesse. *Visage mobile.* **II** n. m. **1** sc. Corps qui se déplace, considéré dans son mouvement. **2** Ce qui incite à agir. *Les mobiles d'un acte*

(≠ *motif*). **3** Œuvre, sculpture pouvant prendre des dispositions variées.

**mobilier, ière** ▪ **I** adj. (s'oppose à *immobilier*) **1** Qui consiste en biens meubles (I). **2** fig. De la nature des biens meubles. *Valeurs mobilières.* **II** n. m. Ensemble des meubles (II) d'une habitation, d'un local. ◆ *Mobilier urbain,* installations dans les lieux publics.

**mobilisable** adj. ▪ Susceptible d'être mobilisé (1).

**mobilisateur, trice** adj. ▪ Qui mobilise.

**mobilisation** n. f. ▪ **1** Fait de mobiliser une armée, une troupe sur le pied de guerre. **2** fig. *La mobilisation des énergies.*

**mobiliser** v. tr. ⚀ ▪ **1** Mettre sur le pied de guerre (une armée). ◆ Affecter (qqn) à l'armée. **2** Faire appel à (un groupe) pour une action collective. *Le syndicat a mobilisé ses militants.* **3** Faire appel à, mettre en jeu (des facultés intellectuelles ou morales).

**mobilité** n. f. ▪ **1** Caractère de ce qui peut se mouvoir, changer de place. **2** Caractère de ce qui change rapidement.

**mobylette** n. f. (marque déposée) ▪ Cyclomoteur de cette marque.

**mocassin** n. m. ▪ Chaussure basse (de marche, de sport), sans attaches.

**moche** adj. ▪ fam. Laid (aussi fig.). ▷ n. f. **mocheté**

**modal, ale, aux** adj. ▪ didact. Qui a rapport aux modes (→ ② **mode**). ▬ *Musique modale* (opposé à *tonal*).

**modaliser** v. tr. ⚀ ▪ didact. Différencier selon des modes, des modalités.

**modalité** n. f. ▪ Forme particulière (d'un acte, d'un fait, d'une pensée, d'un objet). *Modalités de paiement.*

① **mode** n. f. ▪ **1** Manière collective de faire. *Les modes de l'époque.* ◆ loc. *À LA MODE (de...).* **2** Goûts collectifs, manières passagères de vivre, de sentir qui sont appréciés socialement. ◆ loc. *À LA MODE :* conforme au goût du jour (→ dans le vent). ◆ spécialt Habitudes collectives et passagères d'habillement.

② **mode** n. m. ▪ **1** philos. Manière d'être (d'une substance). *Les modes de la pensée.* **2** mus. Disposition particulière de la gamme caractérisée par la disposition des tons et demi-tons. *Mode majeur, mineur.* **3** ling. Caractère des formes verbales exprimant l'attitude du sujet (en français : indicatif, subjonctif, conditionnel, impératif, infinitif, participe). **4** cour. *Mode de...,* façon, manière. *Mode d'existence.* → **genre.** ▬ *Mode d'emploi,* manière d'utiliser (un appareil...).

**modelage** n. m. ▪ Action de modeler (une substance plastique) ; son résultat.

**modèle** n. m. ▪ I 1 Ce qu'on doit imiter. *Prendre qqn pour modèle.* ➙ adj. *Des employés modèles.* ▪ **exemplaire. 2** Personne ou objet dont l'artiste reproduit l'image. *Dessiner d'après (le) modèle.* ◆ Personne dont la profession est de poser. **3** MODÈLE DE : représentant d'une catégorie. *Elle est, c'est un modèle de générosité.* II 1 Catégorie, classe définie. → ② **mode, type. 2** Type selon lequel des objets semblables peuvent être reproduits. → **prototype.** ➙ *Modèle déposé.* **3** Objet de même forme. ➙ *MODÈLE RÉDUIT* (d'un véhicule, etc.). → **maquette. 4** sc. Représentation simplifiée, formalisée, d'un processus, d'un système. **5** Type d'organisation sociale et économique.

**modelé** n. m. ▪ arts Relief des formes.

**modeler** v. tr. ⑤ ▪ 1 Façonner (un objet) en donnant une forme à une substance molle. *Modeler une statuette.* ◆ Pétrir (une substance plastique) pour lui imposer une forme. *Modeler de l'argile.* ◆ sans compl. *Pâte à modeler.* **2** Conférer une certaine forme à (qqch.). *L'érosion modèle le relief.* **3** fig. *Modeler son goût sur celui de qqn.*

**modélisme** n. m. ▪ Conception et construction des modèles (II, 2) réduits.

**modéliste** n. ▪ 1 Personne qui fait ou dessine les modèles, dans la couture. **2** Personne qui fabrique des modèles réduits.

**modem** [-ɛm] n. m. ▪ inform. Appareil de traitement à distance de l'information.

**modénature** n. f. ▪ archit. Profil d'un ensemble de moulures.

**modérateur, trice** n. ▪ 1 Personne, chose qui concilie les partis opposés. ◆ adj. *Une influence modératrice.* ➙ *Ticket modérateur :* frais laissés à la charge du malade par la Sécurité sociale (en France). **2** n. m. Corps qui, dans une pile atomique, permet de régler une réaction en chaîne.

**modération** n. f. ▪ 1 Comportement éloigné de tout excès. **2** Action de modérer.

**moderato** [-de-] adv. ▪ mus. Mouvement modéré.

**modéré, ée** adj. ▪ 1 Qui fait preuve de mesure. **2** adj. et n. Qui professe des opinions politiques éloignées des extrêmes. **3** Peu intense, assez faible. *Prix modéré.* ▷ adv. **modérément**

**modérer** v. tr. ⑥ ▪ Diminuer l'intensité de (un phénomène, un sentiment), réduire à une juste mesure (ce qui est excessif). *Modérer sa colère.* ➙ *Modérer son allure.*

**moderne** adj. ▪ I 1 Actuel, contemporain ou récent. **2** Qui bénéficie des progrès récents ; qui correspond au goût actuel. → **neuf, nouveau**, opposé à *ancien.* ➙ n. m. *Aimer le moderne.* **3** (personnes) Qui tient compte de l'évolution récente. II 1 didact. Qui appartient à une époque postérieure à l'Antiquité. ➙ spécialt n. *Les Modernes :* les écrivains modernes, au XVIIᵉ siècle. **2** *Histoire moderne ; les Temps modernes,* de la fin du moyen âge à la Révolution française.

**3** (s'oppose à *classique*) *Enseignement moderne* (sciences et langues vivantes).

**moderniser** v. tr. ① ▪ Rendre (plus) moderne. ▷ n. f. **modernisation**

**modernisme** n. m. ▪ Goût du moderne ; recherche de la modernité. ▷ adj. **moderniste**

**modernité** n. f. ▪ Caractère de ce qui est moderne, notamment en art.

**modern style** n. m. et adj. invar. ▪ anglic. Tendance artistique du début du XXᵉ siècle, avec décor floral stylisé (syn. *style nouille, art nouveau*).

**modeste** adj. ▪ I 1 Simple, sans faste. *Un modeste cadeau. Milieu social modeste.* **2** Peu important. *Un salaire très modeste.* II (personnes) Qui a une opinion modérée de son mérite. ▷ adv. **modestement**

**modestie** n. f. ▪ Modération, retenue dans l'appréciation de soi-même. ➙ *Fausse modestie,* modestie affectée.

**modicité** n. f. ▪ Caractère modique.

**modifiable** adj. ▪ Qui peut être modifié.

**modificateur, trice** adj. ▪ Qui a la propriété de modifier.

**modificatif, ive** adj. ▪ Qui modifie.

**modification** n. f. ▪ Changement (qui n'affecte pas l'essence de ce qui change). *Lente modification.* → **évolution.**

**modifier** v. tr. ⑦ ▪ Changer sans altérer la nature. ▶ se **modifier** v. pron.

**modillon** n. m. ▪ archit. Ornement placé sous une corniche, un support.

**modique** adj. ▪ Peu considérable. *Une somme modique.* ▷ adv. **modiquement**

**modiste** n. ▪ Fabricant, marchand de coiffures féminines.

**modulateur** n. m. ▪ Appareil qui module un courant, une onde (→ **modem**).

**modulation** n. f. ▪ 1 Changement de ton, de hauteur, etc. dans l'émission d'un son (→ **inflexion**) ; façon de moduler. **2** mus. Passage d'une tonalité à une autre. **3** Variation d'une onde. *Modulation de fréquence.*

**module** n. m. ▪ 1 arts Unité déterminant des proportions. **2** Unité de mesure de débit. **3** Coefficient de résistance des matériaux. **4** Unité constitutive d'un ensemble. ◆ Élément d'un engin spatial. ▷ adj. **modulaire**

**moduler** v. tr. ① ▪ 1 Articuler, émettre (une mélodie, un son varié) par des modulations. **2** Effectuer des modulations (2). **3** radio Faire varier les caractéristiques de (un courant électrique ou une onde). **4** Adapter (qqch.) à des cas particuliers. *Moduler des tarifs.*

**modus vivendi** [mɔdysvivɛ̃di] n. m. invar. ▪ Transaction mettant d'accord deux parties.

**moelle** [mwal] n. f. ▪ I 1 Substance molle et grasse de l'intérieur des os. **2** loc. *Jusqu'à la moelle (des os),* à l'intérieur du corps. ◆ *La substantifique\* moelle.* II *MOELLE ÉPINIÈRE :* cordon nerveux de l'épine dorsale.

**moelleux, euse** [mwalø] adj. ■ **1** Qui a de la douceur et de la mollesse au toucher. *Siège moelleux.* **2** Agréable, doux au goût. → **onctueux, savoureux. 3** Qui a une sonorité pleine et douce. **4** (formes naturelles ou artistiques) Qui a de la mollesse et de la grâce.

**moellon** [mwal5] n. m. ■ Pierre de construction maniable.

**mœurs** [mœr(s)] n. f. pl. ■ **I** Habitudes (d'une société, d'un individu) relatives à la pratique du bien et du mal. → **conduite, morale.** ← dr. *Outrages aux bonnes mœurs.* **II 1** Habitudes de vie, coutumes (d'un peuple, d'un groupe). **2** Habitudes de vie, comportement (de qqn). **3** (animaux) *Les mœurs des abeilles.*

**mogette** ou **mojette** n. f. ■ régional (ouest de la France) Haricot blanc.

**mohair** n. m. ■ Poil de la chèvre angora. ← appos. *Laine mohair.* ◆ Étoffe de mohair.

**moi** ■ **I** Pronom personnel de la première personne du singulier (→ aussi **me**) représentant la personne qui s'exprime. **1** (compl. d'objet après un impér.) *Regarde-moi.* ← (après un autre pron. pers.) *Donnez-la-moi.* **2** (sujet) « *Qui est là ? – Moi.* » ← *Moi, je... Moi qui...* **3** (coordonné) *Mon frère et moi. Lui ou moi.* **4** (compar.) *Plus, moins que moi.* **5** (attribut) *C'est moi.* **6** (précédé d'une prép.) *Pour moi. Selon moi, d'après moi.* ← *De vous à moi* (→ entre nous). **7** (renforcé) loc. *MOI-MÊME.* ← *MOI SEUL.* ← *MOI AUSSI. MOI NON PLUS.* **II** n. m. invar. **1** *LE MOI :* ce qui constitue la personnalité d'un être humain. **2** psych. Instance psychique chargée de la médiation entre le ça, le surmoi et la réalité.

**moignon** n. m. ■ **1** Extrémité d'un membre amputé. **2** Membre rudimentaire. *Les moignons d'ailes des pingouins.*

**moindre** adj. compar. ■ **I** compar. Plus petit, plus faible. *Un moindre mal.* **II** superl. *LE MOINDRE :* le moins important.

**moindrement** adv. ■ littér. *Pas le moindrement :* pas du tout.

**moine** n. m. ■ Religieux chrétien vivant à l'écart du monde, en communauté. ← par ext. *Moine bouddhiste.* → **bonze.**

**moineau** n. m. ■ Passereau de petite taille à livrée brune, striée de noir.

**moins** adv. ■ **I** (compar. de *peu*) Plus faiblement, d'une manière moins importante (s'oppose à *plus*). *Il travaille moins.* ← *Non moins que :* autant que, comme. ← *Pas moins :* autant. ← loc. *Plus ou moins :* à peu près. **II 1** *LE, LA MOINS* (superl. de *peu*). ← loc. *PAS LE MOINS DU MONDE :* pas du tout. **2** *AU MOINS. Si, au moins, il était venu !* → **seulement.** *Pour le moins :* au minimum. ← *DU MOINS :* néanmoins, en tout cas. **III** nominal **1** Une quantité, une chose moindre. *Ni plus ni moins :* exactement autant. **2** loc. *À MOINS DE, QUE :* sauf si. **IV** n. m. **1** *LE MOINS :* la plus petite quantité, la moindre chose. **2** *Le signe moins* (–) : le signe de la soustraction. **V** adj. attribut *C'est MOINS QUE RIEN :* c'est insignifiant. ← subst. *Un, une moins que rien,* personne sans aucune valeur. **VI** prép. **1** En

enlevant, en ôtant. *Six moins quatre.* ← *Deux heures moins dix.* **2** (introduisant un nombre négatif) *Il fait moins dix (degrés).*

**moire** n. f. ■ **1** Apprêt de tissus par écrasement irrégulier du grain. ← Tissu moiré. **2** fig., littér. Aspect changeant (d'une surface).

**moiré, ée** adj. ■ **1** Qui a reçu l'apprêt de la moire. **2** fig., littér. Chatoyant. ▷ n. f. **moirure**

**mois** n. m. ■ **1** Chacune des douze divisions de l'année, de trente jours environ. **2** Rétribution d'un mois de travail. → **mensualité.**

**moïse** n. m. ■ Corbeille capitonnée qui sert de berceau.

**moisir** v. 2 ■ **I** v. intr. **1** Se couvrir de moisissures sous l'effet de l'humidité. **2** fig., fam. Rester longtemps dans la même situation. **II** v. tr. Couvrir de moisissure. ► **moisi, ie** adj. *Fruit moisi.* ← n. m. *Ça sent le moisi.*

**moisissure** n. f. ■ Corruption d'une substance par de petits champignons ; ces champignons, en masse veloutée.

**moisson** n. f. ■ **1** Récolte des céréales parvenues à maturité. ← Ces céréales. **2** fig. *Une moisson de souvenirs.*

**moissonner** v. tr. 1 ■ Couper et récolter (des céréales).

**moissonneur, euse** ■ **1** n. Personne qui fait la moisson. **2** n. f. Machine agricole qui moissonne. ▷ n. f. **moissonneuse-batteuse**

**moite** adj. ■ Légèrement humide. ▷ n. f. **moiteur**

**moitié** n. f. ■ **1** L'une des deux parties égales d'un tout. **2** *À MOITIÉ :* à demi, partiellement. ◆ *Faire moitié-moitié :* partager également. **3** fam. *Sa moitié :* sa femme.

**mojette** → **mogette**

**moka** n. m. ■ **1** Café d'Arabie. **2** Gâteau fourré de crème au café.

**mol** → **mou**

① **molaire** n. f. ■ Dent broyeuse de la partie postérieure de la mâchoire.

② **molaire** adj. ■ chim. De la mole.

① **mole** n. f. ■ chim. Unité de quantité de matière (autant de molécules qu'il y a d'atomes dans 12 g de carbone 12).

② **mole** [mɔle] n. m. ■ cuis. Sauce mexicaine au piment (parfois additionnée de cacao).

**môle** n. m. ■ Construction en maçonnerie, destinée à protéger l'entrée d'un port.

**molécule** n. f. ■ chim. La plus petite partie d'un corps susceptible d'exister à l'état isolé en gardant les caractères de ce corps. ▷ adj. **moléculaire**

**moleskine** n. f. ■ Toile revêtue d'un enduit imitant le cuir.

**molester** v. tr. 1 ■ Maltraiter physiquement.

**molette** n. f. ■ **1** Roue étoilée, à l'extrémité de l'éperon. **2** Roulette mobile au bout d'un manche. ◆ Roulette de réglage striée. *Clé à molette.* ▷ adj. **moleté, ée**

**mollah** n. m. ■ Chef religieux islamique.

**mollard** n. m. ■ fam. et vulg. Crachat.

**mollasse** adj. ▪ **1** Mou. **2** Sans énergie.

**mollasson, onne** n. ▪ fam. Personne molle.

**mollement** adv. ▪ **1** Sans énergie. **2** Avec douceur et abandon.

**mollesse** n. f. ▪ **1** Caractère de ce qui est mou. **2** Paresse ; manque d'énergie.

① **mollet** adj. m. ▪ **1** Agréablement mou. **2** *Œuf mollet*, à peine cuit dans sa coquille.

② **mollet** n. m. ▪ Partie charnue de la jambe, entre le jarret et la cheville.

**molletière** n. f. ▪ Jambière qui s'arrête en haut du mollet. ♦ adj. *BANDE MOLLETIÈRE*, qu'on enroule autour du mollet.

**molleton** n. m. ▪ Tissu gratté moelleux. ▷ adj. **molletonné, ée**

**mollir** v. intr. ② ▪ **1** Perdre sa force. *Sentir ses jambes mollir.* ▪ mar. *Le vent mollit.* **2** fig. Céder. ♦ fam. Flancher.

**mollo** adv. ▪ fam. Doucement.

**mollusque** n. m. ▪ **1** Animal invertébré au corps mou (céphalopodes, gastéropodes, bivalves). **2** fig., fam. Personne molle.

**molosse** n. m. ▪ littér. Gros chien.

**molybdène** n. m. ▪ Élément, métal blanc, dur, peu fusible. *Acier au molybdène.*

**môme** ▪ fam. **1** n. et adj. Enfant. **2** n. f. Jeune fille. *Jolie môme.*

① **moment** n. m. ▪ **1** Espace de temps limité. → **instant**. **2** Court instant. *Dans un moment.* **3** Circonstance, temps. *De bons moments.* **4** Point de la durée (en rapport avec un événement). *C'est le moment ou jamais.* → **occasion**. **5** loc. prép. *AU MOMENT DE*. → **lors**. ♦ loc. conj. *DU MOMENT OÙ, QUE* : puisque, dès lors que. ♦ loc. adv. *D'UN MOMENT À L'AUTRE* : bientôt.

② **moment** n. m. ▪ sc. Produit de forces, de vecteurs...

**momentané, ée** adj. ▪ Qui ne dure qu'un moment. ▷ adv. **momentanément**

**momie** n. f. ▪ Cadavre desséché et embaumé. *Momies égyptiennes.*

**momifier** v. ⑦ ▪ **1** v. tr. Transformer en momie. → **embaumer**. **2** *SE MOMIFIER* v. pron. Se figer, se scléroser. ▷ n. f. **momification**

**mon, ma, mes** adj. poss. ▪ **I** (sens subjectif) **1** Qui est à moi, qui m'appartient. *Mon livre, ma voiture.* ♦ (pour *ma*) *Mon écharpe.* ♦ Auquel j'appartiens. *Ma génération.* **2** (devant un nom de personne) *Mon père. Mes voisins.* **3** (en s'adressant à qqn) *Mon cher ami.* **II** (sens objectif) De moi, relatif à moi. *Mon juge*, celui qui me juge.

**monacal, ale, aux** adj. ▪ Relatif aux moines. → **monastique**. ♦ De moine.

**monade** n. f. ▪ philos. Chez Leibniz, substance qui constitue l'élément dernier des choses (théorie dite *monadologie* n. f.).

**monarchie** n. f. ▪ Régime politique dans lequel le chef de l'État est un monarque. → **royauté**. ♦ Cet État. → **royaume**. ▷ adj. **monarchique**

**monarchiste** n. et adj. ▪ Partisan de la monarchie. ▷ n. m. **monarchisme**

**monarque** n. m. ▪ Souverain personnel héréditaire. → **empereur, prince, roi.**

**monastère** n. m. ▪ Établissement où vivent des religieux (moines) d'un ordre.

**monastique** adj. ▪ Qui concerne les communautés de moines. → **monacal.**

**monceau** n. m. ▪ Élévation formée d'une grande quantité d'objets entassés. → **amas.**

**mondain, aine** adj. ▪ **1** Relatif à la société des gens du monde (III, 2). ♦ Qui aime leurs habitudes. ◆ n. *Les mondains.* **2** ancient *Police mondaine*, n. f. *la mondaine* (répression du trafic de drogue et du proxénétisme).

**mondanité** ▪ **1** n. f. Caractère de ce qui est mondain. **2** n. f. pl. Habitudes, plaisirs des gens du monde (III, 2).

**monde** n. m. ▪ **I 1** La Terre et les astres (système organisé). → **cosmos.** ♦ L'ensemble de tout ce qui existe. → **univers.** **2** Ensemble de choses, domaine à part. *Le monde végétal.* **II 1** La planète Terre, sa surface. *Faire le tour du monde.* ◆ *Le Nouveau Monde* : les deux Amériques. *L'Ancien Monde* : l'Europe, l'Afrique et l'Asie. ♦ *Il n'est plus de ce monde* : il est mort. **2** *Venir au monde* : naître. **3** L'humanité. ◆ *DU MONDE.* *C'est le meilleur homme du monde.* ◆ *POUR RIEN AU MONDE* : en aucun cas. **III 1** relig. La vie profane. *Renoncer au monde.* → **siècle. 2** La vie en société, dans ses aspects de luxe, de divertissement, les mondains. *Un homme du monde.* **3** Milieu, groupe social. *Le monde des lettres.* **IV 1** *DU MONDE, DE MONDE* : les gens, des gens. *J'entends du monde.* ♦ Beaucoup de personnes. *Cela attire du monde.* **2** *TOUT LE MONDE* : chacun.

**monder** v. tr. ① ▪ Décortiquer, nettoyer. ◆ au p. p. *Orge mondé.*

**mondial, ale, aux** adj. ▪ Relatif à la terre entière. ▷ adv. **mondialement**

**mondialisation** n. f. ▪ Fait d'exister, de se répandre dans le monde entier. ◆ spécialt (Au plan économique) *La mondialisation des échanges, de l'économie.* → **globalisation.** *La contestation de la mondialisation libérale.* → **antimondialisation; altermondialiste.**

**mondialiser** v. tr. ① ▪ Rendre mondial ; donner un caractère mondial à (qqch.).

**mondialisme** n. m. ▪ Unité, perspective mondiale.

**monégasque** adj. et n. ▪ De Monaco.

**monétaire** adj. ▪ Relatif à la monnaie. *Unité monétaire.*

**monétique** n. f. ▪ Moyens bancaires électroniques.

**mongol, ole** adj. et n. ▪ De Mongolie. ♦ n. m. *Le mongol* (langue).

**mongolisme** n. m. ▪ Maladie congénitale (trisomie* 21) se manifestant par un faciès typique et des déficits. ▷ adj. et n. **mongolien, ienne**

① **moniteur, trice** n. ■ Personne qui encadre les activités des jeunes, un sport. ▷ n. m. **monitorat**

② **moniteur** n. m. ■ **1** inform. Programme de contrôle. **2** méd. Appareil électronique de surveillance. **3** Écran d'un ordinateur.

**monitoring** n. m. ■ anglic., méd. Surveillance à l'aide d'un moniteur (②, 2). – recomm. off. *monitorage* n. m.

**monnaie** n. f. ■ **1** Pièces de métal servant d'unité de valeur. **2** Instrument de mesure et de conservation de la valeur, moyen d'échange des biens (→ **argent**). *Monnaie métallique, fiduciaire.* ◆ *Valeurs relatives des monnaies.* → **change, cours, parité.** ◆ loc. fig. *C'est monnaie courante* : c'est courant, banal. **3** *FAUSSE MONNAIE* : contrefaçon frauduleuse de pièces, billets. **4** Ensemble de pièces, de billets de faible valeur. *Petite monnaie.* ◆ Subdivision de la valeur d'une pièce, d'un billet ; différence entre un billet, une pièce et une somme moindre. *Rendre la monnaie.* ← loc. *Rendre à qqn la monnaie de sa pièce,* lui rendre le mal qu'il a fait.

**monnayer** [mɔnɛje] v. tr. ⑧ ■ **1** Convertir en monnaie. **2** Tirer de l'argent de (qqch.). ▷ adj. **monnayable**

**monnayeur** n. m. ■ **1** Personne qui fabrique les monnaies. ◆ *Faux-monnayeur.* **2** Appareil rendant la monnaie.

**mon(o)-** Élément savant, du grec *monos* « seul, unique ». → **uni-.**

**monochrome** [-kʁom] adj. ■ didact. D'une seule couleur.

**monocle** n. m. ■ Petit verre optique tenant dans une des arcades sourcilières.

**monoclonal, ale, aux** adj. ■ biol. Qui appartient à un même clone cellulaire.

**monocoque** n. m. ■ Bateau à une coque.

**monocorde** adj. ■ Qui est sur une seule note, n'a qu'un son. → **monotone.**

**monocorps** n. m. → **monospace**

**monocotylédone** n. f. ■ bot. Plante qui n'a qu'un seul cotylédon.

**monoculture** n. f. ■ agric. Culture d'une seule plante, d'un seul produit.

**monocyte** n. m. ■ biol. Grand leucocyte mononucléaire.

**monogame** adj. ■ Qui n'a qu'un seul conjoint à la fois (opposé à *bigame, polygame*).

**monogamie** n. f. ■ Régime juridique où un homme, une femme ne peut avoir plusieurs conjoints en même temps.

**monogramme** n. m. ■ Chiffre composé de lettres d'un nom entrelacées.

**monographie** n. f. ■ Étude détaillée sur un sujet précis.

**monoï** [mɔnɔj] n. m. invar. ■ Huile de fleurs polynésiennes (fleurs de tiaré) et de noix de coco.

**monolingue** adj. ■ En une seule langue. ▷ n. m. **monolinguisme**

**monolithe** adj. et n. m. ■ (Monument) d'un seul bloc de pierre.

**monolithique** adj. ■ **1** → **monolithe. 2** fig. Qui forme un ensemble rigide, homogène.

**monologue** n. m. ■ **1** Scène à un personnage qui parle seul. **2** Long discours d'une seule personne. **3** Paroles d'une personne seule. **4** *Monologue intérieur,* longue suite de pensées. ← littér. Texte censé transcrire les pensées d'un narrateur.

**monologuer** v. intr. ① ■ Parler seul, ou comme si l'on était seul.

**monôme** n. m. ■ **I** math. Expression algébrique à un seul terme. **II** Cortège formé d'une file d'étudiants.

**monomère** adj. et n. m. ■ chim. (Composé) constitué de molécules simples, et capable de former des polymères.

**monomoteur** n. m. ■ techn. Avion à un seul moteur.

**mononucléaire** adj. ■ biol. (cellule) Qui n'a qu'un seul noyau. ← adj. et n. *(Leucocyte) mononucléaire.* → **monocyte.**

**mononucléose** n. f. ■ méd. Maladie d'origine virale (leucocytose) avec augmentation du nombre des monocytes.

**monoparental, ale, aux** adj. ■ sociol. *Famille monoparentale,* où un seul des parents élève les enfants.

**monoplace** adj. ■ (véhicule) À une place.

**monoplan** n. m. ■ Avion qui n'a qu'un seul plan de sustentation.

**monopole** n. m. ■ **1** Situation où une entreprise est seule à vendre un produit ; cette entreprise. **2** Possession exclusive. *S'attribuer le monopole du patriotisme.*

**monopoliser** v. tr. ① ■ **1** Exercer un monopole sur. **2** fig. Accaparer. ▷ n. f. **monopolisation**

**monorail** adj. et n. m. ■ techn. (Train) qui n'a qu'un seul rail.

**monoski** n. m. ■ Ski unique ; ce sport.

**monospace** n. m. ■ Automobile spacieuse dont la carrosserie semble d'un seul corps, sans décrochements. – syn. MONOCORPS n. m.

**monosyllabe** adj. et n. m. ■ (Mot) d'une syllabe. ▷ adj. **monosyllabique**

**monothéiste** n. ■ Personne qui croit en un dieu unique. ← adj. *Religions monothéistes* (judaïsme, christianisme, islam). ▷ n. m. **monothéisme**

**monotone** adj. ■ **1** Dont le ton est unique ou peu varié. *Chant monotone.* **2** fig. Qui lasse par son uniformité. ▷ n. f. **monotonie**

**monseigneur,** plur. **messeigneurs** n. m. ■ Titre donné à des prélats, des princes.

**monsieur** [məsjø], plur. **messieurs** [mesjø] n. m. ■ **I 1** vx Titre pour les hommes de condition élevée. *Monsieur, frère du roi.* **2** Terme pour s'adresser à un homme. **3** Titre avant le nom ou la fonction d'un homme. *Monsieur le directeur.* **4** Titre de respect à un homme (domestiques). *Monsieur désire ?* **II 1** vieilli *Un monsieur* : un bourgeois. **2** Homme. *Un vieux monsieur.*

**monstre ■ I** n. m. **1** Être, animal fantastique et terrible (légendes, mythologies). ➝ ˋAnimal réel gigantesque ou effrayant. **2** Organisme anormal. **3** fig. Personne effrayante de méchanceté. **4** loc. MONSTRE SACRÉ : comédien célèbre. **II** adj. fam. Extraordinaire. *Un succès monstre.*

**monstrueux, euse** adj. ■ **1** De monstre (1 et 2). ➝ Qui rappelle les monstres. *Une laideur monstrueuse.* **2** D'une taille prodigieuse, excessive. **3** Qui choque la raison, la morale. *Un crime monstrueux.* ➝ *Des prix monstrueux.* ▷ adv. **monstrueusement**

**monstruosité** n. f. ■ **1** Anomalie congénitale grave. **2** Caractère de ce qui est monstrueux (1 et 3). ♦ Chose monstrueuse.

**mont** n. m. ■ **1** vx ou dans les loc. Montagne. *PAR MONTS ET PAR VAUX :* à travers tout le pays. *Promettre MONTS ET MERVEILLES*, des avantages considérables. **2** fig., anat. Petite éminence charnue. *Mont de Vénus.*

**montage** n. m. ■ **1** Opération par laquelle on assemble les pièces (d'un objet complexe) pour qu'il fonctionne. **2** Assemblage d'images des plans (d'un film).

**montagnard, arde** adj. ■ **1** Qui vit dans les montagnes. ➝ n. *Les montagnards.* **2** Relatif à la montagne.

**montagne** n. f. ■ **1** Importante élévation de terrain. ➝ loc. *Faire une montagne de qqch.*, en exagérer l'importance. **2** Région de haute altitude. ➝ loc. *La MONTAGNE À VACHES :* les zones d'alpages. **3** loc. *MONTAGNES RUSSES :* attraction foraine, suite de montées et de descentes parcourues à grande vitesse par un véhicule sur rails.

**montagneux, euse** adj. ■ Où il y a des montagnes ; formé de montagnes.

**montant, ante ■ I** adj. Qui se meut de bas en haut. ➝ *La génération montante*, qui va vers l'âge adulte. **2** Qui s'étend vers le haut. **II** n. m. **1** Pièce verticale (opposé à *traverse*). *Les montants d'une fenêtre.* **2** Chiffre auquel s'élève un compte. *Le montant des frais.*

**mont-de-piété** n. m. ■ Établissement de prêt sur gage. *Des monts-de-piété.*

**monte** n. f. ■ **1** Accouplement des équidés et bovidés (élevage). **2** Fait, manière de monter un cheval.

**monte-charge** n. m. invar. ■ Ascenseur pour marchandises.

**montée** n. f. ■ **1** Action de monter, de se hisser. ➝ (choses) Fait de s'élever. **2** Pente.

**monter** v. ① ■ **I** v. intr. (auxiliaire *être* ou *avoir*) (êtres vivants) **1** Se déplacer dans un mouvement vers un lieu plus haut (opposé à *descendre*). ➝ **grimper**. *Monter à, sur une échelle.* ➝ *Monter à cheval.* ➝ *Monter en voiture.* **2** fam. Se déplacer du sud vers le nord. **3** fig. Progresser (socialement, moralement...). **II** v. intr. (auxiliaire *être* ou *avoir*) (choses) **1** S'élever dans l'espace. *Le soleil monte au-dessus de l'horizon.* ♦ *Les bruits qui montent de la rue.* ♦ loc. *Monter à la* tête : exalter. **2** S'élever en pente. *La route monte.* ♦ S'étendre (jusqu'à une certaine hauteur). **3** Gagner en hauteur. *Le niveau monte.* **4** (sons) Aller du grave à l'aigu, du faible au fort. ➝ loc. *Le ton monte*, tourne à la dispute. **5** (prix) Aller en augmentant ; valoir plus cher. **III** v. tr. (auxiliaire *avoir*) **1** Parcourir en s'élevant. ➝ **gravir**. *Monter une côte.* ♦ Se mettre, être sur (un animal). ➝ ① **monture**. ➝ POLICE MONTÉE, à cheval (police fédérale canadienne). **2** (quadrupèdes) Couvrir (la femelle). *L'étalon monte la jument.* **3** Porter, mettre (qqch.) en haut. *Monter une malle au grenier.* ♦ Mettre plus haut, à un niveau plus élevé. ♦ loc. fig. *MONTER LA TÊTE à qqn, MONTER qqn*, l'exciter contre qqn. *Se monter la tête :* s'exalter. **IV** v. tr. (auxiliaire *avoir*) **1** Mettre en état de fonctionner en assemblant les parties (opposé à *démonter*). *Monter une tente.* ➝ *Monter un film.* ➝ **montage** (3). **2** *Monter une pièce de théâtre*, mettre en scène. ➝ *Monter une affaire*, l'organiser. **3** Fournir ce qui est nécessaire. *Monter son ménage.* **4** Fixer. *Monter un diamant sur une bague.* ➝ ② **monture**. ► **se monter** v. pron. **1** S'élever à un certain total. ➝ **atteindre ; montant**. **2** Se fournir (en...). ► **monté, ée** adj. **1** *Pièce\* montée. Collet\* monté.* **2** En colère. *Elle est très montée contre lui.*

**monteur, euse** n. ■ **1** Personne qui monte des appareils, des machines. **2** Spécialiste chargé du montage des films.

**montgolfière** [mɔ̃g-] n. f. ■ Aérostat, enveloppe remplie d'air chauffé.

**monticule** n. m. ■ **1** Bosse de terrain. **2** Tas.

**montre** n. f. ■ **1** (Action de montrer) loc. *FAIRE MONTRE DE :* faire preuve de. **2** comm. *EN MONTRE :* en vitrine. **II** Petite boîte d'horlogerie à cadran (montrant l'heure). ➝ **chronomètre**. ♦ loc. *Montre en main*, en mesurant le temps avec précision. ➝ *Course contre la montre*, où le classement s'effectue d'après le temps ; fig. activité urgente.

**montrer** v. tr. ① ■ **I** **1** Faire voir, mettre devant les yeux. *Montrer qqch. à qqn.* ➝ Faire voir de loin, par un signe. ➝ **désigner, indiquer**. **2** (sujet chose) Laisser voir. *Robe qui montre le dos.* **II** (Faire connaître) **1** Faire imaginer. *Balzac montre toute une société.* ➝ **décrire**. **2** Faire constater, mettre en évidence. *Montrer à qqn qu'il a tort.* ➝ **démontrer**. ➝ (sujet chose) Révéler. **3** Faire connaître volontairement par sa conduite. *Montrer l'exemple.* **4** Laisser paraître. *Montrer son étonnement.* **5** Expliquer. *Montrez-moi comment ça marche.* ► **se montrer** v. pron. **1** Se faire voir. ➝ **paraître**. *Se montrer tel qu'on est.* **2** Se montrer (+ attribut), être effectivement. *Se montrer courageux.*

**montreur, euse** n. ■ Personne qui montre en public (une curiosité).

**montueux, euse** adj. ■ vieilli Qui présente des hauteurs, des élévations de terrain.

**① monture** n. f. ■ Bête sur laquelle on monte (cheval, âne, mulet, éléphant...).

②**monture** n. f. ■ Partie (d'un objet) qui sert à fixer l'élément principal. *Monture de lunettes.*

**monument** n. m. ■ 1 Ouvrage destiné à perpétuer un souvenir. *Monument aux morts.* 2 Édifice remarquable. *Monument historique.* 3 fam. Objet énorme. ♦ Œuvre imposante, digne de durer.

**monumental, ale, aux** adj. ■ 1 Qui a un caractère de monument (1), de grandeur majestueuse. → **imposant.** 2 fam. Énorme. *Erreur monumentale.*

**moquer** v. 1 ■ I v. tr. littér. Tourner en ridicule. II *SE MOQUER (DE)* v. pron. 1 Tourner (qqn) en ridicule. 2 Ne pas s'intéresser à, ne pas se soucier de (qqn, qqch.). → fam. se **ficher,** foutre. 3 Tromper (qqn) avec désinvolture. *Vous vous moquez du monde.* 4 absolt littér. Plaisanter.

**moquerie** n. f. ■ 1 Action, habitude de se moquer. 2 Action, parole moqueuse.

**moquette** n. f. ■ Tapis cloué, collé... couvrant la surface d'une pièce.

**moqueur, euse** adj. ■ 1 Qui se moque. 2 De la moquerie. *Rire moqueur.*

**moraine** n. f. ■ Débris de roches entraînés par un glacier et formant un grand amas.

①**moral, ale, aux** adj. ■ I 1 Qui concerne les mœurs*, les règles sociales. 2 philos. De la morale (I, 1). → **éthique.** 3 Conforme aux mœurs, à la morale (I, 2). II Relatif à l'esprit, à la pensée (opposé à *matériel, physique*).

②**moral** n. m. ■ Disposition temporaire à affronter les difficultés. → **mental.** *Avoir bon, mauvais moral. Le moral des troupes.*

**morale** n. f. ■ I 1 philos. Théorie de l'action humaine soumise au devoir et ayant pour but le bien. *La morale stoïcienne.* 2 Ensemble de règles de conduite. II 1 loc. *FAIRE LA MORALE à qqn,* lui faire une leçon de morale. 2 Moralité. *La morale d'une fable.*

**moralement** adv. ■ 1 Conformément à une règle de conduite. *Acte moralement condamnable.* 2 Sur le plan spirituel.

**moraliser** v. tr. 1 ■ I v. tr. 1 vx Faire des leçons de morale à. → **sermonner.** II Rendre (plus) moral, meilleur. ▷ adj. et n. **moralisateur, trice** ▷ n. f. **moralisation**

**moraliste** n. ■ 1 Auteur de réflexions sur les mœurs, la nature et la condition humaines. 2 adj. et n. (Personne) qui enseigne la morale, par ses paroles, son exemple.

**moralité** n. f. ■ I 1 Caractère moral, valeur éthique. *La moralité d'une action.* 2 Attitude, conduite ou valeur morale. ♦ Sens moral. → **conscience, honnêteté.** *Certificat de moralité.* 2 Enseignement moral (d'un événement, d'un récit). II hist. littér. Pièce de théâtre édifiante, au moyen âge.

**morasse** n. f. ■ imprim. Dernière épreuve (d'un journal).

**moratoire** n. m. ■ dr. Suspension des actions en justice, des obligations de paiement. – syn. vieilli MORATORIUM [-ɔm].

**morbide** adj. ■ 1 didact. Relatif à la maladie. → **pathologique.** 2 Dépravé ; malsain. ▷ n. f. **morbidité**

**morbier** n. m. ■ Fromage de vache à pâte pressée.

**morbleu** interj. ■ vx Juron (pour *mort Dieu*).

**morceau** n. m. ■ 1 Partie séparée ou distincte (d'un solide). → **bout, fragment, partie.** *Un morceau de bois.* ◆ *Un morceau de pain, de sucre.* ◆ loc. fam. *Manger un morceau,* faire un petit repas. fig. *Manger, casser, lâcher le morceau* : avouer, parler. 2 Fragment, partie (d'une œuvre littéraire). → **extrait, passage.** ◆ loc. *MORCEAUX CHOISIS.* → **anthologie.** 3 Œuvre musicale. *Un morceau de piano.*

**morceler** v. tr. 4 ■ 1 Diviser en morceaux. 2 Partager (un terrain) en parties. ▷ **morcellement** n. m. → **division, partage.**

**mordacité** n. f. ■ littér. Causticité.

**mordant, ante** ■ I adj. 1 Qui mord ; donne une impression de morsure. *Un froid mordant.* 2 fig. Qui attaque et blesse. *Ironie mordante.* II n. m. Énergie dans l'attaque ; vivacité. *Avoir du mordant.*

**mordicus** [-ys] adv. ■ fam. Affirmer, soutenir qqch. mordicus, sans démordre.

**mordiller** v. tr. 1 ■ Mordre légèrement et à plusieurs reprises.

**mordoré, ée** adj. et n. m. ■ Brun doré.

**mordre** v. 41 ■ I v. tr. 1 Saisir et serrer avec les dents de manière à blesser, à entamer, à retenir. *Se faire mordre par un chien.* 2 Blesser au moyen d'un bec, d'un crochet, d'un suçoir. *Être mordu par un serpent.* → **piquer.** 3 fig. Entamer. *L'acide mord le métal.* II 1 v. tr. ind. *MORDRE À* : saisir avec les dents. *Poisson qui mord à l'appât, qui mord,* qui se laisse prendre. 2 v. intr. *MORDRE DANS,* enfoncer les dents. 3 *MORDRE SUR,* avoir prise sur, attaquer. ◆ Empiéter sur (qqch.).

**mordu, ue** adj. ■ 1 Qui a subi une morsure. 2 Amoureux. *Il est mordu.* ◆ n. fam. *MORDU, UE DE* : passionné(e) de. *C'est un mordu du jazz.*

**morfil** n. m. ■ techn. Barbes métalliques au tranchant d'une lame affûtée.

**morfler** v. intr. 1 ■ fam. 1 Subir un inconvénient. ◆ Souffrir. 2 Être endommagé.

**se morfondre** v. pron. 41 ■ Être triste par ennui.

**morganatique** adj. ■ Se dit de l'union entre un prince et une femme de condition inférieure.

①**morgue** n. f. ■ Contenance hautaine et méprisante. → **arrogance, hauteur.**

②**morgue** n. f. ■ Lieu, salle où sont déposés les cadavres à identifier. → **institut médicolégal.** ◆ Salle réfrigérée où l'on dépose les malades décédés (dans un hôpital...). – syn. CHAMBRE MORTUAIRE.

**moribond, onde** adj. et n. ■ (Personne) qui est près de mourir.

**moricaud, aude** n. ■ péj. et raciste Personne de couleur ou basanée.

**morigéner** v. tr. ⑥ ▪ littér. Réprimander (qqn) au nom de la morale.

**morille** n. f. ▪ Champignon comestible apprécié, au chapeau criblé d'alvéoles.

**morion** n. m. ▪ anciennt Casque léger, à bords relevés en pointe.

**mormon, one** n. et adj. ▪ Membre d'une secte américaine d'inspiration chrétienne mais polygame.

① **morne** adj. ▪ **1** D'une tristesse ennuyeuse. → **morose, sombre. 2** Triste et maussade. *Un temps morne.*

② **morne** n. m. ▪ aux Antilles Petite montagne isolée, arrondie.

**morose** adj. ▪ **1** D'une humeur triste, que rien ne peut égayer. ▷ n. f. **morosité** ▪ relig.

*Délectation morose* : plaisir pris à demeurer dans la tentation.

**-morphe** → morph(o)-

**morphème** n. m. ▪ ling. Forme minimum douée de sens (mot ou élément).

**morphine** n. f. ▪ Substance opiacée, soporifique et calmante.

**morphinomane** adj. et n. ▪ (Personne) qui s'intoxique à la morphine.

**morph(o)-, -morphe** Éléments savants, du grec *morphê* « forme ».

**morphologie** n. f. ▪ **1** Étude de la configuration et de la structure externe (d'un organe, organisme, objet naturel). **2** Forme, apparence extérieure (d'un organisme). **3** ling. Étude de la formation des mots (par des morphèmes). ▷ adj. **morphologique**

**morphopsychologie** n. f. ▪ didact. Étude des correspondances entre la psychologie et les types physiques, chez l'être humain. → **physiognomonie.**

**morpion** n. m. ▪ **1** fam. Pou du pubis. **2** fam. Gamin. **3** Jeu où l'on doit placer cinq signes d'affilée sur une grille.

**mors** n. m. ▪ **1** Levier qui passe dans la bouche du cheval et sert à le diriger. **2** loc. *Prendre LE MORS AUX DENTS* : s'emballer.

① **morse** n. m. ▪ Grand mammifère amphibie des régions arctiques.

② **morse** n. m. ▪ (radiotélégraphie) Code de signaux constitué de combinaisons de points et de traits. → appos. *Alphabet morse.*

**morsure** n. f. ▪ **1** Action de mordre. **2** Blessure, marque faite en mordant.

① **mort** n. f. ▪ **I 1** Cessation de la vie ; arrêt des fonctions vitales (circulation sanguine, respiration, activité cérébrale...). *Mort clinique suivie de réanimation.* **2** Fin d'une vie humaine. → **décès, disparition.** loc. *Mourir de sa belle mort,* de vieillesse et sans souffrance. ◆ *À l'article* du la mort. ◆ *À MORT* loc. adv. : d'une façon qui entraîne la mort. *Être blessé à mort.* ◆ Intensément. *En vouloir à mort à qqn.* **3** Cette fin provoquée. → **assassinat, crime, homicide, meurtre, suicide ; euthanasie. II** fig. **1** Destruction (d'une chose). *C'est la mort d'une chose).* → **fin, ruine. 2** dans des loc. Grande douleur. *Souffrir mille morts.* ◆ *La mort dans l'âme.*

② **mort, morte** ▪ **I** adj. **1** Qui a cessé de vivre. → **décédé.** ◆ *Arbre mort. Feuilles mortes.* **2** Qui semble avoir perdu la vie. *Ivre mort. Plus mort que vif* : terrorisé. **3** (choses) Sans activité. ◆ loc. *Poids* mort. *Temps* mort. ◆ *Langue morte.* **4** fam. Hors d'usage. *Les piles sont mortes.* **II** n. **1** Dépouille mortelle d'un être humain. → **cadavre. 2** Être humain dans la mémoire des hommes ou supposé être dans l'au-delà. → **défunt.** *Culte des morts.* → **ancêtre. 3** Personne tuée. ◆ *Faire le mort,* faire semblant d'être mort. **4** n. m. Joueur qui étale ses cartes et ne participe pas au jeu.

**mortadelle** n. f. ▪ Très gros saucisson de porc et de bœuf.

**mortaise** n. f. ▪ Entaille recevant une autre pièce ou sa partie saillante (tenon).

**mortalité** n. f. ▪ **1** Fait de mourir (considéré quant au nombre de morts). **2** *Taux de mortalité,* rapport entre le nombre des décès et le chiffre de la population.

**mort-aux-rats** [mɔʀ(t)oʀa] n. f. sing. ▪ Poison pour détruire les rongeurs.

**mortel, elle** ▪ **I** adj. **1** Qui doit mourir. *Tous les hommes sont mortels.* ◆ (choses) Sujet à disparaître. **2** Qui cause la mort. *Poison mortel. Ennemi mortel,* qui cherche la mort de son ennemi. ◆ relig. cathol. *Péché mortel* (opposé à *véniel*). **3** fig. D'une intensité dangereuse et pénible. *Un froid mortel.* ◆ fam. Extrêmement ennuyeux. **4** fam. (intensif) Extraordinaire, qui plaît beaucoup. *Ce film est trop mortel !* **II** n. Être humain. *Un heureux mortel,* un homme qui a de la chance.

**mortellement** adv. ▪ **1** Par un coup mortel. **2** fig. *Il était mortellement pâle.*

**morte-saison** n. f. ▪ Période d'activité réduite (dans un secteur de l'économie).

**mortier** n. m. ▪ **I** Mélange de chaux éteinte (ou de ciment) et de sable, délayé et utilisé pour lier ou recouvrir les pierres. **II** Récipient où l'on broie (au pilon). **III 1** Pièce d'artillerie portative à tir courbe. **2** Toque (de certains dignitaires ou magistrats).

**mortification** n. f. ▪ **1** Humiliation. **2** relig. Souffrance pour faire pénitence.

**mortifier** v. tr. ⑦ ▪ **1** Faire souffrir (qqn) dans son amour-propre. → **humilier. 2** *SE MORTIFIER* v. pron. relig. S'imposer des souffrances pour racheter ses fautes. ▷ adj. **mortifiant, ante**

**mort-né, mort-née** adj. ▪ **1** Mort(e) en venant au monde. **2** (choses) Qui échoue dès le début.

**mortuaire** adj. ▪ Relatif aux morts, aux cérémonies et à leur honneur. → **funèbre.**

**morue** n. f. ▪ **1** Grand poisson des mers froides. *Morue fraîche* (cabillaud), *séchée* (merluche). **2** injurieux Prostituée.

**morula** n. f. ▪ embryol. Premier stade de l'embryon (masse ronde).

**morutier** n. m. ▪ Homme, bateau faisant la pêche à la morue.

**morve** n. f. ■ **1** vétér. Grave maladie contagieuse des chevaux. **2** cour. Liquide visqueux qui s'écoule du nez.

**morveux, euse** ■ **1** adj. Qui a de la morve (2) au nez. **2** n. fam. injure Gamin.

① **mosaïque** n. f. ■ **1** Assemblage décoratif (figures et couleurs) de petites pièces rapportées (pierre, marbre). ◆ Art des mosaïques. **2** fig. Ensemble d'éléments divers juxtaposés. **3** bot. Maladie des plantes.

② **mosaïque** adj. ■ De Moïse. *La loi mosaïque.*

**mosaïste** n. ■ Artiste en mosaïques.

**mosquée** n. f. ■ Sanctuaire consacré au culte musulman.

**mot** n. m. ■ **1** Groupe de sons (de lettres) correspondant à un sens isolable, dans le langage ; (par écrit) suite ininterrompue de lettres. – loc. *Les grands mots*, les mots emphatiques. *Gros mot* : mot grossier. – *Mot pour mot*, textuellement. *Mot à mot*, littéralement. ◆ *Mot de passe\**. **2** Élément du lexique, en tant que signe (opposé à la pensée, à la réalité...). **3** dans des loc. Phrase, parole. *En un mot* : en une courte phrase. *Avoir le dernier mot*, ne plus avoir de contradicteur. **4** Court message. **5** Parole, énoncé, phrase exprimant une pensée de façon concise et frappante. *Mot d'auteur*. – loc. *Le mot de la fin*, l'expression qui résume la situation. *Bon mot, mot d'esprit*, parole drôle et spirituelle. *Avoir le mot pour rire.*

**motard** n. m. ■ Motocycliste.

**motel** n. m. ■ Hôtel pour automobilistes.

**motet** n. m. ■ Chant d'église à plusieurs voix.

**moteur, trice** ■ I **1** n. m. didact. Personne qui incite à agir ; instigateur. ◆ (choses) Cause agissante. **2** adj. Qui donne le mouvement. *Muscle moteur.* II n. m. **1** Appareil servant à transformer une énergie en énergie mécanique. *Moteur à combustion interne* (dit *moteur à explosion*). *Moteur électrique.* **2** *Moteur à explosion. Un moteur de 750 cm³* (de cylindrée). – *BLOC-MOTEUR* : moteur et organes annexes. **3** inform. *Moteur de recherche* : logiciel permettant de chercher des informations sur Internet.

**motif** n. m. ■ **1** Mobile d'ordre intellectuel, raison d'agir. ◆ loc. fam. *Pour le bon motif*, en vue du mariage. **2** Sujet d'une peinture. **3** Ornement décoratif répété.

**motilité** n. f. ■ didact. Faculté du mouvement.

**motion** n. f. ■ Proposition faite dans une assemblée délibérante par un de ses membres. – (en France) *Motion de censure* (du gouvernement par l'Assemblée).

**motivation** n. f. ■ **1** Ce qui motive un acte. **2** Ce qui pousse à agir.

**motiver** v. tr. ① ■ **1** Justifier par des motifs. **2** (choses) Être, fournir le motif de (qqch.). **3** Créer chez (qqn) des motifs d'action. *C'est l'ambition qui le motive.* ► **motivé, ée** adj. (sens 1 et 2). ◆ (personnes) Qui a des motivations pour faire qqch. *Elle est très motivée dans son travail.*

**moto** n. f. ■ Véhicule à deux roues, à moteur de plus de 125 cm³ (motocyclette).

**moto-** Élément tiré de *moteur*.

**moto-cross** n. m. invar. ■ Course de motos sur parcours accidenté. → **cross** (2).

**motoculteur** n. m. ■ Petit engin de jardinage motorisé, à deux roues.

**motocyclette** n. f. ■ vieilli Moto.

**motocycliste** n. ■ Personne qui conduit une motocyclette. → **motard**.

**motomarine** n. f. ■ franç. du Canada Petit engin à moteur, pour se déplacer sur l'eau.

**motoneige** n. f. ■ franç. du Canada Petit véhicule à moteur qui permet de se déplacer sur la neige.

**motoriser** v. tr. ① ■ Munir de véhicules à moteur, de moteurs. ► **motorisé, ée** adj. *Troupes motorisées.* ▷ n. f. **motorisation**

**motoriste** n. ■ techn. Spécialiste, constructeur de moteurs.

**motrice** n. f. ■ Voiture à moteur qui en entraîne d'autres.

**motricité** n. f. ■ physiol. Fonctions qui assurent les mouvements.

**mots croisés** n. m. pl. ■ Mots qui se recoupent sur une grille. – Exercice consistant à reconstituer cette grille, en s'aidant de courtes suggestions (→ **cruciverbiste**).

**motte** n. f. ■ **1** Morceau de terre compacte. **2** *Motte de beurre*, masse de beurre.

**motus** [-ys] interj. ■ Demande de silence. *Motus et bouche cousue !*

**mou** ou **mol** devant voyelle ou *h* muet, **molle** ■ I adj. **1** Qui cède facilement à la pression, au toucher (s'oppose à *dur*). **2** Qui plie, se déforme facilement (s'oppose à *rigide*). → **souple**. **3** (personnes) Qui manque d'énergie, de vitalité (s'oppose à *actif, énergique*). – Faible. *Il est trop mou avec ses enfants.* **4** (style, exécution d'une œuvre) Qui manque de fermeté. II adv. fam. Doucement, sans violence. *Vas-y mou.* III n. m. **1** fam. Homme faible. **2** (corde, fil) *Avoir du mou*, n'être pas assez tendu. **3** Poumon des animaux de boucherie (abats). *Mou de veau.* **4** loc. fam. *Bourrer le mou* (la cervelle) à qqn, lui mentir.

**mouais** interj. ■ fam. Exprime un accord réservé. → **bof.**

**moucharabieh** [-bje] n. m. ■ Balcon en saillie muni d'un grillage.

**mouchard, arde** n. ■ **1** fam. Indicateur de police. **2** n. m. Appareil de contrôle.

**moucharder** v. tr. ① ■ fam. Dénoncer. ▷ n. m. **mouchardage**

**mouche** n. f. ■ I **1** Insecte ailé (diptère), aux formes ramassées. *Mouche tsé-tsé\*.* ◆ loc. *Pattes de mouches*, écriture très petite. – fam. *Mourir, tomber comme des mouches*, en masse. – *Faire la mouche du coche*, s'agiter sans résultat pour autrui. – *Prendre la mouche* : s'emporter. *Quelle mouche le (la) pique ?*, pourquoi se fâche-t-il (elle) soudain ? ◆ *Mouche artificielle* (pour pêcher). **2** loc. *FINE MOUCHE* : personne habile et rusée. **3** appos. *BATEAU*-MOUCHE. ♦ (invar.) *POIDS MOUCHE*, catégorie de boxeurs (48-51 kilos). **II 1** Petit morceau de taffetas noir que les femmes mettaient sur la peau. **2** *FAIRE MOUCHE* : toucher le centre de la cible. **3** Touffe de poils sous la lèvre inférieure.

**moucher** v. tr. ⒈ ▪ **I 1** Débarrasser (le nez) de ses mucosités en soufflant. **2** Rejeter par le nez. *Moucher du sang.* **3** pronom. Moucher son nez. ← loc. *Ne pas se moucher du coude* : se prendre pour quelqu'un d'important. **II** fam. Réprimander (qqn) durement.

**moucheron** n. m. ▪ **1** Insecte volant de petite taille. **2** fig., fam. Petit garçon.

**moucheter** v. tr. ⒋ ▪ Parsemer de petites marques. ← au p. p. *Laine mouchetée.* → **chiné.**

**moucheture** n. f. ▪ Petite marque, tache.

**mouchoir** n. m. ▪ **1** Morceau de linge, de papier qui sert à se moucher. **2** *Mouchoir (de cou, de tête).* → **fichu, foulard.**

**moudjahid** [-aid] n. m. ▪ Combattant d'une armée islamique. *Des moudjahidin(e).*

**moudre** v. tr. ⒋⒎ ▪ Broyer (des grains) avec une meule (→ **moulin**).

**moue** n. f. ▪ Grimace faite en avançant, en resserrant les lèvres. *Une moue boudeuse.*

**mouette** n. f. ▪ Oiseau de mer, palmipède.

**moufle** ▪ **I** n. f. Gant fourré sans séparation pour les doigts sauf pour le pouce. **II** n. m. ou f. techn. Assemblage de poulies.

**mouflet, ette** n. ▪ fam. Petit enfant.

**mouflon** n. m. ▪ Mammifère ruminant ongulé, proche du bouquetin.

**moufter** ou **moufeter** v. intr. ⒈ surtout inf. et temps composés ▪ fam. Broncher, protester.

**mouillage** n. m. ▪ **I** mar. **1** Action de mettre à ·l'eau. **2** (navire) Emplacement pour mouiller (3). **II** Action de mouiller. ← Addition d'eau.

**mouiller** v. tr. ⒈ ▪ **1** Imbiber, mettre en contact avec un liquide. ← loc. *Mouiller sa chemise* (de sueur) : travailler dur. **2** Étendre d'eau (un liquide). **3** mar. Mettre à l'eau. *Mouiller l'ancre ; des mines.* ← absolt Jeter l'ancre, s'arrêter (navire). **4** *Mouiller une consonne*, l'articuler en rapprochant la langue du palais. **5** impers. régional ou franç. du Canada *Il, ça mouille* : il pleut. « *Il pleut, il mouille, c'est la fête à la grenouille* » (comptine). ► **se mouiller** v. pron. **1** S'imbiber d'eau ; entrer dans l'eau. **2** fam. Se compromettre.

**mouillette** n. f. ▪ Petit morceau de pain long et mince qu'on trempe.

**mouilleur** n. m. ▪ **1** Appareil employé pour mouiller. **2** *Mouilleur de mines* (navire).

**mouillure** n. f. ▪ **1** Action de mouiller. ← État de ce qui est mouillé. **2** Trace d'humidité.

**mouise** n. f. ▪ fam. Misère, pauvreté.

**moujik** n. m. ▪ Paysan russe.

**moujingue** n. m. ▪ fam. Enfant. → **mouflet.**

**moukère** n. f. ▪ fam. et sexiste Femme.

**moulage** n. m. ▪ **1** Action de mouler. **2** Objet, ouvrage obtenu au moyen d'un moule. → **empreinte.**

**moulant, ante** adj. ▪ Qui moule (3) le corps. → **collant.**

①**moule** n. f. ▪ **1** Mollusque comestible, aux valves oblongues d'un bleu ardoise (→ **mytiliculture**). **2** fam. Personne molle.

②**moule** n. m. ▪ **1** Corps creux dans lequel on verse une substance liquide ou pâteuse qui, solidifiée, conserve la forme. ← spécialt *Moule à tarte, à gaufre.* **2** Objet plein sur lequel on applique une substance souple pour qu'elle en prenne la forme. ← loc. *Le moule est cassé*, c'est unique. **3** fig. Forme imposée de l'extérieur (à une œuvre...).

**mouler** v. tr. ⒈ ▪ **1** Obtenir (un objet) grâce à un moule (1) creux. ♦ au p. p. *Ornements moulés en plâtre.* ← *Pain moulé.* **2** Reproduire (un objet, un modèle plein) avec un moule (2) plein. ♦ (sujet chose) Épouser étroitement les contours de. *Robe qui moule les formes.* **3** *Mouler une lettre, un mot*, l'écrire selon un modèle.

**moulin** n. m. ▪ **1** Machine pour moudre le grain des céréales ; bâtiment qui abrite ces machines. *Moulin à eau, à vent.* ← loc. *Se battre contre les moulins à vent*, des ennemis imaginaires (comme don Quichotte). ← *Apporter de l'eau au moulin de qqn*, lui donner des arguments. ← *Entrer comme dans un moulin*, comme on veut. **2** Installation, appareil pour broyer, écraser, moudre. *Moulin à café.* ← loc. fig. *MOULIN À PAROLES* : personne trop bavarde. **3** (religion bouddhiste) *MOULIN À PRIÈRES* : cylindre que l'on fait tourner en répétant une formule sacrée. **4** fam. Moteur.

**mouliner** v. tr. ⒈ ▪ fam. Écraser, passer au moulin à légumes (*moulinette* n. f.).

**moulinet** n. m. ▪ **I** Objet ou appareil qui fonctionne par rotation. *Le moulinet d'une canne à pêche.* **II** Mouvement de rotation rapide (avec un bâton, une épée, les bras) pour écarter l'adversaire.

**moult** [mult] adv. ▪ vx ou plais. Beaucoup.

**moulu, ue** adj. ▪ **1** Réduit en poudre. *Café moulu.* **2** fig. Brisé (de fatigue).

**moulure** n. f. ▪ Ornement allongé à profil constant (saillant ou creux). → **modénature.**

▷ **moulurer** v. tr. ⒈

**moumoute** n. f. ▪ fam. **1** Cheveux postiches, perruque. **2** Veste en peau de mouton.

**mourant, ante** adj. ▪ **1** Qui se meurt ; qui va mourir. ← n. *Les dernières volontés d'un mourant.* **2** fig. *Regard mourant.*

**mourir** v. intr. ⒚ ▪ **1** Cesser de vivre, d'exister. → **décéder, s'éteindre, expirer, périr, succomber, trépasser.** ← Vivre les derniers moments de sa vie. **2** (végétaux) Cesser de vivre (plantes annuelles) ; perdre sa partie aérienne (plantes vivaces). **3** fig. Souffrir, dépérir. ← *S'ennuyer à mourir.* ♦ *Mourir de peur.* ← *Mourir de faim.* **4** (sujet chose) Cesser progressivement d'être. *Civilisation qui meurt.* → **disparaître. 5** *SE MOURIR* v. pron. littér. Être sur le point de mourir.

**mouroir** n. m. ■ péj. Lieu où on laisse mourir des personnes.

**mouron** n. m. ■ **1** Plante à fleurs rouges, bleues ou blanches. **2** loc. fam. *Se faire du mouron*, du souci.

**mousmé** n. f. ■ vieilli Jeune Japonaise.

**mousquet** n. m. ■ Ancienne arme à feu.

**mousquetaire** n. m. ■ hist. Cavalier armé d'un mousquet (troupes de la maison du roi). *Les trois mousquetaires.*

**mousqueton** n. m. ■ **1** Fusil à canon court. **2** Boucle métallique.

**moussaillon** n. m. ■ fam. Petit mousse.

**moussant, ante** adj. ■ Qui mousse. *Bain moussant.*

① **mousse** n. f. ■ **I** Plante rase et douce, sans fleurs, formant tapis. **II 1** Bulles à la surface d'un liquide. *Mousse de bière.* ➞ fam. *Une mousse* : une bière. ♦ Produit moussant. **2** Entremets ou dessert à base de blancs d'œufs. *Mousse au chocolat.* ♦ Pâté léger et mousseux. **3** Matière spongieuse. ➞ appos. *Caoutchouc mousse.* ♦ *Mousse de nylon* : tricot de nylon très extensible. ➞ ellipt *Des bas mousse.* ♦ *Point mousse* (au tricot).

② **mousse** adj. ■ vx ou techn. Qui n'est pas aigu ou tranchant. → **émoussé.**

③ **mousse** n. m. ■ Jeune apprenti marin sur un navire de commerce.

**mousseline** n. f. ■ **1** Tissu fin, souple et transparent (coton, soie...). **2** appos. *Pommes mousseline* : purée de pommes de terre fouettée. ➞ *Sauce mousseline* : sauce hollandaise à la crème.

**mousser** v. intr. ① ■ **1** Produire de la mousse (①, II, 1). **2** fam., fig. *FAIRE MOUSSER* : mettre exagérément en valeur.

**mousseron** n. m. ■ Champignon comestible à chapeau et à lamelles.

**mousseux, euse** adj. ■ **1** Qui produit de la mousse. *Vins mousseux.* → **pétillant.** ➞ n. m. *Du mousseux* (≠ *champagne*). **2** fig. D'un aspect léger, vaporeux.

**mousson** n. f. ■ **1** Vent tropical qui souffle alternativement pendant six mois de la mer vers la terre (*mousson d'été*, humide) et de la terre vers la mer (*mousson d'hiver*, sèche). **2** Renversement de la mousson.

**moussu, ue** adj. ■ Couvert de mousse (①, I).

**moustache** n. f. ■ **1** Poils sur la lèvre supérieure de l'homme. **2** Longs poils tactiles à la lèvre supérieure (carnivores, rongeurs).

**moustachu, ue** adj. ■ Qui a de la moustache. ➞ n. m. *Un moustachu.*

**moustiquaire** n. f. ■ **1** Rideau très fin dont on entoure un lit. **2** Toile métallique pour empêcher les insectes d'entrer.

**moustique** n. m. ■ **1** Insecte diptère dont la femelle pique la peau pour aspirer le sang. **2** fig., fam. Enfant, personne minuscule.

**moût** n. m. ■ **1** Jus de raisin avant la fermentation alcoolique. **2** Suc végétal préparé pour la fermentation alcoolique.

**moutard** n. m. ■ fam. Petit garçon. ➞ au plur. Enfants. → **môme.**

**moutarde** n. f. ■ **1** Plante crucifère à fleurs jaunes, cultivée pour ses graines (cuisine, pharmacie). **2** Condiment préparé avec des graines de moutarde, du vinaigre. ➞ loc. fig., fam. *La moutarde lui monte au nez*, la colère le gagne. **3** appos. invar. De couleur jaune verdâtre.

**moutardier** n. m. ■ **1** vieilli Fabricant de moutarde. **2** Récipient à moutarde (2).

**mouton** n. m. ■ **I 1** Mammifère ruminant domestiqué, à toison laineuse et frisée. ♦ (opposé à *bélier, brebis, agneau*) Bélier châtré. ➞ loc. fig. *Revenons à nos moutons*, à notre sujet. *Des moutons de Panurge* : des personnes moutonnières. **2** Fourrure de mouton. ➞ Peau de mouton. → **basane. 3** Chair, viande de mouton et d'agneau. **II** fig. **1** Personne qui se laisse mener passivement. **2** Compagnon de cellule chargé de rapporter. → **mouchard. 3** (souvent au plur.) Petite vague surmontée d'écume. ➞ Petit nuage blanc. ➞ Flocon de poussière. **III** techn. Lourde masse servant à enfoncer.

**moutonner** v. intr. ① ■ **1** Se couvrir de moutons (II, 3). → **écumer. 2** Avoir des formes douces, ondulantes. ➞ au p. p. adj. *Ciel moutonné.* ▷ n. m. **moutonnement**

**moutonnier, ière** adj. ■ Qui suit, imite les autres sans discernement.

**mouture** n. f. ■ **1** Réduction en farine des grains de céréales. **2** fig. Reprise (d'un sujet) sous une forme différente.

**mouvant, ante** adj. ■ **1** Qui change sans cesse de place, de forme, d'aspect. **2** Qui n'est pas stable, qui s'écroule, s'enfonce. *Sables mouvants.*

**mouvement** n. m. ■ **I** (opposé à *arrêt, immobilité*) **1** Changement de position dans l'espace ; « action par laquelle un corps passe d'un lieu à un autre » (Descartes). **2** Changement de position ou déplacement du corps, d'une partie du corps (→ **geste**). ➞ loc. *Faux mouvement* : mouvement mal adapté. ➞ *Mouvements de gymnastique.* ♦ *LE MOUVEMENT* : la motilité. ➞ *Se donner, prendre du mouvement*, de l'exercice. **3** Déplacement en masse. *Mouvements de population.* → **migration.** ➞ *Mouvements de troupes.* → **manœuvre. 4** *EN MOUVEMENT* : qui se déplace, bouge (opposé à *au repos*). **II 1** (récit, œuvre d'art) Ce qui traduit le mouvement, donne l'impression de la vie. → **action. 2** Degré de rapidité, en musique. → **rythme, tempo.** ➞ loc. fig. *Suivre le mouvement.* ♦ Partie d'une œuvre musicale d'un mouvement précis. *Les trois mouvements d'une sonate.* **3** Ligne, courbe. *Mouvement de terrain.* → **accident. III** Mécanisme créant un mouvement régulier. *Mouvement d'horlogerie.* **IV** fig. **1** Changement, modification. *Les mouvements de l'âme. Mouvements d'opinion.* ♦ loc. *Un bon mouvement* : une action généreuse. **2** Action collective (spontanée ou dirigée) tendant à produire un changement social. *Mouvement de* *grève.* ← Organisation qui mène cette action. *Mouvement syndical; artistique.* **3** Changement quantitatif. → **variation.**

**mouvementé, ée** adj. ▪ Qui a du mouvement (II, 1), de l'action. ← Qui présente des péripéties. *Poursuite mouvementée.*

**mouvoir** v. tr. 27 rare sauf inf., prés. de l'indic. et participes ▪ **1** Mettre en mouvement. ← au p. p. *Machine mue par l'électricité.* **2** fig., littér. Mettre en action. → **animer.** ► **se mouvoir** v. pron. Être en mouvement. → **bouger.**

**MOX** n. m. ▪ Combustible formé d'uranium enrichi et de plutonium, utilisé dans l'industrie nucléaire. *Réacteur fonctionnant au MOX.*

①**moyen, enne** adj. ▪ **I 1** Qui se trouve entre deux choses. *Le cours moyen d'un fleuve* (opposé à *supérieur* et à *inférieur*). ← MOYEN TERME : parti intermédiaire. → **milieu.** ← (dans le temps) Entre ancien et moderne. *Le moyen français* (XIVᵉ-XVIᵉ s.). **2** Qui tient le milieu entre deux extrêmes. *Poids moyen.* ← *Classes moyennes :* petite et moyenne bourgeoisies. **3** Du type le plus courant. → **courant, ordinaire. 4** Qui n'est ni bon, ni mauvais. → **médiocre** (1). *C'est assez moyen.* → **quelconque. II** Qui correspond à une moyenne. *Température moyenne.*

②**moyen** n. m. ▪ **1** Ce qui sert pour arriver à un résultat, à une fin. → **méthode, procédé, recette.** *Le meilleur moyen.* ← *Trouver moyen de :* parvenir à. ← loc. *Employer les grands moyens.* ◆ *IL Y A MOYEN; IL N'Y A PAS MOYEN DE :* il est possible, impossible de. *Pas moyen !,* rien à faire ! ◆ *AU MOYEN DE :* à l'aide de (qqch. de concret). → **avec, grâce à. 2** au plur. Capacités, capacités (de qqn). → **faculté, force.** *Garder, perdre (tous) ses moyens.* **3** au plur. Ressources pécuniaires.

**moyen âge** [mwajεnɑʒ] n. m. ▪ Période de l'histoire de l'Occident) entre l'Antiquité et les Temps modernes (Vᵉ-XVᵉ s.).

**moyenâgeux, euse** [-jεn-] adj. ▪ Qui évoque le moyen âge. → **médiéval.**

**moyen-courrier** n. m. ▪ Avion de transport sur moyennes distances. *Des moyen-courriers.*

**moyennant** prép. ▪ Au moyen de, à la condition de. *Moyennant récompense* (→ en échange de). ← loc. *Moyennant quoi :* en échange de quoi; par suite de quoi.

**moyenne** n. f. ▪ **1** *Moyenne (arithmétique) :* quotient de la somme de plusieurs nombres par leur nombre. *Moyenne et médiane\*.* ← *La moyenne :* la moitié des points qu'on peut obtenir. ← *EN MOYENNE :* en évaluant la moyenne. ◆ *Vitesse moyenne.* **2** Type, courant également éloigné des extrêmes.

**moyennement** adv. ▪ D'une manière moyenne, ni peu ni beaucoup.

**moyeu** n. m. ▪ Partie centrale d'une roue, que traverse l'essieu.

**mozarabe** ▪ n. et adj. hist. Espagnol chrétien arabisé. ← *Art mozarabe* (XIᵉ-XIIᵉ s.).

**mozzarella** [mɔdzaʀɛla; -ɛlla] n. f. ▪ Fromage italien de lait de bufflonne ou de vache, non fermenté.

**M. S. T.** [εmεste] n. f. (sigle) ▪ Maladie sexuellement transmissible.

**M. T. S.** [εmtεεs] n. m. (sigle) ▪ appos. *Système M. T. S.* (mètre, tonne, seconde), ancien système d'unités.

**mû, mue** ▪ Participe passé du v. *mouvoir.*

**mucilage** n. m. ▪ pharm. Substance végétale visqueuse. ▷ adj. **mucilagineux, euse**

**mucolytique** adj. ▪ pharm. Qui fluidifie les sécrétions des voies respiratoires supérieures (bronches…).

**mucosité** n. f. ▪ Amas de substance épaisse et filante (mucus) qui tapisse les muqueuses. → **glaire.**

**mucoviscidose** n. f. ▪ méd. Maladie congénitale grave, causée par la viscosité excessive des sécrétions.

**mucus** [-ys] n. m. ▪ Substance visqueuse sécrétée par les glandes muqueuses.

**mue** n. f. ▪ **1** Changement qui affecte la carapace, la peau, le plumage, le poil, etc. de certains animaux; son époque. **2** Dépouille (d'un animal qui a mué). **3** Changement dans le timbre de la voix humaine au moment de la puberté (garçons).

**muer** v. 1 ▪ **I** v. intr. Subir la mue (1 ou 3). **II** v. tr. littér. *(SE) MUER EN :* (se) transformer en.

**muesli** [mysli] n. m. ▪ Mélange de céréales, flocons d'avoine, fruits.

**muet, ette** adj. ▪ **I 1** adj. et n. Privé de la parole. *Muet de naissance.* **2** Silencieux, incapable de parler. *Être, rester muet de stupeur.* ◆ *Rôle muet,* sans texte. **II 1** Qui ne s'exprime pas. *Douleur muette.* **2** Qui ne contient aucune précision. *Le règlement est muet sur ce point.* **3** Qui ne produit aucun son. *Clavier muet* (pour exercer son doigté). ◆ *Cinéma, film muet* (opposé à *parlant*). ← n. m. *Le muet.* **4** Qui ne se fait pas entendre dans la prononciation. *E, H muet.* **5** Sans inscription ou indication. *Carte muette.*

**muezzin** [mɥεdzin] n. m. ▪ Fonctionnaire religieux musulman chargé d'appeler, du haut du minaret, les fidèles à la prière.

**muffin** [mœfin] n. m. ▪ Petit pain rond cuit dans un moule. ← franç. du Canada Petit gâteau rond.

**mufle** n. m. ▪ **I** Extrémité du museau (de mammifères). *Le mufle du bœuf.* **II** Individu mal élevé. → **malotru.** ▷ n. f. **muflerie**

**mufti** n. m. ▪ Jurisconsulte, interprète du droit canonique musulman.

**mug** [mœg] n. m. ▪ anglic. Chope pour les boissons chaudes.

**muge** n. m. ▪ Poisson appelé aussi *mulet\*.*

**mugir** v. intr. 2 ▪ **1** (bovidés) Beugler, meugler. **2** fig. *Vagues qui mugissent.* ▷ n. m. **mugissement**

**muguet** n. m. ▪ **I** Plante aux petites clochettes blanches en grappes. **II** méd. Inflammation des muqueuses.

**muid** n. m. ■ **1** anciennt Mesure de capacité. **2** Futaille (d'un muid).

**mulâtre** n. et adj. ■ (Personne) née de l'union d'un Blanc avec une Noire ou d'un Noir avec une Blanche. *Une mulâtre.*

**mulâtresse** n. f. ■ vieilli Femme mulâtre.

① **mule** n. f. ■ Pantoufle laissant le talon découvert. → *La mule du pape.*

② **mule** n. f. ■ Hybride femelle de l'âne et de la jument (ou du cheval et de l'ânesse). → loc. fam. *Tête de mule :* personne entêtée.

① **mulet** n. m. ■ Hybride mâle de l'âne et de la jument (*grand mulet*) ou du cheval et de l'ânesse (*petit mulet*), toujours infécond.

② **mulet** n. m. ■ Poisson de mer à chair blanche et délicate.

**muleta** [muleta] n. f. ■ Pièce d'étoffe rouge tendue sur un bâton dont le matador se sert pour provoquer et diriger le taureau.

**muletier, ière** ■ **1** n. m. Conducteur de mulets, de mules. **2** adj. *Chemin muletier,* étroit et escarpé.

**mulot** n. m. ■ Petit mammifère rongeur, appelé aussi *rat des champs.*

**multi-** ■ Élément (du latin *multus*) qui signifie « qui a plusieurs, beaucoup de... ».

**multicolore** adj. ■ Qui présente des couleurs variées.

**multicoque** n. m. ■ Bateau comportant plusieurs coques (ex. catamaran).

**multicritère** ou **multicritères** adj. ■ techn. Qui utilise plusieurs critères. *Recherche multicritères.*

**multiforme** adj. ■ Qui se présente sous des formes variées, des aspects nombreux.

**multijoueur** ou **multijoueurs** adj. ■ Qualifie la fonction qui permet de jouer à plusieurs, sur un jeu vidéo. *Mode multijoueurs.*

**multilatéral, ale, aux** adj. ■ Qui concerne plusieurs parties contractantes.

**multimédia** ■ **I** adj. Qui utilise plusieurs médias. **II** n. m. Technique de communication intégrant sur un même support des moyens audiovisuels et informatiques (→ cyber -). ◆ *Le multimédia :* ensemble des supports, activités et services multimédias.

**multimillionnaire** [-mil-] adj. et n. ■ (Personne) qui a plusieurs millions.

**multinational, ale, aux** adj. ■ **1** Qui concerne plusieurs pays. **2** Qui a des activités dans plusieurs pays. → n. f. *Une multinationale :* une firme multinationale.

**multipare** adj. et n. f. ■ didact. **1** (Femelle) qui met bas plusieurs petits. **2** (Femme) qui a déjà enfanté plusieurs fois.

**multiple** adj. ■ **1** (opposé à *simple*) Composé d'éléments de nature différente, ou qui se manifeste sous des formes différentes. **2** Constitué de plusieurs éléments analogues. *Prise* (électrique) *multiple.* **3** MULTIPLE DE : qui contient plusieurs fois exactement un nombre. → n. m. *Tout multiple de deux est pair.* **4** (avec un nom au plur.) (opposé à *unique*) Qui se présentent sous des formes variées. → *À de multiples reprises.* → **nombreux.**

**multiplex** [-ɛks] adj. ■ techn. Qui permet d'établir plusieurs communications au moyen d'une seule transmission.

**multiplexe** n. m. ■ Ensemble comprenant plusieurs salles de cinéma (dit *multisalle* ou *multisalles*)

**multiplicande** n. m. ■ Premier facteur (d'une multiplication).

**multiplicateur, trice** adj. ■ Qui multiplie, sert à multiplier. → n. m. Second facteur (d'une multiplication).

**multiplicatif, ive** adj. ■ Qui multiplie, marque la multiplication.

**multiplication** n. f. ■ **1** Augmentation en nombre. **2** biol. → **reproduction.** *Multiplication végétative, asexuée.* **3** Opération donnant à partir de deux nombres *a* et *b* un troisième nombre (le produit) égal à la somme de *b* termes égaux à *a* (signe : ×).

**multiplicité** n. f. ■ Caractère multiple. → Grand nombre (de). → **abondance.**

**multiplier** v. tr. [7] ■ **1** Augmenter le nombre, la quantité de. **2** Faire la multiplication de. ▶ **se multiplier** v. pron. S'accroître, proliférer.

**multipoint** ou **multipoints** adj. ■ techn. (serrure) Qui comporte plusieurs pênes actionnés simultanément.

**multipropriété** n. f. ■ Régime de propriété collective répartie par périodes.

**multirécidiviste** adj. et n. ■ dr. (Personne) qui commet plusieurs récidives.

**multirisque** adj. ■ (assurance) Qui couvre plusieurs risques.

**multitude** n. f. ■ **1** Grande quantité (d'êtres, d'objets). *Une multitude de visiteurs entra* (ou entrèrent). **2** (sans compl.) Rassemblement en foule. → littér. Le commun des hommes.

**municipal, ale, aux** adj. ■ **1** Relatif à l'administration d'une commune. *Élections municipales.* **2** Qui appartient à la commune. *Piscine municipale.*

**municipalité** n. f. ■ **1** Corps municipal (en France, maire, adjoints, conseillers municipaux). **2** Circonscription ainsi administrée.

**munificent, ente** adj. ■ littér. Généreux avec somptuosité. ▷ n. f. **munificence**

**munir** v. tr. [2] ■ MUNIR (qqn, qqch.) DE : pourvoir, garnir de (ce qu'il faut). ▶ **se munir** (de) v. pron. → **prendre.** → fig. *Se munir de patience.*

**munition** n. f. ■ **1** vx ou plais. Moyen de subsistance. → **provision. 2** au plur. Explosifs et projectiles nécessaires pour les armes à feu, les bombardiers...

**muqueuse** n. f. ■ Membrane qui tapisse les cavités de l'organisme et qui est lubrifiée par la sécrétion de mucus.

**muqueux, euse** adj. ■ **1** Qui a le caractère du mucus. **2** Qui sécrète du mucus. *Glandes muqueuses.*

**mur** n. m. ■ **1** Ouvrage de maçonnerie qui sert à enclore, à séparer ou à supporter une poussée. *Murs et cloison. Un mur de briques.* ♦ loc. *Dans nos murs,* dans notre ville. *Raser les murs* (pour se cacher, se protéger). ➞ *Sauter, faire le mur* : sortir sans permission. ➞ *Mettre qqn au pied du mur,* l'acculer. **2** Face intérieure des murs, des cloisons. *Mettre un tableau au mur.* ➞ loc. *Entre quatre murs,* en restant dans une maison. **3** fig. Ce qui sépare, forme obstacle. *Un mur d'incompréhension.* **4** *LE MUR DU SON* : phénomènes, choc sonore lorsqu'un engin atteint la vitesse du son. **5** au football Ligne des joueurs placés entre le tireur et le but lors d'un coup franc*.

**mûr, mûre** adj. ■ **1** (fruit, graine) Qui a atteint son plein développement. **2** (abcès, furoncle) Qui est près de percer. **3** fig. *Le projet est mûr,* prêt à être réalisé. ➞ (personnes) Préparé, prêt à. **4** *L'âge mûr.* → **adulte.** ➞ *Esprit mûr* (→ **maturité**). ♦ loc. *Après mûre réflexion.* **5** fam. → **ivre, soûl.**

**muraille** n. f. ■ **1** Étendue de murs épais et assez élevés. ♦ Mur de fortification. → **rempart. 2** fig. Surface verticale abrupte.

**mural, ale, aux** adj. ■ **1** Appliqué sur un mur, comme ornement. *Peinture murale.* **2** Fixé au mur et ne repose pas par terre. *Pendule murale.*

**mûre** n. f. ■ **1** Fruit du mûrier (pharmaceutique). **2** Fruit noir de la ronce des haies, comestible.

**mûrement** adv. ■ Avec beaucoup de concentration et de temps.

**murène** n. f. ■ Poisson long et mince, sans écailles, à fortes dents et très vorace.

**murer** v. tr. ⓵ ■ **1** Entourer de murs. **2** Fermer, clore en maçonnerie. *Murer une porte.* **3** Enfermer (qqn) en bouchant les issues. → **emmurer.** ➞ **se murer** v. pron. S'enfermer, s'isoler. ➞ fig. *Se murer dans son silence.*

**muret** n. m. ■ Petit mur.

**murex** [-ɛks] n. m. ■ zool. Mollusque gastéropode à coquille hérissée d'épines (on en tirait la pourpre).

**mûrier** n. m. ■ Arbre dont le fruit est la mûre (1).

**mûrir** v. ⓶ ■ **I** v. tr. **1** Rendre mûr. **2** fig. Mener (une chose) à point. **3** Donner de la maturité d'esprit à (qqn). *Les épreuves l'ont mûri.* **II** v. intr. **1** Devenir mûr. *Les blés mûrissent.* **2** fig. (sujet chose) Atteindre son plein développement. **3** Acquérir de la maturité. ▷ adj. **mûrissant, ante**

**murmure** n. m. ■ **1** Bruit sourd, léger et continu de voix humaines. **2** Commentaire, critique à mi-voix. ➞ loc. *Accepter sans hésitation ni murmure,* sans protester. **II** Bruit continu léger, doux. ➞ **bruissement.**

**murmurer** v. ⓵ ■ **I** v. intr. (personnes) **1** Faire entendre un murmure. **2** Émettre une plainte, une protestation sourde. **II** v. tr. Dire, prononcer à mi-voix.

**musagète** adj. ■ didact. (Antiq.) Surnom d'Apollon « conducteur des Muses ».

**musaraigne** n. f. ■ Petit mammifère insectivore, de la taille d'une souris.

**musarder** v. intr. ⓵ ■ Perdre son temps à des riens. ▷ n. f. **musardise**

**musc** n. m. ■ **1** Substance brune très odorante, sécrétée par les glandes abdominales de mammifères. **2** Parfum à base de musc (→ **musqué**).

**muscade** ■ **1** adj. f. et n. f. *(Noix) muscade* : graine du fruit d'un arbre exotique (le *muscadier*), épice. **2** n. f. Boule utilisée dans les tours de passe-passe. ➞ loc. *Passez muscade.*

**muscadet** n. m. ■ Vin blanc sec de la région de Nantes.

**muscadin** n. m. ■ vx Jeune fat d'une coquetterie ridicule.

**muscat, ate** adj. et n. m. ■ **1** *(Raisin) muscat,* à odeur de musc. **2** *(Vin) muscat* : vin de liqueur, fait de raisins muscats.

**muscle** n. m. ■ Structure organique formée de fibres contractiles assurant le mouvement (→ **my(o)-**). *Muscles striés, volontaires.*

**musclé, ée** adj. ■ **1** Qui a des muscles bien visibles et puissants. **2** fig., fam. Qui utilise la force. *Une politique musclée.*

**muscler** v. tr. ⓵ ■ Pourvoir de muscles développés, puissants.

**musculaire** adj. ■ Relatif aux muscles.

**musculation** n. f. ■ Développement des muscles par l'exercice.

**musculature** n. f. ■ Ensemble et disposition des muscles.

**musculeux, euse** adj. ■ (partie du corps) Aux muscles développés, forts.

**muse** n. f. ■ **1** (avec maj.) Chacune des neuf déesses mythologiques des arts littéraux. **2** littér. L'inspiration poétique. ➞ loc. *Taquiner la muse* : faire de la poésie. **3** Inspiratrice (d'un écrivain, d'un artiste).

**muséal, ale, aux** adj. ■ didact. Du musée.

**museau** n. m. ■ Partie antérieure de la face (mammifères, poissons).

**musée** n. m. ■ **1** Établissement dans lequel sont rassemblées, classées et présentées des collections d'objets d'intérêt historique, technique, scientifique, artistique. ➞ spécialt Musée d'art. **2** Lieu rempli d'objets rares, précieux.

**museler** v. tr. ⓸ ■ **1** Emprisonner le museau de (un animal). **2** fig. Empêcher de parler, de s'exprimer. → **bâillonner.**

**muselière** n. f. ■ Appareil pour museler.

**muséographie** n. f. ■ didact. Technique de la conception des musées. ▷ adj. **muséographique**

**muséologie** n. f. ■ didact. Science des musées d'art. ▷ adj. **muséologique**

**muser** v. intr. ⓵ ■ littér. Perdre son temps à des bagatelles. → **musarder.**

**musette** n. f. ▪ **I 1** Cornemuse à soufflet. **2** n. m. *BAL-MUSETTE* : bal populaire où l'on danse, sur une musique (d'accordéon) (appelée *musette* n. m.). **II** Sac de toile, qui se porte souvent en bandoulière.

**muséum** [-eɔm] n. m. ▪ Musée consacré aux sciences naturelles.

**musical, ale, aux** adj. ▪ **1** De la musique. ♦ Où il y a de la musique. *Comédie musicale*, en partie chantée (spécialt film). **2** Qui a les caractères de la musique. *Phrase musicale*. → **harmonieux.** ▷ adv. **musicalement**

**musicalité** n. f. ▪ Qualité de ce qui est musical, harmonieux.

**music-hall** [-ol] n. m. ▪ anglic. Spectacle de variétés ; théâtre où il se produit. *Des music-halls*.

**musicien, ienne** n. ▪ **1** Personne qui connaît l'art de la musique ou qui est capable d'apprécier la musique. ← adj. *Elle est très musicienne*. **2** Professionnel qui compose, exécute, dirige de la musique (compositeur, interprète, chef d'orchestre...).

**musico-** Élément, du latin *musica* « musique » (ex. *musicothérapie* n. f.).

**musicologie** n. f. ▪ didact. Théorie, histoire de la musique. ▷ n. **musicologue** ▷ adj. **musicologique**

**musique** n. f. ▪ **I 1** Art de combiner des sons d'après des règles, d'organiser une durée avec des éléments sonores ; production de cet art (sons ou œuvres). ← fam. *Grande musique*, musique classique. *Musique baroque, romantique, moderne.* ← *Musique concrète*, à base de sons naturels et de bruits. *Musique de chambre*, écrite pour un petit nombre de musiciens. ← loc. *Dîner, travailler en musique*, en écoutant de la musique. **2** Œuvre musicale écrite. *Jouer sans musique.* → **partition. 3** *La musique d'un régiment*, les musiciens. → **clique, fanfare.** *Marcher musique en tête.* **4** loc. fam. *Connaître la musique*, savoir comment s'y prendre. **II** Sons, harmonie rappelant la musique. *La musique du vent ; d'un poème.*

**musqué, ée** adj. ▪ **1** Parfumé au musc. **2** (animaux) À odeur de musc. *Rat musqué*.

**must** [mœst] n. m. ▪ anglic., fam. Ce qu'il faut savoir, faire, avoir... pour être à la mode. *Le must de la rentrée.*

**mustang** [-ɑ̃g] n. m. ▪ Cheval à demi sauvage des prairies d'Amérique.

**musulman, ane** ▪ **1** adj. et n. Qui professe la religion de Mahomet, l'islam*. **2** adj. Propre à l'islam, à sa loi, à ses rites.

**mutant, ante** adj. ▪ biol. **1** Qui présente, qui a subi une mutation (II). **2** adj. et n. (Être) qui résulte d'une mutation.

**mutation** n. f. ▪ **I 1** Changement, évolution. **2** Affectation à un autre poste. **3** dr. Transmission d'un droit de propriété ou d'usufruit. **II** biol. Variation brusque d'un caractère héréditaire (propre à l'espèce ou à la lignée) par changement des gènes.

**mutationnisme** n. m. ▪ biol. Théorie d'après laquelle l'évolution* se fait de manière discontinue, par mutations.

**muter** v. tr. 🔲 ▪ Affecter (qqn) à un autre poste, à un autre emploi (→ **mutation** (I, 2)).

**mutilant, ante** adj. ▪ méd. Qui peut produire une mutilation.

**mutilation** n. f. ▪ **1** Ablation ou détérioration (d'un membre, etc.). **2** Action de mutiler (2 et 3). *Mutilation de statues.*

**mutiler** v. tr. 🔲 ▪ **1** Altérer (un être vivant) dans son intégrité. **2** Détériorer, endommager. **3** Altérer (un texte, un ouvrage littéraire) en retranchant une partie importante. → **tronquer.** ← **mutilé, ée** adj. *Blessés mutilés.* ♦ n. *Un mutilé de guerre.*

**mutin** n. m. ▪ **I** Personne qui se révolte avec violence. **II** littér. D'humeur taquine.

**se mutiner** v. pron. 🔲 ▪ Se dresser contre une autorité, avec violence.

**mutinerie** n. f. ▪ Action de se mutiner ; son résultat. → **insurrection, révolte.**

**mutisme** n. m. ▪ Refus de parler.

**mutité** n. f. ▪ Impossibilité de parler.

**mutualisme** n. m. ▪ Doctrine basée sur la mutualité. ▷ adj. et n. **mutualiste**

**mutualité** n. f. ▪ Prévoyance volontaire par assurance réciproque.

**mutuel, elle** adj. ▪ **1** Qui implique un rapport double et simultané, un échange. → **réciproque.** ▷ adv. **mutuellement** ♦ spécialt *Société d'assurance mutuelle*. **2** n. f. *Une mutuelle*, société de mutualité.

**myalgie** n. f. ▪ méd. Douleur musculaire.

**mycélium** [-jɔm] n. m. ▪ bot. Filaments provenant des spores des champignons.

**mycénien, ienne** adj. et n. ▪ De Mycènes.

**myco-, -myce** Éléments savants, du grec *mukês* « champignon ».

**mycologie** n. f. ▪ didact. Étude des champignons.

**mycose** n. f. ▪ méd. Affection cutanée due à des champignons.

**mye** [mi] n. f. ▪ zool. Mollusque bivalve à très long siphon (une espèce est la clovisse).

**myél(o)-** Élément savant, du grec *muelos* « moelle ».

**mygale** n. f. ▪ Grande araignée velue.

**my(o)-** Élément, du grec *mus* « muscle ».

**myocarde** n. m. ▪ Muscle qui constitue la moyenne partie de la paroi du cœur. *Infarctus du myocarde.*

**myopathie** n. f. ▪ méd. Maladie des muscles. ← spécialt Atrophie progressive des muscles. ▷ n. et adj. **myopathe**

**myope** adj. ▪ **1** Qui ne voit distinctement que les objets rapprochés. ← n. *Un myope*. **2** fig. Qui manque de largeur de vue. ▷ n. f. **myopie**

**myosotis** [-is] n. m. ▪ Plante à petites fleurs bleues qui croît dans les lieux humides.

**myriade** n. f. ▪ Quantité immense.

**myriapode** n. m. ■ zool. Arthropode à nombreuses pattes (→ **mille-pattes**).

**myrméco-** Élément savant, du grec *murmêx* « fourmi ».

**myrrhe** n. f. ■ Gomme résine aromatique fournie par un arbuste (le balsamier).

**myrte** n. m. ■ **1** Arbrisseau à petites fleurs blanches odorantes. **2** poét. Sa feuille.

**myrtille** n. f. ■ Baie noire comestible. → **airelle.** ♦ Arbrisseau qui produit cette baie.

**mystagogue** n. m. ■ didact. Initiateur aux mystères sacrés. ▷ n. f. **mystagogie**

① **mystère** n. m. ■ **I 1** Antiq. Rite, culte religieux secret. *Les mystères d'Orphée.* **2** relig. chrét. Dogme révélé, inaccessible à la raison. *Le mystère de la Trinité.* **II 1** Ce qui est (ou est cru) inexplicable. *Le mystère de la vie.* **2** Ce qui est caché ou difficile à comprendre. → **énigme. 3** Précautions pour rendre incompréhensible, pour cacher. → **secret. III** Pâtisserie meringuée et glacée.

② **mystère** n. m. ■ littér. du moyen âge Pièce de théâtre religieux. – var. MISTÈRE.

**mystérieux, euse** adj. ■ **1** Qui est incompréhensible ou évoque la présence de forces cachées. *Par un mystérieux hasard.* **2** Difficile à comprendre, à expliquer. **3** Caché, secret. **4** Qui cache, tient secret. *Un air mystérieux.* ▷ adv. **mystérieusement**

**mysticisme** n. m. ■ **1** Croyances et pratiques mystiques (1). **2** Croyance spiritualiste intuitive et sentimentale.

**mystificateur, trice** adj. ■ Qui mystifie. *Intentions mystificatrices.* ← n. *Des mystificateurs.*

**mystification** n. f. ■ **1** Acte ou propos destiné à mystifier. **2** Tromperie collective.

**mystifier** v. tr. ⑦ ■ ≠ *(mythifier)* **1** Tromper (qqn) en abusant de sa crédulité et pour se moquer. → **abuser. 2** Tromper collectivement. ▷ adj. **mystifiant, ante**

**mystique** ■ **I** adj. **1** Qui concerne l'union entre l'être humain et la divinité. *Extase mystique.* **2** (personnes) Prédisposé au mysticisme, à une foi intense et intuitive. ♦ n. *Les grands mystiques chrétiens, musulmans.* **3** Qui a un caractère exalté, intuitif. *Amour mystique.* **II** n. f. **1** Pratiques mystiques. **2** Croyance absolue (en une valeur suprême).

**mythe** n. m. ■ **1** Récit imaginaire et symbolique qui met en scène des êtres (dieux, demi-dieux, héros, animaux, forces naturelles) représentant des énergies, des aspects de la condition humaine. *Les grands mythes grecs* (Orphée, Prométhée...). ♦ Représentation déformée ou amplifiée par la tradition. → **légende.** *Le mythe de Faust.* **2** Chose imaginaire. **3** Représentation idéalisée. *Le mythe du paradis perdu.* **4** Image symbolique. *Le mythe de la vitesse.*

**mythifier** v. tr. ⑦ ■ didact. Instaurer en tant que mythe (≠ *mystifier*).

**mythique** adj. ■ **1** Du mythe. *Un héros mythique.* → **fabuleux, légendaire. 2** Imaginaire. *Un héritage mythique.* **3** Très célèbre. *Film mythique.*

**mytho-** Élément, du grec *muthos* « fable ».

**mythologie** n. f. ■ **1** Ensemble des mythes (1) et légendes (d'une civilisation, d'une religion); spécialt mythologie gréco-latine. **2** Science des mythes (1). ▷ adj. **mythologique**

**mythomanie** n. f. ■ Tendance pathologique à la fabulation, à la simulation par le mensonge. ▷ adj. et n. **mythomane**

**mytil(i)-** Élément, du latin *mytilus*, du grec *mutilos* « coquillage, moule ».

**mytiliculture** n. f. ■ didact. Élevage des moules. ▷ n. f. **mytiliculteur, trice**

**myxœdème** [-e-] n. m. ■ méd. Troubles de l'insuffisance thyroïdienne (œdème, goitre). ▷ adj. et n. **myxœdémateux, euse**

**myxomatose** n. f. ■ didact. Grave maladie infectieuse et contagieuse du lapin.

# N

**n** [ɛn] n. m. ■ Quatorzième lettre, onzième consonne de l'alphabet.

**na** interj. ■ fam. Renforce une affirmation ou une négation. *C'est bien fait, na !*

**nabab** [-ab] n. m. ■ **1** hist. (Inde musulmane) Grand dignitaire. **2** Personnage très riche.

**nabi** n. m. ■ arts Nom adopté en 1888 par un groupe de peintres indépendants.

**nabot, ote** n. ■ péj. Nain.

**nacelle** n. f. ■ **1** poét. Petit bateau. **2** Panier fixé sous un aérostat, pour les passagers.

**nacho** [natʃo] n. m. ■ au plur. Chips (pétales) de maïs, de forme triangulaire.

**nacre** n. f. ■ Substance irisée de l'intérieur de la coquille de certains mollusques.

**nacré, ée** adj. ■ Qui a l'aspect de la nacre.

**nadir** n. m. ■ didact. Point à la verticale de l'observateur, vers le bas (opposé à *zénith*).

**nævus** [nevys] n. m. ■ Tache naturelle (brune ou rose) sur la peau. → **grain** de beauté. *Des nævus* ou *des nævi*.

**nage** n. f. ■ **1** Action, manière de nager. → **natation**. **2** *À LA NAGE* loc. adv. : en nageant. ◆ fig., cuis. Cuit au court-bouillon (crustacés...). **3** *Être EN NAGE*, en sueur.

**nageoire** n. f. ■ Organe membraneux, appareil propulseur des poissons, etc.

**nager** v. intr. 3 ■ I mar. Ramer. II cour. **1** (êtres vivants) Se mouvoir sur ou dans l'eau par des mouvements appropriés. ◆ trans. *Nager le crawl.* **2** Être immergé dans un liquide (trop) abondant. **3** fam. Être au large (dans ses vêtements). **4** fam. Être dans l'embarras. → **patauger**.

**nageur, euse** n. ■ Personne qui nage.

**naguère** adv. ■ littér. Il y a peu, récemment.

**nahuatl** n. m. ■ didact. Langue indienne d'Amérique centrale, qui était celle de l'Empire aztèque.

**naïade** n. f. ■ mythol. Nymphe des sources.

**naïf, naïve** adj. ■ **1** littér. Naturel, spontané. ◆ *ART NAÏF*, art populaire. **2** Confiant et simple par ignorance, par inexpérience. → **candide, ingénu**. **3** D'une crédulité excessive, irraisonnée. → n. *C'est un naïf.*

**nain, naine** ■ I n. **1** Personne d'une taille anormalement petite. **2** Personnage légendaire de taille minuscule (gnome, lutin). II adj. **1** (personnes) *Il est presque nain.* **2** (plantes, animaux) *Rosier nain.* **3** *Étoile naine*, petite et de forte densité.

**naissance** n. f. ■ I **1** Commencement de la vie hors de l'organisme maternel. *Donner naissance à* : enfanter. → *DE NAISSANCE* : congénital. **2** Mise au monde d'un enfant. II fig. **1** Commencement, apparition. *Prendre naissance* : commencer. *Donner naissance à* : créer, provoquer. **2** Endroit où commence qqch. *La naissance du cou.*

**naissant, ante** adj. ■ Qui commence à apparaître, à se développer. *Jour naissant.*

**naître** v. intr. 59 ■ I **1** Venir au monde, sortir de l'organisme maternel. **2** littér. *NAÎTRE À* : s'éveiller à. *Naître à l'amour.* II fig. (choses) Commencer à exister. → *Faire naître* : susciter (→ donner naissance à).

**naïvement** adv. ■ D'une manière naïve.

**naïveté** n. f. ■ **1** vx Caractère naïf (1). **2** Simplicité, ingénuité. **3** Excès de crédulité.

**naja** n. m. ■ zool. Cobra.

**nana** n. f. ■ fam. Jeune fille, jeune femme.

**nanan** n. m. ■ loc. fam. *C'est du nanan* : c'est très agréable, très facile.

**nandrolone** n. f. ■ pharm. Stéroïde anabolisant (produit dopant).

**nanisme** n. m. ■ Petitesse anormale de la taille (→ **nain**).

**nano-** Élément, du grec *nannos* « nain », utilisé pour former des mots désignant de petites entités (ex. *nanoréseau*), et comme préfixe pour diviser une unité par 1 milliard (ex. *nanoseconde*).

**nantir** v. tr. 2 ■ Mettre (qqn) en possession de qqch. ▶ **nanti, ie** adj. *Des gens bien nantis*, riches. → n. péj. *Les nantis.*

**nantissement** n. m. ■ Garantie que le débiteur remet à un créancier. → **gage**.

**napalm** [-alm] n. m. ■ Essence solidifiée. *Bombe au napalm.*

**naphtaline** n. f. ■ Produit antimite fait d'un dérivé du goudron de houille.

**naphte** n. m. ■ Produit distillé du pétrole, utilisé comme combustible, etc.

**napoléon** n. m. ■ Ancienne pièce d'or de vingt francs à l'effigie de Napoléon.

**napoléonien, ienne** adj. ■ Qui a rapport à Napoléon Ier ou à Napoléon III.

**nappe** n. f. ■ I Linge pour couvrir la table du repas. II fig. Vaste couche (de fluide).

**napper** v. tr. 1 ■ Recouvrir (un mets) d'une couche de sauce, etc. ▷ n. m. **nappage**

**napperon** n. m. ■ Petit linge décoratif.

**narcisse** n. m. (nom mythol.) ■ Plante bulbeuse à fleurs très odorantes. → **jonquille.**

**narcissisme** n. m. ■ Admiration de soi-même. ▷ adj. **narcissique**

**narco-** Élément (du grec *narkê* « torpeur ») qui signifie « narcotique ».

**narcose** n. f. ■ méd. Sommeil artificiel.

**narcotique** ■ 1 adj. Qui assoupit, engourdit la sensibilité. 2 n. m. Médicament qui endort.

**narcotrafiquante, ante** n. ■ Gros trafiquant de drogue.

**narguer** v. tr. ① ■ Braver avec mépris.

**narguilé** ou **narghileh** [-gile] n. m. ■ Pipe orientale, à long tuyau souple communiquant avec un flacon d'eau aromatisée.

**narine** n. f. ■ Chacun des deux orifices extérieurs du nez. ◆ → **naseau.**

**narquois, oise** adj. ■ Moqueur et malicieux. → **ironique.** ▷ adv. **narquoisement**

**narrateur, trice** n. ■ Personne qui raconte (certains événements). → **conteur.**

**narratif, ive** adj. ■ Composé de récits ; propre à la narration.

**narration** n. f. ■ 1 Récit écrit et détaillé d'une suite de faits. 2 Rédaction scolaire.

**narrer** v. tr. ① ■ littér. Raconter. → **relater.**

**narthex** [-ɛks] n. m. ■ archit. Vestibule d'une église.

**narval, als** n. m. ■ Grand cétacé dont le mâle possède une longue défense.

**nasal, ale, aux** adj. ■ 1 Du nez. *Fosses nasales.* 2 Dont la prononciation comporte une résonance de la cavité nasale.

**nase** ou **naze** adj. ■ fam. Abîmé ; fatigué.

**naseau** n. m. ■ Narine (de certains grands mammifères : cheval, etc.).

**nasillard, arde** adj. ■ Qui nasille.

**nasiller** v. intr. ① ■ Parler du nez. ◆ Faire un bruit nasal. ▷ n. m. **nasillement**

**nasse** n. f. ■ Panier de pêche à goulet.

**natal, ale, als** adj. ■ 1 Où l'on est né. *Maison natale.* 2 Relatif à la naissance.

**natalité** n. f. ■ Rapport entre le nombre des naissances et le chiffre de la population.

**natation** n. f. ■ Exercice, sport de la nage.

**natatoire** adj. ■ didact. Qui sert à la nage. ◆ *Vessie\* natatoire.*

**natif, ive** adj. ■ 1 *NATIF DE* (tel lieu) : qui est né à. ◆ n. *Les natifs d'Alsace.* 2 Qu'on a de naissance. → **inné.** 3 *Métal natif,* qui se trouve naturellement à l'état pur.

**nation** n. f. ■ 1 Groupe humain assez vaste, qui se caractérise par la conscience de son unité et la volonté de vivre en commun. → **peuple.** 2 Communauté politique établie sur un territoire. → **État, pays.**

**national, ale, aux** adj. ■ 1 Qui appartient à une nation. 2 Qui intéresse la nation entière, l'État (opposé à *local, régional, privé*). ◆ *Route nationale* (abrév. *R. N.*) ou n. f. *une nationale.* 3 Qui est issu de la nation, la représente. 4 n. m. Personne de telle nationalité.

**nationalisation** n. f. ■ Transfert à la collectivité nationale de la propriété de moyens de production (s'oppose à *privatisation*). ▷ **nationaliser** v. tr. ① → **étatiser.**

**nationalisme** n. m. ■ Exaltation du sentiment national ; attachement à la nation (→ patriotisme). ▷ adj. et n. **nationaliste**

**nationalité** n. f. ■ 1 Groupe humain uni par le territoire, la langue, les traditions, etc. et qui a ou revendique une existence en tant que nation. 2 Fait d'être membre d'une nation. *Être de nationalité belge.*

**national-socialisme** n. m. ■ Doctrine de Hitler. → **nazisme.** ▷ adj. et n. (invar. en genre) **national-socialiste**

**nativité** n. f. ■ relig. chrét. Naissance (Christ ; saints). ◆ *La Nativité* (du Christ) : Noël.

**natte** n. f. ■ 1 Pièce d'un tissu de brins végétaux entrelacés. 2 Tresse plate.

**natter** v. tr. ① ■ Entrelacer, tresser.

**naturalisation** n. f. ■ I Action de conférer la nationalité d'un pays à qqn qui ne la possède pas. II Opération par laquelle on donne à un animal mort, etc. l'apparence de la nature vivante. → **empaillage, taxidermie.**

**naturaliser** v. tr. ① ■ I Donner une nationalité à (qqn) par naturalisation. II Conserver par naturalisation (II).

**naturalisme** n. m. ■ arts Représentation réaliste de la nature. → **réalisme.**

**naturaliste** ■ I n. 1 Spécialiste des sciences naturelles. 2 Taxidermiste. II adj. Qui s'inspire du naturalisme.

**nature** n. f. ■ I 1 Ce qui caractérise un être, une chose concrète ou abstraite → **essence, propriété(s).** ◆ *La nature humaine.* ◆ loc. *DE NATURE À* : propre à. 2 Ensemble des caractères innés de l'espèce (spécialt de l'espèce humaine, d'un individu). → **caractère, naturel, tempérament.** ◆ *DE NATURE, PAR NATURE* : de manière innée. 3 par ext. *Une nature* (qualifié) : qqn de tel ou tel tempérament. *C'est une heureuse nature.* ◆ absolt *C'est une nature,* une forte personnalité. II 1 Principe actif qui anime, organise l'ensemble de ce qui existe ; ce qui existe. *Les lois de la nature.* 2 Tout ce qui existe dans l'univers hors de l'être humain et de son action ; le milieu physique où vit l'humanité (→ environnement, milieu ; Terre). *Protection de la nature.* → **écologie.** ◆ Les paysages, source d'émotion esthétique. *Aimer la nature.* 3 Modèle que l'art se propose de suivre. *Dessiner D'APRÈS NATURE. Grandeur\* nature.* 4 loc. *EN NATURE* : en objets réels et non en argent. *Don en nature.* III adj. invar. 1 Préparé simplement ; au naturel. *Des yaourts nature.* 2 fam. (personnes ; actes) Naturel, spontané.

**naturel, elle ■ I** adj. **1** Qui appartient à la nature (I) d'un être, d'une chose. *Caractères naturels.* **2** Relatif à la nature (II). *Sciences* naturelles* (→ **naturaliste**). **3** Propre au monde physique, à l'exception de l'homme et de son action (opposé à *humain, artificiel*). **4** math. *Nombre entier naturel* (1, 2, 3, 4...). **5** Qui correspond à l'ordre habituel. *C'est (tout) naturel.* **6** *Enfant naturel*, né hors mariage. **II** adj. **1** Relatif aux fonctions de la vie. *Besoins naturels.* **2** Qui est inné en qqn (opposé à *acquis, appris*). **3** Qui appartient réellement à qqn, n'a pas été modifié. *C'est son teint naturel.* ♦ *Mort naturelle* (opposé à *accidentel, provoqué*). **4** Qui traduit la nature d'un individu. → **sincère, spontané.** *Savoir rester naturel.* **III** n. m. **1** Ensemble des caractères qu'un individu possède en naissant. → **nature** (I, 2). *Être d'un naturel sensible.* **2** Aisance du comportement. *Manquer de naturel.*

**naturellement** adv. ■ **1** De par sa nature. **2** Par un enchaînement logique ou naturel. → fam. Bien sûr, forcément. **3** Avec naturel.

**nature morte** n. f. ■ Peinture qui représente des objets ou des êtres inanimés.

**naturisme** n. m. ■ Doctrine prônant le retour à la nature dans la manière de vivre (nudisme...). ▷ n. et adj. **naturiste**

**naturopathie** n. f. ■ méd. Traitement par des moyens naturels. → **médecines douces.** ▷ n. **naturopathe**

**naufrage** n. m. ■ **1** Perte d'un navire par un accident de navigation. *Faire naufrage.* → **couler, sombrer. 2** fig. Ruine totale.

**naufragé, ée** adj. ■ Qui a fait naufrage. → n. *Sauvetage des naufragés.*

**naufrageur** n. m. ■ Personne qui cause volontairement un naufrage.

**nauséabond, onde** adj. ■ (odeur...) Qui cause des nausées, écœure. → **fétide.**

**nausée** n. f. ■ **1** Envie de vomir. → **haut-le-cœur. 2** Sensation de dégoût.

**nauséeux, euse** adj. ■ **1** Qui provoque des nausées. **2** Qui souffre de nausées.

**-naute, -nautique** Éléments, du grec *nautês* « navigateur » et *nautikos* « nautique ».

**nautile** n. m. ■ zool. Mollusque céphalopode à coquille cloisonnée.

**nautique** adj. ■ **1** Relatif à la navigation. **2** Relatif aux sports de l'eau.

**naval, ale, als** adj. ■ **1** Qui concerne les navires. **2** Relatif à la marine militaire.

**navarin** n. m. ■ Mouton en ragoût.

**navet** n. m. ■ **1** Plante cultivée pour ses racines comestibles; cette racine. **2** fam. Œuvre sans valeur (spéciał, mauvais film).

**navette** n. f. ■ **1** Instrument de tissage qui se déplace entre les fils de chaîne selon un mouvement alternatif. **2** *Faire la navette* : faire régulièrement un aller-retour. **3** Véhicule assurant des liaisons fréquentes entre deux lieux proches. ♦ *Navette spatiale* : vaisseau spatial récupérable.

**navigable** adj. ■ Où l'on peut naviguer.

**navigant, ante** adj. ■ mar., aviat. Qui navigue. *Personnel navigant* (opposé à *au sol, rampant*).

**navigateur, trice ■ I** n. **1** Personne qui fait des voyages sur mer. **2** Personne qui règle la direction à suivre (navire, avion). **II** n. m. Logiciel conçu pour naviguer (4) sur le web.

**navigation** n. f. ■ **1** Fait de naviguer. *Navigation fluviale.* **2** Manœuvre des navires. **3** Trafic maritime. *Lignes de navigation.* **4** Circulation aérienne ou spatiale. **5** Fait de naviguer (4) sur le web.

**naviguer** v. intr. 〔1〕 ■ **1** (navires; passagers) Se déplacer sur l'eau; à bord d'un bateau. **2** Voyager comme marin sur un navire. **3** fig., fam. Voyager, se déplacer beaucoup. **4** Se déplacer sur un réseau, dans le web, au moyen des liens hypertextes*. → **surfer**

**navire** n. m. ■ Bateau de fort tonnage, ponté, destiné aux transports sur mer. → **bâtiment; vaisseau.**

**navrer** v. tr. 〔1〕 ■ **1** Affliger profondément. **2** passif *ÊTRE NAVRÉ DE*, désolé, contrarié par. ▷ **navrant, ante** adj. → **désolant.**

**naze** adj. → **nase**

**nazi, ie** n. ■ Membre du parti national-socialiste de Hitler. → adj. Des nazis.

**nazisme** n. m. ■ Mouvement, régime nazi.

**N. B.** → **nota bene**

**N. B. C.** [ɛnbese] adj. invar. (sigle) ■ milit. Relatif aux armes nucléaires, biologiques ou chimiques. *Systèmes de défense N. B. C.*

**ne** (ou **n'** devant voyelle ou *h* muet) adv. ■ **I** exprimant une négation **1** *NE... PAS, NE... POINT* (vx), *NE... PLUS, NE... GUÈRE, NE... JAMAIS, NE... QUE.* *Il ne va pas à..., il n'y va pas. Il n'en a pas, plus.* → aussi ② **goutte. 2** avec un indéfini à sens négatif, avec *ni* répété, etc. *Je n'ai aucune nouvelle. Il ne veut voir personne. Je ne dis ni oui ni non.* **3** employé seul *Je n'ose l'affirmer.* **4** employé seul, dans quelques loc. *N'ayez crainte! Il n'empêche* que... **II** *ne* explétif. → après des verbes exprimant la crainte, l'impossibilité *Je crains qu'il ne se fâche. Pour éviter qu'il ne se blesse.* → après un compar. d'inégalité : *meilleur, mieux, moindre, moins, pire, pis, plus... que ne... Mieux que je ne ferais.*

**né, née** adj. ■ **1** Venu au monde. ♦ *Mme Dupont née Durand*, dont le nom de jeune fille est Durand. ♦ *NÉ POUR* : doué pour. **2** en appos. Par un don naturel. *Un orateur-né.*

**néanmoins** adv. et conj. ■ Malgré ce qui vient d'être dit. → **cependant, toutefois.**

**néant** n. m. ■ **I** Rien. *Réduire à néant.* → **anéantir. II 1** Valeur nulle. **2** Ce qui n'est pas encore ou n'existe plus. **3** philos. Absence d'être. *"L'Être et le Néant"* (de Sartre).

**nébuleuse** n. f. ■ **1** Amas de gaz et de poussières interstellaires. **2** fig. Amas diffus.

**nébuleux, euse** adj. ■ **1** Obscurci par les nuages ou le brouillard. → **brumeux, nuageux. 2** → **vaporeux. 3** fig. Vague, confus. → **flou.** ▷ n. f. **nébulosité**

**nébuliser** v. tr. 1 ■ techn. Disperser (un liquide) en très fines gouttelettes. ▷ **nébuliseur** n. m. → **aérosol, vaporisateur.**

**nécessaire** ■ I adj. **1** Se dit d'une condition, d'un moyen dont la présence ou l'action rend seule possible un résultat ou un effet. *Condition nécessaire et suffisante.* **2** NÉCESSAIRE À : dont l'existence, la présence est obligatoire (pour...). → **indispensable. 3** Dont on ne peut se passer. → **essentiel. 4** Qui doit se produire. *Effet nécessaire.* → **inéluctable, inévitable.** II n. m. **1** Bien dont on ne peut se passer. *Le nécessaire et le superflu.* **2** Ce qu'il faut faire ou dire, et qui suffit. III n. m. Boîte, étui renfermant des ustensiles. *Nécessaire de toilette.*

**nécessairement** adv. ■ **1** Par une obligation imposée. **2** Inévitablement.

**nécessité** n. f. ■ I **1** Caractère nécessaire (d'une chose, d'une action). → **obligation. 2** Besoin impérieux. *Dépenses de première nécessité.* II absolt Forces qui contraignent, entraînent (besoin, destin...). ♦ philos. Enchaînement des causes et des effets.

**nécessiter** v. tr. 1 ■ (sujet chose) Rendre indispensable, nécessaire. → **exiger.**

**nécessiteux, euse** adj. et n. ■ vieilli Qui manque du nécessaire. → **indigent, pauvre.**

**nec plus ultra** [nɛkplysyltra] n. m. invar. ■ Ce qu'il y a de mieux. → **summum.**

**nécr(o)-** Élément, du grec *nekros* « mort ».

**nécrologie** n. f. ■ **1** Notice biographique consacrée à une personne morte récemment. **2** Liste ou avis de décès. ▷ **nécrologique** adj. *Rubrique nécrologique.*

**nécromancie** n. f. ■ Divination par l'évocation des morts. → **spiritisme.**

**nécropole** n. f. ■ Antiq. Vaste cimetière.

**nécrose** n. f. ■ Mort d'un tissu vivant.

**nectaire** n. m. ■ bot. Élément (des plantes) qui sécrète le nectar (2).

**nectar** n. m. ■ **1** mythol. Breuvage des dieux antiques. **2** Liquide sucré que sécrètent les nectaires. *Abeilles butinant le nectar.*

**nectarine** n. f. ■ Pêche à peau lisse.

**néerlandais, aise** adj. et n. ■ Des Pays-Bas. → **hollandais.** ← *Les Néerlandais.* ♦ n. m. *Le néerlandais* : langue germanique parlée aux Pays-Bas, en Belgique dite *néerlandophone* (→ **flamand**), en Afrique du Sud (→ **afrikaans**).

**nef** n. f. ■ I vx Navire à voiles. II Partie (d'une église) entre le portail et le chœur.

**néfaste** adj. ■ Qui cause du mal. → **funeste, mauvais.** *Influence néfaste.* → **nuisible.**

**nèfle** n. f. ■ Fruit du néflier, qui se mange blet. ♦ loc. fam. *Des nèfles !*, rien du tout.

**néflier** n. m. ■ Arbre des régions tempérées, au tronc tordu, qui produit les nèfles.

**négatif, ive** adj. ■ I (opposé à *affirmatif*) Qui exprime un refus. *Réponse négative.* ♦ n. f. *Répondre par la négative.* II (opposé à *positif*) **1** Qui se définit par le refus. *Esprit négatif.* → **critique. 2** Qui correspond à une absence. *Résultat négatif* (→ **nul**). ← méd. *Examen négatif*, qui ne révèle pas d'éléments pathologiques. **3** anglic. Qui a des effets nuisibles, mauvais. → **néfaste, nocif. 4** *Nombre négatif* : nombre inférieur à zéro, affecté du signe moins (ex. –10). ← *Température négative.* **5** Se dit d'une image photographique sur laquelle les parties lumineuses des objets correspondent à des taches sombres. ← n. m. *Un négatif* (film, plaque).

**négation** n. f. ■ **1** Acte de l'esprit qui consiste à nier, à rejeter. **2** Ce qui va à l'encontre (de qqch.). **3** Manière de nier, de refuser. *Adverbes de négation* (ne, non).

**négationnisme** n. m. ■ Position idéologique consistant à nier l'existence des camps d'extermination nazis. → **révisionnisme.** ▷ n. et adj. **négationniste**

**négativement** adv. ■ De façon négative.

**négativité** n. f. ■ Caractère négatif (II, 1).

**négligé** n. m. ■ **1** État d'une personne vêtue sans recherche. **2** → **déshabillé** (n. m.).

**négligeable** adj. ■ Qui peut être négligé. → **dérisoire, insignifiant.**

**négligemment** [-amã] adv. ■ **1** D'une manière négligente, sans soin. **2** Avec un air d'indifférence. *Répondre négligemment.*

**négligence** n. f. ■ **1** Attitude de qqn dont l'esprit ne s'applique pas à ce qu'il fait. → **désinvolture. 2** Faute due au manque de soin. ▷ **négligent, ente** adj. → **inattentif.** *Geste négligent.*

**négliger** v. tr. 3 ■ **1** Ne pas accorder d'importance, de soin à. *Négliger ses intérêts.* ← pronom. *Se négliger :* ne pas avoir soin de soi. ♦ *Il a négligé de nous prévenir.* → **omettre, oublier. 2** Porter peu d'attention à (qqn). **3** Ne pas tenir compte de (qqch.). → **dédaigner.** ▶ **négligé, ée** adj. Laissé sans soin.

**négoce** n. m. ■ vieilli Commerce.

**négociable** adj. ■ Qui peut être négocié.

**négociant, ante** n. ■ Commerçant en gros.

**négociateur, trice** n. ■ Personne chargée de négocier (une affaire ; un accord).

**négociation** n. f. ■ **1** Achat, vente (d'un effet de commerce). **2** Discussions pour parvenir à un accord. → **pourparlers.**

**négocier** v. 7 ■ I v. intr. Mener une négociation (2). → **traiter.** II v. tr. **1** Établir, régler (un accord). *Négocier un contrat.* **2** Transmettre à un tiers (un effet de commerce). **3** Bien prendre (un virage).

**nègre, négresse** ■ I n. **1** vieilli et péj. Personne de « race » noire. → **noir.** - Terme devenu raciste, sauf quand il est employé par les Noirs (→ négritude). **2** n. Auteur payé par une personne pour écrire les ouvrages qu'elle signe de son nom. **3** PETIT-NÈGRE : français simplifié parlé en Afrique pendant la colonisation. **II** adj. (fém. *nègre*) vieilli et péj. De la « race » noire. → mod. (sans péjoration) *Art nègre.*

**négrier, ière** ■ hist. **1** adj. De la traite des Noirs. **2** n. m. Marchand d'esclaves noirs.

**négrillon, onne** n. ■ vieilli et péj. Enfant de « race » noire.

**négritude** n. f. ■ littér. Caractères culturels de la « race » noire ; appartenance à la race noire.

**negro-spiritual** [negʀospiʀitɥɔl] n. m. ■ Chant chrétien des Noirs des États-Unis. → **gospel.** *Des negro-spirituals.*

**négus** [-ys] n. m. ■ Souverain éthiopien.

**neige** n. f. ■ **1** Eau congelée dans les hautes régions de l'atmosphère, et qui tombe en flocons blancs et légers. ▪ La neige, répandue sur le sol. *Sports de neige.* **2** *Neige artificielle,* substance qui simule la neige. **3** argot Cocaïne. **4** *Blancs d'œufs EN NEIGE,* battus en mousse ferme. → *Œufs à la neige.*

**neiger** v. impers. ③ ■ (neige) Tomber.

**neigeux, euse** adj. ■ Couvert de neige.

**nem** [nɛm] n. m. ■ Petite crêpe de riz fourrée et frite (→ pâté impérial).

**néné** n. m. ■ fam. Sein de femme. → **nichon.**

① **nénette** n. f. ■ fam. Tête. *Se casser la nénette,* se fatiguer l'esprit.

② **nénette** n. f. ■ fam. Jeune femme.

**nenni** adv. de négation ■ vx Non.

**nénuphar** n. m. ■ Plante aquatique à grandes feuilles rondes. - var. anc. NÉNUFAR.

**néo-** Élément, du grec *neos* « nouveau ».

**néoclassique** adj. ■ Qui ressemble à l'art classique, cherche à l'imiter.

**néocolonialisme** n. m. ■ Système de domination économique imposée à d'anciennes colonies. ▷ adj. et n. **néocolonialiste**

**néolithique** adj. ■ Relatif à l'âge de la pierre polie. → n. m. *Le néolithique.*

**néologie** n. f. ■ didact. Création de mots et d'expressions nouveaux. ▷ adj. **néologique**

**néologisme** n. m. ■ Mot ou sens nouveau.

**néon** n. m. ■ Gaz de la série des gaz rares.

**néonatal, ale, als** adj. ■ Du nouveau-né.

**néophyte** n. ■ Adepte récent d'une doctrine, d'un parti... → **prosélyte.**

**néoplasme** n. m. ■ méd. Tumeur (spécialt cancéreuse).

**néoréalisme** n. m. ■ Théorie artistique renouvelant le réalisme (spécialt dans le cinéma italien). ▷ adj. et n. **néoréaliste**

**néorural, ale, aux** n. ■ Personne qui quitte la ville pour vivre et travailler en milieu rural.

**néphrétique** adj. ■ méd. Relatif au rein.

**néphrite** n. f. ■ méd. Inflammation du rein.

**néphr(o)-** Élément savant, du grec *nephros* « rein ».

**népotisme** n. m. ■ didact. Abus qu'une personne en place fait de son influence en faveur de sa famille, de ses amis.

**néréide** n. f. ■ **1** mythol. Nymphe de la mer. **2** zool. Ver marin des fonds vaseux.

**nerf** [nɛʀ] n. m. ■ I **1** vx Ligament, tendon des muscles. **2** fig. Force active, énergie. *Allons, du nerf!* **II 1** Filament qui relie un centre nerveux (moelle, cerveau) à un organe ou à une structure organique. → **neur(o)-. 2** *LES NERFS :* ce qui supporte les excitations, les tensions. *Avoir les nerfs solides.* → *Taper sur les nerfs.* → **exaspérer.** → *Être à bout de nerfs,* surexcité et épuisé. → *CRISE DE NERFS :* cris, pleurs, gestes désordonnés (→ hystérie).

**nerveusement** adv. ■ **1** Par l'action du système nerveux. **2** D'une manière nerveuse, excitée. *Rire nerveusement.*

**nerveux, euse** adj. ■ I **1** Qui a des tendons vigoureux, apparents. **2** Qui a du nerf, de l'énergie. → **vigoureux.** → *Voiture nerveuse,* qui a de bonnes reprises. → *Style nerveux,* vigoureux. **II 1** Relatif au nerf, aux nerfs (II). *Cellule nerveuse :* neurone. *SYSTÈME NERVEUX,* qui commande les fonctions vitales (sensibilité, motricité, respiration, etc.) et (humains...) les facultés intellectuelles et affectives. **2** Qui concerne les nerfs, l'émotivité. *Rire nerveux.* → *Maladies nerveuses* (→ névrose). **3** Émotif et agité. → **énervé, fébrile.** → n. *C'est un grand nerveux.*

**nervi** n. m. ■ Homme de main, tueur.

**nervosité** n. f. ■ État d'excitation nerveuse passagère. → **énervement, irritation.**

**nervure** n. f. ■ **1** Fine saillie (d'une feuille de plante). **2** (insectes) Filet corné soutenant la membrane de l'aile. **3** archit. Moulure arrondie, arête saillante (d'une voûte).

**n'est-ce pas** adv. interrog. ■ Formule requérant l'adhésion. *Tu m'aimes, n'est-ce pas ?*

① **net, nette** [nɛt] ■ I adj. **1** Que rien ne ternit ou ne salit. → **propre.** → fig. *Avoir la conscience nette.* **2** Débarrassé (de ce qui salit, encombre). *Faire place nette :* vider les lieux. → loc. *EN AVOIR LE CŒUR NET,* être assuré. **3** Dont on a déduit tout élément étranger (opposé à *brut*). *Bénéfice net. Poids net.* → *NET DE :* exempt de. **4** Clair, précis. *Idées nettes.* → *Ma position est nette.* → **catégorique. 5** Clair et distinct. *L'image n'est pas nette* (→ flou). **II** adv. **1** Sur place ; tout d'un coup. *S'arrêter net.* **2** *Je le lui ai dit TOUT NET,* franchement.

② **net** [nɛt] n. m. ■ anglic., sports (tennis...) Fait, pour la balle, de toucher le haut du filet.

③ **net** [nɛt] n. m. ■ anglic. *Le Net :* le réseau Internet. → **toile, web.**

**nettement** adv. ■ Avec clarté, netteté.

**netteté** n. f. ■ Caractère de ce qui est net.

**nettoyer** v. tr. ⑧ ■ 1 Rendre net, propre. 2 fam. Vider (un lieu) de son contenu. 3 Débarrasser (un lieu) d'ennemis, etc. ▷ ■ n. m. **nettoiement** (opérations) et **nettoyage** (action).

**nettoyeur, euse** ■ 1 n. Personne qui nettoie. 2 franç. du Canada Établissement où l'on nettoie et repasse les vêtements. → **teinturerie.**

① **neuf** ■ 1 adj. numéral cardinal Huit plus un (9). ← loc. *Neuf fois sur dix* : presque toujours. 2 adj. numéral ordinal Neuvième. *Charles IX.* 3 n. m. invar. Le nombre neuf. ♦ Carte, dé, etc. marqué de neuf signes.

② **neuf, neuve** ■ I adj. 1 Qui vient d'être fait et n'a pas encore servi. ← *À l'état neuf ; tout neuf* ; loc. *flambant neuf* : en très bon état. 2 Nouveau, original. *Des idées neuves.* 3 fam. (Qqch.) *DE NEUF* : des faits récents pouvant amener un changement. *Alors, quoi de neuf ?* II n. m. sing. 1 Ce qui est neuf. ← *Être vêtu DE NEUF.* 2 *À NEUF* : de manière à rendre l'état ou l'apparence du neuf. *Remettre à neuf.* → **rénover.**

**neume** n. m. ■ hist. de la mus. Signe (note carrée) servant à noter le plain-chant.

**neu-neu** ou **neuneu** adj. ■ fam. Niais, un peu bête. → **nigaud.**

**neurasthénie** n. f. ■ État durable d'abattement accompagné de tristesse. ▷ adj. et n. **neurasthénique**

**neur(o)-** Élément savant, du grec *neuron* « nerf ». var. anc. névr(o)-.

**neuroblaste** n. m. ■ biol. Cellule nerveuse embryonnaire.

**neurodépresseur** n. m. ■ méd. Médicament qui fait baisser la tension et ralentit certaines activités cérébrales.

**neuroleptique** adj. et n. m. ■ méd. (Médicament) qui exerce une action calmante sur le système nerveux.

**neurologie** n. f. ■ Discipline médicale qui étudie le système nerveux et ses maladies. ▷ adj. **neurologique**

**neurologue** n. ■ Spécialiste de neurologie.

**neuromédiateur** n. m. ■ physiol. Médiateur chimique assurant la transmission de l'influx nerveux. – syn. NEUROTRANSMETTEUR n. m.

**neurone** n. m. ■ biol. Cellule nerveuse.

**neuropsychiatre** [-psikjatʀ] n. ■ didact. Spécialiste de neuropsychiatrie.

**neuropsychiatrie** n. f. ■ didact. Discipline englobant la psychiatrie et la neurologie.

**neurovégétatif, ive** adj. ■ physiol. *Système neurovégétatif,* qui contrôle les fonctions involontaires (vie végétative) : circulation, excrétion, etc.

**neutraliser** v. tr. ① ■ 1 Assurer la qualité de neutre à (un État...). 2 Empêcher d'agir, rendre inoffensif. ▷ n. f. **neutralisation**

**neutralisme** n. m. ■ (pays, État) Indépendance vis-à-vis de puissances antagonistes.

**neutralité** n. f. ■ Caractère, état d'une personne neutre, d'une nation neutre.

**neutre** adj. ■ 1 Qui ne participe pas à un conflit. *État neutre.* 2 Qui s'abstient de prendre parti. → **impartial,** ① **objectif.** 3 D'une catégorie grammaticale où ne se manifestent pas les formes du masculin et du féminin. ← n. m. *Le neutre latin.* 4 chim. Qui n'est ni acide, ni basique. ← phys. Qui n'a pas de charge électrique. 5 *Couleur neutre,* indécise (opposé à *vif*). 6 Dépourvu de passion. → **froid.** *Répondre d'un ton neutre.*

**neutrino** n. m. ■ Particule élémentaire neutre, de masse infime.

**neutron** n. m. ■ Particule élémentaire, neutre, constitutive du noyau atomique (sauf du noyau d'hydrogène normal).

**neuvaine** n. f. ■ relig. cathol. Série de prières poursuivie pendant neuf jours.

**neuvième** adj. ■ 1 Qui suit le huitième. ← loc. *Le neuvième art* : la bande dessinée. ♦ n. *Le, la neuvième.* 2 adj. et n. m. Se dit d'une partie d'un tout divisé également en neuf. ▷ adv. **neuvièmement**

**névé** n. m. ■ Amas de neige durcie.

**neveu** n. m. ■ Fils du frère ou de la sœur (ou du beau-frère ou de la belle-sœur).

**névralgie** n. f. ■ Douleur vive ressentie sur le trajet d'un nerf.

**névralgique** adj. ■ 1 De la névralgie. 2 fig. *POINT NÉVRALGIQUE* : endroit le plus sensible.

**névrite** n. f. ■ Inflammation d'un nerf.

**névr(o)-** → **neur(o)-**

**névropathe** adj. et n. ■ vieilli Névrosé.

**névrose** n. f. ■ Affection caractérisée par des troubles nerveux sans cause anatomique. *Névrose obsessionnelle, hystérique.* ▷ **névrotique** adj. *Troubles névrotiques.*

**névrosé, ée** adj. et n. ■ (Personne) qui souffre d'une névrose.

**newton** [njutɔn] n. m. ■ sc. Unité de mesure de force (symb. N), correspondant à une accélération de 1 m/s² communiquée à une masse de 1 kg.

**nez** n. m. ■ I 1 Partie saillante du visage, entre le front et la lèvre supérieure, et qui abrite l'organe de l'odorat (fosses nasales). ← *Se boucher le nez* (pour ne pas sentir). ← *Parler du nez.* → **nasiller.** 2 loc. fig. *Mener qqn par le bout du nez,* le mener à sa guise. ← *Ne pas voir plus loin que le bout de son nez* : manquer de clairvoyance. ← *À vue de nez* : à première estimation. ← *Cela lui pend au nez* : cela va lui arriver. ♦ fam. *Les doigts dans le nez* : sans difficulté. ← *Avoir un verre dans le nez* : être éméché. 3 Face, figure, visage (dans des loc.). *Mettre le nez à la fenêtre.* ← *Piquer du nez* (en s'endormant). ♦ fig. *Fourrer son nez partout* : être très indiscret. ← *Se trouver NEZ À NEZ avec qqn,* le rencontrer brusquement. ← *Au ras du nez* : devant lui, sans se cacher. ← (choses) *Passer sous le nez,* échapper (à qqn). 4 (Organe de l'odorat) loc.

fam. *Avoir qqn dans le nez*, le détester. → loc. *Avoir du nez, le nez creux* : du flair ; fig. de la perspicacité. **5** (animaux) → **mufle, museau ; groin. II** Partie saillante située à l'avant (de qqch.). → ② **avant.**

**ni** conj. ■ Conjonction niant *et* ou *ou*. **I** Et, ou ne pas (dans une propos. négative). *Je n'ai pas de cigarettes ni de feu. Je n'ai ni cigarette ni feu.* ◆ littér. (joignant deux propos. négatives) *Il n'avance ni ne recule.* **II** (sans ne) *Ni ce soir ni demain. Du thé sans sucre ni lait.*

**niable** adj. ■ (surtout négatif) Qui peut être nié (opposé à *indéniable*).

**niais, niaise** adj. ■ Dont la simplicité, l'inexpérience va jusqu'à la bêtise. → **nigaud, simplet.** → n. *Quel niais !* ▷ adv. **niaisement**

**niaiser** v. intr. [1] ■ franç. du Canada Perdre son temps à des niaiseries ; ne rien faire.

**niaiserie** n. f. ■ **1** Caractère d'une personne ou d'une chose niaise. → **bêtise, crédulité. 2** Action, parole niaise. → **ânerie.**

**niaiseux, euse** adj. et n. ■ franç. du Canada Niais, sot, stupide.

① **niche** n. f. ■ **1** Abri pour un chien. **2** Enfoncement dans un mur, etc. **3** *Niche écologique* : milieu occupé par une espèce.

② **niche** n. f. ■ Tour malicieux. → **farce.**

**nichée** n. f. ■ Couvée (2) qui est au nid.

**nicher** v. [1] ■ **I** v. intr. (oiseau) Faire son nid. → **nidifier.** ◆ Se tenir dans son nid, y couver. **II** SE NICHER v. pron. **1** (oiseau) Faire son nid. **2** Se blottir, se cacher.

**nichon** n. m. ■ fam. Sein de femme.

**nickel** n. m. ■ **1** Élément (symb. Ni), métal blanc argenté, ductile. **2** adj. invar. fam. Très propre. ▷ **nickeler** v. tr. [4] → au p. p. *Acier nickelé.*

**nicotine** n. f. ■ Alcaloïde du tabac.

**nid** n. m. ■ **1** Abri que les oiseaux se construisent pour y pondre, couver leurs œufs et élever leurs petits (→ **nicher**). → loc. fig. *NID D'AIGLE* : construction en un lieu élevé, escarpé. — *NID-DE-POULE* : petite dépression dans une chaussée. *Des nids-de-poule.* → prov. *Petit à petit, l'oiseau fait son nid*, les choses se font progressivement. **2** (insectes) *Nid de guêpes* (guêpier). ◆ fig. *NID-D'ABEILLES* : broderie en forme d'alvéoles de ruche. **3** fig. Logis intime. **4** fam. *Nid à* : lieu propice à l'accumulation de. *Un nid à poussière.*

**nidifier** v. intr. [7] ■ didact. (oiseau) Faire son nid. → **nicher.** ▷ n. f. **nidification**

**nièce** n. f. ■ Fille du frère ou de la sœur (ou du beau-frère ou de la belle-sœur).

① **nielle** n. m. ■ techn. Incrustation décorative d'émail noir dans un métal.

② **nielle** n. f. ■ Maladie des céréales.

**nième** ou **énième** [ɛnjɛm] adj. ■ Qui occupe un rang non précisé (mais élevé).

**nier** v. tr. [7] ■ Rejeter (une proposition) ; déclarer irréel, faux (→ **contester, démentir**). *Nier un fait, avoir fait qqch.* ◆ absolt *L'accusé nie.* ◆ *NIER QUE* (+ indic.). *Il nie qu'il est venu* (il est pourtant venu). → (+ subj.) *Il ne nie pas qu'il ait du talent.*

**nigaud, aude** adj. ■ Qui se conduit d'une manière niaise. → n. *Gros nigaud !* → ② **bêta.**

**nihilisme** n. m. ■ Idéologie qui rejette toute croyance, qui refuse toute contrainte sociale. ▷ adj. et n. **nihiliste**

**nimbe** n. m. ■ Zone lumineuse qui entoure la tête des représentations de Dieu, des anges, des saints. → **auréole.**

**nimber** v. tr. [1] ■ Orner d'un nimbe. → fig. au p. p. *Visage nimbé de lumière.*

**nimbus** [-ys] n. m. ■ Gros nuage gris.

**n'importe** (qui, quel...) → ② **importer**

**nipper** v. tr. [1] ■ fam. Habiller.

**nippes** n. f. pl. ■ Vêtements usés ou laids.

**nippon, one** ou **onne** adj. et n. ■ Japonais.

**nique** n. f. ■ *FAIRE LA NIQUE à qqn*, mépriser, braver ; faire un signe de mépris.

**niquer** v. tr. [1] ■ fam. et vulg. **1** Posséder sexuellement. → **baiser. 2** fig. Tromper (qqn). → Abîmer, détériorer ; détruire.

**nirvana** ou **nirvâna** n. m. ■ **1** (bouddhisme) Extinction du désir humain, entraînant la fin du cycle des réincarnations. **2** cour. État de sérénité complète.

**nitrate** n. m. ■ Sel de l'acide nitrique. → *Nitrates utilisés comme engrais.*

**nitre** n. m. ■ vx Salpêtre.

**nitré, ée** adj. ■ chim. Qui contient le radical $NO_2$ (substitué à l'hydrogène).

**nitrique** adj. ■ *Acide nitrique* : acide ($HNO_3$) dérivé de l'azote, très corrosif.

**nitroglycérine** n. f. ■ Nitrate triple de glycérine, explosif puissant (→ **dynamite**).

**nival, ale, aux** adj. ■ didact. De la neige.

**niveau** n. m. ■ **I** Instrument qui sert à vérifier l'horizontalité. *Niveau à bulle* (d'air). **II 1** Degré d'élévation, par rapport à un plan horizontal. → **hauteur.** *Inégalité de niveau* (→ **dénivellation**). *Mettre de niveau* (→ **niveler**). ◆ *AU NIVEAU DE* : à la même hauteur que ; à côté de. **2** Étage d'un bâtiment. **3** fig. Degré comparatif (selon un jugement...). *Niveau intellectuel ; social.* ◆ *AU NIVEAU DE* : à l'échelon, au plan, sur le plan de. **4** *NIVEAU DE VIE* : façon de vivre selon le revenu moyen (dans un pays...).

**niveler** v. tr. [4] ■ **1** Mettre de niveau, rendre plan, uni. → **aplanir, égaliser. 2** fig. Mettre au même niveau (3), rendre égal.

**niveleur, euse** ■ **1** n. Personne qui nivelle. **2** n. f. Engin de terrassement, pour niveler.

**nivellement** n. m. ■ **1** techn. Mesure des hauteurs relatives. **2** Action de niveler (1 et 2).

**niv(o)-** Élément savant, du latin *nix, nivis* « neige ».

**nô** n. m. ■ Drame lyrique japonais de caractère traditionnel.

**nobiliaire** adj. ■ Propre à la noblesse.

**noblaillon, onne** n. ■ péj. Noble de petite noblesse.

**noble** ■ I adj. 1 littér. Dont les qualités morales sont grandes. → **généreux**. *Cœur noble.* – *De nobles causes.* 2 Qui commande le respect par sa distinction, son autorité naturelle. → **majestueux**. 3 (dans des expr.) Considéré comme supérieur. *Matières nobles*, naturelles et appréciées : pierre, bois... II 1 adj. (sociétés féodales, etc.) Qui appartient à une classe privilégiée (opposé à *roturier*). 2 n. → **aristocrate**.

**noblement** adv. ■ Avec noblesse (I).

**noblesse** n. f. ■ I 1 Grandeur des qualités morales. *Noblesse d'âme.* 2 Caractère noble (comportement, aspect...). → **dignité, distinction**. II 1 Condition du noble. – loc. prov. *Noblesse oblige*, la noblesse crée le devoir de faire honneur à son nom. 2 Classe sociale des nobles. → **aristocratie**.

**nobliau** n. m. ■ péj. Noble de petite noblesse. *Des nobliaux.*

**noce** n. f. ■ 1 (dans des loc.) *LES NOCES* : le mariage. *Épouser qqn en secondes noces.* 2 Fête pour un mariage. *Repas de noce.* – loc. *N'être pas à la noce* : être dans une mauvaise situation. 3 loc. fam. *Faire la noce* : mener une vie de débauche.

**noceur, euse** n. et adj. ■ fam. (Personne) qui aime faire la noce (4). → **fêtard**.

**nocif, ive** adj. ■ (choses) Qui peut nuire. → **dangereux, nuisible**. – *Théories nocives.* → **pernicieux**. ▷ n. f. **nocivité**

**noctambule** n. et adj. ■ (Personne) qui se promène ou se divertit la nuit.

**noctuelle** n. f. ■ Papillon de nuit.

**nocturne** ■ I adj. (opposé à *diurne*) 1 Propre à la nuit. – Qui a lieu pendant la nuit. 2 (animaux) Qui veille, chasse, etc. pendant la nuit. II n. m. Morceau de piano mélancolique. III 1 n. m. ou f. Compétition qui a lieu en soirée. 2 n. f. Ouverture en soirée de magasins, d'expositions.

**nodosité** n. f. ■ 1 méd. Formation pathologique arrondie et dure. → **nodule**. 2 État d'un végétal noueux.

**nodule** n. m. ■ 1 anat. Nodosité (1). 2 géol. Concrétion.

**noël** [nɔɛl] n. m. ■ 1 Fête commémorant la naissance du Christ (25 décembre). → **nativité**. – *LE PÈRE NOËL*, personnage censé déposer des cadeaux (correspond à saint Nicolas). loc. *Croire au père Noël* : être très naïf. – *La fête de Noël* ou n. f. *la Noël.* 2 fam. *Le noël* (d'un enfant), cadeau de Noël.

**nœud** n. m. ■ I 1 Enlacement d'une chose flexible (fil, corde, cordage) ou entrelacement de deux choses flexibles (→ **nouer**). 2 mar. Unité de vitesse correspondant à 1 mille marin à l'heure. 3 Ruban noué ; ornement en forme de nœud. 4 loc. *Nœud de vipères*, emmêlement de vipères dans le nid. II fig. 1 vx ou littér. Attachement très étroit entre des personnes. 2 Point essentiel (d'une difficulté). ♦ *LE NŒUD DE L'ACTION*, son point culminant. 3 (concret) Endroit où se croisent des grandes voies de communication. III 1 Protubérance à la partie externe d'un arbre. → **nodosité ; noueux**. 2 fam. Extrémité de la verge.

**noir, noire** ■ I adj. 1 Se dit de l'aspect d'une surface ne réfléchissant aucune lumière. *Noir comme du charbon.* 2 Qui est plus sombre (dans son genre). *Café noir.* – *Rue noire de monde.* 3 Sali. *Ongles noirs.* 4 Privé de lumière. → **obscur, sombre**. 5 fam. (attribut) Ivre. II adj. (abstrait) 1 Assombri par la mélancolie. *Idées noires.* 2 (dans des expr.) Marqué par le mal. *Messe noire.* – Macabre. *Film noir.* 3 Non légal. → **clandestin**. *Marché noir.* III n. m. 1 Couleur noire. – loc. *C'est écrit noir sur blanc*, de façon visible. – *Film en noir et blanc* (opposé à *en couleurs*). 2 L'obscurité. *Avoir peur du noir.* 3 Matière colorante noire. – loc. *Broyer\* du noir.* 4 loc. *Voir tout en noir*, être pessimiste. IV adj. et n. De la « race » des Africains et des Mélanésiens à peau très pigmentée (*race* dite *noire*). → **nègre** ; anglic. **black**.

**noirâtre** adj. ■ D'une couleur tirant sur le noir. → **sombre**.

**noiraud, aude** adj. et n. ■ Noir de teint.

**noirceur** n. f. ■ 1 littér. Couleur, caractère de ce qui est noir. 2 fig., littér. Méchanceté odieuse. 3 franç. du Canada Obscurité.

**noircir** v. ② ■ I v. intr. Devenir noir ou plus foncé. II v. tr. 1 Colorer de noir. 2 littér. Médire de (qqn). ▷ **noircissement** n. m. (concret)

**noire** n. f. ■ 1 Femme noire (IV). 2 mus. Note à corps noir et à queue simple.

**noise** n. f. ■ loc. *CHERCHER NOISE* (ou *DES NOISES*) à qqn, lui chercher querelle.

**noisetier** n. m. ■ Arbrisseau qui produit la noisette (syn. *coudrier*).

**noisette** n. f. ■ 1 Fruit du noisetier, petite coque contenant une amande comestible. ♦ fig. *Une noisette de beurre.* 2 adj. invar. Brun clair. *Des yeux noisette.*

**noix** n. f. ■ 1 Fruit du noyer, constitué d'une écale verte, d'une coque, et d'une amande comestible formée de quatre quartiers. ♦ fig. *Une noix de beurre.* 2 par analogie *Noix de coco. Noix muscade.* 3 *Noix de veau*, partie arrière du cuisseau. 4 fam. et vieilli Imbécile. ♦ loc. *À LA NOIX* : sans valeur.

**noliser** v. tr. ① ■ Affréter (un bateau, un avion). – au p. p. *Avion nolisé.*

**nom** n. m. ▪ **I 1** Mot servant à nommer une personne (→ s'**appeler**, se **nommer**). ‒ *Nom de famille* (→ **patronyme**). ‒ *Agir AU NOM de qqn*, comme son représentant. **2** spécialt Nom de famille. **3** (dans des loc.) Notoriété. *Se faire un nom.* **4** (jurons) *Nom de Dieu !* ‒ fam. *Nom d'un chien !* **5** Désignation individuelle (d'un animal, d'un lieu, d'un objet). **II 1** Forme du langage, mot ou expression correspondant à une notion, et servant à désigner les êtres, les choses d'une même catégorie. → **appellation, dénomination, désignation, terme.** *Donner un nom à qqch.* ‒ loc. *Une terreur sans nom*, très intense. *Une attitude sans nom.* → **inqualifiable ; innommable. 2** *AU NOM DE... :* en invoquant... *Au nom de la loi.* **III** Mot (partie du discours) qui peut être le sujet d'un verbe, être précédé d'un déterminant. → **substantif.** *Mot remplaçant un nom.* → **pronom.**

**nomade** ▪ **1** adj. et n. (humains) Qui n'a pas d'habitation fixe (opposé à *sédentaire*). **2** adj. *Vie nomade.* → **errant, itinérant.**

**nomadiser** v. intr. 1 ▪ Vivre en nomade.

**nomadisme** n. m. ▪ Vie des nomades.

**no man's land** [nɔmanslɑ̃d] n. m. invar. ▪ anglic. Zone comprise entre les premières lignes de deux armées ennemies. ♦ fig. Terrain neutre.

**nombre** n. m. ▪ **1** Symbole caractérisant une unité ou une collection d'unités considérée comme une somme (→ **chiffre**). *Nombres entiers, décimaux.* ♦ math. Notion liée à celles de pluralité, d'ensemble, de correspondance. **2** Nombre concret. *Nombre d'habitants. Un petit nombre :* peu. ‒ loc. prép. *Être AU NOMBRE DE dix :* être dix. *Au* (ou *du*) *nombre de.* → **parmi.** ‒ *SANS NOMBRE.* → **innombrable. 3** *Le nombre*, grand nombre. → **quantité.** ‒ *EN NOMBRE :* en grande quantité. **4** Catégorie grammaticale du singulier et du pluriel. *L'adjectif s'accorde en genre et en nombre.*

**nombreux, euse** adj. ▪ **1** Formé d'un grand nombre d'éléments. **2** En grand nombre. *Venez nombreux !*

**nombril** [-i(l)] n. m. ▪ Cicatrice arrondie sur le ventre des mammifères, à l'endroit où le cordon ombilical a été sectionné. ‒ fig., fam. *Se prendre pour le nombril du monde* (→ nombrilisme).

**nombrilisme** n. m. ▪ fam. Égocentrisme. ▷ adj. et n. **nombriliste**

**nomenclature** n. f. ▪ **1** Termes méthodiquement classés. → **terminologie. 2** Ensemble des termes faisant l'objet d'un article distinct (dans un dictionnaire, etc.).

**nomenklatura** [nɔmɛnklatura] n. f. ▪ hist. Privilégiés du pouvoir, dans les pays de l'Est, du temps du régime soviétique.

**nominal, ale, aux** adj. ▪ **I** Relatif au nom (I). *Appel nominal.* **II 1** Qui existe seulement de nom et pas en réalité. *Autorité nominale.* **2** écon. *Valeur nominale :* valeur d'émission (d'une action...). **III** gramm. Qui a la fonction d'un nom. *Formes nominales du verbe* (infinitif...). ▷ adv. **nominalement**

**nominalisme** n. m. ▪ philos. Doctrine qui ramène les idées générales à l'emploi des signes, des noms, leur refusant une réalité.

① **nominatif** n. m. ▪ (langues à déclinaisons) Cas d'un substantif, adjectif ou pronom qui est sujet ou attribut.

② **nominatif, ive** adj. ▪ Qui contient le nom, les noms (I). *Liste nominative.* → **nominal.** ▷ adv. **nominativement**

**nomination** n. f. ▪ Action de nommer (qqn) à une fonction, etc. ; fait d'être nommé.

**nommément** adv. ▪ En nommant, en désignant (qqn) par son nom.

**nommer** v. tr. 1 ▪ **I 1** Distinguer (qqn) par un nom ; donner un nom à (qqn). → **appeler, dénommer. 2** Donner un nom à (qqch. ; une classe de choses, une notion). **3** Mentionner (qqn, qqch.) en disant ou en écrivant son nom. ‒ **citer. II** Désigner, choisir (qqn) pour une fonction (s'oppose à *élire*). *On l'a nommé directeur.* ‒ **se nommer** v. pron. **1** passif Avoir pour nom. **2** réfl. Dire son nom. ‒ **nommé, ée** adj. **III 1** (suivi du nom propre) *Un médecin nommé X.* **2** Désigné par un nom. **3** loc. *À POINT NOMMÉ :* au moment voulu. **IV** Désigné par nomination.

**non** ▪ adv. de négation ▪ **I 1** Réponse négative, refus. *Non, n'insistez pas.* ‒ fam. (interrogatif) *N'est-ce pas ? C'est triste, non ?* **2** compl. dir. *Il ne sait pas dire non.* **3** fam. Exclamatif, marquant l'étonnement, etc. *Non, pas possible !* **II** (en phrase coordonnée ou juxtaposée) *ET NON ; MAIS NON. C'est moi et non vous.* ‒ *OU NON* (alternative). *Que vous le vouliez ou non.* ‒ → ② **pas.** *Hier j'aurais pu ; ce soir, non.* ‒ *NON PLUS. Toi non plus, tu ne sais pas ?* ‒ *NON, NON PAS, NON SEULEMENT... MAIS...* **III** Qui n'est pas. *Un risque non négligeable.* **IV** n. m. invar. *Un non catégorique.* → **refus.** ‒ loc. *Pour un oui* ou *pour un non.*

**nonagénaire** adj. et n. ▪ (Personne) qui a entre quatre-vingt-dix et quatre-vingt-dix-neuf ans.

**non-agression** [nɔn-] n. f. ▪ Fait de ne pas recourir à l'agression (contre un pays).

**non-alignement** [nɔn-] n. m. ▪ (pays, État) Fait de ne pas se conformer à une politique commune. ▷ **non-aligné, ée** adj. et n. *Pays non-alignés.*

**nonante** adj. numéral cardinal invar. ▪ régional (Belgique, Suisse) Quatre-vingt-dix. ▷ adj. et n. **nonantième** [-tjɛm]

**non-assistance** [nɔn-] n. f. ▪ dr. Délit qui consiste à ne pas secourir volontairement. *Non-assistance à personne en danger.*

**nonce** n. m. ▪ Ambassadeur du Vatican.

**nonchalance** n. f. ▪ **1** Caractère, manière d'agir nonchalante. **2** Lenteur, mollesse indifférente. *Répondre avec nonchalance.*

**nonchalant, ante** adj. ▪ Qui manque d'activité, d'ardeur, par indifférence. → **indolent.** ▷ adv. **nonchalamment**

**nonciature** n. f. ▪ Charge, logis de nonce.

**non-conformiste** n. et adj. ▪ (Personne) qui ne se conforme pas aux usages établis. ▷ n. m. **non-conformisme**

**non-dit** n. m. ▪ Ce qui n'est pas dit.

**non-droit** n. m. ▪ didact. État (social, de civilisation...) qui n'est pas organisé par le droit. ♦ cour. *Zone de non-droit,* où la légalité n'est pas respectée.

**none** n. f. ▪ relig. Office de 15 heures.

**non-euclidien, ienne** [nɔn-] adj. ▪ Qui n'obéit pas au postulat d'Euclide sur les parallèles. *Géométries non-euclidiennes.*

**non-figuratif, ive** adj. ▪ arts Qui ne représente pas le réel. → **abstrait.**

**non-lieu** n. m. ▪ dr. Décision par laquelle un juge déclare qu'il n'y a pas lieu de poursuivre en justice. *Des non-lieux.*

**non-métal, aux** n. m. ▪ chim. Élément qui ne présente pas les propriétés d'un métal* (ex. le soufre, l'azote).

**nonne** n. f. ▪ vx ou plais. Religieuse.

**nonobstant** prép. et adv. ▪ vx ou dr. Sans être empêché par (→ **malgré**) ; cependant.

**non-recevoir** → ① **fin** (II, 3) de non-recevoir

**non-retour** n. m. ▪ loc. *POINT DE NON-RETOUR :* moment où il n'est plus possible de revenir en arrière (dans une série d'actes...).

**non-sens** [nɔ̃sɑ̃s] n. m. invar. ▪ Ce qui est dépourvu de sens. → **absurdité.**

**non-violence** n. f. ▪ Doctrine qui exclut toute action violente en politique. ▷ adj. et n. **non-violent, ente**

**non-voyant, ante** n. ▪ Aveugle (→ malvoyant).

**nopal** n. m. ▪ Cactus (oponce) à fruits comestibles (figues de Barbarie).

**nord** ▪ **I** n. m. **1** Celui des quatre points cardinaux correspondant à la direction de l'Étoile polaire (à l'opposé du sud). ← *Nord magnétique,* indiqué par l'aiguille aimantée. ← loc. fig. *Perdre le nord :* s'affoler. **2** Partie (d'un ensemble géographique) la plus proche du nord. ← *Le Grand Nord.* → **arctique.** ♦ Les pays industrialisés. *Dialogue Nord-Sud.* **II** adj. invar. Qui se trouve au nord. → **boréal, septentrional.**

**nord-est** [nɔʀɛst] n. m. invar. ▪ Point situé à égale distance entre le nord et l'est. ← adj. invar. *La partie nord-est du pays.*

**nordique** adj. et n. ▪ Des pays du nord de l'Europe. *Langues nordiques* (anciennes : le *nordique* n. m.).

**nordiste** n. m. et adj. ▪ Partisan des États du Nord (→ yankee), lors de la guerre de Sécession aux États-Unis.

**nord-ouest** [nɔʀwɛst] n. m. invar. ▪ Point à égale distance entre le nord et l'ouest (→ noroît). ← adj. invar. *Côte nord-ouest.*

**noria** n. f. ▪ Machine hydraulique à godets, qui sert à élever l'eau, à irriguer.

**normal, ale, aux** adj. ▪ **1** math. Perpendiculaire (à). **2** *École normale,* qui forme les instituteurs. ← *L'École normale supérieure,* formant des professeurs, des chercheurs (→ **normalien**). **3** Conforme au type le plus fréquent (→ **norme**) ; qui se produit selon l'habitude (s'oppose à *anormal*). *Il n'est pas normal :* il est bizarre. *En temps normal.* → **ordinaire. 4** n. f. *LA NORMALE :* la moyenne. *Intelligence supérieure à la normale.*

**normalement** adv. ▪ **1** De manière normale. **2** En temps normal. → **habituellement.**

**normalien, ienne** n. ▪ Élève d'une école normale, spécialt de l'École normale supérieure.

**normaliser** v. tr. ① ▪ **1** Soumettre à des normes (3). **2** Faire devenir ou redevenir normal. ▷ n. f. **normalisation**

**normalité** n. f. ▪ Caractère normal.

**normand, ande** adj. et n. ▪ De Normandie. ← (n.) loc. *Réponse de Normand,* ambiguë.

**normatif, ive** adj. ▪ didact. Qui constitue une norme (1), établit des règles.

**norme** n. f. ▪ **1** didact. Type concret ou formule abstraite de ce qui doit être. → **loi, modèle, principe, règle. 2** État habituel, conforme à la majorité des cas (→ **normal**). *Norme sociale.* **3** Critères définissant un produit, un procédé (→ ① **standard**).

**noroît** n. m. ▪ mar. Vent du nord-ouest.

**norvégien, ienne** adj. et n. ▪ De Norvège. ♦ n. m. *Le norvégien* (langue scandinave).

**nosocomial, ale, aux** adj. ▪ didact. *Infection nosocomiale,* contractée en milieu hospitalier.

**nostalgie** n. f. ▪ Regret mélancolique (de ce qui est révolu ou qu'on n'a pas connu). → **mélancolie.** ▷ adj. **nostalgique**

**nota bene** [nɔtabene] ou **nota** n. m. invar. ▪ Note, remarque. – abrév. N. B.

**notabilité** n. f. ▪ Notable (2).

**notable** ▪ **1** adj. Qui est digne d'être noté, remarqué. *De notables progrès.* → **appréciable. 2** n. m. Personne de rang social élevé et qui a du pouvoir. → **personnalité.**

**notablement** adv. ▪ D'une façon notable.

**notaire** n. m. ▪ Officier public (homme ou femme) chargé d'établir les actes et contrats à caractère authentique.

**notamment** adv. ▪ En remarquant parmi d'autres. → **particulièrement.**

**notariat** n. m. ▪ **1** Fonction de notaire. **2** Corps des notaires.

**notarié, ée** adj. ▪ Fait par un notaire.

**notation** n. f. ▪ **1** Action, manière de noter ; système de symboles. **2** Ce qui est noté (par écrit). → **note. 3** Action de noter (3).

**note** n. f. ■ I 1 *Note (de musique) :* signe caractérisant un son. **2** Son figuré par une note. *Les notes de la gamme* (do, ré, mi, fa, sol, la, si). ◆ loc. *Fausse note.* → fam. **canard, couac.** fig. Élément discordant. ◆ *Être dans la note,* dans le style. **3** Touche d'un clavier. **II 1** Mot, phrase, information se rapportant à un texte et figurant à côté de ce texte. → **annotation. 2** Brève communication écrite. → **avis, communiqué, notice. 3** Indication recueillie par écrit (en étudiant, en observant...). *Prendre des notes.* ◆ *Prendre note de qqch.* → **noter. 4** Détail d'un compte. → **facture; addition. 5** Appréciation chiffrée donnée selon un barème.

**noter** v. tr. 🔲 ■ **1** Marquer d'un signe ou écrire (ce dont on veut garder l'indication, se souvenir). → **consigner, inscrire. 2** Prêter attention à (qqch.). → **remarquer; notable. 3** Apprécier par une note (II, 5) chiffrée.

**notice** n. f. ■ Bref exposé écrit.

**notifier** v. tr. 🔲 ■ **1** Faire connaître expressément. **2** dr. Porter à la connaissance de qqn, dans les formes légales (un acte juridique). → **signifier.** ▷ n. f. **notification**

**notion** n. f. ■ **1** au plur. Connaissance élémentaire. → **élément, rudiment. 2** Connaissance intuitive, assez imprécise (de qqch.). **3** Objet général de connaissance. → **concept, idée.** ▷ **notionnel, elle** adj. (sens 3).

**notoire** adj. ■ **1** Qui est connu par un grand nombre de personnes. → **public. 2** (personnes) Reconnu comme tel. *Un criminel notoire.* ▷ adv. **notoirement**

**notoriété** n. f. ■ **1** Caractère de ce qui est notoire (1). **2** Célébrité, renom.

**notre,** plur. **nos** ■ Adjectif possessif de la première personne du pluriel et des deux genres, correspondant au pronom personnel *nous.* **1** Qui est à nous, nous appartient. *Nos parents.* ◆ *À notre époque.* **2** (sympathie...) *Notre héros parvint à s'échapper.*

**nôtre** ■ Qui est à nous. **1** adj. poss. littér. À nous, de nous. *Nous avons fait nôtres ces idées.* **2** pron. poss. LE NÔTRE, LA NÔTRE, LES NÔTRES : l'être ou l'objet qui est en rapport de possession, de parenté, d'intérêt, etc., avec le groupe formé par celui qui parle *(je, moi)* et une ou plusieurs autres personnes *(nous).* **3** n. *Nous y mettons chacun du nôtre,* nous faisons un effort (→ **sien**). ◆ *Les nôtres :* parents, amis, etc.

**notule** n. f. ■ didact. Petite annotation.

**nouba** n. f. ■ **1** ancient Musique militaire française, au Maghreb. **2** fam. Fête. → **java. 3** mus. → **nuba.**

**nouer** v. tr. 🔲 ■ **1** Arrêter, unir en faisant un nœud. → **attacher, lier.** *Nouer ses lacets.* **2** Serrer, entourer, réunir en faisant un ou des nœuds. *Nouer un bouquet.* **II** fig. **1** Serrer comme un nœud. *L'émotion lui nouait la gorge.* **2** Établir (un lien moral). *Nouer une alliance.* ▶ **noué, ée** adj. (fig.) *Gorge nouée.* ◆ (personnes) Contracté, angoissé.

**noueux, euse** adj. ■ **1** (bois) Qui a beaucoup de nœuds, de nodosités. **2** Aux articulations saillantes. *Mains noueuses.*

**nougat** n. m. ■ **1** Confiserie à base d'amandes (de noisettes...) et de sucre, de miel. **2** fam. *C'est du nougat !,* c'est facile.

**nougatine** n. f. ■ Nougat brun et dur.

**nouille** n. f. ■ **1** au plur. Pâtes* alimentaires, plates ou rondes. **2** fig., fam. Personne molle et niaise. ◆ adj. *Ce qu'il est nouille !* **3** Style *nouille :* style décoratif 1900 (syn. *art nouveau*).

**noumène** n. m. ■ philos. Chez Kant, Réalité intelligible (opposée au phénomène).

**nounou** n. f. ■ lang. enfantin Nourrice.

**nounours** [-URS] n. m. ■ lang. enfantin Ours en peluche.

**nourrice** n. f. ■ I **1** Femme qui allaite un enfant en bas âge. **2** Femme qui, par profession, garde et élève des enfants en bas âge. **II** Réservoir mobile. → **bidon, jerrycan.**

**nourricier, ière** adj. ■ I *PÈRE NOURRICIER :* père adoptif. **II** Qui fournit, procure la nourriture. *La terre nourricière.*

**nourrir** v. tr. 🔲 ■ **1** Élever, alimenter (un nouveau-né) en l'allaitant. **2** Entretenir, faire vivre (qqn, un animal) en lui donnant à manger. → **alimenter, sustenter.** ◆ Pourvoir (qqn) de moyens de subsistance. *Il a trois personnes à nourrir.* **3** sans compl. Constituer un aliment pour l'organisme. **4** littér. Entretenir (qqch.). *Nourrir le feu.* ◆ *Nourrir un récit de détails.* **5** fig. Pourvoir (l'esprit) d'une nourriture spirituelle. → **former. 6** Entretenir en soi (un sentiment...). *Nourrir l'espoir de* (+ inf.). *Nourrir un soupçon.* ▶ **se nourrir** v. pron. Absorber (des aliments), manger. ▶ **nourri, ie** adj. **1** Alimenté. **2** fig. *Conversation nourrie.* → **dense.**

**nourrissant, ante** adj. ■ Qui nourrit (plus ou moins). → **nutritif.**

**nourrisson** n. m. ■ Enfant nourri au lait, qui n'a pas atteint l'âge du sevrage. → **bébé.**

**nourriture** n. f. ■ **1** Ce qui entretient la vie d'un organisme en lui procurant des substances à assimiler (→ **alimentation, subsistance**); ces substances (→ **aliment**). ◆ Ce qu'on mange habituellement aux repas. **2** fig., littér. *Nourritures intellectuelles.*

**nous** pron. pers. ■ **1** Pronom personnel de la première personne du pluriel (représente la personne qui parle et une ou plusieurs autres, ou un groupe auquel celui qui parle appartient → **on**). *C'est nous qui l'avons appelé.* ◆ (compl.) *Il nous regarde.* ◆ (compl. indir.) *Il nous a écrit. C'est à nous* (→ **nôtre**). ◆ *NOUS-MÊMES. Nous l'ignorons nous-mêmes.* → *NOUS AUTRES* [-z-]. *Nous autres, citadins.* **2** Employé pour *je* (plur. de majesté ou de modestie). *Le roi dit : nous voulons.*

**nouveau** ou **nouvel** (devant voyelle ou h muet), **nouvelle** adj. ■ I 1 (après le nom) Qui apparaît pour la première fois ; qui vient d'apparaître. → **neuf, récent ; néo-.** *Pommes de terre nouvelles. Des idées nouvelles.* ← n. m. *Il y a du nouveau.* 2 (devant le nom) Qui est depuis peu de temps ce qu'il est. *Des nouveaux venus.* 3 n. Personne qui vient d'arriver (dans une collectivité). 4 (après le nom) Qui tire de son caractère récent une valeur d'invention. → **hardi, insolite, original.** 5 *NOUVEAU POUR* (qqn) qui était jusqu'ici inconnu de lui. → **inhabituel.** II (devant le nom, en épithète) 1 Qui apparaît après un autre qu'il remplace. *Le nouvel an. La nouvelle lune,* la phase durant laquelle elle grandit. *Le Nouveau Monde :* l'Amérique. ◆ (personnes) D'un type inédit. *Les nouveaux pères.* 2 Qui a succédé, s'est substitué à un(e) autre. *Sa nouvelle voiture.* III loc. adv. 1 *DE NOUVEAU :* pour la seconde fois. → **encore.** 2 *À NOUVEAU :* une nouvelle fois ; d'une manière différente.

**nouveau-né, nouveau-née** ■ 1 adj. Qui vient de naître. 2 n. m. → **bébé, nourrisson.**

**nouveauté** n. f. ■ 1 Caractère de ce qui est nouveau. → **originalité.** 2 Ce qui est nouveau. *Le charme de la nouveauté.* 3 Chose nouvelle ; produit nouveau. ◆ vieilli *Magasin de nouveautés,* d'articles de mode.

① **nouvelle** n. f. ■ 1 Premier avis qu'on donne ou qu'on reçoit (d'un événement récent) ; cet événement porté pour la première fois à la connaissance. *Annoncer une nouvelle.* ← *Bonne, mauvaise nouvelle.* 2 au plur. Ce que l'on apprend par la rumeur publique, les médias. → **information(s).** 3 au plur. Renseignements sur qqn qu'on n'a pas vu depuis quelque temps. ← loc. prov. *Pas de nouvelles, bonnes nouvelles.* ← loc. *Vous aurez de mes nouvelles !* (menace). *Vous m'en direz des nouvelles* (des compliments).

② **nouvelle** n. f. ■ Court récit écrit présentant une unité d'action.

**nouvellement** adv. ■ (seulement devant un p. p., un passif) Depuis peu de temps. → **récemment.** *Livre nouvellement paru.*

**nouvelliste** n. ■ Auteur de nouvelles (②).

**nova,** plur. **novæ** [nɔvɛ] n. f. ■ astron. Étoile qui présente brusquement un éclat très vif (→ **supernova**).

**novateur, trice** n. ■ Personne qui innove. → **innovateur.** ← adj. *Esprit novateur.*

**novation** n. f. ■ 1 didact. Apparition d'une chose nouvelle (en droit, en biologie). 2 Chose nouvelle. → **innovation.**

**novélisation** ou **novellisation** n. f. ■ anglic. Transformation (d'un film, d'un scénario) en roman.

**novembre** n. m. ■ Onzième mois de l'année.

**novice** n. ■ 1 relig. Personne qui passe un temps d'épreuve (*noviciat* n. m.) dans un couvent, avant de prononcer des vœux définitifs. 2 Personne qui aborde une chose nouvelle pour elle. → **apprenti, débutant.** 3 adj. Inexpérimenté.

**novillo** n. m. ■ Jeune taureau de combat.

**novlangue** n. f. (terme créé par George Orwell) ■ Langage stéréotypé au moyen duquel la réalité est mise à l'écart. *Une novlangue de technocrates.*

**noyade** n. f. ■ Fait de (se) noyer.

**noyau** n. m. ■ I Partie dure dans un fruit, renfermant l'amande (→ **graine**) ou les amandes de certains fruits (→ **drupe**). II Partie centrale, fondamentale (de qqch.). → **centre, cœur ; nucléo-.** 1 géol. Partie centrale du globe terrestre. 2 biol. Partie centrale de la cellule, qui contient les chromosomes. 3 phys. Partie centrale de l'atome, constituée de protons et de neutrons. III 1 Groupe humain, considéré quant à sa permanence. 2 loc. *NOYAU DUR,* partie la plus solide d'un groupe.

**noyautage** n. m. ■ Introduction, dans un milieu, de propagandistes isolés chargés de le désorganiser. ▷ **noyauter** v. tr. ①

① **noyer** v. tr. ⑧ ■ 1 Tuer par asphyxie en immergeant dans un liquide. ← loc. fig. *Noyer le poisson :* embrouiller volontairement une affaire. 2 Recouvrir de liquide. ◆ fig. *Noyer une révolte dans le sang,* la réprimer de façon sanglante. *Noyer son chagrin dans l'alcool :* s'enivrer pour oublier. 3 Faire disparaître dans un ensemble vaste ou confus. ▶ **se noyer** v. pron. 1 Mourir asphyxié par noyade. 2 fig. Se perdre. *Se noyer dans des détails.* ▶ **noyé, ée** 1 adj. *Marins noyés en mer.* → **disparu.** ← fig. *Être noyé,* dépassé par une difficulté. 2 n. Personne morte noyée, ou en train de se noyer.

② **noyer** n. m. ■ 1 Arbre de grande taille, dont le fruit est la noix. 2 Son bois.

**nu, nue** ■ I adj. 1 Qui n'est couvert d'aucun vêtement. *Être nu, tout nu.* ← loc. *Nu comme un ver.* ← *Être nu-pieds, nu-tête.* 2 fig. *Épée nue,* hors du fourreau. ◆ loc. *À L'ŒIL NU :* sans instrument d'optique. ← *Se battre À MAINS NUES,* sans arme. 3 Dépourvu d'ornement, de parure. ← fig. *La vérité toute nue.* → **pur.** 4 *À NU* loc. adv. : à découvert. *Mettre à nu.* → **dévoiler.** II n. m. Représentation du corps humain nu.

**nuage** n. m. ■ 1 Amas de vapeur d'eau condensée en fines gouttelettes en suspension dans l'atmosphère. → **nue, nuée.** ← loc. *Être dans les nuages,* distrait. → **dans la lune.** ◆ fig. Ce qui trouble la sérénité. *Bonheur sans nuage.* 2 par analogie *Un nuage de poussière.*

**nuageux, euse** adj. ■ Partiellement couvert de nuages. → **nébuleux.** *Ciel nuageux.*

**nuance** n. f. ■ 1 Chacun des degrés par lesquels peut passer une même couleur. → **tonalité.** 2 État intermédiaire ; faible différence. *Nuances imperceptibles.*

**nuancer** v. tr. ③ ■ Exprimer en tenant compte des nuances. ← au p. p. *Jugement nuancé.*

**nuancier** n. m. ■ Présentoir de coloris.

**nuba** ou **nouba** [nuba] n. f. ■ mus. Suite de poèmes chantés et de pièces instrumentales, dans la musique classique du Maghreb.

**nubile** adj. ■ En âge d'être marié ; apte à la reproduction. → **pubère.** ▷ n. f. **nubilité**

**nucléaire** adj. ■ **1** biol. Relatif au noyau de la cellule. **2** phys. Relatif au noyau de l'atome. ◆ *Énergie nucléaire* (fournie par une *réaction nucléaire*) ; n. *le nucléaire.* **3** Qui utilise l'énergie nucléaire. → **atomique.**

**nucléariser** v. tr. ⬛ ■ Pourvoir de l'énergie nucléaire, d'un armement nucléaire. ◆ au p. p. *Pays nucléarisés.* ▷ n. f. **nucléarisation**

**nucléique** adj. ■ biol. *Acides nucléiques :* constituants fondamentaux du noyau de la cellule, porteurs de l'information génétique. → **A. D. N., A. R. N.**

**nuclé(o)-** Élément savant, du latin *nucleus* « noyau ».

**nucléole** n. m. ■ biol. Petit corps sphérique qui se trouve dans les noyaux cellulaires.

**nudisme** n. m. ■ Pratique de la vie au grand air dans un état de complète nudité. → **naturisme.** ▷ adj. et n. **nudiste**

**nudité** n. f. ■ **1** État d'une personne nue. **2** État de ce qui n'est pas orné.

**nue** n. f. ■ **1** littér. Nuage. **2** loc. *PORTER qqn, qqch. AUX NUES :* louer avec enthousiasme. ◆ *TOMBER DES NUES :* être très surpris.

**nuée** n. f. ■ **1** littér. Gros nuage. **2** fig. Multitude formant un groupe compact.

**nue-propriété** n. f. ■ dr. Propriété d'un bien sur lequel une autre personne a un droit d'usufruit. *Des nues-propriétés.*

**nugget** [nœgɛt] n. m. ■ anglic. Croquette panée et frite. *Des nuggets de poulet.*

**nuire** v. tr. ind. ⬛ ■ *NUIRE À* **1** Faire du tort, du mal à (qqn). → **léser.** ◆ sans compl. *Mettre qqn hors d'état de nuire.* **2** (sujet chose) Constituer un danger pour ; causer du tort à. *Cette accusation lui a beaucoup nui.*

**nuisance** n. f. ■ **1** vx Caractère nuisible. **2** Ensemble de facteurs d'origine technique (bruit, pollution, etc.) ou sociale (promiscuité...) qui nuisent à la qualité de la vie.

**nuisible** adj. ■ Qui nuit (à qqn, à qqch.). → **néfaste.** ◆ *Animaux nuisibles.*

**nuit** n. f. ■ **1** Obscurité qui enveloppe quotidiennement une partie de la Terre du fait de sa rotation. *Le jour et la nuit. Nuit tombante.* → **crépuscule.** ◆ loc. *La nuit des temps,* une époque très ancienne. **II** Espace de temps qui s'écoule depuis le coucher jusqu'au lever du soleil. *Les longues nuits polaires.* ◆ *Nuit blanche,* sans sommeil. ◆ *Bonne nuit !* ◆ **bonsoir.** ◆ *DE NUIT :* qui a lieu, se passe, fait qqch., sert, fonctionne la nuit. → **nocturne.**

**nuitamment** adv. ■ littér. Pendant la nuit.

**nul, nulle** ■ **I 1** adj. indéf. (placé devant le nom) littér. Pas un. → **aucun.** *Nul homme n'en sera exempté.* → **personne.** *Je n'en ai nul besoin.* → **pas.** ◆ *NULLE PART*\*. **2** pron. indéf. sing. (sujet) Pas une personne. *Nul n'est censé ignorer la loi.* **II** adj. qualificatif (après le nom) **1** Qui est sans existence ou sans effet. *Risque nul.* → **inexistant.** *Match nul.* **2** (travail, etc.) Qui ne vaut rien, pour la qualité. ◆ (personnes) Sans mérite, sans valeur. ◆ n. *C'est un nul.* **3** fam. Déplaisant, sans intérêt.

**nullard, arde** adj. et n. ■ fam. Tout à fait nul, qui n'y connaît rien.

**nullement** adv. ■ Pas du tout, en aucune façon. → **aucunement.**

**nullité** n. f. ■ **1** dr. Inefficacité (d'un acte juridique). *Nullité d'un contrat.* **2** Caractère de ce qui est nul, sans valeur. ◆ (personnes) Défaut de talent, de connaissances, de compétence. **3** *Une nullité :* personne nulle.

**numéraire** n. m. ■ Monnaie ayant cours légal. → **espèce(s).**

**numéral, ale, aux** adj. ■ **1** Qui désigne, représente un nombre (arithmétique). **2** gramm. *Adjectifs numéraux,* indiquant le nombre (→ **cardinal**), le rang (→ **ordinal**).

**numérateur** n. m. ■ Nombre supérieur d'une fraction (→ aussi *dénominateur*).

**numération** n. f. ■ **1** Système permettant d'écrire et de nommer les divers nombres. **2** Action de compter. → **compte.**

**numérique** adj. ■ **1** Représenté par un, des nombres. → anglic. ② **digital. 2** Qui concerne les nombres. *Calcul numérique.* **3** Évalué en nombre. → **quantitatif.** *Supériorité numérique.* ▷ adv. **numériquement**

**numériser** v. tr. ⬛ ■ techn. Coder sous forme numérique (syn. [anglic.] *digitaliser*). *Numériser des images, des sons.* ▷ n. f. **numérisation**

**numériseur** n. m. ■ techn. Appareil servant à numériser des documents. - recomm. off. pour *scanner.*

**numéro** n. m. ■ **I 1** Nombre attribué à une chose pour la classer (abrév. *N°, n°,* devant un nombre). *Numéro d'immatriculation.* ◆ *Tirer le bon, le mauvais numéro* (dans un tirage au sort). **2** *NUMÉRO UN* loc. adj. : principal. **3** Partie d'un périodique qui paraît en une seule fois et porte un numéro. ◆ loc. *La suite au prochain numéro* (fig. à une autre fois). **II 1** Division du programme d'un spectacle. **2** fig., fam. Spectacle donné par qqn qui se fait remarquer. → **cinéma, cirque. III** fam. Personne bizarre, originale.

**numérologie** n. f. ■ Étude divinatoire basée sur les nombres.

**numérotage** n. m. ■ Action de numéroter.

**numérotation** n. f. ■ **1** → **numérotage. 2** Ordre des numéros.

**numéroter** v. tr. ⬛ ■ Marquer, affecter d'un numéro. ◆ au p. p. *Siège numéroté.*

**numismatique** n. f. ■ didact. Connaissance des médailles et monnaies. ← adj. *Recherches numismatiques.* ▷ n. **numismate**

**nunuche** adj. ■ Un peu niais, simplet. ← n. f. *Jeune fille peu dégourdie.*

**nuoc-mâm** ou **nuoc mam** n. m. ■ Sauce de poisson macéré dans la saumure (cuisine vietnamienne).

**nu-pieds** n. m. pl. ■ Sandales légères.

**nuptial, ale, aux** adj. ■ **1** Relatif aux noces, à la célébration du mariage. **2** zool. Relatif à l'accouplement. *Parade nuptiale.*

**nuptialité** n. f. ■ didact. Nombre relatif des mariages dans une population.

**nuque** n. f. ■ Partie postérieure du cou, au-dessous de l'occiput.

**nurse** [nœʀs] n. f. ■ vieilli Domestique qui s'occupe des enfants.

**nursery** [nœʀsəʀi] n. f. ■ anglic., vieilli Pièce réservée aux jeunes enfants.

**nutation** n. f. ■ astron. Oscillation périodique de l'axe de rotation de la Terre.

**nutritif, ive** adj. ■ **1** Qui nourrit. → **nourrissant. 2** didact. Relatif à la nutrition.

**nutrition** n. f. ■ **1** Transformation et utilisation des aliments dans l'organisme (→ aussi malnutrition). **2** physiol. Ensemble des phénomènes d'échange (assimilation, excrétion, respiration) entre un organisme et le milieu. ▷ adj. **nutritionnel, elle**

**nutritionniste** n. ■ didact. Spécialiste des problèmes de nutrition. → **diététicien.**

**nyctalope** adj. ■ didact. Qui voit la nuit.

**nylon** n. m. (nom déposé) ■ Fibre synthétique (polyamide).

**nymphe** n. f. ■ **I 1** mythol. Divinité féminine d'un rang inférieur. → **dryade, naïade, néréide, oréade. 2** plais. Jeune fille, jeune femme gracieuse. **II** au plur. anat. Petites lèvres de la vulve. **III** zool. Deuxième stade de la métamorphose des insectes, après la larve (→ **chrysalide).**

**nymphéa** n. m. ■ Nénuphar blanc.

**nymphomanie** n. f. ■ Exagération des désirs sexuels chez la femme ou chez des femelles de mammifères. ▷ n. f. et adj. f. **nymphomane**

**o** [o] n. m. ■ Quinzième lettre, quatrième voyelle de l'alphabet.

**ô** [o] interj. ■ Interjection pour invoquer.

**oasis** [-is] n. f. ■ **1** Endroit d'un désert qui a un point d'eau. **2** fig. Lieu reposant.

**obédience** [-jãs] n. f. ■ Obéissance, soumission (notamment en religion).

**obéir** v. tr. ind. ② ■ *OBÉIR À* **1** Se soumettre à (qqn) en se conformant à ce qu'il ordonne ou défend. **2** Se plier à. *Obéir à un ordre ; à une impulsion.* **3** (sujet chose) Être soumis à (une force, une loi naturelle).

**obéissance** n. f. ■ Fait, action d'obéir.

**obéissant, ante** adj. ■ Qui obéit (enfants).

**obélisque** n. m. ■ **1** (art égyptien) Colonne en forme d'aiguille quadrangulaire, à pointe pyramidale. **2** Monument de cette forme.

**obérer** v. tr. ⑥ ■ littér. Accabler de dettes.

**obèse** adj. et n. ■ (personnes) Anormalement gros. → **énorme.** ▷ n. f. **obésité**

**obi** n. f. ■ Ceinture japonaise (de soie).

**objecter** v. tr. ① ■ **1** Opposer (une objection) pour réfuter une opinion, une affirmation. → *Objecter que* (+ indic.). **2** Opposer (un fait, un argument) à un projet, etc. pour repousser. *Objecter la fatigue.* → **prétexter.**

**objecteur** n. m. ■ *OBJECTEUR DE CONSCIENCE* : celui qui refuse d'accomplir ses obligations militaires, par refus de tuer.

① **objectif, ive** adj. ■ contr. *subjectif* **1** philos. Qui existe hors de l'esprit. **2** Se dit d'une description de la réalité indépendante des préjugés, de celui qui la fait. **3** (personnes) → **impartial.** ▷ adv. **objectivement**

② **objectif** n. m. ■ **I** Système optique à lentilles, formant une image photographique des objets (≠ *oculaire*). **II 1** Point contre lequel est dirigée une opération militaire. **2** But précis d'une action.

**objection** n. f. ■ Argument pour objecter.

**objectivité** n. f. ■ Caractère objectif (①).

**objet** n. m. ■ **I** concret Chose solide ayant unité et indépendance et répondant à une certaine destination. → **chose.** → *OBJETS D'ART,* à valeur artistique (à l'exception des œuvres d'art et des meubles). **II** abstrait **1** Sujet, matière qui se présente à la pensée. *L'objet de ses réflexions.* **2** philos. Ce qui est donné par l'expérience, existe indépendamment de l'esprit. *Le sujet et l'objet.* **3** *Objet de* : être ou chose à quoi s'adresse (un sentiment). *Un objet de pitié.* **4** Ce vers quoi tendent les désirs, l'action, etc. → **but, fin.** *L'objet de nos vœux.* **5** loc. *Cette plainte est SANS OBJET,* n'a pas de raison d'être. → *FAIRE, ÊTRE L'OBJET*

*DE :* subir. **6** *COMPLÉMENT D'OBJET* (d'un verbe), désignant ce sur quoi porte l'action marquée par le verbe. *Complément d'objet direct* (ex. je prends *un crayon*) ; *indirect* (ex. j'obéis à *vos ordres*).

**objurgation** n. f. ■ surtout au plur. littér. Prière pressante (surtout pour dissuader).

**oblat, ate** n. ■ Personne qui s'est agrégée à un monastère, sans prononcer les vœux.

**obligataire** ■ dr., fin. **1** n. Titulaire d'une obligation (1). **2** adj. Relatif aux obligations.

**obligation** n. f. ■ **1** dr. Ce qui contraint qqn à faire ou ne pas faire qqch. ◆ fin. Titre négociable représentant un emprunt. **2** Lien, devoir moral ou social. **3** Fait d'être obligé (de). *Être dans l'obligation de* (+ inf.). → *Jeu sans obligation d'achat.* **4** Lien moral envers qqn pour qui on a de la reconnaissance.

**obligatoire** adj. ■ **1** Qui a la force d'une obligation. *Instruction obligatoire.* **2** fam. Inévitable, nécessaire. ▷ adv. **obligatoirement**

**obligeance** n. f. ■ Caractère obligeant.

**obligeant, ante** adj. ■ Qui aime à obliger (II), à rendre service. → adv. **obligeamment**

**obliger** v. tr. ③ ■ **I 1** Contraindre ou lier (qqn) par une obligation (morale, légale). **2** Mettre (qqn) dans la nécessité de faire qqch. *Rien ne vous oblige à venir.* **II** Attacher (qqn) en rendant service. → **aider ; obligeant.** ▶ **obligé, ée** p. p. **III** (personnes) **1** Lié par une obligation. *Être obligé de* (+ inf.). **2** Reconnaissant (d'un service reçu). → n. *Je suis votre obligé.* **IV** Qui résulte d'une nécessité. *Conséquence obligée.*

**oblique** adj. ■ **1** Qui n'est pas perpendiculaire (à une ligne, à un plan) et, notamment, qui n'est ni vertical ni horizontal. *Ligne oblique* et n. f. *une oblique.* ◆ fig. *Regard oblique,* peu franc. **2** *EN OBLIQUE* loc. adv. : dans une direction oblique. → adv. **obliquement** ▷ n. f. **obliquité.** → **inclinaison.**

**obliquer** v. intr. ① ■ Prendre une direction oblique. *Obliquer vers la gauche.*

**oblitérer** v. tr. ⑥ ■ **1** vieilli Effacer par une usure progressive. **2** méd. Obstruer, boucher (un canal...). **3** Annuler (un timbre) par un cachet qui le rend impropre à servir une seconde fois. ▷ n. f. **oblitération**

**oblong, oblongue** [ɔblɔ̃, -ɔ̃g] adj. ■ Qui est plus long que large.

**obnubiler** v. tr. ① ■ Envahir l'esprit de (qqn), obséder. → *Être obnubilé par une idée.*

**obole** n. f. ■ Modeste don en argent.

**obscène** adj. ■ Qui blesse délibérément par des manifestations d'ordre sexuel.

**obscénité** n. f. ▪ **1** Caractère de ce qui est obscène. → **indécence. 2** Parole obscène. → **grossièreté.**

**obscur, ure** adj. ▪ **I 1** Privé (momentanément ou habituellement) de lumière. → **noir, sombre. 2** Foncé, peu lumineux. → **sombre. II** fig. **1** Difficile à comprendre, à expliquer. **2** Qui n'est pas net, est senti confusément. *Sentiment obscur.* **3** Qui n'a aucun renom. *Un poète obscur.*

**obscurantisme** n. m. ▪ Attitude de ceux qui s'opposent à la diffusion de l'instruction, de la culture. ▷ adj. et n. **obscurantiste**

**obscurcir** v. tr. ② ▪ **I** Priver de lumière, de clarté ; rendre sombre. → **assombrir. 2** littér. Troubler, affaiblir (la vue). **II** fig. Rendre obscur (II), peu intelligible. ► s'**obscurcir** v. pron. ▷ n. m. **obscurcissement**

**obscurément** adv. ▪ D'une manière vague, insensible. → **confusément.**

**obscurité** n. f. ▪ **I** Absence de lumière, de clarté. **II** fig. **1** Défaut d'intelligibilité. **2** Passage, point obscur (II, 1).

**obsédant, ante** adj. ▪ Qui obsède.

**obsédé, ée** n. ▪ Personne qui est en proie à une obsession. *Un obsédé sexuel.*

**obséder** v. tr. ⑥ ▪ Tourmenter de manière incessante ; s'imposer sans répit à la conscience. → **hanter, poursuivre.**

**obsèques** n. f. pl. ▪ Cérémonie et convoi funèbres. → **enterrement, funérailles.**

**obséquieux, ieuse** adj. ▪ Excessivement poli, par servilité ou hypocrisie. ▷ adv. **obséquieusement** ▷ n. f. **obséquiosité**

**observable** adj. ▪ Qui peut être observé.

**observance** n. f. ▪ Action, manière de pratiquer (une règle religieuse).

**observateur, trice** ▪ **1** n. Personne qui observe (II). **2** adj. Qui sait observer.

**observation** n. f. ▪ **I** Action d'observer (I) ce qui est prescrit. *L'observation d'un règlement.* **II 1** Action d'observer (II, 1) ce qui est prescrit. *L'observation d'un règlement.* **II 1** Action d'observer (II, 1). **2** Parole, déclaration (spécialt reproche) par laquelle on fait remarquer qqch. à qqn. **3** Action d'examiner scientifiquement (un phénomène) ; compte rendu de cet examen. **4** Surveillance attentive.

**observatoire** n. m. ▪ **1** Établissement destiné aux observations (astronomiques...). **2** Lieu favorable à l'observation.

**observer** v. tr. ① ▪ **I** Se conformer à (une prescription). ♦ *Observer le silence.* → **garder. II 1** Considérer avec attention, afin de connaître, d'étudier... → **examiner.** ♦ Soumettre à l'observation scientifique. **2** Examiner en surveillant. **3** Constater par l'observation. → **noter.** *Observer que...*

**obsession** n. f. ▪ **1** Idée, image, mot qui obsède, s'impose à l'esprit. **2** psych. Représentation, accompagnée d'états émotifs pénibles, qui tend à accaparer le champ de la conscience. ▷ adj. **obsessionnel, elle**

**obsidienne** n. f. ▪ Roche éruptive sombre.

**obsolète** adj. ▪ Dépassé, périmé.

**obstacle** n. m. ▪ **1** Ce qui gêne, s'oppose au passage. ◂ Chacune des difficultés d'un parcours hippique. **2** fig. Ce qui s'oppose à l'action, à l'obtention d'un résultat. ◂ *Faire obstacle à* : empêcher, gêner.

**obstétrique** n. f. ▪ Partie de la médecine relative à la grossesse et à l'accouchement. ▷ n. **obstétricien, ienne**

**obstination** n. f. ▪ Caractère, comportement d'une personne obstinée.

**obstiné, ée** adj. ▪ **1** Qui s'attache avec énergie et durablement à une manière d'agir, à une idée. → **opiniâtre, tenace ; têtu. 2** (choses) *Travail obstiné.* → **assidu.** ▷ adv. **obstinément**

s'**obstiner** v. pron. ① ▪ Persister dans une idée, une décision sans vouloir changer.

**obstruction** n. f. ▪ **1** méd. Gêne ou obstacle à la circulation (dans un conduit de l'organisme). **2** Pratique qui consiste à entraver les débats (dans un groupe).

**obstruer** v. tr. ① ▪ Boucher en faisant obstacle. → **barrer, encombrer.**

**obtempérer** v. tr. ind. ⑥ ▪ admin. *OBTEMPÉRER À* : obéir à (une injonction, un ordre). ◂ sans compl. *Refus d'obtempérer.*

**obtenir** v. tr. ㉒ ▪ **1** Parvenir à se faire accorder ou donner (ce qu'on veut). *Obtenir une augmentation.* ◂ *Obtenir qqch. à, pour qqn.* **2** Réussir à atteindre (un résultat), à produire (qqch.).

**obtention** n. f. ▪ didact. Fait d'obtenir.

**obturateur, trice** ▪ **1** adj. Qui sert à obturer. **2** n. m. Dispositif servant à obturer (spécialt dans un appareil photo).

**obturer** v. tr. ① ▪ Boucher (une ouverture, un trou). ▷ n. f. **obturation**

**obtus, use** adj. ▪ **I** littér. Émoussé, arrondi. ♦ géom. *Angle obtus*, plus grand qu'un angle droit (opposé à *aigu*). **II** fig. Qui manque de finesse, de pénétration. → **borné.**

**obus** n. m. ▪ Projectile d'artillerie, le plus souvent creux et rempli d'explosif.

**obusier** n. m. ▪ Canon court.

**obvier** v. tr. ind. ⑦ ▪ littér. *OBVIER À* : parer à.

**oc** particule affirmative ▪ *LANGUE D'OC* : dialectes du sud de la France, où l'on disait *oc* pour « oui » (et non *oïl*\*). → **occitan.**

**ocarina** n. m. ▪ Petite flûte ovoïde.

**occasion** n. f. ▪ **1** Circonstance qui vient à propos, qui convient. ◂ prov. *L'occasion fait le larron* : les circonstances peuvent inciter à mal agir. ◂ *À L'OCCASION* loc. adv. : quand, si l'occasion se présente (→ le cas échéant). ◂ *À la première occasion* : dès que l'occasion se présente. **2** Marché avantageux pour l'acheteur ; objet de ce marché. ♦ *D'OCCASION* : qui n'est pas neuf. ◂ *Une occasion*, objet acheté d'occasion. **3** *Occasion de* : circonstance qui provoque (qqch.). → **cause, raison.** *Occasion de dispute.* ◂ *À L'OCCASION DE* loc. prép. → **pour. 4** Circonstance. → ① **cas.** ◂ *PAR OCCASION* : par hasard. ◂ *D'OCCASION* occasionnel. ♦ loc. *LES GRANDES OCCASIONS* : les moments importants de la vie sociale.

**occasionnel, elle** adj. ▪ Qui résulte d'une occasion, se produit, se rencontre par hasard. ▷ adv. **occasionnellement**

**occasionner** v. tr. 🔲 ▪ Être l'occasion, la cause de (qqch. de fâcheux).

**occident** n. m. ▪ 1 poét. L'ouest, le couchant. 2 (avec maj.) Région située vers l'ouest, par rapport à un lieu donné (opposé à *Orient*). ♦ spécialt, polit. L'Europe de l'Ouest et l'Amérique du Nord (autrefois opposé à *Est*).

**occidental, ale, aux** adj. ▪ 1 Qui est à l'ouest. 2 Originaire de l'Occident ; qui se rapporte à l'Occident. ← n. *Les Occidentaux.*

**occidentaliser** v. tr. 🔲 ▪ Modifier selon les habitudes de l'Occident. ← pronom. *S'occidentaliser.* ▷ n. f. **occidentalisation**

**occiput** [-yt] n. m. ▪ Partie postérieure et inférieure de la tête. ▷ adj. **occipital, ale, aux**

**occire** v. tr. (seulement inf. et p. p. *occis, ise*) ← vx ou plais. Tuer.

**occitan, ane** adj. ▪ Relatif aux parlers romans de langue d'oc*. ← n. *Les Occitans.* ♦ n. m. *L'occitan* : langue romane, ensemble de parlers du groupe gallo-roman, parlée essentiellement dans le sud de la France.

**occlure** v. tr. 35 sauf p. p. *occlus, use* ← chir. Pratiquer l'occlusion de.

**occlusif, ive** adj. ▪ 1 méd. Qui produit une occlusion. 2 phonét. *Consonne occlusive,* qui s'articule à l'aide d'une occlusion momentanée du canal buccal.

**occlusion** n. f. ▪ 1 chir. Opération pour rapprocher les bords d'une ouverture naturelle. 2 Fermeture (d'un conduit, d'un orifice). *Occlusion intestinale.*

**occultation** n. f. ▪ Action d'occulter.

**occulte** adj. ▪ 1 Caché et inconnu par nature. → **mystérieux.** 2 Qui se cache, garde le secret. → **clandestin.** 3 *SCIENCES OCCULTES* : doctrines et pratiques secrètes faisant intervenir des forces non reconnues par la science, la religion (magie...).

**occulter** v. tr. 🔲 ▪ 1 Cacher ou rendre peu visible (une source lumineuse). 2 fig. Dissimuler. *Occulter un fait ; un souvenir.*

**occultisme** n. m. ▪ Ensemble des sciences occultes. → **ésotérisme, spiritisme.** ▷ n. et adj. **occultiste**

**occupant, ante** ▪ 1 n. Personne qui habite un lieu. ♦ Personne qui est dans un véhicule. 2 adj. Qui occupe (1) un pays, un territoire. ← n. m. *L'occupant.* → **envahisseur.**

**occupation** n. f. ▪ 1 Ce à quoi on consacre son activité, son temps. 2 Action d'occuper (1). ← spécialt (avec maj.) Période pendant laquelle la France fut occupée par les Allemands (1940-1944). 3 Fait d'habiter (un lieu).

**occuper** v. tr. 🔲 ▪ 1 Prendre possession de (un lieu). ← spécialt *Occuper un pays* (militairement). 2 Remplir, couvrir (un certain espace). *Occuper de la place.* ← (durée) *Occuper ses loisirs à peindre.* 3 Habiter (un lieu). ♦ Tenir (une place, un rang). *Occuper un poste.* 4 Intéresser, absorber (qqn). → *OCCUPER* (qqn) *à,* l'employer à. ► **s'occuper**

(de) v. pron. Employer son temps, ses soins (pour). ► **occupé, ée** adj. 1 Dont on a pris possession. 2 (au téléphone) *Ça sonne occupé.* 2 Qui a beaucoup à faire.

**occurrence** n. f. ▪ 1 littér. Cas, circonstance. ← loc. cour. *EN L'OCCURRENCE* : dans le cas présent. 2 ling. Apparition (d'une unité linguistique) dans le discours.

**océan** n. m. ▪ 1 Vaste étendue d'eau salée qui couvre une grande partie de la surface du globe. 2 fig. Vaste étendue (de qqch.).

**océanique** adj. ▪ 1 De l'océan. 2 *Climat océanique,* qui subit l'influence de l'océan.

**océanographie** n. f. ▪ Étude scientifique des mers et océans. ▷ adj. **océanographique** ▷ n. **océanographe**

**océanologie** n. f. ▪ Activités scientifiques et techniques relatives au milieu marin. ▷ adj. **océanologique** ▷ n. **océanologue**

**ocelle** n. m. ▪ didact. 1 Tache arrondie bicolore sur un plumage, une aile d'insecte. 2 Œil simple de certains arthropodes.

**ocellé, ée** adj. ▪ didact. Parsemé d'ocelles.

**ocelot** n. m. ▪ Grand chat sauvage à pelage roux tacheté de brun. ♦ Sa fourrure.

**ocre** n. f. ▪ 1 Colorant minéral naturel, jaune-brun ou rouge. 2 n. m. Couleur d'un brun jaune. ← adj. invar. *Fards ocre.*

**ocré, ée** adj. ▪ Teint, coloré en ocre.

**oct-, octa-, octo-** Élément savant, du grec *oktô* et latin *octo* « huit ».

**octaèdre** n. m. ▪ Polyèdre à huit faces.

**octane** n. m. ▪ chim. Hydrocarbure saturé présent dans l'essence de pétrole.

**octant** n. m. ▪ mar. Ancien instrument de mesure, huitième de cercle gradué.

**octante** adj. numéral cardinal invar. ▪ vx ou régional Quatre-vingts.

**octave** n. f. ▪ mus. Intervalle parfait de huit degrés de l'échelle diatonique (par ex., de do à do).

**octet** n. m. ▪ inform. Base de huit bits.

**octo-** → oct-

**octobre** n. m. ▪ Dixième mois de l'année.

**octogénaire** adj. et n. ▪ (Personne) qui a de quatre-vingts à quatre-vingt-neuf ans.

**octogonal, ale, aux** adj. ▪ Qui a huit angles. ← Dont la base est un octogone.

**octogone** n. m. ▪ Polygone à huit côtés.

**octopode** adj. ▪ zool. Qui a huit pieds ou huit tentacules. ← n. m. pl. *Les Octopodes* (sous-ordre de mollusques ; ex. la pieuvre).

**octosyllabe** [-s-] adj. et n. m. ▪ (Vers) qui a huit syllabes.

**octroi** n. m. ▪ 1 littér. Action d'octroyer. 2 ancient Contribution indirecte perçue par une municipalité (droits d'entrée de marchandises). ← Administration chargée de cette taxe ; lieu où elle était perçue.

**octroyer** v. tr. 8 ▪ Accorder à titre de faveur. ← pronom. *S'octroyer un répit.*

**octuor** n. m. ▪ 1 Morceau de musique à huit parties. 2 Ensemble de huit musiciens.

**oculaire ▪ I** adj. **1** De l'œil. **2** *Témoin oculaire*, qui a vu de ses propres yeux. **II** n. m. Dispositif optique devant lequel on met l'œil (≠ *objectif*).

**oculiste** n. ▪ Médecin spécialiste des troubles de l'œil. → **ophtalmologiste.**

**ocytocine** n. f. ▪ biol. Hormone hypophysaire qui provoque les contractions de l'utérus lors de l'accouchement.

**odalisque** n. f. ▪ hist. Esclave servant un harem. → abusivt Femme d'un harem.

**ode** n. f. ▪ didact. ou hist. Poème lyrique.

**odeur** n. f. ▪ Émanation volatile perçue par les organes de l'odorat. ◆ loc. fig. *Mourir en odeur de sainteté*, en état de perfection spirituelle. → *Ne pas être en odeur de sainteté auprès de qqn*, en être mal vu.

**odieux, euse** adj. ▪ **1** Qui excite le dégoût, l'indignation. *Un crime odieux.* **2** Très désagréable. ▷ adv. **odieusement**

**-odonte, odonto-** Éléments savants, du grec *odous, odontos* « dent ».

**odontologie** n. f. ▪ didact. Étude des dents.

**odorant, ante** adj. ▪ Qui exhale une odeur (généralement bonne).

**odorat** n. m. ▪ Sens qui permet de percevoir les odeurs. → **olfaction; flair; nez.**

**odoriférant, ante** adj. ▪ Qui répand une odeur agréable.

**odyssée** n. f. ▪ Long voyage aventureux.

**œcuménique** [eky-; øky-] adj. ▪ relig. **1** Universel. → *Concile œcuménique*, de tous les évêques. **2** Relatif à l'œcuménisme.

**œcuménisme** [eky-; øky-] n. m. ▪ Mouvement favorable à la réunion de toutes les Églises chrétiennes en une seule.

**œdème** [edɛm; ødɛm] n. m. ▪ Gonflement pathologique causé par une infiltration séreuse. ▷ adj. **œdémateux, euse**

**œdipe** [edip; ødip] n. m. (nom mythol.) ▪ psych. Complexe* d'Œdipe. ▷ adj. **œdipien, ienne**

**œil** [œj], plur. **yeux** [jø] n. m. ▪ **I 1** Organe de la vue (globe oculaire et ses annexes). → Partie visible de l'œil. *Des yeux brillants.* → loc. *Pour les beaux yeux de qqn*, par amour pour lui. *Faire les gros yeux à qqn*, regarder d'un air sévère. *Ouvrir l'œil*, être vigilant. *Fermer les yeux sur qqch.*, faire (par tolérance, etc.) comme si on n'avait pas vu. *Les yeux fermés*, en toute confiance. ◆ (dans l'action de la vue) *Voir qqch. de ses (propres) yeux.* → loc. À L'ŒIL NU*. → *Surveiller DU COIN DE L'ŒIL*, discrètement. → *Sortir par les yeux à qqn*, être écœuré par la répétition. **2** Regard. *Chercher des yeux.* → *MAUVAIS ŒIL* : regard réputé porter malheur. ◆ *COUP D'ŒIL* : regard rapide. → *Le coup d'œil* : le discernement. → Vue qu'on a sur un paysage. **3** (dans des expr.) Attention portée par le regard. *Cela attire l'œil.* → fam. *Avoir qqn à l'œil*, le surveiller. **4** abstrait Disposition, état d'esprit, jugement. *Voir qqch. d'un bon œil*, d'une manière favorable. *Un œil critique.* → *Aux yeux de qqn*, selon son appréciation. **5** loc. *Faire de l'œil à qqn*, des clins d'œil. → *Tourner de l'œil*, s'évanouir.

→ fam. *Je m'en bats l'œil*, je m'en moque. → *Entre quatre yeux* (fam. *entre quatre-z-yeux*), en tête à tête. → *Œil pour œil, dent pour dent*, expression de la loi du talion*. ◆ fam. *À L'ŒIL* : gratuitement. **II 1** *Œil de verre*, œil artificiel (prothèse). **2** *Œil électrique*, cellule photoélectrique. **III 1** Ouverture, trou, espace rond. **2** Bourgeon naissant. **3** Centre d'un cyclone (zone de calme).

**œil-de-bœuf** n. m. ▪ Fenêtre, lucarne ronde ou ovale. *Des œils-de-bœuf.*

**œil-de-perdrix** n. m. ▪ Cor entre les doigts de pied. *Des œils-de-perdrix.*

**œillade** [œj-] n. f. ▪ Regard furtif.

**œillère** [œj-] n. f. ▪ **1** Plaque de cuir empêchant le cheval de voir sur le côté. **2** fig. loc. *AVOIR DES ŒILLÈRES* : être borné.

**œillet** [œj-] n. m. ▪ **I** Trou servant à passer un lacet, etc. ◆ Bordure rigide entourant un œillet. ◆ Anneau de papier pour consolider des perforations. **II 1** Plante cultivée pour ses fleurs très odorantes ; ces fleurs. **2** *Œillet d'Inde*, plante ornementale.

**œilleton** [œj-] n. m. ▪ Viseur circulaire.

**œillette** [œj-] n. f. ▪ Pavot cultivé pour ses graines dont on extrait une huile.

**œno-** [eno] Élément, du grec *oinos* « vin ».

**œnologie** n. f. ▪ Techniques de fabrication et de conservation des vins. ▷ adj. **œnologique** ▷ n. **œnologue**

**œsophage** [ez-] n. m. ▪ Partie du tube digestif qui va du pharynx à l'estomac.

**œstrogène** [ɛs-] n. m. ▪ physiol. Hormone qui provoque l'œstrus*. – var. ESTROGÈNE.

**œstrus** [ɛstrys] n. m. ▪ physiol. Phénomènes liés à l'ovulation. ▷ adj. **œstral, ale, aux**

**œuf** [œf], plur. **œufs** [ø] n. m. ▪ **I 1** Corps dur et arrondi que produisent les femelles des oiseaux, qui contient le germe de l'embryon et des substances nutritives. **2** spécialt Œuf de poule. ◆ loc. *Crâne d'œuf*, chauve. → *Marcher sur des œufs*, avec précaution. → *Mettre tous ses œufs dans le même panier*, tous ses moyens dans une seule entreprise. → *L'œuf de Colomb* : une idée simple mais ingénieuse. → *DANS L'ŒUF*, avant l'apparition de qqch. ◆ Objet, confiserie en forme d'œuf. **3** Produit des femelles ovipares (autres que les oiseaux : poissons, reptiles...). **II** biol. Première cellule d'un être vivant à reproduction sexuée, née de la fusion des noyaux de deux cellules reproductrices.

**œuvre ▪ I** n. f. **1** dans des loc. Travail. *Être à l'œuvre.* → *Maître d'œuvre*, personne qui dirige un travail. → *METTRE EN ŒUVRE* : employer de façon ordonnée. **2** (au plur.) Action humaine, jugée selon une norme (morale...). → *Bonnes œuvres*, actions charitables. → *Œuvre de bienfaisance* (organisation). **3** Ensemble d'actions effectuées. → (sujet chose) *Faire son œuvre*, agir, opérer. **4** Création intellectuelle, littéraire, artistique (de qqn). → *ŒUVRE D'ART*, manifestant une volonté esthétique. **II** n. m. **1** *GROS ŒUVRE* : fondations, murs et toiture (d'un bâtiment). **2** littér. Ensemble des œuvres d'un artiste. *L'œuvre gravé de Dürer.*

**œuvrer** v. intr. 🔟 ▪ littér. Travailler, agir.

**off** adj. invar. ▪ anglic. **1** cin., télév. Qui n'est pas sur l'écran, qui est hors du champ. **2** (spectacle...) En marge d'un programme officiel.

**offensant, ante** adj. ▪ Qui offense.

**offense** n. f. ▪ **1** Parole ou action qui attaque l'honneur, la dignité. **2** relig. Péché. **3** dr. Outrage envers un chef d'État.

**offensé, ée** adj. ▪ Qui a subi, qui ressent une offense. ◂ n. *L'offenseur et l'offensé.*

**offenser** v. tr. 🔟 ▪ **1** Blesser (qqn) dans sa dignité ou son honneur. → **froisser, outrager. 2** littér. Blesser (l'esprit...) ; manquer à (une règle...). ▸ **s'offenser** v. pron. Se froisser (d'une offense). → **s'offusquer.**

**offenseur** n. m. ▪ Personne qui offense.

**offensif, ive** adj. ▪ Qui attaque.

**offensive** n. f. ▪ Attaque, campagne.

**offertoire** n. m. ▪ Partie de la messe, rites et prières de bénédiction du pain et du vin.

**office** n. m. ▪ **I 1** (dans des loc.) Rôle, fonction. *Remplir son office* : jouer son rôle. *Faire office de* : tenir lieu de. **2** Fonction publique conférée à vie. → **charge.** *Office de notaire.* **3** loc. *D'OFFICE* : par le devoir de sa charge ; sans l'avoir demandé. **4** au plur. Livres envoyés par l'éditeur aux libraires. **5** Agence, bureau. ◆ Service public doté de l'autonomie financière. **II** Pièce où se prépare le service de la table. **III** *BONS OFFICES* : démarches pour amener une négociation. **IV 1** Prières de l'Église réparties aux heures de la journée. **2** Cérémonie du culte.

**officialiser** v. tr. 🔟 ▪ Rendre officiel.

**officiant, ante** n. ▪ Personne qui célèbre l'office (IV). → **célébrant, prêtre.**

**officiel, elle** adj. ▪ **1** (choses) Qui émane d'une autorité constituée (gouvernement...). ◂ *Journal officiel,* contenant les textes officiels (lois, décrets...). **2** Reconnu, donné pour vrai par l'autorité. **3** Organisé par les autorités. *Fête officielle.* **4** Annoncé, déclaré à tous. **II** (personnes) **1** Qui a une fonction officielle. **2** n. m. Personnage officiel.

**officiellement** adv. ▪ De manière officielle, à titre officiel.

① **officier** n. m. ▪ **1** Militaire ou marin d'un grade égal ou supérieur à celui de sous-lieutenant ou d'enseigne de vaisseau. **2** Titulaire d'un grade (plus élevé que chevalier) dans un ordre honorifique. **3** admin. *Officier public, ministériel* (huissier, notaire...). ◂ *Officier de police judiciaire.*

② **officier** v. intr. 🔽 ▪ **1** Célébrer l'office divin, présider une cérémonie sacrée. **2** fig. Agir comme pour une cérémonie.

**officieux, euse** adj. ▪ **1** vx Serviable. **2** Communiqué sans garantie officielle par une source autorisée. ▸ adv. **officieusement**

**officine** n. f. ▪ Lieu où un pharmacien entrepose, prépare et vend les médicaments. ▸ adj. **officinal, ale, aux**

**offrande** n. f. ▪ Don (spécialt religieux).

**offrant** n. m. ▪ loc. *Le PLUS OFFRANT* : l'acheteur qui offre le plus haut prix.

**offre** n. f. ▪ **1** Action d'offrir ; ce que l'on offre. **2** Quantité de produits, de services sur le marché. *L'offre et la demande.*

**offrir** v. tr. 🔢 ▪ **1** Donner en cadeau. **2** Proposer, présenter (qqch.) à qqn. *Offrir ses services.* **3** Mettre à la portée de qqn. → **procurer. 4** Proposer (une somme) en contrepartie de qqch. **5** littér. Exposer à la vue, fig. à l'esprit. → **montrer, présenter. 6** Exposer (à quelque chose de pénible, etc.). *Offrir une cible à la critique.*

**offset** [ɔfsɛt] n. m. invar. ▪ anglic., imprim. Impression par report.

**offshore** ▪ **I** adj. invar. Hors du territoire d'origine. *Sociétés offshore.* **II** n. m. **1** Installation de forage pétrolier sous-marin, sur plate-forme. **2** Sport nautique de bateaux à moteur de très grande puissance.

**offusquer** v. tr. 🔟 ▪ Indisposer, choquer. ▸ **s'offusquer** v. pron. Se froisser.

**ogive** n. f. ▪ **1** Arc diagonal sous une voûte gothique, qui en marque l'arête. ◆ par ext. Arc brisé. ▷ adj. **ogival, ale, aux 2** Tête de projectiles, de fusées, en forme d'ogive.

**OGM** ou **O. G. M.** n. m. (sigle) ▪ « Organisme génétiquement modifié », dont le génome a été modifié pour lui conférer une nouvelle propriété (→ **transgénique**).

**ogre, ogresse** n. ▪ Géant des contes de fées, se nourrissant de chair humaine.

**oh** interj. ▪ Interjection de surprise, d'admiration, ou renforçant l'expression.

**ohé** interj. ▪ Interjection pour appeler.

**ohm** [om] n. m. ▪ Unité de mesure de résistance électrique (symb. Ω).

**-oïde, -oïdal** Éléments savants (du grec *eidos* « aspect ») qui signifient « qui a telle forme ».

**oie** n. f. ▪ **1** Oiseau palmipède, au long cou, dont une espèce est domestiquée. ◂ Femelle de cette espèce. **2** *JEU DE L'OIE* : jeu où l'on avance des pions, selon les dés, sur un tableau de cases numérotées. **3** fig. Personne sotte. ◂ *Oie blanche,* jeune fille niaise.

**oignon** [ɔɲɔ̃] n. m. ▪ **I 1** Plante potagère vivace, à bulbe ; ce bulbe (utilisé en cuisine). ◆ loc. *En rang d'oignons* : sur une ligne. ◂ *Aux petits oignons* : très bien. **2** Bulbe (de plantes d'ornement). **II 1** ancient Grosse montre bombée. **2** Durillon de l'orteil.

**oïl** [ɔjl] particule affirmative ▪ *LANGUE D'OÏL* : dialectes des régions (Belgique, moitié nord de la France) où l'on disait *oïl* pour « oui » (et non *oc*\*).

**oindre** v. tr. 🔢 ne s'emploie plus qu'à l'inf. et au p. p. *oint, ointe* ▪ **1** vx ou littér. Frotter d'une substance grasse. **2** Toucher (le corps) avec les saintes huiles (→ **onction**).

**oiseau** n. m. ▪ **1** Animal (vertébré à sang chaud) au corps recouvert de plumes, dont les membres antérieurs sont des ailes et qui a un bec. ✦ loc. *Oiseau de malheur* : personne qui fait des prédictions funestes. ➔ *À VOL D'OISEAU* loc. adv. : en ligne droite (distances). **2** fam., péj. Individu. *Un drôle d'oiseau.* ✦ *Oiseau rare,* qqn d'unique.

**oiseau-lyre** n. m. ▪ Oiseau d'Australie à queue en forme de lyre.

**oiseau-mouche** n. m. ▪ Colibri.

**oiseleur** n. m. ▪ Personne qui prend des petits oiseaux.

**oiselier, ière** n. ▪ Personne qui élève et vend des oiseaux. ▷ n. f. **oisellerie**

**oiseux, euse** adj. ▪ Inutile et vain.

**oisif, ive** ▪ adj. **1** Sans occupation ; qui n'exerce pas de profession. **2** n. Personne qui a beaucoup de loisir. ▷ adv. **oisivement** ▷ **oisiveté** n. f. → **désœuvrement, inaction.**

**oisillon** n. m. ▪ Jeune oiseau.

**oison** n. m. ▪ Petit de l'oie.

**O. K.** [ɔke; ɔkɛ] adv. ▪ anglic., fam. D'accord. ✦ adj. invar. *C'est O. K.* : ça va.

**okapi** n. m. ▪ Mammifère ruminant de la famille des girafes.

**okoumé** n. m. ▪ Arbre d'Afrique équatoriale ; bois de cet arbre, aux reflets rouges.

**ola** n. f. ▪ Manifestation d'enthousiasme du public, dans un stade, les bras levés puis baissés progressivement figurant la propagation d'une vague.

**olé** ou **ollé** ▪ interj. Exclamation espagnole pour encourager. **2** adj. invar. fam. *OLÉ OLÉ* ou *OLLÉ OLLÉ* : libre dans ses manières.

**olé-, oléi-, oléo-** ▪ Élément savant, du latin *oleum* « huile ».

**oléagineux, euse** adj. ▪ (végétal) Qui contient de l'huile. *Graines oléagineuses.* ✦ n. m. *Le colza est un oléagineux.*

**oléoduc** n. m. ▪ Conduite de pétrole. → anglic. **pipeline.**

**olfactif, ive** adj. ▪ didact. Relatif à l'odorat.

**olfaction** n. f. ▪ didact. Odorat.

**olibrius** [-ys] n. m. ▪ fam. et péj. Homme qui se fait fâcheusement remarquer.

**olifant** n. m. ▪ ancient Cor d'ivoire.

**oligarchie** n. f. ▪ Régime dans lequel la souveraineté appartient à une classe restreinte. ✦ *Ce groupe.* ▷ adj. **oligarchique**

**olig(o)-** Élément, du grec *oligos* « petit ».

**oligoélément** n. m. ▪ physiol. Élément chimique présent en très faible quantité dans l'organisme, indispensable au métabolisme.

**olivâtre** adj. ▪ Qui tire sur le vert olive.

**olive** n. f. ▪ **1** Petit fruit comestible, oblong, verdâtre puis noirâtre à maturité, à peau lisse. **2** adj. invar. D'un vert brun.

**olivette** n. f. ▪ **I** Plantation d'oliviers (syn. *oliveraie* n. f.). **II** Prune tomate oblongue.

**olivier** n. m. ▪ **1** Arbre à feuilles vert pâle, dont le fruit est l'olive. **2** Son bois.

**olympiade** n. f. ▪ **1** Période de quatre ans entre deux célébrations des Jeux olympiques. **2** (au plur.) Jeux olympiques.

**olympien, ienne** adj. ▪ **1** Relatif à l'Olympe, à ses dieux. **2** Noble, majestueux.

**olympique** adj. ▪ *Jeux olympiques* : rencontres sportives internationales qui ont lieu tous les quatre ans. ✦ Conforme aux règles des Jeux olympiques.

**ombelle** n. f. ▪ Petites fleurs groupées.

**ombellifère** n. f. ▪ Plante à fleurs en ombelles (ex. carotte, cerfeuil, persil).

**ombilic** n. m. ▪ anat. Nombril. ▷ **ombilical, ale, aux** adj. *Cordon\* ombilical*

**omble** n. m. ▪ Poisson de rivière, de lac, voisin du saumon.

**ombrage** n. m. ▪ **I** littér. Ensemble de branches et de feuilles qui donnent de l'ombre ; cette ombre. **II** loc. *PRENDRE OMBRAGE DE qqch.*, en concevoir du dépit, de la jalousie. ➔ *PORTER OMBRAGE À qqn*, l'éclipser.

**ombrager** v. tr. ③ ▪ (feuillage) Faire, donner de l'ombre à. ✦ au p. p. *Jardin ombragé.*

**ombrageux, euse** adj. ▪ **1** (cheval) Qui s'effraie facilement. **2** (personnes) Susceptible, méfiant. ✦ *Caractère ombrageux.*

**ombre** n. f. ▪ **I 1** Zone sombre créée par un corps opaque qui intercepte les rayons lumineux ; absence de lumière (surtout celle du Soleil) dans une telle zone. → **pénombre.** ✦ loc. *Faire de l'ombre à qqn*, l'éclipser. ✦ fam. *Mettre qqn à l'ombre*, l'emprisonner. **2** peint. Représentation d'une zone sombre. ✦ loc. *Il y a une ombre au tableau*, la situation comporte un élément inquiétant. ✦ *Ombre à paupières* : fard à paupières. **II 1** Zone sombre reproduisant le contour (d'un corps qui intercepte la lumière). **2** au plur. *OMBRES CHINOISES* : projection sur un écran de silhouettes découpées. **3** littér. Apparence changeante, trompeuse ou fragile. ✦ loc. *Laisser LA PROIE POUR L'OMBRE*, un avantage pour un espoir vain. ✦ *(PAS) L'OMBRE DE* : (pas) la plus petite quantité de. **4** dans certaines croyances Apparence d'une personne qui survit après sa mort. **5** Reflet affaibli (de ce qui a été).

**ombrelle** n. f. ▪ Petit parasol portatif.

**ombreux, euse** adj. ▪ **1** littér. Qui donne de l'ombre. **2** Où il y a de l'ombre.

**oméga** n. m. invar. ▪ Dernière lettre de l'alphabet grec (ω, Ω).

**omelette** n. f. ▪ **1** Œufs battus et cuits à la poêle. **2** *Omelette norvégienne* (entremets).

**omerta** n. f. ▪ Loi du silence (maffia, etc.).

**omettre** v. tr. ⑤⑥ ▪ S'abstenir ou négliger de faire ou de mentionner. → **oublier.** ▷ **omission** n. f. → **lacune, manque, oubli.**

**omni-** Élément, du latin *omnis* « tout ».

**omnibus** [-bys] n. m. ▪ Train qui dessert toutes les stations.

**omnipotent, ente** adj. ▪ littér. Tout-puissant. ▷ n. f. **omnipotence**

**omnipraticien, ienne** n. ▪ didact. Médecin généraliste\*.

**omniprésent, ente** adj. ▪ littér. Qui est partout, ou toujours. ▷ n. f. **omniprésence**

**omniscient, ente** [-jã, ãt] adj. ▪ littér. Qui sait tout. ▷ n. f. **omniscience**

**omnisports** adj. ▪ Où l'on peut pratiquer tous les sports. *Salle omnisports.*

**omnium** [-jɔm] n. m. ▪ Compétition cycliste sur piste combinant plusieurs courses.

**omnivore** adj. ▪ Qui se nourrit d'aliments d'origine animale et végétale.

**omoplate** n. f. ▪ Os plat de l'épaule.

**on** pron. indéf. ▪ Pronom personnel indéfini de la 3ᵉ personne, invariable, toujours sujet. **I** (marquant l'indétermination) **1** Les gens. *On dit que :* le bruit court que. **2** Une personne quelconque. *On m'a volé mon sac.* **II** (personnes déterminées) **1** Tu, vous. *Eh bien ! on ne se gêne pas !* **2** Je, nous. *Oui, oui ! on arrive.* ◆ (dans un écrit) *On montrera que...* ◆ fam. Nous. *Nous, on y va.*

**onagre** n. m. ▪ Grand âne sauvage.

**onanisme** n. m. ▪ didact. Masturbation.

**once** n. f. ▪ **1** Mesure de poids anglo-saxonne, 1/16 de livre (symb. oz). **2** *UNE ONCE DE :* une très petite quantité de.

**oncle** n. m. ▪ Frère du père ou de la mère ou mari de la tante.

**onco-** Élément savant (du grec *ogkos* « grosseur ») qui signifie « tumeur ».

**oncogène** adj. ▪ didact. Cancérigène.

**oncologie** n. f. ▪ didact. Cancérologie.

**onction** n. f. ▪ **1** Rite qui consiste à oindre (2). **2** littér. Douceur qui dénote la piété, la dévotion (parfois hypocrites).

**onctueux, euse** adj. ▪ **1** De consistance douce et moelleuse. → **huileux ; velouté.** **2** Qui a de l'onction (2). ▷ n. f. **onctuosité**

**onde** n. f. ▪ **I** littér. **1** Mesure de poids anglo-saxonne, 1/16 de livre (symb. oz). **II** **1** sc. Déformation, vibration qui se propage (fonction périodique des variables de temps et d'espace). *Ondes électromagnétiques.* → loc. fam. *Être sur la même longueur d'onde,* se comprendre. ◆ *LES ONDES :* la radiodiffusion. **2** fig., littér. Sensation qui se propage comme une onde. *Une onde de plaisir.*

**ondée** n. f. ▪ Pluie soudaine et courte.

**ondine** n. f. ▪ Déesse des eaux nordique.

**on-dit** n. m. invar. ▪ Rumeur, racontar.

**ondoyer** v. intr. ⑧ ▪ littér. Se mouvoir en s'élevant et s'abaissant alternativement. ▷ adj. **ondoyant, ante** ▷ n. m. **ondoiement**

**ondulant, ante** adj. ▪ Qui ondule.

**ondulation** n. f. ▪ **1** Mouvement alternatif de ce qui s'élève et s'abaisse en donnant l'impression d'un déplacement. **2** Forme sinueuse. **3** Action de friser les cheveux.

**ondulatoire** adj. ▪ sc. **1** Qui a les caractères d'une onde (II, 1). **2** Relatif aux ondes.

**ondulé, ée** adj. ▪ Qui ondule (2).

**onduler** v. intr. ① ▪ **1** Avoir un mouvement d'ondulation. **2** Présenter des ondulations (2). **3** trans. Friser (des cheveux).

**onduleux, euse** adj. ▪ littér. Qui ondule.

**-one** Élément de chimie, formant notamment les noms des cétones.

**onéreux, euse** adj. ▪ **1** Qui impose des dépenses. → **cher, coûteux. 2** dr. *À TITRE ONÉREUX :* sous la condition de payer.

**O. N. G.** [ɔɛnʒe] n. f. (sigle de *organisation non gouvernementale*) ▪ Organisme privé qui se consacre à l'action humanitaire.

**ongle** n. m. ▪ **1** Partie cornée à l'extrémité des doigts (mains, pieds). → loc. *JUSQU'AU BOUT DES ONGLES,* à fond. **2** Griffe.

**onglée** n. f. ▪ Engourdissement douloureux de l'extrémité des doigts, dû au froid.

**onglet** n. m. ▪ **I** **1** Bande de papier permettant d'insérer une feuille dans un livre. **2** Entaille, échancrure (sur un instrument ; la tranche d'un livre). **II** Morceau de bœuf à griller (muscles du diaphragme).

**onguent** n. m. ▪ Médicament onctueux que l'on applique sur la peau.

**ongulé, ée** adj. ▪ (animaux) Dont les pieds sont terminés par des productions cornées (sabots). → n. m. pl. *Des* ongulés.

**onirique** adj. ▪ Relatif aux rêves.

**onir(o)-** Élément, du grec *oneiros* « rêve ».

**onomastique** ▪ didact. **1** n. f. Étude des noms propres (spécialt de personnes et de lieux). **2** adj. Relatif aux noms propres.

**onomatopée** n. f. ▪ Mot qui évoque par le son la chose dénommée (ex. boum, snif).

**onto-** Élément, du grec *ôn, ontos* « l'être ».

**ontologie** n. f. ▪ Partie de la philosophie qui traite de l'être. ▷ adj. **ontologique**

**onychophagie** [-kɔ-] n. f. ▪ méd. Habitude de se ronger les ongles.

**-onyme** Élément, du grec *onoma* « nom ».

**onyx** [ɔniks] n. m. ▪ Agate à zones concentriques régulières de diverses couleurs.

**onze** ▪ **1** adj. numéral invar. (cardinal) Nombre égal à dix plus un (11). *Onze cents* (syn. *mille cent*). ◆ (ordinal) Onzième. *Louis XI.* **2** n. m. invar. Le nombre 11. ◆ Équipe de onze joueurs (football).

**onzième** ▪ **1** adj. Qui suit le dixième. → *Il est le onzième.* **2** adj. et n. m. Se dit d'une partie d'un tout divisé également en onze. ▷ adv. **onzièmement**

**O. P. A.** [opea] n. f. (sigle) ▪ fin. (Bourse) Offre publique d'achat de parts d'une société.

**opacifier** v. tr. ⑦ ▪ Rendre opaque.

**opacité** n. f. ▪ Caractère opaque.

**opale** n. f. ▪ Pierre fine à reflets irisés.

**opalin, ine** adj. ▪ Qui a l'aspect de l'opale.

**opaline** n. f. ▪ Substance vitreuse dont on fait des vases, etc. ◆ Objet en opaline.

**opaque** adj. ▪ **1** Qui s'oppose au passage de la lumière. → sc. Qui s'oppose au passage (de radiations). **2** Très sombre. ◆ fig. Obscur, difficile à comprendre.

**open** [ɔpɛn] adj. invar. ▪ anglic. **1** sports Se dit d'une compétition ouverte aux professionnels et aux amateurs. → n. m. invar. *Un open de tennis.* **2** *Billet open,* non daté.

**opéra** n. m. ■ **1** Ouvrage dramatique mis en musique, composé de récitatifs, d'airs, de chœurs avec accompagnement d'orchestre. *Le livret d'un opéra.* **2** Théâtre où l'on joue des opéras.

**opérable** adj. ■ Qui peut être opéré (2).

**opéra-comique** n. m. ■ Drame lyrique composé d'airs avec accompagnement orchestral, et parfois de dialogues parlés.

**opérateur, trice** n. ■ **1** Personne qui exécute des opérations techniques déterminées. **2** *Opérateur (de prise de vues)* : cadreur. **3** n. m. fin. Actionnaire principal.

**opération** n. f. ■ **1** Action (d'un pouvoir, d'une fonction, d'un organe) qui produit un effet. ← loc. *Par l'opération du Saint-Esprit*, par un moyen mystérieux. **2** Acte ou série d'actes (matériels ou intellectuels) pour obtenir un résultat. *Opérations techniques.* **3** math. Processus qui, à partir d'éléments connus, permet d'en engendrer un nouveau. → **calcul**. *Opérations fondamentales* (addition, soustraction, etc.). **4** Acte chirurgical. → **intervention**. *Salle d'opération.* → **bloc**. **5** Manœuvres militaires, combats. ◆ Mesures coordonnées en vue d'un résultat. **6** Affaire commerciale ou financière.

**opérationnel, elle** adj. ■ **1** Relatif aux opérations militaires. **2** *Recherche opérationnelle* : analyse des problèmes d'organisation. **3** Prêt à être mis en service.

**opératoire** adj. ■ **1** Relatif aux opérations chirurgicales. **2** Qui concerne une opération (2).

**opercule** n. m. ■ Ce qui forme couvercle.

**opérer** v. tr. 6 ■ **1** Accomplir par une suite ordonnée d'actes. *Opérer une transformation.* **2** Soumettre à une opération chirurgicale.

**opérette** n. f. ■ Opéra-comique léger.

**ophicléide** n. m. ■ Gros instrument de musique à vent, en cuivre.

**ophidiens** n. m. pl. ■ zool. Serpents.

**ophi(o)-** Élément savant, du grec *ophis* « serpent ».

**ophtalmie** n. f. ■ Maladie des yeux.

**ophtalm(o)-, -ophtalmie** Éléments savants, du grec *ophthalmos* « œil ».

**ophtalmologie** n. f. ■ Étude et médecine de l'œil. ▷ adj. **ophtalmologique**

**ophtalmologiste** n. ■ Médecin spécialiste de l'œil et de la vision. → **oculiste**. - syn. OPHTALMOLOGUE.

**opiacé, ée** adj. ■ Qui contient de l'opium.

**opimes** adj. f. pl. ■ Antiq. romaine *DÉPOUILLES OPIMES* : dépouilles d'un général ennemi.

**opiner** v. 1 ■ **1** v. tr. ind. littér. *Opiner à* : consentir à. → **approuver**. **2** v. intr. (loc.) *Opiner du bonnet* : manifester son approbation.

**opiniâtre** adj. ■ **1** littér. Tenace dans ses idées, ses résolutions. → **obstiné, persévérant**. **2** (choses) Qui ne cède pas. *Opposition opiniâtre.* ▷ adv. **opiniâtrement** ▷ n. f. **opiniâtreté**

**opinion** n. f. ■ **1** Manière de penser, de juger. → **avis, point de vue**. ← *Opinions toutes faites.* → **préjugé**. ← *Verbes d'opinion* (croire, juger, penser...). **2** Idée ou ensemble des idées que l'on a, dans un domaine. *Opinions politiques.* **II 1** Jugement collectif, ensemble de jugements de valeur. *L'opinion publique.* ← absolt *Braver l'opinion.* **2** Attitudes d'esprit dominantes dans une société. *Sondage d'opinion.*

**opium** [ɔpjɔm] n. m. ■ Suc du fruit d'un pavot, utilisé comme stupéfiant.

**oponce** n. m. ■ Cactus à raquettes (→ figuier de Barbarie). - syn. OPUNTIA m.

**opossum** [-ɔm] n. m. ■ Sarigue à pelage noir, blanc et gris. ← Sa fourrure.

**oppidum** [-ɔm] n. m. ■ didact. Ville fortifiée (d'époque romaine).

**opportun, une** adj. ■ Qui vient à propos (→ **favorable, propice**). ▷ adv. **opportunément**

**opportunisme** n. m. ■ Politique qui consiste à tirer parti des circonstances.

**opportuniste** adj. ■ **1** Qui pratique l'opportunisme. **2** anglic., biol. (germe) Qui manifeste sa virulence sur un organisme affaibli.

**opportunité** n. f. ■ **1** Caractère de ce qui est opportun. **2** Circonstance qui convient.

**opposable** adj. ■ Qui peut être opposé.

**opposant, ante** adj. ■ Qui s'oppose (à une autorité...). ← n. *Les opposants au régime.*

**opposer** v. tr. 1 ■ **1** Fournir (une raison contraire). *Il n'y a rien à opposer à cela.* → **objecter, répondre**. **2** Mettre en face, face à face pour le combat. *Opposer deux boxeurs.* **3** Placer pour faire obstacle. ← (abstrait) *Opposer un refus à qqn.* **4** Placer en face de ou tout près (ce qui s'oppose). *Opposer deux couleurs.* **5** Comparer ; présenter comme contraire. → **confronter**. *Opposer l'ordre à (et) la liberté.* ← **s'opposer** (à) v. pron. **6** Faire, mettre obstacle (à). → **empêcher**. **7** Résister (à), lutter (contre). **8** Faire contraste ; être différent, être le contraire. « *Haut* » *s'oppose à* « *bas* ». ← **opposé, ée** I adj. **1** Se dit de choses orientées dos à dos. ← *En sens opposé.* → **contraire, inverse**. **2** Aussi différent que possible. *Ils ont des goûts opposés.* **3** Qui s'oppose (à), se dresse (contre). *Je suis opposé à cette décision.* **II** n. m. **1** Côté, sens opposé. **2** abstrait Ce qui est opposé. → **contraire**. *C'est l'opposé de son frère.* **3** loc. *À L'OPPOSÉ (de)* : du côté opposé (à) ; abstrait contrairement (à).

**à l'opposite (de)** loc. ■ Dans un sens, du côté opposé (à). ← **en face, vis-à-vis**.

**opposition** n. f. ■ **I 1** Rapport de personnes ou de choses opposées, qui s'opposent. ← *PAR OPPOSITION (à)* : par contraste (avec), d'une manière opposée (à). **II 1** Action, fait de s'opposer en mettant obstacle, en résistant. **2** *FAIRE OPPOSITION à un chèque*, empêcher qu'il soit débité. **3** Personnes qui s'opposent (à un gouvernement, etc.).

**oppressant, ante** adj. ■ Qui oppresse.

**oppresser** v. tr. ⬚ ▪ 1 Gêner (qqn) dans ses fonctions respiratoires. *La chaleur l'oppressait.* 2 fig. Gêner en angoissant.

**oppresseur** n. m. ▪ Personne, groupe qui opprime. ➤ adj. m. *Régime oppresseur.*

**oppressif, ive** adj. ▪ Qui opprime.

**oppression** n. f. ▪ 1 Action, fait d'opprimer. 2 Gêne respiratoire (→ oppresser).

**opprimer** v. tr. ⬚ ▪ 1 Soumettre à une autorité excessive et injuste, persécuter. → asservir, tyranniser. 2 Empêcher de s'exprimer, de se manifester. ➤ **opprimé, ée** adj. et n.

**opprobre** [-ʙʁ] n. m. ▪ littér. Honte publique.

**opter** v. intr. ⬚ ▪ Faire un choix (entre des choses qu'on ne peut avoir ensemble).

**opticien, ienne** n. ▪ Personne qui fabrique, vend des instruments d'optique.

**optimal, ale, aux** adj. ▪ Optimum (2).

**optimiser** v. tr. ⬚ ▪ anglic. Donner les meilleures conditions de fonctionnement à.

**optimisme** n. m. ▪ 1 Tournure d'esprit qui dispose à prendre les choses du bon côté. 2 Confiance dans l'issue d'une situation.

**optimiste** adj. et n. ▪ Qui a de l'optimisme.

**optimum** [-ɔm] ▪ 1 n. m. État le plus favorable (pour atteindre un but...). *Des optimums* ou *des optima.* 2 adj. Qui est le plus favorable. *Température optimum* ou *optima.*

**option** n. f. ▪ 1 Possibilité, action de choisir ; son résultat. → choix. ◆ *À OPTION.* → **optionnel.** 2 Accessoire (d'un produit) qu'on peut choisir. 3 dr. Promesse de vente.

**optionnel, elle** adj. ▪ Qu'on peut choisir.

**optique** ▪ I adj. 1 Relatif à la vision. *Nerf optique.* 2 Relatif à l'optique (II). *Fibre* optique. ◆ n. f. 1 Partie optique (d'un appareil). 3 Qui fonctionne par l'optique (II) et l'électronique. *Crayon optique.* II n. f. 1 Science qui étudie la lumière et la vision. *Instruments d'optique* (lentille, microscope...). ◆ loc. *Illusion\* d'optique.* ◆ Commerce, fabrication, industrie des instruments d'optique. 2 Conditions de la vision (dans un cas particulier). → perspective. ◆ fig. Manière de voir. *Changer d'optique.*

**opto-** Élément, du grec *optos* « visible ».

**optométrie** n. f. ▪ Étude de la vision oculaire et mesure de son acuité.

**opulence** n. f. ▪ 1 Grande abondance de biens. 2 fig. Caractère opulent (2).

**opulent, ente** adj. ▪ 1 Qui est très riche, qui est dans l'opulence. 2 fig. (formes) Qui a de l'ampleur. *Poitrine opulente.*

**opuntia** [ɔpɔ̃sja] n. m. → **oponce**

**opus** [-ys] n. m. ▪ Indication désignant un morceau de musique dans une œuvre.

**opuscule** n. m. ▪ Petit ouvrage, petit livre.

① **or** n. m. ▪ I 1 Élément (symb. Au), métal précieux jaune, brillant, inaltérable et inoxydable. ➤ *Or jaune, blanc ; rouge, gris* (alliages). ◆ (monnaie) *Étalon or.* 2 (Symbole de richesse). *La soif de l'or.* ➤ loc. *À PRIX D'OR,* très cher. ◆ *Une affaire EN OR,* très avantageuse. ➤ *Pour tout l'or du monde* (après une négation) : à aucun prix. II fig. 1 Chose précieuse, excellente (dans des loc.). *Un cœur D'OR. Un mari EN OR.* ◆ *ÂGE D'OR* : temps heureux (d'une civilisation, d'un art...). 2 (Source de richesse). *L'or noir* : le pétrole. ◆ *L'or vert* : les ressources agricoles.

② **or** conj. ▪ Marque un moment d'une durée, d'un raisonnement. → **cependant.**

**oracle** n. m. ▪ 1 Antiq. Réponse qu'une divinité donnait à ceux qui la consultaient. ➤ Cette divinité ou son interprète ; son sanctuaire. 2 fig., littér. Opinion ou personne qui jouit d'un grand crédit.

**orage** n. m. ▪ 1 Perturbation atmosphérique violente caractérisée par des phénomènes électriques (éclairs, tonnerre). 2 fig. Trouble qui éclate ou menace d'éclater.

**orageux, euse** adj. ▪ 1 Relatif à l'orage. 2 fig. Tumultueux. *Discussion orageuse.*

**oraison** n. f. ▪ 1 vx ou relig. Prière. 2 *ORAISON FUNÈBRE* : discours prononcé lors des obsèques d'un personnage illustre.

**oral, ale, aux** adj. ▪ 1 (opposé à *écrit*) Qui se fait, se transmet par la parole. *Tradition orale.* ◆ n. m. Épreuve orale (d'un examen). 2 De la bouche. *Par voie orale.* ◆ psych. *Stade oral,* premier stade de la libido, selon Freud. ▷ adv. **oralement** ▷ n. f. **ora- lité**

**-orama** Élément, du grec *orama* « vue » (parfois abrégé en *-rama*).

**orange** n. f. ▪ 1 Fruit comestible de l'oranger, agrume d'un jaune rouge. 2 adj. invar. et n. m. Se dit de la couleur de l'orange.

**orangé, ée** adj. ▪ 1 D'une couleur nuancée d'orange. 2 n. m. didact. Couleur du spectre solaire entre le jaune et le rouge.

**orangeade** n. f. ▪ Boisson à l'orange.

**oranger** n. m. ▪ Arbre fruitier qui produit les oranges.

**orangeraie** n. f. ▪ Plantation d'orangers.

**orangerie** n. f. ▪ Serre, bâtiment, jardin où l'on cultive des orangers.

**orang-outan** ou **orang-outang** [ɔʁɑ̃utɑ̃] n. m. ▪ Grand singe d'Asie, à poil roux, aux bras très longs. *Des orangs-outan(g)s.*

**orant, ante** n. ▪ arts Personnage représenté en prière, les bras étendus ou à genoux.

**orateur, trice** n. ▪ 1 Personne qui prononce des discours. 2 Personne éloquente.

① **oratoire** adj. ▪ Qui concerne l'éloquence. ➤ loc. *Précautions oratoires* : moyens pour ménager l'auditeur ou le lecteur.

② **oratoire** n. m. ▪ 1 Petite chapelle. 2 Nom de congrégations religieuses.

**oratorio** n. m. ▪ Drame lyrique sur un sujet en général religieux.

① **orbe** adj. ▪ techn. *Mur orbe,* sans aucune ouverture. → **aveugle.**

② **orbe** n. m. ▪ vx ou littér. Cercle ; sphère.

**orbital, ale, aux** adj. ▪ De l'orbite (II). – *Station orbitale* (engin spatial).

**orbite** n. f. ▪ **I** Cavité osseuse dans laquelle se trouve l'œil. **II 1** Trajectoire courbe (d'un corps céleste) ayant pour foyer un autre corps céleste. **2** fig. Milieu où s'exerce l'influence de qqn.

**orchestral, ale, aux** [-k-] adj. ▪ Propre à l'orchestre symphonique.

**orchestration** [-k-] n. f. ▪ **1** Action, manière d'orchestrer (1). → **instrumentation ; arrangement. 2** fig. *Orchestration commerciale.*

**orchestre** [ɔʀkɛstʀ] n. m. ▪ **I** (théâtre) Espace compris entre le public et la scène, en contrebas. ♦ *Places, public du rez-de-chaussée.* **II** Groupe d'instrumentistes exécutant de la musique polyphonique.

**orchestrer** [-k-] v. tr. 🛈 ▪ **1** Composer (une partition) en combinant les parties instrumentales. ♦ *Adapter pour l'orchestre.* **2** fig. Organiser en vue de donner le maximum d'ampleur, de retentissement.

**orchidée** [-k-] n. f. ▪ Plante des climats chauds, aux fleurs recherchées pour leur beauté et l'originalité de leur forme.

**orchite** [-k-] n. f. ▪ méd. Inflammation du testicule.

**ordalie** n. f. ▪ au moyen âge Jugement de Dieu sous forme d'épreuves (par le feu...).

**ordinaire** ▪ **I** adj. **1** Conforme à l'ordre normal, habituel des choses. → ① **courant, usuel, normal.** ♦ Coutumier (à qqn). *Avec sa gaieté ordinaire.* ▷ adv. **ordinairement 2** Dont la qualité ne dépasse pas le niveau moyen courant. → **banal, commun. II** n. m. **1** Ce qui n'a rien d'exceptionnel. **2** Ce que l'on mange habituellement. *Améliorer l'ordinaire.* **3** Ensemble des prières invariables (de la messe). **III** D'ORDINAIRE ; À L'ORDINAIRE loc. adv. : de façon habituelle, le plus souvent. → d'**habitude.** ♦ *Comme à son ordinaire* : comme il, elle le fait d'habitude.

**ordinal, ale, aux** adj. ▪ Qui marque l'ordre, le rang. *Nombre ordinal.* – gramm. *Adjectif numéral ordinal* (ex. centième).

**ordinateur** n. m. ▪ Machine électronique de traitement de l'information, exécutant des programmes (→ **informatique**).

**ordination** n. f. ▪ Acte administrant le sacrement de l'ordre (spécialt la prêtrise).

**ordonnance** n. f. ▪ **I** didact. Mise en ordre ; disposition selon un ordre. *L'ordonnance d'un repas.* **II 1** Texte législatif émanant de l'exécutif. ♦ *Décision d'un juge.* **2** Prescriptions d'un médecin. **3** milit. *Revolver d'ordonnance,* conforme au règlement. ♦ *Officier d'ordonnance* (aide de camp). **4** ancient (souvent masc.) Soldat attaché au service d'un officier.

**ordonnancement** n. m. ▪ didact. Façon dont une chose est ordonnée.

**ordonnancier** n. m. ▪ **1** Registre où le pharmacien consigne les produits prescrits sur ordonnance. **2** Bloc spécial sur lequel un praticien rédige ses ordonnances.

**ordonnateur, trice** n. ▪ Personne qui dispose, met en ordre. → **organisateur.**

**ordonné, ée** adj. ▪ **1** En bon ordre. **2** Qui a de l'ordre. *Un enfant ordonné.*

**ordonnée** n. f. ▪ math. Coordonnée* verticale d'un point.

**ordonner** v. tr. 🛈 ▪ **I** Disposer, mettre dans un certain ordre. → pronom. *Le cortège s'ordonnait peu à peu.* **II** Élever (qqn) à l'un des ordres (II, 8) de l'Église (→ **ordination**). **III** Prescrire par un ordre. → **commander, enjoindre.**

**ordre** n. m. ▪ **I** (Relation organisée entre plusieurs termes) **1** Disposition, succession régulière. *Procédons par ordre. Ordre alphabétique.* – Disposition d'une troupe sur le terrain. – ORDRE DU JOUR : sujets dont une assemblée doit délibérer. *À l'ordre du jour* : d'actualité. **2** Disposition qui semble la meilleure possible ; aspect régulier, organisé. – EN ORDRE : rangé, ordonné. **3** Qualité d'une personne qui a une bonne organisation, de la méthode ; spécialt qui range les choses. **4** Principe de causalité ou de finalité du monde. – loc. *C'est dans l'ordre des choses* : c'est normal, inévitable. **5** Organisation sociale. *L'ordre établi.* – *Les forces de l'ordre.* → **armée, police.** ♦ L'ORDRE PUBLIC : la sécurité publique, le bon fonctionnement des services publics. **6** Norme, conformité à une règle. *Rappeler qqn à l'ordre.* → **réprimander. II** (Catégorie d'êtres ou de choses) **1** (choses abstraites) Espèce. → **genre, nature, sorte.** *Dans le même ordre d'idées.* **2** (dans des loc.) Qualité, valeur. *Un écrivain de premier ordre.* **3** Système architectural antique ayant une unité de style. *Ordre dorique, ionique, corinthien.* **4** bot., zool. Division intermédiaire entre la classe et la famille. **5** Division de la société française sous l'Ancien Régime. *Les trois ordres,* noblesse, clergé, tiers état. **6** Groupe de personnes soumises à des règles professionnelles, morales. *L'ordre des médecins.* **7** Communauté de religieux, de religieuses. **8** L'un des degrés de la hiérarchie cléricale catholique. – *Entrer dans les ordres* : se faire moine, prêtre ou religieuse. ♦ relig. Sacrement par lequel qqn est admis dans un ordre (spécialt la prêtrise). **III 1** Acte (déclaration) par lequel une autorité manifeste sa volonté. → **commandement, directive, injonction.** – *Être* AUX ORDRES *de qqn.* → **obéir.** – JUSQU'À NOUVEL ORDRE : jusqu'à ce qu'un ordre, un fait nouveau intervienne. **2** Décision de faire une opération financière, commerciale. **3** MOT D'ORDRE : consigne, résolution commune aux membres d'un parti.

**ordure** n. f. ▪ **1** Matière qui souille et répugne. – spécialt Excrément. **2** au plur. Choses dont on se débarrasse (→ **décharge, dépotoir**). **3** Propos, écrit, action sale ou obscène. **4** Personne abjecte (injure).

**ordurier, ière** adj. ▪ Obscène, sale.

**oréade** n. f. ▪ mythol. grecque Nymphe des montagnes et des bois.

**orée** n. f. ▪ Bordure (d'un bois...). → **lisière.**

**oreillard** n. m. ▪ Petite chauve-souris.

**oreille** n. f. ▪ **I 1** Chacun des deux organes constituant l'appareil auditif. → par plais. *Les oreilles ont dû vous siffler* (tellement nous avons parlé de vous). ♦ (Dans l'audition). loc. *Prêter l'oreille* : écouter. *Faire la sourde oreille,* faire comme si on n'entendait pas. ◄ prov. *Ventre affamé n'a pas d'oreilles* : celui qui a faim n'écoute rien. → *Avoir l'oreille de qqn,* en être écouté favorablement. **2** Ouïe. *Avoir l'oreille fine.* → *Avoir de l'oreille* : être apte à saisir les sons musicaux. **3** Pavillon de l'oreille. → *Tirer l'oreille à qqn* (pour le punir...). → fig. *Se faire tirer l'oreille* : se faire prier. → *Dormir sur ses deux oreilles* : ne pas s'inquiéter. ♦ (animaux) *Les longues oreilles du lièvre.* **II** Objet en forme d'oreille (et en paire).

**oreiller** n. m. ▪ Pièce de literie pour poser la tête, coussin (généralement carré).

**oreillette** n. f. ▪ **I** Objet qui protège les oreilles ou se met dans l'oreille. **II** Chacune des deux cavités supérieures du cœur, communiquant avec les ventricules.

**oreillons** n. m. pl. ▪ Maladie infectieuse contagieuse, inflammation dans l'oreille.

**ores** adv. ▪ *D'ORES ET DÉJÀ* : dès maintenant.

**orfèvre** n. m. ▪ Fabricant ou marchand d'objets en métaux précieux. ♦ loc. *Être orfèvre en la matière,* s'y connaître.

**orfèvrerie** n. f. ▪ **1** Art, métier, commerce de l'orfèvre. **2** Ouvrages de l'orfèvre.

**orfraie** n. f. ▪ Aigle à queue blanche. → loc. *Pousser des cris d'orfraie,* des cris perçants.

**organdi** n. m. ▪ Mousseline de coton, très légère et empesée.

**organe** n. m. ▪ **I 1** Voix (d'un chanteur...). **2** Voix autorisée d'un porte-parole. ♦ Publication périodique (d'un parti...). **II 1** Partie d'un être vivant (organisme) remplissant une fonction. *Organes génitaux.* → *L'œil, organe de la vue.* **2** Institution, organisme. *Organes gouvernementaux.* **3** Mécanisme. *Organes de commande.*

**organigramme** n. m. ▪ Schéma de la structure d'un ensemble complexe.

**organique** adj. ▪ **1** Relatif aux organes. *Trouble organique* (s'oppose à *fonctionnel*). **2** Propre aux êtres organisés. **3** Qui provient de tissus vivants. *Engrais organique.* ♦ CHIMIE ORGANIQUE, qui étudie les composés du carbone*. **4** *Loi organique,* sur la structure des organes de l'État. ▷ adv. **organiquement**

**organisateur, trice** n. ▪ Personne qui organise. → adj. *Esprit organisateur.*

**organisation** n. f. ▪ **1** Action, manière d'organiser ; son résultat. **2** Groupement ayant un but déterminé. *Organisation syndicale.*

**organisé, ée** adj. ▪ **1** biol. Qui est de la nature d'un organisme vivant, pourvu d'une structure correspondant aux fonctions vitales. *Les êtres organisés.* **2** Qui se fait suivant un ordre, une méthode déterminés. → (personnes) Méthodique, ordonné. **3** Qui appartient à, a reçu une organisation. *Des bandes organisées.*

**organiser** v. tr. 🔲 ▪ **1** Doter d'une structure déterminée, d'un mode de fonctionnement. → **agencer, ordonner, structurer. 2** Soumettre à une façon déterminée de fonctionner. *Organiser ses loisirs.* → pronom. *Savoir s'organiser.* **3** Préparer (une action) selon un plan. *Organiser une fête.*

**organiseur** n. m. ▪ **1** Agenda à accessoires variés. **2** Agenda électronique (ordinateur de poche).

**organisme** n. m. ▪ **I 1** Ensemble des organes qui constituent un être vivant. → spécialt Le corps humain. **2** Être vivant organisé. *Organisme microscopique.* **II** Ensemble (social) organisé ; organisation.

**organiste** n. ▪ Musicien, instrumentiste qui joue de l'orgue.

**organite** n. m. ▪ biol. Élément cellulaire différencié (ex. le noyau).

**organologie** n. f. ▪ didact. Étude des instruments de musique.

**organsin** n. m. ▪ techn. Fil de soie torse.

**orgasme** n. m. ▪ Apogée du plaisir sexuel. ▷ adj. **orgasmique**

**orge** n. f. ▪ **1** Plante à épis simples munis de longues barbes (céréale). **2** Grain de cette céréale, utilisé surtout en brasserie (→ **malt**). → n. m. *Orge perlé*. **3** *Sucre* d'orge.*

**orgeat** n. m. ▪ *Sirop d'orgeat,* préparé avec une émulsion d'amandes douces.

**orgelet** n. m. ▪ Furoncle sur la paupière.

**orgie** n. f. ▪ **1** Partie de débauche. ♦ Repas long, copieux et arrosé. **2** *ORGIE DE* : usage excessif de. ▷ adj. **orgiaque** littér.

**orgue** n. m. (souvent fém. au plur.) ▪ **I 1** Grand instrument à vent composé de nombreux tuyaux que l'on fait résonner par l'intermédiaire de claviers, en y introduisant de l'air au moyen d'une soufflerie. ♦ *Orgue de Barbarie* (à manivelle). → *Orgue électrique. Orgue électronique.* **2** mus. *POINT D'ORGUE* : temps d'arrêt qui suspend la mesure ; signe (⌢) qui marque ce temps d'arrêt. **II** *Orgues basaltiques* : coulées de basalte en forme de tuyaux serrés les uns contre les autres.

**orgueil** [-gœj] n. m. ▪ **1** Opinion très avantageuse que qqn a de sa propre valeur, souvent aux dépens de la considération due à autrui. → **arrogance, suffisance** ; (sens positif) **amour-propre, fierté. 2** *L'ORGUEIL DE* : la satisfaction d'amour-propre que donne (qqn, qqch.). → Ce qui motive cette fierté.

**orgueilleux, euse** [-gœj-] adj. ▪ Qui a de l'orgueil ; qui dénote de l'orgueil. → n. *Un orgueilleux.* ▷ adv. **orgueilleusement**

**orient** [-jɑ̃] n. m. ▪ **I 1** poét. L'est, le levant. **2** (avec maj.) Région située vers l'est, par rapport à un lieu donné (opposé à *Occident*). → hist. *L'empire d'Orient* : l'Empire byzantin. ♦ spécialt L'Asie, certains pays méditerranéens ou de l'Europe centrale. **II** *Grand Orient* : loge centrale de la franc-maçonnerie. **III** Reflet nacré des perles.

**orientable** [-jɑ̃-] adj. ▪ Qui peut être orienté.

**oriental, ale, aux** [-jã-] adj. ■ **1** Qui est à l'est. **2** Originaire de l'Orient ; qui se rapporte à l'Orient. ◆ n. *Les Orientaux.*

**orientaliste** [-jã-] n. ■ Spécialiste ou amateur des civilisations de l'Orient.

**orientation** [-jã-] n. f. ■ **1** Détermination des points cardinaux d'un lieu (pour se repérer...). *Avoir le sens de l'orientation.* **2** Fait d'orienter (3). **3** Fait d'être orienté d'une certaine façon. → **exposition.**

**orienter** [-jã-] v. tr. [1] ■ **1** Disposer par rapport aux points cardinaux, à une direction, à un objet. **2** Indiquer à (qqn) la direction à prendre. → Diriger, guider. *Orienter un élève.* ► s'**orienter** v. pron. **1** S'orienter vers : se tourner, se diriger vers (une direction). ◆ fig. *S'orienter vers la recherche.* **2** Déterminer sa position. ► **orienté, ée** p. p. **1** *Maison orientée au sud.* **2** fig. Qui a une tendance doctrinale marquée, n'est pas objectif.

**orifice** n. m. ■ **1** Ouverture qui fait communiquer une cavité avec l'extérieur. **2** anat. Ouverture de certains organes.

**oriflamme** n. f. ■ Bannière d'apparat.

**origami** n. m. ■ didact. Papier plié japonais.

**origan** n. m. ■ Marjolaine (plante).

**originaire** adj. ■ **1** *Originaire de :* qui vient de (tel lieu). **2** didact. → **originel.**

**originairement** adv. ■ À l'origine.

① **original, aux** n. m. ■ **1** Ouvrage humain dont il est fait des reproductions. ◆ (œuvre d'art) *L'original est au Louvre.* **2** Personne réelle, objet naturel représentés par l'art.

② **original, ale, aux** adj. ■ **1** littér. → originel. **2** Qui émane de l'auteur, est l'origine des reproductions. ◆ *Édition originale :* première édition d'un texte inédit. ◆ *Film en version originale* (non doublée). **3** Qui paraît ne pas dériver de rien d'antérieur, qui est unique. → **neuf, personnel. 4** Qui paraît bizarre, peu normal. ◆ n. *C'est un original.* ▷ **originalement** adv. (sens 3 et 4).

**originalité** n. f. ■ **1** Caractère de ce qui est original, de qqn d'original (3). **2** Étrangeté, excentricité. **ll** Élément original.

**origine** n. f. ■ **1 1** Ancêtres ou milieu humain primitif auquel remonte la généalogie d'un individu, d'un groupe. → **ascendance.** ◆ Milieu social d'où est issu qqn. *Être d'origine modeste.* **2** Époque, milieu d'où vient qqch. ◆ *L'origine d'un mot.* → **étymologie. 3** Point de départ. → **provenance. ll 1** Commencement, première apparition ou manifestation. ◆ *À L'ORIGINE* loc. adv. : au début. ◆ *D'ORIGINE* loc. adj. : qui date du début. **2** Ce qui explique l'apparition ou la formation (d'un fait). *Affection d'origine virale.*

**originel, elle** adj. ■ Qui date ou vient de l'origine. ◆ relig. chrét. Du premier homme.

**originellement** adv. ■ Dès l'origine ; à l'origine. ▷ **originairement, primitivement.**

**orignal, aux** n. m. ■ Élan (②) du Canada.

**oripeaux** n. m. pl. ■ Vêtements voyants.

**O. R. L.** → oto-rhino-laryngologie

**orléaniste** n. ■ hist. Personne qui soutenait les droits de la famille d'Orléans au trône de France (s'oppose à *légitimiste*).

**orlon** n. m. (nom déposé) ■ Fibre textile synthétique.

**orme** n. m. ■ **1** Grand arbre à feuilles dentelées. **2** Bois de cet arbre.

① **ormeau** n. m. ■ Petit orme, jeune orme.

② **ormeau** n. m. ■ Mollusque marin comestible, à coquille plate.

**ornemaniste** n. ■ arts Spécialiste du dessin ou de l'exécution de motifs décoratifs.

**ornement** n. m. ■ **1** rare Action d'orner ; décoration. ◆ cour. *Plantes d'ornement.* → **décoratif. 2** Ce qui orne, s'ajoute pour embellir. **3** Motif accessoire (d'une composition artistique). *Ornements gothiques.* **4** mus. Groupe de notes qui s'ajoute à une mélodie sans en modifier la ligne (ex. le trille).

**ornemental, ale, aux** adj. ■ **1** Qui utilise des ornements. **2** Qui orne. → **décoratif.**

**ornementer** v. tr. [1] ■ Garnir d'ornements ; embellir par des ornements. → **décorer, orner.** ▷ n. f. **ornementation**

**orner** v. tr. [1] ■ Mettre en valeur, embellir (une chose). → **agrémenter, décorer.**

**ornière** n. f. ■ **1** Trace que les roues creusent dans les chemins. **2** fig. → **routine.**

**ornitho-** Élément savant, du grec *ornis, ornithos* « oiseau ».

**ornithologie** n. f. ■ Étude des oiseaux. ▷ adj. **ornithologique** ▷ **ornithologue** n. – syn. ORNITHOLOGISTE.

**ornithomancie** n. f. ■ Divination par le vol ou le chant des oiseaux.

**ornithorynque** n. m. ■ Mammifère amphibie et ovipare, à bec corné, à queue plate, à pattes palmées (Australie, Tasmanie).

**oro-** Élément, du grec *oros* « montagne ».

**orographie** n. f. ■ Étude des montagnes.

**oronge** n. f. ■ Amanite (champignon). *Fausse oronge :* amanite tue-mouche.

**orpailleur** n. m. ■ Chercheur d'or.

**orphelin, ine** n. et adj. ■ (Enfant) qui a perdu son père et sa mère, ou l'un des deux.

**orphelinat** n. m. ■ Établissement qui élève des orphelins.

**orphéon** n. m. ■ Fanfare.

**orphisme** n. m. ■ Antiq. Doctrine religieuse s'inspirant de la pensée d'Orphée.

**orpiment** n. m. ■ techn. Sulfure naturel d'arsenic, jaune vif ou orangé.

**orque** n. f. ■ Épaulard (cétacé).

**orteil** n. m. ■ Doigt de pied.

**orthèse** n. f. ■ didact. Appareillage destiné à corriger la déficience fonctionnelle d'un organe. *Orthèse articulaire.* → **prothèse.**

**orth(o)-** Élément savant, du grec *orthos* « droit ; correct ».

**orthodontie** [-ti ; -si] n. f. ■ didact. Traitement des anomalies de position des dents. ▷ n. **orthodontiste**

**orthodoxe** adj. ■ **1** Conforme au dogme d'une religion. **2** Conforme à une doctrine, aux usages établis. → **conformiste, traditionnel. 3** Se dit des Églises chrétiennes des rites d'Orient séparées de Rome au XIᵉ siècle. ← n. *Les orthodoxes grecs.*

**orthodoxie** n. f. ■ **1** Doctrines considérées comme vraies par la fraction dominante d'une Église et enseignées officiellement. → **dogme. 2** Caractère orthodoxe (2).

**orthogonal, ale, aux** adj. ■ géom. Qui forme un angle droit, se fait à angle droit. → **perpendiculaire.**

**orthographe** n. f. ■ **1** Manière d'écrire un mot qui est considérée comme la seule correcte. ← Capacité d'écrire sans fautes. ← Façon d'écrire, avec ou sans fautes. **2** Manière dont un mot est écrit. → **graphie.** ▷ adj. **orthographique**

**orthographier** v. tr. ⑦ ■ Écrire du point de vue de l'orthographe.

**orthopédie** n. f. ■ Médecine du squelette, des muscles et des tendons. ▷ adj. **orthopédique** ▷ n. **orthopédiste**

**orthophonie** n. f. ■ Rééducation de la parole. ▷ n. **orthophoniste**

**orthoptère** n. m. ■ zool. Insecte (ordre des *Orthoptères*) dont les ailes postérieures ont des plis droits (ex. le grillon, le criquet).

**orthoptie** n. f. ■ Traitement des défauts de la vision binoculaire. – syn. ORTHOPTIQUE.

**ortie** [-ti] n. f. ■ Plante velue dont le contact provoque une sensation de brûlure.

**ortolan** n. m. ■ Petit oiseau à chair très estimée.

**orvet** n. m. ■ Reptile saurien dépourvu de membres, ressemblant à un serpent.

**orviétan** n. m. ■ littér. *Marchand, vendeur d'orviétan* : charlatan, imposteur.

**os** [ɔs] n. m. ■ **1** Chacune des pièces rigides qui forment le squelette. ♦ loc. *Se rompre les os* : se blesser grièvement dans une chute. – *En chair* et *en os.* ← *Faire de vieux os* : vivre longtemps. ← fam. *Tomber sur un os*, une difficulté. **2** *LES OS* : restes d'un être vivant, après sa mort. **3** *OS DE SEICHE* : lame calcaire constituant la coquille interne dorsale (de la seiche).

**O. S.** [oɛs] n. ■ Ouvrier(ère) spécialisé(e).

**oscar** n. m. ■ Récompense artistique, etc.

**osciller** [ɔsile] v. intr. ① ■ **1** Aller de part et d'autre d'une position moyenne par un mouvement de va-et-vient. **2** fig. Varier en passant par des alternatives. → **hésiter.** ▷ n. f. **oscillation** ▷ adj. **oscillatoire**

①**-ose** Élément savant tiré de *glucose*, servant à former les noms des glucides.

②**-ose** Élément servant à former des noms de maladies non inflammatoires.

**osé, ée** adj. ■ **1** Qui est fait avec audace. **2** Qui risque de choquer les bienséances.

**oseille** n. f. ■ **1** Plante à feuilles comestibles au goût acide. **2** fam. Argent.

**oser** v. tr. ① ■ **1** littér. Tenter avec assurance (une chose difficile). **2** (+ inf.) Avoir l'audace de. **3** absolt Se montrer audacieux.

**oseraie** n. f. ■ Terrain planté d'osiers.

**osier** n. m. ■ **1** Petite saule aux rameaux flexibles. **2** Rameau d'osier (en vannerie).

**osmose** n. f. ■ **1** sc. Phénomène de diffusion (entre deux liquides ou solutions) qui laisse passer le solvant mais non la substance dissoute. ▷ adj. **osmotique 2** fig. Interpénétration, influence réciproque.

**ossature** n. f. ■ **1** Ensemble des os, tels qu'ils sont disposés dans le corps. → **squelette. 2** fig. → **armature, charpente.**

**osselet** n. m. ■ **1** rare Petit os. *Les osselets de l'oreille.* **2** au plur. Jeu d'adresse consistant à lancer et rattraper de petits objets.

**ossements** n. m. pl. ■ Os desséchés de cadavres d'hommes ou d'animaux.

**osseux, euse** adj. ■ **1** De l'os, des os. *Tissu osseux.* **2** Qui a des os. *Poissons osseux.* **3** Aux os saillants. → **maigre.**

**ossifier** v. tr. ⑦ ■ Transformer en tissu osseux. ▷ n. f. **ossification**

**osso buco** [-buko] n. m. invar. ■ Jarret de veau avec l'os à moelle (plat italien).

**ossuaire** n. m. ■ Excavation, bâtiment où sont conservés des ossements humains.

**ostensible** adj. ■ littér. Qui est fait sans se cacher ou avec l'intention d'être remarqué. ▷ adv. **ostensiblement**

**ostensoir** n. m. ■ Pièce d'orfèvrerie destinée à exposer l'hostie.

**ostentation** n. f. ■ Mise en valeur excessive et indiscrète d'un avantage. ▷ **ostentatoire** adj. littér.

**ostéo-** Élément, du grec *osteon* « os ».

**ostéodensiométrie** n. f. ■ méd. Examen médical d'évaluation de la densité des os.

**ostéopathe** n. ■ Personne (parfois médecin) qui soigne par manipulation des os.

**ostéopathie** n. f. ■ méd. **I** Affection osseuse. **II** Thérapeutique de l'ostéopathie.

**ostéoporose** n. f. ■ méd. Raréfaction pathologique du tissu osseux.

**ostracisme** n. m. ■ Hostilité d'une collectivité qui rejette l'un de ses membres.

**ostréi-** Élément savant, du latin *ostrea*, grec *ostreon* « huître ».

**ostréiculture** n. f. ■ Élevage des huîtres. ▷ n. **ostréiculteur, trice**

**ostrogoth, othe** [-gɔ, ɔt] n. ■ **1** hist. Habitant de la partie est des territoires des Goths. **2** n. m. vx Homme bourru. ← Personnage extravagant. – var. OSTROGOT, OTE.

**otage** n. m. ■ Personne livrée ou reçue comme garantie, ou qu'on détient pour obtenir ce qu'on exige.

**otarie** n. f. ■ Mammifère marin du Pacifique, voisin du phoque.

**ôter** v. tr. ① ■ Enlever, retirer.

**otite** n. f. ■ Inflammation de l'oreille.

**ot(o)-** Élément savant, du grec *ous*, *ôtos* « oreille ».

**oto-rhino-laryngologie** n. f. ■ Médecine de l'oreille, du nez et de la gorge. – abrév. fam. O.R.L. ▷ **oto-rhino-laryngologiste** n. – abrév. fam. OTORHINO et O.R.L.

① **ottoman, ane** adj. et n. ■ hist. Turc. ◆

② **ottoman** n. m. ■ Étoffe de soie à côtes.

**ou** conj. ■ Conjonction qui joint des termes, membres de phrases ou propositions analogues, en séparant les idées exprimées. **1** Autrement dit. *La coccinelle, ou bête à bon Dieu.* **2** (indifférence) *Donnez-moi le rouge ou (bien) le noir.* **3** (approximation) *Ils étaient cinq ou six.* **4** (alternative) *C'est l'un ou l'autre* (si c'est l'un, ce n'est pas l'autre). ◆ (après un impér. ou un subj.) → **sans** ça, **sinon.** *Sortez ou je me fâche.* ◆ *OU... OU... Ou c'est lui, ou c'est moi.*

**où** ■ **I** pron. **1** Dans un lieu (indiqué ou suggéré par l'antécédent). *Le pays où il est né.* **2** (état, situation) *Dans l'état où il est.* **3** (temps) *Au moment où il arriva.* **II** adv. **1** Là où, à l'endroit où. *J'irai où je voudrai.* **2** (temporel) *Où j'ai été surpris, ce fut quand...* **3** D'OÙ (conséquence) *D'où il résulte que* (+ indic.). → (sans verbe) *D'où mon étonnement.* **III** adv. interrog. **1** (interrogation directe) En quel endroit ? *Où est votre frère ?* **2** (interrogation indirecte) *Dis-moi où tu vas.*

① **ouah** interj. ■ Évoque les aboiements d'un chien.

② **ouah** interj. ■ Exprime la joie, l'admiration.

**ouailles** n. f. pl. ■ Les chrétiens, par rapport au prêtre.

**ouais** interj. ■ fam. (iron. ou sceptique) Oui.

**ouananiche** n. f. ■ franç. du Canada Saumon d'eau douce.

**ouaouaron** n. m. ■ franç. du Canada Grosse grenouille d'Amérique du Nord (jusqu'à 20 cm).

**ouate** n. f. ■ **1** Laine, soie ou coton préparé pour doubler, pour rembourrer. *De l'ouate ou de la ouate.* **2** Coton (pour l'hygiène).

**ouater** v. tr. ① ■ Doubler, garnir d'ouate.

**ouatine** n. f. ■ Étoffe molletonnée servant à doubler des vêtements (**ouatiner** v. tr. ①).

**oubli** n. m. ■ **1** Défaillance de la mémoire, portant soit sur des connaissances ou aptitudes acquises, soit sur les souvenirs ; fait d'oublier. ◆ Absence de souvenirs dans la mémoire collective. *Sauver une œuvre de l'oubli.* **2** UN OUBLI. → **distraction, étourderie.** *Réparer un oubli.* **3** Fait de ne pas prendre en considération. *Oubli de soi.*

**oublier** v. tr. ⑦ ■ **1** Ne pas avoir, ne pas retrouver le souvenir de (qqch., un fait, qqn). ◆ Ne plus conserver dans la mémoire collective. → au p. p. *Mourir complètement oublié.* **2** Ne plus savoir pratiquer (des connaissances, une technique). **3** Cesser de penser à (ce qui tourmente). *Oubliez vos soucis.* **4** Ne pas avoir à l'esprit (ce qui devrait le tenir en éveil). → **négliger, omettre.** *Oublier l'heure et se mettre en retard.* ◆ Négliger de mettre, de prendre... *J'ai oublié mon parapluie.* **5** Négliger (qqn) en ne s'occupant pas de lui. → **délaisser. 6** Refuser de tenir compte de. *Vous oubliez votre promesse.* →

*N'en parlons plus, c'est oublié.* → **pardonner.** ► **s'oublier** v. pron. **1** (passif) Être oublié. *Tout peut s'oublier.* **2** Ne pas penser à soi, à son intérêt. **3** Manquer aux convenances. *Vous vous oubliez !* **4** Faire ses besoins dans un endroit qui ne convient pas.

**oubliette** n. f. ■ ancient Cachot pour les personnes condamnées à la prison perpétuelle, ou dont on voulait se débarrasser.

**oublieux, euse** adj. ■ *Oublieux de :* qui oublie, néglige de se souvenir de. → **négligent.**

**oud** [ud] n. m. ■ Instrument à cordes pincées voisin du luth, utilisé dans la musique arabe classique. *Un virtuose du oud* (ou *de l'oud*).

**oued** [wɛd] n. m. ■ Rivière d'Afrique du Nord, du Proche-Orient.

**ouest** [wɛst] n. m. ■ **1** Celui des quatre points cardinaux qui est au couchant. ◆ Lieu situé du côté de l'ouest (→ **occidental**). **2** Région située vers l'Ouest. *L'ouest de la France.* ◆ (avec maj.) polit. L'Europe de l'Ouest et l'Amérique du Nord. → **occident** (2).

**ouf** interj. ■ Exclamation de soulagement.

**oui** particule d'affirmation invar. ■ **I** Adverbe équivalant à une proposition affirmative qui répond à une interrogation non accompagnée de négation (s'il y a négation → **si**). **1** (réponse positive à une question) *As-tu faim ? – Oui.* **2** (interrogatif) *Ah oui ?, vraiment ?* **3** (compl. direct) *Il dit oui, il est d'accord.* **II** n. m. invar. (loc.) *Pour un oui (ou) pour un non,* à tout propos.

**ouï-dire** n. m. invar. ■ Ce qu'on connaît pour l'avoir entendu dire. ► *Par ouï-dire :* par la rumeur publique.

**ouïe** [wi] n. f. ■ **I** Celui des cinq sens qui permet la perception des sons. → **audition.** → fam., plais. *Je suis tout ouïe :* j'écoute. **II** au plur. Orifices externes de l'appareil branchial des poissons, sur les côtés de la tête.

**ouille** interj. ■ Exclamation de douleur.

**ouin** interj. ■ (souvent répété) Évoque des pleurs, des sanglots.

**ouïr** v. tr. ⑩ seulement inf. et p. p. ■ vx Entendre, écouter. → mod. *J'ai ouï dire que...* (→ **ouï-dire**). ◆ dr. *Ouïr un témoin.*

**ouistiti** n. m. ■ Petit singe à longue queue.

**oukase** ou **ukase** n. m. ■ **1** hist. (Russie) Édit du tsar. **2** Décision arbitraire. → **diktat.**

**ouléma** → **uléma**

**ouolof** → **wolof**

**ouragan** n. m. ■ **1** Très forte tempête. → **cyclone, tornade, typhon. 2** Vent violent accompagné de pluie.

**ourdir** v. tr. ② ■ **1** techn. Réunir et tendre les fils de chaîne, avant le tissage. **2** fig., littér. Régler, combiner (une intrigue).

**-oure** Élément, du grec *oura* « queue ».

**ourler** v. tr. ① ■ Border d'un ourlet.

**ourlet** n. m. ■ Repli d'étoffe cousu, terminant un bord.

**ours** [URS] n. m. ■ **1** Grand mammifère carnivore au pelage épais, aux membres griffus, au museau allongé ; spécialt le mâle adulte. ♦ loc. *Vendre la peau de l'ours (avant de l'avoir tué)*, disposer d'une chose avant de la posséder. **2** *Ours en peluche* (jouet d'enfant). **3** fig. Homme insociable.

**ourse** n. f. ■ **1** Femelle de l'ours. **2** *La Petite, la Grande Ourse* (syn. *Petit, Grand Chariot*), constellations.

**oursin** n. m. ■ Animal marin (échinoderme), sphérique, muni de piquants.

**ourson** n. m. ■ Jeune ours.

**\*ouste** ou **\*oust** [ust] interj. ■ fam. Interjection pour chasser ou presser qqn.

**out** [aut] adv. ■ anglic., tennis Hors des limites du court. ← adj. invar. *Balle out.*

**outarde** n. f. ■ **1** Échassier au corps massif. **2** franç. du Canada Bernache.

**outil** [uti] n. m. ■ **1** Objet fabriqué qui sert à agir sur la matière, à faire un travail. → **engin, instrument, ustensile. 2** Ce qui permet de faire (un travail). **3** fam. Pénis.

**outillage** n. m. ■ Assortiment d'outils nécessaires à un métier, à une activité.

**outiller** v. tr. 1 ■ Munir des outils, des équipements nécessaires à un travail, une production. → **équiper.** ► s'**outiller** v. pron.

**outing** [autin] n. m. ■ anglic. critiqué Révélation publique forcée de l'homosexualité de qqn (≠ *coming out*).

**outrage** n. m. ■ **1** Offense ou injure très grave (de parole ou de fait). → **affront. 2** dr. Délit par lequel on ne respecte pas un personnage officiel dans ses fonctions. **3** Acte gravement contraire (à un principe).

**outrageant, ante** adj. ■ Qui outrage.

**outrager** v. tr. 3 ■ **1** Offenser par un outrage (actes ou paroles). **2** Contrevenir gravement à (qqch.).

**outrageusement** adv. ■ Excessivement.

**outrance** n. f. ■ **1** Chose ou action outrée. **2** Caractère outré. ♦ *À OUTRANCE* loc. adv. : avec excès. ▷ adj. **outrancier, ière**

① **outre** n. f. ■ Peau d'animal cousue en forme de sac et servant de récipient.

② **outre** prép. et adv. ■ **1** (dans des expr. adv.) Au-delà de. *Outre-Manche.* **2** adv. Passer *OUTRE* : aller au-delà, plus loin. ← *PASSER OUTRE à qqch.* : ne pas tenir compte de (une objection...). **3** prép. En plus de. ← *OUTRE QUE* (+ indic.) : sans parler du fait que. **4** *OUTRE MESURE* loc. adv. : au-delà de la normale. **5** *EN OUTRE* loc. adv. : en plus.

**outré, ée** adj. ■ Qui va au-delà de la mesure normale. → **exagéré, excessif ; outrance.**

**outrecuidance** n. f. ■ littér. **1** Confiance excessive en soi. → **fatuité. 2** Désinvolture impertinente. ▷ adj. **outrecuidant, ante**

**outremer** [-mɛʀ] n. m. ■ Couleur d'un bleu intense. ← adj. invar. *Bleu outremer.*

**outre-mer** [-mɛʀ] adv. ■ Au-delà des mers, par rapport à une métropole.

**outrepasser** v. tr. 1 ■ Aller au-delà de (ce qui est permis...). *Outrepasser ses droits.*

**outrer** v. tr. 1 ■ **1** littér. Exagérer, pousser (qqch.) au-delà des limites raisonnables. *Outrer une pensée, une attitude.* **2** (temps composés et p. p.) Indigner (qqn). → **révolter, scandaliser.**

**outsider** [autsajdœʀ] n. m. ■ anglic. Concurrent qui n'est pas parmi les favoris.

**ouvert, erte** adj. ■ **1** Disposé de manière à laisser le passage. *Porte ouverte.* **2** (local) Où l'on peut entrer. *Magasin ouvert.* **3** Disposé de manière à communiquer avec l'extérieur. *Bouche ouverte.* **4** Dont les parties sont écartées. *Main ouverte.* **5** Percé, troué, incisé... *Plaie ouverte.* **6** Accessible, que l'on peut utiliser. *Canal ouvert à la navigation.* **7** Commencé. *La chasse est ouverte, permise.* **II** abstrait **1** Communicatif et franc. ← loc. *Parler à cœur ouvert*, en toute franchise. **2** Qui se manifeste publiquement. *Conflit ouvert.* **3** Qui s'ouvre facilement aux idées nouvelles. *Esprit ouvert.*

**ouvertement** adv. ■ D'une manière ouverte (II).

**ouverture** n. f. ■ **I 1** Action d'ouvrir ; état de ce qui est ouvert. *Heures d'ouverture d'un magasin.* ← Caractère de ce qui est plus ou moins ouvert. *Régler l'ouverture d'un objectif.* **2** Fait de rendre praticable, utilisable. **3** abstrait *Ouverture d'esprit*, qualité de l'esprit ouvert. ♦ *Politique d'ouverture.* **4** Fait d'être commencé. *Ouverture de la pêche.* **5** au plur. Premier essai de pourparlers. *Ouvertures de paix.* **II** Morceau de musique par lequel débute un opéra, un ouvrage lyrique (opposé à *2 finale*). **III 1** Espace libre par lequel s'établit la communication entre l'extérieur et l'intérieur. *Les ouvertures d'un bâtiment.* → **fenêtre, porte. 2** abstrait Voie d'accès ; moyen de comprendre.

**ouvrable** adj. m. ■ Se dit des jours de la semaine qui ne sont pas fériés. ≠ *ouvré.*

**ouvrage** n. m. ■ **1** Actions coordonnées par lesquelles on met qqch. en œuvre, on effectue un travail. → **tâche, travail.** *Se mettre à l'ouvrage.* ← *Boîte à ouvrage* (pour la couture). ♦ au fém. pop. ou plais. *De la belle ouvrage* : un travail soigné. **2** Objet produit par le travail d'un artisan, etc. ← *OUVRAGES D'ART* : constructions (ponts...) pour l'établissement d'une voie. **3** Texte scientifique, technique ou littéraire. → **écrit, œuvre.**

**ouvragé, ée** adj. ■ Finement travaillé.

**ouvrant, ante** adj. ■ Qui s'ouvre.

**ouvré, ée** adj. ■ **1** Qui résulte d'un ouvrage (1). ← *Produits ouvrés*, manufacturés. **2** *Jour ouvré*, où l'on travaille (≠ *ouvrable*).

**ouvre-boîte** n. m. ■ Instrument coupant servant à ouvrir les boîtes de conserve. *Des ouvre-boîtes.*

**ouvre-bouteille** n. m. ■ Instrument pour ouvrir les bouteilles capsulées. *Des ouvre-bouteilles.*

**ouvreur, euse** n. ■ **1** Personne qui place les spectateurs, dans une salle de spectacle. **2** Skieur qui ouvre une piste de ski.

**ouvrier, ière** ■ **I** n. **1** Personne qui exerce un métier manuel ou mécanique moyennant un salaire ; spécialt travailleur manuel de la grande industrie. **2** n. m. littér. Artisan, artiste. loc. prov. *À l'œuvre on reconnaît l'ouvrier.* **II** adj. **1** Des ouvriers, du prolétariat industriel. **2** loc. *Cheville\* ouvrière.* **III** n. f. (insectes sociaux) Individu stérile qui assure la construction ou la défense.

**ouvrir** v. 18 ■ **I** v. tr. **1** Écarter les éléments mobiles (d'une ouverture) de manière à mettre en communication l'extérieur et l'intérieur (contr. *fermer*). *Ouvrir une fenêtre.* **2** Rendre accessible l'intérieur de. *Ouvrir une bouteille.* ◆ Rendre accessible (un local) au public. **3** Mettre dans une position qui assure la communication ou le contact avec l'extérieur. *Ouvrir la bouche.* ◆ *Ouvrir un sac.* ← fam. *Ouvrir le gaz,* faire fonctionner. ◆ *Ouvrir l'appétit,* donner faim. **4** Écarter, séparer (des éléments mobiles) ; disposer en écartant les éléments. *Ouvrir les bras. Ouvrir un livre.* **5** Former (une ouverture) en creusant, en trouant. *Ouvrir une fenêtre dans un mur.* **6** Atteindre l'intérieur de (qqch. de vivant) en écartant, coupant, brisant. *Ouvrir des huîtres.* ◆ *Ouvrir un abcès.* → **inciser, percer.** ← *S'ouvrir les veines* (pour se suicider). **7** Créer ou permettre d'utiliser (un moyen d'accès). *Ouvrir un chemin.* → **frayer. 8** Découvrir, présenter. *Cela ouvre des horizons.* **9** *Ouvrir l'esprit* (à qqn), lui rendre l'esprit ouvert. **10** Commencer, mettre en train. *Ouvrir les hostilités.* ← Être le premier à exercer (une activité, etc.). *Ouvrir le bal.* **11** Créer, fonder (un établissement). *Ouvrir un restaurant.* **II** v. intr. **1** Être ouvert. **2** *OUVRIR SUR,* donner accès sur (syn. *s'ouvrir sur*). ▶ **s'ouvrir** v. pron. **1** Devenir ouvert. **2** *S'OUVRIR SUR :* donner accès sur (syn. *ouvrir sur*). **3** S'offrir comme une voie d'accès. **4** *S'OUVRIR À,* se laisser pénétrer par (une idée...). ◆ *S'ouvrir à qqn.* → se **confier. 5** (sujet chose) Commencer.

**ouvroir** n. m. ■ Lieu réservé aux ouvrages de couture et de tricot, dans une communauté.

**ov-** → **ovo-**

**ovaire** n. m. ■ **1** Glande génitale femelle qui produit l'ovule et les hormones. **2** bot. Partie du pistil qui contient les ovules destinés à devenir des graines. ▷ adj. **ovarien, ienne**

**ovale** ■ **1** adj. Qui a la forme d'une courbe fermée et allongée. **2** n. m. Forme ovale.

**ovation** n. f. ■ Acclamations publiques rendant honneur à qqn. → **vivat.** ▷ **ovationner** v. tr. 1

**overdose** [ɔvœʀ-; ɔvɛʀ-] n. f. ■ anglic. Dose excessive d'une drogue. ▸ **surdose.**

**ovidé** n. m. ■ zool. Mammifère ongulé ruminant du type du mouton.

**ovin, ine** adj. ■ Relatif au mouton, au bélier, à la brebis. ← n. m. pl. *Les ovins.*

**ovipare** adj. et n. m. ■ Se dit des animaux qui pondent des œufs (I).

**ovni** n. m. (sigle) ■ Objet volant non identifié. → **soucoupe** volante.

**ovo-, ovi-, ov-** Élément savant, du latin *ovum* « œuf ».

**ovoïde** adj. ■ En forme d'œuf. → **ovale.**

**ovulation** n. f. ■ Libération de l'ovule (mammifères). ▷ adj. **ovulatoire**

**ovule** n. m. ■ **1** Gamète femelle élaboré par l'ovaire. ◆ bot. Gamète végétal femelle qui se transforme en graine après fécondation. ▷ adj. **ovulaire 2** Préparation pharmaceutique ovoïde se plaçant dans le vagin.

**oxford** [-fɔʀ(d)] n. m. ■ Tissu de coton à fils de deux couleurs.

**oxhydrique** adj. ■ Se dit d'un mélange d'oxygène et d'hydrogène dont la combustion dégage une chaleur considérable. ◆ *Chalumeau oxhydrique.*

**ox(y)-** Élément qui signifie « oxygène ».

**oxydable** adj. ■ Susceptible d'être oxydé.

**oxydation** n. f. ■ Combinaison (d'un corps) avec l'oxygène ; réaction dans laquelle un atome ou un ion perd des électrons.

**oxyde** n. m. ■ Composé résultant de la combinaison d'un corps avec l'oxygène.

**oxyder** v. tr. 1 ■ **1** Faire passer à l'état d'oxyde. **2** Altérer (un métal) par l'action de l'air. ← pronom. → **rouiller.**

**oxygène** n. m. ■ **1** Élément (symb. O), gaz invisible, inodore, qui constitue environ 1/5 de l'air atmosphérique. **2** fam. Air pur ; fig. ce qui aère, vivifie.

**oxygéner** v. tr. 6 ■ **1** Ajouter de l'oxygène à (une substance), par dissolution. *Oxygéner de l'eau.* ← (au p. p.) *EAU OXYGÉNÉE :* solution aqueuse de peroxyde d'hydrogène (antiseptique, décolorante). **2** fam. *S'oxygéner (les poumons) :* respirer de l'air pur. ▷ n. f. **oxygénation**

**oxyure** n. m. ■ Ver parasite des intestins.

**oyat** [ɔja] n. m. ■ Plante (graminée) utilisée pour fixer le sable des dunes.

**ozone** n. m. ■ Gaz (symb. $O_3$) bleu et odorant. *Couche d'ozone* de l'atmosphère (*ozonosphère* n. f. ; entre 15 et 40 km d'altitude).

**p** [pe] n. m. ■ Seizième lettre, douzième consonne de l'alphabet.

**pacage** n. m. ■ Terrain où l'on fait paître les bestiaux.

**pacha** n. m. ■ 1 hist. Gouverneur d'une province ottomane. 2 fam. *Une vie de pacha*, fastueuse.

**pachyderme** [-ʃi-] n. m. ■ 1 Éléphant. 2 fig. Personne énorme. ▷ adj. **pachydermique**

**pacificateur, trice** n. ■ Personne qui pacifie. ◆ adj. *Mesures pacificatrices.*

**pacifier** v. tr. 7 ■ 1 Ramener à l'état de paix (un pays, un peuple en rébellion), parfois en réprimant. 2 fig. Rendre calme. ▷ n. f. **pacification**

**pacifique** adj. ■ 1 (personnes) Qui aspire à la paix. 2 (choses) Qui n'est pas militaire, n'a pas la guerre pour objectif. 3 Qui se passe dans le calme. ▷ adv. **pacifiquement**

**pacifiste** n. et adj. ■ Partisan de la paix entre les nations ; adversaire de la guerre. ◆ adj. *Un idéal pacifiste.* ▷ n. m. **pacifisme**

① **pack** n. m. ■ anglic. Au rugby, Ensemble des avants.

② **pack** n. m. ■ anglic. Emballage réunissant plusieurs produits identiques.

**packaging** [-dʒiŋ] n. m. ■ anglic. Technique de l'emballage commercial, de la présentation publicitaire.

**pacotille** n. f. ■ Produits manufacturés de peu de valeur. ◆ *DE PACOTILLE* : sans valeur.

**pacs** n. m. (sigle) ■ (en France) "Pacte civil de solidarité", conclu par deux personnes non mariées pour régler leur vie commune. *Signer, conclure un pacs, un Pacs, un PACS.* ▶ **se pacser** v. pron. 1

**pacte** n. m. ■ 1 Accord formel. 2 Convention entre États.

**pactiser** v. intr. 1 ■ 1 Conclure un pacte (avec qqn). 2 Agir de connivence (avec). ◆ *Pactiser avec le crime.*

**pactole** n. m. ■ littér. Source de profit.

**paddock** n. m. ■ 1 Enceinte où les chevaux sont promenés avant une course. 2 fam. Lit.

**paddy** n. m. ■ Riz non décortiqué.

**paella** [paela ; pae(l)ja] n. f. ■ Plat espagnol à base de riz, viandes, fruits de mer.

① **paf** interj. ■ Bruit de chute, de coup.

② **paf** adj. invar. ■ fam. Ivre.

**pagaie** n. f. ■ Aviron sans appui.

**pagaille** ou **pagaïe** [-aj] n. f. ■ 1 Grand désordre. 2 *EN PAGAILLE* : beaucoup.

**paganisme** n. m. ■ Religion des païens.

**pagayer** v. intr. 8 ■ Ramer à l'aide d'une pagaie. ▷ n. **pagayeur, euse**

① **page** n. f. ■ 1 Chacun des deux côtés d'une feuille de papier. ◆ *MISE EN PAGES* : répartition du texte, des illustrations (avant impression). → **maquette**. ◆ loc. *Être À LA PAGE* : à la dernière mode. 2 Texte d'une page. ◆ inform. *Page d'écran, page-écran* : informations affichées sur un écran, à un moment donné. ◆ *Page web*, chacun des fichiers, constituants de base d'un site web*. 3 Feuille. ◆ loc. fig. *Tourner la page* : passer à autre chose. 4 Passage d'une œuvre. 5 fig. Épisode d'une vie, de l'histoire.

② **page** n. m. ■ ancient Jeune noble placé auprès d'un seigneur (pour apprendre le métier des armes), d'une dame.

**pageot** n. m. ■ fam. Lit. – var. PAJOT, PAGE. ▷ se **pageoter** v. pron. 1

**paginer** v. tr. 1 ■ Disposer (un livre, une revue, etc.) en pages numérotées. ▷ n. f. **pagination**

**pagne** n. m. ■ Vêtement attaché à la ceinture, couvrant le bas-ventre.

**pagode** n. f. ■ 1 Temple des pays d'Extrême-Orient. 2 *Manches pagode*, évasées.

**paie** → **paye**

**paiement** ou **payement** n. m. ■ Action de payer. *Facilités de paiement* : crédit.

**païen, ïenne** adj. ■ 1 D'une religion ancienne (polythéiste) qui n'est pas fondée sur l'Ancien Testament. *Dieux païens.* ◆ n. *Les païens.* 2 Sans religion.

**paillard, arde** adj. ■ plais. D'un érotisme actif, gai et vulgaire. *Chansons paillardes.* ▷ n. f. **paillardise**

① **paillasse** n. f. ■ **I** Enveloppe (garnie de paille, etc.) qui sert de matelas. **II** 1 Partie plane d'un évier. 2 Plan de travail.

② **paillasse** n. m. ■ littér. Clown.

**paillasson** n. m. ■ 1 Natte de paille, destinée à protéger les cultures. 2 Natte rugueuse pour s'essuyer les pieds.

**paille** n. f. ■ 1 Ensemble des tiges des céréales sans le grain. ◆ loc. *Sur la paille*, dans la misère. 2 Fibres tressées. *Chapeau de paille.* 3 Petite tige pleine ou creuse. *Tirer à la courte paille* : tirer au sort au moyen de brins de longueur inégale. ◆ fam. iron. *Une paille* : (c'est) peu de chose. ◆ loc. (Bible) *La paille et la poutre*, un petit défaut (chez autrui) dénoncé par une personne qui en a un beaucoup plus gros. 4 *HOMME DE PAILLE* :

prête-nom. **5** *PAILLE DE FER* : fins copeaux de fer en paquet. **6** techn. Défaut (dans une pierre fine, une pièce de métal, de verre).

**pailler** v. tr. 1 ▪ **1** Garnir de paille tressée. ← au p. p. *Chaise paillée*. **2** Couvrir de paille, de paillassons (1).

**pailleter** v. tr. 4 ▪ Orner, parsemer de paillettes (1). ▸ **pailleté, ée** adj.

**paillette** n. f. ▪ **1** Lamelle brillante servant d'ornement. **2** Parcelle d'or (sables aurifères). **3** *Lessive en paillettes*.

**paillon** n. m. ▪ Enveloppe de paille pour les bouteilles.

**paillote** n. f. ▪ Cabane, hutte de paille.

**pain** n. m. ▪ **1** Aliment fait de farine, d'eau, de sel et de levain ou de levure, pétri, levé et cuit au four. *Un pain*, masse de cet aliment. → **baguette, bâtard, couronne, ficelle, flûte, miche.** ◆ loc. *Je ne mange pas de ce pain-là* : je refuse ces procédés. *Avoir du pain sur la planche*, beaucoup de travail. **2** (Pâtisserie) *Pain au chocolat*. **3** *PAIN D'ÉPICE(S)* : gâteau de seigle, miel, épices (anis). **4** Masse (d'une substance). *EN PAIN DE SUCRE* : en forme de cône. **5** fam. Coup, gifle.

①**pair** n. m. ▪ I **1** Personne qui a la même situation ou fonction (élevée). *Être rejeté par ses pairs*. **2** Au Royaume-Uni, Membre de la *Chambre des pairs*, des lords. **3** En France, jusqu'en 1831, Membre de la *Chambre des pairs* (fém. *PAIRESSE*). II (dans des loc.) **1** *HORS PAIR* : sans égal. ← *ALLER DE PAIR*, ensemble. **2** *AU PAIR* : en échangeant un travail contre logement et nourriture.

②**pair, paire** adj. ▪ Se dit d'un nombre entier naturel divisible par deux.

**paire** n. f. ▪ **1** Réunion (de deux choses, de deux personnes semblables). *Une paire de gants*. **2** Objet composé de deux parties semblables. *Une paire de ciseaux*. **3** loc. fam. *Se faire la paire* (de jambes) : s'enfuir.

**pairie** n. f. ▪ Titre de pair (I, 2 et 3).

**paisible** adj. ▪ (personnes) Qui demeure en paix, ne s'agite pas. **2** (choses) Qui ne trouble pas la paix. ◆ Qui donne une impression de calme. *Fleuve paisible*. ▸ adv. **paisiblement**

**paître** v. 57 [pas de passé simple, de subj. imp., de p. p.] ▪ **1** (animaux) Manger l'herbe sur pied. **2** loc. fam. *ENVOYER PAÎTRE qqn*, le rejeter. → **promener.**

**paix** n. f. ▪ I **1** Rapports sans violence. *Faire la paix* : se réconcilier. **2** Rapports calmes entre citoyens ; absence de troubles. ← *GARDIEN\* DE LA PAIX*. II **1** Absence de guerre. **2** Accord terminant l'état de guerre. *Traité de paix*. III **1** État de qqn que rien ne trouble. *Laisser qqn en paix*. **2** État de l'âme sans inquiétude. *Avoir la conscience en paix*. **3** Absence d'agitation, de bruit. → **calme.**

**pal**, plur. **pals** n. m. ▪ Pieu aiguisé par un bout (→ **empaler**).

**palabre** n. f. ou m. ▪ **1** Discussion oiseuse. ▸ **palabrer** v. intr. 1 ▸ n. m. **palabreur 2** En Afrique, Discussion (sérieuse).

**palace** n. m. ▪ Hôtel de grand luxe.

**paladin** n. m. ▪ Chevalier généreux.

①**palais** n. m. ▪ **1** Somptueuse résidence. ← Grand édifice public. **2** *Palais de justice*, tribunal. **3** hist. Résidence des rois.

②**palais** n. m. ▪ **1** Partie supérieure interne de la bouche. **2** Organe du goût.

**palan** n. m. ▪ Appareil pour soulever et déplacer de très lourdes charges.

**palanquin** n. m. ▪ (dans certaines civilisations) Litière portée.

**pale** n. f. ▪ **1** Partie d'un aviron, d'une roue à aubes qui pénètre dans l'eau. **2** Partie d'une hélice qui agit en tournant.

**pâle** adj. ▪ **1** (teint, peau, visage) Blanc, très peu coloré. ← (personnes) Qui a le teint pâle. **2** Qui a peu d'éclat. ◆ Peu vif. *Bleu pâle*. **3** fig. Terne. *Une pâle imitation*.

**palefrenier** n. m. ▪ Valet, employé chargé du soin des chevaux.

**palefroi** n. m. ▪ (au moyen âge) Cheval de promenade, de parade.

**paléo-** Élément savant, du grec *palaios* « ancien ».

**paléographie** n. f. ▪ Science des écritures anciennes. ▸ n. **paléographe**

**paléolithique** adj. ▪ Relatif à l'âge de la pierre taillée. ← n. m. *Le paléolithique*.

**paléontologie** n. f. ▪ Science des êtres vivants (→ **fossile**) ayant existé sur la Terre aux temps géologiques. ▸ adj. **paléontologique** ▸ n. **paléontologue**

**paleron** n. m. ▪ Morceau du bœuf, situé près de l'omoplate (→ **palette).**

**palestre** n. f. ▪ Antiq. Lieu où l'on s'entraînait à la lutte, à la gymnastique.

**palet** n. m. ▪ **1** Objet plat et rond à lancer (jeu). **2** Gâteau sec rond et plat.

**paletot** n. m. ▪ **1** Vêtement de dessus, assez court, boutonné. ← régional Veste, manteau. **2** fam. *Tomber sur le paletot à qqn*, se jeter sur lui.

**palette** n. f. ▪ I Plaque mince sur laquelle un peintre étend et mélange ses couleurs. ◆ Couleurs propres à un peintre. *La palette de Rubens*. II Pièce de viande de mouton, de porc, près de l'omoplate. III Plateau de manutention ; son chargement.

**palétuvier** n. m. ▪ Grand arbre des régions tropicales, à racines aériennes.

**pâleur** n. f. ▪ Couleur, aspect pâle (1).

**pâlichon, onne** adj. ▪ fam. Un peu pâle.

**palier** n. m. ▪ **1** Plate-forme entre deux volées d'un escalier. **2** fig. Phase intermédiaire de stabilité.

**palière** adj. f. ▪ (porte) Qui ouvre sur le palier.

**palimpseste** n. m. ▪ didact. Écriture effacée recouverte d'une autre.

**palindrome** n. m. ▪ didact. Suite de lettres qui peut se lire dans les deux sens (ex. la mariée ira mal).

**palingénésie** n. f. ■ didact. Évolution par renaissance (êtres, sociétés).

**palinodie** n. f. ■ surtout au plur. littér. Changement d'opinions.

**pâlir** v. ② ■ I v. intr. Devenir pâle. ♦ (choses) Perdre son éclat. II v. tr. Rendre plus pâle.

**palissade** n. f. ■ Clôture de planches.

**palissandre** n. m. ■ Bois dur tropical, d'une couleur violacée, nuancée de noir.

**palladium** [-ɔm] n. m. ■ Élément (symb. Pd), métal léger, blanc, dur, voisin du platine.

**palliatif** n. m. ■ Mesure d'effet passager.

**pallier** v. tr. ⑦ ■ Compenser (un manque). ➞ REM. *Pallier à* est incorrect.

**pallium** [-ɔm] n. m. ■ 1 (en liturgie, dans l'Antiquité) Manteau. 2 sc. Manteau d'un mollusque. ♦ Partie du cerveau.

**palmarès** [-ɛs] n. m. ■ Liste des lauréats. ➞ Liste de récompenses.

**palme** n. f. ■ I 1 Feuille de palmier. 2 *Vin, huile de palme*, de palmier. 3 *La palme*, symbole de la victoire. II Nageoire qui se fixe au pied (nage sous-marine).

**palmé, ée** adj. ■ Dont les doigts sont réunis par une membrane. *Pieds palmés.*

**palmer** [-mɛr] n. m. ■ Instrument de précision, mesurant les épaisseurs.

**palmeraie** n. f. ■ Plantation de palmiers.

**palmier** n. m. ■ 1 Grand arbre des régions chaudes, au tronc simple, rugueux, à grandes feuilles (palmes). ♦ *Cœur de palmier.* ➞ palmiste. 2 Gâteau sec de pâte feuilletée.

**palmipède** adj. ■ Dont les pieds sont palmés. – n. m. *Les palmipèdes* (oiseaux).

**palmiste** n. m. ■ 1 Fruit du palmier à huile. 2 *(Chou) palmiste*, bourgeon terminal comestible (syn. *cœur de palmier*).

**palombe** n. f. ■ régional Pigeon ramier.

**palonnier** n. m. ■ Commande du gouvernail de direction d'un avion.

**pâlot, otte** adj. ■ Un peu pâle.

**palourde** n. f. ■ Mollusque comestible bivalve (appelé aussi *clam, clovisse*).

**palpable** adj. ■ 1 Dont on peut s'assurer par le toucher. 2 (abstrait) Vérifiable.

**palper** v. tr. ① ■ 1 Examiner en tâtant avec la main. ▷ n. f. **palpation** 2 fam. Toucher, recevoir (de l'argent).

**palpeur** n. m. ■ Dispositif opérant par contact pour mesurer.

**palpitant, ante** adj. ■ 1 Qui palpite. 2 Qui excite l'émotion. 3 n. m. fam. Cœur.

**palpiter** v. intr. ① ■ 1 Être agité de frémissements. 2 (cœur) Battre très fort. ▷ n. f. **palpitation**

**paltoquet** n. m. ■ vieilli Insolent.

**paluche** n. f. ■ fam. Main.

**paludisme** n. m. ■ Maladie infectieuse tropicale, due à un parasite transmis par les anophèles. ▷ adj. et n. **paludéen, éenne**

**palynologie** n. f. ■ didact. Étude des pollens, notamment de ceux contenus dans les sédiments (en *palynogéologie*, en *palynobotanique*).

**se pâmer** v. pron. ① ■ 1 vieilli Perdre connaissance. 2 Ressentir une émotion très agréable. *Se pâmer d'aise.*

**pâmoison** n. f. ■ littér. Fait de se pâmer.

**pampa** n. f. ■ Plaine d'Amérique du Sud.

**pamphlet** n. m. ■ Texte court et violent contre les institutions, un personnage.

**pamphlétaire** n. ■ Auteur de pamphlets.

**pamplemousse** n. m. ■ 1 bot. Arbre exotique épineux ; son fruit, consommé confit. 2 cour. Gros agrume jaune, ou rose (➝ **pomélo**), légèrement amer.

**pamplemoussier** n. m. ■ Arbre à pamplemousses (2).

**pampre** n. m. ■ Branche de vigne avec ses feuilles et ses grappes.

① **pan** n. m. ■ 1 Grand morceau d'étoffe ; partie flottante (d'un vêtement). 2 *Pan* (partie) *de mur.* ➞ *Pan coupé* : surface oblique à la rencontre de deux murs.

② **pan !** interj. ■ Bruit sec, coup de feu.

**pan-** Élément, du grec *pan*, de *pas* « tout » (ex. *panafricain* « de toute l'Afrique »).

**panacée** n. f. ■ Remède universel ; fig. formule pour résoudre tous les problèmes. ➞ REM. *Panacée universelle* est à éviter (pléonasme).

**panachage** n. m. ■ 1 Action de panacher. 2 Choix de candidats sur différentes listes (élections).

**panache** n. m. ■ 1 Faisceau de plumes flottantes. ♦ *La queue en panache d'un écureuil.* 2 fig. Brio, allure spectaculaire.

**panaché, ée** adj. ■ 1 Qui présente des couleurs variées. 2 Composé d'éléments différents. 3 adj. et n. *Un (demi) panaché*, mélange de bière et de limonade.

**panacher** v. tr. ① ■ 1 Orner de couleurs variées. 2 Composer d'éléments divers.

**panade** n. f. ■ 1 Soupe au pain. 2 fam. Misère. *Être dans la panade.*

**panard** n. m. ■ fam. Pied.

**panaris** n. m. ■ Infection aiguë d'un doigt.

**pancake** [pankɛk] n. m. ■ anglic. Petite crêpe épaisse. *Des pancakes au sirop d'érable.*

**pancarte** n. f. ■ Écriteau qui donne une information, présente une inscription.

**pancrace** n. m. ■ Antiq. Lutte, pugilat.

**pancréas** [-as] n. m. ■ Glande de l'appareil digestif. ▷ adj. **pancréatique**

**panda** n. m. ■ Mammifère d'Inde et de Chine, évoquant un petit ours noir et blanc.

**pandémie** n. f. ■ méd. Épidémie qui atteint un grand nombre de personnes dans une zone très étendue. *Une pandémie de choléra.*

**pandémonium** [-ɔm] n. m. ■ littér. Lieu où règne un désordre infernal.

**pandit** [pɑ̃di(t)] n. m. ■ Sage brahmane (titre, en Inde).

**pandore** n. m. ■ vx ou iron. Gendarme.

**panégyrique** n. m. ■ Discours à la louange de qqn. ▷ n. **panégyriste**.

**panel** n. m. ■ anglic. Échantillon de personnes (pour enquête d'opinion).

**paner** v. tr. ① ■ Couvrir (un aliment à frire) de panure. ▶ **pané, ée** adj.

**panettone** n. m. ■ Gâteau brioché italien, garni de raisins secs.

**pangolin** n. m. ■ Mammifère édenté d'Asie et d'Afrique, au corps couvert d'écailles.

**panier** n. m. ■ 1 Réceptacle de vannerie pour les marchandises. ← loc. *Mettre* (plusieurs personnes) *DANS LE MÊME PANIER*, porter sur elles le même jugement (négatif). ← *METTRE AU PANIER* : jeter. 2 *PANIER À SALADE*, pour égoutter la salade ; fig., fam. voiture cellulaire*. 3 loc. *PANIER PERCÉ* : personne très dépensière. 4 loc. *Le panier de la ménagère* : budget familial d'alimentation. 5 Armature qui servait à faire gonfler les jupes. ♦ fam. Derrière, fesses. 6 au basket-ball Filet ouvert fixé à un panneau de bois.

**panière** n. f. ■ Grande corbeille à anses. ← Malle en osier.

**panifier** v. tr. ⑦ ■ Transformer en pain. ▷ adj. **panifiable** ▷ n. f. **panification**

**panini** n. m. ■ Sandwich italien au pain blanc, qui se mange chaud.

**panique** ■ 1 adj. Qui trouble violemment l'esprit. 2 n. f. Terreur collective extrême.

**paniquer** v. ① ■ 1 v. tr. fam. Affoler, angoisser. 2 v. intr. Être pris de panique.

**pannacotta** ou **panna cotta** n. f. ■ Entremets italien à base de crème fraîche gélifiée et de sucre, servi avec un coulis de fruits.

① **panne** n. f. ■ 1 mar. *EN PANNE* (navire), à l'arrêt (vergues tournées). 2 Arrêt de fonctionnement accidentel. loc. *Panne d'essence* (ou *panne sèche*). 3 fig., fam. *Être en panne de qqch.*, en manquer.

② **panne** n. f. ■ 1 Étoffe à poils couchés brillants. 2 Graisse du cochon.

**panneau** n. m. ■ I 1 Partie d'une construction, surface délimitée. *Panneaux préfabriqués.* 2 Surface plane, support d'inscriptions. *Panneaux de signalisation.* 3 cout. Élément (d'un vêtement). II loc. *Tomber, donner dans le panneau*, dans le piège.

**panonceau** n. m. ■ 1 Écusson, plaque métallique d'un officier ministériel. 2 Enseigne.

**panoplie** n. f. ■ 1 Ensemble d'armes, trophée. 2 Jouet d'enfant, déguisement et accessoires. 3 fig. Équipement.

**panorama** n. m. ■ 1 Vaste paysage à contempler de tous côtés. 2 fig. Vue d'ensemble.

**panoramique** ■ I adj. Qui permet d'embrasser l'ensemble d'un paysage. II n. m. cin. Mouvement de balayage par la caméra (rotation).

**panse** n. f. ■ 1 Premier compartiment de l'estomac des ruminants. 2 Partie renflée d'un récipient. 3 fam. Gros ventre.

**pansement** n. m. ■ Linge, compresse servant à protéger une plaie.

**panser** v. tr. ① ■ 1 Donner à (un cheval) des soins de propreté. ▷ n. m. **pansage** 2 Soigner en appliquant un pansement.

**pansu, ue** adj. ■ Renflé comme une panse.

**pantagruélique** adj. ■ Digne d'un très gros mangeur.

**pantalon** n. m. ■ Culotte longue descendant jusqu'aux chevilles.

**pantalonnade** n. f. ■ 1 Farce. 2 Démonstration hypocrite.

**pantelant, ante** adj. ■ 1 Qui respire avec peine, convulsivement. 2 fig. Suffoqué.

**panthéisme** n. m. ■ Culte de la nature divinisée. ▷ adj. et n. **panthéiste**

**panthéon** n. m. ■ 1 Les dieux d'une religion polythéiste. 2 Monument à la mémoire des grands hommes. ♦ Ces personnages.

**panthère** n. f. ■ Grand mammifère carnassier d'Afrique et d'Asie, au pelage noir ou jaune moucheté. ♦ Sa fourrure.

**pantin** n. m. ■ 1 Jouet d'enfant d'apparence humaine. 2 fig. Personne versatile.

**pantois, oise** adj. ■ Dont le souffle est coupé par l'émotion, la surprise.

**pantomime** n. f. ■ 1 Jeu, spectacle de mime. 2 Art de s'exprimer sans parole.

**pantouflard, arde** adj. et n. ■ fam. Casanier.

**pantoufle** n. f. ■ Chaussure d'intérieur, en matière souple. → **charentaise.**

**pantoute** adv. ■ franç. du Canada, fam. Pas du tout.

**panure** n. f. ■ Mélange d'œuf battu et de chapelure enrobant un aliment pané.

**paon,** fém. rare **paonne** [pã, pan] n. ■ 1 Oiseau dont le mâle porte une longue queue ocellée qu'il redresse et déploie. 2 loc. *Se parer des plumes du paon* : se prévaloir de mérites d'autrui.

**papa** n. m. ■ 1 surtout lang. enfantin Père. ← *Grand-papa, bon-papa* : grand-père. 2 loc. fam. *À LA PAPA* : tranquillement. ← péj. *Fils, fille à papa* : enfant de riche.

**papal, ale, aux** adj. ■ Du pape.

**papamobile** n. f. ■ fam. Véhicule blindé servant aux courts déplacements du pape.

**papauté** n. f. ■ Gouvernement ecclésiastique par un pape (catholicisme romain).

**papaye** [-aj] n. f. ■ Fruit du *papayer* (n. m.), de forme allongée, à chair rouge orangé.

**pape** n. m. ■ Chef suprême de l'Église catholique romaine (→ **pontife ; papauté**).

① **papelard, arde** adj. ■ littér. Faux, doucereux. ▷ n. f. **papelardise**

② **papelard** n. m. ■ fam. Morceau de papier ; écrit (administratif).

**paperasse** n. f. ■ plur. ou collectif Papiers écrits, inutiles ou encombrants. ▷ n. f. **paperasserie** ▷ adj. **paperassier, ière**

**papeterie** [papɛtʀi] n. f. ■ **1** Fabrication du papier. ‒ Fabrique de papier. **2** Magasin de fournitures de bureau, d'école. *Librairie-papeterie.* ▷ n. **papetier, ière**

**papi** ou **papy** n. m. ■ **1** lang. enfantin Grand-père. **2** fam. Homme âgé. → **pépé.**

**papier** n. m. ■ I **1** Matière fabriquée avec des fibres (chiffon, puis bois) réduites en pâte, formant une feuille mince (pour écrire, essuyer...). ✦ *PAPIER-MONNAIE* : billets de banque. ✦ *Papier de verre\*. Papier peint,* pour tapisser. *Papier hygiénique,* utilisé aux toilettes pour s'essuyer. **2** *PAPIER MÂCHÉ* : pâte de papier durcie. ‒ loc. *Une mine de papier mâché,* blafarde. **3** Feuille très mince. *Papier d'aluminium.* II **1** Feuille, morceau de papier. **2** Écrit officiel, document. ‒ au plur. *Papiers (d'identité).* **3** loc. *Être dans les petits papiers de qqn,* jouir de sa faveur.

**papille** n. f. ■ Petite éminence de la peau ou d'une muqueuse (terminaison vasculaire ou nerveuse).

**papillomavirus** n. m. ■ biol. Virus responsable d'affections de la peau, des muqueuses.

**papillome** n. m. ■ méd. Tumeur bénigne de la peau ou d'une muqueuse, due à un papillomavirus (ex. la verrue).

**papillon** n. m. ■ **1** Insecte à quatre ailes, après métamorphose de la chenille. → **lépidoptère. 2** *Nœud papillon ;* fam. *nœud pap* : nœud de cravate plat. **3** Avis de contravention. **4** Écrou à ailettes. **5** *(Brasse)* papillon, nage.

**papillonner** v. intr. [1] ■ **1** Aller d'une chose à l'autre sans s'arrêter. **2** fig. Passer d'un sujet à l'autre. ▷ adj. **papillonnant, ante** ▷ n. m. **papillonnement**

**papillote, ante** adj. ■ **1** Qui éblouit par de nombreux points lumineux. **2** (yeux, regard) Qui papillote.

**papillote** n. f. ■ **1** Bigoudi de papier. **2** Feuille enveloppant des aliments cuits au four *(en papillotes).*

**papilloter** v. intr. [1] ■ **1** Scintiller comme des paillettes. **2** Être sans cesse en mouvement (yeux, paupières). ▷ n. m. **papillotement**

**papiste** n. ■ hist., péj. Partisan inconditionnel de la papauté.

**papoter** v. intr. [1] ■ Parler beaucoup en disant des choses insignifiantes. ▷ n. m. **papotage** ▷ n. **papoteur, euse**

**papouille** n. f. ■ fam. Petite caresse.

**paprika** n. m. ■ Piment en poudre.

**papy** → **papi**

**papy-boom** [-bum] n. m. ■ fam. Forte augmentation de la proportion de personnes âgées, dans une population.

**papyrus** [-ys] n. m. ■ **1** Plante des bords du Nil. **2** Feuille à écrire faite de sa tige.

**pâque** n. f. ■ Fête juive qui commémore le départ d'Égypte des Hébreux.

**paquebot** n. m. ■ Grand navire de transport de passagers.

**pâquerette** n. f. ■ Petite plante des prairies, à fleurs blanches ou rosées, au cœur jaune (comme la marguerite).

**Pâques** ■ **1** n. f. pl. Fête chrétienne commémorant la résurrection du Christ. **2** n. m. Le jour, la fête de Pâques.

**paquet** n. m. ■ **1** Assemblage de choses attachées ou enveloppées ensemble ; objet emballé. ‒ fig. *Paquet fiscal* : ensemble de mesures d'allégement fiscal. **2** Masse. *Des paquets de neige.* **3** loc. fam. *Mettre le paquet* : employer les grands moyens.

**paquetage** n. m. ■ Effets d'un soldat pliés de manière réglementaire.

**par** prép. ■ I **1** (lieu) À travers. *Regarder par la fenêtre.* ‒ En parcourant. *Voyager (de) par le monde.* ✦ Sur. *Être assis par terre.* **2** (temps) Durant, pendant. *Par un beau soir...* **3** (emploi distributif) *Plusieurs fois par jour.* II **1** (introduisant le compl. d'agent) Grâce à l'action de. ✦ Au moyen de. *Obtenir qqch. par la force.* **2** À cause de. *Fidèle par devoir.* III *De par la loi,* au nom de la loi. IV adv. *PAR TROP* : vraiment trop.

① **para-** Élément savant, du grec *para* « à côté de » (ex. *paraphrase*).

② **para-** Élément (→ ① para-) qui signifie « protection contre » (ex. *parachute*).

**parabellum** [-ɔm] n. m. invar. ■ Pistolet automatique de guerre.

① **parabole** n. f. ■ Récit allégorique des livres saints.

② **parabole** n. f. ■ **1** Courbe dont chacun des points est situé à égale distance d'un point fixe (foyer) et d'une droite fixe (directrice). **2** Antenne (de télévision) en forme de parabole. ▷ adj. **parabolique**

**paracentèse** [-sɛtɛz] n. f. ■ chir. Ponction pour retirer du liquide en excédent.

**parachever** v. tr. [5] ■ Conduire au point le plus proche de la perfection.

**parachute** n. m. ■ Équipement capable de se déployer en l'air, et ralentissant la descente (saut d'un avion, etc.) ; sport du saut en parachute.

**parachuter** v. tr. [1] ■ **1** Lâcher d'un avion avec un parachute. **2** fam. Nommer, envoyer (qqn) à l'improviste. ▷ n. m. **parachutage**

**parachutiste** n. ■ Personne, militaire qui pratique le saut en parachute. ‒ abrév. PARA. ▷ n. m. **parachutisme**

① **parade** n. f. ■ **1** littér. Fait de montrer avec ostentation (→ **parader**). ‒ loc. *FAIRE PARADE DE qqch.* → **étaler, exhiber. 2** Cérémonie militaire où les troupes défilent. *Tenue de parade.* **3** Parade (de foire, de cirque) : exhibition. **4** (animaux) Comportement préludant au rapprochement sexuel.

② **parade** n. f. ■ Action de parer (②).

**parader** v. intr. [1] ■ Se montrer en se donnant un air avantageux.

**paradis** n. m. ■ **1** relig. Lieu où les élus jouissent de la béatitude éternelle. **2** fig. Séjour enchanteur. **3** *LE PARADIS TERRESTRE*, jardin où, dans la Genèse, Dieu place Adam et Ève. **4** *Oiseau de paradis.* → **paradisier.**

**paradisiaque** adj. ■ **1** Du paradis. **2** Délicieux.

**paradisier** n. m. ■ Oiseau de la Nouvelle-Guinée, aux jolies couleurs.

**paradoxal, ale, aux** adj. ■ **1** Du paradoxe. ▷ adv. **paradoxalement 2** Qui recherche le paradoxe. **3** *Sommeil paradoxal*, phase d'intense activité cérébrale (rêves).

**paradoxe** n. m. ■ Opinion qui va à l'encontre de l'opinion commune.

**paraffine** n. f. ■ Substance solide blanche, tirée du pétrole. ▷ adj. **paraffiné, ée**

**parages** n. m. pl. ■ **1** Espace maritime proche (d'une terre). *Les parages du cap Horn.* **2** *DANS LES PARAGES (DE)* : aux environs de ; dans les environs.

**paragraphe** n. m. ■ **1** Division d'un écrit en prose, où l'on passe à la ligne. **2** Signe typographique (§) de cette division.

**paragrêle** adj. ■ Qui protège les cultures en transformant la grêle en pluie.

**paraître** v. intr. 57 ■ **I** Devenir visible. **1** Apparaître. **2** (imprimé) Rendre disponible pour le public. *Son livre est paru, vient de paraître.* **II 1** Être visible, être vu. *Demain il n'y paraîtra plus.* **2** (personnes) Se faire remarquer. **III** (verbe d'état ; + attribut) **1** Sembler, avoir l'air. *Il paraît s'amuser. Cela m'a paru louche.* **2** (opposé à *être*) Passer pour. → **sembler. 3** impers. *Il me paraissait sûr que..., juste de dire...* ◆ *IL PARAÎT, IL PARAÎTRAIT QUE* (+ indic.) : le bruit court que. **IV** n. m. didact. Apparence. *L'être et le paraître.*

**parallaxe** n. f. ■ astron. Déplacement de position apparente (corps céleste) dû au changement de position de l'observateur ; sa mesure. → opt. Angle de deux axes optiques visant un même objet.

**parallèle** adj. ■ **I 1** géom. (euclidienne) Se dit de lignes, de surfaces qui ne se rencontrent jamais. *Droites parallèles* ; n. f. *des parallèles.* **2** n. m. Cercle imaginaire de la sphère terrestre, parallèle à l'équateur, mesurant la latitude. **II 1** Qui affecte un même objet en même temps. *Marché parallèle* (au marché officiel). → *Police parallèle*, secrète. **2** au plur. (choses) Qui peuvent être comparés. **3** n. m. Comparaison suivie. ◆ loc. *Mettre en parallèle* : comparer.

**parallèlement** adv. ■ D'une manière parallèle (II, 1 et 2).

**parallélépipède** n. m. ■ Hexaèdre dont les faces sont des parallélogrammes parallèles deux à deux.

**parallélisme** n. m. ■ **1** État de lignes, de surfaces parallèles. **2** Progression semblable ou ressemblance suivie (entre choses).

**parallélogramme** n. m. ■ Quadrilatère dont les côtés sont parallèles deux à deux.

**paralympique** adj. ■ *Jeux paralympiques* : compétition similaire aux Jeux olympiques, pour des athlètes handicapés (→ **handisport**).

**paralyser** v. tr. 1 ■ **1** Frapper de paralysie. ◆ Immobiliser. *Le froid paralyse les membres.* **2** fig. Rendre incapable d'agir, de s'exprimer ; de fonctionner. ▷ **paralysé, ée** adj. et n. ▷ adj. **paralysant, ante**

**paralysie** n. f. ■ **1** Privation de la capacité de mouvement, de la sensibilité. **2** fig. Impossibilité d'agir, de s'extérioriser. ▷ adj. et n. **paralytique**

**paramédical, ale, aux** adj. ■ Des activités annexes de la médecine.

**paramètre** n. m. ■ **1** math. Variable dont dépendent les coefficients de certaines expressions. **2** fig. Élément variable pris en compte pour expliquer qqch. → **facteur.**

**paramétrer** v. tr. 1 ■ Déterminer les paramètres de (qqch.). ◆ inform. Régler, adapter (un périphérique...).

**paramilitaire** adj. ■ Organisé comme une armée.

**parangon** n. m. ■ littér. Modèle, exemple.

**paranoïa** n. f. ■ Troubles caractériels (délire de persécution, orgueil démesuré), pouvant déboucher sur la maladie mentale. ▷ adj. et n. **paranoïaque** – abrév. PARANO.

**paranormal, ale, aux** adj. ■ Qui n'est pas explicable par les lois naturelles.

**parapente** n. m. ■ Parachute rectangulaire pour s'élancer d'un sommet ; ce sport.

**parapet** n. m. ■ Mur à hauteur d'appui.

**parapharmacie** n. f. ■ Ensemble des produits à usage non thérapeutique vendus en pharmacie (shampooings, etc.).

**paraphe** n. m. ■ **1** Trait ajouté à une signature. **2** Signature abrégée. – var. PARAFE. ▷ **parapher** v. tr. 1 – var. PARAFER.

**parapheur** n. m. ■ Classeur pour les documents présentés à la signature.

**paraphrase** n. f. ■ Reprise (d'un texte) sous une forme plus développée. → **glose.** ▷ **paraphraser** v. tr. 1

**paraplégie** n. f. ■ Paralysie des membres, et particulièrement des membres inférieurs. ▷ adj. et n. **paraplégique**

**parapluie** n. m. ■ **1** Étoffe tendue sur une armature pliante à manche, abri contre la pluie. **2** fig. *Parapluie nucléaire*, protection assurée par une puissance nucléaire.

**parapsychologie** [-k-] n. f. ■ Étude des phénomènes psychiques paranormaux.

**parascolaire** adj. ■ En marge des activités strictement scolaires.

**parasismique** [-sis-] adj. ■ Conçu pour résister aux secousses sismiques.

**parasite** ■ **I** n. (péj.) Personne qui vit dans l'oisiveté, aux dépens des autres. **II 1** n. m. Être vivant en association durable avec un autre dont il se nourrit. → adj. *Le gui est une plante parasite.* **2** adj. Superflu et gênant. ▷ adj. **parasitaire III** adj. et n. m. *(Bruits) parasites,* perturbations radioélectriques.

**parasiter** v. tr. ⒈ ■ **1** Vivre en parasite (II) avec (un être vivant). **2** Perturber par des parasites (III).

**parasitisme** n. m. ■ **1** Mode de vie du parasite (I). **2** État de parasite (II).

**parasol** [-sɔl] n. m. ■ **1** Grande ombrelle. **2** *Pin parasol,* à branches en parasol.

**paratonnerre** n. m. ■ Tiges métalliques reliées au sol, pour préserver les bâtiments des effets de la foudre.

**paravent** n. m. ■ **1** Panneaux verticaux mobiles, pour isoler. **2** fig. Ce qui protège en cachant.

**parbleu** interj. ■ vx Exclamation d'assentiment. → fam. **pardi.**

**parc** n. m. ■ **I 1** Étendue de terrain entretenu, entièrement clos. *Le parc d'un château.* **2** *PARC NATIONAL, RÉGIONAL :* zone rurale étendue, pittoresque, soumise à des réglementations. **II 1** Clôture légère. **2** Enclos à bétail. ◆ Bassin où sont engraissés ou affinés des coquillages. **3** *Parc de stationnement.* → anglic. **parking. 4** Ensemble de véhicules. *Le parc automobile français.*

**parcelle** n. f. ■ **1** Très petit morceau. **2** Portion de terrain de même culture. ▷ adj. **parcellaire**

**parce que** loc. conj. ■ Exprime la cause. → **car, puisque.**

**parchemin** n. m. ■ **1** Peau d'animal (mouton, chèvre, veau) préparée pour l'écriture. **2** Écrit sur parchemin. ◆ fam. Diplôme.

**parcheminé, ée** adj. ■ Qui a la consistance ou l'aspect du parchemin.

**parcimonie** n. f. ■ Épargne, économie extrême. ▷ adj. **parcimonieux, euse** ▷ adv. **parcimonieusement**

**par-ci par-là** → ① **ci**

**parcmètre** [paʀk-] n. m. ■ Compteur de stationnement payant, pour les voitures.

**parcourir** v. tr. ⒒ ■ **1** Aller dans toutes les parties de (un lieu, un espace). **2** Accomplir (un trajet). **3** Lire rapidement.

**parcours** n. m. ■ **1** Chemin pour aller d'un point à un autre. → *Parcours du combattant :* parcours semé d'obstacles (exercice militaire) ; fig. série d'épreuves. **2** Distance déterminée à suivre.

**pardessus** n. m. ■ Manteau d'homme.

**pardi** interj. ■ fam. Exclamation renforçant une déclaration.

**pardon** n. m. ■ **1** Fait de pardonner. *Demander pardon.* **2** *(Je vous demande) pardon,* formule d'excuse. ◆ *Pardon ?,* pouvez-vous répéter ? **II** Fête religieuse. *Un pardon breton.* ◆ *Le grand Pardon,* fête juive de l'expiation.

**pardonner** v. tr. ⒈ ■ **1** Renoncer à punir, à se venger. *Pardonner une injure.* → *Pardonner à qqn.* **2** Juger avec indulgence, en minimisant la faute de. → **excuser. 3** loc. *Ça ne pardonne pas,* c'est très grave ou mortel. ▷ adj. **pardonnable**

**pare-balles** adj. invar. ■ Qui protège des balles. *Un gilet pare-balles.*

**pare-brise** n. m. invar. ■ Vitre avant (d'un véhicule).

**pare-chocs** n. m. invar. ■ Garniture (d'un véhicule) pour amortir les chocs.

**pare-feu** n. m. ■ Protection contre le feu.

**parégorique** adj. ■ *Élixir parégorique,* contre les douleurs d'intestin.

**pareil, eille** ■ **I** adj. **1** Semblable. → adv. fam. *Ils sont habillés pareil.* **2** De cette nature, de cette sorte. → **tel.** *En pareil cas.* **II 1** n. Personne de même sorte. *Il n'a pas son pareil.* → *SANS PAREIL(LE) :* sans égal. **2** n. f. *RENDRE LA PAREILLE :* faire subir (à qqn) un traitement analogue à celui qu'on a reçu. **3** (n. m.) loc. fam. *C'est du pareil au même :* c'est la même chose. ▷ adv. **pareillement**

**parement** n. m. ■ **1** techn. Face extérieure (d'un mur) revêtue de pierres de taille. **2** Revers (col, manches d'un vêtement).

**parenchyme** n. m. ■ bot. Tissu cellulaire spongieux et mou des végétaux.

**parent, ente** n. ■ **1** au plur. *LES PARENTS :* le père et la mère. **2** Personne de la famille. **II** adj. **1** Avec qui on a un lien de parenté. **2** fig. (choses) Proche, apparenté.

**parental, ale, aux** adj. ■ Des parents.

**parentalité** n. f. ■ didact. Qualité, statut de parent (du point de vue social, juridique...).

**parenté** n. f. ■ **1** Rapport entre personnes descendant les unes des autres, ou d'un ancêtre commun. **2** Ensemble des parents (2). **3** fig. Rapport d'analogie.

**parenthèse** n. f. ■ **1** Insertion, dans une phrase, d'un élément accessoire. **2** Signe placé avant, après la parenthèse : (). → fig. *Entre parenthèses.* → **incidemment.**

**paréo** n. m. ■ **1** Pagne tahitien. **2** Vêtement de plage analogue.

① **parer** v. tr. ⒈ ■ **1** Préparer (qqch.) pour un usage. **2** mar. *Parez à virer !,* manœuvrez. **II** cour. **1** Vêtir (qqn) avec recherche. **2** fig. Attribuer (une qualité). *Parer qqn de toutes les vertus.* → se **parer** v. pron.

② **parer** v. tr. ⒈ ■ **1** *Parer un coup,* l'éviter. **2** v. tr. ind. *PARER À :* faire face à. *Parer à toute éventualité.* loc. *Parer au plus pressé,* s'occuper du plus urgent.

**pare-soleil** n. m. invar. ■ Écran.

**paresse** n. f. ■ **1** Goût pour l'oisiveté ; fait d'éviter l'effort. **2** Lenteur à fonctionner, à réagir. *Paresse intestinale.*

**paresser** v. intr. ⒈ ■ (personnes) Se laisser aller à la paresse ; ne rien faire.

**paresseux, euse ▪ I** adj. **1** Qui montre de la paresse, évite l'effort. → n. *Quel paresseux!* **2** (organe) Qui fonctionne, réagit avec une lenteur anormale. **II** n. m. Mammifère à mouvements lents, qui vit dans les arbres (syn. aï). ▷ adv. **paresseusement**

**parfaire** v. tr. 60 seulement inf. et temps composés ▪ Conduire à la perfection.

**parfait, aite ▪ I** adj. **1** (choses) Qui est au plus haut, dans l'échelle des valeurs. loc. *Filer le parfait amour.* **2** (personnes) Sans défaut. **3** (avant le nom) Vrai, complet. *Un parfait idiot.* **II** n. m. ling. Le passé simple ou composé (opposé à *imparfait*). **III** n. m. Entremets glacé à la crème.

**parfaitement** adv. ▪ **1** D'une manière parfaite, très bien. → **admirablement. 2** Absolument. → **très. 3** Oui, certainement.

**parfois** adv. ▪ À certains moments, dans certains cas. → **quelquefois.**

**parfum** n. m. ▪ **1** Odeur agréable et pénétrante. **2** Goût (d'un arôme). *À quel parfum, votre glace?* **3** Substance aromatique. **4** loc. fam. *Être AU PARFUM,* informé.

**parfumer** v. tr. 1 ▪ **1** Imprégner de parfum. → pronom. *Se parfumer.* **2** Aromatiser.

**parfumerie** n. f. ▪ **1** Fabrication des parfums et des produits de beauté. ♦ Ces produits. **2** Usine, boutique de parfumerie.

**parfumeur, euse** n. ▪ Fabricant(e) ou marchand(e) de parfums.

**pari** n. m. ▪ **1** Convention par laquelle des personnes s'engagent à verser une somme à celle qui aura raison. *Tenir un pari,* l'accepter. **2** Jeu où le gain dépend du résultat de courses, d'épreuves, de compétitions; action de parier.

**paria** n. m. ▪ **1** en Inde Personne hors caste. → **intouchable. 2** fig. Personne exclue.

**parier** v. tr. 7 ▪ **1** Engager (un enjeu) dans un pari. → *Parier sur un cheval.* → **jouer. 2** Affirmer; être sûr. *Je parie que c'est lui.* → *Vous avez soif, je parie?,* je suppose.

**pariétal, ale, aux** adj. ▪ didact. *Peintures pariétales,* faites sur une paroi de roche.

**parieur, euse** n. ▪ Personne qui parie (1).

**parigot, otte** adj. et n. ▪ fam. Parisien.

**parisien, ienne** adj. et n. ▪ De Paris.

**paritaire** adj. ▪ *Commission paritaire,* où les représentants des parties sont en nombre égal.

**parité** n. f. ▪ **I** didact. Fait d'être pareil (de deux choses). **2** écon. Égalité de la valeur d'échange des monnaies. **II** Égalité de répartition (dans un ensemble). *La parité hommes-femmes.*

**parjure ▪** littér. **1** n. m. Violation de serment. **2** n. et adj. Auteur de parjure. ▷ **se parjurer** v. pron. 1

**parka** n. m. ou f. ▪ Court manteau imperméable à capuchon.

**parking** n. m. ▪ anglic. Parc de stationnement pour les automobiles.

**parkinson** [parkinsɔn] n. m. ▪ méd. Affection neurologique avec tremblements et raideur musculaire. ▷ adj. et n. **parkinsonien, ienne**

**parlant, ante** adj. ▪ **1** Qui enregistre et reproduit la parole. → *Cinéma parlant* (opposé à *muet*). **2** (choses) Éloquent, clair.

**parlé, ée** adj. ▪ Qui se réalise par la parole. → **oral.** → *Journal parlé* (radio).

**parlement** n. m. ▪ **1** hist. Cour de justice. **2** Assemblée ou chambres qui détiennent le pouvoir législatif (en France, Assemblée nationale et Sénat).

**① parlementaire ▪ 1** adj. Du Parlement. **2** n. Membre du Parlement. → **député.**

**② parlementaire** n. ▪ Personne chargée de parlementer avec l'ennemi.

**parlementarisme** n. m. ▪ Régime parlementaire (①).

**parlementer** v. intr. 1 ▪ **1** Entrer en pourparlers avec l'ennemi. **2** Discuter.

**① parler** v. 1 ▪ **I** v. intr. **1** Communiquer, s'exprimer par la parole. **2** Révéler ce qu'on tenait caché. *Son complice a parlé.* **3** (sujet chose) Être éloquent. *Les chiffres parlent d'eux-mêmes.* **II** v. tr. ind. **1** *Parlez-moi de vous, de vos projets.* → loc. *Sans parler de,* en plus de. **2** PARLER À qqn, lui adresser la parole. → loc. *Trouver à qui parler,* avoir un adversaire difficile. **3** fam. *TU PARLES!,* exclamation dubitative ou méprisante. **III** v. tr. dir. **1** Pouvoir s'exprimer au moyen de (telle langue). *Je ne parle pas anglais.* **2** Aborder (un sujet). *Parler politique.*

**② parler** n. m. ▪ Dialecte, patois.

**parleur** n. m. ▪ **1** loc. péj. *BEAU PARLEUR:* celui qui aime à faire de belles phrases. → **phraseur. 2** rare → **locuteur.**

**parloir** n. m. ▪ Local d'une communauté, d'une prison où les visiteurs sont admis.

**parlote** ou **parlotte** n. f. ▪ Échange de paroles insignifiantes.

**parme ▪ 1** adj. invar. Mauve (comme la violette de Parme). **2** n. m. Jambon de Parme.

**parmesan** n. m. ▪ Fromage à pâte dure (des environs de Parme), au goût piquant.

**parmi** prép. ▪ **1** Au milieu de. → **entre.** *Parmi nous.* → **avec,** près de. **2** Entre plusieurs. *C'est une solution parmi (tant) d'autres.* **3** Dans un ensemble d'êtres vivants. → **chez.**

**parodie** n. f. ▪ Imitation burlesque (d'une œuvre sérieuse). ♦ fig. Contrefaçon. → **caricature.** ▷ adj. **parodique**

**parodier** v. tr. 7 ▪ Imiter (une œuvre, un auteur); caricaturer.

**paroi** n. f. ▪ **1** Séparation intérieure dans une maison. → **cloison, mur. 2** Roc, terrain à pic. **3** Surface intérieure (d'un contenant).

**paroisse** n. f. ▪ Circonscription d'un curé, d'un pasteur. ▷ adj. **paroissial, iale, iaux**

**paroissien, ienne** n. ▪ **1** Personne qui dépend d'une paroisse. **2** n. m. Livre de messe. → **missel.**

**parole** n. f. ■ I **1** Élément du langage articulé. → **mot ; expression.** ◆ loc. *De belles paroles :* des promesses creuses. **2** au plur. Texte (musique vocale). **3** Pensée exprimée en quelques mots. → **mot. 4** *Parole (d'honneur),* promesse sur l'honneur. ◆ *Sur parole :* sur promesse. **II 1** Faculté de communiquer la pensée par un système de sons articulés émis par la voix. **2** Fait de parler. *Prendre la parole.*

**parolier, ière** n. ■ Auteur des paroles (I, 2) d'une chanson, d'un opéra.

**paronyme** adj. et n. m. ■ didact. Presque homonymes (ex. *éminent-imminent*).

**paroxysme** n. m. ■ Le plus haut degré (sensation, sentiment ; phénomène).

**parpaillot, ote** n. ■ vx et péj. Protestant.

**parpaing** [-pɛ̃] n. m. ■ Bloc (pierre, etc.) formant l'épaisseur d'une paroi.

**parque** n. f. ■ mythol. Déesse qui file la vie humaine. *Les trois Parques.*

**parquer** v. tr. 1 ■ **1** Mettre (des animaux) dans un parc. **2** Enfermer (des personnes). **3** Ranger (une voiture) dans un parc de stationnement.

**parquet** n. m. ■ I Magistrats chargés de requérir l'application de la loi. II Assemblage de bois garnissant le sol d'une pièce, d'une salle (≠ *plancher*). ▷ **parqueter** v. tr. 4 *Parqueter une pièce.*

**parrain** n. m. ■ **1** Celui qui tient (a tenu) un enfant sur les fonts baptismaux. **2** Responsable d'un nouveau membre (cercle, club). **3** Chef d'un groupe illégal (maffia).

**parrainage** n. m. ■ **1** Fonction, qualité de parrain (1 et 2) ou de marraine. **2** Appui moral. **3** Soutien financier (→ **mécénat ; sponsor**). **4** Soutien écrit à un candidat à une élection.

**parrainer** v. tr. 1 ■ Accorder son parrainage (2 et 3) à.

**parricide** ■ **1** n. m. Meurtre du père ou de la mère. **2** n. Auteur d'un parricide.

**parsemer** v. tr. 5 ■ **1** Répartir par endroits. **2** Être répandu çà et là sur.

**part** n. f. ■ I **1** Ce qu'une personne possède ou acquiert en propre. → *AVOIR PART :* participer à. ◆ *PRENDRE PART À :* jouer un rôle dans. ◆ S'associer (aux sentiments d'autrui). *Je prends part à votre douleur.* ◆ *POUR MA PART :* en ce qui me concerne. **2** *FAIRE PART DE qqch. À qqn,* faire connaître. **3** Partie attribuée à qqn ou consacrée à qqch. → **lot, morceau, portion.** ◆ Partie de capital. *Acheter des parts dans une entreprise.* ◆ Ce que chacun doit donner. → **écot, quote-part. 4** *FAIRE LA PART DE :* tenir compte de. II Partie. loc. *POUR UNE LARGE PART :* en grande partie. **III** Côté, lieu (dans des loc.). **1** *DE LA PART DE (qqn) :* au nom de (qqn), pour (qqn). ◆ *D'UNE PART... D'AUTRE PART ; D'UNE PART..., DE L'AUTRE,* en comparant. ◆ *D'AUTRE PART* (en début de phrase). → **d'ailleurs.** ◆ *DE PART ET D'AUTRE :* des deux côtés. ◆ *DE PART EN PART.* → **à travers.** ◆ *EN BONNE, EN MAUVAISE PART :*

en bien, en mal. **2** (avec un adj. indéf.) *NULLE PART :* en aucun lieu. ◆ *AUTRE PART :* dans un autre lieu. ◆ *QUELQUE PART :* en un lieu indéterminé. **3** *À PART* loc. adv. : à l'écart. *Prendre qqn à part,* en particulier. ◆ loc. prép. Excepté. *À part lui.* ◆ adjectivt Séparé d'un ensemble. *Une place à part.*

**partage** n. m. ■ I **1** Action de partager ; division en parts. *Le partage d'un domaine.* **2** Fait de partager (qqch. avec qqn). ◆ *SANS PARTAGE :* sans réserve. II Part qui revient à qqn. *Recevoir qqch. EN PARTAGE.*

**partager** v. tr. 3 ■ **1** Diviser (un ensemble) en éléments (distribution, répartition). **2** *Partager qqch. avec qqn,* lui en donner une partie. **3** Avoir, prendre en partie avec, en même temps que d'autres. *Partager le repas de qqn.* **4** (sujet chose) Diviser (un ensemble) de manière à former plusieurs parties. **5** (sujet personne) au passif Être divisé entre des sentiments contradictoires. ◆ (sujet chose) *Les avis sont partagés.* ◆ **se partager** v. pron.

**partance** n. f. ■ *EN PARTANCE (pour) :* qui va partir (bateaux, etc.).

① **partant, ante** ■ **1** n. Personne qui part. **2** n. Personne, cheval au départ d'une course. **3** adj. D'accord (pour), disposé (à). *Je ne suis pas partant.*

② **partant** conj. ■ littér. Ainsi, donc.

**partenaire** n. ■ **1** Personne avec qui l'on est allié contre d'autres joueurs. ◆ Personne associée à une autre (danse, exercice sportif, etc.). **2** Personne avec qui on a des relations sexuelles. **3** Pays associé, communauté associée ; allié commercial.

**partenariat** n. m. ■ Système associant des partenaires (3) économiques ou sociaux.

**parterre** n. m. ■ I Plantation décorative de fleurs. II Partie du rez-de-chaussée d'une salle de théâtre, derrière l'orchestre.

**parthénogenèse** n. f. ■ biol. Reproduction sans fécondation, dans une espèce sexuée.

① **parti** n. m. ■ I **1** littér. Solution d'une situation. *Hésiter entre deux partis.* **2** *PRENDRE LE PARTI DE :* se décider à. ◆ *PRENDRE PARTI :* prendre position. ◆ *PRENDRE SON PARTI :* se déterminer. ◆ *PARTI PRIS :* opinion préconçue. *Être de parti pris.* → **partial. II** loc. *TIRER PARTI DE :* exploiter, utiliser. **III** Personne à marier. *Un beau parti.*

② **parti** n. m. ■ **1** Groupe de personnes défendant la même opinion. **2** plus cour. Organisation politique.

③ **parti, ie** adj. ■ fam. Ivre.

**partial, ale, aux** adj. ■ Qui prend parti sans souci de justice ni de vérité. ▷ adv. **partialement** ▷ n. f. **partialité**

**participant, ante** adj. et n. ■ (Personne) qui participe à qqch.

**participatif, ive** adj. ■ **1** Relatif à une participation financière. **2** Qui implique une participation. *Démocratie participative.*

**participation** n. f. ■ **1** Action de participer ; action en commun. **2** Fait de participer à (un profit ; une dépense).

**participe** n. m. ■ Forme dérivée du verbe, qui « participe » de l'adjectif et du verbe. *Participe présent ; passé.*

**participer** v. tr. ind. [1] ■ I PARTICIPER À 1 Prendre part à (qqch.). ◆ fig. *Participer au chagrin d'un ami*, s'y associer. 2 Avoir part à (qqch.). *Participer aux frais.* II littér. (sujet chose) PARTICIPER DE : tenir à la fois de.

**particulariser** v. tr. [1] ■ Différencier par des traits particuliers. ▷ n. f. **particularisation**

**particularisme** n. m. ■ 1 Attitude d'une communauté, d'un groupe qui veut conserver ses usages particuliers, son autonomie. ▷ adj. et n. **particulariste** 2 Caractère particulier.

**particularité** n. f. ■ Caractère particulier.

**particule** n. f. ■ 1 Infime quantité (d'un corps). ◆ *Particules fines*, en suspension dans l'air. ◆ sc. Constituant élémentaire (de la matière, de l'énergie). 2 *Particule (nobiliaire)*, la préposition *de (du, de la)* précédant un nom de famille.

**particulier, ière** ■ I adj. 1 Qui appartient en propre (à qqn, qqch. ou à une catégorie). → **personnel, propre.** 2 Qui ne concerne qu'un individu. → **individuel.** ◆ loc. *Je voudrais vous parler EN PARTICULIER*, seul à seul. 3 Qui présente des caractères hors du commun. *Des amitiés particulières* (homosexuelles). ◆ EN PARTICULIER loc. adv. : spécialement, surtout. 4 Qui concerne un cas précis (opposé à *général*). → n. m. *Aller du général au particulier.* ◆ EN PARTICULIER loc. adv. (opposé à *en général*). II n. Personne privée. *Vente aux particuliers.* ◆ fam. Individu.

**particulièrement** adv. ■ D'une manière particulière (I, 3 et 4). → **surtout.**

**partie** n. f. ■ I 1 Élément (d'un tout), unité séparée ou abstraite (d'un ensemble). *Roman en deux parties.* ◆ loc. *La majeure partie.* → **la plupart.** ◆ loc. *EN PARTIE.* → **partiellement.** 2 *FAIRE PARTIE DE* : compter parmi. → **appartenir.** 3 Élément constitutif (d'un être vivant). *Les parties du corps.* ◆ fam. *Les parties*, ellipt *parties sexuelles masculines.* 4 (avec un poss.) Domaine d'activités. *Elle est très forte dans sa partie.* II 1 dr. Personne physique ou morale qui participe à un acte juridique, à un procès. ◆ loc. *Être juge et partie*, avoir à juger une affaire où l'on est impliqué. 2 loc. *PRENDRE qqn À PARTIE* : s'en prendre à lui. 3 loc. *Avoir à forte partie*, à un adversaire redoutable. III 1 Durée (d'un jeu) à l'issue de laquelle sont désignés gagnants et perdants. *Partie de cartes.* ◆ Combat. *J'abandonne la partie.* 2 Divertissement à plusieurs. *Partie de plaisir.* 3 *Ce n'est que partie remise*, ce sera pour une autre fois.

**partiel, elle** [-sjɛl] adj. ■ Qui ne concerne qu'une partie. ▷ adv. **partiellement**

① **partir** v. intr. [16] ■ I 1 Se mettre en mouvement pour quitter un lieu. → **s'en aller, s'éloigner.** ◆ (sujet chose) *Ma lettre est partie hier.* 2 Passer de l'immobilité à un mouvement rapide. 3 (sujet chose) Se mettre à progresser, à marcher. *L'affaire est bien,*

*mal partie.* → **commencer.** 4 (projectiles) Être lancé. *Le coup n'est pas parti.* 5 (sujet chose) Disparaître. *La tache est partie.* ◆ *Tout son argent part en disques.* 6 Mourir. *Mon père est parti le premier.* II PARTIR DE. 1 Venir, provenir (d'une origine). 2 Avoir son principe dans. *Mot qui part du cœur.* 3 Commencer un raisonnement, une opération. *En partant de ce principe.* 4 À PARTIR DE loc. prép. : en prenant pour point de départ dans le temps.

② **partir** v. tr. (seulement inf.) ■ vx Partager. *AVOIR MAILLE À PARTIR.* → ② **maille.**

**partisan, ane** ■ I 1 n. (rare au fém.) Personne qui prend parti pour une doctrine. ◆ adj. *Être partisan de* (+ inf.), être d'avis de. 2 adj. Qui témoigne d'un parti pris. *Haines partisanes.* II n. m. Soldat de troupes irrégulières, combattant en territoire occupé.

**partitif, ive** adj. ■ gramm. *ARTICLE PARTITIF*, qui détermine une partie non mesurable (ex. *manger du pain, boire de l'eau*).

**partition** n. f. ■ Notation d'une composition musicale.

**partout** adv. ■ En tous lieux ; en de nombreux endroits.

**parturition** n. f. ■ méd. Accouchement.

**paru, ue** ■ P. p. du verbe *paraître.*

**parure** n. f. ■ 1 Vêtements, ornements d'une personne en grande toilette. 2 Ensemble assorti de bijoux, de pièces de linge.

**parution** n. f. ■ Moment de la publication (d'un livre, d'un article).

**parvenir** v. tr. ind. [22] ■ PARVENIR À 1 Arriver, dans un déplacement. → **atteindre.** 2 (sujet chose) Arriver jusqu'à. *Le bruit de la rue lui parvenait.* 3 (personnes) Arriver à (un résultat). *Parvenir à ses fins.* ◆ (+ inf.) *Je suis parvenu à le voir.* 4 Atteindre naturellement. *Parvenir à un âge avancé.*

**parvenu, ue** n. ■ péj. Personne qui s'est élevée à une condition supérieure sans en acquérir les manières.

**parvis** n. m. ■ 1 Place située devant (une église). 2 Espace dégagé réservé aux piétons, dans un ensemble urbain.

① **pas** n. m. ■ I *UN, DES PAS* 1 Action de faire passer l'appui du corps d'un pied à l'autre, dans la marche. *Faire quelques pas.* ◆ loc. *À chaque pas* : à chaque instant. *Faire quelques pas.* ◆ loc. *À PAS* : lentement. *Faire les CENT PAS* : marcher de long en large. *Revenir SUR SES PAS*, en arrière. 2 *FAUX PAS* : fait de trébucher ; fig. écart de conduite. 3 Trace laissée par un pied. *Des pas dans la neige.* 4 Longueur d'un pas. *C'est à deux pas (d'ici)*, tout près. 5 fig. Chaque élément, chaque temps d'une progression. *Faire un pas en avant.* → **progresser.** ◆ loc. *Faire les premiers pas* : prendre l'initiative. II 1 *LE PAS* : la façon de marcher. ◆ loc. *AU PAS.* *Aller au pas* (sans courir). *Mettre qqn au pas*, le forcer à obéir. 2 Ensemble des pas d'une danse. ◆ *PAS DE DEUX* : partie d'un ballet dansée à deux. 3 Allure, marche (d'un animal). III (Passage) 1 loc. *Prendre le pas sur qqn*, le précéder. *Céder le pas à qqn*, le

laisser passer devant. **2** Passage. → **col** (III).
♦ *Le pas de Calais* (détroit). **3** loc. *Se tirer d'un MAUVAIS PAS*, d'une situation périlleuse. **4** *LE PAS DE LA PORTE* : le seuil. ← loc. *PAS DE PORTE* : bail commercial. **5** Tours d'une rainure en spirale. *Un pas de vis.*

② **pas** adv. de négation ■ **I** *NE...PAS, NE PAS* (négation du verbe). *Je ne parle pas.* ← (+ inf.) *Il espère ne pas le rencontrer.* **II 1** ellipt *Pas de chance ! Pourquoi pas ?* → **non. 2** (devant un adj. ou un participe) *Un garçon pas bête.* **3** (avec adv.) *Pas du tout. Absolument pas.* **III** *PAS* (sans *ne*). fam. (parlé) *Pleure pas !*

① **pascal, ale, als** ou **aux** adj. ■ Relatif à la Pâque juive ; à Pâques.

② **pascal** n. m. ■ inform. Langage de programmation évolué.

③ **pascal, als** n. m. ■ Unité de mesure de pression (symb. Pa), correspondant à une force de 1 newton exercée sur 1 m². 

**pashmina** n. m. ■ Tissu très doux, de grande qualité, fait à partir de poils du cou de la chèvre dont on utilise les poils pour le cachemire. ← Pièce (étole, etc.) de ce tissu.

**paso doble** [pasodɔbl] n. m. invar. ■ Danse marchée.

**passable** adj. ■ Qui peut passer, qui convient à peu près. ▷ adv. **passablement**

**passade** n. f. ■ Liaison amoureuse de courte durée. ← fig. Engouement passager.

**passage** n. m. ■ **I** Action, fait de passer. **1** (En traversant, en passant) *Lieu de passage.* ← *AU PASSAGE* : au moment où (qqn, qqch. passe). ← *DE PASSAGE* : qui ne reste pas longtemps. **2** Traversée (sur un navire). **3** *EXAMEN DE PASSAGE*, pour passer dans la classe supérieure, d'un état à un autre. **II 1** Endroit par où l'on passe. *Se frayer un passage.* **2** Petite voie pour les piétons qui unit deux artères. *Passage couvert.* **3** *PASSAGE À NIVEAU* : croisement d'une voie ferrée et d'une route. ← *PASSAGE SOUTERRAIN*. ← *Passage protégé*. **III** Fragment (d'une œuvre, d'un texte).

**passager, ère** ■ **I** n. Personne transportée (navire, avion, voiture). **II** adj. Dont la durée est brève. ▷ adv. **passagèrement**

**passant, ante** ■ **I** n. Personne qui passe (spécialt dans une rue). **II** n. m. Anneau, pièce cousue pour maintenir une courroie, une ceinture en place. **III** adj. Où passent beaucoup de personnes, de véhicules (rue...).

**passation** n. f. ■ **1** dr. Action de passer (un acte). → **passer** (VI, 9). **2** *Passation de pouvoirs*, transmission de pouvoirs.

① **passe** n. f. ■ **1** escr. Action d'avancer sur l'adversaire. *PASSE D'ARMES* (fig. échange d'arguments, de répliques). **2** loc. *MOT DE PASSE* : formule convenue. **3** *MAISON DE PASSE*, de prostitution. **4** Mouvement de mains (d'un prestidigitateur, d'un magnétiseur...). **5** sports Action de passer la balle. **II** Passage étroit ouvert à la navigation. ← Passage, en montagne. **III** loc. **1** *ÊTRE EN PASSE DE*, en position, sur le point de. **2** *DANS UNE MAUVAISE PASSE*, dans une période d'ennuis.

② **passe** n. m. → **passe-partout**

① **passé** n. m. ■ **I 1** Ce qui a été, ce qui s'est passé. *La connaissance du passé.* **2** Vie passée, ensemble de souvenirs. **3** loc. *(Comme) PAR LE PASSÉ* : (comme) autrefois. **II** gramm. Temps révolu où se situe l'action verbale ; formes correspondantes du verbe. *Passé simple* (il fit) ; *passé composé* (il a fait). → aussi **imparfait**.

② **passé, ée** ■ **I** adj. Qui n'est plus, est écoulé. *Huit heures passées.* **II** *PASSÉ* prép. Après. *Passé l'église. Passé minuit.*

③ **passé, ée** adj. ■ Éteint, fané.

**passe-droit** n. m. ■ Faveur accordée contre le règlement. *Des passe-droits.*

**passéisme** n. m. ■ didact. Goût excessif du passé. ▷ adj. et n. **passéiste**

**passe-lacet** n. m. ■ Grosse aiguille servant à introduire un lacet dans un œillet.

**passementerie** n. f. ■ Ouvrages de fil (franges, galons...) ; leur commerce.

**passe-montagne** n. m. ■ Coiffure de tricot ne découvrant qu'une partie du visage.

**passe-partout** ■ **1** n. m. invar. Clé servant à ouvrir plusieurs serrures. - abrév. *PASSE.* **2** adj. invar. Qui convient partout.

**passe-passe** n. m. invar. ■ *TOUR DE PASSE-PASSE* : tour d'adresse.

**passe-plat** n. m. ■ Guichet pour passer les plats, les assiettes.

**passepoil** n. m. ■ Liseré, bordure de tissu entre deux pièces cousues.

**passeport** n. m. ■ Pièce certifiant l'identité, la nationalité, pour se rendre à l'étranger.

**passer** v. ① ■ **I** v. intr. (auxiliaire *être* ; parfois *avoir*) **1** Se déplacer d'un mouvement continu. *Le train est passé.* ← *Ne faire que passer*, rester peu de temps. ← *EN PASSANT* : au passage. **2** Être projeté (film), diffusé (émission). **3** (avec certaines prép.) *Passer sur, sous, entre, par...* ♦ Ne pas s'attarder sur (un sujet). *Passer rapidement sur les détails.* absolt *Passons !* ← *PASSER OUTRE*\*. ← *PASSER DEVANT, DERRIÈRE ; AVANT, APRÈS* : précéder, suivre (dans l'espace). fig. *Passer avant*, être plus important. **4** absolt Franchir un endroit difficile, dangereux, interdit. *On ne passe pas !* ♦ (sujet chose) Traverser un filtre (liquide). ← (aliments) Être digéré. **5** absolt Être accepté, admis. ← *PASSE, PASSE ENCORE* : cela peut être admis. **6** *PASSER PAR* : traverser (un lieu, une situation) à un moment. ♦ fam. *Y PASSER* : subir nécessairement (une peine...) ; spécialt mourir. **7** *Passer inaperçu*, être inaperçu. **II** v. intr. (Aller) *PASSER DE... À, DANS, EN...* : quitter (un lieu) pour aller dans (un autre). **2** (sans *de*) *PASSER À, DANS, EN, CHEZ ; QUELQUE PART*, aller. *Passons à table.* ♦ Accéder. *Passer dans la classe supérieure.* **3** *PASSER* (+ inf.) : aller (faire qqch.). *Je passerai vous prendre demain.* **4** (choses) *Y PASSER* : être consacré à. *Tout son argent y passe.* **5** *PASSER À* : en venir à. *Passer à l'action.* **6** (suivi d'un attribut) Devenir. *Il est passé maître dans cet art.* **III** v. intr. (sans compl.) **1** S'écouler (temps). *Les* *jours passaient.* **2** Cesser d'être ; avoir une durée limitée. → **disparaître.** *La douleur va passer.* **3** (couleur) Perdre son intensité, son éclat. → **pâlir. IV** verbe d'état (auxiliaire *avoir*) *PASSER POUR* : être considéré comme, avoir la réputation de. *Il a longtemps passé pour un génie.* ◆ (sujet chose) *Cela peut passer pour vrai.* **V** v. tr. **1** Traverser (un lieu, un obstacle). → **franchir.** *Passer la frontière.* ◆ littér. *Passez votre chemin ! :* partez ! **2** Passer un examen, en subir les épreuves. **3** Employer (un temps). *Passer la soirée chez qqn.* - *Passer le temps\* à* (+ inf.). **4** Abandonner (un élément d'une suite). → **oublier, sauter.** *Passer une ligne.* **5** *PASSER* (qqch.) *À qqn.* → **remettre.** *Ses parents lui passent tout.* **6** Dépasser (dans l'espace). - loc. *Passer le cap\* de.* **VI** v. tr. (Faire passer) **1** Faire traverser (qqch.). *Passer des marchandises.* ◆ Faire mouvoir, aller. *Passer l'aspirateur.* **2** *Passer* (qqch.) *sur,* étendre. **3** Faire traverser un filtre (un liquide). *Passer le café.* **4** Projeter, diffuser. *Passer un film.* **5** Mettre rapidement (un vêtement). → **enfiler.** *Passer une veste.* **6** Enclencher (les commandes de vitesse d'un véhicule). *Passer la troisième.* **7** *Passer qqch. à qqn,* remettre. → **donner.** - *Passez-moi M. le Directeur,* mettez-moi en communication avec lui. ◆ *Passer une maladie à qqn,* la lui donner par contagion. **8** Faire, établir. *Passer un contrat.* ► se **passer** v. pron. **VII** S'écouler. - Prendre fin. **2** Se produire, être (dans la durée). - impers. *Qu'est-ce qui se passe ?,* qu'est-ce qu'il y a ? **VIII** *SE PASSER DE :* vivre sans (en s'accommodant de cette absence). *Se passer d'argent.*

**passereau** n. m. ■ Oiseau d'un ordre comprenant l'hirondelle, le moineau, etc.

**passerelle** n. f. ■ **1** Pont étroit, pour piétons. **2** Plan incliné mobile par lequel on accède à un navire, un avion. **3** Superstructure la plus élevée d'un navire.

**passe-rose** n. f. ■ régional Rose trémière.

**passe-temps** [-tɑ̃] n. m. invar. ■ Ce qui fait passer agréablement le temps.

**passeur, euse** n. ■ Personne qui fait passer une rivière, une frontière.

**passible** adj. ■ *PASSIBLE DE :* qui doit subir (une peine).

**passif, ive** ■ **I** adj. **1** Qui subit, n'agit pas. - *Résistance\* passive. Défense\* passive.* **2** Se dit des formes verbales présentant l'action comme subie par le sujet. - n. m. *Un verbe au passif.* **II** n. m. Ensemble des dettes.

**passiflore** n. f. ■ Plante à larges fleurs étoilées (→ **passion** (II, 2)).

**passim** [-im] adv. ■ Çà et là (dans un ouvrage), en différents endroits.

**passion** n. f. ■ **I 1** surtout plur. État affectif et intellectuel puissant qui domine la vie mentale. **2** Amour intense. **3** Vive inclination vers un objet. *La passion du jeu.* **4** Affectivité violente, qui nuit au jugement. *Discuter sans passion.* **5** *La passion,* le signe de la sensibilité, de l'enthousiasme (d'un artiste). **II 1** relig.

*La Passion,* souffrance et supplice du Christ. **2** *Arbre de la passion,* la passiflore\*. *Fleur, fruit de la passion,* sa fleur, son fruit.

**passionnant, ante** adj. ■ Qui passionne. → **émouvant, palpitant.**

**passionné, ée** adj. ■ Animé, rempli de passion. *Un amoureux passionné.* - n. *C'est un passionné.* ▷ adv. **passionnément**

**passionnel, elle** adj. ■ **1** Relatif aux passions (I, 1). **2** Inspiré par la passion (2).

**passionner** v. tr. ① ■ **1** Éveiller un très vif intérêt. **2** Empreindre de passion (I, 4). ► se **passionner** v. pron.

**passivement** adv. ■ De manière passive.

**passivité** n. f. ■ État, caractère passif.

**passoire** n. f. ■ Récipient percé de trous, pour égoutter, filtrer.

**pastel** n. m. ■ **1** Pâte colorée en bâtonnets. **2** appos. (invar.) *Des tons pastel,* doux et clairs. **3** Œuvre au pastel.

**pastelliste** n. ■ Peintre de pastels.

**pastèque** n. f. ■ Gros fruit à peau verte, à chair rouge, juteuse (syn. *melon d'eau).*

**pasteur** n. m. ■ **1** littér. Berger. **2** relig. *LE BON PASTEUR :* le Christ. **3** Ministre protestant.

**pasteurisation** n. f. ■ Opération qui consiste à chauffer un liquide et à le refroidir brusquement, pour détruire les germes.

**pasteuriser** v. tr. ① ■ Stériliser par pasteurisation. - au p. p. *Lait pasteurisé.*

**pastiche** n. m. ■ Imitation ou évocation d'un style, de la manière. ▷ **pasticher** v. tr. ① ▷ n. **pasticheur, euse**

**pastilla** n. f. ■ Plat marocain, très fine pâte feuilletée chaude fourrée de viande, raisins et amandes. *Pastilla au pigeon.*

**pastille** n. f. ■ **1** Petit morceau d'une pâte pharmaceutique ou d'une préparation de confiserie. **2** Petit disque dessiné.

**pastis** [-is] n. m. ■ **1** Boisson alcoolisée à l'anis. **2** fam. Situation embrouillée.

**pastoral, ale, aux** ■ littér. **1** adj. Relatif aux bergers, aux mœurs champêtres. **2** n. f. Ouvrage évoquant des bergers.

**patache** n. f. ■ ancient Diligence à bon marché.

**patachon** n. m. ■ *Mener une VIE DE PATACHON,* agitée, consacrée aux plaisirs.

**pataphysique** n. f. ■ Science fictive « des solutions imaginaires » (Alfred Jarry).

**patapouf** n. m. ■ fam. Gros enfant.

**pataquès** [-ɛs] n. m. ■ **1** Faute grossière de langage. → **cuir. 2** Gaffe.

**patate** n. f. ■ **I** fam. **1** Pomme de terre. **2** Personne stupide. **3** loc. *En avoir GROS SUR LA PATATE,* sur le cœur. **II** *PATATE DOUCE :* plante tropicale ; son tubercule comestible.

**patati patata** ■ fam. Évoque un long bavardage.

**patatras** interj. ■ Bruit de chute.

**pataud, aude** adj. ■ Lent et lourd dans son comportement. - n. *Un gros pataud.*

**patauga** [-as] n. m. (marque déposée) ■ Chaussure de marche montante en toile.

**pataugeoire** n. f. ■ Bassin de piscine peu profond pour les enfants.

**patauger** v. intr. ③ ■ 1 Marcher sur un sol détrempé, dans la boue. 2 fig. Se perdre dans des difficultés.

**patch** n. m. ■ anglic. Pastille adhésive imprégnée d'un médicament, d'une substance qui se diffuse à travers la peau. → timbre. *Patch à la nicotine.*

**patchouli** n. m. ■ Parfum extrait d'une plante tropicale.

**patchwork** [patʃwœʀk] n. m. ■ anglic. 1 Ouvrage de couture rassemblant des carrés de couleurs et de matières différentes. 2 fig. Ensemble d'éléments disparates.

**pâte** n. f. ■ I 1 Préparation molle, à base de farine délayée, consommée après cuisson. *Pâte à pain.* 2 *PÂTES (ALIMENTAIRES)* : préparation à base de blé dur (nouilles ; macaroni, spaghetti...). *Pâtes fraîches.* 3 loc. *Mettre la MAIN À LA PÂTE* : travailler soi-même à qqch. II 1 Préparation, mélange mou. *Pâte de fruits.* ♦ *Pâte à modeler.* 2 en peinture Matière formée par les couleurs travaillées. 3 loc. *Une bonne pâte*, personne très bonne.

**pâté** n. m. ■ I 1 *PÂTÉ (EN CROÛTE)* : préparation (de viande, etc.) cuite dans une pâte. ◂ *Pâté impérial* : crêpe de riz fourrée et frite. 2 Hachis de viandes épicées cuit. II 1 Grosse tache d'encre. 2 *PÂTÉ DE MAISONS* : ensemble de maisons formant bloc. 3 *Pâté (de sable)*, sable moulé.

**pâtée** n. f. ■ Mélange pâteux d'aliments pour animaux domestiques.

① **patelin, ine** adj. ■ littér. Doucereux.

② **patelin** n. m. ■ fam. Village, campagne.

**patelle** n. f. ■ Mollusque à forme conique qui vit fixé aux rochers (syn. *bernicle*).

**patène** n. f. ■ Petite assiette servant à présenter l'hostie avant de la consacrer.

**patenôtre** n. f. ■ iron. Prière.

**patent, ente** adj. ■ littér. Évident, manifeste. → flagrant.

**patente** n. f. ■ 1 hist. Écrit public émanant du roi qui établissait un droit ou un privilège. 2 Impôt direct annuel (commerçants, artisans). 3 franç. du Canada Objet quelconque. → machin, truc.

**patenté, ée** adj. ■ 1 dr. Soumis à la patente. 2 fam. Connu (comme tel).

**Pater** [-ɛʀ] n. m. invar. ■ Prière du Notre Père (*Pater noster*).

**patère** n. f. ■ Pièce de bois ou de métal fixée à un mur, pour suspendre les vêtements. → porte-manteau.

**paternalisme** n. m. ■ Tendance à imposer un contrôle, une domination sous couvert de protection. ♦ adj. **paternaliste**

**paterne** adj. ■ littér. D'une bonté affectée.

**paternel, elle** adj. ■ Du père. ▷ adv. **paternellement**

**paternité** n. f. ■ 1 État, qualité de père ; sentiment paternel. 2 dr. Lien qui unit le père à son enfant. 3 Fait d'être l'auteur de (qqch.).

**pâteux, euse** adj. ■ 1 Qui a la consistance de la pâte. ♦ fig. *Style pâteux.* 2 loc. *Avoir la bouche, la langue pâteuse*, embarrassée.

**pathétique** ■ 1 adj. Qui suscite une émotion intense (douleur, pitié, horreur...). 2 n. m. littér. Caractère pathétique. ▷ adv. **pathétiquement**

**-pathie, -pathique, -pathe** Éléments, du grec *pathos* « ce qu'on éprouve ».

**patho-** Élément, du grec *pathos* « maladie » (ex. *pathogène* adj. « cause de maladie »).

**pathologie** n. f. ■ Étude des causes et des symptômes des maladies.

**pathologique** adj. ■ 1 De la maladie. 2 fam. (comportement) Anormal.

**pathos** [-os] n. m. ■ péj. Ton pathétique.

**patibulaire** adj. ■ 1 Antiq. *Fourches patibulaires*, gibet. 2 Qui semble appartenir à un criminel (visage, apparence).

**patiemment** [-sjamã] adv. ■ Avec patience, d'une manière patiente.

**patience** [-sjãs] n. f. ■ I 1 littér. Aptitude à persévérer sans se décourager. 2 Qualité d'une personne qui sait attendre calmement. 3 *JEU DE PATIENCE* : exercice de réorganisation que l'on fait seul (ex. puzzle). II *UNE PATIENCE* (jeu de cartes). → **réussite**.

**patient, ente** [-sjã, ãt] ■ I adj. Qui a, manifeste de la patience. II n. Malade, opéré (par rapport au médecin).

**patientèle** n. f. ■ Ensemble des patients. *La patientèle d'un médecin.*

**patienter** [-sjã-] v. intr. ① ■ Attendre (avec patience).

**patin** n. m. ■ 1 Tissu de protection sur lequel on pose le pied. 2 *PATIN À GLACE* ou *PATIN* : lame fixée à la chaussure, pour glisser sur la glace. ◂ *PATIN (À ROULETTES)* : dispositif sur roulettes fixé à la chaussure. ♦ *Le patin* : le patinage. 3 *Patin de frein*, organe mobile qui se serre contre la jante d'une roue.

**patinage** n. m. ■ Sport du patin (2).

**patine** n. f. ■ Dépôt, couleur dus au temps.

① **patiner** v. intr. ① ■ 1 Glisser avec des patins (2). ▷ n. **patineur, euse** 2 (roue) Glisser sans tourner.

② **patiner** v. tr. ① ■ Couvrir de patine. ◂ au p. p. *Meubles patinés.*

**patinette** n. f. ■ Véhicule, plate-forme sur deux roues munie d'un guidon, que l'on fait avancer en se poussant d'un pied. → **trottinette**.

**patinoire** n. f. ■ 1 Piste de patin (2). 2 fig. Espace très glissant.

**patio** [patjo] n. m. ■ Cour intérieure d'une maison de style espagnol.

**pâtir** v. intr. ② ■ *PÂTIR DE* : souffrir de.

**pâtisserie** n. f. ▪ **1** Préparation de la pâte pour gâteaux ; des gâteaux. **2** *Une pâtisserie.* ◈ **gâteau. 3** Fabrication, vente de gâteaux frais. ◆ Magasin de pâtisserie.

**pâtissier, ière** ▪ **1** n. Personne qui fait, vend de la pâtisserie. **2** adj. *Crème pâtissière,* pour pâtisseries (choux, éclairs).

**patois** n. m. ▪ Dialecte* rural.

**patoisant, ante** adj. et n. ▪ (Personne) qui parle patois.

**patraque** adj. ▪ fam. Un peu malade.

**pâtre** n. m. ▪ Celui qui fait paître le bétail. → **berger, pasteur** (1).

**patr(i)-** Élément, du latin *pater, patris* « père ».

**patriarcal, ale, aux** adj. ▪ **1** Relatif aux patriarches. **2** sociol. Du patriarcat (1).

**patriarcat** n. m. ▪ **1** sociol. Forme de famille, organisation sociale fondée sur la parenté par les mâles et sur la puissance paternelle. **2** Dignité, circonscription de patriarche (2).

**patriarche** n. m. ▪ **1** Vieillard qui mène une vie simple et paisible, entouré d'une nombreuse famille. ◆ Ancêtre biblique (Adam, Noé, Abraham...). **2** Chef d'une Église séparée de l'Église romaine. ◆ Archevêque des Églises orientales.

**patricien, ienne** ▪ **1** n. et adj. Antiq. (Personne) de la classe supérieure des citoyens romains. **2** adj. littér. Aristocrate.

**patrie** n. f. ▪ **1** Communauté sociale et politique à laquelle qqn appartient ou a le sentiment d'appartenir ; pays habité par cette communauté. *La patrie et la nation*. **2** Lieu (ville, région) où qqn est né.

**patrimoine** n. m. ▪ **1** Biens de famille, hérités des parents. ▷ adj. **patrimonial, iale, iaux 2** Ce qui est transmis par les ancêtres. *Le patrimoine culturel de qqn.* **3** biol. Ensemble des caractères hérités. → **génotype.**

**patriote** n. et adj. ▪ (Personne) qui aime sa patrie et la sert.

**patriotique** adj. ▪ Du patriotisme. ▷ adv. **patriotiquement**

**patriotisme** n. m. ▪ Amour de la patrie ; volonté de se dévouer pour la défendre.

① **patron, onne** n. ▪ **I** Saint, sainte dont on porte le nom, qu'un groupe a pour protecteur, à qui est dédiée une église, etc. **II 1** Personne qui commande à des employés, des domestiques. **2** n. m. Chef d'une entreprise (→ **patronat**). ◆ Employeur. ◆ fam. Supérieur. → **chef. 3** Professeur de médecine. **4** Personne qui dirige des travaux intellectuels, artistiques.

② **patron** n. m. ▪ Modèle de papier ou de toile préparé pour tailler un vêtement.

**patronage** n. m. ▪ **1** Appui donné par un personnage puissant, un organisme. → **parrainage. 2** Organisme de formation morale, religieuse pour la jeunesse.

**patronal, ale, aux** adj. ▪ **1** D'un saint patron. **2** Du patronat.

**patronat** n. m. ▪ Ensemble des chefs d'entreprise.

**patronner** v. tr. ① ▪ **1** Donner sa protection à. **2** Appuyer, soutenir.

**patronnesse** adj. f. ▪ iron. *DAME PATRONNESSE,* qui fait des œuvres de bienfaisance.

**patronyme** n. m. ▪ littér. Nom de famille (nom du père). ▷ adj. **patronymique**

**patrouille** n. f. ▪ **1** Ronde de surveillance. **2** Groupe de soldats chargé de remplir une mission.

**patrouiller** v. intr. ① ▪ Aller en patrouille, faire une patrouille.

**patrouilleur** n. m. ▪ **1** Soldat d'une patrouille. **2** Avion, navire de guerre de surveillance.

**patte** n. f. ▪ **I 1** (tétrapodes) Membre qui supporte le corps, sert à la marche. ◆ loc. (personnes) *Marcher À QUATRE PATTES,* les mains et les pieds (ou les genoux) par terre. ◆ Appendice servant à la marche (chez les insectes, arthropodes, crustacés). **2** fam. Jambe. **3** fam. Main. *BAS LES PATTES !* : ne touchez pas. **4** loc. *Montrer patte blanche,* présenter des garanties pour être admis. **II 1** au plur. Poils qui poussent devant l'oreille. → **favori(s). 2** Languette d'étoffe, de cuir.

**patte-d'oie** n. f. ▪ **1** Carrefour. **2** Rides au coin externe de l'œil. *Des pattes-d'oie.*

**pattemouille** n. f. ▪ Linge humide dont on se sert pour repasser les vêtements.

**pâturage** n. m. ▪ Lieu couvert d'herbe pour le bétail.

**pâture** n. f. ▪ **1** Ce qui sert à la nourriture des animaux. **2** fig. Ce qui nourrit (un besoin...). ◆ loc. *Livrer (qqn, qqch.) EN PÂTURE à.*

**paturon** n. m. ▪ Partie du bas de la jambe du cheval.

**paulownia** [polɔnja] n. m. ▪ Grand arbre à fleurs bleues ou mauves.

**paume** n. f. ▪ **I** Intérieur de la main. **II** Sport de balle. ◆ *Jeu de paume,* salle de ce jeu.

**paumé, ée** adj. ▪ fam. Perdu, égaré.

**paumelle** n. f. ▪ techn. Charnière de métal fixant le gond (d'une fenêtre, d'une porte).

**paumer** v. tr. ① ▪ fam. Perdre.

**paupérisation** n. f. ▪ écon. Abaissement du niveau de vie ; appauvrissement.

**paupière** n. f. ▪ Chacune des deux parties mobiles qui recouvrent et protègent l'œil.

**paupiette** n. f. ▪ Tranche de viande roulée et farcie.

**pause** n. f. ▪ **1** Interruption momentanée (d'une activité). **2** Temps d'arrêt. **3** mus. Silence de la durée d'une ronde.

**pauvre** ▪ I adj. **1** épithète (après le nom) ou attribut Qui n'a pas (assez) d'argent. ◆ *Les pays pauvres.* → **sous-développé. 2** (choses) Qui a l'apparence de la pauvreté. **3** *PAUVRE DE* (littér.) ; *PAUVRE EN* : qui n'a guère de. **4** Qui fournit ou produit trop peu. *Terre pauvre.* **5** épithète, avant le nom Qui inspire de la pitié. ◆ (en s'adressant à qqn) *Mon pauvre ami !* (affectueux ou méprisant). ◆ n. *Le pauvre,* *la pauvre !* **6** Lamentable. *C'est un pauvre type.* **II** n. **1** vieilli *UN PAUVRE, UNE PAUVRESSE :* personne qui vit de la charité publique. → **mendiant. 2** *LES PAUVRES :* les personnes sans ressources. *Les nouveaux pauvres :* les victimes de crises, du chômage.

**pauvrement** adv. ■ D'une manière pauvre. → **misérablement.**

**pauvret, ette** n. et adj. ■ (dimin. de commisération) Pauvre petit(e).

**pauvreté** n. f. ■ **1** État d'une personne, d'un groupe qui manque de moyens matériels, d'argent ; insuffisance de ressources. ⊸ *Seuil de (la) pauvreté :* estimation de la somme minimale nécessaire à qqn pour survivre. **2** (choses) Aspect pauvre, misérable. **3** Insuffisance matérielle ou morale.

**pavage** n. m. ■ **1** Fait de paver. **2** Revêtement d'un sol.

**pavane** n. f. ■ Ancienne danse (XVIe et XVIIe siècles), solennelle ; sa musique.

**se pavaner** v. pron. 1 ■ Marcher avec orgueil, avoir une attitude pleine de vanité.

**pavé** n. m. ■ **1** *LE PAVÉ :* blocs (pierre...) formant le revêtement du sol. **2** La partie d'une voie publique ainsi revêtue, la rue. ⊸ loc. *Le HAUT DU PAVÉ,* le premier rang. ⊸ *Être sur le pavé,* sans domicile, sans emploi. *Battre le pavé,* marcher au hasard (dans une ville). ⊸ *Le pavé de l'ours,* une aide qui dégénère en catastrophe. **3** *UN PAVÉ :* bloc pour revêtir un sol. **II 1** Pièce de viande rouge, épaisse. **2** fam. Gros livre. **3** Publicité, article de presse encadré.

**pavement** n. m. ■ **1** Sol pavé. **2** Pavage artistique.

**paver** v. tr. 1 ■ Revêtir (un sol) d'éléments, de blocs assemblés (pavés, pierres, mosaïque). ▷ n. m. **paveur**

**pavillon** n. m. ■ **I** Petit bâtiment isolé ; petite maison. ⊸ *Pavillon de banlieue.* **II 1** Extrémité évasée (instruments à vent). **2** Partie visible de l'oreille. **3** Pièce d'étoffe que l'on hisse sur un navire. ◆ Drapeau.

**pavillonnaire** adj. ■ Formé de pavillons (I). *Banlieue pavillonnaire.*

**pavois** n. m. ■ **1** hist. Grand bouclier des Francs. ⊸ loc. *Hisser qqn SUR LE PAVOIS,* lui donner le pouvoir, le glorifier. **2** mar. *GRAND PAVOIS :* ensemble des pavillons d'un navire (signal de réjouissance).

**pavoiser** v. tr. 1 ■ Orner de drapeaux (une rue, etc.), pour une fête. ◆ v. intr. fig., fam. *Il n'y a pas de quoi pavoiser,* être fier.

**pavot** n. m. ■ Plante cultivée pour ses fleurs, ses graines donnant l'opium.

**payable** adj. ■ Qui doit être payé.

**payant, ante** adj. ■ **1** Qui paie (aussi nom). **2** Qu'il faut payer. *Entrée payante.* **3** fam. Qui profite, rapporte.

**paye** [pɛj] ou **paie** n. f. ■ **1** Rémunération. **2** fam. Temps entre deux payes. ⊸ loc. *Ça fait une paye,* il y a longtemps. **3** Solde.

**payement** → **paiement**

**payer** v. tr. 8 ■ **I** avec compl. dir. **1** *Payer qqn,* lui remettre ce qui lui est dû. ◆ fig. *Être payé pour :* avoir appris à ses dépens que. ⊸ loc. *PAYER qqn DE RETOUR,* rendre la pareille. **2** *Payer qqch. :* s'acquitter par un versement de (ce que l'on doit). → **régler.** *Payer ses dettes.* **3** Verser de l'argent en contrepartie de (qqch. : objet, travail). ⊸ au p. p. *Congés\* payés.* **4** fam. Offrir. *Je te paie un verre ?* **5** fig. *Il me le paiera !,* je l'en punirai. **II** sans compl. dir. **1** Verser de l'argent. ◆ *PAYER DE :* payer avec. ⊸ loc. fig. *Payer de sa personne,* contribuer. ◆ *PAYER POUR qqn,* subir à sa place des désagréments. **2** Expier. *Il faudra payer un jour ou l'autre.* **3** (sujet chose) Rapporter. *Le crime ne paie pas.* ▶ **se payer** v. pron.

**payeur, euse** n. ■ **1** Personne qui paie ce qu'elle doit. *Mauvais payeur.* **2** Personne chargée de payer. *Trésorier-payeur.*

① **pays** [pɛi] n. m. ■ **1** Territoire d'une nation. → **État. 2** Région ; partie d'une province. *Produits du pays.* → **terroir. 3** Les habitants du pays (1 et 2). → **région.** *Tout le pays en parle.* **4** Zone géographique. **5** Petite ville ; village. **6** loc. *VOIR DU PAYS :* voyager.

② **pays, payse** [pɛi, pɛiz] n. ■ régional ou plais. Personne du même pays (2 et 5).

**paysage** [pɛi-] n. m. ■ **1** Partie de la nature présentée à un observateur. ◆ par ext. *Paysage urbain.* **2** Tableau représentant la nature. **3** fig. Aspect général. ⊸ **situation.** *Le paysage audiovisuel français* (P. A. F.).

**paysagiste** [pɛi-] n. ■ **1** Peintre de paysages. **2** Personne qui élabore des plans de jardins, des espaces verts urbains.

**paysan, anne** [pɛi-] ■ **1** n. Homme, femme vivant à la campagne du travail de la terre. → **agriculteur, cultivateur, fermier. 2** adj. Des paysans. ▷ n. m. **paysannat** et n. f. **paysannerie.**

① **P. C.** [pese] n. m. (sigle) ■ Poste de commandement.

② **P. C.** [pese] n. m. (sigle angl.) ■ anglic. Ordinateur personnel. → **micro-ordinateur.**

**P. D. F.** [pedɛf] n. m. invar. ■ anglic., inform. Fichier informatique créé dans un format qui conserve la mise en forme des documents.

**P.-D. G.** [pedeʒe] n. m. (sigle) ■ fam. Président-directeur général. – var. PÉDÉGÉ.

**péage** n. m. ■ **1** Droit que l'on paye pour emprunter une voie de communication. ⊸ L'endroit où se perçoit le péage.

**peau** n. f. ■ **1** Enveloppe extérieure du corps des vertébrés, derme et épiderme. **2** L'épiderme humain. ⊸ loc. fig. *Avoir qqn dans la peau,* l'aimer passionnément. ⊸ *Faire peau neuve,* changer complètement. ⊸ *Risquer, sauver sa peau,* sa vie. **3** Morceau de peau. *Les peaux des ongles.* **4** Dépouille d'animal (fourrure, cuir). *Peau de mouton.* ⊸ absolt Cuir fin et souple. *Des gants de peau.* **II** Enveloppe extérieure (des fruits). *Enlever la peau.* → **peler.** ⊸ *Une peau de saucisson.* **III** loc. fam. *PEAU DE BALLE :* rien du tout.

**peaufiner** v. tr. 1 ▪ **1** Nettoyer avec une peau de chamois. **2** fig., fam. Soigner (un travail). → **fignoler.**

**Peau-Rouge** n. ▪ vieilli Indien d'Amérique du Nord.

**peausserie** n. f. ▪ **1** Commerce, métier, travail des peaux, des cuirs. **2** Peau travaillée.

**pécan** [pekã] n. m. ▪ *Noix de pécan* : fruit (à noix comestible) du *pacanier.*

**pécari** n. m. ▪ Cochon sauvage d'Amérique ; son cuir.

**peccadille** n. f. ▪ littér. Faute bénigne.

**pechblende** [pɛʃblɛ̃d] n. f. ▪ Minerai d'uranium.

① **pêche** n. f. ▪ **1** Fruit du pêcher, à noyau très dur et à chair fine. **2** fam. *Se fendre la pêche,* rire. **3** loc. fam. *Avoir la pêche,* être en forme.

② **pêche** n. f. ▪ **1** Action, manière de pêcher (②). **2** Poissons, fruits de mer pêchés.

**péché** n. m. ▪ **1** relig. Acte conscient qui enfreint la loi divine. *Les sept péchés capitaux.* ▸ *PÉCHÉ MIGNON :* petit travers. **2** État de pécheur. *Vivre dans le péché.*

**pécher** v. intr. 6 ▪ **1** Commettre un péché. **2** (choses) *Pécher par,* être défectueux.

① **pêcher** n. m. ▪ Arbre cultivé pour ses fruits, les pêches.

② **pêcher** v. tr. 1 ▪ **1** Prendre ou chercher à prendre dans l'eau (du poisson, etc.). ▸ loc. *Pêcher en eau trouble,* profiter de la confusion. **2** fam. Chercher ; prendre.

**pêcherie** n. f. ▪ Lieu, entreprise de pêche.

**pêcheur, pêcheresse** n. ▪ Personne dans l'état de péché.

**pêcheur, pêcheuse** n. ▪ Personne qui s'adonne à la pêche.

**pécore** n. f. ▪ vieilli Sotte prétentieuse.

**pecorino** n. m. ▪ Fromage italien, voisin du parmesan.

**pectine** n. f. ▪ Substance végétale mucilagineuse.

**pectoral, ale, aux** adj. ▪ **1** De la poitrine. *Muscles pectoraux* ; n. m. pl. *les pectoraux.* **2** De la face ventrale des animaux. **3** Qui soigne la poitrine.

**pécule** n. m. ▪ **1** Somme d'argent économisée. **2** Argent acquis dont on ne dispose pas librement. *Le pécule d'un détenu.*

**pécuniaire** adj. ▪ **1** Relatif à l'argent. → **financier. 2** En argent. *Aide pécuniaire.* ▷ adv. **pécuniairement**

**pédagogie** n. f. ▪ Science, pratique de l'éducation (des enfants et des adultes).

**pédagogique** adj. ▪ De la pédagogie. ▷ adv. **pédagogiquement**

**pédagogue** n. ▪ **1** Personne qui a le sens de l'enseignement. **2** Spécialiste de la pédagogie.

**pédale** n. f. ▪ **1 1** Dispositif de commande ou de transmission qui s'actionne avec le pied. ▸ spécialt *Les pédales d'une bicyclette.* ▸ loc. fam. *Perdre les pédales,* perdre ses moyens, s'embrouiller. **2** mus. Touche actionnée au pied. **II** fam. et injurieux Pédéraste.

**pédaler** v. intr. 1 ▪ **1** Actionner les pédales, rouler à bicyclette. **2** fam. Aller vite. ♦ loc. fam. *Pédaler dans la choucroute (la semoule...),* s'efforcer en vain.

**pédalier** n. m. ▪ **1** Système de propulsion par pédales (bicyclette). **2** Clavier inférieur de l'orgue, actionné au pied.

**pédalo** n. m. (marque déposée) ▪ Petite embarcation actionnée par pédales.

**pédant, ante** ▪ **1** n. Personne qui fait étalage d'une érudition livresque. → **cuistre. 2** adj. Qui étale son érudition. ▷ **pédanterie** n. f. et **pédantisme** n. m.

**-pède** Élément, du latin *pes, pedis* « pied » (ex. *bipède, vélocipède*). → **pédi-, podo-.**

**pédégé** n. m. → **P.-D. G.**

**pédégère** n. f. ▪ fam. Femme qui exerce la fonction de P.-D. G.

**pédéraste** n. m. ▪ Homosexuel (spécialt par pédérastie (1)). – abrév. fam. **PÉDÉ.**

**pédérastie** n. f. ▪ **1** Pratique homosexuelle entre un homme et un jeune garçon. → **pédophilie. 2** Homosexualité masculine.

**pédestre** adj. ▪ Qui se fait à pied. ▷ adv. **pédestrement**

**pédi-** Élément, du latin *pes, pedis* « pied » (ex. *pédicure*). → **-pède, podo-.**

**pédiatrie** n. f. ▪ Médecine des enfants. ▷ n. **pédiatre** ▷ adj. **pédiatrique**

**pédicelle** n. m. ▪ bot. Ramification du pédoncule* se terminant par une fleur.

**pédicule** n. m. ▪ bot. Support allongé et grêle (d'un végétal). → **tige ; pied.**

**pédicure** n. ▪ Spécialiste des soins des pieds.

**pedigree** [pedigre] n. m. ▪ Généalogie (d'un animal de race pure).

① **péd(o)-** Élément, du grec *pais, paidos* « enfant ». → **puér(i)-.**

② **pédo-** Élément, du grec *pedon* « sol ».

**pédologie** n. f. ▪ Science des sols (géologie). ▷ n. **pédologue**

**pédoncule** n. m. ▪ **1** anat. Cordon de substance nerveuse liant deux organes. **2** bot. Axe portant les fleurs. ▷ adj. **pédonculé, ée**

**pédophile** adj. et n. ▪ **1** (adulte) Qui ressent une attirance sexuelle pour les enfants. **2** Qui recherche et pratique des relations sexuelles avec des enfants *Un criminel pédophile.* ▷ n. f. **pédophilie**

**pègre** n. f. ▪ Monde de voleurs, d'escrocs.

**peignage** n. m. ▪ Action de peigner (2).

**peigne** n. m. ▪ **1 1** Instrument à dents fines et serrées pour démêler la chevelure. ◆ loc. *Passer qqch. AU PEIGNE FIN,* examiner minutieusement. ♦ Instrument analogue pour retenir les cheveux. **2** Instrument pour peigner (2) des fibres textiles. **II** Mollusque bivalve à dentelures.

**peigne-cul** [-ky] n. m. ▪ vulg. Personne mesquine ; ou grossière, inculte.

**peigner** v. tr. ⒈ ▪ **1** Démêler, lisser (les cheveux) avec un peigne. ◆ *Peigner qqn*, ses cheveux. **2** Démêler (des fibres textiles). ◆ au p. p. *Laine peignée*. ▻ se **peigner** v. pron.

**peignoir** n. m. ▪ **1** Vêtement en tissu éponge que l'on met en sortant du bain. **2** Vêtement féminin d'intérieur.

**peinard, arde** adj. ▪ fam. Paisible. ◆ *Un boulot peinard*. ▻ adv. **peinardement**

**peindre** v. tr. ⒌ ▪ **I** Couvrir, colorer avec de la peinture. *Peindre un mur en blanc*. **II** Figurer au moyen de peinture. ◆ Représenter par l'art pictural. *Peindre des paysages*. **III** fig. **1** Représenter par le discours. → **décrire**. **2** SE PEINDRE v. pron. Revêtir une forme sensible. *La consternation se peignit sur les visages.*

**peine** n. f. ▪ **I 1** Sanction appliquée à titre de punition* ou de réparation. **2** dr. Sanction prévue par la loi. → droit **pénal**. *Peine de prison ; pécuniaire*. **3** SOUS PEINE DE loc. prép. : en encourant la peine de. **II 1** Souffrance morale. *Peine de cœur*, chagrin d'amour. **2** LA PEINE : sentiment de tristesse. *Avoir de la peine*. **3** loc. ÂME EN PEINE, triste. **III 1** Activité qui coûte, qui fatigue. → **effort**. *Se donner de la peine*. **2** loc. *N'être pas au bout de ses peines*, avoir encore des difficultés à surmonter. *Pour votre peine, pour la peine*, en compensation. *Homme de peine*, qui effectue des travaux de force. ◆ *Valoir* la *peine*. *Ce n'est pas la peine* : ça ne sert à rien. *C'est peine perdue*, c'est inutile. **3** Difficulté qui gêne (pour faire qqch.). *Avoir de la peine à parler*. ◆ loc. *Avec peine. À grand-peine* : difficilement. ◆ SANS PEINE : facilement. **IV** À PEINE loc. adv. **1** Presque pas, très peu. ◆ (avec un numéral) Tout au plus. *À peine huit jours*. **2** Depuis peu de temps.

**peiner** v. tr. ⒈ ▪ **1** v. intr. Se donner du mal. **2** v. tr. Donner de la peine à (qqn). → **attrister**.

**peintre** n. m. ▪ **1** Ouvrier ou artisan qui applique de la peinture. *Peintre en bâtiment*. **2** Artiste qui fait de la peinture.

**peinture** n. f. ▪ **I 1** Opération qui consiste à peindre, à couvrir de couleur une surface. **2** EN PEINTURE : en effigie. ◆ loc. *Ne pas pouvoir voir qqn en peinture*, le supporter. **3** fig. Description évocatrice d'images. **II 1** Représentation, suggestion du monde sur une surface plane au moyen de couleurs ; organisation d'une surface par la couleur. **2** UNE PEINTURE. → **tableau** ; **fresque**. **III 1** Couche de couleur sur qqch. *Raccord de peinture*. **2** Couleur préparée pour peindre.

**peinturlurer** v. tr. ⒈ ▪ Peindre avec des couleurs criardes.

**péjoratif, ive** adj. ▪ (mot...) Qui déprécie (ce qui est désigné). ▻ adv. **péjorativement**

**pékin** n. m. ▪ fam. et péj. Civil.

**pékinois** n. m. ▪ Petit chien à face aplatie.

**pelade** n. f. ▪ Maladie qui fait tomber par places les poils et les cheveux.

**pelage** n. m. ▪ Ensemble des poils (d'un mammifère).

**pélagique** adj. ▪ didact. De la haute mer.

**pélargonium** [-jɔm] n. m. ▪ Plante ornementale improprement appelée *géranium*.

**pelé, ée** adj. ▪ **1** Qui a perdu ses poils, ses cheveux. ◆ loc. fam. QUATRE PELÉS ET UN TONDU : un très petit nombre de personnes. **2** Dépourvu de végétation.

**pêle-mêle** ▪ adv. Dans le désordre.

**peler** v. ⒌ ▪ **1** v. tr. Dépouiller (un fruit) de sa peau. **2** v. intr. Perdre des lambeaux d'épiderme.

**pèlerin** n. m. ▪ Personne qui fait, a fait un pèlerinage.

**pèlerinage** n. m. ▪ **1** Voyage à un lieu saint dans un esprit de dévotion. **2** Voyage fait pour rendre hommage.

**pèlerine** n. f. ▪ Manteau sans manches, ample (→ **cape**), souvent à capuchon.

**pélican** n. m. ▪ Oiseau palmipède au bec crochu muni d'une poche où il emmagasine la nourriture de ses petits.

**pelisse** n. f. ▪ Manteau doublé d'une peau garnie de ses poils. → **fourrure**.

**pelle** n. f. ▪ **1** Outil composé d'une plaque mince ajustée à un manche. **2** *Pelle mécanique* (machine). **3** loc. fig. À LA PELLE : en abondance. **II** fam. **1** Baiser profond. **2** *Ramasser une pelle*, tomber ; fig. échouer.

**pelletée** n. f. ▪ Quantité de matière qu'on peut prendre d'un seul coup de pelle.

**pelleter** v. tr. ⒋ ▪ Déplacer, remuer avec la pelle (I). ▻ n. m. **pelletage**

**pelleterie** [pɛltri ; peltri] n. f. ▪ **1** Préparation des peaux pour fourrures. **2** Commerce des fourrures. ▻ n. **pelletier, ière**

**pelleteuse** n. f. ▪ Pelle mécanique.

**pelliculaire** adj. ▪ Qui forme des pellicules (I) ou une pellicule (II, 1).

**pellicule** n. f. ▪ **1** Petite écaille qui se détache du cuir chevelu. **II 1** Couche fine à la surface d'un liquide, d'un solide. **2** Feuille mince, support d'une couche sensible (photo, cinéma). → **film**.

**pellucide** adj. ▪ didact. Translucide.

**pelote** n. f. ▪ **1** Boule formée de fil enroulé. ◆ loc. *Avoir les nerfs EN PELOTE* : être très énervé. **2** Coussinet à épingles. **3** Balle (jeu de paume, pelote basque). **II** PELOTE (BASQUE) : sport où les joueurs (*pelotaris*) envoient la balle rebondir contre un fronton, à main nue ou à la chistera.

**peloter** v. tr. ⒈ ▪ fam. Caresser, palper, toucher sensuellement. ▻ n. m. **pelotage** ▻ n. **peloteur, euse**

**peloton** n. m. ▪ **I** Petite pelote de fils roulés. **II 1** Groupe de soldats. ◆ *Peloton (d'exécution)*, chargé de fusiller un condamné. **2** Groupe compact (de coureurs).

**se pelotonner** v. pron. ⒈ ▪ Se ramasser en boule, en tas. → se **blottir**, se **recroqueviller**.

**pelouse** n. f. ■ **1** Terrain couvert d'une herbe serrée. **2** Partie d'un champ de courses ouverte au public.

**peluche** n. f. ■ **1** Tissu à poils plus longs que le velours. **2** *Une peluche* : animal en peluche (jouet d'enfant). **3** *PELUCHE* ou fam. *PLUCHE* : petit amas de fibres.

**pelucher** v. intr. [1] ■ Former des peluches (3).

**pelucheux, euse** adj. ■ Qui donne la sensation de la peluche ; qui peluche.

**pelure** n. f. ■ **1** Peau (d'un fruit, d'un légume pelé). **2** fig., fam. Habit, vêtement.

**pelvis** [-is] n. m. ■ anat. Bassin. ▷ adj. **pelvien, enne**

**pemmican** n. m. ■ Viande séchée.

**pénal, ale, aux** adj. ■ Relatif aux peines*, aux délits. *Code pénal.* ▷ adv. **pénalement**

**pénalisation** n. f. ■ Désavantage infligé au joueur d'un match qui a fait une faute.

**pénaliser** v. tr. [1] ■ **1** Infliger une pénalisation à. **2** Infliger une peine à.

**pénaliste** n. ■ Spécialiste du droit pénal.

**pénalité** n. f. ■ **1** Peine ; sanctions applicables à un délit fiscal. **2** Pénalisation.

**penalty** [penalti] n. m. ■ anglic. (football) Sanction d'une faute dans la surface de réparation ; coup de pied (de pénalité) tiré en face du seul gardien. *Des penaltys* ou *des penalties.*

**pénard** → **peinard**

**pénates** n. m. pl. ■ **1** Dieux domestiques des anciens Romains. **2** fam. Demeure.

**penaud, aude** adj. ■ Honteux à la suite d'une maladresse ; déconcerté.

**penchant** n. m. ■ **1** Inclination naturelle. *Mauvais penchants.* → **défaut, vice. 2** littér. Inclinaison (vers qqn).

**pencher** v. [1] ■ **I** v. intr. **1** Être ou devenir oblique. → au p. p. *Écriture penchée.* **2** (par rapport à l'horizontale) S'abaisser. **3** (personne) *PENCHER POUR* : être porté à choisir (qqch., qqn). *Il penche pour la deuxième hypothèse.* **II** v. tr. Faire aller vers le bas. → **incliner.** *Pencher la tête.* ► se **pencher** v. pron. **1** S'incliner. **2** fig. *SE PENCHER SUR* : s'occuper de (qqn).

**pendable** adj. ■ loc. *Jouer un TOUR PENDABLE à qqn*, un mauvais tour.

**pendaison** n. f. ■ **1** Action de pendre qqn. → Ce supplice. **2** Fait de suspendre qqch.

① **pendant, ante** adj. ■ **1** Qui pend. **2** *Affaire, question pendante.*

② **pendant** n. m. ■ **1** *Pendants d'oreilles*, bijoux suspendus aux oreilles. **2** Chacun des objets d'art formant une paire. **3** *FAIRE PENDANT À* : être symétrique.

③ **pendant** prép. ■ **I 1** Dans le temps de. **2** Tout le temps qu'a duré (le complément). → **durant. II** *PENDANT QUE* loc. conj. *Pendant que j'y pense*, puisque j'y pense. → Tandis que.

**pendard, arde** n. ■ vx Coquin, fripon.

**pendeloque** n. f. ■ **1** Bijou suspendu à une boucle d'oreille. **2** Ornement suspendu.

**pendentif** n. m. ■ Bijou suspendu.

**penderie** n. f. ■ Petite pièce, placard où l'on suspend des vêtements.

**pendiller** v. intr. [1] ■ Être suspendu en se balançant, en s'agitant en l'air.

**pendre** v. [41] ■ **I** v. intr. (choses) **1** Être fixé par le haut, la partie inférieure restant libre. **2** Descendre plus bas qu'il ne faudrait. **3** loc. fam. *Ça lui PEND AU NEZ*, un désagrément le menace (par sa faute). **II** v. tr. **1** Fixer (qqch.) par le haut. → **suspendre. 2** Mettre à mort (qqn) en suspendant par le cou au moyen d'une corde (→ **pendaison** (1)). ♦ loc. *Dire PIS QUE PENDRE de qqn.* → **médire.** ► se **pendre** v. pron. **1** Se tuer, se suicider par pendaison. **2** Se tenir en laissant pendre (I) son corps. → se **suspendre.** ♦ fig. au p. p. *Être PENDU, UE À* : ne pas quitter, ne pas laisser.

**pendu, ue** n. ■ Personne qui s'est pendue, a été pendue.

① **pendule** n. m. ■ **1** Masse oscillante suspendue à un point fixe par un fil tendu. ▷ adj. **pendulaire 2** *Pendule de radiesthésiste*, servant à déceler les « ondes ».

② **pendule** n. f. ■ Petite horloge. → loc. *Remettre les pendules à l'heure* : mettre les choses au point.

**pendulette** n. f. ■ Petite pendule portative.

**pêne** n. m. ■ Pièce mobile d'une serrure, qui s'engage dans une cavité (gâche).

**pénéplaine** n. f. ■ Région à très faible relief.

**pénétrable** adj. ■ **1** Où il est possible de pénétrer. **2** Que l'on peut comprendre.

**pénétrant, ante** adj. ■ **1** Qui transperce les vêtements. *Froid pénétrant.* **2** Qui procure une sensation puissante. *Odeur pénétrante.* **3** (personne, esprit) Qui comprend les choses. → **clairvoyant, perspicace.**

**pénétrante** n. f. ■ Grande voie (autoroute) allant vers un centre.

**pénétration** n. f. ■ **1** Mouvement de ce qui pénètre. → absolt *La pénétration* (du pénis dans le vagin). → **coït. 2** Facilité à comprendre. → **clairvoyance, perspicacité.**

**pénétré, ée** adj. ■ Rempli (d'un sentiment, d'une conviction).

**pénétrer** v. [6] ■ **I** v. intr. **1** (sujet chose) Entrer profondément, en passant à travers ce qui fait obstacle. **2** Entrer. *Pénétrer dans une maison.* ♦ fig. *Une habitude qui pénètre dans les mœurs.* **II** v. tr. **1** (sujet chose) Entrer profondément dans. **2** Comprendre à fond. *Pénétrer les intentions de qqn.*

**pénible** adj. ■ **1** Qui se fait avec fatigue. *Respiration pénible.* **2** Qui cause de la douleur ou de l'ennui. *Vivre des moments pénibles.* **3** (personnes) fam. Difficile à supporter.

**péniblement** adv. ■ **1** Avec peine, fatigue ou souffrance. **2** À peine, tout juste.

**péniche** n. f. ■ Bateau fluvial, à fond plat.

**pénicilline** [-ilin] n. f. ■ Antibiotique utilisé dans le traitement d'infections.

**pénil** [-il] n. m. ■ anat. Saillie au-dessus du sexe de la femme (syn. *mont de Vénus*).

**péninsule** n. f. ■ Grande presqu'île. ▷ adj. **péninsulaire**

**pénis** [-is] n. m. ■ Organe sexuel de l'homme, érectile. → **verge.**

**pénitence** n. f. ■ **1** Remords d'avoir offensé Dieu, avec intention de réparer ses fautes. → **contrition, repentir. 2** Peine que le confesseur impose au pénitent. ◂ **Mortification. 3** (hors du contexte religieux) Châtiment, punition.

**pénitencier** n. m. ■ Prison ; bagne.

**pénitent, ente** n. ■ **1** Personne qui confesse ses péchés. **2** Membre d'une confrérie imposant des pratiques de pénitence (2).

**pénitentiaire** adj. ■ Qui concerne les prisons, les détenus.

①**penne** n. f. ■ Grande plume (d'oiseaux).

②**penne** [pene; pɛnne] n. f. pl. ■ Pâtes d'origine italienne, coupées en biseau et striées.

**penné, ée** adj. ■ bot. *Feuille pennée* : feuille composée à folioles symétriques.

**penny** [peni], plur. **pence** [pɛns] n. m. ■ Monnaie anglaise, centième de la livre.

**pénombre** n. f. ■ Lumière faible, tamisée.

**pensable** adj. ■ (surtout en tournure négative) Que l'on peut admettre, imaginer.

**pensant, ante** adj. ■ **1** Qui a la faculté de penser. **2** BIEN PENSANT : qui pense conformément à l'ordre établi. ◂ n. (avec trait d'union) *Les bien-pensants.*

**pense-bête** n. m. ■ Marque, note rappelant ce que l'on doit faire. *Des pense-bêtes.*

①**pensée** n. f. ■ **I** LA PENSÉE **1** Ce que qqn pense, sent, veut. ◂ L'esprit. *Chasser qqch. de sa pensée. Voyager par la pensée.* **2** Activité psychique, faculté ayant pour objet la connaissance. *La pensée d'un savant* (→ **théorie**). ◆ Opinion. **4** Manière de penser. *La pensée contemporaine.* **II** UNE, DES PENSÉES **1** Représentations, images, dans la conscience. ◆ (affectif) *Avoir une pensée émue pour qqn.* ◆ au plur. Réflexions. *Être absorbé dans ses pensées.* **2** Expression brève d'une idée. → **maxime, sentence. III** LA PENSÉE DE (qqn, qqch.) : le fait de penser à.

②**pensée** n. f. ■ Plante aux fleurs veloutées et très colorées. *Pensées sauvages.*

①**penser** v. □ ■ **I** v. intr. Appliquer son esprit à concevoir, à juger qqch. → **juger, raisonner, réfléchir.** ◂ loc. *LAISSER, DONNER À PENSER* : faire réfléchir. **2** Exercer une activité cérébrale. *Les animaux pensent-ils ?* **II** v. tr. ind. PENSER À Appliquer sa réflexion, son attention à. → **réfléchir.** *À quoi pensez-vous ?* **2** Évoquer par la mémoire ou l'imagination. → **songer** à. **3** S'intéresser à. *Penser à l'avenir.* **4** Avoir présent à l'esprit. *J'ai pensé à tout.* **III** v. tr. **1** Avoir pour opinion, pour conviction. **2** (sens affaibli) Avoir l'idée de... ◂ **croire, imaginer, supposer.** *Il n'est pas si naïf qu'on le pense.* ◂ exclam. *Penses-tu !, pensez-vous !* : mais non, pas du tout. ◂ *PENSER QUE* : croire, avoir la conviction que.

◂ (+ inf.) *Il ne pensait pas le rencontrer ici.* → **espérer, imaginer. 3** Avoir dans l'esprit (comme idée, sentiment, volonté, etc.). *Il ne dit pas ce qu'il pense.* **4** (+ inf.) Avoir l'intention de. → **compter.** *Que pensez-vous faire à présent ?* **5** littér. Considérer clairement, organiser par la pensée. → **concevoir.** *Penser une œuvre.* ◂ au p. p. *Un dispositif (bien) pensé.*

②**penser** n. m. ■ vx ou littér. Pensée.

**penseur** n. m. ■ Personne qui a des pensées neuves et personnelles. ◆ → aussi **libre penseur.**

**pensif, ive** adj. ■ Absorbé dans ses pensées.

**pension** n. f. ■ **1** Allocation périodique. *Pension d'invalidité, de retraite.* **II 1** loc. *Prendre pension, être en pension* : être nourri et logé. **2** PENSION DE FAMILLE : hôtel simple. **3** Établissement scolaire assurant hébergement et nourriture.

**pensionnaire** n. ■ **1** Personne qui prend pension chez qqn, dans un hôtel. **2** Interne (dans une école). **3** Acteur faisant partie d'une compagnie.

**pensionnat** n. m. ■ Pension (II, 3) privée.

**pensionner** v. tr. □ ■ Pourvoir (qqn) d'une pension. ▸ **pensionné, ée** adj. et n.

**pensivement** adv. ■ D'une manière pensive, d'un air pensif.

**pensum** [pɛ̃sɔm] n. m. ■ vieilli Travail ennuyeux (spécialt punition d'un élève).

**pent(a)-** [pɛ̃ta] Élément savant, du grec *pente* « cinq ».

**pentagone** [pɛ̃-] n. m. ■ **1** géom. Polygone qui a cinq côtés. **2** *Le Pentagone* : l'état-major des armées des États-Unis (bâtiment pentagonal). ▷ adj. **pentagonal, ale, aux**

**Pentateuque** [pɛ̃tatøk] n. m. ■ Ensemble des cinq premiers livres de la Bible.

**pentathlon** [pɛ̃tatlɔ̃] n. m. ■ Ensemble de cinq épreuves sportives. ▷ n. **pentathlonien, ienne**

**pente** n. f. ■ **1 1** Inclinaison (d'une surface) par rapport à l'horizontale. **2** Penchant, inclination. ◂ loc. fig. *Suivre sa pente*, son goût. **3** EN PENTE : qui n'est pas horizontal. **II 1** Surface inclinée. *Gravir, dévaler une pente.* → **côte, descente. 2** fig. Ce qui incline vers la facilité, le mal. loc. *Être sur une* (ou *la*) *mauvaise pente. Remonter la pente.*

**pentecôte** n. f. ■ **1** Fête chrétienne, le septième dimanche après Pâques pour commémorer la descente du Saint-Esprit sur les apôtres. **2** Fête juive, sept semaines après la pâque (2e juif).

**penthotal** [pɛ̃-] n. m. ■ Barbiturique appelé *sérum\* de vérité.*

**pentu, ue** adj. ■ En pente.

**penture** n. f. ■ Ferrure décorative.

**pénultième** [-tjɛm] n. ■ didact. **1** adj. Avant-dernier. **2** n. f. Avant-dernière syllabe.

**pénurie** n. f. ■ Manque de ce qui est nécessaire. → **carence.**

**péon** n. m. ▪ Ouvrier agricole, paysan pauvre, en Amérique du Sud.

**people** [pipœl] ▪ anglic. **1** adj. invar. Qui concerne les vedettes. *Presse people (à sensation).* **2** n. invar. (au plur.) Ces vedettes.

**pépé** n. m. ▪ fam. **1** lang. enfantin Grand-père. **2** Homme âgé. → **papi**.

**pépée** n. f. ▪ fam. Femme, jeune fille.

**pépère** ▪ I n. m. fam. **1** lang. enfantin Grand-père. **2** Gros homme, gros enfant paisible. **II** adj. Tranquille. → **peinard**.

**pépètes** n. f. pl. ▪ fam. et vieilli Argent.

**pépette** n. f. ▪ fam. Jeune fille, petite fille (terme d'affection). → ② **nénette**.

**pépie** n. f. ▪ fam. Grande soif.

**pépier** v. intr. 7 ▪ (oiseaux) Pousser de petits cris brefs et aigus. ▷ n. m. **pépiement**

① **pépin** n. m. ▪ **1** Graine de certains fruits (raisins, baies, agrumes, pommes...). **2** fig., fam. Ennui, difficulté.

② **pépin** n. m. ▪ fam. Parapluie.

**pépinière** n. f. ▪ **1** Terrain où l'on fait pousser de jeunes arbres. ▷ n. **pépiniériste 2** fig. *Une pépinière de talents.*

**pépite** n. f. ▪ Morceau d'or natif.

**péplum** [-ɔm] n. m. ▪ **1** Antiq. grecque Vêtement de femme, sans manches. **2** Film à grand spectacle sur l'Antiquité.

**pepsine** n. f. ▪ Enzyme du suc gastrique qui décompose les protéines en peptides.

**peptide** n. m. ▪ biochim. Protide formé par un nombre restreint d'acides aminés.

**péquenaud, aude** n. ▪ fam. et péj. Paysan. - var. PÉQUENOT n.

**per-** Élément, du latin *per* « à travers ».

**percale** n. f. ▪ Tissu de coton, fin et serré.

**perçant, ante** adj. ▪ **1** Qui voit au loin. - *Des yeux perçants.* **2** (son) Aigu et fort.

**perce** n. f. ▪ loc. *Mettre en perce :* percer (un tonneau) pour tirer du vin.

**percée** n. f. ▪ **1** Ouverture qui ménage un passage, une perspective. **2** fig. Progrès.

**percement** n. m. ▪ Action de percer, de pratiquer (une ouverture, un passage).

**perce-neige** n. m. ou f. ▪ Plante à fleurs blanches de fin d'hiver.

**perce-oreille** n. m. ▪ Insecte inoffensif dont l'abdomen porte une sorte de pince.

**percepteur, trice** n. ▪ Comptable public chargé de la perception des impôts.

**perceptible** adj. ▪ **1** Qui peut être perçu par les sens. → **visible; audible; sensible**. **2** Qui peut être compris.

**perception** n. f. ▪ I **1** Réunion de sensations en images mentales. *Perception visuelle.* ▷ adj. **perceptif, ive 2** littér. Sensation, intuition. **II 1** Recouvrement des impôts directs. **2** Fonction, bureau de percepteur.

**percer** v. 3 ▪ I v. tr. **1** Faire un trou dans (un objet). *Percer un mur.* - Traverser, trouer. **2** Pratiquer dans (qqch.) une ouverture pouvant servir de passage, d'accès. **3** Traverser (une protection, un milieu). → **transpercer**. *Le soleil perce les nuages.* **4** fig., littér. Parvenir à découvrir (un secret...). - loc. *Percer à jour*, découvrir (ce qui était caché). **5** Pratiquer, faire (une ouverture). *Percer un trou, un tunnel.* **II** v. intr. **1** Se frayer un passage. **2** fig. Se montrer. *Rien n'a percé de leur entretien.* **3** (personnes) Acquérir la notoriété. ► **percé, ée** adj. loc. *Panier\* percé.* - *Chaise\* percée.*

**perceur, euse** n. ▪ **1** Personne qui perce à l'aide d'un outil. **2** n. f. Machine-outil (foreuse, fraiseuse) perçant des trous.

**percevable** adj. ▪ didact. Qui peut être perçu (argent).

**percevoir** v. tr. 28 ▪ I **1** Comprendre, parvenir à connaître. → **discerner, sentir; perception** (I). *Percevoir une nuance.* **2** Avoir conscience de (une sensation). - *Les chiens perçoivent les ultrasons.* **II** Recevoir (une somme d'argent due). - spécialt Recueillir (le montant d'un impôt, d'une taxe).

① **perche** n. f. ▪ Poisson d'eau douce, à chair estimée.

② **perche** n. f. ▪ **1** Grande tige de bois, de métal. ♦ *SAUT À LA PERCHE* (en hauteur). **2** loc. *TENDRE LA PERCHE à qqn*, lui tirer d'embarras. **3** fam. Personne grande et maigre.

**percher** v. ▪ I v. intr. **1** (oiseaux) Se mettre, se tenir sur une branche, un perchoir. **2** fam. (personnes) Loger, habiter. **II** v. tr. fam. Placer à un endroit élevé. ► **se percher** v. pron. ► **perché, ée** p. p.

**percheron, onne** ▪ n. m. Grand et fort cheval de trait. - adj. *Jument percheronne.*

**perchiste** n. ▪ **1** Sauteur à la perche. **2** Personne qui tend les perches d'un téléski.

**perchoir** n. m. ▪ **1** Endroit où viennent se percher les oiseaux. **2** fig. Endroit élevé.

**perclus, use** adj. ▪ Qui a de la peine à se mouvoir. *Être perclus de douleurs.*

**percolateur** n. m. ▪ Appareil à vapeur sous pression qui sert à faire du café.

**percolation** n. f. ▪ didact. Passage d'une substance par une matière absorbante.

**perçu, ue** ▪ Participe passé de *percevoir*.

**percussion** n. f. ▪ **1** Action de frapper. **2** mus. *Instrument à* (ou *de*) *percussion*, dont on joue en le frappant. ▷ n. **percussionniste**

**percutané, ée** adj. ▪ méd. Qui se fait par absorption à travers la peau.

**percutant, ante** adj. ▪ **1** Qui donne un choc. **2** fig. Qui frappe par sa netteté.

**percuter** v. 1 ▪ I v. tr. Frapper, heurter (qqch.). **II** v. intr. Heurter (en explosant).

**percuteur** n. m. ▪ Dans une arme à feu, Pièce métallique qui frappe l'amorce.

**perdant, ante** ▪ I n. **1** Personne qui perd au jeu, dans une affaire, une compétition. - loc. *Être bon, mauvais perdant :* accepter bien, mal sa défaite. **2** adj. Qui perd.

**perdition** n. f. ◼ **1** relig. Éloignement de l'Église et du salut par le péché. ⬅ loc. iron. *Lieu de perdition*, de débauche. **2** *Navire EN PERDITION*, en danger de naufrage.

**perdre** v. tr. 41 ◼ **I** (sens passif) **1** Être privé de ; ne plus avoir (un bien). *Perdre son emploi.* **2** Être séparé de (qqn) par la mort. *Perdre ses parents.* ⬅ Ne plus avoir (un compagnon, un ami, etc.). **3** Cesser d'avoir (une partie de soi ; une qualité). *Perdre ses cheveux. Perdre la mémoire.* ⬅ *Perdre connaissance* : s'évanouir. **4** Égarer. *Perdre ses clés.* **5** Laisser s'échapper. *Le blessé perd son sang.* ◆ loc. *PERDRE DE VUE* : ne plus voir ; fig. ne plus fréquenter (qqn). **6** Ne plus pouvoir suivre, contrôler. *Perdre son chemin.* ⬅ loc. *Perdre pied*. *Perdre le nord*. **7** Ne pas profiter de (qqch.). *Perdre son temps.* **8** (opposé à *gagner*) Ne pas obtenir ou ne pas garder (un avantage). **II** (sens actif) **1** Priver de sa réputation, de sa situation. *Son ambition le perdra.* ◆ spécialt Faire condamner. **2** vx ou littér. Corrompre, pervertir. **3** Mettre hors du bon chemin (concret). → **égarer.** ► **se perdre** v. pron. **1** Être réduit à rien. *Les traditions se perdent.* **2** Être mal utilisé. *Laisser se perdre* ; ellipt *laisser perdre une occasion.* **3** S'égarer. ⬅ fig. *Se perdre dans les détails.* ⬅ *Se perdre dans ses pensées.*

**perdreau** n. m. ◼ Jeune perdrix de l'année.

**perdrix** n. f. ◼ Oiseau au plumage roux ou gris cendré, gibier apprécié.

**perdu, ue** adj. ◼ **I** (→ perdre, I) **1** Dont on n'a plus la possession, la jouissance. *Regagner l'argent perdu.* ⬅ *Tout est perdu.* ◆ *Occasion perdue.* ⬅ *À ses moments perdus.* **2** Égaré. *Objets perdus.* ⬅ (lieu) Écarté ; éloigné. *Un coin perdu.* **3** Mal contrôlé. *Balle perdue.* **II** (→ perdre, II) **1** Atteint dans sa santé. *Le malade est perdu.* → **condamné.** ⬅ Atteint dans sa fortune, sa situation. ⬅ vieilli *Fille perdue* : prostituée. **2** Abîmé, endommagé. **III** Qui se perd, qui s'est perdu. ◆ Désemparé.

**perdurer** v. intr. 1 ◼ vx Durer toujours.

**père** n. m. ◼ **1** Homme qui a engendré, donné naissance à des enfants. **2** *PÈRE DE FAMILLE*, qui élève des enfants. **3** (animaux) Parent mâle. **4** au plur. littér. Les ancêtres, les aïeux. *L'héritage de nos pères.* **5** fig. *Le père de qqch.* → **créateur, fondateur, inventeur. 6** dr. *Père adoptif.* ▷ n. m. **pérennisation** (titre) Religieux. ⬅ *Le Saint-Père*, le pape. ⬅ *Les Pères de l'Église*, les docteurs de l'Église (du I$^{er}$ au VI$^e$ siècle). ◆ fam. avant le nom *Le père X* (homme mûr, à la campagne). *UN PÈRE TRANQUILLE* : un homme paisible.

**pérégrinations** n. f. pl. ◼ Déplacements incessants en de nombreux endroits.

**péremption** [-psj5] n. f. ◼ **1** dr. Anéantissement après un délai. **2** cour. *Date de péremption*, où un produit est périmé.

**péremptoire** [-pt-] adj. ◼ Qui refuse toute objection. ▷ adv. **péremptoirement**

**pérenne** adj. ◼ didact. ou littér. Qui dure longtemps. → **perpétuel.** ▷ **pérenniser** v. tr. 1 ▷ n. f. **pérennisation**

**pérennité** n. f. ◼ didact. ou littér. État, caractère de ce qui dure toujours.

**péréquation** [-kwa-] n. f. ◼ Répartition égalitaire de charges ou de moyens.

**perestroïka** [pɛʀɛs-] n. f. ◼ Politique libérale, dans l'ex-U. R. S. S. (1986-1991).

**perfectible** adj. ◼ Susceptible d'être amélioré. ▷ n. f. **perfectibilité**

**perfection** n. f. ◼ **1** État, qualité de ce qui est parfait. **2** *À LA PERFECTION* loc. adv. : parfaitement. **3** *Une perfection* : personne ou chose parfaite.

**perfectionner** v. tr. 1 ◼ Rendre meilleur. → **améliorer.** ► se **perfectionner** v. pron. ► **perfectionné, ée** adj. (choses) *Dispositif très perfectionné.* ▷ n. m. **perfectionnement**

**perfectionniste** n. et adj. ◼ (Personne) qui cherche la perfection, qui fignole (à l'excès). ▷ n. m. **perfectionnisme**

**perfecto** n. m. ◼ anglic. (n. de marque) Blouson court en cuir, ceinturé, pour les motocyclistes.

**perfide** adj. ◼ littér. **1** Qui trahit la confiance. **2** Secrètement nuisible. *Une insinuation perfide.* ▷ adv. **perfidement**

**perfidie** n. f. ◼ **1** Action, parole perfide. **2** Caractère perfide. → **déloyauté, fourberie.**

**perforateur, trice** ◼ **1** adj. Qui perfore. **2** n. f. Machine servant à perforer. **3** n. Personne qui utilise une perforatrice.

**perforation** n. f. ◼ **1** Action de perforer. **2** Endroit perforé. ⬅ méd. Ouverture anormale dans un organe.

**perforé, ée** adj. ◼ **1** Percé. **2** techn. *Carte perforée* (en mécanographie).

**perforer** v. tr. 1 ◼ Traverser en faisant un ou plusieurs petits trous. → **percer, trouer.**

**performance** n. f. ◼ **1** Résultat obtenu dans une compétition. *Performance homologuée.* **2** Rendement, résultat le meilleur. **3** fig. Exploit, prouesse. **4** (de l'anglais) Œuvre artistique conçue comme un événement, une action en train de se faire.

**performant, ante** adj. ◼ anglic. Capable de hautes performances. → **compétitif.**

**performeur, euse** n. ◼ **1** Sportif qui réalise une performance. **2** Artiste auteur de performance (4). - syn. (anglic.) PERFORMER n.

**perfusion** n. f. ◼ méd. Injection lente et continue (de sérum). *Être sous perfusion.* ⬅ *Perfusion sanguine.* ▷ **perfuser** v. tr. 1

**pergola** n. f. ◼ Petite construction de jardin, support de plantes grimpantes.

**péri-** Élément, du grec *peri* « autour ».

**péricarde** n. m. ◼ anat. Membrane qui enveloppe le cœur.

**péricarpe** n. m. ◼ bot. Enveloppe des graines.

**péricliter** v. intr. 1 ◼ Aller à sa ruine.

**péridural, ale, aux** adj. et n. f. ◼ méd. (*Anesthésie*) *péridurale*, du bassin.

**périgée** n. m. ◼ astron. Point d'une orbite le plus proche de la Terre.

**périhélie** n. m. ▪ astron. Point de l'orbite d'une planète le plus proche du Soleil.

**péri-informatique** n. f. ▪ Activités et matériels liés aux périphériques d'ordinateurs.

**péril** [-il] n. m. ▪ littér. Situation où l'on court de grands risques. → **danger**. → *Navire EN PÉRIL.* → loc. *Au péril de sa vie.* → *Faire qqch. à ses risques et périls,* en acceptant toutes les conséquences.

**périlleux, euse** adj. ▪ 1 littér. Où il y a des risques, du danger. 2 loc. *SAUT PÉRILLEUX,* où le corps fait un tour complet sur lui-même.

**périmé, ée** adj. ▪ 1 (opposé à *actuel*) Qui n'a plus cours. 2 (opposé à *valide*) *Passeport périmé.* 3 Qui n'est plus consommable (→ **péremption**). *Yaourt périmé.*

**se périmer** v. pron. ① ▪ Être annulé après l'expiration d'un délai. → (sans se) *Laisser périmer un billet.*

**périmètre** n. m. ▪ 1 Ligne qui délimite le contour d'une figure plane. 2 Zone délimitée.

**périnatal, ale, als** adj. ▪ méd. Qui précède et suit immédiatement la naissance.

**périnée** n. m. ▪ Ensemble des tissus qui forment le plancher du petit bassin.

**période** n. f. ▪ **I** 1 Espace de temps. *La période des fêtes.* ♦ Division historique du temps. *La période révolutionnaire.* 2 didact. Durée déterminée. *La période d'incubation d'une maladie.* **II** sc. Temps qui s'écoule entre deux états semblables d'un phénomène. → astron. Temps de révolution. **III** didact. Phrase harmonieuse. *Période oratoire.*

**périodicité** n. f. ▪ Caractère de ce qui est périodique (I).

**périodique** adj. ▪ 1 Qui se reproduit à des intervalles réguliers. 2 Qui paraît régulièrement. → n. m. *Un périodique.* → **magazine, revue. II** sc. Mouvement, fonction périodique, qui reprend la même valeur à intervalles réguliers. ▷ adv. **périodiquement**

**périoste** n. m. ▪ anat. Membrane qui enveloppe les os.

**péripatéticienne** n. f. ▪ littér. Prostituée.

**péripétie** n. f. ▪ 1 didact. Changement subit de situation. 2 cour. Événement imprévu.

**périphérie** n. f. ▪ 1 Pourtour. 2 Partie extérieure. 3 Quartiers éloignés du centre.

**périphérique** ▪ 1 adj. Situé à la périphérie. *Système nerveux périphérique* (opposé à *central*). 2 adj. et n. m. *Le (boulevard) périphérique, à Paris.* 3 n. m. inform. Élément de matériel distinct de l'unité centrale.

**périphrase** n. f. ▪ Expression développée d'une notion.

**périple** n. m. ▪ 1 didact. Grand voyage par mer. 2 (critique) Voyage, randonnée.

**périr** v. intr. ② ▪ 1 Mourir. → *S'ennuyer à périr.* 2 Disparaître. → *Faire naufrage.*

**périscolaire** adj. ▪ Complémentaire de l'enseignement scolaire.

**périscope** n. m. ▪ Instrument d'optique permettant de voir par-dessus un obstacle.

**périssable** adj. ▪ 1 littér. Qui n'est pas durable. 2 *Denrée périssable,* qui se conserve peu.

**périssoire** n. f. ▪ Embarcation plate, longue et étroite.

**péristaltique** adj. ▪ physiol. Qui fait progresser les aliments dans le tube digestif.

**péristyle** n. m. ▪ didact. Colonnade autour d'un édifice, d'une cour.

**péritoine** n. m. ▪ Membrane qui tapisse les parois intérieures de l'abdomen.

**péritonite** n. f. ▪ Inflammation du péritoine.

**perle** n. f. ▪ 1 Petite concrétion de nacre sécrétée par certains mollusques (huîtres), utilisée en joaillerie. *Collier de perles.* → *Perles de culture,* obtenues en plaçant un grain de nacre dans une huître d'élevage. 2 Petite boule percée d'un trou. 3 Personne de grand mérite. *Ce cuisinier est une perle.* 4 Erreur grossière, absurdité.

**perlé, ée** adj. ▪ 1 En forme de perle ronde. *Orge perlé.* 2 Qui a des reflets nacrés. 3 Exécuté avec soin. *Ouvrage perlé.*

**perler** v. intr. ① ▪ Former de petites gouttes arrondies.

**perlier, ière** adj. ▪ Qui a rapport aux perles (1), forme une perle *(huître perlière).*

**perlingual, ale, aux** [-gwal, o] adj. ▪ pharm. Placé sous la langue.

**perm** ou **perme** n. f. → **permission**

**permanence** n. f. ▪ 1 Caractère de ce qui est durable ; longue durée (de qqch.). 2 Service assurant un fonctionnement ininterrompu ; son local. 3 *EN PERMANENCE* loc. adv. : sans interruption. → Très souvent.

**permanent, ente** adj. ▪ 1 Qui dure, demeure sans discontinuer ni changer. → **constant, continu.** 2 n. f. Traitement des cheveux pour les onduler durablement. 3 Qui exerce une activité permanente. → n. *Les permanents d'un syndicat, d'un parti.*

**permanganate** n. m. ▪ Sel dérivé du manganèse. → *Permanganate (de potassium),* antiseptique violet.

**perméable** adj. ▪ 1 Qui se laisse traverser ou pénétrer par un fluide. *Roche perméable.* 2 fig. Qui se laisse atteindre, toucher par (qqch.). ▷ n. f. **perméabilité**

**permettre** v. tr. ⑤⑥ ▪ 1 Laisser faire (qqch.), ne pas empêcher. → **autoriser, tolérer.** → *PERMETTRE qqch. À qqn.* → **accorder.** → au passif *Il se croit tout permis.* 2 (sujet chose) Rendre possible. *Sa santé ne lui permet aucun excès.* 3 *Permettez ! Vous permettez ?,* formules pour contredire, protester ou agir. ► **se permettre** v. pron. S'accorder (qqch.). → *SE PERMETTRE DE* (+ inf.).

**permis** n. m. ▪ Autorisation officielle écrite. *Permis de construire.* → *PERMIS (DE CONDUIRE).* *Passer son permis,* l'examen.

**permissif, ive** adj. ▪ didact. Qui permet, tolère trop facilement. ▷ n. f. **permissivité**

**permission** n. f. ▪ **1** Action de permettre ; son résultat. → **autorisation. 2** Congé accordé à un militaire. - abrév. fam. PERM ou PERME.

**permissionnaire** ▪ n. m. Soldat en permission.

**permutation** n. f. ▪ **1** Échange d'un emploi, d'un poste contre un autre. ◆ (choses) Changement de place réciproque. **2** math. Chacun des arrangements (disposition dans une série) que peut prendre un nombre défini d'objets. *Le nombre de permutations d'un nombre* n *d'objets est égal à* factorielle n.

**permuter** v. 🔲 ▪ **1** v. tr. Mettre une chose à la place d'une autre (et réciproquement.) **2** v. intr. Échanger sa place.

**pernicieux, euse** adj. ▪ **1** méd. Dont l'évolution est grave. **2** littér. Nuisible. ▷ adv. **pernicieusement**

**péroné** n. m. ▪ Os long de la jambe.

**péronnelle** n. f. ▪ fam. et vieilli Jeune femme, jeune fille sotte et bavarde.

**péroraison** n. f. ▪ didact. Conclusion d'un discours.

**pérorer** v. intr. 🔲 ▪ Discourir, parler d'une manière prétentieuse, avec emphase.

**peroxyde** [pɛʀ-] n. m. ▪ chim. Oxyde contenant le maximum d'oxygène.

**perpendiculaire** adj. ▪ *Perpendiculaire à :* qui fait un angle droit avec. ◆ n. f. *Une perpendiculaire.* ▷ adv. **perpendiculairement**

**à perpète** loc. adv. ▪ fam. **1** À perpétuité. **2** Très loin (dans l'espace).

**perpétrer** v. tr. 🔲 ▪ dr. ou littér. Commettre (un acte criminel). ▷ n. f. **perpétration**

**perpétuel, elle** adj. ▪ **1** Qui dure toujours. - *Mouvement perpétuel,* qui, une fois déclenché, continuerait éternellement. **2** Qui dure, doit durer toute la vie. - *Secrétaire perpétuel,* à vie. **3** Qui ne s'arrête, ne s'interrompt pas. *Une angoisse perpétuelle.* ▷ adv. **perpétuellement**

**perpétuer** v. tr. 🔲 ▪ Faire durer toujours ou très longtemps. ▪ **se perpétuer** v. pron. → **durer.** ▷ n. f. **perpétuation**

**perpétuité** n. f. ▪ **1** littér. Durée infinie ou très longue. **2** À PERPÉTUITÉ loc. adv. : à vie.

**perplexe** adj. ▪ Qui hésite, ne sait que penser, que faire. ▷ n. f. **perplexité**

**perquisition** n. f. ▪ Fouille policière d'un domicile. ▷ **perquisitionner** v. intr. 🔲

**perron** n. m. ▪ Petit escalier extérieur et plate-forme devant la porte d'une maison.

**perroquet** n. m. ▪ **I** Oiseau grimpeur au plumage coloré, à gros bec, capable d'imiter la parole humaine. **II** mar. Mât gréé sur une hune. ◆ Voile carrée.

**perruche** n. f. ▪ **1** Petit oiseau grimpeur, au plumage coloré, à longue queue. **2** fig. Femme bavarde.

**perruque** n. f. ▪ Coiffure de faux cheveux.

**perruquier** n. m. ▪ Fabricant de perruques et de postiches.

**pers** adj. m. ▪ D'une couleur où le bleu domine (yeux).

**persan, ane** adj. et n. ▪ De Perse (aujourd'hui, Iran). - *Chat persan,* à longs poils soyeux. ◆ n. m. *Le persan* (langue). → **farsi.**

**persécuter** v. tr. 🔲 ▪ **1** Tourmenter par des traitements injustes et cruels. **2** Poursuivre en importunant. → **harceler.** ▷ n. **persécuteur, trice**

**persécution** n. f. ▪ **1** Traitement injuste et cruel. ◆ Mauvais traitement. **2** psych. loc. *Manie, délire de persécution* (paranoïa).

**persévérer** v. intr. 🔲 ▪ Continuer de faire ce qu'on a résolu, par un acte de volonté renouvelé. → s'**obstiner.** ▷ adj. **persévé- rant, ante** ▷ n. f. **persévérance**

**persienne** n. f. ▪ Volet extérieur, muni de vantaux à claire-voie.

**persifler** v. tr. 🔲 ▪ littér. Tourner (qqn) en ridicule. ▷ n. m. **persiflage**

**persifleur, euse** n. et adj. ▪ (Personne) qui aime à persifler. - *Un ton persifleur.*

**persil** [-si] n. m. ▪ Plante potagère aromatique, utilisée comme condiment.

**persillade** n. f. ▪ Assaisonnement à base de persil haché.

**persillé, ée** adj. ▪ **1** Accompagné de persil haché, de persillade. **2** *Fromage persillé,* à moisissures. → **bleu. 3** *Viande persillée,* parsemée d'infiltrations de graisse.

**persistance** n. f. ▪ **1** Fait de ne pas changer. → **constance. 2** Caractère durable.

**persistant, ante** adj. ▪ **1** Qui persiste. **2** bot. *Feuilles persistantes* (opposé à *caduque*), qui ne tombent pas en hiver.

**persister** v. intr. 🔲 ▪ **1** Continuer sans céder. → s'**obstiner, persévérer.** - loc. *Je persiste et signe :* je maintiens ce que j'ai dit, fait. **2** Durer malgré tout. *La fièvre persiste.*

**perso** adj. invar. ▪ fam. Personnel ; très, trop personnel.

**persona grata** n. f. invar. ▪ (attribut) Représentant d'un État agréé par un autre État (opposé à *persona non grata* [-nɔn-], indésirable).

**personnage** n. m. ▪ **1** Personne qui joue un rôle social important. → **notable, personnalité** (II). **2** Personne qui figure dans une œuvre. *Les personnages d'un film, d'un roman.* ◆ Être humain figuré, représenté. **3** Personne, dans son comportement. - *Composer son personnage.*

**personnaliser** v. tr. 🔲 ▪ Donner un caractère personnel à (qqch.). - au p. p. *Crédit personnalisé.*

**personnalisme** n. m. ▪ Système philosophique fondé sur la personne humaine. ▷ adj. et n. **personnaliste**

**personnalité** n. f. ▪ **I 1** Ce qui différencie une personne. *Avoir une forte personnalité.* - Force de caractère. **2** Unité du moi. *Dédoublement\* de la personnalité.* **3** dr. *Personnalité juridique :* aptitude à être sujet de droit. → ① **personne** (II). *Personnalité morale.* **II** Personne en vue, remarquable.

① **personne** n. f. ■ **I 1** Individu de l'espèce humaine. → **homme** (I). *Une personne.* → **quelqu'un ; on.** *De nombreuses personnes.* → **gens.** ♦ loc. *GRANDE PERSONNE* : adulte. **2** *La personne de qqn*, la personnalité, le moi. ♦ loc. *EN PERSONNE* : soi-même, lui-même. **3** Être humain qui a une conscience claire de lui-même. → **moi, sujet. II** dr. Être auquel est reconnue la capacité d'être sujet de droit. – *PERSONNE MORALE* : association ou entreprise. **III** gramm. Indication du rôle que tient la personne qui est en cause dans l'énoncé. *Verbe à la première personne* (celle qui s'exprime : je), *à la deuxième personne* (à qui l'on s'adresse : tu, vous), *à la troisième personne* (dont on parle : il[s], elle[s]).

② **personne** pron. indéf. ■ **1** vx Quelqu'un. – littér. *Il n'est pas question que personne sorte.* – *Mieux que personne.* → **quiconque. 2** (avec *ne*) Aucun être humain. *Il n'y avait personne.* ♦ (ellipse de *ne*) *Y avait-il qqn ? – Personne.*

**personnel, elle** ■ adj. **1** Qui concerne une personne, lui appartient. *Opinions personnelles.* **2** Qui s'adresse à qqn en particulier. *Lettre personnelle.* **II** adj. gramm. **1** Se dit des formes du verbe exprimant la personne (opposé à *impersonnel*). **2** *PRONOM PERSONNEL,* qui marque la personne grammaticale (ex. je, il). **III** n. m. Personnes employées dans une maison, une entreprise.

**personnellement** adv. ■ **1** En personne, soi-même. **2** Pour sa part, quant à soi.

**personnification** n. f. ■ **1** Action de personnifier (1). **2** Incarnation de (qqch.). *La personnification de l'ambition.*

**personnifier** v. tr. ⑦ ■ **1** Évoquer, représenter (une chose abstraite) sous les traits d'une personne. **2** Réaliser dans sa personne (un caractère). – au p. p. *C'est l'honnêteté personnifiée.*

**perspective** n. f. ■ **I 1** peint., dessin Technique de représentation de et dans l'espace en fonction de lignes de fuite. – *Perspective cavalière*, à lignes de fuite parallèles. **2** Aspect esthétique de ce qui est vu à distance. **II** abstrait **1** Événements probables ou possibles. *La perspective de ce voyage l'enchantait.* **2** Manière de considérer qqch. → **optique, point de vue.**

**perspicace** adj. ■ Doué d'un esprit pénétrant, subtil. ▷ n. f. **perspicacité**

**persuader** v. tr. ① ■ *Persuader qqn de qqch.,* amener (qqn) à croire, à penser, à vouloir, à faire. → **convaincre.**

**persuasion** n. f. ■ Action de persuader ; fait d'être persuadé. ▷ adj. **persuasif, ive**

**perte** n. f. ■ **I 1** Fait de perdre (qqn), d'en être séparé par la mort. – au plur. Personnes tuées (guerre). **2** Fait d'être privé de ce qu'on avait. *Pertes financières.* ♦ loc. *Passer par PROFITS ET PERTES,* considérer comme perdu. – *Perte sèche,* qui n'est pas compensée par aucun bénéfice. **3** Fait d'égarer, de perdre qqch. **4** *À PERTE DE VUE* loc. adv. : aussi loin que la vue peut atteindre. **5** *EN PURE PERTE* loc. adv. : inutilement. **6** Déperdition

(d'énergie...). **7** Fait de perdre, d'être vaincu. **II** Fait de se perdre. *Courir à sa perte.*

**pertinemment** [-amɑ̃] adv. ■ **1** littér. De manière pertinente. **2** cour. *Savoir pertinemment,* être informé exactement.

**pertinent, ente** adj. ■ **1** Qui convient exactement, dénote du bon sens. → **judicieux. 2** sc. Doué d'une fonction distinctive dans un système. ▷ n. f. **pertinence**

**pertuis** n. m. ■ vx ou littér. Trou ; passage.

**pertuisane** n. f. ■ Ancienne arme, lance à long fer triangulaire.

**perturbateur, trice** ■ n. Personne qui perturbe. – adj. *Éléments perturbateurs.*

**perturbation** n. f. ■ **1** Irrégularité provoquée dans un fonctionnement. – *Perturbation atmosphérique.* **2** Bouleversement dans la vie sociale ou individuelle.

**perturber** v. tr. ① ■ **1** Empêcher (qqch.) de fonctionner normalement. **2** Bouleverser, troubler (qqn).

**pervenche** n. f. ■ Plante à fleurs bleu-mauve, des lieux ombragés.

**pervers, erse** adj. ■ **1** littér. Qui se plaît à faire le mal ou à l'encourager. **2** adj. et n. (Personne) qui témoigne de perversion. **3** loc. *Effet pervers* : conséquence pernicieuse.

**perversion** n. f. ■ **1** littér. Action de pervertir (1). → **dépravation. 2** Déviation des tendances, des instincts. *Perversion sexuelle.*

**perversité** n. f. ■ **1** littér. Goût pour le mal. **2** Goût de l'ambiguïté morale. ♦ Perversion (2).

**pervertir** v. tr. ② ■ **1** Faire changer (qqn) en mal. **2** Détourner (qqch.) de son sens ou de ses buts. *L'argent pervertit le sport.* ▷ n. m. **pervertissement**

**pesage** n. m. ■ **1** Détermination, mesure des poids. **2** Action de peser les jockeys. – Endroit où s'effectue ce pesage.

**pesant, ante** adj. ■ **1** Qui pèse lourd. **2** fig. Pénible à supporter. **3** Qui donne une impression de lourdeur. ▷ adv. **pesamment**

**pesanteur** n. f. ■ **1** phys. Caractère de ce qui a un poids. – *LA PESANTEUR* : la force qui entraîne les corps vers le centre de la Terre. → **gravité. 2** Caractère pesant (3). → **lourdeur.** – Manque de vivacité. **3** Force qui retarde une évolution.

**pèse-bébé** n. m. ■ Balance pour nourrisson. *Des pèse-bébés.*

**pesée** n. f. ■ **1** Quantité pesée en une fois. **2** Détermination du poids (de qqch.). **3** Pression sur qqch. ou qqn.

**pèse-lettre** n. m. ■ Balance pour les messages postaux. *Des pèse-lettres.*

**pèse-personne** n. m. ■ Balance plate.

**peser** v. ⑤ ■ **I** v. tr. **1** Déterminer le poids de (qqch.), en le comparant à un poids connu. **2** Apprécier, examiner avec attention. *Peser ses mots.* ← au p. p. *Tout bien pesé :* après mûre réflexion. **II** v. intr. (concret) **1** Avoir comme poids. *Elle pèse soixante kilos. Les cent kilos qu'il a pesé* (sans accord). **2** PESER SUR, CONTRE. → **appuyer. III** v. intr. (abstrait) **1** PESER À qqn, être pénible. **2** PESER SUR : accabler.

**peseta** [pezeta ; peseta] n. f. ■ Unité monétaire de l'Espagne (avant l'euro).

**peso** [pezo ; peso] n. m. ■ Unité monétaire de plusieurs pays d'Amérique latine.

**pessimisme** n. m. ■ Disposition d'esprit qui porte à prendre les choses du mauvais côté. ▷ adj. et n. **pessimiste**

**peste** n. f. ■ **I 1** Très grave maladie infectieuse, épidémique et contagieuse (bacille de Yersin). **2** Maladie virale des animaux d'élevage. **3** fig. Femme, fillette insupportable. **II** interj. (étonnement, admiration) *Peste !*

**pester** v. intr. ① ■ Manifester son mécontentement, sa colère, par des paroles.

**pesticide** adj. et n. m. ■ anglic. Produit destiné à la protection des cultures contre les parasites (herbicides, insecticides...).

**pestiféré, ée** adj. ■ Infecté ou atteint de la peste (1). ← n. *On le fuit comme un pestiféré.*

**pestilence** n. f. ■ littér. Odeur infecte. ▷ adj. **pestilentiel, ielle**

**pesto** n. m. ■ cuis. Sauce d'origine italienne à base de basilic et d'huile d'olive, avec ail, parmesan et pignons pilés. → **pistou.**

**pet** n. m. ■ fam. Gaz intestinal qui s'échappe de l'anus avec bruit. ♦ loc. fam. *Ça ne vaut pas un pet (de lapin)* : ça ne vaut rien.

**pétale** n. m. ■ Pièce florale composant la corolle d'une fleur.

**pétanque** n. f. ■ Jeu de boules.

**pétant, ante** adj. ■ fam. Exact (heure).

**pétarade** n. f. ■ **1** Suite de pets (d'un cheval, etc.). **2** Suite de détonations.

**pétarader** v. intr. ① ■ Faire entendre une pétarade. ▷ adj. **pétaradant, ante**

**pétard** n. m. ■ **1** Petite charge d'explosif dans une enveloppe. ← loc. fig. *Pétard mouillé :* révélation sans effet. **2** fam. Bruit, tapage. ← loc. *En pétard,* en colère. **3** fam. Revolver. **4** fam. Cigarette de haschich. **5** fam. Derrière, fesses.

**pétaudière** n. f. ■ Lieu de confusion.

**pel-de-nonne** n. m. ■ Beignet soufflé. *Des pets-de-nonne.*

**péter** v. ⑥ ■ fam. **I** v. intr. **1** Faire un pet, lâcher des vents. ← loc. *Péter plus haut que son cul,* être prétentieux. **2** (sujet chose) Éclater avec bruit. → **exploser.** ← Se rompre brusquement, se casser. **II** v. tr. **1** *Péter le feu :* déborder de vitalité. **2** Casser. ► **pété, ée** adj. fam. **1** Cassé. **2** (personnes) Fou. ♦ Ivre.

**pète-sec** n. et adj. invar. ■ fam. (Personne) autoritaire au ton cassant.

**péteux, euse** n. ■ fam. **1** Peureux. ← adj. Honteux. **2** Personne insignifiante.

**pétiller** v. intr. ① ■ **1** Éclater avec de petits bruits secs et répétés. *Le feu pétille.* → **crépiter. 2** (liquide) Produire des bulles en bruissant. **3** littér. Briller. *Regard qui pétille.* ▷ adj.

**pétillant, ante** ▷ n. m. **pétillement**

**pétiole** [-sjɔl] n. m. ■ Partie rétrécie de certaines feuilles vers la tige.

**petiot, ote** [-tjo, ɔt] adj. ■ fam. Petit, tout petit. ← n. Petit enfant.

**petit, ite** ■ **I** adj. **1** (êtres vivants) Dont la taille est inférieure à la moyenne. **2** Qui n'a pas atteint la taille adulte. *Quand j'étais petit.* → **enfant. 3** (choses) Dont les dimensions sont faibles. *Une petite maison.* ← *Le petit doigt.* **4** Dont la grandeur, l'importance, l'intensité est faible. *Une petite somme.* ← *De petite taille :* petit (I, 1) ; nain. **5** (familiarité) *Un petit coin sympathique.* → **charmant.** *De bons petits plats.* **6** (personnes) *Ma petite dame* (condescendance). ← *Petit crétin !* **II** n. **1** Être humain jeune, pas encore adulte. → **bébé, enfant.** *Les petits et les grands. Un tout-petit.* **2** Rejeton (d'un animal) ; jeune animal. ← loc. fig. *Faire des petits,* se multiplier. **III** adj. **1** De peu d'importance. → **minime.** ← loc. *Petit nom.* → **prénom. 2** (personnes) Qui a une condition, une situation peu importante (aussi n.). **3** Qui a peu de valeur, de qualités. *Un petit esprit.* → **mesquin.** *C'est petit, ce qu'il a fait là.* **IV** adv. **1** PETIT À PETIT : peu à peu. → **progressivement. 2** EN PETIT : sur une petite échelle.

**petit-beurre** n. m. ■ Gâteau sec rectangulaire, au beurre. *Des petits-beurre.*

**petit-bourgeois, petite-bourgeoise** n. et adj. ■ (Personne) de la partie la moins aisée de la bourgeoisie *(petite bourgeoisie),* réputée conformiste et mesquine.

① **petit-déjeuner** n. m. ■ Premier repas de la journée, pris le matin (au Canada, en Belgique, on dit *déjeuner*). - abrév. fam. PETIT-DÉJ'. ▷ ② **petit-déjeuner** v. intr. ①

**petitement** adv. ■ **1** *Être logé petitement,* à l'étroit. **2** fig. Pauvrement. → **Mesquinement.**

**petitesse** n. f. ■ **I** Caractère de ce qui est de petite dimension. **II** fig. **1** Caractère mesquin. **2** Action mesquine.

**petit-fils** [-fis], **petite-fille** n. ■ Fils, fille d'un fils ou d'une fille.

**petit four** n. m. ■ Petit gâteau.

**petit-gris** n. m. ■ **1** Fourrure grise d'un écureuil de Russie. **2** Petit escargot brun.

**pétition** n. f. ■ **1** Demande à une autorité (▷ n. **pétitionnaire**). **2** loc. didact. PÉTITION DE PRINCIPE : fait de considérer comme admis ce qui doit être démontré.

**petit-neveu, petite-nièce** n. ■ Fils, fille d'un neveu ou d'une nièce.

**petit pois** n. m. → **pois**

**petits-enfants** [p(ə)tiz-] n. m. pl. ■ Les enfants d'un fils ou d'une fille.

**petit-suisse** n. m. ■ Fromage frais à la crème, en forme de petit cylindre.

**pétoche** n. f. ■ fam. Peur. ▷ adj. et n. **pétochard, arde**

**pétoire** n. f. ■ fam. Mauvais fusil.

**peton** n. m. ■ fam. Petit pied.

**pétoncle** n. m. ■ Coquillage comestible, brun et strié.

**pétrel** n. m. ■ Oiseau marin très vorace.

**pétrifier** v. tr. ⑦ ■ 1 Changer en pierre. ◆ Rendre minérale (une matière organique). ▷ adj. **pétrifiant, ante** ▷ n. f. **pétrification** 2 fig. Immobiliser (qqn) par une émotion violente. ◆ passif *Pétrifié de terreur*.

**pétrin** n. m. ■ 1 Coffre, dispositif où on pétrit le pain. 2 fam. Situation embarrassante.

**pétrir** v. tr. ② ■ 1 Presser, remuer fortement et en tous sens (une pâte). ◆ n. m. **pétrissage** 2 Palper fortement. 3 fig., littér. Donner une forme à, façonner. 4 passif et p. p. *ÊTRE PÉTRI, IE DE* : formé(e), fait(e) avec.

**pétro-** Élément, du grec *petra* « roche ».

**pétrochimie** n. f. ■ Industrie des dérivés du pétrole. ▷ adj. **pétrochimique**

**pétrodollars** n. m. pl. ■ fin. Devises en dollars provenant de la vente du pétrole.

**pétrographie** n. f. ■ Science des roches.

**pétrole** n. m. ■ 1 Huile minérale naturelle combustible (hydrocarbure) utilisée comme source d'énergie après raffinage. 2 Pétrole distillé. *Lampe à pétrole.* 3 appos. (invar.) *Bleu pétrole.*

**pétrolette** n. f. ■ Petite moto, vélomoteur.

**pétrolier, ière** ■ I n. m. 1 Navire-citerne pour le pétrole. 2 Industriel, financier du pétrole. II adj. Relatif au pétrole.

**pétrolifère** adj. ■ Qui fournit du pétrole.

**pétulant, ante** adj. ■ Qui manifeste une ardeur exubérante, désordonnée. → **fougueux, impétueux, vif.** ▷ n. f. **pétulance**

**pétunia** n. m. ■ Plante ornementale des jardins, à fleurs violettes, roses, blanches.

**peu** adv. ■ I (nominal) Faible quantité. 1 *LE PEU QUE, DE... Le peu (d'argent) qui lui reste.* 2 *UN PEU DE. Un peu de sel.* ◆ *UN petit peu.* ◆ *POUR UN PEU* (+ cond.) loc. adv. : il aurait suffi d'une faible différence. 3 (employé seul) loc. *Ce n'est pas peu dire*, sans exagération. *Éviter un ennui de peu.* → *de justesse. À peu près*\*. ◆ *PEU À PEU* : par petites étapes (→ petit à petit). 4 *PEU DE. En peu de temps.* ◆ *PEU DE CHOSE* : une chose insignifiante. 5 ellipt *Peu de temps. Depuis peu, il y a peu.* ◆ *Un petit nombre* (des personnes, des choses) *Bien peu l'ont su.* II 1 (avec un verbe) En petite quantité, dans une faible mesure. → **modérément**, à peine. ◆ loc. *Peu importe*. ◆ (avec un adj.) *Pas très. Ils ne sont pas nombreux.* ◆ (avec un adv.) *Peu souvent.* ◆ *SI PEU QUE* (+ subj.). *Si peu que ce soit*, en quelque petite quantité que ce soit. ◆ *POUR PEU QUE* (+ subj.). *Si peu que ce soit, pourvu que.* ◆ *PEU OU PROU*\*. 2 *UN PEU* : dans une mesure faible, mais non négligeable. *Il va un (petit) peu mieux.* ◆ littér.

*QUELQUE PEU* : assez. ◆ poli ou iron. *Un peu* : bien trop. *C'est un peu fort !*

**peuchère** interj. ■ régional (sud-est) Exclamation de commisération.

**peuh** interj. ■ Exprime le mépris, le dédain.

**peuplade** n. f. ■ Petit groupement humain. → **tribu.**

**peuple** n. m. ■ I Ensemble d'êtres humains vivant en société, formant une communauté culturelle, et se réclamant d'une origine. → **nation, pays, société.** *Le droit des peuples à disposer d'eux-mêmes.* II 1 Ensemble des personnes d'une nation. 2 *LE PEUPLE* : le plus grand nombre. 3 adj. invar. péj. Populaire. *Ça fait peuple.* III 1 Foule, multitude. ◆ fam. *Il y a du peuple*, du monde. 2 littér. *Un peuple de*, un grand nombre de.

**peuplement** n. m. ■ 1 Action de peupler. 2 État d'un territoire peuplé.

**peupler** v. tr. ① ■ I Pourvoir (un lieu) d'habitants. *Peupler une région de colons.* ◆ *Peupler un étang.* II 1 Habiter, occuper (un pays...). 2 Être présent en grand nombre dans. ► se **peupler** v. pron. ► **peuplé, ée** adj.

**peupleraie** n. f. ■ Plantation de peupliers.

**peuplier** n. m. ■ 1 Arbre élancé, de haute taille, à petites feuilles. 2 Bois de peuplier.

**peur** n. f. ■ 1 Émotion qui accompagne la prise de conscience d'un danger, d'une menace. → **crainte ; effroi, épouvante, frayeur, terreur.** loc. *Plus de peur que de mal.* ◆ *La peur du gibier devant le chasseur.* ◆ *La peur de la mort ; de mourir.* 2 Émotion de peur. loc. *Une peur bleue.* → **panique.** 3 loc. (sans article) *PRENDRE PEUR.* ◆ *AVOIR PEUR.* → **craindre.** ◆ *FAIRE PEUR.* → **effrayer.** ◆ *PAR PEUR DE, DE PEUR DE* loc. prép. : par crainte de. ◆ *DE PEUR QUE, PAR PEUR QUE* loc. conj. (+ subj.).

**peureux, euse** adj. ■ 1 Qui a facilement peur. → **couard, poltron.** ◆ n. *C'est un peureux.* 2 Apeuré. ▷ adv. **peureusement**

**peut-être** [pøtɛtʀ] adv. ■ 1 Éventuellement (possibilité). *Ils ne viendront peut-être pas.* ◆ (en réponse) *Peut-être ; peut-être bien.* → sans **doute.** ◆ (en tête d'énoncé) *Peut-être viendra-t-elle.* 2 *PEUT-ÊTRE QUE. Peut-être bien que oui. Peut-être que je ne pourrai pas venir.* ◆ (+ cond.) *Peut-être qu'il viendrait si...*

**peyotl** [pejɔtl] n. m. ■ Cactus du Mexique dont on extrait la mescaline.

**pèze** n. m. sing. ■ fam. Argent.

**pfennig** [pfenig] n. m. ■ Le centième du mark\*. *50 pfennigs.*

**pfft** interj. ■ Exprime l'indifférence, le mépris. - var. PFF ; PFUT.

**pH** [peaʃ] n. m. invar. ■ Potentiel d'hydrogène, unité de mesure d'acidité (de 1 à 14).

**phacochère** n. m. ■ Mammifère ongulé d'Afrique, voisin du sanglier.

**-phage, -phagie, phag(o)-** Éléments, du grec *phagein* « manger ». → -**vore.**

**phagocyte** n. m. ▪ biol. Cellule capable de détruire les microbes en les digérant (*phagocytose* n. f.).

**phagocyter** v. tr. ⊡ ▪ **1** Détruire par phagocytose. **2** fig. Absorber et détruire.

①**phalange** n. f. ▪ **1** Antiq. Formation de combat dans l'armée grecque. **2** littér. Armée.

②**phalange** n. f. ▪ Chacun des os longs qui soutiennent les doigts et les orteils. ♦ Segment (d'un doigt).

**phalanstère** n. m. ▪ didact. Groupe qui vit en communauté.

**phalène** n. f. ou m. ▪ Grand papillon nocturne ou crépusculaire.

**phallocrate** n. ▪ Personne, homme qui considère les femmes comme inférieures. → **machiste.** ♦ adj. *Un comportement phallocrate.* – abrév. fam. PHALLO. ▷ n. f. **phallocratie**

**phallus** [-ys] n. m. ▪ **1** Pénis en érection ; son image symbolique. ▷ adj. **phallique 2** bot. *Phallus impudicus,* variété de champignon.

**phanérogame** adj. ▪ (plante) Qui a des organes sexuels (fleurs) apparents.

**phantasme** → fantasme

**pharaon** [-aɔ̃] n. m. ▪ Ancien souverain égyptien. ▷ adj. **pharaonien, ienne**

**pharaonique** adj. ▪ **1** Des pharaons. **2** vx Colossal. **3** Somptueux.

**phare** n. m. ▪ **1** Tour munie à son sommet d'un feu qui guide les navires. **2** Projecteur placé à l'avant d'un véhicule. → Position où le phare éclaire le plus (opposé à *code,* à *lanterne*). **3** appos. fig. *Un secteur phare.*

**pharisien, ienne** n. ▪ **1** Antiq. Membre d'une secte puritaine d'Israël (hypocrites, selon les Évangiles). **2** littér., péj. Hypocrite.

**pharmaceutique** adj. ▪ De la pharmacie.

**pharmacie** n. f. ▪ **1** Science des remèdes et des médicaments. **2** Magasin où l'on vend des médicaments, des produits d'hygiène, etc. **3** Assortiment de produits pharmaceutiques. ♦ Meuble, local où l'on conserve ces produits.

**pharmacien, enne** n. ▪ Personne (diplômée) qui exerce la pharmacie. → Responsable d'une pharmacie (2).

**pharmaco-** Élément savant, du grec *pharmakon* « remède ».

**pharmacologie** n. f. ▪ Étude des médicaments, de leur action et de leur emploi

**pharmacopée** n. f. ▪ Liste (officielle) de médicaments.

**pharyngite** n. f. ▪ Inflammation du pharynx. → angine.

**pharyngo-** Élément tiré de *pharynx.*

**pharynx** [-ɛks] n. m. ▪ Cavité où aboutissent les conduits digestifs et respiratoires (→ larynx, rhinopharynx). ▷ adj. **pharyngien, ienne**

**phase** n. f. ▪ **1** Chacun des états successifs (d'une chose en évolution). → **période ; stade. 2** Aspect de la Lune et des planètes selon leur éclairement par le Soleil. **3** loc. *EN PHASE* : en variant de la même façon. **4** chim. État d'un élément. *Phase solide, liquide et gazeuse.*

**phasme** n. m. ▪ Insecte mimétique, allongé et grêle.

**phénicien, enne** adj. et n. ▪ hist. De la Phénicie.

**phéniqué, ée** adj. ▪ Qui contient du phénol.

①**phénix** [-iks] n. m. ▪ **1** mythol. Oiseau unique, qui était censé renaître de ses cendres. **2** Personne unique en son genre.

②**phénix** ou **phœnix** [feniks] n. m. ▪ Palmier ornemental.

**phénol** n. m. ▪ **1** Solide cristallisé blanc, corrosif et toxique, à odeur forte. **2** chim. (au plur.) Série de composés organiques dérivés du benzène.

**phénoménal, ale, aux** adj. ▪ **1** philos. Du phénomène. **2** Qui sort de l'ordinaire.

**phénomène** n. m. ▪ **1** philos. Fait naturel complexe (observable, étudiable). **2** cour. Fait observé, événement anormal ou surprenant. **3** fam. Individu, personne bizarre.

**phénoménologie** n. f. ▪ didact. Philosophie (du phénomène (1)), qui écarte toute interprétation abstraite.

**phénotype** n. m. ▪ biol. Caractères individuels correspondant à la réalisation du génotype* (d'un individu), en fonction du milieu (→ **hérédité).**

**phéromone** n. f. ▪ physiol. Substance chimique sécrétée par un organisme, qui provoque chez un congénère une réaction spécifique.

**phil-, philo-, -phile, -philie** Éléments, du grec *philein* « aimer ».

**philanthrope** n. ▪ **1** Personne qui aime l'humanité (opposé à *misanthrope*). **2** Personne généreuse et désintéressée.

**philanthropie** n. f. ▪ **1** Amour de l'humanité. **2** Désintéressement. ▷ adj. **philanthropique**

**philatélie** n. f. ▪ Connaissance des timbres-poste ; art de les collectionner. ▷ adj. **philatélique** ▷ n. **philatéliste**

**philharmonique** adj. ▪ Se dit de certains orchestres classiques.

**philhellène** adj. et n. ▪ hist. Partisan de l'indépendance de la Grèce, au XIXᵉ siècle.

**philistin** n. m. ▪ littér. Personne de goût vulgaire, fermée aux arts et aux lettres.

**philo** n. ▪ fam. Philosophie.

**philodendron** [-dɛ̃drɔ̃] n. m. ▪ Plante grimpante tropicale, à feuilles très découpées.

**philologie** n. f. ▪ Étude historique des langues et civilisations par l'analyse critique des textes. ▷ adj. **philologique** ▷ n. **philologue**

**philosophale** adj. f. ▪ *PIERRE PHILOSOPHALE* : substance capable de transmuer les métaux en or (en alchimie).

**philosophe** ▪ I n. 1 Auteur, penseur qui élabore une doctrine philosophique. → Spécialiste de philosophie. 2 (au XVIII° siècle) Partisan de la liberté de pensée. II adj. Qui montre de la sagesse, du détachement.

**philosopher** v. intr. ⊞ ▪ Penser, raisonner (sur des problèmes abstraits).

**philosophie** n. f. ▪ I 1 Vision systématique et générale (mais non scientifique) du monde ; son exposé. 2 Système des fondements d'une science. *La philosophie de l'histoire.* 3 Ensemble de conceptions (ou d'attitudes) philosophiques. → **doctrine, système, théorie.** *La philosophie critique de Kant.* → *La philosophie orientale.* ◆ Vision du monde. *La philosophie de Hugo.* II absolt Élévation d'esprit, détachement. → **sagesse.**

**philosophique** adj. ▪ I Relatif à la philosophie (1), à des problèmes de philosophie. II Sage. ▷ adv. **philosophiquement**

**philtre** n. m ▪ Breuvage magique destiné à inspirer l'amour.

**phimosis** [-is] n. m. ▪ méd. Étroitesse pathologique du prépuce.

**phlébite** n. f. ▪ Inflammation d'une veine.

**phlébologie** n. f. ▪ didact. Discipline médicale qui étudie les veines et leurs maladies. ▷ n. **phlébologue**

**phlegmon** n. m. ▪ méd. Inflammation purulente du tissu conjonctif. → **abcès.**

**phlox** [flɔks] n. m. ▪ Plante herbacée à fleurs de couleurs variées.

**-phobe, -phobie** Éléments (du grec *phobos* « peur ») qui signifient « qui déteste » et « crainte, haine ».

**phobie** n. f. ▪ 1 méd. Peur morbide, angoisse devant certains objets, actes, situations ou idées. 2 cour. Peur, aversion instinctive. ▷ adj. et n. **phobique**

**phœnix** → ② **phénix**

**phon-, phono-, -phone, -phonie, -phonique** Éléments savants, du grec *phônê* « voix ; son ». *-PHONE* signifie aussi « qui parle (une langue) » (ex. *arabophone*).

**phonème** n. m. ▪ didact. Élément sonore du langage parlé, en tant qu'unité distinctive.

**phonétique** ▪ 1 adj. Qui a rapport aux sons du langage. 2 n. f. Étude des sons de la parole. → **phonologie.** ▷ adv. **phonétiquement** ▷ n. **phonéticien, ienne**

**phonographe** ou (abrév.) **phono** n. m. ▪ anciennt Appareil reproduisant mécaniquement les sons enregistrés.

**phonologie** n. f. ▪ didact. Science qui étudie les phonèmes (d'une langue).

**phonologique** adj. ▪ didact. Qui concerne les oppositions de phonèmes.

**phoque** n. m. ▪ 1 Mammifère marin des eaux froides, aux membres antérieurs courts et palmés, au pelage ras. 2 Fourrure de phoque ou d'otarie.

**-phore** Élément (du grec *pherein* « porter ») qui signifie « qui porte, présente ».

**phosphate** n. m. ▪ chim. Sel des acides phosphoriques. → *Phosphate (de calcium)*, engrais naturel ou enrichi.

**phosphore** n. m. ▪ Élément (symb. P), très toxique et inflammable, luminescent (*phosphore blanc*). ▷ adj. **phosphorique**

**phosphorescent, ente** adj. ▪ Qui émet de la lumière après en avoir reçu. ▷ n. f. **phosphorescence**

**photo** n. f. ▪ → **photographie.**

① **photo-, -photo** Éléments savants, du grec *phôs, phôtos* « lumière ».

② **photo-** Élément tiré de *photographie.*

**photocomposer** v. tr. ⊞ ▪ imprim. Composer (un texte à imprimer) par procédé photographique des caractères. ▷ n. f. **photocomposition**

**photocopier** v. tr. ⑦ ▪ Reproduire (un document) par photographie. ▷ n. f. **photocopie**

**photocopieur** n. m. et **photocopieuse** n. f. ▪ Machine à photocopier.

**photoélectrique** adj. ▪ 1 phys. *Effet photoélectrique*, émission d'électrons sous l'influence de la lumière. 2 *Cellule photoélectrique*, déclenchant un signal (alarme, etc.) par effet photoélectrique.

**photogénique** adj. ▪ Dont l'image photographique est agréable. *Visage photogénique.*

**photographe** n. ▪ 1 Personne qui prend des photographies. 2 Professionnel qui développe, tire les clichés, vend du matériel photographique.

**photographie** ou (abrév.) **photo** n. f. ▪ 1 Procédé, technique donnant l'image durable des objets, par l'action de la lumière sur une surface sensible. 2 (surtout *photo*) Technique, art des images photographiques. 3 Image, cliché photographique.

**photographier** v. tr. ⑦ ▪ Obtenir l'image de (qqn, qqch.) par la photographie.

**photographique** adj. ▪ 1 De la photographie. - abrév. PHOTO. 2 Aussi fidèle, aussi exact que la photographie. ▷ adv. **photographiquement**

**photogravure** n. f. ▪ Impression par procédés photographique et chimique (à l'acide). ▷ n. **photograveur, euse**

**photométrie** n. f. ▪ didact. Mesure de l'intensité des rayonnements.

**photon** n. m. ▪ sc. Corpuscule de la lumière, quantum du champ électromagnétique.

**photophore** n. m. ▪ 1 Lampe portative à réflecteur. 2 Coupe décorative lumineuse.

**photopile** n. f. ▪ Dispositif convertissant l'énergie lumineuse en courant électrique.

**photosensible** adj. ▪ Sensible aux rayonnements lumineux.

**photostyle** n. m. ▪ inform. Crayon optique, détecteur photosensible transmettant des informations à un ordinateur.

**photosynthèse** [-s-] n. f. ▪ bot. Élaboration des matières organiques sous l'action de la lumière, grâce à la chlorophylle.

**phototropisme** n. m. ▪ didact. Tropisme déterminé par l'action de la lumière.

**phrase** n. f. ▪ **1** Assemblage d'éléments du langage, oral ou écrit, capable de représenter un énoncé. *Phrase simple ; complexe* (plusieurs propositions\*). → **syntaxe**. **2** au plur. Façons de parler recherchées ou prétentieuses. *Faire des phrases.* **3** Succession ordonnée de périodes musicales.

**phrasé** n. m. ▪ mus. Manière de phraser.

**phraséologie** n. f. ▪ didact. Ensemble des locutions, termes et expressions figés (d'une langue...).

**phraser** v. tr. 1 ▪ Délimiter ou ponctuer (les périodes musicales) par l'exécution.

**phraseur, euse** n. ▪ Faiseur de phrases (2), bavard prétentieux.

**phrén(o)-, -phrénie** Éléments savants, du grec *phrēn* « âme, intelligence ».

**phrygien, enne** adj. et n. ▪ De Phrygie. ◆ hist. *BONNET PHRYGIEN*, porté par les révolutionnaires de 1789.

**phtisie** n. f. ▪ vx Tuberculose pulmonaire. ▷ **phtisique** adj. et n. vx

**phtisiologie** n. f. ▪ Médecine de la tuberculose pulmonaire. ▷ n. **phtisiologue**

**phyll(o)-, -phylle** Éléments savants, du grec *phullon* « feuille » (ex. *chlorophylle*).

**phylloxéra** n. m. ▪ **1** Puceron parasite des racines de la vigne. **2** Maladie de la vigne.

**physicien, ienne** n. ▪ Spécialiste de la physique.

**physicochimique** adj. ▪ didact. À la fois physique et chimique.

**physio-** Élément, du grec *phusis* « nature ».

**physiognomonie** n. f. ▪ anciennt (hist. des sc.) Étude du caractère d'une personne d'après les traits de son visage. → **morphopsychologie**.

**physiologie** n. f. ▪ Science qui étudie les fonctions et les propriétés des organes et des tissus des êtres vivants ; ces fonctions. ▷ n. **physiologiste**

**physiologique** adj. ▪ **1** De la physiologie. **2** (opposé à *psychique*) → **physique, somatique**. ▷ adv. **physiologiquement**

**physionomie** n. f. ▪ **1** Ensemble des traits, aspect expressif du visage. **2** Aspect particulier (d'une chose).

**physionomiste** adj. ▪ Qui reconnaît les personnes déjà rencontrées.

① **physique ▪ I** adj. **1** Qui se rapporte à la nature. *Le monde physique :* matériel. **2** Qui concerne le corps humain (opposé à *moral, psychique*). → **physiologique**. **3** Charnel, sexuel. *Amour physique.* **4** Qui se rapporte à la nature (en excluant la vie : sciences naturelles). **5** Qui concerne la physique (②). **II** n. m. **1** Ce qui est physique dans l'être humain. *Au physique comme au moral.* **2** Aspect général (de qqn). ← loc. *Avoir LE PHYSIQUE DE L'EMPLOI :* l'apparence qui correspond à la situation. ▷ adv. **physiquement**

② **physique** n. f. ▪ **1** Science des propriétés générales de la matière, des lois des phénomènes matériels. **2** Étude physique. *La physique du globe.*

**-phyte, phyto-** Éléments savants, du grec *phuton* « plante ».

**phytothérapie** n. f. ▪ Traitement des maladies par les plantes ou leurs extraits.

**pi** n. m. ▪ Symbole (π) qui représente le rapport de la circonférence d'un cercle à son diamètre (3,1415926...).

**piaf** n. m. ▪ fam. Moineau ; petit oiseau.

**piaffer** v. intr. 1 ▪ **1** Se dit d'un cheval qui, sans avancer, frappe la terre des pieds de devant. **2** (personnes) Frapper du pied. ▷ adj. **piaffant, ante** ▷ n. m. **piaffement**

**piailler** v. intr. 1 ▪ fam. **1** (oiseaux) Pousser de petits cris aigus. **2** Pleurer (enfant). ▷ n. m. **piaillement** ▷ n. et adj. **piailleur, euse**

**pian** n. m. ▪ Grave maladie tropicale, contagieuse et endémique.

**pianissimo** adv. ▪ mus. Très doucement.

**pianiste** n. ▪ Personne qui joue du piano.

① **piano** n. m. ▪ **1** Instrument de musique à clavier, dont les cordes sont frappées par des marteaux. – *Piano droit* (à table d'harmonie verticale), *à queue* (horizontale). – *PIANO MÉCANIQUE*, à mécanisme (bande perforée, etc.). – fam. *Piano à bretelles*. → **accordéon**. **2** Technique, art du piano.

② **piano** adv. ▪ **1** mus. Doucement, faiblement (opposé à *forte*). **2** fam. → **doucement**.

**piano-forte** [-fɔʀte] n. m. ▪ Piano du XVIIIe et du début du XIXe siècle.

**pianoter** v. intr. 1 ▪ **1** Jouer un peu du piano. **2** Tapoter (sur qqch.) avec les doigts. ▷ n. m. **pianotage**

**piastre** n. f. ▪ **1** Monnaie de Syrie, Égypte, Liban... **2** (au Canada) fam. Dollar (canadien).

**piaule** n. f. ▪ fam. Chambre, logement.

**piauler** v. intr. 1 ▪ Piailler.

**P. I. B.** [peibe] n. m. ▪ Produit\* intérieur brut.

① **pic** n. m. ▪ Oiseau grimpeur qui frappe de son bec l'écorce des arbres (≠ *pivert*).

② **pic** n. m. ▪ Pioche à fer(s) pointu(s).

③ **pic ▪** n. m. Montagne à pointe aiguë ; cette cime. **2** À PIC loc. adv. : verticalement. – adj. *Montagne à pic.* ◆ fig. *Ça tombe à pic.* → **pile**.

**picador** n. m. ▪ Cavalier qui pique le taureau (corridas).

**picaresque** adj. ▪ *Roman picaresque*, d'aventuriers (Espagne, XVIIe et XVIIIe s.).

**piccolo** ou **picolo** n. m. ▪ Petite flûte.

**pichenette** n. f. ▪ Chiquenaude\*.

**pichet** n. m. ▪ Petite cruche à bec.

**pickles** [pikœls] n. m. pl. ■ anglic. Petits légumes macérés dans du vinaigre.

**pickpocket** [-εt] n. m. ■ anglic. Voleur à la tire.

**pick-up** [-œp] n. m. invar. ■ anglic. **I** vieilli Tourne-disque. **II** Camionnette à plateau.

**picodon** n. m. ■ Petit fromage de chèvre de l'Ardèche.

**picoler** v. intr. ①■ fam. Boire du vin, de l'alcool avec excès. ▷ n. **picoleur, euse**

**picorer** v. intr. ① ■ **1** (oiseaux) Chercher sa nourriture avec le bec. → trans. *Picorer des graines.* → **becqueter. 2** (personnes) Manger peu.

**picot** n. m. ■ **1** techn. Pièce mécanique en relief qui s'emboîte dans une perforation. **2** Petite dent bordant une dentelle.

**picoter** v. tr. ① ■ **1** Piquer légèrement et à petits coups répétés. → (oiseaux) → **picorer**. **2** Irriter. ▷ n. m. **picotement**

**picotin** n. m. ■ Avoine d'un cheval.

**picrate** n. m. ■ **1** chim. Sel de l'acide picrique. **2** fam. Mauvais vin rouge.

**picrique** adj. ■ *ACIDE PICRIQUE* : dérivé nitré du phénol, solide cristallisé jaune, toxique.

**pict(o)-** Élément, du latin *pictum*, de *pingere* « peindre ».

**pictogramme** n. m. ■ didact. Dessin figuratif schématique (symbole).

**pictographique** adj. ■ didact. *Écriture pictographique,* utilisant des pictogrammes.

**pictural, ale, aux** adj. ■ Qui a rapport ou appartient à la peinture.

① **pie** n. f. ■ **I** n. f. **1** Oiseau au plumage noir et blanc, à longue queue. **2** Personne bavarde. **II** adj. invar. *Cheval pie,* à robe noire (ou fauve) et blanche.

② **pie** adj. f. ■ loc. *Œuvre pie,* de piété.

**pièce** n. f. ■ **I** Partie détachée (d'un tout). → **fragment, morceau.** → loc. *Mettre EN PIÈCES* : casser, déchirer. **II 1** Chaque objet, chaque élément ou unité (d'un ensemble). *Dix euros (la) pièce.* → **chacun.** → *Travail AUX PIÈCES,* rémunéré selon les pièces exécutées. fam. *On a le temps, on n'est pas aux pièces.* → loc. *C'est une pièce de musée,* un objet de grande valeur. → *Costume trois-pièces* (veston, pantalon, gilet). **2** Quantité déterminée. *Une pièce de soie.* **3** *Une pièce de bétail.* → **tête. III 1** *PIÈCE (DE TERRE)* : espace de terre cultivable. → *PIÈCE D'EAU* : grand bassin ou petit étang. ♦ *PIÈCE DE VIN* : barrique. **2** *PIÈCE MONTÉE* : grand ouvrage de pâtisserie. **3** Chaque unité d'habitation. *Un (appartement de) trois pièces.* **4** *PIÈCE (DE MONNAIE)* : petit disque de métal servant de valeur d'échange. → **piécette. 5** Écrit servant à établir un droit. *Pièces d'identité.* → **papier(s).** → *PIÈCE À CONVICTION* : permettant d'établir une preuve. → loc. *Juger, décider SUR PIÈCES.* **6** Ouvrage littéraire ou musical. *Une pièce de vers.* ♦ *PIÈCE (DE THÉÂTRE)* : ouvrage dramatique. **IV 1** Chacun des éléments

assemblés. *Les pièces d'une machine.* **2** Élément destiné à réparer (→ **rapiécer**). **3** loc. *D'UNE SEULE PIÈCE, TOUT D'UNE PIÈCE,* d'un seul tenant. → (personnes) *Être TOUT D'UNE PIÈCE,* franc et direct. → **entier.** → *Créer, inventer DE TOUTES PIÈCES,* entièrement.

**piécette** n. f. ■ Petite pièce de monnaie.

**pied** n. m. ■ **I 1** Extrémité inférieure du corps humain articulée à la jambe. *Doigt de pied* : orteil. *La plante du pied.* → loc. *Avoir mis les pieds* (quelque part), y être allé. → loc. *DE PIED EN CAP* : de la tête aux pieds. → *COUP DE PIED,* donné avec le pied. → fam. *Faire qqch. comme un pied,* très mal. **2** loc. fig. *Casser les pieds (de, à qqn),* l'ennuyer. → *Ça lui fera les pieds,* ça lui donnera une leçon. → *Mettre les pieds dans le plat,* aborder une question brutalement ; faire une gaffe. → *S'être levé du pied gauche,* être de mauvaise humeur. → *Pieds et poings liés,* réduit à l'impuissance. → *Faire des pieds et des mains pour* (+ inf.), se démener pour. → *Attendre qqn de pied ferme,* avec détermination. → *Au pied levé,* sans préparation. **3** loc. (avec *sur, à, en*) *SUR PIED. Dès cinq heures, il est sur pied,* debout, levé. → *Mettre sur pied* : créer. ♦ *À PIED* : en marchant. → *Il a été mis à pied,* licencié. → *Sauter À PIEDS JOINTS.* ♦ *EN PIED* : représenté debout. *Portrait en pied.* **4** loc. (*v. + pied*) *Mettre pied à terre* : descendre de cheval, de voiture. *Avoir pied,* pouvoir se tenir debout en ayant la tête hors de l'eau. *Perdre pied,* ne plus avoir pied ; fig. se troubler. → *Lâcher pied,* céder, reculer. ♦ *Avoir bon pied, bon œil,* être solide, agile, et avoir bonne vue. **5** Emplacement des pieds. *Le pied et la tête d'un lit.* **6** (chez l'animal) Extrémité inférieure de la jambe (chevaux), de la patte (mammifères, oiseaux). **II 1** Partie (d'un objet) qui touche le sol. → **bas, base.** → loc. *Être au pied du mur,* dans l'obligation d'agir. *Être à pied d'œuvre,* en situation d'agir. → (végétaux) *Fruits vendus SUR PIED,* avant la récolte. → *Plant* (d'un végétal cultivé). *Pied de vigne.* **3** Partie (d'un objet) servant de support. *Un verre à pied.* **III 1** Ancienne unité de mesure de longueur (0,324 m). **2** Unité internationale d'altitude en aéronautique (0,3048 m). **IV** (Proportion) **1** *Au pied de la lettre\*.* **2** loc. *PRENDRE SON PIED* : sa part de butin ; fam. jouir. → *Quel pied !,* quel plaisir ! **3** *SUR (le, un) PIED (de). Sur un pied d'égalité.* → *Vivre sur un grand pied,* dans le luxe. ♦ *AU PETIT PIED* : en imitation faible. **4** *PIED À COULISSE* : instrument pour mesurer les épaisseurs et les diamètres. **5** poésie (sauf en français : syllabe). Unité rythmique, groupe de syllabes accentué.

**pied-à-terre** [pjeta:R] n. m. invar. ■ Logement occupé occasionnellement.

**pied-de-biche** n. m. ■ techn. Levier, pièce à tête fendue. *Des pieds-de-biche.*

**pied-de-mouton** n. m. ■ Champignon comestible appelé *hydne sinué.*

**pied de nez** n. m. ■ Geste de dérision (la main, doigts écartés, le pouce sur son nez). *Des pieds de nez.*

**pied-de-poule** n. m. ■ Tissu dont le dessin forme un damier. *Des pieds-de-poule.* ➤ adj. invar. *Des vestes pied-de-poule.*

**piédestal, aux** n. m. ■ **1** Support élevé. **2** fig. *Mettre qqn sur un piédestal*, l'admirer.

**pied-noir** n. ■ Français d'Algérie.

**pied-plat** n. m. ■ vx Personne grossière ou servile. *Des pieds-plats.*

**piège** n. m. ■ **1** Engin pour prendre les animaux, les oiseaux. **2** fig. Danger caché.

**piéger** v. tr. ③ et ⑥ ■ **1** Chasser, prendre (un animal) au piège. **2** fig. *Piéger qqn.* ➤ **piégé, ée** adj. *Voiture piégée*, dans laquelle on a placé un explosif.

**pie-grièche** n. f. ■ **1** Passereau à bec crochu, voisin de la pie. **2** Femme acariâtre.

**piercing** [pɛʀ-] n. m. ■ anglic. Fait de percer une partie mince du corps (aile du nez...) pour y placer un ornement ; cet ornement.

**pierraille** n. f. ■ collectif **1** Petites pierres ; éclats de pierres. **2** Étendue de pierres.

**pierre** n. f. ■ **1** Matière minérale solide, dure. → **roche.** ➤ loc. *Un cœur de pierre*, dur et impitoyable. → **néolithique, paléolithique.** ♦ Variété de cette matière. → **minéral. 2** *Une pierre*, fragment rocheux. → **caillou.** ♦ loc. *Jeter la pierre à qqn*, l'accuser, le blâmer. ➤ *Faire d'une pierre deux coups*, obtenir deux résultats par une action. **3** Fragment minéral. *Pierre à aiguiser.* ➤ PIERRE DE TOUCHE, pour éprouver l'or ; fig. ce qui sert à mesurer la valeur. **4** Bloc employé dans la construction. *Pierre de taille*\*. **5** Bloc constituant un monument. → **mégalithe, monolithe.** **II** PIERRE (PRÉCIEUSE) : minéral ou cristal précieux. → **gemme.** *Pierres fines, semi-précieuses.* **III** vx Gros calcul (①).

**pierreries** n. f. pl. ■ Pierres précieuses taillées. → **joyau.**

**pierreux, euse** adj. ■ **1** Couvert de pierres (I, 2). **2** Qui ressemble à la pierre.

**pierrot** n. m. ■ **1** Moineau. **II** Personnage de pantomime à face ronde et blanche.

**pietà** [pjeta] n. f. invar. ■ Représentation de la Vierge avec le corps du Christ mort.

**piétaille** n. f. ■ plais. *La piétaille* : l'infanterie ; les subalternes.

**piété** n. f. ■ **1** Attachement fervent à la religion. → **dévotion. 2** littér. Attachement respectueux. *Piété filiale.*

**piétiner** v. ① ■ **I** v. intr. **1** S'agiter sur place en frappant les pieds contre le sol. ➤ Marcher sur place ? fig. Ne faire aucun progrès. *L'enquête piétine.* **2** (foule, troupeau) Marcher en martelant le sol avec un bruit sourd. **II** v. tr. **1** Fouler aux pieds. **2** fig. Ne pas respecter. ➤ n. m. **piétinement**

**piéton, onne** ■ **1** n. m. Personne qui circule à pied. **2** adj. Pour les piétons. *Rue piétonne.*

**piétonnier, ière** adj. ■ (passage, voie...) Réservé aux piétons.

**piètre** adj. ■ (devant le nom) Très médiocre. → **dérisoire.** ➤ adv. **piètrement**

① **pieu** n. m. ■ Pièce de bois fichée en terre.

② **pieu** n. m. ■ fam. Lit (dans ses fonctions). *Se mettre au pieu (se pieuter* v. pron. ①).

**pieuvre** n. f. ■ **1** Poulpe (de grande taille). **2** fig. Personne, entreprise tentaculaire.

**pieux, pieuse** adj. ■ **1** Animé ou inspiré par des sentiments de piété. **2** Plein d'une respectueuse affection. ➤ adv. **pieusement**

**piézoélectrique** adj. ■ De l'électricité produite par déformation. ➤ n. f. **piézoélectricité**

① **pif** interj. ■ Onomatopée, bruit sec. *Pif paf!*

② **pif** n. m. ■ fam. Nez.

**pifer** ou **piffer** v. tr. ① ■ (à l'infinitif négatif) fam. Supporter.

**au pifomètre** loc. adv. ■ fam. Au flair.

① **pige** n. f. ■ **I** techn. Longueur conventionnelle prise pour étalon. **II** Rémunération à la quantité de texte. ➤ *Travailler À LA PIGE.* **III** argot fam. Année (dans un compte).

② **pige** n. f. ■ loc. fam. *FAIRE LA PIGE À qqn*, faire mieux que lui, le surpasser.

**pigeon** n. m. ■ **I** Oiseau au bec grêle, aux ailes courtes. ➤ *PIGEON VOYAGEUR*, élevé pour porter des messages. **II** fam. Dupe.

**pigeonnant, ante** adj. ■ Se dit d'une poitrine haute et ronde.

**pigeonne** n. f. ■ Femelle du pigeon.

**pigeonneau** n. m. ■ Jeune pigeon.

**pigeonner** v. tr. ① ■ fam. Duper, rouler.

**pigeonnier** n. m. ■ Petit bâtiment où l'on peut élever des pigeons.

**piger** v. tr. ③ ■ fam. Saisir, comprendre.

**pigiste** n. ■ Personne payée à la pige (①, II).

**pigment** n. m. ■ **1** Substance chimique donnant aux tissus organiques leur coloration. ➤ adj. **pigmenté, ée 2** Substance colorante superficielle (≠ *teinture*).

**pigmentation** n. f. ■ Couleur due à un pigment (1). *La pigmentation de la peau.*

① **pignon** n. m. ■ **1** Partie haute et triangulaire d'un mur. ➤ loc. *Avoir PIGNON SUR RUE* : être honorablement connu.

② **pignon** n. m. ■ Roue dentée.

③ **pignon** n. m. ■ **1** Graine comestible du pin pignon. – syn. (régional) PIGNE n. f. **2** appos. *Pin pignon*, pin parasol.

**pignouf** n. m. ■ fam. et péj. Goujat.

**pilaf** n. m. ■ Riz au gras, servi épicé.

**pilage** n. m. ■ Action de piler (①).

**pilastre** n. m. ■ Pilier engagé dans un mur, un support ; colonne plate.

**pilchard** n. m. ■ Sardine de la Manche.

① **pile** n. f. ■ **I 1** Pilier soutenant les arches d'un pont. **2** Amas d'objets entassés. **II 1** Appareil transformant de l'énergie chimique en énergie électrique. **2** vx *Pile atomique* : réacteur nucléaire.

② **pile** n. f. ■ fam. Volée de coups. ♦ Défaite.

③ **pile** ■ I n. f. (loc.) *PILE OU FACE* : revers ou face (d'une monnaie jetée en l'air). II adv. *S'arrêter pile*, net (fam. 2 *piler* v. intr. ①). *Ça tombe pile*, exactement.

① **piler** v. tr. ① ■ 1 Réduire en fragments, en poudre... par des coups répétés. → **broyer, écraser.** 2 fig., fam. Vaincre, battre.

**pileux, euse** adj. ■ Qui a rapport aux poils. *Le système pileux* (poils et cheveux).

**pilier** n. m. ■ 1 Support vertical, dans une construction. 2 fig. Personne ou chose qui assure la stabilité. *Les piliers du régime.* 3 plais. Habitué (d'un lieu). *Un pilier de bar.* 4 au rugby Avant de première ligne.

**pili-pili** n. m. invar. ■ Piment rouge.

**pillage** n. m. ■ Action de piller.

**pillard, arde** ■ 1 n. Personne qui pille (1). 2 adj. Qui pille, a l'habitude de piller.

**piller** v. tr. ① ■ 1 Dépouiller violemment (une ville, un lieu) des biens qu'on trouve. 2 Voler (un bien). 3 fig. Emprunter par plagiat. ▷ n. **pilleur, euse**

**pilon** n. m. ■ 1 Instrument cylindrique servant à piler. → loc. *Mettre un livre au pilon*, le détruire. 2 Extrémité d'une jambe de bois. 3 Partie inférieure de la cuisse (d'une volaille).

**pilonner** v. tr. ① ■ 1 Écraser avec un pilon (1). 2 Bombarder. ▷ n. m. **pilonnage**

**pilori** n. m. ■ 1 Peine d'exposition publique (d'un condamné) ; poteau où on l'attachait. 2 loc. fig. *Mettre, clouer qqn AU PILORI*, le signaler au mépris publics.

**pilosité** n. f. ■ Ensemble des poils (du corps).

**pilotage** n. m. ■ 1 Manœuvre, science du pilote (1). 2 Fait de piloter (1).

**pilote** n. m. ■ 1 Marin autorisé à guider les navires (ports, parages difficiles). 2 Personne qui conduit (un appareil volant). 3 Conducteur (d'une voiture de course). 4 Personne qui en guide une autre. 5 fig. appos. Expérimental. *École pilote.*

**piloter** v. tr. ① ■ 1 Conduire en qualité de pilote. 2 Servir de guide à (qqn).

**pilotis** n. m. ■ Ensemble de pieux enfoncés en terre (constructions sur l'eau, etc.).

**pilou** n. m. ■ Tissu de coton pelucheux.

**pilule** n. f. ■ 1 Médicament à avaler. → loc. *Avaler la pilule*, supporter (qqch.) sans protester. 2 *Pilule contraceptive* ; cour. *la pilule* : contraceptif oral féminin composé de produits hormonaux de synthèse (le plus souvent, association d'œstrogènes et de progestatifs). → *La pilule du lendemain* (contraception d'urgence).

**pilulier** n. m. ■ Boîte à pilules.

**pilum** [-ɔm] n. m. ■ Antiq. romaine Javelot.

**pimbêche** n. f. ■ Femme prétentieuse. → adj. *Elle est pimbêche.*

**piment** n. m. ■ 1 Plante dont les fruits servent de légume ou de condiment ; son fruit. *Piment doux.* → **poivron.** 2 fig. Ce qui donne du piquant. ▷ **pimenter** v. tr. ①

**pimpant, ante** adj. ■ Qui a un air de fraîcheur et d'élégance.

**pin** n. m. ■ Arbre résineux (conifère) à aiguilles persistantes. *Pin parasol.*

**pinacle** n. m. ■ 1 littér. Sommet d'un édifice. 2 fig. loc. *Porter qqn AU PINACLE*, louanger.

**pinacothèque** n. f. ■ Musée de peinture.

**pinailler** v. intr. ① ■ fam. Ergoter. ▷ n. m. **pinaillage** ▷ n. **pinailleur, euse**

**pinard** n. m. ■ fam. Vin. → **picrate** (2).

**pinasse** n. f. ■ régional Bateau à fond plat.

**pince** n. f. ■ 1 Instrument composé de deux leviers articulés, pour saisir, serrer. 2 Levier, pied-de-biche. 3 Partie antérieure des grosses pattes (de crustacés). 4 fam. *Serrer la pince à qqn*, la main. → *À pinces*, à pied. 5 Pli cousu sur l'envers de l'étoffe.

**pincé, ée** adj. ■ I → *pincer*. → mus. *Cordes pincées* (guitare, luth, mandoline...). → *Lèvres pincées*. II fig. Contraint, prétentieux.

**pinceau** n. m. ■ 1 Faisceau de poils ou de fibres fixé à un manche, pour peindre, vernir, encoller, etc. 2 *Pinceau lumineux*, faisceau, rayon. 3 fam. Jambe ; pied.

**pincée** n. f. ■ Quantité (de poudre, grains) que l'on peut prendre entre les doigts.

**pincement** n. m. ■ 1 Action de pincer. 2 Brève douleur. *Pincement au cœur.*

**pince-monseigneur** n. f. ■ Levier pour forcer une porte. *Des pinces-monseigneur.*

**pince-nez** n. m. invar. ■ Lorgnon.

**pincer** v. tr. ③ ■ 1 Serrer entre les extrémités des doigts, entre les branches d'un instrument (→ *pince*). 2 Faire mal. → **mordre.** → sans compl. *Ça pince.* 3 Serrer fortement. *Pincer les lèvres.* 4 fam. Arrêter (un malfaiteur) ; prendre en faute. 5 fam. *EN PINCER POUR qqn*, en être amoureux.

**pince-sans-rire** n. et adj. invar. ■ (Personne) qui pratique l'ironie à froid.

**pincette** n. f. ■ 1 Petite pince. 2 plur. Longue pince pour attiser le feu. → loc. *Ne pas être à prendre avec des pincettes*, être très sale ; fig. de mauvaise humeur.

**pinçon** n. m. ■ Marque sur la peau pincée.

**pineau** n. m. ■ 1 Cépage du Val de Loire (≠ *pinot*). 2 Liqueur des Charentes.

**pinède** n. f. ■ Plantation, forêt de pins.

**pingouin** n. m. ■ Gros palmipède des régions arctiques, blanc et noir (≠ *manchot*).

**ping-pong** [piŋpɔ̃ɡ] n. m. ■ Tennis de table (→ **pongiste**). *Raquette de ping-pong.*

**pingre** n. et adj. ■ littér. Avare mesquin. ▷ n. f. **pingrerie**

**pinot** n. m. ■ Cépage (Champagne, Bourgogne...) (≠ *pineau*).

**pin-pon** interj. ■ Bruit des avertisseurs à deux tons des pompiers (en France).

**pin's** [pins] n. m. ■ anglic. Petit insigne décoratif. - recomm. off. **épinglette.**

**pinson** n. m. ■ Passereau à plumage bleu verdâtre et noir, bon chanteur.

**pintade** n. f. ■ Oiseau gallinacé, au plumage sombre semé de taches claires.

**pintadeau** n. m. ■ Petit de la pintade.

**pinte** n. f. ■ 1 Ancienne mesure de capacité pour les liquides (0,93 l). 2 Mesure de capacité anglo-saxonne (0,568 l).

**pinter** v. ☐ ■ 1 v. intr. fam. Boire beaucoup. 2 SE PINTER v. pron. S'enivrer.

**pin-up** [pinœp] n. f. invar. ■ anglic. 1 Photo de jolie fille peu vêtue. 2 Jolie fille attirante.

**pinyin** [pinjin] n. m. ■ Transcription du chinois en alphabet romain.

**pioche** n. f. ■ 1 Outil, fer emmanché à deux pointes opposées. 2 fam. *Tête de pioche* : personne entêtée.

**piocher** v. ☐ ■ I v. tr. 1 Creuser, remuer (la terre, etc.) avec une pioche. 2 fam., vieilli Étudier avec ardeur. II v. intr. 1 Fouiller (dans un tas) pour saisir qqch. 2 jeux Prendre une carte, un domino... dans la réserve (*pioche* n. f.).

**piolet** n. m. ■ Bâton d'alpiniste à bout ferré et petit fer de pioche.

**① pion** n. m. ■ 1 échecs Chacune des huit pièces autres que les figures. → Pièce du jeu de dames, etc. 2 loc. *N'être qu'un pion* (*sur l'échiquier*), être manœuvré. → *Damer\* le pion*.

**② pion, pionne** n. ■ fam. Surveillant(e).

**pioncer** v. intr. ③ ■ fam. Dormir.

**pionnier, ière** n. ■ I Colon défricheur. II fig. Personne qui fraye le chemin.

**pioupiou** n. m. ■ fam. et vx Simple soldat.

**pipe** n. f. ■ 1 Tuyau pour fumer, terminé par un petit fourneau qu'on bourre de tabac. 2 loc. fam. *Par TÊTE DE PIPE* : par personne. → *Casser sa pipe*, mourir. → *Se fendre la pipe*, rire. 3 fam. Cigarette.

**pipeau** n. m. ■ 1 Petite flûte à bec. 2 fam. *C'est du pipeau* : c'est un mensonge.

**pipelet, ette** n. ■ 1 péj. Concierge. 2 n. f. Personne bavarde.

**pipeline** [piplin ; pajplajn] n. m. ■ anglic. Tuyau transportant pétrole, gaz naturel... → gazoduc, oléoduc.

**piper** v. ☐ ■ 1 v. intr. *Ne pas piper*, ne pas réagir (en paroles). 2 v. tr. *Piper des dés*, les truquer. → au p. p. *Les dés sont pipés*.

**piperade** [piperad] n. f. ■ Œufs battus aux tomates et poivrons (plat basque).

**pipette** n. f. ■ Petit tube (gradué) pour prélever un échantillon de liquide.

**pipi** n. m. ■ fam. Urine.

**pipi-room** [-RUM] n. m. ■ fam., plais. (faux anglic.) Toilettes. *Où est le pipi-room ?* - syn. PIPI-ROOMS n. m. pl.

**pipistrelle** n. f. ■ Petite chauve-souris commune, à oreilles courtes.

**piquage** n. m. ■ Action de piquer (I, 7).

**① piquant, ante** adj. ■ 1 Qui présente des pointes acérées. → *pointu*. 2 Qui pique (II, 1). 3 Qui stimule l'intérêt. → n. m. *Le piquant de l'aventure*. → **sel**.

**② piquant** n. m. ■ Excroissance dure et acérée (des végétaux et animaux).

**① pique** n. f. ■ 1 n. f. Arme formée d'un long manche et d'un fer. 2 n. (aux cartes) Une des couleurs, avec un fer de pique noir.

**② pique** n. f. ■ Parole, allusion qui blesse.

**① piqué** n. m. ■ Tissu à piqûres.

**② piqué** n. m. ■ Descente quasi verticale d'un avion. → *Bombardement EN PIQUÉ*.

**③ piqué, ée** adj. ■ fam. Un peu fou.

**pique-assiette** n. invar. ■ Personne qui se fait inviter pour manger.

**pique-bœuf** [-bœf] n. m. ■ Oiseau qui mange les parasites des bovins. *Des pique-bœufs* [-bø].

**pique-nique** n. m. ■ Repas en plein air, dans la nature. *Des pique-niques*. ▷ **pique-niquer** v. intr. ☐ ▷ **pique-niqueur, euse**

**piquer** v. ☐ ■ I v. tr. 1 Entamer, percer avec une pointe (un corps vivant). ◆ loc. *Piquer des deux* (éperons) : partir au galop. 2 Faire une piqûre à (qqn). 3 (insectes, serpents) Enfoncer un aiguillon, un crochet à venin dans la peau de. 4 Percer (qqch.) avec un objet pointu, pour attraper. 5 Fixer en piquant. *Piquer une photo au mur*. 6 Enfoncer par la pointe. → fig. *PIQUER UNE TÊTE* : se jeter, plonger la tête la première. 7 Coudre. *Piquer à la machine*. 8 Parsemer de petits trous. *Les vers ont piqué ce livre*. ◆ au p. p. loc. fam. *Ce n'est pas piqué des hannetons* (*ou des vers*), c'est remarquable. II par ext. 1 Donner la sensation d'une pointe. *La fumée piquait les yeux* (→ piquant). 2 Faire une vive impression sur. *Son attitude a piqué ma curiosité*. → PIQUER (qqn) *AU VIF* : irriter son amour-propre. III v. tr. fig. 1 fam. Attraper, prendre (qqn). → *Voler*. 2 fam. Déclencher subitement (une action). *Piquer un cent mètres*, se mettre à courir vite. → *Piquer une crise*. IV v. intr. Tomber, descendre brusquement. → *Piquer du nez*, tomber le nez en avant. ► se piquer v. pron. - Se faire une piqûre (spécialt, médicale ou toxique). 2 SE PIQUER DE. Prétendre avoir. *Il se pique de poésie, d'être poète*.

**① piquet** n. m. ■ 1 Petit pieu. 2 loc. *Mettre un élève au piquet*, le faire rester debout et immobile. 3 *Piquet de grève* : grévistes en surveillance.

**② piquet** n. m. ■ Jeu de cartes (réunion du plus de cartes de même couleur).

**piqueter** v. tr. ④ ■ Parsemer de taches.

**① piquette** n. f. ■ Vin ou cidre acide.

**② piquette** n. f. ■ fam. Raclée.

**piqueur, euse** ■ I n. 1 n. m. (chasse à courre) Valet qui poursuit la bête à cheval (syn. *piqueux* n. m.). 2 Personne qui pique à la machine. 3 n. m. Ouvrier travaillant au marteau pneumatique. II adj. *Insectes piqueurs*.

**piqûre** [-yr] n. f. ■ 1 Petite blessure faite par ce qui pique. *Piqûre de moustique*. → *Piqûre d'ortie*. 2 Petit trou. ◆ Petite tache. 3 Introduction d'une aiguille creuse dans une partie du corps (ponction ; injection).

**piranha** [-na] n. m. ▪ Petit poisson carnassier de rivière (Amérique du Sud).

**pirate** n. m. ▪ I 1 Aventurier pilleur de navires. → **boucanier, flibustier, forban.** ← appos. *Bateau pirate.* 2 fig. Individu qui s'enrichit aux dépens d'autrui. 3 *Pirate de l'air*, personne qui détourne un avion ou menace les passagers pour un chantage. 4 Personne qui s'introduit illégalement dans un système informatique. → anglic. ② **cracker, hacker.** ▷ n. f. **piraterie** II adj. Clandestin, illicite. *Radio pirate.*

**pirater** v. tr. ① ▪ Reproduire (une œuvre) illégalement. ← au p. p. *Un logiciel piraté.* ▷ n. m. **piratage**

**pire** adj. ▪ I comparatif Plus mauvais. *Le remède est pire que le mal.* II superlatif *LE PIRE, LA PIRE, LES PIRES* Le plus mauvais. *De la pire espèce.* 2 n. m. Ce qu'il y a de plus mauvais. ← absolt *La politique du pire.*

**piriforme** adj. ▪ En forme de poire.

**pirogue** n. f. ▪ Longue barque étroite et plate (Afrique, Océanie). ▷ n. m. **piroguier**

**pirojki** [piʀɔʃki] n. m. pl. ▪ Friand (russe).

**pirouette** n. f. ▪ 1 Tour ou demi-tour qu'on fait sur soi-même. ▷ **pirouetter** v. intr. ① 2 fig., fam. Brusque changement d'opinion.

① **pis** n. m. ▪ Mamelle (d'une bête laitière).

② **pis** ▪ I comparatif 1 adv. Plus mal. *TANT PIS* : cela ne fait rien. loc. *Aller de mal en pis*, empirer. 2 adj. (neutre) littér. Plus mauvais, plus fâcheux. → cour. **pire.** loc. *QUI PIS EST* [kipiz] : ce qui est plus grave. 3 n. m. Une chose pire. loc. *Dire PIS QUE PENDRE de qqn*, répandre sur lui les pires médisances. II superlatif *AU PIS ALLER* loc. adv. : au pire.

**pis-aller** [piz-] n. m. invar. ▪ Ce à quoi on a recours faute de mieux. → **palliatif.**

**pisci-** Élément, du latin *piscis* « poisson ».

**pisciculture** n. f. ▪ Production, élevage des poissons. ▷ n. **pisciculteur, trice**

**piscine** n. f. ▪ 1 Bassin de natation, installations qui l'entourent. 2 relig. Bassin de purification. 3 phys. Modérateur liquide dans lequel la matière fissile est immergée.

**pisé** n. m. ▪ Maçonnerie en terre argileuse mélangée de paille hachée. → **torchis**; ② **banco.**

**pissaladière** n. f. ▪ Tarte provençale aux oignons, anchois, olives (≠ *pizza*).

**pisse** n. f. ▪ vulg. Urine. → **pipi.**

**pisse-froid** n. invar. ▪ fam. Personne morose, sinistre.

**pissenlit** n. m. ▪ Plante à feuilles longues et dentées, à fleurs jaunes. ← loc. fam. *Manger les pissenlits par la racine*, être mort.

**pisser** v. ① ▪ fam. 1 v. intr. Uriner. ← loc. *C'est comme si on pissait dans un violon*, c'est inutile. 2 v. tr. Évacuer avec l'urine. *Pisser du sang.* ← (sujet chose) Laisser s'écouler (un liquide). ▷ n. m **pissement**

**pisseur, euse** n. et adj. ▪ (Personne, animal) qui pisse. ♦ *PISSEUSE* n. f. (sexiste) Fille.

**pisseux, euse** adj. ▪ fam. 1 Imprégné d'urine. 2 D'une couleur passée, jaunie.

**pisse-vinaigre** n. invar. ▪ Personne morose et aigre, désagréable. → **pisse-froid.**

**pissotière** n. f. ▪ fam. Urinoir public.

**pistache** ▪ 1 n. f. Fruit du pistachier; sa graine. 2 adj. invar. *Vert pistache*, clair.

**pistachier** n. m. ▪ Arbre résineux des régions chaudes. → **lentisque.**

**piste** n. f. ▪ 1 Trace que laisse un animal sur le sol. ← fig. Ce qui guide. 2 Terrain aménagé pour les courses, les épreuves d'athlétisme. 3 Emplacement circulaire (de spectacles...). *Piste de cirque.* 4 Route non revêtue. ← *Piste cyclable.* 5 Voie aménagée pour le décollage et l'atterrissage des avions. 6 Surface magnétique pour enregistrement.

**pister** v. tr. ① ▪ Suivre la piste de; épier.

**pistil** n. m. ▪ Organe femelle des plantes à fleurs, renfermant l'ovaire.

**pistole** n. f. ▪ anciennt Monnaie d'or d'Espagne, d'Italie (6,75 g).

**pistolet** n. m. ▪ I 1 Arme à feu courte et portative. ← *Pistolet à eau* (jouet). 2 Pulvérisateur. *Peinture au pistolet.* II fig. *Un DRÔLE DE PISTOLET* : un individu bizarre.

**pistolet-mitrailleur** n. m. ▪ Arme automatique individuelle. → **mitraillette.**

**piston** n. m. ▪ I 1 Pièce qui se déplace dans un tube et transmet une pression. *Le piston d'une seringue.* 2 mus. Pièce mobile (trompettes, etc.). II fig., fam. Appui, recommandation (▷ **pistonner** v. tr. ①).

**pistou** n. m. ▪ 1 Préparation à base de basilic pilé à l'ail (recette provençale). → **pesto.** 2 Légumes au pistou.

**pita** n. m. ▪ Pain sans levain en forme de galette. ← appos. *Pain pita.*

**pitance** n. f. ▪ péj. Nourriture.

**pitbull** n. m. ▪ anglic. Chien d'attaque, croisement de bouledogue et de terrier, qui peut être dangereusement agressif.

**pitchoun, oune** n. ▪ (Provence) Petit enfant.

**pitchpin** n. m. ▪ Bois de pins d'Amérique du Nord, utilisé en menuiserie.

**piteux, euse** adj. ▪ 1 Qui suscite une pitié mêlée de mépris. → **pitoyable.** 2 Médiocre, nul. ← *En piteux état.* ▷ adv. **piteusement**

**pithécanthrope** n. m. ▪ Mammifère primate fossile (hominien : homo erectus).

**pithéc(o)-, -pithèque** Éléments savants, du grec *pithêkos* « singe ».

**pithiviers** n. m. ▪ Gâteau à la frangipane.

**pitié** [-tje] n. f. ▪ Sympathie née des souffrances d'autrui. → **commisération, compassion.** → *Par pitié*, je vous en supplie. *Sans pitié.* → **impitoyable.**

**piton** n. m. ▪ I 1 Clou, vis dont la tête forme un anneau ou un crochet. 2 franç. du Canada Bouton (d'un mécanisme), touche. *Piton de sonnette.* II Éminence isolée en forme de pointe. → ③ **pic.**

**pitonner** v. intr. ⚀ ▪ **1** alpin. Enfoncer des pitons. **2** franç. du Canada, fam. Tapoter sur des boutons, des touches. → **pianoter.** ◆ spécialt → **zapper.** ▷ n. m. **pitonnage**

**pitoyable** adj. ▪ **1** littér. Digne de pitié. **2** Qui inspire, mérite une pitié méprisante. → **piteux ; lamentable.** ▷ adv. **pitoyablement**

**pitre** n. m. ▪ Personne qui fait rire par des plaisanteries forcées. ▷ n. f. **pitrerie**

**pittoresque** adj. ▪ **1** Qui charme ou amuse par un aspect original. **2** Qui dépeint d'une manière imagée. *Détails pittoresques.* **3** n. m. Caractère pittoresque.

**pivert** n. m. ▪ Oiseau grimpeur qui frappe sur les troncs avec son bec ≠ *(1 pic).*

**pivoine** n. f. ▪ Plante à bulbe à larges fleurs rouges, roses, blanches.

**pivot** n. m. ▪ **1** Cône ou pointe terminant un axe vertical fixe. *Le pivot d'une boussole.* **2** fig. Ce sur quoi repose et tourne qqch. **3** Support d'une dent artificielle.

**pivoter** v. intr. ⚀ ▪ **1** Tourner sur un pivot, comme sur un pivot. **2** (racine) S'enfoncer verticalement en terre. ▷ adj. **pivotant, ante**

**pixel** n. m. ▪ Chaque point d'une image électronique.

**pizza** [pidza] n. f. ▪ Préparation de pâte à pain en tarte très fine garnie de tomates, fromage, anchois, olives, etc.

**pizzeria** n. f. ▪ Restaurant de pizzas.

**pizzicato** [pidzi-] n. m. ▪ Pincement des cordes (d'un instrument à archet). *Des pizzicati* ou *pizzicatos.*

**P. J.** [peʒi] n. f. (sigle) ▪ Police judiciaire.

**placage** n. m. ▪ Application sur une matière d'une matière plus précieuse (→ **plaquer**).

**placard** n. m. ▪ **1** Écrit affiché pour avis au public. **2** imprim. Épreuve avant mise en pages. **3** Grande annonce publicitaire, sur un périodique. **II** Enfoncement ou meuble fermé constituant une armoire fixe. ◆ fig. *Mettre au placard,* se débarrasser de.

**placarder** v. tr. ⚀ ▪ Afficher par placard.

**place** n. f. ▪ **I 1** Espace découvert, entouré de constructions. *Place publique.* **2** PLACE FORTE ou ellipt PLACE. → **forteresse.** **3** Ville où se font des opérations de banque, de commerce. **II 1** loc. *Ne pas tenir EN PLACE,* bouger. ◆ *Rester SUR PLACE,* immobile. *Faire une enquête sur place,* sur les lieux. ◆ n. m. *Faire DU SUR PLACE,* rester presqu'immobile. **2** Endroit, position qu'une personne occupe. ◆ loc. *Faire place à qqn,* laisser passer. ellipt *Place ! place !* **3** spécialt Siège qu'occupe ou peut occuper une personne (salle de spectacle, véhicule). *Place réservée.* **4** Espace libre ; endroit qu'une chose occupe. *Tenir trop de place.* **5** loc. *EN PLACE, À SA PLACE :* à la place qui convient. ◆ *MISE EN PLACE :* arrangement, installation. **III** fig. **1** Fait d'être admis (dans une catégorie) ; situation, lieu. *Place au soleil,* situation dans la société. ◆ loc. *Se mettre à LA PLACE de qqn. À votre place :* si j'étais vous. **2** Position, rang dans

une hiérarchie. *Être reçu dans les premières places.* **3** Emploi (généralement modeste). *Perdre sa place.* **4** loc. (idée de remplacement) *Prendre la place de qqn,* se substituer à lui. ◆ loc. *Faire place à qqn, qqch.* (sujet chose), être remplacé par. **5** *La place de qqn,* celle qui lui convient. *Être à sa place.* ◆ loc. *Remettre qqn à sa place,* le rappeler à l'ordre.

**placé, ée** adj. ▪ **1** Mis à une place. **2** avec un adv. Qui est dans telle situation. *Personnage haut placé.* **3** *Cheval placé,* dans les deux ou trois premiers (dans une course).

**placebo** [plasebo] n. m. ▪ Remède qui rassure, indépendamment de ses effets.

**placement** n. m. ▪ **1** Action, fait de placer de l'argent ; cet argent. → **investissement.** **2** *Agence, bureau de placement,* qui traite les offres et les demandes d'emploi.

**placenta** [-sɛ̃-] n. m. ▪ Organe servant aux échanges sanguins de l'embryon avec l'organisme maternel. ▷ adj. **placentaire**

① **placer** v. tr. ③ ▪ **I 1** Mettre (qqn) à une place, en un lieu ; conduire à sa place. → **installer. 2** Mettre (qqch.) à une place. → **disposer, mettre. II 1** Mettre (qqn) dans une situation déterminée. **2** Procurer un emploi à (qqn). **3** fig. Mettre (qqch. d'abstrait, ou en imagination) dans une situation, une époque. → **localiser, situer. 4** Dire, dans un récit, une conversation. *Il n'a pas pu placer un mot.* **5** S'occuper de vendre (→ **placer**). ◆ Employer (un capital) afin d'en tirer un revenu. → **investir ; placement.** ▶ se **placer** v. pron. **1** Se mettre, être à une place. **2** Prendre une place, un emploi.

② **placer** [-ɛʀ] n. m. ▪ anglic. Gisement d'or, de pierres précieuses.

**placet** n. m. ▪ hist. Écrit sollicitant une faveur (à un roi, un ministre).

**placeur, euse** n. ▪ Personne qui place (des spectateurs ; des employés).

**placide** adj. ▪ Doux et calme. ▷ adv. **placidement** ▷ **placidité** n. f. → **flegme.**

**placier, ière** n. ▪ Représentant qui place des marchandises. → **courtier, V. R. P.**

**plaf** interj. ▪ Onomatopée, chute à plat.

**plafond** n. m. ▪ **I** Surface horizontale en haut d'une pièce d'habitation. *Hauteur de plafond.* **II 1** fig. Limite supérieure d'altitude (d'un avion). **2** Maximum ; limite supérieure (opposé à *plancher*).

**plafonner** v. ⚀ ▪ **I** v. tr. Garnir d'un plafond. **II** v. intr. Atteindre un plafond.

**plafonnier** n. m. ▪ Appareil d'éclairage fixé au plafond sans être suspendu.

**plage** n. f. ▪ **I 1** Endroit plat et bas d'un rivage. ◆ spécialt *Vacances à la plage.* ◆ Rive sableuse (lac, rivière). **II 1** *Plage lumineuse,* surface éclairée également. **2** Espace plat derrière le pare-brise *(plage avant)* ou devant la vitre arrière *(plage arrière)* d'une voiture. **3** Laps de temps, durée limitée.

**plagiaire** n. ▪ Personne qui plagie.

**plagier** v. tr. ⑦ ■ Copier (un auteur) en s'attribuant indûment une partie de l'œuvre. ▷ n. m. **plagiat**

**plagiste** n. ■ Personne qui exploite une plage (I) payante.

① **plaid** [plɛd] n. m. ■ Couverture de voyage en lainage écossais.

② **plaid** [plɛ] n. m. ■ Tribunal féodal.

**plaider** v. ① ■ I v. intr. 1 Soutenir ou contester qqch. en justice. *Plaider contre qqn*, lui intenter un procès*. 2 Défendre une cause devant les juges. ◆ fig. *PLAIDER POUR, EN FAVEUR DE* : défendre. ◆ (sujet chose) *Sa sincérité plaide en sa faveur.* II v. tr. 1 Défendre (une cause) en justice. ◆ fig. *Plaider la cause de qqn* : parler en sa faveur. 2 Faire valoir (qqch.) dans une plaidoirie. ellipt *Plaider coupable.* ◆ loc. *Plaider le faux pour savoir le vrai* (en déguisant sa pensée).

**plaideur, euse** n. ■ Personne qui plaide en justice.

**plaidoirie** n. f. ■ Exposition des faits d'un procès (par l'avocat d'une partie).

**plaidoyer** n. m. ■ Défense passionnée.

**plaie** n. f. ■ 1 Ouverture dans les chairs. ◆ loc. *Retourner le couteau* dans la plaie. 2 *Les dix* (ou *sept*) *plaies d'Égypte*, fléaux dévastateurs. 3 fam. (personnes, choses) *Quelle plaie !* → **calamité, peste.**

**plaignant, ante** adj. et n. ■ (Personne) qui dépose une plainte en justice.

**plain, plaine** adj. ■ vx Plan, plat.

**plain-chant** n. m. ■ Musique vocale à une voix de la liturgie romaine. → **grégorien.**

**plaindre** v. tr. ⑤② ■ 1 Considérer (qqn) avec un sentiment de pitié ; témoigner de la compassion à. *Être À PLAINDRE* : mériter d'être plaint. 2 loc. *Ne pas plaindre sa peine*, ne pas se ménager. ▶ se **plaindre** v. pron. 1 Exprimer sa peine ou sa souffrance (→ **plainte**). 2 Exprimer son mécontentement. *Se plaindre de qqn. Se plaindre de son sort.* ◆ *Se plaindre à qqn, auprès de lui.*

**plaine** n. f. ■ Vaste étendue de pays plat.

**de plain-pied** loc. adv. ■ Au même niveau. ◆ loc. fig. *Être de plain-pied avec qqn.*

**plainte** n. f. ■ I 1 Expression vocale de la douleur. → **cri, lamentation, pleur.** ◆ fig. *La plainte du vent.* 2 Expression d'un mécontentement. II Dénonciation d'une injustice ou d'une infraction par la victime. *Déposer une plainte.* ◆ loc. *PORTER PLAINTE contre qqn.*

**plaintif, ive** adj. ■ Qui exprime une plainte douce. ▷ adv. **plaintivement**

**plaire** v. tr. ind. ⑤④ ■ I 1 (personnes) *PLAIRE À* : procurer une satisfaction. ◆ spécialt Éveiller l'amour, le désir de qqn. 2 (sujet chose) Être agréable à. *Ce film m'a beaucoup plu.* II impers. 1 *Faites ce qui vous plaît*, ce que vous voudrez (distinct de *faites ce qu'il vous plaît*, ce que vous aimez). 2 *S'IL TE PLAÎT, S'IL VOUS PLAÎT* : formule de politesse (abrév. S. V. P.). ◆ vieilli *PLAÎT-IL ?* → **comment, pardon.** 3 littér. au subj. *Plaise, plût au ciel que...* : je voudrais que... ◆ *À Dieu ne plaise que...* : pourvu que cela n'arrive pas. ▶ se **plaire** v. pron. (p. p. invar.) 1 (réfl.) Plaire à soi-même, être content de soi. 2 (récipr.) Se plaire l'un à l'autre. 3 *SE PLAIRE À* : prendre plaisir à.

**plaisamment** adv. ■ De façon plaisante.

**de plaisance** loc. adj. invar. ■ (navigation, bateau) Pour l'agrément ou le sport.

**plaisancier** n. m. ■ Personne qui pratique la navigation de plaisance.

**plaisant, ante** ■ I adj. Qui plaît, procure du plaisir. → **agréable, attrayant.** II n. m. *MAUVAIS PLAISANT* : personne qui fait des plaisanteries de mauvais goût.

**plaisanter** v. ① ■ I v. intr. 1 Faire ou (plus souvent) dire des choses destinées à faire rire, à amuser. → **blaguer.** 2 Dire ou faire qqch. sans penser être pris au sérieux. II v. tr. littér. Taquiner (qqn), railler.

**plaisanterie** n. f. ■ 1 Propos destinés à faire rire, à amuser. 2 Propos ou actes visant à se moquer. *Une mauvaise plaisanterie.* 3 Chose peu sérieuse. ◆ Chose très facile.

**plaisantin** n. m. ■ Personne qui plaisante trop. ◆ péj. Personne peu sérieuse.

**plaisir** n. m. ■ I 1 Sensation ou émotion agréable. → **bien-être, contentement.** ◆ *FAIRE PLAISIR* : être agréable (à qqn) en rendant service, etc. ◆ *Le plaisir de qqch.* → **satisfaction.** 2 *Le plaisir*, les sensations érotiques agréables. → **jouissance, volupté.** 3 loc. *PRENDRE PLAISIR* à (+ inf.), aimer. ◆ *AVOIR DU PLAISIR* à (+ inf.), être ravi de. ◆ *Au plaisir de vous revoir*, formule d'adieu. ◆ *POUR LE PLAISIR, PAR PLAISIR* : sans autre raison que le plaisir. ◆ *AVEC PLAISIR*, volontiers. II *(Un, les plaisirs)* 1 Émotion, sensation agréable ; ce qui donne cette émotion. *Les plaisirs de la table. Un plaisir coûteux.* 2 spécialt Les plaisirs sensuels. *Fréquenter les lieux de plaisir.* III loc. 1 *Le BON PLAISIR de qqn*, sa volonté absolue. 2 *À PLAISIR* : selon les impulsions.

① **plan, plane** adj. ■ 1 Sans inégalité, ni courbure (surface). → **plat.** *Surface plane.* 2 *Géométrie plane*, qui étudie les figures planes (opposé à *dans l'espace*).

② **plan** n. m. ■ 1 Surface plane. *PLAN INCLINÉ.* ◆ *PLAN D'EAU* : surface d'eau calme. 2 géom. Surface contenant entièrement toute droite joignant deux de ses points. 3 Chacune des surfaces perpendiculaires à la direction du regard (dessin, photo). *Au premier plan*, à peu de distance ; fig. considéré comme essentiel. ◆ *Sur le même plan*, au même niveau. ◆ *SUR LE PLAN DE* (+ nom), *SUR LE PLAN* (+ adj. abstrait) : au point de vue (de). 4 Image (photo), succession d'images (cinéma) définie par l'éloignement de l'objectif et la dimension de l'objet. *Gros plan de visage. Plan américain*, à mi-corps. ◆ Prise de vue sans interruption. *Plan séquence.*

③ **plan** n. m. ■ I 1 Représentation (d'une construction, d'un jardin, etc.) en projection horizontale. *Tracer le plan d'un bâtiment.* 2 Carte à grande échelle. 3 Reproduction en projection orthogonale (d'une machine). *Les plans d'un avion.* II 1 Projet élaboré. 2 Disposition des parties (d'une œuvre, d'une rédaction). 3 Détail de l'exécution d'un projet. III fam. *EN PLAN* : sans s'en occuper. *Tous les projets sont restés en plan.* → en **suspens**.

**planant, ante** adj. ■ fam. Euphorique.

**planche** n. f. ■ I 1 Pièce de bois plane, plus longue que large. → *Planche à dessin. Planche à repasser.* → loc. *Entre quatre planches*, dans le cercueil. → fig. *Planche de salut*, ultime ressource. → *Faire la planche*, flotter sur le dos. 2 *LES PLANCHES* : le plancher de la scène ; fig. le théâtre. 3 Pièce de bois ou plaque destinée à la gravure. ◆ Estampe tirée sur une planche gravée. ◆ Feuille ornée d'une gravure. *Planches en couleurs d'un livre.* 4 sports *Planche de surf.* → *PLANCHE À VOILE*, munie d'un mât et d'une voile (▷ n. **planchiste**). II Bande de terre cultivée dans un jardin. *Planches d'un potager.*

**planchéier** v. tr. 7 ■ Garnir d'un plancher.

① **plancher** n. m. ■ 1 Plate-forme horizontale au rez-de-chaussée, ou séparation entre deux étages. 2 Sol de bois (plus grossier que le *parquet*). ◆ Sol (d'un véhicule, etc.). loc. *Le pied au plancher*, en appuyant sur l'accélérateur. ◆ loc. fam. *Débarrasser le plancher* : sortir. → *Le plancher des vaches*, la terre ferme. 3 fig. Limite inférieure (opposé à *plafond*). → appos. *Prix plancher.*

② **plancher** v. intr. 1 ■ argot scol. Subir une interrogation (au tableau ou par écrit).

**planchette** n. f. ■ Petite planche.

**plancton** [-ktɔ̃] n. m. ■ (collectif) Organismes microscopiques, animaux *(zooplancton)* et végétaux *(phytoplancton)* vivant en suspension dans l'eau de mer.

**planer** v. intr. 1 ■ I 1 (oiseaux) Se soutenir en l'air sans remuer les ailes. → (avions) Voler, le moteur coupé. → p. p. adj. *Vol plané.* ◆ (planeurs) Voler en utilisant les courants atmosphériques. 2 fig. Dominer la pensée. 3 Être perdu dans l'abstraction. → fam. Être dans un état de rêverie agréable. II (choses) 1 Flotter en l'air. 2 Constituer une présence menaçante. *Un danger plane.*

**planétaire** adj. ■ 1 Relatif aux planètes. 2 Relatif à toute la planète Terre. → **mondial**.

**planétarium** [-jɔm] n. m. ■ Représentation des corps célestes sur une voûte.

**planète** n. f. ■ Corps céleste qui tourne autour du Soleil (ou d'une étoile).

**planeur** n. m. ■ Aéronef sans moteur.

**planeuse** n. f. ■ techn. Machine à aplanir.

**planèze** n. f. ■ régional Plateau volcanique (basalte) entre des vallées rayonnantes.

**planifier** v. tr. 7 ■ Organiser suivant un plan ③. → *Économie planifiée.* ▷ adj. et n. **planificateur, trice** ▷ n. f. **planification**

**planisphère** n. m. ■ Carte de l'ensemble du globe terrestre (projection plane).

**planning** n. m. ■ anglic. 1 Plan d'activité. 2 *Planning familial* : contrôle des naissances.

**planque** n. f. ■ fam. 1 Lieu où l'on cache qqch. ou qqn. 2 fig. Situation peu exposée ; place où le travail est facile.

**planquer** v. tr. 1 ■ fam. Cacher, mettre à l'abri. ► se **planquer** v. pron. Se mettre à l'abri du danger. ► **planqué, ée** adj. et n.

**plant** n. m. ■ 1 Végétaux de même espèce ; terrain où ils poussent. 2 Végétal au début de sa croissance. *Repiquer des plants.*

① **plantain** n. m. ■ Herbe dont la semence sert à nourrir les oiseaux.

② **plantain** n. m. ■ Bananier dont le fruit se mange cuit. → appos. *Banane plantain.*

**plantaire** adj. ■ De la plante des pieds.

**plantation** n. f. ■ 1 Action, manière de planter. II 1 Ensemble de végétaux plantés (surtout plur.). 2 Terrain, champ planté. 3 Exploitation agricole de produits tropicaux.

① **plante** n. f. ■ Végétal ; spécialt végétal à racine, tige, feuilles de petite taille (opposé à *arbre*). *Plantes grasses*, les cactus. *Plantes d'appartement, plantes vertes.*

② **plante** n. f. ■ Face inférieure (du pied).

**planté, ée** adj. ■ (personnes) *Bien planté*, ferme sur ses jambes.

**planter** v. tr. 1 ■ 1 Mettre, fixer (un plant, une plante) en terre. *Planter un arbre.* 2 Mettre en terre (des graines, bulbes, tubercules). *Planter des haricots.* 3 *Planter un lieu*, le garnir de végétaux. → au p. p. *Avenue plantée d'arbres.* 4 Enfoncer, faire entrer (un objet) en terre. *Planter un pieu.* → *Planter des clous.* → au p. p. *Dents mal plantées.* 5 Mettre, placer debout, droit. *Planter sa tente.* 6 *PLANTER LÀ qqn, qqch.*, l'abandonner brusquement. ► se **planter** v. pron. 1 (passif) Être planté. 2 fam. (véhicule ; conducteur) Avoir un accident. ◆ fig. Échouer.

**planteur, euse** ■ I n. Agriculteur qui exploite une plantation (II, 3). II n. m. Punch aux jus de fruits.

**plantigrade** adj. ■ zool. Qui marche sur la plante des pieds (opposé à *digitigrade*).

**plantoir** n. m. ■ Outil de jardinage taillé en pointe (pour planter, repiquer).

**planton** n. m. ■ Garde, sentinelle sans armes.

**plantureux, euse** adj. ■ 1 Très abondant. → **copieux**. 2 *Femme plantureuse*, grande et bien en chair. ▷ adv. **plantureusement**

**plaquage** n. m. ■ 1 sports Action de plaquer (I, 4) un adversaire. 2 fam. Abandon.

**plaque** n. f. ■ I 1 Feuille rigide, plate et peu épaisse. → *Plaque d'immatriculation.* 2 Couche peu épaisse. *Plaque de verglas.* 3 *PLAQUE TOURNANTE* : plate-forme tournante ; fig. carrefour, lieu d'échanges. 4 photogr. Support rigide. 5 géol. Fraction de l'écorce terrestre. *La tectonique des plaques.* II Tache étendue.

**plaqué** n. m. ■ Métal recouvert d'un autre.

**plaquer** v. tr. ⟨1⟩ ■ I 1 Appliquer (une plaque) sur qqch. 2 Mettre (qqch.) à plat. 3 *Plaquer un accord*, en produire les notes ensemble. 4 Appuyer fort. *Plaquer qqn, qqch. contre, sur qqch.* ➙ sports Faire tomber (le porteur du ballon) en le saisissant par les jambes. II fam. Abandonner (qqn, qqch.). III Couvrir (qqch.) d'une couche plate (de métal, de bois...). → placage.

**plaquette** n. f. ■ 1 Petite plaque. 2 Petit livre mince. 3 anat. Cellule du sang, sans noyau.

**plasma** n. m. ■ I *Plasma (sanguin)*, partie liquide du sang. ➙ sérum. II phys. Fluide constitué de particules ionisées, globalement neutre, et correspondant à un quatrième état de la nature (avec les états solide, liquide et gazeux). *Le plasma solaire.* ➙ *Plasma gazeux scellé sous verre. Écran à plasma.*

**-plaste, -plastie** Éléments, du grec *plassein* « modeler » (ex. *galvanoplastie*).

**plastic** n. m. ■ Masse d'explosif malléable.

**plastifier** v. tr ⟨7⟩ ■ 1 Donner les propriétés d'une matière plastique à (une substance). 2 Couvrir de matière plastique.

**plastique** ■ I adj. et n. f. 1 Qui donne une forme. *Chirurgie plastique.* → esthétique. 2 Relatif aux arts qui élaborent des formes : sculpture, architecture, dessin, peinture. 3 Beau de forme (▷ adv. **plastiquement**). ♦ n. f. Beauté des formes du corps. II adj. 1 Flexible, malléable (▷ n. f. **plasticité**). 2 *Matière plastique* ou n. m. *du plastique* : mélange contenant une matière de base susceptible d'être moulée. *Sac en plastique.*

**plastiquer** v. tr. ⟨1⟩ ■ Faire exploser au plastic. ▷ n. m. **plastiquage** ▷ n. **plastiqueur, euse**

**plastron** n. m. ■ Partie d'un vêtement) qui recouvre la poitrine.

**plastronner** v. intr. ⟨1⟩ ■ Parader, poser.

① **plat, plate** adj. et n. m. ■ I adj. 1 Qui présente une surface plane ; horizontal. 2 Dont le fond est plat ou peu profond. *Assiette plate.* 3 De peu d'épaisseur. 4 Qui n'est pas haut. *Chaussures plates, à talons plats.* 5 À PLAT loc. adv. : horizontalement ; dégonflé. ♦ fig., fam. *Être à plat*, déprimé, épuisé. 6 fig. Sans caractère saillant remarquable. *Style plat.* → fade. 7 (personnes) Obséquieux. ➙ *De plates excuses.* II n. m. 1 La partie plate (de qqch.). *Le plat de la main.* 2 fam. *FAIRE DU PLAT à qqn*, chercher à le séduire.

② **plat** n. m. ■ I 1 Pièce de vaisselle plus grande que l'assiette. ➙ *Des œufs au plat, sur le plat*, cuits sans les brouiller. ♦ loc. *Mettre les petits plats dans les grands*, se mettre en frais. 2 ancient *Plat à barbe*, ovale et creux, échancré pour le cou. II Mets d'un repas. *Plat du jour* (au restaurant). ♦ fig., fam. *Faire tout un plat de qqch.* : accorder à qqch. trop d'importance.

**platane** n. m. ■ 1 Arbre élevé, à large frondaison, à écorce lisse. 2 *FAUX PLATANE* : érable sycomore.

**plate** n. f. ■ Embarcation à fond plat.

**plateau** n. m. ■ I 1 Support plat servant à poser et à transporter. 2 spécialt *Les plateaux d'une balance.* II Étendue de pays assez plate et surélevée. *Plateau continental* : fond marin proche des côtes. III Plate-forme où est présenté un spectacle, etc. *Le plateau d'un théâtre.* ➙ Installations, personnel de prise de vues en studio.

**plate-bande** n. f. ■ Bande de terre cultivée, dans un jardin.

**platée** n. f. ■ Contenu d'un plat.

**plate-forme** n. f. ■ I 1 Surface plane, horizontale, surélevée. *Des plates-formes.* 2 Plateau (II). 3 *Plate-forme de forage* : installation sur les gisements pétroliers en mer. 4 inform. Système destiné au stockage et au partage de contenus numériques (textes, vidéos...). II fig. Ensemble d'idées d'une politique commune. → base.

**platement** adv. ■ D'une manière plate, banalement.

① **platine** n. f. ■ Support plat. ♦ Lecteur d'une chaîne de reproduction sonore.

② **platine** n. m. ■ 1 Élément (symb. Pt), métal précieux, d'un blanc grisâtre. 2 adj. invar. De la couleur du platine. → ① platiné.

① **platiné, ée** adj. ■ D'un blond presque blanc.

② **platiné, ée** adj. ■ autom. *VIS PLATINÉES* : pièces de contact pour l'allumage.

**platitude** n. f. ■ 1 Caractère de ce qui est plat, sans originalité. 2 Banalité. 3 vieilli Acte servile.

**platonicien, ienne** adj. ■ De la philosophie de Platon (*platonisme* n. m.).

**platonique** adj. ■ 1 Purement idéal. *Amour platonique.* 2 Théorique, de pure forme. ▷ adv. **platoniquement**

**plâtras** n. m. ■ Débris de plâtres.

**plâtre** n. m. ■ 1 Poudre blanche obtenue par cuisson et broyage du gypse. ➙ Pâte de plâtre gâché. ♦ loc. *Battre qqn comme plâtre*, avec violence. 2 *LES PLÂTRES* : revêtements, ouvrages de plâtre. ➙ loc. *Essuyer* les plâtres. 3 *UN PLÂTRE* : objet moulé en plâtre. 4 Appareil pour maintenir un organe immobile. *Une jambe dans le plâtre.*

**plâtrer** v. tr. ⟨1⟩ ■ 1 Couvrir de plâtre ; sceller avec du plâtre. 2 Mettre (un membre fracturé) dans un plâtre. ▷ n. m. **plâtrage**

**plâtrerie** n. f. ■ 1 Entreprise, usine où l'on fabrique le plâtre. 2 Travail du plâtrier.

**plâtreux, euse** adj. ■ 1 Couvert de plâtre. 2 D'une blancheur de plâtre.

**plâtrier** n. m. ■ Ouvrier qui utilise le plâtre gâché.

**plâtrière** n. f. ■ 1 Carrière de gypse. 2 Four à plâtre ; usine de plâtre.

**plausible** adj. ■ Qui semble devoir être admis. → admissible, vraisemblable.

**play-back** n. m. invar. ■ Interprétation sur un enregistrement antérieur.

**play-boy** [plɛbɔj] n. m. ▪ anglic. Jeune homme élégant et riche. *Des play-boys.*

**plèbe** n. f. ▪ 1 hist. Ordre du peuple romain. → **plébéien.** 2 péj. Le bas peuple.

**plébéien, ienne** ▪ 1 n. Antiq. Romain(e) de la plèbe (opposé à *patricien*). 2 adj. littér. Du peuple (opposé à *aristocratique*). → **populaire.**

**plébiscite** n. m. ▪ Vote direct du corps électoral sur un projet présenté par le pouvoir. ▷ adj. **plébiscitaire**

**plébisciter** v. tr. ① ▪ 1 Voter (qqch.), désigner (qqn) par plébiscite. 2 Choisir à une majorité écrasante.

**plectre** n. m. ▪ mus. Instrument pour gratter les cordes. → **médiator.**

**-plégie** Élément (du grec *plêssein* «frapper») qui signifie «paralysie».

**pléiade** n. f. ▪ Groupe de personnes remarquables.

**plein, pleine** adj. ▪ I 1 (sens fort) Qui contient toute la quantité possible. → **rempli.** *Un verre plein.* ♦ loc. (idée d'entier, complet) *Saisir qqch. à pleines mains,* fermement. 2 (femelle d'animal) En gestation. 3 Qui contient autant de personnes qu'il est possible. → **bondé.** 4 (temps) Complet, occupé. *Travailler à temps plein* (opposé à *partiel*). 5 fig. (personnes) *PLEIN DE :* pénétré de. *Être plein de son sujet.* ▪ *PLEIN DE SOI-MÊME :* content de soi. 6 loc. fam. *PLEIN AUX AS :* très riche. ♦ II 1 Dont la matière occupe tout le volume. *Une sphère pleine.* ♦ (formes humaines) Rond. *Des joues pleines.* 2 (avant le nom) Qui est entier, à son maximum. *Reliure pleine peau.* ▪ loc. *Plein air. Pleine mer :* le large. ▪ Intégral. *Plein succès. Les pleins pouvoirs.* 3 loc. adv. *À PLEIN, EN PLEIN.* → **pleinement.** ♦ *EN PLEIN(E) :* au milieu de. *Se réveiller en pleine nuit.* ▪ fam. Exactement. *En plein milieu. En plein dans le mille.* III *PLEIN DE :* qui contient, qui a beaucoup de. *Yeux pleins de larmes.* ▪ (personnes) *Être plein de santé.* ▶ **plein** n. m. ▪ 1 *LE PLEIN (DE)* État de ce qui est plein. → Plénitude, maximum. ♦ loc. *BATTRE SON PLEIN* (plur. *leur plein*) : être à son maximum. ♦ *Faire le plein de,* emplir un réservoir. ▪ *Un plein d'essence.* 2 *UN PLEIN* Endroit plein (d'une chose). *Les pleins et les vides.* ♦ Trait épais, dans l'écriture (opposé à *délié*). ▶ **plein** prép. 1 En grande quantité dans. *Avoir de l'argent plein les poches,* beaucoup. 2 fam. *PLEIN DE* loc. prép. → **beaucoup.** ♦ *TOUT PLEIN.* → **très.** *C'est mignon tout plein.*

**pleinement** adv. ▪ Entièrement.

**plein-emploi** ou **plein emploi** [plɛ̃-] n. m. sing. ▪ Emploi de la totalité des travailleurs (opposé à *chômage*, *sous-emploi*).

**pléistocène** n. m. ▪ géol. Période de l'apparition de l'homme (après le pliocène).

**plénière** adj. f. ▪ *Assemblée plénière,* où siègent tous les membres.

**plénipotentiaire** n. m. ▪ Agent diplomatique qui a pleins pouvoirs. ▪ adj. *Ministre plénipotentiaire.*

**plénitude** n. f. ▪ littér. 1 Ampleur, épanouissement. 2 Force intégrale.

**pléonasme** n. m. ▪ Terme ou expression qui répète ce qui vient d'être énoncé. → **redondance.** ▷ adj. **pléonastique**

**plésiosaure** n. m. ▪ paléont. Grand reptile saurien fossile de l'ère secondaire.

**pléthore** n. f. ▪ littér. Abondance, excès. ▷ adj. **pléthorique**

**pleur** n. m. ▪ 1 Larme. *Verser un pleur.* 2 au plur. *LES PLEURS.* Fait de pleurer; larmes, plaintes. *Elle était tout en pleurs.*

**pleural, ale, aux** adj. ▪ De la plèvre.

**pleurard, arde** adj. ▪ Qui pleure, geint à tout propos. ← *Air, ton pleurard.*

**pleurer** v. intr. ① ▪ I 1 Répandre des larmes, spécialt sous l'effet d'une émotion pénible. 2 *À PLEURER :* au point de faire pleurer. *Bête à pleurer,* extrêmement bête. 3 (autres émotions) *Pleurer de rire.* ▪ II 1 fig. *PLEURER SUR :* s'affliger. → **gémir, se lamenter.** 2 Demander de manière plaintive. *Pleurer pour obtenir une augmentation.* III trans. littér. 1 Regretter, se lamenter sur. *Pleurer sa jeunesse enfuie.* 2 Laisser couler (des larmes, des pleurs).

**pleurésie** n. f. ▪ Inflammation de la plèvre. ▷ adj. et n. **pleurétique**

**pleureur** adj. m. ▪ *SAULE PLEUREUR,* dont les branches retombent vers le sol.

**pleureuse** n. f. ▪ Femme payée pour pleurer aux funérailles (Méditerranée).

**pleurnicher** v. intr. ① ▪ fam. Pleurer de manière affectée; se plaindre, geindre. ▷ n. f. **pleurnicherie** ▷ n. et adj. **pleurnicheur, euse** ou **pleurnichard, arde**

**pleurote** n. m. ▪ Champignon dont le pied s'insère sur le côté du chapeau.

**pleutre** adj. et n. ▪ littér. Peureux.

**pleuviner** v. impers. ① ▪ Bruiner.

**pleuvoir** v. ㉓ ▪ I v. impers. 1 *Il pleut :* la pluie tombe. 2 Tomber. ▪ loc. *Il pleut des cordes, des hallebardes.* ← fam. *Comme s'il en pleuvait.* → **beaucoup.** II v. intr. (surtout 3ᵉ pers. du plur.) 1 S'abattre comme une pluie. *Les coups pleuvaient.* 2 Affluer.

**pleuvoter** v. impers. ① ▪ Pleuvoir légèrement. - syn. PLEUVASSER

**plèvre** n. f. ▪ Membrane enveloppant le poumon (→ pleurésie).

**plexiglas** [-glas] n. m. (nom déposé) ▪ Plastique transparent imitant le verre.

**plexus** [-ys] n. m. ▪ Réseau de nerfs ou de vaisseaux. *Plexus solaire* (à l'estomac).

**pli** n. m. ▪ I 1 Partie d'une matière souple rabattue sur elle-même. *Jupe à plis.* → **plissé.** 2 Ondulation (d'un tissu flottant). ♦ Mouvement (de terrain). → **plissement.** 3 Marque qui reste à ce qui a été plié. ← *FAUX PLI.* ← loc. fam. *Cela ne fait pas un pli :* pas de difficulté. 4 *MISE EN PLIS :* mise en forme des cheveux. 5 loc. *PRENDRE UN (LE) PLI :* acquérir une habitude. ▪ II 1 Papier replié; par ext. lettre. 2 Levée, aux cartes.

**pliable** adj. ■ Qui plie sans casser.

**pliage** n. m. ■ **1** Action, manière de plier. **2** Fait de plier et replier du papier pour obtenir une forme.

**pliant, ante** ■ **1** adj. Articulé de manière à pouvoir se plier. *Lit pliant.* **2** n. m. Siège de toile à pieds articulés en X.

**plie** n. f. ■ Carrelet (poisson).

**plier** v. ⑦ ■ **I** v. tr. **1** Rabattre (une chose souple) sur elle-même. ← loc. *Plier bagage*\*. **2** Courber (une chose flexible). *Plier une branche.* ← (articulation) *Plier le genou, la jambe.* **3** Replier (des parties articulées). **4** (compl. personne) Forcer à s'adapter. ← SE PLIER (À) v. pron. *Se plier aux circonstances.* **II** v. intr. **1** Se courber, fléchir. **2** (personnes) Céder, faiblir.

**plinthe** n. f. ■ Bande plate de menuiserie au bas d'une cloison, d'un lambris.

**pliocène** n. m. ■ géol. Période (tertiaire) succédant au miocène.

**plissage** n. m. ■ Action de former des plis.

**plissé, ée** ■ **1** adj. Qui forme des plis. **2** n. m. Ensemble, aspect des plis.

**plissement** n. m. ■ **1** Action de (se) plisser (2). **2** Plis des couches géologiques.

**plisser** v. tr. ① ■ Couvrir de plis. **1** Modifier (une surface souple) en y faisant un arrangement de plis. **2** Contracter les muscles de. → **froncer**. ← *Plisser les yeux.*

**pliure** n. f. ■ **1** Endroit où une partie se replie. **2** Marque d'un pli.

**ploc** interj. ■ Bruit de chute dans l'eau.

**ploiement** n. m. ■ littér. Action de ployer ; fait d'être ployé.

**plomb** [plɔ̃] n. m. ■ **I 1** Élément (symb. Pb), métal lourd d'un gris bleuâtre, mou, facile à travailler. **2** (symbole de pesanteur) loc. *Avoir du plomb dans l'estomac. N'avoir pas de plomb dans la tête*, être étourdi. ← DE PLOMB : lourd. *Sommeil de plomb. Un soleil de plomb.* **3** Alliage au plomb. ← Typographie traditionnelle (utilisant cet alliage). **II** UN PLOMB **1** Masse de plomb (pour sonder ; lester). ← Sceau de plomb. → **plomber** (3). **2** Grain sphérique garnissant une cartouche. **3** Baguette de plomb qui maintient les verres d'un vitrail. **4** Fusibles. *Les plombs ont sauté.* **III** techn. À PLOMB loc. adv. : verticalement. ← *Fil*\* à plomb.

**plombage** n. m. ■ Obturation (d'une dent). ← fam. Amalgame pour obturation.

**plomber** v. tr. ① ■ **1** Garnir de plomb. **2** pronom. Devenir livide (teint...). ← au p. p. *Teint plombé.* **3** Sceller avec un sceau de plomb. ← au p. p. *Wagon plombé.* **4** Obturer (une dent). ← au p. p. *Dent plombée.*

**plomberie** n. f. ■ **1** Pose des conduites et des appareils de distribution d'eau, de gaz. **2** Ces conduites et installations.

**plombier** n. m. ■ Ouvrier, entrepreneur qui exécute des travaux de plomberie.

**plombières** n. f. ■ Glace à la vanille garnie de fruits confits.

**plonge** n. f. ■ fam. Vaisselle (restaurants).

**plongeant, ante** adj. ■ Dirigé vers le bas. *Vue plongeante.*

**plongée** n. f. ■ **1** Action de plonger et de séjourner sous l'eau (plongeur, sous-marin). **2** photogr., cin. Vue plongeante.

**plongeoir** n. m. ■ Dispositif au-dessus de l'eau pour plonger (II, 2).

① **plongeon** n. m. ■ Oiseau palmipède, de la taille du canard, nichant près de la mer.

② **plongeon** n. m. ■ Fait, manière de plonger (II, 2) ; ce sport.

**plonger** v. ③ ■ **I** v. tr. **1** Faire entrer dans un liquide. *Plonger sa tête dans une cuvette.* ← pronom. *Se plonger dans l'eau.* **2** Enfoncer (une arme). **3** Mettre, enfoncer (le corps, une partie du corps) dans une chose creuse, molle... ← loc. *Plonger son regard dans*, regarder au fond de. **5** Placer brusquement (dans une situation). ← pronom. *Se plonger dans un livre.* → s'**absorber**. **II** v. intr. **1** S'enfoncer, descendre au fond de l'eau. *Le sous-marin va plonger.* **2** Se jeter dans l'eau la tête et les bras en avant. **3** Se jeter ou s'enfoncer (dans, sur, vers...). **4** Voir (d'un lieu plus élevé).

**plongeur, euse** n. ■ **I 1** Personne qui plonge sous l'eau. **2** Personne, sportif qui plonge (II, 2). **II** Personne chargée de la plonge.

**plot** n. m. ■ **1** Pièce métallique permettant d'établir un contact électrique. **2** *Plot de départ* : élévation au bord d'une piscine, d'où plongent les nageurs.

**plouc** n. ■ péj. (injurieux) Paysan(ne). ← adj. *Il, elle est un peu plouc.*

**plouf** interj. ■ Bruit de chute dans l'eau.

**ploutocrate** n. m. ■ Personne très riche et politiquement influente. ▷ n. f. **ploutocratie**

**ployer** v. ⑧ ■ **I** v. tr. littér. Plier, tordre en abaissant. → **courber** ; **fléchir**. **II** v. intr. Plier. *Ses jambes ployèrent sous lui.* → **céder**.

① **plu** → **plaire** ; ② **plu** → **pleuvoir**

**pluche** ; **plucher** → **peluche** ; **pelucher**

**pluie** n. f. ■ **1** Eau qui tombe en gouttes des nuages sur la terre. *Pluie fine.* → **bruine**, **crachin**. *Le temps est à la pluie*, il va pleuvoir\*. **2** loc. *Faire la pluie et le beau temps*, être très influent. *Parler de la pluie et du beau temps*, de choses banalités. **3** Chute de pluie. → **averse**, **grain**, **ondée**. **4** EN PLUIE : en gouttes dispersées. **5** Grande quantité (qui tombe). *Pluie de coups.*

**plumage** n. m. ■ L'ensemble des plumes recouvrant le corps d'un oiseau. → **livrée**.

**plumard** ou **plume** n. m. ■ fam. Lit.

**plume** n. f. ■ **I 1** Appendice formé d'un axe (tube) et de barbes latérales, sur la peau des oiseaux. ← fam. *Voler dans les plumes à qqn*, l'attaquer. ← *Y laisser des plumes*, essuyer une perte. ← (symbole de légèreté) appos. (invar.) POIDS PLUME, catégorie de boxeurs légers. **3** Plume d'oiseau utilisée comme ornement, garniture. **II 1** Plume dont le tube taillé servait à écrire. *Plume d'oie.* **2** Petite lame pointue de métal, adaptée à un *porte-plume* ou à un stylo, et qui, enduite d'encre, sert à écrire. **3** *fig.* Instrument de l'écriture, de l'écrivain.

**plumeau** n. m. ▪ Touffe de plumes sur un manche, pour épousseter.

**plumer** v. tr. ⓘ ▪ **1** Dépouiller (un oiseau) de ses plumes. **2** *fig.* Dépouiller (qqn).

**plumet** n. m. ▪ Touffe de plumes.

**plumetis** n. m. ▪ Étoffe légère brodée.

**plumier** n. m. ▪ Boîte oblongue pour ranger les plumes, porte-plumes...

**plumitif** n. m. ▪ *péj.* Commis d'écritures. → **gratte-papier.**

**la plupart** n. f. ▪ **1** *LA PLUPART DE* (avec un sing.) : la plus grande part de. *La plupart du temps.* ◆ (avec un plur.) Le plus grand nombre de. → **majorité.** *Dans la plupart des cas.* **2** pron. indéf. *LA PLUPART* : le plus grand nombre. *La plupart s'en vont* ; littér. *s'en va.*

**pluralisme** n. m. ▪ Reconnaissance de plusieurs opinions, partis. ▷ adj. **pluraliste**

**pluralité** n. f. ▪ Le fait d'exister en grand nombre. → **multiplicité.**

**pluri-** Élément, du latin *plures* « plusieurs ». → **multi-, poly-** ; contr. *mono-, uni-*.

**pluriel** n. m. ▪ Catégorie grammaticale (→ **nombre**) des mots variables accordés, quand ils concernent plusieurs êtres ou notions. *Pluriels irréguliers* (noms). ◆ *Pluriel verbal* (nous, vous, ils, elles). – opposé à *singulier*.

① **plus** [plys] ▪ I adv. Comparatif de supériorité. **1** ( [ply] devant consonne, [plyz] devant voyelle, [plys] à la finale) Modifie un verbe, un adjectif, un adverbe. *Je t'aime plus.* → **davantage. 2** *PLUS... QUE. Il est plus bête que méchant.* → **plutôt.** *Il est plus tard que tu ne penses.* **3** (avec *plus* ou *moins*) loc. *PLUS OU MOINS*, à des degrés variables. ◆ *NI PLUS NI MOINS* : exactement. ◆ *DE PLUS EN PLUS* : toujours davantage. **II** nominal **1** Une chose plus grande, plus importante. *Demander plus* (de...). ◆ *Il était plus de minuit.* **2** *PLUS DE* (compl. partitif) : davantage. *Avoir plus de charme que de beauté.* **3** loc. *DE PLUS* ( [s] prononcé) : encore. *Une fois de plus.* ◆ *EN PLUS.* → **aussi, avec.** ◆ *En plus de* loc. prép. → **outre.** ◆ *SANS PLUS* : sans rien de plus. **4** n. m. [plys] prov. *Qui peut le plus peut le moins.* **III 1** conj. de coordination [plys] En ajoutant. → **et.** *Deux plus trois font cinq* (2+3=5). **2** *Le signe plus* (+) *des quantités positives.* **IV** *LE, LA, LES PLUS* **1** adverbial *Ce qui frappe le plus.* ◆ *Un avenir des plus incertains.* **2** nominal *LE PLUS DE* : la plus grande quantité de. ◆ *AU PLUS, TOUT AU PLUS* [tutoplys]. → au **maximum. V** n. m. invar. anglic. [plys] Avantage. *Apporter un plus.*

② **plus** [ply] (devant voyelle, liaison en [z]) adv. de négation = **1** *PAS PLUS QUE. Pas plus haut que...* **2** *NON PLUS* (remplace *aussi*, en proposition négative). *Tu n'attends pas ? Moi non plus.* **3** *NE... PLUS* : désormais... ne pas. *Il n'y en a plus.* ◆ *Je ne le ferai jamais plus, plus jamais.* ◆ *SANS PLUS... Sans plus se soucier de rien.* ◆ (sans *ne* ni verbe) *Plus un mot* !

**plusieurs** ▪ **1** adj. Plus d'un (en général, plus de deux). → **quelque(s). 2** pron. indéf. pl. Un certain nombre.

**plus-que-parfait** [plys-] n. m. ▪ Temps composé du passé (auxiliaire à l'imparfait).

**plus-value** [ply-] n. f. ▪ **1** Augmentation de valeur sans transformation matérielle. **2** terme marxiste Différence entre la valeur des biens produits et le prix des salaires.

**plutonium** [-jɔm] n. m. ▪ Élément radioactif produit à partir de l'uranium.

**plutôt** adv. ▪ **1** Plus tôt. *Elle n'était pas plutôt partie que...* **2** De préférence. *Choisis plutôt celui-ci. Plutôt mourir !* **3** Passablement, assez. *La vie est plutôt monotone.*

**pluvial, ale, aux** adj. ▪ De la pluie.

**pluvier** n. m. ▪ Oiseau échassier migrateur, vivant au bord de l'eau.

**pluvieux, euse** adj. ▪ Où il pleut.

**pluvio-** Élément, du latin *pluvia* « pluie ».

**pluviomètre** n. m. ▪ Instrument qui sert à mesurer la quantité de pluie tombée.

**pluviosité** n. f. ▪ **1** Caractère pluvieux. **2** Régime des pluies.

**P. L. V.** n. f. (sigle) ▪ Publicité sur les lieux de vente. *Matériel de P. L. V.*

**P. M.** (sigle) ▪ **1** n. m. Pistolet mitrailleur. **2** n. f. Police militaire.

① **P. M. A.** n. m. pl. (sigle) ▪ Pays les moins avancés (les plus pauvres).

② **P. M. A.** n. f. (sigle) ▪ Procréation médicalement assistée.

**P. M. E.** n. f. (sigle) ▪ Petite ou moyenne entreprise.

**P. M. U.** n. m. ▪ (en France) Pari mutuel urbain (courses de chevaux).

**P. N. B.** n. m. ▪ Produit* national brut.

**pneu** n. m. ▪ **I** Bandage en caoutchouc (d'une roue), tube circulaire contenant de l'air. **II** vx Pneumatique (II).

**pneumatique** ▪ I adj. **1** Qui fonctionne à l'air comprimé. *Marteau pneumatique.* **2** Qui se gonfle à l'air comprimé. *Canot pneumatique.* **II** n. m. vx Message circulant par tubes à air comprimé (à Paris).

**pneumo-** Élément, du grec *pneumôn* « poumon ».

**pneumoconiose** n. f. ▪ méd. Maladie pulmonaire causée par l'inhalation de poussières dangereuses.

**pneumocoque** n. m. ▪ Bactérie responsable d'infections respiratoires.

**pneumocystose** n. f. ▪ méd. Infection pulmonaire grave, complication possible du sida.

**pneumonie** n. f. ▪ Inflammation aiguë du poumon due au pneumocoque.

**pneumopathie** n. f. ▪ méd. Affection pulmonaire. *Pneumopathie bactérienne* (tuberculose...).

**pneumothorax** [-aks] n. m. ■ méd. vx *Pneumothorax (artificiel),* insufflation de gaz dans la cavité pleurale d'un tuberculeux.

**pochade** n. f. ■ Œuvre écrite rapidement. ♦ Croquis rapide.

**pochard, arde** n. ■ fam. Ivrogne misérable.

**poche** n. f. ■ I 1 Petit sac, pièce cousu(e) dans ou sur un vêtement pour les objets qu'on porte sur soi. ↝ *Les mains dans les poches* (fig. sans effort). ♦ *DE POCHE :* de dimensions restreintes. *Livre de poche ; n. m. un poche.* ↝ *Argent de poche,* destiné aux petites dépenses. ♦ loc. *Payer DE SA POCHE,* avec son argent. ↝ *Connaître comme sa poche,* à fond. ↝ fam. *C'est dans la poche,* c'est une affaire faite. 2 Déformation de ce qui est détendu, mal tendu, relâché. *Poches sous les yeux.* II fig. 1 Cavité remplie (d'une substance). *Une poche de pétrole.* 2 milit. Enfoncement dans une ligne de défense.

**pocher** v. tr. ☐ ■ 1 *Pocher un œil à qqn,* meurtrir. 2 Plonger dans un liquide très chaud. ↝ au p. p. *Des œufs pochés.*

**pochetron, onne** ou **pochtron, onne** n. ■ argot, fam. Ivrogne.

**pochette** n. f. ■ 1 Petite enveloppe (d'étoffe, de papier...). ↝ *POCHETTE-SURPRISE :* cornet de papier dont on ignore le contenu. 2 Petit mouchoir d'ornement (dans une poche).

**pochoir** n. m. ■ Feuille à motif découpé formant des réserves à colorier.

**pochon** n. m. ■ régional Sac, sachet.

**podagre** adj. ■ Goutteux des pieds.

**podcast** n. m. ■ anglic., inform. Émission de radio ou de télévision que l'on peut télécharger. ▷ **podcaster** v. tr. ☐

**podium** [-jɔm] n. m. ■ 1 Plate-forme pour les vainqueurs (sports). 2 Plancher surélevé.

**podo-, -pode** Éléments, du grec *pous, podos* « pied ». → **-pède, pédi-.**

**podologie** n. f. ■ Étude, soins du pied. ▷ n. **podologue**

**podzol** n. m. ■ géogr. Sol acide des climats froids.

① **poêle** [pwal] n. m. ■ 1 vx Pièce chauffée. 2 Appareil de chauffage clos.

② **poêle** [pwal] n. f. ■ Ustensile de cuisine en métal, plat, à bords bas. *Poêle à frire* (fig., fam. détecteur). ↝ loc. *Tenir la queue de la poêle,* avoir la direction d'une affaire.

③ **poêle** [pwal] n. m. ■ Étoffe noire sur le cercueil. *Les cordons du poêle.*

**poêler** [pwale] v. tr. ☐ ↝ Cuire dans une casserole fermée, avec un corps gras.

**poêlon** [pwalɔ̃] n. m. ■ Casserole à manche creux.

**poème** n. m. ■ 1 Ouvrage de poésie. ↝ loc. fam. *C'est tout un poème,* c'est extraordinaire. 2 mus. *Poème symphonique*.

**poésie** n. f. ■ 1 Art du langage, agissant par le rythme (vers ou prose), l'harmonie et l'image. *Le vers, la rime, le rythme en poésie.* ♦ *La poésie symboliste.* 2 Poème. 3 Caractère poétique. 4 Aptitude d'une personne à éprouver l'émotion poétique.

**poète** n. m. ■ 1 Créateur en langage (aujourd'hui écrivain) qui fait de la poésie. ↝ *Cette femme est un grand poète.* ↝ adj. *Il, elle est poète.* 2 Personne douée de poésie (4).

**poétesse** n. f. ■ Femme poète.

① **poétique** adj. ■ 1 Relatif, propre à la poésie. 2 Empreint d'une émotion, d'une sensibilité lyrique. 3 Qui émeut par la beauté, le charme. ▷ adv. **poétiquement**

② **poétique** n. f. ■ 1 Traité de poésie. 2 Théorie de la création littéraire. ▷ n. **poéticien, ienne**

**poétiser** v. tr. ☐ ↝ Rendre poétique (2 et 3).

**pognon** n. m. ■ fam. Argent.

**pogrom** [-ɔm] n. m. ■ hist. Massacre et pillage des juifs par une population différente.

**poids** n. m. ■ I 1 sc. Force exercée par un corps matériel, proportionnelle à la masse de ce corps et à l'intensité de la pesanteur ; cour. masse. *D'un poids faible* (→ **léger**), *d'un grand poids* (→ **lourd, pesant**). ↝ *Poids spécifique,* poids de l'unité de volume. → **densité.** 2 Caractère, effet de ce qui pèse. → **lourdeur.** 3 Mesure du poids (de la masse). ↝ (d'une personne) *Surveiller son poids.* 4 Catégorie d'athlètes, de boxeurs, d'après leur poids. *Poids plume, poids légers.* ↝ loc. fig. *Faire le poids,* avoir les capacités requises. II 1 Corps matériel pesant. *Soulever des poids énormes.* 2 Masse déterminée servant à peser. *Les poids d'une balance.* ↝ loc. *Faire deux poids, deux mesures,* juger de façon inégalitaire. 3 sports Masse de métal à soulever, lancer. 4 Sensation de pesanteur. *Avoir un poids sur l'estomac.* III fig. 1 Charge pénible. *Le poids des ans.* ↝ Souci, remords. ♦ *POIDS MORT :* chose, personne inutile, qui gêne. 2 Force, influence (de qqch.). *Le poids d'un argument.*

**poids lourd** n. m. ■ Véhicule automobile de fort tonnage. → **camion.**

**poignant, ante** adj. ■ Qui cause une impression vive et pénible.

**poignard** n. m. ■ Couteau à lame aiguë. ▷ **poignarder** v. tr. ☐

**poigne** n. f. ■ 1 La force du poing, de la main. *Avoir de la poigne.* 2 fig. Énergie, fermeté.

**poignée** n. f. ■ 1 Quantité (d'une chose) que peut contenir une main fermée. 2 Petit nombre (de personnes). 3 Partie d'un objet : arme, ustensile) disposée pour être tenue. *Une poignée de porte.* 4 *POIGNÉE DE MAIN :* geste par lequel on serre* la main.

**poignet** n. m. ■ 1 Articulation qui réunit l'avant-bras à la main. ↝ loc. *À la force du poignet* (fig. par ses seuls moyens). 2 Extrémité de la manche, couvrant le poignet.

**poil** n. m. ■ **I 1** Production filiforme sur la peau de certains animaux (surtout mammifères). ◆ Ces poils utilisés. *Les poils d'un pinceau.* ◆ *LE POIL.* → **pelage. 2** Cette production chez l'être humain lorsqu'elle n'est ni un cheveu, ni un cil. ◆ loc. fam. *Avoir un poil dans la main,* être très paresseux. *Tomber sur le poil à qqn,* se jeter sur lui. → *Reprendre du poil de la bête,* se ressaisir. → fam. *À POIL :* tout nu. → fam. *De bon, de mauvais poil :* de bonne, de mauvaise humeur. **3** *POIL À GRATTER :* matière qui gratte (bourre du rosier...). Il fig. **1** fam. *Un poil de,* une très petite quantité de. → *À un poil près.* **2** fam. *AU POIL :* très bien.

**se poiler** v. tr. ⬚ ■ fam. Rire aux éclats. ▷ adj. **poilant, ante**

**poilu, ue** adj. ■ **1** Qui a des poils très apparents. → **velu. 2** vx Courageux. ◆ n. m. Combattant de la guerre de 1914.

**poinçon** n. m. ■ **1** Instrument métallique terminé en pointe, pour percer. **2** Tige terminée par une face gravée ; sa marque.

**poinçonner** v. tr. ⬚ ■ **1** Marquer d'un poinçon (2) (un poids, une pièce d'orfèvrerie...). **2** Perforer avec une pince (un billet, un ticket). **3** techn. Perforer à la machine-outil dite *poinçonneuse* n. f. ▷ n. m. **poinçonnage** ▷ n. **poinçonneur, euse**

**poindre** v. 49 ■ littér. **I** v. tr. **1** vx Piquer. **2** Blesser, faire souffrir (→ **poignant**). **II** v. intr. Apparaître. *L'aube point.*

**poing** [pwɛ̃] n. m. ■ Main fermée. *Coup de poing.* → *Dormir* à poings fermés.

① **point** n. m. ■ **I** dans l'espace **1** Endroit, lieu. *Point de départ.* → *POINT D'EAU* (source, puits). → *Point chaud,* endroit de combats ; lieu dangereux. ◆ *POINT DE VENTE :* lieu de vente ; succursale. → *C'est son point faible,* sa faiblesse. **2** géom. Intersection de deux droites, n'ayant aucune surface propre. → *Position d'un navire en mer.* → loc. fig. *FAIRE LE POINT :* préciser sa situation. **4** *METTRE AU POINT :* régler (un mécanisme), élaborer (un procédé). → loc. *MISE AU POINT* (spécialt, en photo, au cinéma). → *Être au point :* bien réglé. **II** (Moment précis.) **1** *À POINT, À POINT NOMMÉ :* au moment opportun. → à **propos. 2** *SUR LE POINT DE :* au moment de. **3** *LE POINT DU JOUR :* le moment où le jour commence à poindre (II). **III 1** Tache, image aux contours imperceptibles. *Un point lumineux.* **2** Unité attribuée (aux jeux, en sports). *Marquer des points.* **3** Chaque unité d'une note. → *BON POINT :* récompense. fig. *C'est un bon point pour lui,* il a bien agi. **IV 1** Signe (.) servant à marquer la fin d'un énoncé. *Points de suspension* (...). *Les deux-points* (:). *Point-virgule* (;). *Point d'exclamation* (!) ; *d'interrogation* (?). → loc. fig. *Point à la ligne :* ça suffit, plus de discussion. *Point barre :* ça suffit, c'est terminé. **2** Signe qui surmonte les lettres i et j minuscules. → loc. *Mettre les points sur les i,* préciser. **3** typogr. Unité de dimension des caractères d'imprimerie. **V** (exprimant un état) loc. **1** *À POINT, AU POINT :* dans l'état, la situation. *Au point où nous en sommes.* AU

*POINT QUE, À TEL POINT QUE* loc. conj. : tellement que. → *À POINT :* dans l'état convenable. *Un steak à point,* entre saignant et bien cuit. → *MAL EN POINT :* en mauvais état. **2** phys. État mesurable. *Point d'ébullition.* **VI 1** Partie (d'un texte...). **2** Question. → *C'est un point commun entre eux,* un caractère commun. → *En tout point,* absolument.

② **point** n. m. ■ Action de piquer, de poindre. **1** Longueur de fil entre deux piqûres. **2** Manière d'exécuter une suite de points. **3** *POINT DE CÔTÉ,* douleur au côté.

③ **point** adv. ■ littér. ou régional → **pas.** *Ne... point... :* ne... pas... *Point du tout.*

**pointage** n. m. ■ **1** Action de pointer (①, I). **2** Fait de pointer, de diriger. → **tir.**

**point de vue** n. m. ■ **1** Endroit où l'on doit se placer pour bien voir. **2** Endroit d'où l'on a une vue pittoresque. **3** Manière dont une question peut être considérée. → **optique, perspective.** ◆ Opinion particulière. → *AU (DU) POINT DE VUE DE* loc. prép. : quant à.

**pointe** n. f. ■ **I 1** Extrémité allongée et fine (d'un objet servant à piquer, percer). *La pointe d'une épée.* ◆ Extrémité plus fine. *Pointes d'asperges.* **3** Partie extrême. *La pointe du Raz.* ◆ fig. *Être à la pointe du progrès. Techniques de pointe.* → **avant-garde. 4** *LA POINTE DES PIEDS :* l'extrémité. → fig. *Sur la pointe des pieds :* très discrètement. ◆ (danse) *Faire des pointes.* → *Des pointes :* chaussons de danse. **II 1** Objet en forme d'aiguille, de lame. **2** Clou petit et court. **3** Outil servant à gratter, percer, tracer, etc. → **poinçon.** → *POINTE SÈCHE,* pour graver sur cuivre. **4** *POINTES DE FEU :* brûlures au cautère. **III** fig. **1** Avance en territoire ennemi. → *Pousser une pointe,* prolonger son chemin. **2** Allusion ironique. → **pique. IV** Petite quantité (d'une chose piquante ou forte). *Une pointe d'ail.* → *Une pointe d'ironie.* **V** Maximum. *Vitesse de pointe.* → *HEURES DE POINTE* (énergie, transports).

**pointé, ée** adj. ■ **1** mus. *Note pointée,* dont la valeur est augmentée de moitié. **2** *Zéro pointé,* éliminatoire.

① **pointer** v. tr. ⬚ ■ **I 1** Marquer (qqch.) d'un point, d'un signe. → **cocher. 2** Contrôler les entrées et les sorties (de travailleurs). **3** intrans. Enregistrer ses heures de présence (travail). → *Pointer au chômage.* **II 1** Diriger. *Pointer son index vers qqn.* **2** Braquer (une arme). **3** À la pétanque, lancer la boule le plus près du cochonnet. **4** Attirer l'attention sur. *Pointer un risque.* **5** inform. Placer le curseur de (la souris) sur un élément.

② **pointer** v. tr. ⬚ ■ **I 1** Dresser en pointe. *Cheval qui pointe ses oreilles.* **2** intrans. S'élever en pointe. **II** Sortir. *Pointer son nez dehors.* ► **se pointer** v. pron. fam. Arriver.

③ **pointer** [-œʀ] n. m. ■ Chien d'arrêt à poil ras.

**pointeur, euse** n. ■ **I 1** n. Personne qui fait un pointage. **2** n. f. Machine à pointer (①, I, 2). → *Horloge pointeuse.* **3** n. m. inform. Dispositif servant à repérer la position d'un élément dans une liste. **II** n. **1** Artilleur qui pointe une bouche à feu. **2** aux boules Joueur chargé de pointer (II, 3).

**pointillé** n. m. ■ **1** Dessin, gravure au moyen de points. **2** Trait formé de petits points. fig. *En pointillé,* par allusions. **3** Trait formé de petites perforations.

**pointilleux, euse** adj. ■ Qui est d'une exigence minutieuse et excessive. → *tatillon.*

**pointillisme** n. m. ■ Peinture par petites touches de couleurs pures (succède à l'impressionnisme). ▷ n. et adj. **pointilliste**

**point mort** n. m. ■ Position d'un embrayage lorsqu'aucune vitesse n'est enclenchée. → loc. fig. *L'affaire est au point mort,* elle n'évolue plus.

**pointu, ue** adj. ■ **1** Qui se termine en pointe(s). **2** (son, voix) Qui a un timbre aigu, désagréable. **3** À la pointe du progrès.

**pointure** n. f. ■ Dimension (des chaussures, des coiffures, des gants).

**poire** n. f. ■ **1** Fruit du poirier, charnu, à pépins, allongé et ventru. → loc. *Garder une poire pour la soif,* économiser. → *Couper la poire en deux,* faire un compromis. ◆ Alcool de poire. **2** Objet de forme analogue. *Poire électrique.* **3** fam. Face, figure. **4** fam. (aussi adj.) Personne qui se laisse tromper.

**poiré** n. m. ■ Cidre de poire.

**poireau** n. m. ■ **1** Variété d'ail à bulbe peu développé; son pied comestible. **2** loc. fam. *Faire le poireau,* attendre.

**poireauter** v. intr. ① ■ fam. Attendre.

**poirier** n. m. ■ **1** Arbre cultivé pour ses fruits, les poires. **2** Bois de cet arbre. **3** loc. *Faire le poirier,* se tenir en équilibre sur les mains et la tête.

**pois** n. m. ■ **I 1** Plante potagère cultivée pour ses graines. **2** Le fruit (gousse, cosse); chacune des graines rondes qu'il renferme. *Pois verts; PETITS POIS.* → *Pois cassés,* pois secs divisés en deux. **3** *POIS CHICHE :* plante à gousses contenant chacune deux graines; cette graine jaunâtre. **4** *POIS DE SENTEUR :* plante à fleurs odorantes. **II** Petit disque, pastille (motif sur une étoffe).

**poison** n. m. ■ **1** Substance capable d'incommoder ou de tuer. **2** fig., littér. Ce qui est pernicieux, dangereux. **3** n. fam. Personne acariâtre, insupportable.

**poissard, arde** adj. ■ littér. Qui emploie des mots vulgaires, orduriers.

**poisse** n. f. ■ fam. Malchance.

**poisser** v. tr. ① ■ **1** Salir avec une matière gluante. **2** fam. Arrêter, prendre (qqn).

**poisseux, euse** adj. ■ Gluant, collant.

**poisson** n. m. ■ **1** Animal aquatique vertébré, muni de nageoires et de branchies. → **ichtyo-, pisci-.** *Jeunes poissons.* → **alevin.** ◆ collectif *Prendre du poisson.* ◆ *POISSON-CHAT.* → **silure.** *POISSON VOLANT :* poisson des mers chaudes, qui saute hors de l'eau. *POISSON ROUGE :* cyprin doré. **2** loc. *Être comme un poisson dans l'eau,* se trouver dans son élément. **3** astron. au plur. Douzième signe du zodiaque (19 février-20 mars). → *Être Poissons.* **4** loc. *POISSON D'AVRIL\*.*

**poissonnerie** n. f. ■ Commerce; magasin de poissonnier.

**poissonneux, euse** adj. ■ Qui contient de nombreux poissons.

**poissonnier, ière** n. ■ Personne qui fait le commerce des poissons et fruits de mer.

**poitrail, ails** n. m. ■ Devant du corps, entre l'encolure et les pattes de devant (surtout du cheval).

**poitrinaire** adj. et n. ■ vx Tuberculeux.

**poitrine** n. f. ■ **1** Partie du corps humain qui s'étend des épaules à l'abdomen. **2** Partie antérieure du thorax. *Bomber la poitrine.* → **torse. 3** Seins (de femme). → **gorge.**

**poivrade** n. f. ■ Préparation au poivre.

**poivre** n. m. ■ **1** Épice à saveur piquante, fruits séchés du poivrier. **2** loc. *Cheveux POIVRE ET SEL,* bruns mêlés de blancs.

**poivrer** v. tr. ① ■ **1** Assaisonner de poivre. **2** pronom. fam. S'enivrer (→ **poivrot**).

**poivrier** n. m. ■ **1** Arbrisseau grimpant des régions tropicales, produisant le poivre. **2** Moulin, flacon à poivre.

**poivrière** n. f. ■ Guérite de forme conique, à l'angle d'un bastion.

**poivron** n. m. ■ Fruit du piment\* doux.

**poivrot, ote** n. ■ fam. Ivrogne.

**poix** n. f. ■ Matière visqueuse à base de résine ou de goudron de bois. *Poix fondue.*

**poker** [-ɛʀ] n. m. ■ **I** Jeu de cartes et d'argent basé sur des combinaisons (cinq cartes par joueur). **II** *POKER D'AS :* jeu de dés.

**polaire** adj. ■ **1** Des pôles (terrestres, célestes). → *Étoile\* Polaire.* **2** Des régions arctiques et antarctiques, froides et désertes. **II** Relatif à un pôle (4 à 6).

**polar** n. m. ■ fam. Roman ou film policier.

**polarisation** n. f. ■ didact. **1** sc. Réorganisation simplifiée (d'un corps, d'une lumière) sous l'effet d'un champ électromagnétique ou d'un filtre. **2** fig. Concentration.

**polariser** v. tr. ① ■ **1** Soumettre à la polarisation (1). **2** fig. Attirer, concentrer en un point. → pronom. *Se polariser* (sur un objectif...).

**polarité** n. f. ■ Qualité d'un système qui présente deux pôles.

**polaroïd** [-ɔid] n. m. (nom déposé) ■ Procédé permettant le tirage de photos dans l'appareil de prise de vues. → L'appareil.

**polder** [-ɛʀ] n. m. ■ Marais littoral endigué et asséché (d'abord, aux Pays-Bas).

**-pole** Élément, du grec *polis* « ville ».

**pôle** n. m. ▪ **1** Extrémité de l'axe de rotation de la Terre. *Pôle Nord,* arctique. *Pôle Sud,* antarctique, austral. **2** Région géographique près d'un pôle. **3** *Pôle céleste* (de la sphère céleste). **4** Point de l'aimant correspondant au pôle Nord ou Sud. **5** Chacune des deux extrémités d'un circuit électrique (→ **électrode**). **6** fig. L'un de deux points principaux et opposés.

**polémique** ▪ **1** adj. Critique et agressif. *Un style polémique.* **2** n. f. Débat vif ou agressif. ▷ **polémique** v. intr. ①

**polémiste** n. ▪ Personne qui polémique.

**polenta** [pɔlɛnta] n. f. ▪ Galette de farine de maïs, de châtaignes.

① **poli, ie** adj. ▪ **1** Conforme aux règles de la politesse. ← loc. prov. *Trop poli pour être honnête* **2** (choses) Exprimé avec politesse.

② **poli, ie** ▪ **1** adj. Lisse et brillant. **2** n. m. Aspect lisse et brillant.

① **police** n. f. ▪ **1** Institution assurant le maintien de l'ordre public et la répression des infractions. **2** Discipline, ordre.

② **police** n. f. ▪ **1** Contrat signé avec une compagnie d'assurances. **II** typogr. Assortiment des signes d'un même type.

**policer** v. tr. ③ ▪ littér. Civiliser, adoucir les mœurs. ▶ **policé, ée** p. p.

**polichinelle** n. m. ▪ Personnage à double bosse de la comédie italienne. ← loc. *Secret de polichinelle,* connu de tous.

**policier, ière** adj. et n. ▪ **I** adj. **1** De la police. ← *Régime policier.* **2** (littérature, cinéma) Qui concerne les activités criminelles et leur découverte. *Un roman policier.* **II** n. m. Membre d'un service de police.

**policlinique** n. f. ▪ Clinique municipale.

**poliment** adv. ▪ D'une manière polie.

**poliomyélite** ou (abrév.) **polio** n. f. ▪ Maladie par lésion de la moelle épinière. ▷ adj. et n. **poliomyélitique**

**polir** v. tr. ② ▪ **1** Rendre lisse par frottement (un corps dur, une substance dure). **2** Travailler pour améliorer. ▷ n. m. **polissage**

**polissoir** n. m. ▪ Instrument pour polir.

**polisson, onne** ▪ **1** n. Enfant espiègle, désobéissant. **2** adj. (choses) Un peu grivois. ▷ n. f. **polissonnerie**

**politesse** n. f. ▪ **1** Règles du comportement, du langage appréciés en société. → **civilité, courtoisie, savoir-vivre.** ← loc. *Brûler la politesse à qqn,* partir brusquement. **2** Action, parole exigée par les bons usages.

**politicien, ienne** ▪ **1** n. Personne qui exerce une action politique. → ① **politique** (II). **2** adj. péj. Des aspects techniques de la politique. *La politique politicienne.*

**politico-** Élément, du grec *politikos* « politique ».

① **politique** ▪ **I** adj. **1** Relatif à l'organisation, à l'exercice du pouvoir dans une société organisée. **2** Relatif à la théorie du pouvoir, du gouvernement. *Institut d'études politiques.* **3** Relatif à la lutte autour du pouvoir. **4** littér. Habile. → **diplomatique. II** n. m. **1** littér. Homme ou femme de gouvernement. **2** Ce qui est politique. *Le politique et le social.*

② **politique** n. f. ▪ **1** Manière de gouverner un État *(politique intérieure),* de mener les relations avec les autres États *(politique extérieure).* **2** Ensemble des affaires publiques. ← La carrière politique. **3** Manière de conduire une affaire. → **tactique.**

**politiquement** adv. ▪ **1** En ce qui concerne le pouvoir politique. **2** littér. Avec habileté. **3** anglic. *Politiquement correct* loc. adj. : qui respecte une idée de société moralisée, établissant euphémismes et tabous.

**politiser** v. tr. ① ▪ Donner un caractère politique à. ▷ n. f. **politisation**

**polka** n. f. ▪ Danse à l'allure vive et très rythmée ; sa musique.

**pollen** [-ɛn] n. m. ▪ Poussière produite par les étamines, qui féconde les fleurs femelles. ▷ **pollinique** adj. bot.

**polliniser** v. tr. ① ▪ Féconder (le pistil de fleurs) par du pollen. ▷ n. f. **pollinisation**

**polluer** v. tr. ① ▪ **I** vx Profaner, souiller. **II** Salir en rendant malsain, dangereux. ▶ **pollué, ée** adj. ▷ n. f. **pollueur, euse**

**pollution** n. f. ▪ **I** vx Action de souiller. ◆ mod. *POLLUTION NOCTURNE :* éjaculation involontaire pendant le sommeil. **II** Action de polluer (II) ; fait d'être pollué.

① **polo** n. m. ▪ Sport où des cavaliers poussent une boule de bois avec un maillet.

② **polo** n. m. ▪ Chemise de sport en tricot.

**polochon** n. m. ▪ fam. Traversin.

**polonais, aise** adj. et n. ▪ De Pologne. ← *Les Polonais.* ◆ n. m. *Le polonais,* langue slave parlée en Pologne, et en Lituanie, en République tchèque...

**polonaise** n. f. ▪ **1** Danse marchée, qui était la danse nationale de la Pologne. ← Sa musique. **2** Gâteau meringué.

**poltron, onne** adj. et n. ▪ Peureux. ▷ n. f. **poltronnerie**

**poly-** [pɔli] Élément, du grec *polus* « nombreux ; abondant ». → **multi-, pluri-.**

**polyacide** n. m. ▪ chim. Corps possédant plusieurs fois la fonction acide.

**polyamide** n. m. ▪ Constituant de matières plastiques.

**polyamine** n. f. ▪ chim. Corps possédant plusieurs fois la fonction amine.

**polyandre** adj. ▪ didact. Qui a plusieurs maris (→ **polygame**). ▷ n. f. **polyandrie**

**polychrome** [-kʁom] adj. ▪ De plusieurs couleurs. ▷ n. f. **polychromie**

**polyclinique** n. f. ▪ Clinique où se donnent toutes sortes de soins (≠ *policlinique*).

**polycopie** n. f. ■ Reproduction graphique par report, encrage et tirage. ▷ **polycopier** v. tr. ⃞ ▷ adj. et n. m. **polycopié, ée**

**polyculture** n. f. ■ Culture simultanée de différents produits sur une même terre.

**polyèdre** n. m. ■ géom. Solide limité par des polygones plans. ▷ adj. **polyédrique**

**polyester** [-ɛstɛʀ] n. m. ■ Ester à poids moléculaire élevé.

**polyéthylène** n. m. ■ Polymère de l'éthylène.

**polygame** n. ■ Homme marié à plusieurs femmes, femme mariée à plusieurs hommes à la fois. ← adj. *Un musulman polygame.* ▷ n. f. **polygamie**

**polyglotte** adj. ■ Qui parle plusieurs langues. ← n. *Un(e) polyglotte.*

**polygonal, ale, aux** adj. ■ Qui a plusieurs angles et plusieurs côtés.

**polygone** n. m. ■ Figure plane fermée par des segments de droite.

**polymère** n. m. ■ Grosse molécule formée par l'enchaînement de monomères*. ▷ **polymériser** v. tr. ⃞

**polymérisation** n. f. ■ Union de plusieurs molécules d'un composé. *Résines de polymérisation* (matières plastiques).

**polymorphe** adj. ■ didact. Qui peut se présenter sous des formes différentes.

**polynévrite** n. f. ■ Névrite qui atteint plusieurs nerfs.

**polynôme** n. m. ■ Expression algébrique, somme algébrique de monômes.

**polynucléaire** adj. ■ biol. (cellule) Qui possède plusieurs noyaux. ← n. m. *Un polynucléaire* (à noyau segmenté).

**polype** n. m. ■ **I** Animal (*Cœlentérés*) formé d'un tube dont une extrémité porte une bouche entourée de tentacules. **II** pathol. Tumeur fibreuse ou muqueuse.

**polyphonie** n. f. ■ mus. Combinaison de plusieurs voix ou parties mélodiques. ▷ adj. **polyphonique**

**polypier** n. m. ■ Squelette calcaire des polypes (ex. le corail).

**polysémie** n. f. ■ ling. Fait d'avoir plusieurs sens. ▷ adj. **polysémique**

**polystyrène** n. m. ■ Matière plastique obtenue par polymérisation du styrène.

**polytechnicien, ienne** [-tɛk-] n. ■ Élève, ancien(ne) élève de Polytechnique.

**polytechnique** [-tɛk-] adj. et n. f. ■ **1** vx Qui concerne plusieurs techniques. **2** *École polytechnique* ou n. f. *Polytechnique* (syn. fam. *l'X*) : grande école scientifique française.

**polythéisme** n. m. ■ Religion à plusieurs dieux. ▷ n. et adj. **polythéiste**

**polytransfusé, ée** adj. et n. ■ méd. Qui a subi plusieurs transfusions sanguines.

**polyuréthane** n. m. ■ Résine de condensation de polyesters.

**polyvalent, ente** adj. ■ Qui a plusieurs fonctions, plusieurs activités différentes. ▷ n. f. **polyvalence**

**poméло** n. m. ■ Gros agrume à chair rosée. → **pamplemousse.**

**pommade** n. f. ■ Substance grasse à mettre sur la peau (médicament, etc.). ← loc. *Passer de la pommade à qqn,* le flatter.

**pommader** v. tr. ⃞ ■ Enduire de pommade (surtout au p. p.)

① **pomme** n. f. ■ **I 1** Fruit du pommier, rond, à pulpe ferme et juteuse. **2** appos. invar. VERT POMME, assez vif et clair. **3** loc. fam. *Tomber dans les pommes,* s'évanouir. ♦ fam. *Ma, sa pomme,* moi, lui. **4** fam. Idiot, naïf. **4** POMME D'ADAM : saillie à la partie antérieure du cou (des hommes). **5** POMME DE PIN : organe reproducteur du pin, à écailles dures. **II** *Pomme d'arrosoir, de douche,* partie arrondie percée de petits trous.

② **pomme** n. f. ■ Pomme de terre. *Pommes vapeur. Pommes frites. Steak aux pommes.*

**pommé, ée** adj. ■ (plantes) Arrondi.

**pommeau** n. m. ■ Tête arrondie de la poignée (sabre, épée ; canne).

**pomme de terre** n. f. ■ **1** Tubercule comestible. → ② **pomme ;** fam. **patate. 2** La plante. *Champ de pommes de terre.*

**pommelé, ée** adj. ■ **1** Couvert ou formé de petits nuages ronds. *Un ciel pommelé.* **2** (robe du cheval) Couvert de taches rondes.

**pommette** n. f. ■ Partie haute de la joue.

**pommier** n. m. ■ Arbre à frondaison arrondie dont le fruit est la pomme.

**pompage** n. m. ■ Action de pomper.

① **pompe** n. f. ■ **1** littér. Déploiement de faste. ← loc. *En grande pompe.* **2** POMPES FUNÈBRES*. **3** relig. au plur. Les vanités du monde.

② **pompe** n. f. ■ **I 1** Appareil destiné à déplacer un fluide (surtout à l'élever), en l'aspirant ou en le refoulant. ← POMPE À ESSENCE : distributeur d'essence. ← *Pompe à vélo,* déplaçant de l'air. **2** fam. Traction des bras. **II** fig., fam. **1** COUP DE POMPE, brusque accès de fatigue. **2** *Partir À TOUTE POMPE,* à toute vitesse. **3** Chaussure. ← loc. *Être à côté de ses pompes* : ne pas avoir les idées claires.

**pomper** v. tr. ⃞ ■ **1** Déplacer, aspirer (un liquide, un gaz) à l'aide d'une pompe*. *Pomper de l'eau.* ♦ loc. fam. *Pomper l'air à qqn,* prendre toute la place ; agacer. **2** Aspirer (un liquide). *Les moustiques pompent le sang.* **3** Absorber (un liquide). **4** fam. Copier (aussi intrans.). **5** fam. Épuiser.

**pompette** adj. ■ fam. Un peu ivre, éméché.

**pompeux, euse** adj. ■ Solennel (souvent iron.). ▷ adv. **pompeusement**

① **pompier** n. m. ■ Sapeur-pompier chargé de combattre incendies et sinistres. ← loc. *Fumer comme un pompier,* beaucoup.

② **pompier, ière** adj. ■ Emphatique et prétentieux. ♦ n. m. Peintre académique (XIXᵉ s.).

**pompiste** n. ■ Personne qui distribue de l'essence (dans une station-service).

555

POPLITÉ

**pompon** n. m. ▪ **1** Touffe de laine servant d'ornement. **2** appos. (invar.) *Rose pompon*, à petite fleur. **3** *C'est le pompon !*, le comble.

**pomponner** v. tr. 1 ▪ Parer, orner avec soin. ▪ se pomponner v. pron.

**ponant** n. m. ▪ régional ou littér. Couchant (opposé au *levant*). → **occident, ouest.**

**ponçage** n. m. ▪ Action de poncer.

**ponce** n. f. ▪ **1** *PIERRE PONCE :* roche volcanique poreuse, légère et très dure. **2** Sachet de poudre colorante, utilisé pour le dessin.

**ponceau** adj. invar. ▪ Rouge foncé.

**poncer** v. tr. 3 ▪ **1** Décaper, polir (une surface) au moyen d'une matière abrasive (pierre ponce, papier de verre...). ▷ **ponceuse** n. f. (machine). **2** arts Reproduire un dessin piqué en frottant avec une ponce (2).

**poncho** [pɔ̃(t)ʃo] n. m. ▪ Pièce d'étoffe percée d'un trou pour la tête (Amérique du Sud).

**poncif** n. m. ▪ **1** arts Dessin poncé (2). **2** Expression littéraire ou artistique sans originalité. → **banalité, cliché, lieu** commun.

**ponction** n. f. ▪ **1** chir. Percement d'une cavité pour en retirer le liquide. **2** fig. Prélèvement (d'argent, etc.). ▷ **ponctionner** v. tr. 1

**ponctualité** n. f. ▪ Qualité d'une personne ponctuelle (I).

**ponctuation** n. f. ▪ Système de signes servant à indiquer les divisions d'un texte, à noter certains rapports syntaxiques. *Signes de ponctuation* (parenthèse, point, virgule...). → Manière d'utiliser des signes.

**ponctuel, elle** adj. ▪ **I** Qui respecte les horaires, est toujours à l'heure. ▷ adv. **ponctuellement II 1** sc. Qui peut être assimilé à un point. *Source lumineuse ponctuelle.* **2** fig. Qui ne concerne qu'un élément. *Remarque ponctuelle.*

**ponctuer** v. tr. 1 ▪ **1** Diviser (un texte) au moyen de la ponctuation. **2** Marquer par (un cri, un geste répétés...).

**pondérable** adj. ▪ Qui peut être pesé.

**pondéral, ale, aux** adj. ▪ didact. Relatif au poids.

**pondération** n. f. ▪ **1** Fait de pondérer. **2** Calme, mesure dans les jugements.

**pondéré, ée** adj. ▪ Calme, équilibré.

**pondérer** v. tr. 6 ▪ littér. Équilibrer (les forces ; les pouvoirs politiques).

**pondeur, euse** adj. ▪ Qui pond des œufs. *Poule pondeuse.* → n. f. *Une bonne pondeuse.*

**pondre** v. tr. 41 ▪ **1** (femelle ovipare) Déposer, faire (ses œufs). **2** fam. et péj. Écrire, produire (une œuvre, un texte...).

**poney** n. m. ▪ Cheval d'une race petite.

**pongé** n. m. ▪ Taffetas de soie léger.

**pongiste** n. ▪ Joueur(euse) de ping-pong.

**pont** n. m. ▪ **I 1** Construction, ouvrage reliant deux points séparés par un cours d'eau, un obstacle... *Pont suspendu.* → loc. *Il coulera (passera) de l'eau sous les ponts*, il se passera un long temps. → *Couper les ponts*, s'interdire tout retour en arrière. **2** *PONTS ET CHAUSSÉES :* en France, service chargé des voies publiques. **3** *PONT AUX ÂNES :* démonstration du théorème de Pythagore. → par ext. Banalité connue de tous. **4** loc. fig. *Faire un PONT D'OR à qqn*, lui offrir une forte somme. **5** Ensemble des organes (d'une automobile) qui transmettent le mouvement aux roues. *Pont arrière.* **6** Pièce d'étoffe qui se rabat. *Pantalon à pont.* **7** Jour(s) où l'on ne travaille pas entre deux jours fériés. **8** *PONT AÉRIEN :* liaison aérienne continue. **9** *TÊTE DE PONT :* point où une armée prend possession d'un territoire. **II** Ensemble des bordages recouvrant entièrement la coque d'un navire. → absolt *Pont supérieur. Tout le monde sur le pont !*

**pontage** n. m. ▪ chir. Dérivation de veines (ou artères).

① **ponte** n. f. ▪ **1** Action de pondre. **2** Les œufs pondus en une fois.

② **ponte** n. m. ▪ **I** baccara, roulette Personne qui joue contre le banquier. **II** fam. Grand personnage. *Un gros ponte.*

① **ponter** v. tr. 1 ▪ Munir d'un pont (un navire). → au p. p. *Une barque non pontée.*

② **ponter** v. tr. 1 ▪ **1** v. intr. Être ponte (②, I). **2** v. tr. Miser.

**pontife** n. m. ▪ **1** didact. Grand prêtre, à Rome dans l'Antiquité. **2** Haut dignitaire catholique. *Le souverain pontife :* le pape.

**pontifical, ale, aux** adj. ▪ Relatif au souverain pontife, au pape. → **papal.**

**pontificat** n. m. ▪ Dignité de souverain pontife ; règne (d'un pape). → **papauté.**

**pontifier** v. intr. 7 ▪ Manifester prétention et emphase. ▷ adj. **pontifiant, ante**

**pont-l'évêque** n. m. invar. ▪ Fromage de vache fermenté à pâte molle.

**pont-levis** n. m. ▪ Pont mobile basculant au-dessus du fossé d'un château fort.

**ponton** n. m. ▪ **1** Plate-forme flottante. **2** Chaland ponté pour les gros travaux.

**pontonnier** n. m. ▪ Soldat du génie chargé des ponts militaires mobiles.

**pool** [pul] n. m. ▪ anglic. Groupe d'associés ou de travailleurs.

**pop** [pɔp] adj. invar. ▪ anglic. **I** *Musique pop ; le* (ou *la*) *pop*, se dit de la musique issue du rock. **II** fig. *Art pop.*

**pop'art** [pɔpaʀt] n. m. ▪ École de peinture inspirée par la culture de masse.

**pop-corn** [pɔpkɔʀn] n. m. invar. ▪ anglic. Grains de maïs soufflés, sucrés ou salés.

**pope** n. m. ▪ Prêtre de l'Église orthodoxe.

**popeline** n. f. ▪ Tissu de coton serré, ou de laine et soie. *Chemise en popeline.*

**poplité, ée** adj. ▪ anat. De la partie postérieure du genou. *Creux poplité.*

**popote** ■ fam. **I** n. f. **1** Table d'officiers. → **mess. 2** Soupe ; cuisine. **II** adj. invar. Trop occupé par les travaux du foyer.

**popotin** n. m. ■ fam. Fesses, derrière.

**populace** n. f. ■ péj. Bas peuple. ▷ adj. **populacier, ière**

**populaire** adj. ■ **1** Qui émane du peuple, fait partie du peuple. ← hist. *Front populaire*, union des forces de gauche (en France, en 1936). **2** Propre au peuple. *Mot populaire.* **3** À l'usage du peuple, du très grand public. *Art populaire.* → **folklore. 4** Qui plaît au plus grand nombre. ▷ adv. **populairement**

**populariser** v. tr. 1 ■ Faire connaître parmi le peuple, le grand nombre.

**popularité** n. f. ■ Fait d'être connu et aimé du plus grand nombre. → **célébrité, gloire.**

**population** n. f. ■ **1** Personnes qui habitent un espace, une terre (→ **habitant, démographie**). **2** Ensemble des personnes d'une catégorie. *La population active.* **3** (animaux) *La population d'une ruche.* **4** sc. Ensemble statistique.

**populeux, euse** adj. ■ Très peuplé.

**populisme** n. m. ■ École littéraire qui dépeint avec réalisme la vie des gens du peuple. ▷ n. et adj. **populiste**

**populo** n. m. ■ fam. Peuple ; foule.

**porc** [pɔʀ] n. m. ■ **1** Mammifère domestique au corps épais dont la tête est terminée par un groin ; spécialt le mâle adulte (par oppos. à *truie, à porcelet*). → **cochon. 2** Viande de cet animal. **3** Peau tannée de cet animal.

**porcelaine** n. f. ■ **1** Mollusque, coquillage univalve luisant et poli. **2** Substance translucide, imperméable (kaolin). *Vase en* (ou *de*) *porcelaine.* **3** Objet en porcelaine.

**porcelainier, ière** ■ **1** n. Marchand(e), fabricant(e) de porcelaine. **2** adj. *L'industrie porcelainière.*

**porcelet** n. m. ■ Jeune porc.

**porc-épic** [pɔʀkepik] n. m. ■ Mammifère rongeur au corps recouvert de piquants.

**porche** n. m. ■ **1** Construction en saillie devant une porte d'entrée. **2** Hall d'entrée (d'un immeuble).

**porcher, ère** n. ■ Ouvrier agricole qui s'occupe des porcs.

**porcherie** n. f. ■ **1** Bâtiment où l'on élève les porcs. **2** fig. Local très sale.

**porcin, ine** adj. ■ **1** Relatif au porc. ← n. m. *Les porcins.* **2** péj. *Des yeux porcins.*

**pore** n. m. ■ **1** Minuscule orifice de la peau par où sortent la sueur, le sébum. **2** bot. Interstice par où se font les échanges gazeux (d'une plante). **3** Interstice, trou d'une matière poreuse.

**poreux, euse** adj. ■ Qui présente de nombreux pores, petits trous.

**porion** n. m. ■ Contremaître, dans les mines de charbon.

**porno** (abrév.) ■ **1** adj. Pornographique. *Cinéma porno.* **2** n. m. Pornographie.

**pornographie** n. f. ■ Représentation publique de choses obscènes. ▷ adj. **pornographique**

**porphyre** n. m. ■ Roche volcanique rouge foncé à grands cristaux de feldspath.

**porridge** n. m. ■ anglic. Bouillie de flocons d'avoine.

**① port** n. m. ■ **I 1** Abri naturel ou artificiel aménagé pour recevoir les navires. *Port d'attache*, où un bateau est immatriculé. ← fig. *Arriver À BON PORT*, au but sans dommage. **2** littér. Abri. → **havre, refuge. 3** Ville qui possède un port. **II** Col (Pyrénées).

**② port** n. m. ■ **I 1** Fait de porter sur soi. *Autorisation de port d'armes.* **2** mus. *PORT DE VOIX* : passage de la voix d'un son à un autre. **II** Prix du transport (d'une lettre...). **III** Manière naturelle de se tenir.

**portable** adj. ■ **1** (vêtement) Qu'on peut porter. → **mettable. 2** Transportable. → **portatif.** ← *Téléphone portable*, sans fil et sans support (→ **cellulaire**). ◆ n. m. Ordinateur, téléphone portable. **3** inform. (programme) Qui s'adapte à des ordinateurs de types différents.

**portage** n. m. ■ **1** Transport à dos d'homme. **2** Distribution des journaux à domicile.

**portail, ails** n. m. ■ **1** Grande porte, parfois de caractère monumental. **2** inform. Page (écran) d'accueil d'un site* web, regroupant de nombreux services (actualité, sélection de sites...).

**portant, ante** ■ **I** adj. **1** Dont la fonction est de porter, de soutenir. *Murs portants.* **2** *ÊTRE BIEN, MAL PORTANT*, en bonne, en mauvaise santé. ← n. *Les bien portants.* **II** n. m. **1** Montant de soutien, au théâtre. **2** Présentoir pour suspendre des vêtements.

**portatif, ive** adj. ■ Qui peut être transporté facilement.

**① porte** n. f. ■ **I** Ouverture aménagée dans l'enceinte d'une ville. ◆ Lieu où se trouvait une porte d'enceinte. **II 1** Ouverture aménagée pour permettre le passage ; son encadrement. *Porte d'entrée ; de secours.* → **issue.** ◆ loc. *Faire du* PORTE À PORTE (pour vendre, quêter...). ← *Recevoir qqn ENTRE DEUX PORTES*, lui parler rapidement. ← *Mettre qqn À LA PORTE*, le renvoyer. ← *Être à la porte*, ne pas pouvoir entrer. ← *Prendre la porte* : sortir. **2** Panneau mobile permettant d'obtenir l'ouverture, la porte (II, 1). ← *Ouvrir ; enfoncer la porte.* ← loc. *Écouter aux portes*, derrière les portes. *La porte ouverte aux abus*, l'accès libre. ← *Journée porte ouverte*, de visite libre. **3** Portière (d'un véhicule). ◆ (meuble) *La porte d'une armoire.* **III 1** Passage étroit en montagne. → **défilé, gorge. 2** Espace compris entre deux piquets de slalom.

**② porte** adj. f. ■ *VEINE PORTE*, qui ramène au foie le sang des organes digestifs.

**porte-** Élément tiré du verbe *porter*, qui signifie « qui porte ». → **-fère, -phore.**

**porte-à-faux** n. m. invar. ■ **1** Construction hors d'aplomb. **2** loc. *En porte-à-faux* : qui n'est pas d'aplomb ; fig. en déséquilibre.

**porte-avions** n. m. invar. ■ Navire de guerre sur lequel les avions peuvent atterrir.

**porte-bagages** n. m. invar. ■ **1** Dispositif pour recevoir les bagages. **2** Filet, galerie à bagages (dans un train, un car).

**porte-bébé** n. m. ■ Sac muni d'un harnais, pour transporter un bébé. *Des porte-bébés.*

**porte-billets** n. m. invar. ■ Petit portefeuille pour les billets de banque.

**porte-bonheur** n. m. invar. ■ Objet que l'on considère comme porteur de chance.

**porte-bouteilles** n. m. invar. ■ Casier ou panier à bouteilles.

**porte-cartes** n. m. invar. ■ Portefeuille pour les papiers d'identité, etc.

**porte-cigarettes** n. m. invar. ■ Étui à cigarettes.

**porte-clés** n. m. invar. ■ Anneau ou étui pour porter des clés.

**porte-conteneurs** n. m. invar. ■ Navire destiné à transporter des conteneurs.

**porte-couteau** n. m. ■ Ustensile de table pour poser le couteau. *Des porte-couteaux.*

**porte-documents** n. m. invar. ■ Serviette plate.

**porte-drapeau** n. m. ■ **1** Porteur du drapeau. *Des porte-drapeaux.* **2** fig. Chef reconnu.

**portée** n. f. ■ I **1** Ensemble des petits qu'une femelle de mammifère met bas en une seule fois. *Une portée de chatons.* **2** techn. Charge, poids. **3** mus. Les cinq lignes horizontales et parallèles qui portent la notation musicale. II **1** Distance à laquelle peut être lancé un projectile. ← *Portée d'un radar.* **2** loc. *À (LA) PORTÉE (DE)* : à la distance accessible (par). ← *À portée de la main,* accessible sans se déplacer. ← *HORS DE (LA) PORTÉE de* : hors d'atteinte. **3** fig. *À (LA) PORTÉE, HORS DE (LA) PORTÉE de* : accessible ou non. *À la portée de toutes les bourses.* ← *C'est à sa portée.* **4** (idée, pensée) Capacité à convaincre, à toucher. → **impact. 5** Effet, importance. *La portée d'une découverte.*

**portefaix** n. m. ■ anciennt Porteur de fardeaux.

**porte-fenêtre** n. f. ■ Fenêtre qui descend jusqu'au sol et fait office de porte.

**portefeuille** n. m. ■ I **1** vx Cartable, serviette. ← mod. Titre, fonction de ministre. **2** Ensemble des valeurs détenues par qqn. II Étui pliant, muni de poches où l'on range billets de banque, papiers, etc. → appos. *Jupe portefeuille* (à deux pans).

**porte-greffe** n. m. ■ techn. Plante sur laquelle on fixe le greffon. *Des porte-greffes.*

**porte-hélicoptères** n. m. invar. ■ Navire à pont d'envol pour les hélicoptères.

**porte-jarretelles** n. m. invar. ■ Sous-vêtement féminin à quatre jarretelles.

**porte-malheur** n. m. invar. ■ rare Ce qui est censé porter malheur.

**portemanteau** n. m. ■ Support pour suspendre les vêtements. → **patère.** ← loc. fam. *Épaules en portemanteau,* carrées.

**portement** n. m. ■ *Portement de croix* : scène où le Christ porte sa croix.

**portemine** n. m. ■ Instrument dans lequel on place des mines de crayon.

**porte-monnaie** n. m. invar. ■ Petit sac souple où l'on met de la monnaie.

**porte-parapluies** n. m. invar. ■ Ustensile pour recevoir les parapluies, les cannes.

**porte-parole** n. m. invar. ■ Personne qui s'exprime au nom de qqn, d'un groupe.

**porte-plume** n. m. ■ Tige au bout de laquelle on assujettit une plume à écrire.

① **porter** v. tr. [1] ■ I **1** Soutenir, tenir (ce qui pèse). *Porter un enfant dans ses bras.* **2** fig. Supporter. *Porter le poids d'une faute.* **3** (sujet chose) Soutenir. **4** Produire en soi (un petit, des petits, un rejeton). **5** Avoir en soi, dans l'esprit, le cœur. ■ *Je ne le porte pas dans mon cœur* : je lui en veux. **6** Avoir sur soi. *Porter la barbe.* ♦ *Porter la marque d'un coup.* II **1** Prendre pour déplacer, emporter. *Porter un malade sur un lit. Va lui porter ce paquet.* → **apporter. 2** (gestes, attitudes) Orienter, diriger. ← fig. *Faire porter son effort sur...* **3** loc. fig. *Porter atteinte* à. *Porter plainte* contre qqn. **4** Mettre par écrit. → **inscrire. 5** *PORTER À* : amener, faire arriver à (un état élevé, extrême). ← loc. *Porter qqn aux nues*. ♦ *Porter un roman à l'écran.* → **adapter. 6** Donner, apporter (un sentiment, une aide... à qqn). ← loc. *Porter ombrage. Porter chance.* ♦ *Porter un jugement sur qqn, qqch.,* l'émettre. **7** *PORTER qqn À* : pousser, inciter, entraîner à. ← *ÊTRE PORTÉ À* (+ inf.) : être naturellement poussé à. → **enclin.** ← *ÊTRE PORTÉ SUR qqch.,* avoir un goût marqué pour. III v. tr. ind. **1** *PORTER SUR* : peser, appuyer sur (qqch.). *L'édifice porte sur ces colonnes.* ♦ Avoir pour objet. *Le débat portait sur les salaires.* **2** absolt (tir) Avoir une portée. *Un canon qui porte loin.* **3** Toucher le but. *Une voix qui porte,* qui s'entend loin. ► **se porter** v. pron. **1** Se porter (bien, mal) : être en bonne, en mauvaise santé. **2** littér. Aller. ← fig. *Les soupçons se portent sur lui.* **3** (dans des loc.) Se présenter (à, comme). *Se porter acquéreur ; garant. Se porter partie civile.*

② **porter** [-ɛʀ] n. m. ■ Bière brune amère (d'origine anglaise).

**porte-savon** n. m. ■ Support, emplacement pour un savon. *Des porte-savons.*

**porte-serviettes** n. m. invar. ■ Support pour les serviettes de toilette.

**porteur, euse** n. et adj. ■ **1** Personne chargée de remettre des lettres, des messages à leurs destinataires. → ② **coursier. 2** Personne dont le métier est de porter des fardeaux, les bagages. **3** Personne qui porte effectivement (un objet). *Le porteur du ballon.* **4** Personne qui détient (des papiers, titres). → **détenteur.** ♦ dr. comm. *Les petits porteurs* : les petits actionnaires. ← *Chèque (payable) au porteur.* **5** *Porteur sain* : sujet cliniquement sain qui porte des germes pathogènes. **6** adj. Qui porte. *Mur porteur.* ♦

Qui entraîne par son développement. **7** adj.
*MÈRE PORTEUSE*, qui, ayant reçu un embryon,
mène la grossesse à terme pour le compte
de la mère légale.

**porte-voix** n. m. invar. ■ Tube pour amplifier
la voix.

**portfolio** [pɔrtfɔljo] n. m. ■ Série de photographies (dans un coffret...).

**portier, ière** n. ■ **1** Personne qui garde une
porte. → **concierge ; gardien. 2** n. m. *Portier
électronique* (digicode, interphone).

**portière** n. f. ■ **1** Tenture qui ferme ou couvre
une porte. **2** Porte de voiture.

**portillon** n. m. ■ Porte à battant plus ou
moins bas. → loc. fam. *Ça se bouscule au
portillon :* il y a foule.

**portion** n. f. ■ **1** Part (de nourriture) de qqn.
**2** (argent...) *Portion d'héritage.*

**portique** n. m. ■ **1** Galerie ouverte à une ou
deux rangées de colonnes. **2** Barre horizontale soutenue par deux poteaux verticaux,
où on accroche des agrès. **3** techn. Dispositif
en forme de pont. → *Portique de détection*,
placé à l'entrée d'un lieu public.

**porto** n. m. ■ Vin de liqueur portugais.

**portrait** n. m. ■ **I 1** Représentation graphique, photographique (d'une personne,
spécialt de son visage). **2** fig. Image, réplique
fidèle. *C'est (tout) le portrait de son père.*
**3** loc. fam. Figure. *Se faire abîmer le portrait.*
**II** Description orale ou écrite (de qqn).

**portraitiste** n. ■ Peintre, etc. de portraits.

**portrait-robot** n. m. ■ Portrait d'un individu
recherché par la police, par combinaison
d'éléments choisis.

**portraiturer** v. tr. 1 ■ Faire le portrait de.

**portuaire** adj. ■ D'un port.

**portugais, aise** ◆ **1** adj. et n. Du Portugal. →
n. *Les Portugais.* ◆ n. m. *Le portugais* (langue
romane). **2** n. f. Huître commune. ◆ fig., fam.
Oreille.

**portulan** n. m. ■ anciennt Carte marine des
premiers navigateurs (XIIIᵉ-XVIᵉ siècles).

**pose** n. f. ■ **I** Action de poser, mise en place.
*La pose d'une prothèse.* **II 1** Attitude que
prend le modèle qui pose. *Garder la pose.* ◆
Attitude du corps. *Prendre une pose.* **2** Affectation. **III** photogr. Exposition de la surface
sensible à l'action de la lumière. *Temps de
pose.* ◆ *Pellicule 36 poses*, permettant de faire
36 photos.

**posé, ée** adj. ■ **1** Calme, pondéré. **2** *Voix bien
posée*, capable d'émettre des sons fermes
dans toute son étendue.

**posément** adv. ■ Calmement.

**posemètre** n. m. ■ photogr. Appareil qui
affiche le temps de pose*.

**poser** v. 1 ■ **I** v. tr. **1** Mettre (une chose) en un
endroit qui peut la recevoir, la porter. *Poser
sa tête sur l'oreiller.* → fig. *Poser son regard
sur qqn.* **2** Mettre en place à l'endroit approprié. → **installer.** *Poser des rideaux.* ◆ Écrire
(un chiffre) dans une opération. **3** fig. Établir,
énoncer. *Posons le principe que...* → au p. p.
*Ceci posé :* ceci étant admis. **4** Formuler
(une question, un problème). → *Cela pose un
problème.* → **soulever. 5** (sujet chose) Donner
de l'importance, de la notoriété à (qqn). *Son
succès le pose.* **II** v. intr. **1** (d'un modèle) Se tenir
immobile dans une attitude. **2** Prendre des
attitudes pour se faire remarquer. ◆ *POSER
À :* tenter de se faire passer pour. → **jouer.**
*Poser au justicier.* ► se **poser** v. pron. **1** Se
placer, s'arrêter doucement (quelque part).
**2** *Se poser comme, en tant que...* → *Se poser
en :* prétendre jouer le rôle de. **3** loc. fam. *Se
poser (un peu) là :* dépasser la norme.

**poseur, euse** ◆ **I** n. Personne chargée de la
pose (d'un objet). **II** n. et adj. (Personne) qui
prend une attitude affectée.

**positif, ive** adj. et n. m. ■ **I** philos. Imposé à l'esprit par les faits, l'expérience. *Connaissance
positive.* → Fondé sur cette connaissance.
*Sciences positives.* **II 1** Qui a un caractère de
certitude. *Un fait positif*, attesté. **2** Concret,
effectif. **3** (personnes) Qui donne la préférence
aux faits, à la réalité concrète. **III** (opposé à
*négatif*) **1** Qui affirme qqch. *Réponse positive.* → Qui affirme du bien de qqn, de
qqch. *Une critique positive.* **2** méd. *Réaction
positive*, effective, qui se produit. *Examen
positif.* **3** *Nombre positif*, plus grand que zéro
(signe +). **4** photogr. *Épreuve positive :* image
dont les valeurs correspondent à celles du
sujet.

**position** n. f. ■ **1** Manière dont une chose,
une personne est placée, située. → Lieu.
*Déterminer sa position.* → s'**orienter.** → *FEU
DE POSITION* (navire...). **2** Emplacement militaire. *Position stratégique.* **3** Attitude corporelle. **4** fig. Ensemble des circonstances
où l'on se trouve. *Une position délicate.* →
loc. *Être en position de force.* **5** Situation
dans la société. → **condition. 6** Idées que
qqn soutient. *Position politique.* → loc. *Rester
sur ses positions :* refuser toute concession.
**7** Montant du solde d'un compte en banque.

**positionner** v. tr. 1 ■ anglic. **1** techn. Mettre, placer (une pièce, un engin) dans une position
déterminée. **2** comm. Situer quant au marché.
▷ n. m. **positionnement**

**positivement** adv. ■ **1** D'une manière certaine, sûre. → Réellement, vraiment. **2** phys.
*Particules chargées positivement.* **3** D'une
manière positive (III, 1).

**positivisme** n. m. ■ Doctrine selon laquelle
les sciences positives (I) fondent la philosophie. ▷ adj. et n. **positiviste**

**positon** n. m. ■ phys. Particule de même
masse et de charge électrique opposée à
celle de l'électron.

**posologie** n. f. ■ Indication du dosage, de la
fréquence de prise (d'un médicament).

**possédant, ante** adj. et n. ▪ Qui possède des biens, des richesses, des capitaux.

**possédé, ée** ▪ adj. Dominé par une puissance occulte. ♦ n. *Exorciser un possédé.*

**posséder** v. tr. ⑥ ▪ 1 Avoir (qqch.) à sa disposition ; avoir parmi ses biens. 2 fig. Avoir en propre (une chose abstraite). *Posséder une excellente mémoire.* 3 Avoir une connaissance sûre de (qqch.). → **connaître.** *Posséder à fond son sujet.* 4 Jouir des faveurs de (qqn) ; s'unir sexuellement à (qqn). 5 fam. Tromper, duper. 6 (sujet chose) Dominer moralement.

**possesseur** n. m. ▪ 1 Personne qui possède (un bien). 2 Personne qui peut jouir de qqch.). *Le possesseur d'un secret.*

**possessif, ive** ▪ 1 en grammaire Qui marque une relation d'appartenance, un rapport. *Adjectifs, pronoms possessifs* (mon, ton, son... ; mien, tien, sien...). 2 psych. D'appropriation. *Sentiments possessifs.* → **exclusif.** ⊳ n. f. **possessivité**

**possession** n. f. ▪ 1 Fait, action de posséder. ♦ *EN (LA...) POSSESSION DE* (sens actif). ♦ *PRENDRE POSSESSION DE* (un lieu), s'y installer. 2 Fait de posséder (3) par l'esprit. → **connaissance, maîtrise.** 3 Fait de posséder sexuellement. 4 Fait d'être possédé. ♦ psych. Forme de délire dans lequel le malade se croit habité par un démon (→ **possédé**). **II 1** Chose possédée par qqn. → ② **avoir, bien.** 2 hist. Dépendance coloniale. → **colonie, territoire.**

**possibilité** n. f. ▪ 1 Caractère de ce qui peut se réaliser. 2 Chose possible. *Envisager toutes les possibilités.* 3 Capacité (être/ faire). → **faculté, moyen, occasion.** *J'irai si j'en ai la possibilité.* 4 au plur. Moyens.

**possible** ▪ I adj. 1 Qui peut être réalisé, qu'on peut faire. → **faisable, réalisable.** *C'est tout à fait possible.* - impers. *Il est possible d'y parvenir, qu'on y parvienne.* - (pour marquer l'étonnement) *Ce n'est pas possible !* → **croyable.** 2 Qui constitue une limite extrême. *Toutes les erreurs possibles et imaginables.* - *Dès que possible.* - *Le plus, le moins possible.* 3 Qui peut se réaliser, être vrai ; qui peut être. - impers. *Il est possible que* (+ subj.) : il se peut que. 4 Éventuel. *C'est un concurrent possible.* 5 fam. Acceptable, convenable ; supportable. **II** n. m. 1 Ce qui est possible. loc. *Dans la mesure du possible :* autant qu'on le peut. *Faire tout son possible (pour...).* - *AU POSSIBLE* loc. adv. → **extrêmement.** 2 Ce qui est réalisable. *Les limites du possible.* 3 au plur. Choses qui peuvent arriver. → **possibilité.**

**possiblement** adv. ▪ rare, sauf au Canada Peut-être ; vraisemblablement.

**post** n. m. ▪ anglic. Message sur un forum, un blog.

**post-** Élément, du latin *post* « après ».

**postage** n. m. ▪ Action de poster (①).

**postal, ale, aux** adj. ▪ Qui concerne la poste. *Carte\* postale.*

**postcure** n. f. ▪ Période qui suit une cure, un traitement, avec surveillance médicale.

**postdater** v. tr. ① ▪ Dater postérieurement à la date réelle (contr. *antidater*).

**post-doctoral, ale, aux** adj. ▪ Qui concerne la période suivant l'admission au grade de docteur. - abrév. fam. POSTDOC.

① **poste** n. f. ▪ 1 ancient Relais de chevaux, étape. ♦ Distance entre deux relais. 2 Administration chargée du service de la correspondance et d'opérations bancaires. 3 Bureau de poste. *Mettre une lettre à la poste.* - *POSTE RESTANTE :* adressé à la poste (et non au domicile).

② **poste** n. m. ▪ I 1 Lieu où un soldat, une troupe est disposée par ordre. ♦ loc. *Être, rester À SON POSTE.* 2 Groupe de soldats placé en ce lieu. 3 *POSTE (DE POLICE) :* corps de garde d'un commissariat de police. 4 *POSTE-FRONTIÈRE :* point de passage gardé. **II 1** Emploi auquel on est nommé. *Être EN POSTE.* → **poste.** 2 techn. Durée de travail d'une équipe (→ **posté**). **III** Emplacement affecté à un usage. *Poste de pilotage.* - *Poste d'essence ; d'incendie.* **IV** Appareil récepteur (radio, télévision).

**posté, ée** adj. ▪ *Travail posté,* par équipes qui se relaient sur un poste de travail.

① **poster** v. tr. ① ▪ 1 Mettre à la poste. 2 (de l'anglais) Envoyer (un message → **post**) sur le web.

② **poster** v. tr. ① ▪ Placer (des soldats ; qqn) à un poste. ■ se **poster** v. pron.

③ **poster** [-ɛʀ] n. m. ▪ anglic. Affiche décorative.

**postérieur, eure** ▪ I adj. (opposé à *antérieur*) 1 Qui vient après, dans le temps. *À une date postérieure.* → **futur, ultérieur.** ⊳ adv. **postérieurement** 2 didact. Qui est derrière, dans l'espace. *Les membres postérieurs du cheval.* **II** n. m. fam. Derrière, fesses.

**postériorité** n. f. ▪ Caractère de ce qui est postérieur à qqch. (dans le temps).

**postérité** n. f. ▪ 1 littér. Suite de personnes d'une même origine. → **descendant ; lignée.** ♦ *Ceux qui s'inspirent de qqn.* 2 Générations à venir. *Travailler pour la postérité.*

**postface** n. f. ▪ Commentaire à la fin d'un livre (opposé à *préface*).

**posthume** adj. ▪ 1 Né après la mort de son père. *Enfant posthume.* 2 (œuvre...) Qui a vu le jour après la mort de son auteur.

**postiche** adj. ▪ 1 Artificiel (cheveux...). ♦ n. m. Mèche que l'on adapte à volonté à sa coiffure. 2 fig. Faux, inventé.

**postier, ière** n. ▪ Employé(e) des postes.

**postillon** n. m. ▪ I ancient Conducteur d'une voiture de poste. **II** Gouttelette de salive projetée en parlant.

**postillonner** v. intr. ① ▪ Envoyer des postillons (II).

**post-it** n. m. invar. (marque déposée) ▪ Petit rectangle de papier à la marge autocollante, sur lequel on peut écrire, et que l'on peut déplacer une fois posé.

**postmoderne** adj. ■ (arts plastiques) Qui rejette la rigueur du style dit « moderne » et se caractérise par l'éclectisme.

**postnatal, ale, als** adj. ■ didact. Qui suit immédiatement la naissance.

**postopératoire** adj. ■ méd. Qui se produit ou se fait après une opération.

**postpartum** [-ɔm] n. m. invar. ■ didact. Période qui suit l'accouchement.

**postposer** v. tr. [1] ■ didact. Placer après un autre mot. ▷ n. f. **postposition**

**postprandial, ale, aux** adj. ■ didact. Qui suit l'absorption de nourriture, aux repas.

**postproduction** n. f. ■ cin. Phase de la production (d'un film) postérieure à la fin du tournage (montage, etc.).

**post-scriptum** [pɔstskriptɔm] n. m. invar. ■ Complément au bas d'une lettre, après la signature (abrév. P.-S.).

**postsynchroniser** [-kʀ-] v. tr. [1] ■ Remplacer la bande son ou ajouter une bande son à (un film). ▷ n. f. **postsynchronisation**

**post-traumatique** adj. ■ méd. Qui fait suite à un traumatisme. *Syndrome anxieux post-traumatique.*

**postulant, ante** n. ■ Candidat.

**postulat** n. m. ■ math., philos. Proposition nécessaire qui ne peut être démontrée. → aussi **axiome.**

**postuler** v. tr. [1] ■ **1** Demander (un emploi, une place). ♦ trans. indir. *Postuler à, pour un emploi.* **2** didact. Poser (une proposition) comme postulat.

**posture** n. f. ■ **1** Attitude particulière du corps. **2** loc. fig. Situation. *En bonne, en mauvaise posture.*

**pot** n. m. ■ **I 1** Récipient pour les liquides et les aliments. loc. *Le pot de terre contre le pot de fer,* le faible contre le fort. ← **POT À**, destiné à contenir. *Pot à eau.* ← **POT DE**, contenant effectivement. *Un pot de yaourt.* ■ loc. fig. *Découvrir le POT AUX ROSES,* le secret d'une affaire. ← *POT AU NOIR* : région de brumes opaques redoutée des navigateurs, des aviateurs. ← *Payer les pots cassés* : réparer les dommages. **2** vx Marmite. ← mod. *Poule au pot,* bouillie. ♦ loc. *Tourner autour du pot* : parler avec des circonlocutions. **3** *POT (DE CHAMBRE)*, où l'on fait ses besoins. **4** Contenu d'un pot (I). ← fam. *Boire, prendre un pot,* une consommation. → **verre. 5** *POT D'ÉCHAPPEMENT* : tuyau pour les gaz brûlés (voiture, moto). ← loc. fam. *Plein pot* : à toute vitesse. **6** L'enjeu, dans certains jeux d'argent. **II 1** vulg. Postérieur, derrière. **2** fam. Chance, veine. *Manque de pot !*

**potable** adj. ■ **1** Qui peut être bu sans danger. *Eau non potable.* **2** fam. Acceptable.

**potache** n. m. ■ fam. Collégien, lycéen.

**potage** n. m. ■ Bouillon où l'on a fait cuire des aliments solides. → **soupe.**

**potager, ère** adj. ■ **1** Plantes potagères, dont certaines parties peuvent être utilisées dans l'alimentation humaine. **2** Où l'on cultive des plantes potagères. *Jardin potager* et n. m. *un potager.*

**potamo-, -potame** Éléments savants, du grec *potamos* « fleuve ».

**potamochère** n. m. ■ Mammifère ongulé des marécages d'Afrique, voisin du sanglier.

**potasse** n. f. ■ **1** Hydroxyde de potassium, solide blanc très caustique. **2** *Potasse d'Alsace,* engrais au chlorure de potassium.

**potasser** v. tr. [1] ■ fam. Étudier.

**potassium** [-jɔm] n. m. ■ Corps simple (symb. K), métal alcalin (→ **potasse**).

**pot-au-feu** [pɔt-] ■ **1** n. m. invar. Plat de viande de bœuf bouillie avec des légumes. ♦ Morceau de bœuf qui sert à faire ce plat. **2** adj. invar. fam., vieilli *Être pot-au-feu* : aimer le calme du foyer. → **popote** (II).

**pot-de-vin** n. m. ■ Cadeau caché pour obtenir un avantage. *Des pots-de-vin.*

**pote** n. m. ■ fam. Poteau (II), copain.

**poteau** n. m. ■ **I 1** Pièce de charpente verticale servant de support. → **pilier. 2** Pièce de bois, de métal, verticale. *Poteau indicateur.* ← *Poteau télégraphique.* ← sports *Coiffer* un concurrent *sur le poteau* (d'arrivée). **3** *Poteau (d'exécution),* où l'on attache ceux que l'on va fusiller. **II** fam. Ami fidèle (sur lequel on peut s'appuyer). → **pote.**

**potée** n. f. ■ Plat de viande bouillie et de légumes variés (→ pot-au-feu).

**potelé, ée** adj. ■ De formes rondes et pleines.

**potence** n. f. ■ **1** techn. Pièce de charpente faite d'un poteau et d'une traverse en équerre. **2** Instrument de supplice (pour l'estrapade, la pendaison). → **gibet.**

**potentat** n. m. ■ **1** Souverain absolu d'un grand État. **2** Homme qui possède un pouvoir excessif.

**potentiel, elle** ■ **I** adj. **1** didact. Qui existe en puissance (opposé à *actuel*). → **virtuel.** ← cour. *Client, marché potentiel.* → **éventuel, possible. 2** gramm. Qui exprime une possibilité. **3** sc. *Énergie potentielle,* celle d'un corps capable de fournir un travail (ex. ressort comprimé). **II** n. m. **1** phys. Grandeur caractérisant l'état électrique d'un circuit. *Différence de potentiel* (unité : le volt). → **tension. 2** Capacité d'action, de production. → **puissance.** *Le potentiel économique d'un pays.* ▷ n. f. **potentialité** ▷ adv. **potentiellement**

**potentille** n. f. ■ Herbe à fleurs jaunes ou blanches.

**potentiomètre** n. m. ■ électr. Rhéostat.

**poterie** n. f. ■ **1** Fabrication des objets utilitaires en terre cuite. → **céramique, faïence, porcelaine. 2** Objet ainsi fabriqué ; sa matière. **3** Atelier de poterie.

**poterne** n. f. ■ Porte dérobée dans une muraille d'enceinte.

**potiche** n. f. ▪ **1** Grand vase de porcelaine d'Extrême-Orient. **2** fig. Personne reléguée à une place honorifique.

**potier, ière** [-tje, jɛʀ] n. ▪ Personne qui fabrique et vend des poteries.

**potimarron** n. m. ▪ Courge orange dont le goût évoque le potiron et la châtaigne.

**potin** n. m. ▪ **1** surtout au plur. Bavardage, commérage. → **cancan. 2** Bruit, tapage.

**potion** n. f. ▪ Médicament liquide.

**potiron** n. m. ▪ Courge plus grosse que la citrouille. *Soupe au potiron.*

**pot-pourri** n. m. ▪ **1** vx Mélange hétéroclite. **2** mus. Pièce faite de thèmes empruntés.

**potron-minet** n. m. ▪ littér. Le point du jour, l'aube. *Dès potron-minet.*

**pou** n. m. ▪ **1** Insecte parasite de l'homme. *Œuf de pou.* → **lente. ♦** loc. fam. *Chercher des poux dans la tête de qqn, à qqn,* le chicaner. **2** Insecte parasite des animaux.

**pouah** interj. ▪ fam. Exclamation de dégoût.

**poubelle** n. f. ▪ Récipient destiné aux ordures ménagères.

**pouce** n. m. ▪ **1** Le premier doigt de la main, opposable aux autres doigts. ♦ loc. *Mettre les pouces :* s'avouer vaincu. → fam. *Manger un morceau SUR LE POUCE,* rapidement. → *Se tourner les pouces :* rester sans rien faire. → *COUP DE POUCE :* travail ultime. ♦ *Pouce !,* interjection enfantine servant à se mettre hors du jeu. **2** Le gros orteil. **3** Douzième partie du pied, valant 2,54 cm.

**poudrage** n. m. ▪ Action de poudrer.

**poudre** n. f. ▪ **1** vx Poussière. **2** Substance formée de très petites particules. → loc. *Jeter de la poudre aux yeux,* chercher à éblouir. **3** Substance pulvérulente utilisée comme fard. **4** Mélange explosif pulvérulent. → loc. *Mettre le FEU AUX POUDRES :* déclencher un événement violent. → *Ne pas avoir inventé la poudre,* être sot.

**poudrer** v. tr. 1 ▪ **1** Couvrir de poudre. **2** Couvrir (ses cheveux, sa peau) d'une couche de poudre (3). ▶ **se poudrer** v. pron.

**poudrerie** n. f. ▪ franç. du Canada Neige fine chassée par le vent.

**poudreux, euse** adj. ▪ **1** vx Poussiéreux. **2** *Neige poudreuse* ou n. f. *de la poudreuse :* neige fraîche et molle.

**poudrier** n. m. ▪ Récipient à poudre (2).

**poudrière** n. f. ▪ **1** Magasin à poudre (3), à explosifs. **2** fig. Situation explosive.

**poudroyer** v. intr. 8 ▪ littér. **1** Produire de la poussière. **2** Avoir une apparence de poudre brillante. ♦ Faire briller les grains de poussière en suspension. ▷ n. m. **poudroiement**

**pouf** ▪ **I** interj. Bruit sourd de chute. **II** n. m. Siège bas, gros coussin capitonné.

**pouffer** v. intr. 1 ▪ *POUFFER (DE RIRE) :* éclater de rire malgré soi. → s'**esclaffer.**

**pouffiasse** ou **poufiasse** n. f. ▪ vulg. (injure) Femme, fille vulgaire. - abrév. POUFFE.

**pouilles** n. f. pl. ▪ littér., vx *CHANTER POUILLES à qqn,* l'accabler d'injures.

**pouilleux, euse** adj. ▪ **1** Couvert de poux, de vermine. **2** Miséreux. ♦ (choses) Misérable et sale. → **sordide. 3** *La Champagne pouilleuse,* la moins fertile.

**poulailler** n. m. ▪ **I** Abri où on élève des volailles. ♦ Ces volailles. **II** fam. Galerie supérieure d'un théâtre.

**poulain** n. m. ▪ **1** Petit du cheval (jusqu'à trente mois). **2** Débutant prometteur.

**à la poulaine** loc. adj. ▪ (chaussures) À l'extrémité en pointe (fin du moyen âge).

**poularde** n. f. ▪ Jeune poule engraissée.

**poulbot** n. m. ▪ Enfant pauvre de Montmartre.

① **poule** n. f. ▪ **I 1** Femelle du coq, oiseau de basse-cour. **2** loc. *Quand les poules auront des dents,* jamais. *Tuer la poule aux œufs d'or,* détruire la source d'un profit important. → *MÈRE POULE :* mère qui « couve » ses enfants. ♦ *POULE MOUILLÉE :* personne poltronne. **3** Femelle de gallinacés. *Poule faisane.* ♦ (autres espèces) *POULE D'EAU :* petit échassier. **II** fam. *Ma poule :* terme d'affection. **III** fam. Fille de mœurs légères.

② **poule** n. f. ▪ **1** (aux cartes) Enjeu de la partie ; mises revenant au gagnant. **2** sports Groupe d'équipes destinées à se rencontrer.

**poulet** n. m. ▪ **I 1** Petit de la poule, plus âgé que le poussin (de trois à dix mois). **2** Jeune poule ou jeune coq destiné à l'alimentation. **II** Billet doux. **III** fam. Policier.

**poulette** n. f. ▪ **I 1** Jeune poule. **II** fam. Jeune fille, jeune femme.

**pouliche** n. f. ▪ Jeune jument.

**poulie** n. f. ▪ Roue qui porte sur sa jante une corde (transmettant un mouvement).

**pouliner** v. intr. 1 ▪ (jument) Mettre bas.

**poulinière** adj. f. et n. f. ▪ *(Jument) poulinière,* destinée à la reproduction.

**poulpe** n. m. ▪ Mollusque à longs bras (tentacules) armés de ventouses. → **pieuvre.**

**pouls** [pu] n. m. ▪ Battement des artères produit par le sang projeté du cœur. *Prendre le pouls,* en compter les pulsations ; fig. sonder un état d'esprit.

**poumon** n. m. ▪ **1** Chacun des deux viscères placés dans la cage thoracique, organes de la respiration. → *Aspirer à PLEINS POUMONS,* profondément. *Chanter, crier à pleins poumons.* → s'**époumoner. 2** *POUMON ARTIFICIEL :* appareil d'assistance respiratoire.

**poupard** n. m. ▪ Bébé gros et joufflu.

**poupe** n. f. ▪ Arrière (d'un navire). → **gaillard** d'arrière. ♦ loc. fig. *Avoir le vent en poupe,* être poussé vers le succès.

**poupée** n. f. ▪ **1** Figurine humaine servant de jouet, d'ornement. **2** fam. Jeune femme. **3** Doigt entouré d'un pansement.

**poupin, ine** adj. ▪ Qui a les traits d'une poupée.

**poupon** n. m. ▪ Bébé, très jeune enfant.

**pouponner** v. intr. 1 ■ Dorloter des bébés.
▷ n. m. **pouponnage**

**pouponnière** n. f. ■ Établissement où l'on garde les bébés jusqu'à trois ans. → **crèche**.

**pour** prép. ■ I 1 En échange de ; à la place de. *Vendre qqch. pour telle somme.* – *Dix pour cent ( %).* → **pourcentage.** – *Dans un an, jour pour jour,* exactement. 2 (avec un terme redoublé) *Mourir pour mourir...,* s'il faut mourir... 3 (équivalence) → **comme.** *Avoir la liberté pour principe.* – *Pour le moins,* au moins. – loc. fam. *Pour de bon,* d'une façon authentique. 4 En prenant la place de. *Payer pour qqn,* à sa place. 5 En ce qui concerne (qqch.) ; par rapport à. *Il fait froid pour la saison.* 6 (mise en valeur) *Pour moi, je pense que...* → **quant à.** 7 En ce qui concerne (qqn). *Elle est tout pour moi.* II 1 Dans la direction de, en allant vers. *Partir pour le Japon.* 2 Dans (tel temps). *C'est pour ce soir.* – *Il y en a pour un an,* cela durera un an. 3 Destiné à (qqn, qqch.). *Film pour adultes.* 4 (qqn) *C'est fait pour.* → **exprès.** ◆ Destiné à combattre. → **contre.** *Médicament pour la grippe.* ◆ En faveur de, pour l'intérêt, le bien de... *Chacun pour soi.* 4 En faveur de (opposé à contre). *ÊTRE POUR qqn, qqch.,* en être partisan. ◆ n. m. (loc.) *LE POUR ET LE CONTRE.* 5 *POUR* (+ inf.) : afin de pouvoir. *Pour quoi faire ? C'est pour rire.* 6 *POUR QUE* loc. conj. (+ subj.) : afin que. III 1 En ayant pour résultat (qqch.). *Pour son malheur, il a cédé.* ◆ (+ inf.) Afin de. – *Ce prix n'est pas pour me déplaire,* me plaît. 2 *POUR QUE* (avec une subordonnée de conséquence). *Assez, trop... pour que...* IV À cause de. *Il a été puni pour ses mensonges ; pour avoir menti.* V (opposition, concession) littér. 1 *POUR... QUE.* *Pour intelligent qu'il soit...* → **aussi.** *Pour être riches, ils n'en sont pas plus heureux,* bien qu'ils soient riches.

**pourboire** n. m. ■ Gratification en argent, remise à titre de supplément.

**pourceau** n. m. ■ vx ou littér. Cochon, porc.

**pourcentage** n. m. ■ 1 Taux calculé sur un capital de cent. 2 Proportion pour cent.

**pourchasser** v. tr. 1 ■ Poursuivre, rechercher (qqn ; par ext. qqch.) avec obstination. – passif *Être pourchassé par la malchance.*

**pourfendre** v. tr. 41 ■ littér. ou plais. Attaquer violemment. ▷ **pourfendeur** n. m. iron. *Un pourfendeur des abus.*

**se pourlécher** v. pron. 6 ■ Se passer la langue sur les lèvres.

**pourparlers** n. m. plur. ■ Conversations pour arriver à un accord.

**pourpoint** n. m. ■ ancient Partie du vêtement d'homme qui couvrait le torse.

**pourpre** ■ I n. f. 1 Matière colorante d'un rouge vif (d'abord extraite d'un mollusque, *le pourpre,* n. m.). 2 littér. Étoffe teinte de pourpre, symbole de dignité. 3 littér. Couleur rouge vif. II n. m. Couleur rouge foncé, tirant sur le violet. ◆ adj. → **purpurin.**

**pourpré, ée** adj. ■ littér. Coloré de pourpre.

**pourquoi** ■ I adv. et conj. 1 *Pourquoi ? :* pour quelle raison, dans quelle intention ? (réponse : *parce que...*). 2 *Pour quelle cause,* dans quelle intention. *Explique-moi pourquoi.* 3 *C'est pourquoi...,* c'est pour cela que. II n. m. invar. 1 Cause, motif, raison. 2 Question par laquelle on demande la raison d'une chose. *Des pourquoi.*

**pourri, ie** ■ I adj. 1 Corrompu ou altéré par la décomposition. 2 Humide. *Un climat pourri.* → **malsain.** *Un été pourri,* très pluvieux. 3 fig. (personnes) Moralement corrompu. ◆ fam. Très mauvais. → **ignoble.** 4 fam. *POURRI DE :* rempli de, qui a beaucoup de. II n. m. Ce qui est pourri. *Une odeur de pourri.*

**pourrir** v. 2 ■ I v. intr. 1 (matière organique) Se décomposer. – se **putréfier.** 2 fig. Se dégrader. – *Laisser pourrir une situation.* II v. tr. 1 Corrompre en faisant pourrir. 2 Gâter extrêmement (un enfant). ▷ adj. **pourrissant, ante** ▷ n. m. **pourrissement**

**pourriture** n. f. ■ 1 Décomposition des tissus organiques (→ **putréfaction**) ; état de ce qui est pourri. 2 Ce qui est pourri. 3 abstrait État de grande corruption morale. 4 (injure) Personne ignoble.

**poursuite** n. f. ■ I (→ **poursuivre** (I). 1 Action de suivre (qqn, un animal) pour s'en saisir. 2 fig. Effort pour atteindre (qqch.). *La poursuite de la vérité.* 3 Acte juridique dirigé contre qqn. → **accusation.** II *LA POURSUITE DE qqch. :* action de poursuivre (II).

**poursuivant, ante** n. ■ Personne qui poursuit (I) qqn.

**poursuivre** v. tr. 40 ■ I 1 Suivre pour atteindre (qqn qui fuit). *Poursuivre des fugitifs.* 2 Tenter d'atteindre (qqn qui se dérobe). ◆ Tenter d'obtenir les faveurs amoureuses de (qqn). 3 *Poursuivre qqn de,* s'acharner contre lui par... → **harceler.** 4 (compl. chose) Chercher à obtenir (qqch.). → **rechercher.** 5 (sujet chose) Hanter, obséder. *Cette idée le poursuit.* 6 Agir en justice contre (qqn). → **accuser.** *Poursuivre qqn devant les tribunaux.* II Continuer sans relâche. *Poursuivre ses études.* – pronom. *La réunion se poursuivit jusqu'à l'aube.*

**pourtant** adv. ■ (opposant deux notions pour mieux les relier) → **cependant, mais, néanmoins, toutefois.** *C'est pourtant simple.*

**pourtour** n. m. ■ 1 Ligne formant le tour. 2 Partie qui forme les bords (d'un lieu).

**pourvoi** n. m. ■ dr. *Pourvoi en cassation,* demande de révision par un tribunal de cassation. – *Pourvoi en grâce.* → **recours.**

**pourvoir** v. tr. 25 ■ I v. tr. ind. *POURVOIR À qqch. :* faire ou fournir le nécessaire pour. II v. tr. dir. 1 Mettre (qqn) en possession (de ce qui est nécessaire). → **munir, nantir.** *Pourvoir qqn d'un emploi.* 2 Munir (une chose). 3 (sujet chose) littér. La nature l'a pourvu de grandes qualités. → **doter, douer.** 4 passif et p. p. *ÊTRE POURVU, UE :* avoir, posséder. → **se pourvoir** v. pron. 1 *SE POURVOIR DE qqch. :* se munir. 2 dr. Recourir à une juridiction supérieure. → **pourvoi.**

**pourvoirie** n. f. ▪ franç. du Canada Établissement offrant des services aux chasseurs et pêcheurs.

**pourvoyeur, euse** n. ▪ *Pourvoyeur de...* : personne qui fournit, procure (qqch.).

① **pourvu, ue** → pourvoir

② **pourvu que** loc. conj. ▪ (+ subj.) Du moment que, à condition de, si. ◆ (souhait) *Pourvu qu'on y arrive !*

**poussah** n. m. ▪ **1** Buste de magot* lesté par une boule. **2** Gros homme petit et ventru.

① **pousse** n. f. ▪ **I** Développement de ce qui pousse. **II** Bourgeon naissant, germe.

② **pousse** ou (vx) **pousse-pousse** n. m. ▪ Voiture à deux roues tirée à bras d'homme, pour un passager (Chine ; ancient).

**pousse-café** n. m. invar. ▪ Verre d'alcool (pris après le café).

**poussée** n. f. ▪ **1** Action d'une force. → **pression**. **2** Force exercée par un élément pesant (voûte, etc.) sur ses supports. **3** fig. Manifestation subite. *Poussée de fièvre.*

**pousser** v. ① ▪ **I** v. tr. **1** Soumettre (qqch., qqn) à une pression de manière à mouvoir dans une direction (s'oppose à *tirer*). *Poussez la porte.* **2** Faire aller (un être vivant) devant soi, dans une direction. **3** *POUSSER qqn à* : inciter à. *Pousser à la consommation.* ◆ *POUSSER (qqn) À BOUT*, l'acculer, l'exaspérer. **4** Faire avancer (qqch.). **5** Faire aller jusqu'à un certain degré, une limite. **6** sans compl. indir. Faire aller plus loin, plus fort. ◆ au p. p. *Faire des études poussées.* → **approfondi**. – *Moteur poussé.* **7** Produire avec force ou laisser échapper par la bouche (un son). *Pousser un cri ; un soupir.* **II** v. intr. **1** Faire un effort en poussant. *Ne poussez pas !* **2** Faire un effort pour expulser de son organisme. **3** *Pousser jusqu'à...* : aller plus loin. **4** (végétation) Croître, se développer (→ ① **pousse**). ◆ *Ses premières dents ont toutes poussé.* **5** (villes, constructions) S'accroître, se développer. **6** (enfants) Grandir. *Il pousse, ce petit.* **7** fam. Exagérer. *Faut pas pousser !* ▪ **se pousser** v. pron. **1** Se mettre en avant. **2** S'écarter pour laisser passer.

**poussette** n. f. ▪ Petite voiture d'enfant. ◆ Châssis à roulettes pour les provisions.

**poussier** n. m. ▪ Poussière de charbon.

**poussière** n. f. ▪ **I 1** Terre desséchée réduite en particules très fines. → vx **poudre**. **2** Fins débris en suspension dans l'air et qui se déposent. **3** Matière réduite en fines particules. → **poudre**. – *Réduire en poussière :* pulvériser, fig. anéantir, détruire. **II 1** littér. Restes de l'être humain, après sa mort. → **cendre(s), débris**. **2** loc. fam. *Cela m'a coûté cent euros ET DES POUSSIÈRES*, et un peu plus. **3** *Une poussière de*, une multiplicité.

**poussiéreux, euse** adj. ▪ **1** Couvert, rempli de poussière (I, 2). **2** Qui semble couvert de poussière. ◆ fig. Vieux, désuet.

**poussif, ive** adj. ▪ **1** Qui respire difficilement. **2** *Une voiture poussive*, qui n'avance pas. ▷ adv. **poussivement**

**poussin** n. m. ▪ **1** Petit de la poule, nouvellement sorti de l'œuf. **2** fam. *Mon poussin* (terme d'affection).

**poussoir** n. m. ▪ Bouton qui déclenche, règle un mécanisme.

**poutine** n. f. ▪ franç. du Canada Plat populaire, mélange de frites et de fromage en grains nappé d'une sauce brune.

**poutrage** n. m. ▪ Assemblage de poutres. – syn. **POUTRAISON** n. f.

**poutre** n. f. ▪ **1** Grosse pièce de bois équarrie servant de support (construction, charpente). ◆ Élément de construction allongé. *Poutre métallique.* **2** sports Longue pièce de bois surélevée, en gymnastique.

**poutrelle** n. f. ▪ **1** Petite poutre. **2** Barre de fer allongée (charpente métallique).

① **pouvoir** v. tr. ③③ p. p. invar. : *pu* ▪ **I** (devant un inf.) **1** Avoir la possibilité de (faire qqch.). *Il peut le faire. Dès que vous pourrez.* → loc. adv. et adj. *On ne peut mieux*, le mieux possible. *On ne peut plus*, le plus possible. → **très**. ◆ (chose) *Ça peut toujours servir.* **2** Avoir le droit, la permission de (faire qqch.). *Les élèves peuvent sortir.* **3** (sujet chose) Risquer de se produire. **4** au subj. littér. Exprime un souhait. *Puisse le ciel nous être favorable !* **5** impers. *IL PEUT, IL POURRA...* → **peut-être.** ◆ pronom. loc. *Autant que faire se peut. Il, cela* (fam. *ça*) *se peut, c'est possible. Il se peut que* (+ subj.). **II** intrans. Être capable, être en mesure de faire (qqch.). *Il a fait ce qu'il pouvait (pour...)*. ◆ loc. *N'en pouvoir plus* : ne plus supporter.

② **pouvoir** n. m. ▪ **1** Fait de pouvoir (I, 1 et 2), de disposer de moyens qui permettent une action. → **faculté, possibilité.** ◆ loc. *POUVOIR D'ACHAT* : valeur réelle (d'un salaire) mesurée par ce qu'il est possible d'acheter. **2** Capacité légale (de faire une chose). loc. *Avoir les PLEINS POUVOIRS.* ◆ Procuration. **3** Propriété physique (d'une substance). *Pouvoir calorifique.* **4** Possibilité d'agir sur qqn, qqch. → **autorité, puissance.** *Tomber au pouvoir de qqn*, dans son pouvoir. **5** Situation d'un dirigeant ; puissance politique. → *Pouvoir législatif*, chargé d'élaborer la loi (parlement). *Pouvoir exécutif*, chargé du gouvernement et de l'administration. *Pouvoir judiciaire* : justice. **6** Organes, hommes qui exercent le pouvoir. ◆ au plur. *Les pouvoirs publics*, les autorités.

**pouzzolane** [pudzɔlan] n. m. ▪ Roche volcanique légère et poreuse.

**P. Q.** n. m. ▪ fam. Papier hygiénique.

**practice** n. m. ▪ anglic. Terrain d'entraînement, au golf.

**præsidium** [prezidjɔm] n. m. ▪ hist. Organe directeur du Soviet suprême de l'U. R. S. S.

**pragmatique** adj. ▪ **1** Adapté à l'action concrète, qui concerne la pratique. → **pratique. 2** Du pragmatisme (1).

**pragmatisme** n. m. ▪ **1** philos. Doctrine selon laquelle n'est vrai que ce qui fonctionne réellement. **2** Souci de l'efficacité pratique. ▷ adj. et n. **pragmatiste**

**praire** n. f. ■ Mollusque comestible apprécié, coquillage vivant dans le sable.

**prairie** n. f. ■ **1** Terrain couvert d'herbe pour le bétail. **2** géogr. Steppe à herbages (notamment États-Unis, Canada).

**prâkrit** n. m. ■ didact. Ensemble des langues de l'Inde issues du sanskrit.

**praline** n. f. ■ **1** Amande rissolée dans du sucre. **2** en Belgique Bonbon au chocolat.

**praliné, ée** adj. ■ **1** Rissolé dans du sucre. **2** Mélangé de pralines pilées.

**praticable** ■ **I** adj. **1** Où l'on peut passer sans danger, sans difficulté (opposé à *impraticable*). **2** Que l'on peut mettre à exécution. → **réalisable**. *Projet praticable*. **II** n. m. théâtre Décor où l'on peut se mouvoir.

**praticien, ienne** n. ■ **1** Personne qui connaît la pratique d'un art, d'une technique. **2** Médecin qui exerce. → **clinicien.**

**pratiquant, ante** adj. et n. ■ (Personne) qui observe les pratiques d'une religion.

① **pratique** n. f. ■ **1** Activités volontaires visant des résultats concrets (opposé à *théorie*). *Dans la pratique*. **2** Manière concrète d'exercer une activité (opposé à *règle*, *principe*). *La pratique d'un art.* → *EN PRATIQUE* : en fait. *Mettre en pratique* : appliquer, exécuter. **3** Manière habituelle d'agir (propre à qqn, un groupe). → **usage. 4** vx Clientèle ; client.

② **pratique** adj. ■ **1** (épithète) Qui s'applique aux réalités, aux situations concrètes. *Manquer de sens pratique.* → (personnes) Qui a le sens du réel. **2** Qui concerne l'action. → *Travaux pratiques*, exercices d'application. **3** Qui concerne la réalité matérielle, utilitaire. *Des considérations pratiques*. **4** (choses, actions) Ingénieux et efficace.

**pratiquement** adv. ■ **1** Dans la pratique. **2** En fait. **3** Quasiment, pour ainsi dire.

**pratiquer** v. tr. ① ■ **1** Mettre en application (une prescription, une règle). → **observer.** → sans compl. d'objet Observer les pratiques religieuses. **2** Mettre en action, appliquer (une théorie, une méthode). → Exercer (un métier, une activité...). **3** Employer (un moyen, un procédé) d'une manière habituelle. **4** Exécuter (une opération manuelle) selon les règles. → **opérer. 5** Ménager (une ouverture, un abri). → au p. p. *Fenêtres pratiquées dans les murs.* **6** vx Fréquenter. → littér. *Pratiquer un livre, un auteur.*

**praxis** [-is] n. f. ■ didact. Activité concrète en vue d'un résultat.

**pré** n. m. ■ **1** Terrain produisant de l'herbe pour la nourriture du bétail. → **prairie ; pâturage.** → Étendue d'herbe. **2** loc. *Le pré carré* (de qqn), domaine réservé.

**pré-** Élément, du latin *prae* « devant », qui marque l'antériorité. → **anté- ;** contr. *post-*

**préadolescent, ente** n. ■ Jeune garçon, jeune fille qui a l'âge situé entre l'enfance et l'adolescence (la *préadolescence* n. f.). – abrév. fam. PRÉADO n.

**préalable** adj. et n. m. ■ **1** Qui a lieu, se fait ou se dit avant. **2** Qui doit précéder (qqch.). *Question préalable.* **3** n. m. Conditions d'une négociation. **4** *AU PRÉALABLE* loc. adv. → **d'abord, auparavant.** ▷ adv. **préalablement**

**préambule** n. m. ■ **1** dr. Introduction, exposé des motifs et des buts (d'un texte officiel). **2** Avant-propos, préface. **3** Entrée en matière. *Sans préambule.*

**préau** n. m. ■ Partie couverte d'une cour d'école.

**préavis** n. m. ■ Avertissement préalable imposé par la loi.

**prébende** n. f. ■ Revenu fixe accordé à un ecclésiastique. ▷ n. m. **prébendier**

**précaire** adj. ■ **1** Dont l'avenir, la durée, la stabilité ne sont pas assurés. → **éphémère, incertain. 2** dr. Révocable selon la loi.

**précambrien, enne** adj. ■ géol. Se dit des terrains les plus anciens, sans fossiles.

**précariser** v. tr. ① ■ Rendre précaire. ► se **précariser** v. pron. ▷ n. f. **précarisation**

**précarité** n. f. ■ littér. Caractère ou état de ce qui est précaire (surtout 1).

**précaution** n. f. ■ Disposition prise pour éviter un mal ou en atténuer l'effet. *Prendre des précautions.* → *Agir avec précaution.*

**se précautionner** v. pron. ① ■ littér. Prendre ses précautions (contre).

**précautionneux, euse** adj. ■ Qui prend des précautions. → **prudent.** ▷ adv. **précautionneusement**

**précédemment** [-amã] adv. ■ Antérieurement, auparavant.

**précédent, ente** ■ **I** adj. Qui précède (dans le temps ou l'espace). **II** n. m. Fait antérieur qui permet de comprendre un fait analogue ou qui sert de modèle. **2** *SANS PRÉCÉDENT* : inouï, jamais vu.

**précéder** v. tr. ⑥ ■ **I** (sujet chose) **1** Exister, se produire avant. ♦ Être avant, selon l'ordre logique ou spatial. **2** Être connu ou perçu avant. *Sa mauvaise réputation l'avait précédé.* **II** (personnes) **1** Exister avant. *Ceux qui nous ont précédés.* → **prédécesseur. 2** Aller devant ; arriver, se produire avant. **3** abstrait Devancer (qqn).

**préceltique** adj. ■ didact. Antérieur à la civilisation celtique.

**précepte** n. m. ■ Formule qui exprime un enseignement, une règle.

**précepteur, trice** n. ■ Personne chargée de l'éducation d'un enfant à domicile.

**précession** n. f. ■ phys. Mouvement de rotation d'un axe autour d'un axe fixe (gyroscope). ♦ astron. *PRÉCESSION DES ÉQUINOXES* : mouvement rétrograde des points équinoxiaux.

**préchauffer** v. tr. ① ■ Chauffer préalablement.

**prêche** n. m. ■ **1** Discours religieux. → **sermon. 2** fam. Discours moralisateur.

**prêcher** v. ① ■ I v. tr. **1** Enseigner (la révélation religieuse). **2** Conseiller, vanter (qqch.). → **prôner**. *Prêcher l'indulgence.* II v. intr. Prononcer un sermon (→ **prédicateur**). III v. tr. *PRÊCHER qqn*, lui enseigner la parole de Dieu. ♦ fam. Essayer de convaincre. *Vous prêchez un converti\*.*

**prêcheur, euse** n. ■ **1** vx → **prédicateur**. **2** péj. Personne qui aime à faire la morale.

**prêchi-prêcha** n. m. invar. ■ fam. Radotage moralisateur.

**précieusement** adv. ■ Comme il convient pour un objet précieux.

**précieux, euse** adj. ■ I **1** De grand prix, d'une grande valeur. *Pierres\* précieuses.* **2** Auquel on attache une grande valeur. ■ Particulièrement utile (à qqn). *Un temps précieux.* II n. au XVIIᵉ siècle Personne défendant un idéal moral et esthétique raffiné, un langage recherché. ← adj. *La littérature précieuse.* → **préciosité** (2).

**préciosité** n. f. ■ **1** littér. Doctrine du mouvement des précieux (II) du XVIIᵉ siècle et de tendances analogues. **2** Caractère recherché du langage, du style.

**précipice** n. m. ■ Vallée, anfractuosité profonde, aux flancs abrupts. → **gouffre**.

**précipitamment** adv. ■ Avec précipitation ; en grande hâte.

① **précipitation** n. f. ■ **1** Hâte excessive. ■ **2** Caractère hâtif.

② **précipitation** n. f. ■ **1** Phénomène à la suite duquel un corps solide (→ ② **précipité**) se forme dans un liquide sous l'effet d'un réactif. **2** *Précipitations (atmosphériques) :* chute de l'eau (pluie, neige, grêle...).

① **précipité, ée** adj. ■ **1** Très rapide dans son allure. *À pas précipités.* **2** Hâtif.

② **précipité** n. m. ■ Dépôt obtenu quand se produit la précipitation (②).

① **précipiter** v. tr. ① ■ **1** littér. Jeter ou faire tomber dans un lieu bas ou profond. ← passif *Il a été précipité dans le vide.* ← fig. Faire tomber d'une situation élevée. **2** Pousser, entraîner avec violence. **3** Faire aller plus vite. → **accélérer, hâter.** ► se **précipiter** v. pron. **1** Se jeter de haut. **2** (personnes) S'élancer brusquement. → se **dépêcher**, se **presser**. **3** (sujet chose) Prendre un rythme accéléré.

② **précipiter** v. ① ■ I v. tr. Faire tomber, faire se déposer (un corps en solution). II v. intr. Tomber par précipitation (②).

① **précis, ise** adj. ■ **1** Qui ne laisse pas place à l'indécision. *Règles précises.* **2** Perçu nettement. *Des contours précis.* ← Déterminé avec exactitude. *Un point précis sur la carte.* **3** Effectué de façon sûre. *Un geste précis.* **4** Qui agit avec précision. *Un homme précis.* **5** (grandeurs, mesures) Exactement calculé ou mesuré. → **juste.**

② **précis** n. m. ■ **1** Exposé précis et succinct. → **abrégé.** **2** Petit manuel.

**précisément** adv. ■ **1** D'une façon précise. *Répondre précisément.* **2** ellipt (dans une réponse) Oui, c'est cela même. ← *Pas précisément*, guère. **3** Juste, justement. *C'est précisément pour cela que je viens vous voir.*

**préciser** v. tr. ① ■ **1** Exprimer, présenter de façon plus précise. *Précisez votre idée.* **2** pronom. Devenir plus net.

**précision** n. f. ■ I **1** Caractère précis. **2** Façon précise d'agir. *La précision d'un tir.* **3** (→ ① précis (5)). *La précision d'un calcul.* II au plur. Ce qui permet une information sûre, sans ambiguïté.

**précoce** adj. ■ **1** (végétaux) Mûr avant le temps normal. → **hâtif. 2** Qui survient plus tôt que d'habitude. *Sénilité précoce.* **3** Qui se fait plus tôt que d'usage. *Mariage précoce.* **4** (personnes) En avance dans son développement. ▷ adv. **précocement** ▷ n. f. **précocité**

**précolombien, ienne** adj. ■ Relatif à l'Amérique avant la venue des Européens.

**préconçu, ue** adj. ■ Élaboré sans jugement critique ni expérience. → **préjugé.**

**préconiser** v. tr. ① ■ Recommander vivement. ▷ n. f. **préconisation**

**préconscient, ente** adj. ■ Qui n'est pas encore conscient (≠ *inconscient*).

**précontraint, ainte** adj. ■ *BÉTON PRÉCONTRAINT*, soumis à une compression préalable afin d'en augmenter la résistance.

**précurseur** ■ **1** n. m. Personne dont la doctrine, les œuvres en préparent une autre. *Les précurseurs du surréalisme.* **2** adj. m. Annonciateur. → **avant-coureur.**

**prédateur, trice** adj. et n. m. ■ (Animal) qui se nourrit de proies, détruit (d'autres animaux).

**prédécesseur** n. m. ■ **1** Personne qui a précédé (qqn) dans une fonction, une charge. **2** au plur. Précurseurs.

**prédelle** n. f. ■ arts Partie inférieure (à panneaux) d'un retable.

**prédestination** n. f. ■ **1** Doctrine selon laquelle Dieu destine certaines créatures au salut et voue les autres à la damnation. **2** littér. Détermination préalable d'événements.

**prédestiné, ée** adj. ■ **1** relig. Soumis à la prédestination divine. **2** *PRÉDESTINÉ À :* voué à (un destin). ▷ **prédestiner** v. tr. ①

**prédéterminer** v. tr. ① ■ didact. Déterminer d'avance. ▷ n. f. **prédétermination**

**prédicat** n. m. ■ didact. Ce qui, dans un énoncé, est affirmé à propos d'un autre terme, le thème. *Le prédicat correspond en général au verbe.*

**prédicateur** n. m. ■ relig. Celui qui prêche.

**prédication** n. f. ■ Action de prêcher.

**prédiction** n. f. ■ **1** Action de prédire. **2** Ce qui est prédit.

**prédigéré, ée** adj. ■ techn. Qui a été soumis à une digestion chimique préalable.

**prédilection** n. f. ■ Préférence marquée. ← *DE PRÉDILECTION* loc. adj. : préféré.

**prédire** v. tr. 37 sauf *prédisez* ▪ **1** Annoncer (un événement) comme devant se produire, sans indices rationnels. *Prédire l'avenir.* **2** Annoncer (une chose probable) comme devant se produire.

**prédisposer** v. tr. 1 ▪ Mettre dans une disposition favorable.

**prédisposition** n. f. ▪ Tendance naturelle (de qqn) à (un type d'activité). → **aptitude.**

**prédominer** v. intr. 1 ▪ (choses) Être le plus important. → **prévaloir.** ▷ n. f. **prédominance** ▷ adj. **prédominant, ante**

**préemballé, ée** adj. ▪ Se dit d'un produit alimentaire frais vendu sous emballage.

**prééminence** n. f. ▪ Supériorité absolue. → **primauté.** ▷ adj. **prééminent, ente**

**préemption** [-ãpsjɔ̃] n. f. ▪ dr. Action, droit d'acheter avant un autre.

**préétabli, ie** adj. ▪ Établi à l'avance.

**préexister** v. intr. 1 ▪ Exister antérieurement (à qqch.). ▷ adj. **préexistant, ante**

**préfabriqué, ée** adj. ▪ **1** Se dit d'éléments de constructions fabriqués en série et assemblés ultérieurement. ← n. m. *Du préfabriqué.* **2** fig. Composé, préparé à l'avance. ▷ n. f. **préfabrication**

**préface** n. f. ▪ Texte placé en tête d'un livre qui sert à le présenter au lecteur. ▷ **préfacer** v. tr. 3 ▷ n. **préfacier, ière**

**préfecture** n. f. ▪ **I 1** Charge de préfet. ▪ Services du préfet ; local où ils sont installés. **2** Ville où siège cette administration. → **chef-lieu.** ▪ Circonscription administrée par le préfet (→ **département**). **3** *PRÉFECTURE DE POLICE* : à Paris, services de direction de la police. **II** Division administrative et territoriale du Japon. ▷ adj. **préfectoral, ale, aux**

**préférable** adj. ▪ Qui mérite d'être préféré, choisi. ← impers. *Il est préférable que...* (+ subj.), *de* (+ inf.). ▷ adv. **préférablement**

**préféré, ée** adj. ▪ Le plus aimé, jugé le meilleur. ← n. → **favori.**

**préférence** n. f. ▪ **1** Jugement, sentiment par lequel on place une personne, une chose au-dessus des autres. ← *DE PRÉFÉRENCE* loc. adv. : → **plutôt.** ← *DE PRÉFÉRENCE À, PAR PRÉFÉRENCE À qqch.* loc. prép. → **plutôt** que. **2** Fait d'être préféré.

**préférentiel, ielle** adj. ▪ **1** Qui établit une préférence. *Tarif préférentiel.* ▷ adv. **préférentiellement 2** *Vote préférentiel*, qui permet de changer l'ordre des candidats.

**préférer** v. tr. 6 ▪ Considérer comme meilleur, supérieur (parmi plusieurs) ; choisir. ← (+ inf.) Aimer mieux.

**préfet** n. m. ▪ **1** Antiq. Haut magistrat romain. **2** en France Fonctionnaire représentant le pouvoir exécutif central à la tête d'une préfecture. ← *Préfet de région.* ♦ *Préfet de police.* **3** Prêtre chargé de la discipline (collèges religieux). **4** en Belgique Directeur d'athénée (de lycée).

**préfète** n. f. ▪ Femme d'un préfet (2).

**préfigurer** v. tr. 1 ▪ (sujet chose) Présenter par avance tous les caractères de (qqch. à venir). → **annoncer.** ▷ n. f. **préfiguration**

**préfixe** n. m. ▪ Élément de formation de mots, placé devant un radical (≠ *suffixe*).

**préfixer** v. tr. 1 ▪ Joindre (un élément) comme préfixe ; former avec un préfixe. ▷ n. f. **préfixation**

**prégnant, ante** [-gn-] adj. ▪ psych. Qui s'impose à l'esprit, à la perception.

**préhensile** adj. ▪ didact. Qui peut servir à prendre, à saisir. *Trompe préhensile.*

**préhension** n. f. ▪ didact. Faculté de saisir avec un organe (dit *préhenseur* (adj. m.)).

**préhistoire** n. f. ▪ **1** Événements concernant l'humanité avant l'apparition de l'écriture. ← Leur étude. **2** fig. *La préhistoire de l'aviation.* ▷ n. **préhistorien, ienne**

**préhistorique** adj. ▪ **1** Qui appartient à la préhistoire. **2** Très ancien, suranné.

**préhominiens** n. m. pl. ▪ sc. Hominiens les plus proches des hommes.

**préjudice** n. m. ▪ **1** Perte d'un bien, d'un avantage par le fait d'autrui ; acte ou événement nuisible. → **tort.** *Porter préjudice.* **2** Ce qui est nuisible pour (qqch.). ← littér. *SANS PRÉJUDICE DE* : sans renoncer à.

**préjudiciable** adj. ▪ Qui porte, peut porter préjudice (à qqn, à qqch.). → **nuisible.**

**préjugé** n. m. ▪ **1** Croyance, opinion préconçue ; parti pris. **2** didact. Indice qui permet de se faire une opinion.

**préjuger** v. tr. ind. 3 ▪ littér. ou dr. *PRÉJUGER DE* : porter un jugement prématuré sur.

**se prélasser** v. pron. 1 ▪ Se détendre, se reposer nonchalamment.

**prélat** n. m. ▪ Haut dignitaire catholique (cardinal, archevêque, etc.).

**prélatin, ine** adj. ▪ didact. Antérieur à la civilisation latine, au latin (langue).

**prélavage** n. m. ▪ Lavage préliminaire.

**prêle** ou **prèle** n. f. ▪ Plante à tige creuse et à épis, des lieux humides.

**prélèvement** n. m. ▪ **1** Action de prélever ; quantité qu'on prélève. **2** absolt méd. *Faire un prélèvement* (d'organe, de tissu, etc.).

**prélever** v. tr. 5 ▪ Prendre (une partie d'un ensemble).

**préliminaire ▪ I** adj. Qui précède, prépare (une autre chose considérée comme plus importante). **II** *PRÉLIMINAIRES* n. m. plur. **1** Négociations préalables. **2** Ce qui prépare un acte, un événement. → **prélude.**

**prélude** n. m. ▪ **1** Pièce musicale de forme libre (qui sert d'introduction). *Prélude et fugue.* **2** fig. Ce qui précède (qqch.).

**préluder** v. 1 ▪ **I** v. intr. mus. Jouer, chanter un prélude. **II** v. tr. ind. (sujet chose) *PRÉLUDER À* : se produire avant (une autre chose) en la laissant prévoir. → **annoncer.**

**prématuré, ée** adj. ■ **1** Qu'on ne pourra entreprendre que plus tard. **2** Entrepris, fait trop tôt. **3** Qui arrive avant le temps normal. → **précoce**. *Une mort prématurée.* **4** *Un enfant prématuré*, né avant terme. → n. *Un prématuré.*

**prématurément** adv. ■ Avant le temps habituel ou convenable.

**préméditation** n. f. ■ Dessein réfléchi d'accomplir une action (un délit).

**préméditer** v. tr. ⯈ ■ Décider, préparer avec calcul. → au p. p. *Un crime prémédité.*

**prémices** n. f. pl. ■ **1** hist. Premiers fruits de la terre, jeunes animaux offerts à la divinité. **2** littér. Commencement, début.

**premier, ière** ■ **I** adj. et n. (épithète ; souvent avant le nom) Qui vient avant les autres, dans un ordre (*premier, second, troisième..., dernier*). **1** Qui s'est produit, apparaît avant ; le plus ancien. *Le premier jour du mois.* → n. m. Premier jour. *Le premier de l'an (1ᵉʳ janvier).* → loc. *À première vue\*, au premier abord\*.* ♦ (attribut) *Arriver premier.* **2** Le premier à venir (dans le futur). *À la première occasion.* **3** Qui se présente avant (dans une série, un ordre). *Première partie.* **4** (après le nom) littér. Qui est dans l'état de son origine. → **originel, primitif.** ♦ *Matières\* premières.* **5** Qui se présente d'abord (dans l'espace). *La première (rue) à droite.* **6** Qui vient en tête pour l'importance, la valeur. → **meilleur, principal.** *Première qualité.* ♦ (personnes) *Le Premier ministre.* → (attribut) Qui vient avant les autres, dans un classement. *Sortir premier d'une école.* → n. *Le premier de la classe.* **7** didact. (après le nom) Qui n'est pas défini au moyen d'autre chose. *Vérités premières.* → *Nombre premier*, divisible uniquement par 1 et par lui-même (ex. 3, 7, 11, 13...). ♦ philos. Qui contient en soi la raison d'être des autres réalités. *Les causes premières.* **II** n. spécialt **1** *JEUNE PREMIER, JEUNE PREMIÈRE* : comédien, comédienne qui joue les premiers rôles d'amoureux. **2** n. m. anglic. Premier ministre (pays anglo-saxons). **III** *EN PREMIER* loc. adv. : d'abord.

**première** n. f. ■ **1** Première représentation, projection. ♦ Première fois qu'un événement important se produit. *C'est une grande première.* **2** loc. fam. *De première !*, remarquable, exceptionnel. **3** Classe qui précède les classes terminales. **4** Première vitesse d'une automobile.

**premièrement** adv. ■ D'abord, en premier lieu (dans une énumération). → **primo.**

**premier né, première-née** adj. et n. ■ Se dit du premier enfant. → **aîné.**

**prémisse** n. f. ■ **1** log. Chacune des deux propositions initiales d'un syllogisme. **2** Commencement d'une démonstration.

**prémolaire** n. f. ■ Dent située entre la canine et les grosses molaires.

**prémonition** n. f. ■ Pressentiment d'un événement futur. ▷ adj. **prémonitoire**

**prémunir** v. tr. ⯈ ■ littér. Protéger (qqn), mettre en garde (qqn contre qqch.).

**prenant, ante** adj. ■ **1** dr. *PARTIE PRENANTE*, partie qui reçoit de l'argent ou une fourniture. ♦ plus cour. Protagoniste. *Les parties prenantes d'un conflit.* **2** Qui captive en émouvant. **3** Qui accapare.

**prénatal, ale, als** adj. ■ Qui précède la naissance.

**prendre** v. 58 ■ **I** v. tr. **1** Mettre dans sa main (pour avoir avec soi, faire passer d'un lieu dans un autre, utiliser...). *Prendre un objet à pleine main.* → **attraper, empoigner, saisir.** → *Prendre qqch. des mains de qqn.* **2** Mettre avec soi, amener à soi. *Prends ton parapluie.* → **emporter.** → (compl. personne) *Je passerai vous prendre chez vous.* → **chercher.** **3** fig. *PRENDRE qqch. SUR SOI, sous sa responsabilité*, en accepter la responsabilité. → **assumer.** → *PRENDRE SUR SOI DE* : s'imposer de. **4** fig. Aborder, se mettre à considérer (qqch., qqn). *Prendre la vie du bon côté.* → *Prenons cet exemple.* → loc. adv. *À TOUT PRENDRE* : somme toute. → *PRENDRE BIEN, MAL qqch.*, l'accepter ou en souffrir. → *PRENDRE EN...* : avoir en. *Prendre qqn en grippe\*.* **5** Faire sien (une chose abstraite). *Il a pris un surnom. Prendre rendez-vous.* **6** Évaluer, définir (pour connaître). *Prendre sa température.* **7** Inscrire ou reproduire. *Prendre des notes, une photo.* **8** S'adjoindre (une personne). → **embaucher, engager.** → *Prendre pour, comme, à, en, en tant que... Il l'a prise comme assistante.* **9** *PRENDRE POUR* : croire qu'une personne, une chose est (autre ou autrement). *Prendre ses désirs pour des réalités.* → pronom. *Se prendre pour un génie.* → **se croire.** **10** Absorber, manger ou boire. *Prendre un verre.* → fig. *Prendre le frais\*.* **II** v. tr. **1** Agir de façon à avoir, à posséder (qqch., qqn). → **s'approprier. 2** → loc. *C'est à prendre ou à laisser\*.* **2** Posséder sexuellement. **3** Demander, exiger. *Combien prend-il ?*, quel est son prix ? → *Ce travail me prendra une heure.* **4** Conquérir. *Prendre le pouvoir.* **5** *PRENDRE qqch. À qqn* : s'emparer de. **6** Se saisir de (ce qui fuit, se dérobe). → **attraper, capturer. 7** Amener (qqn) à ses vues, à faire ce qu'on veut. *Prendre qqn par la douceur*, en le traitant doucement. → *Savoir prendre qqn*, obtenir de lui ce qu'on veut. **8** *PRENDRE qqn* (et compl. de manière). → **surprendre.** *On l'a pris en flagrant délit.* → *Prendre qqn à* (qqch., faire qqch.). *Je vous y prends !* **9** (sensation, sentiment) Saisir (qqn), faire sentir à (qqn). → passif *Être pris de vertiges.* ♦ fam. *Qu'est-ce qui vous prend ?* (se dit d'une attitude inattendue ou déplacée). → impers. *Il me prend l'envie d'aller le voir.* **10** *BIEN, MAL lui, vous... PREND DE* : cela a de bonnes, de fâcheuses conséquences. **III** v. tr. **1** Se mettre à utiliser, à avoir (sans appropriation). *Prendre le deuil. Prendre la plume*, écrire. *Prendre le lit*, s'aliter. ♦ Faire usage de (un véhicule). *Prendre l'avion.* ♦ S'engager dans. *Prendre un virage.* ♦ Emprunter (une voie de communication). *Prendre un raccourci.* **2** User à son gré de. *Prendre son temps.* **3** Se mettre à avoir, se donner. *Prendre une décision. Prendre l'avantage* sur qqn. ⇒ loc. *Prendre position. Prendre soin de...* **4** Commencer à avoir (une façon d'être). *Ça prend une mauvaise tournure.* ⇒ (sujet personne) loc. *Prendre de l'âge,* vieillir. *Prendre peur.* **5** Subir l'effet de. *Prendre feu,* s'enflammer. *Prendre froid.* **IV** v. intr. **1** (substances) Durcir, épaissir. *La mayonnaise a pris.* **2** (végétaux) Continuer sa croissance. *La bouture a pris.* **3** Le feu va prendre, se mettre à brûler. *Prendre son effet. Vaccin qui prend.* **5** Être cru, accepté. *À d'autres, ça ne prend pas !* ⇒ se **prendre** v. pron. **1** Se laisser attraper. ⇒ fig. *Se prendre au jeu\*.* **2** S'EN PRENDRE À. *Il ne pourra s'en prendre qu'à lui-même.* **3** SE PRENDRE DE : se mettre à avoir. *Se prendre d'amitié pour qqn.* **4** S'Y PRENDRE : agir d'une certaine manière. *Il s'y est mal pris.*

**preneur, euse** n. ■ **1** dr. Personne qui prend à bail, à ferme ; qui achète qqch. **2** loc. *Preneur de son* (→ **prise** de son).

**prénom** n. m. ■ Nom personnel qui précède le nom de famille.

**prénommer** v. tr. ① ■ Appeler d'un prénom. ⇒ se **prénommer** v. pron.

**prénuptial, ale, aux** adj. ■ Qui précède le mariage.

**préoccupant, ante** adj. ■ Qui préoccupe.

**préoccupation** n. f. ■ Souci, inquiétude qui occupe l'esprit.

**préoccuper** v. tr. ① ■ **1** Inquiéter fortement. → **tourmenter. 2** Occuper exclusivement (l'esprit, l'attention). ⇒ se **préoccuper** v. pron. S'occuper (de qqch.) avec inquiétude. ⇒ **préoccupé, ée** adj.

**préparateur, trice** n. ■ **1** Assistant d'un chercheur. **2** *Préparateur en pharmacie.*

**préparatifs** n. m. pl. ■ Dispositions prises pour préparer qqch. *Préparatifs de départ.*

**préparation** n. f. ■ **I 1** Action de préparer (qqch.). *La préparation du repas.* ⇒ *Roman EN PRÉPARATION.* ♦ Chose préparée. *Préparation pharmaceutique.* **2** littér. Manière de préparer (I, 4). **II** Action de préparer (qqn) ou de se préparer.

**préparatoire** adj. ■ Qui prépare (qqch., qqn). ⇒ *Cours préparatoire,* premier cours de l'enseignement primaire élémentaire. *Classes préparatoires aux grandes écoles.*

**préparer** v. tr. ① ■ **I 1** Mettre en état de fonctionner ou de servir. *Préparer la table.* → **mettre.** *Préparer le terrain.* **2** Faire tout ce qu'il faut pour (une opération, une œuvre, etc.). → **organiser.** *Préparer son départ.* ⇒ *Préparer un examen.* **3** Rendre possible, par son action. *On lui a préparé une surprise.* → **réserver. 4** Rendre possible ou probable. *Cela ne nous prépare rien de bon.* **II** Rendre (qqn) capable de, prêt à, par une action concertée. *Préparer un élève à l'examen.* ⇒ Mettre dans les dispositions d'esprit requises. *Préparer qqn à une mauvaise nouvelle.* ⇒ se **préparer** v. pron. **1** (réfl.) Se mettre en état, en mesure de faire (qqch.). **2** (passif) Être préparé. **3** Être près de se produire. *Un orage se prépare.*

**prépondérant, ante** adj. ■ Qui a plus de poids, qui l'emporte en autorité, en influence. *Jouer un rôle prépondérant.* ▷ n. f. **prépondérance**

**préposé, ée** n. ■ **1** Personne qui accomplit une fonction déterminée (subalterne). **2** admin. Facteur des postes.

**préposer** v. tr. ① ■ *Préposer qqn à...,* le charger d'assurer (un service, une fonction). ⇒ au passif *Il est préposé au nettoyage.*

**prépositif, ive** adj. ■ ling. À rôle de préposition. *Locution prépositive.*

**préposition** n. f. ■ Mot grammatical invariable, servant à introduire un complément (ex. à, de).

**prépotence** n. f. ■ vx Toute-puissance.

**prépresse** ou **pré-presse** n. m. ■ techn. Activités éditoriales précédant le traitement par l'imprimerie.

**prépuce** n. m. ■ Repli de peau qui entoure le gland de la verge.

**préquel** n. m. ou **préquelle** n. f. ■ Épisode d'un film dont l'action se situe avant celle des épisodes précédents.

**préraphaélite** n. et adj. ■ arts Se dit de peintres anglais (fin XIXᵉ s.) qui s'inspiraient de la peinture italienne d'avant Raphaël.

**prérégler** v. tr. ⑥ ■ techn. Régler à l'avance. ⇒ au p. p. *Récepteur préréglé.*

**prérequis** n. m. ■ anglic., admin. Conditions à remplir (pour une formation, etc.).

**préretraite** n. f. ■ Retraite anticipée.

**prérogative** n. f. ■ Avantage ou droit attaché à une fonction, un état, etc.

**préroman, ane** adj. ■ didact. **1** D'avant l'art roman (art médiéval). **2** Antérieur aux langues romanes.

**préromantique** adj. ■ Qui annonce le romantisme. ▷ n. m. **préromantisme**

**près** adv. ■ **I 1** À une distance considérée comme petite (opposé à *loin*). *Il habite tout près.* **2** loc. adv. *DE PRÈS.* (dans l'espace) *Regarder de trop près.* ♦ (dans le temps) *Deux événements qui se suivent de près.* **3** loc. prép. *PRÈS DE.* ⇒ **proche.** *Près d'ici.* ♦ Un peu moins de. *Il en manque près de la moitié.* ♦ Sur le point de. *Il était près d'arriver.* **II** loc. **1** À PEU PRÈS, presque, environ. *Il y a à peu près vingt minutes.* **2** À PEU DE CHOSE(S) PRÈS. ⇒ **presque.** ⇒ À BEAUCOUP PRÈS : avec de grandes différences. ⇒ À CELA PRÈS : cela étant mis à part. → **excepté, sauf. 3** À (quelque chose) PRÈS (degré de précision d'une évaluation). *Mesure au millimètre près.* ⇒ *Il n'en est pas à dix euros près.*

**présage** n. m. ■ **1** Signe d'après lequel on pense pouvoir prévoir l'avenir. **2** Ce qui annonce (un événement à venir).

**présager** v. tr. ③ ■ **1** littér. Être le présage de. → **annoncer.** ♦ cour. Faire présumer, supposer. *Cela ne présage rien de bon.* **2** littér. (sujet personne) Prévoir.

**pré-salé** n. m. ■ Mouton, agneau engraissé dans des pâturages côtiers.

**presbyte** adj. et n. ■ Atteint de presbytie.

**presbytère** n. m. ■ Habitation du curé, du pasteur dans une paroisse. → **cure.**

**presbytérien, ienne** adj. et adj. ■ Adepte d'une secte protestante calviniste.

**presbytie** n. f. ■ Vision trouble des objets rapprochés (→ **hypermétropie**).

**prescience** [-sjɑ̃s] n. f. ■ littér. Faculté ou action de prévoir. → **prémonition.**

**préscolaire** adj. ■ Relatif à la période qui précède celle de la scolarité obligatoire.

**prescripteur, trice** [-pt-] n. ■ **1** Personne qui prescrit. **2** Personne qui influe sur le choix de produits, de services.

**prescription** [-psjɔ̃] n. f. ■ **1** dr. Délai prévu par la loi, passé lequel la justice ne peut plus être saisie. ◆ dr. Acquisition par possession ininterrompue ; perte par non exercice. **2** Ordre expressément formulé.

**prescrire** v. tr. 39 ■ **1** Ordonner ou recommander expressément ; indiquer (ce qu'on exige). → Recommander, conseiller formellement. **2** (sujet chose) Exiger, réclamer. ► **prescrit, ite** adj.

**préséance** [-s-] n. f. ■ Droit de précéder (qqn) dans une hiérarchie protocolaire.

**présélection** [-s-] n. f. ■ Réglage préalable et sélection automatique.

**présence** n. f. ■ **1** (personnes) Fait d'être physiquement quelque part, auprès de qqn. → loc. *Faire ACTE DE PRÉSENCE.* → (nation) Fait de manifester son influence. *La présence française en Océanie.* **2** (choses) Fait qu'une chose soit dans le lieu où l'on est ou dont on parle. ◆ *PRÉSENCE D'ESPRIT,* faculté d'être prêt à répondre et réagir avec à-propos. **3** (acteurs) Manifestation de sa personnalité. ■ Caractère actuel, influent (de qqn, de qqch.) dans le monde culturel. **II 1** loc. prép. *EN PRÉSENCE DE qqn, DE qqch.* : en face de ; devant. **2** loc. adv. ou loc. adj. *EN PRÉSENCE* : dans le même lieu, face à face.

① **présent, ente** ■ adj. **I 1** Qui est dans le lieu, le groupe où se trouve la personne qui parle, ou dont on parle (opposé à *absent*). *Les personnes ici présentes* ou n. *les présents.* **2** (choses) *Métal présent dans un minerai.* **3** fig. *Présent à l'esprit,* à la mémoire. **II** (opposé à *futur* ou à *passé*) **1** Qui existe, se produit au moment où l'on parle ou dont on parle. → **actuel. 2** (avant le nom) Dont il est actuellement question. **3** Qui est au présent (②, I, 2).

② **présent** n. m. ■ **I 1** Partie du temps qui correspond à l'expérience immédiate. → Ce qui existe ou se produit alors. *Jouir du présent.* **2** gramm. Temps du verbe qui correspond à l'expression du temps de la communication, du temps qui coïncide avec le moment dont on parle (ex. je le vois demain), ou exprime un fait intemporel (ex. l'homme est mortel). **II** *À PRÉSENT* loc. adv. → **maintenant.** → *À PRÉSENT QUE* loc. conj. : maintenant que. → littér. *D'À PRÉSENT* loc. adj. : actuel.

③ **présent** n. m. ■ littér. Cadeau.

**présentable** adj. ■ Qui est digne d'être présenté, donné, montré.

**présentateur, trice** n. ■ **1** Personne qui présente qqch. au public. **2** Personne qui présente un spectacle. → **animateur.**

**présentation** n. f. ■ **1** Action de présenter une personne à une autre. *Faire les présentations.* **2** Apparence d'une personne. *Avoir une bonne présentation.* **3** Action de présenter (qqch.) à qqn. → spécialt *Présentation d'une collection de mode.* **4** Manière dont une chose est présentée. **5** méd. Manière dont le fœtus se présente pour l'accouchement.

**présentement** adv. ■ vieilli ou régional Au moment, à l'époque où l'on est.

**présenter** v. 1 ■ **I** v. tr. **1** Amener (une personne) en présence de qqn et la faire connaître. **2** Faire inscrire (à un examen, un concours, une élection). **3** Mettre (qqch.) à la portée, sous les yeux de qqn. → **montrer. 4** Faire connaître au public par une manifestation. *Présenter une émission, un spectacle.* **5** Disposer (ce qu'on expose à la vue du public). **6** Remettre (qqch.) à qqn en vue d'une vérification, d'un jugement. *Présenter un devis ; sa candidature.* **7** Exprimer, faire l'exposé de... *Présenter ses condoléances.* **8** Montrer, définir comme... *Présenter les choses telles qu'elles sont.* **9** Manifester, avoir. *Présenter un symptôme.* **II** v. intr. fam. (personnes) *PRÉSENTER BIEN (MAL)* : faire bonne (mauvaise) impression. ► **se présenter** v. pron. **1** Arriver en un lieu ; paraître (devant qqn). **2** Se faire connaître à qqn. **3** Venir se proposer au choix, à l'appréciation de qqn. → Subir les épreuves (d'un examen, d'un concours). → **passer. 4** (sujet chose) Apparaître, venir. *L'occasion ne s'est pas présentée.* **5** Apparaître sous un certain aspect ; être disposé d'une certaine manière.

**présentoir** n. m. ■ Dispositif pour présenter des marchandises.

**préservatif** n. m. ■ Enveloppe protectrice souple dont on recouvre la verge (contraceptif, etc.).

**préserver** v. tr. 1 ■ Garantir, mettre à l'abri ou sauver (d'un danger, d'un mal). → pronom. *Comment se préserver de la contagion ?* ▷ n. f. **préservation**

**présidence** n. f. ■ **1** Fonction de président ; sa durée. **2** Action de présider. ◆ Locaux, services d'un président.

**président, ente** n. ■ **1** Personne qui préside (une assemblée, une réunion, un groupement organisé) pour diriger les travaux. → *Président-directeur général d'une société* (P.-D. G.). **2** Le chef de l'État (dans une République). → hist. *Président du Conseil* (des ministres).

**présidentiel, ielle** adj. ■ Relatif à un président ; spécialt au président (2). *Élections présidentielles* ou n. f. *les présidentielles.*

**présider** v. tr. 1 ■ **1** Diriger à titre de président. **2** Occuper la place d'honneur dans (une manifestation).

**présocratique** adj. et n. m. ▪ didact. Se dit des philosophes grecs antérieurs à Socrate.

**présomptif, ive** [-pt-] adj. ▪ dr. *Héritier présomptif,* vraisemblable.

**présomption** [-psj5] n. f. ▪ **1** Fait de présumer ; opinion fondée sur la vraisemblance. **2** littér. Opinion trop avantageuse de soi-même.

**présomptueux, euse** [-pt-] adj. ▪ Qui fait preuve de présomption. → **prétentieux.** ▷ adv. **présomptueusement**

**presque** adv. ▪ **1** À peu près ; pas tout à fait. *Presque pas,* à peine. **2** littér. (modifiant un nom) → **quasi.**

**presqu'île** n. f. ▪ Partie saillante d'une côte, rattachée à la terre par un isthme.

**pressage** n. m. ▪ Opération par laquelle on presse, on fabrique en pressant.

**pressant, ante** adj. ▪ **1** Qui sollicite avec insistance. **2** Qui oblige ou incite à agir sans délai. *Un besoin pressant.*

**press-book** [pʀɛsbuk] n. m. ▪ anglic. Gros cahier de photos et documents (de presse ou pour la presse). *Des press-books.*

**presse** n. f. ▪ **I** littér. Foule très dense. **II 1** Mécanisme destiné à exercer une pression sur un solide pour comprimer ou laisser une impression. **2** spécialt Machine destinée à l'impression typographique. ◆ loc. *Mettre SOUS PRESSE :* imprimer. **III 1** Fait d'imprimer ; impression de textes. **2** *La presse :* publications périodiques (journaux, hebdomadaires) ; organismes qui s'y rattachent. ◆ loc. *Avoir bonne, mauvaise presse :* avoir des commentaires flatteurs ou défavorables. → **réputation. 3** Ensemble des moyens de diffusion de l'information journalistique. → **média.** ◆ loc. *Agence de presse.* **IV** Activité la plus intense dans certaines périodes (→ **presser** (II, 4)).

**presse-** Élément tiré du verbe *presser.*

**pressé, ée** adj. ▪ **1** Qui montre de la hâte, se presse. **2** Urgent, pressant. ◆ n. m. *Aller, parer au plus pressé.*

**presse-citron** n. m. ▪ Ustensile servant à presser certains fruits pour en extraire le jus. *Des presse-citrons.*

**pressentiment** n. m. ▪ Connaissance intuitive d'un événement qui ne peut être connu par le raisonnement. → **prémonition.**

**pressentir** v. tr. 16 ▪ **1** Prévoir vaguement. *Il pressentait un malheur.* ◆ Entrevoir (une intention cachée, une intrigue). **2** Proposer à (qqn) des responsabilités.

**presse-papiers** n. m. invar. ▪ Objet lourd qu'on pose sur les papiers pour les maintenir.

**presse-purée** n. m. invar. ▪ Ustensile qui réduit les légumes en purée.

**presser** v. tr. 1 ▪ **I 1** Serrer (qqch.) de manière à extraire un liquide. ← au p. p. *Orange pressée,* le jus. **2** Serrer pour comprimer, marquer une empreinte. *Presser un disque,* l'éditer à partir d'une matrice. **3** Serrer ou appuyer fortement. ◆ Exercer une poussée sur. → **appuyer.** *Pressez le bouton.* **II** fig. **1** (sujet personne) Pousser vivement (qqn) à faire qqch. *Il presse ses amis d'agir.* **2** Faire que (qqn) se dépêche, se hâte. *Rien ne vous presse.* ← (compl. chose) → **accélérer, activer.** *Presser le pas.* **3** PRESSER qqn DE... : harceler. *On le presse de questions.* **4** intrans. Être urgent ; ne laisser aucun délai. *Le temps presse.* ► se **presser** v. pron. **1** S'appuyer fortement. **2** Être ou se disposer en foule compacte. *Les gens se pressaient à l'entrée.* **3** Se hâter. → se **dépêcher ; pressé.**

**pressing** n. m. ▪ anglic. Repassage à la vapeur ; établissement de pressing.

**pression** n. f. ▪ **I 1** Force qui agit sur une surface précise ; mesure de cette force. ← *SOUS PRESSION,* dont la vapeur est à une pression suffisante pour la marche. ◆ *Pression atmosphérique. Hautes* (→ **anticyclone**)*, basses pressions* (→ **cyclone, dépression**). **2** Action de presser ; force (de ce qui presse). **3** *Bière (à la) pression,* mise sous pression et tirée directement. **4** fig. Influence, action persistante qui tend à contraindre. loc. *Groupe de pression.* → anglic. **lobby. II** n. f. ou m. Petit bouton métallique en deux parties qui se referme par pression (syn. *bouton-pression*).

**pressoir** n. m. ▪ Machine servant à presser (certains fruits ou graines). *Pressoir à huile.* ← spécialt Pressoir à vin.

**pressurer** v. tr. 1 ▪ **1** Presser (des fruits, des graines) pour en extraire un liquide. **2** fig. Tirer de (qqn, qqch.) tout ce qu'on peut. ▷ n. m. **pressurage**

**pressuriser** v. tr. 1 ▪ Maintenir à une pression d'air normale (un avion, un véhicule spatial). ► **pressurisé, ée** adj. ▷ n. f. **pressurisation**

**prestance** n. f. ▪ Aspect imposant (d'une personne).

**prestataire** n. m. ▪ **1** Personne qui bénéficie d'une prestation. **2** *Prestataire de services :* vendeur, fournisseur de services.

**prestation** n. f. ▪ **I 1** dr. Ce qui doit être fourni ou accompli en vertu d'une obligation. **2** Allocation versée au titre d'une législation sociale. **3** (emploi critiqué) Performance publique (d'un athlète, d'un artiste, d'un homme politique). **II** *Prestation de serment :* action de prêter (serment).

**preste** adj. ▪ littér. Prompt et agile. ▷ adv. **prestement** ▷ n. f. **prestesse**

**prestidigitateur, trice** n. ▪ Personne qui, par manipulations, truquages, produit des illusions de magie.

**prestidigitation** n. f. ▪ Technique, art du prestidigitateur.

**prestige** n. m. ▪ Attrait de ce qui frappe l'imagination, impose l'admiration. → **ascendant, séduction.** ▷ adj. **prestigieux, euse**

**prestissimo** adv. ▪ mus. Très vite.

**presto** adv. ▪ **1** mus. Vite. **2** fam. Rapidement. → *Subito\* presto.*

**présumer** v. tr. 🗌 ▪ **1** v. tr. Donner comme probable. → **conjecturer, supposer ; présomption.** → (au passif + attribut) *Tout homme est présumé innocent...* **2** v. tr. ind. *PRÉSUMER DE.* Avoir trop bonne opinion de, compter trop sur (→ **présomptueux**).

**présupposer** [-sy-] v. tr. 🗌 ▪ littér. (sujet chose) Supposer préalablement. → **impliquer.** → au p. p. subst. *Un présupposé,* ce qui est supposé et non exprimé.

**présupposition** [-sy-] n. f. ▪ littér. Supposition préalable, non formulée.

**présure** n. f. ▪ Substance qui fait cailler le lait.

① **prêt, prête** adj. ▪ **1** Qui est en état, est devenu capable (de faire qqch.) grâce à une préparation matérielle ou morale. ◆ *PRÊT(E) À* (+ inf.) : disposé(e) à, préparé(e) pour. ◆ *Prêt à tout.* ◆ *Prêt pour* (qqch.). **2** (choses) Mis en état (pour une utilisation). *Tout est prêt pour la recevoir.* ◆ Préparé. *Le café, le repas est prêt.*

② **prêt** n. m. ▪ **1** Action de prêter qqch. ; ce qui est prêté. → spécialt (somme d'argent) *Demander un prêt.* → **emprunt. 2** Solde du militaire qui fait son service.

**prêt-à-porter** [pret-] n. m. ▪ collectif Vêtements de confection (opposé à *sur mesure*).

**prêté** n. m. ▪ loc. *Un prêté pour un rendu,* un échange de bons ou de mauvais procédés.

**prétendant, ante** n. ▪ **1** Personne qui prétend au trône. **2** n. m. Homme qui souhaite épouser une femme.

**prétendre** v. tr. 41 ▪ **1** Avoir la ferme intention, le droit, le pouvoir de. *Je prétends être obéi.* **2** v. tr. ind. littér. *PRÉTENDRE À :* aspirer ouvertement à, revendiquer. **3** Affirmer ; oser donner pour certain (sans convaincre). → pronom. *Il se prétend persécuté :* il prétend qu'il est persécuté.

**prétendu, ue** adj. ▪ (placé avant le nom) Qui passe à tort pour ce qu'il n'est pas. → **soi-disant.**

**prétendument** adv. ▪ Faussement.

**prête-nom** n. m. ▪ Personne qui assume des responsabilités à la place de qqn. *Des prête-noms.*

**prétentaine** n. f. ▪ loc. vx ou plais. *COURIR LA PRÉTENTAINE :* avoir des aventures galantes.

**prétentieux, euse** adj. ▪ Qui est trop satisfait de ses mérites. – n. *Un prétentieux.* ◆ Qui dénote de la prétention. ▷ adv. **prétentieusement**

**prétention** n. f. ▪ **1** souvent au plur. Revendication, exigence fondée sur un droit ou un privilège. *Quelles sont vos prétentions ?* (en matière de rémunération). **2** Haute idée que l'on se fait de ses propres capacités. **3** (sans compl.) Présomption, vanité. → *Sans prétention,* simple.

**prêter** v. 🗌 ▪ **I** v. tr. **1** Mettre (qqch.) à la disposition de qqn pour un temps déterminé (→ ② **prêt**). → loc. *Prêter attention, prêter l'oreille à qqch.* → v. pron. *SE PRÊTER À :* consentir à, supporter ; (sujet chose) pouvoir s'appliquer à. **2** Fournir (une chose) à la condition qu'elle sera rendue (s'oppose à *donner*). *Prêter de l'argent à qqn.* **3** Attribuer ou proposer d'attribuer (un caractère, un acte) à qqn. *On lui prête des propos...* → prov. *On ne prête qu'aux riches.* **4** v. tr. ind. *PRÊTER À :* donner matière à. *Sa prétention prête à rire.* **II** v. intr. (matière non élastique) Pouvoir s'étirer, s'étendre.

**prétérit** [-it] n. m. ▪ Forme temporelle du passé dans certaines langues (allemand, anglais).

**préteur** n. m. ▪ Antiq. Juge romain ; gouverneur de province.

**prêteur, euse** n. ▪ **1** Personne qui prête de l'argent. **2** Personne qui fait métier de prêter à intérêt. *Un prêteur sur gages.*

① **prétexte** adj. ▪ Antiq. *TOGE PRÉTEXTE,* des jeunes patriciens romains, blanche à bords pourpres.

② **prétexte** n. m. ▪ **1** Raison donnée pour dissimuler le véritable motif d'une action. → loc. *SOUS... PRÉTEXTE,* pour (telle) raison. *Sous aucun prétexte,* en aucun cas. **2** Ce qui permet de faire qqch. ; occasion.

**prétexter** v. tr. 🗌 ▪ Alléguer, prendre pour prétexte.

**prétoire** n. m. ▪ **I** Antiq. Tribunal où le préteur rendait la justice. **II** littér. Salle d'audience d'un tribunal.

**prétorien, ienne** adj. ▪ Antiq. Du préteur. ◆ *Garde prétorienne :* garde personnelle.

**prêtre** n. m. ▪ **1** Membre du clergé catholique. → **abbé, curé, ecclésiastique. 2** Ministre d'une religion (sauf quand il existe un mot spécial : *pasteur, rabbin...*).

**prêtresse** n. f. ▪ Antiq. Femme ou jeune fille attachée au culte.

**prêtrise** n. f. ▪ Dignité de prêtre (1).

**preuve** n. f. ▪ **1** Ce qui sert à établir qu'une chose est vraie. → loc. *(Croire) jusqu'à preuve du contraire.* Preuve par l'absurde\*. ◆ Acte, réalité qui atteste un sentiment, une intention. *Une preuve d'amour.* → **marque.** → *FAIRE PREUVE DE.* → **montrer.** ◆ *Faire ses preuves,* montrer ses capacités. **2** Exemple probant (personne ou chose). **3** dr. Démonstration de l'existence d'un fait matériel ou d'un acte juridique. **4** Opération qui sert de vérification. → *PREUVE PAR NEUF* (fig. preuve irréfutable).

**preux** adj. m. ▪ vx Brave, vaillant.

**prévaloir** v. intr. 29 sauf subj. prés. : *que je prévale* ▪ **1** littér. (sujet chose) L'emporter. **2** v. pron. *SE PRÉVALOIR DE qqch.,* le faire valoir pour en tirer avantage. → Tirer vanité (de qqch.). → **s'enorgueillir.**

**prévarication** n. f. ▪ dr. Grave manquement d'un fonctionnaire, d'un homme d'État, aux devoirs de sa charge (abus d'autorité, concussion...). ▷ adj. et n. **prévaricateur, trice**

**prévenance** n. f. ▪ **1** Disposition prévenante. **2** (souvent au plur.). Action, parole qui en témoigne.

**prévenant, ante** adj. ▪ Qui prévient les désirs d'autrui, est plein d'attentions délicates. → **attentionné.**

**prévenir** v. tr. 22 auxiliaire *avoir* ▪ **I** (Précéder, devancer) **1** Aller au-devant de (un besoin, un désir) pour le satisfaire (→ **prévenance**). **2** Empêcher par la prévention (I, 2). **3** Éviter (une chose gênante) en prenant les devants. *Prévenir une objection.* **II** Avertir, mettre au courant (qqn) d'une chose à venir, spécialt pour y remédier. *Il faut prévenir le médecin.*

**préventif, ive** adj. ▪ **I** Qui tend à empêcher (une chose fâcheuse) de se produire. → *Médecine préventive.* ▷ adv. **préventivement II** dr. Appliqué aux prévenus (①).

**prévention** n. f. ▪ **I 1** Préjugé, sentiment irraisonné d'attirance ou de répulsion. **2** Ensemble de mesures préventives contre des risques. *La prévention routière.* **II** dr. **1** Situation d'un prévenu (①). **2** ancient Détention préventive.

**préventorium** [-jɔm] n. m. ▪ ancient Clinique pour prévenir la tuberculose.

**① prévenu, ue** adj. et n. ▪ (Personne) citée devant un tribunal pour répondre d'un délit.

**② prévenu, ue** adj. ▪ Qui a de la prévention (I, 1), des préventions (contre ou pour).

**prévisible** adj. ▪ Qui peut être prévu.

**prévision** n. f. ▪ **1** Action de prévoir. → loc. prép. *EN PRÉVISION DE* : en pensant que telle chose arrivera. **2** (rare au sing.) Opinion quant aux choses futures. → *Prévisions météorologiques.* ▷ adj. **prévisionnel, elle**

**prévoir** v. tr. 24 ▪ **1** Imaginer à l'avance comme probable (un événement futur). **2** Envisager (des possibilités). → au p. p. *Les cas prévus par la loi.* **3** Organiser d'avance, décider pour l'avenir. *Prévoir des réparations.* ♦ au p. p. *Tout s'est déroulé comme prévu.*

**prévôt** n. m. ▪ **1** hist. Officier, magistrat, sous l'Ancien Régime. **2** Officier de gendarmerie aux armées. ▷ n. f. **prévôté 3** ancient Détenu faisant office de surveillant.

**prévoyant, ante** adj. ▪ Qui prévoit avec perspicacité ; qui prend des dispositions en vue de ce qui doit ou peut arriver. ▷ n. f. **prévoyance**

**priape** n. m. ▪ didact. Membre viril en érection. → **phallus.** ▷ adj. **priapique**

**prie-Dieu** n. m. invar. ▪ Siège bas sur lequel on s'agenouille pour prier.

**prier** v. 7 ▪ **I 1** v. intr. Faire des prières*. **2** v. tr. S'adresser à (Dieu, un être surnaturel) par la prière. **II** v. tr. **1** Demander (à qqn) avec humilité ou déférence. → *SE FAIRE PRIER* : n'accorder qu'après des refus. *Sans se faire prier,* volontiers. **2** (sens faible) Demander. *Je te prie, je vous prie* (→ s'il vous plaît). ♦ vieilli Inviter. *Être prié à déjeuner.* **3** Demander avec fermeté à (qqn). *Prier qqn de se taire.*

**prière** n. f. ▪ **1** Mouvement intérieur tendant à une communication avec Dieu. ♦ Formule à cet effet, consacrée par une religion. **2** Action de prier (II) qqn ; demande instante. → ellipt *PRIÈRE DE* (+ inf.), vous êtes priés de.

**prieur, eure** n. ▪ Supérieur(e) de couvent.

**prieuré** n. m. ▪ Couvent dirigé par un(e) prieur(e) ; église de ce couvent.

**prima donna** n. f. invar. ▪ Première chanteuse d'un opéra. → **diva.**

**primaire** adj. ▪ **I 1** Du premier degré, en commençant. → *Enseignement primaire* et n. m. *le primaire,* du premier degré (opposé à *secondaire*). → *Élection primaire* et n. m. *les primaires* : élection pour désigner les candidats. **2** péj. (esprit, idées...) Simpliste et borné. **II 1** Qui est, qui vient en premier dans le temps, dans une série. *Couleurs primaires,* non mélangées (bleu, jaune, rouge). → *Ère primaire* et n. m. *le Primaire,* période de formation des terrains (dits *primaires*) succédant au précambrien, où se rencontrent les plus anciens fossiles. **2** écon. *Secteur primaire* ; n. m. *le primaire* : domaine des activités productrices de matières non transformées. → *Énergie primaire,* non transformée.

**primal, ale, aux** adj. ▪ anglic., psych. *Thérapie primale,* qui se propose de faire revivre au patient ce qui est à l'origine de sa névrose.

**① primat** n. m. ▪ Prélat ayant la prééminence sur plusieurs évêchés. ▷ adj. **primatial, ale, aux**

**② primat** n. m. ▪ didact. Primauté.

**primate** n. m. ▪ didact. Animal (mammifère : grands singes, homme) à cerveau développé, dentition complète, main préhensile.

**primauté** n. f. ▪ Caractère de ce qu'on met au premier rang. → **prééminence.**

**① prime** adj. ▪ **1** dans des loc. Premier. *De prime abord*. *Dans sa prime jeunesse.* **2** math. (symbole, lettre) Affecté d'un seul accent. *Le point A prime (A').*

**② prime** n. f. ▪ **1** Somme que l'assuré doit payer à l'assureur. **2** Argent alloué à titre d'encouragement, de faveur ou de récompense. **3** Objet remis à titre gratuit à un acheteur. → **cadeau.** → *EN PRIME* : par-dessus le marché.

**① primer** v. intr. 1 ▪ (sujet chose) L'emporter. → trans. *La force prime le droit.*

**② primer** v. tr. 1 ▪ Récompenser par un prix. ▶ **primé, ée** p. p.

**primerose** n. f. ▪ Rose trémière.

**primesautier, ière** [-sotje, -jɛʀ] adj. ▪ Qui agit, parle spontanément.

**prime time** [prajmtajm] n. m. ▪ anglic., audiovisuel Partie des programmes de télévision correspondant au début de la soirée, heure de la plus grande écoute.

**primeur** n. f. ▪ I littér. Caractère de ce qui est tout nouveau. *Avoir la primeur de qqch.*, être le premier à l'avoir. II au plur. Premiers fruits, premiers légumes récoltés avant ou dans leur saison.

**primevère** n. f. ▪ Plante herbacée à fleurs colorées qui fleurit au début du printemps.

**primitif, ive** adj. et n. ▪ I adj. 1 Qui est à son origine ou près de son origine. 2 Qui est le plus ancien ou à l'origine. → **initial, originel.** 3 n. f. math. *Primitive d'une fonction,* qui admet cette fonction pour dérivée. 4 Se dit (à tort) des groupes humains à tradition orale, dont les formes sociales et les techniques sont différentes de celles des sociétés industrielles. ← *L'art primitif.* 5 (personnes) Simple et grossier. ◆ (choses) *Un procédé primitif.* II n. m. 1 Personne d'un groupe social préindustriel. 2 Artiste (peintre) antérieur à la Renaissance, en Europe occidentale.

**primitivement** adv. ▪ À l'origine.

**primo** adv. ▪ D'abord, en premier lieu.

**primodélinquant, ante** n. ▪ dr. Personne qui commet un premier délit.

**primo-infection** n. f. ▪ Première infection (surtout tuberculeuse). *Des primo-infections.*

**primordial, ale, aux** adj. ▪ De première importance. → **capital, fondamental.**

**prince** n. m. ▪ 1 didact. ou littér. Celui qui possède une souveraineté (à titre principal et héréditaire) et qui règne. ◆ loc. *Le fait du prince* : acte arbitraire et contraignant du gouvernement. ◆ Souverain régnant sur une principauté. 2 Celui qui appartient à une famille souveraine ; titre des membres de la famille royale, en France. *Les princes du sang* : les proches parents du souverain. 3 en France Titulaire du plus haut titre de noblesse. 4 loc. *Être BON PRINCE* : faire preuve de générosité et de tolérance.

**prince de Galles** n. m. invar. ▪ Tissu de laine, à lignes fines croisées.

**princeps** [pʀɛ̃sɛps] adj. ▪ didact. *Édition princeps* : première édition (d'un ouvrage ancien et rare).

**princesse** n. f. ▪ 1 Fille ou femme d'un prince, fille d'un souverain. ◆ loc. fig. *Aux frais de la princesse,* de l'État, d'une collectivité. 2 *Haricots princesse(s),* à longue cosse.

**princier, ière** adj. ▪ 1 De prince, de princesse. 2 fig. Somptueux. ▷ adv. **princièrement**

**principal, ale, aux** adj. et n. ▪ I 1 Qui est le plus important (parmi plusieurs). → **capital, essentiel.** 2 gramm. adj. et n. f. *(Proposition) principale,* la proposition dont les autres (subordonnées) dépendent. 3 (personnes) Qui a le plus d'importance. *Le principal intéressé.* II 1 n. m. Ce qu'il y a de plus important. *Il va mieux, c'est le principal.* 2 n. Directeur (d'un collège d'enseignement secondaire).

**principalement** adv. ▪ Avant les autres choses, par-dessus tout. → **surtout.**

**principauté** n. f. ▪ Petit État indépendant dont le souverain est prince ou princesse.

**principe** n. m. ▪ I 1 didact. Cause première active. → **fondement, origine, source.** 2 *Le principe actif* (d'un médicament, d'une plante). II 1 didact. Proposition première, posée et non déduite. → **axiome, postulat, prémisse.** 2 Proposition fondamentale ; énoncé d'une loi générale. *Le principe d'Archimède.* 3 au plur. Connaissances de base. → **rudiment.** III 1 Règle d'action constituant un modèle ou un but. *Partons du principe que...* ◆ *POUR LE PRINCIPE* : pour une raison théorique. 2 au plur. Les règles morales (d'une personne, d'un groupe). IV loc. *PAR PRINCIPE* : par une décision a priori. ← *DE PRINCIPE.* ← *EN PRINCIPE* : théoriquement.

**printanier, ière** adj. ▪ Du printemps. ◆ *Tenue printanière,* légère, claire, fleurie.

**printemps** [-tã] n. m. ▪ 1 La saison qui va du 20 ou 21 mars *(équinoxe de printemps)* au 21 ou 22 juin (solstice d'été) dans l'hémisphère nord. 2 fig., littér. *Le printemps de la vie,* la jeunesse. ◆ Période de libéralisation. *Le printemps de Prague. Le printemps arabe.* 3 vieilli ou littér. (d'une personne jeune) Année.

**prion** n. m. ▪ Protéine infectieuse (forme altérée d'une protéine naturelle).

**prioriser** v. tr. 1 ▪ 1 Donner la priorité à. 2 Définir les priorités de. *Prioriser les besoins d'un foyer.* ← absolt *Savoir prioriser.*

**prioritaire** adj. ▪ Qui a la priorité. *Véhicules prioritaires.* ▷ adv. **prioritairement**

**priorité** n. f. ▪ 1 Caractère de ce qui vient, passe en premier, de ce temps. *En priorité* : d'abord. 2 Droit de passer le premier. *Priorité à droite.* ← *Carte de priorité.*

**pris, prise** adj. ▪ 1 (opposé à *libre*) Occupé. *Cette place est-elle prise ?* → *Je suis très pris ce mois-ci.* 2 *PRIS DE* : subitement affecté de. *Être pris de boisson,* ivre. 3 (organe) Atteint d'une affection. ← *Avoir. Taille bien prise,* bien faite. 5 Durci, coagulé. ← *L'étang est pris,* gelé.

**prise** n. f. ▪ I 1 Manière de saisir et d'immobiliser l'adversaire. *Prise de judo.* ◆ loc. fig. *Prise de bec*\*. ← loc. *ÊTRE AUX PRISES AVEC* : être en lutte contre. ← *LÂCHER PRISE* (fig. abandonner). 2 Endroit, moyen par lequel une chose peut être tenue. ← spécialt Endroit d'un rocher, d'une paroi où l'on peut s'agripper. ◆ loc. fig. *DONNER PRISE À* : s'exposer à. ← *AVOIR PRISE SUR* (qqn, qqch.) : avoir un moyen d'agir sur. 3 Action de s'emparer. *La prise de la Bastille.* ◆ Ce qui est pris (chasse, pêche, vol...). *Une belle prise.* II (dans des loc.) 1 *PRISE D'ARMES* : parade militaire. ◆ loc. *Prise d'otages.* 4 *DE vue*\*) : tournage d'un plan. ◆ *PRISE DE SON* : enregistrement. 3 *PRISE DE SANG* : prélèvement de sang pour une analyse, une transfusion. 4 *PRISE DIRECTE* : position du changement de vitesse assurant la transmission du mouvement moteur. ← fig. *En prise (directe) sur,* en contact direct

PRISER

… 574

et actif. **5** (Dispositif qui prend). *PRISE D'EAU* : robinet, vanne où l'on peut prendre de l'eau. ◆ *PRISE DE COURANT ; PRISE (ÉLECTRIQUE)* : dispositif de contact électrique. **6** Quantité (de médicaments, drogue, tabac) absorbée en une fois. **III** fig. Action, fait de se mettre à avoir (correspond à *prendre* + n.). *Prise de contact. Prise de conscience ; prise de position.* ◆ *Prise en charge ; en considération.* **IV** Fait de prendre, de durcir. *Ciment à prise rapide.*

① **priser** v. tr. ⎡1⎤ ▪ littér. Donner du prix à. → **apprécier, estimer.**

② **priser** v. tr. ⎡1⎤ ▪ Aspirer (du tabac) par le nez.

**prismatique** adj. ▪ **1** Du prisme. ► Qui a la forme d'un prisme. **2** Muni d'un prisme (2) optique.

**prisme** n. m. ▪ **1** Polyèdre à deux bases parallèles et dont les faces sont des parallélogrammes. **2** Prisme en matière transparente qui a la propriété de dévier et de décomposer la lumière (→ **spectre**).

**prison** n. f. ▪ **I 1** Établissement clos aménagé pour recevoir des délinquants ou des prévenus privés de liberté. **2** fig., littér. Ce qui enferme, emprisonne. **II** Peine privative de liberté. → **détention, emprisonnement, réclusion.** *Deux ans de prison.*

**prisonnier, ière** ▪ **I** n. **1** Personne tombée aux mains de l'ennemi et retenue. *Prisonnier de guerre.* **2** Personne détenue dans une prison. **II** adj. Enfermé ou maintenu sans liberté d'action. *Bateau prisonnier des glaces.* ► fig. (personnes) *Prisonnier de* : esclave de.

**privatif, ive** adj. ▪ **1** Dont on a la jouissance exclusive mais non la propriété. *Jardin privatif.* **2** gramm. Qui marque l'absence d'un caractère donné. **3** dr. Qui entraîne la privation de. *Peine privative de liberté.*

**privation** n. f. ▪ **1** Action de priver (d'une chose dont l'absence entraîne un dommage) ; fait d'être privé. ► dr. *Privation des droits civils.* **2** surtout plur. Fait d'être privé de choses nécessaires.

**privatiser** v. tr. ⎡1⎤ ▪ Transférer au secteur privé (une entreprise publique). ► **privatisé, ée** p. p. ▷ n. f. **privatisation**

**privauté** n. f. ▪ littér. Familiarité excessive.

**privé, ée** adj. ▪ **1** Où le public n'est pas admis. *Club privé.* ► *EN PRIVÉ* loc. adv. **2** Individuel, particulier (opposé à *collectif, commun, public*). *Des intérêts privés. École privée.* **3** Personnel. → **intime.** *Vie privée.* ► n. m. *Ils se tutoient dans le privé.* **4** Qui n'a aucune part aux affaires publiques. (opposé à *officiel*) *À titre privé.* **5** (opposé à *public, national*) Qui n'est pas d'État, ne dépend pas de l'État. *Le secteur privé* ou n. m. fam. *le privé.* **6** Détective* privé. ► n. m. fam. *Un privé.*

**priver** v. tr. ⎡1⎤ ▪ Empêcher (qqn) de jouir d'un bien, d'un avantage ; lui refuser ce qu'il espère. *Priver un héritier de ses droits.* ► **se priver (de)** v. pron. Renoncer volontairement (à).

**privilège** n. m. ▪ **1** Droit, avantage particulier accordé en dehors de la loi commune. *Les anciens privilèges de la noblesse.* **2** Avantage, faveur que donne qqch. **3** Apanage naturel. *Le privilège de* (→ le propre de).

**privilégié, ée** adj. ▪ **1** Qui bénéficie de privilèges. ◆ spécialt Qui jouit d'avantages matériels considérables. ► n. *Les privilégiés.* **2** (choses) littér. Exceptionnel ; qui convient mieux que tout autre.

**privilégier** v. tr. ⎡7⎤ ▪ Doter d'un privilège ; accorder une importance particulière à (qqn, qqch.). → **avantager, favoriser.**

**prix** n. m. ▪ **I 1** Rapport d'échange entre un bien ou un service et la monnaie. → **coût, valeur.** ► *Y mettre le prix* : payer ce qu'il faut. ► *Au prix fort* : sans remise. *Un prix fou, excessif.* ► *Prix d'ami,* consenti par faveur (plus bas). *Je vous fais un prix,* une réduction. ► *Prix toutes taxes comprises (T. T. C.).* ◆ *PRIX DE REVIENT* : somme des coûts d'achat, de production et de distribution. ◆ loc. *DE PRIX* : qui coûte cher. ► *HORS DE PRIX* : extrêmement coûteux. ◆ *Mettre À PRIX* : proposer en vente. *Mise à prix.* ► fig. *Sa tête est mise à prix,* une récompense est promise à qui le capturera. **2** Étiquette, marque indiquant le prix. **3** hist. *LE PRIX DU SANG* : la peine à subir pour avoir causé la mort d'une personne. **4** fig. Ce qu'il en coûte pour obtenir qqch. *Le prix de la gloire.* → **rançon.** ► (dans des loc.) Valeur. *Donner du prix à qqch.* ► *Je ne céderai À AUCUN PRIX,* jamais. ► *À TOUT PRIX* : quoi qu'il puisse en coûter. ▪ **II 1** Récompense honorifique décernée. *Le prix Nobel de physique.* ► Le lauréat ; l'œuvre primée. **2** Épreuve à l'issue de laquelle est décerné un prix.

**pro** adj. et n. ▪ fam. **1** Professionnel (en sports). **2** Personne qualifiée dans son métier. **3** adj. (dans l'enseignement) Professionnel. *Bac pro.*

**pro-** Élément, du grec ou du latin *pro* « en avant » (ex. *propulsion*), « à la place de » (ex. *pronom*) et « partisan de ». contr. *anti-*.

**probabilité** n. f. ▪ **1** Caractère de ce qui est probable. **2** Grandeur évaluant le nombre de chances qu'a un phénomène de se produire. ► *Calcul des probabilités.* **3** surtout plur. Indice qui laisse à penser qu'une chose est probable.

**probable** adj. ▪ **1** Qui peut être ; plutôt vrai que faux. *Une hypothèse probable.* **2** Qui peut être prévu raisonnablement. → **vraisemblable.** ▷ adv. **probablement**

**probant, ante** adj. ▪ (choses) Qui prouve.

**probatoire** adj. ▪ didact. Qui permet de vérifier le niveau d'un candidat.

**probe** adj. ▪ littér. Honnête, intègre. ▷ n. f. **probité**

**problématique** ▪ **I** adj. **1** Dont l'existence, la vérité, la réussite est douteuse. **2** Qui pose un problème ; difficile. **II** n. f. didact. Ensemble des problèmes qui se posent sur un sujet.

**problème** n. m. ▪ **1** Question à résoudre qui prête à discussion, en science. ← *Faux problème*. ♦ (contexte scolaire) Question à résoudre par des éléments fournis. **2** Difficulté qu'il faut résoudre pour obtenir un résultat ; situation instable ou dangereuse exigeant une décision. → **question**. ♦ *Avoir des problèmes de santé, d'argent.* → **ennui**. *Problèmes (psychologiques).* **3** loc. fam. *Pas de problème :* c'est simple, facile. *Sans problème :* facilement.

**proboscidien** n. m. ▪ zool. Mammifère ongulé de très grande taille, à trompe préhensile (ex. l'éléphant).

**procaryote** adj. et n. m. ▪ biol. Se dit d'un organisme dont le noyau cellulaire est mêlé au cytoplasme (s'oppose à *eucaryote*).

**procédé** n. m. ▪ **I 1** surtout au plur. Façon d'agir à l'égard d'autrui. → *Échange de bons procédés :* services (iron. malveillances) réciproques. **2** Méthode pour parvenir à un résultat. *Procédé de fabrication.* **II** Rondelle de cuir au petit bout d'une queue de billard.

**procéder** v. ⑥ ▪ **I** v. intr. **1** littér. PROCÉDER DE : tenir de, tirer son origine de. → **découler**, **émaner**. **2** Agir (de telle manière). *Procéder avec méthode.* **II** v. tr. ind. PROCÉDER À. dr. Exécuter (un acte juridique). *Procéder à une enquête.* ♦ Faire, exécuter.

**procédure** n. f. ▪ **1** Manière de procéder juridiquement ; série de formalités. *Procédure de divorce.* **2** Branche du droit qui détermine ou étudie les règles d'organisation judiciaire. **3** techn. Succession de procédés (I, 2).

**procédurier, ière** adj. et n. ▪ péj. Enclin à la procédure. → **chicanier**.

**procès** n. m. ▪ **I** didact. → **processus**. ♦ ling. Action, état qu'exprime un verbe. **II 1** Litige soumis à une juridiction. *Intenter un procès à qqn.* **2** loc. fig. Critique. *Faire le procès de qqn, qqch.* **3** loc. *Sans autre forme de procès :* sans formalité.

**processeur** n. m. ▪ inform. Système qui interprète et exécute les instructions.

**procession** n. f. ▪ **1** Défilé religieux qui s'effectue en chantant et en priant. **2** Succession, file. *Une procession de fourmis.*

**processionnaire** adj. ▪ zool. Chenilles *processionnaires*, qui se déplacent en file.

**processus** [-ys] n. m. ▪ **1** didact. Ensemble actif de phénomènes, organisé dans le temps. → **évolution**. *Processus biologique.* **2** Façon de procéder. ♦ Suite ordonnée d'opérations.

**procès-verbal, aux** n. m. ▪ **1** Acte d'une autorité compétente qui constate un fait à conséquences juridiques. → spécialt Contravention (abrév. fam. P.-V.). **2** Relation officielle de ce qui a été dit ou fait. → **compte rendu**.

**prochain, aine** ▪ **I** adj. Très rapproché. → **proche**. **1** (dans l'espace) *Le prochain arrêt.* → **suivant**. → ellipt n. f. *Vous descendez à la prochaine* (station) ? **2** (dans le temps) Près de se produire. → *La semaine prochaine.* ♦ (avant le nom) *La prochaine fois.* fam. *À la prochaine !* (formule de départ, de séparation). **II** n. m. Personne, être humain considéré comme un semblable.

**prochainement** adv. ▪ Dans un proche avenir. → **bientôt**.

**proche** ▪ **I** adv. DE PROCHE EN PROCHE : en avançant par degrés, peu à peu. **II** adj. **1** (dans l'espace) Voisin. *La ville est toute proche. Le Proche-Orient.* **2** littér. (dans le temps) Qui va bientôt arriver. → **imminent**. ♦ Récent. *Des événements tout proches de nous.* **3** fig. Peu différent. → **approchant, semblable**. **4** Dont les liens sont étroits. *Proches parents. Un ami très proche.* → n. LES PROCHES : les parents (au sens large).

**proclamer** v. tr. ① ▪ **1** Publier ou reconnaître par un acte officiel. **2** Annoncer ou déclarer auprès d'un vaste public. *Proclamer son innocence.* ▷ n. f. **proclamation**

**proconsul** n. m. ▪ Antiq. Ex-consul nommé gouverneur d'une province romaine.

**procrastination** n. f. ▪ littér. Tendance à remettre au lendemain, à ajourner.

**procréation** n. f. ▪ littér. Action de procréer. → didact. (méd.) *Procréation naturelle, assistée* (→ **P. M. A.**). ▷ adj. **procréatif, ive**

**procréer** v. tr. ① ▪ littér. (espèce humaine) Engendrer. → **enfanter**. ▷ adj. et n. **procréateur, trice**

**procurateur** n. m. ▪ Antiq. Intendant des domaines impériaux (provinces romaines).

**procuration** n. f. ▪ Document par lequel on autorise autrui à agir à sa place.

**procure** n. f. ▪ **1** relig. Office de procureur (3). **2** Magasin d'articles religieux.

**procurer** v. tr. ① ▪ **1** Obtenir pour qqn (qqch. d'utile ou d'agréable). → pronom. SE PROCURER. **2** (sujet chose) Être la cause ou l'occasion de.

**procureur** n. m. ▪ **1** dr. Titulaire d'une procuration juridique. **2** PROCUREUR DE LA RÉPUBLIQUE : représentant du ministère public près du tribunal de grande instance. *Procureur général* (près la Cour de cassation, la Cour des comptes et les cours d'appel). **3** Religieux chargé des intérêts temporels de la communauté (→ **procure**).

**prodigalité** n. f. ▪ **1** Caractère prodigue, générosité. **2** Dépense excessive.

**prodige** n. m. ▪ **1** Événement extraordinaire, magique ou surnaturel. **2** Acte extraordinaire. **3** Personne extraordinaire. → appos. *Enfant prodige.*

**prodigieux, ieuse** adj. ▪ Extraordinaire. → **étonnant, stupéfiant**. → *Une quantité prodigieuse.* → **considérable**. ▷ adv. **prodigieusement**

**prodigue** adj. ▪ **1** Qui fait des dépenses excessives. ➝ *L'enfant prodigue*, accueilli avec joie au foyer après une longue absence (allusion à l'Évangile). **2** fig. *PRODIGUE DE* : qui prodigue.

**prodiguer** v. tr. ⊔ ▪ Accorder, distribuer généreusement, employer sans compter. ▶ se **prodiguer** v. pron. Se dépenser.

**pro domo** loc. adj. ▪ *Plaidoyer pro domo* : pour sa propre cause.

**prodrome** n. m. ▪ **1** littér. Ce qui annonce un événement. **2** méd. Symptôme avant-coureur d'une maladie.

**producteur, trice** ▪ **1** adj. Qui produit qqch. **2** n. (opposé à *consommateur*) Personne qui produit des biens ou assure des services. **3** n. Personne, société qui assure le financement d'un film, d'un spectacle. ◆ Personne qui conçoit une émission (radio, télévision).

**productif, ive** adj. ▪ Qui produit, crée. ➝ Qui est d'un bon rapport.

**production** n. f. ▪ **1** Action de provoquer (un phénomène) ; manière de se produire. **2** Ouvrage produit par qqn ; ensemble des œuvres. **3** (opposé à *consommation*) Fait de créer ou de transformer des biens, d'assurer des services. *Moyens de production* (sol, instruments, machines...). *Facteurs de production* (énergie, travail, capital). ➝ Ce qui est produit. **4** Fait de produire (un film, un spectacle, une émission...). ➝ Le film produit. **II** Fait de produire (II) un document.

**productivité** n. f. ▪ **1** Caractère productif. **2** Rapport du produit aux facteurs de production. → **rendement.**

**produire** v. tr. ⧆ ▪ **I** Faire exister (ce qui n'existe pas encore). → **créer. 1** Causer, provoquer (un phénomène). *Produire une forte impression sur qqn.* **2** (écrivain, artiste) Composer (une œuvre). **3** Former naturellement. *Cet arbre produit de beaux fruits.* **4** Faire exister, par une activité économique. **5** Assurer la réalisation matérielle de (un film, une émission, une œuvre...). → **production. II** dr. Présenter (un document). ➝ par ext. *Produire des témoins.* ▶ se **produire** v. pron. **1** Jouer, paraître en public au cours d'une représentation. **2** Survenir, avoir lieu. ➝ impers. *Il se produisit un incident.*

**produit** n. m. ▪ **1** Nombre, résultat d'une multiplication. **2** Rapport (d'une propriété, d'une activité). → **bénéfice, profit.** ➝ *Produit intérieur brut (P.I.B.)* : valeurs réalisées en un an par un pays, à l'intérieur de ses frontières. *Produit national brut (P.N.B.)* : somme du P.I.B. et des valeurs créées à l'étranger. **II 1** Ce qui résulte d'un processus naturel, d'une opération humaine. *Les produits de la terre.* **2** Substance chimique complexe. *Produit de synthèse.* ◆ *Produits organiques.* **3** Production de l'agriculture ou de l'industrie. *Produits finis.* ◆ *Produits alimentaires.* ◆ (produit commercialisé) *Un produit pour laver la vaisselle.*

**proéminent, ente** adj. ▪ Qui dépasse en relief ce qui l'entoure, forme une avancée. ▷ n. f. **proéminence**

**prof** n. ▪ fam. Professeur.

**profanateur, trice** n. et adj. ▪ littér. (Personne) qui profane.

**profanation** n. f. ▪ Action de profaner.

**profane** adj. et n. ▪ **1** littér. Étranger à la religion (opposé à *religieux, sacré*). ➝ n. m. *Le sacré et le profane.* **2** (Personne) qui n'est pas initiée à une religion, un art, un domaine. ◆ n. m. (collectif) Les gens non initiés.

**profaner** v. tr. ⊔ ▪ **1** Traiter sans respect (un objet, un lieu), en violant le caractère sacré. **2** fig. Avilir, souiller.

**proférer** v. tr. ⑥ ▪ Articuler à voix haute.

**professer** v. tr. ⊔ ▪ **1** littér. Déclarer hautement avoir (un sentiment, une croyance). **2** Enseigner comme professeur.

**professeur** n. m. ▪ Personne (diplômée) qui enseigne une discipline. → **enseignant.**

**profession** n. f. ▪ **1** littér. loc. *Faire profession de* (une opinion, une croyance), professer. ◆ *PROFESSION DE FOI* : manifeste. **II 1** Occupation dont on peut tirer ses moyens d'existence. → **métier. 2** Métier qui a un certain prestige. *Les professions libérales.* **3** loc. *DE PROFESSION* : professionnel.

**professionnalisme** n. m. ▪ Caractère professionnel (opposé à *amateurisme*).

**professionnel, elle** adj. et n. ▪ **I 1** Relatif à la profession. ➝ *Enseignement professionnel*, enseignement du second degré qui prépare et conduit à la vie active. *Lycée professionnel.* **2** De profession. *Sportif professionnel* (opposé à *amateur*) ; n. *passer professionnel.* **II** n. **1** Personne de métier (opposé à *amateur*). *Du travail de professionnel.* → **pro** (fam.). **2** n. f. fam. Prostituée.

**professionnellement** adv. ▪ **1** De façon professionnelle. **2** Du point de vue de la profession.

**professoral, ale, aux** adj. ▪ Propre aux professeurs.

**professorat** n. m. ▪ Situation de professeur.

**profil** [-il] n. m. ▪ **1** Aspect du visage vu par un de ses côtés. ➝ arts *Profil perdu* : tête vue de côté par l'arrière. ◆ loc. fig. *Profil bas* : réserve (par calcul). **2** (visage, corps) *DE PROFIL* : en étant vu par le côté. **3** Représentation dont le contour se détache. → **silhouette.** ◆ didact. Coupe perpendiculaire. *Le profil d'une corniche ; d'une rivière.* **4** fig. Ensemble d'aptitudes, de caractéristiques psychologiques personnelles. *Il n'a pas le profil pour ce poste.*

**profilé, ée** ▪ adj. techn. Auquel on a donné un contour déterminé. ➝ n. m. *Profilés métalliques* (cornières, poutres, rails, etc.).

**profiler** v. tr. ⊔ ▪ **1** (sujet chose) Présenter les contours de (qqch.) avec netteté. **2** techn. Établir le profil de. ▶ se **profiler** v. pron. Se montrer en silhouette, avec des contours précis. ➝ fig. *Des ennuis se profilent à l'horizon.* ▷ n. m. **profilage**

① **profileur** n. m. ▪ techn. Instrument qui sert à profiler (une voie...).

② **profileur, euse** n. ▪ anglic., didact. Professionnel qui dresse le profil psychologique d'un criminel, pour chercher à l'identifier.

**profit** n. m. ▪ **1** Augmentation des biens, amélioration de situation qui résulte d'une activité. *Il ne cherche que son profit.* ◆ loc. METTRE À PROFIT : utiliser. ◆ AU PROFIT DE qqn, qqch., au bénéfice de. ◆ (sujet chose) FAIRE DU PROFIT : être d'un usage économique. **2** Gain, avantage financier. **3** LE PROFIT : ce que rapporte une activité économique, en plus du salaire du travail. → **plus-value.**

**profitable** adj. ▪ Qui apporte un profit, un avantage. → **fructueux, utile.**

**profiter** v. tr. ind. ⚀ ▪ **1** PROFITER DE : tirer avantage de. *Profiter d'une occasion.* ◆ **saisir.** ▪ PROFITER DE QQCH. POUR : prendre prétexte de. ◆ PROFITER DE QQN, l'exploiter. **2** intrans. fam. ou régional Se développer, se fortifier. **3** PROFITER À qqn, qqch., apporter du profit ; être utile à.

**profiterole** n. f. ▪ Petit chou fourré de glace et nappé de chocolat chaud.

**profiteur, euse** n. ▪ péj. Personne qui tire des profits immoraux de qqn, de qqn.

**profond, onde** adj. ▪ **I** concret **1** Dont le fond est très bas (par rapport à l'orifice, aux bords). *Un trou profond.* ◆ (eaux) Dont le fond est loin de la surface. **2** Qui est loin au-dessous d'une surface. *Racines profondes.* **3** Dont le fond est loin de l'ouverture, des bords. *Un placard profond.* ◆ *Forêt profonde.* **4** (trace, empreinte...) Très marqué. *Des rides profondes.* **II** fig. **1** Qui évoque la profondeur. → **intense.** *Un regard profond.* ◆ *Un sommeil profond.* **2** (mouvement, opération) Qui descend très bas ou pénètre très avant. **III** abstrait **1** Qui va au fond des choses. *Un esprit profond.* → **pénétrant.** ◆ *De profondes réflexions.* **2** Intérieur. *Nos tendances profondes.* ◆ *La France profonde.* **3** Très grand, extrême. → **intense.** *Un ennui profond.* **IV** adv. En profondeur. → **bas.** *Creuser très profond.* ▷ **profondément** adv. *Creuser profondément.* ◆ *Dormir profondément.* ◆ *Profondément convaincu.* → **intimement.**

**profondeur** n. f. ▪ **I** concret **1** Caractère de ce qui est profond (I). **2** Dimension verticale (vers le bas) ; distance au-dessous de la surface (du sol, de l'eau). *À deux mètres de profondeur.* **3** *La profondeur d'un tiroir.* ◆ PROFONDEUR DE CHAMP (d'un objectif). **II 1** Suggestion d'un espace à trois dimensions sur une surface. **2** fig. *La profondeur d'un regard.* **III** fig. **1** Qualité de ce qui va au fond des choses, au-delà des apparences. **2** (vie affective) Caractère de ce qui est durable, intense. *La profondeur d'un sentiment.* **3** Partie la plus intérieure, difficile à pénétrer. *La psychologie des profondeurs :* la psychanalyse.

**pro forma** loc. adj. invar. ▪ *Facture pro forma :* facture anticipée.

**profus, use** adj. ▪ littér. ou didact. Qui se répand en abondance. → **abondant.** ▷ adv. **profusément**

**profusion** n. f. ▪ Grande abondance. ◆ loc. À PROFUSION. → **abondamment.**

**progéniture** n. f. ▪ littér. Descendance (d'un être humain, d'un animal).

**progestatif, ive** adj. ▪ biol. Qui favorise les processus de la grossesse. ◆ n. m. Substance progestative. *Progestatifs de synthèse.*

**progestérone** n. f. ▪ biol. Hormone sexuelle femelle sécrétée après l'ovulation.

**progiciel** n. m. ▪ inform. Ensemble de programmes informatiques commercialisés en vue d'un type d'utilisation.

**prognathe** [-gnat] adj. ▪ didact. Qui a le maxillaire inférieur proéminent. ▷ n. m. **prognathisme**

**programmable** adj. ▪ Que l'on peut programmer, régler à l'avance.

**programmateur, trice** ▪ **1** n. Personne chargée de la programmation (1). **2** n. m. Système qui commande le déroulement d'une série d'opérations.

**programmation** n. f. ▪ **1** Organisation des programmes (cinéma, radio, télévision). **2** Élaboration d'un programme (4).

**programme** n. m. ▪ **1** Description des parties d'une cérémonie, d'un spectacle. *Changement de programme.* **2** Matières enseignées dans un cycle d'études ou sujet d'un examen. **3** Suite d'actions à accomplir pour arriver à un résultat. → **plan, projet.** ◆ *Programme électoral.* **4** Suite ordonnée d'opérations. ◆ inform. → **logiciel, progiciel.**

**programmer** v. tr. ⚀ ▪ **1** Inclure dans un programme (cinéma, radio, télévision). **2** Élaborer un programme (4). **3** fam. Prévoir et organiser. → **planifier.**

**programmeur, euse** n. ▪ Spécialiste qui établit le programme d'un ordinateur.

**progrès** n. m. ▪ **1** surtout au plur. Avance d'une troupe, d'une armée. → **progression.** ◆ Fait de se répandre. → **propagation. 2** Changement d'état, passage à un degré supérieur. → **développement.** *La criminalité est en progrès.* **3** Amélioration. ◆ LE PROGRÈS : l'évolution de l'humanité, de la civilisation vers un terme idéal.

**progresser** v. intr. ⚀ ▪ **1** Se développer, être en progrès. *Le mal progresse.* ◆ Faire des progrès (3). **2** Avancer, gagner du terrain. *L'ennemi progresse.*

**progressif, ive** adj. ▪ Qui s'effectue d'une manière régulière et continue. → **graduel ; progression** (3). ▷ adv. **progressivement** ▷ n. f. **progressivité**

**progression** n. f. ▪ **1** Suite de nombres dans laquelle chaque terme est déduit du précédent par une loi constante. *Progression arithmétique\*, géométrique\*.* **2** Avance élaborée, organisée. **3** Développement par degrés, régulier et continu.

**progressiste** adj. et n. ■ Partisan du progrès politique, social. ▷ n. m. **progressisme**

**prohiber** v. tr. 1 ■ Défendre, interdire par une mesure légale. ► **prohibé, ée** adj. *Armes prohibées.*

**prohibitif, ive** adj. ■ 1 dr. Qui défend, interdit légalement. *Des mesures prohibitives.* 2 *Droits, tarifs douaniers prohibitifs,* si élevés qu'ils équivalent à une prohibition. ♦ cour. (prix) Trop élevé, excessif.

**prohibition** n. f. ■ 1 Interdiction légale. 2 Interdiction portant sur certaines marchandises. → absolt *LA PROHIBITION* (de l'alcool, de 1919 à 1933, aux États-Unis).

**proie** n. f. ■ 1 Être vivant dont un animal s'empare pour le dévorer. *Oiseau DE PROIE.* → **rapace.** → loc. fig. *Lâcher la proie pour l'ombre\*.* 2 Bien dont on s'empare par la force. 3 *ÊTRE LA PROIE DE :* être absorbé, pris par (un sentiment, une force hostile). *Être la proie des remords.* 4 *EN PROIE À :* tourmenté par (un mal, un sentiment).

**projecteur** n. m. ■ 1 Appareil qui projette des rayons lumineux. 2 Appareil projetant des images sur un écran.

**projectif, ive** adj. ■ didact. De la projection (2 et 4).

**projectile** n. m. ■ Objet lancé avec force contre qqn, qqch. ♦ spécialt Balle, obus.

**projection** n. f. ■ 1 Action de projeter, de lancer en avant. → Lancement (de projectiles). ♦ au plur. *Les projections d'un volcan.* 2 géom. Opération par laquelle on fait correspondre, à un ou plusieurs points de l'espace, un point ou un ensemble de points sur une droite ou sur une surface. *Projection orthogonale.* 3 Action de projeter (une image, un film) sur un écran. 4 psych. Mécanisme de défense par lequel le sujet voit chez autrui ses idées, ses affects.

**projectionniste** n. ■ Technicien(ne) chargé(e) de la projection des films.

**projet** n. m. ■ 1 Image d'une situation, d'un état que l'on souhaite atteindre. → **dessein, intention, plan.** 2 Brouillon, ébauche. *Laisser qqch. à l'état de projet.* → *EN PROJET :* à l'étude. ♦ Dessin, modèle (avant réalisation).

**projeter** v. tr. 4 ■ I 1 Jeter en avant et avec force. 2 sc. Figurer, tracer en projection (2). *Projeter un volume sur un plan.* 3 Envoyer sur une surface (des rayons lumineux, une image). *Projeter un film.* 4 psych. *Projeter un sentiment sur qqn* (→ **projection** (4)). II (→ projet) Former l'idée de (ce que l'on veut faire et les moyens pour y parvenir). ▷ n. **projeteur, euse**

**prolapsus** [-ys] n. m. ■ méd. Descente d'un organe ou d'une partie d'organe).

**prolégomènes** n. m. pl. ■ didact. **1** Ample préface. **2** Principes préliminaires.

**prolepse** n. f. ■ didact. Figure de rhétorique par laquelle on va au-devant des objections.

**prolétaire** n. ■ 1 Antiq. rom. Citoyen de la dernière classe du peuple, exempt d'impôt. 2 mod. Ouvrier, paysan, employé qui ne vit que de son salaire. → spécialt Travailleur manuel de la grande industrie. – abrév. fam. PROLO. ▷ adj. **prolétarien, ienne**

**prolétariat** n. m. ■ Classe sociale des prolétaires (1 et 2).

**prolétariser** v. tr. 1 ■ Réduire à la condition de prolétaire. ▷ n. f. **prolétarisation**

**proliférer** v. intr. 6 ■ 1 (cellules vivantes) Se multiplier en se reproduisant. 2 (plantes, animaux) Se multiplier en abondance, rapidement. ♦ fig. → **foisonner.** ▷ n. f. **prolifération**

**prolifique** adj. ■ 1 Qui se multiplie rapidement. 2 fig. Qui produit beaucoup. *Un romancier prolifique.* ▷ n. f. **prolificité**

**prolixe** adj. ■ Qui est trop long (écrivain ; texte). ▷ n. f. **prolixité**

**prologue** n. m. ■ 1 Texte introductif (spécialt au théâtre). 2 fig. Préliminaire, prélude (2).

**prolongateur** n. m. ■ Cordon électrique, rallonge.

**prolongation** n. f. ■ 1 Action de prolonger dans le temps ; temps prolongé. 2 sports Chacune des deux périodes supplémentaires qui prolongent un match pour départager deux équipes à égalité. *Jouer les prolongations.*

**prolonge** n. f. ■ milit. Voiture servant à transporter les munitions (artillerie).

**prolongement** n. m. ■ 1 Action de prolonger dans l'espace. ♦ loc. *DANS LE PROLONGEMENT (de...).* 2 Ce qui prolonge la partie principale (d'une chose). *Les prolongements de la cellule nerveuse.* 3 Ce par quoi un événement, une situation se prolonge. → **conséquence, suite.**

**prolonger** v. tr. 3 ■ 1 (temporel) Faire durer plus longtemps. *Prolonger un repas.* → pronom. Durer plus longtemps que prévu. 2 (spatial) Faire aller plus loin dans le sens de la longueur. 3 (sujet chose) Être le prolongement de. ► **prolongé, ée** adj.

**promenade** n. f. ■ 1 Action de se promener ; trajet fait en se promenant. → **balade, marche.** 2 Lieu aménagé pour les promeneurs. → **avenue, cours.**

**promener** v. tr. 5 ■ 1 Faire aller dans plusieurs endroits, pour le plaisir. 2 Déplacer, faire aller et venir (qqch.). *Promener son regard sur...* 3 Faire aller avec soi. *Promener son ennui.* ► **se promener** v. pron. Aller, marcher pour le plaisir. → fam. se **balader.** fam. (sans pron.) *Envoyer promener qqn, qqch. :* repousser, rejeter.

**promeneur, euse** n. ■ Personne qui se promène à pied.

**promenoir** n. m. ■ 1 Lieu destiné à la promenade (couvent, prison...). 2 Partie d'une salle de spectacle où les spectateurs sont debout (et pouvaient circuler).

**promesse** n. f. ■ **1** Ce que l'on s'engage à faire. *Tenir sa promesse.* **2** Engagement. *Promesse de vente.* **3** Ce qui donne à espérer d'heureuses suites.

**prometteur, euse** adj. ■ Plein de promesses (3). *Des débuts prometteurs.*

**promettre** v. tr. 56 ■ **1** S'engager envers qqn à faire qqch. *Il lui a promis son aide.* **2** Affirmer, assurer. *Je vous promets qu'il s'en repentira.* **3** S'engager envers qqn à donner (qqch.). ◆ loc. *Promettre la lune, monts et merveilles,* des choses impossibles. **4** (sujet chose) Annoncer. ◆ Faire espérer. *Ce nuage ne promet rien de bon.* **5** sans compl. Donner de grandes espérances (→ **prometteur**). ◆ fam. *Ça promet !,* ça va être pire. ▶ **se promettre** v. pron. Espérer, compter sur. ◆ *Se promettre de* (+ inf.) : faire le projet de.

**promis, ise** ■ I adj. **1** qqch. a été promis. loc. *Chose promise, chose due.* ◆ *La* TERRE PROMISE (au peuple hébreu, dans la Bible) ; fig. pays, milieu dont on rêve. **2** PROMIS À : destiné à, voué à. **II** n. régional Fiancé(e). *Sa promise.*

**promiscuité** n. f. ■ Situation qui oblige des personnes à vivre côte à côte, trop près.

**promontoire** n. m. ■ Pointe de terre, de relief élevé, en saillie dans la mer.

**promoteur, trice** n. ■ **1** littér. Personne qui donne la première impulsion (à qqch.). → **instigateur. 2** *Promoteur (immobilier),* qui assure la construction d'immeubles.

**promotion** n. f. ■ **1** Fait de parvenir à un grade, un emploi supérieur. → **avancement.** ◆ *Promotion sociale.* **2** Ensemble des candidats admis la même année (à certaines grandes écoles). **3** Action de promouvoir (2). ◆ *Promotion des ventes* : développement des ventes ; techniques, services qui s'en chargent. ◆ *En promotion,* vendu moins cher que la normale. **4** *Promotion immobilière* : activité du promoteur (2).

**promotionnel, elle** adj. ■ Qui favorise l'expansion des ventes. *Vente promotionnelle,* à prix réduit.

**promouvoir** v. tr. 27 rare, sauf à l'inf. et au p. p. ■ **1** Élever à une dignité, un grade supérieur. ◆ passif et p. p. *Être promu directeur.* **2** Encourager, provoquer la création, l'essor de (qqch.). *Promouvoir la recherche scientifique.*

**prompt, prompte** [pʀɔ̃, pʀɔ̃t/pʀɔ̃pt] adj. ■ **I 1** littér. Qui agit sans tarder. ◆ *PROMPT À...* *Être prompt à la colère.* **2** (choses) Qui ne tarde pas à se produire. **II 1** littér. (personnes) Rapide. **2** (choses) Qui se produit en peu de temps. *Une prompte riposte.* ▷ adv. **promptement** ▷ n. t. **promptitude**

**prompteur** [-pt-] n. m. ■ anglic. Appareil qui fait défiler au-dessus d'une caméra de télévision un texte à lire.

**promulguer** v. tr. 1 ■ Décréter (une loi) valable et exécutoire. ▷ n. f. **promulgation**

**pronation** n. f. ■ didact. (opposé à *supination*) Mouvement de rotation interne de la main et de l'avant-bras (muscles *pronateurs*).

**prône** n. m. ■ relig. Sermon du dimanche.

**prôner** v. tr. 1 ■ Vanter et recommander sans réserve et avec insistance.

**pronom** n. m. ■ gramm. Mot qui a les fonctions du nom et qui représente ou remplace un nom. *Pronoms démonstratifs* (ceci, cela...), *indéfinis* (on, certains...), *interrogatifs* (qui, quoi...), *personnels* (je, tu...), *possessifs* (le mien, le tien...), *relatifs* (que, qui, auquel...).

**pronominal, ale, aux** adj. ■ **1** Relatif au pronom. **2** *Verbe pronominal,* précédé d'un pronom personnel réfléchi. ▷ adv. **pronominalement**

**prononcé, ée** adj. ■ **I** Déclaré, dit. **II** Très perceptible. *Un goût prononcé pour la musique.*

**prononcer** v. 3 ■ **I** v. tr. **1** Rendre, lire (un jugement) ; faire connaître (une décision). *Prononcer un arrêt.* **2** Dire (un mot, une phrase). **3** Articuler d'une certaine manière (les sons du langage). ◆ pronom. (passif) *Ce mot s'écrit comme il se prononce.* **4** Faire entendre, dire ou lire publiquement (un texte). *Prononcer un discours.* **II** v. intr. dr. Rendre un arrêt, un jugement. *La cour a prononcé.* ▶ **se prononcer** v. pron. Se décider, se déterminer. *Se prononcer en faveur de qqn.* ▷ adj. **prononçable**

**prononciation** n. f. ■ Manière dont les sons du langage sont articulés (→ **phonétique**), dont un mot se prononce.

**pronostic** n. m. ■ **1** Jugement que porte un médecin (après le diagnostic) sur la durée et l'issue d'une maladie. **2** Conjecture, hypothèse. ◆ spécialt *Le pronostic des courses* (de chevaux).

**pronostiquer** v. tr. 1 ■ méd. Faire un pronostic. **2** Donner un pronostic sur (ce qui doit arriver). → **annoncer, prévoir.**

**pronostiqueur, euse** n. ■ Personne qui fait des pronostics (spécialt qui établit les pronostics sportifs).

**propagande** n. f. ■ Action exercée sur l'opinion pour l'amener à avoir, à soutenir certaines idées (surtout politiques). *Propagande et publicité.* → **persuasion.**

**propagandiste** n. ■ Personne qui fait de la propagande, l'éloge de qqn, de qqch.

**propagateur, trice** n. ■ Personne qui propage (une religion, une opinion).

**propagation** n. f. ■ Fait de propager, de se propager (idées, croyances, phénomènes...).

**propager** v. tr. 3 ■ Répandre, diffuser (des idées, des paroles). *Propager une nouvelle.* ▶ **se propager** v. pron. **1** Se multiplier par reproduction ; proliférer. **2** Se répandre. *L'incendie se propage.* **3** (phénomène vibratoire) S'étendre en s'éloignant de sa source.

**propane** n. m. ■ Gaz naturel ou raffiné, hydrocarbure vendu en bouteilles comme combustible.

**propédeutique** adj. ■ didact. Qui prépare (à des études, etc.).

**propension** n. f. ■ *Propension à*, tendance naturelle à.

**propergol** n. m. ■ chim. Substance productrice d'énergie utilisée pour la propulsion des fusées.

**prophète, prophétesse** n. ■ **1** Personne inspirée par la divinité, qui prédit l'avenir, révèle des vérités cachées. *Les prophètes de la Bible.* ➙ *Le Prophète,* Mahomet. ➙ loc. *FAUX PROPHÈTE* : imposteur. **2** fig. Personne qui prédit ou annonce l'avenir. ➙ prov. (Évangile) *Nul n'est prophète en son pays* : il est difficile d'être reconnu par ses compatriotes.

**prophétie** n. f. ■ **1** Ce qui est prédit par un prophète (1 et 2). **2** Prédiction.

**prophétique** adj. ■ Qui a rapport à un prophète, à la prophétie. ➙ (passé) *Des paroles prophétiques,* confirmées plus tard.

**prophétiser** v. tr. 1 ■ **1** Prédire, en se proclamant inspiré par la divinité. **2** Prédire, annoncer (ce qui va arriver).

**prophylaxie** n. f. ■ Ensemble des mesures à prendre pour prévenir les maladies. ➙ **hygiène, prévention.** ▷ adj. **prophylactique**

**propice** adj. ■ **1** littér. (divinité) Bien disposé, favorable. **2** (choses) *Propice à...*, qui se prête tout particulièrement à. ➙ **bon** pour. ➙ cour. Opportun, favorable. *Choisir le moment propice.*

**propitiatoire** adj. ■ littér. Qui a pour but de rendre la divinité propice.

**proportion** n. f. ■ **1** (qualité) Rapport entre les éléments d'un ensemble ; équilibre des surfaces, des masses, des dimensions. ➙ au plur. *Une statue aux proportions harmonieuses.* **2** (quantité) Rapport. ➙ **pourcentage, taux.** ◆ loc. *À PROPORTION DE...* : suivant la grandeur relative de. ➙ *À PROPORTION QUE* (+ indic.) : à mesure que. ➙ *EN PROPORTION DE...* ➙ en **comparaison** de, **relativement** à. ➙ *À, EN PROPORTION* : suivant la même proportion. ➙ *HORS DE PROPORTION,* sans commune mesure avec... ➙ **disproportionné. 3** au plur. Dimensions (par référence implicite à une échelle, une mesure).

**proportionné, ée** adj. ■ **1** *Proportionné à,* qui a un rapport normal avec (s'oppose à *disproportionné*). **2** *BIEN PROPORTIONNÉ* : qui a de belles proportions (1), bien fait.

**proportionnel, elle** adj. ■ **1** Qui a une proportion (bonne, égale, constante). ◆ math. *Suite proportionnelle,* chacune des fractions donnée pour égale à une autre. ➙ *Moyenne, grandeur proportionnelle.* **2** Qui est en rapport avec (qqch.), varie dans le même sens. *Salaire proportionnel au travail fourni.* ➙ *Impôt proportionnel,* à taux invariable (oppose à *progressif*). ▷ n. f. **proportionnalité** ▷ adv. **proportionnellement 3** *Représentation proportionnelle* ou n. f. *la proportionnelle,* où les élus de chaque liste sont en nombre proportionnel à celui des votes.

**proportionner** v. tr. 1 ■ Rendre (une chose) proportionnelle (à une autre).

**propos** n. m. ■ **I** au sing. **1** littér. Ce qu'on se fixe pour but. ➙ **dessein, intention. 2** loc. *À PROPOS DE* : au sujet de. ➙ *À TOUT PROPOS.* ➙ *À PROPOS, À CE PROPOS* (➙ au fait). ➙ *Mal à propos,* de manière intempestive. ◆ *À PROPOS* loc. adv. : quand, où il faut ; avec discernement. *Cela tombe à propos.* ◆ *HORS DE PROPOS* loc. adv. : mal à propos ; loc. adj. inopportun. **II** *UN, DES PROPOS* : paroles dites au sujet de qqn, qqch., mots échangés. *Des propos en l'air.*

**proposer** v. tr. 1 ■ **I** *PROPOSER qqch. à qqn.* **1** Faire connaître, soumettre à qqn. *On leur proposa un nouveau projet.* **2** *Proposer à qqn de* (+ inf.) : demander de prendre part à. **3** Demander à qqn d'accepter. *On lui a proposé de l'argent.* ➙ **offrir. 4** Donner (un sujet, un thème). **II** *PROPOSER qqn* : désigner (qqn) comme candidat. ➙ **se proposer** v. pron. **1** Se fixer (un but) ; former le projet (de faire). **2** Poser sa candidature.

**proposition** n. f. ■ **1** Action de proposer (I) ; ce qui est proposé. ➙ **offre.** ➙ spécialt Demande de relations sexuelles. **2** log. Assertion considérée dans son contenu. *Démontrer qu'une proposition est vraie.* **3** gramm. Énoncé, phrase simple ou élément d'une phrase complexe. *Proposition principale, subordonnée.*

**propre** adj. ■ **I** (➙ propriété) **1** (subst. + *propre*). Qui appartient d'une manière exclusive ou particulière à qqn, qqch. ➙ *EN MAINS PROPRES.* ➙ **main** (I, 4). ➙ *NOM PROPRE* (oppose à *nom commun*) : nom qui s'applique à une chose unique (personne, lieu...). ➙ *SENS PROPRE* (oppose à *sens figuré*). ➙ **littéral.** ◆ *PROPRE À...,* particulier à. **2** (possessif + *propre* + subst. : renforce le possessif) *Ce sont ses propres mots,* exactement ceux qu'il a employés. ➙ **même. 3** (après le nom) Qui convient exactement (oppose à *impropre*). *Le mot propre.* ➙ **exact, juste.** *Une atmosphère propre au travail.* ➙ **propice.** ➙ (personnes) *Propre à.* ➙ **apte.** ➙ loc. (adj. et n.) *PROPRE À RIEN* : personne qui ne veut rien faire. **4** n. m. *Avoir un bien EN PROPRE,* à soi. ➙ **propriété.** ◆ *LE PROPRE DE* : la qualité distinctive. **II** (➙ propreté) **1** vx Bien tenu, soigné. ◆ mod. n. m. *Mettre au propre* (oppose à *brouillon*). **2** (choses) Non sali (oppose à *sale, malpropre*). ◆ (personnes) Qui se lave souvent. ◆ Qui ne se souille pas. *Cet enfant est propre à deux ans.* **3** Qui salit, pollue peu. *Industries propres.* **4** fig. (personnes) Honnête, dont la réputation est saine (oppose à *sale*). ➙ (choses) *Une affaire pas très propre.* ➙ **correct.** ◆ n. m. iron. *C'est du propre !,* c'est indécent, immoral.

**proprement** adv. ■ **I 1** D'une manière particulière à qqn ou à qqch. ; en propre. ➙ **spécifiquement. 2** littér. Au sens propre du mot. ➙ *À PROPREMENT PARLER* : exactement. ➙ *PROPREMENT DIT(E)* : au sens propre. **II 1** D'une manière propre, soigneuse ou sans souillure. **2** Correctement.

**propret, ette** adj. ■ Bien propre (II, 2).

**propreté** n. f. ■ État, qualité d'une personne, d'une chose propre (II, 2, 3 et 4).

**propriétaire** n. ▪ **1** Personne qui possède (qqch.) en propriété. – loc. *Faire le tour du propriétaire*, visiter son domaine. **2** Personne qui possède des biens immeubles. **3** Personne qui loue un logement à qqn. - abrév. fam. PROPRIO.

**propriété** n. f. ▪ **I 1** Fait de posséder en propre ; droit de jouir et de disposer de biens. ♦ Monopole temporaire d'exploitation. *Propriété littéraire.* **2** Ce qu'on possède en vertu de ce droit. ♦ Terre, construction ainsi possédée. **3** Riche maison d'habitation avec un jardin, un parc. **II 1** Qualité propre. *Propriétés physiques, chimiques.* **2** Adéquation de l'expression.

**propulser** v. tr. ① ▪ **1** Faire avancer par une poussée. **2** Projeter au loin, avec violence. ▸ se **propulser** v. pron. fam. Se déplacer.

**propulseur** n. m. ▪ **1** ethnol., préhist. Bâton à encoche servant à lancer une arme de jet. **2** Engin de propulsion.

**propulsion** n. f. ▪ **1** didact. Fait de mettre en mouvement. **2** cour. Production d'une énergie qui assure le déplacement d'un mobile, le fonctionnement d'un moteur.

**au prorata (de)** loc. prép. ▪ En proportion de, proportionnellement à.

**proroger** v. tr. ③ ▪ **1** Renvoyer à une date ultérieure. **2** Prolonger. *Proroger un bail.* ▷ n. f. **prorogation**

**prosaïque** adj. ▪ Qui manque d'idéal, de noblesse ; sans poésie. ▷ adv. **prosaïquement** ▷ n. m. **prosaïsme**

**prosateur** n. m. ▪ Auteur qui écrit en prose (s'oppose à *poète*).

**proscription** [-psjɔ̃] n. f. ▪ **1** hist. Mesure de bannissement. **2** littér. Action de proscrire (2) qqch.

**proscrire** v. tr. ③⑨ ▪ **1** hist. Bannir, exiler. **2** littér. Interdire formellement (qqch.). *Proscrire l'alcool.*

**proscrit, ite** ▪ **1** adj. et n. Frappé de proscription (1). → **banni, exilé. 2** adj. Interdit.

**prose** n. f. ▪ **1** Forme ordinaire du discours oral ou écrit ; manière de s'exprimer qui n'est pas soumise aux règles de la versification. ♦ Textes en prose. **2** fam. souvent iron. Manière d'écrire (d'une personne, d'un milieu). → **style.** *La prose administrative.*

**prosélyte** n. ▪ **1** Nouveau converti à une religion, qui cherche à la propager. **2** fig. *Les prosélytes d'une idée, d'une théorie, d'un parti.*

**prosélytisme** n. m. ▪ Zèle déployé pour recruter des adeptes.

**prosodie** n. f. ▪ didact. **1** Durée, mélodie et rythme des sons d'un poème ; règles les concernant. → **métrique, versification. 2** mus. Règles fixant les rapports entre paroles et musique. **3** Intonation et débit propres à une langue. ▷ adj. **prosodique**

**prospecter** v. tr. ① ▪ **1** Examiner, étudier (un terrain) pour rechercher les richesses naturelles. **2** Parcourir (une région), étudier les possibilités de (un marché, une clientèle).

**prospecteur, trice** n. ▪ Personne qui prospecte. *Prospecteurs d'or.*

**prospectif, ive** adj. ▪ Qui concerne l'avenir, sa connaissance, la prévision. ▷ n. f. **prospective**

**prospection** n. f. ▪ Recherche d'une personne qui prospecte (1 et 2).

**prospectus** [-ys] n. m. ▪ Imprimé publicitaire.

**prospère** adj. ▪ Qui est dans un état heureux, de prospérité, santé, richesse.

**prospérer** v. intr. ⑥ ▪ **1** Être, devenir prospère. – Croître en abondance. **2** (affaire, entreprise...) Être en train de réussir.

**prospérité** n. f. ▪ **1** Bonne santé, situation favorable (de qqn). **2** État d'abondance ; heureux développement (d'une production, d'une entreprise).

**prostate** n. f. ▪ Glande de l'appareil génital masculin, située sous la vessie. *Ablation de la prostate.* ▷ adj. **prostatique**

**prostatite** n. f. ▪ méd. Inflammation de la prostate.

**se prosterner** v. pron. ① ▪ S'incliner en avant et très bas dans une attitude d'extrême respect. fig. *Se prosterner devant qqn.* ▷ n. f. **prosternation** ▷ n. m. **prosternement**

**prostitué, ée** n. ▪ Personne qui se livre à la prostitution. *Un prostitué homosexuel.*

**prostituer** v. tr. ① ▪ **1** Inciter, livrer (qqn) à la prostitution*. **2** littér. Déshonorer, avilir. ▸ se **prostituer** v. pron.

**prostitution** n. f. ▪ **1** Fait de livrer son corps aux plaisirs sexuels d'autrui pour de l'argent et d'en faire métier ; ce métier, le phénomène social qu'il représente. **2** littér. Action d'avilir, de s'avilir.

**prostration** n. f. ▪ État d'extrême abattement physique et psychologique.

**prostré, ée** adj. ▪ Qui est dans un état de prostration.

**protagoniste** n. m. ▪ Personne qui joue le premier rôle dans une affaire. → **héros.**

**prote** n. m. ▪ Contremaître dans un atelier d'imprimerie typographique.

**protéagineux, euse** adj. ▪ (végétal) Qui contient une grande proportion de protéines. – n. m. *Protéagineux et oléagineux*.

**protecteur, trice** ▪ **I** n. **1** Personne qui protège, défend (les faibles, les pauvres, etc.). → **défenseur. 2** Personne qui protège, qui patronne (qqn). **II** adj. **1** Qui remplit un rôle de protection (à l'égard de qqn, qqch.). **2** Qui exprime une attention condescendante. → **hautain.** *Un ton protecteur.*

**protection** n. f. ▪ **1** Action de protéger, de défendre qqn ou qqch. ; le fait d'être protégé. *Protection de la nature.* **2** Personne ou chose (matière, dispositif) qui protège. – *Protections périodiques*, que les femmes utilisent pendant les règles. **3** Action d'aider, de patronner qqn. **4** Action de favoriser la naissance, le développement (de qqch.).

**protectionnisme** n. m. ■ Politique douanière qui vise à protéger l'économie nationale contre la concurrence étrangère (opposé à *libre-échange*). ▷ adj. et n. **protectionniste**

**protectorat** n. m. ■ hist. Régime établi par traité, dans lequel un État contrôlait un État « protégé » qui gardait une autonomie politique intérieure.

**protégé, ée ■ 1** adj. Mis à l'abri, préservé. **2** n. Personne protégée (par qqn).

**protège-cahier** n. m. ■ Couverture de cahier en matière souple.

**protège-dents** n. m. invar. ■ Appareil placé dans la bouche pour protéger les dents (boxeurs).

**protéger** v. tr. ⑥ et ③ ■ **1** Aider (qqn) de manière à mettre à l'abri d'une attaque, des mauvais traitements, du danger. **2** Défendre contre toute atteinte. → **garantir, sauvegarder.** *La loi doit protéger les libertés individuelles.* **3** (sujet chose) Couvrir de manière à arrêter ce qui peut nuire, à mettre à l'abri. **4** Aider (qqn) en facilitant sa carrière, sa réussite. **5** Favoriser la naissance ou le développement de (une activité). **6** Favoriser (une production économique) par le protectionnisme.

**protège-slip** [-slip] n. m. ■ Protection féminine de petite taille.

**protéiforme** adj. ■ Qui peut prendre de multiples formes.

**protéine** n. f. ■ Grosse molécule complexe d'acides aminés, constituant essentiel des matières organiques et des êtres vivants. - syn. PROTÉIDE n. f.

**protestant, ante** n. et adj. ■ Chrétien appartenant à la religion réformée. → **anglican, calviniste, luthérien.**

**protestantisme** n. m. ■ La religion chrétienne réformée qui s'est détachée du catholicisme au XVIᵉ siècle (→ **Réforme**) ; Églises et communautés protestantes.

**protestataire** adj. ■ littér. Qui proteste. ◆ n. *Des protestataires.*

**protestation** n. f. ■ **1** littér. Déclaration (de bons sentiments, etc.). *Des protestations d'amitié.* **2** Déclaration par laquelle on s'élève contre ce qu'on déclare illégitime, injuste. **3** Témoignage d'opposition.

**protester** v. ① ■ **1** v. tr. ind. littér. *PROTESTER DE* : donner l'assurance formelle de. *Protester de son innocence.* **2** v. intr. Déclarer formellement son opposition, son refus. **II** v. tr. dr. *Protester un chèque* (→ **protêt**).

**protêt** n. m. ■ dr. Acte par lequel le bénéficiaire d'un chèque, d'une lettre de change, fait constater qu'il n'a pas été payé.

**prothèse** n. f. ■ **1** Remplacement d'organes, de membres par des appareils artificiels. **2** Appareil de prothèse. ▷ adj. **prothétique**

**prothésiste** n. ■ Fabricant de prothèses.

**protide** n. m. ■ biochim. vieilli Acide aminé ; corps qui libère cet acide.

**protiste** n. m. ■ biol. Organisme vivant unicellulaire. → **protozoaire.**

**proto-** Élément, du grec *prôtos* « premier, primitif ».

**protocolaire** adj. ■ **1** Relatif au protocole, à l'étiquette. **2** Conforme au protocole. **3** Attaché au protocole. → **cérémonieux.**

**protocole** n. m. ■ **1** Document portant les résolutions d'une assemblée, le texte d'un engagement. *Un protocole d'accord sur les salaires.* **2** Recueil de règles à observer en matière d'étiquette, dans les relations officielles. ◆ Service chargé des questions d'étiquette. **3** sc. Description précise des conditions et du déroulement d'une expérience, d'un test, d'une opération chirurgicale. ◆ *Protocole opératoire* (en chirurgie). *Protocole thérapeutique.* ◆ *Protocole de communication* (entre ordinateurs, en informatique).

**protohistoire** n. f. ■ didact. Période de transition entre la préhistoire et l'histoire (du IIIᵉ au Iᵉʳ millénaire avant J.-C.) ; fin du néolithique. ▷ adj. **protohistorique**

**proton** n. m. ■ Particule élémentaire (lourde) de charge positive, qui, avec le neutron, constitue le noyau des atomes.

**protoplasme** n. m. ■ biol. Substance qui constitue l'essentiel de la cellule vivante. ▷ adj. **protoplasmique**

**prototype** n. m. ■ **1** littér. Type, modèle original. **2** Premier exemplaire d'un modèle de série.

**protozoaire** n. m. ■ Protiste* sans chlorophylle (amibe, infusoire...).

**protubérance** n. f. ■ **1** Saillie en forme de bosse. **2** *Protubérances (solaires) :* immenses jets de gaz enflammés à la surface du Soleil.

**protubérant, ante** adj. ■ Qui forme une saillie.

**prou** loc. adv. ■ littér. *PEU OU PROU*, plus ou moins.

**proue** n. f. ■ Avant d'un navire (opposé à *poupe*).

**prouesse** n. f. ■ littér. Acte de courage, d'héroïsme ; action d'éclat. → **exploit.**

**prout** interj. ■ fam. Onomatopée, bruit de pet. ◆ n. m. *Un prout sonore.*

**prouver** v. tr. ① ■ **1** Faire apparaître ou reconnaître (qqch.) comme vrai, par des preuves. → **démontrer, établir. 2** Exprimer (une chose) par une attitude, des gestes, des paroles. → **montrer. 3** (sujet chose) Servir de preuve, être (le) signe de.

**provenance** n. f. ■ Endroit d'où vient ou provient une chose. → **origine.**

**provençal, ale, aux ■ 1** adj. et n. De la Provence. **2** n. m. *Le provençal* (dialectes d'oc). **3** loc. adv. *(À LA) PROVENÇALE* : cuisiné avec de l'huile d'olive, de l'ail, du persil.

**provenir** v. intr. ㉒ ■ (sujet chose) Venir (de) ; avoir son origine dans.

**proverbe** n. m. ■ Formule exprimant une vérité d'expérience ou un conseil de sagesse pratique. → **adage, aphorisme.**

**proverbial, ale, aux** adj. ▪ **1** Qui tient du proverbe. **2** Connu et frappant (comme un proverbe). ▪ *Sa bonté est proverbiale.*

**providence** n. f. ▪ **1** relig. Sage gouvernement de Dieu ; (avec maj.) Dieu gouvernant la création. **2** fig. *Être la providence de qqn,* veiller à son bonheur.

**providentiel, elle** adj. ▪ Qui arrive grâce à la providence, à un heureux hasard (pour sauver, secourir). ▷ adv. **providentiellement**

**province** n. f. ▪ **I 1** Région avec ses coutumes et ses traditions particulières. ← hist. en France Subdivision administrative du royaume. **2** *LA PROVINCE* : en France, l'ensemble du pays, à l'exclusion de la capitale. **II** anglic. État fédéral (du Canada).

**provincial, ale, aux** adj. ▪ **I 1** De la province. **2** n. Personne qui vit en province. **II** au Canada D'une province (II) (opposé à *fédéral*).

**proviseur** n. m. ▪ Directeur de lycée. → **principal.**

**provision** n. f. ▪ **I 1** Réunion de choses utiles ou nécessaires. → **réserve, stock.** *FAIRE PROVISION DE qqch.* **2** au plur. Achat de choses nécessaires à la vie courante (nourriture, produits d'entretien). → **courses. II 1** Somme versée à titre d'acompte. **2** Somme déposée chez un banquier pour assurer le paiement d'un titre. ← *Chèque sans provision.*

**provisionnel, elle** adj. ▪ Qui constitue une provision (II, 1). *Acompte provisionnel.*

**provisoire** adj. ▪ **1** Qui existe, se fait en attendant autre chose. → **momentané, transitoire.** ▷ adv. **provisoirement 2** dr. Prononcé ou décidé avant le jugement définitif. *Liberté provisoire.*

**provocant, ante** adj. ▪ **1** Qui provoque, qui pousse à des sentiments ou à des actes violents. **2** Qui incite au désir, au trouble des sens.

**provocateur, trice** n. ▪ Personne qui provoque, incite à la violence, spécialt dans l'intérêt d'un groupe caché. ← adj. *Agent provocateur.*

**provocation** n. f. ▪ **1** Incitation. *Provocation à la débauche.* ◆ absolt Défi. *C'est de la provocation !* **2** Action, parole qui provoque.

**provolone** n. m. ▪ Fromage italien salé, séché, fumé, en forme de cylindre ou de poire.

**provoquer** v. tr. ⑴ ▪ **I 1** Inciter, pousser (qqn) à une action, à la violence. → **défier. 2** Exciter le désir de (qqn) par son attitude (→ **provocant** (2)). **II** *PROVOQUER qqch.* (sujet personne) Être volontairement ou non la cause de (qqch.). ◆ (sujet chose) Causer, occasionner.

**proxénète** n. ▪ Personne qui tire des revenus de la prostitution d'autrui. → **souteneur.** ▷ n. m. **proxénétisme**

**proximité** n. f. ▪ **1** littér. Situation d'une chose proche (dans l'espace). **2** *À PROXIMITÉ* loc. adv. : tout près. ← *À PROXIMITÉ DE* loc. prép. : près de. ◆ *DE PROXIMITÉ* : près de son domaine d'action. **3** Caractère de ce qui est proche dans le temps (passé ou futur).

**proxy** n. m. ▪ inform. Serveur relais qui, sur Internet, accélère l'accès aux données. *Des proxys.*

**pruche** n. f. ▪ franç. du Canada Conifère voisin du sapin, du genre *Tsuga.*

**prude** adj. ▪ D'une pudeur affectée, outrée. → pudibond.

**prudemment** [-amã] adv. ▪ Avec prudence.

**prudence** n. f. ▪ Attitude d'esprit d'une personne qui s'applique à éviter les erreurs, des malheurs possibles. → **circonspection ; précaution.**

**prudent, ente** adj. ▪ **1** Qui a de la prudence, agit avec prudence. **2** (choses) *Une réaction prudente,* de prudence... ← impers. *Il (ce) serait plus prudent de...*

**pruderie** n. f. ▪ littér. Affectation prude.

**prud'homme** n. m. ▪ Membre élu d'un *conseil des prud'hommes,* chargé de juger les litiges entre salariés et employeurs. ▷ adj. **prud'homal, ale, aux**

**prudhommesque** adj. ▪ littér. De la banalité pompeuse et ridicule de Joseph Prud'homme (personnage).

**pruine** n. f. ▪ Fine pellicule cireuse, naturelle, à la surface de certains fruits.

**prune** ▪ **I** n. f. **1** Fruit du prunier, de forme ronde ou allongée, à peau fine, jaune, verte (reines-claudes) ou bleutée (quetsches). *Eau-de-vie de prune,* ou ellipt *de la prune.* **2** *POUR DES PRUNES* loc. fam. : pour rien. **II** adj. invar. Violet foncé.

**pruneau** n. m. ▪ **1** Prune séchée. **2** fam. Projectile, balle de fusil.

① **prunelle** n. f. ▪ Fruit du prunellier, petite prune bleu ardoise, âcre. *Eau-de-vie de prunelle,* ou ellipt *de la prunelle.*

② **prunelle** n. f. ▪ Pupille de l'œil. ◆ loc. *Tenir à qqch. comme à la prunelle de ses yeux,* plus qu'à tout.

**prunellier** [-əlje] n. m. ▪ Arbrisseau épineux, prunier sauvage qui produit les prunelles.

**prunier** n. m. ▪ Arbre fruitier qui produit les prunes, prunelles. ◆ *Prunier du Japon,* espèce ornementale.

**prunus** [-ys] n. m. ▪ Prunier ornemental à feuilles pourpres.

**prurigineux, euse** adj. ▪ didact. Qui cause un prurit (1).

**prurit** [-it] n. m. ▪ **1** Démangeaison liée à une affection cutanée ou générale. **2** fig., littér. Désir irrépressible.

**prussique** adj. ▪ vx *Acide prussique,* cyanhydrique.

**prytanée** n. m. ▪ Lycée militaire.

**P.-S.** [peɛs] n. m. (abrév.) ▪ Post-scriptum.

**psalmiste** n. m. ▪ didact. Auteur de psaumes.

**psalmodier** v. ⑺ ▪ **1** v. intr. Dire ou chanter les psaumes. ← trans. *Psalmodier les offices.* **2** v. tr. Réciter ou dire d'une façon monotone.

**psaume** n. m. ■ **1** Poème religieux constituant un livre de la Bible et servant de prière ou de chant liturgique. **2** Œuvre vocale sur le texte d'un psaume.

**psautier** n. m. ■ didact. Recueil de psaumes.

**pschent** [pskɛnt] n. m. ■ didact. Coiffure des pharaons.

**pseudo-** Élément (du grec *pseudês* « menteur ») qui signifie « faux ».

**pseudonyme** n. m. ■ Nom choisi par une personne pour remplacer le sien. – abrév. fam. PSEUDO.

**pseudopode** n. m. ■ Prolongement rétractile de certains protozoaires, servant à la locomotion, à la nutrition.

**psitt** interj. ■ fam. Interjection servant à appeler, à attirer l'attention. – var. PST.

**psittacidés** n. m. pl. ■ zool. Famille d'oiseaux grimpeurs (perroquets).

**psittacisme** n. m. ■ didact. Répétition mécanique (comme par un perroquet) de phrases.

**psoriasis** [-is] n. m. ■ méd. Maladie de peau, plaques rouges à croûtes blanchâtres.

**psy** n. (abrév.) ■ Psychanalyste, psychologue, etc.

**psychanalyse** [psik-] n. f. ■ **1** Méthode de psychologie clinique, investigation des processus psychiques profonds, de l'inconscient (syn. *analyse*). → Théorie freudienne et analogues. **2** Traitement de troubles psychiques (surtout névrosés) et psychosomatiques par cette méthode. ▷ adj. **psychanalytique**

**psychanalyser** [psik-] v. tr. 1 ■ Traiter, analyser par la psychanalyse.

**psychanalyste** [psik-] n. ■ Personne habilitée à exercer la psychanalyse. → **analyste.**

**psyché** [psiʃe] n. f. ■ Grande glace mobile.

**psychédélique** [psik-] adj. ■ psych. De l'état provoqué par l'absorption d'hallucinogènes. ◆ cour. Qui évoque cet état.

**psychiatre** [psikjatʀ] n. ■ Spécialiste des maladies mentales.

**psychiatrie** [psikjatʀi] n. f. ■ Partie de la médecine qui étudie et traite les maladies mentales, les psychoses. ▷ adj. **psychiatrique**

**psychique** [psiʃik] adj. ■ Qui concerne l'esprit, la pensée. → **mental.**

**psychisme** [psiʃism] n. m. ■ **1** La vie psychique. **2** Ensemble de faits psychiques. *Le psychisme animal.*

**psych(o)-** [psiko] Élément, du grec *psukhê* « âme, esprit ».

**psychodrame** n. m. ■ Psychothérapie de groupe, mise en scène de situations conflictuelles ; cette situation. ◆ Situation qui évoque ce genre de mise en scène.

**psychologie** n. f. ■ **1** Étude scientifique des phénomènes de l'esprit (au sens le plus large). **2** Connaissance spontanée des sentiments d'autrui ; aptitude à comprendre les comportements. → **intuition. 3** Analyse des états de conscience, des sentiments, dans une œuvre. **4** Ensemble d'idées, d'états d'esprit caractéristiques d'une collectivité.

**psychologique** adj. ■ **1** De la psychologie. *Test psychologique.* **2** Étudié en psychologie ; qui concerne la pensée, les sentiments. → **mental, psychique. 3** Qui agit ou vise à agir sur le psychisme (de qqn, d'un groupe). *Guerre psychologique.* ▷ adv. **psychologiquement**

**psychologue** n. ■ **1** n. Spécialiste de la psychologie ; de la psychologie appliquée. **2** adj. Qui a de la psychologie (2).

**psychomoteur, trice** adj. ■ didact. Qui concerne les fonctions motrices et psychiques.

**psychomotricien, ienne** n. ■ didact. Personne qui soigne les troubles psychomoteurs.

**psychomotricité** n. f. ■ didact. Intégration des fonctions motrices et psychiques par le système nerveux.

**psychopathe** n. ■ vieilli Personne présentant un déséquilibre psychique.

**psychopathologie** n. f. ■ didact. Étude des troubles mentaux. ▷ adj. **psychopathologique**

**psychopédagogie** n. f. ■ didact. Psychologie appliquée à la pédagogie.

**psychophysiologie** n. f. ■ didact. Étude des rapports entre l'activité physiologique et le psychisme. ▷ adj. **psychophysiologique**

**psychorigide** adj. ■ Se dit de qqn qui est d'une grande raideur psychologique, et se montre incapable de s'adapter aux changements. ▷ n. f. **psychorigidité.**

**psychose** [psikoz] n. f. ■ **1** Maladie mentale ignorée du patient (à la différence des névroses*) et qui provoque des troubles de la personnalité (ex. paranoïa, schizophrénie...). **2** Obsession, idée fixe. *Psychose collective.*

**psychosociologie** n. f. ■ didact. Psychologie sociale.

**psychosomatique** adj. ■ Qui concerne les maladies physiques liées à des causes psychiques.

**psychotechnique** [-tɛk-] n. f. ■ Discipline qui mesure les aptitudes physiques et mentales. ◆ adj. *Examens psychotechniques.* → **test.** ▷ n. **psychotechnicien, ienne**

**psychoter** v. intr. 1 ■ fam. Avoir peur, paniquer.

**psychothérapie** n. f. ■ didact. Thérapeutique des troubles psychiques ou somatiques par des procédés psychiques (psychanalyse* et pratiques dérivées). ▷ n. **psychothérapeute**

**psychotique** adj. et n. ■ didact. (Personne) atteinte d'une psychose.

**psychotrope** n. m. ■ didact. Médicament qui agit chimiquement sur le psychisme.

**ptér(o)-, -ptère** Éléments savants, du grec *pteron* « aile ».

**ptérodactyle** ■ **1** adj. Qui a les doigts reliés par une membrane. **2** n. m. Fossile, reptile volant du jurassique.

**ptose** n. f. ■ méd. Descente (d'un organe) par relâchement des soutiens. → **prolapsus.**

**pu** ■ Participe passé du verbe *pouvoir*.

**puant, ante** adj. ■ **1** Qui pue. **2** fig. (personnes) Odieux de prétention.

**puanteur** n. f. ■ Odeur infecte (→ **puer**).

① **pub** [pœb] n. m. ■ (pays anglo-saxons) Établissement public où l'on sert des boissons alcoolisées. ◆ en France Bar de luxe imitant un pub.

② **pub** [pyb] n. f. ■ fam. Publicité.

**pubalgie** n. f. ■ méd. Inflammation des tendons au niveau de la symphyse pubienne.

**pubère** adj. ■ Qui a atteint l'âge de la puberté.

**puberté** n. f. ■ Passage de l'enfance à l'adolescence ; modifications physiologiques et psychologiques à cette époque.

**pubis** [-is] n. m. ■ Renflement triangulaire à la partie inférieure du bas-ventre. ▷ **pubien, ienne** adj. *Symphyse pubienne.*

**publi-** Élément tiré de *publicité* (ex. *publiphobe* adj. et n.).

**public, ique** adj. ■ I adj. **1** Qui concerne le peuple, la nation, l'État. *Les affaires publiques.* → **politique**. ◆ Relatif aux collectivités sociales, à l'État. *Les pouvoirs publics.* **2** Accessible, ouvert à tous. *La voie publique. Lieu public.* **3** Qui a lieu en présence de témoins. **4** Qui concerne la fonction qu'on remplit dans la société. *La vie publique et la vie privée.* ◆ *Un homme public,* investi d'une fonction officielle. **5** Connu de tous. *Le scandale est devenu public.* ■ n. m. **1** Les gens, la masse de la population. **2** Ensemble des personnes que touche une œuvre, un spectacle. ◆ Ensemble de personnes qui assistent effectivement (à un spectacle, une réunion...). → **assistance, auditoire.** ◆ loc. *Être bon public,* bienveillant. **3** EN PUBLIC loc. adv. : en présence d'un certain nombre de personnes.

**publication** n. f. ■ **1** Action de publier (un ouvrage, un écrit) ; son résultat. ◆ Écrit publié. *Publications scientifiques.* **2** Action de publier (2).

**publiciste** n. ■ **1** vieilli Journaliste. **2** abusivt Publicitaire.

**publicitaire** adj. ■ **1** Qui sert à la publicité, a un caractère de publicité. **2** Qui s'occupe de publicité. ◆ n. Agent de publicité.

**publicité** n. f. ■ I Fait d'exercer une action psychologique sur le public à des fins commerciales. → fam. ② **pub. 2** Message publicitaire. II littér. Caractère de ce qui est public, connu de tous.

**publier** v. tr. ⑦ ■ **1** Faire paraître (un texte). *Publier un article dans une revue.* → **éditer. 2** Faire connaître au public. *On a publié les bans à la mairie.*

**publipostage** n. m. ■ Prospection, vente par correspondance (→ anglic. *mailing*).

**publiquement** adv. ■ En public.

**puce** n. f. ■ I **1** Insecte sauteur, de couleur brune, parasite de l'homme et d'animaux. **2** loc. fam. *Mettre la puce à l'oreille à qqn,* éveiller ses soupçons. ◆ *Le marché aux puces* et ellipt *les puces,* marché d'occasion, brocante. **3** fam. terme d'affection *Ça va, ma puce ?* **4** en appos. invar. D'un brun-rouge. **II** Petite pastille d'un matériau semi-conducteur sur laquelle se trouve un microprocesseur. *Carte à puce.*

**puceau** n. m. ■ fam. Garçon, homme vierge.

**pucelage** n. m. ■ fam. Virginité.

**pucelle** n. f. ■ **1** vx ou plais. Jeune fille. *La pucelle d'Orléans* : Jeanne d'Arc. **2** fam. Fille vierge.

**puceron** n. m. ■ Petit insecte parasite des plantes.

**pudding** [pudiŋ] n. m. ■ Gâteau à base de farine, d'œufs, de raisins secs.

**pudeur** n. f. ■ **1** Sentiment de honte, de gêne vis-à-vis de la sexualité. **2** Sentiment de gêne à se montrer nu. **3** Retenue dans l'expression des sentiments. *Cacher son chagrin par pudeur.*

**pudibond, onde** adj. ■ Qui a une pudeur exagérée, ridicule. → **prude.** ▷ n. f. **pudibonderie**

**pudique** adj. ■ **1** Qui a, montre de la pudeur. **2** Plein de discrétion, de réserve. ▷ **pudicité** n. f. littér.

**pudiquement** adv. ■ **1** D'une manière pudique. **2** Par euphémisme. *Ce qu'on appelle pudiquement rétablir l'ordre.*

**puer** v. ① ■ **1** v. intr. Sentir très mauvais. → **empester. 2** v. tr. Répandre une très mauvaise odeur de. *Puer la sueur.* ◆ fig. *Ça pue la magouille.*

**puér(i)-** Élément, du latin *puer, pueris* « enfant ». → ① **péd(o)-.**

**puériculture** n. f. ■ Méthodes propres à assurer la croissance et l'épanouissement du nouveau-né et de l'enfant (jusque vers trois-quatre ans). ▷ n. **puériculteur, trice**

**puéril, ile** adj. ■ péj. Indigne d'un adulte quant au sérieux. → **infantile.** ▷ adv. **puérilement**

**puérilité** n. f. ■ **1** Caractère puéril, peu sérieux. **2** littér. Action, parole, idée puérile.

**puerpéral, ale, aux** adj. ■ méd. Relatif à la période qui suit l'accouchement.

**pugilat** n. m. ■ Bagarre à coups de poing. → **rixe.**

**pugiliste** n. m. ■ littér. Boxeur ; lutteur.

**pugnace** [-gn-] adj. ■ littér. Qui aime le combat ; fig. la polémique. ▷ n. f. **pugnacité**

**puîné, ée** adj. et n. ■ vieilli Qui est né après un frère ou une sœur (s'oppose à *aîné*).

**puis** adv. ■ **1** littér. Après cela, dans le temps qui suit. → **ensuite. 2** littér. Plus loin, dans l'espace. **3** ET PUIS... (dernier terme d'une énumération). → **et.** *Il y avait ses amis, son frère et puis sa sœur.* ◆ *Je n'ai pas le temps, et puis ça m'ennuie !,* d'ailleurs.

**puisard** n. m. ■ Puits en pierres sèches pour absorber les résidus liquides.

**puisatier** n. m. ■ Personne, entreprise qui creuse des puits.

**puiser** v. tr. ⬚ ■ **1** Prendre dans une masse liquide. *Puiser de l'eau à une source.* **2** absolt *Puiser dans ses économies,* y prélever de l'argent. **3** fig. Emprunter, prendre.

**puisque** conj. ■ Conjonction de subordination. **1** (introduisant une cause) Dès l'instant où, du moment que... ; étant donné que... **2** *Puisque je vous le dis* (sous-entendu : c'est vrai).

**puissamment** adv. ■ **1** Avec des moyens puissants, efficaces. **2** Avec force, intensité.

**puissance** n. f. ■ **I 1** Situation, état d'une personne, d'un groupe qui a une grande action. ◆ spécialt Pouvoir social, politique. ◆ Grand pouvoir (social, politique) de fait. *La puissance d'un groupe d'intérêt.* **2** Caractère de ce qui produit de grands effets. → **efficacité, force. 3** sc. Quantité d'énergie fournie par unité de temps. *Unités de puissance.* → **erg, watt. 4** Pouvoir d'action (d'un appareil) ; intensité (d'un phénomène). *La puissance d'un microscope. Puissance (sonore).* **5** math. Produit de plusieurs facteurs égaux, le nombre de facteurs étant indiqué par l'exposant. *Dix puissance cinq* (10⁵). *Puissance deux, trois.* → **carré, cube. II 1** littér. Chose qui produit de grands effets. **2** Catégorie, groupe qui a un grand pouvoir de fait dans la société. *Les puissances d'argent.* **3** État souverain. *Les grandes puissances* (→ superpuissance). **III 1** *EN PUISSANCE* loc. adj. : qui existe sans se produire d'effet. → **potentiel, virtuel. 2** Montée en puissance (moteur ; aussi fig.) ; augmentation de régime.

**puissant, ante** adj. ■ **1** Qui a un grand pouvoir, de la puissance. ← n. *Les puissants.* ◆ Qui a de grands moyens militaires, techniques, économiques. **2** Qui est très actif. *Un remède puissant. Un sentiment puissant.* ◆ (personnes) Qui s'impose par sa force, son action. *Une puissante personnalité.* **3** Qui a de la force physique. **4** (moteur, machine) Qui a de la puissance, de l'énergie.

**puits** n. m. ■ **1** Cavité circulaire, profonde et étroite, à parois maçonnées, pratiquée dans le sol pour atteindre une nappe d'eau. ← *Puits artésien.* **2** Excavation pour l'exploitation d'un gisement. *Puits de pétrole.* **3** loc. fig. *Un PUITS DE SCIENCE :* une personne qui a de vastes connaissances.

**pullman** [pulman] n. m. ■ **1** Voiture de luxe, dans un train. **2** appos. *Autocar pullman,* de grand confort.

**pull-over** [pylɔvɛʀ ; pulvœʀ] ou (abrév.) **pull** [pyl] n. m. ■ Tricot à manches, qu'on enfile par la tête. *Des pull-overs, des pulls.*

**pulluler** v. intr. ⬚ ■ **1** Se reproduire en grand nombre et très vite. **2** (êtres vivants) Se manifester en très grand nombre. → **fourmiller, grouiller. ←** (choses) Abonder, foisonner. ▷ n. f. **pullulation** ▷ n. m. **pullulement**

**pulmonaire** adj. ■ **1** Qui affecte, atteint le poumon. **2** Du poumon.

**pulpe** n. f. ■ **1** Partie charnue. *La pulpe des doigts.* **2** *Pulpe dentaire,* le tissu conjonctif interne. **3** Partie juteuse (de fruits). → **chair. ←** Partie charnue et comestible (de légumes). **4** Résidu pâteux de végétaux écrasés.

**pulpeux, euse** adj. ■ Fait de pulpe ; qui a le moelleux de la pulpe. ◆ fig. Qui a des formes attirantes (d'une femme).

**pulque** [pulke] n. m. ■ Boisson (mexicaine) fermentée de suc d'agave. → **mescal.**

**pulsation** n. f. ■ **1** Battement (du cœur, des artères). → **pouls. 2** Battement régulier.

**pulsé** adj. m. ■ *Air pulsé,* soufflé.

**pulsion** n. f. ■ psych. Force psychique qui fait tendre vers un but. *Pulsions sexuelles.* → **libido. ▷** adj. **pulsionnel, elle**

**pulvérisateur** n. m. ■ Appareil servant à projeter une poudre, un liquide pulvérisé.

**pulvérisation** n. f. ■ **1** Action de pulvériser. **2** Prise de médicament en aérosol.

**pulvériser** v. tr. ⬚ ■ **1** Réduire (un solide) en poudre, en très petites parcelles. **2** Projeter (un liquide sous pression) en fines gouttelettes. **3** Faire éclater en petits morceaux. ← passif *Le pare-brise a été pulvérisé.* **4** fig., fam. *Le record a été pulvérisé,* battu de beaucoup.

**pulvérulent, ente** adj. ■ Qui a la consistance de la poudre.

**puma** n. m. ■ Félin d'Amérique, à pelage fauve et sans crinière. → **couguar.**

**punaise** n. f. ■ **I** Petit insecte à corps aplati et d'odeur infecte. *Punaise (des lits),* parasite de l'homme. ← interj. régional *Punaise !* ← loc. *Punaise de sacristie :* bigote. **II** Petit clou à large tête ronde, à pointe courte.

**punaiser** v. tr. ■ Fixer à l'aide de punaises.

① **punch** [pɔ̃ʃ] n. m. ■ Boisson alcoolisée à base de rhum, de sirop de canne.

② **punch** [pœnʃ] n. m. ■ **1** Aptitude d'un boxeur à porter des coups secs et décisifs. ▷ n. m. **puncheur 2** Efficacité, dynamisme.

**punching-ball** [pœnʃiŋbol] n. m. ■ anglic. Ballon pour l'entraînement des boxeurs.

**punique** adj. ■ Antiq. De Carthage ; carthaginois. *Les guerres puniques.*

**punir** v. tr. ② ■ **1** Frapper (qqn) d'une peine, pour un délit ou un crime. → **condamner. ◆** Frapper (qqn) d'une sanction pour une faute. **2** Sanctionner (une faute) par une peine, une punition. *Punir une infraction.* ▷ adj. **punissable** ▷ adj. et n. **punisseur, euse**

**punitif, ive** adj. ■ Destiné à punir.

**punition** n. f. ■ **1** littér. Action de punir. **2** Ce que l'on fait subir à l'auteur d'une faute ; spécialt à un enfant. **3** Conséquence pénible (d'une faute, d'un défaut).

**punk** [pœ̃k ; pœnk] n. m. ■ anglic. Adepte d'un mouvement de contestation regroupant des jeunes qui affichent des signes provocateurs. ← adj. *La musique punk.*

① **pupille** [-ij ; -il] n. ■ **1** Orphelin(e) mineur(e) en tutelle. **2** *Pupille de la Nation,* orphelin de guerre pris en tutelle par l'État.

②**pupille** [-ij; -il] n. f. ■ Zone centrale de l'iris de l'œil. → **prunelle.**

**pupitre** n. m. ■ **1** Petit meuble à tableau incliné sur pieds, où l'on pose un livre, du papier. → **lutrin. 2** Casier à couvercle incliné pour écrire. **3** Tableau de commandes (d'un système électronique). → **console.**

**pupitreur, euse** n. ■ Technicien chargé du pupitre (3) d'un ordinateur.

**pur, pure** adj. ■ **I** concret **1** Qui n'est pas mêlé avec autre chose ; sans élément étranger. *Du vin pur,* sans eau. ← *Confiture pur fruit, pur sucre.* ← *Couleur pure,* franche. **2** Qui ne renferme aucun élément mauvais ou défectueux. *Air pur,* salubre. *Ciel pur,* sans nuages ni fumées. **II** abstrait **1** Sans mélange. → **absolu, parfait.** ♦ *Science pure,* théorique (opposé à *appliqué*). *Recherche pure,* fondamentale. **2** (devant le nom) Complètement tel. *C'est de la pure méchanceté. Ouvrage de pure fiction. Un pur hasard.* loc. *En pure perte\*.* ← (après le nom) *PUR ET SIMPLE :* sans restriction. ♦ loc. *PUR ET DUR :* qui applique des principes avec rigueur. **3** Sans défaut d'ordre moral, sans corruption. *Un cœur pur. Ses intentions étaient pures,* désintéressées. ← n. m. *Pureté* morale. *Le pur et l'impur.* **4** Chaste. **5** Sans défaut esthétique. → **parfait.** *Un profil pur.* ♦ (langue, style) D'une correction élégante. → **châtié, épuré.**

**purée** n. f. ■ **1** Légumes cuits et écrasés. *Purée de carottes.* ← absolt Purée de pommes de terre. ← appos. (invar.) *Pommes purée.* ♦ *PURÉE DE POIS* loc. fig. : brouillard très épais. **2** fam. Misère. *Être dans la purée.* ♦ exclam. *Purée !*

**purement** adv. ■ Intégralement, exclusivement. ← loc. *PUREMENT ET SIMPLEMENT :* sans aucun doute possible.

**pureté** n. f. ■ **I** (concret) **1** État d'une substance pure (I). **2** État de ce qui est sans altération. → **netteté. II** (abstrait) **1** littér. Absence de souillure morale. ♦ Chasteté. **2** État de ce qui se conforme à un type de perfection, à un idéal. *La pureté d'un style.*

**purgatif, ive** adj. ■ Qui purge. → **dépuratif, laxatif.** ← n. m. *Un purgatif.*

**purgation** n. f. ■ Action de purger ; purge.

**purgatoire** n. m. ■ **1** théol. cathol. Lieu où les âmes des justes se purifient avant d'accéder au paradis. **2** fig. Lieu ou temps d'épreuve.

**purge** n. f. ■ **1** Action de purger ; remède purgatif. **2** Évacuation d'un liquide, d'un gaz d'une conduite. → **vidange. 3** fig. Élimination autoritaire, violente. → **épuration.**

**purger** v. tr. ③ ■ **1** Débarrasser (le système digestif). **2** Débarrasser (d'une chose gênante, mauvaise, d'êtres dangereux). ← pronom. *Se purger.* **3** Subir (une condamnation, une peine). *Purger une peine de prison.*

**purgeur** n. m. ■ Robinet ou dispositif automatique de purge (2).

**purificateur, trice** ■ **1** adj. Qui purifie. **2** n. m. *Purificateur d'air* (appareil).

**purification** n. f. ■ **1** Action de (se) purifier. **2** fig. Élimination d'éléments hétérogènes. ♦ *Purification ethnique :* élimination ou déplacement de populations par violence raciste.

**purificatoire** adj. ■ littér. Propre à la purification (1).

**purifier** v. tr. ⑦ ■ **1** Débarrasser (une substance) de ses impuretés. **2** littér. Rendre pur, débarrasser de la corruption morale, religieuse. ← pronom. *Se purifier* (relig.).

**purin** n. m. ■ Fumier liquide, urines et parties solides décomposées. → **lisier.**

**purine** n. f. ■ biochim. Substance azotée à deux chaînes fermées. ▷ adj. **purique**

**purisme** n. m. ■ **1** Souci de la pureté du langage par rapport à un modèle idéal. **2** Souci de pureté, de conformité à un type idéal (art, idées, etc.). ▷ adj. et n. **puriste**

**puritain, aine** n. ■ **1** hist. Membre d'une secte protestante anglaise et hollandaise. **2** Personne d'une pureté scrupuleuse, exigeante. → **rigoriste.** ← adj. *Éducation puritaine.* → **austère.** ▷ n. m. **puritanisme**

**purpurin, ine** adj. ■ littér. ou plais. Pourpre.

**pur-sang** [-sã] n. m. invar. ■ Cheval de course, de race pure.

**purulent, ente** adj. ■ Qui contient ou produit du pus. → n. f. **purulence**

**pus** n. m. ■ Production pathologique infectée, liquide blanchâtre ou jaunâtre.

**pusillanime** [-i(l)l-] adj. ■ littér. Qui manque d'audace, craint le risque. → **timoré.** ▷ n. f. **pusillanimité**

**pustule** n. f. ■ **1** Petite tumeur purulente sur la peau. → **bouton. 2** Vésicule du dos du crapaud, de certaines plantes. ▷ adj. **pustuleux, euse**

**putain** n. f. ■ **I** **1** péj. Prostituée (syn. *pute*). ♦ injurieux Femme qui a une vie sexuelle très libre. **2** fam. Personne qui s'abaisse pour plaire. **II** fam. **1** *Putain de* (+ nom). *Putain de temps !* → **saleté. 2** *Putain !,* exclamation de désagrément ou d'admiration.

**putatif, ive** adj. ■ dr. *Enfant, père putatif,* personne supposée être l'enfant, le père.

**pute** n. f. ■ fam et péj. **1** Prostituée. **2** *Faire la pute ;* adj. *être pute.* → **putain** (I, 2).

**putois** n. m. ■ **1** Petit mammifère carnivore, à odeur nauséabonde. **2** Sa fourrure.

**putréfaction** n. f. ■ Décomposition bactérienne des matières organiques. → **pourriture.**

**putréfier** v. tr. ⑦ ■ Faire tomber en putréfaction. ← pronom. Pourrir.

**putrescible** adj. ■ Qui peut se putréfier.

**putride** adj. ■ **1** En putréfaction. **2** De pourri. *Odeur putride.*

**putsch** [putʃ] n. m. ■ Soulèvement d'un groupe politique armé, pour prendre le pouvoir. → **coup d'État.** ▷ n. et adj. **putschiste**

**puy** [pɥi] n. m. ■ Montagne, en Auvergne.

**puzzle** [pœzl ; pœzœl] n. m. ▪ **1** Jeu de patience, éléments à assembler pour reconstituer une image. **2** fig. Éléments épars permettant de reconstituer la réalité.

**P.-V.** [peve] n. m. (abrév.) ▪ Procès-verbal. ♦ fam. Contravention.

**pygmée** n. m. ▪ Personne appartenant à des peuples de petite taille (autour de 1,50 m) habitant la forêt équatoriale africaine.

**pyjama** n. m. ▪ Vêtement de nuit.

**pylône** n. m. ▪ **1** archéol. Portail égyptien monumental. **2** Structure élevée, métallique ou en béton armé, servant de support à des câbles, des antennes, etc.

**pylore** n. m. ▪ anat. Orifice faisant communiquer l'estomac avec le duodénum.

**py(o)-** Élément, du grec *puon* « pus ».

**pyorrhée** n. f. ▪ pathol. Écoulement de pus.

**pyramidal, ale, aux** adj. ▪ **1** En forme de pyramide. **2** vx Immense, énorme.

**pyramide** n. f. ▪ **1** Grand monument à base carrée et à faces triangulaires (tombeau des pharaons d'Égypte, base de temples précolombiens). ← Monument analogue. *La pyramide du Louvre.* **2** Polyèdre qui a pour base un polygone et pour faces des triangles possédant un sommet commun. **3** Représentation graphique d'une statistique, où les éléments se raréfient vers le haut. *La pyramide des âges.*

**pyrex** [-ɛks] n. m. (nom déposé) ▪ Verre très résistant pouvant aller au feu.

**pyrimidine** n. f. ▪ biochim. Substance azotée à une chaîne fermée. ▷ adj. **pyrimidique**

**pyrite** n. f. ▪ Sulfure naturel de fer.

**pyr(o)-** Élément, du grec *pur, puros* « feu ».

**pyrogravure** n. f. ▪ Décoration du bois par gravure à l'aide d'une pointe métallique incandescente. ← Cette gravure. ▷ n. **pyrograveur, euse**

**pyrolyse** n. f. ▪ sc. Décomposition chimique sous l'action de la chaleur.

**pyromane** n. ▪ Incendiaire obéissant à une impulsion obsédante (*pyromanie*, n. f.).

**pyrotechnie** [-tɛk-] n. f. ▪ Technique de la fabrication et de l'utilisation des feux d'artifice. ▷ adj. **pyrotechnique**

**pyrrhonien, ienne** adj. et n. ▪ didact. Sceptique. ▷ n. m. **pyrrhonisme**

**pythie** n. f. ▪ didact. Prêtresse de l'oracle d'Apollon à Delphes. → **pythonisse.**

**python** n. m. ▪ Serpent des forêts tropicales, de très grande taille, qui broie sa proie entre ses anneaux.

**pythonisse** n. f. ▪ littér. ou plais. Prophétesse, voyante. → **pythie.**

**pyxide** n. f. ▪ didact. **1** relig. Petite boîte à couvercle. **2** bot. Capsule qui s'ouvre par en haut.

**q** [ky] n. m. ▪ Dix-septième lettre, treizième consonne de l'alphabet.

**qat** ou **khat** [kat] n. m. ▪ Arbuste d'Éthiopie et du Yémen dont les feuilles, mastiquées, sont utilisées comme drogue hallucinatoire.

**Q. G.** [kyʒe] n. m. invar. (sigle) ▪ fam. Quartier* général.

**Q. I.** [kyi] n. m. invar. (sigle) ▪ fam. Quotient* intellectuel.

**quad** [kwad] n. m. ▪ anglic. Véhicule tout-terrain découvert (comme une moto), à quatre roues.

**quadr-** [k(w)adʀ], **quadri-** [k(w)adʀi], **quadru-** [k(w)adʀy] Élément, du latin *quattuor* « quatre ». → **tétra-**.

**quadragénaire** adj. et n. ▪ (Personne) qui a entre quarante et quarante-neuf ans.

**quadrangulaire** adj. ▪ Qui a quatre angles. ← Dont la base est un quadrilatère.

**quadrant** n. m. ▪ math. Quart de cercle. ← Région du plan limitée par deux demi-droites perpendiculaires.

**quadrature** n. f. ▪ Construction d'un carré d'une aire donnée. *La quadrature du cercle est impossible.*

**quadriennal, ale, aux** adj. ▪ 1 De quatre ans. 2 Qui revient tous les quatre ans.

**quadrige** n. m. ▪ Char à quatre chevaux.

**quadrilatère** n. m. ▪ Polygone à quatre côtés (ex. le carré, le losange).

**quadrille** [ka-] n. m. ▪ Contredanse (I) à la mode au XIXᵉ siècle.

**quadriller** [ka-] v. tr. ① ▪ 1 Couvrir de lignes perpendiculaires entrecroisées. 2 Diviser (un territoire) pour occuper, surveiller. ▷ n. m. **quadrillage**

**quadrimoteur** n. m. et adj. ▪ (Avion) muni de quatre moteurs.

**quadriréacteur** n. m. et adj. ▪ (Avion) muni de quatre réacteurs.

**quadrumane** adj. et n. ▪ (Animal) à quatre membres terminés par des mains (ex. le singe).

**quadrupède** adj. et n. ▪ (Mammifère) à quatre pattes (excluant le quadrumane).

**quadruple** adj. et n. m. ▪ Répété quatre fois, qui vaut quatre fois (une quantité).

**quadrupler** v. intr. et tr. ① ▪ Devenir ou rendre quatre fois plus élevé.

**quadruplés, ées** n. pl. ▪ Les quatre enfants issus d'une même grossesse.

**quai** n. m. ▪ 1 Mur, chaussée où accostent les bateaux. *Navire à quai.* 2 Plate-forme longeant la voie, dans une gare.

**quaker, quakeresse** [kwɛkœʀ, kwɛkʀɛs] n. ▪ Membre d'un mouvement religieux protestant du XVIIᵉ siècle, pacifiste et philanthropique.

**qualifiable** adj. ▪ Qui peut être qualifié.

**qualifiant, ante** adj. ▪ Qui qualifie (3), donne une qualification professionnelle. *Stage qualifiant.*

**qualificatif, ive** ▪ 1 adj. Qui exprime une qualité. 2 n. m. Mot (adjectif) qui qualifie. → **épithète**.

**qualification** n. f. ▪ 1 Action de qualifier (1). → **appellation**. 2 Fait de qualifier (2). 3 *Qualification professionnelle* : formation, savoir-faire qui qualifie (3) pour un emploi.

**qualifié, ée** adj. ▪ 1 *Ouvrier qualifié*, ayant une qualification (3). 2 dr. *Vol qualifié*, criminel.

**qualifier** v. tr. ⑦ ▪ 1 Caractériser par un mot, une expression. → **appeler, désigner, nommer**. *Une conduite qu'on ne peut qualifier.* ← QUALIFIER DE (+ attribut). → **traiter** de. 2 Faire que (qqn, un concurrent) soit admis à des épreuves. ← pronom. *Se qualifier pour la finale.* 3 dr. **qualifier**

**qualitatif, ive** adj. ▪ Relatif à la qualité, qui est du domaine de la qualité (s'oppose à *quantitatif*). ▷ adv. **qualitativement**

**qualité** n. f. ▪ **I** (choses) Manière d'être caractéristique. → **caractère, propriété.** ♦ Ce qui donne une certaine valeur (s'oppose à *quantité*). *Produit de bonne qualité.* ← DE QUALITÉ, excellent. 2 Caractère moral positif (s'oppose à *défaut*). *Quant à lui...* **II** Condition, situation sociale, civile... (d'une personne). ← loc. EN (SA) QUALITÉ DE... : en tant que...

**quand** ▪ **I** conj. 1 Au moment où. → **lorsque**. *Quand il est arrivé.* 2 Chaque fois que, toutes les fois que. *Quand l'un dit oui, l'autre dit non.* 3 QUAND (BIEN) MÊME (+ cond.) : en admettant que. *Quant à lui...* 4 QUAND MÊME loc. adv. : cependant. ← fam. Tout de même. **II** adv. À quel moment ?

**quanta** → **quantum**

**quant à** [kɑ̃ta] loc. prép. ▪ Pour ce qui est de, relativement à. *Quant à lui...*

**quant-à-soi** [kɑ̃ta-] n. m. sing. ▪ Réserve, retenue un peu fière.

**quantième** [-tjɛm] n. m. ▪ didact. Chiffre du jour du mois.

**quantifier** v. tr. 7 ▪ Attribuer une grandeur mesurable à (qqch.). ▷ adj. **quantifiable**

**quantile** n. m. ▪ statist. Nombre qui divise une suite ordonnée de valeurs en parties d'égale étendue.

**quantique** [k(w)ᾶ-] adj. ▪ phys. Des quanta (→ **quantum**). *Mécanique quantique.*

**quantitatif, ive** adj. ▪ Qui appartient au domaine de la quantité (s'oppose à *qualitatif*). ▷ adv. **quantitativement**

**quantité** n. f. ▪ **1** Nombre (de choses, de personnes); mesure qui sert à évaluer. *En grande, en petite quantité.* → beaucoup, peu. **2** Grand nombre. ← EN QUANTITÉ : en abondance. **3** Caractère de ce qui peut être mesuré. ← loc. *Quantité négligeable.* **4** L'ensemble des valeurs mesurables (s'oppose à *qualité*).

**quantum** [k(w)ᾶtɔm], plur. **quanta** [k(w)ᾶ ta] n. m. ▪ phys. *Quantum d'énergie, d'action,* la plus petite quantité. *Théorie des quanta* (l'énergie se manifeste par petites quantités discontinues : particules).

**quarantaine** n. f. ▪ **I 1** Nombre d'environ quarante. **2** Âge d'environ quarante ans. **II** Isolement (de quarante jours à l'origine) imposé en cas de risques contagieux. ← loc. *Mettre qqn EN QUARANTAINE* (fig.) à l'écart).

**quarante** ▪ **I** adj. numéral invar. **1** (cardinal) Quatre fois dix (40). **2** (ordinal) Quarantième. *Page quarante.* **II** n. m. invar. Le nombre, le numéro quarante. ▷ adj. et n. **quarantième**

**quark** [kwaRk] n. m. ▪ phys. Particule fondamentale électrisée (dans les particules lourdes).

① **quart, quarte** adj. ▪ vx Quatrième. *"Le Quart Livre"* (de Rabelais).

② **quart** n. m. ▪ **I** Fraction, division en quatre parties égales. ← Quart d'une livre (125 g). *Un quart de beurre.* ← loc. *Au quart de tour* (d'un moteur) : fig. immédiatement. ♦ *QUART D'HEURE* : quinze minutes. **II 1** Service de quatre heures (d'un équipage). *Prendre le quart.* **2** loc. *LES TROIS QUARTS* : la plus grande partie. ← *Portrait DE TROIS QUARTS*, entre face et profil.

**quarte** n. f. ▪ mus. Intervalle de quatre degrés dans la gamme diatonique.

**quarté** [k(w)aRte] n. m. ▪ Pari mutuel sur quatre chevaux (courses).

① **quarteron** n. m. ▪ péj. Petit groupe.

② **quarteron, onne** n. ▪ Fils, fille de blanc (blanche) et de mulâtre.

**quartette** [k(w)a-] n. m. ▪ Ensemble de quatre musiciens de jazz.

**quartier** n. m. ▪ **I 1** Portion d'environ un quart. *Un quartier de bœuf.* **2** Phase de la Lune où une partie du disque est éclairée. **II 1** Partie d'une ville. **2** (dans des loc.) Cantonnement. *QUARTIERS D'HIVER. QUARTIER GÉNÉRAL* (Q. G.) : bureaux du commandant. ♦ *QUARTIER LIBRE* : liberté pour sortir. **3** loc. *Ne pas faire de quartier* : ne pas épargner.

**quartier-maître** n. m. ▪ Marin du premier grade au-dessus de celui du matelot.

**quart-monde** n. m. ▪ **1** Partie la plus défavorisée de la population, dans les pays développés. **2** (d'après l'anglais) Les pays les plus pauvres du tiers-monde.

**quartz** [kwaRts] n. m. ▪ Silice naturelle cristallisée. *Montre à quartz.*

**quasar** n. m. ▪ Source céleste d'ondes hertziennes *(radiosource).*

① **quasi** adv. ▪ régional ou littér. Presque. *Le raisin est quasi mûr.* → **quasiment**. ← *Quasi-certitude, quasi-totalité.*

② **quasi** n. m. ▪ Haut de la cuisse (veau).

**quasiment** adv. ▪ vieilli ou régional Quasi, à peu près, en quelque sorte.

**quaternaire** [kwa-] adj. ▪ **1** Formé de quatre éléments. **2** *Ère quaternaire* ou n. m. le *quaternaire* : ère géologique la plus récente (environ un million d'années).

**quatorze** ▪ **I** adj. numér. invar. **1** (cardinal) Dix plus quatre (14). ← loc. *Comme en quatorze* (en l'an 1914), avec l'enthousiasme des débuts. **2** (ordinal) Quatorzième. *Louis XIV.* **II** n. m. invar. Le nombre, le numéro quatorze. ▷ adj. et n. **quatorzième** ▷ adv. **quatorzièmement**

**quatrain** n. m. ▪ Strophe de quatre vers.

**quatre** ▪ **I** adj. numéral invar. **1** (cardinal) Trois plus un (4). → quadr-, tétra-. ♦ loc. *Se mettre en quatre* : se donner beaucoup de mal. ← *Descendre quatre à quatre,* très vite. **2** (ordinal) Quatrième. *Henri IV.* **II** n. m. invar. Le nombre, le numéro quatre.

**quatre-cent-vingt-et-un** [kat(Rə)sᾶvɛ̃teœ̃] n. m. invar. ▪ Jeu de dés où quatre-deux-un est la combinaison la plus forte.

**quatre-heures** n. m. invar. ▪ fam. Goûter.

**quatre-quarts** n. m. invar. ▪ Gâteau où entrent à poids égal du beurre, de la farine, du sucre et des œufs.

**quatre-quatre** n. f. ou m. invar. ▪ Automobile à quatre roues motrices.

**quatre-vingt** ▪ (prend un s final lorsqu'il n'est pas suivi d'un autre adj. numéral) **I** adj. numéral **1** (cardinal) Huit fois dix (80). → **octante**. ← *QUATRE-VINGT-DIX* : neuf fois dix (90). → **nonante**. **2** (ordinal) Quatre-vingtième. *Page quatre-vingt.* **II** n. m. Le nombre, le numéro ainsi désigné. ▷ adj. et n. **quatre-vingtième**

**quatrième** adj. et n. ▪ Ordinal de *quatre.* ▷ adv. **quatrièmement**

**quatuor** [kwatɥɔR] n. m. ▪ **1** Œuvre musicale écrite pour quatre instruments ou quatre voix. *Quatuor à cordes,* pour deux violons, alto et violoncelle. **2** Groupe de quatre musiciens ou chanteurs (→ **quartette**).

① **que** conj. ■ **1** avant une subordonnée complétive (à l'indic. ou au subj.) *Je crois qu'il est là. C'est dommage qu'il soit absent.* **2** avant une proposition circonstancielle *Il avait à peine fini qu'il s'en allait. Il reste au lit, non qu'il soit malade.* ◆ NE... QUE... NE... : sans que, avant que. *Il ne se passe pas une semaine qu'il ne vienne.* **3** substitut d'un autre mot *(quand, si, comme...) Quand il arriva et qu'elle le vit.* **4** introduit le second terme d'une comparaison. *Autant, plus, moins que...* **5** NE... QUE... → seulement. *Je n'aime que toi.* **6** (ordre, souhait... ; + subj.) *Qu'il entre !*

② **que** adv. interrog. ou exclam. ■ *Que m'importe ? Que c'est beau !* → **comme.**

③ **que** pron. ■ **I** Pronom relatif désignant une personne ou une chose. (objet direct) *Celle que j'aime.* ◆ (compl. indir. ou circonstanciel) *Depuis dix ans que nous habitons ici.* ◆ (attribut) *L'ami que vous êtes.* **II** Pronom interrogatif désignant une chose. **1** (objet direct) *Quelle chose ? Que faire ? Qu'y a-t-il ?* ◆ (interrog. indir.) → **quoi.** *Il ne savait plus que dire.* **2** (interrog.) *Que deviens-tu ?* ◆ QU'EST-CE QUE..., QUI... ?

**québécisme** n. m. ■ ling. Fait de langue propre au français du Québec.

**québécois, oise** adj. et n. ■ Du Québec.

**quel, quelle** adj. ■ **I** Adjectif interrogatif portant sur la nature, l'identité (de qqch., qqn). **1** interrog. dir. (attribut) *Quelle est donc cette jeune fille ?* → **qui.** ◆ (épithète) *Quelle jeune fille ?* **2** interrog. indir. *Il ne savait pas quelle route prendre.* **3** exclam. *Quelle idée !* **II** pron. interrog. Lequel, qui. *Des deux, quel est le meilleur ?* **III** adjectif relatif ; avec le verbe être au subj. *Quel, quelle qu'il, elle soit...* (correspond à : dans tous les cas). → **quelque.**

**quelconque** adj. ■ **1** adj. indéf. N'importe lequel. *Un quelconque individu.* → sc. Qui n'a pas de propriété particulière. *Triangle quelconque.* **2** adj. qualificatif Sans qualité ou valeur particulière. → **ordinaire.**

**quelque** ■ **I** adj. et adv. littér. QUELQUE... QUE (concessif) → **aussi, pour, si.** *Quelque difficile que ce soit.* **II** adj. indéf. **1** littér. Un, certain. *Il sera allé voir quelque ami.* ◆ *Quelque part*. ◆ Un peu de. *Depuis quelque temps.* **2** QUELQUES : un certain nombre de. → **plusieurs. 3** adv. Environ. *Un livre de quelque vingt euros.*

**quelque chose ; quelque part** → **chose ; part**

**quelquefois** adv. ■ **1** Un certain nombre de fois. **2** Parfois.

**quelqu'un, une,** plur. **quelques-uns, unes** pron. indéf. ■ **I** au sing. **1** Une personne (indéterminée) *Il y a quelqu'un ?* **2** *Il faut trouver quelqu'un de sérieux.* **2** Personne remarquable. *C'est quelqu'un !* **II** au plur. *Quelques-uns* (ou *des*), un petit nombre indéterminé.

**quémander** v. tr. 1 ■ Demander humblement et avec insistance. ▷ n. **quémandeur, euse**

**qu'en-dira-t-on** n. m. sing. ■ Commentaires malveillants. *Se moquer du qu'en-dira-t-on.*

**quenelle** n. f. ■ Rouleau de pâte légère où est incorporé un fin hachis.

**quenotte** n. f. ■ fam. Petite dent (d'enfant).

**quenouille** n. f. ■ Petit bâton garni en haut d'une matière textile, que les femmes filaient en la dévidant (→ rouet).

**querelle** n. f. ■ Vif désaccord. → **dispute.** ◆ loc. *Chercher querelle à qqn,* le provoquer. → **noise.**

**quereller** v. tr. 1 ■ **1** littér. Adresser des reproches à (qqn). **2** SE QUERELLER v. pron. Avoir une querelle. ▷ adj. **querelleur, euse**

**quérir** v. tr. seulement inf. ■ vx Chercher.

**questeur** n. m. ■ **1** Antiq. romaine Magistrat qui assistait les consuls. **2** mod. Membre du bureau (*questure* n. f.) chargé des dépenses, de la sécurité, dans une assemblée politique.

**question** n. f. ■ **1** Demande pour apprendre qqch. → **interrogation.** *Poser une question à qqn.* **2** Sujet qui implique des difficultés. → **affaire, problème.** ◆ *Ce n'est pas la question* : il ne s'agit* pas de cela. ◆ impers. *Il est question de..., il s'agit de...* ◆ (éventuellement) *Il est question de lui comme directeur. Il n'en est pas question.* ◆ EN QUESTION, dont il s'agit. ◆ *Mettre, remettre qqch. en question,* en cause. **3** anciennt Torture pour arracher des aveux. *Mettre qqn à la question.*

**questionnaire** n. m. ■ Liste de questions d'une enquête, d'un jeu.

**questionner** v. tr. 1 ■ Poser des questions à (qqn). ▷ n. m. **questionnement**

**quétaine** adj. ■ franç. du Canada De mauvais goût, sans style, sans allure.

**quête** n. f. ■ **I** vx Recherche. *La quête du Graal.* ◆ loc. mod. EN QUÊTE DE. **II** Action de recueillir de l'argent pour des œuvres. → **collecte.**

**quêter** v. 1 ■ **I** v. tr. Demander, chercher comme un don, une faveur. → **mendier, solliciter. II** v. intr. Faire la quête (II). ▷ n. **quêteur, euse**

**quetsche** [kwɛtʃ] n. f. ■ **1** Prune oblongue, violette. **2** Son eau-de-vie.

**quetzal** n. m. ■ **1** Oiseau des forêts d'Amérique centrale, au plumage vert doré et rouge (oiseau sacré, dans l'Empire aztèque). **2** Unité monétaire du Guatemala. *Des quetzals.*

**queue** n. f. ■ **1** Appendice poilu qui prolonge la colonne vertébrale de mammifères (→ **caudal**). ◆ loc. fig. *La queue basse, entre les jambes* (chien), piteusement. ◆ À LA QUEUE LEU LEU loc. adv. : l'un derrière l'autre (*leu* : « loup »). **2** Extrémité postérieure allongée du corps (poissons, reptiles, etc.). **3** Plumes du croupion (d'un oiseau). **4** loc. QUEUE-DE-MORUE, QUEUE-DE-PIE : basques. ◆ QUEUE DE CHEVAL : mèche de cheveux attachée à l'arrière de la tête. ◆ fam. *Pas la queue d'un, d'une* : pas un(e) seul(e). **5** Tige (d'une fleur, d'une feuille) ; attache (d'un fruit). **6** vulg.

Membre viril. **II 1** Partie terminale, prolongement. → *Piano*\* *à queue.* **2** Manche. *La queue d'une poêle.* ◆ *Queue de billard* : long bâton arrondi qui sert à pousser les billes. **III 1** Derniers rangs, dernières personnes (d'un groupe). *La queue d'un cortège.* **2** File de personnes qui attendent leur tour. *Faire la queue.* **3** Arrière (d'un train...). *Monter en queue.* **4** Fin. ← loc. *Commencer par la queue. Sans queue ni tête,* incohérent.

**queux** n. m. ■ vx MAÎTRE QUEUX : cuisinier.

**qui** pron. ■ **I** Pronom relatif. **1** (sujet; avec antécédent) *La rue qui monte. Toi qui es malin.* ◆ (sans antécédent exprimé) Celui qui. *Qui va lentement va sûrement.* ← Ce qui. *Voilà qui doit être agréable.* **2** (compl.) Celui, celle que. *Qui vous savez,* la personne qu'on ne veut pas nommer. ← (compl. indir.) *L'homme à qui j'ai parlé, de qui je parle* (→ **dont**), *pour qui je vote.* **II** Pronom interrogatif. **1** (interrog. dir.) Quelle personne. *Qui te l'a dit ? Qui sont-ils ? Qui demandez-vous ?* ← (interrog. indir.) *Dis-moi qui tu fréquentes, je te le dirai qui tu es.* **2** QUI QUE (+ subj.). *Qui que tu sois,* que tu sois tel ou tel. *Qui que ce soit,* n'importe qui.

**à quia** [akɥija] loc. adv. ■ vieilli *Réduire qqn à quia,* au silence.

**quiche** n. f. ■ Tarte salée garnie d'une préparation de crème, œufs et lard.

**quichua** [kit∫wa] n. m. ■ Langue amérindienne (Argentine, Pérou, Bolivie) qui fut celle des Incas. - var. QUECHUA.

**quiconque ■ 1** pron. rel. Toute personne qui. *Quiconque a voyagé sait que...* **2** pron. indéf. N'importe qui.

**quidam** [k(ɥ)idam] n. m. ■ plais. Un certain individu. *Qui est ce quidam ?*

**quiet, quiète** adj. ■ vx Paisible, tranquille.

**quiétude** n. f. ■ littér. Tranquillité, sérénité. ← loc. *En toute quiétude.*

**quignon** n. m. ■ Gros croûton (de pain).

① **quille** n. f. ■ **I 1** Jeu où on renverse des rouleaux de bois dressés avec une boule (→ **bowling**) ; ce rouleau. **2** fam. Jambe. **II** argot milit. Fin du service militaire.

② **quille** n. f. ■ Pièce en longueur, sous un bateau, pour l'équilibrer.

**quincaillerie** n. f. ■ **1** Ustensiles en métal. **2** Industrie, commerce de ces objets. ⊳ n. **quincaillier, ière**

**quinconce** n. m. ■ EN QUINCONCE, quatre aux quatre angles, le cinquième au centre.

**quinine** n. f. ■ Alcaloïde extrait de l'écorce de quinquina, remède contre le paludisme.

**quinolone** n. f. ■ méd. Médicament voisin des antibiotiques, produit par synthèse.

**quinqu(a)-** [kɛ̃ka ; kɥɛ̃kwa] Élément, du latin *quinque* « cinq ». → **pent(a)-**.

**quinquagénaire** [kɛ̃ka- ; kɥɛ̃kwa-] adj. et n. ■ (Personne) qui a entre cinquante et cinquante-neuf ans.

**quinquennal, ale, aux** adj. ■ De cinq ans. *Plan quinquennal.* ⊳ n. m. **quinquennat**

**quinquet** n. m. ■ **1** Lampe à huile. **2** fam. Œil.

**quinquina** n. m. ■ **1** Écorce amère aux propriétés toniques et fébrifuges (→ **quinine**). **2** Apéritif au quinquina.

**quintal, aux** n. m. ■ Unité de mesure de masse valant cent kilogrammes (symb. q).

① **quinte** n. f. ■ **1** mus. Intervalle de cinq degrés dans la gamme diatonique. **2** Suite de cinq cartes d'une même couleur.

② **quinte** n. f. ■ Accès de toux.

**quinté** n. m. ■ Pari mutuel sur cinq chevaux (courses).

**quintessence** n. f. ■ L'essentiel et le plus pur de qqch.

**quintette** [k(ɥ)ɛ̃-] n. m. ■ **1** Œuvre musicale pour cinq instruments ou cinq voix. **2** Orchestre de jazz de cinq musiciens.

**quintuple** adj. ■ **1** Répété cinq fois, qui vaut cinq fois plus. ← n. m. *Le quintuple.* **2** Constitué de cinq éléments. ⊳ **quintupler** v. tr. et intr. ①

**quintuplés, ées** n. pl. ■ Les cinq enfants issus d'une même grossesse.

**quinzaine** n. f. ■ **1** Nombre de quinze ou environ. **2** Deux semaines.

**quinze ■ I** adj. numéral invar. **1** (cardinal) Quatorze plus un (15). *Jeu à quinze* (rugby). *Quinze cents* (mille cinq cents). **2** (ordinal) Quinzième. *Page quinze.* **II** n. m. invar. Le nombre, le numéro ainsi désigné. ⊳ adj. et n. **quinzième** ⊳ adv. **quinzièmement**

**quipou** ou **quipu** [kipu] n. m. ■ Faisceau de cordelettes dont les nœuds équivalaient à l'écriture, chez les Incas.

**quiproquo** n. m. ■ Erreur, malentendu où l'on prend une personne, une chose pour une autre.

**quittance** n. f. ■ Attestation écrite de remboursement. → **récépissé**.

**quitte** adj. ■ **1** Libéré d'une obligation, d'une dette. *Nous sommes quittes* (l'un envers l'autre). **2** (avec *tenir, considérer, estimer,* etc.) Libéré d'une obligation morale. **3** Débarrassé (d'une situation désagréable, d'obligations). ◆ loc. *En être quitte pour la peur* : n'avoir eu la peur (et pas de mal). ← QUITTE À (+ inf.) : au risque de. **4** loc. *Jouer à QUITTE OU DOUBLE,* de manière à annuler ou doubler les résultats.

**quitter** v. tr. ① ■ **I** (*Quitter qqn*) **1** Laisser (qqn). *Je te quitte, à bientôt.* → s'en **aller**. **2** Laisser (qqn) pour très longtemps. ← pronom. → **rompre**, se **séparer**. **3** loc. *Ne pas quitter qqn des yeux,* le regarder longuement. ◆ *Ne quittez pas !* (au téléphone). **4** (sujet chose) Ne plus être avec, ne plus concerner ou affecter (qqn). **II** (*Quitter qqch.*) **1** Laisser (un lieu) en s'éloignant. **2** (surtout négatif) → **enlever**, ôter. *Il ne quitte jamais son chapeau.* **3** Abandonner (une activité, un genre de vie).

**quitus** [kitys] n. m. ■ dr. Reconnaissance d'une gestion conforme aux obligations.

**qui-vive** n. m. invar. ■ loc. *Être SUR LE QUI-VIVE,* sur ses gardes.

**quiz** [kwiz] n. m. ▪ anglic. Jeu par questions et réponses.

**quoi** pron. ▪ **I** Pronom relatif désignant une chose (précédé d'une préposition). **1** *Voilà de quoi il s'agit.* ◆ *Sans quoi; faute de quoi.* → **autrement, sinon.** *Comme quoi... :* ce qui montre que... **2** *De quoi vivre, de quoi manger,* ce qu'il faut pour. ◆ *Je vous remercie. – Il n'y a pas de quoi.* **II** Pronom interrogatif. **1** Quelle chose. (interrog. indir.) *Je saurai à quoi m'en tenir.* ◆ (interrog. dir.) *À quoi penses-tu ?* **2** interj. → **comment.** *Quoi ? Qu'est-ce que c'est ?* **3** QUOI QUE (loc. concessive). *Quoi qu'il arrive. Quoi que ce soit :* n'importe quoi. *Quoi qu'il en soit :* de toute façon.

**quoique** conj. ▪ (+ subj.) Bien que (et opposition, concession).

**quolibet** n. m. ▪ littér. Propos moqueur.

**quorum** [k(w)ɔʀɔm] n. m. ▪ dr. Nombre minimum de membres présents pour délibérer (assemblée).

**quota** [k(w)ɔta] n. m. ▪ admin. Contingent ou pourcentage déterminé. *Quotas d'importation.*

**quote-part** n. f. ▪ Part qui revient à chacun. → **quotité.** *Des quote-parts.*

**quotidien, enne** ▪ **I** adj. De chaque jour. **II** n. m. Journal qui paraît chaque jour. ▷ adv. **quotidiennement**

**quotient** [-sjã] n. m. ▪ **1** math. Résultat d'une division. **2** *Quotient intellectuel :* mesure par des tests du rapport de l'âge mental à l'âge réel (Q. I.).

**quotité** n. f. ▪ dr. Montant d'une quote-part.

**QWERTY** [kwɛʀti] adj. invar. ▪ *Clavier QWERTY.* → **clavier.**

# R

**r** [ɛʀ] n. m. ▪ Dix-huitième lettre, quatorzième consonne de l'alphabet.

**r-** → re-

**rab** [ʀab] n. m. (abrév.) ▪ fam. Rabiot.

**rabâcher** v. 1 ▪ v. intr. Répéter continuellement, d'une manière fastidieuse. → **radoter**, **ressasser**. – trans. *Rabâcher une histoire.* ▷ n. m. **rabâchage** ▷ n. **rabâ‑ cheur, euse**

**rabais** n. m. ▪ Diminution sur un prix.

**rabaisser** v. tr. 1 ▪ 1 Ramener à un état ou à un degré inférieur. → **rabattre**. 2 Estimer ou mettre au-dessous de sa valeur réelle. → **déprécier**.

**rabane** n. f. ▪ Tissu de raphia.

**rabat** n. m. ▪ 1 Pièce d'étoffe formant plastron. 2 Partie qui peut se replier.

**rabat-joie** n. m. et adj. invar. ▪ (Personne) qui trouble la joie des autres.

**rabattage** n. m. ▪ Action de rabattre (le gibier).

**rabatteur, euse** n. ▪ 1 Personne chargée de rabattre le gibier. 2 péj. Personne qui fournit des clients, etc. à qqn.

**rabattre** v. tr. 41 ▪ I 1 Diminuer en retranchant (une partie d'une somme). → **déduire**, **défalquer**. – (intrans.) *EN RABATTRE :* abandonner de ses prétentions. 2 Amener à un niveau plus bas, faire retomber (sur). 3 Mettre à plat, appliquer contre qqch. *Rabattre le capot d'une voiture.* II Ramener par force dans une certaine direction. *Rabattre le gibier* (vers les chasseurs). ► se **rabattre** v. pron. 1 Aller brusquement sur le côté. 2 *Se rabattre sur* (qqn, qqch.), accepter, faute de mieux.

**rabbin** n. m. ▪ Chef religieux d'une communauté juive. - var. RABBI. ▷ adj. **rabbinique**

**rabelaisien, ienne** adj. ▪ Qui rappelle la verve truculente de Rabelais.

**rabibocher** v. tr. 1 ▪ fam. 1 vieilli Rafistoler. 2 Réconcilier. – pronom. *Ils se sont rabibochés.* ▷ n. m. **rabibochage**

**rabiot** n. m. ▪ fam. Supplément. → **rab**.

**rabioter** v. intr. et tr. 1 ▪ fam. Faire de petits profits supplémentaires.

**rabique** adj. ▪ didact. Relatif à la rage (②).

**râble** n. m. ▪ 1 Partie charnue du dos (quadrupèdes). *Râble de lapin.* 2 loc. fam. *Tomber SUR LE RÂBLE à qqn*, l'agresser.

**râblé, ée** adj. ▪ 1 Qui a le râble épais. 2 (personnes) Trapu et vigoureux.

**rabot** n. m. ▪ Outil servant à enlever les inégalités du bois. → **varlope**.

**raboter** v. tr. 1 ▪ Aplanir au rabot. ▷ n. m. **rabotage**

**raboteux, euse** adj. ▪ Dont la surface présente des inégalités. → **rugueux**.

**rabougri, ie** adj. ▪ Mal conformé, chétif.

**se rabougrir** v. pron. 2 ▪ Être arrêté dans son développement. → s'**étioler**. ♦ Se ratatiner. ▷ n. m. **rabougrissement**

**rabrouer** v. tr. 1 ▪ Traiter (qqn) avec rudesse. → **rembarrer**. ▷ n. m. **rabrouement**

**racaille** n. f. ▪ péj. Ensemble d'individus louches (craints ou méprisés). → **canaille**.

**raccommodage** n. m. ▪ Action, manière de raccommoder.

**raccommodement** n. m. ▪ fam. Réconciliation.

**raccommoder** v. tr. 1 ▪ 1 vieilli Remettre en état. 2 Réparer à l'aiguille (du linge, un vêtement). → **rapiécer, ravauder, repriser**. 3 fam. Réconcilier. – pronom. → se **réconcilier**.

**raccommodeur, euse** n. ▪ Personne qui raccommode.

**raccompagner** v. tr. 1 ▪ Accompagner (qqn qui s'en va). → **reconduire**.

**raccord** n. m. ▪ 1 Liaison entre deux choses, deux parties. *Un raccord de peinture.* ♦ Pièce qui raccorde. 2 cin. Manière dont deux plans s'enchaînent.

**raccordement** n. m. ▪ Action, manière de raccorder ; raccord.

**raccorder** v. tr. 1 ▪ 1 Relier par un raccord. 2 (sujet chose) Former un raccord.

**raccourci** n. m. ▪ 1 Ce qui est exprimé de façon ramassée, résumé. ♦ *EN RACCOURCI*, en résumé. 2 arts Réduction d'une figure vue en perspective. 3 Chemin plus court que le chemin ordinaire. 4 inform. *Raccourci clavier :* combinaison de touches permettant d'activer une commande sans passer par un menu.

**raccourcir** v. 2 ▪ 1 v. tr. Rendre plus court. 2 v. intr. Devenir plus court. → **rétrécir**, **diminuer**. ▷ n. m. **raccourcissement**

**raccroc** [-o] n. m. ▪ loc. *PAR RACCROC :* par un hasard heureux. – *DE RACCROC :* dû au hasard.

**raccrochage** n. m. ▪ Action de raccrocher.

**raccrocher** v. tr. 1 ▪ 1 Remettre en accrochant (ce qui était décroché). – *Raccrocher* (au téléphone), interrompre la communication. 2 Arrêter pour retenir (qqn qui passe). ► se **raccrocher** v. pron. Se retenir (à).

**race** n. f. ■ **I** Famille d'origine célèbre. ◆ loc. *Fin de race*. **2** Catégorie de personnes. → **espèce**. *La race des héros*. **II** Dans une espèce animale, ensemble d'individus réunissant les mêmes caractères héréditaires. **III** Groupe humain caractérisé par des traits physiques héréditaires (comme la couleur de la peau). *L'égalité des races*.

**racé, ée** adj. ■ (personnes) Qui a une distinction, une élégance naturelles.

**rachat** n. m. ■ Action de (se) racheter.

**racheter** v. tr. ⑤ ■ **I** Acheter de nouveau. ◆ Acheter (à qqn qui a acheté). *Racheter une entreprise*. **II 1** Sauver par la rédemption. **2** (compl. chose) Faire oublier ou pardonner. ▸ se **racheter** v. pron. Retrouver dignité, estime.

**rachidien, ienne** adj. ■ anat. De la colonne vertébrale. → **spinal**. *Canal rachidien*.

**rachis** [-is] n. m. ■ anat. Colonne vertébrale ; épine dorsale.

**rachitique** adj. ■ Atteint de rachitisme. ◆ n. *Un rachitique*. ◆ par ext. Malingre, chétif.

**rachitisme** n. m. ■ Maladie de la croissance qui se manifeste par des déformations du squelette. ◆ Développement incomplet.

**racial, iale, iaux** adj. ■ Relatif aux races (III). *Discrimination raciale*.

**racine** n. f. ■ **I 1** Partie des végétaux par laquelle ils se fixent au sol et se nourrissent. ◆ loc. fig. PRENDRE RACINE : rester debout et immobile. **2** fig., littér. Source, origine. *Attaquer le mal à la racine*. **II** Partie par laquelle un organe est implanté. *La racine d'une dent*. **III 1** math. *Racine carrée, cubique d'un nombre*, nombre dont le carré, le cube est égal à ce nombre. **2** ling. Élément irréductible d'un mot. → **radical**.

**racisme** n. m. ■ **1** Théorie selon laquelle certaines races (III) seraient supérieures aux autres. **2** Discrimination, hostilité envers un groupe humain. ▷ adj. et n. **raciste**

**racket** [-εt] n. m. ■ anglic. Extorsion d'argent ou d'objets, par chantage, intimidation ou terreur. ▷ **racketter** v. tr. ①

**raclée** n. f. ■ fam. **1** Volée de coups. **2** fig. Défaite complète.

**racler** v. tr. ① ■ **1** Frotter rudement (une surface), notamment pour égaliser ou détacher ce qui adhère. ◆ *Se racler la gorge* (par une expiration brutale, pour s'éclaircir la voix). **2** Enlever (qqch.) en frottant. ▷ **raclement** n. m. *Raclement de gorge*.

**raclette** n. f. ■ **1** Petit racloir. **2** Plat de fromage chauffé dont on racle la partie molle.

**racloir** n. m. ■ Outil servant à racler.

**raclure** n. f. ■ Déchet de ce qui a été raclé. → **rognure**.

**racoler** v. tr. ① ■ péj. **1** Attirer, recruter. *Racoler des électeurs*. **2** (prostitué[e]) Accoster (qqn). ▷ n. m. **racolage**

**racoleur, euse** adj. ■ péj. Qui cherche à retenir l'intérêt.

**racontar** n. m. ■ (surtout au plur.) Propos médisant ou sans fondement.

**raconter** v. tr. ① ■ **1** Exposer par un récit (des faits vrais ou présentés comme tels). → **conter, narrer, relater**. *Raconter une histoire*. **2** Décrire, dépeindre. **3** Dire à la légère ou de mauvaise foi. *Qu'est-ce que tu me racontes là ?* → **chanter**.

**racornir** v. tr. ② ■ Rendre dur comme de la corne ; dessécher. ▸ **racorni, ie** adj.

**radar** n. m. ■ Système de détection qui émet des ondes radioélectriques et en reçoit l'écho (pour déterminer des positions).

**rade** n. f. ■ **1** Grand bassin ayant une issue vers la mer et où les navires peuvent mouiller. **2** loc. fam. EN RADE : à l'abandon.

**radeau** n. m. ■ Plate-forme de bois allant sur l'eau.

**radial, ale, aux** adj. ■ **I** Du radius (os). **II** Relatif au rayon ; disposé selon un rayon.

**radian** n. m. ■ Unité de mesure d'angle (symb. rad). *180° valent $\pi$ radians*.

**radiant, ante** adj. ■ Qui se propage par radiation ; qui émet des radiations.

**radiateur** n. m. ■ **1** Appareil de chauffage à grande surface de rayonnement. **2** Organe de refroidissement des moteurs à explosion.

① **radiation** n. f. ■ Action de radier.

② **radiation** n. f. ■ Énergie émise et propagée sous forme d'ondes*.

**radical, ale, aux** ■ **I** adj. Qui tient à l'essence, au principe (d'une chose, d'un être) ou qui agit sur eux. *Changement radical*. → **total**. *Moyen radical*. **II** adj. Partisan de réformes politiques. ◆ n. *Les radicaux*. **III** n. m. **1** Forme prise par la racine* d'un mot. **2** chim. Groupement d'atomes qui conserve son identité. **3** math. Symbole (($\sqrt{n}$)) qui représente la racine de degré $n$ (d'un nombre).

**radicalement** adv. ■ Dans son principe ; d'une manière radicale (I). → **totalement**.

**radicaliser** v. tr. ① ■ Rendre radical, plus intransigeant. ▷ n. f. **radicalisation**

**radicelle** n. f. ■ bot. Racine secondaire.

**radier** v. tr. ⑦ ■ Faire disparaître (d'une liste...). → **effacer, rayer** ; ① **radiation**.

**radiesthésie** n. f. ■ Détection grâce à des « radiations » qu'émettraient certains corps.

**radiesthésiste** n. ■ Personne qui pratique la radiesthésie. → **sourcier**.

**radieux, euse** adj. ■ **1** Qui rayonne, brille d'un grand éclat. *Soleil radieux*. ◆ *Journée radieuse*. **2** fig. Rayonnant de bonheur.

**radin, ine** adj. ■ fam. Avare. ▷ n. f. **radinerie** et n. m. **radinisme**

**radiner** v. intr. ① ■ fam. Arriver, venir. ◆ pronom. *Se radiner* (même sens).

① **radio** n. f. (abrév.) ■ **I 1** Radiodiffusion*. **2** Station émettrice d'émissions radiophoniques. **3** Poste récepteur de radio. **II** Radiotélégraphie. **III** Radioscopie, radiographie.

② **radio** n. (abrév.) ■ Spécialiste de radiotélégraphie (bateaux, avions...).

**radio-** Élément qui signifie « radiation » et « radiodiffusion ».

**radioactif, ive** adj. ▪ Doué de radioactivité. *Isotope radioactif.*

**radioactivité** n. f. ▪ Propriété qu'ont certains noyaux atomiques (→ **radioélément**) de se transformer en émettant des rayonnements.

**radiobalise** n. f. ▪ techn. Dispositif, appareil émetteur de signaux radioélectriques, pour le guidage ou la localisation.

**radiocassette** n. f. ▪ Récepteur de radio avec lecteur de cassettes.

**radiodiffuser** v. tr. ① ▪ Émettre et transmettre par radiodiffusion.

**radiodiffusion** n. f. ▪ Émission et transmission, par ondes hertziennes, de programmes variés (→ **radiophonique**).

**radioélectrique** adj. ▪ *Ondes radioélectriques.* → **hertzien**. *Signal radioélectrique.*

**radioélément** n. m. ▪ sc. Élément radioactif naturel ou artificiel.

**radiographie** n. f. ▪ Enregistrement photographique de la structure d'un corps traversé par des rayons X. → ① **radio** (III). ▷ **radiographier** v. tr. ⑦

**radioguidage** n. m. ▪ Guidage à l'aide d'ondes radioélectriques.

**radiologie** n. f. ▪ Utilisation (surtout médicale) des rayonnements, rayons X, etc. → **radioscopie**.

**radiologue** n. ▪ Spécialiste (spécialt médecin) de la radiologie.

**radiophonique** adj. ▪ De la radiodiffusion.

**radioscopie** n. f. ▪ Examen de l'image que forme un corps traversé par des rayons X. → ① **radio** (III).

**radiotélégraphie** n. f. ▪ Télégraphie sans fil, par ondes hertziennes.

**radiotéléphone** n. m. ▪ Téléphone utilisant les ondes radioélectriques.

**radiotélescope** n. m. ▪ Instrument qui analyse les ondes émises par les corps célestes.

**radiotélévisé, ée** adj. ▪ Qui est à la fois radiodiffusé et télévisé.

**radiothérapie** n. f. ▪ méd. Application thérapeutique des rayonnements.

**radiotoxique** adj. ▪ didact. Qui émet des rayonnements radioactifs toxiques pour les organismes vivants. *Déchets nucléaires radiotoxiques.* ▷ n. f. **radiotoxicité**

**radis** n. m. ▪ **1** Plante potagère à racine comestible (souvent rose). **2** loc. fam. *N'avoir plus un radis,* plus un sou.

**radium** [-jɔm] n. m. ▪ Élément chimique (symb. Ra), très radioactif.

**radius** [-ys] n. m. ▪ anat. Os long, situé à la partie externe de l'avant-bras.

**radoter** v. intr. ① ▪ **1** Tenir des propos décousus et peu sensés. **2** Rabâcher, se répéter. ▷ n. m. **radotage** ▷ n. **radoteur, euse**

**radoub** [Radu] n. m. ▪ Entretien, réparation de la coque d'un navire. *Bassin de radoub.* ▷ **radouber** v. tr. ① → **calfater**.

**radoucir** v. tr. ② ▪ Rendre plus doux. ► se **radoucir** v. pron. ▷ **radoucissement** n. m. *Radoucissement (du temps).* → **redoux**.

**rafale** n. f. ▪ **1** Coup de vent soudain et brutal. → **bourrasque**. ◆ *Une rafale de neige.* **2** Succession rapide de coups.

**raffermir** v. tr. ② ▪ **1** Rendre plus ferme. → **affermir, durcir**. **2** fig., littér. Remettre dans un état plus stable. → **fortifier**. ▷ n. m. **raffermissement**

**raffinage** n. m. ▪ Opérations pour obtenir un corps pur ou un mélange défini. *Le raffinage du sucre; du pétrole* (▷ **raffinerie**).

**raffinement** n. m. ▪ **1** Caractère de ce qui est raffiné (2). **2** Acte, chose qui dénote ou exige une grande recherche.

**raffiner** v. tr. ① ▪ **I** Procéder au raffinage de. **II 1** littér. Rendre plus subtil. → **affiner**. **2** intrans. Rechercher la délicatesse ou la subtilité. ► **raffiné, ée** adj. **1** Traité par raffinage. **2** Très délicat, subtil.

**raffinerie** n. f. ▪ Usine où s'effectue le raffinage (du sucre, du pétrole...).

**raffoler** v. tr. ind. ① ▪ *RAFFOLER DE :* avoir un goût très vif pour (qqn, qqch.).

**raffut** n. m. ▪ fam. Tapage, vacarme.

**rafiot** n. m. ▪ Mauvais bateau.

**rafistoler** v. tr. ① ▪ Réparer grossièrement. ▷ n. m. **rafistolage**

① **rafle** n. f. ▪ Arrestation massive, à l'improviste. → **descente** de police.

② **rafle** n. f. ▪ Ensemble des pédoncules (d'une grappe de fruits : raisins, etc.).

**rafler** v. tr. ① ▪ fam. Prendre et emporter.

**rafraîchir** v. ② ▪ **I** v. tr. **1** Rendre frais, refroidir modérément. **2** Donner une sensation de fraîcheur à (qqn). ◆ pronom. *Se rafraîchir,* boire un rafraîchissement. **3** Ranimer, raviver. ◆ loc. *Rafraîchir la mémoire à qqn,* lui rappeler un souvenir oublié. **II** v. intr. Devenir plus frais. ► **rafraîchi, ie** adj. Rendu frais.

**rafraîchissant, ante** adj. ▪ Qui rafraîchit.

**rafraîchissement** n. m. ▪ **1** Action, fait de rafraîchir. **2** Boisson fraîche.

**raft** [Raft] n. m. ▪ anglic. Embarcation gonflable pour la descente des rapides (sport du *rafting* n. m.)

**raga** n. m. ou f. ▪ didact. Structure mélodique, base des improvisations de la musique savante indienne ; œuvre ainsi créée.

**ragaillardir** v. tr. ② ▪ Rendre de la vitalité, de l'entrain à (qqn). → **revigorer**.

① **rage** n. f. ▪ **1** État, mouvement de colère ou de dépit qui rend agressif. → **fureur**. **2** Envie violente et passionnée (de...). → **fureur**. **3** (sujet chose) *FAIRE RAGE :* se déchaîner. **4** *Rage de dents :* mal de dents violent.

② **rage** n. f. ▪ Maladie mortelle d'origine virale transmise à l'homme par la morsure de certains animaux (→ **enragé**).

**rager** v. intr. ③ ▪ fam. Enrager. ▷ **rageant, ante** adj. → **exaspérant**.

**rageur, euse** adj. ▪ **1** Sujet à la colère. **2** Qui dénote la colère. ▷ adv. **rageusement**

**raglan** n. m. ■ Pardessus ample, à emmanchures en biais. ➙ adj. invar. *Manches raglan.*

**ragnagnas** n. m. pl. ■ fam. Les règles (d'une femme). *Elle a ses ragnagnas.*

**ragondin** n. m. ■ Mammifère rongeur originaire d'Amérique du Sud.

**ragot** n. m. ■ fam. Bavardage malveillant.

**ragoût** n. m. ■ Plat de morceaux de viande et de légumes en sauce.

**ragoûtant, ante** adj. ■ (avec une négation...) Appétissant. *Peu ragoûtant* (➙ **dégoûtant**).

**ragtime** [ʀagtajm] n. m. ■ Musique de danse syncopée des Noirs américains.

**rai** n. m. ■ littér. Rayon (de lumière).

**raï** n. m. ■ Musique populaire arabe d'origine maghrébine, improvisation chantée.

**raid** [ʀɛd] n. m. ■ 1 Opération militaire très rapide en territoire ennemi. ➙ *Raid aérien.* 2 Épreuve sportive d'endurance.

**raide** adj. ■ I 1 Qui ne se laisse pas plier, manque de souplesse. *Cheveux raides.* ◆ fam. (personnes) Sans argent. ➙ Ivre ; drogué. 2 Tendu au maximum. ➙ loc. *Être sur la corde\* raide.* 3 Très incliné par rapport au plan horizontal. *Pente raide.* → **abrupt**. II abstrait 1 littér. Qui manque de spontanéité. → **guindé, sévère**. 2 fam. Difficile à accepter, à croire. *C'est un peu raide.* III adv. 1 Violemment ; avec intensité. 2 RAIDE MORT (emploi adj.) : mort soudainement. ▷ **raideur** n. f. → **rigidité**.

**raider** [ʀɛdœʀ] n. m. ■ anglic. Acheteur de titres en Bourse pour prendre le contrôle de sociétés.

**raidillon** n. m. ■ Chemin en pente raide.

**raidir** v. tr. ② ■ Faire devenir raide ; priver de souplesse. *Raidir ses muscles.* → **contracter**. ► **se raidir** v. pron. Devenir raide. ➙ Tendre ses forces. ▷ n. m. **raidissement**

① **raie** n. f. ■ 1 Ligne droite, bande mince et longue. → **rayure, trait**. 2 Ligne de séparation entre les cheveux.

② **raie** n. f. ■ Poisson cartilagineux au corps aplati en losange, à la chair délicate.

**raifort** n. m. ■ 1 Condiment extrait d'une racine au goût piquant. 2 Radis noir d'hiver.

**rail** n. m. ■ 1 Chacune des deux barres d'acier parallèles constituant une voie ferrée. ➙ loc. *Remettre (qqn, qqch.) sur les rails*, sur la bonne voie. 2 *Le rail* : le transport sur voie ferrée. → **chemin de fer**.

**railler** v. tr. ① ■ littér. Ridiculiser, se moquer de. ▷ adj. **railleur, euse**

**raillerie** n. f. ■ Moquerie pour railler. → **quolibet, sarcasme**.

**rainette** n. f. ■ Petite grenouille arboricole.

**rainure** n. f. ■ Entaille faite en long.

**raisin** n. m. ■ *Le raisin* (collectif), *les raisins* : fruit de la vigne, ensemble des baies (grains) réunies en grappes sur la rafle\*.

**raisiné** n. m. ■ Confiture de jus de raisin.

**raison** n. f. ■ I (pensée, jugement) 1 La faculté qui permet à l'être humain de connaître, juger et agir conformément à des principes (→ **compréhension, entendement, esprit, intelligence**), et spécialt de bien juger et d'appliquer ce jugement à l'action (→ **discernement, bon sens ; rationnel**). ➙ loc. *L'âge de raison* (7 ans). ➙ *Mariage de raison* (réglé par les convenances). 2 Fonctionnement mental normal. → **lucidité**. *Perdre la raison*, devenir fou. 3 (dans des loc.) Ce qui est raisonnable. *PLUS QUE DE RAISON*. ➙ à l'**excès**. ➙ littér. *COMME DE RAISON* : comme la raison le suggère. 4 (dans des loc. ; opposé à *tort*) *AVOIR RAISON* : être dans le vrai, ne pas se tromper. ➙ *DONNER RAISON à qqn*, juger qu'il a raison. II (principe, cause) 1 Ce qui permet d'expliquer (l'apparition d'un fait ; un acte...). → **cause, motif**. ◆ loc. *POUR LA RAISON QUE*. → **parce que**. *EN RAISON DE*. → à **cause de**. ➙ *SE FAIRE UNE RAISON* : se résigner. 2 Motif légitime qui justifie (qqch.) en expliquant. *Avoir une (bonne) raison d'espérer*. ◆ loc. *AVEC (JUSTE) RAISON*. → à juste **titre**. ➙ *À PLUS FORTE RAISON* : avec des raisons encore meilleures. → **a fortiori**. 3 au plur. Arguments destinés à prouver. *Donner ses raisons*. 4 *AVOIR RAISON DE* (qqn, qqch.) : vaincre la résistance de. III *RAISON SOCIALE* : nom, désignation (d'une société). IV sc. Proportion, rapport. ➙ loc. *Augmenter, changer EN RAISON DIRECTE, INVERSE DE*. ➙ *À RAISON DE* en comptant, sur la base de.

**raisonnable** adj. ■ 1 Doué de raison (I), de jugement. → **intelligent, pensant**. 2 Qui pense et agit selon la raison (I, 2). → **réfléchi, sensé**. ➙ (choses) Conforme à la raison. –≠ **judicieux, sage**. 3 Qui consent des conditions modérées. ◆ Qui correspond à la mesure normale. *Prix raisonnable.* ▷ adv. **raisonnablement**

**raisonnant, ante** adj. ■ Qui raisonne.

**raisonné, ée** adj. ■ 1 Soutenu par des raisons (II). 2 didact. Qui explique par des raisonnements. → **rationnel**.

**raisonnement** n. m. ■ 1 Activité de la raison (I), manière dont elle s'exerce. 2 Fait de raisonner en vue de parvenir à une conclusion. *Raisonnement inductif, déductif.*

**raisonner** v. ① ■ I v. intr. 1 Faire usage de sa raison. → **penser ; philosopher**. 2 Employer des arguments (pour convaincre, discuter). 3 Enchaîner les parties d'un raisonnement. *Raisonner par analogie.* II v. tr. Chercher à amener (qqn) à une attitude raisonnable.

**raisonneur, euse** n. ■ Personne qui discute, raisonne, réplique.

**rajah** [ʀa(d)ʒa] n. m. ■ Prince hindou. → **maharajah**. - var. RADJAH.

**rajeunir** v. ② ■ I v. tr. 1 Rendre une certaine jeunesse à (qqn). 2 Attribuer un âge moins avancé à (qqn). 3 (sujet chose) Faire paraître (qqn) plus jeune. 4 Moderniser. *Rajeunir un équipement.* 5 Abaisser l'âge de (un groupe) en incluant des personnes plus jeunes. II v. intr. Reprendre les apparences de la jeunesse. ▷ n. m. **rajeunissement**

**rajouter** v. tr. [1] ■ **1** Ajouter de nouveau ; en plus. **2** fam. *EN RAJOUTER.* → **exagérer.** ▷ **rajout** n. m. → **ajout.**

**rajuster** v. tr. [1] ■ **1** Remettre (qqch.) en bonne place. *Rajuster sa tenue ; pronom. se rajuster.* **2** *Rajuster les salaires.* → **réajuster.** ▷ n. m. **rajustement**

**raki** n. m. ■ Eau-de-vie parfumée à l'anis.

① **râle** n. m. ■ méd. Altération du bruit respiratoire, qui signale une affection pulmonaire.

② **râle** n. m. ■ Petit échassier migrateur.

**ralenti** n. m. ■ **1** Régime le plus bas d'un moteur. ◆ loc. *Au ralenti,* en ralentissant (le rythme...). **2** Procédé cinématographique qui fait paraître les mouvements plus lents.

**ralentir** v. [2] ■ **I** v. tr. Rendre plus lent (un mouvement ; un processus...). **II** v. intr. Aller moins vite ; spécialt réduire la vitesse de son véhicule. ▷ n. m. **ralentissement**

**ralentisseur** n. m. ■ Dispositif qui sert à ralentir. ◆ Petit dos d'âne.

**râler** v. intr. [1] ■ **I** Faire entendre un râle en respirant. **II** fam. Manifester sa mauvaise humeur. → **protester.** ▷ n. et adj. **râleur, euse**

**ralliement** n. m. ■ **1** Fait de rallier (une troupe), de se rallier. ◆ loc. *Point de ralliement,* lieu convenu pour se retrouver. ◆ *Signe de ralliement* (pour se reconnaître). **2** Fait de se rallier. → **adhésion.**

**rallier** v. tr. [7] ■ **1** Regrouper (des personnes dispersées). → **rassembler. 2** fig. Unir pour une cause commune. **3** Rejoindre (un parti, etc.). *Rallier la majorité.* ◆ pronom. *Se rallier à,* adhérer à.

**rallonge** n. f. ■ **1** Ce qui est ajouté pour rallonger. *La rallonge d'une table.* ◆ loc. fam. *Nom à rallonge,* à particule. **2** fam. Supplément de prix.

**rallonger** v. tr. [3] ■ Rendre plus long (en ajoutant un élément). ▷ n. m. **rallongement**

**rallumer** v. tr. [1] ■ **1** Allumer de nouveau. ◆ sans compl. Redonner de la lumière. **2** fig. → **ranimer** (2). ▷ n. m. **rallumage**

**rallye** [Rali] n. m. ■ Course automobile où les concurrents doivent rallier un lieu.

**RAM** n. f. invar. (sigle angl.) ■ inform. Mémoire* vive.

**-rama** ou **-orama**

**ramadan** n. m. ■ Mois pendant lequel les musulmans doivent s'astreindre à l'abstinence entre le lever et le coucher du soleil. → aussi **carême.**

**ramage** n. m. ■ **I** *Tissu à ramages,* décoré de rameaux fleuris. **II** Chant des oiseaux.

**ramassage** n. m. ■ **1** Action de ramasser. **2** *Ramassage scolaire :* transport quotidien des écoliers par un service routier spécial.

**ramassé, ée** adj. ■ Resserré en une masse. ◆ fig. *Style ramassé,* concis et dense.

**ramasse-miettes** n. m. invar. ■ Ustensile pour ramasser les miettes sur la table.

**ramasser** v. tr. [1] ■ **I 1** Resserrer en une masse ; tenir serré. ◆ pronom. Se mettre en masse, en boule. **2** Réunir (des choses éparses). → **rassembler. 3** fam. *RAMASSER qqn,* l'arrêter (police, etc.). **II** Prendre par terre (ce qui s'y trouve). *Ramasser du bois mort, un caillou.* **2** pronom. fam. *Se ramasser :* tomber ; fig. échouer.

**ramasseur, euse** n. ■ **1** Personne qui ramasse. **2** Personne qui va chercher chez les producteurs (des denrées).

**ramassis** n. m. ■ péj. Réunion (de choses ou de gens de peu de valeur). → **tas.**

**rambarde** n. f. ■ Dispositif pour empêcher de tomber (d'un navire, d'un pont, etc.). → **garde-fou.**

**ramdam** [ramdam] n. m. ■ fam. Tapage.

① **rame** n. f. ■ Pièce de bois aplatie à une extrémité, pour propulser et diriger une embarcation. → **aviron.**

② **rame** n. f. ■ Branche fichée en terre pour guider une plante grimpante.

③ **rame** n. f. ■ **1** Ensemble de cinq cents feuilles (de papier). **2** File de wagons attelés. *Rame de métro.*

**rameau** n. m. ■ **1** Petite branche d'arbre. **2** Subdivision d'un vaisseau, d'un nerf...

① **ramée** n. f. ■ littér. Les branches à feuilles d'un arbre. → **ramure.**

② **ramée** n. f. ■ loc. fam. *Ne pas en fiche une ramée* (ou *une rame*) : ne rien faire.

**ramener** v. tr. [5] ■ **1** Amener de nouveau (qqn). **2** Faire revenir. *Ramenez la voiture chez moi.* **3** Faire revenir (à un état, à un sujet). *On l'a ramené à lui.* → **ranimer.** ◆ *Ceci nous ramène à notre sujet.* **4** fig. Faire renaître, faire revenir. *Ramener la paix.* → **rétablir. 5** Amener (qqn), apporter (qqch.) avec soi, en revenant. → **rapporter. 6** fam. *Ramener sa fraise :* arriver, venir ; fig. manifester de la prétention. ◆ ellipt *La ramener.* → **crâner.** ◆ pronom. *Se ramener :* venir. **7** Conduire à un état plus simple. → **réduire.** ◆ pronom. *Se ramener à :* se réduire à, consister seulement en.

**ramequin** n. m. ■ **1** Petit gâteau au fromage. **2** Récipient individuel pour la cuisine.

① **ramer** v. intr. [1] ■ **1** Manœuvrer les rames. **2** fam. Faire des efforts.

② **ramer** v. tr. [1] ■ Soutenir (une plante) avec une rame (②).

**ramette** n. f. ■ Petite rame de papier.

**rameur, euse** n. ■ Personne qui rame, qui est chargée de ramer. *Un banc de rameurs.*

**rameuter** v. tr. [1] ■ péj. Regrouper. *Rameuter ses partisans.*

**rameux, euse** adj. ■ bot. Qui a de nombreux rameaux. *Branche rameuse.*

**rami** n. m. ■ Jeu de cartes où l'on réunit des combinaisons de cartes qu'on étale.

**ramier** n. m. ■ Gros pigeon sauvage.

**ramification** n. f. ■ **1** Division en plusieurs rameaux ; chacune des divisions. **2** fig. Groupement secondaire. *Société qui a des ramifications à l'étranger.*

**se ramifier** v. pron. ⑦ ■ Se diviser en plusieurs branches ; avoir des ramifications.

**ramille** n. f. ■ Très petite branche.

**ramolli, ie** adj. ■ Devenu mou. ♦ fam. *Cerveau ramolli*, faible, sans idées.

**ramollir** v. tr. ② ■ Rendre mou ou moins dur. ► **se ramollir** v. pron.

**ramollissement** n. m. ■ Fait de se ramollir. → *Ramollissement cérébral* (lésion).

**ramollo** adj. ■ fam. Ramolli ; faible.

**ramoner** v. tr. ① ■ Nettoyer en raclant pour débarrasser de la suie (les cheminées, les tuyaux). ▷ n. m. **ramonage**

**ramoneur** n. m. ■ Celui qui ramone.

**rampant, ante** adj. ■ **1** Qui rampe (1 et 2). **2** fam. Qui reste à terre (aviation). → n. *Les rampants.* **3** fig. Obséquieux, servile. **4** péj. Qui progresse sournoisement.

**rampe** n. f. ■ **I 1** Plan incliné. → spécialt *Rampe de lancement.* **2** Partie en pente. → **montée.** **II 1** Balustrade à hauteur d'appui. *Rampe d'escalier.* **2** Rangée de lumières au bord d'une scène de théâtre. → loc. *Passer la rampe* : produire de l'effet sur un public.

**ramper** v. intr. ① ■ **1** (reptiles, etc.) Progresser sur le ventre (→ **reptation**). **2** (plantes) Se développer au sol, ou s'accrocher. **3** fig. et péj. Être soumis.

**ramure** n. f. ■ **1** littér. Branches, rameaux (d'un arbre). **2** Bois des cervidés. → **andouiller.**

**rancard** ou **rencard** n. m. ■ fam. Rendez-vous.

**rancarder** ou **rencarder** v. tr. ① ■ argot Renseigner.

**rancart** n. m. ■ loc. fam. *Mettre au rancart* : jeter, se débarrasser de. → **rebut.**

**rance** adj. ■ (corps gras : beurre...) Qui a pris une odeur forte et un goût âcre.

**ranch** [ʀɑ̃tʃ] n. m. ■ Ferme de la prairie, aux États-Unis. *Des ranchs* ou *ranches.*

**rancir** v. intr. ② ■ Devenir rance. ▷ n. m. **rancissement**

**rancœur** n. f. ■ littér. Ressentiment tenace. → **aigreur, rancune.**

**rançon** n. f. ■ **1** Prix que l'on exige pour délivrer qqn qu'on tient captif. **2** fig. *La rançon de* (un avantage, un plaisir). → **contrepartie.**

**rançonner** v. tr. ① ■ Exiger de (qqn) une somme d'argent sous la contrainte.

**rancune** n. f. ■ Souvenir hostile, tenace et avec un désir de vengeance. → **rancœur, ressentiment.**

**rancunier, ière** adj. ■ Porté à la rancune.

**randomisation** n. f. ■ anglic., statist. Méthode pour supprimer les variables non étudiées. ▷ **randomiser** v. tr. ①

**randonnée** n. f. ■ Longue promenade. → *Sentier de grande randonnée* (abrév. G. R.), pour les marcheurs. ▷ n. **randonneur, euse**

**rang** [ʀɑ̃] n. m. ■ **I 1** Suite (de personnes, de choses) disposées sur une même ligne, en largeur (opposé à *file*). → **rangée.** ♦ spécialt (soldats...) *Serrer les rangs. Rompre* les rangs.* **2** loc. *Être, se mettre* SUR LES RANGS : entrer en concurrence avec d'autres. ♦ fig. *Grossir les rangs des mécontents.* **3** LE RANG : l'ensemble des hommes de troupe. → fig. *Rentrer dans le rang* : se soumettre à une discipline. **4** franç. du Canada Ensemble d'exploitations agricoles s'étendant sur la longueur en bandes parallèles, et perpendiculairement à une route, une rivière. **II 1** Situation dans une hiérarchie. *Par rang de taille.* → **ordre.** **2** Place, position dans une hiérarchie. *Un écrivain de second rang.* **3** Place (de qqn) dans la société. → **classe, condition, niveau.** *Le rang social de qqn.* ♦ loc. (personnes ; choses) *Du même rang,* de même valeur. **4** loc. PRENDRE RANG *parmi* : figurer parmi. → *Mettre* AU RANG DE : compter parmi. → ① **ranger** (2).

**rangée** n. f. ■ Rang (I, 1).

**rangement** n. m. ■ Action de ranger.

① **ranger** v. tr. ③ ■ **1** Disposer à sa place, avec ordre. → **classer, ordonner.** *Ranger ses affaires.* ♦ Mettre de l'ordre dans (un lieu). **2** Mettre au nombre, au rang de. *Un auteur à ranger parmi les classiques.* **3** Mettre de côté pour laisser de la place. *Ranger sa voiture*; pronom. *se ranger.* **4** pronom. *Se ranger du côté de qqn,* prendre son parti. → *Se ranger à l'avis de qqn* (→ **adopter**). **5** *Se ranger* : adopter un genre de vie plus régulier, une conduite plus raisonnable. → **s'assagir.** ► **rangé, ée** adj. **1** loc. *Bataille* rangée.* **2** Qui s'est rangé (5). → **sérieux.**

② **ranger** n. m. [ʀɑ̃dʒɛʀ ; ʀɑ̃dʒœʀ] ■ **1** Garde dans un parc national (États-Unis). **II** Brodequin à tige montante.

**ranimer** v. tr. ① ■ **1** Rendre la conscience, le mouvement à. → **réanimer.** **2** Redonner de l'énergie, de la force à.

**rantanplan** interj. ■ Onomatopée, roulement du tambour. – var. RATAPLAN.

**rap** [ʀap] n. m. ■ anglic. Musique rythmée sur des paroles scandées, genre issu de la récitation des poètes noirs américains.

**rapace** ■ **I** adj. Qui cherche à s'enrichir rapidement et brutalement. → **avide, cupide. II** n. m. Oiseau carnivore, aux doigts armés de serres, au bec puissant.

**rapacité** n. f. ■ Avidité brutale.

**rapatrié, ée** adj. et n. ■ Qu'on a rapatrié (1).

**rapatrier** v. tr. ⑦ ■ **1** Assurer le retour de (qqn) sur le territoire du pays auquel il appartient par sa nationalité. **2** écon. *Rapatrier des capitaux.* ▷ n. m. **rapatriement**

**râpe** n. f. ■ **1** Lime à grosses entailles. **2** Ustensile de cuisine qui sert à râper.

① **râpé, ée** adj. ■ **1** Qu'on a râpé (1). *Gruyère râpé.* **2** (tissu) Usé par le frottement. → **élimé.**

② **râpé** n. m. ■ fam. *C'est râpé,* se dit à l'occasion d'un contretemps, d'un espoir déçu.

**râper** v. tr. ① ■ **1** Réduire en poudre grossière, en filaments. **2** Travailler à la râpe (1). ♦ fig. Irriter. *Vin qui râpe la gorge.*

**rapetasser** v. tr. 1 ▪ fam. Réparer sommairement, grossièrement (un vêtement, etc.). → **raccommoder**. ▷ ▪ n. m. **rapetassage**

**rapetisser** v. 1 ▪ I v. tr. 1 Rendre plus petit. 2 Faire paraître plus petit. 3 fig. Diminuer la valeur, le mérite de. II v. intr. Devenir plus petit, plus court. ▷ ▪ n. m. **rapetissement**

**râpeux, euse** adj. ▪ 1 Hérissé d'aspérités. → **rugueux**. 2 Qui râpe la gorge. → **âpre**.

**raphia** n. m. ▪ Palmier à très longues feuilles. ◆ Fibre de ces feuilles (→ **rabane**).

**rapiat** adj. et n. ▪ fam. Avare.

**rapide** ▪ I adj. (opposé à *lent*) 1 (cours d'eau) Qui coule avec une grande vitesse. ◆ *Pente rapide.* → **abrupt, raide.** 2 Qui peut se mouvoir à une vitesse élevée. 3 (sans idée de déplacement) Qui exécute vite. → **expéditif, prompt.** ◆ Qui comprend vite. ◆ *Poison rapide,* qui agit vite. 4 Qui s'accomplit à une vitesse élevée, en peu de temps. *Guérison rapide.* ◆ *Pellicule rapide,* très sensible. 5 *Voie* (de circulation) *rapide.* II n. m. 1 Partie d'un cours d'eau où le courant est rapide et tourbillonnant. 2 Train qui va plus vite que l'express (ne se dit pas du T. G. V.).

**rapidement** adv. ▪ À une grande vitesse, en un temps bref. → **vite.** - syn. fam. RAPIDO.

**rapidité** n. f. ▪ Caractère rapide.

**rapiécer** v. tr. 3 et 6 ▪ Réparer ou raccommoder en mettant une pièce. → **repriser.** ▷ n. m. **rapiéçage**

**rapière** n. f. ▪ ancient Épée longue et effilée, à garde hémisphérique.

**rapin** n. m. ▪ vieilli Artiste peintre.

**rapine** n. f. ▪ littér. Vol, pillage.

**raplapla** adj. invar. ▪ fam. 1 Fatigué ; sans force. 2 Aplati.

**rappel** n. m. ▪ 1 Action d'appeler pour faire revenir. ◆ loc. fig. BATTRE LE RAPPEL (pour réunir). ◆ Applaudissements pour faire revenir un artiste sur scène. 2 *RAPPEL À* : action de faire revenir qqn à. *Rappel à la raison.* 3 Fait de rappeler (II, 2). *Le rappel des titres de l'actualité* (d'un journal parlé). ◆ Avertissement d'avoir à payer. 4 Répétition qui renvoie à une même chose. ◆ *Injection de rappel* (consolidant l'immunité). 5 alpin. Descente au moyen d'une corde qui peut être rappelée.

**rappeler** v. tr. 4 ▪ I 1 Appeler pour faire revenir. 2 fig. *RAPPELER qqn À,* le faire revenir à. *Rappeler qqn à la raison.* 3 Appeler (qqn) de nouveau (au téléphone, etc.). II 1 Faire revenir (qqch.) vers soi. 2 Faire revenir à la mémoire. *Rappelez-moi votre nom.* ◆ Faire venir à l'esprit par association d'idées. → **évoquer.** *Cela ne te rappelle rien ?* ▸ se **rappeler** v. pron. 1 Rappeler (un souvenir) à sa mémoire ; avoir présent à l'esprit. → se **souvenir,** se **remémorer.** - REM. On dit *se rappeler qqch.,* et *se souvenir de qqch.* ◆ *SE RAPPELER À* : faire souvenir de soi. *Je me rappelle à votre bon souvenir.*

**rapper** v. intr. 1 ▪ Pratiquer le rap ; chanter du rap.

**rappeur, euse** n. ▪ Chanteur, chanteuse de rap ; artiste qui fait du rap.

**rappliquer** v. intr. 1 ▪ fam. Arriver.

**rapport** n. m. ▪ I (Action, fait de rapporter) 1 Action de rapporter (ce qu'on a vu, entendu) ; récit, témoignage. 2 Compte rendu. *Rapport confidentiel.* 3 Fait de procurer un profit. → **produit, rendement.** ◆ *rapport* Gain calculé en fonction de la mise. II 1 Lien entre plusieurs objets. → **relation.** *Je ne vois pas le rapport.* 2 Relation de ressemblance ; traits, éléments communs. → **affinité, analogie.** ◆ *EN RAPPORT AVEC* : qui correspond à. 3 sc. Quotient de deux grandeurs de même espèce. 4 loc. *PAR RAPPORT À* : en ce qui concerne. ◆ *relativement* à. ◆ Par comparaison avec. ◆ pop. *RAPPORT À* : à propos de. ◆ *Sous le rapport de* : du point de vue de. ◆ *Sous tous (les) rapports* : à tous égards. III surtout au plur. 1 Relation* entre personnes. *Rapports de force.* ◆ absolt Relations sexuelles. ◆ *Se mettre EN RAPPORT avec qqn.* → **contacter.** 2 Façon d'appréhender qqch. *Son rapport à l'argent.*

**rapporter** v. tr. 1 ▪ I 1 Apporter (une chose qui avait été déplacée) à l'endroit initial (→ **remettre** (I, 1)), ou à une personne (→ **rendre**). 2 Apporter (qqch.) en revenant. *Tu rapporteras du pain.* 3 Ajouter (une chose) pour compléter ; spécialt coudre sur qqch. ◆ au p. p. *Poches rapportées.* 4 Produire comme gain, bénéfice. *Investissement qui rapporte.* → **rentable.** 5 Venir dire, répéter (ce qu'on a appris, entendu). II *RAPPORTER* (qqch.) *À* : rattacher par une relation. III dr. → **abroger, annuler.** ▸ se **rapporter** v. pron. 1 Avoir rapport (à), être en relation (avec). 2 *S'EN RAPPORTER À qqn,* lui faire confiance. → s'en **remettre** à, faire foi à.

**rapporteur, euse** ▪ 1 n. et adj. (Personne) qui rapporte (I, 5) ce qu'il faudrait taire. 2 n. m. Personne qui rend compte, qui rédige un rapport. 3 n. m. Instrument (demi-cercle gradué) pour mesurer ou tracer les angles.

**rapprendre** v. tr. → **réapprendre**

**rapproché, ée** adj. ▪ 1 Proche (de qqch.). 2 Proche dans le temps.

**rapprochement** n. m. ▪ Action de (se) rapprocher. ◆ spécialt Réconciliation. ◆ *Faire un rapprochement entre deux événements.* → **lien, rapport.**

**rapprocher** v. tr. 1 ▪ 1 Mettre plus près de (qqn, qqch.) ; rendre plus proche. ◆ fig. *Se rapprocher du but.* 2 Faire approcher (d'un moment, d'un état à venir). 3 fig. Disposer (des personnes) à des rapports amicaux ; réconcilier. 4 abstrait Rattacher, associer. 5 pronom. Présenter une analogie avec, ressembler à.

**rapsode ; rapsodie** → **rhapsode ; rhapsodie**

**rapt** [Rapt] n. m. ▪ Kidnappage.

**raquer** v. 1 ▪ fam. Payer.

**raquette** n. f. ▪ **1** Instrument ovale adapté à un manche, et permettant de lancer une balle, un volant. **2** Large semelle ovale pour marcher sur la neige.

**rare** adj. ▪ **1** (après le nom) Qui ne se rencontre pas souvent, dont il existe peu d'exemplaires. *Objet rare.* ← loc. *Oiseau\* rare.* ← au plur. (avant le nom) *De rares exceptions.* **2** Peu fréquent. → **exceptionnel.** ← *Tu te fais rare,* on te voit peu. ← impers. *Il est rare de* (+ inf.); *que* (+ subj.). **3** Qui sort de l'ordinaire. → **remarquable.** ← *Un peintre d'un rare talent.* **4** Peu abondant, peu fourni. *Herbe rare.* ▷ adv. **rarement**

**raréfaction** n. f. ▪ Fait de se raréfier.

**raréfier** v. tr. [7] ▪ Rendre rare, moins dense, moins fréquent. ▶ **raréfié, ée** adj. *Gaz raréfié,* sous une très faible pression.

**rareté** n. f. ▪ Qualité de ce qui est rare, peu commun ou peu fréquent.

**rarissime** adj. ▪ Extrêmement rare.

①**ras, rase** adj. ▪ **1** Coupé tout contre la peau. *Cheveux ras.* ← *Chien à poil ras* (très court). ← adv. *Herbe tondue ras.* **2** loc. *EN RASE CAMPAGNE* : en terrain découvert. ← *Faire TABLE\* RASE.* **3** Rempli jusqu'au bord sans dépasser. ← loc. *Herbe tondue ras.* **2** loc. *EN RASE CAMPAGNE.* fam. *En avoir RAS LE BOL,* vulg. *RAS LE CUL,* en avoir assez. **4** *À RAS DE, AU RAS DE* loc. prép. : au plus près de la surface de, et au même niveau. ← *À RAS* loc. adv. *Coupé à ras.*

②**ras** [ʀas] n. m. ▪ Chef éthiopien.

**R. A. S.** [ɛʀaɛs] interj. (sigle de *rien à signaler*) ▪ fam. Tout est normal, tout va bien. *Ça va, R. A. S.*

**rasade** n. f. ▪ Quantité de boisson servie à ras bords.

**rasage** n. m. ▪ Action de (se) raser.

**rasant, ante** adj. ▪ **1** Qui rase, passe tout près. **2** fam. Qui ennuie. → **barbant, rasoir.**

**rascasse** n. f. ▪ Poisson comestible à grosse tête hérissée d'épines.

**rase-mottes** n. m. ▪ *Vol en rase-mottes,* très près du sol.

**raser** v. tr. [1] ▪ **I 1** Couper (le poil) au ras de la peau. *Raser la barbe.* ← *Se raser les jambes.* ◆ *Raser qqn* (sa barbe). ← pronom. *Se raser.* **2** fam. Ennuyer. → **barber. II** Abattre à ras de terre. *Tout le quartier a été rasé.* **III** Passer très près de (qqch.). → **frôler.**

**raseur, euse** n. et adj. ▪ fam. Qui ennuie.

**rasoir** ▪ **I** n. m. Instrument servant à raser les poils. **II** adj. invar. fam. Ennuyeux.

**rassasier** v. tr. [7] ▪ **1** Satisfaire entièrement la faim de (qqn). **2** fig. Satisfaire pleinement les aspirations, les désirs de (qqn). ▷ n. m. **rassasiement**

**rassemblement** n. m. ▪ **1** Action de rassembler (des choses, des personnes dispersées). **2** Fait de se rassembler ; groupe ainsi formé. **3** Parti politique qui groupe diverses tendances.

**rassembler** v. tr. [1] ▪ **1** Faire venir au même endroit (des personnes). ← pronom. *Se rassembler.* ◆ fig. Réunir pour une action commune. **2** Mettre ensemble (des choses). → **réunir. 3** *Rassembler ses esprits* : reprendre son sang-froid. ▷ n. **rassembleur, euse**

**rasseoir** [-swaʀ] v. tr. [26] ▪ **1** Asseoir de nouveau. **2** Replacer (sur une base...).

**rasséréner** v. tr. [6] ▪ Ramener au calme, à la sérénité. → **apaiser, rassurer.**

**rassir** v. intr. [2] ▪ Devenir rassis. *Ce pain commence à rassir* ; et pronom. *à se rassir.*

**rassis, ise** adj. ▪ **1** Qui n'est plus frais sans être encore dur. *Une brioche rassise* ou fam. *rassie.* **2** littér. Pondéré, réfléchi.

**rassortiment ; rassortir** → **réassortiment ; réassortir**

**rassurer** v. tr. [1] ▪ Rendre la confiance, la tranquillité d'esprit à (qqn). → **apaiser, tranquilliser.** ← au p. p. *Je n'étais pas rassuré,* j'avais peur. ▷ adj. **rassurant, ante**

**rasta** n. ▪ Adepte du retour culturel à l'Afrique et de la musique reggae.

**rastaquouère** [-kwɛʀ] n. m. ▪ péj. et vieilli Étranger aux allures voyantes.

**rat** n. m. ▪ **1** Petit mammifère rongeur, à museau pointu et à très longue queue (→ ① **rate, raton**). ← loc. *Être fait comme un rat* : être pris au piège. ◆ *Rat d'Amérique,* ragondin. **2** fig. *Rat de bibliothèque,* personne qui passe son temps dans les livres. ◆ *RAT D'HÔTEL* : voleur(euse) dans les chambres d'hôtel. ◆ *PETIT RAT (de l'Opéra)* : jeune élève de la classe de danse de l'Opéra.

**ratafia** n. m. ▪ Liqueur à base d'eau-de-vie et de sucre.

**ratage** n. m. ▪ Échec (→ **rater**).

**rataplan** interj. → **rantanplan**

**ratatiner** v. tr. [1] ▪ Rapetisser, réduire la taille en déformant. → pronom. *Se ratatiner.* ▶ **ratatiné, ée** adj. **1** Rapetissé et déformé. **2** fig., fam. Démoli, hors d'usage.

**ratatouille** n. f. ▪ **1** vx et fam. Ragoût grossier. **2** Plat de légumes (aubergines, courgettes, tomates...) cuits à l'huile.

①**rate** n. f. ▪ Rat femelle.

②**rate** n. f. ▪ Organe lymphoïde situé sous la partie gauche du diaphragme. ◆ loc. fam. *Se fouler la rate* : faire des efforts.

**raté, ée** ▪ **I** n. m. Bruit anormal, dans un moteur à explosion. **II** n. Personne qui a raté sa vie, sa carrière.

**râteau** n. m. ▪ **1** Outil fait d'une traverse munie de dents et d'un long manche. **2** Raclette de croupier.

**râteler** v. tr. [4] ▪ Ramasser avec un râteau. → **ratisser.**

**râtelier** n. m. ▪ **1** Barreaux parallèles inclinés contre un mur recevant le fourrage du bétail. ◆ loc. fig. *Manger à tous les râteliers* : tirer profit de toutes les situations. **2** fam. et vieilli Dentier.

**rater** v. ⏢ ■ **I** v. intr. **1** (coup d'arme à feu) Ne pas partir. **2** Échouer. ➡ fam. *Ça n'a pas raté, c'était prévisible.* **II** v. tr. **1** Ne pas atteindre (ce qu'on visait). ➡ *Rater son train.* **2** fig. Ne pas profiter de. → **manquer.** *Rater une occasion.* ➡ iron. *Il n'en rate pas une :* il les fait toutes (les bêtises). **3** Ne pas réussir. *Rater son effet.* ➡ au p. p. *C'est raté !* → **râpé.**

**ratiboiser** v. tr. ⏢ ■ fam. **1** Prendre, voler. **2** Ruiner (qqn). ➡ au p. p. *Je suis ratiboisé.*

**ratier** [-tje] n. m. ■ Chien qui chasse les rats. ➡ appos. *Chien ratier.*

**ratière** [-tjɛʀ] n. f. ■ Piège à rats. → **souricière.**

**ratifier** v. tr. ⑦ ■ **1** Approuver ou confirmer par un acte authentique. **2** littér. Confirmer. *Ratifier une promesse.* ▷ n. f. **ratification**

**ratine** n. f. ■ Tissu de laine épais, cardé, dont le poil est tiré en dehors et frisé.

**ratiociner** [ʀasjɔ-] v. intr. ⏢ ■ littér. Se perdre en raisonnements subtils et interminables. → **ergoter.** ▷ n. f. **ratiocination**

**ration** n. f. ■ **1** Quantité (d'aliments) qui revient à qqn, un animal pendant une journée. **2** *Ration alimentaire :* aliments nécessaires à un organisme pour vingt-quatre heures. **3** *RATION DE :* quantité de (souvent iron.) *J'ai ma ration de soucis.*

**rationaliser** v. tr. ⏢ ■ **1** Rendre rationnel, conforme à la raison. **2** Organiser avec méthode, bon sens. **3** psych. Justifier une conduite par des motifs rationnels. ▷ n. f. **rationalisation**

**rationalisme** n. m. ■ **1** philos. Doctrine selon laquelle toute connaissance certaine vient de la raison (opposé à *empirisme*). *Le rationalisme de Descartes.* **2** Croyance et confiance dans la raison (opposée à la religion, etc.). ▷ adj. et n. **rationaliste**

**rationalité** n. f. ■ philos. Caractère de ce qui est rationnel.

**rationnel, elle** adj. ■ **I 1** De la raison. *L'activité rationnelle,* le raisonnement. **2** Conforme à la raison, au bon sens. ➡ Organisé avec méthode. *Installation rationnelle.* **II** math. *Nombre rationnel,* qui peut être mis sous la forme d'un rapport entre deux entiers. ▷ adv. **rationnellement**

**rationner** v. tr. ⏢ ■ **1** Distribuer des rations limitées de (qqch.). **2** Imposer une ration à (qqn), restreindre sa consommation. ➡ pronom. *Se rationner.* ▷ n. m. **rationnement**

**ratisser** v. tr. ⏢ ■ **1** Nettoyer (le sol...) à l'aide d'un râteau. ➡ *Ratisser des feuilles mortes.* → **râteler.** ➡ loc. fig. *Ratisser large,* réunir le plus d'éléments possible. **2** (armée...) Fouiller méthodiquement. ▷ n. m. **ratissage**

**raton** n. m. ■ **1** Jeune rat. **2** *RATON LAVEUR :* mammifère carnivore qui lave ses aliments avant de les absorber.

**ratonnade** n. f. ■ hist. Expédition punitive organisée contre les Maghrébins.

**ratoureux, euse** adj. ■ franç. du Canada, fam. Rusé, malin.

**rattacher** v. tr. ⏢ ■ **1** Attacher de nouveau ou ensemble. **2** fig. Faire dépendre (de qqch.), relier (à qqch.). ➡ pronom. *Tout ce qui se rattache à la question.* ▷ n. m. **rattachement**

**ratte** n. f. ■ Pomme de terre oblongue, petite, très estimée. - var. RATE.

**rattrapable** adj. ■ Que l'on peut rattraper.

**rattrapage** n. m. ■ *Classe de rattrapage,* pour des élèves retardés dans leurs études.

**rattraper** v. tr. ⏢ ■ **1** Attraper de nouveau. → **reprendre. 2** Attraper (ce qui allait tomber, s'en aller). **3** fig. Réparer (une erreur...). **4** S'activer pour compenser (une perte de temps). *Rattraper un retard.* **5** Rejoindre (qqn ou qqch. qui a de l'avance). ➡ **se rattraper** v. pron. **1** Se raccrocher (à). **2** Agir pour pallier une insuffisance, réparer une maladresse.

**rature** n. f. ■ Trait tiré pour annuler ou remplacer ce qui est écrit.

**raturer** v. tr. ⏢ ■ Annuler, corriger par des ratures. ▷ n. m. **raturage**

**rauque** adj. ■ (voix) Qui produit des sons voilés ou gutturaux. ▷ **raucité** n. f. littér.

**ravage** n. m. ■ surtout au plur. **1** Dégâts importants. **2** Effet néfaste (de qqch.). ➡ littér. *Les ravages du temps :* les signes de vieillesse.

**ravager** v. tr. ③ ■ **1** Faire des ravages dans. → **dévaster, saccager. 2** fig. Apporter de graves perturbations physiques ou morales à. ➡ **ravagé, ée** adj. **1** Endommagé ; marqué, flétri (par le temps, etc.). **2** fam. Fou, cinglé. ▷ adj. **ravageur, euse**

**ravaler** v. tr. ⏢ ■ **I 1** Nettoyer, refaire le parement de (un mur, etc.). ▷ n. m. **ravalement 2** fig., littér. Abaisser, déprécier. **II 1** Avaler (ce qu'on a dans la bouche). **2** fig. Retenir (ce qu'on allait dire) ; empêcher de se manifester.

**ravauder** v. tr. ⏢ ■ vieilli Raccommoder à l'aiguille. ▷ n. m. **ravaudage**

① **rave** n. f. ■ (désigne plusieurs espèces) Plante potagère à racine comestible.

② **rave** [ʀɛv] n. f. ■ Fête de grande ampleur, dédiée à la danse et à la musique techno. ▷ **raveur, euse** n. → **teufeur.**

**ravi, ie** adj. ■ Très content, heureux. → **comblé, enchanté.** ➡ *Être ravi que* (+ subj.).

**ravier** n. m. ■ Petit plat creux et oblong.

**ravigote** n. f. ■ Vinaigrette très relevée.

**ravigoter** v. tr. ⏢ ■ fam. Rendre plus vigoureux, redonner de la force à (qqn). → **revigorer.** ▷ adj. **ravigotant, ante**

**ravin** n. m. ■ Vallée étroite et escarpée.

**ravine** n. f. ■ Lit creusé par un torrent.

**raviner** v. tr. ⏢ ■ **1** (eaux de ruissellement) Creuser (le sol) de sillons. **2** fig. Marquer de rides profondes. ▷ n. m. **ravinement**

**ravioli** n. m. ■ Petit carré de pâte farci.

**ravir** v. tr. ② ■ **1** littér. Prendre, enlever de force. **2** Plaire beaucoup à. → **enchanter, enthousiasmer ; ravissant.** ➡ *À RAVIR* loc. adv. : à merveille.

se **raviser** v. pron. 🔲 ◼ Changer d'avis.

**ravissant, ante** adj. ◼ Qui plaît beaucoup, touche par la beauté, le charme.

**ravissement** n. m. ◼ 1 vx Action de ravir (1). 2 → **enchantement** (2).

**ravisseur, euse** n. ◼ Personne qui a commis un rapt.

**ravitaillement** n. m. ◼ Action de (se) ravitailler. ♦ Ce qui ravitaille. → **vivres**.

**ravitailler** v. tr. 🔲 ◼ 1 Fournir (une communauté, une armée, qqn) en vivres. → **approvisionner**. 2 *Ravitailler un avion en vol* (en carburant). ► se **ravitailler** v. pron.

**ravitailleur** n. m. ◼ Personne ou engin (navire, avion...) qui ravitaille.

**raviver** v. tr. 🔲 ◼ 1 Rendre plus vif. *Raviver le feu ; des couleurs.* 2 fig. Ranimer.

**ravoir** v. tr. (seulement inf.) ◼ 1 Avoir de nouveau (qqch.). → **récupérer**. 2 fam. Remettre en bon état de propreté.

**rayer** v. tr. 🔲 ◼ 1 Marquer de raies, en entamant la surface. *Le diamant raye le verre.* 2 Tracer un trait sur (un mot...) pour l'annuler. → **barrer, raturer**. ◆ *Rayer qqn d'une liste*. → **exclure, radier**.

① **rayon** n. m. ◼ 1 1 Trace de lumière en ligne ou en bande. ◆ *Les rayons du soleil*, sa lumière. 2 opt. Trajet d'une radiation. *Rayons convergents ; divergents.* 3 au plur. Radiations (→ **radio-**). *Rayons X*, rayonnement électromagnétique de faible longueur d'onde (→ radiographie, radioscopie). II 1 Pièce reliant le moyeu (d'une roue) à la jante. 2 Segment joignant un point (d'un cercle, d'une sphère) à son centre. ◆ loc. *DANS UN RAYON DE* : dans un espace circulaire de (distances). ◆ *RAYON D'ACTION* (d'un navire, d'un avion) : fig. zone d'activité.

② **rayon** n. m. ◼ 1 Gâteau de cire fait par les abeilles. 2 Planche, tablette de rangement. → **rayonnage**. 3 Partie d'un magasin affectée à un type de marchandises. ◆ loc. fam. *En connaître un rayon* : être compétent.

**rayonnage** n. m. ◼ Rayons assemblés (meuble de rangement). → **étagère**.

**rayonnant, ante** adj. ◼ 1 Disposé en rayons (II). 2 Qui émet des rayons lumineux. 3 Qui rayonne (I, 3). → **radieux**.

**rayonne** n. f. ◼ Fibre textile artificielle.

**rayonnement** n. m. ◼ 1 Fait de rayonner. ◆ Ensemble de radiations. *Rayonnement infrarouge*. 2 fig. (→ **rayonner** (I, 3)).

**rayonner** v. intr. 🔲 ◼ 1 Émettre des rayons lumineux. → **irradier**. 2 Se propager par rayonnement. *La chaleur rayonne*. 3 fig. Émettre un éclat, une influence heureuse. *Rayonner de bonheur*. II 1 Être disposé en rayons. 2 Se manifester dans toutes les directions. *La douleur rayonne*. 3 (sujet personne) Se déplacer dans un certain rayon (à partir d'un lieu).

**rayure** n. f. ◼ 1 Bande, ligne qui se détache (quand il y en a plusieurs). 2 Éraflure ou rainure.

**raz** n. m. ◼ 1 mar. Courant marin violent, dans un passage étroit. 2 *RAZ DE MARÉE* : vague isolée et très haute, d'origine sismique ou volcanique. ◆ fig. Bouleversement social ou politique irrésistible.

**razzia** [ʀa(d)zja] n. f. ◼ Brusque attaque pour emporter un butin. ▷ **razzier** v. tr. 🔲 → **rafler**.

**re-, ré-, r-** Élément (du latin *re-*) qui exprime le retour en arrière (ex. *rhabiller*), à un état antérieur (ex. *rhabiller*) ou le renforcement, l'achèvement (ex. *réunir, ramasser*), la répétition ou la reprise (ex. *redire, refaire*).

**ré** n. m. invar. ◼ Deuxième note de la gamme d'ut.

**réa** n. m. ◼ Roue, poulie à gorge.

**réabonner** v. tr. 🔲 ◼ Abonner de nouveau. ▷ n. m. **réabonnement**

**réac** adj. et n. ◼ fam. Réactionnaire.

**réaccoutumer** v. tr. 🔲 ◼ littér. Réhabituer.

**réacteur** n. m. ◼ 1 Moteur à réaction. 2 *Réacteur nucléaire*, où se produisent des réactions nucléaires.

**réactif** n. m. ◼ chim. Substance qui prend part à une réaction chimique.

**réaction** n. f. ◼ I sc. 1 Force qu'un corps agissant sur un autre détermine en retour chez celui-ci. ◆ *Avion à réaction* (par éjection de gaz). → **réacteur**. 2 chim. Action réciproque de substances, avec des transformations chimiques. → *Réaction en chaîne*. II 1 Réponse à une action par une action contraire. *Réaction de défense*. ◆ *Agir en, par réaction contre...* 2 Comportement (de qqn) face à une action extérieure. *Avoir une réaction de peur*. III Politique qui s'oppose aux changements, retourne au passé.

**réactionnaire** adj. ◼ De la réaction (III). ◆ *Un, une réactionnaire*. → **réac**.

**réactionnel, elle** adj. ◼ didact. Relatif à une réaction (I et II).

**réactiver** v. tr. 🔲 ◼ Rendre à nouveau actif.

**réadapter** v. tr. 🔲 ◼ Adapter de nouveau (qqn, qqch.). ▷ n. f. **réadaptation**

**réaffirmer** v. tr. 🔲 ◼ Affirmer de nouveau.

**réagir** v. intr. 🔲 ◼ 1 Avoir une réaction, des réactions. II 1 *RÉAGIR SUR* : agir en retour ou réciproquement sur. → se **répercuter**. 2 *RÉAGIR CONTRE*, s'opposer par une action contraire. ◆ *Essayez de réagir*. 3 tr. ind. *RÉAGIR (À)*. → **répondre** à.

**réajuster** v. tr. 🔲 ◼ Adapter à de nouvelles conditions. *Réajuster les salaires* (au coût de la vie). → **rajuster**. ▷ n. m. **réajustement**

**réal** n. m. ◼ Unité monétaire du Brésil.

**réalisable** adj. ◼ 1 Possible, faisable. 2 Transformable en argent.

**réalisateur, trice** n. ◼ Personne qui dirige une réalisation (2). → **metteur** en scène.

**réalisation** n. f. ◼ 1 Action, fait de rendre réel, effectif. → **création**. ◆ Chose réalisée. 2 Ensemble des opérations nécessaires à la création (d'un film...).

**réaliser** v. tr. [1] ■ 1 Faire passer à l'état de réalité (ce qui n'existait que dans l'esprit). → **accomplir, concrétiser, exécuter.** *Réaliser un projet.* 2 dr. Faire. *Réaliser une vente.* 3 Être le réalisateur de (un film...). 4 Transformer en argent. *Réaliser son capital.* 5 (critiqué) Se faire une idée nette de. → **comprendre, saisir.**

**réalisme** n. m. ■ 1 Conception selon laquelle l'art doit évoquer la réalité telle qu'elle est, en évitant de l'idéaliser. → **naturalisme.** 2 Attitude d'une personne qui tient compte de la réalité. ▷ adj. **réaliste**

**réalité** n. f. ■ 1 Caractère de ce qui est réel, de ce qui existe effectivement. *La réalité d'un fait.* 2 *La réalité* : ce qui existe ; l'existence réelle. *Le rêve, les illusions et la réalité.* ← *EN RÉALITÉ.* → **réellement.** 3 Chose réelle. *Avoir le sens des réalités (*→ **réaliste***).* ← loc. *Prendre ses désirs pour des réalités,* se faire des illusions.

**reality show** [ʁealiti ʃo] n. m. ■ anglic. Émission de télévision qui présente des faits vécus, en faisant appel à des personnes du public ou à des comédiens.

**réanimer** v. tr. [1] ■ Rétablir les fonctions vitales de (qqn). → **ranimer.** ▷ n. f. **réanimation**

**réapparaître** v. intr. [57] ■ Apparaître, paraître de nouveau. *La lune a réapparu, est réapparue.* ▷ n. f. **réapparition**

**réapprendre** v. tr. [58] ■ Apprendre de nouveau. - var. (moins cour.) RAPPRENDRE.

**réarmer** v. tr. [1] ■ Armer de nouveau. ♦ sans compl. (État) Recommencer à s'équiper pour la guerre. ▷ n. m. **réarmement**

**réassortir** v. tr. [2] ■ Reconstituer un assortiment, un stock de (qqch.). - var. (vieilli) RASSORTIR. ▷ n. m. **réassortiment** (var. [vieilli] RASSORTIMENT) et **réassort**

**rébarbatif, ive** adj. ■ 1 Qui rebute. 2 Difficile et ennuyeux.

**rebâtir** v. tr. [2] ■ Bâtir de nouveau.

**rebattre** v. tr. [41] ■ 1 rare Battre de nouveau. 2 *REBATTRE LES OREILLES à qqn de qqch.,* lui en parler continuellement. ► **rebattu, ue** adj. *Thème rebattu.* → **éculé.**

**rebelle** adj. ■ 1 Qui rejette l'autorité légitime. ■ n. → **insurgé.** ♦ littér. Indocile. 2 *REBELLE à* : réfractaire à (qqch.). 3 (choses) Qui résiste ; irrégulier. *Cheveux rebelles.* ► **se rebeller** v. pron. [1] → **s'insurger.**

**rébellion** n. f. ■ 1 Action de se rebeller ; acte de rebelle (1). → **révolte.** 2 Insubordination.

**se rebiffer** v. pron. [1] ■ fam. Réagir en protestant. → **se rebeller, se révolter.**

**rebiquer** v. intr. [1] ■ fam. Se retrousser en faisant un angle (mèche de cheveux, etc.).

**reblochon** n. m. ■ Fromage de vache, doux, à pâte grasse, fabriqué en Savoie.

**reboiser** v. tr. [1] ■ Planter d'arbres (un lieu déboisé). ▷ n. m. **reboisement**

**rebond** n. m. ■ Mouvement de ce qui rebondit (1).

**rebondi, ie** adj. ■ De forme arrondie. ← (formes humaines) → **rond.** *Joues rebondies.*

**rebondir** v. intr. [2] ■ 1 Faire des bonds après avoir heurté un obstacle. 2 fig. Reprendre après un temps d'arrêt. *Le débat rebondit.* ▷ n. m. **rebondissement**

**rebord** n. m. ■ Bord en saillie.

**reboucher** v. tr. [1] ■ Boucher de nouveau.

**rebours** n. m. ■ 1 *À REBOURS* loc. adv. Dans le sens contraire au sens habituel ; à l'envers. 2 (adj.) *COMPTE À REBOURS* : vérification successive de toutes les opérations de lancement (fusée, etc.). II *À REBOURS DE, AU REBOURS DE* loc. prép. : contrairement à, à l'inverse de.

**rebouteux, euse** n. ■ fam. Guérisseur.

**reboutonner** v. tr. [1] ■ Boutonner de nouveau (un vêtement).

**à rebrousse-poil** loc. adv. ■ *Prendre qqn à rebrousse-poil,* de telle sorte qu'il se rebiffe.

**rebrousser** v. tr. [1] ■ 1 Relever (les cheveux, le poil) dans un sens contraire à la direction naturelle. 2 *Rebrousser chemin* : s'en retourner en sens opposé.

**rebuffade** n. f. ■ littér. Refus brutal.

**rébus** [-ys] n. m. ■ Suite de dessins, de chiffres, de lettres évoquant par le son une phrase.

**rebut** n. m. ■ 1 Ce qu'on a rejeté. ← loc. *Mettre qqch. AU REBUT.* 2 Ce qu'il y a de plus mauvais (dans un ensemble). ← *Objet DE REBUT,* sans valeur.

**rebuter** v. tr. [1] ■ 1 Dégoûter (qqn) par les difficultés. → **décourager.** 2 Inspirer de la répugnance à. ▷ adj. **rebutant, ante**

**récalcitrant, ante** adj. ■ Qui résiste avec entêtement. → **indocile, rebelle, rétif.** ← n. *Les récalcitrants.*

**recaler** v. tr. [1] ■ fam. Refuser (qqn) à un examen. *Se faire recaler au bac.*

**récapituler** v. tr. [1] ■ Reprendre en énumérant les points principaux. → **résumer.** ← (En se rappelant ou en redisant). *Récapituler sa journée.* ▷ n. f. **récapitulation** ▷ adj. **récapitulatif, ive**

**recaser** v. tr. [1] ■ fam. Caser de nouveau.

**recel** n. m. ■ Fait de détenir sciemment des choses volées par un autre.

**receler** [ʁ(ə)səle ; ʁ(ə)sele] v. tr. [5] ■ 1 (sujet chose) Contenir en soi (une chose cachée, secrète). → **renfermer.** 2 Détenir, garder par un recel*. - var. RECÉLER [6] ▷ n. **receleur, euse** - var. RECÉLEUR, EUSE.

**récemment** [-amɑ̃] adv. ■ À une époque récente. → **dernièrement.**

**recenser** v. tr. [1] ■ Dénombrer en détail (notamment, une population). ▷ n. m. **recensement**

**recension** n. f. ■ didact. Examen critique (d'un texte).

**récent, ente** adj. ■ Qui s'est produit ou qui existe depuis peu de temps.

**récépissé** n. m. ■ Écrit par lequel on reconnaît avoir reçu des objets, etc. → **reçu.**

**réceptacle** n. m. ■ Contenant qui reçoit son contenu de diverses provenances.

**récepteur, trice** ■ I n. m. Appareil qui reçoit des signaux véhiculés par des ondes. *Récepteur de radio.* → **poste.** II adj. Qui reçoit (des ondes).

**réceptif, ive** adj. ■ 1 Susceptible de recevoir des impressions. → **sensible.** 2 méd. Sensible (à l'action d'agents pathogènes). ▷ n. f. **réceptivité**

**réception** n. f. ■ I 1 Action de recevoir (une marchandise ; le ballon ; des ondes). 2 Manière dont le corps se reçoit, après un saut. II 1 Action, manière de recevoir, d'accueillir (qqn). → **accueil.** 2 Local où sont reçus des clients, des usagers. *La réception d'un hôtel.* 3 Réunion mondaine (chez qqn). 4 Fait de recevoir ou d'être reçu dans une assemblée.

**réceptionner** v. tr. 🔲 ■ Recevoir, vérifier et enregistrer (une livraison).

**réceptionniste** n. ■ Personne chargée de l'accueil, de la réception (de clients...).

**récessif, ive** adj. ■ biol. *Gène récessif,* qui ne produit son effet que s'il existe sur les deux chromosomes de la paire (opposé à *dominant*).

**récession** n. f. ■ Fort ralentissement de l'activité économique. → **crise.**

**recette** n. f. ■ I 1 Total des sommes d'argent reçues. → au plur. Rentrées d'argent. *Recettes et dépenses.* 2 Bureau d'un receveur des impôts. → **perception.** II 1 Procédé pour cuisiner (un plat) ; sa description détaillée. 2 fig. Moyen, procédé.

**recevable** adj. ■ Qui peut être reçu, accepté.

**receveur, euse** n. ■ 1 Comptable public qui effectue les recettes publiques. *Receveur des contributions.* → **percepteur.** 2 Employé préposé à la recette (transports). 3 méd. Personne qui reçoit du sang (transfusion), une greffe.

**recevoir** v. tr. 28 ■ I (sens passif) *RECEVOIR qqch.* 1 Être mis en possession de (qqch.) par un envoi, un don, un paiement, etc. *Recevoir une lettre.* 2 Être atteint par (ce que l'on subit, éprouve). *Recevoir des coups ; un affront.* ◆ (sujet chose) Être l'objet de. *Le projet a reçu des modifications.* II (sens actif) 1 Faire entrer (qqn qui se présente). → **accueillir.** → au p. p. *Être bien, mal reçu.* → absolt Accueillir habituellement des invités ; des clients. 2 Laisser entrer (qqn) à certaines conditions (surtout au passif). *Être reçu à un examen,* admis. 3 littér. Admettre (qqch.) en esprit. → **accepter.** → au p. p. *Initiative mal reçue.* → *Idée* reçue. ► **se recevoir** v. pron. réfl. sports Retomber d'une certaine façon, après un saut.

**de rechange** loc. adj. ■ 1 Destiné à remplacer (un élément identique). 2 fig. De remplacement.

**réchapper** v. tr. ind. 🔲 ■ Échapper (à ce qui menace). *Réchapper à un danger ;* plus cour. *EN RÉCHAPPER.*

**recharge** n. f. ■ 1 Action de recharger (un appareil). 2 Ce qui permet de recharger.

**recharger** v. tr. ③ ■ 1 Charger de nouveau. 2 Remettre une charge dans (une arme) ; approvisionner de nouveau. ▷ adj. **rechargeable**

**réchaud** n. m. ■ Ustensile de cuisine portatif, pour chauffer, faire cuire.

**réchauffement** n. m. ■ Action de se réchauffer. *Le thème écologique du réchauffement de la planète.*

**réchauffer** v. tr. 🔲 ■ 1 Chauffer (ce qui s'est refroidi). 2 fig. Ranimer (un sentiment...). *Cela réchauffe le cœur.* → **réconforter.** ► **se réchauffer** v. pron. 1 Redonner de la chaleur à son corps. 2 Devenir plus chaud. ► **réchauffé, ée** adj. 1 Qu'on a réchauffé. → Qui est réchauffé. 2 fig., péj. *Une plaisanterie réchauffée,* servie trop souvent.

**rêche** adj. ■ Râpeux au toucher.

**recherche** n. f. ■ I 1 Effort pour trouver (qqch. ; qqn). 2 Effort de l'esprit vers (la connaissance). *La recherche de la vérité.* → Travaux faits pour trouver des connaissances nouvelles. 3 *LA RECHERCHE :* le travail scientifique. 4 Action de chercher à obtenir. *La recherche du bonheur.* ◆ loc. *À LA RECHERCHE DE.* "À *la recherche du temps perdu*" (de Proust). II Raffinement. *S'habiller avec recherche.*

**recherché, ée** adj. ■ 1 Que l'on cherche à avoir, à fréquenter. 2 Qui témoigne de recherche (II). → **raffiné.**

**rechercher** v. tr. 🔲 ■ 1 Chercher à découvrir, à retrouver (qqch. ; qqn). 2 Chercher à connaître, à découvrir. *Rechercher si...* 3 Tenter d'obtenir, d'avoir.

**rechigner** v. tr. ind. 🔲 ■ *RECHIGNER À :* témoigner de la mauvaise volonté pour.

**rechute** n. f. ■ Nouvel accès (d'une maladie qui était en voie de guérison). ≠ *récidive.* ▷ **rechuter** v. intr. 🔲

**récidive** n. f. ■ 1 Réapparition (d'une maladie qui était guérie). ≠ *rechute.* 2 Fait de commettre la même faute ou infraction.

**récidiver** v. intr. 🔲 ■ 1 (maladie) Réapparaître, recommencer. 2 Se rendre coupable de récidive (2). ▷ n. **récidiviste**

**récif** n. m. ■ Rochers à fleur d'eau, dans la mer. → **écueil.** → *Récif de corail.*

**récipiendaire** [-pjɑ̃-] n. ■ littér. Personne qui vient de recevoir (un diplôme, une décoration...), d'être reçue (dans une assemblée). → **impétrant.**

**récipient** [-pjɑ̃] n. m. ■ Ustensile creux qui sert à recueillir, à contenir des substances.

**réciproque** ■ 1 adj. Qui implique un échange de même nature (entre deux). → **mutuel.** ◆ gramm. *Verbe pronominal réciproque* (ex. ils se battent). 2 n. f. *Il aime Lise, mais la réciproque n'est pas vraie.* ▷ n. f. **réciprocité**

**réciproquement** adv. ■ De façon réciproque. → **mutuellement.** → *ET RÉCIPROQUEMENT.* → **vice versa.**

**récit** n. m. ■ Relation orale ou écrite (de faits). → **exposé, narration ; raconter.**

**récital** n. m. ▪ Séance musicale, artistique consacrée à un seul artiste.

**récitant, ante** n. ▪ Personne qui récite, déclame (musique → **récitatif**, théâtre).

**récitatif** n. m. ▪ mus. Chant qui se rapproche des inflexions de la parole.

**réciter** v. tr. ⏚ ▪ Dire à haute voix (ce qu'on sait par cœur ; un texte). ⊳ n. f. **récitation**

**réclamation** n. f. ▪ Action de réclamer, de demander la reconnaissance d'un droit.

**réclame** n. f. ▪ **1** vieilli Publicité. ♦ *Articles EN RÉCLAME*, en vente à prix réduit. **2** fig. Ce qui fait valoir, qui assure le succès.

**réclamer** v. tr. ⏚ ▪ **I 1** Demander (comme une chose indispensable) en insistant. → **exiger.** *Réclamer le silence.* ◆ *Réclamer qqn,* sa présence. **2** Demander comme dû, comme juste. → **revendiquer.** *Réclamer sa part.* **II** intrans. Faire une réclamation. → **protester.** ▸ se **réclamer** de v. pron. Invoquer en sa faveur.

**reclassement** n. m. ▪ **1** Nouveau classement (spécial pour les salaires). **2** Affectation (de qqn) à une nouvelle activité.

**reclasser** v. tr. ⏚ ▪ **1** Classer de nouveau. **2** Procéder au reclassement de (qqn).

**reclus, use** n. ▪ littér. Personne qui vit retirée du monde. ◆ adj. *Existence recluse.*

**réclusion** n. f. ▪ **1** État d'une personne recluse. **2** Privation de liberté.

**recoiffer** v. tr. ⏚ ▪ Coiffer de nouveau.

**recoin** n. m. ▪ **1** Endroit caché, retiré. **2** fig. Partie secrète. *Les recoins de la conscience.*

**récoler** v. tr. ⏚ ▪ dr. Procéder à la vérification de (un inventaire...). ⊳ n. m. **récolement**

**recoller** v. tr. ⏚ ▪ Coller de nouveau ; réparer en collant.

**récolte** n. f. ▪ **1** Action de recueillir (les produits de la terre) ; les produits recueillis. → **cueillette, ramassage ; moisson, vendange. 2** fig. Ce qu'on recueille à la suite d'une recherche.

**récolter** v. tr. ⏚ ▪ **1** Faire la récolte de. → **cueillir, recueillir. 2** fig. Gagner, recueillir. *Récolter des renseignements.* → **glaner.**

**recommandable** adj. ▪ Digne d'être recommandé, estimé.

**recommandation** n. f. ▪ **1** Action de recommander (qqn). *Lettre de recommandation.* **2** Action de conseiller (qqch.) avec insistance. *Faire des recommandations à qqn.*

**recommander** v. tr. ⏚ ▪ **1** Demander pour (qqn) la protection, l'aide de qqn. *Recommander un ami à, auprès de qqn.* **2** Vanter les avantages de. *Recommander un livre à qqn.* **3** Demander avec insistance (qqch.) à qqn. *Je te recommande la visite ; d'y aller.* **4** Soumettre (un envoi postal) à une taxe spéciale qui garantit sa remise en mains propres. ◆ au p. p. *Lettre recommandée.* ▸ se **recommander** v. pron. *Se recommander de qqn,* invoquer son appui.

**recommencer** v. ③ ▪ **I** v. tr. **1** Commencer de nouveau (ce qu'on avait interrompu, abandonné). → **reprendre.** ◆ *RECOMMENCER À* (+ inf.). → se **remettre** à. **2** Faire de nouveau depuis le début. → **refaire. II** v. intr. Se produire de nouveau (après une interruption). ⊳ n. m. **recommencement**

**récompense** n. f. ▪ Bien matériel ou moral donné ou reçu pour une bonne action, des mérites.

**récompenser** v. tr. ⏚ ▪ Gratifier (qqn) d'une récompense. *Récompenser qqn de, pour ses efforts.* ◆ *Récompenser le travail de qqn.*

**recomposé, ée** adj. ▪ *Famille recomposée,* dans laquelle des enfants sont issus d'une union antérieure de l'un des parents.

**recompter** [ʀ(ə)kɔ̃te] v. tr. ⏚ ▪ Compter de nouveau.

**réconcilier** v. tr. ⑦ ▪ **1** Remettre en accord, en harmonie (des personnes brouillées). ♦ pronom. *Se réconcilier avec qqn.* **2** Concilier (ce qui est opposé). *Réconcilier la politique et la morale.* ⊳ n. f. **réconciliation**

**reconduction** n. f. ▪ Acte par lequel on reconduit (un bail...). *Tacite reconduction.*

**reconduire** v. tr. ㊳ ▪ **1** Accompagner (qqn qui s'en va) à son domicile. → **raccompagner, ramener. 2** dr., admin. Renouveler ou proroger (un contrat, etc.) (→ **reconduction**).

**réconfort** n. m. ▪ Ce qui redonne du courage, de l'espoir.

**réconfortant, ante** adj. ▪ Qui réconforte.

**réconforter** v. tr. ⏚ ▪ Donner, redonner du courage, de l'énergie, des forces à (qqn). → **remonter** (II, 5).

**reconnaissable** adj. ▪ Qui peut être facilement reconnu, distingué.

**reconnaissance** n. f. ▪ **I 1** Fait de reconnaître (I). ◆ *Reconnaissance de la parole* (par un ordinateur). **2** Fait de se reconnaître. ◆ *Signe de reconnaissance.* **II 1** littér. Aveu, confession (d'une faute). **2** Examen (d'un lieu). → **exploration.** ◆ *Envoyer un détachement EN RECONNAISSANCE.* **3** Action de reconnaître juridiquement. *Reconnaissance d'enfant.* ◆ *Reconnaissance de dette.* **III** Fait de reconnaître (un bienfait reçu). → **gratitude.** ◆ loc. *La reconnaissance du ventre* (pour avoir été nourri).

**reconnaissant, ante** adj. ▪ Qui ressent, témoigne de la reconnaissance (III).

**reconnaître** v. tr. �57 ▪ **I** (Saisir par la pensée) **1** Identifier (qqn, qqch.) par la mémoire. *Je reconnais cet endroit.* **2** Identifier (qqch., qqn) au moyen d'un caractère ou en tant qu'appartenant à une catégorie. *Reconnaître une fleur.* ◆ *RECONNAÎTRE qqn, qqch. À,* l'identifier grâce à (tel caractère...). *Reconnaître qqn à sa démarche.* **II 1** Admettre (un fait). *Reconnaître ses torts.* → **avouer. 2** Admettre (qqch.). → **convenir** de. *Je lui reconnais cette qualité.* **3** Constater. **4** Chercher à connaître. *Reconnaître le terrain.* → **reconnaissance** (II, 2). **5** Admettre officiellement l'existence juridique de (→ **reconnaissance** (II, 3)). ▸ se

**reconnaître** v. pron. **1** réfl. Retrouver son image, s'identifier. ♦ Identifier les lieux où l'on se trouve. ⟩ se **retrouver**. ► fig. *Ne plus s'y reconnaître,* se perdre. **2** récipr. *Ils se sont reconnus tout de suite.* **3** passif Être reconnu ou reconnaissable. *Le rossignol se reconnaît à son chant.* ► **reconnu, ue** adj. Admis pour vrai ou important.

**reconquérir** v. tr. ⚃ ▪ Reprendre par une conquête. ► fig. *Reconquérir sa liberté.*

**reconquête** n. f. ▪ Action de reconquérir.

**reconsidérer** v. tr. ⚅ ▪ Considérer de nouveau (une question...).

**reconstituant, ante** adj. ▪ Propre à redonner des forces à (l'organisme).

**reconstituer** v. tr. ⚀ ▪ **1** Constituer, former de nouveau. **2** Rétablir dans sa forme, dans son état d'origine (une chose disparue). **3** Rétablir dans son état antérieur (et normal). ▷ **reconstitution** n. f. *Une reconstitution historique.*

**reconstruire** v. tr. ㉟ ▪ **1** Construire de nouveau (ce qui était démoli). → **rebâtir.** **2** Refaire ; reconstituer (2). ▷ n. f. **reconstruction**

**reconversion** n. f. ▪ **1** Adaptation à des conditions nouvelles. *Reconversion économique, technique.* **2** Affectation, adaptation (de qqn) à un nouvel emploi.

**reconvertir** v. tr. ② ▪ Procéder à la reconversion de. ► pronom. *Se reconvertir.*

**recopier** v. tr. ⑦ ▪ Copier (un texte déjà écrit). ► Mettre au propre. *Recopier un devoir.* ▷ n. m. **recopiage**

**record** n. m. ▪ **1** Exploit sportif supérieur dans une spécialité. *Détenteur, détentrice d'un record* (par anglic. *recordman, recordwoman*). **2** Résultat supérieur dans le même domaine. *Record de productivité.* **3** adj. Jamais atteint. *Production record.* ► *En un temps record* : très vite.

**recors** n. m. ▪ ancienst Adjoint d'huissier.

**recoucher** v. tr. ⚀ ▪ Coucher de nouveau. ► pronom. *Se recoucher.*

**recoudre** v. tr. ㊽ ▪ Coudre (ce qui est décousu).

**recoupement** n. m. ▪ Rencontre de renseignements de sources différentes, pour établir un fait, vérifier.

**recouper** v. tr. ⚀ ▪ **1** Couper de nouveau. **2** Coïncider avec, en confirmant. ► pronom. *Leurs déclarations se recoupent.*

**recourber** v. tr. ⚀ ▪ Rendre courbe.

**recourir** v. tr. ⑪ ▪ I v. intr. et tr. Courir à nouveau. **II** *RECOURIR À* v. tr. ind. **1** Demander une aide à (qqn). *Recourir à un ami.* **2** Mettre en œuvre (un moyen). *Recourir au mensonge.*

**recours** n. m. ▪ **I 1** Action de recourir (à qqn, qqch.). *Le recours à la force.* ► *AVOIR RECOURS À* (qqn, qqch.), faire appel à. → **recourir** (II). **2** Ce à quoi on recourt, dernier moyen efficace. **II** dr. Procédure destinée à obtenir (d'une juridiction) le nouvel examen d'une question. → **pourvoi.** ► *Recours en grâce.*

**recouvrer** v. tr. ⚀ ▪ **1** littér. Rentrer en possession de. *Recouvrer son argent ; la santé.* **2** Recevoir le paiement de (une somme due). → **encaisser.** ▷ n. m. ① **recouvrement**

**recouvrir** v. tr. ⑱ ▪ I **1** Couvrir de nouveau. **2** Mettre un nouveau revêtement à (un siège...). **II 1** Couvrir entièrement. **2** (sujet chose) Cacher, masquer. *Sa désinvolture recouvre une grande timidité.* **3** abstrait S'appliquer à, correspondre à. *Notion qui recouvre plusieurs idées.* → **embrasser.** ▷ n. m. ② **recouvrement**

**recracher** v. tr. ⚀ ▪ Rejeter de la bouche.

**récréatif, ive** adj. ▪ Qui récrée, distrait.

**récréation** n. f. ▪ **1** littér. Divertissement. **2** Temps de délassement accordé aux élèves.

**recréer** v. tr. ⚀ ▪ **1** Créer de nouveau. **2** Reconstituer. *Recréer l'atmosphère d'une époque.* **3** Réinventer. ▷ n. f. **recréation**

**récréer** v. tr. ⚀ ▪ littér. Délasser (qqn) par une occupation agréable. → **distraire.**

**se récrier** v. pron. ⑦ ▪ littér. S'exclamer sous l'effet d'une vive émotion (indignation...).

**récriminer** v. intr. ⚀ ▪ Manifester son mécontentement avec amertume et âpreté. ► *Récriminer contre qqn,* se plaindre de lui. ▷ **récrimination** n. f. (surtout au plur.).

**récrire** ou **réécrire** v. tr. ㊴ ▪ Écrire, rédiger de nouveau (→ **réécriture**).

**se recroqueviller** v. pron. ⚀ ▪ **1** Se rétracter, se recourber en se desséchant. **2** (personnes) Se ramasser sur soi-même.

**recru, ue** adj. ▪ littér. *Recru (de fatigue).* → **éreinté, fourbu.**

**recrudescence** n. f. ▪ **1** Aggravation (d'une maladie) après une amélioration. *Recrudescence d'une épidémie.* **2** Réapparition sous une forme plus intense. *Recrudescence de la criminalité.* ▷ adj. **recrudescent, ente**

**recrue** n. f. ▪ **1** Soldat qui vient d'être recruté. → **conscrit. 2** *Nouvelle recrue* : personne qui vient s'ajouter (à un groupe).

**recruter** v. tr. ⚀ ▪ **1** Engager (des hommes) pour former une troupe (→ **recrue**). **2** Amener (qqn) à faire partie d'un groupe. *Recruter des collaborateurs.* ▷ n. m. **recrutement**

**recruteur, euse** n. ▪ Personne chargée de recruter. ► appos. *Agent recruteur.*

**recta** adv. ▪ fam. Exactement. *Payer recta.*

**rectal, ale, aux** adj. ▪ didact. Du rectum. → **anal.** *Température rectale.*

**rectangle** ▪ **1** adj. Dont un angle au moins est droit. *Triangle rectangle.* **2** n. m. Quadrilatère dont les quatre angles sont droits.

**rectangulaire** adj. ▪ Qui a la forme d'un rectangle.

**recteur** n. m. ▪ **1** Universitaire qui est à la tête d'une académie. **2** régional (Bretagne) Curé.

**rectificatif, ive** adj. et n. m. ▪ (Texte) destiné à rectifier (une chose inexacte).

**rectifier** v. tr. ⑦ ▪ **1** Rendre droit. *Rectifier un alignement.* **2** Modifier (qqch.) pour rendre conforme ou plus exact. ► loc. *Rectifier le tir*\*. **3** Faire disparaître (une erreur...) en corrigeant. ▷ adj. **rectifiable** ▷ n. f. **rectification**

**rectiligne** adj. ■ **1** math. Limité par des droites. **2** En ligne droite.

**rectitude** n. f. ■ littér. Qualité de ce qui est juste, exact. → **droiture ; rigueur.**

**recto** n. m. ■ Première page d'un feuillet (s'oppose à *verso*).

**rectorat** n. m. ■ Charge, bureaux d'un recteur (1).

**rectum** [-ɔm] n. m. ■ anat. Portion terminale du gros intestin, qui aboutit à l'anus (→ **rectal**).

① **reçu, ue** adj. → **recevoir**

② **reçu** n. m. ■ Écrit par lequel on reconnaît avoir reçu une somme, un objet. → **quittance, récépissé.**

**recueil** [ʀəkœj] n. m. ■ Ouvrage réunissant des écrits, des documents. *Recueil de morceaux choisis.* → **anthologie, florilège.**

**recueillir** [-kœj-] v. tr. 12 ■ **I 1** littér. Cueillir, ramasser pour utiliser ultérieurement. *Les abeilles recueillent le pollen.* ◆ fig. *Recueillir des fonds.* → **collecter, réunir.** ◆ *Recueillir des témoignages.* **2** Faire entrer et séjourner dans un récipient. *Recueillir l'eau de pluie.* **3** Recevoir (par héritage, etc.). **4** Rassembler, réunir (des éléments dispersés). **II** Prendre avec, chez soi pour protéger (un animal, qqn). ► **se recueillir** v. pron. **1** Concentrer sa pensée sur la vie spirituelle. **2** S'isoler du monde extérieur. ▷ n. m. **recueillement**

**recuire** v. tr. 38 ■ Cuire de nouveau.

**recuit** n. m. ■ techn. Opération thermique destinée à améliorer (un métal, etc.).

**recul** [-yl] n. m. ■ **1** Action de reculer, mouvement ou pas en arrière. ◆ spécialt *Le recul d'une arme à feu.* ◆ fig. Régression. **2** Position éloignée permettant une appréciation meilleure. ◆ fig. *Prendre du recul* (pour apprécier une situation).

**reculade** n. f. ■ littér. et péj. Fait de reculer, de céder. → **dérobade.**

**reculé, ée** adj. ■ **1** Lointain et difficile d'accès. **2** Ancien.

**reculer** v. 1 ■ **I** v. intr. **1** Aller, faire mouvement en arrière. ◆ loc. fig. *Reculer pour mieux sauter,* attendre pour avoir plus de chances de réussir. **2** fig. (sujet chose) Perdre du terrain. **3** fig. Se dérober (devant une difficulté). *Reculer devant le danger.* **II** v. tr. **1** Porter en arrière. *Reculer son siège.* ◆ pronom. *Se reculer pour mieux voir.* **2** Reporter à plus tard. → **ajourner, différer.**

**à reculons** loc. adv. ■ En reculant, en allant en arrière. ◆ fig. En sens inverse du progrès.

**récupérer** v. tr. 6 ■ **1** Rentrer en possession de (ce qu'on avait perdu, dépensé). → **recouvrer.** ◆ *Avoir besoin de récupérer (ses forces).* ◆ fam. Retrouver, reprendre. ◆ (ce qui serait perdu ou inutilisé). → **recycler.** *Récupérer de la ferraille.* ◆ fig. (polit.) Détourner pour utiliser. *Récupérer les mécontents.* **3** Intégrer (qqn) en le reclassant. *Récupérer des délinquants.* **4** Fournir (un temps de travail) ou bénéficier de (un temps de repos) en remplacement. ▷ adj. **récupérable** ▷ n. f. **récupération**

**récurer** v. tr. 1 ■ Nettoyer en frottant. ▷ n. m. **récurage**

**récurrence** n. f. ■ didact. **1** Retour, répétition. **2** *Raisonnement par récurrence,* qui étend à une série de termes une propriété vraie pour deux d'entre eux. ▷ adj. **récurrent, ente**

**récuser** v. tr. 1 ■ **1** dr. Refuser d'accepter (qqn) comme juge, arbitre, témoin... **2** Refuser, rejeter. **3** *SE RÉCUSER* v. pron. Affirmer son incompétence (sur une question). ▷ **récusable** adj. (contr. *irrécusable*) ▷ n. f. **récusation**

**recyclage** n. m. ■ **1** Changement de l'orientation scolaire (d'un élève). **2** Formation professionnelle complémentaire. **3** Fait de traiter et réintroduire des déchets récupérés dans le cycle de production.

**recycler** v. tr. 1 ■ **1** Effectuer le recyclage de (qqn). ◆ pronom. *Se recycler en vue d'une reconversion.* **2** Soumettre à un recyclage (3). ◆ au p. p. *Papier recyclé.* ▷ adj. **recyclable**

**rédacteur, trice** n. ■ Personne qui assure la rédaction d'un texte. ◆ *Rédacteur en chef* (d'un journal).

**rédaction** n. f. ■ **1** Action ou manière de rédiger (un texte). **2** Ensemble des rédacteurs (d'un journal, d'une œuvre collective) ; locaux où ils travaillent. **3** Devoir de français. → **narration.**

**rédactionnel, elle** adj. ■ Relatif à la rédaction (d'un texte).

**reddition** n. f. ■ Fait de se rendre, de capituler. → **capitulation.**

**redemander** v. tr. 1 ■ **1** Demander de nouveau. **2** Demander de rendre.

**rédempteur, trice** [-dãpt-] ■ **1** n. m. relig. chrét. *Le Rédempteur,* le Christ (qui a racheté le genre humain par sa mort). **2** adj. Qui rachète (moralement).

**rédemption** [-dãpsjɔ̃] n. f. ■ **1** relig. Rachat du genre humain par le Christ. **2** Fait de (se) racheter (au sens moral).

**redéploiement** n. m. ■ Réorganisation (militaire, économique).

**redescendre** v. 41 ■ **I** v. intr. Descendre de nouveau ; descendre après être monté. **II** v. tr. *Redescendre un escalier ; un meuble.*

**redevable** adj. ■ **1** Qui est ou demeure débiteur envers qqn. **2** *Être redevable de qqch. à qqn,* bénéficier de qqch. grâce à lui.

**redevance** n. f. ■ **1** Somme qui doit être payée à échéances déterminées (rente, dette, etc.). **2** Taxe.

**redevenir** v. intr. 22 ■ Devenir de nouveau, recommencer à être (ce qu'on était).

**redevoir** v. tr. 28 ■ dr. Devoir encore.

**rédhibitoire** adj. ■ littér. Qui constitue un défaut, un empêchement absolu, radical. ◆ dr. *Vice rédhibitoire* (dans une vente, qu'on peut annuler).

**rediffuser** v. tr. 1 ■ (radio...) Diffuser de nouveau (une émission). ▷ n. f. **rediffusion**

**rédiger** v. tr. 3 ■ Écrire (un texte) sous une certaine forme (→ **rédaction**).

**rédimer** v. tr. ① ▪ relig. Racheter ; sauver (→ **rédemption**).

**redingote** n. f. ▪ Manteau ajusté à la taille.

**redire** v. tr. ③⑦ ▪ I 1 Dire (qqch.) de nouveau. 2 Dire (qqch.) plusieurs fois. → **répéter**. 3 Dire (ce qu'un autre a déjà dit). II (tr. ind.) *Avoir, trouver À REDIRE À qqch.*, à critiquer. *Il n'y a rien à redire.*

**redistribuer** v. tr. ① ▪ Distribuer, répartir une nouvelle fois et autrement.▷ n. f. **redistribution**

**redite** n. f. ▪ Chose répétée inutilement.

**redondance** n. f. ▪ 1 Abondance excessive dans le discours (développements, redites). 2 didact. Ce qui apporte une information déjà donnée sous une autre forme. ▷ **redondant, ante** adj. ▪ verbeux ; superflu.

**redonner** v. tr. ① ▪ Donner de nouveau ; rendre. → **restituer.**

**redoublant, ante** n. ▪ Élève qui redouble.

**redoublé, ée** adj. ▪ Répété. ↝ loc. *À coups redoublés,* violents et précipités.

**redoublement** n. m. ▪ Fait de redoubler.

**redoubler** v. tr. ① ▪ I v. tr. 1 Rendre double (→ **doubler**) ou plus fort. 2 Recommencer une année d'études dans (une classe). → **redoublant.** II v. tr. ind. *REDOUBLER DE :* apporter, montrer encore plus de. *Redoubler d'efforts.* III v. intr. (sujet chose) Recommencer en augmentant. *La pluie redouble (de force).*

**redouter** v. tr. ① ▪ 1 Craindre comme menaçant. 2 Craindre, appréhender. *Redouter l'avenir.* ◆ *Redouter de* (+ inf.), *que* (+ subj.). ▷ **redoutable** adj. *Adversaire redoutable.*

**redoux** n. m. ▪ Radoucissement de la température (lorsqu'il fait froid).

**à la redresse** loc. adj. ▪ fam. Qui se fait respecter par la force. *Un gars à la redresse.*

**redressement** n. m. ▪ Action de (se) redresser.

**redresser** v. tr. ① ▪ 1 Remettre dans une position droite ou verticale. *Redresser la tête.* 2 Hausser l'avant de (un avion). ◆ Remettre droit les roues de (un véhicule). 3 Rendre droit, plan. *Redresser une tôle tordue.* ◆ fig. Rectifier ou corriger. ↝ *Redresser la situation.* ↝ **se redresser** v. pron. 1 Se remettre droit, debout. ↝ fig. ↝ se **relever.** 2 Se tenir plus droit.

**redresseur, euse** ▪ 1 n. *REDRESSEUR, EUSE DE TORTS :* justicier(ière). 2 adj. techn. Qui redresse.

**réducteur, trice** adj. ▪ Qui réduit, limite, simplifie.

**réductible** adj. ▪ Qui peut être réduit.

**réduction** n. f. ▪ I Opération consistant à réduire (un os...), à réduire (I) à... (→ **résolution**). ◆ chim. Réaction dans laquelle un corps perd une partie de son oxygène, ou dans laquelle un atome ou un ion gagne des électrons. II 1 Action de réduire en quantité. → **diminution.** ↝ absolt *Réduction de 10 %.* → **rabais, remise.** 2 *EN RÉDUCTION* loc. adv. : en plus petit, en miniature.

**réduire** v. tr. ③⑧ ▪ I 1 méd. Remettre en place (un os, un organe déplacé). ↝ *Réduire une fracture.* 2 *RÉDUIRE qqch. À,* ramener à ses éléments, à un état plus simple. → **résoudre.** 3 *RÉDUIRE qqch. EN :* mettre (en petites parties). *Réduire un objet en miettes.* ↝ pronom. *Se réduire en poudre.* 4 Soumettre. *Réduire un peuple (en esclavage).* 5 Faire épaissir, concentrer. *Réduire une sauce.* II Diminuer en quantité. → **limiter, restreindre.** *Réduire le personnel.* ◆ Reproduire à un format inférieur. ◆ Abréger. *Réduire un texte.*

①**réduit, ite** adj. ▪ 1 Rendu plus petit. ↝ Reproduit à petite échelle. *Modèle* \* *réduit.* 2 Diminué de prix. *Tarif réduit.* 3 Restreint (en nombre, en importance).

②**réduit** n. m. ▪ 1 Local exigu, sombre et pauvre. 2 Recoin.

**réécrire** → **récrire**

**réécriture** n. f. ▪ Action de réécrire (un texte) pour l'améliorer ou l'adapter.

**rééditer** v. tr. ① ▪ 1 Donner une nouvelle édition de. 2 fig., fam. Répéter, refaire.

**réédition** n. f. ▪ 1 Action de rééditer ; nouvelle édition. 2 fig., fam. Répétition.

**rééduquer** v. tr. ① ▪ 1 Refaire l'éducation de (une fonction, un organe). ↝ *Rééduquer un accidenté.* 2 Éduquer une nouvelle fois et différemment. ▷ n. f. **rééducation**

**réel, elle** ▪ I adj. 1 Qui existe en fait. *Personnage réel* (opposé à *imaginaire, fictif*). 2 Qui est bien conforme à sa définition. → **véritable, vrai.** *La signification réelle d'un mot.* ◆ (avant le nom) Sensible, notable. *Un réel plaisir.* 3 math. *Nombre réel,* d'un ensemble comprenant les nombres entiers, rationnels et irrationnels. 4 opt. *Image réelle* (opposé à *virtuel*), formée à l'intersection de rayons convergents. II n. m. La réalité.

**réélire** v. tr. ④③ ▪ Élire de nouveau (qqn) à la même fonction. ▷ n. f. **réélection**

**réellement** adv. ▪ En fait, en réalité. → **effectivement, véritablement, vraiment.**

**réemployer** ou **remployer** v. tr. ⑧ ▪ Employer de nouveau.▷ n. m. **réemploi** ou **remploi**

**réemprunter** → **remprunter**

**réengager** → **rengager**

**réentendre** v. tr. ④① ▪ Entendre de nouveau.

**rééquilibrer** v. tr. ① ▪ Redonner un équilibre à (ce qui l'avait perdu).

**réessayer** v. tr. ⑧ ▪ 1 Essayer de nouveau (un vêtement). 2 Faire un nouvel essai.

**réévaluation** n. f. ▪ 1 Nouvelle évaluation. 2 Augmentation de la parité de (une monnaie).

**réévaluer** v. tr. ① ▪ 1 Évaluer de nouveau. 2 Procéder à la réévaluation (2) de.

**réexaminer** v. tr. ① ▪ Procéder à un nouvel examen de. → **reconsidérer.** ▷ n. m. **réexamen**

**réexpédier** v. tr. ⑦ ▪ Expédier à une nouvelle destination. ↝ Renvoyer (une chose) d'où elle vient. ▷ n. f. **réexpédition**

**refaire** v. tr. 60 ■ **1** Faire de nouveau (ce qu'on a déjà fait ou ce qui a déjà été fait). → **recommencer**. **2** Changer complètement. *Refaire sa vie.* **3** Remettre en état. → **réparer, restaurer ; réfection.** → *Se refaire une santé.* **4** fam. Tromper (qqn). → **rouler.** ► **se refaire** v. pron. **1** Rétablir sa situation financière. **2** *On ne se refait pas !*, on ne peut se faire autre qu'on est.

**réfection** n. f. ■ Action de refaire (3).

**réfectoire** n. m. ■ Salle à manger (d'une communauté).

**référé** n. m. ■ dr. Procédure d'urgence pour régler provisoirement un litige.

**référence** n. f. ■ **1** Action ou moyen de se référer, de situer par rapport à. → géom. Détermination de coordonnées par rapport à des axes. **2** Fait de se référer (à un texte, une autorité, etc.). *Ouvrages de référence,* à consulter. ◆ Information consultée. *Référence bibliographique.* **3** au plur. Attestation servant de garantie. *Avoir de sérieuses références.*

**référencer** v. tr. 3 ■ **1** Attribuer une référence à. **2** comm. Introduire (un article) dans la liste des produits vendus.

**référendum** [-Rɛ̃dɔm ; -Rã-] n. m. ■ Vote par lequel les citoyens peuvent approuver ou rejeter une mesure proposée. ▷ adj. **référendaire**

① **référent** n. m. ■ didact. Ce à quoi renvoie un signe linguistique. *Référent imaginaire* (par ex. pour le mot *licorne*).

② **référent** n. m. ■ admin. Personne qui sert d'interlocuteur (auprès d'un organisme). *Référent social.* ■ appos. *Médecin référent* (en France), choisi par un *patient* pour coordonner ses soins de santé.

**référer** v. tr. 6 ■ **1** v. pron. *SE RÉFÉRER À* : recourir, se reporter à, comme à une autorité. *Se référer à un texte* (→ référence). ◆ (sujet chose) Se rapporter à. **2** v. tr. ind. *EN RÉFÉRER À qqn,* lui soumettre un cas.

**refermer** v. tr. 1 ■ Fermer (ce qu'on avait ouvert ou ce qui s'était ouvert).

**refiler** v. tr. 1 ■ fam. Remettre, donner (qqch. dont on veut se débarrasser).

**réfléchir** v. 2 ■ **1** v. tr. Renvoyer (les ondes) par réflexion. *Miroir qui réfléchit une image.* → pronom. → **se refléter.** **II 1** v. intr. Faire usage de la réflexion. → **penser ; se concentrer.** *Cela donne à réfléchir.* **2** v. tr. ind. *RÉFLÉCHIR SUR un problème.* → **examiner, penser à.** ► trans. *RÉFLÉCHIR QUE* : juger après réflexion que. ► **réfléchi, ie** adj. **III** gramm. *Verbe pronominal réfléchi,* qui indique que l'action du sujet fait retour à lui-même (ex. je me lave). → *Pronom (personnel) réfléchi* (ex. *me* dans je me suis trouvé un appartement). **IV** Caractérisé par la réflexion (II). → **posé, prudent, raisonnable.** → loc. *Tout bien réfléchi. C'est tout réfléchi* (ma décision est prise).

**réflecteur** n. m. ■ Dispositif destiné à réfléchir (la lumière, les ondes...).

**reflet** n. m. ■ **1** Lumière réfléchie. *Reflets métalliques.* **2** Image réfléchie. **3** fig. Image, écho. *L'écriture, reflet de la personnalité.*

**refléter** v. tr. 6 ■ **1** Réfléchir (la lumière) en produisant des reflets. *Miroir qui reflète des objets.* → pronom. *Se refléter dans..., sur...* **2** fig. Être, présenter un reflet de. → **traduire.** *Ses paroles reflètent sa pensée.*

**refleurir** v. intr. 2 ■ Fleurir de nouveau.

**reflex** [Rɛflɛks] adj. et n. m. ■ photogr. (Appareil) qui montre l'image par un miroir.

**réflexe** n. m. ■ **1** Réaction automatique, involontaire et immédiate (d'un organisme vivant) à une stimulation. → adj. *Mouvement réflexe.* **2** Réaction spontanée à une situation nouvelle.

**réflexion** n. f. ■ **I** Changement de direction des ondes (lumineuses, sonores, etc.) qui rencontrent un corps (→ **réfléchir** (I)). *Réflexion et réfraction\*.* **II 1** Retour de la pensée sur elle-même (→ **réfléchir** (III)). → loc. *RÉFLEXION FAITE* : après y avoir réfléchi. *À LA RÉFLEXION* : quand on y réfléchit bien. ◆ Qualité d'un esprit qui sait réfléchir. → **discernement, intelligence. 2** Pensée exprimée. ◆ Remarque adressée à qqn (spécialt, désobligeante).

**refluer** v. intr. 1 ■ Se mettre à couler, à aller en sens contraire. → **se retirer.**

**reflux** [-fly] n. m. ■ **1** Mouvement des eaux marines qui refluent. **2** Mouvement en arrière (de gens, etc.).

**refonder** v. tr. 1 ■ Fonder une nouvelle fois, sur de nouvelles bases (un parti...). ▷ n. f. **refondation**

**refondre** v. tr. 41 ■ Remanier pour améliorer (un ouvrage). ▷ n. f. **refonte**

**reforestation** n. f. ■ Reboisement.

**réformateur, trice** ■ **1** n. Personne qui veut réformer. → hist. Fondateur d'une Église réformée\*. **2** adj. Qui réforme.

**réforme** n. f. ■ **I 1** Changement qu'on apporte (dans les mœurs, les lois, les institutions) afin d'en obtenir de meilleurs résultats. *Réformes sociales.* ◆ Changement progressif (opposé à *révolution*). **2** hist. *LA RÉFORME* : mouvement religieux du XVIᵉ siècle, qui fonda le protestantisme. **II** Situation du militaire réformé.

**réformé, ée** adj. ■ hist. Issu de la Réforme (I, 2). → **protestant. 2** Reconnu inapte au service. *Soldat réformé.* ■ n. *un réformé.*

**reformer** v. tr. 1 ■ Former de nouveau, refaire (ce qui était défait). → **reconstituer.**

**réformer** v. tr. 1 ■ **I 1** Rétablir dans sa forme primitive (une règle...). **2** vieilli Corriger. *Réformer son caractère.* **3** Changer en mieux (une institution...). → **améliorer ; réforme.** *Réformer la Constitution.* **II** milit. Retirer du service, classer comme inapte au service.

**réformisme** n. m. ■ Politique qui préconise des réformes plutôt qu'une transformation des structures. ▷ adj. et n. **réformiste**

**refoulé, ée** adj. ■ **1** psych. Qui a fait l'objet du refoulement (2). **2** fam. Qui a refoulé ses instincts (notamment sexuels). → **inhibé.** – n. *Un refoulé.*

**refoulement** n. m. ■ **1** Action de refouler (2) (des personnes). **2** psych. Mécanisme inconscient par lequel la conscience rejette un désir que le moi, le surmoi ne supportent pas. – cour. Refus des pulsions sexuelles.

**refouler** v. tr. ⟨1⟩ ■ **1** Faire refluer (un liquide). **2** Repousser (des personnes). *Refouler des immigrés.* **3** Faire rentrer en soi (ce qui veut s'extérioriser). → **réprimer, retenir.** *Refouler ses larmes, un désir.*

**réfractaire** adj. ■ **I** (personnes) **1** *RÉFRACTAIRE À* : qui résiste à, refuse de se soumettre à. → **rebelle.** – n. *Un réfractaire.* ◆ fig. *Être réfractaire à l'algèbre.* **2** hist. Prêtre réfractaire, qui avait refusé de prêter serment à la constitution civile du clergé (en 1790). **II** (choses) Qui résiste à de très hautes températures.

**réfracter** v. tr. ⟨1⟩ ■ Faire dévier (une onde) par réfraction.

**réfraction** n. f. ■ Déviation d'une onde (lumineuse, etc.) qui traverse deux milieux où la vitesse de propagation est différente (→ **réfringent**). *Réfraction et réflexion*.

**refrain** n. m. ■ **1** Suite de mots répétée à la fin de chaque couplet d'une chanson. **2** fig. Paroles, idées répétées. → **rengaine.**

**refréner** [Re-] v. tr. ⟨6⟩ ■ Réprimer par une contrainte. → **contenir.** – var. RÉFRÉNER.

**réfrigérant, ante** adj. ■ **1** Qui produit du froid. **2** fig. *Un accueil réfrigérant.*

**réfrigérateur** n. m. ■ Appareil qui produit du froid pour conserver les aliments.

**réfrigéré, ée** adj. ■ Qui est réfrigéré. ◆ fam. (personnes) Qui a très froid. → **gelé.**

**réfrigérer** v. tr. ⟨6⟩ ■ **1** Refroidir artificiellement. ▷ n. f. **réfrigération 2** fig., fam. Mettre (qqn) mal à l'aise par un comportement froid.

**réfringent, ente** adj. ■ Qui produit la réfraction. *La cornée est un milieu réfringent.*

**refroidir** v. ⟨2⟩ ■ **I** v. tr. **1** Rendre plus froid ou moins chaud. → **rafraîchir ; congeler, geler, réfrigérer. 2** fig. Diminuer l'ardeur de. *Son accueil nous a refroidis.* → **glacer. II** v. intr. Devenir plus froid, moins chaud.

**refroidissement** n. m. ■ **1** Abaissement de la température. **2** Malaise (grippe, rhume...) dû au froid. **3** fig. Diminution (d'un sentiment).

**refuge** n. m. ■ **1** Lieu où l'on se réfugie. → **abri, asile.** ◆ fig. *Un refuge contre le désespoir.* – (adj.) *Une valeur refuge,* sûre. **2** Abri de haute montagne.

**réfugié, ée** adj. ■ Qui a dû fuir son pays. – n. *Des réfugiés politiques.*

**se réfugier** v. pron. ⟨7⟩ ■ Se retirer (en un lieu) pour s'y mettre à l'abri (→ **refuge**). ◆ fig. *Se réfugier dans le sommeil.*

**refus** n. m. ■ Action, fait de refuser. – fam. *Ce n'est pas de refus :* j'accepte.

**refuser** v. tr. ⟨1⟩ ■ **1** Ne pas accorder (ce qui est demandé). **2** Ne pas vouloir reconnaître (une qualité) à qqn. → **dénier. 3** Ne pas accepter. *Refuser une invitation.* ◆ *REFUSER DE* (+ inf.). **4** (compl. personne) Ne pas laisser entrer. – Ne pas recevoir à un examen. ► **se refuser** v. pron. **1** (passif) *Une telle offre ne se refuse pas.* **2** *SE REFUSER À* : ne pas consentir à (faire qqch.).

**réfuter** v. tr. ⟨1⟩ ■ Repousser (un raisonnement) en prouvant sa fausseté. ▷ n. f. **réfutation**

**regagner** v. tr. ⟨1⟩ ■ **1** Retrouver (ce qu'on avait perdu). **2** Retourner à. *Regagner sa place.*

① **regain** n. m. ■ Herbe qui repousse dans une prairie après la première coupe.

② **regain** n. m. ■ Retour, reprise. *Un regain d'activité.*

**régal** n. m. ■ Nourriture délicieuse. → **délice.** ◆ fig. *Un régal pour l'esprit.*

**à la régalade** loc. adv. ■ *Boire À LA RÉGALADE,* en versant dans la bouche.

**régaler** v. tr. ⟨1⟩ ■ Offrir un bon repas, un bon plat à (qqn). ► **se régaler** v. pron. Manger avec plaisir.

**regard** n. m. ■ **1** Action de regarder ; expression des yeux. **2** *AU REGARD DE* loc. prép. : en ce qui concerne. ◆ *EN REGARD* loc. adv. : en face, vis-à-vis. **3** Ouverture (dans un conduit, une cave...).

**regardable** adj. ■ Supportable à regarder.

**regardant, ante** adj. ■ Très économe.

**regarder** v. tr. ⟨1⟩ ■ **I 1** Faire en sorte de voir, s'appliquer à voir (qqn, qqch.). → **examiner, observer.** ◆ fam. *Regardez-moi ce travail !,* constatez vous-même. ◆ (+ inf.) *Regarder la pluie tomber, tomber la pluie.* **2** absolt Observer. *Regardez bien.* **3** Envisager, considérer (de telle ou telle façon). → **voir.** *Regarder la réalité en face.* **4** (sujet chose) Avoir rapport à. → **concerner.** *Ça ne vous regarde pas.* **II** v. tr. ind. *REGARDER À* (qqch.) : considérer attentivement, tenir compte de. *Regarder à la dépense* (→ **regardant**). – *Y regarder à deux fois* (avant de se décider, etc.).

**régate** n. f. ■ Course de bateaux sur un parcours (sur mer, rivière...). ▷ n. **régatier, ière** ▷ **régater** v. intr. ⟨1⟩

**régence** n. f. ■ Gouvernement d'une monarchie par un régent*. ◆ *La Régence,* celle du duc d'Orléans (1715-1723). – *Style Régence,* de cette époque.

**régénérer** v. tr. ⟨6⟩ ■ **1** Reconstituer (un tissu vivant). **2** Renouveler en redonnant les qualités perdues. ▷ n. f. **régénération** ▷ adj. **régénérateur, trice**

**régent, ente** n. ■ **1** Personne qui exerce le pouvoir politique (régence) pendant la minorité ou l'absence d'un souverain. – adj. *Prince régent.* **2** Personne qui régit, administre.

**régenter** v. tr. ⟨1⟩ ■ Diriger avec une autorité excessive ou injustifiée.

**reggae** [ʀege] n. m. ■ Musique des Noirs de la Jamaïque, au rythme marqué.

**régicide** ▪ **1** n. Assassin d'un roi. **2** n. m. Meurtre d'un roi.

**régie** n. f. ▪ **1** Entreprise confiée par l'État à un établissement qui le représente. **2** Organisation matérielle (d'un spectacle, d'une émission).

**regimber** v. intr. [1] ▪ Résister en refusant.

① **régime** n. m. ▪ **1** Organisation politique, économique, sociale (d'un État). *Régime parlementaire.* ► *L'Ancien Régime*, la monarchie française avant 1789. **2** Dispositions qui organisent une institution. *Régime fiscal.* **3** Conduite à suivre en matière d'hygiène. ► *Alimentation raisonnée. Suivre un régime.* **4** Manière dont se produisent certains phénomènes physiques (mouvements...). ► *Le régime d'un moteur* (nombre de tours; allure). loc. *À plein régime* (fig. avec le maximum d'intensité). ♦ géogr. Conditions d'un phénomène (météorologique, hydrographique). **5** gramm. Complément d'objet.

② **régime** n. m. ▪ Ensemble de fruits en grappe (bananiers, dattiers).

**régiment** n. m. ▪ **1** Corps de troupe placé sous la direction d'un colonel. ♦ *Le régiment :* l'armée. **2** fam. Grand nombre.

**région** n. f. ▪ **1** Territoire possédant des caractères particuliers. → **contrée, pays.** ♦ Unité territoriale administrative (→ **province**). *La région de Pau.* **2** Étendue de pays (autour d'une ville). **3** Zone d'un organe. *La région lombaire.*

**régional, ale, aux** adj. ▪ **1** Relatif à une région (1). **2** Qui regroupe des nations voisines. *Accords régionaux.* ▷ adv. **régionalement**

**régionaliser** v. tr. [1] ▪ Décentraliser par région. ▷ n. f. **régionalisation**

**régionalisme** n. m. ▪ **1** Tendance à favoriser les caractères régionaux, à l'autonomie des régions. **2** ling. Fait de langue propre à une région.

**régionaliste** ▪ **1** adj. et n. Partisan du régionalisme. **2** adj. Qui illustre une région. *Écrivain régionaliste.*

**régir** v. tr. [2] ▪ **1** vieilli Administrer (→ **régisseur**). **2** (lois, règles) Déterminer, régler.

**régisseur** n. m. ▪ **1** Personne qui administre, gère (une propriété). → **intendant.** **2** théâtre Personne qui organise les représentations.

**registre** n. m. ▪ **1** Cahier. ► *Registre du commerce*, où doivent s'inscrire les commerçants. **2** inform. Petite mémoire. **3** Étendue de l'échelle musicale (d'une voix, d'un instrument). → **tessiture.** **2** fig. Tonalité propre (d'une œuvre, du discours).

**réglable** adj. ▪ Qu'on peut régler.

**réglage** n. m. ▪ Fait, manière de régler (un dispositif, un mécanisme...).

**règle** n. f. ▪ **1** Instrument allongé qui sert à tirer des traits, à mesurer une longueur. **II 1** Indication, prescription de ce qui doit être fait. → **loi, norme, principe.** ► *Règle de grammaire.* **2** loc. *Selon les règles*, comme il se doit. ► *En règle générale.* → **généralement.** ♦ *EN RÈGLE* loc. adj. : conforme aux usages ; aux prescriptions légales. *Papiers en règle.* **3** Discipline religieuse (d'un ordre). **4** Procédé arithmétique. *Règle de trois*\*. **III** au plur. Écoulement sanguin périodique chez la femme. → **menstrues.** *Avoir ses règles.*

**réglé, ée** adj. ▪ **I 1** Soumis à des règles. **2** (jeune fille) Qui a eu ses premières règles (→ **nubile, pubère**). **II** → **régler.**

**règlement** n. m. ▪ **1 1** Action, fait de régler (une affaire, un différend). **2** Action de régler (un compte ; une note). *Règlement par chèque.* **II 1** Décision administrative. → **arrêté, décret. 2** Ensemble de règles de fonctionnement.

**réglementaire** adj. ▪ Conforme à, fixé par un règlement. ▷ adv. **réglementairement**

**réglementer** v. tr. [1] ▪ Assujettir à un règlement ; organiser selon un règlement. ▷ n. f. **réglementation**

**régler** v. tr. [6] ▪ **I** Couvrir (du papier...) de lignes droites parallèles. **II 1** *Régler son pas, sa conduite sur qqn, qqch.*, prendre pour modèle. **2** Fixer, définitivement ou exactement. *Régler les termes d'un accord.* **3** Mettre au point le fonctionnement de (un dispositif, un mécanisme...). ► au p. p. *Carburateur mal réglé.* **III 1** Résoudre, terminer. ► au p. p. *C'est une affaire réglée.* **2** Payer. *Régler une facture ; un fournisseur.* ► absolt *Régler en espèces.*

**règles** n. f. pl. → **règle** (III)

**réglisse** n. f. ▪ Plante à racine brune, comestible. ► *Sucer de la réglisse.*

**réglo** adj. invar. ▪ fam. Régulier, honnête.

**régnant, ante** adj. ▪ **1** Qui règne. **2** fig., littér. Qui domine, qui a cours. → **dominant.**

**règne** n. m. ▪ **1 1** Exercice du pouvoir souverain. **2** fig. Pouvoir absolu ; influence prédominante. **II** ancient *Règne minéral, végétal, animal*, les trois grandes divisions de la nature.

**régner** v. intr. [6] ▪ **1** Exercer le pouvoir monarchique (→ **règne**). **2** Exercer un pouvoir absolu. *Il règne en maître.* ♦ (sujet chose) Avoir une influence prédominante. **3** (sujet chose) Exister, s'être établi (quelque part). *Faire régner l'ordre.*

**regonfler** v. tr. [1] ▪ Gonfler (qqch.) de nouveau. ♦ fam. Redonner du courage à (qqn).

**regorger** v. tr. ind. [3] ▪ Abonder (de).

**régresser** v. intr. [1] ▪ Subir une régression.

**régression** n. f. ▪ Évolution qui ramène à un degré moindre (→ **recul** ; **diminution**), à un stade antérieur. ▷ adj. **régressif, ive**

**regret** n. m. ▪ I Peine causée par la perte d'un bien. *Le regret du pays natal ; du passé.* → **nostalgie.** II 1 Mécontentement ou chagrin (d'une situation passée). → **remords, repentir.** 2 Déplaisir. ◆ À REGRET loc. adv. : contre son désir. ◆ (politesse) *Nous sommes au regret de...*

**regretter** v. tr. 🔲 ▪ I Éprouver le désir douloureux de (ce qu'on n'a plus). *Regretter sa jeunesse.* ◆ Ressentir péniblement l'absence ou la mort de (qqn). ◆ au p. p. *Notre regretté confrère* (→ défunt). II 1 Être mécontent de (une action, une situation passée). → se **repentir.** ◆ *Regretter de* (+ inf.). → s'**excuser.** 2 Être mécontent de (ce qui contrarie un désir). → **déplorer.** ◆ *Regretter que* (+ subj.). ▷ **regrettable** adj. → **fâcheux.**

**regrouper** v. tr. 🔲 ▪ 1 Grouper de nouveau (ce qui s'était dispersé). 2 Réunir (des éléments dispersés). ▷ n. m. **regroupement**

**régulariser** v. tr. 🔲 ▪ 1 Rendre conforme aux lois ; à la règle. → **normaliser.** *Régulariser sa situation* (administrative...). 2 Rendre régulier (ce qui est inégal, intermittent). ▷ n. f. **régularisation**

**régularité** n. f. ▪ 1 Caractère régulier. 2 Conformité aux règles, aux lois. 3 Fait de présenter des proportions régulières (I, 2).

**régulateur, trice** ▪ I adj. Qui règle, qui régularise. II n. m. Système maintenant la régularité d'un fonctionnement.

**régulation** n. f. ▪ Fait d'assurer le fonctionnement correct, régulier. *La régulation du trafic. Régulation des naissances.* → **contrôle.** ◆ *Régulation thermique* (mammifères, oiseaux).

**régulier, ière** adj. ▪ I (choses) 1 Qui est conforme aux règles. → **normal.** *Verbes réguliers,* qui suivent les règles de la conjugaison. ◆ Conforme aux lois, aux règlements. → **réglementaire.** 2 Qui présente un caractère de symétrie, d'ordre, d'harmonie. *Une écriture régulière.* ◆ *Rythme régulier,* uniforme. 3 Qui se renouvelle à intervalles égaux. ◆ Qui n'est pas occasionnel, mais habituel. *Un service régulier de cars.* ◆ Qui ne change pas. II (personnes) 1 Qui appartient à un ordre religieux (→ **règle** (II, 3)). *Clergé régulier et clergé séculier.* 2 Armée régulière, contrôlée par le pouvoir central. 3 Qui agit sans changer de rythme, de niveau. *Être régulier dans son travail.* 4 fam. Qui respecte les règles. *Régulier en affaires.* → **correct** ; fam. **réglo.**

**régulièrement** adv. ▪ 1 D'une manière régulière (I, 1), légale. 2 Avec régularité.

**régurgiter** v. tr. 🔲 ▪ didact. Faire revenir de l'estomac. → **rendre.** ▷ n. f. **régurgitation**

**réhabiliter** v. tr. 🔲 ▪ 1 Rétablir dans l'estime, dans la considération (notamment, en reconnaissant l'innocence). 2 Remettre en bon état pour l'habitation. → **rénover.** ▷ n. f. **réhabilitation**

**réhabituer** v. tr. 🔲 ▪ Faire reprendre une habitude perdue à (qqn). → **réaccoutumer.**

**rehausser** v. tr. 🔲 ▪ 1 Hausser davantage. → **élever, surélever.** 2 fig. Faire valoir davantage. ◆ au p. p. *Rehaussé de* : orné de. 3 peint. Donner plus de relief à.

**rehaut** n. m. ▪ peint. Touche claire qui accuse les lumières, rehausse (3).

**réhydrater** v. tr. 🔲 ▪ Hydrater de nouveau. ▷ n. f. **réhydratation**

**réimprimer** v. tr. 🔲 ▪ Imprimer de nouveau (sous la même forme). ▷ n. f. **réimpression**

**rein** n. m. ▪ 1 au plur. Partie inférieure du dos. → **lombes.** ◆ *TOUR DE REINS* : lumbago. ◆ loc. fig. *Avoir les reins solides* : être de taille à résister. 2 Chacun des deux organes qui élaborent l'urine. → **néphr(o)-.** ◆ *Rein artificiel* (appareil de dialyse).

**se réincarner** v. pron. 🔲 ▪ relig. S'incarner dans un nouveau corps. ▷ **réincarnation** n. f. → **métempsychose.**

**reine** n. f. ▪ 1 Épouse d'un roi. ◆ *Reine mère* : mère du souverain. 2 Femme qui détient l'autorité souveraine dans un royaume. ◆ fig. *Reine de beauté.* 3 jeux Pièce du jeu d'échecs, à l'action la plus étendue. ◆ (aux cartes) → **dame.** 4 Femelle féconde (d'abeille...), unique dans la colonie.

**reine-claude** n. f. ▪ Prune verte parfumée.

**reine-marguerite** n. f. ▪ Plante aux fleurs blanches, roses ou mauves ; ces fleurs.

**reinette** n. f. ▪ Pomme très parfumée.

**réinscriptible** adj. ▪ techn. Qualifie un support de stockage sur lequel de nouvelles données peuvent être enregistrées. *Un CD réinscriptible.*

**réinsérer** v. tr. 🔲 ▪ Réadapter à la vie sociale. ◆ pronom. *Se réinsérer.* ▷ n. f. **réinsertion**

**réinstaller** v. tr. 🔲 ▪ Installer de nouveau. ▷ n. f. **réinstallation**

**réintégrer** v. tr. 🔲 ▪ 1 Revenir dans (un lieu). 2 Rétablir. *On l'a réintégré dans ses fonctions.* ▷ n. f. **réintégration**

**réintroduire** v. tr. 🔲 ▪ Introduire de nouveau. ▷ n. f. **réintroduction**

**réinventer** v. tr. 🔲 ▪ Inventer de nouveau.

**réitérer** v. tr. 🔲 ▪ Faire de nouveau ou plusieurs fois. → **répéter.** ▷ n. f. **réitération**

**rejaillir** v. intr. 🔲 ▪ 1 (liquide) Jaillir en étant renvoyé. 2 fig. *REJAILLIR SUR qqn* : retomber, se reporter sur. *Son succès a rejailli sur nous.* ▷ n. m. **rejaillissement**

**rejet** n. m. ▪ I Nouvelle pousse (d'une plante). → **rejeton** (1). II Action de rejeter, d'évacuer ; de renvoyer après. 2 Chacun des deux organes *Le rejet d'un recours en grâce.* ◆ Attitude de refus. 2 Intolérance de l'organisme (à une greffe).

**rejeter** v. tr. 🔲 ▪ I 1 Jeter en sens inverse (ce qu'on a reçu ou pris). ◆ Évacuer, expulser. 2 fig. Faire retomber (sur qqn). *Rejeter une responsabilité sur qqn.* 3 Porter ou mettre ailleurs avec force. *Rejeter la tête en arrière.* II 1 Écarter, refuser (qqch.). *Rejeter une proposition.* → **décliner ; repousser.** 2 Écarter (qqn) en repoussant. *Être rejeté par ses proches.*

**rejeton** n. m. ■ **1** Rejet (I). **2** fam. Enfant ; fils.

**rejoindre** v. tr. 49 ■ **1** Aller retrouver (qqn ; un groupe). ◆ Regagner (un lieu). **2** (sujet chose) Venir en contact avec. *La rue rejoint un boulevard.* **3** Rattraper (qqn qui a de l'avance).

**réjouir** v. tr. 2 ■ Rendre joyeux, faire plaisir à. → **amuser, égayer. ► se réjouir** v. pron. *Se réjouir de qqch., à la pensée de...* → se **féliciter** de. ▷ adj. **réjouissant, ante**

**réjouissance** n. f. ■ Joie collective. ◆ au plur. → **fête.**

**relâche** ■ I n. m. ou f. (Arrêt) **1** loc. adv. SANS RELÂCHE : sans répit. **2** Fermeture momentanée (d'une salle de spectacle). II n. f. mar. Action de relâcher (II).

**relâcher** v. tr. 1 ■ I v. tr. **1** Rendre moins tendu ou moins serré. → **desserrer, détendre.** *Relâcher son étreinte.* **2** fig. Faire ou laisser perdre sa force ; détendre. *Relâcher son attention.* **3** Remettre (qqn) en liberté. → **libérer, relaxer. II** v. intr. mar. Faire escale. **► se relâcher** v. pron. Devenir plus lâche, moins serré ; fig. moins rigoureux. **► relâché, ée** adj. ▷ n. m. **relâchement**

**relais** n. m. ■ **1** ancient Lieu où des chevaux étaient postés pour remplacer les chevaux fatigués. **2** loc. *Prendre le relais de.* → **relayer ; relève. 3** *(Course de) relais :* épreuve disputée entre équipes qui se relaient. **4** Travail par roulement. **5** Intermédiaire (entre personnes ou choses). **6** sc., techn. Dispositif pour retransmettre un signal radioélectrique.

**relancer** v. tr. 3 ■ I v. tr. **1** Lancer à son tour (une chose reçue). → **renvoyer. 2** Remettre en marche. *Relancer un moteur ; l'économie.* **3** Poursuivre (qqn) avec insistance, pour obtenir qqch. de lui. II v. intr. jeux Augmenter l'enjeu. ▷ n. f. **relance**

**relaps, apse** [-aps] adj. ■ relig. Retombé dans une hérésie, après l'avoir abjurée. *Jeanne d'Arc fut brûlée comme relapse.*

**relater** v. tr. 1 ■ littér. Raconter d'une manière précise et détaillée.

**relatif, ive** adj. ■ I **1** Qui présente une relation avec ; au plur. qui ont une relation mutuelle. ◆ math. *Entier relatif* (affecté du signe + ou du signe –). **2** Qui n'est ni absolu, ni indépendant. **3** Incomplet, imparfait. *Un confort relatif.* ◆ RELATIF À : se rapportant à, concernant. II gramm. Qui établit une relation entre un nom ou un pronom (→ **antécédent**) et une subordonnée. *Pronoms* (qui, que, dont....), *adjectifs relatifs* (lequel, quel). → *Proposition relative* et n. f. *une relative,* introduite par un pronom relatif.

**relation** n. f. ■ I didact. Fait de relater ; récit (spécial, d'un voyageur). II (Lien, rapport) **1** Rapport de dépendance. *Relation de cause à effet.* ◆ **2** Lien de dépendance ou d'influence réciproque (entre personnes ; groupes, États) ; au plur. fait de se fréquenter. → **commerce, contact, rapport. ◆** *Être, se mettre, rester EN RELATION(S).* ◆ *Avoir des relations :* connaître des gens influents. **3** Personne avec qui on a des relations.

→ **connaissance. 4** *RELATIONS PUBLIQUES :* techniques d'information et de promotion. → **communication.** ▷ adj. **relationnel, elle**

**relativement** adv. ■ **1** Par une relation. **←** *Relativement à...* → **quant à. 2** D'une manière relative. → **plutôt.**

**relativiser** v. tr. 1 ■ Faire perdre son caractère absolu à (qqch.), en le mettant en relation avec qqch. d'autre.

**relativité** n. f. ■ **1** Caractère de ce qui est relatif (I). *La relativité du jugement humain.* II *Théorie de la relativité,* exprimant le rapport des lois physiques avec le mouvement.

**relax** ou **relaxe, axe** [Rəlaks] adj. ■ **1** Qui favorise la détente. **2** À l'aise, détendu. ◆ adv. *Conduire relax.*

**relaxation** n. f. ■ **1** didact. Diminution ou suppression d'une tension. II anglic. Détente par des procédés psychologiques actifs. **←** cour. Repos, détente.

**relaxe** n. f. ■ dr. Décision de relaxer (①).

① **relaxer** v. tr. 1 ■ dr. Déclarer (un prévenu) non coupable (tribunal).

② **relaxer** v. tr. 1 ■ **1** SE RELAXER v. pron. Se détendre, se décontracter. **2** v. tr. Détendre (qqn...). *Ce bain m'a relaxé.*

**relayer** v. tr. 8 ■ Remplacer (qqn) dans une activité en prenant sa suite. **► se relayer** v. pron. (→ **relais** (2, 3 et 4)).

**relecture** n. f. ■ Action de relire.

**reléguer** v. tr. 6 ■ **1** dr. (ancient) Exiler pénalement. **2** Envoyer, placer (qqn, qqch.) en un lieu écarté ou médiocre. *Reléguer un objet au grenier.* ◆ fig. *Reléguer qqn dans une fonction subalterne.* ▷ n. f. **relégation**

**relent** n. m. ■ (souvent au plur.) **1** Mauvaise odeur qui persiste. **2** fig. Trace, soupçon.

**relevailles** n. f. pl. ■ vieilli ou rural Période qui suit l'accouchement.

**relève** n. f. ■ **1** Remplacement (de qqn, d'une équipe), dans un travail continu, une action collective. *Prendre la relève.* → **relayer. 2** Personnes qui assurent ce remplacement.

**relevé** n. m. ■ Action de relever, de noter ; ce qu'on a noté.

**relèvement** n. m. ■ **1** Redressement. **2** Action de relever (II), de hausser.

**relever** v. tr. 5 ■ I **1** Remettre debout. *Relever des ruines.* **2** fig. Remettre en bon état. *Relever l'économie.* **3** Ramasser, collecter. *Relever les copies.* **4** Faire remarquer. → **noter, souligner. ◆** Noter par écrit ou sur un croquis (→ **relevé). II 1** Diriger, orienter vers le haut (une partie du corps, d'un vêtement). *Relever la tête ; son col.* **2** Donner plus de hauteur à (→ **élever) ;** fig. élever le chiffre de (→ **hausser, majorer). 3** fig. Augmenter la valeur de. → **rehausser.** *Relever le niveau.* **4** Donner plus de goût, de relief, de l'attrait à. → **agrémenter, pimenter. III 1** Assurer la relève de (qqn). *Relever une sentinelle.* **2** RELEVER qqn DE, le libérer de (une obligation). **←** *Relever qqn de ses fonctions.* → **destituer. IV** v. tr. ind. RELEVER DE **1** Dépendre de (une autorité). **2** (sujet chose) Être du ressort,

du domaine de. **V** v. intr. *RELEVER DE* : se
rétablir, se remettre de. *Relever de maladie*.
► se **relever** v. pron. **1** Reprendre la position verticale. ♦ fig. *Se relever d'un échec*.
**2** Se diriger vers le haut. **3** (récipr.) Se
remplacer (dans une tâche). → se **relayer**.
► **relevé, ée** adj. **1** Dirigé, ramené vers le
haut. ► *Virage relevé*, à courbe extérieure
plus haute. **2** Épicé, piquant. *Sauce relevée*.
▷ adj. et n. **releveur, euse**

**relief** n. m. ■ I au plur. Restes (d'un repas).
**II 1** *UN RELIEF* : ce qui fait saillie. ♦ arts Ouvrage
comportant des éléments qui se détachent
sur un fond plan (→ bas-relief, haut-relief).
**2** Caractère (d'une image) donnant l'impression d'une profondeur, de plans différents.
**3** Forme de la surface terrestre. *Étude du
relief* (→ géomorphologie, orographie, topographie), qui fait saillie. **5** fig.
Apparence plus nette, du fait des oppositions. ► *Mettre en relief*, en évidence.

**relier** v. tr. ⑦ ■ I **1** Lier ensemble. **2** Mettre en
communication avec. → **joindre, raccorder**.
**3** fig. Mettre en rapport. *Relier des indices*.
**II** Attacher ensemble (des feuillets) avec une
couverture rigide. ► au p. p. *Livre relié et
livre broché*. ▷ n. **relieur, euse**

**religieusement** adv. ■ **1** Avec religion.
**2** Avec attention. → **scrupuleusement**.

**religieux, euse** adj. **I** adj. **1** Qui concerne
la religion. *Doctrines religieuses*. → **dogme,
théologie**. ► *Art religieux*. → **sacré**. **2** Qui
croit en une religion. → **croyant**. **3** fig. Qui
présente les caractères du sentiment ou
du comportement religieux. *Un silence religieux*. **4** *Mante° religieuse*. **II** n. Personne
qui a prononcé des vœux dans un ordre.
→ **moine, nonne, sœur**. **III** n. f. Pâtisserie faite
de deux choux superposés.

**religion** n. f. ■ **1** Croyance en une principe
supérieur dont dépend la destinée humaine.
**2** Croyance, conviction religieuse (de qqn).
→ **foi**. ♦ *Être sans religion* (→ **agnostique,
areligieux, athée**). **3** Système de croyances
et de pratiques propre à un groupe social.
→ **culte**. *Religion animiste, polythéiste. Religions monothéistes*. → **christianisme; islamisme; judaïsme**. *Les religions orientales*.
→ **bouddhisme, hindouisme**. **4** loc. *Entrer en
religion* : prononcer ses vœux de religieux
(II). **5** fig. Culte, attachement à des valeurs.

**religiosité** n. f. ■ Inclination sentimentale
vers la religion.

**reliquaire** n. m. ■ Coffret précieux renfermant des reliques (→ **châsse**).

**reliquat** n. m. ■ Ce qui reste (d'une somme).

**relique** n. f. ■ **1** Reste d'un saint, objet auquel
on rend un culte. **2** Objet du passé auquel on
attache du prix.

**relire** v. tr. ㊸ ■ **1** Lire au nouveau (ce qu'on a
déjà lu). **2** Lire en vue de corriger.

**reliure** n. f. ■ **1** Action ou art de relier (un
livre). **2** Couverture d'un livre relié.

**reloger** v. tr. ③ ■ Procurer un nouveau logement à (qqn). ▷ n. m. **relogement**

**relooker** v. tr. ① ■ anglic., fam. Donner une
nouvelle apparence, un nouveau look à.
*Relooker une gamme de produits*.

**relouer** v. tr. ① ■ Louer (②) de nouveau.

**reluire** v. intr. ㊳ ■ Luire en réfléchissant la
lumière, en produisant des reflets. → **briller**.

**reluisant, ante** adj. ■ **1** Qui reluit. **2** fig. *Un
avenir peu reluisant*, peu brillant.

**reluquer** v. tr. ① ■ fam. Regarder du coin de
l'œil, avec convoitise. → **guigner, lorgner**.

**remâcher** v. tr. ① ■ Revenir sans cesse en
esprit sur. → **ressasser, ruminer**.

**remailler** → **remmailler**

**remake** [ʀimɛk] n. m. ■ anglic. Nouvelle version (d'un film, d'une œuvre littéraire).

**rémanence** n. f. ■ sc. Persistance d'un phénomène après disparition de sa cause.

**rémanent, ente** adj. ■ sc. Qui subsiste par
rémanence. *Image rémanente*.

**remanier** v. tr. ⑦ ■ **1** Modifier (un texte).
→ **refondre**. **2** Modifier la composition de
(un ensemble). *Remanier le gouvernement*.
▷ n. m. **remaniement**

**se remarier** v. pron. ⑦ ■ Se marier à nouveau.
▷ n. m. **remariage**

**remarquable** adj. ■ Digne d'être remarqué (→ **marquant, notable**); spécialt par son
mérite, sa qualité. ▷ **remarquablement** adv.
→ **très; admirablement, étonnamment**.

**remarque** n. f. ■ **1** Action de remarquer
(qqch). *Il en a déjà fait la remarque*. **2** Observation (spécialt critique).

**remarquer** v. tr. ① ■ **1** Avoir la vue, l'attention
frappée par (qqch). → **apercevoir, découvrir**. *Remarquer du premier coup d'œil*.
► pronom. (passif) *Cela ne se remarque pas*.
→ se **voir**. ► *Remarquer que* (+ indic.). **2** Distinguer particulièrement (qqn, qqch. parmi
d'autres). ♦ (plutôt péj.) *SE FAIRE REMARQUER* :
attirer sur soi l'attention. ► **remarqué, ée**
adj. *Une absence remarquée*.

**remastériser** v. tr. ① ■ anglic. Refaire en studio
un enregistrement original (→ ① **master**) de
(une œuvre). ► au p. p. *Un disque remasté-
risé*.

**remballer** v. tr. ① ■ **1** Emballer de nouveau.
▷ n. m. **remballage 2** fig., fam. *Il peut remballer
ses compliments*, ne pas les dire.

**rembarquer** v. tr. ① ■ **1** v. tr. Embarquer (ce
qu'on avait débarqué). **2** *Se rembarquer*
v. pron.; rembarquer v. intr. : s'embarquer de
nouveau. ▷ n. m. **rembarquement**

**rembarrer** v. tr. ① ■ Repousser brutalement
(qqn) par un refus.

**remblai** n. m. ■ Fait de rapporter des terres
(pour combler, faire une levée); ces terres.

**remblayer** v. tr. ⑧ ■ Faire des travaux de
remblai sur. ▷ n. m. **remblayage**

**rembobiner** v. tr. ① ■ Bobiner, enrouler de
nouveau. ▷ n. m. **rembobinage**

**remboîter** v. tr. ① ■ Remettre en place (ce qui
était déboîté). ▷ n. m. **remboîtement**

**rembourrer** v. tr. ① ▪ Garnir de bourre. → **bourrer, capitonner, matelasser.** ▶ **rembourré, ée** adj. *Siège rembourré.* ◆ fam. (personnes) Grassouillet. ▷ n. m. **rembourrage**

**rembourreur, euse** n. ▪ franç. du Canada Personne qui rembourre, recouvre les meubles. → **tapissier.**

**remboursement** n. m. ▪ Action de rembourser. ◆ *Envoi contre remboursement,* contre paiement à la livraison.

**rembourser** v. tr. ① ▪ **1** Rendre à qqn (ce qu'il a déboursé). **2** Rendre à (qqn) ce qu'il a déboursé. ▶ **remboursable** adj. *Prêt remboursable sur, en dix ans.*

**se rembrunir** v. pron. ② ▪ Prendre un air sombre, chagrin. ◆ au p. p. *Mine rembrunie.*

**remède** n. m. ▪ **1** Substance employée au traitement d'une maladie. → **médicament.** ◆ loc. *Remède de bonne femme,* empirique et traditionnel. *Remède de cheval,* brutal. **2** fig. Ce qui peut diminuer, guérir une souffrance morale. ◆ loc. prov. *Aux grands maux, les grands remèdes.*

**remédier** v. tr. ind. ⑦ ▪ REMÉDIER À : apporter un remède (2) à.

**remembrance** n. f. ▪ vx ou littér. Souvenir.

**remembrer** v. tr. ① ▪ Rassembler (des parcelles de terre). ▷ n. m. **remembrement**

**remémorer** v. tr. ① ▪ littér. Remettre en mémoire. → **rappeler.** ▶ se **remémorer** v. pron.

**remercier** v. tr. ⑦ ▪ **1** Dire merci, témoigner de la reconnaissance à (qqn). ▷ n. m. **remerciement 2** Renvoyer, licencier (qqn).

**réméré** n. m. ▪ dr. Rachat possible de son bien par le vendeur. *Clause de réméré.*

**remettre** v. tr. ⑤⑥ ▪ **I 1** Mettre à sa place antérieure. ◆ fig. *Remettre qqn à sa place,* le rabrouer. **2** fig. *Remettre en esprit, en mémoire :* rappeler (une chose oubliée). ◆ *Remettre qqn.* → **reconnaître. 3** Mettre de nouveau sur soi. **4** Rétablir. *Remettre le courant.* ◆ *Remettre de l'ordre.* ◆ Réconforter (qqn). **5** Mettre plus de. → **ajouter.** *J'ai remis du sel.* ◆ fam. EN REMETTRE : exagérer. **6** Replacer (dans la position antérieure). ◆ loc. *Remettre qqn sur pied.* → **guérir. 7** REMETTRE À, EN (→ mettre à, en). *Remettre à neuf; en état.* ◆ *Remettre en cause.* ▪ **II 1** Mettre en la possession ou au pouvoir de qqn. *Remettre un paquet à son destinataire.* **2** Faire grâce de (une obligation). *Remettre une dette.* ◆ *Remettre les péchés.* → **pardonner; rémission. III** Renvoyer (qqch.) à plus tard. → **ajourner, différer.** ◆ (au p. p.) loc. *Ce n'est que partie remise :* ce sera pour une autre fois. **IV** fam. REMETTRE ÇA : recommencer ; spécialt reservir du, remettre à boire. ▶ se **remettre** v. pron. **V 1** *Se remettre debout.* ◆ *Le temps s'est remis au beau.* **2** *SE REMETTRE À* (+ n. ou inf.). → **recommencer** à. **3** *SE REMETTRE (DE) :* revenir à un état meilleur. → se **rétablir.** ◆ *Se remettre de sa frayeur.* **4** *Se remettre avec qqn, se remettre ensemble :* vivre de nouveau ensemble. **VI 1** *Se remettre entre les mains de qqn.* **2** *S'EN REMETTRE À qqn,* lui faire confiance. → se **fier.**

**rémige** n. f. ▪ Grande plume rigide de l'aile (des oiseaux). → **penne.**

**remilitariser** v. tr. ① ▪ Militariser de nouveau. → **réarmer.**

**réminiscence** n. f. ▪ littér. Souvenir imprécis, où domine la tonalité affective.

**remis, ise** ▪ Participe passé de *remettre.*

**remise** n. f. ▪ **I** Action de remettre. **1** loc. REMISE EN, À (correspond à : *mise* en, à). *Remise en marche; à neuf.* ◆ *Remise en question.* **2** Action de mettre en la possession de (qqn). **3** Renonciation (à une créance). *Remise de dette.* **4** Réduction, diminution. ◆ *REMISE DE PEINE :* réduction de la peine (d'un condamné). ◆ spécialt Réduction de prix. → **rabais. 5** Renvoi à plus tard. → **ajournement. II** Local où l'on range des voitures, des objets.

**remiser** v. tr. ① ▪ **1** Ranger (un véhicule). → **garer. 2** Ranger à l'écart.

**rémission** n. f. ▪ **1** Action de remettre (II, 2) (les péchés). → **absolution.** ◆ loc. SANS RÉMISSION : sans indulgence. **2** Diminution momentanée (d'un mal). → **répit.**

**rémittent, ente** adj. ▪ méd. (maladie...) Qui présente des périodes d'accalmie.

**remix** n. m. ▪ anglic. Nouveau mixage (d'une chanson...).

**remmailler** [ʀɑ̃m-] v. tr. ① ▪ Réparer en remontant les mailles. ▷ n. m. **remmaillage** ▷ n. f. **remmailleuse**

**remmener** [ʀɑ̃m-] v. tr. ⑤ ▪ Emmener (qqn) au lieu d'où on l'a amené. → **ramener.**

**remodeler** v. tr. ⑤ ▪ **1** Transformer en améliorant la forme de (qqch.). **2** Remanier, réorganiser. ▷ n. m. **remodelage**

**remontage** n. m. ▪ Action de remonter.

**remontant, ante** adj. ▪ Qui remonte (II, 5). ◆ n. m. *Un remontant.* → **cordial, tonique.**

**remontée** n. f. ▪ **1** Action de remonter. ◆ Fait de remonter (une pente, une rivière). **2** Dispositif servant à remonter les skieurs. *Remontée mécanique* (→ **remonte-pente**).

**remonte-pente** n. m. ▪ Câble pour hisser les skieurs en haut d'une pente. → **téléski;** fam. **tire-fesses.** *Des remonte-pentes.*

**remonter** v. ① ▪ **I** v. intr. **1** Monter de nouveau; regagner l'endroit d'où l'on est descendu. **2** Aller vers le haut (route), en amont (fleuve). ◆ fig. Aller vers l'origine. **3** REMONTER À : avoir son origine à (une époque passée). → **dater. II** v. tr. **1** Parcourir de nouveau vers le haut. ◆ *Remonter le peloton,* s'en rapprocher. **2** Parcourir vers l'amont (un cours d'eau). **3** Monter (qqch.) de nouveau. **4** Tendre le ressort de (un mécanisme). *Remonter un réveil.* → **remontoir). 5** fig. Raffermir. *Remonter le moral de qqn* (→ **réconforter).** ◆ par ext. Redonner de la force à (qqn). → **ragaillardir, revigorer. 6** Monter (ce qui était démonté). **7** Regarnir. *Remonter sa garde-robe.*

**remontoir** n. m. ▪ Dispositif pour remonter un mécanisme.

**remontrance** n. f. ■ surtout au plur. Critique motivée et raisonnée. → **réprimande.**

**remontrer** v. tr. ① ■ 1 EN REMONTRER À (qqn), se montrer supérieur à lui ; lui donner des leçons. **II** Montrer de nouveau.

**rémora** n. m. ■ Poisson qui se fixe à de gros poissons.

**remords** n. m. ■ Sentiment pénible, honteux, par conscience d'avoir mal agi.

**remorque** n. f. ■ 1 (dans des loc.) Action de remorquer. *Prendre un bateau* EN REMORQUE. **2** loc. fig. *Être À LA REMORQUE* : rester en arrière. *Être à la remorque de qqn,* se laisser mener. **3** Câble de remorque. **4** Véhicule sans moteur, destiné à être tiré par un autre (→ **semi-remorque**).

**remorquer** v. tr. ① ■ 1 Tirer (un navire) au moyen d'un câble. → **haler, touer. 2** Tirer (un véhicule ; fig. qqn). ▷ n. m. **remorquage**

**remorqueur** n. m. ■ Navire muni de dispositifs de remorquage.

**rémoulade** n. f. ■ Mayonnaise à la moutarde, à l'ail. ◆ appos. *Céleri rémoulade.*

**rémouleur** n. m. ■ Artisan qui aiguise les instruments tranchants.

**remous** n. m. ■ 1 Tourbillon dans l'eau, un fluide. **2** Mouvement confus (d'une foule). **3** fig. Agitation.

**rempailler** v. tr. ① ■ Regarnir (un siège) de paille. ▷ n. m. **rempaillage** ▷ n. **rempailleur, euse**

**rempart** n. m. ■ 1 Forte muraille d'une enceinte. ◆ au plur. Zone des remparts (dans une ville). **2** littér. Ce qui sert de défense, de protection.

**rempiler** v. ① ■ 1 v. tr. Empiler de nouveau. **2** v. intr. fam. Se rengager (dans l'armée).

**remplaçable** adj. ■ Qui peut être remplacé.

**remplaçant, ante** n. ■ Personne qui en remplace momentanément une autre.

**remplacement** n. m. ■ Action, fait de remplacer qqn, qqch. ◆ *Faire un remplacement* (→ **remplaçant**).

**remplacer** v. tr. ③ ■ 1 Mettre (qqn, qqch.) à la place de (qqn, qqch.), pour continuer, améliorer. → **changer. 2** Être mis, se mettre à la place de (qqch., qqn). **3** Tenir lieu de. → **suppléer. 4** Exercer temporairement les fonctions de (qqn).

**rempli, ie** adj. ■ 1 Plein. *Un bol rempli de lait.* ◆ *Salle remplie.* → **bondé, ② comble.** ◆ Occupé dans sa durée. *Vie bien remplie.* **2** *Rempli de,* qui contient en grande quantité.

**remplir** v. tr. ② ■ I 1 (Remplir de). Rendre plein, utiliser entièrement (un espace disponible). ◆ fig. *Ce succès l'a rempli d'orgueil.* ◆ Couvrir entièrement. *Remplir une feuille de dessins.* **2** Compléter (les espaces en blanc). *Remplir un formulaire.* **II** Rendre plein par sa présence. ◆ fig. Occuper entièrement. *Les occupations qui remplissent sa vie.* **III 1** Exercer, accomplir (une fonction...). ◆ *Remplir ses engagements.* → **tenir. 2** *Remplir des conditions.* → **satisfaire à.**

**remplissage** n. m. ■ 1 Fait de (se) remplir. **2** péj. Ce qui allonge un texte inutilement. → **délayage.**

**remploi ; remployer** → **réemploi ; réemployer**

**se remplumer** v. pron. ① ■ 1 (oiseaux) Se couvrir de nouvelles plumes. **2** fam. Reprendre du poids.

**rempocher** v. tr. ① ■ Remettre dans sa poche.

**rempoissonner** v. tr. ① ■ Repeupler de poissons. ▷ n. m. **rempoissonnement**

**remporter** v. tr. ① ■ I Emporter (ce qu'on avait apporté). → **reprendre. II** Gagner. *Remporter un prix ; un grand succès.*

**rempoter** v. tr. ① ■ Changer (une plante) de pot. ▷ n. m. **rempotage**

**remprunter** ou **réemprunter** v. tr. ① ■ Emprunter de nouveau.

**remuant, ante** adj. ■ 1 Qui remue beaucoup. **2** Qui a des activités multiples.

**remue-ménage** n. m. invar. ■ Mouvements, déplacements bruyants et désordonnés.

**remuer** v. ① ■ v. tr. **1** Faire changer de position. → **bouger, déplacer. 2** Déplacer dans ses parties, ses éléments. *Remuer la salade.* ◆ loc. *Remuer ciel et terre* : faire appel à tous les moyens. **3** fig. → **agiter.** *Remuer des souvenirs.* ◆ Bouleverser, émouvoir (qqn). ◆ au p. p. *Il semble très remué.* **II** v. intr. **1** Bouger, changer de position. **2** fig. Commencer à agir. ◆ **se remuer** v. pron. Se mouvoir, faire des mouvements. ◆ fig. Se dépenser. ▷ n. m. **remuement**

**remugle** n. m. ■ littér. Odeur désagréable de renfermé.

**rémunérateur, trice** adj. ■ Qui paie bien, procure des bénéfices. → **lucratif.**

**rémunération** n. f. ■ Rétribution d'un service, d'un travail. → **salaire.**

**rémunérer** v. tr. ⑥ ■ Payer (un service, un travail ; qqn). → **rétribuer.**

**renâcler** v. intr. ① ■ 1 (animaux) Renifler en signe de mécontentement. **2** fig. Témoigner de la répugnance (devant une contrainte).

**renaissance** n. f. ■ I 1 relig. Nouvelle naissance. **2** fig. Nouvel essor. → **renouveau. II** (avec maj.) Essor intellectuel provoqué, aux XVᵉ et XVIᵉ siècles, par le retour aux idées et à l'art antiques ; période et style artistique qui y correspondent.

**renaissant, ante** adj. ■ 1 Qui renaît. **2** didact. De la Renaissance.

**renaître** v. intr. ⑤⑨ (p. p. très rare, à cause du prénom *René*) ■ 1 Naître de nouveau. **2** littér. RENAÎTRE À : revenir dans (tel ou tel état). **3** Reprendre des forces. → **revivre. 4** Recommencer à vivre, à croître.

**rénal, ale, aux** adj. ■ Relatif au rein ou à sa région. → **néphrétique.**

**renard** n. m. ■ 1 Mammifère carnivore à la tête triangulaire et effilée. **2** Fourrure de cet animal. **3** fig. Personne rusée, subtile.

**renarde** n. f. ■ Renard femelle.

**renardeau** n. m. ■ Petit du renard.

**renardière** n. f. ■ Terrier du renard.

**rencard ; rencarder** → **rancard ; rancarder**

**renchérir** v. intr. ② ■ **1** Devenir plus cher. **2** fig. RENCHÉRIR SUR qqn, qqch., aller encore plus loin, en action ou en paroles. ▷ n. m. **renchérissement**

**se rencogner** v. pron. ① → **se blottir.**

**rencontre** n. f. ■ littér. Circonstance fortuite, hasard. ◆ DE RENCONTRE loc. adj. : fortuit. **II 1** Fait, pour deux personnes, de se trouver en contact. Une rencontre agréable. ◆ Aller À LA RENCONTRE DE : au-devant de. **2** Engagement, combat, match. Rencontre de boxe. ◆ Discussion. Rencontre au sommet. **3** (choses) Fait de se trouver en contact.

**rencontrer** v. tr. ① ■ **1** Se trouver en présence de (qqn). Rencontrer qqn par hasard. ◆ Être opposé en compétition à (un adversaire). ◆ Faire la connaissance de. ◆ Trouver (parmi d'autres). Un homme comme on en rencontre peu. **2** Se trouver près de, en présence de (qqch.). ◆ (sujet chose) Son regard rencontra le mien. ► **se rencontrer** v. pron. **1** Se trouver en même temps au même endroit. ◆ fig. Partager, exprimer les mêmes idées ou sentiments. **2** (sujet chose) Entrer en contact. **3** (passif) Se trouver, exister.

**rendement** n. m. ■ **1** Produit de la terre, par rapport à la surface. ◆ Production relative (par rapport au matériel, au capital, au travail, etc.). → **productivité.** ◆ Produit, gain. ◆ Efficacité.

**rendez-vous** n. m. ■ **1** Rencontre convenue entre des personnes. **2** Lieu de rencontre.

**rendormir** v. ⑯ ■ Endormir de nouveau.

**rendre** v. tr. ④ ■ **I 1** Donner en retour (ce qui est dû). Je vous rends votre argent (→ **rembourser**). ◆ Donner (sans idée de restitution). Rendre service à qqn. **2** Donner en retour, restituer. ◆ Rapporter au vendeur (ce qu'on a acheté). **3** Redonner. Ce traitement m'a rendu des forces. **4** Donner en retour (en échange de ce qu'on a reçu). Rendre un baiser. **5** intrans. Produire, rapporter. **II 1** Laisser échapper (ce qu'on ne peut garder, retenir). ◆ spécialt Vomir. ◆ fig. Rendre l'âme, l'esprit, le dernier soupir : mourir. **2** Faire entendre (un son). **3** Céder, livrer. loc. Rendre les armes. **III** Faire devenir. Il me rendra fou. ◆ au passif Le jugement a été rendu public. **IV** Exprimer (par le langage, en traduisant ; par un moyen plastique ou graphique). ◆ au p. p. Détail bien rendu. (→ **rendu**). ► **se rendre** v. pron. **1** Se rendre à : céder à. Se rendre aux prières de qqn. ◆ absolt Se soumettre, se livrer (→ **reddition**). **2** Se transporter, aller. Se rendre à son travail. **3** (suivi d'un attribut) Devenir par son propre fait. Vous allez vous rendre malade. ► (être) **rendu, ue** v. passif et p. p. **1** Parvenir à sa destination. Nous voilà rendus. **2** Être extrêmement fatigué. → **fourbu.**

**rendu** n. m. ■ **1** loc. C'est un prêté* pour un rendu. **2** arts Exécution restituant l'impression donnée par la réalité.

**rêne** n. f. ■ Chacune des courroies fixées aux harnais, et servant à diriger l'animal. ◆ loc. Prendre les rênes, diriger.

**renégat, ate** n. ■ Personne qui a renié sa religion. → **apostat.** ◆ Personne qui a trahi.

**renfermé, ée** n. ■ **1** adj. Qui ne montre pas ses sentiments. → **dissimulé. 2** n. m. Mauvaise odeur d'un lieu mal aéré. → **remugle.**

**renfermer** v. tr. ① ■ **1** Tenir caché (un sentiment). → **dissimuler. 2** (sujet chose) Tenir contenu. ◆ Comprendre, contenir (qqch. d'abstrait).

**renfler** v. tr. ① ■ rare Rendre convexe, bombé. ► **se renfler** v. pron. ► **renflé, ée** adj. ▷ n. m. **renflement**

**renflouer** v. tr. ① ■ **1** Remettre (un navire) à flot. **2** fig. Sauver (qqn, une entreprise) de difficultés financières. ▷ n. m. **renflouage** et **renflouement**

**renfoncement** n. m. ■ **1** Ce qui forme un creux. **2** Recoin, partie en retrait.

**renfoncer** v. tr. ③ ■ Enfoncer plus avant, plus fort.

**renforcer** v. tr. ③ ■ **1** Rendre plus fort, plus solide. → **consolider. 2** Rendre plus intense. **3** fig. Rendre plus ferme, plus certain. → **fortifier ; confirmer.** ▷ n. m. **renforcement**

**renfort** n. m. ■ **1** Effectifs et matériel destinés à renforcer une armée. ◆ fig. Supplément (de personnes). **2** loc. À GRAND RENFORT DE : par une grande quantité de.

**se renfrogner** v. pron. ① ■ Témoigner son mécontentement par une expression contractée du visage. ► **renfrogné, ée** adj. **1** Visage renfrogné. **2** (personnes) Maussade, revêche.

**rengager** v. tr. ④ ■ Engager de nouveau. ◆ SE RENGAGER v. pron. ou RENGAGER v. intr. : reprendre du service (dans l'armée).

**rengaine** n. f. ■ **1** Formule répétée à tout propos. **2** Chanson rabâchée.

**rengainer** v. tr. ① ■ **1** Remettre dans la gaine, l'étui. **2** fig., fam. Retenir (ce qu'on allait manifester, exprimer).

**se rengorger** v. pron. ③ ■ **1** (oiseaux) Gonfler la gorge. **2** (personnes) Prendre une attitude avantageuse, vaniteuse.

**renier** v. tr. ⑦ ■ **1** Déclarer faussement qu'on ne connaît pas (qqn). Renier sa famille. **2** Renoncer à (ce qui inspire la fidélité). Renier ses engagements, s'y dérober. ▷ n. m. **reniement**

**renifler** v. ① ■ **1** v. intr. Aspirer bruyamment par le nez. **2** v. tr. Aspirer par le nez, sentir (qqch.). → fig. → **flairer.** ▷ n. m. **reniflement**

**renne** n. m. ■ Mammifère ruminant de grande taille, aux bois aplatis, qui vit dans les régions froides du Nord. → **caribou.**

**renom** n. m. ■ Opinion favorable et largement répandue. → **renommée, réputation.** ◆ loc. adj. En renom, de renom : renommé.

**renommé, ée** adj. ■ Qui a du renom, de la renommée. → **célèbre, réputé.**

**renommée** n. f. ■ Fait (pour qqn, qqch.) d'être largement connu et, spécialt, favorablement connu. → **célébrité, gloire, notoriété, renom.**

**renoncement** n. m. ■ Fait de renoncer (à qqch.) au profit d'une valeur morale.

**renoncer** v. tr. ind. ③ ■ RENONCER À **1** Abandonner un droit sur (qqch.). *Renoncer à un héritage.* ◆ Abandonner l'idée de. *Renoncer à un projet ; à comprendre.* **2** Abandonner volontairement (un bien, une habitude...). **3** *Renoncer à qqn,* cesser de rechercher sa compagnie. ▷ n. f. **renonciation**

**renoncule** n. f. ■ Plante herbacée, à fleurs jaunes (→ **bouton-d'or**), blanches ou rouges.

**renouer** v. ① ■ **I** v. tr. **1** Refaire un nœud à ; nouer (ce qui est dénoué). **2** fig. Rétablir après une interruption. *Renouer la conversation.* **II** v. intr. *RENOUER AVEC :* reprendre des relations avec.

**renouveau** n. m. ■ **1** littér. Retour du printemps. **2** fig. Nouvel épanouissement.

**renouvelable** adj. ■ Qui peut être renouvelé. *Énergies renouvelables.*

**renouveler** v. tr. ④ ■ **1** Remplacer par une chose nouvelle et semblable (ce qui a servi, est altéré...). ◆ Remplacer une partie des membres (d'un groupe). **2** Changer (qqch.) en donnant une forme nouvelle. → **rénover. 3** Donner une validité nouvelle à (ce qui expire). *Renouveler un bail.* → **reconduire. 4** Faire de nouveau. → **réitérer.** *Renouveler une demande.* ► se **renouveler** v. pron. **1** Être renouvelé. ◆ Prendre une forme nouvelle. **2** (personnes) Changer son activité, se montrer inventif. **3** Se reproduire. ▷ n. m. **renouvellement**

**rénover** v. tr. ① ■ **1** Améliorer en donnant une forme nouvelle. → **moderniser, renouveler. 2** Remettre à neuf. → **réhabiliter.** ▷ adj. et n. **rénovateur, trice** ▷ n. f. **rénovation**

**renseignement** n. m. ■ **1** Ce par quoi on renseigne (qqn), on se renseigne. → **indication, information. 2** *Les renseignements,* service de renseignements.

**renseigner** v. tr. ① ■ Éclairer, informer sur un point précis. ► pronom. *Se renseigner.*

**rentabiliser** v. tr. ① ■ Rendre rentable.

**rentable** adj. ■ **1** Qui produit une rente, un bénéfice. **2** fam. Qui donne des résultats. ▷ n. f. **rentabilité**

**rente** n. f. ■ **1** Revenu périodique d'un bien, d'un capital. → loc. *Vivre de ses rentes* (sans travailler). **2** Somme d'argent qu'une personne doit donner périodiquement à une autre. *Rente viagère.* **3** Emprunt de l'État.

**rentier, ière** [-tje, jɛʀ] n. ■ Personne qui a des rentes, qui vit de ses rentes.

**rentrant, ante** adj. ■ **1** Qui peut être rentré. **2** *ANGLE RENTRANT,* de plus de 180° (opposé à *saillant*).

**rentrée** n. f. ■ **I 1** Fait de rentrer (I, 1 et 2). **2** Reprise des activités après une interruption. *La rentrée parlementaire.* → *La rentrée des classes ;* absolt *la rentrée.* **3** Retour (d'un artiste) à la scène. → *Préparer sa rentrée politique.* **II** (choses) **1** Mise à l'abri. **2** *Rentrée (d'argent).* → **recette.**

**rentrer** v. ① ■ **I** v. intr. (auxiliaire *être*) **1** Entrer de nouveau (dans un lieu ; une situation). ◆ loc. *Rentrer dans ses droits, dans ses frais\*.* **2** Revenir (chez soi). → Reprendre ses activités, ses fonctions (→ **rentrée**). **4** littér. *Rentrer en soi-même.* → se **recueillir. 5** (sans idée de répétition ni de retour) Entrer. → (argent) Être perçu. **II** v. tr. (auxiliaire *avoir*) **1** Mettre ou remettre à l'intérieur, dedans. *Rentrer les foins.* → *Rentrer le ventre,* le faire plat. **2** Dissimuler, faire disparaître (sous, dans). → fig. *Rentrer ses larmes.* → **refouler.** → au p. p. *Colère rentrée.*

**renversant, ante** adj. ■ Qui renverse, étonne beaucoup. → **stupéfiant.**

**renverse** n. f. ■ **1** mar. (courant, marée) Changement de sens. **2** À *LA RENVERSE* loc. adv. : sur le dos. *Tomber à la renverse.*

**renversé, ée** adj. ■ **1** Mis à l'envers. → *Crème renversée,* qu'on retourne pour la servir. **2** Stupéfait. **3** Que l'on a renversé (4, 5 et 6).

**renversement** n. m. ■ Fait de renverser. → spécialt *Renversement de situation.* → **retournement.**

**renverser** v. tr. ① ■ **1** Mettre de façon que la partie supérieure devienne inférieure. *Renverser un seau.* **2** Disposer ou faire mouvoir en sens inverse (→ **inverser**). ◆ intrans. mar. *La marée renverse,* s'inverse. **3** Troubler, étonner beaucoup (qqn). **4** Faire tomber à la renverse (qqn), faire tomber (qqch.). → Répandre (un liquide). **5** fig. Faire tomber. → **abattre. 6** Incliner en arrière. *Renverser la tête.* ► se **renverser** v. pron.

**renvoi** n. m. ■ **1 1** Action, fait de renvoyer. **2** Fait d'envoyer à une autorité. **3** Indication invitant le lecteur à se reporter (à un passage). **4** Ajournement, remise à plus tard. **II** Éructation. → fam. **rot.**

**renvoyer** v. tr. ⑧ sauf futur *je renverrai* et cond. *je renverrais* ■ **1** Faire retourner (qqn) là où il était. → Faire repartir (qqn dont on ne souhaite plus la présence). **2** Faire partir. → **congédier ; licencier. 3** Faire reporter (qqch.) à qqn. → **rendre. 4** Relancer. *Renvoyer le ballon.* ◆ (sujet chose) Réfléchir, répercuter (la lumière, le son...). **5** Adresser (qqn) à une autorité plus compétente. ◆ Faire se reporter (→ **renvoi** (3)). **6** Ajourner.

**réoccuper** v. tr. ① ■ Occuper de nouveau. ▷ n. f. **réoccupation**

**réorganiser** v. tr. ① ■ Organiser de nouveau, autrement. ▷ n. f. **réorganisation**

**réouverture** n. f. ■ Fait de rouvrir.

**repaire** n. m. ■ Refuge (de bêtes sauvages ; d'individus dangereux).

**repaître** v. tr. ⑤⑦ ■ littér. Nourrir, rassasier. ► se **repaître** v. pron. (→ **repu**). → fig., littér. *Se repaître d'illusions.*

**répandre** v. tr. ⁴¹ ■ I 1 Faire tomber (un liquide) ; disperser, étaler (des objets). 2 (sujet chose) Produire et envoyer autour de soi (de la lumière, etc.). → **diffuser, émettre.** *Répandre une odeur.* **II 1** littér. Donner avec profusion. → **prodiguer.** 2 Faire régner (un sentiment). *Répandre la terreur.* → **jeter, semer.** ◆ Diffuser, propager. 3 Rendre public. *Répandre une rumeur.* → **colporter.** ► se **répandre** v. pron. 1 Couler ; s'étaler. 2 Se propager. *Le bruit s'est répandu que...* 3 (personnes) SE RÉPANDRE EN : exprimer ses sentiments par une abondance de. *Se répandre en compliments.*

**répandu, ue** adj. ■ (opinions...) Commun à un grand nombre de personnes.

**réparable** adj. ■ Qu'on peut réparer.

**reparaître** v. intr. ⁵⁷ ■ 1 Paraître de nouveau. → **réapparaître.** 2 Se manifester de nouveau.

**réparateur, trice** ■ 1 n. Artisan qui répare des objets. 2 adj. Qui reconstitue. ◆ *Chirurgie réparatrice.*

**réparation** n. f. ■ 1 Opération, travail qui consiste à réparer. *L'ascenseur est EN RÉPARATION.* 2 Action de réparer (une faute, etc.). ◆ loc. *Demander réparation* (d'une offense). ◆ sports *Surface de réparation :* partie du terrain où une faute donne lieu à une pénalité. ◆ Dédommagement.

**réparer** v. tr. ① ■ 1 Remettre en bon état (ce qui a été endommagé, ce qui s'est détérioré). *Réparer une bicyclette.* → *Réparer un accroc.* 2 Corriger (une faute, etc.). *Réparer un oubli.* → **remédier** à.

**reparler** v. tr. ind. ① ■ Parler de nouveau (de qqch., de qqn ; à qqn).

① **repartir** [Re- ; R(ə)-] v. intr. ⑯ ■ littér. Répliquer, répondre. ▷ **repartie** [Reparti] n. f. → **réplique, riposte.**

② **repartir** v. intr. ⑯ ■ 1 Partir de nouveau (après un temps d'arrêt). 2 fig. Recommencer. *Repartir à, de zéro.* ◆ (sujet chose) Reprendre. 3 Revenir.

**répartir** v. tr. ② ■ 1 Partager selon des conventions précises. *Répartir qqch. entre plusieurs personnes.* 2 Disposer dans un espace. ◆ au p. p. *Chargement mal réparti.* 3 Étaler dans le temps. 4 Classer. ▷ **répartition** n. f. → **distribution ; disposition ; classement.**

**repas** n. m. ■ Action de se nourrir, répétée quotidiennement à heures réglées (→ **petit-déjeuner ; déjeuner ; dîner ; souper**).

**repasser** v. ① ■ I v. intr. Passer de nouveau. *Je repasserai (vous voir).* → **revenir.** II v. tr. 1 Passer, franchir de nouveau ou en retournant. 2 Passer de nouveau (qqch.) à qqn. *Repasser les plats.* 3 Faire passer à nouveau (dans son esprit). *Repasser les événements de sa vie.* 4 Apprendre en revenant sur le même sujet. *Repasser ses leçons.* III 1 Affiler, aiguiser (une lame). 2 Rendre lisse et net (du linge, du tissu, etc.). *Fer à repasser.* ▷ n. m. **repassage** ▷ n. f. **repasseuse**

**repêcher** v. tr. ① ■ 1 Retirer de l'eau (ce qui y est tombé). *Repêcher un noyé.* 2 fam. Recevoir (un candidat...) après une épreuve supplémentaire. ▷ n. m. **repêchage**

**repeindre** v. tr. ⁵² ■ Peindre de nouveau.

**repeint** n. m. ■ arts Partie (d'un tableau) qui a été repeinte.

**repenser** v. tr. ① ■ 1 (tr. ind.) *Repenser à :* penser de nouveau à, réfléchir encore à (qqch.). 2 Reconsidérer.

**repentant, ante** adj. ■ Qui se repent.

① se **repentir** v. pron. ⑯ ■ 1 Ressentir le regret (d'une faute), avec le désir de réparer. 2 Regretter vivement d'avoir fait ou dit (qqch.). ► **repenti, ie** adj.

② **repentir** n. m. ■ 1 Vif regret (d'une faute ; d'un acte). → **remords ; contrition.** 2 arts Changement apporté à une œuvre.

**repérage** n. m. ■ Opération par laquelle on repère (qqch.). ◆ (cinéma...) Recherche des lieux de tournage.

**répercussion** n. f. ■ 1 Fait d'être répercuté. 2 fig. Conséquences indirectes. → **incidence.**

**répercuter** v. tr. ① ■ 1 Renvoyer (un son, une onde). → **réfléchir.** 2 fam. (critiqué) Transmettre. *Répercuter un ordre.* ► se **répercuter** v. pron.

**repère** n. m. ■ 1 Marque qui sert à retrouver. 2 POINT DE REPÈRE, REPÈRE : objet ou endroit choisi pour s'orienter, se retrouver. 3 math. Éléments définissant un système de coordonnées.

**repérer** v. tr. ⑥ ■ 1 Marquer, situer grâce à des repères. *Repérer un emplacement.* 2 fam. Remarquer (qqch. ; qqn). ◆ *Se faire repérer.* ► se **repérer** v. pron. : se reconnaître.

**répertoire** n. m. ■ 1 Inventaire (liste, recueil...) où les matières sont classées. ◆ Carnet permettant de classer (des adresses), etc. 2 Liste des pièces qui forment le fonds d'un théâtre. ◆ *Le répertoire d'un artiste.*

**répertorier** v. tr. ⑦ ■ 1 Inscrire dans un répertoire. 2 Faire le répertoire de.

**répéter** v. tr. ⑥ ■ 1 Dire de nouveau. → **redire.** 2 Exprimer, dire (ce qu'un autre a dit). *C'est un secret, ne le répétez pas.* 3 Recommencer (une action...). *Répéter une expérience.* ◆ pronom. Se reproduire. 4 Redire ou refaire pour apprendre. *Répéter un rôle* (→ **répétition**). ► se **répéter** v. pron. (personnes) Redire les mêmes choses. ► **répété, ée** p. p. adj.

**répétiteur, trice** n. ■ Personne qui fait travailler un élève.

**répétitif, ive** adj. ■ Qui se répète d'une manière monotone. ▷ n. f. **répétitivité**

**répétition** n. f. ■ 1 Fait d'être répété (1). 2 Fait de répéter (3). ◆ *Armes À RÉPÉTITION* à chargement automatique. 3 Séance de travail pour mettre au point (spectacle, musique). 4 Leçon particulière (→ **répétiteur**).

**repeupler** v. tr. ① ■ 1 (êtres humains) Peupler de nouveau. 2 Regarnir (un lieu) d'espèces animales ou végétales. ▷ n. m. **repeuplement**

**repiquer** v. tr. ① ■ 1 Mettre en terre (de jeunes plants). → **replanter.** 2 journal. Reprendre (un texte). ◆ Copier par un nouvel enregistrement. *Repiquer un disque.* 3 v. tr. ind. fam. *REPIQUER À :* revenir à, recommencer. ▷ n. m. **repiquage**

**répit** n. m. ■ Arrêt d'une chose pénible. ➞ *SANS RÉPIT* : sans arrêt, sans cesse.

**replacer** v. tr. ③ ■ Remettre en place.

**replanter** v. tr. ① ■ **1** Planter de nouveau. → **repiquer. 2** Repeupler (de végétaux).

**replâtrer** v. tr. ① ■ **1** Plâtrer de nouveau ; reboucher avec du plâtre. **2** fig. Réparer, remanier sommairement. ▷ n. m. **replâtrage**

**replet, ète** adj. ■ Qui a de l'embonpoint. → **dodu, grassouillet.**

**réplétion** n. f. ■ didact. État d'un organe (humain) rempli, surchargé.

**repli** n. m. ■ **1** Pli qui se répète (d'une étoffe...). ➞ Pli profond. *Les replis de l'intestin.* **2** fig. Partie dissimulée, secrète. **II** Action, fait de se replier.

**réplication** n. f. ■ biol. Reproduction par copie du matériel génétique.

**replier** v. tr. ⑦ ■ **1** Plier de nouveau. **2** Ramener en pliant (ce qui a été déployé). *L'oiseau replie ses ailes.* ◆ pronom. *Se replier sur soi-même,* rentrer en soi-même, s'isoler. **3** Faire reculer en bon ordre (une troupe). ➞ pronom. *Se replier.*

**réplique** n. f. ■ **1** Riposte. ➞ Objection. *Argument sans réplique.* **2** Élément d'un dialogue, qu'un acteur doit dire. ◆ loc. *Donner la réplique à* (un acteur). ➞ *Se donner la réplique,* se répondre, discuter. **II 1** ➞ **copie.** **2** Exemplaire identique. → **double.**

**répliquer** v. tr. ① ■ **1** (v. tr. ind.) *Répliquer à,* répondre vivement en s'opposant. **2** *RÉPLIQUER* (qqch.) *à qqn,* répondre par une réplique.

**replonger** v. ③ ■ Plonger de nouveau. ➞ pronom. (fig.) *Se replonger dans sa lecture.*

**répondant, ante** n. ■ Garant (pour qqn). ◆ fam. *Avoir du répondant,* de l'argent ; de la repartie.

**répondeur** n. m. ■ Appareil relié à un poste téléphonique et qui délivre un message enregistré.

**répondre** v. tr. ind. ④① ■ **1 1** *RÉPONDRE À qqn* : faire connaître sa pensée en retour. *Répondez-moi franchement.* ➞ (En s'opposant) → **répliquer, riposter.** ➞ *Répondre à une question ; à des attaques.* **2** Réagir (à un appel). ➞ *Répondre au nom de Jean* (avoir pour nom). **3** *RÉPONDRE* (qqch.) *à qqn, à qqch.* : dire, écrire en réponse. *Elle a répondu oui, que...* **II 1** *RÉPONDRE À.* (sujet chose) Être en accord avec. → **correspondre à.** ◆ Réagir (par...). *Répondre à la force par la force.* ➞ (sujet chose) *L'organisme répond aux excitations extérieures.* **2** (personnes) *RÉPONDRE DE* : s'engager en faveur de ; se porter garant de (qqn). ◆ S'engager en affirmant (qqch.). → **assurer, garantir.** *Je réponds du succès ; j'en réponds.*

**répons** n. m. ■ mus. Chant liturgique d'un soliste, répété par le chœur.

**réponse** n. f. ■ **1** Action de répondre. ➞ loc. *AVOIR RÉPONSE À TOUT* : faire face à toutes les situations. **2** Solution apportée (à une question) par le raisonnement. **3** Réfutation. ➞ *DROIT DE RÉPONSE* : droit de faire insérer une réponse dans un journal. ◆ Riposte. **4** Réaction à un appel. **5** Réaction à une stimulation. *Réponse musculaire* (→ **réflexe**).

**report** n. m. ■ **1** Fait de renvoyer à plus tard. **2** Fait de reporter ailleurs ; de reporter un total. **3** *Report des voix* (sur un candidat, lors d'une élection).

**reportage** n. m. ■ **1** Article, émission où un, une journaliste relate une enquête. **2** Métier de reporter (②) ; genre journalistique qui s'y rapporte.

① **reporter** v. tr. ① ■ **I** Porter (une chose) à l'endroit où elle se trouvait. → **rapporter. II 1** Renvoyer à plus tard. → **ajourner, remettre. 2** Écrire ailleurs (notamment, un total). **3** *REPORTER SUR* : appliquer à (un autre objet). *Reporter sa voix sur un autre candidat.* **4** anglic. *Reporter à qqn,* lui rendre compte. ► *se reporter* (à) v. pron. Revenir en esprit, se référer à.

② **reporter** [R(ə)pɔRtɛR ; -œR] n. m. ■ Journaliste qui fait des reportages. *Elle est grand reporter.*

**repos** n. m. ■ **1** Fait de se reposer ; temps pendant lequel on se repose. ◆ Position militaire détendue (opposé à *garde-à-vous*). **2** Arrêt du mouvement, de l'activité (d'un organisme). → **immobilité, inaction.** *Au repos.* **3** Paix, tranquillité. ➞ loc. *DE TOUT REPOS* : sûr, assuré. ◆ Moment de calme (dans les événements...). → **détente, répit. 4** relig. *Le repos éternel* (des âmes, au ciel).

**reposant, ante** adj. ■ Qui repose. → **délassant.**

**repose-** Élément invariable tiré du verbe *reposer* (ex. *repose-tête*).

**reposé, ée** adj. ■ Qui s'est reposé. ◆ *À TÊTE REPOSÉE* loc. adv. : en prenant le temps de réfléchir.

① **reposer** v. ① ■ **I** v. intr. **1** littér. Rester immobile ou allongé de manière à se délasser. ➞ (sujet chose) Être calme, immobile. **2** (d'un mort) Être étendu ; enterré. *Ici repose...* (→ ci-gît). **3** *REPOSER SUR* : être établi sur (un support) ; être fondé sur. **4** Rester immobile. ◆ *Laisser reposer la terre,* la laisser en jachère. **II** v. tr. **1** Mettre dans une position qui délasse. **2** Délasser. *Cette pénombre repose la vue.* ➞ sans compl. *Ça repose.* ► *se reposer* v. pron. **1** Se délasser. **2** *SE REPOSER SUR qqn,* lui faire confiance. → **compter sur.**

② **reposer** v. tr. ① ■ Poser de nouveau. ➞ pronom. *Le problème se repose.*

**reposoir** n. m. ■ Support en forme d'autel sur lequel on dépose le saint sacrement.

**repoussant, ante** adj. ■ Qui inspire de la répulsion. → **répulsif ; dégoûtant.**

① **repousser** v. tr. 🔲 ▪ **1** Pousser (qqn) en arrière, faire reculer. → **écarter, éloigner.** ♦ Accueillir mal. → **éconduire, rabrouer.** **2** Pousser (qqch.) en arrière ou en sens contraire. ♦ techn. Travailler (du cuir, du métal) pour y faire apparaître des reliefs. – au p. p. *Cuir repoussé.* **3** Refuser d'accepter, de céder à. *Repousser les offres de qqn.*

② **repousser** v. intr. 🔲 ▪ Pousser de nouveau. *L'herbe repousse.*

**repoussoir** n. m. ▪ Chose ou personne qui en fait valoir une autre par contraste. ◆ fam. *C'est un vrai repoussoir* : il, elle est laid(e).

**répréhensible** adj. ▪ (actions) Qui mérite d'être blâmé, repris (II). → **blâmable, condamnable.** *Acte, conduite répréhensible.*

**reprendre** v. 58 ▪ **I** v. tr. **1** Prendre de nouveau (ce qu'on n'a plus). – loc. *Reprendre ses esprits.* → **revenir** à soi. **2** Prendre à nouveau (ce qu'on avait donné). – Prendre (ce qu'on a vendu) en remboursant. **3** *REPRENDRE DE* (qqch.), en prendre une seconde fois. **4** Prendre de nouveau (qqn). ◆ loc. *On ne m'y reprendra plus,* je ne me laisserai plus tromper. **5** Recommencer après une interruption (→ **reprise**). *Reprendre ses études.* – *La vie reprend son cours.* ◆ Prendre de nouveau la parole pour dire (qqch.). **6** Retravailler pour améliorer. *Reprendre un texte.* → **remanier. 7** *Reprendre une pièce de théâtre* : la rejouer. **8** *Reprendre une entreprise,* la racheter pour en continuer l'activité (→ **repreneur**). **9** Redire, répéter. *Reprendre un refrain en chœur.* **II** v. tr. littér. Critiquer (qqn), blâmer, condamner (qqch.) par des remarques (→ **répréhensible**). **III** v. intr. **1** Retrouver de la vigueur. *Les affaires reprennent.* **2** Recommencer. *La pluie reprit de plus belle.* ▪ se **reprendre** v. pron. Se ressaisir. – Corriger ses propos. ◆ *S'y reprendre à plusieurs fois (pour faire qqch.).* – *Se reprendre à* (+ inf.) : se remettre à, recommencer à.

**repreneur** n. m. ▪ Personne, entreprise qui reprend (I, 8) une entreprise.

**représailles** n. f. pl. ▪ Riposte à un mauvais procédé, à un acte illicite (États).

**représentant, ante** n. m. ▪ **I 1** Personne qui représente qqn, un groupe, agit en son nom. → **agent, mandataire.** *Représentant syndical.* **2** Personne désignée pour représenter un État, un gouvernement (→ **diplomate**). **3** Personne qui visite la clientèle pour une entreprise. **II** Individu (personne, animal, chose) que l'on considère comme type (d'une classe, d'une catégorie).

**représentatif, ive** adj. ▪ **1** Qui représente (I, 1), rend sensible (quelque chose d'autre). **2** Relatif à la représentation (II) (d'un groupe). **3** Qui représente (I, 5) bien. → **typique.** ▷n. f. **représentativité**

**représentation** n. f. ▪ **I 1** Fait de représenter (I, 1); image, signe qui représente. **2** Fait de représenter (une pièce...). → **spectacle. 3** didact. Processus par lequel une image est présentée aux sens. → **perception. II 1** Fait de représenter (qqn ; un groupe). → **délégation.** – Ceux qui représentent le peuple. **2** Métier de représentant (de commerce). **III** Vie sociale exigée par une situation. *Frais de représentation.*

**représenter** v. tr. 🔲 ▪ **I 1** Présenter à l'esprit, rendre sensible (un objet, une chose abstraite) par autre chose, par un signe. → **évoquer, exprimer; symboliser.** ◆ Évoquer par un procédé graphique, plastique. – (de l'œuvre) *Qu'est-ce que ça représente ?* **2** Évoquer à l'esprit, par le langage. → **décrire, dépeindre. 3** Montrer (un spectacle) à un public. **4** Rendre présent à l'esprit, à la conscience (ce qui n'est pas perçu). – pronom. → **concevoir, imaginer.** *Se représenter l'avenir.* **5** Être un exemple de. → **symboliser.** *Il représente le talent.* – (choses équivalentes) *Cela représente beaucoup pour lui.* **6** littér. Faire observer à qqn. *Il lui représenta la nécessité de...* **II 1** Agir pour (qqn ; un groupe). **2** Être le représentant de (une entreprise). **III** Présenter de nouveau. ▪ pronom. *Se représenter à un examen.* – *Si l'occasion se représente.*

**répressif, ive** adj. ▪ Qui réprime.

**répression** n. f. ▪ **1** Action de réprimer (2). → **châtiment, punition.** *La répression du crime, des fraudes.* **2** Fait d'arrêter (une révolte) par la violence.

**réprimande** n. f. ▪ Blâme adressé avec sévérité (à un inférieur). → **remontrance.** ▷ **réprimander** v. tr. 🔲 → **blâmer.**

**réprimer** v. tr. 🔲 ▪ **1** Empêcher (un sentiment, une tendance) de se développer, de s'exprimer. → **contenir, refréner. 2** Empêcher par la répression (2).

**reprint** [ʀəpʀint] n. m. ▪ anglic. Réédition photographique (d'un ouvrage).

**repris, ise** → **reprendre**

**repris de justice** n. m. ▪ Personne qui a déjà été condamnée (au pénal). → **récidiviste.**

**reprise** n. f. ▪ **I 1** Action de reprendre (I, 5) après une interruption. *La reprise des hostilités.* ◆ Partie d'une action. loc. *À deux, trois; plusieurs, maintes reprises* (→ **fois**). ◆ spécialt *Combat* (de boxe) *en trois reprises* (→ **round**). **2** (moteur...) Passage rapide à un régime supérieur. **3** Fait de reprendre pour remanier, adapter ou répéter. ◆ spécialt Raccommodage d'un tissu (→ **repriser**). **4** Somme versée pour succéder au locataire d'un appartement. **II** Fait de prendre un nouvel essor. *Reprise économique.*

**repriser** v. tr. 🔲 ▪ Raccommoder.

**réprobation** n. f. ▪ Fait de réprouver*; désapprobation. ▷ adj. **réprobateur, trice**

**reproche** n. m. ▪ Blâme formulé pour inspirer la honte ou le regret. → **remontrance, réprimande.** ◆ loc. *Sans reproche(s).* → **irréprochable.**

**reprocher** v. tr. ① ▪ *Reprocher* (qqch.) *à qqn*, lui faire observer avec reproche. *On lui reproche sa désinvolture.* ➙ pronom. *Se reprocher qqch.* ♦ Critiquer, trouver à redire à (qqch.).

**reproducteur, trice** adj. ▪ Qui sert à la reproduction (animale, végétale).

**reproduction** n. f. ▪ 1 Fonction par laquelle les êtres vivants se reproduisent. **II 1** Action de reproduire, de copier. *Reproduction interdite.* 2 sociol. Fait de perpétuer.

**reproduire** v. tr. ③⑧ ▪ 1 Répéter, rendre fidèlement (qqch.). ➙ **imiter, représenter.** 2 Copier (un modèle). *Reproduire un texte.* ♦ (sujet chose) Constituer une image, une réplique de. 3 Perpétuer, répéter. ➙ **se reproduire** v. pron. 1 Produire des êtres vivants de son espèce. 2 Se produire de nouveau. → **recommencer,** se **répéter.**

**réprouvé, ée** n. ▪ Personne rejetée (par la société → **paria**; par Dieu → **damné**).

**réprouver** v. tr. ① ▪ 1 Rejeter en condamnant (qqch., qqn). → **blâmer; réprobation.** 2 relig. Damner.

**reps** [ʀɛps] n. m. ▪ Tissu d'ameublement en grosse toile.

**reptation** n. f. ▪ (reptiles...) Locomotion dans laquelle le corps progresse sur sa face ventrale (→ **ramper**).

**reptile** n. m. ▪ Animal qui rampe (vx); vertébré, généralement ovipare, à peau couverte d'écailles (serpents, lézards, tortues, crocodiles). *Reptiles fossiles* (dinosaure, ptérodactyle).

**repu, ue** adj. ▪ 1 Qui a mangé à satiété. → **rassasié.** 2 fig. Assouvi.

**républicain, aine** ▪ 1 adj. et n. Partisan de la république. 2 adj. De la république.

**république** n. f. ▪ 1 Forme de gouvernement où le chef de l'État (→ **président**) n'est pas seul à détenir le pouvoir qui n'est pas héréditaire. 2 État ainsi gouverné.

**répudier** v. tr. ① ▪ 1 (dans certaines civilisations) Renvoyer (son épouse) en rompant légalement le mariage. 2 littér. Rejeter, renier (un sentiment, une idée). ▷ n. f. **répudiation**

**répugnance** n. f. ▪ 1 Sensation de dégoût. → **répulsion.** 2 Vif sentiment de mépris, de dégoût qui fait qu'on évite (qqn, qqch.). → **horreur.** 3 Manque d'enthousiasme.

**répugnant, ante** adj. ▪ 1 Qui inspire de la répugnance (physique). → **dégoûtant, écœurant, repoussant.** 2 Ignoble (moralement).

**répugner** v. tr. ind. ⑦ ▪ 1 littér. Éprouver de la répugnance pour (qqch.). *Il répugne au mensonge; à mentir.* 2 Inspirer de la répugnance à (qqn); faire horreur. *Le mensonge lui répugne.*

**répulsion** n. f. ▪ Répugnance (physique ou morale). → **dégoût, écœurement.** ▷ **répulsif, ive** adj. littér. → **repoussant.**

**réputation** n. f. ▪ 1 Fait d'être honorablement connu du point de vue moral. 2 Fait d'être connu (honorablement ou non). *Avoir bonne, mauvaise réputation.* ♦ *Avoir la réputation de,* être considéré comme.

**réputer** v. tr. ① ▪ littér. (+ attribut) Tenir pour, considérer comme. ♦ passif (*Être*) *réputé, ée* (+ adj.; + inf.) : avoir la réputation de, passer pour. ▶ **réputé, ée** adj. → **célèbre, connu, fameux.**

**requérir** v. tr. ②① ▪ 1 littér. Demander, solliciter. *Requérir de l'aide.* 2 dr. Réclamer au nom de la loi (→ **requête**). 3 littér. (sujet chose) Demander, réclamer. *Cela requiert de la patience.* ▶ **requis, ise** adj. Exigé. *Avoir l'âge requis.*

**requête** n. f. ▪ 1 littér. Demande instante. 2 dr. Demande écrite présentée devant une juridiction.

**requiem** [ʀekɥijɛm] n. m. invar. ▪ 1 Prière catholique pour les morts. 2 Partie de la messe des morts mise en musique.

**requin** n. m. ▪ 1 Poisson au corps fuselé, très puissant et très vorace. → **squale.** 2 fig. Personne impitoyable en affaires.

**requinquer** v. tr. ① ▪ fam. Redonner des forces, de l'entrain à.

**requis, ise** → requérir

**réquisition** n. f. ▪ Opération par laquelle l'Administration exige qqch. (bien, service). *Réquisition de véhicules.*

**réquisitionner** v. tr. ① ▪ 1 Prendre, utiliser par réquisition. 2 fam. Utiliser (qqn) d'autorité.

**réquisitoire** n. m. ▪ 1 dr. Discours de l'accusation. 2 Attaque verbale.

**R. E. R.** [ɛʀøɛʀ] n. m. ▪ Sigle de *réseau express régional* (région parisienne).

**rescapé, ée** n. ▪ Personne réchappée d'un accident.

**à la rescousse** loc. adv. ▪ Au secours, à l'aide. *Appeler; venir à la rescousse.*

**réseau** n. m. ▪ 1 Ensemble de lignes, de bandes, etc., entrelacées. 2 Ensemble de voies, de moyens de communication. *Réseau routier; téléphonique.* 3 Répartition des éléments d'une organisation. ➙ Organisation clandestine. *Réseau d'espionnage.* ♦ *RÉSEAU SOCIAL* : groupe de personnes liées par des goûts, des intérêts communs. ➙ Plate-forme d'échange et de partage d'informations, sur Internet. 4 Ensemble d'ordinateurs connectés, susceptibles d'échanger des informations. *Réseau local. Le réseau des réseaux :* Internet.

**résection** [-s-] n. f. ▪ chir. Opération chirurgicale qui consiste à couper, à retrancher (réséquer v. tr. ⑥).

**réséda** n. m. ▪ Plante aux fleurs odorantes disposées en grappe.

**réservation** n. f. ▪ Fait de réserver (3).

**réserve** n. f. ■ I Ce qu'on réserve (2) ; élément qu'on n'accepte pas (au moment). *Faire, émettre des réserves sur* (une opinion, etc.). ◆ loc. *SOUS TOUTES RÉSERVES* : sans garantie. – *SOUS RÉSERVE (DE)* : sous condition ; à condition (de). *Sous réserve de vérification.* ◆ *SANS RÉSERVE* loc. adv. et adj. : sans restriction, sans réticence. II Qualité qui consiste à se garder de tout excès. → **circonspection, retenue.** – *Se tenir SUR LA RÉSERVE*, garder une attitude réservée. III 1 Quantité accumulée pour en disposer plus tard. → **provision.** – Quantité non encore exploitée (d'un minéral). 2 loc. *Avoir, mettre qqch. EN RÉSERVE* : garder. → de **côté.** 3 milit. *Les réserves* : troupe gardée disponible. – *La réserve* (s'oppose à armée active). *Officier de réserve* (→ **réserviste**). IV 1 Territoire où la nature est protégée. 2 (Amérique du Nord) Territoire réservé aux Indiens. 3 Local où l'on garde à part (des objets).

**réservé, ée** adj. ■ I Qui a été réservé. *Chasse réservée.* – *Place réservée.* II Qui fait preuve de réserve (II).

**réserver** v. tr. ⏹ ■ 1 Destiner exclusivement ou spécialement (à qqn, un groupe). 2 S'abstenir d'utiliser immédiatement (qqch.), en vue d'une occasion plus favorable. → **garder.** – *Réserver son jugement* (→ **réserve** (II). 3 Mettre de côté, faire mettre à part (ce qu'on veut trouver disponible) (→ **retenir ; réservation**). 4 Destiner (qqch. à qqn). *Le sort qui nous est réservé.* ► se **réserver** v. pron. 1 S'abstenir d'agir (pour conserver une possibilité). ◆ spécialt Manger peu afin de garder de l'appétit. 2 Réserver pour soimême. *Je me réserve le droit d'intervenir.* – *Se réserver de* (+ inf.) : conserver pour l'avenir la possibilité de (faire qqch.).

**réserviste** n. m. ■ Membre d'une armée de réserve.

**réservoir** n. m. ■ Bassin, récipient où un liquide peut s'accumuler.

**résidence** n. f. ■ 1 Fait de résider en un lieu ; ce lieu. – dr. Lieu où une personne habite ou travaille, sans y avoir nécessairement son domicile. 2 Habitation (confortable) où l'on réside. – *Résidence secondaire*, maison de vacances.

**résident, ente** n. ■ Personne qui réside (en un lieu, spécialt dans un autre pays que son pays d'origine).

**résidentiel, elle** adj. ■ De la résidence (surtout des beaux quartiers).

**résider** v. intr. ⏹ ■ 1 (personnes) Être établi d'une manière habituelle (dans un lieu). → **demeurer.** 2 (sujet chose) Avoir son siège, son principe (en, dans).

**résidu** n. m. ■ 1 péj. Reste sans valeur. → **déchet.** 2 Ce qui reste après une opération physique ou chimique.

**résiduel, elle** adj. ■ didact. Qui constitue un reste, un résidu. – fig. *Chômage résiduel.*

**résignation** n. f. ■ Fait d'accepter sans protester ; tendance à se soumettre.

**résigner** v. tr. ⏹ ■ 1 littér. Abandonner (une fonction). *Résigner sa charge.* 2 pronom. *Se résigner à* : accepter sans protester (une chose pénible). – absolt Se soumettre. ► **résigné, ée** adj.

**résilience** n. f. ■ 1 psychol. (emplois antérieurs en sc.) Capacité à vivre et se développer, en surmontant les chocs, les traumatismes.

**résilier** v. tr. ⏼ ■ 1 Dissoudre (un contrat). *Résilier un bail.* ▷ n. f. **résiliation**

**résille** n. f. ■ Tissu de larges mailles (spécialt, pour les cheveux). – appos. *Bas résille.*

**résine** n. f. ■ 1 Substance visqueuse qui suinte de certains végétaux. 2 Composé constituant des matières plastiques.

**résineux, euse** adj. ■ 1 Qui produit de la résine (1). – n. m. *Les principaux résineux sont des conifères.* 2 Propre à la résine (1).

**résistance** n. f. ■ I 1 Fait de résister, d'opposer une force (à une autre) ; cette force. *La résistance de l'air.* ◆ sc. Capacité d'annuler ou de diminuer l'effet d'une force. – *Résistance des matériaux*, étude de leur comportement quand ils sont soumis à des forces, des contraintes. 2 électr. *Résistance (électrique)*, rapport entre la tension et l'intensité du courant. – cour. Conducteur qui dégage de la chaleur. 3 Endurance physique. 4 loc. *PLAT DE RÉSISTANCE*, plat principal d'un repas. II 1 Fait de résister (II). *Résistance passive*, refus d'obéir. ◆ Ce qui s'oppose à la volonté. *Rencontrer de la résistance.* 2 Action de s'opposer à une attaque. ◆ hist. (avec maj.) *La Résistance* (à l'occupant allemand pendant la Seconde Guerre mondiale).

**résistant, ante** adj. ■ 1 Qui résiste à une force contraire ; à l'effort, à l'usure. 2 (êtres vivants) Endurant, robuste. 3 n. Personne qui appartenait à la Résistance (II, 2).

**résister** v. tr. ind. ⏹ ■ *RÉSISTER À* I (valeur passive) 1 (sujet chose) Ne pas céder, ne pas s'altérer sous l'effet de. 2 (êtres vivants) Ne pas être altéré par (ce qui menace l'organisme). *Résister à la fatigue.* – Supporter sans faiblir (ce qui est pénible). 3 (choses) Se maintenir, survivre. II (valeur active) 1 Faire effort contre l'usage de la force. se **défendre.** 2 S'opposer à (qqch., qqn qui contrarie les désirs, menace la liberté). → **lutter contre.** 3 (contexte amoureux) Repousser (qqn). 4 S'opposer à (ce qui plaît, tente). *Résister à une tentation.*

**résistivité** n. f. ■ électr. Résistance spécifique d'une substance.

**résolu, ue** adj. ■ Décidé, déterminé. ▷ adv. **résolument**

**résolution** n. f. ■ I 1 didact. Transformation (d'une substance qui se résout). *La résolution de l'eau en vapeur.* 2 Opération par laquelle l'esprit résout (une difficulté). II 1 Décision volontaire arrêtée après délibération. 2 Comportement, caractère d'une personne résolue. → **détermination, énergie, fermeté.**

**résonance** n. f. ■ **1** Augmentation de la durée ou de l'intensité des vibrations. *Caisse de résonance.* **2** fig., littér. Effet de ce qui se répercute (dans l'esprit...). → **écho. 3** sc. Augmentation de l'amplitude d'une oscillation. ♦ *Résonance magnétique nucléaire (R. M. N.),* utilisée en imagerie médicale (→ **I. R. M.**).

**résonateur** n. m. ■ Appareil, milieu où peut se produire un phénomène de résonance.

**résonner** v. intr. ① ■ **1** Produire un son accompagné de résonances. **2** (sons) Retentir avec des résonances. **3** (lieux) S'emplir d'échos.

**résorber** v. tr. ① ■ Faire disparaître par une action interne. *Résorber un déficit.* ♦ spécialt → **résorption** (1).

**résorption** n. f. ■ **1** méd. Disparition (d'un produit pathologique repris par la circulation sanguine ou lymphatique). **2** fig. Fait de (se) résorber.

**résoudre** v. tr. 51 ■ **1 1** (p. p. *résous, oute*) Transformer en ses éléments. → **dissoudre, décomposer. 2** (p. p. *résolu, ue*) Découvrir la solution de. **II** (p. p. *résolu, ue*) **1** Déterminer (qqn) à prendre une résolution. → passif *Il est résolu à partir.* → pronom. *Se résoudre (à).* → **se décider. 2** Décider. *Ils ont résolu sa perte, de le perdre.*

**respect** [-pɛ] n. m. ■ **1** Sentiment qui porte à accorder à qqn de la considération en raison de la valeur qu'on lui reconnaît. → **déférence.** ◆ loc. *Sauf votre respect,* en s'excusant d'une parole trop libre. ♦ Vénération. **2** au plur. Témoignage de respect. *Mes respects.* **3** Fait de respecter (2). *Le respect des convenances.* **4** loc. *Respect humain :* crainte du jugement des autres. **5** *Tenir qqn en respect,* dans une soumission forcée.

**respectable** adj. ■ **1** Digne de respect. → **estimable, honorable. 2** Assez important (quantité). ▷ n. f. **respectabilité**

**respecter** v. tr. ① ■ **1** Considérer avec respect (1). → **honorer ; vénérer. 2** Ne pas porter atteinte à. → **observer.** *Respecter la loi ; les convenances.* ▶ **se respecter** v. pron. → *QUI SE RESPECTE* loc. adj. fam. : digne de son nom, de sa réputation. *C'est indigne d'un homme qui se respecte.*

**respectif, ive** adj. ■ Qui concerne chaque chose, chaque personne (parmi plusieurs). ▷ adv. **respectivement**

**respectueux, euse** adj. ■ **1** Qui éprouve ou témoigne du respect. **2** Qui marque du respect. → loc. *Rester à (une) distance respectueuse,* assez grande. **3** *RESPECTUEUX DE :* soucieux de ne pas porter atteinte à. ▷ adv. **respectueusement**

**respirable** adj. ■ Que l'on peut respirer.

**respiration** n. f. ■ **1** Fait de respirer ; manière de respirer. *Retenir sa respiration.* → **souffle.** ♦ *Respiration artificielle.* **2** didact. Absorption de l'oxygène et rejet du gaz carbonique.

**respiratoire** adj. ■ **1** Qui permet la respiration. **2** De la respiration.

**respirer** v. ■ **I** v. intr. **1** Absorber l'air dans la cage thoracique, puis le rejeter. → **inspirer, expirer. 2** Avoir un moment de calme, de répit. → **souffler. II** v. tr. Aspirer (respiration). *Respirer le bon air.* **III** v. tr. Dégager une impression de. *Il respire la santé.*

**resplendir** v. intr. ② ■ littér. Briller d'un vif éclat. → fig. *Son visage resplendit de joie.* → **rayonner.** ▷ adj. **resplendissant, ante**

**responsabiliser** v. tr. ① ■ Donner à (qqn) le sens des responsabilités.

**responsabilité** n. f. ■ **1** Fait d'être responsable (I). **II** dr. **1** Obligation, pour un gouvernement, de quitter le pouvoir lorsque le corps législatif lui retire sa confiance. **2** Obligation de réparer le dommage que l'on a causé par sa faute.

**responsable** adj. ■ **I 1** Qui doit répondre de ses actes ou de ceux d'autrui. ♦ Qui est la cause volontaire (de qqch.). → n. fam. *Qui est le responsable de cette farce ?* **2** Chargé de. *Le ministre responsable de la justice.* → n. → **dirigeant.** *Responsable syndical.* **3** Raisonnable, réfléchi. *Une attitude responsable.* **II** dr. Qui a la responsabilité (II).

**resquiller** v. ① ■ **1** v. intr. Entrer sans payer (spectacles, transports). **2** v. tr. Obtenir (qqch.) sans y avoir droit. ▷ n. f. **resquille** ▷ n. **resquilleur, euse**

**ressac** [Rə-] n. m. ■ Retour brutal des vagues sur elles-mêmes.

**se ressaisir** [R(ə)-] v. pron. ② ■ Redevenir calme et maître de soi.

**ressasser** [R(ə)-] v. tr. ① ■ Revenir sur, répéter de façon lassante.

**ressaut** [Rə-] n. m. ■ Saillie.

**ressemblance** [R(ə)-] n. f. ■ **1** Rapport entre des objets, des personnes présentant des éléments identiques apparents. → au plur. Traits communs. *Ressemblances et différences.* **2** Rapport entre la chose et son modèle, tel que la chose donne l'image du modèle. ▷ adj. **ressemblant, ante** [R(ə)-]

**ressembler** [R(ə)-] v. tr. ind. ① ■ *RESSEMBLER À* **1** Avoir de la ressemblance, des traits physiques ou moraux communs. *Il ressemble à son père, en plus calme.* → pronom. *Ils se ressemblent.* → loc. *Cela ne ressemble à rien,* c'est très original ; péj. c'est informe. **2** Avoir de la ressemblance (2) avec (un modèle). **3** Être digne de (qqn). *Cela lui ressemble tout à fait.*

**ressemeler** [R(ə)səm(ə)le] v. tr. ④ ■ Garnir (des souliers) de semelles neuves. ▷ n. m. **ressemelage**

**ressentiment** [R(ə)-] n. m. ■ Fait de se souvenir avec rancune. → **rancœur.**

**ressentir** [R(ə)-] v. tr. 16 ■ **1** littér. Sentir l'effet moral de. *Ressentir une injure.* **2** Être pleinement conscient de (un état affectif). → **éprouver.** *Ressentir de la sympathie pour qqn.* **3** Éprouver (une sensation physique). ▶ **se ressentir de** v. pron. Continuer à éprouver les effets de (une maladie, un mal). *Se ressentir d'une chute.*

**resserre** [ʀəsɛʀ] n. f. ▪ Local où l'on range des objets. → **remise.**

**resserrer** [ʀ(ə)-] v. tr. ① ▪ **1** Réduire (qqch.) en contractant, en rapprochant les éléments. **2** Rapprocher de nouveau ou davantage en serrant. ► **se resserrer** v. pron. ▷ n. m. **resserrement**

**resservir** [ʀ(ə)-] v. ⑭ ▪ **1** v. tr. Servir de nouveau (qqch. ; qqn). **2** v. intr. Être encore utilisable. *Cela peut resservir.*

① **ressort** [ʀ(ə)-] n. m. ▪ **1** Pièce qui produit un mouvement en utilisant ses propriétés élastiques. **2** fig., littér. Énergie, force cachée. ♦ loc. *Avoir du ressort.*

② **ressort** [ʀ(ə)-] n. m. ▪ **1** loc. EN DERNIER RESSORT : sans possibilité de recours ; finalement... **2** Compétence. ◄ loc. *Du ressort de...*

① **ressortir** [ʀ(ə)-] v. ⑯ ▪ **I** v. intr. (auxiliaire *être*) **1** Sortir (d'un lieu) peu après être entré. **2** Paraître avec plus de relief, être saillant. → **se détacher.** ◄ *Le motif ressort mieux sur ce fond.* **3** impers. Apparaître comme conséquence. → **résulter.** *Il ressort de notre conversation que...* **II** v. tr. (auxiliaire *avoir*) Sortir (qqch.) de nouveau.

② **ressortir** [ʀ(ə)-] v. tr. ind. ② ▪ RESSORTIR À **1** dr. Être du ressort, de la compétence de (une juridiction). → **relever** de. **2** littér. Dépendre de, concerner.

**ressortissant, ante** [ʀ(ə)-] n. ▪ Personne qui relève de l'autorité d'un autre pays.

**ressource** [ʀ(ə)-] n. f. ▪ **I** Ce qui peut améliorer une situation. → **recours. II** au plur. **1** Moyens (en argent, personnes, réserves...) dont dispose qqn, une collectivité. *De maigres ressources.* ◄ *Les ressources humaines* (d'une entreprise) : le personnel. **2** Moyens intellectuels et possibilités d'action. ◄ loc. *Un homme de ressources.* ◄ au sing. *Il a de la ressource.* ♦ Moyens, possibilités (d'un art, etc.).

**se ressourcer** [ʀ(ə)-] v. pron. ③ ▪ Trouver des forces en revenant à ses racines.

**se ressouvenir** [ʀ(ə)-] v. pron. ㉒ ▪ littér. Se souvenir (d'une chose ancienne, oubliée).

**ressusciter** ① ▪ **I** v. intr. **1** Être de nouveau vivant. → **résurrection. 2** Revenir à la santé, à la vie. **II** v. tr. **1** Ramener de la mort à la vie. **2** Guérir (qqn) d'une grave maladie. **3** fig. Faire revivre en esprit. ◄ Faire renaître. *Ressusciter un art.*

① **restant, ante** adj. ▪ **1** Qui reste (d'un ensemble). **2** loc. POSTE* RESTANTE.

② **restant** n. m. ▪ Ce qui reste. → **reste.**

**restaurant** n. m. ▪ Établissement où l'on sert des repas moyennant paiement. ◄ *Café-restaurant.* → **bistrot, brasserie.**

① **restaurateur, trice** n. ▪ Spécialiste de la restauration des œuvres d'art.

② **restaurateur, trice** n. ▪ Personne qui tient un restaurant.

① **restauration** n. f. ▪ **1** Action de restaurer (1). ♦ Rétablissement au pouvoir de (un régime). ◄ *La Restauration,* celle des Bourbons (1814-1830). **2** Action de restaurer (2).

② **restauration** n. f. ▪ Activité de restaurateur. *Restauration rapide.* → anglic. **fast-food.**

① **restaurer** v. tr. ① ▪ **1** littér. Rétablir en son état ancien ou en sa forme première (qqch. d'abstrait). **2** Redonner son aspect premier à (une œuvre d'art, un monument).

② **restaurer** v. tr. ① ▪ littér. Nourrir (qqn). ► **se restaurer** v. pron. → **se sustenter.**

**reste** n. m. ▪ **I** Ce qui subsiste de (un tout dont une partie a été supprimée). → **restant ; rester** (II). *Le reste d'une somme d'argent.* ◄ loc. *Partir SANS DEMANDER SON RESTE,* sans insister. ♦ *Le reste de sa vie.* ◄ loc. *LE RESTE DU TEMPS.* ♦ *Le reste de mes amis est venu* ou (littér.) *sont venus.* ♦ absolt *Ne t'occupe pas du reste.* ♦ loc. adv. *DE RESTE* : plus qu'il n'en faut. ♦ *Être, demeurer EN RESTE,* être le débiteur, l'obligé (de qqn). ♦ *AU RESTE* (littér.) ; *DU RESTE* : d'ailleurs, au surplus. **II** Élément restant d'un tout. **1** *Les restes d'une cité antique. Un reste d'amour.* ◄ loc. *Avoir de beaux restes,* des restes de beauté (femme). **2** littér. *Les restes de qqn,* son cadavre. **3** (dans un calcul) Élément restant d'une quantité, après soustraction ou division. **4** péj. *Les restes,* ce qu'on a laissé, négligé (de nourriture).

**rester** v. intr. ① ▪ **I 1** Continuer d'être dans un lieu. → **demeurer.** *Rester chez soi, à tel endroit.* ♦ sans compl. de lieu (s'oppose à *partir, s'en aller*) *Je ne peux pas rester.* **2** Continuer d'être (dans une position, une situation, un état). *Rester debout.* ◄ RESTER À (+ inf.). *Rester à travailler.* ◄ (+ attribut) *Rester immobile.* **3** Subsister à travers le temps. *C'est une œuvre qui restera.* → **durer. 4** RESTER À qqn : continuer d'être, d'appartenir à qqn. *Ce surnom lui est resté.* **5** EN RESTER À : s'arrêter, être arrêté à. *Où en es-tu resté de ta lecture ?* → EN RESTER LÀ : ne pas continuer. *Restons-en là.* **II** (éléments d'un tout) **1** Être encore présent (après élimination des autres éléments). → **subsister ; reste.** ◄ impers. *Il reste du pain.* **2** RESTER À (+ inf.). *Le plus dur reste à faire.* ◄ impers. *Le temps qu'il me reste à vivre.* **3** impers. (+ indic.) *Il n'en reste pas moins que...,* il n'en est pas moins vrai que... ◄ littér. *RESTE QUE* (+ indic.) : toujours est-il que.

**restituer** v. tr. ① ▪ **1** Rendre. *Restituer un objet volé.* **2** Reconstituer à l'aide de fragments, de documents, etc. ♦ Reproduire.

**restitution** n. f. ▪ Fait de restituer (qqch.).

**resto** n. m. → **restaurant**

**restoroute** n. m. ▪ Restaurant situé au bord d'une autoroute.

**restreindre** v. tr. ㊲ ▪ Ramener dans les limites plus étroites. → **diminuer, limiter, réduire.** ► **se restreindre** v. pron. **1** *Le champ de nos recherches se restreint.* **2** (personnes) *Restreindre ses dépenses.* ► **restreint, einte** adj. Limité.

**restrictif, ive** adj. ▪ Qui restreint. → **limitatif ;** opposé à *extensif.*

**restriction** n. f. ▪ **1** Ce qui restreint le développement, la portée de qqch. → *Faire des restrictions*, des réserves. → SANS RESTRICTION loc. adv. : entièrement. **2** Fait de rendre, de devenir moindre. **3** au plur. Mesures pour réduire la consommation ; privations.

**restructurer** [R(ə)-] v. tr. ⒈ ▪ Donner une nouvelle structure à. → **réorganiser.** ▷ n. f. **restructuration**

**resucée** [R(ə)s-] n. f. ▪ fam. **1** Nouvelle quantité (bue). **2** fig. Répétition.

**résultante** n. f. ▪ Conséquence, résultat de l'action de plusieurs facteurs.

**résultat** n. m. ▪ **1** Ce qui arrive et est produit par une cause. → **conséquence, effet.** **2** Ce que produit une activité consciente, un moyen. → **fin.** *Le résultat d'une expérience.* **3** sc. Dernière phase d'une opération ; solution. **4** Admission ou échec (à un examen...) ; issue (d'une compétition...). *Le résultat des courses* (fig. la conséquence).

**résulter** v. intr. ⒈ seulement inf., p. prés. et 3ᵉ pers. ▪ RÉSULTER DE **1** Être le résultat de. → **découler. 2** impers. (avec *que* + indic.) *Il en a, il en est résulté que...* → ① **ressortir.**

**résumé** n. m. ▪ **1** Abrégé, condensé. **2** EN RÉSUMÉ loc. adv. : en peu de mots ; à tout prendre, somme toute.

**résumer** v. tr. ⒈ ▪ **1** Abréger. → Présenter brièvement. *Résumer la situation.* → pronom. *Résumons-nous.* **2** Se résumer à : aboutir.

**résurgence** n. f. ▪ **1** didact. Eaux souterraines qui ressortent à la surface. → **source. 2** fig. Fait de réapparaître, de resurgir.

**resurgir** [R(ə)-] v. intr. ⒉ ▪ Surgir, apparaître brusquement de nouveau.

**résurrection** n. f. ▪ **1** Retour de la mort à la vie. → **ressusciter. 2** Fait de ressusciter (le passé). **3** Retour à l'activité ; nouvel essor.

**retable** n. m. ▪ Partie postérieure décorée (peinte, sculptée) d'un autel ; l'œuvre.

**rétablir** v. tr. ⒉ ▪ I **1** Établir de nouveau (ce qui a été oublié, altéré). *Rétablir la vérité.* **2** Remettre (qqn dans une situation, un état). **3** Faire exister ou fonctionner de nouveau. *Rétablir l'ordre.* **II** Remettre (qqn) en bonne santé. → pronom. *Elle s'est rétablie.*

**rétablissement** n. m. ▪ **1** Action de rétablir (I et II). **2** Mouvement de gymnastique, traction des bras. → fig. Effort pour retrouver l'équilibre.

**rétamer** v. tr. ⒈ ▪ **1** Étamer de nouveau (un ustensile). *Faire rétamer des casseroles.* **2** fig., fam. Démolir, esquinter. ► **rétamé, ée** adj. ▷ n. m. **rétamage**

**rétameur, euse** n. ▪ Personne qui rétame des ustensiles.

**retape** n. f. ▪ fam. Racolage.

**retaper** v. tr. ⒈ ▪ **1** Réparer, arranger sommairement. *Retaper une vieille maison.* **2** Remettre en bonne santé, en forme. → pronom. *Il a besoin de se retaper.*

**retard** n. m. ▪ **1** Fait d'arriver après le moment fixé, attendu ; temps de retard. *Avoir du, un retard. Arriver, être, se mettre* EN RETARD. *Avoir une heure de retard.* **2** Fait d'agir trop tard, de n'avoir pas encore fait ce que l'on aurait dû faire. *Avoir du courrier en retard.* **3** Différence en moins entre l'heure marquée et l'heure réelle. **4** Action de retarder (I, 2). → **ajournement, atermoiement.** → SANS RETARD : sans délai. ◆ adj. pharm. Se dit d'un médicament conçu pour une diffusion progressive dans l'organisme. **5** Fait d'être moins avancé dans un développement. *Retard économique.*

**retardataire** adj. ▪ **1** Qui arrive, est en retard. → n. *Un, une retardataire.* **2** Qui est en retard sur son époque.

**retardé, ée** adj. ▪ Qui a du retard (5). *Un enfant retardé.* → **arriéré, attardé.**

**à retardement** loc. adj. ▪ *Engin, bombe à retardement,* muni d'un dispositif qui diffère la déflagration.

**retarder** v. ▪ I ▪ v. tr. **1** Faire arriver en retard. ◆ Faire aller plus lentement (dans une activité). **2** Faire se produire plus tard. → **ajourner, différer, remettre. II** ▪ v. intr. **1** (montre, etc.) Marquer une heure moins avancée que l'heure réelle. **2** Avoir des idées, des goûts du passé. ◆ Découvrir qqch. longtemps après les autres.

**retenir** v. tr. ㉒ ▪ I **1** Garder pour soi, en vue d'un usage futur. → spécialt Garder (une somme). → **déduire, prélever. 2** Réserver (ce qu'on veut trouver disponible). *Retenir une chambre dans un hôtel.* **3** Conserver dans sa mémoire. → **se souvenir.** → iron. *Je vous retiens !* **4** Prendre en considération pour en tirer parti. *Je retiens votre proposition.* **5** Faire une retenue (arithmétique). **II 1** Faire rester (qqn). → **garder, immobiliser.** → *Je ne vous retiens pas* (formule pour congédier). **2** Susciter l'intérêt de. *Votre offre a retenu notre attention.* **3** Maintenir (qqch.) en place. **4** (sujet chose) Ne pas laisser passer. *Barrage qui retient l'eau.* **5** (sujet personne) S'empêcher d'émettre. *Retenir un cri.* **6** Maintenir, tirer en arrière. → **arrêter.** *Retenir qqn par le bras.* **7** Empêcher (qqn) d'agir. *Retenez-moi ou je fais un malheur !* → **se retenir** v. pron. **1** Faire effort pour ne pas tomber. **2** Attendre pour céder (à un désir, un besoin ; spécialt ses besoins naturels).

**rétention** n. f. ▪ **1** Fait de retenir pour soi. *Rétention d'informations.* **2** Fait de ne pas évacuer de l'organisme. *Rétention d'urine.*

**retentir** v. intr. ⒉ ▪ **1** littér. Être rempli par un bruit. → *La salle retentissait d'acclamations.* **2** (son) Se faire entendre avec force. *Un coup de tonnerre retentit.* **3** didact. *Retentir sur :* avoir des répercussions sur.

**retentissant, ante** adj. ▪ **1** Qui retentit (2). **2** Qui a un retentissement (3).

**retentissement** n. m. ▪ **1** Effet indirect ou effet en retour. → **répercussion. 2** Fait de susciter les réactions du public.

**retenue** n. f. ■ I 1 Prélèvement sur une rémunération. 2 Chiffre qu'on réserve pour l'ajouter à la colonne suivante, dans une opération. II 1 Fait de retenir en dehors des heures de cours. → **consigne**. 2 Fait de retenir (l'eau) ; barrage. III littér. Fait de se contenir. → **pondération, réserve.**

**rétiaire** [ʀetjɛʀ; ʀesjɛʀ] n. m. ■ Gladiateur romain armé d'un filet, d'un trident et d'un poignard.

**réticence** n. f. ■ 1 Omission volontaire d'une chose qu'on devrait dire. → **sous-entendu.** 2 par ext. Témoignage de réserve. → **hésitation.**

**réticent, ente** adj. ■ 1 Qui n'exprime pas ce qu'il pourrait. 2 par ext. Qui manifeste de la réserve.

**réticule** n. m. ■ 1 sc. Système de fils croisés d'un instrument d'optique. 2 Petit sac à main (de femme).

**réticulé, ée** adj. ■ sc. En forme de réseau.

**rétif, ive** adj. ■ 1 Qui s'arrête, refuse d'avancer. *Cheval rétif.* 2 Difficile à persuader. → **récalcitrant.**

**rétine** n. f. ■ Membrane interne de l'œil, qui reçoit les impressions et les transmet au nerf optique. ▷ adj. **rétinien, ienne**

**retirage** n. m. ■ Nouveau tirage (d'un livre, etc.).

**retiré, ée** adj. ■ 1 (personnes) Qui s'est retiré (du monde, des affaires...). 2 (choses) Éloigné, situé dans un lieu isolé.

**retirer** v. tr. 🔟 ■ I 1 *Retirer de* : faire sortir (qqn, qqch.) de. 2 Faire sortir (qqch.) à son profit. *Retirer l'argent à la banque.* → Obtenir. *Retirer un bénéfice.* 3 Reculer. *Retire ta main!* 4 Enlever (ce qu'on couvre). *Retirer ses vêtements.* 5 *Retirer* (qqch.) *à* (qqn) : enlever, priver de. 6 Cesser de présenter. → **retrait.** *Retirer une plainte.* II Tirer de nouveau. *Retirer une photo.* ► se **retirer** v. pron. 1 Partir, s'éloigner. → S'abriter. 2 (fluides) Refluer. *La mer se retire.*

**retombée** n. f. ■ 1 Mouvement de ce qui retombe. 2 Choses qui retombent. *Retombées radioactives.* 3 (souvent au plur.) Conséquence. → **répercussion.**

**retomber** v. intr. 🔟 ■ I (êtres vivants) 1 Tomber de nouveau. → Toucher terre après s'être élevé. → loc. *Retomber sur ses pieds,* se tirer d'une situation difficile. 2 Tomber de nouveau dans une situation mauvaise. II (sujet chose) 1 Tomber, s'abaisser (après avoir été plus haut). → **redescendre.** 2 Pendre librement. *Ses cheveux retombent sur ses épaules.* 3 Revenir (dans un état négatif). *Retomber dans l'oubli.* 4 Cesser d'agir. *Sa colère est retombée.* 5 (sujet chose abstraite) Être rejeté (sur). *La responsabilité est retombée sur lui.*

**retoquer** v. tr. 🔟 ■ (d'abord dans le contexte scolaire) Refuser, repousser, faire échouer (une initiative...).

**retordre** v. tr. 41 ■ Assembler (des fils) en tordant. → loc. fig. *Donner du fil* à retordre à qqn.

**rétorquer** v. tr. 🔟 ■ littér. Retourner contre qqn (un argument). → cour. *Rétorquer que.*

**retors, orse** adj. ■ 1 Retordu. 2 fig. Plein de ruse, d'une habileté tortueuse.

**rétorsion** n. f. ■ Fait d'agir par représailles. *Mesures de rétorsion.*

**retouche** n. f. ■ 1 Action de retoucher (un travail...). 2 Adaptation d'un vêtement de confection.

**retoucher** v. tr. 🔟 ■ 1 Reprendre (un travail, une œuvre) en corrigeant. *Retoucher une photo.* 2 Faire des retouches (2) à (un vêtement). ▷ n. **retoucheur, euse**

**retour** n. m. ■ 1 Fait de repartir pour l'endroit d'où l'on est venu. 2 Parcours, temps pour revenir au point de départ (opposé à *aller*). 3 Moment où l'on revient. *Je ne l'ai pas vu depuis son retour.* → loc. À MON (TON...) RETOUR (DE); AU RETOUR DE. 4 Mouvement de ce qui retourne. → loc. *Par retour* (du courrier). 5 Action de retourner (I, 6). → **renvoi.** II (Mouvement inverse d'un précédent ; dans des loc.). RETOUR DE BÂTON, réaction imprévue en sens opposé. → RETOUR DE FLAMME (mouvement accidentel de gaz enflammés), RETOUR DE MANIVELLE (mouvement brutal de la manivelle en sens inverse) ; fig. contrecoup ; changement brutal. ◆ MATCH RETOUR, opposant deux équipes qui se sont déjà rencontrées (dans un match aller). ◆ *Effet, action, choc* EN RETOUR, qui s'exerce en sens inverse de la première fois. → **contrecoup, rétroaction.** III abstrait Fait de revenir. 1 RETOUR À (un état antérieur). *Le retour au calme.* 2 ÊTRE SUR LE RETOUR, commencer à prendre de l'âge, vieillir. → RETOUR D'ÂGE : la ménopause. 3 *Retour en arrière,* fait de remonter à un point antérieur d'une narration. 4 loc. *Par un juste retour des choses,* par un juste retournement de la situation. 5 Fait de revenir, de réapparaître. → loc. *L'ÉTERNEL RETOUR* : le retour cyclique des événements. 6 loc. SANS RETOUR : de façon irrévocable. ◆ EN RETOUR : en échange, en compensation.

**retournement** n. m. ■ 1 Action de retourner (qqch.). 2 fig. Changement brusque et complet d'attitude, d'opinion. → **revirement.** 3 Transformation soudaine et complète (de situation). → **renversement.**

**retourner** v. 🔟 ■ I v. tr. 1 Tourner à l'envers. → *Retourner une carte* (pour voir la figure). loc. *Savoir* DE QUOI IL RETOURNE, de quoi il s'agit. 2 Mettre la face intérieure à l'extérieur. → fig. *Retourner sa veste*. → Changer complètement. *Retourner la situation.* 3 Bouleverser (qqn). → au p. p. *J'en suis toute retournée!* 4 Modifier par la permutation des éléments. *Retourner un mot* (→ **verlan**). 5 Diriger dans le sens opposé. *On peut retourner l'argument contre vous.* 6 Renvoyer. *Retourner une marchandise.* 7 Tourner de nouveau. ◆ (souvent avec *tourner*\*) Examiner longuement (une idée, etc.). II v. intr. 1 Aller au lieu d'où l'on est venu. → **rentrer; revenir.** 2 Aller de nouveau. 3 RETOURNER À : retrouver (un état initial, un stade antérieur). 4 (sujet chose) Être restitué à son possesseur. ► se **retourner**

v. pron. **1** S'*EN RETOURNER* : repartir pour le lieu d'où l'on est venu. → **revenir. 2** Changer de position en se tournant. **3** Tourner la tête en arrière (pour regarder). *On se retournait sur son passage.* **4** SE *RETOURNER CONTRE* : combattre (qqn, qqch. dont on avait pris le parti). ← (sujet chose) Devenir nuisible. **5** fam. S'adapter aux circonstances. *Laissez-moi le temps de me retourner.*

**retracer** v. tr. ③ ■ Raconter de manière à faire revivre.

① **rétracter** v. tr. ① ■ littér. Nier, retirer (ce qu'on avait dit). ← pronom. *Se rétracter.* ▷ n. f. **rétractation**

② **rétracter** v. tr. ① ■ Contracter (un organe...) en rétrécissant.

**rétraction** n. f. ■ Réaction par laquelle certains animaux, certains organes se rétractent. ← Contraction. *Rétraction musculaire.* ▷ **rétractile** adj. *Griffes rétractiles.*

**retrait** n. m. ■ I Fait de se retirer. ♦ loc. EN *RETRAIT* : en arrière de l'alignement. ← fig. *Être, rester en retrait.* II Action de retirer. *Retrait du permis de conduire.*

**retraite** n. f. ■ I **1** vx Fait de se retirer. ← loc. *Retraite aux flambeaux* : défilé avec flambeaux, lampions. **2** Recul délibéré et méthodique (d'une armée). ← loc. BATTRE EN *RETRAITE* : reculer ; fig. céder. II **1** Période passée dans la prière et le recueillement. **2** Cessation du travail, d'un emploi (du fait de l'âge). loc. *Être à la retraite.* ♦ Pension de retraite. **3** littér. Lieu où l'on se retire.

**retraité, ée** adj. et n. ■ (Personne) qui est à la retraite (II, 2).

**retraiter** v. tr. ① ■ techn. Traiter pour une nouvelle utilisation. ▷ n. m. **retraitement**

**retranchement** n. m. ■ Position fortifiée pour protéger les défenseurs. ← loc. fig. *Forcer, pousser qqn dans ses derniers retranchements*, l'attaquer violemment.

**retrancher** v. tr. ① ■ **1** Enlever d'un tout (une partie, un élément). → **enlever, prélever, soustraire. 2** SE *RETRANCHER* v. pron. Se protéger par des retranchements. ← fig. *Se retrancher derrière un prétexte.*

**retransmettre** v. tr. 56 ■ **1** Transmettre de nouveau, à d'autres (un message). **2** Diffuser (dans une émission). ▷ n. f. **retransmission**

**rétrécir** v. tr. ② ■ I v. tr. Rendre plus étroit, diminuer la largeur de (qqch.). II v. intr. Devenir plus étroit, plus court. ► se **rétrécir** v. pron. ► **rétréci, ie** adj.

**rétrécissement** n. m. ■ Fait de se rétrécir. ← spécialt *Rétrécissement mitral.*

**se retremper** v. pron. ① ■ *Se retremper dans*, se replonger dans (un milieu).

**rétribuer** v. tr. ① ■ **1** Donner de l'argent en contrepartie de (un service, un travail). → **payer, rémunérer. 2** Payer (qqn). ▷ n. f. **rétribution**

① **rétro** adj. invar. ■ Qui imite un style démodé assez récent.

② **rétro** n. m. → **rétroviseur**

**rétro-** Élément, du latin *retro* « en arrière ».

**rétroactif, ive** adj. ■ Qui exerce une action sur le passé. ▷ adv. **rétroactivement** ▷ n. f. **rétroactivité**

**rétroaction** n. f. ■ **1** didact. Effet rétroactif. **2** littér. Action en retour.

**rétrocéder** v. tr. 6 ■ **1** Céder à qqn (ce qu'on avait reçu de lui). → **rendre. 2** Vendre à un tiers (ce qui vient d'être acheté). ▷ n. f. **rétrocession**

**rétrocommission** n. f. ■ Somme d'argent dont une partie est reversée de manière occulte par l'intermédiaire, après la conclusion d'un marché.

**rétrofusée** n. f. ■ Fusée servant au freinage ou au recul (d'un engin spatial).

**rétrogradation** n. f. ■ **1** didact. Mouvement rétrograde. **2** Sanction, mesure qui fait reculer dans la hiérarchie, dans un classement (sportif).

**rétrograde** adj. ■ **1** didact. Qui va vers l'arrière. **2** cour. Qui s'oppose à l'évolution, au progrès. → **réactionnaire.**

**rétrograder** v. ① ■ I v. intr. **1** littér. Aller, marcher vers l'arrière. → **reculer. 2** Aller contre le progrès. → **régresser. 3** Passer à la vitesse inférieure, en conduisant un véhicule. II v. tr. Faire reculer (qqn) dans une hiérarchie, un classement.

**rétroprojecteur** n. m. ■ Projecteur de démonstration (qui projette vers l'arrière).

**rétrospectif, ive** adj. ■ **1** Qui concerne le passé. **2** (sentiment) Qui s'applique à des faits passés. *Peur rétrospective.* ▷ adv. **rétrospectivement**

**rétrospective** n. f. ■ Exposition qui présente l'évolution d'un artiste.

**retroussé, ée** adj. ■ Qui est remonté, relevé. ← spécialt *Nez retroussé.*

**retrousser** v. tr. ① ■ Replier vers le haut et vers l'extérieur. → **relever.** *Retrousser ses manches.*

**retrouvailles** n. f. pl. ■ Fait, pour des personnes séparées, de se retrouver.

**retrouver** v. tr. ① ■ I **1** Voir se présenter de nouveau. *C'est une occasion que vous ne retrouverez pas.* **2** Découvrir de nouveau (ce qui a été oublié). *Retrouver un secret.* **3** Trouver (qqn) de nouveau (quelque part). **4** Trouver quelque part (ce qui existe déjà ailleurs). *On retrouve chez le fils le sourire de la mère.* II Trouver (une personne disparue), avoir de nouveau (un état perdu). *Retrouver le sommeil.* III Être de nouveau en présence de (qqn, qqch. dont on était séparé). ► se **retrouver** v. pron. **1** récipr. Être de nouveau ensemble. **2** réfl. Retrouver son chemin. ← fig. *Se retrouver dans* ; *s'y retrouver*, s'y reconnaître. ♦ fam. *S'y retrouver*, tirer profit, avantage. **3** réfl. Se trouver soudainement (dans une situation). *Se retrouver seul* ; *au chômage.*

**rétrovirus** [-ys] n. m. ■ Virus dont la famille comprend celui du sida. ▷ adj. **rétroviral, ale, aux**

**rétroviseur** n. m. ▪ Miroir qui permet au conducteur d'un véhicule de voir derrière lui. – abrév. RÉTRO.

**rets** n. m. ▪ vx Filet (pour la chasse).

**réunifier** v. tr. [7] ▪ Rétablir l'unité de (un pays). ⊳ n. f. **réunification**

**réunion** n. f. ▪ **I** (choses) **1** Fait de réunir (une province à un État). → **annexion, rattachement. 2** Fait de réunir, de rassembler (des choses éparses). → **assemblage. II** (personnes) **1** Fait de se retrouver ensemble. → **rassemblement; rencontre. 2** Fait de réunir des personnes (pour le plaisir ou le travail); ces personnes. → **assemblée.**

**réunir** v. tr. [2] ▪ **I 1** Mettre ensemble; joindre (des choses). → **assembler, grouper, rassembler. 2** Avoir en soi (des éléments d'origines diverses). **II** Mettre ensemble (des personnes). ◆ pronom. Former une réunion (II, 2).

**réussir** v. [2] ▪ **I** v. intr. **1** (sujet chose) Avoir une heureuse issue, un bon résultat. – *RÉUSSIR À qqn*, avoir (pour lui) d'heureux résultats. **2** (personnes) Obtenir de bons résultats, le succès. ◆ (tr. ind.) *RÉUSSIR À. Réussir à un examen, à faire qqch.* → **arriver, parvenir. II** v. tr. *Réussir qqch.* : exécuter, faire avec succès. ▸ **réussi, ie** adj.

**réussite** n. f. ▪ **I 1** Succès (de qqch.). **2** Fait d'avoir réussi. **II** Jeu de cartes auquel on joue seul. → **patience.**

**réutiliser** v. tr. [1] ▪ Utiliser de nouveau. ⊳ n. f. **réutilisation**

**revaloir** v. tr. [29] rare sauf à l'inf., au futur et au cond. ▪ Rendre la pareille à qqn; se venger. *Je vous revaudrai ça.*

**revaloriser** v. tr. [1] ▪ **1** Rendre sa valeur à. **2** Donner une plus grande importance à. ⊳ n. f. **revalorisation**

**revanchard, arde** adj. et n. ▪ péj. Qui veut prendre une revanche (militaire).

**revanche** n. f. ▪ **1** Fait de reprendre l'avantage (sur qqn). ◆ jeux, sports Partie, match qui donne une nouvelle chance de gagner. **2** loc. *À CHARGE DE REVANCHE* : à condition qu'on rendra la pareille. **3** *EN REVANCHE* loc. adv. : inversement.

**rêvasser** v. intr. [1] ▪ S'abandonner à une rêverie. ⊳ n. f. **rêvasserie**

**rêve** n. m. ▪ **1** Suite de phénomènes psychiques (images, affects...), pendant le sommeil. → **songe; onirique. –** *S'évanouir, disparaître comme un rêve*, sans laisser de trace. **2** Construction de l'imagination à l'état de veille. *Un beau rêve. – De rêve*, idéal. ◆ *LE RÊVE* : l'imagination créatrice. *Le rêve et la réalité.* **3** fam. Objet d'un désir.

**rêvé, ée** adj. ▪ **1** Qui existe en rêve, dans un rêve. **2** Qui convient tout à fait. → **idéal.**

**revêche** adj. ▪ Acariâtre, hargneux.

① **réveil** n. m. ▪ **1** Passage du sommeil à l'état de veille. **2** fig. Fait de reprendre une activité. *Le réveil de la nature.*

② **réveil** n. m. ▪ Réveille-matin.

**réveille-matin** n. m. invar. ▪ Pendule à sonnerie réglable (syn. *2 réveil*).

**réveiller** v. tr. [1] ▪ **1** Tirer (qqn, un animal) du sommeil. **2** Ramener à l'activité (une personne). *Réveiller qqn de sa torpeur.* – (compl. chose) → **ranimer.** ▸ se **réveiller** v. pron. **1** Sortir du sommeil. **2** (sujet chose) Reprendre de la vigueur.

**réveillon** n. m. ▪ Repas de fête de la nuit de Noël ou de la nuit du 31 décembre.

**réveillonner** v. intr. [1] ▪ Faire un réveillon.

**révélateur, trice** ▪ **I** n. m. Solution qui rend visible l'image, en photo. **II** adj. Qui révèle (qqch.). → **significatif.**

**révélation** n. f. ▪ **1** Fait de révéler (ce qui était secret). ◆ Information qui apporte des éléments nouveaux. **2** Phénomène par lequel des vérités cachées sont révélées d'une manière surnaturelle. **3** Ce qui apparaît brusquement comme une connaissance nouvelle. **4** Personne qui se fait connaître brusquement.

**révéler** v. tr. [6] ▪ **1** Faire connaître (ce qui était inconnu, secret). → **dévoiler; révélation** (1 et 2). **2** Faire connaître (par un signe). → **indiquer, montrer.** ▸ se **révéler** v. pron. Se manifester. *Cette hypothèse s'est révélée exacte.* ▸ **révélé, ée** adj. *Religion révélée*, fondée sur une révélation (2).

**revenant, ante** n. ▪ **1** Âme d'un mort supposée revenir de l'autre monde. → **fantôme. 2** Personne qui revient (après une longue absence).

**revendeur, euse** n. ▪ Personne qui vend après avoir acheté.

**revendication** n. f. ▪ Fait de revendiquer (un bien; un droit, un dû); ce qu'on revendique. ⊳ adj. **revendicatif, ive**

**revendiquer** v. tr. [1] ▪ **1** Réclamer (ce à quoi on a droit). **2** Demander avec force. → **exiger, réclamer.** *Revendiquer un droit.* **3** Assumer la responsabilité de (spécialt, d'un acte criminel). *Revendiquer un attentat.*

**revendre** v. tr. [41] ▪ **1** Vendre ce qu'on a acheté. **2** loc. *AVOIR qqch. À REVENDRE*, beaucoup.

**revenez-y** [R(ə)vənezi] n. m. invar. ▪ fam. *Un goût de revenez-y*, très agréable.

**revenir** v. intr. [22] ▪ **I 1** Venir de nouveau (là où on était déjà venu). → **repasser.** ◆ (chose) Apparaître de nouveau; se manifester de nouveau. **2** Reprendre (ce qu'on avait laissé). – *Nous y reviendrons*, nous en parlerons plus tard. **3** (chose abstraite) Se présenter de nouveau (après être sorti de l'esprit). *Ça me revient !* **4** *REVENIR À SOI* : reprendre conscience. **5** (chose) Devoir être donné; appartenir. *Cet argent me revient.* **6** *Sa tête ne me revient pas*, ne me plaît pas. **7** loc. Équivaloir. *Cela revient au même*, c'est la même chose. **8** Coûter au total (à qqn). **II** *REVENIR SUR* Examiner à nouveau. – Annuler. **III 1** Partir, venir d'un lieu où l'on était allé). → **rentrer, retourner.** *Revenir dans son pays.* **2** *S'EN REVENIR.* v. pron. littér. S'en retourner. **IV** *FAIRE REVENIR* (un aliment) : passer dans un corps gras chaud. → **rissoler.**

**revenu** n. m. ■ Ce qui revient (I, 5) à qqn. *Impôt sur le revenu.* ⇒ *Revenu national,* valeur des biens produits par une nation.

**rêver** v. ① ■ I v. intr. 1 Laisser aller son imagination. → **rêvasser ; rêverie.** ⇒ tr. ind. *RÊVER À :* penser vaguement à, imaginer. 2 Faire des rêves (1). ⇒ tr. ind. *RÊVER DE :* voir, entendre en rêve (qqn, qqch.). 3 S'absorber dans ses désirs ; souhaiter (de). II v. tr. 1 littér. Imaginer, désirer idéalement. *Ce n'est pas la vie que j'avais rêvée.* 2 For- mer en dormant (une image...). *Rêver que* (+ indic.).

**réverbère** n. m. ■ Appareil destiné à l'éclairage de la voie publique.

**réverbérer** v. ⑥ ■ Renvoyer (la lumière, la chaleur, le son). → **réfléchir.** ▷ n. f. **réverbération**

**reverdir** v. intr. ② ■ Retrouver sa verdure.

**révérence** n. f. ■ I littér. Grand respect. → **déférence, vénération.** II Salut cérémonieux, inclination du buste en pliant les genoux. ⇒ loc. *TIRER SA RÉVÉRENCE (à qqn),* s'en aller.

**révérencieux, ieuse** adj. ■ littér. Respectueux.

**révérend, ende** ■ 1 adj. Épithète honorifique devant *père* et *mère* (en parlant de religieux). ⇒ n. *Mon révérend.* 2 n. m. Pasteur anglican.

**révérer** v. ⑥ ■ littér. Traiter avec un grand respect. → **honorer, vénérer.**

**rêverie** n. f. ■ 1 Activité d'imagination qui n'est pas dirigée par l'attention, mais par l'affectivité. 2 péj. Idée chimérique.

**revers** n. m. ■ I 1 Côté opposé à l'endroit. → **envers, verso.** 2 Côté (d'une médaille, d'une monnaie) opposé à la face principale. → **pile.** ⇒ loc. fig. *Le revers de la médaille :* les inconvénients (de ce qui a des avantages). 3 Partie repliée d'un vêtement. 4 *Prendre À REVERS,* par-derrière. 5 Geste par lequel on écarte, on frappe, etc., avec le dos de la main en avant (spécialt avec une raquette). II fig. Événement inattendu, qui change une situation en mal. → **échec.**

**reverser** v. tr. ① ■ 1 Verser de nouveau. 2 Reporter.

**réversible** adj. ■ 1 Qui peut se reproduire en sens inverse. 2 Qui peut se porter à l'envers comme à l'endroit (vêtement).

**revêtement** n. m. ■ Élément qui recouvre une surface, pour la protéger, la consolider.

**revêtir** v. tr. ⑳ ■ I 1 Couvrir (qqn) d'un vêtement. 2 Investir. *Revêtir qqn d'une dignité.* 3 Couvrir d'une apparence, d'un aspect. 4 Orner ou protéger par un revêtement. II 1 Mettre sur soi (un habillement spécial). → **endosser.** 2 fig. Avoir, prendre (un aspect).

**rêveur, euse** adj. ■ Qui se laisse aller à la rêverie. ⇒ n. *C'est un rêveur.* ◆ loc. *Cela laisse rêveur,* perplexe. ▷ adv. **rêveusement**

**prix de revient** → **prix**

**revigorer** v. tr. ① ■ Redonner de la vigueur à (qqn). → **ragaillardir.** ▷ adj. **revigorant, ante**

**revirement** n. m. ■ Changement brusque et complet dans les dispositions, les opinions. → **retournement, volte-face.**

**réviser** v. tr. ① ■ 1 Modifier par une révision de. 2 Vérifier le bon état de (qqch.). 3 Revoir (ce qu'on a appris).

**réviseur, euse** n. ■ Personne qui révise, revoit.

**révision** n. f. ■ 1 Action d'examiner de nouveau en vue de corriger ou de modifier (spécialt, dr., une décision juridique). ⇒ *Mise à jour. Révision des listes électorales.* 2 Examen (de qqch.) pour réviser (2). 3 Action de réviser (3), de revoir.

**révisionnisme** n. m. ■ 1 Position qui remet en question une doctrine politique. 2 « Révision » de l'histoire par négation (du génocide des Juifs, etc.). → **négationnisme.**

**révisionniste** n. et adj. ■ 1 Partisan d'une révision. 2 Partisan du révisionnisme (1 ou 2).

**revisiter** v. tr. ① ■ 1 Visiter de nouveau. 2 Interpréter d'une manière nouvelle.

**revivre** v. ㊻ ■ I v. intr. 1 → **ressusciter.** 2 Retrouver ses forces, son énergie. 3 (choses) Renaître. II v. tr. Vivre ou ressentir de nouveau (qqch.).

**révocable** adj. ■ Qui peut être révoqué.

**révocation** n. f. ■ Action de révoquer.

**revoici** prép. ■ fam. Voici de nouveau.

**revoilà** prép. ■ fam. Voilà de nouveau.

**revoir** v. tr. ㉚ ■ I 1 Être de nouveau en présence de (qqn). ◆ *AU REVOIR,* se dit lorsque l'on se sépare. ⇒ n. m. invar. *Des au revoir.* 2 Retourner dans (un lieu qu'on avait quitté). 3 Regarder de nouveau ; assister de nouveau à (un spectacle). II 1 Examiner de nouveau pour corriger. ⇒ au p. p. *Édition revue et corrigée.* 2 Apprendre de nouveau pour se remettre en mémoire.

**révoltant, ante** adj. ■ Qui révolte, indigne.

**révolte** n. f. ■ 1 Action violente par laquelle un groupe tente de détruire l'autorité politique, la règle sociale. → **insurrection, rébellion, soulèvement.** 2 Attitude de refus et d'hostilité.

**révolté, ée** adj. ■ 1 Qui est en révolte. → **insurgé, rebelle.** 2 Qui a une attitude d'opposition. 3 Rempli d'indignation. → **outré.**

**révolter** v. tr. ㉚ ■ 1 rare Porter à la révolte. → **soulever.** ⇒ pronom. *Se révolter* (plus cour.). 2 Soulever (qqn) d'indignation, remplir de réprobation. → **indigner.**

**révolu, ue** adj. ■ (espace de temps) Écoulé, terminé. *Une époque révolue.*

**révolution** n. f. ■ I sc. 1 Retour périodique d'un astre à un point de son orbite. 2 Rotation complète d'un corps mobile autour de son axe (*axe de révolution*). II 1 Changement très important dans la société. *La révolution industrielle.* 2 Renversement d'un régime constitutionnel accompagné de grands changements sociaux. spécialt *La Révolution,* celle de 1789, en France. 3 Les forces révolutionnaires.

**révolutionnaire** adj. ■ 1 Qui a le caractère d'une révolution (II, 2). ◆ Propre à une révolution (II, 2). 2 adj. et n. Partisan de la révolution. 3 Qui apporte des changements radicaux. *Une voiture révolutionnaire.*

**révolutionner** v. tr. ⑴ ▪ **1** Agiter violemment. **2** Transformer radicalement. → **bouleverser.**

**revolver** [RɛvɔlvɛR] n. m. ▪ Arme à feu courte et portative, à barillet. ≠ *pistolet.*

**révoquer** v. tr. ⑴ ▪ **1** Destituer (un fonctionnaire, un magistrat...). → **casser. 2** Annuler (un acte juridique).

**à la revoyure** loc. interj. ▪ fam. Au revoir.

**revue** n. f. ▪ **I 1** Examen détaillé. → **inventaire.** ▪ *Revue de presse.* **2** Cérémonie militaire de présentation des troupes. → **défilé, parade. 3** loc. *PASSER EN REVUE :* examiner successivement et en détail. **II** Spectacle de variétés ou de music-hall. **III** Publication périodique. → **magazine, périodique.**

**révulsé, ée** adj. ▪ (visage...) Qui a une expression bouleversée. ◆ *Yeux révulsés,* tournés de sorte qu'on ne voit presque plus la pupille.

**révulser** v. tr. ⑴ ▪ **1** rare Bouleverser (le visage, les yeux). **2** Bouleverser (qqn), indigner. *Ça me révulse !*

**révulsion** n. f. ▪ Procédé thérapeutique consistant à provoquer un afflux de sang afin de dégager un organe atteint de congestion ou d'inflammation. ▷ adj. **révulsif, ive**

**rez-de-chaussée** [Re-] n. m. invar. ▪ Partie inférieure d'un édifice dont le plancher est au niveau du sol (→ aussi **étage**).

**rez-de-jardin** [Re-] n. m. invar. ▪ Partie de plain-pied avec un jardin.

**rhabdomancie** n. f. ▪ Radiesthésie* pratiquée avec une baguette. ▷ n. **rhabdomancien, ienne**

**rhabiller** v. tr. ⑴ ▪ Habiller de nouveau. ◆ pronom. *Les baigneurs se rhabillaient.*

**rhapsode** n. m. ▪ Chanteur-poète de la Grèce antique qui allait de ville en ville.

**rhapsodie** n. f. ▪ **1** Antiq. grecque Poème épique. **2** mus. Pièce instrumentale de composition très libre.

**rhénan, ane** adj. ▪ Du Rhin.

**rhéostat** n. m. ▪ Résistance variable réglant l'intensité d'un courant électrique.

**rhésus** [-ys] n. m. ▪ **I** zool. Singe du genre macaque. **II** méd. Facteur d'un système de groupes sanguins (symb. Rh) (d'abord étudié chez les singes rhésus).

**rhéteur** n. m. ▪ Orateur, écrivain qui use de rhétorique.

**rhétorique** ▪ **I** n. f. **1** Technique de la mise en œuvre des moyens d'expression (par la composition, les figures) pour persuader. **2** péj. Éloquence purement formelle. **II** adj. De la rhétorique. ▷ n. **rhétoricien, ienne**

**rhétoriqueur** n. m. ▪ hist. littér. *Les grands rhétoriqueurs :* poètes raffinés (fin XVᵉ-début XVIᵉ siècle).

**rhin(o)-** Élément, du grec *rhis, rhinos* « nez ».

**rhinocéros** [-ɔs] n. m. ▪ Mammifère de grande taille, à la peau épaisse et rugueuse, qui porte une ou deux cornes sur le nez.

**rhinopharyngite** n. f. ▪ Affection du rhinopharynx.

**rhinopharynx** [-ɛ̃ks] n. m. ▪ Partie supérieure du pharynx.

**rhizome** n. m. ▪ Tige souterraine, qui porte des racines et des tiges aériennes.

**rhodanien, ienne** adj. ▪ Du Rhône.

**rhododendron** [-dɛdRɔ̃] n. m. ▪ Arbuste à feuilles persistantes, aux fleurs colorées.

**rhodoïd** [-ɔid] n. m. ▪ Matière plastique translucide à base d'acétate de cellulose.

**rhombo-** Élément savant, du grec *rhombos* « losange ».

**rhubarbe** n. f. ▪ Plante à large feuilles portées par de gros pétioles comestibles.

**rhum** [Rɔm] n. m. ▪ Eau-de-vie de canne à sucre.

**rhumatisant, ante** adj. ▪ Atteint de rhumatisme. ▪ n. *Un rhumatisant.*

**rhumatisme** n. m. ▪ Affection douloureuse, aiguë ou chronique des articulations, des muscles. → **arthrite.** ▷ adj. **rhumatismal, ale, aux**

**rhumatologie** n. f. ▪ méd. Médecine des affections rhumatismales. ▷ n. **rhumatologue**

**rhume** [Rym] n. m. ▪ Inflammation des muqueuses respiratoires. ◆ *Rhume de cerveau.* → **coryza.**

**rhumerie** [RɔmRi] n. f. ▪ Distillerie de rhum.

**rhythm and blues** [Ritmɛnbluz] n. m. invar. ▪ anglic. Musique populaire des États-Unis inspirée du blues, du gospel et du rock.

**ria** n. f. ▪ géogr. Vallée fluviale envahie par la mer. → **aber.** *Rias et fjords*.

**riant, ante** adj. ▪ **1** Qui exprime la gaieté. **2** Gai, agréable. *Paysage riant.*

**R. I. B.** n. m. (sigle) ▪ Relevé d'identité bancaire.

**ribambelle** n. f. ▪ Longue suite (de personnes ou de choses en grand nombre).

**ribo-** Élément tiré de *ribose.*

**ribonucléique** adj. ▪ biol. *Acide ribonucléique.* → **A. R. N.**

**ribose** n. m. ▪ chim. Sucre (ose*), constituant des acides nucléiques.

**ribosome** n. m. ▪ biol. Organite du cytoplasme de la cellule, actif dans la synthèse des protéines.

**ricaner** v. intr. ⑴ ▪ **1** Rire à demi de façon méprisante ou sarcastique. **2** Rire de façon stupide, sans motif ou par gêne. ▷ n. m. **ricanement** ▷ n. et adj. **ricaneur, euse**

**richard, arde** n. ▪ fam. et péj. Riche.

**riche** adj. ▪ **I** Qui a de la fortune, possède des richesses. ◆ n. m. péj. *NOUVEAU RICHE :* personne récemment enrichie. → **parvenu. II** (choses) **1** Qui suppose la richesse, semble coûteux. → **somptueux. 2** *RICHE EN :* qui possède beaucoup de. ▪ *Un livre riche d'enseignements.* **3** Qui peut beaucoup produire. *Un sol riche.* → **fertile.** ◆ fam. *Une riche idée,* excellente. ▷ adv. **richement**

**richelieu** n. m. ▪ Chaussure basse lacée.

**richesse** n. f. ▪ **I 1** Possession de grands biens. → **argent, fortune, opulence. 2** Qualité de ce qui est coûteux. **3** Qualité de ce qui a en abondance les éléments requis. *La richesse de sa documentation.* **II LES RICHESSES 1** Les possessions matérielles. **2** Ressources (d'un pays, d'une collectivité). **3** Objets de valeur. ◆ Biens d'ordre intellectuel, esthétique. → **trésor.**

**richissime** adj. ▪ Extrêmement riche.

**ricin** n. m. ▪ Plante à graines oléagineuses. ‒ *Huile de ricin* (purgatif, lubrifiant).

**ricocher** v. intr. 🔲 ▪ Rebondir.

**ricochet** n. m. ▪ **1** Rebond d'une pierre lancée obliquement sur la surface de l'eau. ◆ *Faire ricochet* (projectile) : rebondir. **2** fig. *PAR RICOCHET* : par contrecoup, indirectement.

**ricotta** n. f. ▪ Fromage frais italien, fait à partir du petit-lait d'autres fromages.

**ric-rac** adv. ▪ fam. Exactement ; tout juste.

**rictus** [-ys] n. m. ▪ Contraction de la bouche, en sourire grimaçant.

**ride** n. f. ▪ **1** Petit pli de la peau (dû notamment à l'âge.) → **ridule. 2** Légère ondulation ; pli, sillon.

**ridé, ée** adj. ▪ Marqué de rides.

**rideau** n. m. ▪ **1** Pièce d'étoffe mobile (pour tamiser la lumière, etc.) **2** Grande draperie (ou toile peinte) qui sépare la scène de la salle, au théâtre. **3** *RIDEAU DE FER*, isolant une scène, protégeant une devanture. ◆ hist. Ligne qui isolait en Europe les pays communistes. **4** *RIDEAU DE* : chose capable d'arrêter la vue, de faire écran.

**ridelle** n. f. ▪ Châssis latéral (charrette, camion).

**rider** v. tr. 🔲 ▪ **1** Marquer, sillonner de rides. **2** Marquer d'ondulations, de plis.

**ridicule** ▪ **I** adj. **1** Qui fait rire, se moquer ; laid, bête. ◆ → **absurde, déraisonnable. 2** Insignifiant. *Une somme ridicule.* **II** n. m. **1** loc. *TOURNER qqn EN RIDICULE*, le rendre ridicule. **2** Ce qui rend ridicule, excite le rire, la moquerie. *Craindre le ridicule.* ‒ prov. *Le ridicule tue (ne tue pas).* ▷ adv. **ridiculement**

**ridiculiser** v. tr. 🔲 ▪ Rendre ridicule.

**ridule** n. f. ▪ Ride très fine.

**rien** pron. indéf., n. m. et adv. ▪ **I** nominal indéfini **1** Quelque chose (en contexte négatif). *Rester sans rien faire.* **2** (avec *ne*) Aucune chose, nulle chose. *Je n'ai rien vu. Vous n'aurez rien du tout,* absolument rien. *Il ne comprend rien à rien. Cela ne fait rien,* cela n'a pas d'importance. ‒ *RIEN DE* (+ adj. ou adv.). *Il n'y a rien de mieux, de tel.* ‒ *RIEN QUI, QUE* (le plus souvent + subj.). ‒ *N'AVOIR RIEN DE* (+ nom ; + adj.), n'être pas du tout. ◆ (sujet) *Rien ne va plus* (spécialt, au jeu, il est trop tard pour miser). ◆ (attribut) *Ce n'est rien.* ‒ loc. *Comme si de rien n'était* : comme si rien ne s'était passé. **3** loc. adv. *EN RIEN* (positif) : en quoi que ce soit. *Sans gêner en rien son action.* ‒ *NE... EN RIEN* : d'aucune manière, pas du tout. **4** Nulle chose. *Rien à faire* : la chose est impossible. «*Je vous remercie. ‒ De rien*», je vous en prie. ◆ (comparaison) loc. *En*

*moins de rien,* en très peu de temps. ◆ *Deux, trois fois rien* : une chose insignifiante. ◆ *RIEN QUE* : **seulement ; uniquement. 5** (après une prép.) *POUR RIEN* : inutilement ou sans raison. ‒ *Sans payer ou à bas prix. Je l'ai eu pour rien.* ◆ (après un nom) *DE RIEN DU TOUT* : sans valeur, sans importance. **II** n. m. **1** *UN RIEN* : peu de chose. *Un rien l'amuse.* ‒ *Perdre son temps à des riens.* → **bagatelle.** ◆ *UN RIEN DE* : un peu de. ‒ *En un rien de temps.* → **promptement. 2** *UN RIEN* loc. adv. : un peu, légèrement. *C'est un rien trop grand.* **III** adv. fam. (par antiphrase) Très. *Il est rien bête !*

**rieur, rieuse** ▪ **1** n. Personne en train de rire. ‒ loc. *Mettre les rieurs de son côté* : faire rire aux dépens de son adversaire. **2** adj. Qui s'amuse, exprime la gaieté.

**rififi** n. m. ▪ argot Bagarre.

**riflard** n. m. ▪ fam. Parapluie.

**rigide** adj. ▪ **1** concret Qui ne se déforme pas. ‒ **raide. 2** Qui se refuse aux concessions. → **inflexible, rigoureux.** ◆ Sans souplesse. *Éducation rigide.* ▷ **rigidité** n. f. → **raideur ; austérité, rigorisme.**

**rigolade** n. f. ▪ fam. **1** Amusement. **2** Chose ridicule ou sans importance.

**rigolard, arde** adj. ▪ fam. Gai.

**rigole** n. f. ▪ Petit conduit pour l'écoulement des eaux.

**rigoler** v. intr. 🔲 ▪ fam. **1** Rire, s'amuser. **2** Plaisanter. *Là, on ne rigole plus.*

**rigolo, ote** ▪ fam. **I** adj. **1** Qui amuse, fait rire. ‒ n. *Un petit rigolo.* **2** Curieux, étrange. **II** n. Personne à qui l'on ne peut pas faire confiance.

**rigorisme** n. m. ▪ Respect strict des principes. → **rigidité.** ▷ n. et adj. **rigoriste**

**rigoureusement** adv. ▪ **1** D'une manière rigoureuse (1 ou 3). **2** Absolument, totalement. *C'est rigoureusement exact.*

**rigoureux, euse** adj. ▪ **1** Qui fait preuve de rigueur (1). ‒ *Une morale rigoureuse.* → **rigide. 2** Dur à supporter. *Un hiver rigoureux.* **3** D'une exactitude inflexible. ◆ Mené avec précision.

**rigueur** n. f. ▪ **1** Sévérité, dureté extrême. ‒ loc. *TENIR RIGUEUR à qqn (de...),* lui garder rancune (de...). **2** au plur. littér. *Les rigueurs de l'hiver.* **3** Exactitude, logique inflexible. **4** *DE RIGUEUR* loc. adj. : imposé. → **obligatoire. 5** loc. adv. *À LA RIGUEUR* : en cas de nécessité. ‒ *EN TOUTE RIGUEUR* : absolument.

**rikiki** adj. invar. → **riquiqui**

**rillettes** n. f. pl. ▪ Viande (porc, etc.) hachée et cuite dans la graisse.

**rimailler** v. intr. 🔲 ▪ péj. Faire de mauvais vers. ▷ n. **rimailleur, euse**

**rime** n. f. ▪ **1** Disposition de sons identiques à la finale de mots placés à la fin de deux ou plusieurs vers. → aussi **assonance.** *Rime riche* (ex. *image-hommage*). ◆ loc. *SANS RIME NI RAISON* : d'une manière incompréhensible, absurde.

**rimer** v. intr. 🔲 ▪ **1** Faire des vers. **2** Constituer une rime. **3** loc. *Cela ne rime à rien* : cela n'a aucun sens. ▷ **rimé, ée** adj. *Poésie rimée.*

**rimeur, euse** n. ▪ Poète médiocre.

**rimmel** n. m. (nom déposé) ▪ Fard pour les cils. → **mascara.**

**rinçage** n. m. ▪ **1** Action de rincer. **2** Teinture légère (des cheveux).

**rinceau** n. m. ▪ Ornement architectural en forme d'arabesque végétale.

**rince-doigts** [-dwa] n. m. invar. ▪ Petit récipient pour se laver les doigts à table.

**rincer** v. tr. ③ ▪ **1** Nettoyer à l'eau (un récipient). **2** Passer à l'eau (ce qui a été lavé). **3** fam. SE RINCER L'ŒIL : regarder pour plaisir.

**rinçure** n. f. ▪ Eau qui a servi à rincer.

**ring** [Riŋ] n. m. ▪ Estrade de boxe, de lutte entourée de cordes.

①**ringard** n. m. ▪ Barre de fer servant à attiser le feu.

②**ringard, arde** ▪ fam. **I** n. Personne (d'abord comédien) démodée ou incapable. **II** adj. Démodé ; médiocre.

**ripaille** n. f. ▪ fam. Repas où l'on mange beaucoup et bien. → **bombance.** ▷ **ripailler** v. intr. ①

**riper** v. intr. ① ▪ Glisser de côté, déraper.

**ripolin** n. m. ▪ Peinture laquée brillante. ▷ **ripoliner** v. tr. ①

**riposte** n. f. ▪ **1** Réponse vive, instantanée. **2** Vive réaction de défense. → **contre-attaque.**

**riposter** v. intr. ① ▪ **1** Adresser une riposte. ◆ trans. *Riposter que.* → **répliquer, rétorquer. 2** Répondre par une attaque (à une attaque).

**ripou** adj. ▪ fam. Corrompu. ◆ n. m. Policier vénal.

**riquiqui** adj. invar. ▪ fam. Petit ; mesquin.

①**rire** v. intr. ㊱ ▪ **1** Exprimer la gaieté par un mouvement de la bouche, accompagné d'expirations saccadées. ◆ loc. *Le mot pour rire*, la plaisanterie. ◆ loc. prov. *Rira bien qui rira le dernier*, annonce une revanche. **2** S'amuser. → se **divertir. 3** Plaisanter. *Vous voulez rire ?* **4** RIRE DE : se moquer de (qqn, qqch.).

②**rire** n. m. ▪ Fait de rire. ◆ *Avoir le FOU RIRE* : ne plus pouvoir s'arrêter de rire.

①**ris** n. m. ▪ mar. Partie d'une voile qu'on peut replier pour diminuer sa surface.

②**ris** n. m. ▪ Thymus comestible (veau, agneau).

①**risée** n. f. ▪ *Être un objet de risée*, de moquerie. ◆ *Être la risée de tous*, un objet de risée.

②**risée** n. f. ▪ mar. Rafale de vent.

**risette** n. f. ▪ Sourire (surtout des enfants).

**risible** adj. ▪ Un peu ridicule.

**risotto** n. m. ▪ Riz préparé à l'italienne.

**risque** n. m. ▪ **1** Danger prévisible. ◆ loc. *À vos risques et périls*\*. ◆ *Courir le risque de*, s'y exposer. ◆ *Au risque de* (+ inf.), en risquant. ◆ *À RISQUE(S)* loc. adj. : qui présente un risque. **2** fr. Éventualité d'un dommage. *Assurance tous risques* (→ **multi-risque**). **3** Fait de s'exposer à un danger (pour obtenir un avantage). *Prendre des risques.*

**risqué, ée** adj. ▪ **1** Dangereux. **2** Scabreux, osé.

**risquer** v. tr. ① ▪ **1** Exposer. *Risquer sa vie.* ◆ loc. *Risquer le tout*\* *pour le tout.* ◆ loc. *Risquer un œil à la fenêtre.* **2** Tenter (ce qui comporte des risques). *Risquer une démarche.* ◆ *Risquer une remarque, une question.* **3** S'exposer à (un danger, un inconvénient). *Risquer la mort.* ◆ *Vos bagages ne risquent rien ici.* **4** RISQUER DE (+ inf.). S'exposer à (qqch. de fâcheux). ◆ *RISQUER QUE* (+ subj.). ◆ se **risquer** v. pron. **1** S'exposer, avec la conscience du risque. **2** *SE RISQUER À* (+ inf.), se hasarder à.

**risque-tout** n. invar. et adj. invar. ▪ Qui pousse l'audace jusqu'à l'imprudence.

**rissole** n. f. ▪ Petit pâté frit.

**rissoler** v. tr. ① ▪ Exposer à une température élevée (une viande, des légumes, etc.) de manière à dorer.

**ristourne** n. f. ▪ **1** Remise accordée à un client. **2** Commission versée à un intermédiaire. ▷ **ristourner** v. tr. ①

**rite** n. m. ▪ **1** Cérémonies d'une religion. → **culte, rituel. 2** fig. Pratique réglée, invariable.

**ritournelle** n. f. ▪ Air à couplets répétés.

**rituel, elle** ▪ **I** adj. **1** D'un rite. **2** fig. Réglé comme par un rite. **II** n. m. **1** Recueil, ensemble des rites catholiques. **2** fig. Ensemble d'habitudes, de règles. ▷ adv. **rituellement**

**rivage** n. m. ▪ **1** Terre qui borde une mer. → **côte, littoral. 2** Zone soumise à l'action des marées. → **grève, estran.**

**rival, ale, aux** ▪ **I** n. **1** Personne qui dispute à autrui ce qu'un seul peut obtenir. → **adversaire, concurrent.** ◆ spécialt *Des rivaux amoureux.* **2** loc. *Sans rival*, inégalable. **II** adj. Opposé (à qqn ou à qqch.) pour disputer un avantage (sans violence).

**rivaliser** v. intr. ① ▪ Être en concurrence, chercher à égaler.

**rivalité** n. f. ▪ Situation de rival. ◆ *Une, des rivalités.* → **opposition.**

**rive** n. f. ▪ **1** Bande de terre qui borde un cours d'eau, un lac. *La rive droite et la rive gauche d'un fleuve* (dans le sens du courant). ◆ par ext. *Habiter rive gauche, à Paris.* **2** Rivage (1).

**river** v. tr. ① ▪ **I 1** Attacher solidement au moyen de pièces de métal. **2** fig. Attacher fermement, fixer (surtout passif et p. p.). **II 1** Rabattre l'extrémité de (un clou, une pointe...) sur la pièce traversée. ◆ loc. fig. *River son clou à qqn*, le réduire au silence. **2** Fixer par des rivets. → **riveter.**

**riverain, aine** n. ▪ **1** Personne qui habite le long d'un cours d'eau, un lac. **2** fig. *Les riverains d'une rue, d'une route.*

**rivet** n. m. ▪ Tige munie d'une tête et dont l'autre extrémité est aplatie au moment de l'assemblage. ▷ **riveter** v. tr. ④

**rivière** n. f. ■ **1** Cours d'eau naturel de moyenne importance ou qui se jette dans un autre cours d'eau (s'oppose à *fleuve*). **2** sports Fossé rempli d'eau. **3** fig. *RIVIÈRE DE DIAMANTS* : collier de diamants.

**rixe** n. f. ■ Querelle violente.

**riz** n. m. ■ **1** Céréale *(Graminées)* riche en amidon. **2** Grain de cette plante, préparé pour la consommation.

**rizière** n. f. ■ Terrain (souvent inondé) où l'on cultive le riz ; plantation de riz.

**R. M. I.** [ɛʁɛmi] n. m. (sigle de *revenu minimum d'insertion*) ■ (en France) Revenu garanti aux personnes démunies. ▷ **RMIste** ou **RMIste** n. – var. ÉRÉMISTE.

**RNIS** ou **R. N. I. S.** (sigle) ■ techn. « Réseau numérique à intégration de services », réseau de télécommunications intégrant voix, image et données sur une même liaison.

**road movie** [ʁɔd muvi] n. m. ■ anglic. Film dont la narration implique un long trajet, un voyage par la route. *Des road movies.*

**robe** n. f. ■ **1** Vêtement féminin de dessus, d'un seul tenant. **2** Vêtement ancien d'un seul tenant (hommes). ◆ *Robe de juge.* – loc. *Les gens de robe*, autrefois, les hommes de loi. **3** *ROBE DE CHAMBRE* : long vêtement d'intérieur. **II** Pelage (cheval, fauves...).

**robinet** n. m. ■ Appareil servant à régler le passage d'un fluide dans un tuyau.

**robinetterie** n. f. ■ **1** Industrie, commerce des robinets. **2** Ensemble de robinets.

**robinier** n. m. ■ Arbre épineux à fleurs blanches en grappes (syn. *faux acacia*).

**roboratif, ive** adj. ■ littér. Qui revigore.

**robot** n. m. ■ **1** Machine à l'aspect humain. – fig. Être humain réduit à l'état d'automate. **2** Mécanisme automatique complexe. ◆ Appareil ménager à usages variés.

**robotique** n. f. ■ Technique des robots (2).

**robotiser** v. tr. ① ■ **1** Équiper de robots (2). **2** Transformer (qqn) en robot (1).

**robuste** adj. ■ **1** Fort et résistant. → vigoureux. **2** fig. Ferme, inébranlable. ▷ n. f. **robustesse**

**roc** n. m. ■ **1** littér. Rocher. **2** *LE ROC* : matière rocheuse et dure. **3** fig. *Solide comme un roc, le roc.*

**rocade** n. f. ■ Route de dérivation.

**rocaille** n. f. ■ **1** Pierres qui jonchent le sol ; terrain plein de pierres. **2** Décoration de cailloux, coquillages, etc. (jardins). **3** Style ornemental (période Louis XV-Régence) baroque. → **rococo**.

**rocailleux, euse** adj. ■ **1** Plein de pierres. **2** fig. Dur et heurté. ◆ *Une voix rocailleuse,* rauque.

**rocambolesque** adj. ■ Plein de péripéties extraordinaires. → Extravagant.

**roche** n. f. ■ **1** Rocher. – sc. Assemblage de minéraux. **2** *LA ROCHE* : la pierre (surtout dure). ◆ *Eau de roche* : eau de source très limpide.

**rocher** n. m. ■ **1** Grande masse de roche. ◆ Paroi rocheuse. **2** anat. Partie massive de l'os temporal. **3** Gâteau, confiserie en forme de rocher.

**rocheux, euse** adj. ■ **1** Couvert, formé de rochers. **2** Formé de roche.

**rock and roll** [ʁɔkɛnʁɔl] ou abrév. **rock** n. m. ■ anglic. Musique populaire à rythme marqué, issue du blues, du jazz. ◆ Danse sur cette musique. ◆ adj. invar. *Chanteur rock.*

**rockeur, euse** n. ■ Chanteur, musicien de rock and roll.

**rocking-chair** [-(t)ʃɛʁ] n. m. ■ Fauteuil à bascule. *Des rocking-chairs.*

**rococo** ■ **1** n. m. Style décoratif baroque du XVIIIᵉ siècle. ◆ adj. invar. *L'art rococo.* → **rocaille** (3). **2** adj. invar. Démodé, vieillot.

**rodéo** n. m. ■ **1** (en Amérique du Nord) Fête donnée pour le marquage du bétail, avec des jeux sportifs. **2** fam. Course bruyante et agitée (voitures, motos).

**roder** v. tr. ① ■ **1** Faire fonctionner (un moteur neuf, une voiture neuve) avec précaution. **2** fig., fam. Mettre au point (une chose nouvelle) par des essais. ▶ **rodé, ée** p. p. (choses ; personnes). ▷ n. m. **rodage**

**rôder** v. intr. ■ **1** Errer avec des intentions suspectes. **2** Errer au hasard. → **vagabonder**. ▷ n. **rôdeur, euse**

**rodomont** n. m. ■ littér. Fanfaron.

**rodomontade** n. f. ■ Fanfaronnade.

**rogations** n. f. pl. ■ cathol. Cérémonies pour bénir les travaux des champs.

**rogatoire** adj. ■ dr. Relatif à une demande. ◆ *Commission rogatoire* (pour faire agir un tribunal).

**rogaton** n. m. ■ fam. (surtout au plur.) Bribe de nourriture ; reste d'un repas.

**rogne** n. f. ■ fam. Colère, mauvaise humeur.

**rogner** v. tr. ① ■ **1** Couper, rectifier les contours ou d'une chose. ◆ loc. fig. *Rogner les ailes à qqn*, lui enlever ses moyens d'action. **2** fig. Diminuer d'une petite quantité.

**rognon** n. m. ■ Rein (d'un animal), destiné à la cuisine.

**rognure** n. f. ■ **1** surtout au plur. Ce que l'on enlève quand on rogne qqch. **2** Déchet.

**rogomme** n. m. ■ loc. *Voix de rogomme,* enrouée, éraillée.

**rogue** adj. ■ littér. Arrogant. – *Un ton rogue.*

**roi** n. m. ■ **1** Chef souverain (homme) de certains États (→ **royaume**), accédant au pouvoir par voie héréditaire. – *Le Roi-Soleil,* Louis XIV. – *La fête des Rois* (mages). → **Épiphanie**. ◆ appos. invar. *Bleu roi* : bleu très vif. **2** fig. Personne qui domine (dans un domaine). **3** Chef, représentant éminent. *Le roi des animaux,* le lion. – fam. *C'est le roi des imbéciles.* **4** Pièce la plus importante du jeu d'échecs. ◆ Carte à jouer figurant un roi.

**roitelet** n. m. ■ **1** Roi d'un petit pays. **II** Petit oiseau passereau.

**rôle** n. m. ■ **I** dr. admin. Registre, liste. *Rôle d'équipage* (d'un navire). ◆ Liste des contribuables. ◆ *À TOUR DE RÔLE* loc. adv. : chacun à son tour. **II 1** Partie d'un texte que doit dire sur scène un acteur. → Personnage qu'il représente. **2** Conduite sociale. → loc. *Avoir LE BEAU RÔLE* : apparaître à son avantage. → *Jeu de rôles,* impliquant des rôles sociaux ou symboliques. **3** Influence, fonction (dans un ensemble).

**roller** n. m. ■ anglic. Patin à roulettes en ligne fixées sur une chaussure rigide. → Sport pratiqué avec ces patins.

**rollmops** [-ɔps] n. m. ■ Filet de hareng mariné dans du vinaigre.

① **rom** [ʀɔm] n. et adj. ■ Membre d'un peuple nomade originaire de l'Inde, apparu en Europe centrale au XIVᵉ siècle. → **bohémien, gitan, tsigane.** ◆ n. Langue de ce peuple, ensemble de parlers indo-européens influencé par des emprunts aux langues des pays parcourus (hongrois, roumain, langues slaves...). – syn. ROMANI n. m.

② **ROM** n. f. invar. (sigle angl.) ■ inform. Mémoire non modifiable.

**romain, aine** adj. ■ **1** De l'ancienne Rome et son empire. → **latin.** ◆ n. *Les Romains.* → loc. *Un travail de Romain :* une œuvre longue et difficile. **2** typogr. *Caractère romain,* à hampes verticales (s'oppose à *italique*). **3** De Rome (ville ; siège de la papauté).

① **romaine** n. f. ■ Laitue à feuilles allongées et croquantes.

② **romaine** adj. f. et n. f. ■ *(Balance) romaine,* formée d'un fléau à bras inégaux.

① **roman** n. m. ■ **I** ling. Langue issue du latin oral, qui a donné naissance au français. **II 1** hist. littér. Récit en cette langue, contant des aventures merveilleuses. **2** cour. Œuvre d'imagination en prose qui présente des personnages donnés comme réels. *Romans et nouvelles\*.* → *Le NOUVEAU ROMAN,* qui refuse les conventions du roman traditionnel.

② **roman, ane** adj. ■ **I 1** *La langue romane :* le roman (①, I) de Gaule. **2** *Les langues romanes,* issues du latin populaire (français, italien, espagnol, catalan, portugais, roumain, etc.). **II** Relatif à l'art médiéval d'Europe occidentale, avant le gothique. *Église ; sculpture romane.* → n. m. Art, style roman.

**romance** n. f. ■ Chanson sentimentale.

**romancer** v. tr. ③ ■ Présenter en donnant les caractères du roman (→ romanesque).

**romanche** n. m. ■ Langue romane des Grisons (Suisse).

**romancier, ière** n. ■ Auteur de romans.

**romand, ande** adj. ■ Où l'on parle le français (en Suisse).

**romanesque** adj. ■ **1** Qui offre les caractères traditionnels du roman (aventures, sentiments, etc.). **2** Imaginatif et sentimental. **3** Propre au roman.

**romani** → **rom**

**romanichel, elle** n. ■ péj. Tsigane nomade.

**romaniste** n. ■ didact. Spécialiste des langues romanes, de leur comparaison.

**roman-photo** n. m. ■ Récit sous forme d'une série de photos (analogue à la bande dessinée). – syn. PHOTOROMAN.

**romantique** adj. ■ **1** Du romantisme (1). → n. *Les classiques et les romantiques.* **2** D'une sensibilité idéaliste, rêveuse (comme dans le romantisme). → *Ambiance romantique.*

**romantisme** n. m. ■ **1** Mouvement littéraire et artistique en réaction contre le classicisme et le rationalisme (début XIXᵉ s.). **2** Caractère, esprit romantique (2).

**romarin** n. m. ■ Arbuste aromatique à feuilles persistantes et à fleurs bleues.

**rombière** n. f. ■ péj. Femme d'âge mûr, ennuyeuse, prétentieuse, ridicule.

**rompre** v. ④ ■ **I** v. tr. **1** littér. Casser. → *Applaudir à tout rompre,* très fort. → loc. *Rompre la glace\*).* **2** Briser (une chose souple). **3** Défaire (un arrangement, un ordre). → loc. *ROMPRE LES RANGS,* les quitter. **4** Cesser, interrompre. *Rompre le silence* (en parlant). ◆ Interrompre (des relations) ; cesser de respecter (une promesse) (→ **rupture**). **II** v. intr. **1** littér. Casser. **2** sports Reculer. **3** Renoncer soudain à des relations d'amitié, d'amour (avec qqn). → **se brouiller.** → *Rompre avec qqch.,* cesser de pratiquer.

**rompu, ue** adj. ■ **1** Cassé. → loc. *À bâtons\* rompus.* **2** Très fatigué. → **fourbu. 3** littér. *ROMPU À :* très exercé à (une discipline...).

**romsteck** [ʀɔmstɛk] n. m. ■ Partie de l'aloyau, qui se mange rôtie ou grillée.

**ronce** n. f. ■ **1** Arbuste épineux aux fruits comestibles (→ **mûre**). **2** Nœuds, veines de certains bois.

**ronceraie** n. f. ■ Terrain où croissent des ronces.

**ronchon, onne** n. ■ fam. Personne qui ronchonne. → adj. *Elle est ronchonne* (ou invar. *ronchon*).

**ronchonner** v. intr. ① ■ fam. Manifester son mécontentement en protestant. → **bougonner, grogner, râler.** ▷ n. m. **ronchonnement** ▷ n. **ronchonneur, euse**

**roncier** n. m. ■ Buisson de ronces.

**rond, ronde** ■ **I** adj. **1** En forme de cercle ou de sphère. **2** En arc de cercle. *Tuiles rondes.* → Arrondi, voûté. ◆ (parties du corps) Charnu, rebondi. → (personnes) Gros et court. **3** (quantité ; nombre) Entier ; spécialt qui se termine par un zéro. **4** (personnes) Qui agit sans détours. *Un homme rond en affaires.* **5** fam. Ivre. **6** adv. (dans des loc.) *TOURNER ROND* (moteur...), d'une manière régulière. **II** n. m. **1** Figure circulaire. → **cercle, circonférence.** ◆ *EN ROND* loc. adv. : en cercle. **2** Objet matériel de forme ronde. *Rond de serviette* (anneau). ◆ *Tranche ronde.* → **rondelle.** *Un rond de saucisson.* ◆ fam. *Sou. Ils ont des ronds,* de l'argent. **3** loc. *Faire des RONDS DE JAMBE,* des politesses exagérées.

**rond-de-cuir** n. m. ■ **1** Coussin en forme d'anneau. **2** péj. Employé de bureau.

**ronde** n. f. ■ 1 À LA RONDE : alentour ; tour à tour (personnes installées en rond). 2 Visite de surveillance. 3 Danse où plusieurs personnes forment un cercle et tournent. 4 Écriture à jambages courbes. 5 Note de musique évidée et sans queue.

**rondeau** n. m. ■ Poème à forme fixe, sur deux rimes avec des vers redoublés.

**ronde-bosse** n. f. ■ Sculpture en relief, détachée du fond.

**rondelet, ette** adj. ■ 1 Qui a des formes arrondies. → dodu, potelé. 2 Une somme rondelette, assez importante. → coquet.

**rondelle** n. f. ■ 1 Pièce ronde, peu épaisse, généralement évidée. 2 Tranche ronde.

**rondement** adv. ■ 1 Avec efficacité. 2 D'une manière franche et directe.

**rondeur** n. f. ■ 1 Forme ronde (d'une partie du corps). 2 Caractère rond (I, 4).

**rondin** n. m. ■ Morceau de bois cylindrique (chauffage ; construction).

**rondo** n. m. ■ mus. Pièce brillante à couplets et refrain, finale de la sonate.

**rondouillard, arde** adj. ■ fam. Grassouillet. → rondelet.

**rond-point** n. m. ■ Place circulaire d'où rayonnent plusieurs avenues. → carrefour.

**ronéo** n. f. (nom déposé) ■ Machine qui reproduit des textes au moyen de stencils.

**ronéotyper** v. tr. 1 ■ Reproduire au moyen de la ronéo.

**ronflant, ante** adj. ■ péj. Grandiloquent, plein d'emphase. → pompeux.

**ronfler** v. intr. 1 ■ 1 Faire, en respirant pendant le sommeil, un fort bruit du nez. 2 (sujet chose) → ronronner, vrombir. ▷ n. m. **ronflement** ▷ n. **ronfleur, euse**

**ronger** v. tr. 3 ■ 1 User en coupant avec les dents (incisives) par petits morceaux. ◆ (vers, insectes) Attaquer, détruire. ◆ loc. fig. Ronger son frein*. 2 (sujet chose) Attaquer, détruire peu à peu (qqch.). → corroder. 3 fig. → torturer, tourmenter. ◆ fam. Se ronger les sangs, se faire du souci.

**rongeur, euse** ■ 1 adj. Qui ronge. 2 n. m. Mammifère à incisives tranchantes.

**ronron** n. m. ■ 1 fam. Ronflement sourd et continu. ◆ fig. Routine. 2 Petit grondement régulier du chat.

**ronronner** v. intr. 1 ■ (chat) Faire entendre des ronrons. ▷ n. m. **ronronnement**

**roquefort** n. m. ■ Fromage de lait de brebis, à moisissures.

**roquer** v. intr. 1 ■ échecs Intervertir le roi et une tour.

**roquet** n. m. ■ 1 Petit chien hargneux. 2 fig. Personne hargneuse.

**roquette** n. f. ■ Fusée militaire.

**rorqual** [-k(w)al] n. m. ■ Mammifère marin voisin de la baleine.

**rosace** n. f. ■ 1 Figure faite de courbes inscrites dans un cercle (ornement). 2 Grand vitrail d'église, circulaire. → rose.

**rosacée** n. f. ■ bot. Plante à feuilles dentées, à étamines nombreuses (famille des Rosacées : ex. l'aubépine, le rosier).

**rosaire** n. m. ■ Grand chapelet de quinze dizaines d'Ave ; ses prières.

**rosâtre** adj. ■ Qui est d'un rose peu franc.

**rosbif** [ʀɔsbif] n. m. ■ Morceau de bœuf à rôtir (généralement aloyau).

① **rose** n. f. ■ I 1 Fleur du rosier, décorative et odorante. Rose sauvage. → églantine. ◆ EAU DE ROSE : essence de roses. fig. Un roman à l'eau de rose, mièvre. ◆ loc. fam. Envoyer qqn SUR LES ROSES, le rembarrer. 2 Bois de rose : bois de couleur rosée. 3 (autres fleurs) Rose trémière*. Laurier*-rose. II 1 Grand vitrail circulaire. → rosace. 2 ROSE DES VENTS : étoile à 32 divisions (aires), sur le cadran d'une boussole, etc. 3 ROSE DE SABLE, DES SABLES : cristallisation de gypse.

② **rose** adj. et n. m. ■ 1 adj. D'un rouge très pâle. ◆ loc. Ce n'est pas rose : ce n'est pas gai. 2 n. m. Couleur rose. Rose bonbon, vif. ◆ Voir la vie, l'avenir... EN ROSE, avec optimisme (s'oppose à en noir).

**rosé, ée** adj. ■ Légèrement teinté de rose. ◆ Vin rosé et n. m. du rosé.

**roseau** n. m. ■ Plante aquatique à tige droite et lisse. ◆ La tige.

**rosée** n. f. ■ Vapeur d'eau qui se condense et se dépose en fines gouttelettes.

**roséole** n. f. ■ Éruption de taches rosées (maladies ou intoxications).

**roseraie** n. f. ■ Plantation de rosiers.

**rosette** n. f. ■ 1 Nœud à boucles d'un ruban. 2 Insigne du grade d'officier, dans certains ordres. 3 Saucisson d'origine lyonnaise.

**roseval** n. f. ■ Pomme de terre à la peau rose et à la pulpe rosée. Des rosevals.

**rosier** n. m. ■ Arbrisseau épineux portant les roses. ▷ **rosiériste** n. → horticulteur.

**rosière** n. f. ■ anciennt Jeune fille vertueuse qui recevait une couronne de roses.

**rosir** v. 2 ■ Devenir, rendre rose.

**rosse** n. f. ■ I Mauvais cheval. II fig. Personne méchante (aussi adj.).

**rosser** v. tr. 1 ■ Battre violemment. ▷ n. f. **rossée**

**rosserie** n. f. ■ 1 Parole ou action rosse. → méchanceté. 2 Caractère rosse.

**rossignol** n. m. ■ 1 Oiseau passereau, au chant varié et harmonieux. II Instrument pour crocheter les portes.

**rösti** [ʀøsti] n. m. pl. ■ régional (Suisse) Plat de pommes de terre râpées et rissolées. – var. RŒSTIS.

**rostre** n. m. ■ 1 Antiq. romaine Éperon de navire. 2 zool. Prolongement pointu, vers l'avant du corps (crustacés ; insectes...).

**-rostre** Élément, du latin rostrum « bec ».

**rot** n. m. ■ fam. Renvoi de gaz de l'estomac par la bouche.

**rôt** n. m. ■ littér. Rôti. La fumée du rôt.

**rotatif, ive** adj. ■ Qui agit par rotation.

**rotation** n. f. ▪ **1** didact. Mouvement d'un corps autour d'un axe (matériel ou non). → Mouvement circulaire. → **tour. 2** Fait d'alterner ; fréquence de mouvements. *La rotation des avions d'une ligne.*

**rotative** n. f. ▪ Presse à imprimer continue, agissant au moyen de cylindres.

**rotatoire** adj. ▪ Caractérisé par une rotation. → **circulaire, giratoire.**

**roter** v. intr. 🔟 ▪ fam. Faire des rots.

**rôti** n. m. ▪ Morceau de viande de boucherie, cuit à feu vif.

**rôtie** n. f. ▪ Tranche de pain grillé. → **toast.**

**rotin** n. m. ▪ Tige d'un palmier (le *rotang* n. m.). *Meuble en rotin.*

**rôtir** v. 🔟 ▪ **1** v. tr. Faire cuire (de la viande) à feu vif. → au p. p. *Poulet rôti.* ♦ fig. pronom. *Se rôtir au soleil.* **2** v. intr. Cuire à feu vif.

**rôtisserie** n. f. ▪ **1** Boutique de rôtisseur. **2** Restaurant de viandes rôties.

**rôtisseur, euse** n. ▪ Personne qui prépare et vend des viandes rôties.

**rôtissoire** n. f. ▪ Four à rôtir.

**rotonde** n. f. ▪ Édifice circulaire.

**rotondité** n. f. ▪ Caractère de ce qui est rond, sphérique.

**rotor** n. m. ▪ Partie mobile d'un mécanisme rotatif (hélicoptère, etc.).

**rottweiler** n. m. ▪ Chien de taille moyenne, très puissant, trapu, à poil ras, noir et fauve.

**rotule** n. f. ▪ Os plat, à la partie antérieure du genou. ♦ loc. fam. *Être sur les rotules*, très fatigué. ▷ adj. **rotulien, ienne**

**roture** n. f. ▪ littér. Condition, classe des roturiers (opposé à *noblesse*).

**roturier, ière** adj. et n. ▪ (Personne) non noble.

**rouage** n. m. ▪ **1** Chacune des pièces (petites roues) d'un mécanisme (d'horlogerie, etc.). **2** fig. Partie essentielle (d'un ensemble qui fonctionne).

**roublard, arde** adj. et n. ▪ fam. (Personne) qui fait preuve d'astuce et de ruse. ▷ n. f. **roublardise**

**rouble** n. m. ▪ Unité monétaire de la Russie.

**roucouler** v. intr. 🔟 ▪ **1** (pigeon, tourterelle) Faire entendre son cri. **2** Tenir des propos tendres. ▷ n. m. **roucoulement**

**roudoudou** n. m. ▪ Pâte sucrée moulée dans une coquille.

**roue** n. f. ▪ **1** Disque tournant sur un axe, utilisé comme organe de déplacement. → *Roue de secours*, de rechange. → *ROUE LIBRE* : dispositif permettant de rouler sans apport d'énergie. → loc. *Pousser à la roue*, aider qqn à réussir. *La cinquième roue du carrosse*, un élément inutile. **2** Disque rotatif, organe de transmission. → **poulie, rouage.** *Roue dentée.* **3** Supplice qui consistait à attacher le condamné sur une roue et à lui rompre les membres. → *GRANDE ROUE* : attraction foraine, manège en forme de roue dressée. **5** *FAIRE LA ROUE.* Tourner latéralement sur soi-même, sur les mains et sur les pieds. → (oiseaux)

Déployer en rond les plumes de la queue. → fig., péj. → **se pavaner. 6** Disque, cylindre. *Une roue de gruyère.*

**roué, ée** n. ▪ littér. **1** Supplicié par la roue (3). **2** Personne rusée et sans scrupules. → adj. → **rusé.** ▷ n. f. **rouerie**

**rouelle** n. f. ▪ Partie de la cuisse de veau au-dessus du jarret, coupée en rond.

**roue-pelle** n. f. ▪ Excavatrice comportant une roue à godets, utilisée pour les grands travaux. *Des roues-pelles.*

**rouer** v. tr. 🔟 ▪ **1** Supplicier sur la roue (3). **2** loc. *Rouer qqn de coups*, battre.

**rouet** n. m. ▪ ancient Machine à roue servant à filer (chanvre, laine, lin, etc.).

**rouf** n. m. ▪ mar. Petite construction élevée sur le pont d'un navire.

**rouflaquettes** n. f. pl. ▪ fam. Favoris courts.

**rouge** adj. et n. ▪ **I** adj. **1** Qui est de la couleur du sang, du rubis, etc. (extrémité du spectre solaire). → **carmin, écarlate, pourpre.** *Le drapeau rouge* (révolutionnaire). ♦ *VIN ROUGE*, fait avec des raisins ayant leur peau. → n. m. *Un coup de rouge.* **2** D'extrême gauche (drapeau rouge). → **révolutionnaire.** → n. Soviétique. *L'armée rouge.* **3** Porté à l'incandescence. *Fer rouge.* **4** (personnes) Dont la peau est ou devient rouge, par l'afflux du sang. *Être rouge de colère.* ♦ adv. *Se fâcher tout rouge. Voir rouge*, avoir un accès de colère. **II** n. m. **1** Couleur rouge. **2** Colorant ; pigment rouge. ♦ *Fard rouge. Rouge à lèvres.* **3** Couleur, aspect, état du métal incandescent. **4** Teinte rouge que prend la peau du visage. **5** (Couleur des signaux d'interdiction) loc. fig. *Être dans le rouge*, dans une situation critique.

**rougeâtre** adj. ▪ Légèrement rouge.

**rougeaud, aude** adj. ▪ Qui a le teint rouge.

**rouge-gorge** n. m. ▪ Oiseau passereau à gorge et poitrine d'un roux vif.

**rougeole** [-ʒɔl] n. f. ▪ Maladie infectieuse caractérisée par une éruption de taches rouges sur la peau. → aussi **rubéole.** ▷ adj. et n. **rougeoleux, euse**

**rougeoyer** [-ʒwaj-] v. intr. 🔟 ▪ Prendre une teinte rougeâtre. ▷ n. m. **rougeoiement** ▷ adj. **rougeoyant, ante**

**rouget** n. m. ▪ Poisson de mer de couleur rouge, très estimé. *Rouget barbet.*

**rougeur** n. f. ▪ **1** littér. Couleur rouge. **2** Coloration rouge du visage. **3** Tache rouge sur la peau.

**rougir** v. 🔟 ▪ **I** v. intr. **1** Devenir rouge. → (personnes) → s'**empourprer. 2** Éprouver de la confusion. **II** v. tr. **1** Rendre rouge. **2** Chauffer (un métal) au rouge. ▷ adj. **rougissant, ante** ▷ n. m. **rougissement**

**rouille** n. f. ▪ **1** Produit rougeâtre de la corrosion du fer (oxygénation). ♦ adj. invar. D'un rouge brun. **2** Nom de maladies des végétaux. **3** Aïlloli relevé de piment rouge.

**rouiller** v. ① ▪ I v. intr. Se couvrir de rouille.
II v. tr. 1 Couvrir de rouille. ◆ *(Être) rouillé.*
2 fig. Rendre moins alerte (le corps, l'esprit)
par manque d'exercice. ◆ *Se rouiller; être
rouillé.*

**rouir** v. tr. ② ▪ techn. Isoler les fibres textiles
(lin, chanvre) par macération.

**roulade** n. f. ▪ Succession de notes chantées
sur une seule syllabe.

**roulant, ante** adj. ▪ I 1 Qui roule. ◆ *Personnel roulant* (dans les transports). 2 Qui se
déplace au moyen de roulements, par le transport. *Tapis roulant.* 3 *Feu roulant,* tir continu. ◆ fig. *Un feu roulant de questions.* II fam.
Très drôle.

**roulé, ée** adj. ▪ 1 Enroulé. 2 *R roulé* (→ **rouler**
(I, 5)). 3 fam. (personnes) *BIEN ROULÉ* : bien fait.

**rouleau** n. m. ▪ I 1 Bande enroulée de
forme cylindrique. ◆ loc. *Être au bout du
rouleau,* à bout de ressources, de forces.
2 Chose enroulée, objets roulés. ◆ *Rouleau
de printemps* : crêpe de riz fourrée (cuisine
d'Extrême-Orient). 3 Grosse vague qui se
brise. 4 Saut en hauteur où le corps roule
au-dessus de la barre. II 1 Cylindre que l'on
fait rouler. ◆ *Rouleau compresseur,* pour
aplanir le macadam. 2 Objet cylindrique
destiné à recevoir ce qui s'enroule.

**roulé-boulé** n. m. ▪ Culbute par laquelle on
tombe en se roulant en boule.

**roulement** n. m. ▪ 1 Action, fait de rouler
(II). ◆ Mécanisme destiné à diminuer les
frottements. *Roulement à billes.* 2 Bruit de
ce qui roule. *Un roulement de tambour.*
3 Mouvement de ce qui tourne. 4 (argent) Fait
de circuler. 5 Alternance de personnes qui
se relaient.

**rouler** v. ① ▪ I v. tr. 1 Déplacer (un corps
arrondi) en le faisant tourner sur lui-même.
◆ loc. *Rouler sa bosse,* voyager beaucoup.
2 Déplacer un objet muni de roues, de roulettes). 3 Mettre en rouleau. *Rouler un tapis.*
→ **enrouler.** 4 Imprimer un balancement à.
*Rouler les hanches en marchant.* ◆ fam. *Rouler les mécaniques\*.* 5 *Rouler les r,* les faire
vibrer. 6 Tromper. II v. intr. 1 Avancer
en tournant sur soi-même. *Faire rouler un
tonneau.* 2 Tomber et tourner sur soi-même.
3 Avancer au moyen de roues, de roulettes.
◆ (personnes) Avancer dans un véhicule à
roues. 4 (bateau) Être agité de roulis. 5 (bruit) Se
prolonger en vibrant. 6 (conversation...) *ROULER
SUR* : avoir pour sujet. ▶ **porter** sur. ▶ se
**rouler** v. pron. 1 Rouler son corps allongé.
◆ loc. *C'est à se rouler par terre (de rire).*
2 S'envelopper (dans). → **s'enrouler.**

**roulette** n. f. ▪ 1 Petite roue. ◆ loc. *Marcher,
aller comme sur des roulettes,* très bien.
2 Instrument à roue dentée. ◆ *Fraise (de
dentiste).* 3 Jeu de hasard où une boule
dans une cuvette tournante détermine un
numéro gagnant.

**roulier** n. m. ▪ ancient Voiturier.

**roulis** n. m. ▪ Oscillation transversale d'un
bateau. *Roulis et tangage\*.*

**roulotte** n. f. ▪ 1 Voiture aménagée où vivent
des nomades. 2 franç. du Canada Remorque
aménagée pour servir de logement. → **caravane.**

**roumain, aine** adj. et n. ▪ De Roumanie.

**round** [ʀaund; ʀund] n. m. ▪ Reprise (d'un
combat de boxe; fig. d'une lutte).

① **roupie** n. f. ▪ loc. fam. *De la roupie de
sansonnet* : une chose insignifiante.

② **roupie** n. f. ▪ Unité monétaire de l'Inde,
du Pakistan, du Népal, etc.

**roupiller** v. intr. ① ▪ fam. Dormir.

**roupillon** n. m. ▪ fam. Petit somme.

**rouquin, ine** adj. et n. ▪ fam. (Personne) qui a
les cheveux roux.

**rouscailler** v. intr. ① ▪ fam. Rouspéter.

**rouspéter** v. intr. ⑥ ▪ fam. Protester, réclamer
(contre qqch.). → **râler.** ▷ n. f. **rouspétance**
▷ n. **rouspéteur, euse**

**roussâtre** adj. ▪ Qui tire sur le roux.

**roussette** n. f. ▪ 1 Squale de petite taille (syn.
*chien de mer*). 2 Grande chauve-souris.

**rousseur** n. f. ▪ 1 Couleur rousse. ◆ *TACHE DE
ROUSSEUR* : tache rousse de la peau. → **éphélides.** 2 Tache roussâtre sur le papier.

**roussi** n. m. ▪ Odeur d'une chose qui a
légèrement brûlé. ◆ loc. *Sentir le roussi,* mal
tourner, se gâter (situation).

**roussir** v. ② ▪ Devenir; rendre roux, roussâtre (spécial en brûlant légèrement).

**routage** n. m. ▪ techn. Action de router.

**routard, arde** n. ▪ Personne qui voyage
librement et à peu de frais.

**route** n. f. ▪ 1 Voie de communication terrestre importante. ◆ *La grande route, la
grand-route,* la route principale. ◆ *La route,*
les communications automobiles. ◆ *TENIR LA
ROUTE* (fig. agir de manière fiable et durable).
2 Chemin suivi ou à suivre dans une direction déterminée. ◆ **itinéraire.** ◆ Itinéraire
(ligne) que suit un navire, un avion. ◆
fig. *FAIRE FAUSSE ROUTE* : se tromper. 3 loc.
*EN ROUTE.* Mettre en route, en marche (un
moteur, une machine). ◆ fig. *Mise en route*
(d'une affaire). 4 fig. Chemin. *Vous êtes sur la
bonne route.* → **voie.**

**router** v. tr. ① ▪ 1 techn. Grouper (des imprimés) selon leur destination. 2 mar. Fixer la
route, l'itinéraire de (un navire). 3 inform.
Acheminer des données au sein d'un réseau.

① **routier, ière** ▪ 1 adj. Relatif aux routes.
*Réseau routier.* 2 n. m. Conducteur de poids
lourds. ◆ Restaurant fréquenté par les routiers.

② **routier** n. m. ▪ *Vieux routier,* ancien vieux
soldat; fig. homme expérimenté.

**routine** n. f. ▪ 1 Habitudes, préjugés répé-
titifs, empêchant le progrès. 2 anglic. (non
péj.) *De routine* : courant, habituel. ▷ adj.
**routinier, ière**

**rouvrir** v. ⑱ ▪ I v. tr. Ouvrir de nouveau (ce
qui a été fermé). ◆ *Rouvrir un débat.* II v. intr.
Être de nouveau ouvert.

**roux, rousse** adj. ■ **1** D'une couleur entre l'orangé et le rouge. → **fauve.** *Cheveux roux.* ◆ n. m. Couleur rousse. **2** adj. et n. (Personne) dont les cheveux sont roux. → **rouquin. 3** *Beurre roux,* qu'on a fait roussir. ◆ n. m. Sauce de farine roussie dans le beurre. **4** *LUNE ROUSSE :* lune d'avril (censée roussir, geler la végétation).

**royal, ale, aux** adj. ■ **1** Du roi ; qui concerne un roi. ◆ *La Marine royale* et n. f. *la Royale* (mod. la marine militaire). **2** Digne d'un roi. *Un cadeau royal.* ▷ adv. **royalement**

**royaliste** n. et adj. ■ Partisan du roi, du régime monarchique. → **monarchiste.** ◆ loc. *Être plus royaliste que le roi :* défendre les intérêts de qqn, etc., avec plus d'ardeur qu'il ne le fait lui-même. ▷ n. m. **royalisme**

**royalties** [ʀwajalti] n. f. pl. ■ anglic. Redevance* versée au propriétaire d'un brevet, un auteur ; un pays producteur de pétrole.

**royaume** n. m. ■ **1** État, territoire gouverné par un roi, une reine. **2** relig. *Le royaume de Dieu, des cieux,* le règne de Dieu dans les âmes.

**royauté** n. f. ■ Dignité, pouvoir de roi.

**-rragie** Élément (du grec *rhêgnumi* « jaillir ») qui signifie "flux anormal".

**-rrhée** Élément (du grec *rhein* « couler ») qui signifie « écoulement ».

**R.S.A.** [ɛʀɛsa] n. m. (sigle de *revenu de solidarité active*) ■ (en France) Revenu garanti aux chômeurs qui retrouvent un travail.

**R.T.T.** [ɛʀtete] n. f. (sigle) ■ (en France) Réduction (légale) du temps de travail. ◆ Congé pris à ce titre. *Jours de R.T.T.*

**ru** n. m. ■ régional Petit ruisseau.

**ruade** n. f. ■ Mouvement des chevaux, ânes..., qui lancent en arrière leurs membres postérieurs. → **ruer** (II).

**ruban** n. m. ■ **1** Étroite bande de tissu. **2** Bande de tissu, insigne de décorations. **3** Bande d'une matière flexible. *Ruban adhésif.*

**rubéole** n. f. ■ Maladie éruptive contagieuse voisine de la rougeole.

**rubicond, onde** adj. ■ (visage) Très rouge.

**rubis** n. m. ■ **1** Pierre précieuse d'un beau rouge. **2** Monture de pivot en pierre dure (horlogerie). **3** loc. *Payer RUBIS SUR L'ONGLE :* payer comptant et en totalité.

**rubrique** n. f. ■ **1** Titre indiquant la matière d'un article de presse. **2** Article sur un sujet. → **chronique.**

**ruche** n. f. ■ **1** Abri aménagé pour un essaim d'abeilles. **2** Colonie d'abeilles d'une ruche. ◆ fig. Lieu où règne une activité incessante.

**ruché** n. m. ■ Bande d'étoffe plissée servant d'ornement.

**rucher** n. m. ■ Emplacement de ruches ; ensemble de ruches.

**rude** adj. ■ **1** (personnes, manières...) Simple et grossier. **2** (personnes) littér. Dur, sévère. ◆ Redoutable. **3** (choses) Pénible. ◆ loc. *À rude épreuve*. **4** Dur au toucher (→ **rugueux**), à l'ouïe. *Une voix rude.* **5** fam. (avant le nom) Remarquable en son genre. → **fameux, sacré.**

**rudement** adv. ■ **1** De façon brutale. **2** Avec dureté. **3** fam. Beaucoup.

**rudesse** n. f. ■ Caractère rude (1 à 4).

**rudiment** n. m. ■ **1** au plur. Notions élémentaires ; ébauche (d'un système). **2** Ébauche ou reste (d'un organe). *Un rudiment d'aile.*

**rudimentaire** adj. ■ **1** Peu développé ; sommaire. **2** (organe) À l'état d'ébauche ou de résidu.

**rudologie** n. f. ■ didact. Étude des déchets, de leur élimination.

**rudoyer** v. tr. 8 ■ Traiter rudement.

**rue** n. f. ■ **1** Voie d'importance moyenne, bordée de maisons, dans une agglomération. → **artère.** *Les rues et les avenues.* ◆ loc. *À tous les coins de rue :* partout. **2** (Symbole de la vie urbaine). *L'homme de la rue.* ◆ loc. *Être À LA RUE,* sans domicile. ◆ (Siège des manifestations populaires). *Descendre dans la rue.*

**ruée** n. f. ■ Mouvement rapide de personnes dans une direction.

**ruelle** n. f. ■ **I** Petite rue étroite. → **venelle. II** Espace libre entre un lit et le mur. ◆ (au XVIIᵉ siècle) Chambre, alcôve.

**ruer** v. 1 ■ **I** *SE RUER* v. pron. S'élancer avec violence. → se **précipiter.** *La foule se rua vers la sortie.* **II** v. intr. Lancer des ruades. ◆ loc. fig. *Ruer dans les brancards :* regimber, résister.

**ruffian** ou **rufian** n. m. ■ vx ou littér. Souteneur. ◆ mod. Aventurier.

**rugby** n. m. ■ Sport d'équipe dans lequel il faut poser un ballon ovale derrière la ligne de but de l'adversaire (→ **essai**), ou le faire passer entre les poteaux de but. ▷ n. m. **rugbyman** [-man]

**rugir** v. intr. 2 ■ **1** (lion, fauves) Pousser des rugissements. **2** (personnes) Pousser des cris. → **hurler. 3** Produire un bruit sourd et puissant.

**rugissement** n. m. ■ **1** Cri du lion et de certains fauves (tigres, panthères, etc.). **2** Cri rauque. **3** (choses) Grondement sourd et puissant.

**rugueux, euse** adj. ■ Dont la surface présente de petites aspérités, et qui est rude au toucher. ▷ n. f. **rugosité**

**ruine** n. f. ■ **I 1** (surtout plur.) Débris d'un édifice ancien ou écroulé. → **décombres, vestige.** ◆ *Une ruine.* **2** Personne dégradée par l'âge, la maladie... **II 1** Écroulement d'un édifice. ◆ *Menacer ruine.* → *Tomber en ruine.* **2** Destruction, perte. *C'est la ruine de ses espérances.* **3** Perte de la fortune. *Être au bord de la ruine.*

**ruiner** v. tr. �Ⅰ ■ **1** Endommager gravement. ◆ *Ruiner sa santé.* **2** Causer la ruine, la perte de. → **détruire. 3** Faire perdre la fortune à ; faire trop dépenser. ◆ pronom. *Se ruiner en médicaments.* ▸ **ruiné, ée** p. p.

**ruineux, euse** adj. ■ Qui amène la ruine, des dépenses excessives.

**ruisseau** n. m. ■ **1** Petit cours d'eau. → **ru, torrent.** ◆ par exagér. *Des ruisseaux de larmes.* **2** Caniveau. ◆ loc. *Dans le ruisseau,* dans une situation dégradante.

**ruisseler** v. intr. ④ ■ **1** Couler sans arrêt en formant un courant d'eau. *La pluie ruisselle.* **2** Se répandre à profusion (soleil, etc.). **3** RUISSELER DE : être couvert de (un liquide qui ruisselle). ▸ adj. **ruisselant, ante**

**ruisselet** n. m. ■ Petit ruisseau.

**ruissellement** n. m. ■ Fait de ruisseler. ◆ géol. *Ruissellement pluvial :* écoulement des eaux de pluie.

**rumba** [ʀumba] n. f. ■ Danse d'origine cubaine ; musique de cette danse.

**rumeur** n. f. ■ **1** Bruit, nouvelle de source incontrôlée qui se répand. **2** Bruit confus (de voix, etc.).

**ruminant** n. m. ■ Mammifère ongulé qui peut ruminer (ex. bovidés, cervidés).

**ruminer** v. tr. �Ⅰ ■ **1** (ruminants) Mâcher de nouveau (des aliments revenus de l'estomac), avant de les avaler. → **ruminant. 2** (personnes) Tourner et retourner lentement dans son esprit. *Ruminer son chagrin.* ▸ n. f. **rumination**

**rumsteck** n. m. → **romsteck**

**rune** n. f. ■ didact. Caractère de l'ancien alphabet des langues germaniques. ▸ adj. **runique**

**rupestre** adj. ■ didact. **1** Qui vit dans les rochers. *Flore rupestre.* **2** *Art rupestre,* exécuté sur une paroi rocheuse.

**rupin, ine** adj. et n. ■ fam. Riche.

**rupteur** n. m. ■ techn. Dispositif qui interrompt un courant électrique.

**rupture** n. f. ■ **1** Fait de se casser, de se rompre. **2** Cessation brusque. *Rupture des relations diplomatiques.* ◆ *Rupture de contrat.* ◆ *Rupture de stock* (quand le stock est insuffisant). ◆ *Être EN RUPTURE AVEC,* en opposition affirmée à. **3** Brouille.

**rural, ale, aux** adj. ■ **1** Qui concerne la vie dans les campagnes. *Exploitation rurale.* → **agricole. 2** n. m. pl. *Les ruraux.* → **campagnard ; paysan.**

**ruse** n. f. ■ **1** Procédé habile pour tromper. → **artifice, feinte, manœuvre, stratagème, subterfuge. 2** LA RUSE : art de dissimuler, de tromper.

**rusé, ée** adj. ■ Qui a, emploie ou exprime de la ruse. → **malin, roublard.**

**ruser** v. intr. �Ⅰ ■ Agir avec ruse.

**rush** [ʀœʃ] n. m. ■ anglic. **1** Afflux brusque d'un grand nombre de personnes. → **ruée. 2** au plur. (cinéma) Épreuves de tournage (avant montage).

**russe** adj. et n. ■ De Russie. ◆ n. *Les Russes.* ◆ n. m. Langue slave parlée en Russie, et dans d'autres pays d'Europe et d'Asie.

**russule** n. f. ■ Champignon à lamelles, dont plusieurs variétés sont comestibles.

**rustaud, aude** adj. ■ Qui a des manières grossières et maladroites. ◆ n. → **rustre.**

**rustine** n. f. ■ Rondelle de caoutchouc qui sert à réparer une chambre à air.

**rustique** adj. ■ **1** littér. De la campagne. → **agreste, champêtre, rural. 2** (mobilier) Dans un style traditionnel régional. **3** péj. Très simple et peu raffiné. ▸ n. f. **rusticité**

**rustre** n. m. ■ Homme grossier. → **goujat, malotru, rustaud.**

**rut** [ʀyt] n. m. ■ Période d'activité sexuelle des mammifères. ◆ *En rut* (→ en chaleur).

**rutabaga** n. m. ■ Plante à tige renflée, à chair jaune, comestible.

**rutilant, ante** adj. ■ **1** littér. D'un rouge ardent. **2** Qui brille d'un vif éclat. → **rutiler** v. intr. �Ⅰ

**rythme** n. m. ■ **1** Mouvement du discours poétique, de la phrase, qui résulte de son agencement, de la répartition des accents. **2** Répartition des sons musicaux dans le temps (intensité et durée). → **mesure, mouvement, tempo. 3** arts Distribution des masses, des lignes. **4** Mouvement périodique, régulier. ◆ *Rythme biologique :* variation périodique des phénomènes biologiques, dans le monde vivant. → **biorythme ; horloge** interne. **5** Allure à laquelle se déroule un processus. → **cadence, vitesse.**

**rythmer** v. tr. ⓘ ■ **1** Soumettre à un rythme. *Rythmer sa marche.* **2** Souligner le rythme de (une phrase, un morceau de musique...). → **scander.** ▸ **rythmé, ée** adj.

**rythmique** adj. ■ **1** Soumis à un rythme régulier. **2** Relatif au rythme. *Accent rythmique.* ◆ n. f. Étude des rythmes dans la langue. ▸ adv. **rythmiquement**

# S

**s** [ɛs] n. m. ▪ **1** Dix-neuvième lettre, quinzième consonne de l'alphabet. *L's* ou *le s*. **2** Forme sinueuse du s.

**sa** → ① **son** (adj. poss.)

**sabayon** [-aj-] n. m. ▪ Crème mousseuse aromatisée de vin doux ou de champagne.

**sabbat** n. m. ▪ **1** Repos que les juifs pratiquants doivent observer le samedi. – var. SHABBAT [ʃabat] n. m. **2** Assemblée de sorciers.

**sabbatique** adj. ▪ **1** Du sabbat (1). **2** *Année sabbatique*, congé d'un an (tous les sept ans).

**sabir** n. m. ▪ **1** Mélange d'arabe, de français, d'espagnol, d'italien. **2** péj. Jargon.

**sable** n. m. ▪ **1** Ensemble de petits grains minéraux (quartz) séparés, recouvrant le sol. – *Sables mouvants*. ♦ *ÊTRE SUR LE SABLE* : échoué (et fig.). **2** adj. invar. Beige très clair.

**sablé, ée** ▪ **1** n. m. Petit gâteau sec à pâte friable. **2** adj. Friable.

**sabler** v. tr. 1 ▪ **1** Couvrir de sable. **2** techn. Couler dans un moule de sable. **3** loc. *Sabler le champagne*, le boire. **4** techn. Décaper à la sableuse. ▷ n. m. **sablage**

**sableur, euse** ▪ **I** n. Ouvrier, ouvrière qui sable (2 et 4). **II** n. f. Machine qui projette un jet de sable.

**sableux, euse** adj. ▪ Qui contient du sable.

**sablier** n. m. ▪ Instrument pour mesurer le temps par écoulement de sable.

**sablière** n. f. ▪ Carrière de sable.

**sablonneux, euse** adj. ▪ Naturellement couvert ou constitué de sable.

**sabord** n. m. ▪ Ouverture pour les canons (vaisseaux de guerre).

**saborder** v. tr. 1 ▪ **1** Couler volontairement (un navire). **2** fig. Sacrifier (une activité, une entreprise). ► se **saborder** v. pron. ▷ n. m. **sabordage**

**sabot** n. m. ▪ **1** Chaussure paysanne faite d'une pièce de bois évidée. – loc. ... *avec ses gros sabots*, ses intentions trop claires. **2** Enveloppe cornée qui entoure l'extrémité des doigts chez les ongulés (cheval, etc.). **3** *Sabot (de frein)*, pièce mobile qui frotte sur la jante. **4** appos. *Baignoire sabot*, courte.

**saboter** v. tr. 1 ▪ **1** Faire vite et mal. → **bâcler**. **2** Détériorer ou détruire → fig. *Saboter un projet*. ▷ n. m. **sabotage** ▷ n. **saboteur, euse**

**sabotier, ière** [-tje, jɛʀ] n. ▪ Personne qui fabrique, qui vend des sabots.

**sabre** n. m. ▪ **1** Arme blanche, à lame courbe à simple tranchant. ♦ loc. *Traîneur de sabre* : militaire belliqueux. **2** Escrime au sabre.

**sabrer** v. tr. 1 ▪ **I** Frapper à coups de sabre. ▷ n. m. **sabreur II** fig. **1** Couper dans (un texte). **2** Éliminer (qqch., qqn). – fam. *Sabrer un candidat*.

① **sac** n. m. ▪ **I 1** Contenant souple, ouvert par le haut. ♦ *Sac de couchage* (fait de duvet). **2** loc. *Mettre dans le même sac* : considérer aussi mal. *Prendre qqn la main dans le sac*, sur le fait. ♦ fam. *SAC À VIN* : ivrogne. ♦ *L'affaire est dans le sac* : le succès est assuré. – fam. *VIDER SON SAC* : avouer. – *Avoir plus d'un tour dans son sac* : être très malin. **3** Objet souple où l'on peut ranger, transporter qqch. *Sac à dos*. ♦ *SAC (À MAIN)* (pour les femmes). **4** fam. ·Somme de dix francs. *Dix sacs* (cent francs). **II** didact. Cavité de l'organisme. *Sac lacrymal*.

② **sac** n. m. ▪ Pillage (d'une ville, d'une région). – *Mettre à sac* : piller. → **saccager**.

**saccade** n. f. ▪ Mouvement brusque et irrégulier. ▷ adj. **saccadé, ée**

**saccager** v. tr. 3 ▪ **1** Mettre à sac (→ ② **sac**), en détruisant et en volant. → **piller, ravager**. **2** Mettre en désordre. ▷ n. m. **saccage** ▷ n. **saccageur, euse**

**saccharine** [-ka-] n. f. ▪ Substance blanche, succédané du sucre.

**sacchar(o)-** [-ka-] Élément, du grec *sakkharon* « sucre ». → **gluc(o)-**.

**saccharose** [-ka-]n. m. ▪ didact. Sucre alimentaire.

**sacerdoce** n. m. ▪ **1** Dignité ou fonction de prêtre. **2** fig. Fonction qui exige du dévouement.

**sacerdotal, ale, aux** adj. ▪ Propre au sacerdoce, aux prêtres.

**sachem** [saʃɛm] n. m. ▪ Chef, conseiller (Amérindiens).

**sachet** n. m. ▪ Petit sac ; poche.

**sacoche** n. f. ▪ Sac de cuir ou de toile forte. – Cartable.

**sacquer** ou **saquer** v. tr. 1 ▪ fam. Renvoyer, congédier.

**sacral, ale, aux** adj. ▪ didact. Du sacré.

**sacraliser** v. tr. 1 ▪ didact. Attribuer un caractère sacré à. ▷ n. f. **sacralisation**

**sacramentel, elle** adj. ▪ didact. Des sacrements.

① **sacre** n. m. ▪ **1** Cérémonie par laquelle l'Église consacre un souverain, un évêque. **2** fig. Consécration solennelle.

② **sacre** n. m. ▪ régional (Canada) Juron.

① **sacré, ée** adj. ▪ **I 1** Qui appartient à un domaine interdit et inviolable et fait l'objet d'une vénération religieuse. → **saint, tabou.** ◆ → n. m. *Le sacré et le profane.* **2** Digne d'un respect absolu. *Un droit sacré.* **II** fam. (avant le n.; valeur intensive) *C'est un sacré menteur.* → **fichu.** ▷ **sacrément** adv. fam. → **très.**

② **sacré, ée** adj. ▪ anat. Du sacrum.

**Sacré-Cœur** n. m. ▪ Cœur de Jésus-Christ.

**sacrement** n. m. ▪ Rite sacré institué par Jésus-Christ, pour produire ou augmenter la grâce dans les âmes. *Le saint(-)sacrement :* l'eucharistie.

**sacrer** v. tr. ① ▪ Consacrer (qqn) par un sacre (①).

**sacrificateur, trice** n. ▪ Prêtre, prêtresse préposé(e) aux sacrifices.

**sacrifice** n. m. ▪ **1** Offrande rituelle à la divinité, destruction ou abandon de ce qui est offert. *Sacrifices humains,* d'êtres humains. → cathol. *Le saint sacrifice :* la messe. **2** Renoncement ou privation volontaire. ◆ *Le goût du sacrifice.* → **dévouement.** ▷ adj. **sacrificiel, ielle**

**sacrifier** v. tr. ⑦ ▪ **1** Offrir en sacrifice (1). → intrans. *SACRIFIER À.* ◆ fig. *Sacrifier à la mode,* s'y conformer. **2** Abandonner ou négliger (qqch., qqn). *Il a sacrifié ses proches à sa carrière.* ◆ Donner. → au p. p. *Marchandises sacrifiées,* soldées à bas prix. ► **se sacrifier** v. pron. → **se dévouer.**

**sacrilège** ▪ **I** n. m. Profanation de ce qui est sacré. **II** n. Personne qui a commis un sacrilège. → **profanateur.** ◆ adj. *Un attentat sacrilège.*

**sacripant** n. m. ▪ fam. Chenapan.

**sacristain, aine** n. ▪ Préposé(e) à la sacristie, à l'entretien de l'église. → **bedeau.**

**sacristie** n. f. ▪ Annexe d'une église où sont déposés les objets du culte.

**sacro-** Élément savant tiré de *sacrum*.

**sacro-saint, sacro-sainte** adj. ▪ **1** vx Saint et sacré. **2** mod. Trop respecté. *Ses sacrosaints principes.*

**sacrum** [-ɔm] n. m. ▪ Os formé par la réunion des cinq vertèbres (→ ② **sacré**), à la partie inférieure de la colonne vertébrale.

**sadique** adj. ▪ Qui manifeste du sadisme. ◆ n. *Un, une sadique.* ▷ adv. **sadiquement**

**sadisme** n. m. ▪ **1** psych. Perversion sexuelle dans laquelle le plaisir ne peut être obtenu qu'en faisant souffrir. **2** cour. Goût de faire souffrir.

**sadomasochisme** n. m. ▪ psych. Perversion sexuelle qui associe sadisme et masochisme. ▷ adj. et n. **sadomasochiste**

**safari** n. m. ▪ Expédition de chasse, en Afrique. ◆ *SAFARI-PHOTO :* excursion pour voir, photographier des animaux sauvages.

① **safran** n. m. ▪ **1** Plante (crocus) à stigmates orangés. **2** Condiment en poudre provenant de ces stigmates. **3** Couleur jaune orangé.

② **safran** n. m. ▪ Pièce principale d'un gouvernail de navire.

**saga** n. f. ▪ **1** littér. Récit scandinave ancien, historique ou mythologique. **2** Histoire légendaire.

**sagace** adj. ▪ littér. Qui a de la sagacité.

**sagacité** n. f. ▪ Pénétration faite d'intuition, de finesse. → **perspicacité.**

**sagaie** n. f. ▪ Lance, javelot.

**sage** adj. ▪ **1** littér. Qui a du savoir, est juste, peut être imité. → n. m. *Agir en sage.* **2** Réfléchi et modéré. ◆ (choses) Mesuré. **3** Calme et docile (enfants).

**sage-femme** [-fam] n. f. ▪ Femme qui veille à la grossesse et à l'accouchement des femmes.

**sagement** adv. ▪ D'une manière sage (2).

**sagesse** n. f. ▪ **1** Philosophie, conduite du sage (1). **2** Modération et prudence dans la conduite. *La voix de la sagesse.* → **raison.** ◆ (choses) Mesure. **3** Docilité (enfants).

**Sagittaire** n. m. ▪ Neuvième signe du zodiaque (22 novembre-20 décembre). ◆ *Être Sagittaire.*

**sagittal, ale, aux** adj. ▪ didact. **1** En forme de flèche. **2** *Plan sagittal :* plan vertical perpendiculaire au plan vu de face.

**sagouin, ouine** ▪ n. Personne, enfant malpropre.

**saharien, ienne** adj. et n. ▪ Du Sahara.

**saharienne** n. f. ▪ Veste de toile.

**sahraoui, ie** [saʀawi] adj. et n. ▪ Du Sahara occidental.

**saï** [sai ; saj] n. m. ▪ Sapajou.

**saïga** [sajga] n. m. ▪ Petite antilope.

**saignant, ante** adj. ▪ **1** Qui dégoutte de sang. **2** (viande) Peu cuit.

**saignée** n. f. ▪ **I 1** Évacuation provoquée de sang. **2** fig. Perte d'hommes (par la guerre, etc.). **II 1** Pli entre le bras et l'avant-bras. **2** Entaille.

**saignement** n. m. ▪ Écoulement de sang.

**saigner** v. ① ▪ **I** v. intr. **1** (corps, organe) Perdre du sang. **2** fam. impers. *Ça va saigner :* il va y avoir des coups. **II** v. tr. **1** Faire une saignée à (qqn). **2** Égorger (un animal). **3** fig. Épuiser (qqn) en lui retirant ses ressources. → pronom. loc. *Se saigner aux quatre veines :* donner tout ce qu'on a.

**saillant, ante** adj. ▪ **1** Qui avance, dépasse. ◆ *Angle saillant* (opposé à *rentrant*). **2** fig. Qu'on remarque. → **frappant.**

**saillie** n. f. ▪ **I 1** littér. Trait d'esprit brillant. **2** Accouplement des animaux domestiques. **II** Partie qui dépasse l'alignement.

**saillir** v. ② ▪ **I** v. tr. (animaux mâles) Couvrir (la femelle). **II** v. intr. ⑬ ou littér. ② Avancer en formant une saillie (II).

**sain, saine** adj. ▪ **1** Qui est en bonne santé. ♦ loc. *SAIN ET SAUF* : en bon état, après un danger. ▸ *Être sain de corps et d'esprit.* **2** Considéré comme bon et normal (opposé à *malsain*). *De saines lectures.* ♦ *Une vie saine.* **3** fig. Qui ne présente aucune anomalie. ▷ adv. **sainement**

**saindoux** n. m. ▪ Graisse de porc fondue.

**sainfoin** n. m. ▪ Plante à fleurs rouges (fourrage).

**saint, sainte** ▪ **I** n. **1** cathol. Personne qui est après sa mort l'objet d'un culte public, en raison de sa perfection. ♦ loc. *Un petit saint*, un personnage vertueux. **2** (autres religions) *Les saints de l'islam.* **3** Personne d'une vertu, d'une patience exemplaires. **4** n. m. *Le Saint des Saints*, la partie du Temple la plus sacrée (→ **sanctuaire**). ◆ fig. L'endroit le plus secret et le plus important (d'une organisation...). **II** adj. **1** (devant le nom du saint, de la sainte) *Saint Paul.* ◆ *La sainte Famille* : Jésus, Joseph et Marie. **2** Qui mène une vie religieuse irréprochable. **3** Qui a un caractère sacré, religieux (judéo-chrétien). *L'histoire sainte.* ♦ loc. *Toute la sainte journée* : toute la journée. **4** Inspiré par la piété. *Une sainte indignation.*

**saint-bernard** n. m. ▪ Grand chien de montagne dressé à porter secours aux voyageurs égarés. *Des saint-bernard(s).*

**saint-cyrien** n. m. ▪ Élève de l'École militaire de Saint-Cyr.

**saintement** adv. ▪ D'une manière sainte.

**sainte nitouche** n. f. (de *n'y touche [pas]*) ▪ Personne qui affecte l'innocence.

**sainteté** n. f. ▪ **1** Caractère d'une personne ou d'une chose sainte. **2** *Sa, Votre Sainteté*, titre du pape.

**saint-frusquin** n. m. ▪ fam. Ce qu'on a d'argent, d'effets... ◆ (en fin d'énumération) *...et tout le saint-frusquin* : et tout le reste.

**à la saint-glinglin** loc. adv. ▪ fam. À une date indéfiniment reportée. → **jamais**.

**saint-honoré** [sɛ̃t-] n. m. ▪ Gâteau à la crème Chantilly garni de petits choux.

**Saint-Siège** n. m. ▪ Papauté.

**saisi, ie** adj. ▪ dr. (personnes, choses) Qui fait l'objet d'une saisie (1).

**saisie** n. f. ▪ **1** Procédure par laquelle des biens sont remis à la justice, à l'autorité dans l'intérêt d'un créancier. **2** Prise de possession (d'objets interdits). *La saisie d'un journal.* **3** Enregistrement de données (informatique).

**saisine** n. f. ▪ dr. **1** Prérogative de saisir (I, 7). **2** Droit à la possession d'un héritage.

**saisir** v. tr. ②  ▪ **I 1** Prendre dans sa main (qqch.) avec force ou rapidité. → **attraper**. **2** *Saisir qqn, un animal*, le retenir. **3** Se mettre promptement en mesure d'utiliser. *Une occasion à saisir.* **4** Parvenir à percevoir. *Je saisissais des bribes de conversation.* **5** (sensations, émotions, etc.) S'emparer brusquement des sens, de l'esprit de (qqn). *Un frisson de peur la saisit.* → Faire une impression vive

et forte sur (qqn). **6** Exposer à un feu vif (ce qu'on fait cuire). **7** Procéder à la saisie (1) de, pour faire respecter un droit. ◆ *Saisir qqn, saisir ses biens.* ♦ (→ saisie (2)) *Saisir un numéro d'un journal.* **8** Effectuer la saisie (3) de. *Saisir dix pages.* **II** dr. Porter devant (une juridiction). *Saisir un tribunal d'une affaire.* ▸ **se saisir** (de) v. pron. Mettre en sa possession. → s'**emparer** de.

**saisissant, ante** adj. ▪ **I** Qui surprend. → **étonnant, frappant**. *Une ressemblance saisissante.* **II** dr. Qui pratique une saisie (1).

**saisissement** n. m. ▪ Effet soudain d'une sensation ou d'une émotion.

**saison** n. f. ▪ **1** Époque de l'année caractérisée par son climat et par l'état de la végétation. ◆ *Marchand(e) des QUATRE SAISONS* : marchand(e) ambulant(e) de légumes et de fruits. **2** Chacune des quatre (printemps, été, automne et hiver) ou deux (*saison sèche ; des pluies*) divisions de l'année. **3** Époque de l'année. *Saison théâtrale.* ♦ absolt Époque où les vacanciers affluent.

**saisonnalité** n. f. ▪ Caractère saisonnier (d'un phénomène).

**saisonnier, ière** adj. ▪ **1** Propre à une saison. **2** Qui ne dure qu'une saison. *Travail saisonnier.*

**saké** n. m. ▪ Alcool de riz japonais.

**salace** adj. ▪ littér. (hommes) Porté à l'acte sexuel. → **lubrique**. ◆ *Propos salaces.* ▷ n. f. **salacité**

**salade** n. f. ▪ **1** Feuilles d'herbes potagères crues, assaisonnées. **2** Plante cultivée dont on fait la salade (laitues, chicorées...). **3** Plat froid assaisonné d'une vinaigrette. *Salade niçoise* (olives, tomates, anchois, etc.). ◆ *Salade russe* : macédoine de légumes à la mayonnaise. ◆ loc. *EN SALADE.* ◆ *Salade de fruits* : fruits coupés et mélangés. **5** fig., fam. Mélange confus. **6** fig., fam. *Vendre sa salade* : chercher à convaincre. ◆ au plur. Histoires, mensonges. *Pas de salades !*

**saladier** n. m. ▪ Récipient à salade.

**salafisme** n. m. ▪ relig. Doctrine prônant le retour aux valeurs fondamentales de l'islam. ▷ adj. et n. **salafiste**

**salaire** n. m. ▪ **1** Somme d'argent payable régulièrement par l'employeur à la personne qu'il emploie (s'oppose à *émoluments, honoraires, indemnités*). **2** fig. Ce par quoi on est payé (récompensé ou puni). prov. *Toute peine mérite salaire.*

**salaison** n. f. ▪ **1** Fait de saler (un produit alimentaire) pour conserver. **2** Ce produit.

**salamalecs** n. m. pl. ▪ fam. Politesses exagérées.

**salamandre** n. f. ▪ **1** Petit batracien noir taché de jaune. **2** (nom déposé) Poêle.

**salami** n. m. ▪ Gros saucisson sec

**salangane** n. f. ▪ zool. Oiseau d'Asie dont le nid est comestible (nid d'hirondelle*).

**salant** adj. m. ▪ Qui produit du sel. *Marais* salant.*

**salarial, ale, aux** adj. ▪ Du salaire (1).

**salariat** n. m. ▪ **1** Condition de salarié. **2** Ensemble des salariés.

**salarier** v. tr. ⑦ ▪ Rétribuer par un salaire (1). ► **salarié, ée** adj. et n.

**salaud** n. m. ▪ fam. Homme méprisable, moralement répugnant. ◆ adj. m. *Il est vraiment salaud.*

**sale** adj. ▪ **I** concret (après le nom) **1** Qui n'est pas propre. → **dégoûtant, malpropre.** **2** *Couleur sale*, indécise, ternie. **3** (n. m.) loc. fam. *Mettre* (du linge) *au sale*, à laver. **II** fig. **1** *Argent sale*, issu d'activités condamnées par la loi. **2** fam. *Histoires sales.* → **cochon, grivois.** **3** (avant le nom) Très désagréable. *Une sale histoire. Une sale gueule.* ◆ Méprisable. *Un sale type.* → **salaud.**

① **salé, ée** adj. ▪ **I 1** Qui contient naturellement du sel. **2** Assaisonné ou conservé avec du sel. **II** fig. **1** Licencieux, grivois. **2** fam. Exagéré, excessif. *La note est salée !*

② **salé** n. m. ▪ Porc salé. → *PETIT SALÉ* : poitrine de porc (peu salée).

**salement** adv. ▪ **1** D'une manière sale, en salissant. **2** péj. Très.

**saler** v. tr. ① ▪ **1** Assaisonner avec du sel. **2** Imprégner de sel ou plonger dans la saumure (→ **salaison**).

**saleté** n. f. ▪ **1** Caractère de ce qui est sale. → **malpropreté.** **2** Ce qui est sale, mal tenu ; ce qui salit. → **crasse, ordure.** **3** fig. Chose immorale. **4** fam. Chose sans valeur.

**salicaire** n. f. ▪ Plante à grands épis de fleurs rouges, qui pousse près de l'eau.

**salicorne** n. f. ▪ Plante des terrains salés.

**salicylique** adj. ▪ *Acide salicylique* : antiseptique dont dérive l'aspirine.

**salière** n. f. ▪ **1** Récipient pour saler. **2** fam. Creux derrière la clavicule.

**saligaud** n. m. ▪ fam. Salaud.

**salin, ine** adj. ▪ **1** Qui contient du sel, est formé de sel. **2** chim. Relatif à un sel.

**saline** n. f. ▪ **1** Entreprise de production du sel. **2** Marais* salant.

**salinité** n. f. ▪ Teneur en sel (d'un milieu).

**salique** adj. ▪ hist. *Loi salique* (des Francs *Saliens*), qui excluait les femmes de la succession (à la terre, à la couronne).

**salir** v. tr. ② ▪ **1** Rendre sale. → **souiller, tacher. 2** fig. Avilir. ► **se salir** v. pron. ▷ adj. **salissant, ante**

**salissure** n. f. ▪ Ce qui salit.

**salive** n. f. ▪ Liquide produit par les glandes salivaires dans la bouche. → loc. *Perdre sa salive* : parler en vain. ▷ adj. **salivaire**

**saliver** v. intr. ① ▪ Sécréter de la salive. ▷ n. f. **salivation**

**salle** n. f. ▪ **1** (dans des loc.) Pièce d'habitation. *SALLE À MANGER*, pour les repas. *SALLE DE BAINS*, pour le bain et la toilette. *SALLE D'EAU*, pour la toilette. *SALLE DE SÉJOUR*. **2** Vaste local, dans un édifice public. *Salle polyvalente.* → Local pour recevoir des spectateurs. loc. *Les salles obscures* : les cinémas. **3** Le public (d'une salle).

**salmigondis** n. m. ▪ Mélange disparate.

**salmis** n. m. ▪ Gibier rôti en sauce.

**salmonellose** n. f. ▪ Maladie infectieuse due à des bactéries (*salmonelle* n. f.).

**salmonidé** n. m. ▪ Poisson osseux à deux nageoires dorsales (ex. le saumon, la truite).

**saloir** n. m. ▪ Récipient, local destiné aux salaisons.

**salon** n. m. ▪ **1 1** Pièce de réception (dans un logement privé). → Mobilier de salon. *Un salon Louis XV.* **2** Lieu de réunion, dans une maison où l'on reçoit. → loc. *Le dernier salon où l'on cause*, endroit où l'on bavarde. **3** Salle (d'un établissement ouvert au public). *Salon de coiffure.* → *Salon de thé.* **II 1** Exposition périodique d'œuvres d'artistes vivants. *Le Salon d'automne.* **2** Manifestation commerciale, exposition.

**salonnard, arde** n. ▪ péj. Habitué(e) des salons mondains.

**saloon** [salun] n. m. ▪ anglic. Bar (au Far West).

**salopard** n. m. ▪ fam. Salaud.

**salope** n. f. ▪ fam. Femme méprisable.

**saloper** v. tr. ① ▪ fam. **1** Faire très mal (un travail). **2** Salir énormément.

**saloperie** n. f. ▪ fam. Saleté (2 à 4).

**salopette** n. f. ▪ **1** Vêtement de travail à plastron. → **bleu, combinaison. 2** Pantalon à bretelles et à plastron.

**salpêtre** n. m. ▪ Couche de nitrates pulvérulente, sur les vieux murs humides.

**salpingite** n. f. ▪ méd. Inflammation d'une trompe de l'utérus.

**salsa** n. f. ▪ Musique afro-cubaine au rythme marqué.

**salsepareille** n. f. ▪ Arbuste épineux à racine dépurative.

**salsifis** n. m. ▪ Plante potagère à longue racine comestible ; cette racine.

**saltimbanque** n. ▪ Personne qui fait des tours d'adresse en public. → **bateleur.**

**salubre** adj. ▪ (air, climat, milieu) Qui a une action favorable sur l'organisme. → **sain.**

**salubrité** n. f. ▪ **1** Caractère salubre. **2** Hygiène préservant des maladies. *Salubrité publique.*

**saluer** v. tr. ① ▪ **1** Adresser un salut (II, 2). **2** Manifester du respect à (qqch.) par des pratiques réglées. *Saluer le drapeau.* **3** Accueillir par des manifestations extérieures. **4** *Saluer qqn comme..., saluer en lui...*, l'honorer, le reconnaître comme.

**salure** n. f. ▪ didact. Teneur en sel.

**salut** n. m. ▪ **I 1** Fait d'être sauvé, de garder ou de recouvrer un état heureux, prospère. → *Le SALUT PUBLIC* : la protection de la nation. **2** relig. Félicité éternelle. ◆ *L'ARMÉE DU SALUT*, association religieuse philanthropique (▷ n. **salutiste**). **II 1** littér. Formule par laquelle on souhaite à qqn, santé, prospérité ; on accueille ou on dit adieu. *Salut, les gars !* **2** Démonstration de civilité qu'on fait en rencontrant qqn. ◆ Geste de salut. *Salut militaire.* **3** Cérémonie d'hommage.

**salutaire** adj. ■ Qui a une action favorable. → **bienfaisant, bon, utile.**

**salutation** n. f. ■ **1** Manière de saluer exagérée. **2** au plur. *Veuillez agréer mes respectueuses salutations.*

**salvateur, trice** adj. ■ littér. Qui sauve.

**salve** n. f. ■ **1** Décharge d'armes à feu ; coups de canon. **2** fig. *Une salve d'applaudissements.*

**samare** n. f. ■ bot. Fruit sec à péricarpe prolongé en aile membraneuse.

**samba** [sã(m)ba] n. f. ■ Danse brésilienne à deux temps ; sa musique.

**samedi** n. m. ■ Sixième jour de la semaine, qui succède au vendredi.

**samizdat** [samizdat] n. m. ■ hist. En U.R.S.S. Diffusion clandestine d'ouvrages interdits.

**samouraï** [-Raj] n. m. ■ Guerrier japonais de la société féodale.

**samoussa** ou **samosa** n. m. ■ Petit pâté garni de hachis (de viande, de légumes) et frit (cuisine indienne, créole...).

**samovar** n. m. ■ Bouilloire à thé russe.

**sampan** n. m. ■ Petite embarcation (Chine).

**sample** n. m. ■ anglic. Échantillon d'un morceau de musique existant, retravaillé sur ordinateur pour être réutilisé.

**SAMU** n. m. invar. (sigle de *service d'aide médicale d'urgence*) ■ (en France) Service hospitalier disposant d'unités mobiles, pour les premiers secours et le transport vers les hôpitaux.

**sanatorium** [-Jɔm] n. m. ■ Maison de soins des tuberculeux pulmonaires. - abrév. SANA.

**sanctificateur, trice** n. et adj. ■ relig. (Personne) qui sanctifie.

**sanctifier** v. tr. ⑦ ■ **1** Rendre saint. → **consacrer. 2** Révérer comme saint. ▷ adj. **sanctifiant, ante** ▷ n. f. **sanctification**

**sanction** n. f. ■ **I** Approbation, confirmation. ♦ dr. Approbation (d'une loi). **II** Peine établie par une autorité pour réprimer un acte. ♦ *Sanctions économiques prises contre un pays.*

**sanctionner** v. tr. ① ■ **1** Confirmer, entériner. → au p. p. *Études sanctionnées par un diplôme.* **2** Punir par une sanction (II).

**sanctuaire** n. m. ■ **1** Lieu le plus saint d'un temple. → **saint** (I, 4). **2** Édifice, lieu saint. **3** fig. Territoire inviolable.

**sandale** n. f. ■ Chaussure légère à cordons ou à lanières. → **nu-pieds.** ▷ n. f. **sandalette**

**sandow** [sãdo] n. m. (nom déposé) ■ Câble élastique. → **tendeur.**

**sandre** n. m. ■ Poisson de rivière voisin de la perche.

**sandwich** [sãdwi(t)ʃ] n. m. ■ **1** Aliments froids entre deux tranches de pain. *Des sandwichs* ou *des sandwiches.* **2** loc. fam. *Être pris EN SANDWICH,* coincé.

**sang** [sã] n. m. ■ **1** Liquide rouge qui circule dans les vaisseaux, à travers l'organisme. → **hémat(o)- ; -émie. ◆** loc. *Mon sang n'a fait qu'un tour,* j'ai été bouleversé. → COUP DE SANG : congestion. *Jusqu'au sang* : jusqu'à faire saigner. ♦ (*Sang versé*) *Avoir du sang sur les mains,* avoir commis un crime. → EN SANG (→ **ensanglanté ; saigner, sanglant**). **2** (dans des loc.) Principe de vie. *Avoir le sang chaud* : être irascible, ou impétueux. → fam. *Avoir du sang de poulet, de navet* : être sans vigueur, être lâche. → *Se faire du MAUVAIS SANG,* du souci. → *Il, elle a ça DANS LE SANG* : c'est une tendance profonde. **3** BON SANG !, juron familier. **4** (Idée d'hérédité, de parenté) *Les liens du sang. La voix du sang* : l'instinct familial.

**sang-froid** n. m. ■ Maîtrise de soi. → *Faire qqch. de sang-froid,* délibérément et consciemment.

**sanglant, ante** adj. ■ **1** En sang, couvert de sang. **2** Qui fait couler le sang. → **meurtrier.**

**sangle** n. f. ■ Bande large et plate qu'on tend pour maintenir ou serrer qqch.

**sangler** v. tr. ① ■ Serrer (une sangle, etc.).

**sanglier** n. m. ■ Porc sauvage à peau garnie de soies dures. → **laie, marcassin.**

**sanglot** n. m. ■ Respiration saccadée et bruyante, dans les crises de larmes. ▷ **sangloter** v. intr. ①

**sang-mêlé** n. invar. ■ vielli Métis.

**sangria** n. f. ■ Vin à l'orange.

**sangsue** [sãsy] n. f. ■ Ver annélide muni de deux ventouses, qui suce le sang. ♦ fig. Personne avide, qui s'accroche.

**sanguin, ine** adj. ■ **1** Du sang, de la circulation. **2** Couleur de sang. **3** méd. anc. *Tempérament sanguin* (corpulence, face rouge, caractère irascible). → n. m. *C'est un sanguin.*

**sanguinaire** adj. ■ Qui aime tuer.

**sanguine** n. f. ■ **1** Hématite rouge (mine de crayon). ♦ Dessin à la sanguine. **2** Orange à la pulpe rouge sang.

**sanguinolent, ente** adj. ■ **1** Couvert, teinté de sang. **2** D'un rouge sang.

**sanhédrin** [sanedRɛ] n. m. ■ hist. Tribunal religieux et civil de la Palestine antique.

**sanie** n. f. ■ vx ou littér. Pus mêlé de sang.

**sanitaire** adj. ■ **1** Relatif à la santé publique et à l'hygiène. **2** Se dit des appareils et installations qui distribuent et évacuent l'eau dans les habitations (lavabos, W.-C., etc.). → n. m. pl. *Les sanitaires.*

**sans** prép. ■ **1** Qui n'a pas (de) (exprime l'absence, le manque, la privation). *Un film sans intérêt.* ♦ *Sans toi, j'étais mort !,* si tu n'avais pas été là. → *Sans quoi, sans cela...* → **sauf quoi. 2** loc. conj. SANS QUE (+ subj.). **3** adv. fam. *Comment faire sans ?*

**sans-abri** [sãz-] n. invar. ■ Personne qui n'a pas de logement. → **sans-logis.**

**sans-cœur** n. invar. ■ fam. Personne insensible à la souffrance d'autrui.

**sanscrit, ite** → sanskrit, ite

**sans-culotte** n. m. ■ hist. Révolutionnaire (les aristocrates portaient la culotte).

**sans-faute** n. m. invar. ■ Prestation parfaite.

**sans-fil** n. m. invar. ■ Message radio.

**sans-gêne** ■ 1 adj. invar. D'une familiarité excessive. ✦ n. invar. *Un, une sans-gêne.* 2 n. m. invar. Attitude d'une personne qui ne se gêne pas pour les autres.

**sans-grade** n. m. ■ Simple soldat. ◆ fig. Subalterne.

**sanskrit, ite** ou **sanscrit, ite** n. m. ■ Langue indo-européenne, langue classique de la civilisation brahmanique de l'Inde.

**sans-le-sou** n. invar. ■ fam. Personne sans argent.

**sans-logis** n. ■ → sans-abri.

**sansonnet** n. m. ■ Étourneau.

**sans-papiers** n. ■ Personne qui ne possède pas les documents d'identité requis dans le pays dans lequel elle se trouve, et qui est de ce fait en situation irrégulière.

**sans-souci** adj. invar. ■ Insouciant.

**santal, als** n. m. ■ Arbre exotique qui fournit une essence balsamique. ✦ Ce parfum.

**santé** n. f. ■ 1 Bon état physiologique d'un être vivant, fonctionnement régulier et harmonieux de l'organisme. ✦ *Boire à la santé de qqn,* en son honneur. 2 Fonctionnement de l'organisme. *Être en mauvaise santé.* 3 Équilibre psychique. *Santé mentale.* 4 État sanitaire d'une société. *La santé publique.* → hygiène ; sanitaire.

**santiag** [sɑ̃tjag] n. f. ■ Botte de cuir à piqûres décoratives, à bout effilé.

**santon** n. m. ■ Figurine des crèches provençales.

**saoul, saoule ; saouler** → soûl ; soûler

**sapajou** n. m. ■ Petit singe d'Amérique, à longue queue préhensile.

① **saper** v. tr. ⟨1⟩ ■ 1 Détruire les assises de (une construction) pour faire écrouler. 2 fig. → ébranler, miner. ✦ fam. *Il m'a sapé le moral.* ▷ n. f. ① **sape**

② **se saper** v. pron. ⟨1⟩ ■ fam. S'habiller. ▶ **sapé, ée** p. p. ✦ ② **sape** n. f. fam. → fringues.

**saperlipopette** interj. ■ vx Juron familier exprimant le dépit. - var. SAPERLOTTE.

① **sapeur** n. m. ■ Soldat du génie employé à la sape et à d'autres travaux.

② **sapeur** n. m. ■ franç. d'Afrique Homme qui s'habille avec élégance et souci de paraître.

**sapeur-pompier** n. m. ■ admin. Pompier.

**saphique** adj. ■ littér. De l'homosexualité féminine. ▷ n. m. **saphisme**

**saphir** n. m. ■ Pierre précieuse très dure, transparente et bleue.

**sapide** adj. ■ didact. Qui a de la saveur (contr. *insipide*). ▷ n. f. **sapidité**

**sapin** n. m. ■ 1 Conifère à tronc droit, à feuilles (aiguilles) persistantes. ✦ *Sapin de Noël* (en réalité épicéa), décoré. 2 Bois de cet arbre. ✦ loc. fam. *Ça sent le sapin* (le cercueil) : la mort.

**sapinière** n. f. ■ Plantation de sapins.

**saponaire** n. f. ■ Plante à fleurs roses et odorantes, qui contient une substance moussante.

**saponifier** v. tr. ⟨7⟩ ■ chim. Transformer en savon (par *saponification* n. f.).

**sapotille** n. f. ■ Grosse baie, fruit du *sapotillier* (n. m. ; arbre d'Amérique centrale).

**sapristi** interj. ■ Juron familier exprimant l'étonnement ou l'exaspération.

**saquer** v. tr. → sacquer

**sarabande** n. f. ■ I 1 Danse d'origine espagnole, au rythme vif. 2 fam. *Danser, faire la sarabande :* faire du tapage, du vacarme. 3 fig. Succession rapide d'éléments disparates. II mus. Ancienne danse grave et lente ; sa musique.

**sarbacane** n. f. ■ Tube creux servant à lancer de petits projectiles, par le souffle.

**sarcasme** n. m. ■ Dérision ; raillerie.

**sarcastique** adj. ■ Moqueur et méchant. ▷ adv. **sarcastiquement**

**sarcelle** n. f. ■ Oiseau palmipède, plus petit que le canard.

**sarcler** v. tr. ⟨1⟩ ■ 1 Arracher en extirpant les racines. 2 Débarrasser des herbes nuisibles. ▷ n. m. **sarclage**

**sarcloir** n. m. ■ Outil servant à sarcler.

**sarc(o)-** Élément savant, du grec *sarx, sarkos* « chair ».

**sarcome** n. m. ■ méd. Tumeur maligne. ▷ adj. **sarcomateux, euse**

**sarcophage** n. m. ■ Cercueil de pierre.

**sarcopte** n. m. ■ Acarien de la gale (1).

**sardane** n. f. ■ Danse catalane (ronde).

**sardine** n. f. ■ 1 Petit poisson de mer. ✦ *Sardines à l'huile. Boîte de sardines.* 2 Piquet de tente de camping.

**sardinerie** n. f. ■ Conserverie de sardines.

**sardinier, ière** ■ I adj. Relatif à la pêche, à la conserve des sardines. ✦ n. m. *Un sardinier* (bateau). II n. Pêcheur, conserveur de sardines.

**sardonique** adj. ■ D'une moquerie amère, méchante. → sarcastique. ▷ adv. **sardoniquement**

**sargasse** n. f. ■ Algue brune, très répandue au nord-est des Antilles (*mer des Sargasses*).

**sari** n. m. ■ en Inde Vêtement traditionnel féminin fait d'une longue étoffe drapée.

**sarigue** n. f. ■ Petit mammifère (marsupial), à longue queue préhensile.

**sarin** n. m. ■ chim. Gaz de combat (arme chimique), extrêmement toxique.

**S.A.R.L.** [ɛsɑɛrɛl] n. f. (sigle) ■ Société à responsabilité (des associés) limitée (au montant de leurs apports).

**sarment** n. m. ▪ **1** Rameau de vigne devenu ligneux. **2** Tige de plante grimpante.

**sarouel** n. m. ▪ Pantalon flottant à large fond. – var. SAROUAL.

① **sarrasin, ine** n. ▪ au moyen âge Musulman d'Orient, d'Afrique ou d'Espagne. → **maure**. ▪ adj. *Les invasions sarrasines.*

② **sarrasin** n. m. ▪ Céréale (*blé noir*).

**sarrau** n. m. ▪ Blouse de travail en toile.

**sarriette** ou **sariette** n. f. ▪ Plante à feuilles aromatiques.

**sas** [sɑs] n. m. ▪ **1** Tamis cerclé de bois. **2** Bassin entre les deux portes d'une écluse. **3** Pièce étanche qui permet le passage. *Le sas d'un engin spatial.*

**sashimi** n. m. ▪ Plat japonais de poisson cru en tranches. → aussi **sushi**.

**sassafras** n. m. ▪ Arbre aromatique voisin du laurier.

**sasser** v. tr. ① ▪ Passer au sas. → **cribler, tamiser.**

**satan** n. m. ▪ vx Diable, démon. ♦ *Le grand Satan* : l'esprit du mal (islam chiite).

**satané, ée** adj. ▪ (épithète ; avant le nom) Maudit (au sens faible). *Une satanée pluie.*

**satanique** adj. ▪ **1** De Satan. **2** Diabolique, infernal.

**satelliser** v. tr. ① ▪ Transformer en satellite (I ou III). → au p. p. *Fusée satellisée.*

**satellite** n. m. ▪ **I 1** Corps céleste gravitant autour d'une planète. *La Lune est le satellite (naturel) de la Terre.* **2** *Satellite (artificiel)* : engin placé en orbite autour d'un astre. **II** Bâtiment annexe relié à un centre. **III** fig. Personne ou nation sous la dépendance d'une autre.

**satiété** [-sje-] n. f. ▪ littér. État d'indifférence après satisfaction des besoins, des désirs. ♦ loc. adv. *À SATIÉTÉ* : jusqu'à la satiété. ← *Répéter qqch. à satiété*, trop.

**satin** n. m. ▪ Étoffe (de soie, de coton...) lisse et lustrée sur l'endroit.

**satiné, ée** adj. ▪ Qui a la douceur du satin. *Une peau satinée.*

**satiner** v. tr. ① ▪ Lustrer (une étoffe, un papier...) pour donner l'apparence du satin.

**satinette** n. f. ▪ Étoffe satinée.

**satire** n. f. ▪ **1** Poème où l'auteur attaque les vices, les ridicules de ses contemporains. **2** Écrit, discours pamphlétaire, critique. ▷ adj. **satirique** ▷ n. **satiriste**

**satisfaction** n. f. ▪ **1** Fait de satisfaire, d'accorder à (qqn). *Obtenir satisfaction.* → **gain** de cause. **2** Sentiment de bien-être, plaisir qui résulte d'un accomplissement. → **contentement.** ← loc. *DONNER (TOUTE) SATISFACTION*, convenir parfaitement. **3** (*Une, des satisfactions*) Plaisir, occasion de plaisir. **4** Action de satisfaire (un besoin, un désir). → **assouvissement.**

**satisfaire** v. tr. 60 ▪ **I 1** Donner à (qqn) ce qu'il demande, en étant tel qu'on est, en faisant qqch. ♦ (sujet chose) → **convenir, plaire.** ♦ pronom. *Il se satisfait de peu.* → se **contenter. 2** Contenter (un besoin, un désir). → **assouvir. II** v. tr. ind. *SATISFAIRE À* : remplir (une exigence).

**satisfaisant, ante** [-fə-] adj. ▪ Qui correspond à ce qu'on peut attendre. *Un résultat satisfaisant.*

**satisfait, aite** adj. ▪ **1** Qui a ce qu'il veut. → **comblé, content. 2** *SATISFAIT DE* : content de. ♦ *Un air satisfait.* → **suffisant. 3** *Besoin satisfait* : assouvi, réalisé.

**satisfecit** [-fesit] n. m. invar. ▪ littér. Approbation. *Donner un satisfecit.*

**satrape** n. m. ▪ **1** hist. Gouverneur d'une province (dite *satrapie* n. f.), dans l'ancien Empire perse. **2** fig., littér. Homme puissant, qui dépense beaucoup.

**saturateur** n. m. ▪ Dispositif qui humidifie l'air par évaporation. → **humidificateur.**

**saturé, ée** adj. ▪ **1** sc. (solution) Qui renferme la quantité maximale d'une substance dissoute. ♦ (composé chimique) Qui ne peut fixer de nouveaux éléments. *Hydrocarbures saturés.* **2** Qui ne peut contenir plus. ← *Marché saturé* (d'un produit). **3** fig. *Être saturé de qqch.*, avoir assez.

**saturer** v. tr. ① ▪ Remplir complètement ; rendre saturé. ▷ n. f. **saturation**

**saturnales** n. f. pl. ▪ Antiq. rom. Fêtes célébrées en l'honneur de Saturne.

**saturnien, ienne** adj. ▪ **1** didact. De Saturne. **2** littér. Triste, mélancolique.

**saturnisme** n. m. ▪ méd. Intoxication par les sels de plomb. ▷ adj. **saturnin, ine**

**satyre** n. m. ▪ **1** mythol. grecque Divinité à corps humain, à cornes et à pieds de bouc. → ① **faune. 2** fig. Homme lubrique.

**satyriasis** [-is] n. m. ▪ didact. Désirs sexuels excessifs (homme).

**sauce** n. f. ▪ **1** Préparation liquide ou onctueuse pour accommoder un mets. **2** loc. *Mettre à TOUTES LES SAUCES*, employer de toutes les façons. **3** fam. Averse, forte pluie (syn. SAUCÉE n. f.).

**saucer** v. tr. ③ ▪ **1** Essuyer en enlevant la sauce (pour la manger). **2** fam. *Se faire saucer*, être saucé : recevoir la pluie.

**saucier** n. m. ▪ Cuisinier spécialisé dans la préparation des sauces.

**saucière** n. f. ▪ Récipient à sauces.

**saucisse** n. f. ▪ **1** Préparation, cuite ou chauffée, de viande maigre hachée et de gras de porc (*chair à saucisse*), assaisonnée et entourée d'un boyau. **2** Ballon captif de forme allongée. **3** fam. Imbécile. → **andouille.**

**saucisson** n. m. ▪ Préparation de charcuterie cuite dans un boyau. ← loc. *Être ficelé comme un saucisson*, mal habillé. ▷ **saucissonné, ée** adj. → **boudiné.**

**saucissonner** v. tr. ① ▪ fam. **1** v. intr. Manger un repas froid sur le pouce. **2** v. tr. Diviser, répartir en tranches.

① **sauf** prép. ■ **1** À l'exclusion de. → **excepté, hormis.** *Tous, sauf lui.* ◆ À moins de. *Sauf erreur.* ◆ littér. *SAUF À* (+ inf.). → **quitte à. 2** *SAUF QUE* (+ indic.) : avec cette réserve que. **3** loc. *Sauf votre respect\*.*

② **sauf, sauve** adj. ■ Indemne, sauvé (dans des loc.). *Sain\* et sauf. Laisser la vie sauve à qqn,* l'épargner.

**sauf-conduit** n. m. ■ Document qui permet d'aller quelque part. → **laissez-passer.** *Des sauf-conduits.*

**sauge** n. f. ■ Plante aromatique.

**saugrenu, ue** adj. ■ Bizarre et ridicule.

**saule** n. m. ■ Arbre ou arbrisseau qui croît dans les lieux humides. *Saule pleureur\*.* ▷ n. f. **saulaie**

**saumâtre** adj. ■ **1** De goût amer et salé. *Eau saumâtre.* **2** fig. Amer, désagréable. ◆ loc. fam. *La trouver saumâtre* (la situation).

**saumon** n. m. ■ **1** Gros poisson de mer migrateur à chair rose, qui remonte les fleuves au moment du frai. **2** adj. invar. D'un rose tendre orangé.

**saumoné, ée** adj. ■ *Truite saumonée,* qui a la chair rose.

**saumure** n. f. ■ Préparation liquide salée (pour la conservation des aliments).

**sauna** n. m. ■ Bain de vapeur sèche, d'origine finlandaise.

**saunier** n. m. ■ **1** Exploitant, ouvrier des salines. **2** hist. *FAUX SAUNIER* : contrebandier du sel.

**saupiquet** n. m. ■ Sauce vinaigrée.

**saupoudrer** v. tr. ① ■ **1** Éparpiller une substance pulvérulente sur. *Saupoudrer un gâteau de farine.* **2** fig. Parsemer. **3** Distribuer peu à beaucoup. ▷ n. m. **saupoudrage**

**saur** adj. m. ■ *Hareng saur,* fumé.

**-saure** Élément savant, du grec *saura* « lézard », qui entre dans des noms de sauriens fossiles (ex. *dinosaure*).

**saurien** n. m. ■ Reptile à pattes (ex. le lézard, le caméléon), à espèces vivantes ou fossiles (→ -saure).

**saut** n. m. ■ **1** Mouvement par lequel un homme, un animal s'élève au-dessus du sol ou se projette à distance. → **bond.** ◆ *Saut périlleux\*.* ◆ *Saut de l'ange,* plongeon les bras écartés. ◆ Discipline sportive (hauteur ; longueur). **2** Mouvement, déplacement brusque (pour changer de position). ◆ loc. *AU SAUT DU LIT* : au lever. *Faire un saut* (quelque part), y passer rapidement. **4** (choses) Bond. ◆ Chute (d'eau). **5** fig. Changement brusque.

**saute** n. f. ■ (dans des expr.) Brusque changement. *Saute de vent ; d'humeur.*

**sauté, ée ■ 1** adj. Cuit à feu vif et en remuant. **2** n. m. Aliment sauté dans un corps gras. *Un sauté de veau.*

**saute-mouton** n. m. ■ Jeu où l'on saute par-dessus un autre joueur courbé.

**sauter** v. ① ■ **I** v. intr. **1** Faire un saut. ◆ loc. fam. *Sauter au plafond, en l'air* (par colère, indignation, surprise...). ◆ *Reculer\* pour mieux sauter.* **2** Monter, descendre, se lever... vivement. *Sauter dans un taxi.* ◆ Se jeter, se précipiter. ◆ fam. *Sauter au cou\*.* **3** (sujet chose) loc. *SAUTER AUX YEUX* (fig.) être ou devenir évident. **4** fig. Aller, passer rapidement (d'une chose à une autre). **5** (sujet chose) Être déplacé, projeté brusquement. *La chaîne du vélo a sauté.* **6** Exploser. ◆ *Les plombs ont sauté,* ont fondu. ◆ fam. (personnes) Être renvoyé soudain. **7** *FAIRE SAUTER* (un aliment). → **sauté. II** v. tr. **1** Franchir par un saut. ◆ loc. *SAUTER LE PAS* : se décider. **2** Passer sans s'y arrêter. *Sauter une ligne* (en lisant). ◆ *Sauter un repas.* **3** fam. Avoir des relations sexuelles avec (qqn).

**sauterelle** n. f. ■ **1** Insecte sauteur à grandes pattes postérieures repliées. ≠ **criquet. 2** fig. Personne maigre et sèche.

**sauterie** n. f. ■ vieilli Réunion dansante.

**sauteur, euse ■ I** n. **1** Athlète spécialiste du saut. ◆ n. m. Cheval dressé pour le saut. **2** Personne sans sérieux. **II** adj. (animaux) Qui avance en sautant.

**sauteuse** n. f. ■ Casserole pour sautés\* (2).

**sautillant, ante** adj. ■ Qui sautille. ◆ *Musique sautillante,* saccadée.

**sautiller** v. intr. ① ■ Faire de petits sauts successifs. ▷ n. m. **sautillement**

**sautoir** n. m. ■ **I** Chaîne ou long collier. ◆ *Porter un bijou en sautoir.* **II** Emplacement pour les sauts des athlètes.

**sauvage** adj. et n. ■ **I 1** (animaux) Qui vit en liberté dans la nature. *Animaux sauvages.* ◆ Non domestique. *Chat ; canard sauvage.* **2** péj. adj. et n. (êtres humains) Primitif (s'oppose à *civilisé*). **3** (végétaux) Qui pousse et se développe naturellement sans être cultivé. **4** (lieux) Que la présence humaine n'a pas marqué ; peu hospitalier. **5** Spontané, ni contrôlé ni organisé. *Une grève sauvage.* ◆ *Camping sauvage.* **II 1** Qui fuit toute relation avec les hommes. → **insociable, misanthrope.** ◆ n. *C'est un, une sauvage.* → **ours. 2** D'une nature rude, brutale. **3** Inhumain, barbare. *Des cris sauvages.*

**sauvagement** adv. ■ D'une manière brutale, barbare, féroce.

**sauvageon, onne ■ 1** n. m. Arbre non greffé. **2** n. Enfant farouche.

**sauvagerie** n. f. ■ Caractère d'une personne sauvage (II, 1 et 3). → **misanthropie ; barbarie, cruauté.**

**sauvagine** n. f. ■ chasse Oiseaux sauvages des zones aquatiques (gibier).

**sauvegarde** n. f. ■ **1** Protection et garantie (de la personne, des droits) assurées par une institution. *La sauvegarde de la justice.* **2** Protection, défense. *La sauvegarde du patrimoine culturel.* **3** inform. Copie de sécurité. *Faire une copie de sauvegarde, une sauvegarde.* ▷ **sauvegarder** v. tr. ①

**sauve-qui-peut** n. m. invar. ■ Fuite générale et désordonnée. → **débandade, déroute.**

**sauver** v. tr. ① ■ **1** Faire échapper à un grave danger. ◆ *SAUVER DE* : soustraire à, tirer de. *Sauver qqn de la misère.* ◆ relig. Assurer le salut (I, 2) de. **2** Empêcher la perte de (qqch.). *Il m'a sauvé la vie.* ← loc. fam. *SAUVER LES MEUBLES* : sauver l'indispensable. **3** Faire accepter, rendre passable (qqch. de médiocre). *Les acteurs arrivent à sauver le film.* ► **se sauver** v. pron. **1** S'enfuir. **2** fam. *Le lait se sauve.* ▶ **déborder.**

**sauvetage** n. m. ■ **1** Action de sauver (un navire en détresse, qqn qui se noie). **2** Action de sauver d'un sinistre (incendie, etc.). *Équipes de sauvetage.*

**sauveteur** n. m. ■ Personne qui sauve qqn ; opère un sauvetage.

**à la sauvette** loc. adv. ■ **1** *Vendre à la sauvette*, vendre en fraude sur la voie publique. **2** péj. À la hâte, secrètement.

**sauveur** n. m. ■ Personne qui sauve (qqn, une collectivité). *Elle a été notre sauveur.* ◆ *Le Sauveur* : Jésus-Christ.

**sauvignon** n. m. ■ **1** Cépage blanc. ◆ Vin de ce cépage. **2** Variété de cabernet*.

**savamment** adv. ■ **1** D'une manière savante. **2** Avec une grande habileté.

**savane** n. f. ■ Vaste prairie des régions tropicales, pauvre en arbres.

**savant, ante** ■ I adj. **1** Qui sait beaucoup, en matière d'érudition ou de science. → **docte, érudit, instruit.** ← *Être savant en...* → **compétent, expert.** ← *Conversation savante.* **2** Qui n'est pas facilement accessible. → **compliqué, recherché.** *Musique savante.* **3** Qui est très habile (dans un art, une spécialité). ◆ (animal) Dressé à faire des tours d'adresse. **4** Où il y a une grande habileté. *De savantes précautions.* II **1** n. vx Personne très cultivée. **2** n. m. Chercheur scientifique important. *Marie Curie fut un grand savant.*

**savarin** n. m. ■ Gâteau, baba en forme de couronne, imbibé de sirop alcoolisé.

**savate** n. f. ■ **1** Vieille chaussure ou pantoufle. ← loc. *Traîner la savate* : vivre misérablement. **2** Sport de combat où l'on porte des coups de pied à l'adversaire.

**savetier** n. m. ■ vx Cordonnier.

**saveur** n. f. ■ **1** Qualité perçue par le sens du goût. → **goût ; sapidité. 2** fig. Qualité de ce qui est agréable, plaisant.

① **savoir** v. tr. ㉜ p. p. *su, sue* ■ I **1** Avoir présent à l'esprit (qqch. que l'on identifie) ; connaître. *Je ne sais pas son nom.* ← *Avez-vous su la nouvelle ?* → **apprendre.** ← *FAIRE SAVOIR* : annoncer. **2** Être conscient* de. ← *Être poète sans le savoir.* ← pronom. (suivi d'un attribut) *Il se sait aimé.* ← pronom. *Il se sait aimé.* **3** Avoir dans l'esprit (des connaissances rationnelles). *Savoir qqch., savoir que* (+ ind.). ← *Que sais-je ?* (devise de Montaigne). **4** Être en mesure d'utiliser, de pratiquer. *Il sait son métier.* **5** Avoir présent à l'esprit, de manière à pouvoir répéter. *Savoir son rôle.* II loc. *N'ÊTRE PAS SANS SAVOIR* : savoir. ◆ (souligne une affirmation) *Il est gentil, tu sais.* ◆ *À SAVOIR* loc. conj. : c'est-à-dire. ◆ *QUE JE SACHE* : autant que je puisse savoir. III (+ inf.)

**1** Être capable de, par un apprentissage. *Savoir lire et écrire ; s'exprimer.* **2** Avoir la possibilité de. *Savoir écouter.* **3** (au cond. et en tour négatif avec *ne* seul) Pouvoir.

② **savoir** n. m. ■ Connaissances. → **culture, instruction, science.**

**savoir-faire** n. m. invar. ■ Habileté à résoudre les problèmes pratiques.

**savoir-vivre** n. m. invar. ■ Qualité de politesse et de tact.

**savon** n. m. ■ **1** Produit de dégraissage et de lavage, obtenu par l'action d'un alcali sur un corps gras. *Du savon ; un savon.* **2** loc. fam. *Passer un savon à qqn*, le réprimander.

**savonner** v. tr. ① ■ Laver avec du savon. ▷ n. m. **savonnage**

**savonnerie** n. f. ■ Usine de savon.

**savonnette** n. f. ■ Petit savon de toilette.

**savonneux, euse** adj. ■ Qui contient du savon. fig. *Pente savonneuse* (où l'on glisse).

**savourer** v. tr. ① ■ **1** Manger, boire avec lenteur et attention, pour apprécier. → **déguster. 2** fig. Se délecter de.

**savoureux, euse** adj. ■ **1** Qui a une saveur agréable, délicate. → **délectable, succulent. 2** fig. Plaisant. ▷ adv. **savoureusement**

**saxifrage** n. f. ■ Plante herbacée qui pousse dans les fissures des murs et des rochers.

**saxon, onne** adj. et n. ■ De la Saxe.

**saxophone** n. m. ■ Instrument à vent à anche simple et à clefs. - abrév. SAXO. *Saxo alto, ténor.* ▷ n. **saxophoniste**

**saynète** [sɛ-] n. f. ■ Courte pièce comique avec peu de personnages. → **sketch.**

**sbire** n. m. ■ péj. Homme de main.

**scabieuse** n. f. ■ Plante herbacée à fleurs mauves, dépurative.

**scabreux, euse** adj. ■ De nature à choquer la décence.

**scalaire** adj. ■ math. *Grandeur scalaire*, définie par sa mesure (s'oppose à *vectoriel*).

**scalde** n. m. ■ hist. littér. Ancien poète chanteur scandinave.

**scalène** adj. ■ géom. *Triangle scalène*, dont les trois côtés sont de longueurs inégales.

**scalp** [skalp] n. m. ■ **1** Action de scalper. hist. *Danse du scalp.* **2** Trophée constitué par la peau du crâne avec sa chevelure.

**scalpel** n. m. ■ Petit couteau à manche plat pour inciser et disséquer (chirurgie).

**scalper** v. tr. ① ■ Dépouiller (qqn) du cuir chevelu par incision de la peau. → **scalp.**

**scampi** n. m. pl. ■ Langoustines ou grosses crevettes frites, en beignets.

**scandale** n. m. ■ **1** Effet public, fâcheux d'actes ou de propos condamnables. *Faire scandale.* **2** Désordre, esclandre. *Faire du scandale.* **3** Affaire publique où des personnalités sont compromises. **4** Fait immoral, révoltant. → **honte.** *C'est un scandale !*

**scandaleux, euse** adj. ■ **1** Qui cause du scandale (1). **2** Qui constitue un scandale (4). → **honteux, révoltant.** ▷ adv. **scandaleusement**

**scandaliser** v. tr. ① ■ Apparaître comme un scandale à. → **choquer, indigner.**

**scander** v. tr. ① ■ **1** Analyser (un vers) en ses éléments métriques. **2** Prononcer en rythmant. *Scander un slogan.*

**scandinave** adj. et n. ■ De Scandinavie.

① **scanner** [-nɛʀ] n. m. ■ anglic. **1** méd. Appareil de radiodiagnostic composé d'un système de tomographie et d'un ordinateur. - syn. TOMODENSITOMÈTRE. **2** techn. Appareil électronique d'analyse de documents (textes, images). → **numériseur.** ▷ ② **scanner** v. tr. ①

**scanographie** n. f. ■ méd. Technique du scanner. → Image obtenue par scanner.

**scansion** n. f. ■ didact. Action, manière de scander (un vers).

**scaphandre** n. m. ■ Équipement de plongée individuel à casque étanche. → par analogie *Scaphandre de cosmonaute.*

**scaphandrier** n. m. ■ Plongeur muni d'un scaphandre.

① **scapulaire** n. m. ■ relig. cathol. Objet de dévotion composé de deux petits morceaux d'étoffe bénits tenus par des cordons.

② **scapulaire** adj. ■ anat. De l'épaule.

**scarabée** n. m. ■ Insecte coléoptère.

**scarifier** v. tr. ⑦ ■ méd. Inciser superficiellement (la peau, les muqueuses). ▷ n. f. **scarification**

**scarlatine** n. f. ■ Maladie contagieuse avec éruption de plaques rouges.

**scarole** n. f. ■ Salade de chicorée.

**scato-** Élément savant, du grec *skôr, skatos* « excrément ».

**scatologie** n. f. ■ Écrit ou propos grossier, où il est question d'excréments. ▷ adj. **scatologique**

**sceau** n. m. ■ **1** Cachet officiel. ◆ loc. *Le garde\* des Sceaux.* **2** Empreinte du cachet (→ sceller); cire, plomb portant cette empreinte. **3** fig., littér. Ce qui authentifie ; marque distinctive. → loc. SOUS LE SCEAU DU SECRET.

**scélérat, ate** n. ■ littér. Criminel. → adj. littér. (choses) Infâme. ▷ n. f. **scélératesse**

**scellé** n. m. ■ (surtout au plur.) Bande portant des cachets revêtus d'un sceau officiel.

**sceller** v. tr. ① ■ I **1** Marquer ; fermer au moyen d'un sceau. **2** fig. Confirmer solennellement. *Sceller un pacte.* II **1** Fermer hermétiquement. **2** Fixer (avec du ciment, etc.). → au p. p. *Barreaux scellés.* ▷ n. m. **scellement**

**scénario** n. m. ■ **1** Description de l'action d'un film, d'une émission, avec indications techniques et dialogues. ◆ Texte (d'une bande dessinée). **2** Déroulement (d'un processus) selon un plan.

**scénariste** n. ■ Auteur de scénarios de films. *Elle est scénariste et dialoguiste.*

**scène** n. f. ■ I **1** Emplacement d'un théâtre où les acteurs paraissent → **planche** (les planches), **plateau.** → METTRE EN SCÈNE : représenter au théâtre, au cinéma, à la télévision. *Metteur\* en scène ; mise\* en scène.* ◆ loc. fig. *Occuper LE DEVANT DE LA SCÈNE,* une position en vue. **2** *La scène* : le théâtre, l'art dramatique. *La scène et l'écran.* **3** L'action\*. *La scène se passe à Londres.* II **1** Partie, division d'un acte, dans une pièce de théâtre. **2** Action partielle ayant une unité, dans une œuvre (livre, film...). *Scène d'amour.* **3** Action représentée en peinture. *Scène d'intérieur.* **4** Action, événement dont on se trouve témoin. **5** Explosion de colère, dispute bruyante. *Scène de ménage* (dans un couple).

**scénique** adj. ■ De la scène, du théâtre.

**scénographe** n. ■ didact. Spécialiste de scénographie (1 et 2).

**scénographie** n. f. ■ didact. Art et technique de l'espace théâtral.

**scepticisme** n. m. ■ **1** Doctrine selon laquelle l'esprit humain ne peut atteindre aucune vérité générale (philosophie, religion). **2** Refus d'admettre une chose sans examen critique. **3** Attitude critique faite de défiance à l'égard des idées reçues.

**sceptique** ■ I n. Personne, philosophe qui adopte le scepticisme. II adj. *Philosophe sceptique.* ◆ *Une moue sceptique.*

**sceptre** n. m. ■ **1** Bâton de commandement, signe d'autorité du souverain. **2** fig., littér. La royauté.

**schah** ou **shah** n. m. ■ Souverain de la Perse, puis de l'Iran.

**scheik** n. m. → **cheik**

**schelem** n. m. → **chelem**

**schéma** n. m. ■ **1** Représentation simplifiée et fonctionnelle. *Le schéma d'un moteur.* **2** Description, représentation mentale réduite aux traits essentiels.

**schématique** adj. ■ **1** D'un schéma. **2** Simplifié ; sans nuances. ▷ adv. **schématiquement**

**schématiser** v. tr. ① ■ Présenter de façon schématique. ▷ n. f. **schématisation**

**scherzo** [skɛʀdzo] n. m. ■ Morceau musical vif et gai.

**schilling** n. m. ■ Unité monétaire de l'Autriche (avant l'euro). ≠ *shilling.*

**schisme** n. m. ■ **1** Séparation des fidèles d'une religion, sous des autorités différentes. *Le schisme d'Orient* (entre les Églises d'Occident et d'Orient). **2** Scission (d'un parti...). ▷ adj. et n. **schismatique**

**schiste** n. m. ■ Roche à structure feuilletée. ▷ adj. **schisteux, euse**

**schizophrénie** [ski-] n. f. ■ Psychose caractérisée par une grave division de la personnalité et la perte du contact avec la réalité. ▷ **schizophrène** adj. et n. - abrév. SCHIZO.

**schlass** [ʃlas] adj. ■ fam. Ivre.

**schlinguer** v. intr. ① ■ fam. Sentir mauvais.

**schlitte** n. f. ■ régional Traîneau qui sert à descendre le bois abattu (Vosges...).

**schmilblick** n. m. ■ loc. fam. *Faire avancer le schmilblick* : faire progresser les choses.

**schnaps** [ʃnaps] n. m. ■ Eau-de-vie de pomme de terre ou de grain.

**schnock** n. ■ fam. Imbécile. – var. SCHNOQUE, CHNOQUE.

**schtroumpf** n. m. (onomatopée ; aussi utilisé comme nom dans la bande dessinée des *Schtroumpfs*) ■ fam. Truc, machin. ◆ Personne quelconque.

**schuss** [ʃus] n. m. ■ Descente à skis en suivant la plus grande pente. ◆ adv. *Descendre (tout) schuss.*

**sciage** n. m. ■ Action, manière de scier.

**sciatique** ■ 1 adj. anat. Du bassin, de la hanche. *Nerf sciatique.* 2 n. f. Douleur le long du nerf sciatique.

**scie** n. f. ■ 1 Outil ou machine à lame servant à couper des matières dures. 2 *POISSON-SCIE* OU *SCIE* : poisson (squale) dont le museau s'allonge en une lame portant deux rangées de dents. 3 *SCIE MUSICALE*, lame d'acier qu'on fait vibrer. 4 Rengaine.

**sciemment** [sjamã] adv. ■ En connaissance de cause, volontairement.

**science** [sjãs] n. f. ■ I vieilli Connaissances générales (de qqn). → ② **savoir**. « *Science sans conscience n'est que ruine de l'âme* » (Rabelais). ◆ loc. *Un puits\* de science.* II 1 Ensemble de connaissances d'une valeur universelle, portant sur les faits et relations vérifiables, selon des méthodes déterminées (observation, expérience ; hypothèses et déduction). *Sciences exactes ; pures ; appliquées ; expérimentales. Sciences naturelles ; sciences de la vie. Sciences humaines* (psychologie, sociologie, linguistique, etc.). *Étude critique des sciences.* → **épistémologie**. ◆ absolt *LES SCIENCES*, celles où le calcul, la déduction, l'observation ont une grande part (mathématiques, astronomie, physique, chimie, biologie, etc.). 2 *LA SCIENCE* : ensemble des travaux et des résultats des sciences.

**science-fiction** n. f. ■ Genre littéraire et artistique qui évoque un état futur du monde (→ **anticipation**). – abrév. S.-F.

**scientifique** [sjã-] ■ I adj. 1 De la, des sciences. 2 Conforme aux exigences d'objectivité, de méthode, de précision de la science. II n. Spécialiste d'une science. → **chercheur, savant**. *Les littéraires et les scientifiques.*

**scientifiquement** [sjã-] adv. ■ 1 D'une manière scientifique. 2 Du point de vue de la science.

**scientisme** [sjã-] n. m. ■ Attitude philosophique consistant à considérer que la connaissance ne peut être atteinte que par la science. ▷ adj. et n. **scientiste**

**scier** v. tr. 7 ■ 1 Couper avec une scie, une tronçonneuse. 2 fam., vieilli Ennuyer, fatiguer (qqn). 3 fam. Stupéfier. ▷ n. m. **scieur**

**scierie** n. f. ■ Usine où on débite du bois à la scie.

**scinder** v. tr. 1 ■ Diviser (qqch. ; un groupe) (→ **scission**). ▷ se **scinder** v. pron.

**scintigraphie** n. f. ■ méd. Méthode d'exploration (d'un organe) par injection d'une substance radioactive.

**scintillant, ante** adj. ■ Qui scintille.

**scintillation** n. f. ■ 1 Modification rapide et répétée de la lumière des étoiles. 2 Lumière qui scintille.

**scintiller** v. intr. 1 ■ 1 (astres) Briller d'un éclat caractérisé par la scintillation. 2 Briller d'un éclat intermittent. ▷ n. m. **scintillement**

**scion** n. m. ■ Jeune branche (d'arbre) droite et flexible.

**scission** n. f. ■ Action de (se) scinder. → **division, séparation**.

**scissiparité** n. f. ■ biol. Reproduction par division de l'organisme. ▷ adj. **scissipare**

**scissure** n. f. ■ anat. Sillon à la surface d'organes (cerveau, poumon...).

**sciure** n. f. ■ Déchets en poussière d'une matière qu'on scie (notamment le bois).

**sclérose** n. f. ■ 1 méd. Durcissement pathologique (d'un organe, d'un tissu). ◆ *Sclérose en plaques*, grave maladie du système nerveux central. 2 fig. Paralysie.

**se scléroser** v. pron. 1 ■ 1 méd. (organes, tissus) Être atteint de sclérose. 2 fig. Se figer, ne plus évoluer. ▷ **sclérosé, ée** adj.

**sclérotique** n. f. ■ anat. Membrane fibreuse (blanc de l'œil) entourant le globe oculaire.

**scolaire** adj. ■ 1 Des écoles, de l'enseignement. *Âge scolaire* : âge légal de l'*obligation scolaire* (en France, loi Jules Ferry du 28 mars 1882). 2 péj. Livresque, peu original.

**scolariser** v. tr. 1 ■ 1 Pourvoir (un lieu) d'établissements scolaires. 2 Soumettre à un enseignement scolaire régulier. ◆ au p. p. *Enfants scolarisés.* ▷ n. f. **scolarisation**

**scolarité** n. f. ■ Études scolaires régulières ; leur durée.

**scolastique** n. ■ didact. I n. f. Philosophie et théologie enseignées au moyen âge par l'Université. II adj. De la scolastique. ◆ Dialectique et formaliste.

**scoliose** n. f. ■ Déviation latérale de la colonne vertébrale.

① **scolopendre** n. f. ■ Fougère à feuilles entières qui croît dans les lieux humides.

② **scolopendre** n. f. ■ Mille-pattes.

**scone** n. m. ■ anglic. Petit cake rond.

**sconse** n. m. ■ Fourrure de la mouffette, noire à bandes blanches. – var. SKUNKS.

**scoop** [skup] n. m. ■ anglic. Nouvelle importante en exclusivité.

**scooter** [skutœʀ ; skutɛʀ] n. m. ■ Motocycle léger, caréné, à plancher.

**-scope, -scopie** Éléments, du grec *skopein* « observer » (instruments...).

**scopie** n. f. ■ fam. Radioscopie.

**scorbut** [-yt] n. m. ■ Maladie due à l'insuffisance de vitamine C. ▷ adj. et n. **scorbutique**

**score** n. m. ■ **1** Décompte des points au cours d'une partie, d'un match. *Score final.* **2** Résultat chiffré (élection, compétition).

**scorie** n. f. ■ rare au sing. **1** Résidu solide (fusion de minerais ; combustion de houille...). **2** Lave refroidie, légère et fragmentée. **3** fig. Partie médiocre, mauvaise.

**scorpion** n. m. ■ **1** Petit animal (arachnide) dont la queue porte un aiguillon crochu et venimeux. **2** Huitième signe du zodiaque (23 octobre-21 novembre).

① **scotch** n. m. ■ Whisky écossais.

② **scotch** n. m. (nom déposé) ■ Ruban adhésif transparent (de cette marque).

**scotcher** v. tr. ① ■ Coller avec du scotch.

**scotch-terrier** n. m. ■ Chien terrier de taille moyenne, à poils durs.

**scout, scoute** [skut] ■ **1** n. m. Jeune qui fait partie d'une organisation de scoutisme. ◆ adj. Du scoutisme. **2** n. fig. Idéaliste naïf. → **boy-scout.**

**scoutisme** n. m. ■ Mouvement éducatif complétant la formation de l'enfant par des activités collectives et de plein air.

**scrabble** [skrabl] n. m. ■ anglic. Jeu de société combinant des lettres (jetons) en mots.

**scratch** n. m. ■ anglic. Création de sons par l'action des doigts sur un disque vinyle en cours d'écoute (procédé musical employé dans la techno, etc.). – syn. SCRATCHING n. m. (anglic.).

**scribe** n. m. ■ **1** anciennt Copiste. ◆ Antiq. Fonctionnaire sachant écrire. *Les scribes égyptiens.* **2** Antiq. juive Docteur de la Loi.

**scribouillard, arde** n. ■ péj. Employé(e) aux écritures.

**script** [skript] n. m. ■ **I** Écriture à la main proche des caractères d'imprimerie. **II** Découpage technique et dialogues (d'un film, etc.). → **scénario.**

**scripte** n. ■ Personne chargée de noter les détails de chaque prise de vues (d'un film, etc.) pour en assurer la continuité (remplace l'anglic. *script-girl*).

**scrofule** n. f. ■ **1** Lésion de tuberculose cutanée, ganglionnaire ou osseuse. **2** vx Écrouelles. ▷ adj. et n. **scrofuleux, euse**

**scrotum** [-ɔm] n. m. ■ anat. Enveloppe des testicules. → **bourse(s).**

**scrupule** n. m. ■ **1** Incertitude, inquiétude de conscience sur un point de morale. ◆ littér. *Avoir scrupule à ; se faire (un) scrupule de* (+ inf.), hésiter (par scrupule). **2** Exigence, rigueur en morale (→ **scrupuleux**).

**scrupuleux, euse** adj. ■ **1** Qui a beaucoup de scrupules ; qui est exigeant sur le plan moral. ◆ (choses) *Une honnêteté scrupuleuse.* **2** Qui respecte strictement les règles, les prescriptions. ▷ adv. **scrupuleusement**

**scrutateur, trice ■ I** adj. littér. Qui scrute. **II** n. Personne qui participe au dépouillement d'un scrutin.

**scruter** v. tr. ① ■ Examiner avec soin pour découvrir. *Scruter l'horizon.* ◆ *Scruter les intentions de qqn.*

**scrutin** n. m. ■ **1** Vote au moyen de bulletins. **2** Opérations électorales ; type d'élections.

**sculpter** [-lte] v. tr. ① ■ **1** Produire (une œuvre d'art) par la sculpture. **2** Façonner (une matière dure) par la sculpture. *Sculpter le bois.*

**sculpteur, trice** [-lt-] n. ■ Personne qui pratique la sculpture.

**sculptural, ale, aux** [-lt-] adj. ■ **1** didact. Relatif à la sculpture. **2** Qui a la beauté formelle des sculptures classiques.

**sculpture** [-lt-] n. f. ■ **1** Représentation, production d'un objet dans l'espace, au moyen d'une matière à laquelle on impose une forme. ◆ Œuvres d'art qui en résultent. **2** *Une sculpture* (→ **statue**).

**S. D. F.** [ɛsdeɛf] n. (sigle) ■ Personne « sans domicile fixe », sans ressources, qui mène une vie misérable. → **sans-abri.**

**se** pron. pers. (*s'* devant voyelle ou *h* muet) ■ Soi, à soi (3ᵉ personne). *Il se soigne. Elle s'est lavé les mains. Ils se sont revus.* ◆ impers. *Cela ne se fait pas.*

**séance** n. f. ■ **1** Réunion de membres siégeant (assemblée). *Les séances du Parlement.* → **session.** ◆ loc. *SÉANCE TENANTE* (fig. immédiatement). **2** Durée déterminée consacrée à une occupation. *Séance de rééducation.* **3** Temps d'un spectacle. *Séance de cinéma.*

① **séant** n. m. ■ loc. *Se dresser, se mettre SUR SON SÉANT* : s'asseoir, se dresser.

② **séant, ante** adj. ■ littér. Qui sied (→ **seoir**). → **bienséant, convenable.**

**seau** n. m. ■ Récipient cylindrique muni d'une anse (pour les liquides, etc.). ◆ loc. fam. *IL PLEUT À SEAUX*, abondamment.

**sébacé, ée** adj. ■ didact. Relatif au sébum. ◆ *Glandes sébacées*, qui sécrètent le sébum.

**sébile** n. f. ■ Petite coupe de bois (pour mendier).

**séborrhée** n. f. ■ Sécrétion excessive de sébum. ▷ adj. **séborrhéique**

**sébum** [-ɔm] n. m. ■ Sécrétion grasse des glandes sébacées.

**sec, sèche** adj. ■ **I 1** Qui n'est pas ou est peu imprégné de liquide. *Du bois sec.* ◆ Sans pluie. *Un temps sec.* ◆ *Avoir la gorge sèche* : avoir soif. **2** Déshydraté, séché. *Légumes secs* (s'oppose à *frais*). **3** Sans accompagnement. *Mur de pierres sèches*, sans ciment. **4** (parties du corps) Qui a peu de sécrétions. *Peau sèche.* **5** (personnes) Maigre. **6** Qui manque de moelleux ou de douceur. *Voix sèche. Coup sec*, rapide et bref. **II 1** Qui manque de sensibilité, de gentillesse. → **dur. 2** (style...) Sans ornements ; sans charme. → **austère. 3** fam. *Rester sec*, ne savoir que répondre. **III** n. m. **1** Sécheresse ; endroit sec. *Mettre qqch. au sec.* **2** *À SEC* loc. adj. : sans rivière à sec. ◆ fam. Sans argent. *Ils sont à sec.* **IV** adv. **1** *Il boit sec*, beaucoup. **2** Rudement et rapidement. *Frapper sec.* **3** fam. *AUSSI SEC* loc. adv. : sans hésiter.

**sécable** adj. ■ didact. Qui peut être coupé.

**sécant, ante** adj. ■ géom. Qui coupe (une ligne, un plan, etc.). → n. f. Droite sécante.

**sécateur** n. m. ■ Gros ciseaux à ressort.

**sécession** n. f. ■ Séparation d'une partie de la population d'un État pour former un État distinct ou se réunir à un autre. *Faire sécession.* → hist. *La guerre de Sécession,* entre le Nord et le Sud des États-Unis (1861-1865). ▷ adj. et n. **sécessionniste**

**séchage** n. m. ■ Action de (faire) sécher.

**séchant, ante** adj. ■ Qui effectue un séchage. *Lave-linge séchant.*

**sèche** n. f. ■ fam. Cigarette.

**sèche-cheveux** n. m. invar. ■ Petit séchoir à cheveux électrique.

**sèche-linge** n. m. invar. ■ Appareil, machine qui sert à sécher le linge.

**sèchement** adv. ■ D'une manière sèche, sans douceur.

**sécher** v. 6 ■ I v. tr. 1 Rendre sec. *Se sécher les cheveux.* → pronom. → s'**essuyer.** 2 Absorber ou faire s'évaporer (un liquide). *Sécher ses larmes.* 3 fam. Manquer volontairement en sans être excusé. *Sécher la classe.* II v. intr. 1 Devenir sec. → *Sécher sur pied* (plantes) ; fig. (personnes) : se consumer d'ennui. 2 S'évaporer. 3 fam. Rester sec (II, 3).

**sécheresse** n. f. ■ 1 État de ce qui est sec. → **aridité.** 2 Temps sec, insuffisance des pluies. 3 fig. Caractère sec (II), dur.

**sécheuse** n. f. ■ franç. du Canada Machine à sécher le linge. → **sèche-linge.**

**séchoir** n. m. ■ 1 Lieu, dispositif aménagé pour le séchage. 2 Appareil servant à faire sécher des matières humides. *Séchoir à cheveux.*

**second, onde** [s(ə)gɔ̃, ɔ̃d] ■ I adj. 1 Qui vient après un de même nature ; qui suit le premier. → **deuxième.** *En second lieu.* 2 Qui vient après le plus important ou le meilleur. *Billet de seconde (classe).* ◆ n. *Le second d'une course.* ◆ loc. EN SECOND. 3 Qui constitue une nouvelle forme de qqch. d'unique. → **autre.** *Il a été un second père pour moi.* 4 (après le n.) Qui dérive d'une chose primitive. *Causes secondes.* ◆ *État second,* état pathologique où l'on est comme dédoublé ; état anormal, bizarre. II 1 n. m. Personne qui aide qqn. → **adjoint, assistant.** → Officier de marine qui vient après le commandant. 2 n. f. Classe qui précède la première.

**secondaire** [s(ə)gɔ̃-] adj. ■ 1 Qui vient au second rang, est de moindre importance. *Rôle secondaire.* 2 Qui constitue un second ordre (s'oppose à *primaire*). *L'enseignement secondaire* ou n. m. *le secondaire,* de la sixième à la terminale (en France). → *Ère secondaire* ou n. m. *le secondaire,* ère géologique (de la sédimentation) (syn. *mésozoïque*). 3 → **second** (I, 4). *Effets secondaires d'un médicament.* → écon. *Secteur secondaire :* activités productrices de matières transformées.

**seconde** [s(ə)gɔ̃d] n. f. ■ 1 Soixantième partie de la minute (symb. s). ◆ Temps très bref. → **instant.** 2 Unité d'angle égale au 1/60 de la minute (symb. ").

**secondement** [s(ə)gɔ̃-] adv. ■ En second lieu. → **deuxièmement, secundo.**

**seconder** [s(ə)gɔ̃-] v. tr. 1 ■ Aider (qqn) en tant que second. → **assister.**

**secouer** v. tr. 1 ■ 1 Remuer avec force, dans un sens puis dans l'autre. *Secouer un tapis.* 2 Remuer à plusieurs reprises (une partie du corps). *Secouer la tête.* → **hocher.** 3 Se débarrasser de (qqch.) par des secousses. *Secouer la poussière d'un tapis.* 4 Ébranler. *Le choc l'a bien secoué.* 5 fam. *Secouer qqn, lui secouer les puces,* le forcer à agir. → pronom. *Allons, secoue-toi !*

**secourable** adj. ■ littér. Qui secourt. → loc. *Prêter, tendre une* MAIN SECOURABLE *à qqn.*

**secourir** v. tr. 11 ■ Aider (qqn) à se tirer d'un danger ; assister (qqn) dans le besoin.

**secourisme** n. m. ■ Méthode de sauvetage et d'aide aux victimes d'accidents. ▷ n. **secouriste**

**secours** n. m. ■ 1 Concours extérieur qui aide à sortir d'une situation difficile. → **appui, assistance, soutien.** ◆ *Au secours !,* appel à l'aide. 2 Aide matérielle ou financière. *Secours aux sans-abri.* 3 Moyens pour porter assistance. *Attendre les secours.* 4 Soins que l'on donne à un malade, à un blessé dans un état critique. *Premiers secours.* 5 Utilité. *N'être d'aucun secours.* 6 (choses) DE SECOURS : destiné à servir en cas de nécessité. *Sortie de secours.*

**secousse** n. f. ■ 1 Mouvement brusque (de ce qui est secoué). → *Secousse sismique.* 2 fig. Choc psychologique. 3 loc. fam. *Il n'en fiche pas une secousse,* il ne fait rien.

**① secret, ète** adj. ■ 1 Qui n'est connu que de peu de personnes ; qui est ou doit être caché au public. *Renseignements secrets.* → **confidentiel** ; cf. anglic. *top secret* anci. → *Police secrète.* ◆ spécialt Ésotérique, occulte. 2 Difficile à trouver. *Code secret.* 3 Qui ne se manifeste pas. → **intérieur, intime.** *Pensées secrètes.* 4 (personnes) Qui ne se confie pas. → **réservé.**

**② secret** n. m. ■ 1 Ensemble de connaissances, d'informations qui doivent être réservées à quelques-uns (tenues secrètes) et qu'on ne doit pas révéler. → *SECRET D'ÉTAT.* 2 *Être DANS LE SECRET,* dans la connaissance réservée à quelques-uns. 3 Explication, raison cachée. *Le secret de l'affaire.* → **clé.** 4 Moyen connu seulement de quelques personnes. *Secret de fabrication.* 5 *EN SECRET,* sans que personne ne le sache. 6 *Mettre qqn AU SECRET,* l'emprisonner dans un lieu caché. 7 Discrétion, silence sur une chose secrète. *Secret professionnel.* 8 Mécanisme dont le fonctionnement est secret.

**secrétaire ■ I** n. **1** n. m. ancienn Personnage relevant directement d'une autorité politique. → n. mod. *Secrétaire d'État*, membre du gouvernement sous l'autorité d'un ministre ; (aux États-Unis) ministre des Affaires étrangères. → *Secrétaire d'ambassade.* **2** Personne qui s'occupe de l'organisation et du fonctionnement (d'un organisme). → *Secrétaire de rédaction* (d'un journal). **3** Personne dont le métier est d'assurer la rédaction du courrier, de préparer des dossiers (pour qqn). **II** n. m. Meuble à tiroirs et à tablette mobile destiné à ranger des papiers.

**secrétariat** n. m. ■ **1** Fonction de secrétaire. **2** Service dirigé par un(e) secrétaire. **3** Métier de secrétaire (I, 3).

**secrètement** adv. ■ D'une manière secrète (→ secret), non apparente.

**sécréter** v. tr. ⑥ ■ **1** Produire par sécrétion. **2** fig. *Ce film sécrète l'ennui.* → distiller.

**sécrétion** n. f. ■ **1** Production d'une substance organique par un tissu. *Glandes à sécrétion interne* (endocrines), *externe* (exocrines). **2** Substance ainsi produite.

**sectaire** n. ■ Personne intolérante, d'esprit étroit (en politique, religion, etc.). → adj. *Esprit sectaire.* → n. m. **sectarisme**

**sectateur, trice** n. ■ vx Adepte, partisan.

**secte** n. f. ■ **1** Groupe religieux organisé (à l'intérieur d'une foi). **2** Communauté mystique sous l'influence de maîtres, de gourous. **3** péj. Coterie, clan.

**secteur** n. m. ■ **1** géom. Partie (d'un plan) limitée par deux demi-droites. *Secteur angulaire.* **2** Terrain d'opérations d'une unité militaire. **3** fam. Endroit, lieu. → coin. *Il va falloir changer de secteur.* **4** Division artificielle d'un territoire, d'un réseau. → zone. ♦ (Réseau électrique) *Panne de secteur.* **5** écon. Ensemble d'activités et d'entreprises de la même catégorie. *Secteur privé ; public.* **6** Domaine ; partie.

**section** n. f. ■ **1** géom. Figure qui résulte de l'intersection de deux autres. **2** Forme d'une chose coupée transversalement. *Section circulaire d'un tube.* **3** Dessin en coupe. **II** didact. Action de couper. *La section d'un tendon.* **III 1** Élément, partie, division (d'un groupe). *Section syndicale.* → *Section électorale.* **2** Partie (d'un ensemble). *Sections d'une ligne d'autobus.*

**sectionner** v. tr. ① ■ **1** Diviser (un ensemble) en sections (III). → fractionner. **2** Couper net. ▷ n. m. **sectionnement**

**sectoriel, ielle** adj. ■ D'un secteur (5).

**séculaire** adj. ■ Qui existe depuis un siècle (→ centenaire), plusieurs siècles.

**séculier, ière** adj. ■ **1** Qui appartient au siècle* (II), à la vie laïque. **2** (religieux) Qui vit dans le siècle (par oppos. à *régulier*). *Le clergé séculier.* ▷ **séculariser** v. tr. ①

**secundo** [səgɔ̃do] adv. ■ En second lieu. *Primo..., secundo...*

**sécuriser** v. tr. ① ■ Apporter, donner une impression de sécurité à (qqn). → rassurer. ▷ adj. **sécurisant, ante**

**sécuritaire** adj. ■ De la sécurité publique. ♦ Qui favorise la recherche de sécurité.

**sécurité** n. f. ■ **1** État d'esprit confiant et tranquille. **2** Absence réelle de danger. *Être en sécurité.* → en sûreté. → (collectif) *La sécurité publique* (→ ordre). *Forces de sécurité* (police, armée). **3** *Sécurité sociale*, (en France) organisation qui garantit les individus contre certains risques (risques sociaux). **4** Protection contre les accidents. *Sécurité routière.* → *DE SÉCURITÉ* (dispositifs). *Ceinture de sécurité* (pour automobilistes).

**sédatif, ive** adj. et n. m. ■ (Remède) calmant.

**sédentaire** adj. ■ **1** Qui se passe, s'exerce dans un même lieu. *Une vie sédentaire.* **2** Dont l'habitat est fixe (opposé à *nomade*). ▷ **sédentariser** v. tr. ①

**sédiment** n. m. ■ **1** méd. Dépôt de matières dans un liquide organique. **2** Dépôt naturel, terrain dû à l'action d'agents externes (eau, vent, etc.).

**sédimentaire** adj. ■ Produit ou constitué par un sédiment. *Roches sédimentaires.*

**sédimentation** n. f. ■ **1** méd. Formation de sédiment (1). → *Vitesse de sédimentation* (des hématies). **2** Formation des sédiments (2).

**séditieux, euse** adj. ■ littér. **1** Qui prend part à une sédition. → factieux. **2** Qui provoque une sédition. *Écrits séditieux.*

**sédition** n. f. ■ littér. Révolte concertée contre l'autorité publique. → insurrection.

**séducteur, trice** n. ■ Personne qui séduit, qui fait habituellement des conquêtes. → adj. *Sourire séducteur.*

**séduction** n. f. ■ **1** Action de séduire, d'entraîner. **2** Moyen de séduire ; charme.

**séduire** v. tr. ㊳ ■ **1** Amener (qqn) à des relations sexuelles. **2** Convaincre, conquérir (qqn), en employant tous les moyens de plaire. **3** (sujet chose) Attirer de façon irrésistible. → captiver, fasciner. ▷ adj. **séduisant, ante**

**séfarade** n. et adj. ■ Juif des pays méditerranéens (hors Israël) (s'oppose à *ashkénaze*).

**segment** n. m. ■ **1** math. Portion (d'une figure géométrique). *Segment de droite.* **2** Partie distincte (d'un organe). **3** Pièce mécanique subdivisée. *Segment de piston.*

**segmentation** n. f. ■ **1** Division en segments. → fractionnement. **2** biol. Premières divisions de l'œuf fécondé.

**segmenter** v. tr. ① ■ Diviser, partager en segments.

**ségrégation** n. f. ■ Séparation imposée d'un groupe social d'avec les autres. → discrimination. *Ségrégation raciale.* ▷ adj. et n. **ségrégationniste**

**seiche** n. f. ■ Mollusque marin (céphalopode) à coquille interne (*os de seiche*) (→ sépia).

**séide** n. m. ■ littér. Homme de main fanatique.

**seigle** n. m. ■ Céréale dont les grains produisent une farine brune ; cette farine.

**seigneur** n. m. ▪ **1** hist. Maître féodal (→ **suzerain**). ◆ prov. *À tout seigneur tout honneur*, à chacun selon son mérite. **2** Titre honorifique donné aux grands personnages (hommes). → **gentilhomme, noble.** ◆ *GRAND SEIGNEUR* (fig. noble par sa conduite). **3** relig. *Le Seigneur* : Dieu. → *Notre-Seigneur Jésus-Christ.*

**seigneurial, ale, aux** adj. ▪ **1** hist. Du seigneur. **2** littér. Digne d'un seigneur. → **magnifique, noble, princier.**

**seigneurie** n. f. ▪ **1** hist. Pouvoir, droits, terre d'un seigneur. **2** *Votre, Sa Seigneurie* (titre).

**sein** n. m. ▪ **I 1** littér. Devant de la poitrine. ◆ fig. *Le sein de Dieu*, le paradis. **2** littér. Partie du corps féminin où l'enfant est conçu, porté. → **entrailles, flanc. 3** littér. Partie intérieure (d'une chose). *Le sein de la terre.* ◆ cour. *Au sein de* : dans, parmi. **II 1** vx Poitrine de femme. **2** Mamelle féminine. *Les seins. Cancer du sein.*

**seine** ou **senne** n. f. ▪ Filet de pêche en demi-cercle.

**seing** [sɛ̃] n. m. ▪ loc. dr. *SEING PRIVÉ* : signature d'un acte non notarié.

**séisme** n. m. ▪ Tremblement* de terre.

**seitan** [seitan ; setã] n. m. ▪ Préparation alimentaire à base de farine de blé complète, dont on ne conserve que le gluten. *Le seitan est riche en protéines.*

**seize** ▪ **1** adj. numéral invar. cardinal Dix plus six (16). *Elle a seize ans.* ◆ ordinal *La page seize.* **2** n. m. invar. Le nombre seize.

**seizième** ▪ **1** adj. Ordinal de *seize. Le seizième siècle (XVI^e).* ◆ n. *Le, la seizième.* **2** adj. et n. m. Se dit d'une partie d'un tout divisé également en seize. ▷ adv. **seizièmement**

**séjour** n. m. ▪ **1** Fait de séjourner, de demeurer en un lieu. ◆ *Carte de séjour* (résidents étrangers). **2** Temps de séjour. *Un bref séjour à la mer.* **3** *(SALLE DE SÉJOUR* : pièce principale. **4** littér. Lieu où l'on séjourne.

**séjourner** v. tr. [1] ▪ **1** Habiter (dans un lieu) sans y être fixé. **2** (sujet chose) Rester longtemps à la même place.

**sel** n. m. ▪ **1** Substance (chlorure de sodium) blanche, soluble dans l'eau, qui sert à l'assaisonnement et à la conservation des aliments. ◆ *Sel de céleri* (assaisonnement). **2** fig. Ce qui donne du piquant, de l'intérêt. **3** hist. des sc. Solide ressemblant au sel (obtenu par évaporation). ◆ *Sels (anglais)*, que l'on faisait respirer aux personnes évanouies. **4** chim. Composé résultant de l'action d'un acide sur une base.

**sélecteur** n. m. ▪ Appareil ou dispositif permettant une sélection. ◆ Pédale de changement de vitesse (moto).

**sélection** n. f. ▪ **1** Choix (de ce qui convient le mieux ; des meilleurs éléments). ◆ *Sélection de données* (informatique). **2** Choix d'animaux reproducteurs. **3** *Sélection naturelle*, théorie de Darwin selon laquelle l'élimination naturelle des individus les moins aptes dans la « lutte pour la vie » perfectionne l'espèce. **4** Ce qui est choisi. *Une sélection de films.* ▷ **sélectif, ive** adj. *Épreuve sélective. Tri sélectif des déchets.*

**sélectionner** v. tr. [1] ▪ Choisir par une sélection. ▷ n. **sélectionneur, euse**

**sélectivité** n. f. ▪ radio Qualité d'un récepteur qui sépare bien les ondes de fréquences voisines.

**sélénium** [-jɔm] n. m. ▪ Corps simple (symb. Se), utilisé dans les cellules photoélectriques.

**self** n. m. → **self-service**

**self-made-man** [sɛlfmɛdman] n. m. ▪ anglic. Homme qui ne doit sa réussite qu'à lui-même. Des self-made-men (ou *-mans*).

**self-service** n. m. ▪ anglic. Libre-service. - abrév. fam. SELF.

① **selle** n. f. ▪ **1** Siège du cavalier placé sur le dos du cheval. ◆ *EN SELLE*, à cheval. ◆ fig. *Mettre qqn en selle*, l'aider dans ses débuts. **2** Petit siège de cuir adapté à un cycle. **3** Partie de la croupe (du mouton, etc.).

② **selle** n. f. ▪ **1** vx Chaise percée. ◆ mod. *ALLER À LA SELLE* : expulser les matières fécales. **2** *Les selles*, les matières fécales.

**seller** v. tr. [1] ▪ Munir (un cheval) d'une selle.

**sellerie** n. f. ▪ **1** Ensemble de selles, de harnais. **2** Métier de sellier.

**sellette** n. f. ▪ **1** vx Petit siège sur lequel on faisait asseoir les accusés. ◆ mod. loc. *Être SUR LA SELLETTE* : être interrogé ou jugé.

**sellier** n. m. ▪ Fabricant, marchand de selles, de harnais. → **bourrelier.**

**selon** prép. ▪ **1** En se conformant à. → **conformément à, suivant.** *Faire qqch. selon les règles.* **2** Si l'on se rapporte à ; d'après. *Selon moi...* ◆ *Selon toute vraisemblance.* **3** *SELON QUE* (+ indic.). « *Selon que vous serez puissant ou misérable [...]* » (La Fontaine).

**semailles** n. f. pl. ▪ **1** Action de semer (→ **semis**). **2** Grain que l'on sème.

**semaine** n. f. ▪ **1** Cycle de sept jours (lundi, mardi, mercredi, jeudi, vendredi, samedi, dimanche). *Une fois par semaine* (→ **hebdomadaire**). ◆ L'ensemble des jours ouvrables. **2** Période de sept jours (quel que soit le jour initial). ◆ loc. fam. *À LA PETITE SEMAINE* : à court terme.

**semainier** n. m. ▪ Agenda divisé selon les jours de la semaine.

**sémantique** ▪ didact. **1** n. f. Étude du sens, de la signification dans le langage. **2** adj. Qui concerne le sens. *Analyse sémantique.* ▷ adv. **sémantiquement**

**sémaphore** n. m. ▪ Système de signaux optiques (navires ; chemin de fer).

**semblable** ▪ **I** adj. **1** Qui ressemble (à). → **analogue.** *Une maison semblable à beaucoup d'autres.* ◆ Pareil. *En semblable occasion.* **2** au plur. Qui se ressemblent entre eux. *Triangles semblables*, dont les angles sont égaux deux à deux. **3** littér. (souvent avant le nom) De cette nature. → **tel. II** n. Être, personne de même espèce. *Fuir ses semblables.*

**semblant** n. m. ▪ **1** littér. *Un semblant de,* quelque chose qui n'a que l'apparence de. → **simulacre. 2** loc. *FAIRE SEMBLANT DE* (+ inf.) : se donner l'apparence de, faire comme si. → **feindre.** ◆ absolt Simuler.

**sembler** v. intr. [1] ▪ **1** (+ attribut) Paraître (tel) pour qqn. *Les heures m'ont semblé longues.* ◆ (+ inf.) *Vous semblez le regretter.* ◆ impers. (+ attribut) *Il (me) semble inutile de discuter.* ◆ *Quand bon lui semble,* quand cela lui plaît. ◆ *IL SEMBLE QUE :* on dirait. *Il semble que* (+ indic.) (c'est certain) ; (+ subj.) (ce n'est pas certain). ◆ (+ inf.) *Il me semble la connaître.*

**semelle** n. f. ▪ **1** Pièce constituant la partie inférieure de la chaussure. ◆ Partie d'un bas, d'une chaussette correspondant à la plante du pied. **2** loc. *NE PAS QUITTER qqn D'UNE SEMELLE :* rester constamment avec lui. **3** techn. Pièce plate servant d'appui.

**semence** n. f. ▪ **1** Graines qu'on sème. **2** Sperme. **3** Clou court à tête plate.

**semer** v. tr. [5] ▪ **1** Répandre en surface ou mettre en terre (des semences). *Semer du blé.* ◆ loc. *Récolter ce qu'on a semé,* avoir les résultats qu'on mérite. **2** Répandre. → **disséminer, parsemer.** ◆ fig. *Semer la discorde, la ruine, la zizanie.* **3** fam. *Semer qqn* ; le laisser sur place, le devancer.

**semestre** n. m. ▪ **1** Moitié d'une année (six mois). **2** Somme payée tous les six mois. ▷ adj. **semestriel, ielle**

**semeur, euse** n. ▪ **1** Personne qui sème (1). **2** Propagateur. *Un semeur de discorde.*

**semi-** [s(ə)mi] Élément (invariable), du latin *semi-* « demi ». → **demi-, hémi-.**

**semi-automatique** adj. ▪ En partie automatique.

**semi-circulaire** adj. ▪ En demi-cercle.

**semi-conducteur** ▪ n. m. Corps non métallique qui conduit imparfaitement l'électricité.

**semi-conserve** n. f. ▪ techn. Conserve partiellement stérilisée.

**semi-consonne** n. f. ▪ Voyelle en fonction de consonne (ex. [j] dans *pied*).

**semi-fini, ie** adj. ▪ (produit) Qui a subi une transformation et doit en subir d'autres avant d'être commercialisé.

**sémillant, ante** adj. ▪ littér. D'une vivacité, d'un entrain plaisants. → **fringant.**

**séminaire** n. m. ▪ **1** Établissement religieux où étudient les jeunes clercs. **2** Groupe de travail. ◆ Réunion d'étude.

**séminal, ale, aux** adj. ▪ Relatif au sperme.

**séminariste** n. m. ▪ Élève de séminaire (1).

**sémio-** Élément (du grec *sêmeion*) qui signifie « signe, sens ; symptôme ».

**sémiologie** n. f. ▪ didact. **1** méd. Étude des signes des maladies. → **symptomatologie. 2** Science qui étudie les systèmes de signes. → **sémiotique.** ▷ adj. **sémiologique**

**sémiotique** ▪ didact. **1** n. f. Théorie générale des systèmes de signes. → **sémiologie** (2). **2** adj. De la sémiotique.

**semi-remorque** ▪ **1** n. f. Remorque adaptée au train avant (d'un camion). **2** n. m. Camion à semi-remorque.

**semis** n. m. ▪ **1** Action, manière de semer. **2** Terrain ensemencé. **3** fig. Petit motif ornemental répété.

**sémite** n. ▪ **1** Personne d'un groupe ethnique originaire d'Asie occidentale. **2** abusivt Juif.

**sémitique** adj. ▪ D'un groupe de langues possédant des racines de trois lettres (hébreu, arabe).

**semoir** n. m. ▪ Machine agricole, dispositif qui sert à semer le grain.

**semonce** n. f. ▪ **1** Ordre donné à un navire de montrer ses couleurs, de s'arrêter. ◆ *Coup de semonce* (d'un canon). **2** Avertissement sous forme de reproches.

**semoule** n. f. ▪ Farine granulée (blé dur...). *La semoule du couscous.* ◆ appos. *Sucre semoule :* sucre en poudre.

**sempiternel, elle** [sā- ; sē-] adj. ▪ Continuel et lassant. ▷ adv. **sempiternellement**

**sénat** n. m. ▪ **1** hist. Conseil souverain de la Rome antique. **2** mod. Assemblée législative élue au suffrage indirect ou représentant des collectivités.

**sénateur, trice** n. ▪ Membre d'un sénat. ▷ adj. **sénatorial, ale, aux**

**sénatus-consulte** [-tys-] n. m. ▪ hist. Décret d'un sénat.

**sénéchal, aux** n. m. ▪ hist. Officier du roi.

**séneçon** n. m. ▪ Plante herbacée ou arborescente.

**sénescence** n. f. ▪ didact. Vieillissement de l'organisme. → **sénilité.**

**senestre** [sənɛstʀ] adj. ▪ vx Gauche.

**sénevé** n. m. ▪ Moutarde sauvage.

**sénile** adj. ▪ De vieillard.

**sénilité** n. f. ▪ État pathologique caractéristique de la vieillesse avancée.

**senior** n. ▪ **1** anglic. Sportif de la catégorie adulte. **2** adj. et n. américanisme Vieux, aîné.

**senne** n. f. → **seine**

① **sens** [sās] n. m. ▪ **I 1** Faculté d'éprouver les impressions (→ **sensation**), correspondant à un organe récepteur spécifique. *Les cinq sens traditionnels* (vue, ouïe, odorat, goût, toucher). ◆ *Le sixième sens,* l'intuition. ◆ loc. *TOMBER SOUS LE SENS :* être évident. **2** au plur. littér. *LES SENS* (chez l'être humain) : instinct sexuel (→ **sensualité**). **3** *LE SENS DE...* : faculté de connaître intuitivement. *Avoir le sens de l'humour.* **II 1** *BON SENS :* capacité de bien juger, sans passion. **2** *SENS COMMUN :* manière de juger commune et raisonnable. **3** (dans des loc.) Manière de juger ou de voir. *À mon sens,* à mon avis. *En un sens,* d'un certain point de vue. **III 1** Idée que représente un signe. → **signification.** *Le sens d'un mot, d'un mythe.* **2** Idée générale (concept) à laquelle correspond un mot, une expression. *Sens propre, figuré.* **3** Explication, justification. *Ce qui donne un sens à la vie.*

②**sens** [sɑ̃s] n. m. ■ **1** Direction; position dans l'espace (plan, volume). *Tourner qqch. dans tous les sens.* ◆ loc. adv. *SENS DESSUS DESSOUS* : (choses) à l'envers; dans un grand désordre ou trouble. **2** Mouvement orienté. *Sens d'une rotation : sens des aiguilles d'une montre* (à droite), *sens trigonométrique* (à gauche). **3** fig. Direction que prend une activité. ◆ Direction générale (irréversible). *Le sens de l'histoire.*

**sensation** n. f. ■ **1** Impression perçue directement par les organes des sens. *Sensations auditives, olfactives.* **2** État qui résulte d'impressions reçues. *Aimer les sensations fortes.* → **émotion. 3** *FAIRE SENSATION*, faire une forte impression. → *À SENSATION* loc. adj. *La presse à sensation.*

**sensationnel, elle** adj. ■ **1** Qui fait sensation. **2** Exceptionnel.

**sensé, ée** adj. ■ Qui a du bon sens. → **raisonnable, sage.**

**sensibiliser** v. tr. ① ■ **1** Rendre sensible à l'action de la lumière (une émulsion photographique). **2** Rendre sensible (l'organisme) à une agression (par allergie, etc.). **3** Rendre (qqn ; un groupe) sensible à (surtout au p. p.). ▷ n. f. **sensibilisation**

**sensibilité** n. f. ■ **1** physiol. Propriété (d'un être vivant, d'un organe) de réagir d'une façon adéquate aux modifications du milieu. → **excitabilité. 2** Propriété de l'être humain sensible (I, 3). *Artiste plein de sensibilité.* **3** (choses) Caractère sensible (I, 4).

**sensible** adj. ■ **I** (sens actif) **1** Capable de sensation et de perception. *Une ouïe sensible* (→ **fin**). ◆ *Être sensible au froid.* ◆ *Être sensible du foie,* fragile. **2** Susceptible de douleur. *Endroit sensible.* **3** Apte à ressentir fortement les impressions. → **émotif, hypersensible, impressionnable.** ◆ *SENSIBLE À... :* qui ressent vivement. **4** (objets) Qui réagit à de faibles variations. *Balance sensible.* **II** (sens passif) **1** Qui peut être perçu par les sens. → **tangible.** *La réalité sensible.* **2** Assez important pour être perçu. *Un progrès sensible.* **3** anglic. Que l'on doit traiter avec précaution.

**sensiblement** adv. ■ **1** À peu près. *Ils sont sensiblement de la même taille.* **2** Notablement.

**sensiblerie** n. f. ■ Sensibilité (2) exagérée.

**sensitif, ive** adj. ■ **1** physiol. Qui transmet les sensations. *Nerfs sensitifs.* **2** littér. Qui est particulièrement sensible (3).

**sensitive** n. f. ■ Mimosa dont les feuilles se rétractent au contact.

**sensoriel, elle** adj. ■ Qui concerne les organes des sens.

**sensualisme** n. m. ■ philos. Doctrine d'après laquelle les connaissances viennent des sensations. ▷ adj. **sensualiste**

**sensualité** n. f. ■ **1** Tempérament d'une personne sensuelle (2). **2** Caractère sensuel.

**sensuel, elle** adj. ■ **1** Propre aux sens. **2** (personnes) Porté à rechercher et à goûter tout ce qui flatte les sens (spécialt en amour). **3** Qui annonce la sensualité. *Une bouche sensuelle.* ▷ adv. **sensuellement**

**sent-bon** [sɑ̃bɔ̃] n. m. sing. ■ fam. Parfum.

**sente** n. f. ■ régional Sentier.

**sentence** n. f. ■ **1** Décision d'un juge, d'un arbitre. → **jugement, verdict. 2** Maxime.

**sentencieux, euse** adj. ■ Solennel et affecté. ▷ adv. **sentencieusement**

**senteur** n. f. ■ littér. Odeur (agréable).

**senti, ie** adj. ■ littér. Empreint de sincérité, de sensibilité. *Une description sentie.* ◆ *BIEN SENTI :* exprimé avec force et conviction.

**sentier** [-tje] n. m. ■ Chemin étroit pour les piétons et les bêtes. → loc. fig. *LES SENTIERS BATTUS :* les usages communs.

**sentiment** n. m. ■ **I 1** Connaissance comportant des éléments affectifs et intuitifs. → **impression.** *Un sentiment d'abandon.* **2** littér. Capacité d'apprécier. → ① **sens** (I, 3). **3** littér. Avis, opinion. *J'ai le sentiment que...* **II 1** État affectif complexe, stable et durable. → **émotion, passion.** ◆ spécialt Amour. ◆ *Les (bons) sentiments,* les inclinations généreuses, altruistes. ◆ (formules de politesse) *Sentiments distingués.* **2** *Le sentiment :* la vie affective. ◆ péj. Sensiblerie.

**sentimental, ale, aux** adj. ■ **1** Qui concerne la vie affective et, spécialt, l'amour. *"L'Éducation sentimentale"* (roman de Flaubert). **2** Qui provient de causes subjectives et affectives. *La valeur sentimentale d'un objet.* **3** (personnes) Qui donne de l'importance aux sentiments et les manifeste. ◆ n. *C'est un sentimental.* ◆ (choses) *Romance sentimentale.* ▷ adv. **sentimentalement**

**sentimentalité** n. f. ■ Caractère sentimental (3).

**sentine** n. f. ■ **1** mar. Fond de cale où s'amassent les eaux. **2** littér. Lieu sale.

**sentinelle** n. f. ■ **1** Soldat qui a la charge de faire le guet, de protéger un lieu, etc. **2** appos. Qui permet de témoigner d'un processus. *Organisme sentinelle.*

**sentir** v. tr. ⑯ ■ **I 1** Connaître, pouvoir réagir à (un fait, une qualité...) par des sensations. → **percevoir.** *Je sens un courant d'air.* **2** Avoir la sensation* (d'une odeur). *Sentir un parfum; une fleur.* ◆ fam. *Ne pas pouvoir sentir qqn,* le détester. ◆ **3** Avoir conscience de; avoir l'intuition de. → **pressentir.** *Il sentait le danger; que c'était grave.* **4** Apprécier. *Sentir la beauté de qqch.* **5** Éprouver. → **ressentir.** *Sentir de l'admiration, de la crainte.* **6** *FAIRE SENTIR,* faire éprouver. ◆ (sujet chose) *Se faire sentir.* **II 1** Dégager, répandre une odeur de. → **senteur.** *Ça sent le renfermé.* ◆ absolt Sentir mauvais. *Il sent des pieds.* **2** fig. Évoquer. ▷ **se sentir** v. pron. **1** Éprouver une sensation, une impression. *Elle se sent heureuse. Se sentir mieux.* ◆ (+ inf.) Avoir conscience de. *Elle s'est sentie tomber.* **2** loc. *Ne plus se sentir de* (joie, etc.) : être transporté de. **3** fam. *Ils ne peuvent pas se sentir,* ils se détestent.

**seoir** [swaʀ] v. intr. 26 seulement 3ᵉ pers. prés., imp., futur, cond. et p. prés. ■ littér. Convenir. *Cette robe vous sied à merveille.* → **seyant.** → impers. *Comme il sied.*

**sépale** n. m. ■ Foliole du calice (d'une fleur).

**séparable** adj. ■ Qui peut être séparé.

**séparation** n. f. ■ 1 (choses) Action de (se) séparer ; fait d'être séparé. 2 (personnes) Fait de se quitter. 3 Ce qui sépare (mur, cloison, haie...).

**séparatiste** n. ■ Personne qui réclame une séparation politique. → **autonomiste.** ▷ adj. *Mouvement séparatiste.* ▷ n. m. **séparatisme**

**séparer** v. tr. 1 ■ 1 Faire cesser d'être avec autre chose, d'être ensemble. → **dissocier, isoler.** 2 Faire que (des personnes) ne soient plus ensemble. *Séparer des amoureux.* → On a séparé les combattants. ◆ (sujet chose) *Leurs goûts les séparent.* 3 Distinguer, traiter à part. → **différencier.** *Séparer théorie et pratique.* → **se séparer** v. pron. 1 SE SÉPARER DE : cesser d'être avec. → **quitter.** → (récipr.) *Ils se sont séparés à l'amiable.* ◆ Ne plus garder avec soi. *Il ne se sépare jamais de sa canne.* 2 Se diviser. *Le chemin se sépare en deux.* ▶ **séparé, ée** adj. ▷ adv. **séparément**

**sépia** n. f. ■ 1 zool. Liquide noirâtre sécrété par la seiche. 2 Colorant brun foncé. ◆ Dessin, lavis à la sépia.

**sept** [sɛt] adj. numéral invar. ■ Six plus un (7). → hepta-. ◆ ordinal *Chapitre sept.*

**septante** [-pt-] adj. numéral cardinal ■ régional (Belgique, Suisse) Soixante-dix.

**septembre** [-pt-] n. m. ■ Neuvième mois.

**septennat** [-pt-] n. m. ■ Durée de sept ans (d'une fonction).

**septentrion** [-pt-] n. m. ■ vx Le nord. ▷ adj. **septentrional, ale, aux**

**septicémie** n. f. ■ Maladie (infection générale grave) due à des germes dans le sang.

**septième** [sɛt-] ■ 1 adj. numéral ordinal Dont le numéro, le rang est sept (7ᵉ). → loc. *Le septième art* : le cinéma. → *Le, la septième.* 2 n. m. *Un septième* (fraction). ▷ adv. **septièmement** [sɛt-]

**septique** adj. ■ 1 méd. Qui produit l'infection ou l'accompagne. 2 *Fosse septique,* fosse d'aisances où les excréments sont transformés en composés minéraux.

**septuagénaire** [-pt-] adj. ■ De soixante-dix à soixante-dix-neuf ans. → n. *Un, une septuagénaire.*

**septuple** [-pt-] adj. ■ Qui vaut sept fois (une quantité). → n. m. *Le septuple.*

**sépulcral, ale, aux** adj. ■ Funèbre.

**sépulcre** n. m. ■ littér. Tombeau. → *Le Saint-Sépulcre* : le tombeau du Christ.

**sépulture** n. f. ■ 1 littér. Inhumation. 2 Lieu où est déposé le corps d'un défunt (tombe...).

**séquelle** n. f. ■ surtout au plur. 1 Lésion ou trouble qui persiste. 2 Suite (néfaste). fig. *Les séquelles d'une guerre.*

**séquence** n. f. ■ 1 jeux Série de cinq cartes qui se suivent. 2 cin. Succession de plans formant une scène. 3 didact. Suite ordonnée. ▷ adj. **séquentiel, ielle**

**séquestre** n. m. ■ dr. Dépôt (d'une chose litigieuse) entre les mains d'un tiers. *Mettre des biens SOUS SÉQUESTRE.*

**séquestrer** v. tr. 1 ■ Enfermer et isoler (qqn) (délit). *Ils séquestrent leur fille. Séquestrer des otages.* ▷ n. f. **séquestration**

**sequin** n. m. ■ hist. Monnaie d'or de Venise.

**séquoia** [sekɔja] n. m. ■ Très grand conifère de Californie.

**sérac** n. m. ■ Bloc de glace entouré de crevasses, dans un glacier.

**sérail** n. m. ■ 1 hist. Palais du sultan turc. → fig. Milieu fermé, influent. 2 vx Harem.

**séraphin** n. m. ■ relig. chrét. Ange supérieur. ▷ adj. **séraphique**

① **serein, eine** adj. ■ 1 littér. (ciel, temps) Pur et calme. 2 fig. Moralement calme, paisible. ◆ *Un jugement serein.* → **impartial.** ▷ adv. **sereinement**

② **serein** n. m. ■ littér. ou régional Humidité ou fraîcheur du soir.

**sérénade** n. f. ■ 1 Concert nocturne sous les fenêtres d'une femme courtisée. 2 mus. Composition pour instruments. 3 fam. Tapage.

**sérendipité** n. f. ■ anglic., didact. Capacité, aptitude à faire par hasard une découverte inattendue et à en saisir l'utilité (scientifique, pratique).

**sérénissime** adj. ■ vx Titre honorifique.

**sérénité** n. f. ■ État, caractère serein.

**séreux, euse** adj. ■ Du sérum ; qui produit ou renferme du sérum. *Membrane séreuse* et n. f. *séreuse.*

**serf, serve** [sɛʀ(f), sɛʀv] n. ■ hist. (féodalité) Paysan sans liberté personnelle, attaché à une terre. → adj. *Condition serve* (→ **servage**).

**serge** n. f. ■ Étoffe à côtes obliques.

**sergent** n. m. ■ 1 ancienn. Officier de justice. → vieilli SERGENT DE VILLE : agent de police. 2 Sous-officier inférieur.

**sérici-** Élément (du grec *sêrikos* « de soie ») qui signifie « soie ».

**sériciculture** n. f. ■ Élevage des vers à soie. ▷ n. m. **sériciculteur, trice**

**série** n. f. ■ 1 sc. Suite de nombres, d'expressions, de composés chimiques, etc. qui répondent à une loi. 2 Suite déterminée et limitée. *Une série de timbres.* → loc. *Série noire* : succession de catastrophes. ◆ spécialt *FINS DE SÉRIES* (de vêtements). ◆ (dans le temps) → **séquence.** → mus. Suite de douze demi-tons de la gamme (→ **sériel**). → *Série (télévisée)* : cycle de téléfilms ayant une unité narrative. 3 Petit groupe (d'un classement). → **catégorie.** *Ranger par séries.* → *Film de série B,* à petit budget. 4 Ensemble d'objets fabriqués identiques. *Voiture de série.* → fig. *HORS SÉRIE* : exceptionnel.

**sériel, elle** adj. ■ didact. Qui forme une série. ♦ *Musique sérielle*, fondée sur la série. → **dodécaphonique**.

**sérier** v. tr. 7 ■ Disposer par séries (2 et 3).

**sérieusement** adv. ■ **1** Avec réflexion et application. ♦ Sans plaisanter. **2** Réellement. *Il songe sérieusement à émigrer.* **3** Fortement.

**sérieux, euse** ■ **I** adj. **1** Qui considère les choses importantes. → **posé, raisonnable.** ◆ *Un travail sérieux.* **2** Sans gaieté. **3** Sur qui (ou sur quoi) l'on peut compter. → **sûr. 4** Qui ne prend pas de libertés avec la morale sexuelle. → **rangé, sage. 5** Qui mérite considération. → **important.** *Revenons aux choses sérieuses.* ◆ *Un sérieux effort.* ♦ Qui inspire de l'inquiétude. *La situation est sérieuse.* → **préoccupant. II** n. m. **1** État d'une personne qui ne plaisante pas. *Garder son sérieux.* **2** Qualité d'une personne sérieuse, appliquée. **3** PRENDRE (qqch., qqn) AU SÉRIEUX, en considération.

**sérigraphie** n. f. ■ techn. Impression à l'aide d'un écran de tissu.

**serin** n. m. ■ **1** Petit passereau chanteur au plumage jaune. → **canari. 2** fam. Niais.

**seriner** v. tr. 1 ■ Répéter inlassablement (qqch. à qqn) en ennuyant.

**seringat** n. m. ■ Arbrisseau à fleurs blanches odorantes. - var. SERINGA.

**seringue** n. f. ■ Petite pompe munie d'une aiguille pour injecter ou prélever des liquides dans l'organisme (→ piqûre).

**sérique** adj. ■ Relatif à un sérum.

**serment** n. m. ■ **1** Affirmation ou promesse solennelle faite en invoquant la morale, un être sacré. *Prêter serment. Témoigner SOUS SERMENT.* ◆ Engagement solennel prononcé en public. *Serment d'Hippocrate* (déontologie médicale). **2** Promesse d'amour durable, de fidélité.

**sermon** n. m. ■ **1** Discours prononcé en chaire par un prédicateur. **2** péj. Discours moralisateur.

**sermonner** v. tr. 1 ■ Adresser des conseils ou des remontrances à (qqn). ▷ n. **sermonneur, euse**

**séro-** Élément savant tiré de *sérum*.

**séroconversion** n. f. ■ méd. Changement d'état, de séronégatif à séropositif (ou, plus rarement, l'inverse).

**sérodiagnostic** [-gn-] n. m. ■ méd. Diagnostic de maladies infectieuses par recherche d'anticorps spécifiques dans le sérum.

**sérologie** n. f. ■ sc. Étude des sérums (immunologie).

**séronégatif, ive** adj. et n. ■ (Personne) qui présente un sérodiagnostic négatif (spécialt, pour le virus du sida). ▷ n. f. **séronégativité**

**séropositif, ive** adj. et n. ■ (Personne) qui présente un sérodiagnostic positif (spécialt pour le virus du sida). - abrév. fam. SÉROPO. ▷ n. f. **séropositivité**

**sérosité** n. f. ■ Liquide sécrété par les membranes séreuses*.

**serpe** n. f. ■ Outil formé d'une large lame tranchante en croissant, emmanchée, pour tailler le bois. → **faucille.** ◆ loc. *Visage taillé à la serpe*, anguleux.

**serpent** n. m. ■ **1** Reptile à corps cylindrique très allongé, sans membres apparents (→ **ophidiens**). ◆ *Serpent à lunettes :* naja. *Serpent à sonnettes :* crotale. **2** *Serpent de mer :* monstre marin mythique ; fig. thème rebattu. **3** loc. *Une prudence, une ruse de serpent,* extrême.

**serpenter** v. intr. 1 ■ Aller ou être disposé suivant une ligne sinueuse. → **onduler.**

**serpentin** n. m. ■ **1** Tuyau en spirale ou à plusieurs coudes (dans un appareil). **2** Petit rouleau de papier coloré qui se déroule.

**serpette** n. f. ■ Petite serpe.

**serpillière** n. f. ■ Pièce de toile pour laver les sols. → régional **wassingue.**

**serpolet** n. m. ■ Plante odoriférante. → **thym.**

**serrage** n. m. ■ Action de serrer.

① **serre** n. f. ■ surtout plur. Griffe ou ongle des rapaces. *Les serres de l'aigle.*

② **serre** n. f. ■ Construction vitrée où l'on met des plantes à l'abri. ◆ *Effet de serre* (réchauffement de l'atmosphère terrestre).

**serré, ée** adj. ■ **1** Comprimé, contracté. *Avoir la gorge serrée ; le cœur serré* (→ serrer, 1, 3). **2** Ajusté. **3** au plur. Placés l'un tout contre l'autre. *Serrés comme des sardines,* très serrés. **4** Dont les éléments sont très rapprochés. → **compact, dense. 5** fig. *Une discussion serrée,* difficile, acharnée.

**serre-livres** n. m. invar. ■ Objet servant à maintenir des livres debout.

**serrement** n. m. ■ **1** Action de serrer. *Serrement de main.* **2** Fait d'être serré (4).

**serrer** v. tr. 1 ■ **1** Saisir ou maintenir vigoureusement, de manière à comprimer. ◆ *Serrer la main à qqn* (pour saluer). ◆ Prendre (qqn) entre ses bras. → **embrasser. 2** régional Ranger, mettre à l'abri. **3** (sensation) Faire peser une sorte de pression sur (la gorge, le cœur) (→ serré, 1). **4** Rapprocher (des choses, des personnes). **5** Contracter (le poing ; les mâchoires...). **6** Rendre plus étroit (un lien). *Serrer une ceinture.* ◆ (choses) Comprimer en entourant. **7** Faire mouvoir de manière à rapprocher, à fermer. *Serrer un frein.* ◆ loc. *Serrer la vis* à qqn. **8** Rester, passer tout près de. *Serrer qqn de près.* ◆ intrans. *Serrez à droite* (en conduisant). ▶ se **serrer** v. pron.

**serre-tête** n. m. ■ Bandeau, demi-cercle qui maintient les cheveux. *Des serre-tête(s).*

**serrure** n. f. ■ Dispositif fixe de fermeture (d'une porte...) comportant un mécanisme (→ **gâche, pêne**) manœuvré par une clé, etc.

**serrurerie** n. f. ■ **1** Métier de serrurier. **2** Ferronnerie.

**serrurier** n. m. ■ **1** Artisan qui fait, vend des serrures, des clés. **2** Entrepreneur, ouvrier en serrurerie (2).

**sertir** v. tr. ② ▪ 1 Enchâsser (une pierre précieuse). → au p. p. SERTI DE : Incrusté de. 2 techn. Assujettir sans soudure. ▷ n. m. **sertissage** ▷ n. **sertisseur, euse**

**sérum** [seʀɔm] n. m. ▪ 1 *Sérum sanguin*, partie liquide du plasma. → séro- ; sérique. 2 Préparation à base d'un sérum sanguin contenant un anticorps spécifique, utilisée comme vaccin. *Sérum antitétanique.* → *Sérum de vérité*, penthotal. → *Sérum physiologique*, solution saline analogue au plasma sanguin.

**servage** n. m. ▪ Condition du serf*.

**servant** ▪ I adj. ▪ *Chevalier* servant. II n. m. 1 Clerc ou laïque qui aide le prêtre pendant la messe. 2 Soldat chargé d'approvisionner une pièce d'artillerie.

**servante** n. f. ▪ vieilli Domestique féminin.

**serveur, euse** n. ▪ 1 Personne qui sert les clients (café, restaurant). 2 Personne qui met la balle en jeu (tennis, etc.), qui distribue les cartes. → 3 n. m. inform. Système permettant la consultation directe d'une banque de données.

**serviable** adj. ▪ Prêt à rendre service. → complaisant, obligeant. ▷ n. f. **serviabilité**

**service** n. m. ▪ I (Obligation et action de servir) 1 Ensemble des devoirs envers l'État, la société. → admin. *Service national* ; cour. SERVICE (MILITAIRE) : temps qu'un citoyen doit passer dans l'armée. → ÉTATS DE SERVICE : carrière d'un militaire. 2 Travail particulier que l'on doit accomplir. → fonction. *Être de service.* 3 Fonction de domestique. ♦ Travail de la personne chargée de servir des clients. ♦ *Escalier DE SERVICE* (affecté aux fournisseurs, etc.). 4 Action, manière de servir des convives, de servir les plats à table. ♦ Ensemble de repas servis à la fois (restaurant, cantine...). ♦ Assortiment de vaisselle ou de linge pour la table. II 1 (dans des expr.) AU SERVICE : à la disposition de (qqn). *(Je suis)* à *votre service.* 2 UN, DES SERVICES : ce que l'on fait pour qqn. → aide, faveur. → loc. *Rendre service à qqn*, lui être utile. 3 au plur. Ce qu'on fait pour qqn contre rémunération. *Offrir ses services* (à un employeur). 4 écon. Activité qui présente une valeur économique (sans être ni produire un bien). *Société de services.* III 1 Ensemble d'opérations par lesquelles on fait fonctionner (qqch.). *Le service d'un canon.* → servant (2). 2 Coup par lequel on sert la balle (au tennis, etc.). 3 Expédition, distribution. → loc. SERVICE DE PRESSE (d'un livre aux journalistes). 4 loc. *Mettre qqch.* EN SERVICE : en usage. → HORS SERVICE (cf. ce mot). IV 1 Fonction d'utilité commune, publique (*SERVICE PUBLIC*) ; activité organisée qui la remplit. 2 Travail dans ces activités. loc. *Être à cheval sur le service*, très pointilleux. 3 Organisation, organe chargé d'une fonction précise.

**serviette** n. f. ▪ 1 Pièce de linge. *Serviette de table ; de toilette.* → *Serviette en papier.* 2 SERVIETTE HYGIÉNIQUE : bande absorbante (portée pendant les règles). 3 Sac rectangulaire à compartiments.

**servile** adj. ▪ 1 didact. Propre aux esclaves et aux serfs. 2 littér. Bassement soumis. → obséquieux. 3 Étroitement soumis à un modèle. *Une servile imitation.* ▷ adv. **servilement** ▷ n. f. **servilité**

**servir** v. tr. ⑭ ▪ I SERVIR qqn. 1 S'acquitter d'obligations, de tâches envers (une personne, une entité à laquelle on obéit). *Il a bien servi son pays.* ♦ *Servir qqn à table.* → (commerce) *Servir un client*, lui fournir ce qu'il demande. 2 Aider, appuyer (qqn). *Servir qqn ; les intérêts de qqn.* → (sujet chose) *Sa discrétion l'a servi.* → aider. II SERVIR qqch. 1 Mettre à la disposition de qqn. → Mettre (la balle) en jeu (tennis, etc.) ; distribuer (les cartes). 2 Mettre (une chose) en état de se dérouler ou de fonctionner. → spécialt *Servir la messe.* III v. tr. ind. 1 SERVIR À. Être utile à (qqn). ♦ Être utilisé pour (qqch.). *À quoi sert cet outil ?* 2 SERVIR DE. Être utilisé comme, tenir lieu de. *Cela te servira de leçon.* ► se **servir** v. pron. 1 Prendre ce dont on a besoin. 2 SE SERVIR DE qqch., l'utiliser. → *Se servir de qqn*, l'exploiter.

**serviteur** n. m. ▪ 1 littér. Celui qui sert (qqn, une institution). *Un serviteur de l'État.* 2 plais. *Votre serviteur* : moi-même.

**servitude** n. f. ▪ 1 Dépendance totale d'une personne ou d'une nation soumise à une autre. → asservissement, sujétion. 2 Ce qui crée ou peut créer un état de dépendance. → contrainte. *Les servitudes d'un métier.* 3 dr. Charge liée à un immeuble, un terrain. *Servitude de passage.*

**servo-** Élément (du latin *servus* « esclave ») qui désigne un asservissement mécanique.

**servocommande** n. f. ▪ techn. Mécanisme automatique, qui fonctionne par amplification d'une force.

**servofrein** n. m. ▪ techn. Servocommande de freinage.

**servomécanisme** n. m. ▪ techn. Mécanisme automatique capable d'accomplir une tâche complexe.

**ses** adj. poss. → ① **son**

**sésame** n. m. ▪ I Plante oléagineuse ; sa graine. II (de la formule « Sésame, ouvre-toi » ouvrant la caverne aux trésors) Mot, formule qui fait accéder à qqch., obtenir qqch.

**session** n. f. ▪ Période pendant laquelle une assemblée, un jury peut siéger.

**sesterce** n. m. ▪ Ancienne monnaie romaine, division du denier.

**set** [sɛt] n. m. ▪ anglic. I Manche d'un match (tennis, etc.). II *Set de table*, napperons d'un service de table ; abusivt un de ces napperons.

**setier** [sətje] n. m. ▪ anciennt Mesure pour les grains (entre 150 et 300 litres).

**setter** [setɛʀ] n. m. ▪ Chien de chasse à poils longs. *Setter irlandais.*

**seuil** n. m. ▪ 1 Partie inférieure de l'ouverture d'une porte ; entrée d'une maison. 2 fig. AU SEUIL DE : au commencement de. 3 didact. Limite. *Seuil critique.*

**seul, seule** adj. ■ **I** (attribut) **1** Qui se trouve sans compagnie, séparé des autres. → **isolé, solitaire.** ► *Être seul avec qqn.* ► *SEUL À SEUL,* en particulier. **2** Qui a peu de relations avec d'autres personnes. → **solitaire. 3** Unique. *Seul de son espèce.* **II** (épithète) **1** après le nom Qui n'est pas accompagné. *Un homme seul.* ► loc. *FAIRE CAVALIER\* SEUL.* **2** avant le nom Un (et pas plus). → **unique.** *C'est ma seule consolation.* **III** valeur d'adv. **1** Seulement. *Seuls comptent les faits.* ► *Lui seul en est capable.* **2** Sans aide. *Je vais le faire (tout) seul.* **IV** n. *UN, UNE SEUL(E)* : une seule personne, une seule chose. ► *LE, LA SEUL(E) :* la seule personne.

**seulement** adv. ■ **1** Sans rien d'autre. *Il y avait seulement trois personnes.* **2** loc. (souhait) *Si seulement* : si encore, si au moins. **3** (en tête de proposition) Mais. *C'est une belle voiture, seulement elle coûte cher.*

**seulet, ette** adj. ■ vx Seul.

**sève** n. f. ■ Liquide nutritif qui circule dans les plantes vasculaires.

**sévère** adj. ■ **1** (personnes) Exigeant, critique ; qui punit. *Être sévère avec, envers qqn.* ► *Un visage sévère.* **2** (choses) *Sentence sévère.* ► Très rigoureux. *Des mesures sévères.* **3** littér. Qui ne cherche pas à plaire. **4** Très grave, très difficile. *Une sévère défaite.* ▷ adv. **sévèrement**

**sévérité** n. f. ■ **1** Caractère sévère (1 et 2). **2** littér. Caractère austère, sérieux.

**sévices** n. m. pl. ■ Mauvais traitements corporels par qui exerce une autorité sur la victime (enfants, malades…).

**sévir** v. intr. ② ■ Exercer la répression avec rigueur.

**sevrer** v. tr. ⑤ ■ **1** Cesser progressivement d'alimenter en lait (un enfant ; un jeune animal), pour donner une nourriture plus solide. ► Priver progressivement d'alcool, de drogue en désintoxiquant. *Sevrer un toxicomane.* **2** littér. *SEVRER qqn DE,* le priver de (qqch. d'agréable). ▷ n. m. **sevrage**

**sexagénaire** adj. et n. ■ (Personne) qui a entre soixante et soixante-neuf ans.

**sex-appeal** [sɛksapil] n. m. ■ anglic. Charme, attrait sensuel (d'une personne).

**sexe** n. m. ■ **I** (chez les humains) **1** Conformation qui distingue l'homme de la femme. *Enfant de sexe masculin, féminin.* **2** Qualité d'homme ou de femme. *L'égalité des sexes.* **3** loc. iron. *Le sexe fort,* les hommes. *Le sexe faible, le deuxième sexe, le beau sexe,* les femmes. **4** *Le sexe* : la sexualité (2). **5** Parties sexuelles. *Le sexe de l'homme.* → **pénis ; testicule.** *Le sexe de la femme.* → **vulve ; clitoris, vagin. II** biol. Caractères et fonctions qui distinguent le mâle de la femelle en leur assignant un rôle dans la reproduction dite sexuée.

**sexisme** n. m. ■ Discrimination fondée sur le sexe (à l'égard des femmes). ▷ n. et adj. **sexiste**

**sexologie** n. f. ■ didact. Étude de la sexualité des êtres humains. ▷ n. **sexologue**

**sex-shop** [sɛksɔp] n. m. ■ anglic. Magasin d'articles érotiques ou pornographiques.

**sex-symbol** [sɛks-] n. m. ■ anglic. Vedette symbolisant un idéal de charme sensuel.

**sextant** n. m. ■ Instrument qui permet, au moyen d'un sixième de cercle gradué, de mesurer la hauteur des astres.

**sex-toy** [sɛkstɔj] n. m. ■ (anglic.) Objet, instrument destiné à procurer du plaisir sexuel.

**sextuor** n. m. ■ **1** Composition musicale à six parties. **2** Orchestre de six instruments.

**sextuple** adj. ■ Qui vaut six fois (une quantité donnée). ► n. m. *Le sextuple.*

**sexualité** n. f. ■ **1** biol. Caractère de ce qui est sexué, caractères propres à chaque sexe. *La sexualité des plantes.* **2** Comportements liés à l'instinct sexuel. → **libido.**

**sexué, ée** adj. ■ biol. **1** Qui a un sexe ; mâle ou femelle. **2** Qui se fait par la conjonction des sexes. *La reproduction sexuée.*

**sexuel, elle** adj. ■ **1** Relatif au sexe (II ou I, 1). *Organes sexuels.* → **génital. 2** De la sexualité. *L'acte sexuel.* ▷ adv. **sexuellement**

**sexy** adj. invar. ■ anglic. **1** Sexuellement attirant, qui excite le désir. **2** fam. (hors du contexte sexuel) Agréable, attirant.

**seyant, ante** adj. ■ Qui va bien, flatte la personne qui le porte. *Une coiffure seyante.*

**S.-F.** n. f. ■ → **science-fiction**

**sfumato** [sfumato] n. m. ■ peint. Modelé vaporeux. *Le sfumato de Vinci.*

**shabbat** → **sabbat**

**shah** n. m. → **schah**

**shaker** [ʃɛkœʀ] n. m. ■ anglic. Double timbale qu'on secoue pour la préparation des cocktails.

**shako** n. m. ■ Coiffure militaire d'apparat, rigide, à visière. – var. SCHAKO.

**shampooing** ou **shampoing** [ʃɑ̃pwɛ̃] n. m. ■ **1** Lavage des cheveux et du cuir chevelu. ◆ Produit pour ce lavage. **2** *Shampooing à moquette.* ▷ **shampouiner** v. tr. ① ▷ n. **shampouineur, euse**

**shantung** [ʃɑ̃tuŋ] n. m. ■ Tissu de soie voisin du pongé. – var. CHANTOUNG.

**sharia** n. f. → **charia**

**shérif** n. m. ■ **1** (en Angleterre) Magistrat d'un comté qui applique la loi. **2** (aux États-Unis) Officier de police élu, à la tête d'un comté.

**sherpa** n. m. ■ Guide de haute montagne (Népal).

**sherry** n. m. ■ anglic. Xérès.

**shetland** [ʃɛtlɑ̃d] n. m. ■ Tissu de laine d'Écosse.

**shiatsu** [ʃjatsy] n. m. ■ Massage de relaxation par pression des doigts sur des points du corps.

**shiite** → **chiite**

**shilling** [ʃiliŋ] n. m. ■ Ancienne monnaie britannique (1/20 de livre). ≠ *schilling.*

**shintoïsme** [ʃintɔism] n. m. ■ didact. Religion japonaise, polythéisme animiste.

**shit** [ʃit] n. m. ■ anglic., fam. Haschisch.

**shoah** n. f. ■ hist. Massacre des Juifs (génocide) par les nazis (1939-1945). → **holocauste.**

**shogun** [ʃɔɡun] n. m. ■ hist. Général en chef des armées, au Japon (XIIᵉ au XIXᵉ siècle).

**shooter** [ʃute] v. ① ■ anglic. **I** v. intr. Tirer au but, dégager au pied. **II** v. tr. fam. Injecter un stupéfiant à (qqn). ► se **shooter** v. pron.

**shopping** n. m. ■ anglic. Visite aux magasins pour regarder (→ **lèche-vitrine),** faire des achats. ◆ Au Canada, on dit *magasinage\*.*

**short** [ʃɔrt] n. m. ■ anglic. ■ Culotte courte (pour le sport, les vacances).

**show** [ʃo] n. m. ■ anglic. Spectacle centré sur une vedette.

**show-business** [ʃobiznɛs] n. m. ■ anglic. Industrie, métier du spectacle. - abrév. fam. SHOW-BIZ [ʃobiz].

**shunt** [ʃœt] n. m. ■ anglic. **1** électr. Résistance en dérivation. **2** méd. Déviation de la circulation sanguine. ▷ **shunter** v. tr. ①

① **si** conj. s' devant il, ils ■ **I 1** Introduit soit une condition, soit une supposition. *Si j'avais su, je ne serais pas venu.* ← *Et si ça tourne mal ?* ← (souhait, regret) *Si seulement, si au moins...* **2** (dans des loc.) *SI CE N'EST...* → **sinon.** *SI CE N'EST QUE... :* sauf que... **3** n. m. invar. Hypothèse, supposition. *Avec des si...* **II** (non hypothétique) **1** Marque un lien logique. *S'il revient, c'est qu'il t'aime.* → **puisque. 2** (introduisant une complétive, une interrogative indirecte) *Tu me diras si c'est lui.* **3** (exclamatif) *Regarde si c'est beau !* → **combien.**

② **si** adv. ■ S'emploie pour « oui », en réponse à une phrase négative. *Tu n'iras pas. – Si !*

③ **si** adv. ■ **1** À un tel degré. → **tellement.** *Ce n'est pas si facile.* **2** *SI BIEN QUE* loc. conj. : de sorte que. **3** adv. de compar. (avec *que*) Au même degré (que ; aussi (que).

④ **si** n. m. invar. ■ Septième note de la gamme d'ut.

**siamois, oise** adj. ■ **I** vieilli Thaïlandais. ← *Chat siamois* et n. m. *un siamois* : chat à poil ras et aux yeux bleus. **II** *Frères siamois, sœurs siamoises,* jumeaux, jumelles rattaché(e)s l'un(e) à l'autre.

**sibérien, enne** adj. ■ De Sibérie. ← fig. *Un froid sibérien,* extrême.

**sibylle** n. f. ■ Antiq. Devineresse (→ **pythie).**

**sibyllin, ine** adj. ■ littér. Dont le sens est caché. *Des propos sibyllins.*

**sic** adv. ■ (Entre parenthèses après un mot, une expression) En citant textuellement.

**sicav** [sikav] n. f. invar. (sigle de *société d'investissement à capital variable*) ■ Portefeuille de valeurs mobilières détenu collectivement. ← Une de ces valeurs ; action.

**siccatif, ive** adj. ■ Qui fait sécher. ← n. m. Produit siccatif.

**sida** n. m. ■ (sigle de *syndrome d'immunodéficience acquise* [ou *immunodéficitaire acquis*]) ■ Maladie très grave d'origine virale, caractérisée par une chute brutale des défenses immunitaires de l'organisme. *Virus du sida.* → **V.I.H. ; séropositif** ▷ adj. et n. **sidéen, enne**

**side-car** [sidkar ; sajdkar] n. m. ■ anglic. Habitacle à une roue et pour un passager, monté sur le côté d'une moto.

**sidéral, ale, aux** adj. ■ didact. Qui a rapport aux astres, aux étoiles.

**sidérer** v. tr. ⑥ ■ Frapper de stupeur. → **abasourdir, stupéfier.** ▷ adj. **sidérant, ante**

**sidérurgie** n. f. ■ Métallurgie du fer, de la fonte, de l'acier. ▷ adj. **sidérurgique** ▷ n. **sidérurgiste**

**sidologue** n. ■ didact. Médecin ou biologiste spécialiste du sida.

**siècle** n. m. ■ **I 1** Période de cent ans dont le début est déterminé par rapport à une ère. *Le Vᵉ siècle après Jésus-Christ* (de 401 à 500), *avant J.-C.* (de 499 à 400). **2** Période de cent années environ. *Le siècle des Lumières\*.* ◆ Époque où l'on vit. **3** Durée de cent années (→ **centenaire ; séculaire). 4** au plur. Très longue période. **II** relig. *Le siècle,* le monde temporel (→ **monde ; séculier).**

**siège** n. m. ■ **I 1** Lieu où se trouve la résidence principale (d'une autorité, d'une société...). ← *SIÈGE SOCIAL* : domicile légal (d'une société). **2** Lieu où se produit (un phénomène). *Le siège d'une douleur.* **II** Opérations militaires pour prendre une ville, une place forte (→ **assiéger). ←** *ÉTAT DE SIÈGE.* **III 1** Objet fabriqué pour qu'on puisse s'y asseoir. **2** Place, fonction d'un membre d'une assemblée. *Siège de député.* **3** Dignité d'évêque, de pontife. **IV** (dans des loc.) Partie du corps humain sur laquelle on s'assied. *Bain de siège. Enfant qui se présente par le siège* (lors d'un accouchement).

**siéger** v. intr. ③ et ⑥ ■ **1** Tenir séance, être en séance. **2** Occuper une fonction. **3** Avoir son siège (I) à tel endroit.

**sien, sienne** adj. et pron. poss. de la 3ᵉ pers. du sing. ■ (Qui appartient à qqn) **I** adj. littér. *Les idées qu'il a faites siennes.* **II** pron. *Je préfère mon vélo au sien.* **III** n. **1** *Y mettre du sien,* de la bonne volonté. ← fam. *FAIRE DES SIENNES,* des sottises. **2** *Les siens,* sa famille, ses amis ; ses partisans.

**sierra** n. f. ■ Montagne à relief allongé.

**sieste** n. f. ■ Repos d'après midi.

**sieur** n. m. ■ dr. ou péj. Monsieur.

**sifflant, ante** adj. ■ Qui s'accompagne d'un sifflement. *Respiration sifflante.*

**sifflement** n. m. ■ Son émis en sifflant.

**siffler** v. ① ■ **I** v. intr. **1** Émettre un son aigu en faisant échapper l'air par une ouverture étroite (bouche, sifflet...). **2** Produire un son analogue. *Le vent sifflait dans la cheminée.* **3** *Avoir les oreilles qui sifflent :* éprouver une sensation de sifflement. **II** v. tr. **1** Moduler (un air) en sifflant. **2** Appeler ou signaler en sifflant. *Siffler son chien.* **3** Désapprouver bruyamment (→ **sifflet** (2)). **4** fam. Boire d'un trait.

**sifflet** n. m. ■ **1** Petit instrument formé d'un tuyau court à ouverture en biseau (*en sifflet*), servant à émettre un son aigu. ➞ *Coup de sifflet.* **2** Sifflement. ➞ Fait de siffler pour désapprouver. **3** loc. fam. COUPER LE SIFFLET à *qqn,* lui couper la parole.

**siffleur, euse** adj. ■ Qui siffle. *Merle siffleur.*

**siffleux** n. m. ■ franç. du Canada Marmotte.

**siffloter** v. intr. 🔟 ■ Siffler négligemment en modulant un air. ➞ trans. *Siffloter un air.* ▷ n. m. **sifflotement**

**sigillaire** [-il-] adj. ■ didact. Muni d'un sceau. ♦ Relatif aux sceaux.

**sigisbée** n. m. ■ vx ou iron. Chevalier* servant (d'une femme).

**sigle** n. m. ■ Suite d'initiales servant d'abréviation (ex. H. L. M.). → **acronyme.**

**signal, aux** n. m. ■ **1** Signe convenu (geste, son...) pour indiquer un moment, déclencher qqch. *Donner le signal du départ.* **2** Signe transmettant une information. *Signal d'alarme.* ➞ *Signaux routiers.*

**signalé, ée** adj. ■ (devant le nom) Remarquable. *Un signalé service.* → **insigne.**

**signalement** n. m. ■ Description physique (d'une personne recherchée).

**signaler** v. tr. 🔟 ■ **1** Annoncer par un signal. ➞ au p. p. *Virage signalé.* **2** Faire remarquer ou connaître (qqch.). *On a signalé leur présence à Paris.* ♦ Appeler l'attention sur (qqn). **3** SE SIGNALER v. pron. Se faire remarquer (en bien ou en mal).

**signalétique** adj. et n. f. ■ Qui donne un signalement.

**signalisation** n. f. ■ Emploi, disposition des signaux (sur une voie).

**signaliser** v. tr. 🔟 ■ Munir d'un ensemble de signaux coordonnés.

**signataire** n. ■ Personne, autorité qui a signé un acte, etc.

**signature** n. f. ■ **1** Inscription qu'une personne fait de son nom pour certifier, engager sa responsabilité. **2** Action de signer (un écrit, un acte).

**signe** n. m. ■ **1** Chose perçue qui permet de conclure à l'existence ou à la vérité (d'une autre chose). → **indice, marque, signal, symbole, symptôme.** *Signes cliniques d'une maladie.* → **symptôme.** *Donner des signes de fatigue.* ➞ loc. *Ne pas donner SIGNE DE VIE :* ne donner aucune nouvelle. *C'est BON SIGNE, c'est MAUVAIS SIGNE.* **2** Élément ou caractère qui permet de distinguer, de reconnaître. **II 1** Mouvement ou geste destiné à communiquer. → **signal.** ➞ *Faire signe à qqn.* ➞ *En signe de,* pour manifester, exprimer. **2** Représentation matérielle simple, conventionnelle (de qqch.). → **symbole.** *Le noir, signe de deuil.* ♦ Emblème. *Le signe de la croix* (→ se *signer*). **3** didact. Objet perceptible qui renvoie à une chose qu'il évoque. *Étude des signes.* → **sémiologie, sémiotique; sémantique. 4** astrol. Figure de l'une des douze constellations du zodiaque.

① **signer** v. tr. 🔟 ■ Revêtir de sa signature (une lettre, une œuvre d'art...).

② **se signer** v. pron. 🔟 ■ Faire le signe de croix.

**signet** n. m. ■ Ruban, bande pour marquer un endroit d'un livre.

**signifiant, ante** ■ **1** adj. Qui signifie. **2** n. m. ling. Partie matérielle du signe, opposée et liée au signifié*.

**significatif, ive** adj. ■ Qui signifie, exprime ou renseigne clairement. → **expressif.**

**signification** n. f. ■ **1** Ce que signifie (une chose, un fait). ♦ Sens (d'un signe, d'un mot). **2** dr. Action de signifier.

**signifié** n. m. ■ ling. Contenu du signe, opposé et lié au signifiant*. → ① **sens.**

**signifier** v. tr. �⅞ ■ **1** (sujet chose) Avoir pour sens, être le signe de. → **désigner,** vouloir **dire. 2** (sujet personne) Faire connaître par des signes clairs. *Il nous a signifié ses intentions.* ♦ dr. Faire savoir. → **notifier.**

**sikh, sikhe** n. et adj. ■ Membre d'une communauté religieuse de l'Inde.

**silence** n. m. ■ **I 1** Fait de ne pas parler; absence de parole. *Garder le silence,* se taire. ➞ *Minute de silence* (en hommage aux morts). ♦ *Un silence :* un moment pendant lequel on ne dit rien. **2** Fait de ne pas exprimer, de ne pas divulguer. *Promettre le silence.* → **secret.** ➞ *Passer qqch. sous silence,* le taire. **II 1** Absence de bruit. **2** mus. Interruption du son; signe qui l'indique. → **pause, soupir.**

**silencieux, euse** adj. ■ **I 1** Qui garde le silence. → **muet.** ♦ Qui ne s'accompagne pas de paroles. *Un bonheur silencieux.* **2** Qui se fait, fonctionne sans bruit. ♦ Où le silence et le calme règnent. **II** n. ■ Dispositif qui étouffe le bruit (arme, moteur). ▷ adv. **silencieusement**

**silex** [-ɛks] n. m. ■ **1** Roche siliceuse. **2** Outil préhistorique en silex.

**silhouette** n. f. ■ **1** Forme qui se profile sur un fond plus clair. ♦ Dessin aux contours schématiques. **2** Allure ou ligne générale (d'une personne). *Une silhouette jeune.*

**silhouetter** v. tr. 🔟 ■ Représenter en silhouette.

**silicate** n. m. ■ Minéral, combinaison de silice avec un oxyde métallique.

**silice** n. f. ■ Oxyde de silicium, très dur. → **quartz.** ▷ adj. **siliceux, euse**

**silicium** [-jɔm] n. m. ■ Corps simple (symb. Si), métalloïde du groupe du carbone.

**silicone** n. f. ■ Dérivé du silicium (résines, matières plastiques).

**silicose** n. f. ■ Maladie pulmonaire (des mineurs...) due à la silice.

**sillage** n. m. ■ Trace qu'un bateau laisse derrière lui à la surface de l'eau. ➞ loc. (abstrait) *DANS LE SILLAGE DE...* : derrière.

**sillon** n. m. ■ **1** Tranchée ouverte dans la terre par la charrue. ➞ au plur. poét. Les champs cultivés. **2** Fente, ride. ➞ anat. *Les sillons du cerveau.*

**sillonner** v. tr. 1 ▪ **1** Creuser en faisant des sillons, des fentes. ◆ au p. p. *Un front sillonné de rides.* **2** Traverser d'un bout à l'autre ; parcourir en tous sens. *Les éclairs sillonnaient le ciel.*

**silo** n. m. ▪ Réservoir où l'on entrepose les produits agricoles (→ **ensiler**).

**silure** n. m. ▪ Poisson à longs barbillons, aussi appelé *poisson-chat.*

**silvaner** ou **sylvaner** [-ɛʀ] n. m. ▪ Cépage blanc cultivé en Alsace, en Allemagne... ; vin de ce cépage.

**simagrée** n. f. ▪ (surtout au plur.) Comportement affecté, pour attirer l'attention. → **manière.**

**simien** n. m. ▪ Primate du sous-ordre comprenant les singes (et anthropoïdes).

**simiesque** adj. ▪ littér. Qui tient du singe.

**similaire** adj. ▪ À peu près semblable. → **analogue, équivalent.** ▷ n. f. **similarité**

**simili-** Élément (du latin *similis* « semblable ») qui signifie « imitation ». → **pseudo-.**

**similicuir** n. m. ▪ Matière plastique imitant le cuir. → **skaï.**

**similigravure** n. f. ▪ Photogravure en demi-teinte au moyen de trames.

**similitude** n. f. ▪ Relation entre choses semblables. → **analogie, ressemblance.**

**simoun** [-un] n. m. ▪ Vent chaud et sec du désert (Arabie, etc.). → **khamsin, sirocco.**

**simple** adj. ▪ I (personnes) **1** Qui agit selon ses sentiments, sans affectation, sans calcul. **2** Sans prétention. *Il a su rester simple.* **3** De condition modeste. **4** Qui a peu de finesse, se laisse facilement tromper. → **crédule, simplet.** ◆ adj. et n. *SIMPLE D'ESPRIT,* arriéré mental. II (choses) **1** Qui n'est pas composé de parties, est indécomposable. *Corps (chimiques) simples* (→ **élément**). ◆ n. m. *Varier du simple au double.* **2** (avant le nom) Qui est uniquement (ce que le substantif implique). *Une simple formalité.* → **pur. 3** Qui est formé d'un petit nombre de parties, d'éléments (opposé à *complexe*). **4** Facile à comprendre, à utiliser (opposé à *compliqué, difficile*). ◆ loc. *Simple comme bonjour\*.* **5** Qui comporte peu d'ornements (opposé à *recherché*). III n. m. **1** (au plur.) Plante médicinale. *Cueillir des simples.* **2** Partie de tennis, de tennis de table entre deux adversaires (opposé à *double*).

**simplement** adv. ▪ **1** Avec simplicité. **2** Seulement. *Je voulais simplement te dire...*

**simplet, ette** adj. ▪ Trop simple ; naïf.

**simplicité** n. f. ▪ I **1** Comportement naturel et spontané. → **naturel. 2** Caractère d'une personne simple (I, 2). ◆ loc. *EN TOUTE SIMPLICITÉ* : sans cérémonie. II (choses) Caractère de ce qui est simple (II, 1, 4 et 5).

**simplifier** v. tr. 7 ▪ Rendre plus simple (II). ▷ n. f. **simplification**

**simpliste** adj. ▪ Qui simplifie outre mesure. → **réducteur.**

**simulacre** n. m. ▪ littér. Ce qui n'a que l'apparence (de ce qu'il prétend être). *Un simulacre de procès.*

**simulateur, trice** ▪ n. Personne qui simule (1). **2** n. m. Appareil qui simule (3) un fonctionnement. *Simulateur de vol.*

**simulation** n. f. ▪ **1** Action de simuler (un sentiment ; une maladie). **2** techn. Représentation simulée (par simulateur).

**simuler** v. tr. 1 ▪ **1** Imiter l'apparence de. → **feindre.** *Simuler un malaise.* **2** (sujet chose) Avoir l'apparence de. **3** techn. Représenter artificiellement (un fonctionnement ; un processus).

**simultané, ée** adj. ▪ **1** Qui a lieu au même moment. → **concomitant, synchrone. 2** *Interprétation, traduction simultanée,* en même temps que parle l'orateur. ▷ n. f. **simultanéité** ▷ adv. **simultanément**

**sin-** → **sin(o)-**

**sinanthrope** n. m. ▪ Grand primate fossile (hominien), découvert en Chine.

**sinapisme** n. m. ▪ Traitement révulsif par cataplasme (dit *sinapisé,* adj.) à la farine de moutarde.

**sincère** adj. ▪ **1** Disposé à reconnaître la vérité et à faire connaître ce qu'il pense. → **franc, loyal.** ◆ (épithète) Véritable, authentique. *Ami sincère.* **2** Réellement pensé ou senti. *Repentir sincère.* ▷ adv. **sincèrement** ▷ n. f. **sincérité**

**sinécure** n. f. ▪ Charge ou emploi où l'on est rétribué sans avoir rien à faire. ◆ loc. *Ce n'est pas une sinécure.*

**sine die** [sinedje] loc. adv. ▪ Sans fixer de date pour une autre séance. *Ajourner un débat sine die.*

**sine qua non** [sinekwanɔn] loc. adj. invar. ▪ *Condition sine qua non,* indispensable.

**singe** n. m. ▪ I **1** Mammifère (primate) à face nue, au cerveau développé, aux membres préhensiles. → **simien ; pithéc(o)-.** ◆ *Un singe* (mâle) *et une guenon.* **2** loc. *Payer en MONNAIE DE SINGE,* par de belles paroles. ◆ *Faire le singe* : faire des singeries. **3** fig. Personne laide. II fam. Corned-beef.

**singer** v. tr. 3 ▪ **1** Imiter maladroitement ou en caricature. → **contrefaire. 2** Simuler.

**singerie** n. f. ▪ I **1** au plur. Grimace, attitude comique. **2** fig. Imitation maladroite ou caricaturale. II Ménagerie de singes.

**singulariser** v. tr. 1 ▪ Distinguer des autres par qqch. de peu courant. ▶ se **singulariser** v. pron.

**singularité** n. f. ▪ **1** littér. Caractère exceptionnel de ce qui se distingue. → **étrangeté, originalité. 2** Particularité.

**singulier, ière** ▪ I adj. **1** loc. *Combat singulier,* entre une personne et un seul adversaire. **2** littér. Différent des autres. ◆ cour. Digne d'être remarqué ; rare et remarquable. *Un charme très singulier.* II n. m. Catégorie grammaticale qui exprime l'unité (opposé à *pluriel*).

**singulièrement** adv. ▪ **1** Particulièrement. **2** Beaucoup, très. **3** littér. Étrangement.

**siniser** v. tr. 1 ▪ didact. Répandre la civilisation chinoise dans (un pays).

① **sinistre** adj. ■ **1** Qui fait craindre un malheur, une catastrophe. ◆ Menaçant, inquiétant ; effrayant. **2** (sens affaibli) Triste et ennuyeux. *Une soirée sinistre.* **3** avant le nom (intensif) *Un sinistre crétin.*

② **sinistre** n. m. ■ **1** Événement catastrophique naturel (incendie, inondation, etc.) qui occasionne des pertes, des dommages. **2** Dommages ou pertes subis par un assuré. ▷ adj. et n. **sinistré, ée**

**sin(o)-** Élément qui signifie « de la Chine ».

**sinologie** n. f. ■ didact. Études sur la Chine. ▷ n. **sinologue**

**sinon** conj. ■ **1** En dehors de ; se ce n'est. *Que faire sinon accepter ?* **2** (concession) À défaut de. *Sinon..., du moins...* ◆ Peut-être même. *Un air hautain sinon agressif.* → **voire. 3** Si la supposition (énoncée) ne se réalise pas. → **autrement, sans** quoi. *Si tu es là, tant mieux ; sinon, on avisera.*

**sinoque** adj. ■ fam. Fou.

**sinueux, euse** adj. ■ Qui présente des courbes irrégulières. ▷ n. f. **sinuosité**

① **sinus** [-ys] n. m. ■ **1** Cavité de certains os de la face (frontal, maxillaire supérieur). **2** Renflement de vaisseaux sanguins.

② **sinus** [-ys] n. m. ■ *Sinus d'un angle :* rapport entre la longueur d'un perpendiculaire menée d'un côté de l'angle sur l'autre côté, et celle de l'hypoténuse du triangle rectangle ainsi formé (→ **trigonométrie).**

**sinusite** n. f. ■ Inflammation des sinus de la face.

**sinusoïde** n. f. ■ math. Courbe des variations du sinus (ou du cosinus) d'un angle. ▷ adj. **sinusoïdal, ale, aux**

**sionisme** n. m. ■ Mouvement favorable à un État juif en Palestine. ▷ adj. et n. **sioniste**

**sioux** n. et adj. ■ **1** Membre d'une ethnie amérindienne de guerriers (Dakota, etc.). ◆ loc. *Une ruse de Sioux,* très habile. **2** Très rusé.

**siphon** n. m. ■ **1** Tube courbé ou appareil permettant de faire communiquer deux liquides. **2** Bouteille remplie d'une boisson gazeuse sous pression et munie d'un bouchon à levier.

**siphonné, ée** adj. ■ fam. Fou.

**siphonner** v. tr. 1 ■ Transvaser, vider à l'aide d'un siphon.

**sire** n. m. ■ **1** vx Sieur, monsieur. ◆ loc. *Un triste sire :* un individu peu recommandable. **2** (appellatif) Titre donné à un souverain. → votre **majesté.**

**sirène** n. f. ■ **I** mythol. Être fabuleux, à tête et torse de femme et à queue de poisson, qui passait pour attirer, par la douceur de son chant, les navigateurs sur les écueils. ◆ fig., littér. Dangereuse séductrice. **II** Puissant appareil sonore (alarme, signal).

**sirocco** n. m. ■ Vent de sud-est chaud et sec. → **simoun.**

**sirop** n. m. ■ Solution de sucre dans l'eau, du jus de fruit... *Sirop d'orgeat.* ◆

**siroter** v. tr. 1 ■ fam. Boire à petits coups.

**sirupeux, euse** adj. ■ **1** De la consistance du sirop. **2** fig., péj. *Musique sirupeuse.*

**sis, sise** adj. ■ dr. ou littér. Situé.

**sisal, als** n. m. ■ Fibre de feuille d'agave.

**sismique** adj. ■ Relatif aux séismes. *Secousse sismique.* → **tellurique.**

**sism(o)-** Élément savant (du grec *seismos* « secousse ») qui signifie « séisme ».

**sismographe** n. m. ■ Appareil qui enregistre les mesures des séismes.

**sistre** n. m. ■ Instrument de musique à percussion comportant des objets qui s'entrechoquent quand on le secoue.

**sitar** n. m. ■ Instrument de musique à cordes pincées (en Inde). ≠ **cithare.**

**sitcom** [sitkɔm] n. f. ■ anglic., télév. Comédie de situation tournée en studio, en brefs épisodes.

**site** n. m. ■ **I** **1** Paysage (du point de vue de l'esthétique, du pittoresque). **2** Configuration d'un lieu (en rapport avec son utilisation). *Site archéologique.* **II** anglic. Serveur de données accessible par Internet. *Site web,* affichant des documents hypertextes (pages).

**sit-in** [sitin] n. m. invar. ■ anglic. Manifestation non-violente consistant à s'asseoir en groupes sur la voie publique.

**sitôt** adv. ■ **1** adv. de temps Aussitôt. *Sitôt dit, sitôt fait.* ◆ loc. adv. *PAS DE SITÔT* (→ pas de si tôt\*). *Il ne reviendra pas de sitôt.* **2** *SITÔT QUE* loc. conj. (+ indic.) : aussitôt que, dès que.

**situation** n. f. ■ **1** Fait d'être dans un lieu ; place occupée dans un espace. → **emplacement. 2** Circonstances dans lesquelles une personne se trouve. *Être maître de la situation.* ◆ *Situation de famille* (célibataire, marié...). ◆ loc. *Être EN SITUATION DE* (+ inf.), bien placé pour. ◆ (pays, collectivité) *La situation est grave.* **3** Emploi, poste rémunérateur stable. *Il a une belle situation.* **4** Ensemble des relations qui unissent une personne, un groupe à son milieu.

**situationnisme** n. m. ■ Mouvement de contestation radical des années 60. ▷ adj. et n. **situationniste**

**situer** v. tr. 1 ■ **1** Placer en un lieu. *L'auteur a situé l'action à Londres.* **2** Mettre à une certaine place. ◆ fam. *On ne le situe pas bien,* on ne voit pas quelle sorte d'homme c'est. ▶ **se situer** v. pron. **1** passif Se trouver. ◆ Avoir lieu. **2** réfl. (personnes) Préciser sa position (sens propre et figuré).

**six** [sis] ■ **1** adj. numéral Cinq plus un (6). → **hexa-.** ◆ ordinal Sixième. *Page six.* **2** n. m. Le chiffre, le nombre, le numéro six.

**sixième** [siz-] adj. numéral ■ **1** Ordinal de *six* (6e). ◆ n. f. Classe qui commence l'enseignement secondaire (en France). ◆ n. *Le, la sixième.* **2** adj. et n. m. Se dit d'une partie d'un tout divisé également en six. ▷ adv. **sixièmement**

à la **six-quatre-deux** [alasiskatdø] loc. adv. ■ fam. À la hâte ; sans soin.

**sixte** n. f. ■ mus. Sixième degré de la gamme diatonique. ◆ Intervalle de six degrés.

**skaï** [skaj] n. m. (nom déposé) ■ Tissu enduit de matière synthétique, imitant le cuir.

**skate-board** [skɛtbɔʀd] n. m. ■ anglic. Planche* à roulettes. – abrév. fam. SKATE.

**sketch** n. m. ■ anglic. Courte scène, comique et enlevée, pour un petit nombre d'acteurs. → **saynète**. *Des sketch(e)s.*

**ski** n. m. ■ 1 Longue lame relevée à l'avant, placée sous le pied pour glisser sur la neige. 2 *Le ski* : la locomotion, le sport en skis (descente, slalom, saut...). ◆ *Ski de fond. Ski de randonnée*, hors des pistes balisées. 3 *SKI NAUTIQUE* : sport où l'on glisse sur l'eau. ≠ *surf.*

**skier** v. intr. 7 ■ Aller en skis, faire du ski. ▷ **skiable** adj. (piste) ▷ n. **skieur, euse**

**skiff** n. m. ■ Bateau de sport très long, effilé, pour un seul rameur.

**skinhead** [skinɛd] n. ■ anglic. Jeune à crâne rasé qui prône la violence. – abrév. fam. SKIN.

**skipper** [skipœʀ] n. m. ■ anglic. 1 Chef de bord d'un yacht de croisière. 2 Barreur d'un voilier de régates.

**skunks** n. m. → **sconse**

**slalom** [slalɔm] n. m. ■ Descente sinueuse à skis où l'on passe entre des piquets (→ **porte**). *Slalom géant* (portes plus espacées). ◆ fig. *Faire du slalom entre les voitures* (moto, vélo...). ▷ **slalomer** v. intr. 1 ▷ n. **slalomeur, euse**

**slam** n. m. ■ anglic. Poésie, narration scandée librement, de manière rythmée. ▷ n. **slameur, euse**

**slash** n. m. ■ anglic., inform. Barre oblique (/), qui marque une séparation.

**slave** adj. et n. ■ Se dit des peuples d'Europe centrale et orientale dont les langues sont apparentées (*langues slaves* : bulgare, polonais, russe, etc. ; plusieurs sont écrites en alphabet cyrillique).

**sleeping** [slipiɳ] n. m. ■ anglic., vx Wagon-lit.

**slim** n. m. ■ anglic. Pantalon très moulant. ◆ appos. *Un jean slim.*

**slip** [slip] n. m. ■ Très petite culotte. → **cache-sexe.**

**slogan** n. m. ■ Formule concise et frappante (publicité, propagande).

**sloop** [slup] n. m. ■ Voilier à un seul mât.

**slovaque** adj. et n. ■ De la Slovaquie. ◆ n. *Les Slovaques.* ♦ n. m. Langue slave parlée en Slovaquie.

**slovène** adj. et n. ■ De la Slovénie. ◆ n. *Les Slovènes.* ♦ n. m. Langue slave parlée en Slovénie.

**slow** [slo] n. m. ■ anglic. Danse lente à pas glissés ; sa musique.

**smala** n. f. ■ 1 Réunion de tentes abritant la famille, le personnel d'un chef arabe. 2 fam. Famille ou suite nombreuse.

**smartphone** [smaʀtfɔn] n. m. ■ anglic. Téléphone mobile possédant des fonctions d'assistant personnel, conçu pour avoir des utilisations variées (Internet, jeux...).

**smash** [sma(t)ʃ] n. m. ■ anglic. (tennis, volley-ball...) Coup qui rabat violemment une balle haute. *Des smash(e)s.*

**S. M. I. C.** [smik] n. m. (sigle) ■ Salaire minimum interprofessionnel « de croissance » (remplace en 1970 le *smig*, « interprofessionnel garanti »). ▷ n. **smicard, arde**

**smiley** [smajlɛ] n. m. ■ anglic., inform. Suite de caractères alphanumériques qui, avec une orientation à 90°, évoque un visage, et traduit l'état émotionnel du rédacteur d'un message électronique. → **émoticône.**

**smocks** [smɔk] n. m. pl. ■ anglic. Fronces décoratives, brodées.

**smoking** n. m. ■ Tenue de soirée pour hommes.

**SMS** ou **S. M. S.** [ɛsɛmɛs] n. m. (sigle angl.) ■ anglic. Service de messages écrits sur l'écran d'un téléphone mobile ; message ainsi transmis. *Recevoir, envoyer des SMS.*

**snack-bar** ou **snack** n. m. ■ anglic. Café-restaurant où l'on sert rapidement des plats simples. *Des snack-bars ; des snacks.*

**snif** ou **sniff** interj. ■ Onomatopée, bruit de reniflement.

**sniffer** v. tr. 1 ■ anglic. Priser (un stupéfiant).

**snob** [snɔb] n. ■ Personne qui admire et imite sans discernement les manières, les goûts, les modes des milieux dits distingués. ◆ adj. *Des manières snob(s).*

**snober** v. tr. 1 ■ 1 Traiter (qqn) de haut. 2 Impressionner.

**snobisme** n. m. ■ Comportement de snob.

**snow-board** [snobɔʀd] n. m. ■ anglic. Sport de glisse que l'on pratique sur la neige, debout sur une planche. → **monoski.**

**soap-opéra** [sopɔpeʀa] n. m. ■ anglic. Série télévisée populaire. – abrév. fam. SOAP [sop] n. m.

**sobre** adj. ■ 1 Qui mange, boit (spécialt, de l'alcool) avec modération. → **tempérant.** ◆ loc. fam. *Sobre comme un chameau.* 2 littér. (personnes) Mesuré, modéré. 3 cour. (choses) → **classique, simple.** ▷ adv. **sobrement**

**sobriété** n. f. ■ 1 Comportement d'une personne sobre (1). 2 Modération, réserve. 3 (choses) Simplicité.

**sobriquet** n. m. ■ Surnom familier.

**soc** n. m. ■ Lame de la charrue.

**sociable** adj. ■ 1 didact. Capable de vivre en société. 2 Capable de relations humaines faciles. ▷ n. f. **sociabilité**

**social, ale, aux** adj. ■ 1 Relatif à un groupe d'humains (→ **société**), et aux rapports de ses membres. ◆ *Animaux sociaux*, qui vivent en société. 2 Propre à la société constituée. *Milieu social.* → **condition.** 3 Relatif aux rapports entre les classes de la société. *Conflits sociaux.* 4 Qui se rapporte à l'amélioration de la condition des hommes favorisés. *Politique sociale.* ◆ n. m. *Le social.* 5 Relatif à une société civile ou commerciale. *Siège social.*

**social-démocrate** adj. et n. ■ Socialiste réformiste. ▷ n. f. **social-démocratie**

**socialement** adv. ▪ Quant aux rapports sociaux, spécialt entre classes sociales.

**socialiser** v. tr. 1 ▪ 1 didact. Susciter les rapports sociaux chez (qqn), entre (des individus). **2** Gérer ou diriger au nom de la société entière (par la propriété collective). ▷ n. f. **socialisation**

**socialisme** n. m. ▪ **1** Attitude politique et sociale qui entend faire prévaloir l'intérêt général sur les intérêts particuliers, par une organisation concertée (opposé à *libéralisme*). *Socialisme d'État.* **2** (vocabulaire marxiste) Phase transitoire avant le communisme.

**socialiste** adj. ▪ **1** Du socialisme. *Les partis socialistes.* ▪ n. *Un, une socialiste.* **2** adj. et n. (Personne) qui appartient à un parti socialiste.

**sociétaire** adj. et n. ▪ (Personne) qui fait partie d'une société (d'acteurs).

**société** n. f. ▪ I **1** vx Vie en compagnie, en groupe. *Aimer la société.* ▪ loc. *JEUX DE SOCIÉTÉ,* qui se jouent à plusieurs. **2** Compagnie habituelle. *Se plaire dans la société des femmes.* II **1** État des êtres vivants qui vivent en groupes organisés. *Les abeilles vivent en société.* **2** Ensemble des personnes entre lesquelles existent des rapports durables et organisés (avec des institutions, etc.); milieu humain. ◆ Groupe social. *Les sociétés primitives. La société de consommation.* **3** Ensemble de personnes réunies (à un moment ou habituellement). *La (haute) société,* les personnes aisées qui ont une vie mondaine. III **1** Compagnie ou association religieuse. → **congrégation.** **2** Organisation fondée pour un travail commun ou une action commune. *Société secrète.* **3** Groupement contractuel constitué par les apports d'associés. ◆ *Société civile,* non commerciale. ◆ spécialt *SOCIÉTÉ (COMMERCIALE),* qui réalise des opérations commerciales à but lucratif. *Société anonyme*.*

**socio-** Élément tiré de *social* ou de *société* (ex. *socioéconomique, sociolinguistique*).

**socioculturel, elle** adj. ▪ Qui concerne les structures sociales et leurs cultures.

**sociologie** n. f. ▪ **1** Étude scientifique des faits sociaux humains. **2** Étude des sociétés. *Sociologie animale.* ▷ n. **sociologue**

**sociologique** adj. ▪ **1** De la sociologie. **2** (abusivt) Relatif aux faits étudiés par la sociologie. → **social.**

**socioprofessionnel, elle** adj. ▪ didact. Se dit des catégories classant une population selon l'activité professionnelle.

**socle** n. m. ▪ Base (d'une construction, d'un objet).

**socque** n. m. ▪ **1** Antiq. romaine Chaussure basse portée par les acteurs de comédie. **2** Chaussure à semelle de bois. → **sabot.**

**socquette** n. f. ▪ Chaussette basse.

**socratique** adj. ▪ didact. De Socrate.

**soda** n. m. ▪ Boisson gazeuse aromatisée. ◆ Eau gazéifiée.

**sodé, ée** adj. ▪ chim. Qui contient de la soude ou du sodium.

**sodium** [-jɔm] n. m. ▪ Corps simple (symb. Na), métal alcalin mou d'un blanc argenté, qui brûle à l'air et réagit violemment avec l'eau, en produisant de la soude et de l'hydrogène. *Chlorure de sodium* (sel). ▷ **sodique** adj. chim.

**sodomie** n. f. ▪ Pratique du coït anal. ▷ n. m. **sodomite**

**sodomiser** v. tr. 1 ▪ Pratiquer la sodomie sur (qqn).

**sœur** n. f. ▪ **1** Personne de sexe féminin, considérée par rapport aux autres enfants des mêmes parents. *Sœur aînée, sœur cadette.* **2** Nom d'affection donné à une femme. ◆ appos. *ÂME SŒUR.* **3** fig. Se dit de choses apparentées (mots féminins). **4** Titre de religieuses. *Ma sœur.* ▪ loc. *BONNE SŒUR :* religieuse. ▷ **sœurette** n. f. (terme d'affection).

**sofa** n. m. ▪ Lit de repos. → **canapé.**

**software** [sɔftwar; sɔftwɛr] n. m. ▪ anglic. (opposé à *hardware*) Logiciel.

**soi** pron. pers. réfl. (de la 3ᵉ pers.) ▪ I (personnes) **1** (sujet indéterminé) *Avoir confiance en soi.* ◆ *Chez soi* (→ **chez-soi**). **2** vx (sujet déterminé) → **lui, elle, eux.** *Il regardait droit devant soi.* II (choses) loc. *Cela va de soi :* c'est naturel, évident. ◆ *EN SOI :* de par sa nature propre. III *SOI-MÊME. Être soi-même.* IV n. m. invar. **1** La personnalité de chacun. → **moi.** **2** psych. Ensemble des pulsions inconscientes. → **ça.**

**soi-disant** ▪ **1** adj. invar. Qui se dit, qui prétend être (tel). *De soi-disant amis.* ◆ (emploi critiqué) *Une soi-disant démocratie.* **2** adv. Prétendument. *Il est là soi-disant pour affaires.*

**soie** n. f. ▪ **1** Substance filiforme sécrétée par des larves (*vers à soie* → **bombyx**), utilisée comme textile (→ **sériciculture**). ◆ Tissu de soie. ◆ *Soie sauvage,* produite par d'autres chenilles. **2** *PAPIER DE SOIE :* papier fin, translucide et brillant. II Poil long et rude (porc, sanglier).

**soierie** n. f. ▪ **1** Tissu de soie. **2** Industrie et commerce de la soie.

**soif** n. f. ▪ **1** Sensation correspondant à un besoin de l'organisme en eau. ▪ loc. fig. *JUSQU'À PLUS SOIF :* à satiété. *Rester sur sa soif :* n'être pas satisfait. **2** fig. *Soif de :* désir.

**soiffard, arde** adj. ▪ fam. Toujours prêt à boire (de l'alcool). ▪ n. *Des soiffards.*

**soignant, ante** adj. ▪ *Personnel soignant* (d'un hôpital), chargé des soins.

**soigner** v. tr. 1 ▪ **1** S'occuper du bien-être et du contentement de (qqn), du bon état de (qqch.). *Soigner sa clientèle ; ses outils.* **2** Apporter du soin à (ce que l'on fait). *Soigner les détails.* **3** S'occuper de rétablir la santé de (qqn). *Le médecin qui me soigne* (→ **médecin traitant**). ◆ S'occuper de guérir (un mal). *Soigner son rhume.* ▸ **soigné, ée** adj. *Des mains soignées.* ◆ *Cuisine soignée.* ▸ **se soigner** v. pron. **1** S'occuper de son bien-être, de son apparence physique. **2** Faire ce qu'il faut pour guérir. **3** passif (maladie) Pouvoir être soigné. *Ça se soigne !,* il est fou.

**soigneur** n. m. ■ Celui qui prend soin de (un sportif, un boxeur).

**soigneux, euse** adj. ■ 1 *Soigneux de* (qqch.) : qui prend soin de. 2 Qui apporte du soin à ce qu'il fait. 3 Fait avec soin, avec méthode. ▷ adv. **soigneusement**

**soin** n. m. ■ 1 littér. Pensée qui occupe l'esprit, préoccupation. ← AVOIR, PRENDRE SOIN DE (+ inf.) : s'occuper de. → **veiller** à. 2 AVOIR, PRENDRE SOIN DE (qqn, qqch.) : soigner (1). 3 Travail confié. ← LES SOINS. Actes par lesquels on soigne (1). → **attention, prévenance**. *Aux bons soins de M. X* (lettre). ← loc. *Être AUX PETITS SOINS pour qqn* : être très attentionné. 4 spécialt Actions par lesquelles on conserve ou rétablit la santé (→ **soigner** (3)). *Premiers soins.* 5 Manière appliquée, exacte, scrupuleuse (de faire qqch.). → **sérieux**. 6 Ordre et propreté ; aspect soigné.

**soir** n. m. ■ 1 Fin du jour (→ **vespéral**). ♦ Temps après midi. *Cinq heures du soir* (s'oppose à *matin*). 2 Les dernières heures du jour et les premières de la nuit (s'oppose à *après-midi*). → **soirée**. ← loc. *LE GRAND SOIR* : le jour de la révolution sociale.

**soirée** n. f. ■ 1 Temps compris entre le déclin du jour et le moment où l'on s'endort. → **soir** ; **veillée**. 2 Réunion après le repas du soir. ← *Tenue de soirée*, habillée. 3 Spectacle, le soir (opposé à *matinée*).

**soit** ■ I conj. 1 *SOIT... SOIT...* (alternative). → **ou.** ← *SOIT QUE... SOIT QUE...* (+ subj.). 2 *SOIT* : étant donné. *Soit un triangle rectangle.* ← À savoir, c'est-à-dire. *Soixante secondes, soit une minute.* II *SOIT* adv. d'affirmation. Bon ; admettons.

**soixantaine** n. f. ■ 1 Nombre de soixante ou environ. 2 Âge de soixante ans.

**soixante** [swasɑ̃t] ■ 1 adj. numéral invar. Six fois dix (60). ← *Soixante-dix* (70). → **septante.** ♦ ordinal *Page soixante.* → m. *Il habite au 60.* 2 n. m. invar. Le nombre, le numéro soixante.

**soixante-huitard, arde** adj. et n. ■ fam. Des événements de Mai* 1968.

**soixantième** [swasɑ̃tjɛm] ■ 1 adj. et n. Dont le numéro, le rang est soixante (60e). 2 adj. et n. m. Se dit d'une partie d'un tout divisé également en soixante.

**soja** n. m. ■ Plante légumineuse d'Extrême-Orient, aux graines comestibles.

① **sol** n. m. ■ 1 Partie superficielle de l'écorce terrestre. → **terre.** ← par ext. *Le sol lunaire.* 2 Territoire. ← *Le droit du sol*, qui vient du lieu de naissance. 3 Terrain. *Science des sols.* → **pédologie.** 4 Surface plane en bas d'une construction. *Un sol en terre battue.*

② **sol** n. m. invar. ■ Cinquième degré de la gamme de do ; signe qui le représente.

**solaire** adj. ■ 1 Du Soleil (position, mouvement). *Heure solaire.* 2 Du Soleil (astre). ← *Système solaire.* 3 Qui fonctionne grâce au soleil. *Cadran solaire.* 4 Qui protège du soleil. *Crème solaire.* 5 fig., littér. Radieux, rayonnant. 6 De forme rayonnante. *Plexus* solaire.

**solanacée** n. f. ■ bot. Plante dicotylédone (ex. : aubergine, pomme de terre).

**solarium** [-jɔm] n. m. ■ Lieu aménagé pour les bains de soleil.

**soldat** n. m. ■ 1 Homme qui sert dans une armée. → **militaire.** 2 *(Simple) soldat* : militaire non gradé des armées de terre et de l'air. *Soldats et marins.* ← appos. *Une femme soldat* (fam. *soldate*, n. f.). 3 fig. *Soldat de*, combattant, défenseur au service de (une cause). 4 *Soldats de plomb, petits soldats* : figurines (jouets).

**soldatesque** n. f. ■ péj. Ensemble de soldats brutaux, indisciplinés.

① **solde** n. f. ■ 1 Rémunération des militaires. ← par ext. *Congé sans solde.* 2 loc. péj. *À LA SOLDE DE* (qqn), payé, acheté par qqn.

② **solde** n. m. ■ 1 Différence entre le crédit et le débit, dans un compte. *Solde créditeur.* ← absolt *Le solde* : ce qui reste à payer. 2 *EN SOLDE* : vendu au rabais. ♦ au plur. *SOLDES* : articles vendus en solde.

**solder** v. tr. ① ■ 1 Arrêter, clore (un compte). ← Acquitter (une dette...). 2 pronom. (compte, budget) *SE SOLDER PAR* : faire apparaître à la clôture un solde de. ← fig. Aboutir en définitive à. 3 Mettre, vendre (qqch.) en solde. → **soldé, ée** adj. ▷ n. **soldeur, euse**

① **sole** n. f. ■ zool. Partie cornée formant le dessous du sabot (cheval, âne...).

② **sole** n. f. ■ Poisson de mer plat et ovale.

**solécisme** n. m. ■ Emploi syntaxique fautif (ex. *je suis été*). ≠ *barbarisme.*

**soleil** n. m. ■ 1 Astre qui donne lumière et chaleur à la Terre, et rythme la vie à sa surface. *Sous le soleil*, sur la terre. ♦ sc. (avec maj.) Cet astre, en tant qu'étoile de la Galaxie. → **héli(o)-** ; **solaire.** 2 Lumière de cet astre ; temps ensoleillé. *Il fait soleil.* ← Rayons du soleil. ← *COUP DE SOLEIL* : insolation. ← Endroit exposé aux rayons du soleil. *En plein soleil.* ← *AU SOLEIL.* *Avoir des biens au soleil*, des propriétés immobilières. 3 Image de cet astre, cercle entouré de rayons. 4 Pièce d'artifice, cercle tournant. 5 Tour acrobatique autour d'un axe horizontal. 6 Fleur de tournesol. 7 loc. fam. *PIQUER UN SOLEIL* : rougir fortement.

**solennel, elle** [-anɛl] adj. ■ 1 Célébré par des cérémonies publiques. 2 Accompagné de formalités qui donnent de l'importance. *Un serment solennel.* 3 (souvent péj.) Qui a une gravité propre aux grandes occasions. ▷ adv. **solennellement** [-an-]

**solennité** [-an-] n. f. ■ 1 Fête solennelle. 2 Caractère solennel.

**solénoïde** n. m. ■ Fil conducteur enroulé qui crée un champ magnétique sur son axe quand il est parcouru par un courant.

**solfatare** n. f. ■ Terrain qui dégage des fumerolles.

**solfège** n. m. ■ Étude des principes élémentaires de la musique et de sa notation.

**solfier** v. tr. ⑦ ■ Chanter (un morceau de musique) en nommant les notes.

**solidaire** adj. ▪ **1** (personnes) Lié par une responsabilité et des intérêts communs. **2** (choses) En dépendance réciproque. ▷ adv. **solidairement**

**solidariser** v. tr. ① ▪ Rendre solidaire. ▸ se **solidariser** v. pron.

**solidarité** n. f. ▪ Fait d'être solidaire ; obligation d'assistance mutuelle. ◆ Sentiment humanitaire qui pousse à assister autrui.

**solide** adj. ▪ I **1** Qui a de la consistance, qui n'est pas liquide. ◆ (en physique) *L'état solide* (opposé à *gazeux* et à *liquide*). ▸ n. m. *Les solides* : les corps solides. **2** n. m. géom. Figure à trois dimensions, limitée par une surface fermée, à volume mesurable. II **1** Qui résiste aux efforts, à l'usure. → **résistant, robuste. 2** fig. Sur quoi l'on peut s'appuyer, compter. *Une amitié solide.* **3** (personnes) Qui a une santé à toute épreuve. ▸ Équilibré, sérieux. **4** fam. Important, intense. *Un solide appétit.* ▷ adv. **solidement**

**solidifier** v. tr. ⑦ ▪ Donner une consistance solide à (une substance). → **durcir.** ▷ n. f. **solidification**

**solidité** n. f. ▪ Caractère de ce qui est solide (II, 1 et 2).

**soliloque** n. m. ▪ Monologue. ▷ **soliloquer** v. intr. ①

**soliste** n. m. ▪ Musicien qui joue en solo.

**solitaire** ▪ I adj. **1** Qui vit seul, dans la solitude. **2** *Fleur solitaire* (ex. la tulipe). *Ver solitaire.* → **ténia. 3** Qui se passe, s'accomplit dans la solitude. ▸ loc. *Plaisir solitaire* : masturbation. **4** (lieu) Où l'on est seul. II n. Personne qui est seule ; agit, travaille seule. III n. m. **1** Sanglier mâle sans compagnie. **2** Diamant monté seul.

**solitairement** adv. ▪ Dans la solitude.

**solitude** n. f. ▪ **1** Situation d'une personne qui est seule. *Vivre dans la solitude.* → **isolement. 2** littér. Lieu solitaire. ▸ Atmosphère, aspect solitaire. *La solitude des forêts.*

**solive** n. f. ▪ Pièce de charpente qui soutient le plancher.

**solliciter** v. tr. ① ▪ I **1** Chercher à éveiller (l'attention, la curiosité). **2** Agir sur (qqn) en attirant l'attention. *Être sollicité par la publicité.* **3** Faire appel à, prier (qqn) de façon pressante en vue d'obtenir qqch. II **1** *Solliciter qqch.* (de qqn), le lui demander dans les formes. *Solliciter une audience.* **2** Forcer l'interprétation de (un texte). ▷ n. f. **sollicitation**

**solliciteur, euse** n. ▪ Personne qui sollicite qqch. → **quémandeur.**

**sollicitude** n. f. ▪ Attention soutenue et affectueuse.

**solo** n. m. ▪ **1** Morceau joué ou chanté par un seul interprète. *Des solos* ou *des soli.* ◆ *En solo* : sans accompagnement. **2** *(Spectacle) solo* : recomm. off. pour l'anglic. *one man show.* **3** *En solo* : seul(e), en solitaire. *Vacances en solo.*

**solstice** n. m. ▪ Chacune des deux époques où le Soleil atteint son plus grand éloignement de l'équateur. *Solstice d'hiver* (21 ou 22 décembre), *d'été* (21 ou 22 juin).

**soluble** adj. ▪ contr. *insoluble* **1** Qui peut se dissoudre (dans un liquide). **2** Qui peut être résolu. ▷ **solubiliser** v. tr. ① ▷ n. f. **solubilité**

**soluté** n. m. ▪ Remède liquide contenant une substance en solution.

**solution** n. f. ▪ I **1** Opération mentale par laquelle on surmonte une difficulté, on résout un problème. **2** Actes qui peuvent résoudre une difficulté. *Une solution de facilité*, qui exige un faible effort. ◆ hist. *La solution finale* : le projet d'extermination totale des Juifs par les nazis. **3** Manière dont une situation compliquée se dénoue. → **dénouement, issue.** II **1** loc. *SOLUTION DE CONTINUITÉ* : interruption. → **coupure, rupture. 2** Action de (se) dissoudre dans un liquide. → **dissolution. 3** Mélange homogène ; liquide contenant un solide dissous.

**solutionner** v. tr. ① ▪ (mot critiqué) Résoudre (un problème).

**solvable** adj. ▪ Qui a les moyens de payer. ▷ n. f. **solvabilité**

**solvant** n. m. ▪ Substance qui peut dissoudre d'autres substances.

**somatique** adj. ▪ **1** Qui concerne le corps (opposé à *psychique*). **2** Qui provient de causes physiques. → **physiologique.**

**somatiser** v. tr. ① ▪ Rendre somatique, physiologique (un trouble psychique). ▷ n. f. **somatisation**

**sombre** adj. ▪ I **1** Peu éclairé, qui reçoit peu de lumière. → **obscur.** ▸ *Il fait sombre.* **2** Foncé. *Un manteau sombre.* II fig. **1** Morose, triste. **2** (choses) D'une tristesse tragique ou menaçante. → **sinistre.** *L'avenir est sombre.* **3** fam. (avant le nom) Déplorable, lamentable. *Un sombre idiot.*

**sombrer** v. intr. ① ▪ **1** (bateau) Cesser de flotter, s'enfoncer dans l'eau. → **couler,** faire naufrage. **2** fig. Disparaître, s'anéantir. *Sombrer dans le désespoir.*

**sombrero** [sɔ̃bʀeʀo] n. m. ▪ Chapeau à larges bords (Amérique latine).

**sommaire** adj. ▪ I **1** Résumé brièvement. **2** Qui est fait promptement, sans formalité. → **expéditif.** *Exécution sommaire.* **3** Réduit à sa forme la plus simple. → **élémentaire, rudimentaire.** ▷ adv. **sommairement** II n. m. Bref résumé des chapitres (livre), des articles (revue).

**sommation** n. f. ▪ Mise en demeure (spécialt de se rendre, de se disperser, etc.).

① **somme** n. f. ▪ **1** math. Quantité formée de quantités additionnées ; résultat d'une addition. **2** fig. Total. ▸ Masse, quantité. *Une somme de travail considérable.* ◆ *EN SOMME* loc. adv. : tout bien considéré. ▸ *SOMME TOUTE.* → **finalement. 3** *Somme (d'argent)* : quantité déterminée d'argent. **4** didact. Synthèse de connaissances (œuvre). *Une somme philosophique.*

②**somme** n. f. ▪ loc. *BÊTE DE SOMME* : bête qui porte les fardeaux.

③**somme** n. m. ▪ Court sommeil.

**sommeil** n. m. ▪ **1** État (d'une personne, d'un animal) qui dort, avec suspension de la vigilance. → *Le premier sommeil.* ◆ Envie de dormir. *Tomber de sommeil.* **2** Hibernation. **3** littér. *Le sommeil éternel, le dernier sommeil* : la mort. **4** fig. Inactivité. → *Être en sommeil.*

**sommeiller** v. intr. ⓵ ▪ Dormir d'un sommeil léger et bref.

**sommelier, ière** n. ▪ Personne chargée de la cave, des vins, dans un restaurant.

**sommer** v. tr. ⓵ ▪ dr. Mettre (qqn) en demeure (de faire qqch.) dans les formes ; avertir par une sommation. *Sommer qqn à comparaître.* → **assigner.** → *Je vous somme de répondre.* → **ordonner.**

**sommet** n. m. ▪ **1** Point ou endroit le plus élevé. → **faîte, haut.** ◆ Point culminant. **2** fig. Degré le plus élevé. *Être au sommet de la gloire.* ◆ *Conférence au sommet,* ou ellipt *sommet,* entre les dirigeants suprêmes. **3** Intersection de deux côtés (d'un angle, d'un polygone).

**sommier** n. m. ▪ **I** Partie d'un lit qui supporte le matelas. **II** admin. Gros registre.

**sommité** n. f. ▪ **I** didact. Extrémité (d'une tige, d'une plante). **II** Personnage éminent. → **personnalité.**

**somnambule** [-ɔmn-] n. et adj. ▪ **1** (Personne) qui marche, agit dans son sommeil. **2** (Personne) qui agit dans un sommeil hypnotique. ▷ adj. **somnambulique** ▷ n. m. **somnambulisme**

**somnifère** [-ɔmn-] adj. et n. m. ▪ (Médicament) qui provoque le sommeil.

**somnolence** [-ɔmn-] n. f. ▪ **1** Demi-sommeil. → **torpeur. 2** Tendance à s'assoupir. ▷ adj. **somnolent, ente**

**somnoler** [-ɔmn-] v. intr. ⓵ ▪ Être dans un état de somnolence, dormir à demi.

**somptuaire** adj. ▪ **1** Antiq. *Loi somptuaire,* qui, à Rome, restreignait les dépenses de luxe. **2** *Dépenses somptuaires,* de luxe.

**somptueux, euse** adj. ▪ D'une beauté coûteuse, d'un luxe visible. → **fastueux.** ▷ adv. **somptueusement** ▷ n. f. **somptuosité**

①**son, sa, ses** adj. poss. (3ᵉ pers. du sing.) ▪ Relatif à la personne ou la chose dont il est question. *Son parapluie. Sa voiture. Son amie.*

②**son** n. m. ▪ Sensation auditive créée par une vibration dans l'air. → aussi **bruit.** → *Vitesse du son* (→ Mach.). ◆ *Sons musicaux.*

③**son** n. m. ▪ **1** Résidu de la mouture provenant de l'enveloppe des grains. **2** Sciure servant à bourrer. *Poupée de son.* **3** loc. *TACHE DE SON* : tache de rousseur.

**sonar** n. m. ▪ Appareil de détection sous-marine par réflexion d'ondes sonores.

**sonate** n. f. ▪ **1** Composition musicale pour un ou deux instruments. **2** Forme de la sonate (et symphonie, concerto, quatuor...).

**sonatine** n. f. ▪ Petite sonate.

**sondage** n. m. ▪ **1** Exploration à la sonde (1). **2** Introduction d'une sonde (2) dans l'organisme. **3** *Sondage (d'opinion)* : enquête auprès d'un échantillon de population.

**sonde** n. f. ▪ **1** Instrument qui sert à déterminer la profondeur de l'eau et la nature du fond. → Appareil de mesure des altitudes. **2** Instrument pour explorer les canaux de l'organisme ; pour l'alimentation artificielle. **3** Appareil servant aux forages et aux sondages du sol (→ **trépan**). **4** *Sonde spatiale* : engin non habité.

**sonder** v. tr. ⓵ ▪ **1** Reconnaître au moyen d'une sonde. **2** fig. Chercher à entrer dans le secret de (la conscience, le cœur...). ◆ *Sonder l'opinion* (→ **sondage** (3)). ▷ n. **sondeur, euse**

**songe** n. m. ▪ littér. Rêve.

**songer** v. ③ ▪ **1** v. tr. ind. *SONGER À* : penser à ; réfléchir à. → Envisager. *Il songe à se marier.* **2** v. tr. *Songer que* : prendre en considération.

**songeur, euse** adj. ▪ Pensif et un peu inquiet ou troublé.

**sonnaille** n. f. ▪ Cloche, clochette attachée au cou d'un animal domestique.

**sonnant, ante** adj. ▪ **1** (heure) Qui est en train de sonner. → **tapant.** *À cinq heures sonnantes.* **2** loc. *Espèces sonnantes (et trébuchantes)* : pièces de monnaie.

**sonné, ée** adj. ▪ **1** Annoncé par une sonnerie. *Il est midi sonné.* → ③**passé. 2** Assommé par un coup. **3** fam. Fou.

**sonner** v. ⓵ ▪ **I** v. intr. **1** Retentir sous un choc. *Les cloches sonnent.* **2** Produire une sonnerie. *Le téléphone a sonné.* **3** *Sonner bien, mal,* être harmonieux ou non (mot, phrase...). **4** Faire fonctionner une sonnerie. *Entrez sans sonner.* **II** v. tr. ind. *Sonner du cor* : jouer. *Sonner du biniou, de l'accordéon.* **III** v. tr. **1** Faire résonner. **2** Faire entendre (une sonnerie). *Sonner le glas.* **3** Appeler (qqn) par une sonnerie. **4** Assommer, étourdir d'un coup de poing.

**sonnerie** n. f. ▪ **1** Son de ce qui sonne ou d'un instrument dont on sonne. *La sonnerie du téléphone.* **2** Appareil, mécanisme avertisseur. → **sonnette.**

**sonnet** n. m. ▪ Petit poème à forme fixe (deux quatrains, deux tercets).

**sonnette** n. f. ▪ Petit instrument métallique (clochette) qui sonne pour avertir. → Timbre ; sonnerie.

**sonneur, euse** n. ▪ **1** Personne qui sonne les cloches. → loc. *Dormir comme un sonneur* (que les cloches ne réveillent pas). **2** Musicien, personne qui sonne d'un instrument. *Sonneur de cornemuse.*

**sonore** adj. ▪ **1** Qui résonne fort. *Une voix sonore.* → n. f. *Une sonore* (opposé à *sourde*), consonne dont l'émission s'accompagne de vibrations du larynx (ex. [b]). **2** (lieu) Qui renvoie ou propage le son. **3** Relatif au son. *Ondes sonores.* → *Effets sonores.*

**sonorisation** n. f. ■ **1** Action de sonoriser. **2** Matériel d'amplification. – abrév. SONO.

**sonoriser** v. tr. 🔲 ■ **1** Rendre sonore. **2** Adjoindre du son à (un film, un spectacle). **3** Munir (une salle) d'une sonorisation (2).

**sonorité** n. f. ■ **1** Qualité d'un son (d'une voix). **2** Qualité acoustique (d'un local).

**sophisme** n. m. ■ Argument, raisonnement faux malgré une apparence de vérité.

**sophiste** ■ **1** n. m. Antiq. grecque Maître de rhétorique et de philosophie. **2** n. Personne qui fait des sophismes.

**sophistication** n. f. ■ anglic. **1** Caractère sophistiqué. **2** Complexité technique.

**sophistiqué, ée** adj. ■ **1** Alambiqué, affecté. **2** anglic. Complexe, perfectionné. *Du matériel très sophistiqué.*

**sophrologie** n. f. ■ didact. Maîtrise de la douleur, de l'angoisse (→ relaxation).

**soporifique** adj. ■ **1** Qui provoque le sommeil. ◆ n. m. *Un soporifique.* → **somnifère**. **2** fig., fam. Endormant, ennuyeux.

**sopraniste** n. m. ■ mus. Soprano homme.

**soprano** ■ **1** n. m. La plus élevée des voix (enfants, femmes). **2** n. Personne qui a cette voix. *Un, une soprano.*

**sorbe** n. f. ■ Fruit du sorbier, baie orangée.

**sorbet** n. m. ■ Glace légère, sans crème, généralement à base de jus de fruit.

**sorbetière** [-ətjɛʀ] n. f. ■ Appareil pour préparer les glaces et les sorbets.

**sorbier** n. m. ■ Arbre produisant des baies (*sorbes*) comestibles. → **alisier**.

**sorbonnard, arde** n. ■ péj. Étudiant ou professeur de la Sorbonne.

**sorcellerie** n. f. ■ Pratique des sorciers. – *C'est de la sorcellerie.* → **magie**.

**sorcier, ière** ■ **1** n. Personne qui pratique une magie secrète, illicite ou dangereuse. → **magicien**. ◆ loc. *CHASSE AUX SORCIÈRES* : persécution organisée. **2** n. f. fig. *(Vieille) sorcière* : vieille femme laide et méchante. **II** (adj. m.) loc. fam. *Ce n'est pas sorcier* : ce n'est pas difficile.

**sordide** adj. ■ **1** Sale et misérable. **2** fig. Intéressé et mesquin. ▷ adv. **sordidement** ▷ n. f. **sordidité**

**sorgho** n. m. ■ Graminée des pays chauds, utilisée comme céréale.

**sornette** n. f. ■ surtout au plur. Baliverne.

**sororal, ale, aux** adj. ■ didact. D'une sœur, de sœurs (correspond à *fraternel*).

**sort** n. m. ■ **1** Ce qui arrive (à qqn) du fait du hasard ou du destin. → **destinée**. *Abandonner qqn à son (triste) sort.* – *FAIRE UN SORT À qqch.*, littér. le mettre en valeur ; fam. s'en débarrasser. **2** Puissance fixant le cours des choses. – *Le MAUVAIS SORT* : la malchance. **3** Désignation par le hasard. *Le sort décidera.* – loc. *Tirer au sort.* – *Le sort en est jeté.* **4** Effet magique néfaste (surtout dans : *jeter un sort*). → **envoûtement, sortilège**.

**sortable** adj. ■ Présentable.

**sortant, ante** adj. ■ **1** Qui sort (I, 5). *Les numéros sortants.* → **gagnant**. **2** Qui cesse de faire partie d'une assemblée. *Député sortant.*

**sorte** n. f. ■ **1** Ensemble (de gens ou d'objets caractérisés). → **espèce, genre**. *Cette sorte de gens. Des fruits de toutes sortes.* **2** *UNE SORTE DE* : ce qui se rapproche de. → une **espèce** de. **3** loc. littér. *DE LA SORTE* : de cette façon, ainsi. – *EN QUELQUE SORTE* : d'une certaine manière ; pour ainsi dire. – *DE SORTE À* (+ inf.) : de manière à. – *DE TELLE SORTE QUE* : de telle manière que. – *DE SORTE QUE* : si bien que. – *FAIRE EN SORTE QUE* (+ subj.), *DE* (+ inf.) : s'arranger pour (que).

**sortie** [-ti] n. f. ■ **I 1** Action de quitter un lieu ; moment où (qqn) sort. *À la sortie de l'école.* **2** Action militaire pour sortir d'un lieu. ◆ fig. Attaque verbale. **3** Fait de sortir (I, 2). – fam. *Être DE SORTIE.* **4** (capitaux...) Fait de sortir d'un pays. **5** Fait d'être produit, livré au public. *La sortie d'un livre.* → **parution**. **6** Somme dépensée. *Les rentrées et les sorties.* **7** inform. Émission vers l'extérieur (par oppos. à *entrée*). **II** Endroit par où les personnes, les choses sortent. → **issue**. *Sortie de secours.* → **porte**. **III** *SORTIE DE BAIN* : peignoir que l'on porte après le bain.

**sortilège** n. m. ■ **1** Artifice de sorcier. **2** Influence magique. → **charme ; sort** (4).

① **sortir** v. 🔲 ■ v. intr. (avec l'auxiliaire *être*) contr. *entrer* **I 1** Aller hors (d'un lieu). *Sortir de chez soi.* ◆ absolt Quitter une maison, une pièce. *Il est sorti discrètement.* **2** Aller dehors. ◆ Aller hors de chez soi pour se distraire (→ **sortie** (3)). *Ils sortent beaucoup.* ◆ *Sortir avec qqn*, ensemble (relations amoureuses). **3** (objet en mouvement, fluide) Aller hors (de). *Eau qui sort d'une source. La voiture est sortie de la route.* **4** Apparaître à l'extérieur. → **pousser ; percer**. *Les bourgeons sortent.* ◆ (film, livre...) Paraître. Se produire (au jeu, au tirage au sort). **II** (personnes) **1** Quitter (le lieu d'une occupation). *Sortir de table* : avoir fini de manger. – absolt *Les élèves sortent à cinq heures.* **2** Quitter (une occupation). – fam. (+ inf.) *Je sors d'en prendre !* **3** Quitter (un état), faire ou voir cesser (une situation). **4** Ne pas se tenir (à une chose fixée). → s'**écarter**. *Vous sortez du sujet.* ◆ Être en dehors (de). *Sortir de l'ordinaire.* **III** Avoir son origine (dans). → **venir** de. – *Il sort d'une bonne famille.* ◆ Avoir été formé (quelque part). *Sortir d'une grande école.* **IV** v. tr. (avec l'auxiliaire *avoir*) **1** Mener dehors (un animal). *Je vais sortir le chien.* – fam. Mener (qqn) au spectacle, etc. **2** Placer dehors (qqch.). **3** fam. Expulser, jeter dehors (qqn). – Éliminer (un concurrent...). **4** Tirer (d'un état, d'une situation). *Il faut le sortir de là.* ◆ pronom. *S'EN SORTIR* : se dégager d'une mauvaise situation. → s'en **tirer**. **5** Produire pour le public, mettre en vente. **6** fam. Dire, débiter.

② **sortir** n. m. ■ littér. *AU SORTIR DE* : en sortant de (un lieu ; une état, une occupation).

**S. O. S.** [ɛsoɛs] n. m. ■ Appel au secours (d'un bateau, d'un avion...).

**sosie** n. m. ■ Personne qui a une ressemblance parfaite avec une autre.

**sot, sotte** adj. ■ littér. **1** Sans intelligence ni jugement. → **bête, idiot, stupide.** ♦ n. *Un pauvre sot.* **2** Qui dénote un manque d'intelligence et de jugement. *Une sotte vanité.*

**sotie** [-ti] n. f. ■ hist. littér. Farce satirique et allégorique du moyen âge.

**sot-l'y-laisse** n. m. invar. ■ Morceau délicat et caché d'une volaille.

**sottement** adv. ■ D'une manière sotte.

**sottise** n. f. ■ **1** littér. Manque d'intelligence et de jugement. → **bêtise, stupidité. 2** Parole ou action sotte. **3** Maladresse, acte de désobéissance (d'enfant).

**sottisier** n. m. ■ Recueil de sottises (2) ou de platitudes de personnes connues.

**sou** n. m. ■ **1** ancient Le vingtième du franc, cinq centimes. ♦ mod. Pièce de monnaie. *Machine à sous.* **2** loc. Petite somme. *Amasser sou à sou, sou par sou. Être sans le sou,* sans argent. *Il n'a pas un sou de bon sens,* pas du tout. **3** au plur. Argent. *Des sous !* → loc. *Une question de gros sous,* d'intérêt.

**soubassement** n. m. ■ Partie inférieure (d'une construction...). → **base.**

**soubresaut** [-so] n. m. ■ **1** Secousse imprévue. **2** Mouvement convulsif.

**soubressade** n. f. ■ *Grosse saucisse pimentée, de consistance molle.*

**soubrette** n. f. ■ littér. Servante.

**souche** n. f. ■ **1** Base du tronc et racines (d'un arbre coupé). → loc. *Dormir comme une souche,* profondément. **2** fig. (dans des loc.) Origine d'une lignée. *De vieille souche.* → Origine. *Mot de souche germanique.* **3** Partie d'un document qui reste, quand on en a détaché l'autre partie. → **talon.**

① **souci** n. m. ■ **1** Préoccupation inquiète (à propos de qqn ou de qqch.). → **tracas.** *Se faire du souci.* **2** Objet de cette préoccupation. *Un, des soucis.* **3** Intérêt soutenu. *Le souci de la perfection.*

② **souci** n. m. ■ Petite plante de jardin, à fleurs jaunes ou orangées. → Sa fleur.

**se soucier** v. pron. ⑦ ■ (surtout négatif) Se préoccuper de. *Je ne m'en soucie guère.*

**soucieux, euse** adj. ■ **1** Absorbé par le souci. → **inquiet, préoccupé. 2** *SOUCIEUX DE :* qui se soucie de.

**soucoupe** n. f. ■ **1** Petite assiette qui se place sous une tasse. **2** *SOUCOUPE VOLANTE :* objet volant d'origine inconnue. → **ovni.**

**soudage** n. m. ■ Action de souder (1).

**soudain, aine** ■ I adj. Qui se produit en très peu de temps, sans avoir été prévu. → **brusque, rapide, subit. II** adv. Dans l'instant même. ▷ adv. **soudainement**

**soudaineté** n. f. ■ Caractère soudain.

**soudard** n. m. ■ littér. Soldat brutal.

**soude** n. f. ■ **1** Carbonate de sodium. **2** *Soude caustique :* hydroxyde de sodium. **3** pharm. *Bicarbonate de soude,* de sodium.

**souder** v. tr. ① ■ **1** Joindre (des pièces métalliques) par fusion. → absolt *Lampe à souder* (→ **chalumeau**). **2** Unir étroitement. → au p. p. *Une équipe très soudée.*

**soudeur, euse** ■ **1** n. Spécialiste de la soudure. **2** n. f. Machine à souder.

**soudoyer** v. tr. ⑧ ■ Acheter de manière immorale le concours de (qqn).

**soudure** n. f. ■ **1** Alliage fusible servant à souder les métaux. **2** Ce qui est soudé. → Soudage. **3** fig. *Faire la soudure :* assurer la continuité.

**soufflage** n. m. ■ Opération par laquelle on façonne un verre en le soufflant.

**soufflant, ante** adj. ■ **1** Qui sert à souffler. **2** fig., fam. Qui coupe le souffle.

**souffle** n. m. ■ **1** Mouvement de l'air produit en soufflant. **2** Expiration. → **haleine.** ♦ La respiration. *Couper le souffle à qqn* (fig., stupéfier). → *À bout de souffle,* épuisé. **3** *Le souffle :* la capacité à ne pas s'essouffler. *Avoir du souffle.* → fig. *Second souffle,* regain d'énergie. **4** fig. Force qui anime, crée. *Souffle créateur.* → **inspiration. II 1** Mouvement de l'air dans l'atmosphère. → **vent; courant. 2** Air, fluide déplacé (par une différence de pression). → **poussée.** *Le souffle d'un réacteur.* **3** Bruit anormal (cœur, poumons). **4** Bruit de fond (radio).

**soufflé, ée** ■ I adj. **1** Gonflé. *Beignet soufflé.* **2** Bouffi, boursouflé. **3** fam. Stupéfait. **II** n. m. Préparation de pâte légère qui se gonfle à la cuisson.

**souffler** v. tr. ① ■ **I** v. intr. **1** Expulser de l'air par la bouche ou par le nez. *Souffler sur le feu.* **2** Respirer avec peine. → **haleter.** ♦ Reprendre haleine. *Prendre le temps de souffler.* **3** (vent) Produire un mouvement de l'air. **II** v. tr. **1** Éteindre en soufflant. **2** fam. *SOUFFLER qqch. à qqn,* le lui enlever. **3** Détruire par un souffle violent. → au p. p. *Maison soufflée par une explosion.* **4** Envoyer de l'air, du gaz dans (qqch.). *Souffler le verre* (pour le façonner). **5** Faire sortir en soufflant. *Souffler la fumée par le nez.* **6** loc. *Ne pas souffler mot :* ne rien dire. ♦ Dire discrètement (qqch.) pour aider qqn. *Souffler une réplique à un acteur* (→ **souffleur**). **7** fam. Stupéfier (→ **soufflant**).

**soufflerie** n. f. ■ **1** Machine qui souffle de l'air. *La soufflerie d'une forge.* **2** Installation étudiant les mouvements d'un fluide, de l'air (avions, etc.).

**soufflet** n. m. ■ **I 1** Instrument qui sert à souffler de l'air. **2** Partie pliante ou souple entre deux parties rigides. *Sac à soufflets.* **II** littér. Gifle (▷ **souffleter** v. tr. ④). → fig. Insulte grave.

**souffleur, euse** ■ **1** n. **1** Personne qui façonne le verre par soufflage. **2** au théâtre Personne qui souffle leur rôle aux acteurs. **II** n. m. franç. du Canada Chasse-neige qui projette la neige à distance.

**soufflure** n. f. ■ techn. Bulle de gaz.

**souffrance** n. f. ■ **1** Fait de souffrir* ; douleur. **2** *EN SOUFFRANCE :* (marchandises) en attente ; en suspens.

**souffrant, ante** adj. ▪ **1** littér. Qui souffre. **2** Légèrement malade. → **indisposé.**

**souffre-douleur** n. m. invar. ▪ Personne qui est en butte aux mauvais traitements.

**souffreteux, euse** adj. ▪ De santé fragile. → **maladif, malingre.**

**souffrir** v. ⑱ ▪ **I** v. tr. littér. **1** Supporter (qqch. de pénible). → **endurer.** ← loc. *Ne pas souffrir* (qqn). **2** Permettre, tolérer. *Souffrez que...* (+ subj.). ← (sujet chose) *Une loi qui ne souffre aucune exception.* → **admettre.** **II** v. intr. **1** Éprouver des douleurs physiques ou morales ; avoir mal. *Où souffrez-vous ?* ← *SOUFFRIR DE* (origine, cause). *Souffrir du froid ; de la solitude.* **2** (sujet chose) Éprouver un dommage. → **pâtir. 3** trans. loc. *Souffrir le martyre, mille morts,* souffrir beaucoup.

**soufi, ie** adj. et n. ▪ Adepte du soufisme.

**soufisme** n. m. ▪ Courant mystique de l'islam, qui vise au pur amour de Dieu.

**soufre** n. m. ▪ Corps simple (symb. S), solide, jaune citron. → **sulf(o)-.** ◆ loc. *Sentir le soufre,* paraître diabolique.

**soufrer** v. tr. ① ▪ **1** Imprégner, enduire de soufre. ← au p. p. *Allumettes soufrées.* **2** Traiter (la vigne) à l'anhydride sulfureux.

**soufrière** n. f. ▪ Lieu d'où l'on extrait le soufre.

**souhait** n. m. ▪ **1** Désir d'obtenir qqch., de voir un événement se produire. → **vœu. 2** *À SOUHAIT* loc. adv. : très bien.

**souhaiter** v. tr. ① ▪ Désirer (qqch.) pour soi ou pour autrui. → **espérer.** *Je souhaite qu'il réussisse.* ← *Je vous souhaite bonne chance.* ▷ adj. **souhaitable**

**souille** n. f. ▪ Bourbier où le sanglier aime à se vautrer.

**souiller** v. tr. ① ▪ littér. Salir. ◆ fig. *On tente de souiller sa mémoire.*

**souillon** n. f. ▪ littér. Femme malpropre.

**souillure** n. f. ▪ littér. **1** Saleté, tache. **2** fig. Tache morale, flétrissure.

**souk** n. m. ▪ **1** Marché couvert des pays arabes. **2** fam. Lieu de désordre.

**soul** n. f. ▪ anglic. Musique vocale des États-Unis issue du rhythm and blues.

**soûl, soûle** [su, sul] adj. ▪ **1** littér. *Être soûl de qqch.,* en être rassasié. **2** (n. m.) *TOUT SON (TON, SON...) SOÛL* loc. adv. : à satiété. **II** fam. Ivre. - var. SAOUL, SAOULE.

**soulagement** n. m. ▪ **1** Action ou manière de soulager ; ce qui soulage. **2** État d'une personne soulagée. *Soupir de soulagement.*

**soulager** v. tr. ③ ▪ **1** Débarrasser (qqn, un animal, qqch.) de (une partie d'un fardeau), dispenser de. ◆ *SE SOULAGER* v. pron. fam. Satisfaire un besoin naturel. **2** Débarrasser partiellement (qqn) de ce qui pèse sur lui (douleur, inquiétude, etc.). **3** Rendre (un mal) moins pénible à supporter.

**soûlard, arde** adj. ▪ fam. Ivrogne.

**soûler** v. tr. ① ▪ **1** Enivrer. ← pronom. *Se soûler au whisky.* **2** fig. Griser. **3** fam. Ennuyer, fatiguer (▷ adj. **soûlant, ante**).

**soûlerie** n. f. ▪ fam. Fait de se soûler.

**soulèvement** n. m. ▪ **1** Fait de soulever, d'être soulevé. **2** fig. Révolte massive.

**soulever** v. tr. ⑤ ▪ **1** Lever à une faible hauteur ; relever. **2** Faire s'élever. *Soulever de la poussière.* ← loc. *Soulever le cœur*. **3** fig. Transporter, exalter (qqn). **4** Entraîner à la révolte. *Soulever le peuple contre un dictateur.* **5** Exciter puissamment (une réaction...). *Soulever l'enthousiasme.* **6** Faire que se pose (une question, un problème). → **poser. 7** fam. Enlever, prendre.

**soulier** n. m. ▪ Chaussure épaisse, qui couvre bien le pied. ← loc. *Être dans ses petits souliers,* mal à l'aise.

**souligner** v. tr. ① ▪ **1** Tirer une ligne, un trait sous (des mots qu'on veut signaler). ◆ Border d'un trait qui met en valeur. **2** fig. Accentuer ; mettre en valeur. ▷ n. m. **soulignage** et **soulignement**

**soûlographie** n. f. ▪ fam. → **soûlerie.**

**soulte** n. f. ▪ dr. Somme d'argent qui compense une inégalité (partage, etc.).

**soumettre** v. tr. ⑤⑥ ▪ **1** Mettre dans un état de dépendance ; ramener à l'obéissance. *Soumettre des rebelles.* **2** Mettre dans l'obligation d'obéir, de faire. → **assujettir.** ← au p. p. *Revenus soumis à l'impôt.* **3** Présenter, proposer. *Soumettre un manuscrit à un éditeur.* ► **se soumettre** v. pron. ► **soumis, ise** adj. **1** Docile, obéissant. **2** vx *FILLE SOUMISE* : prostituée.

**soumission** n. f. ▪ **1** Fait de se soumettre ; attitude soumise. → **obéissance. 2** dr. Devis établi en réponse à un appel d'offres.

**soumissionner** v. tr. ① ▪ dr. Proposer par une soumission (2).

**soupape** n. f. ▪ Pièce mobile qui s'ouvre et se ferme. → **clapet, valve.**

**soupçon** n. m. ▪ **1** Fait d'attribuer à qqn des actes, des intentions blâmables. → **suspicion.** ← *Être au-dessus, à l'abri de tout soupçon.* **2** Fait de soupçonner (qqch.). **3** Ce qui laisse supposer la présence (de qqch.) ; très petite quantité. *Un soupçon de vin.*

**soupçonner** v. tr. ① ▪ **1** Faire peser des soupçons sur (qqn). → **suspecter. 2** Pressentir (qqch.). *Soupçonner un danger.* ▷ adj. **soupçonnable**

**soupçonneux, euse** adj. ▪ Enclin aux soupçons. → **méfiant ; suspicieux.**

**soupe** n. f. ▪ **I 1** vx Tranche de pain arrosée de bouillon. **2** loc. *Être trempé comme une soupe,* complètement trempé (par la pluie). **II 1** Potage ou bouillon épais. ◆ loc. fam. *Un gros plein de soupe,* un homme très gros. ← *Être SOUPE AU LAIT,* irascible. **2** loc. *Soupe populaire,* repas gratuit servi aux défavorisés. **3** loc. fam. *Aller à la soupe :* chercher les avantages. ← *Cracher* dans la soupe.

**soupente** n. f. ▪ Réduit aménagé dans la hauteur d'une pièce ou sous un escalier.

① **souper** v. intr. ① ▪ **1** vx ou régional Prendre le repas du soir. → ① **dîner. 2** fam. *J'en ai soupé :* j'en ai assez.

② **souper** n. m. ▪ **1** vx ou régional Dîner. **2** Repas que l'on prend tard dans la nuit.

**soupeser** v. tr. ⑤ ▪ **1** Soulever et soutenir un moment. **2** fig. Peser, évaluer.

**soupière** n. f. ▪ Récipient où l'on sert la soupe ou le potage ; son contenu.

**soupir** n. m. ▪ **1** Inspiration ou respiration bruyante, exprimant l'émotion. → loc. *Le dernier soupir* (de la mort). → **souffle**. **2** mus. Silence d'une noire.

**soupirail, aux** n. m. ▪ Ouverture donnant de l'air, du jour à un sous-sol.

**soupirant** n. m. ▪ plais. Celui qui fait la cour à une femme.

**soupirer** v. ① ▪ **1** v. intr. Pousser des soupirs. ◆ *Soupirer après, pour* (qqn, qqch.) : désirer. **2** v. tr. Dire en soupirant.

**souple** adj. ▪ **1** Que l'on peut plier et replier facilement, sans casser. → **flexible**. ◆ (corps, personnes) Qui se plie avec aisance. **2** fig. Capable de s'adapter ; accommodant.

**souplesse** n. f. ▪ **1** Propriété de ce qui est souple (1). → **flexibilité**. **2** Caractère, action d'une personne souple (2).

**souquer** v. ① ▪ mar. Tirer fortement (sur les avirons).

**sourate** n. f. ▪ Chapitre du Coran. - var. SURATE [sуʀat] n. f.

**source** n. f. ▪ **1** Eau qui sort de terre ; son emplacement. → loc. fig. *Cela coule* de source. ◆ spécialt *La source d'un cours d'eau*. **2** fig. Origine, principe. *Une source de profit.* **3** Origine (d'une information). *Savoir de source sûre.* **4** Point d'où rayonne (une énergie). *Une source de chaleur.*

**sourcier, ière** n. ▪ Personne censée pouvoir découvrir les sources (par radiesthésie).

**sourcil** [-si] n. m. ▪ (êtres humains) Arc garni de poils qui surplombe les yeux.

**sourcilier, ière** adj. ▪ *Arcade sourcilière*, des sourcils.

**sourciller** v. intr. ① ▪ (négatif) Manifester son trouble, son mécontentement. *Il a répondu sans sourciller.*

**sourcilleux, euse** adj. ▪ littér. Sévère.

**sourd, sourde** ▪ **I** adj. et n. **1** Qui entend mal (→ **malentendant**) ou n'entend pas (→ **surdité**). → loc. *Sourd comme un pot* : complètement sourd. ◆ n. *Un sourd, une sourde.* → loc. *Crier ; cogner comme un sourd*, de toutes ses forces. → *DIALOGUE DE SOURDS*, où les interlocuteurs ne se comprennent pas. **2** fig., littér. *SOURD À* (qqch.) : insensible à. **II** adj. (choses) **1** Peu sonore. → n. f. *Une sourde* (opposé à *sonore*), consonne émise sans vibration des cordes vocales (ex. [p]). **2** Qui se manifeste peu. *Une douleur sourde.*

**sourdement** adv. ▪ **1** Avec un bruit sourd. **2** D'une manière cachée.

**sourdine** n. f. ▪ **1** Dispositif pour amortir le son (cordes, cuivres...). **2** loc. *EN SOURDINE* : sans éclat. → **discrètement**.

**sourdingue** adj. ▪ fam. et péj. Sourd.

**sourd-muet, sourde-muette** n. ▪ Que sa surdité a rendu muet(te).

**sourdre** v. intr. seulement inf. et 3ᵉ pers. de l'indic. : *il sourd, ils sourdent ; il sourdait, ils sourdaient* ▪ littér. Naître, surgir.

**souriant, ante** adj. ▪ **1** Qui sourit, est aimable et gai. **2** Plaisant, agréable.

**souriceau** n. m. ▪ Jeune souris.

**souricière** n. f. ▪ **1** Piège à souris. **2** fig. Piège tendu par la police.

① **sourire** v. intr. ㊱ ▪ **1** Prendre une expression rieuse ou ironique. ≠ *rire.* **2** (sujet chose) Être agréable ; favorable. *La chance lui a souri.*

② **sourire** n. m. ▪ Expression d'un visage qui sourit. ◆ *Avoir le sourire* : être content.

**souris** n. f. ▪ **1** Petit mammifère rongeur. **2** fam. Jeune fille, jeune femme. **3** Muscle à l'extrémité du gigot. **4** Boîtier au moyen duquel on transmet des instructions à un ordinateur.

**sournois, oise** adj. ▪ **1** Qui dissimule dans une intention malveillante. **2** Qui ne se déclare pas franchement. *Une douleur sournoise.* ▷ adv. **sournoisement**

**sournoiserie** n. f. ▪ Caractère sournois. ◆ Action sournoise.

**sous** prép. ▪ **I 1** Marque la position en bas, ou en dedans (contr. *sur*). → **dessous**. **2** En étant exposé à. *Sous le feu de l'ennemi.* **II** fig. **1** (subordination ou dépendance) *Sous condition*. → *Malade sous perfusion.* **2** (temporel) Pendant le règne de. *Sous Louis XIV.* → loc. *Sous peu* : bientôt. **3** (causal) Par l'effet de. *Sous la pression des événements.* **4** En considérant (par un aspect). *Vu sous cet angle.*

**sous-** ▪ Préfixe tiré de *sous*, qui marque la position inférieure (ex. *sous-sol*), la subordination (ex. *sous-préfet*), la subdivision (ex. *sous-ensemble*), etc. → **hypo-**, **infra-**, **sub-**.

**sous-alimenté, ée** [suz-] adj. ▪ Victime d'insuffisance alimentaire (*sous-alimentation* n. f.).

**sous-bois** n. m. ▪ Végétation qui pousse sous les arbres (forêt).

**sous-chef** n. m. ▪ Personne qui vient immédiatement après un chef.

**sous-commission** n. f. ▪ Commission secondaire.

**sous-consommation** n. f. ▪ Consommation inférieure à la normale.

**sous-continent** n. m. ▪ Partie importante et différenciée d'un continent.

**souscrire** v. ㊴ ▪ **1** v. tr. vieilli Revêtir (un acte) de sa signature. ◆ S'engager à payer. *Souscrire un abonnement.* **2** v. tr. ind. littér. *SOUSCRIRE À* : donner son adhésion à. → **acquiescer, consentir** à. ◆ S'engager à fournir une somme pour. *Souscrire à un emprunt.* ▷ n. f. **souscription** ▷ n. **souscripteur, trice**

**sous-cutané, ée** adj. ▪ Qui est situé ou se fait sous la peau. → **hypodermique**.

**sous-développé, ée** adj. ■ Dont le développement économique est insuffisant. *Pays sous-développés* (ou *en voie de développement*). ▷ n. m. **sous-développement**

**sous-directeur, trice** n. ■ Directeur, directrice en second.

**sous-emploi** [suz-] n. m. ■ Emploi insuffisant des travailleurs disponibles (→ chômage).

**sous-employer** [suz-] v. tr. 8 ■ Utiliser insuffisamment les possibilités, les capacités de (qqn, qqch.). ▶ **sous-employé, ée** p. p.

**sous-ensemble** [suz-] n. m. ■ math. Ensemble inclus dans un autre.

**sous-entendre** [suz-] v. tr. 41 ■ Avoir dans l'esprit sans dire expressément. ◆ impers. *Il est sous-entendu que...*

**sous-entendu** [suz-] n. m. ■ 1 Action de sous-entendre. 2 Allusion.

**sous-estimer** [suz-] v. tr. 1 ■ Estimer au-dessous de sa valeur. – syn. SOUS-ÉVALUER. ▷ n. f. **sous-estimation**

**sous-exposer** [suz-] v. tr. 1 ■ Exposer insuffisamment (une pellicule, un film) à la lumière. ▶ **sous-exposé, ée** p. p. ▷ n. f. **sous-exposition**

**sous-fifre** n. m. ■ fam. Subalterne.

**sous-jacent, ente** adj. ■ 1 Qui s'étend au-dessous. 2 fig. Caché, implicite.

**sous-lieutenant** n. m. ■ Officier du premier grade des officiers, au-dessous du lieutenant.

**sous-louer** v. tr. 1 ■ 1 Donner à louer (ce dont on est locataire principal). 2 Prendre à louer du locataire principal. ▷ n. **sous-locataire** ▷ n. f. **sous-location**

① en **sous-main** loc. adv. ■ littér. En secret ; clandestinement.

② **sous-main** n. m. invar. ■ Support sur lequel on place le papier pour écrire.

**sous-marin, ine** ■ I adj. Qui est dans, sous la mer. II n. m. 1 Navire capable de naviguer en plongée. 2 fam. Personne qui espionne, agit secrètement. 3 franç. du Canada Sandwich de forme allongée.

**sous-marque** n. f. ■ Marque secondaire d'un fabricant.

**sous-ministre** n. m. ■ franç. du Canada Haut fonctionnaire qui seconde un ministre.

**sous-multiple** n. m. ■ Grandeur contenue un nombre entier de fois dans une autre.

**sous-munition** n. f. ■ Chacune des armes renfermées dans un conteneur (bombe, missile) destiné à s'ouvrir et à les éjecter. *Bombes à sous-munitions.*

**sous-officier** [suz-] n. m. ■ Militaire auxiliaire de l'officier (de sergent à adjudant). – abrév. fam. SOUS-OFF [suzɔf].

**sous-ordre** n. m. ■ biol. Division d'un ordre.

**sous-payer** v. tr. 8 ■ Payer insuffisamment.

**sous-préfecture** n. f. ■ (en France) Ville ; lieu où réside le sous-préfet.

**sous-préfet** n. m. ■ (en France) Fonctionnaire représentant le pouvoir central dans un arrondissement.

**sous-production** n. f. ■ Production insuffisante.

**sous-produit** n. m. ■ 1 Produit secondaire. 2 Mauvaise imitation.

**sous-prolétariat** n. m. ■ Classe sociale la plus misérable.

**sous-pull** n. m. ■ Pull à col haut, à mailles très fines, qui se porte sous un autre vêtement.

**soussigné, ée** adj. ■ dr. Qui a signé plus bas. ◆ n. *Les soussignés.*

**sous-sol** n. m. ■ 1 Terrain au-dessous du sol. 2 Construction au-dessous du rez-de-chaussée.

**sous-tasse** n. f. ■ en Belgique Soucoupe.

**sous-tendre** v. tr. 41 ■ 1 Constituer ou joindre les extrémités de (un arc ; une voûte). 2 fig. Servir de base à.

**sous-titre** n. m. ■ 1 Titre secondaire. 2 Traduction du dialogue d'un film, en bas de l'image. ▷ **sous-titrer** v. tr. 1

**soustraction** n. f. ■ 1 dr. Vol (→ soustraire (1)). 2 Opération inverse de l'addition, par laquelle on retranche.

**soustraire** v. tr. 50 ■ 1 Enlever (qqch.), par ruse, fraude. → voler. 2 Faire échapper (à qqch. à quoi on est exposé). *Soustraire qqn aux questions.* 3 Retrancher par soustraction (un nombre d'un autre).

**sous-traitant** n. m. ■ Personne chargée d'un travail pour le compte d'un entrepreneur principal. ▷ n. f. **sous-traitance**

**sous-traiter** v. tr. 1 ■ Confier à un sous-traitant.

**sous-verre** n. m. invar. ■ Image, photo placée entre une plaque de verre et un fond rigide.

**sous-vêtement** n. m. ■ Vêtement de dessous (slip, culotte, soutien-gorge...).

**soutache** n. f. ■ Galon cousu servant d'ornement (→ ganse).

**soutane** n. f. ■ Longue robe d'ecclésiastique.

**soute** n. f. ■ Magasin, dans la cale (navire ; avion). *Soute à charbon* (anciens cargos).

**soutenance** n. f. ■ Action de soutenir (un mémoire, une thèse de doctorat).

**soutènement** n. m. ■ loc. *Mur de soutènement*, qui soutient (une pression).

**souteneur** n. m. ■ Proxénète.

**soutenir** v. tr. 22 ■ I 1 Tenir (qqch.) en place, en servant de support ou d'appui. 2 Maintenir debout (qqn). 3 Fortifier. 4 Apporter secours, réconfort à. *Son amitié m'a soutenu.* 5 Appuyer en défendant (qqn, qqch.). *Soutenir un candidat, un parti.* 6 Affirmer, faire valoir. *Soutenir une opinion* (▷ adj. **soutenable**). – spécialt Présenter et défendre devant un jury (une thèse). ◆ *Soutenir que...*, affirmer, assurer que. II Subir sans fléchir (une force, une action qui s'exerce). → *Soutenir le regard de qqn*, le regarder sans baisser les yeux.

**soutenu, ue** adj. ■ 1 Constant, régulier. *Attention soutenue.* 2 Accentué, prononcé. *Un bleu soutenu.* 3 (style) Qui évite la familiarité, respecte la norme écrite.

**souterrain, aine** ■ I adj. 1 Qui est ou se fait sous terre. 2 fig., littér. Caché, obscur. ■ II n. m. Passage souterrain.

**soutien** [-tjɛ̃] n. m. ■ 1 Action ou moyen de soutenir (I, 4 et 5). → **aide, appui.** 2 Personne qui soutient (une cause, un parti...). → *SOUTIEN DE FAMILLE,* qui assure la subsistance de sa famille.

**soutien-gorge** n. m. ■ Sous-vêtement féminin destiné à soutenir les seins.

**soutier** [-tje] n. m. ■ Matelot chargé du service de la soute à charbon.

**soutif** n. m. ■ fam. Soutien-gorge.

**soutirer** v. tr. 1 ■ I Transvaser doucement (le vin, le cidre...) pour éliminer les dépôts. → n. m. SOUTIRAGE. II Soutirer *(qqch.) à qqn,* obtenir de lui par ruse, malgré lui.

**souvenance** n. f. ■ littér. Souvenir.

① **souvenir** v. 22 ■ I v. pron. *SE SOUVENIR (DE)* 1 Avoir de nouveau présent à l'esprit (le passé). → se **rappeler.** *Je me souviens de cette rencontre, je m'en souviens.* 2 à l'impératif Penser à. *Souvenez-vous de vos promesses.* II v. intr. impers. littér. Revenir à la mémoire. *T'en souvient-il ?*

② **souvenir** n. m. ■ 1 Fait de se souvenir. *Avoir le souvenir de...* 2 Ce qui revient du passé à l'esprit. *Souvenir d'enfance.* → *Meilleurs souvenirs* (formule). II (objets concrets) 1 Ce qui fait souvenir, témoignage (du passé). 2 Objet, cadeau (qui fait qu'on pense à qqn). → *Boutique de souvenirs.*

**souvent** adv. ■ Plusieurs fois, à plusieurs reprises (dans un temps limité). → *Le plus souvent,* dans la plupart des cas.

**souventes fois** adv. ■ régional Souvent.

① **souverain, aine** ■ I adj. 1 Suprême. → *Un remède souverain contre...* → **sûr.** 2 Dont le pouvoir n'est pas limité. → *Le souverain pontife\*.* → Qui possède la souveraineté (2). 3 Qui exprime un sentiment de supériorité. *Un souverain mépris.* II n. Chef d'État monarchique. → **empereur, roi.**

② **souverain** n. m. ■ Ancienne monnaie d'or anglaise, valant une livre sterling.

**souverainement** adv. ■ 1 littér. Supérieurement. 2 En souverain.

**souveraineté** n. f. ■ 1 Autorité suprême (d'un souverain, d'une nation...). *La souveraineté du peuple, fondement de la démocratie.* 2 Indépendance (pour un État).

**souverainiste** adj. et n. ■ polit. 1 (Au Canada) Partisan de la souveraineté du Québec. 2 (En Europe) Partisan d'un respect absolu de la souveraineté des États (dans l'Union, par ex.).

**soviet** [sɔvjɛt] n. m. ■ hist. (Russie...) Conseil de délégués ouvriers et soldats (1917). → *SOVIET SUPRÊME :* parlement de l'U. R. S. S.

**soviétique** adj. et n. ■ hist. Relatif à l'État fédéral socialiste (1917-1991) dit *Union soviétique* (U. R. S. S.). → *Les Soviétiques.*

**soyeux, euse** ■ 1 adj. Doux et brillant. 2 n. m. Industriel de la soierie.

**spa** n. m. ■ Centre de beauté, de remise en forme (dans un hôtel de luxe...).

**spacieux, euse** adj. ■ Où l'on a beaucoup d'espace.

**spadassin** n. m. ■ ancient Assassin à gages.

**spaghetti** [spageti] n. m. pl. ■ Pâtes alimentaires fines et longues.

**spahi** n. m. ■ ancient Cavalier maghrébin de l'armée française.

**spam** n. m. ■ anglic. Envoi massif de messages électroniques non désirés ; ce type de messages.

**sparadrap** n. m. ■ Bande adhésive utilisée pour protéger les plaies.

**sparterie** n. f. ■ Fabrication en fibres végétales vannées ou tissées.

**spartiate** [-sjat] ■ I 1 n. Habitant de l'ancienne Sparte (Lacédémone). 2 adj. Qui évoque l'austérité de Sparte. II n. f. Sandale en lanières croisées.

**spasme** n. m. ■ Contraction brusque et involontaire d'un ou de plusieurs muscles.

**spasmodique** adj. ■ Caractérisé par des spasmes ; relatif aux spasmes. → **convulsif.**

**spasmophilie** n. f. ■ méd. Tendance aux spasmes musculaires et viscéraux. ▷ adj. et n. spasmophile

**spath** n. m. ■ minér., vx Cristal lamellaire.

**spatial, ale, aux** adj. ■ 1 Qui se rapporte à l'espace (s'oppose à *temporel*). 2 Relatif à l'espace cosmique.

**spatio-** Élément tiré de *spatial.*

**spationaute** n. ■ Membre d'équipage d'un engin spatial. → **astronaute, cosmonaute, taïkonaute.**

**spatiotemporel, elle** adj. ■ didact. Qui appartient à l'espace et au temps.

**spatule** n. f. ■ 1 Instrument à lame plate et large. 2 Extrémité d'un ski.

**speaker** [spikœr] n. m. ■ anglic., vieilli Présentateur (de radio...). - fém. SPEAKERINE.

**spécial, ale, aux** adj. ■ 1 Qui concerne une espèce de choses (opposé à *général*). 2 Particulier (à qqn, un groupe ; une chose). *Un régime spécial.* ◆ Employé dans des circonstances extraordinaires. *L'envoyé spécial d'un journal.* 3 fam. Qui n'est pas ordinaire.

**spécialement** adv. ■ 1 Notamment. → Dans un sens restreint (mot). 2 D'une manière caractéristique. → fam. *Pas spécialement,* pas tellement.

**spécialiser** v. tr. 1 ■ Employer dans une spécialité. ▷ se **spécialiser** v. pron. ▷ n. f. **spécialisation**

**spécialiste** n. ■ 1 Personne qui a des connaissances approfondies dans un domaine déterminé (science, technique...). ◆ spéciait Médecin qui s'est spécialisé (opposé à *généraliste*). 2 fam. Personne qui est coutumière (de qqch.).

**spécialité** n. f. ■ 1 didact. Caractère de ce qui est spécial. 2 Ensemble de connaissances sur un objet d'étude limité. → **branche, discipline, domaine, partie.** ◆ *Langages de spécialité.* 3 Activité déterminée. *Spécialités régionales* (culinaires). 4 fam. Comportement particulier et personnel.

**spécieux, euse** adj. ■ littér. Qui n'a qu'une belle apparence. *Idée spécieuse.*

**spécificité** n. f. ■ didact. Caractère de ce qui est spécifique.

**spécifier** v. tr. 7 ■ Caractériser ou mentionner de façon précise. → **préciser.** ▷ n. f. **spécification**

**spécifique** adj. ■ 1 didact. Propre à une espèce* et à elle seule. *Terme spécifique* (opposé à *générique*). 2 Propre à une chose. → **caractéristique.** ▷ adv. **spécifiquement**

**spécimen** [-ɛn] n. m. ■ 1 Individu, unité qui donne une idée de l'espèce. → **échantillon, exemple, représentant.** 2 Exemplaire publicitaire.

**spectacle** n. m. ■ 1 Ensemble de choses, de faits qui s'offre au regard. *Le spectacle de la nature.* ◆ loc. péj. *Se donner en spectacle.* 2 Représentation (théâtre, cinéma...) ; ce qu'on présente au public (→ **séance**). ◆ Activités de théâtre, cinéma, music-hall, télévision, etc. 3 loc. *Pièce, revue à grand spectacle,* à mise en scène somptueuse.

**spectaculaire** adj. ■ Qui frappe l'imagination. *Un exploit spectaculaire.*

**spectateur, trice** n. ■ Personne qui regarde un spectacle (1 et 2).

**spectral, ale, aux** adj. ■ I De spectre (I). II sc. Relatif aux spectres (II).

**spectre** n. m. ■ I 1 Apparition effrayante d'un mort. → **fantôme, revenant.** 2 fig., littér. Perspective menaçante. *Le spectre de la guerre.* II 1 sc. Image analytique résultant de la décomposition d'un phénomène vibratoire (rayonnement, son...). *Le spectre solaire.* 2 Champ d'action (d'un antibiotique).

**spectroscope** n. m. ■ sc. Instrument pour produire ou examiner des spectres (II, 1).

**spectroscopie** n. f. ■ sc. Étude des spectres (II, 1), en physique, astronomie.

**spéculaire** adj. ■ didact. 1 Qui réfléchit la lumière comme un miroir. 2 D'un miroir. *Image spéculaire.*

**spéculateur, trice** n. ■ Personne qui fait des spéculations (II).

**spéculation** n. f. ■ I didact. Théorie, recherche abstraite. II Opération financière fondée sur les fluctuations du marché. ▷ adj. **spéculatif, ive**

**spéculer** v. intr. 1 ■ I didact. Se livrer à la spéculation (I). II Faire des spéculations (II). ◆ fig. *Spéculer sur qqch.* → **compter** sur.

**spéculoos** [-os] n. m. ■ Biscuit belge au sucre candi. - var. SPÉCULOS.

**spéculum** [-ɔm] n. m. ■ méd. Instrument pour explorer des cavités de l'organisme.

**speech** [spitʃ] n. m. ■ Petite allocution de circonstance. *Des speechs* ou *des speeches.*

**spéléo-** Élément, du grec *spêlaion* « caverne, grotte ».

**spéléologie** n. f. ■ Exploration et étude des cavités du sous-sol. - abrév. fam. SPÉLÉO. ▷ adj. **spéléologique** ▷ n. **spéléologue**

**spermat(o)-, sperm(o)-, -sperme, -spermie** Éléments, du grec *sperma, spermatos* « sperme ; semence ; graine ».

**spermatophyte** n. m. ■ bot. Plante à graines (embranchement) : angiospermes et gymnospermes.

**spermatozoïde** n. m. ■ Cellule reproductrice (gamète) mâle des animaux sexués (elle féconde l'ovule).

**sperme** n. m. ■ Liquide séminal.

**sphère** n. f. ■ 1 Surface fermée dont tous les points sont à égale distance (rayon) du centre ; solide limité par cette surface. ◆ *Sphère céleste.* 2 fig. Domaine, milieu. *Les hautes sphères de la politique.*

**sphérique** adj. ■ 1 En forme de sphère. → **rond.** 2 géom. De la sphère.

**sphincter** [-ɛʀ] n. m. ■ Muscle annulaire autour d'un orifice naturel qu'il ferme en se contractant.

**sphinx** [sfɛks] n. m. ■ I 1 Lion ailé à tête et buste de femme, qui tuait les voyageurs incapables de résoudre une énigme. *Œdipe résolut l'énigme du Sphinx.* ◆ Statue de sphinx (art égyptien). 2 fig. Personne énigmatique. II Grand papillon du crépuscule, au vol puissant.

**spi** n. m. → **spinnaker**

**spin** [spin] n. m. ■ sc. Moment cinétique (d'une particule). *Le spin de l'électron.*

**spinal, ale, aux** adj. ■ anat. De la colonne vertébrale, ou de la moelle épinière.

**spinnaker** [spinakɛʀ ; spinkœʀ] n. m. ■ anglic. Grande voile triangulaire.

**spirale** n. f. ■ 1 géom. Courbe plane qui décrit des révolutions autour d'un point en s'en écartant. 2 cour. (abusif en sc.) Hélice.

**spire** n. f. ■ didact. Tour complet (d'une spirale ; d'une hélice).

**spirite** n. ■ Personne qui évoque les esprits, qui s'occupe de spiritisme.

**spiritisme** n. m. ■ Science occulte fondée sur les manifestations des esprits.

**spiritual** n. m. → **negro-spiritual**

**spiritualisme** n. m. ■ Philosophie de l'esprit (opposé à *matérialisme*). *Spiritualisme athée ; religieux.* ▷ adj. et n. **spiritualiste**

**spiritualité** n. f. ■ 1 philos. Caractère de ce qui est spirituel, indépendant de la matière. 2 relig. Croyances et pratiques de la vie spirituelle. 3 Aspiration morale.

**spirituel, elle** adj. ■ I 1 philos. Qui est de l'ordre de l'esprit. → **immatériel.** 2 relig. De l'âme, émanation d'un principe supérieur. *La vie spirituelle.* 3 De l'esprit, moral. *Les valeurs spirituelles d'une civilisation.* II Qui est plein d'esprit, de drôlerie fine.

**spirituellement** adv. ■ Avec esprit, de manière spirituelle (II).

**spiritueux, euse** adj. et n. m. ■ (Boisson) qui contient une forte proportion d'alcool.

**spiromètre** n. m. ■ méd. Instrument mesurant la capacité pulmonaire.

**spleen** [splin] n. m. ■ littér. Mélancolie, dégoût de toute chose. → **cafard.**

**splendeur** n. f. ■ 1 littér. Grand éclat de lumière. 2 Beauté pleine de luxe, de magnificence. 3 Chose splendide.

**splendide** adj. ■ 1 Plein d'éclat. *Il fait un temps splendide.* 2 Riche et beau. → **magnifique.** *Une fête splendide.* 3 D'une beauté éclatante. → **superbe.** ▷ adv. **splendidement**

**spolier** v. tr. ⑦ ■ Dépouiller (qqn) par violence, fraude ou abus de pouvoir. ▷ n. f. **spoliation**

**spondée** n. m. ■ didact. Pied de deux syllabes longues (grec, latin). ≠ **dactyle.**

**spongieux, euse** adj. ■ 1 Qui rappelle l'éponge, par sa structure et sa consistance. 2 Qui s'imbibe. *Un sol spongieux.*

**spongiforme** adj. ■ didact. Qui a la forme d'une éponge. ◆ (maladie) Qui donne aux tissus une apparence d'éponge. *Encéphalopathie spongiforme.*

**sponsor** [spɔ̃sɔʀ] n. m. ■ anglic. Personne, entreprise qui finance une initiative sportive, culturelle. → **mécène.** ▷ **sponsoriser** v. tr. ①

**spontané, ée** adj. ■ 1 Que l'on fait de soi-même, sans être incité ni contraint. *Des aveux spontanés.* 2 Non provoqué. → **naturel.** 3 (actions, paroles) Direct, instinctif. ◆ (personnes) Qui obéit au premier mouvement. ▷ adv. **spontanément**

**spontanéité** n. f. ■ Caractère spontané.

**sporadique** adj. ■ Qui se produit çà et là et d'une manière irrégulière. ▷ adv. **sporadiquement**

**sporange** n. m. ■ bot. Organe qui renferme ou produit les spores.

**spore** n. f. ■ biol. Corpuscule reproducteur de végétaux et protistes.

**sport** n. m. ■ 1 Activité physique de jeu et d'effort, dans le respect de règles. → **éducation physique** ; **athlétisme, gymnastique.** ◆ loc. fam. *Il va y avoir du sport !,* de la bagarre. 2 Forme particulière de cette activité. *Pratiquer plusieurs sports.*

**sportif, ive** adj. ■ 1 De sport. *Épreuves sportives.* 2 Qui pratique, qui aime le sport. ◆ n. *Des sportifs.* ◆ Qui atteste la pratique du sport. *Une allure sportive.* 3 Qui respecte l'esprit du sport : franc jeu, loyauté... ▷ adv. **sportivement** ▷ n. f. **sportivité**

**sportswear** [spɔʀtswɛʀ] n. m. ■ anglic. Habillement de sport.

**spot** [spɔt] n. m. ■ anglic. 1 Point lumineux (sur un écran...). 2 Petit projecteur. 3 Bref message publicitaire.

**sprat** [spʀat] n. m. ■ Petit poisson, voisin du hareng.

**spray** n. m. ■ anglic. Liquide pulvérisé.

**springbok** [spʀiŋbɔk] n. m. ■ Antilope du sud de l'Afrique.

**sprint** [spʀint] n. m. ■ Allure de course la plus rapide possible d'un coureur en fin de parcours. ◆ Course de vitesse sur petite distance (athlétisme, cyclisme). ▷ ① **sprinter** v. intr. ①

**sprinteur, euse** [spʀintœʀ, øz] n. ou (vieilli) ② **sprinter** [spʀintœʀ] n. m. ■ Sportif spécialiste des courses de vitesse, des sprints.

**squale** [skwal] n. m. ■ Requin.

**squame** [skwam] n. f. ■ 1 didact. Écaille (de poisson, de serpent...). 2 Lamelle qui se détache de l'épiderme (→ **desquamation).**

**squameux, euse** [skwamø, øz] adj. ■ didact. Écailleux.

**square** [skwaʀ] n. m. ■ Petit jardin public.

**squash** [skwaʃ] n. m. ■ anglic. Sport où deux joueurs se renvoient une balle en la frappant à la raquette contre un mur.

**squat** [skwat] n. m. ■ anglic. 1 Occupation (d'un lieu) par des squatters. 2 Local ainsi occupé. ▷ ① **squatter** et **squattériser** v. tr. ①
② **squatter** [skwatœʀ] n. m. ■ anglic. Résident illégal, dans un local vacant.

**squaw** [skwo] n. f. ■ Femme amérindienne.

**squelette** n. m. ■ I 1 Charpente osseuse (des vertébrés). 2 Restes osseux d'un humain ou d'un animal mort. II 1 Structure, charpente (d'un immeuble...). 2 Grandes lignes (d'un ensemble, d'une œuvre). → **plan.**

**squelettique** adj. ■ 1 Qui évoque un squelette (par sa maigreur). ◆ fig. Très réduit. 2 anat. Du squelette (I, 1).

**S. R. A. S.** n. m. (sigle) ■ « Syndrome respiratoire aigu sévère », pneumopathie épidémique, d'origine virale.

**S. S.** [ɛsɛs] n. m. (sigle allemand) ■ hist. Membre de la police militarisée nazie.

**stabilisateur, trice** ■ 1 adj. Propre à stabiliser. 2 n. m. Dispositif destiné à stabiliser (un véhicule), à équilibrer.

**stabiliser** v. tr. ① ■ 1 Rendre stable (1 et 2). 2 Amener (un système, une substance) à la stabilité. ▷ n. f. **stabilisation**

**stabilité** n. f. ■ 1 Caractère de ce qui tend à demeurer stable. *Équilibre permanent.* ◆ Propriété (d'un véhicule...) de revenir à sa position d'équilibre. 3 Tendance (d'un composé chimique, d'un système physique) à rester dans un état défini.

**stable** adj. ■ 1 Qui n'est pas sujet à changer, à disparaître ; qui demeure dans le même état. → **durable.** *Équilibre stable.* 2 Qui est en équilibre stable. *Cette échelle n'est pas stable.* 3 Doué de stabilité (3).

**stabulation** n. f. ■ agric. Élevage en étable.

**staccato** adv. ■ mus. En jouant les notes détachées (s'oppose à *legato*).

**stade** n. m. ■ **I 1** Distance (180 m environ) sur laquelle on disputait les courses (Grèce antique). **2** Terrain aménagé pour la pratique des sports, souvent entouré de gradins, de tribunes. *Stade olympique*. **II** Chacune des étapes, des formes successives (d'une évolution).

① **staff** n. m. ■ Matériau fait de plâtre et de fibres végétales. → **stuc.**

② **staff** n. m. ■ anglic. Groupe de travail.

**stage** n. m. ■ **1** Période d'études pratiques. **2** Période de formation professionnelle.

**stagiaire** adj. et n. ■ Qui fait un stage.

**stagner** [-gn-] v. intr. ⓵ ■ **1** (fluides) Rester immobile sans couler, sans se renouveler. **2** fig. Être inerte, ne pas évoluer. *Les affaires stagnent.* ▷ adj. **stagnant, ante** [-gn-] ▷ n. f. **stagnation** [-gn-]

**stakhanovisme** n. m. ■ hist. Encouragement à la production, en U.R.S.S.

**stalactite** n. f. ■ Concrétion calcaire qui descend. ≠ *stalagmite.*

**stalag** [-ag] n. m. ■ Camp allemand de prisonniers de guerre non officiers (1940-1945).

**stalagmite** n. f. ■ Concrétion calcaire qui monte du sol vers la voûte d'une grotte.

**stalinien, ienne** ■ **1** adj. Relatif à Staline. **2** adj. et n. Partisan du stalinisme.

**stalinisme** n. m. ■ Doctrine et politique totalitaire de Staline.

**stalle** n. f. ■ **1** Sièges de bois à dossier élevé (dans le chœur d'une église). **2** Compartiment cloisonné réservé à un animal (étable, écurie). → **box.**

**stance** n. f. ■ au plur. Poème, suite de strophes lyriques d'inspiration grave.

**stand** [stãd] n. m. ■ **I 1** Emplacement réservé, dans une exposition, une foire. **2** Emplacement pour le ravitaillement, les réparations (courses automobiles...). **II** *STAND (DE TIR)* : emplacement pour le tir à la cible.

① **standard** ■ anglic. **I** n. m. **1** Type, norme de fabrication. **2** mus. Thème classique du jazz. **II** adj. invar. Conforme à un type, à une norme. → loc. comm. *Échange standard*, d'une pièce usée contre une autre du même type.

② **standard** n. m. ■ Dispositif de connexion dans un réseau téléphonique.

**standardiser** v. tr. ⓵ ■ anglic. Rendre conforme à un standard. → **normaliser.** ▷ n. f. **standardisation**

**standardiste** n. ■ Personne chargée du service d'un standard téléphonique.

**standing** n. m. ■ anglic. **1** Niveau de vie et rang social. **2** (choses) Grand confort. *Grand standing* : luxe.

**stand-up** [stãdœp] n. m. invar. ■ anglic. Spectacle solo d'un humoriste, de style spontané et sans personnages.

**stannifère** adj. ■ minér. Qui contient de l'étain.

**staphylocoque** n. m. ■ Bactérie, agent d'infections (anthrax, furoncle).

**star** n. f. ■ anglic. Vedette du spectacle (femme ou homme). → **étoile.**

**starlette** n. f. ■ Jeune actrice qui rêve d'une carrière de star.

**starter** [staʀtɛʀ] n. m. ■ anglic. **I** sports Personne qui donne le départ d'une course. **II** cour. Dispositif de démarrage à froid d'un moteur à explosion.

**starting-block** n. m. ■ anglic. Dispositif sur lequel les coureurs prennent appui au départ. *Des starting-blocks.*

**start-up** [startœp] n. f. invar. ■ anglic., écon. Jeune entreprise à fort potentiel, dans les techniques de l'informatique, du multimédia.

**-stat** Élément, du grec *statos* « stable ».

**statère** n. m. ■ Antiq. grecque Monnaie valant de deux à quatre drachmes.

**station** n. f. ■ **I** Fait de s'arrêter. → **arrêt, halte.** ■ spécialt *Les stations du chemin de croix.* **II 1** Endroit où l'on effectue des observations. *Station météorologique.* ♦ *Station d'épuration. Station d'essence.* → **station-service.** ♦ *Station* (d'émission) *de radio, de télévision.* **2** Endroit aménagé pour l'arrêt momentané de véhicules (autobus, taxis...). **3** *Station thermale, de ski*, etc. : lieu de séjour. **III** Fait de se tenir (de telle façon) ; spécialt fait de se tenir debout. *Station verticale.*

**stationnaire** adj. ■ **1** didact. Qui s'arrête, reste un certain temps à la même place. **2** Qui n'évolue pas.

**stationnement** n. m. ■ **1** Fait de stationner, pour un véhicule. **2** franç. du Canada Espace aménagé pour le stationnement des véhicules.

**stationner** v. intr. ⓵ ■ Faire une station (I). → (véhicule) Être rangé sur la voie publique ; être garé. *Parc pour stationner.* → **parking**(anglic.) ; **stationnement** (2).

**station-service** n. f. ■ Poste de distribution d'essence et d'entretien des véhicules. *Des stations-service.*

**statique** adj. ■ **1** Relatif aux états d'équilibre. ♦ n. f. Étude des corps en équilibre (s'oppose à *dynamique*). **2** Qui est fixé, n'évolue pas.

**statisticien, ienne** n. ■ Spécialiste de la statistique.

**statistique** ■ **I** n. f. Interprétation mathématique de données complexes et nombreuses. → Données numériques ainsi traitées. **II** adj. De la statistique ; des phénomènes quantitatifs complexes. ▷ adv. **statistiquement**

**stator** n. m. ■ techn. Partie fixe d'un moteur électrique (opposé à *rotor*).

**statuaire** n. f. ■ Art de représenter en sculpture la figure humaine ou animale.

**statue** n. f. ■ Sculpture* représentant en entier un être vivant.

**statuer** v. intr. ⓘ ▪ *Statuer sur qqch.*, prendre une décision à propos de.

**statuette** n. f. ▪ Statue de petite taille.

**statufier** v. tr. ⑦ ▪ plais. Représenter (qqn) par une statue. ◆ fig. Aduler.

**statu quo** [-kwo] n. m. invar. ▪ État actuel des choses. *Maintenir le statu quo.*

**stature** n. f. ▪ **1** Taille, importance (du corps humain debout). *Une haute stature.* **2** fig. Importance (de qqn). → **envergure.**

**statut** n. m. ▪ **1** Textes qui règlent la situation (d'une personne, d'un groupe). *Le statut des fonctionnaires.* **2** Situation dans la société, position. *Le statut de la femme.* **3** au plur. Suite d'articles définissant une association, une société, et réglant son fonctionnement.

**statutaire** adj. ▪ Conforme aux statuts. ▷ adv. **statutairement**

**steak** [stɛk] n. m. ▪ Tranche de bœuf grillée. → **bifteck.** *Un steak frites.*

**steamer** [stimœʀ] n. m. ▪ vieilli Bateau à vapeur. → **vapeur** (II).

**stéarine** n. f. ▪ Corps obtenu à partir des graisses naturelles. *Bougie en stéarine.*

**steeple** [stipl] n. m. ▪ anglic. Course à pied avec obstacles.

**steeple-chase** [stipœlʃɛz] n. m. ▪ anglic. Course d'obstacles pour les chevaux.

**stèle** n. f. ▪ Pierre portant une inscription, des ornements sculptés. *Stèle funéraire.*

**stellaire** adj. ▪ Des étoiles.

**stencil** [stɛnsil] n. m. ▪ anglic. Papier paraffiné servant à la polycopie.

**sténo-** Élément, du grec *stenos* « étroit ».

**sténodactylographie** ou (abrév.) **sténodactylo** n. f. ▪ Emploi combiné de la sténographie et la dactylographie. ▷ n. **sténodactylo(graphe)**

**sténographie** ou (abrév.) **sténo** n. f. ▪ **1** Écriture abrégée et simplifiée, permettant de noter la parole à la vitesse de prononciation. **2** Métier de sténographe. ▷ n. **sténo(graphe)** ▷ adj. **sténographique**

**sténographier** v. tr. ⑦ ▪ Noter par la sténographie.

**sténose** n. f. ▪ pathol. Rétrécissement d'un vaisseau, d'un orifice. ▷ **sténosé, ée** adj. *Artère sténosée.*

**sténotypie** n. f. ▪ Sténographie mécanique. ▷ n. **sténotypiste**

**stent** [stɛnt] n. m. ▪ anglic., chir. Petite prothèse interne en forme de tube, destinée à maintenir ouvert un vaisseau sténosé.

**stentor** n. m. (n. d'un personnage de l'Iliade) ▪ *Voix de stentor* : voix forte, retentissante.

**steppe** n. f. ▪ Grande plaine inculte, couverte d'herbe rase. ◆ arts *Art des steppes*, des peuples nomades (Russie méridionale...), à l'âge du bronze. ▷ adj. **steppique**

**stercoraire** ▪ **I** n. m. Oiseau palmipède des mers arctiques, qui se nourrit de poisson dérobé à d'autres oiseaux. **II** adj. didact. Relatif aux excréments.

**stère** n. m. ▪ Volume (de bois) de 1 m³.

**stéréo-** Élément (du grec *stereos* « solide ») qui signifie « solide », « volume » et « relief ».

**stéréophonie** ou (abrév.) **stéréo** n. f. ▪ Son reproduit par plusieurs sources dans l'espace. ▷ adj. **stéréo(phonique)**

**stéréoscopie** n. f. ▪ didact. Reproduction avec impression de relief, au moyen de deux images d'un objet.

**stéréotype** n. m. ▪ **1** Opinion toute faite réduisant les particularités. → **cliché.** **2** didact. Association stable de signes. ▷ **stéréotypé, ée** adj. *Formules stéréotypées.*

**stérile** adj. ▪ **I 1** (êtres vivants) Inapte à la reproduction. **2** (sol) Qui ne produit pas de végétaux utiles. **3** Exempt de germe microbien. **II** fig. Qui ne donne aucun résultat positif. *Des discussions stériles.*

**stérilet** n. m. ▪ Dispositif anticonceptionnel placé dans l'utérus.

**stérilisation** n. f. ▪ **1** Suppression de la capacité de procréer. **2** Opération qui consiste à détruire les germes microbiens (avec un *stérilisateur* n. m.).

**stériliser** v. tr. ⓘ ▪ **1** Rendre stérile, infécond (sens propre et fig.). **2** Opérer la stérilisation (2) de (qqch.). → **aseptiser, désinfecter, pasteuriser.** ◆ au p. p. *Lait stérilisé.*

**stérilité** n. f. ▪ État, caractère de ce qui est stérile (I et II).

**sterling** adj. invar. ▪ *LIVRE STERLING.* → ② **livre.**

**sterne** n. f. ▪ Petit oiseau marin voisin de la mouette, aussi appelé *hirondelle de mer.*

**sternum** [-ɔm] n. m. ▪ Os du thorax (qui reçoit les côtes).

**sternutation** n. f. ▪ didact. Fait d'éternuer.

**sternutatoire** adj. ▪ didact. Qui provoque des éternuements.

**stéroïde** n. m. ▪ Hormone d'une famille comprenant le cholestérol, les hormones sexuelles, etc.

**stéthoscope** n. m. ▪ Instrument destiné à l'auscultation.

**stetson** [stɛtsɔn] n. m. ▪ anglic. Chapeau à larges bords relevés.

**stévia** n. m. ou f. ▪ Plante d'Amérique du Sud dont les feuilles ont un fort pouvoir sucrant. ◆ Produit extrait de cette plante, utilisé comme édulcorant.

**steward** [stiwaʀt] n. m. ▪ anglic. **1** Maître d'hôtel, sur un paquebot. **2** Membre (homme) du personnel de cabine d'un avion.

**stick** n. m. ▪ anglic. **1** Cravache. **2** Produit en bâtonnet.

**stigmate** n. m. ▪ **I 1** au plur. relig. Marques miraculeuses disposées sur le corps comme les cinq blessures du Christ (▷ adj. **stigmatisé, ée**). **2** Cicatrice, marque. **3** fig. Marque, signe laid ou honteux. **II 1** zool. Orifice respiratoire des trachées des insectes. **2** bot. Orifice du pistil.

**stigmatiser** v. tr. ⓘ ▪ littér. Dénoncer comme infâme, condamner avec force.

**stimulant, ante** adj. ■ **1** Qui augmente l'activité physique ou psychique. ← n. m. → **fortifiant, tonique. 2** Qui stimule.

**stimulateur, trice** ■ **1** adj. littér. Qui stimule. → **stimulant. 2** n. m. *Stimulateur cardiaque :* appareil implanté dans l'organisme, pour assurer le rythme cardiaque (cf. anglic. *pacemaker*).

**stimulation** n. f. ■ Action de stimuler. ← Ce qui stimule.

**stimuler** v. tr. 🔲 ■ **1** Augmenter l'énergie, l'activité de (qqn). **2** Augmenter l'activité de (une fonction organique).

**stimulus** [-ys] n. m. ■ didact. Cause capable de provoquer la réaction d'un organisme vivant. *Les stimuli* (ou *les stimulus*) *sensoriels.*

**stipe** n. m. ■ bot. Tige ligneuse (fougères...).

**stipendier** v. tr. 🔳 ■ littér. Corrompre, payer pour une basse besogne. → **soudoyer.**

**stipuler** v. tr. 🔲 ■ **1** dr. Énoncer comme condition (dans un contrat, un acte). **2** Faire savoir expressément. → **préciser.** ▷ n. f. **stipulation**

**stochastique** [stɔk-] ■ didact. **1** adj. Qui se produit par l'effet du hasard. **2** n. f. Calcul de probabilités statistiques.

**stock** n. m. ■ **1** Quantité (de marchandises en réserve). *Être en rupture\* de stock.* **2** fam. Choses en réserve ; provisions.

**stock-car** n. m. ■ anglic. Course où de vieilles voitures font des carambolages.

**stocker** v. tr. 🔲 ■ Mettre, garder (qqch.) en stock, en réserve. ▷ n. m. **stockage**

**stock-option** n. f. ■ anglic., écon. Option sur l'achat d'actions, au sein d'une entreprise ; titre ainsi attribué.

**stœchiométrie** [stek-] n. f. ■ chim. Étude des proportions suivant lesquelles les corps réagissent ou se combinent entre eux. ▷ adj. **stœchiométrique**

**stoïcisme** n. m. ■ **1** philos. Doctrine des philosophes antiques (appelés *stoïciens*), selon laquelle le bonheur est dans la vertu, la fermeté d'âme. **2** Courage pour supporter la douleur, le malheur.

**stoïque** adj. ■ Qui fait preuve de stoïcisme (2). ▷ adv. **stoïquement**

**stolon** n. m. ■ bot. Tige rampante qui s'enracine en produisant de nouveaux pieds.

**stomacal, ale, aux** adj. ■ méd. De l'estomac. → **gastrique.**

**stomat(o)-** Élément savant, du grec *stoma, stomatos* « bouche ».

**stomatologie** n. f. ■ didact. Médecine de la bouche et des dents. ▷ n. **stomatologiste** ou **stomatologue**

**stop** [stɔp] ■ **I** interj. Commandement ou cri d'arrêt. ♦ Mot séparant les phrases des télégrammes. **II** n. m. **1** Feu arrière d'une automobile, qui s'allume quand on freine. **2** Panneau routier imposant l'arrêt complet. ← Au Québec, on emploie *arrêt*. **3** fam. Auto-stop. *Elle est venue en stop.*

① **stopper** v. 🔲 ■ **I** v. tr. Arrêter. **II** v. intr. (véhicule...) S'arrêter.

② **stopper** v. tr. 🔲 ■ Réparer (une déchirure ; un vêtement déchiré) en refaisant la trame et la chaîne. ▷ n. m. **stoppage**

**store** n. m. ■ Rideau ou assemblage souple qui s'enroule ou se replie vers le haut.

**stoupa** n. m. → **stûpa**

**stout** [staut] n. f. ■ Bière brune, amère.

**strabisme** n. m. ■ didact. Défaut de parallélisme des deux axes visuels (→ **loucher).**

**stradivarius** [-ys] n. m. ■ Violon, alto ou violoncelle fabriqué par Stradivari.

**strangulation** n. f. ■ didact. Fait d'étrangler (qqn).

**strapontin** n. m. ■ Siège d'appoint fixe à abattant.

**strass** [-s] n. m. ■ Verre coloré ornemental.

**stratagème** n. m. ■ Ruse habile.

**strate** n. f. ■ Couche constitutive (d'un terrain → **stratifié,** d'un ensemble), niveau.

**stratège** n. m. ■ **1** Antiq. grecque Magistrat chargé des questions militaires. **2** Spécialiste en stratégie (opposé à *tacticien*). **3** fig. Personne habile à élaborer des plans, à manœuvrer.

**stratégie** n. f. ■ **1** Art de faire évoluer une armée en campagne jusqu'au moment du contact avec l'ennemi (opposé à *tactique*). ← Conduite générale de la guerre. **2** fig. *La stratégie d'un parti politique.*

**stratégique** adj. ■ **1** (opposé à *tactique*) De la stratégie (1). **2** Relatif à la guerre ; qui présente un intérêt militaire. **3** fig. Qui donne un avantage (contre un adversaire).

**stratifié, ée** ■ **1** adj. Disposé en strates. **2** adj. et n. m. (Matériau) constitué de couches (lamelles, fibre...). ← n. f. **stratification**

**stratigraphie** n. f. ■ **1** géol. Étude des roches sédimentaires stratifiées de l'âge des terrains. **2** méd. Tomographie à source fixe.

**strato-** Élément, du latin *stratum* « chose étendue ».

**stratocumulus** [-ys] n. m. ■ didact. Couche de nuages minces.

**stratosphère** n. f. ■ Couche de l'atmosphère entre 12 et 50 km d'altitude. ▷ adj. **stratosphérique**

**stratus** [-ys] n. m. ■ didact. Nuage bas formant un voile continu.

**streaming** [striminɡ] n. m. ■ anglic. Diffusion en ligne et en continu de données multimédias. *Site de streaming musical.*

**strepto-** Élément, du grec *streptos* « tordu ».

**streptocoque** n. m. ■ Bactérie en chaînette, cause d'infections.

**streptomycine** n. f. ■ Antibiotique utilisé contre la tuberculose.

**stress** n. m. ■ anglic. **1** didact. Réaction de l'organisme à une agression (syn. *réaction d'alarme*). **2** Le choc. ♦ cour. Situation de tension.

**stressant, ante** adj. ■ anglic. Qui provoque un stress, une tension.

**stresser** v. tr. ⬚ ▪ anglic. Causer un stress, une tension à (qqn). ▶ **stressé, ée** p. p. adj.

**stretch** n. m. (nom déposé) ▪ anglic. Tissu rendu élastique dans sa largeur.

**stretching** n. m. ▪ anglic. Gymnastique douce basée sur des étirements musculaires.

**strict, stricte** [-ikt] adj. ▪ **1** Qui laisse très peu de liberté d'action ou d'interprétation. → **étroit**. *Des principes stricts.* → **sévère. 2** (personnes) Qui ne tolère aucun relâchement. **3** Qui constitue un minimum. *C'est son droit le plus strict.* ◆ *Au sens strict du mot.* → **étroit ; stricto sensu. 4** (choses) Très correct et sans ornements. *Vêtements stricts.* ▷ adv. **strictement**

**stricto sensu** [-sɛ̃sy] adv. ▪ didact. Au sens le plus précis, strict (mot, terme).

**strident, ente** adj. ▪ (bruit, son) Qui est à la fois aigu et intense. ▷ n. f. **stridence**

**stridulation** n. f. ▪ Bruit modulé de certains insectes (cigales, criquets...).

**strie** n. f. ▪ Petit sillon, rayure ou ligne (parmi plusieurs parallèles).

**strié, ée** adj. ▪ Couvert, marqué de stries. ◆ anat. *MUSCLES STRIÉS*, qui se contractent volontairement (opposé à *muscles lisses*).

**strier** v. tr. ⬚ ▪ Marquer de stries.

**string** n. m. ▪ anglic. Cache-sexe tenu par des liens.

**strip-tease** [striptiz] n. m. ▪ anglic. Spectacle au cours duquel une femme, un homme se déshabille de manière suggestive. ▷ n. **strip-teaseur, euse**

**striure** n. f. ▪ Disposition par stries ; manière dont qqch. est strié. → **rayure.**

**stroboscope** n. m. ▪ didact. Instrument faisant apparaître immobile ou lent ce qui est animé d'un mouvement périodique rapide.

**strontium** [-sjɔm] n. m. ▪ chim. Élément (symb. Sr), métal parfois radioactif.

**strophe** n. f. ▪ Ensemble structuré de plusieurs vers.

**structural, ale, aux** adj. ▪ didact. **1** De la structure. **2** Qui étudie les structures.

**structuralisme** n. m. ▪ didact. Théorie qui privilégie la structure sur les éléments. ▷ adj. et n. **structuraliste**

**structure** n. f. ▪ **1** Disposition visible des parties (d'un bâtiment ; d'une œuvre). **2** Agencement des parties (d'un ensemble). → **constitution.** *La structure de l'atome.* **3** sc. Système complexe formé de phénomènes solidaires, conçu en fonction des relations entre ces parties. *Structures logiques.*

**structurel, elle** adj. ▪ Des structures (2) (opposé à *conjoncturel*).

**structurer** v. tr. ⬚ ▪ Donner une structure à. ▶ **se structurer** v. pron. Acquérir une structure. ▶ **structuré, ée** adj.

**strychnine** [strik-] n. f. ▪ Poison violent, alcaloïde extrait de la noix vomique.

**stuc** n. m. ▪ Matériau de plâtre et de colle, qui imite le marbre.

**studieux, euse** adj. ▪ **1** Qui aime l'étude. **2** (choses) Favorable ou consacré à l'étude.

**studio** n. m. ▪ **1 1** Atelier de photographe. **2** Locaux de prises de vues (cinéma, télévision), de son (radio). **3** Petite salle de spectacle (cinéma...). **II** Appartement d'une seule pièce principale.

**stûpa** [stupa] n. m. ▪ Monument bouddhique commémoratif... – var. STOUPA.

**stupéfaction** n. f. ▪ État d'une personne stupéfaite.

**stupéfait, aite** adj. ▪ Frappé de stupeur (2) ; étonné au point d'être sans réactions.

**stupéfiant, ante** ▪ **I** adj. **1** littér. Qui stupéfie (1). **2** Qui frappe de stupeur (2). **II** n. m. Substance toxique (narcotique, euphorisant...). → **drogue.**

**stupéfier** v. tr. ⬚ ▪ **1** littér. Engourdir en inhibant les centres nerveux. **2** Frapper de stupéfaction.

**stupeur** n. f. ▪ **1** littér. État d'inertie, d'insensibilité profondes. **2** Étonnement profond. → **stupéfaction.**

**stupide** adj. ▪ **1** littér. Frappé de stupeur. → **hébété. 2** Dénué d'intelligence. **3** Absurde. *Une obstination stupide.* ▷ adv. **stupidement**

**stupidité** n. f. ▪ **1** Caractère d'une personne, d'une chose stupide. → **bêtise, idiotie. 2** Action ou parole stupide. → **ânerie.**

**stupre** n. m. ▪ littér. Débauche. → **luxure.**

①**style** n. m. ▪ **I 1** Part de l'expression qui n'est pas imposée par la grammaire, la logique ni la norme de la langue. → **écriture, expression.** « *Le style est l'homme même* » (Buffon). ◆ *Un style original. Style familier, soutenu.* → **registre. 2** Manière esthétique d'écrire. *Auteur qui manque de style.* **II** Manière de traiter la matière et les formes dans une œuvre d'art. *Le style d'un peintre. Le style Empire.* ◆ (objets) *DE STYLE* loc. adj. : qui appartient à un style ancien défini. **III** Manière personnelle d'agir, de se comporter, etc. *Style de vie.*

②**style** n. m. ▪ didact. **1** Antiq. Poinçon pour écrire. **2** Tige d'un cadran solaire. **3** bot. Partie allongée du pistil entre l'ovaire et les stigmates.

**stylé, ée** adj. ▪ (personnel hôtelier...) Qui accomplit son service dans les formes.

**stylet** n. m. ▪ **1** Poignard effilé. **2** zool. Pointe qui arme la bouche (insectes).

**stylique** n. f. ▪ → **design.**

**styliser** v. tr. ⬚ ▪ Représenter (un objet) en simplifiant les formes. ◆ au p. p. *Fleurs stylisées.* ▷ n. f. **stylisation**

**styliste** n. ▪ **1** Artiste remarquable par son style. **2** Spécialiste de la création de modèles (mode, ameublement). → **modéliste.**

**stylistique** ▪ didact. **I** n. f. Étude du style (I), de ses procédés (→ **rhétorique**). **II** adj. Relatif au style.

**stylo** n. m. ▪ Porte-plume à réservoir d'encre. ◆ *Stylo à bille* (ou *stylo-bille*).

**styrène** n. m. ■ chim. Hydrocarbure benzénique (→ **polystyrène**).

**su, sue** ■ Participe passé du verbe *savoir*.

**au su de** loc. prép. ■ littér. La chose étant
connue de. → au **vu** et au su de.

**suaire** n. m. ■ littér. Linceul.

**suant, ante** adj. ■ **1** Qui transpire. **2** fam. Qui
fait suer (I, 3) ; très ennuyeux.

**suave** adj. ■ littér. D'une douceur délicieuse.
▷ n. f. **suavité**

**sub-** Élément, du latin *sub* « sous ».

**subalterne** ■ **1** adj. Qui occupe un rang
inférieur. ♦ *Un rôle subalterne*, secondaire.
**2** n. Subordonné.

**subconscient, ente** [-jã, -ãt] ■ ≠ *inconscient*
**1** adj. Qui n'est pas clairement conscient.
**2** n. m. Conscience vague.

**subdiviser** v. tr. ① ■ Diviser (un tout déjà
divisé ; une partie d'un tout divisé). ► se
**subdiviser** v. pron. ► **subdivisé, ée** p. p.

**subdivision** n. f. ■ **1** Fait d'être subdivisé.
**2** Partie obtenue en subdivisant.

**subir** v. tr. ② ■ **I** (sujet personne) **1** Être l'objet
sur lequel s'exerce (une action, un pou-
voir). *Subir un interrogatoire.* **2** Se soumettre
volontairement à (un traitement, un examen). *Subir une opération.* **3** Supporter. *Il
va falloir subir ce raseur.* **II** (sujet chose) Être
l'objet de (une action, une modification).

**subit, ite** adj. ■ Qui arrive, se produit de
façon soudaine. → **brusque, inopiné.** *Mort
subite.* ▷ adv. **subitement**

**subito** adv. ■ fam. Subitement.

**subjectif, ive** adj. ■ **1** philos. Qui concerne
le sujet (②, IV, 3) en tant que personne
consciente (opposé à *objectif*). *La pensée, phénomène subjectif.* **2** Propre à une personne en
particulier. → **personnel. 3** Partial. *Critique
subjective.* ▷ adv. **subjectivement**

**subjectivisme** n. m. ■ **1** philos. Théorie qui
ramène l'existence à celle du sujet, de la
pensée. **2** Attitude subjective (2 et 3).

**subjectivité** n. f. ■ **1** philos. Caractère de ce
qui appartient au sujet, à l'individu seul.
**2** Attitude subjective (2).

**subjonctif** n. m. ■ Mode personnel du verbe,
exprimant un écart par rapport au réel et
caractérisant des subordonnées.

**subjuguer** v. tr. ① ■ **1** vx Soumettre. **2** Séduire
fortement. → **envoûter.**

**sublimation** n. f. ■ **I** chim. Passage direct de
l'état solide à l'état gazeux. **II** psych. Fait de
sublimer (II).

**sublime** ■ littér. **I** adj. **1** Qui est très haut,
moralement, esthétiquement. *Un dévoue-
ment ; une musique sublime.* **2** (personnes)
D'un génie ou d'une vertu exceptionnels.
**II** n. m. Ce qu'il y a de plus élevé, dans l'ordre
moral, esthétique... ▷ adv. **sublimement**

**sublimé** n. m. ■ chim. Produit d'une sublimation (I).

**sublimer** v. tr. ① ■ **I** chim. Opérer la sublimation (I) de (une substance). **II** psych. Transposer (des pulsions) sur un plan supérieur de
réalisation (art, action...).

**subliminal, ale, aux** adj. ■ psych. Inférieur au
seuil de la conscience.

**sublingual, ale, aux** [-gwal, o] adj. ■ Sous
la langue. *Par voie sublinguale.*

**submerger** v. tr. ③ ■ **1** (liquide...) Recouvrir
complètement. → **inonder, noyer. 2** fig. Envahir complètement. *La panique le submergea.*
◆ *Être submergé de travail.*

**submersible** ■ **1** adj. Qui peut être recouvert d'eau. **2** n. m. Sous-marin.

**submersion** n. f. ■ didact. Fait de submerger,
d'être submergé.

**subodorer** v. tr. ① ■ Deviner, pressentir.

**subordination** n. f. ■ **1** Fait d'être soumis
(à une autorité). → **dépendance. 2** Fait de
subordonner (2) une chose à une autre.
**3** (opposé à *coordination*) Construction des propositions subordonnées.

**subordonné, ée** adj. ■ **1** Soumis à une
autorité. ♦ n. Personne placée sous l'autorité d'une autre. → **subalterne. 2** *Proposition
subordonnée* et n. f. *subordonnée* : proposition qui est dans une relation de dépendance
par rapport à la principale.

**subordonner** v. tr. ① ■ **1** Placer (une personne, un groupe) sous l'autorité de qqn,
dans une hiérarchie (surtout passif et p. p.).
**2** Soumettre à une condition.

**suborner** v. tr. ① ■ **1** vieilli Détourner du droit
chemin. **2** dr. Corrompre (un témoin). ▷ n. f.
**subornation** ▷ n. **suborneur, euse**

**subreptice** adj. ■ Fait par surprise, à l'insu
de qqn. ▷ adv. **subrepticement**

**subrogé, ée** adj. ■ loc. dr. SUBROGÉ *TUTEUR,*
SUBROGÉE *TUTRICE* : personne chargée de
défendre les intérêts du pupille en cas de
conflit avec le tuteur.

**subroger** v. tr. ③ ■ dr. Substituer une personne ou une chose à une autre. ▷ n. f.
**subrogation**

**subséquemment** [sypsekamã] adv. ■ didact.
ou plais. En conséquence de quoi.

**subséquent, ente** [-ps-] adj. ■ didact. Qui
vient immédiatement après.

**subside** [-bz- ; -ps-] n. m. ■ Somme versée à
titre d'aide, de subvention, etc.

**subsidiaire** [-bz- ; -ps-] adj. ■ Secondaire,
accessoire. ◆ *Question subsidiaire*, destinée
à départager les gagnants d'un concours.
▷ adv. **subsidiairement**

**subsidiarité** n. f. ■ Qualité, statut de ce qui
est subsidiaire. ◆ polit. *Principe de subsidiarité*, selon lequel une autorité centrale ne
peut effectuer que les tâches qui ne peuvent
pas être réalisées à l'échelon inférieur.

**subsistance** [-bz-] n. f. ■ Fait de subsister ;
ce qui sert à pourvoir aux besoins matériels
essentiels. *Moyens de subsistance.*

**subsister** [-bz-] v. intr. ⬜ ▪ **1** (sujet chose) Continuer d'exister (malgré les difficultés). **2** (sujet personne) Pourvoir à ses besoins essentiels. → **survivre.**

**subsonique** [-ps-] adj. ▪ Moins rapide que le son (opposé à *supersonique*).

**substance** n. f. ▪ **1** philos. Ce qui est permanent (opposé à *ce qui change*). **2** Ce qu'il y a d'essentiel (dans une pensée, un écrit...). ◆ loc. *EN SUBSTANCE :* pour l'essentiel. **II 1** philos. Ce qui existe par soi-même. → ② **être. 2** Ce dont qqch. est fait (opposé à *forme, accident(s)...*). **3** Matière caractérisée par ses propriétés. *Substances médicamenteuses.*

**substantiel, elle** adj. ▪ **1** didact. Qui appartient à la chose en soi. **2** Important ; considérable. *Des avantages substantiels.* **3** spécialt Nourrissant.

**substantif, ive** ▪ **1** n. m. Mot désignant en principe une substance (II) et qui peut être le sujet d'un verbe. → **nom. 2** adj. gramm. Du nom. → **nominal.**

**substantifique** adj. ▪ loc. *LA SUBSTANTIFIQUE MOELLE* (Rabelais) : la valeur profonde, l'intérêt essentiel (d'une œuvre ; de qqch.).

**substantivement** adv. ▪ Avec valeur de substantif. *Un adjectif pris substantivement.*

**substantiver** v. tr. ⬜ ▪ Transformer en substantif.

**substituer** v. tr. ⬜ ▪ Remplacer par (qqch. du même genre, qqn) pour faire jouer le même rôle. ◆ pronom. *Se substituer à qqn.* ▷ n. f. **substitution**

**substitut, ute** n. ▪ **1** dr. Magistrat du ministère public (qui en remplace un autre). *Une substitut(e).* **2** n. m. didact. Ce qui tient lieu d'autre chose.

**substrat** n. m. ▪ didact. **1** Ce qui sert de support à une réalité. → **essence,** ② **être, substance. 2** Langue supplantée par une autre mais dont l'influence reste sensible. *Le substrat gaulois en français.*

**subterfuge** n. m. ▪ Moyen habile pour se tirer d'embarras. → **stratagème.**

**subtil, ile** adj. ▪ **I 1** Habile et fin. ◆ (actions, paroles) *Une remarque subtile.* **2** *Odeur subtile,* pénétrante. **II** Difficile à percevoir, à définir. *Nuance subtile.* ▷ adv. **subtilement**

**subtiliser** v. ⬜ ▪ **I** v. tr. Dérober avec adresse (qqch.). **II** v. intr. Raffiner à l'extrême. ▷ n. f. **subtilisation**

**subtilité** n. f. ▪ **1** Caractère d'une personne, d'une chose subtile. → **finesse. 2** Pensée, parole, nuance subtile.

**subtropical, ale, aux** adj. ▪ didact. Situé entre les tropiques. → **intertropical.**

**suburbain, aine** adj. ▪ Qui entoure une grande ville. *Zone suburbaine.* → **banlieue.**

**subvenir** v. tr. ind. ㉒ auxiliaire *avoir* ▪ *SUBVENIR À,* fournir en nature, en argent, ce qui est nécessaire. → **pourvoir à.**

**subvention** n. f. ▪ Aide financière accordée par l'État.

**subventionner** v. tr. ⬜ ▪ Soutenir par une subvention. ◆ p. p. *Théâtre subventionné.*

**subversif, ive** adj. ▪ Qui renverse ou menace l'ordre établi. *Menées subversives.*

**subversion** n. f. ▪ **1** Action subversive. **2** Idéologie subversive.

**subvertir** v. tr. ② ▪ didact. Bouleverser, renverser (un ordre...) (→ **subversion**).

**suc** n. m. ▪ **1** Liquide extrait des tissus animaux ou végétaux. **2** Liquide de sécrétion. *Le suc gastrique.*

**succédané** n. m. ▪ **1** Médicament, produit qui peut en remplacer un autre. → **ersatz. 2** abstrait Ce qui peut remplacer.

**succéder** v. ⑥ ▪ *I SUCCÉDER À* v. tr. ind. **1** Venir après (qqn) de manière à prendre sa charge, sa place (→ **successeur**). **2** (sujet chose) Se produire, venir après. **II** *SE SUCCÉDER* v. pron. (le p. p. *succédé* reste invar.) Venir l'un après l'autre.

**succès** n. m. ▪ **1** Heureux résultat. ◆ *Sans succès :* en vain. **2** Fait, pour qqn, de parvenir à un résultat souhaité. → **réussite.** ◆ Événement heureux. **3** Fait d'obtenir une audience nombreuse et favorable, d'être connu du public. *La pièce a du succès.* ◆ *UN SUCCÈS :* ce qui a du succès. **4** Fait de plaire.

**successeur** n. m. ▪ **1** Personne qui succède ou doit succéder (à qqn). *Sa fille sera son successeur.* **2** dr. Héritier (→ **succession**).

**successif, ive** adj. ▪ au plur. Qui se succèdent. ▷ adv. **successivement**

**succession** n. f. ▪ **I 1** Transmission du patrimoine d'une personne décédée (à des vivants). → **héritage. 2** Fait de succéder (I, 1) à qqn. **II** Ensemble de faits, de choses qui se succèdent selon un ordre ; cet ordre. → **enchaînement, série, suite.**

**successoral, ale, aux** adj. ▪ dr. Relatif aux successions (I).

**succinct, incte** [-ɛ̃, -ɛ̃t] adj. ▪ **1** Exprimé en peu de mots. → **concis.** ◆ (personnes) *Soyez succinct.* → **bref. 2** plais. Peu abondant. *Un repas succinct.* ▷ adv. **succinctement** [-sɛ̃t-]

**succion** [sy(k)sjɔ̃] n. f. ▪ didact. Action de sucer, d'aspirer. *Bruit de succion.*

**succomber** v. intr. ⬜ ▪ **1** Être vaincu dans une lutte. **2** Mourir. **II** *SUCCOMBER À :* ne pas résister à. *Succomber à la tentation.*

**succube** n. m. ▪ relig. chrét. Démon femelle. ≠ *incube.*

**succulent, ente** adj. ▪ Qui a une saveur délicieuse. → **savoureux.** ▷ n. f. **succulence**

**succursale** n. f. ▪ Établissement qui dépend d'un siège central. → **annexe, filiale.** ◆ *Magasin à succursales multiples.*

**sucer** v. tr. ③ ▪ **1** Aspirer, faire fondre (qqch.) avec les lèvres, la langue. *Sucer des pastilles.* **2** Porter à la bouche et aspirer. *Sucer son pouce.* ◆ (érotique) *Sucer qqn* (→ **cunnilinctus, fellation**). **3** (animaux) Aspirer (un liquide nutritif) (→ **suçoir**).

**sucette** n. f. ▪ **1** Bonbon fixé à un bâtonnet. **2** Petite tétine. **3** régional Suçon.

**suceur, euse** adj. ▪ (insectes) Qui aspire sa nourriture avec une trompe.

**suçoir** n. m. ■ Trompe d'un insecte suceur.

**suçon** n. m. ■ Trace sur la peau sucée.

**suçoter** v. tr. 1 ■ Sucer longuement et délicatement. ▷ n. m. **suçotement**

**sucrage** n. m. ■ Action de sucrer.

**sucrant, ante** adj. ■ (substance) Qui sucre. ◆ *Pouvoir sucrant.*

**sucre** n. m. ■ **1** Substance alimentaire (saccharose) de saveur douce, soluble dans l'eau. → **gluc(o)-, sacchar(o)-.** ◆ loc. *Être TOUT SUCRE TOUT MIEL :* se faire très doux. *CASSER DU SUCRE sur le dos de qqn,* en médire. ◆ *Un sucre :* un morceau de sucre. **2** *SUCRE D'ORGE :* bonbon en bâton. **3** chim. Glucide. *Sucres rapides ; lents.*

**sucré, ée** adj. ■ **1** Qui a le goût du sucre. ◆ Additionné de sucre. *Café trop sucré.* **2** fig. et péj. Doucereux, mielleux.

**sucrer** v. tr. 1 ■ **1** Additionner de sucre (ou d'une matière sucrante) ; rendre sucré. ◆ loc. fam. *Sucrer les fraises :* être agité d'un tremblement. **2** fam. Supprimer, confisquer, prendre. ▶ **se sucrer** v. pron. fam. **1** Se servir en sucre. **2** Faire de gros bénéfices (au détriment des autres).

**sucrerie** n. f. ■ **1** Usine où l'on fabrique le sucre. → **raffinerie. 2** Friandise à base de sucre. → **bonbon, confiserie.**

**sucrette** n. f. ■ Pastille édulcorante.

**sucrier, ière** ■ **1** adj. Qui produit le sucre. **2** n. m. Récipient pour le sucre.

**sucrine** n. f. ■ Laitue à feuilles épaisses, à la saveur sucrée.

**sud** [syd] n. m. ■ **1** Direction, point cardinal à l'opposé du nord. ◆ adj. invar. *Le pôle Sud.* → **antarctique. 2** Régions de l'hémisphère Sud. ◆ Région sud (d'un pays). → **Midi.** ◆ *Le Sud :* les pays moins développés. **3** dans des adjectifs et noms composés : *sud-africain, sud-américain.*

**sudation** n. f. ■ Transpiration (→ **suer**).

**sud-est** [sydɛst] n. m. ■ **1** Direction, espace entre le sud et l'est. **2** adj. invar. *La région sud-est.*

**sudiste** n. et adj. ■ hist. Partisan de l'indépendance des États du Sud et de l'esclavagisme, aux États-Unis (guerre de Sécession).

**sudoku** [sudoku] n. m. ■ Jeu de chiffres d'origine japonaise, consistant à compléter une grille de neuf fois neuf cases avec les chiffres de 1 à 9.

**sudorifique** adj. ■ méd. Qui provoque la sudation.

**sudoripare** adj. ■ anat. Qui sécrète la sueur. *Glandes sudoripares.*

**sud-ouest** [sydwɛst] n. m. ■ **1** Direction, espace entre le sud et l'ouest. **2** adj. invar. *La région sud-ouest.*

**suède** n. m. ■ Peau utilisée avec le côté chair à l'extérieur. ▷ **suédé, ée** adj. *Cuir suédé.*

**suédois, oise** adj. et n. ■ De Suède. *Allumettes suédoises* (de sûreté). ◆ n. *Les Suédois.* ◆ n. m. *Le suédois :* langue germanique nordique parlée en Suède (et aussi en Finlande).

**suée** n. f. ■ fam. Transpiration abondante.

**suer** v. 1 ■ I v. intr. **1** Produire de la sueur. → **transpirer. 2** fig. Se donner du mal. **3** *FAIRE SUER.* fam. Fatiguer, embêter (qqn). **4** techn. Dégager de l'humidité. II v. tr. **1** Rendre par les pores de la peau. ◆ loc. *SUER SANG ET EAU :* se donner beaucoup de peine. **2** Exhaler. *Ce type sue l'ennui.* → **respirer.**

**sueur** n. f. ■ **1** Liquide (eau, sels, acides gras), qui suinte des pores de la peau. → **sudation, transpiration. 2** Fait de suer. ◆ loc. *SUEUR FROIDE* (avec frissons) ; fig. peur intense (surtout plur.). **3** fig. Le travail, l'effort.

**suffire** v. tr. ind. 37 ■ I (sujet chose) **1** *SUFFIRE À, POUR :* avoir juste la quantité, la qualité, la force nécessaire à, pour (qqch.). *Cela suffit à mon bonheur.* **2** *SUFFIRE À,* être de nature à contenter (qqn). *Votre parole me suffit.* ◆ absolt *ÇA SUFFIT (comme ça) ! :* je suis, nous sommes excédé(s). **3** impers. *IL SUFFIT À* (qqn) *DE* (+ inf.). ◆ *Il suffisait d'y penser.* ◆ avec *que* (+ subj.) *Il suffit que tu viennes.* II (sujet personne) *SUFFIRE À* **1** Être capable de satisfaire à (qqch). *Suffire à ses besoins.* **2** Être pour (qqn) tel qu'il n'ait pas besoin d'un autre. ▶ **se suffire** v. pron. *Se suffire à soi-même.*

**suffisamment** adv. ■ En quantité, d'une manière suffisante (I). → **assez.**

**suffisance** n. f. ■ **1** vx ou régional Quantité suffisante (à qqn). *Avoir du vin en, à sa suffisance.* II littér. Caractère d'une personne suffisante (II).

**suffisant, ante** adj. ■ I (choses) Qui suffit. ◆ *Je n'ai pas la place suffisante* (→ **assez de**). II (personnes) littér. Prétentieux, vaniteux. ◆ *Un air suffisant.*

**suffixe** n. m. ■ didact. Élément de formation (affixe) placé après un radical pour former un dérivé. « *-able* » *est un suffixe.*

**suffixer** v. tr. 1 ■ didact. Pourvoir d'un suffixe. ◆ au p. p. *Mot suffixé.* ▷ n. f. **suffixation**

**suffocant, ante** adj. ■ **1** Qui fait suffoquer (II, 1). → **étouffant. 2** fig. Qui indigne.

**suffoquer** v. 1 ■ I v. tr. **1** (sujet chose) Empêcher (qqn) de respirer. → **étouffer, oppresser. 2** fig. *La colère le suffoquait.* **3** Stupéfier. II v. intr. **1** Respirer avec difficulté, perdre le souffle. → **étouffer.** ▷ n. f. **suffocation 2** fig. *SUFFOQUER DE.* Suffoquer d'indignation.

**suffrage** n. m. ■ **1** Acte par lequel on déclare sa volonté, dans une délibération. → **vote.** *Suffrage universel\*.* ◆ → **voix.** *Unanimité des suffrages.* **2** littér. Opinion, avis favorable.

**suffragette** n. f. ■ hist. Militante du droit de vote féminin (accordé en 1928 en Grande-Bretagne).

**suggérer** v. tr. 6 ■ **1** (sujet personne) Faire penser (qqch.) sans exprimer ni formuler. → **insinuer, sous-entendre.** ◆ *Suggérer à qqn de* (+ inf.). → **conseiller. 2** (sujet chose) Faire naître (une idée...) dans l'esprit. → **évoquer.**

**suggestif, ive** adj. ■ **1** Qui peut suggérer (2) des idées, des sentiments. **2** Qui suggère des idées érotiques.

**suggestion** n. f. ▪ **1** Action de suggérer. ♦ Idée, projet proposé. → **conseil, proposition. 2** Fait d'inspirer à qqn une idée, une croyance, etc. sans qu'il en ait conscience (par hypnose...). ▷ **suggestionner** v. tr. 1

**suicidaire** adj. ▪ **1** Du suicide ; qui mène au suicide. **2** Qui a des idées de suicide. ◄ n. *Un, une suicidaire.* **3** fig. Qui mène à l'échec. *Un projet suicidaire.*

**suicide** n. m. ▪ **1** Fait de se donner volontairement la mort (ou de le tenter). **2** Fait de risquer sa vie. **3** appos. *Attentat suicide.* ◄ *Avion-suicide.* → **kamikaze.**

**se suicider** v. pron. 1 ▪ Se tuer par suicide. → **se supprimer.** ▷ **suicidé, ée** adj. et n.

**suie** n. f. ▪ Noir de fumée mêlé d'impuretés que produisent les combustibles.

**suif** n. m. ▪ Graisse animale fondue.

**suiffer** v. tr. 1 ▪ Enduire de suif. - var. SUIFER.

**sui generis** [sɥiʒeneʀis] loc. adj. invar. ▪ Propre à une espèce, à une chose. → **spécifique.**

**suint** n. m. ▪ Graisse que sécrète la peau du mouton, et qui se mêle à la laine.

**suintement** n. m. ▪ **1** Fait de suinter. **2** Liquide, humidité qui suinte.

**suinter** v. intr. 1 ▪ **1** S'écouler très lentement, sortir goutte à goutte. **2** Produire un liquide qui s'écoule goutte à goutte. ▷ adj. **suintant, ante**

**suisse** adj. et n. ▪ **I 1** De la Suisse. → **helvétique.** ◄ n. *Un Suisse* ou *une Suissesse.* **2** loc. *Manger, boire EN SUISSE,* tout seul ou en cachette. **II** n. m. Employé chargé de la garde d'une église. → **bedeau. III** n. m. franç. du Canada Petit écureuil rayé.

**suite** n. f. ▪ **I** (dans des loc.) **1** Situation de ce qui suit. *Prendre la suite de qqn,* lui succéder. ◄ *FAIRE SUITE À :* venir après, suivre. ♦ *À LA SUITE DE,* derrière, après ; à cause de. ◄ *À LA SUITE.* → **successivement. 2** Ordre de ce qui se suit en formant un sens. ◄ *Des mots SANS SUITE,* incohérents. ◄ *ESPRIT DE SUITE :* constance dans les idées. ◄ loc. *Avoir de la suite dans les idées :* être entêté. **3** *ET AINSI DE SUITE :* en continuant de la même façon. **4** *TOUT DE SUITE :* sans délai, immédiatement après (ou, critiqué : *de suite*). **II** (Ce qui suit, vient après) **1** Personnes qui se déplacent avec un supérieur. *La suite présidentielle.* **2** Ce qui suit qqch. ; ce qui vient après. **3** Temps qui vient après. ◄ *DANS, PAR LA SUITE.* → **depuis, ensuite. 4** Ce qui résulte (de qqch.). → **effet, résultat.** *Un projet sans suite.* ◄ au plur. *Les suites d'une maladie.* → **séquelle.** ♦ *DONNER SUITE À :* poursuivre, continuer à s'occuper de. ◄ admin. *Suite à votre lettre du tant,* en réponse à. ◄ *PAR SUITE (DE) :* à cause, en conséquence de. **5** Ensemble de choses, de personnes qui se suivent. **6** Composition musicale faite de plusieurs pièces de même tonalité. **7** anglic. Appartement dans un hôtel de luxe.

① **suivant, ante** adj. ▪ **1** Qui suit, qui vient immédiatement après. ◄ *Au suivant !* **2** Qui va être énoncé après. ◄ n. *Mon idée est la suivante :...*

② **suivant** prép. ▪ **1** Conformément à ; en suivant. → **selon** ; d'après. **2** *Suivant que* loc. conj. (+ indic.) : dans la mesure où, selon que.

**suivante** n. f. ▪ ancienn Dame de compagnie.

**suiveur, euse** n. ▪ **1** Personne qui suit (qqn, une course). **2** fig. Personne qui ne fait que suivre (III). → **imitateur.**

**suivi, ie** ▪ **I** adj. **1** Qui se fait d'une manière continue. **2** Dont les éléments s'enchaînent. *Un raisonnement suivi.* **II** n. m. Surveillance continue.

**suivre** v. tr. 40 ▪ **I 1** Aller derrière (qqn qui marche, avance). *Suivre qqn de près.* ♦ (sujet chose) Être transporté après (qqn). *Faire suivre son courrier.* **2** Aller derrière pour rattraper, surveiller. → **poursuivre. 3** Aller avec (qqn qui a l'initiative). → **accompagner.** ♦ loc. *Suivre le mouvement :* aller avec les autres. **4** *Suivre des yeux, du regard* (ce qui se déplace). ♦ loc. fig. *Suivez mon regard :* vous voyez tous à qui je fais allusion. **5** Être placé ou considéré après, dans un ordre. ◄ impers. *COMME SUIT :* comme il est dit dans ce qui suit. **6** Venir, se produire après, dans le temps. → **succéder à. II 1** Aller dans (une direction, une voie). *Suivre un chemin.* ♦ (sujet chose) *SUIVRE SON COURS :* évoluer normalement. **2** Aller le long de. → **longer. 3** Garder (une idée, etc.) avec constance. ♦ S'occuper régulièrement à (qqch.). *Suivre un traitement ; des cours ; un régime.* **III** Se conformer à. *Suivre son penchant.* → s'**abandonner** à. ◄ *Un exemple à suivre.* → **imiter.** ◄ absolt *Il ne fait que suivre* (→ **suiveur**). ♦ *Suivre la règle ;* obéir à. *Suivre une méthode.* **IV 1** Rester attentif à. *Suivre la conversation.* **2** Observer dans son cours. *Suivre un match.* ♦ *Suivre qqn,* surveiller, diriger. *Médecin qui suit un malade.* **3** Comprendre dans son déroulement (un raisonnement...). ◄ par ext. *Vous me suivez ?* → se **suivre** v. pron.

① **sujet, ette** ▪ **I** adj. Exposé à. *Être sujet au vertige.* ♦ *Sujet à caution*. **II** n. m. **1** Personne soumise à une autorité souveraine. *Le roi et ses sujets.* **2** Ressortissant d'un État.

② **sujet** n. m. ▪ **I 1** Ce sur quoi s'exerce (la réflexion). *Des sujets de méditation.* ◄ *Ce dont il s'agit.* ◄ *AU SUJET DE :* à propos de. **2** Thème, domaine traité, étudié. *Un bon sujet de roman. Devoir hors (du) sujet.* **3** Ce qui est représenté, en œuvre plastique. **II** *SUJET DE :* ce qui fournit matière, occasion à (un sentiment, une action). → **motif, occasion, raison.** *Un sujet de dispute.* **III** gramm. Terme considéré comme le point de départ de l'énoncé, qui régit le verbe. *Sujet, verbe et complément.* **IV 1** Personne (dans des expr.). ◄ *MAUVAIS SUJET :* personne qui se conduit mal. **2** Être vivant soumis à l'observation. *Sujet d'expérience.* **3** philos. Être pensant, considéré comme le siège de la connaissance (s'oppose à *objet*). → **subjectif.**

**sujétion** n. f. ■ **1** Situation de sujet (①, II) d'un souverain. **2** littér. Obligation pénible, contrainte.

**sulfamide** n. m. ■ pharm. Produit de synthèse, médicament des maladies infectieuses.

**sulfate** n. m. ■ Sel de l'acide sulfurique.

**sulfater** v. tr. ① ■ Traiter (un végétal) par le sulfate de cuivre ou de fer. ▷ n. m. **sulfatage**

**sulfateuse** n. f. ■ **1** Appareil servant à sulfater. **2** argot Mitraillette.

**sulfite** n. m. ■ chim. Sel de l'acide sulfureux.

**sulf(o)-** Élément, du latin *sulfur* « soufre ».

**sulfone** n. m. ■ chim. Composé renfermant le groupement $SO_2$ (nom générique).

**sulfure** n. m. ■ Composé du soufre avec un élément (métal, etc.).

**sulfuré, ée** adj. ■ Combiné avec le soufre.

**sulfurer** v. tr. ① ■ Traiter (un végétal) au sulfure de carbone. ▷ n. m. **sulfurage**

**sulfureux, euse** adj. ■ **1** Qui contient du soufre. *Anhydride sulfureux* ou *gaz sulfureux*, gaz incolore, suffocant. ← *Acide sulfureux* : composé du soufre ($H_2SO_3$), existant en solution. **2** fig., littér. Qui évoque le démon, l'enfer (→ sentir le soufre*).

**sulfurique** adj. ■ *ACIDE SULFURIQUE* : acide dérivé du soufre, corrosif. → **vitriol.**

**sulfurisé, ée** adj. ■ Traité à l'acide sulfurique. *Papier sulfurisé.*

**sulky** n. m. ■ anglic. Voiture légère à deux roues, sans caisse. *Des sulkys* ou *sulkies.*

**sultan** n. m. ■ Souverain de l'Empire ottoman, de pays musulmans. ▷ n. m. **sultanat**

**sultane** n. f. ■ Épouse d'un sultan.

**sumac** n. m. ■ bot. Arbre apparenté au pistachier, au manguier, riche en tanin.

**summum** [sɔ(m)mɔm] n. m. ■ Le plus haut point, le plus haut degré. → **comble, sommet.**

**sumo** n. m. ■ **1** Lutte japonaise, pratiquée par des professionnels exceptionnellement grands et corpulents. **2** Lutteur de sumo (syn. SUMOTORI n. m.).

**sunlight** [sœnlajt] n. m. ■ anglic. Projecteur puissant.

**sunna** n. f. ■ didact. Tradition orthodoxe de la religion islamique. ▷ **sunnite** adj. et n. (s'oppose à *chiite*).

① **super** ① -ɛʀ] n. m. ■ Supercarburant.

② **super** [-ɛʀ] adj. invar. ■ fam. Supérieur dans son genre ; formidable. → **extra.**

**super-** Élément (du latin *super* « sur ») qui signifie « au-dessus, sur » ou « supérieur ». → hyper-, sur- ; sus-.

① **superbe** n. f. ■ littér. Assurance, attitude orgueilleuse.

② **superbe** adj. ■ **1** vx ou littér. Orgueilleux ; majestueux. **2** D'une beauté, d'une qualité extrême. → **magnifique, splendide.** ▷ adv. **superbement**

**supercarburant** n. m. ■ Carburant (essence) de qualité supérieure.

**supercherie** n. f. ■ Tromperie par substitution du faux à l'authentique. → **fraude.**

**supérette** n. f. ■ comm. Petit supermarché.

**superfétatoire** adj. ■ littér. Qui s'ajoute inutilement (à une chose utile). → **superflu.**

**superficie** n. f. ■ **1** Surface ; sa mesure. **2** fig., littér. Aspect superficiel.

**superficiel, elle** adj. ■ **1** Propre à la surface. *Plaie superficielle.* **2** fig. Qui n'est ni profond ni essentiel. *Esprit superficiel.* → **futile, léger.** ▷ adv. **superficiellement**

**superflu, ue** adj. ■ **1** Qui n'est pas strictement nécessaire. ← n. m. « *Le superflu, chose très nécessaire* » (Voltaire). **2** Qui est en trop. ← *Il est superflu d'insister.* ▷ **superfluité** n. f. littér.

**super-huit** [sypɛʀɥit] adj. invar. et n. m. invar. ■ Format de film d'amateur, plus large que le huit millimètres.

**supérieur, eure** adj. ■ (opposé à *inférieur*) **I** Qui est plus haut, en haut. *La lèvre supérieure.* **II 1** *Supérieur à* : qui a une valeur plus grande que. ♦ absolt *Qualité supérieure.* **2** *Supérieur à* : plus grand que. *Un nombre supérieur à 10.* **3** Plus avancé dans une évolution. *Les animaux supérieurs* : les vertébrés. **4** Plus élevé dans une hiérarchie. *Cadres supérieurs.* ♦ n. m. Personne placée au-dessus dans la hiérarchie. *En référer à son supérieur.* ♦ n. Religieux, religieuse qui dirige une communauté. **III** Qui témoigne d'un sentiment de supériorité. → **arrogant, dédaigneux.**

**supérieurement** adv. ■ D'une manière supérieure (II). ← fam. Très.

**supériorité** n. f. ■ **1** Fait d'être supérieur (II). → **avantage.** **2** Qualité d'une personne supérieure.

**superlatif** n. m. ■ **1** Terme qui exprime le degré supérieur d'une qualité. ♦ par ext. Terme exagéré, hyperbolique. *Abuser des superlatifs.* **2** gramm. *Le superlatif* : l'ensemble des procédés grammaticaux qui expriment la qualité au degré le plus élevé. *Superlatif relatif* (ex. le plus, le moindre) ; *absolu* (ex. très).

**supermarché** n. m. ■ Magasin à grande surface (de 400 à 2 500 m²).

**supernova,** plur. **supernovæ** [-nɔve] n. f. ■ astron. Explosion très lumineuse d'une étoile ; cette étoile.

**superphosphate** n. m. ■ Engrais artificiel à base de phosphate de calcium.

**superposer** v. tr. ① ■ Mettre, poser au-dessus, par-dessus ; disposer l'un au-dessus de l'autre. ← au p. p. *Lits superposés.* ♦ fig. Mettre en plus ; accumuler. ► se **superposer** v. pron. ▷ adj. **superposable**

**superposition** n. f. ■ **1** Action, fait de superposer. **2** Ensemble de choses superposées.

**superproduction** n. f. ■ Film, spectacle réalisé à grands frais.

**superpuissance** n. f. ■ État qui dépasse en importance les autres puissances mondiales.

**supersonique** adj. ■ Dont la vitesse est supérieure à celle du son (opposé à *subsonique*).

**superstitieux, euse** adj. ■ Qui a de la superstition. ← *Pratiques superstitieuses.* ▷ adv. **superstitieusement**

**superstition** n. f. ■ 1 (en religion) Comportement irrationnel vis-à-vis du sacré. 2 cour. Croyance aux présages, aux signes (d'événements bons ou mauvais).

**superstructure** n. f. ■ (opposé à *infrastructure*) 1 Partie (d'une construction) au-dessus du sol. 2 (marxisme) Système d'institutions, d'idéologies, dépendant d'une structure économique.

**superviser** v. tr. 🔲 ■ Contrôler (un travail) sans entrer dans les détails. ▷ n. f. **supervision**

**supin** n. m. ■ gramm. Forme du verbe latin (substantif verbal).

**supination** n. f. ■ didact. (opposé à *pronation*) Rotation externe de la main et de l'avant-bras (sous l'action des muscles *supinateurs*).

**supion** n. m. ■ régional Petite seiche. *Supions à l'ail.*

**supplanter** v. tr. 🔲 ■ 1 Prendre la place de (qqn) en l'évinçant. 2 (sujet chose) Éliminer (une chose) en la remplaçant.

**suppléant, ante** adj. ■ Qui supplée qqn dans ses fonctions. → **remplaçant.** ▷ n. f. **suppléance**

**suppléer** v. tr. 🔲 ■ I v. tr. dir. littér. 1 Mettre à la place de (ce qui manque); combler en remplaçant. *Suppléer une lacune.* 2 *Suppléer qqn,* remplir ses fonctions (→ **suppléant**). II v. tr. ind. SUPPLÉER À. Remédier à en remplaçant, en compensant.

**supplément** n. m. ■ 1 Ce qui est ajouté à une chose déjà complète, spécial à une publication. 2 Somme payée en plus du tarif ordinaire. *Train à supplément.* 3 EN SUPPLÉMENT : en plus.

**supplémentaire** adj. ■ Qui constitue un supplément. *Heures* (de travail) *supplémentaires,* en plus de l'horaire normal. ▷ adv. **supplémentairement**

**supplétif, ive** adj. ■ (troupes...) Recruté temporairement. → n. m. *Des supplétifs.*

**suppliant, ante** ■ 1 adj. Qui supplie. 2 n. Personne qui supplie.

**supplication** n. f. ■ Prière instante faite avec soumission.

**supplice** n. m. ■ 1 Peine corporelle grave, très douloureuse, mortelle ou non, infligée par la justice (→ **torture**). ← *Le dernier supplice* : la peine de mort. ♦ loc. *Le supplice de Tantale* : situation où l'on est proche de l'objet de ses désirs, sans pouvoir l'atteindre. 2 Souffrance très vive (physique ou morale). ← *Être, mettre au supplice,* dans une situation très pénible.

**supplicier** v. tr. 🔲 ■ 1 Livrer au supplice. 2 fig., littér. Torturer moralement.

**supplier** v. tr. 🔲 ■ Prier (qqn) avec insistance et humilité, en demandant qqch. comme une grâce. → **implorer; supplication.**

**supplique** n. f. ■ Humble demande. → **requête.**

**support** n. m. ■ 1 Ce sur quoi repose ou s'appuie une chose. ← Assemblage destiné à recevoir, à supporter un instrument (chevalet, trépied...). 2 Ce qui sert de base (à une image : papier, toile...). ← *Support publicitaire.*

**supportable** adj. ■ 1 Que l'on peut supporter (s'oppose à *insupportable*). 2 Que l'on peut admettre, accepter.

① **supporter** v. tr. 🔲 ■ I 1 (sujet chose) Recevoir le poids, la poussée de (qqch.) sur soi. → **soutenir.** 2 Avoir (qqch.) à subir. *Supporter les conséquences de ses actes.* II 1 Subir les effets pénibles de (qqch.) sans faiblir. → **endurer.** 2 Subir de la part d'autrui, sans résistance ni réaction. 3 Admettre (qqn). *Je ne peux pas le supporter.* ← (compl. de chose) Admettre. *Il ne supporte pas l'hypocrisie.* 4 Subir sans dommage (une action physique). → **résister** à. *Bien supporter le froid.* III anglic. Encourager, soutenir (un sportif, une équipe).

② **supporter** [sypɔʀtɛʀ; sypɔʀtœʀ] n. m. ■ anglic. Partisan (d'un sportif, d'une équipe) qui manifeste son appui.

**supposer** v. tr. 🔲 ■ I 1 Poser à titre d'hypothèse. *Supposons le problème résolu.* ← (avec *que* et le subj.) *Supposez que ce soit vrai.* → **imaginer.** 2 Croire, considérer comme probable. → **présumer.** *Je suppose que vous étiez là.* II (sujet chose) Comporter comme condition nécessaire. → **impliquer.**

**supposition** n. f. ■ I Action de supposer (I); ce que l'on suppose. → **hypothèse.** II dr. Substitution frauduleuse.

**suppositoire** n. m. ■ Préparation pharmaceutique de forme conique, que l'on introduit dans l'anus.

**suppression** n. f. ■ Action de supprimer. ← *Suppressions d'emplois.*

**supprimer** v. tr. 🔲 ■ 1 Faire disparaître, faire cesser d'être en défaisant (qqch. qui gêne). ← Réduire considérablement. *L'avion supprime les distances.* 2 Faire cesser d'être dans un ensemble. → **ôter, retrancher.** 3 Faire disparaître (qqn) en tuant. → **éliminer.** ← pronom. Se suicider.

**suppurer** v. intr. 🔲 ■ Laisser écouler du pus. *La plaie suppure* (→ *purulent*). ▷ n. f. **suppuration**

**supputer** v. tr. 🔲 ■ 1 Évaluer indirectement par un calcul. 2 Apprécier (les chances, la probabilité). *Supputer ses chances de réussite.* ▷ n. f. **supputation**

**supra** adv. ■ Sert à renvoyer à un passage qui se trouve avant (→ ci-dessus, plus haut).

**supra-** Élément, du latin *supra* « au-delà ».

**suprématie** n. f. ■ 1 Situation politique dominante. → **hégémonie, prééminence.** 2 Domination, supériorité intellectuelle, morale. → **ascendant.**

**suprématisme** n. m. ■ arts École artistique russe (abstraction géométrique dépouillée).

**suprême** ■ I adj. **1** Qui est au-dessus de tous, dans son genre. → relig. *L'Être suprême* : Dieu. ◆ Le plus élevé en valeur. **2** Qui est le dernier (avec une idée de solennité ou de tragique). *L'instant, l'heure suprême,* de la mort. II n. m. Filets (de poisson, de volaille) servis avec un velouté à la crème *(sauce suprême).*

**suprêmement** adv. ■ Au suprême degré ; extrêmement.

① **sur** prép. ■ I (Position « en haut » ou « en dehors ») contr. *sous* **1** (surface, chose qui en porte une autre) *Poser un objet sur une table.* → (accumulation) *Les uns sur les autres.* **2** (surface ou chose atteinte) *Appuyer sur un bouton. Tirer sur qqn.* ◆ (en enlevant) *Impôt sur le revenu.* → (proportion) *Un jour sur deux.* **3** (sans contact) Au-dessus de ; plus haut que. **4** (direction) *Sur votre droite.* II D'après. **1** *Juger les gens sur la mine.* ◆ Relativement à. *Apprendre qqch. sur qqn.* → à *propos de.* **2** (temporel) Immédiatement après. loc. *Sur le coup.* → *Sur ce*\*. ◆ *Être sur le départ,* près de partir. **3** (supériorité) *Prendre l'avantage sur qqn.*

② **sur, sure** adj. ■ Qui a un goût acide. → **aigrelet.** *Pommes sures.*

**sur-** Élément tiré de ① *sur* qui signifie « plus haut, au-dessus » et « en excès ». → **hyper-, super-, sus-.**

**sûr, sûre** adj. ■ I (personnes) *SÛR DE* **1** Qui tient pour assuré (un événement). → **certain, convaincu.** *Être sûr du résultat ; de réussir.* → *Être sûr de qqn,* avoir confiance en lui. **2** Qui sait avec certitude. *J'en suis sûr.* II **1** (choses) Qui ne présente pas de danger (→ **sécurité, sûreté**). *En lieu sûr,* à l'abri. **2** En qui, en quoi on peut avoir confiance. *Un ami sûr.* → loc. *À COUP SÛR* : sans risque d'échec. **3** Qui fonctionne, agit avec efficacité et exactitude. **4** Considéré comme vrai ou inéluctable. → **assuré, certain, évident. 5** loc. adv. *BIEN SÛR* : c'est évident. → fam. *POUR SÛR* : certainement.

**surabondance** n. f. ■ Abondance extrême ou excessive. → **pléthore, profusion.**

**surabondant, ante** adj. ■ Très ou trop abondant ou nombreux. ▷ adv. **surabondamment**

**surabonder** v. intr. ① ■ littér. Exister en quantité plus grande qu'il n'est nécessaire.

**suraigu, uë** [-gy] adj. ■ (son...) Très aigu.

**surajouter** v. tr. ① ■ Ajouter (qqch. à ce qui est déjà complet), ajouter après coup.

**suralimenter** v. tr. ① ■ **1** Alimenter au-delà de la normale. **2** Fournir à (un moteur) plus de combustible que la normale. ► **suralimenté, ée** p. p. ▷ n. f. **suralimentation**

**suranné, ée** adj. ■ littér. Qui évoque une époque révolue. → **démodé, obsolète.**

**surate** n. f. → **sourate**

**surbooké, ée** adj. ■ anglic., fam. Surchargé (de rendez-vous...).

**surbooking** n. m. ■ anglic. techn. → **surréservation.**

**surbrillance** n. f. ■ inform. Marque (contraste lumineux...) appliquée à une zone de l'écran d'un ordinateur.

**surcharge** n. f. ■ I **1** Charge ajoutée ou en excès. **2** Fait de surcharger, d'être surchargé. **3** fig. Excès, surabondance. II Mot, inscription qui en recouvre un autre.

**surchargé, ée** adj. ■ **1** Qui est trop chargé. ◆ Trop orné. **2** Qui a trop d'occupations, de travail. **3** Qui porte une surcharge (II).

**surcharger** v. tr. ③ ■ I **1** Charger d'un poids qui excède la charge ordinaire ou permise. **2** fig. → **encombrer. 3** Imposer une charge excessive à (qqn). II Marquer d'une surcharge (II).

**surchauffe** n. f. ■ **1** Fait de chauffer au-delà de la normale. **2** écon. Tension excessive dans l'activité économique.

**surchauffer** v. tr. ① ■ Chauffer à l'excès. ► **surchauffé, ée** adj. (fig.) Surexcité, exalté.

**surclasser** v. tr. ① ■ Avoir une supériorité sur.

**surcomposé, ée** adj. ■ gramm. Temps composé d'un verbe dont l'auxiliaire est à un temps composé (ex. quand *j'ai eu terminé*).

**surcot** n. m. ■ hist. Vêtement porté par-dessus la cotte, au moyen âge.

**surcouper** v. intr. ① ■ (aux cartes) Couper avec un atout supérieur (après une coupe).

**surcoût** n. m. ■ Coût supplémentaire.

**surcroît** n. m. ■ Ce qui vient s'ajouter à ce qu'on a déjà. → littér. *DE SURCROÎT, PAR SURCROÎT* loc. adv. : en plus.

**surdi-mutité** n. f. ■ État de sourd-muet.

**surdité** n. f. ■ Abolition de l'ouïe.

**surdose** n. f. ■ Dose excessive, parfois mortelle (d'un stupéfiant, d'un médicament) (→ anglic. *overdose*).

**surdoué, ée** adj. ■ Dont l'intelligence évaluée est très supérieure à la moyenne. → n. *Une surdouée.*

**sureau** n. m. ■ Arbrisseau à baies rouges ou noires, dont la tige peut s'évider.

**sureffectif** n. m. ■ Effectif trop important.

**surélever** v. tr. ⑤ ■ Donner plus de hauteur à. ▷ n. f. **surélévation**

**suremballage** n. m. ■ Emballage de protection ou de renfort. ◆ Abus d'emballages. *Le suremballage des jouets.*

**sûrement** adv. ■ **1** En sûreté. **2** De manière sûre, certaine (→ à coup sûr). **3** adv. de phrase → **certainement.** *On va sûrement le condamner.* **4** De façon très probable.

**surenchère** n. f. ■ **1** Enchère supérieure à la précédente. **2** Fait de surenchérir (2).

**surenchérir** v. intr. ② ■ **1** Faire une surenchère (1). **2** fig. *Surenchérir sur* : proposer, promettre plus que (qqn).

**surendettement** n. m. ■ Endettement excessif (par rapport aux ressources). ▷ **surendetté, ée** adj. *Ménage surendetté.*

**surestimer** v. tr. ① ■ **1** Estimer au-delà de son prix. **2** Apprécier au-delà de sa valeur. → pronom. *Il se surestime.* ▷ n. f. **surestimation**

**suret, ette** adj. ■ Légèrement sur, acide.

**sûreté** n. f. ■ **I 1** (vieilli, sauf en loc.) Absence de risque, de danger. → **sécurité.** prov. *Prudence est mère de sûreté.* – *EN SÛRETÉ :* à l'abri du danger. **2** Garantie de sécurité. *Atteinte à la sûreté de l'État.* ♦ anciennt *Sûreté nationale, la Sûreté,* direction de la police. **II** Caractère de ce qui est sûr, sans danger ou sans risque d'erreur. **III** dr. Garantie.

**surévaluer** v. tr. [1] ■ Évaluer au-dessus de sa valeur réelle. ▷ n. f. **surévaluation**

**surexciter** v. tr. [1] ■ Exciter à l'extrême ; mettre dans un état d'exaltation, de nervosité extrême. ► **surexcité, ée** adj. ▷ n. f. **surexcitation**

**surexposer** v. tr. [1] ■ Exposer à la lumière (une pellicule, un film) plus longtemps que la normale. ▷ n. f. **surexposition**

**surf** [sœrf] n. m. ■ anglic. Sport qui consiste à se laisser porter, sur une planche, par une vague déferlante ; cette planche. ♦ *Surf des neiges* (pratiqué sur la neige). → **monoski, snow-board.**

**surface** n. f. ■ **1** Partie extérieure (d'un corps), qui est en contact tous les sens ; face apparente. *La surface de l'eau.* – *FAIRE SURFACE.* → **émerger.** fig. *Faire, refaire surface :* se manifester (de nouveau). ♦ fig. Les apparences (opposé à *fond*). **2** Aire, superficie. – dr. *Surface corrigée* (servant au calcul des loyers). **3** Figure géométrique à deux dimensions. **4** phys. Limite entre deux milieux physiques différents.

**surfait, aite** adj. ■ Trop apprécié, inférieur à sa réputation.

**surfer** [sœrfe] v. intr. [1] ■ **1** Faire du surf. **2** fig. Passer d'un site web à un autre, en cliquant sur les liens hypertextes. → **naviguer.** ▷ n. **surfeur, euse**

**surfiler** v. tr. [1] ■ Passer un fil sur le bord de (un tissu).

**surgeler** v. tr. [5] ■ Congeler rapidement et à très basse température (un produit alimentaire). ► **surgelé, ée** adj. et n. m. ▷ n. f. **surgélation**

**surgénérateur, trice** adj. et n. m. ■ techn. (Réacteur) qui produit plus de matière fissile qu'il n'en consomme.

**surgeon** n. m. ■ arbor. Rejet qui pousse au pied d'un arbre.

**surgir** v. intr. [2] ■ **1** Apparaître brusquement en s'élevant, en sortant (de). **2** abstrait Se manifester brusquement. ▷ n. m. **surgissement**

**surhomme** n. m. ■ Être humain doté de capacités exceptionnelles.

**surhumain, aine** adj. ■ Qui apparaît au-dessus des forces humaines normales.

**surimi** n. m. ■ Préparation alimentaire (japonaise) à base de chair de poisson.

**surimpression** n. f. ■ Impression de plusieurs images sur une surface sensible.

**surin** n. m. ■ argot Couteau, poignard. ▷ **suriner** v. tr. [1] ▷ n. m. **surineur**

**surinfection** n. f. ■ Infection supplémentaire, au cours d'une maladie infectieuse.

**surintendant** n. m. ■ Titre de ministres, sous l'Ancien Régime. ■

**surir** v. intr. [2] ■ Devenir sur, un peu aigre.

**surjection** n. f. ■ math. Application telle que tout élément de l'ensemble d'arrivée soit l'image d'au moins un élément de l'ensemble de départ (syn. *application surjective*).

**surjet** n. m. ■ Point de couture serré servant à assembler bord à bord.

**surlendemain** n. m. ■ Jour qui suit le lendemain (→ **après-demain**).

**surligner** v. tr. [1] ■ Marquer (du texte) à l'encre transparente. ▷ n. m. **surlignage** ▷ **surligneur** n. m. (→ **marqueur**).

**surlonge** n. f. ■ Morceau du bœuf, autour des premières vertèbres dorsales.

**surmenage** n. m. ■ Fait de (se) surmener ; troubles qui en résultent.

**surmener** v. tr. [5] ■ Fatiguer à l'excès. ► se **surmener** v. pron. ► **surmené, ée** adj.

**surmoi** n. m. ■ psych. L'une des trois instances de la personnalité (selon Freud), agissant sur le moi par interdits.

**surmonter** v. tr. [1] ■ **1** Être placé, situé au-dessus de. **2** Venir à bout de, vaincre. *Surmonter sa peur.* ▷ adj. **surmontable**

**surmulet** n. m. ■ Rouget (poisson).

**surmulot** n. m. ■ Gros rat commun.

**surnager** v. intr. [3] ■ **1** Se soutenir, rester à la surface d'un liquide. → aussi **flotter.** **2** fig. Subsister, se maintenir.

**surnaturel, elle** adj. ■ **1** relig. D'origine divine. **2** Qui ne s'explique pas par les lois naturelles. → **magique, merveilleux.** – n. m. *Admettre le surnaturel.*

**surnom** n. m. ■ Nom ajouté ou substitué (→ **sobriquet**).

**surnombre** n. m. ■ *EN SURNOMBRE :* en plus de la normale (→ **surnuméraire**).

**surnommer** v. tr. [1] ■ Désigner par un surnom.

**surnuméraire** adj. ■ Qui est en surnombre.

**suroît** n. m. ■ **I** mar. Vent du sud-ouest. **II** Chapeau imperméable (de marin).

**surpasser** v. tr. [1] ■ **1** vieilli Dépasser, excéder. **2** Être supérieur à (qqn) sous certains rapports. *Surpasser qqn en habileté.* ► se **surpasser** v. pron.

**surpeuplé, ée** adj. ■ Où la population est trop nombreuse.

**surpeuplement** n. m. ■ **1** État d'un lieu surpeuplé. **2** Surpopulation.

**surplis** n. m. ■ Vêtement liturgique, souvent plissé, porté par-dessus la soutane.

**surplomb** [-pl5] n. m. ■ Partie (d'un bâtiment...) qui est en saillie. – *EN SURPLOMB :* qui présente un surplomb.

**surplomber** v. tr. [1] ■ **1** v. intr. Dépasser par le sommet la ligne de l'aplomb. **2** v. tr. Dominer, faire saillie au-dessus de. ▷ adj. **surplombant, ante**

**surplus** n. m. ■ **1** Ce qui excède la quantité, la somme voulue. → **excédent.** ◆ Stock vendu à bas prix. **2** loc. littér. *AU SURPLUS* : au reste ; en outre.

**surpopulation** n. f. ■ Population excessive (par rapport aux ressources).

**surprenant, ante** adj. ■ **1** Qui surprend, étonne. **2** Remarquable.

**surprendre** v. tr. 58 ■ **1** Prendre sur le fait. *Surprendre un voleur.* **2** Découvrir (ce que qqn cache). **3** Se présenter inopinément à (qqn). *Surprendre qqn chez lui.* **4** (sujet chose) Arriver sans être attendu, prévu. *L'orage nous a surpris.* **5** Étonner, déconcerter ; être inattendu (→ **surprenant**). ► **se surprendre** v. pron. *Se surprendre à* (+ inf.) : s'apercevoir soudain en train de.

**surpression** n. f. ■ techn. Pression supérieure à la normale.

**surprise** n. f. ■ **1** Action ou attaque inopinée (surtout dans *PAR SURPRISE*). **2** État d'une personne surprise ; étonnement dû à ce qui surprend (4 et 5). **3** Ce qui surprend ; chose inattendue. *Bonne, mauvaise surprise.* ◆ appos. *Grève surprise.* **4** Plaisir ou cadeau qui surprend agréablement. *Préparer une surprise à qqn.*

**surprise-partie** n. f. ■ vieilli Soirée ou après-midi dansante. *Des surprises-parties.*

**surproduction** n. f. ■ Production excessive.

**surréalisme** [-RR-] n. m. ■ Forme d'art utilisant des forces psychiques (automatisme, rêve, inconscient) libérées du contrôle de la raison. ◆ Mouvement littéraire et artistique qui y correspond.

**surréaliste** [-RR-] adj. ■ **1** Du surréalisme. ◆ *Peintre surréaliste.* ◆ n. *Les surréalistes.* **2** fam. Étrange, extravagant.

**surrégénérateur, trice** [-RR-] adj. ■ techn. → **surgénérateur.**

**surrégime** [-RR-] n. m. ■ techn. Régime (d'un moteur) supérieur au régime normal.

**surrénal, ale, aux** [-(R)R-] adj. ■ Placé au-dessus du rein. ◆ *Glande surrénale* et n. f. *surrénale,* produisant l'adrénaline.

**surréservation** n. f. ■ Réservation de places (transports, spectacles...) en surnombre, par erreur ou calcul.

**sursaut** n. m. ■ **1** Mouvement involontaire qui fait qu'on se dresse brusquement. ◆ loc. *EN SURSAUT.* **2** Sursaut de : regain subit (d'un sentiment).

**sursauter** v. intr. 1 ■ Avoir un sursaut. → **tressaillir, tressauter.**

**surseoir** [-SWAR] v. tr. ind. 26 (forme en *-oi*) ■ *SURSEOIR À* : attendre l'expiration d'un délai pour procéder à (un acte juridique...). → **différer, remettre.**

**sursis** n. m. ■ **1** Remise à une date postérieure. ◆ *Sursis (à l'exécution des peines).* ◆ *Sursis (d'incorporation),* report du service militaire. **2** Période de répit. → **délai.** ◆ *EN SURSIS.*

**sursitaire** adj. et n. ■ (Personne) qui bénéficie d'un sursis (d'incorporation).

**surtaxe** n. f. ■ Majoration d'une taxe.

① **surtout** adv. ■ **1** Avant tout, plus que toute autre chose. ◆ (ordre...) *Surtout ne dites rien !* **2** Plus particulièrement. **3** fam. (critiqué) *SURTOUT QUE :* d'autant plus que.

② **surtout** n. m. ■ Pièce de vaisselle ou d'orfèvrerie décorative.

**surveillance** n. f. ■ Fait de surveiller ; actes de contrôle suivi.

**surveillant, ante** n. ■ **1** Personne qui surveille. → **garde, gardien. 2** Personne chargée de la discipline (école, communauté).

**surveiller** v. tr. 1 ■ **1** Observer avec une attention soutenue, en limitant la liberté. ◆ au p. p. *LIBERTÉ SURVEILLÉE* (de délinquants non incarcérés). **2** Suivre avec attention pour contrôler (un processus). → **inspecter. 3** Être attentif à (ce que l'on fait...). *Surveiller sa ligne.*

**survenir** v. intr. 22 ■ Arriver, venir à l'improviste, brusquement.

**surveste** n. f. ■ Veste large et ample, qui se porte sur une autre.

**survêtement** n. m. ■ Vêtement de sport.

**survie** n. f. ■ **1** Vie après la mort (dans les croyances religieuses). **2** Fait de survivre.

**survitaminé, ée** adj. ■ Auquel on a incorporé une quantité importante de vitamines. *Boisson survitaminée.* ◆ fig. et fam. Très énergique.

**survivance** n. f. ■ Ce qui survit, ce qui subsiste (d'une chose disparue). *Une survivance du passé.*

**survivant, ante** adj. ■ **1** Qui survit à qqn, à d'autres. **2** Qui survit à une époque, à une société. ◆ (choses) Qui subsiste. **3** Qui a échappé à la mort (là où d'autres sont morts). → **rescapé.** ◆ n. *Il n'y a aucun survivant.*

**survivre** v. tr. ind. 46 ■ *SURVIVRE À* **1** Demeurer en vie après la mort de (qqn). *Elle a survécu à ses enfants.* ◆ Vivre encore après (un temps révolu, une chose passée). **2** (sujet chose) Durer plus longtemps que. **3** Échapper à (une mort violente et collective). → **survivant. 4** sans compl. Continuer à vivre, rester en vie. ◆ (sujet chose) → **subsister.** ► **se survivre** v. pron. Vivre encore (dans qqn, qqch. ; ou après un événement comparé à une mort). → **se perpétuer.**

**survoler** v. tr. 1 ■ **1** (oiseau, avion...) Voler au-dessus de. **2** fig. Examiner rapidement. ▷ n. m. **survol**

**survolter** v. tr. 1 ■ **1** Augmenter la tension électrique de (qqch.) au-delà de la valeur normale. **2** Surexciter. ► **survolté, ée** adj.

**sus** [sy(s)] adv. ■ **1** vx *Courir sus à l'ennemi,* l'attaquer. **2** *EN SUS (DE),* en plus (de).

**sus-** Élément, qui signifie « en haut, sur ».

**susceptible** adj. ■ **I** *SUSCEPTIBLE DE* **1** Qui peut présenter (un caractère), recevoir (une impression), subir (une modification). *Texte susceptible de deux interprétations.* **2** (choses, personnes) (+ inf.) Capable de (à l'occasion). **II** Particulièrement sensible dans son amour-propre ; qui se vexe. → **ombrageux.** ▷ n. f. **susceptibilité**

**susciter** v. tr. ① ▪ **1** littér. Faire exister, agir (qqch.; qqn) pour aider ou pour contrecarrer (qqn). *On lui a suscité des ennuis.* **2** Faire naître (un sentiment, une idée...). → **éveiller, provoquer.**

**suscription** n. f. ▪ admin. Adresse d'une lettre.

**susdit, dite** [sysdi, dit] adj. et n. ▪ didact. Dit, mentionné ci-dessus.

**sushi** [suʃi] n. m. ▪ Plat japonais, riz assaisonné accompagné de poisson cru (→ aussi **sashimi**).

**suspect, ecte** [-ɛ(kt), ɛkt] adj. ▪ **1** adj. et n. (Personne) qui est soupçonné ou éveille les soupçons. ♦ *Suspect de :* que l'on peut soupçonner de (→ **suspicion**). **2** (choses) Qui éveille les soupçons, la doute.

**suspecter** v. tr. ① ▪ Tenir pour suspect (qqn, qqch.). → **soupçonner.**

**suspendre** v. tr. ④① ▪ I **1** Interrompre (une action) pour quelque temps. *On a suspendu la séance.* **2** Mettre un terme aux activités de, aux effets de. *Suspendre un journal.* **3** Remettre à plus tard, réserver. *Suspendre son jugement.* II **1** Tenir ou faire tenir de manière à faire pendre. *Suspendre un tableau au mur.* **2** (passif) *Être suspendu à,* très attentif à. *Suspendu aux lèvres de qqn.* ▶ **suspendu, ue** adj. **1** *PONT SUSPENDU,* dont le tablier est maintenu par des câbles. ♦ *Véhicule BIEN, MAL SUSPENDU* (→ **suspension**). **2** En hauteur. *Jardins suspendus,* en terrasses.

**suspens** n. m. ▪ **1** *EN SUSPENS* loc. adv. : dans l'indécision ; sans achèvement. *La question reste en suspens.* **2** littér. Incertitude, appréhension (→ **suspense**).

**suspense** [syspɛns] n. m. ▪ anglic. Moment (film, récit...) qui fait naître un sentiment d'attente angoissée.

**suspension** n. f. ▪ I (→ suspendre, I) **1** Interruption ou remise à plus tard. **2** Fait de retirer ses fonctions (à un magistrat, etc.). **3** *Points de suspension* : signe de ponctuation (...) qui marque l'interruption. II (→ suspendre, II) **1** Manière dont un objet suspendu est maintenu en équilibre stable. **2** Appui élastique (d'un véhicule) sur ses roues ; pièces (amortisseurs, ressorts...) assurant cette élasticité. **3** chim. (surtout dans *en suspension*) État d'un solide en fines particules divisées dans un liquide ou un gaz. **4** Appareil d'éclairage destiné à être suspendu. → **lustre.**

**suspicieux, euse** adj. ▪ littér. Plein de suspicion. → **soupçonneux.**

**suspicion** n. f. ▪ littér. Fait de considérer comme suspect. → **défiance, méfiance.**

**sustentation** n. f. ▪ didact. Fait de (se) soutenir en équilibre.

**sustenter** v. tr. ① ▪ didact. Soutenir les forces de (qqn) par la nourriture. ▶ se **sustenter** v. pron. plais. Se nourrir.

**susurrer** [sys-] v. ① ▪ **1** v. intr. Murmurer doucement. **2** v. tr. Dire en susurrant.

**suture** n. f. ▪ Réunion, à l'aide de fils, de parties de chair coupées. *Points de suture.*

**suzerain, aine** n. ▪ hist. Seigneur qui avait concédé un fief à un vassal (système féodal).

**suzeraineté** n. f. ▪ hist. Qualité de suzerain.

**svastika** ou **swastika** [svastika] n. m. ▪ Symbole religieux hindou, croix aux branches coudées (→ croix gammée).

**svelte** adj. ▪ Qui produit par sa forme élancée une impression de légèreté. ▷ n. f. **sveltesse**

**S. V. P.** [silvuplɛ ; ɛsvepe] ▪ Abréviation de *s'il vous plaît.*

**swahili** [swaili] n. m. ▪ Langue bantoue parlée dans l'est de l'Afrique.

**sweater** [switœr ; swetœr] n. m. ▪ anglic. Gilet en maille, à manches longues.

**sweat-shirt** [switʃœrt; swetʃœrt] n. m. ▪ anglic. Pull-over en tissu moelleux, serré à la taille. *Des sweat-shirts.*

**sweepstake** [swipstɛk] n. m. ▪ anglic. Loterie basée sur une course de chevaux.

① **swing** [swiŋ] n. m. ▪ anglic. **1** boxe Large coup de poing donné vers l'intérieur. **2** golf Mouvement du joueur qui frappe la balle.

② **swing** [swiŋ] n. m. ▪ anglic. **1** Qualité rythmique (fluidité, pulsation...) propre au jazz. **2** Jazz classique (1930-1960).

**swinguer** [swiŋge] v. intr. ① ▪ anglic. Jouer avec swing ; avoir du swing.

**sybarite** n. ▪ littér. Personne qui recherche les plaisirs de la vie. ▷ n. m. **sybaritisme**

**sycomore** n. m. ▪ **1** Figuier originaire d'Égypte. **2** Érable *(faux platane).*

**sycophante** n. m. ▪ littér. Délateur ; espion.

**syllabaire** n. m. ▪ **1** Manuel, livre élémentaire de lecture. **2** didact. Signe d'une écriture, correspondant à une syllabe.

**syllabe** n. f. ▪ Voyelle, consonne ou groupe se prononçant d'une seule émission de voix. ▷ adj. **syllabique**

**syllepse** n. f. ▪ gramm. Accord des mots selon le sens (ex. « minuit sonnèrent »).

**syllogisme** n. m. ▪ Raisonnement déductif rigoureux qui lie des prémisses* à une conclusion. ▷ adj. **syllogistique**

**sylphe** n. m. ▪ Génie aérien des mythologies gauloise, celtique et germanique.

**sylphide** n. f. ▪ littér. Génie aérien féminin plein de grâce. → *Une taille de sylphide.*

**sylvain** n. m. ▪ didact. Divinité latine des forêts.

**sylvaner** n. m. → **silvaner**

**sylvestre** adj. ▪ littér. Relatif, propre aux forêts, aux bois. → *Pin sylvestre.*

**sylv(i)-** Élément, du latin *sylva* « forêt ».

**sylviculture** n. f. ▪ Exploitation des arbres forestiers.

**sym-** → **syn-**

**symbiose** n. f. ▪ sc. Association biologique, durable et réciproque, entre deux organismes. *Algue et champignon vivant en symbiose* (lichen). ▷ adj. **symbiotique 2** littér. Étroite union. → **fusion.**

**symbiote** adj. et n. m. ■ sc. (Organisme) qui vit en symbiose.

**symbole** n. m. ■ 1 Être, objet ou fait perceptible, qui évoque spontanément (dans une culture) quelque chose d'abstrait ou d'absent. *La colombe, symbole de la paix.* ♦ littér. → **allégorie, image, métaphore.** 2 Signe arbitraire. *Symbole algébrique.* 3 Personne qui incarne, représente, évoque (qqch.) de façon exemplaire. → **personnification.**

**symbolique** ■ I adj. 1 Qui constitue un symbole, repose sur des symboles. 2 Qui est le signe d'autre chose. *Le franc, l'euro symbolique de dommages et intérêts.* ▷ adv. **symboliquement** II n. f. 1 Système de symboles. 2 Étude, théorie des symboles.

**symboliser** v. tr. 1 ■ 1 Représenter par un symbole. 2 (sujet personne ou chose) Être le symbole de (une abstraction).

**symbolisme** n. m. ■ 1 Système de symboles. 2 Mouvement littéraire et artistique (fin du XIXᵉ s.) qui s'efforça de fonder sur une vision symbolique et spirituelle du monde. ▷ adj. et n. **symboliste**

**symétrie** n. f. ■ 1 littér. Régularité et harmonie. 2 Distribution régulière de parties, d'objets semblables de part et d'autre d'un axe ou autour d'un centre.

**symétrique** adj. ■ Qui présente une symétrie (2). ▷ adv. **symétriquement**

**sympa** adj. ■ fam. Sympathique.

**sympathie** n. f. ■ I 1 Relations entre personnes qui, ayant des affinités, se conviennent, se plaisent. → **entente.** 2 Sentiment chaleureux et spontané qu'une personne éprouve (pour une autre). ♦ *Accueillir un projet avec sympathie.* 3 littér. Fait de ressentir ce qui touche autrui. → **compassion.** II vx Affinité.

**sympathique** adj. ■ I 1 Qui inspire la sympathie. → **agréable, aimable.** ♦ (choses) *Un geste sympathique.* 2 fam. Très agréable. *Une soirée sympathique.* 3 Relatif à la sympathie (I, 3). ▷ adv. **sympathiquement** II 1 vx Qui est en affinité avec (autre chose). ← mod. loc. *Encre\* sympathique.* 2 n. m. physiol. *LE SYMPATHIQUE* : le système nerveux périphérique qui commande les mouvements inconscients.

**sympathisant, ante** n. ■ Personne qui, sans appartenir à un parti, à un groupe, approuve son action.

**sympathiser** v. intr. 1 ■ 1 S'entendre bien dès la première rencontre. *Ils ont tout de suite sympathisé.* 2 Être en affinité (avec qqn).

**symphonie** n. f. ■ 1 Composition musicale à plusieurs mouvements (forme sonate), exécutée par un orchestre. 2 fig., littér. *Symphonie de :* ensemble harmonieux de.

**symphonique** adj. ■ 1 *POÈME SYMPHONIQUE :* composition musicale pour orchestre, illustrant un thème. 2 De la symphonie ; de la musique classique pour grand orchestre. *Orchestre symphonique.*

**symphyse** n. f. ■ anat. Articulation peu mobile. *La symphyse pubienne.*

**symposium** [-jɔm] n. m. ■ Congrès scientifique.

**symptomatique** adj. ■ 1 méd. Qui constitue un symptôme. 2 Qui révèle ou fait prévoir. → **révélateur.**

**symptomatologie** n. f. ■ méd. Étude des symptômes des maladies. → **sémiologie** (1).

**symptôme** n. m. ■ 1 Phénomène, caractère perceptible ou observable lié à un état, une maladie dont il est le signe\*. → aussi **syndrome ; prodrome.** 2 fig. Signe (d'un état, d'une évolution).

**syn-** Élément, du grec *sun* « avec ». var. **sym-**.

**synagogue** n. f. ■ 1 Temple israélite. 2 didact. La religion juive.

**synapse** n. f. ■ didact. Région de contact entre deux neurones.

**synchrone** [-kʀ-] adj. ■ Qui se produit dans le même temps. → **simultané.**

**synchronie** [-kʀ-] n. f. ■ 1 ling. Ensemble des faits linguistiques considérés à un moment donné (opposé à *diachronie*). 2 Caractère synchrone. ▷ adj. **synchronique**

**synchroniser** [-kʀ-] v. tr. 1 ■ 1 techn. Rendre synchrones (des phénomènes, des mouvements, des mécanismes) ; spécialt la piste sonore et les images de (un film). → **post-synchroniser.** 2 cour. Faire s'accomplir simultanément (des actions). ▶ **synchro- nisé, ée** adj. ▷ n. f. **synchronisation**

**synchronisme** [-kʀ-] n. m. ■ 1 Caractère de ce qui est synchrone ou synchronisé. 2 (événements) Coïncidence de dates, identité d'époques.

**synchrotron** [-kʀ-] n. m. ■ phys. Cyclotron dans lequel le champ magnétique varie avec la vitesse des particules.

**synclinal** n. m. ■ géol. Pli concave vers le haut (opposé à *anticlinal*).

**syncope** n. f. ■ I Arrêt ou ralentissement marqué des battements du cœur. → **évanouissement.** II mus. Prolongation sur un temps fort d'un élément accentué d'un temps faible.

**syncopé, ée** adj. ■ mus. Caractérisé par des syncopes (II). *Rythme syncopé.*

**syncrétisme** n. m. ■ didact. Combinaison de doctrines (religieuses, philosophiques). ▷ adj. **syncrétique**

**syndic** n. m. ■ 1 Mandataire choisi par les copropriétaires d'un immeuble, et chargé de l'administrer. 2 dr. Administrateur provisoire d'une entreprise en faillite.

**syndical, ale, aux** adj. ■ 1 Relatif à un syndicat (2). 2 Relatif à un syndicat (2) de salariés, au syndicalisme.

**syndicalisme** n. m. ■ Fait social et politique que représentent l'existence et l'action des syndicats de travailleurs salariés.

**syndicaliste** ■ 1 n. Militant d'un syndicat. 2 adj. Du syndicalisme.

**syndicat** n. m. ▪ **1** Association qui a pour objet la défense d'intérêts communs. ◆ *Syndicat d'initiative* : organisme de développement du tourisme dans une localité. **2** Association de défense d'intérêts professionnels. *Syndicat patronal.* ◆ spécialt Syndicat ouvrier ou de salariés.

**syndiqué, ée** adj. et n. ▪ (Personne) qui est membre d'un syndicat.

**syndiquer** v. tr. 1 ▪ Grouper (des personnes), organiser (une profession) en syndicat. ► **se syndiquer** v. pron.

**syndrome** n. m. ▪ méd. Ensemble de symptômes caractérisant un état pathologique.

**synecdoque** n. f. ▪ didact. Figure de rhétorique qui consiste à prendre le plus pour le moins, la partie pour le tout, etc., ou inversement. → aussi **métonymie**.

**synergie** n. f. ▪ didact. **1** Action coordonnée d'organes. *Synergie musculaire.* **2** Aide réciproque de plusieurs éléments. ► adj. **synergique**

**synode** n. m. ▪ relig. Assemblée d'ecclésiastiques. ► adj. **synodique**

**synonyme** ▪ **1** adj. Se dit de mots ou d'expressions qui ont un sens très voisin. **2** n. m. Mot, expression synonyme (d'un[e] autre). ► n. f. **synonymie** ► adj. **synonymique**

**synopsis** [-is] n. m. ▪ cin. Récit bref qui constitue un schéma de scénario.

**synoptique** adj. ▪ **1** Qui donne une vue générale. *Tableau synoptique.* **2** relig. *Les Évangiles synoptiques* (Matthieu, Marc, Luc dont les plans sont analogues).

**synovie** n. f. ▪ Liquide qui lubrifie les articulations mobiles. *Épanchement de synovie* (notamment au genou). ► adj. **synovial, ale, aux**

**syntagme** n. m. ▪ ling. Groupe de morphèmes ou de mots formant une unité dans la phrase. *Syntagme nominal, verbal.*

**syntaxe** n. f. ▪ didact. **1** Étude des règles grammaticales d'une langue ; ces règles. → **grammaire**. **2** Relations entre les unités linguistiques. ► adj. **syntaxique** ou **syntactique**

**synthèse** n. f. ▪ **1** Activité mentale permettant d'aller des notions simples aux notions composées (opposé à *analyse*). **2** Vue d'ensemble. **3** Formation d'un tout matériel au moyen d'éléments. ◆ Préparation (d'un composé chimique) à partir d'éléments. *Produit de synthèse.* → **synthétique**

(2). ◆ *Images de synthèse*, produites par des moyens informatiques, électroniques... **II 1** Ensemble complexe d'objets de pensée. **2** Notion philosophique qui réalise l'accord de la thèse et de l'antithèse (→ **dialectique**).

**synthétique** adj. ▪ **1** De synthèse. **2** Produit par synthèse chimique (artificielle). **3** (esprit) Apte à la synthèse. ► adv. **synthétiquement**

**synthétiser** v. tr. 1 ▪ Associer, combiner par une synthèse.

**synthétiseur** n. m. ▪ Instrument de musique électronique à clavier dont le son est produit par une synthèse acoustique.

**syntoniseur** n. m. ▪ Tuner.

**syphilis** [-is] n. f. ▪ Grave maladie vénérienne causée par un tréponème. ► adj. et n. **syphilitique**

**syrah** n. m. ou f. ▪ Cépage noir, à petits grains, de saveur caractéristique, surtout utilisé dans les vins de la vallée du Rhône ; vin de ce cépage.

**systématique** ▪ **I** adj. **1** D'un système intellectuel. **2** Qui procède, est organisé avec méthode. ◆ *Un refus systématique*, entêté. **3** Qui pense ou agit selon un système. **II** n. f. didact. **1** Science des classifications des êtres vivants. → **taxinomie**. **2** Ensemble (de données, de méthodes) relevant d'un système de pensée. ► adv. **systématiquement**

**systématiser** v. tr. 1 ▪ Réunir en système. ► n. f. **systématisation**

**système** n. m. ▪ **I 1** Ensemble abstrait dont les éléments sont coordonnés sur une, une théorie. *Le système astronomique de Copernic.* ◆ *Le système décimal.* **2** Ensemble de pratiques organisées en fonction d'un but. → **méthode**. *Le système de défense d'un accusé.* ◆ fam. Moyen habile. *LE SYSTÈME D\*.* **3** Ensemble de pratiques et d'institutions. → **régime**. ◆ péj. La société sentie comme contraignante. *Il refuse le système.* **4** péj. *ESPRIT DE SYSTÈME* : tendance à faire prévaloir la conformité à un système sur une juste appréciation du réel. **II 1** Ensemble complexe d'éléments de même nature ou fonction. *Le système solaire. Le système nerveux.* ◆ fam. *Le système* : les nerfs. *Il me tape sur le système.* **2** Dispositif ou appareil complexe. *Système d'alarme.*

**systémique** adj. ▪ didact. Relatif à un système (I, 1 ou II, 1) dans son ensemble.

**systole** n. f. ▪ physiol. Contraction du cœur.

**syzygie** n. f. ▪ astron. Position de la Lune, d'une planète en conjonction ou en opposition avec le Soleil.

**t** [te] n. m. invar. ▪ **1** Vingtième lettre, seizième consonne de l'alphabet. **2** (ajouté entre le verbe et le pronom sujet) *Arrive-t-il, puisse-t-on* (comme *arrivent-ils,* etc.). **3** Forme du T majuscule. *Antenne en T.* → aussi **té.**

**ta** → ① **ton**

① **tabac** [-ba] n. m. ▪ **1** Plante à larges feuilles, qui contient un alcaloïde, la nicotine. **2** Feuilles de tabac séchées et préparées. ◆ Consommation, habitude du tabac (→ **fumer**). **3** *Bureau de tabac ; tabac :* magasin pour fumeurs.

② **tabac** [-ba] n. m. ▪ **1** loc. *PASSER qqn À TABAC :* tabasser. **2** loc. fam. *Faire un tabac,* avoir un grand succès.

**tabacologie** n. f. ▪ méd. Discipline médicale qui étudie le tabac et les effets du tabagisme.

**tabagie** n. f. ▪ **1** Endroit mal aéré où il y a beaucoup de fumée de tabac. **2** franç. du Canada Magasin qui vend du tabac, des boissons, des journaux...

**tabagisme** n. m. ▪ méd. Habitude de fumer ; intoxication, troubles provoqués par l'usage du tabac.

**tabasco** n. m. ▪ Condiment liquide à base de piment rouge, de vinaigre et d'épices.

**tabasser** v. tr. ⊞ ▪ fam. Rouer de coups.

**tabatière** n. f. ▪ **1** Petite boîte pour le tabac à priser. **2** Lucarne à charnière.

**tabernacle** n. m. ▪ relig. Petite armoire d'autel qui contient le ciboire.

**tabla** n. m. ▪ Instrument indien à percussion, petites timbales.

**tablature** n. f. ▪ Figuration graphique des sons musicaux propres à un instrument.

**table** n. f. ▪ **I** Meuble sur pied(s) à partie supérieure plane. **1** spécialt Meuble sur lequel on mange. ◆ *DE TABLE :* qui sert au repas. ◆ loc. *SE METTRE À TABLE* (fig., fam. avouer). ◆ La nourriture, l'autel. *Les plaisirs de la table.* ◆ Personnes à table. → **tablée. 2** (Autres usages). *Table à dessin. → Table à repasser. → Table de jeu.* loc. *Jouer cartes sur table,* ne rien dissimuler. **3** *TABLE RONDE,* autour de laquelle peuvent s'asseoir plusieurs personnes (sans hiérarchie). → Réunion pour discuter d'un problème. ◆ *TOUR DE TABLE :* prise de parole successive. **4** Table à tiroirs, tablettes, etc. *Table de chevet.* **5** *TABLE D'ORIENTATION :* surface plane sur laquelle sont figurées les directions, la topographie. **6** loc. *La sainte table,* l'autel. **II 1** *TABLE D'harmonie,* partie d'un instrument de musique, sur laquelle les cordes sont tendues. **2** Tableau. *Table d'écoute\*.* **3** Tableau, support d'écriture. ◆

loc. *FAIRE TABLE RASE :* écarter, rejeter ce qui était admis. ◆ *Les TABLES DE LA LOI* (remises par Dieu à Moïse) : les commandements de Dieu. ◆ Présentation méthodique. *TABLE DES MATIÈRES :* dans un livre, énumération des chapitres. ◆ Recueil d'informations, de données. → **tableau** (III). *Tables de multiplication.*

**tableau** n. m. ▪ **I 1** Peinture sur un support rigide autonome. **2** *TABLEAU VIVANT :* groupe de personnes immobiles. **3** Image, scène réelle. *Un tableau touchant.* **4** *TABLEAU DE CHASSE :* ensemble des animaux abattus ; fig. ensemble de succès. **5** Description ou évocation imagée, par le langage. → **récit. 6** Subdivision d'un acte, au théâtre. **II 1** Panneau destiné à recevoir une inscription, une annonce. *Tableau d'affichage.* **2** (Table de jeu). loc. *Gagner sur tous les tableaux.* **3** *TABLEAU (NOIR) :* panneau sur lequel on écrit à la craie, dans une classe. ◆ *Au tableau :* en interrogation. ◆ Support plat de présentation. ◆ *TABLEAU DE BORD* (d'un avion, d'une voiture) : panneau des instruments de bord. **III** (Ce qui est écrit sur un tableau) **1** Liste par ordre (de personnes). ◆ *TABLEAU D'HONNEUR :* liste des plus méritants. **2** Série ordonnée de données, de renseignements. → **table ; tableur.**

**tableautin** n. m. ▪ Petit tableau (I, 1).

**tablée** n. f. ▪ Personnes qui prennent ensemble un repas. → **table** (I, 1).

**tabler** v. intr. ⊞ ▪ *Tabler sur* (qqch., qqn) : baser une estimation sur. → **compter** sur.

**tabletier, ière** [-tje, jɛʀ] n. ▪ Personne qui fabrique ou vend de la tabletterie.

**tablette** n. f. ▪ **1** ancient Petite surface plane à inscriptions. ◆ loc. *Noter qqch. sur ses tablettes,* en prendre note. **2** Petite planche horizontale. ◆ Plaque servant de support, d'ornement. *Tablette de lavabo.* **3** Produit alimentaire présenté en petites plaques. *Tablette de chocolat.* **4** Ordinateur sans fil à écran tactile, adapté au livre\* électronique.

**tabletterie** n. f. ▪ **1** Fabrication, commerce d'objets plats en bois précieux, ivoire, os (échiquiers, damiers, tablettes). **2** Ces objets.

**tableur** n. m. ▪ Logiciel pour la création de tableaux (III, 2).

**tablier** n. m. ▪ **I 1** Plate-forme horizontale (d'un pont). **2** Plaque de protection. *Le tablier d'une cheminée.* **II** Pièce d'étoffe qui protège le devant du corps. ◆ loc. fig. *Rendre son tablier,* démissionner.

**tabloïd** n. m. ▪ anglic. Quotidien ou périodique de petit format. ◆ appos. *Format tabloïd.*

**tabou** n. m. ▪ **1** didact. Interdiction religieuse appliquée à ce qui est considéré comme impur ou interdit (sacré). → adj. *TABOU, E.* Exclu de l'usage commun. **2** Ce sur quoi on fait silence, par crainte, pudeur. *Les tabous sexuels.* → adj. *Sujets tabous ou tabou.*

**tabouer** v. tr. ① ▪ didact. Rendre tabou.

**taboulé** n. m. ▪ Plat (libanais) de semoule de blé crue, menthe, persil, assaisonné.

**tabouret** n. m. ▪ Siège sans bras ni dossier, à pied(s). *Tabouret pliant.* → **pliant.**

**tabulaire** adj. ▪ didact. **1** Disposé en tables, en tableaux (III, 2). **2** En forme de table.

**tabulateur** n. m. ▪ Dispositif pour aligner des signes en colonnes, en tableaux.

**tabulatrice** n. f. ▪ Machine à trier des informations, utilisant les cartes perforées.

**tabun** [tabun] n. m. ▪ chim. Gaz de combat (arme chimique), très dangereux.

**tac** n. m. ▪ loc. *Répondre, riposter DU TAC AU TAC,* riposter immédiatement.

**tache** n. f. ▪ **I 1** Petite étendue de couleur, d'aspect différent (d'un fond). **2** *Taches solaires,* zones sombres à la surface du Soleil. **II 1** Surface salie ; la substance qui salit. *Tache d'encre.* **2** loc. *FAIRE TACHE :* rompre une harmonie. **3** fig. Souillure morale. *Une réputation sans tache.*

**tâche** n. f. ▪ **1** Travail qu'on doit exécuter. → loc. *À LA TÂCHE,* payé selon l'ouvrage. **2** Conduite commandée. → **mission, rôle.**

**tacher** v. tr. ① ▪ Salir en faisant des taches (II). ► **se tacher** v. pron. **1** Faire des taches sur ses vêtements. **2** (sujet chose) Se salir. ► **taché, ée** p. p.

**tâcher** v. tr. ① ▪ **1** v. tr. ind. *TÂCHER DE* (+ inf.) : faire des efforts pour. → s'**efforcer, essayer. 2** v. tr. dir. *TÂCHER QUE* (+ subj.) : faire en sorte que.

**tâcheron** n. m. ▪ Personne qui travaille beaucoup, mais sans initiative.

**tacheter** v. tr. ④ ▪ Couvrir de petites taches (I). ► **tacheté, ée** adj. *Animal tacheté.*

**tachisme** n. m. ▪ Peinture par taches de couleur juxtaposées. ▷ adj. et n. **tachiste**

**tachy-** [taki] Élément savant, du grec *takhus* « rapide ».

**tachycardie** n. f. ▪ Accélération du rythme des battements du cœur.

**tacite** adj. ▪ Non exprimé entre plusieurs personnes. → **implicite.** ▷ adv. **tacitement**

**taciturne** adj. ▪ Qui parle peu, reste silencieux. → **taciturnité** n. f. littér.

**tacle** n. m. ▪ anglic. (football) Action de prendre le contrôle du ballon, dans les pieds de l'adversaire. ♦ fig. Action de contrôle subite, aux dépens de qqn. ▷ **tacler** v. tr. ①

**taco** n. m. ▪ Crêpe (tortilla) de maïs farcie, roulée et frite.

**tacot** n. m. ▪ fam. Vieille voiture (bruyante).

**tact** [takt] n. m. ▪ **1** physiol. Sens du toucher. **2** fig. Réserve, respect d'autrui dans les relations humaines. → **délicatesse, doigté.**

**tactile** adj. ▪ **1** Qui concerne les sensations du tact, du toucher. → didact. **haptique.** ◆ (animaux) *Poils tactiles,* qui servent au toucher. **2** *Écran tactile,* fonctionnant par contact du doigt.

**tactique** ▪ **I** n. f. **1** Art de combiner tous les moyens militaires au combat ; exécution des plans de la stratégie\*. **2** Moyens coordonnés. *Tactique parlementaire.* **II** adj. Relatif à la tactique. *Armes tactiques* (opposé à *stratégique*), à moyenne portée. ◆ *Habileté tactique.* ▷ n. et adj. **tacticien, ienne**

**tadelakt** n. m. ▪ Enduit coloré imperméable, fait de chaux polie avec un galet de rivière et traitée au savon noir, d'usage traditionnel dans le Sud marocain.

**tadorne** n. m. ▪ Grand canard sauvage, migrateur, à bec rouge.

**taekwondo** n. m. ▪ Sport de combat d'origine coréenne, sans arme.

**taffetas** n. m. ▪ Tissu de soie uni.

**tag** [tag] n. m. ▪ anglic. Graffiti formant une signature d'intention décorative. ▷ **taguer** v. tr. ① ▷ n. **tagueur, euse**

**tagine** → **tajine**

**tagliatelle** [taljatɛl] n. f. ▪ souvent plur. Pâte alimentaire en forme de mince lanière.

**taïaut** [tajo] interj. ▪ (chasse à courre) Cri pour signaler la bête.

**taie** n. f. ▪ **1** Enveloppe de tissu (d'un oreiller). **2** anat. Tache opaque de la cornée.

**taïga** n. f. ▪ Forêt de conifères qui borde la toundra (Russie septentrionale).

**taïkonaute** n. ▪ Occupant d'un vaisseau spatial chinois. → **spationaute.**

**taillable** adj. ▪ hist. Soumis à l'impôt de la taille. *Taillable et corvéable à merci* (fig. exploitable à volonté).

**taillader** v. tr. ① ▪ Couper en plusieurs endroits. → **entailler.**

① **taille** n. f. ▪ **1** Opération qui consiste à tailler qqch. ; forme qu'on donne à une chose en la taillant. ◆ loc. *PIERRE DE TAILLE.* **2** Tranchant de l'épée, du sabre. *Frapper d'estoc\* et de taille.*

② **taille** n. f. ▪ hist. Redevance payée au seigneur féodal (→ **taillable**).

③ **taille** n. f. ▪ **I 1** Hauteur du corps, debout et droit. → **stature. 2** loc. *À LA TAILLE DE, DE LA TAILLE DE :* en rapport avec. ◆ *ÊTRE DE TAILLE À* (+ inf.) : avoir les qualités nécessaires pour. → **capable** de. **3** Conformation (du corps) par rapport aux vêtements. → **dimension, format.** ◆ fam. *DE TAILLE :* très important. **II** Partie resserrée du tronc entre les côtes et les hanches. *Avoir la taille fine.* ◆ *S'enfoncer jusqu'à la taille.* ◆ Partie correspondante du vêtement.

**taillé, ée** adj. ▪ **1** Fait, bâti (corps humain). *Ce garçon est taillé en athlète.* **2** fig. *Être taillé pour :* être fait pour, apte à. **3** Coupé. *Haie taillée.* ◆ *Cheveux taillés en brosse.*

**taille-crayon** n. m. ▪ Instrument pour tailler les crayons. *Des taille-crayons.*

699 TAMBOURINER

**taille-douce** n. f. ■ **1** Gravure en creux. **2** Gravure sur cuivre. *Des tailles-douces.*

**tailler** v. ① ■ I v. tr. **1** Couper, travailler (une matière, un objet) avec un instrument tranchant, de manière à donner une forme. *Tailler un arbre,* ses branches. **2** Confectionner, obtenir (une chose) en découpant. ‒ *Tailler un vêtement* (→ **tailleur**). ♦ fig. *Se tailler un beau succès,* l'obtenir. II *SE TAILLER* v. pron. fam. Partir en hâte, s'enfuir.

**tailleur** n. m. ■ **1** Personne, artisan qui fait des vêtements sur mesure pour hommes. ♦ loc. *S'asseoir en tailleur,* les jambes repliées et croisées, genoux écartés. **2** Costume de femme (veste et jupe ou pantalon de même tissu). II Ouvrier qui taille, qui façonne (qqch.) par la taille. *Tailleur de pierre.*

**taillis** n. m. ■ Partie d'un bois où il n'y a que des arbres de faible dimension.

**tain** n. m. ■ Amalgame métallique (étain, mercure) appliqué derrière un miroir.

**taire** v. tr. 54 sauf *il tait* et p. p. fém. *tue* ■ I Ne pas dire; ne pas exprimer (qqch.). → **cacher, celer.** *Taire ses raisons.* II *SE TAIRE* v. pron. **1** Rester sans parler, s'abstenir de s'exprimer. ‒ *Savoir se taire,* être discret. **2** Cesser de parler (ou de crier, de pleurer). ♦ (ellipse de *se*) *FAIRE TAIRE qqn* : forcer à se taire. ‒ fig. *Faire taire l'opposition.* **3** (sujet chose) Ne plus se faire entendre.

**tajine** n. m. ■ Ragoût (de mouton...) cuit à l'étouffée (cuisine marocaine). *Tajine d'agneau.* ‒ Plat en terre au couvercle conique, pour cuire ce ragoût. - var. TAGINE.

**talc** n. m. ■ Silicate naturel de magnésium. ‒ Poudre de cette substance.

**talé, ée** adj. ■ (fruit) Meurtri.

① **talent** n. m. ■ Antiq. **1** Poids de 20 à 27 kg, dans la Grèce antique. **2** Monnaie de compte (un talent d'argent).

② **talent** n. m. ■ **1** Aptitude particulière, dans une activité. → **capacité, don. 2** LE TALENT : aptitude remarquable dans le domaine intellectuel ou artistique. **3** Personne qui a du talent. *Jeunes talents.*

**talentueux, euse** adj. ■ Qui a du talent. ▷ adv. **talentueusement**

**taliban** n. m. ■ Membre d'un mouvement islamiste armé extrémiste, en Afghanistan.

**talion** n. m. ■ hist. Châtiment qui inflige au coupable le mal qu'il a fait subir. ‒ *La loi du talion* (œil pour œil, dent pour dent).

**talisman** n. m. ■ Objet portant des signes, et auquel on attribue des pouvoirs magiques. → **amulette.** ▷ adj. **talismanique**

**talkie-walkie** [tokiwoki] n. m. ■ anglic. Petit poste émetteur-récepteur de radio, portatif. *Des talkies-walkies.*

**talk-show** [tokʃo] n. m. ■ anglic. Émission de télévision présentant des conversations entre un animateur et des invités.

**Talmud** [-yd] n. m. ■ Enseignements des grands rabbins. ▷ adj. **talmudique**

**taloche** n. f. ■ fam. Gifle. ▷ **talocher** v. ①

**talon** n. m. ■ I **1** Partie postérieure du pied humain, qui touche le sol pendant la marche. ‒ *Talon d'Achille,* point vulnérable. ♦ *Marcher, être SUR LES TALONS de qqn,* le suivre de tout près. → **talonner.** ‒ *Tourner les talons,* partir. **2** Partie (d'un bas, d'une chaussure, etc.) qui enveloppe le talon. **3** Pièce qui rehausse l'arrière d'une chaussure. *Talons hauts; plats.* II **1** Reste, dernier morceau (d'un jambon...). **2** Ce qui reste d'un jeu de cartes après distribution. **3** Partie non détachable d'un carnet à souches.

**talonner** v. tr. ① ■ **1** Suivre ou poursuivre de très près. ♦ fig. Harceler. ‒ (sujet chose) *La peur le talonnait.* **2** Frapper du talon. **3** rugby *Talonner (la balle),* lors d'une mêlée, repousser le ballon vers son camp d'un coup de talon (▷ n. m. **talonnage**)

**talonnette** n. f. ■ **1** Lame de liège placée sous le talon à l'intérieur de la chaussure. **2** Ruban cousu au bas des jambes d'un pantalon pour en éviter l'usure.

**talquer** v. tr. ① ■ Enduire, saupoudrer de talc. ▷ **talqué, ée** p. p.

**talus** n. m. ■ Terrain en pente très inclinée, aménagé par des travaux de terrassement. ♦ Ouvrage de fortifications.

**talweg** [talvɛg] n. m. ■ géogr. Ligne de plus grande pente d'une vallée. - var. THALWEG.

**tamanoir** n. m. ■ Mammifère édenté, appelé aussi *grand fourmilier,* à la langue effilée et visqueuse qui lui sert à capturer les fourmis.

**tamarin** n. m. ■ Fruit du tamarinier, utilisé notamment comme laxatif.

**tamarinier** n. m. ■ Grand arbre exotique à fleurs en grappes, qui donne le tamarin.

**tamaris** [-is] ou **tamarix** [-iks] n. m. ■ Arbrisseau décoratif originaire d'Orient, à petites feuilles, à fleurs roses en épi.

**tambouille** n. f. ■ fam. Cuisine (généralement médiocre). ‒ *Faire la tambouille.*

**tambour** n. m. ■ I **1** Instrument à percussion, formé de deux peaux tendues sur un cadre cylindrique (→ **caisse**). ‒ Bruit du tambour. ♦ loc. *Sans tambour ni trompette,* sans attirer l'attention. **2** Personne qui bat le tambour. **3** par ext. Instrument à percussion à membrane tendue. → **tambourin, tam-tam; caisse.** ‒ *Tambour de basque.* → **tambourin.** II **1** Petite entrée à double porte, servant à isoler l'intérieur d'un édifice. ♦ Tourniquet formé de quatre portes vitrées, en croix. **2** Métier circulaire pour broder. **3** Cylindre (d'un treuil, d'une machine). **4** *Tambour de frein,* cylindre dans lequel frottent les segments.

**tambourin** n. m. ■ **1** Tambour* (I, 3) de basque. **2** Tambour haut et étroit, à une seule baguette (joué par le *tambourinaire*).

**tambouriner** v. ① ■ I v. intr. Faire un bruit de roulement, de batterie. ‒ par analogie *La grêle tambourine contre le toit.* II v. tr. Jouer (un rythme) sur un tambour. ▷ n. m. **tambourinage** et **tambourinement**

**tambour-major** n. m. ■ Sous-officier (sergent-major) qui commande les tambours, la clique, et manie une canne (→ majorette).

**tamis** n. m. ■ 1 Instrument qui sert à passer et à séparer les éléments d'un mélange. → crible, sas; chinois, passoire. 2 Partie cordée d'une raquette de tennis.

**tamiser** v. tr. ⓵ ■ 1 Trier, passer au tamis. 2 Laisser passer (la lumière) en partie. → au p. p. *Lumière tamisée.* ▷ n. m. **tamisage**

**tamoul, e** adj. et n. ■ Des Tamouls (peuple de l'Inde...). ◆ n. m. *Le tamoul* (langue).

**tampon** n. m. ■ I 1 Petite masse dure ou pressée, pour boucher un trou, empêcher l'écoulement d'un liquide. → bouchon. 2 Cheville plantée pour y fixer un clou, une vis. 3 Masse de matière souple, servant à étendre un liquide. ◆ *Tampon à récurer,* formé d'une masse de fils. 4 Petite masse de gaze, d'ouate..., pour étancher le sang, nettoyer la peau, etc. ◆ *Tampon hygiénique, périodique,* porté dans le vagin pendant les règles. 5 EN TAMPON : froissé en boule (papier, tissu). II Timbre encré pour oblitérer. ◆ Cachet, oblitération. III 1 Ce qui amortit les chocs, empêche les heurts. → fig. *Servir de tampon entre deux personnes.* → appos. ÉTAT, ZONE TAMPON. 2 appos. inform. *Mémoire tampon* (d'un ordinateur), collectant temporairement les données. 3 appos. chim. *Solution tampon,* permettant de maintenir le pH.

**tamponner** v. tr. ⓵ ■ I 1 Enfoncer des chevilles dans (un mur). 2 Frotter avec un tampon. → loc. fam. *Il s'en tamponne* : il s'en moque. II Timbrer, apposer un tampon (II) sur. III 1 Heurter avec les tampons (III, 1). ◆ (véhicules) Heurter violemment. 2 chim. Ajouter une solution tampon (III, 3) à. → au p. p. *Aspirine tamponnée.* ▷ n. m. **tamponnement**

**tamponneur, euse** adj. ■ Qui tamponne. ◆ AUTOS TAMPONNEUSES : attraction foraine, petites voitures électriques qui se heurtent.

**tam-tam** [tamtam] n. m. ■ 1 Tambour en usage en Afrique noire pour la musique, la transmission de messages. 2 fig. Bruit, publicité tapageuse.

**tan** n. m. ■ techn. Tanin* d'écorce de chêne (→ tanner).

**tanagra** n. m. ou f. ■ Figurine grecque antique en terre cuite, simple et gracieuse.

**tancer** v. tr. ③ ■ littér. Réprimander.

**tanche** n. f. ■ Poisson d'eau douce, à peau sombre et gluante, à chair délicate.

**tandem** [-ɛm] n. m. ■ 1 Bicyclette à deux sièges placés l'un derrière l'autre. 2 fig., fam. Deux personnes associées. → loc. *En tandem.*

**tandis que** loc. conj. ■ 1 Dans le même moment que. 2 (opposition) → alors que.

**tangage** n. m. ■ Mouvement alternatif d'un navire dont l'avant et l'arrière plongent (≠ roulis). → par analogie *Le tangage d'un avion.*

**tangent, ente** adj. ■ 1 géom. Qui touche en un seul point, sans couper (une ligne, une surface). → n. f. **tangence** 2 Qui se fait de justesse. *C'était tangent.*

**tangente** n. f. ■ 1 *Tangente à une courbe, à une surface,* droite qui la touche en un seul point. → math. Rapport du sinus au cosinus. ▷ adj. **tangentiel, ielle** ■ loc. fig. PRENDRE LA TANGENTE : s'esquiver.

**tangible** adj. ■ 1 Que l'on peut connaître en touchant. → matériel, palpable. 2 Dont la réalité est évidente. *Des preuves tangibles.*

**tango** n. m. ■ Musique et danse originaires d'Argentine, sur un rythme à deux temps.

**tanguer** v. intr. ⓵ ■ Remuer par tangage. → fig. Osciller.

**tanière** n. f. ■ 1 Retraite (d'une bête sauvage). 2 péj. ou plais. Lieu où l'on s'isole.

**tanin** ou **tannin** n. m. ■ 1 Substance végétale rendant les peaux imputrescibles (par ex. le *tan*). 2 Cette substance provenant du raisin (vins rouges).

**tank** [tɑ̃k] n. m. ■ I Citerne d'un navire pétrolier. ◆ Réservoir de stockage. II vieilli Char d'assaut. ▷ **tankiste** n. m. (soldat).

**tanker** [tɑ̃kœʀ] n. m. ■ Bateau-citerne transportant du pétrole. → pétrolier.

**tannant, ante** adj. ■ fam. Qui tanne (II).

**tanné, ée** adj. ■ 1 Qui a subi le tannage. *Peaux tannées.* 2 (personnes) Dont la peau est brunie par le soleil, les intempéries.

**tannée** n. f. ■ fam. Volée de coups.

**tanner** v. tr. ⓵ ■ 1 Préparer (les peaux) pour les rendre imputrescibles et en faire du cuir (→ tan, tanin; mégisserie). ▷ n. m. **tannage** 2 loc. fam. *Tanner le cuir à qqn,* le rosser. II fam. Agacer, importuner.

**tannerie** n. f. ■ Établissement où l'on tanne les peaux.

**tanneur, euse** n. ■ 1 Personne qui tanne les peaux. 2 Fabricant, vendeur de cuirs.

**tansad** [tɑ̃sad] n. m. ■ anglic. Selle pour passager, sur une moto.

**tant** adv. et nominal ■ I adv. de quantité, d'intensité 1 TANT QUE, l'action étant telle (force, longueur...) qu'elle devient la cause d'un effet. → (renforcé) TANT ET SI BIEN QUE. 3 (sans *que*) Tellement. *Il vous aimait tant.* 4 TANT DE : une si grande quantité de. *Ne faites pas tant d'histoires.* → TANT SOIT PEU : si peu que ce soit. subst. *Un tant soit peu* (et adj.). → TANT S'EN FAUT : il s'en faut de beaucoup. 5 littér. (introduisant la cause) *Il s'en alla, tant il était déçu.* → tellement. II nominal Une quantité (non exprimée). *Toucher tant,* telle somme. → TANT ET PLUS : beaucoup. III (comparaison) 1 TANT... QUE (+ proposition négative, interrogative). → autant. *Il ne craint pas tant l'isolement que le silence.* → TANT QUE, en phrase affirmative. → autant. *Tant qu'il vous plaira.* → TOUS TANT QUE VOUS ÊTES : sans exception. 2 EN TANT QUE (avec un verbe), dans la mesure où. → (avec un nom) *En tant que responsable...* **3** *TANT... QUE...* : aussi bien... que... → *TANT BIEN QUE MAL* (+ verbe d'action) : ni bien ni mal et avec peine. **4** *TANT QU'À* (+ inf.) : puisqu'il faut. → *TANT QU'À FAIRE.* **5** *TANT MIEUX, TANT PIS,* exprimant la joie, le dépit. → *Tant pis pour lui,* c'est dommage, mais c'est sa faute. **IV** *TANT QUE :* aussi longtemps que. → *Tant que vous y êtes :* en continuant de la même façon (→ *pendant*).

**tante** n. f. ■ **1** Sœur du père ou de la mère ; femme de l'oncle. → **tantine, tata. 2** fam. *MA TANTE :* le Crédit municipal, le mont-de-piété. **II** injurieux Homosexuel.

**tantième** [-tjɛm] n. m. ■ Pourcentage (d'un tout). *Le tantième du chiffre de vente.*

**tantine** n. f. ■ (enfantin) (Ma) tante.

**tantinet** ■ n. m. *Un tantinet de,* un petit peu de. **2** *UN TANTINET* loc. adv. : un peu.

**tantôt** adv. ■ **1** Cet après-midi. **2** régional Peu de temps avant, après. **3** *TANTÔT..., TANTÔT... :* à un moment, puis à un autre.

**tantrisme** n. m. ■ relig. Hindouisme inspiré des *tantras,* livres sacrés ésotériques.

**taoïsme** n. m. ■ Doctrine de Lao Tseu, de solidarité totale entre la nature et l'homme.

**taon** [tɑ̃] n. m. ■ Insecte piqueur et suceur.

**tapage** n. m. ■ Bruit violent, esclandre produit par un groupe. → **vacarme.** → dr. *TAPAGE NOCTURNE.*

**tapageur, euse** adj. ■ **1** vieilli Qui fait du tapage. **2** Outrancier. → **tape-à-l'œil.**

**tapant, ante** adj. ■ À l'instant même où sonne (une heure). *À neuf heures tapantes.*

**tapas** n. f. pl. ■ Assortiment de petites entrées variées, à l'espagnole.

**tape** n. f. ■ Coup du plat de la main.

**tapé, ée** adj. ■ **1** Trop mûr, pourri par endroits. → **talé.** ◆ fig., fam. Marqué par l'âge, la fatigue. **2** fam. *BIEN TAPÉ :* réussi.

**tape-à-l'œil** [-œj] ■ adj. invar. Qui attire l'attention par des couleurs voyantes, un luxe tapageur. → **clinquant.** ◆ n. m. invar. *Du tape-à-l'œil.*

**tapecul** ou **tape-cul** [-ky] n. m. ■ **1** Voiture mal suspendue. **2** Exercice de trot sans étriers, à cheval. **3** Brimade par laquelle on tape le derrière par terre à qqn.

**tapée** n. f. ■ fam. Grande quantité.

**tapement** n. m. ■ **1** Action de taper. **2** Bruit ainsi produit.

**taper** v. ❶ ■ **I** v. tr. **1** Frapper du plat de la main. ◆ Donner des coups sur (qqch.). → **cogner, frapper. 2** Produire (un bruit) en tapant. *Taper trois coups.* **3** Écrire (un texte) à la machine à écrire (→ **dactylographier ; frappe**), à l'ordinateur (→ **saisir**). **4** fam. Emprunter de l'argent à (qqn). → **tapeur.** **II** v. intr. **1** Donner des coups. → **cogner.** *Taper des mains, dans ses mains.* → **applaudir. 2** fam. *Taper sur qqn,* dire du mal de lui. → *Taper sur les nerfs à, de qqn,* l'agacer. → *Taper dans l'œil,* plaire vivement. **3** *Le soleil tape, tape dur,* chauffe très fort. **4** fam.

*TAPER DANS,* cogner. *Taper dans le tas.* → Prendre dans, se servir de. *Taper dans les provisions.* **III** *SE TAPER* + compl. (faux pronom.) fam. **1** Manger, boire (qqch.). **2** Avoir des relations sexuelles avec (qqn). **3** Faire (une corvée). ◆ Supporter. → se **farcir. 4** *S'EN TAPER :* s'en moquer.

**tapette** n. f. ■ **I 1** Instrument (raquette) pour taper (sur qqch.). **2** Piège à ressort pour les souris. **II** injurieux Homosexuel.

**tapeur, euse** n. ■ Personne qui emprunte souvent de l'argent.

**en tapinois** loc. adv. ■ En se cachant, à la dérobée. → en **catimini.**

**tapioca** n. m. ■ Fécule de la racine de manioc. → Potage au tapioca.

**se tapir** v. pron. ❷ ■ Se cacher, se dissimuler en se blottissant. ► **tapi, ie** p. p.

**tapir** n. m. ■ Mammifère ongulé, herbivore, bas sur pattes, à nez en trompe.

**tapis** n. m. ■ **1** Ouvrage textile, le plus souvent à étendre sur le sol. → *Marchand de tapis,* marchand ambulant de tapis ; fig. et péj. personne qui marchande âprement. → loc. *Le tapis rouge,* les honneurs. **2** Revêtement souple de sol (tissu, natte, etc.). → *TAPIS-BROSSE :* paillasson. → (boxe) *Envoyer son adversaire AU TAPIS,* au sol. **3** *TAPIS ROULANT :* surface plane mobile pour le transport des personnes, des marchandises. **4** Couche, surface. *Un tapis de neige.* **5** Pièce de tissu sur un meuble. → loc. *Mettre une question sur le tapis,* la discuter.

**tapisser** v. tr. ❶ ■ **1** Couvrir de tapisseries (2), pour orner. **2** (sujet chose) Recouvrir (un mur, une paroi) en l'ornant. ◆ Recouvrir complètement. *Le lierre tapissait le mur.*

**tapisserie** n. f. ■ **1** Ouvrage d'art tissé à la main, dont le dessin résulte de l'armure même. ◆ loc. *FAIRE TAPISSERIE :* n'être pas invité(e) à danser ; rester seul(e). **2** Papier peint ou tissu tendu sur les murs. **3** Ouvrage à l'aiguille, sur canevas.

**tapissier, ière** n. ■ **1** Personne qui fabrique et vend des tissus d'ameublement, de décoration. **2** Personne qui tapisse (1).

**tapoter** v. tr. ❶ ■ Frapper légèrement à petits coups répétés. ▷ n. m. **tapotement**

**tapuscrit** n. m. ■ Texte original (manuscrit) tapé à la machine.

**taquet** n. m. ■ **1** Pièce de bois qui maintient en place qqch. → **loquet. 2** mar. Pièce servant à enrouler des cordages.

**taquin, ine** adj. et n. ■ (Personne) qui prend plaisir à irriter, pour plaisanter.

**taquiner** v. tr. ❶ ■ **1** S'amuser à irriter, à contrarier (qqn) dans de petites choses. → **taquin. 2** (sujet chose) Être la cause d'une douleur légère. ▷ n. f. **taquinerie**

**tarabiscoté, ée** adj. ■ **1** Surchargé d'ornements. **2** Inutilement compliqué.

**tarabuster** v. tr. ❶ ■ **1** Importuner (qqn) de manière insistante. **2** (sujet chose) Causer de la contrariété, de l'inquiétude à (qqn).

**tarama** n. m. ■ Préparation d'œufs de cabillaud fumés, à la crème et au citron.

**tarasque** n. f. ■ Animal fabuleux, dragon.

**taratata** interj. ■ Exprime la défiance.

**tarauder** v. tr. [] ■ 1 techn. Percer (une matière dure) pour pratiquer un pas de vis. 2 fig. (surtout passif et p. p.) Tourmenter.

**tard** adv. ■ 1 Après le moment habituel; après un long temps (opposé à *tôt*). ◆ *TÔT OU TARD* : inévitablement. ◆ *Au plus tard. ◆ PLUS TARD* : dans l'avenir. → **ultérieurement**; après. 2 À la fin d'une période; à une heure avancée. ◆ adj. *Il est, il se fait tard.* 3 n. m. *SUR LE TARD* : à un âge avancé.

**tarder** v. intr. [] ■ 1 Se faire attendre; être lent à venir. 2 Rester longtemps avant de commencer à agir. Sans tarder, tout de suite. ◆ *Tarder à* (+ inf.). 3 impers. *IL ME (TE, LUI...) TARDE DE* (+ inf.); *QUE* (+ subj.), je suis (tu es...) impatient de, que...

**tardif, ive** adj. ■ 1 Qui apparaît, qui a lieu tard, vers la fin. 2 Qui a lieu tard dans la journée. *Heure tardive.* → **avancé.** ◆ Qui vient trop tard. *Des remords tardifs.* 3 (opposé à *précoce*) Qui se forme, se développe plus lentement, plus tard que la moyenne.

**tardivement** adv. ■ Tard.

**tare** n. f. ■ 1 techn. Poids de l'emballage, du récipient pesé avec une marchandise. ◆ Poids équivalent, qu'on ne compte pas dans le poids total. II 1 Grave défaut. 2 Anomalie héréditaire.

**taré, ée** adj. ■ 1 Affecté d'une tare (II). 2 fam. (personnes) adj. et n. → **débile, idiot.**

**tarentelle** n. f. ■ Danse du sud de l'Italie, sur un rythme très rapide.

**tarentule** n. f. ■ Grosse araignée venimeuse des pays chauds.

**tarer** v. tr. [] ■ Peser (un emballage, un récipient) pour déterminer la tare (I).

**targette** n. f. ■ Petit verrou.

**se targuer** v. pron. [] ■ littér. Se prévaloir (de qqch., de faire qqch.) avec ostentation.

**targui, ie** n. et adj. → **touareg**

**tari, ie** adj. ■ Sans eau. *Une rivière tarie.*

**tarière** n. f. ■ 1 Grande vrille à bois. 2 Prolongement de l'abdomen (d'insectes) capable de creuser des trous.

**tarif** n. m. ■ 1 Tableau ou liste de droits à acquitter, de prix; ces prix. 2 Prix tarifé ou usuel. ▷ adj. **tarifaire**

**tarifer** v. tr. [] ■ Fixer à un montant déterminé. ▶ **tarifé, ée** p. p. ▷ n. f. **tarification**

**tarin** n. m. ■ fam. Nez.

**tarir** v. [] ■ I v. intr. 1 Cesser de couler; s'épuiser. *La source a tari.* 2 fig. *La conversation tarit.* ◆ (personnes) *NE PAS TARIR sur, de*, ne pas cesser de parler de. II v. tr. Faire cesser de couler; mettre à sec. → **assécher.** ▶ **se tarir** v. pron. ▷ n. m. **tarissement**

**tarlatane** n. f. ■ Étoffe de coton très peu serrée et très apprêtée.

**tarmac** n. m. ■ Voie de circulation, de stationnement des avions, dans un aéroport.

**tarot** n. m. ■ Carte à jouer portant des figures spéciales (cartomancie; jeu).

**tarse** n. m. ■ anat. Partie postérieure du squelette du pied. ▷ adj. **tarsien, ienne**

① **tartan** n. m. ■ Étoffe de laine écossaise propre à un clan. ◆ Tissu à décor quadrillé.

② **tartan** n. m. (nom déposé) ■ Revêtement de pistes d'athlétisme.

**tartare** adj. ■ 1 hist. Des populations d'Asie centrale (Turcs et Mongols). 2 *Sauce tartare*, mayonnaise épicée. ◆ *STEAK TARTARE* et n. m. *un tartare*, viande crue, hachée, assaisonnée (syn. *filet américain* [Belgique]).

**tarte** n. f. ■ I 1 Fond de pâte entouré d'un rebord et garni. ◆ loc. fig. *TARTE À LA CRÈME* : argument, thème banal. ◆ fam. *C'est pas de la tarte !*, c'est difficile. 2 fam. Coup, gifle. II adj. fam. (avec ou sans accord) Laid ; sot et ridicule. → **cloche.** ◆ (choses) Démodé. - syn. fam. **TARTIGNOLLE** (sens II).

**tartelette** n. f. ■ Petite tarte individuelle.

**tartine** n. f. ■ 1 Tranche de pain recouverte d'un produit alimentaire étalé. ▷ **tartiner** v. tr. [] 2 fam. Discours interminable.

**tartre** n. m. ■ 1 Dépôt qui se forme dans les récipients contenant du vin. 2 Dépôt (phosphate de calcium) au collet des dents. 3 Croûte calcaire laissée par l'eau.

**tartufe** ou **tartuffe** n. m. ■ Personne hypocrite. ▷ n. f. **tartuferie** ou **tartufferie**

**tas** n. m. ■ 1 Amas (de matériaux, de morceaux, d'objets). 2 fig. Grande quantité, grand nombre (de choses). ◆ fam. *Un tas de gens.* ◆ *Tirer, taper DANS LE TAS*, sans viser précisément qqn. 3 loc. *SUR LE TAS*. Grève sur le tas, sur le lieu du travail. fam. *Être formé sur le tas*, par le travail même.

**tasse** n. f. ■ 1 Petit récipient à anse ou à oreilles, servant à boire. ◆ Son contenu. 2 loc. fam. *Boire une tasse*, la tasse, avaler de l'eau en se baignant. *Ce n'est pas ma tasse de thé* : cela n'est pas dans mes goûts.

**tassé, ée** adj. ■ 1 Affaissé. → **recroquevillé.** 2 fam. *BIEN TASSÉ* : qui remplit bien le verre. ◆ *Un café bien tassé*, très fort.

**tasseau** n. m. ■ Petit support de tablette.

**tasser** v. tr. [] ■ 1 Comprimer le plus possible, en tapant, poussant, serrant. *Tasser ses affaires dans un sac.* 2 (compl. personne) Entasser. ▶ **se tasser** v. pron. 1 S'affaisser sur soi-même. 2 (sujet chose) fam. S'arranger (après un incident). ▷ n. m. **tassement**

**taste-vin** [tastəvɛ̃] ou **tâte-vin** n. m. invar. ■ Petite tasse plate des dégustateurs de vin.

**tata** n. f. ■ fam. 1 Tante. 2 Homosexuel.

**tatami** n. m. ■ Tapis de sol, pour les sports de combat (judo, karaté, etc.).

**tatane** n. f. ■ fam. Chaussure.

**tâter** v. tr. [] ■ 1 Toucher avec la main, pour explorer, éprouver, reconnaître. ◆ loc. *Tâter le terrain\**. 2 fig. Chercher à connaître les forces ou les dispositions de (qqn). → **sonder.** ◆ pronom. *SE TÂTER* : hésiter. 3 intrans. fig. *TÂTER DE* : essayer.

**tatie** [-ti] n. f. ▪ fam., enfantin Tante.

**tatillon, onne** adj. ▪ Exagérément minutieux, exigeant. → **pointilleux.**

**tatin** n. f. ▪ Tarte faite de pommes caramélisées et recouvertes d'une pâte mince, servie « renversée ». *Une tatin, une tarte tatin.*

**tâtonner** v. intr. ⓵ ▪ 1 Tâter plusieurs fois le sol, les objets autour de soi, pour se diriger ou trouver qqch. dans l'obscurité. 2 fig. Hésiter, faute de compréhension. ◆ Faire des essais pour découvrir une solution. ▷ adj. **tâtonnant, ante** ▷ n. m. **tâtonnement**

**à tâtons** loc. adv. ▪ 1 En tâtonnant (1). 2 fig. En hésitant, sans méthode.

**tatou** n. m. ▪ Mammifère édenté d'Amérique du Sud, à carapace.

**tatouer** v. tr. ⓵ ▪ 1 Marquer, orner une partie du corps de dessins indélébiles par piqûres de matières colorantes sous l'épiderme. 2 Exécuter (un dessin) de cette manière. ▷ n. m. **tatouage** ▷ n. **tatoueur, euse**

**taudis** n. m. ▪ 1 Logement misérable, sans confort ni hygiène. 2 Logement mal tenu.

**taule** ou **tôle** n. f. fam. ▪ 1 Chambre. 2 Prison. ▷ **taulard, arde** n. → **prisonnier.**

**taulier, ière** ou **tôlier, ière** n. ▪ fam. et péj. Propriétaire, gérant d'un hôtel.

① **taupe** n. f. ▪ 1 Petit mammifère insectivore qui vit sous terre en creusant des galeries. ← loc. *Myope comme une taupe,* très myope. 2 Fourrure de la taupe. 3 fam. Espion infiltré dans un milieu.

② **taupe** n. f. ▪ argot scol. Classe de mathématiques* spéciales.

**taupinière** n. f. ▪ Monticule de terre formé par la taupe qui creuse des galeries.

**taureau** n. m. ▪ 1 Mâle de la vache, apte à la reproduction. ← loc. *Prendre le taureau par les cornes :* affronter les difficultés. 2 Deuxième signe du zodiaque (21 avril-20 mai). ← *Être Taureau.*

**taurillon** n. m. ▪ Jeune taureau.

**taurin, ine** adj. ▪ Relatif au taureau, spécialt au taureau de combat, aux corridas.

**taurine** n. f. ▪ biochim. Acide aminé, substance azotée qui intervient notamment dans la fonction musculaire.

**tauromachie** n. f. ▪ Art de la corrida. ▷ adj. **tauromachique**

**tauto-** Élément, du grec *tauto* « le même ».

**tautologie** n. f. ▪ 1 log. Proposition toujours vraie. 2 péj. Répétition inutile. → **pléonasme, truisme.** ▷ adj. **tautologique**

**taux** n. m. ▪ 1 Montant d'une imposition, d'un prix fixé par l'État, l'usage. *Taux de change, d'intérêt.* 2 Proportion d'un élément variable. *Taux d'urée sanguin.* ← Pourcentage. *Taux de mortalité.*

**tavelé, ée** adj. ▪ Marqué de petites taches. → **tacheté.** ▷ n. f. **tavelure**

**taverne** n. f. ▪ 1 anciennt Établissement où l'on mangeait et l'on buvait en payant. → **auberge.** 2 Cabaret, débit de boissons, de bière (en Angleterre ; au Canada). 3 Café-restaurant de genre ancien et rustique. ▷ **tavernier, ière** n. vx.

**taxe** n. f. ▪ 1 Prélèvement fiscal, impôt perçu par l'État. *Taxe à la valeur ajoutée.* → **T. V. A.** 2 Somme que doit payer le bénéficiaire d'une prestation des établissements publics, de l'administration.

**taxer** v. tr. ⓵ ▪ I ▪ 1 (État, tribunal) Fixer à une somme déterminée. 2 Soumettre une imposition, à une taxe. ◆ Percevoir une taxe sur. → **imposer.** ▷ n. f. **taxation** 3 fam. Dépouiller (qqn) ; prendre. **II** fig. *TAXER qqn DE,* accuser de. ◆ Qualifier de.

**taxi** n. m. ▪ Automobile conduite, munie d'un compteur (→ taximètre), qu'on loue pour un trajet. *Chauffeur de taxi.*

**taxi-** Élément, du grec *taxis* « ordre ».

**taxidermie** n. f. ▪ didact. Art de préparer, d'empailler les animaux morts. ▷ adj. **taxidermique** ▷ n. **taxidermiste**

**taximètre** n. m. ▪ Compteur de taxi qui détermine le prix de la course.

**taxinomie** n. f. ▪ didact. Science des classifications. ▷ adj. **taxinomique**

**taxiphone** n. m. ▪ vieilli Téléphone public à pièces.

**taylorisme** [tɛl-] n. m. ▪ Méthode d'organisation rationnelle du travail industriel, basée sur des améliorations techniques.

**tchador** n. m. ▪ Voile noir porté par les musulmanes chiites.

**tchao** [tʃao] interj. → **ciao**

**tchatcher** v. intr. ⓵ ▪ fam. Bavarder, parler beaucoup. ▷ **tchatche** n. f. → **bagout.** ▷ n. **tchatcheur, euse**

**tchécoslovaque** adj. et n. ▪ hist. Relatif à la Tchécoslovaquie (jusqu'en 1992).

**tchèque** adj. et n. ▪ De la République tchèque. ← n. *Les Tchèques.* ◆ n. m. *Le tchèque* (langue slave).

**tchernoziom** [tʃɛʀnozjɔm] n. m. ▪ géogr. Sol noir très fertile (Russie, Ukraine).

**tchin-tchin** [tʃintʃin] interj. ▪ fam. Interjection pour trinquer.

**te** pron. pers. ▪ Pronom personnel de la deuxième personne du singulier, complément (s'élide en *t'* devant voyelle ou h muet). 1 (compl. d'objet direct) *Je te quitte.* 2 (compl. indir.) À toi. *Cela te plaît ?* 3 (dans une forme pronom.) *Ne te perds pas.*

**té** n. m. ▪ Règle plate, en équerre.

**teasing** [tizin] n. m. ▪ anglic., publicité Procédé publicitaire consistant à susciter la curiosité par un message dont le sens sera dévoilé plus tard par la publicité proprement dite.

**technicien, ienne** [tɛk-] ▪ I n. 1 Personne qui possède, connaît une technique. → **professionnel, spécialiste.** 2 Agent spécialisé dirigé par un ingénieur. **II** adj. Qui fait prévaloir la technique.

**technicité** [tɛk-] n. f. ■ Caractère technique, méthodique et professionnel.

**technico-commercial, iale, iaux** [tɛk-] adj. ■ Qui relève à la fois de la technique et du commerce.

**technique** [tɛknik] ■ I adj. **1** Qui appartient à un domaine spécialisé d'activité ou de connaissance. *Termes techniques.* **2** (en art) Qui concerne les procédés de travail (plus que l'inspiration). **3** Des applications de la science dans la production et l'économie. **4** Qui concerne le matériel. *Incident technique.* ■ II n. f. **1** Procédés et méthodes employés pour produire une œuvre, obtenir un résultat matériel. → **art, métier. 2** fam. Manière de faire. *N'avoir pas la (bonne) technique.* **3** Procédés méthodiques, fondés sur les connaissances scientifiques, employés à la production. *Les techniques de pointe* (dites par anglicisme *technologies*). ▷ adv. **techniquement**

**techno** adj. et n. f. ■ *Musique techno*, n. f. *la techno :* musique électronique répétitive au rythme rapide, très marqué.

**techno-** [tɛkno] Élément, du grec *tekhnê* « métier, procédé ».

**technocrate** n. m. ■ Responsable qui fait prévaloir les aspects techniques. ▷ n. f. **technocratie** ▷ adj. **technocratique**

**technologie** n. f. **1** Étude des techniques, des outils. **2** anglic. Technique (II, 3). ▷ adj. **technologique**

**technopole** n. f. ■ Zone regroupant des structures de recherche et d'enseignement techniques, des industries de pointe. - On emploie aussi **TECHNOPÔLE** n. m., pour un site aménagé hors d'un centre urbain.

**teck** n. m. ■ **1** Arbre des zones tropicales. **2** Son bois imputrescible.

**teckel** n. m. ■ Basset d'origine allemande, à pattes très courtes.

**tectonique** ▷ géol. **1** n. f. Étude de la structure de l'écorce terrestre. ♦ Processus étudiés par cette science. **2** adj. Relatif à la tectonique.

**Te Deum** [tedeɔm] n. m. invar. ■ Chant catholique de louange et d'action de grâces.

**tee** [ti] n. m. ■ anglic. golf Petit socle sur lequel la balle de golf est frappée.

**tee-shirt** [tiʃœrt] n. m. ■ anglic. Maillot de coton à manches, en forme de T.

**tégument** n. m. ■ **1** anat. Tissu vivant qui recouvre le corps (peau), avec ses appendices (poils, plumes, écailles, etc.). **2** bot. Enveloppe protectrice. ▷ adj. **tégumentaire**

**teigne** n. f. ■ **1** Petit papillon de couleur terne (ex. la mite). **2** cour. Maladie parasitaire du cuir chevelu. → **pelade.** ♦ fig. Personne méchante, hargneuse.

**teigneux, euse** adj. ■ **1** Qui a la teigne. – n. *Un teigneux.* **2** fam. Hargneux, agressif.

**teindre** v. tr. 52 ■ **1** Imprégner (qqch.) d'une substance colorante (par teinture). **2** littér. Colorer. → **teinter.** ▶① **teint, teinte** adj. *Cheveux teints.*

**②teint** n. m. ■ **I** dans des loc. Teinture. *Tissu grand teint,* dont la teinture résiste. ◆ fig. et pleis. *BON TEINT :* résistant, solide. ■ **II** Nuance de la couleur du visage. → **carnation.**

**teinte** n. f. ■ **1** Couleur le plus souvent complexe ; nuance. → **ton. 2** fig. Apparence peu marquée. *Une légère teinte d'ironie.*

**teinter** v. tr. 1 ■ **1** Couvrir uniformément d'une teinte légère, colorer légèrement. – pronom. *Le ciel se teintait de rouge.* **2** fig. Marquer d'une teinte (2) (surtout pronom. et p. p.). *Souvenirs teintés de nostalgie.*

**teinture** n. f. ■ **I** Action de teindre (qqch.). ■ **II 1** Matière colorante pour teindre. **2** Solution dans l'alcool. *Teinture d'iode.* **3** fig. Connaissance superficielle. → **vernis.**

**teinturerie** n. f. ■ **1** Industrie de la teinture (I). **2** Magasin de teinturier (2).

**teinturier, ière** n. ■ **1** techn. Personne qui effectue la teinture. **2** cour. Professionnel qui entretient les vêtements (nettoyage...).

**tel, telle** adj. et pron. ■ **I 1** Semblable, du même genre. → **pareil.** *Je m'étonne qu'il tienne de tels propos.* ♦ *COMME TEL :* à ce titre. ◆ *EN TANT QUE TEL :* par sa seule nature. ◆ (redoublé) loc. prov. *Tel père, tel fils.* **2** *TEL QUE :* comme. *Les arbres tels que les conifères.* **3** (en tête de phrase) *Tel, telle est,* voilà. ◆ littér. Comme. *Il a filé telle une flèche.* **4** *TEL QUEL :* sans modification. *Laisser les choses telles quelles* (incorrect : *telles que*). ■ **II 1** (intensité) Si grand, si important. → **pareil, semblable.** ◆ *À tel point.* → **tellement.** ◆ *RIEN DE TEL :* rien de si efficace. **2** (conséquence) *J'ai eu une tel peur que je me suis enfui.* ■ **III** indéfini *Un... particulier.* **1** adj. (sans article) *Tel(le) ou tel(le)...,* un(e) ou un(e) autre. ◆ (désignant ce qu'on ne nomme pas) *Tel jour, à telle heure.* **2** pron. littér. Certain, quelqu'un. **3** *UN TEL,* tenant lieu d'un nom propre. *Madame Une telle.* ◆ *La famille Un tel* ou *Untel.*

**télé** n. f. (abrév.) ■ **1** → **télévision.** *Regarder la télé.* **2** → **téléviseur.** *Télé couleur.*

**télé-** Élément, du grec *têle* « loin » qui signifie « au loin, à distance » (ex. *télécommunication*). ◆ Élément tiré de *télévision* (ex. *téléfilm*) ; de *téléphérique* (ex. *télésiège*) ; de *téléphone, télécommunication* (ex. *télécarte, téléachat*).

**téléachat** ou **télé-achat** n. m. ■ Offre à la vente par l'intermédiaire d'un support audiovisuel, de la télévision.

**télécabine** n. f. ■ Téléphérique à plusieurs petites cabines. – syn. **TÉLÉBENNE.**

**télécarte** n. f. ■ Carte de téléphone.

**téléchargement** n. m. ■ inform. Transfert téléinformatique de données. ▷ **télécharger** v. tr. 3

**télécommande** n. f. ■ Commande à distance d'un appareil. ▷ **télécommander** v. tr. 1 → **téléguider.**

**télécommunication** n. f. ■ Procédés de transmission d'informations à distance (téléphone, télévision...).

**télécopie** n. f. ■ Procédé de reproduction à distance d'un document graphique semblable à l'original. → anglic. **fax.** ▷ **télécopier** v. tr. 7 ▷ **télécopieur** n. m. → **fax.**

**télédéclaration** n. f. ■ Déclaration de revenus effectuée sur Internet.

**télédétection** n. f. ■ didact. Science et techniques de la détection à distance.

**télédiffuser** v. tr. 1 ■ Diffuser par télévision. → **téléviser.** ▷ n. f. **télédiffusion**

**télédistribution** n. f. ■ techn. Procédé de diffusion de programmes télévisés par câble ou par relais hertziens.

**télé-enseignement** n. m. ■ Mode d'enseignement à distance (par correspondance, etc.).

**téléfilm** [-film] n. m. ■ Film réalisé pour la télévision. → aussi **série.**

**télégénique** adj. ■ (personnes) Dont l'image télévisée est agréable (→ photogénique).

**télégramme** n. m. ■ Communication transmise par télégraphe ou radiotélégraphie. *Télégramme de presse.* → **dépêche.**

**télégraphe** n. m. ■ Système de transmission de signaux par une ligne électrique.

**télégraphie** n. f. ■ **1** Technique de la transmission par télégraphe électrique. **2** vx *Télégraphie sans fil.* → **T. S. F.**

**télégraphier** v. tr. 7 ■ Transmettre par télégraphe. → **câbler.**

**télégraphique** adj. ■ **1** Du télégraphe. **2** Expédié par télégraphie ou télégramme. **3** *Style télégraphique,* abrégé. ▷ adv. **télégraphiquement**

**télégraphiste** n. ■ **1** Spécialiste de télégraphie. **2** Personne qui délivre les télégrammes.

**téléguider** v. tr. 1 ■ **1** Diriger, guider à distance (un véhicule, un engin). **2** fig. Inspirer, conduire par une influence secrète. ▶ **téléguidé, ée** adj. ▷ n. m. **téléguidage**

**téléinformatique** ■ **1** n. f. Informatique par transmission à distance. **2** adj. *Réseau téléinformatique.*

**télématique** ■ **1** n. f. Techniques combinant l'informatique et les télécommunications. **2** adj. *Systèmes télématiques.*

**télémédecine** n. f. ■ Médecine qui se pratique à distance à l'aide des technologies de l'information et de la communication.

**télémètre** n. m. ■ Appareil de mesure des distances par un procédé optique.

**téléo-, télo-** Éléments, du grec *telos* « fin, but » et *tel(e)ios* « complet, achevé ».

**téléobjectif** n. m. ■ Objectif photographique à longue distance focale, servant à photographier des objets éloignés.

**téléologie** n. f. ■ didact. Étude philosophique de la finalité*, des moyens et des fins.

**télépaiement** n. m. ■ Paiement à distance, par des moyens informatiques.

**télépathie** n. f. ■ Sentiment de communication à distance par la pensée. ▷ adj. **télépathique**

**téléphérique** n. m. ■ Dispositif de transport par cabine suspendue à un câble (→ télécabine) ; la cabine. - var. TÉLÉFÉRIQUE.

**téléphone** n. m. ■ **1** Instrument qui permet de transmettre à distance et recevoir des sons, par circuit électrique. → Système mettant en liaison un grand nombre de personnes au moyen de cet appareil. → COUP DE TÉLÉPHONE, appel, communication téléphonique. **2** Appareil constitué d'un combiné* microphone-récepteur. *Téléphone sans fil.* ▷ adj. **téléphonique** ▷ adv. **téléphoniquement**

**téléphoner** v. 1 ■ **1** v. tr. Communiquer, transmettre par téléphone. **2** v. tr. ind. *(à)* et intr. Parler au téléphone.

**téléphoniste** n. ■ Personne chargée d'assurer les liaisons téléphoniques.

**téléréalité** n. f. ■ Émission de télévision où des candidats sélectionnés (non professionnels) sont placés dans des situations artificielles où on les observe.

**télescope** n. m. ■ Instrument d'optique à miroir pour l'observation des objets éloignés, des astres. ≠ *lunette.*

**télescoper** v. tr. 1 ■ Rentrer dans, enfoncer par un choc violent (un autre véhicule). → **heurter, tamponner ; carambolage.** ▶ se **télescoper** v. pron. (fig. Se mêler). ▷ n. m. **télescopage**

**télescopique** adj. ■ **I** Qui se fait à l'aide du télescope. **II** Dont les éléments s'emboîtent et coulissent.

**téléscripteur** n. m. ■ Appareil télégraphique qui transmet un texte. → **télex.** - syn. TÉLÉTYPE.

**télésiège** [-s-] n. m. ■ Série de sièges suspendus à un câble unique (téléphérique).

**téléski** n. m. ■ Remonte-pente pour skieurs.

**téléspectateur, trice** n. ■ Spectateur et auditeur de la télévision.

**téléthon** n. m. ■ Longue émission de télévision, à caractère caritatif (recherche médicale...).

**télétraitement** n. m. ■ inform. Traitement de données par des terminaux éloignés.

**télétravail** n. m. ■ Activité professionnelle exercée à distance (d'une entreprise), grâce aux outils de télécommunication.

**télétype** n. m. ■ → **téléscripteur.**

**téléviser** v. tr. 1 ■ Transmettre par télévision. ▶ **télévisé, ée** p. p. *Programmes télévisés.*

**téléviseur** n. m. ■ Poste récepteur de télévision. → **télévision** (3) ; **télé.**

**télévision** n. f. ■ **1** Technique de transmission des images, après analyse (en points et en lignes) et transformation en ondes hertziennes. **2** Élaboration et diffusion d'informations et de spectacles par cette technique. → **les programmes. 3** Poste récepteur de télévision. → **téléviseur ; télé.**

**télévisuel, elle** adj. ■ De la télévision, en tant que moyen d'expression.

**télex** [-ɛks] n. m. ▪ Dactylographie à distance par téléscripteur. ♦ Message ainsi transmis. ▷ **télexer** v. tr. ①

**tellement** adv. ▪ 1 À un degré si élevé. → **si.** ♦ *TELLEMENT... QUE...* → **si.** 2 fam. *TELLEMENT DE.* → **tant. 3** (+ proposition causale) Tant. *On ne le reconnaît plus, tellement il a changé.*

**tellurique** adj. ▪ De la Terre. → *Secousse tellurique :* séisme.

**téméraire** adj. ▪ 1 Hardi avec imprudence. 2 (choses) *Une action téméraire.* → **audacieux.** → *Jugement téméraire,* porté à la légère. ▷ n. f. **témérité**

**témoignage** n. m. ▪ 1 Déclaration de ce que l'on a vu, entendu, servant à l'établissement de la vérité. ♦ loc. *PORTER TÉMOIGNAGE :* témoigner. → *RENDRE TÉMOIGNAGE à qqn,* en sa faveur. 2 Déclaration d'un témoin en justice. → **déposition.** *Faux témoignage :* inexact et de mauvaise foi (délit). 3 Marque, preuve (de qqch.).

**témoigner** v. ① ▪ I v. tr. dir. 1 Certifier qu'on a vu ou entendu. → **attester.** *Témoigner avoir fait, qu'on a fait...* 2 Exprimer, faire paraître (un sentiment...). → **manifester, montrer.** 3 (sujet chose) littér. (avec *que, combien*) Être l'indice, le signe de. II intrans. Faire un témoignage (2). *Témoigner en justice.* III v. tr. ind. *TÉMOIGNER DE* 1 Confirmer la vérité, la valeur de (qqch.), par des paroles, des actes, son existence même. 2 (sujet chose) Être le signe de. *Il est généreux, sa conduite en témoigne.*

**témoin** n. m. ▪ I 1 Personne qui peut certifier qqch., en témoigner. *Témoin oculaire.* ◆ loc. *PRENDRE qqn À TÉMOIN :* invoquer son témoignage. 2 dr. Personne en présence de qui s'est accompli un fait et qui est appelée à l'attester en justice. → *FAUX TÉMOIN :* personne qui fait un faux témoignage. 3 Personne qui doit certifier les identités, l'exactitude des déclarations, lors d'un acte officiel. *Les témoins d'un mariage.* 4 Personne qui assiste à un événement. *J'ai été témoin de la scène.* II 1 littér. Ce qui, par son existence, permet de constater, de vérifier. *Les derniers témoins d'une civilisation.* 2 appos. Élément de comparaison. *Sujet témoin* (dans une expérience). → *Lampe témoin* (contrôle). 3 sports Bâtonnet que doivent se passer les coureurs de relais. III (en tête de phrase) invar. À preuve.

**tempe** n. f. ▪ Côté de la tête, entre le coin de l'œil et le haut de l'oreille.

**tempérament** n. m. ▪ I 1 Constitution physiologique ; traits de caractère en résultant. → absolt *C'est un tempérament,* une forte personnalité. 2 *Avoir du tempérament,* des appétits sexuels. II 1 *Vente à TEMPÉRAMENT,* à crédit échelonné. 2 mus. Organisation de l'échelle des sons, qui donne une valeur commune au dièse d'une note et au bémol de la note immédiatement supérieure (→ **tempéré**).

**tempérance** n. f. ▪ littér. Modération dans les plaisirs (nourriture, alcool...). ▷ **tempérant, ante** adj. littér. → **frugal, sobre.**

**température** n. f. ▪ 1 Degré de chaleur ou de froid de l'atmosphère en un lieu. (en physique) Manifestation de l'énergie cinétique d'un système thermodynamique. 2 Chaleur du corps. *Animaux à température fixe* (à « sang chaud »), *variable* (à « sang froid »). 3 *Avoir de la température.* → **fièvre.**

**tempéré, ée** adj. ▪ 1 *Climat tempéré,* ni très chaud ni très froid. → **doux. 2** mus. Réglé par le tempérament (II, 2). « *Le Clavier* (ou *Clavecin*) *bien tempéré* » (de J.-S. Bach).

**tempérer** v. tr. ⑥ ▪ 1 Adoucir la température de. 2 fig., littér. Adoucir et modérer. → **atténuer, mitiger.**

**tempête** n. f. ▪ 1 Violente perturbation atmosphérique ; vent rapide, orage. → **bourrasque, cyclone, ouragan, tourmente.** → *Tempête de neige.* ♦ spécialt Ce temps sur la mer. ♦ appos. *Lampe-tempête,* à flamme protégée. 2 fig. *Une tempête de rires,* une explosion subite. ♦ Troubles violents.

**tempêter** v. intr. ① ▪ Manifester à grand bruit sa colère. → **fulminer.**

**tempétueux, euse** adj. ▪ 1 littér. Où les tempêtes sont fréquentes. 2 fig. → **tumultueux.**

**temple** n. m. ▪ 1 Édifice public consacré au culte d'une divinité (église, synagogue, mosquée...). *Un temple bouddhiste.* → spécialt Temple protestant. 2 hist. *Le Temple :* ordre de moines-soldats fondé lors des premières croisades près du temple de Jérusalem.

**templier** n. m. ▪ hist. Chevalier de l'ordre religieux et militaire du Temple (2).

**tempo** [tɛmpo ; tɛpo] n. m. ▪ 1 mus. Notation d'un mouvement. *Des tempos* (ou *tempi*). 2 (jazz) Vitesse d'exécution.

**temporaire** adj. ▪ 1 Qui ne dure ou ne doit durer qu'un temps limité. → **momentané, provisoire.** → loc. *Travail temporaire.* 2 Qui n'exerce ses activités que pour un temps. ▷ adv. **temporairement**

**temporal, ale, aux** adj. ▪ Des tempes.

**temporel, elle** adj. ▪ 1 relig. Qui est du domaine du temps qui passe (opposé à *éternel*). → Des choses matérielles (opposé à *spirituel*). → **séculier, terrestre. 2** gramm. Qui indique le temps, les temps. 3 didact. Relatif au temps ; situé dans le temps (surtout opposé à *spatial*). → **spatiotemporel.** ▷ n. f. **temporalité**

**temporiser** v. intr. ① ▪ Différer d'agir, par calcul. ▷ n. f. **temporisation** ▷ adj. et n. **porisateur, trice**

**temps** [tɑ̃] n. m. ▪ I Continuité indéfinie, milieu où se déroulent la succession des événements et des phénomènes, leur représentation dans la conscience. *Le temps et l'espace.* 1 La durée. *Le temps presse :* il faut agir rapidement. *Dans, en peu de temps.* → (Grandeur mesurable) *Unités de temps* (jour, heure, minute, seconde). 2 Portion limitée de durée. *Emploi du temps.* → loc. conj. *Voilà BEAU TEMPS que :* il y a longtemps que. → *La plupart du temps :* le plus souvent. *Tout le temps :* continuellement. → *LE TEMPS DE* (+ inf.), *QUE* (+ subj.) : le temps nécessaire pour. ♦ loc. *Prendre* *(tout) son temps*, ne pas se presser. **3** mus. Chacune des divisions égales de la mesure. ◆ loc. *En deux temps, trois mouvements*, très rapidement. **4** Chacune des phases (d'une manœuvre, d'une opération, d'un cycle). *Moteur à quatre temps.* **5** Durée chronométrée d'une course. ◆ *TEMPS MORT* (dans un match) ; fig. période sans activité. **II 1** Point repérable dans une succession par référence à un « avant » et un « après ». → **date, époque, instant, moment.** ◆ loc. *Chaque chose EN SON TEMPS*, quand il convient. **2** Époque (de qqn, qqch.). → **ère, siècle.** *Être de son temps.* ◆ *LES TEMPS (actuels). Les temps sont durs.* ◆ *Ces derniers temps*, il y a peu. **3** Époque, moment de la vie. ◆ *DE MON TEMPS*, quand j'étais jeune. ◆ *Se donner, prendre du BON TEMPS*, s'amuser. **4** *Le temps de* (+ inf.) : le bon moment pour. ◆ *IL EST TEMPS DE* (+ inf.), *QUE* (+ subj.), le moment est venu. **5** loc. adv. *À TEMPS* : juste assez tôt. ◆ *EN MÊME TEMPS* : simultanément ; à la fois, aussi bien. → *ENTRE TEMPS.* → **entre-temps.** ◆ *DE TEMPS EN TEMPS, DE TEMPS À AUTRE* : à des intervalles de temps irréguliers. ◆ *DE TOUT TEMPS* : depuis toujours. ◆ *EN TOUT TEMPS* : toujours. ◆ *DANS LE TEMPS* : autrefois, jadis. ◆ loc. conj. *DU TEMPS QUE* (+ indic.) : lorsque. ◆ *AU TEMPS, DU TEMPS OÙ.* → **quand. 6** gramm. Forme verbale particulière à valeur temporelle. *Temps et modes.* ◆ (en français) *Temps simples* : présent, imparfait, passé simple, futur. *Temps composés* (formés avec un auxiliaire). **III** *LE TEMPS* : entité (souvent personnifiée) représentative du changement continuel de l'univers. ◆ *TUER LE TEMPS* : s'occuper. **IV** État de l'atmosphère à un moment donné (→ **météorologie**). *Beau, mauvais temps.*

**tenable** adj. ▪ (en emploi négatif) Supportable.

**tenace** adj. ▪ **1** Dont on se débarrasse difficilement. *Des préjugés tenaces.* → **durable.** ◆ *Odeur tenace.* **2** (personnes) Qui tient fermement à ses opinions, ses décisions. → **obstiné, persévérant.** ▷ adv. **tenacement** ▷ n. f. **ténacité**

**tenaille** n. f. ▪ (surtout au plur.) Outil formé de deux pièces articulées, à mâchoires.

**tenailler** v. tr. 1 ▪ Faire beaucoup souffrir. *La faim, le remords le tenaille.*

**tenancier, ière** n. ▪ Personne qui tient une exploitation. ◆ admin. ou péj. Personne qui tient un établissement surveillé.

**tenant, ante** ▪ **I** adj. **1** Qui se poursuit. ◆ loc. *SÉANCE\* TENANTE.* **2** Qui tient, est attaché. **II** n. **1** sports *Le tenant (la tenante) du titre.* → **détenteur. 2** Partisan. *Les tenants d'une doctrine.* **3** n. m. (choses) *D'UN SEUL TENANT* : d'une seule pièce. ◆ (n. m. pl.) loc. *Les tenants et les aboutissants\*.*

**tendance** ▪ **I** n. f. **1** Disposition à être, à agir, à se comporter d'une certaine façon. → **inclination, penchant.** ◆ *AVOIR TENDANCE À* (+ inf.) : être enclin à. **2** Orientation commune. *Quelle est sa tendance politique ?* **3** Évolution (de qqch.) dans un même sens. → **direction, orientation.** *Les tendances de*

*la mode.* **II** adj. fam. (invar.) Conforme aux dernières modes. *C'est très tendance.*

**tendanciel, ielle** adj. ▪ Qui marque une tendance (3).

**tendancieux, euse** adj. ▪ Qui manifeste des préjugés. → **partial.** *Récit tendancieux.* ▷ adv. **tendancieusement**

**tender** [-ɛʀ] n. m. ▪ anciennt Wagon contenant le combustible et l'eau nécessaires à une locomotive à vapeur.

**tendeur** n. m. ▪ **1** Appareil servant à tendre (une chaîne de bicyclette, des fils, etc.). **2** Câble élastique de fixation.

**tendineux, euse** adj. ▪ Qui contient beaucoup de tendons.

**tendinite** n. f. ▪ méd. Inflammation d'un tendon (1).

**tendon** n. m. ▪ **1** Organe conjonctif, fibreux, d'un blanc nacré, par lequel un muscle s'insère sur un os. *Tendon d'Achille* (au talon). **2** Cet organe, dans une viande.

① **tendre** v. 41 ▪ **I** v. tr. dir. **1** Tirer sur (une chose souple ou élastique), de manière à la rendre droite. *Tendre un arc.* → **bander.** ◆ *Tendre ses muscles*, les raidir. ◆ fig. pronom. *Leurs rapports se sont tendus.* **2** Déployer. *Tendre un filet.* ◆ fig. *Tendre un piège, une embuscade.* **3** Tapisser (→ **tenture**). ◆ au p. p. *Mur tendu de papier.* **4** Allonger ou présenter en avançant (une partie du corps). *Tendre la main*, pour prendre, demander ; aider, secourir. ◆ loc. *TENDRE L'OREILLE* : écouter avec attention. → **dresser. 5** Présenter (qqch.) à qqn. → **donner.** ◆ *Tendre la main, les bras à qqn.* **II** v. tr. ind. **1** *TENDRE À, VERS* : avoir un but, une fin et s'en rapprocher. → **viser** à. **2** (sujet chose) *TENDRE À* (+ inf.) : avoir tendance à, évoluer de façon à. *La situation tend à s'améliorer.* ◆ *Tendre à prouver que...*, sembler prouver.

② **tendre** adj. ▪ **1** (choses) Qui se laisse (plus) facilement entamer (opposé à *dur*). → **mou.** ◆ *Viande tendre* (▷ n. f. **tendreté**). **2** Délicat, fragile. ◆ *L'âge tendre*, le jeune âge. *Tendre enfance.* **3** (personnes) Porté à la sensibilité, aux affections. → **sensible.** ◆ n. *Un, une tendre.* → **sentimental.** ◆ (sentiments) Qui présente un caractère de douceur et de délicatesse. → **tendresse.** ◆ Qui manifeste l'affection. *Un regard tendre.* **4** (couleurs) Doux, atténué.

**tendrement** adv. ▪ Avec tendresse.

**tendresse** n. f. ▪ Sentiment tendre (3).

① **tendron** n. m. ▪ Morceau de viande (veau, bœuf), paroi inférieure du thorax.

② **tendron** n. m. ▪ vx Fille d'âge tendre.

**tendu, ue** adj. ▪ **1** Rendu droit par traction. *Corde tendue.* ◆ fig. *Volonté tendue*, qui s'applique avec effort à qqch. **2** (personnes ; opposé à *détendu*). → **contracté, préoccupé, soucieux. 3** Qui menace de se dégrader. *Des rapports tendus.* **4** Que l'on tend (I, 5). ◆ loc. *Politique de la main tendue.*

**ténèbres** n. f. pl. ▪ Obscurité profonde. → **noir.** ◆ fig., littér. *Les ténèbres de l'inconscient.* ◆ littér. *La ténèbre.*

**ténébreux, euse** adj. ■ **1** littér. Où règne une obscurité menaçante. → **sombre**. **2** Secret et dangereux. → **mystérieux**. **3** (personnes) Sombre et mélancolique. ◆ (n.) loc. *Un beau ténébreux.*

**teneur** n. f. ■ **1** Contenu exact (d'un écrit officiel). *La teneur du décret.* **2** Quantité (d'un élément) contenue, en pourcentage. *La teneur en métal d'un minerai.*

**ténia** ou **tænia** n. m. ■ Long ver parasite de l'intestin. → **ver** solitaire.

**tenir** v. 22 ■ **I** v. tr. **1** Avoir, garder avec soi en empêchant de tomber, de s'échapper. *Tenir un bébé dans ses bras.* **2** Faire rester (qqch., qqn) en place, dans une situation, un état pendant un certain temps. → **maintenir**. ◆ loc. *Tenir en respect, en échec.* **3** Saisir (un être qui s'échappe), s'emparer de. *Nous le tenons.* **4** Résister à (dans des expr.). *Tenir le vin, l'alcool.* ◆ *Tenir tête* à. ◆ *Tenir le coup.* **5** Avoir en sa possession (surtout abstrait). → **détenir**. *Je tiens la solution.* ◆ prov. *Mieux vaut tenir que courir*, avoir effectivement qu'espérer. ◆ *(Tu tiens, substantivé) Un tiens vaut mieux que deux tu l'auras*, mieux vaut un bien réel que des promesses. ◆ *TIENS !, TENEZ !*, prends, prenez. ◆ *TIENS !* (marque l'étonnement). **6** *TENIR EN* (et n. d'attitude psychologique) : avoir en. *Tenir qqn en haute estime.* **7** *TENIR* (un renseignement...) *DE qqn*, l'avoir par lui. ◆ Avoir par hérédité. *Il tient cela de son père.* **II** v. tr. (sens affaibli) **1** Occuper (un espace). *Cela tient trop de place.* **2** Occuper (un lieu), sans s'en écarter. *Tenez votre droite !* **3** Remplir (une activité). *Tenir son rôle.* ◆ Diriger, gérer. *Tenir un hôtel.* ◆ Réunir (une assemblée). **4** *TENIR... POUR* : considérer comme, croire. **5** Observer fidèlement (ce qu'on a promis). *Tenir parole.* **III** v. intr. **1** Être attaché, fixé ; se maintenir. *Tenir droit ; debout.* ◆ loc. *Cette histoire ne tient pas debout*, est invraisemblable. **2** Être solide, ne pas céder, ne pas se défaire. ◆ *Il n'y a pas de raison qui tienne*, qui puisse s'opposer à... ◆ Résister à l'épreuve du temps. → **durer**. *Leur mariage tient toujours.* **3** (sujet personne) Résister. ◆ loc. *TENIR BON* : ne pas céder. **4** Être compris, contenu dans un espace. → **entrer**. *Ça ne tient pas dans le coffre.* **IV** v. tr. ind. **1** *TENIR À qqn, à qqch.*, y être attaché par un sentiment durable. ◆ Vouloir absolument (qqch.). *Si vous y tenez...* **2** (sujet chose) *TENIR À qqch.*, avoir un rapport de dépendance. → **provenir**, résulter. ◆ impers. *Il ne tient qu'à vous que* (+ subj.), *de* (+ inf.), cela ne dépend que de vous. ◆ *Qu'à cela ne tienne !*, peu importe. **3** *TENIR DE qqn, DE qqch.* : ressembler à. *Il a de qui tenir*, ses parents ont bien ce trait qu'il possède. ◆ Participer de la nature de (qqch.). *Cela tient du miracle.* ◆ **se tenir** v. pron. (réfl.) **1** *SE TENIR À qqch.* : tenir qqch. afin de garder une position. **2** Être, demeurer (dans une position). *Tiens-toi droit !* ◆ (choses) *Une histoire qui se tient*, cohérente. **3** Être (quelque part). *Il se tenait sur le seuil.* ◆ Être et rester (dans un état). *Se tenir sur la réserve.* ◆ (et adj.) *Se tenir tranquille.* **4** *S'EN TENIR À* (qqch.), ne vouloir rien de plus. *Je* 

*m'en tiens aux ordres.* ◆ loc. *Savoir à quoi s'en tenir*, être fixé. **5** (récipr.) Se tenir l'un l'autre. ◆ (chose) Être dans une dépendance réciproque. ► **tenu, ue 1** v. passif *ÊTRE TENU À, DE* (+ inf.) : obligé, contraint. **2** adj. (choses) *BIEN, MAL TENU*, bien (mal) arrangé, entretenu.

**tennis** [tenis] n. m. ■ **1** Sport dans lequel deux ou quatre joueurs se renvoient une balle, à l'aide de raquettes, de part et d'autre d'un filet. ◆ *Tennis de table.* → **ping-pong**. **2** Terrain de tennis. → **court**. **3** n. m. ou f. Chaussure de sport basse.

**tenon** n. m. ■ Partie saillante d'un assemblage, qui s'ajuste à une mortaise.

**ténor** n. m. ■ **1** Voix d'homme au-dessus du baryton ; le chanteur. → aussi **contre-ténor**. ◆ adj. Se dit des instruments ayant ce registre. **2** fig. Personnage très en vue.

**tenseur** n. m. ■ **1** Muscle qui produit une tension. **2** math. Être mathématique, généralisation de la notion de vecteur. ▷ **tensoriel, elle** adj. *Calcul tensoriel.*

**tensiomètre** n. m. ■ Appareil servant à mesurer la tension (artérielle, etc.).

**tension** n. f. ■ **I 1** État d'une substance souple ou élastique tendue (opposé à *détente*). **2** phys. Force qui agit de manière à écarter, à séparer les parties d'un corps. **3** *Tension* (*artérielle, veineuse*), pression du sang. ◆ *Avoir de la tension*, de l'hypertension. **4** électr. Différence de potentiel. *Haute tension ; basse tension.* **II 1** Effort intellectuel ; application soutenue. → **concentration**. **2** État de ce qui menace de rompre ; situation tendue. *La tension internationale.* **3** *Tension nerveuse*, énervement.

**tentaculaire** adj. ■ Qui se développe dans toutes les directions.

**tentacule** n. m. ■ Organe allongé muni de ventouses (poulpes, calmars).

**tentant, ante** adj. ■ Qui tente, éveille l'envie. *Un menu tentant.*

**tentateur, trice** n. et adj. ■ (Personne) qui cherche à tenter, à séduire. ◆ *Le Tentateur* : le démon.

**tentation** n. f. ■ **1** relig. Impulsion qui pousse au péché, au mal. **2** Ce qui tente (I, 2).

**tentative** n. f. ■ Action par laquelle on s'efforce d'obtenir un résultat. → **essai**.

**tente** n. f. ■ Abri fait d'une matière souple tendue sur des supports (mâts, piquets).

**tenter** v. tr. 1 ■ **I** relig. Essayer d'entraîner au mal, au péché. → **tentation**. **2** (sujet chose) Éveiller le désir, l'envie de (qqn). *Se laisser tenter.* ◆ *Être tenté, très tenté*, avoir envie (d'une chose). **II** Éprouver (les chances de réussite) ; essayer. → **tentative**. ◆ loc. *Tenter sa chance*, tenter de réussir.

**tenture** n. f. ■ Pièce de tapisserie, de décoration murale.

**tenu, ue** → **tenir**

**ténu, ue** adj. ■ Très mince, très fin. ▷ n. f. **ténuité**

**tenue** n. f. ■ I 1 Fait, manière de tenir, gérer (un établissement). *La tenue d'une maison*, son entretien. 2 Fait de tenir (une séance, une réunion...). 3 TENUE DE ROUTE : aptitude d'un véhicule à se maintenir dans la direction commandée. II 1 Fait de bien se tenir ; correction des manières. 2 Façon de se tenir (bien ou mal). *Bonne tenue à table.* 3 Manière dont une personne est habillée. → **mise.** ◆ Habillement particulier. *Tenue de sport.* ⚬ fam. *Être en petite tenue*, peu vêtu. 4 fin. Fermeté du cours (d'une valeur), en Bourse.

**tequila** [tekila] n. f. ■ Alcool d'agave (mexicain).

① **ter** [tɛʀ] adv. ■ 1 mus. Indication d'avoir à répéter un passage trois fois. 2 (après un nombre) Troisième (après *bis*).

② **TER** n. m. (sigle) ■ en France « Train express régional », reliant des pôles régionaux.

**térato-** Élément savant, du grec *teras, teratos* « monstre ».

**tératologie** n. f. ■ didact. Étude des monstres, des anomalies des êtres vivants.

**tercet** n. m. ■ Strophe de trois vers.

**térébenthine** n. f. ■ Résine végétale recueillie par incision (conifères).

**térébrant, ante** adj. ■ didact. 1 Insecte *térébrant*, qui perce des trous. 2 *Douleur térébrante*, sensation de percement.

**tergal** n. m. (nom déposé) ■ Fibre synthétique de polyester.

**tergiverser** v. intr. [1] ■ littér. Raisonner pour éviter de donner une réponse nette, retarder une décision. → **atermoyer, temporiser.** ▷ n. f. **tergiversation**

① **terme** n. m. ■ 1 Limite fixée dans le temps. ⚬ *Mettre un terme à qqch.*, faire cesser. ◆ À TERME : avec un terme fixé. *Vente à terme* (opposé à *au comptant*). → à **crédit.** ⚬ *À court, à long terme*, dans un temps bref, long. 2 Date de paiement des loyers. ◆ Le loyer. 3 littér. Dernier élément, dernier stade. → **conclusion, fin.** *Mener qqch. à (son) terme.* → **terminer.** ◆ *Accouchement À TERME*, dans le temps normal. ⚬ *Enfant né avant terme.* → **prématuré.**

② **terme** n. m. ■ I 1 Mot, expression. *Chercher le terme exact.* 2 au plur. Discours ; manière de s'exprimer. ◆ loc. *En (ces, d'autres...) TERMES* : à l'aide de ces, d'autres... mots. 3 Mot appartenant à une terminologie (1). *Termes techniques.* 4 Élément simple, objet d'une relation. *Les termes d'une équation.* ◆ fig. *MOYEN TERME* : solution, situation intermédiaire. II loc. *Être EN BONS, EN MAUVAIS TERMES avec qqn* : entretenir de bonnes, de mauvaises relations avec qqn.

**terminaison** n. f. ■ 1 Dernier élément d'un mot. → **finale.** 2 Extrémité. ⚬ anat. *Terminaisons nerveuses.*

① **terminal, ale, aux** adj. ■ Qui forme le dernier élément. → **final.** *Phase terminale.* ◆ n. f. (en France) Dernière classe du lycée.

② **terminal, aux** n. m. ■ anglic. 1 Installations pour le déchargement de navires de transport (pétroliers, etc.). 2 Périphérique d'utilisation à distance d'un ordinateur. 3 Point de départ des passagers d'un aéroport.

**terminer** v. tr. [1] ■ 1 Faire cesser volontairement (qqch. dans le temps). *Terminer un débat.* → **clore, lever.** 2 Mener à terme (ce qui est en cours). → **achever, finir.** *Terminer un travail.* ◆ Passer la dernière partie de (un temps). *Terminer la soirée au cinéma.* 3 (sujet chose) Constituer, former le dernier élément de (qqch.). ► se **terminer** v. pron. 1 Prendre fin (dans l'espace ou dans le temps). 2 *SE TERMINER PAR* : avoir pour dernier élément. 3 *SE TERMINER EN.* ⚬ (dans l'espace) *Clocher qui se termine en pointe.* ◆ (dans le temps) *L'histoire se termine en queue de poisson.*

**terminologie** n. f. ■ 1 Ensemble organisé de termes appartenant à un domaine spécial (science, technique, institutions). ◆ Vocabulaire didactique. 2 Étude des systèmes de termes et de notions. ▷ adj. **terminologique** ▷ n. **terminologue**

**terminus** [-ys] n. m. ■ Dernière station (d'une ligne de transports).

**termite** n. m. ■ Insecte social qui ronge le bois par l'intérieur. *Un termite.*

**termitière** [-tjɛʀ] n. f. ■ Nid de termites, butte de terre durcie percée de galeries.

**ternaire** adj. ■ Composé de trois éléments.

**terne** adj. ■ 1 Qui manque d'éclat, reflète peu la lumière. *Couleur terne.* ⚬ *Regard terne*, inexpressif. 2 Sans intérêt.

**ternir** v. tr. [2] ■ 1 Rendre terne (1). 2 Porter atteinte à. *Ternir la réputation de qqn.* → **salir.**

**terrain** n. m. ■ I 1 Étendue de terre (dans son relief ou sa situation). → **sol.** *En terrain plat.* ⚬ fig. *Un terrain glissant*, une situation dangereuse. ⚬ loc. adj. *TOUT TERRAIN.* → **tout-terrain.** 2 Portion plus ou moins étendue de l'écorce terrestre, quant à sa nature, son âge, son origine (souvent au plur.). *Terrains glaciaires.* 3 *LE TERRAIN*, la zone des opérations militaires. ⚬ loc. *Sur le terrain* (fig. sur place). *Tâter, préparer le terrain.* ⚬ fig. *Terrain d'entente.* ⚬ *Gagner, perdre du terrain*, avancer, reculer (aussi fig.). ◆ loc. *Un homme de terrain*, en contact avec les réalités. 4 État (d'un organisme, d'un organe...), quant à sa résistance à la maladie. II 1 Espace, étendue de terres. *Terrain vague\*.* 2 Emplacement aménagé. *Terrain de jeu.*

**terrasse** n. f. ■ 1 Levée de terre plane. *Cultures en terrasses.* 2 Plate-forme en plein air (≠ *balcon*). ⚬ Toiture plate, accessible. 3 Partie d'un café sur un trottoir.

**terrassement** n. m. ■ 1 Opération par laquelle on creuse et on déplace la terre. *Travaux de terrassement.* 2 Les terres déplacées.

**terrasser** v. tr. [1] ■ Abattre, renverser (qqn), jeter à terre dans une lutte.

**terrassier** n. m. ■ Ouvrier employé aux travaux de terrassement.

**terre** n. f. ■ **I 1** Surface sur laquelle les humains, les animaux se tiennent et marchent. → **sol.** ← À TERRE, PAR TERRE : sur le sol. ← loc. fig. *Avoir les pieds SUR TERRE* : être réaliste. **2** (concret) Couche superficielle de la croûte terrestre (lorsqu'elle n'est pas rocheuse). *Un chemin de terre*, non revêtu. **3** L'élément où poussent les végétaux. *Cultiver la terre.* ♦ LES TERRES : étendue de terrain où poussent les végétaux. *Terres cultivées.* → **champ. 4** LA TERRE : la vie paysanne, l'agriculture. ← loc. *Le retour à la terre.* **5** Étendue de surfaces cultivables, objet de possession. → **domaine, propriété, terrain.** ♦ au plur. *Se retirer sur ses terres.* **6** Vaste étendue de la surface solide du globe. *Les terres australes.* **7** LA TERRE, LES TERRES (opposé à *la mer, à l'air*). → **continent, île.** *La terre ferme.* ← *L'armée de terre* (opposé à *la marine, l'aviation*). **8** La croûte terrestre. ← loc. *Tremblement\* de terre.* **9** Le sol, considéré comme ayant un potentiel électrique égal à zéro. ← loc. *Prise de terre.* **II 1** (avec maj.) Planète appartenant au système solaire et où vivent de nombreuses espèces, dont l'humanité. **2** L'ensemble des lieux de la surface de la planète, en tant que milieu. → **monde.** ← loc. *Remuer\* ciel et terre.* **III 1** Matière pulvérulente contenant généralement de l'argile, et servant à fabriquer des objets. *Terre glaise.* ← TERRE CUITE. **2** Colorant minéral. *Terre de Sienne.*

**terre à terre** loc. adj. invar. ■ Matériel et peu poétique. → **prosaïque.**

**terreau** n. m. ■ Engrais naturel, formé de terre végétale et de produits de décomposition. → **humus.**

**terre-neuvas** n. m. invar. ■ Navire ou marin qui pêche à Terre-Neuve.

**terre-neuve** n. m. invar. ■ Gros chien à tête large, à longs poils.

**terre-plein** n. m. ■ Plate-forme, levée de terre soutenue par une maçonnerie.

**se terrer** v. pron. 〖1〗 ■ **1** (animaux) Se cacher dans un terrier, se blottir. **2** Se mettre à l'abri dans un lieu couvert ou souterrain.

**terrestre** adj. ■ **1** De la planète Terre. *Le globe terrestre.* **2** Qui vit sur la surface solide de la Terre. ♦ (opposé à *aérien, maritime*) *Transports terrestres.* **3** (opposé à *céleste*) Du monde où vit l'homme.

**terreur** n. f. ■ **1** Peur extrême qui bouleverse, paralyse. → **effroi, épouvante, frayeur. 2** Peur collective qu'on fait régner pour briser une résistance (→ **terrorisme**). ← Régime fondé sur l'emploi de l'arbitraire imposé et de la peur (spécialt en France, 1793-94). **3** Être qui inspire une grande peur. ← Personnage redoutable (aussi iron.).

**terreux, euse** adj. ■ **1** De la nature ou de la couleur de la terre. **2** Mêlé de terre.

**terrible** adj. ■ **1** (choses) Qui inspire de la terreur (1). → **effrayant, terrifiant.** ♦ (personnes) n. *Ivan le Terrible.* **2** Très pénible, très fort. *Un froid terrible.* **3** (personnes) Agressif, turbulent. *Un enfant terrible.* → **intenable, insupportable. 4** fam. Extraordinaire ; excellent. ▷ adv. **terriblement**

**terrien, ienne** ■ **I** adj. **1** Qui possède des terres. *Propriétaire terrien.* → **foncier. 2** littér. Qui concerne la terre, les paysans (opposé à *citadin*). **II** n. Habitant de la planète Terre (opposé aux extraterrestres imaginés).

**terrier** n. m. ■ **I** Trou, galerie que certains animaux creusent dans la terre. **II** Chien pour la chasse des animaux à terrier.

**terrifier** v. tr. 〖7〗 ■ **1** Frapper (qqn) de terreur. → **effrayer, terroriser. 2** (sens affaibli) Inquiéter, faire peur. ▷ adj. **terrifiant, ante**

**terril** [-i(l)] ou **terri** n. m. ■ Grand tas de déblais près d'une mine. → **crassier.**

**terrine** n. f. ■ Récipient de terre où l'on fait cuire et où l'on conserve certains aliments. ♦ Son contenu. ← spécialt Pâté.

**territoire** n. m. ■ **1** Étendue de la surface terrestre sur laquelle vit un groupe humain. ← *Aménagement du territoire*, politique de répartition des activités selon un plan. **2** Étendue de pays sur laquelle s'exerce une autorité. *Le territoire de la commune.* ♦ Pays qui ne constitue pas un État souverain. **3** Zone qu'un animal se réserve.

**territorial, ale, aux** adj. ■ **1** Qui consiste en un territoire, le concerne. *Les eaux territoriales* (d'un État riverain). **2** vieilli Qui concerne la défense du territoire national.

**terroir** n. m. ■ **1** Région rurale. *Accent du terroir.* **2** Terres d'une région fournissant un produit agricole caractéristique.

**terroriser** v. tr. 〖1〗 ■ Frapper de terreur, faire vivre dans la terreur. → **terrifier.**

**terrorisme** n. m. ■ **1** Emploi systématique de la violence pour atteindre un but politique ; ces actes de violence. **2** Attitude d'intolérance, d'intimidation. ▷ adj. et n. **terroriste**

**tertiaire** adj. ■ **I** géol. *Ère tertiaire* ou n. m. *le tertiaire* : ère géologique (environ 70 millions d'années) marquée par les plissements alpins, la diversification des mammifères. **II** écon. *Secteur tertiaire* ou n. m. *le tertiaire* : activités qui ne produisent pas de biens de consommation (commerce, services, administration).

**tertio** adv. ■ En troisième lieu (après *primo, secundo*). → **troisièmement.**

**tertre** n. m. ■ Petite éminence isolée à sommet aplati. → **butte, monticule.**

**tessiture** n. f. ■ mus. Étendue des sons (d'une voix, d'un instrument). → **registre.**

**tesson** n. m. ■ Débris (de verre, poterie).

**test** [tɛst] n. m. ■ **1** psych. Épreuve qui permet de déceler les aptitudes, les caractères psychiques d'une personne. **2** Contrôle biologique ou chimique. *Test de grossesse.* **3** Épreuve ou expérience décisive.

**testament** n. m. ▪ **I** relig. chrét. Partie de la Bible. L'Ancien, le Nouveau (→ **évangile**) Testament. **II 1** Acte par lequel une personne dispose de ses biens qu'elle laissera en mourant. **2** fig. Suprême expression de la pensée et de l'art de qqn.

**testamentaire** adj. ▪ Qui se fait par testament, se rapporte à un testament.

① **tester** v. tr. ① ▪ **1** Soumettre à des tests. **2** Contrôler, éprouver (qqch.).

② **tester** v. intr. ① ▪ dr. Disposer de ses biens par testament. ▷ n. **testateur, trice**

**testicule** n. m. ▪ Glande génitale mâle, productrice des spermatozoïdes. ♦ Cet organe et ses enveloppes (→ ① **bourse, scrotum**), chez l'homme.

**tétanie** n. f. ▪ méd. Affection se traduisant par des contractures, des spasmes.

**tétaniser** v. tr. ① ▪ **1** méd. Mettre en état de tétanie. **2** fig. Figer, paralyser. ▷ n. f. **tétanisation**

**tétanos** [-os] n. m. ▪ **1** Grave maladie infectieuse, contraction douloureuse des muscles avec des crises convulsives. **2** *Tétanos musculaire* : contraction prolongée d'un muscle. ▷ adj. **tétanique**

**têtard** n. m. ▪ Larve de batracien, à grosse tête prolongée par un corps effilé.

**tête** n. f. ▪ **I 1** Extrémité antérieure des animaux, portant la bouche et les principaux organes des sens (quand elle est distincte). → **céphal(o)-**. *La tête d'un oiseau, d'un poisson, d'un serpent.* **2** Partie supérieure du corps (d'un être humain) contenant le cerveau. ♦ loc. *La tête haute*, redressée ; fig. (adverbial) avec fierté. *La tête basse* (fig. → **confus, honteux**). ♦ *Être tombé sur la tête* : être un peu fou. ← *Ne savoir où donner de la tête* : avoir trop d'occupations. ← *En avoir par-dessus la tête*, assez. ♦ *TENIR TÊTE* : résister. **3** Sommet de la tête où poussent les cheveux. *Tête nue*, sans chapeau. **4** (En tant que partie vitale) *Risquer sa tête*, sa vie. ← loc. *Donner sa tête à couper que* : affirmer avec conviction. **5** Le visage, l'expression. *Une bonne tête.* → fam. **bouille**. *Tête à claque*. ← *FAIRE LA TÊTE.* → **bouder.** ♦ Visage (qui rend qqn reconnaissable). *J'ai vu cette tête-là quelque part.* **6** Représentation de cette partie du corps de l'homme, des animaux supérieurs. **7** *TÊTE DE MORT* : crâne humain. **8** Hauteur d'une tête humaine. *Il la dépasse d'une tête.* ♦ Longueur d'une tête de cheval, dans une course. **9** Coup de tête dans la balle, au football. **10** Partie (d'une chose) où l'on peut poser la tête. *La tête du lit.* → **chevet.** **II 1** Le siège de la pensée, chez l'être humain. → **cerveau, cervelle, esprit.** ← loc. *Être tête en l'air* : être étourdi. *Une grosse tête* : une personne savante. péj. *Avoir la grosse tête* : être prétentieux. ← *Il n'a pas de tête*, il oublie tout. ← *Une femme de tête*, énergique, efficace. ← *Calculer DE TÊTE*, mentalement. ← *Une idée derrière la tête*, une intention cachée. ♦ *Se mettre dans la tête, en tête (qqch. ; de..., que...)* : décider ; imaginer, se persuader. ♦ *Je n'ai*

plus son nom *EN TÊTE*, je ne m'en souviens plus. **2** Le siège des états psychologiques. *Perdre la tête* : s'affoler. *Avoir la tête à ce qu'on fait*, l'attention. *N'en faire qu'à sa tête* : agir selon sa fantaisie. ← *COUP DE TÊTE* : décision, action irréfléchie. **3** (Raison). loc. *Perdre la tête* : devenir fou. *Avoir toute sa tête*. **III 1** (Personne). *Une forte tête* : une personne qui s'oppose aux autres et fait ce qu'elle veut. *Une mauvaise tête*. **2** *PAR TÊTE* : par personne, par individu. ← fam. *Par tête de pipe* (même sens). **3** Personne qui conçoit et dirige. **4** Animal d'un troupeau. *Cent têtes de bétail.* **IV** (choses) **1** Extrémité, partie terminale. *La tête d'un clou.* ← *Tête de lecture.* **2** Partie antérieure (d'une chose qui se déplace). *La tête d'un train.* ← *TÊTE CHERCHEUSE*, dispositif (d'une fusée...) pouvant modifier sa trajectoire vers l'objectif. **3** Partie antérieure (d'une chose orientée). ← *Tête de liste*, premier nom. **4** Place de ce qui est à l'avant ou au début (surtout : *de, en* tête). *Wagon de tête.* **5** Place de la personne qui dirige, commande. *Prendre la tête.* ← *À LA TÊTE de...* : en dirigeant.

**tête-à-queue** n. m. invar. ▪ Volte-face (d'un cheval, d'un véhicule).

**tête-à-tête** ou **tête à tête** n. m. invar. ▪ Situation de deux personnes qui se trouvent seules ensemble ou s'isolent. ← *EN TÊTE-À-TÊTE* (ou *en tête à tête*) : sans témoins.

**tête-bêche** loc. adv. ▪ Parallèlement et en sens inverse, opposé.

**tête-de-loup** n. f. ▪ Brosse ronde à long manche, pour nettoyer les plafonds.

**tête-de-nègre** ▪ **1** adj. invar. De couleur marron foncé. **2** n. f. Pâtisserie faite d'une meringue sphérique enrobée de chocolat.

**téter** v. tr. ⑥ ▪ Boire (le lait) en suçant le mamelon ou une tétine. ▷ n. f. **tétée**

**tétine** n. f. ▪ **1** Mamelle de certains mammifères. → **pis**. **2** Embouchure percée d'un biberon. ♦ Embout de caoutchouc qu'on donne à sucer à un bébé.

**téton** n. m. ▪ fam. vx Sein de femme.

**tétra** n. m. ▪ Nom courant de divers poissons d'aquarium.

**tétra-** Élément, du grec *tetra-* « quatre ».

**tétraèdre** n. m. ▪ Polyèdre à quatre faces triangulaires. ▷ adj. **tétraédrique**

**tétralogie** n. f. ▪ Ensemble de quatre œuvres (spécialt : quatre opéras de Wagner).

**tétraplégie** n. f. ▪ méd. Paralysie des quatre membres. ▷ adj. et n. **tétraplégique**

**tétrapode** n. m. et adj. ▪ Se dit de vertébrés à quatre membres (apparents ou non).

**tétrarque** n. m. ▪ Antiq. Gouverneur de l'une des quatre régions d'une province. ▷ n. f. **tétrarchie**

**tétras** [-a(s)] n. m. ▪ Gallinacé sauvage des montagnes (→ coq de bruyère).

**têtu, ue** adj. ▪ Entêté, obstiné. → **buté.**

**teuf** n. f. (verlan de *fête*) ▪ fam. Fête.

**teufeur, euse** n. ▪ fam. Habitué(e) des fêtes, et spécialt des raves*.

**teuf-teuf** n. m. invar. ■ Bruit du moteur à explosion. → Vieille auto.

**teuton, onne** adj. et n. ■ 1 hist. Relatif aux anciens Teutons. 2 péj. Allemand. ▷ **teutonique** adj. → **germanique.**

**tex-mex** adj. ■ Se dit de la cuisine mexicaine adaptée aux États-Unis (d'abord, au Texas).

**texte** n. m. ■ 1 Les termes, les phrases qui constituent un écrit, une œuvre. *Le texte d'une chanson.* 2 La composition, la page imprimée. 3 dr. Écrit authentique. *Le texte d'un testament.* 4 Page, fragment d'une œuvre. *Textes choisis.* → **morceau.**

**textile** adj. et n. m. ■ 1 Susceptible d'être tissé. → n. m. Matière textile. 2 Qui concerne les tissus. → n. m. L'industrie textile.

**textuel, elle** adj. ■ 1 Conforme au texte. 2 didact. Du texte. ▷ adv. **textuellement**

**texture** n. f. ■ Arrangement, disposition (des éléments d'une matière, d'un tout). → **constitution, structure.**

**T. G. V.** [teʒeve] n. m. (sigle) ■ (en France) Train à grande vitesse.

**thaï, thaïe** [taj] adj. et n. ■ Se dit de langues de l'Asie du Sud-Est, parlées notamment par les Thaïlandais, et des peuples qui les parlent. ◆ n. m. *Le thaï :* ces langues.

**thalamus** [-ys] n. m. ■ Les deux noyaux de substance grise, à la base du cerveau. → aussi **hypothalamus.** ▷ adj. **thalamique**

**thalasso-** Élément savant, du grec *thalassa* « mer ».

**thalassothérapie** n. f. ■ Usage thérapeutique de l'eau de mer. - abrév. fam. THALASSO.

**thalle** n. m. ■ bot. Appareil végétatif des plantes inférieures sans feuilles, tiges ni racines (*thallophytes* n. f. pl.).

**thalweg** n. m. → **talweg**

**thanato-** Élément savant, du grec *thanatos* « mort ».

**thaumaturge** adj. ■ didact. ou littér. Qui fait des miracles. → n. m. Faiseur de miracles.

**thé** n. m. ■ 1 Arbre ou arbrisseau d'Asie, cultivé pour ses feuilles (→ **théine**). ◆ Feuilles de thé séchées. 2 Boisson de thé infusé. 3 Réunion où l'on sert du thé, des gâteaux.

**théâtral, ale, aux** adj. ■ 1 Qui appartient au théâtre ; de théâtre (II, 1). 2 fig. et péj. Artificiel, excessif. *Une attitude théâtrale.* ▷ adv. **théâtralement** ▷ n. f. **théâtralité**

**théâtre** n. m. ■ I 1 Antiq. Construction en plein air réservée aux spectacles, adossée à une colline creusée en hémicycle. → **amphithéâtre.** ◆ mod. Construction ou salle destinée aux spectacles. ◆ Entreprise de spectacles dramatiques (→ **compagnie, troupe**). 3 fig. *Le théâtre de :* le cadre de (un événement). II 1 Art visant à représenter devant un public des êtres humains agissant et parlant. → **scène ; dramatique.** *Pièce de théâtre.* → fig. *COUP DE THÉÂTRE :* retournement d'une situation. 2 Genre littéraire ; œuvres dramatiques*. → **comédie, drame, tragédie.** 3 Activités de l'acteur ; profession de comédien de théâtre (et de metteur en scène, etc.).

**théier** n. m. ■ Arbre à thé.

**théière** n. f. ■ Récipient pour le thé.

**théine** n. f. ■ didact. Variété de caféine des feuilles de thé (alcaloïde).

**théisme** n. m. ■ didact. Croyance en un dieu unique. → **déisme.** ▷ adj. et n. **théiste**

**-théisme, -théiste** Éléments, du grec *theos* « dieu » (ex. monothéisme).

**thématique** adj. ■ I Relatif à un thème. *Catalogue thématique.* II n. f. didact. Ensemble, système organisé de thèmes.

**thème** n. m. ■ 1 Sujet, idée qu'on développe (dans un discours, un ouvrage). → **objet, sujet.** 2 Traduction d'un texte de la langue maternelle dans une langue étrangère (s'oppose à *version*). → loc. *UN FORT EN THÈME :* un très bon élève. 3 mus. Dessin mélodique répété ou objet de variations. → **motif.**

**théo-** Élément, du grec *theos* « dieu ».

**théocratie** n. f. ■ didact. Régime où une religion, les prêtres jouent un rôle politique important. ▷ adj. **théocratique**

**théodolite** n. m. ■ sc. Instrument de visée, servant à mesurer les angles.

**théogonie** n. f. ■ (religions polythéistes) Récit de la naissance des dieux. → **mythologie.**

**théologal, ale, aux** adj. ■ (religion chrétienne) *Vertus théologales,* qui ont Dieu pour objet (foi, espérance, charité).

**théologie** n. f. ■ (religions monothéistes) Étude des questions religieuses fondée sur les textes sacrés, les dogmes. ▷ adj. **théologique** ▷ n. **théologien, ienne**

**théorbe** n. m. ■ Luth à sonorité grave.

**théorème** n. m. ■ Proposition démontrable qui résulte d'autres propositions.

**théoricien, ienne** n. ■ 1 Personne qui connaît la théorie ; spécialt qui s'occupe de théorie plus que d'applications. 2 Personne qui élabore, défend une théorie.

① **théorie** n. f. ■ 1 Ensemble d'idées, de concepts abstraits dans un domaine. → **conception, doctrine, système.** ◆ *Théorie et pratique.* → *EN THÉORIE :* en envisageant la question abstraitement. 2 sc. Système d'hypothèses, de connaissances vérifiées et de règles logiques.

② **théorie** n. f. ■ littér. Cortège, procession.

**théorique** adj. ■ 1 De la théorie ; qui élabore des théories. *Recherche théorique.* → **fondamental.** 2 souvent péj. Conçu, étudié d'une manière abstraite et souvent irréaliste.

**théoriquement** adv. ■ 1 D'une manière théorique. 2 En principe, normalement.

**théosophie** n. f. ■ Doctrine ésotérique du divin, fondée sur la contemplation, l'illumination intérieure. ▷ n. **théosophe**

**-thèque** Élément (du grec *thêkê* « coffre ») qui signifie « endroit où l'on garde ».

**thérapeute** n. ■ didact. Personne qui soigne des malades. → **médecin.**

**thérapeutique** adj. ■ 1 Qui concerne le traitement des maladies ; apte à guérir. 2 n. f. didact. Médecine de soins.

# 713                                   TIÉDEUR

**thérapie** n. f. ■ 1 didact. Traitement médical. → **soin(s). 2** Psychothérapie.

**-thérapie** Élément, du grec *therapeia* « soin, cure » (ex. *psychothérapie*).

**thermal, ale, aux** adj. ■ 1 (source, eau) De température élevée et à propriétés thérapeutiques. 2 Où l'on utilise ces eaux. *Station, cure thermale.* ▷ n. m. **thermalisme**

**thermes** n. m. pl. ■ Établissement de bains publics de l'Antiquité.

**thermidor** n. m. ■ Onzième mois du calendrier républicain (19 juillet-18 août).

**thermie** n. f. ■ Ancienne unité de quantité de chaleur.

**thermique** ■ 1 adj. Relatif à la chaleur, à la température. → *Centrale thermique* (produisant de l'électricité). ▷ adv. **thermiquement 2** n. f. Partie de la physique qui étudie les phénomènes thermiques.

**therm(o)-** Élément, du grec *thermos* « chaud ».

**thermocautère** n. m. ■ méd. Instrument pour cautériser par la chaleur.

**thermodynamique** n. f. ■ Science (physique) des relations entre phénomènes thermiques et mécaniques. ◆ adj. *Potentiel thermodynamique.*

**thermoélectricité** n. f. ■ sc. 1 Étude des relations entre phénomènes thermiques et électriques. 2 Électricité produite par énergie thermique. ▷ adj. **thermoélectrique**

**thermogène** adj. ■ Qui produit de la chaleur. → méd. *Ouate thermogène.*

**thermomètre** n. m. ■ Instrument destiné à la mesure des températures. → spécialt *Thermomètre médical,* mesurant la température interne du corps.

**thermonucléaire** adj. ■ phys. Relatif à la fusion de noyaux d'atomes légers à très haute température. *Bombe thermonucléaire* (cour. : *bombe H*).

**thermos** [-ɔs] n. m. ou f. (nom déposé) ■ Récipient isolant. → appos. *Bouteille thermos.*

**thermostat** n. m. ■ Appareil qui maintient une température constante dans une enceinte.

**thésard, arde** n. ■ fam. Personne qui prépare une thèse. → **doctorant.**

**thésauriser** v. ① ■ littér. 1 v. intr. Amasser de l'argent pour le garder. → **capitaliser, économiser, épargner. 2** v. tr. Amasser (de l'argent). ▷ n. f. **thésaurisation** ▷ n. **thésauriseur, euse**

**thésaurus** ou **thesaurus** [tezɔʀys] n. m. ■ didact. Répertoire structuré de termes (mots-clés) pour le classement.

**thèse** n. f ■ 1 Proposition ou théorie qu'on tient pour vraie et qu'on défend. → *Pièce, roman à THÈSE,* qui illustre une thèse (morale ou autre). 2 Ouvrage présenté pour l'obtention du doctorat. 3 philos. Premier moment de la démarche dialectique (→ antithèse, synthèse).

**thibaude** n. f. ■ Molleton ou feutre placé entre le sol et les tapis.

**thio-** Élément, du grec *theion* « soufre ».

**thon** n. m. ■ Poisson de grande taille qui vit dans l'Atlantique et la Méditerranée.

**thonier** n. m. ■ Navire de pêche au thon.

**Thora** n. f. → Torah

**thoraco-** Élément, du grec *thôrax* « thorax ».

**thorax** [-aks] n. m. ■ 1 chez l'être humain Cavité limitée par le diaphragme, les côtes et le sternum. 2 vertébrés Partie antérieure du tronc. 3 Partie du corps de l'insecte portant les organes locomoteurs. ▷ **thoracique** adj. *Cage thoracique.*

**thorium** [-jɔm] n. m. ■ chim. Élément (symb. Th), métal gris à isotope radioactif.

**thriller** [sʀilœʀ] n. m. ■ anglic. Récit, film (policier, fantastique) provoquant des sensations fortes.

**thrombose** n. f. ■ Formation d'un caillot dans un vaisseau sanguin ou dans le cœur.

**thune** n. f. ■ argot Argent. – var. TUNE.

**thuriféraire** n. m. ■ 1 relig. Porteur d'encensoir. 2 fig., littér. Flatteur.

**thurne** n. f. → turne

**thuya** [tyja] n. m. ■ Grand conifère proche du cyprès.

**thym** n. m. ■ Plante aromatique des garrigues.

**thymus** [timys] n. m. ■ Glande située à la partie inférieure du cou. → *Thymus de veau.* → ris de veau.

**thyroïde** adj. et n. f. ■ Se dit de la glande endocrine située à la partie antérieure et inférieure du cou. ▷ adj. **thyroïdien, ienne**

**thyrse** n. m. ■ 1 mythol. Bâton entouré de feuilles, attribut de Bacchus. 2 bot. Inflorescence en grappe fusiforme.

**tiare** [tjaʀ] n. f. ■ anciennt Coiffure papale à trois couronnes. → fig. Dignité papale.

**tiaré** n. m. ■ Plante de la Polynésie dont les fleurs servent à la préparation du monoï.

**tibétain, aine** adj. et n. ■ Du Tibet.

**tibia** n. m. ■ 1 Os du devant de la jambe, en forme de prisme triangulaire. ▷ adj. **tibial, ale, aux 2** Le devant de la jambe.

**tic** n. m. ■ 1 Mouvement convulsif, geste bref automatique. 2 Geste, attitude répétitive. → **manie.**

**ticket** n. m. ■ 1 Rectangle de carton, de papier, donnant droit à un service. → **billet.** → *Ticket modérateur\*.* 2 fam. *Avoir un ticket avec qqn,* lui plaire manifestement.

**tic-tac** ou **tic tac** interj. et n. m. invar. ■ Bruit sec et uniforme (d'horlogerie, etc.).

**tie-break** [tajbʀɛk] n. m. ■ anglic. (au tennis) Jeu décisif (pour départager).

**tiède** adj. ■ 1 Légèrement chaud, ni chaud ni froid. → adv. *Boire tiède.* ▷ **tiédasse** adj. (péj.) 2 fig. Qui a peu d'ardeur, peu d'enthousiasme. 3 littér. Doux et agréable.

**tiédeur** n. f. ■ Caractère tiède.

**tiédir** v. ⟨2⟩ ■ I v. intr. Devenir tiède (1 et 2). II v. tr. Rendre tiède (1). ▷ ⟶ n. m. **tiédissement**

**tien, tienne** [tjɛ̃, tjɛn] adj. et pron. poss. de la 2ᵉ pers. du sing. ■ I adj. littér. De toi. ⟶ **ton**. *Un tien parent.* II pron. poss. *Le tien, la tienne, les tiens, les tiennes,* l'objet ou l'être lié à la personne à qui l'on s'adresse par *tu.* III n. 1 *DU TIEN* (partitif). *Il faut y mettre du tien* (⟶ sien (III, 1)). 2 *LES TIENS,* ta famille, tes amis, etc.

**tiens** [tjɛ̃] ■ Forme du verbe *tenir.*

**tierce** n. f. ■ 1 Intervalle musical de trois degrés (ex. do-mi). 2 Trois cartes de même couleur qui se suivent.

**tiercé** adj. m. et n. m. ■ *(Pari) tiercé,* pari mutuel où l'on parie sur trois chevaux, en précisant l'ordre d'arrivée. ⟶ **P. M. U.**

**tiers, tierce** [tjɛʀ, tjɛʀs] ■ I adj. 1 vx Troisième. *Le "Tiers Livre", de Rabelais.* ← *Le tiers état*. 2 loc. *Une tierce personne :* une personne extérieure. ◆ ⟶ **tiers-monde**. II n. 1 *Un tiers :* une personne étrangère (à une affaire, un groupe...). 2 Fraction d'un tout divisé en trois parties égales. ◆ *Tiers provisionnel*.

**tiers-monde** n. m. ■ Ensemble des pays pauvres dits en voie de développement.

**tiers-mondisme** n. m. ■ Solidarité avec le tiers-monde. ▷ adj. et n. **tiers-mondiste**

**tif** n. m. ■ fam. (surtout au plur.) Cheveu.

**tifosi** n. m. pl. ■ Supporters italiens.

**tige** n. f. ■ I Partie allongée (d'une plante), qui porte les feuilles. II fig. 1 Partie (d'une chaussure, d'une botte) qui couvre le dessus du pied. 2 Pièce mince et allongée.

**tignasse** n. f. ■ Chevelure touffue, rebelle.

**tigre, tigresse** n. ■ Le plus grand des félins, carnassier, au pelage jaune roux rayé de bandes noires transversales. ◆ loc. *Jaloux comme un tigre, une tigresse.*

**tigré, ée** adj. ■ Marqué de taches ou de bandes foncées. *Chat tigré.*

**tilbury** n. m. ■ anciennt Voiture à cheval, cabriolet léger à deux places.

**tilde** [tild(e)] n. m. ■ Signe en forme de S couché (˜) qui se met au-dessus du *n,* en espagnol, lorsqu'il se prononce [ɲ].

**tillac** n. m. ■ Pont supérieur (d'un navire).

**tilleul** n. m. ■ 1 Grand arbre à fleurs blanches ou jaunâtres odorantes. ◆ Son bois. 2 Infusion de fleurs de tilleul.

**tilt** [tilt] n. m. ■ anglic. Signal qui interrompt la partie, au billard électrique. ← loc. *FAIRE TILT* (fig. attirer soudain l'attention). *Ça a fait tilt :* j'ai soudain compris. ▷ **tilter** v. intr. ⟨1⟩

**timbale** n. f. ■ I Grand tambour hémisphérique (instrument du *timbalier* n. m.). II 1 Gobelet cylindrique de métal. ← *Décrocher la timbale :* obtenir une chose disputée. 2 Moule de cuisine circulaire. ◆ Préparation cuite dans ce moule.

**timbrage** n. m. ■ Opération qui consiste à timbrer (spécialt, une lettre).

**timbre** n. m. ■ I 1 Calotte de métal, qui, frappée, émet une sonnerie. *Timbre de bicyclette.* ⟶ **sonnette**. 2 mus. Qualité spécifique des sons. ⟶ **sonorité**. *Le timbre du hautbois.* II 1 Marque, cachet que doivent porter certains documents officiels ; droit perçu sur ce timbre. *Timbre fiscal.* 2 Marque sur un document, garantie d'origine. ◆ Instrument pour imprimer cette marque. ⟶ **cachet, tampon**. 3 *TIMBRE* ou *TIMBRE-POSTE :* vignette qui, collée sur un objet confié à la poste, a une valeur d'affranchissement. *Des timbres-poste.* 4 méd. Pastille adhésive imprégnée d'un médicament, d'une substance. ⟶ **patch**.

**timbré, ée** adj. ■ I mus. Qui a du timbre (I, 2). II 1 Marqué d'un timbre (II, 1). *Papier timbré.* 2 Qui porte un timbre-poste. *Enveloppe timbrée.* III (personnes) fam. Un peu fou.

**timbrer** v. tr. ⟨1⟩ ■ Marquer d'un timbre (II).

**timide** adj. ■ 1 Qui manque d'audace. ⟶ **timoré**. 2 Qui manque d'assurance. ← n. *Un, une timide.* ▷ adv. **timidement**

**timidité** n. f. ■ 1 Manque d'audace, de vigueur dans l'action ou la pensée. 2 Manque d'aisance et d'assurance en société. ⟶ **gaucherie, modestie**.

**timon** n. m. ■ Pièce de bois de chaque côté de laquelle on attelle une bête de trait.

**timonerie** n. f. ■ mar. 1 Service de timonier. 2 Partie du navire qui abrite les appareils de navigation.

**timonier** n. m. ■ Personne chargée de la direction du navire (⟶ **barre**). ← loc. fig. *Le Grand Timonier :* Mao Zedong.

**timoré, ée** adj. ■ Qui craint le risque, les responsabilités. ⟶ **craintif, pusillanime**.

**tinctorial, ale, aux** adj. ■ didact. 1 Qui sert à teindre. 2 Relatif à la teinture.

**tinette** n. f. ■ Lieux d'aisances rudimentaires.

**tintamarre** n. m. ■ Grand bruit discordant.

**tintement** n. m. ■ Bruit de ce qui tinte. ◆ *Tintement d'oreilles* (bourdonnement).

**tinter** v. intr. ⟨1⟩ ■ 1 Produire des sons aigus qui se succèdent lentement. 2 Produire des sons clairs et aigus.

**tintin** n. m. ■ loc. fam. *Faire tintin :* se priver.

**tintinnabuler** v. intr. ⟨1⟩ ■ littér. Sonner (clochette, grelot) ; tinter de manière irrégulière.

**tintouin** n. m. ■ fam. 1 Bruit fatigant. 2 Souci, tracas. *Se donner du tintouin.*

**T.I.P.** ou **TIP** n. m. (sigle) ■ « Titre interbancaire de paiement », document imprimé permettant un paiement par prélèvement bancaire (s'il est signé).

**tique** n. f. ■ Acarien parasite des animaux, se nourrissant de sang, transmetteur de maladies contagieuses.

**tiquer** v. intr. ⟨1⟩ ■ Manifester par la physionomie, ou par un tic, son mécontentement. *Il a tiqué sur le prix.*

**tir** n. m. ■ **I 1** Fait de tirer (IV), de lancer un projectile (à l'aide d'une arme). ◆ Lancement (d'un engin). **2** Direction selon laquelle une arme à feu lance ses projectiles ; leur trajectoire. *Ajuster, régler le tir* (aussi fig.). → **viser**. **II** Emplacement aménagé pour tirer à la cible. → **stand.** *Tir forain.* ◆ TIR AU PIGEON : dispositif permettant de s'exercer au tir des oiseaux au vol (→ aussi **ball-trap**).

**tirade** n. f. ■ **1** Développement récité sans interruption par un personnage de théâtre. **2** Longue phrase emphatique.

**tirage** n. m. ■ **I** (→ tirer, I) **1** techn. Allongement, étirage. **2** loc. fam. *Il y a du tirage*, des difficultés, des frictions. **3** Circulation de l'air facilitant la combustion. *Régler le tirage d'un poêle.* **II** (→ tirer, III, 3 et 4) **1** Fait d'imprimer, de reproduire par impression. **2** Ce qui est imprimé. ◆ Ensemble des exemplaires tirés en une fois. *Journal à gros tirage.* **3** Impression définitive (d'une gravure). **4** Opération par laquelle on obtient une image positive (épreuve) d'un cliché photographique. **III** (→ tirer, VI) **1** Fait de tirer le vin. → **soutirage.** **2** TIRAGE AU SORT : désignation par le sort. ◆ *Tirage au hasard des numéros. Le tirage d'une loterie.*

**tiraillement** n. m. ■ **1** Fait de tirailler (I, 1). **2** fig. Fait d'être tiraillé entre des sentiments, des désirs. **3** Sensation douloureuse, crampe.

**tirailler** v. ⏹ ■ **I** v. tr. **1** Tirer (I) à plusieurs reprises, en diverses directions. **2** fig. Solliciter de façon contradictoire et importune (surtout passif et p. p.). *Être tiraillé entre des sentiments contraires.* **II** v. intr. Tirer (IV) souvent, à volonté (→ **tirailleur**).

**tirailleur** n. m. ■ **1** Soldat détaché pour tirer à volonté sur l'ennemi. ◆ *En tirailleurs*, en lignes espacées. **2** ancient (France) Soldat de troupes d'infanterie coloniale.

**tiramisu** [tiʁamisu] n. m. ■ Entremets d'origine italienne à base de mascarpone et de biscuit, parfumé au café et saupoudré de cacao.

**tirant** n. m. ■ **1** Ce qui sert à tirer (I). **2** TIRANT (D'EAU) : masse d'eau que déplace un navire ; distance verticale entre la ligne de flottaison et la quille.

① **tire** n. f. ■ loc. *VOL À LA TIRE*, en tirant de la poche, du sac (→ **pickpocket**).

② **tire** n. f. ■ argot Voiture.

**tiré, ée** adj. ■ **I** Qui a été tiré, tendu. ◆ Amaigri par la fatigue. *Traits tirés.* **II** Qui a été tiré, imprimé. ◆ n. m. *TIRÉ À PART* : extrait.

**tire-au-flanc** [-flɑ̃] n. invar. ■ n. m. Soldat qui cherche à échapper aux corvées. ◆ n. Paresseux. – syn. vulg. TIRE-AU-CUL.

**tire-bouchon** n. m. ■ **1** Hélice de métal qu'on enfonce dans le bouchon d'une bouteille pour le retirer. *Des tire-bouchons.* **2** loc. *En tire-bouchon* : en hélice (▷ **tire(-)bouchonner** v. ⏹).

**à tire-d'aile** loc. adv. ■ **1** Avec des coups d'ailes rapides. **2** fig. Très vite.

**tirée** n. f. ■ fam. Longue distance pénible à parcourir. → **trotte.**

**tire-fesses** n. m. invar. ■ fam. Téléski.

**tire-fond** n. m. ■ Longue vis à tête carrée ou ronde. *Des tire-fond(s).*

**tire-jus** n. m. invar. ■ fam. Mouchoir.

**tire-laine** n. m. ■ vx Voleur.

**tire-lait** n. m. ■ Petit appareil permettant d'aspirer le lait du sein. *Des tire-lait(s).*

**à tire-larigot** loc. adv. ■ En quantité.

**tire-ligne** n. m. ■ Instrument de métal servant à tracer des lignes égales.

**tirelire** n. f. ■ **1** Récipient percé d'une fente par où on introduit les pièces de monnaie pour les conserver. **2** fam. Tête.

**tirer** v. ⏹ ■ **I** v. tr. **1** Amener vers soi une extrémité, ou éloigner les extrémités de (qqch.). → **allonger, étirer, tendre.** *Tirer une corde.* ◆ loc. fig. *Tirer les ficelles\*.* **2** Faire aller vers soi. *Tirer et pousser un tiroir.* ◆ Faire mouvoir latéralement (→ **tirette**). *Tirer un verrou.* **3** Faire avancer en déplaçant. *Tirer une charrette.* **4** v. tr. ind. TIRER SUR : faire effort sur, pour tendre, amener vers soi. *Tirer sur une corde.* ◆ Exercer une forte aspiration sur. *Tirer sur sa pipe.* ◆ *Poêle qui tire bien* (→ **tirage** (I, 3)). **5** v. intr. Subir une tension. → *La peau lui tire.* **II** (idée d'« aller ») **1** v. intr. TIRER À SA FIN : approcher de son terme. → **toucher. 2** TIRER SUR : se rapprocher de, évoquer. *Un bleu tirant sur le vert.* **3** v. tr. fam. Passer péniblement (une durée). *Plus qu'une heure à tirer !* **III** v. tr. **1** Allonger sur le papier (une figure). → **tracer. 2** loc. *Se faire TIRER LE PORTRAIT*, portraiturer. **3** Imprimer (→ **tirage**). ◆ trans. ind. *Ce journal tire à trente mille (exemplaires).* ◆ loc. *BON À TIRER* : mention portée sur les épreuves corrigées, bonnes pour l'impression. **4** photogr. Obtenir (l'image positive). **IV** v. tr. **1** Envoyer au loin (un projectile) au moyen d'une arme. → **tir.** ◆ *Tirer sur qqn*, le viser. ◆ intrans. TIRER À, avec (une arme). *Tirer à l'arc.* **2** Faire partir (une arme lourde). *Tirer le canon.* **3** Chercher à atteindre (qqn, un animal) par un tir. **4** intrans. Lancer sa boule sans la faire rouler. *Je tire ou je pointe ?* **5** très fam. *Tirer son coup* : avoir un rapport sexuel (homme). **V** v. tr. (Faire sortir) **1** Faire sortir (une chose) d'un contenant. → **retirer, sortir.** *Tirer un mouchoir de son sac.* → *Tirer qqn du lit.* **2** Choisir parmi d'autres. *Tirer qqch. au sort.* → TIRER LES CARTES (→ **cartomancie**). **3** (*Tirer qqn de...*) Faire cesser d'être retenu dans un lieu, une situation. → **délivrer, sortir.** *Tirer un blessé des décombres.* → loc. TIRER qqn D'AFFAIRE, le sauver. **VI** v. tr. **1** Obtenir (un produit) en utilisant une matière première, une origine. → **extraire.** *Tirer le vin.* → **soutirer.** → passif *L'opium est tiré d'un pavot.* **2** dans des loc. (*tirer + nom + de*) Obtenir (qqch.) de qqn, qqch. *Tirer vanité de* : s'enorgueillir de. *Tirer parti\* de.* ◆ Obtenir (des paroles, une action) de qqn. *On ne peut rien en tirer*, il reste muet ou inactif. **3** Obtenir (de l'argent, un avantage matériel). → **retirer.** ◆ fam. Voler. *Se faire tirer (son sac)* (→ ① **tire**). **4** loc. TIRER AU

*SORT* : obtenir par le hasard. **5** Déduire. *Tirer des conclusions hâtives.* **6** Emprunter (son origine, sa raison d'être) de qqch. *Tirer sa force, son pouvoir de...* ► **se tirer** v. pron. **1** fam. Partir, s'en aller ; s'enfuir. **2** fam. S'écouler lentement (durée) ; se terminer (tâche fastidieuse). **3** *SE TIRER DE* : échapper de ; venir à bout de. ♦ *S'EN TIRER* : en réchapper, en sortir indemne. ► Réussir une chose difficile. *Il s'en est bien tiré.* ► En être quitte pour. *Il s'en tire avec un mois de prison.*

**tiret** n. m. ▪ **1** Petit trait horizontal après un mot interrompu en fin de ligne. **2** Trait un peu plus long (pour ponctuer...). → **division**. **3** Trait d'union (dans un mot).

**tiretaine** n. f. ▪ ancienn Grosse étoffe (de laine, coton).

**tirette** n. f. ▪ **1** Tige ou pièce métallique qui se tire. **2** Planchette mobile.

**tireur, euse** n. ▪ **1** Personne qui se sert d'une arme à feu. *Tireur d'élite.* **2** n. m. Personne qui tire un chèque. → **émetteur.** ♦ n. f. *TIREUSE DE CARTES* : cartomancienne.

**tiroir** n. m. ▪ **1** Compartiment coulissant emboîté (d'un meuble, etc.). ♦ *FOND DE TIROIR* (fig. chose vieille, sans valeur). ► loc. *Les fonds de tiroir* : tout l'argent disponible. **2** (au théâtre...) *À TIROIRS* : avec des scènes emboîtées dans l'action principale. ► fam. *Nom à tiroirs.* → à **rallonge**.

**tiroir-caisse** n. m. ▪ Caisse enregistreuse à tiroir automatique.

**tisane** n. f. ▪ Boisson contenant une substance végétale médicale ou hygiénique.

**tisanière** n. f. ▪ Tasse à tisane.

**tison** n. m. ▪ Reste d'un morceau de bois, d'une bûche dont une partie a brûlé.

**tisonner** v. tr. 1 ▪ Remuer la braise de (un foyer, un feu). → **attiser**.

**tisonnier** n. m. ▪ Longue barre de fer pour attiser le feu.

**tissage** n. m. ▪ **1** Opérations par lesquelles on entrelace des fils textiles pour produire des étoffes ou tissus. **2** Établissement, ateliers où s'exécutent ces opérations.

**tisser** v. tr. 1 ▪ **1** Fabriquer (un tissu) par tissage. ♦ Transformer (un textile) en tissu. *Tisser de la laine.* → *Métier à tisser.* ♦ *L'araignée tisse sa toile.* **2** fig., littér. Former, élaborer comme par tissage. ► au p. p. *TISSÉ, ÉE* ou littér. *TISSU, UE. Un livre tissu* (ou tissé) *d'aventures compliquées.*

**tisserand, ande** n. ▪ Ouvrier(ère) qui fabrique des tissus sur métier à bras.

**tisseur, euse** n. ▪ Ouvrier(ère) qui fait du tissage.

**tissu** n. m. ▪ **I 1** Surface souple constituée par un assemblage régulier de fils tissés ou à mailles. → **étoffe.** fig. Suite ininterrompue (de choses regrettables). *Un tissu de mensonges.* **II 1** biol. Ensemble de cellules de l'organisme analogues, assurant la même fonction (→ **histologie**). *Le tissu osseux.* **2** fig. *Le tissu urbain.*

**tissulaire** adj. ▪ biol. Relatif aux tissus (II).

**titan** n. m. (nom mythol.) ▪ littér. Géant. ► loc. *Un travail de titan.*

**titane** n. m. ▪ Élément (symb. Ti), métal blanc brillant.

**titanesque** adj. ▪ littér. **1** Gigantesque. **2** Grandiose et difficile.

**titi** n. m. ▪ Gamin déluré et malicieux.

**titiller** v. tr. 1 ▪ **1** Chatouiller agréablement. **2** fig. Exciter. ► n. f. **titillation**

**titrage** n. m. ▪ Action de titrer (① et ②).

① **titre** n. m. ▪ **I 1** Désignation honorifique de dignité. *Titres de noblesse.* **2** Nom de charge, de fonction, de grade. ♦ *EN TITRE* : qui a effectivement le titre d'une fonction (opposé à *auxiliaire, suppléant*). → **titulaire.** ► *Fournisseur en titre.* → **attitré. 3** Qualité de gagnant, de champion. **4** *À TITRE ; À TITRE DE* loc. prép., en tant que, comme. ► *À CE TITRE* : pour cette raison. ► *AU MÊME TITRE (que)*, de la même manière (que). → *À TITRE* (+ adj.) *À titre amical*, amicalement. **II 1** Document qui constate et prouve un droit. → **certificat.** ► *Titre de transport*, billet, carte, ticket. ♦ Certificat représentatif d'une valeur de Bourse. **2** loc. *À JUSTE TITRE* : à bon droit. **III 1** Proportion d'or, d'argent dans un alliage. **2** chim. Rapport de la masse ou du volume d'une substance dissoute à la masse ou au volume de solution. → **degré.**

② **titre** n. m. ▪ **1** Nom donné (à une œuvre, un livre). *FAUX TITRE* : titre simple sur la page précédant la page de titre. ♦ *Le titre d'une chanson, d'un film, d'un tableau.* **2** Expression, phrase qui présente un article de journal. *Gros titres.* **3** dr. Subdivision du livre (d'un recueil juridique).

① **titrer** v. tr. 1 ▪ **I** Donner un titre de noblesse à (qqn). → au p. p. *Être titré.* **II** Déterminer le titre (III) de. ♦ Avoir (tant de degrés) pour titre.

② **titrer** v. tr. 1 ▪ Intituler (→ ② titre).

**tituber** v. intr. 1 ▪ Vaciller, aller de droite et de gauche, en marchant. → **chanceler.** ► adj. **titubant, ante**

**titulaire** adj. et n. ▪ **1** Qui a une fonction pour laquelle il a été nommé personnellement (→ ① **titre**). ► n. *Le, la titulaire d'un poste.* **2** Qui possède (un droit, un diplôme...). ► **titulariser** v. tr. 1 ► n. f. **titularisation**

① **T. N. T.** [teɛnte] n. m. ▪ Trinitrotoluène (explosif).

② **T. N. T.** n. f. (sigle) ▪ « Télévision numérique terrestre », diffusée par voie hertzienne.

**toast** [tost] n. m. ▪ **I** Discours par quoi l'on propose de boire en l'honneur de qqn ou de qqch. **II** Tranche de pain de mie grillée.

**toboggan** n. m. ▪ **1** Traîneau à longs patins métalliques. **2** Longue rampe inclinée sur laquelle on peut glisser. **3** Glissière de manutention ; de circulation automobile.

① **toc** interj. ▪ Bruit sec, heurt.

② **toc** n. m. ▪ **1** Imitation sans valeur. **2** adj. invar. fam. Faux et prétentieux.

③ **TOC** n. m. (sigle) ▪ Trouble obsessionnel compulsif (→ **obsession**, 2). – var. T. O. C., TOC.

**tocante** ou **toquante** n. f. ▪ fam. Montre.

**tocard, arde** ou **toquard, arde** ▪ **1** adj. fam. Ridicule, laid. **2** n. fam. Personne incapable. ♦ n. m. Mauvais cheval.

**toccata** n. f. ▪ Pièce de musique pour clavier, à rythme régulier et marqué.

**tocsin** n. m. ▪ Sonnerie de cloche répétée et prolongée, pour donner l'alarme.

**tofu** [tɔfu] n. m. ▪ Pâté de soja (japonais).

**toge** n. f. ▪ **1** Ample pièce d'étoffe sans coutures dans laquelle les Romains se drapaient. **2** Robe de cérémonie (avocats...).

**tohu-bohu** [tɔybɔy] n. m. invar. ▪ **1** vieilli Confusion. **2** Bruit confus.

**toi** pron. pers. ▪ Pronom personnel (forme tonique) de la 2ᵉ personne, qui représente la personne à qui l'on s'adresse. → **tu. 1** avec un impératif (sauf devant *en* et *y* → **te**) *Toi, viens ici !* → (verbes pronominaux) *Mets-toi là.* **2** avec un infinitif *Toi, nous quitter ?* → sujet d'un participe *Toi parti...* **3** (coordonné) *Paul et toi (vous) partirez devant.* → *Il invitera tes parents et toi.* ♦ (comparaison) *Il est plus gentil que toi.* **4** (renforçant *tu*) *Toi, tu vas aller te coucher.* **5** (attribut) *Si j'étais toi,* à ta place. **6** (précédé d'une préposition) *Chez toi. Je suis fier de toi.* **7** (renforcé) TOI-MÊME.

**toile** n. f. ▪ **1** Tissu d'armure (II) unie, de lin, coton, chanvre. **2** Pièce de toile. ♦ loc. fam. (Écran) *Se faire une toile,* aller au cinéma. **II 1** Pièce de toile sur châssis, servant de support pour une peinture. ♦ Tableau. ♦ loc. *TOILE DE FOND,* ce qui sert d'arrière-plan. **III 1** Réseau de fils (d'araignée). **2** *La Toile :* partie d'Internet regroupant les sites du réseau mondial. → **web.**

**toilette** n. f. ▪ **I 1** Fait de se préparer pour paraître en public ; spécialt, de s'habiller, de se parer. **2** Manière dont une femme est vêtue. → *UNE TOILETTE :* les vêtements (d'une femme). **3** Soins de propreté du corps. *Faire sa toilette.* **II** au plur. Lieu, pièce aménagé(e) pour y satisfaire les besoins naturels. *Aller aux toilettes.*

**toiletter** v. tr. 1 ▪ **1** Faire la toilette (d'un animal de compagnie). **2** fig. Retoucher légèrement. ▷ n. m. **toilettage**

**toise** n. f. ▪ **1** ancient Mesure de longueur de 6 pieds. **2** Tige verticale graduée pour mesurer la taille humaine.

**toiser** v. tr. 1 ▪ Regarder avec mépris.

**toison** n. f. ▪ **1** Pelage laineux des ovidés. **2** Chevelure ou poils humains très fournis. → *Poils abondants* (animaux).

**toit** n. m. ▪ **1** Surface supérieure (d'un édifice) ; matériaux recouvrant une construction. → **couverture, toiture.** ♦ loc. *Crier qqch. sur les toits,* divulguer. → *Le toit du monde :* le Tibet. **2** Maison, abri. *Être sans toit.* **3** Paroi supérieure (d'un véhicule). *Voiture à toit ouvrant.*

**toiture** n. f. ▪ Couverture d'un édifice avec son armature.

**tokay** n. m. ▪ **1** [tɔkaj] Vin de liqueur de Hongrie. **2** [tɔkɛ] Pinot gris d'Alsace.

**tôle** n. f. ▪ Feuille de fer ou d'acier obtenue par laminage. ♦ *Tôle ondulée.*

**tolérable** adj. ▪ **1** Qu'on peut tolérer, excuser. → **admissible. 2** Supportable.

**tolérance** n. f. ▪ **I 1** Fait de respecter les attitudes différentes des siennes, la liberté d'autrui en matière d'opinions. **2** Ce qui est toléré. **3** ancient *Maison de tolérance,* de prostitution. **II 1** Aptitude de l'organisme à supporter (un médicament...). **2** techn. Limite de l'écart admis entre les prévisions et les caractéristiques réelles.

**tolérant, ante** adj. ▪ Qui manifeste de la tolérance (I, 1).

**tolérer** v. tr. 6 ▪ **I 1** Laisser se produire ou subsister (une chose qu'on aurait le droit ou la possibilité d'empêcher). → **permettre.** → au p. p. *Stationnement toléré.* ♦ Admettre avec indulgence (qqch. qu'on n'approuve pas). **2** Supporter avec patience. → **endurer.** ♦ *Tolérer qqn* (malgré ses défauts). **II** (organisme vivant) Supporter sans réaction fâcheuse (→ **tolérance** (II)).

**tôlerie** n. f. ▪ **1** Fabrication, commerce de la tôle. **2** Atelier où l'on travaille la tôle. **3** (collectif) Ensemble des tôles (d'un objet).

**tôlier** n. m. ▪ Celui qui fabrique, travaille ou vend la tôle.

**tollé** n. m. ▪ Clameur collective de protestation indignée. → **huée.**

**toluène** n. m. ▪ Hydrocarbure benzénique.

**T. O. M.** → **D. O. M.**

**tomahawk** [tɔmaok] n. m. ▪ Hache de guerre des Indiens d'Amérique du Nord.

**tomaison** n. f. ▪ Indication du numéro du tome (d'un ouvrage).

**tomate** n. f. ▪ **1** Plante potagère annuelle. **2** Fruit sphérique rouge de cette plante.

**tombal, ale, aux** adj. ▪ **1** Qui appartient à une tombe. *Pierre tombale :* dalle. **2** littér. Qui évoque la mort.

**tombant, ante** adj. ▪ **1** *À la nuit tombante :* au crépuscule. **2** Qui s'affaisse.

**tombe** n. f. ▪ **1** Lieu où l'on ensevelit un mort, fosse recouverte d'une dalle. → **sépulture, tombeau.** ♦ loc. *Avoir un pied dans la tombe,* être près de mourir. **2** Pierre tombale, monument funéraire.

**tombeau** n. m. ▪ **1** Sépulture à monument. → **caveau, mausolée, sépulcre, stèle. 2** fig., littér. Lieu clos, sombre, d'aspect funèbre. **3** loc. *Rouler à tombeau ouvert,* à une vitesse excessive. **4** *Le tombeau de... :* œuvre en l'honneur de (un artiste défunt).

**tombée** n. f. ▪ littér. Chute (de neige, de pluie...). ♦ loc. *La TOMBÉE DE LA NUIT, DU JOUR,* moment où la nuit tombe, crépuscule.

**tomber** v. intr. ① auxiliaire *être* (sauf V) ◾ **I 1** Être entraîné à terre en perdant son équilibre, son assise (→ **chute**). ← loc. *Tomber de fatigue, de sommeil* : être épuisé. ♦ Être tué. ♦ (Sans aller à terre). *Se laisser tomber dans un fauteuil.* ♦ (sujet chose) S'écrouler. **2** fig. Cesser de régner, être renversé. *Le gouvernement est tombé.* **3** (abstrait) Être détruit ou disparaître. *La difficulté tombe.* **4** Perdre de sa force, décliner. *Le jour, le vent tombe. Sa colère est tombée.* **II 1** Être entraîné vers le sol, le bas. *Tomber dans le vide.* ← *La pluie tombe.* ♦ loc. *LAISSER TOMBER* : ne plus s'occuper de (qqch.), ne plus s'intéresser à (qqn). **2** (lumière, son, paroles, etc.) Arriver, parvenir du haut. *La nuit tombe.* **3** fig. (personnes) Être en décadence. *Il est tombé bien bas.* **4** (sujet chose) S'abaisser en étant suspendu ou retombant. *Ses cheveux tombaient en boucles.* ♦ S'affaisser. *Des épaules qui tombent.* → **tombant**. **III 1** *TOMBER SUR* : s'élancer de toute sa force et par surprise sur. *Tomber sur qqn, lui tomber dessus* fig. (l'accabler). **2** *TOMBER DANS, EN*, se trouver entraîné dans (un état critique, une situation fâcheuse). *Tomber dans le désespoir.* ← *Tomber en panne.* **3** suivi d'un attribut Être, devenir (après une évolution rapide). *Tomber malade* ; *amoureux.* ← *Tomber d'accord*, s'accorder. **IV 1** Arriver ou se présenter inopinément. → **survenir**. ← *TOMBER SUR* (qqn, qqch.) : rencontrer par hasard. ← *TOMBER SOUS LA MAIN*, à portée de. ← *TOMBER SOUS LE SENS* : être évident. ♦ *TOMBER BIEN, MAL* : arriver à propos ou non. **2** Arriver, par une coïncidence. *Noël tombe un dimanche.* **V** v. tr. (auxiliaire *avoir*) **1** Plaquer (qqn) au sol. **2** fam. Séduire (→ **tombeur**). **3** loc. *Tomber la veste*, l'enlever.

**tombereau** n. m. ◾ Grosse voiture ou engin muni d'une benne. ♦ Son contenu.

**tombeur** n. m. ◾ fam. Homme qui séduit les femmes. → **séducteur**.

**tombola** n. f. ◾ Loterie où chaque gagnant reçoit un lot en nature.

**tome** n. m. ◾ **1** Division principale (d'un ouvrage). **2** Volume d'un ouvrage en plusieurs volumes.

**-tome, -tomie, tomo-** Éléments, du grec *temnein* « couper ». → **-ectomie**.

**tomette** n. f. ◾ Petite brique de carrelage, de forme hexagonale, de couleur rouge.

**tomme** n. f. ◾ **1** Fromage fermenté, à pâte pressée (chèvre, brebis ou vache). ← spécialt *Tomme de Savoie.* **2** régional Fromage frais de lait de vache ou de chèvre.

**tomographie** n. f. ◾ méd. Image radiographique en coupe (→ **scanographie** ; **stratigraphie**).

**tom-pouce** [tɔm-] n. m. invar. ◾ **1** fam. Homme très petit. **2** Dictionnaire minuscule.

① **ton, ta, tes** adj. poss. ◾ **1** (sens subjectif) **1** Qui est à toi, t'appartient. **2** (devant un n. de personne) En rapport (avec la personne à qui on dit *tu*). *Ton père, ta mère, tes amis.* **II** (sens objectif) *Ton juge*, celui qui te juge. *À ta vue*, en te voyant.

② **ton** n. m. ◾ **1** Hauteur de la voix. *Changement de ton.* **2** Qualité de la voix humaine, en hauteur, par ext., en timbre et en intensité, pour exprimer. → **accent, intonation**. ← loc. *SUR* (tel) *TON*. *Dire, répéter qqch. SUR TOUS LES TONS*, de toutes les manières. ♦ *Le ton amical d'une lettre.* **3** loc. *DE BON TON* : de bon goût. **II 1** ling. Accent de hauteur. ♦ Hauteur d'un son propre au système phonologique (dans les *langues à tons* : chinois, langues africaines, suédois...). **2** mus. Intervalle qui sépare deux notes consécutives de la gamme (dans une tonalité*). *Ton majeur. Demi-ton.* **3** mus. Hauteur absolue d'une échelle de sons musicaux (réglée par le diapason) ; échelle musicale d'une hauteur déterminée (désignée par la tonique). *Le ton de si bémol majeur, mineur.* **4** Hauteur des sons émis par la voix ou par un instrument. ← loc. *Se mettre DANS LE TON* : s'accorder. **III** Teinte, nuance. ← *TON SUR TON* : dans une même couleur nuancée.

**tonal, ale, als** adj. ◾ mus. **1** Qui concerne ou définit un ton (II). **2** De la tonalité (I). *Musique tonale et musique modale.*

**tonalité** n. f. ◾ **I 1** Système musical fondé sur la disposition des tons et demi-tons dans la gamme. **2** emploi critiqué Ton (II, 3). **3** Hauteur, timbre (de sons, d'une voix). **4** Son que l'on entend au téléphone quand on décroche le combiné. **II** Ton (III) dominant.

**tondeuse** n. f. ◾ **1** Instrument destiné à tondre le poil, les cheveux. **2** Petite faucheuse rotative. *Tondeuse à gazon.*

**tondre** v. tr. ④ ◾ **1** Couper à ras (les poils, la laine). **2** Dépouiller (un animal) de ses poils, (une personne) de ses cheveux en les coupant ras. ← fam. *Tondre* (qqn). **3** Couper à ras. *Tondre le gazon.* ► **tondu, ue** adj.

**toner** [tɔnɛʀ] n. m. ◾ anglic., techn. Poudre pigmentée apte à se déposer sur le papier (copieurs, imprimantes).

**tong** n. f. ◾ Sandale légère formée d'une semelle et d'une bride en V passée entre les deux premiers orteils.

**tonicité** n. f. ◾ didact. Caractère de ce qui est tonique (①).

**tonifier** v. tr. ⑦ ◾ Avoir un effet tonique sur. → **vivifier**. ▷ adj. **tonifiant, ante**

① **tonique** adj. ◾ **1** Qui fortifie, reconstitue les forces. *Médicament tonique* ; n. m. *un tonique.* → **fortifiant, remontant**. **2** Qui raffermit la peau. **3** fig. Stimulant. **II 1** Qui porte le ton (II). *Voyelle, syllabe tonique.* **2** Qui marque le ton (II, 1). *Accent tonique.*

② **tonique** n. f. ◾ mus. Première note de la gamme qui désigne le ton (d'un morceau).

**tonitruant, ante** adj. ◾ fam. Qui fait un bruit de tonnerre, un bruit énorme.

**tonnage** n. m. ◾ **1** Capacité de transport d'un navire de commerce (en tonneaux). → **jauge**. **2** Capacité totale de navires marchands.

**tonnant, ante** adj. ◾ **1** didact. Qui tonne. **2** *Une voix tonnante.* → **tonitruant**.

**tonne** n. f. ■ I **1** Unité de masse, mesure valant 1000 kilogrammes (symb. t). **2** Mesure du poids (des véhicules...). **3** loc. *Des tonnes :* beaucoup. II techn. Grand tonneau.

① **tonneau** n. m. ■ I Grand récipient cylindrique en bois, renflé au milieu. → **barrique.** ◆ spécialt Tonneau de vin. II Unité internationale de volume (2,83 m³), pour la capacité des navires (→ **jauge, tonnage**).

② **tonneau** n. m. ■ Tour complet (d'un avion) autour de son axe. ◆ Tour complet (d'une voiture) sur le côté (accident).

**tonnelet** n. m. ■ Petit tonneau. → **baril.**

**tonnelier** n. m. ■ Artisan, ouvrier qui fabrique et répare les tonneaux.

**tonnelle** n. f. ■ Petit abri circulaire à sommet arrondi garni de plantes.

**tonner** v. intr. 1 ■ **1** impers. Éclater (tonnerre). **2** Faire un bruit de tonnerre. *Le canon tonne.* → **gronder. 3** Exprimer violemment sa colère. → **fulminer.**

**tonnerre** n. m. ■ **1** Bruit de la foudre, accompagnant l'éclair. *Coup de tonnerre* (fig. événement brutal et imprévu). **2** Bruit très fort. *Un tonnerre d'applaudissements.* **3** fam. DU TONNERRE, extraordinaire.

**tonsure** n. f. ■ **1** Petit cercle rasé au sommet de la tête des ecclésiastiques. ▷ **tonsurer** v. tr. 1 ◆ au p. p. *Clerc tonsuré.* **2** fam. Calvitie circulaire au sommet de la tête.

**tonte** n. f. ■ **1** Action de tondre. *La tonte des moutons.* **2** Laine de tonte.

**tontine** n. f. ■ Association de personnes qui mettent de l'argent en commun.

**tonton** n. m. ■ fam. Oncle.

**tonus** [-ys] n. m. ■ **1** Légère contraction permanente du muscle vivant. **2** Énergie, dynamisme.

① **top** [tↄp] n. m. ■ Signal sonore qu'on donne pour déterminer un instant.

② **top** [tↄp] n. m. ■ anglic. I Élément, de l'angl. *top* « sommet » signifiant « extrême, supérieur » : ex. *top niveau, top secret, top model.* II **1** adj. Supérieur, excellent. *Il est trop top !* **2** n. m. Le sommet, ce qu'il y a de mieux. *C'est le top.*

**topaze** n. f. ■ Pierre fine (silicate), pâle ou jaune, transparente.

**toper** v. intr. 1 ■ surtout à l'impér. Accepter un défi, un enjeu, en tapant dans la main.

**topinambour** n. m. ■ Tubercule comestible, utilisé pour la nourriture du bétail.

**topique** adj. ■ didact. **1** Relatif à un lieu. ◆ méd. *Médicament topique,* ou n. m. *un topique,* agissant sur un point précis du corps. **2** Relatif à un lieu du discours. ◆ n. f. log. Théorie des catégories générales.

**topo** n. m. ■ fam. Discours, exposé. → **laïus.**

**topo-** Élément, du grec *topos* « lieu ».

**topographie** n. f. ■ **1** Technique du levé des cartes et des plans de terrains. → **cartographie. 2** Configuration, relief (d'un lieu...). ▷ n. **topographe** ▷ adj. **topographique**

**topologie** n. f. ■ sc. Géométrie de situation, qui étudie les positions indépendamment des formes et des grandeurs. ▷ adj. **topologique**

**toponymie** n. f. ■ ling. Étude des noms de lieux (les *toponymes* [n. m.]), de leur étymologie. ▷ adj. **toponymique**

**toquade** n. f. ■ fam. Goût très vif, passager, souvent bizarre, pour qqch. ou qqn. → **caprice, lubie.**

**toque** n. f. ■ Coiffure cylindrique, casquette sans bords. *Toque de jockey.*

**toqué, ée** adj. ■ fam. **1** Un peu fou, bizarre. ◆ n. *Un vieux toqué.* **2** *Toqué de :* épris de.

① **toquer** v. intr. 1 ■ fam. Frapper légèrement, discrètement sur (qqch.).

② se **toquer** v. pron. 1 ■ fam. *Se toquer de,* s'amouracher (→ **toquade**).

**Torah** ou **Thora** n. f. ■ Le Pentateuque, dans la tradition juive.

**torche** n. f. ■ **1** Flambeau grossier. **2** *Torche électrique :* lampe de poche cylindrique.

**torche-cul** [-ky] n. m. ■ fam. **1** Ce avec quoi on s'essuie après être allé à la selle. **2** Écrit, journal méprisable. → **torchon.**

**torcher** v. tr. 1 ■ fam. ou régional **1** Essuyer pour nettoyer. **2** spécialt *Torcher le derrière d'un enfant.* ◆ pronom. *Se torcher* (se moquer de). II Faire vite et mal. → **bâcler.** ▶ **torché, ée** adj.

**torchère** n. f. ■ **1** Candélabre monumental. **2** Tuyauterie élevée pour brûler les gaz excédentaires d'hydrocarbures (raffineries).

**torchis** n. m. ■ Terre argileuse malaxée avec de la paille hachée (→ **pisé**).

**torchon** n. m. ■ **1** Toile qui sert à essuyer la vaisselle, les meubles. ◆ loc. *Les torchons et les serviettes,* choses, gens de valeur faible ou importante. ◆ *Le torchon brûle,* il y a une querelle. **2** fam. Écrit sale, mal présenté.

**torchonner** v. tr. 1 ■ fam. Bâcler. → **torcher.** ▶ **torchonné, ée** adj.

**tordant, ante** adj. ■ fam. Très drôle, très amusant. → **marrant.**

**tord-boyaux** n. m. invar. ■ fam. Eau-de-vie très forte, de mauvaise qualité.

**tordre** v. tr. 41 ■ **1** Déformer par torsion, enrouler en hélice. *Tordre du linge mouillé.* **2** Soumettre (un membre, une partie du corps) à une torsion. ◆ *Tordre le cou à qqn,* l'étrangler. **3** Déformer par flexion ; plier. *Tordre une barre de fer.* **4** Plier brutalement (une articulation) ; déformer. *Se tordre le pied.* ▶ se **tordre** v. pron. **1** Se plier en deux. *Se tordre de rire* (→ **tordant**). **2** Se plier, se courber en tous sens.

**tordu, ue** adj. ■ **1** Dévié, tourné de travers ; qui n'est pas droit. **2** fig. *Avoir l'esprit tordu,* bizarre. ◆ fam. Fou.

**tore** n. m. ■ **1** Moulure en demi-cylindre. ◆ géom. Surface de révolution en anneau. **2** Anneau doué de propriétés magnétiques.

**toréador** n. m. ■ vx Torero.

**toréer** v. intr. 1 ▪ Combattre le taureau selon les règles de la tauromachie.

**torero** [tɔRERO] n. m. ▪ Homme qui combat le taureau (en corrida). → **matador.**

**torgnole** n. f. ▪ Série de coups.

**toril** [-il] n. m. ▪ Enceinte des taureaux, avant une corrida.

**tornade** n. f. ▪ Mouvement tournant de l'atmosphère (régions tropicales). → **cyclone, ouragan.**

**toron** n. m. ▪ Fils tordus ensemble.  .

**torpeur** n. f. ▪ Diminution de la sensibilité, de l'activité, sans perte de conscience.

**torpille** n. f. ▪ 1 Poisson capable de produire une décharge électrique. 2 Engin de guerre sous-marin chargé d'explosifs.

**torpiller** v. tr. 1 ▪ 1 Faire sauter à l'aide de torpilles. 2 fig. Attaquer sournoisement. *Torpiller un projet.* ▷ n. m. **torpillage**

**torpilleur** n. m. ▪ Bateau de guerre léger et rapide (→ aussi **contre-torpilleur**).

**torque** ▪ 1 n. f. Torsade. 2 n. m. archéol. Collier métallique rigide.

**torréfacteur** n. m. ▪ 1 Appareil pour torréfier. 2 Commerçant qui vend le café qu'il torréfie.

**torréfier** v. tr. 7 ▪ Brûler à feu nu, par début de calcination. *Torréfier du café.* ▷ n. f. **torréfaction**

**torrent** n. m. ▪ 1 Cours d'eau à forte pente, à débit rapide et irrégulier. 2 Écoulement rapide et brutal. ◆ loc. *Il pleut à torrents,* abondamment. 3 fig. Grande abondance (de ce qui afflue violemment). *Des torrents de larmes.* ▷ adj. **torrentiel, ielle**

**torride** adj. ▪ 1 Où la chaleur est extrême. ◆ par ext. *Une chaleur torride.* 2 fam. Très érotique.

**tors, torse** adj. ▪ *Colonne torse,* à fût contourné en spirale.

**torsade** n. f. ▪ 1 Rouleau de fils, cordons tordus ensemble (ornement). ◆ *Des torsades de cheveux.* 2 Motif ornemental en hélice. ▷ **torsader** v. tr. 1 ▪ adj. **torsadé, ée**

**torse** n. m. ▪ 1 Buste, poitrine. 2 Sculpture représentant un tronc.

**torsion** n. f. ▪ 1 Action de tordre. 2 État, position de ce qui est tordu.

**tort** n. m. ▪ **I** (sans article) **1** AVOIR TORT : ne pas avoir le droit, la raison de son côté, se tromper (opposé à *avoir raison*). ◆ *Avoir tort de* (+ inf.). ◆ DONNER TORT À : accuser, désapprouver. ◆ *Les faits vous ont donné tort.* **2** À TORT : pour de mauvaises, de fausses raisons. ◆ À TORT OU À RAISON : quelle que soit la réalité. ◆ À TORT ET À TRAVERS : sans raison ni justesse. **3** DANS SON TORT, EN TORT (relativement à la loi, à une autre personne). **II 1** Action, attitude blâmable. *Reconnaître ses torts.* **2** Action, attitude qui constitue une erreur, une faute. *Il a le tort de trop parler.* **3** Fait d'agir injustement contre qqn. → **préjudice.** ◆ *FAIRE (DU) TORT à qqn.*

**torticolis** n. m. ▪ Torsion douloureuse du cou avec inclinaison de la tête.

**tortilla** n. f. ▪ Galette de maïs, plat populaire au Mexique.

**tortillard** n. m. ▪ Train d'intérêt local dont la voie fait de nombreux détours.

**tortiller** v. 1 ▪ **I** v. tr. Tordre à plusieurs tours (une chose souple). **II** v. intr. **1** Se remuer en ondulant. *Tortiller des fesses.* **2** loc. fam. IL N'Y A PAS À TORTILLER, à hésiter. ◆ se **tortiller** v. pron. ▷ n. m. **tortillement**

**tortillon** n. m. ▪ Chose tortillée.

**tortionnaire** n. et adj. ▪ (Personne) qui fait subir des tortures. → **bourreau.**

**tortu, ue** adj. ▪ vx ou littér. Tordu.

**tortue** n. f. ▪ Reptile à quatre pattes courtes, à carapace, à tête munie d'un bec corné, à marche lente.

**tortueux, euse** adj. ▪ 1 Qui présente des courbes irrégulières. → **sinueux.** 2 fig. Hypocrite. ▷ adj. **tortueusement**

**torture** n. f. ▪ 1 Souffrances physiques infligées notamment pour faire avouer. ◆ fig. *Mettre qqn À LA TORTURE,* embarrasser, laisser dans l'incertitude. 2 Souffrance intolérable. *Les tortures de la jalousie.*

**torturer** v. tr. 1 ▪ 1 Faire subir des tortures à (qqn). *Torturer un prisonnier.* → **supplicier**; **tortionnaire.** 2 Faire beaucoup souffrir. → **martyriser.** 3 Déformer par force. ◆ au p. p. *Un visage torturé.*

**torve** adj. ▪ (regard) Oblique et menaçant.

**tory** n. m. ▪ en Angleterre Conservateur.

**tôt** adv. ▪ **1** Au bout de peu de temps, avant le moment habituel ou normal (opposé à *tard*). *Arriver tôt, plus tôt, très tôt.* ◆ loc. *Dans une heure* AU PLUS TÔT, pas avant. ◆ *Il ne viendra pas* DE SI TÔT (ou de sitôt). **2** Au commencement d'une portion de temps. *Se lever tôt,* de bonne heure. **3** loc. *Avoir tôt fait de,* vite fait.

**total, ale, aux** ▪ **1** adj. Qui affecte toutes les parties, tous les éléments. → **absolu, complet, général.** *Confiance totale.* ◆ Pris dans son entier. *La somme totale* (→ **global**). ▷ adv. **totalement 2** n. m. Quantité totale. *Faire le total* : additionner le tout. ◆ AU TOTAL (fig. tout bien considéré). → en **somme. 3** n. f. pop. Hystérectomie. ◆ fig., fam. *C'est LA TOTALE !* : c'est le comble.

**totaliser** v. tr. 1 ▪ 1 Additionner. 2 Compter au total. *L'équipe qui totalise le plus grand nombre de points.* ▷ n. f. **totalisation** ▷ adj. **totalisateur, trice**

**totalitaire** adj. ▪ 1 *Régime totalitaire* : régime à parti unique, dictatorial, n'admettant aucune opposition organisée. ▷ n. m. **totalitarisme 2** didact. Qui englobe la totalité des éléments (d'un ensemble).

**totalité** n. f. ▪ Réunion totale des parties ou éléments constitutifs (d'un tout). → **intégralité.** ◆ EN TOTALITÉ : au total, intégralement.

**totem** [tɔtɛm] n. m. ▪ Animal considéré comme l'ancêtre et le protecteur d'un clan. ➤ Sa représentation (mât sculpté). ▷ adj. **totémique** ▷ n. m. **totémisme**

**toton** n. m. ▪ littér. Petite toupie.

**touage** n. m. ▪ Remorquage (→ **touer**).

**touareg** [twarɛg] n. et adj. ▪ Nomade du Sahara. – *Touareg* est le pluriel, à l'origine. On emploie aussi au singulier TARGUI, IE.

**toubib** [tubib] n. m. ▪ fam. Médecin.

**toucan** n. m. ▪ Oiseau grimpeur au plumage éclatant, à gros bec.

① **touchant** prép. ▪ littér. Au sujet de. *Je ne sais rien touchant cette affaire.*

② **touchant, ante** adj. ▪ 1 littér. Qui fait naître de la pitié. 2 Qui émeut. → **attendrissant.**

**touche** n. f. ▪ I 1 Action, manière de poser la couleur sur la toile. ← Couleur posée d'un coup de pinceau. ◆ fig. *Mettre une touche de gaieté* (dans un décor, une toilette). 2 loc. PIERRE DE TOUCHE. → **pierre** (I, 3). 3 au rugby, au football Ligne de touche ou la touche : limite latérale du champ de jeu. ◆ loc. *Rester, être mis SUR LA TOUCHE,* hors du jeu. 4 pêche Action du poisson qui mord à l'hameçon. 5 Action, fait de toucher (escrime, billard). 6 fig., fam. *Faire une touche* : rencontrer qqn à qui l'on plaît. II Chacun des petits leviers d'un clavier que l'on frappe des doigts. *Les touches d'un piano, d'un ordinateur.* III fam. Aspect, allure d'ensemble. → **tournure.** *Il a une drôle de touche.*

**touche-à-tout** n. m. invar. ▪ 1 Personne, enfant qui touche à tout. 2 Personne qui se disperse en activités multiples.

① **toucher** v. tr. ⚀ ▪ I 1 Entrer en contact avec (qqn, qqch.) en éprouvant les sensations du toucher. ◆ (choses) Atteindre, prendre contact avec. 2 Atteindre (l'adversaire) avec contact ou par projectile. 3 (compl. n. de personne) Joindre, arriver à rencontrer (qqn), par un intermédiaire (lettre, téléphone). → **atteindre, contacter.** *Où peut-on vous toucher ?* 4 Entrer en possession de, percevoir (de l'argent, un salaire...). 5 abstrait Émouvoir, spécialt en excitant la compassion, la sympathie. → **attendrir ;** ② **touchant.** *Ses larmes m'ont touché.* II (sans mouvement) 1 Se trouver en contact avec ; être tout proche de. *Sa maison touche l'église.* 2 fig. Concerner, avoir un rapport avec. *C'est un problème qui les touche de près.* III v. tr. ind. TOUCHER À. 1 Porter la main sur, pour prendre, utiliser. *Cet enfant touche à tout* (→ **touche-à-tout**). ◆ (négatif) *Ne pas toucher à* : ne pas utiliser. 2 abstrait Se mêler, s'occuper de (qqch.). *Il vaut mieux ne pas toucher à ce sujet.* → **aborder.** ← *Un air de ne pas y toucher,* faussement innocent (→ **sainte nitouche**). 3 littér. Atteindre, arriver à (un point). *Nous touchons au but.* ← (temps) TOUCHER À SA FIN. 4 fig. Avoir presque le caractère de. → **confiner.** *Sa minutie touche à la névrose.*

② **toucher** n. m. ▪ 1 Un des cinq sens, sensibilité dans l'exploration des objets par palpation. → **contact.** *Le velours est doux au toucher.* 3 Manière de jouer d'un instrument à touches. → **tact.** 2 Action, manière de toucher. 3 méd. Exploration à la main d'une cavité naturelle du corps. → **palpation.**

**touer** v. tr. ⚀ ▪ Faire avancer en tirant, en remorquant (un navire).

**touffe** n. f. ▪ Assemblage naturel de plantes, de poils, de brins..., rapprochés par la base.

**touffeur** n. f. ▪ littér. Atmosphère chaude et étouffante.

**touffu, ue** adj. ▪ 1 Qui est en touffes. 2 fig. Trop complexe et dense.

**touiller** v. tr. ⚀ ▪ fam. Remuer, agiter.

**toujours** adv. de temps ▪ 1 Dans la totalité de la vie, du souvenir. *Je l'ai toujours su. Ça ne durera pas toujours.* → **éternellement.** ◆ À chaque instant. *Il est toujours à l'heure.* ← COMME TOUJOURS : comme dans tous les autres cas. ← PRESQUE TOUJOURS : très souvent. ← DEPUIS TOUJOURS (→ de tout temps). ← POUR TOUJOURS. → **définitivement ;** à **jamais.** 2 Encore maintenant, encore au moment considéré. *Je l'aime toujours.* ← *Il n'est toujours pas parti* : pas encore. 3 Dans toute circonstance. ◆ loc. TOUJOURS EST-IL (QUE) : cependant...

**toundra** [tun-] n. f. ▪ Steppe de la zone arctique, à mousses, lichens.

**toupet** n. m. ▪ I Touffe de cheveux au-dessus du front. II fig., fam. Hardiesse, assurance effrontée. → **aplomb, culot.**

**toupie** n. f. ▪ 1 Petit objet conique ou sphérique, pouvant se maintenir en équilibre en tournant sur une pointe. → **toton.** 2 injure *(Vieille) toupie,* femme désagréable.

① **tour** n. f. ▪ 1 Bâtiment (souvent cylindrique) construit en hauteur, dominant un édifice. *La tour d'un château.* → **donjon.** ← Clocher à sommet plat. ← Immeuble à nombreux étages. → **gratte-ciel.** 2 Construction en hauteur. *La tour Eiffel.* ◆ TOUR DE CONTRÔLE : local spécialt pour le contrôle des activités d'un aérodrome. 3 aux échecs Pièce en forme de tour crénelée, qui avance en ligne. 4 loc. TOUR D'IVOIRE : retraite hautaine. 5 allus. biblique TOUR DE BABEL : lieu où l'on parle toutes les langues.

② **tour** n. m. ▪ I 1 Limite circulaire. → **circonférence.** *Tour de taille.* 2 Chose qui en recouvre une autre en l'entourant (vêtements, garnitures). 3 FAIRE LE TOUR de qqch. : aller autour. ← fig. Passer en revue. 4 FAIRE un tour : faire une petite sortie. → **promenade.** 5 TOUR DE... : parcours, voyage où l'on revient au point de départ. → **circuit, périple.** *Faire le tour du monde.* ← *Tour de France* (cycliste). II 1 Mouvement giratoire. → **rotation.** *Un tour de manivelle.* ← loc. *Partir AU QUART\* DE TOUR. À DOUBLE\* TOUR.* 2 loc. À TOUR DE BRAS : de toute la force du bras ; fig. avec acharnement. 3 EN UN TOUR DE MAIN : très vite. → **en un tournemain.** ← *Tour de main,* habileté. 4 TOUR DE REINS\*. III 1 Mouvement, exercice difficile à exécuter. *Tour de cartes.* ← TOUR DE FORCE : action difficile, remarquable. **2** Action qui suppose de l'adresse, de la ruse. *Avoir plus d'un tour dans son sac.* ← JOUER un TOUR à qqn, agir à son détriment. ← *Le tour est joué*, c'est accompli, terminé. ← BON TOUR : plaisanterie. **IV** (→ **tournure**) **1** Aspect. *Le tour que prend la situation.* **2** TOUR D'ESPRIT : manière d'être caractéristique d'un certain esprit. **V 1** loc. À MON (TON...) TOUR, à moi (toi...) d'agir (jouer, parler, etc.). ← CHACUN SON TOUR. **2** loc. TOUR À TOUR : (personnes) l'un, puis l'autre. ← (états, actions) → **alternativement, successivement.** ◆ À TOUR DE RÔLE*. **3** *Tour de chant* : série de morceaux interprétés par un chanteur, une chanteuse. **4** *Tour de scrutin* : vote (d'une élection qui en compte plusieurs).

③ **tour** n. m. ▪ **1** Dispositif, machine-outil qui sert à façonner des pièces par rotation. **2** Armoire cylindrique tournant sur pivot.

① **tourbe** n. f. ▪ Matière combustible végétale spongieuse et légère. ▷ n. f. **tourbière**

② **tourbe** n. f. ▪ péj., vx Foule misérable.

**tourbillon** n. m. ▪ **1** Masse d'air qui tournoie rapidement. **2** (fluides, particules) Mouvement tournoyant et rapide. → **remous. 3** fig., littér. Ce qui entraîne dans un mouvement rapide. *Un tourbillon de plaisirs.*

**tourbillonner** v. intr. ① ▪ **1** Former un tourbillon. **2** fig. Être agité par un mouvement rapide, irrésistible. ▷ adj. **tourbillonnant, ante** ▷ n. m. **tourbillonnement**

**tourelle** n. f. ▪ **1** Petite tour. **2** Abri blindé contenant des pièces d'artillerie.

**tourisme** n. m. ▪ **1** Fait de voyager pour son plaisir. *Voiture DE TOURISME*, pour les déplacements privés. **2** Activités liées aux déplacements des touristes. ▷ adj. **touristique**

**tourista** → **turista**

**touriste** n. ▪ **1** Personne qui fait du tourisme. **2** *Classe touriste*, à tarif réduit. ▪

**tourmaline** n. f. ▪ Pierre fine aux tons divers.

**tourment** n. m. ▪ **1** littér. Très grande souffrance. → **supplice, torture. 2** Grave souci.

**tourmente** n. f. ▪ littér. Tempête soudaine et violente. → **bourrasque, orage. 2** fig. Troubles sociaux violents et profonds.

**tourmenté, ée** adj. ▪ **1** En proie aux tourments. → **anxieux, inquiet. 2** Agité. ← fig., littér. *Une période, une vie tourmentée.* **3** De forme très irrégulière. *Un relief tourmenté.* → **accidenté. 4** Chargé d'ornements.

**tourmenter** v. tr. ① ▪ **1** Affliger de tourments ; angoisser. **2** (sujet chose) Faire souffrir ; préoccuper en angoissant. ► se **tourmenter** v. pron. → s'**inquiéter, se tracasser.**

**tournage** n. m. ▪ Action de tourner (I, 8) un film. → **réalisation.**

① **tournant, ante** adj. ▪ **1** Qui tourne (III), pivote sur soi-même. **2** Qui contourne, prend à revers. *Mouvement tournant.* **3** Qui fait des détours. → **sinueux. 4** GRÈVE TOURNANTE, qui affecte plusieurs secteurs.

② **tournant** n. m. ▪ **1** Endroit où une voie tourne. → **coude, courbe ; virage. 2** loc. fam. *Je t'aurai AU TOURNANT*, je me vengerai dès que possible. **3** fig. Moment où ce qui évolue change de direction.

**tournebouler** v. tr. ① ▪ fam. Mettre l'esprit à l'envers. ► **tourneboulé, ée** p. p.

**tournebroche** n. m. ▪ Mécanisme servant à faire tourner une broche. → **rôtissoire.**

**tourne-disque** n. m. ▪ ancient Appareil pour écouter des disques (microsillons). *Des tourne-disques.*

**tournedos** n. m. ▪ Tranche de filet de bœuf.

**tournée** n. f. ▪ **1** Voyage professionnel à itinéraire fixé. *La tournée du facteur.* ← Troupe de théâtre en tournée. **2** Visite d'endroits de même sorte. → fig., loc. *La tournée des grands-ducs*. **3** fam. Consommations offertes à plusieurs personnes, au café.

**en un tournemain** loc. adv. ▪ En un instant (→ en un tour de main).

**tourner** v. ① ▪ **I** v. tr. **1** Faire mouvoir en cercle, en courbe, autour d'un axe, d'un centre. *Tourner une manivelle.* ← *Tourner et retourner qqch.*, manier (fig. examiner) en tous sens. **2** Remuer circulairement. *Tourner une sauce.* **3** loc. TOURNER LA TÊTE à, de qqn., étourdir ; spécialt rendre amoureux. **4** *Tourner les pages d'un livre*, en lisant, en feuilletant. **5** Mettre, présenter (qqch.) en sens inverse. → loc. *Tourner le dos*. **6** Diriger (par rotation). *Tourner la tête.* ← abstrait *Tourner toutes ses pensées vers...* → **appliquer.** ← loc. (au p. p.) *Avoir l'esprit MAL TOURNÉ*, qui interprète de façon scabreuse. **7** Suivre en changeant de direction. *Tourner le coin de la rue.* **8** (de *tourner* la manivelle de la caméra) *Tourner un film* : faire un film (→ **tournage**). ← absolt *Silence, on tourne !* **II** v. tr. **1** Façonner (un objet) au tour (③). **2** Arranger (les mots) d'une certaine manière. ← au p. p. *Un compliment bien tourné.* **3** TOURNER EN, à, transformer (qqn ou qqch). *Tourner qqn en dérision.* **III** v. intr. **1** Se mouvoir circulairement ou décrire une ligne courbe (autour de qqch.). *La Terre tourne autour du Soleil.* ← (personnes) *Tourner en rond*. **2** TOURNER AUTOUR, évoluer sans s'éloigner. ← *Tourner autour de qqn*, lui faire la cour. ◆ (conversation, etc.) Avoir pour centre d'intérêt. **3** Avoir un mouvement circulaire autour d'un axe. *La porte tourne sur ses gonds.* ← loc. *L'HEURE TOURNE* : le temps passe. **4** Fonctionner (par rotation). *Le moteur tourne.* ◆ fig. Fonctionner, marcher. *Faire tourner une entreprise.* **5** loc. *La tête lui tourne*, il est étourdi. **6** Changer de direction. *Tournez à gauche !* ← *La chance a tourné*, changé. **7** TOURNER À..., EN... : changer d'aspect, d'état. → se **transformer. 8** Évoluer. ← loc. TOURNER BIEN, MAL. ← (personnes) *Elle a mal tourné.* **9** Devenir aigre (lait) ; se décomposer (mayonnaise). ► se **tourner** v. pron. **1** Aller, se mettre dans une nouvelle direction. **2** fig. S'orienter.

**tournesol** n. m. ■ **I** Plante à grande fleur jaune (→ **hélianthe, soleil**), à graines oléagineuses. *Huile de tournesol.* **II** chim. Substance qui tourne au rouge sous l'action d'un acide, au bleu sous l'action des bases.

**tourneur** n. m. ■ **I** Ouvrier qui travaille au tour (③). **II** appos. *Derviche\* tourneur.*

**tournevis** [-vis] n. m. ■ Outil pour tourner les vis, à extrémité aplatie ou cruciforme.

**tourniquer** v. intr. ① ■ Aller et venir sur place, sans but. – syn. fam. TOURNICOTER.

**tourniquet** n. m. ■ **1** Appareil tournant, en croix, pouvant livrer passage aux personnes, chacune à son tour. → *Porte à tambour.* **2** Plate-forme horizontale tournant sur un pivot (jeu). ◆ Présentoir tournant. **3** Arroseur qui tourne sous la force de l'eau.

**tournis** n. m. ■ **1** Maladie des bêtes à cornes (qui tournoient). **2** fam. Vertige.

**tournoi** n. m. ■ **1** au moyen âge Combat courtois entre chevaliers. **2** fig., littér. Lutte d'émulation. **3** sports Concours à plusieurs séries d'épreuves.

**tournoyer** v. intr. ⑧ ■ **1** Décrire des courbes sans s'éloigner. **2** Tourner sur soi (→ **pivoter**). → Tourner en hélice (→ **tourbillonner**). ▷ adj. **tournoyant, ante** ▷ n. m. **tournoiement**

**tournure** n. f. ■ **I 1** Forme donnée à l'expression, à la phrase. *Tournure élégante.* **2** Air, apparence (d'une chose); aspect général (des événements). → **allure**. ◆ loc. PRENDRE TOURNURE, s'organiser. **3** TOURNURE D'ESPRIT : manière d'envisager les choses. **II** ancienmt Rembourrage sous la robe, au bas du dos (→ **faux cul**).

**tourte** n. f. ■ **1** Pâtisserie ronde garnie de produits salés. **2** fam. Imbécile, idiot.

① **tourteau** n. m. ■ Résidu de graines, de fruits oléagineux, aliment pour le bétail.

② **tourteau** n. m. ■ Gros crabe à chair estimée (appelé aussi *dormeur*).

**tourtereau** n. m. ■ **1** Jeune tourterelle. **2** fig. *Des tourtereaux* : de jeunes amoureux.

**tourterelle** n. f. ■ Oiseau voisin du pigeon, mais plus petit.

**tourtière** [-tjɛʀ] n. f. ■ **1** Ustensile pour faire des tourtes. **2** régional Tourte.

**Toussaint** n. f. ■ Fête catholique en l'honneur de tous les saints, le 1er novembre.

**tousser** v. intr. ① ■ Avoir un accès de toux. ◆ fig. *Moteur qui tousse*, qui a des ratés.

**toussoter** v. intr. ① ■ Tousser d'une petite toux peu bruyante. ▷ n. m. **toussotement**

① **tout** [tu] ; **toute** ; **tous** [tu ; tus] ; **toutes** adj., pron. et adv. ■ **I** TOUT, TOUTE (pas de pluriel) adj. qualificatif Complet, entier (→ **totalité**). **1** *Tout le jour, toute la nuit.* → *TOUT LE MONDE* : l'ensemble des gens ; chacun d'eux. → *TOUT UN, TOUTE UNE... C'est toute une affaire*, une véritable, une grave affaire. → *TOUT CE QU'IL Y A DE* (+ nom pluriel) : tous les... → *Des gens tout ce qu'il y a de plus cultivé* (ou *cultivés*), très cultivés. **2** (dans des loc. ; nom sans article) *Avoir tout intérêt à*, un intérêt

évident et grand à. *À toute vitesse\*. De toute beauté\*.* → *POUR TOUT(E)* : en fait de..., pour seul(e)... → *LE TOUT-PARIS* (ou nom de grande ville) : les personnes les plus notables. **3** TOUT, TOUTE À : entièrement à. *Elle était toute à son travail.* → *TOUT, TOUTE EN, DE*, entièrement. *Elles sont tout de bleu vêtues.* **II** adj. indéf. **1** TOUS, TOUTES (toujours plur.) : l'ensemble, la totalité de, sans rien excepter ; le plus grand nombre de. *Tous les hommes.* → *C'EST TOUT UN*, la même chose. **2** TOUS, TOUTES (plur. de *chaque*), marque la périodicité, l'intervalle. *Tous les ans, je voyage.* **3** TOUT, TOUTE (singulier ; + nom sans article) : un quelconque, n'importe lequel. *Toute personne.* → **quiconque**. – *Avant toute chose.* **III** pron. **1** TOUS, TOUTES (plur.). *Ils sont tous venus. Tous sont venus.* – loc. *Tous autant que nous sommes* : nous, sans exception. → *Ceux dont il est question* ; la collectivité entière. *Nous avons tous nos défauts.* **2** TOUT (masc. sing.) : l'ensemble des choses dont il est question (contr. *rien*). *Tout va bien.* → *TOUT EST LÀ* : là réside le problème. → *C'EST TOUT*, marque la fin du discours. *Ce n'est pas tout* : il reste encore qqch. → *Ce n'est pas tout de..., que de...* : ce n'est pas assez. → *VOILÀ TOUT*, ce n'était pas si important. *Il a trop bu, voilà tout.* → *COMME TOUT* : extrêmement. *Elle est jolie comme tout.* ◆ *EN TOUT* : complètement ; au total. *En tout et pour tout.* **IV** adv. TOUT (parfois TOUTE, TOUTES) : entièrement, complètement (→ **absolument, bien, exactement, entièrement**). **1** – Invariable au masc., et devant les adj. fém. commençant par une voyelle ou un *h* muet. *Ils sont tout jeunes. Tout entière.* – Variable devant les adj. fém. commençant par une consonne ou par un *h* aspiré. *Toute belle. Elle est toute honteuse.* ◆ *TOUT AUTRE* : complètement différent. → *TOUT...* (+ adj.) *QUE* (+ indic. ou subj.). → **bien** que. *Tout malin qu'il soit.* **2** TOUT, invar., devant une préposition, un adverbe. *Elle était tout en larmes.* → *tout près\*. Tout à l'heure\*. TOUT AU PLUS.* **3** TOUT À FAIT. → **entièrement, totalement.** ◆ en réponse Exactement. **4** TOUT EN... (+ p. prés.), en même temps que. *Il chante tout en travaillant.* **5** TOUT, invar., + épithète ou attribut. *Je suis tout ouïe\*.*

② **tout**, plur. **touts** n. m. ■ **I 1** LE TOUT : l'ensemble en question. → **totalité**. *Vendez le tout.* → loc. *Le tout pour le tout*, tout ce qu'on peut perdre pour pouvoir tout gagner. **2** UN, LE TOUT : l'ensemble. *Former un tout.* ◆ *Mon tout* : le mot à trouver dans une charade. **3** L'ensemble de toutes choses. *Le (grand) tout.* → **univers.** **4** LE TOUT : ce qu'il y a de plus important. *Le tout est d'être attentif.* **II** loc. adv. **1** DU TOUT AU TOUT : complètement (d'un changement). **2** PAS DU TOUT : absolument pas. *Rien du tout* : absolument rien.

**tout-à-l'égout** [tut-] n. m. invar. ■ Envoi à l'égout des eaux usées.

**tout à trac** [tutatʀak] loc. adv. ■ En s'exprimant soudainement.

**toutefois** adv. ■ En considérant toutes les circonstances et malgré elles. → **cependant, néanmoins, pourtant.**

**toute-puissance** n. f ■ Puissance absolue.

**tout-fou** adj. m. et n. m. ▪ fam. Très excité.

**toutou** n. m. ▪ affectif Chien.

**tout-petit** n. m. ▪ Très jeune enfant.

**tout-puissant, toute-puissante** adj. ▪ **1** Qui peut tout, dont la puissance est absolue. ◆ n. m. relig. *Le Tout-Puissant* : Dieu. **2** Qui a un très grand pouvoir.

**tout-terrain** adj. ▪ (véhicule) Capable de rouler hors des routes. ▸ n. *Des tout-terrains.* ◆ *Vélo tout-terrain.* → **V. T. T.**

**à tout-va** loc. adv. ▪ Sans retenue.

**tout-venant** n. m. invar. ▪ Tout ce qui se présente (sans tri).

**toux** n. f. ▪ Expulsion forcée et bruyante d'air à travers la glotte rétrécie (→ **tousser**). *Une toux grasse, sèche, avec, sans expectoration.*

**township** n. m. ▪ anglic., hist. (En Afrique du Sud) District assigné à la population noire et qui, dans le cadre de l'apartheid, constituait une sorte de ghetto.

**toxémie** n. f. ▪ méd. Présence de toxines dans le sang.

**toxicité** n. f. ▪ Caractère toxique.

**toxicologie** n. f. ▪ Étude des poisons. ▷ adj. **toxicologique** ▷ n. **toxicologue**

**toxicomanie** n. f. ▪ État engendré par la prise répétée de substances toxiques (drogues, stupéfiants), créant un état de dépendance. ▷ adj. et n. **toxicomane**

**toxine** n. f. ▪ méd. Substance toxique élaborée par un organisme vivant.

**toxique** ▪ **1** n. m. didact. Poison. **2** adj. Qui agit comme un poison.

**toxoplasmose** n. f. ▪ méd. Maladie causée par un protozoaire parasite (le *toxoplasme*), dangereuse pour le fœtus humain.

**traboule** n. f. ▪ (À Lyon) Passage qui traverse un pâté de maisons.

**trac** n. m. ▪ Peur ou angoisse (notamment avant d'affronter le public).

**traçabilité** n. f. ▪ anglic., comm. Capacité (d'un produit) à être suivi, de la production à la distribution. ▷ adj. **traçable**

**traçant, ante** adj. ▪ **1** bot. *Racine traçante*, horizontale. **2** *Balle traçante*, qui laisse une trace lumineuse.

**tracas** n. m. ▪ **1** vieilli (au sing.) Embarras, peine, effort. **2** (souvent au plur.) Souci ou dérangement d'ordre matériel.

**tracasser** v. tr. 1 ▪ Tourmenter avec insistance. ▸ se **tracasser** v. pron. ▷ n. f. **tracasserie** ▷ adj. **tracassier, ière**

**trace** n. f. ▪ **1** Empreinte (3) que laisse le passage d'un être ou d'un objet. ◆ loc. *Suivre qqn À LA TRACE.* ▸ fig. *Suivre les traces de qqn,* son exemple. **2** Marque. *Traces de fatigue.* ◆ Ce qui subsiste. → **reste, vestige**. **3** Très petite quantité perceptible.

**tracé** n. m. ▪ **1** Lignes d'un plan. → **graphique**. **2** Ligne continue, dans la nature. *Le tracé sinueux d'un ruisseau.* **3** Contours graphiques.

**tracer** v. tr. 3 ▪ **1** Indiquer en faisant une trace. → **frayer**. ◆ fig. *Tracer le chemin, la voie* : donner l'exemple. **2** Suivre le parcours de (qqch.). *Tracer un colis.* **3** Mener (une ligne) dans une direction. ◆ Former, en faisant des traits. *Tracer un triangle.* ◆ Écrire. *Tracer quelques lignes.*

**traceur, euse** ▪ **1** n. Personne qui trace (qqch.), établit un tracé. **2** n. m. sc. Isotope radioactif dont on peut suivre la trace.

**trachée** n. f. ▪ Portion du conduit respiratoire entre l'extrémité du larynx et l'origine des bronches. ▷ adj. **trachéal, ale, aux** [tʁak-].

**trachéite** [tʁak-] n. f. ▪ Inflammation de la trachée.

**trachéotomie** [-ke-] n. f. ▪ Incision chirurgicale de la trachée.

**trachome** [tʁakom] n. m. ▪ méd. Conjonctivite contagieuse.

**tract** [tʁakt] n. m. ▪ Petite feuille ou brochure gratuite de propagande.

**tractation** n. f. ▪ péj. (surtout au plur.) Négociation clandestine compliquée.

**tracter** v. tr. 1 ▪ Tirer au moyen d'un moteur. → **remorquer**. ▸ **tracté, ée** adj.

**tracteur** n. m. ▪ Véhicule automobile destiné à la traction (3).

**traction** n. f. ▪ **1** techn. Action de tirer en tendant. **2** Mouvement de gymnastique consistant à tirer le corps (suspendu), en tendant et raidissant les bras. **3** Action de traîner, d'entraîner (par la force animale, un moteur, etc.). ▸ *TRACTION AVANT* : dispositif à roues avant motrices.

**tractopelle** n. f. ▪ techn. Tracteur muni d'une pelle mécanique.

**trade-union** [tʁɛdynjɔ̃] n. f. ▪ anglic. Syndicat ouvrier corporatiste, en Grande-Bretagne. *Des trade-unions.*

**tradition** n. f. ▪ **1** Doctrine, pratique transmise depuis longtemps. **2** Notions relatives au passé, transmises par les générations. → **folklore, légende, mythe**. *Tradition orale.* **3** Coutume, héritage du passé.

**traditionalisme** n. m. ▪ Attachement aux coutumes, aux techniques traditionnelles. → **conservatisme**. ◆ spécialt Intégrisme religieux. ▷ adj. et n. **traditionaliste**

**traditionnel, elle** adj. ▪ **1** Fondé sur la tradition (religieuse, politique, culturelle). **2** (avant le nom) D'un usage ancien, habituel. ▷ adv. **traditionnellement**

**traducteur, trice** n. ▪ Auteur d'une traduction. ◆ n. m. ou f. Appareil fournissant des éléments de traduction.

**traduction** n. f. ▪ **1** Action, manière de traduire (II, 1). *Traduction orale, simultanée.* → **interprétation**. *Traduction assistée par ordinateur* (T. A. O.). **2** Texte ou ouvrage traduit. **3** fig. Expression, transposition.

**traduire** v. tr. 38 p. p. *traduit, e* ■ **I** dr. Citer, déférer. *Traduire qqn en justice.* ■ **II 1** Faire passer d'une langue dans une autre, en tendant à l'équivalence de sens et de valeur des deux énoncés. ◆ au p. p. *Roman traduit de l'italien.* ▷ adj. **traduisible 2** Exprimer par le langage, l'art. **3** Manifester aux yeux d'un observateur (un enchaînement, un rapport). ◆ pronom. *Sa politique s'est traduite par un échec.* → se **solder.**

**trafic** n. m. ■ **I** péj. Commerce clandestin, immoral ou illicite. ◆ *Trafic d'influence :* corruption. ■ **II 1** Mouvement général des trains. **2** par ext. *Trafic maritime, routier, aérien.* ◆ Circulation routière.

**traficoter** v. intr. 1 ■ fam. Trafiquer.

**trafiquant, ante** n. ■ péj. Personne qui trafique (1). *Un trafiquant de drogue.*

**trafiquer** v. tr. 1 ■ **1** Acheter et vendre en réalisant des profits illicites. **2** fam. Modifier (un objet, un produit) pour tromper. ◆ au p. p. *Moteur trafiqué.* **3** fam. Faire (qqch de mystérieux).

**tragédie** n. f. ■ **1** Œuvre dramatique (surtout en vers), représentant des personnages illustres aux prises avec des conflits intérieurs et un destin exceptionnel et malheureux. **2** fig. Drame (dans la vie réelle).

**tragédien, ienne** n. ■ Acteur, actrice qui joue les rôles tragiques.

**tragicomédie** n. f. ■ **1** didact. Tragédie dont l'action est romanesque et le dénouement heureux (ex. « *Le Cid* »). **2** fig. Situation où le comique se mêle au tragique. ▷ adj. **tragicomique**

**tragique** adj. ■ **1** De la tragédie (1) et du drame ; qui évoque une situation où l'homme prend douloureusement conscience d'une fatalité. ◆ n. m. *Les tragiques grecs.* ◆ n. m. *Le tragique et le comique.* **2** Qui inspire l'émotion par un caractère effrayant ou funeste. → **dramatique, terrible.** *Il a eu une fin tragique.* ◆ n. m. *Prendre qqch. au tragique.* ▷ adv. **tragiquement**

**trahir** v. tr. 2 ■ **1** Livrer ou abandonner (qqn à qui l'on doit fidélité). → **dénoncer, vendre.** ◆ *Trahir son pays.* **2** Cesser d'être fidèle à (qqn). *Trahir un ami.* **3** Lâcher, cesser de seconder. *Ses forces le trahissent.* **4** Livrer (un secret). → **divulguer, révéler.** ◆ (choses) *Sa voix ne trahit aucune émotion.* ► se **trahir** v. pron. Laisser apparaître ce qu'on voulait cacher.

**trahison** n. f. ■ **1** Crime d'une personne qui trahit, passe à l'ennemi. ◆ *Haute trahison :* intelligence avec une puissance étrangère ou ennemie en guerre. **2** Action de trahir (2). → **traîtrise.**

**train** n. m. ■ **I 1** File de choses traînées, tirées. *Un train de péniches.* **2** techn. Suite ou ensemble de choses semblables qui fonctionnent ensemble. *Un train de pneus.* ◆ fig. *Un train de réformes.* **3** loc. *Train de maison :* domesticité, dépenses. ◆ *Mener* GRAND *TRAIN :* vivre dans le luxe. ■ **II** cour. La locomotive et l'ensemble des voitures (wagons) qu'elle entraîne. → **convoi, rame.** ◆ loc. fig. *Prendre le train en marche :* s'associer à une action en cours. ◆ *Un train peut en cacher un autre* (fig. ce qui est visible peut cacher qqch. d'autre). ◆ Moyen de transport ferroviaire. → **chemin de fer, rail.** *Voyager par le train.* ■ **III** Partie qui porte le corps d'une voiture et à laquelle sont attachées les roues. ◆ *TRAIN D'ATTERRISSAGE* (d'un avion). **2** *TRAIN DE DEVANT, DE DERRIÈRE :* partie de devant (→ **avant-train**), de derrière (→ **arrière-train**) des animaux de trait. **3** pop. Derrière. *Filer le train à qqn.* ■ **IV** fig. (Allure, marche) **1** dans des loc. *Du train où vont les choses :* si les choses continuent comme cela. ◆ *Aller son train :* suivre son cours. ◆ *TRAIN DE VIE :* manière de vivre (de qqn), relativement aux dépenses courantes. **2** Allure (du cheval, d'une monture, d'un véhicule, d'une personne). ◆ loc. *Aller bon train. Un train d'enfer,* très rapide. *À* FOND *DE TRAIN,* très vite. **3** *EN TRAIN* loc. adv. : en mouvement, en action, ou en humeur d'agir. *MISE EN TRAIN :* début d'exécution. ◆ *EN TRAIN DE* (+ inf.) loc. prép., marque l'action en cours.

**traînailler** v. intr. 1 ■ **1** Traîner, lambiner. **2** Errer inoccupé. – syn. TRAÎNASSER.

**traînant, ante** adj. ■ **1** Qui traîne par terre ; qui pend. **2** (sons) Monotone et lent.

**traînard, arde** n. ■ **1** Personne qui traîne, reste en arrière. **2** Personne trop lente dans son travail. → **lambin.**

**traîne** n. f. ■ **1** Fait de traîner (II). ◆ loc. *Ciel de traîne.* ◆ *À LA TRAÎNE* loc. adv. : en traînant (II, 4). **2** Bas d'un vêtement qui traîne à terre. *Robe de mariée à traîne.*

**traîneau** n. m. ■ Voiture à patins allant sur la neige.

**traînée** n. f. ■ **I 1** Longue trace laissée sur une surface par une substance répandue. ◆ loc. *Comme une TRAÎNÉE DE POUDRE :* très rapidement. **2** Ce qui suit un corps en mouvement. *La traînée lumineuse d'une comète.* ◆ Bande allongée. ■ **II** fam. (insulte) Femme de mauvaise vie.

**traîner** v. 1 ■ **I** v. tr. **1** Tirer après soi (→ **traction**) ; déplacer en tirant sans soulever. *Traîner un meuble.* loc. *Traîner les pieds* (fig. obéir sans empressement). ◆ *Traîner la jambe, la patte :* avoir de la difficulté à marcher. **2** Forcer (qqn) à aller (quelque part). *Traîner qqn à une soirée.* **3** Amener, avoir partout avec soi par nécessité (qui encombre, gêne). → fam. **trimballer.** ◆ *Traîner une grippe.* ■ **II** v. intr. **1** Pendre sur le sol. *Vos lacets traînent par terre.* ◆ S'étendre en longueur. **2** Être posé, laissé sans être rangé. **3** Durer trop longtemps. → s'**éterniser.** loc. *Traîner en longueur.* **4** Rester en arrière d'un groupe qui avance. ◆ S'attarder (→ **traînard**). ◆ Agir trop lentement. → **lambiner.** **5** péj. Aller sans but. → **errer, vagabonder.** *Traîner dans les rues.* ► se **traîner** v. pron. **1** Avancer, marcher avec peine. **2** Aller à contrecœur. *Se traîner à une soirée.* **3** Avancer à plat ventre ou à genoux. **4** (choses) Durer trop longtemps.

**training** n. m. ■ anglic. **1** Entraînement (sportif). **2** Survêtement.

**train-train** n. m. invar. ■ Marche régulière sans imprévu. → **routine**.

**traire** v. tr. 50 ■ Tirer le lait de (la femelle d'animaux domestiques) en pressant le pis.

**trait** n. m. ■ I **1** dans des loc. Fait de tirer. → **traction**. *Bête, animal* DE TRAIT, destiné à tirer des voitures. **2** Projectile lancé à la main (javelot, lance) ou avec un arc (flèche). **3** dans des loc. Fait de boire en une seule fois (→ **gorgée**). *Boire à longs traits.* ◆ D'UN TRAIT, d'un seul coup. **4** Fait de dessiner (→ **tirer** (III)) une ou des lignes. *Dessin* AU TRAIT, fait seulement de lignes. ─ *Esquisser à grands traits*, rapidement. ◆ Ligne (spécialt ligne droite). *Tracer un trait.* TRAIT POUR TRAIT, avec une parfaite exactitude. ◆ → **trait d'union**. **2** au plur. Les lignes caractéristiques du visage. *Avoir des traits réguliers.* **II** fig. **1** TRAIT DE, acte, fait qui constitue le signe de (une qualité, une capacité). *Un trait de courage, de génie.* ─ *Un trait d'esprit*, une parole spirituelle. **2** loc. AVOIR TRAIT À : se rapporter à, concerner. **3** Élément caractéristique qui permet de reconnaître. **4** Bon mot, mot d'esprit.

**traitable** adj. ■ littér. Accommodant.

**traitant, ante** adj. ■ (médecin) Qui traite les malades.

**trait d'union** n. m. ■ **1** Petit trait horizontal reliant les éléments de mots composés (ex. arc-en-ciel) ou le verbe et un pronom (ex. crois-tu ?). **2** fig. Intermédiaire.

**traite** n. f. ■ I **1** ancien *La traite (des esclaves, des Noirs)* : le commerce des esclaves noirs. **2** Lettre de change ; effet de commerce. **II** vieilli Trajet effectué sans s'arrêter. ─ mod. D'UNE (seule) TRAITE loc. adv. : sans interruption. **III** Action de traire (les vaches, etc.).

**traité** n. m. ■ **1** Exposé didactique d'un sujet. **2** Acte juridique par lequel deux États établissent des décisions communes. → **pacte**.

**traitement** n. m. ■ **1** Comportement, actes à l'égard de qqn. *Mauvais traitements* : coups, sévices. **2** Manière de soigner (un malade, une maladie) ; moyens employés pour guérir. → **médication, thérapeutique**. **3** Rémunération (d'un fonctionnaire, de professions socialement importantes). **4** Manière de traiter (une substance). ◆ *Traitement de l'information* (par ordinateur). ─ TRAITEMENT DE TEXTE, logiciel pour composer, corriger, éditer des textes. **5** Manière de traiter (un sujet).

**traiter** v. 1 ■ I v. tr. (compl. personne) **1** Agir, se conduire envers (qqn) de telle ou telle manière. *Traiter qqn assez bien. Il la traite en adulte.* **2** littér. Convier ou recevoir à sa table. **3** Soumettre à un traitement médical. → **soigner**. **4** TRAITER DE : qualifier de. ─ loc. *Traiter qqn de tous les noms* (injurieux). **II** v. tr. (compl. chose) **1** Régler (une affaire) en discutant, en négociant. **2** Soumettre (une substance) à des opérations de manière à la modifier. *Traiter un minerai.* ◆ *Traiter*

*des cultures.* ─ au p. p. *Citrons non traités.* **3** Soumettre (un objet) à la pensée pour exposer. *L'élève n'a pas traité le sujet.* ◆ arts Mettre en œuvre de telle ou telle manière. **4** inform. Soumettre (une information) à un programme. **III 1** v. tr. ind. TRAITER DE : avoir pour objet. *Un livre qui traite d'économie.* → **parler**. **2** v. intr. Entrer en pourparlers. → **négocier, parlementer**.

**traiteur** n. m. ■ Personne, entreprise qui prépare des repas, des plats à emporter.

**traître, traîtresse** ■ I n. **1** Personne qui trahit. ◆ loc. *Prendre qqn* EN TRAÎTRE, sournoisement. **2** langage classique Perfide, scélérat. **II** adj. **1** Qui trahit ou est capable de trahir. **2** (choses) Qui est nuisible sans le paraître. *Ce vin est traître.* ◆ loc. fam. *Ne pas dire* UN TRAÎTRE MOT, pas un seul mot.

**traîtreusement** adv. ■ littér. Par traîtrise.

**traîtrise** n. f. ■ **1** Caractère, comportement de traître. ◆ Acte de traître. → **trahison**. **2** Danger que présente ce qui est traître (II, 2).

**trajectoire** n. f. ■ Courbe décrite par le centre de gravité (d'un mobile).

**trajet** n. m. ■ Fait de parcourir un espace, pour aller d'un lieu à un autre ; le chemin parcouru. → **parcours**. ─ *Le trajet d'un nerf.*

**tralala** n. m. ■ **1** fam. dans des loc. Luxe recherché et voyant. *Recevoir en grand tralala.* ─ *Et tout le tralala* : et tout ce qui s'ensuit. **2** interj. Exprime la joie.

**tram** [tram] n. m. ■ Tramway.

**trame** n. f. ■ **1** Ensemble des fils en largeur qui se croisent avec les fils de chaîne* pour constituer un tissu. ◆ techn. Film finement quadrillé utilisé en photogravure. ─ Lignes horizontales constituant une image de télévision. **2** fig. *La trame d'un récit.*

**tramer** v. tr. 1 ■ **1** techn. Tisser. ◆ Tirer ou agrandir (un cliché) avec une trame. **2** fig. Élaborer par des manœuvres cachées. → **combiner, machiner, ourdir**. ─ pronom. (impers.) *Il se trame quelque chose.*

**traminot** n. m. ■ Employé de tramway.

**tramontane** n. f. ■ Vent du nord-ouest (côte méditerranéenne).

**trampoline** n. m. ■ Surface souple sur laquelle on effectue des sauts.

**tramway** [tramwɛ] n. m. ■ Chemin de fer urbain à rails plats ; voiture circulant sur ces rails. → **tram**.

**tranchant, ante** ■ I adj. **1** Dur et effilé. → **coupant**. **2** fig. Qui tranche (II, 2). → **cassant, impérieux**. **II** n. m. Côté mince, destiné à couper. ─ **taille**. ─ loc. À DOUBLE TRANCHANT, se dit de ce qui peut se retourner contre qui l'emploie. ◆ *Le tranchant de la main* : le côté mince.

**tranche** n. f. ■ I concret **1** Morceau (d'une chose comestible) coupé sur toute la largeur. *Tranche de jambon.* ➝ *Une tranche de gâteau.* → **part, portion.** ♦ *Tranche napolitaine :* glace à plusieurs parfums. **2** Partie moyenne de la cuisse de bœuf. **3** Partie des feuillets d'un livre qui est rognée. *Livre doré sur tranche(s).* **4** Bord mince (d'une médaille...). II abstrait **1** Série de chiffres. ➝ spécialt *Tranches d'imposition.* **2** Partie séparée (dans le temps) d'une opération. *Paiement en plusieurs tranches.* ➝ *Une tranche de vie :* scène, récit réaliste. ♦ loc. fam. *S'en payer une tranche* (de bon temps) : s'amuser. ♦ *Tranche d'âge :* âge compris entre deux limites.

**tranchée** n. f. ■ **1** Excavation en longueur dans le sol. **2** Fossé allongé, près des lignes ennemies. *Guerre de tranchées.*

**tranchefile** n. f. ■ Bourrelet entouré de fils qui renforce un dos de reliure.

**trancher** v. ☐ ■ I v. tr. **1** Diviser, séparer d'une manière nette (avec un instrument tranchant*). → **couper.** ♦ *Couper en tranches.* **2** fig. Terminer par une décision, un choix ; résoudre (une affaire, une question). *Trancher un différend.* II v. intr. **1** loc. fig. *Trancher dans le vif :* agir de façon énergique. **2** Décider d'une manière franche, catégorique. **3** TRANCHER SUR, AVEC : se distinguer avec netteté ; former un contraste. → **contraster, se détacher, ressortir.** ▸ **tranché, ée** adj. **1** Coupé en tranches. **2** fig. Qui se distingue nettement. *Couleurs tranchées.* ➝ *Opinion tranchée,* nette. → **catégorique.**

**tranchet** n. m. ■ techn. Outil tranchant, formé d'une lame plate, sans manche.

**tranchoir** n. m. ■ I Support sur lequel on tranche (la viande, etc.). II Grande lame pour trancher (→ hachoir).

**tranquille** [-kil] adj. ■ I **1** Où se manifestent un ordre, un équilibre durable. → **calme, immobile, silencieux.** *Mer tranquille.* ♦ Calme et régulier. *Un pas tranquille.* **2** (êtres vivants) Qui n'éprouve pas le besoin de mouvement, de bruit. → **paisible. 3** Au repos, qui ne bouge pas. *Restez tranquilles !* → **sage.** II **1** Qui éprouve un sentiment de sécurité, de paix. *Soyez tranquille :* ne vous inquiétez pas. **2** LAISSER qqn TRANQUILLE, ne pas l'inquiéter (→ en paix). ➝ *Avoir la conscience tranquille :* n'avoir rien à se reprocher. **3** fam. Qui est certain de la réalité de qqch. → **sûr.** *Il n'ira pas, je suis tranquille.*

**tranquillement** [-kil-] adv. ■ **1** D'une manière tranquille. → **paisiblement. 2** Sans émotion ni inquiétude. → **calmement.**

**tranquillisant, ante** [-kil-] ■ **1** adj. Qui tranquillise. **2** n. m. Médicament qui agit comme calmant global. → **neuroleptique.**

**tranquilliser** [-kil-] v. tr. ☐ ■ Rendre (plus) tranquille. → **calmer, rassurer.**

**tranquillité** [-kil-] n. f. ■ **1** État stable, constant, ou modifié régulièrement et lentement. → **calme. 2** Stabilité morale ; état tranquille. → **calme, paix, quiétude, sérénité.**

**trans-** Élément, du latin *trans* « au-delà de », « à travers » (ex. *transpercer*).

**transaction** [trɑ̃z-] n. f. ■ **1** dr. Contrat où chacun renonce à une partie de ses prétentions. ➝ cour. Compromis. **2** écon. Opération commerciale, financière.

**transactionnel, elle** [trɑ̃z-] adj. ■ **1** dr. Qui concerne une transaction. **2** (anglic.) psych. *Analyse transactionnelle :* thérapie visant les relations entre personnes.

**transalpin, ine** [trɑ̃z-] adj. ■ Qui est au-delà des Alpes.

**transat** [trɑ̃zat] ■ **1** n. m. Chaise longue pliante en toile. **2** n. f. Course transatlantique de voiliers.

**transatlantique** [trɑ̃z-] adj. et n. m. ■ **1** Qui traverse l'Atlantique. ➝ n. m. *Un transatlantique* (paquebot). **2** n. m. Chaise longue. → **transat** (1).

**transbahuter** v. tr. ☐ ■ fam. Transporter.

**transborder** v. tr. ☐ ■ Faire passer d'un navire, d'un train, d'un véhicule à un autre. ▷ n. m. **transbordement**

**transbordeur** n. m. ■ *Transbordeur* ou *pont transbordeur :* pont mobile. ♦ *Navire transbordeur :* recomm. off. pour *ferry-boat.*

**transcendant, ante** adj. ■ **1** Qui s'élève au-dessus du niveau moyen. → **sublime, supérieur. 2** philos. Qui suppose un principe extérieur et supérieur (opposé à *immanent*). ▷ n. f. **transcendance**

**transcendantal, ale, aux** adj. ■ **1** philos. (chez Kant) Qui constitue une condition a priori de l'expérience. **2** anglic. *Méditation transcendantale,* par abstraction de la réalité sensible.

**transcender** v. tr. ☐ ■ Dépasser en étant supérieur ou d'un autre ordre, se situer au-delà de. ➝ pronom. *Se transcender :* se dépasser.

**transcodage** n. m. ■ Traduction d'une information dans un code différent (spécialt en informatique). ▷ **transcoder** v. tr. ☐

**transcontinental, ale, aux** adj. ■ Qui traverse un continent d'un bout à l'autre.

**transcription** n. f. ■ **1** Action de transcrire (1 et 2). → **copie, enregistrement; translittération.** ➝ *Transcription phonétique.* **2** Action de transcrire une œuvre musicale. → **arrangement. 3** biol. *Transcription génétique :* transfert de l'information génétique des chromosomes de la cellule sur l'A.R.N.

**transcrire** v. tr. ☒ ■ **1** Copier très exactement, en reportant. **2** Noter (les mots d'une langue) dans un autre alphabet. **3** Adapter (une œuvre musicale).

**transe** n. f. ■ **1** au plur. littér. Inquiétude ou appréhension extrêmement vive. **2** État du médium dépersonnalisé. **3** *Être, entrer en transe :* être hors de soi.

**transept** [trɑ̃sɛpt] n. m. ■ Nef transversale d'une église en croix latine.

**transférentiel, ielle** adj. ■ psych. Relatif au transfert (3).

**transférer** v. tr. ⑥ ▪ **1** Transporter en observant les formalités prescrites. *Transférer un prisonnier* (▷ n. m. **transfèrement**). **2** psych. Étendre (un sentiment) à un autre objet, par un transfert (3).

**transfert** n. m. ▪ **1** dr. Déplacement d'une personne à une autre. **2** Déplacement d'un lieu à un autre. *Le transfert des cendres de Napoléon.* → *Transfert de fonds.* **3** psych. Extension d'un affect à un autre objet. → en psychanalyse Fait, pour le patient en analyse, de revivre une situation affective de son enfance dans sa relation avec l'analyste.

**transfigurer** v. tr. ① ▪ **1** relig. chrét. Transformer en revêtant d'un aspect glorieux. **2** Transformer par une beauté et un éclat inhabituels. ▷ n. f. **transfiguration**

**transformable** adj. ▪ Qui peut être transformé.

**transformateur, trice** ▪ **1** adj. Qui transforme. **2** n. m. Appareil modifiant la tension, la nature d'un courant électrique.

**transformation** n. f. ▪ **1** Action de transformer ; opération par laquelle on transforme. → *Industrie de transformation.* ♦ au rugby Action de transformer un essai. **2** Fait de se transformer ; changement.

**transformer** v. tr. ① ▪ **1** Faire passer d'une forme à une autre, donner un autre aspect à. → **changer, modifier, renouveler.** ♦ au rugby *Transformer un essai*, le faire suivre d'un but. **2** TRANSFORMER EN : changer en. ► **se transformer** v. pron. **1** Prendre une autre forme, un autre aspect. → **changer, évoluer.** **2** SE TRANSFORMER EN : prendre la forme, l'aspect, la nature de.

**transformisme** n. m. ▪ sc. Théorie de l'évolution* par transformations successives. ▷ adj. et n. **transformiste**

**transfuge** ▪ **1** n. m. milit. Déserteur qui passe à l'ennemi. → **traître. 2** n. Personne qui trahit une cause.

**transfuser** v. tr. ① ▪ Faire passer (le sang d'un organisme humain) dans un autre. ► **transfusé, ée** adj. *Sang transfusé.* ♦ *Malade transfusé.*

**transfusion** n. f. ▪ *Transfusion (sanguine)*, injection thérapeutique de sang humain dans la veine d'un malade, d'un accidenté.

**transgénique** adj. ▪ (organisme) Dont le génome a été modifié (par *transgenèse* n. f.). → **O. G. M.** Maïs *transgénique*.

**transgenre** adj. et n. ▪ Qui concerne les personnes dont l'identité sexuelle psychique ne correspond pas au sexe biologique. → n. *Les transgenres.*

**transgresser** v. tr. ① ▪ Passer par-dessus (un ordre, une obligation, une loi). → **contrevenir** à, **violer.** ▷ n. m. **transgresseur** ▷ adj. **transgressif, ive** ▷ n. f. **transgression**

**transhumance** n. f. ▪ Migration du bétail de la plaine vers la montagne, pendant l'été. ▷ adj. **transhumant, ante**

**transi, ie** [trãzi] adj. ▪ Pénétré, engourdi (de froid ; d'un sentiment qui paralyse). → iron. *Un amoureux transi*, timide.

**transiger** [trãz-] v. intr. ③ ▪ **1** Faire des concessions réciproques (→ **transaction**). **2** TRANSIGER SUR, AVEC qqch. : céder ou faire des concessions.

**transir** [trãzir] v. tr. ② seulement prés. de l'indic., temps composés et inf. ▪ littér. (froid, sentiment) Pénétrer, transpercer.

**transistor** [trãzistɔr] n. m. ▪ **1** électron. Dispositif électronique pour redresser, moduler ou amplifier les courants électriques. **2** Poste récepteur portatif de radio.

**transistoriser** [trãz-] v. tr. ① ▪ Équiper de transistors (1).

**transit** [trãzit] n. m. ▪ **1** Situation d'une marchandise qui ne fait que traverser un lieu ; passage en franchise (surtout dans *en, de transit*). **2** *Voyageurs, passagers en transit*, qui ne subissent pas les contrôles. **3** physiol. Passage des aliments à travers les voies digestives. *Transit intestinal.* **4** astron. Passage d'un astre devant un autre.

**transitaire** [-z-] ▪ **1** adj. De transit. **2** n. Mandataire qui s'occupe des transits (1).

**transiter** [-z-] v. ① ▪ **1** v. tr. Faire passer (des marchandises, etc.) en transit (1). **2** v. intr. Passer, voyager en transit (2).

**transitif, ive** [-z-] adj. ▪ Qui peut avoir un complément d'objet (opposé à *intransitif*). *Verbes transitifs directs ; indirects* (complément construit avec une préposition : *à, de...*). ▷ adv. **transitivement**

**transition** [-z-] n. f. ▪ **1** Manière de passer de l'expression d'une idée à une autre en les reliant. **2** Passage graduel d'un état à un autre ; état intermédiaire. → **évolution.** → SANS TRANSITION, brusquement. → DE TRANSITION. → **transitoire.**

**transitoire** [-z-] adj. ▪ Qui constitue une transition. *Un régime transitoire.*

**translation** n. f. ▪ **1** Transport, déplacement. **2** sc. Déplacement, mouvement (d'un corps, d'une figure) pendant lequel les positions d'une même droite restent parallèles.

**translittération** n. f. ▪ ling. Transcription lettre par lettre (→ **transcrire** (2)). ▷ **translittérer** v. tr. ⑥

**translucide** adj. ▪ Qui laisse passer la lumière, mais n'est pas transparent. → **diaphane.** ▷ **translucidité** n. f. didact.

**transmetteur** n. m. et adj. ▪ Appareil qui sert à transmettre les signaux.

**transmettre** v. tr. ⑤⑥ ▪ **1** Faire passer d'une personne à une autre (un bien, matériel ou moral). *Transmettre un héritage.* → **léguer.** *Transmettre son pouvoir à qqn.* → **déléguer.** **2** Faire passer d'une personne à une autre (un écrit, des paroles, etc.) ; faire changer de lieu. *Transmettre une information.* → **communiquer; transmission. 3** Faire parvenir (un phénomène physique) d'un lieu à un autre. *Corps qui transmettent l'électricité.* **4** Faire passer (un germe, une maladie) d'un organisme à un autre (→ **contaminer**).

**transmigration** n. f. ▪ relig. Passage (d'une âme) d'un corps dans un autre. → **métempsychose.**

**transmissible** adj. ▪ Qui peut être transmis. ♦ méd. → **contagieux**. *Maladies sexuellement transmissibles.* → **M. S. T.**

**transmission** n. f. ▪ **I 1** Action, fait de transmettre (1). ♦ *Transmission des caractères.* → **hérédité. 2** Contagion. **3** Action de faire connaître, de communiquer (un message...). ♦ *TRANSMISSION DE PENSÉE* : télépathie. **4** Déplacement (d'un phénomène physique) avec intermédiaires. *Transmission d'ondes sonores.* → **diffusion. ▬** *Les organes de transmission d'une machine.* ♦ Système qui transmet le mouvement. **II** *Les TRANSMISSIONS* : moyens destinés à transmettre les informations. ♦ Troupes spécialisées qui mettent en œuvre ces moyens.

**transmuer** v. tr. 1 ▪ littér. Transformer (qqch.) en altérant profondément sa nature.

**transmutation** n. f. ▪ **1** Changement d'une substance en une autre. ♦ phys. Transformation d'un élément chimique en un autre par modification du noyau atomique. **2** fig., littér. Changement de nature (→ **transmuer**).

**transparaître** v. intr. 57 ▪ Se montrer au travers de qqch. ♦ fig. Apparaître.

**transparence** n. f. ▪ **1** Qualité d'un corps transparent. **2** *La transparence du teint*, sa clarté. **3** fig., littér. Clarté, évidence. → **limpidité**.

**transparent, ente** ▪ **I** adj. **1** Qui laisse passer la lumière et paraître avec netteté les objets qui se trouvent derrière (≠ *translucide*). **2** Translucide, diaphane. **3** fig. Qui laisse voir clairement la réalité, le sens. *Une allusion transparente.* → **clair. II** n. m. Panneau, tableau éclairé par-derrière.

**transpercer** v. tr. 3 ▪ **1** Percer de part en part. **2** fig., littér. (sentiment, émotion...) Atteindre en faisant souffrir. **3** Pénétrer.

**transpiration** n. f. ▪ **1** Sécrétion de la sueur. → **sudation. 2** Sueur.

**transpirer** v. intr. 1 ▪ **1** Sécréter de la sueur par les pores de la peau. → **suer. 2** fig., littér. (d'une information tenue cachée) Finir par être connu. *La nouvelle a transpiré.*

**transplant** n. m. ▪ Organe, tissu transplanté (→ **greffe**).

**transplantation** n. f. ▪ **1** Action de transplanter (une plante, un arbre). **2** biol. Greffe d'un organe entier. ♦ Implantation d'un embryon dans un utérus. **3** fig. Déplacement (de personnes, d'animaux).

**transplanter** v. tr. 1 ▪ **1** Sortir (un végétal) de la terre pour replanter ailleurs. **2** biol. Greffer (un organe). **3** fig. Transporter (des populations...).

**transport** n. m. ▪ **I 1** Manière de déplacer ou de faire parvenir une distance assez longue. ▬ *Moyen de transport*, utilisé pour transporter les marchandises ou les personnes (véhicules, avions, navires). **2** au plur. Moyens d'acheminement. ▬ *Transports en commun*, des voyageurs dans des véhicules publics. **3** *TRANSPORT AU CERVEAU* : congestion cérébrale. **II** fig., littér. Vive émotion, sentiment passionné qui entraîne.

**transporter** v. tr. 1 ▪ **I 1** Déplacer (qqn, qqch.) d'un lieu à un autre en portant. **2** Faire passer d'un point à un autre. → **transmettre**. *Les ondes transportent l'énergie à distance.* ▷ adj. **transportable II** (sujet chose) Agiter (qqn) par un sentiment violent. → **enivrer, exalter; transport** (II). ▬ au passif et p. p. *(Être) transporté de joie.*

**transporteur** n. m. ▪ **1** Personne qui se charge de transporter (des marchandises ou des personnes) ; entrepreneur de transports. **2** Appareil, dispositif pour transporter des marchandises.

**transposer** v. tr. 1 ▪ **I 1** (compl. plur. ou collectif) Placer en intervertissant l'ordre. **2** Faire passer dans un autre domaine. *Transposer au XXᵉ siècle l'histoire de Tristan et Iseult.* **II** mus. Faire passer (une structure musicale) dans une autre ton sans l'altérer.

**transposition** n. f. ▪ **1** Déplacement ou interversion dans l'ordre des éléments de la langue (ex. l'anagramme). **2** Fait de transposer (2). **3** mus. Fait de transposer un morceau de musique. ♦ Morceau transposé.

**transsaharien, ienne** adj. ▪ Qui traverse le Sahara.

**transsexuel, elle** ▪ **1** adj. Qui a le sentiment d'appartenir à un sexe opposé (à son sexe biologique). **2** n. Personne qui a changé de sexe.

**transsibérien, ienne** adj. ▪ Qui traverse la Sibérie. ▬ n. m. *Le Transsibérien* (chemin de fer).

**transsubstantiation** n. f. ▪ relig. cathol. Changement du pain et du vin en la substance du corps de Jésus-Christ.

**transsuder** v. tr. 1 ▪ didact. Passer en fines gouttelettes. → **filtrer, suinter.** ▷ n. f. **transsudation**

**transuranien, ienne** [trãz-] adj. ▪ chim. Dont le nombre atomique est supérieur à celui de l'uranium.

**transvaser** v. tr. 1 ▪ Verser d'un récipient dans un autre. ▷ n. m. **transvasement**

**transversal, ale, aux** ▪ **I** adj. **1** Qui traverse une chose perpendiculairement à sa plus grande dimension. *Coupe transversale* (opposé à *longitudinal*). **2** Qui traverse, est en travers. ▷ adv. **transversalement II** n. f. Voie transversale.

**transverse** adj. ▪ anat. Se dit d'un organe qui est en travers. *Côlon transverse*.

**trapèze** n. m. ▪ **I** Quadrilatère dont deux côtés sont parallèles (surtout lorsqu'ils sont inégaux). **II** Barre horizontale suspendue au moyen de deux cordes (sport...).

**trapéziste** n. ▪ Acrobate du trapèze.

**trapézoïdal, ale, aux** adj. ▪ didact. En forme de trapèze.

① **trappe** n. f. ▪ **1** Ouverture pratiquée dans un plancher, un plafond et munie d'une fermeture qui se rabat. **2** Piège, fosse recouverte (de branchages...). → **chausse-trape**.

② **trappe** n. f. ▪ Ordre religieux cistercien.

**trappeur** n. m. ▪ Chasseur professionnel qui fait commerce de fourrures.

**trappiste** n. m. ▪ Moine, religieux qui observe la règle réformée de la Trappe.

**trapu, ue** adj. ▪ **1** (personnes) Qui est court et large, robuste. ◆ (choses) Ramassé, massif. **2** fam. Fort, savant. ◆ Difficile.

**traquenard** n. m. ▪ Piège.

**traquer** v. tr. [1] ▪ **1** Poursuivre (le gibier) en le serrant de plus en plus. **2** Poursuivre (qqn), le forcer dans sa retraite. ← au p. p. *Un homme traqué.* → n. f. **traque**

**trash** adj. invar. ▪ anglic., fam. Qui est volontairement sale, désagréable, de mauvais goût.

**traumatique** adj. ▪ didact. Qui a rapport aux blessures. *Choc traumatique.*

**traumatiser** v. tr. [1] ▪ Provoquer un traumatisme chez (qqn). ▷ adj. **traumatisant, ante**

**traumatisme** n. m. ▪ **1** Troubles provoqués dans l'organisme par une lésion, une blessure grave. **2** Choc émotionnel très violent.

**traumatologie** n. f. ▪ didact. Médecine, chirurgie des traumatismes. ▷ adj. **traumatologique**

**travail, aux** n. m. ▪ **I 1** Ensemble des activités humaines organisées, coordonnées en vue de produire ce qui est utile ; activité productive. *Travail manuel, intellectuel.* **2** Action ou façon de travailler (I, 1) une matière ; de manier un instrument. **3** Activités manuelles ou intellectuelles exercées pour parvenir à un résultat utile. → **besogne, tâche. 4** Manière dont un ouvrage, une chose ont été exécutés. *Travail soigné.* **II** *LES TRAVAUX.* **1** Suite d'opérations exigeant une activité physique suivie et l'emploi de moyens techniques. *Gros travaux, pénibles.* **2** *TRAVAUX PUBLICS :* travaux de construction, de réparation, ou d'entretien d'utilité générale (ex. routes, ponts, etc.). **3** anciennt *TRAVAUX FORCÉS* (peine de droit commun). → **bagne. 4** Recherches. *Travaux scientifiques.* **5** Délibérations (d'une assemblée) devant aboutir à une décision. **III 1** Activité laborieuse, rétribuée, dans une profession. → **emploi, gagne-pain, métier, profession, spécialité ;** fam. **boulot, job.** *Être sans travail* (→ **chômeur**). **2** L'ensemble des travailleurs, surtout agricoles et industriels. → **ouvrier, paysan ; main-d'œuvre. IV** Période des contractions, dans l'accouchement. **V** sc. **1** Action continue, progressive (d'une cause naturelle). *Le travail d'érosion.* **2** Fait de produire un effet utile. *Travail musculaire.* **3** phys. Produit d'une force par le déplacement de son point d'application.

**travailler** v. [1] ▪ **I** v. tr. **1** Modifier par le travail ; rendre plus utile ou utilisable. *Travailler le bois. Travailler la terre.* → **cultiver.** ◆ Soumettre à un travail intellectuel pour améliorer. *Travailler son style.* **2** Chercher à acquérir ou perfectionner par l'exercice, l'étude ou la pratique. **3** Soumettre à des influences volontaires. **4** *TRAVAILLER À... :* faire tous ses efforts pour obtenir (un résultat).

*Travailler à la perte de qqn.* ◆ Consacrer son activité à (un ouvrage). **II** v. intr. **1** Agir d'une manière suivie, avec effort, pour obtenir un résultat utile. ◆ spécialt Étudier. *Élève qui travaille bien.* **2** Exercer une activité professionnelle, un métier. *Travailler en usine.* **3** S'exercer, effectuer un exercice. **4** (sujet chose : temps, forces...) Agir. *Le temps travaille pour nous.* **5** Fonctionner pour la production. *Entreprise qui travaille pour l'exportation.* **6** loc. fam. *TRAVAILLER DU CHAPEAU :* être fou. → **prolétaire. III** v. intr. (choses) **1** Subir une force, une action. *Le bois a travaillé.* → se **déformer. 2** Fermenter, subir une action interne. *Le vin travaille.* **3** fig. Être agité. *Son imagination travaille.* **IV** v. tr. Inquiéter, préoccuper. *Ça le travaille.*

**travailleur, euse** ▪ **I** n. **1** Personne qui travaille. **2** Personne qui exerce une activité professionnelle. ← *Les travailleurs,* les salariés (surtout ouvriers). → **prolétaire. II** adj. **1** Qui aime le travail. **2** Des travailleurs. *Les masses travailleuses.* → **laborieux.**

**travailliste** n. et adj. ▪ Membre du Labour Party britannique (parti du *Travail*).

**travailloter** v. intr. [1] ▪ Travailler peu.

**travée** n. f. ▪ **1** techn. Portion (de voûte, de comble, de pont...) comprise entre deux points d'appui. **2** Rangée de tables, de sièges placés les uns derrière les autres.

**traveller's check** ou **traveller's chèque** [tʀavlœʀ(s)ʃɛk] n. m. ▪ anglic. → **chèque** de voyage. – abrév. TRAVELLER.

**travelling** [tʀavliŋ] n. m. ▪ anglic. Mouvement de la caméra placée sur un chariot, qui glisse sur des rails.

**travelo** n. m. ▪ fam. et péj. Travesti (I, 2).

**travers** n. m. ▪ **I** dans des loc. **1** *EN TRAVERS :* dans une position transversale. ← fig., littér. *Se mettre en travers de :* s'opposer à. **2** *À TRAVERS :* en traversant. ← fig. *À travers les âges.* ◆ *AU TRAVERS :* en passant d'un bout à l'autre ; de part en part. ← loc. *Passer au travers,* échapper. ◆ *PAR LE TRAVERS :* sur le côté. **3** *DE TRAVERS :* dans une direction, une position oblique ; qui n'est pas droit. → fam. de **traviole.** ← loc. *Regarder qqn de travers,* avec animosité, suspicion. ← *Raisonner de travers.* → **mal. 4** *À TORT\* ET À TRAVERS.* **II** Léger défaut (de qqn). → **imperfection.**

**traversable** adj. ▪ Qui peut être traversé.

**traverse** n. f. ▪ **I 1** Barre disposée en travers, servant à assembler, à consolider des montants. **2** Pièce placée en travers de la voie pour maintenir l'écartement des rails. **II** *Chemin DE TRAVERSE.* → **raccourci.**

**traversée** n. f. ▪ **1** Action de traverser la mer, une grande étendue d'eau. **2** Action de traverser (un espace) d'un bout à l'autre.

**traverser** v. tr. [1] ▪ **I 1** Passer, pénétrer de part en part, à travers (un corps, un milieu). → **percer, transpercer. 2** Se frayer un passage à travers (une foule...). **II 1** Parcourir (un espace) en entier. *Traverser une ville. Traverser l'Atlantique.* ← Couper (une voie de communication), aller d'un bord à l'autre.

*Traverser la rue.* **2** (sujet chose ; sans mouvement) S'étendre, s'allonger au travers de... *La route traverse la voie ferrée.* → **croiser. 3** Vivre (un espace de temps). *Traverser une période difficile.* **4** (sujet chose) Passer par (l'esprit, l'imagination).

**traversier, ière ▪ I** adj. vx Qui est en travers. *Rue traversière.* ← loc. *Flûte traversière* (horizontale). **II** n. m. (au Québec) Bac.

**traversin** n. m. ▪ Long coussin cylindrique, placé en travers, à la tête du lit. → **polochon.**

**travertin** n. m. ▪ Calcaire présentant de petites cavités, utilisé en construction.

**travesti, ie ▪ I 1** adj. Revêtu d'un déguisement. → **costumé.** ← n. m. *Un travesti,* un acteur jouant un rôle féminin. **2** n. m. Homme habillé et maquillé en femme. → fam. **travelo. II** n. m. vieilli Déguisement.

**travestir** v. ▪ **2 1** v. pron. *SE TRAVESTIR :* se déguiser (→ travesti, I, 1 et 2). **2** v. tr. Transformer en dénaturant. → **déformer, fausser.** *Travestir la vérité.* ▷ n. m. **travestissement de traviole** loc. adv. ▪ fam. De travers.

**trayeuse** n. f. ▪ Machine à traire.

**trayon** n. m. ▪ Tétine du pis (d'une vache).

**trébuchant, ante** adj. ▪ **1** Qui trébuche. **2** fig. Qui hésite à chaque difficulté. **3** loc. *Espèces SONNANTES\* ET TRÉBUCHANTES.*

**trébucher** v. intr. **1 ▪ 1** Perdre soudain l'équilibre, faire un faux pas. → **chanceler. 2** fig. Être arrêté par une difficulté.

**trébuchet** n. m. ▪ **1** Piège à oiseaux. **2** Petite balance pour les pesées délicates.

**tréfiler** v. tr. **1** ▪ techn. Étirer (un métal) en le faisant passer par une filière. ▷ n. m. **tréfilage** ▷ **tréfilerie** n. f. (atelier, usine).

**trèfle** n. m. ▪ **1** Herbe des prairies aux feuilles à trois folioles. ← *Trèfle à quatre feuilles* (porte-bonheur). ◆ Se dit d'autres plantes à trois folioles. **2** Motif décoratif évoquant la feuille de trèfle. ◆ aux cartes Ce motif, de couleur noire. *As de trèfle.*

**tréfonds** n. m. ▪ littér. Ce qu'il y a de plus profond, de plus secret.

**treillage** n. m. ▪ Assemblage de lattes, d'échalas posés parallèlement ou croisés. ◆ Clôture à claire-voie. → ① **treillis.**

**treille** n. f. ▪ Vigne en berceau, en voûte (sur treillage, mur...) ; tonnelle où grimpe la vigne. ◆ loc. *Le jus de la treille,* le vin.

① **treillis** n. m. ▪ **1** Entrecroisement de lattes, de fils métalliques formant claire-voie.

② **treillis** n. m. ▪ **1** Forte toile de chanvre. **2** Tenue militaire d'exercice ou de combat.

**treize ▪ 1** adj. numéral cardinal invar. Dix plus trois (13). ← *Treize cents* ou *mille trois cents (1300).* ← loc. *TREIZE À LA DOUZAINE,* treize pour le prix de douze. **2** adj. numéral ordinal invar. Treizième. *Louis XIII (treize).* **3** n. m. invar. Le nombre, le numéro treize.

**treizième** adj. numéral ordinal ▪ **1** Qui suit le douzième (13ᵉ ; XIIIᵉ). ← n. *Le, la treizième.* **2** n. m. Fraction d'un tout partagé également en treize. ▷ adv. **treizièmement**

**trekking** n. m. ▪ anglic. Randonnée pédestre en montagne, avec guides et porteurs, pour visiter des lieux inaccessibles d'une autre manière.

**tréma** n. m. ▪ Signe formé de deux points juxtaposés sur les voyelles *e, i, u* (la voyelle qui précède est prononcée séparément).

**tremblant, ante** adj. ▪ **1** Qui tremble. *Tremblant de froid.* → **grelottant. 2** Qui tremble de peur.

**tremble** n. m. ▪ Peuplier à écorce lisse, à tige droite, dont les feuilles frissonnent.

**tremblé, ée** adj. ▪ **1** Tracé d'une main tremblante. *Écriture tremblée.* **2** (son, voix) Qui tremble.

**tremblement** n. m. ▪ **1** Secousses répétées qui agitent une chose. ← *TREMBLEMENT DE TERRE :* secousses en relation avec la déformation de l'écorce terrestre en un lieu. → **séisme ;** secousse **sismique. 2** Léger mouvement de ce qui tremble. **3** Agitation du corps par petites oscillations involontaires. → **convulsion. 4** loc. fam. *Et tout le tremblement :* et tout le reste.

**trembler** v. intr. **1** ▪ **1** Être agité de petits mouvements répétés autour d'une position d'équilibre. ← Être ébranlé. *La terre tremble.* → **tremblement** de terre. ◆ (lumière) Produire une image vacillante. ◆ (voix, son) Varier rapidement (en intensité, hauteur). **2** (personnes) Être agité par une suite de petites contractions involontaires des muscles. *Trembler comme une feuille,* beaucoup. ← *Ses mains tremblent.* **3** fig. Avoir grand peur. *Je tremble qu'on ne l'ait vu. Trembler pour qqn,* craindre pour lui.

**trembleur** n. m. ▪ Vibreur.

**tremblote** n. f. ▪ fam. *Avoir la tremblote :* trembler (2).

**trembloter** v. intr. **1** ▪ Trembler (1, 2) légèrement. ▷ n. m. **tremblotement**

**trémie** n. f. ▪ Entonnoir en forme de pyramide renversée.

**trémière** adj. f. ▪ *Rose trémière,* plante décorative (guimauve) à fleurs roses.

**trémolo** n. m. ▪ **1** mus. Répétition très rapide d'un son. **2** Tremblement d'émotion (affecté) de la voix.

**se trémousser** v. pron. **1** ▪ S'agiter avec de petits mouvements vifs et irréguliers. → **frétiller,** se **tortiller.** ▷ n. m. **trémoussement**

**trempage** n. m. ▪ Action de tremper.

**trempe** n. f. ▪ **I 1** Immersion dans un bain froid (d'un métal, d'un alliage chauffé). **2** Qualité qu'un métal acquiert par la trempe. ◆ loc. fig. *DE (cette...) TREMPE :* de (cette...) qualité, de (ce...) caractère. **II** fam. Volée de coups.

**tremper** v. 🔲 ▪ **I** v. tr. **1** (liquide) Mouiller fortement, imbiber. ← passif et p. p. *Être trempé.* **2** Plonger (un solide) dans un liquide pour imbiber, enduire. ♦ Immerger, baigner. **3** techn. Soumettre à la trempe (I, 1). ← au p. p. *Acier TREMPÉ.* **4** fig. et littér. Aguerrir, fortifier. ← au p. p. *Caractère bien trempé,* énergique. **II** v. intr. **1** Rester plongé dans un liquide. **2** loc. (sujet personne) *TREMPER DANS* (une affaire malhonnête), y participer.

**trempette** n. f. ▪ *Faire trempette* : prendre un bain hâtif.

**tremplin** n. m. ▪ **1** Planche élastique sur laquelle on prend élan pour sauter. **2** fig. *Les difficultés lui ont servi de tremplin.*

**trench-coat** [tʁɛnʃkot] n. m. ▪ anglic. Imperméable à ceinture (abrév. *trench*).

**trentaine** n. f. ▪ Nombre de trente. ♦ Âge d'environ trente ans.

**trente** invar. ▪ **1** adj. cardinal Trois fois dix (30). ♦ *TRENTE-SIX :* fam. un grand nombre indéterminé. ← loc. *Tous les trente-six du mois,* quasiment jamais. **2** adj. ordinal Qui suit le vingt-neuvième. *Page trente.* **3** n. m. invar. Nombre, numéro trente. ← loc. *Se mettre SUR SON TRENTE ET UN :* mettre ses plus beaux habits.

**trentième** [-tjɛm] adj. numéral ordinal ▪ **1** Qui vient après le vingt-neuvième. ← n. *Le, la trentième.* **2** n. m. Partie d'un tout également divisé en trente.

**trépan** n. m. ▪ **1** chir. Instrument pour percer les os du crâne. **2** Vilebrequin pour forer. → **foreuse.**

**trépaner** v. tr. 🔲 ← chir. Percer la boîte crânienne de (qqn) à l'aide d'un trépan. ▷ n. f. **trépanation**

**trépas** n. m. ▪ vx ou littér. Mort (d'une personne). loc. *Passer de vie à trépas :* mourir.

**trépasser** v. intr. 🔲 ▪ littér. → **mourir.** ♦ au p. p. subst. *Les trépassés* : les morts.

**trépidant, ante** adj. ▪ **1** Agité de petites secousses. **2** (rythme) Très rapide et agité.

**trépider** v. intr. 🔲 ▪ Être agité de petites secousses fréquentes, d'oscillations rapides. → **vibrer.** ▷ n. f. **trépidation**

**trépied** n. m. ▪ Support à trois pieds.

**trépigner** v. intr. 🔲 ▪ Piétiner, frapper des pieds à plusieurs reprises. *Trépigner de colère.* ▷ n. m. **trépignement**

**tréponème** n. m. ▪ Micro-organisme dont une espèce est responsable de la syphilis.

**très** adv. [tʁɛ] devant une consonne, [tʁɛz] devant voyelle ou *h* muet ▪ À un haut degré. **1** (devant un adj.) *Très drôle.* → **extrêmement.** ← *Pas très,* moyennement, un peu. (euphémisme) *Il n'est pas très malin,* pas du tout. ← (+ terme à valeur d'adj.) *Être très en retard. Elle est déjà très femme.* **2** (devant un adv.) *Aller très vite.* **3** (dans des locutions verbales d'état) *Il fait très chaud. Il va très mal.* ← *J'ai très faim.* → **grand.**

**trésor** n. m. ▪ **1** Choses précieuses amassées et cachées. *Découvrir un trésor.* **2** souvent au plur. Grandes richesses concrètes. *Les trésors artistiques des musées.* ← Masse monétaire importante. **3** *LE TRÉSOR (PUBLIC) :* moyens financiers d'un État. ← en France Service financier de l'État. **II** fig. **1** *Un, des trésor(s) de* : une abondance précieuse. *Des trésors de patience.* **2** Titre d'ouvrages encyclopédiques, de dictionnaires. **3** *Mon trésor,* terme d'affection.

**trésorerie** n. f. ▪ **1** Administration du Trésor public. ← Services financiers. **2** État et gestion des fonds, des ressources. *Difficultés de trésorerie,* financières.

**trésorier, ière** n. ▪ Personne chargée de l'administration des finances (d'une organisation). ← *Trésorier-payeur général,* qui gère le Trésor public dans un département.

**tressage** n. m. ▪ Action de tresser.

**tressaillement** n. m. ▪ Secousses musculaires qui agitent brusquement le corps.

**tressaillir** v. intr. 🔢 ▪ Éprouver un tressaillement. → **sursauter, tressauter.**

**tressauter** v. intr. 🔲 ▪ **1** Tressaillir. **2** (sujet chose) Être agité. ▷ n. m. **tressautement**

**tresse** n. f. ▪ **1** Assemblage de trois mèches de cheveux entrecroisées à plat. → **natte.** **2** Cordon plat fait de fils entrelacés.

**tresser** v. tr. 🔲 ▪ **1** Entrelacer (des brins de paille, de jonc; des cheveux). **2** Faire (un objet) en entrelaçant des fils, des brins.

**tréteau** n. m. ▪ **1** Pièce de bois, support, barre horizontale sur quatre pieds. *Table à tréteaux.* **2** littér. *LES TRÉTEAUX :* scène sommaire. → **planche(s).**

**treuil** n. m. ▪ Appareil de levage, cylindre tournant sur un axe et autour duquel s'enroule un câble. → **cabestan.** ▷ **treuiller** v. tr. 🔲 n. m. **treuillage**

**trêve** n. f. ▪ **1** Cessation provisoire des combats, par convention. → **cessez-le-feu.** **2** fig. Interruption d'une lutte. **3** *SANS TRÊVE :* sans relâche. ← exclam. *TRÊVE DE... :* assez de. *Trêve de plaisanterie !*

**trévise** n. f. ▪ Chicorée d'origine italienne, à cœurs pommés rouges veinés de blanc.

**tri** n. m. ▪ Action de trier. *Le tri des lettres.*

**tri-** ▪ Élément du latin et grec *tri-* « trois ».

**triade** n. f. ▪ didact. Groupe de trois.

**triage** n. m. ▪ **1** Fait de trier ou de répartir. → **tri, choix. 2** Séparation et regroupement des wagons. *Gare de triage.*

**trial** n. m. ▪ anglic. Course de motos sur terrain accidenté. ♦ Moto pour ce sport.

**triangle** n. m. ▪ **1** Figure géométrique, polygone à trois côtés. *Triangle isocèle, équilatéral, rectangle.* **2** Objet de cette forme. **3** Instrument de musique à percussion, tige d'acier repliée.

**triangulaire** adj. ▪ **1** En forme de triangle. **2** fig. À trois éléments. *Élection triangulaire.*

**triangulation** n. f. ▪ Division (d'un terrain) en triangles pour le mesurer.

**trias** [-ɑs] n. m. ■ géol. Terrain du secondaire ancien dont les dépôts contiennent trois parties (grès, calcaire coquillier, marnes) ; sa période. ▷ adj. **triasique**

**triathlon** n. m. ■ sport Épreuve d'athlétisme : natation, course cycliste et à pied.

**tribal, ale, aux** adj. ■ didact. De la tribu.

**tribo-électricité** n. f. ■ phys. Électricité statique produite par frottement. ▷ adj. **tribo-électrique**

**tribord** n. m. ■ Côté droit d'un navire, en regardant vers l'avant (opposé à *bâbord*).

**tribu** n. f. ■ **1** Antiq. Division du peuple (juif, grec, romain). *Les douze tribus d'Israël.* **2** Groupe social et politique fondé sur la parenté ethnique, dans les sociétés pré-industrielles. **3** iron. Groupe nombreux.

**tribulations** n. f. pl. ■ Aventures plus ou moins désagréables.

**tribun** n. m. ■ **1** Antiq. Officier *(tribun militaire)* ou magistrat *(tribun de la plèbe)* romain. **2** littér. Défenseur éloquent (d'une idée...).

**tribunal, aux** n. m. ■ **1** Lieu où l'on rend la justice. → **palais** de justice. **2** Magistrats exerçant une juridiction (→ **chambre, cour**). **3** fig. Justice, jugement (de la postérité).

**tribune** n. f. ■ **1** Emplacement élevé où sont réservées des places. *Tribune de presse.* ◆ Emplacement en gradins (dans un stade...). **2** Estrade d'où l'orateur (→ **tribun**) s'adresse à une assemblée. **3** fig. Rubrique offerte au public par un média.

**tribut** n. m. ■ **1** Contribution forcée. **2** Contribution payée à une autorité. **3** fig., littér. *Payer un lourd tribut à...*

**tributaire** adj. ■ **1** Qui paye tribut ; soumis à un pouvoir. **2** Qui dépend (de qqn, de qqch.). **3** (cours d'eau) → **affluent.**

**triceps** n. m. et adj. m. ■ (Muscle) dont l'extrémité s'insère à trois points osseux.

**tricératops** [-ɔps] n. m. ■ didact. Grand reptile fossile (dinosaurien) à trois cornes.

**triche** n. f. ■ fam. Tricherie.

**tricher** v. intr. ① ■ **1** Enfreindre les règles d'un jeu en vue de gagner. **2** Enfreindre une règle, un usage. *Tricher à un examen.* **3** Dissimuler un défaut par un artifice. ▷ n. f. **tricherie** ▷ n. **tricheur, euse**

**trichine** [-k-] n. f. ■ Petit ver parasite de l'intestin (animaux, homme), et à l'état de larve dans les muscles, provoquant une maladie (la *trichinose*).

**trichloréthylène** [-kl-] n. m. ■ chim. Dérivé chloré de l'éthylène, solvant des corps gras.

**trichromie** [-kʀ-] n. f. ■ techn. Procédé de reproduction des couleurs basé sur le bleu, le rouge et le jaune.

**tricolore** adj. ■ **1** De trois couleurs. **2** Des couleurs du drapeau français : bleu, blanc et rouge. ◆ *L'équipe tricolore,* française.

**tricorne** n. m. ■ Chapeau à trois cornes.

**tricot** n. m. ■ **1** Tissu formé d'une matière textile disposée en mailles. **2** Action de tricoter. *Faire du tricot.* **3** Vêtement tricoté. → **chandail, pull-over.** → *Tricot de corps.* → **maillot.**

**tricoter** v. ① ■ **I** v. tr. Exécuter au tricot. ◆ sans compl. *Aiguilles à tricoter.* **II** fig., fam. Bouger, courir vite. ▷ n. m. **tricotage**

**tricoteur, euse** ■ **1** n. Personne qui tricote. ◆ n. f. hist. (Révolution française) Femme du peuple révolutionnaire. **2** n. f. Machine à tricoter.

**trictrac** n. m. ■ Jeu de dés, où l'on fait avancer des pions sur un plateau spécial.

**tricycle** n. m. ■ Cycle à trois roues.

**tridacne** n. m. ■ zool. Grand mollusque des mers chaudes appelé aussi *bénitier.*

**trident** n. m. ■ Fourche, harpon à trois pointes.

**tridimensionnel, elle** adj. ■ didact. Qui a trois dimensions ; qui se développe dans un espace à trois dimensions.

**trièdre** n. m. ■ géom. Figure formée par trois plans qui se coupent deux à deux.

**triennal, ale, aux** adj. ■ Qui a lieu tous les trois ans ou dure trois ans.

**trier** v. tr. ① ■ **1** Choisir parmi d'autres ; extraire d'un plus grand nombre (→ **tri, triage**). → loc. *Trier sur le volet\*.* **2** Séparer en enlevant ce qui est mauvais. *Trier des lentilles.* **3** Répartir en groupes. → **classer.** *Trier ses papiers.* → inform. *Trier des données* (selon un ordre). ▷ adj. et n. **trieur, euse**

**trière** n. f. ■ Antiq. grecque Bateau à trois rangs de rames. → **trirème.**

**triforium** [-jɔm] n. m. ■ archit. Galerie étroite à ouvertures (églises gothiques).

**trifouiller** v. ① ■ fam. **1** v. tr. Mettre en désordre. **2** v. intr. Fouiller (dans).

**triglyphe** n. m. ■ archit. Ornement de la frise dorique, à trois ciselures.

**trigonométrie** n. f. ■ math. Détermination des éléments des triangles au moyen des fonctions circulaires (sinus, cosinus, tangente..). ▷ adj. **trigonométrique**

**trijumeau** adj. et n. m. ■ *(Nerf) trijumeau,* cinquième nerf crânien, divisé en trois.

**trilingue** adj. ■ didact. **1** Qui est en trois langues. **2** Qui connaît trois langues.

**trille** n. m. ■ mus. Battement rapide et ininterrompu sur deux notes voisines.

**trillion** [tʀiljɔ̃] n. m. ■ Un milliard de milliards (soit $10^{18}$).

**trilobé, ée** adj. ■ didact. Qui a trois lobes.

**trilogie** n. f. ■ Groupe de trois pièces de théâtre, de trois œuvres.

**trimaran** n. m. ■ Voilier (multicoque) à trois coques.

**trimballer** v. tr. ① ■ fam. Mener, porter partout avec soi. ◆ fam. *Qu'est-ce qu'il trimballe ! :* il est bête ! ▷ n. m. **trimballage**

**trimer** v. intr. ① ■ Travailler avec effort.

**trimestre** n. m. ■ **1** Durée de trois mois. **2** Somme payée tous les trois mois. ▷ adj.
**trimestriel, ielle** ▷ adv. **trimestriellement**

**trimoteur** n. m. ■ Avion à trois moteurs. → **triréacteur.**

**tringle** n. f. ■ Tige rigide.

**trinité** n. f. ■ **1** relig. chrét. *La Trinité* : Dieu unique en trois personnes. ◆ Fête religieuse (après la Pentecôte). **2** Groupe de trois dieux (→ **triade**), ou de trois principes.

**trinitrotoluène** n. m. ■ chim. Explosif dérivé du toluène. – abrév. cour. **T. N. T.**

**trinôme** n. m. ■ Polynôme à trois termes.

**trinquer** v. intr. 🔲 ■ **1** Choquer son verre contre celui d'un autre et boire à sa santé. **2** fam. Subir des désagréments.

**trinquette** n. f. ■ mar. Voile d'avant triangulaire, en arrière du foc.

**trio** n. m. ■ **1** mus. Morceau pour trois instruments ou trois voix. ◆ Groupe de trois musiciens. ◆ Seconde partie du menuet*. **2** Groupe de trois personnes.

**triode** n. f. ■ phys. Tube à trois électrodes.

**triolet** n. m. ■ mus. Groupe de trois notes de valeur égale valant deux temps.

**triomphal, ale, aux** adj. ■ **1** D'un triomphe (1 et 2). **2** Qui est accompagné d'honneurs, d'acclamations. **3** Qui constitue une grande réussite. ▷ adv. **triomphalement**

**triomphalisme** n. m. ■ Croyance affichée au succès. ▷ adj. et n. **triomphaliste**

**triomphant, ante** adj. ■ **1** Qui a remporté une victoire. **2** Qui manifeste une joie éclatante.

**triomphateur, trice** n. ■ **1** Personne qui triomphe (II). **2** n. m. Antiq. Général romain à qui l'on faisait les honneurs du triomphe.

**triomphe** n. m. ■ **1** Victoire éclatante à l'issue d'une lutte, d'une rivalité. ◆ Honneur décerné à un général romain victorieux. ◆ loc. *ARC* DE TRIOMPHE.* **3** loc. *PORTER qqn EN TRIOMPHE*, le faire acclamer. **4** Grande satisfaction (après un succès). **5** Approbation enthousiaste du public.

**triompher** v. 🔲 ■ **I** v. tr. ind. *TRIOMPHER DE* qqn, le vaincre avec éclat. ◆ *Triompher de qqch.*, en venir à bout. **II** v. intr. **1** Remporter une victoire absolue ; s'imposer de façon éclatante. **2** Éprouver un sentiment de triomphe. **3** Réussir brillamment (en public). → **exceller.**

**triparti, ie** ou **tripartite** adj. ■ polit. Qui réunit trois parties. *Pacte tripartite.*

**tripatouiller** v. tr. 🔲 ■ **1** fam. Altérer (un texte original). ◆ Truquer (des comptes...). **2** (concret) Tripoter. ▷ n. m. **tripatouillage** ▷ n. **tripatouilleur, euse**

**tripe** n. f. ■ **1** *Des tripes,* plat fait de boyaux de ruminants préparés. **2** fam. Intestin de l'homme ; ventre. **3** fig. et fam. Entrailles. *Prendre aux tripes,* bouleverser.

**triperie** n. f. ■ Commerce du tripier.

**tripette** n. f. ■ loc. *Ça ne VAUT PAS TRIPETTE* : cela ne vaut rien.

**triphasé, ée** adj. ■ électr. *Courant triphasé,* à trois phases.

**tripier, ière** n. ■ Commerçant qui vend des abats (tripes, etc.).

**triple** adj. ■ **1** Qui équivaut à trois, se présente comme trois plis. *Triple menton,* qui fait trois plis. ◆ Qui concerne trois éléments. **2** Trois fois plus grand. ◆ n. m. *Le triple.*

**triplé** ■ **I** n. m. sports Triple succès d'un athlète, d'une équipe. **II** au plur. *TRIPLÉS, ÉES* : trois enfants nés d'une même grossesse.

**tripler** v. 🔲 ■ **1** v. tr. Rendre triple, multiplier par trois. **2** v. intr. Devenir triple. ▷ n. m. **triplement**

**triplet** n. m. ■ sc. Association de trois éléments.

**triporteur** n. m. ■ Tricycle muni d'une caisse pour le transport de marchandises.

**tripot** n. m. ■ péj. Maison de jeu.

**tripotée** n. f. ■ fam. **1** Raclée, volée. **2** *Une tripotée de* : un grand nombre de.

**tripoter** v. 🔲 ■ **1** v. tr. Manier, tâter sans délicatesse. ◆ Toucher de manière répétée, machinalement. → **triturer. 2** v. intr. Se livrer à des combinaisons malhonnêtes. → **trafiquer.** ◆ n. m. **tripotage** ▷ n. **tripoteur, euse**

**tripous** ou **tripoux** n. m. pl. ■ régional Tripes et abats (pieds de mouton, etc.).

**triptyque** n. m. ■ **1** Peinture, sculpture composée d'un panneau central et de deux volets mobiles. ◆ Œuvre littéraire en trois tableaux ou récits. **2** Document douanier en trois feuillets.

**trique** n. f. ■ Gros bâton pour frapper. ◆ loc. *Sec comme un coup de trique* : très maigre.

**triréacteur** n. m. ■ Avion à trois réacteurs.

**trirème** n. f. ■ Antiq. Navire de guerre à trois rangées de rames. → **trière.**

**trisaïeul, eule** n. ■ Père, mère du bisaïeul ou de la bisaïeule. *Mes trisaïeuls.*

**trisomie** n. f. ■ méd. Présence anormale d'un chromosome supplémentaire dans une paire. *Trisomie 21* : mongolisme. ▷ adj. et n. **trisomique**

**triste** adj. ■ **I 1** Qui éprouve un malaise douloureux. ◆ Habituellement sans gaieté. → **mélancolique, morose. 2** Qui exprime la tristesse. → **malheureux, sombre.** *De tristes pensées.* **3** (choses) Qui répand la tristesse. → **morne, sinistre. II** (choses) **1** Qui fait souffrir. → **affligeant, malheureux, pénible.** ◆ Qui raconte ou montre des choses pénibles. **2** Qui suscite des jugements pénibles. → **déplorable.** *Dans un triste état.* **3** péj. (avant le nom) Dont le caractère médiocre ou odieux afflige. → **lamentable.** *Quelle triste époque !* ▷ adv. **tristement**

**tristesse** n. f. ■ **1** État affectif pénible et durable ; douleur morale générale. → **mélancolie, peine. 2** Moment où l'on est dans cet état ; ce qui le fait naître. → **chagrin. 3** Caractère de ce qui exprime ou suscite cet état. *La tristesse des ruines.*

**trithérapie** n. f. ■ Traitement associant trois médicaments (maladies virales...).

**triton** n. m. ■ I mythol. Divinité marine à figure humaine et à queue de poisson. II zool. 1 Grand mollusque marin à coquille en spirale. 2 Batracien aquatique.

**triturer** v. tr. 1 ■ 1 Réduire en poudre ou en pâte en écrasant. → **broyer.** 2 Manier à fond. → **pétrir.** ◆ fam. *Se triturer les méninges, la cervelle :* se fatiguer l'esprit. 3 Manier avec insistance, machinalement. → **tripoter.** ▷ n. f. **trituration**

**triumvir** [trijɔmvir] n. m. ■ Antiq. Magistrat romain chargé, avec deux collègues, d'une mission administrative. ▷ n. m. **triumvirat**

**trivalent, ente** adj. ■ chim. Qui possède la triple valence.

**trivial, ale, aux** adj. ■ 1 littér. Qui, à force d'usage, est devenu ordinaire, commun. 2 Vulgaire. ▷ n. f. **trivialité**

**troc** n. m. ■ Échange direct d'un bien contre un autre. → Système économique sans monnaie. *Économie de troc.*

**troène** n. m. ■ Arbuste à petites fleurs blanches très odorantes.

**troglodyte** n. m. ■ Habitant d'une caverne, d'une grotte, d'une demeure aménagée dans le roc. ▷ adj. **troglodytique**

**trogne** n. f. ■ fam. Visage grotesque.

**trognon** n. m. ■ 1 Ce qui reste quand on a enlevé la partie comestible (d'un fruit, d'un légume). ◆ loc. fam. *Jusqu'au trognon :* jusqu'au bout, complètement. 2 fam. Terme d'affection. → adj. Mignon.

**troïka** n. f. ■ 1 Grand traîneau russe, attelé à trois chevaux de front. 2 Groupe de trois dirigeants, de trois entreprises.

**trois** ■ 1 adj. numéral cardinal Deux plus un (3 ou III). → loc. *RÈGLE DE TROIS,* par laquelle on cherche le quatrième terme d'une proportion, les trois autres étant connus. 2 adj. numéral ordinal Troisième. *Page trois.* 3 n. m. Le chiffre, le numéro trois.

**trois-huit** [trwaɥit] n. m. pl. ■ *Les trois-huit :* système de travail continu par trois équipes travaillant chacune huit heures.

**troisième** ■ 1 adj. Qui vient après le deuxième. → n. *Le, la troisième.* 2 adj. et n. m. Fraction d'un tout également divisé en trois. → **tiers.** ▷ adv. **troisièmement**

**trois-mâts** n. m. ■ Voilier à trois mâts.

**trois-points** adj. ■ fam. *Les frères trois-points :* les francs-maçons.

**trois-quarts** n. m. ■ 1 Manteau court. 2 au rugby Joueur placé entre les demis et les arrières.

**troll** n. m. ■ Lutin (scandinave).

**trolley** n. m. ■ Dispositif servant à transmettre le courant d'un câble conducteur au moteur d'un véhicule.

**trolleybus** [-ys] n. m. ■ Autobus à trolley.

**trombe** n. f. ■ 1 Cyclone tropical où une colonne tourbillonnante soulève la surface des eaux. → **tornade.** 2 *Trombe d'eau :* forte pluie. 3 loc. *EN TROMBE, comme une trombe :* avec un mouvement rapide et violent.

**trombidion** n. m. ■ zool. → **aoûtat.**

**trombine** n. f. ■ fam. Tête, visage.

**trombinoscope** n. m. ■ fam. Collection des portraits, des photos des personnes (d'un groupe...).

**tromblon** n. m. ■ anciennt Arme à feu au canon évasé.

**trombone** n. m. ■ I Instrument à vent, cuivre de grande taille, à embouchure. *Trombone à coulisse,* dont le tube s'allonge et se raccourcit. ◆ Joueur de trombone. II Petite agrafe de fil de fer repliée.

**trompe** n. f. ■ I Instrument à vent, tube évasé en pavillon. *Trompe de chasse :* cor. II 1 Prolongement de l'appendice nasal de l'éléphant, organe tactile. 2 Organe buccal (de certains insectes). 3 anat. *TROMPE DE FALLOPE :* conduit par lequel l'ovule quitte l'ovaire. ◆ *TROMPE D'EUSTACHE :* canal qui relie le tympan au rhinopharynx.

**trompe-l'œil** [-œj] n. m. invar. ■ 1 Peinture décorative visant à créer l'illusion d'objets réels en relief. 2 fig. Apparence illusoire.

**tromper** v. tr. 1 ■ 1 Induire (qqn) en erreur par mensonge, ruse. → **berner, leurrer;** fam. **rouler.** 2 (dans la vie amoureuse) Être infidèle à... 3 Échapper à. → **déjouer.** *Tromper la surveillance des gardiens.* 4 (sujet chose) Faire tomber (qqn) dans l'erreur. *La ressemblance vous trompe.* 5 littér. Décevoir. *L'événement a trompé notre attente.* 6 Donner une satisfaction illusoire ou momentanée à (un besoin, un désir). *Tromper la soif.* ► **se tromper** v. pron. Commettre une erreur. ◆ *Se tromper de...* (+ nom sans article). *Se tromper de route.* ◆ *Si je ne me trompe :* sauf erreur.

**tromperie** n. f. ■ Fait de tromper, d'induire volontairement en erreur. → **imposture.**

**trompette** ■ I n. f. 1 Instrument à vent, cuivre à embouchure (≠ cornet, clairon). 2 loc. *EN TROMPETTE :* relevé du bout. 3 Nom de coquillages; de champignons. → *TROMPETTE-DE-LA-MORT :* champignon non apprécié. II n. m. Militaire joueur de trompette.

**trompettiste** n. ■ Musicien qui joue de la trompette. *Trompettiste de jazz.*

**trompeur, euse** adj. ■ 1 Qui trompe, est capable de tromper (1). 2 (choses) Qui induit en erreur. *Apparences trompeuses.* ▷ adv. **trompeusement**

**tronc** [trɔ̃] n. m. ■ I 1 Partie inférieure et dénudée de la tige (d'un arbre). ◆ fig. *TRONC COMMUN :* partie commune. 2 Boîte percée d'une fente, où l'on dépose des offrandes. 3 anat. Partie principale (d'un nerf, d'un vaisseau). 4 Partie comprise entre la base et une section plane parallèle (d'un solide). *Tronc de cône.* II Partie du corps humain où sont fixés la tête et les membres. → **torse.**

**troncation** n. f. ■ didact. Procédé d'abrégement d'un mot.

**tronche** n. f. ■ fam. Tête. → **trombine.**

**tronçon** n. m. ■ **1** Partie coupée (d'un objet plus long que large). ➡ Morceau coupé (d'animaux à corps cylindrique). **2** Partie (d'une voie...). *Un tronçon d'autoroute.*

**tronconique** adj. ■ Qui constitue un tronc (I, 4) de cône.

**tronçonner** v. tr. 🔲 ➡ Couper, diviser en tronçons. ▷ n. m. **tronçonnage**

**tronçonneuse** n. f. ■ Machine-outil, scie à chaîne à moteur.

**trône** n. m. ■ **1** Siège élevé sur lequel prend place un souverain. ◆ fam. et iron. Siège des cabinets. **2** fig. Puissance d'un souverain. → **souveraineté.** *Les prétendants au trône.*

**trôner** v. intr. 🔲 ➡ **1** Siéger sur un trône. **2** Occuper la place d'honneur.

**tronquer** v. tr. 🔲 ➡ **1** Couper en retranchant. **2** fig. et péj. Retrancher qqch. de. *Tronquer un texte.* ▶ **tronqué, ée** adj.

**trop** ■ **I** adv. **1** D'une manière excessive ; plus qu'il ne faudrait. *C'est trop cher.* ➡ *Trop peu* : pas assez. ➡ *Il a trop bu.* ➡ TROP... POUR. *C'est trop beau pour être vrai* : on n'ose y croire. ➡ PAS TROP : un peu. **2** Très suffisamment. ➡ **beaucoup, très.** *Vous êtes trop aimable.* ◆ fam. Extrêmement. *C'était trop bien. Il est trop sympa !* **3** adjectiv fam. Excessif, incroyable (cf. angl. *too much*). *Il, elle est trop !* **II** nominal Une quantité excessive. *Il y en a trop.* ➡ DE TROP ; EN TROP : au-delà de ce qu'il fallait. *Boire un coup de trop.* ➡ DE TROP (attribut) : superflu. *Huit jours ne seront pas de trop.* ➡ *Être de trop, en trop* : être indésirable, importun. ◆ TROP DE (+ nom) : une quantité excessive de.

**trope** n. m. ■ didact. Figure de rhétorique par laquelle un mot, une expression sont détournés de leur sens propre.

**-trope, -tropie, -tropisme** Éléments, du grec *-tropos* « tourné vers ».

**trophée** n. m. ■ **1** Antiq. Dépouille d'un ennemi vaincu. **2** Objet attestant une victoire. *Trophée de chasse* : tête empaillée de l'animal abattu. **3** Motif décoratif formé d'armes (→ **panoplie**), d'emblèmes.

**tropho-, -trophe** Éléments savants, du grec *trophé* « nourriture ».

**tropical, ale, aux** adj. ■ **1** Qui concerne les tropiques. *Climat tropical* : type de climat chaud à forte variation des pluies. **2** Une chaleur tropicale.

**tropique** n. m. ■ **1** Chacun des deux parallèles de la sphère terrestre, délimitant la zone où le Soleil passe au zénith, à chacun des solstices. *Tropique du Cancer* (hémisphère Nord), *du Capricorne* (Sud). **2** *Les tropiques,* la région intertropicale.

**tropisme** n. m. ■ **1** biol. Réaction d'orientation ou de locomotion orientée. **2** fig., littér. Réaction élémentaire.

**troposphère** n. f. ■ sc. Partie de l'atmosphère au-dessous de la stratosphère.

**trop-perçu** n. m. ■ Ce qui a été perçu en sus de ce qui était dû. *Des trop-perçus.*

**trop-plein** n. m. ■ **1** Ce qui excède la capacité d'un récipient. ➡ fig. Ce qui est en trop. *Un trop-plein de vie, d'énergie.* → **surabondance. 2** Réservoir destiné à recevoir un liquide en excès. *Des trop-pleins.*

**troquer** v. tr. 🔲 ➡ **1** Donner en troc. → **échanger. 2** Changer, faire succéder à.

**troquet** n. m. ■ fam. Café. → **bistrot.**

**trot** n. m. ■ **1** Allure naturelle du cheval et de quelques quadrupèdes, intermédiaire entre le pas et le galop. **2** fam. AU TROT : rapidement, sans traîner.

**trotskiste** ou **trotskyste** n. et adj. ■ Partisan de Trotski, de sa doctrine (le *trotskisme* ou *trotskysme*), de la révolution permanente.

**trotte** n. f. ■ fam. Chemin assez long à parcourir à pied.

**trotte-menu** adj. invar. ■ vx Qui trotte à petits pas.

**trotter** v. intr. 🔲 ➡ **1** Aller au trot. **2** Marcher rapidement à petits pas. → **trottiner. 3** fig. (sujet chose) *Une idée qui trotte par, dans la tête.*

**trotteur** n. m. ■ Cheval dressé à trotter.

**trotteuse** n. f. ■ Aiguille des secondes.

**trottiner** v. intr. 🔲 ➡ **1** Avoir un trot très court. **2** Marcher à petits pas courts.

**trottinette** n. f. ■ **1** Patinette (jouet d'enfant). **2** fam. Petite automobile.

**trottoir** n. m. ■ **1** Chemin surélevé réservé à la circulation des piétons. ◆ loc. *Faire le trottoir* : se prostituer. **2** *Trottoir roulant* : plate-forme mécanique roulante.

**trou** n. m. ■ **I 1** Abaissement ou enfoncement naturel ou artificiel de la surface extérieure (de qqch.). *Tomber dans un trou.* ➡ *Trou d'air* : courant atmosphérique descendant (avions). **2** Abri naturel ou creusé. ➡ loc. FAIRE SON TROU : réussir. **3** loc. fig. *Boucher un trou* : combler un manque. ➡ *Avoir un TROU DE MÉMOIRE,* un oubli momentané. ◆ *TROU NORMAND* : verre d'alcool bu entre deux plats. **4** fam. Petit village perdu, retiré. **5** fam. Prison. **II 1** Ouverture pratiquée de part en part. *Le trou d'une aiguille.* → **chas. 2** Endroit percé involontairement (par l'usure, etc.). **3** fam. Orifice, cavité anatomique. ➡ fam. *Trous de nez.* → **narine.** ➡ vulg. *Trou du cul* : anus. **III** astron. *Trou noir* : région de l'espace sans rayonnement.

**troubadour** n. m. ■ Poète lyrique courtois de langue d'oc. ≠ *trouvère.*

**troublant, ante** adj. ■ **1** Qui rend perplexe. → **déconcertant. 2** Qui éveille le désir.

① **trouble** adj. ■ **1** (liquide) Qui n'est pas limpide, contient des particules en suspension. ◆ Qui n'est pas net. *Image trouble.* ➡ adv. *Voir trouble.* **2** fig. Équivoque, louche.

② **trouble** n. m. ■ **1** littér. au sing. Confusion, désordre. ➡ cour. au plur. Ensemble d'événements caractérisés par l'agitation, le désordre social. → **insurrection. 2** littér. État anormal et pénible d'agitation, d'angoisse. **3** souvent au plur. Modification pathologique des activités de l'organisme. *Troubles de la vue.* ➡ *Troubles mentaux.*

**trouble-fête** n. m. ▪ Personne qui trouble une situation agréable, des réjouissances. *Des trouble-fêtes.*

**troubler** v. tr. ① ▪ **1** Altérer la clarté, la transparence de. *Troubler l'eau.* ← Rendre moins net. *La fatigue lui trouble la vue.* **2** Modifier, détruire (un état d'équilibre, de paix). *Troubler l'ordre public.* **3** Déranger, perturber. **4** (sentiment...) Priver (qqn) de lucidité. → **égarer.** ♦ *Troubler qqn,* rendre perplexe. *Un détail me trouble.* ♦ Émouvoir en suscitant le désir. ► se **troubler** v. pron. ► **troublé, ée** adj.

**trouée** n. f. ▪ **1** Large ouverture qui permet le passage, ou qui laisse voir. **2** Ouverture faite dans les rangs d'une armée ennemie. → **percée. 3** Large passage naturel, en montagne. *La trouée de Belfort.*

**trouer** v. tr. ① ▪ **1** Faire un trou, des trous, une trouée dans. ► **troué, ée** adj.

**troufion** n. m. ▪ fam. Simple soldat.

**trouille** n. f. ▪ fam. Peur. → **frousse.** ▷ adj. et n. **trouillard, arde**

**trouillomètre** n. m. ▪ loc. fam. *Avoir le trouillomètre à zéro :* avoir très peur.

**troupe** n. f. ▪ **1** Réunion de gens qui vont ensemble. → **bande, groupe.** ← Groupe d'animaux de même espèce. **2** Groupe régulier et organisé de soldats. ← *LES TROUPES :* la force armée. ← *LA TROUPE :* les soldats (opposé à *officiers*). **3** Groupe de comédiens, d'artistes qui jouent ensemble. → **compagnie.**

**troupeau** n. m. ▪ **1** Réunion d'animaux domestiques qu'on élève ensemble. ← (bêtes sauvages) *Un troupeau d'éléphants.* **2** péj. Foule nombreuse et passive.

**troupier** n. m. ▪ vx Simple soldat. ♦ adj. m. *Comique troupier :* genre comique à base d'histoires de soldats (vers 1900).

**trousse** n. f. ▪ **1** ancient Haut-de-chausses court et relevé. **2** loc. *AUX TROUSSES* (de qqn), à sa poursuite. *Avoir la police à ses trousses.* **II** Poche, étui à compartiments. *Trousse à outils.*

**trousseau** n. m. ▪ **I** *Trousseau de clés :* ensemble de clés réunies. **II** Vêtements, linge, etc. qu'emporte une jeune fille qui se marie, un enfant qui va en pension.

**trousser** v. tr. ① ▪ **1** *Trousser une volaille,* replier ses membres et les lier au corps. **2** vieilli Retrousser (un vêtement). **3** vieilli ou littér. Faire rapidement et habilement. *Trousser un sonnet.*

**trousseur** n. m. ▪ loc. fam. (vieilli) *Un trousseur de jupons :* un coureur.

**trouvable** adj. ▪ Qu'on peut trouver.

**trouvaille** n. f. ▪ **1** Fait de trouver avec bonheur ; chose trouvée. **2** Idée, expression originale. *Les trouvailles d'un écrivain.*

**trouver** v. tr. ① ▪ **I 1** Apercevoir, rencontrer (ce que l'on cherchait ou ce que l'on souhaitait avoir). → **découvrir. 2** Se procurer, parvenir à avoir. *Trouver un emploi.* **3** Parvenir à rencontrer, à être avec (qqn). → **atteindre, joindre.** ← *Aller trouver qqn.* **II** Découvrir, rencontrer (qqch., qqn) sans avoir cherché. *J'ai trouvé un parapluie dans le taxi.* ♦ *Trouver la mort dans un accident.* **III 1** Découvrir par un effort de l'esprit, de l'imagination. → **imaginer, inventer.** *Trouver (le) moyen de...* **2** Pouvoir disposer de (temps, occasion, etc.). *Trouver le temps, la force de* (+ inf.). ← littér. *TROUVER À* (+ inf.) : trouver le moyen de. *TROUVER qqch. À* (+ inf.) : avoir à. **3** *TROUVER* (un sentiment) *DANS, À :* éprouver. *Trouver un malin plaisir à taquiner qqn. À TROUVER SON mon caractère.* **4** Voir (qqn, qqch.) se présenter d'une certaine manière. *J'ai trouvé porte close.* ← *On l'a trouvé évanoui.* ♦ *TROUVER* (un caractère, une qualité) *À* (qqn, qqch.), lui reconnaître. *Je lui trouve mauvaise mine.* ♦ *TROUVER (qqn, qqch.* (+ attribut) : estimer, juger que qqn, qqch. est.... *Je le trouve sympathique.* **5** *TROUVER QUE,* juger, estimer que. *Je trouve que c'est bon.* ► se **trouver** v. pron. **1** Découvrir sa véritable personnalité. **2** Être (en un endroit). *Le dossier se trouvait dans un tiroir.* ♦ Être (dans un état, une situation). *Se trouver dans l'embarras.* **3** *SE TROUVER* (+ inf.) : être, avoir... par hasard. *Elle se trouve être mon amie.* **4** impers. *IL SE TROUVE* : il existe, il y a. ← *IL SE TROUVE QUE* : il se fait que. **5** (avec un attribut) Se sentir (dans un état). → loc. *SE TROUVER MAL* : s'évanouir. ← *SE TROUVER BIEN, MAL DE qqch.,* en tirer un avantage, en éprouver un désagrément. *Se croire. Se trouver trop gros.*

**trouvère** n. m. ▪ au moyen âge Poète et jongleur de la France du Nord, s'exprimant en langue d'oïl. ≠ *troubadour.*

**truand, ande** ▪ **1** n. vx Mendiant professionnel. **2** n. m. mod. Malfaiteur.

**truander** v. tr. ① ▪ fam. Voler, escroquer.

**trublion** n. m. ▪ Agitateur.

**truc** n. m. ▪ fam. **1** Façon d'agir qui requiert de l'habileté. → **combine, moyen.** ← Procédé habile. *Les trucs d'un prestidigitateur.* **2** Chose quelconque. → **machin.**

**trucage** ou **truquage** n. m. ▪ **1** Fait de truquer, de falsifier. **2** cin. Procédé pour produire une illusion (→ effet spécial).

**truchement** n. m. ▪ littér. **1** Personne qui parle à la place d'une autre. → **porte-parole. 2** loc. *Par le truchement de qqn,* par son intermédiaire.

**trucider** v. tr. ① ▪ fam. Tuer.

**truculent, ente** adj. ▪ Qui étonne et réjouit par ses excès. *Un personnage truculent.* → **pittoresque.** ▷ n. f. **truculence**

**truelle** n. f. ▪ Outil de maçon, à manche coudé, pour étendre le mortier, l'enduit.

**truffe** n. f. ▪ **1** Tubercule souterrain (champignon), très recherché. ♦ *Truffe en chocolat* (friandise). **2** Extrémité du museau (du chien).

**truffer** v. tr. ⚀ ▪ **1** Garnir de truffes. **2** fig. *Truffer de* : remplir de choses disséminées en abondance. ➤ **truffé, ée** adj. **1** Garni de truffes. **2** fig. *Un devoir truffé de fautes.*

**truffier, ière** adj. ▪ **1** Où poussent les truffes. *Terrain truffier* (ou *truffière* n. f.). **2** (animal) Dressé à la recherche des truffes.

**truie** n. f. ▪ Femelle du porc, du verrat.

**truisme** n. m. ▪ littér. Vérité d'évidence. → **banalité, lapalissade, lieu** commun.

**truite** n. f. ▪ Poisson à chair estimée qui vit surtout dans les eaux pures et vives. ◆ *Truite de mer* (poisson voisin du saumon).

**trumeau** n. m. ▪ **1** Panneau (de menuiserie, de glace) entre deux fenêtres. **2** Panneau décoré au-dessus d'une cheminée.

**truquage** → trucage

**truquer** v. tr. ⚀ ▪ Changer pour tromper, donner une fausse apparence. → **falsifier, maquiller.** ➤ au p. p. *Élections truquées.*

**truqueur, euse** n. ▪ **1** Tricheur. **2** Technicien du trucage.

**trust** [tʀœst] n. m. ▪ anglic. **1** écon. Concentration financière réunissant plusieurs entreprises. **2** Entreprise assez puissante pour dominer un marché.

**truster** [tʀœste] v. tr. ⚀ ▪ anglic. Accaparer, monopoliser.

**trypanosomiase** n. f. ▪ méd. Maladie causée par des protozoaires parasites (les *trypanosomes* n. m.). *Trypanosomiase africaine* : maladie du sommeil.

**tsar** n. m. ▪ hist. Titre porté par les empereurs de Russie, des souverains slaves.

**tsarévitch** n. m. ▪ hist. Fils aîné du tsar.

**tsarine** n. f. ▪ hist. Femme du tsar. ➤ Impératrice de Russie.

**tsarisme** n. m. ▪ hist. Régime autocratique des tsars ; période de l'histoire russe où ont régné les tsars. ▷ adj. et n. **tsariste**

**tsé-tsé** n. f. invar. ▪ Mouche d'Afrique qui peut transmettre des trypanosomiases*. ➤ appos. *Mouche tsé-tsé.*

**T. S. F.** [teɛsɛf] n. f. (sigle) ▪ vieilli **1** Télégraphie sans fil, radiotélégraphie. **2** Radiodiffusion. ◆ Poste récepteur. → **radio.**

**T-shirt** → tee-shirt

**tsigane** (didact.) ou **tzigane** (cour.) [dzi- ; tsi-] ▪ **1** n. Personne d'une population venue de l'Inde, qui mène une vie nomade. → **bohémien, gitan, rom.** **2** adj. *Musique tsigane.*

**tsunami** n. m. ▪ Mouvement océanique entraînant d'énormes vagues côtières. → **raz** de marée.

**tu** pron. ▪ Pronom personnel sujet de la deuxième personne du singulier et des deux genres. *Tu as tort.* ◆ loc. *Être à tu et à toi avec qqn*, être très lié.

**tuant, ante** adj. ▪ **1** fam. Épuisant, éreintant. **2** (personnes) Très énervant.

**tub** [tœb] n. m. ▪ Large cuvette de bain.

**tuba** n. m. ▪ **I** Instrument à vent (cuivre). **II** Tube respiratoire pour nager sous l'eau.

**tubage** n. m. ▪ méd. Introduction d'un tube dans un organe.

**tube** n. m. ▪ **1** Conduit à section circulaire, ouvert à une extrémité ou aux deux. ➤ TUBE À ESSAI : éprouvette. ◆ Tuyau (de métal, etc.). ◆ *Tube de* (ou *au*) *néon* (pour l'éclairage). **2** fam. Chanson, disque à succès. **3** Organe creux et allongé. *TUBE DIGESTIF* : conduits de l'appareil digestif. **4** Conditionnement cylindrique fermé.

**tubercule** n. m. ▪ **1** anat. Petite protubérance arrondie. *Les tubercules des molaires.* **2** méd. Petite masse solide arrondie (dans certaines maladies ; spécialt, dans la tuberculose). **3** Excroissance arrondie d'une racine, réserve nutritive (ex. la pomme de terre).

**tuberculeux, euse** adj. ▪ **1** Qui s'accompagne de tubercules (2) pathologiques. **2** Relatif à la tuberculose. ◆ Atteint de tuberculose. → vx phtisique, poitrinaire. ➤ n. *Un tuberculeux.*

**tuberculine** n. f. ▪ Extrait d'une culture de bacilles de Koch. → **cuti-réaction.**

**tuberculose** n. f. ▪ Maladie infectieuse (poumon, etc.), causée par le bacille de Koch.

**tubéreuse** n. f. ▪ Plante à bulbe, à grappes de fleurs blanches très parfumées.

**tubulaire** adj. ▪ **1** Qui a la forme d'un tube. **2** Fait de tubes métalliques.

**tubulure** n. f. ▪ Ensemble de tubes, de tuyaux d'une installation. → **tuyauterie.**

**tudesque** adj. et n. ▪ vx Allemand.

**tue-mouche** ▪ **1** n. m. Fausse oronge, champignon vénéneux. ➤ appos. *Amanite tue-mouche.* **2** adj. *Papier tue-mouche(s)*, imprégné d'une substance empoisonnée (contre les insectes).

**tuer** v. tr. ⚀ ▪ **1** Faire mourir (qqn) de mort violente. **2** Faire mourir volontairement (un animal). **3** (sujet chose) Causer la mort de. **4** fig. Faire cesser. *La bureaucratie tue l'initiative.* **5** loc. *TUER DANS L'ŒUF*, étouffer avant tout développement. ➤ *Tuer le temps*. **6** (sujet chose) Épuiser (qqn) en brisant la résistance. *Ces escaliers me tuent.* → **éreinter ; tuant.** ◆ Plonger dans le désarroi. → **désespérer.** ▸ se tuer v. pron. **1** Être cause de sa propre mort (accident, suicide). **2** fig. User ses forces, compromettre sa santé. *Se tuer au travail.* ➤ *SE TUER À* (+ inf.) : se donner du mal. → s'**évertuer.** ▸ **tué, ée** adj.

**tuerie** n. f. ▪ Action de tuer en masse, sauvagement. → **carnage, massacre.**

**à tue-tête** loc. adv. ▪ D'une voix si forte qu'on étourdit.

**tueur, euse** n. ▪ **1** Personne qui tue. → **assassin, meurtrier.** *Tueur à gages.* ◆ *Tueur en série* : meurtrier dont les multiples crimes ont des caractères communs. **2** techn. Professionnel qui tue les bêtes dans un abattoir.

**tuf** n. m. ▪ Roche poreuse de faible densité.

**tuile** n. f. ■ **I 1** Plaque de terre cuite servant à couvrir un édifice. **2** Petit gâteau sec moulé sur un rouleau. **II** fig., fam. Désagrément inattendu.

**tuiler** v. tr. 〔1〕 ■ techn. *Tuiler des opérations,* commencer chacune avant la fin de la précédente. ▷ n. m. **tuilage**

**tuilerie** n. f. ■ Fabrique de tuiles. ◆ Four où elles sont cuites.

**tulipe** n. f. ■ **1** Plante à bulbe dont la fleur renflée à la base est évasée à l'extrémité. **2** Sa fleur. **3** Objet (verre, globe, lampe...) de forme analogue.

**tulipier** n. m. ■ Arbre (magnolia), dont la fleur ressemble à une tulipe.

**tulle** n. m. ■ Tissu léger, réseau de mailles.

**tuméfier** v. tr. 〔7〕 ■ Causer une augmentation de volume anormale à (une partie du corps). → **enfler, gonfler.** ► se **tuméfier** v. pron. ► **tuméfié, ée** adj. ▷ n. f. **tuméfaction**

**tumescence** n. f. ■ didact. Gonflement des tissus. → **érection, turgescence.**

**tumeur** n. f. ■ **1** Gonflement pathologique formant une saillie anormale. **2** Amas de cellules à multiplication anarchique. *Tumeur bénigne. Tumeur maligne.* → **cancer, sarcome.** ▷ adj. **tumoral, ale, aux**

**tumulte** n. m. ■ Désordre bruyant ; bruit confus de personnes assemblées. → **brouhaha, chahut, vacarme.** ◆ par ext. *Le tumulte de la rue.* ◆ fig., littér. *Le tumulte des passions.*

**tumultueux, euse** adj. ■ littér. **1** Agité et bruyant. **2** Violent. *Les flots tumultueux.* **3** Plein d'agitation, de trouble. *Vie tumultueuse.* ▷ adv. **tumultueusement**

**tumulus** [-ys] n. m. ■ archéol. Tertre artificiel élevé au-dessus d'une tombe.

**tuner** [tynɛʀ ; tynœʀ] n. m. ■ anglic. Récepteur de modulation de fréquence (radio). - recomm. off. *syntoniseur* n. m.

**tungstène** n. m. ■ Élément (symb. W), métal gris, très dense.

**tunique** n. f. ■ **I 1** Dans l'Antiquité, Vêtement de dessous, chemise longue. **2** Veste, redingote (d'uniforme). **3** Chemisier. **II** anat. Membrane qui enveloppe (un organe).

**tunnel** n. m. ■ **1** Galerie souterraine d'une voie de communication. **2** loc. *Voir le bout du tunnel, sortir du tunnel,* d'une période difficile, pénible.

**tupi** adj. et n. ■ D'un groupe ethnique (amérindien) du Brésil et du Paraguay. ◆ n. m. *Le tupi* (langue).

**tuque** n. f. ■ franç. du Canada Bonnet de laine en forme de cône, à bords roulés.

**turban** n. m. ■ **1** Coiffure d'homme oriental, bande d'étoffe enroulée autour de la tête. **2** Coiffure de femme analogue.

**turbin** n. m. ■ fam., vieilli Travail, métier.

**turbine** n. f. ■ Dispositif rotatif, transmettant le mouvement au moyen d'un arbre (→ **turbo-**). *Turbine à gaz.*

**turbiner** v. intr. 〔1〕 ■ fam., vieilli Travailler dur.

**turbo** n. m. ■ Turbocompresseur de suralimentation. ◆ appos. *Moteur turbo.*

**turbo-** Élément tiré de *turbine.*

**turbocompresseur** n. m. ■ techn. Turbine destinée à augmenter la pression ou le débit d'un gaz. → **turbo.**

**turbomoteur** n. m. ■ techn. Moteur à turbine à gaz.

**turbopropulseur** n. m. ■ techn. Moteur d'avion à turbine entraînant les hélices.

**turboréacteur** n. m. ■ techn. Moteur d'avion à turbine alimentant les compresseurs.

**turbot** n. m. ■ Poisson de mer plat à chair très estimée.

**turbotrain** n. m. ■ Train propulsé par des turbines à gaz.

**turbulence** n. f. ■ **1** Agitation désordonnée. ◆ Caractère turbulent (1). **2** phys. Formation de tourbillons, dans un fluide.

**turbulent, ente** adj. ■ **1** Qui est souvent dans un état d'excitation bruyante. **2** phys. *Régime turbulent :* écoulement irrégulier des fluides, entraînant des turbulences (2).

**turc, turque** ■ **1** adj. De la Turquie (ottomane ou moderne). *Café turc,* fort, servi avec le marc. *Bain turc :* bain de vapeur. → **hammam.** ◆ *Être assis À LA TURQUE,* en tailleur. **2** n. *Les Turcs.* ◆ *Les JEUNES TURCS :* les révolutionnaires turcs (au pouvoir en 1908). ◆ *Tête\* de Turc.* **3** n. m. Langue parlée en Asie centrale, en Turquie et à Chypre.

**turf** [tyʀf ; tœʀf] n. m. ■ Ce qui concerne les courses de chevaux.

**turfiste** [tyʀ- ; tœʀ-] n. ■ Personne qui fréquente les courses de chevaux, qui parie.

**turgescence** n. f. ■ physiol. Augmentation de volume (d'un organe ; spécialt la verge) par rétention de sang veineux. → **tumescence.** ▷ adj. **turgescent, ente**

**turista** ou **tourista** [tu-] n. f. ■ fam. Diarrhée infectieuse qui touche de nombreux voyageurs.

**turlupiner** v. tr. 〔1〕 ■ fam. Tracasser.

**turlututu** interj. ■ Exclamation moqueuse.

**turne** n. f. ■ **1** fam. Chambre ou maison sale et sans confort. → **taudis. 2** argot scol. *TURNE* ou *THURNE :* chambre.

**turpitude** n. f. ■ littér. ou iron. **1** Caractère de bassesse, d'indignité. → **ignominie, infamie. 2** Action, parole... basse, honteuse.

**turquerie** n. f. ■ Objet, œuvre d'inspiration orientale, turque.

**turquoise** ■ **1** n. f. Pierre fine opaque d'un bleu tirant sur le vert (bijou). **2** adj. invar. De couleur turquoise.

**tussilage** n. m. ■ Herbe vivace, dont les fleurs jaunes ont des propriétés pectorales.

**tutélaire** adj. ■ **1** littér. (divinité) Qui assure une protection. **2** dr. De la tutelle.

**tutelle** n. f. ▪ **1** dr. Institution conférant à un tuteur le pouvoir de prendre soin de la personne et des biens d'un mineur ou d'un incapable. **2** État de dépendance. **3** Protection vigilante. *Être sous la tutelle des lois.* → **sauvegarde.**

**tuteur, trice** ▪ **I** n. **1** Personne chargée d'une tutelle (1). *Le tuteur et son pupille.* **2** Enseignant qui suit et conseille un élève. **II** n. m. Tige fixée dans le sol pour soutenir ou redresser des plantes. → **perche**, ② **rame.**

**tutoyer** v. tr. ⑧ ▪ S'adresser à (qqn) en employant la deuxième personne du singulier *(tu).* ▷ n. m. **tutoiement**

**tutti quanti** [tutikwãti] loc. nominale ▪ souvent péj. (après des noms de personnes) *Et tutti quanti :* et tous les gens de cette espèce.

**tutu** n. m. ▪ Jupe de gaze courte, évasée, portée par les danseuses de ballet classique.

**tuyau** n. m. ▪ **I 1** Conduit à section circulaire destiné à faire passer un liquide, un gaz. → **canalisation, conduite, tube. 2** Cylindre creux. ◆ loc. *Dans le tuyau de l'oreille :* tout bas. **3** Pli ornemental (d'un tissu) en forme de tube. **II** fam. Information confidentielle.

**tuyauter** v. tr. ① ▪ **I** Orner de tuyaux (I, 3). ◆ au p. p. *Bonnet tuyauté.* → n. m. Assemblage de tuyaux (I, 3). **II** fam. Donner un, des tuyaux (II) à (qqn).

**tuyauterie** n. f. ▪ Ensemble des tuyaux (d'une installation). → **canalisation.**

**tuyère** [tyjɛʀ ; tɥijɛʀ] n. f. ▪ Large tuyau d'admission ou de refoulement des gaz.

**T. V. A.** [tevea] n. f. (sigle) ▪ Taxe à la valeur ajoutée, perçue à chaque stade du circuit économique.

**tweed** [twid] n. m. ▪ anglic. Tissu de laine cardée, à l'origine fabriqué en Écosse.

**tweet** [twit] n. m. ▪ anglic. Court message informatif posté sur le web à l'intention de personnes abonnées.

**twist** [twist] n. m. ▪ Danse avec mouvement rapide de rotation du bassin.

**tympan** n. m. ▪ **I** Espace compris entre le linteau et les voussures d'un portail (églises romanes, gothiques...). **II** Membrane fibreuse qui sépare le conduit auditif externe de l'oreille moyenne. ◆ loc. *Crever, déchirer le tympan :* assourdir.

**tympanon** n. m. ▪ Instrument de musique à cordes tendues sur une caisse trapézoïdale, frappé avec deux maillets.

**type** n. m. ▪ **I 1** Ensemble des traits caractéristiques d'une catégorie de personnes ou de choses. → **canon, idéal, modèle.** *Un type de beauté éternelle.* **2** sc. Caractères qui permettent de distinguer les catégories d'objets, de faits, d'individus. ◆ Schéma ou modèle de structure (→ **typologie**). → *Types humains. Elle a le type nordique.* → fam. *C'est tout à fait mon type,* le genre de personne qui me plaît. **3** Caractères d'une série d'objets fabriqués. → **norme, standard. 4** Personne ou chose qui réunit les principaux éléments d'un type (I, 1 et 2). → **personnification, représentant.** → appos. *C'est la sportive type.* **II** fam.

Homme en général, individu. → **mec.** *Un brave type.*

**-type, -typie** Éléments, du grec *tupos* « empreinte ; modèle ».

**typé, ée** adj. ▪ Qui présente nettement les caractères d'un type.

**typer** v. tr. ① ▪ Donner à (une création) les caractères apparents d'un type.

**typhique** adj. ▪ Du typhus ou de la typhoïde. ◆ Qui en est atteint. → n. *Un, une typhique.*

**typhoïde** adj. et n. f. ▪ *Fièvre typhoïde,* ou n. f. *la typhoïde :* maladie infectieuse, contagieuse, caractérisée par une fièvre élevée, des troubles digestifs.

**typhon** n. m. ▪ Cyclone (Pacifique).

**typhus** [-ys] n. m. ▪ Maladie infectieuse, épidémique, fièvre intense et brutale avec des rougeurs et un état de stupeur.

**typicité** n. f. ▪ .Caractère typique. → spécialt Caractère marqué (d'un vin), en rapport avec le terroir, la vinification...

**typique** adj. ▪ **1** Qui constitue un type, un exemple caractéristique. *Un cas typique.* **2** Assez caractérisé pour servir d'exemple, de repère. → **spécifique.** ▷ adv. **typiquement**

**typo-** Élément, du grec *tupos* « marque ».

**typographe** n. ▪ Professionnel de la typographie. - abrév. TYPO n.

**typographie** n. f. ▪ **1** Techniques permettant de reproduire des textes par l'impression d'un assemblage de caractères en relief (par opposition aux procédés par report) ; spécialt les opérations de composition. **2** Manière dont un texte est imprimé. - abrév. TYPO. f. ▷ adj. **typographique**

**typologie** n. f. ▪ didact. **1** Science de l'élaboration des types, facilitant la classification. **2** Système de types. → **classification.** ▷ adj. **typologique**

**tyran** n. m. ▪ **1** Antiq. Chez les Grecs, celui qui s'emparait du pouvoir par la force. **2** Personne qui exerce le pouvoir absolu de manière oppressive. **3** fig. Personne qui abuse de son pouvoir.

**tyranneau** n. m. ▪ littér. Petit tyran.

**tyrannie** n. f. ▪ **1** Antiq. Usurpation et exercice du pouvoir par un tyran (1). **2** Gouvernement absolu, oppressif et arbitraire. → **despotisme, dictature. 3** littér. Abus de pouvoir. ◆ Contrainte impérieuse. *La tyrannie de la mode.* ▷ adj. **tyrannique**

**tyranniser** v. tr. ① ▪ Traiter (qqn) avec tyrannie. → **opprimer, persécuter.**

**tyrannosaure** n. m. ▪ Grand reptile fossile carnivore du secondaire.

**tyrolien, ienne** ▪ **1** adj. et n. Du Tyrol. → *Chapeau tyrolien.* **2** n. f. Chant à trois temps, avec passage rapide de la voix de poitrine à la voix de tête (→ **iodler**).

**tzatziki** n. m. ▪ Préparation à base de concombre et de fromage blanc (cuisine grecque).

**tzigane** → **tsigane**

# U

**u** [y] n. m. ■ Vingt et unième lettre, cinquième voyelle de l'alphabet. ◆ *En U* : en forme de U.

**ubac** n. m. ■ géogr. Versant d'une montagne exposé au nord (opposé à *adret*).

**ubiquité** [-kɥi-] n. f. ■ littér. Possibilité d'être présent en plusieurs lieux à la fois.

**ubuesque** adj. ■ Qui rappelle le personnage d'Ubu (d'Alfred Jarry), par un caractère comiquement cruel et couard.

**ufologie** n. f. ■ anglic. Étude des objets volants non identifiés (ovnis). ▷ n. **ufologue**

**uhlan** n. m. ■ hist. Cavalier mercenaire des armées de Pologne, d'Allemagne, etc.

**U. H. T.** [yaʃte] n. f. (sigle de *ultra-haute température*) ■ Stérilisation par élévation à haute température pendant un temps très court. ◆ appos. *Lait U. H. T.*

**ukase** → oukase

**ukrainien, ienne** adj. et n. ■ De l'Ukraine. ◆ n. *Les Ukrainiens.* ♦ n. m. *L'ukrainien* (langue slave).

**ulcération** n. f. ■ didact. 1 Formation d'un ulcère. 2 Ulcère. *Ulcérations cancéreuses.*

**ulcère** n. m. ■ Perte de substance de la peau, d'une muqueuse sous forme de plaie qui ne cicatrise pas. *Ulcère à (ou de) l'estomac.*

**ulcérer** v. tr. 6 ■ I méd. Produire un ulcère sur. II fig. Blesser (qqn) profondément, en l'irritant. ▶ **ulcéré, ée** adj. (sens I et II).

**ulcéreux, euse** adj. ■ méd. 1 De la nature de l'ulcère. 2 adj. et n. Atteint d'un ulcère de l'estomac ou du duodénum.

**uléma** [ylema; u-] n. m. ■ Théologien musulman. – var. OULÉMA.

**U. L. M.** [yɛlɛm] n. m. (sigle de *ultraléger motorisé*) ■ Petit avion monoplace ou biplace, de conception simplifiée.

**ulna** n. f. ■ anat. Cubitus. ▷ adj. **ulnaire**

**ultérieur, eure** adj. ■ Qui sera, arrivera plus tard. → futur, postérieur. ▷ **ultérieurement** adv. → après, ensuite.

**ultimatum** [-ɔm] n. m. ■ Dernières conditions présentées par un État à un autre et comportant une sommation. ♦ par ext. Exigence impérative, mise en demeure.

**ultime** adj. ■ Dernier, final (dans le temps).

**ultra** adj. ■ Réactionnaire extrémiste. *Des ultra(s).* ◆ adj. invar. *Elles sont ultra.*

**ultra-** Élément, du latin *ultra* « au-delà », qui exprime l'excès, l'exagération.

**ultramoderne** adj. ■ Très moderne.

**ultramontain, aine** adj. et n. ■ Qui soutient la position traditionnelle de l'Église italienne (pouvoir absolu du pape), par opposition à *gallican*.

**ultrasensible** [-s-] adj. ■ Très sensible.

**ultrason** [-sɔ̃] n. m. ■ Vibration sonore de fréquence très élevée, non perceptible par l'oreille humaine.

**ultraviolet, ette** adj. ■ (radiations électromagnétiques) Dont la longueur d'onde se situe entre celle de la lumière visible et celle des rayons X. *Rayons ultraviolets* ; n. m. pl. *les ultraviolets* (abrév. U. V.).

**ululement ; ululer** → hululement ; hululer

**un, une** ■ I numéral Expression de l'unité. → mon(o)-, uni-. 1 adj. cardinal (invar. en nombre) *Une ou deux fois. Six heures une* (minute). ◆ loc. *Il était moins une* : il s'en fallait de très peu (de temps). → PAS UN..., PAS UNE... : aucun(e), nul(le). 2 pron. *Il en reste un.* → UN À UN, UNE À UNE ; UN PAR UN, UNE PAR UNE : à tour de rôle et un(e) seul(e) à la fois. 3 n. m. invar. *Un et un (font) deux.* ◆ loc. *NE FAIRE QU'UN AVEC* : se confondre avec. ◆ *C'EST TOUT UN* : c'est la même chose. 4 ordinal Premier. *La page un* (→ **une**). ♦ n. m. *Il habite au un de la rue.* ◆ n. f. (commandement) *Une !... deux !...* ◆ fam. *Ne faire ni une ni deux\*.* II adj. qualificatif (après le nom ou attribut) Qui n'a pas de parties et ne peut être divisé. *La République une et indivisible.* III art. indéf. (plur. *des*) 1 Désigne un individu, un élément distinct mais indéterminé. *Un homme est venu. J'ai reçu une lettre.* 2 (avec le pron. *en*) *En fumer une* (cigarette). ◆ *En voilà un qui ne s'en fait pas !* 3 (en phrase exclamative ; emphatique) *Il fait une chaleur !* 4 (devant un nom propre) *Une personne telle que... Un don Juan.* ◆ *Une personne de telle famille. Une Bonaparte.* IV pron. indéf. *Une de mes camarades. Un de ces jours.* → *L'UN, L'UNE ; LES UNS, LES UNES. L'un d'eux est venu. L'un de l'autre\*.*

**unanime** adj. ■ 1 au plur. Qui ont tous le même avis (→ d'**accord**). 2 Qui exprime un avis commun à plusieurs. *Accord unanime.* 3 Qui est fait par tous, en même temps. *Un rire unanime.* ▷ adv. **unanimement**

**unanimité** n. f. ■ Conformité d'opinion ou d'intention entre tous les membres d'un groupe. → **accord, consensus**.

**underground** [œndœʀgʀaund; œdɛʀgʀ(a)und] adj. invar. et n. m. ■ anglic. Se dit d'un mouvement artistique indépendant des circuits commerciaux traditionnels.

**une** n. f. ▪ Première page d'un journal.

**ungui-** [ɔ̃gɥi] Élément savant, du latin *unguis* « ongle ».

**uni, unie** adj. ▪ **I 1** Qui est avec (*uni à, avec*) ou qui sont ensemble (*unis*) de manière à former un tout ou à être en union. *Les États-Unis (d'Amérique).* **2** Joint, réuni (concret ou abstrait). **3** Formé d'éléments liés ; qui constitue une unité. *Le Royaume-Uni.* **4** En bonne entente (opposé à *désuni*). **II** Dont les éléments sont semblables ; qui ne présente pas d'inégalité, de variation apparente. → **cohérent, homogène. 1** (surface) Sans aspérités. → **égal, lisse.** ◆ De couleur, d'aspect uniforme. **2** vx ou littér. Qui s'écoule sans changement. *Vie unie.*

**uni-** Élément, du latin *unus* « un ». → **mon(o)- ;** contr. *multi-, poly-.*

**uniate** adj. ▪ Se dit des Églises chrétiennes orientales liées au catholicisme.

**unicellulaire** adj. ▪ biol. Formé d'une seule cellule. *Organismes unicellulaires.* ━ n. m. *Les unicellulaires.* → **protiste.**

**unicité** n. f. ▪ didact. Caractère unique.

**unicorne** ━ adj. Qui n'a qu'une corne.

**unième** adj. numéral ordinal ▪ (après un numéral) Qui vient en premier, immédiatement après une dizaine (sauf dix, soixante-dix, quatre-vingt-dix), une centaine, un millier. *Vingt et unième. Cent unième.* ▷ adv. **unièmement**

**unifier** v. tr. 7 ▪ **1** Faire de (plusieurs éléments) une seule et même chose ; faire l'unité de. → **unir.** *Unifier deux régions ; un pays.* **2** Rendre semblables (des éléments rassemblés). → **normaliser, uniformiser. 3** Rendre homogène. ▶ **s'unifier** v. pron. ▷ n. f. **unification** ▷ adj. **unificateur, trice**

**uniforme** ━ **I** adj. **1** Qui présente des éléments tous semblables ; dont toutes les parties sont ou paraissent identiques. → **régulier.** *Mouvement uniforme.* **2** Qui ne varie pas ou peu. **3** Analogue, identique. **II** n. m. Costume militaire réglementaire. ◆ Vêtement déterminé (d'un groupe).

**uniformément** adv. ▪ **1** D'une manière uniforme. **2** Comme tous (toutes) les autres.

**uniformiser** v. tr. 1 ▪ **1** Rendre uniforme. **2** Rendre semblables ou moins différents. → **unifier.** ▷ n. f. **uniformisation**

**uniformité** n. f. ▪ **1** Caractère uniforme. **2** Absence de changement, de variété.

**unijambiste** adj. ▪ Qui a été amputé d'une jambe. ━ n. *Un unijambiste.*

**unilatéral, ale, aux** adj. ▪ **1** Qui ne se fait que d'un côté. **2** dr. Qui n'engage qu'une seule partie. **3** Qui provient d'un seul, n'intéresse qu'un seul (lorsque plusieurs sont concernés). *Décision unilatérale.* ▷ adv. **unilatéralement**

**unilingue** adj. ▪ didact. Qui est en une seule langue. → **monolingue.** ◆ Qui parle, écrit une seule langue. ▷ n. m. **unilinguisme**

**uniment** adv. ▪ D'une manière unie. **1** littér. Avec régularité. **2** *TOUT UNIMENT :* avec simplicité, sans détour.

**uninominal, ale, aux** adj. ▪ admin. Qui porte sur un seul nom. *Scrutin, vote uninominal* (opposé à *de liste*).

**union** n. f. ▪ **I 1** Relation qui existe entre des personnes ou choses considérées comme formant un ensemble (→ **unir**). *Union étroite, solide.* **2** Relation réciproque entre personnes ; vie en commun. → **attachement.** ━ *Union libre.* → **concubinage. 3** État dans lequel se trouvent des personnes, des groupes liés. ━ (Entre États) *L'Union européenne* (1993). **4** Entente (entre personnes, groupes). → **concorde, harmonie.** prov. *L'union fait la force.* **II** Ensemble de personnes unies. → **association, groupement, ligue. III** Réunion. *L'union de deux terres.*

**unique** adj. ▪ **I** (quantitatif) **1** Qui est un seul, n'est pas accompagné par d'autres du même genre. *Son unique fils.* **2** Qui est un seul et répond seul à sa désignation. *Dieu unique en trois personnes* (Trinité des catholiques). ◆ Qui est le même pour plusieurs choses, plusieurs cas. *Prix unique.* ━ *Marché unique,* sans frontières intérieures. **II** (qualitatif ; le comparatif et le superlatif sont possibles) Qui est ou paraît différent des autres. → **irremplaçable ; exceptionnel.** *Un artiste unique.* ◆ fam. Qui étonne beaucoup (en bien ou en mal). *Il est vraiment unique !* → **extravagant.**

**uniquement** adv. ▪ **1** littér. → **exclusivement. 2** Seulement, sans autre motif.

**unir** v. tr. 2 ▪ **1** Mettre ensemble (les éléments d'un tout). → **assembler, confondre, réunir. 2** Faire exister, vivre ensemble (des personnes). ━ spécial *Le maire qui les a unis.* → **marier.** ◆ (sujet chose) Constituer la cause de l'union entre (des personnes). *L'amitié qui les unit.* **3** Associer par un lien politique, économique. → **allier ; union. 4** Avoir, posséder à la fois (des caractères différents et souvent en opposition). *Unir la force à la douceur.* ▶ **s'unir** v. pron. **1** récipr. Ne plus former qu'un tout. → **fusionner, se mêler.** ◆ Former une union. ◆ Faire cause commune. **2** passif (sujet chose) Se trouver ensemble, de manière à former un tout. **3** réfl. *S'unir à, avec qqn* (spécialt par des liens affectifs, le mariage). ◆ (sujet chose) Se trouver avec, s'allier à.

**unisexe** [-s-] adj. ▪ (habillement...) Destiné indifféremment aux hommes et aux femmes.

**unisexué, ée** [-s-] adj. ▪ biol. Qui n'a qu'un seul sexe (opposé à *bisexué, hermaphrodite*).

**unisson** n. m. ▪ Son unique produit par plusieurs voix ou instruments. ◆ loc. *Chanter À L'UNISSON.* ━ fig. *Cœurs à l'unisson.* ━

**unitaire** adj. ▪ **1** Qui forme une unité politique. **2** Relatif à l'unité. *Prix unitaire.*

**unité** n. f. ■ I 1 Caractère de ce qui est unique. ← *UNITÉ DE...*, caractère unique. *Unité de vues.* → **conformité, identité.** 2 didact. Caractère de ce qui n'a pas de parties, ne peut être divisé. ◆ État de ce qui forme un tout fonctionnel. *Faire l'unité de* (→ **unifier**). 3 Cohérence interne. → **cohésion, homogénéité.** II Chose qui est une. 1 Élément ou structure faisant partie d'un ensemble. *Unité de production.* 2 Formation militaire spécifique. 3 Objet fabriqué (identique à d'autres). → **pièce.** *Prix à l'unité.* 4 Élément arithmétique qui forme les nombres. ← spécialt (nombres de deux chiffres et plus) Chiffre placé à droite de celui des dizaines. 5 Grandeur finie servant de base à la mesure des autres grandeurs de même espèce. → **étalon.** *Unités de mesure.* ← *Unité monétaire.* → **monnaie.**

**univalve** adj. ■ didact. Dont la coquille n'est formée que d'une pièce.

**univers** n. m. ■ 1 Ensemble des groupes humains sur la Terre. 2 L'ensemble de tout ce qui existe. → **monde, nature.** ← sc. Ensemble de la matière, dans l'espace et le temps. *Théories de l'univers.* 3 fig. Milieu matériel ou moral. *L'univers de l'enfance.*

**universaliser** v. tr. 1 → Rendre universel ; répandre largement. → **diffuser, généraliser.** ▷ n. f. **universalisation**

**universalité** n. f. ■ 1 Caractère universel. 2 Caractère d'un esprit universel (2).

**universel, elle** adj. ■ 1 Qui s'étend, s'applique à la totalité des objets (personnes ou choses) qui existent. → **général.** *Notion universelle.* ◆ n. m. didact. *L'universel et le particulier.* 2 Dont les connaissances, les aptitudes s'appliquent à tous les sujets. 3 dr. À qui échoit la totalité d'un patrimoine. *Légataire universel.* 4 Qui concerne la totalité des humains. ◆ *Suffrage universel,* étendu à tous (sauf les exceptions prévues par la loi). ◆ Commun à tous ou à un groupe. *Raison universelle.* 5 Qui concerne l'univers entier. *Gravitation universelle.*

**universellement** adv. ■ Par tous les humains. → **mondialement.**

**universitaire** adj. ■ 1 Relatif à l'Université (1). ← n. Membre de l'Université (enseignant(e), chercheur). 2 Relatif aux universités.

**université** n. f. ■ 1 *L'Université :* le corps des maîtres de l'enseignement public des divers degrés. 2 *Une université :* établissement public d'enseignement supérieur. → **faculté.**

**univoque** adj. ■ didact. Qui garde toujours le même sens (s'oppose à *ambigu, équivoque*). ▷ **univocité** n. f. didact.

**uppercut** [ypɛʀkyt] n. m. ■ anglic. (boxe) Coup porté de bas en haut. → **crochet.**

**uranium** [-jɔm] n. m. ■ Élément radioactif naturel (symb. U), métal gris, dur, présent dans plusieurs minerais.

**urbain, aine** adj. ■ I Qui est de la ville, des villes (s'oppose à *rural*). *Habitat urbain.* II littér. Qui témoigne, fait preuve d'urbanité.

**urbanisation** n. f. ■ Concentration de la population dans les villes.

**urbaniser** v. tr. 1 ■ Donner le caractère urbain à (un lieu) ; transformer en ville.

**urbanisme** n. m. ■ Méthodes permettant d'adapter l'habitat urbain aux besoins humains. *Architecture et urbanisme.* ▷ n. **urbaniste**

**urbanité** n. f. ■ littér. Politesse affable.

**urbi et orbi** [yʀbietɔʀbi] loc. adv. et adj. ■ relig. Se dit de la bénédiction que le pape donne à Rome et au monde entier. ← fig. *Proclamer qqch. urbi et orbi,* partout.

**urée** n. f. ■ Substance que l'on rencontre dans le sang et l'urine des carnivores.

**urémie** n. f. ■ méd. Intoxication due à une accumulation d'urée dans le sang.

**uretère** n. m. ■ Canal qui conduit l'urine du rein à la vessie.

**urètre** n. m. ■ Canal excréteur de l'urine, de la vessie au méat urinaire.

**urgence** n. f. ■ 1 Caractère de ce qui est urgent. 2 Nécessité d'agir vite. *En cas d'urgence.* ← *Une urgence :* un malade à soigner sans délai. ← *Service des urgences, dans un hôpital. Médecin spécialiste des urgences* (▷ n. **urgentiste**). 3 *D'URGENCE* loc. adv. : sans délai, en toute hâte.

**urgent, ente** adj. ■ Dont on doit s'occuper sans retard. → **pressant, pressé.**

**urger** v. intr. 3 seulement 3ᵉ pers. du sing. ■ fam. Être urgent. → **presser.** *Ça urge !*

**urinaire** adj. ■ Qui a rapport à l'urine. ← *Appareil urinaire,* rein, uretère, urètre, vessie. → **urogénital.**

**urinal, aux** n. m. ■ Récipient à col incliné où un homme peut uriner allongé.

**urine** n. f. ■ Liquide organique clair et ambré, odorant, qui se forme dans le rein, passe dans les uretères, séjourne dans la vessie et est évacué (→ **miction**) par l'urètre. ← *Les urines,* l'urine évacuée.

**uriner** v. intr. 1 ■ Évacuer l'urine.

**urinoir** n. m. ■ Petit édifice où les hommes vont uriner. → **vespasienne** ; fam. **pissotière.**

**urique** adj. ■ *Acide urique :* substance azotée à propriétés acides, éliminée par les urines.

**URL** ou **U. R. L.** n. m. (sigle) ■ inform., anglic. Système standardisé d'attribution des adresses, sur le web. ← Adresse d'un site, sur le web.

**urne** n. f. ■ 1 Vase servant à renfermer les cendres d'un mort. 2 Vase antique à flancs arrondis. 3 Boîte à couvercle fendu, où l'on dépose les bulletins de vote.

**uro-** Élément tiré de *urine.*

**urogénital, ale, aux** adj. ■ didact. Qui a rapport aux appareils urinaire et génital.

**urographie** n. f. ■ méd. Radiographie de l'appareil urinaire.

**urologie** n. f. ▪ méd. Médecine de l'appareil urinaire. ▷ n. **urologue**

**urticaire** n. f. ▪ Éruption cutanée passagère, accompagnée de démangeaisons.

**urticant, ante** adj. ▪ didact. Dont la piqûre ou le contact produit une urtication.

**urtication** n. f. ▪ didact. Inflammation cutanée associée à une sensation de brûlure.

**urubu** n. m. ▪ zool. Petit vautour d'Amérique tropicale.

**us** [ys] n. m. pl. ▪ loc. *Les US ET COUTUMES* : les mœurs, les usages traditionnels.

**usage** n. m. ▪ **I 1** Action d'user, de se servir (de qqch.). → **emploi, utilisation.** *L'usage d'un outil ; de la force.* **2** Mise en activité effective (d'une faculté). → **exercice.** *L'usage de la parole.* **3** loc. *FAIRE USAGE DE* : se servir de. → **utiliser ; employer.** ♦ *À L'USAGE* : lorsqu'on s'en sert. ♦ *HORS D'USAGE* : qui ne peut plus servir et, spécialt, fonctionner. **4** Fait de pouvoir produire un effet particulier et voulu. → **fonction, utilité.** *Un canif à multiples usages.* ♦ *À USAGE (DE)* : destiné à être utilisé (de telle ou telle façon). ♦ *À L'USAGE DE* : destiné à être utilisé par (qqn...). → **pour. 5** Fait d'employer les éléments du langage selon les discours, la parole ; manière dont ils sont employés. **II 1** Pratique que l'ancienneté ou la fréquence rend normale, dans une société. *Un usage ancien.* ▬ au plur. Comportements considérés comme les meilleurs, ou normaux. **2** *L'USAGE* : l'ensemble des pratiques sociales. → **coutume, habitude.** *Suivre l'usage.* ▬ *D'USAGE* : habituel, normal. **3** littér. Les bonnes manières. *Manquer d'usage.* **III** dr. Droit réel qui permet à son titulaire (l'usager) de se servir d'une chose appartenant à autrui. → **usufruit.**

**usagé, ée** adj. ▪ Qui a déjà servi, beaucoup servi (≠ *usé*).

**usager** n. m. ▪ **1** dr. Titulaire d'un droit réel d'usage (III). **2** Personne qui utilise (qqch. ; un service...). → **utilisateur.**

**usant, ante** adj. ▪ Qui use la santé.

**USB** n. m. (sigle angl.) ▪ anglic., inform. Prise (port) permettant de connecter des périphériques à un ordinateur. ▬ appos. *Clé USB*, petit appareil autonome, à très grande capacité de mémoire, qui se connecte sur un port USB.

**usé, ée** adj. ▪ **1** Altéré par un usage prolongé, par des actions physiques. *Souliers usés.* ♦ *Eaux usées*, salies. **2** Diminué, affaibli, notamment par la répétition. → **démodé, éculé. 3** Dont les forces, la santé sont diminuées.

**user** v. ▪ **I** ▪ *USER DE* v. tr. ind. **1** (compl. chose abstraite) Avoir recours à (qqch.), mettre en œuvre. ▬ se **servir de, utiliser ; user** *d'un droit ; d'un stratagème.* ♦ Se servir de (un élément du langage). **2** vx ou littér. *EN USER... avec qqn*, se comporter d'une certaine manière. **II** v. tr. dir. **1** Modifier (qqch.) progressivement en enlevant des parties, en altérant l'aspect, par un usage prolongé.

→ **abîmer, élimer ; usure.** *User ses vêtements.* ♦ Altérer ou entamer (qqch.). ▬ au p. p. *Terrains usés par l'érosion.* **2** Diminuer, affaiblir par une action progressive. *User sa santé.* **3** (sujet chose) Diminuer les forces de (qqn). → **épuiser.** ▶ s'**user** v. pron. **1** Se détériorer à l'usage. **2** fig. S'affaiblir avec le temps.

**usinage** n. m. ▪ Action d'usiner.

**usine** n. f. ▪ **1** Établissement de la grande industrie destiné à la fabrication d'objets ou de produits, à la transformation de matières premières, à la production d'énergie. **2** La grande industrie. *Ouvrier d'usine.* ▬ *Travail en usine.* **3** fam. Local qui évoque une usine.

**usiner** v. tr. ▢ ▪ **1** Façonner avec une machine-outil. **2** Fabriquer dans une usine.

**usité, ée** adj. ▪ Qui est employé, en usage. *Un mot usité.* → **courant, usuel.**

**usnée** n. f. ▪ bot. Lichen de couleur grisâtre, à longs cils.

**ustensile** n. m. ▪ Objet ou accessoire d'usage domestique, sans mécanisme ou à mécanisme simple. *Ustensiles de cuisine.*

**usuel, elle** ▪ **1** adj. Qui est utilisé habituellement. ▷ adv. **usuellement 2** n. m. Ouvrage de référence, de consultation (notamment, dans une bibliothèque).

**usufruit** n. m. ▪ dr. Jouissance légale d'un bien dont on n'a pas la propriété. ▷ **usufruitier, ière** n. dr.

**usuraire** adj. ▪ Relatif à l'usure (②).

① **usure** n. f. ▪ **1** Détérioration par un usage prolongé (→ **user** (II, 1)). **2** Diminution ou altération (d'une qualité, de la santé). ♦ Fait d'user les forces de qqn. *Guerre d'usure.* **3** État de ce qui est détérioré par l'usage.

② **usure** n. f. ▪ Intérêt de taux excessif ; fait de prendre un tel intérêt. ▬ fig., littér. *AVEC USURE* : au-delà de ce que l'on a reçu.

**usurier, ière** n. ▪ Prêteur à usure (②).

**usurper** v. tr. ▢ ▪ S'approprier sans droit, par la violence ou la fraude (un pouvoir, une dignité, un bien...). ♦ Obtenir de façon illégitime. ▬ au p. p. *Une réputation usurpée*, imméritée. ▷ n. f. **usurpation** ▷ **usurpateur, trice** n. → **imposteur.**

**ut** [yt] n. m. invar. ▪ **1** Do (note). → aussi **contre-ut. 2** Ton de do. *Clé d'ut.*

**utérin, ine** adj. ▪ **1** dr. Se dit des frères et sœurs ayant la même mère, mais un père différent. **2** anat. Relatif à l'utérus.

**utérus** [-ys] n. m. ▪ (chez la femme) Organe situé entre la vessie et le rectum, destiné à contenir l'œuf, l'embryon jusqu'à son complet développement. → vx **matrice.** ▬ (chez les animaux vivipares) Organe de la gestation chez la femelle.

**utile** adj. ■ **1** Dont l'usage, l'emploi est ou peut être avantageux, satisfait un besoin. *Des conseils utiles.* ◂ *Il est utile de* (+ inf.); *que* (+ subj.). ◂ *UTILE À* (+ inf.) : qu'il est utile de. ◂ *CHARGE UTILE,* que peut transporter un véhicule. ♦ n. m. *L'UTILE.* → **bien, utilité.** ◂ loc. *Joindre l'utile à l'agréable.* **2** (personnes) Dont l'activité est ou peut être avantageusement mise au service d'autrui. ♦ *Animaux utiles* (opposé à *nuisible*). **3** *EN TEMPS UTILE* : au moment opportun.

**utilement** adv. ■ D'une manière utile.

**utilisable** adj. ■ Qui peut être utilisé.

**utiliser** v. tr. ⨁ ■ **1** Rendre utile, faire servir à une fin précise. → **employer,** se **servir** de. **2** Employer. *Utiliser un procédé.* ▷ **utilisation** n. f. (action ; manière). ▷ **utilisateur, trice** n. → **usager.**

**utilitaire** adj. ■ **1** Qui vise essentiellement à l'utile. ◂ *Véhicules utilitaires :* camions, autocars, etc. (opposé à *de tourisme*). **2** péj. Préoccupé des seuls intérêts matériels.

**utilité** n. f. ■ **1** Caractère de ce qui est utile. **2** Le bien ou l'intérêt (de qqn). *Pour mon utilité.* → **convenance.** ◂ *Association reconnue d'utilité publique.* **3** Emploi subalterne d'acteur. loc. *Jouer les utilités.*

**utopie** n. f. ■ Idéal, vue politique ou sociale qui ne tient pas compte de la réalité. ♦ Conception ou projet qui paraît irréalisable. → **chimère, rêve.** ▷ adj. **utopique**

**utopiste** n. ■ Auteur d'utopies ; esprit attaché à des utopies. → **rêveur.**

**U. V.** [yve] n. m. pl. ■ → **ultraviolet.**

**uval, ale, aux** adj. ■ didact. Du raisin.

**uvée** n. f. ■ anat. Tunique moyenne de l'œil, comprenant la choroïde et l'iris.

**v** [ve] n. m. ■ Vingt-deuxième lettre de l'alphabet, dix-septième consonne. ➛ *Décolleté en V*, en pointe. ♦ *V* : cinq (en chiffres romains).

**va** ■ **1** Forme du verbe *aller\**. ♦ fam. *Va pour* : je suis d'accord pour. **2** interj. *Va !*, s'emploie pour encourager ou menacer.

**vacance** n. f. ■ **I 1** Période où les tribunaux interrompent leur activité. **2** État d'une charge, d'un poste vacant. **II** au plur. **1** Période pendant laquelle les écoles, les universités ne sont pas en activité. **2** Repos, cessation des occupations ordinaires. ♦ Temps de repos accordé aux salariés. → *congé*.

**vacancier, ière** n. ■ Personne en vacances. → *estivant*.

**vacant, ante** adj. ■ **1** Qui n'a pas de titulaire. **2** Libre. *Siège vacant*.

**vacarme** n. m. ■ **1** Grand bruit de personnes assemblées. **2** Bruit assourdissant.

**vacataire** n. ■ Personne affectée à une fonction pour un temps déterminé.

**vacation** n. f. ■ admin. Temps consacré à l'accomplissement d'une fonction. ➛ Travail fait pendant ce temps.

**vaccin** n. m. ■ Substance pathogène qui, inoculée, confère l'immunité contre une maladie.

**vaccination** n. f. ■ Inoculation d'un vaccin.

**vaccine** n. f. ■ vieilli Maladie infectieuse des bovins, inoculée contre la variole.

**vacciner** v. tr. ① ■ Immuniser par un vaccin. ► **vacciné, ée** p. p. **1** *Enfants vaccinés*. **2** fig., fam. *Être vacciné contre qqch.*, préservé par l'expérience d'une chose désagréable.

**vache** n. f. ■ **I 1** Femelle du taureau (en boucherie, on dit *du bœuf*). *Jeune vache.* → **génisse**. ➛ anglic. *Maladie de la vache folle* ; fam. la *vache folle* : encéphalopathie spongiforme bovine (épizootie). **2** loc. *Vache à lait* : personne, chose qu'on exploite. ➛ *Manger de la vache enragée* : en être réduit à de dures privations. **3** Poils, cuir de vache apprêtés (→ **vachette**). **II** fam. **1** Personne méchante. ➛ *Peau de vache* (même sens). ➛ *Un coup en vache*, nuisible et hypocrite. ➛ par ext. Salaud. *Ah ! les vaches, ils m'ont oublié !* ♦ spécialt, vx Gendarme, agent de police. *Mort aux vaches !* **2** *La vache !*, exclamation d'étonnement, d'admiration (→ **vachement**) ou d'indignation. **3** adj. Méchant, injuste.

**vachement** adv. ■ fam. **1** Méchamment. **2** (intensif, admiratif) Beaucoup ; très.

**vacher, ère** n. ■ Personne qui mène paître les vaches et les soigne. ≠ *berger*.

**vacherie** n. f. ■ fam. **1** Parole, action méchante. **2** Caractère vache (II, 3), méchant. **3** Chose ratée, nulle.

**vacherin** n. m. ■ **I** Fromage de vache de Franche-Comté. **II** (analogie d'aspect) Meringue à la crème fraîche.

**vachette** n. f. ■ **1** Jeune vache. **2** Cuir de génisse.

**vaciller** [-ije ; -ile] v. intr. ① ■ **1** Être animé de mouvements répétés, alternatifs ; être en équilibre instable. → **chanceler**. **2** (lumière) Trembler, être sur le point de s'éteindre ; scintiller faiblement. → **trembloter**. **3** fig. (mémoire...) Devenir faible, incertain ; manquer de solidité. ▷ adj. **vacillant, ante** ▷ n. f. **vacillation**

**vacuité** n. f. ■ **1** didact. État de ce qui est vide. **2** Vide moral, intellectuel. ≠ *viduité*.

**vacuole** n. f. ■ didact. Petite cavité. ▷ adj. **vacuolaire**

**vade-mecum** [vademekɔm] n. m. invar. ■ littér. Livre (manuel, guide) que l'on garde sur soi pour le consulter.

**vadrouille** n. f. ■ **I** mar. Tampon à manche, balai pour nettoyer le pont d'un navire. **II** fam. Action de vadrouiller.

**vadrouiller** v. intr. ① ■ fam. Se promener sans but précis. → **flâner**.

**va-et-vient** n. m. invar. ■ **1** Dispositif servant à établir une communication dans les deux sens. ➛ spécialt Dispositif électrique permettant d'allumer et d'éteindre de plusieurs endroits. **2** Mouvement alternatif. **3** Allées et venues.

**vagabond, onde** ■ **I** adj. **1** littér. Qui mène une vie errante. → **nomade**. **2** fig. Qui change sans cesse. *Humeur vagabonde*. **II** n. Personne sans domicile fixe et sans ressources.

**vagabonder** v. intr. ① ■ **1** Circuler sans but, sans avoir de lieu de repos. → **errer**. **2** fig. Passer sans s'arrêter d'un sujet à l'autre. ▷ n. m. **vagabondage**

**vagin** n. m. ■ Organe sexuel féminin, conduit qui s'étend de l'utérus à la vulve. ▷ adj. **vaginal, ale, aux**

**vagir** v. intr. ② ■ Pousser de faibles cris.

**vagissement** n. m. ■ **1** Cri du nouveau-né. **2** Cri plaintif et faible (animaux).

① **vague** n. f. ■ **1** Inégalité de la surface d'une étendue liquide (mer, lac...) agitée ; masse d'eau qui se soulève et s'abaisse. **2** fig. Mouvement analogue. *Une vague d'enthousiasme.* ◆ loc. *Faire des vagues*, des remous. → *La* NOUVELLE VAGUE : la dernière génération ou tendance. ◆ (idée de déferlement) *Vague de chaleur, de froid.* **3** Masse (d'hommes, de choses) qui se répand brusquement. **4** Surface ondulée. *Les vagues d'une chevelure.*

② **vague** adj. ■ *Terrain vague*, vide de constructions, en ville.

③ **vague** ■ **I** adj. **1** Que l'esprit a du mal à saisir, mouvant, mal défini. → **confus, incertain ; flou, indéfini.** → (avant le n.) Insuffisant, faible. *Je n'en ai qu'une vague idée.* **2** *Regard vague*, qui exprime l'indécision. **3** Perçu d'une manière imparfaite. *De vagues contours.* **4** Qui n'est pas ajusté, serré. *Manteau vague.* **5** (avant le n.) Dont l'identité précise importe peu ; quelconque. *Un vague cousin.* **II** n. m. **1** Ce qui n'est pas défini, fixé (espace, domaine). *Regarder dans le vague.* → *Rester dans le vague* : ne pas préciser sa pensée. **2** loc. VAGUE À L'ÂME : mélancolie. **III** adj. *Le nerf vague* : le nerf pneumogastrique.

**vaguelette** n. f. ■ Petite vague. → **ride.**

**vaguement** adv. ■ **1** D'une manière vague, en termes imprécis. **2** D'une manière incertaine ou douteuse.

**vaguemestre** n. m. ■ Sous-officier chargé de la poste (armée, marine).

**vahiné** n. f. ■ Femme de Tahiti.

**vaillance** n. f. ■ **1** littér. Bravoure. **2** Courage d'une personne que la souffrance, le travail n'effraient pas.

**vaillant, ante** adj. ■ **I 1** littér. Plein de bravoure, de courage (pour se battre, pour le travail). **2** régional Vigoureux. **II** vx Qui vaut qqch. → loc. *N'avoir pas un sou vaillant* : être pauvre. ▷ adv. **vaillamment**

**vain, vaine** adj. ■ **I** (choses) **1** littér. Dépourvu de valeur, de sens. → **insignifiant.** loc. *Ce n'est pas un vain mot.* → Qui n'a pas de base sérieuse. → **illusoire.** *Un vain espoir.* **2** Sans efficacité. **II** (personnes) littér. Fier de soi sans avoir de raisons de l'être (→ **vanité**). **II** EN VAIN loc. adv. : sans résultat, sans que la chose en vaille la peine. ▷ adv. **vainement**

**vaincre** v. tr. 42 ■ **1** L'emporter par les armes sur (un ennemi). → **battre.** ◆ Dominer. **2** L'emporter sur (un adversaire, un concurrent) dans une compétition. **3** Faire reculer ou disparaître. → **dominer, surmonter.** *Vaincre sa timidité.*

**vaincu, ue** adj. ■ (opposé à *vainqueur*) Qui a subi une défaite. *S'avouer vaincu* : reconnaître sa défaite. → n. *Malheur aux vaincus !*

**vainqueur** n. m. ■ **1** Personne qui a gagné une bataille, une guerre. → adj. Victorieux. *Elle était vainqueur.* **2** Gagnant. → **champion, lauréat. 3** Personne qui a triomphé (d'une force, d'une difficulté naturelle). *Le vainqueur de l'Everest.*

**vair** n. m. ■ Fourrure de petit-gris.

① **vairon** n. m. ■ Petit poisson des eaux courantes, au corps cylindrique.

② **vairon** adj. m. ■ Se dit des yeux à l'iris cerclé d'une teinte blanchâtre. *Des yeux vairons.*

**vaisseau** n. m. ■ **I 1** vieilli Bateau d'une certaine importance. → **navire ; bâtiment. 2** *Vaisseau spatial* : véhicule des astronautes. **II** Espace allongé que forme l'intérieur d'un grand bâtiment, surtout voûté. → **nef. III** Organe, tube où circulent des liquides organiques, et spécialt le sang (artères, veines). → **vasculaire.**

**vaisselier** n. m. ■ Meuble rustique, buffet où la vaisselle est exposée.

**vaisselle** n. f. ■ **1** Ensemble des récipients qui servent à présenter, à mettre la nourriture. **2** Ces récipients qu'il faut laver. → *Lavage de la vaisselle.*

**val, plur. vaux** ou **vals** n. m. ■ **1** (dans des noms de lieux) Vallée. *Le Val de Loire.* **2** loc. *Par monts\* et par vaux.*

**valable** adj. ■ **1** Qui remplit les conditions requises (pour être accepté). → **valide.** *Contrat valable.* **2** Qui a une valeur reconnue. → **acceptable, sérieux.** *Sans raison valable.* **3** (emploi critiqué) Qui a des qualités appréciables. *Une solution valable.*

**valablement** adv. ■ **1** De manière à produire ses effets juridiques. **2** À bon droit. **3** D'une manière appréciable.

**valdinguer** v. intr. 1 ■ fam. Tomber. → *Envoyer valdinguer.* → **promener.**

**valence** n. f. ■ Nombre de liaisons chimiques qu'un atome peut avoir avec ceux d'autres substances, en combinaison.

**valériane** n. f. ■ Plante à fleurs roses ou blanches, à la racine ramifiée.

**valet** n. m. ■ **I 1** Domestique. → **laquais, serviteur.** → anciennt VALET DE PIED : domestique en livrée. → VALET DE CHAMBRE : domestique masculin. **2** Salarié chargé de travaux manuels. *Valet de ferme* : ouvrier agricole. **II** Carte à jouer sur laquelle est représenté un jeune écuyer. *Le valet de pique.*

**valetaille** n. f. ■ péj. Ensemble de personnes serviles.

**valétudinaire** adj. et n. ■ littér. Maladif.

**valeur** n. f. ■ **I 1** Ce qui rend une personne digne d'estime. → **mérite.** *C'est un homme de grande valeur.* **2** littér. Courage (→ **valeureux**). **II 1** Caractère mesurable (d'un objet) qui le rend susceptible d'être échangé, d'être désiré. → **prix ; valoir.** → loc. METTRE EN VALEUR : faire valoir (un bien matériel, un capital) ; fig. montrer à son avantage. **2** Quantité estimée, en économie. *Taxe à la valeur ajoutée.* → **T.V.A. 3** *Valeurs* (mobilières) : titres. *Valeurs cotées* (en *Bourse*). → **effet, titre. III 1** Caractère de ce qui est digne d'estime (selon une norme sociale). **2** Qualité estimée. → loc. JUGEMENT DE VALEUR, par lequel on affirme que qqch. est plus ou moins digne d'estime. **3** Qualité de ce qui produit l'effet souhaité. *La valeur* d'une méthode. → **efficacité**. **4** UNE VALEUR : ce qui est vrai, beau, bien (pour une culture). *Les valeurs morales, esthétiques*. **IV 1** Mesure (d'une grandeur, d'une quantité variable). → Quantité approximative. *Ajoutez la valeur d'un verre d'eau*. **2** Effet, fonction d'un signe, par convention. *La valeur des cartes change selon les jeux*. → mus. Durée relative (d'une note, d'un silence). ♦ didact. Sens, dans un système d'oppositions.

**valeureux, euse** adj. ▪ littér. Brave, courageux. → **vaillant**.

**valide** adj. ▪ **1** Qui est en bonne santé, capable de travail, d'exercice. **2** (choses) Qui présente les conditions requises pour produire son effet. → **valable**.

**valider** v. tr. 1 ▪ Rendre ou déclarer valide (2). → **entériner, homologuer, ratifier**. ▷ n. f. **validation**

**validité** n. f. ▪ Caractère valide (2).

**valise** n. f. ▪ **1** Bagage de forme rectangulaire, pouvant être porté à la main. **2** *Valise diplomatique* : correspondance et objets transportés couverts par l'immunité diplomatique. **3** fig., fam. Poche sous les yeux.

**vallée** n. f. ▪ **1** Espace allongé entre deux zones plus élevées (pli concave) ou situé de part et d'autre du lit d'un cours d'eau. → **val, vallon ; gorge, ravin**. ♦ relig. *Vallée de larmes*, la vie terrestre. **2** Région qu'arrose un cours d'eau. → **bassin**. **3** en montagne Région moins haute (par oppos. aux sommets).

**vallon** n. m. ▪ Petite dépression allongée entre deux collines, deux coteaux. → **vallée**. ▷ adj. **vallonné, ée**

**vallonnement** n. m. ▪ Relief de vallons et de collines.

**valoche** n. f. ▪ fam. Valise (1 et 3).

**valoir** v. 29 ▪ I v. intr. **1** Correspondre à (une valeur) ; avoir un rapport d'égalité avec (autre chose) selon une estimation. → **coûter, faire**. *Valoir peu, beaucoup*. **2** Correspondre, dans le jugement des humains, à (une qualité, une utilité). *Prendre une chose pour ce qu'elle vaut*. ◆ *Cela ne lui vaut rien*, ne lui réussit pas. **3** sans compl. Avoir de la valeur, de l'intérêt, de l'utilité ; agir, s'appliquer. *Cette loi vaut pour tout le monde*. ◆ loc. *Cela ne me dit rien qui vaille* : cela m'inquiète. ◆ *Vaille que vaille* : tant bien que mal. ◆ *À valoir* : dont la valeur est à déduire (somme). **4** FAIRE VALOIR : faire apprécier plus. → Rendre efficace. *Faire valoir ses droits*, les exercer, les défendre. → *Se faire valoir* : se montrer à son avantage. ◆ Rendre productif (un bien). → **exploiter**. **5** Être égal en valeur à (qqch. ; qqn d'autre). → pronom. Être équivalent. **6** VALOIR MIEUX QUE (+ nom) : avoir plus de valeur que. → impers. *Il vaut mieux, mieux vaut* : il est préférable de. → *Il vaut mieux que* (+ subj.). **7** Mériter (un effort, un sacrifice). *Cela vaut le dérangement*. → loc. VALOIR LA PEINE, fam. LE COUP : mériter qu'on prenne la peine (de…) ; être bon, excellent. **II** v. tr. Faire obtenir, avoir pour conséquence. → **procurer**. *Qu'est-ce qui me vaut cet honneur ?*

**valoriser** v. tr. 1 ▪ **1** Faire prendre de la valeur à (qqch., un bien), augmenter la valeur attribuée à (qqch.). **2** Augmenter la valeur reconnue de (qqn). ▷ adj. **valorisant, ante** ▷ n. f. **valorisation**

**valse** n. f. ▪ **1** Danse à trois temps, où chaque couple tourne sur lui-même. → Musique au rythme de cette danse. *Les valses de Chopin*. **2** fig., fam. Mouvement fréquent de personnel. *La valse des ministres*. ♦ Changements répétés. *La valse des prix*.

**valser** v. intr. 1 ▪ **1** Danser la valse, une valse. ▷ n. **valseur, euse 2** fam. Être projeté. → *Faire valser* : déplacer. *Envoyer valser qqn*, le rembarrer (→ **promener**).

**valseuses** n. f. pl. ▪ argot Testicules.

**valve** n. f. ▪ **1** Chacune des deux parties de la coquille (bivalve*) de mollusques et crustacés. **2** Système de régulation d'un courant de fluide. → Soupape à clapet. *Valve de chambre à air*. **3** Appareil qui laisse passer le courant électrique dans un sens.

**valvule** n. f. ▪ anat. Repli qui règle le débit des vaisseaux.

**vamp** [vãp] n. f. ▪ anglic. Femme fatale.

**vamper** v. tr. 1 ▪ fam. Séduire par des allures de vamp.

**vampire** n. m. ▪ I **1** Fantôme censé sortir la nuit de son tombeau pour aller sucer le sang des vivants. **2** fig. Homme avide d'argent. ♦ Meurtrier cruel. **II** Chauve-souris insectivore de l'Amérique du Sud, qui suce parfois le sang des animaux.

① **van** n. m. ▪ Large panier à anses, à fond plat, qui sert à vanner les grains.

② **van** n. m. ▪ anglic. Voiture servant au transport des chevaux de course.

**vanadium** [-jɔm] n. m. ▪ chim. Élément (symb. V), métal blanc peu fusible.

**vandale** n. ▪ Destructeur brutal, ignorant.

**vandalisme** n. m. ▪ Destruction ou détérioration des œuvres d'art, des équipements publics.

**vandoise** n. f. ▪ Poisson d'eau douce, aussi appelé *chevesne, meunier*.

**vanille** n. f. ▪ **1** Gousse du vanillier, qui, séchée, devient noire et aromatique. **2** La substance aromatique. ▷ adj. **vanillé, ée**

**vanillier** n. m. ▪ Plante tropicale à tige grimpante, dont le fruit est la vanille.

**vanité** n. f. ▪ I **1** vieilli Caractère de ce qui est vain (I, 1 et 2). **2** Défaut d'une personne vaine*, trop satisfaite d'elle-même. → **fatuité, prétention, suffisance**. **II** didact. Image, tableau évoquant la vanité (I, 1), la futilité des choses humaines et la mort.

**vaniteux, euse** adj. ▪ Plein de vanité (I, 2). → **orgueilleux, prétentieux, suffisant**. → n. *C'est un vaniteux* (s'oppose à *modeste*).

**vannage** n. m. ▪ Action de vanner (I).

① **vanne** n. f. ▪ Panneau vertical mobile réglant le débit dans une canalisation. *Les vannes d'une écluse*.

② **vanne** n. f. ■ fam. Plaisanterie ou allusion désobligeante.

**vanné, ée** adj. ■ fam. Très fatigué.

**vanneau** n. m. ■ Oiseau échassier de la taille du pigeon, à huppe noire.

**vanner** v. tr. ① ■ I Secouer dans un van (les grains), pour trier, nettoyer. II fig. Accabler de fatigue (→ **vanné**).

**vannerie** n. f. ■ 1 Fabrication des objets tressés avec des fibres végétales, des tiges (osier, rotin). 2 Objets ainsi fabriqués. ⊳ n. **vannier, ière**

**vanneur, euse** n. ■ Personne qui vanne (I) les grains.

**vantail, aux** n. m. ■ Panneau mobile. → **battant**.

**vantard, arde** adj. ■ Qui a l'habitude de se vanter. – n. *Quel vantard !* ⊳ n. f. **vantardise**

**vanter** v. ① ■ v. tr. littér. Parler très favorablement de (qqn ou qqch.); louer, avec excès. ▸ **se vanter** v. pron. 1 Exagérer ses mérites. 2 *SE VANTER DE* : tirer vanité de, prétendre avoir fait. ♦ Prétendre être capable de (faire qqch.).

**va-nu-pieds** n. invar. ■ Vagabond misérable.

**vape** n. f. ■ loc. *Être dans la vape, dans les vapes,* dans l'hébétude, la somnolence.

**vapeur** ■ I n. f. 1 Amas visible, traînée de très fines gouttelettes d'eau suspendues dans l'air. → **brouillard, brume, nuage**. 2 *Vapeur (d'eau),* eau à l'état gazeux, au-dessus de son point d'ébullition. – *À VAPEUR,* actionné par la vapeur d'eau. ← loc. *Renverser la vapeur* (fig. agir en sens contraire). – *À toute vapeur :* à toute vitesse. ♦ *Bain de vapeur.* → **étuve**. 3 sc. Substance à l'état gazeux au-dessous de sa température critique. *Vapeur d'essence.* 4 Troubles, malaises (exhalaisons montant au cerveau). *Les vapeurs de l'ivresse.* II n. m. vx Bateau à vapeur.

**vaporeux, euse** adj. ■ 1 littér. Voilé par des vapeurs. → **nébuleux**. 2 Léger, fin et transparent. *Tutu vaporeux.*

**vaporisateur** n. m. ■ Pulvérisateur, atomiseur.

**vaporiser** v. tr. ① ■ 1 Disperser et projeter en fines gouttelettes. → **pulvériser**. 2 didact. Transformer en vapeur. ♦ pronom. *SE VAPORISER.* ⊳ n. f. **vaporisation**

**vaquer** v. tr. ind. ① ■ *VAQUER À.* S'occuper de. *Vaquer à ses occupations.*

**varan** n. m. ■ zool. Reptile saurien, grand lézard.

**varangue** n. f. ■ mar. Pièce courbe ou fourchue, placée sur la quille, perpendiculairement à l'axe du navire.

**varappe** n. f. ■ Ascension d'un couloir rocheux, d'une paroi, en montagne.

**varech** [-ɛk] n. m. ■ Algues, goémons rejetés par la mer, qu'on récolte sur le rivage.

**vareuse** n. f. ■ 1 Blouse courte en grosse toile. 2 Veste d'uniforme. – Veste ample.

**variable** adj. ■ 1 Susceptible de se modifier, de changer souvent. → **changeant, incertain, instable**. *Temps variable.* – *Vent variable* (en direction ou intensité). ♦ sc. Qui prend, peut prendre plusieurs valeurs distinctes. – n. f. Symbole ou terme auquel on peut attribuer plusieurs valeurs numériques différentes (s'oppose à *constante*). 2 Qui prend plusieurs aspects, fonctions (selon les circonstances...). 3 Conçu, fabriqué pour subir des variations. *Objectif à focale variable.* ⊳ n. f. **variabilité**

**variante** n. f. ■ 1 Élément d'un texte qui présente des différences par rapport à la version éditée; différence entre versions. 2 Forme ou solution légèrement différente. 3 Mot, expression qui s'écarte d'un type. *Variantes dialectales.*

**variation** n. f. ■ 1 Suite de changements. 2 Passage d'un état à un autre; différence entre deux états successifs. → **modification**. 3 Écart entre deux valeurs numériques (d'une variable); modification d'une grandeur. *Variations de température.* 4 mus. Composition formée d'un thème et de ses modifications (transpositions, développements...). *Variations pour piano.*

**varice** n. f. ■ Dilatation (permanente) d'un vaisseau, d'une veine (surtout aux jambes).

**varicelle** n. f. ■ Maladie infectieuse, contagieuse, à éruptions.

**varicosité** n. f. ■ pathol. Dilatation permanente des veines, parfois avec nécrose.

**varié, ée** adj. ■ 1 Qui présente des aspects ou des éléments distincts. → **divers**. 2 au plur. Qui donnent une impression de diversité. *Hors-d'œuvre variés.*

**varier** v. ⑦ ■ I v. tr. 1 Donner à (une seule chose) plusieurs aspects distincts. *Varier son alimentation.* 2 Rendre (plusieurs choses) nettement distinctes, diverses. *Varier ses lectures.* II v. intr. 1 Présenter au cours d'une durée plusieurs modifications; changer. ♦ (personnes) Ne pas conserver la même attitude, les mêmes opinions. 2 (sujet chose) Se réaliser sous des formes diverses. → **différer**.

**variété** n. f. ■ 1 Caractère d'un ensemble formé d'éléments variés; différences entre ces éléments. → **diversité**. 2 Subdivision de l'espèce, délimitée par la variation de caractères individuels. 3 au plur. Titre de recueils sur des sujets variés. ♦ *Spectacle, émission de variétés,* comprenant des attractions variées.

**variole** n. f. ■ Maladie infectieuse, épidémique et contagieuse, avec éruption de boutons. → petite **vérole**. ⊳ **varioleux, euse** adj. et n. et **variolique** adj.

**variqueux, euse** adj. ■ Accompagné de varices. *Ulcère variqueux.*

**varlope** n. f. ■ Grand rabot à poignée, qui se manie à deux mains.

**vasculaire** adj. ■ didact. Qui appartient aux vaisseaux (III), contient des vaisseaux. ◆ bot. (végétaux) À tige, racine(s) et feuilles.

**vasculariser** v. tr. 🔟 ■ didact. Pourvoir de vaisseaux (III) (surtout pronom. et p. p.). *Tissus vascularisés.* ▷ n. f. **vascularisation**

① **vase** n. m. ■ **1** Récipient pour des usages nobles, ou à valeur artistique. *Vases grecs.* **2** Récipient pour les fleurs coupées. **3** *Vases sacrés*, destinés à la célébration de la messe. **4** Récipient utilisé en chimie. → loc. *Le principe des VASES COMMUNICANTS* (fig. se dit de deux choses dont l'une s'accroît quand l'autre diminue). **5** loc. *EN VASE CLOS :* sans communication avec l'extérieur.

② **vase** n. f. ■ Dépôt de terre et de particules organiques en décomposition (dans l'eau).

**vasectomie** n. f. ■ méd. Section des canaux déférents des testicules (pour rendre un homme stérile).

**vaseline** n. f. ■ Substance molle (mélange d'hydrocarbures), utilisée en pharmacie.

**vaseux, euse** adj. ■ **I** Qui contient de la vase, est formé de vase. **II** fam. **1** (personnes) Faible, en état de malaise. **2** (choses abstraites) Trouble, embarrassé.

**vasistas** [-ɑs] n. m. ■ Petit vantail pouvant s'ouvrir dans une porte ou une fenêtre.

**vas(o)-** Élément, du latin *vas* « récipient ».

**vasoconstricteur** adj. m. ■ (nerf) Qui commande la diminution du calibre d'un vaisseau (*vasoconstriction* n. f.).

**vasodilatateur** adj. m. ■ (nerf) Qui commande la dilatation des vaisseaux (*vasodilatation* n. f.).

**vasomoteur, trice** adj. ■ Relatif à la dilatation et à la contraction des vaisseaux.

**vasouiller** v. intr. 🔟 ■ fam. Être hésitant, peu sûr de soi, maladroit (dans une réponse...). ▷ **vasouillard, arde** adj. → **vaseux** (II).

**vasque** n. f. ■ **1** Bassin ornemental peu profond. **2** Large coupe décorative.

**vassal, ale, aux** n. ■ **1** hist. Sous le système féodal, Homme lié personnellement à un seigneur, un suzerain qui lui concédait la possession d'un fief. **2** Personne, groupe dépendant d'un autre. ▷ n. f. **vassalité**

**vassaliser** v. tr. 🔟 ■ hist. ou littér. Asservir, rendre semblable à un vassal. ▷ n. f. **vassalisation**

**vaste** adj. ■ **1** (surface) Très grand, immense. **2** Très grand (construction). → Ample. **3** Important en quantité. **4** Étendu dans sa portée ou son action. *Un vaste sujet.*

**vaticiner** v. intr. 🔟 ■ littér. Prédire l'avenir (en parlant comme un oracle), prophétiser. ▷ n. f. **vaticination**

**va-tout** n. m. invar. ■ aux cartes Coup où l'on risque tout son argent. → loc. fig. *Jouer son va-tout :* risquer le tout pour le tout.

**vaudeville** [-vil] n. m. ■ Comédie légère, divertissante, fertile en rebondissements. ◆ Situation réelle analogue. ▷ adj. **vaudevillesque**

**vaudevilliste** [-vil-] n. ■ Auteur de vaudevilles.

① **vaudois, oise** n. ■ Membre d'une secte chrétienne intégriste du moyen âge, en France. → adj. *L'hérésie vaudoise.*

② **vaudois, oise** adj. et n. ■ Du pays de Vaud (en Suisse romande).

**vaudou** n. m. ■ Culte religieux des Antilles, d'Haïti, mélange de pratiques magiques, de sorcellerie et d'éléments chrétiens. → adj. invar. *Cérémonies vaudou.*

**à vau-l'eau** loc. adv. ■ loc. fig. *Aller à vau-l'eau :* péricliter par inaction, passivité.

**vaurien, enne** n. ■ **1** vx Bandit, brigand. **2** Enfant, adolescent effronté.

**vautour** n. m. ■ **1** Oiseau rapace de grande taille, au bec crochu, à la tête et au cou dénudés. **2** fig. Personne âpre et rapace.

**se vautrer** v. pron. 🔟 ■ **1** Se coucher, s'étendre (sur, dans qqch.), en prenant une position abandonnée. → au p. p. *Rester vautré sur son lit.* **2** fig. Se complaire (dans un vice...).

**à la va-vite** loc. adv. ■ Trop rapidement et sans soin.

**veau** n. m. ■ **I 1** Petit de la vache, mâle ou femelle, pendant sa première année. ◆ allus. biblique *Adorer le Veau d'or :* avoir le culte de l'argent. **2** Viande de cet animal (viande blanche). **3** Peau de veau ou de génisse, tannée et apprêtée. → ② **box**, **vélin**. **II** fig., fam. **1** Nigaud, paresseux. **2** Automobile peu nerveuse.

**vecteur** n. m. ■ **1** math. Segment de droite orienté, être mathématique sur lequel on peut effectuer des opérations. *Vecteurs et tenseurs.* ▷ adj. **vectoriel, ielle 2** biol. Animal transmettant un agent infectieux. **3** fig. Intermédiaire. **4** milit. Véhicule capable de transporter une charge nucléaire.

**vécu, ue** adj. Qui appartient à l'expérience de la vie. *Histoire vécue.* → **vrai.** ◆ n. m. *Le vécu,* l'expérience vécue.

**véda** n. m. ■ didact. Texte religieux et poétique de l'Inde ancienne (→ **védique**).

**vedettariat** n. m. ■ Condition de vedette (I, 3). → Système social, culturel où les vedettes sont essentielles.

**vedette** n. f. ■ **I 1** *Mettre EN VEDETTE :* mettre en évidence, en valeur. **2** Fait d'avoir son nom imprimé en gros caractères. ◆ fig. *Avoir, tenir la vedette.* **3** Artiste, personne qui jouit d'une grande renommée. → **star. II** Petit navire de guerre d'observation. → Canot rapide.

**védique** adj. ■ didact. Relatif aux védas.

**végétal, ale, aux** n. m. et adj. ■ **I** n. m. Être vivant caractérisé par des mouvements et une sensibilité plus faibles que les animaux, une composition chimique particulière, une nutrition à partir d'éléments simples. → ① **plante, végétation ; botanique. II** adj. **1** Relatif aux plantes. *Règne végétal.* **2** Qui provient de végétaux. *Huiles végétales.*

**végétarien, enne** adj. et n. ▪ *Régime végétarien*, d'où est exclue la viande. ← n. Personne qui suit ce régime.

**végétatif, ive** adj. ▪ I Des fonctions contrôlées par le système neurovégétatif. II Inactif et immobile. → **végéter** (2).

**végétation** n. f. ▪ I Ensemble des végétaux, des plantes qui poussent en un lieu. → **flore.** II au plur. Hypertrophie des replis de la peau ou des muqueuses, notamment des amygdales *(végétations adénoïdes).*

**végéter** v. intr. 6 ▪ 1 (plantes) Croître avec difficulté. 2 (personnes) Avoir une activité réduite ; vivre dans la médiocrité. ♦ (choses) *Son entreprise végète.*

**véhément, ente** adj. ▪ littér. Qui a une grande force expressive, qui entraîne ou émeut. → **enflammé, fougueux.** ▷ n. f. **véhémence**

**véhiculaire** adj. ▪ didact. *Langue véhiculaire*, qui sert entre peuples de langues différentes (≠ *vernaculaire*).

**véhicule** n. m. ▪ I didact. Ce qui sert à transmettre, à communiquer. *Le langage, véhicule de la pensée.* ♦ relig. Voie du salut, dans le bouddhisme. *Le grand, le petit véhicule* (formes du bouddhisme). II cour. Engin de transport à roues, à moyen de propulsion.

**véhiculer** v. tr. 1 ▪ 1 Transporter (qqn) avec un véhicule (II). 2 Constituer un véhicule (I) pour (qqch.).

**veille** n. f. ▪ I 1 Action de veiller (I, 1) ; moment sans sommeil. 2 Garde de nuit. *Prendre la veille.* 3 État d'une personne qui ne dort pas (opposé à *sommeil*). II Jour qui en précède un autre. → loc. fam. *Ce n'est pas demain la veille* : ce n'est pas pour bientôt. → *À LA VEILLE DE* (un événement), dans la période qui le précède. ← *Être à la veille de* (+ inf.), sur le point de.

**veillée** n. f. ▪ 1 Temps qui s'écoule entre le repas du soir et le coucher, autrefois consacré à des réunions familiales ou de voisinage. 2 loc. *VEILLÉE D'ARMES* : préparation à une épreuve. 3 Action de veiller un malade, un mort ; temps passé à le veiller.

**veiller** v. 1 ▪ I v. intr. 1 Rester volontairement éveillé pendant le temps habituel du sommeil. 2 Être en éveil, vigilant. II 1 v. tr. dir. Rester la nuit auprès de (un malade pour s'occuper de lui ; un mort). 2 v. tr. ind. *VEILLER À qqch.*, s'en occuper activement. ← *VEILLER SUR qqn.*

**veilleur** n. m. ▪ 1 Soldat de garde. 2 *VEILLEUR DE NUIT* : gardien (d'un hôtel, d'une entreprise...) qui est de service la nuit.

**veilleuse** n. f. ▪ 1 Petite lampe qu'on laisse allumée pendant la nuit. ← Lanterne d'automobile. ← loc. fig. *Mettre en veilleuse* : réduire l'intensité, l'activité. 2 Petite flamme (d'un réchaud, etc.).

**veinard, arde** adj. et n. ▪ fam. (Personne) qui a de la veine (IV). → **chanceux.**

**veine** n. f. ▪ I 1 Vaisseau à ramifications convergentes, qui ramène le sang des capillaires au cœur (s'oppose à *artère*). 2 Les vaisseaux sanguins, symboles de la vie (dans des loc.). *Ne pas avoir de sang dans les veines* : être lâche. II 1 Filon mince (d'un minéral). 2 Dessin coloré, mince et sinueux (dans le bois, les pierres dures). III 1 Inspiration de l'artiste. *Veine poétique. Être en veine*, inspiré. 2 *EN VEINE DE* : disposé à. IV fam. Chance (opposé à *déveine*). → **bol, pot.**

**veiné, ée** adj. ▪ I Qui présente des veines apparentes sous la peau. II Qui présente des veines (II), des filons.

**veineux, euse** adj. ▪ Qui a rapport aux veines (I) (opposé à *artériel*).

**veinule** n. f. ▪ 1 Petit vaisseau qui, convergeant avec d'autres, forme les veines. 2 bot. Ramification des nervures des feuilles.

**vêlage** n. m. ▪ 1 Fait de vêler. 2 géogr. Désagrégation (de la banquise).

**vélaire** adj. et n. f. ▪ phonét. Se dit d'une consonne articulée près du voile du palais (ex. [k]).

**velcro** n. m. invar. (nom déposé) ▪ Ensemble de deux rubans qui s'agrippent par contact.

**vêler** v. intr. 1 ▪ (vache) Mettre bas.

**vél(i)-** Élément, du latin *velum* « voile (de bateau) ».

**vélin** n. m. ▪ 1 Peau de veau mort-né (→ parchemin). ♦ Cuir de veau. *Reliure de vélin.* 2 Papier très blanc et de pâte très fine.

**véliplanchiste** n. ▪ Personne qui pratique la planche à voile.

**vélique** adj. ▪ didact. Des voiles. *Point vélique* : centre de voilure.

**vélite** n. ▪ Antiq. Soldat romain d'infanterie légère.

**velléité** n. f. ▪ Intention qui n'aboutit pas à une décision. ▷ adj. et n. **velléitaire**

**vélo** n. m. ▪ 1 Bicyclette. 2 Fait de monter, de rouler à bicyclette. → **cyclisme.**

**véloce** adj. ▪ littér. Agile, rapide.

**vélocipède** n. m. ▪ ancient Appareil de locomotion, ancêtre de la bicyclette. ▷ adj. **vélocipédique**

**vélocité** n. f. ▪ 1 rare Mouvement rapide ; rapidité. 2 Agilité, vitesse dans le jeu (d'un instrument de musique).

**vélodrome** n. m. ▪ Piste entourée de gradins, pour les courses cyclistes.

**vélomoteur** n. m. ▪ Vélo à moteur de petite cylindrée, entre 50 et 125 cm³. → **cyclomoteur.**

**velours** n. m. ▪ 1 Tissu à deux chaînes superposées dont l'endroit est formé de poils très serrés et dressés. *Velours uni, côtelé.* ♦ loc. fig. *Jouer sur le (du) velours* : agir sans risques. ← *Faire patte de velours* : dissimuler un dessein de nuire sous une douceur affectée. 2 fig. Ce qui donne une impression de douceur au toucher, à la vue, au goût. ← plais. *Des yeux de velours*, des yeux doux.

**velouté, ée** adj. et n. m. ■ **1** Qui a la douceur du velours. *Une pêche veloutée.* ◆ fig. *Voix veloutée.* **2** Doux et onctueux (au goût). ◆ n. m. Potage onctueux. **3** n. m. Douceur de ce qui est velouté au toucher ou à l'aspect. *Le velouté de la peau.*

**velouter** v. tr. 🔲 ■ Donner l'apparence, la douceur du velours à.

**velu, ue** adj. ■ Qui a les poils très abondants.

**vélum** ou **velum** [velɔm] n. m. ■ **1** Grande pièce d'étoffe pour protéger de la pluie, du soleil, tamiser la lumière. **2** zool. Membrane (de méduses) servant à la locomotion.

**venaison** n. f. ■ Chair de grand gibier (cerf, chevreuil, daim, sanglier).

**vénal, ale, aux** adj. ■ **1** Qui se laisse corrompre. *Un politicien vénal.* ◆ (choses) *Amour vénal.* **2** écon. Estimé en argent. *La valeur vénale d'un bien.*

**vénalité** n. f. ■ **1** Fait d'être cédé pour de l'argent au mépris des valeurs morales. **2** Caractère vénal ; corruption. **3** hist. *La vénalité des charges, des offices,* le fait qu'ils s'achetaient et se vendaient.

**à tout venant** loc. ■ À chacun, à tout le monde (→ tout-venant).

**vendable** adj. ■ Qui peut être vendu.

**vendange** n. f. ■ **1** Fait de recueillir les raisins mûrs pour la fabrication du vin. **2** au plur. Époque des vendanges. **3** Raisin récolté pour faire le vin.

**vendanger** v. 🔲 ■ **1** v. tr. Récolter les raisins de (la vigne) ; récolter (les raisins) pour faire le vin. **2** v. intr. Faire la vendange. ⊳ n. **vendangeur, euse**

**vendetta** [vɑ̃deta ; -ɛtta] n. f. ■ Coutume corse de vengeance réciproque entre deux familles ennemies.

**vendeur, euse** ■ **I** n. **1** Personne qui vend ou a vendu (qqch.). **2** Personne dont la profession est de vendre (en général, sans commerce fixe). ◆ Employé qui vend aux clients. **3** Personne qui connaît et applique les procédés de vente. **II** adj. **1** Disposé à vendre. *Il n'est pas vendeur à ce prix.* **2** Qui fait vendre. *Une présentation très vendeuse.*

**vendre** v. tr. 🔲 ■ **1** Céder (qqch.) à qqn en échange d'une somme d'argent. *Il a vendu sa voiture à un ami.* ◆ *À vendre :* offert pour la vente. ◆ Faire commerce de (ce que l'on a fabriqué ou acheté). ◆ Organiser, faire la vente. *Pays qui vend à l'étranger.* → **exporter**. **2** souvent péj. Accorder ou céder (un avantage, un service) en faisant payer. **3** Exiger qqch. en échange de. *Vendre chèrement sa vie :* se défendre avec vaillance. **4** Trahir, dénoncer (qqn). ► **se vendre** v. pron. **1** (passif) Être vendu. **2** (réfl.) Se mettre au service de qqn par intérêt matériel. *Se vendre à un parti.*

**vendredi** n. m. ■ Cinquième jour de la semaine, qui succède au jeudi. *Le vendredi saint :* anniversaire de la Crucifixion.

**vendu, ue** adj. ■ **1** (choses) Cédé pour de l'argent. **2** (personnes) Qui a promis ses services pour de l'argent. *Juge vendu.* → **corrompu**, **vénal**. **3** n. Personne qui a trahi pour de l'argent. → **traître**. ◆ Crapule.

**venelle** n. f. ■ Petite rue étroite. → **ruelle**.

**vénéneux, euse** adj. ■ (végétaux) Qui contient un poison. → **toxique**.

**vénérable** adj. ■ **1** littér. ou plais. Digne de vénération. ◆ *D'un âge vénérable :* très vieux. **2** n. relig. Personne qui a obtenu le premier degré de la canonisation. ◆ Président d'une loge maçonnique.

**vénérer** v. tr. 🔲 ■ **1** Considérer avec le respect dû aux choses sacrées. → **adorer**, **révérer**. **2** littér. Avoir un grand respect, empreint d'affection, pour (qqn, qqch.). ⊳ **vénération** n. f. → **culte**, **dévotion**.

**vénerie** n. f. ■ **1** Art de la chasse à courre. **2** Administration des officiers des chasses (→ **veneur**).

**vénérien, enne** adj. ■ *Maladies vénériennes :* maladies contagieuses transmises par les rapports sexuels. → **M. S. T.**

**vénérologie** n. f. ■ méd. Médecine des maladies vénériennes. ⊳ n. **vénérologue**

**veneur** n. m. ■ Celui qui organise les chasses à courre. ◆ *Grand veneur :* chef d'une vénerie (2).

**vengeance** n. f. ■ Action de se venger ; dédommagement moral de l'offensé par punition de l'offenseur (→ **vendetta**). ◆ prov. *La vengeance est un plat que se mange froid.*

**venger** v. tr. 🔲 ■ **1** Dédommager moralement (qqn) en punissant son offenseur. *Venger qqn d'une injure.* ◆ (sujet chose) Constituer une vengeance, une compensation. **2** littér. Réparer (une offense) en punissant l'offenseur. *Venger une injure.* ► **se venger** v. pron. *Se venger de qqn, d'un acte.*

**vengeur, vengeresse** ■ **1** adj. Qui venge (une personne, sa mémoire, ses intérêts). **2** n. Personne qui venge, punit.

**véniel, elle** adj. ■ relig. *Péché véniel :* faute digne de pardon (opposé à péché mortel).

**venimeux, euse** adj. ■ **1** (animaux) Qui a du venin. **2** fig. Haineux, perfide.

**venin** n. m. ■ **1** Substance toxique sécrétée par certains animaux, et qu'ils injectent. ◆ Substance végétale toxique. **2** fig. méchanceté perfide. loc. *Cracher son venin :* dire des méchancetés.

**venir** v. intr. 🔲 ■ **I** (sens spatial) Se déplacer de manière à aboutir dans un lieu. **1** (sans compl. de lieu) *Venez avec moi :* accompagnez-moi. → loc. *VOIR VENIR. Je te vois venir :* je devine tes intentions. ◆ (avec un compl. marquant le terme du mouvement) *VENIR À, CHEZ, DANS... Venez ici. Il vient vers nous.* ◆ (sujet chose) *Idée qui vient à l'esprit.* → impers. *Jamais ça ne m'est venu à l'esprit.* **2** (abstrait) Parvenir (à un but, une étape). loc. *Venir à bout de qqch.* ◆ fig. *VENIR À* (un sujet, une question). → **aborder**. ◆ *EN VENIR* *à* : finir par faire, par employer. **3** VENIR DE (avec un compl. marquant le point de départ, l'origine). *D'où venez-vous ?* → *Une montre qui lui venait de son père* (par héritage). ◆ Provenir, sortir de. ◆ (avec un compl. de cause) → **découler**. *Son échec vient d'une erreur.* **II** (+ inf.) **1** Se déplacer (pour faire). *Je viendrai vous chercher à midi.* **2** VENIR À (+ inf. ; surtout à la 3ᵉ pers.) : se trouver en train de (faire, subir qqch.). *Si elle venait à mourir.* – impers. *S'il venait à passer quelqu'un.* **3** VENIR DE (+ inf.) : avoir (fait) très récemment, avoir juste fini de. *Elle vient de sortir.* **III 1** (personnes) *Ceux qui viendront après nous.* → **succéder**. – (événements) Arriver. *Prendre les choses comme elles viennent.* – (temps) *L'heure est venue de réfléchir.* – au p. p. *La nuit venue,* tombée. ◆ loc. adv. À VENIR. *Les générations à venir,* futures. **2** (végétaux) Naître et se développer. → **pousser**. *Un sol où le blé vient bien.* **3** (idées, créations) *Les idées ne viennent pas. Alors, ça vient ? :* allez-vous répondre ? ► **s'en venir** v. pron. régional Venir, arriver.

**vénitien, ienne** adj. et n. ■ De la ville de Venise. – *Blond vénitien :* un peu roux.

**vent** n. m. ■ **I 1** Mouvement de l'atmosphère ; déplacement d'air. ◆ loc. *Passer en* COUP DE VENT : rapidement. ◆ loc. *Au vent* (dans la direction du vent) ; *sous le vent* (dans la direction opposée). *Vent debout\**. ◆ À VENT : mû par le vent. *Moulin à vent.* ◆ *Les quatre vents* : les quatre points cardinaux. *Aux quatre vents ; à tous les vents* : partout, en tous sens. **2** L'atmosphère, l'air (agité de courants). *En plein vent* : en plein air. **3** loc. fig. *Contre vents et marées* : envers et contre tout. *Avoir le vent en poupe\**. *Être dans le vent,* à la mode. – *Quel bon vent vous amène ? :* quelle est la cause de votre venue ? (formule d'accueil). – *Le vent tourne* : les événements vont changer. **4** *Du vent* : des choses vaines, vides. **5** AVOIR VENT DE : avoir connaissance de. **II 1** Déplacement d'air, de gaz. – *Faire du vent,* faire l'important. **2** *Instrument* (de musique) *à vent,* dans lequel on souffle. **3** au plur. Gaz intestinaux. → **pet**.

**vente** n. f. ■ **1** Échange d'un bien contre de l'argent (→ **vendre**). – *En vente* : disponible pour la vente. **2** Réunion au cours de laquelle on vend publiquement. *Vente aux enchères.* – *Vente de charité.*

**venté, ée** adj. ■ Soumis au vent.

**venter** v. impers. ⏢ ■ *Il vente* : il fait du vent. – loc. *Qu'il pleuve ou qu'il vente* : par tous les temps.

**venteux, euse** adj. ■ Où il y a beaucoup de vent.

**ventilateur** n. m. ■ Appareil servant à brasser de l'air. – spécialt Mécanisme qui refroidit un moteur.

**ventiler** v. tr. ⏢ ■ **1** Produire un courant d'air dans, sur (en brassant, en renouvelant l'air). → **aérer**. **II 1** Répartir (une somme totale) entre plusieurs comptes. *Ventiler les dépenses.* **2** Répartir en plusieurs groupes (des choses, des personnes). ▷ n. f. **ventilation**

**ventouse** n. f. ■ **1** Petite cloche de verre appliquée sur la peau après qu'on y a raréfié l'air. **2** Organe où un vide partiel se fait, et qui sert à sucer, aspirer. **3** Dispositif qui se fixe par vide partiel.

**ventral, ale, aux** adj. ■ **1** Du ventre. → **abdominal**. **2** Qui se porte sur le ventre.

**ventre** n. m. ■ **I** (chez l'être humain) **1** Partie antérieure de la cavité qui contient l'intestin (→ **abdomen**) ; paroi antérieure du bassin. *Le dos et le ventre.* – loc. À plat ventre. fig. *Se mettre à plat ventre devant qqn* : s'humilier. ◆ *Danse du ventre* : danse orientale où la danseuse remue les hanches et le bassin. **2** (animaux) Paroi inférieure du corps (opposé à *dos*). – loc. (cheval) *Courir* VENTRE À TERRE, très vite. **3** Proéminence que forme la paroi antérieure de l'abdomen. *Avoir du ventre.* **4** L'abdomen, siège de la digestion (estomac et intestins). – loc. *Avoir le ventre creux,* l'estomac vide. *Avoir les yeux plus grands que le ventre* : préjuger de son appétit, et fig. de ses forces. **5** L'abdomen féminin, siège de la gestation. **6** Intérieur du corps ; siège de la vie, de l'énergie. – loc. *Avoir du cœur au ventre,* du courage. **II** Partie creuse (d'un objet renflé).

**ventrée** n. f. ■ fam. Nourriture copieuse.

**ventricule** n. m. ■ anat. **1** Chacun des deux compartiments inférieurs (du cœur), séparés par une cloison. **2** Chacune des cavités de l'encéphale. ▷ adj. **ventriculaire**

**ventriloque** n. et adj. ■ (Personne) qui peut articuler des paroles sans remuer les lèvres.

**ventripotent, ente** adj. ■ littér. Qui a un gros ventre.

**ventru, ue** adj. ■ **1** Qui a un gros ventre. **2** (choses) Renflé, bombé.

**venu, ue** adj. ■ **1** littér. *Être* BIEN, MAL VENU : arriver à propos (ou non) ; être bien (ou mal) accueilli. – *Être mal venu de* (+ inf.) : n'être pas fondé à. **2** BIEN, MAL VENU : qui s'est développé (bien, mal). **3** n. *Le, la* PREMIER(ÈRE) VENU(E) : n'importe qui.

**venue** n. f. ■ **1** Action, fait de venir (I). → **arrivée**. *Des allées\* et venues.* **2** littér. Action, fait de venir (III), de se produire, d'arriver. **3** loc. *D'une seule venue, tout d'une venue* : d'un seul jet (végétaux).

**vénus** [-ys] n. f. (nom mythol.) ■ **1** Très belle femme. **II** zool. Mollusque bivalve. → **praire**.

**vêpres** n. f. pl. ■ Office catholique de l'après-midi.

**ver** [vɛʀ] n. m. ▪ **I** cour. **1** Petit animal au corps mou (insecte, larve) sans pattes. ♦ VER DE TERRE : lombric terrestre. ← Ver solitaire : le ténia. ← Ver blanc : larve de hanneton ; asticot. ← Ver luisant : femelle du lampyre qui brille la nuit ; luciole. ← Ver à soie : chenille du bombyx du mûrier. **2** loc. Tirer les vers du nez de qqn, le faire parler. **3** Vermine qui, selon la croyance populaire, ronge la chair des morts. **II** zool. Métazoaire au corps mou, sans cavité centrale (vers plats) ou avec cette cavité (annélides, etc.).

**véracité** n. f. ▪ **1** littér. Qualité d'une personne qui dit la vérité. **2** Exactitude, authenticité. La véracité d'un témoignage.

**véranda** n. f. ▪ Galerie vitrée contre une maison, servant de petit salon.

**verbal, ale, aux** adj. ▪ **1** Relatif au verbe (II). Locution verbale : groupe de mots formé d'un verbe et d'un complément (ex. prendre froid). **II 1** Qui se fait de vive voix (opposé à écrit). → oral. Promesse verbale. **2** Qui se fait, s'exprime par la parole. Violence verbale. **3** Qui concerne les mots plutôt que la chose ou l'idée. → formel. ▷ adv. **verbalement**

**verbaliser** v. [1] ▪ **I** v. intr. Dresser un procès-verbal (1). **II** v. tr. psych. Exprimer (qqch.) par le langage. ▷ n. f. **verbalisation**

**verbalisme** n. m. ▪ péj. Utilisation des mots pour eux-mêmes au détriment de l'idée.

**verbatim** ▪ didact. **1** adv. Selon les termes exacts. **2** n. m Compte rendu écrit précis (d'un débat...).

**verbe** n. m. ▪ **I 1** (avec maj.) relig. chrét. Parole (de Dieu) adressée aux hommes. **2** littér. Expression de la pensée au moyen du langage, d'une langue. La magie du verbe. **3** Ton de voix. loc. Avoir le verbe haut : parler très fort, avec hauteur. **II** Mot qui exprime une action, un état, un devenir, et qui présente un système complexe de formes. Conjuguer un verbe.

**verbeux, euse** adj. ▪ Qui dit les choses en trop de paroles, trop de mots. ▷ adv. **verbeusement** ▷ n. f. **verbosité**

**verbiage** n. m. ▪ Abondance de paroles ; discours verbeux. → bavardage.

**verdâtre** adj. ▪ D'un vert un peu sale.

**verdeur** n. f. ▪ **1** Vigueur de la jeunesse (chez qqn qui n'est plus jeune). **2** Acidité (d'un fruit vert, d'un vin trop vert). **3** Liberté, spontanéité dans le langage.

**verdict** [-ik(t)] n. m. ▪ **1** Déclaration par laquelle le jury répond, après délibération, aux questions du tribunal. → sentence. **2** Jugement d'une autorité).

**verdier** n. m. ▪ Oiseau passereau, de la taille du moineau, à plumage verdâtre.

**verdir** v. intr. [2] ▪ **1** Devenir vert. ← (végétaux) Pousser. **2** Blêmir (de peur...).

**verdissant, ante** adj. ▪ Qui verdit.

**verdoyant, ante** adj. ▪ Qui verdoie.

**verdoyer** v. intr. [8] ▪ rare (végétaux, campagne) Donner une sensation dominante de vert. ▷ n. m. **verdoiement**

**verdure** n. f. ▪ **1** Couleur verte de la végétation. **2** Plantes, herbes, feuilles. **3** Plante potagère que l'on mange crue.

**véreux, euse** adj. ▪ **1** Gâté par des vers. **2** fig. (personnes) Foncièrement malhonnête. ← Affaire véreuse. → louche.

**verge** n. f. ▪ **1** littér. Baguette (pour frapper, battre). **II** Organe de la copulation (chez l'homme et les mammifères). → pénis.

**verger** n. m. ▪ Terrain planté d'arbres fruitiers.

**vergeté, ée** adj. ▪ Marqué de vergetures.

**vergeture** n. f. ▪ (surtout au plur.) Petites marques sillonnant la peau à des endroits qui ont été distendus.

**verglas** n. m. ▪ Couche de glace naturelle très mince qui se forme sur le sol. ▷ adj. **verglacé, ée**

**vergogne** n. f. ▪ loc. adv. et adj. SANS VERGOGNE sans honte, sans scrupule.

**vergue** n. f. ▪ Longue pièce de bois disposée sur un mât pour soutenir une voile.

**véridique** adj. ▪ **1** littér. Qui dit la vérité, qui rapporte qqch. avec exactitude. Témoin véridique. **2** cour. Conforme à la vérité. → authentique, exact. ▷ adv. **véridiquement**

**vérifiable** adj. ▪ Qui peut être vérifié ; dont on peut prouver la vérité.

**vérifier** v. tr. [7] ▪ **1** Examiner la valeur de (qqch.), par confrontation avec les faits observés ou par un contrôle de la cohérence interne. ← Vérifier si (+ indic.), que (+ indic.), examiner pour constater que. **2** Examiner (une chose) de manière à établir si elle fonctionne correctement. Vérifier ses freins. **3** Reconnaître ou faire reconnaître pour vrai. → prouver. Vérifier une hypothèse. ← (sujet chose) Constituer le signe de la vérité de (qqch.). → confirmer. ← pronom. SE VÉRIFIER : se révéler exact, juste. ▷ n. f. **vérification** ▷ n. **vérificateur, trice**

**vérin** n. m. ▪ Appareil de levage à vis.

**vérisme** n. m. ▪ didact. Naturalisme italien (fin XIXᵉ s.). ▷ adj. et n. **vériste**

**véritable** adj. ▪ **1** vx Sincère. ♦ vieilli Exact. **2** Qui n'est pas imité. Or véritable. **3** Réel (pas seulement apparent). On ignore son véritable nom. **4** Qui mérite son nom. C'est une véritable canaille, la pure vérité. ▷ adv. **véritablement**

**vérité** n. f. ▪ **1** Ce à quoi l'esprit peut et doit donner son assentiment (rapport de conformité avec l'objet de pensée, cohérence interne de la pensée) [opposé à erreur, illusion]. **2** Connaissance conforme au réel ; son expression (opposé à erreur, ignorance ou à mensonge). C'est l'entière, la pure vérité. ← Dire la vérité. ← EN VÉRITÉ loc. adv. → assurément, certainement, vraiment. ← À LA VÉRITÉ loc. adv. : pour être exact. ← loc. Minute, heure... DE VÉRITÉ : moment décisif. **3** Conformité au sentiment de la réalité.

*La vérité d'un portrait* (→ **ressemblance**), *d'un personnage* (→ **vraisemblance**). **4** *Une vérité* : idée, assertion vraie. → **conviction, évidence.** ◆ loc. *Vérités premières*, évidentes mais indémontrables. ◆ *Dire ses quatre vérités à qqn*, lui dire sur son compte des choses désobligeantes. **5** Le réel. → **réalité. 6** Expression sincère, vraie.

**verjus** n. m. ◾ Suc acide de raisin vert.

**verlan** n. m. ◾ Procédé argotique, inversion des syllabes de certains mots.

① **vermeil, eille** adj. ◾ (teint, peau) D'un rouge vif et léger. *Teint vermeil.*

② **vermeil** n. m. ◾ **1** Argent recouvert d'une dorure d'un ton chaud. *Plats en vermeil.* **2** (en France) *(Carte) vermeil*, carte de réduction réservée aux personnes âgées.

**vermicelle** n. m. ◾ Pâtes à potage en forme de fils très minces. *Du vermicelle.*

**vermiculaire** adj. ◾ Qui a la forme, l'aspect d'un petit ver.

**vermiculé, ée** adj. ◾ Orné de petites stries sinueuses.

**vermifuge** adj. et n. m. ◾ (Remède) qui provoque l'expulsion des vers intestinaux.

**vermillon** n. m. ◾ Couleur d'un rouge vif tirant sur l'orangé. ◆ adj. invar. *Des robes vermillon.*

**vermine** n. f. ◾ **1** (collectif) Insectes parasites. **2** fig., littér. Ensemble d'individus méprisables. → **canaille, racaille.**

**vermisseau** n. m. ◾ Petit ver, petite larve.

**vermoulu, ue** adj. ◾ Rongé, mangé par les vers (objets en bois).

**vermout** ou **vermouth** [-ut] n. m. ◾ Apéritif à base de vin aromatisé.

**vernaculaire** adj. ◾ didact. Propre au pays. *Langue vernaculaire* : dialecte (≠ *véhiculaire*).

**vernal, ale, aux** adj. ◾ didact. Du printemps. ◆ *Point vernal* : intersection de l'équateur et de l'écliptique à l'équinoxe.

**verni, ie** adj. ◾ **I** Enduit de vernis. **II** fam. Qui a de la chance.

**vernir** v. tr. ② ◾ Enduire de vernis.

**vernis** n. m. ◾ **1** Solution résineuse qui laisse une pellicule brillante. **2** fig. Apparence séduisante et superficielle.

**vernissage** n. m. ◾ **1** Action de vernir, de vernisser. **2** Jour d'ouverture d'une exposition (de peinture...). → **inauguration.**

**vernisser** v. tr. ① ◾ Enduire de vernis (une poterie, une faïence...).

**vérole** n. f. ◾ **1** *PETITE VÉROLE* : variole. **2** fam. Syphilis. ▷ adj. et n. **vérolé, ée**

**véronal, als** n. m. ◾ Barbiturique employé comme somnifère.

**véronique** n. f. ◾ Plante à fleurs bleues.

**verrat** n. m. ◾ Porc* mâle, reproducteur.

**verre** n. m. ◾ **I** Substance fabriquée, dure, cassante et transparente (silicates alcalins). ◆ *Laine de verre*, matériau de fils de verre (isolant...). ◆ *Papier de verre*, débris de verre fixés au papier, à la toile (abrasif). **II 1** Plaque, lame, morceau, objet de verre. ◆ *Verres optiques.* → **lunette(s)**. *Verres de contact.* → **lentille. 2** Récipient à boire (en verre, cristal, matière plastique...). *Lever son verre* (pour trinquer). **3** Contenu d'un verre. ◆ Boisson alcoolisée (au café). *Payer un verre à qqn.* → fam. **pot.** ◆ loc. fam. *Avoir un verre dans le nez*, être ivre.

**verrerie** n. f. ◾ **1** Usine où l'on travaille le verre ; fabrication du verre. **2** Commerce du verre. ◆ Objets en verre.

**verrier** n. m. ◾ **1** Personne qui fabrique des objets en verre. **2** Artiste qui fait des vitraux ; peintre sur verre.

**verrière** n. f. ◾ **1** Grande ouverture ornée de vitraux. **2** Grand vitrage ; toit vitré.

**verroterie** n. f. ◾ Verre coloré et travaillé, dont on fait des bijoux et des ornements.

**verrou** n. m. ◾ **1** Pièce de métal allongée qui coulisse horizontalement (fermeture). ◆ loc. *SOUS LES VERROUS*, en prison. **2** géol. Barre rocheuse fermant une vallée glaciaire. **3** fig. Ce qui bloque, ferme.

**verrouiller** v. tr. ① ◾ **1** Fermer à l'aide d'un verrou. **2** Bloquer, fermer ; immobiliser. ▷ n. m. **verrouillage**

**verrue** n. f. ◾ **1** Petite excroissance cornée de la peau. **2** fig., littér. Ce qui défigure.

**verruqueux, euse** adj. ◾ **1** En forme de verrue. **2** Qui a des verrues.

① **vers** prép. ◾ **1** En direction de. *Courir vers la sortie.* ◆ fig. *C'est un pas vers la solution.* **2** (sans mouvement) Du côté de ; aux environs de. **3** À peu près (à telle époque). *Vers la mi-juin.*

② **vers** n. m. ◾ **1** Fragment d'énoncé formant une unité rythmique définie par des règles, et appartenant à une œuvre poétique. *Vers libres*, non rimés et irréguliers. **2** *Les vers*, l'écriture en vers. → **poésie.**

**versant** n. m. ◾ Chacune des deux pentes (d'une montagne, d'une vallée).

**versatile** adj. ◾ Qui change facilement d'opinion. → **changeant, inconstant.** ▷ n. f. **versatilité**

**verse** n. f. ◾ **I** *Pleuvoir À VERSE* loc. adv., en abondance. **II** État des végétaux versés sur le sol (par les pluies, la maladie).

**versé, ée** adj. ◾ littér. *Versé dans*, expérimenté et savant (en une matière).

**Verseau** n. m. ◾ Onzième signe du zodiaque (20 janvier-18 février). ◆ *Être Verseau.*

**versement** n. m. ◾ Action de verser de l'argent. → **paiement.** ◆ L'argent versé.

**verser** v. ① ■ **I** v. tr. **1** Faire tomber, faire couler (un liquide) d'un récipient qu'on incline. ◆ Servir (une boisson). **2** Répandre. ◆ *Verser le sang* (en blessant, en tuant). *Verser son sang*, être blessé, ou mourir. **3** Donner en répandant. → **prodiguer. 4** Apporter (de l'argent). → **payer; versement.** ◆ Déposer, annexer (des documents). *Verser une pièce au dossier.* **5** Affecter (qqn) à une arme. → **incorporer.** *On l'a versé, il a été versé dans l'infanterie.* **II** v. intr. **1** Basculer et tomber sur le côté. **2** fig. *VERSER DANS...* : tomber dans.

**verset** n. m. ■ **1** Paragraphe (d'un texte sacré). *Les versets de la Bible.* **2** liturgie Brève formule récitée ou chantée à l'office. **3** Suite de phrases rythmées d'une seule respiration, dans un texte poétique.

**verseur** n. m. ■ Appareil servant à verser (1). ◆ adj. *Bec verseur.*

**versicolore** adj. ■ didact. Aux couleurs changeantes ou variées.

**versification** n. f. ■ **1** Technique du vers régulier (→ **métrique, prosodie**). **2** Technique du vers propre à un poète.

**versifier** v. tr. ⑦ ■ Mettre en vers. ◆ au p. p. *Récit versifié.* ▷ n. **versificateur, trice**

**version** n. f. ■ **1** Traduction (d'un texte en langue étrangère) dans une langue maternelle (opposé à *thème*). **2** Chacun des états d'un texte modifié. ◆ *Film en version originale* (abrév. V. O.), avec la bande sonore originale. **3** Manière de présenter, d'interpréter des faits. *La version du témoin.*

**verso** n. m. ■ Envers d'un feuillet.

**versoir** n. m. ■ Pièce de la charrue qui rabat la terre sur le côté.

**verste** n. f. ■ Ancienne unité de distance (1067 m), en Russie.

**vert, verte** ■ **I** adj. **1** Intermédiaire entre le bleu et le jaune. *Une robe verte.* ◆ *Chêne vert*, à feuilles persistantes. *Lézard vert.* ◆ *Feu vert*, indiquant que la voie est libre. ◆ par exagér. *Être vert de peur.* **2** Qui n'est pas mûr; qui a encore de la sève. *Légumes verts* (consommés non séchés). ◆ loc. *Des vertes et des pas mûres*, des choses scandaleuses, choquantes. **3** (personnes) Qui a de la vigueur. *Un vieillard très vert* (→ **verdeur**). **4** *LANGUE VERTE* : argot. **5** Qui concerne la végétation. ◆ Relatif à la nature, à la campagne. *L'Europe verte*, la Communauté européenne agricole. ◆ n. m. *Les Verts*, les écologistes (en politique). **II** n. m. **1** Couleur verte. **2** Feuilles vertes, verdure; fourrage frais. ◆ loc. *Se mettre au vert* : aller se reposer à la campagne.

**vert-de-gris** ■ **1** n. m. invar. Dépôt verdâtre sur le cuivre, le bronze. → adj. **vert-de-grisé, ée 2** adj. invar. D'un vert grisâtre.

**vertèbre** n. f. ■ Chacun des os qui forment la colonne vertébrale. ▷ adj. **vertébral, ale, aux**

**vertébré, ée** ■ **1** adj. Qui a des vertèbres, un squelette (s'oppose à *invertébré*). **2** n. m. pl. *LES VERTÉBRÉS* : embranchement du règne animal formé des animaux à colonne vertébrale (poissons, batraciens, reptiles, oiseaux, mammifères).

**vertement** adv. ■ Avec vivacité, rudesse.

**vertical, ale, aux** adj. et n. ■ **1** adj. Qui suit la direction de la pesanteur; perpendiculaire à l'horizontale. **2** n. f. Ligne, position verticale. ▷ adv. **verticalement** ▷ n. f. **verticalité**

**vertige** n. m. ■ **1** Impression de perte d'équilibre et de mouvement, d'oscillations (alors qu'on est immobile). → **étourdissement. 2** Peur pathologique de tomber dans le vide. **3** fig. État, trouble d'une personne égarée.

**vertigineux, euse** adj. ■ **1** Du vertige (1 et 2). **2** cour. Très haut, très profond; qui donnerait le vertige (2). **3** fig. Très grand, très rapide. *Hausse vertigineuse des prix.* ▷ adv. **vertigineusement**

**vertu** n. f. ■ **I 1** vieilli Force morale avec laquelle l'être humain tend au bien (opposé à *vice*). ◆ Conduite, vie vertueuse. **2** vx Chasteté; fidélité conjugale (d'une femme). ◆ loc. *Femme de petite vertu*, de mœurs légères. **3** Disposition à accomplir des actes moraux par un effort de volonté. **II 1** littér. Principe actif. → **pouvoir, propriété. 2** *EN VERTU DE* loc. prép. : par le pouvoir de. *En vertu des pouvoirs qui me sont conférés.*

**vertueux, euse** adj. ■ **1** vieilli (personnes) Qui a des vertus morales. **2** vieilli (femme) Chaste ou fidèle. **3** littér. (choses) Qui a le caractère de la vertu. ▷ adv. **vertueusement**

**vertugadin** n. m. ■ anciennt Armature faisant bouffer la jupe. → **panier.**

**verve** n. f. ■ Imagination et fantaisie dans la parole. ◆ *Être EN VERVE* : brillant.

**verveine** n. f. ■ **1** Plante dont une espèce (*verveine officinale*) a des vertus calmantes. **2** Infusion de verveine officinale.

**verveux** n. m. ■ techn. Filet de pêche conique monté sur des cercles.

**vésanie** n. f. ■ vx Folie.

**vesce** n. f. ■ Plante herbacée à vrilles fleuries, ressemblant aux pois de senteur.

**vésical, ale, aux** adj. ■ anat. De la vessie.

**vésicant, ante** adj. ■ méd. Qui détermine des ampoules sur la peau.

**vésicatoire** n. m. ■ méd. Remède pour provoquer une révulsion de l'épiderme.

**vésicule** n. f. ■ Cavité, petit sac membraneux. ◆ *Vésicule (biliaire)*, qui emmagasine la bile du foie.

**vespasienne** n. f. ■ Urinoir public.

**vespéral, ale, aux** adj. ■ littér. Du soir.

**vesse** n. f. ■ Pet silencieux.

**vesse-de-loup** n. f. ■ Champignon à spores grisâtres.

**vessie** n. f. ■ **1** Organe creux dans lequel s'accumule l'urine (→ **vésical**). **2** Vessie d'animal desséchée, formant sac. ← loc. *Prendre des vessies pour des lanternes*, se tromper grossièrement. **3** (poissons) *Vessie natatoire*, sac membraneux qui équilibre l'animal dans l'eau.

**vestale** n. f. ■ (Antiq. romaine) Prêtresse de Vesta, vouée à la chasteté.

**veste** n. f. ■ **1** Vêtement de dessus court, avec manches, ouvert devant. → **veston**. ← *Veste de pyjama.* **2** loc. *Ramasser une veste*, subir un échec. *Retourner sa veste*, changer de parti.

**vestiaire** [-tjɛʀ] n. m. ■ **1** Lieu où l'on dépose les vêtements d'extérieur, dans un établissement public. **2** Lieu où l'on revêt une tenue (sportive, professionnelle). **3** Les vêtements d'une garde-robe.

**vestibule** n. m. ■ Pièce d'entrée. → **hall**.

**vestige** n. m. ■ surtout plur. **1** Ce qui demeure (d'une chose disparue, d'un groupe, d'une culture). **2** Ce qui reste (de qqch.). *Des vestiges de grandeur.*

**vestimentaire** adj. ■ Des vêtements.

**veston** n. m. ■ Veste d'un complet d'homme.

**vêtement** n. m. ■ **1** plur. Habillement (avec le linge) ; spécialt vêtements de dessus (opposé à *sous-vêtements*). → **habits. ♦** (sing. collectif) *L'industrie du vêtement.* **2** *UN VÊTEMENT* (notamment manteau, veste).

**vétéran** n. m. ■ **1** Ancien combattant. **2** Personne pleine d'expérience. **3** Sportif de la catégorie des plus âgés.

**vétérinaire** ■ **1** adj. Qui a rapport au soin des bêtes. *Médecine vétérinaire.* **2** n. Médecin vétérinaire. - abrév. fam. VÉTO.

**vétille** n. f. ■ Chose insignifiante. → **bagatelle, broutille.**

**vétiller, euse** adj. ■ littér. Qui s'attache à des détails, à des vétilles.

**vêtir** v. tr. 20 ■ littér. Couvrir (qqn) de vêtements ; mettre un vêtement à (qqn). → **habiller. ►** se **vêtir** v. pron. littér. **►** **vêtu, ue** adj. Qui porte un vêtement (contr. *nu*). → **habillé.**

**vétiver** [-ɛʀ] n. m. ■ **1** Plante tropicale à racine utilisée en parfumerie. **2** Son parfum.

**veto** [veto] n. m. invar. ■ Opposition à une décision. *Droit de veto.*

**vêture** n. f. ■ **I** relig. Cérémonie de prise d'habit ou de voile. **II** littér. Vêtement.

**vétuste** adj. ■ Qui est vieux, dégradé (choses, bâtiments, installations). ▷ n. f. **vétusté**

**veuf, veuve** ■ **1** adj. Dont le conjoint est mort. **2** n. Personne veuve. ← loc. iron. *Défenseur de la veuve et de l'orphelin.* **3** n. f. Passereau d'Afrique au plumage noir et blanc.

**veule** adj. ■ Qui n'a aucune énergie, aucune volonté. → **faible, lâche.** ▷ n. f. **veulerie**

**veuvage** n. m. ■ Situation, état d'une personne veuve et non remariée.

**vexant, ante** adj. ■ **1** Qui contrarie, peine. → **contrariant, irritant. 2** Qui blesse l'amour-propre. → **blessant.**

**vexation** n. f. ■ **1** vx Brimade, persécution (→ **vexer** (1)). **2** Blessure d'amour-propre. → **humiliation, mortification.** ▷ adj. **vexatoire**

**vexer** v. tr. 1 ■ **1** vx Maltraiter par abus de pouvoir. **2** Blesser (qqn) dans son amour-propre. **►** se **vexer** v. pron. → se **formaliser**, se **froisser**. **►** **vexé, ée** adj.

**via** prép. ■ Par la voie de, en passant par.

**viabiliser** v. tr. 1 ■ Rendre apte à la construction en effectuant des travaux de viabilité. **►** **viabilisé, ée** p. p.

① **viabilité** n. f. ■ **1** État d'une voie où l'on peut circuler. **2** admin. Travaux d'aménagement (voirie, égouts, adductions) à exécuter avant de construire sur un terrain.

② **viabilité** n. f. ■ **1** État d'un organisme viable (1). **2** Caractère viable (2).

**viable** adj. ■ **1** (fœtus...) Apte à vivre. **2** Qui présente les conditions nécessaires pour durer, se développer. *Affaire viable.*

**viaduc** n. m. ■ Pont de grande longueur servant au passage d'une voie.

**viager, ère** adj. ■ Qui se termine avec la vie d'une personne. *Rente viagère.* ← n. m. *Le viager. Vendre une maison EN VIAGER*, moyennant une rente viagère.

**viande** n. f. ■ **1** Chair des mammifères et des oiseaux en tant que nourriture. *Viande de boucherie. Viande rouge* (bœuf, cheval, mouton) ; *blanche* (volaille, veau, porc). **2** fam. Chair de l'homme, corps. *Étaler sa viande*, se dénuder. ← *Viande froide* : cadavre.

**viatique** n. m. ■ **1** relig. cathol. Communion portée à un mourant. **2** fig., littér. Secours indispensable.

**vibrant, ante** adj. ■ **1** Qui est en vibration. ← n. f. phonét. Consonne produite par la vibration de la langue ou du gosier. **2** Qui exprime ou trahit une forte émotion. *Un discours vibrant.*

**vibraphone** n. m. ■ Instrument de musique formé de plaques métalliques frappées. ▷ n. **vibraphoniste**

**vibratile** adj. ■ biol. Animé de mouvements rapides de flexion et d'extension.

**vibration** n. f. ■ **1** Mouvement, état de ce qui vibre ; ses effets. **2** phys. Oscillation de fréquence élevée. *Vibrations sonores.* **3** Tremblement. **♦** anglic. Ondes supposées agir sur le psychisme. ▷ adj. **vibratoire**

**vibrato** n. m. ■ mus. Tremblement rapide d'un son. → **trémolo.**

**vibrer** v. intr. 1 ■ **1** Se mouvoir périodiquement et rapidement autour de sa position d'équilibre avec une très faible amplitude. *Faire vibrer un diapason.* **2** (voix) Avoir une sonorité tremblée qui dénote l'émotion. **3** fig. Être ému, exalté.

**vibreur** n. m. ■ Élément qui produit, transmet une vibration.

**vibrion** n. m. ▪ **1** sc. Bactérie de forme incurvée. **II** fam. Personne très agitée (▷ **vibrionner** v. intr. 1̲).

**vibrisse** n. f. ▪ sc. Poil tactile. → **moustache.**

**vibromasseur** n. m. ▪ Appareil électrique qui produit des massages par vibration.

**vicaire** n. m. ▪ **1** Celui qui exerce en second des fonctions ecclésiastiques. → Prêtre qui aide le curé. **2** Le vicaire de Dieu : le pape. ▷ n. m. **vicariat**

**vice** n. m. ▪ **I 1** LE VICE : disposition habituelle au mal ; conduite qui en résulte. → **immoralité, mal** ; relig. **péché** (opposé à vertu) **2** UN VICE : défaut grave que réprouve la morale sociale. ◆ spécialt Perversion sexuelle. **3** Mauvaise habitude. **II** Imperfection grave. → **défaut, défectuosité.** Vice de fabrication. → dr. Vice de forme : absence d'une formalité obligatoire qui rend nul un acte juridique.

**vice-** Particule invariable, du latin vice « à la place de » (noms de grades, de fonctions immédiatement inférieurs).

**vicelard, arde** adj. ▪ fam. Un peu vicieux. → n. Une vicelarde.

**vice-président, ente** n. ▪ Personne qui seconde ou supplée un(e) président(e). ▷ n. f. **vice-présidence**

**vice-roi** n. m. ▪ hist. Celui à qui un roi, un empereur a délégué son autorité pour gouverner un royaume, une province.

**vice versa** [vis(e)vɛʀsa] loc. adv. ▪ Réciproquement, inversement. - var. VICE-VERSA.

**vichy** n. m. ▪ Toile de coton à carreaux.

**vicier** v. tr. 7̲ ▪ **1** dr. Rendre défectueux. **2** littér. Corrompre. → **polluer.** ► **vicié, ée** adj. Impur, pollué. Air vicié.

**vicieux, euse** adj. ▪ **I 1** littér. Qui a des vices (1). → **corrompu, dépravé.** ◆ Ombrageux et rétif (cheval...). **2** Qui a des mœurs sexuelles que la société réprouve. → **pervers.** → n. Un vieux vicieux. → **satyre. 3** fam. Rusé et malhonnête (personnes, procédés). **II** (choses) **1** Défectueux, mauvais, entaché de vices (II). **2** Cercle* vicieux.

**vicinal, ale, aux** adj. ▪ Chemin vicinal, voie qui relie des villages.

**vicissitudes** n. f. pl. ▪ littér. Événements, surtout malheureux, de la vie.

**vicomte** n. m. ▪ Personne possédant le titre de noblesse au-dessous du comte. ▷ n. m. **vicomté** ▷ n. f. **vicomtesse**

**victime** n. f. ▪ **1** Créature vivante offerte en sacrifice aux dieux. **2** Personne qui subit des injustices, qui souffre. Se prendre pour une victime. **3** Personne tuée ou blessée. → Personne arbitrairement tuée, condamnée à mort. Les victimes du nazisme.

**victimiser** v. tr. 1̲ ▪ anglic. Transformer en victime. ▷ n. f. **victimisation**

**victoire** n. f. ▪ **1** Succès dans un combat, une bataille, une guerre (s'oppose à défaite). → loc. Une victoire à la Pyrrhus, trop chèrement acquise. **2** Heureuse issue d'une lutte, d'une compétition, pour qui a eu l'avantage (s'oppose à échec). Une victoire facile. → loc. Crier, chanter victoire, se glorifier d'une réussite.

**victoria** n. f. ▪ anciennt Voiture à cheval découverte, à quatre roues.

**victorieux, euse** adj. ▪ **1** Qui a remporté une victoire. → **vainqueur.** Armée victorieuse. → L'équipe victorieuse. **2** Qui exprime, évoque une victoire. → **triomphant.** ▷ adv. **victorieusement**

**victuailles** n. f. pl. ▪ Provisions de bouche. → **vivres.**

**vidage** n. m. ▪ Action de vider (II, 2).

**vidange** n. f. ▪ **1** Action de vider de matières sales. Vidange du réservoir d'huile d'une voiture. **2** Ce qui est enlevé, vidé. **3** Mécanisme qui sert à vider l'eau.

**vidanger** v. tr. 3̲ ▪ **1** Faire la vidange de (une fosse, un réservoir). **2** Évacuer par une vidange. Vidanger l'huile d'un moteur.

**vidangeur, euse** n. ▪ Personne qui fait la vidange des fosses d'aisances.

**vide** ▪ **I** adj. (opposé à plein) **1** Qui ne contient rien de perceptible. → math. Ensemble vide, qui n'a aucun élément. **2** Dépourvu de son contenu normal. → loc. Rentrer les mains vides, sans rapporter ce que l'on allait chercher. ◆ (local, lieu) Inoccupé. ◆ fig. loc. Avoir la tête, l'esprit vide, ne plus avoir momentanément ses connaissances, ses souvenirs. **3** (durée) Qui n'est pas employé ; sans occupation. **4** Qui manque d'intérêt, de substance. Des propos vides. → **vain ; vacuité. II** n. m. **1** Espace qui n'est pas occupé par de la matière ; par des choses ou des personnes. ◆ Abaissement important de la pression d'un gaz. **2** Espace où il n'y a aucun corps solide susceptible de servir d'appui. → Regarder dans le vide (fig. dans le vague). **3** UN VIDE : espace vide ; fente, ouverture. → fig. Ce qui est ressenti comme un manque. Son départ laisse un grand vide. **4** Absence d'intérêt, de contenu. Le vide de son existence. → **néant, vacuité. 5** À VIDE loc. adv. Sans rien contenir. ◆ Sans avoir l'effet attendu. Tourner à vide. → fig. Il raisonne à vide. ◆ loc. PASSAGE À VIDE : moment où un mécanisme tourne à vide ; fig. moment d'inactivité.

**vidéaste** n. ▪ Personne qui réalise des films vidéo.

**vidéo** ▪ **I** adj. invar. Qui concerne l'enregistrement et la retransmission des images et des sons sur un écran de télévision. Signal vidéo. → Cassette vidéo. Jeu vidéo. **II** n. f. Ensemble des techniques vidéo. ◆ Équipement vidéo. ◆ Œuvre vidéo (film...).

**vidéo-** Élément (du latin video « je vois ») signifiant « de la transmission des images ».

**vidéocassette** n. f. ▪ Cassette vidéo.

**vidéoclip** n. m. ▪ ② clip

**vidéocommunication** n. f. ■ techn. Ensemble des techniques permettant de transmettre des informations sous forme d'images fixes ou animées (câble, satellite...).

**vidéoconférence** → **visioconférence**

**vidéodisque** n. m. ■ Disque optique restituant images et sons.

**vide-ordures** n. m. invar. ■ Conduit vertical pour jeter les ordures (dans un immeuble).

**vidéosurveillance** n. f. ■ Surveillance (notamment des lieux publics) par caméras vidéo.

**vidéothèque** n. f. ■ Collection de documents vidéo. ◆ Lieu où on les entrepose.

**vide-poches** n. m. invar. ■ Petit meuble ou récipient où l'on peut déposer de petits objets (qui étaient dans les poches).

**vider** v. tr. 1 ■ I 1 Rendre vide (un contenant) (opposé à *remplir*). → *VIDER... DANS, SUR :* répandre le contenu de... quelque part. → **verser. 2** Ôter les entrailles de (un poisson, une volaille) pour le faire cuire. ◆ fig. *Vider son cœur :* s'épancher. **3** *VIDER... DE :* débarrasser de. – pronom. *La ville se vide en août.* **4** S'en aller dē. loc. *Vider les lieux,* partir. **5** fam. Épuiser les forces de (qqn). → **crever, éreinter; vidé** (2). **6** fig. Faire en sorte que (une question) soit réglée. → **résoudre, terminer.** *Vider une querelle.* **II 1** Enlever (qqch.) de son contenant. *Aller vider les ordures.* → **jeter. 2** fam. Faire sortir brutalement (qqn) d'un lieu, d'un emploi. → **chasser, renvoyer. ▸ vidé, ée** adj. (personnes) **1** Épuisé, sans forces. **2** Sans ressources morales. → **fini.**

**videur, euse** n. ■ Personne qui est chargée de vider (spécialt II, 2) les indésirables).

**viduité** n. f. ■ littér. I de État de veuf, de veuve. **II** Abandon, solitude (≠ *vacuité*).

**vie** n. f. ■ I 1 Fait de vivre; état des êtres organisés qui évoluent de la naissance à la mort. → **existence.** *Donner la vie à un enfant,* enfanter. → **Vigueur, vivacité.** *Un enfant plein de vie.* **2** Animation que l'artiste donne à son œuvre. *Un portrait plein de vie.* **3** *LA VIE :* ensemble des phénomènes (croissance, métabolisme, reproduction) que présente la matière organisée (organismes animaux ou végétaux), de la naissance à la mort. *Science de la vie.* → **biologie.** ◆ La matière vivante. *La vie animale, végétale.* **4** Temps compris entre la naissance et la mort. *Espérance* de vie. → relig. *Cette vie, la vie terrestre* (opposé à *l'autre vie, la vie future, éternelle*). ◆ Temps qui reste à vivre un individu. *Amis pour la vie.* – À *VIE :* jusqu'à la mort. *Prison à vie.* → **perpétuité. 5** Activités, événements qui remplissent la vie (4), pour chaque être. *Écrire la vie de qqn.* → **biographie. 6** Manière de vivre (d'un individu, d'un groupe). ◆ loc. *Mener, faire la vie dure à qqn,* le tourmenter. ◆ vieilli *Femme de mauvaise vie,* prostituée. **7** (avec l'une épithète, d'un compl.) Part de l'activité humaine. *La vie privée et la vie professionnelle.* ◆ Le monde, l'univers où s'exerce une activité psychique. *La vie*

affective. **8** Moyens matériels (nourriture, argent) d'assurer la subsistance d'un être vivant. *Niveau de vie.* **9** absolt Le cours des choses humaines. *Regarder la vie en face.* **II** Existence dont le caractère temporel et dynamique évoque la vie. **1** (monde humain) *La vie des mots, des cultures.* **2** (monde inorganique) *La vie des étoiles.* **3** *AVOIR LA VIE DURE :* résister. *Une erreur qui a la vie dure.*

**vieil, vieille** → **vieux**

**vieillard** n. m. ■ Homme (ou femme : plur. ou sing. indéterminé) d'un grand âge.

**vieillerie** n. f. ■ 1 Objet vieux, démodé, usé. **2** Idée rebattue ; œuvre démodée.

**vieillesse** n. f. ■ s'oppose à *jeunesse* **1** Dernière période de la vie humaine, caractérisée par le ralentissement des activités biologiques (→ **sénescence). 2** Fait d'être vieux. **3** Les personnes âgées, les vieillards (→ **troisième âge).

**vieillir** v. 2 ■ I v. intr. **1** Prendre de l'âge. **2** Acquérir les caractères de la vieillesse; changer par vieillissement. → **décliner.** *Il a beaucoup vieilli depuis sa maladie.* **3** (sujet chose) Perdre de son intérêt avec le temps. *Ce film a vieilli.* ◆ Être en voie de disparition. – au p. p. *Mot vieilli.* **4** (produits) Acquérir certaines qualités avec le temps. *Faire vieillir du vin.* **II** v. tr. **1** (sujet chose) Faire paraître plus vieux (opposé à *rajeunir*). *Cette coiffure le vieillit.* **2** Attribuer à (qqn) un âge supérieur à son âge réel. ▷ adj. **vieillissant, ante**

**vieillissement** n. m. ■ **1** Fait de devenir vieux, ou de s'affaiblir par l'effet de l'âge. → Augmentation de la proportion de vieillards. **2** Fait de se démoder. **3** Fait de vieillir (vins, fromages...).

**vieillot, otte** adj. ■ Qui a un caractère vieilli, un peu ridicule. → **désuet, suranné.**

**vielle** n. f. ■ Instrument de musique à cordes frottées par une roue à manivelle.

**viennois, oise** adj. et n. ■ **1** De Vienne, en Autriche. – n. *Les Viennois.* **2** *Café, chocolat viennois,* avec de la crème Chantilly.

**viennoiserie** n. f. ■ Boulangerie fine.

**vierge** n. f. et adj. ■ I n. f. **1** Fille qui n'a jamais eu de rapports sexuels. → **pucelle. 2** *La (Sainte) Vierge,* Marie, mère de Jésus. → Sa représentation (tableau, statue). **3** Sixième signe du zodiaque (23 août-22 septembre). – *Être Vierge.* **II** adj. **1** Qui n'a jamais eu de relations sexuelles. *Il est vierge.* → **puceau. 2** Qui n'a jamais été touché, sali ou utilisé. *Feuille* (de papier) *vierge,* où l'on n'a pas écrit. *Casier judiciaire vierge.* – *VIERGE DE :* Être vierge de toute accusation. **3** Qui n'est mélangé à rien d'autre. *Laine vierge.* **4** Inculte, inexploité. – *FORÊT VIERGE :* forêt tropicale impénétrable. **5** *Vigne** (3) *vierge.*

**vieux** ou **vieil** (plur. **vieux**), **vieille** ■ *vieil* devant voyelle ou *h* muet : *un vieil homme, un vieil arbre* (mais *un homme vieux*) **I** adj. (êtres vivants) opposé à *jeune* **1** Qui a vécu longtemps ; qui est dans la vieillesse. → **âgé. 2** Qui a les caractères physiques ou moraux d'une personne âgée. → **sénile.** *Être vieux avant l'âge.* **3** loc. *Sur ses vieux jours,* dans sa vieillesse. **4** Qui est depuis longtemps dans l'état indiqué. *Vieux garçon, vieille fille,* célibataire. **5** (avec *assez, trop, plus, moins*) Âgé. *Elle est plus vieille que moi.* **II** adj. (choses) opposé à *neuf, nouveau* **1** Qui existe depuis longtemps. → **ancien.** *Une vieille voiture.* ◆ *Vieux rose :* adouci, moins vif. ◆ (vins, alcools) Amélioré par le temps. *Vin vieux.* **2** Hors d'usage, inutilisable. **3** Dont l'origine, le début est ancien. ← loc. *Le Vieux Monde,* l'Europe. ← *VIEUX, VIEILLE DE* (+ numéral) : qui date de. ◆ péj. Qui a perdu son intérêt, ses qualités, avec la nouveauté. ← loc. *VIEUX JEU* adj. invar. : démodé. **4** Qui a existé autrefois, il y a longtemps. *Une vieille coutume.* loc. *Le bon vieux temps.* **III** n. **1** *UN VIEUX, UNE VIEILLE.* → **vieillard.** ← loc. *Un vieux de la vieille* (de la *vieille garde*), un vieux soldat (Premier Empire) ; fig. un ancien. **2** Personne âgée. *Les vieux du village.* **3** fam. (avec le poss.) Père, mère ; parents. *Ses vieux sont morts.* **4** fam. Terme d'amitié (même entre personnes jeunes). *Mon vieux, ma vieille.* **5** fam. *COUP DE VIEUX :* vieillissement brutal. **IV** n. f. Labre (poisson).

**vif, vive** adj. ■ **I** vx ou dans des loc. Vivant, vivante. *Jeanne d'Arc a été brûlée vive.* ← loc. *Être plus mort que vif,* paralysé de peur, d'émotion. **II 1** Dont la vitalité se manifeste par la rapidité, la vivacité* des mouvements et des émotions. → **agile, alerte, éveillé.** *Un enfant vif.* **2** Qui s'emporte facilement. → **emporté, violent.** ← *Échanger des propos très vifs.* **3** Rapide. *Intelligence vive.* **III** (choses) **1** Mis à nu. *Vive arête,* nette, aiguë. **2** *Eau vive,* eau pure qui coule. ← *Air vif,* frais et pur. **3** Intense. *Couleurs vives.* ← (sensations, émotions) → **fort.** *Une vive douleur.* → **aigu. IV** n. m. **1** dr. Personne vivante. *Donation entre vifs.* **2** loc. *SUR LE VIF :* d'après nature. **3** fig. *Entrer DANS LE VIF du sujet, du débat,* toucher à l'essentiel. ◆ *À VIF :* avec la chair vive à nu. fig. *Avoir les nerfs, la sensibilité à vif.* ◆ *Être atteint, touché, blessé, piqué AU VIF,* au point le plus sensible.

**vif-argent** n. m. ■ **1** vx Mercure (métal). **2** fig. *Du vif-argent,* une personne très vive.

**vigie** n. f. ■ **1** Matelot en observation (dans la mâture ou à la proue). **2** Son poste d'observation.

**vigilant, ante** adj. ■ **1** Qui surveille avec une attention soutenue. → **attentif. 2** physiol. Aptitude de l'organisme aux réactions. ▷ n. f. **vigilance**

① **vigile** n. f. ■ relig. cathol. Veille d'une fête importante.

② **vigile** n. m. ■ Membre d'une police privée, d'un organisme de défense.

**vigne** n. f. ■ **1** Arbrisseau grimpant, à fruits en grappes (→ **raisin**), cultivé pour la production du vin. *Pied de vigne.* → **cep.** *Culture de la vigne.* → **vignoble, viticulture. 2** Plantation de vignes. → **vignoble. 3** *VIGNE VIERGE :* plante décorative grimpante.

**vigneron, onne** n. ■ Personne qui cultive la vigne, fait le vin. → **viticulteur.**

**vignette** n. f. ■ **1** Motif ornemental dans un livre. ◆ Petite illustration. **2** Petit carré de papier, étiquette ou timbre. *Vignette auto* (impôt annuel sur les automobiles).

**vignoble** n. m. ■ Plantation de vignes. ← Ensemble de vignes (d'une région).

**vigogne** n. f. ■ **1** Animal ruminant du genre lama, à pelage fin. **2** Laine de vigogne.

**vigoureux, euse** adj. ■ **1** Qui a de la vigueur. → **énergique, fort, robuste, solide. 2** Qui s'exprime, agit avec efficacité. *Style vigoureux.* ▷ adv. **vigoureusement**

**vigueur** n. f. ■ **1** Force, énergie (d'un être en pleine santé et dans la plénitude de son développement). **2** Activité intellectuelle libre et efficace. *Vigueur de l'expression.* → **fermeté, véhémence. 3** arts Netteté pleine de force. **4** *EN VIGUEUR :* en application actuellement ; en usage.

**V. I. H.** [veiaʃ] n. m. (sigle de *virus de l'immunodéficience humaine*) ■ Virus responsable du sida. ← anglic. **L. A. V.** - syn. (anglic.) H. I. V.

**viking** n. m. et adj. ■ hist. Marin scandinave, dans l'expansion maritime du VIIIe au XIe siècle. ← adj. *Bateau viking.* → **drakkar.**

**vil, vile** adj. ■ **1** littér. Qui inspire le mépris ; sans dignité, sans courage. *Vil flatteur.* ← *Action vile.* → **vilenie. 2** *À VIL PRIX :* à très bas prix.

**vilain, aine** ■ **I** n. (au moyen âge) Paysan libre (qui n'était pas serf). → **manant.** ← prov. *Jeux de main, jeux de vilain,* jeu qui risque de dégénérer. **II** adj. **1** Se dit d'un enfant qui ne se conduit pas bien (opposé à *gentil*). **2** Désagréable à voir. → **laid. 3** (temps) Mauvais, laid. **4** Dont l'apparence est inquiétante. *Une vilaine blessure.* ← (au moral) *Il lui a joué un vilain tour.* → **sale.** ← n. m. *Il va y avoir du vilain,* un éclat, une dispute. ▷ adv. **vilainement**

**vilebrequin** n. m. ■ **1** Outil pour percer, formé d'une mèche que l'on fait tourner à l'aide d'une manivelle coudée. **2** techn. Arbre articulé avec des bielles, qui transforme un mouvement rectiligne (pistons) en rotation.

**vilenie** [vil(ə)ni ; vileni] n. f. ■ littér. **1** Action vile et basse. **2** Caractère vil.

**vilipender** v. tr. ① ■ littér. Dénoncer comme vil, méprisable. ← **bafouer, honnir.**

**villa** [villa] n. f. ■ **1** Maison de plaisance avec un jardin. *Une villa.*

**village** [vil-] n. m. ■ **1** Agglomération rurale autonome (≠ *hameau*). *Gros village.* → **bourg, bourgade.** ← *Village de toile.* → **camping. 2** Les habitants d'un village.

**villageois, oise** [vil-] adj. ■ **1** adj. D'un village, de ses habitants. → **campagnard, rural.** **2** n. Habitant d'un village.

**ville** [vil] n. f. ■ **1** Réunion importante de constructions constituant un milieu social autonome, et une entité économique (commerce, industrie, administration). → **cité.** ▪ loc. *La Ville lumière*, Paris. *La Ville éternelle*, Rome. ◆ *Ville d'eaux*, station thermale. ◆ *EN VILLE, À LA VILLE* : dans la ville. ◆ hist. de France (XVIIᵉ-XVIIIᵉ siècles) *La Ville et la Cour* : Paris et Versailles. **2** L'administration, la personne morale de la ville. → **municipalité.** *Travaux financés par la ville.* **3** La vie, les habitudes sociales dans une grande ville (→ **urbain**). ▪ *Les gens de la ville.* → **citadin. 4** Les habitants de la ville. *Toute la ville en parle.*

**villégiature** [vi(l)le-] n. f. ■ Séjour de repos, à la campagne ou dans un lieu de plaisance. ◆ Lieu de ce séjour. ▷ **villégiaturer** v. intr. 🔲

**villosité** [vil-] n. f. ■ anat. Saillie filiforme qui donne un aspect velu à une surface.

**vin** n. m. ■ **1** Boisson alcoolisée provenant de la fermentation du raisin. *Vin rouge, rosé, blanc. Vin vieux. Grand vin.* → **cru.** *Vin de pays*, provenant d'un terroir non délimité. ◆ *Vins doux, vins de liqueur*, auxquels on ajoute de l'alcool de raisin en cours de fermentation. **2** *Le vin*, symbole de l'ivresse. *Avoir le vin gai, triste.* loc. *Être entre deux vins*, légèrement ivre. **3** relig. cathol. L'une des deux espèces sous lesquelles se fait la consécration. **4** par ext. *Vin de palme* (sève de palmier fermentée).

**vinaigre** n. m. ■ Vin ou solution alcoolisée après fermentation acétique (assaisonnement, condiment). *Vinaigre de vin, d'alcool. Huile et vinaigre.* ▪ loc. fig. *Tourner au vinaigre*, tourner mal, empirer. ▪ fam. *Faire vinaigre*, se dépêcher.

**vinaigrer** v. tr. 🔲 ■ Assaisonner avec du vinaigre. ▶ **vinaigré, ée** adj.

**vinaigrette** n. f. ■ Sauce faite d'huile et de vinaigre, assaisonnement (salade, crudités).

**vinaigrier** n. m. ■ **1** Personne qui fait, vend du vinaigre. **2** Flacon pour le vinaigre.

**vinasse** n. f. ■ fam. Mauvais vin rouge.

**vindicatif, ive** adj. ■ Porté à la vengeance.

**vindicte** n. f. ■ loc. dr. *Vindicte publique* : poursuite et punition des crimes au nom de la société.

**vineux, euse** adj. ■ **1** Qui a la couleur du vin rouge. **2** Qui a l'odeur du vin.

**vingt** [vɛ̃ ; vɛ̃t] adj. numéral ([vɛ̃] isolé ou devant consonne, [vɛ̃t] en liaison et dans les nombres de *vingt-deux* à *vingt-neuf*) ■ **1** cardinal Deux fois dix (20 ; XX). *Vingt dollars.* **2** ordinal Vingtième. *Les années vingt*, entre 1920 et 1930. **3** n. m. Le nombre, le numéro vingt. ◆ fam. *VINGT-DEUX !*, attention ! *Vingt-deux (voilà) les flics !*

**vingtaine** [vɛ̃t-] n. f. ■ Nombre approximatif de vingt.

**vingtième** [vɛ̃tjɛm] adj. ■ **1** (ordinal) Dont le numéro, le rang est vingt. ▪ n. *Le, la vingtième.* **2** Contenu vingt fois dans le tout. ▪ n. m. *Le vingtième.* ▷ adv. **vingtièmement**

**vinicole** adj. ■ Relatif à la culture de la vigne et à la production du vin.

**vinification** n. f. ■ Transformation du moût en vin. ◆ Fermentation alcoolique, transformation des glucides en alcool par des levures.

**vinifier** v. tr. 🔲 ■ Traiter (les moûts) pour faire le vin.

**vintage** [vintɛdʒ] ■ anglic. **I** n. m. Porto millésimé. **II** adj. **1** Se dit de modèles anciens d'automobiles. **2** Se dit d'objets (vêtements, affiches...) déjà anciens et conservés depuis leur création. ▪ n. m. *Porter du vintage.*

**vinyle** n. m. ■ **1** Radical chimique qui entre dans la composition des matières plastiques. **2** Matière plastique imitant le cuir (ameublement, vêtements...). **3** Disque microsillon (fabriqué à partir du vinyle). *Une collection de vinyles.*

**vioc** ou **vioque** adj. et n. ■ fam. péj. Vieux.

**viol** n. m. ■ Acte par lequel une personne en force une autre à avoir des relations sexuelles avec elle, par violence (crime).

**violacé, ée** adj. ■ Qui tire sur le violet.

**violation** n. f. ■ Action de violer (un engagement, un droit), de profaner. ▷ n. **violateur, trice**

**viole** n. f. ■ Instrument de musique à cordes et à archet. ◆ *VIOLE DE GAMBE* : grande viole à six cordes, placée entre les jambes.

**violemment** [-amã] adv. ■ **1** Avec une force brutale. → **brutalement. 2** Vivement. *Réagir violemment.*

**violence** n. f. ■ **1** Force brutale pour soumettre qqn. → **brutalité.** ▪ Manifestations sociales de cette force brutale. *Escalade de la violence.* ◆ loc. *FAIRE VIOLENCE à qqn* : le faire agir contre sa volonté, par force ou intimidation. *Se faire violence* : se contraindre. **2** Acte violent. *Subir des violences.* → **sévices ; viol.** ▪ loc. *Se faire une DOUCE VIOLENCE* : accepter avec plaisir après une résistance affectée. **3** Disposition naturelle à l'expression brutale. **4** Force brutale ; intensité (d'un sentiment...).

**violent, ente** adj. ■ **1** Qui agit ou s'exprime avec violence, sans aucune retenue. → **brutal.** ▪ n. *C'est un violent.* ◆ *Des propos violents.* **2** Qui a un intense pouvoir d'action ou d'expression. *Un violent orage.* ◆ Qui a un effet intense sur les sens. *Impression violente.* **3** Qui exige de la force, de l'énergie. *Faire de violents efforts.* ▪ *Mort violente*, accident, meurtre.

**violenter** v. tr. 🔲 ■ Violer (II).

**violer** v. tr. 🔲 ■ I (compl. chose) **1** Agir contre, porter atteinte à (ce qu'on doit respecter). → **enfreindre, transgresser.** *Violer un traité.* **2** Ouvrir, pénétrer dans (un lieu sacré ou protégé). *Violer une sépulture.* → **profaner.** **II** Posséder sexuellement (une personne) contre sa volonté. → **violenter ; viol.** ▷ n. m. **violeur**

**violet, ette** ■ **1** adj. Mêlé de bleu et de rouge. **2** n. m. Couleur violette.

**violette** n. f. ■ Petite plante à fleurs souvent violettes, solitaires, à cinq pétales ; sa fleur. ◆ Essence, parfum de violette.

**violine** adj. ■ Violet foncé. → **lie-de-vin.**

**violiste** n. ■ Musicien qui joue de la viole de gambe.

**violon** n. m. ■ **I 1** Instrument de musique à quatre cordes que l'on frotte avec un archet, et qui se tient entre l'épaule et le menton. ◆ *La famille des violons* (altos, violoncelles, contrebasses ; viole). ◆ loc. *Accordez vos violons !,* mettez-vous d'accord. ◆ *VIOLON D'INGRES* : activité favorite, en dehors de la profession (le peintre Ingres jouait du violon). **2** Violoniste. **II** fam. Prison d'un poste de police.

**violoncelle** n. m. ■ Instrument à cordes, plus grand que le violon, tenu entre les jambes (→ viole de gambe). ▷ n. **violoncelliste**

**violoneux** n. m. ■ anciennt Violoniste de village.

**violoniste** n. ■ Instrumentiste jouant du violon.

**vioque** n. → **vioc**

**viorne** n. f. ■ **1** Arbrisseau à fleurs blanches. **2** Clématite.

**vipère** n. f. ■ Serpent à tête triangulaire aplatie, à deux crochets à venin. ◆ loc. *Une langue de vipère, une vipère,* une personne médisante.

**virage** n. m. ■ **I 1** Mouvement d'un véhicule qui tourne. *Virage sur l'aile* (avions). **2** Forte courbure du tracé (d'une voie). → **coude, tournant. 3** fig. Changement radical d'orientation, d'attitude. **II** chim. Changement de couleur (d'un réactif).

**virago** n. f. ■ Femme d'allure masculine, aux manières rudes et autoritaires.

**viral, ale, aux** adj. ■ **1** Qui se rapporte à un virus. ◆ Provoqué par un virus. **2** Relatif aux virus informatiques. **3** Qui se propage rapidement sur Internet.

**virée** n. f. ■ fam. Promenade, voyage rapide. → **balade.**

**virelai** n. m. ■ didact. Poème du moyen âge, petite pièce sur deux rimes avec refrain.

**virement** n. m. ■ Transfert de fonds d'un compte à un autre.

**virer** v. 🔲 ■ I **1** v. tr. mar. Faire tourner. **2** v. intr. Tourner sur soi, en rond. **3** v. intr. mar. Changer de direction. ◆ par ext. (voiture...) *Braquer pour virer.* **II** v. tr. **1** Transporter (une somme) d'un compte à un autre (→ **virement**). **2** fam. *Virer qqn,* le renvoyer. **III** v. intr. **1** Changer d'aspect, de couleur. **2** *Cuti-réaction qui vire,* qui devient positive. ◆ trans. *Virer sa cuti*\*. **3** *VIRER À :* devenir. *Virer au rouge.*

**virevolte** n. f. ■ **1** Mouvement de ce qui fait un demi-tour. **2** fig. Changement (spécialt, d'opinion). → **revirement, volte-face.**

**virevolter** v. intr. 🔲 ■ **1** Tourner rapidement sur soi. **2** fig. Aller en tous sens, changer continuellement. → **papillonner.** ▷ adj. **virevoltant, ante**

① **virginal, ale, aux** adj. ■ D'une vierge.

② **virginal** n. m. ■ mus. Épinette en usage en Angleterre (XVIᵉ-XVIIᵉ siècles).

**virginité** n. f. ■ État d'une personne vierge.

**virgule** n. f. ■ **1** Signe de ponctuation (,) marquant une pause de peu de durée à l'intérieur de la phrase. → *POINT-VIRGULE* (;) : séparant des phrases (ou membres de phrases) sans les isoler. **2** Signe (,) qui précède la décimale dans un nombre décimal (→ anglic. point).

**viril, ile** adj. ■ **1** De l'homme adulte. → **mâle, masculin. 2** Qui a l'appétit sexuel d'un homme normal. **3** Qui a les caractères correspondant à une image biologique et sociale de l'homme (énergie, force...). ▷ adv. **virilement**

**virilité** n. f. ■ **1** Ensemble des attributs et caractères de l'homme, du mâle. **2** Puissance sexuelle masculine. **3** Caractère viril (3).

**virole** n. f. ■ Petite bague de métal pour assujettir qqch. à l'extrémité d'un manche.

**virologie** n. f. ■ sc. Étude des virus.

**virtuel, elle** adj. ■ **1** Qui est à l'état de simple possibilité ; qui a en soi les conditions de sa réalisation. → **possible, potentiel. 2** phys. *Image virtuelle,* qui se forme dans le prolongement des rayons lumineux. ▷ n. f. **virtualité**

**virtuellement** adv. ■ **1** didact. En puissance. → **potentiellement. 2** Selon toute probabilité. → en **principe.**

**virtuose** n. ■ **1** Chanteur(euse), instrumentiste ayant une technique brillante. **2** Personne, artiste extrêmement habile.

**virtuosité** n. f. ■ **1** Talent, technique de virtuose. **2** Technique brillante ; habileté supérieure. → **brio.**

**virulence** n. f. ■ **1** Violence agressive. *La virulence d'un propos.* **2** Aptitude des germes pathogènes à se développer et à sécréter des toxines. ◆ Caractère nocif, dangereux. ▷ adj. **virulent, ente**

**virus** [-ys] n. m. ▪ **1** Germe pathogène. ↝ Micro-organisme capable de former sa propre substance par synthèse (sans échanges). *Maladies à virus* (→ **viral**). **2** fig. Principe moral dangereux et contagieux. ◆ Goût excessif. *Il a le virus du jeu.* **3** inform. Instruction qui perturbe le fonctionnement d'un système informatique.

**vis** [vis] n. f. ▪ **1** Tige présentant une partie saillant en hélice (filet), et que l'on fait agir en la faisant tourner sur elle-même. ↝ loc. *Serrer la vis à qqn*, le traiter avec sévérité. **2** *Escalier à vis*, en hélice. **3** *Vis platinée\**.

**visa** n. m. ▪ **1** Formule apposée sur un acte pour la valider. *Visa de censure* (d'un film). **2** Formule exigée, en plus du passeport, pour entrer dans certains pays.

**visage** n. m. ▪ **1** Partie antérieure de la tête humaine. ↝ **face, figure.** *Un beau visage.* ↝ loc. *À visage découvert*, sans se cacher. ↝ *À VISAGE HUMAIN :* qui respecte les droits de l'homme. **2** Expression du visage. ↝ loc. *Faire bon, mauvais visage à qqn*, bien, mal l'accueillir. **3** La personne. *Mettre un nom sur un visage.* ↝ loc. *Les Visages pâles*, les Blancs (pour les Indiens d'Amérique). **4** Aspect particulier et reconnaissable (de qqch.). *Le vrai visage des États-Unis.*

**visagiste** n. ▪ Esthéticien, coiffeur spécialisé dans la mise en valeur du visage.

**vis-à-vis** [vizavi] ▪ I *VIS-À-VIS DE* loc. prép. **1** En face de (concret). **2** fig. En présence de, devant (le maître à confronter). *J'ai honte vis-à-vis de lui.* ↝ En regard, en comparaison de. **3** Envers (qqn). II n. m. **1** Position de deux personnes, de deux choses qui se font face. **2** Personne, chose placée en face d'une autre.

**viscéral, ale, aux** adj. ▪ **1** Relatif aux viscères. **2** (sentiment) Profond et irraisonné. ▷ adv. **viscéralement**

**viscère** n. m. ▪ anat. Organe contenu dans une cavité du corps (cerveau, cœur, estomac, foie, intestin, poumon, rate, reins, utérus). ◆ cour. *Les viscères.* → **boyau(x), entrailles.**

**viscose** n. f. ▪ techn. Solution colloïdale de cellulose et de soude.

**viscosité** n. f. ▪ **1** État de ce qui est visqueux (1). **2** Caractère visqueux (2), gluant.

**visée** n. f. ▪ **1** Action de diriger la vue, une arme, un instrument d'optique vers un but, un objectif. **2** fig. surtout plur. Direction de l'esprit vers un but. → **ambition, intention.**

① **viser** v. ① ▪ I v. intr. **1** Diriger attentivement vers le but, la cible à atteindre. **2** fig. *Viser haut*, avoir de grandes ambitions. II v. tr. ind. *VISER À.* Avoir en vue (une fin). ↝ (+ inf.) Tendre à. III v. tr. **1** Regarder attentivement (un but, une cible) afin de l'atteindre. **2** fig. Avoir en vue, s'efforcer d'atteindre (un résultat). **3** (sujet chose) S'appliquer à. → **concerner.** ↝ passif et p. p. *Être, se sentir visé*, être l'objet d'une allusion, d'une critique. **4** fam. Regarder.

② **viser** v. tr. ① ▪ Revêtir (un acte) d'un visa\*. *Faire viser son passeport.*

**viseur** n. m. ▪ Instrument, dispositif optique servant à effectuer une visée (1), à délimiter le champ (photo, cinéma, vidéo).

**visibilité** n. f. ▪ **1** Caractère de ce qui est perceptible par la vue. **2** Qualité de l'atmosphère, permettant de voir (plus ou moins loin). *Bonne, mauvaise visibilité.* **3** Possibilité de voir les abords. *Virage sans visibilité.*

**visible** adj. ▪ **1** Qui peut être vu. *Visible à l'œil nu, au microscope.* **2** Sensible à la vue. *Le monde visible.* ↝ n. m. *Le visible et l'invisible.* **3** Qui peut être constaté par les sens. → **manifeste, sensible.** *Un plaisir visible.* ↝ impers. *Il est visible que* (+ indic.), clair, évident. **4** (personnes) En état de recevoir une visite, d'être vu (habillé, apprêté). → **présentable.**

**visiblement** adv. ▪ **1** En se manifestant à la vue. **2** D'une manière évidente, claire.

**visière** n. f. ▪ **1** Partie d'une casquette, d'un képi qui abrite les yeux. **2** Pièce qui protège les yeux. ↝ *Mettre sa main en visière devant ses yeux.*

**visioconférence** n. f. ▪ techn. Système de télécommunication permettant de réunir des personnes éloignées dans des conditions proches de celles d'une réunion ordinaire.

**vision** n. f. ▪ I **1** Perception du monde extérieur par la vue. **2** fig. Action de se représenter en esprit. → **représentation.** *Une vision confuse de l'avenir.* II *(Une, des visions)* **1** Chose surnaturelle qui apparaît. → **apparition, révélation.** **2** Représentation imaginaire. → **idée, rêve.**

**visionnaire** ▪ **1** n. Personne qui a des visions. → **illuminé.** ↝ Personne qui a la vision de ce qui est caché. → **voyant.** **2** adj. Capable d'anticiper, qui a une vision de l'avenir. *Un art visionnaire.*

**visionner** v. tr. ① ▪ **1** Examiner techniquement (un film). **2** Faire apparaître sur un écran de visualisation.

**visionneuse** n. f. ▪ Dispositif optique grossissant, pour examiner un film, des diapositives.

**visiophone** n. m. ▪ Téléphone où chaque correspondant a une image de l'autre.

**Visitation** n. f. ▪ relig. cathol. Visite de la Sainte Vierge à sainte Élisabeth, alors enceinte de Jean-Baptiste ; fête commémorant cet événement.

**visite** n. f. ▪ I **1** Fait d'aller voir (qqn) et de rester avec lui un certain temps ; fait de recevoir un visiteur. *Rendre visite à qqn.* **2** La personne qui se rend chez une autre. *Tu as une visite*, fam. de la visite. **3** (contexte professionnel) Fait de se rendre auprès d'un malade, pour un médecin. ↝ Action de visiter (un client). *Les visites d'un représentant.* II **1** Fait de se rendre (dans un lieu) pour parcourir, visiter. *Visite touristique.* **2** Fait d'aller examiner, inspecter. *Visite d'expert.* ↝ *Visite de douane.* → **fouille. 3** Examen de patients, de malades par un médecin à l'hôpital, en clinique.

**visiter** v. tr. 🔲 ▪ **I** **1** rare Faire une visite à (qqn). **2** Se rendre auprès de (qqn) pour l'assister, le soigner. **II 1** Aller voir (qqch.), parcourir (un lieu) en examinant. *Visiter un pays, un musée.* **2** Examiner, inspecter.

**visiteur, euse** n. ▪ **I 1** Personne qui va voir qqn chez lui, lui fait une visite. *Reconduire un visiteur.* **2** Personne qui visite (un pensionnaire, un malade, un prisonnier). **II 1** Personne qui inspecte, examine. **2** Personne qui visite un lieu. → **touriste. 3** sports Membre d'une équipe qui se déplace et joue sur le terrain de l'adversaire.

**vison** n. m. ▪ **1** Mammifère voisin du putois, chassé et élevé pour sa fourrure très estimée. **2** Sa fourrure. ♦ Vêtement en vison.

**visqueux, euse** adj. ▪ **1** (liquide) Qui est épais et s'écoule avec difficulté. **2** péj. Dont la surface est couverte d'une couche gluante. **3** fig. Répugnant par un caractère de bassesse, de traîtrise.

**visser** v. tr. 🔲 ▪ **1** Fixer, faire tenir avec une vis, des vis. **2** Serrer en tournant sur un pas de vis (opposé à *dévisser*). **3** fig., fam. Traiter sévèrement (qqn), contraindre. ▷ n. m. **vissage**

**visualiser** v. tr. 🔲 ▪ **1** Rendre visible (ce qui ne l'est pas). **2** inform. Faire apparaître sur un écran (les résultats d'un traitement). → **afficher.** ▷ n. f. **visualisation**

**visuel, elle** ▪ **1** adj. Relatif à la vue. *Mémoire visuelle.* **2** n. Personne chez qui les sensations visuelles prédominent. **3** adj. Qui fait appel au sens de la vue. *Méthode visuelle.* ▷ adv. **visuellement**

**vit** n. m. ▪ vx Sexe de l'homme. → **verge.**

**vital, ale, aux** adj. ▪ **1** Qui concerne, constitue la vie. ← *Principe vital, force vitale.* **2** Essentiel à la vie (d'un individu, d'une collectivité). → **indispensable.** *Espace\* vital.*

**vitalisme** n. m. ▪ didact. Doctrine d'après laquelle les phénomènes vitaux sont irréductibles. ▷ adj. et n. **vitaliste**

**vitalité** n. f. ▪ Caractère de ce qui manifeste une santé, une activité remarquables.

**vitamine** n. f. ▪ Substance organique, sans valeur énergétique, mais indispensable à l'organisme. *Vitamine A* (de croissance), *C* (antiscorbutique), *D* (antirachitique). ▷ adj. **vitaminé, ée**

**vite** ▪ I adv. **1** En parcourant un grand espace en peu de temps. *Aller, courir vite.* **2** En peu de temps. → **rapidement.** *Faire vite,* se dépêcher. ← (avec un impér.) Immédiatement. *Partez vite.* **3** Au bout d'une courte durée. *On sera plus vite arrivé.* ← *Au plus vite,* dans le plus court délai. ← fam. *VITE FAIT* loc. adv. : rapidement. *Vite fait bien fait.* **II** adj. sports *Le coureur le plus vite.*

**vitellus** [-ys] n. m. ▪ biol. Substance qui constitue les réserves de l'œuf, de l'embryon. ▷ adj. **vitellin, ine**

**vitelotte** n. f. ▪ Pomme de terre de forme oblongue, à la peau et à la chair violacées.

**vitesse** n. f. ▪ **I** (sens absolu) **1** Fait ou pouvoir de parcourir un grand espace en peu de temps. → **célérité, rapidité, vélocité.** *Calculer la vitesse d'un mobile. Course de vitesse.* **2** Fait d'accomplir une action en peu de temps. → **hâte, promptitude.** ← loc. fam. *EN VITESSE* : au plus vite. **II** (sens relatif) **1** Fait d'aller plus ou moins vite. → **allure.** *Compteur de vitesse.* ← loc. *À TOUTE VITESSE* : très vite. *Vitesse de croisière\*.* ← loc. *PERTE DE VITESSE* (d'un avion, capable d'entraîner la chute). fig. *En perte de vitesse,* qui ne se développe plus. ← fig. *À deux vitesses,* qui varie selon les types d'usagers (économie, médecine...). **2** Rapport entre la vitesse de rotation de l'arbre moteur et celle des roues. *Changement de vitesse.* ← loc. fam. *En quatrième vitesse,* très vite. **3** sc. Quantité exprimée par le rapport d'une distance au temps mis à la parcourir.

**viti-** Élément, du latin *vitis* « vigne ».

**viticole** adj. ▪ Relatif à la culture de la vigne et à la production du vin.

**viticulture** n. f. ▪ Culture de la vigne. ▷ **viticulteur, trice** n. → **vigneron.**

**vitrage** n. m. ▪ **1** Ensemble de vitres (d'une baie, d'une serre, etc.). **2** Châssis garni de vitres.

**vitrail, aux** n. m. ▪ Panneau constitué de morceaux de verre colorés, assemblés pour former une décoration. ← *Le vitrail,* la technique, l'art des vitraux.

**vitre** n. f. ▪ **1** Panneau de verre garnissant une ouverture (fenêtre, porte, etc.). → **carreau.** **2** Panneau de verre garnissant les portières d'un véhicule. → **glace.**

**vitré, ée** adj. ▪ anat. *Corps vitré* ou n. m. *le vitré* : masse transparente entre la rétine et le cristallin. ← *Humeur vitrée de l'œil,* remplissant le corps vitré. → **vitreux.**

**vitrer** v. tr. 🔲 ▪ Garnir de vitres. ▶ **vitré, ée** adj. *Porte vitrée.*

**vitrerie** n. f. ▪ Industrie des vitres et glaces.

**vitreux, euse** adj. ▪ **1** Qui ressemble au verre fondu. **2** Dont l'éclat est terni. *Œil, regard vitreux.*

**vitrier** n. m. ▪ Personne qui vend, coupe et pose les vitres, les glaces de verre.

**vitrifier** v. tr. 🔲 ▪ **1** Transformer en verre par fusion ; donner la consistance du verre à (une matière). ← pronom. *Se vitrifier.* **2** Recouvrir d'une matière plastique transparente. ← au p. p. *Parquet vitrifié.* ▷ n. f. **vitrification**

**vitrine** n. f. ▪ **1** Devanture vitrée d'un local commercial ; espace où l'on expose des objets à vendre ; son contenu. **2** Petite armoire vitrée.

**vitriol** n. m. ▪ **1** Acide sulfurique concentré, très corrosif. **2** fig. *Portrait au vitriol.*

**vitrioler** v. tr. 🔲 ▪ Lancer du vitriol sur (qqn) pour le défigurer. ▷ n. m. **vitriolage**

**vitupérer** v. ⑥ ■ **1** v. tr. littér. Blâmer vivement. **2** v. intr. *Vitupérer contre qqn, qqch.*, protester violemment. ▷ n. f. **vitupération**

**vivable** adj. ■ **1** Où l'on peut vivre. **2** (personnes) Que l'on peut supporter.

① **vivace** adj. ■ **1** Résistant, robuste (plantes, animaux inférieurs). **2** bot. *Plante vivace*, qui vit plus de deux années. **3** Qui se maintient sans défaillance. *Souvenir vivace.*

② **vivace** [vivatʃe] adj. invar. et adv. ■ mus. D'un mouvement rapide (plus que l'allégro).

**vivacité** n. f. ■ **1** Caractère de ce qui a de la vie, est vif. *La vivacité d'un enfant. Vivacité d'esprit.* **2** Caractère de ce qui a de l'intensité. *La vivacité d'un coloris.* **3** Caractère vif (II, 2), emporté ou agressif.

**vivandière** n. f. ■ anciennt Cantinière.

**vivant, ante** adj. ■ I **1** Qui vit, est en vie. ← n. *Les vivants et les morts.* **2** Plein de vie. → **vif.** *Un enfant très vivant.* ← (œuvres, personnages...) Qui a l'expression, les qualités de ce qui vit réellement. **3** Doué de vie. → **animé, organisé. 4** Constitué par des êtres vivants. *Tableaux vivants.* **5** (lieu) Plein de vie, d'animation. → **animé. 6** (choses) Actif, actuel. *Langues vivantes* (opposé à *langues mortes*). ← *Son souvenir est toujours vivant.* II ■ DU *VIVANT DE...*, *DE SON VIVANT :* pendant la vie de (qqn), sa vie.

**vivarium** [-ʁɔm] n. m. ■ didact. Espace aménagé pour de petits animaux vivants (insectes, reptiles, etc.).

**vivat** n. m. ■ Acclamation. → **ovation.**

① **vive** n. f. ■ Poisson aux nageoires épineuses, vivant dans le sable.

② **vive** exclam. ■ Acclamation envers qqn, qqch. à qui l'on souhaite de durer. → **vivat.** *Vive la République !* ← (avec un nom au plur.) *Vive les vacances !*

**vivement** adv. ■ **1** Avec vivacité, ardeur. **2** exclam. Exprime un souhait d'accomplissement rapide. *Vivement les vacances !* ← *Vivement que* (+ subj.). **3** D'un ton vif, avec un peu de colère. **4** Avec force, intensité. *Être vivement affecté par une nouvelle.*

**viveur** n. m. ■ vieilli Fêtard.

**vivi-** Élément, du latin *vivus* « vivant ».

**vivier** n. m. ■ Étang, bassin où l'on garde du poisson, des crustacés.

**vivifier** v. tr. ⑦ ■ Donner de la vitalité à (qqn). → **stimuler, tonifier.** ▷ adj. **vivifiant, ante**

**vivipare** adj. ■ Se dit d'un animal dont l'œuf se développe complètement à l'intérieur de l'utérus maternel.

**vivisection** [-s-] n. f. ■ Opération pratiquée à titre d'expérience sur des animaux vivants. ▷ n. **vivisecteur, trice**

**vivoter** v. intr. ① ■ **1** Vivre au ralenti, avec de petits moyens. → **végéter. 2** (sujet chose) Subsister ; avoir une activité faible.

**vivre** v. ⑯ ■ I v. intr. (sujet être vivant) **1** Être en vie. *Il vit encore.* ← loc. *Se laisser vivre*, vivre sans faire d'effort. **2** (avec un compl. de durée) Avoir une vie de. *Vivre cent ans.* **3** Passer une partie de sa vie en résidant habituellement (dans un lieu). → **habiter.** *Vivre à la campagne.* **4** Mener une certaine vie. *Vivre seul ; avec qqn.* ◆ loc. *Art de vivre*, de se conduire. ← *Être facile, difficile à vivre.* **5** Subsister par des moyens matériels. *Vivre de son travail. Avoir de quoi vivre.* **6** Réaliser toutes les possibilités de la vie. ← *Avoir beaucoup vécu*, avoir eu une vie riche d'expériences. **7** (sujet chose) Exister ; subsister. II v. tr. (sujet personne) **1** Avoir, mener (telle ou telle vie). → **passer** (un temps). *Vivre des jours heureux.* → **couler. 2** Éprouver par l'expérience de la vie. *Vivre un grand amour.* ◆ *Traduire en actes réels. Vivre son art.*

**vivres** n. m. pl. ■ Ce qui sert à l'alimentation humaine. ◆ loc. *Couper les vivres à qqn*, le priver de moyens de subsistance.

**vizir** n. m. ■ Ministre, sous l'empire ottoman. *Grand vizir.*

**vlan** interj. ■ Onomatopée, bruit fort et sec.

**V. O.** [veo] n. f. (sigle) ■ Version originale. *Film en V. O.*

**vocable** n. m. ■ Mot d'une langue.

**vocabulaire** n. m. ■ **1** Dictionnaire succinct ou spécialisé. **2** Ensemble de mots (d'un texte, disponibles). *Enrichir son vocabulaire.* **3** Termes spécialisés (d'une science, d'un art...). → **terminologie.**

**vocal, ale, aux** adj. ■ **1** Qui produit la voix. *Cordes vocales.* **2** De la voix ; du chant.

**vocalique** adj. ■ ling. Qui a rapport aux voyelles.

**vocaliser** v. intr. ① ■ Chanter, en parcourant une échelle de sons et sur une seule syllabe. ▷ n. f. **vocalise**

**vocatif** n. m. ■ ling. Cas employé pour s'adresser directement à qqn, à qqch.

**vocation** n. f. ■ **1** Mouvement intérieur par lequel qqn se sent appelé par Dieu. **2** Inclination, penchant (pour une profession, un état). *Vocation artistique.* **3** Destination morale. → **mission.**

**vociférer** v. intr. ⑥ ■ Parler en criant et avec colère. → **hurler.** ← trans. *Vociférer des injures.* ▷ n. f. **vocifération**

**vodka** n. f. ■ Eau-de-vie de grain (seigle, orge).

**vœu** n. m. ■ **1** Promesse faite à Dieu ; engagement religieux (→ **votif**; **vouer**). *Faire vœu de pauvreté.* **2** Engagement, résolution (envers soi-même). **3** Souhait que s'accomplisse qqch. ← au plur. Souhaits. *Envoyer ses vœux.* **4** Demande, requête.

① **vogue** n. f. ■ État de ce qui est apprécié du public. ← *EN VOGUE :* à la mode.

② **vogue** n. f. ■ régional Fête, foire annuelle.

**voguer** v. intr. ① ■ littér. **1** Avancer avec des rames. **2** Naviguer. ← loc. *Vogue la galère ! :* advienne que pourra !

**voici** prép. ■ 1 Désigne une chose ou une personne relativement proche (alors opposé à *voilà*). 2 Désigne ce qui arrive, approche ; ce dont il va être question (opposé à *voilà* (2)). *Voici la pluie.* 3 (présentant un nom, un pronom, une complétive) → voilà. *Vous voici rassuré. Voici comment il faut faire.*

**voie** n. f. ■ I 1 Espace à parcourir pour aller quelque part. → chemin, passage. *Suivre la bonne voie.* ♦ loc. fig. *La Voie lactée*. 2 Cet espace tracé et aménagé. → artère, chemin, route, rue. *Voie de communication.* – (collectif) *La voie publique* (faisant partie du domaine public). ♦ *Voie de garage.* – *Voie navigable* : fleuve, canal. 3 Partie d'une route de la largeur d'un véhicule. *Route à deux voies.* 4 VOIE FERRÉE ; VOIE : ensemble des rails mis bout à bout (→ chemin de fer). 5 (collectif) *La voie maritime, aérienne* : les transports par mer, air. II par ext. 1 chasse Lieux par lesquels est passée la bête. – loc. fig. *Mettre qqn sur la voie*, l'aider à trouver. 2 Trace laissée par une voiture. – techn. Écartement des roues. 3 Passage. – loc. VOIE D'EAU : ouverture accidentelle (de la coque d'un navire). ♦ Passage, conduit anatomique. *Les voies digestives.* – *Par voie buccale.* III fig. 1 Conduite, suite d'actes orientés vers une fin. *Préparer la voie.* → passage. ♦ *Les voies de Dieu*, ses desseins, ses intentions. 2 Conduite suivie ou à suivre ; façon de procéder. → moyen. – loc. VOIE DE FAIT : violence. 3 Intermédiaire. *Réclamer par la voie hiérarchique.* – loc. *Par voie de conséquence* : en conséquence. 4 EN VOIE DE, en se modifiant dans un sens déterminé.

**voilà** prép. ■ 1 Désigne une personne ou une chose relativement éloignée (alors opposé à *voici*) ; par ext. une personne, une chose en général (syn. de *voici*). *Le voilà, votre ami.* ♦ EN VOILÀ loc. adv. : voilà de ceci. EN VEUX-TU EN VOILÀ : tant qu'on en veut. ♦ *Voilà* !, interjection qui répond à un appel, à une demande. 2 Désignant les choses dont il vient d'être question (opposé à *voici* (2)). *Voilà tout.* – *En voilà assez* : cela suffit. 3 présentant un nom, un pronom, une complétive *Voilà le facteur. Voilà que*... *Nous voilà arrivés.* – loc. NOUS Y VOILÀ : nous abordons enfin le problème. ♦ vx *Voilà-t-il* [ti] *pas* (étonnement, surprise). 4 Il y a (telle durée). *Voilà quinze jours qu'il est parti.*

**voilage** n. m. ■ Grand rideau de voile.

① **voile** n. m. ■ I 1 Étoffe qui cache une ouverture, un monument, une plaque. 2 Morceau d'étoffe destiné à cacher (en partie) le visage (pour des motifs religieux, esthétiques...). – loc. *Prendre le voile* : se faire religieuse catholique. 3 Tissu léger et fin. II fig. 1 Ce qui cache qqch. *Lever le voile* : révéler. → dévoiler. 2 Ce qui rend moins net. *Voile de brume.* – méd. *Voile au poumon.* III *VOILE DU PALAIS* : cloison musculaire et membraneuse, qui sépare la bouche du pharynx.

② **voile** n. f. ■ 1 Pièce de forte toile (attachée à un mât), destinée à recevoir l'action du vent pour faire avancer un bateau. *Bateau à voiles.* ♦ loc. fam. *Mettre les voiles* : s'en aller. 2 Navigation (de plaisance) à voile. → Sport nautique sur voilier. 3 VOL À VOILE : pilotage des planeurs. 4 *Planche*\* à voile.

① **voiler** v. tr. ① ■ 1 Couvrir, cacher d'un voile. *Voiler une statue.* ♦ (allus. biblique) SE VOILER LA FACE : refuser de voir (ce qui indigne, choque). 2 fig., littér. Dissimuler. *Voiler la vérité.* 3 Rendre moins visible, moins net. → obscurcir. ♦ pronom. *Le ciel se voile,* se couvre. ♦ voilé, ée adj. 1 Couvert d'un voile. 2 fig. Rendu moins perceptible. *Des reproches voilés.* 3 Qui a peu d'éclat, de netteté. *Regard voilé.* → terne. 4 (voix) Qui émet des sons sans clarté.

② **se voiler** v. pron. ① ■ Se déformer, ne plus être plan. – au p. p. *Roue voilée.*

**voilette** n. f. ■ Petit voile transparent sur un chapeau de femme.

**voilier** n. m. ■ I Bateau à voiles (de nos jours, spécialt bateau de sport ou de plaisance). *Course de voiliers.* → régate. II Professionnel qui fait ou répare les voiles. III Oiseau à longues ailes, capable d'utiliser les courants aériens.

**voilure** n. f. ■ 1 Ensemble des voiles (d'un navire). 2 Ensemble des surfaces portantes d'un avion. ♦ Toile d'un parachute.

**voir** v. ③⓪ ■ I v. intr. Percevoir les images des objets par la vue. – loc. fig. *Voir loin* : prévoir. II v. tr. dir. 1 Percevoir (qqch.) par les yeux. *Je l'ai à peine vu.* → apercevoir, entrevoir. ♦ *Voir le jour* : naître ; (choses) paraître. ♦ FAIRE VOIR : montrer. ♦ LAISSER VOIR : permettre qu'on voie ; ne pas cacher. ♦ Avoir l'image de (qqn, qqch.) dans l'esprit. → se représenter. ♦ VOIR... (+ inf.). *Je vois tout tourner.* ♦ *Voir venir*, attendre. → (sujet chose) *Le pays qui l'a vue naître*, où elle est née. ♦ VOIR... (+ attribut). *Vous m'en voyez ravi.* – loc. fam. *Je voudrais vous y voir !* (dans cet état, cette situation) : vous ne feriez pas mieux. 2 Être spectateur, témoin de (qqch.). *Aller voir une pièce de théâtre.* → assister à. *J'ai déjà vu ce film.* – *Voir du pays* : voyager. 3 Être, se trouver en présence de (qqn). → rencontrer. *Aller voir qqn*, lui rendre visite. – fam. *Je ne peux pas la voir* (en peinture), je la déteste. 4 Regarder attentivement, avec intérêt. → examiner. *Voyons cela.* – *Voir un malade.* 5 fig. Se faire une opinion sur (qqch.). – absolt *Nous allons voir*, réfléchir (avant un choix). *On verra* : on avisera. ♦ POUR VOIR : pour se faire une opinion. – menace *Essaie un peu, pour voir !* ♦ VOIR QUE, COMME, COMBIEN... → constater. ♦ (en incise) *Vois-tu, voyez-vous*, appuie une opinion. ♦ VOYONS !, rappel à la raison. 6 Se représenter par la pensée. → concevoir, imaginer. *Je vois* : je comprends bien. ♦ *Voir grand* : avoir de grands projets. 7 AVOIR À VOIR (avec, dans) : avoir une relation, un rapport avec (seulement avec *pas, rien, peu*). III v. tr. ind.

*VOIR À* (+ inf.) : songer, veiller à. *Nous verrons à vous augmenter plus tard.* ► **se voir** v. pron. **1** (réfl.) Voir sa propre image. *Se voir dans la glace.* ◆ (semi-auxiliaire) *Elle s'est vue contrainte de renoncer. Elle s'est vu refuser l'entrée,* on lui a refusé... ◆ *S'imaginer. Je me voyais déjà arrivé.* **2** (récipr.) Se rencontrer, se trouver ensemble. *Ils ne se voient plus.* → se **fréquenter. 3** (passif) Être, pouvoir être vu. ◆ Se trouver. *Cela se voit tous les jours :* c'est incessant.

**voire** adv. ■ **1** *Voire !,* exprime le doute. **2** Et (peut-être) même. *Plusieurs mois, voire un an.*

**voirie** n. f. ■ admin. Aménagement et entretien des voies, des chemins ; administration publique qui s'en occupe. ◆ Enlèvement quotidien des ordures.

**voisin, ine** ■ **I** adj. **1** Qui est à une faible distance. → **proche, rapproché.** ◆ Qui est à côté. *Les pays voisins.* ◆ Proche dans le temps. **2** Qui présente une ressemblance. *Espèces voisines.* → *Voisin de... :* proche de. **II** n. **1** Personne qui vit, habite le plus près. ◆ Personne qui occupe la place la plus proche. *Mon voisin de table.* **2** Autrui. → **prochain.** *Envier le sort du voisin.*

**voisinage** n. m. ■ **1** Ensemble des voisins. → **entourage. 2** Relations entre voisins. *Relations de bon voisinage.* **3** Proximité. ◆ Espace à proximité. → **environs, parages.**

**voisiner** v. intr. 1 ■ *Voisiner avec :* être placé près de.

**voiture** n. f. ■ **1** Véhicule monté sur roues, tiré ou poussé par un animal, un humain. *Voiture à cheval. Voiture à bras,* poussée ou tirée par des personnes. ◆ *Voiture d'enfant.* → **landau, poussette. 2** Automobile. *Voiture de course, de sport, de tourisme.* **3** chemins de fer Grand véhicule sur rails, destiné aux voyageurs (≠ *wagon*). ◆ loc. *En voiture ! :* le train va partir. ◆ *Voiture-bar, voiture-lit.*

**voiturer** v. tr. 1 ■ Transporter en voiture. → **véhiculer.**

**voiturier** n. m. ■ **1** ancient Charretier ; conducteur de voiture. **2** Employé chargé de garer les voitures des clients.

**voïvode** n. m. ■ hist. **1** Gouverneur militaire (Europe orientale). **2** Prince (Roumanie, Bulgarie).

**voix** n. f. ■ **I 1** Ensemble des sons produits par les vibrations des cordes vocales (→ **vocal; phon-**). ◆ *LA VOIX,* organe de la parole. loc. *De vive voix :* oralement. **2** Parole. *Obéir à la voix d'un chef.* ◆ loc. *De la voix et du geste.* **3** Cri (d'un animal). *Chien qui donne de la voix.* **4** Bruit, son (d'instruments de musique, de phénomènes naturels...). **II** fig. **1** Ce que l'être humain ressent en lui-même, qui l'avertit, l'inspire. *La voix de la raison.* **2** Expression de l'opinion. *La voix du peuple.* ◆ Droit de donner son opinion ; suffrage. → **vote. III** gramm. Aspect de l'action verbale, suivant qu'elle est considérée comme accomplie par le sujet *(voix active),* ou subie par lui *(voix passive).*

① **vol** n. m. ■ **1** Ensemble des mouvements coordonnés faits par les animaux capables de se maintenir et de se déplacer en l'air (→ ① **voler**). *Prendre son vol :* s'envoler ; fig. prendre son essor. ◆ *AU VOL :* rapidement, au passage. *Saisir au vol.* ◆ *À vol d'oiseau\*.* ◆ *DE HAUT VOL :* de grande envergure. **2** Fait de se soutenir et de se déplacer dans l'air (aérostats, avions...). ◆ *En vol, en plein vol :* pendant le vol. ◆ Déplacement aérien. ◆ *VOL À VOILE* (planeurs) ; *LIBRE* (deltaplane). **3** Distance parcourue en volant (oiseaux, insectes). **4** La quantité (d'oiseaux, d'insectes) qui se déplacent ensemble dans l'air.

② **vol** n. m. ■ **1** Fait de s'emparer du bien d'autrui (→ ② **voler**), par la force ou à son insu. **2** Fait de voler (II, 2) ; d'escroquer (qqn).

**volage** adj. ■ Qui change facilement de sentiments (spécialt en amour).

**volaille** n. f. ■ **1** Ensemble des oiseaux qu'on élève (→ **aviculture**). ◆ Viande de volaille. **2** Oiseau de basse-cour. → **volatile.**

**volailler, ère** n. ■ Marchand(e) de volailles.

① **volant, ante** adj. ■ **1** Capable de s'élever dans les airs (pour ce qui n'en est en général pas capable). *Poisson volant.* ◆ Qui se déplace en avion. *Personnel volant.* → **navigant. 2** milit. Qui intervient en fonction des besoins. **3** Mobile. *Pont volant.* ◆ *Feuille* (de papier) *volante,* détachée.

② **volant** n. m. ■ **I** Petit morceau de liège, de bois léger, muni de plumes en couronne, destiné à être lancé à l'aide d'une raquette. ◆ *Jouer au volant.* **II** Garniture de tissu, libre à un bord. **III 1** Roue de régularisation. ◆ fig. *Volant de sécurité.* **2** Dispositif circulaire pour orienter les roues directrices d'une automobile.

**volapük** [-pyk] n. m. ■ Langue artificielle forgée sur l'anglais simplifié.

**volatil, ile** adj. ■ Qui passe facilement à l'état de vapeur. ▷ n. f. **volatilité**

**volatile** n. m. ■ **1** vx Oiseau. **2** mod. Oiseau domestique, de basse-cour. → **volaille.**

**volatiliser** v. tr. 1 ■ **1** Faire passer à l'état gazeux. ► **se volatiliser** v. pron. (fig.) Disparaître, s'éclipser. ▷ n. f. **volatilisation**

**vol-au-vent** n. m. invar. ■ Moule de pâte feuilletée garni d'une préparation en sauce. → **timbale.**

**volcan** n. m. ■ **1** Montagne qui émet ou a émis des matières en fusion. *L'éruption d'un volcan.* **2** fig. Violence dangereuse ; danger imminent.

**volcanique** adj. ■ **1** Relatif aux volcans et à leur activité. **2** fig. Ardent, impétueux.

**volcanisme** n. m. ■ didact. Ensemble des manifestations volcaniques.

**volcanologie** n. f. ■ didact. Science qui étudie les phénomènes volcaniques. – var. vieilli VULCANOLOGIE ▷ n. **volcanologue**

**volée** n. f. ■ I 1 littér. Envol, essor. 2 Groupe d'oiseaux qui volent ensemble. 3 DE HAUTE VOLÉE : de grande envergure. II 1 Mouvement rapide ou violent (de ce qui est lancé, jeté ou balancé). *Une volée de flèches.* – À LA VOLÉE ; À TOUTE VOLÉE : en faisant un mouvement ample. 2 Mouvement de ce qui a été lancé et n'a pas encore touché le sol. *Attraper qqch. à la volée.* – (tennis...) Renvoi d'une balle avant qu'elle n'ait touché le sol. 3 Série (de coups rapprochés).

① **voler** v. intr. ☐ ■ 1 Se soutenir et se déplacer dans l'air au moyen d'ailes. ♦ (ballons, engins) Se soutenir et se déplacer au-dessus du sol. ♦ (personnes) Être dans un appareil en vol. 2 Être projeté dans l'air. → loc. VOLER EN ÉCLATS ► éclater. ► Flotter. *Voile qui vole au vent.* 3 Aller très vite, s'élancer. *Voler au secours de qqn.*

② **voler** v. tr. ☐ ■ I (compl. chose) 1 Prendre (ce qui appartient à qqn) contre son gré ou à son insu. → **dérober, s'emparer** de. ► sans compl. *Impulsion à voler.* → **kleptomanie.** 2 S'approprier, prendre (ce à quoi on n'a pas droit). → **usurper.** ► loc. fam. *Il ne l'a pas volé* : il l'a bien mérité. II (compl. personne) 1 Dépouiller (qqn) de son bien, de sa propriété, par force ou par ruse. → **cambrioler, détrousser, dévaliser.** 2 Ne pas donner ce que l'on doit ou prendre plus qu'il n'est dû à (qqn). → **escroquer.** ► **volé, ée** adj.

**volet** n. m. ■ 1 Panneau ou battant qui protège une baie (à l'extérieur ou à l'intérieur). → **contrevent, jalousie, persienne.** 2 Vantail, aile, partie d'un objet qui se replie. 3 loc. TRIER SUR LE VOLET : choisir avec le plus grand soin.

**voleter** v. intr. ④ ■ Voler à petits coups d'aile.

**voleur, euse** ■ I n. 1 Personne qui vole ② ou a volé le bien d'autrui ; personne qui tire ses ressources de délits de vol. → **cambrioleur ;** argot **casseur.** – *Voleur de grand chemin,* qui opérait sur les grandes routes. 2 Personne qui détourne à son profit l'argent d'autrui, qui vole ②, I, 2). → **escroc.** II adj. Qui a l'habitude de voler ②, a tendance à voler.

**volière** n. f. ■ Enclos grillagé où les oiseaux enfermés peuvent voler.

**volige** n. f. ■ Latte sur laquelle sont fixées les ardoises, les tuiles d'un toit.

**volition** n. f. ■ didact. Acte de volonté. ► adj. **volitif, ive**

**volley-ball** [vɔlɛbol] n. m. ■ anglic. Sport opposant deux équipes de six joueurs, où l'on renvoie un ballon à la main par-dessus un filet. – abrév. VOLLEY. ► n. ① **volleyeur, euse**

**volleyer** v. intr. ☐ ■ anglic. Pratiquer le jeu de volée, au tennis. ► n. ② **volleyeur, euse**

**volontaire** adj. ■ 1 Qui résulte d'un acte de volonté (et non de l'automatisme, des réflexes). → **délibéré, intentionnel, voulu.** ♦ Qui n'est pas forcé, obligatoire. *Contribution volontaire.* 2 Qui manifeste de la décision. → **opiniâtre.** 3 Qui agit librement, sans contrainte extérieure. ► ENGAGÉ VOLONTAIRE

(soldat). → n. m. *Les volontaires et les appelés.* ♦ n. Personne bénévole qui offre ses services. ► n. m. **volontariat**

**volontairement** adv. ■ Par un acte volontaire. → **délibérément, intentionnellement.**

**volontariste** n. ■ Personne qui croit pouvoir soumettre le réel à sa volonté. ► adj. *Attitude volontariste.* ► n. m. **volontarisme**

**volonté** n. f. ■ I 1 Décision conforme à une intention ; sa manifestation. → **détermination, résolution ; vouloir.** ♦ loc. fam. *Faire les QUATRE VOLONTÉS de qqn,* tout ce qu'il veut. → loc. À VOLONTÉ : de la manière qu'on veut et autant qu'on veut. → à **discrétion.** → loc. *Les dernières volontés de qqn,* celles qu'il manifeste avant de mourir. 2 BONNE VOLONTÉ : disposition à bien faire, à faire avec plaisir (→ *Mobiliser les bonnes volontés.* ♦ MAUVAISE VOLONTÉ : disposition à se dérober (aux ordres, aux devoirs) ou à faire de mauvaise grâce. II Faculté de vouloir, de se déterminer à agir ou à s'abstenir. → **caractère ; énergie, fermeté.** → *Une volonté de fer.*

**volontiers** [-tje] adv. ■ 1 Par inclination et avec plaisir. → de bonne **grâce,** de bon **gré.** *J'irai volontiers vous voir.* → (en réponse) → **oui.** 2 Par une tendance naturelle ou ordinaire. *Il est volontiers sans parler.*

**volt** [vɔlt] n. m. ■ Unité de force électromotrice et de différence de potentiel (symb. V).

**voltage** n. m. ■ Différence de potentiel (mesurée en volts). ► Nombre de volts pour lequel un appareil électrique fonctionne normalement.

**voltaire** n. m. ■ Fauteuil à siège bas, à dossier élevé.

**voltairien, ienne** adj. et n. ■ 1 De Voltaire. 2 Incrédule, sceptique et spirituel (à la manière de Voltaire).

**volte** n. f. ■ (cheval) Tour sur soi-même.

**volte-face** n. f. invar. ■ 1 Action de se retourner pour faire face. *Faire volte-face.* → **demi-tour.** 2 fig. Changement brusque et total d'opinion, d'attitude. → **revirement.**

**voltige** n. f. ■ 1 Exercice d'acrobatie au trapèze volant. 2 Exercices acrobatiques à cheval. ► Acrobatie aérienne.

**voltiger** v. intr. ③ ■ 1 Faire de la voltige. 2 (insectes, petits oiseaux) Voleter. 3 (choses légères) Voler, flotter çà et là. ► n. m. **voltigement**

**voltigeur** n. m. ■ 1 Acrobate qui fait de la voltige. 2 Élément motorisé d'une unité mobile (police...).

**voltmètre** n. m. ■ techn. Appareil mesurant les différences de potentiel.

**volubile** adj. ■ Qui parle avec abondance, rapidité. → **bavard, loquace.** → *Une explication volubile.* ► n. f. **volubilité**

**volubilis** [-is] n. m. ■ Plante ornementale, grimpante, à grandes fleurs. → **liseron.**

**volucompteur** [-kɔ̃tœʀ] n. m. ■ techn. Compteur d'un distributeur d'essence.

**volume** n. m. ■ I 1 Réunion de cahiers (notamment imprimés) brochés ou reliés ensemble. → **livre.** 2 Chacune des parties, brochées ou reliées à part, d'un ouvrage. → **tome.** II 1 Partie de l'espace qu'occupe un corps ; quantité que la mesure. *Le volume d'un récipient.* → **capacité, contenance.** - *Eau oxygénée à vingt volumes,* susceptible de dégager vingt fois son propre volume en oxygène. 2 géom. Figure à trois dimensions, limitée par des surfaces. → **solide.** 3 Quantité globale, masse. *Le volume de la production.* 4 Intensité (de la voix). → **ampleur.** - *Volume sonore,* intensité des sons.

**volumétrique** adj. ■ phys. De la détermination des volumes (ou *volumétrie* n. f.).

**volumineux, euse** adj. ■ Qui a un grand volume, occupe une grande place. → **gros; embarrassant, encombrant.**

**volumique** adj. ■ phys. Relatif à l'unité de volume. *Masse volumique.*

**volupté** n. f. ■ littér. 1 Vif plaisir des sens (surtout plaisir sexuel) ; jouissance. 2 Plaisir moral ou esthétique très vif. → **délectation.**

**voluptueux, euse** adj. ■ 1 Qui aime, recherche la jouissance, les plaisirs raffinés. → . → **épicurien, sybarite.** ◆ Qui est porté aux plaisirs de l'amour. 2 Qui exprime ou inspire les plaisirs amoureux. ▷ adv. **voluptueusement**

**volute** n. f. ■ 1 archit. Ornement sculpté en spirale. 2 Forme enroulée en hélice. *Des volutes de fumée.*

**volve** n. f. ■ bot. Membrane qui enveloppe le pied et le chapeau de certains champignons jeunes.

**vomer** [-ɛʀ] n. m. ■ anat. Os du nez, partie de la cloison des fosses nasales.

**vomi** n. m. ■ fam. Vomissure.

**vomique** adj. ■ *Noix vomique :* fruit d'un arbre de l'Inde, qui a des propriétés vomitives et contient de la strychnine.

**vomir** v. tr. ② ■ 1 Rejeter par la bouche de manière spasmodique. → **régurgiter, rendre; fam. gerber.** *Vomir son repas.* ◆ sans compl. *Avoir envie de vomir :* avoir des nausées. 2 fig. Rejeter, critiquer avec répugnance. → **exécrer.** 3 littér. Laisser sortir, projeter au dehors. → au p. p. *Laves vomies par un volcan.* ◆ fig. Proférer avec violence (des injures, des blasphèmes). ▷ n. m. **vomissement**

**vomissure** n. f. ■ Matière vomie.

**vomitif, ive** adj. ■ 1 Qui fait vomir. → **émétique.** → n. m. *Un vomitif.* 2 fig., fam. Répugnant.

**vorace** adj. ■ 1 Qui dévore, mange avec avidité. → *Un appétit vorace.* 2 fig. Avide, insatiable. *Une curiosité vorace.* ▷ adv. **voracement**

**voracité** n. f. ■ 1 Avidité à manger. 2 fig. Avidité à satisfaire un désir. → Âpreté au gain.

**-vore** Élément, du latin *vorare* « manger ». → **-phage.**

**vortex** [-ɛks] n. m. ■ didact. Tourbillon.

**votant, ante** n. ■ Personne qui a le droit de voter, qui participe à un vote.

**votation** n. f. ■ en Suisse Vote ; élections.

**vote** n. m. ■ 1 Opinion exprimée, dans une assemblée délibérante, un corps politique. → Suffrage, dans une élection. ◆ Fait d'exprimer ou de pouvoir exprimer une telle opinion. *Droit de vote.* → Mode de scrutin. *Vote à main levée.* 2 Fait de voter pour. *Le vote d'une loi.* → **adoption.**

**voter** v. ① ■ 1 v. intr. Exprimer son opinion par son vote, son suffrage. *Voter pour tel candidat.* 2 v. tr. Décider par un vote. *Voter une loi.*

**votif, ive** adj. ■ Qui commémore l'accomplissement d'un vœu. → *Fête votive :* fête du saint auquel est vouée une paroisse.

**votre, plur. vos** ■ Adjectif possessif de la deuxième personne du pluriel, correspondant au pronom *vous.* I 1 (représentant un groupe dont le locuteur est exclu) *Vos histoires ne m'intéressent pas.* 2 (représentant une seule personne à laquelle on s'adresse au pluriel de politesse, au lieu de *ton*) *Donnez-moi votre adresse, Monsieur.* II De vous, de votre personne. *Pour votre bien.*

**vôtre, plur. vôtres** ■ I adj. poss. (attribut) littér. À vous. *Amicalement vôtre* (formule). II pron. poss. (avec l'article) LE VÔTRE, LA VÔTRE, LES VÔTRES, ce qui a rapport à un groupe de personnes auquel le locuteur n'appartient pas ; à une personne à laquelle on s'adresse au pluriel de politesse (au lieu de *tien*). ◆ *À la vôtre :* à votre santé. III 1 loc. *Il faut que vous y mettiez du vôtre* (→ sien*). 2 LES VÔTRES : vos parents, vos amis... *Je ne pourrai être des vôtres,* être parmi vous.

**vouer** v. tr. ① ■ 1 relig. Consacrer à Dieu, à un saint, par un vœu. → (pronom.) loc. *Ne plus savoir à quel saint se vouer,* à qui recourir. 2 littér. Promettre solennellement d'avoir, de garder. *Vouer à qqn une haine implacable.* 3 Consacrer. *Vouer tout son temps à.* 4 (sujet chose) Destiner irrévocablement à. → **condamner.** → **voué, ée** adj. *Quartier voué à la démolition.*

**vouivre** n. f. ■ régional Serpent fabuleux.

① **vouloir** v. tr. ③ ■ I 1 Avoir la volonté, le désir de. → **désirer, souhaiter.** *Vouloir qqch.* ◆ (+ inf.) *Je veux y aller. Je voudrais le voir.* → fam. (sujet chose) *Le feu ne veut pas prendre.* 2 VOULOIR QUE (suivi d'une complétive au subj., dont le sujet ne peut être celui de *vouloir*). *Il veut que je lui fasse la lecture.* → *Si tu veux, si vous voulez, si on veut.* 3 (avec un nom, un pronom compl.) Prétendre obtenir, ou souhaiter que se produise... → **demander, désirer.** *Il veut sa tranquillité.* ◆ *Vouloir qqn :* désirer, accepter pour partenaire. ◆ *Vouloir qqch. à qqn,* souhaiter que qqch. arrive à qqn. *Je ne lui veux aucun mal.* → *Vouloir qqch. de qqn,* vouloir obtenir de lui. → **attendre.** 4 fam. EN VOULOIR : avoir de la volonté, de l'ambition. **5** EN VOULOIR À : s'en prendre à. – Garder rancune à (qqn). *Il m'en veut.* – pronom. Se reprocher de. → se **repentir.** *Je m'en veux d'avoir accepté.* **6** VOULOIR DE *qqch.,* DE *qqn* : être disposé à accepter. **7** sans compl. Faire preuve de volonté. *Vouloir, c'est pouvoir.* **II** (sujet chose) *Le hasard voulut qu'ils soient réunis.* ♦ Donner pour vrai, affirmer. *La légende veut que* (+ subj.). **III** Consentir, accepter. *Si vous voulez (bien) me suivre.* – (prière polie) *Veuillez avoir l'obligeance de...* ♦ VOULOIR BIEN : accepter ; être d'accord pour.

② **vouloir** n. m. ■ **1** littér. Faculté de vouloir. → **volonté. 2** BON, MAUVAIS VOULOIR : bonne, mauvaise volonté.

**voulu, ue** adj. ■ **1** Exigé, requis. **2** Délibéré, volontaire.

**vous** pron. ■ **I** Pronom personnel de la deuxième personne du pluriel (réel ou de politesse). **1** pluriel (*Vous pouvez venir tous les trois.* **2** singulier (remplaçant *tu, toi*). *Que voulez-vous* ? **3** (renforcé) *Voyez vous-même.* **II** Indéfini *Dire vous à qqn.* → **vouvoyer.**

**voussure** n. f. ■ Courbure (d'un arc...).

**voûte** n. f. ■ **1** Ouvrage de maçonnerie cintré, fait de pierres spécialement taillées, s'appuyant sur des supports, et servant de couverture. **2** Paroi, région supérieure courbe. – *La voûte céleste.* ♦ *Voûte plantaire* : courbure inférieure du pied.

**voûter** v. tr. ① ■ **1** Fermer (le haut d'une construction) par une voûte. **2** Courber (qqn). – pronom. *Il commence à se voûter.* ► **voûté, ée** adj. **1** *Cave voûtée.* **2** Dont le dos est courbé et ne peut plus se redresser. *Un vieillard voûté.* – *Dos voûté.*

**vouvoyer** v. tr. ⑧ ■ S'adresser à (qqn) en employant la deuxième personne du pluriel, *vous.* ▷ n. m. **vouvoiement**

**vox populi** [vɔks-] n. f. invar. ■ littér. La « voie du peuple », l'opinion du plus grand nombre.

**voyage** n. m. ■ **1** Déplacement d'une personne qui se rend en un lieu assez éloigné. *Faire un grand voyage. Voyage en avion.* – loc. *Partir* EN VOYAGE. ♦ loc. *Les gens du voyage,* les forains. – *Le dernier voyage,* la mort. **2** Course que fait un chauffeur, un porteur pour transporter qqn, qqch.

**voyager** v. intr. ③ ■ **1** Faire un voyage. *Voyager en train.* – Aller en différents lieux pour voir du pays. *Il a beaucoup voyagé.* **2** (représentants, voyageurs de commerce) Faire des tournées. **3** (sujet chose) Être transporté.

**voyageur, euse** n. ■ **1** Personne qui est en voyage. – Usager d'un transport public. → **passager. 2** Personne qui voyage, pour explorer, faire du tourisme. **3** *Voyageur (de commerce)* : représentant de commerce. → **V. R. P.**

**voyagiste** n. ■ Personne, organisme qui commercialise des voyages.

① **voyant, ante** ■ **I** n. **1** Personne réputée avoir un don de seconde vue ; qui fait métier de prédire l'avenir (▷ n. f. **voyance**). ♦ Visionnaire. **2** Personne qui voit. *Voyants et non-voyants.* **II** n. m. Signal lumineux.

② **voyant, ante** adj. ■ Qui attire la vue, qui se voit de loin. péj. *Couleurs voyantes.*

**voyelle** n. f. ■ Phonème caractérisé par une résonance de la cavité buccale plus ou moins ouverte. ♦ Lettre qui le note.

**voyer** n. m. ■ admin. *Agent voyer,* chargé de surveiller les voies de communication.

**voyeur, euse** n. ■ Personne qui assiste pour son plaisir à une scène érotique. ▷ n. m. **voyeurisme**

**voyou** n. m. ■ **1** Homme du peuple ayant des activités délictueuses. **2** Mauvais sujet. **3** adj. *Un air voyou.*

**en vrac** loc. adv. ■ **1** (marchandises) Pêle-mêle, sans être arrimé et sans emballage. **2** En désordre. **3** Au poids (opposé à *en paquet*). *Acheter du riz en vrac.*

**vrai, vraie** ■ **I** adj. **1** Qui présente un caractère de vérité ; à quoi on peut et doit donner son assentiment (opposé à *faux,* à *mensonger*). *Une histoire vraie.* → **certain, exact, incontestable, sûr, véritable. 2** Réel, effectif (opposé à *imaginaire*). **3** (avant le nom) Conforme à son apparence ou à sa désignation. → **véritable.** *De vraies perles* (opposé à *faux*). *Un vrai Renoir.* → **authentique.** – (intensif) *C'est un vrai salaud.* → **véritable. 4** Qui donne un sentiment de réalité, en art ; sincère, naturel. *Des personnages vrais.* **5** (personnes) Sincère, véridique. **II** n. *LE VRAI* la vérité. ♦ *La réalité. Vous êtes dans le vrai.* **2** loc. *À dire vrai ; à vrai dire,* introduit une restriction. – fam. (lang. enfantin) *Pour de vrai* : vraiment. **III** adv. Conformément à notre sentiment de la réalité. *Faire vrai.* – fam. (détaché en tête ou en incise) Vraiment.

**vraiment** adv. ■ **1** D'une façon indiscutable. → **effectivement.** *Il a vraiment réussi.* **2** S'emploie pour souligner une affirmation. → **franchement.** *Vraiment, il exagère ! • Vraiment ?,* est-ce vrai ? **3** PAS VRAIMENT : complètement, un peu.

**vraisemblable** adj. ■ **1** Qui peut être considéré comme vrai ; qui semble vrai. *Hypothèse vraisemblable.* → **plausible. 2** (événements futurs) *Son succès est vraisemblable.* → **possible, probable.** ▷ adv. **vraisemblablement**

**vraisemblance** n. f. ■ Caractère vraisemblable ; apparence de vérité.

**vrille** n. f. ■ **1** Organe de fixation de plantes grimpantes, qui s'enroule en hélice. **2** Outil formé d'une tige qui termine une vis. **3** *En vrille* : en hélice.

**vriller** v. ① ■ **1** v. intr. S'enrouler sur soi-même. **2** v. tr. Percer avec une vrille.

**vrombir** v. intr. ② ■ Produire un son vibré par un mouvement périodique rapide. → **bourdonner, ronfler.** ▷ adj. **vrombissant, ante** ▷ n. m. **vrombissement**

**vroum** [vʁum] interj. ■ Onomatopée imitant un bruit de moteur.

**V. R. P.** [veɛʁpe] n. m. (sigle) ■ Voyageur représentant placier.

**V. T. T.** [vetete] n. m. (sigle) ▪ Vélo tout-terrain.

**vu, vue ▪ I** adj. **1** Perçu par le regard. ➜ loc. *Ni vu ni connu :* sans que personne en sache rien. ♦ n. m. *Au vu et au su de tout le monde,* ouvertement. ➜ *C'est du déjà vu, du jamais vu.* **2** Compris. *C'est bien vu ?* ➜ ellipt *Vu ?* **3** *Être bien, mal vu,* considéré. **II** *VU* prép. **1** En considérant, eu égard à. *Vu la qualité, c'est cher.* **2** *VU QUE* loc. conj. Étant donné que.

**vue** n. f. ▪ **I** Action, fait de voir*. **1** Sens par lequel les stimulations lumineuses donnent naissance à des sensations (lumière, couleur, forme), produisant une représentation de l'espace. *L'œil, organe de la vue.* **2** Manière de percevoir les sensations visuelles. → **vision**. *Avoir une bonne vue.* **3** (dans des loc.) Regard. *À PREMIÈRE VUE :* au premier coup d'œil. ➜ *Connaître qqn DE VUE,* l'avoir déjà vu, sans avoir d'autres relations. ♦ *À VUE D'ŒIL :* d'une manière visible ; très vite. ➜ plais. *À vue de nez*.* **4** Les yeux. *S'abîmer la vue.* ➜ loc. fam. *En mettre plein la vue à qqn,* l'éblouir. → **épater**. **II** Ce qui est vu. **1** Étendue de ce qu'on peut voir d'un lieu. → **panorama**. **2** Aspect sous lequel se présente (un objet) (→ **point de vue**). ♦ *EN VUE :* aisément visible. fig. *Un personnage en vue,* marquant. **3** *La vue de...* → **spectacle, vision.** *La vue du sang le rend malade.* **4** Ce qui représente (un lieu) ; image, photo. *Une vue de Madrid.* **5** Orientation permettant de voir. *Chambre avec vue sur la mer.* **III** fig. **1** Faculté de former des images mentales ; son exercice. ➜ *SECONDE VUE, DOUBLE VUE :* faculté de voir par l'esprit des objets réels, des faits qui sont hors de portée des yeux (→ **voyant**). **2** Image, idée. ➜ loc. *ÉCHANGE DE VUES :* entretien, discussion. ➜ *Une vue de l'esprit,* une vue théorique. **3** *EN VUE. Avoir qqch. en vue,* y songer, l'envisager. ➜ *Avoir qqn en vue pour un poste.* ♦ *EN VUE DE* loc. prép. : de manière à permettre, à préparer (une fin, un but). → **pour. 4** au plur. Dessein, projet. ➜ *Avoir des vues sur qqn,* penser à lui pour un projet (spécialt séduction, mariage).

**vulcain** n. m. ▪ Papillon rouge et noir, au vol rapide.

**vulcaniser** v. tr. 1 ▪ Traiter (le caoutchouc) par le soufre pour augmenter sa résistance. ▷ n. f. **vulcanisation**

**vulcanologie** → **volcanologie**

**vulgaire ▪ I** adj. **1** vx Très répandu. ♦ didact. Connu de tous (langue). *Le nom vulgaire d'une plante.* → **courant, usuel. 2** (avant le nom) Quelconque, ordinaire. *Un vulgaire menteur.* **3** péj. Qui manque d'élévation ou de distinction. → **commun, grossier, trivial.** ♦ spécialt Qui choque la bienséance. **II** n. m. vx ou littér. Le commun des hommes (souvent péj.). → **foule, masse.**

**vulgairement** adv. ▪ **1** didact. *Appelé vulgairement,* dans le langage courant (opposé à *scientifiquement*). **2** péj. Avec vulgarité.

**vulgarisation** n. f. ▪ Fait d'adapter des connaissances techniques, scientifiques, pour les rendre accessibles à un lecteur non spécialiste. ▷ n. **vulgarisateur, trice**

**vulgariser** v. tr. 1 ▪ **1** Répandre (des connaissances) en mettant à la portée du grand public (→ **vulgarisation**). **2** péj. Rendre ou faire paraître vulgaire.

**vulgarité** n. f. ▪ **1** Caractère vulgaire (I, 3). → **bassesse, trivialité. 2** Manière vulgaire.

**vulgate** n. f. ▪ didact. Traduction latine de la Bible.

**vulgum pecus** [vylgɔmpekys] n. m. sing. ▪ fam. Le commun des mortels, les ignorants.

**vulnérable** adj. ▪ **1** Qui peut être blessé, frappé par un mal physique. **2** fig. Qui peut être facilement atteint, attaqué. ▷ n. f. **vulnérabilité**

**vulnéraire ▪ 1** n. m. vx Remède qu'on appliquait sur les plaies. **2** n. f. Plante utilisée en médecine populaire.

**vulve** n. f. ▪ Ensemble des organes génitaux externes de la femme (et des femelles des mammifères). ➜ spécialt Orifice extérieur du vagin. ➜ adj. **vulvaire**

**vulvite** n. f. ▪ méd. Inflammation de la vulve.

**vuvuzela** [vuvuzela] n. f. ▪ Instrument à vent élémentaire produisant un seul son (si bémol), utilisé lors des rencontres de football en Afrique australe.

# W

**w** [dubləve] n. m. ■ Vingt-troisième lettre, dix-huitième consonne de l'alphabet, notant les sons [v] (ex. *wagon*) ou [w] (ex. *watt*).

**wagon** n. m. ■ Véhicule sur rails, tiré par une locomotive. *Wagon de marchandises.*

**wagon-citerne** n. m. ■ Wagon-réservoir aménagé pour le transport des liquides.

**wagon-lit** n. m. ■ Voiture d'un train formée de compartiments équipés de lits et de cabinets de toilette. – syn. VOITURE-LIT.

**wagonnet** n. m. ■ Petit chariot sur rails, destiné au transport de matériaux en vrac dans les mines.

**wagon-restaurant** n. m. ■ Voiture d'un train aménagée en restaurant.

**walkman** [wɔ(l)kman] n. m. (nom déposé) ■ anglic. → **baladeur.**

**walkyrie** n. f. ■ Déesse guerrière des mythologies germaniques, décidant du sort des combats et de la mort des guerriers.

**wallon, onne** [walɔ̃, ɔn] adj. et n. ■ De la Wallonie. → n. *Les Wallons.* ♦ n. m. Dialecte français d'oïl, parlé en Belgique.

**WAP** [wap] n. m. (sigle) ■ anglic. Technique permettant l'accès des téléphones mobiles à Internet.

**wapiti** [wapiti] n. m. ■ Grand cerf d'Amérique du Nord.

**wasabi** [wazabi] n. m. ■ Condiment japonais en pâte, voisin du raifort, servi avec les poissons crus.

**wassingue** [vasɛ̃g], régional [wasɛ̃g] n. f. ■ régional (Belgique, Nord de la France) Serpillière.

**water-ballast** [watɛʀbalast] n. m. ■ anglic. Réservoir d'eau (navire). → Réservoir de plongée (sous-marin). *Des water-ballasts.*

**water-closet** → **waters, W.-C.**

**water-polo** [watɛʀ-] n. m. ■ anglic. Jeu de ballon qui se pratique dans l'eau, et où s'opposent deux équipes de sept nageurs.

**waterproof** [watɛʀpʀuf] adj. invar. ■ anglic. À l'épreuve de l'eau. → **étanche.**

**waters** [watɛʀ] n. m. pl. ■ faux anglic. Lieux d'aisance. → Cuvette des lieux d'aisances. – syn. vieilli WATER-CLOSET(S). → **W.-C.**

**waterzooi** [watɛʀzɔj] n. m. ■ (Belgique) Ragoût de viande blanche ou de poisson aux légumes. – var. WATERZOÏ.

**watt** [wat] n. m. ■ Unité de mesure de puissance (symb. W) équivalant à un travail d'un joule par seconde.

**wax** [waks] n. m. ■ anglic. Tissu africain de coton, imprimé à la cire, de couleurs vives.

**W.-C.** [dubləve ; vese] n. m. pl. ■ Abréviation de *water-closet(s).* → **waters.**

**web** [wɛb] n. m. ■ anglic. Ensemble des données reliées par des liens hypertextes*, dans Internet. *Surfer sur le web* (ou *le Web*). → appos. *Page web* : document multimédia du web.

**webcam** [wɛbkam] n. f. ■ anglic. Caméra numérique miniaturisée permettant de diffuser des images vidéo sur Internet.

**weblog** → **blog**

**webzine** n. m. ■ Magazine sur Internet.

**week-end** [wikɛnd] n. m. ■ Congé de fin de semaine, comprenant le samedi et le dimanche. – francisation : *fin de semaine.*

**welter** [wɛltɛʀ ; vɛltɛʀ] n. m. ■ anglic., boxe Poids mi-moyen.

**western** [wɛstɛʀn] n. m. ■ anglic. Film sur la conquête de l'ouest des États-Unis. ♦ Genre cinématographique de ces films.

**wharf** [waʀf] n. m. ■ anglic. Appontement formant jetée.

**whig** [wig] n. m. ■ hist. Membre du parti libéral anglais (XVIIIᵉ-XIXᵉ s. ; s'oppose à *tory*).

**whisky** [wiski] n. m. ■ Eau-de-vie de grain (seigle, orge, maïs), fabriquée principalement dans les îles Britanniques et en Amérique du Nord. *Des whiskies* ou *des whiskys.* ♦ Verre de cette eau-de-vie.

**whist** [wist] n. m. ■ anglic. Jeu de cartes du XIXᵉ siècle, ancêtre du bridge.

**white spirit** [wajtspiʀit] n. m. ■ anglic. Produit de la distillation du pétrole utilisé comme solvant. – var. WHITE-SPIRIT.

**widget** [widʒɛt] n. m. ■ anglic. Petite application utilitaire, sur Internet.

**wi-fi** ou **wifi** [wifi] n. m. invar. ■ anglic. Technique qui permet la communication sans fil entre divers appareils (ordinateur, téléviseur...).

**wigwam** [wigwam] n. m. ■ Habitation traditionnelle (tente, hutte) des Amérindiens (États-Unis, Canada).

**wiki** [wiki] n. m. ■ anglic. Site web collaboratif.

**wilaya** [wilaja] n. f. ■ admin. Division territoriale de l'Algérie.

**winch** [win(t)ʃ] n. m. ■ anglic. Petit treuil à main (navires de plaisance). → **cabestan.**

**wok** [wɔk] n. m. ■ Sauteuse à hauts bords et à fond arrondi, utilisée dans la cuisine asiatique.

**wolfram** [vɔlfʀam] n. m. ■ vx Tungstène ; son minerai.

**wolof** ou **ouolof** [wɔlɔf] n. m. ■ Langue nigéro-congolaise, la plus parlée au Sénégal. → adj. *La grammaire wolof, ouolof.*

**x** [iks] n. m. ■ **I 1** Vingt-quatrième lettre, dix-neuvième consonne de l'alphabet. **2** Forme de cette lettre. *Tréteaux en X*. **3** en algèbre Symbole désignant une inconnue. *Les x et les y.* ◆ Chose, personne inconnue. *X années*, un temps non spécifié. ◆ *Rayons* X. **4** Classé comme pornographique. *Film X.* **5** fam. *L'X* : l'École polytechnique. ◆ *Un, une X* : un, une polytechnicien(ne). **II** *X* : dix (en chiffres romains).

**xanth(o)-** Élément savant, du grec *xanthos* « jaune ».

**xén(o)-** [gzeno] Élément savant, du grec *xenos* « étranger ».

**xénon** n. m. ■ Élément (symb. Xe), le plus lourd des gaz rares de l'air.

**xénophobe** adj. et n. ■ Hostile par principe aux étrangers, à ce qui vient de l'étranger. *Racisme xénophobe.* ▷ n. f. **xénophobie**

**xérès** [gzeʀɛs ; keʀɛs ; kseʀɛs] n. m. ■ Vin blanc, apéritif de la région de Jerez (Andalousie). → anglic. **sherry**. - var. JEREZ.

**xér(o)-** [gzeʀo] kseʀo] Élément savant, du grec *xêros* « sec ».

**xylène** [gzi- ; ksi-] n. m. ■ chim. Hydrocarbure liquide extrait du benzol.

**xylo-** [gzilo] ksilo] Élément savant, du grec *xulon* « bois ; arbre ».

**xylographie** n. f. ■ didact. Gravure sur bois ; estampe réalisée par cette technique. ▷ adj. **xylographique**

**xylophage** adj. ■ zool. Qui ronge le bois.

**xylophone** n. m. ■ Instrument à percussion formé de lames de bois sur lesquelles on frappe avec deux petits maillets. ◆ (abusif) Vibraphone (lames de métal).

**xylophoniste** n. ■ Instrumentiste qui joue du xylophone.

# Y

① **y** [igʀɛk] n. m. ■ **1** Vingt-cinquième lettre, sixième voyelle de l'alphabet, servant à noter les sons [i] et [j]. **2** math. Lettre désignant une seconde inconnue (après *x*), ou une fonction de la variable *x*.

② **y** pron. et adv. ■ Représente une chose ou un énoncé. **1** Dans ce lieu, dans cela. *J'y vais. Allons-y.* ◆ *Ah ! j'y suis*, je comprends. **2** (représentant un compl. précédé de à) *J'y renonce.* ◆ (représentant un compl. précédé d'une autre prép.) *N'y comptez pas.* **3** loc. *Il y a* (→ **avoir**). ◆ *Vas-y !*, décide-toi. *Ça y est !*, c'est arrivé (enfin).

③ **y** ■ S'emploie pour transcrire *il* ou *lui* dans la prononciation négligée. *Y en a pas* (il n'y en a pas). *Y a* (il y a). *J'y ai dit* (je lui ai dit).

*****yacht** [jɔt] n. m. ■ Grand navire de plaisance, à voiles ou à moteur.

*****yachting** [jɔtiŋ] n. m. ■ Pratique de la navigation de plaisance.

*****yack** ou **yak** n. m. ■ Ruminant à longue toison soyeuse, domestiqué au Tibet.

*****yakitori** n. m. ■ Brochette de volaille marinée (plat japonais).

**yakuza** n. m. ■ Malfaiteur japonais, membre d'une organisation mafieuse.

*****yang** [jãg ; jãn] n. m. ■ → **yin**.

*****yankee** [jãki] n. m. ■ **1** hist. Habitant de l'est des États-Unis (→ aussi nordiste). **2** Habitant des États-Unis. → **américain**. ◆ adj. *Les capitaux yankees.*

*****yaourt** [jauʀt] n. m. ■ Lait caillé et fermenté. ◆ Préparation industrielle analogue. - var. YOGHOURT.

*****yard** [jaʀd] n. m. ■ Mesure de longueur anglo-saxonne valant 0,914 mètre.

*****yatagan** n. m. ■ Sabre turc, à lame recourbée vers la pointe. → **cimeterre**.

*****yearling** [jœʀliŋ] n. m. ■ anglic. Cheval pur-sang âgé d'un an.

*****yen** [jɛn] n. m. ■ Unité monétaire du Japon.

*****yéti** n. m. ■ Monstre de légende, humanoïde de l'Himalaya (syn. *l'abominable homme des neiges*).

**yeuse** n. f. ■ Chêne vert. *L'yeuse.*

**yeux** → **œil**

*****yé-yé** n. et adj. invar. ■ Qui concerne la musique, la mode, les goûts des jeunes des années 60.

*****yiddish** [jidiʃ] adj. invar. ■ Des parlers allemands des communautés juives d'Europe orientale. ◆ n. m. *Le yiddish* : ces parlers.

*****yin** [jin] n. m. ■ Principe de la philosophie chinoise (confucianisme, taoïsme), formant couple avec le *yang*, et correspondant (le *yang*) à l'activité (le chaud, le feu) et (le *yin*) à la neutralité (le froid, la terre).

**ylang-ylang** → **ilang-ilang**

**-yle** Élément savant (du grec *hulê* « matière ; principe »), utilisé en chimie.

**\*yod** [jɔd] n. m. ■ phonét. Semi-consonne, transcrite en français par *-i- (pied)*, *-y- (ayant)*, *-il (soleil)*, *-ille (maille)*.

**\*yoga** n. m. ■ Doctrine et exercices traditionnels hindous, cherchant à libérer l'esprit des contraintes du corps par des pratiques psychiques et corporelles.

**\*yoghourt** [jɔguʀt] → **yaourt**

**\*yogi** [jɔgi] n. m. ■ Ascète hindou qui pratique le yoga.

**\*yole** n. f. ■ Bateau non ponté, étroit et allongé, propulsé à l'aviron.

**\*youpi** interj. ■ Cri d'enthousiasme.

**\*yourte** n. f. ■ Tente de peau des nomades de l'Asie centrale.

**\*youyou** [juju] n. m. ■ Petit canot, utilisé pour les transports d'un navire à la terre.

**\*yo-yo** n. m. invar. (nom déposé) ■ Jeu fait de deux disques reliés par un axe, qu'on fait descendre et monter le long d'un fil.

**ypérite** n. f. ■ Gaz asphyxiant (utilisé comme gaz de combat).

**ysopet** n. m. ■ hist. littér. (moyen âge) Recueil de fables. – var. ISOPET.

**\*yuan** [jyan] n. m. ■ Unité monétaire de la Chine.

**\*yucca** [juka] n. m. ■ Plante originaire d'Amérique, arborescente.

**\*yuppie** n. (sigle angl., par oppos. à *hippie*) ■ anglic. Jeune cadre ambitieux et sans scrupules.

# Z

**z** [zɛd] n. m. ▪ Vingt-sixième et dernière lettre, vingtième consonne de l'alphabet. ◦ loc. *De A\* à Z.*

**Z. A. C.** [zak] n. f. (sigle) ▪ Zone d'aménagement concerté.

**zakouski** n. m. pl. ▪ Hors-d'œuvre variés russes (légumes, poissons, etc.).

**zapper** v. intr. [1] ▪ Passer fréquemment d'un programme de télévision à un autre. ◆ fig. Papillonner, consulter en désordre. ▷ n. m. **zappage** ▷ n. **zappeur, euse**

**zappette** n. f. ▪ fam. Télécommande (d'un téléviseur).

**zazou** n. ▪ (1941-1950 environ) Jeune qui se signalait par sa passion pour le jazz et son élégance tapageuse.

**zébras** n. m. pl. ▪ anglic. Zone de zébrures parallèles peintes sur une chaussée, en diagonale. *Il est interdit de rouler sur les zébras.*

**zèbre** n. m. ▪ 1 Équidé d'Afrique, voisin de l'âne, à la robe rayée de bandes sombres, au galop rapide. 2 fam. Individu bizarre.

**zébrer** v. tr. [6] ▪ Marquer de raies qui évoquent la robe du zèbre. ▶ **zébré, ée** adj.

**zébrure** n. f. ▪ 1 Rayure du pelage d'un animal. 2 Marque de forme allongée.

**zébu** n. m. ▪ Grand bœuf domestique, à bosse graisseuse sur le garrot.

**zélateur, trice** n. ▪ littér. Partisan ou défenseur zélé (d'une cause, de qqn).

**zèle** n. m. ▪ Ardeur à servir une personne ou une cause à laquelle on est dévoué. *Travailler avec zèle.* ◦ loc. *Faire du zèle :* montrer un zèle inhabituel ou hypocrite.

**zélé, ée** adj. ▪ Plein de zèle.

**zélote** n. m. ▪ littér. Personne animée d'un zèle fanatique.

**zen** [zɛn] n. m. ▪ I n. m. École bouddhique du Japon où la méditation prend la première place. ◦ Courant esthétique qui en est issu, caractérisé par le dépouillement. II adj. invar. 1 Du zen japonais. 2 fig. Empreint de calme, de détachement. → **cool**. *Restons zen !*

**zénith** n. m. ▪ 1 Point du ciel situé à la verticale de l'observateur (opposé à nadir). 2 fig., littér. Point culminant. → **apogée, sommet.** ▷ adj. **zénithal, ale, aux**

**zéphyr** n. m. ▪ I poét. Vent doux et agréable. II Toile de coton fine et souple.

**zeppelin** n. m. ▪ hist. Grand dirigeable rigide à carcasse métallique.

**zéro** n. m. ▪ 1 Chiffre arabe (0) notant les ordres d'unités absentes. 2 Nombre qui représente un ensemble vide. 3 fam. Néant, rien. ◦ loc. *Avoir le moral à zéro*, être déprimé. *Repartir à zéro*, recommencer après avoir échoué. ◆ Chose ou personne insignifiante, nulle. 4 (en fonction d'adj.) Aucun. *Zéro faute.* 5 Point de départ d'une mesure. *Zéro degré. Zéro heure :* minuit. 6 Note la plus basse. *Zéro de conduite.* 7 appos. *Croissance zéro*, nulle.

**zeste** n. m. ▪ 1 Petit morceau d'écorce fraîche (de citron...). 2 fig. Petite quantité.

**zézayer** v. intr. [8] ▪ Prononcer z à la place de j ou s à la place de ch. → fam. **zozoter**. ▷ n. m. **zézaiement**

**zibeline** n. f. ▪ Petit mammifère (martre) de la Sibérie et du Japon, à la fourrure précieuse. ◆ Fourrure de cet animal.

**zieuter** ou **zyeuter** v. tr. [1] ▪ fam. Jeter un coup d'œil pour regarder (qqch., qqn).

**zig** ou **zigue** n. m. ▪ fam. Individu, type.

**ziggourat** [-at] n. f. ▪ archéol. Temple babylonien, en forme de pyramide à étages.

**zigoto** n. m. ▪ fam. → **zig**. ◦ loc. *Faire le zigoto*, le malin, l'intéressant.

**zigouigoui** n. m. ▪ fam. 1 Sexe (d'un enfant, d'une femme). 2 Objet, dessin, forme que l'on ne nomme pas.

**zigouiller** v. tr. [1] ▪ fam. Tuer.

**zigounette** n. f. ▪ fam., plais. Sexe masculin (notamment, d'un jeune garçon).

**zigzag** [zigzag] n. m. ▪ Ligne brisée.

**zigzaguer** v. intr. [1] ▪ Faire des zigzags, aller de travers.

**zinc** [zɛ̃g] n. m. ▪ 1 Élément (symb. Zn), métal dur d'un blanc bleuâtre, utilisé pour sa résistance à la corrosion par l'eau. 2 fam. Comptoir (d'un bar). 3 fam. Avion.

**zingueur** n. m. ▪ Ouvrier (spécialt couvreur) spécialisé dans les revêtements en zinc.

**zinnia** n. m. ▪ Plante d'origine exotique, ornementale, aux nombreuses variétés.

**zinzin** adj. invar. ▪ fam. Un peu fou.

**zinzolin** n. m. ▪ Violet rougeâtre.

**zircon** n. m. ▪ Pierre semi-précieuse utilisée en bijouterie.

**zizanie** n. f. ▪ Discorde. *Semer la zizanie* (entre *des personnes*, dans *un groupe*).

**zizi** n. m. ▪ fam. 1 Sexe (surtout d'un enfant). 2 Objet quelconque ; truc, machin.

**zloty** n. m. ▪ Unité monétaire de la Pologne.

**-zoaire** Élément savant (de *zoo-* + suff. *-aire*) signifiant « animal ». → **zoo-**.

**zob** [zɔb] n. m. ▪ fam. et vulg. **1** Membre viril. → **pénis. 2** interj. Pas question !

**zodiaque** n. m. ▪ **1** Zone circulaire du ciel à l'horizon, dans laquelle le Soleil et les constellations se lèvent au cours de l'année. **2** *Signes du zodiaque*, les douze figures qu'évoque la configuration des étoiles dans cette zone, et qui président, selon l'astrologie, à la destinée de chacun. ▷ adj. **zodiacal, ale, aux**

**zombi** n. m. ▪ **1** Esprit d'un mort qu'un sorcier met à son service (croyances vaudou). **2** Personne qui paraît vidée de sa substance, sans volonté. – var. ZOMBIE.

**zona** n. m. ▪ méd. Maladie virale caractérisée par une éruption de vésicules disposées sur le trajet des nerfs sensitifs.

**zonard, arde** n. ▪ fam. Personne qui vit dans une zone, une banlieue défavorisée.

① **zone** n. f. ▪ **1** Partie d'une surface sphérique comprise entre deux plans parallèles. *La zone équatoriale.* **2** Partie importante (d'une surface). → **région, secteur. 3** Portion (de territoire). *Zone urbaine.* ← *Zone libre, zone occupée* (en France, 1940-1942). ◆ absolt Faubourg misérable. ← Banlieue défavorisée. **4** loc. *De seconde zone*, mineur, médiocre.

② **zone** n. f. ▪ fam. Action de zoner.

**zoner** v. intr. ① ▪ **1** fam. Mener une existence précaire. **2** Flâner, traîner sans but.

**zoo** [z(o)o] n. m. ▪ Jardin zoologique.

**zoo-** [zoo] Élément savant, du grec *zôon* « être vivant, animal ». → **-zoaire.**

**zoologie** n. f. ▪ Partie des sciences naturelles qui étudie les animaux.

**zoologique** adj. ▪ Relatif à la zoologie, aux animaux. ← *Jardin zoologique*, parc où des animaux sont présentés dans des conditions rappelant leur vie en liberté. → **zoo.**

**zoologiste** n. ▪ Spécialiste de la zoologie.

**zoom** [zum] n. m. ▪ anglic. Objectif à focale variable. ◆ Effet obtenu en faisant varier cette focale. ▷ **zoomer** [zume] v. intr. ①

**zoomorphe** adj. ▪ arts Qui représente des animaux.

**zoomorphisme** n. m. ▪ didact. Métamorphose en animal.

**zoophilie** n. f. ▪ didact. Perversion sexuelle, relations avec des animaux.

**zoroastrisme** n. m. ▪ Religion manichéenne fondée par Zarathoustra.

**zou** interj. ▪ fam. Allons !, vite !

**zouave** n. m. ▪ **1** hist. Soldat algérien d'un corps d'infanterie coloniale créé en 1830. ← Fantassin français d'infanterie coloniale. **2** fig. *Faire le zouave*, faire le malin, le pitre.

**zouk** n. m. ▪ Musique de danse très rythmée, originaire de la Guadeloupe et de la Martinique.

**zoulou, e** adj. et n. ▪ Relatif à un peuple noir d'Afrique du Sud.

**zozo** n. m. ▪ Naïf, niais.

**zozoter** v. intr. ① ▪ fam. Zézayer.

**Z. U. P.** [zyp] ▪ Sigle de *zone à urbaniser en priorité.*

**zut** [zyt] interj. ▪ fam. Exclamation de dépit.

**zydéco** n. m. ou f. ▪ Musique populaire de Louisiane, influencée par le blues.

**zyeuter** → zieuter

**zygoma** n. m. ▪ anat. Apophyse de la pommette.

**zygomatique** adj. ▪ anat. De la joue. *Les muscles zygomatiques (rire, sourire).*

**zym(o)-** Élément savant, du grec *zumê* « levain », signifiant « ferment, enzyme ».

**zythum** [zitɔm] n. m. ▪ (Égypte antique) Boisson fermentée analogue à la bière.

**zzz...** [zzz] interj. ▪ Onomatopée, bruit de sifflement léger et continu. → **bzzz.**

# NOMS PROPRES DE LIEUX
# ET GENTILÉS CORRESPONDANTS

Cette liste donne, pour chaque nom de lieu (imprimé en gras), l'adjectif et nom qui lui correspond, le signe * signalant qu'il s'agit d'un terme officiel. On y joint les formes qui ne suivent pas les règles normales de formation (tels Angelinos, qui renvoie à **Los Angeles**, Archepontain à **Pont-de-l'Arche**, Briochin à **Saint-Brieuc** ou Briotin à **Briey**).

Ces adjectifs et noms d'habitants se nomment, d'après le latin, des *gentilés* : leur valeur étant absolument régulière, ils ne méritent pas de définition propre dans le corps du dictionnaire, mais leur forme exacte mérite d'être répertoriée.

**Abbeville** (Somme) Abbevillois, oise

**Abidjan** (Côte d'Ivoire) Abidjanais, aise*

**Abkhazie** (Géorgie) Abkhaze

**Ablon-sur-Seine** (Val-de-Marne) Ablonais, aise

**Abyssinie** (Afrique) Abyssin, ine ou Abyssinien, ienne → Éthiopie

**Acadie** (Canada) Acadien, ienne

**Accra** (Ghana) Accréen, éenne*

**Açores** (océan Atlantique) Açoréen, éenne

Acquae-Sextien, ienne ou Acquae-Sextian, iane → **Aix-en-Provence**

Adamois, oise → L'**Isle-Adam**

**Adjarie** (Géorgie) Adjar, e

**Afghanistan*** ou **Afghānistān** (Asie) Afghan, ane*

**Afrique** Africain, aine

**Afrique du Nord** Nord-Africain, aine

**Afrique du Sud** Sudafricain, aine* ou Sud-Africain, aine*

**Agde** (Hérault) Agathois, oise

Agéen, éenne → **Ay**

**Agen** (Lot-et-Garonne) Agenais, aise

**Aigrefeuille-d'Aunis** (Charente-Maritime) Aigrefeuillais, aise

**Aiguebelle** (Savoie) Aiguebellin, Aiguebellinche

**Aigueperse** (Puy-de-Dôme) Aiguepersois, oise

**Aigues-Mortes** (Gard) Aigues-Mortais, aise

**Aiguilles** (Hautes-Alpes) Aiguillon, onne

**Aiguillon** (Lot-et-Garonne) Aiguillonnais, aise

Aiguillon, onne → **Aiguilles**

Aiguillonnais, aise → **Aiguillon**

**Aigurande** (Indre) Aigurandais, aise

**Aire-sur-l'Adour** (Landes) Aturin, ine

**Aire-sur-la-Lys** (Pas-de-Calais) Airois, oise

**Airvault** (Deux-Sèvres) Airvaudais, aise

**Aisne** (France) Axonais, aise

**Aix-en-Othe** (Aube) Aixois, oise

**Aix-en-Provence** (Bouches-du-Rhône) Aixois, oise ; Acquae-Sextien, ienne ou Acquae-Sextian, iane

**Aixe-sur-Vienne** (Haute-Vienne) Aixois, oise

**Aix-les-Bains** (Savoie) Aixois, oise

**Ajaccio** (Corse-du-Sud) Ajaccien, ienne

**Akkad** (Mésopotamie) Akkadien, ienne

**Albanie** (Europe) Albanais, aise*

Albenassien, ienne → **Aubenas**

**Albert** (Somme) Albertin, ine

**Alberta** (Canada) Albertain, aine

Albertin, ine → **Albert**

Albertivillarien, ienne → **Aubervilliers**

**Albertville** (Savoie) Albertvillois, oise

**Albi** (Tarn) Albigeois, oise

Albinien, ienne → **Aubigny-sur-Nère**

**Alençon** (Orne) Alençonnais, aise

**Alep** (Syrie) Aleppin, ine

**Alès** (Gard) Alésien, ienne

**Alexandrie** (Égypte) Alexandrin, ine

**Alfortville** (Val-de-Marne) Alfortvillais, aise

**Alger** (Algérie) Algérois, oise*

**Algérie** (Afrique) Algérien, ienne*

Algérois, oise → **Alger**

**Allauch** (Bouches-du-Rhône) Allaudien, ienne

**Allemagne** (Europe) Allemand, ande*

**Allos** (Alpes-de-Haute-Provence) Allossard, arde

Alnélois, oise → **Auneau**

**Alpes** (Europe) Alpin, ine

**Alpes-de-Haute-Provence** (France) Bas-Alpin, ine

Alpin, ine → **Alpes**

Alréen, éenne → **Auray**

**Alsace** (France) Alsacien, ienne

**Altaï** (Asie) Altaïque

**Altaï** (Russie) Altaïen, ïenne

Altiligérien, ienne → **Haute-Loire**

**Altkirch** (Bas-Rhin) Altkirchois, oise

Altoséquanais, aise → **Hauts-de-Seine**

Amandin, ine → **Saint-Amand-Montrond**

Amandinois, oise → **Saint-Amand-en-Puisaye, Saint-Amand-les-Eaux**

Amandois, oise → **Saint-Amand-en-Puisaye**

**Amazonie** (Amérique du Sud) Amazonien, ienne

**Ambérieu-en-Bugey** (Ain) Ambarrois, oise

**Ambert** (Puy-de-Dôme) Ambertois, oise

**Amboise** (Indre-et-Loire) Amboisien, ienne

**Amélie-les-Bains-Palalda** (Pyrénées-Orientales) Amélien, ienne ou Palaldéen, éenne

Américain, aine → **Amérique, États-Unis d'Amérique**

**Amérique** Américain, aine

**Amérique du Nord** Nord-Américain, aine

**Amérique du Sud** Sud-Américain, aine

**Amérique latine** Latino-Américain, aine

**Amiens** (Somme) Amiénois, oise

**Amou** (Landes) Amollois, oise

**Amsterdam** (Pays-Bas) Amstellodamien, ienne* ou Amstellodamois, oise

**Ancenis** (Loire-Atlantique) Ancenien, ienne

**Ancône** (Italie) Anconitain, aine

**Andalousie** (Espagne) Andalou, ouse

**Les Andelys** (Eure) Andelysien, ienne

**Andernos-les-Bains** (Gironde) Andernosien, ienne

**Andes** (Amérique du Sud) Andin, ine

principauté d'**Andorre** (Europe) Andorran, ane*

**Andorre-la-Vieille** (principauté d'Andorre) Andorran, ane*

Andrésien, ienne → **Saint-André-de-l'Eure**

Angelinos [plur.] → **Los Angeles**

Angérien, ienne → **Saint-Jean-d'Angély**

**Angers** (Maine-et-Loire) Angevin, ine

Angevin, ine → **Angers, Anjou, Maine-et-Loire**

**Angkor** (Cambodge) Angkorien, ienne

Anglais, aise → **Angleterre**

**Anglet** (Pyrénées-Atlantiques) Angloy, oye

**Angleterre** (Grande-Bretagne, Europe) Anglais, aise

Angloy, oye → **Anglet**

**Angola** (Afrique) Angolais, aise*

**Angoulême** (Charente) Angoumoisin, ine

**Aniane** (Hérault) Anianais, aise

**Anjou** (France) Angevin, ine

**Ankara** (Turquie) Ankarien, ienne*

**Annam** (Viêtnam) Annamite

**Annecy** (Haute-Savoie) Annécien, ienne

**Annemasse** (Haute-Savoie) Annemassien, ienne

**Annonay** (Ardèche) Annonéen, éenne

**Annot** (Alpes-de-Haute-Provence) Annotain, aine

**Antananarivo** ou **Tananarive** (Madagascar) Tananarivien, ienne*

**Antibes** (Alpes-Maritimes) Antibois, oise

**Antigua-et-Barbuda** (Petites Antilles) Antiguayen, Antiguayenne* ou Antiguais et Barbudien [masc.], Antiguaise et Barbudienne [fém.]

**Antilles** (Amérique centrale) Antillais, aise

**Antony** (Hauts-de-Seine) Antonien, ienne

**Antraigues-sur-Volane** (Ardèche) Antraiguain, aine

**Antrain** (Ille-et-Vilaine) Antrainais, aise

**Anvers** (Belgique) Anversois, oise

**Anzin** (Nord) Anzinois, oise

Vallée d'**Aoste** (Italie) Valdôtain, aine

**Appalaches** (États-Unis) Appalachien, ienne

Appaméen, éenne → **Pamiers**

**Apt** (Vaucluse) Aptésien, ienne

**Aquitaine** (France) Aquitain, aine

**Arabie** (Asie) Arabe

**Arabie saoudite** (Proche-Orient) Saoudien, ienne*

**Aragon** (Espagne) Aragonais, aise

**Aramon** (Gard) Aramonais, aise

**Arbois** (Jura) Arboisien, ienne

**Arcachon** (Gironde) Arcachonnais, aise

**Arcadie** (Grèce) Arcadien, ienne

Archepontain, aine → **Pont-de-l'Arche**

**Arcis-sur-Aube** (Aube) Arcisien, ienne

**Ardèche** (France) Ardéchois, oise

**Ardenne** (Belgique, France, Luxembourg) Ardennais, aise

**Ardennes** [dép.] (France) Ardennais, aise

Arédien, ienne → **Saint-Yrieix-la-Perche**

**Arezzo** (Italie) Arétin, ine

**Argelès-Gazost** (Hautes-Pyrénées) Argelésien, ienne

**Argelès-sur-Mer** (Pyrénées-Orientales) Argelésien, ienne

Argentacois, oise → **Argentat**

Argentais, aise → **Argent-sur-Sauldre**

**Argentan** (Orne) Argentanais, aise

**Argentat** (Corrèze) Argentacois, oise

**Argenteuil** (Val-d'Oise) Argenteuillais, aise

L'**Argentière-la-Bessée** (Hautes-Alpes) Argentiérois, oise

**Argentine** (Amérique du Sud) Argentin, ine*

**Argenton-Château** (Deux-Sèvres) Argentonnais, aise

**Argenton-sur-Creuse** (Indre) Argentonnais, aise

**Argentré-du-Plessis** (Ille-et-Vilaine) Argentréen, éenne*

**Argent-sur-Sauldre** (Cher) Argentais, aise

**Ariège** (France) Ariégeois, oise

**Arles** (Bouches-du-Rhône) Arlésien, ienne

**Arleux** (Nord) Arleusien, ienne

**Arménie** (Asie) Arménien, ienne*

**Armentières** (Nord) Armentiérois, oise

**Armorique** (France) Armoricain, aine

**Arnay-le-Duc** (Côte-d'Or) Arnétois, oise

**Arras** (Pas-de-Calais) Arrageois, oise

**Ars-en-Ré** (Charente-Maritime) Arsais, aise

**Artois** (France) Artésien, ienne

**Ascq** (Nord) Ascquois, oise

**Asie** Asiatique ou Asiate (rare)

**Asnières-sur-Seine** (Hauts-de-Seine) Asniérois, oise

**Assyrie** (Asie) Assyrien, ienne

**Asturies** (Espagne) Asturien, ienne

Athégien, ienne → **Athis-Mons**

**Athènes** (Grèce) Athénien, ienne

**Athis-de-l'Orne** (Orne) Athisien, ienne

**Athis-Mons** (Essonne) Athégien, ienne

Aturin, ine → **Aire-sur-l'Adour**

**Aube** (France) Aubois, oise

**Aubenas** (Ardèche) Albenassien, ienne

**Aubervilliers** (Seine-Saint-Denis) Albertivillarien, ienne

**Aubeterre-sur-Dronne** (Charente) Aubeterrien, ienne

**Aubigny-sur-Nère** (Cher) Albinien, ienne

Aubois, oise → **Aube**

**Aubusson** (Creuse) Aubussonnais, aise

**Auch** (Gers) Auscitain, aine

**Auchel** (Pas-de-Calais) Auchellois, oise

**Aude** (France) Audois, oise

**Audierne** (Finistère) Audiernais, aise

**Audincourt** (Doubs) Audincourtois, oise

Audois, oise → **Aude**

Audomarois, oise → **Saint-Omer**

Audonien, ienne → **Saint-Ouen**

**Audruicq** (Pas-de-Calais) Audruicquois, oise

**Audun-le-Roman** (Meurthe-et-Moselle) Audunois, oise

pays d'**Auge** (France) Augeron, onne

**Aulnay-sous-Bois** (Seine-Saint-Denis) Aulnaisien, ienne

**Aulnoye-Aymeries** (Nord) Aulnésien, ienne

**Ault** (Somme) Aultois, oise

**Aumale** (Seine-Maritime) Aumalois, oise

**Aunay-sur-Odon** (Calvados) Aunais, aise

**Auneau** (Eure-et-Loir) Alnélois, oise

**Aunis** (France) Aunisien, ienne

**Aups** (Var) Aupsois, oise

**Auray** (Morbihan) Alréen, éenne

**Aurignac** (Haute-Garonne) Aurignacais, aise

**Aurillac** (Cantal) Aurillacois, oise

Auscitain, aine → **Auch**

**Australie** Australien, ienne*

**Autriche** (Europe) Autrichien, ienne*

**Autun** (Saône-et-Loire) Autunois, oise

**Auvergne** (France) Auvergnat, ate

**Auxerre** (Yonne) Auxerrois, oise

**Avallon** (Yonne) Avallonnais, aise

**Avesnes-sur-Helpe** (Nord) Avesnois, oise

**Aveyron** (France) Aveyronnais, aise

**Avignon** (Vaucluse) Avignonnais, aise

**Avranches** (Manche) Avranchinais, aise

Axonais, aise → **Aisne**

**Ay** ou **Aÿ** (Marne) Agéen, éenne

**Azerbaïdjan** (Caucase) Azéri, ie ou Azerbaïdjanais, aise*

**Babylone** (Mésopotamie) Babylonien, ienne

**Baccarat** (Meurthe-et-Moselle) Bachamois, oise

**Bade** (Allemagne) Badois, oise

**Badonviller** (Meurthe-et-Moselle) Badonvillois, oise

**Bagdad** (Irak) Bagdadien, ienne*

**Bagnères-de-Bigorre** (Hautes-Pyrénées) Bagnérais, aise

**Bagnères-de-Luchon** (Haute-Garonne) Luchonnais, aise

Les **Bahamas** (océan Atlantique) Bahamien, ienne*

**Bahreïn** (Proche-Orient) Bahreïni [invar. en genre] ou Bahreïnien, ienne*

**Baixas** (Pyrénées-Orientales) Baixanenc, Baixanenque

Bajocasse → **Bayeux**

Balbynien, ienne → **Bobigny**

**Bâle** (Suisse) Bâlois, oise

**Baléares** (Espagne) Baléare

**Bali** (Asie) Balinais, aise

**Balkans** (Europe) Balkanique

Bâlois, oise → **Bâle**

**Baltique** (Europe) Balte

**Bamako** (Mali) Bamakois, oise*

**Bangkok** (Thaïlande) Bangkokien, ienne*

**Bangladesh** (Asie) Bangladais, aise*

**Bangui** (République centrafricaine) Banguissois, oise*

**Banjul** (Gambie) Banjulais, aise*

**Banyuls-sur-Mer** (Pyrénées-Orientales) Banyulenc, Banyulencque

**Bapaume** (Pas-de-Calais) Bapalmois, oise

Baralbin, ine → **Bar-sur-Aube**

La **Barbade** (Petites Antilles) Barbadien, ienne*

**Barcelone** (Espagne) Barcelonais, aise

**Barcelonnette** (Alpes-de-Haute-Provence) Barcelonnette

**Bar-le-Duc** (Meuse) Barisien, ienne

Barois, oise → **Le Bar-sur-Loup**

Barséquanais, aise → **Bar-sur-Seine**

**Bar-sur-Aube** (Aube) Baralbin, ine

Le **Bar-sur-Loup** (Alpes-Maritimes) Aubarnois, oise

**Bar-sur-Seine** (Aube) Barséquanais, aise

Bas-Alpin, ine → **Alpes-de-Haute-Provence**

Pays **basque** (Espagne, France) Basque, Basquaise ou Euskarien, ienne ou Euscarien, ienne

**Bas-Rhin** (France) Bas-Rhinois, oise

**Basses-Alpes** (France) → **Alpes-de-Haute-Provence**

**Basse-Terre** (Guadeloupe) Basse-Terrien, ienne

**Bastia** (Haute-Corse) Bastiais, iaise

République **Batave** (Europe) Batave → Pays-Bas

Batzien, ienne → **Île-de-Batz**

**Bavière** (Allemagne) Bavarois, oise

**Bayeux** (Calvados) Bayeusain, aine

**Bayeux** (Calvados) Bajocasse

**Bayonne** (Pyrénées-Atlantiques) Bayonnais, aise

**Béarn** (France) Béarnais, aise

**Beauce** (France) Beauceron, onne

**Beaune** (Côte-d'Or) Beaunois, oise

**Beauvais** (Oise) Beauvaisien, ienne ou Beauvaisin, ine

**Belfort** [Territoire de et ville] (France) Belfortain, aine

**Belgique** (Europe) Belge*

**Belgrade** (Serbie) Belgradois, oise*

**Bélize*** ou **Belize** (Amérique centrale) Bélizais, aise ou Bélizien, ienne*

**Bellac** (Haute-Vienne) Bellachon, onne

**Belle-Île** (Morbihan) Bellilois, oise

**Belley** (Ain) Belleysan, ane

Bellifontain, aine → **Fontainebleau**

Bellilois, oise → **Belle-Île**

Bénédictin, ine → **Saint-Benoît-du-Sault**

**Bengale** (Inde) Bengali, ie ou Bengalais, aise

**Bénin** (Afrique) Béninois, oise*

**Béotie** (Grèce) Béotien, ienne

**Bergame** (Italie) Bergamasque

**Bergerac** (Dordogne) Bergeracois, oise

**Berlin** (Allemagne) Berlinois, oise*

Les **Bermudes** (océan Atlantique) Bermudien, ienne

**Bernay** (Eure) Bernayen, enne

**Berne** (Suisse) Bernois, oise*

Berrichon, onne → **Berry**

Berruyer, ère → **Bourges**

**Berry** (France) Berrichon, onne

**Besançon** (Doubs) Bisontin, ine

**Béthune** (Pas-de-Calais) Béthunois, oise

**Beyrouth** (Liban) Beyrouthin, ine*

**Béziers** (Hérault) Biterrois, oise

**Bouthan** (Asie) Bouthanais, aise*

**Biafra** (Nigeria) Biafrais, aise

**Biarritz** (Pyrénées-Atlantiques) Biarrot, ote

**Bidart** (Pyrénées-Atlantiques) Bidartars [plur.]

**Biélorussie** (Europe) Biélorusse*

**Bigorre** (France) Bigourdan, ane

**Binche** (Belgique) Binchois, oise

**Birmanie** (Asie) Birman, ane*

**Biscaye** (Espagne) Biscaïen, ïenne

Bisontin, ine → **Besançon**

**Bissau** ou **Bissao*** (Guinée-Bissau) Bissalien, ienne*

Bissau-Guinéen, éenne ou Bissaoguinéen, éenne → **Guinée-Bissau**

Biterrois, oise → **Béziers**

**Bizerte** (Tunisie) Bizertin, ine

Le **Blanc** (Indre) Blancois, oise

**Blangy-sur-Bresle** (Seine-Maritime) Blangeois, oise

**Blaye** (Gironde) Blayais, aise

**Blois** (Loir-et-Cher) Blésois, oise

**Bobigny** (Seine-Saint-Denis) Balbynien, ienne

**Bohême** (République tchèque) Bohémien, ienne

**Bolivie** (Amérique du Sud) Bolivien, ienne*

**Bologne** (Italie) Bolonais, aise

**Bône** (Algérie) Bônois, oise

**Bonifacio** (Corse-du-Sud) Bonifacien, ienne

**Bonn** (Allemagne) Bonnois, oise*

**Bonneville** (Haute-Savoie) Bonnevillois, oise

Bonnois, oise → **Bonn**

Bônois, oise → **Bône**

Borain, aine → **Borinage, Bourg-Saint-Maurice**

**Bordeaux** (Gironde) Bordelais, aise

**Borinage** (Belgique) Borain, aine

**Bosnie-Herzégovine** (Europe) Bosniaque* ou Bosnien, ienne

**Boston** (États-Unis) Bostonien, ienne

**Botswana** (Afrique) Botswanais, aise

**Botswana** (Afrique) Botswanéen, éenne*

**Boucau** (Pyrénées-Atlantiques) Boucalais, aise

**Bouches-du-Rhône** (France) Buccorhodanien, ienne

**Bougival** (Yvelines) Bougivalais, aise

**Boulay-Moselle** (Moselle) Boulageois, oise

**Boulogne-Billancourt** (Hauts-de-Seine) Boulonnais, aise

**Boulogne-sur-Mer** (Pas-de-Calais) Boulonnais, aise

**Bourbonnais** (France) Bourbonnais, aise

**Bourbourg** (Nord) Bourbourgeois, oise

Bourcain, aine → **Bourg-lès-Valence**

Bourcat, ate → **Bourg-d'Oisans**

**Bourg-Argental** (Loire) Bourguisan, ane

**Bourg-de-Péage** (Drôme) Péageois, oise

**Bourg-d'Oisans** (Isère) Bourcat, ate

**Bourg-en-Bresse** (Ain) Burgien, ienne

**Bourges** (Cher) Berruyer, ère

Le **Bourget** (Seine-Saint-Denis) Bourgetin, ine

**Bourg-la-Reine** (Hauts-de-Seine) Réginaburgien, ienne ou Réginaborgien, ienne

**Bourg-lès-Valence** (Drôme) Bourcain, aine

**Bourg-Madame** (Pyrénées-Orientales) Guingettois, oise

**Bourgogne** (France) Bourguignon, onne

**Bourg-Saint-Andéol** (Ardèche) Bourguésan, ane

**Bourg-Saint-Maurice** (Savoie) Borain, aine

Bourguésan, ane → **Bourg-Saint-Andéol**

Bourguignon, onne → **Bourgogne**

Bourguisan, ane → **Bourg-Argental**

**Bouriatie** (Russie) Bouriate

**Brabant** (Belgique) Brabançon, onne

Bragard, arde → **Saint-Dizier**

**Brandebourg** (Allemagne) Brandebourgeois, oise

**Brasilia** (Brésil) Brasilien, ienne*

**Brazzaville** (Congo) Brazzavillois, oise*

Bréhatin, ine → **Île-de-Bréhat**

**Brésil** (Amérique du Sud) Brésilien, ienne

Bressan, ane → **Bresse**

Bressaud, aude → **La Bresse**

**Bresse** (France) Bressan, ane

La **Bresse** (Vosges) Bressaud, aude

**Bressuire** (Deux-Sèvres) Bressuirais, aise

**Brest** (Finistère) Brestois, oise

**Bretagne** (France) Breton, onne

**Briançon** (Hautes-Alpes) Briançonnais, aise

**Brie** (France) Briard, arde

**Brière** (France) Briéron, onne

**Briey** (Meurthe-et-Moselle) Briotin, ine

**Brignoles** (Var) Brignolais, aise

Briochin, ine → **Saint-Brieuc**

Briotin, ine → **Briey**

**Brioude** (Haute-Loire) Brivadois, oise

Britannique → **Grande-Bretagne**

Britanno-Colombien, ienne → **Colombie-Britannique**

Brivadois, oise → **Brioude**

**Brive-la-Gaillarde** (Corrèze) Briviste

**Brou** (Eure-et-Loir) Broutain, aine

**Bruay-la-Buissière** (Pas-de-Calais) Bruaysien-labuissiérois, Bruaysienne-labuissiéroise

**Bruges** (Belgique) Brugeois, oise

**Brunei** (Asie) Brunéien, ienne*

**Bruxelles** (Belgique) Bruxellois, oise*

**Bucarest** (Roumanie) Bucarestois, oise*

Buccorhodanien, ienne → **Bouches-du-Rhône**

**Budapest** (Hongrie) Budapestois, oise*

**Buenos Aires** (Argentine) Buenos-Airien, ienne*

**Bujumbura** (Burundi) Bujumburien, ienne* ou Bujumburais, aise

**Bulgarie** (Europe) Bulgare

Burgien, ienne → **Bourg-en-Bresse**

**Burkina Faso*** ou **Burkina** (Afrique) Burkinabé, ée ou Burkinais, aise

**Burundi** (Afrique) Burundais, aise*

**Byzance** (Europe) Byzantin, ine → Istanbul

**Cadix** (Espagne) Gaditan, ane

Cadurcien, ienne → **Cahors**

**Caen** (Calvados) Caennais, aise

**Cahors** (Lot) Cadurcien, ienne ou Cahorsin, ine ou Cahorsien, ienne

Le **Caire** (Égypte) Cairote*

**Calabre** (Italie) Calabrais, aise

Caladois, oise → **Villefranche-sur-Saône**

**Calais** (Pas-de-Calais) Calaisien, ienne

Calaisien, ienne → **Calais, Saint-Calais**

**Calgary** (Alberta) Calgarien, ienne

**Californie** (États-Unis) Californien, ienne

**Calvados** (France) Calvadossien, ienne

**Calvi** (Haute-Corse) Calvais, aise

**Camargue** (France) Camarguais, aise ou Camarguin, ine ou Camarguen, enne

**Cambodge** (Asie) Cambodgien, ienne*

**Cambrai** (Nord) Cambrésien, ienne

**Cameroun** (Afrique) Camerounais, aise*

pays de **Canaan** Cananéen, éenne

**Canada** (Amérique du Nord) Canadien, ienne*

Cananéen, éenne → pays de **Canaan**

Les **Canaries** (Espagne) Canarien, ienne

Candiote → **Crète**

**Cannes** (Alpes-Maritimes) Cannois, oise

**Cantal** (France) Cantalien, ienne

Cantilien, ienne → **Chantilly**

**Canton** (Chine) Cantonais, aise

Le **Cap-Vert** (océan Atlantique) Cap-Verdien, ienne*

**Capoue** (Italie) Capouan, ane

**Caracas** (Venezuela) Caracassien, ienne*

**Carcassonne** (Aude) Carcassonnais, aise

**Caraïbes** (Amérique centrale) Caraïbe ou Caribéen, éenne

Carélie (Russie) Carélien, ienne

Caribéen, éenne → **Caraïbes**

Carioca → **Rio de Janeiro**

Carolomacérien, ienne → **Charleville-Mézières**

Carolorégien, ienne → **Charleroi**

**Carpentras** (Vaucluse) Carpentrassien, ienne

**Carquefou** (Loire-Atlantique) Carquefolien, ienne

**Carrières-sur-Seine** (Yvelines) Carrillon, onne ou Carriérois, oise

**Carthage** (Tunisie) Carthaginois, oise

**Casablanca** (Maroc) Casablancais, aise

**Cassis** (Bouches-du-Rhône) Cassidain, aine

Castel-Papaux → **Châteauneuf-du-Pape**

Castelbriantais, aise → **Châteaubriant**

**Castellane** (Alpes-de-Haute-Provence) Castellanais, aise

**Castelnaudary** (Aude) Chaurien, ienne ou Castelnaudarien, ienne

Castelneuvien, ienne → **Châteauneuf-la-Forêt**

Castelnovien, ienne → **Châteauneuf-sur-Charente**

Castélorien, ienne → **Château-du-Loir**

Castelroussin, ine → **Châteauroux**

Castelsalinois, oise → **Château-Salins**

**Castelsarrasin** (Tarn-et-Garonne) Castelsarrasinois, oise

**Castille** (Espagne) Castillan, ane

Castrais, aise → **Castres, La Châtre**

**Castres** (Tarn) Castrais, aise

Castrogontérien, ienne → **Château-Gontier**

Castrothéodoricien, ienne → **Château-Thierry**

**Catalogne** (Espagne, France) Catalan, ane

**Caucase** Caucasien, ienne

Cauchois, oise → pays de **Caux**

**Causses** (France) Caussenard, arde

pays de **Caux** (France) Cauchois, oise

**Cayenne** (Guyane française) Cayennais, aise

République **Centrafricaine** (Afrique) Centrafricain, aine*

**Cerdagne** (Espagne, France) Cerdan, ane ou Cerdagnol, ole

**Céret** (Pyrénées-Orientales) Céretan, ane

**Cévennes** (France) Cévenol, ole

île de **Ceylan** (Asie) Ceylanais, aise ou Cingalais, aise ou Cinghalais, aise → **Sri Lanka**

**Chaldée** (Mésopotamie) Chaldéen, éenne

**Châlons-en-Champagne** (Marne) Châlonnais, aise

**Chalon-sur-Saône** (Saône-et-Loire) Chalonnais, aise

**Chambéry** (Savoie) Chambérien, ienne

**Chamonix** (Haute-Savoie) Chamoniard, iarde

**Champagne** (France) Champenois, oise

**Chantilly** (Oise) Cantilien, ienne

Charentais, aise → **Charente**

Charentais, aise maritime → **Charente-Maritime**

**Charente** (France) Charentais, aise

**Charente-Maritime** (France) Charentais, aise maritime

**Charleroi** (Belgique) Carolorégien, ienne

**Charleville-Mézières** (Ardennes) Carolomacérien, ienne

**Charolles** (Saône-et-Loire) Charollais, aise

**Chartres** (Eure-et-Loir) Chartrain, aine

**Château-Arnoux** (Alpes-de-Haute-Provence) Jarlandin, ine

**Châteaubriant** (Loire-Atlantique) Castelbriantais, aise

**Château-Chinon** (Nièvre) Château-Chinonais, aise

Le **Château-d'Oléron** (Charente-Maritime) Châtelain, aine

**Château-du-Loir** (Sarthe) Castélorien, ienne

**Châteaudun** (Eure-et-Loir) Dunois, oise

**Château-Gontier** (Mayenne) Castrogontérien, ienne

**Châteaulin** (Finistère) Châteaulinois, oise

**Châteauneuf-du-Pape** (Vaucluse) Châteauneuvois, oise ou Castel-Papaux [plur.]

**Châteauneuf-la-Forêt** (Haute-Vienne) Castelneuvien, ienne

**Châteauneuf-sur-Charente** (Charente) Castelnovien, ienne

Châteauneuvois, oise → **Châteauneuf-du-Pape**

**Châteauroux** (Indre) Castelroussin, ine

**Château-Salins** (Moselle) Castelsalinois, oise

**Château-Thierry** (Aisne) Castrothéodoricien, ienne

Châtelain, aine → Le **Château-d'Oléron**

**Châtellerault** (Vienne) Châtelleraudais, aise

La **Châtre** (Indre) Castrais, aise

**Chaumont** (Haute-Marne) Chaumontais, aise

Chaurien, ienne → **Castelnaudary**

**Cherbourg** (Manche) Cherbourgeois, oise

**Chicoutimi** (Québec) Chicoutimien, ienne

**Chili** (Amérique du Sud) Chilien, ienne*

**Chine** (Asie) Chinois, oise*

**Chinon** (Indre-et-Loire) Chinonais, aise

**Cholet** (Maine-et-Loire) Choletais, aise

**Chypre** (Méditerranée) Chypriote* ou Cypriote

Cingalais, aise ou Cinghalais, aise → île de **Ceylan**

**La Ciotat** (Bouches-du-Rhône) Ciotaden, enne

**Cirey-sur-Vezouve** (Meurthe-et-Moselle) Ciréen, éenne

**Cisjordanie** (Proche-Orient) Cisjordanien, ienne

**Civray** (Vienne) Civraisien, ienne

**Clamart** (Hauts-de-Seine) Clamartois, oise

**Clamecy** (Nièvre) Clamecycois, oise

**Clermont** (Oise) Clermontois, oise

**Clermont-Ferrand** (Puy-de-Dôme) Clermontois, oise

Clodoaldien, ienne → **Saint-Cloud**

**Cluses** (Haute-Savoie) Clusien, ienne

**Cochinchine** (Viêtnam) Cochinchinois, oise

**Cognac** (Charente) Cognaçais, aise

**Colmar** (Haut-Rhin) Colmarien, ienne

**Colombie** (Amérique du Sud) Colombien, ienne*

**Colombie-Britannique** (Canada) Britanno-Colombien, ienne

Colombien, ienne → **Colombie**

**Commercy** (Meuse) Commercien, ienne

Les **Comores** (océan Indien) Comorien, ienne*

**Compiègne** (Oise) Compiégnois, oise

Comtois, oise → **Franche-Comté**

**Concarneau** (Finistère) Concarnois, oise

**Condom** (Gers) Condomois, oise

**Confolens** (Charente) Confolentais, aise

**Congo** [république du] (Afrique) Congo-lais, aise*

**Congo** [république démocratique du] [anc. Zaïre] (Afrique) Congolais, aise*

**Constantine** (Algérie) Constantinois, oise

**Copenhague** (Danemark) Copenhaguois, oise*

**Corbeil-Essonnes** (Essonne) Corbeil-Essonnois, oise

**Cordoue** (Espagne) Cordouan, ane

**Corée** (Asie) Coréen, éenne

**Corée du Nord** Nord-Coréen, éenne

**Corée du Sud** Sud-Coréen, éenne

Coréen, éenne → **Corée**

**Corfou** (Grèce) Corfiote

Corpopétrussien, ienne → **Saint-Pierre-des-Corps**

**Corrèze** (France) Corrézien, ienne

**Corse** (France) Corse

**Corte** (Haute-Corse) Cortenais, aise

**Cosne-Cours-sur-Loire** (Nièvre) Cosnois, oise

**Costa Rica** (Amérique centrale) Costaricain, aine ou Costaricien, ienne*

Costarmoricain, aine → **Côtes-d'Armor**

**Côte d'Ivoire** (Afrique) Ivoirien, ienne*

**Côte-d'Or** (France) Côte d'Orien, ienne

La **Côte-Saint-André** (Isère) Côtois, oise

**Côtes-d'Armor** (France) Costarmoricain, aine

Côtois, oise → La **Côte-Saint-André**

**Cotonou** (Bénin) Cotonois, oise*

Cotterézien, ienne → **Villers-Cotterêts**

**Coulommiers** (Seine-et-Marne) Coulumé-rien, ienne

**Courtrai** (Belgique) Courtraisien, ienne

**Coutances** (Manche) Coutançais, aise

**Creil** (Oise) Creillois, oise

**Crète** (Grèce) Crétois, oise ou Candiote

**Créteil** (Val-de-Marne) Cristolien, ienne

Crétois, oise → île de **Crète**

**Creuse** (France) Creusois, oise

Cristolien, ienne → **Créteil**

**Croatie** (Europe) Croate*

Le **Croisic** (Loire-Atlantique) Croisicais, aise

**Cuba** (Amérique centrale) Cubain, aine*

Cubzaguais, aise → **Saint-André-de-Cubzac**

Cypriote → **Chypre**

Dacquois, oise → **Dax**

**Dahomey** (Afrique) Dahoméen, éenne → Bénin

**Dakar** (Sénégal) Dakarois, oise*

**Dalmatie** (Croatie) Dalmate

**Damas** (Syrie) Damascène*

**Danemark** (Europe) Danois, oise*

**Danube** (Europe centrale) Danubien, ienne

**Dauphiné** (France) Dauphinois, oise

**Dax** (Landes) Dacquois, oise

**Délos** (Grèce) Délien, ienne ou Déliaque

**Denain** (Nord) Denaisien, ienne

Déodatien, ienne → **Saint-Dié-des-Vosges**

**Deux-Sèvres** (France) Deux-Sévrien, ienne

**Die** (Drôme) Diois, Dioise

**Dieppe** (Seine-Maritime) Dieppois, oise

**Digne-les-Bains** (Alpes-de-Haute-Provence) Dignois, oise

**Dijon** (Côte-d'Or) Dijonnais, aise

**Dinan** (Côtes-d'Armor) Dinannais, aise

Diois, Dioise → **Die**

Dionysien, ienne → **Saint-Denis** (Réunion) ; (Seine-Saint-Denis)

**Djerba** (Tunisie) Djerbien, ienne

**Djibouti** [État et ville] (Afrique) Djiboutien, ienne*

**Dodoma** (Tanzanie) Dodomais, aise*

**Dole** (Jura) Dolois, oise

Dominguois, oise → **Saint-Domingue** [ville]

République **Dominicaine** (Antilles) Dominicain, aine*

La **Dominique** (Petites Antilles) Domini-quais, aise*

**Dordogne** (France) Dordognais, aise

**Douai** (Nord) Douaisien, ienne

**Douarnenez** (Finistère) Douarneniste
**Doubs** (France) Doubiste
**Doubs** (France) Doubien, ienne
**Douchanbé** (Tadjikistan) Douchanbéen, éenne
**Draguignan** (Var) Dracénois, oise
**Dreux** (Eure-et-Loir) Drouais, aise
**Drôme** (France) Drômois, oise
Drouais, aise → **Dreux**
Dryat, Dryate → **Saint-André-les-Vergers**
**Dublin** (Irlande) Dublinois, oise*
**Dunkerque** (Nord) Dunkerquois, oise
Dunois, oise → **Châteaudun**
Ébroïcien, ienne → **Évreux**
**Écosse** (Grande-Bretagne) Écossais, aise
**Édimbourg** (Écosse) Édimbourgeois, oise
mer **Égée** Égéen, éenne
**Égypte** (Proche-Orient) Égyptien, ienne*
île d'**Elbe** (Italie) Elbois, oise
**Elbeuf** (Seine-Maritime) Elbeuvien, ienne
Elbois, oise → île d'**Elbe**
**Émirats arabes unis** (Arabie) Émirien, ienne*
**Éolide** (Asie Mineure) Éolien, ienne
**Épernay** (Marne) Sparnacien, ienne
**Épinal** (Vosges) Spinalien, ienne
**Équateur** (Amérique du Sud) Équatorien, ienne*
Équatoguinéen, éenne → **Guinée équatoriale**
Équatorien, ienne → **Équateur**
**Erevan** (Arménie) Erévanais, aise*
**Érythrée** (Afrique) Érythréen, éenne*
Esfahâni → **Ispahan**
**Espagne** (Europe) Espagnol, ole*
**Essonne** (France) Essonnien, ienne
**Estonie** (Europe) Estonien, ienne*
**Estonie** (Europe) Este
**Étampes** (Essonne) Étampois, oise
**États-Unis d'Amérique** États-Unien, ienne ou Américain, aine*
**Éthiopie** (Afrique) Éthiopien, ienne*
**Étolie** (Grèce) Étolien, ienne
**Étrurie** (Italie) Étrusque
**Eurasie** Eurasien, ienne
**Europe** Européen, ienne
Euskarien, ienne ou Euscarien, ienne → **Pays basque**
**Évaux-les-Bains** (Creuse) Évahonien, ienne
**Évian-les-Bains** (Haute-Savoie) Évianais, aise
**Évreux** (Eure) Ébroïcien, ienne
**Évry** (Essonne) Évryen, enne
**Èze** (Alpes-Maritimes) Ézasque
Le **Faouët** (Morbihan) Faouëtais, aise
Fassi, ie → **Fez**

**Fécamp** (Seine-Maritime) Fécampois, oise
**Fère-Champenoise** (Marne) Ferton, onne
îles **Féroé** (Danemark) Féringien, ienne ou Feroïen, ïenne
**Ferrare** (Italie) Ferrarais, aise
Ferton, onne → **Fère-Champenoise**
**Fès** ou **Fez** (Maroc) Fassi, ie
Fidésien, ienne → **Sainte-Foy-lès-Lyon**
îles **Fidji*** ou **Fiji** (Océanie) Fidjien, ienne*
**Figeac** (Lot) Figeacois, oise
**Finistère** (France) Finistérien, ienne
**Finlande** (Europe) Finlandais, aise* ou Finnois, oise
**Flandre** ou **Flandres** (Europe) Flamand, ande ou Flandrien, ienne
La **Flèche** (Sarthe) Fléchois, oise
**Flers-de-l'Orne** (Orne) Flérien, ienne3
**Fleurance** (Gers) Fleurantin, ine
**Florac** (Lozère) Floracois, oise
**Florence** (Italie) Florentin, ine
Florentinois, oise → **Saint-Florentin**
**Floride** (États-Unis) Floridien, ienne
**Foix** (Ariège) Fuxéen, éenne
**Fontainebleau** (Seine-et-Marne) Bellifontain, aine
**Fontenay-le-Comte** (Vendée) Fontenaisien, ienne
**Forbach** (Moselle) Forbachois, oise
**Forcalquier** (Alpes-de-Haute-Provence) Forcalquiérien, ienne
**Forges-les-Eaux** (Seine-Maritime) Forgion, ionne
**Formose** (Asie) Formosan, ane → **Taïwan**
**Fort-de-France** (Martinique) Foyalais, aise
**Fouesnant** (Finistère) Fouesnantais, aise
**Fougères** (Ille-et-Vilaine) Fougerais, aise
**Fouras** (Charente-Maritime) Fourasin, ine
**Fourchambault** (Nièvre) Fourchambaultais, aise
**Fourmies** (Nord) Fourmisien, ienne
Foyalais, aise → **Fort-de-France**
Foyen, enne → **Sainte-Foy-la-Grande**
Français, aise → **France**
Franc-Comtois, oise → **Franche-Comté**
**France** (Europe) Français, aise*
**Francfort-sur-le-Main** (Allemagne) Francfortois, oise
**Franche-Comté** (France) Franc-Comtois, oise ou Comtois, oise
Francilien, ienne → **Île-de-France**
**Fredericton** (Nouveau-Brunswick) Frédérictonnais, aise
**Fréjus** (Var) Fréjusien, ienne
**Fribourg** (Suisse) Fribourgeois, oise
**Frise** (Pays-Bas) Frison, onne
Fuégien, ienne → **Terre de Feu**
Futunien, ienne → **Wallis-et-Futuna**

Fuxéen, éenne → **Foix**

Gabalitain, aine → **Gévaudan**

**Gabon** (Afrique) Gabonais, aise*

**Gaborone** (Botswana) Gaboronais, aise*

Gaditan, ane → **Cadix**

**Galice** (Espagne) Galicien, ienne

**Galilée** (Israël) Galiléen, éenne

pays de **Galles** (Grande-Bretagne) Gallois, oise

**Gambie** (Afrique) Gambien, ienne*

**Gand** (Belgique) Gantois, oise

**Gap** (Hautes-Alpes) Gapençais, aise

**Gard** (France) Gardois, oise

**Gascogne** (France) Gascon, onne

péninsule de **Gaspé** ou **Gaspésie** (Québec) Gaspésien, ienne

**Gaule** Gaulois, oise → **France**

**Gênes** (Italie) Génois, oise

**Genève** (Suisse) Genevois, oise

Génois, oise → **Gênes**

**Géorgie** (Caucase) Géorgien, ienne*

**Géorgie** (États-Unis) Géorgien, ienne

**Gérardmer** (Vosges) Géromois, oise

Gergolien, ienne → **Jargeau**

**Germanie** Germain, aine → **Allemagne**

Germanois, oise → **Saint-Germain-Laval**

Germanopratin, ine → **Saint-Germain-des-Prés**

Géromois, oise → **Gérardmer**

**Gers** (France) Gersois, oise

Gessien, ienne → **Gex**

**Gévaudan** (Lozère) Gabalitain, aine

**Gex** (Ain) Gessien, ienne ou Gexois, oise

**Ghana** (Afrique) Ghanéen, éenne*

**Gibraltar** (Europe) Gibraltarien, ienne

**Gien** (Loiret) Giennois, oise

Gillocrucien, ienne → **Saint-Gilles-Croix-de-Vie**

**Gironde** (France) Girondin, ine

**Gisors** (Eure) Gisorsien, ienne

**Gourdon** (Lot) Gourdonnais, aise

**Grande-Bretagne** (Europe) Britannique

Grandvallier, ière → **Saint-Laurent-en-Grandvaux**

**Grasse** (Alpes-Maritimes) Grassois, oise

**Grèce** (Europe) Grec, Grecque*

**Grenade** (Espagne) Grenadin, ine

La **Grenade** (Petites Antilles) Grenadien, ienne*

Grenadin, ine → **Grenade**

**Grenoble** (Isère) Grenoblois, oise

Grésillon, onne → **île de Groix**

canton des **Grisons** (Suisse) Grison, onne

**Groenland** (Amérique du Nord) Groenlandais, aise

île de **Groix** (Morbihan) Grésillon, onne

**Guadeloupe** (Antilles) Guadeloupéen, éenne

**Guatemala** ou **Guatémala*** [État] (Amérique centrale) Guatémaltèque

**Guatemala** [ville] (Guatemala) Guatémalien, ienne*

Guatémaltèque → **Guatemala** [État]

**Guebwiller** (Haut-Rhin) Guebwillerois, oise

**Guérande** (Loire-Atlantique) Guérandais, aise

**Guéret** (Creuse) Guérétois, oise

île de **Guernesey** (Grande-Bretagne) Guernesiais, iaise

**Guinée** (Afrique) Guinéen, éenne*

**Guinée-Bissau** ou **Guinée-Bissao*** (Afrique) Bissau-Guinéen, éenne ou Bissaoguinéen, éenne*

**Guinée équatoriale** (Afrique) Équatoguinéen, éenne*

Guinéen, éenne → **Guinée**

**Guingamp** (Côtes-d'Armor) Guingampais, aise

Guingettois, oise → **Bourg-Madame**

**Guyana** (Amérique du Sud) Guyanien, ienne*

**Guyane** (Amérique du Sud) Guyanais, aise

Guyanien, ienne → **Guyana**

**Hagetmau** (Landes) Hagetmautien, ienne

**Haguenau** (Bas-Rhin) Haguenovien, ienne

Haguenois, oise → **La Haye**

Haguenovien, ienne → **Haguenau**

**Haillicourt** (Pas-de-Calais) Haillicourtois, oise

**Hainaut** (Belgique) Hainuyer, ère ou Hannuyer, ère ou Hennuyer, ère

**Haïti** (Amérique centrale) Haïtien, ienne*

**Halifax** (Nouvelle-Écosse) Haligonien, ienne

**Ham** (Somme) Hamois, oise

**Hambourg** (Allemagne) Hambourgeois, oise

Hamois, oise → **Ham**

Hannuyer, ère → **Hainaut**

**Hanoi** ou **Hanoï** (Viêtnam) Hanoïen, ïenne*

**Hanovre** (Allemagne) Hanovrien, ienne

**Harare** (Zimbabwe) Hararais, aise*

Haut-Alpin, ine → **Hautes-Alpes**

**Haute-Garonne** (France) Haut-Garonnais, aise

**Haute-Loire** (France) Altiligérien, ienne

**Haute-Marne** (France) Haut-Marnais, aise

**Hautes-Alpes** (France) Haut-Alpin, ine

**Haute-Saône** (France) Haut-Saônois, oise

**Hautes-Pyrénées** (France) Haut-Pyrénéen, Haute-Pyrénéenne

**Haute-Vienne** (France) Haut-Viennois, oise

**Haute-Volta** (Afrique) Voltaïque → **Burkina-Faso**

Haut-Garonnais, aise → **Haute-Garonne**

Haut-Marnais, aise → **Haute-Marne**

Haut-Pyrénéen, Haute-Pyrénéenne → **Hautes-Pyrénées**

**Haut-Rhin** (France) Haut-Rhinois, oise

Haut-Saônois, oise → **Haute-Saône**

**Hauts-de-Seine** (France) Altoséquanais, aise

Haut-Viennois, oise → **Haute-Vienne**

La **Havane** (Cuba) Havanais, aise*

Le **Havre** (Seine-Maritime) Havrais, aise

**Hawaii** ou **Hawaï** (Polynésie) Hawaiien, Hawaiienne ou Hawaïen, ïenne

La **Haye** (Pays-Bas) Haguenois, oise*

La **Haye-du-Puits** (Manche) Haytillon, onne

L'**Haÿ-les-Roses** (Val-de-Marne) L'Hayssien, ienne

Haytillon, onne → La **Haye-du-Puits**

**Hédé** (Ille-et-Vilaine) Hédéen, éenne

**Hellade** Hellène → **Grèce**

**Helsinki** (Finlande) Helsinkien, ienne*

**Helvétie** Helvète → **Suisse**

**Hendaye** (Pyrénées-Atlantiques) Hendayais, aise

**Hennebont** (Morbihan) Hennebontais, aise

Hennuyer, ère → **Hainaut**

**Hérault** (France) Héraultais, aise

**Hesse** (Allemagne) Hessois, oise

Hiérosolymite ou Hiérosolymitain, aine → **Jérusalem**

**Himalaya** (Asie) Himalayen, enne

**Hirson** (Aisne) Hirsonnais, aise

**Hollande** (Europe) Hollandais, aise ou Néerlandais, aise

**Hollywood** (États-Unis) Hollywoodien, ienne

**Honduras** (Amérique centrale) Hondurien, ienne*

**Honfleur** (Calvados) Honfleurais, aise

**Hong-Kong** (Asie) Hongkongais, aise

**Hongrie** (Europe) Hongrois, oise* ou Magyar, e

**Hull** (Québec) Hullois, oise

**Hyères** (Var) Hyérois, oise

**Ibérie** Ibère → **Espagne**

Icaunais, aise → **Yonne**

**Île-de-Batz** (Finistère) Batzien, ienne

**Île-de-Bréhat** (Côtes-d'Armor) Bréhatin, ine

**Île-de-France** (France) Francilien, ienne

**Île-de-Sein** (Finistère) Sénan, ane

**Île-du-Prince-Édouard** (Canada) Prince-Édouardien, ienne

**Île-d'Yeu** (Vendée) Ogien, ienne

**Illyrie** (Europe) Illyrien, ienne

**Inde** (Asie) Indien, ienne*

**Indochine** (Asie) Indochinois, oise

**Indonésie** (Asie) Indonésien, ienne*

**Indre** (France) Indrien, ienne

**Ionie** Ionien, ienne

**Irak*** ou **Iraq** (Proche-Orient) Irakien, ienne* ; Iraqien, ienne ou Iraquien, ienne

**Iran** (Proche-Orient) Iranien, ienne

Iraqien, ienne ou Iraquien, ienne → **Irak**

**Irlande** (Europe) Irlandais, aise*

**Isère** (France) Isérois, oise ou Iseran, ane

**Isigny-sur-Mer** (Calvados) Isignais, aise

**Islande** (Europe) Islandais, aise*

L'**Isle-Adam** (Val-d'Oise) Adamois, oise

L'**Isle-d'Abeau** (Isère) Lillot, ote

L'**Isle-Jourdain** (Gers) Lislois, oise

L'**Isle-sur-la-Sorgue** (Vaucluse) Islois, oise

**Ispahan** (Iran) Esfahâni [invar. en genre]

**Israël** (Proche-Orient) Israélien, ienne*

Isséen, éenne → **Issy-les-Moulineaux**

**Issoire** (Puy-de-Dôme) Issoirien, ienne

**Issoudun** (Indre) Issoldunois, oise

**Issy-les-Moulineaux** (Hauts-de-Seine) Isséen, éenne

**Istamboul*** ou **Istanbul*** (Turquie) Stambouliote ou Istanbuliote

**Istres** (Bouches-du-Rhône) Istréen, éenne

**Italie** (Europe) Italien, ienne*

Ivoirien, ienne → **Côte d'Ivoire**

**Ivry-sur-Seine** (Val-de-Marne) Ivryen, yenne

**Jakarta** (Indonésie) Jakartanais, aise*

**Jamaïque** (Antilles) Jamaïcain, aine ou Jamaïquain, aine*

**Japon** (Asie) Japonais, aise* ou Nippon, onne

**Jargeau** (Loiret) Gergolien, ienne

Jarlandin, ine → **Château-Arnoux**

**Java** (Indonésie) Javanais, aise

île de **Jersey** (Grande-Bretagne) Jersiais, iaise

**Jérusalem** (Israël) Hiérosolymite ou Hiérosolymitain, aine

Jocondien, ienne → **Joué-lès-Tours**

**Joinville** (Haute-Marne) Joinvillois, oise

**Jonzac** (Charente-Maritime) Jonzacais, aise

**Jordanie** (Proche-Orient) Jordanien, ienne*

**Joué-lès-Tours** (Indre-et-Loire) Jocondien, ienne

**Jura** (France) Jurassien, ienne

**Kaboul** (Afghanistan) Kaboulien, ienne*

**Kabylie** (Algérie) Kabyle

**Kalmoukie** (Russie) Kalmouk, e

**Kampala** (Ouganda) Kampalais, aise*

**Kazakhstan** (Asie) Kazakh, e ou Kazakhstanais, aise*

**Kenya** (Afrique) Kenyan, ane ou Kényan, ane*

**Khakassie** (Russie) Khakasse

**Khartoum** (Soudan) Khartoumais, aise*
**Kiev** (Ukraine) Kiévien, ienne*
**Kigali** (Rwanda) Kigalois, oise* ou Kigalien, ienne
**Kinshasa** (Zaïre) Kinois, oise*
**Kirghizstan*** ou **Kirghizistan** (Asie) Kirghize
République des **Kiribati** (océan Pacifique) Kiribatien, ienne*
Kitticien et Névicien, Kittitienne et Névicienne → **Saint-Christophe-et-Niévès**
**Kosovo** (Europe) Kosovar, e* ou Kossovien, ienne*
**Koweït** [État et ville] (Arabie) Koweïtien, ienne*
**Labrador** (Québec, Terre-Neuve) Labradorien, ienne
**Lacaune** (Tarn) Lacaunais, aise
**Lacédémone** → **Sparte**
**Lachine** (Québec) Lachinois, oise
**Lagnieu** (Ain) Lagnolan, ane
**Lagos** (Nigeria) Lagotien, ienne*
Landais, aise → **Landes**
**Landerneau** (Finistère) Landernéen, éenne
**Landes** (France) Landais, aise
**Landivisiau** (Finistère) Landivisien, ienne
**Landrecies** (Nord) Landrecien, ienne
**Langogne** (Lozère) Langonais, aise
**Langon** (Gironde) Langonnais, aise
Langonais, aise → **Langogne**
Langonnais, aise → **Langon**
**Langres** (Haute-Marne) Langrois, oise
**Languedoc** (France) Languedocien, ienne
**Lanmeur** (Finistère) Lanmeurien, ienne
**Lannion** (Côtes-d'Armor) Lannionnais, aise
**Laon** (Aisne) Laonnois, oise
**Laos** (Asie) Laotien, ienne*
**Lapalisse** (Allier) Lapalissois, oise
**Laponie** (Europe) Lapon, one
**Largentière** (Ardèche) Largentièrois, oise
Lasallois, oise → **La Salle**
Latino-Américain, aine → **Amérique Latine**
Latvien, ienne → **Lettonie**
Laudinien, ienne → **Saint-Lô**
Laurentien, ienne → **Saint-Laurent**
Laurentin, ine → **Saint-Laurent-de-Cerdans**
Laurentinois, oise → **Saint-Laurent-du-Pont**
**Lausanne** (Suisse) Lausannois, oise
**Laval** (Mayenne) Lavallois, oise
**Laval** (Québec) Lavallois, oise
Lédonien, ienne → **Lons-le-Saunier**
**Leipzig** (Allemagne) Leipzigois, oise
**Lens** (Pas-de-Calais) Lensois, oise
pays de **Léon** (Bretagne) Léonais, aise ou Léonard, arde

**Lesbos** [auj. Mytilène] (Grèce) Lesbien, ienne
**Lescar** (Pyrénées-Atlantiques) Lescarien, ienne
**Lesotho** (Afrique) Lesothan, ane ou Lesothien, ienne*
**Lesparre-Médoc** (Gironde) Lesparrain, aine
**Lettonie** (Europe) Letton, onne* ou Letton, one ou Latvien, ienne
**Levant** Levantin, ine
L'Hayssien, ienne → **L'Haÿ-les-Roses**
**Liban** (Proche-Orient) Libanais, aise*
**Liberia** (Afrique) Libérien, ienne*
**Libourne** (Gironde) Libournais, aise
**Libreville** (Gabon) Librevillois, oise*
**Libye** (Afrique) Libyen, enne*
**Liechtenstein** (Europe) Liechtensteinois, oise*
**Liège** (Belgique) Liégeois, oise
Ligérien, ienne → **Loire**
**Ligurie** (Italie) Ligurien, ienne
**Lille** (Nord) Lillois, oise
Lillot, ote → **L'Isle-d'Abeau**
**Lilongwe** (Malawi) Lilongwais, aise*
**Lima** (Pérou) Liménien, ienne*
**Limoges** (Haute-Vienne) Limougeaud, aude
**Limousin** (France) Limousin, ine
**Limoux** (Aude) Limouxin, ine
**Lisbonne** (Portugal) Lisbonnin, ine* ou Lisboète
**Lisieux** (Calvados) Lexovien, ienne
Lislois, oise → **L'Isle-Jourdain**
**Lituanie** (Europe) Lituanien, ienne*
**Lituanie** (Europe) Lithuanien, ienne
**Livourne** (Italie) Livournais, aise
**Loches** (Indre-et-Loire) Lochois, oise
**Loctudy** (Finistère) Loctudiste
**Lodève** (Hérault) Lodévois, oise
**Loire** (France) Ligérien, ienne
**Loir-et-Cher** (France) Loir-et-Chérien, ienne
**Lombardie** (Italie) Lombard, arde
**Lomé** (Togo) Loméen, éenne*
**Lomme** (Nord) Lommois, oise
**Londres** (Angleterre) Londonien, ienne*
**Longjumeau** (Essonne) Longjumellois, oise
**Longny-au-Perche** (Orne) Longnycien, ienne
**Longwy** (Meurthe-et-Moselle) Longovicien, ienne
**Lons-le-Saunier** (Jura) Lédonien, ienne
**Loos** (Nord) Loossois, oise
**Lorient** (Morbihan) Lorientais, aise
**Lorraine** (France) Lorrain, aine
**Los Angeles** (États-Unis) Angelinos [plur.]
**Lot** (France) Lotois, oise

**Lot-et-Garonne** (France) Lot-et-Garonnais, aise

Lotois, oise → **Lot**

**Loudéac** (Côtes-d'Armor) Loudéacien, ienne

**Loudun** (Vienne) Loudunais, aise

**Louhans** (Saône-et-Loire) Louhannais, aise

**Louisiane** (États-Unis) Louisianais, aise

**Lourdes** (Hautes-Pyrénées) Lourdais, aise

**Louvain** (Belgique) Louvaniste

**Louveciennes** (Yvelines) Louveciennois, oise

**Louviers** (Eure) Lovérien, ienne

**Lozère** (France) Lozérien, ienne

**Luanda** (Angola) Luandais, aise*

**Lucanie** (Italie) Lucanien, ienne

Luchonnais, aise → **Bagnères-de-Luchon**

**Lucques** (Italie) Lucquois, oise

**Lunéville** (Meurthe-et-Moselle) Lunévillois, oise

**Lurcy-Lévis** (Allier) Lurcyquois, oise

**Lure** (Haute-Saône) Luron, onne

**Lusaka** (Zambie) Lusakois, oise*

**Lusitanie** Lusitanien, ienne ou Lusitain, aine → Portugal

**Lussac** (Gironde) Lussacais, aise

**Luxembourg** (État et ville) (Europe) Luxembourgeois, oise*

**Luxeuil-les-Bains** (Haute-Saône) Luxovien, ienne

**Luzarches** (Val-d'Oise) Luzarchois, oise

Luzien, ienne → **Saint-Jean-de-Luz**

**Lydie** (Asie Mineure) Lydien, ienne

**Lyon** (Rhône) Lyonnais, aise

**Lyons-la-Forêt** (Eure) Lyonsais, aise

**Macao** (Chine) Macanéen, éenne

**Macédoine** (Grèce ; Europe) Macédonien, ienne

**Machecoul** (Loire-Atlantique) Machecoulais, aise

**Mâcon** (Saône-et-Loire) Mâconnais, aise

**Madagascar** (océan Indien) Malgache*

îles de la **Madeleine** (Canada) Madelinot [masc.], Madelinienne [fém.]

**Madère** (Portugal) Madérien, ienne

**Madère** (Portugal) Madérois, oise

**Madrid** (Espagne) Madrilène*

**Maghreb** (Afrique) Maghrébin, ine

Magyar, e → **Hongrie**

Mahorais, aise → **Mayotte**

**Maine** (France) Manceau, Mancelle

**Maine-et-Loire** (France) Angevin, ine

**Maintenon** (Eure-et-Loir) Maintenonnais, aise

**Majorque** (Espagne) Majorquin, ine

**Malabar** (Inde) Malabare

**Malabo** (Guinée équatoriale) Malabéen, éenne*

**Malaisie*** ou **Malaysia** (Asie) Malais, aise ou Malaisien, ienne* ; Malaysien, ienne

**Malawi** (Afrique) Malawite*

**Malaysia** → **Malaisie**

îles **Maldives** (océan Indien) Maldivien, ienne*

Malgache → **Madagascar**

**Mali** (Afrique) Malien, ienne*

**Malines** (Belgique) Malinois, oise

Malouin, ine → **Saint-Malo**

**Malte** (Europe) Maltais, aise*

**Mamers** (Sarthe) Mamertin, ine

île de **Man** (Grande-Bretagne) Mannois, oise

**Managua** (Nicaragua) Managuayen, yenne*

**Manama** (Bahreïn) Manaméen, éenne*

Manceau, Mancelle → **Maine**, Le **Mans**

**Manche** (France) Manchois, oise

**Mandchourie** ou **Manchourie** (Chine) Mandchou, e ; Manchou, e

**Manille** (Philippines) Manillais, aise*

**Manitoba** (Canada) Manitobain, aine

Mannois, oise → île de **Man**

**Manosque** (Alpes-de-Haute-Provence) Manosquin, ine

Le **Mans** (Sarthe) Manceau, Mancelle

**Mantes-la-Jolie** (Yvelines) Mantais, aise

**Mantes-la-Ville** (Yvelines) Mantevillois, oise

**Mantoue** (Italie) Mantouan, ane

**Maputo** (Mozambique) Maputais, aise*

**Marans** (Charente-Maritime) Marandais, aise

**Marcq-en-Barœul** (Nord) Marcquois, oise

**Marennes** (Charente-Maritime) Marennais, aise *

**Marignane** (Bouches-du-Rhône) Marignanais, aise

**Maringues** (Puy-de-Dôme) Maringois, oise

**Marle** (Aisne) Marlois, oise

**Marly-le-Roi** (Yvelines) Marlychois, oise

**Marmande** (Lot-et-Garonne) Marmandais, aise

**Marne** (France) Marnais, aise

**Maroc** (Afrique) Marocain, aine*

**Maromme** (Seine-Maritime) Marommais, aise

îles **Marquises** (Polynésie) Marquésan, ane ou Marquisien, ienne

**Mars** (planète) Martien, ienne

**Marseille** (Bouches-du-Rhône) Marseillais, aise

îles **Marshall** (Micronésie) Marshallais, aise*

Martégaux [plur.] → **Martigues**

Martien, ienne → **Mars**

**Martigues** (Bouches-du-Rhône) Marté-gaux [plur.]

Martinais, aise → **Saint-Martin-de-Ré**

Martinérois, oise → **Saint-Martin-d'Hères**

**Martinique** (Antilles) Martiniquais, aise

**Marvejols** (Lozère) Marvejolais, aise

**Mascate** (Oman) Mascatais, aise*

**Maseru** (Lesotho) Masérois, oise*

**Masevaux** (Haut-Rhin) Masopolitain, aine

Maskoutain, aine → **Saint-Hyacinthe**

Masopolitain, ain → **Masevaux**

**Matha** (Charente-Maritime) Mathalien, ienne

**Maubeuge** (Nord) Maubeugeois, oise

**Maubourguet** (Hautes-Pyrénées) Mau-bourguetois, oise

Maure ou More → **Mauritanie**

**Mauriac** (Cantal) Mauriacois, oise

**Maurice** (océan Indien) Mauricien, ienne*

**Mauritanie** (Afrique) Mauritanien, ienne* ; [hist.] Maure ou More

Maxipontain, aine → **Pont-Sainte-Maxence**

**Mayence** (Allemagne) Mayençais, aise

**Mayenne** [dép. et ville] (France) Mayen-nais, aise

**Mayotte** (océan Indien) Mahorais, aise

**Mazamet** (Tarn) Mazamétain, aine

**Mbabane** (Swaziland) Mbabanais, aise*

**Meaux** (Seine-et-Marne) Meldois, oise

**Médie** Mède

**Méditerranée** Méditerranéen, éenne

**Mélanésie** (Océanie) Mélanésien, ienne

Meldois, oise → **Meaux**

**Melun** (Seine-et-Marne) Melunais, aise

**Mende** (Lozère) Mendois, oise

Ménéhildien, ienne → **Sainte-Menehould**

**Mennetou-sur-Cher** (Loir-et-Cher) Monestois, oise

**Menton** (Alpes-Maritimes) Mentonnais, aise

**Merdrignac** (Côtes-d'Armor) Merdrigna-cien, ienne

**Mers-les-Bains** (Somme) Mersois, oise

**Merville** (Nord) Mervillois, oise

Le **Mesnil-le-Roi** (Yvelines) Mesnilois, oise

**Mésopotamie** (Asie) Mésopotamien, ienne

**Metz** (Moselle) Messin, ine

**Meudon-la-Forêt** (Hauts-de-Seine) Meudonnais, aise

**Meulan** (Yvelines) Meulanais, aise

**Meursault** (Côte-d'Or) Murisaltien, ienne

**Meuse** (France) Meusien, ienne

**Mexique** (Amérique centrale) Mexicain, aine*

**Meyrueis** (Lozère) Meyrueisien, ienne

**Micronésie** (Océanie) Micronésien, ienne*

**Milan** (Italie) Milanais, aise

**Millau** (Aveyron) Millavois, oise

**Milly-la-Forêt** (Essonne) Milliacois, oise

**Mimizan** (Landes) Mimizanais, aise

**Minho** (Portugal) Minhote

**Minorque** (Espagne) Minorquin, ine

Miquelonnais, aise → **Saint-Pierre-et-Miquelon**

**Miramas** (Bouches-du-Rhône) Miramas-séen, éenne

**Mirande** (Gers) Mirandais, aise

Mirapicien, ienne → **Mirepoix**

**Mirebeau** (Vienne) Mirebalais, aise

**Mirepoix** (Ariège) Mirapicien, ienne

**Miribel** (Ain) Miribelan, ane

**Modane** (Savoie) Modanais, aise

**Modène** (Italie) Modénais, aise

**Moirans-en-Montagne** (Jura) Moirantin, ine

**Moissac** (Tarn-et-Garonne) Moissagais, aise

**Moldavie** (Roumanie ; Europe) Moldave ; Moldave*

**Molsheim** (Bas-Rhin) Molsheimien, ienne ou Molsheimois, oise

**Monaco** [principauté et ville] (Europe) Monégasque*

**Moncoutant** (Deux-Sèvres) Moncoutan-tais, aise

Monégasque → **Monaco**

Monestois, oise → **Mennetou-sur-Cher**

**Mongolie** (Asie) Mongol, ole*

**Monistrol-sur-Loire** (Haute-Loire) Monistrolien, ienne

**Monpazier** (Dordogne) Monpaziérois, oise

**Monrovia** (Liberia) Monrovien, ienne*

**Monségur** (Gironde) Monségurais, aise

**Mons-en-Barœul** (Nord) Monsois, oise

**Montaigu** (Vendée) Montacutain, aine ou Montaigusien, ienne

Montalbanais, aise → **Montauban**

**Montargis** (Loiret) Montargois, oise

**Montauban** (Tarn-et-Garonne) Montalba-nais, aise

**Montbard** (Côte-d'Or) Montbardois, oise

**Montbéliard** (Doubs) Montbéliardais, aise

**Montbrison** (Loire) Montbrisonnais, aise

**Montbron** (Charente) Montbronnais, aise

**Montceau-les-Mines** (Saône-et-Loire) Montcellien, ienne

**Montcenis** (Saône-et-Loire) Monticinois, oise

**Montchanin** (Saône-et-Loire) Montchani-nois, oise

**Montcuq** (Lot) Montcuquois, oise

**Mont-de-Marsan** (Landes) Montois, oise

**Montdidier** (Somme) Montdidérien, ienne

**Mont-Dore** (Puy-de-Dôme) Mont-Dorien, ienne

**Montélimar** (Drôme) Montilien, ienne

**Monténégro** (Europe) Monténégrin, ine
**Montevideo** (Uruguay) Montévidéen, éenne*
Monticinois, oise → **Montcenis**
Montilien, ienne → **Montélimar**
**Montluçon** (Allier) Montluçonnais, aise
**Montmartre** (Paris) Montmartrois, oise
**Montmorency** (Val-d'Oise) Montmorencéen, éenne
**Montmorillon** (Vienne) Montmorillonnais, aise
Montois, oise → **Mont-de-Marsan**
**Montpellier** (Hérault) Montpelliérain, aine
**Montpon-Ménestérol** (Dordogne) Montponnais, aise
**Montréal** (Québec) Montréalais, aise
**Montréjeau** (Haute-Garonne) Montréjeaulais, aise
**Montreuil** (Pas-de-Calais) Montreuillois, oise
**Montreuil-sous-Bois** (Seine-Saint-Denis) Montreuillois, oise
**Montrichard** (Loir-et-Cher) Montrichardais, aise
**Montrouge** (Hauts-de-Seine) Montrougien, ienne
**Moravie** (République tchèque) Morave
**Morbihan** (France) Morbihannais, aise
**Morcenx** (Landes) Morcensis, aise
**Moret-sur-Loing** (Seine-et-Marne) Morétain, aine
**Morlaas** (Pyrénées-Atlantiques) Morlan, ane
**Morlaix** (Finistère) Morlaisien, ienne
Morlan, ane → **Morlaas**
**Moroni** (Comores) Moronais, aise*
**Mortagne-au-Perche** (Orne) Mortagnais, aise
**Mortain** (Manche) Mortainais, aise
**Morteau** (Doubs) Mortuacien, ienne
**Morvan** (France) Morvandiau [masc.], Morvandelle [fém.]
**Morzine** (Haute-Savoie) Morzinois, oise
**Moscou** (Russie) Moscovite
**Moselle** (France) Mosellan, ane
**Moulins** (Allier) Moulinois, oise
**Mouy** (Oise) Mouysard, arde
**Mouzon** (Ardennes) Mouzonnais, aise
**Mozambique** (Afrique) Mozambicain, aine*
**Mulhouse** (Haut-Rhin) Mulhousien, ienne
**Munich** (Allemagne) Munichois, oise
**Murat** (Cantal) Muratais, aise
La **Mure** (Isère) Murois, oise
**Muret** (Haute-Garonne) Muretain, aine
Murisaltien, ienne → **Meursault**
Murois, oise → **La Mure**
**Murviel-lès-Béziers** (Hérault) Murviellois, oise
Mussipontain, aine → **Pont-à-Mousson**

**Mycènes** Mycénien, ienne
**Mytilène** → **Lesbos**
**Nairobi** (Kenya) Nairobien, ienne*
**Namibie** (Afrique) Namibien, ienne*
**Namur** (Belgique) Namurois, oise
**Nancy** (Meurthe-et-Moselle) Nancéien, ienne
Nantais, aise → **Nantes**
**Nanterre** (Hauts-de-Seine) Nanterrien, ienne
**Nantes** (Loire-Atlantique) Nantais, aise
**Nantua** (Ain) Nantuatien, ienne
**Naples** (Italie) Napolitain, aine
**Narbonne** (Aude) Narbonnais, aise
**Nauru** (Micronésie) Nauruan, ane*
**Navarre** (Espagne) Navarrais, aise ou vx Navarrin, ine
Nazairien, ienne → **Saint-Nazaire**
**Nazareth** (Galilée) Nazaréen, éenne
**Ndjamena** (Tchad) Ndjaménais, aise* ou Ndjaménois, oise
Néerlandais, aise → **Pays-Bas**
**Nemours** (Seine-et-Marne) Nemourien, ienne
Néo-Brisacien, ienne → **Neuf-Brisach**
Néo-Brunswickois, oise → **Nouveau-Brunswick**
Néo-Calédonien, ienne → **Nouvelle-Calédonie**
Néocastrien, ienne → **Neufchâteau**
Néodomien, ienne → **Neuves-Maisons**
Néo-Écossais, aise → **Nouvelle-Écosse**
Néoguinéen, éenne → **Nouvelle-Guinée**
Néo-Hébridais, aise → **Nouvelles-Hébrides**
Néo-Orléanais, aise → La **Nouvelle-Orléans**
Néozélandais, aise → **Nouvelle-Zélande**
**Népal** (Asie) Népalais, aise*
**Nérac** (Lot-et-Garonne) Néracais, aise
**Neuchâtel** (Suisse) Neuchâtelois, oise
**Neuf-Brisach** (Haut-Rhin) Néo-Brisacien, ienne
**Neufchâteau** (Vosges) Néocastrien, ienne
**Neufchâtel-en-Bray** (Seine-Maritime) Neufchâtelois, oise
**Neuilly-Plaisance** (Seine-Saint-Denis) Nocéen, éenne
**Neuilly-sur-Seine** (Hauts-de-Seine) Neuilléen, éenne
**Neustrie** (Gaule) Neustrien, ienne
**Neuves-Maisons** (Meurthe-et-Moselle) Néodomien, ienne
**Neuvic** (Corrèze) Neuvicois, oise
**Neuville-de-Poitou** (Vienne) Neuvillois, oise
**Nevers** (Nièvre) Neversois, oise ou Nivernais, aise
**New York** (États-Unis) New-Yorkais, aise
**Niamey** (Niger) Niaméyen, Niaméyenne*

**Nicaragua** (Amérique centrale) Nicaraguayen, yenne*

**Nice** (Alpes-Maritimes) Niçois, oise

**Nicosie** (Chypre) Nicosien, ienne*

**Nièvre** (France) Nivernais, aise

**Niger** (Afrique) Nigérien, ienne*

**Nigéria\*** ou **Nigeria** (Afrique) Nigérian, iane*

Nigérien, ienne → **Niger**

**Nîmes** (Gard) Nîmois, oise

**Niort** (Deux-Sèvres) Niortais, aise

Nippon, onne → **Japon**

**Nivelles** (Belgique) Nivellois, oise

Nivernais, aise → **Nevers, Nièvre**

Nocéen, éenne → **Neuilly-Plaisance**

**Nogaro** (Gers) Nogarolien, ienne

**Nogent** (Haute-Marne) Nogentais, aise

**Nogent-le-Rotrou** (Eure-et-Loir) Nogentais, aise

**Nogent-sur-Marne** (Val-de-Marne) Nogentais, aise

**Nogent-sur-Oise** (Oise) Nogentais, aise

**Noirmoutier-en-l'Île** (Vendée) Noirmoutrin, ine

**Nolay** (Côte-d'Or) Nolaytois, oise

**Nonancourt** (Eure) Nonancourtois, oise

**Nontron** (Dordogne) Nontronnais, aise

**Nord** (France) Nordiste

Nord-Africain, aine → **Afrique du Nord**

Nord-Américain, aine → **Amérique du Nord**

Nord-Coréen, éenne → **Corée du Nord**

Nordiste → **Nord**

**Nord-Viêtnam** (Asie) Nord-Vietnamien, ienne

**Normandie** (France) Normand, ande

**Norvège** (Europe) Norvégien, ienne*

**Nouakchott** (Mauritanie) Nouakchottois, oise*

**Nouveau-Brunswick** (Canada) Néo-Brunswickois, oise

**Nouvelle-Calédonie** (Océanie) Néo-Calédonien, ienne

**Nouvelle-Écosse** (Canada) Néo-Écossais, aise

**Nouvelle-Guinée** (Mélanésie) Néoguinéen, éenne*

La **Nouvelle-Orléans** (États-Unis) Néo-Orléanais, aise

**Nouvelles-Hébrides** (Mélanésie) Néo-Hébridais, aise → **Vanuatu**

**Nouvelle-Zélande** (Océanie) Néozélandais, aise*

Le **Nouvion-en-Thiérache** (Aisne) Nouvionnais, aise

**Nubie** (Afrique) Nubien, ienne

**Nuits-Saint-Georges** (Côte-d'Or) Nuiton, onne

**Numidie** (Afrique) Numide

**Nyons** (Drôme) Nyonsais, aise

**Occitanie** (France) Occitan, ane

**Océanie** Océanien, ienne

Ogien, ienne → **Île-d'Yeu**

Oïrats [plur.] → **Altaï**

**Oise** (France) Oisien, ienne

île d'**Oléron** (Charente-Maritime) Oléronais, aise

**Olliergues** (Puy-de-Dôme) Ollierguois, oise

**Oloron-Sainte-Marie** (Pyrénées-Atlantiques) Oloronais, aise

**Oman** (Arabie) Omanais, aise*

**Ombrie** (Italie) Ombrien, ienne

**Ontario** (Canada) Ontarien, ienne

**Oradour-sur-Glane** (Haute-Vienne) Radounaud, aude

**Oran** [auj. Ouahran] (Algérie) Oranais, aise

**Orange** (Vaucluse) Orangeois, oise

**Orléans** (Loiret) Orléanais, aise

**Orly** (Val-de-Marne) Orlysien, ienne

**Ormesson-sur-Marne** (Val-de-Marne) Ormessonnais, aise

Ornais, aise → **Orne**

**Ornans** (Doubs) Ornanais, aise

**Orne** (France) Ornais, aise

**Ossétie** (Russie, Géorgie) Ossète

**Ostende** (Belgique) Ostendais, aise

**Ottawa** (Canada) Outaouais, aise*

Empire **Ottoman** (Proche-Orient, Europe) Ottoman, ane → **Turquie**

**Ouagadougou** (Burkina-Faso) Ouagalais, aise*

**Oudmourtie** (Russie) Oudmourte

île d'**Ouessant** (Finistère) Ouessantin, ine ou Ouessantais, aise

**Ouganda** (Afrique) Ougandais, aise*

Outaouais, aise → **Ottawa**

**Outremont** (Québec) Outremontais, aise

**Ouzbékistan** (Asie) Ouzbek, e ou Ouzbek, Ouzbèke*

**Oxford** (Angleterre) Oxonien, ienne ou Oxfordien, ienne

**Oyonnax** (Ain) Oyonnaxien, ienne

Pacéen, éenne → **Pacy-sur-Eure**

Pacénien, ienne → **La Paz**

**Pacy-sur-Eure** (Eure) Pacéen, éenne

**Padoue** (Italie) Padouan, ane

**Paimbœuf** (Loire-Atlantique) Paimblotin, ine

**Paimpol** (Côtes-d'Armor) Paimpolais, aise

**Pakistan** (Asie) Pakistanais, aise*

Le **Palais** (Morbihan) Palantin, ine

**Palaiseau** (Essonne) Palaisien, ienne

Le **Palais-sur-Vienne** (Haute-Vienne) Palaisien, ienne

Palaldéen, éenne → **Amélie-les-Bains-Palalda**

Palantin, ine → **Le Palais**

Les **Palaos** (océan Pacifique) Palaois, oise*

**Palerme** (Italie) Palermitain, aine ou Panormitain, aine

**Palestine** (Proche-Orient) Palestinien, ienne

Palois, oise → **Pau**

**Pamiers** (Ariège) Appaméen, éenne

**Panamá** ou **Panama*** (Amérique centrale) Panaméen, éenne* ou Panamien, ienne

Panormitain, aine → **Palerme**

**Pantin** (Seine-Saint-Denis) Pantinois, oise

**Papouasie** (Mélanésie) Papou, e ou Papoua [plur.] ou Papouasien, ienne*

île de **Pâques** (Polynésie) Pascuan, ane

**Paraguay** (Amérique du Sud) Paraguayen, yenne

**Paray-le-Monial** (Saône-et-Loire) Parodien, ienne

**Paris** (France) Parisien, ienne*

**Parme** (Italie) Parmesan, ane

Parodien, ienne → **Paray-le-Monial**

**Parthenay** (Deux-Sèvres) Parthenaisien, ienne

Pascuan, ane → île de **Pâques**

**Patagonie** (Argentine) Patagon, onne

**Pau** (Pyrénées-Atlantiques) Palois, oise

**Pauillac** (Gironde) Pauillacais, aise

Pauliste → **São Paulo**

**Pavie** (Italie) Pavesan, ane

**Pays-Bas** (Europe) Néerlandais, aise* → aussi **Hollande**

La **Paz** (Bolivie) Pacénien, ienne*

Péageois, oise → **Bourg-de-Péage**

**Pékin** (Chine) Pékinois, oise*

**Péloponnèse** (Grèce) Péloponnésien, ienne

**Pennsylvanie** (États-Unis) Pennsylvanien, ienne

**Perche** (France) Percheron, onne

**Percy** (Manche) Percyais, aise

**Périgord** (France) Périgourdin, ine

**Périgueux** (Dordogne) Périgourdin, ine

**Pernes-les-Fontaines** (Vaucluse) Pernois, oise

**Péronne** (Somme) Péronnais, aise

**Pérou** (Amérique du Sud) Péruvien, ienne*

**Pérouges** (Ain) Pérougien, ienne

**Pérouse** (Italie) Pérugin, ine

**Perpignan** (Pyrénées-Orientales) Perpignanais, aise

**Persan** (Val-d'Oise) Persanais, aise

Persan, ane → **Perse**

Persanais, aise → **Persan**

**Perse** (Proche-Orient) Persan, ane → Iran

Pérugin, ine → **Pérouse**

Péruvien, ienne → **Pérou**

Pétrifontain, aine → **Pierrefonds**

Pétruvien, ienne → **Saint-Pierre-sur-Dives**

**Pézenas** (Hérault) Piscénois, oise

**Phalsbourg** (Moselle) Phalsbourgeois, oise

**Phénicie** (Asie) Phénicien, ienne

**Philadelphie** (États-Unis) Philadelphien, ienne

**Philippines** (Insulinde) Philippin, ine*

**Phnom-Penh** (Cambodge) Phnompenhois, oise*

**Phocide** (Grèce) Phocidien, ienne ou Phocéen, éenne

**Phrygie** (Asie Mineure) Phrygien, ienne

**Picardie** (France) Picard, arde

Pictavien, ienne → **Poitiers**

Picto-Charentais, aise → **Poitou-Charentes**

**Piémont** (Italie) Piémontais, aise

**Pierrefitte-sur-Seine** (Seine-Saint-Denis) Pierrefittois, oise

**Pierrefonds** (Oise) Pétrifontain, aine

**Pierrelatte** (Drôme) Pierrelattin, ine

Pierrotin, ine → **Saint-Pierre**

Pisan, ane → **Pise**

Piscénois, oise → **Pézenas**

Pisciacais, aise → **Poissy**

**Pise** (Italie) Pisan, ane

**Pithiviers** (Loiret) Pithivérien, ienne

**Plaisance** (Italie) Placentin, ine

**Plouescat** (Finistère) Plouescatais, aise

**Plouha** (Côtes-d'Armor) Plouhatin, ine

**Pointe-à-Pitre** (Guadeloupe) Pointois, oise

**Poissy** (Yvelines) Pisciacais, aise

Poitevin, ine → **Poitou**

**Poitiers** (Vienne) Pictavien, ienne

**Poitou** (France) Poitevin, ine

**Poitou-Charentes** (France) Picto-Charentais, aise

**Poix-de-Picardie** (Somme) Poyais, aise

**Poligny** (Jura) Polinois, oise

**Pologne** (Europe) Polonais, aise*

**Polynésie** (Océanie) Polynésien, ienne

**Pompéi** (Italie) Pompéien, ienne

**Poncin** (Ain) Poncinois, oise

Pondinois, oise → **Pont-d'Ain**

Ponot, ote → **Le Puy-en-Velay**

**Pons** (Charente-Maritime) Pontois, oise

**Pont-à-Mousson** (Meurthe-et-Moselle) Mussipontain, aine

**Pontarlier** (Doubs) Pontissalien, ienne

**Pont-Audemer** (Eure) Pont-Audemérien, ienne

**Pontault-Combault** (Seine-et-Marne) Pontellois-Combalusien, Pontelloise-Combalusienne

**Pont-Aven** (Finistère) Pontaveniste

**Pont-d'Ain** (Ain) Pondinois, oise

**Pont-de-Chéruy** (Isère) Pontois, oise

**Pont-de-l'Arche** (Eure) Archepontain, aine

**Pont-en-Royans** (Isère) Pontois, oise

Pontépiscopien, ienne → **Pont-l'Évêque**

Pontissalien, ienne → **Pontarlier**

**Pontivy** (Morbihan) Pontivyen, yenne

**Pont-l'Abbé** (Finistère) Pont-l'Abbiste

**Pont-l'Évêque** (Calvados) Pontépiscopien, ienne

Pontois, oise → **Pons, Pont-de-Chéruy, Pont-en-Royans, Pont-Sainte-Maxence, Pont-sur-Yonne**

**Pontoise** (Val-d'Oise) Pontoisien, ienne

**Pontorson** (Manche) Pontorsonnais, aise

Pontrambertois, oise → **Saint-Just-Saint-Rambert**

**Pontrieux** (Côtes-d'Armor) Pontrivien, ienne

**Pont-Sainte-Maxence** (Oise) Maxipontain, aine ou Pontois, oise

**Pont-sur-Yonne** (Yonne) Pontois, oise

**Pornic** (Loire-Atlantique) Pornicais, aise

**Pornichet** (Loire-Atlantique) Pornichetain, aine

Portais, aise → **Port-Sainte-Marie**

**Port-au-Prince** (Haïti) Port-au-Princien, ienne*

**Port-Louis** (île Maurice) Port-Louisien, ienne*

**Porto-Novo** (Bénin) Porto-Novien, ienne*

**Porto Rico** (Amérique centrale) Portoricain, aine

**Port-Sainte-Marie** (Lot-et-Garonne) Portais, aise

**Port-Saint-Louis-du-Rhône** (Bouches-du-Rhône) Saint-Louisien, ienne

**Port-sur-Saône** (Haute-Saône) Portusien, ienne

**Portugal** (Europe) Portugais, aise*

Portusien, ienne → **Port-sur-Saône**

**Port-Vendres** (Pyrénées-Orientales) Port-Vendrais, aise

**Port-Vila** (Vanuatu) Port-Vilais, aise*

**Pouillon** (Landes) Pouillonnais, aise

Poyais, aise → **Poix-de-Picardie**

**Prades** (Pyrénées-Orientales) Pradéen, éenne

**Prague** (République tchèque) Pragois, oise ou Praguois, oise*

**Praia** (Cap-Vert) Praïen, ïenne*

**Prémery** (Nièvre) Prémerycois, oise

**Privas** (Ardèche) Privadois, oise

**Provence** Provençal, ale, aux

**Provins** (Seine-et-Marne) Provinois, oise

**Prusse** Prussien, ienne

**Puget-Théniers** (Alpes-Maritimes) Pugétais, aise

**Puiseaux** (Loiret) Puiseautin, ine

Le **Puy-en-Velay** (Haute-Loire) Ponot, ote

**Pyrénées** (France) Pyrénéen, éenne

**Pyrénées-Atlantiques** (France) Pyrénéen-Atlantique, Pyrénéenne-Atlantique

**Qatar** * ou **Katar** (Proche-Orient) Qatari [plur.] ou Qatarien, ienne*

**Québec** [province et ville] (Canada) Québécois, oise

Quercinois, oise → **Quercy**

Quercitain, aine → **Le Quesnoy**

**Quercy** (France) Quercinois, oise

Le **Quesnoy** (Nord) Quercitain, aine

**Quesnoy-sur-Deûle** (Nord) Quesnoysien, ienne

**Quiberon** (Morbihan) Quiberonnais, aise

**Quillan** (Aude) Quillanais, aise

**Quillebeuf-sur-Seine** (Eure) Quillebois, oise

**Quimper** (Finistère) Quimpérois, oise

**Quimperlé** (Finistère) Quimperlois, oise

Quimpérois, oise → **Quimper**

**Quito** (Équateur) Quiténien, ienne*

**Rabastens** (Tarn) Rabastinois, oise

**Rabat** (Maroc) Rabati* [invar.]

Radounaud, aude → **Oradour-sur-Glane**

Le **Raincy** (Seine-Saint-Denis) Raincéen, éenne

**Raismes** (Nord) Raismois, oise

Rambertois, oise → **Saint-Rambert-d'Albon**

**Rambervillers** (Vosges) Rambuvetais, aise

**Rambouillet** (Yvelines) Rambolitain, aine

Rambuvetais, aise → **Rambervillers**

**Ravenne** (Italie) Ravennate

île de **Ré** (Charente-Maritime) Rétais, aise

**Redon** (Ille-et-Vilaine) Redonnais, aise

Réginaburgien, ienne ou Réginaborgien, ienne → **Bourg-la-Reine**

**Reims** (Marne) Rémois, oise

**Remiremont** (Vosges) Romarimontain, aine

Rémois, oise → **Reims**

**Renazé** (Mayenne) Renazéen, éenne

**Rennes** (Ille-et-Vilaine) Rennais, aise

La **Réole** (Gironde) Réolais, oise

Restérien, ienne → **Retiers**

Rétais, aise → **île de Ré**

**Rethel** (Ardennes) Rethélois, oise

**Retiers** (Ille-et-Vilaine) Restérien, ienne

La **Réunion** (océan Indien) Réunionnais, aise

**Rhénanie** (Allemagne) Rhénan, ane

**Rhin** Rhénan, ane

Rhodanien, ienne → **Rhône**

**Rhodes** (Grèce) Rhodien, ienne

**Rhône** (France) Rhodanien, ienne

**Rhône-Alpes** (France) Rhône-Alpin, ine

**Ribeauvillé** (Haut-Rhin) Ribeauvillois, oise

Les **Riceys** (Aube) Riceton, one

**Riez** (Alpes-de-Haute-Provence) Riézois, oise

**Rif** (Maroc) Rifain, aine

**Rio de Janeiro** (Brésil) Carioca [invar. en genre]

**Riom** (Puy-de-Dôme) Riomois, oise

**Rive-de-Gier** (Loire) Ripagérien, ienne

**Rives** (Isère) Rivois, oise

**Rivesaltes** (Pyrénées-Orientales) Rivesaltais, aise

Rivois, oise → **Rives**

**Riyad** (Arabie saoudite) Riyadien, ienne*

**Roanne** (Loire) Roannais, aise

Le **Robert** (Martinique) Robertin, ine

La **Roche-Bernard** (Morbihan) Rochois, oise

**Rochechouart** (Haute-Vienne) Rochechouartais, aise

**Rochefort** (Charente-Maritime) Rochefortais, aise

Rochelais, aise → La **Rochelle,** La **Roche-Posay**

**Roche-la-Molière** (Loire) Rouchon, onne

La **Rochelle** (Charente-Maritime) Rochelais, aise

La **Roche-Posay** (Vienne) Rochelais, aise

La **Roche-sur-Yon** (Vendée) Yonnais, aise

Rochois, oise → La **Roche-Bernard**

**Rodez** (Aveyron) Ruthénois, oise

**Roissy-en-France** (Val-d'Oise) Roisséen, éenne

Romain, aine → **Rome**

Romarimain, aine → **Remiremont**

**Rome** (Italie) Romain, aine*

**Romorantin-Lanthenay** (Loir-et-Cher) Romorantinais, aise

**Rotterdam** (Pays-Bas) Rotterdamois, oise

**Roubaix** (Nord) Roubaisien, ienne

Rouchon, onne → **Roche-la-Molière**

**Rouen** (Seine-Maritime) Rouennais, aise

**Rouergue** (Loire) Rouergat, ate

**Rougé** (Loire-Atlantique) Rougéen, éenne

**Roumanie** (Europe) Roumain, aine*

**Roussillon** (Isère) Roussillonnais, aise

**Roussillon** (France) Roussillonnais, aise

**Royan** (Charente-Maritime) Royannais, aise

**Royaume-Uni** → **Grande-Bretagne**

**Roybon** (Isère) Roybonnais, aise

**Roye** (Somme) Royen, enne

**Royère** (Creuse) Royéraud, aude

**Rueil-Malmaison** (Hauts-de-Seine) Rueillois, oise

**Ruffec** (Charente) Ruffécois, oise

**Rumilly** (Haute-Savoie) Rumillien, ienne

**Russie** (Europe) Russe*

**Ruthénie** (Ukraine) Ruthénien, ienne ou Ruthène

Ruthénois, oise → **Rodez**

**Rwanda** (Afrique) Rwandais, aise*

**Saba** Sabéen, éenne

Les **Sables-d'Olonne** (Vendée) Sablais, aise

**Sablé-sur-Sarthe** (Sarthe) Sabolien, ienne

**Sabres** (Landes) Sabrais, aise

Sagranier, ière → **Salers**

**Sahara** (Afrique) Saharien, ienne

**Saint-Affrique** (Aveyron) Saint-Affricain, aine

**Saint-Agrève** (Ardèche) Saint-Agrèvois, oise

**Saint-Aignan-sur-Cher** (Loir-et-Cher) Saint-Aignanais, aise

Saintais, aise → **Saintes**

**Saint-Alvère** (Dordogne) Saint-Alvérois, oise

**Saint-Amand-en-Puisaye** (Nièvre) Amandinois, oise ou Amandois, oise

**Saint-Amand-les-Eaux** (Nord) Amandinois, oise

**Saint-Amand-Montrond** (Cher) Saint-Amandois, oise ou Amandin, ine

**Saint-André-de-Cubzac** (Gironde) Cubzaguais, aise

**Saint-André-de-l'Eure** (Eure) Andrésien, ienne

**Saint-André-les-Alpes** (Alpes-de-Haute-Provence) Saint-Andréen, éenne

**Saint-André-les-Vergers** (Aube) Dryat, Dryate

Saint-Andréen, éenne → **Saint-André-les-Alpes**

**Saint-Aubin-sur-Mer** (Calvados) Saint-Aubinais, aise

**Saint-Béat** (Haute-Garonne) Saint-Béatais, aise

**Saint-Benoît-du-Sault** (Indre) Bénédictin, ine

**Saint-Brieuc** (Côtes-d'Armor) Briochin, ine

**Saint-Calais** (Sarthe) Calaisien, ienne

**Saint-Céré** (Lot) Saint-Céréen, éenne

**Saint-Chamond** (Loire) Saint-Chamonais, aise

**Saint-Chinian** (Hérault) Saint-Chinianais, aise

**Saint-Christophe-et-Niévès** (Petites Antilles) Kitticien et Névicien, Kittitienne et Névicienne*

**Saint-Claude** (Jura) San-Claudien, ienne ou Sanclaudien, ienne

**Saint-Cloud** (Hauts-de-Seine) Clodoaldien, ienne

**Saint-Cyr-l'École** (Yvelines) Saint-Cyrien, ienne

**Saint-Denis** (Réunion) Dionysien, ienne

**Saint-Denis** (Seine-Saint-Denis) Dionysien, ienne

**Saint-Dié-des-Vosges** (Vosges) Déodatien, ienne

**Saint-Dizier** (Haute-Marne) Bragard, arde

**Saint-Domingue** [État] → [République] dominicaine

**Saint-Domingue** [ville] (République dominicaine) Dominguois, oise*

**Sainte-Croix** (Suisse) Sainte-Crix [invar.]

**Sainte-Foy** (Québec) Saint-Fidéen, éenne

**Sainte-Foy-la-Grande** (Gironde) Foyen, yenne

**Sainte-Foy-lès-Lyon** (Rhône) Fidésien, ienne

**Sainte-Lucie** (Petites Antilles) Lucien, ienne*

**Sainte-Menehould** (Marne) Ménéhildien, ienne

**Saintes** (Charente-Maritime) Saintais, aise

**Saintes-Marie-de-la-Mer** (Bouches-du-Rhône) Saintois, oise

Saint-Estevard, arde → **Saint-Étienne-en-Dévoluy**

**Saint-Étienne** (Loire) Stéphanois, oise

**Saint-Étienne-du-Rouvray** (Seine-Maritime) Stéphanais, aise

**Saint-Étienne-en-Dévoluy** (Hautes-Alpes) Saint-Estevard, arde

Saint-Fidéen, éenne → **Sainte-Foy**

**Saint-Florentin** (Yonne) Florentinois, oise

**Saint-Flour** (Cantal) Sanflorain, aine

**Saint-Fons** (Rhône) Saint-Foniard, iarde

**Saint-Fulgent** (Vendée) Saint-Fulgentais, aise

**Saint-Gall** (Suisse) Saint-Gallois, oise

**Saint-Gaudens** (Haute-Garonne) Saint-Gaudinois, oise

**Saint-Germain-des-Prés** (Paris) Germanopratin, ine

**Saint-Germain-en-Laye** (Yvelines) Saint-Germanois, oise

**Saint-Germain-Laval** (Loire) Germanois, oise

Saint-Germanois, oise → **Saint-Germain-en-Laye**

**Saint-Gilles** (Gard) Saint-Gillois, oise

**Saint-Gilles-Croix-de-Vie** (Vendée) Gillocrucien, ienne

Saint-Gillois, oise → **Saint-Gilles**

**Saint-Girons** (Ariège) Saint-Gironnais, aise

**Saint-Hyacinthe** (Québec) Maskoutain, aine

**Saint-Jean-Cap-Ferrat** (Alpes-Maritimes) Saint-Jeannois, oise

**Saint-Jean-d'Angély** (Charente-Maritime) Angérien, ienne

**Saint-Jean-de-la-Ruelle** (Loiret) Stéoruellan, ane

**Saint-Jean-de-Losne** (Côte-d'Or) Saint-Jean-de-Losnais, aise

**Saint-Jean-de-Luz** (Pyrénées-Atlantiques) Luzien, ienne

**Saint-Jean-de-Maurienne** (Savoie) Saint-Jeannais, aise

Saint-Jeannais, aise → **Saint-Jean-de-Maurienne, Saint-Jean-Pied-de-Port**

Saint-Jeannois, oise → **Saint-Jean-Cap-Ferrat**

**Saint-Jean-Pied-de-Port** (Pyrénées-Atlantiques) Saint-Jeannais, aise

**Saint-Julien-Chapteuil** (Haute-Loire) Saint-Julien, ienne

**Saint-Julien-du-Saut** (Yonne) Saltusien, ienne

**Saint-Julien-en-Genevois** (Haute-Savoie) Saint-Juliennois, oise

**Saint-Junien** (Haute-Vienne) Saint-Juniaud, iaude

Saint-Juraud, aude → **Saint-Just-en-Chevalet**

**Saint-Just-en-Chaussée** (Oise) Saint-Justois, oise

**Saint-Just-en-Chevalet** (Loire) Saint-Juraud, aude

Saint-Justois, oise → **Saint-Just-en-Chaussée**

**Saint-Just-Saint-Rambert** (Loire) Pontrambertois, oise

**Saint-Laurent** (Québec) Laurentien, ienne

**Saint-Laurent-de-Cerdans** (Pyrénées-Orientales) Laurentin, ine

**Saint-Laurent-de-Neste** (Hautes-Pyrénées) Saint-Laurentin, ine

**Saint-Laurent-du-Pont** (Isère) Laurentinois, oise

**Saint-Laurent-en-Grandvaux** (Jura) Grandvallier, ière

Saint-Laurentin, ine → **Saint-Laurent-de-Neste**

**Saint-Lô** (Manche) Saint-Lois, Saint-Loise ou Laudinien, ienne

Saint-Louisien, ienne → **Port-Saint-Louis-du-Rhône**

**Saint-Maixent-l'École** (Deux-Sèvres) Saint-Maixentais, aise

**Saint-Malo** (Ille-et-Vilaine) Malouin, ine

**Saint-Marcellin** (Isère) Saint-Marcellinois, oise

**Saint-Marin** [État et ville] (Europe) San-Marinais, aise ou Saint-Marinais, aise*

**Saint-Martin-de-Ré** (Charente-Maritime) Martinais, aise

**Saint-Martin-d'Hères** (Isère) Martinérois, oise

**Saint-Martin-Vésubie** (Alpes-Maritimes) Saint-Martinois, oise

**Saint-Mihiel** (Meuse) Saint-Mihielois, oise ou Sammiellois, oise

**Saint-Nazaire** (Loire-Atlantique) Nazairien, ienne

Saintois, oise → **Saintes-Marie-de-la-Mer**

Saint-Omer (Pas-de-Calais) Audomarois, oise

Saintonge (France) Saintongeais, aise

Saint-Ouen (Seine-Saint-Denis) Audonien, ienne

Saint-Ouen-l'Aumône (Val-d'Oise) Saint-Ouennais, oise

Saint-Paul ou Saint-Paul-de-Vence (Alpes-Maritimes) Saint-Paulois, oise

Saint-Paul-de-Fenouillet (Pyrénées-Orientales) Saint-Paulais, aise

Saint-Paul-Trois-Châteaux (Drôme) Tricastin, ine

Saint-Péray (Ardèche) Saint-Pérollais, aise

Saint-Pierrais, aise → Saint-Pierre-et-Miquelon

Saint-Pierre (Martinique) Pierrotin, ine

Saint-Pierre-des-Corps (Indre-et-Loire) Corpopétrussien, ienne

Saint-Pierre-et-Miquelon (océan Atlantique) Saint-Pierrais, aise et Miquelonnais, aise

Saint-Pierre-le-Moûtier (Nièvre) Saint-Pierrois, oise

Saint-Pierre-sur-Dives (Calvados) Pétruvien, ienne

Saint-Pierrois, oise → Saint-Pierre-le-Moûtier

Saint-Pol-de-Léon (Finistère) Saint-Politain, aine

Saint-Pol-sur-Ternoise (Pas-de-Calais) Saint-Polois, oise

Saint-Pons-de-Thomières (Hérault) Saint-Ponais, aise

Saint-Pourçain-sur-Sioule (Allier) Saint-Pourcinois, oise

Saint-Quentin (Aisne) Saint-Quentinois, oise

Saint-Rambert-d'Albon (Drôme) Rambertois, oise

Saint-Rémy-sur-Durolle (Puy-de-Dôme) Saint-Rémois, oise

Saint-Servan-sur-Mer (Ille-et-Vilaine) Saint-Servantin, ine ou Servannais, aise

Saint-Sever (Landes) Saint-Severin, ine

Saint-Tropez (Var) Tropézien, ienne

Saint-Valery-en-Caux (Seine-Maritime) Valériquais, aise

Saint-Valéry-sur-Somme (Somme) Valéricain, aine

Saint-Vallier (Drôme) Saint-Valliérois, oise

Saint-Vincent-et-les-Grenadines ou Saint-Vincent (Petites Antilles) Saint-Vincentais et Grenadin, Saint-Vincentaise et Grenadine ; Vincentais, aise*

Saint-Yrieix-la-Perche (Haute-Vienne) Arédien, ienne

Salers (Cantal) Sagranier, ière

Salies-de-Béarn (Pyrénées-Atlantiques) Salisien, ienne

Salins-les-Bains (Jura) Salinois, oise

Salisien, ienne → Salies-de-Béarn

Sallanches (Haute-Savoie) Sallanchard, arde

La Salle (Québec) Lasallois, oise

îles Salomon (Mélanésie) Salomonais, aise* ou Salomonien, ienne

Salonique (Grèce) Salonicien, ienne

Saltusien, ienne → Saint-Julien-du-Saut

Salvador (Amérique centrale) Salvadorien, ienne*

Samarie (Palestine) Samaritain, aine

Samien, ienne ou Samiote → Samos

Sammiellois, oise → Saint-Mihiel

Les Samoa (Polynésie) Samoen, enne*

Samoëns (Haute-Savoie) Septimontain, aine

Samos (Grèce) Samien, ienne ou Samiote

Sancerre (Cher) Sancerrois, oise

San-Claudien, ienne ou Sanclaudien, ienne → Saint-Claude

Sanflorain, aine → Saint-Flour

San-Marinais, aise → Saint-Marin

Santoméen, éenne → Sao Tomé-et-Principe

Saône-et-Loire (France) Saône-et-Loirien, ienne

Saõ Paulo (Brésil) Pauliste

Sao Tomé-et-Principe (océan Atlantique) Santoméen, éenne*

Saoudien, ienne → Arabie saoudite

Sarajevo (Bosnie-Herzégovine) Sarajévien, ienne*

Sardaigne (Italie) Sarde

Sarlat-la-Canéda (Dordogne) Sarladais, aise

Sarre (Allemagne) Sarrois, oise

Sarrebourg (Moselle) Sarrebourgeois, oise

Sarrebruck (Allemagne) Sarrebruckois, oise

Sarreguemines (Moselle) Sarregueminois, oise

Sarrois, oise → Sarre

Sartène (Corse-du-Sud) Sartenais, aise

Sarthe (France) Sarthois, oise

Saskatchewan (Canada) Saskatchewanais, aise

Saulieu (Côte-d'Or) Sédélocien, ienne

Saulxures-sur-Moselotte (Vosges) Saulxuron, onne

Saumur (Maine-et-Loire) Saumurois, oise

Sauveterrat, ate → Sauveterre-de-Rouergue

Sauveterre-de-Béarn (Pyrénées-Atlantiques) Sauveterrien, ienne

Sauveterre-de-Rouergue (Aveyron) Sauveterrat, ate

Sauveterrien, ienne → Sauveterre-de-Béarn

**Savenay** (Loire-Atlantique) Savenaisien, ienne

**Saverne** (Bas-Rhin) Savernois, oise

**Savigny-sur-Orge** (Essonne) Savinien, ienne

**Savoie** (France) Savoyard, arde ou Savoisien, ienne

**Saxe** (Allemagne) Saxon, onne

**Scandinavie** (Europe) Scandinave

**Sceaux** (Hauts-de-Seine) Scéen, éenne

**Seclin** (Nord) Seclinois, oise

**Sedan** (Ardennes) Sedanais, aise

Sédélocien, ienne → **Saulieu**

**Ségovie** (Espagne) Ségovien, ienne

**Segré** (Maine-et-Loire) Segréen, éenne

**Seine-et-Marne** (France) Seine-et-Marnais, aise

**Seine-Saint-Denis** (France) Séquano-Dyonisien, ienne

**Sélestat** (Bas-Rhin) Sélestadien, ienne

**Semur-en-Auxois** (Côte-d'Or) Semurois, oise

Sénan, ane → **Île-de-Sein**

Sénéçois, oise ou Sénécien, ienne → **Senez**

**Sénégal** (Afrique) Sénégalais, aise*

**Sénégambie** (Afrique) Sénégambien, ienne

**Senez** (Alpes-de-Haute-Provence) Sénéçois, oise ou Sénécien, ienne

**Senlis** (Oise) Senlisien, ienne

**Sens** (Yonne) Sénonais, aise

**Séoul** (Corée du Sud) Séoulien, ienne*

Septimontain, aine → **Samoëns**

Séquano-Dyonisien, ienne → **Seine-Saint-Denis**

**Serbie** (Europe) Serbe

Servannais, aise → **Saint-Servan-sur-Mer**

**Sète** (Hérault) Sétois, oise

**Seurre** (Côte-d'Or) Seurrois, oise

**Séverac-le-Château** (Aveyron) Séveragais, aise

**Séville** (Espagne) Sévillan, ane

**Sevran** (Seine-Saint-Denis) Sevranais, aise

**Sèvres** (Hauts-de-Seine) Sévrien, ienne

Les **Seychelles** (océan Indien) Seychellois, oise

**Sherbrooke** (Québec) Sherbrookois, oise

**Siam** (Asie) Siamois, oise → **Thaïlande**

**Sibérie** (Russie) Sibérien, ienne

**Sicile** (Italie) Sicilien, ienne

**Sienne** (Italie) Siennois, oise

**Sierra Leone** (Afrique) Sierraléonais, aise* ou Sierraléonien, ienne

**Silésie** (Pologne) Silésien, ienne

**Singapour** [État et ville] (Asie) Singapourien, ienne*

**Sissonne** (Aisne) Sissonnais, aise

**Sisteron** (Alpes-de-Haute-Provence) Sisteronais, aise

**Slovaquie** (Europe) Slovaque*

**Slovénie** (Europe) Slovène*

**Smyrne** [auj. Izmir] (Turquie) Smyrniote

**Sochaux** (Doubs) Sochalien, ienne

**Sofia** (Bulgarie) Sofiote*

**Soignies** (Belgique) Sonégien, ienne

Soiséen, éenne → **Soisy-sous-Montmorency**

**Soissons** (Aisne) Soissonnais, aise

**Soisy-sous-Montmorency** (Val-d'Oise) Soiséen, éenne

**Solesmes** (Nord) Solesmois, oise

**Solesmes** (Sarthe) Solesmien, ienne

Solesmois, oise → **Solesmes (Nord)**

**Soleure** (Suisse) Soleurois, oise

**Solliès-Pont** (Var) Solliès-Pontois, oise

**Sologne** (France) Solognot, ote

**Solre-le-Château** (Nord) Solrézien, ienne

**Somalie** (Afrique) Somalien, ienne*

**Sommières** (Gard) Sommiérois, oise

Sonégien, ienne → **Soignies**

**Sore** (Landes) Sorien, ienne

**Sospel** (Alpes-Maritimes) Sospellois, oise

Sostranien, ienne → **La Souterraine**

**Soudan** (Afrique) Soudanais, aise*

**Soudan du Sud** (Afrique) Sud-Soudanais, aise

**Souillac** (Lot) Souillagais, aise

**Sourdeval** (Manche) Sourdevalais, aise

**Sousse** (Tunisie) Soussien, ienne

La **Souterraine** (Creuse) Sostranien, ienne

Soviétique → **Union Soviétique**

**Spa** (Belgique) Spadois, oise

Sparnacien, ienne → **Épernay**

**Sparte** ou **Lacédémone** (Grèce) Spartiate ; Lacédémonien, ienne

Spinalien, ienne → **Épinal**

Spiripontain, aine → **Pont-Saint-Esprit**

**Sri Lanka** (Asie) Sri Lankais, aise ou Srilankais, aise*

**Stains** (Seine-Saint-Denis) Stanois, oise

Stambouliote → **Istambul**

Stéoruellan, ane → **Saint-Jean-de-la-Ruelle**

Stéphanais, aise → **Saint-Étienne-du-Rouvray**

Stéphanois, oise → **Saint-Étienne**

**Stockholm** (Suède) Stockholmois, oise*

**Strasbourg** (Bas-Rhin) Strasbourgeois, oise

Sudafricain, aine → **Afrique du Sud**

Sud-Américain, aine → **Amérique du Sud**

Sud-Coréen, éenne → **Corée du Sud**

Sud-Soudanais, aise → **Soudan du Sud**

**Sud-Viêtnam** (Asie) Sud-Vietnamien, ienne

**Suède** (Europe) Suédois, oise*
**Suisse** (Europe) Suisse, Suissesse*
**Sully-sur-Loire** (Loiret) Sullylois, oise
**Sumène** (Gard) Suménois, oise
**Sumer** (Mésopotamie) Sumérien, ienne
**Suriname*** ou **Surinam** (Amérique du Sud) Surinamien, ienne* ou Surinamais, aise
**Swaziland** (Afrique) Swazi, ie*
**Sydney** (Australie) Sydnéen, éenne
**Syracuse** (Sicile) Syracusain, aine
**Syrie** (Proche-Orient) Syrien, ienne*
**Tadjikistan** (Asie) Tadjik, e*
**Tahiti** (Polynésie) Tahitien, ienne
**Taïwan** (Asie) Taïwanais, aise
**Talmont-Saint-Hilaire** (Vendée) Talmondais, aise
**Tananarive** → **Antananarivo**
**Tanzanie** (Afrique) Tanzanien, ienne*
**Tarare** (Rhône) Tararien, ienne
**Tarascon** (Bouches-du-Rhône) Tarasconnais, aise
**Tarbes** (Hautes-Pyrénées) Tarbais, aise
**Tarente** (Italie) Tarentin, ine
**Tarn** (France) Tarnais, aise
**Tartas** (Landes) Tarusate
**Tasmanie** (Australie) Tasmanien, ienne
**Taulé** (Finistère) Taulésien, ienne
**Tchad** (Afrique) Tchadien, ienne*
**Tchécoslovaquie** (Europe) Tchécoslovaque ou Tchèque → [République] tchèque, Slovaquie
République **tchèque** (Europe) Tchèque*
**Tchèque** → République **tchèque, Tchécoslovaquie**
**Tchétchénie** (Russie) Tchétchène
**Tchouvachie** (Russie) Tchouvache
**Téhéran** (Iran) Téhéranais, aise*
**Tel-Aviv** (Israël) Telavivien, ienne*
**Tence** (Haute-Loire) Tençois, oise
**Tende** (Alpes-Maritimes) Tendasque
**Tergnier** (Aisne) Ternois, oise
**Terrasson-la-Villedieu** (Dordogne) Terrassonnais, aise
**Terre de Feu** (Amérique du Sud) Fuégien, ienne
**Terre-Neuve** (Canada) Terre-Neuvien, ienne
La **Teste** (Gironde) Testerin, ine
**Texas** (États-Unis) Texan, ane
**Thaïlande** (Asie) Thaïlandais, aise*
**Thann** (Haut-Rhin) Thannois, oise
**Thèbes** (Grèce) Thébain, aine
**Théoule-sur-Mer** (Alpes-Maritimes) Théoulien, ienne
**Thessalie** (Grèce) Thessalien, ienne
**Theux** (Belgique) Theutois, oise
**Thiais** (Val-de-Marne) Thiaisien, ienne
**Thiers** (Puy-de-Dôme) Thiernois, oise

Le **Thillot** (Vosges) Thillotin, ine
**Thionville** (Moselle) Thionvillois, oise
**Thiron-Gardais** (Eure-et-Loir) Thironnais, aise
**Thonon-les-Bains** (Haute-Savoie) Thononais, aise
**Thouars** (Deux-Sèvres) Thouarsais, aise
**Thrace** (Europe) Thrace
**Thuir** (Pyrénées-Orientales) Thuirinois, oise
**Tibet** (Asie) Tibétain, aine
**Tirana** (Albanie) Tiranais, aise*
**Togo** (Afrique) Togolais, aise*
**Tokyo** (Japon) Tokyote* ou Tokyoïte
Les **Tonga** (Océanie) Tongien, ienne* ou Tongan, ane
**Tonkin** (Viêtnam) Tonkinois, oise
**Tonneins** (Lot-et-Garonne) Tonneinquais, aise
**Tonnerre** (Yonne) Tonnerrois, oise
**Toronto** (Ontario) Torontois, oise
**Toscane** (Italie) Toscan, ane
**Toul** (Meurthe-et-Moselle) Toulois, oise
**Toulon** (Var) Toulonnais, aise
**Toulouse** (Haute-Garonne) Toulousain, aine
Le **Touquet-Paris-Plage** (Pas-de-Calais) Touquettois, oise
La **Tour-du-Pin** (Isère) Turripinois, oise
**Touraine** (France) Tourangeau, Tourangelle
**Tourcoing** (Nord) Tourquennois, oise
**Tournai** (Belgique) Tournaisien, ienne
**Tournon-sur-Rhône** (Ardèche) Tournonais, aise
**Tournus** (Saône-et-Loire) Tournusien, ienne
**Tourouvre** (Orne) Tourouvrain, aine
Tourquennois, oise → **Tourcoing**
**Tours** (Indre-et-Loire) Tourangeau, Tourangelle
Le **Trait** (Seine-Maritime) Traiton, onne
**Transylvanie** (Roumanie) Transylvain, aine ou Transylvanien, ienne
**Trappes** (Yvelines) Trappiste
Trécorrois, oise → **Tréguier**
**Trégastel** (Côtes-d'Armor) Trégastellois, oise
**Tréguier** (Côtes-d'Armor) Trégorrois, oise ou Trécorrois, oise
**Treignac** (Corrèze) Treignacois, oise
**Trélon** (Nord) Trélonais, aise
La **Tremblade** (Charente-Maritime) Trembladais, aise
**Trèves** (Allemagne) Trévire ou Trévère
**Trévise** (Italie) Trévisan, ane
**Trévoux** (Ain) Trévoltien, ienne
Tricastin, ine → **Saint-Paul-Trois-Châteaux**
**Trieste** (Italie) Triestin, ine
Trifluvien, ienne → **Trois-Rivières**

**Trinité-et-Tobago** (Petites Antilles) Trinidadien, ienne*

**Tripoli** (Lybie) Tripolitain, aine*

**Troie** (Asie Mineure) Troyen, yenne

**Trois-Rivières** (Québec) Trifluvien, ienne

Tropézien, ienne → **Saint-Tropez**

**Trouville-sur-Mer** (Calvados) Trouvillais, aise

Troyen, yenne → **Troie, Troyes**

**Troyes** (Aube) Troyen, yenne

**Tulle** (Corrèze) Tulliste

**Tunis** (Tunisie) Tunisois, oise*

**Tunisie** (Afrique) Tunisien, ienne*

Tunisois, oise → **Tunis**

Turc, Turque → **Turquie**

**Turin** (Italie) Turinois, oise

**Turkménistan** (Asie) Turkmène*

**Turquie** (Proche-Orient) Turc, Turque*

Turripinois, oise → **La Tour-du-Pin**

**Tuvalu** (océan Pacifique) Tuvalais, aise* ou Tuvaluan, ane

**Tyr** (Phénicie) Tyrien, ienne

**Tyrol** (Autriche) Tyrolien, ienne

**Ugine** (Savoie) Uginois, oise

**Ukraine** (Europe) Ukrainien, ienne*

**Union Soviétique** ou **URSS** Soviétique

**Uruguay** (Amérique du Sud) Uruguayen, yenne*

**Ussel** (Corrèze) Ussellois, oise

**Ustaritz** (Pyrénées-Atlantiques) Uztaritz-tarrak [invar. en genre]

**Utelle** (Alpes-Maritimes) Utellien, ienne

**Uzel** (Côtes-d'Armor) Uzellois, oise

**Uzerche** (Corrèze) Uzerchois, oise

**Uzès** (Gard) Uzétien, ienne

Uztaritztarrak → **Ustaritz**

**Vailly-sur-Aisne** (Aisne) Vaillicien, ienne

**Vaison-la-Romaine** (Vaucluse) Vaisonnais, aise

**Valachie** (Roumanie) Valache

**Valais** (Suisse) Valaisan, ane ou anne

**Val-de-Marne** (France) Val-de-Marnais, aise

**Val-d'Oise** (France) Val-d'Oisien, ienne

Valdôtain, aine → **Vallée d'Aoste**

**Valençay** (Indre) Valencéen, éenne

**Valence** (Drôme) Valentinois, oise

Valencéen, éenne → **Valençay**

**Valenciennes** (Nord) Valenciennois, oise

Valentinois, oise → **Valence**

Valéricain, aine → **Saint-Valéry-sur-Somme**

Valériquais, aise → **Saint-Valery-en-Caux**

**Vallauris** (Alpes-Maritimes) Vallaurien, ienne

**Valmont** (Seine-Maritime) Valmontais, aise

**Valognes** (Manche) Valognais, aise

**Valréas** (Vaucluse) Valréassien, ienne

**Vancouver** (Colombie-Britannique) Vancouvérois, oise

**Vannes** (Morbihan) Vannetais, aise

**Vanuatu** (Mélanésie) Vanuatuais, aise* ou Vanuatuan, ane

**Var** (France) Varois, oise

**Varennes-sur-Allier** (Allier) Varennois, oise

Varois, oise → **Var**

**Varsovie** (Pologne) Varsovien, ienne*

**Vaucluse** (France) Vauclusien, ienne

canton de **Vaud** (Suisse) Vaudois, oise

**Vauvert** (Gard) Vauverdois, oise

Védrarien, ienne → **Verrières-le-Buisson**

**Velay** (France) Vellave

**Vence** (Alpes-Maritimes) Vençois, oise

**Vendée** (France) Vendéen, éenne

**Vendôme** (Loir-et-Cher) Vendômois, oise

**Venezuela** ou **Vénézuéla*** (Amérique du Sud) Vénézuélien, ienne* ou Vénézolan, ane

**Venise** (Italie) Vénitien, ienne

**Verdun** (Meuse) Verdunois, oise

**Verdun-sur-le-Doubs** (Saône-et-Loire) Verdunois, oise

**Vergt** (Dordogne) Vernois, oise

**Vermand** (Aisne) Vermandois, oise

**Vermont** (États-Unis) Vermontois, oise

**Verneuil-sur-Avre** (Eure) Vernolien, ienne

Vernois, oise → **Vergt**

Vernolien, ienne → **Verneuil-sur-Avre**

**Vernon** (Eure) Vernonnais, aise

**Vernoux-en-Vivarais** (Ardèche) Vernou-sain, aine

**Vérone** (Italie) Véronais, aise

**Verrières-le-Buisson** (Essonne) Verrié-rois, oise ou Védrarien, ienne

**Versailles** (Yvelines) Versaillais, aise

**Vertou** (Loire-Atlantique) Vertavien, ienne

**Vervins** (Aisne) Vervinois, oise

Le **Vésinet** (Yvelines) Vésigondin, ine

**Vesoul** (Haute-Saône) Vésulien, ienne

**Vevey** (Suisse) Veveysan, ane

**Vézelay** (Yonne) Vézélien, ienne

**Vibraye** (Sarthe) Vibraysien, ienne

**Vic-en-Bigorre** (Hautes-Pyrénées) Vicquois, oise

**Vicence** (Italie) Vicentin, ine

**Vic-Fezensac** (Gers) Vicois, oise

**Vichy** (Allier) Vichyssois, oise

**Vic-le-Comte** (Puy-de-Dôme) Vicomtois, oise

**Vico** (Corse-du-Sud) Vicolais, aise

Vicois, oise → **Vic-Fezensac, Vic-sur-Cère**

Vicolais, aise → **Vico**

Vicomtois, oise → **Vic-le-Comte**

Vicquois, oise → **Vic-en-Bigorre**

**Vic-sur-Cère** (Cantal) Vicois, oise

**Vienne** (Autriche) Viennois, oise*
**Vienne** (Isère) Viennois, oise
**Vientiane** (Laos) Vientianais, aise*
**Vierzon** (Cher) Vierzonnais, aise
**Vietnam\*** ou **Viêtnam\*** (Asie) Vietnamien, ienne*
Le **Vigan** (Gard) Viganais, aise
**Vigeois** (Haute-Vienne) Vigeoyeux, euse
**Vigneux-sur-Seine** (Essonne) Vigneusien, ienne
**Villandraut** (Gironde) Villandrautais, aise
**Villard-de-Lans** (Isère) Villardien, ienne
Villarois, oise → **Villers-lès-Nancy**
**Villefort** (Lozère) Villefortais, aise
**Villefranche-de-Lauragais** (Haute-Garonne) Villefranchois, oise
**Villefranche-de-Rouergue** (Aveyron) Villefranchois, oise
**Villefranche-sur-Saône** (Rhône) Caladois, oise
Villefranchois, oise → **Villefranche-de-Lauragais, Villefranche-de-Rouergue**
**Villejuif** (Val-de-Marne) Villejuifois, oise
**Villemomble** (Seine-Saint-Denis) Villemomblois, oise
**Villemur** (Haute-Garonne) Villemurien, ienne
**Villeneuve-la-Garenne** (Hauts-de-Seine) Villenogarennois, oise
**Villeneuve-sur-Lot** (Lot-et-Garonne) Villeneuvois, oise
**Villeneuve-sur-Yonne** (Yonne) Villeneuvien, ienne
Villeneuvois, oise → **Villeneuve-sur-Lot**
Villenogarennois, oise → **Villeneuve-la-Garenne**
**Villepinte** (Seine-Saint-Denis) Villepintois, oise
Villérier, ière → **Villers-le-Lac**
**Villers-Cotterêts** (Aisne) Cotterézien, ienne
**Villers-le-Lac** (Doubs) Villérier, ière
**Villers-lès-Nancy** (Meurthe-et-Moselle) Villarois, oise
**Villers-Saint-Paul** (Oise) Villersois, oise
**Villerupt** (Meurthe-et-Moselle) Villeruptien, ienne
**Villeurbanne** (Rhône) Villeurbannais, aise
**Vimoutiers** (Orne) Vimonastérien, ienne
**Vimy** (Pas-de-Calais) Vimynois, oise
**Vinça** (Pyrénées-Orientales) Vinçanais, aise
**Vincennes** (Val-de-Marne) Vincennois, oise
**Vire** (Calvados) Virois, oise
**Viroflay** (Yvelines) Viroflaysien, ienne

Virois, oise → **Vire**
**Vitré** (Ille-et-Vilaine) Vitréen, éenne
Vitriot, iote → **Vitry-sur-Seine**
**Vitry-le-François** (Marne) Vitryat, ate
**Vitry-sur-Seine** (Val-de-Marne) Vitriot, iote
**Viviers** (Ardèche) Vivarois, oise
**Vizille** (Isère) Vizillois, oise
Vogladien, ienne → **Vouillé**
**Voiron** (Isère) Voironnais, aise
Voltaïque → **Haute-Volta**
**Volvic** (Puy-de-Dôme) Volvicois, oise
**Vosges** (France) Vosgien, ienne
**Vouillé** (Vienne) Vouglaisien, ienne ou Vogladien, ienne
**Vouvray** (Indre-et-Loire) Vouvrillon, onne
**Vouziers** (Ardennes) Vouzinois, oise
îles **Wallis-et-Futuna** (Polynésie) Wallisien, ienne et Futunien, ienne
**Wallonie** (Belgique) Wallon, onne
**Washington** (États-Unis) Washingtonien, ienne*
**Wasselonne** (Bas-Rhin) Wasselonnais, aise
**Wassy** (Haute-Marne) Wasseyen, yenne
**Wattignies** (Nord) Wattignisien, ienne
**Wattrelos** (Nord) Wattrelosien, ienne
**Winnipeg** (Canada) Winnipeguois, oise
**Wissembourg** (Bas-Rhin) Wissembourgeois, oise
**Wurtenberg** (Allemagne) Wurtembergeois, oise
**Yamoussoukro** (Côte d'Ivoire) Yamoussoukrois, oise*
**Yaoundé** (Cameroun) Yaoundéen, éenne*
**Yémen** (Arabie) Yéménite
**Yenne** (Savoie) Yennois, oise
**Yerres** (Essonne) Yerrois, oise
Yonnais, aise → **La Roche-sur-Yon**
**Yonne** (France) Icaunais, aise
**Yssingeaux** (Haute-Loire) Yssingelais, aise
**Yvelines** (France) Yvelinois, oise
**Yvetot** (Seine-Maritime) Yvetotais, aise
**Yzeure** (Allier) Yzeurien, ienne
**Zagreb** (Croatie) Zagrébois, oise*
**Zaïre** (Afrique) Zaïrois, oise → Congo [république démocratique du]
**Zambie** (Afrique) Zambien, ienne*
**Zélande** (Pays-Bas) Zélandais, aise
**Zicavo** (Corse-du-Sud) Zicavais, aise
**Zimbabwe** ou **Zimbabwé\*** (Afrique) Zimbabwéen, éenne*
**Zurich** (Suisse) Zurichois, oise

# NOMS PROPRES

# A

Alvar **Aalto** ▪ Architecte et urbaniste finlandais (1898-1976). Son style à la fois libre, rigoureux et dépouillé, son sens de l'intégration des constructions au paysage en font l'un des grands représentants du renouvellement architectural du XXe siècle, avec F. L. Wright.

**Aar** ou **Aare** n. m. ▪ Rivière de Suisse, affluent du Rhin. 295 km.

**Aaron** ▪ Bible Frère de Moïse.

**Abadān** ▪ Port d'Iran, sur le golfe Persique. Env. 100 000 habitants.

Claudio **Abbado** ▪ Chef d'orchestre italien (1933-2014). Directeur de la Scala de Milan, puis successeur de Karajan à la tête de l'Orchestre philharmonique de Berlin jusqu'en 2002.

Ferhat **Abbas** ▪ Homme politique algérien (1899-1985). Fondateur de l'Union populaire algérienne (1938). Exilé, il fut le premier président du gouvernement provisoire de la République algérienne, au Caire (1958-1961).

Mahmoud **Abbas** ▪ Homme politique palestinien (né en 1935). Premier ministre en 2003, il succéda à Yasser Arafat à la tête de l'O. L. P. (2004) et comme président de l'Autorité palestinienne (2005).

**Abbas Ier le Grand** ▪ (1571-1629) Chah de Perse de 1587 à sa mort. Le plus célèbre des Safavides.

les **Abbassides** ▪ Dynastie de 37 califes arabes qui régna à Bagdad de 750 à 1258.

**Abbeville** ▪ Chef-lieu d'arrondissement de la Somme. 24 104 habitants.

**A. B. C.** *(American Broadcasting Company)* ▪ Réseau américain de télévision créé en 1943.

**Abdallah II** ▪ Souverain de Jordanie (né en 1962). Il a succédé à son père Hussein en 1999.

**Abd el-Kader** ▪ Émir algérien (1807-1883). Chef de la résistance aux Français (1832-1847) lors de la conquête de l'Algérie. Penseur religieux.

**Abd el-Krim** ▪ Nationaliste marocain (1882-1963). Il dirigea la lutte contre les Espagnols et les Français (guerre du Rif).

**Abdias** ▪ relig. Prophète biblique, à qui est attribué le plus court des livres de la Bible.

Abe Kimifusa, dit **Abe Kōbō** ▪ Écrivain japonais (1924-1993). Poèmes, pièces de théâtre, romans *(La Face d'un autre ; Secret Rendez-vous).*

**Abel** ▪ Bible Fils d'Adam, tué par son frère aîné Caïn.

Niels **Abel** ▪ Mathématicien norvégien (1802-1829). Créateur de la théorie des intégrales elliptiques.

Pierre **Abélard** ▪ Théologien et philosophe français (1079-1142). Célèbre pour ses amours tragiques avec Héloïse.

**Aberdeen** ▪ Ville d'Écosse, sur la mer du Nord. 211 900 habitants.

l'**Aber Wrac'h** ▪ Aber (ou ria) de la côte du Finistère, près de Lannilis. 34 km. ► la **côte des Abers,** région côtière, sur la Manche, au nord de Brest, où se trouvent les trois abers : l'Aber Wrac'h, l'Aber Benoît et l'Aber Ildut.

**Abidjan** ▪ Ville principale de la Côte d'Ivoire. 2 millions d'habitants. Port. Anc. capitale.

l'**Abkhazie** n. f. ▪ République autonome de Géorgie (reconnue comme république indépendante par la Russie en 2008). 8 600 km². 538 000 habitants. Capitale : Soukhoumi.

**Abou Dhabi** ▪ Le plus important des Émirats arabes unis. 67 600 km². 1,4 million d'habitants. ► **Abou Dhabi,** sa capitale (700 000 habitants), est aussi la capitale fédérale des Émirats.

**Aboukir** ▪ Localité d'Égypte où Nelson vainquit une escadre française en 1798.

**Abou Simbel** ▪ Site archéologique d'Égypte. Temples déplacés lors de la construction du barrage d'Assouan.

Edmond **About** ▪ Écrivain et journaliste français (1828-1885). Auteur dramatique, pamphlétaire ; romans satiriques.

**Abraham** ▪ Patriarche de la Bible. Ancêtre des Arabes et des Juifs.

les **Abruzzes** ▪ Montagnes calcaires d'Italie centrale. Région administrative 10 794 km². 1,26 million d'habitants. Chef-lieu : L'Aquila.

**Absalon** ou **Absalom** ▪ Dans la Bible, un des fils du roi David. Il tenta de détrôner son père, mais fut finalement vaincu par le général de David, Joab. Outrepassant les ordres du roi, ce dernier tua le rebelle dont la longue chevelure s'était prise dans les branches d'un arbre.

**Abu Bakr** ▪ Beau-père et successeur de Mahomet (v. 573-634).

**Abuja** ▪ Capitale du Nigeria. 664 300 habitants.

**Abydos** ▪ Site archéologique d'Égypte.

l'**Abyssinie** n. f. ▪ Anc. nom de l'Éthiopie.

l'**Académie française** ▪ Société créée en 1635 par Richelieu. Elle compte 40 membres, chargés de veiller sur les lettres et la langue françaises.

l'**Acadie** n. f. ▪ Ancienne province du Canada français. Elle correspond aujourd'hui à la Nouvelle-Écosse et au Nouveau-Brunswick.

**Acapulco** ▪ Ville du Mexique, sur le Pacifique. 673 500 habitants. Station balnéaire.

**Accra** ▪ Capitale et port du Ghana. 1 million d'habitants.

**Achab** ▪ Roi d'Israël de 874 à 853 avant J.-C. Allié à Tyr, il laissa sa femme Jézabel favoriser le culte de Baal, ce qui lui valut une réputation d'impiété ; la Bible lui oppose le prophète Élie.

les **Achéens** ▪ Peuple indo-européen qui s'établit en Grèce au II$^e$ millénaire avant J.-C. (civilisation de Mycènes).

les **Achéménides** ▪ Dynastie perse qui régna de 550 à 330 avant J.-C.

l'**Achéron** n. m. ▪ mythol. grecque Fleuve des Enfers.

**Achgabat,** anc. **Achkhabad** ▪ Capitale du Turkménistan. 604 700 habitants.

**Achille** ▪ Héros de l'*Iliade*. Vainqueur d'Hector dans la guerre de Troie.

**Açoka** ou **Ashoka** ▪ Souverain indien du Maghada (actuel Bihar) qui étendit l'empire de la dynastie maurya sur la plus grande partie de l'Inde et de l'Afghanistan entre 261 et 227 avant J.-C. Son règne est connu grâce à des inscriptions sur pierre qui relatent sa conversion au bouddhisme et portent le texte de ses édits tendant à pacifier le royaume.

l'**Aconcagua** n. m. ▪ Point culminant des Andes (Argentine). 6 960 m.

les **Açores** n. f. ▪ Archipel portugais de l'océan Atlantique. 2 247 km². 243 000 habitants. Capitale : Ponta Delgada.

l'**Acropole** n. f. ▪ Citadelle d'Athènes. Monuments antiques, dont le Parthénon.

l'**Actéon** ▪ mythol. grecque À Thèbes, chasseur qui surprit Artémis dans son bain et qui, transformé en cerf par la déesse, fut dévoré par ses propres chiens.

**Actes des apôtres** ▪ relig. Texte du Nouveau Testament qui retrace l'histoire des premiers chrétiens. Attribué à l'auteur de l'évangile de Luc, le livre fait partie de la Bible chrétienne.

l'**Action française** ▪ Mouvement d'extrême droite, nationaliste et antiparlementaire créé par Charles Maurras* au moment de l'affaire Dreyfus*.

**Actium** ▪ Promontoire de Grèce (côte ouest). Victoire navale d'Octave sur Antoine et Cléopâtre (31 avant J.-C.).

l'**Actors Studio** ▪ École d'art dramatique, fondée à New York en 1947. Les acteurs y sont incités à trouver en eux-mêmes, et non dans leur personnage, la vérité de leur jeu.

**Adad** ▪ relig. Dieu de l'Orage et de la Fertilité, un des plus importants dieux akkadiens, connu sous le nom de Teshub chez les Hourrites et les Hittites ; chez les Araméens et les Cananéens, Hadad est plus généralement désigné comme Ba'al, « seigneur ».

**Adam** ▪ Bible Le premier homme.

**Adam de la Halle** ▪ Trouvère et musicien français (v. 1240-v. 1285). *Le Jeu de la feuillée ; le Jeu de Robin et Marion.*

**Addis-Abeba** ou **Addis Abeba** ▪ Capitale de l'Éthiopie. 2,7 millions d'habitants.

**Adélaïde** ▪ Ville d'Australie. 1,1 million d'habitants.

la terre **Adélie** ▪ Possession française de l'Antarctique (terres Australes). 432 000 km².

**Aden** ▪ Port du Yémen. 589 000 habitants.

Konrad **Adenauer** ▪ Homme politique (démocrate-chrétien) allemand (1876-1967). Premier chancelier de la R. F. A., de 1949 à 1963.

Clément **Ader** ▪ Ingénieur français, pionnier de l'aviation (1841-1925). Il inventa le mot *avion.*

l'**Adige** n. m. ▪ Fleuve d'Italie du Nord. 410 km. Région du Haut-Adige. → **Trentin-Haut-Adige.**

l'**Adjarie** n. f. ▪ République autonome de Géorgie. 3 000 km². 378 800 habitants. Capitale : Batoumi.

Alfred **Adler** ▪ Médecin et psychologue autrichien (1870-1937). Élève de Freud, il s'en sépara pour promouvoir une théorie psychologique fondée sur la compensation du sentiment d'infériorité.

**Adonis** ▪ mythol. grecque Dieu de la Végétation.

Ali Ahmad Saïd Esber, dit **Adonis** ▪ Poète et essayiste libanais de langue arabe (né en 1930). *Chants de Mihyar le Damascène ; Célébrations.*

Theodor **Adorno** ▪ Philosophe et musicologue allemand (1903-1969).

l'**Adour** n. m. ▪ Fleuve du sud-ouest de la France. 335 km.

l'**Adriatique** n. f. ▪ Mer située entre l'Italie et la péninsule balkanique.

Endre **Ady** ▪ Poète hongrois (1877-1919). Son œuvre met au service d'un lyrisme marqué par Baudelaire et par Verlaine une langue d'une très grande richesse. *Sang et or ; À la tête des morts.*

les **Afars** ▪ Peuple d'Éthiopie.

l'**Afghanistan** n. m. ■ État d'Asie centrale. 652 088 km². 26,5 millions d'habitants. Capitale : Kaboul.

**A. F. N. O. R.** ■ « Association française de normalisation », créée en 1926. Elle fait partie du Comité européen de normalisation (C. E. N.) et de l'Organisation internationale de normalisation (I. S. O.).

**A. F. P.,** Agence France-Presse ■ Agence de presse française, créée en 1944.

l'**Afrique** n. f. ■ Une des cinq parties du monde. 30,3 millions de km². 1,07 milliard d'habitants.

l'**Afrique du Sud** n. f. ■ État d'Afrique australe. 1 221 037 km². 50,5 millions d'habitants. Capitale administrative : Pretoria ; capitale législative : Le Cap.

**Agadir** ■ Port du Maroc, sur l'Atlantique. 346 100 habitants.

**Agamemnon** ■ Chef des Grecs pendant la guerre de Troie, dans *l'Iliade*. Il sacrifia sa fille Iphigénie pour obtenir la faveur des dieux.

**Agar** ou **Hagar** ■ Dans la Bible, servante égyptienne d'Abraham à qui elle donne un fils, Ismaël. Elle est chassée dans le désert à cause de la jalousie de l'épouse de son maître, Sarah. La tradition musulmane fait d'Ismaël l'ancêtre des Arabes.

**Agde** ■ Ville de l'Hérault. 23 999 habitants. Port à l'intersection de l'Hérault et du Canal du Midi. Station balnéaire au Cap-d'Agde.

**Agen** ■ Chef-lieu du Lot-et-Garonne. 33 620 habitants.

**Aggée** ■ relig. Prophète biblique, à qui est attribué l'un des livres de la Bible (Ancien Testament).

**Agha Khan** ■ Titre porté par l'imam des ismaéliens (secte nizarite) depuis 1880. ► Karim **Agha Khan IV** (né en 1936) porte le titre depuis 1957.

Samuel Joseph **Agnon** ■ Écrivain israélien de langue hébraïque (1888-1970). Il allie dans ses récits le réalisme social et le symbolisme religieux.

Marie de Flavigny, comtesse d'**Agoult** ■ Écrivaine française (1805-1876). Mariée au comte d'Agoult, elle fut la compagne de Liszt, dont elle eut trois enfants (Cosima épousa Wagner). Elle publia sous le nom de Daniel Stern.

**Agra** ■ Ville d'Inde (Uttar Pradesh). 1,3 million d'habitants. Mausolée du Tāj Mahal.

**Agrigente,** en italien **Agrigento** ■ Ville d'Italie, en Sicile. 54 600 habitants. Temples grecs (VIᵉ-Vᵉ s. avant J.-C.).

**Agrippine** la Jeune ■ Princesse romaine (16-59). Mère de Néron et femme de Claude.

**Ahasvérus** ■ folklore Nom donné au « Juif errant », qui aurait été condamné à errer sans fin pour avoir maltraité Jésus. Cette légende chrétienne malveillante à l'égard des juifs a inspiré de nombreux écrivains et artistes.

Bertie **Ahern** ■ Homme politique irlandais (né en 1951). Premier ministre de la république d'Irlande de 1997 à 2008.

Mahmoud **Ahmadinejad** ■ Homme politique iranien (né en 1956). Ultraconservateur. Maire de Téhéran, de 2003 à 2005, il fut président de la République islamique d'Iran entre 2005 et 2013.

**Ahmedabad** ■ Ville du nord-ouest de l'Inde (Gujarat). 4,5 millions d'habitants.

**Ahriman,** en persan **Angra Mainyu** ■ relig. Principe du Mal, dans le mazdéisme. Chef des démons, l'« Esprit destructeur » est l'adversaire d'*Ahura Mazdâ*, parfois son jumeau dans certains textes.

**Ahura Mazdâ** ou **Ormazd** ■ Dieu suprême des Iraniens, qui a donné son nom à la religion mazdéenne. Zarathoustra fit du « Seigneur sage » le créateur du monde.

**Aïcha** ■ Épouse favorite de Mahomet (v. 614-678).

le mont **Aigoual** ■ Point culminant des Cévennes. 1 565 m.

**Aigues-Mortes** ■ Ville du Gard entourée de remparts. 8 543 habitants. Anc. port créé par Louis IX, auj. dans les terres.

l'**Ain** n. m. ■ Rivière, affluent du Rhône. 200 km. ► l'**Ain** [01]. Département français de la Région Rhône-Alpes. 5 762 km². 603 827 habitants. Chef-lieu : Bourg-en-Bresse. Chefs-lieux d'arrondissement : Belley, Gex, Nantua.

**Airbus** ■ Consortium de constructeurs aéronautiques européens, créé en 1970 pour produire des avions. Fondé par l'Aérospatiale française et la Deutsche Aerospace, il est implanté en France (siège social à Toulouse), en Allemagne, au Royaume-Uni, en Espagne et dans d'autres parties du monde.

**Air France** ■ Compagnie française de transports aériens. Créée en 1933, elle a fusionné avec Air Inter (« Air France Europe », 1997) et s'est agrégée à la compagnie néerlandaise KLM en 2003 (« Air France-KLM »).

l'**Aisne** n. f. ■ Rivière, affluent de l'Oise. 300 km. ► l'**Aisne** [02]. Département français de la Région Picardie. 7 378 km². 541 302 habitants. Chef-lieu : Laon. Chefs-lieux d'arrondissement : Château-Thierry, Saint-Quentin, Soissons, Vervins.

**Aix-en-Provence** ■ Chef-lieu d'arrondissement des Bouches-du-Rhône. 140 684 habitants. Ville d'art (cathédrale médiévale, hôtels des XVIIᵉ-XVIIIᵉ s.). Festival de musique.

**Aix-la-Chapelle,** en allemand **Aachen** ■ Ville d'Allemagne (Rhénanie-du-Nord-Westphalie). 239 200 habitants. Chapelle Palatine. Résidence de Charlemagne.

**Aix-les-Bains** ■ Ville de la Savoie, au bord du lac du Bourget. 28 585 habitants. Station thermale.

**Ajaccio** ■ Chef-lieu de la Corse-du-Sud. 66 809 habitants.

**Ajanta** ■ Site archéologique de l'Inde (Dekkan). Grottes bouddhiques.

**Ajax** ■ Héros grec de l'*Iliade*.

golfe d'**Akaba** ou **Aqaba** ■ Golfe de la mer Rouge qui sépare l'Arabie saoudite de la presqu'île du Sinaï ; son extrémité nord correspond à la limite méridionale d'Israël (port d'Eilat) et de la Jordanie (port d'Akaba).

**Akademgorod** ■ Ville de Russie, en Sibérie occidentale. 35 000 habitants. Créée en 1958, elle est consacrée à la recherche scientifique.

**Muḥammad Akbar** ■ (1542-1605) Empereur moghol de l'Inde de 1556 à sa mort.

**Akhenaton** ou **Akhnaton** ■ Nom que se donna le pharaon Aménophis IV, roi d'Égypte de 1375 à 1354 avant J.-C. Il tenta d'imposer le monothéisme en instituant le culte solaire d'Aton.

**Anna Andreïevna Gorenko, dite Anna Akhmatova** ■ Poète russe (1889-1966). Persécutée par les autorités soviétiques, elle fut réhabilitée après la mort de Staline.

**Akihito** ■ 125ᵉ empereur du Japon, depuis 1989 (né en 1933).

**Akkad** ou **Agadé** ■ Puissante cité de Mésopotamie (IIIᵉ millénaire avant J.-C.).

l'**Alabama** n. m. ■ État du sud-est des États-Unis. 105 145 km². 4,4 millions d'habitants. Capitale : Montgomery.

**Aladin** ■ Héros de contes arabes, le jeune Aladin trouve une lampe merveilleuse où est emprisonné un génie qui exécute ses ordres. Il a été incorporé aux *Mille et Une Nuits*, au début du XVIIIᵉ siècle, par leur premier traducteur français, Antoine Galland.

**Émile-Auguste Chartier, dit Alain** ■ Écrivain et philosophe français (1868-1951). Ses *Propos* sont de courts textes sur la raison, la sagesse et la morale pratique, exprimant des idéaux républicains, démocratiques et laïques.

**Henri Alban Fournier, dit Alain-Fournier** ■ Romancier français (1886-1914). Son chef-d'œuvre, *Le Grand Meaulnes* (1913) est une évocation poétique du regret de l'enfance et une réflexion sur le bonheur.

les **Alamans** ■ Tribus germaniques vaincues par Clovis en 496.

El-**Alamein** ■ Localité d'Égypte où Montgomery battit Rommel (1942).

les **Alaouites** ■ Dynastie régnant au Maroc depuis le XVIIᵉ s.

**Alaric Iᵉʳ** ■ Roi des Wisigoths de 395 à 410. À la mort de Théodose, il envahit l'Empire, dévastant la Thrace et la Macédoine, et entra en Italie ; il atteignit Rome (en 410) qu'il pilla pendant trois jours. Ce sac de Rome, le premier depuis huit siècles, marqua le début de la chute de l'Empire romain d'Occident.

l'**Alaska** n. m. ■ État des États-Unis, au nord-ouest du Canada. 1 518 700 km². 627 000 habitants. Capitale : Juneau.

l'**Álava** ■ Province du Pays basque espagnol. 3 047 km². 320 783 habitants. Chef-lieu : Vitoria.

l'**Albanie** n. f. ■ État des Balkans. 28 748 km². 2,8 millions d'habitants. Capitale : Tirana.

le duc d'**Albe** ■ Général et homme d'État espagnol (1507-1582).

**Edward Franklin Albee** ■ Auteur dramatique américain (né en 1928). *Zoo Story ; Qui a peur de Virginia Woolf ?*

**Albe la Longue** ■ Anc. ville du Latium, détruite par Rome (665 avant J.-C.).

**Isaac Albéniz** ■ Compositeur espagnol (1860-1909). Pianiste virtuose, auteur d'*Iberia*.

**Josef Albers** ■ Peintre et critique américain d'origine allemande (1888-1976). Il enseigna au Bauhaus (1920-1933), puis s'expatria aux États-Unis, où il poursuivit son enseignement (Harvard, Yale...). Constructivisme ; théorie de la couleur.

**Albert Iᵉʳ** ■ (1848-1922) Prince de Monaco de 1889 à sa mort.

**Albert Iᵉʳ** ■ (1875-1934) Roi des Belges de 1909 à sa mort.

**Albert II** ■ (né en 1934) Roi des Belges de 1993 à 2013.

**Albert II** ■ (né en 1958) Prince de Monaco depuis 2005.

saint **Albert le Grand** ■ Théologien allemand (v. 1200-1280).

l'**Alberta** n. f. ■ Province de l'ouest du Canada, dans la Prairie. 661 848 km². 3,29 millions d'habitants. Capitale : Edmonton. Autre ville : Calgary.

**Léon Battista Alberti** ■ Architecte, historien de l'art et humaniste italien de la Renaissance (1404-1472). Auteur de dialogues moraux, il s'intéressa également à la langue italienne, aux sciences et aux beaux-arts : théorie de la perspective en peinture (*De Pictura*, 1435), théorie de l'architecture (*De re aedificatoria*, 1485, dédié à Laurent de Médicis). Œuvres à Florence (Santa Maria Novella), à Rimini (Temple des Malatesta).

**Rafael Alberti** ■ Poète espagnol (1902-1999). D'abord peintre (cubiste), il s'exila pendant le franquisme.

musée de l'**Albertina** ▪ Musée de Vienne (Autriche) où est conservée une riche collection de dessins, gravures, aquarelles et photographies.

**Albertville** ▪ Chef-lieu d'arrondissement de la Savoie. 18 832 habitants.

**Albi** ▪ Chef-lieu du Tarn. 49 179 habitants. Cathédrale gothique.

la croisade contre les **albigeois** ▪ Guerre menée par la papauté et le roi de France contre les cathares (1209-1229).

Tomaso **Albinoni** ▪ Compositeur italien (1671-1750). Opéras et œuvre instrumentale. Le célèbre *Adagio* fut « recréé » en 1945 par le musicologue Remo Giazotto à partir de quelques manuscrits.

**Albion** n. f. ▪ Nom donné à l'Angleterre.

**Albuquerque** ▪ Ville des États-Unis (Nouveau-Mexique), sur le Rio Grande. 546 000 habitants. Important centre de recherches atomiques depuis 1949 (universités de Californie et du Nouveau-Mexique).

Afonso de **Albuquerque** ▪ Conquistador portugais (1453-1515). Gouverneur des Indes de 1508 à 1515.

**Alcántara** ▪ Ville d'Espagne (Estrémadure), sur le Tage. 1 604 habitants. Pont romain.

**Alcatraz** ▪ Île des États-Unis, dans la baie de San Francisco. Site d'une forteresse militaire, devenue prison fédérale de haute sécurité de 1934 à 1963.

**Alcibiade** ▪ Général et homme d'État athénien (v. 450-v. 404 avant J.-C.).

**Alcuin** ▪ Religieux anglo-saxon (v. 735-804). Conseiller de Charlemagne.

Ulisse **Aldrovandi** ▪ Médecin, botaniste et naturaliste italien (1522-1605). Il a écrit plusieurs ouvrages d'histoire naturelle (plantes, oiseaux, insectes) et une histoire des monstres.

Pierre **Alechinsky** ▪ Peintre et poète belge (né en 1927). Membre du groupe Cobra, proche de l'expressionnisme abstrait.

Mateo **Alemán** ▪ Écrivain espagnol (1547-1614). Auteur du premier roman picaresque, *La Vie de Guzmán d'Alfarache*.

Jean Le Rond d'**Alembert** ▪ Mathématicien et philosophe français (1717-1783). Directeur de l'*Encyclopédie*, avec Diderot.

**Alençon** ▪ Chef-lieu de l'Orne. 26 300 habitants.

l'**Alentejo** ▪ Province du Portugal, au sud du Tage. 26 997 km². 764 300 habitants. Capitale : Evora.

les îles **Aléoutiennes** ▪ Archipel de la mer de Béring appartenant aux États-Unis.

**Alep** ▪ Ville de Syrie. 2,1 millions d'habitants.

**Aléria** ▪ Commune de Haute-Corse, près de Corte. 2 129 habitants. Monuments romains.

**Alès** ▪ Chef-lieu d'arrondissement du Gard. 40 851 habitants.

**Alésia** ▪ Site gallo-romain en Côte-d'Or. Victoire décisive de César sur les Gaulois (52 avant J.-C.).

**Alessandria**, en franç. **Alexandrie** ▪ Ville d'Italie, dans le Piémont, sur le Tanaro. Chef-lieu de province. 85 400 habitants.

**Alexandre VI** ▪ (1431-1503) Pape de 1492 à sa mort, né Borgia. Père de César Borgia.

**Alexandre I**er ▪ (1777-1825) Tsar de Russie de 1801 à sa mort. Adversaire de Napoléon I**er**.

**Alexandre II** ▪ (1818-1881) Tsar de Russie de 1855 à sa mort. Il abolit le servage (1861).

**Alexandre III** ▪ (1845-1894) Tsar de Russie de 1881 à sa mort.

**Alexandre I**er **Karageorgévitch** ▪ (1888-1934) Roi de Yougoslavie de 1921 à sa mort. Il fut assassiné à Marseille.

**Alexandre le Grand** ▪ (356-323 avant J.-C.) Roi de Macédoine de 336 avant J.-C. à sa mort. Son empire s'étendit à l'Égypte et jusqu'à l'Indus.

**Alexandre Nevski** ▪ (v. 1220-1263) Grand-duc de Novgorod de 1236 à 1251. Il battit les Suédois et les chevaliers Teutoniques.

**Alexandrie** ▪ Port d'Égypte. 4,1 millions d'habitants. Foyer de la civilisation hellénistique.

**Alexandrie** → Alessandria

Jacques Stephen **Alexis** ▪ Romancier et homme politique haïtien (1922-1961). Réalisme social teinté de merveilleux. Longtemps exilé à Paris, il fut assassiné en rentrant dans son pays. *Compère Général Soleil* ; *L'Espace d'un cillement*.

Vittorio **Alfieri** ▪ Auteur dramatique italien (1749-1803).

saint **Alfred le Grand** ▪ (849-899) Roi anglo-saxon de 878 à sa mort.

**Algarve** ▪ Province du sud du Portugal. 4 960 km². 421 500 habitants. Capitale : Faro.

**Alger** ▪ Capitale de l'Algérie. 1,5 million d'habitants.

l'**Algérie** n. f. ▪ État d'Afrique du Nord. 2 381 741 km². 34 millions d'habitants. Capitale : Alger. ► la guerre d'**Algérie** (1954-1962). Guerre d'indépendance des nationalistes algériens contre la France.

**Algésiras** ▪ Ville d'Espagne (Andalousie). 117 695 habitants. Port sur le détroit de Gibraltar, le 2e de la Méditerranée.

les **Algonquins** ou **Algonkins** ▪ Indiens d'Amérique du Nord.

l'**Alhambra** → Grenade

**Ali** ▪ Quatrième calife, époux de Fatima, la fille de Mahomet (v. 600-661).

Cassius Clay, devenu Muhammad **Ali** ■ Boxeur américain (né en 1942). Champion du monde des poids lourds de 1964 à 1967, puis de 1974 à 1978. Converti à l'islam, il lutta contre la ségrégation raciale et la guerre du Viêtnam.

**Alicante** ■ Port du sud de l'Espagne. 329 325 habitants.

**Aliénor d'Aquitaine** ■ (v. 1122-1204) Reine de France puis d'Angleterre. Femme de Louis VII (1137) puis de Henri II d'Angleterre (1152).

**Allah** ■ Nom du dieu unique dans l'islam.

**Allāhābād** ■ Ville de l'Inde (Uttar Pradesh). 1 million d'habitants.

Alphonse **Allais** ■ Écrivain français (1854-1905). D'abord journaliste, auteur de textes humoristiques célèbres : *On n'est pas des bœufs* (1896) ; *Le Captain Cap* (1902). Il écrivit aussi des comédies avec Tristan Bernard. Son comique repose souvent sur des jeux de langage.

la République fédérale d'**Allemagne** ou **R.F.A.,** en all. **Bundesrepublik Deutschland** ou **B.R.D.** ■ État fédéral d'Europe centrale. 356 959 km². 81,8 millions d'habitants. Capitale : Berlin. De 1949 à 1990, l'Allemagne fut divisée en deux États : la R.F.A. et la R.D.A. (République démocratique allemande).

Woody **Allen** ■ Cinéaste et acteur américain (né en 1935). Il pratique un humour spécifique à l'intellectuel juif new-yorkais. *Annie Hall ; Manhattan ; Crimes et Délits.*

Salvador **Allende** ■ (1908-1973) Président (socialiste) de la République chilienne de 1970 à sa mort. Il se suicida lors du putsch militaire dirigé par Pinochet.

**Alliance française** ■ Institution créée en 1883 pour promouvoir la langue et la culture françaises à travers le monde. Plus de 1 000 alliances installées dans 136 pays proposent des cours et des manifestations culturelles.

la **Sainte-Alliance** ■ Pacte signé en 1815 entre la Russie, la Prusse et l'Autriche.

l'**Allier** n. m. ■ Rivière, affluent de la Loire. 410 km. ▶ l'**Allier** [03]. Département français de la Région Auvergne. 7 381 km². 342 729 habitants. Chef-lieu : Moulins. Chefs-lieux d'arrondissement : Montluçon, Vichy.

**Allobroges** ■ Peuple celte établi en Gaule dans les régions correspondant à la Savoie et au Dauphiné, qui contrôlait le trafic fluvial sur le Rhône à partir du lac Léman : leurs places fortes étaient Vienne et Genève. Ils furent vaincus par les Romains au IIe s. avant J.-C.

l'**Alma** n. m. ■ Fleuve de Crimée. Victoire franco-britannique sur les Russes (1854).

**Almaty** ■ Ville du Kazakhstan, capitale jusqu'en 1997. 1,13 million d'habitants. Elle porta le nom d'Alma-Ata à l'époque soviétique.

**Almería** ■ Ville d'Espagne (Andalousie), chef-lieu de province et port sur la Méditerranée. 189 680 habitants.

Pedro **Almodóvar** ■ Cinéaste espagnol (né en 1949). Satire de la société espagnole, teintée d'humour noir. *Attache-moi ; Tout sur ma mère ; Parle avec elle ; Volver.*

les **Almohades** ■ Dynastie berbère qui régna sur l'Andalousie et le Maghreb (1147-1269).

les **Almoravides** ■ Dynastie berbère qui régna sur l'Afrique du Nord et l'Andalousie (1055-1147).

la baie d'**Along,** ou de Ha Long ■ Baie du golfe du Tonkin, au nord du Viêtnam (près d'Haiphong). Paysage de hauts rochers calcaires surgissant des eaux (relief karstique).

l'**Alpe d'Huez** ■ Station de sports d'hiver de l'Isère, dans le massif des Grandes Rousses. (Altitude : village, 1 450 m ; station, 1 860 m ; Pic Blanc, 3 330 m.)

les **Alpes** n. f. pl. ■ Massif montagneux d'Europe. Point culminant : le mont Blanc, 4 810 m. ▶ les **Alpes-de-Haute-Provence** [04]. Département français de la Région Provence-Alpes-Côte d'Azur. 6 925 km². 160 959 habitants. Chef-lieu : Digne. Chefs-lieux d'arrondissement : Barcelonnette, Castellane, Forcalquier.

les **Hautes-Alpes** [05]. ■ Département français de la Région Provence-Alpes-Côte d'Azur. 5 632 km². 138 605 habitants. Chef-lieu : Gap. Chef-lieu d'arrondissement : Briançon.

les **Alpes-Maritimes** [06]. ■ Département français de la Région Provence-Alpes-Côte d'Azur. 4 298 km². 1,08 million d'habitants. Chef-lieu : Nice. Chef-lieu d'arrondissement : Grasse.

**Alphonse** ■ Nom de plusieurs souverains espagnols. ▶ **Alphonse VIII le Noble** (1155-1214), roi de Castille de 1158 à sa mort, vainqueur des Maures à Las Navas de Tolosa (1212). ▶ **Alphonse X le Sage** (voir ci-dessous). ▶ **Alphonse XIII** (1886-1941), roi d'Espagne de 1902 à 1931.

**Alphonse X,** dit **le Sage** ■ (1221-1284) Roi de Castille et de León de 1254 à 1284. Il doit sa gloire à son œuvre culturelle, qui réunit les différents courants (juif, chrétien et arabe) de la civilisation espagnole du XIIIe siècle. Il fit dresser des tables astronomiques (dites *alphonsines*) et le premier code juridique en langue vernaculaire (les « Sept Parties »). Écrivain et poète, il composa notamment les *Cantigas de Santa Maria*, en l'honneur de la Vierge.

les **Alpilles** n. f. pl. ■ Petite chaîne montagneuse de Provence. 493 m.

**l'Alsace** n. f. ▪ Région administrative de l'est de la France. Deux départements : le Bas-Rhin et le Haut-Rhin. 8 280 km². 1,85 million d'habitants. Chef-lieu : Strasbourg.
► **l'Alsace-Lorraine.** Territoires annexés par les Allemands de 1871 à 1918 et de 1940 à 1944-1945.

**l'Altaï** n. m. ▪ Chaîne de montagnes d'Asie centrale. 4 506 m au mont Beloukha.

**la grotte d'Altamira** ▪ Site préhistorique d'Espagne. Peintures rupestres.

Albrecht **Altdorfer** ▪ Peintre et graveur allemand (v. 1480-1538).

Louis **Althusser** ▪ Philosophe français (1918-1990). A proposé une lecture non idéologique de Marx. *Pour Marx; Lire le Capital.*

**l'Altiplano** n. m. ▪ Haute plaine des Andes (Bolivie).

**Altkirch** ▪ Chef-lieu d'arrondissement du Haut-Rhin. 5 761 habitants.

Alois **Alzheimer** ▪ Neurologue allemand (1864-1917). Spécialiste des déficiences mentales séniles, il décrivit le syndrome de troubles de la mémoire et de désorientation qu'on appela *maladie d'Alzheimer* (atrophie cérébrale diffuse).

**Amadis de Gaule** ▪ Roman de chevalerie. Sans doute né en Espagne au XIVᵉ s., récrit en 1508. Amadis est un chevalier accompli qui, après de nombreuses aventures, épouse sa dame, Oriane. Traduit en français et en italien au XVIᵉ s., le roman connut un très grand succès. On y voit le modèle de *Don Quichotte.*

Jorge **Amado** ▪ Romancier brésilien (1912-2001). Œuvre humaine, sociale, centrée sur la révolte contre l'exploitation et le drame des ouvriers agricoles sans terre. *Bahia de tous les saints; Dona Flor et ses deux maris; Les Chemins de la faim.*

**Amarna** → Tell el-Armana

**Amaterasu** ▪ relig. Déesse du Soleil, la plus importante des divinités du Japon. Les empereurs du Japon, par le premier d'entre eux, Jinmu, sont tous censés descendre de la déesse.

**Amati** ▪ Famille de luthiers, originaires de Crémone (XVIᵉ-XVIIIᵉ s.). ► Niccolo (1596-1684) fut le maître de Guarnerius et de Stradivarius.

**l'Amazone** n. f. ▪ Fleuve d'Amérique du Sud (6 762 km), le premier du monde par sa longueur et son débit. Né dans les Andes, il se jette dans l'Atlantique.

**les Amazones** n. f. ▪ mythol. grecque Peuple de femmes guerrières.

**Amazonie** ▪ Vaste région géographique (7 millions de km²) répartie sur huit pays d'Amérique du Sud autour du fleuve Amazone (Bolivie, Brésil, Colombie, Équateur, Guyana, Pérou, Suriname, Venezuela).

**Ambert** ▪ Chef-lieu d'arrondissement du Puy-de-Dôme. 6 869 habitants.

**Amboise** ▪ Ville d'Indre-et-Loire. 13 005 habitants. Château gothique et Renaissance.

saint **Ambroise** ▪ Père et docteur de l'Église (v. 339-397). Évêque de Milan.

**Amélie-les-Bains-Palalda** ▪ Commune des Pyrénées-Orientales, sur le Tech. 3 688 habitants. Station thermale sur le versant sud du Canigou.

**Aménophis** ▪ Nom de quatre pharaons.
► **Aménophis IV** → Akhenaton.

**Améric Vespuce** → Amerigo **Vespucci**

**l'Amérique** n. f. ▪ Une des cinq parties du monde. 42 millions de km². Plus de 930 millions d'habitants. Elle est divisée en *Amérique du Nord* (Canada, États-Unis...), *Amérique centrale* (du Rio Grande à l'extrémité de l'isthme de Panama), et *Amérique du Sud.*

Henri Frédéric **Amiel** ▪ Écrivain suisse de langue française (1821-1881). Professeur d'esthétique et de philosophie. Monumental *Journal intime* écrit entre 1847 et 1881.

**Amiens** ▪ Chef-lieu de la Somme et de la Région Picardie. 133 327 habitants. Cathédrale gothique.

**Amman** ▪ Capitale de la Jordanie. 1,8 million d'habitants.

**Ammien Marcellin,** en latin **Ammianus Marcellinus** ▪ Historien latin d'origine grecque (v. 330-v. 400). Auteur d'une histoire prolongeant celle de Tite-Live (période de 96 à 378).

**Amnesty International** ▪ Organisation de défense des droits de l'homme, fondée en 1961.

**Amon** ▪ Dieu de l'Égypte antique.

**Amorrites** ▪ Peuple sémitique d'Amourru (ouest de la Mésopotamie). Ils installèrent une dynastie à Babylone (début du XIXᵉ s. avant J.-C.) ; Hammourabi fut le plus célèbre des souverains amorrites.

**Amos** ▪ relig. Prophète biblique, à qui est attribué l'un des livres de la Bible (Ancien Testament).

**l'Amou-Daria** n. m. ▪ Fleuve d'Asie. 2 540 km.

**l'Amour** ou **Heilong jiang** n. m. ▪ Fleuve frontière entre la Russie et la Chine. 4 354 km.

André-Marie **Ampère** ▪ Physicien français (1775-1836). Théoricien de l'électromagnétisme.

**Amphitrite** ▪ mythol. grecque Déesse de la mer, fille de Nérée (Néréide) et épouse de Poséidon.

**Amphitryon** ▪ mythol. grecque Petit-fils de Persée. Zeus prit son apparence pour séduire sa femme Alcmène, qui donna naissance à deux fils, Héraclès (fils de Zeus) et Iphiclès (fils d'Amphitryon).

**Amritsar** ■ Ville d'Inde (Panjab). 1 million d'habitants. Ville sainte des sikhs.

**Amsterdam** ■ Ville des Pays-Bas, capitale politique du pays. 742 900 habitants (zone urbaine 1,2 million). Canaux, musées (Rijksmuseum).

île **Amsterdam,** anciennement île de La **Nouvelle-Amsterdam** ■ Île de l'Antarctique (terres Australes françaises), au sud de l'océan Indien, visitée en 1633 par Van Diemen, qui lui donna son nom.

Roald **Amundsen** ■ Explorateur norvégien (1872-1928). Il mena la première expédition au pôle Sud (1911).

Jacques **Amyot** ■ Humaniste français (1513-1593). Traducteur de Plutarque et de Longus.

**Anacréon** ■ Poète grec (v. 570-v. 485 avant J.-C.).

l'**Anatolie** n. f. ■ Anc. nom de l'Asie Mineure (Turquie d'Asie).

**Anaxagore** de Clazomènes ■ Philosophe présocratique grec, de l'école ionienne (v. 500-v. 428 avant J.-C.).

**Anaximandre** de Milet ■ Philosophe présocratique grec, de l'école ionienne (v. 610-546 avant J.-C.). Il fut le premier à tenter une explication de l'univers.

**Ancenis** ■ Chef-lieu d'arrondissement de la Loire-Atlantique, sur la Loire. 7 535 habitants.

**Anchorage** ■ Ville des États-Unis (Alaska), port de pêche et de commerce. 292 000 habitants.

l'**Ancien Régime** ■ Régime politique (monarchie), économique et social de la France, du XVIᵉ s. jusqu'en 1789.

**Ancône,** en ital. **Ancona** ■ Port d'Italie sur l'Adriatique. 100 500 habitants.

l'**Andalousie** n. f., en espagnol **Andalucía** ■ Région historique et communauté autonome du sud de l'Espagne. 87 268 km². 8,3 millions d'habitants. Capitale : Séville. Autres villes : Cordoue, Grenade.

les îles **Andaman** ■ Archipel montagneux du golfe du Bengale. Avec les îles Nicobar, elles forment un Territoire de l'Union indienne (*Andaman et Nicobar* ; 8 249 km² ; 356 000 habitants ; chef-lieu : Port Blair).

les **Andelys** ■ Chef-lieu d'arrondissement de l'Eure. 9 000 habitants.

**Anderlecht** ■ Ville de Belgique (Bruxelles-Capitale). 97 600 habitants.

Hans Christian **Andersen** ■ Écrivain danois (1805-1875). Auteur de romans, de pièces de théâtre, d'un long journal, d'une correspondance importante et surtout de 173 *Contes* dont certains sont célèbres dans le monde entier (*La Petite Sirène...*), d'un style simple, délicat et pleins d'imagination.

les **Andes** n. f. pl. ■ Chaîne montagneuse de l'Amérique du Sud (6 960 m à l'Aconcagua).

l'**Andhra Pradesh** n. m. ■ État du sud-est de l'Inde. 276 814 km². 76 millions d'habitants. Capitale : Hyderabad.

la principauté d'**Andorre** n. f. ■ État d'Europe, dans les Pyrénées. 465 km². 81 200 habitants. Capitale : Andorre-la-Vieille.

saint **André** ■ Un des apôtres du Christ, frère de l'apôtre Pierre.

**Andrea del Sarto** ■ Peintre florentin de la Renaissance (1486-1530).

**Andrea Pisano** → Andrea **Pisano**

Lou **Andreas-Salomé** ■ Écrivaine allemande (1861-1937). Douée d'une grande intelligence, elle fut l'amie de Nietzsche et de Rilke, puis la disciple de Freud. Essais, souvenirs, correspondance.

Paul **Andreu** ■ Architecte français (né en 1938). Concepteur de nombreuses aérogares, du terminal français du tunnel sous la Manche et de l'Opéra de Pékin.

**Andrinople** → Edirne

**Andromaque** ■ Femme du prince troyen Hector, dans l'*Iliade*. Elle a inspiré Euripide et Racine.

Iouri Vladimirovitch **Andropov** ■ Homme d'État soviétique (1914-1984). Président du KGB de 1967 à 1982, il succéda à Brejnev à la tête du PC et de l'État.

le pic d'**Aneto** ■ Point culminant des Pyrénées, en Espagne. 3 404 m.

Guido di Pietro, dit Fra **Angelico** (*fra* : « frère » en italien) ■ Peintre italien, dominicain (v. 1400-1455). Fresques du couvent de San Marco à Florence.

Johannes Scheffler, dit **Angelus Silesius** ■ Théologien et poète mystique allemand (1624-1677). Il abjura le luthéranisme pour devenir franciscain. Le *Pèlerin chérubinique,* récit d'un voyage spirituel (1674).

**Angers** ■ Chef-lieu du département de Maine-et-Loire. 148 803 habitants. Capitale historique de l'Anjou (château médiéval).

**Angkor** ■ Site archéologique du Cambodge, anc. capitale des Khmers (IXᵉ-XVᵉ s.). Célèbres temples.

les **Angles** ■ Peuple germanique qui envahit l'île de Bretagne au Vᵉ s., en même temps que les Saxons. → **Anglo-Saxons.**

l'**Angleterre** n. f. ■ Partie centrale de l'île de Grande-Bretagne. 131 760 km². 49,1 millions d'habitants.

les îles **Anglo-Normandes,** en anglais **Channel Islands** ■ Archipel britannique de la Manche comprenant Jersey, Guernesey, Aurigny et Sercq. 194 km². 150 000 habitants.

les **Anglo-Saxons** ■ Les deux peuples germaniques qui s'établirent en Angleterre au Vᵉ s.

l'**Angola** n. m. ■ État d'Afrique équatoriale. 1 246 000 km². 19 millions d'habitants. Capitale : Luanda.

**Angoulême** ▪ Chef-lieu de la Charente. 41 776 habitants. Cathédrale romane (remaniée au XIX\ :sup :`e` s.). Festival international de la bande dessinée.

**Anders Jonas Ångström** ▪ Physicien suédois (1814-1874). Auteur de recherches sur le spectre solaire.

l'**Anhui** n. m. ▪ Province de l'est de la Chine. 139 700 km². 59 millions d'habitants. Capitale : Hefei.

l'**Anjou** n. m. ▪ Région historique de l'ouest de la France.

**Ankara** ▪ Capitale de la Turquie. 4,2 millions d'habitants. Cité importante dans l'Antiquité, sous le nom d'*Ancyre*.

**Annaba**, anciennement **Bône** ▪ Ville d'Algérie orientale, chef-lieu de wilaya. 376 000 habitants. Non loin se trouve le site de l'ancienne Hippone.

l'**Annam** n. m. ▪ Partie centrale du Viêtnam.

**Kofi Annan** ▪ Homme politique ghanéen (né en 1938). Diplomate, il a fait l'essentiel de sa carrière au sein de l'ONU, dont il fut le secrétaire général de 1997 à 2006. Prix Nobel de la paix 2001.

l'**Annapurna** n. m. ▪ Un des sommets de l'Himalaya. 8 091 m.

**sainte Anne** ▪ Mère de la Vierge Marie, selon la tradition chrétienne.

**Anne Boleyn** ▪ Reine d'Angleterre (1507-1536). Seconde épouse d'Henri VIII qui la fit exécuter.

**Annecy** ▪ Chef-lieu de la Haute-Savoie, sur le *lac d'Annecy* (27 km²). 51 012 habitants.

**Anne d'Autriche** ▪ Reine de France (1601-1666). Épouse de Louis XIII, régente durant la minorité de son fils Louis XIV, de 1643 à 1661.

**Anne de Bretagne** ▪ Duchesse de Bretagne, reine de France (1477-1514). Elle épousa Charles VIII en 1491 et Louis XII en 1499.

**Anne de France** ou **de Beaujeu** ▪ (1461-1522) Fille de Louis XI, régente de 1483 à 1491, pendant la minorité de Charles VIII.

**Annemasse** ▪ Ville de Haute-Savoie, à la frontière suisse, sur l'Arve. 32 657 habitants.

**Anne Stuart** ▪ (1665-1714) Reine d'Angleterre, d'Écosse et d'Irlande de 1702 à sa mort.

**Jean Anouilh** ▪ Auteur dramatique français (1910-1987). Œuvre ironique, critique, pessimiste, qu'il a rassemblée en « Pièces noires » *(Le Voyageur sans bagage ; Antigone)*, « Pièces roses » *(Le Rendez-vous de Senlis ; Léocadia)*, « Pièces brillantes », « Pièces grinçantes », etc.

**A. N. P. E.** ▪ « Agence nationale pour l'emploi », établissement public français, créé en 1967, qui a fusionné en 2008 avec divers organismes d'assurance chômage, pour former le Pôle emploi.

**Jacques Anquetil** ▪ Coureur cycliste français (1934-1987). Il domina le cyclisme mondial après la retraite de Bobet. Cinq fois vainqueur du Tour de France.

**Abraham Hyacinthe Anquetil-Duperron** ▪ Orientaliste français (1731-1805). Il se rendit aux Indes où il étudia les livres sacrés de Zarathoustra.

l'**Anschluss** n. m. ▪ Rattachement de l'Autriche à l'Allemagne, en 1938.

**saint Anselme de Cantorbéry** ou **Canterbury** ▪ Philosophe et théologien d'origine lombarde (1033-1109). Il enseigna la scolastique à Caen et devint archevêque de Canterbury en 1093. Son œuvre tente de concilier la foi chrétienne et la raison.

**Ernest Ansermet** ▪ Chef d'orchestre suisse (1883-1969). Fondateur de l'Orchestre de la Suisse romande (1918), qu'il dirigea jusqu'en 1967, il a créé des œuvres majeures de la musique du XX\ :sup :`e` siècle. Il fut aussi compositeur et théoricien.

**Antakya** → Antioche

**Antananarivo** ou **Tananarive** ▪ Capitale de Madagascar. 1,3 million d'habitants.

l'**Antarctique** n. m. ▪ Continent centré sur le pôle Sud. 14,2 millions de km². Environ 1 500 habitants. ► l'océan Glacial **Antarctique** ou océan **Austral**. Partie des océans Atlantique, Indien et Pacifique entourant le continent Antarctique.

**Antée** ▪ mythol. grecque Géant, fils de Poséidon et de Gaïa (la Terre), il tirait sa force du contact avec sa mère ; Héraclès l'affronta en allant chercher les pommes d'or du jardin des Hespérides, et le maintint en l'air pour le tuer en l'étouffant.

**Antibes** ▪ Ville des Alpes-Maritimes. 75 176 habitants.

**Antigone** ▪ Fille d'Œdipe. Condamnée à mort pour avoir enterré son frère Polynice malgré l'interdiction du roi Créon. Elle a inspiré Sophocle et Anouilh.

**Antigua-et-Barbuda** n. f. ▪ État des Antilles. 442 km². 86 295 habitants. Capitale : Saint John's.

les **Antilles** n. f. pl. ▪ Archipel américain qui sépare la *mer des Antilles* (ou mer des Caraïbes) de l'océan Atlantique. On distingue les *Grandes Antilles* (Cuba, Haïti, Jamaïque, Porto Rico) et les *Petites Antilles* (dont font partie la Guadeloupe et la Martinique).

**Antinoüs** ▪ Jeune Grec d'une grande beauté, favori de l'empereur Hadrien. Après sa mort accidentelle, Hadrien le mit au rang des dieux, lui consacra un temple et fonda en sa mémoire la ville d'Antinoë, sur le Nil.

**Antioche**, auj. **Antakya** ▪ Ville de Turquie. 213 600 habitants. Importante cité grecque d'Orient dans l'Antiquité.

**Antiochos** ■ Nom de 13 rois séleucides de Syrie (IVᵉ-Iᵉʳ s. avant J.-C.).

**Antiope** ■ mythol. grecque Fille du roi de Béotie, Nyctée, elle fut séduite par Zeus, qui avait pris la forme d'un satyre. Ses deux fils, Amphion et Zéthos, furent les fondateurs de Thèbes (Amphion avait le pouvoir de faire s'assembler les pierres en jouant de la lyre).

**Antofagasta** ■ Ville du Chili, capitale de région administrative. 296 000 habitants. Port d'exportation du cuivre.

Marc **Antoine** ■ Général romain (v. 83-30 avant J.-C.). Lieutenant de César, amant de Cléopâtre, il fut vaincu par son rival Octave à Actium, en 31 avant J.-C.

saint **Antoine de Padoue** ■ Franciscain portugais (1195-1231).

saint **Antoine le Grand** ■ Fondateur de la vie érémitique en Égypte (v. 251-356).

**Antonello da Messina** ou **de Messine** ■ Peintre italien (v. 1430-1479).

**Antonin le Pieux** ■ (86-161) Empereur romain de 138 à sa mort. ► les **Antonins**, dynastie des empereurs romains de 96 à 192.

Michelangelo **Antonioni** ■ Cinéaste italien (1912-2007). Films d'un style dépouillé et raffiné. *L'Avventura ; Blow up ; Profession reporter...*

**Antony** ■ Chef-lieu d'arrondissement des Hauts-de-Seine. 62 012 habitants.

**Anubis** ■ Dieu funéraire de l'anc. Égypte, à tête de chacal.

**Anvers**, en néerlandais **Antwerpen** ■ Ville de Belgique. 466 200 habitants. Port sur l'Escaut. Ville d'art (cathédrale gothique, maisons anc.). ► la province d'**Anvers**, province de Belgique. 2 867 km². 1,7 million d'habitants. Chef-lieu : Anvers.

la **Vallée d'Aoste**, anciennement le **Val d'Aoste**, en italien **Valle d'Aosta** ■ Région autonome de l'Italie, dans les Alpes. 3 262 km². 119 500 habitants. On y parle italien et français. ► **Aoste**, en italien **Aosta**, son chef-lieu. 34 000 habitants.

la **nuit du 4 août 1789** ■ Date de l'abolition des privilèges par la Constituante.

les **Apaches** ■ Indiens des États-Unis.

**Apelle** ■ Peintre grec (IVᵉ s. avant J.-C.).

l'**Apennin** n. m., ou les **Apennins** n. m. pl. ■ Massif de l'Italie péninsulaire. 2 912 m au Gran Sasso.

Georges **Aperghis** ■ Compositeur grec (né en 1945). Installé à Paris depuis 1963. Théâtre musical, opéras.

**Aphrodite** ■ Déesse de la Beauté et de l'Amour. *Vénus* romaine.

**Apis** ■ Dieu funéraire d'Égypte, honoré sous la forme d'un taureau.

l'**Apocalypse** n. f. ■ Dernier livre du Nouveau Testament, attribué à saint Jean.

Guillaume **Apollinaire** ■ Poète français (1880-1918). Il renouvela la poésie française par une association inédite de modernité, de culture, d'humour et de simplicité. Poèmes « dessinés » *(Calligrammes)*, nombreuses critiques d'art, proses d'une grande fantaisie. Ses amours et la guerre de 1914-1918 fournissent la matière principale de son œuvre poétique *(Alcools ; Poèmes à Lou)*.

**Apollo** ■ Programme spatial américain (1961-1972) dont l'objectif (réussi) a été l'alunissage d'astronautes.

**Apollon** ou **Phébus** ■ Dieu de la Lumière, de la Musique et de la Poésie.

les **Appalaches** n. m. pl. ■ Montagnes de l'est de l'Amérique du Nord. 2 037 m au mont Mitchell.

l'**Appenzell** n. m. ■ Ancien canton de Suisse divisé en 1597 en deux demi-cantons, devenus deux cantons en 1999. Fromages réputés. ► **Appenzell Rhodes-Extérieures.** 243 km². 52 500 habitants. Chef-lieu : Herisau. ► **Appenzell Rhodes-Intérieures.** 172 km². 15 300 habitants. Chef-lieu : Appenzell.

Nicolas **Appert** ■ Industriel français (1749-1841). Inventeur d'un procédé de conservation des aliments par la chaleur, à l'origine de l'industrie de la conserve.

la **voie Appienne** ■ Voie romaine qui reliait Rome à Brindisi.

**Apple** ■ Entreprise multinationale américaine d'informatique, fondée par Steve Jobs et Steve Wozniak (1976).

**Apt** ■ Chef-lieu d'arrondissement du Vaucluse. 12 117 habitants.

**Apulée** de Madaure, en latin **Lucius Apuleius** ■ Écrivain latin du IIᵉ s., rhéteur et philosophe. Il est l'auteur du seul « roman » latin à nous être parvenu en entier, *Les Métamorphoses* (ou *L'Âne d'or*).

**Aqaba** → Akaba

**Aqmi** → al-Qaïda

**Aqmola** → Astana

L'**Aquila** ■ Ville d'Italie, chef-lieu de la province des Abruzzes. 68 500 habitants.

l'**Aquitaine** n. f. ■ Région administrative du sud-ouest de la France. Cinq départements : Dordogne, Gironde, Landes, Lot-et-Garonne, Pyrénées-Atlantiques. 41 407 km². 3,25 millions d'habitants. Chef-lieu : Bordeaux.

les **Arabes** ■ Habitants de la péninsule d'Arabie et, par extension, populations arabophones du Proche-Orient et d'Afrique du Nord. Ils fondèrent aux VIIᵉ-VIIIᵉ s. un vaste empire s'étendant de l'Iran à l'Espagne.

l'**Arabie** n. f. ■ Péninsule désertique de l'extrémité sud-ouest de l'Asie.

l'**Arabie saoudite** n. f. ■ État d'Arabie. 2,2 millions de km². 22,7 millions d'habitants. Capitale : Riyad. Pétrole.

le golfe **Arabique** ou **Arabo-Persique**
→ golfe **Persique.**

Yasser **Arafat** ■ Président de l'Autorité
palestinienne, chef de l'O. L. P. (1929-2004).

François **Arago** ■ Astronome et physicien
français (1786-1853). Il découvrit l'aimantation du fer par courant électrique.

Louis **Aragon** ■ Écrivain français (1897-
1982). D'abord surréaliste, puis communiste
(1927). Œuvre multiforme : poèmes lyriques
ou militants (*Le Crève-Cœur ; Les Yeux
d'Elsa ; Le Fou d'Elsa*) ; romans (*Les Beaux
Quartiers ; Aurélien ; La Semaine sainte ;
Blanche ou l'Oubli*) ; méditations sur l'art.

l'**Aragon** n. m., en espagnol **Aragón** ■ Ancien
royaume du nord-est de l'Espagne, aujour-
d'hui communauté autonome. 47 669 km². 1,3
million d'habitants. Capitale : Saragosse.

la mer d'**Aral** ■ Mer intérieure d'Asie centrale. Asséchée en partie par une utilisation
excessive de ses eaux (15 000 km²).

les **Araméens** ■ Peuple sémite du Proche-
Orient (XIIIᵉ-VIIIᵉ s. avant J.-C.).

le mont **Ararat** ■ Massif d'Arménie (5 165 m).
Selon la Bible, l'arche de Noé s'y serait
échouée.

les **Araucans** ■ Indiens du Chili.

Diane **Arbus** ■ Photographe américaine
(1923-1971). D'abord photographe de mode,
elle se tourna vers le portrait, dont elle a
changé les codes (portraits de marginaux,
de malades mentaux...).

**Arcachon** ■ Chef-lieu d'arrondissement de
la Gironde, sur le *bassin d'Arcachon*. 10 776
habitants. Station balnéaire.

l'**Arcadie** n. f. ■ Région de la Grèce antique.

Denys **Arcand** ■ Cinéaste canadien d'expression française (né en 1941). *Le Déclin de
l'empire américain ; Les Invasions barbares.*

**Arc-et-Senans** ■ Commune du Doubs.
1 512 habitants. Saline royale construite par
Ledoux.

**Archiloque** ■ Poète grec né à Paros (milieu
du VIIᵉ s. avant J.-C.). Il fut mercenaire et
mourut au combat. Œuvre lyrique, parfois
satirique, où l'on trouve la première fable de
la littérature grecque.

**Archimède** ■ Savant grec (v. 287-v. 212 avant
J.-C.). Fondateur de l'hydrostatique.

Alexandre **Archipenko** ■ Sculpteur et
peintre américain d'origine russe (1887-
1964).

Giuseppe **Arcimboldo** ou **Arcimboldi** ■
Peintre italien (v. 1527-1593). « Têtes composées », par assemblage de végétaux, d'animaux ou d'objets.

**Arcole** ■ Ville d'Italie, près de Vérone. Victoire de Bonaparte (1796) sur les Autrichiens.

l'**Arctique** n. m. ■ Région formée par l'*océan
Glacial Arctique* (12,3 millions de km²) et les
terres centrées sur le pôle Nord.

l'**Ardèche** n. f. ■ Affluent du Rhône. 120 km.
► l'**Ardèche** [07]. Département français de
la Région Rhône-Alpes. 5 511 km². 317 277
habitants. Chef-lieu : Privas. Chefs-lieux
d'arrondissement : Largentière, Tournon.

l'**Ardenne** n. f. ■ Région partagée entre la
Belgique, la France et le Luxembourg. ► les
**Ardennes** [08]. Département français de
la Région Champagne-Ardenne. 5 234 km².
283 110 habitants. Chef-lieu : Charleville-
Mézières. Chefs-lieux d'arrondissement :
Rethel, Sedan, Vouziers.

Hannah **Arendt** ■ Philosophe américaine
d'origine allemande qui écrivit en allemand
et en anglais (1906-1975). Élève de Heidegger, elle fuit l'Allemagne nazie et mena une
réflexion sur le totalitarisme et le mal (*Les
Origines du totalitarisme*).

l'**Arétin** ■ Écrivain satirique italien (1492-
1556). Auteur de comédies et de dialogues
inventifs et licencieux : *Les Ragionamenti.*

**Arezzo** ■ Ville d'Italie (Toscane). 91 600 habitants. Fresques de Piero della Francesca.

**Argelès-Gazost** ■ Chef-lieu d'arrondissement des Hautes-Pyrénées. 3 139 habitants.

**Argentan** ■ Chef-lieu d'arrondissement de
l'Orne. 14 315 habitants.

**Argenteuil** ■ Chef-lieu d'arrondissement du
Val-d'Oise, sur la Seine. 104 282 habitants.

l'**Argentine** n. f. ■ État fédéral d'Amérique
du Sud. 2 780 400 km². 36,3 millions d'habitants. Capitale : Buenos Aires.

Martha **Argerich** ■ Pianiste argentine (née
en 1941). Soliste virtuose, elle joue également de la musique de chambre.

les **Argonautes** ■ mythol. grecque Héros partis,
à bord du navire *Argo*, à la conquête de la
Toison d'or.

l'**Argonne** n. f. ■ Région boisée entre la
Champagne et la Lorraine. Combats en 1914-
1918.

**Argos** ■ Ville de Grèce (Péloponnèse). 25 500
habitants. D'après la mythologie, la plus anc.
cité grecque.

le canton d'**Argovie**, en allemand **Aargau** ■
Canton de Suisse. 1 404 km². 574 800 habitants. Chef-lieu : Aarau.

**Ariane** ■ mythol. grecque Fille de Minos, elle
aida Thésée à sortir du Labyrinthe.

**Ariane** ■ Fusée spatiale européenne.

Alfredo **Arias** ■ Metteur en scène français
d'origine argentine (né en 1944). Il arriva
en France en 1970 avec sa troupe, le TSE.
Spectacles musicaux, mise en scène d'opéras, présentant un univers féerique, plein
d'exubérance et d'humour.

l'**Ariège** n. f. ■ Rivière, affluent de la Garonne. 170 km. ►l'**Ariège** [09]. Département français de la Région Midi-Pyrénées. 4 902 km². 152 286 habitants. Chef-lieu : Foix. Chefs-lieux d'arrondissement : Pamiers, Saint-Girons.

l'**Arioste** ■ Poète italien (1474-1533). Son chef-d'œuvre est le *Roland furieux*, poème épique de 33 000 vers.

**Aristarque** de Samothrace ■ Philologue grec (220-143 avant J.-C.). Directeur de la bibliothèque d'Alexandrie après Aristophane de Byzance, il donna des éditions critiques des textes classiques, en premier lieu Homère, et forma de nombreux disciples.

**Aristide** ■ Général et homme politique athénien (v. 550-v. 467 avant J.-C.).

**Jean-Bertrand Aristide** ■ Homme d'État haïtien (né en 1953). Ancien prêtre catholique, président de la République (1990-1991, 1994-1995 et 2000-2004).

**Aristophane** ■ Écrivain grec (v. 450-386 avant J.-C.). Auteur de comédies : *Les Grenouilles ; L'Assemblée des femmes*.

**Aristophane de Byzance** ■ Grammairien et critique grec (v. 257-180 avant J.-C.). Il dirigea le musée et la bibliothèque d'Alexandrie.

**Aristote** dit **le Stagirite** ■ Savant et philosophe grec (384-322 avant J.-C.). Il créa la logique et aborda tous les domaines du savoir.

l'**Arizona** n. m. ■ État du sud-ouest des États-Unis. 295 014 km². 5,1 millions d'habitants. Capitale : Phoenix.

l'**Arkansas** n. m. ■ État du sud des États-Unis. 137 539 km². 2,7 millions d'habitants. Capitale : Little Rock.

**Arkhangelsk** ■ Port de Russie. 319 000 habitants.

**Arles** ■ Chef-lieu d'arrondissement des Bouches-du-Rhône. 52 510 habitants. Monuments romains et médiévaux. Siège des Rencontres internationales de la photographie.

Arlette-Léonie Bathiat, dite **Arletty** ■ Actrice française (1898-1992). Elle composa au théâtre et au cinéma (notamment dans les films de Carné) un personnage de séductrice mystérieuse, aux accents faubouriens. *Hôtel du Nord ; Les Enfants du paradis*.

l'Invincible **Armada** ■ Flotte de Philippe II d'Espagne, envoyée contre l'Angleterre en 1588 et détruite par la tempête.

l'**Armagnac** n. m. ■ Région du Gers. Vignobles pour la production d'alcool (*l'armagnac*).

les **armagnacs** ■ Faction qui s'opposa aux bourguignons et aux Anglais lors de la guerre de Cent Ans.

Armand Fernandez, dit **Arman** ■ Artiste (sculpteur) américain d'origine française (1928-2005). Installations, accumulations d'objets.

l'**Arménie** n. f. ■ Région d'Asie occidentale. ►la république d'**Arménie**. État de Transcaucasie, qui fit partie de l'U.R.S.S. 29 800 km². 3,2 millions d'habitants. Capitale : Erevan.

le Massif **armoricain** n. m. ■ Massif ancien de l'ouest de la France.

l'**Armorique** n. f. ■ Ancien nom de la Bretagne.

Louis **Armstrong** ■ Musicien américain (trompettiste et chanteur) de jazz (1901-1971). Venu de la Nouvelle-Orléans, il fit sa carrière à New York et Chicago et devint célèbre après 1930. Son style souverain à la trompette et sa voix, à la fois rauque et émouvante, son humour scénique aussi, en font la plus grande figure, avec Ellington, de la période du jazz qui va de 1925 à 1950.

Neil **Armstrong** ■ Astronaute américain (1930-2012). Le premier homme ayant marché sur la Lune, en 1969, avec la mission Apollo.

Lance **Armstrong** ■ Cycliste américain (né en 1971). Titulaire du record de victoires dans le Tour de France, mais déchu de ses titres pour dopage en 2012.

les **Arnauld** ■ Famille française, liée au jansénisme. ►Antoine **Arnauld** (1560-1619), conseiller d'État, restaura l'abbaye janséniste de Port-Royal.

Antoine dit le **Grand Arnauld**, ■ son fils (1612-1694), théologien, auteur avec Pierre Nicole de la *Logique de Port-Royal*.

Ludwig Joachim, dit Achim von **Arnim** ■ Poète et romancier allemand (1781-1831). Ami et beau-frère de Brentano? Romans, nouvelles.

l'**Arno** n. m. ■ Fleuve d'Italie qui traverse Florence et Pise. 240 km.

Raymond **Aron** ■ Sociologue français (1905-1983). L'un des principaux critiques du marxisme. Il polémiqua avec Sartre.

Jean ou Hans **Arp** ■ Sculpteur et peintre abstrait français (1887-1966).

Fernando **Arrabal** ■ Écrivain, auteur de théâtre et cinéaste espagnol d'expression française (né en 1932). Pour lui, la scène est le lieu d'un « cérémonial panique ». Œuvre symbolique, lyrique et violente, marquée de sadomasochisme. *Le Grand Cérémonial ; J'irai comme un cheval fou* (cinéma).

**Arras** ■ Chef-lieu du Pas-de-Calais. 41 322 habitants. Monuments du Moyen Âge et de la Renaissance.

Claudio **Arrau** ■ Pianiste chilien (1903-1991). Interprète de la musique romantique (Beethoven, Chopin...).

les monts d'**Arrée** ▪ Chaîne de hauteurs granitiques de Bretagne (Finistère et Côtes-d'Armor). 387 m au Roc'h Trédudon, point culminant de la Bretagne.

Svante **Arrhenius** ▪ Physicien suédois (1859-1927). Travaux sur les électrolytes.

**Arromanches-les-Bains** ▪ Commune du Calvados, où les Alliés débarquèrent le 6 juin 1944. 550 h.

le curé d'**Ars** → saint **Jean-Baptiste Marie Vianney**

**Arsace** ▪ Fondateur de la dynastie parthe des *Arsacides* qui régna sur la Perse (250 avant J.-C.-244 apr. J.-C.).

Charles de Batz, seigneur d'**Artagnan** ▪ Mousquetaire français (1611-1673). Immortalisé par A. Dumas dans *Les Trois Mousquetaires*.

Antonin **Artaud** ▪ Écrivain et homme de théâtre français (1896-1948). Œuvre lyrique, violente et incantatoire.

**Artémis** ▪ mythol. grecque Déesse de la Chasse, identifiée à la *Diane* des Romains.

**Arthur** ou **Artus** ▪ Roi celte légendaire (VIᵉ s.), héros du cycle romanesque de la *Table ronde*.

l'**Artois** n. m. ▪ Anc. province de France (actuel Pas-de-Calais).

**Aruba** ▪ Île néerlandaise (Petites Antilles). 193 km². 101 500 habitants. Capitale : Oranjestad.

les **Arvernes** ▪ Gaulois d'Auvergne. Vercingétorix était leur chef.

les **Aryens** ▪ Dans l'Antiquité, peuple d'Iran et d'Inde du Nord, de langue indo-européenne.

Cosmas Damian **Asam** ▪ Peintre, décorateur et architecte allemand (1686-1739). Il travailla avec son frère Egid Quirin (1692-1750), réalisant de nombreuses décorations en Bavière, Tyrol, etc. Leur style parvient à une fusion de l'architecture et du décor.

les **Ases** n. m. pl. ▪ mythol. germanique Dieux guerriers.

**Ashoka** ▪ Empereur indien (v. 273-v. 237 avant J.-C.). Unificateur de l'Inde. Propagateur du bouddhisme.

l'**Asie** n. f. ▪ La plus grande et la plus peuplée des cinq parties du monde. 44 millions de km². 4,2 milliards d'habitants.

l'**Asie Mineure** ▪ Péninsule d'Asie comprenant la Turquie.

Isaac **Asimov** ▪ Écrivain américain d'origine russe (1920-1992). Professeur de chimie biologique à l'université de Boston, il a écrit des ouvrages de vulgarisation scientifique et des romans de science-fiction, dont certains furent rapidement des classiques (la trilogie *Fondation*, 1951-1982).

**Asmara** ▪ Capitale de l'Érythrée. 320 000 habitants.

el-**Asnam** → **Chleff**

**Aspasie** ▪ Femme grecque célèbre pour sa beauté et son intelligence. Originaire de Milet, elle s'installa à Athènes (Vᵉ s. avant J.-C.), où elle n'était qu'une étrangère ; c'est pourquoi elle ne put être que la compagne respectée, et non l'épouse, de Périclès. Les adversaires de celui-ci la raillèrent comme une courtisane.

Hafiz al-**Assad** ▪ (1928-2000) Président de la République syrienne de 1971 à sa mort.
► Bachar al-**Assad**, son fils (né en 1965), lui a succédé.

l'**Assam** n. m. ▪ État du nord-est de l'Inde. 78 438 km². 26,7 millions d'habitants. Capitale : Dispur.

l'**Assemblée constituante** n. f. → **Constituante**

l'**Assemblée législative** n. f. ▪ Assemblée française élue en 1791 après la Constituante. La Convention lui succéda (1792).

l'**Assemblée nationale** n. f. ▪ Terme qui désigne sous les Constitutions de 1946 et de 1958 la Chambre des députés, en France.

**Assise**, en italien **Assisi** ▪ Ville d'Italie (Ombrie). 25 300 habitants. Basilique Saint-François décorée d'œuvres de Cimabue et de Giotto. Patrie de saint François d'Assise.

**Assouan** ▪ Ville de Haute Égypte. 265 000 habitants. Barrage sur le Nil.

**Assuérus** ▪ Dans la Bible, nom donné au roi Xerxès. Le livre d'Esther raconte comment la jeune juive dont il fit son épouse parvint à sauver son peuple de la machination ourdie par le ministre Aman, qui voulait l'exterminer.

**Assur** ▪ Ancienne capitale de l'Assyrie.

**Assurbanipal** ▪ Dernier grand roi d'Assyrie, de 669 à 631 avant J.-C.

l'**Assyrie** n. f. ▪ Anc. empire mésopotamien (XXᵉ-VIIᵉ s. avant J.-C.).

Frederick Austerlitz, dit Fred **Astaire** ▪ Acteur, danseur et chorégraphe américain (1899-1987). Virtuose des claquettes, il s'impose à l'écran : *Tous en scène*.

**Astana** ▪ Capitale du Kazakhstan. 311 100 habitants.

**Asti** ▪ Ville d'Italie (Piémont). 71 300 habitants. Vins pétillants (*Asti spumante*).

**Astrakhan** ▪ Port de Russie dans le delta de la Volga. 506 400 habitants.

**Astrid** ▪ Reine des Belges (1905-1935), épouse du roi Léopold III et mère de Baudouin Iᵉʳ.

Miguel Ángel **Asturias** ▪ Romancier et poète guatémaltèque (1899-1974). Indien par sa mère, il fit revivre les légendes mayas (*Hommes de maïs*). Il a dénoncé l'injustice, la misère et la dictature (*Monsieur le Président*). Prix Nobel 1967.

les **Asturies,** en espagnol **Asturias** ▪ Région historique et communauté autonome de l'Espagne. 10 565 km². 1,1 million d'habitants. Capitale : Oviedo.

**Asunción,** en français **Assomption** ▪ Capitale du Paraguay. 1,2 million d'habitants.

**Atahualpa** ▪ Dernier empereur inca (v. 1500-1533). Il fut mis à mort par le conquistador Pizarro.

**Atatürk** → **Mustafa Kemal**

Eugène **Atget** ▪ Photographe français (1857-1927). Réalisme documentaire et photos d'architecture à Paris.

**Athalie** ▪ Reine de Juda de 841 à 834 avant J.-C. Héroïne d'une tragédie de Racine.

**Athéna** ▪ mythol. grecque Déesse de la Raison, des Arts et des Sciences.

**Athènes** ▪ Capitale de la Grèce. 748 100 habitants. (agglomération 3 millions). Célèbres monuments de l'Antiquité (Acropole), églises byzantines.

le mont **Athos** ▪ Montagne de Grèce. 2 033 m. Nombreux monastères orthodoxes.

**Atlanta** ▪ Ville des États-Unis, capitale de la Géorgie. 420 000 habitants. (agglomération 4,1 millions).

l'**Atlantide** n. f. ▪ Île fabuleuse, engloutie, d'après Platon, v. 1500 avant J.-C.

l'océan **Atlantique** n. m. ▪ Océan entre l'Europe, l'Afrique et l'Amérique (106 millions de km²).

**Atlas** ▪ mythol. grecque Géant condamné par Zeus à porter le ciel sur ses épaules.

l'**Atlas** n. m. ▪ Barrière montagneuse d'Afrique du Nord. 4 167 m au djebel Toubkal.

**Aton** ▪ Dieu solaire égyptien, dont le culte fut instauré par Akhénaton.

les **Atrides** ▪ mythol. grecque Descendants d'Atrée, roi de Mycènes.

**Attila** ▪ (v. 395-453) Roi des Huns de 434 à sa mort. Il constitua un État, de la mer Noire à la Gaule.

l'**Attique** n. f. ▪ Région de Grèce autour d'Athènes.

l'**Aube** n. f. ▪ Rivière, affluent de la Seine. 248 km. ▪ l'**Aube** [10]. Département français de la Région Champagne-Ardenne. 6 010 km². 303 997 habitants. Chef-lieu : Troyes. Chefs-lieux d'arrondissement : Bar-sur-Aube, Nogent-sur-Seine.

Agrippa d'**Aubigné** ▪ Écrivain français (1552-1630). Calviniste intransigeant, auteur d'une œuvre lyrique, satirique et épique : *les Tragiques.*

les monts d'**Aubrac** ▪ Plateau du sud du Massif central.

Martine **Aubry** ▪ Femme politique française (née en 1950). Elle fut à deux reprises ministre de l'Emploi. Élue maire de Lille en 2001, première secrétaire du Parti socialiste en 2008.

**Aubusson** ▪ Chef-lieu d'arrondissement de la Creuse. 3 716 habitants. Ateliers de tapisserie.

**Auch** ▪ Chef-lieu du Gers. 21 871 habitants. Cathédrale de style flamboyant.

**Auckland** ▪ Port et ville principale de la Nouvelle-Zélande. 1,2 million d'habitants.

l'**Aude** n. m. ▪ Fleuve de France. 220 km. ▶ l'**Aude** [11]. Département français de la Région Languedoc-Roussillon. 6 289 km². 359 967 habitants. Chef-lieu : Carcassonne. Chefs-lieux d'arrondissement : Limoux, Narbonne.

Wystan Hugh **Auden** ▪ Écrivain américain d'origine britannique (1907-1973).

Michel **Audiard** ▪ Scénariste, dialoguiste et réalisateur de cinéma français (1920-1985). Son style vert et caustique a marqué les films populaires français des années 1960 à 1980. *Les Tontons flingueurs.*

Jacques **Audiberti** ▪ Écrivain français (1899-1965). Auteur de romans *(Abraxas ; Marie Dubois),* de pièces de théâtre *(Le mal court)* et de poèmes, au style baroque et lyrique.

John James **Audubon** ▪ Naturaliste et peintre américain (1785-1851). Il fit la description de la faune et de la flore d'Amérique du Nord, et l'illustra lui-même (435 planches en couleurs pour *Les Oiseaux d'Amérique,* 1827-1838).

l'**Aufklärung** n. f. allemand *Zeitalter der Aufklärung* « Siècle des lumières » ▪ Mouvement caractérisant la culture et la pensée allemandes du XVIIIe s.

le pays d'**Auge** ▪ Région du nord-est de la Normandie.

**Augias** ▪ Roi d'Élide, dont Héraclès nettoya les écuries en détournant les eaux de l'Alphée.

**Augsbourg,** en allemand **Augsburg** ▪ Ville d'Allemagne (Bavière). 267 900 habitants. ▶ la Confession d'**Augsbourg,** profession de foi des luthériens rédigée par Melanchthon (1530).

la ligue d'**Augsbourg** ▪ réunit de 1686 à 1697 les opposants à Louis XIV (Angleterre, Hollande, Suède, Espagne).

**Auguste** ▪ (63 avant J.-C.-14 apr. J.-C.) Premier empereur romain, de 27 avant J.-C. à sa mort, appelé d'abord Octave, puis Octavien. Le siècle d'Auguste fut l'âge d'or du classicisme romain.

saint **Augustin** ▪ Docteur et Père de l'Église (354-430). Évêque d'Hippone, en Afrique du Nord, théologien, philosophe et écrivain latin de premier plan : *Les Confessions.*

Gaetana, dite Gae **Aulenti** ■ Architecte et designer italienne (1927-2012). Elle dirigea la transformation de la gare d'Orsay, à Paris, en musée.

Aulus Gellius, dit **Aulu-Gelle** ■ Érudit latin (v. 130-v. 180). Auteur des *Nuits attiques*, recueil de notices traitant de grammaire, de philosophie, de droit, d'histoire et de littérature.

Henri d'Orléans, duc d'**Aumale** ■ Général français (1822-1897). Fils de Louis-Philippe.

**Aung San** ■ Homme politique birman (1915-1947). Opposé aux Britanniques, il tenta d'obtenir l'indépendance de son pays, mais fut assassiné.

**Aung San Suu Kyi** ■ Femme politique birmane (née en 1945), fille d'Aung San. Elle fonda la Ligue nationale pour la démocratie, qui remporta les élections de 1990. Mais le pouvoir en place refusa de se retirer. Elle fut régulièrement détenue en résidence surveillée ou emprisonnée entre 1989 et 2010. Prix Nobel de la paix 1991.

l'**Aunis** n. m. ■ Anc. province dans la région de La Rochelle.

**Aurangzeb** ■ (1618-1707) Empereur moghol de l'Inde, de 1658 à sa mort.

**Aurélien** ■ (v. 212-275) Empereur romain de 270 à sa mort. Il restaura un pouvoir fort.

les **Aurès** n. m. pl. ■ Massif de l'Algérie orientale. 2 326 m au djebel Chelia.

**Aurillac** ■ Chef-lieu du Cantal. 27 338 habitants.

Vincent **Auriol** ■ (1884-1966) Premier président (socialiste) de la IVe République, de 1947 à 1954.

Aurobindo Ghose, dit Shrī **Aurobindo** ■ Poète, philosophe et mystique indien d'expression anglaise et bengali (1872-1950). Il abandonna la vie publique en 1910, pour fonder à Pondichéry un centre spirituel (*ashram*) et y développer son propre yoga. Sa disciple et compagne, « la Mère », créa en 1968 près de Pondichéry la « cité universelle » (et internationale) d'Auroville, où se transmet l'enseignement du philosophe.

**Auschwitz** ■ Localité de Pologne. Le plus grand camp d'extermination nazi, en Pologne : environ 1 million de Juifs y furent tués entre 1940 et 1945.

**Ausone,** en latin **Decimus Magnus Ausonius** ■ Poète latin (v. 310-v. 395). Professeur de rhétorique à Burdigala (Bordeaux), puis à Trèves, il a laissé de nombreux poèmes (parfois en grec) traitant de sujets variés. Le plus connu est un poème didactique, *La Moselle*.

Jane **Austen** ■ Romancière britannique (1775-1817). Elle peint des personnages féminins observés avec humour et précision. *Orgueil et préjugés* ; *Persuasion*.

Paul **Auster** ■ Romancier américain (né en 1947). Œuvre centrée sur la question de l'identité, et dont les personnages sont tentés par le néant. *Trilogie new-yorkaise* ; *Léviathan* ; *Seul dans le noir*.

**Austerlitz** ■ Localité de Moravie où Napoléon Ier battit l'armée austro-russe (2 déc. 1805).

l'océan **Austral** → océan **Antarctique**

les terres **Australes** ou **Subantarctiques** ■ Ensemble d'îles au large de l'Antarctique, dont les archipels Crozet et Kerguelen, qui constituent, avec la terre Adélie, la collectivité d'outre-mer des *terres Australes et Antarctiques françaises* (TAAF).

l'**Australie** n. f. ■ État fédéral d'Océanie. 7 682 300 km². 21,1 millions d'habitants. Capitale : Canberra. Villes principales : Melbourne, Sidney.

l'**Austrasie** n. f. ■ Royaume mérovingien (VIe-VIIIe s.) de l'est de la Gaule.

l'**Autriche** n. f., en allemand **Österreich** ■ État fédéral d'Europe centrale. 83 872 km². 8,4 millions d'habitants. Capitale : Vienne.

l'**Autriche-Hongrie** ■ Ancien État comprenant l'empire d'Autriche et le royaume de Hongrie sous l'autorité des Habsbourg (1867-1918).

**Autun** ■ Chef-lieu d'arrondissement de la Saône-et-Loire. 14 426 habitants. Cathédrale romane.

l'**Auvergne** n. f. ■ Région administrative française. Quatre départements du Massif central : Allier, Cantal, Haute-Loire, Puy-de-Dôme. 26 013 km². 1,35 million d'habitants. Chef-lieu : Clermont-Ferrand.

**Auvers-sur-Oise** ■ Ville du Val-d'Oise. 6 789 habitants. Séjour de nombreux peintres au XIXe s. (Cézanne, Pissarro, Van Gogh qui s'y donna la mort).

**Auxerre** ■ Chef-lieu de l'Yonne. 35 534 habitants.

**Avallon** ■ Chef-lieu d'arrondissement de l'Yonne. 7 229 habitants.

les **Avars** ■ Tribu asiatique qui constitua du VIe au IXe s. un empire en Europe centrale.

Richard **Avedon** ■ Photographe américain (1923-2004). Photographies avec participation du modèle : en mouvement ou figé, dans des poses inhabituelles.

Ibn Bājā, dit **Avempace** ■ Philosophe et médecin arabe (mort en 1138).

le mont **Aventin** ■ Une des sept collines de Rome.

Ibn Ruchd, dit **Averroès** ■ Philosophe arabe et musulman d'Espagne (1126-1198). Commentateur d'Aristote.

Tex **Avery** ▪ Réalisateur américain de dessins animés (1908-1980). Créateur de films marqués par l'humour et la fantaisie, dont beaucoup d'animaux-personnages sont devenus célèbres (Droopy, Bugs Bunny, Daffy Duck...).

**Avesnes-sur-Helpe** ▪ Chef-lieu d'arrondissement du Nord. 4 995 habitants.

l'**Aveyron** n. m. ▪ Rivière, affluent du Tarn. 250 km. ►l'**Aveyron** [12]. Département français de la Région Midi-Pyrénées. 8 749 km². 275 813 habitants. Chef-lieu : Rodez. Chefs-lieux d'arrondissement : Millau, Villefranche-de-Rouergue.

Ibn Gabirol, dit **Avicebron** ▪ Philosophe mystique juif espagnol (v. 1020-v. 1058).

Ibn Sinā, dit **Avicenne** ▪ Médecin, philosophe et mystique de l'islam (980-1037).

**Avignon** ▪ Chef-lieu du Vaucluse. 90 194 habitants. Résidence des papes au XIVᵉ s. Ville d'art (palais-forteresse des Papes, pont Saint-Bénezet). Festival de théâtre.

**Ávila** ▪ Ville d'Espagne (Castille-et-León). 59 482 habitants. Enceinte et églises médiévales. Patrie de sainte Thérèse d'Ávila.

Amedeo **Avogadro** ▪ Chimiste italien (1776-1856). Théorie moléculaire des gaz.

**Avoriaz** ▪ Station de sports d'hiver de Haute-Savoie.

**Avranches** ▪ Chef-lieu d'arrondissement de la Manche. 7 950 habitants.

sir Alan **Ayckbourn** ▪ Auteur dramatique et metteur en scène britannique (né en 1939). Critique de la société bourgeoise. Alain Resnais l'adapta au cinéma (pour les films *Smoking/No Smoking* et *Cœurs*).

les **Aymaras** ▪ Indiens du Pérou et de Bolivie.

Marcel **Aymé** ▪ Écrivain français (1902-1967). Récits (romans et contes) d'une ironie critique : *La Jument verte ; Uranus ; Contes du chat perché.* Comédies.

**Azay-le-Rideau** ▪ Commune d'Indre-et-Loire. 3 452 habitants. Château Renaissance.

l'**Azerbaïdjan** n. m. ▪ Région d'Asie occidentale. ► la république d'**Azerbaïdjan.** État de Transcaucasie. 86 600 km². 8,2 millions d'habitants. Capitale : Bakou.

**Azincourt** ▪ Commune du Pas-de-Calais. Importante victoire anglaise durant la guerre de Cent Ans (1415). 270 h.

José Maria **Aznar** ▪ Homme politique espagnol (né en 1953). Premier ministre (droite populaire) de 1996 à 2004.

la mer d'**Azov** ▪ Golfe de la mer Noire. 38 000 km².

les **Aztèques** ▪ Ancien peuple indien qui fonda un empire au Mexique (XVᵉ s.).

# B

**Amadou Hampâté Bâ** ■ Écrivain malien (1901-1991). Il s'attacha à recueillir et transmettre la tradition orale de son pays. Textes historiques et sacrés de la tradition peule.

**Baal** ■ Nom de plusieurs divinités de l'Orient méditerranéen.

**Baalbek** ■ Ville du Liban. 14 000 habitants. Temples antiques.

**Baas** ou **Baath** ■ Parti arabe nationaliste et laïc. Dominant en Syrie depuis 1963, il le fut en Irak de 1968 à 2003.

**Babar** ■ Personnage d'éléphant, héros de livres pour enfants, créé en 1931 par Jean de Brunhoff (1899-1937).

**Charles Babbage** ■ Mathématicien anglais (1792-1871). Il tenta de réaliser des machines à calculer ; considéré pour cela comme un pionnier de l'informatique.

**la tour de Babel** ■ Bible Tour dont la construction devait permettre aux hommes d'atteindre le ciel.

**François Noël dit Gracchus Babeuf** ■ Révolutionnaire français (1760-1797). Partisan du communisme égalitaire.

**Joseph Babinski** ■ Médecin français d'origine polonaise (1857-1932). Spécialiste de la pathologie nerveuse.

**Bābur** ■ Souverain turc (1483-1530). Il fonda l'Empire moghol.

**Babylone** ■ Ancienne ville de Mésopotamie, cœur de la principale civilisation de l'Asie antérieure.

**Betty Joan Perske, dite Lauren Bacall** ■ Actrice américaine (née en 1924). Elle fut la partenaire et l'épouse de Humphrey Bogart.

**Baccarat** ■ Ville de Meurthe-et-Moselle, près de Lunéville. 4 584 habitants. Célèbre cristallerie, fondée en 1764.

**Bacchus** ■ Nom du dieu romain correspondant à Dionysos.

**Jean-Sébastien Bach** ■ Musicien allemand (1685-1750). Musique religieuse (cantates, passions...), musique de chambre, musique pour clavier (orgue, clavecin...). Son œuvre monumentale, d'une puissance théorique unique, nourrie par une inventivité et une spiritualité constantes, est à la base de toute la musique occidentale postérieure. *Concertos brandebourgeois ; Le Clavier bien tempéré ; L'Art de la fugue.* Ses fils furent des compositeurs réputés, notamment Wilhelm Friedemann **Bach** (1710-1784), Carl Philipp Emanuel **Bach** (1714-1788) et Johann Christian **Bach** (1735-1782).

**Gaston Bachelard** ■ Philosophe français (1884-1962). Il renouvela l'histoire et la perception de la science et analysa les symboles ainsi que l'imagination poétique.

**Michelle Bachelet** ■ Femme d'État chilienne (née en 1951). Elle fut détenue et torturée sous le régime de Pinochet. Elle fut ministre de la Santé puis ministre de la Défense. Présidente (socialiste) de la république du Chili de 2006 à 2010, elle fut réélue en 2013.

**la Bachkirie** ■ République autonome de Russie. 143 600 km². 4,1 millions d'habitants. Capitale : Oufa.

**Roger Bacon** ■ Théologien et philosophe anglais (v. 1214-1294). Précurseur de la science expérimentale.

**Francis Bacon** ■ Philosophe et chancelier anglais (1561-1626). Théoricien de la méthode inductive et expérimentale.

**Francis Bacon** ■ Peintre britannique (1909-1992). Son style expressionniste est fait pour engendrer l'angoisse.

**la Bactriane** ■ Ancienne région de l'Asie centrale.

**Badajoz** ■ Ville d'Espagne (Estrémadure), chef-lieu de province, sur le Guadiana, près du Portugal. 151 214 habitants.

**le Bade** ■ Ancien État de l'Allemagne du sud-ouest, qui s'étendait sur la plaine rhénane de Bâle à Mannheim.

**Robert Baden-Powell** ■ Général anglais (1857-1941). Il fonda le scoutisme en 1908.

**le Bade-Wurtemberg** ■ Land d'Allemagne. 35 751 km². 10,8 millions d'habitants. Capitale : Stuttgart.

**Badgastein** ■ Ville d'Autriche (province de Salzbourg). Station thermale sur le versant nord des Tauern. 5 700 habitants.

**Robert Badinter** ■ Avocat et homme politique français (né en 1928). Époux d'Élisabeth Badinter. Ministre de la Justice de 1981 à 1986, il a fait voter l'abolition de la peine de mort en France (9 oct. 1981).

**Élisabeth Badinter** ■ Philosophe et historienne française (née en 1944). Épouse de Robert Badinter. Spécialiste du XVIIIe siècle ; nombreuses publications sur la place de la femme dans la société, l'instinct maternel, les relations entre les sexes.

**Karl Baedeker** ■ Éditeur allemand (1801-1859). Il créa une collection de guides touristiques publiés en allemand, en français et en anglais.

Joan **Baez** ▪ Interprète et compositrice américaine de chansons (née en 1941). Militante progressiste.

la terre de **Baffin** ▪ Île de l'archipel arctique canadien, séparée du Groenland par la *mer de Baffin*. 476 066 km².

**Bagan** → Pagan

les **Bagaudes** ▪ Paysans gaulois qui se révoltèrent contre la domination romaine en Gaule au IIIᵉ s., puis en Espagne au Vᵉ s.

**Bagdad** ▪ Capitale de l'Irak. 5,8 millions d'habitants. Ancienne capitale des Abbassides.

**Bagnères-de-Bigorre** ▪ Chef-lieu d'arrondissement des Hautes-Pyrénées. 7 906 habitants.

**Bagnoles-de-l'Orne** ▪ Commune de l'Orne, près d'Alençon. 2 413 habitants. Station thermale.

Dominique **Bagouet** ▪ Danseur et chorégraphe français (1951-1992). Figure de la nouvelle danse française contemporaine. *Le Saut de l'ange ; So Schnell.*

Petr Ivanovitch, prince **Bagration** ▪ Général russe (1765-1812). Il s'opposa à l'invasion de la Russie par Napoléon et fut tué à la bataille de la Moskova.

le Commonwealth des **Bahamas** ▪ État des Antilles composé de 700 îles. 13 935 km². 351 461 habitants. Capitale : Nassau.

**Bahia** ▪ État du Brésil. 566 978 km². 14 millions d'habitants. Capitale : Salvador.

le royaume de **Bahreïn** n. m. ▪ État du golfe Persique. 691 km². 650 600 habitants. Capitale : Manama.

**Baies** ▪ Ville d'Italie, en Campanie (province de Naples). 2 236 habitants. C'est là (en latin *Baiae*) que Néron fit assassiner Agrippine.

Jean Antoine de **Baïf** ▪ Poète français (1532-1589). Membre de la Pléiade, il composa en latin et en français. *Mimes, enseignements et proverbes* (1576).

le lac **Baïkal** ▪ Lac de Russie, en Sibérie orientale (Bouriatie). 31 500 km².

**Baïkonour** ▪ Base aérospatiale située au Kazakhstan.

**Bajazet** → Bayazid Iᵉʳ

Li Feigan, dit **Ba Jin** ou **Pa Kin** ▪ Écrivain et poète chinois (1904-2005).

Joséphine **Baker** ▪ Chanteuse et danseuse française d'origine américaine (1906-1975). Elle s'installa à Paris, et connut une renommée internationale comme meneuse de revue.

Chesney Henry, dit Chet **Baker** ▪ Trompettiste et chanteur de jazz américain (1929-1988).

**Bakou** ▪ Capitale de l'Azerbaïdjan. 1,2 million d'habitants. Pétrole.

Mikhaïl **Bakounine** ▪ Révolutionnaire anarchiste russe (1814-1876).

la **Balagne** ▪ Plaine du nord-ouest de la Corse, entre Calvi et l'Île-Rousse, très fertile.

Mili Alekseïevitch **Balakirev** ▪ Compositeur russe (1837-1910). Fondateur du groupe des Cinq* en 1857.

George **Balanchine** ▪ Chorégraphe russe naturalisé américain (1904-1983).

le lac **Balaton** ▪ Le plus grand lac de Hongrie. 596 km².

Vasco Núñez de **Balboa** ▪ Conquistador espagnol (1475-1517). Il découvrit l'océan Pacifique en 1513.

Hans Baldung, dit **Baldung Grien** ▪ Peintre, dessinateur et graveur allemand (v. 1484-1545). Thèmes mythologiques et allégoriques.

**Bâle**, en allemand **Basel** ▪ Ville de Suisse. 163 000 habitants (zone urbaine 479 300).
► canton de **Bâle-Ville** (37 km² ; 184 800 habitants ; chef-lieu : Bâle) ; canton de **Bâle-Campagne** (428 km² ; 267 200 habitants ; chef-lieu : Liestal).

les **Baléares** n. f. pl. ▪ Archipel méditerranéen. Communauté autonome de l'Espagne dont les îles principales sont Majorque, Minorque et Ibiza. 5 014 km². 1,1 million d'habitants. Capitale : Palma de Majorque.

lord **Balfour** ▪ Homme politique britannique (1848-1930). ► la déclaration **Balfour**, en 1917, préconise la création en Palestine d'un « foyer national juif ».

**Bali** ▪ Île d'Indonésie. 5 621 km². 3,9 millions d'habitants. Chef-lieu : Denpasar.

les **Balkans** n. m. pl. ▪ Péninsule du sud de l'Europe (Slovénie, Croatie, Bosnie-Herzégovine, Macédoine, Yougoslavie, Albanie, Bulgarie, Grèce et Turquie d'Europe).

le lac **Balkhach** ▪ Lac du Kazakhstan. 17 300 km².

Pierre Simon **Ballanche** ▪ Éditeur et écrivain français (1776-1847). Son interprétation religieuse du progrès de l'humanité *(Essais de Palingénésie sociale)* influença le mouvement romantique.

Victor **Baltard** ▪ Architecte français (1805-1874). Anciennes halles de Paris.

les pays **baltes** ▪ L'Estonie, la Lettonie et la Lituanie.

**Balthazar** ▪ Un des Rois mages.

Balthasar Klossowski de Rola, dit **Balthus** ▪ Peintre français (1908-2001). Son style influencé par les primitifs italiens est dépouillé, ses couleurs discrètes ; on a surtout remarqué ses sujets, d'un érotisme suggestif (portraits de très jeunes filles, scènes d'intérieur équivoques).

**Baltimore** ▪ Port des États-Unis (Maryland). 621 000 habitants (agglomération 2,5 millions).

la mer **Baltique** ▪ Mer qui baigne les côtes d'Europe du Nord.

le **Baluchistan** ▪ Région aride s'étendant sur le Pakistan et l'Iran.

Jean-Louis Guez de **Balzac** ▪ Écrivain français (1597-1654). Il fut célèbre pour la perfection de sa prose.

Honoré de **Balzac** ▪ Romancier français (1799-1850). Auteur de *la Comédie humaine*, ensemble de 95 romans et nouvelles (*Le Père Goriot, Le Lys dans la vallée, La Cousine Bette...*).

**Bamako** ▪ Capitale du Mali. 1,3 million d'habitants.

les **Bambaras** ▪ Peuple d'Afrique (Mali).

**Bamberg** ▪ Ville d'Allemagne, à l'est de la Bavière. 71 000 habitants. Nombreux monuments anciens, remarquable cathédrale gothique du XIIIe siècle dont les sculptures sont célèbres. Industries. Ce fut (1007) un évêché souverain, rattaché plus tard à la Bavière.

les **Bamilékés** ▪ Ethnie africaine qui peuple le sud-ouest du Cameroun.

**Bâmyân** ou **Bâmiyân** ▪ Site d'Afghanistan. Ses deux statues monumentales (53 m) du Bouddha, sculptées dans la falaise aux IIIe-IVe s., ont été détruites par les talibans en 2001.

**Bandiagara** ▪ Ville du Mali. 12 000 habitants. Le *plateau de Bandiagara* est bordé à l'est par des falaises où vivent les Dogons.

**Bandol** ▪ Commune du Var, arrondissement de Toulon. 7 663 habitants. Vignobles.

**Bandung**, anciennement en français **Bandoeng** ▪ Ville d'Indonésie (Java). 2,4 millions d'habitants. ▶ **Conférence de Bandung**, réunissant en 1955 les pays du tiers-monde (29) qui refusaient de s'aligner sur l'U.R.S.S. comme sur les États-Unis.

**Bangalore** ▪ Ville de l'Inde. 5,7 millions d'habitants.

**Bangkok** ▪ Capitale de la Thaïlande. 9,7 millions d'habitants. Temples bouddhiques.

le **Bangladesh** ▪ État du sud de l'Asie. 144 000 km². 144 millions d'habitants. Capitale : Dacca. Ancien Pakistan oriental.

**Bangui** ▪ Capitale de la République centrafricaine. 725 000 habitants.

**Ban Ki-moon** ▪ Diplomate et homme politique sud-coréen (né en 1944). Secrétaire général de l'ONU élu en 2006 et réélu en 2011.

**Banque centrale européenne (BCE)** ▪ Créée en 1998 (traité de Maastricht), elle dicte la politique monétaire de la zone euro.

**Banque de France** ▪ Créée en 1800, nationalisée en 1945, elle eut le privilège d'émettre les billets de banque. Indépendante depuis 1993, elle est une banque centrale nationale, et la Banque centrale européenne.

la **Banque mondiale** ▪ Créée en 1944 (accords de Bretton Woods), elle regroupe cinq organismes internationaux chargés d'aider les pays en voie de développement.

les **Bantous** ▪ Peuples d'Afrique noire parlant des langues du même groupe.

**Banyuls-sur-Mer** ▪ Commune des Pyrénées-Orientales, arrondissement de Céret, sur la Côte vermeille. 4 600 habitants. Station balnéaire. Thalassothérapie. Vins doux.

Théodore de **Banville** ▪ Poète français (1823-1891). Virtuose de la versification. *Odes funambulesques.*

**Bao Dai** ▪ Nom de règne de Nguyen Phuc Vinh Thuy (1913-1997), empereur du Viêtnam. Il fut déposé en 1955 et s'établit en France.

**Bapaume** ▪ Chef-lieu de canton du Pas-de-Calais, près d'Arras. 4 062 habitants.

**Barabbas** ▪ Bible Voleur condamné à mort et gracié par Pilate à la place de Jésus, à la demande du peuple.

**Bārābudur** → **Borobudur**

Ehud Brog, dit Ehud **Barak** ▪ Général et homme politique israélien (né en 1942). Premier ministre (travailliste) de 1999 à 2001.

la **Barbade** ▪ Île et État des Petites Antilles. 431 km². 274 000 habitants. Capitale : Bridgetown.

Monique Serf, dite **Barbara** ▪ Compositrice et interprète française de chansons (1930-1997). Sa voix contribua à charger d'une émotion profonde des textes lyriques et raffinés.

les **Barbares** ▪ Nom désignant dans l'Antiquité les non-Grecs pour les Grecs, puis les peuples qui envahirent l'Empire romain (IIIe-VIe s.).

les **Barberousse** ▪ Corsaires turcs basés à Alger au XVIe s.

**Frédéric Ier Barberousse** → **Frédéric Ier**

Armand **Barbès** ▪ Révolutionnaire français (1809-1870).

Jules-Amédée **Barbey d'Aurevilly** ▪ Écrivain français (1808-1889). Polémiste catholique, auteur de récits insolites au style précis et pur. *Les Diaboliques.*

**Barbizon** ▪ Commune de Seine-et-Marne. Séjour, au XIXe s., de peintres paysagistes (Millet, Daubigny...), précurseurs de l'impressionnisme. 1 357 habitants.

Henri **Barbusse** ▪ Écrivain français (1873-1935). *Le Feu*, roman évoquant de manière réaliste et dure la guerre de 1914-1918.

**Barcelone** ▪ Ville et port d'Espagne, capitale de la Catalogne. 1,6 million d'habitants. Quartier gothique. Célèbres *Ramblas*. Œuvres de Gaudí.

**Barcelonnette** ▪ Chef-lieu d'arrondissement des Alpes-de-Haute-Provence. 2 667 habitants.

Brigitte **Bardot** ▪ Actrice de cinéma française (née en 1934). *Et Dieu créa la femme ; Le Mépris.*

Daniel **Barenboïm** ■ Pianiste et chef d'orchestre israélien d'origine russe (né en 1942). Il a créé en 1999, avec l'écrivain américano-palestinien Edward Saïd (1935-2003), le *West-Eastern Divan Orchestra,* qui réunit de jeunes instrumentistes d'Israël, des Territoires palestiniens et des pays arabes voisins.

la mer de **Barents** ■ Mer de l'océan Arctique.

**Bari** ■ Ville du sud de l'Italie, chef-lieu des Pouilles. 316 550 habitants. Port sur l'Adriatique. Ville ancienne.

René **Barjavel** ■ Romancier français (1911-1985). Pionnier de la science-fiction en France. *Ravage ; La Nuit des temps.*

Simon **Bar Kocheba** ou **Bar Kokheba** ■ Chef de la seconde guerre juive contre Rome (132-135), considéré comme Messie par certains rabbins qui lui donnèrent le nom de « fils de l'étoile ». Hadrien réprima la révolte, et Simon mourut au combat.

**Bar-le-Duc** ■ Chef-lieu de la Meuse. 15 895 habitants.

Christian **Barnard** ■ Chirurgien sud-africain (1922-2001). Il réalisa la première greffe cardiaque en 1967.

Antoine **Barnave** ■ Révolutionnaire français (1761-1793). Un des chefs de la Constituante, guillotiné.

Phineas Taylor **Barnum** ■ Entrepreneur de spectacles américain (1810-1891). Il fonda le cirque Barnum en 1871.

Pío **Baroja** ■ Écrivain basque espagnol (1872-1956). *Mémoires d'un homme d'action* (1911-1935).

**Barranquilla** ■ Port de Colombie. 1,1 million d'habitants.

Paul, vicomte de **Barras** ■ Révolutionnaire français (1755-1829). Membre le plus influent du Directoire.

Jean-Louis **Barrault** ■ Homme de théâtre français (1910-1994).

Maurice **Barrès** ■ Écrivain français (1862-1923). Homme politique de droite, nationaliste, militariste, il se revendiquait dans l'énergie individuelle (*Le Culte du moi*), enrichi par l'enracinement national (*Le Roman de l'énergie nationale,* trilogie, 1897-1902). Ses *Cahiers,* mémoires sincères, forment un témoignage engagé sur l'époque. Son style, raffiné dans ses premières œuvres (*Le Jardin de Bérénice*), a souffert des engagements et des postures nationalistes de l'auteur.

Françoise **Barré-Sinoussi** ■ Biochimiste française (née en 1947). Prix Nobel 2008, avec L. Montagnier, pour la découverte, en 1983, du virus du sida.

sir James Matthew **Barrie** ■ Romancier et auteur dramatique britannique (1860-1937). Romans de mœurs écossaises. Créateur du personnage de Peter Pan (1904).

José Manuel Durão **Barroso** ■ Homme politique portugais (né en 1956). Premier ministre de 2002 à 2004. Président de la Commission européenne (désigné en 2004).

Jeanne Bécu, comtesse du **Barry** ■ Favorite de Louis XV (1743-1793), guillotinée.

**Bar-sur-Aube** ■ Chef-lieu d'arrondissement de l'Aube. 5 214 habitants.

Jean **Bart** ■ Corsaire français (1650-1702).

Clément Marty, dit **Bartabas** ■ Cavalier et créateur de spectacles équestres français (né en 1957). Ses spectacles réunissent chevaux, musiciens, danseurs et acrobates.

Karl **Barth** ■ Théologien protestant suisse (1886-1968). *Dogmatique.*

saint **Barthélemy** ■ L'un des douze apôtres.

Roland **Barthes** ■ Critique, poéticien et sémiologue français (1915-1980). *Le Degré zéro de l'écriture ; L'Empire des Signes ; Le Plaisir du texte.*

Frédéric Auguste **Bartholdi** ■ Sculpteur français (1834-1904). *La Liberté éclairant le monde* à New York.

Louis **Barthou** ■ Homme politique français (1862-1934). Président du Conseil (1913) et ministre des Affaires étrangères (1934), il mourut dans l'attentat qui tua Alexandre Ier de Yougoslavie.

Béla **Bartók** ■ Compositeur hongrois (1881-1945). Pianiste, spécialiste du folklore populaire hongrois, il marqua la musique du XXe siècle par une œuvre variée : piano, musique de chambre (*Quatuors*), musique symphonique, œuvres scéniques.

Cecilia **Bartoli** ■ Cantatrice italienne (née en 1966). Elle a mis sa voix et sa technique exceptionnelles au service de l'opéra classique (Haydn, Mozart...) ainsi que d'un répertoire baroque exigeant (inédits, œuvres rares).

**Baruch** ■ Dans la Bible, secrétaire du prophète Jérémie. La tradition lui attribue plusieurs livres apocryphes ; le *Livre de Baruch* est deutérocanonique.

Mikhaïl Nikolaïevitch **Barychnikov** ■ Danseur et chorégraphe américain d'origine russe (né en 1948). Après une carrière éclatante en Union soviétique, il émigra aux États-Unis en 1974. Il a dirigé plusieurs troupes américaines.

le **Bas-Empire** ■ Dernière période de l'Empire romain (IIIe-Ve s.).

**Bashō** ■ Moine et célèbre poète japonais (1644-1694).

Alain **Bashung** ■ Chanteur français (1947-2009). Nourri de rock et de chanson française, aidé de paroliers de talent, il a créé un univers singulier, sombre et énigmatique. *Roulette russe ; Fantaisie militaire ; L'Imprudence.*

William, dit Count **Basie** ■ Pianiste, compositeur et chef d'orchestre de jazz américain (1904-1984). Le principal représentant du style swing de l'école de Kansas City.

**Basile II le Bulgaroctone** ■ Empereur byzantin de 963 à sa mort (v. 958-1025). Il anéantit la puissance bulgare.

**saint Basile le Grand** ■ Docteur et Père de l'Église (v. 330-379).

**le Pays basque** ■ Région des Pyrénées occidentales (France et Espagne). En Espagne, elle forme une communauté autonome (7 261 km² ; 2,1 millions d'habitants ; capitale : Vitoria).

**Jean-Michel Basquiat** ■ Peintre et graphiste américain d'origine portoricaine (1960-1988). Il utilisa tous les supports possibles, mêlant écriture, peinture, dessin.

**Jacopo da Ponte,** dit il **Bassano** ■ Peintre vénitien (v. 1517-1592).

**Basse-Terre** ■ Chef-lieu de la Guadeloupe. 11 730 habitants.

**Bassora** ou **Basra** ■ Port d'Irak. 825 000 habitants.

**Bastia** ■ Chef-lieu et port de Haute-Corse. 42 912 habitants.

**la Bastille** ■ Prison d'État, à Paris, prise par les Parisiens le 14 juillet 1789.

**Bastogne,** en néerlandais **Bastenaken** ■ Ville de Belgique, chef-lieu d'arrondissement de la province de Luxembourg, dans l'Ardenne. 14 400 habitants.

**Georges Bataille** ■ Écrivain français (1897-1962). Son œuvre est une analyse impitoyable de la transgression, axée sur l'érotisme et la mort.

**les Bataves** ■ Peuple germain qui habitait les Pays-Bas au Ier s. avant J.-C.

**le Bateau-Lavoir** ■ Immeuble parisien du quartier Montmartre (détruit en 1970). Habité par des peintres et des poètes au début du XXe s., il fut l'un des centres d'éclosion du cubisme.

**Bath** ■ Ville d'Angleterre (Avon), au sud-est de Bristol, sur l'Avon. 85 000 habitants. Bâtiments et urbanisme du XVIIIe s. Station thermale depuis l'époque romaine.

**Báthory** ■ Ancienne famille hongroise qui régna sur la Transylvanie. ► La princesse **Élisabeth Báthory** (1560-1614), nièce du roi de Pologne Étienne Ier Báthory, aurait fait tuer des jeunes filles pour se baigner dans leur sang.

**Batman** (en anglais « l'homme chauve-souris ») ■ Personnage de justicier masqué, héros de bande dessinée américaine, créé en 1939 par Bill Finger et Bob Kane.

**Baton Rouge** ■ Ville des États-Unis (Louisiane). 229 500 habitants. Industries pétrolières.

**Gaston Baty** ■ Metteur en scène français et théoricien du théâtre (1885-1952).

**l'île de Batz** ■ Île de la Manche, face à Roscoff (Finistère).

**Henry Bauchau** ■ Romancier, poète et dramaturge belge d'expression française (1913-2012). *Œdipe sur la route ; Le Boulevard périphérique.*

**Baucis** → Philémon

**Charles Baudelaire** ■ Poète français (1821-1867). Outre *Les Fleurs du mal,* recueil versifié fondateur de la poésie moderne, son œuvre comprend des poèmes en prose, des textes admirables sur la littérature, la peinture, la musique *(Curiosités esthétiques ; L'Art romantique).*

**Baudouin Ier** ■ (1930-1993) Roi des Belges de 1951 à sa mort.

**Jean Baudrillard** ■ Philosophe français (1929-2007). Traducteur de Marx, il a développé une sémiologie sociale. *Le Système des objets ; La Transparence du mal.*

**le Bauhaus** ■ École d'architecture fondée par Gropius à Weimar (1919-1933).

**La Baule-Escoublac** ■ Ville de Loire-Atlantique. 15 800 habitants. Station balnéaire.

**Étienne Blum,** dit **Étienne-Émile Baulieu** ■ Médecin français (né en 1926). Endocrinologue, il fit des recherches sur les hormones ; il a mis au point la pilule abortive en 1980.

**Henri,** dit **Harry Baur** ■ Acteur français (1880-1943). Il interpréta au cinéma des personnages comme Jean Valjean, Hérode, Tarass Boulba, Raspoutine.

**Pina Bausch** ■ Danseuse et chorégraphe allemande (1940-2009). Chorégraphies expressionnistes, proches du théâtre.

**Les Baux-de-Provence** ■ Commune des Bouches-du-Rhône. Cité médiévale. 430 habitants.

**la Bavière,** en allemand **Bayern** ■ Land d'Allemagne. 70 554 km². 12,5 millions d'habitants. Capitale : Munich.

**Pierre de Bayard** ■ Homme de guerre français, surnommé le « chevalier sans peur et sans reproche » (v. 1475-1524).

**Bayazid Ier,** en fr. **Bajazet** ■ (1354-1403) Sultan ottoman de 1389 à 1402.

**Bayeux** ■ Chef-lieu d'arrondissement du Calvados. 13 511 habitants. *Broderie de la reine Mathilde* (XIe s.) représentant la conquête de l'Angleterre par Guillaume le Conquérant. Cathédrale.

**Pierre Bayle** ■ Écrivain et penseur français (1647-1706). Calviniste, il dut émigrer à Genève, puis à Rotterdam. Séparant la morale de la religion, prônant la liberté de conscience, il publia des *Nouvelles de la république des lettres* (1684-1687) et surtout un grand *Dictionnaire historique et critique* (4 volumes ; 1695-1697) portant sur les dogmes et les traditions. Il fut un précurseur de l'esprit des Lumières.

**Bayonne** ■ Chef-lieu d'arrondissement des Pyrénées-Atlantiques. 44 331 habitants.

**Bayreuth** ■ Ville d'Allemagne (Bavière). 72 000 habitants. Festival Wagner.

François **Bayrou** ▪ Homme politique (centriste) français (né en 1951). Élu président de l'UDF en 1998, il fut candidat aux élections présidentielles de 2002, 2007 et 2012. Il créa en 2007 le Mouvement démocrate (MoDem).

Achille **Bazaine** ▪ Maréchal de France (1811-1888).

Jean-Pierre Hervé-Bazin, dit Hervé **Bazin** ▪ Romancier français (1911-1996). Son œuvre est tournée vers la dénonciation des contraintes sociales bourgeoises. *Vipère au poing ; Au nom du fils.*

**B. B. C.** ▪ Office national de la radio et de la télévision publique britannique *(British Broadcasting Company)*, créé en 1922.

**BCE** → Banque centrale européenne

Robert, dit Bob **Beamon** ▪ Athlète américain (né en 1946). Détenteur du record du monde de saut en longueur (à 8,90 m) de 1968 à 1991.

Aubrey Vincent **Beardsley** ▪ Dessinateur et écrivain britannique (1872-1898). L'esthétique de ses affiches, de ses illustrations est caractéristique de l'art nouveau.

le **Béarn** ▪ Anc. province du sud-ouest de la France. Capitale : Pau.

les **Beatles** n. m. pl. ▪ Groupe anglais de musique pop (1962-1970).

**Beatrix Iʳᵉ** ▪ Reine des Pays-Bas de 1980 à 2013 (née en 1938).

**Beaucaire** ▪ Ville du Gard. 15 894 habitants. Château.

Julos **Beaucarne** ▪ Poète, chanteur et auteur-compositeur belge d'expression française (né en 1936). Des chansons et poèmes d'un humour modeste et malicieux, transmettant une vision généreuse, écologiste et libertaire de la vie. *Chandeleur 75 ; Mon terroir c'est les galaxies.*

la **Beauce** ▪ Région du Bassin parisien.

Yves **Beauchemin** ▪ Romancier canadien d'expression française (né en 1941). *Le Matou ; Le Second Violon.*

Alphonse **Beau de Rochas** ▪ Ingénieur français (1815-1893). Inventeur du cycle à quatre temps.

sir Francis **Beaufort** ▪ Amiral britannique (1774-1857). Il proposa en 1805 une échelle pour la mesure de la force des vents (l'*échelle de Beaufort*).

le **Beaujolais** ▪ Région de l'est du Massif central. Vignobles.

Victor-Lévy **Beaulieu** ▪ Romancier, auteur dramatique et poète canadien (québécois) d'expression française (né en 1945). *Don Quichotte de la démanche ; Sophie et Léon.*

**Beaulieu-sur-Mer** ▪ Commune des Alpes-Maritimes, près de Nice. 3 762 habitants.

Pierre Augustin Caron de **Beaumarchais** ▪ Auteur dramatique français (1732-1799). *Le Barbier de Séville ; Le Mariage de Figaro.*

**Beaumes-de-Venise** ▪ Chef-lieu de canton du Vaucluse, près de Carpentras. 2 360 habitants. Vin muscat réputé.

**Beaune** ▪ Chef-lieu d'arrondissement de la Côte-d'Or. 21 872 habitants. Hôtel-Dieu (xvᵉ s.). Vins. ▶ la **côte de Beaune**, zone viticole de la Bourgogne, au nord et au sud de Beaune, qui fait suite, vers le sud, à la côte de Nuits.

**Beauvais** ▪ Chef-lieu de l'Oise. 54 189 habitants. Cathédrale gothique.

Simone de **Beauvoir** ▪ Femme de lettres française (1908-1986). Philosophe de formation. Auteur de romans, de nouvelles, de souvenirs et d'essais, notamment sur la place de la femme dans la société. *Le Deuxième Sexe.*

**Bécassine** ▪ Personnage de bande dessinée, créé en 1905 (dessinateur : Joseph-Porphyre Pinchon), jeune servante bretonne naïve. 27 albums parurent de 1913 à 1950.

Cesare Bonesana, marquis de **Beccaria** ▪ Juriste italien (1738-1794). Il dénonça l'usage de la torture et contesta la peine de mort.

Sidney **Bechet** ▪ Musicien de jazz américain (1897-1959). Il joua de la clarinette et, surtout, du saxophone soprano.

Jacques **Becker** ▪ Cinéaste français (1906-1960). Description sensible de la réalité sociale française d'après-guerre. *Goupi Mains Rouges ; Rendez-vous de juillet ; Casque d'or.*

Samuel **Beckett** ▪ Écrivain irlandais d'expression anglaise et française (1906-1989). Auteur de romans (*Molloy*) et de pièces de théâtre (*En attendant Godot ; Oh, les beaux jours !*) d'un pessimisme extrême dans une langue d'une admirable simplicité, tant en français qu'en anglais.

Max **Beckmann** ▪ Peintre et dessinateur allemand (1884-1950). Il fuit le nazisme et s'installe aux Pays-Bas puis aux États-Unis. Expressionnisme d'une grande intensité chromatique.

Henri **Becquerel** ▪ Physicien français (1852-1908). Il découvrit la radioactivité.

saint **Bède le Vénérable** ▪ Historien anglo-saxon (v. 673-735).

Joseph **Bédier** ▪ Médiéviste français (1864-1938). Il édita et adapta en français moderne *Tristan et Iseut* et *La Chanson de Roland.*

les **Bédouins** ▪ Arabes nomades d'Afrique du Nord et du Proche-Orient.

sir Thomas **Beecham** ▪ Chef d'orchestre britannique (1879-1961). Fondateur, notamment, du London Philharmonic Orchestra.

Harriett Elizabeth **Beecher-Stowe** ▪ Romancière américaine (1811-1896). *La Case de l'oncle Tom.*

**Beersheba** ou **Be'er Sheva** ▪ Ville d'Israël, chef-lieu du district sud, dans le nord du Néguev. 185 400 habitants.

Ludwig van **Beethoven** ▪ Compositeur allemand (1770-1827). Auteur d'une œuvre immense : 9 symphonies, sonates, quatuors, musique de chambre, un opéra *(Fidelio)*, etc.

Menahem **Begin** ▪ Homme politique israélien (1913-1992). Il signa la paix avec l'Égypte.

**Bègles** ▪ Ville de Gironde, banlieue sud-est de Bordeaux. 25 113 habitants.

Peter **Behrens** ▪ Architecte et dessinateur allemand (1868-1940).

Vitus **Behring** ▪ Navigateur et explorateur danois (1681-1741). ► le détroit de **Behring** → **Béring**.

Emil von **Behring** ▪ Médecin et bactériologiste allemand (1854-1917).

**Beijing** → **Pékin**

Maurice Berger dit **Béjart** ▪ (1927-2007). Danseur et chorégraphe français.

la **Bekaa** ▪ Haute plaine du Liban.

Harold George, dit Harry **Belafonte** ▪ Chanteur et acteur américain (né en 1927). Compagnon de lutte de Martin Luther King, il poursuit son combat pour les droits de l'homme.

**Belarus** → **Biélorussie**

**Belau** → **Palaos**

**Belém** ▪ Port du nord du Brésil, sur l'Amazone. 1,4 million d'habitants.

**Belfast** ▪ Capitale de l'Irlande du Nord ou Ulster (Royaume-Uni). 277 400 habitants.

**Belfort** ▪ Chef-lieu du Territoire de Belfort. 50 128 habitants. ► le **Territoire de Belfort** [90]. Département français de la Région Franche-Comté. 549 km². 143 348 habitants. Chef-lieu : Belfort.

la **Belgique** ▪ État fédéral d'Europe occidentale, groupant les régions *flamande, wallonne* et de *Bruxelles-Capitale.* 30 527 km². 10,58 millions d'habitants. Capitale : Bruxelles.

**Belgrade** ▪ Capitale de la Serbie. 1,1 million d'habitants.

**Bélisaire** ▪ Général byzantin (v. 500-565).

le **Belize** ou **Bélize** ▪ État d'Amérique centrale. 22 965 km². 312 700 habitants. Capitale : Belmopan. Anc. Honduras-Britannique.

Graham **Bell** ▪ Ingénieur américain (1847-1922). Inventeur du téléphone.

**Bellac** ▪ Chef-lieu d'arrondissement de la Haute-Vienne. 4 259 habitants.

**Bellarmin** → saint **Robert Bellarmin**

Joachim du **Bellay** ▪ Poète français de la Pléiade (1522-1560). Poèmes harmonieux, d'une émouvante simplicité. *Les Regrets.*

Rémi **Belleau** ▪ Poète français (1528-1577). Il fut l'un des membres de la Pléiade.

**Belle-Île-en-Mer** ▪ Île du Morbihan. 4 500 habitants. Chef-lieu : Le Palais.

**Belleville** ▪ Quartier de Paris.

**Belley** ▪ Chef-lieu d'arrondissement de l'Ain. 8 761 habitants.

Giovanni **Bellini** ▪ Peintre vénitien (v. 1433-1516).

Vincenzo **Bellini** ▪ Compositeur d'opéras italien (1801-1835). *Norma.*

Hans **Bellmer** ▪ Peintre français d'origine allemande (1902-1975). Surréaliste, il illustra les œuvres de Georges Bataille.

**Bellone** ▪ mythol. Déesse romaine de la Guerre, femme ou sœur du dieu Mars.

Saul **Bellow** ▪ Romancier américain (1915-2005). Peinture de la minorité noire américaine. Prix Nobel 1976.

Paul **Belmondo** ▪ Sculpteur français (1898-1982), néoclassique. ► Jean-Paul **Belmondo,** son fils (né en 1933), acteur français de théâtre et de cinéma.

**Belo Horizonte** ▪ Ville du Brésil, capitale de l'État du Minas Gerais. 2,4 millions d'habitants.

**Bélouchistan** → **Baluchistan**

**Belphégor** ▪ Dans la Bible, dieu Baal de la montagne de Péor, au pays de Moab (actuelle Jordanie).

Andreï **Bély** ▪ Écrivain symboliste russe (1880-1934). *Pétersbourg.*

**Belzébuth** ▪ Déformation du nom du dieu Baal. Un des noms du diable.

Pietro **Bembo** ▪ Cardinal et humaniste italien (1470-1547). Il écrivit en latin et en italien et fut l'un des promoteurs du pétrarquisme.

Zine el-Abidine **Ben Ali** ▪ Homme politique tunisien (né en 1936). Président de la République de 1987 à 2011. Renversé par une révolution populaire.

**Bénarès** ou **Varanasi** ▪ Ville d'Inde, sur le Gange. 1,2 million d'habitants. L'une des sept villes saintes de l'hindouisme.

Ahmed **Ben Bella** ▪ Président de la République algérienne de 1963 à 1965 (1916-2012).

Julien **Benda** ▪ Romancier et essayiste français (1867-1956). *La France byzantine ; La Trahison des clercs.*

le **Benelux** ▪ Union économique de la Belgique, des Pays-Bas et du Luxembourg.

Edvard **Beneš** ▪ Homme politique tchécoslovaque (1884-1948). Ministre des Affaires étrangères de 1918 à 1935, il présida le gouvernement en exil à Londres (1941) ; président de la République en 1945, il se retira à la suite du coup de force communiste de 1948.

**Bénévent** ▪ Ville d'Italie, en Campanie, chef-lieu de province sur le Calore. 61 800 habitants.

le **Bengale** ▪ Région partagée en 1947 entre l'Inde (État du *Bengale-Occidental* : 88 752 km² ; 80,2 millions d'habitants ; capitale : Calcutta) et le Pakistan oriental, devenu en 1971 l'État indépendant du Bangladesh.

**Benghazi** ▪ Port de Libye. 500 000 habitants.

David **Ben Gourion** ▪ Homme politique israélien (1886-1973). Premier chef de gouvernement (travailliste) de l'État d'Israël.

le royaume du **Bénin** ▪ Ancien royaume d'Afrique occidentale (XIᵉ-XIXᵉ s.).

le **Bénin,** anciennement **Dahomey** ▪ État d'Afrique occidentale. 112 622 km². 9,2 millions d'habitants. Capitale : Porto-Novo. Ville principale : Cotonou.

**Benjamin** ▪ Bible Dernier des douze fils de Jacob.

**Walter Benjamin** ▪ Écrivain et philosophe allemand (1892-1940). Théoricien de l'esthétique et de la traduction. D'origine juive, il fuit l'Allemagne en 1933. En 1940, il se suicida.

**Tahar Ben Jelloun** ▪ Écrivain marocain d'expression française (né en 1944). *L'Écrivain public ; La Nuit sacrée.*

**Oussama Ben Laden** ▪ Chef politique et religieux d'origine saoudienne (1957-2011). Fondateur d'al-Qaïda* ; soupçonné de financer de nombreux groupes islamistes et de commanditer des attentats terroristes, il fut tué par un commando américain.

le **Ben Nevis** ▪ Point culminant de la Grande-Bretagne, en Écosse. 1 343 m.

**Pierre Benoit** ▪ Romancier français (1886-1962). *L'Atlantide ; Mademoiselle de la Ferté.*

**Benoît** ▪ Nom de papes. ▶ **Benoît XIV,** pape de 1740 à 1758, de tendance libérale. ▶ **Benoît XV,** pape de 1914 à 1922, mena une action humanitaire. ▶ **Benoît XVI,** le cardinal allemand Josef Ratzinger (né en 1927), fut élu en 2005 et renonça au pontificat en 2013.

**saint Benoît de Nursie** ▪ Fondateur (italien) de l'ordre bénédictin (v. 480-v. 547). Initiateur du monachisme en Occident.

**Benoît de Sainte-Maure** ▪ Écrivain français (XIIᵉ s.), il composa en octosyllabes un *Roman de Troie* (vers 1165) et continua l'*Histoire des ducs de Normandie* de Wace.

**Isaac de Benserade** ▪ Poète français (1613-1691). Auteur de tragédies et de livrets de ballets.

**Jeremy Bentham** ▪ Philosophe et juriste anglais (1748-1832). Fondateur de l'utilitarisme moral.

**Émile Benveniste** ▪ Linguiste français (1902-1976). Spécialiste de la grammaire comparée des langues indo-européennes, il fit d'importantes recherches sur la formation des noms et sur le *Vocabulaire des institutions* dans ce domaine. Ses recherches en linguistique générale et en sémiotique sont exposées dans les deux volumes des *Problèmes de linguistique générale* (1966 et 1974).

**Eliézer Perelman,** dit **Ben Yehuda** ▪ Journaliste et lexicographe lituanien (1858-1922). Sioniste, il s'établit à Jérusalem en 1881 et fut le principal artisan de la renaissance de l'hébreu, fondant plusieurs journaux et s'attelant à la réalisation d'un monumental dictionnaire (16 tomes de 1910 à 1959).

la **Béotie** ▪ Région de Grèce centrale. Capitale : Thèbes.

le lai de **Beowulf** ▪ Poème héroïque en vieil anglais (Xᵉ s.), connu par un manuscrit de la British Library (Londres).

**Pierre de Béranger** ▪ Chansonnier français (1780-1857).

les **Berbères** ▪ Peuples d'Afrique du Nord.

**Nina Nikolaïevna Berberova** ▪ Romancière et critique littéraire américaine d'origine et d'expression russes (1901-1993).

**Berchtesgaden** ▪ Ville d'Allemagne (Bavière). 7 700 habitants. Hitler y avait installé son « nid d'aigle ».

**Berck** ▪ Ville du Pas-de-Calais. 15 171 habitants. Station balnéaire.

**Bercy** ▪ Quartier de l'est de Paris.

**Pierre Bérégovoy** ▪ Homme politique (socialiste) français (1925-1993). Premier ministre de 1992 à 1993.

**Bérénice** ▪ Princesse juive (v. 28-79) dont l'histoire a inspiré Racine.

**Bernhard Berenson** ▪ Collectionneur et critique d'art américain d'origine lituanienne (1865-1959). Il devint un spécialiste de la Renaissance italienne (Quattrocento).

la **Bérézina** ▪ Rivière de Biélorussie. Tragique retraite de l'armée de Napoléon (1812).

**Alban Berg** ▪ Compositeur autrichien (1885-1935). Élève de Schoenberg, il interpréta les principes du dodécaphonisme de manière personnelle. Œuvres symphoniques, concerto pour violon « À la mémoire d'un ange », musique de chambre, opéras : *Wozzeck, Lulu* (inachevé).

**Bergame,** en italien **Bergamo** ▪ Ville d'Italie (Lombardie). 113 100 habitants. Monuments anciens dans la partie haute de la ville.

**José Bergamín** ▪ Auteur dramatique et poète espagnol (1895-1983). Il essaya de concilier catholicisme et libéralisme, prit parti pour la République et dut s'exiler.

**Bergen** ▪ Port de Norvège. 260 400 habitants.

**Bergerac** ▪ Chef-lieu d'arrondissement de la Dordogne. 27 687 habitants. Vignobles.

**Ingmar Bergman** ▪ Cinéaste suédois (1918-2007). Il réalisa plus de 40 films d'une grande perfection formelle et d'une émotion profonde. *Le Septième Sceau ; Cris et chuchotements.*

**Henri Bergson** ▪ Philosophe français (1859-1941). Son attitude est spiritualiste et antidogmatique. *La Pensée et le Mouvant ; Matière et Mémoire.*

**Lavrenti Pavlovitch Beria** ▪ Homme politique soviétique (1899-1953). Il dirigea la police politique, fut ministre de l'Intérieur (1942-1946) et nommé maréchal (1945) ; il fut exécuté après la mort de Staline.

le détroit de **Béring** ou **Behring** ▪ Bras de mer formant un passage entre les océans Arctique et Pacifique.

**Luciano Berio** ▪ Compositeur italien (1925-2003). Il renouvela la musique du XXᵉ siècle, mêlant l'art vocal et l'électroacoustique.

George **Berkeley** ▪ Évêque irlandais, philosophe idéaliste (1685-1753). Il affirme : « Être, c'est être perçu. »

Marius **Berliet** ▪ Industriel français (1866-1949). Il fonda en 1900 une entreprise de construction automobile qui se spécialisa dans les poids lourds. Intégrée à Renault, la marque Berliet disparut en 1980.

**Berlin** ▪ Capitale et Land d'Allemagne. 889 km². 3,5 millions d'habitants.

Israël Isidore Berline, dit Irving **Berlin** ▪ Compositeur américain d'origine russe (1888-1989). Chansons et airs de danse popularisés par des comédies musicales.

Hector **Berlioz** ▪ Compositeur français (1803-1869). Le plus inventif des musiciens de sa génération, auteur d'une vaste œuvre symphonique (*La Symphonie fantastique; Harold en Italie; Requiem...*), de mélodies, d'une « légende dramatique », *La Damnation de Faust* (1846), d'un opéra (*Les Troyens à Carthage*)... Théoricien, critique musical, il est l'auteur de plusieurs ouvrages et de *Mémoires* (publiées en 1870).

Silvio **Berlusconi** ▪ Homme d'affaires et homme politique italien (né en 1936). À la tête d'un groupe financier, de sociétés de construction, de distribution, de nombreux médias, il fut président du Conseil (1994; 2001-2006; 2008-2011). Condamné pour fraude fiscale et déclaré inéligible à vie en 2013.

les **Bermudes** n. f. pl. ▪ Archipel britannique de l'Atlantique, au nord-est des Antilles. 53 km². 64 237 habitants. Capitale : Hamilton.

sainte **Bernadette Soubirous** ▪ Paysanne de Lourdes (1844-1879). Ses visions sont à l'origine d'un pèlerinage.

**Bernadotte** → **Charles XIV de Suède**

Georges **Bernanos** ▪ Romancier et essayiste français (1888-1948). Catholique hanté par le problème du mal : *Sous le soleil de Satan; Journal d'un curé de campagne* (romans); *Dialogues des carmélites* (pièce de théâtre).

Claude **Bernard** ▪ Physiologiste français (1813-1878). *Introduction à l'étude de la médecine expérimentale.*

Paul, dit Tristan **Bernard** ▪ Écrivain humoriste français (1866-1947).

Alain **Bernard** ▪ Nageur français (né en 1983). Médaillé d'or du 100 m nage libre aux jeux Olympiques de Pékin en 2008, il fut en 2009 le premier à nager la distance en moins de 47 secondes.

saint **Bernard de Clairvaux** ▪ Fondateur (français) de l'abbaye de Clairvaux (1091-1153).

Bernart de Ventadorn ou **Bernard de Ventadour** ▪ Troubadour limousin du XIIᵉ s. Il vécut à la cour d'Aliénor d'Aquitaine; il semble n'avoir composé que des chansons d'amour, baignées de mélancolie.

Henri **Bernardin de Saint-Pierre** ▪ Écrivain français (1737-1814). *Paul et Virginie; Études de la nature; Harmonies de la nature.*

**Bernay** ▪ Chef-lieu d'arrondissement de l'Eure. 10 288 habitants.

**Berne,** en allemand **Bern** ▪ Capitale fédérale de la Suisse. 122 400 habitants (zone urbaine 349 000). ► le canton de **Berne.** Canton de Suisse. 6 051 km². 958 900 habitants. Chef-lieu : Berne.

Thomas **Bernhard** ▪ Écrivain autrichien (1931-1989). Auteur de romans, de drames, de récits autobiographiques critiques à l'égard de la société bourgeoise.

Sarah **Bernhardt** ▪ Tragédienne française (1844-1923). *L'Aiglon.*

le **Bernin** ▪ Architecte et sculpteur baroque italien (1598-1680). Baldaquin et colonnade de Saint-Pierre de Rome.

la **Bernina** ▪ Massif des Alpes suisses (Grisons). 4 049 m au Piz Bernina.

les **Bernoulli** ▪ Famille de mathématiciens et physiciens suisses des XVIIᵉ et XVIIIᵉ s.

Leonard **Bernstein** ▪ Chef d'orchestre et compositeur américain (1918-1990). Auteur de la comédie musicale *West Side Story.*

François **Béroalde de Verville** ▪ Écrivain français (1556-1629). *Le Moyen de parvenir* (1617).

**Béroul** ▪ Trouvère anglo-normand (fin XIIᵉ s.). Auteur d'un *Tristan* dont subsistent près de 3 000 vers octosyllabiques.

l'étang de **Berre** ▪ Étang des Bouches-du-Rhône. Raffineries.

Pedro **Berruguete** ▪ Peintre espagnol (v. 1450-v. 1504). Retables à Ávila.

le **Berry** ▪ Région du centre de la France, au nord du Massif central. Ancienne province de France.

Charles-Ferdinand, duc de **Berry** ▪ (1778-1820) Fils de Charles X, chef des ultras. Il fut assassiné.

Chuck **Berry** ▪ Guitariste américain de rock (né en 1926).

**Berthe,** dite Berthe aux grands pieds ▪ Épouse de Pépin le Bref, mère de Charlemagne (v. 730-783).

Marcelin **Berthelot** ▪ Chimiste et homme politique français (1827-1907).

Claude Louis comte **Berthollet** ▪ Chimiste français (1748-1822).

Bernardo **Bertolucci** ▪ Cinéaste italien (né en 1941). Cinéaste de la jeunesse en révolte, il évolua vers un style plus académique. *Prima della rivoluzione; Le Dernier Tango à Paris; Le Dernier Empereur.*

Louis, dit Aloysius **Bertrand** ▪ Écrivain français (1807-1841). Ses poèmes en prose manifestent un goût romantique pour le Moyen Âge. *Gaspard de la nuit,* son chef-d'œuvre, a inspiré à Ravel trois ballades pour piano.

Pierre de **Bérulle** ▪ Prélat français (1575-1629). Il fonda l'ordre de l'Oratoire.

Jöns Jacob, baron **Berzelius** ▪ Chimiste suédois (1779-1848). Il créa la notation symbolique moderne.

**Bès** ▪ relig. Dieu égyptien, génie familier et protecteur représenté sous la forme d'un nain grimaçant.

**Olivier Besancenot** ▪ Homme politique français (né en 1974). Porte-parole de la Ligue communiste révolutionnaire (LCR), candidat aux élections présidentielles de 2002 et 2007, il fonda le Nouveau Parti anticapitaliste (NPA) en 2009.

**Besançon** ▪ Chef-lieu du Doubs et de la Région Franche-Comté. 115 879 habitants. Citadelle de Vauban. Palais de la Renaissance.

**la Bessarabie** ▪ Région partagée entre l'Ukraine et la Moldavie.

**sir Henry Bessemer** ▪ Ingénieur anglais (1813-1898). Inventeur d'un procédé de production de l'acier.

**Bethléem** ▪ Ville de Cisjordanie. 75 000 habitants. D'après les Évangiles, Jésus y naquit.

**Bethsabée** ▪ Bible Épouse du roi David et mère de Salomon.

**Béthune** ▪ Chef-lieu d'arrondissement du Pas-de-Calais. 25 430 habitants.

**Alexandre Biyidi, dit Mongo Beti** ▪ Écrivain camerounais (1932-2001). Installé en France à partir de 1951. *Ville cruelle ; Main basse sur le Cameroun.*

**la chaîne Bétique** ▪ Massif montagneux du sud-est de l'Espagne. 3 482 m au Mulhacén.

**Bruno Bettelheim** ▪ Psychiatre et psychanalyste américain d'origine autrichienne (1903-1990). Spécialiste des psychoses infantiles, notamment de l'autisme.

**Joseph Beuys** ▪ Artiste plasticien allemand (1921-1986). Son œuvre, contestataire ou narcissique et morbide, est censée exprimer son inconscient et libérer celui du spectateur. Ses « installations » comprennent des substances organiques (graisse, sang, os), des textiles, des animaux morts ou vivants et forment des psychodrames.

**Aneurin Bevan** ▪ Homme politique britannique (1897-1960). Ministre travailliste de la Santé (1945) et du Travail (1951). Un des créateurs des assurances maladie.

**lord William Henry Beveridge** ▪ Économiste britannique (1879-1963). Professeur d'économie, il proposa un *Rapport sur les assurances sociales* (dit « plan Beveridge ») en 1942.

**Beverly Hills** ▪ Ville de Californie, intégrée à Los Angeles (États-Unis). 34 100 habitants. Lieu de résidence de nombreux acteurs et producteurs de cinéma.

**Ernest Bevin** ▪ Homme politique britannique (1887-1951). Syndicaliste, il présida le Conseil général des syndicats (Trade Unions Council) en 1937, fut ministre du Travail en 1940 et ministre travailliste des Affaires étrangères (1945-1951).

**Henri Beyle → Stendhal**

**Beyrouth** ▪ Capitale du Liban. 1,5 million d'habitants. Partie orientale habitée par les chrétiens, partie occidentale par les musulmans. La ville fut dévastée par la guerre civile dans les années 1970 et 1980 et durant l'été 2006. Reconstruite à la fin des années 2000.

**Théodore de Bèze** ▪ Écrivain et théologien protestant (1519-1605). Il succéda à Calvin.

**Béziers** ▪ Chef-lieu d'arrondissement de l'Hérault. 71 432 habitants.

**Bhagavad-gītā** ▪ Poème sanskrit incorporé au *Mahābhārata*.

**Bhartrihari** ▪ Poète, philosophe et grammairien indien (VIIᵉ s.).

**Bhopal** ▪ Ville de l'Inde (Madhya Pradesh). 1,4 million d'habitants. Catastrophe industrielle en 1984 : 20 000 morts.

**le royaume du Bhoutan** ▪ État d'Asie, dans l'Himalaya. 46 500 km². 672 400 habitants. Capitale : Thimphou.

**Zulfikar Ali Bhutto** ▪ Homme politique pakistanais (1928-1979). Président de la République puis Premier ministre (1971-1977). Il fut renversé et exécuté.

**Benazir Bhutto** ▪ Femme politique pakistanaise, fille de Zulfikar Ali Bhutto (1953-2007). Première ministre (1988-1990 ; 1993-1996). De retour d'exil, elle fut assassinée.

**la république du Biafra** ▪ Nom pris par la région sud-est du Nigeria en sécession de 1967 à 1970.

**Biarritz** ▪ Ville des Pyrénées-Atlantiques. 25 903 habitants. Station balnéaire.

**la Bible** ▪ Livre sacré des juifs et des chrétiens. Écrite en hébreu, la Bible juive est composée de 24 livres (39 textes). Traduite en grec, elle est devenue l'Ancien Testament des chrétiens, qui lui ajoutent 27 textes écrits en grec, le Nouveau Testament : la Bible chrétienne regroupe l'Ancien et le Nouveau Testament ; l'Ancien Testament chrétien est augmenté de 7 livres, qui ne sont pas bibliques mais *apocryphes* pour les juifs et les protestants : les catholiques les nomment *deutérocanoniques*.

**la Bibliothèque nationale de France** ▪ Établissement public comprenant deux sites principaux, Richelieu et Tolbiac, à Paris.

**François Marie Xavier Bichat** ▪ Anatomiste et physiologiste français (1771-1802).

**Bichkek, anciennement Frounze, puis Bichpek** ▪ Capitale du Kirghizstan. 793 100 habitants.

**la Bidassoa** ▪ Rivière du Pays basque à la frontière entre la France et l'Espagne.

**la Biélorussie** ▪ État d'Europe orientale. 207 600 km². 10 millions d'habitants. Capitale : Minsk.

**Bienne, en allemand Biel** ▪ Ville de Suisse (canton de Berne). 49 000 habitants (zone urbaine 88 900).

Fulgence **Bienvenüe** ■ Ingénieur français (1852-1936). Il dressa les plans et dirigea les premiers travaux du métro parisien (1900).

Wolf **Biermann** ■ Poète, auteur et chanteur allemand (né en 1936). Il choisit de vivre en R. D. A., où il fut bientôt déchu de sa nationalité (1976). Chansons de critique sociale et politique.

la **Bigorre** ■ Région des Hautes-Pyrénées.

le **Bihar** ■ État du nord-est de l'Inde. 94 163 km². 83 millions d'habitants. Capitale : Patna.

**Bijapur** ■ Ville de l'Inde (Karnataka) sur le plateau du Dekkan. 253 000 habitants. Capitale de la dynastie musulmane des Adil Shah, elle conserve de nombreux monuments.

**Bikini** ■ Atoll des îles Marshall. Les États-Unis y firent des expériences atomiques.

**Bilbao** ■ Port d'Espagne (Biscaye). 351 356 habitants. Industries. Musée Guggenheim (1998).

Gilles **Binchois** ■ Musicien franco-flamand (1400-1460). Œuvres sacrées ; chansons (sur ses propres textes ou ceux de Charles d'Orléans, Alain Chartier...).

Alfred **Binet** ■ Psychologue français (1857-1911). Créateur des tests mentaux.

Jean-Baptiste **Biot** ■ Astronome et physicien français (1774-1862). Recherches en astronomie et en physique.

Adolfo **Bioy Casares** ■ Écrivain argentin (1914-1999). Admirateur de Borges, il est l'auteur de romans et de nouvelles policières (avec sa femme Silvina Ocampo).

**Bir Hakeim** ■ Localité de Libye où les Français résistèrent aux Allemands en 1942.

**Birkenau** ■ Nom allemand de la ville polonaise de Brzezinka, près d'Oswiecim (Auschwitz). Les nazis y organisèrent un camp d'extermination de 1941 à 1945.

la **Birmanie** ou l'Union du **Myanmar** ■ État d'Asie du Sud-Est. 676 579 km². 49 millions d'habitants. Capitale : Rangoun ; depuis 2006, la capitale administrative a été transférée à Nay Pyi Taw.

**Birmingham** ■ Ville d'Angleterre (Midlands). 977 100 habitants.

al-**Bīrūnī** ■ Savant iranien de langue arabe (973-1048).

la **Biscaye**, en basque **Biskaia**, en espagnol **Vizcaya** ■ Province basque d'Espagne. 2 217 km². 1,1 million d'habitants. Chef-lieu : Bilbao.

**Biskra** ■ Ville d'Algérie, au pied des Aurès. 129 600 habitants.

**Bismarck** ■ Homme d'État allemand (1815-1898). Artisan de l'unité allemande.

l'archipel **Bismarck** ■ Îles de la Papouasie-Nouvelle-Guinée.

**Bissau** ou **Bissao** ■ Capitale de la Guinée-Bissau. 388 000 habitants.

le **B. I. T.** → **O. I. T.**

les **Bituriges** ■ Populations celtiques établies dans l'actuel Berry (capitale Avaricum, Bourges) et dans l'actuel Bordelais (capitale Burdigala, Bordeaux).

**Bizerte** ■ Port du nord-est de la Tunisie. 114 400 habitants.

Georges **Bizet** ■ Compositeur français (1838-1875). Opéras, opéras comiques (*L'Arlésienne ; Carmen*).

Bjørnstjerne **Bjørnson** ■ Auteur dramatique norvégien (1832-1910). Optimiste et humaniste, il écrivit, outre des drames et des comédies, des contes et des romans. Prix Nobel 1903.

**Black Panthers** → **Panthères noires**

**Blackpool** ■ Ville d'Angleterre, station balnéaire sur la mer d'Irlande. 142 300 habitants.

Anthony, dit Tony **Blair** ■ Homme politique britannique (né en 1953). Premier ministre (travailliste) de 1997 à 2007.

Marie-Claire **Blais** ■ Romancière canadienne d'expression française (née en 1939). *La Belle Bête ; Une saison dans la vie d'Emmanuel*.

William **Blake** ■ Poète et graveur anglais (1757-1827). Sa formation de graveur le rapprocha de l'inspiration fantastique de Johann Füssli*. Il écrivit des poèmes lyriques et visionnaires qu'il transcrivit dans ses gravures, surtout après le choc de la mort de son frère et collaborateur, Robert Blake en 1787 (*Le Mariage du Ciel et de l'Enfer*, 1793). Le dessin de ses œuvres graphiques évoque Michel-Ange. Il écrivit des poèmes cosmogoniques, illustrant notamment la Bible et Dante. Méconnu de son vivant, son génie fut pleinement reconnu au XXᵉ siècle.

Louis **Blanc** ■ Socialiste et historien français (1811-1882).

Le **Blanc** ■ Chef-lieu d'arrondissement de l'Indre. 7 000 habitants.

le mont **Blanc** ■ Point culminant des Alpes (4 810 m). Tunnel routier.

la mer **Blanche** ■ Mer de l'océan Arctique, au nord-ouest de la Russie.

**Blanche de Castille** ■ Reine de France (1188-1252). Épouse de Louis VIII et mère de Louis IX.

**Blanche-Neige** ■ Héroïne d'un conte des frères Grimm (1812). Walt Disney en fit le sujet du premier dessin animé de long-métrage, qui adapte et affadit le conte (1937).

Maurice **Blanchot** ■ Critique et romancier français (1907-2003). Il est l'auteur de textes, en quête des formes littéraires, face à l'insignifiance et à la mort. *Thomas l'obscur*.

sainte **Blandine** ■ Jeune fille persécutée avec les premiers chrétiens à Lyon en 177. Morte martyre, elle est fêtée le 2 juin.

Louis Auguste **Blanqui** ■ Socialiste français, théoricien révolutionnaire (1805-1881).

Vicente **Blasco Ibáñez** ■ Romancier espagnol (1867-1928). Son réalisme populiste est au service de valeurs morales. *Arènes sanglantes*, critique de la corrida.

**Blaye** ■ Chef-lieu d'arrondissement de la Gironde. 4 722 habitants. Vins (côtes-de-Blaye).

Louis **Blériot** ■ Aviateur français (1872-1936). Première traversée de la Manche, en 1909.

**Blida** → el-Boulaida

Roger **Blin** ■ Acteur et metteur en scène de théâtre français (1907-1984). A créé notamment des pièces de Beckett et Genet.

Karen **Blixen** ■ Romancière danoise (1885-1962). *La Ferme africaine*.

Marc **Bloch** ■ Médiéviste français (1886-1944). Fondateur avec Lucien Febvre de l'école des Annales.

le **Blocus continental** ■ Ensemble de mesures prises par Napoléon Iᵉʳ à partir de 1806 pour tenter de bloquer l'économie britannique.

**Blois** ■ Chef-lieu du Loir-et-Cher. 46 390 habitants. Château (XIIIᵉ-XVIIᵉ s.).

Aleksandr Aleksandrovitch **Blok** ■ Poète russe (1880-1921). Principal représentant du symbolisme russe, il évolua vers un réalisme pessimiste. Son poème, *Les Douze*, concilie les valeurs révolutionnaires et chrétiennes.

Antoine **Blondin** ■ Écrivain français (1922-1991). Ses romans sont d'une fantaisie désinvolte (*Les Enfants du Bon Dieu*). Il fut chroniqueur sportif.

Leonard **Bloomfield** ■ Linguiste américain (1887-1949). L'un des principaux représentants d'une linguistique descriptive et fonctionnelle.

Léon **Bloy** ■ Écrivain et polémiste catholique français (1846-1917). Romans (*Le Désespéré ; La Femme pauvre*), pamphlets, journal intime d'un style baroque et violent.

Gebhard Leberecht von **Blücher** ■ Général prussien (1742-1819). Soutenant Wellington, il vainquit Napoléon à Waterloo.

les **Blue Mountains** (en anglais « montagnes bleues ») ■ Plateaux de grès de la cordillère australienne, à l'est de Sidney. Point culminant : 2 256 m.

Léon **Blum** ■ Homme politique (socialiste) français (1872-1950). Il présida le premier gouvernement du Front populaire.

Abû 'Abd Allah, dit **Boabdil** le Maure ■ Dernier roi arabe de Grenade (1460-1527). Il régna de 1482 à 1492 sous le nom de Muhammad XI.

Franz **Boas** ■ Anthropologue américain d'origine allemande (1858-1942). Il étudia particulièrement les populations indiennes d'Amérique du Nord.

Louis, dit **Louison Bobet** ■ Coureur cycliste français (1925-1983). Il fut champion du monde sur route (1954) et triple vainqueur du Tour de France (1953-1955).

**Bobigny** ■ Chef-lieu de la Seine-Saint-Denis. 47 224 habitants. Cimetière gaulois.

**Boccace** ■ Écrivain italien (1313-1375). *Le Décaméron*, recueil de contes satiriques, érotiques influents sur la langue et la littérature italiennes.

Luigi **Boccherini** ■ Compositeur italien (1743-1805). Violoncelliste virtuose, il fit carrière en Espagne. Il composa de nombreuses pièces de musique de chambre.

les **Bochimans** ■ Peuple nomade du Sud-Ouest africain.

**Bochum** ■ Ville d'Allemagne (Rhénanie-du-Nord-Westphalie). 376 600 habitants.

Arnold **Böcklin** ■ Peintre suisse (1827-1901). Scènes et paysages mythologiques et symboliques.

Jean **Bodel** ■ Trouvère français (1165?-1210). Il est l'auteur de fabliaux, d'un poème épique (la *Chanson des Saxons*), d'une pièce de théâtre (le *Jeu de saint Nicolas*) et de poèmes.

Jean **Bodin** ■ Économiste et philosophe français (1530-1596). *La République*.

la **bibliothèque Bodléienne** ■ Bibliothèque fondée à Oxford, en 1602, par sir Thomas Bodley (1545-1613). Constamment enrichie, c'est une des plus importantes bibliothèques de recherche au monde.

Giambattista **Bodoni** ■ Imprimeur italien (1740-1813). Il est le créateur du caractère qui porte son nom.

Anicius Manlius Severinus **Boethius**, en français **Boèce** ■ Philosophe et théologien latin (v. 476-524). Condamné à mort par l'empereur Théodoric, il écrivit dans son cachot une *Consolation de la Philosophie*, dont l'influence fut durable.

les **Boers** ■ Colons néerlandais, qui s'installèrent en Afrique du Sud dès 1652. ► La guerre des **Boers** opposa les Boers aux Anglais de 1899 à 1902.

Ricardo **Bofill** ■ Architecte espagnol (né en 1939). Son esthétique néoclassique s'exprime dans le Quartier Antigone de Montpellier, dans le Teatre nacional de Catalunya (Barcelone).

Derek Van den Bogaerde, dit Dirk **Bogarde** ■ Acteur britannique (1921-1999). Il créa des rôles mémorables pour J. Losey (*The Servant*), Visconti (*Mort à Venise*), Resnais (*Providence*).

Humphrey **Bogart** ■ Acteur de cinéma américain (1899-1957). Son personnage, à la fois cynique et humain, a marqué son époque. *Casablanca ; Le Grand Sommeil ; La Comtesse aux pieds nus*.

**Boğazkale**, anciennement **Boğazköy** ■ Site archéologique en Cappadoce (Turquie), identifié en 1906 comme la capitale de l'empire hittite, Hattousas.

**Bogotá** ■ Capitale de la Colombie. 6,8 millions d'habitants.

la **Bohême** ▪ Partie occidentale de la République tchèque. 52 770 km². 6,3 millions d'habitants.

Jakob **Böhme** ou **Boehme** ▪ Mystique luthérien allemand (1575-1624). Ses œuvres influencèrent les philosophes des XIXᵉ et XXᵉ s.

Niels **Bohr** ▪ Physicien danois (1885-1962). Pionnier de la mécanique quantique. Modèles de l'atome.

Nicolas Despréaux, dit **Boileau-Despréaux** ou **Boileau** ▪ Écrivain classique français (1636-1711). *Satires; L'Art poétique*.

Pierre Le Pesant de **Boisguilbert** ▪ Économiste français (1646-1714). Il chercha à réformer le système fiscal, préconisant la liberté du commerce.

**Bois-le-Duc,** en néerlandais **'s-Hertogenbosch** ▪ Ville des Pays-Bas, chef-lieu du Brabant septentrional, au confluent de l'Aa et de la Dommel. 135 600 habitants.

Arrigo **Boito** ▪ Poète et compositeur italien (1842-1918). Il composa des opéras, puis fut surtout librettiste (notamment pour Verdi).

Henri Saint-John, vicomte **Bolingbroke** ▪ Homme politique anglais (1678-1751). Il s'opposa à Robert Walpole. Son déisme influença Pope, Voltaire et Rousseau.

Simón **Bolívar** ▪ Héros de l'indépendance sud-américaine (1783-1830).

la **Bolivie** ▪ État d'Amérique du Sud. 1 098 581 km². 10 millions d'habitants. Capitales : Sucre et La Paz.

Heinrich **Böll** ▪ Romancier allemand (1917-1985). Romans d'esprit humaniste, socialiste et chrétien.

**Bollywood** → Bombay

**Bologne,** en italien **Bologna** ▪ Ville d'Italie, capitale de l'Émilie-Romagne. 371 200 habitants. Nombreux monuments du Moyen Âge. Université, la plus ancienne d'Europe.

Jean de **Bologne** → Giambologna

Usain **Bolt** ▪ Athlète jamaïcain (né en 1986). Spécialiste du sprint.

Ludwig **Boltzmann** ▪ Physicien autrichien (1844-1906). Il a joué un grand rôle en thermodynamique.

János **Bolyai** ▪ Mathématicien hongrois (1802-1860). Il découvrit en 1831 un système de géométrie non euclidienne (la « géométrie absolue »).

Bernhard **Bolzano** ▪ Mathématicien et logicien tchèque d'origine italienne (1781-1848). Il fut un précurseur de la théorie des ensembles.

Alain **Bombard** ▪ Médecin et biologiste français (1924-2005). Il traversa l'Atlantique en canot pneumatique, dans des conditions de survie, en 1952.

Joseph-Armand **Bombardier** ▪ Industriel canadien (1908-1964). Inventeur de la motoneige.

**Bombay,** nom officiel (1995) **Mumbai** ▪ Port de l'Inde, sur l'océan Indien. Grande métropole. Aéroport. Studios de cinéma dans la banlieue (« Bollywood »). 11,9 millions d'habitants.

les **Bonaparte** ▪ Famille corse d'origine italienne (Buonaparte). ► **Joseph** (1768-1844), roi de Naples puis roi d'Espagne. ► **Napoléon** → Napoléon Iᵉʳ. ► **Lucien** (1775-1840), président du Conseil des Cinq-Cents. ► **Louis** (1778-1846), roi de Hollande, père de Napoléon III. ► **Pauline** (1780-1825), princesse Borghèse.

saint **Bonaventure** ▪ Théologien franciscain italien (1221-1274).

James **Bond** → James Bond

**Bône** → Annaba

Omar **Bongo** ▪ Président de la république du Gabon depuis 1967 (1935-2009). Son fils Ali ben Bongo lui succéda à sa mort.

**Boniface VIII** ▪ (1235-1303) Pape de 1294 à sa mort. Adversaire décidé de Philippe le Bel, qu'il menaça d'excommunication.

**Bonifacio** ▪ Ville de Corse-du-Sud. 2 938 habitants. Site naturel (falaises). Cité médiévale.

**Bonn** ▪ Ville d'Allemagne (Rhénanie-du-Nord-Westphalie). 314 300 habitants. Anc. capitale de la R. F. A.

Pierre **Bonnard** ▪ Peintre français (1867-1947). Indépendant des tendances reconnues de la peinture française, il reconsidéra l'impressionnisme en recherchant l'équilibre plastique et coloré, ainsi que l'expression, dans des sujets intimistes (intérieurs bourgeois, portraits et nus...), comme son ami Vuillard*.

Léon **Bonnat** ▪ Peintre français (1833-1922). Style académique d'une précision photographique.

le cap de **Bonne-Espérance** ▪ Pointe à l'extrême sud de l'Afrique.

Yves **Bonnefoy** ▪ Poète et traducteur français (né en 1923). Poèmes dépouillés, suggestifs *(Du mouvement et de l'immobilité de Douve)*; écrits critiques sur la peinture, l'art, la poésie ; traductions de l'anglais (Shakespeare, Yeats).

**Bonneville** ▪ Chef-lieu d'arrondissement de la Haute-Savoie. 12 201 habitants.

Jules Joseph **Bonnot** ▪ Criminel anarchiste français (1876-1912). La « bande à Bonnot » fut célèbre.

George **Boole** ▪ Mathématicien anglais (1815-1864). Créateur de la logique symbolique moderne.

William **Booth** ▪ Réformateur britannique (1829-1912). Il fonda l'Armée du Salut.

**Booz** ▪ Bible Époux de Ruth.

Franz **Bopp** ▪ Linguiste allemand (1791-1867). Le premier grand comparatiste des langues indo-européennes, précurseur du fonctionnalisme. Il est l'auteur d'une *Grammaire comparée des langues indo-européennes* (1833).

**Bora Bora** ▪ Île volcanique de la Polynésie française. 2 500 habitants.

**Bordeaux** ▪ Chef-lieu de la Gironde et de la Région Aquitaine, sur la Garonne. 239 399 habitants. Ville d'art et métropole économique. ► le **Bordelais** est célèbre pour ses vignobles.

Paul-Émile **Borduas** ▪ Peintre et sculpteur canadien (1905-1960).

**Borée** ▪ mythol. grecque Fils du Titan Astrée et d'Éos (l'Aube), dieu du Vent du nord que les Romains assimilèrent à leur Aquilon.

Joseph-Pierre Borel d'Hauterive, dit Petrus **Borel** ▪ Écrivain français (1809-1859). D'un sentimentalisme exacerbé, amateur d'humour noir *(Contes immoraux),* il fut surnommé le Lycanthrope (« l'Homme-Loup »).

Björn **Borg** ▪ Joueur de tennis suédois (né en 1956). Il remporta cinq fois le tournoi de Wimbledon et six fois les Internationaux de France au stade Roland-Garros (entre 1974 et 1981).

Jorge Luis **Borges** ▪ Écrivain argentin (1899-1986). Il élabora un univers imaginaire nouveau, avec des fictions fantastiques *(Fictions ; L'Aleph)* et en créant une sorte de bibliothèque interminable.

les **Borgia** ▪ Famille romaine. ► César **Borgia,** prélat et homme d'État italien (1476-1507), fils du pape Alexandre VI. ► Lucrèce **Borgia,** sa sœur (1480-1519), fut l'instrument de sa politique.

le **Borinage** ▪ Région de Belgique (Hainaut). Mines de charbon.

**Boris Godounov** ▪ (v. 1551-1605) Tsar de Russie de 1598 à sa mort. Son histoire a inspiré Pouchkine et Moussorgski.

Norman Ernest **Borlaug** ▪ Agronome américain (1914-2009). Travaux sur le blé. Engagé dans la lutte contre la faim dans le monde. Prix Nobel de la paix 1970.

Max **Born** ▪ Physicien allemand naturalisé britannique (1882-1970). Il contribua à l'élaboration de la mécanique quantique.

**Bornéo** ▪ Île du Sud-Est asiatique partagée entre l'Indonésie, la Malaisie et Brunei. 736 561 km². Plus de 20 millions d'habitants.

**Borobudur** ▪ Célèbre monument bouddhique de Java (VIII$^e$ s.).

Alexandre **Borodine** ▪ Compositeur russe (1833-1887). *Le Prince Igor.*

les Îles **Borromées,** en italien Isole **Borromee** ▪ Groupe de quatre îles dans le lac Majeur (Piémont, Italie) : Madre, Pescatori, San Giovanni et Bella.

Francesco **Borromini** ▪ Architecte baroque italien (1599-1667).

Jérôme **Bosch** ▪ Peintre flamand (v. 1450-1516). Scènes complexes, foisonnantes d'éléments symboliques, réalistes et imaginaires, de personnages hybrides et de monstres, dont la signification demeure mystérieuse.

Henri **Bosco** ▪ Écrivain français (1888-1976).

la **Bosnie-Herzégovine** ▪ État d'Europe méridionale. 51 129 km². 3,9 millions d'habitants. Capitale : Sarajevo.

le **Bosphore** ▪ Détroit entre l'Europe et l'Asie qui relie la mer Noire et la mer de Marmara.

Anatole Bisk, dit Alain **Bosquet** ▪ Écrivain, poète, traducteur et essayiste français (1919-1998).

Jacques Bénigne **Bossuet** ▪ Prélat et écrivain français (1627-1704). *Oraisons funèbres.*

**Boston** ▪ Port des États-Unis (Massachusetts). 617 600 habitants (agglomération 3,4 millions).

Fernando **Botero** ▪ Peintre et sculpteur colombien (né en 1932). Ses personnages et représentations de forme ronde, ballonnée, trahissent l'influence de l'art précolombien.

la **Botnie** ▪ Région du nord de l'Europe, entre la Suède et la Finlande.

le signal de **Botrange** ▪ Point culminant de la Belgique, en Ardenne. 694 m.

le **Botswana** ▪ État d'Afrique australe. 600 372 km². 2 millions d'habitants. Capitale : Gaborone.

Sandro **Botticelli** ▪ Peintre italien (1445-1510). Son œuvre témoigne d'une maîtrise graphique absolue et d'un idéal de beauté. *Le Printemps.*

Sébastien **Bottin** ▪ Administrateur et statisticien français (1764-1853). Il publia un *Almanach du commerce* auquel il donna son nom en 1817. Après sa mort, les éditions Didot en firent le « Didot-Bottin ».

François **Boucher** ▪ Peintre et décorateur français (1703-1770). Il représente un monde sensuel et gracieux, par un dessin souple et des couleurs tendres.

Hélène **Boucher** ▪ Aviatrice française (1908-1934).

Jacques Boucher de Crèvecœur de Perthes, dit **Boucher de Perthes** ▪ Folkloriste français (1788-1868). Il fut fondateur de la science préhistorique à partir de 1849.

les **Bouches-du-Rhône** [13] ▪ Département français de la Région Provence-Alpes-Côte d'Azur. 5 247 km². 1,98 million d'habitants. *Chef-lieu : Marseille. Chefs-lieux d'arrondissement : Aix-en-Provence, Arles, Istres.

André **Boucourechliev** ▪ Compositeur français d'origine bulgare (1925-1997). Musique sur bandes magnétiques ; séquences instrumentales aléatoires.

**Bouddha** ou **Śākyamuni** ▪ Fondateur du bouddhisme (v. 536-v. 480 avant J.-C.).

Eugène **Boudin** ▪ Peintre et dessinateur français (1824-1898). Marines, paysages, plages peints avec vivacité et délicatesse. Précurseur de l'impressionnisme.

Louis Antoine, comte de **Bougainville** ▪ Navigateur français (1729-1811).

**Bouglione** ▪ Famille française de gens du cirque d'origine italienne et gitane. Montreurs d'animaux en Italie dès le XVIIIᵉ s., les Bouglione montèrent un cirque en 1924, et prirent en 1934 la direction du Cirque d'hiver à Paris.

William **Bouguereau** ▪ Peintre français (1825-1905). Portraits, compositions allégoriques de style académique.

Dominique **Bouhours** ▪ Grammairien français (1628-1702). Sa doctrine de la pureté de la langue française est plus souple et plus logique que celle de Vaugelas.

**Boukhara** ▪ Ville d'Ouzbékistan. 237 900 habitants. Mosquées des Xᵉ-XIIᵉ s.

Nikolaï Ivanovitch **Boukharine** ▪ Révolutionnaire russe (1888-1938). Exécuté sous Staline.

**el-Boulaida,** anciennement **Blida** ▪ Ville d'Algérie. 292 300 habitants.

Georges **Boulanger** ▪ Général français (1837-1891). Il menaça de renverser la République en 1889.

**Boulay-Moselle** ▪ Chef-lieu d'arrondissement de la Moselle. 5 223 habitants.

Pierre **Boulez** ▪ Compositeur et chef d'orchestre français (né en 1925). Son œuvre abondante illustre les principes du dodécaphonisme de Schoenberg et Webern. Il a dirigé l'IRCAM de sa création (1974) à 1991. Il joue un grand rôle dans la vie musicale internationale.

Mikhaïl **Boulgakov** ▪ Écrivain soviétique (1891-1940). *Le Maître et Marguerite.*

André Charles **Boulle** ▪ Ébéniste français (1642-1732).

Pierre **Boulle** ▪ Écrivain français (1912-1994). Il est l'auteur de romans d'aventure et de science-fiction (*La Planète des singes*).

Étienne Louis **Boullée** ▪ Architecte français (1728-1799). Auteur de projets visionnaires.

**Boulogne-Billancourt** ▪ Chef-lieu d'arrondissement des Hauts-de-Seine. 116 220 habitants.

**Boulogne-sur-Mer** ▪ Chef-lieu d'arrondissement du Pas-de-Calais. 42 680 habitants. 1ᵉʳ port de pêche de France.

Houari **Boumédiène** ▪ (1932-1978) Président de la République algérienne de 1965 à sa mort.

Ivan **Bounine** ▪ Écrivain symboliste russe (1870-1953).

le **Bounty** ▪ Navire de la marine royale britannique. Son capitaine, à la suite d'une révolte, fut abandonné en mer en 1789 ; il put rejoindre l'Angleterre et faire juger les mutins, réfugiés sur l'île de Pitcairn.

Robert **Bourassa** ▪ Homme politique (libéral) québécois (1933-1996).

Nicolas **Bourbaki** ▪ Nom choisi par un collectif de jeunes mathématiciens de l'École normale supérieure. Le groupe Bourbaki fut créé en 1935, pour publier des *Éléments de mathématique* (depuis 1939).

les maisons de **Bourbon** ▪ Famille à laquelle appartinrent les rois de France de Henri IV à Charles X. ▶ les **Bourbons-Orléans,** branche cadette dont est issu Louis-Philippe (→ maison d'**Orléans**). ▶ les **Bourbons-Anjou,** branche qui régna sur l'Espagne à partir de 1700 (Philippe V).

l'île **Bourbon** → île de la **Réunion**

le palais **Bourbon** ▪ Siège de l'Assemblée nationale, à Paris.

le **Bourbonnais** ▪ Ancienne province de France (Allier).

La **Bourboule** ▪ Ville du Puy-de-Dôme. 2 040 habitants. Station thermale dans le Mont-Dore.

Louis **Bourdaloue** ▪ Prédicateur français (1632-1704). Il prêcha devant la Cour et les grands de 1670 à 1693.

Antoine **Bourdelle** ▪ Sculpteur français (1861-1929). *Héraclès archer.*

Pierre **Bourdieu** ▪ Sociologue français (1930-2002). Il étudia particulièrement la transmission de la culture. *La Distinction, critique sociale du jugement ; La Reproduction.*

**Bourg-en-Bresse** ▪ Chef-lieu de l'Ain. 39 982 habitants. Monastère de Brou (gothique flamboyant).

**Bourg-la-Reine** ▪ Chef-lieu de canton des Hauts-de-Seine, près d'Antony. 19 982 habitants.

Louise **Bourgeois** ▪ Sculptrice américaine d'origine française (1911-2010). Style expressif à partir de formes allusives et de matériaux bruts. *L'Un et les Autres.*

**Bourges** ▪ Chef-lieu du Cher. 66 602 habitants. Cathédrale. Palais Jacques-Cœur (XVᵉ s.).

le lac du **Bourget** ▪ Lac des Alpes françaises, en Savoie (44 km²).

la **Bourgogne** ▪ Région administrative française. Quatre départements : Côte-d'Or, Nièvre, Saône-et-Loire, Yonne. 31 582 km². 1,64 million d'habitants. Chef-lieu : Dijon. Vignobles. Anc. province réunie à la France après la mort de Charles le Téméraire (1477).

**Bourgoin-Jallieu** ▪ Chef-lieu de canton de l'Isère, près de La Tour-du-Pin.

**Bourg-Saint-Maurice** ▪ Chef-lieu de canton de la Savoie, près d'Albertville, en Tarentaise, station de sports d'hiver sur l'Isère. 7 723 habitants.

Habib **Bourguiba** ▪ (1903-2000) Président de la République tunisienne de 1957 à 1987.

les **bourguignons** → **armagnacs**

la **Bouriatie** ■ République autonome de Russie. 351 300 km². 981 000 habitants. Capitale : Oulan-Oude.

André Raimbourg, dit **Bourvil** ■ Chanteur d'opérette, puis acteur français (1917-1970). Il dut sa célébrité à ses chansons, puis à ses rôles comiques au cinéma.

Joë **Bousquet** ■ Écrivain et poète français (1897-1950). Immobilisé par une blessure de guerre en 1918, il écrivit, en poèmes, correspondance et journal, une œuvre de méditation.

Abdelaziz **Bouteflika** ■ Homme politique algérien (né en 1937). Président de la République depuis 1999.

Boutros **Boutros-Ghali** ■ Homme politique égyptien (né en 1922). Juriste, il fut ministre des Affaires étrangères (1977-1992), puis secrétaire général des Nations unies (1992-1996).

Dierick **Bouts** ■ Peintre hollandais (v. 1415-1475). Sujets religieux délicats, à la perspective précise.

**Bouvines** ■ Site (près de Lille) d'une victoire de Philippe Auguste (1214) contre l'empereur germanique Othon IV et ses alliés.

David Robert Jones, dit David **Bowie** ■ Compositeur, chanteur et acteur britannique (né en 1947).

Paul **Bowles** ■ Compositeur et écrivain américain (1910-1999). Son œuvre littéraire mêle la fiction et l'autobiographie (Un thé au Sahara).

les **Boxers** ■ Secte chinoise qui se révolta contre les Européens à Pékin en 1900.

sir Robert **Boyle** ■ Physicien et chimiste irlandais (1627-1691). Il énonça, indépendamment de Mariotte, la loi de compressibilité des gaz.

la **Brabançonne** ■ Hymne national belge, composé lors de l'insurrection contre le gouvernement hollandais (1830) par François Van Campenhout sur des paroles de Jenneval (Alexandre Dechez).

le **Brabant** ■ Région historique située entre la Meuse et l'Escaut, partagée en trois provinces ► le **Brabant-Septentrional,** aux Pays-Bas. 4 957 km². 2,42 millions d'habitants. Chef-lieu : Bois-le-Duc. ► le **Brabant flamand,** en Belgique. 2 106 km². 1,05 million d'habitants. Chef-lieu : Louvain. ► le **Brabant wallon,** en Belgique. 1 090 km². 370 500 habitants. Chef-lieu : Wavre.

Ray **Bradbury** ■ Romancier américain de science-fiction (1920-2012). Chroniques martiennes.

Teófilo **Braga** ■ Homme politique et écrivain portugais (1843-1924). Torrents.

**Braga** ■ Ville du nord du Portugal. 99 300 habitants.

la maison de **Bragance** ■ Famille qui a régné sur le Portugal (1640-1910) et le Brésil (1822-1889).

Tycho **Brahé** ■ Astronome danois (1546-1601). Catalogue de 777 étoiles.

**Brahmā** ■ Divinité hindoue.

le **Brahmapoutre** ■ Fleuve d'Asie. 2 900 km. Delta commun avec le Gange.

Johannes **Brahms** ■ Compositeur allemand (1833-1897). Œuvres pour piano, pour le chant (lieder), symphonies continuant l'esprit de Beethoven, musique de chambre.

Louis **Braille** ■ Inventeur français de l'écriture pour les aveugles (1809-1852).

**Bramante** ■ Architecte italien de la Renaissance (1444-1514).

Constantin **Brancusi** ■ Sculpteur français d'origine roumaine (1876-1957). Initiateur de la sculpture moderne, il crée des formes stylisées jusqu'à l'abstraction.

le **Brandebourg,** en allemand **Brandenburg** ■ Land d'Allemagne. 29 476 km². 2,5 millions d'habitants. Capitale : Potsdam.

Georg **Brandes** ■ Écrivain et critique danois (1842-1927).

Marlon **Brando** ■ Acteur américain de cinéma (1924-2004). Un tramway nommé Désir ; Le Parrain.

Sébastien **Brandt** ou **Brant** ■ Jurisconsulte alsacien d'expression allemande (1458-1521). Il est l'auteur du poème satirique La Nef des fous, illustré par Dürer (1494), qui eut une grande influence au XVIᵉ s.

Willy **Brandt** ■ Homme politique (social-démocrate) allemand (1913-1992). Chancelier de la R. F. A. de 1969 à 1974.

Édouard **Branly** ■ Physicien français (1844-1940). Pionnier de la radiodiffusion.

Pierre de Bourdeille, seigneur de **Brantôme** ■ Écrivain français (v. 1538-1614). Mémoires. Vie des dames galantes.

Georges **Braque** ■ Peintre français (1882-1963). L'un des créateurs du cubisme avec Picasso. Il développa ensuite un style très personnel, où la composition et la couleur exaltent la surface.

**Brasília** ■ Capitale du Brésil. 3,7 millions d'habitants. Édifiée à partir de 1956 par Costa et Niemeyer.

**Brașov** ■ Ville de Roumanie. 277 300 habitants.

Gyula Halász, dit **Brassaï** ■ Photographe français d'origine hongroise (1899-1984).

**Brassempouy** ■ Village des Landes. 293 habitants. On y a retrouvé en 1894 des vestiges archéologiques, dont la statuette d'ivoire dite « Vénus de Brassempouy », première représentation connue d'un visage humain (Paléolithique supérieur).

Georges **Brassens** ■ Compositeur, auteur et chanteur français (1921-1981) Poète populaire sensible et anticonformiste, dont les chansons aux mélodies faussement simples marquèrent son temps et demeurent vivantes.

**Bratislava,** anciennement en allemand **Pressburg,** en français **Presbourg** ▪ Capitale de la Slovaquie. 428 700 habitants.

**Fernand Braudel** ▪ Historien français (1902-1985). Il inspira la « nouvelle histoire ».

**Wernher von Braun** ▪ Savant allemand naturalisé américain (1912-1977). Père des fusées modernes.

le pays de **Bray** ▪ Région de Normandie.

**Pierre Savorgnan de Brazza** ▪ Explorateur italien naturalisé français (1852-1905). Colonisateur du Congo.

**Brazzaville** ▪ Capitale du Congo. 1,4 million d'habitants.

**Bertolt Brecht** ▪ Auteur dramatique allemand (1898-1956). Critique de la société, d'un point de vue marxiste. Créateur d'un théâtre épique, fondé sur l'« effet de distanciation » : *L'Opéra de quat'sous ; Mère Courage et ses enfants.*

**Breda** ▪ Ville des Pays-Bas (Brabant-Septentrional). 170 300 habitants (zone urbaine 311 700).

**Brégançon** ▪ Cap de Provence (Var) où se trouve un fort du XVIe s., résidence d'été des présidents de la République française depuis 1968.

**Louis Breguet** ▪ Ingénieur français (1880-1955). Pionnier de l'aéronautique.

l'île de **Bréhat** ▪ Île des Côtes-d'Armor.

**Leonid Brejnev** ▪ (1906-1982) Homme politique soviétique, au pouvoir de 1964 à sa mort.

**Jacques Brel** ▪ Compositeur, auteur et chanteur belge (1929-1978). D'une poésie dramatique, marquées par la mort, la solitude, l'amour malheureux, parfois violemment critiques de la société, ses chansons étaient servies par une interprétation passionnée.

**Brême,** en allemand **Bremen** ▪ Port (547 400 habitants) sur la Weser et Land d'Allemagne (686 000 habitants).

abbé Henri **Brémond** ▪ Critique, poéticien et historien français (1865-1933). Auteur d'une *Histoire littéraire du mouvement religieux français,* il compara l'acte poétique à l'expérience mystique (*Prière et Poésie*).

**Alfred Brendel** ▪ Pianiste autrichien (né en 1931). Interprète exceptionnel de Schubert et de Beethoven.

**Brennus** ▪ Chef des Gaulois Senones qui envahirent l'Italie et ravagèrent Rome en 390 ou 387 avant J.-C. La légende lui attribue la formule « Malheur aux vaincus » (*Vae victis*).

**Clemens Brentano** ▪ Écrivain romantique allemand (1778-1842). Converti au catholicisme, il publia les récits de la mystique visionnaire Anne Catherine Emmerich (1774-1824). Il est l'auteur, avec Achim von Arnim, d'un célèbre recueil de poèmes, *Le Cor enchanté de l'enfant,* ainsi que de contes. ▶ Élisabeth, dite Bettina **Brentano-von Arnim,** sœur de Clemens (1785-1859). Elle épousa Achim von Arnim, publia une correspondance avec Goethe, ainsi que des écrits politiques.

**Brescia** ▪ Ville d'Italie (Lombardie). 187 600 habitants.

**Rodolphe Bresdin** ▪ Graveur français (1822-1885). Au service d'une inspiration fantastique, son graphisme est libre et tourmenté. Il collabora à la *Revue fantaisiste* de Théophile Gautier et influença Odilon Redon.

le **Brésil** ▪ État fédéral d'Amérique du Sud. 8 514 000 km². 190,7 millions d'habitants. Capitale : Brasília. Principales villes : São Paulo, Rio de Janeiro, Belo Horizonte, Salvador, Belém, Manaus. Langue : portugais.

**Breslau** → **Wrocław**

la **Bresse** ▪ Région de l'est de la France. Ville principale : Bourg-en-Bresse.

**Robert Bresson** ▪ Cinéaste français (1901-1999). Films d'un style dépouillé et d'un profond humanisme. *Les Dames du bois de Boulogne ; Mouchette* (d'après Bernanos).

**Bressuire** ▪ Chef-lieu d'arrondissement des Deux-Sèvres. 18 764 habitants.

**Brest** ▪ Chef-lieu d'arrondissement et port du Finistère, sur la rive nord de la *rade de Brest.* 140 547 habitants.

**Brest,** jusqu'en 1921 **Brest-Litovsk** ▪ Ville de Biélorussie. 304 200 habitants. ▶ le traité de **Brest-Litovsk** (1918) mit fin à la guerre russo-allemande.

la **Bretagne** ▪ Péninsule de l'ouest de la France. Région administrative comptant quatre départements : Côtes-d'Armor, Finistère, Ille-et-Vilaine, Morbihan. 27 000 km². 3,22 millions d'habitants. Chef-lieu : Rennes.

**André Breton** ▪ Écrivain français (1896-1966). Poète, il fut l'un des fondateurs du mouvement « surréaliste » (mot d'Apollinaire), continuant le dadaïsme. *Manifeste du surréalisme* (1924). Un temps communiste (1927), il rompit avec le Parti et le stalinisme. Ses thèmes principaux (l'inconscient, le rêve, l'amour fou...) aboutirent à une contremorale passablement dogmatique. Son style de prosateur est admiré. *Nadja ; Arcane 17.*

**Breughel** → **Bruegel**

**Briançon** ▪ Chef-lieu d'arrondissement des Hautes-Alpes. 11 876 habitants.

**Aristide Briand** ▪ Homme politique français (1862-1932). Ardent partisan d'une politique de paix et de coopération internationale.

**BRICS** ■ Acronyme désignant le groupe de 5 pays émergents formé par le Brésil, la Russie, l'Inde, la Chine et l'Afrique du Sud.

la **Brie** ■ Plateau fertile du Bassin parisien. Villes principales : Meaux, Melun.

la **Brière** ■ Région de marais au nord de l'estuaire de la Loire (Loire-Atlantique). Parc naturel régional depuis 1970.

**Briey** ■ Chef-lieu d'arrondissement de Meurthe-et-Moselle. 5 730 habitants.

les **Brigades internationales** ■ Volontaires étrangers qui combattirent aux côtés des républicains espagnols (1936-1938).

**Brighton** ■ Ville d'Angleterre (East Sussex). 150 000 habitants. Station balnéaire.

**Brignoles** ■ Chef-lieu d'arrondissement du Var. 16 171 habitants.

Anthelme **Brillat-Savarin** ■ Gastronome et écrivain français (1755-1826). *Physiologie du goût.*

**Brindisi** ■ Ville d'Italie, chef-lieu de province dans les Pouilles. 89 000 habitants. Port sur l'Adriatique, c'est l'antique *Brundusium.*

André **Brink** ■ Romancier et traducteur sud-africain d'expression afrikaans (néerlandaise) (né en 1935). Romans critiques contre le régime d'apartheid et le racisme. Traduit en anglais par lui-même, son roman *Au plus noir de la nuit* eut une influence considérable.

Marie-Madeleine d'Aubray, marquise de **Brinvilliers** ■ Principale protagoniste de l'« affaire des Poisons » (1630-1676). Elle fut brûlée pour avoir empoisonné son père et ses frères.

**Brioude** ■ Chef-lieu d'arrondissement de la Haute-Loire. 6 637 habitants.

**Brisbane** ■ Port d'Australie, sur l'océan Pacifique. 1,82 million d'habitants.

Jacques Pierre Brissot, dit **Brissot de Warville** ■ Révolutionnaire français (1754-1793). Chef des Girondins, il fut guillotiné.

**Bristol** ■ Port d'Angleterre, sur l'Avon. 380 600 habitants.

**Britannicus** ■ Rival malheureux de Néron (41-55). Son destin a inspiré Racine.

les îles **Britanniques** ■ La Grande-Bretagne, l'Irlande et 5 000 îles environnantes.

le **British Museum** ■ Musée et bibliothèque de Londres fondés en 1753.

Benjamin **Britten** ■ Compositeur anglais (1913-1976). Œuvre multiforme, symphonique, vocale et surtout lyrique (opéras, comme *Peter Grimes, le Tour d'écrou,* d'après Henry James).

**Brive-la-Gaillarde** ■ Chef-lieu d'arrondissement de la Corrèze. 48 267 habitants.

**Brno** ■ Ville de la République tchèque (Moravie). 366 700 habitants.

**Broadway** ■ Grande avenue de Manhattan (New York), réputée pour sa vie nocturne et ses théâtres.

Paul **Broca** ■ Chirurgien français (1824-1880). Recherche des localisations cérébrales.

Hermann **Broch** ■ Romancier autrichien (1886-1951). Romans critiques décrivant la décadence des valeurs bourgeoises (*Les Somnambules,* trilogie). Exilé aux États-Unis, il étudia la psychologie des foules et écrivit d'autres romans d'une morale exigeante, parfois influencés par Joyce.

Joseph **Brodsky** ■ Poète soviétique naturalisé américain (1940-1996). *Urania.*

Louis de **Broglie** ■ Physicien français (1892-1987). Créateur de la mécanique ondulatoire.

Alexandre Théodore **Brongniart** ■ Architecte néoclassique français (1739-1813). Bourse de Paris.

Charlotte **Brontë** ■ Poète et romancière anglaise (1816-1855). Romans en partie biographiques, dont *Jane Eyre.* ► Emily **Brontë.** Poète et romancière, sœur de Charlotte, auteur d'un chef-d'œuvre de la littérature anglaise, *Wuthering Heights* (connu sous le titre : *Les Hauts de Hurlevent*). ► Leur frère Branwell Patrick et leur sœur Anne sont aussi des écrivains notables.

le **Bronx** ■ District de New York.

Peter **Brook** ■ Metteur en scène britannique de théâtre et de cinéma (né en 1925). *Le Mahābhārata.*

**Brooklyn** ■ District de New York.

Louise **Brooks** ■ Actrice américaine (1906-1985). Elle fut la *Loulou* de G. W. Pabst (1929).

Salomon de **Brosse** ■ Architecte français (1571-1626). Palais du Luxembourg.

Charles de **Brosses** ■ Magistrat, érudit et écrivain français (1709-1777). Ses *Lettres d'Italie* illustrent par leur liberté un talent d'ironiste exceptionnel.

Pierre **Brossolette** ■ Journaliste français (1903-1944). Il fut un des organisateurs de la Résistance et, arrêté par les Allemands, se suicida pour échapper à la torture.

**Brou** ■ Quartier de Bourg-en-Bresse. Monastère et église, chef-d'œuvre du gothique flamboyant.

**Brousse** → Bursa

Robert **Brown** ■ Botaniste écossais (1773-1858).

James **Brown** ■ Chanteur américain (1933-2006). Musicien et homme de scène, il renouvela le rhythm and blues.

James Gordon **Brown** ■ Homme politique britannique (né en 1951). Longtemps ministre des Finances (travailliste), il succéda à Tony Blair comme Premier ministre (2007-2010).

Robert **Browning** ■ Poète romantique anglais (1812-1889). *L'Anneau et le Livre.*

Tod **Browning** ■ Cinéaste américain (1882-1962). L'un des maîtres du cinéma fantastique. *Freaks.*

Libéral **Bruant** ■ Architecte et ingénieur français (v. 1636-1697). Hôtel des Invalides.

Aristide **Bruant** ■ Chansonnier français (1851-1925). Il utilise l'argot dans ses chansons (*Dans la rue*, recueil).

Anton **Bruckner** ■ Compositeur romantique autrichien (1824-1896). Symphonies à l'orchestration riche ; œuvres religieuses.

Pieter **Bruegel l'Ancien** ■ Peintre flamand (v. 1525-1569). Œuvre d'une grande invention et perfection formelle, satirique et morale. Scènes populaires, « diableries » influencées par Jérôme Bosch (*Les Aveugles*). ► Son fils Pieter II, dit **Bruegel le Jeune** (v. 1564-1638), continua son œuvre. ► Son second fils Jan, dit **Bruegel de Velours** (1568-1625), peignit avec raffinement des fleurs, des natures mortes.

**Bruges**, en néerlandais **Brugge** ■ Ville de Belgique, chef-lieu de la Flandre-Occidentale. 117 000 habitants. Monuments médiévaux, musées. Canaux.

le 18 **Brumaire an VIII** ■ 9 novembre 1799, journée au cours de laquelle Bonaparte renversa le Directoire.

George Bryan **Brummell** ■ Aristocrate britannique (1778-1840). Ce fut le « roi de la mode » et son nom a représenté à l'époque romantique l'idéal du dandy.

**Brunehaut** ■ Reine d'Austrasie (v. 543-613).

le **Brunei** ■ État du nord de Bornéo. 5 785 km². 342 000 habitants. Capitale : Bandar Seri Begawan.

Filippo **Brunelleschi** ■ Architecte et sculpteur italien de la Renaissance (1377-1446). Coupole du Dôme de Florence.

Jean **Brunhes** ■ Géographe français (1869-1930). Il est le créateur d'une véritable et synthétique « géographie humaine » (titre d'un ouvrage, 1910).

saint **Bruno** ■ Fondateur de l'ordre des chartreux (v. 1035-1101).

Giordano **Bruno** ■ Philosophe italien (1548-1600). Brûlé pour hérésie.

Charles Guillaume duc de **Brunswick** ■ Chef des armées austro-prussiennes (1735-1806). Il lança le « manifeste de Brunswick » contre la France en 1792.

**Brutus** ■ Fils adoptif de César, et l'un de ses meurtriers (v. 85-42 avant J.-C.).

**Bruxelles**, en néerlandais **Brussel** ■ Capitale de la Belgique. 145 900 habitants. Cathédrale, Grand-Place. Musées. ► la Région de **Bruxelles-Capitale**. Région administrative de Belgique. 161,4 km². 1,03 million d'habitants.

Martin **Buber** ■ Philosophe israélien d'origine autrichienne (1878-1965). Son spiritualisme méditatif est issu du courant judaïque hassidique, populaire et anti-intellectualiste. *Je et Tu* (1923).

**Bucarest** ■ Capitale de la Roumanie. 1,9 million d'habitants.

**Bucéphale** ■ Cheval noir d'Alexandre le Grand, qu'il accompagna vingt ans dans ses conquêtes.

Martin **Bucer** ou **Butzer** ■ Théologien protestant allemand (1491-1551).

**Buchenwald** ■ Camp de concentration nazi (1937-1945), près de Weimar.

Georg **Büchner** ■ Écrivain romantique allemand (1813-1837). *Woyzeck ; La Mort de Danton.*

Pearl **Buck** ■ Romancière américaine (1892-1973). *La Terre chinoise.*

**Buckingham Palace** ■ Palais situé à Londres, actuelle résidence royale.

la **Bucovine** ■ Région des Carpates partagée entre la Roumanie, la Moldavie et l'Ukraine.

**Budapest** ■ Capitale de la Hongrie, sur le Danube. 1,8 million d'habitants.

Guillaume **Budé** ■ Humaniste et érudit français (1467-1540).

**Buenos Aires** ■ Capitale de l'Argentine. 2,8 millions d'habitants (agglomération 8,7 millions).

**Buffalo** ■ Ville des États-Unis, sur le lac Érié, proche des chutes du Niagara. 292 700 habitants.

William Cody, dit **Buffalo Bill** ■ Aventurier américain (1846-1917).

Bernard **Buffet** ■ Peintre français (1928-1999). Il se fit connaître par des toiles d'un graphisme maigre et de couleurs discrètes, puis changea de manière.

Georges Louis Leclerc, comte de **Buffon** ■ Naturaliste et écrivain français (1707-1788). *Histoire naturelle.*

Ettore **Bugatti** ■ Industriel français d'origine italienne (1881-1947). Il construisit des automobiles de course et de grand luxe.

Thomas **Bugeaud** ■ Maréchal de France (1784-1849). Gouverneur de l'Algérie de 1840 à 1847.

le **Bugey** ■ Région du Jura français.

**Bujumbura** ■ Capitale du Burundi. 500 000 habitants.

la **Bulgarie** ■ État des Balkans. 110 912 km². 7,4 millions d'habitants. Capitale : Sofia.

John **Bull** ■ Compositeur anglais (v. 1562-1628). Musique pour clavier.

Frederik Rosing **Bull** ■ Ingénieur norvégien (1882-1925). Il inventa une des premières machines à cartes perforées (1919). Ses brevets furent acquis par un groupe français qui prit son nom (1931).

Bernhard, prince von **Bülow** ■ (1849-1929) Chancelier allemand de 1900 à 1909.

Rudolf **Bultmann** ■ Théologien luthérien allemand (1884-1976).

le **Bundesrat** ■ L'une des deux chambres législatives de la République fédérale allemande. Ce « Conseil fédéral » représente les États au Parlement.

le **Bundestag** ▪ L'une des deux chambres législatives de la République fédérale allemande. Cette « Diète fédérale », élue au suffrage universel direct, élit le chancelier fédéral.

Robert Wilhelm **Bunsen** ▪ Physicien allemand (1811-1899). Il inventa un bec de gaz (bec *Bunsen*).

Luis **Buñuel** ▪ Cinéaste espagnol (1900-1983). Œuvres d'abord surréalistes *(Un chien andalou)* et anarchistes *(L'Âge d'or)*, puis auteur, au Mexique et en Europe, de films poétiques et satiriques d'une grande force imaginaire et expressive *(Los Olvidados; Nazarín; Le Charme discret de la bourgeoisie; Viridiana...).*

John **Bunyan** ▪ Écrivain anglais (1628-1688). Pasteur baptiste, il composa un roman allégorique, *Le Voyage du pèlerin* (« de ce monde au monde à venir », 1678).

Gottfried August **Bürger** ▪ Poète et traducteur allemand (1747-1794). Il est l'auteur de ballades d'inspiration populaire, telle *Lénore.*

Anthony **Burgess** ▪ Romancier britannique (1917-1993). *Orange mécanique.*

les **Burgondes** ▪ Peuple germanique qui fonda au Ve s. un royaume.

**Burgos** ▪ Ville d'Espagne (Castille-et-León). 178 864 habitants. Cathédrale.

Jean **Buridan** ▪ Philosophe scolastique français (v. 1300-1358).

Edmund **Burke** ▪ Homme politique et penseur politique britannique (1729-1797). Il fut l'adversaire de la Révolution française qui ne pouvait, selon lui, qu'aboutir à la tyrannie.

le **Burkina Faso,** anciennement **Haute-Volta** ▪ État de l'Afrique occidentale. 274 000 km². 15,2 millions d'habitants. Capitale : Ouagadougou.

**Burne-Jones** ▪ Peintre anglais (1833-1898). *L'Enchantement de Merlin.*

Robert **Burns** ▪ Poète écossais (1759-1796).

Edgar Rice **Burroughs** ▪ Romancier américain (1875-1950). Auteur de romans d'aventure et de science-fiction, et créateur du personnage de Tarzan (1912).

William **Burroughs** ▪ Écrivain américain (1914-1997). Une des personnalités marquantes de la *beat generation* « génération perdue » *(Le Festin nu).*

**Bursa,** anciennement **Brousse** ▪ Ville de Turquie. 1,7 million d'habitants. Capitale des sultans ottomans au XIVe s. Nombreux monuments.

Tim **Burton** ▪ Réalisateur américain (né en 1958). Films et films d'animation à l'univers fantastique, sombre et ironique. *Batman; Edward aux mains d'argent; Mars attacks!*

le **Burundi,** anciennement **Urundi** ▪ État d'Afrique centrale. 27 834 km². 8,5 millions d'habitants. Capitale : Bujumbura.

George **Bush** ▪ Président (républicain) des États-Unis de 1989 à 1993 (né en 1924). ► George W. **Bush,** son fils (né en 1946), président (républicain) des États-Unis de 2001 à 2009.

Ferruccio **Busoni** ▪ Compositeur et pianiste allemand d'origine italienne (1866-1924). Il a composé dans tous les genres et fait des recherches novatrices en harmonie.

Samuel **Butler** ▪ Poète anglais (1612-1680). Auteur d'un poème burlesque antipuritain, *Hudibras,* et d'autres œuvres satiriques.

Samuel **Butler** ▪ Romancier britannique (1835-1902). Auteur de romans satiriques, recourant parfois à l'imaginaire, à la manière de Swift : *Erewhon,* anagramme de *Nowhere,* « nulle part ».

Michel **Butor** ▪ Écrivain français (né en 1926), d'abord représentant du « nouveau roman » *(La Modification),* puis d'une littérature expérimentale. Critiques d'art.

Dietrich **Buxtehude** ▪ Organiste et compositeur allemand d'origine danoise (1637-1707). Il influença Haendel et Bach.

Dino **Buzzati** ▪ Romancier italien (1906-1972). Auteur de récits où l'étrangeté se dégage d'un réalisme délicat *(Le Désert des Tartares).*

**Byblos** ▪ Ancienne cité phénicienne.

**Bydgoszcz** ▪ Ville de Pologne. 363 500 habitants.

William **Byrd** ▪ Compositeur anglais (1543-1623). Il fut organiste de la Chapelle royale. Il a composé de la musique d'église, souvent polyphonique, ainsi que des œuvres profanes, vocales et instrumentales.

lord **Byron** ▪ Poète romantique anglais (1788-1824). *Don Juan; Le Pèlerinage de Childe Harold.*

**Byzance** ▪ Ancien nom de Constantinople. Elle fut la capitale de l'*Empire byzantin* qui, de 476 à 1453, succéda en Orient à l'Empire romain.

Étienne **Cabet** ■ Socialiste utopiste français (1788-1856). *Le Voyage en Icarie.*

les **Cabot** ■ Famille de navigateurs italiens des XVᵉ-XVIᵉ s. Jean ou John (v. 1450-1499) et son fils, Sébastien (v. 1476-1557).

Pedro Álvares **Cabral** ■ Navigateur portugais (v. 1460-1526). Il prit possession du Brésil en 1500.

le **Cachemire** ■ Région partagée depuis 1949 entre l'Inde et le Pakistan.

le **CAC 40** n. m. ■ Indice de la Bourse de Paris, créé en 1988, qui représente la moyenne des 40 sociétés françaises cotées les plus importantes.

**Cadix,** en espagnol **Cádiz** ■ Port d'Espagne (Andalousie). 124 014 habitants.

Georges **Cadoudal** ■ Chef chouan (1771-1804). Exécuté pour complot.

le mont **Caelius** ■ Une des sept collines de Rome.

**Caen** ■ Chef-lieu du Calvados et de la Région Basse-Normandie. 108 793 habitants. Églises médiévales.

John **Cage** ■ Compositeur américain (1912-1992). Musique aléatoire ; « pianos préparés ».

**Cagliari** ■ Port d'Italie (Sardaigne). 164 200 habitants.

Alexandre **Cagliostro** ■ Aventurier italien (1743-1795).

**Cahors** ■ Chef-lieu du Lot. 20 224 habitants. Pont Valentré. Cathédrale romane à coupoles.

Joseph **Caillaux** ■ Homme politique (radical) français (1863-1944).

Gustave **Caillebotte** ■ Peintre français (1848-1894). Son œuvre est distincte de celle des impressionnistes qu'il admirait, et se signale par la construction, ainsi que par les sujets (paysages urbains, scènes de travail). Il légua une collection de tableaux aujourd'hui intégrée au musée d'Orsay.

René **Caillié** ■ Explorateur français (1799-1838). Il visita Tombouctou.

Roger **Caillois** ■ Écrivain français (1913-1978). Il fit connaître en France la littérature latino-américaine moderne. Ses principaux essais concernent la sociologie et l'esthétique. *L'Homme et le Sacré ; Les Jeux et les Hommes.*

les îles **Caïmans** ■ Archipel britannique des Antilles.

**Caïn** ■ Bible Fils d'Adam et Ève. Il tua son frère Abel.

Joseph, dit **Caïphe** ■ relig. Grand prêtre juif de Jérusalem de 26 à 37 apr. J.-C. Suivant les Évangiles, il est le principal responsable de la condamnation de Jésus.

Le **Caire** ■ Capitale de l'Égypte, sur le Nil. 7,8 millions d'habitants. (agglomération 13,3 millions). Université al-Azhar. Musées.

la **Calabre,** en italien **Calabria** ■ Région administrative du sud de l'Italie. 15 080 km². 2 millions d'habitants. Chef-lieu : Catanzaro.

Louis **Calaferte** ■ Écrivain et poète français d'origine italienne (1928-1994). Œuvres réalistes et lyriques, souvent violentes et désespérées. *Partage des vivants ; Requiem des innocents ; La Mécanique des femmes.*

**Calais** ■ Chef-lieu d'arrondissement du Pas-de-Calais. 72 915 habitants. ► le **pas de Calais.** Détroit entre la France et l'Angleterre. 31 km. Un tunnel y a été percé.

le **Pas-de-Calais.** → le **Pas-de-Calais.**

**Calcutta** ■ Port de l'Inde (Bengale-Occidental). 13,2 millions d'habitants.

Alexander **Calder** ■ Sculpteur et peintre américain (1898-1976). Mobiles.

Pedro **Calderón de la Barca** ■ Auteur dramatique espagnol (1600-1681). *La vie est un songe.*

Erskine **Caldwell** ■ Romancier et journaliste américain (1903-1987). Il évoque de manière dramatique et comique les « pauvres Blancs » du sud des États-Unis. *La Route au tabac ; Le Petit Arpent du bon Dieu.*

Henri **Calet** ■ Écrivain et journaliste français (1904-1956). Chroniques autobiographiques d'un humour lucide et amer. *La Belle Lurette ; Le Tout sur le tout.*

**Calgary** ■ Ville du Canada (Alberta). 988 200 habitants (zone urbaine 1 079 000).

**Cali** ■ Ville de Colombie. 2,1 millions d'habitants.

la **Californie** ■ État de l'ouest des États-Unis. 411 012 km². 34 millions d'habitants. Capitale : Sacramento. Villes principales : Los Angeles, San Francisco.

**Caligula** ■ Empereur romain (12-41). D'abord politiquement libéral, il sombra dans une folie narcissique et sanguinaire, et fut assassiné.

**Callao** ■ Port du Pérou. 389 600 habitants.

Maria Kalogeropoulos, dite Maria **Callas** ■ Cantatrice grecque (1923-1977). Remarquable par son tempérament de tragédienne ; au cinéma, elle a interprété *Médée* avec Pasolini.

**Callimaque** ■ Grammairien et poète grec (v. -310/305-v. -240). Il dressa un catalogue de la Bibliothèque d'Alexandrie et composa de nombreux poèmes. *Hymnes* aux dieux ; *Épigrammes*.

Jacques **Callot** ■ Graveur et dessinateur français (1592-1635). Sa maîtrise technique du dessin baroque est au service d'un message social. *Les Misères et malheurs de la guerre.*

Albert **Calmette** ■ Médecin et bactériologiste français (1863-1933). Il mit au point, avec Camille Guérin, le vaccin contre la tuberculose, dit B. C. G. (« Bacille de Calmette et Guérin »).

Charles de **Calonne** ■ Ministre de Louis XVI (1734-1802).

le **Calvados** [14] ■ Département français de la Région Basse-Normandie. 5 692 km². 685 262 habitants. Chef-lieu : Caen. Chefs-lieux d'arrondissement : Bayeux, Lisieux, Vire.

**Calvi** ■ Chef-lieu d'arrondissement de la Haute-Corse, au fond du *golfe de Calvi.* 5 598 habitants.

Jean **Calvin** ■ Penseur religieux et écrivain français, ayant vécu à Genève (1509-1564). Érudit et humaniste, il adhéra à la Réforme, dirigea l'Église réformée de France, puis celle de Genève. Sa doctrine démocratique et d'un moralisme intolérant est exposée dans l'*Institution de la religion chrétienne* (1538 en latin), dont la version française (1541) est un modèle de prose, par la clarté et la modernité.

Italo **Calvino** ■ Écrivain italien (1923-1985). Il se fit connaître par une trilogie fantaisiste (*Le Baron perché*) et fut membre de l'Oulipo.

la **Camargue** ■ Région du sud de la France, à l'embouchure du Rhône. Parc naturel.

José Monje Cruz, dit **Camarón de la Isla** ■ Chanteur de flamenco espagnol (andalou) (1950-1992). D'une puissance expressive exceptionnelle, il a marqué le genre d'une empreinte durable.

Jean-Jacques Régis de **Cambacérès** ■ Juriste et homme politique français (1753-1824), l'un des auteurs du Code civil (1804). Il fut consul avec Bonaparte et Lebrun (1799).

le royaume du **Cambodge** ■ État d'Asie du Sud-Est. 181 000 km². 13,4 millions d'habitants. Capitale : Phnom Penh.

**Cambrai** ■ Chef-lieu d'arrondissement du Nord. 32 770 habitants. Textile.

**Cambridge** ■ Ville du sud-est de l'Angleterre. 108 900 habitants. Université.

Pierre **Cambronne** ■ Général français (1770-1842). Célèbre pour son apostrophe aux Anglais, qui le sommaient de se rendre, à Waterloo. On lui attribue la réplique dite « le mot de Cambronne » (merde !).

James **Cameron** ■ Cinéaste canadien (né en 1954). Films spectaculaires à gros budget, utilisant les techniques de trucage et les effets spéciaux les plus novateurs. *Terminator ; Titanic ; Avatar.*

David **Cameron** ■ Homme politique britannique (né en 1966). Chef du parti conservateur (2005), Premier ministre de 2010.

le **Cameroun** ■ État d'Afrique centrale. 475 442 km². 19,4 millions d'habitants. Capitale : Yaoundé.

Andrea **Camilleri** ■ Écrivain italien (né en 1925). Outre des romans historiques (*L'Opéra de Vigàta*), il est l'auteur de romans policiers, autour du personnage du commissaire Montalbano, dans lesquels il associe l'italien et le dialecte sicilien. *La Forme de l'eau ; Un été ardent.*

Luís de **Camoens**, en portugais **Camões** ■ Poète portugais (v. 1524-1580). *Les Lusiades.*

Tommaso **Campanella** ■ Dominicain italien (1568-1639). Auteur d'une utopie politique, *La Cité du soleil.*

la **Campanie**, en italien **Campania** ■ Région administrative du sud de l'Italie. 13 595 km². 5,7 millions d'habitants. Chef-lieu : Naples.

**Camp David** ■ Résidence du président des États-Unis, dans le Maryland. ► En septembre 1978, les *accords de Camp David* préparèrent le traité de paix israélo-égyptien. En 2000, la réunion de Yasser Arafat et Ehud Barak autour de Bill Clinton ne put aboutir à la résolution du conflit israélo-palestinien.

la **Campine** ■ Plaine du nord de la Belgique.

Jane **Campion** ■ Cinéaste néo-zélandaise (née en 1954). Portraits de femmes romanesques et ambitieux. *Un ange à ma table ; La Leçon de piano ; Bright Star.*

**Campoformio** ■ Ville de Vénétie. Traité entre la France et l'Autriche (1797).

André **Campra** ■ Compositeur français (1660-1744). Il composa des pièces religieuses et créa le genre de l'opéra-ballet (*L'Europe galante*).

Albert **Camus** ■ Écrivain français (1913-1960). Moraliste à la prose dépouillée. Romans (*L'Étranger ; La Peste ; La Chute*), pièces de théâtre (*Caligula*), essais (*L'Homme révolté*), journaliste politique. Son influence fut mondiale.

**Cana** ■ Ville de Galilée où Jésus aurait transformé l'eau en vin.

le pays de **Canaan** → les **Cananéens**

le **Canada** ▪ État fédéral d'Amérique du Nord. 9 984 670 km². 31,6 millions d'habitants. Capitale : Ottawa. Formé de 10 États ou provinces (Québec, Ontario, Nouveau-Brunswick, Nouvelle-Écosse, Manitoba, Saskatchewan, Alberta, Colombie-Britannique, Île-du-Prince-Édouard, Terre-Neuve-et-Labrador) et de 3 territoires (Territoires du Nord-Ouest, Nunavut et Yukon).

Antonio Canal, dit **Canaletto** ▪ Peintre italien (1697-1768). Vues de Venise.

les **Cananéens** ▪ Habitants du pays de **Canaan**, la Terre promise selon la Bible (Phénicie-Palestine). Ils furent vaincus par les Hébreux (XIᵉ s. avant J.-C.).

les **Canaques** → les **Kanaks**

les îles **Canaries** n. f. pl. ▪ Archipel de l'océan Atlantique, au large du Sahara. Communauté autonome espagnole. 7 273 km². 2 millions d'habitants. Capitale : Las Palmas et Santa Cruz de Tenerife.

cap **Canaveral** ▪ Base aérospatiale américaine en Floride. ▪

**Canberra** ▪ Capitale fédérale de l'Australie. 334 200 habitants.

**Cancale** ▪ Chef-lieu de canton d'Ille-et-Vilaine, sur la baie du Mont-Saint-Michel, près de Saint-Malo. 5 277 habitants. Ostréiculture.

**Candie** ▪ Ancien nom d'Héraklion.

la **Canebière** ▪ Célèbre avenue du centre de Marseille, aboutissant au Vieux-Port.

Elias **Canetti** ▪ Écrivain de langue allemande, naturalisé britannique (1905-1994). Un roman *(Autodafé)* et une autobiographie sont ses œuvres majeures.

le **Canigou** ▪ Massif granitique des Pyrénées. 2 784 m.

**Cannes** ▪ Ville des Alpes-Maritimes. 72 607 habitants. Station balnéaire. Festival du cinéma.

**Cannes** ▪ Anc. ville d'Italie du Sud. Victoire d'Hannibal sur les Romains (216 avant J.-C.).

**Canossa** ▪ Village d'Italie où l'empereur Henri IV vint implorer le pardon du pape Grégoire VII (1077).

Antonio **Canova** ▪ Sculpteur néoclassique italien (1757-1822). *L'Amour et Psyché.*

la **Cantabrie**, en espagnol **Cantabria** ▪ Région historique et communauté autonome du nord de l'Espagne. 5 289 km². 592 543 habitants. Capitale : Santander.

les monts **Cantabriques** ▪ Chaîne de montagnes qui prolonge les Pyrénées le long du golfe de Gascogne, au nord-ouest de la péninsule Ibérique, jusqu'à la Galice. 2 648 m au Torrecerredo.

le **Cantal** ▪ Massif d'Auvergne. ▶ le **Cantal** [15]. Département français d'Auvergne. 5 777 km². 147 577 habitants. Chef-lieu : Aurillac. Chefs-lieux d'arrondissement : Mauriac, Saint-Flour.

**Canterbury** ▪ Ville d'Angleterre (Kent). 135 300 habitants. Cathédrale gothique.

le **Cantique des cantiques** ▪ Livre de la Bible, traditionnellement attribué au roi Salomon. C'est l'un des « Cinq Rouleaux » de la Bible hébraïque.

**Canton** ou **Guangzhou** ▪ Port de Chine (Guangdong). 7,5 millions d'habitants.

Georg **Cantor** ▪ Mathématicien allemand (1845-1918). Initiateur de la théorie des ensembles.

Le **Cap** ▪ Port et capitale législative de l'Afrique du Sud. 1,9 million d'habitants.

André Friedmann, dit Robert **Capa** ▪ Photographe américain d'origine hongroise (1913-1954). Il couvrit les guerres d'Espagne et du Viêtnam (où il fut tué par une mine). Fondateur de l'agence Magnum, avec Robert Cartier-Bresson, en 1947.

Karel **Čapek** ▪ Écrivain tchèque d'inspiration fantastique (1890-1938). Nombreuses œuvres, dont *RUR, Les Robots universels de Rossum,* où il invente le mot *robot.*

les **Capétiens** ▪ Dynastie des rois de France qui régna de 987 (Hugues Capet) à 1328.

**Cap-Haïtien** ▪ Ville d'Haïti, chef-lieu du département du Nord. 262 000 habitants. Anciennement appelée Cap-François, elle fut la capitale de Saint-Domingue jusqu'en 1770.

le **Capitole** ▪ Nom donné à l'une des sept collines de Rome.

Al **Capone** ▪ Gangster américain, d'origine italienne (1895-1947).

Truman Streckfus Persons, dit Truman **Capote** ▪ Romancier américain (1924-1984). Récits autour du thème du mal, parfois légers *(Petit déjeuner chez Tiffany),* parfois tragiques *(De sang froid).*

**Capoue**, en italien **Capua** ▪ Ville d'Italie (Campanie), prise par Hannibal en 215 avant J.-C. L'armée romaine s'y établit après la bataille de Cannes, s'amollissant dans les « délices de Capoue ».

la **Cappadoce** ▪ Ancien pays d'Asie Mineure, aujourd'hui partie orientale de la Turquie.

Frank **Capra** ▪ Cinéaste, écrivain et producteur de cinéma américain d'origine italienne (1897-1991). Films optimistes, d'un humour moralisateur. *L'Extravagant Mr Deeds ; Arsenic et vieilles dentelles.*

**Capri** ▪ Île d'Italie (golfe de Naples). 10 km². 12 500 habitants. Chef-lieu : Capri (7 400 habitants).

les îles du **Cap-Vert** ▪ Archipel et État au large du Sénégal. 4 033 km². 513 000 habitants. Capitale : Praia.

**Caracalla** ▪ (188-217) Empereur romain de 211 à sa mort. Il combattit pour l'unification de l'Empire.

**Caracas** ▪ Capitale du Venezuela. 4,8 millions d'habitants.

Ion Luca **Caragiale** ■ Écrivain et dramaturge roumain (1852-1912). Il est l'auteur de comédies d'intrigues recourant souvent au comique verbal, et de nouvelles.

les **Caraïbes** ■ Ancien peuple des Petites Antilles. ► la mer des **Caraïbes** → **Antilles.**

Emmanuel Poiré, dit **Caran d'Ache** ■ Dessinateur humoristique français (1859-1909).

Michelangelo Merisi, dit **il Caravaggio,** en français **le Caravage** ■ Peintre italien (1573-1610). Le plus grand peintre de l'école romaine, dont l'œuvre réaliste est transfigurée par le traitement de la lumière. Son influence fut immense (le « caravagisme »).

**Carcassonne** ■ Chef-lieu de l'Aude. Forteresse (la Cité) entourée de remparts médiévaux. 47 268 habitants.

François Carcopino-Tusoli, dit Francis **Carco** ■ Écrivain et poète français (1886-1958). Son œuvre évoque Montmartre et les mauvais garçons (*Jésus la Caille*). Il écrivit des études psychologiques (*L'Homme traqué*) et des biographies libres (de Villon, Verlaine, Utrillo...).

Jérôme **Cardan** ■ Médecin, mathématicien et philosophe italien (1501-1576). Inventeur du *cardan.*

Lázaro **Cárdenas** ■ Homme d'État mexicain (1895-1970). Président de la République de 1934 à 1940.

**Cardiff** ■ Port de Grande-Bretagne et capitale du pays de Galles. 305 300 habitants.

Fernando Henrique **Cardoso** ■ Sociologue brésilien (né en 1931). Il fut président de la République de 1994 à 2002.

la **Carélie** ■ Région du nord de l'Europe, dont une partie appartient à la Finlande, la plus grande partie étant russe. ► la **Carélie** République de la fédération de Russie, limitrophe de la Finlande. 172 000 km². 717 000 habitants. Capitale : Petrozavodsk.

Marie-Antoine, dit Antonin **Carême** ■ Cuisinier, pâtissier et maître d'hôtel français (1784-1833).

la **Carie** ■ Ancienne région du sud-ouest de l'Asie Mineure, au sud du Méandre. Satrapie indépendante, elle fut hellénisée sous le règne de Mausole (IVᵉ s. avant J.-C.).

la **Carinthie,** en allemand **Kärnten** ■ Land d'Autriche. 9 533 km². 557 671 habitants. Capitale : Klagenfurt.

Gilles **Carle** ■ Cinéaste canadien d'expression française (1929-2009). *La Mort d'un bûcheron.*

don **Carlos** ■ Infant d'Espagne (1788-1855). Il provoqua les *guerres carlistes* contre Isabelle II.

Carolyn **Carlson** ■ Danseuse et chorégraphe américaine (née en 1943). D'abord soliste avec la compagnie d'A. Nikolais, elle dirigea de nombreux ballets en Europe (Venise ; Stockholm ; Centre chorégraphique national de Roubaix, 2004-2013).

Thomas **Carlyle** ■ Historien et philosophe britannique (1795-1881). Il est l'auteur d'un autoportrait intellectuel, *Sartor resartus* (« Le Tailleur retaillé »).

la **Carmagnole** ■ Chant révolutionnaire composé en 1792.

le **Carmel** ■ Ordre religieux né sur le mont Carmel (Palestine, XIIᵉ s.).

**Carnac** ■ Commune du Morbihan. Monuments mégalithiques. 4 400 h.

Rudolf **Carnap** ■ Logicien et philosophe allemand naturalisé américain (1891-1970). Représentant du positivisme logique.

Marcel **Carné** ■ Cinéaste français (1909-1996). Ses plus grands films sont nés d'une collaboration avec Prévert, de *Quai des brumes* et *Hôtel du Nord* aux *Visiteurs du soir* et aux *Enfants du paradis.*

Andrew **Carnegie** ■ Industriel et philanthrope américain (1835-1919). Il fit fortune dans la sidérurgie et se consacra, à partir de 1901, aux fondations qu'il finançait.

Lazare **Carnot** ■ Révolutionnaire et savant français (1753-1823). Surnommé « l'organisateur de la victoire ». ► Sadi **Carnot,** son fils (1796-1832), précurseur de la thermodynamique. ► Marie François Sadi **Carnot,** son petit-fils (1837-1894), président de la République de 1887 à son assassinat.

la **Caroline du Nord** ■ État du sud-est des États-Unis. 135 000 km². 6 millions d'habitants. Capitale : Raleigh. ► la **Caroline du Sud.** État au sud du précédent. 79 316 km². 4 millions d'habitants. Capitale : Columbia.

les îles **Carolines** ■ Archipel de Micronésie.

les **Carolingiens** ■ Dynastie franque qui succéda aux Mérovingiens. Elle régna sur la France de 751 à 987 et tenta de restaurer l'empire d'Occident (Charlemagne).

Vittore **Carpaccio** ■ Peintre italien de l'école vénitienne (v. 1460-v. 1525). Auteur de cycles narratifs, de scènes spectaculaires, de *vedute* (« vues ») de villes, aux compositions amples, aux riches couleurs et aux détails pittoresques.

les **Carpates** n. f. pl. ■ Ensemble montagneux d'Europe centrale.

Jean-Baptiste **Carpeaux** ■ Sculpteur français (1827-1875). *La Danse.*

Georges **Carpentier** ■ Boxeur français (1894-1975). Champion d'Europe toutes catégories. Champion du monde des mi-lourds (1920).

Alejo **Carpentier** ■ Romancier et musicologue cubain (1904-1980). *Concert baroque.*

**Carpentras** ■ Chef-lieu d'arrondissement du Vaucluse. 28 815 habitants.

les frères **Carrache** ■ Peintres italiens de la fin du XVIᵉ s. de style maniériste (école de Bologne). Ludovico (1555-1619), Agostino (1557-1602), et Annibale (1560-1609) décorateur du palais Farnèse à Rome.

**Carrare** ▪ Ville d'Italie (Toscane). 65 000 habitants. Marbres.

**Charles Dodgson,** dit Lewis **Carroll** ▪ Écrivain, photographe et logicien anglais (1832-1898). Le sommet littéraire de son œuvre consiste en récits pour la jeunesse : *Alice au pays des merveilles ; Sylvie et Bruno.*

**Cartagena,** en français **Carthagène** ▪ Ville d'Espagne, au sud de la Région de Murcie. 215 757 habitants. Port fondé par le Carthaginois Hasdrubal.

**Cartagena de Indias,** en français **Carthagène** ▪ Ville de Colombie, port fondé en 1533 sur la mer des Caraïbes par les Espagnols, capitale du département de Bolívar. 895 400 habitants.

**Jimmy Carter** ▪ Président (démocrate) des États-Unis de 1977 à 1981 (né en 1924).

**Carthage** ▪ Ville d'Afrique du Nord. Fondée par les Phéniciens v. 814 avant J.-C., elle s'opposa à Rome qui la rasa (fin des guerres puniques, 146 avant J.-C.).

**Carthagène →** Cartagena

**Jacques Cartier** ▪ Navigateur français (1491-1557). Il prit possession du Canada en 1534.

**sir Georges Étienne Cartier** ▪ Homme politique canadien (1814-1873). Un des créateurs de la Confédération canadienne.

**Henri Cartier-Bresson** ▪ Photographe français (1908-2004). Ses photos d'une expressivité humaine intense sont toujours d'une composition parfaite.

**Louis Dominique Bourguignon,** dit **Cartouche** ▪ Célèbre bandit français (1693-1721).

**Enrico Caruso** ▪ Chanteur (ténor) italien (1873-1921). La qualité de sa voix, dans l'interprétation de l'opéra italien, lui valut une notoriété mondiale.

**Raymond Carver** ▪ Nouvelliste et poète américain (1938-1988). Il décrivit dans ses livres le désespoir et la solitude des Américains ordinaires : *Tais-toi je t'en prie ; Parlez-moi d'amour ; Les Vitamines du bonheur.*

**Casablanca** ▪ Port du Maroc, sur l'Atlantique. 3,1 millions d'habitants. Grande Mosquée.

**Pablo Casals** [kazals] ▪ Violoncelliste espagnol (catalan) (1876-1973). Admirable interprète de J.-S. Bach, il s'exila d'Espagne sous Franco et se fixa en France à Prades, où il créa un festival de musique.

**la Casamance** ▪ Fleuve et région du Sénégal, comprise entre la Gambie et la Guinée-Bissau.

**Giacomo Girolamo Casanova** ▪ Aventurier et mémorialiste italien, modèle du séducteur (1725-1798).

**Maria Casarès** ▪ Comédienne française d'origine espagnole (1922-1996). Elle a joué au théâtre (avec Vilar, Blin, Chéreau) et au cinéma (avec Carné, Bresson, Cocteau).

**la mer Caspienne** ▪ La plus vaste mer fermée du monde en Asie. Sa superficie varie de 371 000 à 393 000 km².

**Cassandre** ▪ mythol. grecque Princesse troyenne dont les sombres prophéties n'étaient jamais écoutées.

**John Cassavetes** ▪ Cinéaste et comédien américain (1929-1989). Son style dépouillé révèle les psychologies par des gros plans. *Husbands ; Faces ; Une femme sous influence.*

**le mont Cassin,** en italien monte **Cassino** ▪ Colline d'Italie du Sud où saint Benoît fonda un monastère en 529.

**René Cassin** ▪ Juriste français (1887-1976). Résistant, il fit adopter la Déclaration universelle des droits de l'homme (1948).

**les Cassini** ▪ Dynastie d'astronomes et de cartographes français (XVIIᵉ-XVIIIᵉ s.).

**Flavius Magnus Aurelius Cassiodorus,** dit **Cassiodore** ▪ Écrivain et homme d'État romain (v. 490-583). Il se retira en 540 et mena en Calabre une vie de moine érudit.

**Ernst Cassirer** ▪ Philosophe allemand (1874-1945). *Philosophie des formes symboliques.*

**Cassis** ▪ Ville des Bouches-du-Rhône, près de Marseille. 7 712 habitants. Vins blancs renommés.

**Jean Cassou** ▪ Écrivain et critique d'art français (1897-1986). Auteur d'études sur l'histoire de l'Espagne, de romans, de poèmes sur son expérience de la Résistance. Il fut conservateur en chef du Musée national d'art moderne de 1946 à 1965.

**Castel Gandolfo** ▪ Ville d'Italie, sur le lac d'Albano, près de Rome. 7 900 habitants. Résidence d'été des papes.

**Castellane** ▪ Chef-lieu d'arrondissement des Alpes-de-Haute-Provence. 1 565 habitants.

**Castelnaudary** ▪ Chef-lieu de canton de l'Aude, près de Carcassonne. 11 876 habitants. Son cassoulet est renommé.

**Castelsarrasin** ▪ Chef-lieu d'arrondissement de Tarn-et-Garonne. 13 054 habitants.

**Baldassare Castiglione** ▪ Écrivain italien (1478-1529). *Le Parfait Courtisan.*

**la Castille** ▪ Ancien royaume du centre de l'Espagne, aujourd'hui divisé en trois communautés autonomes : **Castille-La Manche** (*Castilla-La Mancha*) ; 79 226 km² ; 2 millions d'habitants ; capitale : Tolède), **Castille-et-León** (*Castilla-León* ; 94 147 km² ; 2,5 millions d'habitants ; capitale : Valladolid) et **Madrid.**

**Castor** et **Pollux** ▪ mythol. grecque Fils jumeaux de Zeus et Léda, dits *les Dioscures.*

**Castres** ▪ Chef-lieu d'arrondissement du Tarn. 42 222 habitants.

Josué de **Castro** ▪ Médecin et géographe brésilien (1908-1973). Il devint spécialiste mondial des problèmes nutritionnels *(Géographie de la faim)*. Il fut déchu de ses droits politiques après le coup d'État de 1964 et s'exila en France.

Fidel **Castro** ▪ Révolutionnaire et homme d'État cubain au pouvoir de 1959 à 2008 (né en 1926). Il établit à Cuba une dictature de référence communiste. Son frère Raúl lui a succédé en 2008.

les champs **Catalauniques** ▪ Plaine de Champagne où Attila fut vaincu par les Romains (451).

**Çatal Höyük** ▪ Site néolithique de Turquie (Anatolie).

la **Catalogne**, en catalan **Catalunya**, en espagnol **Cataluña** ▪ Communauté autonome et région historique du nord-est de l'Espagne. 31 930 km². 7,5 millions d'habitants. Capitale : Barcelone.

**Catane** ▪ Port d'Italie (Sicile). 313 100 habitants.

**Catanzaro** ▪ Chef-lieu de la province de Calabre (Italie), sur l'isthme de Marcinellata. 95 300 habitants.

Le **Cateau-Cambrésis** ▪ Commune du Nord où furent signés les traités qui mirent fin aux guerres d'Italie (1559). 7 500 habitants.

**Catherine II la Grande** ▪ (1729-1796) Impératrice de Russie de 1762 à sa mort.

**Catherine d'Aragón** ▪ Première épouse d'Henri VIII, qui la répudia (1485-1536).

**Catherine de Médicis** ▪ Reine de France (1519-1589). Épouse d'Henri II, régente durant la minorité de son fils, Charles IX.

sainte **Catherine de Sienne** ▪ Mystique italienne (1347-1380).

**Catilina** ▪ Patricien et conspirateur romain (v. 108-62 avant J.-C.). Il fut dénoncé par Cicéron.

**Caton l'Ancien** ou **le Censeur** ▪ Homme politique romain (234-149 avant J.-C.). Symbole des qualités romaines d'austérité et de vertu. ▶ **Caton d'Utique**, son arrière-petit-fils (93-46 avant J.-C.), ultime adversaire républicain de César.

**Catulle** ▪ Poète latin (v. 87-v. 54 avant J.-C.). Poèmes lyriques et érotiques.

le **Caucase** ▪ Ensemble montagneux s'étendant entre la mer Noire et la Caspienne. 5 642 m au mont Elbrouz.

Pierre **Cauchon** ▪ Religieux français (1371-1442). En tant qu'évêque de Beauvais, il présida, à Rouen, le tribunal qui fit condamner Jeanne d'Arc.

Augustin, baron **Cauchy** ▪ Mathématicien français (1789-1857). Il a profondément réorganisé l'analyse.

**Caudebec-en-Caux** ▪ Chef-lieu de canton de Seine-Maritime, près de Rouen, sur la Seine. 2 266 habitants.

les **Causses** n. m. pl. ▪ Plateaux calcaires du sud du Massif central.

le pays de **Caux** ▪ Région de Normandie.

Jean **Cavaillès** ▪ Philosophe et logicien français (1903-1944). Chef d'un mouvement de résistance, il fut exécuté par les Allemands.

**Cavaillon** ▪ Ville du Vaucluse. 25 486 habitants. Monuments anciens ; synagogue du XVIIIe s. Renommée pour ses primeurs (melons).

René Robert **Cavelier de La Salle** ▪ Explorateur français (1643-1687). Il explora les Grands Lacs et descendit le Mississippi jusqu'au golfe du Mexique.

Henry **Cavendish** ▪ Physicien et chimiste anglais (1731-1810). Il réalisa la première analyse précise de l'air.

Camillo Benso, comte de **Cavour** ▪ Homme politique italien (1810-1861). Artisan de l'unité italienne.

**Cayenne** ▪ Chef-lieu de la Guyane française. 57 229 habitants. Anc. bagne.

Jean **Cayrol** ▪ Poète et romancier français (1911-2005). Il fut marqué par son expérience de déporté. Il est l'auteur du scénario de *Nuit et brouillard*, d'Alain Resnais. Il a écrit des poèmes, des romans *(Les Corps étrangers)*, des essais.

**C. B. S.** *(Columbia Broadcasting System)* ▪ Réseau de radio et de télévision américain, fondé en 1927.

la **CDU** *(Christlich-Demokratische Union)* ▪ Parti politique (démocratie chrétienne), l'un des deux principaux partis d'Allemagne avec le SPD.

**C. E. A.**, Commissariat à l'énergie atomique ▪ Organisme public français de recherche dans les domaines de l'énergie atomique (technologie, défense, santé), créé en 1945.

Nicolae **Ceauşescu** ▪ Homme d'État roumain (1918-1989). Dictateur *(conducator)* communiste, au pouvoir de 1965 à 1989, il fut renversé puis exécuté.

la **C. E. E.**, Communauté économique européenne ▪ « Marché commun » entre l'Allemagne, la France, l'Italie, le Benelux (1957), le Danemark, le Royaume-Uni, l'Irlande (1973), la Grèce (1981), le Portugal et l'Espagne (1986). La C. E. E. est devenue en 1993 l'Union européenne.

la **C. E. I.**, Communauté des États indépendants ▪ Communauté, créée en 1991, réunissant les républiques de l'ex-U. R. S. S. (sauf les États baltes [à partir de 2009]).

Paul Antschel, dit Paul **Celan** ▪ Poète et traducteur français d'origine roumaine et d'expression allemande (1920-1970). Son œuvre, parfois hermétique, est l'un des joyaux de la poésie allemande. Il fut profondément marqué par la Shoah et se donna la mort.

les **Célèbes** → Sulawesi

**Louis-Ferdinand Destouches**, dit **Céline** ▪ Romancier français (1894-1961). Œuvre romanesque en forme d'autobiographie transfigurée, renouvelant la prose, dès le *Voyage au bout de la nuit* et *Mort à crédit* jusqu'aux récits hallucinés de la fin. Son antisémitisme pathologique et ses répercussions l'entraînèrent dans un pessimisme apocalyptique.

**Benvenuto Cellini** ▪ Sculpteur et orfèvre italien (1500-1571). La perfection technique et la force ornementale de son œuvre en font une figure majeure de la Renaissance italienne. Il publia des *Mémoires*.

**Anders Celsius** ▪ Astronome et physicien suédois (1701-1744). Il créa l'échelle thermométrique centésimale.

**les Celtes** ▪ Population indo-européenne, venue d'Allemagne et apparue au –IIe millénaire.

**les Celtibères** ▪ Populations celtes établies en territoire ibère, à l'ouest de la péninsule hispanique.

**Frédéric Sauser**, dit Blaise **Cendrars** ▪ Écrivain français d'origine suisse (1887-1961). Ses poèmes visent à embrasser le monde entier (*La Prose du Transsibérien*). Récits de vies aventureuses, autobiographie poétique (*Bourlinguer*).

**la guerre de Cent Ans** ▪ Conflits (1337-1453) qui opposèrent la France et l'Angleterre.

**les Centaures** n. m. ▪ mythol. grecque Êtres mi-hommes mi-chevaux.

**les Cent-Jours** ▪ Dernière période du règne de Napoléon Ier, au cours de laquelle il tenta de restaurer l'Empire (20 mars-22 juin 1815). Vaincu à Waterloo, il abdiqua.

**la République centrafricaine** ou la **Centrafrique** ▪ État d'Afrique centrale. 622 436 km². 4,5 millions d'habitants. Capitale : Bangui.

**Central Park** ▪ Vaste parc au centre de New York (de la 8e à la 5e Avenue et de la 59e à la 110e Rue). Ce fut le premier parc public aménagé aux États-Unis.

**le Centre** ▪ Région administrative française. Six départements : Cher, Eure-et-Loir, Indre, Indre-et-Loire, Loiret, Loir-et-Cher. 39 151 km², 2,56 millions d'habitants. Chef-lieu : Orléans.

**Centre national d'art et de culture Georges-Pompidou,** couramment appelé le **Centre Pompidou** ▪ Complexe culturel édifié sur le plateau Beaubourg, à Paris (IVe arrondissement), à l'initiative de Georges Pompidou. Inauguré en 1977, il comprend le Musée national d'art moderne et le Département du développement culturel. L'I.R.C.A.M. lui est associé. Le centre possède une antenne à Metz depuis 2010.

**Cerbère** ▪ mythol. grecque Chien à trois têtes, gardien des Enfers.

**Marcel Cerdan** ▪ Boxeur français (1916-1949). Il fut champion du monde des poids moyens en 1948.

**la Cerdagne** ▪ Région de l'est des Pyrénées.

**Cérès** → **Déméter**

**Céret** ▪ Chef-lieu d'arrondissement des Pyrénées-Orientales. 7 583 habitants.

**Cergy** ▪ Chef-lieu du Val-d'Oise. 58 341 habitants.

**Enrico**, dit Henri **Cernuschi** ▪ Banquier français d'origine italienne (1821-1896). Il légua à la ville de Paris son hôtel et les collections artistiques constituées lors d'un voyage en Orient (musée Cernuschi, 1898).

**Miguel de Cervantès** ▪ Écrivain espagnol (1547-1616). *Don Quichotte de la Manche*, son chef-d'œuvre, constitue un moment majeur dans la vie intellectuelle de l'Europe. Les *Nouvelles exemplaires* illustrent son génie de conteur.

**le mont Cervin** ▪ Sommet des Alpes, en Suisse. 4 478 m.

**Aimé Césaire** ▪ Écrivain et homme politique français (martiniquais) (1913-2008). Défenseur de la négritude. Auteur de poèmes (*Cahier d'un retour au pays natal*, écrit en 1938-1939 ; *Soleil cou coupé*, 1948), de pièces de théâtre anticolonialistes, portant « le grand cri nègre ».

**Jules César** ▪ Homme d'État romain (101-44 avant J.-C.). Il conquit la Gaule et lutta contre Pompée et le Sénat. Il fut assassiné. Auteur de *Commentaires de la guerre des Gaules*.

**César Baldaccini**, dit **César** ▪ Sculpteur français (1921-1998). Sculptures en métal, d'abord expressionnistes, puis structurées et équilibrées. Ses « compressions », notamment d'automobiles, l'ont rendu célèbre.

**Césarée** ▪ Nom donné dans l'Antiquité à plusieurs villes, en l'honneur des empereurs romains (César). ► **Césarée de Cappadoce** (aujourd'hui Kayseri, Turquie). ► **Césarée de Palestine** (aujourd'hui centre touristique d'Israël). ► **Césarée de Maurétanie** (aujourd'hui Cherchell, Algérie).

**Ceuta** ▪ Port franc situé au Maroc sous souveraineté espagnole. 18 km². 83 517 habitants.

**les Cévennes** n. f. pl. ▪ Bordure sud-est du Massif central. Parc national.

**Ceylan** → **Sri Lanka**

**Paul Cézanne** ▪ Peintre français (1839-1906). D'abord proche des impressionnistes, il annonça le cubisme par sa reconstruction des formes. *Les Joueurs de cartes ; La Montagne Sainte-Victoire*.

**la C.F.D.T.,** Confédération française démocratique du travail ▪ Syndicat français issu de la *Confédération française des travailleurs chrétiens* (C.F.T.C.) en 1964.

**la C.G.C.,** Confédération générale des cadres ▪ Syndicat français de cadres, créé en 1944.

la **C. G. T.**, Confédération générale du travail ▪ Le plus important syndicat ouvrier français, créé en 1895.

la **C. G. T.-F. O.** → F. O.

Jacques **Chaban-Delmas** ▪ Homme politique (gaulliste) français (1915-2000). Premier ministre de 1969 à 1972.

**Chablis** ▪ Chef-lieu de canton de l'Yonne, près d'Auxerre, sur le Serein. 2 302 habitants. Vins blancs réputés.

Emmanuel **Chabrier** ▪ Compositeur français (1841-1894). Mélodies, œuvres pour piano, pour l'orchestre ; ouvrages lyriques.

Claude **Chabrol** ▪ Cinéaste français (1930-2010). Films d'un réalisme critique, ironique et cruel, dépeignant la société bourgeoise de la province française. *Que la bête meure ; Le Boucher ; La Cérémonie.*

le **Chaco** ou **Gran Chaco** ▪ Vaste plaine de l'Argentine et du Paraguay. 400 000 km².

Chadli Bendjedid, dit **Chadli** ▪ Colonel et homme politique algérien (1929-2012). Il fut président de la République de 1979 à 1992.

sir James **Chadwick** ▪ Physicien britannique (1891-1974). Élève de Rutherford, il découvrit l'existence du neutron en 1932.

Marc **Chagall** ▪ Artiste français d'origine russe (1887-1985). Œuvre inspirée par le folklore juif d'Europe orientale, puis thèmes bibliques. Grand coloriste, il privilégie l'effusion lyrique.

Youssef **Chahine** ▪ Cinéaste égyptien (1926-2008). Son cinéma humaniste prône la tolérance et la liberté. *Le Sixième Jour ; Le Destin.*

le palais de **Chaillot** ▪ Bâtiment formant deux ailes en courbe, construit en 1937 sur l'emplacement du palais du Trocadéro*, à Paris. Il abrite plusieurs musées et un théâtre, et se prolonge par un jardin jusqu'à la Seine.

La **Chaise-Dieu** ▪ Chef-lieu de canton de la Haute-Loire, près de Brioude (Auvergne). 770 habitants. L'église gothique Saint-Robert a été reconstruite en 1344 sur l'ancienne abbatiale fondée en 1044. Festival de musique.

la **Chaldée** ▪ Pays des **Chaldéens** (Babylonie, en Basse-Mésopotamie).

Fedor **Chaliapine** ▪ Chanteur russe d'opéra (1873-1938).

**Châlons-en-Champagne,** jusqu'en 1995 **Châlons-sur-Marne** ▪ Chef-lieu de la Marne et de la Région Champagne-Ardenne. 47 300 habitants.

**Chalon-sur-Saône** ▪ Chef-lieu d'arrondissement de Saône-et-Loire. 44 847 habitants.

**Cham** ▪ Bible Second fils de Noé.

Joseph **Chamberlain** ▪ Homme politique britannique (1836-1914). ► Arthur Neville **Chamberlain,** son fils (1869-1940), Premier ministre de 1937 à 1940.

**Chambéry** ▪ Chef-lieu de la Savoie. 58 437 habitants.

**Chambolle-Musigny** ▪ Commune de Côte-d'Or, près de Dijon. 310 habitants. Vin rouge renommé (bourgogne, côtes-de-nuits).

**Chambord** ▪ Commune de Loir-et-Cher. Château de la Renaissance. 127 habitants.

Nicolas de **Chamfort** ▪ Moraliste français (1741-1794). Auteur de pensées et anecdotes spirituelles et caustiques *(Maximes et Pensées).*

Patrick **Chamoiseau** ▪ Écrivain français (né en 1953). Chantre de la culture martiniquaise et du créole ; son œuvre associe l'analyse historique et le romanesque. *Texaco.*

**Chamonix-Mont-Blanc** ▪ Ville de Haute-Savoie, dominée par le mont Blanc. 8 927 habitants. Centre d'alpinisme. Importante station de ski.

la **Champagne** ▪ Ancienne province de l'est du Bassin parisien. Vins. ► la **Champagne-Ardenne.** Région administrative. Quatre départements : Ardennes, Aube, Haute-Marne, Marne. 25 606 km². 1,34 million d'habitants. Chef-lieu : Châlons-en-Champagne.

Philippe de **Champaigne** ▪ Peintre français d'origine flamande (1602-1674). Portraits et scènes religieuses d'un classicisme dépouillé.

Samuel de **Champlain** ▪ Colonisateur français du Canada (v. 1567-1635).

Jean-François **Champollion** ▪ Égyptologue français (1790-1832). Il déchiffra les hiéroglyphes grâce à la pierre de Rosette.

les **champs Élysées** ▪ mythol. grecque Séjour des morts vertueux.

les **Champs-Élysées** ▪ Célèbre avenue de Paris.

**Chandernagor** ou **Chandranagara** ▪ Ville de l'Inde (Bengale-Occidental). 162 000 habitants. Ancien comptoir français.

**Chandigarh** ▪ Ville du nord de l'Inde. 900 000 habitants. Conçue par Le Corbusier.

Raymond **Chandler** ▪ Auteur américain de romans policiers (1888-1959). Ses intrigues violentes, ses personnages bien typés, immoraux, renouvelèrent le roman criminel.

Gabrielle Chasnel, dite Coco **Chanel** ▪ Couturière française (1883-1971). La maison qu'elle a créée est devenue un des symboles internationaux de l'élégance et du luxe.

**Changchun** ▪ Ville de Chine (Jilin). 2,8 millions d'habitants.

Jean-Pierre **Changeux** ▪ Biologiste français (né en 1936). Spécialiste du fonctionnement du système nerveux *(L'Homme neuronal).*

**Chang jiang** ou **Yang-tseu kiang,** en français **le fleuve Bleu** ▪ Fleuve de Chine. 6 300 km.

**Changsha** ▪ Ville de Chine (Hunan). 2,1 millions d'habitants.

**Chantilly** ▪ Ville de l'Oise. 10 959 habitants. Château.

le **Chao Phraya** ▪ Principal fleuve de Thaïlande, formé par la réunion de quatre affluents. 1 200 km. Il se jette dans le golfe du Siam après avoir traversé Bangkok.

**Chaource** ▪ Chef-lieu de canton de l'Aube, près de Troyes. 1 106 habitants. On y fabrique un fromage à pâte molle à croûte fleurie (lait de vache).

sir Charles Spencer Chaplin, dit Charlie **Chaplin** ▪ Acteur et cinéaste anglais (1889-1977). Il se produisit sur scène très jeune. Il émigra aux États-Unis où, à partir de 1913, il créa à Hollywood, partant de la comédie burlesque (Mack Sennett) un univers poétique, critique et comique, centré sur un personnage inoubliable, Charlot (*Charlie* en anglais). Il quitta les États-Unis pendant la crise du maccarthysme et se fixa en Suisse. Nombreux films courts, et *The Kid, La Ruée vers l'or, Les Lumières de la ville, Le Dictateur, Monsieur Verdoux, Limelight* (en français *Les Feux de la rampe*).

Maurice **Chappaz** ▪ Écrivain et poète suisse d'expression française (1916-2009). Ses poèmes et ses récits évoquent avec force et lyrisme son pays natal, le Valais, non sans une tendance mystique.

Claude **Chappe** ▪ Ingénieur français (1763-1805). Inventeur du télégraphe aérien.

Jean **Chaptal** ▪ Chimiste français (1756-1832). Pionnier de l'industrie chimique.

René **Char** ▪ Poète français (1907-1988). Œuvre engagée et morale (une « leçon de vie »), d'une rigueur extrême, soulignant les rapports entre la poétique et les arts plastiques.

Jean Martin **Charcot** ▪ Neurologue français (1825-1893). ► Jean **Charcot**, son fils (1867-1936), explora les régions polaires.

Jean-Baptiste **Chardin** ▪ Peintre français (1699-1779). Maître de la nature morte et de la suggestion de la réalité, des matières.

la **Charente** ▪ Fleuve de France. 360 km. ► la **Charente** [16]. Département français de la Région Poitou-Charentes. 5 956 km². 352 705 habitants. Chef-lieu : Angoulême. Chefs-lieux d'arrondissement : Cognac, Confolens.

la **Charente-Maritime** [17]. ▪ Département français de la Région Poitou-Charentes. 6 864 km². 625 682 habitants. Chef-lieu : La Rochelle. Chefs-lieux d'arrondissement : Jonzac, Rochefort, Saintes, Saint-Jean-d'Angély.

Jean **Charest** ▪ Homme politique canadien (né en 1958). Élu Premier ministre du Québec en 2003, réélu en 2007 et 2008.

le **Chari** ▪ Fleuve d'Afrique qui se jette dans le lac Tchad. 1 100 km.

La **Charité-sur-Loire** ▪ Chef-lieu de canton de la Nièvre, près de Cosne. Il y fut établi, au milieu du XIᵉ s., le premier prieuré dépendant de l'abbaye bénédictine de Cluny. 5 500 habitants.

Robert **Charlebois** ▪ Chanteur-compositeur québécois (né en 1944). Il introduisit le rock dans la chanson québécoise, faisant preuve d'un humour décapant et d'une grande inventivité stylistique.

**Charlemagne** ou **Charles Iᵉʳ le Grand** ▪ (742-814) Roi des Francs, sacré empereur d'Occident en 800.

**Charleroi** ▪ Ville de Belgique (Hainaut). 201 600 habitants.

**Charles** ▪ Nom de plusieurs souverains européens.
**1** EMPEREURS D'ALLEMAGNE ► **Charles III le Gros** (839-888). Empereur d'Occident de 881 à 887, roi de France de 884 à 887. ► **Charles V**, dit **Charles Quint** (1500-1558). Roi d'Espagne (Charles Iᵉʳ) après 1516, empereur germanique après 1519, il lutta contre François Iᵉʳ et abdiqua en 1556.
**2** ROI D'ANGLETERRE ► **Charles Iᵉʳ** (1600-1649) Roi en 1625, il fut vaincu par Cromwell et exécuté.
**3** DUC DE BOURGOGNE ► **Charles le Téméraire** (1433-1477). Duc en 1467, il s'opposa à Louis XI.
**4** ROI D'ESPAGNE ► **Charles Iᵉʳ** → 1. empereurs d'Allemagne, **Charles Quint**.
**5** ROIS DE FRANCE ► **Charles Iᵉʳ** → **Charlemagne**. ► **Charles II le Chauve** (823-877). Roi après 843, empereur d'Occident après 875. ► **Charles III le Gros** → 1. empereurs d'Allemagne, **Charles III**. ► **Charles III le Simple** (879-929). Roi de 898 à 922. ► **Charles IV le Bel** (1294-1328). Roi de France et de Navarre de 1322 à sa mort. ► **Charles V le Sage** (1338-1380). Roi de 1364 à sa mort. ► **Charles VI le Bien-Aimé** ou **le Fou** (1368-1422). Roi de 1380 à sa mort. ► **Charles VII** (1403-1461). Roi de 1422 à sa mort. ► **Charles VIII** (1470-1498). Roi de 1483 à sa mort. ► **Charles IX** (1550-1574). Roi de 1560 à sa mort. ► **Charles X** (1757-1836). Roi en 1824. Il fut renversé par la révolution de 1830.
**6** ROIS DE SUÈDE ► **Charles XII** (1682-1718). Roi de 1697 à sa mort. Victorieux contre le Danemark, il fut battu par les Russes. ► **Charles XIV** ou **Charles-Jean** (1763-1844). Nom de règne du maréchal français Charles Jean-Baptiste Bernadotte, roi de 1818 à sa mort.

Ray Robinson, dit Ray **Charles** ▪ Chanteur, pianiste et compositeur américain (1932-2004). À partir du blues et du gospel, il acquit une notoriété mondiale dans un répertoire plus varié.

saint **Charles Borromée** ▪ Cardinal italien (1538-1584). Défenseur de la Contre-Réforme.

**Charles Martel** ▪ Maire du palais franc (v. 688-741). Il repoussa les Arabes à Poitiers en 732.

**Charleston** ▪ Ville de Caroline du Sud (États-Unis), sur l'Atlantique. 96 650 habitants. Port ; centre touristique (maisons anciennes).

**Charleston** ▪ Capitale de la Virginie-Occidentale (États-Unis). 53 000 habitants.

**Charleville-Mézières** ▪ Chef-lieu des Ardennes. 49 433 habitants.

**Charlot** → Charlie **Chaplin**

le **Charolais** ▪ Région du nord-est du Massif central. Bovins.

**Charolles** ▪ Chef-lieu d'arrondissement de Saône-et-Loire. 2 781 habitants.

**Charon** ▪ mythol. grecque Pilote (« nocher ») des Enfers, qui fait traverser l'Achéron aux âmes des morts.

Georges **Charpak** ▪ Physicien français (1924-2010). Il inventa un détecteur de particules. Prix Nobel 1992.

Marc Antoine **Charpentier** ▪ Compositeur français (1634-1704). L'un des principaux représentants de la musique baroque en France. Célèbre *Te Deum*.

Pierre **Charron** ▪ Moraliste français (1541-1603). Il publia en 1603 *De la sagesse*, ouvrage inspiré par l'œuvre de Montaigne.

Alain **Chartier** ▪ Écrivain et poète français (1390-1430). *Le Quadrilogue invectif*, allégorie politique. *La Belle Dame sans merci*, poèmes courtois et patriotiques.

**Chartres** ▪ Chef-lieu d'Eure-et-Loir. 39 273 habitants. Cathédrale gothique aux célèbres statues et vitraux.

la Grande-**Chartreuse** ▪ Monastère fondé dans le massif alpin du même nom par saint Bruno, en 1084.

**Charybde** et **Scylla** ▪ mythol. grecque Monstres fabuleux gardant le détroit de Messine.

Michel **Chasles** ▪ Mathématicien français (1793-1880). Géométrie projective.

Théodore **Chassériau** ▪ Peintre français (1819-1856). *Suzanne au bain*.

François-René, vicomte de **Chateaubriand** ▪ Écrivain français (1768-1848). Défenseur du christianisme (*Le Génie du christianisme ; Les Martyrs*) et de la monarchie légitimiste, il fut l'initiateur de la prose lyrique du romantisme (*Atala ; René*). Auteur de nombreux écrits politiques, évocateur sensible des Indiens d'Amérique, il poursuivit sa méditation religieuse (*La Vie de Rancé*) et couronna son œuvre par les *Mémoires d'outre-tombe*, dont l'admirable style et la « mélancolie moderne » (T. Gautier) firent l'admiration de tous.

**Châteaubriant** ▪ Chef-lieu d'arrondissement de la Loire-Atlantique. 12 007 habitants.

**Château-Chinon-Ville** ▪ Chef-lieu d'arrondissement de la Nièvre. 2 300 habitants.

**Châteaudun** ▪ Chef-lieu d'arrondissement d'Eure-et-Loir. 13 216 habitants.

**Château-Gontier** ▪ Chef-lieu d'arrondissement de la Mayenne. 11 690 habitants.

**Châteaulin** ▪ Chef-lieu d'arrondissement du Finistère. 5 217 habitants.

**Châteauneuf-du-Pape** ▪ Ville du Vaucluse, près d'Avignon. 2 159 habitants. Vins rouges célèbres depuis Jean XXII (« vin du Pape »), qui fit construire le château en 1317.

**Châteauroux** ▪ Chef-lieu de l'Indre. 45 521 habitants.

**Château-Salins** ▪ Chef-lieu d'arrondissement de la Moselle. 2 441 habitants.

**Château-Thierry** ▪ Chef-lieu d'arrondissement de l'Aisne. 14 413 habitants.

**Châtellerault** ▪ Chef-lieu d'arrondissement de la Vienne. 31 902 habitants.

**Chatila** → Sabra

La **Châtre** ▪ Chef-lieu d'arrondissement de l'Indre. 4 600 habitants.

le **Chatt al-Arab** ▪ Fleuve d'Irak formé par la confluence du Tigre et de l'Euphrate.

Geoffrey **Chaucer** ▪ Poète anglais (v. 1340-1400). *Contes de Cantorbéry*.

**Chaumont** ▪ Chef-lieu de la Haute-Marne. 22 705 habitants.

La **Chaux-de-Fonds** ▪ Ville de Suisse. 36 700 habitants (zone urbaine 47 500).

Hugo **Chávez** ▪ Homme d'État vénézuélien (1954-2013). Président en 1998, réélu en 2000 et 2006. Anticapitaliste, allié du régime castriste, il obtint le soutien de mouvements populaires et de l'armée.

Andrée **Chedid** ▪ Poète, romancière et auteur dramatique française d'origine libanaise (1920-2011). Son œuvre est un questionnement fervent, mystique et sensuel sur la condition humaine.

le **Chemin des Dames** ▪ Route de crête (Aisne), théâtre de violents combats en 1917 et 1918.

**Chengdu** ▪ Ville de Chine (Sichuan). 2,8 millions d'habitants.

André **Chénier** ▪ Poète français (1762-1794). Son lyrisme délicat annonce le romantisme. Il fut guillotiné sous la Terreur. *Iambes*.

**Chennaï**, anc. **Madras** ▪ Capitale du Tamil Nadu, État du sud de l'Inde. 6,4 millions d'habitants.

**Chenonceaux** ▪ Commune d'Indre-et-Loire. 358 habitants. Château Renaissance, comportant un pont à cinq arches sur le Cher.

**Chéops** → Khéops

**Chéphren** → Khéphren

le **Cher** ▪ Rivière, affluent de la Loire. 320 km. ▶ le **Cher** [18]. Département français de la Région Centre. 7 227 km². 311 694 habitants. Chef-lieu : Bourges. Chefs-lieux d'arrondissement : Saint-Amand-Montrond, Vierzon.

**Cherbourg ▪** Chef-lieu d'arrondissement et port de la Manche. 37 754 habitants.

**Cherchell ▪** Ville d'Algérie (wilaya de Tipasa). 34 000 habitants. Comptoir carthaginois, la ville rebaptisée Césarée par Juba II fut la capitale de la Maurétanie et le second port d'Afrique après Carthage.

Patrice **Chéreau ▪** Metteur en scène et cinéaste français (1944-2013). Mises en scènes hardies et puissantes du répertoire classique. Création d'œuvres de Koltès. Films et mises en scène d'opéras.

Luigi **Cherubini ▪** Compositeur italien (1760-1842). Son œuvre comprend de la musique religieuse, de la musique de chambre et des opéras *(Médée)*.

Jacques **Chessex ▪** Écrivain et poète suisse de langue française (1934-2009). Ses romans évoquent le sort dramatique de personnages passionnés *(L'Ogre)*.

Gilbert Keith **Chesterton ▪** Romancier et essayiste britannique (1874-1936). Attiré par le catholicisme (auquel il se convertira), il est l'auteur de romans mettant en scène un prêtre détective (le père Brown), d'études sur l'art et de récits sur des thèmes religieux et métaphysiques.

Ferdinand Cheval, dit le facteur **Cheval ▪** Facteur rural français, il consacra près de trente ans à édifier un « palais idéal » à Hauterives où il demeurait (1836-1924). Son œuvre inventive est comparable à celles des peintres naïfs.

Maurice **Chevalier ▪** Artiste français de music-hall (1888-1972). Par la chanson et le cinéma, il incarna l'optimisme populaire parisien, tant en France qu'à Hollywood.

**Cheverny ▪** Commune du Loir-et-Cher. 955 habitants. Château Renaissance et classique.

Eugène **Chevreul ▪** Chimiste français (1786-1889). Analyse des corps gras.

**Chevreuse ▪** Ville des Yvelines, près de Rambouillet, sur l'Yvette. 5 808 habitants. ▶ la **vallée de Chevreuse** Vallée de l'Yvette près de Chevreuse, aux paysages vallonnés (parc naturel régional).

les **Cheyennes ▪** Indiens d'Amérique du Nord.

**Chiang Maï ▪** Ville de Thaïlande. 174 000 habitants.

**Chianti** [kjãti] ▪ Région d'Italie, en Toscane (province de Sienne). Vin rouge réputé.

le **Chiapas ▪** État du sud-est du Mexique, voisin du Guatemala. 74 211 km². 4,8 millions d'habitants. Terre indienne (où se trouve le site de Palenque), il fut le théâtre d'une rébellion « zapatiste » en 1994.

**Chiba ▪** Port du Japon (Honshu). 924 300 habitants.

**Chibougamau ▪** Ville minière (or, cuivre et argent) du Canada (Québec), fondée en 1950. 7 600 habitants. Réserve naturelle près du lac Chibougamau.

**Chicago ▪** Ville des États-Unis, sur le lac Michigan. 2,7 millions d'habitants (agglomération 9 millions d'habitants).

**Chichén Itzá ▪** Site archéologique maya du Mexique.

**Chicoutimi ▪** Ville du Canada (Québec), au confluent des rivières Chicoutimi et Saguenay, intégrée à la ville de Saguenay (Saguenay-Chicoutimi) dont elle est un arrondissement.

**Chikamatsu** Monzaemon ▪ Auteur dramatique japonais (1653-1724). Il écrivit des drames pour le théâtre de marionnettes japonais. On l'a surnommé le « Shakespeare du Japon ».

**Childebert Ier ▪** (v. 495-558) Roi mérovingien de 511 à sa mort, fils de Clovis.

**Childéric ▪** Nom de trois rois mérovingiens. ▶ **Childéric Ier** (v. 436-481), père de Clovis. ▶ **Childéric III** (mort en 755), dernier roi mérovingien, déposé en 751.

le **Chili ▪** État d'Amérique du Sud. 756 945 km². 15,1 millions d'habitants. Capitale : Santiago.

**Chilpéric Ier ▪** (539-584) Roi de Neustrie de 561 à sa mort. Époux de Frédégonde.

**Chimay ▪** Ville de Belgique (Hainaut), regroupant 14 anciennes communes, près de Thuin. 9 900 habitants. L'abbaye cistercienne de Scourmont y produit depuis 1862 des bières « trappistes » et des fromages (pâte demi-dure) qui portent le nom de la ville.

le **Chimborazo ▪** Volcan des Andes (Équateur). 6 268 m.

la **Chimère ▪** mythol. grecque Monstre à trois têtes (lion, chèvre et dragon).

la **Chine ▪** État d'Asie le plus peuplé du monde. 9 560 000 km². 1,24 milliard d'habitants. Capitale : Pékin (Beijing).

**Chinon ▪** Chef-lieu d'arrondissement d'Indre-et-Loire. 7 911 habitants.

**Chioggia** [kjɔdʒja] ▪ Ville d'Italie, en face de Venise, port de pêche et station balnéaire. 52 000 habitants.

l'île de **Chios ▪** Île grecque de la mer Égée.

Thomas **Chippendale ▪** Ébéniste anglais (v. 1718-1779). Il créa un style décoratif durable.

Jacques **Chirac ▪** Homme politique français (né en 1932). Président de la République française de 1995 à 2007.

**Chirāz ▪** Ville d'Iran. 1,2 million d'habitants.

Chirico → Giorgio **De Chirico**

**Chisinau**, anciennement **Kichinev ▪** Capitale de la Moldavie. 598 000 habitants.

**Chittagong ▪** Port du Bangladesh. 2,5 millions d'habitants.

**Chlef**, anciennement **Orléansville**, puis **El-Asnam ▪** Ville d'Algérie. 224 000 habitants.

**Choderlos de Laclos** → **Laclos**

Étienne François, duc de **Choiseul** ▪ Ministre de Louis XV (1719-1785).

**Cholet** ▪ Chef-lieu d'arrondissement de Maine-et-Loire. 54 421 habitants.

Mikhaïl Alexandrovitch **Cholokhov** ▪ Romancier soviétique (1905-1984). Plus inspiré des écrivains officiels de l'U. R. S. S., il évoque avec un souffle épique la terre et le peuple de son pays (*Le Don paisible*).

Noam **Chomsky** ▪ Linguiste américain (né en 1928). Il a voulu donner à la linguistique structurale le pouvoir prédictif d'une science naturelle, par sa « grammaire générative transformationnelle ». Après son activité de linguiste, il écrivit des ouvrages hostiles à la politique néo-impérialiste des États-Unis.

**Chongqing** ▪ Ville de Chine (Sichuan), sur le Chang jiang. 5,1 millions d'habitants.

Frédéric **Chopin** ▪ Compositeur polonais (1810-1849). Il a révolutionné l'art du piano, par des œuvres romantiques d'un style personnel. *Polonaises; Mazurkas; Valses.*

Dmitri **Chostakovitch** ▪ Compositeur soviétique (1906-1975). Œuvre symphonique puissante; musique de chambre. *Lady Macbeth de Mzensk.*

**Chou** En-lai → **Zhou** Enlai

Driss **Chraïbi** ▪ Romancier marocain d'expression française (1926-2007). Il évoque dans un style imagé et puissant le drame des ex-colonisés contraints à l'émigration (*Le Passé simple*).

**Chrétien de Troyes** ▪ Écrivain français (v. 1135-v. 1183). Ses romans de chevalerie en vers de huit syllabes (*Lancelot, Yvain ou le Chevalier au lion, Perceval ou le Conte du Graal*), issus de légendes celtiques, mêlent le réalisme au surréel, célébrant à la fois l'amour courtois et la mystique chrétienne.

**Christian** ▪ Nom de dix rois du Danemark.

Mary Clarissa Miller, dite Agatha **Christie** ▪ Romancière anglaise, auteur de romans policiers (1890-1976). Ses récits d'intrigue et d'énigme sont d'une grande habileté inventive. Elle créa les personnages d'Hercule Poirot et de miss Marple.

William **Christie** ▪ Claveciniste et chef d'orchestre français et américain (né en 1944). Spécialiste de la musique française baroque, il a fondé en 1979 l'ensemble *Les Arts florissants* (titre d'une œuvre de Charpentier). On lui doit la renaissance d'une bonne partie du répertoire français (notamment Rameau, Lully...).

**Christie's** ▪ Société de vente aux enchères fondée en 1766, à Londres, par James Christie, elle réalisa des transactions prestigieuses.

**Christine** ▪ (1626-1689) Reine de Suède de 1632 à 1654. Elle abdiqua pour se convertir au catholicisme.

**Christine de Pisan** ▪ Poète française (v. 1363-v. 1430). *La Cité des dames.*

sir Winston **Churchill** ▪ Homme politique (conservateur) britannique (1874-1965). Premier ministre (1940-1945 ; 1951-1955), artisan de l'effort de guerre britannique.

les frères **Churriguera** ▪ Architectes baroques espagnols des années 1700, à l'origine d'un style décoratif influent (*art churrigueresque*).

**Chypre** ▪ Île et État de la Méditerranée orientale. 9 251 km². 1 million d'habitants. Capitale : Nicosie. L'île est partagée entre la Grèce et la Turquie, la partie grecque ayant seule adhéré à l'Union européenne.

la **C. I. A.** (*Central Intelligence Agency*) ▪ Agence d'espionnage et de contre-espionnage des États-Unis, fondée en 1947.

**Cicéron** ▪ Homme politique, orateur et écrivain romain (106-43 avant J.-C.). Il a porté l'art oratoire latin à son apogée, *Catilinaires; Philippiques...*

Rodrigo Díaz de Bivár, dit le **Cid Campeador** ▪ Chef de guerre espagnol (1043-1099). Sa légende a inspiré Corneille.

la **Cilicie** ▪ Région du sud de la Turquie.

**Cimabue** ▪ Peintre florentin primitif (v. 1240-v. 1302). Maître de Giotto.

Domenico **Cimarosa** ▪ Compositeur italien (1749-1801). *Le Mariage secret.*

les **Cimbres** ▪ Ancien peuple germanique qui émigra vers le sud, jusqu'à la Gaule. Ils furent vaincus par Marius en 101 avant J.-C.

**Cincinnati** ▪ Ville des États-Unis (Ohio). 297 000 habitants (agglomération 1,6 million d'habitants).

**Cincinnatus** ▪ Paysan romain (ve s. avant J.-C.). Glorieux soldat, il retourna à sa charrue, refusant les honneurs.

**Cinecittà** [tʃinetʃita] ▪ Centre cinématographique, fondé au sud-est de Rome en 1936. Cette « ville du cinéma » connut son apogée dans les années 1950 avec la vogue des péplums.

la **Cinémathèque française** ▪ Association créée à Paris, en 1936, par Henri Langlois, Georges Franju et Jean Mitry. Installée en 1963 au palais de Chaillot, en 2005 rue de Bercy (XIIe arrondissement), avec la Bibliothèque du film.

Charles Albert **Cingria** ▪ Écrivain suisse de langue française (1883-1954). Ouvrages d'érudition, chroniques sur des sujets variés (*Bois sec, bois vert*).

Lucius Cornelius **Cinna** ▪ Homme politique romain au pouvoir de 87 avant J.-C. à sa mort (84 avant J.-C.).

Cneius Cornelius **Cinna** ▪ Conspirateur romain, opposé à Auguste (Ier s. avant J.-C.). Corneille en fit le héros d'une tragédie.

le groupe des **Cinq** ▪ Musiciens russes du XIXe s. : Balakirev, Borodine, César Cui, Moussorgski, Rimski-Korsakov.

Henri Coiffier de Ruzé d'Effiat, marquis de **Cinq-Mars** ▪ Favori de Louis XIII (1620-1642). Il conspira contre Richelieu et fut exécuté avec son ami de Thou. L'affaire inspira un roman, *Cinq-Mars*, à Alfred de Vigny.

le monte **Cinto** ▪ Point culminant de la Corse. 2 706 m.

**Cintra** → Sintra

**C. I. O.,** Comité international olympique ▪ Organisation non gouvernementale fondée en 1894 par Pierre de Coubertin pour promouvoir et organiser les Jeux olympiques.

Emil Michel **Cioran** ▪ Essayiste roumain d'expression française (1911-1995). Moraliste d'un pessimisme teinté d'humour (*De l'inconvénient d'être né*).

La **Ciotat** ▪ Commune des Bouches-du-Rhône, arrondissement de Marseille, sur la côte méditerranéenne. 31 630 habitants. Station balnéaire. Port de pêche.

**Circé** ▪ Magicienne de l'*Odyssée*.

la Gaule **cisalpine** ▪ Nom donné par les Romains à l'Italie du Nord.

la **Cisjordanie** ▪ Région à l'ouest du Jourdain occupée par Israël depuis 1967, sauf Jéricho et sa région sous autogouvernement palestinien depuis 1994, ainsi que plusieurs grandes villes depuis 1995, et coupée de l'extérieur par un « mur de sécurité » édifié par Israël à partir de 2002. 2,35 millions d'habitants.

l'île de la **Cité** ▪ Île sur la Seine, site originaire de la ville de Paris.

**Cîteaux** ▪ Abbaye fondée en Bourgogne en 1098, berceau de l'ordre cistercien.

la **Cité de la musique** ▪ Établissement français créé en 1995, sur le site du parc de la Villette, à Paris.

la **Cité des sciences et de l'industrie** ▪ Établissement français de vulgarisation scientifique et technique, construit sur le site du parc de la Villette, à Paris, et ouvert au public en 1986. Regroupée avec le Palais de la découverte sous le nom d'Universcience, en 2009.

la **Cité interdite** ▪ Palais impérial construit lors du transfert de la cour de Nankin à Pékin, sous les Ming, entre 1407 et 1420. Résidence impériale, elle fut interdite à tous les étrangers au palais. La place Tiananmen a été aménagée à sa porte sud.

André **Citroën** ▪ Industriel français de l'automobile (1878-1935).

**Ciudad de Guatemala** ▪ Capitale du Guatemala. 3,1 millions d'habitants.

**Ciudad Juárez** ▪ Ville du Mexique. 1,3 million habitants.

**Cixi** ou **Ts'eu-hi** ▪ (1835-1908) Impératrice et régente de Chine de 1875 à sa mort.

sainte **Claire** ▪ Fondatrice, avec saint François, des clarisses (v. 1193-1253).

**Clairvaux** ▪ Abbaye cistercienne dans l'Aube, transformée en prison en 1808.

**Clamecy** ▪ Chef-lieu d'arrondissement de la Nièvre. 4 227 habitants.

Édouard **Claparède** ▪ Psychologue suisse (1873-1940). Il se spécialisa dans la psychologie de l'enfant et la pédagogie (diagnostic des aptitudes).

**Claude I<sup>er</sup>** ▪ Empereur romain de 41 à sa mort (10 avant J.-C.-54). Époux de Messaline puis d'Agrippine, qui l'assassina.

Paul **Claudel** ▪ Poète et auteur dramatique français (1868-1955). Son œuvre pour le théâtre glorifie l'amour de Dieu (*Partage de midi ; Le Soulier de satin*). Ses poèmes, d'un lyrisme concentré font souvent référence à la poésie japonaise. ▪ Camille **Claudel,** sa sœur (1864-1943). Sculptrice française.

Hugo **Claus** ▪ Écrivain belge d'expression néerlandaise (1929-2008).

Karl von **Clausewitz** ▪ Général prussien (1780-1831). Théoricien de la guerre.

Rudolf **Clausius** ▪ Physicien allemand (1822-1888). Thermodynamique.

Jonathan, dit Johnny **Clegg** ▪ Chanteur et musicien sud-africain (né en 1953). Il a combattu l'apartheid, jouant avec des musiciens noirs et pratiquant la musique et la danse des Zoulous. Son « rock zoulou », mêlant les musiques africaines à la guitare électrique, lui valut le surnom de « zoulou blanc ».

Georges **Clemenceau** ▪ Homme politique (radical) français (1841-1929). Artisan de l'effort de guerre français à partir de 1917.

**Clément V** ▪ Pape élu en 1305 (mort en 1314). Il s'installa à Avignon.

**Clément VII** ▪ (1478-1534) Jules de Médicis, pape de 1523 à sa mort. Il excommunia Henri VIII.

**Cléopâtre VII** ▪ (69-30 avant J.-C.) Reine d'Égypte de 51 avant J.-C. à sa mort. Maîtresse de César puis d'Antoine, elle se suicida après Actium.

**Clermont** ▪ Chef-lieu d'arrondissement de l'Oise. 10 758 habitants.

**Clermont-Ferrand** ▪ Chef-lieu du Puy-de-Dôme et de la Région Auvergne. 140 957 habitants. Églises médiévales.

Stephen **Cleveland** ▪ (1837-1908) Président des États-Unis de 1885 à 1889 et de 1893 à 1897.

**Cleveland** ▪ Ville des États-Unis (Ohio). 397 000 habitants.

Bill **Clinton** ▪ Président (démocrate) des États-Unis de 1993 à 2001 (né en 1946). Il a connu de nombreux succès en politique étrangère.

Hillary Rodham **Clinton** ▪ Femme d'État américaine (née en 1947). Épouse de Bill Clinton. Sénatrice démocrate de l'État de New York (2000-2009), puis secrétaire d'État du président Obama (2009-2013).

**Clio** ▪ mythol. grecque Muse de la Poésie épique et de l'Histoire.

**Clipperton** ▪ Atoll inhabité de l'océan Pacifique, à 1 300 km des côtes du Mexique. Il fut disputé entre la France et le Mexique et dépend de la Polynésie française.

**Clisthène** ▪ Homme d'État athénien (fin VI^e s. avant J.-C.).

George **Clooney** ▪ Acteur, réalisateur et producteur américain (né en 1961). Charme, humour et dérision vont chez lui de pair avec des idées progressistes.

**Clotaire I^er** ▪ Dernier fils de Clovis (497-561).

**Clotilde** ▪ Princesse burgonde, fille de Chilpéric (v. 475-545). Elle épousa en 492-493 Clovis dont elle favorisa la conversion au catholicisme.

Jean **Clouet** ▪ Peintre français d'origine flamande (v. 1485-1541). Il est l'auteur de miniatures, de portraits peints et de dessins d'une extrême finesse, minutieux dans le détail et d'une grande force psychologique. Il eut un grand succès à la cour des Valois. ► François **Clouet**, son fils (v. 1515-1572), continua la manière de Jean, avec délicatesse et élégance. Portraits, notamment de François I^er, scènes dans le goût maniériste de l'école de Fontainebleau.

Henri-Georges **Clouzot** ▪ Cinéaste et scénariste français (1907-1977). Films d'un réalisme critique, souvent très noir. *Le Corbeau ; Quai des orfèvres.*

**Clovis I^er** ▪ (v. 466-511) Roi des Francs de 481 à sa mort. Il se convertit au christianisme.

**Cluj-Napoca** ▪ Ville de Roumanie (Transylvanie). 328 000 habitants.

**Cluny** ▪ Ville de Saône-et-Loire. Ruines d'une importante abbaye bénédictine. 4 689 habitants.

**Clytemnestre** ▪ mythol. grecque Elle tua son époux Agamemnon et fut tuée par son fils Oreste.

**C. N. N.** *(Cable News Network)* ▪ Chaîne de télévision américaine émettant sur le réseau câblé, créée en 1980 par Ted Turner. Elle diffuse de l'information en continu, dans le monde entier.

**Cnossos** ou **Knossos** ▪ Site archéologique de la Crète.

le **C. N. P. F.** ▪ Le Conseil national du patronat français, fondé en 1945, rebaptisé MEDEF en 1998.

**C. N. R. S.,** Centre national de la recherche scientifique ▪ Établissement public français créé en 1939, consacré à la recherche fondamentale.

**Coblence,** en allemand **Koblenz** ▪ Ville d'Allemagne (Rhénanie-Palatinat). 108 200 habitants. Refuge des émigrés français en 1793.

**Cobra** ▪ Mouvement artistique expressionniste (1948-1951). Son nom reprend les premières lettres de Copenhague, Bruxelles et Amsterdam.

Pierre **Cochereau** ▪ Compositeur et organiste français (1924-1984). Il fut titulaire des grandes orgues à Notre-Dame de Paris de 1955 à 1984.

la **Cochinchine** ▪ Nom donné par les Français au sud du Viêtnam.

Jean **Cocteau** ▪ Écrivain, cinéaste, homme de théâtre et artiste français (1889-1963). Il est l'auteur de romans *(Les Enfants terribles ; Thomas l'Imposteur)*, de poèmes, de pièces de théâtre *(Les Parents terribles)*, de films *(La Belle et la Bête)*. Il se considérait d'abord comme un poète, ses thèmes allant de la mythologie antique à la modernité. Proche de toute l'avant-garde de son temps, collaborant avec les musiciens, il fut aussi un peintre et un dessinateur notoire.

le **Code civil** ou **Code Napoléon** ▪ Recueil de droit civil français (1804).

Joël et Ethan **Coen** ▪ Cinéastes américains (nés en 1954 et 1957). Auteurs de comédies et de films policiers mêlant humour noir, sens de l'absurde, suspense et critique du mode de vie américain. *Barton Fink ; Fargo ; No Country for Old Men ; A Serious Man.*

**Coëtquidan** → Saint-Cyr

Jacques **Cœur** ▪ Négociant français, argentier de Charles VII (v. 1395-1456).

**Cognac** ▪ Chef-lieu d'arrondissement de la Charente. 18 611 habitants. Eau-de-vie.

Albert **Cohen** ▪ Écrivain suisse d'expression française (1895-1981). *Belle du Seigneur.*

Leonard **Cohen** ▪ Écrivain et chanteur canadien d'expression anglaise (né en 1934).

Daniel **Cohn-Bendit** ▪ Homme politique allemand (né en 1945). Figure majeure de mai 1968 en France. Membre du parti écologiste *(Die Grünen)* depuis 1984, député européen depuis 1994 ; partisan du fédéralisme européen. Également actif en France (où il est né).

**Coimbra** ▪ Ville du Portugal. 139 000 habitants. Université.

**Coire,** en allemand **Chur,** en italien **Coira,** en romanche **Cuera** ▪ Ville de Suisse (Grisons). 32 400 habitants (zone urbaine 66 200).

Jean-Baptiste **Colbert** ▪ Ministre de Louis XIV (1619-1683). Il favorisa l'essor du commerce et de l'industrie.

la **Colchide** ▪ Ancienne région située au sud du Caucase et à l'est de la mer Noire. Dans les légendes grecques, c'est le pays de Médée et de la Toison d'or.

Ornette **Coleman** ▪ Saxophoniste, trompettiste et violoniste de jazz américain (né en 1930). L'un des fondateurs du free jazz.

Samuel **Coleridge** ▪ Poète romantique anglais (1772-1834). *Le Dit du vieux marin.*

Sidonie Gabrielle Colette, dite **Colette** ■ Romancière française (1873-1954). Son œuvre, abondante et variée, conserve l'unité d'un style précis et savoureux, au service d'une grande lucidité psychologique et d'un regard sensuel sur le monde, avec des aspects autobiographiques. *La Vagabonde, Le Blé en herbe, Chéri, Sido* (sa mère Sidonie Landoy), *La Chatte...*

Gaspard de Châtillon, sire de **Coligny** ■ Chef protestant tué à la Saint-Barthélemy (1519-1572).

le **Colisée** ■ Amphithéâtre de Rome (v. 80).

le **Collège de France** ■ Établissement d'enseignement fondé à Paris en 1530 par François Ier.

**Colmar** ■ Chef-lieu du Haut-Rhin. 67 409 habitants.

**Cologne,** en allemand **Köln** ■ Ville d'Allemagne, sur le Rhin (Rhénanie-du-Nord-Westphalie). 950 200 habitants. Cathédrale gothique.

Christophe **Colomb** ■ Navigateur d'origine italienne, au service de l'Espagne (v. 1451-1506). Il découvrit l'Amérique (1492).

**Colombey-les-Deux-Églises** ■ Commune de Haute-Marne, près de Chaumont. 668 habitants. Ancienne propriété (La Boisserie), tombe et mémorial du général de Gaulle.

la **Colombie** ■ État d'Amérique du Sud. 1 141 748 km². 41,5 millions d'habitants. Capitale : Bogotá.

la **Colombie-Britannique** ■ Province du Canada. 944 735 km². 4,1 millions d'habitants. Capitale : Victoria. Port de Vancouver.

**Colombo** ■ Capitale commerciale et port du Sri Lanka. 647 100 habitants.

le **Colorado** ■ Fleuve des États-Unis. 2 250 km. ▶ le **Colorado.** État de l'ouest des États-Unis. 270 000 km². 4,3 millions d'habitants. Capitale : Denver.

John **Coltrane** ■ Saxophoniste ténor et musicien de jazz américain (1926-1967). Il évolua du style bop au free jazz, avec des aspects incantatoires.

Michel Colucci, dit **Coluche** ■ Comédien français (1944-1986). Il devint célèbre grâce à ses sketches satiriques. Il fonda les « Restaurants du cœur » en 1985.

la **Columbia** ■ Fleuve d'Amérique du Nord. 1 953 km.

l'université **Columbia** ■ Université américaine (privée), située à New York. Créée sous le nom de King's College en 1754.

le district fédéral de **Columbia** ■ District des États-Unis où se trouve la capitale Washington. 179 km². 572 000 habitants.

**Columbus** ■ Ville des États-Unis (Ohio). 787 000 habitants.

les **Comanches** ■ Indiens d'Amérique du Nord.

Émile **Combes** ■ Homme politique (radical) français (1835-1921). Il réalisa la séparation des Églises et de l'État.

**Côme,** en italien **Como** ■ Ville d'Italie (Lombardie), sur le *lac de Côme.* 78 700 habitants.

la **Comédie-Française** ■ Coopérative de comédiens français, née en 1680 à Paris de la fusion des troupes de l'Hôtel de Bourgogne (théâtre tragique) et de l'Hôtel Guénégaud (troupe « de Molière », mort sept ans auparavant). Elle peut regrouper jusqu'à 70 comédiens (sociétaires ou pensionnaires).

Luigi **Comencini** ■ Cinéaste italien (1916-2007). Auteur de films évoquant l'enfance et l'adolescence, et de comédies d'un humour grinçant *(L'Incompris).*

Jan Amos Komenský, en latin **Comenius** ■ Écrivain, humaniste et pédagogue tchèque (1592-1670). *La Grande Didactique.*

le **Comité de salut public** ■ Organisme de l'exécutif pendant la Révolution française (1793-1795).

**Commercy** ■ Chef-lieu d'arrondissement de la Meuse. 6 305 habitants.

**Commode** ■ (161-192) Empereur romain de 180 à son assassinat.

le **Commonwealth** ■ Fédération d'États souverains issus de l'ancien Empire britannique, formée en 1931 (53 membres en 2013).

la **Commune** ■ Gouvernement révolutionnaire instauré à Paris (mars-mai 1871).

le Parti **communiste** français ■ Parti politique créé en 1920 au congrès de Tours.

Philippe de **Commynes** ■ Historien français (v. 1447-1511).

les **Comnènes** ■ Empereurs byzantins (XIe s.).

l'Union des **Comores** ■ État insulaire de l'océan Indien. 1 862 km². 691 000 habitants. Capitale : Moroni. Anc. colonie française.

**Compiègne** ■ Chef-lieu d'arrondissement de l'Oise. 39 517 habitants. Château. Forêt.

**Compostelle** → **Saint-Jacques-de-Compostelle**

Arthur **Compton** ■ Physicien américain (1892-1962). Travaux sur les rayons X.

le **Comtat venaissin** ■ Ancienne région autour d'Avignon, propriété des papes de 1274 à 1791.

Auguste **Comte** ■ Philosophe français (1798-1857). Il fonda le positivisme.

**Conakry** ■ Capitale et port de la Guinée. 1,56 million d'habitants.

**Concarneau** ■ Port du Finistère. 18 826 habitants.

**Concepción** ■ Port du Chili. 212 000 habitants.

la **Conciergerie** ■ Ancienne prison de Paris.

Concino **Concini**, dit **le maréchal d'Ancre**
■ Ministre de Marie de Médicis, éliminé par
Louis XIII (1575-1617).

**Louis II**, dit **le Grand Condé** ■ Général français (1621-1686). Vainqueur des Espagnols à
Rocroi (1643).

Étienne Bonnot de **Condillac** ■ Philosophe
et logicien français (1715-1780). Il place la
sensation à l'origine des connaissances, les
humains accédant à la pensée grâce aux
signes du langage, et toute science étant
« une langue bien faite ». *Traité des sensations; Logique* (1780).

**Condom** ■ Chef-lieu d'arrondissement du
Gers. 6 925 habitants.

Marie Jean Antoine Nicolas de Caritat,
marquis de **Condorcet** ■ Philosophe et
homme politique français (1743-1794). Il collabora à l'*Encyclopédie*. Il écrivit l'*Esquisse
d'un tableau historique des progrès de l'esprit humain*. Persécuté sous la Terreur, il se
suicida.

**Condrieu** ■ Chef-lieu de canton du Rhône,
sur le Rhône près de Lyon. 3 828 habitants.
Vin blanc renommé (côtes-du-rhône).

la **Confédération germanique** ■ Union
politique des États allemands (1815-1866).

Raphaël **Confiant** ■ Écrivain français (né en
1951). Auteur d'ouvrages en créole (*Bitako-
a*) et en français (*Le Nègre et l'Amiral ;
L'Hôtel du Bon Plaisir*).

**Conflans-Sainte-Honorine** ■ Chef-lieu de
canton des Yvelines, près de Saint-Germain-
en-Laye. 35 582 habitants. Port fluvial au
confluent de la Seine et de l'Oise.

**Confolens** ■ Chef-lieu d'arrondissement de
la Charente. 2 676 habitants.

**Kongfuzi** ou **K'ong-tseu** (« maître Kong »), dit
en latin **Confucius** ■ Penseur chinois (v. 555-
v. 479 avant l'ère chrétienne). Son enseignement, transmis par ses disciples, influença
la pensée chinoise jusqu'à nos jours. Il professait une morale sociale modérée, respectueuse des usages et de la tradition.

le **Congo** ■ État d'Afrique équatoriale.
341 821 km². 3,7 millions d'habitants.
Capitale : Brazzaville.

la République démocratique du **Congo,**
jusqu'en 1997 **Zaïre** ■ État de l'Afrique équatoriale. 2 345 000 km². 67,8 millions d'habitants. Capitale : Kinshasa. ► le fleuve Congo
→ **Zaïre.**

le **Connecticut** ■ État du nord-est des États-
Unis. 12 850 km². 3,4 millions d'habitants.
Capitale : Hartford.

le **Connemara** ■ Région de l'ouest de l'Irlande.

sir Thomas, dit Sean **Connery** ■ Acteur
britannique (né en 1930). Il se fit connaître
au cinéma en interprétant le personnage de
James Bond (1962-1983), mais sut enrichir
son répertoire.

Alain **Connes** ■ Mathématicien français (né
en 1947). Ses recherches sur les géométries
« non commutatives » dégagent des cadres
pour les modèles de la physique théorique.
Médaille Fields en 1982.

**Conon de Béthune** ■ Trouvère artésien
(v. 1150-v. 1220). Auteur de chansons qui
célèbrent l'amour courtois et les croisades.
Il prit part à la 4ᵉ croisade.

**Conques** ■ Commune de l'Aveyron, dans
l'arrondissement de Rodez. 269 habitants.
Ancienne abbaye bénédictine : église
romane d'un style très pur, trésor, vitraux
de Soulages.

Le **Conquet** ■ Commune du Finistère, près
de Brest. Port de pêche et station balnéaire,
sur l'une des pointes extrêmes de la Bretagne. 2 400 habitants.

**Conrad** ■ Nom de quatre souverains germaniques (Xᵉ-XIIIᵉ s.).

Joseph **Conrad** ■ Romancier anglais
d'origine polonaise (1857-1924). Marin de
la marine marchande britannique. Ses
récits de voyages maritimes et d'aventures
témoignent d'un sens du tragique et d'un
grand humanisme (*Lord Jim ; Au cœur des
ténèbres ; Typhon*).

le **Conseil national de la Résistance** ■
Organisme fondé en 1943 pour unifier les
divers mouvements de la Résistance.

John **Constable** ■ Peintre anglais (1776-
1837). Maître du paysage.

**Constance,** en allemand **Konstanz** ■ Ville
d'Allemagne (Bade-Wurtemberg), sur le *lac
de Constance.* 74 500 habitants.

**Constance Iᵉʳ Chlore** ■ ( ?-306) Empereur
romain de 305 à sa mort.

**Constance II** ■ (317-361) Empereur romain
de 337 à sa mort. Fils de Constantin Iᵉʳ.

Benjamin **Constant** ■ Homme politique
et écrivain français d'origine suisse (1767-
1830). Écrivain et pamphlétaire de talent,
il doit sa réputation littéraire à ses
romans (*Cécile ; Adolphe*), d'une grande
pénétration psychologique, et à des œuvres
autobiographiques.

**Constantin Iᵉʳ le Grand** ■ (entre 270 et 288-
337) Empereur romain de 306 à sa mort.
Fondateur de l'Empire chrétien, qu'il dota
d'une nouvelle capitale : Constantinople.

**Constantine** ■ Ville d'Algérie. 520 000 habitants.

**Constantinople** ■ L'anc. Byzance, capitale
de l'empire d'Orient (395-1453). → **Istanbul.**

**Constantza** ou **Constanţa** ■ Port de Roumanie. 304 300 habitants.

la **Constituante** ■ Première Assemblée
nationale de la Révolution française (1789-
1791).

le **Consulat** ■ Gouvernement de la France,
de 1799 à 1804, qui précéda l'Empire.

la **Contre-Réforme** ■ Réforme catholique
qui suivit au XVIᵉ s. la Réforme protestante.

**Contrexéville** ■ Commune des Vosges. 3 337 habitants. Station thermale.

la **Convention** ■ Assemblée qui gouverna la France de 1792 à 1795 et proclama la République.

James **Cook** ■ Navigateur anglais (1728-1779). Il explora les îles du Pacifique, rapportant de nombreuses connaissances géographiques et ethnographiques. Il fut tué par les indigènes des îles Sandwich (Hawaï).

James Fenimore **Cooper** ■ Écrivain américain (1789-1851). *Le Dernier des Mohicans.*

Gary **Cooper** ■ Acteur américain (1901-1961). *Le train sifflera trois fois.*

**Copacabana** ■ Plage de Rio de Janeiro.

**Copenhague** ■ Capitale et port du Danemark. 503 700 habitants (zone urbaine 1,1 million).

Nicolas **Copernic** ■ Astronome polonais (1473-1543). Il démontra le mouvement des planètes autour du Soleil.

Raúl Taborda Damonte, dit **Copi** ■ Dessinateur, écrivain et dramaturge argentin d'expression française (1939-1987). Ses dessins et son théâtre explorent avec humour la psychologie sexuelle.

Yves **Coppens** ■ Paléontologue français (né en 1934). Il dirigeait l'équipe qui découvrit l'australopithèque « Lucy », en Éthiopie, en 1974.

Francis Ford **Coppola** ■ Cinéaste et producteur américain (né en 1934). Ses films témoignent d'une grande maîtrise dans la force expressive. *Le Parrain; Apocalypse Now; Tetro.*

la mer de **Corail** ■ Partie du Pacifique comprise entre l'Australie et la Mélanésie.

le **Coran** ■ Livre sacré des musulmans (écrit en arabe). Message transmis par Allah à Mahomet.

**Corbeil-Essonnes** ■ Chef-lieu de canton de l'Essonne, près d'Évry, au confluent de l'Essonne et de la Seine. 44 223 habitants.

les **Corbières** n. f. pl. ■ Bordure nord-est des Pyrénées. Région vinicole.

Charlotte **Corday** ■ Personnage de la Révolution française (1768-1793). Elle poignarda Marat.

le club des **Cordeliers** ■ Cercle révolutionnaire (1790-1794), animé par Marat.

**Córdoba** ■ Ville d'Argentine. 1,4 million d'habitants.

**Cordoue,** en espagnol **Córdoba** ■ Ville d'Espagne (Andalousie), sur le Guadalquivir. 328 326 habitants. Pont romain, Centre historique. Mosquée omeyade (la Grande Mosquée), qui fut transformée en cathédrale sous Charles Quint.

la **Corée** ■ Péninsule d'Asie, divisée depuis 1948 en deux États. ► la république populaire démocratique de Corée ou **Corée du Nord.** 120 538 km². 24 millions d'habitants. Capitale : Pyongyang. ► la république de Corée ou **Corée du Sud.** 99 274 km². 48,5 millions d'habitants. Capitale : Séoul.

Arcangelo **Corelli** ■ Compositeur et violoniste italien (1653-1713).

**Corfou** ■ Une des îles Ioniennes en Grèce. 641 km². 105 000 habitants.

**Corinthe** ■ Port de Grèce, sur l'isthme du même nom. 30 000 habitants.

**Coriolan** ■ Général romain (v. 488 avant J.-C.).

Gaspard **Coriolis** ■ Mathématicien français (1792-1843). Théorème de mécanique.

**Cork,** en gaélique **Corcaigh** ■ Port de la république d'Irlande. 119 000 habitants (agglomération 190 400).

la **Corne d'or** ■ Baie située au sud du Bosphore, côté ouest (européen). Ce port naturel a constitué le cœur de Constantinople-Istanbul.

Pierre **Corneille** ■ Auteur dramatique français (1606-1684). Il évolua de l'esthétique baroque au classicisme, dans des pièces de réflexion morale et politique aux formules frappantes. *L'Illusion comique; Le Cid; Horace; Cinna; Polyeucte.*

la **Cornouaille** ■ Région du sud-ouest de la Bretagne (Finistère).

les **Cornouailles,** en anglais **Cornwall** ■ Région à l'extrémité sud-ouest de l'Angleterre.

La **Corogne,** en espagnol **La Coruña** ■ Port d'Espagne (Galice). 245 053 habitants.

la côte de **Coromandel** ■ Côte orientale de l'Inde, sur le golfe du Bengale (Tamil Nadu).

le **Coromandel** ■ Péninsule de Nouvelle-Zélande, à l'est d'Auckland.

Vincenzo Maria **Coronelli** ■ Moine et cartographe italien (1650-1718).

Jean-Baptiste Camille **Corot** ■ Peintre français (1796-1875). Grand paysagiste.

le **Corrège** ■ Peintre italien (v. 1489-1534). Il innova dans le baroque par un « nouveau style tendre ».

la **Corrèze** [19] ■ Département français de la Région Limousin. 5 865 km². 242 454 habitants. Chef-lieu : Tulle. Chefs-lieux d'arrondissement : Brive-la-Gaillarde, Ussel.

la **Corse** ■ Île montagneuse de la Méditerranée. 8 569 km². 314 486 habitants. Elle forme une collectivité territoriale comprenant deux départements ► la **Haute-Corse** [2B]. 4 555 km². 168 640 habitants. Chef-lieu : Bastia. Chefs-lieux d'arrondissement : Calvi, Corte. ► la **Corse-du-Sud** [2A]. 4 014 km². 145 846 habitants. Chef-lieu : Ajaccio. Chef-lieu d'arrondissement : Sartène.

Julio **Cortázar** ■ Écrivain argentin naturalisé français (1914-1984). Son œuvre est marquée par le fantastique. *Les Armes secrètes; Heures indues.*

**Corte** ■ Chef-lieu d'arrondissement de la Haute-Corse. 7 098 habitants.

Hernán **Cortés** ■ Conquistador espagnol (1485-1547). Vainqueur des Aztèques.

**Cortina d'Ampezzo** ■ Ville d'Italie orientale, en Vénétie (province de Belluno), station de sports d'hiver dans les Dolomites. 1 210 m. 6 100 habitants.

Alfred **Cortot** ■ Pianiste français (1877-1962). Auteur d'ouvrages de technique pianistique, il fonda avec Alfred Mangeot l'École normale de musique de Paris (1919).

les **Cosaques** ■ Population guerrière installée dans le sud de la Russie.

**Cosne-Cours-sur-Loire** ■ Chef-lieu d'arrondissement de la Nièvre. 10 484 habitants.

la **Costa Brava** ■ Littoral de la Catalogne (Espagne).

la **Costa del Sol** ■ Région du sud de l'Espagne, donnant sur la Méditerranée (« Côte du soleil »), de part et d'autre de Málaga.

Konstantinos Gavras, dit **Costa-Gavras** ■ Cinéaste français d'origine grecque (né en 1933). Ses films ont dénoncé le totalitarisme militaire (*Z*) aussi bien que communiste (*L'Aveu*).

le **Costa Rica** ■ État d'Amérique centrale. 51 000 km². 3,8 millions d'habitants. Capitale : San José.

la **Côte d'Azur** ■ Littoral méditerranéen entre Cassis et Menton.

la **Côte d'Ivoire** ■ État d'Afrique occidentale. 322 463 km². 21,6 millions d'habitants. Capitale : Yamoussoukro. Ville principale : Abidjan.

la **Côte-d'Or** [21] ■ Département français de la Région Bourgogne. 8 803 km². 525 931 habitants. Chef-lieu : Dijon. Chefs-lieux d'arrondissement : Beaune, Montbard.

le **Cotentin** ■ Presqu'île de Normandie.

les **Côtes-d'Armor** [22] ■ Département français de la Région Bretagne. 6 996 km². 594 375 habitants. Chef-lieu : Saint-Brieuc. Chefs-lieux d'arrondissement : Dinan, Guingamp, Lannion.

**Cotonou** ■ Port du Bénin. 665 000 habitants.

Robert de **Cotte** ■ Architecte français (1656-1735). Palais épiscopal de Rohan à Strasbourg.

René **Coty** ■ (1882-1962) Président de la République française de 1954 à 1959.

Pierre de **Coubertin** ■ Pédagogue français (1863-1937). Promoteur du sport, il fut le rénovateur français des Jeux olympiques.

le **Couesnon** ■ Fleuve côtier se jetant dans la baie du Mont-Saint-Michel. 90 km.

Charles Augustin de **Coulomb** ■ Physicien français (1736-1806). Lois d'attraction électrique et magnétique.

**Coulommiers** ■ Chef-lieu de canton de Seine-et-Marne, près de Meaux, sur le Grand Morin. 14 622 habitants. A donné son nom à un fromage de Brie (le brie de Coulommiers).

François **Couperin**, dit le Grand ■ Compositeur français (1668-1733). Son œuvre pour clavecin est un sommet de la musique française.

Gustave **Courbet** ■ Peintre français (1819-1877). D'abord influencé par Delacroix et le romantisme, il évolua vers un réalisme social. Il adhéra au mouvement révolutionnaire de la Commune. Ses qualités de coloriste, la puissance et l'originalité de ses compositions en font l'un des plus grands peintres du XIXᵉ siècle. *Un enterrement à Ornans; L'Atelier du peintre.*

**Courbevoie** ■ Chef-lieu de canton des Hauts-de-Seine, près de Nanterre, sur la Seine. 88 530 habitants. La commune abrite une partie du quartier de la Défense.

**Courchevel** ■ Station française de sports d'hiver, en Savoie.

Paul-Louis **Courier** ■ Pamphlétaire français (1772-1825).

**Courmayeur** ■ Ville d'Italie, station de sports d'hiver dans la vallée d'Aoste. 2 800 habitants. Altitude entre 1 228 et 3 369 m (au pied du mont Blanc).

Antoine Augustin **Cournot** ■ Mathématicien, économiste et philosophe français (1801-1877). Spécialiste du calcul des probabilités.

la **Cour pénale internationale** ■ Organisation internationale indépendante, installée à La Haye pour juger les crimes contre l'humanité.

Georges **Courteline** ■ Auteur dramatique français (1858-1929). Ses comédies tournent en dérision l'Administration et la bourgeoisie.

**Courtrai**, en néerlandais **Kortrijk** ■ Ville de Belgique. 73 800 habitants. Défaite des Français devant les Flamands (1302).

Jacques-Yves **Cousteau** ■ Océanographe et cinéaste français (1910-1997).

les **Coustou** ■ Famille de sculpteurs français des XVIIᵉ-XVIIIᵉ s.

**Coutances** ■ Chef-lieu d'arrondissement de la Manche. 9 311 habitants.

**Coventry** ■ Ville d'Angleterre (Midlands). 300 800 habitants.

Brian **Cowen** ■ Homme politique irlandais (né en 1960). Premier ministre de la république d'Irlande de 2008 à 2011.

Antoine **Coysevox** ■ Sculpteur français (1640-1720). L'un des préférés de Louis XIV, il fut l'un des principaux décorateurs de Versailles.

**Cracovie,** en polonais **Kraków** ▪ Ville du sud de la Pologne. 756 300 habitants. Nombreux monuments.

**Lucas Cranach,** dit **l'Ancien** ▪ Peintre et graveur allemand (1472-1553). Ses thèmes religieux et profanes sont influencés par la Renaissance italienne, mais son style expressif est dans la tradition germanique, avec un traitement original et sensuel de la beauté féminine. ➤ Son fils Lucas, dit **Cranach le Jeune** (1515-1586), continua son œuvre.

**Crassus** ▪ Général et homme politique romain (114-53 avant J.-C.).

**la Crau** ▪ Plaine des Bouches-du-Rhône.

**Lucille Fay Le Sueur,** dite **Joan Crawford** ▪ Actrice américaine de cinéma (1904-1977).

**Prosper Jolyot de Crébillon,** dit **Crébillon père** ▪ Auteur dramatique français (1674-1762). *Atrée et Thyeste.*

**Claude Crébillon,** dit **Crébillon fils** ▪ Écrivain français (1707-1777), fils de Prosper. *Les Égarements du cœur et de l'esprit ; Le Sopha.*

**Crécy-en-Ponthieu** ▪ Commune de la Somme. 1 545 habitants. Défaite française face aux Anglais en 1346.

**Crémone** ▪ Ville d'Italie, sur le Pô (Lombardie). Au XVIe s., plusieurs fabricants de violons (luthiers) s'y installèrent ; ce fut au XVIIe s. la patrie de Stradivarius.

**Crésus** ▪ Roi de Lydie (v. 561-546 avant J.-C.), à la fortune légendaire. Il fut vaincu par Cyrus le Grand.

**la Crète** ▪ Île grecque de la Méditerranée. 8 331 km². 570 000 habitants. Capitale : Héraklion.

**Créteil** ▪ Chef-lieu du Val-de-Marne. 90 528 habitants.

**la Creuse** ▪ Fleuve de France. 255 km. ► la **Creuse** [23]. Département français de la Région Limousin. 5 571 km². 122 560 habitants. Chef-lieu : Guéret. Chef-lieu d'arrondissement : Aubusson.

**Le Creusot** ▪ Chef-lieu de canton de Saône-et-Loire, près d'Autun ; centre industriel aux XIXe et XXe s. (aciéries). 26 000 habitants.

**René Crevel** ▪ Écrivain français (1900-1935). Il fit partie du groupe surréaliste, tout en dénonçant la vanité de sa révolte et en se tournant vers la violence et la folie (*La Mort difficile*). Il se suicida.

**Francis Crick** ▪ Biochimiste anglais (1916-2004). → **Watson.**

**la Crimée** ▪ Presqu'île d'Ukraine. ► la guerre de **Crimée** (1854-1855) vit la victoire de la France et de l'Angleterre, alliées de la Turquie, contre la Russie.

**Francesco Crispi** ▪ Homme politique italien (1819-1901).

**Carlo Crivelli** ▪ Peintre italien (v. 1430-v. 1495). Sa maîtrise graphique manifeste les leçons du gothique tardif.

**la Croatie** ▪ État des Balkans. 56 538 km². 4,28 millions d'habitants. Capitale : Zagreb.

**Benedetto Croce** ▪ Philosophe hégélien, historien et critique italien (1866-1952).

**les croisades** n. f. ▪ Expéditions entreprises contre les musulmans, pour délivrer les Lieux saints. Il y eut neuf croisades (XIe-XIIIe s.).

**la Croix-Rouge** ▪ Organisation internationale d'assistance humanitaire, créée par Henri Dunant en 1863. Le **Croissant-Rouge,** équivalent de la Croix-Rouge dans le monde musulman, a été reconnu par la conférence de Genève en 1986. En 1986, les organisations ont été réunies dans le *Mouvement international de la Croix-Rouge et du Croissant-Rouge.* En 2005, un troisième emblème, le « Cristal rouge », a été ajouté aux deux premiers.

**Cro-Magnon** ▪ Site préhistorique de Dordogne (*homme de Cro-Magnon,* 30 000 avant J.-C.).

**Oliver Cromwell** ▪ Homme politique anglais (1599-1658). Il fit exécuter Charles Ier et instaura la république.

**David Cronenberg** ▪ Cinéaste canadien (né en 1943). Thèmes de prédilection : la transformation du corps, les problèmes d'identité, la violence. *Rage ; La Mouche ; Faux-semblants.*

**Cronos** ▪ mythol. grecque Père de Zeus, identifié au *Saturne* des Romains.

**Cronstadt** → **Kronstadt**

**sir William Crookes** ▪ Physicien et chimiste britannique (1832-1919). Inventeur du tube cathodique.

**Charles Cros** ▪ Poète et savant français (1842-1888). Inventeur du phonographe.

**l'archipel des Crozet** ▪ Archipel français de l'océan Indien. 505 km².

**Crozon** ▪ Chef-lieu de canton du Finistère, près de Châteaulin. 7 751 habitants. ► la **presqu'île de Crozon,** péninsule entre la rade de Brest et la baie de Douarnenez.

**Robert Crumb** ▪ Dessinateur américain (né en 1943). Il introduisit dans la bande dessinée l'autobiographie et l'évocation des fantasmes, mêlées à la critique sociale.

**le C.S.A.,** Conseil supérieur de l'audiovisuel ▪ Organisme créé en 1989, dont la mission est de garantir la liberté de la communication audiovisuelle en France (fréquences attribuées, cahiers des charges, choix des directeurs de la télévision publique).

**Cuba** ▪ Île et État des Antilles. 110 860 km². 11,2 millions d'habitants. Capitale : La Havane.

**Cuenca** ▪ Ville d'Espagne (Castilla-La Mancha), chef-lieu de province au confluent du Júcar et du Huécar. 56 472 habitants.

**Cuenca** ▪ Ville d'Équateur, capitale de province, au sud de la cordillère des Andes. 279 000 habitants.

Hugues **Cuenod** ■ Chanteur (ténor) suisse (1902-2010). Il participa avec Nadia Boulanger à la redécouverte d'un vaste répertoire, et eut une très longue carrière, sur scène comme au disque. Ses enregistrements de musique française demeurent inégalés.

**Cuernavaca** ■ Ville du Mexique, au sud de Mexico, capitale de l'État de Morelos. 339 000 habitants. Centre intellectuel.

Joseph **Cugnot** ■ Ingénieur militaire français (1725-1804). Il inventa la première voiture automobile à vapeur (le *fardier* de Cugnot).

Cesar Antonovitch **Cui** ■ Compositeur russe (1835-1918). Membre du groupe des Cinq*, il est l'auteur d'opéras (*Le Prisonnier du Caucase*), de symphonies, de pièces de musique de chambre.

Jacques **Cujas** ■ Jurisconsulte français (1520-1590).

George **Cukor** ■ Cinéaste américain (1899-1983). Films pleins d'esprit et d'élégance (*Une étoile est née*).

**Cumes** ■ Site archéologique d'Italie (Campanie).

Tristão da **Cunha** ■ Navigateur portugais (v. 1460-1540). Il découvrit le groupe d'îles qui porte son nom.

Merce **Cunningham** ■ Danseur et chorégraphe américain (1919-2009).

**Cupidon** ■ Dieu romain de l'Amour, identifié à l'*Éros* grec.

**Curaçao** ■ Île des Antilles néerlandaises. 444 km². 150 500 habitants. Capitale : Willemstad.

les **Curiaces** → **Horaces**

Pierre **Curie** ■ Physicien français (1859-1906). Il découvrit, avec son frère Paul Jacques, la piézoélectricité et, avec sa femme, M. Curie, le polonium et le radium. Prix Nobel (1903), avec Marie Curie et Becquerel.

Marie **Curie** ■ Physicienne française d'origine polonaise (Maria Skłodowska) (1867-1934). Elle découvrit la radioactivité du thorium et, avec son mari, P. Curie, le polonium et le radium. En collaboration avec A.

Debierne, elle obtint du radium métallique pur. Prix Nobel (physique) 1903 et (chimie) 1911.

**Curitiba** ■ Ville du Brésil (Paraná). 1,8 million d'habitants.

Mihály Kertész, dit Michael **Curtiz** ■ Cinéaste américain (1888-1962). *La Charge de la brigade légère.*

Georges, baron **Cuvier** ■ Zoologiste français (1769-1832). Il fonda l'anatomie comparée et la paléontologie.

**Cuzco** ■ Ville du Pérou, à 3 600 m. 101 200 habitants (zone urbaine 349 000). Berceau de l'Empire inca.

**Cybèle** ■ Déesse orientale de la Fertilité.

les **Cyclades** n. f. pl. ■ Îles grecques de la mer Égée.

les **Cyclopes** n. m. ■ mythol. grecque Géants n'ayant qu'un œil, au milieu du front.

Savinien de **Cyrano de Bergerac** ■ Écrivain français (1619-1655). Poète burlesque et romancier utopique à l'imagination débordante. Il est aussi l'auteur d'une comédie (*Le Pédant joué*), dont Molière s'inspira. Son personnage est évoqué de manière très infidèle par Edmond Rostand.

la **Cyrénaïque** ■ Région orientale de la Libye.

les saints **Cyrille et Méthode** ■ Évangélisateurs des Slaves (IXe s.).

Boris **Cyrulnik** ■ Médecin, éthologiste, psychanalyste et écrivain français (né en 1937). Théorie de la résilience (capacité à se développer malgré les traumatismes). *Un merveilleux malheur ; Les Vilains Petits Canards.*

**Cyrus II le Grand** ■ Fondateur de l'Empire perse achéménide (v. 580-v. 530 avant J.-C.).

**Cythère** ■ Île grecque de la mer Égée, au sud du Péloponnèse.

Karl **Czerny** ■ Compositeur et pianiste autrichien (1791-1857). Élève de Beethoven, il eut lui-même Liszt pour disciple.

**Częstochowa** ■ Ville du sud de la Pologne. 245 000 habitants. Pèlerinage.

György, dit Georges **Cziffra** ■ Pianiste français d'origine hongroise (1921-1994). Spécialiste de Liszt.

# D

**Dacca** ou **Dhaka** ▪ Capitale du Bangladesh. 7 millions d'habitants.

**Dachau** ▪ Camp de concentration nazi (1933-1945) en Bavière.

**la Dacie** ▪ Région de l'Antiquité correspondant à la Roumanie actuelle.

**Daegu** → **Taegu**

Stig **Dagerman** ▪ Écrivain suédois (1923-1954). *L'île des condamnés.*

**Dagobert Iᵉʳ** ▪ (v. 600-639) Roi mérovingien des Francs de 629 à sa mort.

Jacques **Daguerre** ▪ Inventeur français (1787-1851). Procédés photographiques (daguerréotype).

**le Daguestan** ou **Daghestan** ▪ République autonome de Russie (Caucase). 50 300 km². 2,6 millions d'habitants. Capitale : Makhatchkala.

**le Dahomey → Bénin**

**Daily Mail** (anglais « le courrier quotidien ») ▪ Quotidien britannique fondé en 1896. Conservateur.

**Daily Mirror** (anglais « le miroir quotidien ») ▪ Quotidien britannique fondé en 1903. Proche des travaillistes.

Gottlieb **Daimler** ▪ Ingénieur allemand (1834-1900). Inventeur du moteur à essence.

**Dakar** ▪ Capitale et port du Sénégal. 2,2 millions d'habitants.

**le Dakota du Nord** ▪ État du nord des États-Unis. 183 022 km². 642 200 habitants. Capitale : Bismarck. ▶ **le Dakota du Sud.** État au sud du précédent. 199 552 km². 754 800 habitants. Capitale : Pierre.

Édouard **Daladier** ▪ Homme politique (radical) français (1884-1970).

**Dalat** ▪ Ville du Viêtnam, à 1 500 m d'altitude. 185 000 habitants.

**la Dalécarlie** ▪ Région montagneuse de Suède centrale.

Salvador **Dali** ▪ Peintre espagnol (catalan) (1904-1989). Son iconographie surréaliste et sa fantaisie personnelle le rendirent célèbre comme artiste et comme personnage, avec des provocations plus ou moins scandaleuses. Théoricien saugrenu de la « paranoïa critique », il sut irriter et séduire. Le peintre demeure d'une habileté prodigieuse, jusque dans l'académisme.

**Dalian** ▪ Ville de Chine (Liaoning). 2,9 millions d'habitants.

**Dalila** ▪ Personnage de la Bible. → **Samson**

Luigi **Dallapiccola** ▪ Compositeur et pianiste italien (1904-1975). Polyphoniste, adepte de la musique sérielle. Opéras, œuvres chorales.

**Dallas** ▪ Ville des États-Unis (Texas). 1,2 million d'habitants (agglomération 5,2 millions).

**la Dalmatie** ▪ Région historique des Balkans, aujourd'hui en Croatie.

John **Dalton** ▪ Chimiste anglais (1766-1844). Il est le fondateur de la théorie atomique moderne.

**Damas** ▪ Capitale de la Syrie. 1,5 million d'habitants. Grande mosquée des Omeyades.

**Damiette,** en arabe **Dumyāt** ▪ Port d'Égypte, au nord-est du Caire. 203 200 habitants.

**Damoclès** ▪ Courtisan de Denys l'Ancien (IVᵉ s. avant J.-C.). Ce dernier le fit s'asseoir sous une épée suspendue à un fil.

**Dampierre-en-Yvelines** ▪ Commune des Yvelines. Château.

**les Danaïdes** n. f. pl. ▪ mythol. grecque Meurtrières de leurs époux, elles furent condamnées à verser de l'eau dans un tonneau sans fond.

**Danang** ▪ Ville et port du Viêtnam. 771 300 habitants. Industries. Base militaire américaine (1965). Combats entre Américains et Vietnamiens du Nord et chute de la ville en 1975.

**Dandolo** ▪ Famille noble de Venise. ▶ Enrico **Dandolo** (1110-1205) fut doge de 1192 à sa mort. ▶ Andrea **Dandolo** (1307-1354), doge en 1342, écrivit l'histoire de Venise.

**le Danemark** ▪ État d'Europe du Nord. 43 098 km². 5,45 millions d'habitants. Capitale : Copenhague.

**Daniel** ▪ Bible Prophète. Il sortit indemne de la fosse aux lions.

Gabriele **D'Annunzio** ▪ Écrivain italien (1863-1938).

**Dante Alighieri** ▪ Écrivain italien (1265-1321). Il est l'auteur de recueils poétiques (*La Vita nuova*), d'un traité philosophique (*Le Banquet*) et d'un poème allégorique (*La Divine Comédie*), l'un des premiers chefs-d'œuvre de la littérature italienne. Son action sur la fixation de la langue italienne à partir du dialecte florentin fut essentielle.

Georges Jacques **Danton** ▪ Révolutionnaire français (1759-1794). Condamné à mort par le Tribunal révolutionnaire, il fut exécuté.

**Dantzig** ou **Danzig → Gdańsk**

**le Danube** ▪ Fleuve d'Europe. 2 850 km. Né en Allemagne, il se jette dans la mer Noire.

Emanuele Conegliano, dit Lorenzo **Da Ponte** ▪ Librettiste italien (1749-1838). Il écrivit des livrets d'opéras pour Mozart (*Don Giovanni, Cosi fan tutte*). Il fonda l'opéra de New York.

**Dapsang** ou **K2** ■ 2ᵉ sommet du monde, dans l'Himalaya. 8 611 m.

**Frédéric Dard** ■ Écrivain français (1921-2000). Il publia sous son nom et sous celui de son personnage-narrateur, San-Antonio.

le détroit des **Dardanelles** ■ Détroit entre la mer Égée et la mer de Marmara.

**Dar es-Salaam** ou **Dar es Salam** ■ Anc. capitale et port de la Tanzanie. 2 millions d'habitants.

**Darfour** n. m. ■ Région montagneuse du Soudan occidental.

Georges **Darien** ■ Journaliste et romancier français (1862-1921), antimilitariste et anticonformiste. *Biribi ; Le Voleur.*

**Darios** ou **Darius le Grand** ■ Roi de Perse de 522 à 486 avant J.-C. Vaincu à Marathon.

**Darjeeling** ou **Darjiling** ■ Ville du Bengale, en altitude. 73 000 habitants. Plantations de thé.

**Darmstadt** ■ Ville d'Allemagne, dans la Hesse. 140 000 habitants. Industries.

Danielle **Darrieux** ■ Comédienne française de cinéma (née en 1917). Elle tourna une centaine de films (*Madame de*, de Max Ophuls).

Raymond Arthur **Dart** ■ Paléontologue et anatomiste australien (1893-1988). En 1924, il découvrit en Afrique du Sud « l'enfant de Taung », le premier australopithèque.

**Darwin** ■ Ville du nord de l'Australie, sur la mer de Timor. 71 900 habitants.

Charles **Darwin** ■ Naturaliste anglais (1809-1882). Par plusieurs écrits majeurs, il fonda la théorie de l'évolution des espèces vivantes par la sélection naturelle, l'influence du milieu et l'importance fonctionnelle des organes (suivant alors Lamarck\*). Ses théories, en grande partie confirmées, sont encore combattues par les tenants religieux d'une création divine.

Marcel **Dassault** ■ Ingénieur français, industriel de l'aéronautique (1892-1986).

Alphonse **Daudet** ■ Écrivain français (1840-1897). *Les Lettres de mon moulin ; Tartarin de Tarascon.*

Léon **Daudet** ■ Journaliste et écrivain français (1868-1942). Il collabora à l'*Action française.*

Honoré **Daumier** ■ Dessinateur et peintre français (1808-1879). Son œuvre de caricaturiste le rendit célèbre ; il est aussi l'un des peintres les plus originaux de son temps par la liberté et la modernité de sa technique, qui annonce parfois l'expressionnisme.

le **Dauphiné** ■ Région du sud-est de la France. Ville principale : Grenoble.

**David** ■ Roi d'Israël (v. 1000 avant J.-C.). Il vainquit le géant Goliath et fonda Jérusalem.

Jacques Louis **David** ■ Peintre néoclassique français (1748-1825). Portraits. *Marat assassiné ; Le Sacre de Napoléon Iᵉʳ.*

Ruth Elizabeth, dite Bette **Davis** ■ Comédienne américaine (1908-1989). Elle incarna au cinéma des femmes insoumises et énergiques (*Ève*, de Mankiewicz).

Miles **Davis** ■ Trompettiste de jazz américain (1926-1991). Il participa avec Charlie Parker au développement du style bop, puis au style cool (*Birth of the Cool*, 1949-1950), au free-jazz (*Freedom Jazz Dance*, 1966) et enfin au jazz-rock. Son style très personnel, sa sonorité lisse et pure, son sens mélodique en firent l'un des jazzmen les plus populaires.

sir Colin **Davis** ■ Chef d'orchestre britannique (1927-2013). Dirigea de la musique orchestrale et de la musique lyrique (Berlioz, notamment).

Angela **Davis** ■ Professeur de philosophie américaine (née en 1944). Figure de la lutte contre la discrimination raciale aux États-Unis.

**Davos** ■ Ville de Suisse, dans les Grisons. Station d'été et d'hiver. Forum économique mondial annuel.

**Dax** ■ Chef-lieu d'arrondissement des Landes. 20 299 habitants. Station thermale.

les **Dayaks** ■ Populations non malaises de Bornéo. Env. 3 millions.

Moshe **Dayan** ■ Général et homme politique israélien (1915-1981).

James **Dean** ■ Acteur de cinéma américain (1931-1955). *La Fureur de vivre.*

**Deauville** ■ Commune du Calvados. 3 816 habitants. Station balnéaire. Hippodromes.

Guy **Debord** ■ Essayiste français (1931-1994). Il fut l'un des fondateurs du mouvement situationniste (*La Société du spectacle*).

Régis **Debray** ■ Écrivain politique et essayiste français (né en 1940). Auteur d'essais sur les religions. Fondateur de la médiologie, science des communications dans la société.

Michel **Debré** ■ Homme politique (gaulliste) français (1912-1996). Premier ministre de 1959 à 1962.

Olivier **Debré** ■ Peintre français (1920-1999), frère de Michel Debré. *Signes paysages.*

**Debrecen** ■ Ville de Hongrie. 211 000 habitants.

Charles **De Brouckère** ■ Homme politique belge (1796-1860).

Claude **Debussy** ■ Compositeur français (1862-1918). Opéras (*Pelléas et Mélisande*), musique de chambre, musique symphonique (*La Mer*). Il renouvela l'harmonie.

Élie, duc **Decazes** ■ Ministre libéral de Louis XVIII (1780-1860).

le **Deccan** → **Dekkan**

le coup d'État du 2 **décembre 1851** → **IIᵉ République**

Giorgio **De Chirico** ■ Peintre italien (1888-1978). L'un des principaux représentants de la peinture métaphysique.

Charles **De Coster** ■ Écrivain belge d'expression française (1827-1879). *Les Aventures d'Ulenspiegel et de Laamme Goedzack au pays de Flandres et ailleurs.*

Philippe **Decouflé** ■ Chorégraphe et danseur français (né en 1961). Ses chorégraphies associent la danse contemporaine et l'art du cirque. *Codex ; Decodex ; Octopus.*

**Dédale** ▪ mythol. grecque Père d'Icare et architecte du Labyrinthe de Crète.

**Richard Dedekind** ▪ Mathématicien allemand (1831-1916). Théorie des idéaux.

**le quartier de la Défense** ▪ Quartier d'affaires et ensemble résidentiel de l'ouest de la banlieue parisienne. La *Grande Arche de la Défense* fut inaugurée en 1989.

**le gouvernement de la Défense nationale** ▪ Gouvernement qui succéda au Second Empire (1870-1871).

**Daniel Defoe** ▪ Écrivain anglais (1660-1731). Poète satirique, journaliste, féministe, il écrivit des romans (*Moll Flanders ; Journal de l'année de la peste*), après avoir publié son œuvre la plus célèbre, *Robinson Crusoé.*

**Edgar Degas** ▪ Peintre et sculpteur français (1834-1917). Observateur impitoyable du quotidien (danseuses, repasseuses, femmes à la toilette).

**Alcide De Gasperi** ▪ Homme politique (démocrate chrétien) italien (1881-1954).

**Pieter De Hooch** ou **De Hoogh** ▪ Peintre hollandais (1629-1683). Ses œuvres peintes à Delft présentent des affinités avec celles de Vermeer.

**le Dekkan** ou **Deccan** ▪ Partie méridionale de la péninsule indienne.

**Frederik Willem De Klerk** ▪ Homme d'État sud-africain (né en 1936). Il signa un accord avec Nelson Mandela, ouvrant la voie à l'abandon de l'apartheid. Prix Nobel de la paix 1993.

**Willem De Kooning** ▪ Peintre américain d'origine néerlandaise (1904-1997). Style violemment expressionniste.

**Eugène Delacroix** ▪ Peintre français (1798-1863). Par la force du dessin et de la couleur, la perfection dans la composition, il atteignit le sommet de la peinture romantique. *La Liberté guidant le peuple ; La Mort de Sardanapale.*

**Michel Richard Delalande** ▪ Compositeur français (1657-1726). Ballets. Motets.

**Robert Delaunay** ▪ Peintre français (1885-1941). Influencé par le cubisme, il a évolué vers l'art abstrait. *La Tour Eiffel.* ► **Sonia Delaunay**, sa femme (1885-1979), également peintre, s'est consacrée en partie aux arts décoratifs.

**le Delaware** ▪ État du nord-est des États-Unis. 6 138 km². 783 600 habitants. Capitale : Dover.

**Théophile Delcassé** ▪ Homme politique français (1852-1923).

**Gilles Deleuze** ▪ Philosophe français (1925-1995). *L'Anti-Œdipe,* avec F. Guattari.

**Delft** ▪ Ville des Pays-Bas (Hollande-Méridionale). 90 000 habitants. Ville d'art. Faïences.

**Delhi** ▪ Ville de l'Inde englobant la ville nouvelle de **New Delhi**, capitale fédérale de l'Inde. 12,8 millions d'habitants. Monuments moghols.

**Piero della Francesca** → **Piero della Francesca**

**les Della Robbia** ▪ Sculpteurs florentins des XVᵉ-XVIᵉ s.

**Alfred Deller** ▪ Chanteur (contre-ténor) britannique (1912-1979), fondateur du *Deller Consort* (1948), interprète privilégié de Purcell.

**Louis Delluc** ▪ Cinéaste et théoricien français du cinéma (1890-1924).

**Alain Delon** ▪ Comédien français (né en 1935). Au cinéma, il tourna notamment pour René Clément (*Plein Soleil*), Visconti (*Rocco et ses frères ; le Guépard*), Melville (*le Samouraï*), Losey (*Monsieur Klein*).

**Philibert Delorme** ▪ Architecte français (v. 1510-v. 1570). Château d'Anet.

**Jacques Delors** ▪ Homme politique (socialiste) français (né en 1925). Président de la Commission européenne de Bruxelles (1985-1995).

**Délos** ▪ Île des Cyclades, en Grèce. Centre de la ligue maritime dirigée par Athènes (vᵉ s. avant J.-C.). Site archéologique (sanctuaire d'Apollon).

**Delphes** ▪ Ville de l'anc. Grèce, centre du culte d'Apollon qui donnait les oracles. Importants vestiges archéologiques.

**Joseph Delteil** ▪ Écrivain français (1894-1978). *Sur le fleuve Amour.*

**Paul Delvaux** ▪ Peintre surréaliste belge (1897-1994). Tableaux de grand format, représentant souvent des nus féminins dans des situations oniriques. *Train de nuit.*

**Déméter** ▪ mythol. grecque Déesse de l'Agriculture, la Cérès des Romains.

**Cecil Blount, dit Cecil B. DeMille** ▪ Cinéaste américain (1881-1959). Auteur de films à grand spectacle, souvent d'inspiration biblique.

**Démocrite** ▪ Penseur matérialiste grec (v. 460-v. 370 avant J.-C.).

**Démosthène** ▪ Homme politique et orateur athénien (384-322 avant J.-C.). *Philippiques.*

**Jacques Demy** ▪ Réalisateur français de cinéma (1931-1990). Comédies musicales originales (*Les Parapluies de Cherbourg ; Peau d'âne*).

**Dendérah** ▪ Ancienne ville de Haute-Égypte, au sud de Louxor. Temple de l'époque des Ptolémées.

**Catherine Deneuve** ▪ Actrice française (née en 1943). Remarquée très jeune pour sa beauté, elle tourna avec J. Demy, Truffaut, Polanski, Buñuel, Ferreri, Téchiné..., construisant une carrière majeure dans le cinéma européen.

**Deng Xiaoping** ▪ Homme politique chinois (1904-1997), au pouvoir de 1978 à sa mort.

**saint Denis** ou **Denys** ▪ Premier évêque de Paris (v. 250). Martyr.

**Robert De Niro** ▪ Comédien américain de cinéma (né en 1943). Il joua notamment dans plusieurs films de Martin Scorsese. *Taxi Driver ; Raging Bull.*

**Maurice Denis** ▪ Peintre français (1870-1943). Théoricien des nabis.

**Dominique Vivant, baron Denon** ▪ Écrivain et graveur français (1747-1825). Spécialiste de l'art égyptien, administrateur pour le compte de Bonaparte.

**Denver** ■ Ville des États-Unis (Colorado). 600 000 habitants. (agglomération 2,6 millions).

**Denys l'Ancien** ■ Tyran de Syracuse (430-367 avant J.-C.).

**Gérard Depardieu** ■ Acteur français (né en 1948). Il mena sa carrière des films confidentiels (avec Duras) aux grands rôles tragiques (avec Pialat, Ferreri, Truffaut) en passant par d'énormes succès publics (*Les Valseuses*, de B. Blier) et des téléfilms.

**René Depestre** ■ Écrivain haïtien d'expression française (né en 1926). Poèmes, nouvelles, romans (*Hadriana dans tous mes rêves*).

**Thomas De Quincey** ■ Écrivain anglais (1785-1859). *Les Confessions d'un opiomane anglais.*

**André Derain** ■ Peintre français (1880-1954). L'un des représentants les plus audacieux du fauvisme.

**Derby** ■ Ville d'Angleterre (Derbyshire). 221 700 habitants.

**Paul Déroulède** ■ Écrivain nationaliste et homme politique français (1846-1914).

**Jacques Derrida** ■ Philosophe français (1930-2004). Il a développé un mode de pensée qui fait de la « différence » un acte pour mieux « déconstruire » le passé, et lutté contre la primauté de la parole (le logos).

**Marceline Desbordes-Valmore** ■ Poète française (1786-1859).

**René Descartes** ■ Philosophe et savant français (1596-1650). Il a défendu la primauté absolue de la raison analytique, pour atteindre la vérité, appliquant ce principe à la science, créant un univers mécaniste maîtrisable par les mathématiques et la physique. Malgré les critiques (Pascal, notamment), son influence fut immense sur toute la philosophie occidentale (*Discours de la méthode*).

**Eustache Deschamps** ■ Poète français (v. 1344-v. 1406). Disciple de Guillaume de Machaut, théoricien de la poésie, il est l'auteur de poésies (rondeaux, ballades...) de style réaliste et très personnel.

**Paul Deschanel** ■ (1855-1922) Président de la République française en 1920.

**Vittorio De Sica** ■ Cinéaste néoréaliste italien naturaliste français (1902-1974). *Le Voleur de bicyclette.*

**Richard Desjardins** ■ Auteur, compositeur et chanteur canadien d'expression française (né en 1948).

**Des Moines** ■ Ville des États-Unis, capitale de l'Iowa. 203 400 habitants.

**Camille Desmoulins** ■ Publiciste et conventionnel français (1760-1794).

**Robert Desnos** ■ Poète français (1900-1945). Surréaliste et militant de la liberté (*Corps et Biens*).

**Bonaventure Des Périers** ■ Poète et conteur français (v. 1510-v. 1543). Auteur d'un recueil de contes : *Nouvelles récréations et joyeux devis.*

**Charles Despiau** ■ Sculpteur et dessinateur français (1874-1946). Son style harmonieux et équilibré évoque celui de Maillol.

**Philippe Desportes** ■ Poète français (1546-1606). Il fut critiqué par Malherbe, bien qu'il annonce le classicisme.

**Jean-Jacques Dessalines** ■ (v. 1758-1806) Empereur d'Haïti en 1804.

**Antoine Louis Claude, comte de Destutt de Tracy** ■ Philosophe français (1754-1836), fondateur de l'école des idéologues.

**Detroit** ■ Ville des États-Unis (Michigan). 713 800 habitants. (agglomération 5,4 millions). Industries automobiles.

**la guerre des Deux-Roses** ■ Guerre civile anglaise entre les maisons d'York et de Lancastre (1455-1485).

**les Deux-Sèvres** n. f. pl. [79] ■ Département français de la Région Poitou-Charentes. 6 036 km². 370 939 habitants. Chef-lieu : Niort. Chefs-lieux d'arrondissement : Bressuire, Parthenay.

**Eamon De Valera** ■ Homme d'État irlandais (1882-1975). Chef du parti nationaliste, le Sinn Féin, fondateur de la république d'Irlande en 1937 et président de la République de 1959 à 1973.

**Achille Devéria** ■ Dessinateur et peintre français (1800-1857). Il fut l'interprète romantique de la vie mondaine.

**la guerre de Dévolution** ■ Guerre par laquelle Louis XIV prit à l'Espagne le sud de la Flandre, notamment Lille (1668).

**le Devon** ■ Comté du sud-ouest de l'Angleterre. 6 715 km². 704 500 habitants. Chef-lieu : Exeter.

**Corneille De Vos** ■ Peintre flamand (v. 1585-1651). Il fut collaborateur de Rubens et peignit des portraits. ► **Paul De Vos,** son frère (1596-1673) fut aussi un peintre notable.

**Raymond Devos** ■ Comédien et auteur français de monologues (1922-2006). Il joua avec les mots, de manière virtuose et comique, souvent sur le thème de l'absurde.

**Hugo De Vries** ■ Botaniste et généticien hollandais (1848-1935). Il étudia les mutations.

**John Dewey** ■ Philosophe et pédagogue américain (1859-1952). Il est l'auteur de méthodes actives en pédagogie.

**Melvil Dewey** ■ Bibliographe américain (1851-1931). Il mit au point un système décimal de classification des livres.

**Dhaka** → Dacca

**André Dhôtel** ■ Romancier français (1900-1991). Ses récits sont d'inspiration rêveuse, parfois fantastique (*Le Pays où l'on n'arrive jamais*).

**Serge de Diaghilev** ■ Créateur des Ballets russes (1872-1929).

**Diane** → Artémis

**Diane de Poitiers** ■ Maîtresse d'Henri II (1499-1566).

**Bartolomeu Dias** ■ Navigateur portugais (v. 1450-1500). Il franchit le premier le cap de Bonne-Espérance.

**Porfirio Díaz** ■ Homme politique mexicain (1830-1915). Maître du pays de 1876 à 1911.

Mohammed **Dib** ■ Poète et romancier algérien d'expression française (1920-2003).

Charles **Dickens** ■ Romancier anglais (1812-1870). Romancier prolifique, il décrivit de manière critique et sensible de nombreux aspects de la société anglaise de son temps, aboutissant à des thèmes humanistes universels (*Oliver Twist; Le Magasin d'antiquités; Martin Chuzzlewit; David Copperfield; Les Grandes Espérances*). L'humour des *Aventures de M. Pickwick*, le charme des *Contes de Noël* éclairent le pessimisme de sa critique.

Emily **Dickinson** ■ Poète américaine (1830-1886). Son œuvre, publiée après sa mort, a exercé une grande influence sur la poésie des États-Unis.

Denis **Diderot** ■ Écrivain français (1713-1784). Auteur multiforme, conteur d'une vivacité qui n'exclut pas la profondeur (*Le Neveu de Rameau; Jacques le Fataliste et son maître*), il s'est montré philosophe de la nature et de l'émotion, passionné par l'art et la technique, par la morale et la politique, dans de nombreux textes comme dans la préface et les articles de «dictionnaire raisonné» qu'il dirigea avec d'Alembert, l'*Encyclopédie*.

**Didon** ou **Elissa** ■ Princesse de Tyr et reine de Carthage. D'après Virgile, abandonnée par Énée, elle se suicide.

**Die** ■ Chef-lieu d'arrondissement de la Drôme. 4 411 habitants. Vins.

**Điên Biên Phu** ■ Site du nord du Viêtnam. Défaite des Français contre le Viêt-minh (1954).

**Dieppe** ■ Chef-lieu et port de la Seine-Maritime. 31 148 habitants.

Rudolf **Diesel** ■ Ingénieur allemand (1858-1913). Inventeur du moteur sans carburateur, utilisant des carburants lourds, qui porte son nom.

Maria Magdalena, dite Marlène **Dietrich** ■ Actrice américaine naturalisée américaine (1901-1992). *L'Ange bleu*, de von Sternberg.

**Digne-les-Bains** ■ Chef-lieu des Alpes-de-Haute-Provence. 16 886 habitants.

**Dijon** ■ Chef-lieu de la Côte-d'Or et de la Région Bourgogne. 151 672 habitants. Cathédrale. Édifices de la Renaissance. Palais ducal.

**Dimitri IV Donskoï** ■ Grand prince de Russie (1350-1389), vainqueur des Mongols en 1380.

**Dinan** ■ Chef-lieu d'arrondissement des Côtes-d'Armor. 10 851 habitants.

**Dinant** ■ Ville de Belgique (Namur). 13 100 habitants.

**Dinard** ■ Ville d'Ille-et-Vilaine. 10 230 habitants. Station balnéaire.

**Dioclétien** ■ (245-v. 313) Empereur romain de 284 à 305. Il abdiqua.

**Diodore de Sicile** ■ Historien grec (v. 90-v. 20 avant J.-C.).

**Diogène le Cynique** ■ Philosophe grec (v. 413-v. 327 avant J.-C.).

le **Diois** ■ Massif des Préalpes du Sud.

**Dionysos** ■ mythologie grecque Dieu de la Vigne, du Vin et du Délire extatique, le *Bacchus* des Romains.

Birago **Diop** ■ Écrivain sénégalais d'expression française (1906-1989). *Les Contes d'Amadou Koumba.*

Christian **Dior** ■ Couturier français (1905-1957). Style «new-look».

les **Dioscures** → Castor et Pollux

Abdou **Diouf** ■ Président de la république du Sénégal de 1981 à 2000 (né en 1935).

Paul **Dirac** ■ Physicien britannique (1902-1984). Un des pères de la mécanique quantique.

le **Directoire** ■ Régime politique de la France de 1795 à 1799.

Elio **Di Rupo** ■ Homme politique belge (né en 1951). Premier ministre (socialiste) nommé en 2011.

Walt **Disney** ■ Réalisateur américain de dessins animés (1901-1966).

Benjamin **Disraeli** ■ Homme politique (conservateur) britannique (1804-1881).

Otto **Dix** ■ Peintre et graveur expressionniste allemand (1891-1969).

**Dixmude**, en néerlandais **Diksmuide** ■ Ville de Belgique, siège de combats en 1914, rasée puis reconstruite en style flamand. 15 800 habitants.

**Diyarbakır** ■ Ville de Turquie, en Anatolie orientale. 592 600 habitants.

Fatma Zohra Imalhayène, dite Assia **Djebar** ■ Romancière algérienne d'expression française (née en 1936). *Femmes d'Alger dans leur appartement; La Femme sans sépulture.* Élue à l'Académie française en 2005.

**Djeddah** ou **Djedda** ■ Port d'Arabie saoudite sur la mer Rouge. 2,8 millions d'habitants.

**Djerba** ■ Île de Tunisie. 514 km². 100 000 habitants.

la république de **Djibouti** ■ État du nord-est de l'Afrique. 23 200 km². 879 000 habitants. Capitale : Djibouti (542 000 habitants).

la **Djoungarie** ■ Région de Chine (Xinjiang).

**Djurdjura** ■ Chaîne montagneuse d'Algérie. 2 309 m au pic Lalla-Khadidja.

le **Dniepr** ■ Fleuve de Russie, de Biélorussie et d'Ukraine. 2 200 km.

le **Dniestr** ■ Fleuve d'Ukraine et de Moldavie. 1 352 km.

**Dnipropetrovsk** ■ Ville d'Ukraine, sur le Dniepr. 1,19 million d'habitants.

Alfred **Döblin** ■ Romancier allemand (1878-1957). *Berlin Alexanderplatz.*

la **Dobroudja** ■ Région partagée entre la Roumanie et la Bulgarie.

le **Dodécanèse** ■ Archipel grec de la mer Égée dont fait partie Rhodes.

**Dodoma** ■ Capitale de la Tanzanie. 250 000 habitants.

**Dodone** ■ Ville de la Grèce antique (Épire). Célèbre oracle.

les **Dogons** ■ Peuple du Mali.

**Doha** ■ Capitale du Qatar. 521 300 habitants.

Robert **Doisneau** ▪ Photographe français (1912-1994).

**Dole** ▪ Chef-lieu d'arrondissement du Jura. 24 009 habitants.

Étienne **Dolet** ▪ Humaniste et imprimeur français, brûlé pour hérésie (1509-1546).

Engelbert **Dollfuss** ▪ Homme politique autrichien (1892-1934). Assassiné par les nazis.

les **Dolomites** n. f. pl. ou **Alpes dolomitiques** ▪ Massif italien des Alpes orientales. Point culminant : la Marmolada, 3 343 m.

Françoise **Dolto** ▪ Psychanalyste française (1908-1988). Elle eut une grande influence sur l'éducation (*La Cause des enfants*).

la **Dombes** ▪ Région française (Ain).

le puy de **Dôme** ▪ Point culminant (1 465 m) des volcans de la *chaîne des Puys* ou *monts Dôme* en Auvergne.

Placido **Domingo** ▪ Chanteur (ténor) espagnol (né en 1941). Son répertoire est l'opéra italien, notamment Verdi.

la **République dominicaine** ▪ État de l'est de l'île d'Haïti. 48 730 km². 9,4 millions d'habitants. Capitale : Saint-Domingue.

saint **Dominique** ▪ Religieux espagnol, fondateur de l'ordre des dominicains (v. 1170-1221).

le Commonwealth de **Dominique** ▪ Île et État des Antilles. 751 km². 71 500 habitants. Capitale : Roseau.

**Domitien** ▪ (51-96) Empereur romain de 81 à son assassinat.

**Domrémy-la-Pucelle** ▪ Commune des Vosges. Patrie de Jeanne d'Arc. 142 habitants.

le **Don** ▪ Fleuve de Russie (1 870 km).

Donato di Niccolò di Betto Bardi, dit **Donatello** ▪ Sculpteur italien (v. 1386-1466). L'un des plus grands artistes de la Renaissance italienne, actif à Florence, il influença Michel-Ange et toute l'esthétique de son temps. Son *David* est célèbre.

le **Donbass** ▪ Bassin houiller d'Ukraine et de Russie.

**Donetsk** ▪ Ville d'Ukraine. 1,1 million d'habitants.

Emmanuel **Dongala** ▪ Écrivain congolais d'expression française (né en 1941). Professeur de chimie, exilé aux États-Unis, il écrit des ouvrages sur la guerre, le continent africain et l'enfance. *Jazz et vin de palme ; Johnny Chien méchant.*

Gaetano **Donizetti** ▪ Compositeur romantique italien, auteur de nombreux opéras (1797-1848).

**Don Juan** ▪ Personnage mythique du séducteur libertin, mis en scène par Tirso de Molina, Molière, Mozart.

John **Donne** ▪ Poète anglais (1573-1631). Sa poésie amoureuse et religieuse, symbolique et métaphysique, est devenue très influente sur les poètes du XXᵉ s.

Christian **Doppler** ▪ Physicien autrichien (1803-1853).

la **Dordogne** ▪ Rivière, affluent de la Garonne. 490 km. ► la **Dordogne** [24]. Département français de la Région Aquitaine. 9 222 km². 415 168 habitants. Chef-lieu : Périgueux. Chefs-lieux d'arrondissement : Bergerac, Nontron, Sarlat-la-Canéda.

Gustave **Doré** ▪ Dessinateur, graveur et peintre romantique français (1832-1883).

Roland Lécavelé, dit Roland **Dorgelès** ▪ Romancier français (1885-1973). *Les Croix de bois*, récit de la guerre de 1914-1918.

les **Doriens** ▪ Peuple grec de l'Antiquité.

Jacques **Doriot** ▪ Homme politique français (1898-1945). Il collabora avec les nazis.

**Dortmund** ▪ Ville d'Allemagne (Rhénanie-du-Nord-Westphalie). 597 400 habitants.

John **Dos Passos** ▪ Écrivain américain (1896-1970). *Manhattan Transfer.*

Fedor **Dostoïevski** ▪ Écrivain russe (1821-1881). Spiritualiste chrétien fasciné par la présence du mal, il a écrit des romans d'un humanisme fervent, d'une générosité angoissée et d'une puissance dramatique intense (*Crime et Châtiment ; L'Idiot ; Les Démons ; Les Frères Karamazov*), ainsi que des souvenirs tragiques (*Souvenirs de la maison des morts*).

Christian **Dotremont** ▪ Écrivain et dessinateur belge d'expression française (1922-1979). Inventeur des « logogrammes », caractères abstraits, glosés par une phrase poétique.

**Douai** ▪ Chef-lieu d'arrondissement du Nord. 41 915 habitants.

**Douala** ▪ Port du Cameroun. 1,9 million d'habitants.

**Douarnenez** ▪ Port du Finistère. 14 815 habitants.

le fort de **Douaumont** ▪ Enjeu de combats meurtriers durant la bataille de Verdun.

le **Doubs** ▪ Rivière, affluent de la Saône. 430 km. ► le **Doubs** [25]. Département français de la Région Franche-Comté. 5 228 km². 529 103 habitants. Chef-lieu : Besançon. Chefs-lieux d'arrondissement : Montbéliard, Pontarlier.

**Douchanbé** ▪ Capitale du Tadjikistan. 562 000 habitants.

Paul **Doumer** ▪ (1857-1932) Président (radical) de la République française de 1931 à son assassinat.

Gaston **Doumergue** ▪ (1863-1937) Président (radical) de la République française de 1924 à 1931.

le **Douro**, en espagnol **Duero** ▪ Fleuve de la péninsule Ibérique qui se jette dans l'Atlantique à Porto. 850 km.

**Douvres**, en anglais **Dover** ▪ Port d'Angleterre (sur le pas de Calais). 104 500 habitants.

Alexandre Petrovitch **Dovjenko** ▪ Cinéaste ukrainien (1894-1956). Auteur de films lyriques à la gloire de la nature (*La Terre*).

l'indice **Dow Jones** n. m. ▪ Indice de la Bourse de New York, créé en 1896, établi à partir de trente grandes valeurs industrielles.

John **Dowland** ■ Compositeur anglais (1563-1626). Œuvre instrumentale (luth, viole) et vocale, d'un lyrisme retenu.

**Downing Street** ■ Rue de Londres où se trouve la résidence du Premier ministre.

sir Arthur Conan **Doyle** ■ Écrivain écossais (1859-1930). Romans policiers dont le héros est Sherlock Holmes.

**Dracula** (roumain *dracul* « le dragon ») ■ Personnage de vampire, inspiré d'un tyran roumain historique, et créé par le romancier anglais Bram Stoker.

**Draguignan** ■ Chef-lieu d'arrondissement du Var. 37 501 habitants.

sir Francis **Drake** ■ Navigateur et corsaire anglais (v. 1540-1596).

le **Drakensberg** ■ Massif basaltique d'Afrique du Sud. 3 650 m.

**Drancy** ■ Commune de Seine-Saint-Denis. 66 635 habitants. Camp d'internement sous l'occupation allemande.

la **Drave** ■ Rivière, affluent du Danube. 707 km.

les **Dravidiens** ■ Peuples du sud de l'Inde (Dekkan).

Theodore **Dreiser** ■ Romancier américain (1871-1945). Adepte d'un réalisme social (*Une tragédie américaine*).

**Dresde**, en allemand **Dresden** ■ Ville d'Allemagne (Saxe). 493 200 habitants. La ville a été détruite par les bombardements alliés de 1945.

**Dreux** ■ Chef-lieu d'arrondissement d'Eure-et-Loir. 30 536 habitants.

Carl Theodor **Dreyer** ■ Cinéaste danois (1889-1968). *Dies irae ; La Passion de Jeanne d'Arc*.

l'**affaire Dreyfus** n. f. ■ Crise majeure de la IIIe République (1894-1906) qui a pour origine la condamnation injuste du capitaine d'origine juive Alfred Dreyfus (1859-1935) pour espionnage au profit de l'Allemagne.

Pierre **Drieu la Rochelle** ■ Écrivain français (1893-1945). Influencé par Barrès et Maurras, ce poète et romancier sensible (*Le Feu follet*) fut tenté par le fascisme et collabora avec les nazis. Il se suicida en 1945.

la **Déclaration des droits de l'homme et du citoyen** ■ Déclaration votée par l'Assemblée constituante le 26 août 1789.

la **Drôme** ■ Rivière, affluent du Rhône. 110 km. ► la **Drôme** [26]. Département français de la Région Rhône-Alpes. 6 576 km². 487 993 habitants. Chef-lieu : Valence. Chefs-lieux d'arrondissement : Die, Nyons.

les **Druzes** ■ Secte arabe issue des ismaïliens (Syrie, Galilée, Liban).

John **Dryden** ■ Auteur dramatique classique anglais (1631-1700).

**Dubaï** ■ Un des Émirats arabes unis. 3 840 km². 1,3 million d'habitants. Capitale : Dubaï.

Alexander **Dubček** ■ Homme politique tchécoslovaque (1921-1992). Instigateur du « printemps de Prague » (1968).

Marcel **Dubé** ■ Auteur dramatique canadien d'expression française (né en 1930). *Zone ; Bilan*.

Roland **Dubillard** ■ Auteur de théâtre, poète et acteur français (1923-2011). *Naïves hirondelles ; Les Diablogues*.

**Dublin** ■ Capitale et port de la république d'Irlande. 506 200 habitants (agglomération 1 million).

Charles **Du Bos** ■ Critique littéraire et essayiste français (1882-1939). Important *Journal*.

Albert **Dubout** ■ Dessinateur comique français (1905-1976).

**Dubrovnik**, anciennement **Raguse** ■ Port de Croatie, sur la côte dalmate. 42 615 habitants. Cité ancienne.

Jean **Dubuffet** ■ Peintre français (1901-1985). Théoricien de l'« art brut ».

Georges **Duby** ■ Médiéviste français (1919-1996).

Maxime **Du Camp** ■ Écrivain français (1822-1894). Ami de Flaubert, il écrivit avec lui *Par les champs et par les grèves*. Auteur de plusieurs ouvrages sur Paris et de *Souvenirs littéraires*.

**Duccio di Buoninsegna** ■ Peintre italien de l'école siennoise (v. 1225-v. 1319).

Marcel **Duchamp** ■ Artiste français (1887-1968). Pionnier du dadaïsme, avec ses objets *ready-made*. ► Raymond **Duchamp-Villon**, son frère (1876-1918), sculpteur proche du cubisme.

Gaston **Duchamp** → Jacques **Villon**.

Réjean **Ducharme** ■ Écrivain canadien d'expression française (né en 1941). Sa virtuosité linguistique est au service d'une peinture tragi-comique de la société québécoise. *Le Nez qui voque ; L'Hiver de force*.

Guillaume **Dufay** ■ Compositeur franco-flamand (v. 1400-1474). Il fit la synthèse de la polyphonie française et de la mélodie italienne.

Guillaume Henri **Dufour** ■ Général suisse (1787-1875). Il créa et dirigea l'armée de la Confédération helvétique.

le **Dufourspitze** ■ Point culminant de la Suisse (4 634 m).

Diane **Dufresne** ■ Chanteuse et comédienne canadienne d'expression française (née en 1944).

Raoul **Dufy** ■ Peintre et décorateur français (1877-1953). Il évolua du fauvisme à une peinture légère, claire, colorée. *La Fée Électricité*.

René **Duguay-Trouin** ■ Corsaire français (1673-1736).

Bertrand **Du Guesclin** ■ Connétable de France, héros de la guerre de Cent-Ans (v. 1320-1380).

Georges **Duhamel** ■ Écrivain français (1884-1966). *Récits des temps de guerre ; Chronique des Pasquier*.

Karl Eugen **Dühring** ■ Philosophe et économiste allemand (1833-1921), sociodémocrate, opposé à Marx et Engels.

**Duisbourg**, en allemand **Duisburg** ■ Ville d'Allemagne (Rhénanie-Westphalie), au confluent du Rhin et de la Ruhr. 544 000 habitants. Port fluvial.

Paul **Dukas** ▪ Compositeur français (1865-1935). *L'Apprenti sorcier.*

Germaine **Dulac** ▪ Cinéaste française (1882-1942). Pionnière de l'avant-garde dans les années 1920, elle fonda la Fédération française des ciné-clubs.

John Foster **Dulles** ▪ Homme politique américain (1888-1959). Responsable de la politique étrangère américaine durant la guerre froide.

Charles **Dullin** ▪ Acteur et metteur en scène français de théâtre (1885-1949). Fondateur de l'*Atelier*, pédagogue du théâtre. Au cinéma, *Volpone.*

Jean-Baptiste **Dumas** ▪ Chimiste français (1800-1884).

Alexandre **Dumas** ▪ Écrivain français (1802-1870). Sa virtuosité narrative en fait le plus populaire des romanciers de son temps. Souvenirs et récits de voyage passionnants. *Le Comte de Monte-Cristo ; Les Trois Mousquetaires.* ► Alexandre **Dumas fils**, son fils (1824-1895), auteur dramatique. *La Dame aux camélias.*

Georges **Dumézil** ▪ Historien français des religions (1898-1986). Il a mis en lumière la théorie des trois fonctions (prêtre, guerrier, paysan) dans les sociétés indoeuropéennes.

René **Dumont** ▪ Agronome français (1904-2001). Spécialiste du développement économique des pays pauvres, il dénonça l'attitude des pays riches, notamment à l'égard de l'Afrique.

Jules **Dumont d'Urville** ▪ Navigateur français (1790-1842). Découverte de la terre Adélie.

Charles François **Dumouriez** ▪ Général français (1739-1823). Il passa aux Autrichiens en 1793.

Henri **Dunant** ▪ Philanthrope suisse, créateur de la Croix-Rouge (1828-1910).

Isadora **Duncan** ▪ Danseuse américaine (1877-1927).

**Dundee** ▪ Port de l'est de l'Écosse (Tayside). 145 500 habitants.

**Dunkerque** ▪ Chef-lieu d'arrondissement et port du Nord. 91 386 habitants.

John **Dunlop** ▪ Inventeur britannique (1840-1921). Créateur du pneumatique.

Jean **Dunois**, dit **le Bâtard d'Orléans** ▪ Homme de guerre français (1402-1468). Il fut le compagnon d'armes de Jeanne d'Arc.

John **Duns Scot** ▪ Théologien et philosophe écossais (v. 1266-1308).

Félix **Dupanloup** ▪ Évêque français (1802-1878). Catholique intransigeant, il s'opposa à l'entrée de Littré à l'Académie française.

Henri **Duparc** ▪ Compositeur français (1848-1933). Il détruisit une grande partie de son œuvre, ne conservant que des mélodies.

Joseph François **Dupleix** ▪ Gouverneur français de l'Inde (1697-1763).

Pierre **Dupont de Nemours** ▪ Économiste français (1739-1817). Il émigra aux États-Unis.

Marcel **Dupré** ▪ Organiste et compositeur français (1886-1971).

Guillaume **Dupuytren** ▪ Chirurgien français (1777-1835).

Abraham **Duquesne** ▪ Marin français (1610-1688).

la **Durance** ▪ Rivière, affluent du Rhône. 305 km.

**Durandal** ou **Durendal** ▪ Nom de l'épée de Roland.

Marguerite **Duras** ▪ Romancière et cinéaste française (1914-1996). Ses récits d'apparence statique sont vivifiés par l'exigence et la passion de l'écriture. *Moderato cantabile. L'Amant.* Scénariste de *Hiroshima mon amour.*

**Durban** ▪ Port d'Afrique du Sud (Kwazulu-Natal). 1,1 million d'habitants.

Albrecht **Dürer** ▪ Artiste allemand de la Renaissance (1471-1528). Remarquable graveur *(Melencolia I)*, peintre *(Les Quatre Apôtres)*, théoricien *(Traité des proportions du corps humain)* et grand anatomiste.

**Durham** ▪ Ville du nord de l'Angleterre. 38 000 habitants. Cathédrale (XIᵉ-XIIᵉ s.).

Émile **Durkheim** ▪ Sociologue français (1858-1917). Il établit les principes fondateurs de la sociologie.

Lawrence **Durrell** ▪ Romancier anglais (1912-1990). *Le Quatuor d'Alexandrie.*

Friedrich **Dürrenmatt** ▪ Écrivain suisse de langue allemande (1921-1991). Pièces de théâtre *(La Visite de la vieille dame).*

**Durrës** ▪ Port d'Albanie. 115 550 habitants.

Buenaventura **Durruti** ▪ Syndicaliste anarchiste espagnol (1896-1936). Tué lors de la guerre d'Espagne.

Victor **Duruy** ▪ Historien et homme politique français (1811-1894).

**Düsseldorf** ▪ Ville d'Allemagne (Rhénanie-du-Nord-Westphalie), sur le Rhin. 575 100 habitants.

Henri **Dutilleux** ▪ Compositeur français (1916-2013). *Métaboles ; Timbres, espace, mouvement ; Le Temps de l'horloge.*

François **Duvalier** ▪ (1909-1971) Homme politique haïtien, au pouvoir de 1957 à sa mort. ► Jean-Claude **Duvalier**, son fils (né en 1951) lui a succédé. Il fut contraint d'abandonner le pouvoir en 1986.

Julien **Duvivier** ▪ Cinéaste français (1896-1967). *La Bandera ; Pépé le Moko.*

la **Dvina occidentale** ▪ Fleuve de Russie, de Biélorussie et de Lettonie. 1 020 km.

Antonín **Dvořák** ▪ Compositeur tchèque (1841-1904). *Symphonie « Du Nouveau Monde ».* Opéras *(Rusalka)*, musique religieuse...

Bob **Dylan** ▪ Chanteur américain (né en 1941). Contestaire de style rock et folk. *Blowin' in the wind.*

George **Eastman** ■ Inventeur et industriel américain (1854-1932). Pionnier de la photographie et du cinéma.

Clint **Eastwood** ■ Acteur et réalisateur de cinéma américain (né en 1930). Films policiers, westerns, œuvres personnelles. *Honky Tonk Man ; Sur la route de Madison ; Million Dollar Baby.*

Isabelle **Eberhardt** ■ Femme de lettres française d'origine russe (1877-1904). Convertie à l'islam, elle mena une vie aventureuse en Algérie et dans le Sahara. *Notes de route.*

Friedrich **Ebert** ■ (1871-1925) Président (social-démocrate) de la République allemande de 1919 à 1925.

l'**Èbre** n. m., en espagnol **Ebro** ■ Fleuve d'Espagne. 950 km.

**Ecbatane** ■ Ancienne capitale des Mèdes (→ Hamadān).

Maître **Eckhart** ■ Dominicain et mystique allemand (v. 1260-v. 1327).

Umberto **Eco** ■ Écrivain et sémioticien italien (né en 1932). Il est l'auteur d'essais sur l'esthétique, la sociologie, la littérature, et de romans inventifs qui l'ont rendu célèbre *(Le Nom de la rose ; L'Île du jour d'avant).*

l'**Écosse**, en anglais **Scotland** ■ Partie la plus au nord de la Grande-Bretagne. 78 772 km². 5,1 millions d'habitants. Capitale : Édimbourg.

**Écouen** ■ Ville du Val-d'Oise. 7 313 habitants. Château de la Renaissance.

**Edda** ■ Nom de deux poèmes épiques islandais du Moyen Âge, l'un mythologique *(Ancien Edda* ou *Edda poétique),* l'autre comportant un art poétique, dû à Snorri Sturluson.

sir Arthur **Eddington** ■ Astronome britannique (1882-1944). Ses expériences contribuèrent à vérifier la théorie de la relativité d'Einstein.

**Édesse** ■ Ancienne ville de Mésopotamie.

**Edfou** ou **Idfû** ■ Ville du sud de l'Égypte. 69 000 habitants. Temple consacré à Horus.

**Édimbourg,** en anglais **Edinburgh** ■ Capitale de l'Écosse. 449 000 habitants.

**Edirne,** anciennement **Andrinople** ■ Ville de Turquie, en Europe, près de la Grèce et de la Bulgarie. 139 000 habitants. Ville historique, monuments anciens.

Thomas **Edison** ■ Inventeur américain (1847-1931). Phonographe. Lampe à incandescence.

**Edmonton** ■ Ville du Canada (Alberta). 666 100 habitants.

saint **Édouard le Confesseur** ■ (v. 1002-1066) Roi d'Angleterre de 1042 à sa mort.

**Édouard** ■ Nom de plusieurs rois d'Angleterre. ► **Édouard III** (1312-1377). Roi de 1327 à sa mort. Il déclencha la guerre de Cent Ans. ► **Édouard VII** (1841-1910). Roi de 1901 à sa mort. ► **Édouard VIII** (1894-1972) ne régna qu'un an, en 1936. Il abdiqua et prit le titre de *duc de Windsor.*

**Édouard d'Angleterre** dit **le Prince Noir** ■ Prince de Galles (1330-1376). Fils d'Édouard II, vainqueur de Jean II le Bon à Poitiers (1356).

le lac **Édouard** ■ Lac entre la République démocratique du Congo et l'Ouganda. 2 150 km².

les **Éduens** ■ Peuple gaulois (Bourgogne, Morvan, Mâconnais), le plus puissant avec les Arvernes.

Georges **Eekhoud** ■ Poète et romancier belge d'expression française (1854-1927). Réalisme social.

la mer **Égée** ■ Partie de la Méditerranée entre la Grèce et la Turquie.

**Égine** ■ Île grecque entre Athènes et le Péloponnèse.

la République arabe d'**Égypte** ■ État du nord-est de l'Afrique. 1 001 449 km². 72,6 millions d'habitants. Capitale : Le Caire.

Joseph von **Eichendorff** ■ Poète et romancier allemand (1788-1857).

Gustave **Eiffel** ■ Ingénieur français (1832-1923). Il réalisa, à Paris, *la tour Eiffel* (1887-1889).

l'**Eiger** n. m. ■ Sommet des Alpes bernoises en Suisse. 3 970 m.

**Eindhoven** ■ Ville des Pays-Bas (Brabant septentrional). 209 700 habitants (zone urbaine 405 200). Centre industriel (Philips) ; musée d'Art moderne.

**Einsiedeln** ■ Ville de Suisse (Schweiz). 12 000 habitants. Abbaye de style baroque.

Albert **Einstein** ■ Physicien allemand naturalisé américain (1879-1955). Ses théories de la relativité (relativité restreinte, relativité générale) ont bouleversé la science moderne.

l'**Eire** n. f. ■ Nom gaélique de l'Irlande.

Dwight **Eisenhower** ■ (1890-1969) Chef des forces alliées en 1943-1945 et président (républicain) des États-Unis, de 1953 à 1961.

Serguei Mikhaïlovitch Aïzenchtaïn, en français Serge **Eisenstein** ▪ Cinéaste russe de l'époque soviétique (1898-1948). Metteur en scène de théâtre, décorateur, il développa au cinéma son génie de l'image et du montage, au service de l'idéologie léniniste. *Le Cuirassé Potemkine ; Octobre ; Que Viva Mexico !* (au Mexique, inachevé) ; *Alexandre Nevski ; Ivan le Terrible.*

**Élagabal** ou **Héliogabale** ▪ (204-222) Empereur romain de 218 à sa mort.

l'**Élam** n. m. ▪ Royaume antique à l'est du Tigre. C'est la *Susiane* des Grecs.

l'**Elbe** n. f. ▪ Fleuve d'Europe centrale. 1 165 km.

l'**île d'Elbe** ▪ Île italienne où Napoléon I$^{er}$ séjourna en exil (1814-1815).

**Elbeuf** ▪ Ville de Seine-Maritime, ancien centre de l'industrie du drap. 16 800 habitants.

l'**Elbourz** n. m. ▪ Chaîne montagneuse du nord de l'Iran. 5 671 m au Demävend.

l'**Elbrouz** ▪ Point culminant du Caucase. 5 642 m.

l'**Eldorado** n. m. ▪ Contrée mythique d'Amérique du Sud dont rêvaient les conquérants espagnols.

**Électre** ▪ mythol. grecque Fille d'Agamemnon et de Clytemnestre. Pour venger son père, elle fit tuer sa mère.

**Éleusis** ▪ Ville de Grèce (Attique), où étaient célébrés dans l'Antiquité *les mystères d'Éleusis,* liés au culte de Déméter.

sir Edward **Elgar** ▪ Compositeur anglais (1857-1934).

Mircea **Eliade** ▪ Historien des religions et romancier roumain (1907-1986). *Traité d'histoire des religions ; Aspects du mythe.*

**Élie** ▪ Prophète de la Bible.

Mary Ann Evans, dite George **Eliot** ▪ Romancière anglaise (1819-1880). Elle est l'auteur de « romans d'idées » généreux et humanistes.

Thomas Stearns **Eliot** ▪ Poète anglais d'origine américaine (1888-1965). L'une des figures majeures de la poésie anglaise du XX$^e$ siècle.

sainte **Élisabeth** ▪ Mère de Jean-Baptiste et cousine de la Vierge Marie.

**Élisabeth I$^{re}$** ▪ (1533-1603) Reine d'Angleterre de 1558 à sa mort. Fille d'Henri VIII.

**Élisabeth II** ▪ (née en 1926) Reine du Royaume-Uni depuis 1952.

**Élisabeth de Wittelsbach** ▪ (1837-1898) Impératrice d'Autriche, épouse de François-Joseph I$^{er}$. Elle fut surnommée Sissi.

**Élisabeth Petrovna** ▪ (1709-1762) Impératrice de Russie de 1741 à sa mort, fille de Pierre I$^{er}$.

Edward Kennedy, dit Duke **Ellington** ▪ Pianiste et chef d'orchestre de jazz américain (1899-1974). Ses thèmes et ses orchestrations, le choix des membres de son orchestre (Barney Bigard, Cootie Williams, Johnny Hodges...) en font une figure majeure du jazz entre 1925 et les années 1960.

**Ellora** ▪ Site archéologique de l'Inde. Temple creusé dans le roc (Kailāsa).

Lee Earle, dit James **Ellroy** ▪ Écrivain américain (né en 1948). Romans noirs ; obsessions, crimes et perversions mises en œuvre, marquée par sa relation à sa mère, qui fut assassinée en 1958. *Le Dahlia noir ; L.A. Confidential ; Ma part d'ombre.*

saint **Éloi** ▪ Orfèvre franc, évêque, conseiller du roi Dagobert (v. 588-660).

**El Paso** ▪ Ville des États-Unis (Texas). 650 000 habitants.

**Elseneur,** en danois **Helsingør** ▪ Port du Danemark. 35 000 habitants. Shakespeare y situa l'action d'*Hamlet.*

Max **Elskamp,** en ▪ Poète belge d'expression française, d'inspiration populaire et mystique (1862-1931).

Boris **Eltsine** ▪ (1931-2007) Président de la Fédération de Russie de 1991 à 1999.

Eugène Grindel, dit Paul **Éluard** ▪ Poète français (1895-1952). Tenté par les avant-gardes (dada, puis le surréalisme), il y exprima un lyrisme personnel généreux au service de la justice et de la liberté (« J'écris ton nom... Liberté »).

l'**Élysée** n. m. ▪ Résidence du président de la République française (à Paris).

les champs **Élysées** → champs Élysées

les **Elzévir** ou **Elsevier** ▪ Imprimeurs hollandais des XVI$^e$ et XVII$^e$ s.

Ralph Waldo **Emerson** ▪ Essayiste et poète idéaliste américain (1803-1882).

l'**Émilie** n. f. ▪ Région du nord de l'Italie, réunie à la Romagne pour former l'**Émilie-Romagne** [en italien *Emilia-Romagna*] (22 123 km$^2$ ; 3,98 millions d'habitants. ; chef-lieu : Bologne).

Mihai **Eminescu** ▪ Poète romantique roumain (1850-1889).

la fédération des **Émirats arabes unis** ▪ Fédération de sept émirats de la péninsule Arabique (Abou Dhabi, Dubaï, Sharjah, Ajman, Umm al-Qaïwaïn, Ras al-Khaima et Fujaïrah). 83 657 km$^2$. 4,1 millions d'habitants. Capitale : Abou Dhabi.

**Emmaüs** ▪ Bourg de Judée. Dans l'Évangile, Jésus y apparaît à deux disciples après sa résurrection.

**Emmental** ou **Emmenthal** (« vallée de l'Emme ») ▪ Vallée de Suisse, dans le canton de Berne. Production de fromages.

Anne Catherine **Emmerich** → Clemens **Brentano**

**Empédocle** ▪ Penseur grec (v. 490-v. 435 avant J.-C.), philosophe et poète.

le Premier **Empire** ■ Gouvernement de la France sous Napoléon I<sup>er</sup> (1804-1814 et mars-juin 1815).

le Second **Empire** ■ Gouvernement de la France sous Napoléon III (1852-1870).

la dépêche d'**Ems** ■ Dépêche qui provoqua la guerre franco-allemande de 1870.

l'**E. N. A.** ■ «École nationale d'administration», école française qui forme les hauts responsables de l'Administration.

Juan del **Encina** ■ Compositeur et poète dramatique espagnol (1469-v. 1529). Églogues comiques et tragiques ; chants polyphoniques.

l'**Encyclopédie** ■ Ouvrage, dirigé par Diderot et d'Alembert, « Dictionnaire raisonné » scientifique et technique dans l'esprit des Lumières (1751-1772).

**Énée** ■ Prince troyen légendaire, héros de l'*Énéide* de Virgile.

Georges **Enesco** ou George **Enescu** ■ Compositeur et violoniste roumain (1881-1955). Musique de chambre et orchestrale.

l'**Engadine** n. f. ■ Région de Suisse orientale, haute vallée de l'Inn (Grisons). Altitude de 1 000 à 1 900 m.

Friedrich **Engels** ■ Théoricien socialiste allemand (1820-1895). Ami de Marx, avec lequel il écrivit le *Manifeste du parti communiste*.

le duc d'**Enghien** ■ Dernier des Condé (1772-1804), fusillé sur ordre de Bonaparte.

**Enghien-les-Bains** [ãgɛ̃] ■ Ville résidentielle et station thermale du Val-d'Oise. 11 560 habitants.

François **Englert** ■ Physicien belge (né en 1932). A proposé au même moment que Peter Higgs mais indépendamment de lui, l'existence du boson de Higgs. Prix Nobel 2013, avec P. Higgs.

**Enna** ■ Ville du centre de la Sicile, à 942 m d'altitude. 29 000 habitants.

James Sydney **Ensor** ■ Peintre et graveur belge (1860-1949), au style expressionniste puissant.

l'**Entente cordiale** n. f. ■ Politique de rapprochement franco-britannique, inaugurée par Guizot.

l'**Entre-Deux-Mers** n. m. ■ Région du Bordelais, entre Garonne et Dordogne. Vignobles.

**Éole** ■ mythol. grecque Dieu des Vents.

les îles **Éoliennes** ou **Lipari** ■ Archipel italien de la mer Tyrrhénienne.

József **Eötvös** ■ Écrivain et homme politique hongrois (1813-1871). Il voyagea en Europe, notamment en France (*Le Chartreux*). Romans décrivant la vie rurale en Hongrie.

Peter **Eötvös** ■ Compositeur et chef d'orchestre hongrois (né en 1944). Musique orchestrale ; opéras.

**Épaminondas** ■ Général et homme d'État grec (v. 418-362 avant J.-C.).

l'abbé de l'**Épée** ■ Éducateur français des sourds-muets (1712-1789).

**Épernay** ■ Chef-lieu d'arrondissement de la Marne. 23 888 habitants. Champagne.

**Éphèse** ■ Ancienne ville d'Asie Mineure. Temple d'Artémis.

**Épictète** ■ Philosophe stoïcien latin de langue grecque (50-v. 130).

**Épicure** ■ Philosophe grec (341-270 avant J.-C.).

**Épidaure** ■ Ancienne ville de Grèce. Sanctuaire d'Asclépios, théâtre.

**Épinal** ■ Chef-lieu des Vosges. 32 734 habitants.

l'**Épire** n. f. ■ Région montagneuse partagée entre la Grèce (9 302 km², 360 000 habitants) et l'Albanie.

**Epsom** ■ Ville d'Angleterre (Surrey). 75 000 habitants. Courses de chevaux.

Jean **Epstein** ■ Cinéaste français (1897-1953). Théoricien, réalisateur inventif (*Le Tempestaire ; Finis terrae*).

l'**Équateur** n. m. ■ État d'Amérique du Sud, sur le Pacifique. 283 561 km². 14,5 millions d'habitants. Capitale : Quito.

**Érasme** ■ Humaniste hollandais (v. 1469-1536). *Éloge de la folie*.

**Ératosthène** ■ Astronome, mathématicien et géographe grec (v. 276-v. 194 avant J.-C.).

**Erckmann-Chatrian** ■ Nom de plume adopté par Émile Erckmann (1822-1899) et Alexandre Chatrian (1826-1890), romanciers français d'Alsace. *L'Ami Fritz*.

l'**Érechtéion** [eʀɛktejɔ̃] n. m. ■ Temple sur l'Acropole à Athènes.

**Erevan** ■ Capitale de l'Arménie. 1,1 million d'habitants.

**Erfurt** ■ Ville d'Allemagne (Thuringe). 210 500 habitants.

le lac **Érié** ■ Grand Lac américain, situé à la frontière entre les États-Unis et le Canada, entre le lac Huron et le lac Ontario (25 800 km²).

**Erik le Rouge** ■ Chef norvégien (v. 940-v. 1010). Il découvrit le Groenland.

les **Érinyes** n. f. pl. ■ mythol. grecque Déesses de la Vengeance, les *Furies* des Romains.

l'**Ermitage** n. m. ■ Palais de Saint-Pétersbourg. Musée.

Max **Ernst** ■ Artiste allemand naturalisé français (1891-1976). Œuvre où l'imaginaire s'allie à l'humour, servi par une perfection technique dans de nombreux procédés.

**Éros** ■ Dieu grec de l'Amour, le *Cupidon* des Romains.

l'**Érythrée** n. m. ■ État d'Afrique de l'Est sur la mer Rouge. 117 600 km². 5,2 millions d'habitants. Capitale : Asmara.

l'**Erzgebirge** n. m. ■ Massif montagneux entre l'Allemagne et la République tchèque. Point culminant : Klínovec, 1 244 m.

**Ésaü** ■ Bible Frère aîné de Jacob, auquel il vendit son droit d'aînesse.

l'**Escaut** n. m. ■ Fleuve de France, de Belgique et des Pays-Bas. 430 km.

**Eschine** ■ Orateur grec (v. 390-314 avant J.-C.), adversaire de Démosthène.

**Eschyle** ■ Fondateur de la tragédie grecque (v. 525-456 avant J.-C.). *Les Perses* ; *L'Orestie*.

le Grand Lac des **Esclaves** ■ Lac du nord du Canada. 27 800 km².

Auguste **Escoffier** ■ Cuisinier français (1846-1935). *Guide culinaire*.

**Esculape** ■ Dieu romain de la Médecine, l'*Asclépios* des Grecs.

l'**Escurial** n. m., en espagnol **El Escorial** ■ Palais et monastère édifié près de Madrid par Philippe II.

**Esdras** [ɛsdRas] ■ Personnage biblique, scribe et prêtre du Ve s. avant J.-C.

**Ésope** ■ Fabuliste grec (VIe s. avant J.-C.).

l'**Espagne** n. f. ■ État du sud-ouest de l'Europe. 504 748 km². 46,8 millions d'habitants. Capitale : Madrid.

la guerre d'**Espagne** ■ Guerre civile qui opposa les républicains aux nationalistes (→ Franco) de 1936 à 1939.

l'**Esquilin** n. m. ■ Une des collines de Rome.

les **Esquimaux** ou **Eskimos** → **Inuits**

Jean-Étienne Dominique **Esquirol** ■ Médecin et psychiatre français (1772-1840). Il poursuivit les travaux et l'action de Pinel.

**Essen** ■ Ville d'Allemagne (Rhénanie-du-Nord-Westphalie). 589 500 habitants. Centre métallurgique de la Ruhr.

Serguei **Essenine** ■ Poète lyrique russe (1895-1925).

l'**Essex** n. m. ■ Comté de l'Angleterre. 3 674 km². 1,55 million d'habitants. Chef-lieu : Chelmsford.

l'**Essonne** n. f. ■ Rivière, affluent de la Seine. 90 km. ▶ l'**Essonne** [91]. Département français de la Région Île-de-France. 2 284 km². 1,23 million d'habitants. Chef-lieu : Évry. Chefs-lieux d'arrondissement : Étampes, Palaiseau.

l'**Estaque** n. f. ■ Chaînon des Alpes de Provence, allant du sud de l'étang de Berre au nord-ouest de Marseille. ▶ l'**Estaque**, banlieue de Marseille.

les **Este** ■ Famille d'Italie. Ducs de Ferrare (1240-1597) et de Modène (1288-1796).

l'**Esterel** n. m. ■ Massif de Provence. Point culminant : Mont Vinaigre, 614 m.

Maurice **Estève** ■ Peintre français (1904-2001). Œuvres abstraites équilibrées et fortement rythmées.

**Esther** ■ Bible Héroïne qui épouse le roi de Perse et obtient la grâce des juifs. Son histoire a inspiré Racine.

les **Estienne** ■ Imprimeurs et humanistes français du XVIe s. ▶ Robert **Estienne** (1498-1559) et Henri **Estienne**, son fils (1531-1598).

l'**Estonie** n. f. ■ L'un des trois pays baltes. 45 100 km². 1,3 million d'habitants. Capitale : Tallinn.

**Estoril** ■ Ville du Portugal, proche de Lisbonne. Station balnéaire.

Gabrielle d'**Estrées** ■ Favorite d'Henri IV (1573-1599).

l'**Estrémadure** n. f. ■ Communauté autonome du sud-ouest de l'Espagne. 41 602 km². 1,1 million d'habitants. Capitale : Mérida.

l'**Estrémadure portugaise** n. f. ■ Province côtière du Portugal, près de Lisbonne.

**E.T.A.** (*Euskadi Ta Azkátasuna* : « Pays basque et sa liberté ») ■ Mouvement indépendantiste basque (1959).

**Étampes** ■ Chef-lieu d'arrondissement de l'Essonne. 24 013 habitants.

l'**État français** → **Vichy**

les **États-Unis d'Amérique**, en anglais **United States of America** ■ État fédéral d'Amérique du Nord. 9 363 353 km². 309 millions d'habitants. Capitale : Washington.

l'**Éthiopie** n. f. ■ État d'Afrique de l'Est. 1 104 294 km². 85 millions d'habitants. Capitale : Addis-Abeba.

saint **Étienne** ■ Diacre à Jérusalem (Ier s.). Premier martyr chrétien.

saint **Étienne Ier** ■ (v. 969-1038) Premier roi de Hongrie, de 997 à sa mort. Il imposa le christianisme.

Jean-Louis **Étienne** ■ Médecin et explorateur français (né en 1946). Nombreuses expéditions scientifiques au pôle Nord et dans l'Antarctique.

l'**Etna** n. m. ■ Volcan de Sicile (3 329 m).

l'**Étolie** n. f. ■ Région de l'anc. Grèce.

**Eton** ■ Ville du sud de l'Angleterre. 4 000 habitants. Célèbre école fondée en 1440.

**Étretat** ■ Commune de Seine-Maritime. 1 469 habitants. Station balnéaire.

l'**Étrurie** n. f. ■ Ancienne région d'Italie (correspondant approximativement à l'actuelle Toscane). ▶ les **Étrusques**, ses habitants, apparus au VIIIe s. avant J.-C. et soumis v. 350 avant J.-C. par les Romains.

**Eubée** ■ Île grecque de la mer Égée.

**Euclide** ■ Mathématicien grec d'Alexandrie (IIIe s. avant J.-C.). Créateur de la géométrie classique.

**Eudes** ■ (v. 860-898) Roi de France de 888 à sa mort.

Eugène de Savoie-Carignan, dit le Prince **Eugène** ■ Homme de guerre au service de l'Autriche (1663-1736).

Eugénie de Montijo, dite l'impératrice **Eugénie** ■ Femme de Napoléon III (1826-1920).

Leonhard **Euler** ■ Mathématicien suisse (1707-1783). Un des fondateurs de l'analyse moderne.

les **Euménides** n. f. pl. ■ Nom (« les Bienveillantes ») donné aux Érinyes dans la tragédie d'Eschyle qui porte ce titre.

**Eupen** ■ Ville de Belgique (province de Liège). 17 200 habitants.

l'**Euphrate** n. m. ■ Fleuve d'Asie occidentale. 2 330 km.

l'**Eurasie** n. f. ■ Masse continentale formée par l'Asie et l'Europe.

l'**Eure** n. f. ■ Rivière, affluent de la Seine. 225 km. ► l'**Eure** [27]. Département français de la Région Haute-Normandie. 6 037 km². 588 111 habitants. Chef-lieu : Évreux. Chefs-lieux d'arrondissement : Les Andelys, Bernay.

l'**Eure-et-Loir** [28] n. m. ■ Département français de la Région Centre. 5 939 km². 430 416 habitants. Chef-lieu : Chartres. Chefs-lieux d'arrondissement : Châteaudun, Dreux, Nogent-le-Rotrou.

**Euripide** ■ Poète tragique grec (480-406 avant J.-C.). *Iphigénie à Aulis.*

**Europe** ■ mythol. grecque Princesse phénicienne que Zeus enlève, métamorphosé en taureau blanc. De leur union naissent Minos, Rhadamante et un troisième fils, Sarpédon.

l'**Europe** n. f. ■ Un des cinq continents. 10 millions de km². 740 millions d'habitants. → **Union européenne.**

**Europe Écologie-Les Verts** → **les Verts**

**Europoort** ■ Avant-port de Rotterdam.

**Eurydice** → **Orphée**

**Euterpe** ■ Muse présidant aux fêtes, dans la mythologie grecque.

les **Évangiles** n. m. pl. ■ Dans le Nouveau Testament, récits de la vie de Jésus par Matthieu, Marc, Luc et Jean.

Walker **Evans** ■ Photographe américain (1903-1975). Il réalisa une œuvre documentaire de style épuré. *Louons maintenant les grands hommes,* avec James Agee (reportage sur les pauvres de l'Alabama).

**Ève** ■ Bible La première femme.

le mont **Everest** ■ Point culminant du globe dans l'Himalaya. 8 850 m.

les **Everglades** ■ Marécage du sud de la Floride (États-Unis).

**Évian-les-Bains** ■ Ville de Haute-Savoie, où furent signés les *accords d'Évian* (1962), qui mirent fin à la guerre d'Algérie. 8 408 habitants. Station thermale.

**Evora** ■ Ville du Portugal, capitale de la région de l'Alentejo. 55 400 habitants.

**Évreux** ■ Chef-lieu de l'Eure. 49 359 habitants.

**Évry** ■ Ville nouvelle, chef-lieu de l'Essonne. 52 184 habitants.

**Exeter** ■ Ville du sud de l'Angleterre (Devon). 111 100 habitants. Cathédrale (XIIIᵉ-XIVᵉ s.).

l'**Express** ■ Hebdomadaire français fondé en 1953 par J.-J. Servan-Schreiber et Françoise Giroud.

**Eyjafjallajökull** ou **Eyjafjöll** ■ Volcan d'Islande (1 651 m).

la bataille d'**Eylau** ■ Bataille entre Napoléon et les Russes qui battirent en retraite (1807).

Les **Eyzies-de-Tayac-Sireuil** ■ Commune de Dordogne. Nombreux sites préhistoriques.

**Ézéchiel** ■ Bible Un des quatre grands prophètes (VIᵉ s. avant J.-C.).

Jean Henri **Fabre** ■ Entomologiste français (1823-1915).

Philippe Fabre, dit **Fabre d'Églantine** ■ Écrivain et révolutionnaire français (1750-1794). Auteur du calendrier républicain.

**Fachoda** ■ Ville du Soudan du Sud, occupée en 1898 par les Français, qui furent contraints de la livrer aux Anglais.

**Faenza** ■ Ville d'Italie (Émilie-Romagne). 53 600 habitants. Vaisselle en céramique. Le mot *faïence* vient de ce nom.

les Hautes **Fagnes** n. f. pl. ■ Plateau de l'Ardenne belge.

**Fahd** ■ (1922-2005) Roi d'Arabie saoudite de 1982 à sa mort.

Daniel Gabriel **Fahrenheit** ■ Physicien allemand (1686-1736). Inventeur d'une échelle thermométrique.

Louis **Faidherbe** ■ Général français (1818-1889). Gouverneur du Sénégal.

**Faisalabad,** anc. **Lyallpur** ■ Ville du Pakistan (Panjab). 2 millions d'habitants.

les **Falachas** ■ Population noire d'Éthiopie pratiquant le judaïsme.

Étienne **Falconet** ■ Sculpteur français (1716-1791). *Pygmalion et Galatée.*

les îles **Falkland** → îles **Malouines**

Manuel de **Falla** ■ Compositeur espagnol (1876-1946). Œuvre variée, d'inspiration populaire et raffinée. *L'Amour sorcier.*

Armand **Fallières** ■ (1841-1931) Président (gauche républicaine) de la République française de 1906 à 1913.

Gabriel **Fallope** ■ Chirurgien et anatomiste italien (1523-1562).

Frédéric comte de **Falloux** ■ Homme politique français (1811-1886). Il favorisa l'enseignement catholique (*loi Falloux*, 1850).

**Fangataufa** → **Tuamotu**

Juan Manuel **Fangio** ■ Coureur automobile argentin (1911-1995). Il fut cinq fois champion du monde de formule 1 de 1951 à 1957.

Henri **Fantin-Latour** ■ Peintre réaliste français (1836-1904). Natures mortes, portraits.

**F. A. O.** (anglais *Food and Agriculture Organization*) ■ Organisation créée en 1945, dans le cadre de l'O. N. U., pour l'amélioration de la nutrition et des rendements agricoles. Siège à Rome.

**al-Fārābī** ■ Philosophe arabo-islamique de langue arabe (872-950).

Michael **Faraday** ■ Physicien et chimiste anglais (1791-1867). Découverte de l'induction électromagnétique.

les **Farc,** Forces armées révolutionnaires de Colombie ■ Mouvement de guérilla colombien d'inspiration marxiste, créé en 1964.

Léon-Paul **Fargue** ■ Poète et chroniqueur français (1876-1947). Poèmes lyriques, pleins de fantaisie, dans une langue riche en trouvailles, du cocasse au mélancolique (*Ludions; Le Piéton de Paris*). Il fonda avec Larbaud la revue *Commerce.*

Carlo Broschi, dit **Farinelli** ■ Chanteur italien (1705-1782). Il fut l'un des castrats les plus célèbres.

Alexandre **Farnèse** ■ Régent des Pays-Bas pour Philippe II d'Espagne (1545-1592).

le **Far West** ■ Nom traditionnel des territoires de l'ouest des États-Unis.

Rainer Werner **Fassbinder** ■ Cinéaste allemand (1945-1982). Œuvre très abondante, de critique sociale virulente.

le **Fatah** ■ Mouvement de libération de la Palestine, fondé en 1959. Il a rejoint en 1968 l'O. L. P. dont il est devenu la principale composante.

**Fatima** ■ Ville du Portugal. Pèlerinage à la Vierge qui y serait apparue en 1917.

**Fāṭima** ■ Fille du prophète Mahomet, épouse d'Ali (v. 606-633).

les **Fatimides** ■ Dynastie musulmane qui régna sur le Maghreb et l'Égypte (Xe-XIIe s.).

William **Faulkner** ■ Romancier américain (1897-1962). Fidèle à ses origines sudistes, il évoqua dans plusieurs romans la société décadente du Mississippi, renouvelant le genre du roman (*Le Bruit et la Fureur; Sanctuaire*). Il écrivit des scénarios de films. Prix Nobel 1949.

Félix **Faure** ■ (1841-1899) Président (républicain modéré) de la République française de 1895 à sa mort.

Élie **Faure** ■ Critique et historien français de l'art (1873-1937). *L'Esprit des formes,* réflexion sur l'esthétique, complète son *Histoire de l'art,* vaste synthèse culturelle dans un style lyrique.

Gabriel **Fauré** ■ Compositeur français (1845-1924). Mélodies, musique de chambre et orchestrale. *Requiem.*

**Faust** ■ Personnage légendaire qui vendit son âme au diable afin d'obtenir la connaissance et le plaisir. Il a notamment inspiré Goethe, Gounod et Berlioz.

**Jean Fautrier** ■ Peintre français (1898-1964). Style « informel ».

**Charles-Simon Favart** ■ Auteur dramatique et librettiste français (1710-1792). La salle de l'Opéra-Comique (1783, reconstruite en 1898) porte son nom.

**Fayçal ibn Hussein,** devenu **Fayçal Ier** ■ Premier souverain (hachémite) d'Irak (1883-1933). Fils du chérif de La Mecque, il dirigea la lutte arabe contre les Ottomans avec l'aide des Britanniques (Lawrence d'Arabie), mais son rêve d'une « grande Syrie » se heurta à l'opposition française. Roi d'Irak en 1921, il obtint l'indépendance de son pays en 1932.

**Fayçal Ier** ■ (1906-1975) Frère d'Ibn Séoud, il lui succéda comme roi d'Arabie. Il fut assassiné par un de ses neveux ; son frère Khaled lui succéda.

**le Fayoum** ■ Région de haute Égypte au sud-ouest du Caire.

**le FBI** ou **F. B. I.** (anglais *Federal Bureau of Investigation*) ■ Organisme fédéral chargé d'enquêter sur les violations des lois fédérales des États-Unis. Créé en 1908 par Theodore Roosevelt, il élargit son activité à l'espionnage, puis à la subversion (lutte anticommuniste), à l'occasion de la Seconde Guerre mondiale.

**Lucien Febvre** ■ Historien français (1878-1956), fondateur avec Marc Bloch de l'école des Annales.

**Fécamp** ■ Chef-lieu de canton de la Seine-Maritime, près du Havre, sur la côte du pays de Caux. 19 264 habitants. Son abbaye bénédictine (fondée en 658), lieu de pèlerinage, devint au XVIe s. le centre de fabrication de la liqueur appelée Bénédictine.

**la FED** (anglais *Federal Reserve System*) ■ Banque centrale des États-Unis, fondée en 1913.

**Roger Federer** ■ Joueur de tennis suisse (né en 1981). Classé meilleur joueur du monde de 2004 à 2007, puis en 2009.

**le mur des Fédérés** ■ Mur du cimetière du Père-Lachaise, à Paris, où furent exécutés les derniers communards (28 mai 1871).

**Federico Fellini** ■ Cinéaste italien (1920-1993). Il subit l'influence du néoréalisme (Rossellini, etc.) avant de s'affirmer comme un auteur complet, critique de l'aliénation sociale, poète de l'image, créateur d'un cinéma onirique et visionnaire. *La Strada ; La Dolce Vita ; Huit et demi ; Fellini Roma ; Amarcord.*

**le prix Femina** ■ Prix littéraire français, créé en 1904, attribué par un jury féminin.

**la F.E.N.,** Fédération de l'Éducation nationale ■ Syndicat français d'enseignants, devenu UNSA Éducation en 2000.

**François de Salignac de La Mothe Fénelon** ■ Prélat et écrivain français (1651-1715). *Les Aventures de Télémaque.*

**Félix Fénéon** ■ Écrivain et critique français (1861-1944). Lié aux symbolistes, il fit connaître l'œuvre de Rimbaud, puis celle de Joyce, et contribua à la diffusion de l'impressionnisme.

**Mouloud Feraoun** ■ Écrivain algérien d'expression française (1913-1962). Il fut assassiné par l'O. A. S. (*Le Fils du pauvre*).

**Ferdawsī → Firdoussi**

**Ferdinand** ■ Nom de plusieurs souverains européens.
**1** EMPEREUR D'ALLEMAGNE ▶ **Ferdinand Ier** (1503-1564). Empereur germanique à la suite de son frère Charles Quint en 1556.
**2** ROIS D'ESPAGNE ▶ **Ferdinand le Catholique** (1452-1516). Roi d'Aragon de 1479 à sa mort, époux d'Isabelle de Castille. ▶ **Ferdinand VII** (1784-1833), détrôné par Napoléon en 1808, rétabli en 1814.

**Sándor Ferenczi** ■ Neurologue, psychiatre et psychanalyste hongrois (1873-1933). *Thalassa, psychanalyse des origines de la vie sexuelle.*

**le Fergana** ou **Ferghana** ■ Région d'Ouzbékistan, du Kirghizstan et du Tadjikistan.

**Jean-Pierre Ferland** ■ Auteur, compositeur et chanteur canadien d'expression française (né en 1934).

**Pierre de Fermat** ■ Mathématicien français (1601-1665). Calcul différentiel et intégral.

**Enrico Fermi** ■ Physicien italien (1901-1954). Première pile atomique.

**Fernand Contandin,** dit **Fernandel** ■ Acteur français (1903-1971). Il connaît un immense succès au cinéma dans des rôles d'une grande drôlerie : *François Ier ; La Fille du puisatier ;* série des *Don Camillo.*

**les îles Féroé** ou **Faeroe** ■ Archipel danois de l'Atlantique Nord. 1 400 km². 47 500 habitants. Chef-lieu : Thorshavn.

**Ferrare,** en italien **Ferrara** ■ Ville d'Italie (Émilie-Romagne). 131 000 habitants. Château d'Este (XIVe-XVIe s.).

**Enzo Ferrari** ■ Constructeur automobile italien (1898-1988).

**Jean Tenenbaum,** dit **Jean Ferrat** ■ Auteur-compositeur et chanteur français (1930-2010). Marqué par le nazisme, proche du parti communiste, il a chanté sa région d'adoption, l'Ardèche, et mis en musique des poèmes d'Aragon.

**Léo Ferré** ■ Auteur-compositeur et chanteur français (1916-1993). Chansons réalistes, puis longs textes poétiques, de tendance anarchiste. Il mit en musique nombre de poètes (Aragon, notamment).

Marco **Ferreri** ■ Cinéaste italien (1928-1997). Films satiriques, réalisés en Espagne (*El Cochecito*), en Italie et en France (*Dillinger est mort ; La Grande Bouffe*).

Jacques **Ferron** ■ Écrivain canadien d'expression française (1921-1985). *Contes du pays incertain*.

Marcelle **Ferron** ■ Peintre canadienne (1924-2001). Vitraux.

Jules **Ferry** ■ Homme politique français (1832-1893). Il réforma l'enseignement primaire et favorisa l'essor colonial.

**Fès** ou **Fez** ■ Ville du Maroc. 946 800 habitants. Ville d'art, inscrite au patrimoine mondial de l'humanité.

Ludwig **Feuerbach** ■ Philosophe allemand (1804-1872). Disciple de Hegel, il étudia le christianisme, aboutissant à un humanisme matérialiste et naturaliste.

Louis **Feuillade** ■ Cinéaste français (1873-1925). Ciné-romans. *Fantômas ; Judex*.

le club des **Feuillants** ■ Club révolutionnaire rassemblant les monarchistes constitutionnels (1791-1792).

Paul **Féval** ■ Écrivain français (1817-1887). Auteur de romans-feuilletons à la suite d'Eugène Sue (*Les Mystères de Londres*), il connut le succès en imaginant les aventures du chevalier de Lagardère (*Le Bossu*).

**février 1848** → **révolution française de 1848**

Georges **Feydeau** ■ Auteur dramatique français (1862-1921). Un des maîtres du vaudeville.

Jacques Frédérix, dit Jacques **Feyder** ■ Cinéaste français d'origine belge (1885-1948). *Thérèse Raquin* (muet) ; *La Kermesse héroïque*.

Paul **Feyerabend** ■ Philosophe des sciences, américain d'origine autrichienne (1924-1994). *Contre la méthode : esquisse d'une théorie anarchiste de la connaissance*.

Richard Phillips **Feynman** ■ Physicien américain (1918-1988). Il étudia les interactions entre électrons et photons (électrodynamique quantique).

**Fianarantsoa** ■ Ville de Madagascar. 125 000 habitants.

Johann Gottlieb **Fichte** ■ Philosophe idéaliste allemand (1762-1814).

Marsile **Ficin** ■ Philosophe et humaniste italien (1433-1499).

les îles **Fidji** ■ Archipel et État de Mélanésie. 18 333 km². 828 000 habitants. Capitale : Suva.

Henry **Fielding** ■ Écrivain satirique et journaliste anglais (1707-1754). *Tom Jones*.

John Charles **Fields** ■ Mathématicien canadien (1863-1932). Il proposa de créer une médaille pour compenser l'absence de prix Nobel de mathématiques. La *médaille Fields* est attribuée depuis 1936.

**Figaro** ■ Personnage de Beaumarchais, utilisé dans les opéras de Mozart (*Les Noces de Figaro*), de Rossini.

**Figeac** ■ Chef-lieu d'arrondissement du Lot. 9 773 habitants.

le **Finistère** [29] ■ Département français de la Région Bretagne. 6 785 km². 899 870 habitants. Chef-lieu : Quimper. Chefs-lieux d'arrondissement : Brest, Châteaulin, Morlaix.

le cap **Finisterre** ■ Extrémité nord-ouest de l'Espagne.

la **Finlande** ■ État du nord de l'Europe. 337 032 km². 5,3 millions d'habitants. Capitale : Helsinki.

Vigdís **Finnbogadóttir** ■ Femme politique islandaise (née en 1930). Elle fut la première femme élue chef d'État, en tant que présidente de la république d'Islande (1980-1996).

**Firdoussi** ou **Ferdawsī** ■ Poète persan (v. 940-1020). *Le Livre des rois*.

Edwin **Fischer** ■ Pianiste suisse (1886-1960). Interprète majeur de la musique allemande, et pédagogue exceptionnel.

Robert James, dit Bobby **Fischer** ■ Joueur d'échecs américain naturalisé islandais (1943-2008). Champion du monde en 1972, il est considéré comme l'un des meilleurs joueurs de tous les temps.

Dietrich **Fischer-Dieskau** ■ Baryton allemand (1925-2012). Sa voix exceptionnelle et sa musicalité lui permirent d'aborder de nombreux répertoires, et notamment les *lieder* romantiques. Pédagogue du chant.

Johann Bernhard **Fischer von Erlach** ■ Architecte autrichien de style baroque (1656-1723). Église Saint-Charles-Borromée à Vienne.

Francis Scott **Fitzgerald** ■ Écrivain américain (1896-1940). *Gatsby le Magnifique*.

Ella **Fitzgerald** ■ Chanteuse de jazz américaine (1918-1996). Son registre étendu, sa sûreté mélodique et rythmique en firent une des grandes voix du jazz.

**Fiume** → **Rijeka**

Robert **Flaherty** ■ Cinéaste américain (1884-1951). Documentariste (*Nanouk l'Esquimau*).

la Région **flamande** ■ Région administrative néerlandophone du nord de la Belgique. 13 522 km². 6,62 millions d'habitants. Capitale : Bruxelles.

Nicolas **Flamel** ■ Écrivain public et libraire français (v. 1330-1418). On lui attribua au XVIIe s. des textes qui le firent considérer comme le plus grand des alchimistes du Moyen Âge.

Camille **Flammarion** ■ Astronome français (1842-1925).

FLANDRE 880

la **Flandre** ou les **Flandres** ▪ Région historique partagée auj. entre la France et la Belgique, où elle constitue deux provinces. ► la **Flandre-Occidentale,** en néerlandais West-Vlaanderen. 3 144 km². 1,1 million d'habitants. Chef-lieu : Bruges. ► la **Flandre-Orientale,** en néerlandais Oost-Vlaanderen. 2 982 km². 1,40 million d'habitants. Chef-lieu : Gand.

Gustave **Flaubert** ▪ Écrivain français (1821-1880). Romans. Contes. Abondante correspondance. *Madame Bovary ; Salammbô ; L'Éducation sentimentale.*

les **Flaviens** ▪ Dynastie d'empereurs romains de 69 à 96 (Vespasien, Titus et Domitien).

**Flavius Josèphe** ▪ Historien juif rallié à Rome (37-v. 100). *Antiquités judaïques.*

La **Flèche** ▪ Chef-lieu d'arrondissement de la Sarthe. 15 200 habitants.

le maître de **Flémalle** ▪ Nom donné à un peintre flamand anonyme, identifié avec Robert Campin (1378-1444). Proche de Van Eyck et de Van der Weyden par le style, il intègre des objets profanes à des compositions religieuses à la symbolique complexe. *Nativité de Dijon ; Retable de Mérode* (Annonciation).

sir Alexander **Fleming** ▪ Médecin anglais (1881-1955). Il découvrit la pénicilline, ouvrant la voie au traitement antibiotique des maladies infectieuses.

Victor **Fleming** ▪ Cinéaste américain (1883-1949). *Le Magicien d'Oz ; Autant en emporte le vent* (1939).

Laura **Flessel-Colovic** ▪ Escrimeuse française (née en 1971). Nombreux titres mondiaux à l'épée, individuels et par équipe.

**Fleurus** ▪ Commune de Belgique. Victoire française sur les Autrichiens (1794).

le cardinal de **Fleury** ▪ Ministre de Louis XV (1653-1743).

**Fleury-Mérogis** ▪ Commune de l'Essonne, près d'Évry. 9 110 habitants. Siège du plus grand centre pénitentiaire français depuis 1968.

le fleuve Bleu → **Chang jiang**

le fleuve Jaune → **Huang he**

**Florac** ▪ Chef-lieu d'arrondissement de la Lozère. 1 963 habitants.

**Flore** ▪ mythol. romaine Déesse des Fleurs, la *Chloris* des Grecs.

**Florence,** en italien **Firenze** ▪ Ville d'Italie (Toscane). 356 000 habitants. Sous les Médicis, foyer de la Renaissance. Ville d'art (édifices civils et religieux des XIVᵉ-XVIᵉ s. ; musées).

Jean-Pierre Claris de **Florian** ▪ Écrivain français (1755-1794). Comédies, romans ; fables.

la **Floride** ▪ État du sud-est des États-Unis. 151 940 km². 16 millions d'habitants. Capitale : Tallahassee. Ville principale : Miami.

le **F.M.I.,** Fonds monétaire international ▪ Institution internationale, créée en 1944, veillant à la stabilité des changes. 187 membres.

**F.O.,** Force ouvrière ▪ Syndicat français issu d'une scission de la C.G.T. en 1948.

Dario **Fo** ▪ Acteur, auteur et metteur en scène italien (né en 1926). Spectacles inspirés de la comédie populaire, inventifs et contestataires. Prix Nobel en 1997.

Ferdinand **Foch** ▪ Maréchal de France (1851-1929). Généralissime des forces alliées en 1918.

Henri **Focillon** ▪ Historien et philosophe de l'art français (1881-1943). Auteur de travaux d'histoire de l'art, et notamment d'une synthèse sur l'*Art d'Occident au Moyen Âge* (roman et gothique). La *Vie des formes* est une réflexion sur l'esthétique.

**Foix** ▪ Chef-lieu de l'Ariège. 9 782 habitants. ► le comté de **Foix.** Anc. province.

Gerolamo, dit Teofilo **Folengo** ▪ Poète italien (1491-1544). Il a créé la poésie « macaronique » dans son *Baldus,* publié sous le nom de Merlin Coccaïe (1517).

**Folkestone** ▪ Port d'Angleterre (Kent). 50 000 habitants.

Raoul **Follereau** ▪ Journaliste français (1903-1977). Il consacra sa vie à la lutte contre la lèpre (création de la Journée mondiale des lépreux en 1954).

Jean-Michel **Folon** ▪ Peintre et dessinateur belge (1934-2005). Illustrateur et aquarelliste, également sculpteur et peintre de vitraux.

Henry **Fonda** ▪ Acteur américain de cinéma (1905-1982). Il incarna divers types de héros, chez Fritz Lang, John Ford, Hitchcock. ► Jane **Fonda.** Actrice américaine, fille de H. Fonda (née en 1937). Militante progressiste. ► Peter **Fonda.** Acteur et réalisateur américain, fils de H. Fonda (né en 1939).

les **Fons** ▪ Peuple du Bénin.

Pierre François **Fontaine** ▪ Architecte français associé à Percier (1762-1853).

Brigitte **Fontaine** ▪ Compositrice et interprète de chansons française (née en 1940). Elle cultive un grand raffinement mélodique et une extravagance poétique allant parfois jusqu'à l'imprécation.

**Fontainebleau** ▪ Chef-lieu d'arrondissement de Seine-et-Marne. 14 708 habitants. Forêt. Château.

Theodor **Fontane** ▪ Écrivain allemand (1819-1898). Romans d'un réalisme descriptif.

**Fontenay-le-Comte** ■ Chef-lieu d'arrondissement de la Vendée. 14 204 habitants.

Bernard de **Fontenelle** ■ Écrivain français (1657-1757). Vulgarisateur scientifique. *Entretiens sur la pluralité des mondes.*

**Fontenoy** ■ Commune de Belgique. Victoire du maréchal de Saxe sur les Anglo-Hollandais, en 1745.

l'abbaye de **Fontevrault** ou **Fontevraud** ■ Abbaye (Maine-et-Loire) fondée à la fin du XIe s. Abbatiale romane (tombeaux des Plantagenêts).

**Font-Romeu-Odeillo-Via** ■ Commune des Pyrénées-Orientales. 1 839 habitants. Station climatique.

Jean-Louis **Forain** ■ Peintre, dessinateur et graveur français (1852-1931).

**Forbach** ■ Chef-lieu d'arrondissement de la Moselle. 21 561 habitants.

**Forcalquier** ■ Chef-lieu d'arrondissement des Alpes-de-Haute-Provence. 4 707 habitants.

John **Ford** ■ Auteur dramatique anglais (1586-1639). Ses tragédies sont d'un baroque exubérant *(Dommage qu'elle soit une putain).*

John **Ford** ■ Cinéaste américain (1894-1973). Son sens de l'épopée et des relations humaines simples et fortes trouve un aboutissement dans le western *(La Chevauchée fantastique ; My Darling Clementine),* mais aussi dans le drame social *(Les Raisins de la colère).*

Henry **Ford** ■ Industriel américain (1863-1947). Pionnier de l'industrie automobile.

Gerald **Ford** ■ Homme d'État américain (1913-2006). Vice-président des États-Unis, il devint président en 1974, du fait de la démission forcée de Richard Nixon. En 1976, il fut battu par Jimmy Carter.

la **Forêt-Noire,** en allemand **Schwarzwald** ■ Massif montagneux d'Allemagne, en bordure du Rhin. 1 493 m au Feldberg.

le **Forez** ■ Région du Massif central.

Miloš **Forman** ■ Cinéaste américain d'origine tchécoslovaque (né en 1932). *Vol au-dessus d'un nid de coucou ; Amadeus* (sur la vie de Mozart).

**Formose** → **Taiwan**

Edward Morgan **Forster** ■ Romancier anglais (1879-1970). *La Route des Indes.*

William **Forsythe** ■ Chorégraphe américain (né en 1949). Il renouvela le ballet, alliant vitesse, acrobatie et effets de lumière. *Artifact.*

Paul **Fort** ■ Poète français (1872-1960).

**Fortaleza** ■ Port du nord du Brésil. 2,5 millions d'habitants.

**Fort-de-France** ■ Chef-lieu de la Martinique. 86 753 habitants.

**Fort Worth** ■ Ville des États-Unis (Texas). 741 200 habitants.

Ugo **Foscolo** ■ Écrivain préromantique italien (1778-1827). *Les Tombeaux.*

**Fos-sur-Mer** ■ Ville des Bouches-du-Rhône. 15 499 habitants. ▶ **Fos-Étang-de-Berre.** Zone industrielle (→ étang de **Berre).**

Charles de Foucauld, dit **le père de Foucauld** ■ Prêtre et missionnaire français au Sahara (1858-1916).

Léon **Foucault** ■ Physicien français (1819-1868). Inventeur du gyroscope.

Michel **Foucault** ■ Philosophe et critique français (1926-1984). Analysant l'histoire des idées à la manière d'une « archéologie », il s'intéressa à la médecine, à la folie, aux sciences humaines *(Les Mots et les Choses),* à l'histoire de la sexualité, aux prisons *(Surveiller et punir).*

Joseph **Fouché** ■ Homme politique français (1759-1820). Ministre de la Police sous l'Empire et Louis XVIII.

**Fougères** ■ Chef-lieu d'arrondissement de l'Ille-et-Vilaine. 19 775 habitants.

Fujita Tsuguharu, devenu Léonard **Foujita** ■ Peintre français d'origine japonaise (1886-1968). Peintures (notamment de personnages féminins, de chats...) d'un graphisme élégant.

les **Foulbés** → les **Peuls**

Jean **Fouquet** ■ Peintre et miniaturiste français (v. 1420-v. 1477).

Nicolas **Fouquet** ■ Surintendant des Finances de Louis XIV (1615-1680). Disgracié en 1661.

Antoine **Fouquier-Tinville** ■ Accusateur public du Tribunal révolutionnaire, guillotiné (1746-1795).

Joseph **Fourier** ■ Mathématicien français (1768-1830). Découverte des séries trigonométriques.

Charles **Fourier** ■ Philosophe utopiste français (1772-1837). Partisan de l'organisation de phalanstères.

Les **Fourons,** en néerlandais **Voeren** ■ Commune de Belgique. Lieu symbole de la querelle linguistique belge.

**Fourvière** ■ Colline dominant Lyon. Basilique.

le **Fouta-Djalon** ■ Massif montagneux de Guinée.

George **Fox** ■ Protestant anglais, fondateur de la secte des quakers (1624-1691).

**Fra Angelico** → Fra **Angelico**

Jean-Honoré **Fragonard** ■ Peintre français (1732-1806). Son œuvre sensuelle et vive paraît typique du XVIIIe siècle. Sa manière possède une vivacité et un dynamisme originaux, annonçant les audaces techniques du XIXe siècle.

Anatole François Thibault, dit Anatole **France** ▪ Écrivain français (1844-1924). Ses romans d'une facture classique et raffinée, ses critiques littéraires, ses nouvelles allient scepticisme et humanisme. Laïque et anticlérical, il fut partisan de Zola dans l'affaire Dreyfus, puis du socialisme, tout en dénonçant le danger des engagements politiques absolus. Prix Nobel 1921.

la **France** ▪ État d'Europe occidentale. 543 965 km². 65 millions d'habitants (métropole : 63,1 millions). Capitale : Paris.

Piero della **Francesca** → Piero della Francesca

**France Télévisions** ▪ Société nationale française de télévision, créée en 1992 et regroupant les chaînes France 2, 3, 4, 5 et Ô.

**Francfort-sur-le-Main,** en allemand **Frankfurt am Main** ▪ Ville d'Allemagne (Hesse). 651 600 habitants. Foire du livre. ► le traité de **Francfort** (10 mai 1871) mit fin à la guerre franco-allemande de 1870.

**Francfort-sur-l'Oder,** en allemand **Frankfurt an der Oder** ▪ Ville d'Allemagne (Brandebourg). 61 900 habitants.

la **Franche-Comté** ▪ Région administrative de l'est de la France. Quatre départements : Doubs, Jura, Haute-Saône, Territoire de Belfort. 16 202 km². 1,17 million d'habitants. Chef-lieu : Besançon.

César **Franck** ▪ Compositeur et organiste français d'origine belge (1822-1890). Après la cinquantaine, il composa des œuvres religieuses, des poèmes symphoniques d'esprit romantique mais très personnels. Comme professeur, il influença toute l'école française (Vincent d'Indy, Henri Duparc...).

Francisco **Franco** ▪ Général et homme d'État espagnol (1892-1975). Au pouvoir de 1938 à sa mort, il prit le titre de *caudillo* « guide ». Il désigna Juan Carlos de Bourbon comme son successeur.

la guerre **franco-allemande de 1870** ▪ Conflit entre Napoléon III et Guillaume Iᵉʳ (1870-1871). La défaite de Sedan provoqua la chute de l'Empire français, l'annexion de l'Alsace-Lorraine par l'Allemagne et confirma l'unité allemande.

**François** ▪ (né en 1936). Le premier pape sud-américain, élu en 2013 après la renonciation de Benoît XVI.

**François** ▪ Nom de plusieurs souverains européens.
**1** EMPEREURS D'ALLEMAGNE ► **François Iᵉʳ** (1708-1765). Empereur germanique de 1745 à sa mort. ► **François II** (1768-1835). Dernier souverain du Saint Empire romain germanique (1792-1806) et premier empereur d'Autriche, de 1804 à sa mort, sous le nom de François Iᵉʳ.
**2** ROIS DE FRANCE ► **François Iᵉʳ** (1494-1547). Roi de 1515 à sa mort, il s'opposa à la puissance de Charles Quint. ► **François II** (1544-1560). Roi de 1559 à sa mort.

saint **François d'Assise** ▪ Religieux italien (v. 1182-1226). Il fonda l'ordre des Franciscains.

saint **François de Sales** ▪ Évêque de Genève (1567-1622). *Introduction à la vie dévote.*

**François-Ferdinand de Habsbourg** ▪ Archiduc héritier d'Autriche (1863-1914). Son assassinat à Sarajevo déclencha la guerre de 1914.

l'archipel **François-Joseph** ▪ Archipel russe de l'Arctique. Env. 20 000 km².

**François-Joseph Iᵉʳ** ▪ (1830-1916) Empereur d'Autriche de 1848 à sa mort, roi de Hongrie après 1867.

saint **François Xavier** ▪ Jésuite et missionnaire espagnol aux Indes et au Japon (1506-1552).

la **Franconie** ▪ Région d'Allemagne (Bavière).

les **Francs** ▪ Peuple germanique qui envahit la Belgique et la Gaule romaines (vᵉ-vᵢᵉ s.).

Georges **Franju** ▪ Cinéaste français (1912-1987). Il fut l'un des fondateurs de la Cinémathèque* française. *Les Yeux sans visage ; Judex.*

Annelies Marie, dite Anne **Frank** ▪ Jeune allemande d'origine juive (1929-1945). Déportée avec sa famille, elle laissa un *Journal* en néerlandais, tenu de 1942 à 1944 (publié en 1947), où elle relatait sa vie quotidienne dans leur cachette.

Benjamin **Franklin** ▪ Savant et homme politique américain (1706-1790). Il participa aux actes fondateurs de l'indépendance des États-Unis. Il inventa le paratonnerre.

André **Franquin** ▪ Dessinateur belge de bandes dessinées (1924-1997). Il reprit et anima les personnages de Spirou, publication illustrée pour les jeunes, et créa le Marsupilami (1952) et Gaston Lagaffe (1957).

les **Fratellini** ▪ Famille de clowns d'origine italienne, installée en France. ► Paul, François, Albert **Fratellini** formèrent une équipe célèbre.

Annie **Fratellini** ▪ (1932-1997), petite-fille de Paul, créa un personnage d'Auguste féminin plein de poésie.

sir James George **Frazer** ▪ Ethnologue britannique (1854-1941). *Le Rameau d'or.*

Stephen **Frears** ▪ Cinéaste britannique (né en 1941). Avec un humour corrosif, il dépeint les réalités sociales de son pays (*The Van*), les tabous sexuels (*My Beautiful Laundrette*), le monde politique (*The Queen*).

**Frédégonde** ▪ (v. 545-597) Reine de Neustrie, épouse de Chilpéric Iᵉʳ.

**Frédéric** ■ Nom de plusieurs souverains européens.
**1 EMPEREURS D'ALLEMAGNE ▶ Frédéric Ier Bar-
berousse** (v. 1122-1190). Empereur de 1155 à sa mort. Il raffermit l'autorité impériale et mourut en croisade. ▶ **Frédéric II** (1194-1250). Empereur en 1212, roi de Sicile, il fut excommunié et déposé par le pape en 1245.
**2 ROI DE PRUSSE ▶ Frédéric II le Grand** (1712-1786). Roi de 1740 à sa mort. Modèle du despote éclairé. Correspondit avec Voltaire.

**Frédéric-Guillaume**, dit **le Grand Électeur**
■ (1620-1688) Électeur de Brandebourg et duc de Prusse, fondateur de la future puissance prussienne.

**Frédéric-Guillaume Ier**, dit **le Roi-Sergent**
■ (1688-1740) Roi de Prusse de 1713 à sa mort. Il installa une armée et une administration modernes.

**Freetown** ■ Capitale de la Sierra Leone. 690 000 habitants.

**Gottlob Frege** ■ Mathématicien et logicien allemand (1848-1925). Il renouvela les théories des mathématiques et celle de la sémantique.

**Marguerite Boulch**, dite **Fréhel** ■ Chanteuse française (1891-1951). Elle interpréta des chansons réalistes.

**le cap Fréhel** ■ Cap de la côte bretonne (Côtes-d'Armor). Réserve ornithologique.

**Célestin Freinet** ■ Éducateur français (1896-1966). Fondateur d'une école expérimentale.

**Fréjus** ■ Ville du Var. 52 344 habitants.

**le col de ou du Fréjus** ■ Col des Alpes reliant la Maurienne au Piémont. 2 540 m. Tunnel ferroviaire et tunnel routier.

**Girolamo Frescobaldi** ■ Compositeur et organiste italien (1583-1643).

**Augustin Fresnel** ■ Physicien français (1788-1827). Il a élaboré la théorie ondulatoire de la lumière.

**Fresnes** ■ Ville du Val-de-Marne. 26 371 habitants. Prison.

**Sigmund Freud** ■ Neurologue autrichien, fondateur de la psychanalyse (1856-1939). Ses hypothèses sur l'inconscient, le « ça », le moi et le surmoi, le refoulement des pulsions, sur l'importance centrale de la sexualité, ont révolutionné la psychologie, créé une thérapeutique par le seul langage et transformé la vision de l'être humain, malgré de vives critiques, pendant sa vie et après sa mort.

**Anna Freud** ■ Psychanalyste britannique d'origine autrichienne (1895-1982). Fille de S. Freud, elle se spécialisa dans la psychanalyse infantile et étudia les mécanismes de défense.

**Lucian Freud** ■ Peintre britannique (1922-2011). Petit-fils de S. Freud. Style expressionniste, parfois proche de Francis Bacon.

**Gisèle Freund** ■ Photographe française d'origine allemande (1908-2000). Elle fut l'une des premières à utiliser la couleur pour ses portraits d'écrivains et d'artistes.

**Fribourg**, en allemand **Freiburg im Üchtland**
■ Ville de Suisse. 33 400 habitants (zone urbaine 92 100). ■ le canton de **Fribourg**. 1 671 km². 258 300 habitants. Chef-lieu : Fribourg.

**Fribourg-en-Brisgau**, en allemand **Freiburg im Breisgau** ■ Ville d'Allemagne (Bade-Wurtemberg). 214 700 habitants. Cathédrale (XIIIe-XVe s.).

**Caspar David Friedrich** ■ Peintre romantique allemand (1774-1840).

**le Frioul** ■ Région historique partagée entre la Slovénie et l'Italie, où elle fait partie de la région administrative autonome de **Frioul-Vénétie-Julienne** (7 846 km² ; 1,2 million d'habitants ; chef-lieu : Trieste).

**Karl von Frisch** ■ Zoologiste autrichien (1886-1982). Il étudia le mode de communication des abeilles.

**Max Frisch** ■ Auteur dramatique suisse de langue allemande (1911-1991).

**la Frise**, en néerlandais **Friesland** ■ Région partagée entre l'Allemagne et les Pays-Bas.

**Johann Jakob Froberger** ■ Compositeur et organiste allemand (1616-1667).

**Jean Froissart** ■ Écrivain français (v. 1337-v. 1400). *Chroniques.*

**Nicolas Froment** ■ Peintre français (v. 1425-v. 1484). *Le Buisson ardent.*

**Eugène Fromentin** ■ Peintre et écrivain français (1820-1876). Peintre romantique, romancier sensible *(Dominique)*, auteur de récits de voyage.

**la Fronde** ■ Troubles politiques contre Mazarin, durant la minorité de Louis XIV.

**le Front populaire** ■ Coalition des forces de gauche qui dirigea la France (1936-1938) et entreprit plusieurs réformes sociales.

**Louis de Buade de Frontenac** ■ Administrateur français (1622-1698). Gouverneur général de la Nouvelle-France (Canada) de 1672 à 1682, puis de 1689 à sa mort.

**Frontignan** ■ Chef-lieu de canton de l'Hérault, près de Montpellier. 22 719 habitants. Port sur le canal du Rhône à Sète. Vin doux réputé *(muscat de Frontignan).*

**Robert Lee Frost** ■ Poète américain (1874-1963). *North of Boston.*

**Frounze** → **Bichkek**

**René Frydman** ■ Médecin (gynécologue) français (né en 1943). Il est à l'origine de la naissance du premier bébé français issu d'une fécondation in vitro, en 1982 (avec J. Testart*) et du premier « bébé-médicament » français en 2011.

Carlos **Fuentes** ▪ Romancier mexicain (1928-2012). Critique de la société mexicaine. *La Mort d'Artemio Cruz.*

les **Fugger** ▪ Banquiers allemands, financiers des Habsbourg aux XVᵉ et XVIᵉ s.

**Fujian** ▪ Province côtière du sud-est de la Chine. 120 000 km². 34,1 millions d'habitants. Capitale : Fuzhou.

Alberto **Fujimori** ▪ Homme d'État péruvien issu d'une famille japonaise (né en 1938). Président de la République de 1990 à 2000, à l'origine de nombreux scandales politiques. Enfui au Japon, puis extradé du Chili et condamné à la prison en 2009.

le **Fuji Yama** ou **mont Fuji**, en japonais **Fuji San** ▪ Volcan du Japon, point culminant du pays (3 776 m).

**Fukuoka** ▪ Port du Japon (Kyūshū). 1,4 million d'habitants.

**Fukushima** ▪ Ville du Japon (Honshū). 292 600 habitants. Accident nucléaire à la centrale de Fukushima Daiichi en 2011, suite à un tsunami.

**Fulda** ▪ Ville d'Allemagne (Hesse). 64 000 habitants. Abbaye fondée au VIIIᵉ s.

Samuel **Fuller** ▪ Cinéaste américain (1911-1997). Un style violent anime ses films de guerre, ses westerns, ses films policiers.

Robert **Fulton** ▪ Ingénieur américain (1765-1815). Constructeur du premier sous-marin en 1798.

Louis de **Funès** ▪ Comédien français (1914-1983). Il devint célèbre pour ses rôles comiques aux côtés de Bourvil. *La Grande Vadrouille.*

Antoine **Furetière** ▪ Écrivain et lexicographe français (1619-1688). *Dictionnaire universel* (publié en 1690); *Le Roman bourgeois.*

les **Furies** → **Érinyes**

Wilhelm **Furtwängler** ▪ Chef d'orchestre allemand (1886-1954).

**Fushun** ▪ Ville de Chine (Liaoning). 1,36 million d'habitants.

Johann Heinrich **Füssli** ▪ Peintre et dessinateur suisse (1741-1825) ; également écrivain. Il traita des thèmes tragiques inspirés de Shakespeare, des sujets fantastiques et allégoriques dans un style influencé par le maniérisme italien.

Numa Denis **Fustel de Coulanges** ▪ Historien français (1830-1889). *La Cité antique.*

**Futuna** ▪ Île de la Polynésie française, dans la collectivité de Wallis-et-Futuna. 4 300 habitants.

le **Futuroscope** ▪ Parc d'attractions scientifiques créé en 1986 à Jaunay-Clan, près de Poitiers.

**Fuzhou** ou **Fou-tcheou** ▪ Port de Chine (Fujian). 2 millions d'habitants.

# G

le **G7** ■ Organisation regroupant les sept pays les plus industrialisés du monde (Allemagne, Canada, États-Unis, France, Grande-Bretagne, Italie, Japon) rejoints par la Russie (le « G8 »).

le **G10** ■ Groupe de discussion regroupant les ministres des Finances et les directeurs des banques centrales des pays du G8 ainsi que de la Belgique, la Suisse et la Suède (en fait, 11 pays).

le **G20** ■ Groupe de discussion international créé en 1999 entre les ministres des Finances et les directeurs des banques centrales de 19 pays (les pays du G8 et 11 pays à économie émergente) et des représentants de l'Union européenne.

**Gabès** ■ Port de Tunisie. 116 300 habitants.

**Jean Gabin** ■ Acteur de cinéma français (1904-1976). *La Grande Illusion ; le Quai des brumes.*

**Clark Gable** ■ Acteur américain (1901-1960). Il interpréta surtout des rôles de séducteur viril.

**Naum Pevsner,** dit **Naum Gabo** ■ Sculpteur américain d'origine russe (1890-1977).

le **Gabon** ■ État d'Afrique équatoriale. 267 667 km². 1,5 million d'habitants. Capitale : Libreville.

**Dennis Gabor** ■ Physicien britannique (1900-1979). Il découvrit le principe de l'holographie.

**Émile Gaboriau** ■ Écrivain et journaliste français (1832-1873). Il fut l'un des inventeurs (avec Edgar Poe) du roman policier (*L'Affaire Lerouge*).

**Gaborone** ■ Capitale du Botswana. 282 200 habitants.

**saint Gabriel** ■ Évangiles. Archange de l'Annonciation.

**Jacques Gabriel** ■ Architecte français (1667-1742). Il acheva le palais Bourbon. ► **Jacques-Ange Gabriel,** son fils (1698-1782). Il édifia le Petit Trianon à Versailles.

**Hans Georg Gadamer** ■ Philosophe allemand (1900-2002). Théoricien de l'herméneutique.

**Carlo Emilio Gadda** ■ Écrivain italien (1893-1973). Il est l'auteur de romans satiriques caractérisés par leur invention verbale (*L'Affreux Pastis de la rue des merles*).

les **Gaëls** ou **Goïdels** ■ Nom donné aux populations celtiques établies en Irlande, sans doute dès la fin du IIIe millénaire avant J.-C. Leur culture demeura vivante jusqu'à la christianisation de l'île (ve s.).

**Youri Gagarine** ■ Cosmonaute soviétique (1934-1968). Le premier homme qui alla dans l'espace.

**Gaïa** ou **Gê** ■ mythol. grecque La Terre.

**Lucien Ginsburg,** dit **Serge Gainsbourg** ■ Chanteur, auteur et compositeur français (1928-1991). Son ironie, son sens de la provocation vont de pair avec une sensibilité à fleur de peau.

**Thomas Gainsborough** ■ Peintre anglais (1727-1788). Il associa l'art du portrait à celui du paysage.

les **îles Galápagos** ■ Archipel de l'océan Pacifique, formant une province de l'Équateur. 25 000 habitants.

**Galatée** ■ mythol. grecque Fille du dieu marin Nérée (Néréide). Cette nymphe est courtisée par le cyclope Polyphème qui tue le berger Acis qu'elle lui préférait.

**Servius Sulpicius Galba** ■ (v. l'an 3-69) Empereur romain, il succéda à Néron et fut assassiné par Othon.

**John Kenneth Galbraith** ■ Économiste américain (1908-2006).

le **Galibier** ■ Col des Hautes-Alpes, entre Briançon et la Maurienne (2 642 m), un des obstacles les plus célèbres du Tour de France.

la **Galice,** en espagnol **Galicia** ■ Communauté autonome du nord-ouest de l'Espagne. 29 434 km². 2,7 millions d'habitants. Capitale : Saint-Jacques-de-Compostelle.

la **Galicie** ■ Région partagée entre la Pologne et l'Ukraine.

**Claude Galien** ■ Médecin grec (v. 131-v. 201). Découvertes en anatomie.

**Galilée** ■ Mathématicien, physicien et astronome italien (1564-1642). L'un des grands fondateurs de la physique moderne. L'Église le condamna pour ses idées en astronomie, contraires au dogme.

la **Galilée** ■ Région du nord de la Palestine.

**Franz Josef Gall** ■ Médecin allemand (1758-1828). Pionnier des recherches neurologiques, il en tira un système imaginant les fonctions du cerveau à partir de la forme du crâne (la *phrénologie*).

**Galla Placidia** ■ Impératrice romaine, fille de Théodose I<sup>er</sup> (v. 390-450). À la mort de son frère Honorius, elle gouverna l'empire d'Occident. Son mausolée, construit à Ravenne, est conservé.

**Émile Gallé** ■ Verrier et ébéniste français (1846-1904). Un des créateurs de l'Art nouveau (école de Nancy).

**le pays de Galles,** en anglais **Wales** ■ Pays de l'ouest de la Grande-Bretagne. 20 768 km². 2,9 millions d'habitants. Capitale : Cardiff.

**le prince de Galles** ■ Titre porté par les fils aînés des souverains britanniques.

**Joseph Gallieni** ■ Maréchal de France et administrateur colonial (1849-1916).

**Gaston Gallimard** ■ Éditeur français (1881-1975). Il fonda en 1911 les éditions de la *Nouvelle\* Revue française* (créée en 1909 grâce à André Gide) qui prirent son nom en 1919.

**Jean-Claude Gallotta** ■ Chorégraphe et danseur français (né en 1950). Créateur d'une danse énergique, sensuelle et poétique. *Ulysse ; Mammame ; Des gens qui dansent.*

**George Horace Gallup** ■ Statisticien américain, créateur d'un institut de sondages d'opinion (1901-1984).

**Évariste Galois** ■ Mathématicien français (1811-1832). Théorie des groupes de substitution.

**John Galsworthy** ■ Écrivain anglais (1867-1933). Peintre sans complaisance de la société victorienne (*La Saga des Forsyte*).

**Luigi Galvani** ■ Médecin et physicien italien (1737-1798).

**Vasco de Gama** ■ Navigateur portugais (1469-1524). Il atteignit les Indes par la route de B. Dias (1497).

**Léon Gambetta** ■ Homme politique français (1838-1882). Un des fondateurs de la III<sup>e</sup> République.

**la Gambie** ■ Fleuve d'Afrique de l'Ouest. 1 130 km. ► **la Gambie.** État d'Afrique occidentale. 11 300 km². 1,8 million d'habitants. Capitale : Banjul.

**Maurice Gustave Gamelin** ■ Général français (1872-1958). Commandant en chef des forces alliées en 1939, il fut remplacé par Weygand dès mai 1940.

**George Gamow** ■ Physicien américain d'origine russe (1904-1968).

**Abel Gance** ■ Cinéaste français (1889-1981). Sa puissance et son lyrisme se manifestent dans de grands thèmes historiques. *La Roue ; Napoléon.*

**Gand,** en néerlandais **Gent** ■ Port de Belgique (Flandre-Orientale), sur l'Escaut. 235 100 habitants. Ville d'art.

**le Gandhara** ■ Région du nord-ouest de l'Inde (actuel district de Peshawar, Afghanistan). Limite orientale du monde hellénistique, où se développa, du I<sup>er</sup> au V<sup>e</sup> s., un art qualifié de « gréco-bouddhique ».

**Mohandas Karamchand Gandhi,** dit le **Mahatma** (« grande âme ») **Gandhi** ■ Homme politique et philosophe indien, principal artisan de l'indépendance de l'Inde (1869-1948). Fervent défenseur de la non-violence, il fut assassiné.

**Indira Gandhi** ■ Femme politique indienne (1917-1984). Fille de Nehru. Premier ministre de 1966 à 1977 puis de 1980 à son assassinat. Son fils Rajiv Gandhi (1944-1991) qui lui succéda jusqu'en 1989 fut aussi assassiné.

**Ganesha** ■ relig. Dieu de l'hindouisme, fils de Shiva et de Prajapati, représenté avec une tête d'éléphant. Adopté par le jaïnisme et le bouddhisme, son culte s'est étendu à l'Extrême-Orient.

**le Gange** ■ Fleuve sacré du nord de l'Inde. 3 090 km.

**le Gansu** ■ Province du nord de la Chine. 454 300 km². 25,1 millions d'habitants. Capitale : Lanzhou.

**Ganymède** ■ mythol. grecque Jeune Troyen enlevé par Zeus (sous la forme d'un aigle) qui en fit son échanson. Il devint le Verseau du zodiaque.

**Gao Xingjian** ■ Écrivain et artiste chinois naturalisé français (né en 1940). Prix Nobel de littérature en 2000. *La Montagne de l'âme.*

**Gap** ■ Chef-lieu des Hautes-Alpes. 40 654 habitants.

**Garabit** ■ Village du Cantal, au sud de Clermont-Ferrand. Gustave Eiffel y construisit entre 1882 et 1884 un viaduc métallique, permettant à la voie de chemin de fer de franchir la Truyère à une hauteur de 122 m.

**Claude Garamond** ou **Garamont** ■ Imprimeur et libraire français (1499-1561). Il s'illustra comme graveur de caractères, notamment les « grecs du Roi » et les caractères latins dont s'inspirent les diverses polices appelées « garamond ».

**Greta Gustafsson,** dite **Greta Garbo** ■ Actrice de cinéma américaine d'origine suédoise, active en Suède, puis aux Etats-Unis (1905-1990). Sa prestance, sa beauté sereine, son regard la firent surnommer « la Divine ». Parmi ses films, *La légende de Gösta Berling,* de M. Stiller\*, *La Reine Christine, Ninotchka.*

**Federico García Lorca** ■ Poète et auteur dramatique espagnol (1899-1936). *Noces de sang ; La Maison de Bernarda.*

Gabriel **García Márquez** ▪ Écrivain colombien (né en 1928). « La plus grande révélation de la langue espagnole depuis le *Don Quichotte* de Cervantès » (Pablo Neruda). *Cent ans de solitude ; Chronique d'une mort annoncée.*

**Garcilaso de la Vega** ▪ Poète espagnol (1503-1536). Auteur de poèmes d'amour, d'une sensibilité exceptionnelle.

**Garcilaso de la Vega,** dit l'Inca ▪ Historien péruvien d'expression espagnole (1539-1616). Fils d'un conquérant espagnol (**Sebastián Garcilaso de la Vega,** 1495-1559) et d'une princesse inca, il est l'auteur de *Commentaires royaux* (1609) à la gloire de l'Empire inca.

le **Gard** ▪ Rivière, affluent du Rhône. 130 km. ► le **Gard** [30]. Département français de la Région Languedoc-Roussillon. 5 848 km². 718 357 habitants. Chef-lieu : Nîmes. Chefs-lieux d'arrondissement : Alès, Le Vigan.

le pont du **Gard** ▪ Aqueduc romain construit v. 19 avant J.-C.

le lac de **Garde** ▪ Lac glaciaire d'Italie du Nord. 370 km².

Charles Gardes, dit Carlos **Gardel** ▪ Auteur-compositeur et interprète argentin d'origine française (1890-1935). Il acquit une célébrité mondiale comme chanteur de tango ; sa mort tragique dans une collision aérienne fixa sa légende.

sir John Eliot **Gardiner** ▪ Chef d'orchestre anglais (né en 1943).

Ava **Gardner** ▪ Actrice américaine de cinéma (1922-1990). *La Comtesse aux pieds nus,* de Joseph Mankiewicz.

**Gargantua** ▪ Héros de Rabelais. Géant, père de Pantagruel.

Giuseppe **Garibaldi** ▪ Révolutionnaire italien, héros de l'unification italienne (1807-1882).

**Garmisch-Partenkirchen** ▪ Ville d'Allemagne (Bavière). 28 000 habitants. Station de sports d'hiver.

Hector de Saint-Denys **Garneau** ▪ Poète québécois (1912-1943). Son œuvre exprime une expérience spirituelle angoissée, par un vers libre inspiré du symbolisme *(Les Solitudes).*

Erroll **Garner** ▪ Pianiste américain de jazz (1921-1977). Son originalité rythmique (retard à l'attaque, décalage) et mélodique (variations) enrichit la tradition pianistique du jazz.

Robert **Garnier** ▪ Auteur français de tragédies (v. 1544-1590). Poète de style noble et puissant, il annonce les chefs-d'œuvre tragiques du XVIIe siècle. *Les Juives* (1583).

Charles **Garnier** ▪ Architecte français (1825-1898). Opéra de Paris.

la **Garonne** ▪ Fleuve français né en Espagne et se jetant dans l'Atlantique. 650 km. ► la **Haute-Garonne** [31]. Département français de la Région Midi-Pyrénées. 6 309 km². 1,26 million d'habitants. Chef-lieu : Toulouse. Chefs-lieux d'arrondissement : Muret, Saint-Gaudens.

Gérard **Garouste** ▪ Peintre français (né en 1946). Style « post-moderne » à tendance baroque.

Roland **Garros** ▪ Aviateur français (1888-1918), le premier à franchir la Méditerranée (1913). → **Roland-Garros.**

Romain Kacew, dit Romain **Gary** ▪ Diplomate et romancier français d'origine russe (1914-1980). Prix Goncourt en 1956 *(Les Racines du ciel),* il créa en 1974 le personnage d'Émile Ajar, auteur fictif de *La Vie devant soi,* grâce auquel il obtint le prix une seconde fois.

la **Gascogne** ▪ Anc. région du sud-ouest de la France. ► le golfe de **Gascogne,** golfe de l'Atlantique qui borde la France et l'Espagne.

**Gaspard** ▪ Un des Rois mages.

Pierre Gassend, dit **Gassendi** ▪ Philosophe et savant français (1592-1655).

**Gaston III de Foix,** dit **Gaston Phœbus** ▪ Comte de Foix et vicomte de Béarn (1331-1391). Il protégea les lettres et les arts.

le **Gâtinais** ▪ Région du Bassin parisien.

**Gatineau** ▪ Ville du Canada (Québec), près d'Ottawa. 242 000 habitants.

le **G.A.T.T.** *(General Agreement on Tariffs and Trades)* ▪ Accord signé à Genève en 1947 pour organiser le commerce mondial et les politiques douanières des signataires.

Sauveur Dante, dit Armand **Gatti** ▪ Journaliste, cinéaste et auteur dramatique français (né en 1924). Son théâtre est celui d'un militant révolutionnaire.

Antonio **Gaudí** ▪ Architecte espagnol (catalan) (1852-1926). Sa maîtrise technique dans l'« art nouveau » est au service d'une puissance visionnaire. Basilique de la Sagrada Familia à Barcelone.

Paul **Gauguin** ▪ Peintre et sculpteur français (1848-1903). Par son traitement des couleurs, d'abord avec les peintres de l'école de Pont-Aven, en Bretagne, puis à Tahiti, il eut une grande influence sur l'art du XXe s.

la **Gaule** ▪ Nom donné par les Romains au territoire correspondant à la France, à la Belgique et à l'Italie du Nord.

Charles de **Gaulle** ▪ Général et homme d'État français (1890-1970). Il organisa la Résistance contre l'Allemagne et fut le premier président de la Ve République de 1959 à 1969. Outre leur valeur historique, ses *Mémoires* révèlent un écrivain de grand talent.

le **Gault et Millau** ■ Guide gastronomique français créé en 1969 par Henri Gault et Christian Millau.

**Léon Gaumont** ■ Inventeur et industriel français, pionnier du cinéma (1863-1946).

**Carl Friedrich Gauss** ■ Mathématicien allemand, physicien et astronome (1777-1855). Travaux en algèbre, en analyse et en géométrie.

**Théophile Gautier** ■ Écrivain français (1811-1872). La perfection formelle de sa poésie (*Émaux et Camées*), la vivacité truculente de ses récits (*Le Capitaine Fracasse*) en font une figure majeure du romantisme français.

le cirque de **Gavarnie** ■ Vaste site des Hautes-Pyrénées.

**Gavroche** ■ Personnage des *Misérables* de Victor Hugo, devenu le symbole du « titi » parisien, frondeur et courageux.

**John Gay** ■ Auteur dramatique anglais (1685-1732). *L'Opéra du gueux.*

**Louis Joseph Gay-Lussac** ■ Physicien et chimiste français (1778-1850).

**Gaza** ■ Ville de Palestine. 496 000 habitants. Capitale du *territoire de Gaza*, sous autogouvernement palestinien depuis 1994 (1,4 million d'habitants).

**Gaziantep** ■ Ville de Turquie. 1 324 500 habitants.

**Laurent Gbagbo** ■ Homme politique ivoirien (né en 1945). Président de la République de 2000 à 2010. Il contesta les résultats de la présidentielle de 2010 donnant A. Ouattara vainqueur et fut arrêté en 2011.

**Gdańsk**, anciennement **Dantzig** ■ Port de Pologne. 456 700 habitants. Constructions navales.

**Gê → Gaïa**

**Hailé Gébrésélassié** ■ Coureur éthiopien (né en 1973). Détenteur de nombreux titres, il apparaît comme l'un des plus grands coureurs de fond (10 000 m, marathon) de tous les temps.

**Frank Owen Gehry** ■ Architecte américain (né en 1929). Auteur du musée Guggenheim de Bilbao en Espagne et de l'American Center (devenu la Cinémathèque* française) de Paris.

**Hans Geiger** ■ Physicien allemand (1882-1945). Le *compteur Geiger-Müller* : détecteur de particules radioactives.

**Andre Geim** ■ Physicien néerlandais d'origine russe (né en 1958). Avec K. Novoselov*, il isola un cristal de carbone, le graphène, qui permet une plus grande rapidité des ordinateurs.

**Claude Gellée → le Lorrain**

**Gelsenkirchen** ■ Ville d'Allemagne (Rhénanie-du-Nord-Westphalie). 288 400 habitants. Premier centre charbonnier de la Ruhr.

**Gênes**, en italien **Genova** ■ Port d'Italie (Ligurie). 610 000 habitants.

la **Genèse** ■ Premier livre de la Bible.

**Jean Genet** ■ Écrivain français (1910-1986). Auteur de romans (*Notre-Dame des Fleurs ; Querelle de Brest*), de *Poèmes*, de pièces de théâtre (*Les Bonnes ; Le Balcon*). Son style raffiné contraste avec la violence de son inspiration.

**Genève** ■ Ville de Suisse, sur le lac Léman. 178 600 habitants (zone urbaine 471 300). Ville anc. ▶ le canton de **Genève** 282 km². 433 200 habitants.

sainte **Geneviève** ■ Patronne de Paris, dont elle aurait détourné les armées d'Attila (v. 422-502).

**Maurice Genevoix** ■ Écrivain français (1890-1980). Après avoir écrit des romans de guerre, il exploita une veine réaliste et régionaliste, évoquant la nature dans un style très pur (*Raboliot ; Tendre bestiaire*).

**Gengis Khân** ou **Temüjin** ■ Fondateur de l'Empire mongol (v. 1167-1227).

**Genji → Minamoto**

**Genji Monogatari** ■ Œuvre de la romancière Murasaki Shikibu (v. 978-v. 1015), le « Dit ou Conte de Genji » est le premier roman japonais, racontant les aventures d'un noble et de son fils à la cour de Heian. Adapté au cinéma par Mizoguchi.

**Stéphanie Félicité du Crest, comtesse de Genlis** ■ Écrivaine française (1746-1830). Elle publia des ouvrages pédagogiques, des contes, des récits, des mémoires, influencés par J.-J. Rousseau.

**Pierre-Gilles de Gennes** ■ Physicien français (1932-2007). Travaux en physique de la matière condensée.

**Gentile da Fabriano** ■ Peintre italien (v. 1370-1427). *L'Adoration des Mages.*

**Étienne Geoffroy Saint-Hilaire** ■ Naturaliste français (1772-1844).

**George** ■ Nom de six rois britanniques. ▶ **George V.** Roi de Grande-Bretagne de 1910 à sa mort (1865-1936). ▶ **George VI.** Roi de Grande-Bretagne de 1936 à sa mort (1895-1952).

**Stefan George** ■ Poète allemand (1868-1933).

saint **Georges** ■ Personnage de martyr dont le culte apparaît en Palestine au Vᵉ siècle et se répand en Europe après les croisades. La légende le montre tuant un dragon auquel allait être sacrifiée une princesse.

**Georgetown** ■ Capitale du Guyana. 135 000 habitants.

la **Géorgie** ■ État du sud-est des États-Unis. 152 589 km². 8,2 millions d'habitants. Capitale : Atlanta.

la **Géorgie** ■ État situé au bord de la mer Noire. 69 700 km². 4,4 millions d'habitants. Capitale : Tbilissi. À la suite de conflits séparatistes armés, la Russie a reconnu l'indépendance de l'Abkhazie et de l'Ossétie du Sud en 2008.

**Gérardmer** ■ Ville des Vosges. 8 561 habitants. Station de sports d'hiver.

le mont **Gerbier-de-Jonc** ■ Mont d'origine volcanique de l'Ardèche où la Loire prend sa source.

**Gergovie** ■ Anc. ville de Gaule (Auvergne). Victoire de Vercingétorix sur César en 52 avant J.-C.

Théodore **Géricault** ■ Peintre français (1791-1824). De style romantique brillant, il atteint un tragique absolu dans *Le Radeau de la Méduse.*

les **Germains** ■ Peuple probablement originaire de Scandinavie qui envahit l'Europe à partir du IIIᵉ s. avant J.-C.

**Germanicus** ■ Général romain (15 avant J.-C.-19). Il rétablit l'ordre en Germanie.

la **Germanie** ■ Région entre le Rhin et la Vistule, habitée dans l'Antiquité par les Germains.

Go Khla Yeh, dit **Geronimo** ■ Chef de guerre apache (1829-1909). Il combattit pendant trente ans les Mexicains et les Américains.

le **Gers** ■ Rivière, affluent de la Garonne. 178 km. ► le **Gers** [32]. Département français de la Région Midi-Pyrénées. 6 291 km². 188 893 habitants. Chef-lieu : Auch. Chefs-lieux d'arrondissement : Condom, Mirande.

George **Gershwin** ■ Compositeur américain (1898-1937). Il introduisit l'influence du jazz dans l'écriture de l'orchestre symphonique classique. *Rhapsody in Blue.*

la **Gestapo** ■ Police politique du régime nazi.

Carlo **Gesualdo,** prince de Venosa ■ Compositeur italien (v. 1560-1613). Ce prince à la vie aventureuse et tragique écrivit des madrigaux admirables.

**Gethsémani** ■ Jardin du mont des Oliviers où Jésus pria la nuit qui précéda sa Passion.

Jean Paul **Getty** ■ Industriel américain (1892-1976). Il employa une fortune acquise dans le commerce du pétrole à des collections d'art, léguées au *J. P. Getty Museum* de Malibu (Californie) et au *Centre Getty* de Los Angeles.

**Gettysburg** ■ Ville des États-Unis (Pennsylvanie). 7 600 habitants. Victoire des nordistes durant la guerre de Sécession.

Stanley, dit Stan **Getz** ■ Saxophoniste et musicien de jazz américain (1927-1991).

le **Gévaudan** ■ Plateau du Massif central.

**Gevrey-Chambertin** ■ Ville de la Côte-d'Or (Bourgogne). 3 065 habitants. Célèbres vins rouges de la côte de Nuits.

**Gex** ■ Chef-lieu d'arrondissement de l'Ain. 10 446 habitants.

l'empire du **Ghana** ■ Anc. État africain (IVᵉ-XIᵉ s.).

le **Ghana** ■ État de l'Afrique occidentale. 239 460 km². 24,3 millions d'habitants. Capitale : Accra.

**Ghardaïa** ■ Ville et oasis du nord du Sahara algérien, au cœur du Mzab. 62 000 habitants.

Muhammad al-**Ghazâlî** ■ Théologien et mystique persan d'expression arabe, connu en Europe, au Moyen Âge, sous le nom d'*Algazel* (1058-1111). D'abord philosophe, il se retira pour vivre en soufi et combattit les philosophes néoplatoniciens, en particulier Avicenne ; il fut lui-même réfuté par Averroès.

Adémar Martens, dit Michel de **Ghelderode** ■ Écrivain et auteur dramatique belge d'expression française (1898-1962). *La Balade du Grand Macabre,* mise en musique par G. Ligeti.

Lorenzo **Ghiberti** ■ Orfèvre, sculpteur et architecte italien de la Renaissance (1378-1455). Portes du baptistère de Florence.

Domenico Bigordi, dit **Ghirlandaio** («le marchand de couronnes, de guirlandes ») ■ Peintre italien, actif à Florence et à Rome (1449-1494). Dans ses portraits et ses fresques, il joint la maîtrise du dessin, de la couleur et de la composition.

Alberto **Giacometti** ■ Sculpteur suisse (1901-1966). Établi à Paris, il élabora, après avoir rompu avec le surréalisme, un style entièrement personnel, sculptant des personnages filiformes fondus dans l'espace. Ses peintures et dessins, aux traits fouillés évoquent eux aussi le rapport brouillé des apparences à l'espace de vision.

**Giambologna** ou **Jean de Boulogne** ou **Jean Bologne** ■ Sculpteur maniériste flamand (1529-1608).

**Giáp** → Võ Nguyên Giáp

Edward **Gibbon** ■ Historien britannique (1737-1794). Il est l'auteur d'une monumentale *Histoire du déclin et de la chute de l'empire romain* (1776).

Orlando **Gibbons** ■ Compositeur anglais (1583-1625). Organiste, il a composé des pièces profanes aussi bien que religieuses.

Josiah Willard **Gibbs** ■ Physicien américain (1839-1903). Il jeta les bases de la physico-chimie.

les **gibelins** → les **guelfes**

**Gibraltar** ■ Port britannique, à l'extrême sud de l'Espagne. 30 000 habitants. ► le détroit de **Gibraltar** réunit l'Atlantique à la Méditerranée.

Gibran Khalil **Gibran** ▪ Peintre et écrivain libanais d'expression arabe et anglaise (1883-1931). *Le Prophète*.

André **Gide** ▪ Écrivain français (1869-1951). Ses œuvres de jeunesse, notamment *Paludes*, témoignent d'une réflexion originale sur la création littéraire. Il est l'auteur d'essais moraux et philosophiques, de récits romanesques (*Les Caves du Vatican*, satirique ; *Les Faux-Monnayeurs*), de témoignages sur l'Afrique colonisée et la jeune U. R. S. S., d'une vaste correspondance et surtout d'un *Journal* dont la sincérité fait songer à J.-J. Rousseau.

sir Arthur John **Gielgud** ▪ Acteur et metteur en scène britannique (1904-2000). Il excella dans les rôles shakespeariens.

la presqu'île de **Giens** ▪ Presqu'île du Var.

Walter **Gieseking** ▪ Pianiste allemand (1895-1953). Interprète privilégié de Debussy et Ravel. *Traité du piano moderne*.

**Gif-sur-Yvette** ▪ Commune de l'Essonne, arrondissement de Palaiseau. 20 622 habitants. Laboratoires de recherche scientifique.

**Gigondas** ▪ Commune du Vaucluse, près de Carpentras. 531 habitants. Vins renommés.

**Gijón** ▪ Port d'Espagne (Asturies). 276 969 habitants.

Gilberto **Gil** ▪ Chanteur, compositeur et guitariste brésilien (né en 1942). Ministre de la Culture du Brésil de 2003 à 2008.

**Gilgamesh** ▪ Héros d'une épopée mésopotamienne du IIIe millénaire avant J.-C.

Dizzy **Gillespie** ▪ Trompettiste de jazz et chef d'orchestre américain (1917-1993). Un des créateurs du be-bop.

Allen **Ginsberg** ▪ Poète américain (1926-1997). Grand voyageur, très critique à l'égard de la « normalité » et de la politique des États-Unis.

Jean **Giono** ▪ Écrivain français (1895-1970). Il a célébré la nature et la vie rustique dans sa Provence natale (*Regain ; Le Chant du monde*), avant d'évoluer vers un art plus classique (*Le Hussard sur le toit*).

Luca **Giordano** ▪ Peintre et décorateur baroque italien (1634-1705).

Giorgio da Castelfranco, dit **Giorgione** ▪ Peintre vénitien (v. 1477-1510). Ses œuvres, trop rares, suffisent à en faire l'un des grands fondateurs de l'école vénitienne. *La Tempête ; Les Trois Philosophes*.

**Giotto** di Bondone ▪ Artiste florentin (v. 1266-1337). Outre son œuvre majeure d'architecte (le campanile de Florence) et de sculpteur, il est l'un des fondateurs de la peinture italienne du XIVe siècle, par la construction des formes dans l'espace. Fresques de la *Vie de saint François* à Assise et de la chapelle des Scrovegni à Padoue.

**Giovanni Pisano** → Pisano

René **Girard** ▪ Essayiste français (né en 1923). Son œuvre combine critique littéraire et réflexion anthropologique, puis théologique (*La Violence et le Sacré*).

François **Girardon** ▪ Sculpteur classique français (1628-1715).

Henri **Giraud** ▪ Général français (1879-1949). Rival de De Gaulle avec qui il dirigea le Comité français de libération nationale à Alger (1943).

Jean **Giraud** ▪ Dessinateur français (né en 1938). Il est l'auteur de bandes dessinées réalistes sous le nom de Gir (*Blueberry*), oniriques sous le nom de Mœbius (*L'Incal*).

Jean **Giraudoux** ▪ Romancier et auteur dramatique français (1882-1944). Le style raffiné et « précieux » de ses romans ne nuit ni à la fantaisie, ni à l'humour. Son théâtre, d'abord optimiste (*Amphitryon 38 ; Intermezzo*), devint pathétique sans perdre son charme (*La guerre de Troie n'aura pas lieu ; La Folle de Chaillot*).

le **Giro** [dʒiro] (« le Tour ») ▪ Tour d'Italie, épreuve cycliste.

la **Gironde** ▪ Estuaire formé par la Garonne et la Dordogne. ▶ la **Gironde** [33]. Département français de la Région Aquitaine. 10 725 km². 1,46 million d'habitants. Chef-lieu : Bordeaux. Chefs-lieux d'arrondissement : Arcachon, Blaye, Langon, Lesparre-Médoc, Libourne.

les **Girondins** ▪ Groupe de révolutionnaires modérés français (Brissot, Roland), éliminés par les Montagnards en 1793.

Valéry **Giscard d'Estaing** ▪ Homme d'État français (né en 1926). Président de la République française de 1974 à 1981.

**Gislebert** latinisé en **Gislebertus** ▪ Sculpteur du XIIe s. dont la signature apparaît sur le tympan de la cathédrale d'Autun, et dont on reconnaît la griffe à d'autres endroits de l'édifice (bas-relief d'*Ève*).

Carlo Maria **Giulini** ▪ Chef d'orchestre italien (1914-2005). Célèbre pour ses directions d'opéras.

**Giulio Romano** → Jules Romain

**Giunta Pisano** → Giunta **Pisano**

**Giverny** ▪ Commune de l'Eure, arrondissement des Andelys. 501 habitants. Maison et jardin de Claude Monet.

**Givry** ▪ Commune de Saône-et-Loire, arrondissement de Chalon-sur-Saône. 3 694 habitants. Église du XVIIIe siècle. Vins de la côte chalonnaise.

**Gizeh** ou **Guizeh** ▪ Ville d'Égypte, faubourg du Caire. 2,7 millions d'habitants. Sphinx et pyramides de Khéops, Khéphren et Mykérinos.

la mer de **Glace** ▪ Glacier du Mont-Blanc.

William Ewart **Gladstone** ■ Homme politique (libéral) britannique (1809-1898). Rival de Disraeli.

**Glanum** ■ Site grec puis romain de Gaule, près de Saint-Rémy-de-Provence.

le canton de **Glaris,** en allemand **Glarus** ■ Canton de Suisse. 685 km². 38 100 habitants. Chef-lieu : Glaris.

**Glasgow** ■ Port d'Écosse. 868 200 habitants.

Aleksandr **Glazounov** ■ Compositeur russe (1865-1936).

les îles de **Glénan** ■ Îlots du Finistère. Centre nautique.

le plateau des **Glières** ■ Plateau de Haute-Savoie. Maquis de résistants, exterminés en 1944.

Mikhaïl **Glinka** ■ Compositeur russe (1804-1857). *La Vie pour le tsar.*

Édouard **Glissant** ■ Écrivain martiniquais (1928-2011). Il célèbre le pays et le peuple antillais dans des romans (*La Lézarde ; Malemort*) d'une langue riche, influencée par le créole. Essais sur la création littéraire et le langage (*Le Discours antillais*).

les Trois **Glorieuses** → **révolution française de 1830**

**Gloucester** ■ Port d'Angleterre. 109 900 habitants. Monuments médiévaux.

Christoph Willibald von **Gluck** ■ Compositeur allemand (1714-1787). Il a renouvelé le style lyrique : *Orphée et Eurydice ; Alceste ; Armide.*

**Goa** ■ État de la côte ouest de l'Inde, anc. colonie portugaise. 3 702 km². 1,4 million d'habitants. Capitale : Panaji.

les **Gobelins** ■ Manufacture de tapisseries à Paris fondée en 1662.

le désert de **Gobi** ■ Désert d'Asie centrale.

Joseph Arthur de **Gobineau** ■ Écrivain français (1816-1882). *Les Pléiades.*

Jean-Luc **Godard** ■ Cinéaste français (né en 1930). *À bout de souffle ; Pierrot le Fou.*

Jacques **Godbout** ■ Écrivain canadien d'expression française (né en 1933). Auteur de poèmes, de romans (*Salut Galarneau ; D'amour P. Q.*) où l'influence du français populaire de Montréal (le joual) est sensible. Il a réalisé plusieurs films.

**Godefroy de Bouillon** ■ (1061-1100) Chef de la première croisade, élu roi de Jérusalem.

Kurt **Gödel** ■ Logicien et philosophe autrichien naturalisé américain (1906-1978).

Manuel de **Godoy** ■ (1767-1851) Premier ministre de Charles IV d'Espagne.

Joseph Paul **Goebbels** ■ Homme politique allemand (1897-1945). Chargé par Hitler de la propagande nazie.

Johann Wolfgang von **Goethe** ■ Écrivain allemand (1749-1832). Il fut l'un des chefs de file du *Sturm und Drang,* avant d'incarner le classicisme allemand (*Les Souffrances du jeune Werther ; Wilhelm Meister ; Faust*).

**Gog et Magog** ■ relig. Peuples cités dans la Bible (livre d'Ézéchiel ; Apocalypse) et dans le Coran (Ya'jûj et Ma'jûj), qui symbolisent la barbarie prête à déferler sur le monde, mais finalement vaincue par Dieu.

Nikolaï **Gogol** ■ Écrivain russe (1809-1852). Son œuvre constitue une caricature impitoyable des faiblesses humaines. *Le Nez ; Les Âmes mortes.*

le **Golan** ■ Plateau du sud de la Syrie, occupé par Israël depuis 1967.

**Golconde** ■ Ancienne cité de l'Inde (Deccan), fondée au début du XVIe s., absorbée par l'Empire moghol à la fin du XVIIe s. Elle était célèbre pour ses richesses, ainsi que pour son école de peinture.

William **Golding** ■ Écrivain britannique (1911-1993). *Sa Majesté-des-Mouches.*

Carlo **Goldoni** ■ Auteur italien de pièces comiques (1707-1793). *La Locandiera ; La Villégiature.* Il écrivit des *Mémoires* en français.

Oliver **Goldsmith** ■ Écrivain anglais (1728-1774). *Le Vicaire de Wakefield.*

le **Golfe** ■ Le golfe Persique ou Arabique. ► la guerre du **Golfe.** Conflit qui opposa l'Irak, après son invasion du Koweït en août 1990, à une coalition de 30 pays, conduite par les États-Unis sous l'égide de l'O. N. U.

le **Golgotha** ■ Site près de Jérusalem, où Jésus fut crucifié.

**Goliath** ■ Bible Géant vaincu par David.

Witold **Gombrowicz** ■ Écrivain polonais (1904-1969). Œuvre romanesque (*Ferdydurke ; La Pornographie*) et théâtrale.

**Gomel** ■ Ville de Biélorussie. 503 400 habitants.

Ramón **Gomez de la Serna** ■ Écrivain espagnol (1888-1963). Le « ramonisme » consiste en une négation de la réalité perçue, remplacée par l'humour métaphorique. Romans (*Le Marché aux puces ; Le Docteur invraisemblable*) ; aphorismes humoristiques.

**Gomorrhe** → **Sodome**

Władysław **Gomułka** ■ (1905-1982) Homme politique (communiste) polonais, au pouvoir de 1956 à 1970.

Nuno **Gonçalves** ■ Peintre portugais, actif de 1450 à 1480.

les frères **Goncourt** ■ Écrivains français. Edmond (1822-1896) et Jules (1830-1870). Auteurs de romans naturalistes et d'un *Journal* qui découvre avec un talent parfois cruel l'intimité de la vie littéraire parisienne. Edmond fonda l'Académie Goncourt, décernant un prix littéraire annuel.

le **Gondwana** ▪ Continent qui aurait réuni, à l'ère primaire, l'Inde, l'Afrique, l'Australie, l'Amérique du Sud et l'Antarctique.

Luis de **Góngora y Argote** ▪ Poète baroque espagnol au style raffiné (1561-1627). *Pyrame et Thisbé.*

Ivan **Gontcharov** ▪ Romancier russe (1812-1891). *Oblomov.*

Natalia **Gontcharova** ▪ Peintre russe (1881-1962). Compagne de Larionov, elle participa au rayonnisme et fut l'un des pionniers de l'art abstrait.

Felipe **González** ▪ Homme politique espagnol (né en 1942). Premier ministre (socialiste) de 1982 à 1996.

Benjamin David, dit Benny **Goodman** ▪ Clarinettiste et chef d'orchestre américain de jazz (1909-1986).

Mikhaïl **Gorbatchev** ▪ Homme politique (communiste) soviétique (né en 1931). Secrétaire général du PC en 1985, il fut président de l'URSS en 1990. Il mena une politique de réformes *(perestroïka)*. Il fut contraint à la démission en 1991. Prix Nobel de la paix 1990.

**Gordes** ▪ Chef-lieu de canton du Vaucluse. 2 056 habitants. Site et village pittoresques.

Nadine **Gordimer** ▪ Romancière sud-africaine (née en 1923). *Ceux de July.* Prix Nobel 1991.

Albert Arnold, dit Al **Gore** ▪ Homme politique américain (né en 1948). Vice-président des États-Unis de 1992 à 1999 aux côtés de Bill Clinton. Prix Nobel de la paix 2007 pour son engagement dans la défense de l'environnement.

l'île de **Gorée** ▪ Île du Sénégal, face à Dakar. Anc. point de transit de la traite des esclaves.

les **Gorgones** n. f. pl. ▪ mythol. grecque Trois monstres à la chevelure faite de serpents. Méduse est la plus célèbre.

Hermann **Göring** ▪ Maréchal allemand (1893-1946). Chef de la *Luftwaffe* de 1935 à 1945.

Maxime **Gorki** ▪ Écrivain russe (1868-1936). *Les Bas-Fonds ; La Mère.*

**Gorki** → **Nijni-Novgorod**

René **Goscinny** ▪ Écrivain et scénariste de bandes dessinées français (1926-1977). Il créa le personnage du Petit Nicolas (1956), les scénarios de *Lucky Luke* (1956) et, dans le journal *Pilote* (1959), la série dessinée par Uderzo* d'*Astérix* (1959).

**Göteborg** ▪ Port de Suède. 489 800 habitants.

les **Goths** ▪ Peuple de Germains qui se divisa au IVᵉ s. entre Ostrogoths et Wisigoths.

**Göttingen** ▪ Ville d'Allemagne (Basse-Saxe). 127 700 habitants. Université.

**Gouda** ▪ Ville des Pays-Bas (Hollande-Méridionale). 71 000 habitants. Fromages.

**Goudéa** ou **Gudea** ▪ Roi de Lagash, au sud de Sumer, vers 2120 avant J.-C. Il fut le promoteur d'une « renaissance » sumérienne, attestée par plusieurs statues et inscriptions (musée du Louvre, Paris).

Olympe de **Gouges** ▪ Féministe française (1748-1793).

Jean **Goujon** ▪ Sculpteur et architecte français de la Renaissance (1510-v. 1566).

Glenn **Gould** ▪ Pianiste canadien (1932-1982). Interprète majeur de l'œuvre de clavier de J.-S. Bach.

Stephen Jay **Gould** ▪ Paléontologue américain (1941-2002). L'un des auteurs d'une théorie de l'évolution par brusques éliminations d'espèces *(L'Éventail du vivant).*

Charles **Gounod** ▪ Compositeur français (1818-1893). Auteur d'opéras *(Faust)* et de musique religieuse *(Messe solennelle de sainte Cécile).*

**Gourdon** ▪ Chef-lieu d'arrondissement du Lot. 4 497 habitants.

Remy de **Gourmont** ▪ Écrivain français (1858-1915). Son œuvre multiforme (poèmes, romans, essais) relève d'abord du symbolisme, puis d'un hédonisme sceptique *(Esthétique de la langue française ; La Culture des idées ; Promenades littéraires ; Promenades philosophiques).*

Marie Le Jars de **Gournay** ▪ Écrivaine française (1566-1645). « Fille d'alliance » (filleule) de Montaigne, elle défendit, en plein classicisme malherbien, la liberté langagière et intellectuelle du temps de Montaigne *(L'Ombre de Mademoiselle de Gournay).*

Francisco de **Goya** y Lucientes ▪ Peintre espagnol (1746-1828). Ses manières successives le conduisirent de la grâce et du charme de scènes populaires à d'admirables portraits expressifs, puis à un style puissant, sombre et violent, d'une imagination visionnaire. Ses recueils de gravures *(Tauromachie ; Caprices ; Désastres de la guerre)* sont d'une puissance expressive inégalée.

Juan **Goytisolo** ▪ Romancier espagnol (né en 1931). Il a critiqué la société bourgeoise d'Espagne dans ses romans, avant de renouveler leur composition et de célébrer la culture arabe.

Carlo **Gozzi** ▪ Auteur dramatique italien (1720-1806). *Turandot.*

Benozzo **Gozzoli** ▪ Peintre italien (1420-1497). Il fut l'assistant de Fra Angelico. Style narratif et descriptif, révélant un amour de la couleur et des matières.

le **Graal** ou **Saint-Graal** ▪ Vase sacré qui, selon la légende, servit à la Cène et qui recueillit le sang du Christ.

les frères **Gracchus** ■ Tribuns romains. Tiberius (v. 162-133 avant J.-C.) et Caius (v. 154-121 avant J.-C.). Ils firent voter une loi agraire mais furent assassinés.

les trois **Grâces** ■ Déesses de la Beauté, chez les Grecs et les Romains (Aglaé, Thalie, Euphrosyne).

Louis Poirier, dit Julien **Gracq** ■ Écrivain français (1910-2007). Géographe de formation, il élabora une œuvre romanesque, poétique et critique (*Lettrines*) de premier plan, par la perfection du style. *Le Rivage des Syrtes* ; *Un balcon en forêt*.

Martha **Graham** ■ Danseuse et chorégraphe américaine (1894-1991).

Zénobe **Gramme** ■ Électricien belge (1826-1901). Inventeur de la dynamo.

Antonio **Gramsci** ■ Philosophe marxiste et homme politique italien (1891-1937).

Enrique **Granados** ■ Compositeur espagnol (1867-1916). *Goyescas.*

le **Grand Canyon** ■ Gorge du Colorado dans l'Arizona (États-Unis).

la **Grande-Bretagne** ■ Île de l'archipel britannique comprenant l'Angleterre, le pays de Galles, l'Écosse et formant, avec l'Irlande du Nord, le Royaume-Uni. 244 046 km². 58,8 millions d'habitants. Capitale : Londres.

la **Grande Grèce** ■ Nom donné dans l'Antiquité au sud de l'Italie et à la Sicile.

La **Grande-Motte** ■ Commune de l'Hérault, station balnéaire créée en 1967, à l'architecture caractéristique (immeubles en pyramides). 6 500 habitants.

les **Grands Lacs** ■ Ensemble de lacs d'Amérique du Nord, reliés entre eux, de Duluth à la baie du Saint-Laurent (Supérieur, Michigan, Huron, Érié, Ontario).

Ulysses **Grant** ■ (1822-1885) Général américain, commandant des armées nordistes, président (républicain) des États-Unis de 1869 à 1877.

Archibald Leach, dit Cary **Grant** ■ Acteur américain (1904-1986). Créateur d'un personnage désinvolte, charmeur et plein d'humour. Interprète d'Hitchcock (*La Mort aux trousses*), de Hawks (*L'Impossible M. Bébé*) et de Capra (*Arsenic et vieilles dentelles*).

Stéphane **Grappelli** ■ Violoniste français de jazz (1908-1997). Son style fluide et charmeur en a fait l'un des plus grands jazzmen français, par exemple aux côtés de Django Reinhardt.

Günter **Grass** ■ Écrivain allemand (né en 1927). Il est l'auteur de poèmes, de pièces de théâtre et surtout de romans mêlant la réflexion historique au fantastique. *Le Tambour* ; *Les Années de chien* ; *Le Turbot*. Prix Nobel 1999.

**Grasse** ■ Chef-lieu d'arrondissement des Alpes-Maritimes. 51 631 habitants. Parfumerie.

Bernard **Grasset** ■ Éditeur français (1881-1955). Défenseur de la littérature française contemporaine, il est l'auteur d'essais critiques (*La Chose littéraire*).

**Graz** ■ Ville d'Autriche (Styrie). 265 318 habitants.

Arnoul **Gréban** ■ Écrivain français (v. 1425-v. 1495). Auteur du plus important des mystères médiévaux, le *Mystère de la Passion*. ► Simon **Gréban**, chanoine du Mans, frère d'Arnoul. Auteur du *Mystère des Actes des Apôtres* (v. 1460-1470).

la **Grèce** ■ État du sud-est de l'Europe. 131 957 km². 11 millions d'habitants. Capitale : Athènes.

le **Greco** ■ Peintre espagnol d'origine crétoise (1541-1614). Formé en Italie, il se fixa à Tolède ; son style (tons sombres, personnages aux traits étirés et disproportionnés), associe la tradition byzantine et le maniérisme italien dans une expression très personnelle. *L'Enterrement du comte d'Orgaz*.

Julien **Green** ■ Écrivain français d'origine américaine (1900-1998). Toute son œuvre, les romans (*Léviathan* ; *Moïra*) comme son théâtre et son immense journal, sont une réflexion morale pathétique et pudique sur la condition humaine.

Graham **Greene** ■ Écrivain anglais (1904-1991). Ses récits mettent souvent en scène l'histoire contemporaine avec une grande intensité dramatique.

**Greenwich** ■ Bourg du Grand Londres. 215 000 habitants. Le *méridien de Greenwich* a été adopté comme méridien d'origine.

**Grégoire** ■ Nom de seize papes. ► saint **Grégoire Ier**, dit Grégoire le Grand (v. 540-604). Pape de 590 à sa mort. Il réforma la liturgie et le chant d'Église. ► saint **Grégoire VII** (v.1020-1085). Pape de 1073 à sa mort. Il lutta contre l'empereur d'Allemagne Henri IV (querelle des Investitures). ► **Grégoire XIII** (1502-1585). Pape de 1572 à sa mort. Il réforma le calendrier.

Henri Grégoire, dit l'abbé **Grégoire** ■ Ecclésiastique et révolutionnaire français (1750-1831).

saint **Grégoire de Nazianze** ■ Docteur de l'Église (v. 330-v. 390).

saint **Grégoire de Nysse** ■ Père de l'Église (v. 335-v. 395).

saint **Grégoire de Tours** ■ Évêque de Tours et historien (v. 538-v. 594). *Histoire des Francs.*

**Grenade,** en espagnol **Granada** ■ Ville d'Espagne (Andalousie). 241 003 habitants. Monuments médiévaux. Palais mauresque de l'Alhambra (XIIIe-XIVe s.). Quartier gitan.

**Grenade** ■ Île et État des Antilles. 345 km². 8 214 habitants. Capitale : Saint George's.

les îles **Grenadines** ■ Archipel des Petites Antilles.

**Grenoble** ■ Chef-lieu de l'Isère, sur l'Isère. 157 424 habitants.

Jean-Baptiste **Greuze** ■ Peintre français (1725-1805). *La Cruche cassée*.

la place de **Grève** ■ Place de Paris, auj. place de l'Hôtel-de-Ville.

Jules **Grévy** ■ (1807-1891) Président de la République française de 1879 à 1887.

Marcel **Griaule** ■ Ethnologue français (1898-1956). Il étudia particulièrement les Dogons, révélant la richesse d'une pensée qui ne put dès lors plus être considérée comme « primitive ». *Dieu d'eau ; Renard pâle, ethnologie des Dogons*, avec Germaine Dieterlen (1903-1999).

Aleksandr **Griboïedov** ■ Dramaturge russe (1795-1829).

Edvard **Grieg** ■ Compositeur norvégien (1843-1907). *Peer Gynt*.

David Wark **Griffith** ■ Cinéaste américain (1875-1948). L'un des créateurs du cinéma moderne. *La Naissance d'une nation*.

Franz **Grillparzer** ■ Auteur dramatique autrichien (1791-1872). Son attitude romantique se tempère, à la manière de Goethe, d'un sens délicat des nuances *(Les Vagues de la mer et de l'amour)*.

**Grimaldi** ■ Famille d'origine génoise, connue depuis le XIIIᵉ s. ► Rainier **Grimaldi**, chassé de Gênes, se réfugia à Monaco en 1297 et en prit possession. Au XXᵉ s., les Polignac, devenus souverains de Monaco, gardèrent le nom et les armes des Grimaldi.

Jacob **Grimm** ■ Philologue et écrivain allemand (1785-1863). Il publia avec son frère Wilhelm (1786-1859) des *Contes d'enfants et du foyer*, et commença la rédaction du plus grand dictionnaire de la langue allemande.

Hans von **Grimmelshausen** ■ Romancier allemand (v. 1620-1676). *Les Aventures de Simplicius Simplicissimus*.

Juan **Gris** ■ Peintre cubiste espagnol (1887-1927). *Pierrots et Arlequins*.

les **Grisons**, en allemand **Graubünden** ■ Canton de Suisse. 7 105 km². 187 900 habitants. Chef-lieu : Coire.

Adrien Wettach, dit **Grock** ■ Artiste suisse de cirque, acrobate, puis clown (1880-1959).

Georg **Groddeck** ■ Médecin allemand (1866-1934). Fondateur de la médecine psychosomatique.

le **Groenland** ■ Île danoise au nord-est du Canada, couverte de glace. 2 175 600 km². 56 600 habitants. Chef-lieu : Nuuk. Depuis 1985, « pays et territoire d'outre-mer » de l'Union européenne.

l'île de **Groix** ■ Île du Morbihan.

Marcel **Gromaire** ■ Peintre français (1892-1971). Il est proche de l'expressionnisme, mais avec des formes massives. *La Guerre*.

Andreï Andreievitch **Gromyko** ■ Homme politique soviétique (1909-1989). Il fit partie des créateurs de l'O. N. U., et fut ministre des Affaires étrangères de l'U. R. S. S. (1957).

**Groningue**, en néerlandais **Groningen** ■ Ville du N.-E. des Pays-Bas. 181 600 habitants (zone urbaine 343 200).

Walter **Gropius** ■ Architecte américain d'origine allemande, fondateur du Bauhaus (1883-1969).

Antoine, baron **Gros** ■ Peintre français de l'épopée napoléonienne (1771-1835).

David **Grossman** ■ Écrivain israélien (né en 1954). Militant pour une solution négociée au conflit entre Israël et la Palestine. *L'Enfant zigzag*.

George **Grosz** ■ Peintre et dessinateur allemand naturalisé américain (1893-1959). Son sens de la satire et du grotesque s'est exercé contre la bourgeoisie allemande, puis la société des États-Unis.

Hugo de **Groot**, dit **Grotius** ■ Juriste hollandais (1583-1645). Un des fondateurs du droit international *(Du droit de la guerre et de la paix)*.

Jerzy **Grotowski** ■ Metteur en scène et théoricien du théâtre français d'origine polonaise (1933-1999). Il prôna un théâtre « pauvre » fondé sur l'acteur et sur la relation au spectateur.

le marquis de **Grouchy** ■ Maréchal français (1766-1847).

**Groznyï** ■ Ville de Russie, capitale de la Tchétchénie. 223 000 habitants. Détruite par les Russes en 1995 et 1999.

Matthias **Grünewald** ■ Peintre allemand (v. 1460 ou v. 1475-1528). Sa science de la lumière et des formes tourmentées est au service d'une inspiration de visionnaire tragique. *Le Retable d'Issenheim*, à Colmar.

**Gruss** ■ Famille française d'artistes et de directeurs de cirque. ► Alexis **Gruss** (né en 1944) a créé et dirigé le *Cirque à l'ancienne*.

**Guadalajara** ■ Ville du Mexique. 1,5 million d'habitants.

**Guadalcanal** ■ Île volcanique des Salomon. Violents combats américano-japonais (1942-1943).

le **Guadalquivir** ■ Fleuve d'Espagne qui se jette dans l'Atlantique. 680 km.

la **Guadeloupe** [971] ■ Îles (Grande-Terre et Basse-Terre) des Antilles qui constituent une région et un département français d'outre-mer. 1 709 km². 422 500 habitants. Chef-lieu : Basse-Terre. Chef-lieu d'arrondissement : Pointe-à-Pitre.

**Guam** ou **Guaham** ■ Île principale de l'archipel des Marianes.

**le Guangdong** ■ Province côtière du sud de la Chine. 178 000 km². 85,2 millions d'habitants. Capitale : Canton.

**le Guangxi** ■ Région autonome du sud de la Chine. 236 000 km². 43,9 millions d'habitants. Capitale : Nanning.

**Guangzhou** → Canton

**Guantánamo** ■ Ville de Cuba. 243 800 habitants. Base navale américaine. En 2002, les États-Unis y établirent un bagne où furent enfermés des prisonniers soupçonnés de terrorisme, hors de toute légalité et au mépris des droits de l'homme.

**les Indiens Guaranis** ■ Indiens d'Amérique du Sud (Paraguay).

**Francesco Guardi** ■ Peintre italien (1712-1793). Vues de Venise, d'une vivacité d'exécution et d'une poésie exceptionnelles.

**Guarneri** ou **Guarnerius** ■ Luthier italien (1698-1744). Sa réputation égala celle de son aîné, Stradivarius*.

**le Guatemala** ou **Guatémala** ■ État d'Amérique centrale. 108 889 km². 11,2 millions d'habitants. Capitale : Ciudad de Guatemala.

**Guayaquil** ■ Port de l'Équateur. 2 millions d'habitants.

**Gudea** → Goudéa

**Guebwiller** ■ Chef-lieu d'arrondissement du Haut-Rhin. 11 517 habitants.

**le ballon de Guebwiller** ■ Point culminant des Vosges (1 424 m).

**les guelfes** n. m. ■ Nom donné au XIIIᵉ s., en Italie, aux partisans du pape, unis contre les gibelins, partisans de l'empereur d'Allemagne.

**Guépéou** (en russe, « police politique d'État ») ■ Police politique soviétique de 1922 à 1934. Avec des pouvoirs quasi illimités, elle fut responsable de nombreux crimes et persécutions.

**Guérande** ■ Chef-lieu de canton de la Loire-Atlantique, près de Saint-Nazaire. 15 693 habitants. Les marais salants de la presqu'île de Guérande sont reconnus depuis 1995 comme zone humide d'importance internationale (convention de Ramsar, Iran, 1971). Le *sel de Guérande* est renommé.

**le Guerchin** ■ Peintre italien (1591-1666). Œuvre lyrique et dramatique d'un maniérisme raffiné.

**Guéret** ■ Chef-lieu de la Creuse. 13 563 habitants.

**Otto von Guericke** ■ Physicien allemand (1602-1686).

**Camille Guérin** ■ Biologiste français (1872-1961). → Calmette.

**Guernesey** ■ Une des îles Anglo-Normandes. 63 km². 59 000 habitants. Chef-lieu : Saint Peter Port.

**Guernica y Luno** ■ Ville d'Espagne (Biscaye). 16 727 habitants. La ville fut bombardée en 1937 par les Allemands alliés de Franco. Il y eut près de 2 000 victimes. Picasso a donné le nom de « Guernica » à un monumental tableau consacré au thème de la guerre civile.

**la guerre de 1870** → guerre franco-allemande

**la guerre froide** ■ Tension diplomatique et militaire entre les États-Unis et l'U. R. S. S. de 1948 à 1985.

**la Première Guerre mondiale** ■ Premier conflit mondial de l'histoire (1914-1918). Il opposa deux blocs : d'une part la Serbie, les États de la Triple-Entente (France, Royaume-Uni, Russie) et leurs alliés (Belgique, Japon, Italie, Roumanie, Grèce et États-Unis) ; d'autre part les puissances centrales (Allemagne, Autriche-Hongrie), l'Empire ottoman et la Bulgarie. Ces derniers furent vaincus.

**la Seconde Guerre mondiale** ■ Conflit qui, de 1939 à 1945, opposa les forces de l'Axe (Allemagne, Italie, Japon) aux Alliés (France, Royaume-Uni, U. R. S. S., États-Unis). Ces derniers furent vainqueurs.

**Du Guesclin** → Du Guesclin

**Jules Guesde** ■ Socialiste marxiste français (1845-1922).

**Gueugnon** ■ Chef-lieu de canton de la Saône-et-Loire, près de Charolles, sur l'Arroux. 7 386 habitants. Métallurgie et sidérurgie depuis le XVIIIᵉ s.

**Ernesto Guevara** dit **le Che** ■ Révolutionnaire argentin (1928-1967). Compagnon de Castro.

**Gui d'Arezzo** ■ Bénédictin italien, théoricien de la musique (v. 990-v. 1050).

**Guillaume** ■ Nom de plusieurs souverains européens.
**1 EMPEREURS D'ALLEMAGNE** ► **Guillaume Iᵉʳ** (1797-1888). Roi de Prusse après 1861 et empereur d'Allemagne de 1871 à sa mort. ► **Guillaume II** (1859-1941). Empereur en 1888, il abdiqua en 1918.
**2 ROIS D'ANGLETERRE** ► **Guillaume Iᵉʳ**, dit **Guillaume le Conquérant** (1027-1087). Duc de Normandie, roi d'Angleterre de 1066 à sa mort. ► **Guillaume III d'Orange-Nassau** (1650-1702). Stathouder des Provinces-Unies (1672), roi d'Angleterre de 1689 à sa mort.

**Guillaume de Lorris** ■ Poète français (v. 1200-v. 1238). Auteur avec Jean de Meung du *Roman de la rose*.

**Guillaume de Machaut** ■ Compositeur et poète français (v. 1300-v. 1377). Un des maîtres de la polyphonie.

**Guillaume d'Occam** ou **d'Ockham** ▪ Théologien et philosophe nominaliste anglais (v. 1290-v. 1349).

**Guillaume Tell** ▪ Héros légendaire de l'indépendance suisse (v. 1300).

**Sylvie Guillem** ▪ Danseuse française (née en 1965). Ancienne gymnaste, elle met une technique exceptionnelle au service d'un talent unique dans sa génération.

**Nicolas Guillén** ▪ Poète cubain (1904-1989). Sans répudier la tradition hispanique, il puisa son inspiration à la culture noire de Cuba.

**Eugène Guillevic** ▪ Poète français (1907-1997). Son lyrisme vise à « tout rendre concret, palpable », par une parole incantatoire *(Terraqué ; Carnac ; Creusement).*

**Louis Guilloux** ▪ Romancier français (1899-1980). Humanisme et foi révolutionnaire *(La Maison du peuple)* animent ses romans, d'un style réaliste. *Le Sang noir* est considéré comme son chef-d'œuvre.

**Hector Guimard** ▪ Architecte français, principal représentant de l'Art nouveau (1867-1942).

**Émile Guimet** ▪ Industriel lyonnais (1836-1918). Passionné d'histoire des religions, il ouvrit ses collections orientales en 1879, puis les transféra à Paris dans le musée qui prit son nom (1879), avant de devenir le *Musée national des arts asiatiques.*

**la Guinée** ▪ État d'Afrique occidentale. 245 857 km². 10,3 millions d'habitants. Capitale : Conakry.

**la Guinée-Bissau** ou **Guinée-Bissao** ▪ État d'Afrique occidentale. 36 125 km². 1,5 million d'habitants. Capitale : Bissau.

**la Guinée Équatoriale** ▪ État d'Afrique occidentale. 28 051 km². 693 000 habitants. Capitale : Malabo.

**Guingamp** ▪ Chef-lieu d'arrondissement des Côtes-d'Armor. 7 276 habitants.

**Guipúzcoa** ▪ Province basque d'Espagne. 1 997 km². 708 428 habitants. Chef-lieu : Saint-Sébastien.

**les Guise** ▪ Famille noble de Lorraine. François (1519-1563) et Henri (1550-1588) furent les chefs du parti catholique en France pendant les guerres de Religion.

**Sacha Guitry** ▪ Acteur, cinéaste et auteur français de comédies (1885-1957). *Le Roman d'un tricheur.*

**Guiyang** ▪ Ville du sud de la Chine (Guizhou). 1,9 million d'habitants.

**Guizeh** → Gizeh

**le Guizhou** ▪ Province du sud de la Chine. 176 000 km². 35,2 millions d'habitants. Capitale : Guiyang.

**François Guizot** ▪ Historien français, théoricien libéral, ministre de Louis-Philippe (1787-1874).

**Gujarat** ou **Goudjerate** ▪ État du nord-ouest de l'Inde. 196 024 km². 50,7 millions d'habitants. Capitale : Gandhinagar.

**Abdullah Gül** ▪ Homme politique turc (né en 1950). Élu président de la République par le Parlement en août 2007.

**Calouste Sarkis Gulbenkian** ▪ Homme d'affaires et mécène britannique d'origine arménienne (1869-1955). Son immense fortune (5 % du capital et des bénéfices d'une compagnie pétrolière) lui permit d'acquérir une admirable collection d'art, léguée à la *Fondation Gulbenkian* de Lisbonne.

**le Gulf Stream** ▪ Courant marin chaud de l'Atlantique, né dans le golfe du Mexique.

**les Gupta** ▪ Dynastie indienne (IVe-Ve s.).

**Gustave** ▪ Nom de plusieurs rois de Suède. ► **Gustave Ier Vasa** (v. 1495-1560). Roi de 1523 à sa mort, après avoir rompu l'union avec le Danemark. ► **Gustave II Adolphe** (1594-1632). Roi de 1611 à sa mort.

**Johannes Gensfleisch**, dit **Gutenberg** ▪ Inventeur allemand de l'imprimerie (avant 1400-1468).

**le Guyana** ▪ État d'Amérique du Sud. 214 970 km². 751 200 habitants. Capitale : Georgetown.

**la Guyane** [973] ▪ Région et département français d'outre-mer. 91 000 km². 157 200 habitants. Chef-lieu : Cayenne. Chef-lieu d'arrondissement : Saint-Laurent-du-Maroni. Centre spatial de Kourou.

**la Guyane hollandaise** → Suriname

**la Guyenne** ▪ Ancienne province française (Aquitaine). Capitale : Bordeaux.

**Georges Guynemer** ▪ Héros de l'aviation militaire française (1894-1917).

**Constantin Guys** [gis] ▪ Dessinateur et aquarelliste français (1802-1892). Ses dessins de voyage, de la vie militaire et mondaine témoignent d'une vivacité exceptionnelle de trait. Baudelaire y voyait un témoin parfait de la vie moderne.

**Louis Bernard Guyton de Morveau** ▪ Savant français (1727-1818). Chimiste et homme politique révolutionnaire. Il réalisa en tant que savant la synthèse de l'ammoniac et étudia les affinités chimiques. Il avait eu l'idée d'une nouvelle « nomenclature » (terminologie) chimique, réalisée avec Lavoisier* (1787).

**Gwalior** ▪ Ville de l'Inde (Madhya Pradesh). 693 000 habitants.

**Györ** ▪ Ville de Hongrie. 130 000 habitants.

# H

**Haakon** ▪ Nom de sept rois de Norvège.

**Haarlem** ▪ Ville des Pays-Bas (Hollande-Septentrionale). 149 800 habitants. Ville d'art.

**Jürgen Habermas** ▪ Philosophe et sociologue allemand (né en 1929). Il critique l'importance sociale de la technique.

**Hissène Habré** ▪ Homme d'État tchadien (né en 1942). Il conquit le pouvoir par la guerre (1973-1982) et le perdit en 1990.

**la maison de Habsbourg** ▪ Dynastie qui régna notamment sur le Saint Empire romain germanique, sur l'Autriche (1278-1918), sur l'Espagne (1516-1700) et sur la Hongrie (1526-1918).

**les Hachémites** ou **Hachimites** ▪ Famille qui, depuis le XIᵉ s., a fourni les souverains de La Mecque.

**Jeanne Laisné**, dite Jeanne **Hachette** ▪ Héroïne française (née v. 1454). Elle défendit Beauvais, assiégé par Charles le Téméraire.

**Louis Hachette** ▪ Éditeur français (1800-1864).

**Hadès** ▪ mythol. grecque Dieu des Enfers, le *Pluton* des Romains.

**Hadrien** ▪ (76-138) Empereur romain de 117 à sa mort (76-138).

**Ernst Haeckel** ▪ Biologiste allemand (1834-1919). L'un des fondateurs de l'embryologie. Il créa le mot *écologie*.

**Georg Friedrich Haendel** ▪ Compositeur anglais d'origine allemande (1685-1759). Son œuvre immense intègre les influences italienne, allemande, française et anglaise. Musique instrumentale et surtout vocale : cantates, oratorios (notamment *Le Messie*), quarante opéras.

**Muḥammad Ḥāfiz** ▪ Poète lyrique persan (v. 1320-v. 1389). *Divan*.

**Hagar** → **Agar**

**la Hague** ▪ Cap du nord-ouest du Cotentin.

**Haguenau** ▪ Chef-lieu d'arrondissement du Bas-Rhin. 34 619 habitants.

**Otto Hahn** ▪ Chimiste allemand (1879-1968). C'est l'un des deux découvreurs de la fission nucléaire (avec F. Strassmann).

**Christian Hahnemann** ▪ Médecin allemand (1755-1843). Fondateur de l'homéopathie.

**Haïfa** ▪ Port d'Israël. 266 300 habitants.

**Hailé Sélassié Iᵉʳ** ▪ Négus d'Éthiopie (1892-1975), renversé en 1974.

**le Hainaut** ▪ Province de Belgique. 3 785 km². 1,29 million d'habitants. Chef-lieu : Mons.

**Haiphong** ▪ Port du Viêtnam. 770 000 habitants.

**Haïti,** anciennement **Hispaniola** ▪ Île des Antilles partagée entre la République dominicaine et la république d'Haïti. ► **La république d'Haïti.** 27 750 km². 10,4 millions d'habitants. Capitale : Port-au-Prince.

**Judah Halevi** ▪ Poète et philosophe juif d'Espagne (avant 1075-v. 1141). Poèmes religieux ; dialogue écrit en arabe, puis en hébreu, sur la supériorité du judaïsme par rapport au christianisme et à l'islam.

**Ludovic Halévy** ▪ Écrivain français (1834-1908). → **Meilhac.**

**Halifax** ▪ Port du Canada (Nouvelle-Écosse). 372 900 habitants.

**al-Ḥallāj** ▪ Mystique musulman condamné à mort pour ses idées inspirées du soufisme (v. 858-922).

**Halle** ▪ Ville d'Allemagne (Saxe-Anhalt). 233 900 habitants. Monuments anciens. Université.

**les Halles** n. f. pl. ▪ Quartier du centre de Paris.

**Edmund Halley** ▪ Astronome britannique (1656-1742). Il prédit le retour périodique d'une comète.

**Hallstatt** ▪ Village autrichien et site préhistorique ayant donné son nom au premier âge du fer.

**Jean-Philippe Smet,** dit Johnny **Hallyday** ▪ Chanteur français (né en 1943). « Idole » durable du rock and roll en France.

**Frans Hals** ▪ Peintre hollandais (v. 1580-1666). Portraits, tableaux corporatifs. Son style puissant évolua vers la gravité et le tragique, servis par une maîtrise des gris et des noirs.

**Hamadān,** anciennement **Ecbatane** ▪ Ville d'Iran. 479 600 habitants. Monuments anciens.

**Johann Georg Hamann** ▪ Écrivain et philosophe allemand (1730-1788). Sa pensée mystique influença Goethe.

le **Hamas** (« Mouvement de la résistance islamique »)
■ Mouvement politique palestinien créé en
1987 à Gaza qui revendique pour la Palestine
un État islamique. Sa branche armée recourt
aux attentats ; l'État d'Israël le combat par la
force.

**Hambourg,** en allemand **Hamburg** ■ Port et
Land d'Allemagne, sur l'Elbe. 755 km². 1,79
million d'habitants.

**Hamilcar Barca** ■ Chef carthaginois (v. 290-
229 avant J.-C.). Père d'Hannibal.

**Hamilton** ■ Ville du Canada (Ontario).
504 600 habitants (zone urbaine 692 900).

sir William Rowan **Hamilton** ■ Mathématicien et physicien irlandais (1805-1865). Algé-
briste, créateur du terme de *vecteur*.

**Hamlet** ■ Prince danois (IIe s. ?) dont la
légende inspira Shakespeare.

**Hammamet** ■ Ville de Tunisie. 63 100 habitants. Station balnéaire.

**Hammerfest** ■ Ville de Norvège, la plus
septentrionale d'Europe. 9 900 habitants.

Dashiell **Hammett** ■ Auteur américain de
romans policiers (1894-1961). Récits dénonçant la rapacité et la violence *(Le Faucon
maltais).*

**Hammourabi** ou **Hammurabi** ■ Fondateur
du premier Empire babylonien (XVIIIe s.
avant J.-C.). Auteur d'un code de lois.

**Hampshire** ■ Comté du sud de l'Angleterre.
1 240 000 habitants.

Lionel **Hampton** ■ (1909-2002) Pianiste,
vibraphoniste et chef d'orchestre américain
de jazz.

Knut **Hamsun** ■ Romancier norvégien
(1859-1952). Il évoque le vagabondage et la
misère *(La Faim),* dénonce les vices de la
société. Il fut tenté par le nazisme.

les **Han** ■ Dynastie chinoise (206 avant J.-C.-
220 apr. J.-C.).

Peter **Handke** ■ Romancier et auteur
dramatique autrichien (né en 1942). Pièces
radiophoniques, récits romanesques, « journal » d'idées, essais, scénarios.

Michael **Haneke** ■ Cinéaste autrichien (né
en 1942). Dans un univers glacé et oppressant, il dépeint la violence, le refoulement et
l'obscurantisme. *Funny Games ; La Pianiste ;
Le Ruban blanc.*

**Hangzhou** ■ Ville de Chine (Zhejiang). 3,2
millions d'habitants.

**Hannibal** ■ Général et homme d'État carthaginois (v. 247-183 avant J.-C.). Il déclencha
la deuxième guerre punique.

**Hanoi** ■ Capitale du Viêtnam sur le delta du
fleuve Rouge. 2,3 millions d'habitants.

le **Hanovre** ■ Ancien État d'Allemagne du
Nord, incorporé en 1945 à l'État de Basse-
Saxe. ►**Hanovre,** en allemand **Hannover.**
Ville d'Allemagne (Basse-Saxe). 515 000
habitants.

la **Hanse** ■ Association de villes marchandes
d'Allemagne du Nord (XIIe-XVIIe s.).

Jean-Jacques **Waltz,** dit **Hansi** ■ Écrivain et
dessinateur français, alsacien (1872-1951). Il
est l'auteur de récits illustrés, antiallemands
par l'ironie, aux temps de l'occupation de
l'Alsace, et il célébra le folklore alsacien
après 1918.

Simon **Hantaï** ■ Peintre français d'origine
hongroise (1922-2008). D'abord surréaliste,
puis adepte d'une « peinture de signes »
d'esprit fantastique.

les **Haoussas** ■ Peuple musulman du Niger
et du Nigeria.

**Harare** ■ Capitale du Zimbabwe. 1 450 000
habitants.

**Harbin** ou **Kharbin** ■ Ville du nord-est de
la Chine (Heilongjiang). 3,6 millions d'habitants.

Jules **Hardouin,** dit **Hardouin-Mansart** ■
Architecte classique français (1646-1708). Il
acheva le château de Versailles.

Thomas **Hardy** ■ Écrivain anglais (1840-
1928). Poèmes, nouvelles, romans *(Tess d'Ur-
berville ; Jude l'Obscur).*

Oliver **Hardy** → Stan **Laurel**

**Harlem** ■ Quartier de New York, au nord de
Manhattan, majoritairement habité par les
Noirs.

Harlean Carpentier, dite Jean **Harlow** ■
Actrice américaine de cinéma (1911-1937).
Elle fut le modèle de la blonde capiteuse,
après un film de F. Capra.

Nikolaus **Harnoncourt** ■ Musicien autrichien, professeur et chef d'orchestre (né
en 1929). Il a fondé le *Concentus musi-
cus* de Vienne et enregistré de nombreux
disques (notamment l'intégrale des cantates
de J.-S. Bach, avec Gustav Leonhardt).

**Harold II** ■ Roi d'Angleterre, de 1066 à sa
mort (né v. 1022). Il fut vaincu par Guillaume
le Conquérant et tué à la bataille d'Hastings.

**Haroun al-Rachid** ■ Calife abbasside (766-
809).

**Harpagon** ■ Personnage de Molière incarnant l'avarice *(L'Avare).*

Stephen **Harper** ■ Homme politique canadien (né en 1959). Premier ministre (conservateur) du Canada, élu en 2006, réélu en
2008.

les **Harpies** n. f. pl. ■ mythol. grecque Divinités
mi-oiseaux mi-femmes. Ravisseuses d'âmes.

Francis Bret, dit Bret **Harte** ■ Écrivain américain (1836-1902). Il fit du journalisme et
publia des nouvelles où il dépeint l'Ouest
américain *(Contes des Argonautes).* Il collabora avec Mark Twain.

Hans **Hartung** ■ Peintre abstrait allemand
naturalisé français (1904-1989).

**Harvard** ▪ La plus ancienne université (1636) des États-Unis, à Cambridge, dans le Massachusetts.

William **Harvey** ▪ Médecin anglais (1578-1657). Il découvrit la circulation sanguine.

le **Harz** ▪ Massif montagneux hercynien d'Allemagne centrale.

Jaroslav **Hašek** ▪ Écrivain tchèque (1883-1923). Anarchiste et satiriste. *Le Brave Soldat Chveik.*

Clara **Haskil** ▪ Pianiste roumaine (1895-1960). Interprète de Mozart, Schubert.

**Hassan II** ▪ (1929-1999) Roi du Maroc de 1961 à sa mort.

**Hasselt** ▪ Ville de Belgique (Limbourg). 70 600 habitants.

**Hassi Messaoud** ▪ Gisements pétrolifères du Sahara algérien, au sud-est d'Ouargla.

**Hastings** ▪ Port du sud de l'Angleterre. 85 000 habitants. Victoire de Guillaume le Conquérant sur Harold II (1066).

**Hatchepsout** ▪ Reine d'Égypte de la XVIIIᵉ dynastie (v. 1504-1483 avant J.-C.). Elle évinça son neveu Touthmôsis III, et mena une politique de paix. Son temple de Deir-el-Bahari se trouve en face de Karnak.

**Hathor** ▪ Déesse égyptienne, personnification du Ciel, sous la forme d'une vache aux cornes en lyre, mère d'Horus, le Soleil.

le baron **Haussmann** ▪ Préfet de la Seine (1809-1891). Il dirigea les grands travaux de Paris.

la **Haute-Volta** → le **Burkina Faso**

les **Hauts-de-Seine** [92] ▪ Département français de la Région Île-de-France. 175 km². 1,58 million d'habitants. Chef-lieu : Nanterre. Chefs-lieux d'arrondissement : Antony, Boulogne-Billancourt.

l'abbé René Just **Haüy** ▪ Minéralogiste français (1743-1822). ► Valentin **Haüy,** son frère (1745-1822). Éducateur français des jeunes aveugles.

La **Havane** ▪ Capitale de Cuba. 2,2 millions d'habitants.

l'Agence **Havas** ▪ Agence française d'information et de publicité, créée en 1835 par Charles Henri Havas (1783-1858). Son secteur d'information donna naissance à l'Agence France-Presse (A. F. P.) en 1944.

Václav **Havel** ▪ Dramaturge et homme d'État tchèque (1936-2011). Président de la république de Tchécoslovaquie (1989-1992) puis de la République tchèque (1993-2003).

Le **Havre** ▪ Chef-lieu d'arrondissement et port de la Seine-Maritime. 190 900 habitants.

les îles **Hawaii** ou **Hawaï** ▪ Archipel de Polynésie, formant l'un des États des États-Unis. 16 600 km². 1,36 million d'habitants. Capitale : Honolulu.

Howard **Hawks** ▪ Cinéaste américain (1896-1977). À la fois scénariste, réalisateur, producteur, il est l'auteur de films de genres très divers *(Rio Bravo ; Scarface ; Le Grand Sommeil),* tous d'un style rigoureux.

Nathaniel **Hawthorne** ▪ Romancier américain (1804-1864). Il dépeint les milieux puritains de Nouvelle-Angleterre. *La Lettre écarlate.*

Joseph **Haydn** ▪ Compositeur autrichien (1732-1809). Nombreuses symphonies ; quatuors qui renouvellent le genre, oratorios *(Les Saisons ; La Création),* opéras, musique religieuse *(Stabat mater).* Il exerça une profonde influence sur Mozart, puis sur Beethoven.

La **Haye,** en néerlandais **Den Haag** ou **'s-Gravenhage** ▪ Ville des Pays-Bas (Hollande-Méridionale), siège du gouvernement. 473 900 habitants (zone urbaine 997 600). Musée du Mauritshuis (chefs-d'œuvre de l'école hollandaise). Siège de la Cour internationale de justice.

L'**Haÿ-les-Roses** ▪ Chef-lieu d'arrondissement du Val-de-Marne. 29 700 habitants.

Marguerite Cansino, dite Rita **Hayworth** ▪ Actrice américaine de cinéma (1918-1987). *Gilda ; La Dame de Shanghaï,* d'Orson Welles.

**Hazebrouck** ▪ Ville du département du Nord, près de Dunkerque. 21 741 habitants.

Lafcadio **Hearn** ▪ Écrivain japonais d'origine britannique (1850-1904). Journaliste, traducteur (Gautier, Flaubert), il s'établit au Japon. Œuvre en partie fantastique, inspirée du folklore japonais.

William Randolf **Hearst** ▪ Magnat de la presse américaine (1863-1951). Personnage mégalomane et secret, qui inspira le *Citizen Kane* d'Orson Welles.

**Hebei** ▪ Province du nord de la Chine. 187 700 km². 66,7 millions d'habitants. Capitale : Shijiazhuang.

Jacques **Hébert** ▪ Révolutionnaire français (1757-1794). Opposé aux modérés, il fut éliminé par Robespierre.

Anne **Hébert** ▪ Romancière et poète québécoise (1916-2000). Ses poèmes et ses romans expriment avec discrétion l'angoisse d'exister. *Les Fous de Bassan.*

les **Hébreux** ▪ Peuple sémitique du Proche-Orient ancien dont la Bible retrace l'histoire.

les **Hébrides** ▪ Archipel britannique à l'ouest de l'Écosse.

**Hébron,** en arabe **al-Khalīl** ▪ Ville de Palestine, en Cisjordanie. 163 000 habitants.

**Hécate** ▪ mythol. grecque Déesse de la Magie.

**Hector** ▪ Héros troyen de l'*Iliade* tué par Achille.

le **Hedjaz** ou **Hijāz** ■ Barrière montagneuse de l'Arabie saoudite. Point culminant : 2 579 m.

Georg Wilhelm Friedrich **Hegel** ■ Philosophe allemand (1770-1831). Sa philosophie spiritualiste est fondée sur la dialectique. *La Phénoménologie de l'esprit.*

Martin **Heidegger** ■ Philosophe allemand (1889-1976). Maître de l'existentialisme athée (*L'Être et le Temps*). Ses rapports intellectuels avec le nazisme prêtent à controverse.

**Heidelberg** ■ Ville d'Allemagne (Bade-Wurtemberg). 142 900 habitants. Université.

Jascha **Heifetz** ■ Violoniste américain d'origine polonaise (1901-1987). Répertoire surtout romantique.

**Heilbronn** ■ Ville d'Allemagne (Bade-Wurtemberg), port sur le Neckar. 121 400 habitants.

le **Heilongjiang** ■ Province du nord-est de la Chine, bordée par le fleuve **Heilong jiang** (ou Amour*).

Heinrich **Heine** ■ Poète romantique et publiciste allemand (1797-1856). Ses attitudes politiques, libérales et socialistes, sa sensibilité en ont fait un médiateur entre les cultures allemande et française.

Robert Anson **Heinlein** ■ Romancier américain de science-fiction (1907-1988).

Werner **Heisenberg** ■ Physicien allemand (1901-1976). L'un des fondateurs de la mécanique quantique.

**Hélène** ■ Héroïne de l'*Iliade*. Son enlèvement par Pâris déclencha la guerre de Troie.

**Helgoland** ou **Héligoland** ■ Petite île de la mer du Nord, base navale allemande (sous-marins) jusqu'en 1945.

Pierre Jakez **Hélias** ■ Écrivain français, breton (1914-1995). Poèmes, romans, contes, autobiographie (*Le Cheval d'orgueil*), écrits en breton et en français.

**Héliodore** ■ Ministre du roi de Syrie Séleucos IV (mort en 175 avant J.-C.). D'après la Bible, il tenta de s'emparer des trésors du temple de Jérusalem, et en fut chassé (scène peinte par Raphaël).

**Héliogabale** → **Élagabal**

**Hélios** ■ mythol. grecque Dieu du Soleil. ► **Héliopolis.** Ancienne ville d'Égypte consacrée au culte du Soleil.

Frédéric Van Ermengem, dit Franz **Hellens** ■ Écrivain belge d'expression française (1881-1972). Œuvres d'une psychologie pénétrante, avec un goût pour les « réalités fantastiques » ou pour « la vie seconde ». *Mélusine ; Œil-de-Dieu.*

Hermann von **Helmholtz** ■ Physicien et physiologiste allemand (1821-1894). Savant universel, il fut l'un des fondateurs de la thermodynamique et contribua à la philosophie des sciences.

**Héloïse** ■ Abbesse française (1101-1164). → **Abélard.**

**Helsinki** ■ Capitale de la Finlande. 568 600 habitants.

l'**Helvétie** n. f. ■ Anc. partie orientale de la Gaule correspondant à la Suisse.

Claude Adrien **Helvétius** ■ Philosophe matérialiste français (1715-1771). *De l'esprit.*

Ernest **Hemingway** ■ Romancier américain (1899-1961). Ses récits, romans et nouvelles, célèbrent l'action et l'énergie vitale, mais sont hantés par la mort (*L'Adieu aux armes ; Pour qui sonne le glas ; Le Vieil Homme et la Mer*).

Louis **Hémon** ■ Écrivain français (1880-1913). *Maria Chapdelaine.*

**Henan** ■ Province de la Chine. 167 000 km². 91,2 millions d'habitants. Capitale : Zhengzhou.

**Hendaye** ■ Ville et port des Pyrénées-Atlantiques, à la frontière de la France et de l'Espagne, près de Bayonne. 15 976 habitants.

Barbara **Hendricks** ■ Cantatrice américaine (soprano) (née en 1948).

James Marshall, dit Jimmy **Hendrix** ■ Guitariste et chanteur américain de musique pop (1942-1970).

**Henri** ■ Nom de plusieurs souverains européens.
**1** ROIS ET EMPEREURS D'ALLEMAGNE ► **Henri I**er **l'Oiseleur** (v. 875-936). Roi de 919 à sa mort. ► **Saint Henri II** (973-1024). Roi après 1002, empereur de 1014 à sa mort. ► **Henri III** (1017-1058). Empereur de 1046 à sa mort. ► **Henri IV** (1050-1106). Empereur de 1084 à sa mort. Il lutta contre le pape Grégoire VII. ► **Henri V** (1081-1125). Empereur de 1111 à sa mort. Il mit fin à la querelle des Investitures. ► **Henri VI** (1165-1197). Empereur de 1191 à sa mort.
**2** ROIS D'ANGLETERRE ► **Henri I**er **Beauclerc** (1068-1135). Roi de 1100 à sa mort. ► **Henri II** (1133-1189). Roi de 1154 à sa mort, mari d'Aliénor d'Aquitaine. ► **Henri III** (1207-1272). Roi de 1216 à sa mort. ► **Henri IV** (1367-1413). Roi de 1399 à sa mort. ► **Henri V** (1387-1422). Roi de 1413 à sa mort, vainqueur des Français à Azincourt (1415). ► **Henri VI** (1421-1471). Roi de 1422 à 1461. ► **Henri VII** (1457-1509). Roi de 1485 à sa mort. Il mit fin à la guerre des Deux-Roses. ► **Henri VIII** (1491-1547). Roi de 1509 à sa mort, marié six fois. Il est le fondateur de l'anglicanisme.
**3** ROIS DE FRANCE ► **Henri I**er (v. 1008-1060). Roi de 1031 à sa mort. ► **Henri II** (1519-1559). Roi de 1547 à sa mort. ► **Henri III** (1551-1589). Roi de 1574 à sa mort. Il fut tué par un moine ligueur. ► **Henri IV** (1553-1610). Roi de 1589 à sa mort. Il mit fin aux guerres de Religion. Assassiné par Ravaillac.
**4** GRAND-DUC DE LUXEMBOURG ► **Henri** (né en 1955). Il a succédé à son père, le grand-duc Jean, en 2000.

**Henriette-Anne d'Angleterre** ▪ Duchesse d'Orléans, épouse du frère de Louis XIV (1644-1670). Oraison funèbre par Bossuet.

**Henri le Navigateur** ▪ Prince portugais (1394-1460). Il dirigea l'exploration du littoral de l'Afrique.

**Pierre Henry** ▪ Compositeur français (né en 1927). Fondateur de la musique concrète avec Pierre Schaeffer. *Messe pour le temps présent*.

**Katharine Hepburn** ▪ Actrice de cinéma américaine (1907-2003). Elle joua dans des comédies de George Cukor et dans *African Queen*, de John Huston (avec H. Bogart).

**Audrey Hepburn** ▪ Actrice américaine de cinéma (1929-1993). *Vacances romaines ; My Fair Lady*.

**Héphaïstos** ▪ mythol. grecque Dieu du Feu et des Forgerons, le *Vulcain* des Romains.

**Héra** ▪ mythol. grecque Déesse du Mariage, la *Junon* des Romains.

**Héraclès** ▪ mythol. grecque Héros célèbre pour sa force et ses exploits : les « Douze Travaux » ; *Hercule* chez les Latins.

**Héraclite** ▪ Penseur présocratique grec (v. 576-v. 480 avant J.-C.).

**Héraklion**, anciennement **Candie** ▪ Port de Crète. 165 000 habitants.

**l'Hérault** n. m. ▪ Fleuve côtier du sud de la France. 160 km. ▶ **l'Hérault** [34]. Département français de la Région Languedoc-Roussillon. 6 224 km². 1,06 habitants. Chef-lieu : Montpellier. Chefs-lieux d'arrondissement : Béziers, Lodève.

**Herculanum** ▪ Ville de l'Italie anc. (Campanie), ensevelie par le Vésuve avec Pompéi, en 79.

**Hercule** → **Héraclès**

**Johann Gottfried Herder** ▪ Philosophe allemand (1744-1803). Prédécesseur de Goethe, il considérait que la culture et la langue d'une nation reflètent son génie populaire.

**José Maria de Heredia** ▪ Poète français (1842-1905). Maître de la poésie « parnassienne » (*Les Trophées*).

**Georges Remi**, dit **Hergé** ▪ Dessinateur belge, créateur de Tintin (1907-1983).

**Hermaphrodite** ▪ mythol. grecque Fils d'Hermès et d'Aphrodite.

**Hermès** ▪ mythol. grecque Dieu du Commerce et messager des dieux, le *Mercure* latin.

**Hérode Iᵉʳ le Grand** ▪ Roi des Juifs (73-4 avant J.-C.). Selon l'Évangile, il ordonna le « massacre des Innocents ».

**Hérode Antipas** ▪ Fils du précédent (4 avant J.-C.-39). Dans l'Évangile, il fit décapiter Jean-Baptiste.

**Hérodiade** ▪ Princesse juive, épouse d'Hérode Antipas (7 avant J.-C.-39).

**Hérodote** ▪ Historien grec (v. 484-v. 425 avant J.-C.).

**Édouard Herriot** ▪ Écrivain et homme politique (radical) français (1872-1957).

**sir William Herschel** ▪ Astronome anglais (1738-1822). Il découvrit Uranus.

**Heinrich Hertz** ▪ Physicien allemand (1857-1894). Il découvrit les ondes électromagnétiques dites *hertziennes*.

**Ejner Hertzsprung** ▪ Astronome danois (1873-1967). Auteur, avec H. N. Russell, d'une classification des étoiles.

**la Herzégovine** ▪ Région des Balkans, au sud de la Bosnie.

**Theodor Herzl** ▪ Écrivain juif hongrois, fondateur du sionisme (1860-1904).

**Werner Stipetic**, dit **Werner Herzog** ▪ Cinéaste allemand (né en 1942). Personnages marginaux et solitaires. *Aguirre, la colère de Dieu ; L'Énigme de Kaspar Hauser ; Fitzcarraldo*.

**Hésiode** ▪ Poète grec (VIIIᵉ-VIIᵉ s. avant J.-C.). *Les Travaux et les Jours*.

**les Hespérides** n. f. pl. ▪ mythol. grecque Nymphes gardiennes du jardin où poussaient des pommes d'or.

**Rudolf Hess** ▪ Homme politique allemand, collaborateur de Hitler (1894-1987).

**Hermann Hesse** ▪ Romancier allemand naturalisé suisse (1877-1962). Il oppose la quête spirituelle personnelle à la décadence de la civilisation moderne (*Le Loup des steppes ; Le Jeu des perles de verre*).

**la Hesse** ▪ Land d'Allemagne. 21 114 km². 6,1 millions d'habitants. Capitale : Wiesbaden.

**Stéphane Hessel** ▪ Diplomate et homme politique français (1917-2013). *Indignez-vous !*

**Pierre-Jules Hetzel** ▪ Éditeur français (1814-1886). Outre les œuvres de Jules Verne, il publia George Sand, Zola, des ouvrages illustrés. Il écrivit des romans sous le nom de P. J. Stahl.

**le Hezbollah** (arabe « parti d'Allah ») ▪ Mouvement chiite libanais fondé en 1982 pour lutter contre Israël.

**Jacques Higelin** ▪ Chanteur et auteur-compositeur français (né en 1940). L'un des principaux représentants du rock français. Homme de scène et personnage fantasque et attachant. *Alertez les bébés ; Champagne pour tout le monde ; Tombé du ciel*.

**Peter W. Higgs** ▪ Physicien britannique (né en 1929). Découvreur de la particule élémentaire dite « boson de Higgs ». Prix Nobel 2013, avec F. Englert.

**les Highlands** ▪ Région du nord de l'Écosse.

**Patricia Highsmith** ▪ Romancière américaine, auteur d'histoires policières (1921-1995). *L'Inconnu du Nord-Express* (adapté au cinéma par Hitchcock).

Nazim **Hikmet** ■ Écrivain turc (1902-1963). Pièces de théâtre, poèmes (*C'est un dur métier que l'exil*), inspirés par ses convictions nationales et marxistes.

David **Hilbert** ■ Mathématicien allemand (1862-1943). Il formalisa la géométrie.

Lukas von **Hildebrandt** ■ Architecte baroque autrichien (1668-1745).

sir Edmund **Hillary** ■ Alpiniste néozélandais (1919-2008). Il fut le premier à parvenir au sommet de l'Everest, avec le sherpa Tenzing Norgay (1914-1986).

l'**Himalaya** n. m. ■ La plus haute chaîne de montagnes du monde (8 850 m à l'Everest), située en Asie.

Chester **Himes** ■ Romancier américain (1909-1984). Œuvres antiracistes et romans policiers truculents situés à Harlem.

Heinrich **Himmler** ■ Homme politique allemand (1900-1945). Chef de la Gestapo, il organisa l'extermination des juifs.

Bernard **Hinault** ■ Cycliste français (né en 1954). Cinq fois vainqueur du Tour de France.

Paul **Hindemith** ■ Compositeur et théoricien allemand de la musique (1895-1963).

Paul von **Hindenburg** ■ Maréchal allemand (1847-1934). Général en chef lors de la Première Guerre mondiale. Président du Reich, il nomma Hitler chancelier.

l'**Hindū Kush** n. m. ■ Chaîne montagneuse d'Afghanistan et du Pakistan. Point culminant : Tirich Mir, 7 690 m.

**Hipparque** ■ Astronome grec (IIᵉ s. avant J.-C.). Il découvrit la précession des équinoxes.

**Hippocrate** ■ Médecin grec (v. 460-v. 377 avant J.-C.). Il établit la théorie des humeurs et demeura pendant des siècles, à côté de Galien, la principale référence de la médecine en Occident.

**Hippone** → Annaba

**Hirohito** ■ (1901-1989) Empereur du Japon de 1926 à sa mort.

**Hiroshige** ■ Dessinateur japonais (1797-1858). Estampes de style *ukiyo-e*.

**Hiroshima** ■ Port du Japon (Honshū). 1,15 million d'habitants. Les Américains y larguèrent la première bombe atomique le 6 août 1945.

**Hispaniola** → Haïti

sir Alfred **Hitchcock** ■ Cinéaste britannique naturalisé américain (1899-1980). Considéré comme le «maître du suspense», il conserva le sens britannique de l'humour, dans des films d'une grande maîtrise technique (*L'Inconnu du Nord-Express ; La Mort aux trousses ; Psychose*).

Adolf **Hitler** ■ Homme d'État allemand d'origine autrichienne (1889-1945). Chef du parti nazi. Au pouvoir de 1933 à 1945, il établit un régime totalitaire et raciste et provoqua la Seconde Guerre mondiale.

les **Hittites** ■ Peuple d'Anatolie qui forma un empire du XXᵉ au XIIᵉ s. avant J.-C.

Meindert **Hobbema** ■ Peintre hollandais, paysagiste (1638-1709).

Thomas **Hobbes** ■ Philosophe anglais (1588-1679). Matérialiste empirique, il professait une morale fondée sur l'efficacité. Sa théorie politique associe l'idée de contrat social au pouvoir absolu (*Léviathan*, 1651).

Lazare **Hoche** ■ Général de la Révolution française (1768-1797). Il pacifia la Vendée.

**Hô Chí Minh** ■ Homme d'État (communiste) vietnamien (1890-1969). Artisan de l'indépendance du pays.

**Hô Chí Minh-Ville,** anc. **Saigon** ■ Ville du sud du Viêtnam. 5,9 millions d'habitants.

David **Hockney** ■ Peintre britannique (né en 1937). Un des créateurs du pop art.

Enver **Hodja** → Enver Hoxha

Ernst Theodor Amadeus **Hoffmann** ■ Écrivain et compositeur allemand (1776-1822). Ses contes font preuve d'une imagination fantastique (*Les Élixirs du diable*).

Hugo von **Hofmannsthal** ■ Auteur dramatique autrichien (1874-1929). Son théâtre lyrique et métaphysique mêle le pathétique à l'ironie. Il écrivit des livrets d'opéra pour Richard Strauss.

William **Hogarth** ■ Peintre et graveur anglais (1697-1764). Il fit la satire des mœurs de son époque.

le **Hoggar** ■ Massif volcanique du Sahara. Point culminant : Tahat, 2 918 m.

les **Hohenstaufen** ■ Famille impériale allemande, qui compta des princes et des empereurs : Frédéric Barberousse, Henri VI, Philippe Iᵉʳ de Souabe, Frédéric II, Conrad IV (XIᵉ-XIIIᵉ s.).

les **Hohenzollern** ■ Famille allemande qui régna sur la Prusse (1701-1918) et établit l'Empire allemand.

le **Hohneck** ■ Sommet des Vosges. 1 363 m.

**Hokkaidō** ■ Île du nord du Japon. 78 521 km². 5,63 millions d'habitants.

**Hokusai** ■ Peintre et graveur japonais (1760-1849). Il renouvela l'art de l'estampe.

le baron d'**Holbach** ■ Philosophe français (1723-1789). Collaborateur de l'*Encyclopédie*, il défendit un matérialisme athée.

les **Holbein** ■ Famille de peintres allemands. ►**Holbein l'Ancien** (v. 1465-1524) exécuta des retables et des portraits. ►**Holbein le Jeune,** son fils (1497-1543), devint le peintre du roi Henri VIII d'Angleterre. Portraits. *Les Ambassadeurs*.

Friedrich **Hölderlin** ▪ Poète allemand (1770-1843). Il célèbre les idéaux de la Grèce antique et la communion avec la nature avec un lyrisme qui prépare le romantisme.

Eleanora, dite Billie **Holiday** ou Lady Day ▪ Chanteuse de jazz américaine (1915-1959). Elle enregistra avec Teddy Wilson, Count Basie, Lester Young.

François **Hollande** ▪ Homme politique français (né en 1954). Premier secrétaire du Parti socialiste (1997-2008), il a été élu président de la République en 2012.

la **Hollande** ▪ Région la plus riche et la plus peuplée des Pays-Bas, divisée en deux provinces. ▶ la **Hollande-Méridionale**. 2 905 km². 3,5 millions d'habitants. Chef-lieu : la Haye. ▶ la **Hollande-Septentrionale**. 2 668 km². 2,6 millions d'habitants. Chef-lieu : Haarlem.

**Hollywood** ▪ Faubourg de Los Angeles (Californie). Studios de cinéma.

Sherlock **Holmes** ▪ Personnage célèbre des romans policiers de Conan Doyle, qui résout des énigmes.

**Holopherne** ▪ Personnage de la Bible. Général de Nabuchodonosor, il assiège Béthulie. Judith le séduit et le décapite.

le **Holstein** → le **Schleswig-Holstein**

**Homère** ▪ Poète grec à qui on attribue l'*Iliade* et l'*Odyssée* (IXᵉ s. avant J.-C.).

**Homs** ▪ Ville de Syrie. 729 700 habitants.

**Hondō** → **Honshū**

le **Honduras** ▪ État d'Amérique centrale. 112 088 km². 6,5 millions d'habitants. Capitale : Tegucigalpa.

Arthur **Honegger** ▪ Compositeur suisse (1892-1955). Œuvre symphonique et vocale, musique de chambre. Il renouvela l'expression théâtrale lyrique *(Jeanne au bûcher)*.

**Honfleur** ▪ Ville du Calvados. 8 125 habitants. Port pittoresque. Maisons anciennes.

**Hong Kong** ▪ Territoire du sud de la Chine. 1 068 km². 6,9 millions d'habitants.

la **Hongrie** ▪ État d'Europe centrale. 93 030 km². 10,2 millions d'habitants. Capitale : Budapest.

**Honolulu** ▪ Ville des États-Unis (Hawaii). 371 700 habitants.

**Honorius**, en latin *Flavius Honorius* ▪ (384-423) Premier empereur de l'«Empire d'Occident», au pouvoir de 395 à sa mort. Il laissa d'abord ce pouvoir au Vandale Stilicon, qui battit le «Barbare» Alaric, mais l'élimina ensuite (408).

**Honshū**, anciennement **Hondō** ▪ La plus grande et la plus peuplée des îles du Japon. 230 822 km². 100 millions d'habitants.

les **Hopis** ▪ Groupe des Indiens Pueblos.

Edward **Hopper** ▪ Peintre américain (1882-1967). Son réalisme précis, impersonnel, en fait un précurseur du pop'art.

**Horace** ▪ Poète latin (65-8 avant J.-C.). Il célèbre l'amour, la vie rustique, la simplicité et la liberté intérieure *(Satires ; Épîtres ; Odes*, d'esprit stoïcien).

les trois **Horaces** ▪ Nom de trois frères romains (VIIᵉ s. avant J.-C.). Ils triomphèrent des Curiaces, champions d'Albe.

la **Horde d'Or** ▪ Khanat mongol qui s'étendait de la Russie au Caucase (XIIIᵉ-XVᵉ s.).

Max **Horkheimer** ▪ Sociologue et philosophe allemand, de l'«école de Francfort» (1895-1973). Critique de la société industrielle et de la culture de masse, proche d'Adorno.

le cap **Horn** ▪ Pointe la plus australe de l'Amérique du Sud.

Vladimir **Horowitz** ▪ Pianiste américain d'origine russe (1904-1989). Interprète virtuose de Chopin, Liszt, et du répertoire russe.

Victor **Horta** ▪ Architecte belge (1861-1947). Pionnier de l'Art nouveau.

Miklós **Horthy** ▪ Amiral et dictateur hongrois (1868-1957), au pouvoir de 1920 à 1944.

**Horus** ▪ mythol. égyptienne Dieu du Soleil.

**Hossegor** ▪ Station balnéaire française des Landes.

les **Hottentots** ▪ Peuple nomade de Namibie.

Jean Antoine **Houdon** ▪ Sculpteur français (1741-1828). Bustes.

**Hou Hsiao-hsien** ▪ Cinéaste taiwanais (né en 1947). L'insularité, la recherche de la liberté, la construction de l'identité individuelle sont au centre de son œuvre, qui associe poésie et délicatesse à une grande crudité. *Un temps pour vivre, un temps pour mourir ; Les Fleurs de Shanghai ; Three Times*.

Michel Thomas, dit Michel **Houellebecq** ▪ Écrivain français (né en 1958). Son ton provocateur, son cynisme en font une voix particulière dans la littérature française. *Extension du domaine de la lutte ; Les Particules élémentaires ; La Carte et le Territoire*.

Félix **Houphouët-Boigny** ▪ (1905-1993) Président de la République ivoirienne de 1960 à sa mort.

**Houston** ▪ Port des États-Unis (Texas). 1,9 million d'habitants (agglomération 4,7 millions).

Enver **Hoxha** ou **Hodja** ▪ Homme d'État (communiste) albanais (1908-1985), au pouvoir de 1945 à sa mort.

le **Huang he** ou **Houang-ho**, en français **le fleuve Jaune** ▪ Fleuve de Chine du Nord. 5 464 km.

le **Hubei** ■ Province du centre de la Chine. 185 900 km². 59,51 millions d'habitants. Capitale : Wuhan.

**Edwin Powell Hubble** ■ Astronome américain (1889-1953). Il se consacra à l'étude des galaxies.

saint **Hubert** ■ Évêque de Tongres, Maastricht, Liège (mort en 727). Héros d'une légende où, lors d'une chasse, un cerf lui apparaît surmonté d'un crucifix.

l'**Hudson** n. m. ■ Fleuve des États-Unis qui relie New York aux Grands Lacs. 500 km. ► la baie d'**Hudson**. Mer intérieure du Canada.

**Hué** ■ Ville du Viêtnam. 303 000 habitants.

**Huesca** ■ Ville d'Espagne (Aragon). 52 031 habitants.

**Victor Hugo** ■ Écrivain français (1802-1885). Chef de file des romantiques, poète *(La Légende des siècles)*, dramaturge *(Hernani ; Ruy Blas)* et romancier *(Notre-Dame de Paris ; Les Misérables)*. Hugo fut un dessinateur exceptionnel. Son rôle politique, sa lutte contre Napoléon III, son exil eurent une influence énorme sur l'opinion.

**Hugues Capet** ■ (v. 941-996) Roi de France de 987 à sa mort. Il fonda la dynastie des Capétiens.

**Hu Jintao** ■ Homme d'État chinois (né en 1942). Président de la République (2003-2013).

**Hull** ■ Ville francophone du Canada, province du Québec, en face d'Ottawa, fusionnée dans Gatineau.

L'**Humanité** ■ Quotidien français créé en 1904 par Jaurès. Organe socialiste, puis (1920, congrès de Tours) communiste.

**Wilhelm von Humboldt** ■ Linguiste et philosophe allemand (1767-1835). Il étudia de nombreuses langues et élabora une théorie du langage. ► **Alexander von Humboldt**, son frère (1769-1859). Naturaliste, grand voyageur.

**David Hume** ■ Philosophe empiriste et historien écossais (1711-1776).

**Hunan** ■ Province du sud de la Chine. 210 000 km². 63,3 millions d'habitants. Capitale : Changsha.

les **Huns** ■ Peuple nomade d'Asie qui dévasta l'Europe au vᵉ s. → **Attila.**

le lac **Huron** ■ Grand Lac des États-Unis. 59 500 km².

les **Hurons** ■ Indiens du Canada.

**Jan Hus** ■ Réformateur religieux tchèque (v. 1371-1415). Il fut brûlé comme hérétique.

les **Hussards** ■ Groupe d'écrivains français emmenés par Roger Nimier, qui, opposés à l'engagement prôné par Sartre, voulurent représenter une génération désenchantée.

**Hussein** ■ (1935-1999) Roi de Jordanie de 1952 à sa mort.

**Saddam Hussein** ■ Homme d'État irakien (1937-2006), au pouvoir de 1979 à 2003. Il fut accusé de crimes contre l'humanité, jugé en Irak, condamné à mort et pendu.

**Edmund Husserl** ■ Philosophe allemand (1859-1938). Il a fondé la phénoménologie.

**John Huston** ■ Cinéaste américain (1906-1987). Il illustre avec humour l'énergie et l'esprit d'aventure *(Le Trésor de la Sierra Madre ; Les Désaxés)*.

**Nancy Huston** ■ Écrivaine canadienne d'expression anglaise et française (née en 1953). Romans *(Instruments des ténèbres ; Lignes de faille)*, essais.

**James Hutton** ■ Chimiste et géologue britannique (1726-1797). Il fut l'un des fondateurs de la géologie moderne.

les **Hutus** ■ Population vivant au Rwanda, au Burundi... → **Tutsis.**

**Aldous Huxley** ■ Écrivain anglais (1894-1963). Il exprime une vision du monde ironique et critique *(Contrepoint)* et imagine un avenir effroyable *(Le Meilleur des mondes)*.

**Christiaan Huygens** ■ Physicien et astronome néerlandais (1629-1695). Lois de la force centrifuge. Théorie ondulatoire de la lumière.

**Joris-Karl Huysmans** ■ Écrivain français (1848-1907). Après des romans naturalistes assez cruels, il chercha un remède à la bassesse et à la bêtise dans l'occultisme et le raffinement sensuel, puis dans la foi chrétienne *(À rebours ; Là-Bas ; La Cathédrale).*

**Hyde Park** ■ Parc de Londres, situé à l'ouest résidentiel de la ville.

**Hyderabad** ■ Ville de l'Inde (Andhra Pradesh). 5,5 millions d'habitants.

**Hyderabad** ■ Ville du Pakistan. 1,2 million d'habitants.

les îles d'**Hyères** ■ Archipel du Var (Porquerolles, Port-Cros, l'île du Levant).

les **Hyksos** ■ Envahisseurs asiatiques qui dominèrent l'Égypte de 1785 à 1580 avant J.-C.

le mont **Hymette** ■ Montagne au sud d'Athènes. 1 026 m.

**Hypathie** ■ Érudite, philosophe et mathématicienne grecque (370-415). Directrice d'une école de philosophie à Alexandrie, elle fut massacrée à l'instigation de moines chrétiens.

# I

**Iahvé** → Yahvé

**la Iakoutie** → république de Sakha

**Iaroslavl** ▪ Ville de Russie, sur la Volga. 613 200 habitants. Églises des XVIᵉ-XVIIᵉ s.

**Iași,** en français **Jassy** ▪ Ville de Roumanie (Moldavie). 343 000 habitants. Centre culturel.

**Ibadan** ▪ Ville du Nigeria. 1,36 million d'habitants.

**les Ibères** ▪ Peuple établi en Espagne, au temps de la conquête romaine (Iᵉʳ s.). ► la péninsule **Ibérique,** nom donné à l'ensemble que constituent l'Espagne et le Portugal.

**Jacques Ibert** ▪ Compositeur français (1890-1962). Auteur de musique de chambre et symphonique, d'opérettes, de musiques de film.

**Ibiza** ▪ Île de l'archipel des Baléares. 572 km². 132 637 habitants.

**Ibn 'Arabī** ▪ Philosophe, poète et mystique musulman (1165-1241). Le grand maître du soufisme.

**Ibn Battūta** ▪ Voyageur et géographe arabe (1304-1377).

**Ibn Khaldoun** ▪ Historien et philosophe arabe (1332-1406). Il fut un grand précurseur des sciences humaines, notamment de la sociologie.

**Ibn Séoud** ▪ (1887-1953) Roi d'Arabie saoudite de 1932 à sa mort.

**les Ibos** ▪ Peuple du Nigeria oriental (Biafra).

**Ibrahim Pacha** ▪ Chef militaire et homme d'État égyptien (1789-1848).

**Henrik Ibsen** ▪ Auteur dramatique norvégien (1828-1906). Son théâtre exprime une philosophie du courage, plus pessimiste à la fin de sa vie. *Brand ; Peer Gynt ; Maison de poupée.*

**Icare** ▪ mythol. grecque Fils de Dédale. Il s'échappe du Labyrinthe au moyen d'ailes attachées avec de la cire que le soleil fait fondre, provoquant sa chute.

**l'Idaho** n. m. ▪ État du nord-ouest des États-Unis. 216 413 km². 1,3 million d'habitants. Capitale : Boise.

**Idfū** → Edfou

**al-Idrīsī** ▪ Géographe arabe (v. 1100-v. 1166).

**Iekaterinbourg,** anciennement **Sverdlovsk** ▪ Ville de Russie. 1,3 million d'habitants.

**Iéna,** en allemand **Jena** ▪ Ville d'Allemagne (Thuringe). 102 700 habitants. Victoire de Napoléon Iᵉʳ sur les Prussiens en 1806.

**l'Iénisseï** n. m. ▪ Fleuve de Russie. 3 487 km.

**If** ▪ Îlot français de la Méditerranée, en face de Marseille.

**I. F. O. P.** ▪ « Institut français d'opinion publique », fondé en 1938. Sondages d'opinion.

**I. G. N.** ▪ « Institut géographique national » (français) fondé en 1940.

**saint Ignace de Loyola** ▪ Fondateur (espagnol) des jésuites (1491-1556).

**Iguaçu** ▪ Rivière du Brésil. 1 045 km. Chutes d'eau spectaculaires.

**Ijevsk** ▪ Ville de Russie (Oudmourtie). 632 100 habitants.

**l'Île-de-France** n. f. ▪ Région administrative française, au cœur du Bassin parisien. Huit départements : Essonne, Hauts-de-Seine, Paris, Seine-et-Marne, Seine-Saint-Denis, Val-de-Marne, Val-d'Oise, Yvelines. 12 012 km². 11,85 millions d'habitants. Chef-lieu : Paris.

**l'Île-Rousse** ▪ Commune de Haute-Corse, arrondissement de Calvi. 2 800 habitants. Port. Centre touristique.

**l'Iliade** ▪ Épopée grecque attribuée à Homère. Récit de la guerre de Troie. Le texte demeura un modèle pour toute la littérature occidentale, avec l'*Odyssée.*

**Sergueï Vladimirovitch Iliouchine** ▪ Ingénieur aéronautique russe (1894-1977). Il conçut de nombreux modèles d'avions.

**l'Ill** n. m. ▪ Rivière d'Alsace, affluent du Rhin. 208 km.

**l'Ille-et-Vilaine** [35] n. f. ▪ Département français de la Région Bretagne. 6 852 km². 996 439 habitants. Chef-lieu : Rennes. Chefs-lieux d'arrondissement : Fougères, Redon, Saint-Malo.

**Ivan Illich** ▪ Philosophe autrichien de langue anglaise (1926-2002). D'abord prêtre au Mexique ; il a mené une réflexion sur les mutations sociales et culturelles de la 2ᵈᵉ moitié du XXᵉ siècle. Son livre *La Convivialité* (1973) a eu une grande influence dans le monde entier.

**Illiers-Combray** ▪ Localité d'Eure-et-Loir. 3 404 habitants. Le bourg d'Illiers servit de modèle à Marcel Proust pour le « Combray » d'*À la recherche du temps perdu,* d'où le nom actuel (1971).

**l'Illinois** n. m. ▪ État du centre des États-Unis. 146 756 km². 12,4 millions d'habitants. Capitale : Springfield. Ville principale : Chicago.

**l'Illyrie** n. f. ▪ Anc. nom de la partie nord des Balkans.

**Shohei Imamura** ▪ Cinéaste japonais (1926-2006). Assistant d'Ozu, il réalisa ensuite des films sobres et réalistes. *La Ballade de Narayama*; *L'Anguille*.

**Imhotep** ▪ Architecte et ministre égyptien de l'Antiquité (v. 2800 avant J.-C.). Il construisit la première pyramide à degrés, à Saqqara. Il fut adoré comme un dieu.

**l'I. N. A.** (Institut national de l'audiovisuel) ▪ Établissement public industriel et commercial français, créé en 1975. Il est chargé de collecter et de sauvegarder les archives de la radio et de la télévision.

**Incas** ▪ Anc. peuple du Pérou qui fonda un puissant empire qui connut son apogée au XVe s. avant d'être détruit par les Espagnols en 1532.

**Inch'ŏn** ▪ Port de Corée du Sud. 1,8 million d'habitants.

**l'Inde** n. f. ▪ État fédéral d'Asie. 3 287 263 km². 1,03 milliard d'habitants. Capitale : New Delhi.

**la guerre de l'Indépendance américaine** ▪ Guerre qui opposa le Royaume-Uni à ses colonies d'Amérique du Nord de 1775 à 1782 et aboutit à la création des États-Unis.

**les Indes occidentales** ▪ Nom donné à l'Amérique que les Européens qui la découvrirent, à la suite de Christophe Colomb, par confusion avec les Indes. *Compagnie (française, hollandaise) des Indes occidentales* : compagnies commerciales des XVIIe et XVIIIe s., exploitant les richesses de l'Amérique.

**l'Indiana** n. m. ▪ État du centre des États-Unis. 94 153 km². 6 millions d'habitants. Capitale : Indianapolis.

**Indianapolis** ▪ Ville des États-Unis (Indiana). 820 400 habitants. Célèbre circuit automobile.

**l'océan Indien** ▪ Océan entre l'Afrique, l'Asie et l'Australie. 75 millions de km².

**les Indiens** ▪ Nom donné aux indigènes d'Amérique par les Européens. On dit aussi *Amérindiens*.

**l'Indochine** n. f. ▪ Péninsule asiatique qui comprend la Birmanie, le Laos, la Thaïlande, le Cambodge, le Viêtnam et la Malaisie. ► **la guerre d'Indochine :** guerre d'indépendance des Vietnamiens, qui aboutit au départ des Français (1946-1954).

**l'Indonésie** n. f. ▪ État d'Asie du Sud-Est, formé d'un archipel d'env. 13 000 îles dont Java, Bali, Sumatra, Célèbes, la Papouasie occidentale (partie de l'île de Nouvelle-Guinée) et Kalimantan (partie indonésienne de Bornéo). 1 919 400 km². 250 millions d'habitants. Capitale : Jakarta.

**Indore** ▪ Ville d'Inde (Madhya Pradesh). 1,6 million d'habitants.

**Indra** ▪ Divinité védique de l'Inde, considérée comme le roi des dieux.

**l'Indre** n. m. ▪ Rivière, affluent de la Loire. 265 km. ► **l'Indre** [36]. Département français de la Région Centre. 6 824 km². 230 175 habitants. Chef-lieu : Châteauroux. Chefs-lieux d'arrondissement : Le Blanc, La Châtre, Issoudun.

**l'Indre-et-Loire** [37] n. m. ▪ Département français de la Région Centre. 6 126 km². 593 683 habitants. Chef-lieu : Tours. Chefs-lieux d'arrondissement : Chinon, Loches.

**Miguel Induráin** ▪ Cycliste espagnol (né en 1964). Deux fois vainqueur du Tour d'Italie, cinq fois du Tour de France (1991-1995).

**l'Indus** n. m. ▪ Fleuve de l'Inde et du Pakistan. 3 180 km. Ses rives abritèrent une civilisation brillante du IIIe au IIe millénaire avant J.-C.

**Vincent d'Indy** ▪ Compositeur français (1851-1931). Élève de César Franck*, admirateur de Wagner, il est l'auteur d'une œuvre importante en musique de chambre et symphonique, utilisant souvent le folklore français. Il fut aussi un pédagogue et un chef d'orchestre éclectique.

**Inés de Castro** ▪ Héroïne espagnole (v. 1320-1355), assassinée sur ordre du roi de Portugal Alphonse IV pour avoir épousé secrètement son fils. Elle inspira Camoens, Montherlant (*La Reine morte*).

**Désiré Émile Inghelbrecht** ▪ Chef d'orchestre et compositeur français (1880-1965).

**l'Ingouchie** n. f. ▪ République autonome de Russie. 2 700 km². 468 900 habitants. Capitale : Nazran.

**Dominique Ingres** ▪ Peintre français (1780-1867). Portraits, nus, scènes mythologiques, qui valent surtout par la perfection du dessin, et une composition obtenue aussi par la couleur (*Le Bain turc*).

**l'Inn** n. m. ▪ Rivière de Suisse, d'Autriche et d'Allemagne, affluent du Danube. 525 km.

**Innocent** ▪ Nom de treize papes. ► **Innocent III.** Pape de 1198 à sa mort (1160-1216). Il lutta contre Philippe Auguste, Jean sans Terre et prêcha la quatrième croisade et la croisade contre les albigeois.

**Innsbruck** ▪ Ville d'Autriche (Tyrol), sur l'Inn. 121 329 habitants. Édifices des XVe-XVIIIe s.

**İsmet İnönü** ▪ Général et homme politique turc (1884-1973), au pouvoir de 1923 à 1950.

**l'Inquisition** n. f. ▪ Juridiction créée par l'Église pour lutter contre l'hérésie (XIIIe-XVIIIe s.).

**l'I. N. R. A.** ▪ Institut national (français) de la recherche agronomique (fondé en 1946).

**l'I. N. S. E. E.** ▪ Institut national (français) de la statistique et des études économiques (fondé en 1946).

**l'I. N. S. E. R. M.** ▪ Institut national (français) de la santé et de la recherche médicale (fondé en 1964).

l'**Institut de France** ▪ Ensemble formé par l'Académie française, l'Académie des sciences, l'Académie des beaux-arts, l'Académie des inscriptions et belles-lettres et l'Académie des sciences morales et politiques, qu'abrite le *palais de l'Institut*, à Paris, édifice du XVIIᵉ s.

l'**Institut du monde arabe** ▪ Fondation créée en 1987, à Paris, afin de faire connaître et rayonner la culture arabe en France. Bibliothèque. Musée.

l'**Institut Pasteur** ▪ Établissement scientifique créé en 1888, fondation privée reconnue d'utilité publique. Il existe 32 instituts Pasteur, en France et hors de France.

l'**Insulinde** n. f. ▪ Nom des îles du Sud-Est asiatique : Indonésie et Philippines.

l'**Internationale** n. f. ▪ Organisation des partis ouvriers ayant pour but l'avènement du socialisme. Il y eut quatre Internationales. ▶ l'**Internationale**. Hymne révolutionnaire composé par E. Pottier et P. Degeyter en 1871.

**Interpol** ▪ Organisation internationale de police criminelle, créée en 1923, composée de 190 membres.

l'**Intifada** (mot arabe « soulèvement ») ▪ Soulèvement populaire palestinien contre la présence israélienne dans les territoires occupés de Palestine (1987-1993). « Deuxième intifada », en 2000.

les **Inuits** ▪ Nom que se donne le peuple longtemps appelé les Esquimaux, peuple des régions arctiques et subarctiques (Groenland, Labrador, Alaska...).

l'hôtel des **Invalides** ▪ Monument de Paris construit au XVIIIᵉ s. par Hardouin-Mansart.

**Inverness** ▪ Ville d'Écosse, au nord-est. 40 000 habitants.

la querelle des **Investitures** ▪ Conflit entre la papauté et le Saint Empire romain germanique (1059-1122).

**Io** ▪ mythol. grecque Prêtresse d'Héra, aimée de Zeus et changée par lui en génisse.

Eugène **Ionesco** ▪ Auteur dramatique français d'origine roumaine (1909-1994). Il décrit l'incommunicabilité entre les êtres, dans des pièces d'une drôlerie symbolique (*La Cantatrice chauve ; Les Chaises ; Le roi se meurt*).

l'**Ionie** n. f. ▪ Anc. région d'Asie Mineure sur la mer Égée. ▶ les **Ioniens**, chassés de Grèce, s'y installèrent au XIIᵉ s. avant J.-C. et fondèrent notamment Samos, Éphèse et Milet. ▶ la mer **Ionienne** est la partie de la Méditerranée qui s'étend entre l'Italie et la Grèce. ▶ les **îles Ioniennes**. Archipel grec (Corfou, Ithaque, Cythère, Leucade, Céphalonie, Zante).

l'**Iowa** n. m. ▪ État du centre des États-Unis. 145 791 km². 2,9 millions d'habitants. Capitale : Des Moines.

**Iphigénie** ▪ mythol. grecque Fille d'Agamemnon que son père sacrifie pour obtenir des vents favorables.

**Ipoh** ▪ Ville de Malaisie. 566 000 habitants.

Jean Robert **Ipoustéguy** ▪ Sculpteur français (1920-2006).

**Ipsos** ▪ Société française de sondages et d'études de marché (1975).

**I. R. A.** ou **IRA** (sigle de *Irish Republican Army*) ▪ Organisation armée irlandaise, fondée en 1919. Après l'indépendance de l'Eire, l'I. R. A. reprit la lutte armée en 1946 en Irlande du Nord (Ulster).

l'**Irak** ou l'**Iraq** n. m. ▪ État d'Asie occidentale. 440 000 km². 27,5 millions d'habitants. Capitale : Bagdad. L'histoire récente de l'Irak, après la dictature de Saddam Hussein, est celle d'un affrontement avec les États-Unis, qui conduisit à l'envahissement militaire (2003) et à la chute du régime.

l'**Iran** n. m. ▪ État d'Asie occidentale. 1 648 000 km². 70,5 millions d'habitants. Capitale : Téhéran.

**I. R. C. A. M.** ou **Ircam** (Institut de recherche et de coordination acoustique-musique) ▪ Organisme français de recherche et de création musicale, fondé en 1974. Il permit la création de nombreuses œuvres contemporaines (Berio, Boulez, Pierre Henry, Stockhausen, etc.).

**Irène** ▪ Impératrice d'Orient (v. 752-803).

l'**Irian Jaya** n. m. ▪ Partie occidentale de la Nouvelle-Guinée, appelée aujourd'hui Papouasie occidentale.

**Irkoutsk** ▪ Ville de Russie. 593 400 habitants.

l'**Irlande** n. f. ▪ Île située à l'ouest de la Grande-Bretagne. 84 000 km². Le Nord-Est fait partie du Royaume-Uni (→ Ulster), et le reste de l'île forme un État indépendant, la république ou l'État libre d'**Irlande** (*Eire* en langue irlandaise). 70 280 km². 4,2 millions d'habitants. Capitale : Dublin.

la mer d'**Iroise** ▪ Bras de mer de la côte occidentale de Bretagne.

les **Iroquois** ▪ Indiens d'Amérique du Nord.

l'**Irrawaddy** n. m. ▪ Fleuve de Birmanie. Env. 1 800 km.

l'**Irtych** n. m. ▪ Rivière de Sibérie, affluent de l'Ob. 4 248 km.

Washington **Irving** ▪ Écrivain et historien américain (1783-1859). Contes humoristiques (*Rip Van Winkle*).

**Isaac** ▪ Bible Patriarche, fils d'Abraham. Son père allait le sacrifier lorsque Dieu lui substitua un bélier.

**Isabeau de Bavière** ▪ Reine de France (1371-1435). Régente pendant la folie de son époux Charles VI.

**Isabelle Iʳᵉ la Catholique** ▪ (1451-1504) Reine de Castille de 1474 à sa mort, épouse de Ferdinand d'Aragon.

**Isabelle II** ▪ (1830-1904) Reine d'Espagne de 1833 à 1868.

**Isaïe** ▪ Bible Prophète hébreu (VIIIᵉ s. avant J.-C.).

l'**Isar** n. m. ▪ Rivière d'Allemagne, affluent du Danube. 352 km.

**Ischia** ▪ Île d'Italie, en Campanie, près de Naples. 1 760 habitants. Tourisme.

**Ise** ▪ Ville du Japon (Honshū). 98 000 habitants. Sanctuaires shintoïstes.

**col de l'Iseran** ▪ Col des Alpes françaises, en Savoie. 2 764 m.

**l'Isère** n. f. ▪ Rivière, affluent du Rhône. 290 km. ► l'**Isère** [38]. Département français de la Région Rhône-Alpes. 7 467 km². 1,22 million d'habitants. Chef-lieu : Grenoble. Chefs-lieux d'arrondissement : La Tour-du-Pin, Vienne.

**Iseult** → Tristan et Iseult

**Ishtar** ou **Ashtart** ▪ Déesse de la Fécondité, dans les religions anc. de l'Asie antérieure, l'*Astarté* des Grecs.

**saint Isidore de Séville** ▪ Évêque espagnol, écrivain latin (v. 570-636). *Les Étymologies*, encyclopédie.

**Isigny-sur-Mer** ▪ Ville de Normandie. 2 798 habitants. Beurre réputé.

**Isis** ▪ Déesse de l'anc. Égypte, épouse d'Osiris.

**Islamabad** ▪ Capitale du Pakistan. 529 000 habitants.

**l'Islande** n. f. ▪ État insulaire du nord de l'Atlantique. 102 828 km². 313 400 habitants. Capitale : Reykjavík.

**Ismaël** ▪ Bible Fils d'Abraham et de sa servante, considéré comme l'ancêtre des Arabes.

**Isocrate** ▪ Orateur grec de l'Antiquité (436-338 avant J.-C.).

**Ispahan** ou **Isfahan** ▪ Ville d'Iran. 1,6 million d'habitants. Ville d'art : Grande Mosquée, XIᵉ-XVIIIᵉ s.

**Israël** ▪ Bible Mot hébreu qui désigne : 1° Jacob ; 2° les tribus issues de ses douze fils ; 3° le royaume fondé après la mort de Salomon ; 4° le peuple juif.

**l'État d'Israël** ▪ Pays du Proche-Orient. 20 770 km². 7,1 millions d'habitants. Capitale : Jérusalem (non reconnue par l'O. N. U.). Tel-Aviv-Jaffa est le siège du gouvernement. ► les **guerres israélo-arabes.** Conflits qui opposèrent Israël et les pays arabes qui refusèrent de reconnaître cet État, qui occupe une partie de la Cisjordanie. Il y eut cinq guerres en 1948-1949, en 1956, en 1967 (*guerre des Six Jours)*, en 1973 (*guerre du Kippour)* et de 1982 à 1985, puis les Intifadas, des affrontements avec le Hezbollah libanais en 2006 et une offensive contre le Hamas à Gaza en déc. 2008.

**Issenheim** ▪ Commune d'Alsace (Haut-Rhin). 3 451 habitants. Un cloître y abritait le retable de Grünewald, aujourd'hui au musée de Colmar.

**Issoire** ▪ Chef-lieu d'arrondissement du Puy-de-Dôme. 14 170 habitants.

**Issoudun** ▪ Chef-lieu d'arrondissement de l'Indre. 12 931 habitants.

**Issy-les-Moulineaux** ▪ Ville des Hauts-de-Seine. 65 326 habitants.

**İstanbul,** anciennement **Byzance,** puis **Constantinople** ▪ Ville et port de Turquie, sur la rive européenne du Bosphore, carrefour entre l'Europe et l'Asie. 13 millions d'habitants. Basilique Sainte-Sophie, mosquée Süleymaniye, palais de Topkapı.

**Istiqlāl** ▪ Parti nationaliste marocain, fondé en 1937.

**Panaït Istrati** ▪ Écrivain roumain (1884-1935). Récits de voyage, romans aux thèmes sociaux réalistes et cyniques (*Les Chardons du Baragan)*. Ses premiers romans étaient écrits en français.

**Istres** ▪ Chef-lieu d'arrondissement des Bouches-du-Rhône. 42 943 habitants.

**l'Istrie** n. f. ▪ Région de Croatie et de Slovénie, en face de Venise.

**l'Italie** n. f. ▪ État d'Europe méridionale. 301 230 km². 57 millions d'habitants. Capitale : Rome.

**les guerres d'Italie** ▪ Expéditions menées par les rois de France de 1494 à 1559.

**Jean Itard** ▪ Médecin français (1774-1838). Rééducateur d'enfants sourds-muets, il traita Victor l'« enfant sauvage » de l'Aveyron.

**Ithaque** ▪ Une des îles Ioniennes, patrie d'Ulysse dans l'*Odyssée*.

**Ivan IV,** dit **Ivan le Terrible** ▪ (1530-1584) Premier tsar de Russie de 1547 à sa mort.

**Ivanhoé** ▪ Personnage de Walter Scott, héros loyal envers Richard Cœur de Lion.

**Joris Ivens** ▪ Cinéaste (documentariste) néerlandais (1898-1989).

**Charles Ives** ▪ Compositeur américain (1874-1954). Ce fut un précurseur de Stravinsky, Bartók et de l'atonalité.

**sir James Ivory** ▪ Cinéaste américain (né en 1928). Films sur le thème des civilisations en contact ; adaptations de Henry James, de E. M. Forster. *Chambre avec vue ; Les Vestiges du jour.*

**Ixelles,** en néerlandais **Elsene** ▪ Ville de Belgique, près de Bruxelles (Bruxelles-Capitale). 78 100 habitants.

**İzmir,** anciennement **Smyrne** ▪ Port de Turquie, sur la mer Égée. 2,8 millions d'habitants.

**le col de l'Izoard** ▪ Col des Hautes-Alpes à 2 360 m d'altitude.

**Izvestia** (en russe « les nouvelles ») ▪ Quotidien russe fondé en 1917, très influent avant la fin du régime soviétique.

Edmond **Jabès** ■ Écrivain français, né en Égypte (1912-1983). Poèmes ; essais philosophiques (*Livre des questions* ; *Livre des ressemblances* ; *Livre des limites*).

**Jabir ibn Hayyān** ■ Médecin, alchimiste et philosophe arabe (mort en 804). Il développa une interprétation ésotérique et symbolique de la nature. Connu en Occident sous le nom de *Geber*.

**Jaca** ■ Ville d'Espagne (Aragon). 12 857 habitants. Monuments historiques.

Philippe **Jaccottet** ■ Poète et traducteur suisse d'expression française (né en 1925). Il a traduit Leopardi, Musil, Rilke.

**Jack l'Éventreur**, en anglais **Jack the Ripper** ■ Criminel anglais de la fin du XIXᵉ s. Il resta inconnu.

Andrew **Jackson** ■ (1767-1845) Président (démocrate) des États-Unis, de 1829 à 1837.

Mahalia **Jackson** ■ Chanteuse américaine de gospel (1911-1972).

Milt **Jackson** ■ Musicien et compositeur de jazz américain (1923-1989). Vibraphoniste de style bop, membre du Modern Jazz Quartet.

Michael **Jackson** ■ Chanteur américain de musique pop (1958-2009).

**Jacksonville** ■ Port des États-Unis (Floride). 735 600 habitants.

**Jacob** ■ Bible Patriarche hébreu. Ses douze fils furent les pères des douze tribus d'Israël.

**Jacob** ■ Famille d'ébénistes français. Georges Jacob (1759-1814). ► Ses fils, Georges et François Honoré **Jacob**, continuèrent son œuvre.

Max **Jacob** ■ Poète français (1876-1944). *Le Cornet à dés*, poèmes en prose d'une grande invention verbale (1917). Humour et mysticisme chrétien dans les poèmes et les romans qui suivirent.

François **Jacob** ■ Biochimiste français (1920-2013). Auteur de *La Logique du vivant*. Prix Nobel 2013.

les **Jacobins** ■ Club révolutionnaire créé en 1789. Dominé par les Montagnards, il soutint Robespierre.

René **Jacobs** ■ Contre-ténor, musicologue et chef d'orchestre belge (né en 1948). Spécialiste de la musique baroque : musique vocale, opéras.

Joseph-Marie **Jacquard** ■ Mécanicien français (1752-1834). Inventeur d'un métier à tisser automatique.

Albert **Jacquard** ■ Généticien français (1925-2013). Auteur de nombreux essais et ouvrages de vulgarisation. *L'Éloge de la différence.*

la **Jacquerie** ■ Soulèvement de paysans dans le Beauvaisis en 1358, écrasé par le roi de Navarre, Charles II le Mauvais.

saint **Jacques,** dit le Majeur ■ Apôtre de Jésus (mort en 44). Considéré comme l'évangélisateur de l'Espagne.

saint **Jacques,** dit le Juste ou le Mineur ■ Apôtre de Jésus (mort en 62). Il serait mort lapidé.

**Jacques Iᵉʳ Stuart** ■ (1566-1625) Roi d'Écosse en 1567, d'Angleterre et d'Irlande de 1603 à sa mort.

**Jacques II** ■ (1633-1701) Roi de Grande-Bretagne de 1685 à 1688. Son gendre, Guillaume d'Orange, l'obligea à s'exiler en France.

Iacopo di Varazze, en français **Jacques de Voragine** ■ Religieux (dominicain) italien (v. 1230-1298), auteur de la *Légende dorée* (*Legenda aurea*).

**Jaén** ■ Ville d'Espagne (Andalousie). 116 469 habitants. Monuments anciens.

**Jaffa** → Tel-Aviv-Jaffa

**Jaffna** ■ Ville du Sri Lanka. Environ 160 000 habitants.

les **Jagellons** ■ Dynastie lituanienne qui régna sur la Pologne de 1386 à 1572.

'Amr ibn Bahr al-**Jāhiz** ■ Écrivain arabe (v. 780-869). *Le Livre des avares.*

**Jahvé** → Yahvé

**Jaipur** ■ Ville d'Inde (Rajasthan). 2,3 millions d'habitants.

**Jakarta,** anciennement **Batavia** ■ Capitale fédérale d'Indonésie. 8,4 millions d'habitants.

Roman **Jakobson** ■ Linguiste et poéticien russe naturalisé américain (1896-1982). Fondateur, avec Troubetskoï, de la phonologie et, avec Morris Halle, de la phonologie générative.

la **Jamaïque** ■ Île et État des Antilles. 10 991 km². 2,7 millions d'habitants. Capitale : Kingston.

William **James** ■ Philosophe américain, tenant du pragmatisme (1842-1910).

Henry **James** ■ Romancier américain naturalisé anglais (1843-1916). Il écrivit des récits complexes, d'une grande pénétration psychologique *(Les Ambassadeurs ; La Coupe d'or ; Les Ailes de la colombe)* et des nouvelles envoûtantes *(Ce que savait Maisie ; Le Tour d'écrou)*.

Phyllis Dorothy, dite P. D. **James,** baronne of Holland Park ■ Romancière britannique (née en 1920). Romans policiers très documentés. *À visage couvert ; Meurtres en blouses blanches.*

**James Bond** ■ Personnage d'agent secret, créé par le romancier Ian Fleming. Au cinéma, Sean Connery lui prêta une élégance cynique.

Francis **Jammes** ■ Écrivain français (1868-1938). Poèmes et romans d'une délicate simplicité, empreints de ferveur chrétienne *(Les Géorgiques chrétiennes).*

**Jamshedpur** ■ Ville d'Inde (Bihar). 1,1 million d'habitants.

Leoš **Janáček** ■ Compositeur tchèque (1854-1928). *Jenufa* (opéra).

Clément **Janequin** ■ Compositeur français (v. 1485-1558). Maître de la chanson polyphonique.

le **Janicule** ■ Une des collines de Rome.

Vladimir **Jankélévitch** ■ Philosophe français (1903-1985). Auteur d'œuvres de morale, il écrivit aussi des essais sur la musique.

**Jansénius** ■ Théologien néerlandais, à l'origine du jansénisme (1585-1638).

Jules **Janssen** ■ Astronome français (1824-1907). Découvreur de l'hélium avec Lockyer (1836-1920) en 1868.

**Janus** ■ mythol. romaine Dieu à deux visages, gardien des portes.

**Japhet** ■ Patriarche de la Bible, fils de Noé, ancêtre mythique des peuples d'Asie.

le **Japon** ■ État et archipel d'Asie. 377 765 km². 127,8 millions d'habitants. Îles principales (du nord au sud) : Hokkaidō, Honshū ou Hondō, Shikoku, Kyūshū, les Ryūkyū (dont Okinawa). Capitale : Tōkyō.

**Jarnac** ■ Ville de la Charente. 4 427 habitants. En 1569, le duc d'Anjou, futur roi Henri III, y battit les troupes protestantes et le prince de Condé fut tué. On parle du *coup de Jarnac.*

Philippe **Jaroussky** ■ Contre-ténor français (né en 1978). La pureté de sa voix, la poésie de son chant et son aisance scénique en font un interprète exceptionnel d'un répertoire allant de Monteverdi au XXI^e siècle.

Maurice **Jarre** ■ Compositeur français (1924-2009). Musiques de théâtre et de cinéma. ► Jean-Michel **Jarre,** son fils (né en 1948), auteur de spectacles de sons, couleurs et lumières.

Keith **Jarrett** ■ Musicien de jazz américain (né en 1945). Artiste polyvalent, mais surtout pianiste, maître de l'improvisation.

Alfred **Jarry** ■ Écrivain français (1873-1907). Il créa le personnage du père Ubu *(Ubu roi),* écrivit des textes, proses et poèmes symbolistes recherchés et inventa la « pataphysique », science fantaisiste des solutions imaginaires.

Wojciech **Jaruzelski** ■ Général polonais (né en 1923). Il proclama en 1981 l'« état de guerre » pour lutter contre le syndicat Solidarité. Président de la République, il dut s'effacer devant Lech Wałęsa (1990).

**Jason** ■ mythol. grecque Chef des Argonautes, parti à la conquête de la Toison d'or.

Karl **Jaspers** ■ Philosophe allemand (1883-1969). Représentant de l'existentialisme chrétien.

le fleuve **Jaune** → Huang he

la mer **Jaune** ■ Mer entre la Chine et la Corée.

Jean **Jaurès** ■ Homme politique français, figure marquante du socialisme (1859-1914). Opposé à la guerre, il fut assassiné.

**Java** ■ Île volcanique d'Indonésie. 132 186 km². 125,9 millions d'habitants. Ville principale : Jakarta.

Alexeï von **Jawlensky** ■ Peintre russe (1864-1941). Il vécut en Allemagne. Son style est expressionniste.

Michel **Jazy** ■ Athlète français (né en 1936). Il fut champion d'Europe du 1 500 m.

Andreï Alexandrovitch **Jdanov** ■ Homme politique soviétique (1886-1948). Théoricien du « réalisme socialiste », il défendit l'orthodoxie stalinienne dans tous les domaines.

saint **Jean** ■ Apôtre de Jésus. On lui attribue le quatrième Évangile et l'Apocalypse.

**Jean** ■ Nom de vingt-trois papes. ► Jean XXIII. Pape de 1958 à sa mort (1881-1963). Il convoqua le II^e concile du Vatican.

**Jean** ■ Nom de plusieurs souverains européens.
1 ROI D'ANGLETERRE ► **Jean sans Terre** (1167-1216). Roi de 1199 à sa mort. Il fut condamné par Philippe Auguste à perdre ses terres françaises.
2 DUC DE BOURGOGNE ► **Jean sans Peur** (1371-1419). Duc de 1404 à sa mort. Il fut assassiné.
3 ROIS DE FRANCE ► **Jean I^er le Posthume,** fils posthume de Louis X. Il ne vécut que cinq jours (1316). ► **Jean II le Bon** (1319-1364). Roi de 1350 à sa mort. Prisonnier des Anglais, il mourut en captivité.
4 ROI DE POLOGNE ► **Jean III Sobieski** (1624-1696). Roi de 1674 à sa mort. Vainqueur des Turcs.
5 ROI DE PORTUGAL ► **Jean I^er le Grand** (1357-1433). Roi de 1385 à sa mort.
6 GRAND-DUC DE LUXEMBOURG ► **Jean** (né en 1921), grand-duc de 1964 à 2000. Il a abdiqué en faveur de son fils, Henri.

saint **Jean-Baptiste** ▪ Prophète juif (mort v. 28). Il reconnut Jésus comme Messie et le baptisa dans le Jourdain. Il fut décapité.

saint **Jean-Baptiste de La Salle** ▪ Prêtre français, créateur des frères des Écoles chrétiennes (1651-1719).

saint **Jean-Baptiste Marie Vianney** ▪ Prêtre français (1786-1859). Curé d'Ars (Ain).

**Jean Bodel** → **Bodel**

saint **Jean Bosco** ▪ Prêtre italien (1815-1888). Fondateur de la congrégation des salésiens.

saint **Jean Chrysostome** ▪ Docteur de l'Église, patriarche de Constantinople (v. 349-407).

Juan de Yepes, saint **Jean de la Croix** ▪ Écrivain mystique espagnol (1542-1591). Réformateur des carmels d'Espagne, il fut persécuté pour son action. Il écrivit des poèmes et quatre traités mystiques d'une foi exaltée et lyrique, d'un style admirable.

**Jean de Meung** ▪ Écrivain français (1250-v. 1305). Auteur du *Roman de la rose* avec Guillaume de Lorris.

sainte **Jeanne d'Arc**, dite **la Pucelle d'Orléans** ▪ Héroïne française née à Domrémy (v. 1412-1431). Pendant la guerre de Cent Ans, elle délivra Orléans et fit sacrer Charles VII à Reims (1429). Prisonnière des Anglais, elle fut brûlée à Rouen.

**Jeanne la Folle** ▪ (1479-1555) Reine de Castille de 1504 à sa mort. Mère de Charles Quint.

**Jean Paul** → **Richter**

**Jean-Paul II** ▪ (1920-2005) Le premier pape polonais, élu en 1978. Son charisme et son inlassable activité pour propager la foi catholique en firent un pontife d'exception. Béatifié en 2011.

Thomas **Jefferson** ▪ Homme d'État, troisième président des États-Unis (1743-1826) ; président de 1801 à 1809. Il rédigea la Déclaration d'indépendance de 1776, et milita pour l'abolition de l'esclavage. Très cultivé, écrivain, architecte, il exprima l'idéal humanitaire de son temps.

**Jéhovah** ▪ Autre nom de Yahvé.

les témoins de **Jéhovah** ▪ Secte chrétienne fondée aux États-Unis, en 1872.

**Jemmapes**, anciennement **Jemmapes** ▪ Anc. commune de Belgique. Dumouriez y vainquit les Autrichiens en 1792.

Edward **Jenner** ▪ Médecin anglais (1749-1823). Inventeur du premier vaccin (contre la variole).

Johannes Vilhelm **Jensen** ▪ Romancier danois (1873-1950). Auteur d'un grand roman historique, *Le Long Voyage*.

**Jérémie** ▪ Bible Prophète hébreu (v. 650-v. 580 av. J.-C.).

**Jerez de la Frontera** ▪ Ville d'Espagne (Andalousie). 202 700 habitants. Réputée pour ses vins.

**Jéricho** ▪ Ville de Palestine, sous autogouvernement palestinien. 18 300 habitants.

**Jéroboam I$^{er}$** ▪ Nom du premier roi d'Israël, de 931 à 910 avant l'ère chrétienne.

saint **Jérôme** ▪ Père et docteur de l'Église (v. 347-420). Auteur de la *Vulgate*.

**Jersey** ▪ Une des îles Anglo-Normandes. 116 km$^2$. 85 000 habitants. Chef-lieu : Saint-Hélier.

**Jérusalem** ▪ Ville de Palestine, capitale de l'État d'Israël (non reconnue par la communauté internationale), cité sainte pour les religions juive, chrétienne et musulmane. 733 300 habitants.

Otto **Jespersen** ▪ Linguiste danois (1860-1943). Son œuvre englobe la phonétique, la linguistique générale, la grammaire historique de l'anglais.

**Jésus** ou **Jésus-Christ** ▪ Fondateur de la religion chrétienne. Messie et fils de Dieu. Il serait né à Bethléem et mort crucifié en 28 ou 29 de l'ère chrétienne.

la Compagnie de **Jésus** ▪ Ordre de clercs réguliers (jésuites) fondé en 1540 par Ignace de Loyola et voué à l'enseignement.

le serment du **Jeu de paume** ▪ Serment prêté le 20 juin 1789 par les députés du tiers état, afin de donner une constitution à la France (→ **Constituante**).

les **Jeunes-Turcs** ▪ Officiers, membres d'un mouvement réformiste de Turquie, de 1868 à la Première Guerre mondiale.

**Jézabel** ▪ Princesse tyrienne, épouse du roi d'Israël Achab et mère d'Athalie (IX$^e$ s. avant l'ère chrétienne). Selon la Bible, despotique et idolâtre, elle fut assassinée.

le **Jharkhand** ▪ État de l'Inde situé dans le nord-est du pays. 79 700 km$^2$. 26,9 millions d'habitants. Capitale : Ranchi.

**Jiang Jieshi** ou **Tchang Kaï-chek** ▪ Maréchal et homme politique chinois (1886-1975). Chef du Guomindang, il lutta contre les communistes et se réfugia à Taiwan après 1949.

**Jiang Qing** ou **Kiang K'ing** ▪ Femme politique chinoise (1914-1991). Épouse de Mao Zedong, elle domina la vie politique pendant la « Révolution culturelle », puis fut jugée et condamnée, après la mort de Mao.

**Jiangsu** ▪ Province côtière de l'est de la Chine. 102 600 km$^2$. 73 millions d'habitants. Capitale : Nankin.

le **Jiangxi** ▪ Province du sud de la Chine. 167 000 km$^2$. 40,4 millions d'habitants. Capitale : Nanchang.

**Jiang Zemin** ou **Kiang Tsé-min** ■ Homme d'État chinois (né en 1926). Président de la République de 1993 à 2003.

**le Jilin** ■ Province du nord-est de la Chine. 187 400 km². 26,8 millions d'habitants. Capitale : Changchun.

**Jinan** ■ Ville de Chine (Shangdong). 2,8 millions d'habitants.

Muḥammad 'Alī **Jinnāh** ■ Homme politique pakistanais (1876-1948). Fondateur du Pakistan.

**les Jivaros** ■ Indiens d'Amazonie.

saint **Joachim** ■ Père de la Vierge Marie.

**Job** ■ Bible Homme juste qui accepta tous les malheurs que Dieu lui envoya.

**la Joconde** ■ Nom de la Florentine Monna («Madame») Lisa, épouse du marquis del *Giocondo*, et de son célèbre portrait par Léonard de Vinci (musée du Louvre).

Étienne **Jodelle** ■ Auteur dramatique français (1532-1573). *Cléopâtre captive*.

**Jodhpur** ■ Ville de l'Inde (Rajasthan). 856 000 habitants.

Joseph **Joffre** ■ Maréchal de France (1852-1931). Vainqueur de la bataille de la Marne en 1914.

**Jogjakarta** ou **Yogyakarta** ■ Ville d'Indonésie, capitale de province. Plus de 3 millions d'habitants. Non loin, se trouve le grand temple de Borobudur.

**Johannesburg** ■ Ville d'Afrique du Sud. 3,9 millions d'habitants.

Tony **Johannot** ■ Peintre et illustrateur français (1803-1852). Il travailla avec ses frères Charles et Alfred.

Jasper **Johns** ■ Peintre américain (né en 1930). Représentant du pop'art et du minimalisme.

Samuel **Johnson** ■ Écrivain anglais (1709-1784). Critique influent, dont le rôle est décrit dans le journal de James Boswell, moraliste, il est l'auteur d'un innovant *Dictionnaire de la langue anglaise*.

Lyndon **Johnson** ■ (1908-1973) Président (démocrate) des États-Unis de 1963 à 1969.

Daniel **Johnson** ■ Homme politique canadien (1915-1968). Il fut Premier ministre du Québec en 1966. ► Ses fils, Daniel et Pierre-Marc **Johnson,** furent tous deux Premiers ministres.

Erwin, dit Magic **Johnson** ■ Basketteur américain (né en 1959).

Ellen **Johnson-Sirleaf** ■ Femme d'État libérienne (née en 1939). Élue présidente de la République en 2005 (réélue en 2011). Prix Nobel de la paix 2011.

Jean de **Joinville** ■ Chroniqueur français (1225-1317). Conseiller de Louis IX.

Irène **Joliot-Curie** ■ Physicienne française (1897-1956). Fille de Pierre et de Marie Curie, elle étudia la radioactivité et contribua à la naissance de la physique nucléaire. ► Frédéric **Joliot-Curie,** son mari (1900-1958), étudia avec elle la radioactivité artificielle et la fission de l'atome. Ils eurent une activité politique intense, adhérant au Parti communiste français.

André **Jolivet** ■ Compositeur et chef d'orchestre français (1905-1974).

Niccolò **Jommelli** ■ Compositeur italien (1714-1774). *Miserere*.

**Jonas** ■ Bible Personnage d'un livre biblique, qui, avalé par une baleine, aurait passé trois jours dans son ventre.

Inigo **Jones** ■ Architecte et décorateur anglais (1573-1652). Son style, classique, est influencé notamment par Palladio.

Johan Barthold **Jongkind** ■ Peintre et aquarelliste néerlandais (1819-1891). Ses paysages délicats annoncent l'impressionnisme.

Ben **Jonson** ■ Écrivain anglais élisabéthain (1572-1637), auteur de comédies. *Volpone ; L'Alchimiste.*

**Jonzac** ■ Chef-lieu d'arrondissement de la Charente-Maritime. 3 491 habitants.

Kurt **Jooss** ■ Danseur et chorégraphe allemand (1901-1979).

Scott **Joplin** ■ Compositeur et pianiste américain (1868-1917). L'un des créateurs du ragtime.

Janis **Joplin** ■ Chanteuse américaine (1943-1970). La première vedette féminine du rock.

**les Grandes Jorasses** ■ Sommets du massif du Mont-Blanc. 4 206 m.

Jacob **Jordaens** ■ Peintre flamand (1593-1678). Ses tableaux illustrent un style baroque flamand truculent, développant certains aspects de l'œuvre de Rubens.

Michael **Jordan** ■ Basketteur américain (né en 1963).

**la Jordanie** ■ État du Proche-Orient. 92 000 km². Plus de 6 millions d'habitants. Capitale : Amman.

Asger Oluf Jørgensen, dit Asger **Jorn** ■ Peintre danois (1914-1973). Son style relève de l'expressionnisme abstrait. L'un des fondateurs du groupe Cobra (Copenhague-Bruxelles-Amsterdam).

**Joseph** ■ Bible Fils de Jacob, vendu par ses frères.

saint **Joseph** ■ Bible Époux de la Vierge Marie.

**Joseph II** ■ (1741-1790) Empereur germanique de 1765 à sa mort. Fils de Marie-Thérèse, despote éclairé.

Flavius **Josèphe** → Flavius **Josèphe**

**Joséphine,** née Marie-Josèphe **Tascher de La Pagerie** ▪ Impératrice des Français (1763-1814). Veuve d'Alexandre de Beauharnais, elle épousa Napoléon I<sup>er</sup> qui la répudia en 1809.

**Lionel Jospin** ▪ Homme politique français (né en 1937). Premier ministre (socialiste) (1997-2002).

**Josquin des Prés** ▪ Compositeur français (v. 1440-1521). Un des maîtres de la polyphonie.

**Josué** ▪ Bible Successeur de Moïse (v. XII<sup>e</sup> s. avant J.-C.). Il fait tomber les murs de Jéricho au son des trompettes.

**Joseph Joubert** ▪ Écrivain français (1754-1824). Auteur de maximes et de pensées morales.

**le marquis de Jouffroy d'Abbans** ▪ Ingénieur français (1751-1832). Il fit fonctionner le premier bateau à vapeur (1776).

**Marcel Jouhandeau** ▪ Écrivain français (1888-1979). Prosateur abondant, évocateur de la province *(Chaminadour)*, moraliste à la fois cynique et mystique, ce fut un ironiste cruel étalant sa vie privée *(Chroniques maritales)*.

**Léon Jouhaux** ▪ Syndicaliste français (1879-1954). Secrétaire général de la C. G. T. de 1909 à 1947, l'un des fondateurs de la C. G. T.-F. O.

**Gueorgui Joukov** ▪ Maréchal soviétique (1896-1974). Vainqueur de la bataille de Stalingrad (1942), signataire de la capitulation allemande (1945).

**James Prescott Joule** ▪ Physicien anglais (1818-1889). Un des fondateurs de la thermodynamique.

**le Jourdain** ▪ Fleuve de Palestine qui sépare la Jordanie de la Cisjordanie. 350 km.

**Jean-Baptiste Jourdan** ▪ Maréchal de France (1762-1833). Vainqueur à Fleurus (1794).

**Journal officiel** (de la République française) ▪ Quotidien créé en 1848, il succéda au *Moniteur universel.*

**Pierre Jean Jouve** ▪ Poète et romancier français (1887-1976). *Moires.*

**Louis Jouvet** ▪ Acteur, metteur en scène et directeur de théâtre français (1887-1951). Rôles importants au théâtre (Giraudoux, Molière) et au cinéma *(Topaze ; Knock ; Quai des orfèvres).*

**Jouy-en-Josas** ▪ Commune des Yvelines. 8 211 habitants. Oberkampf y créa une industrie textile *(toiles de Jouy).* Siège de l'École des hautes études commerciales (H. E. C.).

**James Joyce** ▪ Écrivain irlandais (1882-1941). Après des récits évocateurs *(Gens de Dublin),* il publia *Ulysse,* somme psychologique et sociale critique, d'une écriture novatrice et d'une composition élaborée. *Finnegans Wake* fait exploser la langue anglaise au point de construire un objet formel et poétique à peu près intraduisible.

**Attila József** ▪ Poète hongrois (1905-1937). Il tenta la synthèse entre le surréalisme et le folklore hongrois.

**Juan Carlos I<sup>er</sup>** ▪ Roi d'Espagne depuis 1975 (né en 1938).

**don Juan d'Autriche** ▪ Prince espagnol (1545-1578). Il remporta la victoire de Lépante sur les Turcs (1571).

**Juan-les-Pins** ▪ Station balnéaire des Alpes-Maritimes.

**Benito Juárez** ▪ (1806-1872) Président de la République mexicaine de 1858 à sa mort. Vainqueur de l'empereur Maximilien.

**Juda** ▪ Bible Fils de Jacob.

**le royaume de Juda** ▪ fut fondé après la mort de Salomon dans le sud de la Palestine (931-587 avant J.-C.).

**Judas** dit **l'Iscariote** ▪ Apôtre qui trahit Jésus.

**saint Jude** ou **Thaddée** ▪ Un des douze apôtres.

**la Judée** ▪ Région du sud de la Palestine.

**Judith** ▪ Bible Héroïne juive qui tua le général assyrien Holopherne.

**les Juges** ▪ Titre d'un Livre de la Bible, le deuxième des Livres historiques, évoquant les restaurateurs du culte de Jahvé (ex. Jephté, Samson).

**Clément Juglar** ▪ Économiste français (1819-1905). Théorie des cycles économiques.

**Jugurtha** ▪ Roi de Numidie vaincu par les Romains (v. 160-v. 104 avant J.-C.).

**le 14 Juillet 1789** → Bastille

**la monarchie de Juillet** ▪ Nom donné au règne de Louis-Philippe I<sup>er</sup> (1830-1848).

**Alphonse Juin** ▪ Maréchal de France (1888-1967). Vainqueur à Garigliano (1944).

**appel de juin 40** ▪ Discours du 18 juin 1940 à la radio de Londres, où le général de Gaulle appelait les Français à combattre les Allemands, malgré la défaite.

**Jules II** ▪ (1443-1513) Pape de 1503 à sa mort. Grand mécène.

**Jules Romain,** en italien **Giulio Romano** ▪ Peintre et architecte italien (1492 ou 1499-1546). Palais du Tè à Mantoue.

**Jules Romains** → Romains

**Juliana** ▪ (1909-2004) Reine des Pays-Bas de 1948 à 1980. Elle abdiqua.

**Julien l'Apostat** ■ (331-363) Empereur romain d'Orient de 361 à sa mort. Il tenta de restaurer la religion païenne.

**Juliénas** ■ Commune du département du Rhône, dans le Beaujolais. 850 habitants. Vin réputé.

**l'abbaye de Jumièges** ■ Ruines d'une abbaye fondée en 654 près de Rouen. Église abbatiale (XIᵉ s.).

**Juneau** ■ Ville des États-Unis, capitale de l'Alaska. 31 300 habitants.

**Carl Gustav Jung** ■ Psychiatre suisse (1875-1961). Il élabora le concept d'« inconscient collectif ».

**Ernst Jünger** ■ Écrivain allemand (1895-1998). Sa fascination pour la guerre le rendit proche du national-socialisme, qu'il condamna ensuite. *Orages d'acier ; Sur les falaises de marbre.*

**la Jungfrau** ■ Sommet des Alpes suisses 4 158 m.

**Juvan de Juni** ■ Sculpteur espagnol d'origine française (*Juni* pour *Joigny*) (1507-1577). L'un des principaux artistes de la Renaissance en Espagne, de style maniériste.

**Junon** ■ mythol. romaine Épouse de Jupiter, l'*Héra* des Grecs.

**Andoche Junot, duc d'Abrantès** ■ Général français (1771-1813).

**Jupiter** ■ mythol. romaine Père des dieux, assimilé au *Zeus* des Grecs. ► **Jupiter.** Planète, la plus grosse du système solaire. Diamètre : 143 000 km.

**le Jura** ■ Chaîne de montagnes de France, de Suisse, d'Allemagne. 1 720 m au Crêt de la Neige. ► **le Jura** [39]. Département français de la Région Franche-Comté. 5 053 km². 261 294 habitants. Chef-lieu : Lons-le-Saunier. Chefs-lieux d'arrondissement : Dole, Saint-Claude. ► **le Jura.** Canton de la Suisse. 836 km². 67 700 habitants. Chef-lieu : Delémont.

**Antoine Laurent de Jussieu** ■ Botaniste français (1748-1836). Méthode de classification des plantes.

**Justinien Iᵉʳ** ■ (482-565) Empereur romain d'Orient de 527 à sa mort. Grand conquérant, bâtisseur et législateur.

**le Jutland,** en danois **Jylland** ■ Presqu'île danoise. Bataille navale anglo-allemande en 1916.

**Claude Jutra** ■ Cinéaste canadien d'expression française (1930-1986). *À tout prendre ; Mon oncle Antoine.*

**Filippo Juvara** ■ Architecte et décorateur italien (1676-1736). Il construisit plusieurs châteaux et finit sa carrière par les plans du château royal de Madrid.

**Juvénal** ■ Poète latin (v. 55-v. 140). Il est l'auteur de satires passionnées dans lesquelles il dénonce les mœurs corrompues de la Rome du IIᵉ s.

# K

**K2** → Dapsang

la **Kaaba** ou al-**Ka'ba** ▪ Édifice sacré au centre de la mosquée de La Mecque.

la **Kabardino-Balkarie** ▪ République autonome de Russie, dans le Caucase. 12 500 km². 900 500 habitants. Capitale : Naltchik.

**Kaboul** ou **Kabūl** ▪ Capitale de l'Afghanistan. 2,5 millions d'habitants.

la **Kabylie** ▪ Massifs montagneux d'Algérie. 2 004 m au Grand Babor. ► les **Kabyles**, population d'origine berbère.

János **Kádár** ▪ Homme politique (communiste) hongrois (1912-1989), à la tête de son pays de 1956 à 1988.

Ismaïl **Kadaré** ▪ Écrivain albanais (né en 1936). Auteur de puissants récits historiques sur son pays, et d'essais sur la poésie et l'art. *Le Palais des rêves*.

Muammar al-**Kadhafi** ▪ Homme d'État libyen (1942-2011), « Guide de la révolution » au pouvoir depuis 1969, dictateur violemment contesté par son peuple, il fut renversé et tué en 2011.

**Kadima** (en hébreu « en avant ») ▪ Parti politique israélien, né d'une scission du Likoud, fondé par A. Sharon en 2005, présidé en 2007 et 2008 par E. Olmert et par Tzipi Livni à partir de sept. 2008.

Franz **Kafka** ▪ Écrivain tchèque d'expression allemande (1883-1924). L'un des écrivains les plus importants du XXᵉ siècle. Il crée dans ses romans un univers oppressant où les institutions écrasent la liberté humaine (*Le Procès ; Le Château*). Des récits plus brefs donnent à l'angoisse d'exister une réalité fantastique (*La Métamorphose ; Le Terrier*).

Mauricio **Kagel** ▪ Compositeur argentin (1931-2008). Théâtre musical, œuvres électroacoustiques. *Der Schall ; Mare Nostrum*.

Frida **Kahlo** ▪ Peintre mexicaine (1910-1954). Son style est réaliste, très coloré, avec des éléments surréalistes.

Daniel-Henry **Kahnweiler** ▪ Amateur et commerçant d'art français d'origine allemande (1884-1979). Il soutint et promut les cubistes et les « fauves ».

**Kairouan** ▪ Ville de Tunisie. 117 900 habitants. Ville sainte de l'Islam. Mosquées.

le désert de **Kalahari** ▪ Cuvette désertique d'Afrique australe.

**Kālī** ▪ Divinité hindoue honorée par des sacrifices sanglants.

**Kaliningrad,** anciennement **Königsberg** ▪ Port de Russie, près de la Baltique. 430 300 habitants.

la **Kalmoukie** ▪ République autonome de Russie. 75 900 km². 292 400 habitants. Capitale : Elista.

**Kamakura** ▪ Ville du Japon, au sud-est de Tokyo. 171 200 habitants. Ville d'art : temples, grand bouddha.

**Kāma Sūtra** (en sanskrit « préceptes sur le désir ») ▪ Texte classique indien (IVᵉ s.), donnant des rites sur les relations érotiques.

Lev Borissovitch Rosenfeld, dit **Kamenev** ▪ Homme politique russe (1883-1936). L'un des compagnons de Lénine, il dirigea la *Pravda*, contribua à l'élimination politique de Trotski avant de s'en rapprocher. Condamné à mort aux procès de Moscou (1935), exécuté, puis réhabilité (1988).

**Kampala** ▪ Capitale de l'Ouganda. 2 millions d'habitants.

le **Kampuchéa** ▪ Nom du Cambodge de 1976 à 1989.

le **Kamtchatka** ▪ Presqu'île de Sibérie.

les **Kanaks** ou **Canaques** ▪ Peuple d'Océanie vivant notamment en Nouvelle-Calédonie.

**Kandahar** ou **Qandahār** ▪ Ville au sud de l'Afghanistan, à 1 000 m d'altitude. 325 000 habitants.

Wassily **Kandinsky** ▪ Peintre et théoricien russe naturalisé français (1866-1944). Un des créateurs de l'art abstrait.

**Kandy** ▪ Ville du Sri Lanka, anc. capitale de royaume. 109 000 habitants. Temple bouddhique.

**Kangchenjunga** ▪ Sommet de l'Himalaya. 8 586 m.

**Kangxi** ou **K'ang-hi** ▪ Empereur de Chine (1654-1722).

**Kankan** ▪ Ville de Guinée. 90 000 habitants.

**Kano** ▪ Ville du Nigeria. 2,2 millions d'habitants.

**Kanpur,** anciennement **Cawnpore** ▪ Ville d'Inde (Uttar Pradesh). 2,6 millions d'habitants.

le **Kansas** ▪ État du centre des États-Unis. 213 095 km². 2,7 millions d'habitants. Capitale : Topeka.

**Kansas City** ▪ Ville des États-Unis, sur le Missouri. 460 000 habitants (agglomération 1,8 million).

Emmanuel **Kant** ■ Philosophe allemand (1724-1804). Explorant tous les domaines philosophiques, il élabora une critique générale de la connaissance humaine (*Critique de la raison pure*), la morale (*Critique de la raison pratique*), la religion, l'esthétique. Son influence sur la pensée occidentale des XIXe et XXe siècles fut immense.

Mory **Kanté** ■ Chanteur guinéen (né en 1950).

Tadeusz **Kantor** ■ Metteur en scène, peintre et sculpteur polonais (1915-1990).

**Kaohsiung** ou **Gaoxiong** ■ Port de Taiwan. 1,4 million d'habitants.

**Kaolack** ■ Ville du Sénégal. 150 000 habitants.

le **Kara-Bogaz** ou **Kara-Bogaz-Gol** ■ Golfe de la mer Caspienne, au Turkménistan, en partie asséché. Production de sel.

**Karachi** ■ Port du Pakistan. 9,3 millions d'habitants.

Vuk **Karadžić** ■ Écrivain et réformateur de la langue serbe (1787-1864).

**Karaganda** → Qaraghandy.

Djorgje Petrovitch **Karageorges** ■ Homme politique serbe (1752-1817). Fondateur de la dynastie des *Karageorgévitch* qui régna sur la Serbie de 1808 à 1941.

Herbert von **Karajan** ■ Chef d'orchestre autrichien (1908-1989).

la **Karakalpakie** ■ République autonome d'Ouzbékistan. 164 900 km². 1,25 million d'habitants. Capitale : Noukous.

le **Karakoram** ■ Massif montagneux de l'ouest de l'Himalaya. 8 611 m au Dapsang.

la **Karatchaïevo-Tcherkessie** ■ République autonome de Russie. 14 100 km². 439 700 habitants. Capitale : Tcherkessk.

**Karen** ■ État du sud-est de la Birmanie, peuplé par les Karens. 1,5 million d'habitants.

**Karlovy Vary,** en allemand **Karlsbad** ■ Ville tchèque. 50 700 habitants. Station thermale.
► congrès de **Karlsbad** (1819), conduit par Metternich pour réprimer le mouvement libéral.

**Karlsruhe** ■ Ville d'Allemagne (Bade-Wurtemberg). 275 600 habitants.

**Karnak** ■ Site archéologique d'Égypte (partie nord de Thèbes). Temple d'Amon.

**Karnataka,** anciennement **Mysore** ■ État du sud-ouest de l'Inde. 191 773 km². 52,8 millions d'habitants. Capitale : Bangalore.

Anatoli **Karpov** ■ Joueur d'échecs russe (né en 1954). Champion du monde d'échecs de 1975 à 1985.

Alphonse **Karr** ■ Journaliste et écrivain français (1808-1890). *Sous les tilleuls* (roman).

Hamid **Karzaï** ■ Homme politique (pachtoun) afghan (né en 1957). Il a dirigé le pays de 2001 à 2014.

Garry Weinstein, dit **Kasparov** ■ Joueur d'échecs russe (né en 1963). Devenu champion du monde d'échecs en 1985, en battant Karpov, il le resta jusqu'en 2000.

**Kassel** ■ Ville d'Allemagne (Hesse). 192 600 habitants. Château impérial (IXe s.).

Alfred **Kastler** ■ Physicien français (1902-1984). Mise au point du pompage optique.

le **Katanga** → Shaba

**Kateb** Yacine ■ Écrivain algérien d'expression française (1929-1989). La situation de sa patrie lui donne l'occasion de développer le tragique de l'aliénation. *Nedjma*.

**Katmandou** ou **Kathmandu** ■ Capitale du Népal. 671 800 habitants.

**Katowice** ■ Ville de Pologne. 314 500 habitants.

**Katyn** ■ Localité de Russie où furent découverts les cadavres de 4 500 officiers polonais exécutés par les Soviétiques en 1940-1941.

**Kaunas** ■ Ville de Lituanie. 358 000 habitants.

Karl **Kautsky** ■ Homme politique allemand, théoricien de la social-démocratie (1854-1938). Éditeur et commentateur de Marx, puis réformiste attaqué par Lénine.

Yasunari **Kawabata** ■ Romancier japonais (1899-1972). Romans d'un style concis, au contenu sensible et tragique, exprimant le regret des valeurs du Japon traditionnel. *Pays de neige*.

**Kawasaki** ■ Ville du Japon (Honshū). 1,3 million d'habitants.

**Kaysersberg** ■ Commune d'Alsace (Haut-Rhin). 2 709 habitants. Château.

le **Kazakhstan** ■ État d'Asie centrale. 2 717 300 km². 14,2 millions d'habitants. Capitale : Astana.

Elia **Kazan** ■ Cinéaste américain (1909-2003). *À l'est d'Éden ; America, America.*

**Kazan** ■ Ville de Russie, sur la Volga (Tatarstan). 1,1 million d'habitants.

Nikos **Kazantzakis** ■ Écrivain grec (1883-1957). Poète (*Odyssée*), penseur, romancier (*Alexis Zorba ; Le Christ recrucifié*).

Edmund **Kean** ■ Tragédien anglais (1787-1833). Sa vie inspira Dumas.

Buster **Keaton** ■ Acteur et cinéaste américain (1895-1966). Le comique du personnage est fondé sur l'impassibilité (« l'homme qui ne rit jamais »). *Le Cameraman.*

John **Keats** ■ Poète romantique anglais (1795-1821). *Endymion ; Odes,* développant les grands thèmes du romantisme, dans un style très pur.

**Keflavík** ■ Ville d'Islande. 13 300 habitants. Port. Aéroport de Reykjavík.

Salif **Keita** ■ Chanteur malien (né en 1949). Issu d'une famille princière mandingue, il a contribué au brassage des musiques de l'Afrique de l'Ouest, du rock et du jazz.

Urho **Kekkonen** ▪ Homme politique finlandais (1900-1986). Président de la République de 1956 à 1981.

Friedrich August **Kekulé von Stradonitz** ▪ Chimiste allemand (1829-1896). Débuts de la chimie organique structurale.

François **Kellermann** duc de **Valmy** ▪ Maréchal de France (1735-1820). Vainqueur à Valmy (1792).

Eugene Curran, dit Gene **Kelly** ▪ Danseur et chorégraphe américain (1912-1998). Il tourna dans des comédies musicales, dont *Un Américain à Paris* et *Chantons sous la pluie.*

lord **Kelvin** → sir William **Thomson**

Mustafa **Kemal** → **Mustafa Kemal**

Wilhelm **Kempff** ▪ Pianiste allemand (1895-1991). Il fut l'interprète privilégié de Beethoven et de Schumann.

**Kenitra,** anciennement **Port-Lyautey** ▪ Port du Maroc. 359 100 habitants.

John Fitzgerald **Kennedy** ▪ (1917-1963) Président (démocrate) des États-Unis, de 1961 à son assassinat. ▶ Robert Francis **Kennedy,** son frère (1925-1968). Il fut assassiné lors de sa campagne pour la candidature démocrate à la présidence.

le **Kent** ▪ Comté du sud-est de l'Angleterre. 3 732 km². 1,33 million d'habitants. Chef-lieu : Maidstone.

le **Kentucky** ▪ État du centre des États-Unis. 104 623 km². 4,04 millions d'habitants. Capitale : Frankfort.

le **Kenya** ▪ État de l'Afrique de l'Est. 582 646 km². 40,9 millions d'habitants. Capitale : Nairobi.

Jomo **Kenyatta** ▪ (1893-1978) Premier président du Kenya de 1964 à sa mort.

Johannes **Kepler** ▪ Astronome allemand (1571-1630). Il énonça les lois du mouvement des planètes autour du Soleil.

le **Kerala** ▪ État du sud de l'Inde. 31,9 millions d'habitants. Langue : le malayalam.

Aleksandr **Kerenski** ▪ Homme politique russe (1881-1970). Renversé par les bolcheviks en 1917.

les îles **Kerguelen** ▪ Archipel français du sud de l'océan Indien.

Jack **Kerouac** ▪ Écrivain américain (1922-1969). *Sur la route.*

Imre **Kertész** ▪ Écrivain hongrois (né en 1929). Romancier, évocateur des camps de concentration nazis. Prix Nobel 2002.

Joseph **Kessel** ▪ Journaliste et romancier français (1898-1979). *Le Lion.*

John Maynard **Keynes** ▪ Économiste britannique (1883-1946). Il chercha à concilier les principes essentiels du capitalisme libéral et l'intervention de l'État pour assurer le plein-emploi.

**Key West** ▪ Île des États-Unis, en Floride, vers l'extrémité d'un arc de cercle de petites îles (les *Keys*), allant jusqu'à Key Largo.

le **K. G. B.** ▪ Organisme soviétique qui était chargé du renseignement à l'intérieur et à l'extérieur de l'U. R. S. S.

**Khabarovsk** ▪ Ville de la Russie, sur l'Amour. 582 700 habitants.

**Khadīja** ▪ Première épouse de Mahomet (morte en 619).

la **Khakassie** ▪ République autonome de Russie, au nord de l'Altaï. 61 900 km². 546 100 habitants. Capitale : Abakan.

Ali **Khamenei** ▪ Religieux et homme politique iranien (né en 1939), président de 1982 à 1989. Désigné comme Guide suprême de la Révolution islamique à la mort de Khomeini.

**Kharbin** → **Harbin**

**Kharkiv,** anciennement **Kharkov** ▪ Ville d'Ukraine. 1,62 million d'habitants.

**Khartoum** ▪ Capitale du Soudan. 1,4 million d'habitants.

Aram Ilitch **Khatchatourian** ▪ Compositeur arménien (1903-1978). Ballets, symphonies, concertos.

'Umar ou Omar **Khayyām** ou **Khayām** ▪ Savant (astronome), philosophe et poète persan (v. 1050-v. 1123). Auteur de quatrains *(robayat)* d'un épicurisme sceptique.

**Khéops** ou **Chéops** ▪ Deuxième pharaon de la IV^e dynastie égyptienne (v. 2650 avant J.-C.). Il fit édifier la plus grande des pyramides de Gizeh.

**Khéphren** ou **Chéphren** ▪ Quatrième pharaon de la IV^e dynastie égyptienne (v. 2620 avant J.-C.). Fils de Khéops, il fit construire la deuxième pyramide de Gizeh.

Velemir **Khlebnikov** ▪ Poète futuriste russe (1885-1922).

les **Khmers** ▪ Peuple du Cambodge. ▶ les **Khmers rouges.** Nom des communistes cambodgiens au pouvoir de 1975 à 1979.

l'imam **Khomeiny** ▪ Chef chiite iranien, fondateur de la république islamique d'Iran en 1979 (1902-1989).

le **Khorāssān** ▪ Province de l'est de l'Iran. 7 millions d'habitants. Chef-lieu : Meched.

Nikita **Khrouchtchev** ▪ Homme politique soviétique (1894-1971), au pouvoir de 1958 à 1964.

Abbas **Kiarostami** ▪ Cinéaste iranien (né en 1940). Cinéma subtil, d'une grande profondeur et d'une lenteur calculée. *Au travers des oliviers ; Le Goût de la cerise ; Le vent nous emportera ; Ten.*

**Kichinev** → **Chisinau**

**Kiel** ▪ Port d'Allemagne (Schleswig-Holstein). 233 000 habitants.

Søren **Kierkegaard** ▪ Philosophe et penseur religieux danois (1813-1855). Il exprima l'angoisse et la souffrance de la personne humaine devant sa liberté et le problème moral, le saut irrationnel de la foi étant vécu dans la « crainte et [le] tremblement ». *Le Journal d'un séducteur; Le Concept d'angoisse.*

Krzysztof **Kieślowski** ▪ Cinéaste polonais (1941-1996). *Le Décalogue; Trois couleurs* (trilogie : *Bleu ; Blanc ; Rouge*).

**Kiev** ▪ Capitale de l'Ukraine. 2,6 millions d'habitants. Cathédrale Sainte-Sophie (XIᵉ s.).

**Kigali** ▪ Capitale du Rwanda. 603 000 habitants.

les **Kikouyous** ▪ Peuple du Kenya, de langue bantoue, établi autour du mont Kenya.

le **Kilimandjaro,** aujourd'hui **pic Uhuru** ▪ Point culminant de l'Afrique. 5 895 m.

**Kim Ilsŏng** ▪ Homme politique (communiste) nord-coréen (1912-1994), au pouvoir dictatorial de 1948 à sa mort. ► **Kim Jong-Il,** son fils (1942-2001), lui succéda en 1994. ► **Kim Jong-Un,** son fils (né en 1983 ou 1984), lui succéda en 2011.

Motoo **Kimura** ▪ Biologiste japonais (1924-1994). Il développa une théorie génétique de l'évolution.

William Lyon Mackenzie **King** → **Mackenzie King**

Martin Luther **King** ▪ Pasteur noir américain (1929-1968). Il lutta contre la ségrégation raciale, prônant la non-violence. Il organisa en 1963 une marche sur Washington pour obtenir une loi sur les droits civiques. Il fut assassiné.

**Kingston** ▪ Capitale de la Jamaïque. 670 000 habitants.

**Kinshasa,** anciennement **Léopoldville** ▪ Capitale de la République démocratique du Congo. 7,3 millions d'habitants.

Rudyard **Kipling** ▪ Écrivain anglais (1865-1936). Dans des contes et des récits d'imagination, il transmet une morale de l'énergie et une défense de l'Empire britannique et de ses valeurs. *Le Livre de la jungle ; Kim.*

Athanasius **Kircher** ▪ Jésuite, érudit et orientaliste allemand (1601-1680).

Gustav **Kirchhoff** ▪ Physicien allemand (1824-1887). Fondateur de l'analyse spectrale.

Ernst Ludwig **Kirchner** ▪ Peintre allemand (1880-1938). Son style est proche des Fauves et des expressionnistes.

le **Kirghizstan** ou **Kirghizistan** ou la **Kirghizie** ▪ État d'Asie centrale. 198 500 km². 5,2 millions d'habitants. Capitale : Bichkek.

**Kiribati** ▪ État de l'Océanie. 717,1 km². 92 500 habitants. Capitale : Tarawa.

**Kirkūk** ▪ Ville du nord de l'Irak. 600 000 habitants. Combats des Kurdes contre le pouvoir central irakien (1991).

Sergueï Mironovitch Kostrikov, dit **Kirov** ▪ Homme politique russe (1886-1934). Membre du comité central du Parti communiste, il fut assassiné.

Danilo **Kiš** ▪ Écrivain serbe (1935-1989). Œuvre touffue sur l'enfermement stalinien, les camps nazis...

**Kisangani,** anciennement **Stanleyville** ▪ Ville de la République démocratique du Congo sur le fleuve Zaïre. 290 000 habitants. Université.

Henry Alfred **Kissinger** ▪ Homme politique américain d'origine allemande (né en 1923). Il fut conseiller de R. Nixon.

**Kitakyūshū** ▪ Ville du Japon (Kyūshū). 993 500 habitants. Sidérurgie.

Takeshi **Kitano** ▪ Cinéaste et acteur japonais (né en 1947). Œuvres violentes (évoquant le « milieu » des yakusas) et aussi oniriques. *Sonatine ; L'Été de Kikujiro.*

lord Herbert **Kitchener** ▪ Maréchal britannique (1850-1916).

**Kitwe-Nkana** ▪ Ville de Zambie. 500 000 habitants.

**Kitzbühel** ▪ Ville d'Autriche (Tyrol). 8 600 habitants. Station de sports d'hiver.

le lac **Kivu** ▪ Lac entre la République démocratique du Congo et le Rwanda. 2 650 km².

**Klagenfurt** ▪ Ville d'Autriche (Carinthie). 90 100 habitants.

**Klaipėda,** anciennement **Memel** ▪ Port de Lituanie, sur la Baltique. 185 900 habitants.

Serge **Klarsfeld** ▪ Historien français (né en 1935). Avocat, il se consacra à la poursuite des responsables nazis des massacres de la Shoah, avec l'aide de sa femme Beate (allemande, née en 1939).

Jean-Baptiste **Kléber** ▪ Général français (1753-1800). Il réprima la contre-révolution en Vendée.

Paul **Klee** ▪ Peintre et théoricien suisse allemand (1879-1940). Créateur de formes à partir d'éléments simples, fonctionnant parfois comme des idéogrammes. *Carrés magiques.*

Melanie **Klein** ▪ Psychanalyste autrichienne naturalisée britannique (1882-1960). *La Psychanalyse des enfants.*

Yves **Klein** ▪ Peintre français (1928-1962). Ses monochromes bleus le rendirent célèbre.

William **Klein** ▪ Photographe et cinéaste américain (né en 1928).

Naomi **Klein** ▪ Journaliste et essayiste canadienne d'expression anglaise (née en 1970). Militante progressiste. *No Logo.*

Heinrich von **Kleist** ▪ Dramaturge allemand (1777-1811). Œuvre théâtrale passionnée et complexe, inspirée par l'histoire (*Le Prince de Hombourg*). Nouvelles évoquant la révolte contre l'injustice.

Otto **Klemperer** ▪ Chef d'orchestre allemand, puis israélien (1885-1973).

Gustav **Klimt** ▪ Peintre et décorateur autrichien (1862-1918). Art nouveau, au graphisme subtil, aux couleurs éclatantes.

le **Klondike** ▪ Rivière du Canada (150 km), lieu d'une ruée vers l'or en 1896.

Friedrich **Klopstock** ▪ Poète et auteur dramatique allemand (1724-1803). Poèmes épiques et lyriques empreints de mysticisme. Tragédies bibliques.

Pierre **Klossowski** ▪ Traducteur, écrivain et dessinateur français (1905-2001), frère du peintre Balthus. Essais sur Sade, Nietzsche ; romans hermétiques et érotiques.

la **Knesset** ou **Knesseth** ▪ Parlement israélien, qui compte 120 membres, élus pour quatre ans.

John **Knox** ▪ Réformateur religieux écossais (v. 1505-1572). Fondateur de l'Église presbytérienne.

**Knud** ou **Knut**, en français **Canut** ▪ (v. 995-1035) Roi du Danemark de 1018 à sa mort. Roi d'Angleterre en 1017. Roi de Norvège en 1030.

**Kōbe** ▪ Port du Japon (Honshū). 1,53 million d'habitants.

Robert **Koch** ▪ Médecin allemand (1843-1910). *Bacille de Koch* : agent de la tuberculose.

Zoltán **Kodály** ▪ Compositeur et folkloriste hongrois (1882-1967). Œuvre variée, souvent inspirée par le folklore hongrois, comme celle de son ami Béla Bartók.

Charles **Kœchlin** [keklɛ̃] ▪ Compositeur français (1867-1950). Auteur de musique de chambre et symphonique, de mélodies.

Arthur **Koestler** ▪ Écrivain britannique d'origine hongroise (1905-1983). Romans (*Le Zéro et l'Infini*), essais (*Le Yoghi et le Commissaire*) dénonçant le totalitarisme.

Kurt **Koffka** ▪ Psychologue américain d'origine allemande (1886-1941). Ce fut l'un des créateurs de la théorie de la forme.

Helmut **Kohl** ▪ Homme politique (démocrate-chrétien) allemand (né en 1930). Chancelier de 1982 à 1998.

Oskar **Kokoschka** ▪ Peintre autrichien (1886-1980). Peintures d'une touche large, violente, d'un expressionnisme souvent angoissé.

la presqu'île de **Kola** ▪ Péninsule du nord de la Russie.

Aleksandr Vassilievitch **Koltchak** ▪ Amiral et homme politique russe (1874-1920). Il lutta contre la révolution bolchevique, instaurant une dictature (Sibérie, Oural, Volga), fut battu et exécuté.

Bernard-Marie **Koltès** ▪ Auteur dramatique français (1948-1989). Son théâtre évoque, de façon dépouillée, les relations et les échanges entre les personnes.

la **Kolyma** ▪ Fleuve de Russie, en Sibérie orientale. 2 129 km.

le **Komintern** ▪ Nom donné à la IIIe Internationale (1919-1943).

la république des **Komis** ▪ République autonome de Russie. 415 000 km². 1,1 million d'habitants. Capitale : Syktyvkar.

**Kongzi** ou **K'ong-tseu** → **Confucius**

**Königsberg** → **Kaliningrad**

**Konya** ▪ Ville de Turquie. 967 000 habitants. Mosquée du XIIIe s.

Raymond **Kopa** ▪ Footballeur français (né en 1931).

Sándor Laszlo Kellner, dit sir Alexander **Korda** ▪ Producteur et réalisateur de films, britannique d'origine hongroise (1893-1956).

Tadeusz **Kościuszko** ▪ Officier et patriote polonais (1746-1817).

**Košice** ▪ Ville de Slovaquie. 236 000 habitants.

Joseph **Kosma** ▪ Compositeur français d'origine hongroise (1905-1969). Mélodies ; chansons (paroles de Prévert, Aragon, Sartre, Queneau) ; musiques de films.

le **Kosovo** ▪ État de l'Europe du Sud-Est. 10 887 km². 2,1 millions d'habitants. Capitale : Priština. Indépendance proclamée en 2008, reconnue par une partie de la communauté internationale.

Lajos **Kossuth** ▪ Homme politique et écrivain hongrois (1802-1894). Chef de la révolution de 1848.

**Kouïbychev** → **Samara**

**Koumassi**, en anglais **Kumasi** ▪ Ville du Ghana. 400 000 habitants.

les îles **Kouriles** ▪ Archipel russe au nord du Japon. 15 600 km².

**Kourou** ▪ Ville de la Guyane française. 25 260 habitants. Base de lancement de fusées (Ariane).

Ahmadou **Kourouma** ▪ Romancier ivoirien d'expression française (1927-2003). Il décrit de manière critique et avec une force émotive la situation politique de l'Afrique.

Mikhaïl **Koutouzov** ▪ Feld-maréchal russe (1745-1813). Vainqueur de Napoléon Ier en 1812.

le **Kouzbass** ▪ Bassin houiller de la Russie en Sibérie.

Sofia Vassilievna **Kovalevskaïa** ▪ Mathématicienne russe (1850-1891). Elle étudia les équations aux dérivées partielles et écrivit par ailleurs des romans.

l'État du **Koweït** ▪ Émirat d'Arabie. 17 818 km². 2,2 millions d'habitants. Capitale : Koweït.

Alexandre **Koyré** ■ Philosophe des sciences français d'origine russe (1882-1964). *Du monde clos à l'univers infini.*

le **Krakatau** ■ Îlot volcanique d'Indonésie dont l'éruption fit 30 000 morts (1883).

**Krasnodar** ■ Ville de Russie, dans le Caucase. 644 800 habitants.

**Krasnoïarsk** ■ Ville de Russie, en Sibérie orientale. 911 700 habitants.

Hans Adolf **Krebs** ■ Biochimiste britannique d'origine allemande (1900-1981). Il étudia l'apport d'énergie à la cellule vivante *(cycle de Krebs)*.

Bruno **Kreisky** ■ Homme politique autrichien (1911-1990). Il fut chancelier de 1970 à 1983.

le **Kremlin** ■ Ancienne citadelle de Moscou. Cathédrales et palais des XVIᵉ-XVIIIᵉ s. Siège du gouvernement russe.

Cornelius **Krieghoff** ■ Peintre canadien (1815-1872). Après avoir étudié la peinture en Allemagne et en Hollande, il s'installa au Canada. Scènes de genre représentant la vie des paysans canadiens.

**Krishna** ou **Kriṣṇa** ■ Divinité hindoue.

Julia **Kristeva** ■ Écrivaine française d'origine bulgare (née en 1941). Sémiologue, psychanalyste et théoricienne de la littérature.

**Krivoï-Rog** → Kryvyï Rih

**Kronstadt** ■ Base navale russe dans le golfe de Finlande. Mutineries révolutionnaires en 1825, 1905, 1917 et 1921.

Petr, prince **Kropotkine** ■ Révolutionnaire anarchiste russe (1842-1921).

Paul **Kruger** ■ Homme d'État sud-africain (1825-1904). Président du Transvaal, il mena la guerre des Boers.

Alfred **Krupp** ■ Industriel allemand de la sidérurgie (1812-1887).

Ivan Andreïevitch **Krylov** ■ Écrivain et journaliste russe (1769-1844). Auteur de célèbres fables.

**Kryvyï Rih**, anciennement **Krivoï-Rog** ■ Ville d'Ukraine. 717 000 habitants.

**Kuala Lumpur** ■ Capitale fédérale de la Malaisie. 1,3 million d'habitants.

**Kübilaï Khân** ■ Empereur mongol de 1260 à sa mort (1215-1294).

Stanley **Kubrick** ■ Cinéaste américain (1928-1999). Son œuvre comporte des adaptations littéraires assez classiques *(Lolita ; Barry Lyndon)*, des visions personnelles puissantes *(2001 : l'Odyssée de l'espace ; Orange mécanique)* et des satires antimilitaristes *(Les Sentiers de la gloire)*.

le **Ku Klux Klan** ■ Société secrète américaine créée vers 1865 et opposée à l'intégration des Noirs.

Béla **Kun** ■ Homme politique (communiste) hongrois (1886-1937). Il prit le pouvoir en 1919 puis fut chassé par Horthy.

Milan **Kundera** ■ Écrivain tchèque naturalisé français (né en 1929). Romans d'une grande pénétration psychologique *(L'Insoutenable Légèreté de l'être)*, essais, en tchèque, puis en français.

**Kunming** ■ Ville de Chine (Yunnan). 2,5 millions d'habitants.

František **Kupka** ■ Peintre tchèque installé à Paris (1871-1957). Art abstrait, voué au lyrisme de la couleur.

les **Kurdes** ■ Peuple de l'ouest de l'Asie. Ils sont 16 millions, répartis surtout en Turquie, Iran, Irak et Syrie. ► le **Kurdistan**. Région de l'ouest de l'Asie.

Akira **Kurosawa** ■ Cinéaste japonais (1910-1998). Œuvre puissante, parfois violente, d'une grande beauté formelle, inspirée par la tradition japonaise *(Rashōmon ; Les Sept Samouraïs)* comme par des chefs-d'œuvre de la littérature mondiale *(L'Idiot,* d'après Dostoïevski ; *Le Château de l'araignée,* d'après *Macbeth)*.

**Kuroshio** ■ Courant marin chaud du Pacifique occidental.

György **Kurtág** ■ Compositeur hongrois né en Roumanie (en 1926). Musique de chambre et pour la voix.

Jerzy **Kuryłowicz** ■ Linguiste polonais, comparatiste des langues indo-européennes (1895-1978).

Emir **Kusturica** [kustuʀitsa] ■ Cinéaste français d'origine yougoslave (né en 1955). Œuvres baroques, où la culture et la musique tsiganes jouent un grand rôle. *Le Temps des Gitans.*

les **Kwakiutls** ■ Amérindiens du nord-ouest du Canada (Colombie-Britannique), pratiquant des échanges de dons rituels *(potlach)*.

**Kwangju** ■ Ville de la Corée du Sud. 1,47 million d'habitants.

**Kyōto** ■ Ville du Japon (Honshū) et anc. capitale du pays. 1,5 million d'habitants. Nombreux temples. ► protocole de **Kyōto** : accord (1997) international portant sur la réduction des gaz à « effet de serre ».

**Kyūshū** ■ La plus méridionale des quatre principales îles du Japon. 42 780 km². 14 millions d'habitants.

**L**

Louise **Labé** ■ Poète française (v. 1524-1566). Ses élégies et ses sonnets, d'une forme parfaite, évoquent les joies et les peines de l'amour.

Eugène **Labiche** ■ Auteur français de comédies (1815-1888). Ce fut l'observateur critique et amusé de la bourgeoisie de son temps, dans des vaudevilles où des personnages médiocres et sans idéal animent des intrigues comiques menées avec brio. Une centaine de pièces, dont *Un chapeau de paille d'Italie,* et *Le Voyage de M. Perrichon.*

Étienne de **La Boétie** ■ Écrivain français (1530-1563). Moraliste. Il entretint une amitié profonde avec Montaigne. *Discours de la servitude volontaire.*

Henri **Laborit** ■ Biologiste et essayiste français (1914-1995). Ouvrages de philosophie biologique sur le comportement humain. Création de médicaments psychotropes.

Bertrand François Mahé de **La Bourdonnais** ■ Marin et administrateur français (1699-1753). Il contribua à l'expansion coloniale française dans l'océan Indien et aux Indes.

le **Labrador** ■ Péninsule du nord-est du Canada.

Jean de **La Bruyère** ■ Écrivain français (1645-1696). Adaptant et enrichissant les *Caractères* du grec Théophraste, il composa progressivement une œuvre originale qui dépeint la société de son temps et crée des personnages-types de valeur universelle, qu'on peut comparer à ceux de Molière.

le **Labyrinthe** n. m. → **Dédale**

Jacques **Lacan** ■ Psychiatre et psychanalyste français (1901-1981). Suivant la voie tracée par Freud, il décrit la subjectivité du «stade du miroir» et montre dans le langage le modèle de la structuration de l'inconscient. *Écrits.*

**Lacédémone** → **Sparte**

Étienne de La Ville comte de **Lacépède** ■ Naturaliste français (1756-1825).

Pierre Choderlos de **Laclos** ■ Écrivain français (1741-1803). Officier et ingénieur militaire, il est l'auteur d'un roman par lettres, *Les Liaisons dangereuses,* traité du cynisme et du mal qui, par sa perfection formelle, est l'une des grandes œuvres de la littérature du XVIIIe siècle.

Charles Marie de **La Condamine** ■ Savant et voyageur français (1701-1774).

la **Laconie** ■ Région de Grèce autour de Sparte.

Henri **Lacordaire** ■ Prêtre, dominicain et prédicateur français (1802-1861).

René **Lacoste** ■ Champion de tennis français (1904-1996). Une chemise de sport porte son nom.

Yves **Lacoste** ■ Géographe français (né en 1929). Fondateur de la revue *Hérodote,* à l'origine d'une pensée géopolitique. Spécialiste du Maghreb et du postcolonialisme.

**Lacq** ■ Gisement de gaz naturel des Pyrénées-Atlantiques.

Jacques de **Lacretelle** ■ Romancier et essayiste français (1888-1985). *Silbermann.*

le **Grand Lac Salé** ■ Marécage salé de l'ouest des États-Unis (Utah).

le **Ladakh** ■ Région montagneuse (de 3 000 à 6 000 m) du Cachemire.

le **lac Ladoga** ■ Lac de Russie (Carélie). 17 700 km².

René **Laennec** ■ Médecin français (1781-1826). Il inventa le stéthoscope.

Paul **Lafargue** ■ Socialiste français (1842-1911). *Le Droit à la paresse.*

Marie-Madeleine Pioche de La Vergne, comtesse de **La Fayette** ■ Romancière française (1634-1693). Auteur de nouvelles et de mémoires politiques, elle écrivit un roman, *La Princesse de Clèves,* d'un style très pur et d'une grande pénétration psychologique.

Marie Joseph, marquis de **La Fayette** ■ Général et homme politique français (1757-1834). Héros de la guerre d'Indépendance américaine, il participa aux révolutions de 1789 et de 1830.

Jean de **La Fontaine** ■ Poète français (1621-1695). Ses *Contes,* souvent licencieux, suivent la tradition de Boccace. Ses *Fables,* d'une admirable liberté poétique, sont une critique de la société et de la politique au moyen de personnages animaux illustrant une morale épicurienne ou cynique.

Jules **Laforgue** ■ Poète français (1860-1887). Il fut un maître du vers libre, d'une expression sensible et délicate. *Complaintes.*

Roger de **La Fresnaye** ■ Peintre français (1885-1925). Proche du cubisme.

Daniel **Lagache** ■ Médecin et psychanalyste français (1903-1972).

**Lagash,** aujourd'hui **Tell al-Hibā** ■ Cité de Sumer, en Mésopotamie (Irak).

Pär **Lagerkvist** ■ Écrivain suédois (1891-1974). L'angoisse qu'expriment la plupart de ses œuvres s'applique à une réaction violente contre les dictatures. *Le Bourreau.*

Selma **Lagerlöf** ■ Romancière suédoise (1858-1940). Son inspiration sensible et imagée l'apparente à Andersen. *Le Merveilleux Voyage de Nils Holgersson.*

**Laghouat** ▪ Ville et oasis du nord du Sahara, en Algérie. 215 000 habitants.

**les Lagides** ▪ Dynastie qui régna sur l'Égypte de 323 à 30 avant J.-C.

**Lagos** ▪ Ancienne capitale et port du Nigeria. 5,8 millions d'habitants.

Alexandre **Lagoya** ▪ Guitariste classique français d'origine égyptienne (1929-1999).

Joseph Louis de **Lagrange** ▪ Mathématicien français (1736-1813).

**Laguiole** [lajɔl] ▪ Commune de l'Aveyron (Aubrac), connue par sa coutellerie. 1 243 habitants.

Jean-François Delaharpe, dit de **La Harpe** ▪ Critique et dramaturge français (1739-1803). *Cours de littérature ancienne et moderne.* Antirévolutionnaire déclaré.

Frédéric César de **La Harpe** ▪ Homme politique suisse (1754-1838).

**Lahore** ▪ Ville du Pakistan. 5,1 millions d'habitants.

Joseph **Lakanal** ▪ Révolutionnaire français (1762-1845). Conventionnel, il organisa l'enseignement public.

Michel Richard de **Lalande** → Delalande

Joseph Jérôme Lefrançois de **Lalande** ▪ Astronome français (1732-1807).

René **Lalique** ▪ Verrier et décorateur français (1860-1945). Art nouveau.

Thomas de **Lally-Tollendal** ▪ Général français qui combattit en Inde (1702-1766).

Wifredo **Lam** ▪ Peintre surréaliste cubain (1902-1982).

Jean-Baptiste de Monet de **Lamarck** ▪ Naturaliste français (1744-1829). Il élabora la première théorie de l'évolution des êtres vivants.

Alphonse de **Lamartine** ▪ Poète et homme politique français (1790-1869). Son lyrisme fervent et sa maîtrise formelle en font l'un des représentants majeurs du romantisme en France *(Méditations poétiques; Harmonies poétiques et religieuses).* Poèmes épiques *(Jocelyn),* souvenirs de voyage, ouvrages d'histoire et de critique littéraire. Il eut un rôle politique important.

Johann Heinrich **Lambert** ▪ Mathématicien et philosophe allemand (1728-1777).

Félicité de **Lamennais** ou **La Mennais** ▪ Écrivain et penseur catholique français (1782-1854). *Paroles d'un croyant.*

Julien Offray de **La Mettrie** ▪ Philosophe et médecin français (1709-1751), matérialiste. *L'Homme-machine.*

Christophe Louis Juchault de **Lamoricière** ▪ Général et homme politique français (1806-1865). Il prit part à la conquête de l'Algérie.

François de **La Mothe Le Vayer** [-vaje] ▪ Philosophe français (1588-1672). Son scepticisme critique en fait un des principaux « libertins » du XVII$^e$ s.

le prince Giuseppe Tomasi di **Lampedusa** ▪ Romancier italien (1896-1957). *Le Guépard,* roman posthume, écrit après 60 ans.

le **Lancashire** ▪ Comté d'Angleterre. 3 043 km². 1,13 million d'habitants. Chef-lieu : Preston.

Burton Stephen, dit Burt **Lancaster** ▪ Acteur américain de cinéma (1912-1994). *Vera Cruz.*

la maison de **Lancastre** ▪ Famille noble anglaise opposée à la maison d'York durant la guerre des Deux-Roses.

Lev Davidovitch **Landau** ▪ Physicien russe (1908-1968). Il étudia notamment la supraconductivité, les plasmas, la théorie des champs.

**Landau** ▪ Ville d'Allemagne (Rhénanie-Palatinat). 43 200 habitants.

**Landerneau** ▪ Ville de Bretagne (Finistère). 15 148 habitants.

**les Landes** n. f. pl. ▪ Région forestière d'Aquitaine. ► **les Landes** [40]. Département français de la Région Aquitaine. 9 316 km². 387 929 habitants. Chef-lieu : Mont-de-Marsan. Chef-lieu d'arrondissement : Dax.

Wanda **Landowska** ▪ Claveciniste polonaise (1877-1959). Pédagogue et concertiste, elle a contribué à la renaissance du clavecin.

Henri Désiré **Landru** ▪ Criminel français (1869-1922). Il fut condamné à mort et exécuté pour le meurtre de dix femmes.

Karl **Landsteiner** ▪ Médecin américain d'origine autrichienne (1868-1943). Père de l'immunologie sanguine.

Fritz **Lang** ▪ Cinéaste autrichien naturalisé américain (1890-1976). Son œuvre européenne est de style expressionniste *(Metropolis ; M le Maudit).* Ses films réalisés aux États-Unis conservent une perfection formelle et un dépouillement dramatique remarquables.

Paul **Langevin** ▪ Physicien français (1872-1946). Il mit au point le sonar.

Henri **Langlois** ▪ Conservateur français (1914-1977). Il fut l'un des fondateurs de la Cinémathèque* française, et son directeur. Il a sauvé de nombreux films de la destruction, et eut un rôle unique dans la conservation et l'enrichissement du patrimoine cinématographique mondial.

Irving **Langmuir** ▪ Physicien et chimiste américain (1881-1957).

**Langon** ▪ Chef-lieu d'arrondissement de la Gironde. 7 389 habitants.

**Langres** ▪ Chef-lieu d'arrondissement de la Haute-Marne. 7 968 habitants.

le **Languedoc** ▪ Anc. province du sud de la France. Capitale : Toulouse.

le **Languedoc-Roussillon** ▪ Région administrative du sud de la France. 5 départements : Aude, Gard, Hérault, Lozère, Pyrénées-Orientales. 27 376 km². 2,67 millions d'habitants. Chef-lieu : Montpellier.

**Lannemezan** ▪ Commune des Hautes-Pyrénées. 5 861 habitants. ► le **plateau de Lannemezan**. Plateau situé au pied des Pyrénées centrales.

**Lannion** ▪ Chef-lieu d'arrondissement des Côtes-d'Armor. 19 920 habitants.

**Lanzhou** ou **Lanchow** ▪ Ville de Chine (Gansu). 1,9 million d'habitants.

923                                                          LAUREL

**Laocoon** ▪ Personnage mythologique grec, prêtre d'Apollon à Troie. Il tente d'empêcher les Troyens de faire entrer le cheval qui cache les guerriers grecs. Ayant profané l'autel du dieu, celui-ci se venge en envoyant deux énormes serpents pour étouffer ses fils, que Laocoon tente de défendre. La scène est le sujet d'une célèbre sculpture.

**Laon** [lã] ▪ Chef-lieu de l'Aisne. 25 745 habitants. Monuments anciens ; cathédrale gothique.

le **Laos** ▪ État d'Asie du Sud-Est. 236 800 km². Env. 6 millions d'habitants. Capitale : Vientiane.

**Lao-tseu** ou **Laozi** ▪ Philosophe chinois (v. 570-490 avant J.-C.). Fondateur du taoïsme.

Jacques de Chabannes, seigneur de **La Palice** ▪ Homme de guerre français (v. 1470-1525). Une chanson en son honneur se terminait par « un quart d'heure avant sa mort, il était encore en vie », et on lui attribua injustement cette naïveté, qu'on appela plus tard une *lapalissade*.

Jean-François de Galaup, comte de **Lapérouse** ▪ Navigateur français, mort dans le Pacifique (1741-1788).

Charles **Lapicque** ▪ Peintre français (1898-1988). Peinture figurative d'esprit baroque, inventive et foisonnante.

Pierre Simon de **Laplace** ▪ Mathématicien, physicien et astronome français (1749-1827). Calcul des probabilités.

la **Laponie** ▪ Région d'Europe septentrionale.

Jean de **La Quintinie** ▪ Agronome français, créateur de jardins (1626-1688).

Valery **Larbaud** ▪ Écrivain français (1881-1957). Dans une prose délicate, il évoque avec humour son personnage de poète cosmopolite et fortuné. *A.O. Barnabooth* ; *Fermina Márquez* ; *Enfantines*.

**Largentière** ▪ Chef-lieu d'arrondissement de l'Ardèche. 1 822 habitants.

Honoré-Charles Baston, comte de **Lariboisière** ▪ Homme politique français (1788-1868). Il servit successivement Napoléon Ier, la Restauration et Louis Napoléon Bonaparte. Sa femme, Elisa Roy (1794-1851), fonda l'hôpital parisien qui porte son nom.

Mikhaïl **Larionov** ▪ Peintre russe naturalisé français (1881-1964). L'un des fondateurs du mouvement « rayonniste ».

François duc de **La Rochefoucauld** ▪ Écrivain français (1613-1680). Moraliste lucide et désabusé, auteur de *Maximes* concises et de grand style.

Henri de **La Rochejaquelein** ▪ Un des chefs de la guerre de Vendée (1772-1794).

Pierre **Larousse** ▪ (1817-1875) Encyclopédiste, pédagogue et éditeur français. *Grand Dictionnaire universel du XIXe siècle*.

Carl **Larsson** ▪ Peintre, illustrateur et graveur suédois (1853-1919). Illustrateur d'œuvres de Strindberg.

Stieg **Larsson** ▪ Journaliste et écrivain suédois (1954-2000). Engagé contre l'extrême droite. Auteur de *Millenium*, spectaculaire trilogie policière.

Jacques Henri **Lartigue** ▪ Photographe français (1894-1986).

le causse du **Larzac** ▪ Causse du sud du Massif central (1 000 km²).

René Robert Cavelier de **La Salle** → Cavelier de La Salle

Bartolomé de **Las Casas** ▪ Dominicain espagnol (1470-1566). Il prit la défense des Indiens.

la grotte de **Lascaux** ▪ Site préhistorique de Dordogne orné de peintures rupestres (15 000-14 500 avant J.-C.).

Lily **Laskine** ▪ Harpiste française (1893-1988). Spécialiste de la musique française (Debussy, Ravel...).

Ferdinand **Lassalle** ▪ Homme politique (socialiste) allemand (1825-1864).

Roland de **Lassus** ▪ Compositeur franco-flamand (v. 1532-1594). Il introduisit dans la polyphonie l'enrichissement harmonique.

**Las Vegas** ▪ Ville des États-Unis (Nevada). 584 000 habitants. Industrie du spectacle et des jeux d'argent.

Pierre **Latécoère** ▪ Industriel français, constructeur d'avions (1883-1943).

les **Latins** ▪ Habitants du Latium puis de l'Italie antique.

le **Latium**, en italien **Lazio** ▪ Région administrative de l'Italie centrale. 17 203 km². 5,1 millions d'habitants. Chef-lieu : Rome.

Georges de **La Tour** ▪ Peintre français (1593-1652). Œuvres souvent construites par les effets de lumière (*La Madeleine à la veilleuse*) et d'une composition savante, au modelé délicat, d'une expressivité psychologique aiguë (*Le Tricheur à l'as de trèfle*).

Maurice Quentin de **La Tour** ▪ Peintre français (1704-1788). Portraits au pastel.

Théophile Corret de **La Tour d'Auvergne** ▪ Officier français (1743-1800), héros des guerres de la Révolution, tué à l'armée du Rhin.

Patrice de **La Tour du Pin** ▪ Poète français (1911-1975), d'inspiration chrétienne, mystique et symbolique.

le **Latran** ▪ Résidence des papes à Rome de 313 à 1304. ▪ les accords du Latran, signés en 1929, marquent la naissance de l'État du Vatican.

Georges de **La Trémoille** [-muj] ▪ Homme politique français (après 1382-1446). Grand chambellan de Charles VI, il tenta d'écarter Jeanne d'Arc.

Jean-Marie de **Lattre de Tassigny** ▪ Maréchal de France (1889-1952). Il représenta la France dans la signature de la capitulation allemande (Berlin, 8 mai 1945).

Charles **Laughton** ▪ Comédien britannique, puis américain (1899-1962). Connu pour sa rondeur physique et son humour. Il réalisa un unique film, *La Nuit du chasseur* (1955), reconnu comme l'un des chefs-d'œuvre du cinéma.

la **Laurasie** ▪ Continent qui aurait réuni à l'ère primaire l'Amérique du Nord, l'Europe et une partie de l'Asie.

Stan **Laurel** ▪ Acteur américain d'origine britannique (1890-1965). Il forma avec Oliver Hardy (1892-1957) un célèbre duo comique.

Marie **Laurencin** ▪ Peintre français (1885-1956). Ses tableaux aux couleurs douces tendent à la stylisation décorative. *Apollinaire et ses amis.*

Henri **Laurens** ▪ Sculpteur français (1885-1954). Influencé par le cubisme, puis par Maillol : *Femmes couchées.*

saint **Laurent** ▪ Diacre romain du III$^e$ s., supplicié sur un gril lors d'une persécution antichrétienne.

les **Laurentides** ▪ Région de collines du Canada (Québec). Parc national.

sir Wilfrid **Laurier** ▪ Homme politique (libéral) canadien (1841-1919).

**Lausanne** ▪ Ville de Suisse sur le lac Léman, chef-lieu du canton de Vaud. 118 000 habitants (zone urbaine 310 100).

le col du **Lautaret** ▪ Col des Alpes françaises, 2 057 m.

Isidore Ducasse, dit le comte de **Lautréamont** ▪ Écrivain français (1846-1870). Précurseur du surréalisme : *les Chants de Maldoror.*

François-Xavier de Montmorency **Laval** ▪ Prélat français (1623-1708). Premier évêque de la Nouvelle-France (Canada) et fondateur du séminaire de Québec.

Pierre **Laval** ▪ Homme politique français (1883-1945). Au sein du gouvernement de Vichy, il mena la politique de collaboration avec l'Allemagne. Il fut fusillé à la Libération.

**Laval** ▪ Chef-lieu de la Mayenne. 50 843 habitants. Le Vieux Château (XIII$^e$-XV$^e$ s.). Cathédrale.

**Laval** ▪ Ville du Canada (Québec), dans l'agglomération de Montréal. 50 843 habitants. Université.

**La Valette** ▪ Ville principale et capitale de Malte, qui prit le nom du grand maître de l'ordre de Malte, Jean Parisot de La Valette (1494-1568). 6 300 habitants. Port. Nombreux monuments.

Johann Kaspar **Lavater** ▪ Écrivain et théologien suisse d'expression allemande (1741-1801). L'un des créateurs de la physiognomonie, étude du caractère par les traits du visage.

Jorge **Lavelli** ▪ Metteur en scène de théâtre français d'origine argentine (né en 1931). Mises en scène d'opéras.

Charles, cardinal **Lavigerie** ▪ Cardinal français (1825-1892). Évangélisation de l'Afrique.

Ernest **Lavisse** ▪ Historien français (1842-1922). *Histoire de la France.*

Antoine Laurent de **Lavoisier** ▪ Chimiste français (1743-1794). Il distingua, peu après Priestley, les composants de l'air. Introduisant la mesure précise dans toute expérimentation, il découvrit les divers rôles de l'oxygène, la composition de l'eau et élabora une théorie des acides. Révolutionnant la chimie, il en établit la terminologie (avec Guyton* de Morveau notamment). Il fut guillotiné sous la Terreur en tant que « fermier général » enrichi.

John **Law** ▪ Financier écossais, ministre du Régent (1671-1729). Sa banque connut la faillite retentissante.

sir Thomas **Lawrence** ▪ Peintre anglais (1769-1830). Portraitiste délicat.

David Herbert **Lawrence** ▪ Écrivain anglais (1885-1930). Il fit de l'érotisme le fondement de sa philosophie de la vie (*L'Amant de Lady Chatterley*). Des séjours en Italie et au Mexique inspirèrent poèmes et romans (*Femmes amoureuses* ; *Le Serpent à plumes*).

Ernest Orlando **Lawrence** ▪ Physicien américain (1901-1958). Inventeur du cyclotron.

Thomas Edward, dit **Lawrence d'Arabie** ▪ Officier et écrivain anglais (1888-1935). Organisateur de la révolte arabe contre les Turcs. *Les Sept Piliers de la sagesse.*

Halldór Kiljan **Laxness** ▪ Écrivain islandais (1902-1998). Études de mœurs, souvent marquées par l'ironie. *La Cloche d'Islande.*

saint **Lazare** ▪ Évangiles. Ami de Jésus, ressuscité par Jésus.

Pierre **Lazareff** ▪ Journaliste français (1907-1972). Il fut directeur de *France-Soir*, à partir de 1944.

David **Lean** ▪ Cinéaste britannique (1908-1991). *Brève rencontre* ; *Le Pont de la rivière Kwaï* ; *Le Docteur Jivago.*

Paul **Léautaud** ▪ Écrivain français (1872-1956). Misanthrope caustique et non conformiste, auteur d'un important *Journal littéraire.*

Maurice **Leblanc** ▪ Romancier français (1864-1941), créateur du personnage d'Arsène Lupin.

Charles **Le Brun** ▪ Peintre classique français (1619-1690). Ses compositions équilibrées, décoratives, sont vivifiées par la couleur.

Albert **Lebrun** ▪ (1871-1950) Président de la République française, de 1932 à 1940.

David John Moore Cornwell, dit John **Le Carré** ▪ Romancier britannique (né en 1931). Agent des services secrets britanniques dans les années 1960, il écrivit des récits d'espionnage (*L'Espion qui venait du froid* lui valut une notoriété mondiale).

**Lecce** [lɛtʃe] ▪ Ville d'Italie, au sud des Pouilles. 83 300 habitants. Monuments de style baroque.

Philippe de Hautecloque, dit **Leclerc** ▪ Maréchal de France (1902-1947). Il libéra Paris et Strasbourg en 1944.

Félix **Leclerc** ▪ Chanteur, auteur et compositeur canadien d'expression française (1914-1988). *Moi, mes souliers.*

Jean-Marie Gustave **Le Clézio** ▪ Écrivain français (né en 1940). Œuvre romanesque importante et pénétrante, ouverte aux cultures de l'océan Indien ou du Mexique et critique de la civilisation techno-industrielle. *Le Procès-Verbal* ; *Les Géants* ; *Désert* ; *Le Chercheur d'or.* Prix Nobel 2008.

Charles Marie Leconte, dit **Leconte de Lisle** ▪ Poète français (1818-1894). Chef de file de la poésie parnassienne. *Poèmes antiques* ; *Poèmes barbares.*

Charles-Édouard Jeanneret, dit **Le Corbusier** ▪ Architecte et théoricien français d'origine suisse (1887-1965). Il contribua à la mutation de l'architecture et de l'urbanisme.

**Léda** ■ mythol. grecque Mère de Castor et Pollux. Zeus prend la forme d'un cygne pour la séduire.

**Claude Nicolas Ledoux** ■ Architecte français (1736-1806). Les salines d'Arc-et-Senans illustrent les projets d'utopies architecturales qu'il a toujours conçus.

**Alexandre Auguste Ledru-Rollin** ■ Homme politique français (1807-1874). Républicain.

**Ozias Leduc** ■ Peintre canadien (1864-1955). Portraits, paysages, natures mortes.

**Fernand Leduc** ■ Peintre canadien (né en 1916). Travaux sur la lumière et la couleur.

**Robert Edward Lee** ■ Général américain, chef des armées sudistes (1807-1870).

**Stanley Martin Lieber, dit Stan Lee** ■ Scénariste de bandes dessinées et de films d'action américain (né en 1922). Créateur de *Spiderman, X-Men et Hulk.*

**Leeds** ■ Ville du nord de l'Angleterre (Yorkshire). 715 400 habitants.

**Leeuwarden** ■ Ville des Pays-Bas (Frise). 92 300 habitants (zone urbaine 159 800).

**Antonie Van Leeuwenhoek** ■ Savant hollandais (1632-1723). Il construisit des microscopes et étudia grâce à eux des bactéries, des animaux microscopiques, et les spermatozoïdes.

**François Joseph Lefebvre** ■ Officier français (1755-1820), l'un des maréchaux du premier Empire.

**Henri Lefebvre** ■ Philosophe et sociologue français (1901-1991). Marxiste.

**Jacques Lefèvre d'Étaples** ■ Humaniste français (v. 1450-1537). Traducteur de la Bible en français.

**Lefkosia** → Nicosie

**Adrien Marie Legendre** ■ Mathématicien français (1752-1833). Géométrie, théorie des nombres.

**Fernand Léger** ■ Peintre français (1881-1955). Il créa une imagerie vigoureuse, servie par un traitement original des zones colorées, et célébrant le travail ouvrier *(Les Constructeurs).*

**la Légion d'honneur** ■ Ordre français créé par Bonaparte en 1802.

**Jacques Le Goff** ■ Historien français (né en 1924). Spécialiste du Moyen Âge, il illustre l'école française des Annales (la « nouvelle histoire »).

**Franz Lehár** ■ Compositeur autrichien d'opérettes (1870-1948). *La Veuve joyeuse.*

**Jean-Marie Lehn** ■ Chimiste français (né en 1939). Il définit un domaine nouveau, concernant les interactions entre molécules (chimie supramoléculaire).

**Gottfried Wilhelm Leibniz** ■ Philosophe, logicien et savant allemand (1646-1716). Ses œuvres concernent les mathématiques, la logique *(De arte combinatoria,* écrit avant 20 ans), la théologie (il était luthérien), l'histoire, le droit et la philosophie. Il expose une théorie rationaliste, spiritualiste et optimiste *(La Monadologie).* Ses œuvres sont écrites en latin, en allemand et en français.

**Leicester** ■ Ville d'Angleterre (Leicestershire). 280 000 habitants.

**Leipzig** ■ Ville d'Allemagne (Saxe). 497 500 habitants.

**Michel Leiris** ■ Écrivain et ethnologue français (1901-1990). *L'Âge d'homme ; La Règle du jeu.*

**Claude Le Jeune** ■ Compositeur français (v. 1530-1600). Psaumes, motets.

**Guillaume Lekeu** ■ Compositeur belge (1870-1894). Musique de chambre, d'une grande richesse mélodique.

**Frédérick Lemaître** ■ Acteur français (1800-1876). *L'Auberge des Adrets.*

**abbé Georges Lemaître** ■ Mathématicien et astronome belge (1894-1966). Théorie de l'univers en expansion, appelée (d'abord par dérision) théorie du *big bang.*

**le lac Léman** ou lac de **Genève** ■ Lac de Suisse et de France. 582 km².

**Roger Lemelin** ■ Écrivain canadien d'expression française (1919-1992). Les quartiers populaires de Québec servent de cadre à des intrigues foisonnantes. *Les Plouffe.*

**Jacques Lemercier** ■ Architecte classique français (v. 1585-1654).

**Jean-Paul Lemieux** ■ Peintre canadien (1904-1990). Scènes inspirées de l'art populaire ; paysages nordiques traités schématiquement.

**la Lena** ■ Fleuve de Russie en Sibérie centrale. 4 400 km.

**Antoine, Louis et Mathieu, les frères Le Nain** ■ Peintres français (actifs au XVIIᵉ siècle). Portraits, scènes allégoriques et, surtout, représentations réalistes admirables de la vie paysanne. Leur vie est mal connue et leurs œuvres, influencées par la peinture flamande ou par Caravage, mal attribuées entre eux.

**Anne, dite Ninon de Lenclos** ■ Femme de lettres française (1616-1706). Elle fut l'inspiratrice intellectuelle des « libertins ».

**Vladimir Ilitch Oulianov, dit Lénine** ■ Homme politique et théoricien marxiste russe (1870-1924). Il organisa la révolution d'Octobre en 1917, et fonda l'État soviétique.

**Leningrad** → Saint-Pétersbourg

**André Le Nôtre** ■ Architecte français de jardins, créateur du jardin « à la française » (1613-1700).

**Lens** ■ Chef-lieu d'arrondissement du Pas-de-Calais. 34 190 habitants.

**Jakob Lenz** ■ Auteur dramatique allemand (1751-1792). *Les Soldats.*

**Léon** ■ Nom de treize papes. ► saint **Léon Iᵉʳ le Grand.** Pape de 440 à sa mort (en 461). Il arrêta l'invasion des Huns en Italie en 452. ► **Léon X** (1475-1521). Pape de 1513 à sa mort. ► **Léon XIII** (1810-1903). Pape de 1878 à sa mort. Il promut un catholicisme social.

**le León** ■ Région historique et province du nord-ouest de l'Espagne (Castille-et-León).

**le Léon** ■ Région du nord du Finistère.

**al-Hasan ibn Muhammad al-Fâsi, dit Léon l'Africain** ■ Érudit arabe, né dans le califat de Grenade (v. 1483-v. 1554). Capturé, placé au service du pape Léon X, devenu chrétien, alors nommé Giovanni Leo (Jean Leo), il est l'auteur d'une *Description de l'Afrique* (en italien).

**Léonard de Vinci** ■ Peintre, architecte, sculpteur et savant italien (1452-1519). Artiste génial, esprit universel, il eut une influence capitale dans l'histoire de la Renaissance. *La Cène ; La Joconde.*

**Sergio Leone** ■ Cinéaste italien (1929-1989). Westerns (appelés « westerns spaghettis »).

**Gustav Leonhardt** ■ Claveciniste, chef d'orchestre et musicologue néerlandais (1928-2012). Spécialiste de J.-S. Bach, il enregistra avec N. Harnoncourt l'intégrale des cantates. Comme soliste, il interpréta notamment de la musique baroque française.

**Léonidas Ier** ■ Roi de Sparte (mort v. 480 avant J.-C.). Mort aux Thermopyles.

**Wassily Leontief** ■ Économiste américain d'origine russe (1906-1999). Étude de la croissance industrielle.

**Konstantin Nikolaïevitch Leontiev** ■ Philosophe et écrivain russe (1831-1891). Nationaliste et conservateur, il combattait l'influence de l'Occident.

**Giacomo comte Leopardi** ■ Poète romantique italien (1798-1837). Le plus grand représentant du romantisme en Italie, d'un pessimisme inspiré. *Canti.*

**Léopold** ■ Nom de plusieurs souverains européens.
**1** EMPEREURS D'ALLEMAGNE ►**Léopold Ier** (1640-1705). Empereur de 1658 à sa mort. ►**Léopold II** (1747-1792). Empereur de 1790 à sa mort.
**2** ROIS DE BELGIQUE ►**Léopold Ier**, prince de **Saxe-Cobourg** (1790-1865). Roi de 1831 à sa mort. ►**Léopold II** (1835-1909). Roi de 1865 à sa mort. Sous son règne, la Belgique annexa le Congo. ►**Léopold III** (1901-1983). Roi de 1934 à 1951. Il abdiqua.

**Lépante** ■ Port de Grèce (Péloponnèse). Victoire des chrétiens sur les Ottomans (1571).

**Louis Lépine** ■ Préfet de police, il créa le concours *Lépine* des inventeurs (1846-1933).

**Pierre Lépine** ■ Médecin français (1901-1989). Il fut l'un des deux premiers à réaliser un vaccin contre la poliomyélite.

**Jeanne-Marie Leprince de Beaumont** ■ Femme de lettres française (1711-1780). Contes : *La Belle et la Bête.*

**Louis Leprince-Ringuet** ■ Physicien français (1901-2000). Recherches sur les rayons cosmiques, les mésons.

**Leptis Magna** ■ Ville antique de Tripolitaine (Libye) ; à l'est de Tripoli. Fondation phénicienne ; ruines romaines.

**Lérida**, en catalan **Lleida** ■ Ville d'Espagne (Catalogne). 127 300 habitants. Cathédrale romane.

**les îles de Lérins** ■ Îles des Alpes-Maritimes au large de Cannes.

**Mikhaïl Lermontov** ■ Écrivain russe (1814-1841). Poète romantique (*La Mort du poète*), il est aussi l'auteur du premier roman psychologique russe, *Un héros de notre temps.*

**André Leroi-Gourhan** ■ Préhistorien français (1911-1986).

**Pierre Leroux** ■ Philosophe et homme politique français (1797-1871). Disciple de Claude Henri de Saint-Simon, il fut l'un des principaux socialistes « utopiques ». Nombreux ouvrages. Journaliste : *La Revue indépendante ; La Revue sociale.*

**Gaston Leroux** ■ Écrivain français (1868-1927). Auteur de romans policiers, créateur du personnage du journaliste-détective Rouletabille. *Le Mystère de la chambre jaune ; Le Parfum de la dame en noir.*

**Eugène Le Roy** ■ Écrivain français (1836-1907). Républicain, anticlérical et radical, il a décrit la vie paysanne avec sensibilité et générosité. *Jacquou le Croquant*, récit d'une révolte paysanne en Périgord.

**Emmanuel Le Roy Ladurie** ■ Historien français (né en 1929). Étude des phénomènes anthropologiques à évolution lente. *Montaillou, village occitan ; Histoire du climat.*

**Alain René Lesage** ■ Écrivain français (1668-1747). *Le Diable boiteux ; Gil Blas.*

**Lesbos** ou **Mytilène** ■ Île grecque de la mer Égée. 1 630 km². 90 000 habitants.

**Pierre Lescot** ■ Architecte français de la Renaissance (1515-1578).

**Nikolaï Leskov** ■ Écrivain russe (1831-1895). *Gens d'Église.*

**le Lesotho**, anciennement **Basutoland** ■ État d'Afrique australe. 30 355 km². 2,1 millions d'habitants. Capitale : Maseru.

**Lesparre-Médoc** ■ Chef-lieu d'arrondissement de la Gironde. 5 660 habitants.

**Ferdinand de Lesseps** ■ Diplomate français (1805-1894). Il fit creuser le canal de Suez, mais échoua à percer celui de Panamá.

**Gotthold Ephraim Lessing** ■ Auteur dramatique allemand (1729-1781). Esprit à la fois logique et passionné, il exerça une grande influence sur la littérature allemande. *Laokoon ; Nathan le Sage*, apologie de la tolérance.

**Doris Lessing** ■ Romancière britannique (1919-2013). *Le Carnet d'or.* Prix Nobel 2007.

**Pierre de L'Estoile** ■ Chroniqueur français sous Henri III et Henri IV (v. 1545-1611). *Journal.*

**Michel Le Tellier** ■ Ministre d'Anne d'Autriche puis de Louis XIV (1603-1685). Père de Louvois.

**Yves Leterme** ■ Homme politique belge (né en 1960). Premier ministre (chrétien démocrate) (2008 ; 2009-2010).

**Léthé** ■ Divinité grecque de l'oubli. ►le **Léthé.** Fleuve de la mythologie, que franchissent les âmes des morts et dont les eaux donnent l'oubli.

**la Lettonie** ■ L'un des trois pays baltes. 64 500 km². 2,37 millions d'habitants. Capitale : Riga.

**Levallois-Perret** ■ Ville des Hauts-de-Seine. 64 629 habitants.

**le Levant** ■ Anc. nom du littoral oriental de la Méditerranée.

**l'île du Levant** ■ Une des îles d'Hyères.

**Louis Le Vau** ■ Architecte français (1612-1670). Il réalisa le château de Vaux-le-Vicomte, remania le Louvre et Versailles.

Claude **Léveillée** ■ Auteur, compositeur et chanteur canadien d'expression française (1932-2011).

**Leverkusen** ■ Ville d'Allemagne (Rhénanie-Westphalie). 162 100 habitants. Industries.

Urbain **Le Verrier** ■ Astronome français (1811-1877). Découverte de Neptune.

René **Lévesque** ■ Homme politique québécois (1922-1987). Fondateur du Parti québécois (PQ), Premier ministre du Québec de 1976 à 1985.

**Lévi** = Bible Fils de Jacob.

le **Léviathan** = Bible Monstre marin.

Emmanuel **Levinas** ■ Philosophe français (1905-1995). Interprète de la pensée phénoménologique à la lumière de la théologie juive. *Totalité et Infini*.

Claude **Lévi-Strauss** ■ Anthropologue français (1908-2009). Il introduisit le structuralisme dans l'anthropologie. *Tristes tropiques* ; *Anthropologie structurale*.

le **Lévitique** = Livre de la Bible, faisant partie du Pentateuque.

Lucien **Lévy-Bruhl** ■ Sociologue français (1857-1939). *La Mentalité primitive*.

Kurt **Lewin** ■ Psychologue allemand naturalisé américain (1890-1947). Théorie « topologique » de la psychologie.

Matthew Gregory **Lewis** ■ Écrivain anglais (1775-1818). *Le Moine*, roman « noir », inspiré de ceux d'Anne Radcliffe, influença Balzac, puis Antonin Artaud.

Sinclair **Lewis** ■ Écrivain américain (1885-1951). Œuvre réaliste, critique de la société des États-Unis. *Babbitt* ; *Elmer Gantry*. Prix Nobel 1930.

Joseph Levitch, dit Jerry **Lewis** ■ Acteur comique américain de cinéma (né en 1926).

Carlton McHinley, dit Carl **Lewis** ■ Athlète américain (né en 1961), champion olympique en 1984 (4 médailles d'or), 1988 (2 médailles) et 1992 (2 médailles).

**Lexington** = Ville des États-Unis (Kentucky). 296 000 habitants.

**Lexington** = Ville des États-Unis (Massachusetts), près de Boston. 31 400 habitants. La première bataille de la guerre d'Indépendance y eut lieu, en 1775.

**Leyde**, en néerlandais **Leiden** ■ Ville des Pays-Bas (Hollande-Méridionale). 117 500 habitants (zone urbaine 389 700). Université.

**Lhassa** ou **Lhasa** ■ Capitale du Tibet (Chine). 172 000 habitants. Palais des dalaï-lamas, le Potala. La ville était la résidence du dalaï-lama, jusqu'à l'exil de Tenzin* Gyatso.

Marcel **L'Herbier** ■ Cinéaste français (1888-1979). Il voulait associer l'expression humaniste et la recherche formelle. *L'Inhumaine* ; *Forfaiture*. Il fonda l'Institut des hautes études cinématographiques (I. D. H. E. C.) en 1943.

Michel de **L'Hospital** ■ Ministre de Catherine de Médicis (v. 1504-1573). Il mena une politique de tolérance envers les protestants.

le **Liaoning** ■ Province du nord-est de la Chine. 145 700 km². 41,8 millions d'habitants. Capitale : Shenyang.

**Li Bai** ou **Li T'ai-po** ■ Poète chinois (701-762).

le **Liban** ■ État du Proche-Orient. 10 452 km². 3,8 millions d'habitants. Capitale : Beyrouth.

**Libération** ■ Mouvement français de résistance à l'occupation allemande, fondé par E. d'Astier de La Vigerie en 1941. Journal de ce mouvement (1941-1964).

**Libération** ■ Quotidien fondé en 1973 par l'Agence Presse-Libération, dirigé par J.-P. Sartre, puis par un autre de ses cofondateurs, Serge July (de 1974 à 2006). D'abord militant et d'extrême gauche, « *Libé* » reparut après une interruption (1981), devenant un quotidien d'information orienté à gauche.

le **Liberia** ou **Libéria** ■ État d'Afrique occidentale. 111 370 km². 4,1 millions d'habitants. Capitale : Monrovia.

**Libourne** ■ Chef-lieu d'arrondissement de la Gironde. 23 681 habitants. Vignobles.

**Libreville** ■ Capitale et port du Gabon. 400 000 habitants.

la **Libye** ■ État d'Afrique du Nord. 1 759 540 km². 5,6 millions d'habitants. Capitale : Tripoli.

Roy **Lichtenstein** ■ Peintre américain (1923-1997). L'un des représentants les plus originaux du pop art.

la **Licra** ■ « Ligue internationale contre le racisme et l'antisémitisme », association fondée en 1927, surtout vouée au combat contre l'antisémitisme.

le **lido de Venise** = Bande de terre qui sépare Venise de l'Adriatique. Station balnéaire.

Justus baron von **Liebig** ■ Chimiste allemand (1803-1873). Fondateur de la chimie agricole.

Karl **Liebknecht** ■ Socialiste allemand (1871-1919). Fondateur, avec Rosa Luxemburg, du parti communiste allemand. Il fut assassiné. → **Spartakus**.

la principauté de **Liechtenstein** = État d'Europe centrale. 160 km². 35 200 habitants. Capitale : Vaduz.

**Liège**, en néerlandais **Luik**, en allemand **Lüttich** ■ Ville de Belgique. 188 900 habitants. Ville d'art. ► la province de **Liège**. Province de Belgique. 3 862 km². 1,05 million d'habitants. Chef-lieu : Liège.

Serge **Lifar** ■ Danseur et chorégraphe français d'origine russe (1905-1986). Nombreuses créations chorégraphiques.

György **Ligeti** ■ Compositeur hongrois naturalisé autrichien (1923-2006). D'abord influencé par Bartok, il s'est tourné vers la musique de Debussy et certaines musiques d'Asie, pour créer « de nouveaux types d'intonation ». *Le Grand Macabre* (opéra) ; pièces pour orchestre ; musique de chambre.

la **Ligue** ou **Sainte Ligue** ou **Sainte Union** ■ Confédération de catholiques français fondée par Henri de Guise contre les protestants (1576-1594).

la **Ligue des États arabes**, dite la **Ligue arabe** ■ Organisation fondée en 1945. Siège au Caire, à Tunis (1979-1990), puis au Caire de nouveau.

la **Ligue des droits de l'homme** ▪ Ligue fondée en 1898, pour défendre la liberté humaine contre l'arbitraire.

les **Ligures** ▪ Ancien peuple du nord de l'Italie. ► la **Ligurie**, en italien **Liguria**. Région administrative d'Italie. 5 416 km². 1,57 million d'habitants. Chef-lieu : Gênes.

le **Likoud** (mot hébreu « rassemblement ») ▪ Parti politique israélien de droite. Il fut dirigé par M Begin, I. Shamir, B. Nétanyahou et A. Sharon. Une partie de ses membres, dont A. Sharon et E. Olmert, fit scission en 2005 pour former Kadima.

**Suzanne Lilar** ▪ Écrivaine belge d'expression française (1901-1992). Pièces de théâtre, romans, essais (*Le Malentendu du deuxième sexe*).

**Lille** ▪ Chef-lieu du Nord et de la Région Nord-Pas-de-Calais. 227 533 habitants. Nombreux édifices anciens. Important musée d'art.

**Lilongwe** ▪ Capitale du Malawi. 235 000 habitants.

**Lima** ▪ Capitale du Pérou. 8,5 millions d'habitants. Monuments des XVIᵉ, XVIIᵉ et XVIIIᵉ s.

les **Limagnes** n. f. pl. ▪ Plaines du Massif central drainées par l'Allier.

**Limassol** ▪ Port de la côte sud de Chypre. 140 000 habitants.

**Pol, Jean et Hermann de Limbourg** ▪ Miniaturistes flamands (début du XVᵉ s.). *Les Très Riches Heures du duc de Berry*, leur chef-d'œuvre, achevé par Jean Colombe.

le **Limbourg**, en néerlandais **Limburg** ▪ Province de Belgique. 2 422 km². 820 300 habitants. Chef-lieu : Hasselt. ► le **Limbourg**, en néerlandais **Limburg**. Province des Pays-Bas. 2 170 km². 1,1 million d'habitants. Chef-lieu : Maastricht.

**Limerick** ▪ Ville d'Irlande, à l'ouest. 52 500 habitants (agglomération 90 800>). Chef-lieu de comté.

**Limoges** ▪ Chef-lieu de la Haute-Vienne et de la Région Limousin. 137 758 habitants. Porcelaine.

le **Limousin** ▪ Région administrative du centre de la France. Trois départements : Corrèze, Creuse, Haute-Vienne. 16 942 km². 741 072 habitants. Chef-lieu : Limoges.

**Limoux** ▪ Chef-lieu d'arrondissement de l'Aude. 10 155 habitants.

le **Limpopo** ▪ Fleuve d'Afrique australe qui se jette dans l'océan Indien. 1 600 km.

**Lin Biao** ou **Lin Piao** ▪ Maréchal chinois (1907-1971), collaborateur de Mao Zedong.

**Abraham Lincoln** ▪ (1809-1865) Président (républicain) des États-Unis, de 1861 à son assassinat. Son élection provoqua la guerre de Sécession. Il abolit l'esclavage (1863).

**Lincoln** ▪ Ville d'Angleterre (Lincolnshire). 85 800 habitants. Cathédrale gothique.

**Charles Lindbergh** ▪ Aviateur américain (1902-1974). Première traversée de l'Atlantique Nord dans le sens Amérique-France en avion (1927).

**Max Linder** ▪ Acteur et cinéaste comique français (1883-1925). *L'Étroit Mousquetaire.*

**Jérôme Lindon** ▪ Éditeur français (1925-2001). Il publia aux Éditions de Minuit les auteurs du « nouveau roman ». Éditeur de Samuel Beckett, Claude Simon et Marguerite Duras.

**Carl von Linné** ▪ Naturaliste suédois (1707-1778). Nomenclature binaire des êtres vivants.

**Linz** ▪ Ville d'Autriche (Haute-Autriche). 191 107 habitants.

le golfe du **Lion** ▪ Golfe de la Méditerranée, baignant les côtes françaises.

**Jean-Étienne Liotard** ▪ Peintre et pastelliste suisse (1702-1789).

les îles **Lipari** → îles **Éoliennes**

**Dinu Lipatti** ▪ Pianiste roumain (1917-1950). Il interpréta surtout Mozart, Chopin, Bartók.

**Jacques Lipchitz** ▪ Sculpteur lituanien naturalisé français (1891-1973).

**Fra Filippo Lippi** ▪ Peintre italien (v. 1406-1469). Scènes de la vie de la Vierge.

**Lisbonne**, en portugais **Lisboa** ▪ Capitale du Portugal, sur l'estuaire du Tage. 509 800 habitants.

**Lisieux** ▪ Chef-lieu d'arrondissement du Calvados. 21 391 habitants. Pèlerinage.

**Eliezer Markovitch, dit El Lissitski** ▪ Peintre et architecte russe (1890-1941). Adepte d'un géométrisme abstrait et de la fusion des arts, proche des « constructivistes », il travailla surtout en Allemagne.

**Joseph Lister** ▪ Chirurgien anglais (1827-1912). Créateur de l'antisepsie.

**Franz Liszt** ▪ Compositeur et pianiste hongrois (1811-1886). *Préludes.*

**Little Rock** ▪ Ville des États-Unis, capitale de l'Arkansas. 193 500 habitants. Le gouverneur Faubus y maintint la ségrégation des Noirs, notamment dans l'enseignement, contre le gouvernement fédéral, en 1957.

**Émile Littré** ▪ Lexicographe français (1801-1881). *Dictionnaire de la langue française.* Il fut aussi un précurseur de la « nouvelle histoire » et un adepte de l'épistémologie d'Auguste Comte ; influent en politique (républicain).

la **Lituanie** ▪ L'un des trois pays baltes. 65 200 km². 3,4 millions d'habitants. Capitale : Vilnius.

**Liu Xiaobo** ▪ Intellectuel et professeur de littérature chinois (né en 1955). Incarcéré pour ses publications réclamant une Chine démocratique. Prix Nobel de la paix 2010.

**Livarot** ▪ Commune du Calvados, près de Lisieux. 2 226 habitants. Fromages (le *livarot*).

**Liverpool** ▪ Port d'Angleterre (Merseyside). 459 500 habitants.

**David Livingstone** ▪ Missionnaire et explorateur britannique de l'Afrique centrale (1813-1873).

**Tzipi Livni** ▪ Femme politique israélienne (née en 1958). Plusieurs fois ministre. Élue en sept. 2008 à la tête du parti Kadima.

la **Livonie**, en allemand **Livland** ▪ Anc. nom de la région balte comprenant la Lettonie et l'Estonie.

**Livourne,** en italien **Livorno ▪** Port d'Italie (Toscane). 156 300 habitants.

**Ljubljana ▪** Capitale de la Slovénie. 266 000 habitants.

**Lleida → Lérida**

Harold **Lloyd ▪** Acteur comique américain de cinéma (1893-1971). Personnage du jeune homme timide à lunettes, qui se tire de manière flegmatique, parfois acrobatique, des pires situations.

David **Lloyd George ▪** Homme politique (libéral) britannique (1863-1945).

la **Lloyd's ▪** Communauté internationale d'assureurs, dont le nom est tiré du café d'Edward Lloyd, fréquenté par les armateurs dans le dernier tiers du XVIIIe s. ; il était situé près de la Tour de Londres. Elle fut légalisée en 1871.

Ramón **Llull →** Raymond **Lulle**

Kenneth, dit Ken **Loach ▪** Cinéaste britannique (né en 1936). Films critiques sur la société moderne (*Kes ; Family Life ; Le vent se lève*).

Nikolaï **Lobatchevski ▪** Mathématicien russe, créateur d'une géométrie non euclidienne (1792-1856).

**Locarno ▪** Ville de Suisse (Tessin), au bord du lac Majeur. 14 700 habitants (zone urbaine 54 200).

**Loches ▪** Chef-lieu d'arrondissement d'Indre-et-Loire. 6 455 habitants. Ancienne cité fortifiée.

John **Locke ▪** Philosophe anglais (1632-1704). Il associe l'empirisme et la pensée logique, créant une « sémiotique » (théorie du signe et du langage). *Essai sur l'entendement humain.*

sir Norman **Lockyer →** Janssen

la **Locride ▪** Ancienne région de la Grèce centrale.

**Lodève ▪** Chef-lieu d'arrondissement de l'Hérault. 7 638 habitants.

**Łódź ▪** Ville de Pologne. 760 300 habitants. Centre culturel et scientifique.

Sébastien **Loeb ▪** Pilote de rallye automobile français (né en 1974). Neuf fois champion du monde des rallyes (2004-2012).

Raymond **Loewy ▪** Dessinateur industriel américain né en France (1893-1986). Auteur de *La laideur se vend mal.*

les îles **Lofoten ▪** Archipel de Norvège. 1 350 km². 24 000 habitants.

**Lohengrin ▪** Héros d'une légende allemande du XIIIe s., fils de Parzival (ou Parsifal). Titre d'un opéra de Wagner.

le **Loir ▪** Rivière, affluent de la Sarthe. 311 km.

la **Loire ▪** Fleuve français. 1 012 km. ▶ la **Loire** [42]. Département français de la Région Rhône-Alpes. 4 773 km². 749 053 habitants. Chef-lieu : Saint-Étienne. Chefs-lieux d'arrondissement : Montbrison, Roanne. ▶ la **Haute-Loire** [43]. Département français de la Région Auvergne. 5 001 km². 224 907 habitants. Chef-lieu : Le Puy. Chefs-lieux d'arrondissement : Brioude, Yssingeaux. ▶ la **Loire-Atlantique** [44]. Département français de la Région Pays-de-la-Loire.

6 979 km². 1,210 million d'habitants. Chef-lieu : Nantes. Chefs-lieux d'arrondissement : Ancenis, Châteaubriant, Saint-Nazaire. ▶ les Pays de la **Loire.** Région administrative de l'ouest de la France. Cinq départements : Loire-Atlantique, Maine-et-Loire, Mayenne, Sarthe et Vendée. 31 126 km². 3,60 millions d'habitants. Chef-lieu : Nantes.

le **Loiret** [45] ▪ Département français de la Région Centre. 6 775 km². 659 587 habitants. Chef-lieu : Orléans. Chefs-lieux d'arrondissement : Montargis, Pithiviers.

le **Loir-et-Cher** [41] ▪ Département français de la Région Centre. 6 421 km². 331 280 habitants. Chef-lieu : Blois. Chefs-lieux d'arrondissement : Romorantin-Lanthenay, Vendôme.

les **Lollards →** Wyclif

Gina **Lollobrigida ▪** Actrice de cinéma italienne (née en 1927). Elle tourna surtout en Italie et en France.

la **Lombardie,** en italien **Lombardia ▪** Région administrative du nord de l'Italie. 23 856 km². 9 millions d'habitants. Chef-lieu : Milan. ▶ les **Lombards,** peuple germanique qui la conquit et fut vaincu par Charlemagne en 774.

**Lombok ▪** Île d'Indonésie. 11 808 km². 2,4 millions d'habitants.

**Lomé ▪** Capitale du Togo. 921 000 habitants.

Étienne de **Loménie de Brienne ▪** Prélat français, ministre de Louis XVI (1727-1794).

Mikhaïl **Lomonossov ▪** Écrivain et savant russe (1711-1765). Esprit universel, il fut considéré comme le père de la littérature russe moderne.

John Griffith, dit Jack **London ▪** Écrivain américain (1876-1916). Récits d'aventures et de critique sociale (*Martin Eden ; L'Appel de la forêt ; Croc-Blanc*).

**Londonderry ▪** Port d'Irlande du Nord. 105 100 habitants.

Albert **Londres ▪** Journaliste français (1884-1932). Grand reporter, il écrivit de nombreux ouvrages. Un prix de journalisme porte son nom.

**Londres,** en anglais **London ▪** Capitale et port de la Grande-Bretagne sur la Tamise. 2,7 millions d'habitants. (7,2 millions pour le *Grand Londres*). Nombreux monuments (Westminster, Tour de Londres, Buckingham Palace...) et musées.

**Long Beach ▪** Port des États-Unis (Californie). 461 500 habitants. (agglomération 9,5 millions).

**Longchamp ▪** Hippodrome parisien, dans le bois de Boulogne.

Henry Wadsworth **Longfellow ▪** Poète américain (1807-1882). Outre un roman philosophique et des récits en partie autobiographiques, il évoqua divers aspects des États-Unis — les Acadiens dans *Évangéline,* les Indiens dans *Hiawatha* —, élaborant une sorte d'épopée nationale qui en fit un poète officiel.

Pietro **Longhi ▪** Peintre italien (1702-1785).

**Long Island ▪** Île où se trouvent deux quartiers (Brooklyn, Queens) de New York.

la **Longue Marche** ▪ Marche de 10 000 li (12 000 km) des troupes communistes chinoises, de 1934 à 1936, sous la direction de Mao Zedong.

**Longwy** [lɔ̃wi] ▪ Ville de Meurthe-et-Moselle. 14 364 habitants. Ancien centre minier.

**Lons-le-Saunier** ▪ Chef-lieu du Jura. 17 496 habitants.

Felix **Lope de Vega** ▪ Auteur dramatique espagnol (1562-1635). Il produisit près de 1 800 comédies et 400 pièces édifiantes d'un réalisme vigoureux. Ses chefs-d'œuvre (*L'Étoile de Séville ; Le Chien du jardinier ; Le Châtiment sans vengeance*) sont des comédies de mœurs.

**Lorca** → Garcia Lorca

Hendrik Antoon **Lorentz** ▪ Physicien néerlandais (1853-1928). Théorie des électrons.

Konrad **Lorenz** ▪ Zoologiste autrichien (1903-1989). Travaux fondateurs en éthologie.

les **Lorenzetti** ▪ Peintres toscans du XIVᵉ s. ▪ Pietro (v. 1280-1348) et son frère Ambrogio (v. 1290-1348).

**Lorient** ▪ Chef-lieu d'arrondissement et port du Morbihan. 57 408 habitants.

le **Loristan, Lorestan, Louristan** ou **Luristan** ▪ Région de l'ouest de l'Iran. Bronzes (XIXᵉ au XIIᵉ s. avant J.-C.).

Claude Gellée, dit le **Lorrain** ▪ Peintre français (1600-1682). Paysages et ports avec architectures antiques, dans une lumière de couchant.

la **Lorraine** ▪ Anc. province et région administrative de l'est de la France. Quatre départements : Meurthe-et-Moselle, Meuse, Moselle et Vosges. 23 547 km², 2,35 millions d'habitants. Chef-lieu : Metz.

**Los Alamos** ▪ Ville des États-Unis (Nouveau-Mexique). 12 000 habitants. Centre de recherches nucléaires, près duquel la première bombe atomique fut expérimentée le 16 juillet 1945.

**Los Angeles** ▪ Ville des États-Unis (Californie). 3,8 millions d'habitants. (agglomération 16,4 millions).

le **Lot** ▪ Rivière, affluent de la Garonne. 481 km. ▪ le **Lot** [46]. Département français de la Région Midi-Pyrénées. 5 215 km². 174 754 habitants. Chef-lieu : Cahors. Chefs-lieux d'arrondissement : Figeac, Gourdon.

le **Lot-et-Garonne** [47] ▪ Département français de la Région Aquitaine. 5 360 km². 330 866 habitants. Chef-lieu : Agen. Chefs-lieux d'arrondissement : Marmande, Nérac, Villeneuve-sur-Lot.

**Loth** ▪ Bible Personnage dont la femme est changée en statue de sel pour avoir regardé la destruction de Sodome.

**Lothaire Iᵉʳ** ▪ (795-855) Empereur d'Occident, de 840 à sa mort. Le traité de Verdun ne lui laissa que la Lotharingie.

**Lothaire** ▪ (941-986) Roi de France de 954 à sa mort.

la **Lotharingie** ▪ Ancien royaume cédé à Lothaire Iᵉʳ après le traité de Verdun, et dont le cœur est la Lorraine actuelle.

Julien Viaud, dit Pierre **Loti** ▪ Romancier français (1850-1923). Auteur de romans inspirés par ses voyages d'officier de marine, et par la vie des marins. *Pêcheur d'Islande.*

Lorenzo **Lotto** ▪ Peintre italien (1480-1556). *Le Mariage de sainte Catherine.*

Émile **Loubet** ▪ (1838-1929) Président de la République française de 1899 à 1906.

**Louhans** ▪ Chef-lieu d'arrondissement de Saône-et-Loire. 6 551 habitants.

**Louis** ▪ Nom de nombreux souverains européens.
**1** EMPEREURS D'ALLEMAGNE ► **Louis Iᵉʳ** le **Pieux** → 3. rois de France. ► **Louis II** le **Germanique** (v. 805-876). Roi de Germanie de 843 à sa mort. ► **Louis IV** de **Bavière** (v. 1286-1347). Empereur de 1328 à sa mort.
**2** ROI DE BAVIÈRE ► **Louis II** de **Bavière** ou de **Wittelsbach** (1845-1886). Roi de 1864 à sa mort.
**3** ROIS DE FRANCE ► **Louis Iᵉʳ** le **Pieux** (778-840). Fils de Charlemagne, empereur d'Occident de 814 à sa mort. ► **Louis II** le **Bègue** ou le **Fainéant** (846-879). Roi de 877 à sa mort. ► **Louis III** (v. 863-882). Roi de 879 à sa mort. ► **Louis IV** d'**Outre-Mer** (921-954). Roi de 936 à sa mort. ► **Louis V** le **Fainéant** (v. 967-987). Roi en 986-987, dernier des Carolingiens. ► **Louis VI** le **Gros** (v. 1081-1137). Roi de 1108 à sa mort. Il augmenta le pouvoir de la monarchie. ► **Louis VII** le **Jeune** (v. 1120-1180). Roi de 1137 à sa mort. Sa rupture avec Aliénor d'Aquitaine amorça la guerre de Cent Ans. ► **Louis VIII** le **Lion** (1187-1226). Roi de 1223 à sa mort. ► **Louis IX** ou saint **Louis** (1214-1270). Roi de 1226 à sa mort (canonisé en 1297). Il mourut en croisade. ► **Louis X** le **Hutin** (1289-1316). Roi de 1314 à sa mort. ► **Louis XI** (1423-1483). Roi de 1461 à sa mort. Il consolida son pouvoir et l'unité du royaume. ► **Louis XII** (1462-1515). Roi de 1498 à sa mort. ► **Louis XIII** (1601-1643). Roi de 1610 à sa mort. Avec Richelieu, il prépara l'absolutisme et l'hégémonie de la France en Europe. ► **Louis XIV**, dit le **Roi-Soleil** (1638-1715). Roi de 1643 à sa mort. Il porta l'absolutisme monarchique à son paroxysme et favorisa l'épanouissement des arts et des lettres. ► **Louis XV** le **Bien-Aimé** (1710-1774). Roi de 1715 à sa mort. Son règne fut marqué par des difficultés financières. ► **Louis XVI** (1754-1793). Roi de 1774 à 1792. Jugé par la Convention, il fut guillotiné. ► **Louis XVII**, mort dans la prison du Temple (1785-1795). ► **Louis XVIII** (1755-1824). Roi de 1814 à sa mort, frère de Louis XVI. → Restauration
**4** ROI DE HONGRIE ► **Louis Iᵉʳ** le **Grand** (1326-1382). Roi de Hongrie de 1342 à sa mort, et de Pologne à partir de 1370.

sainte **Louise de Marillac** ▪ Religieuse française (1591-1660). Collaboratrice de saint Vincent de Paul.

**Louise de Savoie** ▪ Mère de François Iᵉʳ, régente du royaume lors des guerres d'Italie (1476-1531).

la **Louisiane** ▪ État du sud des États-Unis. 125 625 km². 4,47 millions d'habitants. Capitale : Baton Rouge. Ville principale : La Nouvelle-Orléans.

**Louis-Philippe I<sup>er</sup>** ▪ (1773-1850) Roi des Français de 1830 à 1848. → monarchie de **Juillet**

**Louisville** ▪ Ville des États-Unis (Kentucky). 600 000 habitants. Centre industriel.

**Louksor** ou **Louxor** ▪ Ville d'Égypte, sur le site de Thèbes. 197 600 habitants. Temple d'Amon.

**Lourdes** ▪ Ville des Hautes-Pyrénées. 14 282 habitants. Pèlerinage.

**le Louristan** → Loristan

**Louvain,** en néerlandais **Leuven** ▪ Ville de Belgique (Brabant flamand). 91 900 habitants. Université.

**La Louvière** ▪ Ville de Belgique (Hainaut). 77 500 habitants.

**François Michel Le Tellier, marquis de Louvois** ▪ Ministre de Louis XIV (1639-1691). Il réorganisa l'armée.

**le Louvre** ▪ Ancienne résidence royale, située à Paris, devenue musée national.

**Howard Phillips Lovecraft** ▪ Écrivain américain (1890-1937). Récits fantastiques suscitant une mythologie de l'épouvante (*La Couleur tombée du ciel ; L'Abomination de Dunwich*).

**Richard Lovelace** ▪ Poète et auteur dramatique anglais (1618-1657). Poète galant, soldat valeureux, il acquit une réputation de séducteur.

**les Lowlands** n. f. pl., en français **Basses Terres** ▪ Région du centre de l'Écosse. Ville principale : Glasgow.

**Malcolm Lowry** ▪ Romancier anglais (1909-1957). Auteur de contes, de poèmes et surtout de romans, parmi lesquels *Au-dessous du volcan* (1947), réécrit six fois, récit symbolique d'une errance désespérée, hantée par l'alcool et le mystique.

**les îles Loyauté** ▪ Archipel français du Pacifique, dépendant de la Nouvelle-Calédonie.

**le mont Lozère** ▪ Massif des Cévennes. 1 699 m. ► la **Lozère** [48]. Département français de la Région Languedoc-Roussillon. 5 178 km². 77 156 habitants. Chef-lieu : Mende. Chef-lieu d'arrondissement : Florac.

**Luanda** ▪ Capitale de l'Angola. 2 millions d'habitants.

**Luang Prabang** ▪ Ville du Laos, anc. capitale royale. 25 000 habitants. Monuments bouddhiques.

**Lübeck** ▪ Port d'Allemagne (Schleswig-Holstein). 213 600 habitants.

**le Luberon** ou **Lubéron** ▪ Chaîne calcaire du sud des Alpes.

**Ernst Lubitsch** ▪ Cinéaste américain d'origine allemande (1892-1947). Films spirituels et gais jusque dans la tragédie (*Ninotchka ; The Shop Around the Corner ; To Be or Not to Be*).

**Lublin** ▪ Ville de Pologne. 353 500 habitants.

**Lubumbashi,** anc. **Élisabethville** ▪ Ville de la République démocratique du Congo, dans le Shaba. 1,3 million d'habitants.

**saint Luc** ▪ Évangéliste.

**Lucain** ▪ Poète latin (39-65). La *Pharsale*, récit dramatique de la guerre civile entre César et Pompée.

**George Lucas** ▪ Cinéaste et producteur américain (né en 1945). *La Guerre des étoiles*.

**Lucas de Leyde** ▪ Peintre hollandais (1494-1533). Portraits, scènes bibliques, peintures de genre (*Les Gueux*).

**Lucerne,** en allemand **Luzern** ▪ Ville de Suisse. 57 900 habitants (zone urbaine 196 600). ► le canton de **Lucerne.** 1 493 km². 359 100 habitants. Chef-lieu : Lucerne.

**Lucien de Samosate** ▪ Écrivain satirique grec (v. 125-v. 192). *Histoire véritable.*

**Lucifer** ▪ Autre nom de Satan.

**Lucknow** ▪ Ville d'Inde (Uttar Pradesh). 2,2 millions d'habitants.

**Luçon** ou **Luson** ▪ Île principale des Philippines. 104 684 km². 41,6 millions d'habitants. Ville principale : Manille.

**Lucques,** en italien **Lucca** ▪ Ville d'Italie (Toscane). 81 900 habitants. Cathédrale et églises romanes.

**Lucrèce** ▪ Dame romaine (morte en 509 avant J.-C.). Son viol par un fils de Tarquin et son suicide provoquèrent la chute de la royauté.

**Lucrèce** ▪ Poète latin (v. 98-55 avant J.-C.). Poète philosophe matérialiste, disciple d'Épicure, auteur du *De natura rerum*.

**Lucullus** ▪ Général romain célèbre pour son raffinement gastronomique (v. 106-56 avant J.-C.).

**Lucy** ▪ Nom donné (d'après une chanson des Beatles) à un spécimen féminin d'australopithèque dont le squelette, datant de 3 millions d'années, fut découvert en 1974 en Éthiopie par Yves Coppens, D. C. Johanson et M. Taïeb.

**Erich Ludendorff** ▪ Général allemand (1865-1937). Collaborateur de Hindenburg.

**Ludovic Sforza,** dit le More ▪ Duc de Milan (1451-1508).

**la Luftwaffe** ▪ L'« armée de l'air » du III<sup>e</sup> Reich.

**Lugano** ▪ Ville de Suisse (Tessin), au bord du *lac de Lugano*. 49 700 habitants (zone urbaine 119 300). Station touristique.

**Aurélien Lugné,** dit **Lugné-Poe** ▪ Acteur et metteur en scène français de théâtre (1869-1940). Il fonda le *Théâtre de l'Œuvre*, et fit connaître en France Ibsen (*Peer Gynt*), Jarry (*Ubu roi*)...

**Bernardino Luini** ▪ Peintre italien (v. 1480-1532). Maître de la Renaissance lombarde. Fresques à la lumière douce.

**György Lukács** ▪ Philosophe marxiste et homme politique hongrois (1885-1971). *Histoire et Conscience de classe.*

**Luis Inácio Da Silva,** dit **Lula** ▪ Homme d'État brésilien (né en 1945). Issu d'une famille de paysans pauvres, il devint ouvrier, puis dirigeant syndical. Président de la République de 2002 à 2010.

**Ramón Llull,** en français **Raymond Lulle** ▪ Philosophe, théologien et poète catalan (v. 1232-1316). Cherchant à prouver les vérités de la foi chrétienne et à convertir les musulmans, il fut un précurseur de la logique formelle (*Ars magna*), un poète lyrique (*Livre de l'ami et de l'aimé*); donnant à la langue catalane sa forme littéraire.

Jean-Baptiste **Lully** ou **Lulli** ▪ Compositeur français d'origine italienne (1632-1687). Il écrivit des ballets, et collabora avec Molière. Il obtint de Louis XIV le privilège d'être le seul autorisé à écrire des opéras. Hostile à l'opéra italien, il imposa la primauté de la déclamation lyrique, créant l'opéra « à la française ».

les frères **Lumière** ▪ Industriels français, inventeurs du cinématographe en 1895. Auguste (1862-1954) et Louis (1864-1948).

les **Lumières** ▪ Mouvement d'idées de l'Europe du XVIIIᵉ s. fondé sur la confiance dans le progrès et la raison, la lutte contre le fanatisme au nom de la liberté de pensée.

Patrice **Lumumba** ▪ Homme politique congolais (1925-1961). Premier ministre du Congo devenu indépendant (1960), il fut assassiné.

la **Lune** ▪ Satellite situé à 384 000 km de la Terre. Diamètre : 3 476 km. → **Armstrong.**

**Lunéville** ▪ Chef-lieu d'arrondissement de Meurthe-et-Moselle. 19 909 habitants.

**Luoyang** ▪ Ville de Chine (Henan). 1,2 million d'habitants.

Arsène **Lupin** ▪ Personnage de « gentleman cambrioleur », créé par Maurice Leblanc.

Jean **Lurçat** ▪ Peintre français (1892-1966). Il rénova l'art de la tapisserie.

**Lure** ▪ Chef-lieu d'arrondissement de la Haute-Saône. 8 406 habitants.

le **Luristan** → **Loristan**

la **Lusace** ▪ Région du sud-est de l'Allemagne.

**Lusaka** ▪ Capitale de la Zambie. 1,8 million d'habitants.

la **Lusitanie** ▪ Province romaine d'Espagne (actuel Portugal).

**Lutèce** ▪ Ville de Gaule, site primitif de Paris.

Martin **Luther** ▪ Réformateur religieux allemand (1483-1546). Un des fondateurs de la Réforme protestante.

François de Montmorency-Bouteville, duc de **Luxembourg** ▪ Maréchal de France (1628-1695). Vainqueur à Fleurus, Steinkerque, Neerwinden.

le **Luxembourg** ▪ Province de Belgique. 4 439 km². 261 200 habitants. Chef-lieu : Arlon.

**Luxembourg** ▪ Capitale du grand-duché de Luxembourg. 76 700 habitants. ► le grand-duché de **Luxembourg.** État d'Europe occidentale. 2 586 km². 439 500 habitants. Capitale : Luxembourg.

le palais du **Luxembourg** ▪ Palais de Paris (XVIIᵉ s.), qui abrite le Sénat depuis 1958. Célèbre jardin.

Rosa **Luxemburg** ▪ Socialiste révolutionnaire polonaise naturalisée allemande (1870-1919). Elle fut assassinée lors de la répression de l'insurrection spartakiste. → **Spartakus**

Zhou Shuren, dit **Lu Xun** ou **Lou Siun** ▪ Écrivain et traducteur chinois (1881-1936). Poésies, essais, nouvelles (*La Véridique Histoire de Ah Q*).

**Luynes** ▪ Famille noble française d'origine toscane. ► le connétable Charles d'Albert de **Luynes** (1578-1621) fut le favori de Louis XIII et joua un rôle politique important.

**Lvov** ▪ Ville d'Ukraine. 798 000 habitants.

André **Lwoff** ▪ Biologiste français (1902-1994). Génétique moléculaire.

**Lyallpur** → **Faisalabad**

Louis Hubert **Lyautey** ▪ Maréchal de France (1854-1934). Administrateur colonial au Maroc.

le **Lycabette** ▪ Colline dominant le centre d'Athènes.

**Lycurgue** ▪ Législateur mythique de Sparte ayant vécu au IXᵉ s. avant J.-C.

la **Lydie** ▪ Anc. contrée d'Asie Mineure.

sir Charles **Lyell** ▪ Géologue britannique (1797-1875). L'un des fondateurs de l'étude scientifique de la Terre.

John **Lyly** ▪ Écrivain et auteur dramatique anglais (v. 1553-1606). Style maniériste. Son roman *Euphues ou l'Anatomie de l'esprit* caractérisa l'« euphuisme » élisabéthain.

David **Lynch** ▪ Cinéaste américain (né en 1946). *Elephant Man ; Sailor et Lula ; Mulholland Drive ; Inland Empire.*

**Lyon** ▪ Chef-lieu du Rhône et de la Région Rhône-Alpes, au confluent du Rhône et de la Saône. 491 268 habitants (agglomération 1,57 million). Nombreux édifices civils et religieux anc. ► les monts du **Lyonnais.** Montagnes de l'est du Massif central.

Jean-François **Lyotard** ▪ Philosophe français (1924-1998). Phénoménologue, il combina de manière critique les influences de Freud et de Marx.

**Lysimaque** ▪ Général macédonien (v. 360-v. 280 avant J.-C.). Lieutenant d'Alexandre le Grand. Roi de Thrace, il conquit un empire.

**Lysippe** ▪ Sculpteur grec (v. 390-après 310 avant J.-C.). Le style réaliste et harmonieux de ses bronzes présage l'évolution de l'art grec après lui.

**Lysistrata** ▪ Personnage féminin créé par Aristophane, dans la comédie qui porte ce titre. Lysistrata réunit les femmes dans une « grève du sexe », pour contraindre les hommes à faire la paix (entre Athènes et Sparte).

# M

**Maastricht** ou **Maëstricht** ▪ Ville des Pays-Bas (Limbourg). 119 000 habitants. ► le traité de **Maastricht**, signé en 1992, a donné naissance à l'Union européenne.

Wangari **Maathai** ▪ Femme politique et militante écologiste kényane (1940-2011). Prix Nobel de la paix 2004.

Lorin **Maazel** ▪ Chef d'orchestre américain (né en 1930).

Alain **Mabanckou** ▪ Écrivain congolais d'expression française (né en 1966). Auteur de romans, de poèmes, et professeur de littérature francophone aux États-Unis. *Verre cassé ; Black bazar.*

dom Jean **Mabillon** ▪ Religieux (bénédictin) et érudit français (1632-1707). Fondateur d'une science des manuscrits qu'il nomma *diplomatica.*

John Loudon **McAdam** ▪ Ingénieur britannique (écossais) [1756-1836]. Il est l'inventeur du macadam.

saint **Macaire** (grec *makarios* « bienheureux ») ▪ Anachorète du désert d'Égypte (v. 301-v. 391).

**Macao** ▪ Territoire de la Chine du Sud, faisant face à Hong-Kong. 16 km². 552 500 habitants.

Douglas **MacArthur** ▪ Général américain (1880-1964). Il reçut la reddition du Japon en 1945.

Thomas Babington, baron **Macaulay** ▪ Historien et homme politique anglais (1800-1859). Administrateur en Inde, député, il publia des essais littéraires et historiques.

**Macbeth** ▪ Roi d'Écosse de 1040 à sa mort (1057). Il a inspiré une tragédie à Shakespeare.

les **Maccabées** ▪ Famille de patriotes juifs (IIᵉ s. avant J.-C.).

Leo **McCarey** ▪ Cinéaste américain (1898-1969). Films burlesques (avec les Marx Brothers, W. C. Field), puis comédies et mélodrames. *La Route semée d'étoiles ; Elle et lui.*

Joseph **McCarthy** ▪ Sénateur républicain américain (1908-1957). Il mena plusieurs campagnes anticommunistes virulentes.

Carson **McCullers** ▪ Romancière américaine (1917-1967). *Le cœur est un chasseur solitaire.*

la **Macédoine** ▪ Région historique de la péninsule des Balkans, aujourd'hui partagée entre la Grèce (34 144 km² ; 2 millions d'habitants ; ville principale : Salonique), la Macédoine et la Bulgarie. ► la **Macédoine.** État d'Europe méridional. 25 713 km². 2 millions d'habitants. Capitale : Skopje.

Ernst **Mach** ▪ Physicien et philosophe autrichien (1838-1916). Le *nombre de Mach* mesure les vitesses supersoniques.

Antonio **Machado** ▪ Poète espagnol (1875-1939). Sa poésie est intime et profonde (*Solitudes*), évocatrice de l'Espagne (*Champs de Castille*), puis philosophique (*Chants nouveaux*). Républicain, il mourut en exil sous le régime de Franco.

Joaquim Maria **Machado de Assis** ▪ Poète et romancier brésilien (1839-1908).

Guillaume de **Machaut** → Guillaume de **Machaut**

Nicolas **Machiavel** ▪ Homme politique et philosophe florentin (1469-1527). Auteur d'un traité de philosophie politique, *Le Prince*. Sa théorie politique, souvent mal interprétée sous le nom de « machiavélisme », est réaliste : le détenteur du pouvoir ne cherche qu'à le conserver, sans se préoccuper du bien public ; il sait utiliser la force, mais aussi les apparences (ce qui s'applique aujourd'hui aux médias). L'actualité de Machiavel reste forte.

**Machu Picchu** ▪ Site inca du Pérou, situé à 2 045 m d'altitude.

August **Macke** ▪ Peintre allemand (1887-1914). Il évolua de l'impressionnisme au groupe allemand expressionniste du « Cavalier bleu » et au colorisme de Delaunay.

le **Mackenzie** ▪ Fleuve du Canada. 4 600 km.

William Lyon **Mackenzie** ▪ Homme politique canadien d'origine écossaise (1795-1861). Il déclencha en Ontario une rébellion anti-anglaise, qui échoua. ► Son petit-fils, William Lyon **Mackenzie King** (1874-1950), fut Premier ministre (libéral) du Canada (1921-1930, puis 1935-1948).

sir Compton **Mackenzie** ▪ Auteur dramatique et romancier britannique (1883-1972). *Sinister Street (L'Impasse) ; Whisky à gogo.*

le mont **McKinley** ▪ Point culminant de l'Amérique du Nord (Alaska). 6 194 m.

Norman **McLaren** ▪ Cinéaste canadien d'origine britannique (1914-1987). Films d'animation expérimentaux (images gravées à même la pellicule).

Marshall **McLuhan** ▪ Penseur et essayiste canadien (1911-1980). Précurseur dans l'étude des communications et des médias de masse. *La Galaxie Gutenberg ; Comprendre les médias.*

Patrice, comte de **Mac-Mahon,** duc de Magenta ▪ (1808-1898) Maréchal de France, président de la République de 1873 à 1879.

**Mâcon** ▪ Chef-lieu de la Saône-et-Loire. 33 730 habitants.

Pierre **Mac Orlan** ■ Écrivain français (1882-1970). Récits réalistes où l'aventure peut surgir du quotidien. *Le Quai des brumes.*

James **Macpherson** ■ Poète écossais (1736-1796). Auteur des *Poèmes d'Ossian\**.

**Madagascar** ■ Île et État de l'océan Indien, au sud-est de l'Afrique. 587 014 km². 20,1 millions d'habitants. Capitale : Antananarivo.

l'abri de la **Madeleine** ■ Site préhistorique de la Dordogne.

sainte **Madeleine** → **Marie Madeleine**

l'église de la **Madeleine** ■ Église de Paris, construite à la fin du XVIIIᵉ s.

**Madère**, en portugais **Madeira** ■ Archipel portugais de l'Atlantique. 794 km². 245 500 habitants. Capitale : Funchal. Vins liquoreux.

Bruno **Maderna** ■ Compositeur italien (1920-1973). Style dodécaphoniste ; musique électroacoustique ; théâtre lyrique *(Hyperion ; Satyricon).*

le **Madhya Pradesh** ■ État du centre de l'Inde. 442 841 km². 60,3 millions d'habitants. Capitale : Bhopal.

**Madras** → **Chennaï**

la sierra **Madre** ■ Nom donné aux principales chaînes de montagnes du Mexique.

**Madrid** ■ Capitale de l'Espagne. 3,19 millions d'habitants. ► **Madrid.** Communauté autonome de l'Espagne. 7 995 km². 6,4 millions d'habitants.

**Madura** ■ Île d'Indonésie. 4 500 km². 3 millions d'habitants.

**Madurai** ■ Ville de l'Inde du Sud (Tamil Nadu). 1,2 million d'habitants.

le **Maelström** ■ Tourbillon produit par les courants de marée, dans un chenal des îles Lofoten.

**Maëstricht** → **Maastricht**

Maurice **Maeterlinck** ■ Écrivain belge d'expression française (1862-1949). Poète symboliste, il écrivit aussi le théâtre, notamment *Pelléas et Mélisande*, que Debussy devait mettre en musique. Il est l'auteur de nombreux ouvrages de réflexion philosophique affirmant une adhésion lyrique au monde.

**Magdebourg**, en allemand **Magdeburg** ■ Ville d'Allemagne (Saxe-Anhalt). 229 700 habitants.

Fernand de **Magellan** ■ Navigateur portugais (v. 1480-1521). Il entreprit en 1519 le premier voyage autour du monde. ► Le détroit de **Magellan** sépare l'Amérique du Sud et la Terre de Feu.

**Magenta** ■ Ville d'Italie (Lombardie). 22 800 habitants. Victoire française sur les Autrichiens en 1859.

les **Rois mages** ■ Personnages de la légende chrétienne, les trois rois venus rendre hommage à Jésus : Balthazar, Gaspard et Melchior.

le **Maghreb** ■ Ensemble des pays du nord-ouest de l'Afrique (Maroc, Algérie, Tunisie).

la ligne **Maginot** ■ Ligne de fortifications érigée à la frontière nord-est de la France, contournée par les Allemands en 1940.

Anna **Magnani** ■ Comédienne italienne (1908-1973). Elle tourna avec les plus grands réalisateurs italiens (De Sica, Rossellini, Visconti, Pasolini).

Alessandro **Magnasco** ■ Peintre italien (1667-1749). Style tourmenté, sombre et visionnaire.

Alberto **Magnelli** ■ Peintre italien (1888-1971). Stylisations angulaires influencées par le cubisme et par Matisse.

**Magog** → **Gog et Magog**

René **Magritte** ■ Peintre belge (1898-1967). Créateur d'images surréalistes, adepte d'une « peinture d'idée » qui constitue une réflexion sur la perception du réel, souvent par l'humour.

les **Magyars** ■ Nom ethnique des Hongrois.

le **Mahābhārata** ■ Récit épique indien d'époque védique (v. 1000 avant J.-C.) comprenant la *Bhagavad-gītā.*

**Mahajanga** ou **Majunga** ■ Port de Madagascar. 125 000 habitants.

le **Maharashtra** ■ État de l'Inde. 307 760 km². 96,9 millions d'habitants. Capitale : Bombay.

Naguib **Mahfouz** ■ Romancier égyptien (1912-2006). *Le Voleur et les Chiens ; Le Cœur de la nuit.* Prix Nobel 1988.

Gustav **Mahler** ■ Compositeur et chef d'orchestre autrichien (1860-1911). Il est l'auteur de 10 symphonies et d'une cinquantaine de *lieder*, la plupart pour voix et orchestre *(Chants de Jeunesse).*

**Mahomet** ■ Prophète et fondateur de l'islam (v. 570-632). À la fois grand politique, administrateur et homme de foi, il reçut la révélation du Coran et répandit la croyance de ceux qui « remettent leur âme à Allah », les *muslimin* (musulmans).

**Mai 68** ■ Crise économique, sociale, politique et culturelle que traversa la Vᵉ République française lors du mois de mai 1968. Des mouvements de contestation ébranlèrent toute la société, entraînant un changement durable dans les valeurs et les comportements.

Vladimir Vladimirovitch **Maïakovski** ■ Poète soviétique, né en Géorgie (1893-1930). Il adhéra au futurisme *(Nuage en pantalon)*, rallia la révolution en 1917, célébrant en 1924 la mort de Lénine, mais donna libre cours dans ses pièces à la satire *(La Punaise ; Les Bains*, qui s'attaque à la bureaucratie). Il a renouvelé la langue poétique russe. Il se suicida.

le commissaire **Maigret** ■ Personnage créé par Georges Simenon dans un cycle de romans policiers célèbres.

Norman **Mailer** ■ Romancier et journaliste américain (1923-2007). Polémiste de gauche, très combatif. *Les Nus et les Morts.*

Antonine **Maillet** ■ Romancière et dramaturge canadienne d'expression française (née en 1929). Elle illustra l'histoire et la culture populaire de l'Acadie. *La Sagouine ; Pélagie-la-charrette.*

Aristide **Maillol** ■ Sculpteur et peintre français (1861-1944). Nus féminins, sensuels et harmonieux.

**Mosheh ben Maïmon**, dit **Moïse Maïmonide** ▪ Philosophe, théologien et médecin juif, d'Andalousie, puis d'Égypte (1135-1204). Il dut fuir Cordoue, les juifs y étant persécutés, pour Fès, puis la Palestine et l'Égypte, où il fut médecin à la cour de Saladin. Commentateur de la Mishna (noyau du Talmud), il est l'auteur du *Guide des égarés*, écrit en arabe, traduit en hébreu, qui veut accorder philosophie d'inspiration grecque et judaïsme.

le **Main** ▪ Fleuve d'Allemagne, affluent du Rhin. 524 km.

le **Maine** ▪ État du nord-est des États-Unis. 86 027 km². 1,2 million d'habitants. Capitale : Augusta.

le **Maine** ▪ Anc. région de l'ouest de la France. Ville principale : Le Mans.

**Marie François Pierre Gontier de Biran**, dit **Maine de Biran** ▪ Philosophe français (1766-1824). Philosophie spiritualiste de la volonté.

le **Maine-et-Loire** [49] ▪ Département français de la Région Pays de la Loire. 7 151 km². 790 343 habitants. Chef-lieu : Angers. Chefs-lieux d'arrondissement : Cholet, Saumur, Segré.

**Françoise d'Aubigné, marquise de Maintenon** ▪ Maîtresse de Louis XIV qui l'épousa en secret (1635-1719).

la **Maison blanche**, en anglais **White House** ▪ Résidence du Président des États-Unis, à Washington.

**Paul de Chomedey de Maisonneuve** ▪ Militaire et administrateur français (1612-1676). Fondateur de Montréal, en Nouvelle-France (Canada), en 1642.

le comte **Joseph de Maistre** ▪ Écrivain français (1753-1821). Critique de la Révolution. *Soirées de Saint-Pétersbourg.*

le lac **Majeur** ▪ Lac d'Italie et de la Suisse. 212 km².

**Louis Majorelle** ▪ Ébéniste français de l'école de Nancy (1859-1926). Meubles de style « art nouveau ». ▪ Son fils Jacques **Majorelle** (1886-1962), peintre et décorateur, se fixa à Marrakech *(jardins Majorelle).*

**Majorque**, en espagnol **Mallorca** ▪ Île espagnole des Baléares. 3 064 km². 873 414 habitants. Capitale : Palma de Majorque.

**Makarios III** ▪ (1913-1977) Prélat et président de la république de Chypre de 1960 à sa mort.

**Makassar** ▪ Port d'Indonésie dans l'île de Célèbes. 1,1 million d'habitants.

**Miriam Makeba** ▪ Chanteuse sud-africaine (1932-2008). Symbole de la lutte contre l'apartheid, elle mit fin à une longue voie d'exil à la libération de N. Mandela.

la côte de **Malabar** ▪ Région littorale du sud-ouest de l'Inde.

**Malabo** ▪ Capitale de la Guinée Équatoriale. 60 000 habitants.

la presqu'île de **Malacca** ▪ Péninsule de l'Asie du Sud-Est partagée entre la Malaisie et la Thaïlande.

la **Maladetta** ou **Maladeta** ▪ Massif des Pyrénées. 3 404 m au pic d'Aneto.

**Málaga** ▪ Port d'Espagne, en Andalousie. 561 435 habitants. Vin réputé.

la fédération de **Malaisie** ▪ État fédéral d'Asie du Sud-Est. 329 758 km². 22,2 millions d'habitants. Capitale : Kuala Lumpur.

**Curzio Malaparte** ▪ Écrivain italien (1898-1957). Journaliste, cinéaste, écrivain baroque, successivement fasciste et exclu du parti, il s'illustra en commentant la guerre et l'occupation de Naples par l'armée américaine *(Kaputt ; La Peau).*

**Malatesta** ▪ Famille de guerriers *(condottieri)* italiens. Le plus célèbre, Sigismond **Malatesta** (1417-1468), combattit pour le Saint-Siège, puis pour Venise et contre le pape Pie II. Vaincu, il fut excommunié. À Rimini, il protégea les artistes et les savants.

**Jean Malaurie** ▪ Ethnologue français (né en 1922). Spécialiste de l'Arctique et des Inuits *(Les Derniers Rois de Thulé).* Créateur de la collection *Terre humaine.* Films.

le **Malawi** ▪ État d'Afrique de l'Ouest. 119 310 km². 15,7 millions d'habitants. Capitale : Lilongwe. C'est l'ancien Nyasaland.

**Malcolm Little**, dit **Malcolm X** ▪ Homme politique américain (1925-1965). Il appartint au mouvement des musulmans noirs (Black Muslims) et milita pour un État noir indépendant. Il fut assassiné.

les îles **Maldives** n. f. pl. ▪ État constitué par un archipel de l'océan Indien. 298 km². 299 000 habitants. Capitale : Malé.

**Nicolas Malebranche** ▪ Philosophe français, prêtre oratorien (1638-1715). Il développa les idées de Descartes sur l'entendement dans une perspective chrétienne, proche de saint Augustin, insistant sur la « vision en Dieu ».

**Chrétien Guillaume de Lamoignon de Malesherbes** ▪ Magistrat français (1721-1794). Il défendit Louis XVI pendant son procès.

**Kazimir Malevitch** ▪ Peintre abstrait russe (1878-1935). *Carré blanc sur fond blanc.*

**François de Malherbe** ▪ Poète français (1555-1628). Un des fondateurs du classicisme français.

le **Mali** ▪ État d'Afrique de l'Ouest. 1 240 142 km². 13,3 millions d'habitants. Capitale : Bamako. Ancien Soudan français.

la **Malibran** ▪ Cantatrice française d'origine espagnole (1808-1836).

**Malines**, en néerlandais **Mechelen** ▪ Ville de Belgique (Anvers). 78 700 habitants.

**Bronislaw Kaspar Malinowski** ▪ Anthropologue britannique d'origine polonaise (1884-1942). Il étudia la vie sociale et les mœurs sexuelles des peuples du Pacifique (notamment des îles Trobriand) d'un point de vue fonctionnaliste (basé sur les fonctions que mécanismes ou comportements remplissent). *Une théorie scientifique de la culture.*

**Stéphane Mallarmé** ▪ Poète français (1842-1898). D'une rigueur absolue, il a transcendé le symbolisme de sa génération, qu'il domine, par la recherche de la pureté verbale au service du « livre », conçu comme « œuvre d'art totale » *(Un coup de dés jamais n'abolira le hasard).*

Louis **Malle** ▪ Cinéaste français (1932-1995). *Ascenseur pour l'échafaud; Lacombe Lucien; Au revoir les enfants.*

Robert **Mallet-Stevens** ▪ Architecte et décorateur français (1886-1945). Style dépouillé typique des années 1930 (style « international »).

**Malmö** ▪ Port de Suède. 276 200 habitants.

Hector **Malot** ▪ Écrivain français (1830-1907). *Sans famille.*

les îles **Malouines,** en espagnol **Malvinas,** en anglais **Falkland** ▪ Colonie britannique au large des côtes de l'Argentine. 12 000 km². 2 400 habitants. Capitale : Port Stanley.

André **Malraux** ▪ Écrivain et homme politique français (1901-1976). Romancier de l'action et de l'énergie révolutionnaire (*La Condition humaine; L'Espoir*), il se consacra ensuite à l'acte créateur de l'art, conçu comme un « antidestin » (*Les Voix du silence; La Métamorphose des dieux*). Gaulliste passionné, ministre des Affaires culturelles de 1959 à 1969, il écrivit des *Antimémoires.*

**Malte** ▪ Île et État de Méditerranée. 316 km². 405 000 habitants. Capitale : La Valette.

Thomas Robert **Malthus** ▪ Pasteur et économiste anglais (1766-1834). Partisan de la limitation des naissances (malthusianisme).

les **mamelouks** n. m. pl. ▪ Milice d'élite qui détint le pouvoir en Égypte de 1250 à 1517.

**Mamers** ▪ Chef-lieu d'arrondissement de la Sarthe. 5 464 habitants.

l'île de **Man** ▪ Île britannique en mer d'Irlande. 572 km². 76 300 habitants. Chef-lieu : Douglas.

**Managua** ▪ Capitale du Nicaragua. 937 500 habitants.

**Manama** ▪ Capitale du Bahreïn. 203 000 habitants.

Laure **Manaudou** ▪ Nageuse française (née en 1986). Spécialiste du demi-fond, du dos et des épreuves quatre nages.

**Manaus** ▪ Ville du Brésil (Amazonas). 1,8 million d'habitants.

la **Manche,** en espagnol la **Mancha** ▪ Plateau aride de Castille.

la **Manche,** en anglais the **Channel** ▪ Mer de l'Europe de l'Ouest entre la Grande-Bretagne et la France. ► le tunnel sous la **Manche.** Tunnel ferroviaire ouvert depuis 1994. ► la **Manche** [50]. Département français de la Région Basse-Normandie. 5 947 km². 499 531 habitants. Chef-lieu : Saint-Lô. Chefs-lieux d'arrondissement : Avranches, Cherbourg, Coutances.

**Manchester** ▪ Ville d'Angleterre. 392 800 habitants. (agglomération 2,5 millions).

Jeanne **Mance** ▪ Dame française (1606-1673). Fondatrice de l'Hôtel-Dieu de Montréal.

**Manco Capac** ▪ Fondateur mythique de l'empire inca, dont le nom fut repris par **Manco Capac II,** dernier souverain inca (jusqu'en 1537).

**Mandalay** ▪ Anc. capitale de Birmanie. 532 900 habitants.

la **Mandchourie** ▪ Anc. nom de la Chine du Nord-Est. ► les **Mandchous** conquièrent la Chine au XVIIᵉ s. (dynastie des Qing).

Nelson **Mandela** ▪ Homme d'État sud-africain (1918-2013). Emprisonné de 1962 à 1990. Premier président noir de l'Afrique du Sud, de 1994 à 1999.

Benoît **Mandelbrot** ▪ Mathématicien français d'origine polonaise (1924-2010). Il découvrit et étudia les fractales.

Ossip **Mandelstam** ▪ Poète soviétique (1891-1938). Poèmes et textes autobiographiques. Arrêté par la police de Staline, il mourut dans un camp.

les **Mandingues** ▪ Groupe ethnique d'Afrique occidentale.

Louis **Mandrin** ▪ Brigand français (v. 1725-1755).

Alfred **Manessier** ▪ Peintre français (1911-1993). Compositions abstraites d'intention spiritualiste. Tapisseries, vitraux d'églises.

Édouard **Manet** ▪ Peintre français (1832-1883). Précurseur de l'impressionnisme, il renouvela le traitement de l'espace et la représentation des volumes, mettant en valeur les contours. *Le Déjeuner sur l'herbe ; Olympia.*

**Manhattan** ▪ District de New York.

**Mani** ou **Manès** ▪ Prophète perse, fondateur de la religion manichéenne (216-277).

la **Manicouagan** ▪ Rivière du Canada (Québec), affluent du Saint-Laurent (rive gauche). Installations hydroélectriques.

**Manille** ▪ Capitale et port des Philippines, dans l'île de Luçon. 1,58 million d'habitants. ► **Metro-Manila** (Metropolitan Manila Area) « Le Grand Manille », créé en 1975 à l'intérieur de la province de Rizal. 9 933 000 habitants. Il englobe 14 villes.

le **Manitoba** ▪ Province du centre du Canada. 647 797 km². 1,15 million d'habitants. Capitale : Winnipeg. ► le lac **Manitoba.** 4 706 km².

Henning **Mankell** ▪ Écrivain et homme de théâtre suédois (né en 1948). Auteur de pièces de théâtre, de romans policiers, il a créé le personnage de l'inspecteur Kurt Wallander. *Meurtriers sans visage ; La Muraille invisible ; L'Homme inquiet.*

Joseph Leo **Mankiewicz** ▪ Cinéaste américain (1909-1993). Disciple de Ernst Lubitsch, il réalisa des films complexes habités par la recherche de la vérité sur les personnages, où les dialogues sont essentiels (*Ève ; La Comtesse aux pieds nus*).

Thomas **Mann** ▪ Écrivain allemand (1875-1955). Il a conduit dans une grande œuvre romanesque l'évocation des aspects extrêmes de la sensibilité allemande (*Les Buddenbrook,* 1901 ; *La Mort à Venise,* 1912). Devenu démocrate et antinazi, il recherche la fusion du mythe et de l'humanisme (*Docteur Faustus,* 1947). Il émigra en Suisse en 1933. ► Son frère Heinrich **Mann** (1871-1950), au style violent, fut un précurseur de l'expressionnisme. Son roman *Professeur Unrat* devint au cinéma *L'Ange bleu.* Opposé au nazisme, il émigra en France en 1933, puis aux États-Unis.

Carl Gustav, baron **Mannerheim** ▪ Maréchal et homme d'État finlandais (1867-1951). Il devint aide de camp du tsar Nicolas II, puis mena la guerre contre les bolcheviks en 1917. Il lutta encore contre la Russie soviétique en 1939. Président de la Finlande (1944-1946).

**Mannheim** ▪ Ville et port d'Allemagne, sur le Rhin (Bade-Wurtemberg). 306 700 habitants.

Manuel Rodríguez Sanchez, dit **Manolete** ▪ Torero espagnol (1917-1947). Considéré comme le plus grand matador de son époque. Il mourut dans l'arène.

Emmanuel Radnitsky, dit **Man Ray** ▪ Photographe et peintre américain (1890-1976). Collages, « aérographes », photographies surréalistes.

Le **Mans** ▪ Chef-lieu de la Sarthe. 146 100 habitants. Cathédrale romane et gothique.

François **Mansart** ▪ Architecte français (1598-1666). Château de Maisons-Laffitte. ► Jules Hardouin-Mansart → Hardouin.

Katherine **Mansfield** ▪ Femme de lettres néo-zélandaise (1888-1923). Poèmes, nouvelles, correspondance.

Andrea **Mantegna** ▪ Peintre et graveur italien de la Renaissance (1431-1506). Son traitement homogène de l'espace crée, par le dramatisme des figures, une tension tragique (*Christ mort*).

**Mantes-la-Jolie** ▪ Chef-lieu d'arrondissement des Yvelines. 42 727 habitants.

**Mantoue**, en italien **Mantova** ▪ Ville d'Italie, en Lombardie. 47 800 habitants.

**Manuel Iᵉʳ le Grand** ▪ (1469-1521) Roi du Portugal de 1495 à sa mort. Il encouragea les grandes explorations.

Alessandro **Manzoni** ▪ Écrivain italien (1785-1873). *Les Fiancés.*

**Mao Zedong** ou **Mao Tsé-toung** ▪ Homme d'État chinois (1893-1976). Il contribua à fonder le Parti communiste chinois, puis organisa une « Longue Marche » pour rallier le paysannat chinois à l'action de l'armée populaire. En 1949, il proclama la République populaire chinoise, qu'il présida jusqu'en 1959. Contre le pragmatisme des cadres du Parti, il manœuvra le mouvement des « Gardes rouges » pour une « Révolution culturelle » destructrice. En 1972, il dut renoncer au pouvoir réel.

les **Maori** ou **Maoris** ▪ Population polynésienne de Nouvelle-Zélande.

**Maputo**, anciennement **Lourenço Marques** ▪ Capitale du Mozambique. 2 millions d'habitants.

**Maracaibo** ▪ Ville du Venezuela. 1,61 million d'habitants.

lac **Maracaibo** ▪ Lac du Venezuela, le plus grand d'Amérique du Sud. Pétrole.

Diego Armando **Maradona** ▪ Footballeur argentin (né en 1960).

Marin **Marais** ▪ Compositeur français (1656-1728). Il écrivit des opéras et de nombreuses pièces instrumentales. Sa musique pour la viole, son instrument (environ 700 pièces), atteint des sommets de souplesse et de raffinement.

Jean Villain-Marais, dit **Jean Marais** ▪ Acteur français de théâtre et de cinéma (1913-1998). Il interpréta notamment Cocteau, au cinéma comme au théâtre, ainsi que quelques films de cape et d'épée.

le **Marais** ▪ Quartier du centre de Paris.

le **Marais** → la Plaine

le **Marañón** ▪ Une des branches mères de l'Amazone. 1 800 km.

Jean-Paul **Marat** ▪ Révolutionnaire français (1743-1793). Il fut assassiné par Charlotte Corday.

**Marathon** ▪ Anc. ville de Grèce (Attique). Miltiade y vainquit les Perses en 490 avant J.-C.

saint **Marc** ▪ Auteur du IIᵉ Évangile.

**Marc Aurèle** ▪ Empereur, de 161 à sa mort, et philosophe romain (121-180). *Pensées* d'inspiration stoïcienne.

François Séverin **Marceau** ▪ Général révolutionnaire français (1769-1796).

Marcel **Marceau** ▪ Mime français (1923-2007).

Étienne **Marcel** ▪ Prévôt des marchands de Paris (v. 1315-1358).

Georges **Marchais** ▪ Homme politique (communiste) français (1920-1997).

la **Marche** ▪ Anc. province du centre de la France. Capitale : Guéret.

les **Marches** n. f. pl., en italien **Marche** ▪ Région administrative de l'Italie centrale. 9 694 km². 1,47 million d'habitants. Chef-lieu : Ancône.

Guglielmo **Marconi** ▪ Physicien italien (1874-1937). Premier poste de télégraphie sans fil.

Herbert **Marcuse** ▪ Philosophe américain d'origine allemande (1898-1979). Critique de la société, d'un point de vue marxiste et psychanalytique. Il fut la référence de la révolte de mai 1968.

**Mar del Plata** ▪ Port d'Argentine sur l'Atlantique. 564 000 habitants.

**Marduk** ou **Mardouk** ▪ Dieu de Babylone.

**Marengo** ▪ Ville du Piémont. Victoire de Bonaparte sur les Autrichiens (1800).

**Marennes** ▪ Commune de la Charente-Maritime. 5 613 habitants. Ostréiculture.

Luca **Marenzio** ▪ Compositeur italien (v. 1553-1599). *Madrigaux.*

Étienne Jules **Marey** ▪ Physiologiste français (1830-1904). Comme médecin, il étudia l'activité cardiaque. Son invention, la chronophotographie (1892), en fait un précurseur du cinéma. → Muybridge

**Margrethe II**, en danois **Margrethe II** ▪ Reine du Danemark depuis 1972 (née en 1940).

**Marguerite d'Autriche** ▪ Duchesse de Savoie, gouvernante des Pays-Bas (1480-1530).

**Marguerite de Navarre** ou **d'Angoulême** ▪ Reine de Navarre, sœur de François Iᵉʳ et écrivain (1492-1549). *L'Heptaméron.*

**Marguerite de Valois**, dite **la reine Margot** ▪ Reine de Navarre, première femme d'Henri IV (1553-1615).

**Marguerite Valdemarsdotter** ▪ Reine du Danemark, de Norvège et de Suède (1353-1412).

**Mari** ▪ Anc. cité de Mésopotamie, sur l'Euphrate (v. 3000 avant J.-C.).

les îles **Mariannes** ▪ Archipel de la Micronésie. ► le Commonwealth des **Mariannes du Nord** est un État associé aux États-Unis. 477 km². 69 200 habitants. Capitale : Garapan. ► la fosse des **Mariannes,** dont la profondeur a été explorée jusqu'à presque 11 000 m.

sainte **Marie** ou la **Vierge Marie** ▪ Épouse de Joseph, mère de Jésus.

**Marie-Antoinette** ▪ Reine de France (1755-1793). Épouse de Louis XVI. Elle fut guillotinée.

**Marie-Christine de Habsbourg-Lorraine** ▪ Régente d'Espagne de 1885 à 1902 (1858-1929).

Marie, dite **Marie de France** ▪ Poète française (1154-1189). Elle écrivit, en ancien français d'Angleterre, des *lais*, poésies en octosyllabes évoquant les légendes celtiques.

**Marie de Médicis** ▪ Reine de France (1573-1642). Seconde épouse d'Henri IV. Régente durant la minorité de son fils Louis XIII (1610-1614).

**Marie-Galante** ▪ Île des Antilles françaises, dépendant de la Guadeloupe.

**Marie Leszczyńska** ▪ Reine de France (1703-1768). Épouse de Louis XV.

**Marie-Louise de Habsbourg-Lorraine** ▪ Épouse de Napoléon Iᵉʳ (1791-1847).

sainte **Marie Madeleine** ▪ Nom de trois personnages différents de l'Évangile.

**Marie Iʳᵉ Stuart** ▪ Reine d'Écosse (1542-1587). Mariée à François II, reine de France en 1559-1560. Décapitée par ordre d'Élisabeth Iʳᵉ d'Angleterre.

**Marie-Thérèse** ▪ Impératrice d'Autriche de 1745 à sa mort (1717-1780). Elle mena une politique centralisatrice.

**Marie-Thérèse d'Autriche** ▪ (1638-1683) Reine de France par son mariage avec Louis XIV en 1660.

Auguste **Mariette** ▪ Égyptologue français (1821-1881). Fouilles à Saqqara.

**Marie Iʳᵉ Tudor,** dite **Marie la Catholique** ou **Marie la Sanglante** ▪ (1516-1558) Reine d'Angleterre de 1553 à sa mort. Elle persécuta les protestants.

**Marignan** ▪ Ville de Lombardie. Victoire de François Iᵉʳ sur les Suisses en 1515.

**Marignane** ▪ Ville des Bouches-du-Rhône. 34 393 habitants. Aéroport de Marseille.

Le **Marin** ▪ Chef-lieu d'arrondissement de la Martinique. 7 300 habitants.

Filippo **Marinetti** ▪ Écrivain italien (1876-1944). Fondateur du futurisme.

Giambattista Marino, dit le Cavalier **Marin** ▪ Poète italien (1569-1625). Il mit à la mode le style précieux.

l'abbé Edme **Mariotte** ▪ Physicien français (v. 1620-1684). *Loi de Boyle-Mariotte :* loi de compressibilité des gaz.

**Marioupol,** anciennement **Jdanov** ▪ Port d'Ukraine. 520 000 habitants.

la république des **Maris** ▪ République autonome de Russie, sur la Volga. 23 200 km². 728 000 habitants. Capitale : Iochkar-Ola.

Jacques **Maritain** ▪ Philosophe français (1882-1973). Humaniste chrétien, spécialiste de saint Thomas d'Aquin.

Caius **Marius** ▪ Général romain (157-86 avant J.-C.). Adversaire de Sylla.

Pierre Carlet de **Marivaux** ▪ Romancier et auteur dramatique français (1688-1763). Il est l'auteur de comédies subtiles sur l'amour et les différences sociales (*La Double Inconstance ; Le Jeu de l'amour et du hasard ; Les Fausses Confidences*).

Andreï Andreïevitch **Markov** ▪ Mathématicien russe (1856-1922). Étude de la probabilité (*Chaînes de Markov*).

le duc de **Marlborough** ▪ Général et homme politique anglais (1650-1722).

Robert Nesta, dit **Bob Marley** ▪ Chanteur jamaïcain (1944-1981). Il fit connaître la musique reggae dans le monde entier.

Christopher **Marlowe** ▪ Auteur dramatique anglais (1564-1593). *La Tragique Histoire du docteur Faust.*

**Marly-le-Roi** ▪ Commune des Yvelines. 16 645 habitants. Château de Louis XIV, détruit en 1816.

**Marmande** ▪ Chef-lieu d'arrondissement de Lot-et-Garonne. 18 218 habitants.

la mer de **Marmara** ▪ Mer entre la mer Égée et la mer Noire.

la **Marne** ▪ Rivière, affluent de la Seine. 525 km. Victoires françaises en 1914 et en 1918. ► la **Marne** [51]. Département français de la Région Champagne-Ardenne. 8 205 km². 566 571 habitants. Chef-lieu : Châlons-en-Champagne. Chefs-lieux d'arrondissement : Épernay, Reims, Sainte-Menehould, Vitry-le-François.

la **Haute-Marne** [52]. ▪ Département français de la Région Champagne-Ardenne. 6 210 km². 182 375 habitants. Chef-lieu : Chaumont. Chefs-lieux d'arrondissement : Langres, Saint-Dizier.

**Marne-la-Vallée** ▪ Ville nouvelle à l'est de Paris (Seine-et-Marne). Parc d'attractions.

le royaume du **Maroc** ▪ État d'Afrique du Nord, le plus occidental du Maghreb. 706 550 km² (y compris le Sahara-Occidental). 29,9 millions d'habitants. Capitale : Rabat.

le **Maroni** ▪ Fleuve d'Amérique du Sud, qui sépare la Guyane et le Suriname. Saint-Laurent-du-Maroni se trouve près de son embouchure.

Clément **Marot** ▪ Poète français (1496-1544). Ses œuvres, qui contribuèrent à épurer la langue, témoignent d'une inventivité et d'une fantaisie verbales exceptionnelles (*Adolescence clémentine*).

Albert **Marquet** ▪ Peintre français (1875-1947). Formes simplifiées et expressives. « Il est notre Hokusaï » (Matisse).

les îles **Marquises** ▪ Archipel de la Polynésie française. 1 274 km². 7 500 habitants.

**Marrakech** ▪ Ville du Maroc, au pied du Haut-Atlas. 167 200 habitants (zone urbaine 823 200).

**Mars** ▪ mythol. romaine Dieu de la Guerre, l'*Arès* grec. ► **Mars.** Planète du système solaire. Diamètre : 6 794 km.

**Marsala** ▪ Ville de Sicile. 77 800 habitants. Célèbres vins doux.

Wynton **Marsalis** ▪ Trompettiste et compositeur de jazz américain (né en 1961). Né dans une famille de musiciens, grand pédagogue, il aime confronter le jazz à la musique classique, qu'il pratique également.

la **Marseillaise** ▪ Hymne national français composé en 1792 par Rouget de Lisle.

**Marseille** ▪ Port et chef-lieu des Bouches-du-Rhône et de la Région Provence-Alpes-Côte d'Azur. 850 636 habitants (agglomération 1,56 million).

George Catlett **Marshall** ▪ Général et homme politique américain (1880-1959). Auteur d'un plan d'assistance à l'Europe.

la **république des îles Marshall** ▪ État insulaire de Micronésie. 181 km². 50 800 habitants. Capitale : Delap-Uliga-Darrit.

Édouard **Martel** ▪ Spéléologue français (1859-1938). Fondateur de la spéléologie.

Maurice **Martenot** ▪ Ingénieur français (1898-1980). Inventeur des *ondes Martenot*, instrument de musique électronique.

Wilfried **Martens** ▪ Homme politique belge (né en 1936). Premier ministre (social-chrétien) de 1979 à 1991.

José **Martí** ▪ Révolutionnaire et écrivain cubain (1853-1895).

**Martial** ▪ Poète latin (v. 40-v. 104).

**Martigues** ▪ Ville des Bouches-du-Rhône, sur l'étang de Berre. 47 614 habitants. Canaux.

saint **Martin** ▪ Évêque de Tours (316-397). Selon la tradition, il partagea son manteau avec un pauvre.

**Martin V** ▪ (1368-1431) Pape de 1417 à sa mort. Son élection mit fin au grand schisme d'Occident.

Paul **Martin** ▪ Homme politique canadien (né en 1938). Premier ministre (libéral) du Canada (2003-2006).

Roger **Martin du Gard** ▪ Romancier français (1881-1958). *Les Thibault*, grande fresque familiale, morale et sociale, d'un style réaliste et sensible.

André **Martinet** ▪ Linguiste français (1908-1999). Phonologie, linguistique fonctionnelle.

Francesco di Giorgio **Martini** ▪ Architecte, peintre et sculpteur italien (1439-1502).

Simone **Martini** ▪ Peintre italien de l'école siennoise (v. 1282-1344). *Annonciation*.

la **Martinique** [972] ▪ Île des Antilles formant une région et un département français d'outre-mer. 1106 km². 381 400 habitants. Chef-lieu : Fort-de-France. Chefs-lieux d'arrondissement : Le Marin, La Trinité.

Bohuslav **Martinů** ▪ Compositeur tchèque (1890-1959). Symphonies, concertos, opéras, musique de chambre.

Emmanuel de **Martonne** ▪ Géographe français (1873-1955). *Traité de géographie physique.*

André **Marty** ▪ Homme politique français (1886-1956). Marin mutiné en 1919, en mer Noire, condamné, amnistié (1923), figure majeure du Parti communiste français, il fut commandant des Brigades internationales (1936-38). Exclu du parti en 1953.

Karl **Marx** ▪ Philosophe, économiste et penseur politique allemand (1818-1883). Son œuvre philosophique fut en partie écrite avec F. Engels. Ses analyses économiques (*Contribution à la critique de l'économie politique*; *Le Capital*), historiques et politiques (*Les Luttes de classes en France*), ainsi que le célèbre *Manifeste du parti communiste* de 1848, font de lui, à travers les suites mondiales du marxisme, et aussi grâce à l'antimarxisme, le penseur le plus influent du XIXᵉ s. Fondateur de la Iʳᵉ Internationale.

les **Marx Brothers** ▪ Acteurs comiques américains : Chico (1891-1961), Harpo (1893-1964) et Groucho (1895-1977), leur frère Zeppo (1901-1979) étant associé à leur carrière jusqu'en 1935. *Monnaie de singe*; *Une nuit à l'Opéra*.

le **Maryland** ▪ État de l'est des États-Unis. 31 296 km². 5,3 millions d'habitants. Capitale : Annapolis. Ville princ. : Baltimore.

Tommaso di ser Giovanni Cassai, dit **Masaccio** ▪ Peintre italien (1401-1428). L'un des initiateurs de la peinture de la Renaissance à Florence, comme Donatello le fut de la sculpture. Ses œuvres majeures accomplissent une révolution picturale : perspective, traitement des volumes, dynamisme, force expressive retrouvant la puissance de Giotto. Son influence fut immense par exemple sur Piero della Francesca.

Tomáš **Masaryk** ▪ (1850-1937) Fondateur et premier président de la République tchécoslovaque de 1918 à 1935.

les îles **Mascareignes** n. f. pl. ▪ Archipel de l'océan Indien (Maurice, la Réunion).

**Mascate** ou **Masqat** ▪ Capitale du sultanat d'Oman. 26 700 habitants (zone urbaine 832 000).

Le **Mas-d'Azil** ▪ Site préhistorique de l'Ariège.

**Maseru** ▪ Capitale du Lesotho. 120 000 habitants.

Giulietta **Masina** ▪ Actrice italienne (1921-1994), épouse et inspiratrice de Fellini. *La Strada*; *Les Nuits de Cabiria*; *Juliette des esprits*.

**Masinissa** ou **Massinissa** ▪ Roi de Numidie, allié des Romains (v. 240-148 avant J.-C.).

Gaston **Maspero** ▪ Égyptologue français (1846-1916). ► Son fils, Henri **Maspero**, sinologue français (1883-1945), mourut en déportation à Buchenwald. ► François **Maspero** (né en 1932), fils d'Henri, éditeur et écrivain français.

le **Massachusetts** ▪ État du nord-est des États-Unis. 21 408 km². 6,35 millions d'habitants. Capitale : Boston.

**Massachusetts Institute of Technology (M. I. T.)** ■ École supérieure scientifique des États-Unis, près de Cambridge, fondée en 1881. Physique, électronique, sciences humaines et sociales.

**Massada** ■ Forteresse d'Israël où les Juifs (les zélotes) résistèrent aux Romains (73).

**les Massaïs** ou **Masaïs** ■ Peuple du Kenya et de la Tanzanie.

André **Masséna**, duc de Rivoli, prince d'Essling ■ Maréchal de Napoléon Iᵉʳ (1756-1817).

Jules **Massenet** ■ Compositeur français (1842-1912). *Manon.*

le **Massif central** ■ Région montagneuse du centre de la France.

Louis **Massignon** ■ Orientaliste français (1883-1962). Travaux sur l'islam et ses mystiques.

Jean-Baptiste **Massillon** ■ Prédicateur français (1663-1742). *Oraisons* et *Sermons*, d'une langue élégante et harmonieuse.

André **Masson** ■ Peintre français (1896-1987). Proche des surréalistes.

Ahmed Shah Massoud, dit le Commandant **Massoud** ■ Homme politique afghan (1953-2001). Il lutta contre l'occupation soviétique et, après la victoire, fut ministre; puis, il rejoignit l'opposition et combattit les talibans. Il fut assassiné par des islamistes.

Marcello **Mastroianni** ■ Acteur italien de théâtre (dirigé par Visconti), puis de cinéma (1924-1996). Interprète masculin favori de Fellini : *La Dolce Vita*, *Huit et demi*.

Margaretha Geertruida Zelle, dite **Mata Hari** ■ Aventurière et espionne néerlandaise (1878-1917). Danseuse, elle interpréta des danses indiennes et javanaises; impliquée en France dans une affaire d'espionnage pour l'Allemagne, elle fut fusillée.

**Matamore** («tueur de Maures») ■ Personnage de fanfaron de la comédie italienne.

**Mathias Iᵉʳ Corvin** ■ Roi de Hongrie de 1458 à sa mort (1440-1490).

Georges **Mathieu** ■ Peintre français (1921-2012). Œuvres abstraites, fondées sur une «esthétique de la vitesse» et du geste, évoquant la calligraphie asiatique.

**Mathilde de Flandre,** dite **la reine Mathilde** ■ Épouse de Guillaume le Conquérant (morte en 1083).

**Mathusalem** ou **Mathusala** ■ Bible Patriarche qui aurait vécu 969 ans.

l'hôtel **Matignon** ■ Hôtel parisien, attribué au Premier ministre de la France.

Henri **Matisse** ■ Peintre, dessinateur et sculpteur français (1869-1954). L'un des maîtres de l'art du XXᵉ s., par la perfection et le dynamisme du dessin, la composition par des couleurs franches (*La Danse*).

le **Mato Grosso** ■ Plateau de l'ouest du Brésil.

Roberto **Matta** ■ Peintre chilien (1911-2002), surréaliste.

saint **Matthieu** ■ Apôtre et évangéliste.

Charles Robert **Maturin** ■ Écrivain irlandais (1782-1824). *Melmoth ou l'Homme errant.*

**Maubeuge** ■ Commune du Nord. 31 103 habitants.

Somerset **Maugham** ■ Écrivain anglais (1874-1965). *Servitude humaine.*

**Mauna Kea** ■ Volcan éteint, point culminant de Hawaii. 4 205 m.

Guy de **Maupassant** ■ Écrivain français (1850-1893). Un maître de la nouvelle et du court roman réalistes. *Bel-Ami* ; *Une vie.*

le chancelier de **Maupeou** ■ Ministre de Louis XV (1714-1792).

Pierre Louis Moreau de **Maupertuis** ■ Mathématicien et naturaliste français (1698-1759). En mécanique, «principe de moindre action» ; en biologie, il fut un précurseur du transformisme.

les **Maures** n. m. pl. ■ Massif côtier du Var.

la **Maurétanie** ou **Mauritanie** (en latin *Mauritania* ou *Mauretania*) ■ Dans l'Antiquité, royaume de l'ouest de l'Afrique du Nord.

François **Mauriac** ■ Romancier français (1885-1970). Son œuvre évoque l'inquiétude du chrétien hanté par le péché et le salut. Sa critique de la bourgeoisie est impitoyable. *Thérèse Desqueyroux* ; *Le Nœud de vipères.* Il fut aussi un polémiste et un mémorialiste engagé.

**Mauriac** ■ Chef-lieu d'arrondissement du Cantal. 3 819 habitants. Église romane.

l'île **Maurice** ■ État insulaire de l'océan Indien. 2 040 km². 1,3 million d'habitants. Capitale : Port-Louis.

la **Maurienne** ■ Vallée de la Savoie.

la **Mauritanie** → **Maurétanie**

la **Mauritanie** ■ État de l'Afrique de l'Ouest. 1 031 000 km². 3,4 millions d'habitants. Capitale : Nouakchott.

Émile Herzog, dit André **Maurois** ■ Écrivain français (1885-1967). Récits humoristiques, romans, nouvelles, synthèses historiques, biographies.

Charles **Maurras** ■ Écrivain et homme politique français (1868-1952). Nationaliste et monarchiste. *Anthinéa.*

les **Maurya** ■ Dynastie indienne fondée au IVᵉ s. avant J.-C. par le souverain Chandragupta Maurya. L'*art maurya* mêle les influences hellénistiques et iraniennes.

**Mausole** ■ Satrape d'Asie Mineure, dans la Carie soumise à l'empire perse. Révolté contre Artaxerxès, il obtint l'indépendance de la région. À sa mort, sa sœur et épouse, Artémise, lui éleva un magnifique tombeau (de là vient le mot de *mausolée*).

Marcel **Mauss** ■ Sociologue français (1873-1950). *Essai sur le don.*

**Maximilien** ■ (1832-1867) Empereur du Mexique de 1864 à sa mort. Il fut fusillé.

**Maximilien Iᵉʳ** ■ (1459-1519) Archiduc d'Autriche, empereur germanique de 1493 à sa mort.

James Clerk **Maxwell** ■ Physicien écossais (1831-1879). Les *équations de Maxwell* : lois du champ électromagnétique.

les **Mayas** ■ Peuple d'Amérique centrale qui fonda une brillante civilisation (IIIᵉ-XVIᵉ s.).

**Mayence,** en allemand **Mainz** ▪ Ville d'Allemagne (Rhénanie-Palatinat), sur le Rhin. 196 900 habitants. Cathédrale romane.

**Mayenne** ▪ Chef-lieu d'arrondissement de la Mayenne. 13 226 habitants.

la **Mayenne** ▪ Rivière, affluent de la Sarthe. 200 km. ► la **Mayenne** [53]. Département français de la Région Pays de la Loire. 5 213 km². 307 031 habitants. Chef-lieu : Laval. Chefs-lieux d'arrondissement : Château-Gontier, Mayenne.

**Mayerling** ▪ Village d'Autriche, près de Vienne, où furent trouvés morts l'archiduc héritier Rodolphe de Habsbourg et la baronne Marie Vetsera.

le **Mayflower** ▪ Navire qui, en 1620, transporta les premiers colons anglais en Amérique du Nord.

Félix **Mayol** ▪ Chanteur français de café-concert (1872-1941). Créateur de chansons célèbres à la Belle Époque.

**Mayotte** ▪ Région et département français d'outre-mer, à l'est des Comores. 373 km². 160 265 habitants. Chef-lieu : Mamoudzou.

**Mazamet** ▪ Ville du Tarn. 10 093 habitants. Industrie des peaux.

**Mazār-é Charīf** ▪ Ville d'Afghanistan, au nord du pays. 300 600 habitants. Tombeau (supposé) du calife Ali, cousin de Mahomet, objet de culte pour les chiites.

Jules **Mazarin** ▪ Cardinal et homme d'État français d'origine italienne (1602-1661). Il réprima la Fronde, mit fin à la guerre de Trente Ans.

**Mazatlán** ▪ Port du Mexique. 381 000 habitants.

Ivan **Mazeppa** ▪ Chef des Cosaques, gouverneur de l'Ukraine (v. 1644-1709).

la **Mazurie** ▪ Région du nord-est de la Pologne. 1 426 900 habitants. Lacs et forêts.

Giuseppe **Mazzini** ▪ Patriote et révolutionnaire italien (v. 1805-1872).

**Mbabane** ▪ Capitale du Swaziland. 52 000 habitants.

Thabo **Mbeki** ▪ Homme d'État sud-africain (né en 1942). Premier successeur de Nelson Mandela à la présidence de la République (1999-2008).

**Mc... → Mac...**

**Mbuji-Mayi** ▪ Ville de la République démocratique du Congo. 430 000 habitants.

Margaret **Mead** ▪ Anthropologue américaine (1901-1978). Elle étudia les sociétés des Samoa, de Nouvelle-Guinée et de Bali, appliquant des méthodes freudiennes et structuralistes.

le **Méandre** ▪ Fleuve de Turquie (584 km) au cours sinueux.

**Meaux** ▪ Chef-lieu d'arrondissement de la Seine-et-Marne. 52 225 habitants. Cathédrale.

**Mécène** ▪ Chevalier romain (v. 69-8 avant J.-C.). Ministre d'Auguste, il protégea les arts.

**Mechhed** ou **Machhad** ▪ Ville d'Iran. 2,4 millions d'habitants. Pèlerinage chiite.

le **Mecklembourg-Poméranie-Antérieure,** en allemand **Mecklenburg-Vorpommern** ▪ Land d'Allemagne. 23 559 km². 1,7 million d'habitants. Capitale : Schwerin.

La **Mecque** ▪ Ville d'Arabie saoudite, capitale religieuse de l'islam. 1,29 million d'habitants. Patrie du prophète Mahomet. Pèlerinage.

**Medan** ▪ Port d'Indonésie (Sumatra). 1,9 million d'habitants.

**Médée** ▪ mythol. grecque Magicienne. Abandonnée par Jason, elle se venge en tuant ses propres enfants.

le **MEDEF** ▪ Le Mouvement des entreprises françaises → **C. N. P. F.**

**Medellín** ▪ Ville de Colombie. 2,2 millions d'habitants.

les **Mèdes** ▪ Anc. peuple d'Iran vaincu par les Perses (550 avant J.-C.).

les **Médicis** ▪ Famille de marchands et de banquiers qui domina l'histoire de Florence (XVᵉ-XVIIIᵉ s.). ► Cosme ou Cosimo de **Médicis** (1389-1464), le « Père de la Patrie ». **Laurent le Magnifique** (1449-1492) protégea les artistes et les savants. **Alexandre** ou **Alessandro de Médicis** ▪ (v. 1510-1537) exerça une dictature sur Florence. Assassiné par son cousin Lorenzaccio.

la **Médie** ▪ Pays des Mèdes.

**Médine** ▪ Ville d'Arabie saoudite. 918 900 habitants. Ville sainte de l'islam. Pèlerinage.

les guerres **médiques** ▪ Conflits qui opposèrent les cités grecques à l'Empire perse au Vᵉ avant J.-C.

la mer **Méditerranée** ▪ Mer intérieure entre l'Afrique, l'Asie et l'Europe. 2,9 millions de km².

le **Médoc** ▪ Région viticole du Bordelais.

**Méduse** ▪ L'une des trois Gorgones.

Dmitri Anatolievitch **Medvedev** ▪ Homme politique russe (né en 1965). Président de Russie (2008-2012).

**Mégare** ▪ Ville de Grèce, près d'Athènes, prospère dans l'Antiquité.

**Megève** ▪ Commune de la Haute-Savoie. 3 516 habitants. Station de sports d'hiver.

**Méhémet Ali** ou **Muhammad ʿAlī** ▪ Vice-roi d'Égypte de 1805 à sa mort (1769-1849). Fondateur de l'Égypte moderne.

**Mehmet** ▪ Nom de six sultans ottomans. ► **Mehmet II.** Sultan de 1451 à sa mort (1432-1481). Il prit Constantinople (1453).

Étienne **Méhul** ▪ Compositeur français (1763-1817). Auteur d'opéras dans la tradition de Gluck.

Mutsuhito, dit **Meiji Tennō** ▪ (1852-1912) Empereur japonais de 1867 à sa mort. Le créateur du Japon moderne (*ère Meiji*).

Henri **Meilhac** [mɛjak] ▪ Auteur dramatique français (1831-1897). En collaboration avec Ludovic Halévy*, il est l'auteur des livrets de nombreux opéras bouffes d'Offenbach, ainsi que de celui du *Carmen* de Bizet.

Antoine **Meillet** ▪ Linguiste français (1866-1936). Comparaison des langues indo-européennes.

**Golda Meir** ■ Femme politique (travailliste) israélienne (1898-1978).

**Jean Louis Ernest Meissonier** ■ Peintre français (1815-1891). Scènes militaires d'un réalisme minutieux.

**Lise Meitner** ■ Physicienne autrichienne (1878-1968). Physique nucléaire ; radioéléments.

**Meknès** ■ Ville du Maroc. 469 200 habitants.

**le Mékong** ■ Fleuve de Chine et d'Indochine. 4 200 km.

**Melanchthon** ■ Réformateur religieux allemand (1497-1560). Disciple de Luther.

**la Mélanésie** ■ Ensemble d'îles du Pacifique (Océanie), comprenant principalement la Nouvelle-Guinée, la Nouvelle-Calédonie et les îles Fidji.

Helen Mitchell, dite **Nellie Melba** ■ Cantatrice australienne (1861-1931). La *pêche Melba* fut créée en son honneur.

**Melbourne** ■ Ville et port d'Australie. 3,7 millions d'habitants.

**Melchior** ■ Un des Rois mages.

**Melchisédech** [mɛlkisedɛk] ■ Personnage de la Bible (Genèse). Il bénit Abraham.

**Georges Méliès** ■ Cinéaste français (1861-1938). Pionnier du septième art, inventif et poétique. *Le Voyage dans la Lune.*

**Melilla** ■ Ville constituant une enclave espagnole sur la côte méditerranéenne du Maroc, au nord-est du rif. 14 km². 81 323 habitants. Port franc.

**Melpomène** ■ mythol. grecque Muse du chant et de l'harmonie.

**Melun** ■ Chef-lieu du département de Seine-et-Marne. 39 497 habitants.

**Mélusine** ■ Personnage de légende médiévale, fée qui devient tous les samedis une femme-serpent.

Herman **Melville** ■ Écrivain américain (1819-1891). Auteur de romans allégoriques et épiques. *Moby Dick ou la Baleine blanche.*

Jean-Pierre Grumbach, dit **Jean-Pierre Melville** ■ Cinéaste français (1917-1973). Adaptations de Vercors, Cocteau (*Les Enfants terribles*) ; films rigoureux influencés par le cinéma américain (*Le Doulos ; Le Samouraï*).

**Memel → Klaïpeda**

Hans **Memling** ■ Peintre flamand d'origine rhénane (v. 1433-1494). Son œuvre, peinte à Bruges, témoigne d'une extraordinaire virtuosité technique, d'un sens de l'équilibre dans la composition et d'une émotion contenue, aussi sensible à la figure humaine qu'à la nature.

**Memphis** ■ Ville anc. d'Égypte.

**Memphis** ■ Ville des États-Unis (Tennessee). 647 000 habitants. (agglomération 1,1 million).

Gilles **Ménage** ■ Érudit et écrivain français (1613-1692). Auteur du premier grand dictionnaire étymologique du français.

**Mencius → Mengzi**

**Mende** ■ Chef-lieu de la Lozère. 12 163 habitants. Cathédrale (XVIIᵉ s.).

**Gregor Johann Mendel** ■ Botaniste et religieux morave (1822-1884). Lois fondamentales de la génétique.

**Dmitri Mendeleïev** ■ Chimiste russe (1834-1907). Classification périodique des éléments chimiques.

Moses ou Moïse **Mendelssohn** ■ Philosophe allemand (1729-1789). Réformiste du judaïsme.

Felix **Mendelssohn-Bartholdy** ■ Compositeur allemand (1809-1847). Entre romantisme et classicisme, il a composé une œuvre sensible, toute de clarté et de charme. Pièces orchestrales, musique de chambre et musique de scène.

Pierre **Mendès France** ■ Homme politique français (1907-1982). Président du Conseil en 1954-1955.

**Mendoza** ■ Ville d'Argentine. 699 000 habitants (agglomération). ► la province de **Mendoza.** Province d'Argentine, au pied des Andes.

**Ménélas** ■ Roi mythique de Sparte. L'enlèvement de son épouse Hélène déclencha la guerre de Troie.

**Ménélik II** ■ Négus d'Éthiopie de 1889 à sa mort (1844-1913). Il modernisa l'empire.

**Mengzi**, en latin **Mencius** ■ Philosophe chinois disciple de Confucius (v. 370-290 avant J.-C.).

**Ménilmontant** ■ Quartier de Paris.

**Gian Carlo Menotti** ■ Compositeur américain d'origine italienne (1911-2007). Opéras (*Le Médium ; Le Consul*).

**Menton** ■ Ville des Alpes-Maritimes. 28 926 habitants. Station touristique.

**Mentor** ■ Dans l'*Odyssée*, ami d'Ulysse et précepteur de son fils Télémaque.

sir Yehudi **Menuhin** ■ Violoniste américain d'origine russe (1916-1999).

**Méphistophélès** ■ Autre nom du diable.

**le Mercantour** ■ Massif des Alpes françaises du sud. Point culminant : cime de Gélas, 3 143 m. Parc national.

Gerhard Kremer, dit Gerardus **Mercator** ■ Géographe flamand (1512-1594). Inventeur d'un système de projection graphique.

Louis Sébastien **Mercier** ■ Écrivain français (1740-1814). *Tableau de Paris.*

Eddy **Merckx** ■ Coureur cycliste belge (né en 1945). A gagné toutes les grandes « classiques » du cyclisme. Cinq fois vainqueur du Tour d'Italie et du Tour de France.

**le Mercosur** (en portugais), **Mercosul** (en espagnol) [« marché du Sud »] ■ Union douanière entre pays d'Amérique latine, créée en 1991. Membres permanents : Brésil, Argentine, Uruguay, Paraguay, Venezuela.

Maria Amalia, dite Melina **Mercouri** ■ Actrice et femme politique grecque (1923-1994). Actrice de théâtre, puis de cinéma (films de Jules Dassin, son mari). Elle fut ministre socialiste grecque de la culture.

**Mercure** ■ mythol. romaine Dieu protecteur des commerçants et des voyageurs, assimilé à l'Hermès grec. ► **Mercure,** planète du système solaire. Diamètre : 4 878 km.

**Mercure de France** ■ Revue littéraire française, fondée en 1889, dont le titre reprend celui du *Mercure galant* (1672).

**Mercurey** ■ Commune de Saône-et-Loire. 1 271 habitants. Vins (côte chalonnaise).

**George Meredith** ■ Écrivain anglais (1828-1909). *L'Égoïste.*

**Dmitri Sergueïevitch Merejkovski** ■ Écrivain russe (1866-1941). D'inspiration à la fois païenne et chrétienne, il s'opposa au bolchevisme et émigra en France.

**Mérida** ■ Ville d'Espagne (Estrémadure). 57 810 habitants. Ruines romaines.

**Mérida** ■ Ville du Mexique, capitale du Yucatán, fondée en 1542 sur l'emplacement d'une ville maya. 777 600 habitants. Les ruines de Chichén Itzá et d'Uxmal en sont proches.

**Mérignac** ■ Commune de la banlieue de Bordeaux. 65 882 habitants. Aéroport.

**Prosper Mérimée** ■ Écrivain français (1803-1870). Auteur de récits historiques, de nouvelles concises et fortes (*Mateo Falcone, Tamango, Le Vase étrusque*) et de deux brefs romans (*Colomba* et *Carmen*), il fut l'un des grands prosateurs de son temps. Son rôle de sauveur des monuments historiques français fut essentiel.

**Angela Merkel** ■ Femme politique allemande (née en 1954). Originaire de la R. D. A., docteur en physique, elle a été élue chancelière (chrétienne démocrate) en 2005 (réélue en 2009 et en 2013).

**Maurice Merleau-Ponty** ■ Philosophe français (1908-1961). Influencé par la phénoménologie de Husserl et par Marx ; il rompit avec le communisme en 1945.

**Merlin l'Enchanteur** ■ Enchanteur, personnage mythique des légendes celtiques. Épris de la fée Viviane, il demeure en son pouvoir.

**Jean Mermoz** ■ Aviateur français (1901-1936).

**Mérovée** ■ Ancêtre des Mérovingiens, roi supposé des Francs Saliens (milieu du Vᵉ s.).

**les Mérovingiens** ■ Première dynastie de rois Francs qui régna de 481 à 751.

**Mers el-Kébir**, en arabe **Marsā al-Kabīr** ■ Commune d'Algérie. 18 000 habitants. En 1940, les Britanniques y bombardèrent une escadre française.

**l'abbé Marin Mersenne** ■ Philosophe et savant français (1588-1648).

**Pierre Mertens** ■ Écrivain belge d'expression française (né en 1939). Romans et nouvelles de structure complexe, quasi musicale.

**la Meseta** (en espagnol « le plateau ») ■ Plateau central de la péninsule Ibérique.

**Jean**, dit le curé **Meslier** ■ Penseur français, athée, matérialiste (1664-1729). À part des extraits (Voltaire : *Le Testament du curé Meslier*), son œuvre, violente critique sociale, ne fut éditée qu'en 1970.

**Franz Anton Mesmer** ■ Médecin allemand (1734-1815). Il prétendit avoir découvert le fluide du « magnétisme animal », capable de guérir toutes les maladies. Il eut à Paris de nombreux adeptes.

la **Mésopotamie** ■ Région de l'Asie ancienne, entre le Tigre et l'Euphrate (Irak actuel).

**André Messager** ■ Compositeur et chef d'orchestre français (1853-1929).

**Ahmed Messali Hadj** ■ Homme politique algérien (1898-1974). Dès 1924, il fonda en France un mouvement nationaliste algérien.

**Messaline** ■ Impératrice romaine (morte en 48). Femme de Claude.

**Willy Messerschmitt** ■ Ingénieur allemand, constructeur d'avions (1898-1978).

**Olivier Messiaen** ■ Compositeur français (1908-1992). Innovation du langage musical et volonté de traduire une spiritualité religieuse caractérisent une œuvre abondante. Écrits de théorie musicale.

**Messine,** en italien **Messina** ■ Port d'Italie (Sicile). 252 000 habitants.

**Pierre Métastase** ■ Poète et librettiste italien (1698-1782). *Didon abandonnée.*

**Ilia Ilitch Metchnikov** ou **Élie Metchnikoff** ■ Biologiste russe (1845-1916). Il travailla en France avec Pasteur et découvrit la phagocytose.

saint **Méthode** → saint **Cyrille**

**Alfred Métraux** ■ Anthropologue français né en Suisse (1902-1963). Travaux sur l'île de Pâques, les Amérindiens, le vaudou.

le **Metropolitan Museum of Art,** fam. le Met' ■ Le principal musée d'art de New York, fondé en 1870.

le **Metropolitan Opera,** fam. le Met' ■ Opéra de New York, le premier des États-Unis (1883).

**Gabriel Metsu** ■ Peintre hollandais (1629-1667). Portraits, œuvres religieuses.

**Quentin Metsys** ou **Matsys** ■ Peintre flamand actif à Anvers (1465 ou 1466-1530). *Le Changeur et sa femme.*

le prince de **Metternich** ■ Homme politique autrichien (1773-1859). Conservateur, artisan du congrès de Vienne.

**Metz** ■ Chef-lieu de la Moselle et de la Région Lorraine. 119 962 habitants. Églises médiévales. Place d'Armes (XVIIIᵉ s.).

**Meudon** ■ Commune des Hauts-de-Seine. 45 010 habitants. Observatoire, laboratoires.

**Meursault** ■ Commune de Bourgogne (Côte-d'Or). 1 516 habitants. Vins blancs renommés.

la **Meurthe** ■ Rivière, affluent de la Moselle. 170 km. ► la **Meurthe-et-Moselle** [54]. Département français de la Région Lorraine. 5 279 km². 733 124 habitants. Chef-lieu : Nancy. Chefs-lieux d'arrondissement : Briey, Lunéville, Toul.

la **Meuse** ■ Fleuve de France, de Belgique et des Pays-Bas. 950 km. ► la **Meuse** [55], département français de la Région Lorraine. 6 220 km². 193 557 habitants. Chef-lieu : Bar-le-Duc. Chefs-lieux d'arrondissement : Commercy, Verdun.

**Mexico** ■ Capitale du Mexique. 8,6 millions d'habitants (agglomération 20,1 millions). Vestiges aztèques. Monuments baroques.

les **États-Unis du Mexique** ■ État fédéral d'Amérique centrale. 1 972 546 km². 112,3 millions d'habitants. Capitale : Mexico.

Yves **Meyer** ■ Mathématicien français (né en 1939). Théorie des nombres et statistique.

Jakob Liebmann Beer, dit Giacomo ou Jacques **Meyerbeer** ■ Compositeur allemand (1791-1864). Établi à Paris, il écrivit notamment les opéras (*Robert le Diable* ; *Le Prophète*).

Vsevolod Emilievitch **Meyerhold** ■ Metteur en scène et scénographe soviétique de théâtre (1874-1940). Il révolutionna le langage théâtral jusqu'en 1938, et fut arrêté, puis exécuté sous Staline.

le **Mezzogiorno** ■ Ensemble des régions du sud de l'Italie, de la Sicile et de la Sardaigne marquées par le sous-développement.

**Miami** ■ Ville côtière des États-Unis (Floride). 399 500 habitants (conurbation avec Fort Lauderdale 3,9 millions).

Henri **Michaux** ■ Écrivain, poète et peintre français d'origine belge (1899-1984). Doutant de la cohérence du monde et du langage qui l'exprime, il élabora une œuvre à la fois intime, douloureuse et ouverte sur le monde (*Ecuador, Un barbare en Asie*). Mais l'expérience intérieure pour lui l'essentiel (*La Nuit remue, Plume*, etc.). Ses poèmes sont des exorcismes. Il mêla l'imaginaire à l'expérience extrême des stupéfiants (*Misérable miracle*). Son œuvre de dessinateur et de peintre, aux formes humaines déconstruites, complète cette expérience.

saint **Michel** ou **Michaël** ■ Bible Archange de la tradition juive et chrétienne.

**Michel** ■ Nom de neuf empereurs byzantins.

Louise **Michel** ■ Révolutionnaire française (1830-1905). Elle prit part à la Commune.

Michelangelo Buonarroti, dit **Michel-Ange** ■ Sculpteur, peintre, architecte et poète de la Renaissance italienne (1475-1564). Son œuvre célèbre le divin à travers le culte de la beauté humaine. La chapelle Sixtine ; *Pietà* ; *Moïse* (sculptures).

Jules **Michelet** ■ Historien et écrivain français (1798-1874). Désireux de faire de l'histoire une « résurrection de la vie intégrale », il mit ses vertus lyriques et épiques d'écrivain au service d'une vision nationale et romantique (*Histoire de la Révolution française* ; *Histoire de France*). Il a publié aussi des essais inspirés (*L'Oiseau* ; *La Mer* ; *La Sorcière...*).

**Michelin** ■ Famille d'industriels français. Édouard (1859-1940) réalisa les premiers pneus démontables ; André (1852-1931) travailla avec son frère et créa en 1900 le *Guide Michelin*.

Albert **Michelson** ■ Physicien américain (1852-1931). Il mesura avec Edward Morley la vitesse de la lumière.

le **Michigan** ■ État du centre nord des États-Unis. 250 504 km². 9,94 millions d'habitants. Capitale : Lansing. ► le lac **Michigan**. Grand lac des États-Unis. 57 994 km².

**Mickey Mouse** ■ Personnage animal, souris (*mouse*) dessinée par Walt Disney, devenu l'emblème des entreprises Disney.

Adam **Mickiewicz** ■ Poète polonais (1798-1855). *Monsieur Thadée*.

la **Micronésie** ■ Ensemble d'îlots du Pacifique, à l'est des Philippines (Mariannes, Carolines, Marshall). ► la fédération des États de **Micronésie**. État insulaire. 701 km². 107 000 habitants. Capitale : Palikir.

**Microsoft** (de *soft*, dans *software* « logiciel ») ■ Entreprise multinationale américaine d'informatique, fondée par Bill Gates (1975).

**Midas** ■ Roi légendaire de Phrygie qui changeait en or tout ce qu'il touchait.

le **Middle West** ■ Région des États-Unis, au sud des Grands Lacs.

le canal du **Midi** ■ Canal qui relie la Garonne à la Méditerranée. 241 km.

la **Région Midi-Pyrénées** ■ Région administrative du sud-ouest de la France. Huit départements : Ariège, Aveyron, Gers, Haute-Garonne, Hautes-Pyrénées, Lot, Tarn et Tarn-et-Garonne. 45 348 km². 2,90 millions d'habitants. Chef-lieu : Toulouse.

les **Midlands** n. f. pl. ■ Région industrielle du centre de l'Angleterre. Ville principale : Birmingham.

les îles **Midway** ■ Îles américaines du Pacifique. Victoire navale des États-Unis sur le Japon en 1942.

Ludwig **Mies van der Rohe** ■ Architecte allemand naturalisé américain (1886-1969). Gratte-ciel à ossature d'acier et paroi vitrée.

**Mi Fu** ou **Mi Fei** ■ Peintre et poète chinois (1051-1107).

Pierre **Mignard** ■ Peintre français (1612-1695). Portraitiste.

**Milan**, en italien **Milano** ■ Ville d'Italie (Lombardie). 1,26 million d'habitants. Cathédrale gothique. Théâtre de la Scala (XVIIIᵉ s.).

**Milarepa** ■ Ascète tibétain qui aurait vécu au XIᵉ s. et fondé la secte bouddhiste qui donna naissance au lamaïsme.

**Milet** ■ Ville d'Asie Mineure, dans l'Antiquité.

Darius **Milhaud** ■ Compositeur français (1892-1974). Œuvre variée (opéras, ballets, musique d'orchestre, musique de chambre, cantates, mélodies) et novatrice, allant du sensible à l'épique, de la gravité à l'ironie.

la **Milice** ■ Organisation paramilitaire française fondée en 1943 par le gouvernement de Vichy.

John Stuart **Mill** ■ Philosophe, logicien et économiste anglais (1806-1873). *L'Utilitarisme*.

sir John Everett **Millais** ■ Peintre anglais (1829-1896), l'un des fondateurs de l'école préraphaélite (avec D. G. Rossetti et William H. Hunt).

**Millau** ■ Chef-lieu d'arrondissement de l'Aveyron. 21 626 habitants. Très haut viaduc reliant le Larzac au Causse Rouge.

Henry **Miller** ■ Écrivain américain (1891-1980). Auteur d'une œuvre autobiographique d'une ampleur épique, marquée par l'érotisme. *Tropique du Cancer* ; *La Crucifixion en rose*.

Glenn **Miller** ■ Chef d'orchestre américain de jazz (1904-1944). Style « swing ».

Arthur **Miller** ■ Auteur dramatique américain (1915-2005). Il fut inquiété pendant le maccarthysme. Son œuvre est une critique du rêve américain (la liberté, la richesse offertes à tous) et de l'hypocrisie sociale. *Les Sorcières de Salem; Mort d'un commis voyageur; Les Désaxés* (film de John Huston).

Alexandre **Millerand** ■ Président de la République française de 1920 à 1924 (1859-1943).

Jean-François **Millet** ■ Peintre français (1814-1875). Ses œuvres majeures, à la fois réalistes et lyriques, célèbrent la vie paysanne (*Les Glaneuses*), la nature, la foi (*L'Angélus*), le travail ouvrier. Elles allient le classicisme de la composition, la finesse des couleurs et la liberté de facture. Van Gogh l'admira.

le plateau de **Millevaches** ■ Plateau du Limousin. 919 m au mont Bessou.

Robert Andrews **Millikan** ■ Physicien américain (1868-1953). Atomiste, il détermina la charge de l'électron et la valeur de la constante de Planck.

Henri **Milne-Edwards** ■ Physiologiste belge, puis français (1800-1885). ► Alphonse **Milne-Edwards,** son fils (1835-1900), naturaliste.

**Milo,** en grec **Mílos** ■ Île grecque des Cyclades où fut découverte en 1820 la statue dite *Vénus de Milo.*

**Milon de Crotone** ■ Athlète et général grec de l'Antiquité (VIᵉ-Vᵉ s. avant J.-C.). Lutteur, chef de guerre (entre Crotone et Sybaris).

Slobodan **Milošević** ■ Homme d'État serbe (1941-2006). Président de la Serbie, il mena une politique nationaliste et violente au Kosovo, à l'égard des Albanais, en Bosnie et en Croatie. Battu aux élections de 2000, il fut mis en jugement au Tribunal pénal international de La Haye. Il mourut en détention.

Oscar Vladislas de Lubicz-**Milosz** ■ Poète français d'origine lituanienne (1877-1939).

Czesław **Miłosz** ■ Écrivain polonais naturalisé américain (1911-2004).

**Miltiade** ■ Stratège athénien (540-489 avant J.-C.). Vainqueur à Marathon.

John **Milton** ■ Écrivain anglais (1608-1674). Auteur de poèmes et d'écrits polémiques religieux. Devenu aveugle, il se consacra à son chef-d'œuvre, *Le Paradis perdu,* tragédie visionnaire dont le personnage central est Satan, le révolté. L'œuvre a été traduite en français par Chateaubriand.

**Milwaukee** ■ Ville des États-Unis (Wisconsin). 595 000 habitants (conurbation avec Racine 1,7 million).

Alain **Mimoun** ■ Athlète français d'Algérie (1921-2013). Coureur de fond.

les **Minamoto** ou **Genji** ■ Clan japonais qui joua un rôle important dans l'histoire du Japon du XIᵉ au XIIIᵉ s.

**Minas Gerais** ■ État de l'est du Brésil. 586 624 km². 19,6 millions d'habitants. Capitale : Belo Horizonte.

**Mindanao** ■ Île des Philippines. 94 627 km². 18,1 millions d'habitants.

**Minerve** ■ mythol. romaine Déesse identifiée à l'*Athéna* des Grecs.

le **Minervois** ■ Région du Languedoc. Vins.

les **Ming** ■ Dynastie chinoise (1368-1644).

Charles, dit Charlie **Mingus** ■ Contrebassiste et compositeur américain de jazz (1922-1979).

le **Minho** ■ Fleuve né en Galice, puis frontière entre l'Espagne et le Portugal. 275 km. ► le **Minho.** Région naturelle du nord-ouest du Portugal.

Hermann **Minkowski** ■ Mathématicien allemand (1864-1909). Sa théorie de l'espace-temps est adaptée à celle de la relativité restreinte de son ancien élève Albert Einstein.

Alexandre **Minkowski** ■ Médecin et résistant français (1915-2004). À l'origine de la néonatalogie en France, il s'intéressa aux traumatismes psychologiques des enfants. ► Marc **Minkowski,** son fils (né en 1962), bassoniste et chef d'orchestre.

**Minneapolis** ■ Ville des États-Unis (Minnesota), sur le Mississippi. 382 600 habitants (conurbation avec Saint Paul 2,97 millions).

Vincente **Minnelli** ■ Cinéaste américain (1910-1986). Comédies musicales.

le **Minnesota** ■ État du centre des États-Unis. 217 736 km². 4,9 millions d'habitants. Capitale : Saint Paul.

**Minorque,** en espagnol **Menorca** ■ Île de l'archipel espagnol des Baléares. 668 km². 88 434 habitants.

**Minos** ■ Roi légendaire de Crète, devenu un des juges des Enfers.

le **Minotaure** ■ mythol. grecque Monstre mi-homme, mi-taureau, enfermé par Minos dans le Labyrinthe et tué par Thésée.

**Minsk** ■ Capitale de la Biélorussie. 1,7 million d'habitants.

**Miquelon** ■ Archipel français de l'Atlantique constitué de deux îles. → **Saint-Pierre et Miquelon**

Victor Riqueti, marquis de **Mirabeau** ■ Économiste français (1715-1789). Théorie de la population (*L'Ami des hommes*), théorie de l'impôt.

Honoré Gabriel Riqueti, comte de **Mirabeau** ■ Homme politique français (1749-1791). Fils du marquis de Mirabeau, orateur brillant, ouvert aux idées nouvelles, partisan d'une monarchie constitutionnelle, il joua un rôle décisif dans les débuts de la Révolution.

Francisco de **Miranda** ■ Patriote vénézuélien (1750-1816).

**Mirande** ■ Chef-lieu d'arrondissement du Gers. 3 667 habitants.

Octave **Mirbeau** ■ Écrivain français (1848-1917). De tendance anarchiste, antibourgeois, il écrivit des romans (*Le Journal d'une femme de chambre*) et des pièces de théâtre (*Les affaires sont les affaires*) violemment satiriques.

Mireille Hartuch, dite **Mireille** ■ Chanteuse et compositrice française de chansons (1906-1996). Elle renouvela le style de la chanson française. Elle créa le *Petit Conservatoire de la chanson* (1954).

Joan **Miró** ▪ Peintre, sculpteur, céramiste espagnol (catalan) (1893-1983). Il adhéra au mouvement surréaliste, puis élabora un univers très personnel de formes simples, de signes et de taches de couleurs franches, en général plein d'humour et de gaieté.

Gaston **Miron** ▪ Poète canadien (québécois) d'expression française (1928-1996). Il exprime lyriquement son engagement politique pour l'indépendance du Québec. *L'Homme rapaillé.*

Yukio **Mishima** ▪ Écrivain japonais (1925-1970). Passionné de la tradition, hostile à l'occidentalisation, il se suicida au sabre, par seppuku (hara-kiri). *Le Pavillon d'or.*

le **Mississippi** ▪ Fleuve des États-Unis. 3 780 km. ► le **Mississippi.** État du sud des États-Unis. 123 584 km². 2,84 millions d'habitants. Capitale : Jackson.

**Missolonghi** ▪ Ville de Grèce (Étolie) 13 000 habitants. Lieu essentiel de la résistance contre les Turcs (1821-1826). Byron y est mort.

le **Missouri** ▪ Rivière des États-Unis, affluent du Mississippi. 4 370 km. ► le **Missouri.** État du centre des États-Unis. 180 456 km². 5,59 millions d'habitants. Capitale : Jefferson City.

Jeanne Bourgeois, dite **Mistinguett** ▪ Vedette française de music-hall (1875-1956).

Frederi, en français Frédéric **Mistral** ▪ Écrivain français d'expression occitane (provençale) et française (1830-1914). L'un des fondateurs du félibrige, il célébra l'occitan de Provence et ce pays par des poèmes épiques et lyriques (*Mirèio [Mireille], Calendau [Calendal]*). Il publia un dictionnaire du provençal, *le Trésor du félibrige.* Prix Nobel 1904.

Lucila Godoy Alcayaga, dite Gabriela **Mistral** ▪ Poète chilienne (1889-1957). Chantre chrétienne de la douleur et de l'amour. Prix Nobel 1945.

**M. I. T.** [εmajti] → **Massachusetts Institute of Technology**

**Mitanni** ▪ Empire de l'Antiquité qui régna sur l'Arménie et l'Assyrie, aux XVᵉ et XIVᵉ s. avant J.-C., en bonne relation avec l'Égypte des pharaons.

Margaret **Mitchell** ▪ Romancière américaine (1900-1949). *Autant en emporte le vent.*

Robert **Mitchum** ▪ Acteur américain de cinéma (1917-1997). Films policiers, westerns (*Rivière sans retour,* de Preminger). *La Nuit du chasseur,* de Charles Laughton.

**Mithra** ▪ Dieu solaire de l'ancien Iran. Son culte se répandit dans le monde grec et romain.

**Mithridate VI Eupator** ▪ Roi du Pont (v. 132-63 avant J.-C.). Vaincu par Pompée. Il s'était immunisé contre les poisons.

la **Mitidja** ▪ Plaine d'Algérie, arrière-pays d'Alger.

Eilhard **Mitscherlich** ▪ Chimiste allemand (1794-1863). Il découvrit l'isomorphisme des cristaux.

**Mitsubishi** (en japonais « les trois diamants ») ▪ Groupe bancaire et industriel japonais, créé en 1885.

François **Mitterrand** ▪ Homme d'État français (1916-1996). Député dès 1946, plusieurs fois ministre, il réunit le Parti socialiste aux radicaux de gauche et aux communistes par un « programme commun » (1973). Élu en 1981 président de la République, réélu en 1988, il agit en faveur de la construction de l'Europe. Auteur de plusieurs ouvrages politiques.

les **Mixtèques** ▪ Populations de l'ancien Mexique (civilisations d'Oaxaca).

Hayao **Miyazaki** ▪ Réalisateur japonais de dessins animés (né en 1941). Auteur d'une œuvre de portée universelle, d'une inventivité stupéfiante, dont les thèmes privilégiés sont l'enfance, les dangers du pouvoir et de la guerre, les rapports entre l'être humain et la nature. *Nausicaä de la vallée du vent ; Princesse Mononoké ; Le Voyage de Chihiro ; Le Château ambulant.*

Kenji **Mizoguchi** ▪ Cinéaste japonais (1898-1956). Ses plus grands films, d'un style raffiné, aux images superbes, accusent l'injustice de la société japonaise ancienne et moderne, associant le réalisme au sens de la légende et de l'épopée, l'amour de la tradition à l'humanisme. *Les Contes de la lune vague après la pluie ; Les Amants crucifiés ; La Rue de la honte.*

**M. L. F.** ▪ Mouvement de libération de la femme (créé en 1970).

**Mnémosyne** ▪ mythol. grecque Mère des neuf Muses, personnifiant la Mémoire.

Ariane **Mnouchkine** ▪ Metteur en scène et animatrice française de théâtre (née en 1939). Fondatrice du *Théâtre du Soleil. Le Dernier Caravansérail ; Les Naufragés du Fol Espoir.* Au cinéma : *1789 ; Molière.*

les **Moabites** ▪ Peuple sémitique de l'Antiquité (XIVᵉ-XIIIᵉ s. avant J.-C.), descendants du personnage biblique Moab.

**Mobile** ▪ Ville des États-Unis (Alabama) sur le Golfe du Mexique. 195 000 habitants. Zone pétrolière.

August Ferdinand **Möbius** ▪ Astronome et mathématicien allemand (1790-1868). En topologie, il conçut la *bande* (ou *ruban) de Möbius,* à un seul côté.

Sese Seko **Mobutu** ▪ (1930-1997) Officier et homme d'État du Zaïre, au pouvoir de 1965 à 1997.

**Moctezuma** ou **Montezuma II** ▪ Empereur aztèque (1466-1520). Il fut soumis par Cortés.

**Modane** ▪ Commune de Savoie. 3 351 habitants. Accès au tunnel du Fréjus.

Le **MoDem, Mouvement Démocrate** ▪ Parti politique français centriste, issu de l'U. D. F.*, créé en 2007 par François Bayrou. Après union avec l'UDI, il est devenu l'« UDI-Modem : L'Alternative » (2013).

**Modène,** en italien **Modena** ▪ Ville d'Italie (Émilie-Romagne). 175 500 habitants. Cathédrale.

Patrick **Modiano** ▪ Écrivain français (né en 1945). Ses romans, en partie autobiographiques, sont une méditation sensible à propos du passé, de la mémoire et du mal.

Amedeo **Modigliani** ▪ Peintre italien (1884-1920). Établi à Paris en 1906, il y élabora une œuvre originale, bien qu'influencée par Cézanne et Picasso. Ses portraits et nus féminins, ses sculptures, sont une recherche d'équilibre et de grâce par l'élongation des formes.

**Mœbius** → Jean **Giraud**

**Mogadiscio** ▪ Capitale de la Somalie, sur l'océan Indien. 1,3 million d'habitants.

les **Moghols** ou **Mogols** ▪ Dynastie qui régna sur le nord de l'Inde de 1526 à 1858.

**Mohammed V** ▪ Sultan puis roi du Maroc (1909-1961). Il obtint de la France l'indépendance.

**Mohammed VI** ▪ Roi du Maroc (né en 1963). Fils aîné du roi Hassan II, il lui succéda à sa mort, en 1999.

le désert **Mohave** → **Mojave**

**Mohenjo-Daro** ▪ Site archéologique du Pakistan, siège de la « civilisation de l'Indus » (2500-1500 avant J.-C.). Cette civilisation.

les **Mohicans** ▪ Indiens d'Amérique du Nord.

László **Moholy-Nagy** ▪ Artiste hongrois (1895-1946). Peintre abstrait, créateur de génie, théoricien, il exerça en Allemagne, à Paris, à Londres, à Chicago.

les **Moires**, en grec **Moïrai** ▪ Divinités grecques du destin, correspondant aux Parques romaines.

**Moïse**, en hébreu **Moschè** ▪ Prophète, fondateur de la religion et de la nation d'Israël qu'il guida jusqu'à la Terre promise (XIII⁴ s. avant J.-C.).

**Moissac** ▪ Commune de Tarn-et-Garonne. 12 365 habitants. Église et cloître roman riche en sculptures.

Igor Aleksandrovitch **Moïsseïev** ▪ Danseur et chorégraphe russe (1906-2007). Le Ballet Moïsseïev s'est mis au service de la danse populaire russe.

le désert **Mojave** ou **Mohave** ▪ Région du sud-est de la Californie (États-Unis).

**Moka** ▪ Ville du Yémen. 10 400 habitants. Au XVIII⁴ s., port exportant les aromates et le café renommé de la région.

la **Moldavie** ▪ Région de Roumanie. ►la république de **Moldavie**. État d'Europe orientale. 33 700 km². 4 millions d'habitants. Capitale : Chisinau.

Jean-Baptiste Poquelin, dit **Molière** ▪ Comédien et auteur dramatique français (1622-1673). Ses comédies en prose et en vers (L'École des femmes ; Tartuffe ; Dom Juan ; Le Misanthrope ; L'Avare ; Le Bourgeois gentilhomme ; Les Fourberies de Scapin ; Les Femmes savantes ; le Malade imaginaire) en font, par le sens du comique et de la critique sociale, le plus grand dramaturge français avec Racine.

Guy **Mollet** ▪ Homme politique (socialiste) français (1905-1975).

le **Moloch** ▪ Bible Divinité cananéenne à qui l'on sacrifiait des enfants.

Viatcheslav Skriabine, dit **Molotov** ▪ Diplomate et homme politique soviétique (1890-1986).

**Molsheim** ▪ Chef-lieu d'arrondissement du Bas-Rhin. 9 142 habitants.

le comte Helmuth von **Moltke** ▪ Maréchal prussien (1800-1891).

les **Moluques** n. f. pl. ▪ Archipel d'Indonésie. 74 505 km². 2,8 millions d'habitants. Capitale : Ambon.

**MOMA** → **Museum of Modern Art**

**Mombasa** ou **Mombassa** ▪ Port du Kenya. 500 000 habitants.

Theodor **Mommsen** ▪ Historien allemand (1817-1903). Histoire romaine.

la principauté de **Monaco** ▪ État enclavé dans le département des Alpes-Maritimes. 1,5 km². 31 100 habitants. Capitale : Monaco.

**Monastir** ▪ Ville de Tunisie. 71 600 habitants. Station balnéaire.

**Monbazillac** ▪ Commune de la Dordogne. 916 habitants. Vins liquoreux.

**Mönchengladbach** ▪ Ville d'Allemagne (Rhénanie-du-Nord-Westphalie), à l'ouest de Düsseldorf. 270 000 habitants.

**Moncton** ▪ Ville du Canada (Nouveau-Brunswick). 64 100 habitants (zone urbaine 126 400). Université francophone.

Le **Monde** ▪ Quotidien français fondé en 1944 par Hubert Beuve-Méry.

Henri **Mondor** ▪ Chirurgien et écrivain français (1885-1962). Ouvrages sur Pasteur, Mallarmé, Valéry.

Piet **Mondrian** ▪ Peintre néerlandais (1872-1944). Abstraction géométrique.

Tierno **Monémembo** ▪ Écrivain guinéen d'expression française (né en 1947). Exilé en France, professeur de biochimie. Son œuvre est centrée sur l'Afrique et la mémoire de la colonisation. Les Crapauds-brousse ; Peuls ; Le Roi de Kahel.

Claude **Monet** ▪ Peintre français (1840-1926). Il imposa une vision subjective, « impressionniste » de la nature (Impression, soleil levant ; Les Meules ; La Cathédrale de Rouen), allant jusqu'à la quasi-abstraction (Nymphéas).

Henry de **Monfreid** ▪ Écrivain français (1879-1974). Il mena une vie aventureuse autour de la mer Rouge.

Gaspard **Monge,** comte de Péluse ▪ Mathématicien français (1746-1818). Créateur de la géométrie descriptive.

les **Mongols** ▪ Nomades d'Asie centrale, qui conquirent un vaste empire aux XIII⁴-XIV⁴ s. → **Gengis Khân.** la **Mongolie**. État du centre est de l'Asie. 1 565 000 km². 2,5 millions d'habitants. Capitale : Oulan Bator. ►la **Mongolie-Intérieure,** en chinois **Nei Menggu.** Région autonome du nord de la Chine. 1 183 000 km². 24,7 millions d'habitants. Capitale : Hohhot.

George **Monk** ▪ Général et homme politique anglais (1608-1670).

Thelonious **Monk** ▪ Pianiste et compositeur américain de jazz (1917-1982). Son influence sur l'évolution du jazz fut essentielle.

Blaise, seigneur de **Monluc** ou **Montluc** ▪ Maréchal de France et écrivain (v. 1500-1577). Chroniqueur : Commentaires.

Jean **Monnet** ▪ Économiste français (1888-1979). Père de l'union européenne.

Henri **Monnier** ▪ Écrivain et dessinateur français (1799-1877). Créateur du personnage ridicule de bourgeois Joseph Prud'homme. Observateur exceptionnel du français populaire au milieu du XIXᵉ s.

Jacques **Monod** ▪ Biochimiste français (1910-1976). *Le Hasard et la Nécessité*.

Théodore **Monod** ▪ Naturaliste et explorateur français (1902-2000). Il parcourut et étudia le Sahara, et publia des ouvrages alliant la recherche scientifique, la méditation humaniste et le respect de la nature.

Jacques **Monory** ▪ Peintre français (né en 1934), influencé par le pop art.

**Monreale** ▪ Ville de Sicile, proche de Palerme. 28 000 habitants. Cathédrale du XIIᵉ s., mosaïques.

James **Monroe** ▪ (1758-1831) Président des États-Unis de 1817 à 1825.

Norma Jean Baker, dite Marilyn **Monroe** ▪ Actrice américaine de cinéma (1926-1962). *Sept ans de réflexion; Certains l'aiment chaud; Les Désaxés*.

**Monrovia** ▪ Capitale du Liberia. 844 000 habitants.

**Mons** ▪ Ville de Belgique (Hainaut). 91 200 habitants.

les **Montagnards** ▪ Groupe de révolutionnaires français qui proscrirent les Girondins et dominèrent la Convention jusqu'à la chute de Robespierre (1794).

Luc **Montagnier** ▪ Médecin français (né en 1932). Prix Nobel 2008, avec F. Barré-Sinoussi, pour la découverte du virus du sida (1983).

Michel Eyquem de **Montaigne** ▪ Écrivain français (1533-1592). Une morale humaniste de la tolérance, exaltant les valeurs antiques, une virtuosité dans l'emploi des citations (de Plutarque, Sénèque, etc.), jointe à une sincérité primesautière, ont valu à Montaigne des *Essais* de sévères critiques (Pascal) et de durables admirations. Son style savoureux, « à sauts et à gambades », reste marqué de l'influence latine.

Charles Forbes, comte de **Montalembert** ▪ Homme politique français (1810-1870). Un des chefs du catholicisme libéral.

le **Montana** ▪ État du nord-ouest des États-Unis. 381 087 km². 902 200 habitants. Capitale : Helena.

Ivo Livi, dit Yves **Montand** ▪ Comédien et chanteur français (1921-1991).

**Montargis** ▪ Chef-lieu d'arrondissement du Loiret. 14 616 habitants.

**Montauban** ▪ Chef-lieu du département de Tarn-et-Garonne. 56 536 habitants. Cathédrale (XVIIᵉ s.).

**Montbard** ▪ Chef-lieu d'arrondissement de la Côte-d'Or. 5 476 habitants.

**Montbéliard** ▪ Chef-lieu d'arrondissement du Doubs. 25 974 habitants.

le massif du **Mont-Blanc** → le mont **Blanc**

**Montbrison** ▪ Chef-lieu d'arrondissement de la Loire. 15 324 habitants.

le marquis de **Montcalm** de Saint-Véran ▪ Général français (1712-1759). Il fut tué par les Anglais devant Québec.

le **Mont-Cenis** ▪ Massif des Alpes du Nord. 3 612 m à la pointe Ronce.

Antoine de **Montchrestien** ▪ Auteur dramatique et économiste français (v. 1575-1621). *Sophonisbe*.

**Mont-de-Marsan** ▪ Chef-lieu des Landes. 31 188 habitants.

**Montdidier** ▪ Chef-lieu d'arrondissement de la Somme. 6 103 habitants.

le massif du **Mont-Dore** ▪ Massif volcanique d'Auvergne culminant au puy de Sancy (1 885 m).

**Monte-Carlo** ▪ Quartier de Monaco.

**Montélimar** ▪ Ville de la Drôme. 35 372 habitants. Olivier de Serres y introduisit la culture des amandiers, base de la fabrication du nougat.

le **Monténégro** ▪ État de l'Europe du Sud-Est. 13 812 km². 620 100 habitants. Capitale : Podgorica.

**Monterrey** ▪ Ville du Mexique. 1,14 million d'habitants.

la marquise de **Montespan** ▪ Maîtresse de Louis XIV de 1667 à 1679 (1641-1707).

Charles de Secondat, baron de La Brède et de **Montesquieu** ▪ Écrivain et penseur français (1689-1755). Après la satire sociale spirituelle des *Lettres persanes*, il publia un ouvrage sur l'Antiquité romaine. Il élabora une théorie du droit dans la société, selon l'esprit libéral du parlementarisme (*L'Esprit des lois*, 1748) ; il y expose ses idées sur les garanties institutionnelles à apporter aux libertés, notamment la séparation des pouvoirs (législatif, exécutif et judiciaire). Son influence fut considérable sur la philosophie des Lumières et sur le droit public. Ses pensées furent publiées longtemps après sa mort (*Cahiers*, 1941).

Maria **Montessori** ▪ Pédagogue italienne (1870-1952).

Pierre **Monteux** ▪ Chef d'orchestre français (1875-1964). Il créa des œuvres de Ravel, Debussy, Stravinsky, et fonda l'Orchestre symphonique de Paris (1929-1938).

Claudio **Monteverdi** ▪ Compositeur italien (1567-1643). Sa musique vocale marque un tournant décisif en Europe. Nombreux madrigaux. Opéras. *Orfeo* (« Orphée » ; 1607), premier drame lyrique de l'histoire ; *Le Couronnement de Poppée*.

**Montevideo** ▪ Capitale de l'Uruguay. 1,27 million d'habitants.

**Montezuma** → **Moctezuma**

**Montferrand** ▪ Ville ancienne d'Auvergne, aujourd'hui faubourg de Clermont-Ferrand. Édifices du XIIIᵉ au XVIIᵉ s.

Simon IV, comte de **Montfort** ▪ Chef de la croisade contre les albigeois (v. 1150-1218).

**Montfort-l'Amaury** ▪ Commune des Yvelines. 3 127 habitants. Monuments anciens.

les frères de **Montgolfier** ▪ Papetiers français, Joseph (1740-1810) et Étienne (1745-1799), inventeurs des premiers aérostats ou *montgolfières*.

lord **Montgomery** of Alamein ■ Maréchal britannique (1887-1976). Vainqueur de Rommel, à El-Alamein, en 1942.

Henry Millon de **Montherlant** ■ Écrivain français (1895-1972). Auteur de romans célébrant l'héroïsme et le sport, sévère pour les valeurs bourgeoises et féminines (*Les Célibataires ; Pitié pour les femmes*), il écrivit aussi des pièces d'un style noble et hautain (*La Reine morte ; Port-Royal*).

Mario **Monti** ■ Homme d'État italien (né en 1943). Président du Conseil (2011-2013).

**Montlhéry** ■ Commune de l'Essonne. 7 019 habitants. Tour d'un château détruit. Autodrome.

Blaise de **Montluc** → Monluc

**Montluçon** ■ Chef-lieu d'arrondissement de l'Allier. 41 400 h

**Montmartre** ■ Quartier de Paris situé sur une butte (130 m). Basilique du Sacré-Cœur.

les **Montmorency** ■ Famille noble française (XIIᵉ-XVIIᵉ s.). ► Anne, duc de **Montmorency**, compagnon d'armes de François Iᵉʳ (1493-1567). ► Henri II de **Montmorency** (1595-1632), condamné à mort pour complot contre Richelieu et exécuté.

**Montmorency** ■ Chef-lieu de canton du Val-d'Oise. 20 945 habitants.

**Montmorillon** ■ Chef-lieu d'arrondissement de la Vienne. 6 319 habitants.

**Montoire** ■ Commune du Loir-et-Cher. 4 300 habitants. Lieu de deux entrevues en octobre 1940, entre Hitler et Pierre Laval, puis Hitler et Pétain.

**Montparnasse** ■ Quartier de Paris.

**Montpellier** ■ Chef-lieu de l'Hérault et de la Région Languedoc-Roussillon. 264 538 habitants. Cathédrale. Hôtels des XVIIᵉ-XVIIIᵉ s.

la duchesse de **Montpensier**, dite **la Grande Mademoiselle** ■ Nièce de Louis XIII (1627-1693). Elle prit part à la Fronde.

**Montréal** ■ Ville du Canada (Québec), port sur le Saint-Laurent. 1 620 700 habitants (zone urbaine 3 635 600).

**Montreuil-sur-Mer** ■ Chef-lieu d'arrondissement du Pas-de-Calais. 2 400 habitants.

**Montreux** ■ Ville de Suisse (Vaud). 23 200 habitants (zone urbaine 81 200).

**Montrouge** ■ Banlieue de Paris (Hauts-de-Seine). 48 710 habitants. Fort où Pétain fut emprisonné en 1945.

Le **Mont-Saint-Michel** ■ Commune de la Manche, sur un îlot rocheux. Abbaye bénédictine (XIIᵉ-XIIIᵉ s.). 46 habitants.

**Montségur** ■ Village de l'Ariège. Ruines du château où les albigeois furent vaincus et exterminés, en 1244.

**Montserrat** ■ Massif montagneux d'Espagne (Catalogne), près de Barcelone. Abbaye bénédictine, lieu de pèlerinage. Le prénom féminin *Montserrat* se réfère à la vierge de Montserrat.

**Monza** ■ Ville d'Italie (Lombardie). 120 200 habitants. Monuments anciens. Circuit automobile.

Thomas **Moore** ■ Poète irlandais (1779-1852). *Lalla Rookh*.

Georges Augustus **Moore** ■ Écrivain irlandais (1852-1933). Poèmes, romans, essais sur des sujets religieux, autobiographie.

Henry **Moore** ■ Sculpteur et dessinateur britannique (1898-1986). Créateur de formes puissantes et inventives.

**Moorea** ■ Île volcanique de Polynésie française, dans les *îles du Vent*, à l'ouest de Tahiti.

Guy **Môquet** ■ Militant communiste français (1924-1941). Fusillé par les Allemands, il devint l'un des symboles de la Résistance française.

Evo **Morales** ■ Homme d'État bolivien (né en 1959). Leader syndicaliste et progressiste, il fut élu président de la République de Bolivie en 2005, et réélu en 2009 (premier président amérindien du pays).

Paul **Morand** ■ Écrivain français (1888-1976). Cosmopolite, conservateur, observateur lucide, il publia des romans et récits de voyage écrits dans un style brillant : *L'Europe galante*.

Giorgio **Morandi** ■ Peintre italien (1890-1964). Natures mortes.

Elsa **Morante** ■ Femme de lettres italienne (1912-1985). *La Storia*.

Leandro Fernández de **Moratín** ■ Auteur dramatique espagnol (1760-1828). Comédies.

Alberto **Moravia** ■ Écrivain italien (1907-1990). Romans d'un pessimisme critique et d'un style dépouillé (*La Belle Romaine ; L'Ennui ; Le Mépris*).

la **Moravie** ■ Région de la République tchèque. 26 094 km². 4 millions d'habitants. Villes principales : Brno, Ostrava.

le **Morbihan** [56] ■ Département français de la Région Bretagne. 6 763 km². 727 083 habitants. Chef-lieu : Vannes. Chefs-lieux d'arrondissement : Lorient, Pontivy. ► le golfe du **Morbihan** Golfe de Bretagne, presque fermé, parsemé de nombreuses îles. Sur ses bords se trouvent Auray et Vannes.

la **Mordovie** ■ République autonome de Russie. 26 200 km². 888 700 habitants. Capitale : Saransk.

saint Thomas **More** ■ Humaniste et chancelier anglais (1478-1535). *L'Utopie*.

Jean Victor **Moreau** ■ Général français (1763-1813). Rival de Napoléon.

Gustave **Moreau** ■ Peintre symboliste français (1826-1898).

Jeanne **Moreau** ■ Actrice française (née en 1928). Nombreux films avec de grands metteurs en scène (Louis Malle, Truffaut, Welles, Losey...). Chansons.

Pierre **Morency** ■ Poète et auteur dramatique canadien d'expression française (né en 1942). *L'Œil américain*.

Lucie Marguerite Monceau, dite **Marguerite Moreno** ■ Actrice française de théâtre (*La Folle de Chaillot*, de Giraudoux) et de cinéma (1871-1948). Elle fut l'amie de Colette.

Jacob Levy **Moreno** ■ Psychosociologue américain d'origine roumaine (1892-1974).

Roland **Moreno** ■ Ingénieur français (1945-2012). Il inventa la carte à puce en 1975.

Louis **Moreri** ▪ Érudit français (1643-1680). Auteur du *Grand Dictionnaire historique* qui porte son nom.

Giovanni, dit Nanni **Moretti** ▪ Cinéaste, scénariste et acteur italien (né en 1953). Comédies ironiques de critique sociale. *Journal intime* ; *Le Caïman* ; *Habemus Papam*.

Lewis Henry **Morgan** ▪ Ethnologue américain (1818-1881). L'un des créateurs de l'anthropologie.

John Pierpont **Morgan** ▪ Financier et industriel américain (1837-1913). Fils de financier, il fonda le trust de l'acier. ▸ Son fils John Pierpont **Morgan** (1867-1943) dirigea la firme et la banque Morgan. Le premier fut un grand collectionneur d'œuvres d'art, le second soutint l'effort de guerre des Alliés en 1914-1918.

Thomas Hunt **Morgan** ▪ Généticien américain (1866-1945). Fondateur de la génétique moderne.

Simone Roussel, dite Michèle **Morgan** ▪ Actrice française de cinéma (née en 1920). *Le Quai des Brumes* (Carné et Prévert) ; *Remorques* (Grémillon).

la fée **Morgane** ▪ Personnage des légendes celtiques, fée bienveillante.

Oskar **Morgenstern** ▪ Économiste américain d'origine autrichienne (1902-1977). Théorie des comportements économiques (avec J. von Neumann).

Edgar **Morin** ▪ Sociologue et essayiste français (né en 1921). Philosophie anthropologique. Méthodologie.

Berthe **Morisot** ▪ Peintre impressionniste française (1841-1895).

**Morlaix** ▪ Chef-lieu d'arrondissement du Finistère. 15 549 habitants.

Edward Williams **Morley** ▪ Physicien américain (1838-1923). → **Michelson**

Charles duc de **Morny** ▪ Demi-frère de Napoléon III (1811-1865). Il joua un grand rôle sous le Second Empire.

**Moroni** ▪ Capitale des Comores. 25 000 habitants.

**Morphée** ▪ mythol. grecque Dieu des Songes.

William **Morris** ▪ Écrivain, peintre, décorateur, théoricien politique anglais (1834-1896). Il tenta de créer un nouvel artisanat créatif.

Maurice de Bévère, dit **Morris** ▪ Dessinateur belge de bandes dessinées (1923-2001). Créateur du personnage de Lucky Luke.

Toni **Morrison** ▪ Romancière américaine (née en 1931). Romans sur Harlem et la communauté noire. Son œuvre constitue une quête de l'identité noire américaine, entre l'histoire (l'exil et l'esclavage) et la réalité sociale contemporaine. *Beloved* ; *Jazz* ; *Un don*. Prix Nobel 1993.

James Douglas, dit Jim **Morrison** ▪ Auteur et interprète américain de rock (1943-1971). Cofondateur du groupe *The Doors* en 1965, mort d'overdose, il est une des figures des années 1960.

Samuel **Morse** ▪ Physicien américain (1791-1872). Il réalisa un télégraphe électrique et conçut l'alphabet de signaux qui porte son nom.

**Mortagne-au-Perche** ▪ Chef-lieu d'arrondissement de l'Orne. 4 076 habitants.

la mer **Morte** ▪ Mer intérieure à l'eau très salée, située entre Israël et la Jordanie. ▸ les manuscrits de la mer **Morte** → **Qumrân.**

**Morteau** ▪ Commune du Jura, dans le Doubs. 6 758 habitants. Saucisses fumées.

Ferdinand Lamothe, dit Jelly Roll **Morton** ▪ Pianiste et compositeur américain de ragtime et de jazz (1885-1941). Il enregistra à Chicago, à partir de 1925.

le **Morvan** ▪ Région montagneuse proche de la Bourgogne.

**Morzine** ▪ Commune de la Haute-Savoie. 2 895 habitants. Station de sports d'hiver.

**Moscou** ▪ Capitale de la Russie sur la Moskova. 10,4 millions d'habitants. Kremlin, cathédrale Basile-le-Bienheureux, place Rouge.

la **Moselle** ▪ Rivière, affluent du Rhin. 550 km. ▸ la **Moselle** [57]. Département français de la Région Lorraine. 6 216 km². 1,05 million d'habitants. Chef-lieu : Metz. Chefs-lieux d'arrondissement : Boulay-Moselle, Château-Salins, Forbach, Sarrebourg, Sarreguemines, Thionville.

la **Moskova** ▪ Rivière de Russie, qui traverse Moscou. 473 km.

le **Mossad,** en hébreu (« institution ») ▪ Organisation israélienne de renseignements et d'expéditions spéciales, fondée en 1951 par Ben Gourion.

Muḥammad **Mossadegh** ▪ Homme politique iranien (1882-1967).

les **Mossis** ▪ Peuple du Burkina Faso.

**Mossoul** ▪ Ville d'Irak. 1,1 million d'habitants.

**Mostaganem** ▪ Ville et port d'Algérie. 144 100 habitants.

**Mostar** ▪ Ville de Bosnie. 63 500 habitants. Célèbre pont, détruit par l'artillerie croate (1993), reconstruit en 2004.

Robert **Motherwell** ▪ Peintre américain (1915-1991). Art abstrait.

Hosnî **Moubarak** ▪ Homme d'État égyptien (né en 1928). Président de la République égyptienne de 1981 à 2011, il a été renversé par une révolution populaire.

**Mougins** ▪ Commune des Alpes-Maritimes, près de Cannes. 18 516 habitants.

**Moukden** ou **Mukden** ▪ Anc. nom de la ville chinoise de Shenyang (province du Liaoning). Bataille de la guerre russo-japonaise, en février-mars 1905. En 1931, un incident y servit de prétexte à l'invasion de la Mandchourie par le Japon.

Jean **Moulin** ▪ Héros de la Résistance française (1899-1943). Président du Conseil national de la Résistance, il fut livré aux nazis et torturé.

le **Moulin de la Galette** ▪ Ancien moulin de Montmartre, nom d'un bal rendu célèbre par les peintres impressionnistes.

le **Moulin-Rouge** ▪ Bal et spectacle parisien de Montmartre (place Blanche), créé en 1888. Lieu de naissance du french cancan.

**Moulins** ■ Chef-lieu de l'Allier. 19 094 habitants. Cathédrale (triptyque du Maître de Moulins).

**Jean Sully Mounet**, dit **Mounet-Sully** ■ Acteur français (1841-1916).

**Emmanuel Mounier** ■ Philosophe français (1905-1950). Doctrine de socialisme chrétien, appelée « personnalisme ». Fondateur de la revue *Esprit*.

**lord Mountbatten of Burma** ■ Amiral britannique, dernier vice-roi de l'Inde (1900-1979).

**Mourmansk** ■ Port de la Russie, au-delà du cercle polaire. 336 700 habitants.

**Mouscron**, en néerlandais **Moeskroen** ■ Ville de Belgique (Hainaut). 53 200 habitants.

**Modest Petrovitch Moussorgski** ■ Compositeur russe (1839-1881). Autodidacte, il créa une œuvre puissante, expressive : mélodies, chœurs, pièces pour piano (dont *Tableaux d'une exposition*, orchestrés plus tard par Ravel), œuvres symphoniques. Son opéra *Boris Godounov* (1874) est exceptionnel par son lyrisme et sa puissance dramatique.

**la Movida** ■ Mouvement culturel festif et contestataire apparu en Espagne, d'abord à Madrid, au début des années 1980, illustrant le renouveau démocratique du pays.

**le Mozambique** ■ État de l'Afrique de l'Est. 799 380 km². 23,4 millions d'habitants. Capitale : Maputo.

**Wolfgang Amadeus Mozart** ■ Compositeur allemand (1756-1791). Auteur d'opéras (*Les Noces de Figaro*; *Don Giovanni*; *La Flûte enchantée*), symphonies, concertos, sonates, quatuors, musique sacrée (*Requiem*). Les sommets de son œuvre, abondante dès son très jeune âge, en font l'un des plus grands musiciens européens.

**Mozi** ou **Mo-tseu** ■ Philosophe chinois (v. 476-v. 381 avant J.-C.). Doctrine sociale opposée à celle de Confucius.

**Alfons Mucha** ■ Peintre et affichiste tchèque (1850-1939). Un des plus grands représentants du style 1900 (« Art nouveau »), au graphisme sinueux et au sens ornemental intense.

**Robert Gabriel Mugabe** ■ Homme politique du Zimbabwe (né en 1924). Président de la République depuis 1987.

**Muhammad Rizā Chāh** ■ Chah d'Iran (1919-1980). Il succéda à son père Rizā Chāh en 1941 ; il pratiqua une politique autoritaire et répressive, et fut renversé en 1978.

**Mukden** → **Moukden**

**Mulhouse** ■ Chef-lieu d'arrondissement du Haut-Rhin, sur l'Ill. 110 351 habitants.

**Friedrich Max**, dit **Max Müller** ■ Linguiste et mythologue allemand établi en Angleterre (1823-1900). Étude des religions de l'Inde.

**Heiner Müller** ■ Écrivain allemand (1929-1995). Pièces de théâtre dans la lignée de Brecht. Essais.

**Herta Müller** ■ Écrivaine allemande d'origine roumaine (née en 1953). Ses œuvres dénoncent l'injustice et l'oppression. *Le renard était déjà le chasseur*. Prix Nobel 2009.

**Gerald Joseph**, dit **Gerry Mulligan** ■ Saxophoniste et chef d'orchestre américain de jazz (1927-1996). Il joua avec Miles Davis, forma un quartette avec Chet Baker (1952).

**Brian Mulroney** ■ Homme politique canadien (né en 1939). Premier ministre (conservateur) de 1984 à 1993.

**Multan** ■ Ville du Pakistan. 1,2 million d'habitants.

**Mumbai** → **Bombay**

**Edvard Munch** [mɔk] ■ Peintre norvégien (1863-1944). Dans des compositions simplifiées aux couleurs intenses, il fut l'un des grands représentants de l'expressionnisme. Son tableau le plus célèbre, *Le Cri* (1893), résume la puissance symbolique et tragique de son art.

**Charles Munch** ■ Chef d'orchestre français (1891-1968).

**Karl Friedrich Hieronymus, baron von Münchhausen** ■ Officier allemand (1720-1797). Connu par le récit de ses aventures fantastiques.

**Karl Münchinger** ■ Chef d'orchestre allemand (1915-1980). L'un des premiers à se spécialiser dans la musique baroque (Bach, Vivaldi).

**Munich**, en allemand **München** ■ Ville d'Allemagne (Bavière). 1,45 million d'habitants. Ville d'art (monuments baroques). ► les accords de **Munich** signés entre la France, le Royaume-Uni, l'Italie et l'Allemagne permirent à Hitler d'annexer les Sudètes (1938).

**Alice Munro** ■ Écrivaine canadienne d'expression anglaise (née en 1931). Surtout connue pour ses nouvelles. Les femmes sont au centre de son œuvre. *L'Amour d'une honnête femme*. Prix Nobel 2013.

**Munster** ■ Province du sud de l'Irlande. 4 864 habitants. Capitale : Cork.

**Münster** ■ Ville d'Allemagne (Rhénanie-du-Nord-Westphalie). 280 000 habitants.

**Thomas Münzer** ■ Réformateur religieux allemand (1489-1525). Chef anabaptiste de la révolte des paysans.

**la Grande Muraille de Chine** ■ Muraille élevée aux IVᵉ et IIIᵉ s. avant J.-C. entre la Chine et la Mongolie. Env. 6 700 km.

**Haruki Murakami** ■ Écrivain japonais (né en 1949). Auteur de récits où des éléments fantastiques s'intègrent à la normalité. Familier de la culture occidentale, il fut également traducteur. *La Course au mouton sauvage ; Kafka sur le rivage ; 1Q84*.

**Murano** ■ Ville dans une île de la lagune de Venise. Verrerie depuis le XIIIᵉ s.

**Shikibu Murasaki** ■ Romancière japonaise (v. 978-v. 1015). Auteur du *Genji monogatari*.

**Murat** ■ Nom de plusieurs sultans ottomans. ► **Murat Iᵉʳ** (v. 1319-1389) fonda le corps des janissaires.

**Joachim Murat** ■ Époux de Caroline Bonaparte, maréchal d'Empire, roi de Naples (1767-1815).

**Murcie,** en espagnol **Murcia** ▪ Ville du sud-est de l'Espagne. 437 667 habitants. Cathédrale gothique. Capitale de la communauté autonome de Murcie. 11 317 km². 1 462 125 habitants.

Iris **Murdoch** ▪ Romancière britannique (1919-1999). Récits philosophiques et policiers.

**Muret** ▪ Chef-lieu d'arrondissement de la Haute-Garonne. 24 085 habitants.

Henri **Murger** ▪ Écrivain français (1822-1861). *Les Scènes de la vie de bohème.*

Bartolomé Esteban **Murillo** ▪ Peintre espagnol (1618-1682). Son style tendre et fluide, original dans l'école espagnole, est au service de la foi et de l'enfance, niant les aspects pénibles de la réalité (images sentimentales de jeunes mendiants).

Friedrich Wilhelm Plumpe, dit F. W. **Murnau** ▪ Cinéaste allemand, puis américain (1889-1931).Œuvre expressionniste et baroque *(Nosferatu le vampire, le Dernier des hommes, Faust),* couronnée par un drame lyrique, *L'Aurore,* tourné aux États-Unis (1927). Il réalisa encore à Tahiti *Tabou,* avec R. Flaherty.

le **Murray** ▪ Fleuve du sud-est de l'Australie. 2 574 km.

**Mururoa** ▪ Atoll de l'archipel de Tuamotu. Base française d'essais nucléaires.

les **Muses** ▪ mythol. grecque Les neuf filles de Zeus et de Mnémosyne, divinités des chants et des sciences : Calliope, Clio, Érato, Euterpe, Melpomène, Polymnie, Terpsichore, Thalie, Uranie.

**Muséum national d'histoire naturelle** ▪ Établissement scientifique français, fondé à Paris en 1793, succédant au Jardin royal dit Jardin des plantes.

**Museum of Modern Art (MOMA)** ▪ Musée d'art moderne de la ville de New York, créé en 1929. D'importants travaux de rénovation ont doublé la surface du musée (nov. 2004).

Robert **Musil** ▪ Romancier autrichien (1880-1942). Son œuvre témoigne à la fois d'un profond pouvoir critique de la société et d'une authenticité psychologique intense, de l'émotion à l'ironie. *Les Désarrois de l'élève Törless ; L'Homme sans qualités,* œuvre majeure inachevée, fut redécouverte

après sa mort (traduite en français par Ph. Jaccottet).

Alfred de **Musset** ▪ Écrivain romantique français (1810-1857). Auteur de pièces de théâtre *(Lorenzaccio ; On ne badine pas avec l'amour),* de poèmes *(Les Nuits),* d'un roman *(La Confession d'un enfant du siècle).* Son œuvre lyrique a vieilli, mais Musset dramaturge et Musset prosateur sont parmi les plus grands du romantisme français.

Benito **Mussolini** ▪ Homme d'État italien, le fondateur du fascisme (1883-1945). Au pouvoir après 1922, le *Duce* s'engagea aux côtés d'Hitler durant la Seconde Guerre mondiale.

**Mustafa Kemal,** dit **Atatürk** ▪ Fondateur de la Turquie moderne et président de la République de 1923 à sa mort (1881-1938).

**Mutzig** ▪ Commune du Bas-Rhin. 5 703 habitants. Brasserie.

Edward James Muggeridge, dit Eadweard **Muybridge** ▪ Photographe américain d'origine britannique (1830-1904). Inventeur d'un « fusil photographique », il analysa les mouvements par la photo, comme Marey*.

l'Union de **Myanmar** → **Birmanie**

**Mycènes** ▪ Ancienne ville de Grèce (Péloponnèse). Foyer de la première civilisation hellénique, dite *mycénienne.*

**Mykérinos** ▪ Pharaon de la IVe dynastie égyptienne (v. 2609 avant J.-C.). Fils de Khéphren*, il fit construire à Gizeh la moins élevée des trois pyramides.

**Mykonos** ou **Míkonos** ▪ Île grecque de la mer Égée (Cyclades).

les **Myrmidons** ▪ Ancien peuple de Thessalie.

**Myron** ▪ Sculpteur grec de l'Antiquité (Ve s. avant J.-C.). Auteur du célèbre *Discobole.*

**Mysore** ▪ Ville de l'Inde, dans le Karnataka. 650 000 habitants. Elle a donné son nom à un État princier de l'Inde du Sud, qui est devenu le Karnataka*.

**Mytilène** → **Lesbos**

le **Mzab** ▪ Région du nord du Sahara algérien, autour de Ghardaïa. Les Mzabites émigrent souvent dans les villes d'Algérie pour exercer un commerce. Architecture remarquable.

**les Nabis** n. m. pl. (en hébreu « prophètes ») ▪ Groupe de peintres formé en 1888 autour de Maurice Denis, sous l'influence de Van Gogh et de Gauguin.

**Vladimir Nabokov** ▪ Écrivain américain d'origine russe (1899-1977). D'abord en russe, puis en anglais, ce fut un écrivain complet, poète, dramaturge, traducteur, surtout romancier, d'une virtuosité tournée vers l'illusion, la parodie, la dérision et l'ironie scandaleuse. *Lolita ; Le Guetteur ; La Transparence des choses.*

**Nabonide** ▪ Dernier roi de Babylone (VIᵉ s. avant J.-C.) fait prisonnier par Cyrus.

**Nabuchodonosor II** ▪ Roi de Babylone de 605 à 562 avant J.-C. Il prit Jérusalem et déporta le peuple juif à Babylone.

**Rafael Nadal** ▪ Joueur de tennis espagnol (né en 1986). Spécialiste de la terre battue, vainqueur à 8 reprises du tournoi de Roland-Garros (2005 à 2013, sauf 2009).

**Félix Tournachon**, dit **Nadar** ▪ Photographe, dessinateur et écrivain français (1820-1910). Critique et auteur de nouvelles, il fonda des revues comiques et, adepte de la photographie, publia dans son *Panthéon Nadar* les photos de ses contemporains célèbres. Il effectua des ascensions dans son ballon *Le Géant*, prenant les premiers clichés aériens.

**Ralph Nader** ▪ Avocat américain (né en 1934). Il se consacra à la défense des consommateurs, contre les abus des industries et de la publicité.

**le Nadjd → Nedjd**

**Nagano** ▪ Ville du Japon (Honshū), dans les montagnes. 378 500 habitants. Sports d'hiver.

**Nagasaki** ▪ Ville du Japon (Kyūshū) sur laquelle les Américains lancèrent, en août 1945, la seconde bombe atomique. 442 700 habitants.

**Nagoya** ▪ Port du Japon, dans l'île de Honshū. 2,2 millions d'habitants.

**Nagpur** ▪ Ville d'Inde (Maharashtra). 2,1 millions d'habitants.

**Imre Nagy** ▪ Homme politique hongrois (1896-1958). Au pouvoir après les émeutes de 1956, il fut exécuté par le régime de Kádár.

**sir Vidiadhar Surajprasad Naipaul** ▪ Écrivain anglais d'origine indienne (né en 1932 à Trinité-et-Tobago, aux Antilles). Auteur de nombreux récits de voyage, où il critique les traditions de l'Inde, de reportages, d'essais et surtout de romans *(Mr. Stone ; À la courbe du fleuve)* d'un grand pessimisme politique. Prix Nobel 2001.

**Nairobi** ▪ Capitale du Kenya. 1,8 million d'habitants.

**Najaf** ou **Nedjef** ▪ Ville d'Irak. 180 000 habitants. Centre de pèlerinage chiite.

**le Nakhitchevan** ▪ République d'Azerbaïdjan, enclavée en Arménie. 5 500 km². 300 000 habitants. Capitale : Nakhitchevan.

**le désert du Namib** ▪ Région côtière aride de la Namibie.

**la Namibie** ▪ État d'Afrique australe. 824 268 km². 2,2 millions d'habitants. Capitale : Windhoek.

**Namur**, en néerlandais **Namen** ▪ Ville de Belgique. 107 700 habitants. ▶ la province de **Namur**. Province de Belgique. 3 666 km². 462 000 habitants. Chef-lieu : Namur.

**Nanchang** ▪ Ville de Chine (Jiangxi). 1,7 million d'habitants.

**Nancy** ▪ Chef-lieu de la Meurthe-et-Moselle. 105 382 habitants. Nombreuses œuvres architecturales du XVIIIᵉ s. (places Stanislas et de la Carrière). ▶ l'école de **Nancy**, fondée par Gallé à la fin du XIXᵉ s. pour renouveler les arts décoratifs.

**Nankin**, en chinois **Nanjing** ▪ Ville de Chine. 3,8 millions d'habitants. Port sur le Chang jiang.

**Fridtjof Nansen** ▪ Explorateur et homme politique norvégien (1861-1930).

**Nanterre** ▪ Chef-lieu des Hauts-de-Seine. 89 476 habitants.

**Nantes** ▪ Chef-lieu de la Loire-Atlantique et de la Région Pays de la Loire. 287 845 habitants. Château gothique et Renaissance. ▶ l'édit de **Nantes**, accordant la liberté de culte aux protestants, fut signé par Henri IV en 1598 et révoqué par Louis XIV en 1685.

**Nantua** ▪ Chef-lieu d'arrondissement de l'Ain. 3 651 habitants.

**Nantucket** ▪ Île des États-Unis (Massachusetts), au sud-est du cap Cod. Ancien centre de pêche à la baleine.

John **Napier** ou **Neper** ■ Mathématicien écossais (1550-1617). Il découvrit les logarithmes.

**Naples,** en italien **Napoli** ■ Ville d'Italie (Campanie), au pied du Vésuve. 1 million d'habitants. Nombreux édifices civils et religieux médiévaux et baroques.

**Naplouse** ou **Nābulus** ■ Ville de Cisjordanie. 126 000 habitants.

**Napoléon Iᵉʳ** ■ (1769-1821) Napoléon Bonaparte, empereur des Français de 1804 à 1815. Brillant conquérant de l'Italie, il s'empara du pouvoir lors du coup d'État du 18 brumaire (1799). Vaincu par l'Europe coalisée (1814), forcé d'abdiquer, il réussit à reprendre le pouvoir en 1815 (→ **Cent-Jours**), mais fut définitivement vaincu à Waterloo et déporté à Sainte-Hélène. ► **Napoléon II,** son fils, roi de Rome, duc de Reichstadt, ne régna pas (1811-1832).

**Napoléon III** ■ (1808-1873) Louis Napoléon Bonaparte, empereur des Français de 1852 à 1870. Neveu de Napoléon Iᵉʳ. Président de la IIᵉ République (1848) jusqu'au coup d'État du 2 décembre 1851 (→ **second Empire**). Déchu après la défaite de Sedan face à la Prusse.

**Nara** ■ Ville du Japon (Honshū). 370 100 habitants. Capitale du Japon au VIIIᵉ s. Temples.

la **Narbonnaise** ■ Province de la Gaule romaine, formée en 27 avant J.-C. par Auguste et englobant la Provincia (Provence).

**Narbonne** ■ Chef-lieu d'arrondissement de l'Aude. 51 546 habitants. Cathédrale gothique (inachevée).

**Narcisse** ■ mythol. grecque Jeune homme amoureux de son image, reflétée dans l'eau.

**Narita** ■ Ville du Japon (Honshū). 100 700 habitants. Aéroport de Tokyo.

**Narvik** ■ Ville et port du nord-ouest de la Norvège. 14 000 habitants. Exportation du minerai de fer suédois. Envahie par les troupes allemandes en avril 1940 (bataille de Narvik).

la **NASA** (National Aeronautics and Space Administration) ■ Organisme américain pour la recherche spatiale et aéronautique, fondé en 1958.

le **Nasdaq** ■ Indice boursier du marché électronique des valeurs aux États-Unis, créé en 1971.

**Nashville,** devenu **Nashville-Davidson** ■ Ville des États-Unis (Tennessee). 601 200 habitants (agglomération 1,2 million). Studios d'enregistrement de musique (country...).

**Nassau** ■ Capitale des Bahamas. 246 329 habitants.

Gamal Abdel **Nasser** ■ Homme d'État égyptien (1918-1970). Président de la République égyptienne de 1954 à sa mort. Champion de l'unité arabe.

Yves **Nat** ■ Pianiste français (1890-1956).

le **Natal** ■ Région d'Afrique du Sud comprise dans la province du Kwazulu-Natal.

**Natal** ■ Port du Brésil (Rio Grande do Norte). 804 000 habitants.

les **Natchez** ■ Ancienne tribu d'Indiens d'Amérique du Nord. Chateaubriand leur a consacré un récit.

**Nathan** ■ Prophète de la Bible, conseiller de David.

**National Gallery** ■ Le plus grand musée de peinture de Londres, fondé en 1824.

**National Gallery of Art** ■ Musée de Washington (1941). Pei a construit un nouveau bâtiment pour l'art contemporain (1978).

Jean-Marc **Nattier** ■ Peintre français (1685-1766). Portraits.

Charles **Naudin** ■ Botaniste français (1815-1899). Précurseur de la génétique.

**Nauplie** ■ Ville de Grèce (Péloponnèse), port d'Argos. 13 000 habitants.

**Nauru** ■ Île et État de Micronésie. 22 km². 9 300 habitants. Capitale : Yaren.

**Nausicaa** ■ mythol. grecque Fille du roi de Phéacie, héroïne d'un épisode célèbre de l'*Odyssée* ; elle s'éprend d'Ulysse mais, apprenant qu'il est marié, lui permet de repartir.

les **Navajos** ■ Indiens des États-Unis.

**Navarin** ■ Ancien nom de Pylos, ville et port de Grèce. Une bataille navale près de Navarin opposa en 1827 la flotte de la Triple Alliance (Grande-Bretagne, France, Russie) aux Turco-Égyptiens, qui furent battus.

la **Navarre,** en espagnol **Navarra** ■ Communauté autonome d'Espagne. 10 421 km². 640 125 habitants. Capitale : Pampelune. Le royaume de Navarre fut annexé à l'Espagne (1515), sauf la *Basse-Navarre* rattachée à la France par Henri IV.

Las **Navas de Tolosa** ■ Emplacement, dans le nord de l'Espagne de la bataille où les rois chrétiens (Aragon, Castille, León et Navarre) battirent les musulmans, en 1212. Début de la « reconquista ».

**Naxos** ■ Île grecque, la plus grande des Cyclades. 428 km². 18 000 habitants.

**Nay Pyi Taw** ou **Naypyidaw** ■ Capitale politique de la Birmanie depuis 2006. 53 000 habitants. Située à 350 km au nord de Rangoun.

**Nazaré** ■ Ville et port du Portugal. 15 100 habitants. Pêche artisanale. Tourisme.

**Nazareth** ■ Ville d'Israël, en Galilée. 64 800 habitants. D'après les Évangiles, Jésus y passa son enfance.

**NBC** (National Broadcasting Company) ■ Réseau de télévision des États-Unis, en concurrence avec trois autres grands réseaux.

Marie **NDiaye** ▪ Écrivaine française (née en 1967). Œuvre à la construction très maîtrisée, aux frontières du réel et du fantastique. Ses romans, nouvelles et pièces de théâtre explorent les questions de la famille, de la cruauté, de la pauvreté, du sentiment d'être étranger. *Rosie Carpe ; Trois femmes puissantes*.

**N'Djamena** ou **N'Djaména,** anciennement **Fort-Lamy** ▪ Capitale du Tchad, sur le Chari. 820 000 habitants.

l'homme de **Neandertal** ou **Néanderthal** ▪ Squelette découvert en 1856 en Allemagne, datant du paléolithique et représentant un type d'hominidé.

**Néarque,** en grec **Nearkhos** ▪ Navigateur grec de l'Antiquité, lieutenant d'Alexandre le Grand (IVe s. avant J.-C.). Explorateur de l'Inde et du golfe Persique.

le **Nebraska** ▪ État du centre des États-Unis. 200 018 km². 1,7 million d'habitants. Capitale : Lincoln.

le **Neckar** ▪ Fleuve d'Allemagne, affluent du Rhin. 370 km.

Jacques **Necker** ▪ Banquier genevois, ministre de Louis XVI à la veille de la Révolution (1732-1804).

**Nectanébo** ▪ Nom de deux pharaons égyptiens (XXXe dynastie, IVe s. avant J.-C.).

le **Nedjd** ou **Nadjd** ▪ Vaste plateau désertique d'Arabie saoudite.

**Nedjef** → **Najaf**

Joseph **Needham** ▪ Sinologue britannique (1900-1995). Histoire des sciences et des techniques en Chine.

Louis **Néel** ▪ Physicien français (1904-2000). Étude du ferromagnétisme.

**Néfertari** ▪ Reine d'Égypte (XIIIe s. avant J.-C.). Épouse de Ramsès II.

**Néfertiti** ▪ Reine d'Égypte (XIVe s. avant J.-C.). Épouse d'Aménophis IV.

le **río Negro** ▪ Fleuve d'Amérique du Sud, affluent de l'Amazone. 2 200 km.

le **Néguev** ▪ Région désertique du sud d'Israël.

Jawaharlal **Nehru** ▪ Homme politique indien (1889-1964). Premier ministre de l'Inde de 1947 à sa mort.

le crêt de la **Neige** ▪ Point culminant du Jura. 1 720 m.

la **Neisse** de Lusace ▪ Rivière d'Europe centrale, affluent de l'Oder. 256 km.

Nikolaï Alekseïévitch **Nekrassov** ▪ Journaliste et poète russe (1821-1877). Critique sociale ; poésie populaire.

Viktor Platonovitch **Nekrassov** ▪ Écrivain russe (1911-1987). Romans de guerre et de déportation. Reportages. Il s'exila d'U. R. S. S. en 1974.

Émile **Nelligan** ▪ Poète canadien de langue française (1879-1941). Influencé par Baudelaire et Rimbaud, il trouva un ton personnel. Son travail fut interrompu très tôt (1899) par une grave psychose.

Horatio **Nelson** ▪ Amiral anglais qui vainquit les Français à Aboukir et à Trafalgar, où il fut tué (1758-1805).

**Nelson Mandela City,** anciennement **Port Elizabeth** ▪ Ville et port d'Afrique du Sud. 652 000 habitants.

**Némée** ▪ Localité de Grèce (Argolide). Dans la légende, Hercule en débarrasse un terrible lion. Des jeux s'y célébrèrent à partir du VIe s. avant J.-C. *(jeux néméens).*

**Némésis** ▪ mythol. grecque Déesse de la Vengeance.

**Nemours** ▪ Ville de Seine-et-Marne, sur le Loing. 12 822 habitants. Musée de préhistoire.

Louis Charles Philippe d'Orléans, duc de **Nemours** ▪ Prince français (1814-1896), fils de Louis-Philippe.

**Nemrod** ▪ Bible Roi de Babel et fondateur de Ninive. Grand chasseur.

Pietro **Nenni** ▪ Homme politique (socialiste) italien (1891-1980).

**NEP** (en russe « nouvelle politique économique ») ▪ Période de semi-socialisme, laissant place à l'économie privée, après le « communisme de guerre », instaurée par Lénine (1921), puis dénoncée par Trotski et Staline (1928).

la **république fédérale du Népal** ▪ État d'Asie, entre la Chine et l'Inde. 147 200 km². 22,7 millions d'habitants. Capitale : Katmandou.

John **Neper** → **Napier**

**Neptune** ▪ mythol. romaine Dieu de la Mer, le *Poséidon* des Grecs. ▸ **Neptune.** Planète du système solaire. Diamètre : 50 000 km.

**Nérac** ▪ Chef-lieu d'arrondissement de Lot-et-Garonne. 7 106 habitants.

les **Néréides** ▪ mythol. grecque Divinités marines, filles du dieu Nérée (Amphitrite, Thétis, Galatée, etc.).

Walther **Nernst** ▪ Physicien et chimiste allemand (1864-1941). Inventeur d'une lampe à incandescence. Étude des très basses températures.

**Néron** ▪ Empereur romain, symbole du tyran fou et sanguinaire (37-68).

Ricardo Neftalí Reyes, dit Pablo **Neruda** ▪ Poète chilien (1904-1973). Son œuvre lyrique et puissante célèbre la terre vierge, l'amour et la révolution. *Le Chant général* évoque l'Amérique d'avant la conquête espagnole. Prix Nobel 1971.

Gérard Labrunie, dit Gérard de **Nerval** ▪ Écrivain français (1808-1855). Mêlant le rêve et la vie, son œuvre en prose et en vers révèle un univers hanté par le passé et marqué par la folie. *Aurélia ; Les Filles du feu ; Voyage en Orient.*

Pier Luigi **Nervi** ▪ Ingénieur et architecte italien (1891-1979).

le loch («loc») **Ness** ▪ Lac d'Écosse, près d'Inverness. Légende de Nessie, le monstre du loch Ness.

**Nessos** ou **Nessus** ▪ mythol. grecque Centaure tué par Héraclès.

**Nestlé** [nɛsle] ▪ Groupe industriel suisse d'industrie alimentaire, créé en 1867.

**Nestorius** ▪ Hérésiarque chrétien (v. 380-451), condamné au concile d'Éphèse.

Benyamin **Nétanyahou** ▪ Homme politique israélien (né en 1949). Dirigeant du Likoud, Premier ministre de 1996 à 1999, puis en 2009.

**Neuchâtel,** en allemand **Neuenburg** ▪ Ville de Suisse sur le *lac de Neuchâtel.* 32 300 habitants (zone urbaine 77 800). ► le canton de **Neuchâtel.** 803 km². 168 900 habitants. Chef-lieu : Neuchâtel.

**Neufchâteau** ▪ Chef-lieu d'arrondissement des Vosges. 6 757 habitants.

**Neuilly-sur-Seine** ▪ Commune des Hauts-de-Seine. 61 797 habitants.

Balthasar **Neumann** ▪ Architecte allemand du baroque (1687-1753).

Johannes, puis John von **Neumann** ▪ Mathématicien américain d'origine hongroise (1903-1957). Il établit les « Fondements mathématiques de la mécanique quantique » (titre ; 1932), participa à la création de la cybernétique et de la théorie des jeux (1944, avec O. Morgenstern).

la **Neustrie** ▪ Royaume mérovingien de l'est de la Gaule.

Richard Joseph **Neutra** ▪ Architecte américain d'origine autrichienne (1892-1970).

la **Néva** ▪ Fleuve de Russie qui traverse Saint-Pétersbourg. 74 km.

la sierra **Nevada** ▪ Chaîne montagneuse du sud de l'Espagne culminant au Mulhacén (3 482 m).

la sierra **Nevada** ▪ Chaîne montagneuse de l'ouest des États-Unis, culminant au mont Whitney (4 418 m).

le **Nevada** ▪ État de l'ouest des États-Unis. 286 299 km². 2 millions d'habitants. Capitale : Carson City.

**Nevers** ▪ Chef-lieu de la Nièvre. 36 210 habitants. Cathédrale médiévale. Palais ducal Renaissance.

Alexandre **Nevski** → Alexandre **Nevski**

**Newcastle upon Tyne** ▪ Ville d'Angleterre (Northumberland). 259 600 habitants.

le **New Deal** ▪ Politique de F.D. Roosevelt contre la crise de 1929 caractérisée par une intervention de l'État dans la vie économique et sociale.

**New Delhi** ▪ Partie moderne de l'agglomération de Delhi et capitale de l'Inde. 295 000 habitants.

le **New Hampshire** ▪ État du nord-est des États-Unis. 24 192 km². 1,23 million d'habitants. Capitale : Concord.

**New Haven** ▪ Ville des États-Unis (Connecticut). 130 000 habitants. Université Yale.

le **New Jersey** ▪ État de l'est des États-Unis. 21 300 km². 8,4 millions d'habitants. Capitale : Trenton.

John Henry **Newman** ▪ Théologien et cardinal anglais (1801-1890). Anglican converti au catholicisme.

Paul **Newman** ▪ Acteur américain (1925-2008). *La Chatte sur un toit brûlant ; Butch Cassidy et le Kid ; La Couleur de l'argent.* Il réalisa quelques films marquants et eut une importante activité politique (droits civiques...) et caritative (marque de produits alimentaires, fondations).

**New Mexico** → **Nouveau-Mexique**

**New Orleans** → La **Nouvelle-Orléans**

**Newport** ▪ Ville du nord-est des États-Unis (Rhode Island). 27 000 habitants. Festival de jazz.

**Newport News** ▪ Ville et port des États-Unis (Virginie). 180 000 habitants. Chantiers navals.

sir Isaac **Newton** ▪ Mathématicien, physicien et astronome anglais (1642-1727). Établissant fondements et méthodes de la physique moderne (avant les bouleversements du XXᵉ s.), il découvrit la loi de l'attraction universelle (qu'il nomma *gravitation*). Ses nombreuses activités de théologien (il fut arianiste) et d'alchimiste ont été oubliées par la postérité, qui ne retint que ses découvertes mathématiques (les « fluxions »), physiques, chimiques et astronomiques.

**New York** ▪ Ville et port des États-Unis sur l'Atlantique. 8 millions d'habitants. (agglomération 21,2 millions) ► l'État de **New York.** État du nord-est des États-Unis. 127 433 km². 19 millions d'habitants. Capitale : Albany. Ville principale : New York.

**New York Herald Tribune** ▪ Quotidien américain, né en 1924 de la fusion du *New York Herald* (1835) et du *New York Tribune* (1841). Il ne reste de ce journal que l'*International Herald Tribune* (créé en 1887).

**New York Times** ▪ Quotidien américain, fondé en 1851. A donné naissance à un groupe multimédia.

Michel **Ney** ▪ Maréchal de France (1769-1815). Il fut fusillé à la Restauration.

**Ngorongoro** ■ Grand cratère du nord de la Tanzanie. Réserve d'animaux.

**Nguyên** ■ Grande et ancienne famille du Viêtnam, qui unifia le pays et lui donna son nom en 1804.

**Nguyên Du** ■ Poète vietnamien (1765-1820).

**Nguyên Trai** ■ Homme politique et lettré vietnamien (1380-1442). Il contribua à élaborer la langue nationale.

le **Niagara** ■ Cours d'eau entre le Canada et les États-Unis, coupé par les *chutes du Niagara* (hautes de 50 m). ► **Niagara Falls** (« les chutes »). Ville des États-Unis (État de New York), à la frontière canadienne. 62 000 habitants. Tourisme.

**Niamey** ■ Capitale du Niger. 708 000 habitants.

les **Nibelungen** n. m. pl. ■ mythol. germanique Nains habitant le monde souterrain.

le **Nicaragua** ■ État d'Amérique centrale. 139 700 km². 5,1 millions d'habitants. Capitale : Managua.

**Nice** ■ Chef-lieu des Alpes-Maritimes. 344 064 habitants. Station touristique.

**Nicée,** aujourd'hui **İznik** ■ Ancienne ville d'Asie Mineure (Turquie). ► le **premier concile de Nicée** (325) condamna l'arianisme. ► le **second concile de Nicée** (787) condamna les iconoclastes.

**Nicéphore** ■ Nom d'empereurs byzantins. ► **Nicéphore Ier le Logothète**, empereur de 802 à son mort en 811. ► **Nicéphore II Phocas.** Conquérant, il agrandit l'empire. Empereur de 963 à son assassinat en 969.

William **Nicholson** ■ Physicien anglais (1753-1815). Il découvrit l'électrolyse de l'eau.

Ben **Nicholson** ■ Peintre et sculpteur anglais (1894-1982). Peintures abstraites géométriques.

Jack **Nicholson** ■ Acteur et cinéaste américain (né en 1937). Son visage mobile en fait un « méchant » parfait. *Easy Rider ; Vol au-dessus d'un nid de coucou ; Batman.*

les îles **Nicobar** → **Andaman**

Nicola Pisano → Nicola **Pisano**

saint **Nicolas** ■ Évêque de Myre, en Lycie (Asie Mineure) au début du IVᵉ s., objet de nombreuses légendes, dont celle du dispensateur de cadeaux, à Noël (Santa Claus), aujourd'hui concurrencée par le « père Noël ». Patron de la Russie.

**Nicolas Ier** ■ (1796-1855) Tsar de Russie de 1825 à sa mort. Il engagea la guerre de Crimée.

**Nicolas II** ■ (1868-1918) Dernier tsar de Russie, de 1894 à 1917. Renversé et exécuté par les révolutionnaires.

saint **Nicolas de Flüe** ■ Saint patron de la Suisse (1417-1487). Soldat, puis ermite, il évita une guerre civile à la Suisse.

Pierre **Nicole** ■ Moraliste et logicien français (1625-1695). Janséniste de Port-Royal, coauteur (avec A. Arnauld) de la *Logique de Port-Royal.*

**Nicosie** ou **Lefkosía** ■ Capitale de Chypre. 273 600 habitants.

Jean **Nicot** ■ Diplomate français (v. 1530-1600). Il introduisit en France le tabac. Auteur du *Trésor de la langue française*, dictionnaire publié peu après sa mort (1606).

**Nidwald** → **Unterwald**

Carl August **Nielsen** ■ Compositeur et chef d'orchestre danois (1865-1931). Opéras, symphonies, musique de chambre.

le **Niémen**, en russe **Nieman** ■ Fleuve de Biélorussie et de Lituanie. 937 km.

Oscar **Niemeyer** ■ Architecte brésilien (1907-2012). Édifices à Brasília.

Joseph, dit Nicéphore **Niépce** ■ Physicien français (1765-1833). Inventeur de la photographie.

Friedrich **Nietzsche** ■ Philosophe allemand (1844-1900). Aux valeurs décadentes de la morale établie, il oppose la volonté de puissance et le dépassement de l'homme *(Ainsi parlait Zarathoustra ; Par-delà le bien et le mal).*

Ippolito **Nievo** ■ Écrivain italien (1831-1861). Romans, nouvelles, poèmes. Il évoque les combats pour l'indépendance italienne dans *Confessions d'un octogénaire.*

la **Nièvre** ■ Rivière, affluent de la Loire. 53 km. ► la **Nièvre** [58]. Département français de la Région Bourgogne. 6 888 km². 218 341 habitants. Chef-lieu : Nevers. Chefs-lieux d'arrondissement : Château-Chinon, Clamecy, Cosne-Cours-sur-Loire.

le **Niger** ■ Fleuve d'Afrique occidentale. 4 200 km.

le **Niger** ■ État d'Afrique de l'Ouest. 1 267 000 km². 15,9 millions d'habitants. Capitale : Niamey.

le **Nigeria** ou **Nigéria** ■ État fédéral d'Afrique de l'Ouest. 923 773 km². 158,3 millions d'habitants. Capitale : Abuja. Villes principales : Lagos, Ibadan.

Serge **Nigg** ■ Compositeur français (1924-2008). Influencé par Stravinski et Messiaen, il est l'auteur d'œuvres dodécaphoniques, puis « néoromantiques ».

Florence **Nightingale** ■ Infirmière anglaise (1820-1910). Elle créa des hôpitaux militaires de campagne et organisa la formation des soignants hospitaliers.

Vaslav **Nijinski** ■ Danseur et chorégraphe russe (1889-1950).

**Nijni-Novgorod**, anc. **Gorki** ■ Ville de Russie, sur la Volga. 1,3 million d'habitants.

l'indice **Nikkei** n. m. ■ Indice de la Bourse de Tokyo, créé en 1949, calculé sur la base de 225 valeurs japonaises.

**Nikko** ■ Ville du Japon (Honshū), au nord de Tokyo. 16 400 habitants. Parc national. Temples de style Ming.

**Alwin Nikolais** ■ Chorégraphe américain (1912-1993).

**le Nil** ■ Fleuve d'Afrique, le plus long du monde, après l'Amazone. 6 671 km. Il se jette dans la Méditerranée.

**Nimègue,** en néerlandais **Nijmegen** ■ Ville des Pays-Bas (Gueldre). 160 900 habitants (zone urbaine 278 600). Les *traités de Nimègue* (1678-1679) mirent fin à la guerre de Hollande.

**Nîmes** ■ Chef-lieu du Gard. 144 940 habitants. Monuments romains : arènes, Maison carrée.

**Roger Nimier** ■ Romancier et journaliste français (1925-1962). *Le Hussard bleu.*

**Anaïs Nin** ■ Écrivaine américaine née en France (1903-1977). Amie de D. H. Lawrence, elle collabora avec Henry Miller *(Contes érotiques).* Poèmes, nouvelles, romans. *Journal* (1966-1980), essai d'écriture « au féminin ».

**Ninive** ■ Capitale de l'Assyrie, détruite en 612 avant J.-C.

**El Niño** ■ Courant chaud saisonnier, à l'est du Pacifique Sud, créateur de phénomènes climatiques.

**Niort** ■ Chef-lieu des Deux-Sèvres. 57 813 habitants.

**Niterói** ■ Ville du Brésil, anc. capitale de l'État de Rio de Janeiro. 487 300 habitants.

**Nithard** ■ Chroniqueur français (mort v. 844). Sa chronique contient le texte des *Serments de Strasbourg.*

**le Nivernais** ■ Anc. province de France. Capitale : Nevers.

**Richard Nixon** ■ (1913-1994) Président (républicain) des États-Unis de 1969 à 1974.

**Paul Nizan** ■ Écrivain français (1905-1940). Il est l'auteur de romans et de textes politiques violemment antibourgeois et anticolonialistes *(Aden Arabie ; La Conspiration).*

**Kwame Nkrumah** ■ Homme d'État ghanéen (1909-1972). Il fut le premier président de la République du Ghana (1960-1966).

**Anna de Noailles** ■ Poète et romancière française (1876-1933). *Le Cœur innombrable.*

**Alfred Nobel** ■ Chimiste et industriel suédois (1833-1896). Il mit au point la dynamite et créa les *prix Nobel.*

**Umberto Nobile** ■ Aviateur et explorateur italien des régions arctiques (1885-1978).

**Charles Nodier** ■ Écrivain romantique français (1780-1844). Il écrivit des *Contes,* mêlant rêve, fantastique et réalité. Grand érudit, philologue, il occupa une place centrale dans la vie intellectuelle française.

**Noé** ■ Bible Patriarche hébreu. Il est le seul à échapper au Déluge, grâce à l'*arche de Noé* que Yahvé lui a ordonné de construire.

**Marie Rouget,** dite **Marie Noël** ■ Poète française (1883-1967). Poèmes chrétiens imprégnés de spiritualité franciscaine.

**Bernard Noël** ■ Écrivain français (né en 1930). Poèmes et romans *(le Château de Cène).*

**Nogent-le-Rotrou** ■ Chef-lieu d'arrondissement d'Eure-et-Loir. 10 800 habitants.

**Nogent-sur-Marne** ■ Chef-lieu d'arrondissement du Val-de-Marne. 31 795 habitants.

**Nogent-sur-Seine** ■ Chef-lieu d'arrondissement de l'Aube. 6 028 habitants.

**Nohant-Vic** ■ Commune de l'Indre, regroupant deux villages. 483 habitants. George Sand vécut à Nohant.

**Yves Salmon,** dit **Victor Noir** ■ Journaliste français (1848-1870). Son assassinat par le prince Pierre Bonaparte déclencha une manifestation républicaine contre le régime de Napoléon III.

**la mer Noire,** anciennement **Pont-Euxin** ■ Mer intérieure entre l'Europe et l'Asie. 461 000 km².

**Noirmoutier** ■ Île de Vendée. 9 200 habitants. Marais salants.

**Emil Nolde** ■ Peintre et graveur expressionniste allemand (1867-1956).

**Livre des Nombres** ■ Quatrième livre du Pentateuque (Bible).

**Luigi Nono** ■ Compositeur italien (1924-1990). Musique sérielle.

**Nontron** ■ Chef-lieu d'arrondissement de la Dordogne. 3 281 habitants.

**le cap Nord** ■ Point le plus septentrional d'Europe (Norvège).

**la mer du Nord** ■ Partie de l'océan Atlantique située au nord-ouest de l'Europe. 570 000 km².

**le Nord** [59] ■ Département français de la Région Nord-Pas-de-Calais. 5 738 km². 2,58 millions d'habitants. Chef-lieu : Lille. Chefs-lieux d'arrondissement : Avesnes-sur-Helpe, Cambrai, Douai, Dunkerque, Valenciennes.

**Adolf Erik, baron Nordenskjöld** ■ Explorateur et naturaliste suédois (1832-1901). Il parcourut l'Arctique. ► Otto **Nordenskjöld,** son neveu (1869-1928), explora l'Arctique et l'Antarctique.

**le Nordeste** ■ Région située au nord-est du Brésil, surpeuplée et sous-développée.

**les Territoires du Nord-Ouest,** en anglais **Northwest Territories** ■ Régions septentrionales du Canada (centre et ouest), gérées par le gouvernement fédéral. 1 346 106 km². 41 500 habitants. Capitale : Yellowknife. Populations amérindiennes, inuits et d'origine européenne.

le passage du **Nord-Ouest** ▪ Passage maritime entre l'Atlantique et le Pacifique : archipel arctique canadien, mer de Beaufort, détroit de Béring. Amundsen réussit le premier à le franchir entièrement (1903-1906).

le **Nord-Pas-de-Calais** ▪ Région administrative française. Deux départements : Nord et Pas-de-Calais. 12 414 km². 4,04 millions d'habitants. Chef-lieu : Lille.

**Norfolk** ▪ Comté du sud-est de l'Angleterre. Chef-lieu : Norwich.

**Norfolk** ▪ Ville des États-Unis (Virginie), près de Newport News. 243 000 habitants.

Géo **Norge** ▪ Poète belge d'expression française (1898-1990). *La Langue verte.*

Jessye **Norman** ▪ Cantatrice (soprano) américaine (née en 1945).

la **Normandie** ▪ Ancienne province française. Aujourd'hui divisée en deux Régions administratives ▸ la Région de **Basse-Normandie** regroupe trois départements : Calvados, Manche, Orne. 17 583 km². 1,48 million d'habitants. Chef-lieu : Caen. ▸ la Région de **Haute-Normandie** comprend les départements de l'Eure et de la Seine-Maritime. 12 379 km². 1,84 million d'habitants. Chef-lieu : Rouen.

le régiment **Normandie-Niémen** ▪ Formation aérienne de chasse française, intégrée à une division aérienne soviétique (1942-1945).

les **Normands** → **Vikings**

**Norodom Sihanouk** ▪ Roi du Cambodge de 1941 à 1955 et de 1993 à 2004 (1922-2012).

Frank **Norris** ▪ Journaliste et romancier américain (1870-1902). Récits naturalistes et de critique sociale, influencés par Zola.

**Norrköping** ▪ Ville et port du sud-est de la Suède. 125 500 habitants.

**Northampton** ▪ Ville du centre de l'Angleterre. 194 000 habitants.

**Northumberland** ▪ Comté du nord-ouest de l'Angleterre, à la frontière de l'Écosse. 307 200 habitants.

le royaume de **Norvège** ▪ État d'Europe du Nord (Scandinavie). 323 879 km². 4,9 millions d'habitants. Capitale : Oslo.

**Norwich** ▪ Ville d'Angleterre (Norfolk). 121 500 habitants. Cathédrale romane (XIᵉ s.).

**Nosferatu** ▪ Personnage de vampire, avatar du Dracula de Bram Stoker, dans le film célèbre de Murnau qui porte son nom (1922).

Michel de Nostre-Dame, dit **Nostradamus** ▪ Médecin et astrologue français (1503-1566). Célèbre pour ses prédictions, contenues dans des quatrains ésotériques réédités jusqu'à nos jours.

**Nosy Be** ▪ Île au nord-ouest de Madagascar. 300 000 habitants.

**Noto** ▪ Ville d'Italie, en Sicile. 22 000 habitants. Nombreux édifices baroques.

**Nottingham** ▪ Ville d'Angleterre (Nottinghamshire). 267 000 habitants.

**Nouakchott** ▪ Capitale de la Mauritanie. 600 000 habitants.

Claude **Nougaro** ▪ Auteur, compositeur et interprète français de chansons (1929-2004). Toulousain inspiré par le jazz et la musique brésilienne.

Paul **Nougé** ▪ Écrivain belge d'expression française (1895-1967). Surréaliste, mais hostile à l'écriture automatique, il collabora avec Magritte.

**Nouméa** ▪ Chef-lieu de la Nouvelle-Calédonie. 65 100 habitants.

Rudolf **Noureïev** ▪ Danseur et chorégraphe soviétique, naturalisé autrichien (1938-1993).

Germain **Nouveau** ▪ Poète français (1851-1920). Comme ceux de Verlaine, ses poèmes vont de la sensualité érotique au mysticisme.

le **Nouveau-Brunswick** ▪ Province de l'est du Canada. 72 909 km². 730 000 habitants. Capitale : Fredericton.

le **Nouveau-Mexique** ▪ État du sud-ouest des États-Unis. 315 115 km². 1,8 million d'habitants. Capitale : Santa Fe.

Jean **Nouvel** ▪ Architecte français (né en 1945). Auteur notamment de l'Institut du monde arabe et du musée du quai Branly, à Paris.

île de La **Nouvelle-Amsterdam** → île **Amsterdam**

la **Nouvelle-Angleterre** ▪ Région du nord-est des États-Unis correspondant aux colonies anglaises fondées sur la côte atlantique.

**Nouvelle-Bretagne,** en anglais **New Britain** ▪ Île de l'archipel Bismarck (Papouasie-Nouvelle-Guinée). 404 600 habitants. Volcans de plus de 2 000 m.

la **Nouvelle-Calédonie** ▪ Île française du Pacifique formant une collectivité territoriale. 19 200 km². 164 200 habitants. Chef-lieu : Nouméa.

la **Nouvelle-Écosse** ▪ Province de l'est du Canada. 55 284 km². 913 500 habitants. Capitale : Halifax.

la **Nouvelle-France** ▪ Terme désignant les possessions françaises au Canada, aux XVIIᵉ et XVIIIᵉ siècles. → **Canada.**

la **Nouvelle-Galles du Sud** ▪ État du sud-est de l'Australie. 801 428 km². 6,8 millions d'habitants. Capitale : Sydney.

la **Nouvelle-Guinée** ▪ Immense île de l'océan Pacifique (775 210 km²), partagée entre l'Indonésie (→ **Papouasie occidentale)** et la Papouasie-Nouvelle-Guinée.

La **Nouvelle-Orléans,** en anglais **New Orleans** ▪ Ville des États-Unis (Louisiane), sur le Mississippi. 344 000 habitants (agglomération 1,3 million).

La **Nouvelle Revue française** ▪ Revue littéraire française fondée en 1909. Doublée en 1911 d'une maison d'édition, devenue depuis Gallimard*, la *N. R. F.* fut animée notamment par Gide et Paulhan.

les **Nouvelles-Hébrides** → Vanuatu

la **Nouvelle-Zélande** ▪ État d'Océanie. 267 844 km². 4 millions d'habitants. Capitale : Wellington.

**Nouvelle-Zemble,** en russe **Novaïa Zemlia** ▪ Archipel arctique de Russie.

**Nova Iguaçu** ▪ Ville du Brésil (Rio de Janeiro). 787 000 habitants.

Friedrich **Novalis** ▪ Poète romantique allemand (1772-1801). Sa poésie exprime la nostalgie de la mystique ; un « idéalisme magique » résulte de l'interprétation allégorique de la nature *(Hymnes à la nuit).*

**Novare,** en italien **Novara** ▪ Ville d'Italie (Piémont). 100 900 habitants. Monuments anciens.

Jean Georges **Noverre** ▪ Danseur et chorégraphe français (1727-1810). Il réforma la danse dans le sens d'une expression plus naturelle des sentiments.

**Novgorod** ▪ Ville de Russie. 217 200 habitants. Anc. principauté. Kremlin et églises anciennes.

**Novi Sad** ▪ Ville de Serbie (Voïvodine). 191 400 habitants.

**Novokouznetsk** ▪ Ville de Russie dans le Kouzbass. 550 100 habitants.

Konstantin **Novoselov** ▪ Physicien russo-britannique (né en 1974). Travaux, avec A. Geim*, relatifs à la miniaturisation électronique.

**Novosibirsk** ▪ Ville de Russie, en Sibérie occidentale. 1,42 million d'habitants. Non loin du centre scientifique d'Akademgorod*.

**Nowa Huta** ▪ Ville industrielle de Pologne, près de Cracovie. Environ 220 000 habitants.

**Noyon** ▪ Ville de l'Oise. 13 593 habitants. Cathédrale du premier art gothique.

Violette **Nozière** ▪ (1915-1966) Accusée d'avoir empoisonné ses parents, condamnée à mort, puis graciée, elle fut enfin réhabilitée. Son histoire inspira les surréalistes.

la **N. R. F.** → La **Nouvelle Revue française**

la **Nubie** ▪ Région désertique du Soudan et de l'Égypte.

la côte de **Nuits** ▪ Région de Bourgogne (Côte-d'Or), située au nord de la côte de Beaune. Vins : Gevrey-Chambertin, Chambolle-Musigny, Vougeot, Vosne-Romanée, Nuits-Saint-Georges...

**Numance** ▪ Ancienne ville d'Espagne, près de Soria, qui résista à la conquête romaine et fut rasée (133 avant J.-C.). Sa résistance inspira Cervantès *(Numance,* drame).

**Numa Pompilius** ▪ Second roi légendaire de Rome, qui régna de 715 à 672 avant J.-C.

la **Numidie** ▪ Anc. royaume d'Afrique du Nord vaincu par Rome au I$^{er}$ s. avant J.-C.

le **Nunavut** ▪ Territoire autonome du Canada (1999), de plus de 2 millions de km², peuplé surtout d'Inuits (29 500 habitants). Capitale : Iqaluit.

**Nuremberg,** en allemand **Nürnberg** ▪ Ville d'Allemagne (Bavière). 499 200 habitants. ► le procès de **Nuremberg** eut lieu pour juger les criminels de guerre nazis (1945-1946).

Paavo **Nurmi** ▪ Athlète finlandais (1897-1973). Il domina la course de fond et demi-fond dans les années 1920.

Julius **Nyerere** ▪ Homme politique tanzanien (1922-1999). Il fut président de la République de 1962 à 1985. Il fut le promoteur d'un socialisme à l'africaine, fondé sur la solidarité et la responsabilité.

**Nyon** ▪ Ville de Suisse (canton de Vaud), au bord du lac Léman. 17 600 habitants. Ville ancienne. Château.

**Nyons** ▪ Chef-lieu d'arrondissement de la Drôme. 6 791 habitants.

Kristoffer **Nyrop** ▪ Linguiste danois (1858-1931). *Grammaire historique de la langue française* (en français).

**Nysse** ▪ Ancienne ville d'Asie Mineure, près d'Éphèse. Ruines romaines.

# O

l'**O. A. S.** ■ « Organisation armée secrète », constituée en 1961 sous l'autorité des généraux Salan et Jouhaud pour s'opposer à la politique algérienne de De Gaulle, y compris par le terrorisme.

**Oaxaca** ■ Ville du sud du Mexique, capitale d'État. 255 000 habitants. Monuments anciens. Site de Monte Alban à proximité. ► **État d'Oaxaca.** 3,8 millions d'habitants.

l'**Ob** n. m. ■ Fleuve de Russie (Sibérie). 3 650 km.

René de **Obaldia** ■ Poète, auteur dramatique et romancier français (né en 1918). Son œuvre poétique, romanesque et scénique témoigne d'une grande inventivité verbale et d'une ironie décapante. *Innocentines* (poèmes) ; *Génousie* ; *Le Satyre de la Villette* ; *Du vent dans les branches de sassafras* (pièces).

Barack Hussein **Obama** ■ Homme d'État américain (né en 1961). 44ᵉ président (démocrate) des États-Unis et successeur de George W. Bush. Fils d'une Américaine et d'un Kényan, juriste de formation, travailleur social à Chicago, puis avocat et professeur, il fut élu sénateur de l'Illinois en 1997, sénateur des États-Unis en 2004. Il remporta l'élection présidentielle en 2008, devenant en janvier 2009 le premier président afro-américain du pays. Prix Nobel de la Paix 2009.

El **Obeid** ■ Site archéologique d'Irak, près d'Ur. Civilisation du IVᵉ millénaire avant J.-C.

**Oberammergau** ■ Localité de Bavière. 5 400 habitants. Spectacle de la Passion joué par les habitants, tous les 10 ans depuis le XVIIᵉ s.

Christophe Philippe **Oberkampf** ■ Industriel français d'origine bavaroise (1738-1815). Il créa la première fabrique de toiles peintes (toiles de Jouy) et la première filature de coton en France.

l'**Oberland bernois** ■ Région montagneuse de Suisse.

**Obernai** ■ Commune du Bas-Rhin. 10 689 habitants.

**Obrénovitch** ■ Dynastie serbe, rivale des Karageorgévitch, qui régna de 1817 à 1903 (sauf de 1842 à 1858).

**Obwald** → **Unterwald**

Victoria **Ocampo** ■ Essayiste argentine (1890-1979). Elle créa la revue et maison d'édition *Sur*, avec Borges. Vaste correspondance littéraire. ► Sa sœur, Silvina **Ocampo** (1903-1993), peintre et poète, « l'un des plus grands de langue espagnole », selon Borges.

Sean **O'Casey** ■ Auteur dramatique irlandais (1880-1964). *La Charrue et les Étoiles*.

Guillaume d'**Occam** → **Guillaume d'Occam**

l'**Empire romain d'Occident** ■ État issu du partage de l'Empire romain (395-476).

l'**Occitanie** n. f. ■ Ensemble des régions du sud de la France où l'on parle ou parlait la langue d'oc.

l'**O. C. D. E.** ■ « Organisation de coopération et de développement économiques », créée en 1961, regroupant 34 États en 2011.

l'**Océanie** n. f. ■ Une des cinq parties du monde (8 970 000 km² ; 37 millions d'habitants), comprenant l'Australie et les îles du Pacifique.

Johannes **Ockeghem** ■ Compositeur franco-flamand (v. 1420-v. 1495).

Daniel **O'Connell** ■ Homme politique irlandais (1775-1847). Avocat, il milita pour l'indépendance de l'Irlande et obtint de Wellington le *bill* d'émancipation des catholiques (1829). Il fut élu député aux Communes et maire de Dublin.

**Octave** ■ Nom d'Auguste*, avant son adoption par César.

**Octavie** ■ Épouse de Néron qui la contraignit au suicide (v. 42-62).

**Octavien** → **Auguste**

la révolution d'**Octobre** → **révolution russe de 1917**

**Odense** ■ Port du Danemark (Fionie). 152 000 habitants.

l'**Oder** n. m. ■ Fleuve qui forme avec son affluent la Neisse la frontière entre la Pologne et l'Allemagne. 854 km.

**Odessa** ■ Port d'Ukraine. 1,1 million d'habitants.

Clifford **Odets** ■ Auteur dramatique américain (1906-1963). Théâtre prolétarien d'inspiration marxiste.

sainte **Odile** ■ Religieuse alsacienne (v. 660-v. 720).

**Odin**, en allemand **Wotan** ■ mythol. scandinave Dieu de la Guerre, de l'Écriture et de la Poésie.

**Odoacre** ■ Roi barbare (Hérules) (v. 433-493). Il se révolta contre l'empereur romain Romulus Augustule, mettant fin à l'Empire romain d'Occident. Théodoric l'assiégea dans Ravenne et le tua.

l'**Odyssée** ■ Épopée grecque attribuée à Homère, qui raconte le retour d'Ulysse après la guerre de Troie.

Kenzaburô **Ôe** ■ Romancier japonais (né en 1935). Critique sociale, peintre de marginaux. Prix Nobel 1994.

l'**O. E. A.** ■ « Organisation des États américains », fondée en 1948 pour maintenir des relations pacifiques sous l'égide des États-Unis et combattre les influences communistes (exclusion de Cuba) ; 35 États membres.

**Œdipe** ■ mythol. grecque Personnage qui, ignorant leur identité, tue son père et épouse sa mère. Il se crève les yeux lorsqu'il découvre la vérité.

**Oersted** → **Ørsted**

Jacques **Offenbach** ■ Compositeur français d'origine allemande (1819-1880). Opérettes, aux livrets généralement dus à Meilhac et Halévy, dont la gaieté parodique assure le durable succès. *La Vie parisienne ; La Belle Hélène.*

le musée des **Offices** (en italien *Palazzo degli Uffizi*) ■ Musée d'art de Florence, dans un palais construit par Vasari. Collections de peinture des Médicis.

l'**Ogaden** n. m. ■ Région steppique de l'est de l'Éthiopie.

Kyûsaku **Ogino** ■ Médecin japonais (1882-1975). Recherches sur le cycle d'ovulation ; méthode de prévision des périodes de fécondité.

l'**Ogooué** n. m. ■ Fleuve d'Afrique équatoriale. 1 200 km.

Maurice **Ohana** ■ Compositeur français d'origine espagnole (1914-1992). Il s'est inspiré des musiques traditionnelles méditerranéennes.

William Sydney Porter, dit **O. Henry** ■ Écrivain américain (1862-1910). Auteur de nombreuses nouvelles humoristiques.

l'**Ohio** n. m. ■ Rivière des États-Unis, affluent du Mississippi. 1 580 km. ▶ l'**Ohio.** État de l'est des États-Unis. 106 289 km². 11,3 millions d'habitants. Capitale : Columbus. Ville principale : Cleveland.

Georg **Ohm** ■ Physicien allemand (1789-1854). *Loi d'Ohm* : loi fondamentale des courants électriques, à la base de la notion de « résistance ».

l'**Oisans** n. m. ■ Région des Alpes au sud-est de Grenoble. Point culminant : Les Écrins, 4 102 m.

l'**Oise** n. f. ■ Rivière, affluent de la Seine. 302 km. ▶ l'**Oise** [60]. Département français de la Région Picardie. 5 574 km². 805 642 habitants. Chef-lieu : Beauvais. Chefs-lieux d'arrondissement : Clermont, Compiègne, Senlis.

David Fedorovitch **Oïstrakh** ■ Violoniste russe (1908-1974). Concertiste et chef d'orchestre.

l' **O. I. T.** ■ « Organisation internationale du travail », créée en 1919, rattachée à l'ONU (1946). Elle siège à Genève ; son secrétariat est le Bureau international du travail (B. I. T.).

**Okinawa** ■ Île du Japon, la principale de l'archipel des Ryûkyû. 1,36 million d'habitants.

l'**Oklahoma** n. m. ■ État du centre des États-Unis. 181 090 km². 3,4 millions d'habitants. ▶ **Oklahoma City,** sa capitale. 580 000 habitants.

l'**Oldenbourg** n. m. ■ Ancien État d'Allemagne, en bordure de la mer du Nord, gouverné par les *comtes d'Oldenbourg* (XIᵉ s.-1667), puis par le roi du Danemark. Duché du Saint Empire germanique, de 1773 à 1918. Aujourd'hui, la région est intégrée au land de Basse-Saxe. ▶ **Oldenbourg.** Ville d'Allemagne, ancienne capitale de l'Oldenbourg. 143 000 habitants.

Claes **Oldenburg** ■ Artiste américain d'origine suédoise (né en 1929). Pop'art.

l'île d'**Oléron** ■ Île de la Charente-Maritime. 175 km². 18 200 habitants.

**Olibrius** ou **Olybrius** ■ Empereur romain d'Occident. Il fut élevé à l'Empire l'année même de sa mort (472).

Jean-Jacques **Olier** ■ Prêtre catholique français (1608-1657). Curé de Saint-Sulpice, il y créa un séminaire. Des sulpiciens émigrèrent au Canada (société Notre-Dame de Montréal).

Gaspar de Guzmán, duc d'**Olivares** ■ Homme politique espagnol (1587-1645). Il exerça le pouvoir sous le règne de Philippe IV. Conquérant, protecteur des arts, il échoua par une politique oppressive, et fut banni par le roi.

Manoel Pinto de **Oliveira** ■ Cinéaste portugais (né en 1908). Films exigeants, souvent ironiques. *Le Soulier de satin.*

Joe, dit King **Oliver** ■ Musicien américain de jazz, cornettiste et chef d'orchestre (1885-1938). Pionnier, à Chicago, du style « Nouvelle-Orléans ».

Pierre Robert, dit **Olivétan** ■ Érudit français (1506-1538). Il adhéra à la Réforme et traduisit la Bible.

sir Laurence **Olivier** ■ Acteur et metteur en scène anglais (1907-1989). *Hamlet.*

le mont des **Oliviers** ■ Colline à l'est de Jérusalem, où le Christ fut arrêté, selon les Évangiles.

Claude **Ollier** ■ Écrivain français (né en 1922). Œuvre narrative rattachée au « nouveau roman ». Critique du récit traditionnel.

les **Olmèques** ■ Civilisation précolombienne du Mexique.

Ehud **Olmert** ■ Homme politique israélien (né en 1945). Premier ministre (2006-2009) et président du parti Kadima (2006-2008).

Ermanno **Olmi** ■ Cinéaste italien (né en 1931). *L'Arbre aux sabots ; La Légende du saint buveur.*

**Oloron-Sainte-Marie** ■ Chef-lieu d'arrondissement des Pyrénées-Atlantiques. 10 854 habitants.

l'**O. L. P.,** Organisation de libération de la Palestine ■ Mouvement créé en 1964 dans le but d'obtenir la création d'un État palestinien, présidé jusqu'en 2004 par Yasser Arafat, puis par Mahmoud Abbas.

l'**Olt** n. m. ■ Rivière de Roumanie, affluent du Danube. 736 km.

l'**Olympe** n. m. ■ Montagne du nord de la Grèce. 2 911 m. ► mythol. grecque Séjour des dieux.

**Olympie** ■ Ville de la Grèce antique, dans le Péloponnèse, où étaient célébrés les jeux Olympiques.

l'**Om** n. m. ■ Rivière de Russie (Sibérie occidentale). 1 091 km.

**Omaha** ■ Ville des États-Unis (Nebraska), sur le Missouri. 409 000 habitants. Communauté pédagogique masculine régie par les enfants (*Boy's Town*).

le sultanat d'**Oman** ■ État de la péninsule Arabique, sur la *mer d'Oman*. 212 460 km². 2,5 millions d'habitants. Capitale : Mascate.

l'**Ombrie** n. f., en italien **Umbria** ■ Région administrative du centre de l'Italie. 8 456 km². 825 800 habitants. Chef-lieu : Pérouse.

l'**O. M. C.** ■ Organisation mondiale du commerce », fondée en 1994. 157 membres en 2012. Son siège est à Genève.

**Omdourman,** en arabe **Umm Durmān** ■ Ville du Soudan. 1 271 000 habitants.

les **Omeyades** ■ Dynastie de califes arabes qui régna à Damas de 650 à 750, puis à Cordoue de 756 à 1030.

l'**O. M. S.** ■ « Organisation mondiale de la santé », créée en 1948 dans le cadre de l'O. N. U., et regroupant 194 membres. Siège à Genève.

**Omsk** ■ Ville de Russie (Sibérie occidentale). 1,1 million d'habitants.

Aristotélis, dit Aristote **Onassis** ■ Armateur et financier grec (1906-1975). Il créa une flotte de transport pétrolier et une compagnie d'aviation (*Olympic Airways*).

le lac **Onega** ■ Lac de Russie. 9 700 km².

**O'Neill** ■ Famille royale irlandaise, dont une branche régna sur l'Ulster, maintenant l'indépendance de l'Irlande jusqu'au XVIᵉ s.

Eugene **O'Neill** ■ Auteur dramatique américain (1888-1953). Théâtre d'un symbolisme pessimiste, tourné vers l'autobiographie. *Le deuil sied à Electre.*

l'**Ontario** n. m. ■ Province du Canada. 1 076 395 km². 12,16 millions d'habitants. Capitale : Toronto. ► le lac **Ontario.** Grand Lac d'Amérique du Nord. 18 000 km². Il sépare le Canada des États-Unis.

l'**O. N. U.,** Organisation des Nations unies ■ Créée en 1945 et regroupant 193 membres, l'O. N. U. a pour but de maintenir la paix et la sécurité dans le monde. Siège à New York.

Aleksandr Ivanovitch **Oparine** ■ Chimiste et biologiste russe (1894-1920).

l'**O. P. E. P.,** Organisation des pays exportateurs de pétrole ■ Elle fut créée en 1960 pour fixer les prix du pétrole.

le théâtre de l'**Opéra** ■ Monument parisien, construit par Charles Garnier (1862 à 1875). Aujourd'hui on y donne essentiellement des spectacles de danse. On l'appelle aussi *le Palais Garnier.* ► l'**Opéra Bastille,** théâtre lyrique parisien construit par Carlos Ott sur la place de la Bastille (1989).

le théâtre de l'**Opéra-Comique** ■ Théâtre lyrique parisien, construit en 1898. On l'appelle aussi *la salle Favart.*

Max **Ophuls** ■ Cinéaste français d'origine allemande (1902-1957). Films dont l'élégance et la vivacité ne cachent pas la mélancolie. *La Ronde ; Madame de ; Lola Montès.* ► Marcel **Ophuls,** son fils (né en 1927). Documentariste. *Le Chagrin et la Pitié.*

Robert **Oppenheimer** ■ Physicien américain (1904-1967). Un des pères de la bombe atomique.

l'**Opus Dei** n. m. ■ Organisation catholique fondée en 1928 (par Josemaría Escrivá de Balaguer, 1902-1975), et placée sous l'autorité du pape. Elle est destinée à la formation des élites catholiques, y compris dans les activités séculières.

**Oradour-sur-Glane** ■ Commune de la Haute-Vienne où les Allemands massacrèrent la population en juin 1944. 2 325 habitants.

**Oran,** en arabe **Wahrān** ■ Ville et port d'Algérie. 760 000 habitants.

l'**Orange** n. m. ■ Fleuve d'Afrique australe. 1 860 km.

l'**État libre d'Orange** ■ Province d'Afrique du Sud.

**Orange** ■ Commune du Vaucluse. 29 302 habitants. Théâtre romain antique.

**Oranienburg** ▪ Ville d'Allemagne (Brandebourg). 27 700 habitants. Un camp de concentration nazi y fut établi.

l'**Orb** n. m. ▪ Fleuve du sud de la France. 145 km.

**Orcades** (en angl. *Orkney Islands*) ▪ Îles d'un archipel au nord de l'Écosse. 19 000 habitants. 70 îles, 30 sont habitées. Pétrole off-shore.

**Andrea di Cione Arcangelo**, dit **Orcagna** ▪ Peintre, sculpteur, architecte florentin (XIVᵉ s. : œuvre de 1343 à 1368).

**Orcival** ▪ Commune du Puy-de-Dôme. 241 habitants. Église romane du XIIᵉ s.

l'**Oregon** n. m. ▪ État du nord-ouest des États-Unis. 249 281 km². 3,42 millions d'habitants. Capitale : Salem.

**Orenbourg** ▪ Ville de Russie. 548 800 habitants.

l'**Orénoque** n. m., en espagnol **Orínoco** ▪ Fleuve du Venezuela. 3 000 km.

**Oreste** ▪ mythol. grecque Poussé par sa sœur Électre, il tue sa mère pour venger le meurtre de son père, Agamemnon.

**Carl Orff** ▪ Compositeur allemand (1895-1982). *Carmina burana.*

**Oribase** ▪ Médecin grec du IVᵉ s. (325-403). Auteur d'une encyclopédie médicale.

l'Empire romain d'**Orient** → **Byzance**

**Origène** ▪ Théologien chrétien de langue grecque (v. 185-v. 254). *Homélies.*

**Orion** ▪ Géant de la mythologie grecque, transformé en constellation, en même temps que le Scorpion qui cause sa mort.

l'**Orissa** n. m. ▪ État du nord-est de l'Inde. 155 722 km². 36,9 millions d'habitants. Capitale : Bhubaneshwar.

**Orlando** ▪ Ville des États-Unis (Floride). 238 300 habitants. Parc d'attractions *Disney World* (« monde de Disney »).

l'**Orléanais** n. m. ▪ Ancienne province de France. Capitale : Orléans.

la maison d'**Orléans** ▪ Nom de quatre familles princières françaises. Principaux représentants. ► Charles d'**Orléans** (1394-1465), fils de Louis d'Orléans (le frère de Charles VI), grand seigneur et poète lyrique, père de Louis XII. ► Gaston d'**Orléans** (1608-1660), frère de Louis XIII. ► Philippe d'**Orléans**, dit **Monsieur** (1640-1701), frère de Louis XIV. ► Philippe, dit **le Régent**, son fils (1674-1723), exerça le pouvoir pendant la minorité de Louis XV. ► Louis Philippe Joseph, dit **Philippe Égalité** (1747-1793), guillotiné ; père de Louis-Philippe.

**Orléans** ▪ Chef-lieu du Loiret et de la Région Centre, sur la Loire. 114 185 habitants. Cathédrale de style gothique (XVIIᵉ s.).

**Orly** ▪ Commune du Val-de-Marne, au sud de Paris. 21 312 habitants. Aéroport, l'un des aéroports de Paris.

**Lefèvre d'Ormesson** ▪ Famille française, fondée au XVIᵉ s. par Olivier Lefèvre d'Ormesson, conseiller de Michel de l'Hospital. Magistrats, au XVIIᵉ et au XVIIIᵉ s. ► **Wladimir Olivier** (1888-1973), diplomate et écrivain. ► **Jean** (né en 1925), journaliste (directeur du *Figaro* de 1974 à 1977), auteur d'essais et de romans.

le détroit d'**Ormuz** ▪ Passage entre le golfe Persique et la mer d'Oman.

**Ornans** ▪ Commune du Doubs. 4 223 habitants. Maison natale de Courbet (musée).

l'**Orne** n. f. ▪ Fleuve de Normandie. 152 km. ► l'**Orne** [61]. Département français de la Région Basse-Normandie. 6 144 km². 290 891 habitants. Chef-lieu : Alençon. Chefs-lieux d'arrondissement : Argentan, Mortagne-au-Perche.

**José Clemente Orozco** ▪ Peintre mexicain (1883-1949). Peinture réaliste forte et schématisée, d'esprit révolutionnaire. Œuvres murales.

**Orphée** ▪ mythol. grecque Poète musicien descendu aux Enfers pour y chercher son épouse Eurydice.

**Eugenio d'Ors y Rovira** ▪ Essayiste et critique d'art espagnol (catalan) (1882-1954). Essais de philosophie de l'histoire. En art, théoricien du baroque.

**Orsay** ▪ Commune de l'Essone. 15 903 habitants. Université (Paris XI) et laboratoires scientifiques. ► la gare d'**Orsay**, ancienne gare parisienne. ► le musée d'**Orsay**, installé en 1986 dans l'ancienne gare. Art européen de la seconde moitié du XIXᵉ s.

**Orsini** ▪ Famille romaine, rivale des Colonna, qui fournit aux XIIIᵉ et XIVᵉ s. un dirigeant de Rome, un pape (Nicolas III), un cardinal, un condottiere, Virginio.

**Felice Orsini** ▪ Révolutionnaire italien (1819-1859). Il combattit avec Garibaldi contre les Français, fut condamné à mort, s'évada, organisa un attentat contre Napoléon III (1858), fut alors condamné et exécuté.

**Hans Christian Ørsted** ▪ Physicien danois (1777-1851). Il découvrit l'électromagnétisme.

**José Ortega y Gasset** ▪ Écrivain et philosophe espagnol (1883-1955). Sa réflexion humaniste et critique est au service des valeurs de la démocratie.

**Orvieto** ▪ Ville d'Italie (Ombrie). 20 700 habitants. Cathédrale ornée de fresques de Signorelli et de Fra Angelico.

**Eric Arthur Blair**, dit **George Orwell** ▪ Écrivain anglais (1903-1950). Son roman d'anticipation (publié en 1949) dont le titre est *1984* est une puissante satire des régimes totalitaires, thème repris dans une fable, *La Ferme des animaux*, critique du communisme. Ses inventions (« Big Brother », la « novlangue ») ont été souvent reprises.

**Ōsaka** ▪ Ville du Japon (Honshū). 2,5 millions d'habitants. Deuxième ville du Japon, et port important.

**John Osborne** ▪ Auteur dramatique anglais (1929-1994). Représentant des « jeunes gens en colère ». Son théâtre dénonce l'inutilité de l'anticonformisme et de la révolte.

**l'O. S. C. E.** ▪ « Organisation pour la sécurité et la coopération en Europe », créée à l'origine (1973) pour instaurer un dialogue entre les pays de l'Otan et ceux du pacte de Varsovie* (56 membres).

**Nagisa Oshima** ▪ Cinéaste japonais (1932-2013). Violence subversive et érotisme. *L'Empire des sens ; Furyo*.

**Osiris** ▪ mythol. égyptienne Dieu de la Végétation et du Bien.

**Oslo** ▪ Capitale de la Norvège. 600 000 habitants.

**Osman Ier Gazi** ▪ Sultan turc (1259-1326). Fondateur de la dynastie ottomane.

**Osnabrück** ▪ Ville d'Allemagne (Basse-Saxe). 163 000 habitants. Monuments anciens.

**L'Osservatore Romano** (« l'observateur romain ») ▪ Journal en partie officiel du Vatican, fondé en 1861, rédigé en italien.

**l'Ossétie du Nord** n. f. ▪ République de Russie, dans le Caucase. 8 000 km². 650 400 habitants. Capitale : Vladikavkaz. ▶ **l'Ossétie du Sud**, région de Géorgie (reconnue comme république indépendante par la Russie en 2008). 3 900 km². 99 000 habitants. Capitale : Tskhinvali.

**Ossian** ▪ Barde écossais légendaire du IIIe s. dont l'œuvre, en réalité écrite par le poète écossais James Macpherson*, eut une immense influence sur le romantisme européen.

**Ostende,** en néerlandais **Oostende** ▪ Ville de Belgique (Flandre-Occidentale), port sur la mer du Nord. 69 100 habitants.

**Ostie** ▪ Port de Rome dans l'Antiquité. Vestiges antiques.

**Ostrava** ▪ Ville de la République tchèque (Moravie). 309 000 habitants.

**les Ostrogoths** ▪ Ancien peuple germanique qui fonda un royaume en Italie (Ve-VIe s.).

**Aleksandr Nikolaïevitch Ostrovski** ▪ Auteur dramatique et metteur en scène russe (1823-1886). Il évoque les préjugés bourgeois, ainsi que les thèmes populaires de la magie (*La Forêt*).

**Wilhelm Ostwald** ▪ Chimiste allemand (1853-1932). Études sur la catalyse.

**l'O. T. A. N.,** Organisation du traité de l'Atlantique Nord ▪ Structure militaire commune aux États-Unis et à leurs alliés occidentaux, créée en 1949. Composée de 28 membres.

**Othello** ▪ Personnage de Shakespeare, général maure au service de Venise. Abusé par son officier Iago, il tue sa femme, Desdémone, sur de faux soupçons. La pièce a inspiré des opéras à Rossini et à Verdi, a été adaptée au cinéma par Orson Welles.

**Othon** ou **Otton Ier le Grand** ▪ Fondateur et premier empereur du Saint Empire romain germanique (912-973).

**le canal d'Otrante** ▪ Détroit séparant l'Adriatique de la mer Ionienne. 70 km.

**Ottawa** ▪ Capitale fédérale du Canada. 812 100 habitants (zone urbaine Ottawa-Gatineau 1 130 800 hab.). ▶ **la conférence d'Ottawa**, entre la Grande-Bretagne et ses dominions (1932), aboutit à des accords sur la préférence donnée par le Royaume-Uni aux produits du Commonwealth.

**l'Empire ottoman** ▪ Une des plus grandes puissances d'Europe et du Proche-Orient, de 1453 à 1923. → **Turquie.**

**l'O. U. A., Organisation de l'unité africaine** ▪ Organisme fondé en 1963, regroupant les États africains, auquel succéda l'Union africaine en 2001.

**Ouagadougou** ▪ Capitale du Burkina Faso. 1,5 million d'habitants.

**Ouargla** ▪ Oasis du Sahara algérien, formant une wilaya. 200 700 habitants. Vaste palmeraie. Au sud-est, gisements pétroliers d'Hassi Messaoud.

**Ouarzazate** ▪ Ville du sud du Maroc, entre l'Atlas et l'Anti-Atlas. 56 600 habitants. Palmeraie. Studios de cinéma.

**Alassane Dramane Ouattara** ▪ Homme politique ivoirien (né en 1942). Élu président de la République en 2010.

**l'Oubangui** n. m. ▪ Rivière d'Afrique équatoriale. 1 160 km.

**le pays d'Ouche** ▪ Région de Normandie (Eure, Orne).

**l'Oudmourtie** n. f. ▪ République autonome de Russie. 42 100 km². 1,6 million d'habitants. Capitale : Ijevsk.

**Jean-Baptiste Oudry** ▪ Peintre animalier français (1686-1755).

**l'Ouellé** n. m. ▪ Rivière d'Afrique centrale, affluent de l'Oubangui. 1 300 km.

**l'île d'Ouessant** ▪ Île de Bretagne (Finistère). 15 km². 900 habitants.

**Oufa** ▪ Ville de Russie, capitale de la Bachkirie. 1,04 million d'habitants.

**l'Ouganda** n. m. ▪ État d'Afrique de l'Est. 241 038 km². 33,8 millions d'habitants. Capitale : Kampala.

**Ougarit → Ugarit**

**les Ouïgours** ▪ Peuple d'origine turque établi en Asie centrale.

**Oujda** ▪ Ville du Maroc. 400 700 habitants.

**Oulan-Bator** ■ Capitale de la Mongolie. 893 400 habitants.

**Oulianovsk,** anciennement **Simbirsk** ■ Ville de Russie, sur la Volga. 635 600 habitants.

l'**Oulipo** (*ouvroir de littérature potentielle*) ■ Groupe d'expérimentation littéraire créé en 1960 par François Le Lionnais et Raymond Queneau, fondé sur l'introduction de contraintes formelles et les jeux de langage. Italo Calvino, Perec, Queneau, Roubaud en firent partie.

Fatima Ibrahim, dite **Oum Kalsoum** ou **Umm Kulthum** ■ Chanteuse égyptienne (1898-1975).

les **Ouolofs** → les **Wolofs**

**Our** → **Ur**

l'**Oural** n. m. ■ Chaîne de montagnes de Russie qui sépare l'Europe de l'Asie. Montagne Narodnaïa (1 895 m). ▶ l'**Oural** n. m. Fleuve qui se jette dans la mer Caspienne. 2 428 km.

**Ouranos** ■ mythol. grecque Personnification du Ciel, l'*Uranus* des Romains.

**Ourartou** → **Urartu**

**Ouro Preto** ■ Ville du Brésil (Minas Gerais). 61 000 habitants. Cité du XVIIIᵉ s., datant de l'exploitation des mines d'or.

**Ourouk** → **Uruk**

**Ouroumtsi** → **Urumqi**

Kitagawa **Outamaro** → Kitagawa **Utamaro**

l'**Outaouais** n. m. (nom français, correspondant à l'anglais *Ottawa(s)*, de l'algonquin) ■ Région du Canada correspondant au territoire des Indiens Outaouais, le long de la rivière qui porte ce nom.

**Outremont** ■ Ville du Canada (Québec), dans l'île de Montréal, aujourd'hui quartier de Montréal.

l'**Ouzbékistan** n. m. ■ État d'Asie centrale. 447 400 km². 25 millions d'habitants. Capitale : Tachkent.

**Overijssel** ■ Province des Pays-Bas, arrosée par la rivière Ijssel. 1,12 million d'habitants.

Publius Ovidius Naso, en franç. **Ovide** ■ Poète latin (43 avant J.-C. - mort en 17 ou 18). Poète élégiaque et érotique (*L'Art d'aimer*). Auteur, après son exil pour « immoralité », de vers évoquant sa triste situation (*Les Tristes*), il doit l'essentiel de sa renommée aux *Métamorphoses*, où la mythologie alimente une imagination fantastique.

**Oviedo** ■ Ville d'Espagne (Asturies). 225 005 habitants.

Robert **Owen** ■ Théoricien socialiste britannique (1771-1858).

Wilfred **Owen** ■ Poète anglais (1893-1918). Tué trois jours avant l'armistice, en 1918. Poèmes de guerre, certains mis en musique par Benjamin Britten (*War Requiem*).

James Cleveland, dit Jesse **Owens** ■ Athlète américain (1914-1980). Champion du monde, il remporta quatre médailles d'or aux Jeux olympiques de Berlin, en 1936 (vitesse et saut).

**Oxford** ■ Ville du sud de l'Angleterre (Oxfordshire). 134 200 habitants. Université.

l'**Oyashio** n. m. ■ Courant froid qui baigne les côtes du Japon.

Amos Klausner, dit Amos **Oz** ■ Écrivain israélien (né en 1939). Militant de gauche, partisan d'un accord de paix avec les Palestiniens, il se fit connaître dans le monde entier par ses romans (*Mon Michaël, La Colline du mauvais conseil, La Troisième Sphère...*).

les monts **Ozark** ■ Région montagneuse des États-Unis, s'étendant du Missouri à l'Arkansas. Forêts.

Seiji **Ozawa** ■ Chef d'orchestre japonais (né en 1935). Musique japonaise contemporaine ; musique européenne.

Yasujiro **Ozu** ■ Cinéaste japonais (1903-1963). Dans ses films, un style sobre et lent produit une forte tension au sein de situations banales. *Voyage à Tokyo ; Le Goût du saké.*

# P

Georg Wilhelm **Pabst** ■ Cinéaste expressionniste allemand (1885-1967). *Loulou.*

la **PAC** « Politique agricole commune » ■ Ensemble des dispositions de l'Union européenne en matière agricole mises en place en 1962.

**PACA** ■ Provence-Alpes-Côte d'Azur : Région administrative du sud-est de la France, composée de six départements (Alpes-de-Haute-Provence, Hautes-Alpes, Alpes-Maritimes, Bouches-du-Rhône, Var et Vaucluse). 31 400 km². 4,92 habitants. Chef-lieu : Marseille.

Johann **Pachelbel** ■ Compositeur allemand (v. 1653-1706). Œuvres pour orgue, musique religieuse et musique de chambre. Il influença J.-S. Bach.

les **Pachtouns** ou **Pashtouns** ■ Populations de langue iranienne (le pachtou ou pashtou), de religion musulmane sunnite, qui vivent dans l'ouest du Pakistan (les Pathans, forme britannique de leur nom) et dans une large partie est de l'Afghanistan (où ils sont majoritaires).

l'océan **Pacifique** ■ Le plus grand océan de la Terre (180 millions de km²). Il s'étend entre l'Amérique, l'Antarctique, l'Asie et l'Australie. ► la guerre du **Pacifique**. Conflit qui opposa le Japon et les États-Unis de 1941 à 1945.

Alfredo, dit Al **Pacino** ■ Comédien américain (né en 1940). Formé à l'Actors Studio, révélé par *Le Parrain* de Coppola, il s'illustra dans tous les genres du cinéma américain.

Francisco Sánchez Gómez, dit **Paco de Lucia** ■ Guitariste de flamenco espagnol (né en 1947). Doué d'une technique et d'une musicalité exceptionnelles, il fit évoluer le flamenco vers de nouvelles formes, tout en préservant son authenticité.

**Pactole** ■ mythol. Fleuve de Lydie dans lequel le roi Midas se lave pour se débarrasser du don de transformer en or tout ce qu'il touche ; après cette opération, le fleuve charrie des paillettes d'or.

**Padang** ■ Ville d'Indonésie, capitale de la province de Sumatra-Ouest. 720 000 habitants.

Ignacy **Paderewski** ■ Homme politique et pianiste polonais (1860-1941). Virtuose de notoriété mondiale, il fut notamment président du Conseil, puis, après 1939, chef du gouvernement polonais en exil.

le gouffre de **Padirac** ■ Gouffre du Lot.

**Padoue,** en italien **Padova** ■ Ville d'Italie, en Vénétie. 204 900 habitants.

**Paestum** ■ Ville de l'Italie ancienne, au sud de Naples. Temples grecs.

**Pagan** ou **Bagan** ■ Ville de Birmanie centrale, important site bouddhique (2 000 monuments).

Niccoló **Paganini** ■ Violoniste et compositeur italien (1782-1840). Le plus grand virtuose du violon de son temps, par ailleurs grand guitariste. Il composa des *Caprices* pour violon. Généreux, il aida Berlioz.

Marcel **Pagnol** ■ Écrivain et cinéaste français (1895-1974). Auteur d'une comédie critique, *Topaze*, de deux célèbres évocations de Marseille, *Marius* et *Fanny*. Il réalisa plusieurs films d'après ses pièces et sur des œuvres de Giono (*Regain*, *La Femme du boulanger*). Il publia ensuite ses souvenirs d'enfance et de jeunesse (trois ouvrages, dont *La Gloire de mon père*).

les **Pahlavī** ■ Dynastie fondée par Rizāh* Châh, qui régna sur l'Iran de 1925 à 1979.

**Paimpol** ■ Chef-lieu de canton des Côtes-d'Armor, près de Saint-Brieuc, dans le Trégorrois. 7 463 habitants. Port de pêche célébré par Pierre Loti (*Pêcheur d'Islande*) et Théodore Botrel (« La Paimpolaise », musique d'Eugène Feautrier).

**Paimpont** ■ Commune d'Ille-et-Vilaine. 1 400 habitants. La forêt de Paimpont a été identifiée au XIXᵉ s. avec celle de Brocéliande.

le **Pain de sucre** (en portugais *Pão de açúcar*) ■ Relief granitique, à l'entrée de la baie de Guanabara, à Rio de Janeiro. 395 m.

Thomas **Paine** ■ Homme politique et écrivain anglais, émigré en Amérique (1737-1809). Ami de Franklin, auteur d'ouvrages politiques antimonarchiques, il joua son rôle dans l'indépendance des États-Unis et dans la Révolution française.

Paul **Painlevé** ■ Mathématicien et homme politique français (1863-1933).

Ian **Paisley** ■ Pasteur et homme politique d'Irlande du Nord (né en 1926). Violemment hostile aux catholiques et aux indépendantistes, il fut Premier ministre d'un gouvernement biconfessionnel de 2007 à 2008.

**Pa Kin** → Ba Jin

le **Pakistan** ▪ État d'Asie du Sud. 796 095 km². Environ 163 millions d'habitants. Capitale : Islamabad.

**Palaiseau** ▪ Chef-lieu d'arrondissement de l'Essonne. 30 316 habitants.

le **Palais-Royal** ▪ Ensemble de bâtiments (XVIIe-XIXe s.) à Paris, bâti pour Richelieu.

la république des **Palaos**, ou de **Belau** ▪ État insulaire du Pacifique occidental. 488 km². 19 900 habitants. Capitale : Melekeok.

le mont **Palatin** ▪ Une des sept collines de Rome.

le **Palatinat** ▪ Région historique d'Allemagne, sur la rive gauche du Rhin.

**Palavas-les-Flots** ▪ Commune de l'Hérault. 6 050 habitants. Station balnéaire.

**Palembang** ▪ Port d'Indonésie. 1,35 million d'habitants.

**Palenque** ▪ Ancienne cité maya du Mexique. Site archéologique.

les **Paléologues** ▪ Famille byzantine qui régna sur Constantinople de 1261 à 1453. → Byzance.

**Palerme**, en italien **Palermo** ▪ Ville d'Italie (Sicile). 686 700 habitants.

la **Palestine** ▪ Région historique du Proche-Orient. Terre promise des Hébreux, elle englobe aujourd'hui les territoires de l'État d'Israël et de Cisjordanie. En novembre 1988, Yasser Arafat, chef de l'O.L.P., proclama la création d'un État palestinien, qui est devenu un État observateur non-membre à l'ONU en 2012. Une partie de Gaza et de Jéricho et plusieurs villes de Cisjordanie sont passées sous le contrôle de l'Autorité palestinienne.

Giovanni Pierluigi-da **Palestrina** ▪ Compositeur italien de musique sacrée (v. 1525-1594).

Bernard **Palissy** ▪ Céramiste et savant français (v. 1510-v. 1589). Travail des émaux.

Andrea **Palladio** ▪ Architecte italien (1508-1580). Il travailla surtout à Vicence (villa Rotonda ; théâtre olympique) et à Venise. Il fut le fondateur de l'architecture néoclassique.

**Pallas** ▪ mythol. grecque Surnom de la déesse Athéna.

**Palma de Majorque**, en espagnol **Palma de Mallorca** ▪ Ville d'Espagne (Baléares). 402 044 habitants. Monuments gothiques.

Jacopo Negretti, dit **Palma il Vecchio**, en français **Palma le Vieux** ▪ Peintre italien (v. 1480-1528). Il acheva des œuvres de Giorgione, peignit des scènes religieuses et des portraits. ▶ **Palma il Giovanni**, en français **Palma le Jeune**, son petit-neveu (1544-1628). Il est l'auteur de grandes compositions religieuses et un représentant du maniérisme à Venise.

**Las Palmas** ▪ Ville d'Espagne (Canaries). 377 200 habitants.

Olof **Palme** ▪ Homme politique (social-démocrate) suédois (1927-1986). Premier ministre de 1969 à 1976 et de 1982 à sa mort (il fut assassiné).

lord **Palmerston** ▪ Homme politique britannique (1784-1865).

**Palmyre** ▪ Oasis du désert de Syrie. Vestiges de l'anc. ville détruite en 273.

**Palo Alto** ▪ Ville des États-Unis (Californie), au sud de la baie de San Francisco. 58 600 habitants. Université de Stanford, à l'origine de la Silicon Valley.

le mont **Palomar** ▪ Montagne de Californie, au nord-est de San Diego. 1 871 m. En 1947, y fut établi un observatoire astronomique dont le plus grand télescope (celui de Hale) possède un objectif de 5 m de diamètre.

**Palos** ou **Palos de Moguer** ▪ Port d'Espagne, au fond du golfe de Cadix, d'où Christophe Colomb s'embarqua pour les Indes (occidentales), c'est-à-dire l'Amérique (1492).

**Pamiers** ▪ Chef-lieu d'arrondissement de l'Ariège. 15 448 habitants.

le **Pamir** ▪ Région montagneuse d'Asie centrale. 7 719 m au Kongur Tagh.

la **Pampa** ▪ Vaste plaine au centre de l'Argentine.

**Pampelune**, en espagnol **Pamplona** ▪ Ville d'Espagne (Navarre). 195 943 habitants.

Ohran **Pamuk** ▪ Écrivain turc (né en 1952). Il évoque les déchirements de la société turque *(Le Livre noir)* et ses rapports à l'Occident, à travers un retour sur le passé ottoman *(Le Château blanc ; Mon nom est Rouge)*. Prix Nobel 2006.

**Pan** ▪ mythol. grecque Dieu des Bergers et des Troupeaux.

le **Panamá** ▪ État d'Amérique centrale. 75 517 km². 3,4 millions d'habitants. Capitale : Panamá (430 000 habitants). ▶ le canal de **Panamá** perce l'isthme du même nom, entre l'Atlantique et le Pacifique.

**Paname** ▪ Nom argotique de Paris, né pendant la Première Guerre mondiale, par allusion au scandale de Panama.

**Pandore** ▪ mythol. grecque Première femme de l'humanité, qui ouvre la boîte contenant les misères humaines qui se répandent sur la Terre.

la **Pangée** ▪ Continent unique formé de la quasi-totalité des continents actuels il y a 200 à 300 millions d'années, qui a donné naissance au Gondwana et à la Laurasie.

le **Pangée** ▪ Massif montagneux de Grèce, en Macédoine, 1 956 m.

**Panhard** [pãaʀ] ■ Famille d'ingénieurs et d'industriels français. ► René **Panhard** (1841-1908) fonda avec Émile Levassor (1844-1897) la société Panhard et Levassor en 1886, pour exploiter les brevets de Daimler : ils construisirent la première automobile à essence.

**Pānini** ■ Grammairien indien (Vᵉ s. avant J.-C.), auteur du plus ancien traité de grammaire connu, portant sur le sanskrit (les « huit chapitres »).

**Panjab** ou **Pendjab** ■ Région partagée entre le Pakistan et l'Inde (50 300 km² ; 24,4 millions d'habitants ; capitale : Chandigarh).

Emmeline Goulden, Mrs **Pankhurst** ■ Féministe britannique (1858-1928). Elle milita pour le droit de vote des femmes dans son pays (obtenu en 1918).

Erwin **Panofsky** ■ Historien et théoricien de l'art américain d'origine allemande (1892-1968). Il élabora une théorie de la représentation artistique, faisant revivre la science des « icones » (signes fondés sur la ressemblance). *Essais d'iconologie.*

**Pantagruel** ■ Héros de Rabelais, fils du géant Gargantua.

**Pantalon** ■ Personnage de la commedia dell'arte, type de vieillard salace.

**le Panthéon** ■ Temple de Rome construit en 27 avant J.-C. ► le **Panthéon.** Église de Paris construite par Soufflot, lieu de sépulture de grands hommes.

**les Panthères noires,** en anglais **Black Panthers** ■ Organisation de protection et de libération des communautés noires des États-Unis, fondée en 1966. Mêlant action sociale et action violente, le mouvement, affaibli par des dissensions internes, fut victime d'une intense répression policière.

**Pantin** ■ Chef-lieu de canton de Seine-Saint-Denis, près de Bobigny. 53 797 habitants.

**Panurge** ■ Personnage de Rabelais.

Pasquale (ou Pascal) **Paoli** ■ Militaire et homme politique corse (1725-1807). Il fut général de l'armée corse et vainquit les Génois, organisant et développant ensuite son pays. Quand la France acquit la Corse (1768), il combattit les Français, dut s'exiler, revint en Corse en 1790, puis s'opposa à la Convention (1793), s'alliant à l'Angleterre, qui l'évinça.

Georgios **Papandréou** ■ Homme politique (social-démocrate) grec (1888-1968). ► Andréas **Papandréou,** son fils (1919-1996). Premier ministre (socialiste) de 1981 à 1989 et de 1993 à 1996.

**Papeete** ■ Chef-lieu de la Polynésie française, dans l'île de Tahiti. 25 500 habitants.

Denis **Papin** ■ Physicien français (1647-1714). Il inventa la machine à vapeur.

les **Papous** ■ Population de Nouvelle-Guinée et des îles voisines. ► la **Papouasie-Nouvelle-Guinée.** État d'Océanie (est de la Nouvelle-Guinée). 462 840 km². 6,5 millions d'habitants. Capitale : Port Moresby. ► la **Papouasie occidentale.** Partie occidentale de la Nouvelle-Guinée, qui forme une province de l'Indonésie. 442 000 km². 1,6 million d'habitants. Capitale : Jayapura.

l'île de **Pâques** ■ Île du Pacifique, à l'ouest du Chili, dont elle dépend. 118 km². 3 800 habitants. Statues géantes d'une civilisation ancienne.

Theophrast Bombast von Hohenheim, dit en latin Paracelsus, en français **Paracelse** ■ Médecin et alchimiste suisse (v. 1493-1541). Il appliqua à la médecine la théorie alchimique des correspondances entre microcosme (l'homme) et macrocosme (l'univers), critiquant Galien et Avicenne, et contribua à la naissance de la chimie.

le Grand **Paradis** ■ Massif des Alpes italiennes occidentales. 4 061 m.

Sarkis Iossifovitch Paradjanian, dit Sergueï **Paradjanov** ■ Cinéaste géorgien d'origine arménienne (1924-1990). *Sayat Nova.*

le **Paraguay** ■ Rivière d'Amérique du Sud, affluent du Paraná. 2 200 km. ► le **Paraguay.** État d'Amérique du Sud. 406 752 km². 4,28 millions d'habitants. Capitale : Asunción.

Brice **Parain** ■ Philosophe français (1897-1971). Son œuvre cherche à déchiffrer les mouvements de pensée du XXᵉ s. et à explorer les paradoxes du langage.

**Paramaribo** ■ Capitale du Suriname. 242 900 habitants.

le **Paraná** ■ Fleuve d'Amérique du Sud qui rejoint le río de la Plata. 3 300 km. ► État du Brésil, dans le sud du pays. Près de 200 000 km². 10,4 millions d'habitants. Capitale : Curitiba.

**Paray-le-Monial** ■ Ville de Saône-et-Loire. 9 094 habitants. Basilique romane.

le **Parc des Princes** ■ Stade parisien (XVIᵉ arrondissement), près de Boulogne-sur-Seine). Construit sur le site d'un vélodrome (1897), le stade a été inauguré en 1972.

Ambroise **Paré** ■ Chirurgien français (v. 1509-1590). Père de la chirurgie moderne.

Vilfredo **Pareto** ■ Économiste et sociologue italien (1848-1923). Il chercha à montrer que l'économie, en tant que science, relevait de la sociologie.

**Paris** ■ Capitale de la France, sur la Seine, chef-lieu de la Région Île-de-France et département [75]. 105 km². 2,25 millions d'habitants (agglomération,10,52 millions).

**Pâris** ■ mythol. grecque Fils de Priam. En enlevant Hélène, il provoqua la guerre de Troie.

le Bassin **parisien** ■ Vaste région sédimentaire française.

Charlie **Parker** ▪ Saxophoniste alto et compositeur de jazz américain (1920-1955). Il forma un quintette avec Dizzy Gillespie, puis joua avec Miles Davis. Il fut surnommé *Bird* (« l'oiseau »). Tant sur le plan mélodique et harmonique que du phrasé, son style a renouvelé le jazz.

Rosa Louise **Parks** ▪ Couturière américaine (1913-2005). En 1955, elle refusa de céder sa place à un Blanc dans un bus ; elle devint un emblème de la lutte contre la ségrégation raciale aux États-Unis.

le **Parlement européen** ▪ Institution, créée en 1967, qui partage le pouvoir législatif de l'Union européenne avec le Conseil de l'Union, dont les députés sont élus au suffrage universel direct. Le nombre de députés nationaux est proportionnel à la population de chacun des 27 pays membres.

**Parme,** en italien **Parma** ▪ Ville d'Italie (Émilie-Romagne). 163 500 habitants. Cathédrale et baptistère romano-gothiques.

**Parménide** ▪ Penseur grec (v. 544-v. 450 avant J.-C.). Le père de l'ontologie.

Antoine Augustin **Parmentier** ▪ Savant français qui répandit la culture de la pomme de terre (1737-1813).

le **Parmesan** ▪ Peintre italien (1503-1540). Le maître du maniérisme.

le **Parnasse** ▪ Montagne de Grèce. 2 457 m. mythol. grecque Séjour favori des Muses. ► le **Parnasse.** Groupe littéraire français de la fin du XIXᵉ s., affirmant la gratuité de l'art. → Leconte de Lisle, Heredia.

Charles Stewart **Parnell** ▪ Homme politique irlandais (1846-1891).

**Paros** ▪ Île grecque (Cyclades). Marbre.

les trois **Parques** ▪ mythol. romaine Divinités du Destin. Elles filent et coupent le fil de la vie des humains.

**Parsifal** ▪ Héros de la mythologie germanique qui, par le courage et la chasteté, parvient à reconquérir le Saint Graal. On le nomme aussi Perceval. Ce personnage fait l'objet notamment d'un opéra de Wagner.

**Parthenay** ▪ Chef-lieu d'arrondissement des Deux-Sèvres. 10 390 habitants.

le **Parthénon** ▪ Temple d'Athéna bâti au Vᵉ s. avant J.-C. sur l'Acropole à Athènes.

les **Parthes** ▪ Ancien peuple d'Iran qui constitua un empire (v. 250 avant J.-C.-224 apr. J.-C.).

Blaise **Pascal** ▪ Physicien, mathématicien, philosophe et écrivain français (1623-1662). Nombreux et importants travaux concernant notamment l'hydrostatique, la géométrie et le calcul infinitésimal. *Les Provinciales.* Il écrivit un chef-d'œuvre de réflexion psychologique et religieuse, dans un style libéré des contraintes du classicisme, les *Pensées.*

Giovanni **Pascoli** ▪ Poète italien (1855-1912). Poèmes lyriques d'inspiration bucolique et antique.

le **Pas-de-Calais** [62] ▪ Département français de la Région du Nord-Pas-de-Calais. 6 672 km². 1,46 million d'habitants. Chef-lieu : Arras. Chefs-lieux d'arrondissement : Béthune, Boulogne-sur-Mer, Calais, Lens, Montreuil-sur-Mer, Saint-Omer.

les **Pashtouns** → Pachtouns

**Pasiphaé** ▪ mythol. grecque Épouse de Minos.

Pier Paolo **Pasolini** ▪ Cinéaste et écrivain italien (1922-1975). *Œdipe roi, Théorème, Salò ou les Cent Vingt Journées de Sodome* sont des films à la fois lyriques et provocateurs. Son œuvre littéraire comprend des poèmes, des récits, des essais.

Étienne **Pasquier** ▪ Humaniste et historien français (1529-1615). *Recherches de la France.*

**Passy** ▪ Ancienne commune de la Seine, absorbée par la ville de Paris (XVIᵉ arrondissement) en 1860.

Boris Leonidovitch **Pasternak** ▪ Écrivain russe de l'époque soviétique (1890-1960). Poète en vers et en prose, ami de Maïakovski, il célébra la révolution (*L'Année 1905*). Dans les années 1930, il revint à une inspiration personnelle et publia ses souvenirs (*Sauf-conduit*). Il fut mis à l'écart par le régime, et son grand roman, *Le Docteur Jivago* (1957), fut interdit en URSS. Prix Nobel 1958.

Louis **Pasteur** ▪ Savant français, un des créateurs de la microbiologie (1822-1895). Il mit au point le vaccin contre la rage.

la **Patagonie** ▪ Région du sud de l'Argentine.

**Patañjali** ▪ Grammairien et philosophe indien (IIᵉ s. avant J.-C.), commentateur de Pânini. La tradition lui attribue le premier traité de Yoga, le *Yogasûtra.*

Joachim **Patenier** ou **Patinir** ▪ Peintre flamand (v. 1480-1524). Élève de Quentin Metsys, il intégra ses compositions religieuses dans de vastes paysages. Il peut être considéré comme le premier paysagiste européen.

Émile **Pathé** (1860-1937) et Charles **Pathé** (1863-1957) ▪ Ingénieurs français qui fondèrent en France l'industrie du disque et fabriquèrent les premières pellicules pour le cinéma.

maître Pierre **Pathelin** ▪ Personnage principal d'une comédie du Moyen Âge, composée entre 1456 et 1469.

**Patmos** ▪ Île grecque au sud de Samos (Dodécanèse). Selon la tradition, saint Jean y aurait écrit l'Apocalypse.

**Patna** ▪ Ville de l'Inde (Bihar). 1,7 million d'habitants.

**Patras** ■ Port de Grèce (Péloponnèse). 175 000 habitants.

**saint Patrick** ou **Patrice** ■ Évangélisateur et patron de l'Irlande (v. 389-461).

**Patrocle** ■ Héros de l'*Iliade*. Compagnon d'Achille, tué par Hector.

**George Patton** ■ Général américain, spécialiste des chars (1885-1945). Il débarqua au Maroc (1942), puis commanda la IIIᵉ armée américaine après le débarquement en Normandie (1944). Son caractère entier, ses actes d'indiscipline en ont fait un personnage de légende.

**Pau** ■ Chef-lieu des Pyrénées-Atlantiques. 79 798 habitants. Anc. capitale du Béarn. Château. ► le gave de **Pau,** rivière des Pyrénées occidentales. 120 km.

**saint Paul** ■ Apôtre du christianisme (v. 10-v. 62). Auteur d'*Épîtres*.

**Paul** ■ Nom de six papes. ► **Alexandre Farnèse,** dit **Paul III.** Pape de 1534 à sa mort (1468-1549). Il fut à l'origine de la Contre-Réforme. ► **Paul VI.** Pape de 1963 à sa mort (1897-1978).

**Paul Iᵉʳ** ■ (1754-1801) Empereur de Russie de 1796 à son assassinat.

**Jean Paulhan** ■ Écrivain français (1884-1968). Théoricien de la littérature, éditeur, il fut un personnage important des lettres françaises. *Les Fleurs de Tarbes.*

**Wolfgang Pauli** ■ Physicien suisse d'origine autrichienne (1900-1958). Il fut l'un des fondateurs de la physique quantique.

**Linus Pauling** ■ Chimiste américain (1901-1994).

**Pausanias** ■ Voyageur et géographe grec, auteur d'une *Description de la Grèce* en dix livres (IIᵉ s.).

**Luciano Pavarotti** ■ Ténor italien (1935-2007). Il interpréta l'opéra italien du XIXᵉ s.

**Cesare Pavese** ■ Écrivain italien (1908-1950). Romans d'un style sobre et grave. *La Plage ; Le Métier de vivre ; Le Bel Été.*

**Pavie,** en italien **Pavia** ■ Ville d'Italie (Lombardie). 71 200 habitants. Monuments anc. François Iᵉʳ y fut vaincu par Charles Quint en 1525.

**Ivan Pavlov** ■ Physiologiste russe (1849-1936). Découverte du réflexe conditionnel.

**les Pays-Bas,** en néerlandais **Nederland** ■ État d'Europe, sur la mer du Nord. 41 500 km² (dont 7 929 m² d'eau). 16,4 millions d'habitants. Capitale : Amsterdam, La Haye étant le siège du gouvernement.

**Octavio Paz** ■ Poète mexicain (1914-1998). D'ascendance amérindienne, il recherche dans les deux cultures, aztèque et espagnole, « l'essentiel mexicain ». Son inspiration est lyrique, privilégiant l'amour et la liberté, dans « le cauchemar de l'histoire ». *Pierre de soleil ; L'Arc et la Lyre ; Le Labyrinthe de la solitude.* Prix Nobel 1990.

**La Paz** ■ Capitale de la Bolivie. 839 200 habitants.

**le P. C. F.** ■ Sigle du Parti communiste français.

**Giuseppe Peano** ■ Logicien et mathématicien italien (1858-1932). Il présenta l'ensemble des domaines mathématiques dans un langage formalisé.

**Pearl Harbor** ■ Base navale américaine des îles Hawaii. L'attaque surprise des Japonais (7 déc. 1941) provoqua l'entrée en guerre des États-Unis.

**Lester Bowles Pearson** ■ Homme politique (libéral) canadien (1897-1972).

**Robert Peary** ■ Explorateur américain (1856-1920). Il atteignit, le premier, le pôle Nord (1909).

**Pech Merle** ■ Colline de la commune de Cabrerets (Lot) où fut découverte, en 1922, une grotte ornée de peintures préhistoriques.

**Sam Peckinpah** ■ Cinéaste américain (1926-1984). Westerns d'un réalisme violent, démythifiant la figure du héros. *La Horde sauvage ; Les Chiens de paille ; Pat Garrett et Billy le Kid.*

**sir Robert Peel** ■ Homme politique (conservateur) britannique (1788-1850).

**Pégase** ■ mythol. grecque Cheval ailé, symbole de l'inspiration poétique.

**Charles Péguy** ■ Écrivain français (1873-1914). Socialiste, patriote et mystique, il est l'auteur d'une œuvre politique et sociale dans une prose scandée et répétitive. En vers, sa poésie conserve ce caractère de litanie, dans les versets puissants du *Mystère de la charité de Jeanne d'Arc,* de la *Tapisserie de Notre-Dame,* d'*Ève* et d'autres grands poèmes.

**Ieoh Ming Pei** ■ Architecte américain d'origine chinoise (né en 1917). Auteur de la pyramide du Louvre, à Paris, de la Bank of China à Hong Kong et du musée d'Art islamique de Doha (avec Wilmotte).

**Charles Sanders Peirce** ■ Logicien, pédagogue, épistémologue et philosophe américain (1839-1914). Dans son œuvre multiple, mal reconnue de son vivant, on retient la théorie des signes (sémiotique) la plus élaborée de tous les temps ; il est le fondateur de la sémiotique.

**Pékin** ou **Beijing** ■ Capitale de la Chine. 6,99 millions d'habitants (municipalité autonome : 16 800 km² ; 10,3 millions d'habitants). La Cité interdite.

**les Pélasges** ■ Habitants primitifs de la Grèce.

**Edison di Nascimento,** dit **Pelé** ■ Footballeur brésilien (né en 1940). Surnommé le « roi Pelé », considéré comme le meilleur joueur de tous les temps. Il fut ministre des Sports (1994-1998).

la montagne **Pelée** ▪ Volcan de la Martinique. 1 397 m. Éruption en 1902.

Alfred **Pellan** ▪ Peintre et illustrateur canadien [québécois] (1906-1988).

**Pelléas** ▪ Héros de légende, demi-frère du vieux Golaud, tombé amoureux de Mélisande, la jeune femme de Golaud, et tué par ce dernier. *Pelléas et Mélisande*, pièce de Maeterlinck, drame musical de Debussy.

Silvio **Pellico** ▪ Écrivain italien (1789-1854). Journaliste libéral, auteur d'une tragédie traduite en anglais par Byron, il fut condamné à mort comme carbonaro par les Autrichiens, peine commuée en emprisonnement. *Mes prisons* (1832) manifeste une résignation chrétienne qui déçut les patriotes italiens, malgré les qualités humaines de l'œuvre.

le **Péloponnèse** ▪ Presqu'île du sud de la Grèce. ► la guerre du **Péloponnèse**, de 431 à 404 avant J.-C., opposa Sparte à Athènes, qui fut vaincue.

le **Pelvoux** ▪ Massif des Alpes, dans l'Oisans. 4 102 m à la barre des Écrins.

Krzysztof **Penderecki** ▪ Compositeur polonais (né en 1933). *Psaumes de David*.

le **Pendjab** → Panjab

**Pénélope** ▪ Femme d'Ulysse, dans l'*Odyssée*. Symbole de fidélité conjugale.

la chaîne **Pennine** ▪ Monts du nord de l'Angleterre. 893 m au Cross Fell.

la **Pennsylvanie** ▪ État du nord-est des États-Unis. 117 413 km². 12,3 millions d'habitants. Capitale : Harrisburg. Villes principales : Philadelphie, Pittsburgh.

le **Pentagone** ▪ Édifice en forme de pentagone abritant le secrétariat d'État à la Défense et l'état-major des forces armées des États-Unis, à Washington.

le **Pentateuque** ▪ Nom grec donné aux cinq premiers Livres de la Bible.

**Penthésilée** ▪ mythol. grecque Reine des Amazones, tuée par Achille à la guerre de Troie.

**Penza** ▪ Ville de Russie. 518 200 habitants.

**Pépin le Bref** ▪ (714-768) Roi des Francs de 751 à sa mort. Fils de Charles Martel et père de Charlemagne, il fonda la dynastie des Carolingiens.

**Perceval** → Parsifal

le **Perche** ▪ Région de l'ouest du Bassin parisien.

Charles **Percier** ▪ Architecte français (1764-1838). Auteur avec Fontaine des principales œuvres du premier Empire.

Georges **Perec** ▪ Romancier et poète français (1936-1982). Inventaire de la vie contemporaine (*Les Choses*) et recherches formelles (*La Disparition*, écrit sans la lettre e). *La Vie mode d'emploi ; Je me souviens*.

les frères **Pereire** ▪ Jacob Émile (1800-1875) et Isaac (1806-1880 : hommes d'affaires français. Ils favorisèrent l'essor des transports et des finances sous le second Empire.

le cimetière du **Père-Lachaise** ▪ Cimetière parisien (quartier de Ménilmontant), aménagé en 1804 sur le site d'un domaine où résida le Père de La Chaize, confesseur de Louis XIV de 1675 à 1709.

Shimon **Peres** ▪ Homme politique (travailliste) israélien (né en 1923). Élu président de l'État d'Israël en 2007.

Javier **Pérez de Cuellar** ▪ Homme politique et diplomate péruvien (né en 1920). Il fut secrétaire général de l'O.N.U. de 1982 à 1992.

Benito **Pérez Galdós** ▪ Écrivain espagnol (1843-1920). *Épisodes nationaux*.

**Pergame**, aujourd'hui **Bergama** ▪ Ancienne ville d'Asie Mineure, capitale d'un royaume hellénistique (IIIe-IIe s. avant J.-C.). 59 400 habitants.

Louis **Pergaud** ▪ Écrivain français (1882-1915). Auteur de récits pleins d'émotion et d'humour, et surtout d'« histoires de bêtes » (*De Goupil à Margot*) ou d'enfants (*La Guerre des boutons*).

Jean-Baptiste **Pergolèse**, en italien Giovanni (ou Giovan) Battista **Pergolesi** ▪ Compositeur italien (1710-1736). Il a composé des opéras (*La Servante maîtresse*), de la musique religieuse (dont un *Stabat Mater*), des sonates et des concertos. Son style est inventif et très expressif.

Jacopo **Peri** ▪ Compositeur italien (1561-1633). Il a composé le premier opéra complet de l'histoire de la musique, *Euridice* (1600), pour le mariage de Marie de Médicis et d'Henri IV.

**Périclès** ▪ Homme politique athénien, auteur de grandes réformes démocratiques (v. 495-429 avant J.-C.).

Casimir **Perier** ▪ Banquier français, ministre de Louis-Philippe (1777-1832).

dom Pierre **Pérignon** ▪ Bénédictin français (1638-1715). Il perfectionna, près d'Épernay, la fabrication du champagne.

le **Périgord** ▪ Région historique du sud-ouest de la France (qui fait aujourd'hui partie du département de la Dordogne).

**Périgueux** ▪ Chef-lieu de la Dordogne. 29 811 habitants. Vestiges gallo-romains. Cathédrale restaurée au XIXe s.

**Perm** ▪ Ville de Russie. 1 million d'habitants.

Constant **Permeke** ▪ Peintre et sculpteur belge (1886-1952). Les formes puissantes de ses tableaux, peints dans les ocres et les bruns, ont une force expressive exceptionnelle.

**Pernambouc** ▪ État du Brésil, dans le Nordeste. 8,8 millions d'habitants. Un des premiers établissements portugais, en 1534.

Juan Domingo **Perón** ▪ (1895-1974) Président de la République argentine de 1946 à 1955 et de 1973 à sa mort.

**Péronne** ▪ Chef-lieu d'arrondissement de la Somme. 7 796 habitants.

**Pérotin** ▪ Compositeur français (XIIIᵉ s.). Musique polyphonique.

le **Pérou** ▪ État d'Amérique du Sud. 1 285 215 km². 28,2 millions d'habitants. Capitale : Lima.

**Pérouse**, en italien **Perugia** ▪ Ville d'Italie (Ombrie). 149 100 habitants. Monuments anciens.

**Perpignan** ▪ Chef-lieu des Pyrénées-Orientales. 118 238 habitants. Palais des rois de Majorque (XIIIᵉ-XIVᵉ s.). Cathédrale gothique.

Charles **Perrault** ▪ Écrivain français (1628-1703). Auteur des *Contes de ma mère l'Oye.*
▶ Claude **Perrault**, son frère (1613-1688), architecte. On lui attribue la colonnade du Louvre.

Auguste **Perret** ▪ Architecte français (1874-1954). Théâtre des Champs-Élysées.

Charlotte **Perriand** ▪ Architecte d'intérieur et designer français (1903-1999). Elle s'est intéressée au logement collectif et aux nécessités fonctionnelles de l'habitat.

Jean **Perrin** ▪ Physicien français (1870-1942). Théorie atomique.

Georges Poulot, dit Georges **Perros** ▪ Écrivain français (1923-1978). Auteur de poèmes, d'aphorismes d'une grande originalité. *Papiers collés.*

**Perros-Guirec** ▪ Ville des Côtes-d'Armor. 7 440 habitants. Station balnéaire.

François **Perroux** ▪ Économiste français (1903-1987). Théoricien de l'équilibre entre capitalisme privé et secteur étatisé. *Théorie générale du progrès.*

la **Perse** ▪ Ancien nom de l'Iran. Deux grands empires sont issus de la Perse → **Achéménides, Sassanides.**

**Persée** ▪ mythol. grecque Héros vainqueur de la Méduse.

**Perséphone** ▪ mythol. grecque Divinité enlevée par Hadès qui en fit la reine des Enfers, la *Proserpine* des Romains.

**Persépolis** ▪ Anc. capitale de l'Empire perse. Ruines du palais de Darios le Grand.

John **Pershing** ▪ Général américain (1860-1948).

le golfe **Persique** ou **Arabo-Persique** ▪ Bras de mer entre l'Iran et l'Arabie. Pétrole.

**Perth** ▪ Ville d'Australie (Australie-Occidentale). 1,5 million d'habitants.

le col du **Perthus** ▪ Passage des Pyrénées-Orientales. 290 m.

le **Pérugin** ▪ Peintre italien (v. 1445-1523). Maître de Raphaël.

**Pesaro** ▪ Ville d'Italie, dans les Marches, sur l'Adriatique. 91 000 habitants.

**Peshawar** ▪ Ville du nord-ouest du Pakistan. 988 000 habitants.

Fernando **Pessoa** ▪ Poète portugais (1888-1935). *Poemas de Alberto Caeiro ; Odes de Ricardo Reis.* Son œuvre poétique est répartie entre les personnalités fictives, mais affirmées, de plusieurs signataires, ses « hétéronymes » : Alberto Cairo, Alvaro de Campos, Ricardo Reis.

Philippe **Pétain** ▪ Maréchal de France et homme d'État français (1856-1951). Vainqueur de Verdun en 1916, chef de l'État français de 1940 à 1944 (→ gouvernement de **Vichy**). Condamné à mort en 1945 (peine commuée en détention à perpétuité).

la **Petchora** ▪ Fleuve de Russie. 1 809 km.

**Peter Pan** ▪ Personnage créé par James Barrie, qui incarne la permanence de l'enfant dans l'adulte.

Anne Alexandre Sabès, dit **Pétion** ▪ (1770-1818) Premier président et fondateur de la république d'Haïti de 1807 à sa mort.

Marius **Petipa** ▪ Danseur et chorégraphe français (1818-1910).

Roland **Petit** ▪ Danseur et chorégraphe français (1924-2011). Directeur de plusieurs compagnies de ballets.

Sándor **Petőfi** ▪ Poète et patriote hongrois (1823-1849). D'origine populaire, il écrivit des poèmes romantiques, amoureux et patriotiques dans une langue simple et belle. Il joua un grand rôle dans la révolution de 1848, s'engagea dans l'armée hongroise et fut tué au combat.

**Pétra**, auj. **al-Batrā** ▪ Anc. capitale des Nabatéens, en Jordanie. Tombeaux.

**Pétrarque** ▪ Poète et humaniste italien (1304-1374). Il pensait que l'immortalité lui viendrait de son œuvre en latin, mais ce sont les poèmes amoureux du *Canzoniere* (suscités par sa passion pour Laure de Noves) qui lui valurent, outre la postérité, une influence durable sur la poésie lyrique européenne (le « pétrarquisme », par exemple chez Ronsard).

**Petrograd** → **Saint-Pétersbourg**

**Pétrone** ▪ Romancier latin (mort en 65). Auteur présumé du *Satiricon.*

Armand **Peugeot** ▪ Industriel français de l'automobile (1849-1915).

les **Peuls** ▪ Peuple de pasteurs musulmans d'Afrique de l'Ouest.

la Grande **Peur** ▪ Révolte des paysans français en juillet-août 1789.

Antoine **Pevsner** ▪ Sculpteur français d'origine russe, frère de Naum Gabo (1886-1962). *Manifeste réaliste.*

Pierre Culliford, dit **Peyo** ▪ Auteur belge de bandes dessinées (1928-1992). Il créa plusieurs personnages, et notamment les Schtroumpfs (1958).

Roger **Peyrefitte** ▪ Écrivain français (1907-2000). Auteur remarqué du roman *Les Amitiés particulières*, il écrivit des satires de la diplomatie, du Vatican, de la franc-maçonnerie, des récits évocateurs de la Grèce et de l'Italie *(Du Vésuve à l'Etna)*, et une biographie d'Alexandre le Grand.

**Phaéton** ▪ mythol. grecque Fils d'Hélios, foudroyé par Zeus en conduisant le char de son père.

**Phaïstos** ▪ Ancienne ville de Crète, site minoen détruit vers 1 400 avant J.-C. En 1908, on y a découvert un disque d'argile recouvert d'une écriture inconnue.

**Pharos** ▪ Île de l'Égypte ancienne, près d'Alexandrie, où était érigé un phare.

**Pharsale** ▪ Ville de Grèce (Thessalie). Pompée y fut vaincu par César en 48 avant J.-C.

les **Phéaciens** ▪ mythol. grecque Dans *l'Odyssée*, peuple de navigateurs (habitant l'île de Skeria, peut-être Corfou) chez lequel Ulysse est recueilli, après un naufrage, par Nausicaa, la fille du roi.

**Phébus** → Apollon

**Phèdre** ▪ mythol. grecque Épouse de Thésée.

**Phèdre** ▪ Fabuliste latin (15 avant J.-C.-50).

Michael **Phelps** ▪ Nageur américain (né en 1985). Seize médailles olympiques (six médailles d'or aux Jeux d'Athènes en 2004, et le nombre record de huit aux Jeux de Pékin, en 2008).

la **Phénicie** ▪ Contrée de l'Antiquité, sur le littoral syro-palestinien.

le **Phénix** ▪ mythol. égyptienne Oiseau qui se brûle sur un bûcher et renaît de ses cendres.

**Phidias** ▪ Le plus célèbre sculpteur de l'art classique grec (v. 490-430 avant J.-C.).

**Philadelphie** ▪ Port de la côte est des États-Unis (Pennsylvanie). 1,5 million d'habitants (agglomération 6,2 millions).

**Philémon et Baucis** ▪ mythol. grecque Couple légendaire. À leur mort, ils furent transformés par Zeus en arbres.

François André **Philidor** ▪ Compositeur français et joueur d'échecs (1726-1795).

Gérard **Philipe** ▪ Comédien français (1922-1959). Il triompha au théâtre *(Le Cid ; Le Prince de Hombourg)* et au cinéma *(Le Diable au corps ; Fanfan la Tulipe)*.

saint **Philippe** ▪ Apôtre de Jésus qui aurait été crucifié vers 80.

**Philippe** ▪ Nom de plusieurs souverains européens.
**1** ROI DES BELGES ► **Philippe Iᵉʳ** (né en 1960). A succédé à son père Albert II, en 2013.
**2** DUCS DE BOURGOGNE ► **Philippe II le Hardi** (1342-1404). Duc de 1363 à sa mort. ► **Philippe III le Bon** (1396-1467). Duc de 1419 à sa mort. Il constitua un État puissant.
**3** SOUVERAINS D'ESPAGNE ► **Philippe Iᵉʳ le Beau** (1478-1506). Souverain des Pays-Bas de 1482 à sa mort, roi de Castille à partir de 1504. ► **Philippe II** (1527-1598). Fils de Charles Quint, roi d'Espagne de 1556 à sa mort et roi du Portugal à partir de 1580. Il s'efforça de faire triompher le catholicisme. ► **Philippe V** (1683-1746). Roi d'Espagne de 1700 à sa mort, petit-fils de Louis XIV.
**4** ROIS DE FRANCE ► **Philippe Iᵉʳ** (1052-1108). Roi de 1060 à sa mort. ► **Philippe II Auguste** (1165-1223). Roi de 1180 à sa mort. Il agrandit le domaine royal. ► **Philippe III le Hardi** (1245-1285). Roi de 1270 à sa mort. ► **Philippe IV le Bel** (1268-1314). Roi de 1285 à sa mort. Il renforça l'appareil d'État et lutta contre le pape Boniface VIII. ► **Philippe V le Long** (v. 1294-1322). Roi de 1316 à sa mort. ► **Philippe VI de Valois** (1294-1350). Roi de 1328 à sa mort. Son règne fut marqué par le début de la guerre de Cent Ans.
**5** SOUVERAIN DES PAYS-BAS ► **Philippe Iᵉʳ le Beau** → 2. souverains d'Espagne, **Philippe Iᵉʳ**.

**Philippe II** ▪ (v. 382-336 avant J.-C.) Roi de Macédoine de 359 à sa mort. Père d'Alexandre le Grand.

**Philippe de Vitry** ▪ Compositeur français (1291-1361). *Ars nova musicae.*

**Philippe Égalité** → maison d'Orléans

les **Philippines** ▪ Archipel et État d'Asie du Sud-Est. 300 000 km². 76,5 millions d'habitants. Capitale : Manille.

les **Philistins** ▪ Anc. peuple de Palestine.

**Philon d'Alexandrie** ▪ Philosophe juif de langue grecque (v. 20 avant J.-C.-50).

**Phnom Penh** ▪ Capitale du Cambodge sur le Mékong. 1,24 million d'habitants.

**Phocée** ▪ Ancienne ville d'Asie Mineure (Ionie). Les Phocéens fondèrent Marseille.

**Phoenix** ▪ Ville des États-Unis (Arizona). 1,4 million d'habitants.

**Photios** ou **Photius** ▪ Patriarche de Constantinople qui lutta contre le pape (v. 820-895).

la **Phrygie** ▪ Ancienne région d'Asie Mineure.

**Phuket** ▪ Petite île de Thaïlande, centre touristique important sur la côte de la péninsule malaise, ravagée par un tsunami en décembre 2004.

Édith Giovanna Gassion, dite Édith **Piaf** ▪ Chanteuse française (1915-1963). Découverte par un directeur de music-hall, alors qu'elle chantait dans les rues, elle devint célèbre grâce à sa personnalité et à son style vocal envoûtant.

Jean Piaget ■ Philosophe des sciences et psychologue suisse (1896-1980). Étudiant le développement de l'intelligence chez l'enfant, il créa une théorie génétique de la connaissance (l'épistémologie) et écrivit de nombreux livres sur ce thème, fondant une école influente.

Maurice Pialat ■ Cinéaste français (1925-2003). Films souvent autobiographiques, puissants et sincères, consacrés notamment à l'enfance et aux difficultés des relations humaines. L'Enfance nue ; À nos amours ; Le Garçu.

Renzo Piano ■ Architecte italien (né en 1937). Co-auteur du Centre Pompidou, à Paris. Nombreux édifices en Europe, aux États-Unis.

Francis Picabia ■ Peintre français (1879-1953). Collages dadaïstes.

la Picardie ■ Ancienne province de France. Région administrative française. Trois départements : l'Aisne, l'Oise et la Somme. 19 528 km². 1,92 million d'habitants. Chef-lieu : Amiens.

Pablo Picasso ■ Peintre, graveur et sculpteur espagnol (1881-1973). Par la succession déconcertante de styles très différents et également inventifs, son influence sur l'art moderne est capitale. Il fut l'un des créateurs du cubisme. Les Demoiselles d'Avignon ; Guernica.

Auguste Piccard ■ Physicien suisse (1884-1962). Inventeur du bathyscaphe.

Giovanni Pic de La Mirandole ■ Humaniste italien (1463-1494). Grand érudit.

Charles Pichegru ■ Général français (1761-1804).

Henri Pichette ■ Poète français (1924-2000). Son œuvre poétique est dominée par un poème scénique inspiré, dont le ton lyrique évoque Rimbaud, Les Épiphanies, qui fut joué par Gérard Philipe et Maria Casarès. Apoèmes ; Odes à chacun.

les Pictes ■ Peuple de l'Écosse ancienne.

Pie ■ Nom de douze papes. ► saint Pie V (1504-1572), pape de 1566 à sa mort. Il continua la Contre-Réforme. ► Pie VII (1742-1823), pape de 1800 à sa mort, en lutte avec Napoléon. ► Pie IX (1792-1878), pape de 1846 à sa mort. Il promulgua les dogmes de l'Immaculée Conception et de l'infaillibilité pontificale. ► saint Pie X (1835-1914), pape de 1903 à sa mort. Il condamna le modernisme. ► Pie XI (1857-1939), pape de 1922 à sa mort. Il signa les accords du Latran. ► Pie XII (1876-1958), pape de 1939 à sa mort.

le Piémont, en italien Piemonte ■ Région administrative de l'Italie du Nord. 25 400 km². 4,21 millions d'habitants. Chef-lieu : Turin.

Piero de' Franceschi, dit Piero della Francesca ■ Peintre italien (v. 1416-1492). Dans ses fresques et ses tableaux, il fait la synthèse des recherches sur la perspective de l'école florentine et de la construction spatiale que la couleur et les valeurs plastiques (plus que par le trait) inaugurée par Masaccio, Mantegna et les peintres flamands. L'Histoire de la vraie croix, fresques d'Arezzo.

saint Pierre ■ Le premier des douze apôtres. Premier évêque de Rome, il fut martyrisé en 64.

Pierre ■ Nom de plusieurs souverains.
1 EMPEREURS DU BRÉSIL ► Pierre Ier (1798-1834). Il proclama l'indépendance du pays et en devint l'empereur de 1822 à 1831. Il fut roi de Portugal (sous le nom de Pierre IV) de 1826 à 1834. ► Pierre II (1825-1891). Empereur de 1831 à 1889. Il abolit l'esclavage en 1888.
2 ROI DE CASTILLE ► Pierre le Cruel (1334-1369), roi de 1350 à sa mort.
3 ROIS DE PORTUGAL ► Pierre Ier le Justicier (1320-1367). Roi de 1357 à sa mort. Époux d'Inès de Castro. ► Pierre II (1648-1706). Roi de 1683 à sa mort. Il fit reconnaître l'indépendance du Portugal par l'Espagne.
4 TSARS DE RUSSIE ► Pierre Ier, dit Pierre le Grand (1672-1725). Empereur de 1682 à sa mort. Il modernisa son pays et fonda Saint-Pétersbourg. ► Pierre III (1728-1762). Il fut empereur en 1762, assassiné à l'instigation de sa femme Catherine II.
5 ROI DE SERBIE ► Pierre Ier Karageorgévitch (1844-1921). Roi de Serbie de 1903 à 1918, puis de Yougoslavie de 1918 à sa mort.

Henri Grouès, dit l'abbé Pierre ■ Prêtre français (1912-2007). Résistant pendant la Seconde Guerre mondiale, un temps député (1945-1951), il fonda la communauté des chiffonniers d'Emmaüs en 1949. Il consacra sa vie à la lutte contre la pauvreté et l'injustice sociale.

Pierre l'Ermite ■ Religieux français, un des chefs de la première croisade (v. 1050-1115).

le gouffre de la Pierre-Saint-Martin ■ Profond gouffre (1 358 m) des Pyrénées-Atlantiques.

André Pieyre de Mandiargues ■ Écrivain français (1909-1991). Après des poèmes en prose d'inspiration surréaliste, il écrivit des récits où un érotisme cruel se mêle au fantastique.

Jean-Baptiste Pigalle ■ Sculpteur français (1714-1785). Mausolée du maréchal de Saxe à Strasbourg.

Édouard Pignon ■ Peintre français (1905-1993). Ses œuvres d'inspiration sociale unissent des couleurs proches de celles de Matisse à un graphisme inspiré par le cubisme.

Ponce Pilate ■ Préfet romain de la Judée (Ier s.). Il abandonna Jésus aux juifs, qui voulaient sa mort.

François **Pilâtre de Rozier** ▪ Aéronaute français (1754-1785). Il réalisa le premier vol en montgolfière (1783).

Germain **Pilon** ▪ Sculpteur français de la Renaissance (v. 1537-1590).

**Pilsen** → Plzeň

Józef **Piłsudski** ▪ (1867-1935) Homme politique et maréchal polonais au pouvoir de 1918 à sa mort.

**Pincevent** ▪ Site préhistorique sur la Seine (époque magdalénienne), près de Montereau (Seine-et-Marne).

**Pindare** ▪ Poète grec (518-v. 438 avant J.-C.). Les Épinicies sont des odes triomphantes.

le **Pinde** ▪ Massif montagneux de Grèce. 2 637 m au Smolikas.

Philippe **Pinel** ▪ Médecin français (1745-1826). Fondateur de la psychiatrie.

Sebastián **Piñera** ▪ Homme d'État chilien (né en 1949). Élu président de la République en 2010.

Robert **Pinget** ▪ Écrivain et dramaturge français d'origine suisse (1919-1997). Il évoque par le langage un univers instable et dérisoire, rappelant parfois Beckett.

**Pinocchio** ▪ Personnage de marionnette, animé de bonnes intentions, mais fantasque, créé par Carlo Collodi (1826-1890), en 1878.

Augusto **Pinochet** ▪ Général et homme d'État chilien (1915-2006). À la tête de la junte militaire qui renversa S. Allende en 1973, il instaura un régime dictatorial et se maintint au pouvoir jusqu'en 1990.

Harold **Pinter** ▪ Auteur dramatique anglais (1930-2008). Son réalisme laconique, d'une apparente banalité, révèle l'ambiguïté cruelle des rapports humains. Le Gardien; L'Anniversaire; L'Amant; Le Retour. Scénario du film The Servant, de Joseph Losey. Prix Nobel 2005.

Bernardino di Betto, dit il **Pinturicchio** ▪ Peintre italien (v. 1454-1513). Son œuvre est abondante, ornée et fastueuse ; il décora les appartements Borgia au Vatican.

Luigi **Pirandello** ▪ Écrivain et auteur dramatique italien (1867-1936). Un des grands novateurs du théâtre moderne, notamment par le système du « théâtre dans le théâtre ». Six personnages en quête d'auteur. Un de ses thèmes favoris est la relativité du rapport au réel (Chacun sa vérité). Il écrivit des poèmes, des essais, des romans et plus de deux cents nouvelles, beaucoup décrivant les réalités siciliennes. Prix Nobel 1934.

**Piranèse** ▪ Graveur italien (1720-1778). Sa vision très personnelle de l'architecture antique et grandiose, alors que ses Prisons imaginaires annoncent le romantisme.

Le **Pirée** ▪ Port d'Athènes. 200 000 habitants.

Antonio Pisano, dit **Pisanello** ▪ Peintre et graveur de médailles italien (v. 1395-1455). Il peignit des portraits d'une extrême élégance graphique.

Andrea da Pontedera, dit Andrea **Pisano** ▪ Sculpteur, orfèvre et architecte italien (v. 1290-v. 1349).

Giunta Capitini, dit Giunta **Pisano** ▪ Peintre italien (première moitié du XIIIᵉ s.).

Nicola **Pisano** ▪ Sculpteur et architecte italien (v. 1220-v. 1283). ▶ Giovanni **Pisano**, son fils, fut également sculpteur et architecte (v. 1248-après 1314).

**Pise**, en italien **Pisa** ▪ Ville d'Italie, en Toscane. 89 700 habitants. Monuments de style pisan : « tour penchée », cathédrale, baptistère.

**Pisistrate** ▪ Tyran d'Athènes (v. 600-v. 528 avant J.-C.). Son gouvernement marqua une période de prospérité.

Camille **Pissarro** ▪ Peintre français (1830-1903). L'un des maîtres de l'impressionnisme.

**Pithiviers** ▪ Chef-lieu d'arrondissement du Loiret. 8 893 habitants.

Georges **Pitoëff** ▪ Acteur et animateur de théâtre, français d'origine russe (1884-1939). Il mit en scène de nombreux auteurs modernes.

William Pitt, dit **le Premier Pitt** ▪ Homme politique britannique (1708-1778). ▶ William Pitt, dit **le Second Pitt**, son fils (1759-1806), lutta contre la France révolutionnaire.

**Pittsburgh** ▪ Ville des États-Unis (Pennsylvanie). 306 000 habitants (agglomération 2,36 millions).

Francisco **Pizarro** ▪ Conquistador espagnol (v. 1475-1541). Il conquit le Pérou en 1533 et soumit l'Empire inca.

la **Plaine** ou le **Marais** ▪ Nom donné à la faction modérée de la Convention.

**Plaisance**, en italien **Piacenza** ▪ Ville d'Italie, en Émilie-Romagne. 95 600 habitants. Nombreux monuments anciens.

Roger **Planchon** ▪ Homme de théâtre français (1931-2009). Il dirigea le Théâtre national populaire de Villeurbanne, mit en scène des pièces classiques et ses propres œuvres et adaptations.

Max **Planck** ▪ Physicien allemand (1858-1947). Créateur de la théorie des quanta.

les **Plantagenêts** ▪ Dynastie angevine qui régna sur l'Angleterre de 1154 à 1485.

Christophe **Plantin** ▪ Imprimeur et éditeur français (1520-1589). Il s'établit à Anvers en 1550, et publia de nombreux ouvrages, dont la troisième des grandes Bibles polyglottes (dite d'Anvers ou de Plantin, 1569-1572). En 1876, son atelier d'Anvers devint le musée Plantin-Moretus (nom de son successeur).

le río de La **Plata** ▪ Estuaire commun de l'Uruguay et du Paraná, entre l'Argentine et l'Uruguay. ▶ La **Plata.** Ville d'Argentine. 705 000 habitants.

**Platée** ou **Platées** ■ Anc. ville de Grèce (Béotie). Victoire des Grecs sur les Perses en 479 avant J.-C.

**Michel Platini** ■ Footballeur français (né en 1955), il fut l'un des meilleurs joueurs mondiaux, plusieurs fois consacré. Élu président de l'UEFA (Union européenne de football) en 2007 ; réélu en 2011.

**Platon** ■ Philosophe grec (428-348 avant J.-C.). Disciple de Socrate qu'il met en scène dans ses dialogues. Système philosophique fondé sur la seule réalité des idées. Le *Banquet* ; la *République*. Son influence reste immense sur toute la philosophie occidentale.

**Plaute** ■ Auteur latin de comédies (v. 254-184 avant J.-C.). *Amphitryon* ; *Les Ménechmes*.

**la Pléiade** ■ Groupe de poètes français du XVIᵉ s., autour de Ronsard et du Bellay.

**Pleumeur-Bodou** ■ Commune de Bretagne (Côtes-d'Armor). 4 028 habitants. Centre de télécommunications spatiales.

**Ignaz Pleyel** ■ Compositeur autrichien (1757-1831). Élève de Haydn, auteur d'une œuvre abondante et oubliée, il se fixa à Paris, où il fonda une fabrique de pianos.

**Pline l'Ancien** ■ Écrivain et naturaliste latin (23-79). Il mourut lors de l'éruption du Vésuve. *Histoire naturelle.* ► **Pline le Jeune,** son neveu (61-v. 114). *Lettres.*

**Plombières-les-Bains** ■ Chef-lieu de canton des Vosges. 1 856 habitants. Station thermale.

**Plotin** ■ Philosophe grec (v. 205-270). Néoplatonicien. Il s'installa à Rome où il ouvrit une école philosophique. *Ennéades.*

**Plougastel-Daoulas** ■ Commune du Finistère, sur une presqu'île de la rade de Brest. 13 264 habitants. La ville possède l'un des plus importants calvaires de Bretagne (plus de 180 statues). Amédée Frézier y acclimata la fraise d'Amérique du Sud à son retour du Brésil (1714).

**Ploutos** ■ mythol. grecque Fils de Déméter et Iasion, personnification de la richesse, représenté aveugle.

**Plovdiv** ■ Ville de Bulgarie. 338 200 habitants. Vestiges archéologiques.

**Plutarque** ■ Historien et moraliste grec (v. 49-v. 125). *Vies parallèles*, admirées par Machiavel, Érasme, traduites en français par Jacques Amyot.

**Pluton** ■ Nom latin du dieu grec des Enfers, Hadès, devenu le dieu des Morts dans la religion romaine. ► **Pluton.** Planète naine, qui fut considérée jusqu'en 2006 comme la neuvième planète du système solaire. Diamètre : 2 200 km.

**Plymouth** ■ Ville d'Angleterre (Devon). 240 700 habitants. Port militaire.

**Plzeň,** en allemand **Pilsen** ■ Ville de la République tchèque, en Bohême. 173 000 habitants. Brasseries.

**le Pô** ■ Fleuve d'Italie du Nord. 652 km.

**Podgorica,** anciennement **Titograd** ■ Capitale du Monténégro. 136 000 habitants.

**Edgar Allan Poe** ■ Écrivain américain (1809-1849). Maître du conte fantastique et du récit à énigme. *Les Aventures d'Arthur Gordon Pym* ; *Histoires extraordinaires.* Il fut traduit en français par Baudelaire et par Mallarmé (pour ses poèmes).

**Gian Francesco Poggio Bracciolini,** dit **Pogge** ■ Écrivain italien (1380-1459). Humaniste, il rechercha et découvrit des manuscrits d'œuvres classiques et écrivit en latin un recueil d'histoires légères, les *Facéties.*

**Henri Poincaré** ■ Mathématicien français (1854-1912). Physique mathématique et topologie algébrique.

**Raymond Poincaré** ■ Cousin du précédent (1860-1934), président de la République française de 1913 à 1920, président du Conseil entre 1922-1924 et 1926-1929.

**Pointe-à-Pitre** ■ Chef-lieu d'arrondissement et port de la Guadeloupe. 16 063 habitants.

**Pointe-Noire** ■ Port du Congo. 6 957 habitants.

**Paul Poiret** ■ Couturier français (1879-1944).

**Sidney Poitier** ■ Acteur et réalisateur américain (né en 1927). Militant pour les droits civiques, premier acteur noir à recevoir un oscar (1964).

**Poitiers** ■ Chef-lieu de la Vienne et de la Région Poitou-Charentes. 87 906 habitants. Baptistère Saint-Jean (IVᵉ s.). Églises romanes. Cathédrale gothique. Charles Martel y arrêta l'invasion arabe en 732.

**le Poitou** ■ Ancienne province de France. ► **la Région Poitou-Charentes.** Région administrative de la France. Quatre départements : Charente, Charente-Maritime, Deux-Sèvres, Vienne. 25 790 km². 1,78 million d'habitants. Chef-lieu : Poitiers.

**Roman Polanski** ■ Cinéaste français d'origine polonaise (né en 1933). Ses films ont longtemps évoqué un univers clos et angoissant, avec des éléments d'étrangeté et d'humour. Il a signé aussi des adaptations de grands romans.

**Pôle emploi** ■ Organisme public français chargé de l'emploi (issu de la fusion de l'A. N. P. E. et d'organismes d'assurance chômage en 2008).

**Serge Poliakoff** ■ Peintre abstrait français d'origine russe (1906-1969). Ses tableaux sont faits de formes planes, simples, asymétriques et d'un riche chromatisme.

**Léon Poliakov** ■ Historien français du racisme et de l'antisémitisme, d'origine russe (1910-1997).

**Polichinelle** ■ Personnage de théâtre comique qui a repris le nom du *Pulcinella* italien, représenté comme un bossu au nez crochu, en habit rouge.

Jules Auguste Armand de **Polignac** ■ Homme politique français (1780-1847). Ministre ultra de Charles X.

Front **Polisario** (*Front populaire pour la libération de la Saguia el-Hamra et du Río de Oro*) ■ Mouvement nationaliste sahraoui. Créé en 1943, il conteste le partage du Sahara-Occidental entre Maroc et Mauritanie (1976). Le Front est en lutte contre le Maroc.

le **Politien** ou Ange **Politien**, en italien Agnolo Ambrogini, dit il Poliziano ■ Poète italien. Il fut appelé « le prince des humanistes » (1454-1494). Il traduisit en latin les classiques grecs, composa des poèmes en grec, en latin et en italien (*Rimes, Stances*). Auteur du premier drame profane en italien, *La Fable d'Orphée*.

Sydney **Pollack** ■ Cinéaste et acteur américain (1934-2008). Ton romantique teinté de pessimisme. *On achève bien les chevaux*.

Antonio di Jacopo Benci, dit Antonio del **Pollaiolo** ou **Pollaiuolo** ■ Orfèvre, sculpteur, peintre et graveur italien (v. 1431-1498). Son thème favori est la représentation du corps humain dans l'effort, au moyen d'un dessin précis et puissant. ► Piero del **Pollaiolo**, son frère (v. 1443-1496), travailla avec son aîné à partir de 1460.

Maurizio **Pollini** ■ Pianiste italien (né en 1942). Il s'illustre dans le répertoire romantique et contemporain.

Jackson **Pollock** ■ Peintre abstrait américain (1912-1956). Chef de file de l'« action painting » (peinture gestuelle).

**Pollux** ■ Frère jumeau de Castor*.

Marco **Polo** ■ Négociant italien qui voyagea de Venise jusqu'en Chine (v. 1254-1324).

la **Pologne** ■ État d'Europe centrale. 312 683 km². 38,1 millions d'habitants. Capitale : Varsovie.

Saloth Sar, dit **Pol Pot** ■ Homme politique cambodgien (1928-1998). Secrétaire général du Parti communiste khmer (1962), il fut le principal responsable du génocide commis par les « Khmers rouges » envers le peuple khmer.

**Poltava** ■ Ville d'Ukraine. 317 000 habitants. Défaite de Charles XII de Suède face à Pierre le Grand en 1709.

**Polybe** ■ Historien grec (v. 202-v. 120 avant J.-C.). *Histoires*.

**Polyclète** ■ Sculpteur grec (v$^e$ s. avant J.-C.).

**Polymnie** ou **Polhymnie** ■ mythol. grecque Une des neuf Muses, protectrice de la pantomime, et à laquelle on attribuait l'invention de la lyre.

la **Polynésie** ■ Ensemble d'îles du Pacifique à l'est de l'Australie. ► la **Polynésie française.** Pays d'outre-mer français. 3 265 km². 219 500 habitants. Capitale : Papeete.

**Polyphème** ■ mythol. grecque L'un des Cyclopes, fils de Poséidon. Dans l'*Odyssée* d'Homère, il enferme Ulysse et ses compagnons dans sa grotte pour les dévorer. Ulysse le rend aveugle puis tous s'enfuient par ruse.

l'**École Polytechnique** ■ Établissement public français d'enseignement supérieur et de recherche, créé à Paris en 1794, transféré à Palaiseau en 1976. De vocation scientifique, l'école a été dotée d'un statut militaire par Napoléon en 1804.

**Pomaré** ■ Dynastie qui régna à Tahiti de 1762 à 1880. La reine Pomaré (Pomaré IV, 1813-1877) dut accepter en 1843 le protectorat de la France.

le marquis de **Pombal** ■ (1699-1782) Homme d'État portugais, au pouvoir de 1755 à 1777. Il appliqua un régime de despotisme éclairé.

la **Poméranie** ■ Région d'Allemagne et de Pologne, sur la Baltique.

**Pomerol** ■ Commune de la Gironde, arrondissement de Libourne. 713 habitants. Grands vins rouges (bordeaux).

**Pommard** ■ Commune de la Côte-d'Or, au sud de Beaune. 523 habitants. Grands vins rouges (bourgognes).

**Pomone** ■ mythol. romaine Nymphe protectrice des fruits.

Antoinette Poisson, marquise de **Pompadour** ■ Favorite de Louis XV (1721-1764). Elle soutint Choiseul et protégea les artistes.

**Pompée** ■ Général et homme d'État romain (106-48 avant J.-C.). Il forma avec César et Crassus le premier triumvirat et fut vaincu par César à Pharsale en 48 avant J.-C.

**Pompéi** ■ Ville de Campanie détruite par une éruption du Vésuve en 79.

Georges **Pompidou** ■ (1911-1974) Président de la République française de 1969 à sa mort.

**Pondichéry** ou **Pondicherry** ■ Ville de l'Inde. 506 000 habitants. Ancien comptoir français.

Francis **Ponge** ■ Écrivain français (1899-1988). Ses textes poétiques en prose, descriptions minutieuses et objectives, tentent d'élaborer un langage « enragé d'expression », dans lequel les mots sont la chose, tout en révélant l'élaboration du texte. *Le Parti pris des choses ; Proèmes ; La Fabrique du pré*.

le prince Józef **Poniatowski** ■ Général polonais et maréchal de France (1763-1813).

Pierre Alexis **Ponson du Terrail** ■ Écrivain français (1829-1871). Auteur de romans-feuilletons aux intrigues extravagantes, « rocambolesques ». *Les Exploits de Rocambole*.

le **Pont** ▪ Ancien royaume d'Asie Mineure, sur le Pont-Euxin.

**Pontarlier** ▪ Chef-lieu d'arrondissement du Doubs. 17 998 habitants.

**Pont-Aven** ▪ Ville du Finistère. 2 840 habitants. ►l'école de **Pont-Aven** réunit des peintres autour de Gauguin, Sérusier, à la fin du XIXe s.

le **Pont-Euxin** ▪ Nom de la mer Noire, dans l'Antiquité grecque.

la plaine **Pontine,** anciennement **marais Pontins** ▪ Plaine d'Italie (Latium). Anciens marais, asséchés sous le régime fasciste.

**Pontivy** ▪ Chef-lieu d'arrondissement du Morbihan. 14 011 habitants.

**Pontoise** ▪ Chef-lieu d'arrondissement du Val-d'Oise. 29 885 habitants. → **Cergy.**

le **Pontormo** ▪ Peintre maniériste italien (1494-1557).

**Poona** → **Pune**

Alexander **Pope** ▪ Écrivain anglais (1688-1744). Théoricien du classicisme. *Essai sur la critique.*

**Popeye** ▪ Personnage comique de marin, créé en 1929 par Elzie Segar (1894-1938) dans une bande dessinée, et devenu plus tard héros de dessins animés.

le **Popocatépetl** ▪ Le plus grand volcan du Mexique. 5 452 m.

Aleksandr **Popov** ▪ Ingénieur russe (1859-1906). Pionnier de la radiodiffusion.

sir Karl **Popper** ▪ Philosophe autrichien naturalisé britannique (1902-1994). Sa *Logique de la découverte scientifique* conduit à abandonner les preuves de vérité au profit de la possibilité de réfutation (ce qui n'est pas réfutable n'est pas scientifique). Il est aussi l'auteur de textes de philosophie politique.

**Pornic** ▪ Ville de la Loire-Atlantique. 14 310 habitants. Station balnéaire.

Michel **Portal** ▪ Clarinettiste et compositeur français (né en 1935). Interprète de musique classique et de jazz (free-jazz). Il a écrit de nombreuses musiques de films.

**Port-au-Prince** ▪ Capitale et port d'Haïti. 2,47 millions d'habitants.

l'île de **Port-Cros** ▪ Une des îles d'Hyères, en Méditerranée.

**Port Elizabeth** → **Nelson Mandela City**

Cole **Porter** ▪ Auteur-compositeur américain de comédies musicales (1891-1964). Certains thèmes de ses œuvres ont connu une diffusion mondiale : *Night and Day, Begin the Beguine.*

les **Portes de fer** n. f. pl. ▪ Défilé du Danube, entre la Serbie et la Roumanie.

**Port-Gentil** ▪ Port du Gabon. 79 200 habitants.

**Port Harcourt** ▪ Port du Nigeria. 703 400 habitants.

**Portland** ▪ Port des États-Unis (Oregon). 583 800 habitants.

**Port Louis** ▪ Capitale de l'île Maurice. 148 600 habitants.

**Port Moresby** ▪ Capitale de la Papouasie-Nouvelle-Guinée. 254 200 habitants.

**Porto** ▪ Port du Portugal, sur l'estuaire du Douro. 127 500 habitants (zone urbaine 739 200). Vins réputés.

**Porto Alegre** ▪ Ville et port du sud du Brésil (Rio Grande do Sul). 1,4 million d'habitants.

**Port of Spain** ou **Port d'Espagne** ▪ Capitale de Trinité-et-Tobago. 58 000 habitants (agglomération 300 000).

**Porto-Novo** ▪ Capitale du Bénin. 223 000 habitants.

**Porto Rico,** en espagnol **Puerto Rico** ▪ Île des Antilles et État associé aux États-Unis. 8 897 km². 4 millions d'habitants. Capitale : San Juan.

**Porto-Vecchio** ▪ Ville de la Corse-du-Sud. 10 957 habitants. Station balnéaire.

l'abbaye de **Port-Royal-des-Champs** ▪ Abbaye de femmes près de Chevreuse, qui fut le siège du jansénisme. Détruite sur ordre de Louis XIV (1710).

**Port-Saïd** ▪ Port d'Égypte, sur la Méditerranée à l'entrée du canal de Suez. 570 800 habitants.

**Portsmouth** ▪ Port du sud de l'Angleterre (Hampshire). 186 700 habitants.

**Port-Soudan** ▪ Port du Soudan, sur la mer Rouge. 308 200 habitants.

le **Portugal** ▪ État d'Europe dans le sud-ouest de la péninsule Ibérique. 92 072 km². 10,6 millions d'habitants. Capitale : Lisbonne.

**Poséidon** ▪ mythol. grecque Dieu de la Mer, le *Neptune* des Romains.

Guillaume **Postel** ▪ Orientaliste français (1510-1581). Il enseigna les mathématiques et l'arabe et fut un polygraphe mystique, écrivant en latin et en français.

le **Potala** ▪ Résidence d'hiver du dalaï-lama, sur la Colline rouge à Lhassa, au Tibet, depuis le VIIe s. Reconstruit au XVIIe s., c'est aujourd'hui un musée.

Grigori **Potemkine** ▪ Feld-maréchal et homme politique russe, favori de Catherine II (1739-1791).

le cuirassé **Potemkine** ▪ Cuirassé russe où une mutinerie éclata en 1905 (sujet d'un film d'Eisenstein).

Jan **Potocki** ▪ Historien et écrivain polonais de langue française (1761-1815). Il est l'auteur d'un récit fantastique, *Manuscrit trouvé à Saragosse.*

le **Potomac** ▪ Fleuve des États-Unis qui arrose Washington. 640 km.

**Potsdam** ▪ Ville d'Allemagne (Brandebourg). 147 700 habitants. Palais de Sans-Souci élevé pour Frédéric II.

Alexandre **Pouchkine** ▪ Écrivain russe (1799-1837). Considéré comme le plus grand poète classique russe. *Eugène Onéguine.*

Iemelian **Pougatchev** ▪ Chef cosaque (v. 1742-1775). Il leva une armée de paysans contre Catherine II (1773-1774).

les **Pouilles** n. f. pl., en italien **Puglia** ▪ Région administrative du sud de l'Italie. 19 347 km². 4,02 millions d'habitants. Chef-lieu : Bari.

Pierre **Poujade** ▪ Homme politique français (1920-2003). Sa position antifiscale et nationaliste étroite a suscité le mot *poujadisme.*

Francis **Poulenc** ▪ Compositeur français du groupe des Six (1899-1963). Sa première manière, élégante et subtile, est illustrée par une œuvre variée (piano, mélodies, concertos...). Il élabora ensuite une œuvre plus concentrée, surtout religieuse, avec des motets, des cantates, un *Stabat Mater,* l'opéra *Dialogue des carmélites,* d'après Bernanos.

Raymond **Poulidor** ▪ Coureur cycliste français (né en 1936). Vainqueur de courses importantes, il fut plusieurs fois deuxième du Tour de France, entraînant la sympathie générale pour son courage dans la malchance.

Ezra **Pound** ▪ Poète et critique américain (1885-1972). Outre des poèmes et une œuvre politique fasciste, il a laissé un ensemble de pièces expérimentales, les *Cantos,* qui sont un des sommets de la poésie du XXᵉ s.

Henri **Pourrat** ▪ Écrivain français (1887-1959). Il évoqua l'Auvergne dans ses romans *(Gaspard des montagnes)* et en fut le folkloriste *(Le Trésor des contes,* 13 vol.).

le col du **Pourtalet** ▪ Col des Pyrénées-Atlantiques. 1 794 m.

Nicolas **Poussin** ▪ Peintre français (1594-1665). Le sens du mythe, l'harmonie des compositions, la beauté des couleurs, en font l'un des plus grands peintres classiques européens.

Vladimir **Poutine** ▪ Homme d'État russe (né en 1952). Président (2000-2008), Premier ministre et à nouveau président de Russie (2012-).

**P'ou-yi** → Puyi

Earl Rudolph, dit Bud **Powell** ▪ Pianiste et compositeur de jazz américain (1924-1966). Son inventivité en fait le pianiste le plus influent de sa génération, avec Thelonious Monk.

John Cowper **Powys** ▪ Écrivain britannique (1872-1963). Son œuvre manifeste un symbolisme visionnaire et une vision panthéiste du monde.

**Poznań** ▪ Ville de Pologne. 565 000 habitants.

**Prades** ▪ Chef-lieu d'arrondissement des Pyrénées-Orientales. 5 854 habitants. Festival de musique créé par Pablo Casals en 1950.

le **Prado** ▪ Musée de peinture situé à Madrid.

**Prague** ▪ Capitale de la République tchèque (Bohême). 1,2 million d'habitants. Monuments gothiques et baroques : Hradčany, cathédrale Saint-Guy, pont Charles, palais.

**Praia** ▪ Capitale des îles du Cap-Vert. 64 000 habitants.

**Prato** ▪ Ville d'Italie, en Toscane. 172 500 habitants. Monuments et œuvres d'art.

**Praxitèle** ▪ Sculpteur athénien (IVᵉ s. avant J.-C.). Il est considéré comme le modèle de la perfection classique. *Aphrodite.*

les **Préalpes** n. f. pl. ▪ Montagnes calcaires qui bordent les Alpes.

Angelin **Preljocaj** ▪ Danseur et chorégraphe français d'origine albanaise (né en 1957). Chorégraphies rigoureuses et athlétiques.

Otto **Preminger** ▪ Cinéaste américain d'origine autrichienne (1906-1986). Une réalisation précise et l'importance des dialogues donnent à ses films un caractère classique.

**Presbourg** → Bratislava

Elvis **Presley** ▪ Chanteur de rock américain (1935-1977). Il fut considéré comme le « roi » *(the King)* du genre musical et suscita un véritable culte.

**Pretoria** ▪ Capitale de l'Afrique du Sud. 2 millions d'habitants (conurbation de Tshwane).

Jacques **Prévert** ▪ Poète français (1900-1977). *Paroles ; Spectacle.* Grâce et ironie, jeux de langage et émotion animent une poésie faite pour tous. Ses dialogues et scénarios de films, réalisés par Marcel Carné, sont mémorables.

l'abbé **Prévost** ▪ Écrivain français (1697-1763). Romancier prolifique, traducteur de l'anglais, il est l'auteur d'un long roman, *Mémoires et Aventures d'un homme de qualité,* qui contient un épisode admirable, *L'Histoire du chevalier Des Grieux et de Manon Lescaut.*

**Priam** ▪ mythol. grecque Dernier roi de Troie.

**Priape** ▪ mythol. grecque Dieu de la Fécondité, adopté par les Romains.

Joseph **Priestley** ▪ Chimiste anglais (1733-1804). Découverte du rôle de l'oxygène.

Ilya **Prigogine** ▪ Chimiste belge d'origine russe (1917-2003). Thermodynamique.

le **Primatice** ▪ Peintre et décorateur italien (1504-1570).

Miguel **Primo de Rivera** ■ (1870-1930) Général et homme politique espagnol. Il prit le pouvoir en 1923 et instaura une dictature (1923-1930).

l'île du **Prince-Édouard** ■ Île et province du Canada. 5 660 km². 135 900 habitants. Capitale : Charlottetown.

le **Prince Noir** → **Édouard d'Angleterre**

**Princeton** ■ Ville des États-Unis, dans le New Jersey. 12 300 habitants. Célèbre université, datant du milieu du XVIIIe s.

**Priština** ou **Pristina** ■ Capitale du Kosovo. 177 500 habitants.

**Privas** ■ Chef-lieu de l'Ardèche. 8 352 habitants.

le **Proche-Orient** ou **Moyen-Orient** ■ Région de la Méditerranée orientale, appelée aussi Levant.

**Proclus** ou **Proclos** ■ Philosophe grec néoplatonicien (412-485). Adversaire des chrétiens, il est l'auteur de commentaires philosophiques (Platon, Euclide), littéraires et théologiques.

**Procuste** ■ mythol. grecque Brigand qui torturait les voyageurs.

Romano **Prodi** ■ Homme politique italien (né en 1939). Président du conseil (centre gauche) de 1996 à 1998 et de 2006 à 2008. Président de la commission européenne de 1999 à 2004.

Sergueï **Prokofiev** ■ Compositeur russe (1891-1953). Il est l'auteur de ballets (Roméo et Juliette), d'opéras (L'Amour des trois oranges), de symphonies (Symphonie classique), de concertos pour piano et d'un conte musical (Pierre et le loup).

**Prométhée** ■ mythol. grecque Titan qui déroba le feu du ciel afin de le donner aux hommes. Il fut puni par Zeus.

**Properce** ■ Poète latin (v. 47-15 avant J.-C.).

Vladimir Iakovlevitch **Propp** ■ Folkloriste russe (1895-1970). Il analysa la structure des contes populaires, dégageant des fonctions narratives élémentaires.

**Proserpine** ■ mythol. romaine Divinité des Enfers, la Perséphone des Grecs.

**Protagoras** ■ Sophiste grec (ve s. avant J.-C.). On lui doit la maxime : « L'homme est la mesure de toute chose. » Platon l'oppose à Socrate dans le dialogue qui porte son nom.

**Protée** ■ mythol. grecque Fils de Poséidon. Il avait le don de changer de forme.

Pierre Joseph **Proudhon** ■ Théoricien socialiste français, précurseur de l'anarchisme (1809-1865).

Marcel **Proust** ■ Écrivain français (1871-1922). Après divers exercices littéraires subtils et un récit autobiographique qui ne sera publié que longtemps après sa mort, Jean Santeuil, il entreprit un grand roman dont les diverses parties forment À la recherche du temps perdu. Dans cette œuvre, la réflexion sur la littérature et la création artistique fait partie de la fiction et de l'acte narratif même, nourri d'une pénétration psychologique admirable.

la **Provence** ■ Ancienne province du sud-est de la France. ► la Région **Provence-Alpes-Côte d'Azur.** Région administrative du sud-est de la France. Six départements : Alpes-de-Haute-Provence, Alpes-Maritimes, Bouches-du-Rhône, Hautes-Alpes, Var et Vaucluse. 31 400 km². 4,92 millions d'habitants. Chef-lieu : Marseille.

le Livre des **Proverbes** ■ Livre de la Bible, recueil de maximes attribuées au roi Salomon.

la république des **Provinces-Unies** ■ Anc. État du nord des Pays-Bas espagnols, à l'origine des Pays-Bas actuels.

**Provins** ■ Chef-lieu d'arrondissement de Seine-et-Marne. 12 206 habitants. Remparts et monuments médiévaux.

**Prudence,** en latin Aurelius Prudentius Clemens ■ Poète latin chrétien (348-v. 415). Il est l'auteur du Psychomachie (« Combat des âmes » allégorique) qui eut beaucoup de succès au Moyen Âge.

Pierre-Paul **Prud'hon** ■ Peintre français (1758-1823). Vénus et Adonis.

la **Prusse** ■ Anc. État d'Allemagne du Nord.

le **PS** → **parti socialiste**

le Livre des **Psaumes** ■ Livre de la Bible, recueil de poèmes attribués au roi David.

Michel **Psellos** ■ Écrivain et homme politique grec (1018-1078). Conseiller de plusieurs empereurs byzantins, il traita de théologie, de philosophie, de sciences, de droit et de grammaire. Il écrivit une chronique de 976 à 1077, la Chronographie.

**Pskov** ■ Ville de Russie, dans le nord-ouest du pays. 203 000 habitants. L'une des plus anciennes cités de Russie ; monuments (Kremlin) et musées.

**Psyché** ■ mythol. grecque Jeune fille aimée par Éros. Symbole de l'âme en quête d'idéal.

**Ptah** ■ Dieu égyptien de la ville de Memphis, représenté sous forme humaine. Il a donné son nom à l'Égypte antique.

Claude **Ptolémée** ■ Astronome, mathématicien et géographe grec d'Alexandrie (v. 90-v. 168).

la dynastie des **Ptolémées** ou des **Lagides** ■ Famille de 15 rois macédoniens qui régna en Égypte de 323 à 30 avant J.-C.

Giacomo **Puccini** ■ Compositeur italien d'opéras (1858-1924). La Bohème ; Tosca.

**Puebla** ■ Ville du Mexique, au sud de Mexico. 1,4 million d'habitants.

les **Pueblos** ■ Indiens du sud-ouest des États-Unis (Hopis, Zuñis).

**Puerto Rico** → **Porto Rico**

Samuel, baron von **Pufendorf** ▪ Historien, juriste et philosophe allemand (1632-1694). Son traité, *Du droit de la nature et des gens*, est une théorie du contrat social.

Pierre **Puget** ▪ Sculpteur français, architecte et peintre (1620-1694). *Milon de Crotone.*

le **Puget Sound** ▪ Détroit et fjord sur la côte Pacifique du Canada (Colombie-Britannique) et du nord des États-Unis (État du Washington). Il sépare l'île de Vancouver du continent, face à la ville de Vancouver, puis s'enfonce entre les montagnes. La ville de Seattle se situe sur ses rives.

Luigi **Pulci** ▪ Poète italien (1432-1484). Il est l'auteur d'une épopée burlesque, *Morgant le Géant.*

Joseph **Pulitzer** ▪ Journaliste américain d'origine hongroise (1847-1911). En 1904, il institua le prix qui porte son nom : attribué annuellement depuis 1917, ce prix récompense des œuvres journalistiques, littéraires ou artistiques.

George Mortimer **Pullmann** ▪ Industriel américain (1831-1897). Il fut le premier à fabriquer des « wagons-lits » et des « wagons » (voitures) de luxe, dans les années 1860.

**Pune** ou **Poona** ▪ Ville d'Inde (Maharashtra). 2,5 millions d'habitants.

les guerres **puniques** ▪ Guerres qui opposèrent Rome et Carthage (264-146 avant J.-C.).

**Punta Arenas** ▪ Ville du Chili, capitale de région, dans le sud du pays. 116 000 habitants.

**Punta del Este** (« pointe de l'Est ») ▪ Ville et station balnéaire d'Uruguay, jumelée à Maldonado. 133 000 habitants. 350 000 habitants l'été. Plages. Lieu de conférences internationales. Festival de cinéma.

le **Puntland** ▪ Région du nord de la Somalie. 150 000 km². 2 500 000 habitants. Capitale : Garoé. Autonomie déclarée en 1998.

Henry **Purcell** ▪ Compositeur anglais (1659-1695). Une œuvre abondante, dans tous les genres, n'empêche pas l'affirmation constante d'un style personnel et inventif. Des opéras comme *King Arthur* et surtout *Didon et Énée* illustrent une profondeur dramatique exceptionnelle.

**Pusan** ▪ Port de la Corée du Sud. 3,4 millions d'habitants.

**Putiphar** ▪ Dans la Bible, officier du pharaon dont la femme tente de séduire Joseph, alors à son service, puis le fait accuser injustement.

Pierre **Puvis de Chavannes** ▪ Peintre symboliste français (1824-1898).

le **Puy-de-Dôme** [63] ▪ Département français de la Région Auvergne. 7 954 km².

635 469 habitants. Chef-lieu : Clermont-Ferrand. Chefs-lieux d'arrondissement : Ambert, Issoire, Riom, Thiers.

Le **Puy-en-Velay** ▪ Chef-lieu de la Haute-Loire. 20 500 habitants. Cathédrale romane.

**Puyi** ou **P'ou-yi** ▪ Dernier empereur de Chine (1906-1967). Il abdiqua en 1912.

le col de **Puymorens** ▪ Passage dans les Pyrénées-Orientales. 1 920 m.

**Pygmalion** ▪ mythol. grecque Roi légendaire de Chypre. Il épousa une statue (Galatée) qu'il avait sculptée et à laquelle Aphrodite avait donné la vie.

les **Pygmées** ▪ Peuple de petite taille, vivant dans la forêt équatoriale africaine.

**Pylos** → Navarin

**Pyongyang** ▪ Capitale de la Corée du Nord. 2,6 millions d'habitants.

les **Pyrénées** n. f. pl. ▪ Chaîne de montagnes qui sépare la France et l'Espagne. Point culminant : le pic d'Aneto, 3 404 m. ▶ le traité des **Pyrénées** entre la France et l'Espagne, en 1659, attribua le Roussillon à la France. ▶ les **Pyrénées-Atlantiques** [64]. Département français de la Région Aquitaine. 7 644 km². 656 608 habitants. Chef-lieu : Pau. Chefs-lieux d'arrondissement : Bayonne, Oloron-Sainte-Marie. ▶ les **Hautes-Pyrénées** [65]. Département français de la Région Midi-Pyrénées. 4 504 km². 229 228 habitants. Chef-lieu : Tarbes. Chefs-lieux d'arrondissement : Argelès-Gazost, Bagnères-de-Bigorre. ▶ les **Pyrénées-Orientales** [66]. Département français de la Région Languedoc-Roussillon. 4 145 km². 452 530 habitants. Chef-lieu : Perpignan. Chefs-lieux d'arrondissement : Céret, Prades.

**Pyrrha** ▪ mythol. grecque Fille d'Épiméthée et de Pandore, elle épousa Deucalion et repeupla la terre après le Déluge, donnant naissance aux femmes.

**Pyrrhon** ▪ Philosophe grec (v. 365-275 avant J.-C.). Fondateur du scepticisme.

**Pyrrhus** ou **Pyrrhos** ▪ Roi d'Épire (v. 319-272 avant J.-C.). Vaincu par les Romains.

**Pythagore** ▪ Penseur et mathématicien grec (VIᵉ s. avant J.-C.). Il ne reste rien de ses écrits, mais son école fonda la réflexion, à la fois formelle et mystique, sur les nombres et l'espace, qui devint les mathématiques.

**Pythéas** ▪ Explorateur grec qui, au IVᵉ s. avant J.-C., aurait navigué à l'ouest de l'Europe jusqu'à l'Islande (Thulé).

la **Pythie** ▪ mythol. grecque Prêtresse d'Apollon Python, à Delphes, censée transmettre les oracles du dieu.

**Python** ▪ mythol. grecque Grand serpent, fils de Gaïa, la Terre, que tue Apollon quand il se rend à Delphes pour fonder un oracle. De là le surnom d'*Apollon Python* (ou *pythien*), les jeux *Pythiques* et la *Pythie*.

les **Qādjārs** ■ Dynastie perse qui régna de 1794 à 1925.

**al-Qaïda** (en arabe « la base ») ■ Organisation créée en 1988 par Oussama Ben Laden pour former des volontaires dans la lutte antisoviétique en Afghanistan, devenue en 1996 un système terroriste international se réclamant de la guerre sainte (djihad) contre l'Occident. En 2007, création de l'AQMI (al-Qaïda au Maghreb islamique) et en 2009, de l'AQPA (al-Qaïda en péninsule Arabique).

**Qaraghandy** ■ Ville du Kazakhstan. 436 800 habitants.

l'**État du Qatar** ■ État d'Arabie, sur le golfe Persique. 11 437 km². 1,7 million d'habitants. Capitale : Doha.

**Qianlong** ou **K'ien-Long** ■ Empereur de Chine de la dynastie mandchoue (1711-1799), empereur en 1736. Mécène, érudit, son imprévoyance politique le conduisit à abdiquer en 1790.

les **Qing** ou **Ts'ing** ■ Dynastie mandchoue d'empereurs de Chine qui régna de 1644 à 1911.

**Qingdao** ■ Port de Chine (Shangdong). 2,7 millions d'habitants.

**Qin Shi Huangdi → Shi Huangdi**

**Qiqihar** ■ Ville de Chine (Heilongjiang). 1,34 million d'habitants.

**Qom** ou **Qum** ■ Ville d'Iran. 959 100 habitants. Ville sainte du chiisme. Pèlerinage.

le musée du **quai Branly** ■ Musée de Paris, ouvert en 2006, consacré aux arts et civilisations d'Afrique, d'Asie, d'Océanie et des Amériques (arts non occidentaux, dits aussi arts « premiers »).

le **Quartier latin** ■ Un des plus anciens quartiers de Paris.

Enguerrand **Quarton** ou **Charreton** ■ Peintre français d'origine picarde, actif en Provence de 1444 à 1466.

Salvatore **Quasimodo** ■ Poète italien (1901-1968). *La Terre incomparable*.

le lac des **Quatre-Cantons** ■ Lac de Suisse. 114 km².

Étienne Marc **Quatremère** ■ Orientaliste français (1782-1857). Il étudia l'hébreu, le syriaque et surtout le copte.

le **Quattrocento** (italien : « quatre cents ») ■ Le XVᵉ siècle italien, en art.

le **Québec** ■ Province du Canada. 1 542 056 km². 7,5 millions d'habitants. Capitale : Québec. Ville principale : Montréal. ► **Québec.** Capitale de la province du Québec, fondée en 1608 par le Français Champlain. 491 100 habitants (zone urbaine 715 500).

les **Quechuas** ■ Indiens d'Amérique du Sud.

le **Queens** ■ District de New York.

le **Queensland** ■ État du nord-est de l'Australie. 1 727 200 km².4,1 millions d'habitants. Capitale : Brisbane.

Henri **Queffélec** ■ Romancier français, breton (1910-1992). *Un recteur de l'île de Sein* ► Son fils Yann **Queffélec** (né en 1949), romancier au réalisme social souvent sombre. *Les Noces barbares*.

Raymond **Queneau** ■ Écrivain français (1903-1976). Son œuvre mêle la poésie, l'humour et les jeux de langage *(Zazie dans le métro ; Exercices de style)*.

le **Quercy** ■ Région du sud-ouest de la France (Lot, Tarn-et-Garonne).

**Querétaro** ■ Ville du Mexique, capitale d'État, au nord-ouest de Mexico. 626 500 habitants. Monuments baroques.

François **Quesnay** ■ Économiste français (1694-1774). Chef de file des physiocrates.

Adolphe **Quételet** ■ Mathématicien, astronome et statisticien belge (1796-1874).

**Quetzalcóatl** ■ Divinité précolombienne du Mexique représentée comme un serpent à plumes.

Francisco Gómez de **Quevedo** y Villegas ■ Écrivain espagnol (1580-1645). Poèmes baroques, satires, romans picaresques *(El Buscón « le filou » ; Les Songes)*.

le **Queyras** ■ Région des Alpes françaises (Hautes-Alpes). Point culminant : pics de la Font Sancte, 3 385 m.

**Quezon City** ■ Ville et anc. capitale des Philippines. 2,2 millions d'habitants.

**Quiberon** ■ Commune du Morbihan, dans le sud de la *presqu'île de Quiberon*. 5 028 habitants.

Pascal **Quignard** ■ Écrivain français (né en 1948). Essais érudits, « *Petits traités* », récits *(Tous les matins du monde)*.

**Quimper** ■ Chef-lieu du Finistère. 63 235 habitants. Cathédrale gothique.

**Quimperlé** ▪ Ville du Finistère, sur la Laïta. 12 156 habitants.

**Philippe Quinault** ▪ Auteur dramatique français (1635-1688). Il a écrit les livrets d'opéra de Lully.

**Willard Van Orman, dit Willard Quine** ▪ Logicien américain (1908-2000). Étude logique du langage naturel.

**Edgar Quinet** ▪ Historien français (1803-1875). Il illustra, comme Michelet, une philosophie de l'histoire démocratique et laïque.

**Quinte-Curce** (en latin *Quintus Curcius Rufus*) ▪ Historien latin (Iᵉʳ s.), auteur d'une *Histoire d'Alexandre*.

**Quintilien** ▪ Rhéteur latin (v. 30-v. 100). *Institution oratoire*.

**le Quirinal** ▪ Une des sept collines de Rome.

**Quito** ▪ Capitale de l'Équateur. 1,6 million d'habitants. Édifices de l'époque coloniale.

**Qum** → **Qom**

**Qumrān** ▪ Site archéologique de Palestine où l'on découvrit, entre 1947 et 1956, les *Manuscrits de la mer Morte*.

**Râ** → **Rê**

**Rabat** ▪ Capitale du Maroc. 1,6 million d'habitants.

Jean Rabe, dit Jean-Joseph **Rabearivelo** ▪ Poète malgache (1901-1937). Poèmes en malgache, en français et en espagnol, d'inspiration surréaliste. *Traduit de la nuit.*

François **Rabelais** ▪ Écrivain et humaniste français (v. 1483-1553). Humaniste, médecin, pacifiste, admirateur de l'Antiquité et d'une morale naturelle, il a illustré ses idées par des fictions comiques dans une langue incomparable de richesse et d'inventivité, qui enrichit le français et le libéra. *Pantagruel ; Gargantua ; Tiers Livre ; Quart Livre.*

Jacques **Rabemananjara** ▪ Homme politique et écrivain malgache (1913-2005). Nationaliste, il vécut en exil. Poèmes, pièces de théâtre, essais.

Benjamin **Rabier** ▪ Dessinateur français (1864-1939). Histoires d'animaux en images.

Yitzhak **Rabin** ▪ Homme politique israélien (1922-1995). Premier ministre (travailliste) de 1974 à 1977 et de 1992 à sa mort, assassiné par un extrémiste juif.

Honorat de Bueil, seigneur de **Racan** ▪ Poète français (1589-1670). Pastorales.

**Rachel** ▪ Bible Épouse de Jacob.

**Rachi** → **Rashi**

Sergueï **Rachmaninov** ▪ Compositeur et pianiste romantique russe (1873-1943).

Jean **Racine** ▪ Poète dramatique français, le maître de la tragédie classique française (1639-1699). *Andromaque ; Britannicus ; Bérénice ; Bajazet ; Iphigénie en Aulide ; Phèdre ; Esther ; Athalie.* Théâtre de texte, d'une qualité poétique sans équivalent.

Ann **Radcliffe** ▪ Romancière anglaise (1764-1823). L'un des modèles du « roman noir ». *Les Mystères d'Udolphe.*

Alfred Reginald **Radcliffe-Brown** ▪ Anthropologue anglais (1881-1955). Études sur les populations des îles Andaman, de Polynésie et d'Australie. Fonctionnaliste, précurseur du structuralisme.

Stjepan **Radič** [raditʃ] ▪ Homme politique croate (1871-1928). Militant nationaliste.

**le parti radical et radical-socialiste** ▪ Parti politique français qui domina la vie publique sous la IIIᵉ République.

Raymond **Radiguet** ▪ Écrivain français (1903-1923). Très précoce, il écrivit deux romans d'une élégance adolescente et d'une profondeur adulte exceptionnelles, *Le Diable au corps* et *Le Bal du comte d'Orgel*, publié après sa mort, à vingt ans.

**Radio France** ▪ Société française d'État de programmes radiodiffusés, créée en 1974, comprenant *France Inter*, *France Culture*, *France Musique*, *France Info*, les stations régionales de *France Bleu*, *FIP* et le *Mouv'*. ► *Radio France Internationale* (RFI) a reçu en 1982 un statut indépendant.

sir Henry **Raeburn** ▪ Peintre britannique (écossais) (1756-1823). Portraitiste au style plus libre que Reynolds.

**RAF** (en anglais *Royal Air Force*) ▪ Aviation de combat de l'armée de terre et de la marine britanniques, créée en 1918.

Hachemi **Rafsanjani** ou **Rafsandjani** ▪ Religieux et homme politique iranien (né en 1934). Président de la République islamique d'Iran de 1989 à 1997. Président du Conseil dè discernement et de l'Assemblée des experts de 2007 à 2011.

**le Ragnarök** ▪ Dans la mythologie germanique, combat où les dieux seront anéantis par les géants, et après lequel le monde renaîtra.

**Raguse** → **Dubrovnik**

**Raimond** → **Raymond**

Ruggero **Raimondi** ▪ Chanteur (baryton-basse) italien (né en 1941).

Jules Muraire, dit **Raimu** ▪ Acteur français (1883-1946). Interprète de Pagnol. Il a marqué ses rôles de son naturel et de sa faconde.

**Le Raincy** ▪ Chef-lieu d'arrondissement de la Seine-Saint-Denis. 13 000 habitants.

**le mont Rainier** ▪ Volcan des États-Unis, au nord-ouest (État de Washington). 4 391 m. Parc national.

**Rainier III** ▪ (1923-2005) Prince de Monaco de 1949 à sa mort.

Gilles de **Rais** ou **Retz** ▪ Maréchal de France (1404-1440). Lieutenant de Jeanne d'Arc. Coupable de crimes sur des enfants, il fut exécuté.

**le Rajasthan** ▪ État du nord-ouest de l'Inde. 342 214 km². 56,5 millions d'habitants. Capitale : Jaipur.

László **Rajk** ■ Homme politique hongrois (1909-1949). Militant communiste, mis en camp de concentration par les nazis, il fut ministre d'Imre Nagy (1946), puis fut accusé de « titisme » par Rákosi, condamné et exécuté avant d'être réhabilité (1956).

Mariano **Rajoy** ■ Homme politique espagnol (né en 1955). Premier ministre (droite populaire) nommé en 2011.

Mátyás **Rákosi** ■ Homme politique hongrois (1892-1971). Représentant du stalinisme en Hongrie de 1945 à la mort de Staline (1953). En 1956, il se réfugia en U. R. S. S.

sir Walter **Raleigh** ■ Explorateur anglais (v. 1552-1618).

**Rama** ou **Rāma** ■ Personnage de la mythologie hindoue, héros du *Rāmāyana*.

**Ramakrishna** ■ Mystique hindou (1834-1886), promoteur du védantisme.

**Ramallah** ■ Ville de Cisjordanie. 27 500 habitants. Elle abrita le quartier général de Yasser Arafat. Elle est le siège de nombreuses instances palestiniennes.

sir Chandrasekhara Venkata **Raman** ■ Physicien indien (1888-1970).

le **Rāmāyana** n. m. ■ Poème épique sanskrit, racontant les aventures héroïques de Rama à la recherche de son épouse Sitā, enlevée par le démon Rāvana.

**Rambouillet** ■ Chef-lieu d'arrondissement des Yvelines. 25 860 habitants. Forêt. Château.

Jean-Philippe **Rameau** ■ Compositeur français (1683-1764). Théoricien de l'harmonie, il est l'auteur de *Pièces de clavecin en concert*, de tragédies lyriques *(Castor et Pollux)* et d'opéras-ballets *(Les Indes galantes)*, au style novateur.

Pierre de la **Ramée,** dit en latin **Ramus** [ramys] ■ Humaniste français (1515-1572). Mathématicien, philosophe, grammairien, il lutta contre la tradition scolastique.

Santiago **Ramón y Cajal** ■ Biologiste espagnol (1852-1934). Il établit la nature du neurone et étudia ses connexions dans le cerveau.

sir William **Ramsay** ■ Chimiste anglais (1852-1916). Il découvrit l'ensemble des gaz rares, dont l'hélium.

**Ramsès** ■ Nom de 11 pharaons d'Égypte.
► **Ramsès II**, pharaon de 1304 à sa mort en 1235 avant J.-C. Il combattit les Hittites.
► **Ramsès III** régna de 1198 à 1168 avant J.-C. Il défendit l'Empire contre plusieurs invasions.

Charles Ferdinand **Ramuz** ■ Écrivain suisse d'expression française (1878-1947). Prônant un « retour à l'élémentaire [...], à l'essentiel », il écrivit des essais et des romans illustrant une morale spiritualiste et un accord visionnaire avec la nature, dans un style simple et puissant. *La Grande Peur dans la montagne ; Derborence ; La Beauté sur la terre.*

**Ranavalona III** ■ Reine de Madagascar (1862-1917). Elle succéda à Ranavalona II en 1883, puis fut déposée par Gallieni (1897) et déportée à la Réunion, puis en Algérie.

la **Rance** ■ Fleuve de Bretagne. 100 km.

Armand Jean Le Bouthellier de **Rancé** ■ Religieux français (1626-1700). Réformateur de l'abbaye de la Trappe. Sa vie, écrite par Chateaubriand, contient une réflexion personnelle de l'écrivain.

**Ranchi** ■ Ville d'Inde (Jharkhand). 1,3 million d'habitants.

**Rangoun** ou **Rangoon,** nom officiel **Yangon** ■ Capitale commerciale et port de la Birmanie (remplacée en 2006 comme capitale politique par Nay Pyi Taw). 2,5 millions d'habitants. Pagode dorée de Schwedagon.

Otto **Rank** ■ Psychiatre autrichien (1884-1939). L'un des premiers grands psychanalystes.

**Raoul** ou **Rodolphe de Bourgogne** ■ Roi de France de 923 à sa mort en 936.

**Raoul de Cambrai** ■ Personnage épique de chanson de geste du XIIe s., violent et cruel.

**Rapallo** ■ Ville et port d'Italie, sur la Riviera du Levant. 29 200 habitants. Deux traités y furent signés, le traité de 1920 entre l'Italie et la Yougoslavie, et le traité d'avril 1922 entre l'Allemagne et la Russie.

**Raphaël** ■ Bible Archange.

Raffaello Sanzio, dit **Raphaël** ■ Peintre italien de la Renaissance (1483-1520). Il est là référence suprême de l'art classique. *Chambres* et *loges* du Vatican.

**Rapid City** ■ Ville des États-Unis (Dakota du Sud). 68 000 habitants. → mont **Rushmore.**

Salomon ben Isaac, dit **Rashi** ou **Rachi** ■ Savant juif de Troyes, commentateur du Talmud (1040-1105).

Rasmus Kristian **Rask** ■ Linguiste danois (1787-1832). Fondateur de la philologie des langues nordiques, il établit la réalité d'une grande famille de langues indoeuropéennes.

François-Vincent **Raspail** ■ Chimiste et homme politique français (1794-1878).

Grigori **Raspoutine** ■ Aventurier russe (v. 1872-1916). Il fut assassiné.

le **Rassemblement pour la République** → **RPR**

**Rastatt** anc. **Rastadt** ■ Ville d'Allemagne (Bade-Wurtemberg). 47 700 habitants. ► le **traité de Rastadt** mit fin à la guerre de Succession d'Espagne (1714).

Walther **Rathenau** ■ Homme politique allemand (1867-1922). Chargé d'organiser l'économie de guerre de l'Allemagne en 1915, il devint ministre des Affaires étrangères en 1922. Partisan des accords entre nations, il signa le traité de Rapallo. Il fut assassiné par un groupe de nationalistes allemands fascistes.

**Ratisbonne,** en allemand **Regensburg** ▪ Ville d'Allemagne (Bavière). 125 700 habitants.

**Robert Rauschenberg** ▪ Peintre américain (1925-2008). Précurseur du pop'art.

**Ravachol** ▪ Anarchiste français (1859-1892). Il fut exécuté.

**François Ravaillac** ▪ Assassin d'Henri IV (1578-1610).

**Maurice Ravel** ▪ Compositeur français (1875-1937). Outre son célèbre *Boléro,* il a écrit des pièces pour piano *(Miroirs; Concerto pour la main gauche),* pour orchestre *(La Valse),* des opéras *(L'Enfant et les Sortilèges)* et un ballet *(Daphnis et Chloé).*

**Ravenne,** en italien **Ravenna** ▪ Ville d'Italie (Émilie-Romagne). 134 600 habitants. Mosaïques byzantines ; tombeau de Galla Placidia.

**Ravensbrück** ▪ Village d'Allemagne, au nord de Berlin. Camp de concentration nazi (dès 1934), essentiellement réservé aux femmes, où plus de 90 000 déportées moururent.

**Rawalpindi** ▪ Ville du Pakistan. 1,1 million d'habitants.

**John Rawls** ▪ Philosophe américain (1921-2002). *Théorie de la justice.*

**Raymond de Kremer,** dit **Jean Ray** ▪ Romancier belge de langue française (1887-1964). Romans et contes fantastiques et d'épouvante.

**Man Ray** → **Man Ray**

**Nicholas Ray** ▪ Cinéaste américain (1911-1979). *Johnny Guitare ; La Fureur de vivre.*

**Satyajit Ray** ▪ Cinéaste indien (1921-1992). *Pather Panchali ; Le Salon de musique.* .

**John William Strutt, lord Rayleigh** ▪ Physicien anglais (1842-1919). Découverte des gaz rares, avec Ramsay. Travaux sur la diffusion de la lumière. Sa loi de répartition spectrale est à l'origine de l'hypothèse des quanta par Max Planck.

**Raymond** ou **Raimond** ▪ Nom de sept comtes de Toulouse, du XI^e au XIII^e s. ▶ **Raymond VI** fut excommunié par le pape Innocent III, qui déclencha contre lui la croisade des albigeois en 1208. Il se rangea du côté de la papauté, changea de camp, fut battu, implora le pardon du pape et fut rétabli dans ses pouvoirs.

**Raymond Bérenger** ou **Raimond Beranger** ▪ Nom de plusieurs comtes de Provence, du XI^e au XIII^e s.

**abbé Guillaume Raynal** ▪ Historien et philosophe français (1713-1796). Son *« Histoire philosophique et politique »* des conquêtes des Européens est un réquisitoire anticolonialiste.

**Fernand Raynaud** ▪ Artiste comique français (1926-1973). Nombreux sketches mettant en scène un personnage d'homme simple et brave.

**Martial Raysse** ▪ Peintre français (né en 1936). « Nouveau réalisme » et pop art.

**la pointe du Raz** ▪ Cap breton à l'extrémité ouest du Finistère.

**Stepan Timofeïevitch,** dit **Stenka Razine** ▪ Chef cosaque (v. 1630-1671). Sa révolte contre le pouvoir tsariste reste légendaire.

**R. D. C.** → **République démocratique du Congo**

**la R. D. A.** → **Allemagne**

**l'île de Ré** ▪ Île de Charente-Maritime.

**Rê** ou **Râ** ▪ mythol. égyptienne Dieu du Soleil.

**Reading** ▪ Ville d'Angleterre, chef-lieu du comté de Berkshire. 142 000 habitants.

**Ronald Reagan** ▪ (1911-2004) Président (républicain) des États-Unis, de 1981 à 1989.

**René Antoine Ferchault de Réaumur** ▪ Savant français, physicien et naturaliste (1683-1757). Il s'intéressa aux métaux et réalisa un thermomètre à alcool gradué de 0 à 80°.

**Rébecca** ▪ Bible Épouse d'Isaac.

**Paul Rebeyrolle** ▪ Peintre et sculpteur français (1926-2005). Œuvres figuratives. Utilisation de matériaux variés (cailloux...).

**Madame Récamier** ▪ Femme de lettres qui tint un salon littéraire sous la Restauration (1777-1849).

**Recife** ▪ Port du Brésil (Pernambouc). 1,5 million d'habitants.

**Élisée Reclus** ▪ Géographe français et théoricien de l'anarchisme (1830-1905).

**la Reconquista** ▪ « Reconquête » menée en Espagne par les chrétiens contre les musulmans (VIII^e s.-1492).

**Charles Robert Redford Jr.,** dit **Robert Redford** ▪ Acteur et cinéaste américain (né en 1937). *Jeremiah Johnson ; L'Arnaque.* Réalisateur engagé ; créateur du festival du film indépendant de Sundance.

**Odilon Redon** ▪ Peintre français (1840-1916). Imagination fantastique et visionnaire.

**Redon** ▪ Chef-lieu d'arrondissement de l'Ille-et-Vilaine. 9 576 habitants.

**John Reed** ▪ Journaliste américain (1887-1920). Communiste, il assista à la révolution de 1917. Il écrivit *Dix jours qui ébranlèrent le monde.*

**sir Carol Reed** ▪ Cinéaste britannique (1906-1976). *Le Troisième Homme.*

**la Réforme** ▪ Mouvement de réforme de l'Église catholique, qui aboutit v. 1530 au protestantisme (→ **Luther, Calvin**) et provoqua la réaction de la Contre-Réforme.

la **Régence** ▪ Période correspondant au gouvernement de Philippe d'Orléans pendant la minorité de Louis XV (1715-1723).

**Regensburg** → **Ratisbonne**

Max **Reger** ▪ Compositeur allemand (1873-1916). Musique de chambre, concertos.

Serge **Reggiani** ▪ Comédien et chanteur français d'origine italienne (1922-2004).

**Reggio di Calabria** ▪ Ville d'Italie, en Calabre, sur le détroit de Messine. 180 400 habitants.

**Reggio nell'Emilia** ▪ Ville d'Italie, en Émilie-Romagne. 131 000 habitants. Marché agricole.

**Regina** ▪ Ville du Canada, capitale de la province de Saskatchewan. 178 000 habitants.

Jean-François **Regnard** ▪ Écrivain et auteur dramatique français (1655-1709). *Le Légataire universel.*

Mathurin **Régnier** ▪ Poète français (1573-1613). *Satires.*

Henri de **Régnier** ▪ Poète et romancier français (1864-1936).

**Reich** n. m. ▪ Mot allemand signifiant « empire ». **Ier Reich** → **Saint Empire romain germanique** (962-1806). Le **IIe Reich** est l'empire fondé par Bismarck (1871-1918). L'Allemagne nazie de Hitler (1933-1945) s'est intitulée **IIIe Reich.**

Wilhelm **Reich** ▪ Psychiatre et psychanalyste américain d'origine autrichienne (1897-1957). Théorie de la sexualité. *La Psychologie de masse du fascisme.*

Steve **Reich** ▪ Compositeur américain (né en 1936). L'un des inventeurs de la « musique répétitive ».

**Reichshoffen** ▪ Commune d'Alsace (Bas-Rhin). 5 562 habitants. En 1870, une division de cuirassiers y fut anéantie.

**Reims** ▪ Chef-lieu d'arrondissement de la Marne. 180 752 habitants. Cathédrale gothique. Vins de Champagne.

Salomon **Reinach** ▪ Philologue et archéologue français (1858-1932). ▶ Théodore **Reinach,** son frère, historien (1860-1928).

Maximilien Goldmann, dit Max **Reinhardt** ▪ Metteur en scène autrichien de théâtre (1873-1943). Il renouvela la scénographie en Allemagne, puis émigra aux États-Unis (1933).

Jean-Baptiste, dit Django **Reinhardt** ▪ Guitariste de jazz français d'origine gitane (1910-1953).

Jean-Marc **Reiser** ▪ Dessinateur français, auteur de bandes dessinées (1941-1983).

les guerres de **Religion** ▪ Guerre civile qui opposa en France catholiques et protestants (1562-1598).

Erich Maria **Remarque** ▪ Romancier allemand naturalisé américain (1898-1970). *À l'ouest rien de nouveau.*

Rembrandt Harmenszoon van Rijn, dit **Rembrandt** ▪ Peintre et graveur hollandais (1606-1669). Il interprète le clair-obscur de manière très nouvelle, en fondant l'ombre et la lumière, se servant de celle-ci à des fins expressives et spirituelles. Tableaux religieux, portraits individuels et collectifs (*La Ronde de nuit*), scènes réalistes (*Le Bœuf écorché, La Leçon d'anatomie*), toujours avec une part de mystère. L'œuvre gravée est immense et magistrale.

saint **Remi** ▪ Évêque de Reims qui convertit Clovis (v. 437-v. 530).

Philo **Remington** ▪ Industriel américain (1816-1889). Il perfectionna la machine à écrire.

**Remus** ▪ Dans la légende romaine, frère de Romulus qui le tua.

Abel **Rémusat** ▪ Sinologue français (1788-1832).

la **Renaissance** ▪ Vaste mouvement scientifique et culturel en Italie puis en Europe aux XVe et XVIe s., marqué, notamment, par un retour aux valeurs de l'Antiquité.

Ernest **Renan** ▪ Écrivain et philologue français (1823-1892). Spécialiste des langues sémitiques, il étudia les origines du christianisme, réfléchit au statut de la science (*l'Avenir de la science*) et publia des souvenirs. La *Vie de Jésus ; Souvenirs d'enfance et de jeunesse.*

Jules **Renard** ▪ Écrivain français (1864-1910). Auteur de récits, de scènes pour le théâtre et d'un journal rempli de notations brèves et caustiques. *Poil de carotte.*

Madeleine **Renaud** ▪ Actrice française (1900-1994).

Théophraste **Renaudot** ▪ Médecin français (1586-1653). Il créa le premier journal français, *La Gazette de France* (1631).

Louis **Renault** ▪ Industriel français de l'automobile (1877-1944).

**René Ier le Bon,** dit **le bon roi René** ▪ Duc d'Anjou, comte de Provence, roi de Naples (1409-1480).

Guido **Reni,** dit **le Guide** ▪ Peintre italien de l'école bolonaise (1575-1642).

**Rennes** ▪ Chef-lieu du département d'Ille-et-Vilaine et de la Région Bretagne. 208 033 habitants. Édifices des XVIIe-XVIIIe s.

**Reno** ▪ Ville des États-Unis (Nevada). 225 000 habitants. Célèbre par sa législation permettant mariages et divorces rapides.

Auguste **Renoir** ▪ Peintre français (1841-1919). L'un des grands maîtres de l'impressionnisme. Il peignit de nombreux nus féminins, d'une facture très souple et sensuelle. ► Jean **Renoir** (1894-1979), son fils. Cinéaste français. Style mêlant le réalisme et la poésie, l'humanisme et la critique sociale. Il est le maître de très nombreux cinéastes. *La Règle du jeu ; La Grande Illusion.*

Ilia Iefimovitch **Repine** ▪ Peintre russe (1844-1930). Art réaliste, parfois social. Portraits.

la **République française,** régime politique de la France. ▪ ► la **première République** (1792-1804). → **Révolution française** et **Consulat.** ► la **deuxième République** (1848-1852). ► la **troisième République** (1870-1940). ► la **quatrième République** (1944-1958). ► la **cinquième République** (depuis 1958).

Alain **Resnais** ▪ Cinéaste français (né en 1922). Œuvres d'une grande hardiesse de forme, d'une remarquable richesse humaine et intellectuelle, non sans humour et fantaisie. *Hiroshima mon amour ; L'Année dernière à Marienbad ; Providence ; On connaît la chanson.*

Ottorino **Respighi** ▪ Compositeur italien (1879-1936). Œuvre orchestrale impressionniste.

la **Restauration** ▪ Période de l'histoire de France qui correspond aux règnes de Louis XVIII (1814-1824) et de Charles X (1824-1830).

**Restif de la Bretonne** ▪ Écrivain français (1734-1806). *Le Paysan perverti ou les Dangers de la ville.* Sa liberté de pensée et de langage en fait un observateur exceptionnel des mœurs et des vices, à la fin du XVIIIᵉ s.

**Rethel** ▪ Chef-lieu d'arrondissement des Ardennes. 7 718 habitants.

**Rethondes** ▪ Commune de l'Oise où furent signés les armistices de 1918 et de 1940. 734 habitants.

Gilles de **Retz** → **Rais**

Paul de Gondi, cardinal de **Retz** ▪ Prélat, homme politique et écrivain français (1613-1679). Un des principaux personnages de la Fronde. Ses *Mémoires,* rédigés après 1662, sont un modèle de style évocateur, vif et pénétrant.

l'île de la **Réunion,** anc. **île Bourbon** [974] ▪ Région et département français d'outre-mer de l'océan Indien. 2 512 km². 706 300 habitants. Chef-lieu : Saint-Denis. Chefs-lieux d'arrondissement : Saint-Benoît, Saint-Paul, Saint-Pierre.

Agence **Reuter,** en angl. **Reuters** Ltd ▪ Agence de presse britannique créée en 1851 par Julius Reuter.

Pierre **Reverdy** ▪ Poète français (1889-1960). Sa poésie forte et retenue est une méditation sur l'absolu et la vanité des apparences. Nombreux recueils (*Étoiles peintes, Plupart du temps, Chant des morts...*), essais autobiographiques.

la **Révolution française** ▪ Période de l'histoire de France allant de la réunion des états généraux par Louis XVI au Consulat (1789-1799). Elle mit fin à la monarchie et à l'Ancien Régime.

la **révolution française de 1830** ▪ Insurrection des 27, 28 et 29 juillet 1830 à Paris (« les Trois Glorieuses »). Elle provoqua l'abdication de Charles X et permit l'avènement de Louis-Philippe.

la **révolution française de 1848** ▪ Insurrection des 22, 23 et 24 février 1848. Elle mit fin à la monarchie de Juillet et marqua le début de la IIᵉ République. ► les **Révolutions de 1848,** mouvements libéraux et nationalistes qui éclatèrent en Europe en 1848.

la **révolution russe de 1905** ▪ Première révolution « démocratique bourgeoise » en Russie, qui échoua.

la **révolution russe de 1917** ▪ Mouvement révolutionnaire qui conduisit à l'abdication du tsar Nicolas II puis à la prise du pouvoir par les bolcheviks.

Les **révolutions d'Angleterre** ▪ Guerres civiles au XVIIᵉ s. La première (1642-1649) aboutit à la victoire de Cromwell et à l'exécution du roi Charles Iᵉʳ. La seconde (1688-1689) entraîna la chute de Jacques II et l'avènement d'une monarchie constitutionnelle (Guillaume III).

Abel **Rey** ▪ Philosophe français (1873-1940). Épistémologie, histoire des sciences.

**Reykjavík** ▪ Capitale de l'Islande. 117 900 habitants.

Władysław Stanisław Rejment, dit **Reymont** ▪ Romancier polonais (1867-1925). Romans naturalistes et symbolistes (*Les Paysans*).

Paul **Reynaud** ▪ Homme politique français (1878-1966). Président du conseil, il démissionna en juin 1940, laissant la place à Pétain ; il fut déporté en Allemagne (1941-1945).

sir Joshua **Reynolds** ▪ Peintre anglais (1723-1792). Portraitiste.

la **R. F. A.** → la **république fédérale d'Allemagne**

**Rhadamante** ▪ Héros crétois de la mythologie, devenu l'un des trois juges des Enfers.

Syngman **Rhee** → **Syngman Rhee**

la **Rhénanie** ■ Région d'Allemagne située le long du Rhin. ► la **Rhénanie-du-Nord-Westphalie**, en allemand **Nordrhein-Westfalen**. Land d'Allemagne. 34 072 km². 17,9 millions d'habitants. Capitale : Düsseldorf. ► la **Rhénanie-Palatinat**, en allemand **Rheinland-Pfalz**. Land d'Allemagne. 19 848 km². 6,1 millions d'habitants. Capitale : Mayence.

la **Rhétie** ■ Ancienne région des Alpes, comprenant en Suisse les Grisons, en Autriche le Tyrol et les Alpes de Lombardie. ► les **Alpes rhétiques.**

Konstantinos, dit Vélestinlis **Rhigas** ■ Patriote et poète grec (1757-1798).

le **Rhin** ■ Fleuve d'Europe. Né dans les Alpes suisses, il se jette dans la mer du Nord. 1 320 km. ► le **Bas-Rhin** [67]. Département français de la Région Alsace. 4 786 km². 1,010 million d'habitants. Chef-lieu : Strasbourg. Chef-lieu d'arrondissement : Haguenau, Molsheim, Saverne, Sélestat-Erstein, Wissembourg. ► le **Haut-Rhin** [68]. Département français de la Région Alsace. 3 522 km². 753 056 habitants. Chef-lieu : Colmar. Chefs-lieux d'arrondissement : Altkirch, Guebwiller, Mulhouse, Ribeauvillé, Thann.

le **Rhode Island** ■ État du nord-est des États-Unis. 3 233 km². 1 million d'habitants. Capitale : Providence.

Cecil **Rhodes** ■ Administrateur colonial et homme d'affaires britannique (1853-1902). Il laissa son nom à la *Rhodésie.*

**Rhodes** ■ Île grecque de la mer Égée (Dodécanèse). 1 398 km². 100 000 habitants. Le *colosse de Rhodes* était une des Sept Merveilles du monde.

la **Rhodésie** ■ Région de l'Afrique orientale, dans le bassin du Zambèze. Après la période coloniale, elle fut divisée en États indépendants. → **Malawi, Zambie, Zimbabwe.**

le **Rhône** ■ Fleuve de France et de Suisse. 812 km. Il se jette dans la Méditerranée. Vignobles sur les coteaux de la vallée : les *côtes du Rhône.* ► le **Rhône** [69]. Département français de la Région Rhône-Alpes. 3 303 km². 1,74 million d'habitants. Chef-lieu : Lyon. Chef-lieu d'arrondissement : Villefranche-sur-Saône. ► **Rhône-Alpes.** Région administrative du sud-est de la France. Huit départements : Ain, Ardèche, Drôme, Haute-Savoie, Isère, Loire, Rhône et Savoie. 43 698 km². 6,28 millions d'habitants. Chef-lieu : Lyon.

Ella Gwendoleen Rees Williams, dite Jean **Rhys** ■ Romancière britannique originaire de la Dominique, aux Antilles (1894-1979). Nouvelles féministes et cosmopolites.

**Riazan** ■ Ville de Russie. 522 000 habitants. Ville historique, nombreux monuments, du XVᵉ au XVIIIᵉ s.

Joachim von **Ribbentrop** ■ Homme politique allemand (1893-1946). Ministre des Affaires étrangères de Hitler, il fit signer le pacte germano-soviétique d'août 1939. Condamné à mort par le tribunal de Nuremberg.

**Ribeauvillé** ■ Chef-lieu d'arrondissement du Haut-Rhin. 4 841 habitants.

José de **Ribera** ■ Peintre espagnol (1591-1652). Tableaux d'un puissant style réaliste. *Le Pied bot.* Grandes compositions religieuses.

David **Ricardo** ■ Financier et économiste anglais (1772-1823).

Matteo **Ricci** ■ Jésuite italien (1552-1610). Missionnaire en Chine, il devint le premier spécialiste européen de la langue et de la civilisation chinoises.

**Richard** ■ Nom de trois rois d'Angleterre. ► **Richard Iᵉʳ Cœur de Lion.** Roi de 1189 à sa mort (1157-1199). Il se distingua à la troisième croisade et combattit contre Philippe Auguste. ► **Richard II.** Roi de 1377 à 1399 (1367-1400). ► **Richard III.** Roi de 1483 à sa mort (1452-1485). Vaincu et tué par Henri VII Tudor. Sa vie criminelle inspira Shakespeare.

Samuel **Richardson** ■ Écrivain anglais (1689-1761). Romans sentimentaux et pathétiques. *Clarisse Harlowe.*

Tony **Richardson** ■ Cinéaste anglais (1928-1991). *La Solitude du coureur de fond ; Tom Jones.*

César Pierre **Richelet** ■ Lexicographe français (v. 1631-1698). Auteur d'un *Dictionnaire français* (1680).

Armand Jean du Plessis, cardinal de **Richelieu** ■ Prélat et homme d'État français (1585-1642). Ministre de Louis XIII de 1624 à sa mort. Il réduisit les oppositions au pouvoir royal (protestants, grande noblesse) et mena une politique extérieure offensive (guerre de Trente Ans). Il créa l'Académie française en 1634.

Jean **Richepin** ■ Écrivain français (1849-1926). Bohème, poète de *la Chanson des gueux,* romancier populaire.

Ligier **Richier** ■ Sculpteur français (v. 1500-1567). Son inspiration réaliste et mystique le conduit parfois à des sujets macabres, d'une grande perfection formelle.

Germaine **Richier** ■ Sculptrice française (1904-1959). Ses œuvres métamorphosent animaux et humains par des altérations effrayantes, leur faisant parfois symboliser des forces obscures : *L'Orage, L'Ouragan, L'Ogre, Le Griffu…*

Jeremias Benjamin **Richter** ■ Chimiste allemand (1762-1807).

Johann Paul Friedrich **Richter,** dit Jean Paul ■ Romancier allemand (1763-1825). Instaurateur du romantisme dans le roman.

Hans **Richter** ▪ Chef d'orchestre allemand d'origine hongroise (1843-1916). Interprète privilégié de Wagner, de Liszt, Brahms, Brückner.

Hans **Richter** ▪ Peintre et cinéaste américain d'origine allemande (1888-1976). Peintre dada, cinéaste abstrait et surréaliste. Il collabora avec Marcel Duchamp, Max Ernst.

Charles Francis **Richter** ▪ Sismologue américain (1900-1985). *L'échelle de Richter* mesure la magnitude des séismes.

Sviatoslav Teofilovitch **Richter** ▪ Pianiste russe (1915-1997). Interprète exceptionnel de Schumann, Bach, Haydn, Beethoven.

Paul **Ricœur** ▪ Philosophe français (1913-2005). Penseur chrétien, il propose une philosophie de l'interprétation, attentive aux problèmes moraux, sociaux et politiques.

Louis **Riel** ▪ Révolutionnaire canadien (1844-1885). Organisateur des révoltes des métis dans l'Ouest.

Bernhard **Riemann** ▪ Mathématicien allemand (1826-1866). Il a fondé une géométrie non euclidienne.

Tilman **Riemenschneider** ▪ Sculpteur allemand (v. 1460-1531). Œuvre du gothique tardif germanique (retables) et statuaire dans l'esprit de la Renaissance.

le **Rif** ▪ Montagne du Maroc.

le **rift** en anglais « faille » ▪ Longue dépression constituée de fossés d'effondrement traversant l'Afrique orientale. La grande épaisseur des dépôts sédimentaires entaillés par l'érosion a permis la découverte de fossiles d'hominidés.

**Riga** ▪ Capitale et port de la Lettonie, sur la Baltique. 764 300 habitants.

Hyacinthe **Rigaud** ▪ Peintre français (1659-1743). Portraits de cour.

le **Rigi** ou **Righi** ▪ Massif montagneux de Suisse centrale. Il culmine au *Rigi Kulm*, à 1798 m.

**Rijeka,** en italien **Fiume** ▪ Port de Croatie. 128 624 habitants.

**Rijswijk** ou **Ryswick** ▪ Ville des Pays-Bas. 47 000 habitants. Le *traité de Rijswijk* mit fin à la guerre de la ligue d'Augsbourg (1697).

Rainer Maria **Rilke** ▪ Écrivain autrichien (1875-1926). Poète de l'angoisse et de l'effort sur soi-même, il a publié *Les Cahiers de Malte Laurids Brigge*, les *Élégies de Duino* et des *Sonnets à Orphée*. Il traduisit Valéry en allemand, et écrivit des poèmes en français.

Arthur **Rimbaud** ▪ Poète français (1854-1891). Génie précoce, adolescent révolté et visionnaire, il écrivit des poèmes en vers (tel *Le Bateau ivre*) et en prose (*Une saison en enfer; Les Illuminations* — jeu sur le sens anglais, « enluminure », et français du mot). Pour lui, le poète est un « voyant ». Après 19 ans, il cessa d'écrire, pour mener une vie d'aventurier.

**Rimini** ▪ Ville d'Italie (Émilie-Romagne). 128 700 habitants. Station balnéaire.

Cheikha **Rimitti** ▪ Chanteuse algérienne (1923-2006). Elle a chanté l'amour, le désir, l'alcool, la misère et l'exil. Elle a contribué au passage des formes traditionnelles du raï à des sonorités et des rythmes plus modernes.

Nikolaï **Rimski-Korsakov** ▪ Compositeur russe (1844-1908). Grand maître de l'orchestration, il a composé des œuvres symphoniques (*Schéhérazade; La Grande Pâque russe*), et des opéras (*La Fiancée du tsar*).

**Rio de Janeiro** ▪ Port du Brésil. 6,3 millions d'habitants (agglomération 11,9 millions). Site exceptionnel de baie et de montagnes (Corcovado, Pain de Sucre). Célèbre carnaval. ▶ État du Brésil. 43 600 km². 16 millions d'habitants.

le **Rio Grande** ou **Río Bravo** ▪ Fleuve d'Amérique du Nord qui forme la frontière entre les États-Unis et le Mexique. 2 896 km.

La **Rioja** ▪ Région et communauté autonome d'Espagne. 321 171 habitants. Viticulture.

**Riom** ▪ Chef-lieu d'arrondissement du Puy-de-Dôme. 18 291 habitants.

Jean Paul **Riopelle** ▪ Peintre et sculpteur québécois (1923-2002). Abstraction lyrique.

**Riquewihr** ▪ Commune d'Alsace (Haut-Rhin). 1 174 habitants. Village ancien (tourisme). Vins.

le **Risorgimento** ▪ Mouvement patriotique d'indépendance et d'unification de l'Italie au XIXᵉ s.

Yannis **Ritsos** ▪ Poète grec (1909-1990).

César **Ritz** ▪ Hôtelier et homme d'affaires suisse (1850-1918). Il fonda l'hôtel Ritz de Paris (1898), puis celui de Londres (1906).

le comte de **Rivarol** ▪ Écrivain français, polémiste royaliste (1753-1801).

Diego **Rivera** ▪ Peintre mexicain (1886-1957). Grandes décorations murales.

Jacques **Rivette** ▪ Cinéaste français (né en 1928). En marge de la Nouvelle Vague. Recherche très personnelle sur le rapport entre les arts, sur le travail du comédien... *Céline et Julie vont en bateau; La Belle Noiseuse; Jeanne la Pucelle.*

la **Riviera** ▪ Littoral italien du golfe de Gênes, de San Remo à La Spezia.

Jacques **Rivière** ▪ Écrivain français (1886-1925). Animateur de la *Nouvelle Revue française.* Correspondances avec Alain-Fournier, Claudel, Gide.

**Rivoli** ▪ Localité d'Italie. Bonaparte y battit les Autrichiens en 1797.

**Riyad** ▪ Capitale de l'Arabie saoudite, dans une oasis. 4,1 millions d'habitants.

**Rizā Chāh** ■ Souverain (chah) d'Iran (1878-1944). Militaire (cosaque), il prit le pouvoir à la suite d'un coup d'État (1921), se faisant couronner en 1925. Son fils, Muḥammad* Rizā Chāh, lui succéda.

**Roanne** ■ Chef-lieu d'arrondissement de la Loire. 36 147 habitants.

Alain **Robbe-Grillet** ■ Écrivain et cinéaste français, chef de file du nouveau roman (1922-2008). *Le Voyeur ; La Jalousie ; La Reprise.* Scénariste de *L'Année dernière à Marienbad,* de Resnais, il réalisa plusieurs films.

**Robert** ■ Nom de plusieurs rois d'Écosse, aux XIVe et XVe s. ► **Robert Ier Bruce,** roi d'Écosse de 1306 à 1329.

**Robert** ■ Nom de plusieurs comtes de Flandre, du XIe au XIVe s.

**Robert** ■ Nom de plusieurs rois de France ► **Robert Ier** (mort en 923). ► **Robert II le Pieux** (v. 972-1031) Fils d'Hugues Capet, roi de France de 996 à sa mort.

Hubert **Robert** ■ Peintre français qui mit à la mode la peinture de ruines (1733-1808).

saint **Robert Bellarmin** ■ Cardinal italien (1542-1621), champion de la Contre-Réforme.

Jean Eugène **Robert-Houdin** ■ Prestidigitateur français (1805-1871). Il créa des automates.

Gilles Personne de **Roberval** ■ Mathématicien et physicien français (1602-1675). Il mit au point une balance.

Paul **Robeson** ■ Acteur et chanteur américain (1898-1976). Avocat de formation, militant progressiste (communiste), il eut une carrière exceptionnelle au théâtre, au cinéma, et comme chanteur de gospel.

Maximilien de **Robespierre** ■ Révolutionnaire français (1758-1794). Chef des Montagnards, membre du Comité de salut public, il imposa la Terreur. Renversé le 9 Thermidor, il fut guillotiné.

Albert **Robida** ■ Dessinateur et écrivain français (1848-1926). Caricaturiste, auteur de science-fiction (*Le Vingtième Siècle*).

**Robin des Bois** ■ Héros légendaire saxon fondé sur un personnage historique (v. 1160-v. 1247).

Emmanuel Goldenberg, dit Edward G. **Robinson** ■ Acteur américain de cinéma (1893-1973). Il incarna avec puissance des gangsters.

Walter Smith, dit Ray Sugar **Robinson** ■ Champion de boxe américain (1920-1989).

Emmanuel **Roblès** [ʀɔblɛs] ■ Écrivain français (1914-1995). Romans, pièces de théâtre.

**Rocamadour** ■ Commune du Lot. Pèlerinage à la Vierge noire. 656 habitants.

Michel **Rocard** ■ Homme politique (socialiste) français (né en 1930). Premier ministre de 1988 à 1991.

le comte de **Rochambeau** ■ Maréchal de France (1725-1807). Commandant des troupes françaises durant la guerre d'Indépendance américaine.

**Rochechouart** ■ Chef-lieu d'arrondissement de la Haute-Vienne. 3 778 habitants.

**Rochefort** ■ Chef-lieu d'arrondissement de la Charente-Maritime. 25 183 habitants.

**La Rochelle** ■ Chef-lieu et port de la Charente-Maritime. 76 600 habitants.

**La Roche-sur-Yon** ■ Chef-lieu de la Vendée. 49 300 habitants.

les montagnes **Rocheuses** ■ Chaîne montagneuse de l'ouest de l'Amérique du Nord.

John Davison **Rockefeller** ■ Industriel américain (1839-1937).

**Rocroi** ■ Commune des Ardennes. Condé y écrasa les Espagnols en 1643. 2 422 habitants.

Aleksandr Mikhaïlovitch **Rodchenko** ■ Peintre et sculpteur russe (1891-1957). Représentant du constructivisme. Il dut se plier aux normes de l'art soviétique et se consacrer aux arts appliqués.

Georges **Rodenbach** ■ Poète belge d'expression française (1855-1898). Établi à Paris en 1887, il fut l'ami d'Edmond de Goncourt et de Mallarmé, publia des recueils de vers rêveurs (*Le Règne du silence, Les Vies encloses*) et deux romans, évocateurs délicats de la Flandre belge : *Bruges-la-Morte* et *Le Carillonneur.*

**Rodez** ■ Chef-lieu de l'Aveyron. 23 794 habitants.

Auguste **Rodin** ■ Sculpteur français (1840-1917). Il donna aux figures humaines une expressivité d'une grande vigueur. *Les Bourgeois de Calais ; Balzac ; Le Penseur.*

le lac **Rodolphe** → Turkana

**Rodolphe Ier de Habsbourg** ■ Empereur germanique de 1273 à sa mort (1218-1291). Fondateur de la puissance des Habsbourg.

David **Roentgen** ■ Ébéniste allemand (1743-1807).

Wilhelm **Roentgen** → Röntgen

**Roger** ■ Nom de plusieurs comtes de Sicile, aux XIe et XIIe s. ► **Roger II** (mort en 1164). Il donna à la Sicile, agrandie de la Calabre et des Pouilles, une prospérité accrue.

Virginia McMath, dite Ginger **Rogers** ■ Actrice de cinéma américaine (1911-1995). Danseuse, partenaire de Fred Astaire.

Édouard, prince de **Rohan** ■ Cardinal français (1734-1803), compromis dans l'affaire du Collier de la reine (1785-1786).

Géza **Róheim** ■ Anthropologue et psychanalyste américain d'origine hongroise (1891-1953). Anthropologie culturelle. Il étudia notamment le *Totémisme australien*.

Jean-Marie Schérer, dit **Éric Rohmer** ■ Cinéaste et critique français (1920-2010). Films intellectuels et élégants, souvent en séries : « contes moraux » (six films), « comédies et proverbes », etc.

**Roissy-en-France** ■ Commune du Val-d'Oise. Aéroport Charles-de-Gaulle. 2 869 habitants. Environ 60 millions de passagers par an.

Fernando de **Rojas** ■ Écrivain espagnol (v. 1465-v. 1541). Il fut gouverneur de Salamanque. On lui attribue le roman dialogué *La Célestine*.

**Roland** ■ Compagnon légendaire de Charlemagne, et son neveu ; héros de *La Chanson de Roland* (XIe s.).

le stade **Roland-Garros** ■ Stade de Paris où se déroule chaque année un tournoi de tennis sur terre battue, les Internationaux de France.

Romain **Rolland** ■ Écrivain français (1866-1944). Pacifiste (*Au-dessus de la mêlée*), il exprima son humanisme et son amour de la musique dans deux cycles de romans, *Jean-Christophe* et *L'Âme enchantée*.

les **Rolling Stones** ■ Groupe britannique de musique pop, formé en 1962, avec le chanteur Mick Jagger.

la **Romagne** → **Émilie**

Jules **Romain** → **Jules Romain**

Louis Farigoule, dit Jules **Romains** ■ Écrivain français (1885-1972). Poète unanimiste, conteur romancier, auteur dramatique (*Knock*). *Les Hommes de bonne volonté* ; grand cycle de romans réalistes.

les **Romanches** ■ Population de Suisse (Grisons) parlant le *romanche*.

les **Romanov** ■ Famille qui régna sur la Russie de 1613 à 1917.

**Rome** ■ Capitale de l'Italie sur le Tibre, capitale spirituelle de l'Église catholique avec la résidence du pape au Vatican. 2,55 millions d'habitants. Fondée selon la légende par Romulus en 753 avant J.-C., Rome fut la capitale de l'Empire romain qui disparut en 476. Nombreux monuments antiques (Colisée, Forum, colonne Trajane), de la Renaissance et baroques. ■ le traité de **Rome**, signé le 25 mars 1957, est l'acte de naissance de la C. E. E.

**Roméo et Juliette** ■ Couple d'amoureux légendaire qui a inspiré Shakespeare et Gounod.

Erwin **Rommel** ■ Maréchal allemand (1891-1944). Commandant de l'Afrikakorps, il fut contraint par Hitler de se suicider.

**Romorantin-Lanthenay** ■ Chef-lieu d'arrondissement de Loir-et-Cher. 16 908 habitants.

**Romulus** ■ Fondateur légendaire et premier roi de Rome (VIIIe s. avant J.-C.).

le col de **Roncevaux** ■ Col des Pyrénées espagnoles où Roland fut tué par des montagnards basques en 778.

**Ronchamp** ■ Commune de Haute-Saône. 2 938 habitants. Chapelle construite par Le Corbusier.

Luca **Ronconi** ■ Metteur en scène italien de théâtre (né en 1933). Éclatement de l'espace scénique, dans le *Roland furieux*, d'après l'Arioste. Mises en scène d'opéras.

**Ronda** ■ Ville d'Espagne (Andalousie). 36 473 habitants. Ville ancienne, dans un site montagneux. Célèbres arènes du XVIIIe s.

Willy **Ronis** ■ Photographe français (1910-2009). D'abord reporter, il fut l'un des photographes du Paris pittoresque, dans des images très construites.

Pierre de **Ronsard** ■ Poète français (1524-1585). Chef de file de la Pléiade, considéré en son temps comme le « prince des poètes ». *Odes* ; les *Amours* ; *Hymnes* ; *Discours* ; *La Franciade*. Sa musicalité et son pouvoir de suggestion en font un des plus grands poètes français.

Wilhelm Conrad **Röntgen** ■ Physicien allemand (1845-1923). Il découvrit les rayons X en 1895.

Theodore **Roosevelt** ■ (1858-1919) Président (républicain) des États-Unis de 1901 à 1909.

Franklin Delano **Roosevelt** ■ (1882-1945) Président (démocrate) des États-Unis de 1933 à sa mort. → **New Deal**.

Félicien **Rops** ■ Peintre et graveur belge (1833-1898).

**Roquefort-sur-Soulzon** ■ Commune de l'Aveyron. 643 habitants. Fromages de brebis affinés dans les caves calcaires du causse (le *roquefort*).

Hermann **Rorschach** ■ Neurologue et psychiatre suisse (1884-1922). Il imagina un test d'interprétation de taches symétriques irrégulières et distingua des types de caractères (notamment : extraverti-introverti).

Salvator **Rosa** ■ Peintre italien (1615-1673). Sujets religieux, scènes de bataille d'un style nerveux, paysages orageux et mystérieux, précurseurs du romantisme.

**Rosario** ■ Port d'Argentine sur le Paraná. 1,1 million d'habitants.

**Roscoff** ■ Commune de Bretagne (Finistère). 3 594 habitants.

le Mont-**Rose** ■ Massif des Alpes. 4 634 m.

la **Rose-Croix** ■ Société secrète connue du XVIIe au XIXe s., restaurée par Stanislas de Guaita (1861-1897) et par Joséphin Péladan (1858-1918).

Alfred **Rosenberg** ■ Théoricien allemand du nazisme et du racisme (1893-1946). Condamné à mort par le tribunal de Nuremberg et pendu.

la pierre de **Rosette** ■ Pierre gravée en égyptien et en grec qui permit à Champollion de déchiffrer les hiéroglyphes.

Francesco **Rosi** ■ Cinéaste italien (né en 1922). Films de critique sociale en forme d'enquêtes. *Oublier Palerme.*

**Rosny** [RONI] ■ Nom de deux écrivains français, frères, Joseph Henri dit **Rosny aîné** (1856-1940) et Séraphin Justin dit **Rosny jeune** (1859-1948), auteurs de romans sociaux et de *La Guerre du feu*, évocation préhistorique.

Scott **Ross** ■ Claveciniste américain (1951-1989). Interprète de Rameau, Couperin, Scarlatti.

Roberto **Rossellini** ■ Cinéaste italien (1906-1977). Maître du néoréalisme, auquel il joint une spiritualité et un humanisme sensibles. *Rome, ville ouverte ; Païsa ; Onze Fioretti de François d'Assise.*

Dante Gabriel **Rossetti** ■ Peintre et poète préraphaélite anglais (1828-1882).

Tino **Rossi** ■ Chanteur de charme français (corse) (1907-1983).

Gioacchino **Rossini** ■ Compositeur italien (1792-1868). Il est l'auteur d'opéras alertes et spirituels, dont certains furent d'immenses succès (*Le Barbier de Séville ; Guillaume Tell).*

le **Rosso** ou **Rosso Fiorentino** ■ Peintre italien de la Renaissance (1494-1540).

Edmond **Rostand** ■ Auteur dramatique français (1868-1918). Virtuose de l'alexandrin, notamment dans sa « comédie héroïque », *Cyrano de Bergerac.*

Jean **Rostand** ■ Biologiste et essayiste français, fils d'Edmond (1894-1977). Chercheur (parthénogenèse), vulgarisateur. Philosophie matérialiste.

**Rostock** ■ Port d'Allemagne (Mecklembourg-Poméranie-Antérieure), près de la Baltique. 200 500 habitants.

**Rostov** ■ Ville de Russie, au nord-est de Moscou. 35 000 habitants. Une des plus anciennes villes de Russie. Kremlin ; églises.

**Rostov-sur-le-Don** ■ Ville de Russie sur le Don. 1 million d'habitants.

Mstislav **Rostropovitch** ■ Violoncelliste russe naturalisé suisse (1927-2007).

Joseph **Roth** ■ Écrivain autrichien (1894-1939). *La Marche de Radetzky.*

Philip **Roth** ■ Romancier américain (né en 1933). Il est l'auteur de romans satiriques des préjugés américains, et de la famille juive américaine. *Portnoy et son complexe ; La Tache ; Un homme.*

Mark **Rothko** ■ Peintre abstrait américain d'origine russe (1903-1970). Œuvres abstraites aux contours indécis, invitant à la méditation.

les **Rothschild** ■ Famille de banquiers européens (France, Allemagne, Angleterre).

Jean de **Rotrou** ■ Dramaturge français (1609-1650). Comédies (*Les Sosies)* et tragédies (dont *Saint Genest).*

**Rotterdam** ■ Ville des Pays-Bas (Hollande-Méridionale). Un des plus grands ports du monde. 584 000 habitants (zone urbaine 1,18 million).

Georges **Rouault** ■ Peintre français (1871-1958). Œuvres puissantes, influencées par Rembrandt et l'expressionnisme, transmettant par des figures douloureuses un message humain religieux. *Miserere ; La Sainte Face.*

**Roubaix** ■ Ville du Nord. 94 186 habitants.

Jacques **Roubaud** ■ Écrivain français (né en 1932). Mathématicien de formation, membre de l'Oulipo, il est l'auteur de jeux poétiques formels, de romans et de récits « à bifurcations ». Traduction des troubadours.

Andreï **Roublev** ■ Peintre et moine orthodoxe russe (v.1360-v.1430). Auteur d'icônes. *La Trinité.*

Jean **Rouch** ■ Ethnologue et cinéaste français (1917-2004). Films sur l'Afrique.

**Rouen** ■ Chef-lieu de la Seine-Maritime et de la Région Haute-Normandie. 111 553 habitants. Nombreux monuments gothiques.

le **Rouergue** ■ Région du sud de la France (Aveyron).

la mer **Rouge** ■ Mer du Proche-Orient entre l'Arabie et l'Afrique.

la place **Rouge** (en russe *Krasnaïa Plochtchad* : la « place rouge » et la « belle place ») ■ Vaste esplanade de Moscou, contre le Kremlin.

Denis de **Rougemont** ■ Écrivain suisse de langue française (1906-1985). Cofondateur de la revue *Esprit*. Essais sur la culture et l'histoire européennes. *L'Amour et l'Occident.*

Claude **Rouget de Lisle** ■ Officier français (1760-1836). Auteur de *La Marseillaise.*

Jacques **Roumain** ■ Écrivain de langue française et homme politique haïtien (1907-1944). Militant nationaliste et marxiste. Romancier. *Gouverneurs de la rosée.*

la **Roumanie** ■ État du sud-est de l'Europe. 237 500 km². 21,5 millions d'habitants. Capitale : Bucarest.

Jean-Jacques **Rousseau** ■ Écrivain et philosophe, citoyen de Genève (1712-1778). Comme penseur de la société, sa doctrine du « contrat social » eut une grande influence ; en pédagogie l'*Émile* est un texte essentiel. Mais c'est l'écrivain sensible et sincère des *Confessions*, des *Rêveries d'un promeneur solitaire* qui domine dans sa réputation.

Henri Rousseau, dit **le Douanier Rousseau** ■ Peintre français (1844-1910). Classé parmi les « naïfs », ce fut un inventeur d'images poétiques et mythiques, servis par une composition solide et de grands dons de coloriste : « Jungles » ; portraits ; *La Guerre*, allégorie.

Dilma **Rousseff** ■ Économiste et femme d'État brésilienne (née en 1947). Élue présidente de la République en 2010 avec le soutien de Lula*.

Ker Xavier **Roussel** ■ Peintre français (1867-1944). Il fut proche de Vuillard.

Albert **Roussel** ■ Compositeur français (1869-1937). D'abord officier de marine, il se consacra à la musique à l'âge de 25 ans. Alliant la modernité rythmique et harmonique aux influences du contrepoint, il atteint dans ses symphonies, ses ballets (*Le Festin de l'araignée, Bacchus et Ariane*), sa musique de chambre, une force expressive et un dynamisme puissant.

Raymond **Roussel** ■ Écrivain français (1877-1933). Ses récits exploitent systématiquement les identités et les ressemblances formelles entre mots. *Impressions d'Afrique. Comment j'ai écrit certains de mes livres* expose ces procédés.

le **Roussillon** ■ Anc. province du sud de la France (correspond en partie au département des Pyrénées-Orientales). → **Languedoc-Roussillon.**

Chota **Roustaveli** ■ Poète géorgien du XIIᵉ s. Fondateur de la langue littéraire géorgienne dans un poème épique, *Le Chevalier à la peau de tigre.*

Jacques **Roux** ■ Révolutionnaire français (1752-1794). Extrémiste (*Manifeste des enragés*), il était proche de Marat. Condamné par le tribunal révolutionnaire, il se suicida.

Émile **Roux** ■ Bactériologiste français (1853-1933). Vaccin antidiphtérique.

Henry Augustus **Rowland** ■ Physicien américain (1848-1901). Travaux sur l'électromagnétisme et la diffraction.

Joanne Kathleen **Rowling** ■ Romancière anglaise (née en 1965). Elle obtint un succès mondial avec les sept volumes des aventures du jeune Harry Potter (1ᵉʳ volume, 1997).

Gabrielle **Roy** ■ Romancière canadienne d'expression française (1909-1983). Récits soucieux de réalisme social. *Bonheur d'occasion ; La Rivière sans repos.*

Claude **Roy** ■ Écrivain français (1915-1997). Poèmes, chroniques, essais, ouvrages autobiographiques.

Ségolène **Royal** ■ Femme politique française (née en 1953). Députée socialiste, plusieurs fois ministre, présidente de région ; candidate socialiste à l'élection présidentielle de 2007, elle fut battue au second tour par N. Sarkozy.

**Royan** ■ Ville de la Charente-Maritime. 17 875 habitants. Station balnéaire.

le **Royaume-Uni**, en anglais **United Kingdom** → **Grande-Bretagne**

**Royaumont** ■ Ancienne abbaye cistercienne, dans le Val-d'Oise, abritant une fondation culturelle.

le **RPR**, Rassemblement pour la République ■ Parti politique français, principal parti de droite, fondé en 1976, qui a fusionné avec d'autres partis pour former l'UMP en 2002. Jacques Chirac en fut le président de 1976 à 1994.

le **Ruanda** → **Rwanda**

Carlo **Rubbia** ■ Physicien italien (né en 1934). Physique des particules. Prix Nobel (avec Simon Van der Meer).

Pierre Paul **Rubens** ■ Peintre flamand (1577-1640). Derrière l'opulence des formes, des chairs féminines, son art s'exprime par le dynamisme et la force des compositions, parfois plus lisibles dans les esquisses que dans les œuvres achevées.

le **Rubicon** ■ Rivière séparant l'Italie de la Gaule cisalpine, que César franchit (50 avant J.-C.) malgré l'interdiction du Sénat.

Anton Grigorievitch **Rubinstein** ■ Pianiste et compositeur russe (1829-1894). Aussi célèbre que Liszt comme pianiste, il écrivit des concertos, des symphonies, des opéras et des oratorios.

Helena **Rubinstein** ■ Esthéticienne américaine d'origine polonaise (1870-1965). Elle fonda une entreprise de produits de beauté à Londres (1908), puis aux États-Unis.

Artur **Rubinstein** ■ Pianiste polonais, puis américain (1887-1982). Grand virtuose, il interpréta notamment Chopin.

**Rudākī** ■ Premier grand poète lyrique persan (v. 859-941).

François **Rude** ■ Sculpteur français (1784-1855). Compositions mouvementées et expressives, notamment le bas-relief de l'Arc de Triomphe appelé *La Marseillaise.*

**Rueil-Malmaison** ■ Ville des Hauts-de-Seine. 79 855 habitants. Château où séjournèrent Bonaparte et Joséphine.

la **Ruhr** ■ Région d'Allemagne (Rhénanie-du Nord-Westphalie), qui doit son nom à la rivière qui la traverse. Grand bassin houiller et industriel.

Jacob Van **Ruisdael** ou **Ruysdael** ▪ Peintre paysagiste hollandais (v. 1628-1682).

Raul **Ruiz** ▪ Cinéaste franco-chilien (1941-2011). Œuvre foisonnante, nourrie de multiples références. *L'Hypothèse du tableau volé ; Le Temps retrouvé ; Les Mystères de Lisbonne.*

Benjamin Thompson, comte **Rumford** ▪ Physicien américain (1753-1814). Il établit la correspondance entre chaleur et travail mécanique.

**Rungis** ▪ Ville du Val-de-Marne. Marché qui remplaça les Halles de Paris en 1969. 5 681 habitants.

Gerd von **Runstedt** ▪ Maréchal allemand (1875-1953). Malgré ses réticences à l'égard du régime nazi, il exerça d'importants commandements de 1939 à 1944.

Salman **Rushdie** ▪ Écrivain britannique (d'abord pakistanais) d'origine indienne (né en 1947). Musulman non conformiste, il fut condamné à mort par les chiites iraniens après les *Versets sataniques.*

le mont **Rushmore** ▪ Site des États-Unis, près de Rapid City (Dakota du Sud). Les visages de Washington, Jefferson, Lincoln et Theodore Roosevelt y sont sculptés (par G. Borglum) sur 18 m de hauteur.

Ernest August Friedrich **Ruska** ▪ Physicien allemand (1906-1988). Inventeur du microscope électronique.

John **Ruskin** ▪ Critique d'art et sociologue anglais (1819-1900). *Les Sept Lampes de l'architecture ; L'Économie politique de l'art.*

George **Russell** ▪ Poète irlandais (1867-1935). Éditeur de journaux. Poèmes mystiques, signés Æ (du grec *aeôn* « éternité »).

Bertrand **Russell** ▪ Mathématicien, logicien et philosophe britannique (1872-1970). *Principia Mathematica,* rédigés avec Whitehead.

Auteur de travaux sur la logique, le langage et la sémantique, la psychologie. Antireligieux, antimilitariste, démocrate, il créa et dirigea, en 1961, un « tribunal révolutionnaire » pour juger la politique guerrière des États-Unis au Viêtnam.

Henry Norris **Russell** ▪ Astronome américain (1877-1957). Travaux sur les étoiles, d'abord indépendamment de ceux de E. Hertzsprung* *(diagramme d'Hertzsprung-Russell).*

Ken **Russell** ▪ Cinéaste anglais (1927-2011). Biographies filmées de musiciens ; films baroques de sorcellerie et de science-fiction. *Les Diables.*

la **Russie** ▪ État fédéral d'Europe et d'Asie. 17 075 400 km². 145,2 millions d'habitants. Capitale : Moscou.

la **Russie Blanche** → **Biélorussie**

**Rutebeuf** ▪ Trouvère français (XIIIe s.). Un des premiers poètes, en France, à pratiquer une poésie personnelle sincère, dans un langage riche et sensible. *La Pauvreté Rutebeuf.*

**Ruth** ▪ Bible Épouse de Booz.

lord **Rutherford** ▪ Physicien anglais (1871-1937). Pionnier de la physique nucléaire.

Jan Van **Ruysbroek** ▪ Théologien et mystique brabançon (1293-1381).

**Ruysdael** → **Ruisdael**

Michael Adriaanszoon De **Ruyter** ▪ Amiral hollandais (1607-1676). Battu par Duquesne.

le **Rwanda** ou **Ruanda** ▪ État d'Afrique centrale. 26 338 km². 10,3 millions d'habitants. Capitale : Kigali.

**Ryswick** → **Rijswijk**

les îles **Ryūkyū** ▪ Archipel japonais, à l'extrême sud du pays, comprenant Okinawa. 2 246 km². Environ 1,5 million d'habitants.

**S. A.** (allemand *Sturmabteilung* « section d'assaut ») ▪ Formation paramilitaire du parti nazi (1920), dont les chefs furent éliminés en 1934 (« Nuit des longs couteaux ») par Hitler.

**Eero Saarinen** ▪ Architecte américain, d'origine finlandaise (1910-1961).

**Saba** ▪ Royaume de l'Antiquité, situé en Arabie. ► la reine de **Saba,** personnage de la Bible qui vient rendre visite à Salomon.

**Umberto Poli,** dit **Umberto Saba** ▪ Poète italien (1883-1957). *Canzoniere* (recueil de « chansons »).

**le Sabah,** anciennement **Bornéo septentrional** ▪ État de Malaisie. 73 620 km². 2,45 millions d'habitants. Capitale : Kota Kinabalu.

**Paul Sabatier** ▪ Chimiste français (1834-1941). Synthèse d'hydrocarbures.

**Ernesto Sábato** ▪ Romancier et essayiste argentin (1911-2011). *L'Ange des ténèbres.*

**les Sabins** ▪ Ancien peuple de l'Italie centrale.

**Les Sables-d'Olonne** ▪ Chef-lieu d'arrondissement de la Vendée. 15 500 habitants. Station balnéaire.

**Sabra** ▪ Camp de réfugiés palestiniens, près de Beyrouth. En septembre 1982, il fut attaqué, ainsi que le camp de Chatila, par les milices chrétiennes libanaises qui y commirent des massacres, sans intervention de l'armée israélienne.

**Nicolas Sacco** et **Bartolomeo Vanzetti** ▪ Militants anarchistes condamnés et exécutés par la justice des États-Unis (en 1927) pour un crime dont ils étaient innocents.

**Leopold von Sacher-Masoch** ▪ Écrivain autrichien (1836-1895). Son œuvre décrit une forme cruelle et perverse de l'amour, dominée par la volupté et la souffrance (*La Vénus à la fourrure*).

**Hans Sachs** ▪ Poète et auteur dramatique allemand (1494-1576).

**Saclay** ▪ Commune de l'Essonne. 3 439 habitants. Centre d'études nucléaires.

**Sacramento** ▪ Ville des États-Unis (Californie). 466 500 habitants.

**Sacré-Cœur** ▪ Église de Paris, sur la butte Montmartre, construite par Abadie (1876-1910).

**Anouar al-Sadate** ▪ (1918-1981) Président de la République égyptienne de 1970 à son assassinat.

**Donatien Alphonse François, comte de Sade,** dit le marquis de **Sade** ▪ Écrivain français (1740-1814). Menant une vie scandaleuse qui le conduisit à la prison, il est l'auteur d'œuvres à la fois philosophiques, exprimant un matérialisme absolu, et d'un érotisme cruel (d'où le mot de *sadisme*). *Justine et les Malheurs de la vertu ; Juliette ou les Prospérités du vice ; La Philosophie dans le boudoir ; Les Cent vingt journées de Sodome.* Longtemps interdite ou ignorée, cette œuvre va au-delà de l'obscénité et pose des questions brûlantes à la sensibilité moderne.

**Sa'di** ou **Saadi** ▪ Poète persan (v. 1200-v. 1291).

**Sadowa** ou **Sadová** ▪ Localité de Bohême. Victoire remportée par les Prussiens sur les Autrichiens (1866).

**les Safavides** ou **Séfévides** ▪ Dynastie arabe qui régna sur la Perse de 1501 à 1736.

**Safi** ▪ Port du Maroc. 284 800 habitants.

**Françoise Quoirez,** dite **Françoise Sagan** ▪ Romancière française (1935-2004). *Bonjour tristesse,* écrit à 19 ans. *La Chamade.* Pièces de théâtre.

**le Livre de la Sagesse** ▪ Livre de la Bible, écrit en grec au Ier s. avant J.-C.

**Saguenay** ▪ Rivière du Québec, 200 km du lac Saint-Jean au Saint-Laurent.

**Saguenay** ▪ Ville du Canada (Québec), sur la rivière du même nom, près du lac Saint-Jean. 143 700 habitants (zone urbaine 151 600). Hydroélectricité, aluminium.

**le Sahara** ▪ Le plus vaste désert du monde, situé dans le nord de l'Afrique. 8 millions de km². ► le **Sahara occidental,** anc. province espagnole annexée par le Maroc.

**le Sahel** ▪ Bordure sud du Sahara.

**Saïda → Sidon**

**Saigon → Hồ Chí Minh-Ville**

**Saint Albans** ▪ Ville d'Angleterre, au nord-ouest de Londres. 129 000 habitants. Ville ancienne ; cathédrale.

**Saint-Amand-Montrond** ▪ Chef-lieu d'arrondissement du Cher. 10 646 habitants.

**Marc-Antoine Girard de Saint-Amant** ▪ Poète baroque français (1594-1661).

**la Saint-Barthélemy** ▪ Massacre des protestants sur l'ordre de Charles IX (1572).

**Saint-Barthélemy** ▪ Île des Antilles françaises constituant une collectivité d'outre-mer.

**Saint-Benoît** ▪ Chef-lieu d'arrondissement de la Réunion. 35 733 habitants.

**Saint-Benoît-sur-Loire** ▪ Commune du Loiret. 2 060 habitants. Abbaye bénédictine fondée vers 650.

le Grand-**Saint-Bernard** ▪ Col des Alpes, entre la Suisse et l'Italie. 2 473 m. Il fut franchi par Bonaparte en 1800. ► le Petit-**Saint-Bernard,** col des Alpes, entre la France et l'Italie. 2 188 m.

**Saint-Bertrand-de-Comminges** ▪ Commune de la Haute-Garonne. Ancienne cathédrale romane du XIIe s. (cloître). 251 habitants.

**Saint-Brieuc** ▪ Chef-lieu des Côtes-d'Armor. 46 173 habitants.

**Saint Christopher and Nevis** → Saint-**Kitts-et-Nevis**

**Saint-Clair-sur-Epte** ▪ Commune du Val-d'Oise. 958 habitants. Le *traité de Saint-Clair-sur-Epte* (911) céda au chef des Normands, Rollon, la future Normandie.

**Saint-Claude** ▪ Chef-lieu d'arrondissement du Jura. 10 690 habitants. Fabrication de pipes.

**Saint-Cloud** ▪ Ville des Hauts-de-Seine. 29 194 habitants. Parc dessiné par Le Nôtre.

l'abbé de **Saint-Cyran** ▪ Théologien jansé-niste français (1581-1643).

**Saint-Cyr-l'École** ▪ Ville des Yvelines. 17 655 habitants. Ancienne école militaire, qui se trouve aujourd'hui à Coëtquidan, en Bretagne.

**Saint-Denis** ▪ Chef-lieu de la Réunion. 145 347 habitants.

**Saint-Denis** ▪ Chef-lieu d'arrondissement de la Seine-Saint-Denis. 107 762 habitants. Basilique du XIIe s. (tombeau royal). Stade de France.

Ruth Dennis, dite Ruth **Saint Denis** ▪ Danseuse et chorégraphe américaine (v. 1877-1968). Initiatrice de la « modern dance » aux États-Unis.

**Saint-Dié** ▪ Chef-lieu d'arrondissement des Vosges. 22 600 habitants.

**Saint-Dizier** ▪ Chef-lieu d'arrondissement de la Haute-Marne. 24 825 habitants.

**Saint-Domingue** ▪ Capitale de la République dominicaine. 2 170 000 habitants.

Charles Augustin **Sainte-Beuve** ▪ Écrivain et critique français (1804-1869). Auteur de poésies intimistes et d'un roman, *Volupté*, il se consacra ensuite à la critique et à l'histoire littéraire *(Port-Royal ; Chateaubriand et son groupe littéraire ;* articles réunis dans les *Causeries du lundi* et les *Nouveaux lundis).* Malgré des erreurs de jugement sur ses contemporains, il renouvela avec talent la prose critique. Sa méthode, surtout biographique, fut contestée par Marcel Proust.

Henri **Sainte-Claire-Deville** ▪ Chimiste français (1818-1881). Préparation industrielle de l'aluminium.

**Sainte-Hélène,** en anglais **Saint Helena** ▪ Île britannique de l'Atlantique. Napoléon Ier y fut déporté par les Anglais de 1815 à sa mort.

**Sainte-Lucie,** en anglais **Saint Lucia** ▪ Île et État des Antilles. 616 km². 165 500 habitants. Capitale : Castries.

**Sainte-Maxime** ▪ Ville du Var. 13 337 habitants. Station balnéaire.

**Sainte-Menehould** ▪ Chef-lieu d'arrondissement de la Marne. 4 390 habitants.

**Saint-Émilion** ▪ Commune de la Gironde. 1 958 habitants. Monuments anciens. Vins réputés (bordeaux).

le **Saint Empire romain germanique** ▪ Empire fondé par Othon Ier en 962. Il fut dissous en 1806 par Napoléon Ier.

**Saintes** ▪ Chef-lieu d'arrondissement de la Charente-Maritime. 25 586 habitants.

les (ou les îles des) **Saintes** ▪ Îles des Antilles, entre la Guadeloupe et la Dominique. 3 000 habitants.

**Saintes-Maries-de-la-Mer** ▪ Commune des Bouches-du-Rhône, en Camargue. Lieu de pèlerinage pour les gitans. 2 396 habitants.

**Sainte-Sophie** ▪ Ancienne basilique de Constantinople érigée au VIe s., transformée en mosquée, puis en musée.

**Saint-Étienne** ▪ Chef-lieu de la Loire. 170 049 habitants.

la montagne de la **Sainte-Victoire** ▪ Massif à l'est d'Aix-en-Provence, que Cézanne aimait peindre. 1 011 m.

Charles de **Saint-Évremond** ▪ Moraliste et critique français (v. 1615-1703).

Antoine de **Saint-Exupéry** ▪ Écrivain français (1900-1944). Il évoque avec force et justesse, dans un style simple, son expérience d'aviateur *(Courrier Sud ; Vol de nuit ; Pilote de guerre).* Reconnu comme grand écrivain, il publia des livres de morale humaniste. Il est l'auteur d'un texte pour l'enfance qu'il illustra, *Le Petit Prince* (1943), succès mondial. Il disparut au cours d'une mission aérienne, au large de la Corse.

**Saint-Flour** ▪ Chef-lieu d'arrondissement du Cantal. 6 665 habitants.

**Saint-Gall,** en allemand **Sankt Gallen** ▪ Ville de Suisse. 70 400 habitants (zone urbaine 146 400). Abbaye baroque. ► le canton de **Saint-Gall.** 2 026 km². 461 800 habitants. Chef-lieu : Saint-Gall.

**Saint-Gaudens** ▪ Chef-lieu d'arrondissement de la Haute-Garonne. 11 191 habitants.

**Saint-Germain-des-Prés** ▪ Quartier de Paris, sur la rive gauche de la Seine.

**Saint-Germain-en-Laye** ▪ Chef-lieu d'arrondissement des Yvelines. 40 653 habitants. Château.

**Saint-Gilles** ▪ Commune du Gard. 13 564 habitants. Ancien monastère bénédictin.

**Saint-Girons** ▪ Chef-lieu d'arrondissement de l'Ariège. 6 423 habitants.

le **Saint-Gothard** ou **Gothard** ▪ Massif des Alpes suisses, percé d'un tunnel. Culmine au Pizzo-Rotondo. 3 192 m.

**Saint-Guilhem-le-Désert** ▪ Commune de l'Hérault. Abbaye fondée au IXe s. 265 habitants.

**Saint-Hubert** ■ Ville de Belgique wallonne (province du Luxembourg). 5 700 habitants.

**Saint-Jacques-de-Compostelle**, en espagnol **Santiago de Compostela** ■ Ville d'Espagne (Galice). 95 397 habitants. Pèlerinage à saint Jacques.

**Saint-Jean-d'Angély** ■ Chef-lieu d'arrondissement de la Charente-Maritime. 7 702 habitants.

**Saint-Jean-de-Luz** ■ Ville des Pyrénées-Atlantiques. 12 960 habitants. Station balnéaire.

**Saint-Jean-de-Maurienne** ■ Chef-lieu d'arrondissement de la Savoie. 8 148 habitants.

Alexis Leger dit **Saint-John Perse** ■ Poète français, diplomate (1887-1975). Poésie ample et solennelle, s'élevant autour de l'épopée. *Anabase ; Vents ; Amers ; Chronique.*

**Saint-Julien-en-Genevois** ■ Chef-lieu d'arrondissement de la Haute-Savoie. 11 954 habitants.

Louis de **Saint-Just** ■ Révolutionnaire français (1767-1794). Membre du Comité de salut public, proche de Robespierre avec lequel il fut guillotiné.

**Saint-Kitts-et-Nevis, Saint Christopher and Nevis** ou **Saint-Christophe-et-Niévès** ■ Archipel et État des Antilles. 269 km². 49 300 habitants. Capitale : Basseterre.

Yves **Saint-Laurent** ■ Couturier français (1936-2008). Il modernisa la garde-robe féminine, notamment par la veste saharienne et le smoking.

le **Saint-Laurent** ■ Fleuve d'Amérique du Nord qui relie les Grands Lacs à l'Atlantique. 1 167 km. Il traverse la province du Québec.

**Saint-Laurent-du-Maroni** ■ Chef-lieu d'arrondissement de la Guyane française. 40 462 habitants.

**Saint-Lô** ■ Chef-lieu de la Manche. 18 874 habitants.

Saint Louis → Louis IX, roi de France

**Saint Louis** ■ Ville des États-Unis (Missouri). 320 000 habitants (agglomération 2,6 millions).

**Saint-Louis** ■ Port du Sénégal. 100 000 habitants.

**Saint-Maixent-l'École** ■ Commune des Deux-Sèvres. 7 159 habitants. École militaire.

**Saint-Malo** ■ Chef-lieu d'arrondissement d'Ille-et-Vilaine, entouré de remparts. 45 201 habitants.

**Saint-Marcellin** ■ Commune de l'Isère. 8 063 habitants. Fromages.

**Saint-Marin**, en italien **San Marino** ■ État de l'Europe, enclavé en Italie. 61 km². 30 000 habitants. Capitale : Saint-Marin.

**Saint-Martin** ■ Île des Petites Antilles, partagée entre la France (collectivité d'outre-mer) et les Pays-Bas.

**Saint-Moritz** ■ Ville de Suisse (Grisons). 5 600 habitants. Station de sports d'hiver.

**Saint-Nazaire** ■ Chef-lieu d'arrondissement de la Loire-Atlantique, avant-port de Nantes. 67 097 habitants.

**Saint-Nectaire** ■ Commune du Puy-de-Dôme. Fromage réputé. 724 habitants.

**Saint-Nicolas**, en néerlandais **Sint-Niklaas** ■ Ville de Belgique (Flandre-Orientale). 70 000 habitants.

**Saint-Omer** ■ Chef-lieu d'arrondissement du Pas-de-Calais. 14 064 habitants.

la **Saintonge** ■ Anc. province de France. Capitale : Saintes.

**Saint-Ouen** ■ Commune de la Seine-Saint-Denis. 47 783 habitants.

Saint Paul → Minneapolis

**Saint-Paul** ■ Chef-lieu d'arrondissement de la Réunion. 103 916 habitants.

**Saint-Paul** ou **Saint-Paul-de-Vence** ■ Commune des Alpes-Maritimes. 3 533 habitants. Centre artistique.

**Saint-Pétersbourg**, de 1914 à 1924 **Petrograd**, de 1924 à 1991 **Leningrad** ■ Ville de Russie, sur la Neva. 4,4 millions d'habitants. Fondée en 1703, par Pierre le Grand, capitale de la Russie de 1715 à 1917. Ville d'art. Musée de l'Ermitage.

Marie-Agnès Fal de Saint Phalle, dite Niki de **Saint Phalle** ■ Sculptrice française (1930-2002). Maisons-sculptures ; *Nanas* de couleur vive. Fontaines décoratives, avec Jean Tinguely.

Henri Bernardin de **Saint-Pierre** → Bernardin de Saint-Pierre.

**Saint-Pierre** ■ Chef-lieu d'arrondissement de la Réunion. 80 356 habitants.

**Saint-Pierre de Rome** ■ Basilique pontificale, construite au Vatican sur le tombeau présumé de saint Pierre (XVIᵉ-XVIIᵉ s.).

**Saint-Pierre et Miquelon** ■ Archipel français au sud de Terre-Neuve. Collectivité territoriale d'outre-mer. 242 km². 6 300 habitants. Chef-lieu : Saint-Pierre.

**Saint-Quentin** ■ Chef-lieu d'arrondissement de l'Aisne. 56 278 habitants.

**Saint-Quentin-en-Yvelines** ■ Ville nouvelle des Yvelines. 144 419 habitants.

**Saint-Raphaël** ■ Ville du Var. 33 624 habitants. Station balnéaire.

Camille **Saint-Saëns** ■ Compositeur français (1835-1921). Musicien d'une grande rigueur formelle, virtuose et chef d'orchestre, il est l'auteur d'opéras (dont *Samson et Dalila*), d'œuvres religieuses, de compositions chorales et symphoniques, de musique de chambre et pour piano, et de fantaisies *(Le Carnaval des animaux)*.

**Saint-Savin** ■ Commune de la Vienne, sur la Gartempe. 883 habitants. Abbatiale et fresques romanes.

**Saint-Sébastien**, en espagnol **San Sebastián** en basque **Donostia** ■ Port d'Espagne (Guipúzcoa). 185 512 habitants.

le **Saint-Sépulcre** ■ Sanctuaire chrétien de Jérusalem, sur le tombeau du Christ.

le **Saint-Siège** ▪ Gouvernement de l'Église catholique.

Louis, duc de **Saint-Simon** ▪ Mémorialiste français (1675-1755). Ses *Mémoires* peignent avec esprit critique la vie de cour entre 1691 et 1755. Le style, baroque ou elliptique, a une force d'évocation et un pouvoir narratif qu'admiraient déjà Chateaubriand et Stendhal.

Claude Henri, comte de **Saint-Simon** ▪ Philosophe et économiste français (1760-1825). Sa doctrine annonce le socialisme.

**Saint-Sulpice** ▪ Compagnie de prêtres fondée en 1641 à Vaugirard (*Sulpiciens*).

l'église **Saint-Sulpice** ▪ Église de Paris, en partie construite par l'architecte Giovanni Servandoni. Peintures murales de Delacroix.

**Saint-Thégonnec** ▪ Commune de Bretagne (Finistère). 2 633 habitants. Grand enclos paroissial.

**Saint-Tropez** ▪ Ville du Var. 4 499 habitants. Station balnéaire.

**Saint-Vaast-la-Hougue** [valaug] ▪ Commune de la Manche. 1 966 habitants. Pêche, ostréiculture.

le cap **Saint-Vincent,** en portugais **São Vicente** ▪ Cap du sud-ouest du Portugal.

**Saint-Vincent-et-les-Grenadines** ▪ État des Antilles. 388 km². 118 400 habitants. Capitale : Kingstown.

**Saint-Wandrille-Rançon** ▪ Commune de Seine-Maritime. 1 182 habitants. Abbaye. Ruines de l'église abbatiale gothique.

**Saïs** ▪ Ville ancienne d'Égypte, dans le delta du Nil. Site archéologique.

la république de **Sakha,** anciennement **Iakoutie** ▪ République autonome de Russie. 3 103 200 km². 948 100 d'habitants. Capitale : Iakoutsk.

**Sakhaline** ▪ Île russe au nord du Japon. 76 400 km². 546 500 habitants.

Andreï **Sakharov** ▪ Physicien soviétique (1921-1989). Il lutta pour les droits de l'homme.

**Sakkara** → **Saqqara**

Armand **Salacrou** ▪ Auteur dramatique français (1899-1989). Théâtre d'avant-garde et comédie classique.

**Saladin** ▪ (1138-1193) Sultan ayyubide d'Égypte et de Syrie, de 1171 à sa mort. Il reprit Jérusalem aux croisés (1187).

**Salamanque,** en espagnol **Salamanca** ▪ Ville d'Espagne (Castille-et-León). 151 658 habitants. Université (XIIIe s.). Monuments (XIIe-XVIIIe s.).

**Salamine** ▪ Île de Grèce. Victoire navale des Grecs sur les Perses en 480 avant J.-C.

António de Oliveira **Salazar** ▪ (1889-1970) Homme politique portugais au pouvoir de 1932 à 1968.

**Salé** ▪ Ville du Maroc. 814 900 habitants.

**Salem** ▪ Ville et port des États-Unis (Massachusetts). 41 300 habitants. Fondée au XVIIe s., la ville fut le théâtre de procès de sorcellerie (*Les Sorcières de Salem,* d'Arthur Miller).

**Salerne** ▪ Ville d'Italie (Campanie), au sud de Naples. 138 200 habitants. Monuments anciens. Débarquement allié en 1943.

Antonio **Salieri** ▪ Compositeur italien (1750-1825). Rival malheureux de Mozart.

Jerome David **Salinger** ▪ Romancier américain (1919-2010). Son roman *l'Attrape-cœurs* connut un très grand succès, par sa sensibilité dans la peinture de l'adolescence. Après trois autres romans, il cessa de publier en 1963.

lord **Salisbury** ▪ Homme politique (conservateur) britannique (1830-1903).

**Salisbury** ▪ Ville d'Angleterre (Wiltshire). 114 600 habitants. Cathédrale du XIIIe s.

les **Saljuqides** → les **Seldjoukides**

Macky **Sall** ▪ Homme d'État sénégalais (né en 1961). Président de la République élu en 2012.

**Salluste** ▪ Historien latin (v. 86-35 avant J.-C.). *La Conjuration de Catilina.*

André **Salmon** ▪ Écrivain français (1881-1968). Poèmes, romans, critiques d'art, mémoires. Il fut proche d'Apollinaire et de Max Jacob.

**Salomé** ▪ Princesse juive, fille d'Hérodiade (morte v. 72). D'après l'Évangile, elle obtint la tête de saint Jean-Baptiste.

**Salomon** ▪ Bible Roi d'Israël (v. 972-v. 932 avant J.-C.). Fils et successeur de David.

Ernst von **Salomon** ▪ Écrivain allemand (1902-1972). Militant nationaliste fascisant, il fut emprisonné pour avoir participé à l'assassinat de W. Rathenau. Auteur de souvenirs. Dans le cadre de la dénazification, *Le Questionnaire* manifeste, avec un talent littéraire certain, son hostilité pour la démocratie à l'américaine, comme pour la démagogie hitlérienne.

les îles **Salomon** ▪ Archipel et État de la Mélanésie. 27 556 km². 495 000 habitants. Capitale : Honiara.

**Salonique** ou **Thessalonique** ▪ Port de Grèce (Macédoine). 377 900 habitants.

le (ou la) **Salouen** ▪ Fleuve de Chine, de Thaïlande et de Birmanie. 2 600 km.

**SALT** (sigle anglais de *Strategic Arms Limitation Talks* « pourparlers de limitation des armes stratégiques ») ▪ Négociations entre l'URSS et les États-Unis sur la limitation des armements stratégiques (1969-1979). → aussi **START.**

**Salt Lake City** (anglais « ville du lac Salé ») ▪ Ville des États-Unis, capitale de l'Utah. 186 500 habitants. Capitale des mormons, fondée par Brigham Young en 1847.

Mikhaïl Saltykov, dit **Saltykov-Chtchedrine** ▪ Écrivain russe (1826-1889). Journaliste satirique. Son seul roman, *La Famille Golovliev,* est aussi une satire sociale.

l'Armée du **Salut** ▪ Organisation religieuse (protestante) créée en 1865 par William Booth.

**Salvador,** anciennement **Bahia** ▪ Port du Brésil (Bahia). 2,68 millions d'habitants. Églises baroques.

le **Salvador** ■ État d'Amérique centrale. 21 041 km². 5,7 millions d'habitants. Capitale : San Salvador.

**Salzbourg,** en allemand **Salzburg** ■ Ville d'Autriche. 148 521 habitants. Monuments médiévaux et de style baroque. Festival de musique. Patrie de Mozart.

**Samara,** anciennement **Kouibychev** ■ Ville de Russie, sur la Volga. 200 000 habitants.

la **Samarie** ■ Province centrale de la Palestine. Ses habitants, les *Samaritains*, ont un rôle important dans les Évangiles.

**Samarkand** ■ Ville d'Ouzbékistan. 362 300 habitants. Capitale de l'empire de Tamerlan. Cité d'art islamique.

la **Sambre** ■ Rivière, affluent de la Meuse. 190 km.

les **Samnites** ■ Ancien peuple de l'Italie centrale.

les îles **Samoa** ■ Archipel de la Polynésie partagé en deux groupes. ► les **Samoa américaines.** 197 km². 55 500 habitants. ► l'État indépendant des **Samoa.** 2 830 km². 176 700 habitants. Capitale : Apia.

**Samos** ■ Île grecque de la mer Égée. 476 km². 42 000 habitants.

**Samothrace** ■ Île grecque de la mer Égée où fut découverte la statue dite *Victoire de Samothrace* en 1863.

les **Samoyèdes** ■ Peuples de Sibérie d'origine mongole.

**Samson** ■ Bible Juge d'Israël. Sa chevelure est le siège de sa force. Dalila le rase et le livre aux Philistins.

**Samuel** ■ Bible Prophète et juge d'Israël (XIᵉ s. avant J.-C.).

Paul Anthony **Samuelson** ■ Économiste américain (1915-2009). Économétrie mathématique.

**Sanaa** ■ Capitale du Yémen. 1,71 million d'habitants.

la **Sanaga** ■ Fleuve du Cameroun. 520 km.

la faille de **San Andreas** ■ Fracture géologique allant du nord de San Francisco au golfe de Californie ; zone sismique.

**San Antonio** ■ Ville des États-Unis (Texas). 1,33 million d'habitants (agglomération 1,59 million).

**San-Antonio** ■ Personnage principal et narrateur d'une série de romans de Frédéric Dard*.

**Sancerre** ■ Commune du Cher. 1 594 habitants. Monuments anciens. Vins réputés.

**Sanche** ■ Nom de rois d'Aragon et de Castille, du XIᵉ au XIIIᵉ s. Nom de sept rois de Navarre, du Xᵉ au XIIIᵉ s.

**Sancho Pança** ■ Personnage de Cervantes, écuyer et compagnon de Don Quichotte. Il est son antithèse physique (la « panse ») et morale.

le puy de **Sancy** ■ Point culminant du Massif central. 1 885 m.

Aurore Dupin, dite George **Sand** ■ Romancière française (1804-1876). Après avoir milité pour une régénération sociale, elle adopta, la révolution de 1848 ayant échoué, « un idéal de calme, d'innocence et de rêverie ». Elle écrivit de nombreux romans (*Indiana ; Lélia ; Les Maîtres sonneurs*), des récits champêtres devenus célèbres (*François le Champi ; La Petite Fadette*), une autobiographie (*Histoire de ma vie*). Par ses amours (Musset, Chopin) et ses amitiés (Flaubert), elle fut au centre de la vie artistique française.

Carl **Sandburg** ■ Poète américain (1878-1967). Sa poésie se réclame de Walt Whitman ; comme lui il était démocrate, de tendance socialiste, et patriote. Ses *Poèmes de Chicago* d'un style simple et puissant, exaltent le travail. Il fut reporter, écrivit des ballades, des livres pour enfants, une biographie de Lincoln.

**San Diego** ■ Port des États-Unis (Californie). 1,22 million d'habitants (agglomération 2,8 millions).

Augusto **Sandino** ■ Héros populaire nicaraguayen (1895-1934).

le **Sandjak** (en turc « préfecture ») ■ Région historique de Serbie et du nord du Monténégro.

**Sandwich** ■ Nom de deux amiraux anglais ► John Montaigu, 4ᵉ comte de **Sandwich** (1718-1792), donna son nom aux îles Sandwich.

les îles **Sandwich** → îles Hawaii

**San Francisco** ■ Port des États-Unis (Californie), sur la côte pacifique. 805 200 habitants (agglomération 7 millions). ► la **conférence de San Francisco,** en 1945, élabora la charte des Nations unies.

les **Sangallo** ■ Famille d'architectes florentins de la Renaissance (XVᵉ-XVIᵉ s.). Giuliano (1445-1516) et Antonio dit le Jeune (1483-1546), son neveu.

**San Gimignano** ■ Ville d'Italie (Toscane). 7 100 habitants. Cité médiévale.

les îles **Sanguinaires** ■ Îles de Corse à l'entrée du golfe d'Ajaccio.

**San Jose** ■ Ville des États-Unis (Californie). 946 000 habitants (agglomération 7 millions).

**San José** ■ Capitale du Costa Rica. 310 000 habitants.

**San Juan** ■ Ville d'Argentine. 414 000 habitants.

**San Juan** ■ Capitale de Porto Rico. 425 000 habitants.

**San Luis Potosí** ■ Ville du Mexique septentrional (723 000 habitants) et État (2,6 millions d'habitants).

José de **San Martín** ■ Général et homme politique argentin (1778-1850). Héros de l'indépendance de l'Amérique latine.

Iacopo **Sannazaro** ■ Poète et humaniste italien (1456-1530). *L'Arcadie*.

**San Remo** ou **Sanremo** ■ Ville d'Italie (Ligurie). 50 600 habitants. Station balnéaire.

**San Salvador** ■ Capitale du Salvador. 510 400 habitants (zone urbaine 2 224 200).

les **Sanson** ▪ Famille qui assuma en France, de père en fils, la fonction de bourreau. ► Charles Henri **Sanson** (1740-1806) exécuta Louis XVI. Il se démit de ses fonctions au profit d'Henri **Sanson**, son fils (1767-1840), exécuteur de Marie-Antoinette.

Andrea Contucci, dit il **Sansovino** ▪ Sculpteur et architecte italien (v. 1467-1529) ► Jacopo Tatti, dit il **Sansovino** son disciple, sculpteur et architecte (1486-1570). Nombreuses constructions à Venise.

Antonio López de **Santa Anna** ▪ Homme d'État mexicain (1794-1876).

**Santa Barbara** ▪ Ville des États-Unis (Californie). 88 400 habitants.

**Santa Cruz** ▪ Ville de Bolivie. 1,4 million d'habitants.

**Santa Cruz de Tenerife** ▪ Une des deux capitales des îles Canaries (Espagne). 204 476 habitants.

**Santa Fe** ▪ Ville des États-Unis, capitale du Nouveau-Mexique. 68 000 habitants. Ville historique, en style colonial espagnol.

**Santa Monica** ▪ Ville des États-Unis (Californie), dans l'agglomération de Los Angeles, près d'Hollywood. 90 000 habitants.

**Santander** ▪ Port d'Espagne (Cantabrie). 178 095 habitants.

**Santiago** ▪ Capitale du Chili. 4,7 millions d'habitants.

**Santiago de Cuba** ▪ Port de Cuba. 494 400 habitants.

**Santorin** ou **Théra** ▪ Île grecque de la mer Égée (Cyclades), issue d'une éruption volcanique.

**Santos** ▪ Port du Brésil (État de São Paulo). 419 000 habitants.

Alberto **Santos-Dumont** ▪ Pionnier brésilien de l'aviation, établi en France (1873-1932).

le **São Francisco** ▪ Fleuve du Brésil. 3 161 km.

la **Saône** ▪ Rivière, affluent du Rhône. 480 km. ► la **Haute-Saône** [70]. Département français de la Région Franche-Comté. 5 360 km². 239 695 habitants. Chef-lieu : Vesoul. Chef-lieu d'arrondissement : Lure. ► la **Saône-et-Loire** [71]. Département français de la Région Bourgogne. 8 627 km². 555 999 habitants. Chef-lieu : Mâcon. Chefs-lieux d'arrondissement : Autun, Chalon-sur-Saône, Charolles, Louhans.

**São Paulo** ▪ Ville du Brésil. 11 millions d'habitants (agglomération 19 millions). Capitale de l'*État de São Paulo* (247 898 km² ; 41 millions d'habitants).

**São Tomé e Príncipe** ou **Sao Tomé-et-Principe** ▪ Archipel et État du golfe de Guinée. 1 001 km².165 000 habitants. Capitale : São Tomé.

Edward **Sapir** ▪ Linguiste et anthropologue américain d'origine allemande (1884-1930). Étude des langues et civilisations amérindiennes. Linguistique générale à la fois fonctionnelle et sociale.

**Sappho** ou **Sapho** ▪ Poète grecque, créatrice du lyrisme érotique (v. 600 avant J.-C.).

**Sapporo** ▪ Ville du Japon (Hokkaidō). 1,88 million d'habitants.

**Saqqara** ou **Sakkara** ▪ Site archéologique d'Égypte. Nécropole de l'anc. ville de Memphis, où se trouve la pyramide à degrés.

**Saragosse**, en espagnol **Zaragoza** ▪ Ville d'Espagne, sur l'Èbre (Aragon). 678 115 habitants. Ville d'art.

**Sarah** ou **Sara** ▪ Bible Épouse d'Abraham.

**Sarajevo** ▪ Capitale de la Bosnie-Herzégovine. 380 000 habitants. L'assassinat de l'archiduc François-Ferdinand à Sarajevo, en juin 1914, déclencha la Première Guerre mondiale.

José **Saramago** ▪ Romancier portugais (1922-2010). *L'Évangile selon Jésus-Christ ; Le Voyage de l'éléphant*. Prix Nobel 1998.

**Saratoga Springs** ▪ Ville des États-Unis (New York). 25 600 habitants. Victoire décisive des Américains sur les Anglais au cours de la guerre d'Indépendance (1777).

**Saratov** ▪ Ville de Russie. 873 500 habitants.

**Sarawak** ▪ État de la Malaisie orientale. 123 983 km². 2 millions d'habitants. Capitale : Kuching.

**Sarcelles** ▪ Chef-lieu d'arrondissement du Val-d'Oise. 58 398 habitants.

la **Sardaigne**, en italien **Sardegna** ▪ Île et région italienne, au sud de la Corse. 24 090 km². 1,63 million d'habitants. Chef-lieu : Cagliari.

**Sardanapale** ▪ Roi légendaire d'Assyrie.

**Sardes** ▪ Ancienne ville d'Asie Mineure.

la mer des **Sargasses** ▪ Zone de l'Atlantique Nord, près des Bermudes.

**Sargon II** ▪ Roi d'Assyrie (de 721 à 705 avant J.-C.). Durant son règne, l'Assyrie fut à son apogée.

**Sarh**, anciennement **Fort-Archambault** ▪ Ville du Tchad. 115 000 habitants.

Nicolas **Sarkozy**, né Sarközy de Nagy-Bocsa ▪ Homme politique français (né en 1955). Plusieurs fois ministre (notamment de l'Intérieur). Élu président de l'UMP en 2004, il a été président de la République de 2007 à 2012.

**Sarlat-la-Canéda** ▪ Chef-lieu d'arrondissement de la Dordogne. 9 568 habitants. Ville d'art.

William **Saroyan** ▪ Romancier et auteur dramatique américain d'une famille d'origine arménienne (1908-1981). Ses nouvelles et romans manifestent un optimisme sentimental qu'on retrouve dans ses pièces de théâtre.

Nathalie **Sarraute** ▪ Écrivain français d'origine russe (1900-1999). Ses romans (*Tropismes ; Le Planétarium ; Martereau*), son théâtre, ses pièces radiophoniques illustrent une psychologie de l'instant et de l'impalpable, puis un recul des réalités vers les mots.

Albertine **Sarrazin** ▪ Romancière française (1937-1967). Condamnée à la prison, elle évoque la vie carcérale dans un style très personnel. *La Cavale* ; *L'Astragale*.

la **Sarre,** en allemand **Saar** ▪ Rivière de France et d'Allemagne, affluent de la Moselle. 240 km. ► la **Sarre,** en allemand **Saarland.** Land d'Allemagne. 2 570 km². 1,02 million d'habitants. Capitale : Sarrebruck. Bassin houiller.

**Sarrebourg** ▪ Chef-lieu d'arrondissement de la Moselle. 12 398 habitants.

**Sarrebruck,** en allemand **Saarbrücken** ▪ Ville d'Allemagne, capitale de la Sarre. 191 000 habitants.

**Sarreguemines** ▪ Chef-lieu d'arrondissement de la Moselle. 21 604 habitants.

**Sartène** ▪ Chef-lieu d'arrondissement de la Corse-du-Sud. 3 374 habitants.

la **Sarthe** ▪ Rivière, affluent de la Maine. 285 km. ► la **Sarthe** [72]. Département français de la Région Pays de la Loire. 6 206 km². 565 718 habitants. Chef-lieu : Le Mans. Chefs lieux d'arrondissement : La Flèche, Mamers.

Jean-Paul **Sartre** ▪ Écrivain et penseur français (1905-1980). Son œuvre philosophique relève de l'existentialisme athée et de la phénoménologie : *L'Être et le Néant* (1943) ; *La Critique de la raison dialectique* (1960). Écrivain, il s'illustra dans la nouvelle (*Le Mur*), le roman (*La Nausée, Les Chemins de la liberté*), le théâtre (*Les Mouches, Huis clos* [« l'enfer c'est les autres »], *Le Diable et le Bon Dieu...*), l'essai (*Situations*), la critique, la biographie (*L'Idiot de la famille,* sur Flaubert), les mémoires (*Les Mots*). Par cette œuvre immense et variée, par ses positions politiques d'extrême-gauche et ses polémiques (avec R. Aron, Camus...), par son action révolutionnaire militante, Sartre fut l'intellectuel français le plus influent de son temps.

la **Saskatchewan** ▪ Province du Canada, dans la Prairie. 651 036 km². 968 000 habitants. Capitale : Regina.

**Saskatoon** ▪ Ville du Canada (Saskatchewan). 202 300 habitants (zone urbaine 233 900).

les **Sassanides** ▪ Dynastie perse qui renversa les Parthes et régna de 226 à 651.

**Sassari** ▪ Ville d'Italie (Sardaigne). 119 700 habitants.

**Satan** ▪ Bible Le diable, chef des démons.

Erik **Satie** ▪ Compositeur français (1866-1925). Mal comprises de son vivant, ses pièces pour piano (*Gymnopédies* ; *Trois Gnossiennes*), parfois désignées de manière cocasse, ont été redécouvertes et sont devenues célèbres. Leur émouvante simplicité est un défi à la musique de son temps. *Parade.*

**Saturne** ▪ mythol. romaine Dieu des Semailles identifié au *Cronos* grec, dieu du Temps. ► **Saturne.** Planète du système solaire, entourée d'anneaux et de nombreux satellites. Diamètre : 120 660 km.

Henri **Sauguet** ▪ Compositeur français (1901-1989). Opéras bouffes, ballets, mélodies. *Les Forains*, ballet.

**Saül** ▪ Bible Premier roi des Hébreux (de 1020 à 1000 avant J.-C.).

**Saulieu** ▪ Ville de Bourgogne (Côte-d'Or). 2 538 habitants. Basilique romane.

**Saumur** ▪ Chef-lieu d'arrondissement de Maine-et-Loire. 27 093 habitants. Château (XVᵉ-XVIᵉ s.). École militaire de cavalerie.

Antonio **Saura** ▪ Peintre espagnol (1930-1998). Expressionnisme abstrait, éclatement des formes ► Carlos **Saura,** son frère (né en 1932). Cinéaste espagnol. Peintre critique de la société espagnole. *Cría cuervos.*

Horace Benedict de **Saussure** ▪ Voyageur, géologue et météorologue suisse (1740-1799), fils de l'agronome Nicolas de Saussure (1709-1790). ► Nicolas Théodore de **Saussure,** son fils (1785-1845), chimiste et naturaliste. ► Henri de **Saussure,** fils du précédent (1829-1905), entomologiste.

Ferdinand de **Saussure** ▪ Linguiste suisse (1857-1913), fils d'Henri. Il publia des travaux de linguistique historique. Son *Cours de linguistique générale,* reconstitué et publié par ses élèves en 1916, pose les bases d'une théorie structurale du sens, et amorce le projet d'une science générale du signe (sémiologie). Son influence fut essentielle à partir du milieu du XXᵉ s.

**Sauternes** ▪ Commune de la Gironde, arrondissement de Langon. 742 habitants. Célèbres vins blancs moelleux.

Claude **Sautet** ▪ Cinéaste français (1924-2000). *Les Choses de la vie* ; *César et Rosalie* ; *Un cœur en hiver.*

Alfred **Sauvy** ▪ Démographe et économiste français (1898-1990). *Théorie générale de la population.*

Jordi **Savall** ▪ Violiste et chef d'orchestre espagnol, catalan (né en 1941). Il redécouvre et fait connaître des musiques anciennes, notamment espagnoles. Comme soliste, il a sublimé le répertoire français (Couperin, Marin Marais...). Il a créé avec son épouse, Montserrat Figueras, soprano (1942-2011), un ensemble vocal et orchestral consacré à la musique ancienne et baroque des pays de la Méditerranée.

**Savannah** ▪ Ville des États-Unis (Géorgie), à l'embouchure de la rivière Savannah. 131 000 habitants. Ville historique.

la **Save** ▪ Rivière d'Europe, affluent du Danube. 940 km.

**Saverne** ▪ Chef-lieu d'arrondissement du Bas-Rhin. 11 685 habitants.

la **Savoie** ▪ Ancienne province du Piémont rattachée à la France (1860). Elle correspond aujourd'hui à deux départements. ► la **Savoie** [73]. Département français de la Région Rhône-Alpes. 6 273 km². 418 949 habitants. Chef-lieu : Chambéry. Chefs-lieux d'arrondissement : Albertville, Saint-Jean-de-Maurienne. ► la **Haute-Savoie** [74]. Département français de la Région Rhône-Alpes. 4 391 km². 746 994 habitants. Chef-lieu : Annecy. Chefs-lieux d'arrondissement : Bonneville, Saint-Julien-en-Genevois, Thonon-les-Bains.

Jérôme **Savonarole** ■ Dominicain florentin (1452-1498). Excommunié et condamné au bûcher.

Maurice, comte de **Saxe**, dit **le Maréchal de Saxe** ■ Maréchal de France (1696-1750). Vainqueur à Fontenoy.

la **Saxe**, en allemand **Sachsen** ■ Région et Land d'Allemagne. 18 408 km². 4,2 millions d'habitants. Capitale : Dresde. Industries. ► la **Basse-Saxe**, en allemand **Niedersachsen**. Land d'Allemagne. 47 348 km². 8 millions d'habitants. Capitale : Hanovre. ► la **Saxe-Anhalt**, en allemand **Sachsen-Anhalt**. Land d'Allemagne. 20 443 km². 2,3 millions d'habitants. Capitale : Magdebourg. ► les **Saxons**. Peuple germanique qui s'établit en Angleterre v. 450 (avant les Angles).

Jean-Baptiste **Say** ■ Économiste libéral et industriel français (1767-1832).

la **Scala** ■ Célèbre théâtre de Milan, construit en 1778.

Jules César **Scaliger**, en italien Giulio Cesare Scaligero ■ Médecin et humaniste italien (1484-1558). Travaux sur Hippocrate, Aristote. *Poétique*. ► Joseph Juste **Scaliger**, son fils (1540-1609). Humaniste, protestant, établi à Genève.

la **Scandinavie** ■ Région de l'Europe du Nord comprenant le Danemark, la Suède et la Norvège.

la **Scanie** (en suédois Skåne) ■ Province du sud de la Suède. Ville principale Malmö. Région agricole, qui appartint au Danemark jusqu'en 1658.

**Scapin** ■ Personnage de la comédie italienne, valet fourbe et rusé.

Alessandro **Scarlatti** ■ Compositeur italien (1660-1725). Il écrivit un très grand nombre d'opéras et des œuvres de musique religieuse. ► Domenico **Scarlatti** (1685-1757), son fils, claveciniste, composa de nombreuses courtes sonates pour cet instrument.

Paul **Scarron** ■ Écrivain français (1610-1660). Auteur de poésies burlesques (*Le Virgile travesti*), de comédies bouffonnes et du truculent *Roman comique*. Ses œuvres font preuve d'un génie verbal dans le comique.

**Sceaux** ■ Ville des Hauts-de-Seine. 19 930 habitants. Parc de Le Nôtre.

Maurice **Scève** ■ Poète français de la Renaissance (1501-v. 1564). Confidences amoureuses lyriques et symboles mystiques sont exprimés en décasyllabes dans *Délie, objet de la plus haute vertu. Microcosme* est une épopée biblique.

Horace **Schacht** ■ Financier et homme politique allemand (1877-1970). Il fut ministre de l'Économie du régime nazi, mais s'opposa à Goering, démissionna, devint résistant au régime et fut déporté à Dachau. Acquitté à Nuremberg. Souvenirs : *Seul contre Hitler*.

Pierre **Schaeffer** ■ Ingénieur et compositeur français (1910-1995). Inventeur, avec Pierre Henry, de la «musique concrète». Expériences électroacoustiques.

André **Schaeffner** ■ Musicologue et ethnologue français (1895-1980).

**Schaerbeek**, en néerlandais **Schaarbeek** ■ Ville de Belgique (Bruxelles-Capitale). 113 500 habitants.

**Schaffhouse**, en allemand **Schaffhausen** ■ Ville de Suisse. 33 500 habitants (zone urbaine 61 600). ► le canton de **Schaffhouse**. 298 km². 73 900 habitants. Chef-lieu : Schaffhouse.

Carl Wilhelm **Scheele** ■ Chimiste suédois (1743-1786). Il isola un gaz, identifié plus tard comme l'oxygène, découvrit plusieurs corps, notamment des acides.

Georges **Schehadé** ■ Poète et auteur dramatique libanais d'expression française (1910-1989). *Monsieur Bob'le*.

**Schéhérazade** ■ Conteuse, dans les *Mille et Une Nuits*, qui échappe à une mise à mort programmée en captivant le roi perse Châhriyâr par ses récits, chaque nuit.

Max **Scheler** ■ Philosophe allemand (1874-1928). Phénoménologue de l'émotion. Études sur la souffrance, la sympathie.

Friedrich Wilhelm Joseph von **Schelling** ■ Philosophe idéaliste allemand (1775-1854).

**Schengen** ■ Localité du Luxembourg (350 habitants) où furent signés les accords (1985, 1990) sur la libre circulation des personnes des pays de l'Union.

Hermann **Scherchen** ■ Chef d'orchestre allemand (1891-1966). Il dirigea la plupart des grands compositeurs contemporains.

Egon **Schiele** ■ Peintre autrichien (1890-1918). Dessins et peintures au graphisme torturé et magnifique, d'un érotisme provocant.

Friedrich von **Schiller** ■ Écrivain allemand et grand réformateur du théâtre allemand (1759-1805). *Don Carlos ; Marie Stuart ; Guillaume Tell*.

le grand **schisme d'Occident** ■ Période pendant laquelle il y eut plusieurs papes à la fois (de 1378 à 1417).

le **schisme d'Orient** ■ Rupture en 1054 entre l'Église de Rome et l'Église de Byzance (qui devint l'Église orthodoxe).

August Wilhelm von **Schlegel** ■ Critique littéraire allemand (1767-1854). Conférences sur *La Littérature et l'art*, théoricien du romantisme européen. Il initia Mme de Staël à la littérature allemande ► Friedrich von **Schlegel**, son frère (1772-1829). Philologue et écrivain. Philosophe du langage : *Sur la langue et la sagesse des Indiens*.

le **Schleswig-Holstein** ■ Land d'Allemagne, limitrophe du Danemark. 15 732 km². 2,8 millions d'habitants. Capitale : Kiel.

Moritz **Schlick** ■ Philosophe néopositiviste allemand (1882-1936).

Heinrich **Schliemann** ■ Archéologue allemand (1822-1890). Il découvrit le site le plus
vraisemblable de Troie.

le col de la **Schlucht** [ʃluʀt] ■ Col des
Vosges. 1 139 m.

Florent **Schmitt** ■ Compositeur français
(1870-1958). *La Tragédie de Salomé.*

Artur **Schnabel** ■ Pianiste autrichien (1882-
1951). Interprète de Beethoven et des
romantiques allemands. Œuvres dodécaphoniques.

**Schneider** [ʃnɛdʀ] ou [ʃnɛdɛʀ] ■ Famille
d'industriels français. Eugène (1805-1875)
et Adolphe (1802-1845) reprirent les usines
métallurgiques du Creusot, industrie fondée
par Ignace du Wendel.

Rosemarie Magdalena Albach, dite Romy
**Schneider** ■ Actrice autrichienne (1938-
1982). Après la série des *Sissi,* elle eut
en France une carrière à sa mesure
(notamment dans les films de Sautet).

Arthur **Schnitzler** ■ Écrivain autrichien
(1882-1931). Son style est simple et clair,
exprimant une vision désenchantée, parfois
désespérée, d'une société en déclin. *Mademoiselle Else* (roman) ; pièces de théâtre
(*Liebelei* et *La Ronde,* adaptées au cinéma
par Max Ophuls).

Victor **Schœlcher** ■ Homme politique français (1804-1893). Il fit voter le décret sur
l'abolition de l'esclavage (1848).

Arnold **Schoenberg** ■ Compositeur autrichien, naturalisé américain (1874-1951).
Il élabora un nouveau système musical,
dégagé de la tonalité, mais soumis à la
« série » de douze sons, le dodécaphonisme.
*Pierrot lunaire.*

**Schönbrunn** ■ Château impérial du XVIIIᵉ s.
dans la banlieue de Vienne.

Martin **Schongauer** ■ Artiste alsacien
(v. 1445-1491). Gravures.

Arthur **Schopenhauer** ■ Philosophe allemand (1788-1860). Sa philosophie pessimiste
influença Nietzsche.

Gerhard **Schröder** ■ Homme politique
(social-démocrate) allemand (né en 1944).
Chancelier de 1998 à 2005.

Erwin **Schrödinger** ■ Physicien autrichien
(1887-1961). Il a donné notamment l'équation fondamentale de la mécanique ondulatoire. Travaux épistémologiques et philosophiques.

Franz **Schubert** ■ Compositeur romantique
autrichien (1797-1828). Plus encore que
dans les œuvres symphoniques, c'est dans
la musique de chambre, les compositions
pour piano et les lieder (plus de 600) que
s'expriment le génie mélodique, le sens
de la nuance harmonique et rythmique et
l'expressivité de Schubert.

Charles Monroe **Schulz** ■ Dessinateur
américain (1922-2000). Auteur de la bande
dessinée *Peanuts* (Charlie Brown, le chien
Snoopy...).

Michael **Schumacher** ■ Coureur automobile allemand (né en 1969). Sept fois champion du monde.

Robert **Schuman** ■ Homme politique français (1886-1963). Démocrate-chrétien, il fut
l'un des pères de la C. E. E.

Robert **Schumann** ■ Compositeur romantique allemand (1810-1856). Il a composé des
œuvres pour piano (Carnaval, Kreisleriana)
et de la musique symphonique d'un caractère expressif, souvent tragique. Ses lieder,
à l'expressivité retenue, sont admirables.

Joseph Alois **Schumpeter** ■ Économiste
autrichien émigré aux États-Unis (1883-
1950).

Kurt von **Schuschnigg** ■ Homme politique
autrichien (1897-1977). Chancelier après
l'assassinat de Dollfuss (1934), il dut
composer avec Hitler, mais démissionna en
1938 avant l'invasion de l'Allemagne.

Heinrich **Schütz** ■ Compositeur allemand
(1585-1672). Son œuvre religieuse, abondante et variée, où la polyphonie et la
monodie d'influence italienne se combinent,
laisse présager celle de J.-S. Bach. *Psaumes
de David ; Histoire de la Résurrection ; Petits
concerts spirituels.*

Laurent **Schwartz** ■ Mathématicien français (1915-2002). Théorie des « distributions »,
élargissant le concept de fonction.

Elisabeth **Schwarzkopf** ■ Chanteuse bri-
tannique d'origine allemande (1915-2006).
Soprano lyrique, interprète privilégiée de
Mozart, de Richard Strauss.

Albert **Schweitzer** ■ Théologien protestant
et médecin français (1875-1965).

Kurt **Schwitters** ■ Peintre et sculpteur allemand (1887-1948). Collages dada. Il participa
à la révolution artistique de son temps par
des collages et assemblages qui annoncent
bien des styles à venir.

le canton de **Schwyz** ■ Canton de Suisse.
908 km². 138 800 habitants. Chef-lieu :
Schwyz.

Leonardo **Sciascia** ■ Écrivain italien (1921-
1989). *Le Conseil d'Égypte ; L'Affaire Moro.*

**Scipion l'Africain** ■ Général romain (v. 235-
183 avant J.-C.). Il vainquit Hannibal à Zama
(202 avant J.-C.).

**Scipion Émilien** ■ Général romain (v. 185-
129 avant J.-C.). Il détruisit Carthage.

Ettore **Scola** ■ Cinéaste italien (né en 1931).
Comédies et critique sociale.

Martin **Scorsese** ■ Cinéaste américain (né
en 1942). Il évoque le conflit entre une réalité
sordide et une quête de spiritualité. *Taxi
Driver ; Les Infiltrés ; Shutter Island.*

Jean Duns **Scot** → **Duns Scot**

Jean **Scot Érigène** ■ Théologien et philosophe écossais ou irlandais (IXᵉ s.).

**Scotland Yard** ■ Siège de la police de
Londres.

les **Scots** ■ Peuple irlandais de l'Antiquité
qui envahit l'Écosse (Vᵉ s.).

sir Walter **Scott** ▪ Écrivain écossais (1771-1832). Auteur de poèmes, de romans (*L'Antiquaire*), de séries de récits (*Les Puritains d'Écosse*), d'un journal. Il acquit une notoriété mondiale par ses romans historiques sur l'Écosse (*Waverley; Quentin Durward*) et surtout par *Ivanhoé*, qui met en scène Richard Cœur de Lion et Robin des Bois.

Robert **Scott** ▪ Explorateur anglais de l'Antarctique (1868-1912).

Vincent **Scotto** ▪ Compositeur français de chansons et d'opérettes populaires (1870-1952). Il composa plus de 4 000 chansons.

Aleksandr **Scriabine** → **Skriabine**

Madeleine de **Scudéry** ▪ Romancière française (1607-1701). Auteur de romans galants et précieux. *Clélie, histoire romaine.*

Jean, dit Louis **Scutenaire** ▪ Écrivain belge en langue française (1905-1987). Inspiration surréaliste très personnelle. *Mes inscriptions.*

**Scylla** → **Charybde et Scylla**

les **Scythes** ▪ Tribus d'origine iranienne vivant au nord de la mer Noire qui disparurent au IIe s.

la **S. D. N.,** Société des Nations ▪ Organisation internationale créée en 1920, remplacée en 1946 par l'O. N. U.

**Seattle** ▪ Port des États-Unis (Washington). 608 700 habitants (conurbation avec Tacoma et Bremerton 3,6 millions).

Sebastiano Luciani, dit **Sebastiano del Piombo** ▪ Peintre italien (v. 1485-1547). Issu de la peinture vénitienne (Giorgione), il subit à Rome l'influence de Raphaël et de Michel-Ange.

**Sébastopol** ▪ Port d'Ukraine. 361 000 habitants. Enjeu de la guerre de Crimée (1855).

la guerre de **Sécession** ▪ Guerre civile aux États-Unis qui opposa les États du sud et ceux du nord à propos de l'esclavage, de 1861 à 1865.

**Sedan** ▪ Chef-lieu d'arrondissement des Ardennes. 18 512 habitants. Capitulation de Napoléon III face aux Prussiens le 2 septembre 1870.

**Sefer ha-Zohar** → **Zohar**

les **Séfévides** → les **Safavides**

George **Segal** ▪ Artiste américain (1924-2000). Figures en plâtre, hyperréalistes et figées, dégageant une étrangeté angoissante.

Victor **Segalen** ▪ Écrivain français (1878-1919). Se dressant contre tout exotisme superficiel, il évoque l'Océanie, sur les traces de Gauguin, et l'Asie, notamment la Chine, par des récits (*René Leys*) et des poèmes (*Stèles*).

**Ségeste** ▪ Site de Sicile, entre Palerme et Trapani. Grand temple dorique.

Hercules Pieterszoon **Seghers** ▪ Peintre et graveur hollandais (v. 1590-entre 1633 et 1638). Paysages fantastiques.

Pierre **Seghers** ▪ Poète et éditeur français (1906-1987). Éditions de poésie.

**Ségou** ▪ Ville du Mali, sur le fleuve Niger. Plus de 70 000 habitants. Centre d'un ancien royaume bambara.

**Ségovie,** en espagnol **Segovia** ▪ Ville d'Espagne (Castille-et-León). 54 945 habitants. Aqueduc romain. Monuments médiévaux.

**Segré** ▪ Chef-lieu d'arrondissement de Maine-et-Loire. 6 921 habitants.

la comtesse de **Ségur,** née Sophie Rostopchine ▪ Romancière française d'origine russe (1799-1874). Elle écrivit pour la jeunesse. *Les Petites Filles modèles; Les Malheurs de Sophie.*

Jaroslav **Seifert** ▪ Poète tchécoslovaque (1901-1986).

l'île de **Sein** ▪ Île de l'Atlantique (Finistère).

la **Seine** ▪ Fleuve français qui traverse Paris et se jette dans la Manche. 776 km. ► la **Seine-et-Marne** [77]. Département français de la Région Île-de-France. 5 916 km². 1,34 million d'habitants. Chef-lieu : Melun. Chefs-lieux d'arrondissement : Meaux, Provins, Fontainebleau, Torcy. ► la **Seine-Maritime** [76]. Département français de la Région Haute-Normandie. 6 342 km². 1,25 million d'habitants. Chef-lieu : Rouen. Chefs-lieux d'arrondissement : Dieppe, Le Havre. ► la **Seine-Saint-Denis** [93]. Département français de la Région Île-de-France. 235 km². 1,53 million d'habitants. Chef-lieu : Bobigny. Chefs-lieux d'arrondissement : Le Raincy, Saint-Denis. ► les **Hauts-de-Seine** → **Hauts-de-Seine**

**Selam** (en langue amharique « paix ») ▪ Nom donné à un australopithèque de sexe féminin, âgé de 3,3 millions d'années, découvert en Éthiopie en 2000.

les **Seldjoukides** ou **Saljuqides** ▪ Dynastie turque sunnite qui fonda un empire en Asie Mineure (Xe-XIIIe s.).

**Sélestat** ▪ Chef-lieu d'arrondissement du Bas-Rhin. 19 181 habitants.

les **Séleucides** ▪ Dynastie hellénistique qui régna sur un empire allant de l'Indus à la Méditerranée (305-64 avant J.-C.).

**Sélim Ier** ▪ (1467-1520) Sultan ottoman de 1512 à sa mort.

**Sélinonte** ▪ Site archéologique grec de la Sicile.

Peter **Sellars** ▪ Metteur en scène américain d'opéra (né en 1957).

Hans **Selye** ▪ Physiologiste canadien d'origine autrichienne (1907-1982). Il découvrit la notion de stress et le syndrome d'adaptation dit *de Selye.*

**Sem** ▪ Bible Fils de Noé. Ancêtre des peuples sémitiques.

**Semarang** ▪ Port d'Indonésie (Java). 1,3 million d'habitants.

Ousmane **Sembène** ▪ Écrivain et cinéaste sénégalais (1923-2007). Romans en français; films en wolof.

**Sémiramis** ▪ Reine et fondatrice légendaire de Babylone.

Ignac Fulop **Semmelweis** ▪ Médecin hongrois (1818-1865). Il fut l'un des premiers à militer pour l'asepsie. Le docteur Destouches (Céline) lui consacra sa thèse.

Jean-Jacques **Sempé** ▪ Dessinateur français (né en 1932). *Le Petit Nicolas*, avec Goscinny.

Jorge **Semprún** ▪ Écrivain espagnol (1923-2011). Œuvre en français en partie autobiographique, sur l'exil, l'engagement politique ; méditation sur l'histoire. Scénarios de films (*Z*, *L'Aveu*). Il fut ministre de la Culture en Espagne (1988-1991).

**Semur-en-Auxois** ▪ Commune de Bourgogne (Côte-d'Or). 4 166 habitants. Site pittoresque, monuments anciens.

Jean **Sénac** ▪ Écrivain algérien (1926-1973). Poète de l'amour et de la révolution. Militant de l'indépendance algérienne, au F. L. N. Il fut assassiné.

Gabriel **Sénac de Meilhan** ▪ Écrivain français (1736-1803). Essais politiques et historiques. Émigré en 1791, il écrivit un roman, *L'Émigré* (1797).

Étienne Pivert de **Senancour** ▪ Écrivain français (1770-1846). Disciple de Rousseau, agnostique dans ses ouvrages sur la religion, il est surtout l'auteur d'un roman autobiographique, *Oberman*, de style préromantique.

l'abbaye de **Sénanque** ▪ Abbaye cistercienne du Vaucluse, fondée en 1148.

le **Sénat** ▪ En France, assemblée législative qui constitue, avec l'Assemblée nationale, le Parlement.

le **Sénégal** ▪ Fleuve d'Afrique. 1 700 km. ► le **Sénégal**. État d'Afrique occidentale, situé au sud du fleuve Sénégal. 196 200 km². 12,9 millions d'habitants. Capitale : Dakar.

**Sénèque** ▪ Philosophe stoïcien, écrivain et homme politique romain (4 avant J.-C.-65), précepteur de Néron. *Médée*.

Léopold Sédar **Senghor** ▪ Homme d'État sénégalais et poète de langue française (1906-2001). Il fut président de la république du Sénégal de 1960 à 1980. Ses œuvres imposent au français les rythmes et les thèmes de l'Afrique. *Éthiopiques ; Lettres d'hivernage*.

**Senlis** ▪ Chef-lieu d'arrondissement de l'Oise. 15 845 habitants.

Ayrton **Senna** ▪ Coureur automobile brésilien (1960-1994). Trois fois champion du monde. Mort à la suite d'un accident survenu en compétition.

Mack **Sennett** ▪ Cinéaste burlesque américain de films muets (1884-1960).

**Sens** ▪ Chef-lieu d'arrondissement de l'Yonne. 25 146 habitants. Cathédrale gothique.

**Séoul** ▪ Capitale de la Corée du Sud. 9,7 millions d'habitants. Musée national de Corée.

la guerre de **Sept Ans** ▪ Guerre qui opposa la Grande-Bretagne et la Prusse à la France et à l'Autriche de 1756 à 1763.

les massacres de **septembre 1792** ▪ Exécutions sommaires, dans les prisons parisiennes, de personnes supposées être des ennemis de la Révolution.

**Septime Sévère** ▪ (146-211) Empereur romain de 193 à sa mort.

les **Séquanes** ▪ Peuple gaulois établi entre les sources de la Seine et le Jura.

**Seraing** ▪ Ville de Belgique (Liège). 61 200 habitants.

**Sérapis** ▪ Divinité gréco-égyptienne dont le culte était célébré à Memphis.

la **Serbie** ▪ État de l'Europe du Sud-Est. 77 474 km². 7,48 millions d'habitants. Capitale : Belgrade. ► l'Union de **Serbie-et-Monténégro**, ancienne république fédérale de l'ex-Yougoslavie, formée en 2003 et dissoute en 2006.

les **Sérères** ▪ Peuple du Sénégal, vivant au sud de la presqu'île du Cap-Vert.

Olivier de **Serres** ▪ Agronome français, pionnier de l'industrie de la soie (v. 1539-1619).

Michel **Serres** ▪ Philosophe et essayiste français (né en 1930). Ouvrages d'histoire des sciences et des idées, textes sur l'art, essais philosophiques.

le **Sertaõ** ▪ Région sèche du Nordeste brésilien.

Paul **Sérusier** ▪ Peintre et théoricien français (1864-1927). Groupe des nabis.

Michel **Servet** ▪ Théologien espagnol (v. 1509-1553). Il fut brûlé vif à l'instigation de Calvin.

**Sésostris** ▪ Nom de plusieurs pharaons du Moyen Empire égyptien (XIIe dynastie, de 1970 à 1983 avant J.-C.).

**Sestrières** ▪ Ville d'Italie (Piémont). 800 habitants. Station de sports d'hiver.

**Sète** ▪ Port de l'Hérault. 43 408 habitants.

**Seth** ▪ Dieu du Mal dans l'ancienne Égypte. Il a un corps de lévrier.

**Sétif**, en arabe **Sṭīf** ▪ Ville d'Algérie. 252 000 habitants.

**Setúbal** ▪ Port du Portugal, en Estrémadure. 103 000 habitants.

Georges **Seurat** ▪ Peintre et dessinateur français (1859-1891). Théoricien du *divisionnisme* ou *pointillisme*, il appliqua ses principes avec un génie de la composition et un art raffiné de la couleur. *La Grande Jatte ; Le Cirque*.

le lac **Sevan** ▪ Lac d'Arménie. 1 240 km².

Gino **Severini** ▪ Peintre italien installé à Paris (1883-1966). La recherche du dynamisme par le rythme l'a conduit à une figuration rompue à une quasi-abstraction.

la marquise de **Sévigné** ▪ Femme de lettres française (1626-1696). Auteur d'une vaste correspondance, adressée surtout à sa fille, d'un style spontané et naturel. *Lettres*.

**Séville**, en espagnol **Sevilla** ▪ Ville d'Espagne (Andalousie). 698 042 habitants. Cité d'art (cathédrale, avec la tour-minaret de la Giralda, palais, Alcázar).

**Sèvres** ■ Ville des Hauts-de-Seine. 23 278 habitants. Manufacture nationale de porcelaine.

les **Deux-Sèvres** → les **Deux-Sèvres**

les **Seychelles** n. f. pl. ■ État formé par un archipel de l'océan Indien au nord-est de Madagascar. 453 km². 87 500 habitants. Capitale : Victoria.

**Joann Sfar** ■ Dessinateur, scénariste de bandes dessinées et réalisateur français (né en 1971). *Le Chat du Rabbin ; Gainsbourg, vie héroïque*.

**Sfax** ■ Port de Tunisie. 265 100 habitants.

la **S. F. I. O.**, Section française de l'Internationale ouvrière ■ Parti politique créé en 1905 et remplacé en 1969 par le Parti socialiste.

les **Sforza** ■ Famille italienne, ducs de Milan de 1450 à 1535.

**Shaanxi** ■ Province du nord-ouest de la Chine. 205 600 km². 35,4 millions d'habitants. Capitale : Xian.

**Shaba**, anciennement **Katanga** ■ Province du Zaïre. Riche région minière.

**William Shakespeare** ■ Poète dramatique anglais (1564-1616). Auteur de tragédies (*Roméo et Juliette ; Hamlet ; Macbeth ; Le Roi Lear ; Othello*), de drames historiques (*Richard III ; Henri V*) et de comédies (*La Mégère apprivoisée*). Dans le grand théâtre de l'époque élizabéthaine, Shakespeare domine en figure majeure du théâtre mondial. Son style varié, éblouissant, son aisance à passer du grotesque au tragique, sa profondeur de pensée, son sens de l'intrigue et des personnages, la pertinence de ses réflexions sociales et politiques n'ont jamais été égalés. Il fut aussi un poète majeur (*Sonnets*).

**Yitzhak Shamir** ■ Homme politique israélien (1915-2012). Premier ministre en 1983-1984, puis en 1986. Il céda la place à Yitzhak Rabin en 1992.

**Shandong** ■ Province de l'est de la Chine. 153 300 km². 90 millions d'habitants. Capitale : Jinan.

**Shanghai** ou **Chang-hai** ■ Port de Chine sur l'estuaire du Chang jiang. 14,2 millions d'habitants.

le **Shannon** ■ Fleuve d'Irlande. 368 km.

**Claude Elwood Shannon** ■ Mathématicien américain (1916-2001). Fondateur, avec Weaver, de la théorie de l'information, avec les notions de « bruit » et d'unité (« bit »).

le **Shanxi** ■ Province du nord-ouest de la Chine. 156 300 km². 32,47 millions d'habitants. Capitale : Taiyuan.

**Sharaku**, dit **Tōshūsai** ■ Peintre japonais actif de 1790 à 1795. Portrait d'acteurs de kabuki.

**Ariel Sheinermann**, dit **Ariel Sharon** ■ Général et homme politique israélien (1928-2014). Premier ministre de 2001 à 2006.

**George Bernard Shaw** ■ Écrivain et dramaturge irlandais (1856-1950). Son humour caustique, satirique en fit un polémiste redoutable, de conviction socialiste. Il a renouvelé le théâtre anglais. *Le Héros et le Soldat ; César et Cléopâtre ; Androclès et le Lion ; Pygmalion* (sa pièce la plus célèbre) ; *Sainte Jeanne*.

**Sheffield** ■ Ville d'Angleterre (Yorkshire du Sud). 513 200 habitants.

**Percy Bysshe Shelley** ■ Poète romantique anglais (1792-1822). *Prométhée délivré* (drame en vers) ; *Ode au vent d'ouest* (poèmes). ► **Mary Shelley**, sa femme, née Mary Godwin (1797-1851). Romancière anglaise. Dans *Frankenstein ou le Prométhée moderne*, elle crée le mythe du démiurge qui fabrique une créature semi-humaine qu'il ne maîtrise plus. Malgré leur moindre notoriété, on considère *Valperga*, roman historique, et *Le Dernier Homme* comme ses œuvres les plus accomplies.

**Shenyang**, anciennement **Moukden** ■ Ville de Chine (Liaoning). 4,6 millions d'habitants.

**Richard Sheridan** ■ Auteur dramatique anglais (1751-1816).

**Sherlock Holmes** ■ Personnage de détective amateur, esprit logique et scientifique, mais artiste et adonné à la drogue, dans les romans de Conan Doyle. Il forme un couple avec son ami, le naïf docteur Watson.

les îles **Shetland** ■ Archipel britannique du nord de l'Écosse. 1 427 km². 22 000 habitants. Chef-lieu : Lerwick.

**Shi** Huangdi, ou **Qin Shi** Huangdi ■ Premier empereur de Chine (v. 259-210 avant J.-C.). Il fonda la dynastie des Qin et fit construire la Grande Muraille.

**Shijiazhuang** ■ Ville de Chine (Hebei). 1,94 million d'habitants.

**Shikoku** ■ Une des îles du Japon. 19 000 km². 4,1 millions d'habitants.

**Shiva** ou **Śiva** ou **Çiva** ■ Une des trois principales divinités hindoues.

**Abraham Shlonsky** ■ Poète israélien (1900-1973).

la **Shoah** ■ Génocide juif perpétré par les nazis.

**Shrinagar** ou **Srinagar** ■ Ville du nord de l'Inde, à 1 500 m d'altitude. 917 000 habitants. Monuments anciens.

le **Siam** → **Thaïlande**

**Jean Sibelius** ■ Compositeur finlandais (1865-1957). *Finlandia ; Tapiola*.

la **Sibérie** ■ Région de Russie qui s'étend de l'Oural à l'océan Pacifique. 12 765 900 km². 33,8 millions d'habitants.

**Sichuan** ■ Province du centre de la Chine. 570 000 km². 82,3 millions d'habitants. Capitale : Chengdu.

la **Sicile** ■ Île italienne de la Méditerranée formant une région administrative. 25 708 km². 4,97 millions d'habitants. Chef-lieu : Palerme.

**Sidi Bel-Abbès** ■ Ville d'Algérie. 210 000 habitants.

sir Philip **Sidney** ▪ Écrivain anglais de la Renaissance (1554-1586). Sonnets, roman pastoral, en prose et en vers (*L'Arcadie*), art poétique.

**Sidon** ▪ Ancienne cité phénicienne. Aujourd'hui Saïda, au Liban.

**Siegfried** ▪ Héros de la mythologie germanique, correspondant pour l'Allemagne au Sigurd des Scandinaves. Personnage principal de l'opéra de Wagner qui porte ce nom.

Werner von **Siemens** ▪ Ingénieur et industriel allemand (1816-1892). Inventions sur le télégraphe, la dynamo. Il mit au point la première locomotive électrique (1879).

Henryk **Sienkiewicz** ▪ Romancier polonais (1846-1916). *Quo Vadis ?*

**Sienne**, en italien **Siena** ▪ Ville d'Italie (Toscane). 52 600 habitants. Nombreux monuments médiévaux.

la **Sierra Leone** ▪ État d'Afrique de l'Ouest. 73 326 km². 5,8 millions d'habitants. Capitale : Freetown.

Emmanuel Joseph Sieyès, dit l'abbé **Sieyès** ▪ Homme politique français (1748-1826). Acquis aux idées de 1789, il publia alors *Qu'est-ce que le tiers état ?*, et fut député. Après la Terreur, il prépara avec Bonaparte le coup d'État du 18 brumaire an VIII.

**Sigebert** ▪ Nom de trois rois d'Austrasie, aux VIᵉ et VIIᵉ s.

**Sigismond** ▪ Nom de trois rois de Pologne.

**Sigismond de Luxembourg** ▪ (1368-1437) Empereur germanique de 1433 à sa mort.

Paul **Signac** ▪ Peintre français et théoricien néo-impressionniste (1863-1935). Rythmes décoratifs et luminosité sont obtenus par les petites touches décises de couleur pure.

Luca **Signorelli** ▪ Peintre italien (v. 1450-1523). Le sens décoratif et le dynamisme des corps humains le conduisent à une sorte d'humanisme charnel précurseur de Michel-Ange.

Norodom **Sihanouk** → Norodom Sihanouk

Angelos **Sikelianos** ▪ Poète grec (1884-1951). *Le Discours delphique*.

le **Sikkim** ▪ État de l'Inde, dans l'Himalaya. 7 096 km². 541 000 habitants. Capitale : Gangtok.

**Silène** ▪ Personnage mythologique, vieillard obèse et ivre de la suite de Dionysos (Bacchus).

la **Silésie** ▪ Région d'Europe centrale partagée entre la République tchèque et la Pologne.

la **Silicon Valley** (« vallée de la silicone ») ▪ Agglomération d'entreprises de haute technologie, autour de l'université de Stanford, en Californie, à l'est de San Francisco. Créée en 1920, développée après 1951.

Frans Eemil **Sillanpää** ▪ Écrivain finlandais (1888-1964). Romans et nouvelles d'un humanisme mystique. Prix Nobel 1939.

Israël **Silvestre** ▪ Dessinateur et graveur français (1621-1691).

Antoine Isaac **Silvestre de Sacy** ▪ Arabisant français (1758-1839).

**Simbirsk** → Oulianovsk

Georges **Simenon** ▪ Écrivain belge d'expression française (1903-1989). Arrivé à Paris en 1922, il y publia des romans populaires et aborda le genre policier en 1930, créant le personnage du commissaire Maigret (*Pietr-le-Letton*). Ses innombrables romans, à la psychologie sûre, construisent une atmosphère réaliste et illustrent des thèmes forts (le départ, la solitude). Traduits en diverses langues, sans cesse adaptés au cinéma, à la télévision, ses récits manifestent une construction sûre et entretiennent l'intérêt. Il publia des souvenirs (*Je me souviens* ; *Pedigree*).

**Siméon Iᵉʳ le Grand** ▪ Tsar des Bulgares (mort en 927). ▸ **Siméon II**, né en 1937, fut tsar de Bulgarie de 1943 à 1946 avant l'occupation soviétique. Premier ministre de la Bulgarie de 2001 à 2005.

Jules Simon Susse, dit Jules **Simon** ▪ Homme politique français (1814-1896). Républicain, hostile au Second Empire, il fut ministre, puis chef du gouvernement (1870-1876).

Michel **Simon** ▪ Comédien français d'origine suisse (1895-1975). Il s'imposa au cinéma (*L'Atalante* ; *Boudu sauvé des eaux*).

Claude **Simon** ▪ Écrivain français (1913-2005). Ses textes jouent avec le temps et la mémoire, utilisant une phrase sinueuse et faite de reprises. *Le Vent, La Route des Flandres, La Bataille de Pharsale* et ses autres romans, mettent en scène la discontinuité des phénomènes, par une réflexion sur les mots et leur arrangement. Prix Nobel 1985.

Eunice Waymon, dite Nina **Simone** ▪ Pianiste et chanteuse américaine (1933-2003). Répertoire varié, de jazz, gospels et chants africains. Elle fut également une artiste engagée.

Albert **Simonin** ▪ Écrivain français (1905-1980). Romans policiers argotiques. Souvenirs.

saint **Simon le Zélote** ▪ Apôtre de Jésus.

**Simplicius Simplicissimus** ▪ Personnage picaresque du romancier allemand Grimmelshausen, dans le récit portant le titre (1668-1669).

le **Simplon** ▪ Passage des Alpes faisant communiquer la Suisse (Valais) et l'Italie (Piémont).

le **Sinaï** ▪ Péninsule d'Égypte, à l'est du canal de Suez, où se trouve le *mont Sinaï* qui vit, selon la Bible, Moïse recevoir les dix commandements de Yahvé.

Mimar **Sinan** ▪ Architecte turc (1489-1588).

Frank **Sinatra** ▪ Chanteur (« crooner ») et acteur américain (1915-1998).

Upton **Sinclair** ▪ Romancier américain (1878-1968). Critique sociale, polémique anticapitaliste.

le **Sind** ▪ Province du Pakistan, basse vallée et delta de l'Indus. 24 millions d'habitants. Capitale : Karachi.

**Sindbad** ou **Sinbad** ▪ Personnage de marin, dans les *Mille et Une Nuits*. Il vit des aventures fantastiques.

**Singapour** ▪ État insulaire d'Asie du Sud-Est. 647 km². 4 millions d'habitants. Capitale : Singapour.

Isaac Bashevis **Singer** ▪ Écrivain américain d'expression yiddish (1904-1991).

**Sinn Féin** (en gaélique « nous seuls ») ▪ Mouvement nationaliste irlandais, fondé en 1902. Il devint après la Seconde Guerre mondiale la branche politique de l'IRA.

**Sintra** ou **Cintra** ▪ Ville du Portugal, à l'ouest de Lisbonne. 428 500 habitants. Monuments anciens.

**Sion** ▪ Colline de Jérusalem.

**Sion,** en allemand **Sitten** ▪ Ville de Suisse (Valais). 28 600 habitants (zone urbaine 52 200).

la **Sioule** ▪ Rivière, affluent de l'Allier. 150 km.

les **Sioux** ou **Dakotas** ▪ Indiens d'Amérique du Nord.

David Alfaro **Siqueiros** ▪ Peintre expressionniste mexicain (1896-1974).

Alfred **Sisley** ▪ Peintre anglais de l'école impressionniste française (1839-1899).

**Sisyphe** ▪ mythol. grecque Roi légendaire de Corinthe. Aux Enfers, il est condamné à rouler éternellement, sur le versant d'une montagne, un rocher qui retombe sans cesse.

le groupe des **Six** ▪ Compositeurs français du XXᵉ s. : Auric, Honegger, Milhaud, Poulenc, Germaine Tailleferre et Louis Durey.

la guerre des **Six Jours** → guerres **israélo-arabes**

**Sixte** ▪ Nom de cinq papes. ▶ **Sixte IV** (1414-1484), pape de 1471 à sa mort, adversaire des Médicis, fit construire la *chapelle Sixtine*. ▶ **Sixte V**, dit **Sixte Quint** (1520-1590), pape de 1585 à sa mort, poursuivit l'œuvre de la Contre-Réforme.

**Sjælland** ▪ Principale île du Danemark. 9 834 km². 2,4 millions d'habitants.

Victor **Sjöström** ▪ Cinéaste suédois (1879-1960). L'un des grands créateurs du cinéma muet. *Ingeborg Holm ; La Charrette fantôme. La Lettre écarlate* et *Le Vent* furent tournés aux États-Unis. Ancien acteur de théâtre, il joue dans *Les Fraises sauvages* d'Ingmar Bergman (1957).

**Skanderbeg** ou **Scanderbeg** (pour *Iskander bey* « le prince Alexandre ») ▪ Chef de guerre albanais (v. 1403-1468). Il lutta contre les Turcs, et devint le héros national albanais.

**Skikda,** anc. **Philippeville** ▪ Port d'Algérie. 175 000 habitants.

**Skopje** ou **Skoplje** ▪ Capitale de la Macédoine. 506 900 habitants.

Aleksandr **Skriabine** ou **Scriabine** ▪ Compositeur russe (1872-1915). Œuvres symphoniques, parfois avec chœurs (*Prométhée*) et pour piano, d'esprit post-romantique.

les **Slaves** ▪ Groupe de peuples d'Europe centrale et orientale, de souche indo-européenne, parlant russe, ukrainien, polonais, bulgare, serbe...

la **Slavonie** ▪ Région géographique de Croatie, dans l'est du pays.

la **Slovaquie** ▪ État d'Europe centrale. 49 036 km². 5,38 millions d'habitants. Capitale : Bratislava.

la **Slovénie** ▪ État d'Europe méridionale. 20 251 km². 1,95 million d'habitants. Capitale : Ljubljana.

Claus **Sluter** ▪ Sculpteur hollandais au service des ducs de Bourgogne (v. 1350-1406). Le *Puits de Moïse* (chartreuse de Champmol).

Bedřich **Smetana** ▪ Compositeur tchèque (1824-1884). Affecté dans son patriotisme par l'écrasement de la révolte tchèque contre l'Empire autrichien, en 1848, il composa des opéras aux thèmes nationaux, dont *La Fiancée vendue*, des poèmes symphoniques (*Ma Patrie*), de la musique de chambre. Son style original dépasse de loin le cadre du folklore.

Adam **Smith** ▪ Économiste (libéral) écossais (1723-1790).

Joseph **Smith** ▪ Fondateur de la secte des mormons (1805-1845).

Elizabeth, dite Bessie **Smith** ▪ Chanteuse de blues américaine (1894-1937).

**Smolensk** ▪ Ville de Russie, sur le haut Dniepr. 325 000 habitants. Chef-lieu de région ; ville historique, fondée au IXᵉ s.

**Smyrne** → İzmir

**Snorri Sturluson** ▪ Écrivain islandais du Moyen Âge (v. 1178-1241). Grand seigneur, homme politique, considéré comme l'auteur de l'*Edda* en prose et de la *Saga d'Egill*.

le **Snowdon** ▪ Massif du nord-ouest du pays de Galles. 1 085 m au Moel-y-Wyddfa.

Frans **Snyders** ou **Snijders** ▪ Peintre baroque flamand (1579-1657).

Mario **Soares** ▪ Homme politique portugais (né en 1924). Président (socialiste) de la République portugaise de 1986 à 1996. Député européen de 1999 à 2004.

**Sochaux** ▪ Ville du Doubs. 4 027 habitants. Construc. automobile.

le Parti **socialiste** ▪ Parti politique français créé en 1969 et issu de la S.F.I.O. Rénové lors du congrès d'Épinay (1971), il parvint au pouvoir en 1981, sous l'impulsion de F. Mitterrand, grâce à la stratégie de l'Union de la gauche. Il revint au pouvoir pendant la période de cohabitation de 1997 à 2002, avec L. Jospin comme Premier ministre de J. Chirac.

les îles de la **Société** ▪ Archipel de la Polynésie française. 1 747 km². 140 300 habitants. Île principale : Tahiti.

**Socrate** ▪ Philosophe grec (470-399 avant J.-C.). Connu par son disciple Platon, il est le père de la dialectique et par là de toute la philosophie. Il fut condamné à boire la ciguë.

Giovanni Antonio Bazzi, dit le **Sodoma** ▪ Peintre italien de l'école lombarde (1477-1549). Actif à Milan (aux côtés de Léonard de Vinci), puis à Rome et à Sienne, il peignit des œuvres d'une esthétique raffinée, parfois morbide, d'esprit maniériste.

**Sodome** ▪ Bible Cité détruite, avec Gomorrhe, par Dieu, à cause de la dépravation de ses habitants.

**Soekarno** → Sukarno

**Sofia** ▪ Capitale de la Bulgarie. 1,3 million d'habitants.

la **Sofres** ▪ Société française de sondages et d'études de marché (1968).

la **Sogdiane** ▪ Région historique d'Asie centrale (Ouzbékistan actuel). Elle appartint aux Perses, à Alexandre le Grand, aux Séleucides, etc.

**Soho** ▪ Quartier du centre de Londres.

**Soissons** ▪ Chef-lieu d'arrondissement de l'Aisne. 28 551 habitants. Cathédrale gothique.

le **Soleil** ▪ Astre autour duquel gravitent les planètes du système solaire. Diamètre : 1,39 million de km.

Antonio Soler y Ramos, dit le Padre **Soler** ▪ Compositeur espagnol (1729-1783). Musique religieuse et instrumentale, sonates. Il écrivit un traité sur la modulation. *Fandango* pour clavecin.

l'abbaye de **Solesmes** ▪ Abbaye bénédictine, dans la Sarthe, fondée au XIᵉ s.

le canton de **Soleure**, en allemand **Solothurn** ▪ Canton de Suisse. 791 km². 248 600 habitants. Chef-lieu : Soleure.

**Solferino** ▪ Village de Lombardie. Victoire des Français sur les Autrichiens, en 1859.

**Solidarność** ▪ Syndicat polonais créé en 1980, opposé au régime communiste. Présidé par Lech Wałęsa jusqu'en 1990.

**Soliman le Magnifique** ▪ Sultan ottoman de 1520 à sa mort (v. 1494-1566). Grand conquérant, bâtisseur et législateur.

Alexandre **Soljenitsyne** ▪ Écrivain russe (1918-2008). Son œuvre dénonce le système soviétique *(Une journée d'Ivan Denissovitch ; L'Archipel du Goulag).*

Philippe **Sollers** ▪ Écrivain français (né en 1936). Récits classiques *(Une curieuse solitude),* puis expérimentaux *(Nombres, Lois),* jusqu'à une sorte d'épopée du discours *(H ; Paradis).* Il revint ensuite à une narration plus traditionnelle *(Femmes ; Le Secret)* et écrivit de nombreux textes sur l'art et la littérature.

la **Sologne** ▪ Région du sud du Bassin parisien.

**Solon** ▪ Législateur athénien, père de la démocratie (v. 640-v. 558 avant J.-C.).

Vladimir Sergueïevitch **Soloviev** ▪ Philosophe et poète russe (1853-1900). Moraliste, théologien, philosophe de l'histoire.

Robert Merton **Solow** ▪ Économiste américain (né en 1924). Étude de la croissance.

sir Georg **Solti** ▪ Chef d'orchestre britannique d'origine hongroise (1912-1997).

**Solutré-Pouilly** ▪ Commune de Saône-et-Loire. 368 habitants. Au pied de la roche de Solutré, site préhistorique *(Solutréen).*

Ernest **Solvay** ▪ Industriel belge (1838-1922). Innovations en chimie industrielle (soude Solvay). Il finança les *conseils Solvay,* réunions scientifiques sur la physique.

la **Somalie** ▪ État du nord-est de l'Afrique. 637 657 km². 9,4 millions d'habitants. Capitale : Mogadiscio.

le **Somaliland** ▪ Région du nord-est de l'Afrique. 137 600 km². 3 500 000 habitants. Capitale : Hargeisa. Issu d'une partition de la Somalie. État non reconnu par la communauté internationale.

Werner **Sombart** [zɔmbaʁt] ▪ Économiste et sociologue allemand (1863-1941). Études sur le capitalisme, le socialisme.

le **Somerset** ▪ Comté du sud-ouest de l'Angleterre. 3 458 km². 465 000 habitants. Chef-lieu : Taunton.

la **Somme** ▪ Fleuve côtier de Picardie. 245 km. ► la **Somme** [80]. Département français de la Région Picardie. 6 163 km². 571 211 habitants. Chef-lieu : Amiens. Chefs-lieux d'arrondissement : Abbeville, Montdidier, Péronne. ► les **batailles de la Somme** (1916, 1940).

le col du **Somport** ▪ Col des Pyrénées-Atlantiques. 1 632 m. Tunnel routier.

les îles de la **Sonde** ▪ Une partie des îles formant l'Indonésie.

les **Song** ▪ Dynastie chinoise qui régna de 960 à 1279.

les **Songhaïs** ou **Sonrhaïs** ▪ Peuple d'Afrique occidentale.

le **Sonora** ▪ État du nord du Mexique. 2,6 millions d'habitants.

Susan **Sontag** ▪ Écrivaine féministe américaine (1933-2004). Essais sur l'art, le langage, la littérature.

**Sony** *(Sony Corporation)* ▪ Entreprise japonaise d'électronique d'importance mondiale, fondée en 1946.

**Sophocle** ▪ Poète tragique grec (496-406 avant J.-C.). *Antigone ; Œdipe Roi ; Électre.*

la **Sorbonne** ▪ Établissement public d'enseignement supérieur, à Paris.

Agnès **Sorel** ▪ Dame française (v. 1422-1450). Favorite de Charles VII, modèle de beauté et de patriotisme.

Charles **Sorel** ▪ Écrivain français (v. 1600-1674). *La Vraye Histoire comique de Francion,* récit pittoresque, burlesque et imaginatif.

Cécile Seurre, dite Cécile **Sorel** ▪ Actrice française de théâtre et de music-hall (1873-1966).

Georges **Sorel** ▪ Penseur politique français (1887-1922). Théoricien du socialisme et du syndicalisme. *Réflexions sur la violence.*

**Sorrente** ▪ Ville d'Italie, en Campanie. 16 600 habitants.

**Sosie** ■ Personnage de Plaute, esclave d'Amphitryon, dont Jupiter prend l'apparence pour séduire son épouse (de son nom vient le mot *sosie*). Repris par Molière, dans *Amphitryon*.

**Sotchi** ■ Ville de Russie, sur la mer Noire. 329 000 habitants. Grande station balnéaire. Elle a accueilli les Jeux olympiques en 2014.

**Sotheby's** ■ Entreprise de vente aux enchères créée en 1733 à Londres. Œuvres d'art.

Ettore **Sottsass** ■ Architecte et designer italien (1917-2007). Il mit une poésie nouvelle dans les rapports avec les objets du quotidien (machine à écrire *Valentine*).

la **Souabe,** en allemand **Schwaben** ■ Région historique d'Allemagne.

Charles de Rohan, prince de **Soubise** ■ Maréchal de France (1715-1787).

Alain Kienast, dit Alain **Souchon** ■ Chanteur et auteur-compositeur français (né en 1944).

le **Soudan** ■ État du nord-est de l'Afrique. 1 886 068 km². 31,9 millions d'habitants. Capitale : Khartoum.

**Soudan du Sud** ■ État d'Afrique orientale, issu de la sécession avec le Soudan en 2011. 619 745 km². 8,26 millions d'habitants. Capitale : Juba.

le **Soudan français** → **Mali**

Germain **Soufflot** ■ Architecte français (1713-1780). Le Panthéon.

la **Soufrière** ■ Volcan de la Guadeloupe. 1 484 m.

**Souillac** ■ Commune du Lot. 3 808 habitants. Église et sculpture romanes.

**Soukhoumi** ■ Ville de Géorgie, capitale de la république autonome d'Abkhazie. 122 000 habitants.

Pierre **Soulages** ■ Peintre français (né en 1919). Compositions abstraites où de larges formes noires s'enlèvent sur un fond clair, structurant la surface.

Nicolas Jean de Dieu **Soult,** duc de Dalmatie ■ Maréchal de France (1769-1851). Il s'illustra à Austerlitz. Président du Conseil sous la monarchie de Juillet.

Philippe **Soupault** ■ Écrivain français (1897-1990). Ancien compagnon des mouvements dada et surréaliste, il écrivit des romans, des poèmes, des essais sur tous les arts, des textes pour la radio.

les îles **Sous-le-Vent** ■ Ensemble d'îles des Petites Antilles au nord du Venezuela.

les îles **Sous-le-Vent** [Polynésie] → îles de la **Société**

**Sousse** ■ Port de Tunisie. 173 000 habitants.

Jacques **Soustelle** ■ Ethnologue et homme politique français (1912-1990). Spécialiste du Mexique précolombien, il prit part à la fondation du mouvement gaulliste. Plusieurs fois ministre, partisan inconditionnel de l'Algérie française, il s'opposa à de Gaulle. Il s'exila en 1961, fut amnistié en 1968.

**Southampton** ■ Port d'Angleterre (Hampshire), sur la Manche. 217 500 habitants.

Chaïm **Soutine** ■ Peintre expressionniste français d'origine lituanienne (1894-1943).

Aleksandr **Souvorov** ■ Maréchal russe (1729-1800). Vainqueur des Français en Italie (1799).

**Souzdal** ■ Ville historique de Russie, près de Moscou. 12 000 habitants.

Wole **Soyinka** ■ Écrivain nigérian d'expression anglaise (né en 1934).

**Soyouz** ■ Programme spatial soviétique, puis russe, de vols habités, mis en œuvre à la fin des années 1960.

**Spa** ■ Commune de Belgique (Liège). 10 500 habitants. Station thermale.

Paul Henri **Spaak** ■ Homme politique (socialiste) belge (1899-1972).

**Spartacus** ■ Chef de la grande révolte d'esclaves contre Rome (mort en 71 avant J.-C.).

**Spartakus** ■ Groupe de socialistes révolutionnaires allemands (K. Liebknecht, R. Luxemburg...) qui tenta, en 1919, une insurrection à Berlin, durement réprimée.

**Sparte** ou **Lacédémone** ■ Ville de la Grèce antique (Péloponnèse), rivale d'Athènes.

le **SPD** (*Sozialdemokratische Partei Deutschlands*) ■ Parti politique (social-démocrate), l'un des deux principaux partis d'Allemagne, avec la CDU.

Herbert **Spencer** ■ Philosophe évolutionniste anglais (1820-1903).

Oswald **Spengler** ■ Philosophe et penseur politique allemand (1880-1936). Conception cyclique de l'histoire. *Le Déclin de l'Occident* (1916).

Edmund **Spenser** ■ Poète anglais (1552-1599). Œuvres lyriques et allégoriques, témoignant d'une inventivité extrême. *La Reine des fées*.

La **Spezia** ■ Ville et port militaire d'Italie (Ligurie). 91 400 habitants. Port militaire.

le **Sphinx** ■ Monstre fabuleux à corps de lion et tête humaine. La plus ancienne de ses statues est celle de Gizeh, en Égypte.

Art **Spiegelman** ■ Dessinateur, auteur américain de bandes dessinées (né en 1948). *Maus* (en allemand « Souris ») évoque le génocide des Juifs par les nazis.

Steven **Spielberg** ■ Cinéaste et producteur américain (né en 1946). Il réalisa, avec de gros budgets, des films d'aventure, de science-fiction et aborda des faits historiques. *Indiana Jones ; E. T. l'extraterrestre ; La Liste de Schindler ; Il faut sauver le soldat Ryan.*

Baruch **Spinoza** ■ Philosophe rationaliste hollandais (1632-1677). Admirateur de Descartes, il confère à la philosophie un caractère à la fois rationnel et panthéiste. Penseur politique (*Tractatus theologico-politicus*), il tenta aussi de rationaliser le monde des sentiments, dans *L'Éthique*.

**Spire** (en allemand *Speyer*) ■ Ville d'Allemagne (Rhénanie-Palatinat). 50 500 habitants. Ville historique. Cathédrale romane. ► **les diètes de Spire.** Mesures prises par Charles Quint, accordant aux princes allemands la liberté de choix de religion (1526), puis leur refusant (1529), d'où la « protestation » des princes (et le mot *protestant*).   ·

le **Spitzberg** ■ Archipel norvégien.

**Split,** en italien **Spalato** ■ Port de Croatie, en Dalmatie. 178 102 habitants.

**Daniel Isaac Feinstein, dit Daniel Spoerri** ■ Artiste suisse d'origine roumaine (né en 1930). Compositions et « installations » formées d'objets de rebut, d'animaux, etc.

**Jean de Sponde** ■ Humaniste et poète français (1557-1595). Poèmes religieux et amoureux de style baroque.

les **Sporades** n. f. pl. ■ Îles d'un archipel grec de la mer Égée.

**Spot** (« Satellite pour l'observation de la Terre » ; en anglais « point désigné ») ■ Système français de satellites d'observation, créé en 1986.

**Bruce Springsteen** ■ Chanteur et musicien de rock américain (né en 1949). Chanteur engagé, il s'inspire notamment du folk américain. *Born to Run ; Born in the U.S.A. ; Devils and Dust.*

**Srebrenica** [-nitsa] ■ Ville de Bosnie. 5 700 habitants. Placée par l'O.N.U. en zone de sécurité, elle fut prise par l'armée serbe qui y massacra des milliers de Bosniaques musulmans.

**Sri Lanka,** anciennement **Ceylan** ■ État insulaire d'Asie du Sud. 66 000 km². 18,8 millions d'habitants. Capitale : Colombo (capitale administrative : Sri Jayewardenepura).

**Srinagar** → **Shrinagar**

la **SS** (*SchutzStaffel*) ■ Police militarisée du parti nazi, créée en 1926.

le **Stade de France** ■ Stade situé à Saint-Denis, au nord de Paris. Le plus grand stade français, avec plus de 81 000 places. Inauguré en 1998.

**Germaine Necker, baronne de Staël-Holstein, dite Madame de Staël** ■ Écrivain français, fille de Necker (1766-1817). Esprit européen, elle introduisit en France les messages culturels allemand *(De l'Allemagne)* et italien *(Corinne ou l'Italie),* élaborant en français les concepts modernes d'« art » et de « littérature ».

**Nicolas de Staël** ■ Peintre abstrait français d'origine russe (1914-1955). Compositions équilibrées, de couleurs chaudes, dans une pâte riche et travaillée.

**Iossif (Joseph) Vissarionovitch Djougachvili, dit Staline** ■ Homme politique soviétique (1879-1953). Successeur de Lénine (1924). Responsable d'innombrables crimes (exécution de ses adversaires, massacres, déportations), il fit de l'État soviétique une tyrannie absolue. Objet d'un culte dans la terreur qui fut dénoncé peu après sa mort par Khrouchtchev (début du « déstalinisation »).

**Stalingrad** → **Volgograd.** ■ ► la bataille de **Stalingrad** (1942-1943) marqua le début des victoires soviétiques sur l'Allemagne.

**Jan Vaclav Stamitz** ou **Stamić** ■ Compositeur tchèque (1717-1757) ■ **Carl Philip Stamitz,** son fils (1745-1801). Ils contribuèrent à fixer la forme de la symphonie.

**La Stampa** (« la presse ») ■ Quotidien italien fondé en 1866.

**Stanislas I$^{er}$ Leszczyński** ■ (1677-1766) Roi de Pologne de 1704 à 1709 et de 1733 à 1736. Il abdiqua et reçut les duchés de Bar et de Lorraine en 1738.

**Konstantin Stanislavski** ■ Homme de théâtre russe (1863-1938). *La Formation de l'acteur.*

**sir Henry Morton Stanley** ■ Explorateur britannique du Congo (1841-1904).

**Stanleyville** → **Kisangani**

**Olaf Stapledon** ■ Romancier britannique (1886-1950). Romans de science-fiction à prolongements philosophiques.

**Jean Starobinski** ■ Critique littéraire suisse (né en 1920). Travaux sur Rousseau, Montesquieu, Montaigne, et en général sur l'interprétation des textes.

**START** (sigle anglais de *Strategic Arms Reduction Talks*) ■ Négociations entre les États-Unis et l'URSS, puis la Russie, à partir de 1982, sur la réduction des armements stratégiques. → aussi **SALT.**

**Staten Island** ■ Île des États-Unis (New York).

**Serge Alexandre Stavisky** ■ Homme d'affaires français d'origine russe (1888-1934). Responsable frauduleux d'un scandale financier à prolongements politiques (1933 : *l'affaire Stavisky*).

**sir Richard Steele** ■ Journaliste, écrivain et homme politique irlandais (1672-1729).

**Gertrude Stein** ■ Femme de lettres américaine (1874-1946).

**Peter Stein** ■ Metteur en scène allemand de théâtre et d'opéra (né en 1937).

**John Steinbeck** ■ Romancier américain (1902-1968). Un amour sincère du peuple, des exploités et des exclus est le moteur de ses premières œuvres, truculentes *(Tortilla Flat)* ou plus idéologiques, mais toujours puissantes *(Les Raisins de la colère ; Des souris et des hommes).*

**Saul Steinberg** ■ Dessinateur américain d'origine roumaine (1914-1990). Dessins humoristiques et critiques au graphisme baroque. Peintures et décors.

**Rudolf Steiner** ■ Penseur et pédagogue autrichien (1881-1925). Sous l'influence de Goethe, qu'il édita, il fonda une société « anthroposophique ». Œuvres spiritualistes.

**Théophile Alexandre Steinlen** ■ Dessinateur et affichiste français d'origine suisse (1859-1923). Auteur de dessins de presse et d'illustrations, sensible à l'invention graphique de Toulouse-Lautrec, il manifeste une sûreté d'observation, un graphisme souple et sûr et un sens de la composition remarquables.

**Steinway** ▪ Famille de fabricants de pianos allemands. ➤ Heinrich **Steinweg** (1797-1871) fonda aux États-Unis la firme *Steinway and Sons* (1853).

Frank **Stella** ▪ Peintre américain (né en 1936). Peinture abstraite, « minimaliste » ; collages.

Henri Beyle dit **Stendhal** ▪ Écrivain français (1783-1842). *Le Rouge et le Noir ; La Chartreuse de Parme ; Lucien Leuwen.* Ces grands romans, d'énergie personnelle et de critique sociale (et politique), sont écrits dans un style concis et dynamique, en leçon pour l'avenir de genre. Il écrit aussi des nouvelles, des essais (sur l'Italie, sur la musique), un abondant journal, des correspondances et des souvenirs (*Vie de Henry Brulard ; Souvenirs d'égotisme*).

George **Stephenson** ▪ Ingénieur anglais (1781-1848). Pionnier des chemins de fer.

**Sterkfontein** ▪ Site archéologique situé en Afrique du Sud. Découverte d'hominidés d'environ 3 millions d'années.

Daniel **Stern** → Marie d'**Agoult**

Isaac **Stern** ▪ Violoniste américain d'origine russe (1920-2001).

le groupe **Stern** ▪ Organisation extrémiste juive, avant la naissance de l'État d'Israël.

Josef von **Sternberg** ▪ Cinéaste américain, d'origine autrichienne (1894-1969). *L'Ange bleu ; Shanghaï Express.*

Laurence **Sterne** ▪ Romancier anglais (1713-1768). *Vie et Opinions de Tristram Shandy*, « roman » sans intrigue rempli d'innovations qui annonce la littérature du XX^e s., et suscite une nouvelle idée de la lecture.

Salah **Stétié** ▪ Poète libanais d'expression française (né en 1929). Diplomate, il a publié de nombreux recueils d'une poésie épurée, des essais, des traductions de poésie arabe.

**Stettin** → **Szczecin**

Robert Louis Balfour dit **Stevenson** ▪ Écrivain britannique (1850-1894). Il est l'auteur d'un chef-d'œuvre du récit fantastique d'épouvante (*Dr Jekyll et Mr Hyde*, ainsi que du roman d'aventure poétique qu'est *L'Île au Trésor*, dont le succès mondial ne doit pas faire oublier d'autres romans, tel *Le Maître de Ballantrae*.

Simon **Stevin** ▪ Mathématicien et physicien flamand (1548-1620). Travaux d'algèbre et d'arithmétique. En physique, statique et hydrostatique (traités).

James **Stewart** ▪ Acteur américain de cinéma (1908-1997). A travaillé avec Capra, Lubitsch, Cukor, Hitchcock, Wilder, Ford...

Alfred **Stieglitz** ▪ Photographe américain (1864-1946).

**Stif** → **Sétif**

Joseph **Stiglitz** ▪ Économiste américain (né en 1943). Critique du système financier international et de la théorie capitaliste libérale classique. Prix Nobel 2001.

**Stilicon** ▪ Général et homme politique romain d'origine vandale (v. 360-408). Rempart de l'Empire, il repoussa les Wisigoths, puis les Ostrogoths en Italie. L'empereur Honorius le fit assassiner.

Mauritz **Stiller** ▪ Cinéaste suédois (1883-1928). Films muets à la fois réalistes et fantastiques. *Le Trésor d'Arne. La Légende de Gösta Berling* révéla Greta Garbo.

Johann Kaspar Schmidt, dit Max **Stirner** ▪ Philosophe allemand (1806-1856). Individualiste extrême et anarchisant. *L'Unique et sa propriété.*

Karlheinz **Stockhausen** ▪ Compositeur allemand (1928-2007). Influencé par Webern, Messiaen, Boulez, Schaeffer, il travailla les timbres et les intensités sonores, composant des œuvres de plus en plus ambitieuses qui culminent avec *Licht* (« lumière »), composition dont l'exécution intégrale devrait durer une semaine.

**Stockholm** ▪ Capitale de la Suède. 782 900 habitants (zone urbaine 1,9 million). Port sur la Baltique.

**Stoke-on-Trent** ▪ Ville d'Angleterre (Staffordshire). 240 600 habitants.

Bram **Stoker** ▪ Écrivain irlandais (1847-1912). *Dracula.*

sir George **Stokes** ▪ Mathématicien et physicien irlandais (1819-1903). Nombreux travaux en physique, en particulier.

**Stonehenge** ▪ Site mégalithique du sud de l'Angleterre.

**Strabon** ▪ Géographe grec (v. 58 avant J.-C.- v. 25).

Alessandro **Stradella** ▪ Musicien italien (v. 1645-1682). Chanteur, violoniste, compositeur. Arias, cantates, oratorios, opéras, motets.

Antonio Stradivari, dit **Stradivarius** ▪ Luthier italien (v. 1644-1737). Les violons de sa fabrication conservent une réputation inégalée ; on en connaît encore environ 400.

**Strasbourg** ▪ Chef-lieu du Bas-Rhin et de la Région Alsace. 272 222 habitants. Ville d'art (cathédrale des XI^e-XIV^e s., château des Rohan, quartier pittoresque de la Petite France). Siège du Conseil de l'Europe et du Parlement européen.

Johann **Strauss** ▪ Compositeur autrichien célèbre pour ses valses (1825-1899).

Richard **Strauss** ▪ Compositeur allemand (1864-1949). La richesse mélodique, la maîtrise orchestrale, la puissance d'inspiration en font le dernier des grands romantiques. Poèmes symphoniques. *Le Chevalier à la rose ; Salomé* (opéras).

Igor **Stravinski** ▪ Compositeur russe, naturalisé américain (1882-1971). Sa trajectoire musicale conduit de l'originalité et de la puissance orchestrales de grands ballets (*L'Oiseau de feu ; Petrouchka ; Le Sacre du printemps*) à des œuvres marquées par le folklore russe, puis à des références multiples aux grands musiciens du passé, un néo-classicisme exigeant et à des expérimentations dans tous les genres. Stravinski, loin de toute référence psychologique, veut que la musique soit une architecture du temps.

Giorgio **Strehler** ■ Metteur en scène italien de théâtre (1921-1997). Cofondateur du *Piccolo Teatro* de Milan (1947).

Gustav **Stresemann** ■ Homme politique allemand (1878-1929).

August **Strindberg** ■ Auteur dramatique suédois (1849-1912). Les thèmes de son théâtre concernent la tragédie de l'individu dans une société cruelle. *Mademoiselle Julie*. Il fut aussi un photographe et un peintre de grand talent.

Erich von **Stroheim** ■ Réalisateur et acteur autrichien naturalisé américain (1885-1957). *Les Rapaces*. La dureté de ses films, d'un style admirable, le contraignit à abandonner la mise en scène.

**Stromboli** ■ Une des îles Éoliennes. Volcan en activité.

les **Strozzi** ■ Famille de Florence qui s'opposa aux Médicis, au XVᵉ s., avant de se rallier (Filippo II Strozzi épousa la petite-fille de Laurent de Médicis).

**Struthof** ■ Camp de concentration nazi dans le Bas-Rhin (1941-1944).

les **Stuarts** ■ Famille qui régna sur l'Écosse de 1371 à 1714 et sur l'Angleterre de 1603 à 1714.

Snorri **Sturluson** → Snorri Sturluson

le **Sturm und Drang** ■ Mouvement littéraire allemand (1770-1790), précurseur du romantisme.

**Stuttgart** ■ Ville d'Allemagne (Bade-Wurtemberg), sur le Neckar. 591 000 habitants.

Peter **Stuyvesant** ■ Colonisateur hollandais (1592-1672). Gouverneur despotique de Nieuwe Amsterdam (future New York), il rendit la ville prospère.

la **Styrie,** en allemand **Steiermark** ■ État d'Autriche. 16 392 km². 1,21 million d'habitants. Capitale : Graz.

le **Styx** ■ mythol. grecque Un des fleuves des Enfers.

André **Suarès** ■ Écrivain français (1868-1948). Il développa une mystique du héros. *Le Voyage du condottiere*.

la guerre de **Succession d'Autriche** ■ Conflit qui opposa une coalition de pays européens, dont la France, à l'Autriche et à l'Angleterre (1740-1748).

la guerre de **Succession d'Espagne** ■ Conflit qui opposa la France et l'Espagne à une coalition européenne (1701-1714). Il fut provoqué par l'avènement au trône d'Espagne de Philippe V, petit-fils de Louis XIV.

Antonio José de **Sucre** ■ Patriote vénézuélien, lieutenant de Bolívar (1795-1830).

**Sucre** ■ Capitale constitutionnelle de la Bolivie. 261 600 habitants.

les Allemands des **Sudètes** ■ Nom donné entre les deux guerres mondiales à la minorité de langue allemande en Tchécoslovaquie.

Eugène **Sue** ■ Romancier français (1804-1857). Auteur de romans-feuilletons imaginatifs et réalistes, d'une grande force de suggestion. *Les Mystères de Paris*.

la **Suède** ■ État (royaume) d'Europe du Nord (Scandinavie). 449 964 km². 9,11 millions d'habitants. Capitale : Stockholm.

**Suétone** ■ Historien latin (v. 70-apr. 128). *Vies des douze Césars*.

**Suez** ■ Port d'Égypte, sur la mer Rouge. 500 000 habitants. ►le canal de **Suez** (162 km) relie la Méditerranée à la mer Rouge. ►l'**isthme de Suez** sépare l'Afrique de l'Asie.

le **Suffolk** ■ Comté du sud-est de l'Angleterre. 3 800 km². 650 000 habitants. Chef-lieu : Ipswich.

Pierre André de **Suffren** ■ Marin français (1729-1788). Il combattit au Maroc et aux Indes.

**Suger** ■ Abbé de Saint-Denis, conseiller de Louis VI et de Louis VII (v. 1081-1151).

le général **Suharto** ■ (1921-2008). Président de la République indonésienne de 1968 à 1998.

la **Suisse** ou **Confédération suisse,** en allemand **Schweiz,** en italien **Svizzera** ■ État d'Europe centrale. 41 285 km². 7,5 millions d'habitants. Capitale : Berne.

**Sukarno** ou **Soekarno** ■ (1901-1970) Héros de l'indépendance de l'Indonésie et premier président de son pays de 1945 à 1968.

**Sukhothaï** ■ Ville du nord-ouest de la Thaïlande. 37 700 habitants. Ancienne capitale du *royaume de Sukhothaï*.

**Sulawesi,** en français les **Célèbes** ■ Île de l'Indonésie. 189 216 km². 14,4 millions d'habitants.

**Sulla** → Sylla

Louis Henri **Sullivan** ■ Architecte américain (1856-1924). Il éleva des immeubles-tours innovants à armature métallique (à Chicago, Saint Louis).

Maximilien de Béthune, baron de Rosny, duc de **Sully** ■ (1560-1641) Ministre d'Henri IV, il rétablit les finances de l'État.

**Sully Prudhomme** ■ Poète français (1839-1907). *Les Solitudes*.

**Sumatra** ■ Île d'Indonésie. 473 481 km². 47,72 millions d'habitants.

les **Sumériens** ■ Peuple asiatique établi en Basse-Mésopotamie au IVᵉ millénaire avant J.-C. Ils fondèrent les premières cités (Ur, Eridu, Uruk...).

**Sun** Yat-sen ou **Sun** Wen ■ (1866-1925) Président de la République chinoise en 1911-1912, puis de 1921 à sa mort.

le **Sundgau** ■ Région du sud de l'Alsace.

le lac **Supérieur** ■ Grand Lac des États-Unis. 82 380 km².

**Superman** ■ Personnage de bandes dessinées créé en 1938 par Siegel et Shuster. Histoire de superhéros dissimulé sous les apparences d'un employé timide.

Jules **Supervielle** ■ Écrivain français (1884-1960). *Le Voleur d'enfants ; L'Enfant de la haute mer.* Le caractère poétique et sincère de ses œuvres tend à rendre naturelles les manifestations du surnaturel même.

**Surabaya** ■ Port d'Indonésie (Java). 2,7 millions d'habitants.

**Surat** ■ Port de l'Inde (Gujarat). 2,8 millions d'habitants.

Robert **Surcouf** ■ Corsaire français (1773-1827).

**Suresnes** [syrɛn] ■ Commune des Hauts-de-Seine à l'ouest de Paris. 46 876 habitants. Mont Valérien.

le **Suriname** ou **Surinam** ■ État d'Amérique du Sud. 163 000 km². 534 000 habitants. Capitale : Paramaribo. C'est l'ancienne Guyane hollandaise.

le **Surrey** ■ Comté du sud de l'Angleterre. Plus d'1 million d'habitants.

**Suse** ■ Ancienne capitale de l'Élam. Darios en fit la capitale de l'Empire perse.

**Susiane** → **Élam**

Heinrich Seuse, dit Heinrich **Suso** ■ Théologien et mystique suisse (v. 1295-1366). Dominicain, élève de Maître Eckhart. *Le Livre de la sagesse éternelle.*

le **Sussex** ■ Région du sud de l'Angleterre.

dame Joan **Sutherland** ■ Cantatrice australienne (1926-2010). Soprano dramatique coloratura.

**Suva** ■ Capitale des îles Fidji. 71 600 habitants.

**Suzhou** ou **Sou-Tcheou** ■ Ville de Chine (Jiangsu). 1,8 million d'habitants. Monuments anciens, jardins, canaux.

Marc-Aurèle de Foy **Suzor-Coté** ■ Peintre et sculpteur canadien (1869-1937).

le **Svalbard** ■ Archipel norvégien de l'Arctique. 62 050 km². 2 500 habitants.

**Sverdlovsk** → **Iekaterinbourg**

Ettore Schmitz, dit Italo **Svevo** ■ Romancier italien (1861-1928). Polyglotte, de culture européenne (allemande, française, anglaise, italienne), il traduisit Freud. À Trieste, il rencontra Joyce, qui l'encouragea : *La Conscience de Zeno,* son chef-d'œuvre, est un monologue intérieur d'un style novateur et d'un ton ironique et pénétrant.

**Swansea** ■ Port du pays de Galles. 223 300 habitants.

le royaume du **Swaziland** ■ État d'Afrique australe. 17 363 km². 1,2 million d'habitants. Capitale : Mbabane.

Emanuel **Swedenborg** ■ Savant et théosophe suédois (1688-1772).

Jonathan **Swift** ■ Écrivain irlandais (1667-1745). Toute son œuvre est marquée par la lucidité critique et la verve mordante du pamphlétaire politique qu'il fut d'abord. Cette ironie peut déboucher dans la férocité ou dans l'humour ravageur d'aventures imaginaires : *Les Voyages de Lemuel Gulliver* ont dû leur réputation mondiale de récit pour la jeunesse à un quiproquo.

Algernon Charles **Swinburne** ■ Poète, auteur dramatique et critique anglais (1837-1909). On l'a comparé à « un satyre lâché dans un salon victorien ». Il dénonce la religion et Dieu.

**Sybaris** ■ Ancienne ville d'Italie, célèbre pour son luxe.

**Sydney** ■ Port d'Australie (Nouvelle-Galles du Sud), sur l'océan Pacifique. 4,28 millions d'habitants.

**Sylla** ou **Sulla** ■ Général et homme d'État romain (138-78 avant J.-C.). Rival de Marius, maître de Rome en 82 avant J.-C., il se retira en 79 avant J.-C.

John Millington **Synge** ■ Auteur dramatique irlandais (1871-1909). Son théâtre mêle le réalisme social d'un milieu de marins et un imaginaire mystérieux. *À cheval vers la mer ; Le Baladin du monde occidental* (le « western world » irlandais) ; *Deirdre des douleurs.*

**Syngman Rhee** ■ Homme politique coréen (1875-1965). Militant pour l'indépendance de la Corée. Président de la République sud-coréenne (1945), il gouverna en dictateur et dut démissionner (1960).

**Syra** ou **Syros** ■ Île grecque de la mer Égée (Cyclades).

**Syracuse** ■ Port d'Italie, en Sicile. 123 700 habitants. Nombreux vestiges antiques.

le **Syr-Daria** ■ Fleuve d'Asie centrale qui se jette dans la mer d'Aral. 2 212 km.

la **Syrie** ■ État du Proche-Orient. 185 180 km². 19,9 millions d'habitants. Capitale : Damas.

la Grande **Syrte** (en latin *Syrta major*) ■ Golfe de Libye (Tripolitaine et Cyrénaïque).

**Szczecin,** en allemand **Stettin** ■ Port de Pologne. 409 000 habitants.

**Szeged** ■ Ville de Hongrie, au sud-est. 168 200 habitants. Ville historique.

George **Szell** ■ Chef d'orchestre américain d'origine hongroise (1897-1970).

Karol **Szymanowski** ■ Compositeur polonais (1882-1937). Il fut influencé par Debussy, Ravel, le premier Stravinski et la musique populaire polonaise.

Antoine Girard, dit **Tabarin** ■ Bateleur français (1584-1626). Il est l'auteur de dialogues burlesques, qui eurent un grand succès.

Éric **Tabarly** ■ Navigateur français (1931-1998). Vainqueur de plusieurs courses transatlantiques, il rendit célèbre la série de ses voiliers *Pen Duick*. Il mourut en mer.

la **Table ronde** ■ Table magique créée par Merlin pour Uterpandragon, père du roi Arthur*. Elle symbolise l'égalité entre le roi et les chevaliers. ► Le *cycle* ou les *Romans de la Table ronde* : les récits du cycle arthurien.

**Tabrīz** ■ Ville d'Iran. 1,4 million d'habitants.

**Tachkent** ■ Capitale de l'Ouzbékistan. 2,14 millions d'habitants.

**Tacite,** en latin Publius Cornelius Tacitus ■ Historien latin (v. 55-v. 120). Orateur, il déplorait la décadence de la rhétorique (*Dialogue des orateurs*). Il est l'auteur des *Annales*, récit de l'histoire de Rome de la mort d'Auguste à celle de Néron, et des *Histoires*, qui vont jusqu'à Domitien. Une partie des connaissances sur la Gaule repose sur ses textes.

le **Tadjikistan** ■ État d'Asie centrale. 143 100 km². 6,1 millions d'habitants. Capitale : Douchanbe.

**Taegu** ou **Daegu** ■ Ville de Corée du Sud formant une province. 2 446 418 habitants. Industries ; université.

Sophie **Taeuber-Arp** ■ Peintre et sculptrice suisse (1889-1943). Avec Hans Arp, elle s'associa au mouvement « Abstraction-Création », produisant des tableaux et objets colorés aux géométries raffinées.

le **Tage** ■ Fleuve de la péninsule Ibérique. 1 006 km.

Rabindranâth **Tagore** ■ Écrivain indien (1861-1941). *L'Offrande lyrique*.

**Tahiti** ■ Île de la Polynésie française (archipel de la Société). 1 042 km². 115 800 habitants. Chef-lieu : Papeete.

Germaine **Tailleferre** ■ Compositrice française du groupe des Six (1892-1983).

Hippolyte **Taine** ■ Philosophe, historien et critique français (1828-1893). *Essais de critique et d'histoire*.

**Tain-l'Hermitage** ■ Chef-lieu de canton de la Drôme, près de Valence, sur le Rhône. 5 822 habitants. Vins des Côtes du Rhône.

**Taipei** ou **Taibei** ■ Capitale de Taiwan. 3,8 millions d'habitants.

**Taiwan** ou **Formose** ■ Île et État d'Asie. 35 966 km². 23 millions d'habitants. Capitale : Taipei.

**Taiyuan** ■ Ville de Chine (Shanxi). 1,96 million d'habitants.

le **Tāj Mahal** ■ Mausolée de marbre blanc construit à Agra (Inde) au XVIIᵉ s.

**Talence** ■ Chef-lieu de canton de la Gironde, banlieue sud-ouest de Bordeaux. 40 763 habitants.

Gédéon **Tallemant des Réaux** ■ Mémorialiste français (1619-1692). Ses *Historiettes* (publiées au XIXᵉ s.) constituent un recueil de vivantes anecdotes sur son époque.

Charles Maurice de **Talleyrand-Périgord** ■ Homme politique français (1754-1838). Il dirigea les Relations extérieures de 1797 (Directoire) à 1807, puis représenta Louis XVIII au congrès de Vienne.

**Tallinn** ■ Capitale de l'Estonie. 400 400 habitants.

François Joseph **Talma** ■ Tragédien français (1763-1826).

le **Talmud** ■ Livre du judaïsme qui fixe les règles de la vie civile et religieuse.

Jean **Talon** ■ Administrateur français (1625-1694). Intendant de la Nouvelle-France (Canada) de 1665 à 1668, puis de 1670 à 1672.

**Tamanrasset** ■ Oasis du Sahara algérien.

**Tamatave** → Toamasina

Rufino **Tamayo** ■ Peintre mexicain (1899-1991). L'un des grands « muralistes », mêlant les influences précolombiennes et occidentales (cubisme, surréalisme).

**Tamerlan** ■ Conquérant turco-mongol d'Asie centrale (1336-1405).

**Tamil Nadu** ■ État du sud-est de l'Inde. 130 069 km². 62,4 millions d'habitants. Capitale : Chennaï, anc. Madras.

la **Tamise,** en anglais **Thames** ■ Fleuve anglais qui traverse Londres. 338 km.

**Tammuz** ou **Tammouz** ■ Dieu babylonien de la Fertilité, hellénisé sous le nom d'Adonis. Époux de la déesse Ishtar, il meurt et doit séjourner aux enfers avant de ressusciter. Son nom a été donné à un mois du calendrier babylonien.

les **Tamouls** ■ Groupe ethnique du sud de l'Inde et du Sri Lanka.

**Tampere** ■ Ville de Finlande. 207 900 habitants.

**Tanagra** ■ Anc. ville de Grèce (Béotie), célèbre pour ses statuettes *(tanagras)*.

**Tananarive** → Antananarivo

**Tancarville** ■ Commune de la Seine-Maritime. 1 353 habitants. Pont suspendu sur la Seine (1 410 m).

**Tancrède** ■ Prince normand de Sicile (mort en 1112). Pendant les croisades, il fut prince de Galilée (1099) et gouverna Antioche. Le Tasse, dans *La Jérusalem délivrée*, en fait le modèle du chevalier.

**les Tang** ou **T'ang** ■ Dynastie chinoise qui régna de 618 à 907.

**le lac Tanganyika** ■ Grand lac de l'Afrique orientale. 31 900 km².

**Tanger** ■ Port du Maroc. 669 700 habitants.

**Tangshan** ■ Ville de Chine (Hebei). 1,7 million d'habitants.

**Yves Tanguy** ■ Peintre français naturalisé américain (1900-1955). Amené à la peinture par les tableaux de De Chirico, il élabora une œuvre surréaliste, où des « êtres-objets » imaginaires peuplent un espace faussement réaliste, composant des paysages mentaux oniriques.

**Tanis** ■ Ancienne ville d'Égypte, dans le delta, entre Damiette et Port-Saïd. Elle fut la capitale de la XXIᵉ dynastie (1075-945 avant J.-C.).

**Tanit** ou **Tinnit** ■ Déesse suprême de Carthage, compagne de Baal Hammon, assimilée à la Junon céleste des Romains. *Signe de Tanit* : symbole de la déesse, figurant sur des stèles.

**Junichirō Tanizaki** ■ Écrivain japonais (1886-1965). Après des nouvelles marquées par le romantisme occidental, ses œuvres se référent à la tradition japonaise *(Récit d'un aveugle, Éloge de l'ombre)*. L'âge venu, il écrivit des récits nostalgiques et troublants, parfois érotiques, d'une grande maîtrise *(La Confession impudique, Journal d'un vieux fou)*.

**Tannhäuser** ■ Poète allemand (v. 1205-v. 1270). Héros d'un opéra de Wagner.

**Tantale** ■ mythol. grecque Roi condamné à subir une faim et une soif perpétuelles.

**la Tanzanie** ■ État d'Afrique de l'Est. 945 037 km². 45 millions d'habitants. Capitale : Dodoma.

**Taormine**, en italien **Taormina** ■ Ville de Sicile. 10 800 habitants. Ruines antiques.

**Taos** ■ Village indien du Nouveau-Mexique (États-Unis), près de Santa Fe. Site et architecture remarquables, attirant artistes et touristes.

**Tao Yuanming** ou **Tao Qian** ■ Poète chinois (365-427).

**Antoni Tàpies** ■ Peintre espagnol (1923-2012). Ses œuvres sont surtout des surfaces, des « murs » construits par un travail très riche de la matière picturale.

**Taranis** ■ Dieu gaulois de la Foudre et du Tonnerre, identifié à Jupiter par les Romains.

**Quentin Tarantino** ■ Cinéaste et scénariste américain (né en 1963). Il réinterpréta le genre du polar, du film noir et du film de guerre avec humour et inventivité. *Reservoir Dogs ; Pulp Fiction ; Kill Bill ; Inglorious Basterds.*

**Tarascon** ■ Ville des Bouches-du-Rhône. 13 105 habitants. Château des comtes de Provence.

**Tarass Boulba** ■ Personnage de chef cosaque, truculent et cruel, créé par Gogol. Il tue son fils coupable de trahison.

**Tarbes** ■ Chef-lieu des Hautes-Pyrénées. 42 888 habitants.

**Gabriel de Tarde** ■ Sociologue français (1843-1904). Travaux sur la criminalité ; psychologie sociale. *Les Lois de l'imitation.*

**Jean Tardieu** ■ Poète et auteur dramatique français (1903-1995). Son inquiétude face à l'existence se dissimule sous l'humour de jeux verbaux hilarants *(Un mot pour un autre)*. Œuvre dramatique et poèmes *(Formeries)*.

**la Tarentaise** ■ Région de Savoie.

**Tarente**, en italien **Taranto** ■ Port du sud de l'Italie (Pouilles). 202 000 habitants.

**Tāriq ibn Ziyād** ■ Chef berbère, commandant les troupes musulmanes lorsqu'elles débarquèrent en Espagne, il prit Tolède (711) et Saragosse (714). Il a donné son nom à Gibraltar *(Jabal al-Tāriq)*.

**Arseni Alexandrovitch Tarkovski** ■ Poète russe (1907-1989). L'un des grands lyriques de sa génération, parfois proche de Pasternak *(Les Montagnes enchantées)*.

**Andreï Tarkovski** ■ Cinéaste russe (1932-1986). Fils du poète, créateur d'une exigence esthétique et morale intransigeante, il dut s'exiler d'U.R.S.S. *Andreï Roublev ; Solaris ; Le Sacrifice.*

**le Tarn** ■ Rivière, affluent de la Garonne. 375 km. ► **le Tarn** [81]. Département français de la Région Midi-Pyrénées. 5 780 km². 377 675 habitants. Chef-lieu : Albi. Chef-lieu d'arrondissement : Castres. ► **le Tarn-et-Garonne** [82]. Département français de la Région Midi-Pyrénées. 3 718 km². 244 545 habitants. Chef-lieu : Montauban. Chef-lieu d'arrondissement : Castelsarrasin.

**la roche Tarpéienne** ■ Crête depuis laquelle on précipitait les criminels, à Rome.

**Tarquinia** ■ Ville d'Italie (Latium). Nécropole, fresques (VIᵉ-Iᵉʳ s. avant J.-C.).

**Tarquin l'Ancien** ■ Cinquième roi de Rome, de 616 à 578 avant J.-C. ► **Tarquin le Superbe**, septième et dernier roi de Rome, de 534 à 509 avant J.-C.

**Tarragone**, en espagnol **Tarragona** ■ Ville d'Espagne, chef-lieu de province de Catalogne. 133 223 habitants. Premier port d'Espagne sur la Méditerranée.

Alfred **Tarski** ■ Mathématicien et logicien polonais naturalisé américain (1902-1983). Avec Łukasiewicz, il élabora des systèmes logiques nouveaux, enrichit la sémantique et la distinction entre logique et métalogique.

le **Tartare** ■ mythol. grecque Région des Enfers où sont châtiés les grands criminels.

les **Tartares** ■ Nom donné en Occident aux envahisseurs mongols. Déformation du nom des Tatars.

**Tartarin de Tarascon** ■ Personnage créé par Alphonse Daudet, type de Méridional hâbleur.

Giuseppe **Tartini** ■ Compositeur et violoniste italien (1692-1770). Il écrivit plusieurs ouvrages théoriques sur le violon.

**Tartuffe** ■ Type de l'hypocrite, utilisant sa fausse dévotion pour exploiter les naïfs, créé par Molière dans la pièce portant ce titre.

**Tarzan** ■ Personnage créé dans un feuilleton d'Edgar Rice Burroughs (1912), repris et popularisé par la bande dessinée (1928) et le cinéma. Jeune aristocrate anglais perdu dans la jungle, il est élevé par une guenon et devient l'ami des bêtes sauvages, réapprenant par l'amour les relations humaines.

la **Tasmanie** ■ Île au sud de l'Australie dont elle constitue le plus petit État fédéré. 68 332 km². 489 900 habitants. Capitale : Hobart.

l'agence **Tass** (initiales russes de « Agence de presse de l'Union soviétique ») ■ Principale agence de presse soviétique, créée en 1904 sous le nom d'Agence télégraphique de Saint-Pétersbourg.

Torquato Tasso, en français le **Tasse** ■ Poète italien (1544-1595). Auteur de poèmes amoureux et chevaleresques, il écrivit *La Jérusalem délivrée* qui cherche, au-delà de l'histoire objective, à trouver une vérité humaniste légendaire. En proie à des crises de délire, il fut interné, puis libéré, continuant à écrire des poèmes, des *Dialogues* et une tragédie sur le thème de l'inceste.

la république des **Tatars** ou **Tatarstan** ■ République autonome de Russie. 68 000 km². 3,78 millions d'habitants. Capitale : Kazan. ▶ les **Tatars**. Peuple nomade d'origine turco-mongole.

la **Tate Gallery** ■ Musée de peinture de Londres fondé en 1897 par le collectionneur Henry Tate. Aujourd'hui ses collections sont réparties entre la « Tate Britain » (la plus grande collection d'art britannique du monde) et la « Tate Modern » (art moderne international).

Jacques Tatischeff, dit Jacques **Tati** ■ Cinéaste français (1907-1982). Après des courts-métrages burlesques, il élabora une œuvre originale, d'une poésie insolite et d'un comique critique de la société française, rurale (*Jour de fête*), petite bourgeoise (*Les Vacances de M. Hulot*), créant un personnage tendrement ridicule), avant de dénoncer la tyrannie du modernisme machinique et automobile (*Mon oncle*, *Playtime*, *Trafic*).

les **Tatras** n. f. pl. ■ Massif montagneux des Carpates. 2 655 m au Gerlachovka.

Art **Tatum** ■ Pianiste de jazz américain (1910-1956). Sa très grande virtuosité est au service d'un style volubile.

la **Tauride** ■ Anc. nom de la Crimée.

le **Taurus** ■ Montagnes de Turquie.

**Tautavel** ■ Commune des Pyrénées-Orientales, dans les Corbières. 890 habitants. En 1971, on y découvrit dans une grotte le crâne d'un *Homo erectus*, ancêtre de l'homme de Neandertal (vieux de 450 000 ans).

**Tavant** ■ Commune d'Indre-et-Loire, près de Chinon. 260 habitants. L'église du XII⁰ s. possède un ensemble exceptionnel de peintures murales de style roman.

Bertrand **Tavernier** ■ Cinéaste et critique français (né en 1941). Œuvre chaleureuse et critique (du colonialisme : *Coup de torchon*, de la guerre), évocations historiques (*Que la fête commence*). Passionné de jazz (*Autour de minuit*) et de cinéma américain.

**Taverny** ■ Chef-lieu de canton du Val-d'Oise, près de Pontoise. 26 195 habitants. Centre opérationnel de la Défense aérienne française depuis 1957-1963.

les frères **Taviani** ■ Vittorio (né en 1929) et Paolo (né en 1931), cinéastes italiens qui font œuvre commune. *Padre padrone*.

Isidore Justin, baron **Taylor** ■ Écrivain d'art et philanthrope français (1789-1879). Auteur de plusieurs « voyages pittoresques », certains richement illustrés, en France, en Espagne, au Maghreb, en Syrie, en Égypte (où il négocia l'acquisition de l'obélisque de Louxor).

Frederick Winslow **Taylor** ■ Ingénieur et économiste américain (1856-1915). Initiateur du *taylorisme*.

Elizabeth Rosemonde Taylor, dite Liz **Taylor** ■ Actrice américaine (1932-2011). *La Chatte sur un toit brûlant ; Qui a peur de Virginia Woolf ?* Elle incarna *Cléopâtre* pour Mankiewicz.

Cecil Percival **Taylor** ■ Pianiste et compositeur de jazz américain (né en 1933).

Haroun **Tazieff** ■ Géologue français (1914-1998). Il se spécialisa en volcanologie et produisit de nombreux films et ouvrages sur les volcans.

**Tbilissi**, anc. *Tiflis* ■ Capitale de la Géorgie. 1,10 million d'habitants.

le **Tchad** ■ État d'Afrique centrale. 1 284 000 km². 11,5 millions d'habitants. Capitale : N'Djamena. ▶ le lac **Tchad**, lac d'Afrique centrale, en voie d'assèchement.

Piotr Ilitch **Tchaïkovski** ▪ Compositeur russe (1840-1893). Sa gloire de chef d'orchestre et de compositeur ne le guérit pas d'une angoisse morbide quasi permanente. Son style marie l'influence du symphonisme allemand et de l'inspiration russe. Ses œuvres, extrêmement populaires, sont appréciées par les musiciens professionnels (tel Stravinski). Opéras (*Eugène Onéguine*, *La Dame de pique*, d'après Pouchkine), ballets (*Le Lac des cygnes, Casse-noisette*), six symphonies, concertos, musique de chambre, mélodies.

**Tchang Kai-chek** → Jiang Jieshi

la **Tchécoslovaquie** ▪ Anc. État fédéral de l'Europe centrale (1918-1992), divisé auj. en deux États indépendants : la Slovaquie et la République tchèque.

Anton **Tchekhov** ▪ Écrivain et auteur dramatique russe (1860-1904). *La Mouette ; Oncle Vania ; La Cerisaie*. Ses récits, et surtout son œuvre dramatique, en donnant à l'image d'une société décadente, à la veille de bouleversements, une valeur humaine profonde et une émotion lucide, en font un écrivain universel.

**Tcheliabinsk** ▪ Ville de Russie dans l'Oural. 1,08 million d'habitants.

la République **tchèque** ▪ État de l'Europe centrale. 78 864 km². 10,23 millions d'habitants. Capitale : Prague.

**Tchernobyl** ▪ Ville d'Ukraine. Grave accident nucléaire en 1986.

la **Tchétchénie** ▪ République autonome de Russie, dans le Caucase. 19 300 km². 1,1 million d'habitants. Capitale : Groznyï. De 1994 à 2009, la Russie mena une guerre sanglante afin de réduire par la force le nationalisme tchétchène.

**Tchouang-Tseu** → Zhuangzi

la **Tchouvachie** ▪ République autonome de Russie, sur la Volga. 18 300 km². 1,31 million d'habitants. Capitale : Tchéboksary.

André **Téchiné** ▪ Cinéaste français (né en 1943). Films d'un esthétisme raffiné. *Les Sœurs Brontë ; Le Lieu du crime ; Les Roseaux sauvages ; Les Témoins*.

**Tegucigalpa** ▪ Capitale du Honduras. 850 200 habitants.

**Téhéran** ▪ Capitale de l'Iran. 7,8 millions d'habitants.

Pierre **Teilhard de Chardin** ▪ Religieux, philosophe et paléontologue français (1881-1955). Jésuite, il exerça une activité scientifique en Asie, prenant l'évolution qui conduit du primate à l'homme comme point de départ d'une réflexion philosophique sur la spiritualisation de la matière et conduisant à l'esprit humain et, pour lui, au « point oméga » (Dieu). Ces thèses furent critiquées par la hiérarchie catholique. *Le Phénomène humain ; L'Avenir de l'homme*.

Kiri **Te Kanawa** ▪ Cantatrice (soprano) néo-zélandaise (née en 1944).

**Tel-Aviv-Jaffa** ▪ Ville d'Israël. 384 000 habitants. (zone urbaine 3,1 millions). Siège du gouvernement.

Georg Philipp **Telemann** ▪ Compositeur allemand (1681-1767). Il composa dans tous les genres, conciliant les styles français, italien et allemand. Quarante opéras allemands *(Singspiel)*, six cents ouvertures « à la française », immense œuvre religieuse. Après 1721, sa carrière se déroula à Hambourg.

**Télémaque** ▪ mythol. grecque Fils d'Ulysse.

**Guillaume Tell** → Guillaume Tell

**Tell el-Amarna** ▪ Site archéologique d'Égypte. Akhenaton y fonda sa nouvelle capitale (v. 1362 avant J.-C.).

les **Templiers** n. m. pl. ▪ Ordre de moines-soldats (1119-1312).

**Temüjin** → Gengis Khān

La **Tène** ▪ Site archéologique de Suisse, au nord-est du lac de Neuchâtel. Il a donné son nom à la civilisation celte du second âge du fer.

le **Ténéré** ▪ Région du Sahara nigérien.

**Tenerife** ▪ La plus grande île de l'archipel des Canaries. 2 053 km². 908 555 habitants.

David **Teniers le Jeune** ▪ Peintre flamand (1610-1690). Scènes populaires.

le **Tennessee** ▪ État du sud-est des États-Unis. 109 412 km². 5,7 millions d'habitants. Capitale : Nashville-Davidson.

Alfred, lord **Tennyson** ▪ Poète et dramaturge anglais (1809-1892). Poète national, il écrivit des pièces évoquant l'histoire britannique. Célèbre, puis contesté, il fut admiré par Edgar Poe, Walt Whitman, T. S. Eliot. Une de ses œuvres les plus célèbres est *Enoch Arden*.

**Tenochtitlán** ▪ Ancienne capitale des Aztèques, à l'emplacement de Mexico.

**Tenzing Norgay** → Hillary

**Tenzin Gyatso** ▪ Religieux tibétain, quatorzième dalaï-lama, intronisé en 1940 (né en 1935). En exil (en Inde) depuis 1958, il incarne la volonté d'autonomie du Tibet annexé par la Chine. Prix Nobel de la paix 1989.

**Teotihuacán** ▪ Site archéologique du Mexique. Immenses pyramides.

**Térence** ▪ Auteur latin de comédies (v. 190-159 avant J.-C.). *L'Hécyre*.

mère **Teresa** ▪ Religieuse indienne d'origine albanaise (1910-1997).

**Terpsichore** ▪ L'une des neuf Muses, protectrice de la danse. On en fit parfois la mère des Sirènes.

la **Terre** ▪ Une des planètes du système solaire. Diamètre : 12 756 km.

la **Terre de Feu** ▪ Archipel situé au sud de l'Amérique latine.

**Terre-Neuve,** en anglais **Newfoundland** ■ Île du Canada. Avec une partie du Labrador, elle forme la province de *Terre-Neuve-et-Labrador*. 405 212 km². 505 400 habitants. Capitale : Saint John's.

la **Terreur** ■ Période de la Révolution française qui débuta en 1793 et prit fin avec la chute de Robespierre.

**Territoires du Nord-Ouest →** Nord-Ouest

Septimus Florens Tertullianus, en français **Tertullien** ■ Écrivain et théologien latin chrétien (v. 155- v. 225). Il tenta une synthèse entre la tradition du stoïcisme et la nouvelle morale chrétienne.

Laurent **Terzieff** ■ Acteur et metteur en scène français (1935-2010). Homme de théâtre, il a aussi joué pour de grands réalisateurs de cinéma (Rossellini, Buñuel, Pasolini, Godard).

le canton du **Tessin** ■ Canton de Suisse. 2 812 km². 324 900 habitants. Chef-lieu : Bellinzona.

l'Ancien et le Nouveau **Testament →** Bible

Jacques **Testart** ■ Biologiste français (1939-2013). Travaux sur la procréation naturelle et artificielle. Nombreuses publications concernant l'éthique médicale et les barrières à mettre à la manipulation du vivant.

**Téthys** ■ mythol. grecque Déesse de la Mer.

**Tétouan** ■ Ville du Maroc. 320 500 habitants.

la **Tétralogie →** Wagner

**Teutatès** ou **Toutatis** ■ Dieu protecteur celte, que les Romains semblent avoir identifié à Mars ou à Mercure.

les chevaliers **Teutoniques** ■ Ordre religieux et militaire allemand fondé en 1128.

les **Teutons** ■ Peuple de Germanie vaincu par Marius à Aix-en-Provence en 102 avant J.-C.

le **Texas** ■ État du sud des États-Unis. 692 408 km². 20,8 millions d'habitants. Capitale : Austin. Villes principales : Houston, Dallas.

**Tezcatlipoca** ■ Dieu des Ténèbres et de la Mort dans le Mexique précolombien ; frère et adversaire de Quetzalcóatl.

Osamu **Tezuka** ■ Créateur de bandes dessinées (mangas) et de dessins animés japonais (1928-1989). Il puisa d'abord dans la littérature populaire, abordant tous les styles. Il a créé un graphisme moderne, utilisant dans ses mangas des découpages inspirés du cinéma. *Le Roi Léo ; Astro, le petit robot ; Kirihito.*

William Makepeace **Thackeray** ■ Journaliste et romancier anglais (1811-1863). Il est l'auteur d'un « roman sans héros » qui marqua son époque, *La Foire aux vanités*, puis d'un recueil de satires parues dans la revue *Punch, Le Livre des snobs*, où il crée la notion de « snobisme ». Il est l'auteur de romans historiques.

**Thaddée →** saint **Jude**

le royaume de **Thaïlande** ■ État d'Asie du Sud-Est. 513 115 km². 60,9 millions d'habitants. Capitale : Bangkok.

les **Thaïs** ■ Peuples de l'Asie du Sud-Est.

**Thalès de Milet** ■ Penseur, astronome et mathématicien grec (v. 625-v. 546 avant J.-C.).

**Thanatos** ■ mythol. grecque Dieu de la Mort.

**Thann** ■ Chef-lieu d'arrondissement du Haut-Rhin. 7 930 habitants.

Margaret **Thatcher** ■ Femme politique britannique (1925-2013). Première ministre (conservateur) de 1979 à 1990.

l'étang de **Thau** ■ Étang du Languedoc.

la **Thébaïde** ■ Ancien nom de la partie méridionale de la Haute-Égypte, dont la capitale était Thèbes (près de l'actuelle Louxor). Au IIIᵉ s., des ascètes chrétiens s'y réfugièrent.

**Thèbes** ■ Ville de l'Égypte ancienne. Temples de Louksor et de Karnak.

**Thèbes** ■ Ville de Grèce (Béotie). Détruite par Alexandre le Grand (336 avant J.-C.).

**Thémis** ■ mythol. grecque Fille d'Ouranos et de Gaïa, l'une des six sœurs des Titans (Titanides). Personnification de la Loi ou de la Justice, elle engendre avec Zeus les Parques et les Heures.

**Thémistocle** ■ Homme d'État athénien (v. 525-v. 460 avant J.-C.). Vainqueur à Salamine.

**Théocrite** ■ Poète bucolique grec (v. 315-v. 250 avant J.-C.). *Idylles.*

**Théodora** ■ Impératrice byzantine (morte en 548). Épouse de Justinien Iᵉʳ.

Mikis **Theodorakis** ■ Compositeur grec (né en 1925). Militant antifasciste, après avoir été résistant antinazi. Chansons inspirées du folklore grec, musiques de film *(Zorba le Grec ; Z).*

**Théodoric le Grand** ■ Roi des Ostrogoths (v. 455-526). En 488, il fonda un royaume en Italie.

**Théodose Iᵉʳ le Grand** ■ (v. 346-395) Empereur romain de 379 à sa mort. Il fit du christianisme une religion d'État.

**Théophile →** Théophile de **Viau**

**Théophraste** ■ Philosophe grec (v. 370-v. 287 avant J.-C.). Il succéda à Aristote à la tête du Lycée et laissa de nombreux ouvrages. Il est l'auteur de *Caractères*, que traduisit La Bruyère.

**Théra →** Santorin

sainte **Thérèse d'Ávila** ■ Religieuse espagnole (1515-1582). Écrits mystiques. Elle réforma l'ordre du Carmel.

sainte **Thérèse de l'Enfant-Jésus** ■ Religieuse française (1873-1897). Pèlerinage sur sa tombe à Lisieux.

Yves **Thériault** ■ Écrivain canadien d'expression française (1915-1983). Romans, souvent consacrés aux minorités ethniques du Canada, Inuits (*Agaguk*), Amérindiens (*Ashini*).

la journée du 9 **Thermidor an II** ■ Journée révolutionnaire (27 juillet 1794) qui entraîna la chute de Robespierre.

les **Thermopyles** ■ Défilé de la Grèce où Léonidas I$^{er}$ et ses Spartiates résistèrent aux Perses (480 avant J.-C.).

Anne Josèphe Therwagne, dite **Théroigne de Méricourt** ■ Révolutionnaire française (1762-1817). Surnommée l'« Amazone de la liberté », elle fut flagellée en public comme Girondine, en juin 1793, et sombra dans la folie.

**Thésée** ■ mythol. grecque Roi d'Athènes, il tua le Minotaure.

la **Thessalie** ■ Région du nord de la Grèce.

**Thessalonique** → Salonique

**Thétis** ■ mythol. grecque Déesse marine, fille de Nérée (Néréide), épouse du roi des Myrmidons, Pélée, et mère d'Achille.

**Thibaud** ou **Thibaut de Champagne** ■ Trouvère français, comte de Champagne sous le nom de Thibaut IV. Grand poète lyrique, dont sont restées 71 chansons.

la **Thiérache** ■ Région du nord de la France, entre l'Oise et la Sambre (département de l'Aisne).

Augustin **Thierry** ■ Historien français (1795-1856). Sa narration vivante, en partie imaginaire, de la Gaule du VI$^e$ s., souvent d'après Grégoire de Tours, les *Récits des temps mérovingiens*, remporta un grand succès.

Adolphe **Thiers** ■ Homme politique et historien français (1797-1877). Président de la III$^e$ République de 1871 à 1873.

**Thiers** ■ Chef-lieu d'arrondissement du Puy-de-Dôme. 11 232 habitants.

Barthélemy **Thimonnier** ■ Inventeur français (1793-1857). Il inventa en 1830 la première machine à coudre, mais ne put exploiter son invention.

**Thionville** ■ Chef-lieu d'arrondissement de la Moselle. 40 951 habitants.

Marcel **Thiry** ■ Poète belge d'expression française (1897-1977). Poèmes (*Toi qui pâlis au nom de Vancouver*), récits et nouvelles (*Échec au temps*).

René **Thom** ■ Mathématicien français (1923-2002). « Théorie des catastrophes ».

saint **Thomas** ■ Apôtre de Jésus.

Dylan **Thomas** ■ Écrivain britannique, gallois (1914-1953). Sa poésie, tragique, obsessionnelle, traduit une profonde angoisse. *Portrait de l'artiste en jeune chien.*

saint **Thomas Becket** ■ Archevêque anglais de Canterbury (v. 1118-1170). Il s'opposa au roi Henri II qui le fit tuer.

saint **Thomas d'Aquin** ■ Théologien italien (1228-1274). *Somme théologique*, s'efforçant de concilier raison et foi.

saint **Thomas More** → saint Thomas **More**

sir William **Thomson**, lord Kelvin ■ Physicien anglais (1824-1907). Travaux en thermodynamique.

sir Joseph John **Thomson** ■ Physicien anglais (1856-1940). Il prouva l'existence de l'électron et en étudia les propriétés. ► Son fils, sir George Paget **Thomson**, confirma la théorie ondulatoire de l'électron due à Louis de Broglie.

**Thonon-les-Bains** ■ Chef-lieu d'arrondissement de la Haute-Savoie. 33 928 habitants.

**Thor** ou **Tor** ■ mythol. scandinave Dieu guerrier, maître du tonnerre.

Henry **Thoreau** ■ Écrivain américain (1817-1862). *La Désobéissance civile.*

Maurice **Thorez** ■ Homme politique français (1900-1964). Militant socialiste, puis communiste (Congrès de Tours, 1920) secrétaire général du parti, député, il contribua au Front populaire. Mobilisé en 1939, il déserta pour l'URSS. En 1945, de Gaulle le nomma ministre d'État ; il quitta le gouvernement en 1947. Il écrivit *Fils du peuple*, ses souvenirs.

**Thot** ■ mythol. égyptienne Dieu du Savoir.

**Thoune**, en allemand **Thun** ■ Ville de Suisse (Berne). 41 200 habitants (zone urbaine 89 500).

**Thoutmôsis** ■ Nom de quatre pharaons du Nouvel Empire (XVIII$^e$ dynastie). ► **Thoutmôsis III** (1504-1450 avant J.-C.) dut épouser sa tante, Hatchepsout, pour accéder au trône après la mort de cette reine. Grand conquérant, il porta l'Empire à son apogée.

la **Thrace** ■ Région partagée entre la Grèce, la Bulgarie et la Turquie.

**Thucydide** ■ Historien grec (v. 470-v. 395 avant J.-C.). *Histoire de la guerre du Péloponnèse.*

**Thulé** ■ Terre fabuleuse, la limite nord du monde connu dans l'Antiquité.

**Thulé** ■ Comptoir polaire du nord-ouest du Groenland fondé en 1910, base d'expéditions (Rasmussen ; Jean Malaurie, qui étudia les Inuits). Base aérienne américaine, en 1945.

le canton de **Thurgovie**, en allemand **Thurgau** ■ Canton suisse. 991 km². 235 800 habitants. Chef-lieu : Frauenfeld.

la **Thuringe**, en allemand **Thüringen** ■ Land d'Allemagne. 16 176 km². 2,2 millions d'habitants. Capitale : Erfurt.

**Thyssen** ■ Famille d'industriels allemands. ► August **Thyssen** (1842-1926) fonda la firme sidérurgique Thyssen. ► Son fils, Fritz **Thyssen** (1873-1951), finança la propagande nazie, avant de rompre avec Hitler et d'être déporté à Dachau. ► Heinrich **Thyssen-Bornemisza** (1875-1947), frère de Fritz, réunit avec son fils une collection d'œuvres d'art exceptionnelle.

**Tiananmen** (« place de la Paix céleste ») ▪ Vaste place aménagée à Pékin en 1959 devant une porte de la Cité impériale. Elle abrite le mausolée de Mao Zedong, et fut en 1989 le théâtre de la violente répression des manifestations étudiantes.

**Tianjin** ou **T'ien-tsin** ▪ Port de Chine. 6,8 millions d'habitants.

le **Tian shan** ▪ Chaîne montagneuse de l'Asie centrale. 7 439 m au pic Pobedy.

**Tibère** ▪ (42 avant J.-C.-37) Empereur romain de 14 à sa mort.

le lac de **Tibériade** ▪ Lac d'Israël. 200 km².

le **Tibesti** ▪ Massif montagneux du Sahara, dans le nord du Tchad (3 415 m).

le **Tibet**, en chinois **Xizang** ▪ Région autonome de Chine, dans l'Himalaya. 1 228 400 km². 2,6 millions d'habitants. Capitale : Lhassa.

le **Tibre** ▪ Fleuve d'Italie qui traverse Rome. 396 km.

**Albius Tibullus**, en français **Tibulle** ▪ Poète latin (v. 55-19 avant J.-C.). Il chanta l'amour de Délie et la vie rurale dans ses *Élégies*.

**Ludwig Tieck** ▪ Écrivain romantique allemand (1773-1853). Lyrisme et ironie marquent ses contes populaires à thèmes médiévaux et ses romans.

**Giambattista Tiepolo** ▪ Peintre italien (1696-1770). Fantaisie, légèreté, virtuosité des formes et des couleurs caractérisent ses grandes compositions baroques ; ses décorations animent et font s'envoler les architectures.

**Charles Lewis Tiffany** ▪ Orfèvre et joaillier américain (1812-1902). ► Son fils, **Louis Comfort Tiffany** (1848-1933), fut décorateur et verrier.

**Tiflis** → Tbilissi

**Tignes** ▪ Commune de la Savoie. 2 365 habitants. Station de sports d'hiver.

le **Tigre** ▪ Fleuve d'Asie occidentale qui forme, avec l'Euphrate, le Chatt al-Arab. 1 718 km.

le **Tigré** ▪ Province du nord de l'Éthiopie. 65 900 km². 4,3 millions d'habitants. Chef-lieu : Makalé.

**Tijuana** ▪ Ville du Mexique. 1,3 million d'habitants.

**Tikal** ▪ Site archéologique maya, au Guatemala.

**Till Eulenspiegel** ou **Uilenspiegel**, en français **Till l'Espiègle** ▪ Héros d'une légende germanique du XVᵉ s., paysan jouant des tours aux nobles ou aux clercs. Son surnom est à l'origine du français « espiègle ».

**Germaine Tillion** ▪ Ethnologue française (1907-2008). Spécialiste de l'Afrique du Nord et du Moyen-Orient. Résistante, déportée en 1943, féministe, militante des droits de l'homme et contre la torture.

le traité de **Tilsit** ▪ Traité entre Napoléon Iᵉʳ et le tsar Alexandre Iᵉʳ (1807).

**Le** (en anglais *The*) **Times** ▪ Quotidien britannique conservateur fondé en 1784, racheté en 1981 par sir Rupert Murdoch. Son supplément littéraire devint une référence essentielle.

**Timgad** ▪ Ville d'Algérie. Importants restes de la ville romaine de Thamugadi (patrimoine mondial).

**Timișoara** ▪ Ville de Roumanie. 307 300 habitants.

**Timor** ▪ Île de l'est de l'archipel indonésien. 33 615 km². 1,2 million d'habitants. ► **Timor oriental**, république indépendante depuis 2002. 14 874 km². 923 200 habitants. Capitale : Dili.

**Timūr-i Lang** → Tamerlan

**Jean Tinguely** ▪ Sculpteur suisse (1925-1991). Il construisit des machines dont le seul effet est le mouvement et le rythme de formes métalliques. *La Fontaine Stravinski*, à Paris, avec Niki de Saint Phalle.

**Tintin** ▪ Personnage de bandes dessinées créé en 1929 par Hergé. Jeune reporter redresseur de torts, accompagné du chien Milou et de personnages récurrents.

le **Tintoret** ▪ Peintre vénitien (1518-1594). Doué d'une extrême rapidité d'exécution. Ses tableaux et compositions murales (par exemple à San Rocco) sont caractérisés par le dynamisme et les contrastes des formes.

**Tipasa** ▪ Ville d'Algérie, chef-lieu de wilaya sur la côte, près de Cherchell. 15 200 habitants. Classée au patrimoine de l'Unesco pour les vestiges de la ville antique, dont le « tombeau de la chrétienne », vaste mausolée circulaire.

**Tirana** ▪ Capitale de l'Albanie. 421 286 habitants.

**Tirésias** ▪ mythol. grecque Devin grec. Après avoir vécu sept ans changé en femme, il est frappé de cécité par Héra ; en compensation, Zeus lui accorde le don de prophétie. Le personnage est évoqué par Apollinaire (*Les Mamelles de Tirésias*).

**Tirso de Molina** ▪ Religieux et auteur dramatique espagnol (v. 1583-1648). Il a écrit de nombreuses comédies d'intrigue et des comédies dramatiques, dont *Le Trompeur de Séville*, première apparition de Don Juan au théâtre.

**Tirynthe** ▪ Ancienne ville de Grèce, en Argolide.

le **Titanic** ▪ Paquebot britannique qui coula au large de Terre-Neuve, en 1912.

les **Titans** n. m. pl. ▪ mythol. grecque Fils de la Terre vaincus par Zeus.

**Tite-Live** ▪ Historien latin (v. 59 avant J.-C.-v. 10). *Histoire de Rome*.

le lac **Titicaca** ▪ Lac des Andes à 3 800 m d'altitude. 8 340 km².

**Titien** ▪ Peintre vénitien (v. 1490-1576). *L'Amour sacré et l'Amour profane.* L'art de la figure (portraits, scènes symboliques), de la composition et de la couleur en fait le centre de rayonnement de la peinture vénitienne.

Josip Broz, dit **Tito** ▪ Maréchal et homme d'État (communiste) yougoslave (1892-1980). Au pouvoir de 1945 à sa mort, il incarna l'unité yougoslave, qui se défit après sa mort, et le non-alignement avec l'URSS. Il avait rompu avec Staline dès 1948, normalisant les relations de la Yougoslavie avec la Chine et le Vatican (1971). Il était partisan de l'autogestion. ▶ **Titograd** → **Podgorica.**

**Titus** ▪ (v. 40-81) Empereur romain de 79 à sa mort.

**Tivoli,** anc. **Tibur** ▪ Ville d'Italie près de Rome. 49 300 habitants. Jardins de la villa d'Este.

**Tizi Ouzou** ▪ Ville d'Algérie, chef-lieu de wilaya dans la Grande Kabylie. 104 300 habitants.

**Tlaloc** ▪ Dieu de la Pluie et de la Végétation dans le Mexique précolombien.

**Tlemcen** ou **Tilimsen** ▪ Ville d'Algérie. 173 500 habitants.

**Toamasina** ou **Tamatave** ▪ Port de Madagascar. 200 000 habitants.

**Tobago** → **Trinité-et-Tobago**

Mark **Tobey** ▪ Peintre américain (1890-1976). D'abord dessinateur et journaliste à la mode, il pratiqua une « écriture blanche » faite de signes abstraits multiples, en réseaux indéterminés se référant aux calligraphies orientales.

**Tobie** ▪ Personnage de la Bible, héros du livre qui porte son nom.

James **Tobin** ▪ Économiste américain (1918-2002). Spécialiste des problèmes monétaires et financiers, il a proposé de taxer les transactions à court terme sur les devises *(taxe Tobin).* Prix Nobel 1981.

Charles Alexis Clérel de **Tocqueville** ▪ Historien et penseur politique français (1805-1859). Son étude pénétrante *De la démocratie en Amérique* le rendit célèbre. Député, ministre des Affaires étrangères (1849), il renonça à la politique après le coup d'État du prince Napoléon. Un second chef-d'œuvre, *L'Ancien Régime et la Révolution,* montre, à travers les ruptures, la continuité de la politique de la France.

Tzvetan **Todorov** ▪ Écrivain français d'origine bulgare (né en 1939). Théoricien de la littérature et historien des idées.

Rodolphe **Toepffer** → **Töpffer**

Palmiro **Togliatti** ▪ Homme politique italien (1893-1964). L'un des fondateurs du parti communiste italien ; il participa à la guerre civile espagnole. En 1956, il se détacha du stalinisme, retournant au marxisme-léninisme.

le **Togo** ▪ État d'Afrique de l'Ouest. 56 785 km². 6,8 millions d'habitants. Capitale : Lomé.

la **Toison d'or** ▪ mythol. grecque Toison d'un bélier ailé, volée par Jason et les Argonautes.

**Tokaj** ▪ Ville de Hongrie, au nord-est du pays, sur la Tisza. 5 400 habitants. La région produit un vin liquoreux, en français le *tokay,* nom qui fut donné à un cépage d'Alsace (pinot gris).

les **Tokugawa** ▪ Dynastie de shoguns, fondée par Tokugawa Ieyasu (1542-1616), qui domina le Japon de 1603 à 1868.

**Tokyo** ou **Tōkyō** ▪ Capitale du Japon (Honshū). 12,58 millions d'habitants (zone urbaine 35,3). La ville, ancienne Edo, succéda à Kyoto comme capitale (1603). Plusieurs fois incendiée, détruite par des tremblements de terre, par les bombardements, elle fut sans cesse reconstruite. L'une des plus grandes agglomérations du monde, elle compte de nombreux quartiers très variés.

le Palais de **Tokyo** ▪ Bâtiment construit à Paris en 1937 pour l'Exposition internationale des techniques. Il a abrité notamment le Musée national d'art moderne et le Fonds national d'art contemporain. Depuis 2002, lieu interdisciplinaire consacré à la création artistique.

**Tolbiac** ▪ Anc. nom de Zülpich, petite ville allemande. Clovis y vainquit les Alamans en 496 ou 506.

**Tolède,** en espagnol **Toledo** ▪ Ville d'Espagne, capitale de Castille-La Manche. 83 872 habitants. Monuments mauresques. Alcázar.

John Ronald **Tolkien** ▪ Romancier britannique d'origine sud-africaine (1892-1973). Historien de la littérature médiévale anglaise, il créa dans *Le Seigneur des anneaux* (1954-1956) un univers imaginaire, nourri d'emprunts aux mythologies germanique et celtique.

Lev Nikolaïevitch, en français Léon **Tolstoï** ▪ Écrivain russe (1828-1910). De son œuvre romanesque se détachent au moins deux chefs-d'œuvre, l'un épique et complexe, *La Guerre et la Paix,* l'autre psychologique et moralisant, *Anna Karénine.* Il est aussi l'auteur de récits plus brefs, comme *La Mort d'Ivan Ilitch* ou *Le Père Serge.*

Alexis **Tolstoï** ▪ Écrivain soviétique (1883-1945). *Le Chemin des tourments.*

les **Toltèques** ▪ Indiens du Mexique précolombien.

Giuseppe **Tomasi di Lampedusa** → **Lampedusa**

**Tombouctou** ▪ Ville du Mali. 35 000 habitants. Aux confins du Sahara, ce fut le point de départ des caravanes, à partir du XIᵉ siècle. Ville mythique pour les Européens, elle fut visitée par René Caillié en 1828.

**Tomsk** ▪ Ville de Russie. 487 700 habitants.

les îles **Tonga** ■ Archipel et État de Polynésie. 675 km². 102 000 habitants. Capitale : Nuku'alofa.

**Tongres** ■ Ville de Belgique, dans le Limbourg. 29 800 habitants. Monuments anciens. La ville remonte à un camp romain où les troupes de César furent massacrées par le chef gaulois Ambiorix, en 59 avant J.-C.

le **Tonkin** ■ Région du nord du Viêtnam.

Rodolphe **Töpffer** ou **Toepffer** ■ Écrivain et dessinateur suisse d'expression française (1799-1846). Ses récits en images en font un précurseur de la bande dessinée *(Monsieur Vieux-Bois).* Il fut par ailleurs un conteur gai, moraliste pédagogue plein d'humour. *Voyages en zigzag.*

le palais de **Topkapı** ■ Ancienne résidence des sultans de l'Empire ottoman, à Istanbul. Musée d'art islamique et ottoman depuis 1924.

Roland **Topor** ■ Dessinateur et écrivain français (1938-1997). Il fut l'un des fondateurs, avec Arrabal, du groupe « Panique ».

la **Torah** ■ Nom hébreu des cinq premiers livres de la Bible, ou *Pentateuque.* Elle comprend les textes de la Loi.

**Torcello** ■ Île de la lagune de Venise. Cathédrale des IXe-XIe s.

le traité de **Tordesillas** ■ Traité qui, en 1494, fixait la ligne de partage des colonies entre l'Espagne et le Portugal.

Giuseppe **Torelli** ■ Violoniste et compositeur italien (1658-1709).

**Toronto** ■ Ville du Canada (Ontario). 2 503 300 habitants (zone urbaine 5 113 100).

Tomás de **Torquemada** ■ Dominicain espagnol et grand inquisiteur (1420-1498).

Evangelista **Torricelli** ■ Physicien italien (1608-1647). Il mit en évidence l'existence de la pression atmosphérique.

île de la **Tortue** ■ Petite île au nord d'Haïti. Française de 1665 à 1804, elle fut au XVIIe s. un repaire de flibustiers.

la **Toscane,** en italien **Toscana** ■ Région administrative du nord-ouest de l'Italie. 22 992 km². 3,5 millions d'habitants. Chef-lieu : Florence.

Arturo **Toscanini** ■ Chef d'orchestre italien (1867-1957).

Antonio De Curtis, dit **Totò** ■ Acteur italien (1898-1967). Il interpréta de très nombreux films et devint le comique le plus populaire du cinéma italien.

les **Totonaques** ■ Peuple indien du Mexique, dans la région de Veracruz. Leur civilisation fut brillante du IVe au Xe s.

les **Touaregs** ■ Population nomade du Sahara, d'origine berbère.

les **Toubous** ■ Population nomade du Sahara.

les **Toucouleurs** ■ Peuple (musulman) du Sénégal constitué en un royaume au Xe s.

**Toul** ■ Chef-lieu d'arrondissement de Meurthe-et-Moselle. 16 002 habitants. Toul fit partie des Trois-Évêchés.

Paul-Jean **Toulet** ■ Écrivain français (1867-1920). Poèmes raffinés *(Les Contrerimes);* romans pleins d'émotion et d'ironie *(La Jeune Fille verte).*

**Toulon** ■ Chef-lieu du Var. Port militaire. 163 974 habitants.

**Toulouse** ■ Chef-lieu de la Haute-Garonne et de la Région Midi-Pyrénées. 447 340 habitants. Basilique romane Saint-Sernin, cathédrale gothique, Capitole.

Henri de **Toulouse-Lautrec** ■ Peintre, affichiste et lithographe français (1864-1901). La force de son graphisme suffit à produire un effet puissant d'évocation, évident aussi dans son œuvre d'affichiste ; le rôle de la couleur, pour être plus discret, le fait admirer par les impressionnistes. *Le Bal du Moulin-Rouge.*

**Toumaï** (dans la langue africaine locale, « espoir de vie ») ■ Nom donné à un hominidé âgé de 7 millions d'années, découvert au Tchad en 2001.

les **Toungouzes** ou **Tunguz** ■ Groupe de tribus de Sibérie orientale.

Le **Touquet-Paris-Plage** ■ Commune du Pas-de-Calais. 5 300 habitants. Station balnéaire.

la **Touraine** ■ Région du sud-ouest du Bassin parisien. Ville principale : Tours.

**Tourcoing** ■ Ville du Nord. 92 018 habitants.

le **Tour de France** ■ Compétition annuelle de cyclisme, créée en 1903 par Henri Desgrange, et considérée comme la plus importante course cycliste mondiale.

La **Tour-du-Pin** ■ Chef-lieu d'arrondissement de l'Isère. 6 600 habitants.

Sékou **Touré** ■ (1922-1984) Président de la république de Guinée de 1958 à sa mort.

Ali Ibrahim Touré, dit Ali Farka **Touré** ■ Musicien et chanteur malien (1939-2006). Sa voix, son style où le blues s'allie aux musiques africaines traditionnelles en ont fait une vedette.

Ivan **Tourgueniev** ■ Écrivain russe (1818-1883). Récits, pièces de théâtre, romans qui célèbrent l'âme russe et critiquent la société et le servage. *Récits d'un chasseur.*

le col du **Tourmalet** ■ Col des Hautes-Pyrénées. 2 115 m.

**Tournai,** en néerlandais **Doornik** ■ Ville de Belgique (Hainaut), sur l'Escaut. 67 800 habitants. Cathédrale et églises médiévales.

Cyril **Tourneur** ■ Dramaturge anglais (v. 1575-1626). *La Tragédie du vengeur.*

Maurice **Tourneur** ■ Cinéaste français (1878-1960). Il tourna à Hollywood des films muets, puis en France des films parlants.
► Jacques **Tourneur,** son fils (1904-1977), naturalisé américain, réalisa des films aux États-Unis. *La Féline.*

Michel **Tournier** ▪ Écrivain français (né en 1924). *Vendredi ou les Limbes du Pacifique ; Le Roi des aulnes ; Les Météores ; La Goutte d'or.* Son œuvre mêle réalisme et symbole, témoignant d'un souci de la langue et d'une fascination pour les thèmes de l'enfance et du double.

**Tournon-sur-Rhône** ▪ Chef-lieu d'arrondissement de l'Ardèche. 10 689 habitants.

**Tournus** ▪ Ville de Saône-et-Loire. 5 814 habitants. Église abbatiale romane.

**Tours** ▪ Chef-lieu du département d'Indre-et-Loire, sur la Loire. 134 633 habitants.

Anne de Cotentin, comte de **Tourville** ▪ Amiral français (1642-1701). Il combattit la flotte anglaise, au service de Louis XIV.

François Dominique Toussaint, dit **Toussaint-Louverture** ▪ Homme politique de Saint-Domingue (1746-1803). Héros de l'indépendance de Haïti.

**Toutankhamon** ▪ Pharaon égyptien de v. 1354 à 1343 avant J.-C.

**Toutatis** → **Teutatès**

la république de **Touva** ▪ République autonome de Russie (Sibérie). 170 500 km². 305 500 habitants. Capitale : Kyzyl.

**Toyota** ▪ Ville du Japon, près de Nagoya. 341 040 habitants. Anc. Koromo, elle prit en 1959 le nom de l'entreprise de construction automobile Toyota créée en 1933 par le groupe textile Toyoda.

**Trabzon,** anciennement **Trébizonde** ▪ Port de Turquie sur la mer Noire. 234 000 habitants. Capitale d'un Empire grec (XIIIᵉ-XVᵉ s.).

Spencer **Tracy** ▪ Acteur américain (1900-1967). Comédies de Cukor (avec K. Hepburn).

le cap **Trafalgar** ▪ Cap d'Espagne où l'amiral Nelson vainquit la flotte franco-espagnole en 1805. ► **Trafalgar Square** Place du centre de Londres, nommée d'après la victoire de Nelson.

**Trajan** ▪ (53-117) Empereur romain de 98 à sa mort. Grand conquérant.

Georg **Trakl** ▪ Poète autrichien (1887-1914). L'un des plus grands poètes lyriques de langue allemande, marqué par le désespoir. Poèmes tragiques et violents, d'une extrême sensibilité, pleins d'un sentiment de culpabilité, et visant à une impersonnalité humaine où seuls les mots s'expriment.

la **Transoxiane** ▪ Région antique située au-delà du fleuve Oxus (l'Amou-Daria), et correspondant en partie à l'Ouzbékistan actuel.

le **Transsibérien** ▪ Voie ferrée qui relie Tcheliabinsk à Vladivostok. 7 500 km.

Tomas **Tranströmer** ▪ Poète suédois (né en 1931). Une écriture imagée et métaphorique, très exacte, pour décrire les rêves, les mystères de l'existence et la beauté de la nature. *Baltiques.* Prix Nobel 2011.

le **Transvaal** ▪ Région du nord-est de l'Afrique du Sud. Ville principale : Pretoria.

la **Transylvanie** ▪ Région de Roumanie.

la **Trappe** ▪ Abbaye cistercienne fondée dans l'Orne en 1140.

**Trasimène** ▪ Lac d'Italie (Ombrie). Victoire d'Hannibal sur les Romains en 217 avant J.-C.

le **Trás-os-Montes** (« au-delà des monts ») ▪ Ancienne province du nord du Portugal, où se trouvent la vallée du Douro et le vignoble de Porto.

**Trébizonde** → **Trabzon**

**Treblinka** ▪ Camp d'extermination nazi (1942-1945), près de Varsovie.

le **Trégorrois** ▪ Région du nord de la Bretagne.

Michel **Tremblay** ▪ Écrivain canadien d'expression française (né en 1942). Ses pièces de théâtre, qui recourent au langage parlé montréalais (le joual), ont renouvelé le genre. *Les Belles-sœurs.*

Charles **Trenet** ▪ Chanteur, auteur et compositeur français (1913-2001). La fraîcheur d'inspiration, l'optimisme apparent de ses chansons cachent mal une sensibilité inquiète, mélancolique, parfois cruelle dans la dérision. Son jeu avec les mots rappelle l'influence littéraire du surréalisme.

**Trente,** en italien **Trento** ▪ Ville d'Italie (Trentin-Haut-Adige). 104 900 habitants. ► le concile de **Trente,** s'y tint de 1545 à 1563 et fonda la Contre-Réforme.

la guerre de **Trente Ans** ▪ Conflit entre protestants et catholiques qui déchira l'Allemagne (1618-1648).

le **Trentin-Haut-Adige,** en italien **Trentino-Alto Adige** ▪ Région administrative du nord de l'Italie. 13 613 km². 940 000 habitants. Chef-lieu : Trente.

Le **Tréport** ▪ Commune de la Seine-Maritime. 5 900 habitants. Station balnéaire.

**Trèves,** en allemand **Trier** ▪ Ville d'Allemagne (Rhénanie-Palatinat). 99 800 habitants. Nombreux vestiges romains.

**Trévise** ▪ Ville d'Italie, en Vénétie. 80 100 habitants. Nombreux monuments du XIIIᵉ au XVIᵉ s.

**Trévoux** ▪ Chef-lieu de canton de l'Ain, près de Bourg-en-Bresse, sur la Saône. 6 687 habitants. À partir de 1701, les jésuites y publièrent un *Journal,* puis un *Dictionnaire* encyclopédique, enrichissement du dictionnaire de Furetière, destinés à lutter contre les jansénistes, puis les encyclopédistes.

**Trianon** ▪ Nom d'un village sur l'emplacement duquel deux châteaux furent construits dans le parc de Versailles. Le « Trianon de marbre », dû à Hardouin-Mansart, devint le *Grand Trianon.* Le *Petit Trianon,* construit par Gabriel en 1768 pour Louis XV, fut offert à Marie-Antoinette à l'avènement de Louis XVI.

Févrial ou Le Feurial, dit **Triboulet** ▪ Bouffon des rois Louis XII et François Ier à la cour de Blois (v. 1479-v. 1536).

le **Tricastin** ▪ Ancien pays du Dauphiné, à cheval sur la Drôme (Saint-Paul-Trois-Châteaux, Pierrelatte) et le Vaucluse (Bollène).

Lars von **Trier** ▪ Cinéaste danois (né en 1956). Il signa avec d'autres auteurs danois un manifeste où ils renoncent aux artifices techniques. *Europa ; Breaking the Waves ; Dancer in the Dark ; Dogville ; Melancholia.*

**Trieste** ▪ Port d'Italie (Frioul-Vénétie-Julienne), sur l'Adriatique. 211 200 habitants.

La **Trinité** ▪ Chef-lieu d'arrondissement de Martinique. 12 900 habitants.

**Trinité-et-Tobago,** en anglais *Trinidad and Tobago* ▪ État des Antilles, formé de deux îles, l'île de Trinité et l'île (plus petite) de Tobago. 5 128 km². 1,31 million d'habitants. Capitale : Port of Spain.

Jean-Louis **Trintignant** ▪ Comédien français (né en 1930). Il a joué dans de nombreux films (Rohmer, Costa-Gavras, Bertolucci, Truffaut, Claude Lelouch) et, au théâtre, a célébré Apollinaire.

Elsa **Triolet** ▪ Romancière française d'origine russe, femme d'Aragon. (1896-1970). *Le Cheval blanc.*

**Tripoli** ▪ Port du Liban. 350 000 habitants.

**Tripoli** ▪ Capitale de la Libye. 1,5 million d'habitants. ▶ la **Tripolitaine,** province du nord-ouest de la Libye.

Flora **Tristan** ▪ Femme politique française (1803-1844). Socialiste et féministe, elle lutta pour le divorce et l'amour libre. C'est la grand-mère de Gauguin.

**Tristan da Cunha** ▪ Archipel britannique des terres Australes, découvert par le navigateur portugais Tristão da Cunha*. 300 habitants. Station météorologique.

**Tristan et Iseult** ▪ Légende du Moyen Âge sur le thème de l'amour malheureux, qui a inspiré un opéra à Wagner.

François, dit **Tristan l'Hermite** ▪ Écrivain français (v. 1601-1665). Poèmes lyriques d'inspiration variée (*Les Amours de Tristan*) ; roman (*Le Page disgracié*). Sa tragédie, *Marianne,* eut autant de succès que *Le Cid.*

Jiří **Trnka** ▪ Cinéaste tchèque de films de marionnettes (1912-1969). Il renouvela le cinéma d'animation européen. *Le Rossignol de l'empereur de Chine ; Le Brave Soldat Švejk.*

**Trocadéro** ▪ Ville d'Espagne, proche de Cadix, où les Français remportèrent, en 1823, une victoire.

le **Trocadéro** ▪ Édifice parisien (1878), plus tard remplacé par le palais de Chaillot*, place et jardins, nommés d'après la victoire de Trocadéro.

**Troie** ou **Ilion** ▪ Anc. ville d'Asie Mineure dont le siège, par les Grecs, dura dix ans (*Iliade*).

les **Trois-Évêchés** ▪ Verdun, Metz et Toul, villes qui eurent un statut particulier de 1552 à 1648.

**Trois-Rivières** ▪ Ville du Canada (Québec), sur le Saint-Laurent, entre Montréal et Québec. 126 300 habitants (zone urbaine 141 500). Fabrication de pâte à papier.

**Tromsø** ▪ Ville et port de Norvège sur la côte ouest, au nord du pays. 55 500 habitants.

**Trondheim** ▪ Ville et port de Norvège, sur la côte ouest. 155 000 habitants.

Léon **Trotski** ▪ Révolutionnaire russe (1879-1940). Opposé à Staline, il fut contraint de s'exiler au Mexique, où il fut plus tard assassiné. Organisateur de l'Armée rouge (1918-1920), il était plus radical que Lénine, préconisant la « révolution permanente ».

Nikolaï **Troubetskoï** ▪ Linguiste russe (1890-1938). Il fut avec Roman Jakobson le fondateur de la phonologie, à Prague.

**Trouville-sur-Mer** ▪ Ville du Calvados, sur la Manche. 4 789 habitants. Station balnéaire.

Lev Tarassov, dit Henri **Troyat** ▪ Écrivain français d'origine russe (1911-2007). Auteur de nombreux romans, ainsi que de biographies consacrées à des écrivains ou des souverains russes.

**Troyes** ▪ Chef-lieu de l'Aube. 60 013 habitants.

Pierre Elliott **Trudeau** ▪ Homme politique (libéral) canadien (1919-2000).

François **Truffaut** ▪ Cinéaste français (1932-1984). Cinéma de cinéma subtil et exigeant, il réalisa, à partir des *Quatre Cents Coups,* des films poétiques, ironiques et nostalgiques, notamment sur l'adolescence et l'enfance.

Harry S. **Truman** ▪ (1884-1972) Président (démocrate) des États-Unis, de 1945 à 1953.

**Tsahal** (sigle de « Armée de Défense d'Israël », en hébreu) ▪ Nom de l'armée de l'État d'Israël.

**Ts'eu-hi** → Cixi

**Tshwane** ▪ Agglomération d'Afrique du Sud au sein de laquelle se trouve la capitale Pretoria.

les **Tsiganes** ou **Tziganes** ▪ Nomades originaires de l'Inde (XIe s.), auj. dispersés à travers l'Europe.

Konstantin **Tsiolkovski** ▪ Ingénieur russe (1857-1935). Pionnier de l'astronautique, il imagina les fusées à étages.

Philibert **Tsiranana** ▪ Homme d'État malgache (1912-1978). Président de la République de 1959 à 1972, puis écarté du pouvoir.

Marina Ivanovna **Tsvetaïeva** ■ Poète russe (1892-1941). Poèmes d'un souffle puissant et d'une forme hardie ; essais critiques et autobiographiques. Elle accompagna son mari en exil de 1922 à 1939 et se suicida peu après son retour en Russie.

les îles **Tuamotu** ■ Archipel de la Polynésie française.

**Tübingen** ■ Ville d'Allemagne (Bade-Wurtemberg), sur le Neckar. 81 900 habitants. Célèbre université.

**Tucson** ■ Ville des États-Unis (Arizona). 520 000 habitants.

les **Tudors** ■ Famille qui régna sur l'Angleterre de 1485 à 1603.

le palais des **Tuileries** ■ Anc. résidence des rois de France, à Paris, incendié en 1871.

**Tulle** ■ Chef-lieu de la Corrèze. 14 666 habitants.

**Tunis** ■ Capitale de la Tunisie. 728 500 habitants. Mosquée al-Zaytuna. Musée du Bardo.

la **Tunisie** ■ État d'Afrique du Nord. 163 610 km². 9,9 millions d'habitants. Capitale : Tunis.

Andreï Nikolaïevitch **Tupolev** ■ Ingénieur soviétique (1888-1972). Il construisit de nombreux types d'avions.

Henri de La Tour d'Auvergne, vicomte de **Turenne** ■ Maréchal de France (1611-1675).

Anne Robert Jacques **Turgot** ■ Homme politique et économiste français (1727-1781). Il fut ministre de Louis XVI. Il est l'auteur de *Réflexions sur la formation et la distribution des richesses*. Son réformisme dans la France pré-révolutionnaire le fit disgracier.

**Turin**, en italien **Torino** ■ Ville d'Italie (Piémont), sur le Pô. 865 300 habitants.

Alan Mathison **Turing** ■ Mathématicien et logicien britannique (1912-1954). Il imagina en 1934 un automate fictif universel, la *machine de Turing*, ancêtre de l'ordinateur.

le lac **Turkana,** anciennement **lac Rodolphe** ■ Lac du Kenya. 8 600 km².

le **Turkestan** ■ Région de l'Asie centrale.

le **Turkménistan** ■ État d'Asie centrale. 488 100 km². 5,67 millions d'habitants. Capitale : Achgabat.

**Turku** ■ Ville et port du sud de la Finlande. 175 000 habitants. La plus ancienne ville de Finlande. Monuments ; université.

Henri Le Grand, dit **Turlupin** ■ Comédien français (1587-1637). Il joua des farces au Pont-Neuf, à Paris, puis fit partie de la troupe de l'Hôtel de Bourgogne.

William **Turner** ■ Peintre anglais (1775-1851). D'abord graveur et paysagiste romantique, il fut influencé par Claude Lorrain et, après un voyage à Venise, adopta un style où les formes sont dissoutes dans les jeux colorés de lumière. Précurseur des écoles du XIXe et du XXe siècle (l'abstraction lyrique), il a créé des visions oniriques admirables où ciel, eau, brume et soleil composent un monde inconnu (*Pluie, vapeur et vitesse ; Coucher de soleil avec monstres marins*).

la **Turquie** ■ État du Proche-Orient. 779 452 km². 73,7 millions d'habitants. Capitale : Ankara.

les **Tutsis** ■ Populations africaines vivant au Rwanda, au Burundi et en partie au Congo. Éleveurs, ils occupent les mêmes territoires que les Hutus. Des conflits ont opposé les deux communautés depuis 1950, et la minorité tutsie a été victime d'un génocide au Rwanda, en 1994.

Desmond **Tutu** ■ Prélat anglican sud-africain (né en 1931). Il soutint la lutte non violente contre l'apartheid. Prix Nobel de la paix 1984.

les **Tuvalu,** anc. **îles Ellice** ■ Archipel de la Micronésie. 26 km². 9 600 habitants. Capitale : Vaiaku (atoll de Funafuti).

Alexandre **Tvardovski** ■ Poète russe (1910-1971). Ses poèmes célèbrent le peuple russe. Il critiqua le culte de Staline.

Mark **Twain** ■ Écrivain américain (1835-1910). Humoriste, doué d'une verve critique, il célèbre néanmoins les vertus des États-Unis dans ses récits, appréciés par la jeunesse. *Les Aventures de Tom Sawyer ; Les Aventures de Huckleberry Finn.*

**Twickenham** ■ Banlieue résidentielle de Londres, où se trouve un célèbre stade de rugby.

**Twitter** (n. déposé) ■ Service qui permet à ses abonnés de publier de courts messages et de suivre l'actualité en temps réel.

sir Edward Burnett **Tylor** ■ Ethnologue britannique (1832-1917). Il considère l'animisme comme la forme initiale de toute religion.

**Typhon** ■ mythol. grecque Monstre, né de Gaïa, la Terre, et de Tartare, dieu des Enfers. Il attaque l'Olympe, combat Zeus qui finit par le vaincre.

**Tyr** ■ Ancienne cité phénicienne. Un des principaux ports de la Méditerranée, dans l'Antiquité, détruit par Alexandre le Grand en 332 avant J.-C.

le **Tyrol** ■ État d'Autriche. 12 648 km². 712 077 habitants. Capitale : Innsbruck.

la mer **Tyrrhénienne** ■ Partie de la Méditerranée comprise entre l'Italie, la Sicile, la Sardaigne et la Corse.

Tristan **Tzara** ■ Écrivain français d'origine roumaine (1896-1963). Fondateur du dadaïsme.

les **Tziganes** → Tsiganes

Raoul **Ubac** ▪ Peintre et sculpteur belge (1910-1985). Lié au groupe surréaliste, il travailla d'abord la photographie, avant de s'orienter vers l'abstraction après 1945.

le père **Ubu** ▪ Personnage créé par Alfred Jarry *(Ubu roi; Ubu enchaîné...)*, incarnant le pouvoir absolu avide, imbécile et lâche.

Paolo di Dono, dit Paolo **Uccello** («l'oiseau») ▪ Peintre italien (1397-1475). Artiste complet, mosaïste, graveur, décorateur, peintre, il travailla surtout la couleur. Il sut concilier science et poésie, créant l'illusion optique et suggérant le merveilleux, par le dessin et la géométrie spatiale.

**Uccle**, en néerlandais **Ukkel** ▪ Ville de Belgique (Bruxelles-Capitale). 76 600 habitants.

Albert **Uderzo** ▪ Dessinateur français (né en 1927). Il créa avec René Goscinny* la célèbre série des *Astérix* (1959).

l'**UDF**, Union pour la démocratie française ▪ Parti politique français créé en 1978, rassemblant des partis centristes. Il fut dissous en 2007 et remplacé par le Nouveau Centre et le MoDem.

**Ueda** Akinari ▪ Romancier japonais (1734-1809). *Contes de jadis et de naguère.*

**Ugarit** ou **Ougarit** ▪ Ancienne cité cananéenne établie sur le site de Ras Shamra, sur le littoral syrien, au nord de Lattaquié. Occupé du VIIIᵉ au IVᵉ millénaire, puis au IIᵉ millénaire avant J.-C., le territoire a connu son apogée aux XIVᵉ-XIIIᵉ s., avant sa destruction par des envahisseurs («Peuples de la Mer»). On y a retrouvé un alphabet cunéiforme, antérieur à l'alphabet «phénicien».

le pic **Uhuru** → Kilimandjaro

Till **Uilenspiegel** → Till Eulenspiegel

**Ujungpandang** → Makassar

l'**Ukraine** n. f. ▪ État d'Europe orientale. 603 700 km². 47,6 millions d'habitants. Capitale : Kiev.

Walter **Ulbricht** ▪ Homme d'État allemand (1893-1973). L'un des fondateurs du Parti communiste allemand, en 1918. Il aida à instaurer le pouvoir communiste prosoviétique dans la République démocratique d'Allemagne, dont il fut le chef.

Liv **Ullmann** ▪ Actrice norvégienne (née en 1938). Interprète de théâtre, elle vint au cinéma après sa rencontre avec Ingmar Bergman *(Cris et Chuchotements; Sonate d'automne)*.

**Ulm** ▪ Ville d'Allemagne (Bade-Wurtemberg). 117 200 habitants. Cathédrale gothique.

l'**Ulster** n. m. ▪ Province d'Irlande partagée entre la république d'Irlande et le Royaume-Uni. ▶l'**Ulster** ou **Irlande du Nord** (nom officiel). 14 121 km², 1,68 million d'habitants. Capitale : Belfast.

**Ulysse**, en grec **Odysseus** ▪ Roi légendaire d'Ithaque, époux de Pénélope et père de Télémaque. Homère raconte ses aventures dans l'*Iliade* et l'*Odyssée*.

les **Umayyades** → les Omeyades

**Umm Kulthum** → Oum Kalsoum

l'**UMP**, Union pour un mouvement populaire ▪ Parti politique français fondé en 2002, composé du RPR et de diverses forces de la droite et du centre droit.

Miguel de **Unamuno** ▪ Philosophe et écrivain espagnol (1864-1936). Républicain, individualiste, il écrivit des essais pessimistes *(Le Sentiment tragique de la vie; L'Agonie du christianisme)*, des romans, des contes, des poèmes. Son influence fut profonde en Espagne.

Sigrid **Undset** ▪ Romancière norvégienne (1882-1949). *Kristin Lavransdotter.*

l'**Unesco** *(United Nations Educational, Scientific and Cultural Organization)* ▪ «Organisation des Nations unies pour l'éducation, la science et la culture», créée en 1946 et dont le siège est à Paris.

Giuseppe **Ungaretti** ▪ Poète italien (1888-1970). Sa poésie recherche le dépouillement, pour une méditation lyrique sur le destin. *Vie d'un homme* réunit ses poèmes, ses proses, des traductions de Racine, Shakespeare, Góngora, Mallarmé.

Jean-Thomas, dit Tomi **Ungerer** ▪ Dessinateur français (Alsacien) (né en 1931). Dessins de presse, dessins pour enfants, affiches d'un graphisme clair et expressif, souvent d'une gaieté cruelle. Récits pour enfants *(Les Trois Brigands; Le Géant de Zéralda).*

l'**Unicef** *(United Nations International Children's Emergency Fund)* ▪ Organisation internationale, créée en 1946 dans le cadre des Nations unies, pour améliorer la condition de l'enfance dans les pays en voie de développement.

l'**Union européenne** ▪ Union politique, économique et monétaire entrée en vigueur en 1993, succédant à la C.E.E. et à laquelle ont adhéré la Suède, la Finlande et l'Autriche (1995), la Pologne, la Hongrie, la République tchèque, la Slovaquie, la Slovénie, la Lituanie, la Lettonie, l'Estonie, Chypre et Malte (2004), la Bulgarie et la Roumanie (2007), puis la Croatie (2013), portant le nombre de membres à 28.

l'**Union Jack** ▪ Drapeau du Royaume-Uni. Né en 1606 de la réunion des emblèmes en croix d'Angleterre et d'Écosse, officialisé en 1707, le « drapeau de l'Union » (parfois *Union Flag*) a pris sa forme actuelle en 1801, avec l'ajout de l'emblème d'Irlande.

l'**Union pour la démocratie française**
→ UDF

l'**Union pour un mouvement populaire**
→ UMP

**Union sud-africaine** → Afrique du Sud

L'**Unità** ▪ Quotidien italien fondé en 1924 par Gramsci, organe du Parti communiste italien, puis du Parti démocratique de la gauche.

**Unter den Linden** ▪ Grande avenue « sous les tilleuls », tracée en 1647, joignant la vieille ville de Berlin à la porte de Brandebourg.

l'**Unterwald**, en allemand **Unterwalden** ▪ Ancien canton de Suisse, divisé en deux cantons : **Nidwald** (276 km² ; 40 000 habitants ; chef-lieu : Stans) et **Obwald** (491 km² ; 33 800 habitants ; chef-lieu : Sarnen).

les **Upanishad** n. m. pl. ▪ Textes spéculatifs sanskrits qui fixent la théologie de l'hindouisme. Postérieurs aux Védas, ils théorisent les différentes écoles, yoga, tantrisme, vishnouïsme, shivaïsme.

John Hoyer **Updike** ▪ Écrivain américain (1932-2009). Ses romans, d'un style précieux et spirituel, évoquant l'ambiguïté de la psychologie morale et sexuelle dans univers incohérent. Son anti-héros, « Rabbit » (le lapin) est aussi son double. *Rabbit est riche* (prix Pulitzer). Il est aussi l'auteur de poèmes.

**Uppsala** ▪ Ville de Suède. 185 200 habitants. Université.

**Ur** ou **Our** ▪ Ancienne cité de Mésopotamie, fondée au IIIᵉ millénaire avant J.-C.

**Uranus** ▪ Planète du système solaire. Diamètre : 51 120 km.

**Urartu** ou **Ourartou** ▪ Ancien royaume centré sur le lac de Van (actuelle Turquie). Aux IXᵉ et VIIIᵉ s. avant J.-C., ses souverains menacèrent l'Assyrie.

**Urbain** ▪ Nom de huit papes. ► **Urbain II** (v. 1042-1099), pape de 1088 à sa mort. Il annonça la première croisade. ► **Urbain VIII** (1568-1644), pape de 1623 à sa mort. Il condamna Galilée et le jansénisme.

**Urbino** ▪ Ville d'Italie (Marches). 15 300 habitants. Nombreux monuments.

Honoré d'**Urfé** ▪ Écrivain français (1567-1625). *L'Astrée* renouvela la prose française, malgré l'artifice du sujet.

**Uri** ▪ Canton de Suisse. 1 077 km². 34 900 habitants. Chef-lieu : Altdorf.

Álvaro **Uribe** ▪ Homme d'État colombien (né en 1952). Président de la République de 2002 à 2010.

l'**U. R. S. S**, « Union des républiques socialistes soviétiques » ▪ Ancien État fédéral situé en Asie et en Europe (1922-1991). Il était formé de 15 républiques. 22 402 200 km². 282,8 millions d'habitants. Capitale : Moscou.

l'**Uruguay** n. m. ▪ État d'Amérique du Sud. 176 220 km². 3,2 millions d'habitants. Capitale : Montevideo.

**Uruk** ou **Ourouk** ▪ Localité de Mésopotamie, sur la rive gauche de l'Euphrate. Ce site a révélé la *civilisation d'Uruk* (IVᵉ millénaire avant J.-C.). C'est la patrie du héros Gilgamesh*.

**Urumqi** ou **Ouroumtsi** ▪ Ville de Chine (Xinjiang). 1,73 million d'habitants.

**Urundi** → Burundi

**U. S. A.** ou **United States of America** → États-Unis d'Amérique

**Ushuaia** ▪ Ville d'Argentine. 45 000 habitants. La ville la plus australe du monde.

**Ussel** ▪ Chef-lieu d'arrondissement de la Corrèze. 9 948 habitants.

l'**Utah** n. m. ▪ État de l'ouest des États-Unis. 219 932 km². 2,2 millions d'habitants. Capitale : Salt Lake City.

Kitagawa **Utamaro** ou **Outamaro** ▪ Peintre japonais d'estampes (1753-1806). Son style gracieux, aux lignes souples, dans le portrait féminin, le paysage, les représentations animales ou végétales, en fait l'un des artistes les plus populaires au Japon et en Occident. Son élève, qu'on appela Utamaro II, continua son œuvre.

**Utique** ▪ Ancienne ville d'Afrique (Tunisie).

**Utrecht** ▪ Ville des Pays-Bas. 288 400 habitants (zone urbaine 585 200). Les *traités d'Utrecht* (1713-1715) mirent fin à la guerre de Succession d'Espagne.

Maurice **Utrillo** ▪ Peintre français (1883-1955). Fils de Suzanne Valadon*, autodidacte, il fut poussé à peindre par sa mère, et reconnu par des artistes et des écrivains ; c'est le critique d'art catalan Miguel Utrillo qui lui donna son nom. Ses premiers tableaux, réalistes et sombres, cédèrent la place à une peinture lumineuse (influence de Pissarro, Sisley), évoquant poétiquement la ville, et notamment Montmartre.

l'**Uttar Pradesh** n. m. ▪ État du nord de l'Inde. 294 411 km². 166,2 millions d'habitants. Capitale : Lucknow.

**Uzès** ▪ Ville du Gard. 8 626 habitants. Château.

l'étang de **Vaccarès** ▪ Étang de la Camargue.

**Vaduz** ▪ Capitale du Liechtenstein, sur la rive droite du Rhin. 5 000 habitants.

Roger **Vailland** ▪ Écrivain français (1907-1965). Journaliste, résistant, il adhéra au Parti communiste français. Il écrivit des romans sociaux *(325 000 francs)* et illustra le thème du libertinage *(Les Mauvais Coups; Éloge du Cardinal de Bernis).*

**Vaison-la-Romaine** ▪ Ville du Vaucluse. 6 163 habitants. Ruines romaines.

la **Valachie** ▪ Région de Roumanie.

Marie, dite Suzanne **Valadon** ▪ Peintre française (1865-1938). Enfant de prolétaires, elle fut acrobate, puis modèle, avant de pratiquer la peinture, encouragée par Degas. Ses compositions fermes, aux lignes fortes, évoquant parfois Matisse, sont à la fois réalistes et proches des disciples de Gauguin. Mère de Maurice, nommé Utrillo*.

le **Valais** ▪ Canton de Suisse. 5 224 km². 294 600 habitants. Chef-lieu : Sion.

le **Val-d'Aoste** → le val d'Aoste

le **Val-de-Marne** [94] ▪ Département français de la Région Île-de-France. 244 km². 1,33 million d'habitants. Chef-lieu : Créteil. Chefs-lieux d'arrondissement : L'Haÿ-les-Roses, Nogent-sur-Marne.

**Val-d'Isère** ▪ Commune de la Savoie. 1 602 habitants. Station de sports d'hiver.

Pierre **Valdo** ou **Valdès** ▪ Marchand lyonnais (v. 1140-après 1206), fondateur de la secte chrétienne des « pauvres de Lyon », qu'on appela « vaudois » d'après son nom.

le **Val-d'Oise** [95] ▪ Département français de la Région Île-de-France. 1 252 km². 1,18 million d'habitants. Chef-lieu : Cergy. Chefs-lieux d'arrondissement : Argenteuil, Pontoise, Sarcelles.

**Valençay** ▪ Chef-lieu de canton de l'Indre. 2 571 habitants. Château des XVIe et XVIIe s.

**Valence**, en espagnol **Valencia** ▪ Port d'Espagne sur la Méditerranée. 792 054 habitants. Capitale de la communauté autonome de Valence (23 305 km² ; 4,9 millions d'habitants).

**Valence** ▪ Chef-lieu de la Drôme. 63 148 habitants.

**Valencia** ▪ Ville du Venezuela. 1,2 million d'habitants.

**Valenciennes** ▪ Chef-lieu d'arrondissement du Nord. 43 471 habitants.

saint **Valentin** ▪ Prêtre romain martyr à Rome au IIIe s. Il devint au Moyen Âge le patron des amoureux.

**Valentinien** ▪ Nom de trois empereurs romains des IVe et Ve s.

**Valérien** ▪ Empereur romain de 253 à sa mort (260) en captivité en Perse.

le mont **Valérien** ▪ Colline dans la banlieue ouest de Paris. Mémorial de la Résistance.

Paul **Valéry** ▪ Écrivain français (1871-1945). L'œuvre a deux aspects : création (poésie : *La Jeune Parque ; Charmes...*) et réflexion. Depuis *Monsieur Teste* jusqu'à *Tel Quel* et *Mauvaises Pensées*, en passant par les *Regards sur le monde actuel* et les quatre recueils titrés *Variétés*, les textes développés et les aphorismes expriment une sagesse lucide et amère. Les *Cahiers*, tenus au jour le jour, font de Valéry un véritable philosophe.

La **Valette** → La Valette

les **Valkyries** → Walkyries

Lorenzo **Valla** ou **della Valle** ▪ Humaniste italien (1407-1457). Philologue, auteur d'ouvrages moraux en latin.

**Valladolid** ▪ Ville d'Espagne (Castille-et-León). 316 600 habitants.

la **Vallée des Rois** ▪ Site archéologique d'Égypte, près de l'ancienne Thèbes, où furent découvertes de nombreuses nécropoles de pharaons (Toutankhamon, etc.).

Ramón María del **Valle-Inclán** ▪ Écrivain espagnol de Galice (1869-1936). Poète, il est l'auteur de romans et des *Comédies barbares* (1906), d'un réalisme poétique et violent, mêlant le macabre et le comique. Ce style caractérise l'ensemble de son œuvre, marquée par sa région.

Jules **Vallès** ■ Écrivain et journaliste français (1832-1885). Auteur d'articles polémiques défendant le prolétariat (*Les Réfractaires*, *La Rue*, recueils), il fut membre de la Commune de Paris, qu'il soutint par son journal, *Le Cri du peuple*. Condamné à mort, il s'exila à Londres. Trois romans d'un style vif et passionné évoquent sa vie, sous le nom de Jacques Vingtras : *L'Enfant* (1879), *Le Bachelier* (1881), *L'Insurgé* (1886, posthume).

le **Vallespir** ■ Région des Pyrénées-Orientales correspondant à la haute vallée du Tech. Comprend les communes les plus méridionales du territoire français.

Félix **Vallotton** ■ Peintre et graveur français d'origine suisse (1865-1925).

**Vālmīki** ■ Sage indien à qui la tradition attribue la paternité du *Rāmāyana**.

**Valmy** ■ Commune de la Marne. 290 habitants. Victoire des Français sur les Prussiens (1792).

la maison de **Valois** ■ Branche cadette des Capétiens, qui régna sur la France de l'avènement de Philippe VI (1328) à celui du Bourbon Henri IV (1589).

**Valparaíso** ■ Port du Chili. 275 000 habitants.

la **Valpolicella** [valpɔlitʃella] ■ Région d'Italie en Vénétie, connue pour ses vins.

la **Valteline** ■ Vallée glaciaire des Alpes italiennes, entre les Grisons et les Alpes de Bergame. Elle fut dans l'histoire un enjeu stratégique.

le lac de **Van** ■ Lac de Turquie orientale. 3 740 km².

James Alfred **Van Allen** ■ Astrophysicien américain (1914-2006). Il découvrit en 1958 des zones de rayonnement de particules autour de la Terre, appelées *ceintures de Van Allen*.

Joos **Van Cleve** ou **Van der Beke** ■ Peintre flamand (1485-1540). Son modelé, dans les figures et les paysages, trahit l'influence italienne (le « sfumato »).

George **Vancouver** ■ Navigateur britannique (1757-1798). Il explora, après avoir navigué avec Cook, la côte nord-ouest de l'Amérique et le Pacifique.

**Vancouver** ■ Port du Canada (Colombie-Britannique) sur le Pacifique. 578 000 habitants (zone urbaine 2 116 600).

les **Vandales** ■ Anc. peuple germanique qui envahit la Gaule, l'Espagne et l'Afrique du Nord (Vᵉ-VIᵉ s.).

Joseph Van Damme, dit José **Van Dam** ■ Chanteur (baryton) belge (né en 1940). Créateur du *Saint François d'Assise* de Messiaen en 1983.

Robert Jemison **Van de Graaff** ■ Physicien américain (1901-1967). Il inventa en 1931 le premier accélérateur de particules, appelé *accélérateur de Van de Graaff*.

Hugo **Van der Goes** ■ Peintre et miniaturiste flamand (v. 1440-1482). *L'Adoration des bergers*.

Bartholomeus **Van der Helst** ■ Peintre hollandais (1613-1670). Portraits collectifs.

Rogier **Van der Weyden** ou Roger de **La Pasture** ■ Peintre flamand (v. 1399-1464). Sans doute le plus grand après Van Eyck, il exprime un sens religieux intense et pathétique.

**Van de Velde** ■ Famille de peintres et graveurs hollandais du XVIIᵉ s.

Henry **Van de Velde** ■ Architecte, peintre et théoricien belge (1863-1957). Maître de l'Art nouveau et du fonctionnalisme.

Karel **Van de Woestijne** ■ Écrivain belge d'expression flamande (1878-1929).

Christian Emil Küpper, dit Theo **Van Doesburg** ■ Architecte, peintre et théoricien de l'art néerlandais (1883-1931). Il participa à plusieurs mouvements artistiques, avec Mondrian, puis Arp et Schwitters.

Cornelis Theodorus, dit Kees **Van Dongen** ■ Peintre français d'origine néerlandaise (1877-1968). Précocement doué, il fréquenta les fauves et fut proche de l'expressionnisme allemand. Son œuvre originale, élégante et expressive par la couleur, en fit après 1913 le portraitiste mondain de la femme parisienne, ses œuvres devenant stéréotypées.

Antoon Van Dijk, sir Antony **Van Dyck** ■ Peintre flamand (1599-1641). Disciple et admirateur de Rubens, il est l'auteur d'une œuvre peinte et gravée très importante, réalisée en Angleterre, puis en Italie, où il fut influencé notamment par Titien, à Anvers et de nouveau en Angleterre. Portraits d'une grande maîtrise.

Charles **Vanel** ■ Acteur français (1892-1989). *Le Salaire de la peur ; L'Aîné des Ferchaux*.

Jan **Van Eyck** ■ Peintre flamand (v. 1390-1441). Le fondateur de l'école flamande, d'une perfection formelle totale. *L'Agneau mystique*.

Arnold Kurr dit Arnold **Van Gennep** ■ Folkloriste et ethnographe français (1873-1957). Il étudia les rites de passage (1909) et est l'auteur d'un *Manuel du folklore français contemporain* (1943-1958, inachevé).

Vincent Willem **Van Gogh** ■ Peintre néerlandais (1853-1890). Il s'initia au dessin sous l'influence de Millet, puis à la peinture. Après de sombres scènes réalistes, rejoignant à Paris son frère Théo (1857-1891) avec lequel il entretint une importante correspondance, il éclaircit sa palette et adopta une touche fragmentée *(Tournesols)*. En 1888, installé à Arles, il développa un style entièrement personnel, axé sur la recherche de l'expressivité par la couleur. Interné après des crises d'hallucination et de délire, il ne cessa pas de peindre. Établi à Auvers-sur-Oise en mai 1890, il s'y suicida 70 jours plus tard.

Jan **Van Goyen** ■ Peintre hollandais (1596-1656). Paysagiste.

Jan Baptist **Van Helmont** ■ Médecin et chimiste flamand (1577-1644). Il découvrit la nature des gaz (qu'il fut le premier à nommer ainsi) et mit en évidence le rôle du suc gastrique dans la digestion.

Antonie **Van Leeuwenhoek** → Van Leeuwenhoek

Carle **Van Loo** ■ Peintre officiel à la cour de Louis XV, français (1705-1765).

**Vannes** ■ Chef-lieu du Morbihan. 52 784 habitants.

le massif de la **Vanoise** ■ Massif des Alpes de Savoie. 3 855 m à la Grande Casse.

Bernard **Van Orley** ■ Peintre flamand (1488-1541). Portraits réalistes; décors et peintures religieuses de style italien.

Adriaen **Van Ostade** ■ Peintre et graveur hollandais (1610-1685). Scènes pittoresques « de genre » chargées d'intentions satiriques.

Herman **Van Rompuy** ■ Homme politique belge (né en 1947). Premier ministre belge (2008-2009). Il fut le premier président du Conseil européen (2010).

Jacobus Henricus **Van't Hoff** ■ Chimiste hollandais (1852-1911). L'un des créateurs de la stéréochimie, qui étudie l'organisation moléculaire dans l'espace.

**Vanuatu,** anciennement **les Nouvelles-Hébrides** ■ Archipel et État de Mélanésie. 14 763 km². 186 700 habitants. Capitale : Port-Vila.

Abraham, dit Bram **Van Velde** ■ Peintre néerlandais (1895-1981). Son style, d'abord proche de l'expressionnisme, a évolué vers une abstraction très personnelle, d'une grande force expressive.

Alfred Elton **Van Vogt** ■ Écrivain américain de science-fiction (1912-2000). *Le Monde des Â* fut traduit en français par Boris Vian.

**Vanzetti** → **Sacco** et Vanzetti

le **Var** ■ Fleuve du sud de la France. 120 km.
► le **Var** [83]. Département français de la Région Provence-Alpes-Côte d'Azur. 5 995 km². 1,01 habitants. Chef-lieu : Toulon. Chefs-lieux d'arrondissement : Brignoles, Draguignan.

**Varanasi** → **Bénarès**

Agnès **Varda** ■ Cinéaste française (née en 1928). Courts métrages et films sensibles. *Cléo de cinq à sept ; L'une chante, l'autre pas ; Les Plages d'Agnès.*

les **Varègues** ■ Vikings qui s'installèrent en Russie (IXe s.).

**Varennes-en-Argonne** ■ Commune de la Meuse où Louis XVI fut arrêté lors de sa fuite vers l'étranger (1791). 652 habitants.

Edgar ou Edgard **Varèse** ■ Compositeur américain d'origine française (1883-1965). Son œuvre révolutionnaire recourt aux percussions, seules *(Ionisations)* ou avec instruments *(Hyperprism)*, et à la musique électronique *(Déserts)*. La richesse rythmique et la force de ses œuvres mettent en valeur des sonorités nouvelles.

Getúlio **Vargas** ■ (1883-1954) Président de la république du Brésil de 1930 à 1945 et de 1951 sa mort (par suicide).

Mario **Vargas Llosa** ■ Écrivain espagnol d'origine péruvienne (né en 1936). Il a composé une vaste fresque de la société péruvienne. Il fut candidat à la présidence de la république du Pérou. Prix Nobel 2010.

**Varron** ■ Érudit latin (116-27 avant J.-C.).

**Varsovie,** en polonais **Warszawa** ■ Capitale de la Pologne, sur la Vistule. 1,70 million d'habitants. ► le pacte de **Varsovie.** Pacte de défense réciproque signé entre l'U. R. S. S. et plusieurs pays d'Europe de l'Est (1955-1991).

**Varuna** ■ Dieu créateur dans le Veda, garant de la justice, il devient dans le brahmanisme le dieu des Mers et des Fleuves.

**Vasa** → **Gustave Ier Vasa**

Victor **Vasarely** ■ Peintre français d'origine hongroise (1908-1997). Il mit au point un style abstrait par répétition d'un thème géométrique simple, soulignant les possibilités d'un art techno-industriel pour tous.

Giorgio **Vasari** ■ Historien d'art, peintre et architecte italien (1511-1574).

**Vatel** ■ Maître d'hôtel de Nicolas Fouquet, puis du Grand Condé (v. 1625-1671). Il se suicida en apprenant que la marée sur laquelle il comptait pour un banquet n'était pas arrivée.

le **Vatican** ▪ Résidence des papes à Rome. Chapelle Sixtine. ▶ l'**État du Vatican,** dont le pape est le souverain, a été créé par les accords du Latran en 1929. Basilique Saint-Pierre où eurent lieu deux conciles.

**Vatican I** ▪ (1869-1870) affirma le dogme de l'infaillibilité pontificale.

**Vatican II,** ▪ réuni de 1962 à 1965 pour moderniser l'Église.

Sébastien Le Prestre de **Vauban** ▪ Ingénieur militaire, maréchal de France (1633-1707). Responsable des fortifications sous Louis XIV.

Jacques de **Vaucanson** ▪ Ingénieur français (1709-1782). Automates.

le **Vaucluse** [84] ▪ Département français de la Région Provence-Alpes-Côte d'Azur. 3 742 km². 546 630 habitants. Chef-lieu : Avignon. Chefs-lieux d'arrondissement : Apt, Carpentras.

le canton de **Vaud,** en allemand **Waadt** ▪ Canton de Suisse. 3 211 km². 662 100 habitants. Chef-lieu : Lausanne.

Claude Favre, seigneur de **Vaugelas** ▪ Grammairien français (1585-1650). Il prôna le « bon usage », basé sur celui de la Cour.

Sarah **Vaughan** ▪ Chanteuse de jazz américaine (1924-1990).

Ralph **Vaughan Williams** ▪ Compositeur britannique (1872-1958). Musicologue, il étudia le folklore et la musique élisabéthaine. Œuvres symphoniques, chorales ; opéras (The Pilgrim's Progress).

Luc de Clapiers, marquis de **Vauvenargues** ▪ Moraliste français (1715-1747). Maximes et Réflexions.

**Vaux-le-Vicomte** ▪ Château près de Melun, construit par Le Vau pour Fouquet de 1657 à 1661.

Ivan **Vazov** ▪ Écrivain bulgare (1850-1921).

Manuel **Vázquez Montalbán** ▪ Écrivain et journaliste espagnol (1939-2003). Il publia des recueils de poèmes et des romans policiers, caractérisés par l'humour.

le **Veau d'or** ▪ Dans la Bible, idole adorée, en l'absence de Moïse, par les Hébreux sortis d'Égypte ; image de l'idolâtrie et des fausses valeurs.

les **Veda** ▪ Textes sacrés de l'hindouisme.

Simone **Veil** ▪ Femme politique française (née en 1927). Ministre de la Santé, elle fit voter en 1975 la loi autorisant en France l'interruption volontaire de grossesse. Elle présida le Parlement européen de 1979 à 1982. Académie française.

Diego **Vélasquez,** en espagnol **Velázquez** ▪ Peintre espagnol (1599-1660). Il fut non seulement, par la maîtrise de la composition et des couleurs, par la puissance suggestive, le premier peintre espagnol du XVIIᵉ s., mais pour beaucoup (Picasso, par exemple) le plus grand peintre occidental. La Reddition de Breda ; Les Ménines.

le **Velay** ▪ Région volcanique du Massif central.

**Vél d'Hiv,** « Vélodrome d'hiver » ▪ Vélodrome construit en 1909 sur le site de l'Exposition universelle de 1900, détruit en 1959. Les 16 et 17 juillet 1942, la police française y enferma plusieurs milliers de juifs, ensuite transférés à Drancy et déportés (rafle du Vél d'Hiv).

le Comtat **venaissin** → le **Comtat venaissin**

**Vence** ▪ Ville des Alpes-Maritimes. 19 160 habitants. Chapelle décorée par Matisse.

**Venceslas** → **Wenceslas**

la **Vendée** [85] ▪ Département français de la Région Pays de la Loire. 6 719 km². 641 657 habitants. Chef-lieu : La Roche-sur-Yon. Chefs-lieux d'arrondissement : Fontenay-le-Comte, Les Sables-d'Olonne. ▶ la guerre de **Vendée.** Insurrection contre-révolutionnaire de Vendée et d'Anjou (1793-1796).

**Vendôme** ▪ Chef-lieu d'arrondissement de Loir-et-Cher. 16 849 habitants.

les **Vénètes** ▪ Peuple indo-européen qui s'établit en Armorique et sur l'Adriatique, au Iᵉʳ millénaire avant J.-C.

la **Vénétie** ▪ Région du nord-est de l'Italie. ▶ la **Vénétie,** en italien **Veneto.** Région administrative de l'Italie. 18 364 km². 4,53 millions d'habitants. Chef-lieu : Venise.

**Venezuela** ou **Vénézuéla** ▪ État d'Amérique du Sud. 912 050 km². 23 millions d'habitants. Capitale : Caracas.

**Venise,** en italien **Venezia** ▪ Ville d'Italie (Vénétie), bâtie sur un groupe de 118 îlots, séparés par 200 canaux, dans la lagune de Venise. Port sur l'Adriatique. 271 000 habitants. Palais des Doges, basilique Saint-Marc ; nombreux édifices religieux et civils de styles gothique, Renaissance et baroque.

Éleuthérios **Venizélos** ▪ Homme politique grec (1864-1936). Il modernisa l'État.

les îles du **Vent** ▪ Partie orientale des Petites Antilles (Guadeloupe, Martinique, Grenade, Barbade, Trinité-et-Tobago).

les îles Sous-le-Vent → îles **Sous-le-Vent**

le mont **Ventoux** ▪ Montagne des Préalpes du Sud. 1 910 m.

**Vénus** = mythol. romaine Déesse de la Beauté et de l'Amour, l'*Aphrodite* grecque. ► **Vénus**. Planète du système solaire. Diamètre : 12 104 km.

**Veracruz** = Port du Mexique. 444 400 habitants. Station balnéaire.

**Vercingétorix** = Chef des Arvernes (v. 72-46 avant J.-C.). Il mena la révolte des peuples gaulois contre César, en 52 avant J.-C.

Jean Bruller, dit **Vercors** = Écrivain français (1902-1991). *Le Silence de la mer.*

le **Vercors** = Massif des Préalpes françaises. Maquis de la Résistance en 1944.

Giuseppe **Verdi** = Compositeur italien (1813-1901). Auteur d'opéras, célèbre depuis *Nabucco* (Nabuchodonosor, 1842). Sa popularité fut immense, comme musicien et en tant que champion de l'unité italienne. Outre des opéras connus dans le monde entier *(Rigoletto, La Traviata, Don Carlos, Aïda, Falstaff)*, il composa de la musique religieuse *(Requiem)*. Il renouvela l'opéra italien, et représenta l'idéal européen du romantisme, humaniste et généreux.

le **Verdon** = Rivière, affluent de la Durance. 200 km.

**Verdun** = Chef-lieu d'arrondissement de la Meuse, sur la Meuse. 18 291 habitants. ► le traité de **Verdun** (843) partagea l'Empire carolingien.

la bataille de **Verdun,** = la plus meurtrière de la Première Guerre mondiale (1916).

Giovanni **Verga** = Romancier italien (1840-1922). Son style réaliste est au service de récits épiques et pessimistes. *Les Vaincus; Mastro don Gesualdo.*

Charles Gravier, comte de **Vergennes** = Diplomate français (1719-1787).

**Vergèze** = Ville du Gard, près de Nîmes. 4 684 habitants. Sources d'eau minérale gazeuse (Perrier).

Émile **Verhaeren** [veraʀɛn] = Poète belge d'expression française (1855-1916). Après des poèmes célébrant la Flandre, il pratiqua un lyrisme de la modernité et de ses symboles : *Les Campagnes hallucinées, Les Villes tentaculaires, La Multiple Splendeur.* Poète de l'énergie vitale, à l'image de Hugo ou de Whitman, au langage à la fois fruste et visionnaire.

Guy **Verhofstadt** = Homme politique belge (né en 1953). Premier ministre (libéral) de 1999 à mars 2008.

Paul **Verlaine** = Poète français (1844-1896). *Poèmes saturniens; Les Fêtes galantes.* Sa poésie joue sur les rapports entre sensations et symboles, avec un sens musical rare, par transpositions et instabilités, utilisant les ressources des divers registres du langage.

Jan **Vermeer,** dit **Vermeer de Delft** = Peintre hollandais (1632-1675). Oublié après sa mort, il fut redécouvert en 1866 et devint l'un des maîtres les plus admirés, par sa rigueur formelle, la richesse et la subtilité de ses couleurs, son sens de la lumière et l'émotion discrète et intense que ses sujets transmettent. Il peignit des scènes d'intérieur, des femmes lisant ou jouant de la musique, créant autour de ses sujets une atmosphère intemporelle et secrète. *La Laitière, La Dentellière, L'Astronome,* des allégories, font partie des toiles les plus célèbres de l'art occidental.

le **Vermont** = État du nord-est des États-Unis. 24 887 km². 608 800 habitants. Capitale : Montpelier.

Jean-Pierre **Vernant** = Helléniste et historien français (1914-2007). *Mythe et religion en Grèce ancienne.*

Jules **Verne** = Écrivain français (1828-1905). Il trouva la réussite en 1862 avec *Cinq semaines en ballon,* écrit pour l'éditeur Hetzel, avec lequel il poursuivit une carrière brillante. Ses récits, bien construits, dispensent des connaissances systématiques en science et en technique, en les animant par le sens des personnages, des situations et des lieux étranges, avec une intuition de l'anticipation. *De la Terre à la Lune, Voyage au centre de la Terre, Vingt mille lieues sous les mers,* avec le Nautilus du capitaine Nemo, des récits comme *Michel Strogoff* sont connus dans le monde entier, traduits, adaptés par le cinéma. J. Verne joignit à l'optimisme positiviste du progrès le sens du fantastique.

**Vérone,** en italien **Verona** = Ville d'Italie, en Vénétie. 253 200 habitants. Arènes romaines. Édifices gothiques et Renaissance.

Paolo Caliari, dit **Veronese** («de Vérone»), en français **Véronèse** = Peintre italien de l'école vénitienne (1528-1588). Sous l'influence de Titien et de Raphaël, il devint à Venise le grand peintre de scènes décoratives où l'équilibre des compositions et la richesse des couleurs (le fameux «vert Véronèse») n'excluent pas l'énergie expressive. *Les Noces de Cana,* les décors de palais et de villas, *Le Triomphe de Venise* ne doivent pas éclipser de petites œuvres poétiques *(Lucrèce).*

Jean de **Verrazane,** en italien Giovanni da **Verrazzano** = Explorateur d'origine italienne au service de François Ier (1485-1528).

Andrea di Cione, dit il **Verrocchio** = Sculpteur, peintre et orfèvre italien (1435-1488). Statue du *Colleone* à Venise.

**Versailles** ■ Chef-lieu des Yvelines. 86 307 habitants. ▶ le château de **Versailles** construit à partir de 1661, sur ordre de Louis XIV, est, par son architecture, ses jardins et ses Trianons, le prototype de l'art classique français.

le traité de **Versailles** ■ (1919) mit fin à la Première Guerre mondiale.

le cap **Vert** ■ Promontoire le plus occidental d'Afrique, sur l'Atlantique (Sénégal).

les **Verts** ■ Parti politique écologiste français, issu du mouvement écologiste né dans les années 1970, avec René Dumont, et ancré à gauche depuis 1994. Devenu Europe Écologie-Les Verts, en 2010.

Denis Kaoufman, dit Dziga **Vertov** ■ Cinéaste russe (1896-1934). Il illustra sa théorie du « ciné-œil » *(Kinoglaz)* par un magazine filmé, la *Kino-Pravda* (« cinéma-vérité »).

**Verviers** ■ Ville de Belgique, dans la province de Liège. 54 200 habitants.

**Vervins** ■ Chef-lieu d'arrondissement de l'Aisne. 2 614 habitants.

Pierre **Véry** ■ Écrivain et scénariste français (1900-1960). *L'Assassinat du père Noël ; Les Disparus de Saint-Agil ; Goupi Mains Rouges,* tous adaptés au cinéma.

André **Vésale** ■ Anatomiste flamand (1514-1564).

**Vesoul** ■ Chef-lieu de la Haute-Saône. 15 623 habitants.

**Vespasien** ■ (9-79) Empereur romain de 69 à sa mort.

Amerigo **Vespucci,** parfois, en français Améric **Vespuce** ■ Navigateur italien (1454-1512). Il fit quatre voyages dans le Nouveau Monde, qui fut baptisé *Amérique* en son honneur (1507).

**Vesta** ■ mythol. romaine Déesse du Foyer.

Gaétan **Vestris** ■ Danseur italien (1729-1808). Il s'imposa à Paris, à Stuttgart, grâce à la perfection de son style.

le **Vésuve** ■ Volcan actif de l'Italie (Campanie). En 79 une éruption ensevelit Pompéi.

**Vevey** ■ Ville de Suisse (Vaud). 17 000 habitants (zone urbaine 81 500).

le **Vexin** ■ Région française aux confins de la Normandie et de l'Île-de-France.

**Vézelay** ■ Commune de l'Yonne. 433 habitants. Basilique romane du XIIᵉ s.

Alexandre **Vialatte** ■ Écrivain et chroniqueur français (1901-1971). Il fut aussi traducteur de l'allemand (Kafka). Ses chroniques sont un modèle d'humour et de poésie. *Dernières Nouvelles de l'homme.*

Boris **Vian** ■ Écrivain français (1920-1959). L'un des témoins les plus aigus de la sensibilité contemporaine, ironiste, critique, touchant ou féroce. Poèmes, proses, chansons. *L'Écume des jours ; L'Arrache-Cœur.*

Théophile de **Viau,** dit aussi **Théophile** ■ Poète français (1590-1626). Pièces de théâtre *(Pyrame et Thisbé)*, poèmes satiriques et libertins, élégies, odes lyriques *(La Solitude)* que leur sensibilité et leur perfection formelle firent apprécier par les lecteurs modernes, à partir des romantiques et de Mallarmé.

le **Vic-Bilh** ■ Petite région au nord-est du Béarn (Pyrénées-Atlantiques), aux confins des Landes et du Gers. Territoire viticole (vin rouge de Madiran, blanc pacherenc).

**Vicence,** en italien **Vicenza** ■ Ville d'Italie, en Vénétie. 107 200 habitants. Nombreux monuments anciens, certains de Palladio.

Gil **Vicente** ■ Poète dramatique portugais (v. 1470-v. 1537). Il écrivit en portugais ou en espagnol des pièces religieuses aussi bien que comiques. *L'Acte de la sibylle Cassandre.*

**Vichy** ■ Chef-lieu d'arrondissement de l'Allier, sur l'Allier. 24 992 habitants. Station thermale. ▶ le gouvernement de **Vichy.** Gouvernement de l'État français dirigé par le maréchal Pétain, de 1940 à 1944, et établi à Vichy.

Giambattista **Vico** ■ Historien et philosophe italien (1668-1744). Dans son œuvre principale, sur les « Principes d'une nouvelle science » (1725), recherchant la nature profonde de l'idée de nation, il propose une méthode comparative, fondée sur les textes (philologie) pour étudier la formation et l'histoire des nations. Cette conception critique de l'histoire séduisit Michelet, qui traduisit son œuvre *(Principes de la philosophie de l'histoire).*

Paul-Émile **Victor** ■ Explorateur français des régions polaires (1907-1995).

**Victor-Emmanuel II** ■ (1820-1878) Roi d'Italie de 1861 à sa mort. Un des artisans de l'unité italienne avec Cavour.

**Victor-Emmanuel III** ■ (1869-1947) Dernier roi d'Italie de 1900 à 1946.

Tomás Luis de **Victoria** ■ Compositeur espagnol (v. 1549-1611). Musique religieuse, où il se montre un maître du contrepoint.

**Victoria** ■ (1819-1901) Reine du Royaume-Uni de Grande-Bretagne et d'Irlande de 1837 à sa mort. Elle fut couronnée impératrice des Indes en 1876.

**Victoria** ■ Port du Canada (Colombie-Britannique), dans l'île de Vancouver. 78 000 habitants (zone urbaine 330 000).

le **Victoria** ■ État du sud-est de l'Australie. 227 618 km². 5,1 millions d'habitants. Capitale : Melbourne.

le lac **Victoria** ■ Lac d'Afrique, en amont duquel le Nil prend sa source. 68 100 km².

**Victoria and Albert Museum** ■ Musée de Londres.

Paul **Vidal de La Blache** ■ Géographe français (1845-1918).

François **Vidocq** ■ Aventurier français (1775-1857). Il inspira Balzac.

King **Vidor** ■ Cinéaste américain (1894-1982). Films lyriques, souvent violents.

Maria Elena **Vieira da Silva** ■ Peintre français d'origine portugaise (1908-1992). Œuvre abstraite construisant des espaces par le graphisme.

**Vienne,** en allemand **Wien** ■ Capitale de l'Autriche, sur le Danube. 1,7 million d'habitants. Ville d'art aux nombreux monuments (cathédrale, Belvédères, Hofburg, château de Schönbrunn). ▶ le **congrès de Vienne** (1814-1815) redéfinit les frontières européennes après la défaite de Napoléon Iᵉʳ.

le cercle de **Vienne,** en allemand *Wiener Kreis* ■ École philosophique qui regroupa de 1922 à 1936, autour de son fondateur Moritz Schlick*, des philosophes, logiciens et scientifiques allemands et autrichiens néopositivistes.

**Vienne** ■ Chef-lieu d'arrondissement de l'Isère. 28 800 habitants.

la **Vienne** ■ Rivière, affluent de la Loire. 372 km. ▶ la **Vienne** [86]. Département français de la Région Poitou-Charentes. 7 044 km². 428 447 habitants. Chef-lieu : Poitiers. Chefs-lieux d'arrondissement : Châtellerault, Montmorillon.

la **Haute-Vienne** [87]. ■ Département français de la Région Limousin. 5 520 km². 376 058 habitants. Chef-lieu : Limoges. Chefs-lieux d'arrondissement : Bellac, Rochechouart.

**Vientiane** ■ Capitale du Laos, sur le Mékong. 286 000 habitants.

la **Vierge Marie** → sainte **Marie**

les **îles Vierges** ■ Archipel des Petites Antilles.

**Vierzon** ■ Chef-lieu d'arrondissement du Cher. 26 743 habitants.

le **Viêt-công** ■ Nom donné en 1959 au Front national (communiste) de libération du Viêtnam du Sud, puis à l'ensemble de l'opposition armée, alliée au Viêtnam du Nord, pendant la guerre du Viêtnam.

François **Viète** ■ Mathématicien français (1540-1603). Véritable fondateur de l'algèbre.

le **Viêt-minh** (« Front d'indépendance du Viêtnam ») ■ Organisation politico-militaire constituée en 1941 par Hô Chi Minh. Devenu « Front de la patrie » en 1951, il combattit les forces françaises sous la direction du général Giáp et fut vainqueur à Diên Biên Phu (1954).

le **Viêtnam** ou **Vietnam** ■ État d'Asie du Sud-Est. 329 566 km². 86 millions d'habitants. Capitale : Hanoi.

la guerre du **Viêtnam** ■ Conflit qui opposa le Viêtnam du Nord et le Viêtnam du Sud, soutenu par les États-Unis (1954-1975).

le **Vieux de la montagne** ■ Nom donné par les Européens au chef des ismaéliens nizarites (assassins) en Syrie.

Le **Vigan** ■ Chef-lieu d'arrondissement du Gard. 4 400 habitants.

Élisabeth **Vigée-Lebrun** ■ Peintre français (1755-1842). Portraits.

Gilles **Vigneault** ■ Chanteur-compositeur canadien d'expression française (né en 1928). À la fois lyriques et pleines d'humour, ses chansons célèbrent le Québec, ses habitants et leurs traditions.

le **Vignole** ■ Architecte italien (1507-1573). Église du Gesù (Rome).

Alfred de **Vigny** ■ Écrivain, poète français (1797-1863). Pessimiste, exprimant une grande exigence morale, il publia des *Poèmes antiques et modernes* et un roman historique, *Cinq Mars*, avant *Servitude et grandeur militaires* et un drame romantique, *Chatterton*, qui évoque la solitude du génie. Les poèmes philosophiques des *Destinées* et *Journal d'un poète* furent publiés après sa mort.

**Vigo** ■ Port d'Espagne (Galice), sur l'Atlantique. 295 623 habitants.

Jean **Vigo** ■ Cinéaste français (1905-1934). Critique sociale *(À propos de Nice)* et poésie *(Zéro de conduite ; L'Atalante)* se conjuguent dans cette œuvre trop tôt interrompue.

les **Vikings** ■ Peuples scandinaves qui connurent, du VIIIᵉ au XIᵉ s., une grande expansion maritime. Vers l'est, ils envahirent le monde slave (→ **Varègues**). Vers le sud, ils s'implantèrent en Angleterre et dans la future Normandie, puis poussèrent jusqu'en Méditerranée.

la **Vilaine** ■ Fleuve de Bretagne qui passe à Rennes. 225 km.

Jean **Vilar** ■ Homme de théâtre français (1912-1971). Créateur du Festival d'Avignon.

Charles Messager, dit Charles **Vildrac** ■ Écrivain français (1882-1971). Poète, dramaturge et auteur d'ouvrages pour la jeunesse.

Pancho **Villa** ■ Révolutionnaire mexicain (1878-1923).

# VILLA-LOBOS

1038

Heitor **Villa-Lobos** ▪ Compositeur brésilien (1887-1959).

**Villard de Honnecourt** ▪ Architecte et maître d'œuvre français (XIIIe s.) Son album de croquis et d'ébauches est un témoignage précieux sur l'art des ingénieurs du Moyen Âge et l'esthétique gothique.

Claude Louis Hector, duc de **Villars** ▪ Maréchal de France (1653-1734).

**Villefranche-de-Rouergue** ▪ Chef-lieu d'arrondissement de l'Aveyron. 11 742 habitants.

**Villefranche-sur-Mer** ▪ Chef-lieu de canton des Alpes-Maritimes, près de Nice. 5 416 habitants. Port.

**Villefranche-sur-Saône** ▪ Chef-lieu d'arrondissement du Rhône. 35 640 habitants.

Geoffroi de **Villehardouin** ▪ Chroniqueur français (v. 1150-v. 1213).

Jean-Baptiste de **Villèle** ▪ Homme politique français (1773-1854). Chef des ultras.

**Villeneuve-d'Ascq** ▪ Ville du Nord, arrondissement de Lille. 62 681 habitants. Centre universitaire. Musée d'art moderne.

**Villeneuve-lès-Avignon** ▪ Chef-lieu de canton du Gard, sur le Rhône, face à Avignon. 12 266 habitants. Résidence d'été des prélats avignonnais au XIVe s.

**Villeneuve-sur-Lot** ▪ Chef-lieu d'arrondissement de Lot-et-Garonne. 23 232 habitants.

**Villers-Cotterêts** ▪ Commune de l'Aisne. 10 411 habitants. ► l'ordonnance de **Villers-Cotterêts** imposait le français au lieu du latin pour les textes officiels et juridiques (1539).

la **Villette** ▪ Ancienne commune, rattachée à Paris en 1861. Ses abattoirs furent abandonnés en 1974. ► le parc de la **Villette**. Ensemble architectural aménagé dans les années 1980, comprenant la Cité des sciences et de l'industrie, la Cité de la musique, la Grande Halle, le Conservatoire national supérieur de musique, les « folies »...

**Villeurbanne** ▪ Ville du Rhône, dans la banlieue de Lyon. 145 034 habitants.

Auguste, comte de **Villiers de L'Isle-Adam** ▪ Écrivain français (1838-1889). Il chercha à fonder le mystère et le rêve dans le récit sur une logique rigoureuse, critiquant le monde moderne, les illusions de la science (*L'Ève future*), les opinions intellectuelles (*Tribulat Bonhomet*). Son sommet littéraire, les *Contes cruels*, exalte avec un humour noir une quête spirituelle, dans la présence du Mal.

François **Villon** ▪ Poète français (v. 1431-apr. 1463). Sensualité et pessimisme, foi profonde et plaisir de la transgression, dans un langage qui mêle le lyrique au trivial, en font un précurseur de la sensibilité moderne. *Le Testament* (avec la « *Ballade des pendus* »).

Gaston Duchamp, dit Jacques **Villon** ▪ Peintre français (1875-1963). Frère de Marcel et Raymond Duchamp*, il fut d'abord graveur et affichiste, avec des œuvres d'un graphisme délicat. Influencé par l'impressionnisme, puis par le fauvisme, il élabora une œuvre abstraite ou d'un réalisme allusif au-delà du cubisme, élégante, souplement géométrique, dans des coloris clairs et subtils.

**Vilnius**, anciennement **Vilna** ▪ Capitale de la Lituanie. 542 800 habitants.

Michel Grinberg, dit Michel **Vinaver** ▪ Auteur dramatique français (né en 1927). Ses pièces, inspirées notamment par le monde de l'entreprise, sont basées sur des dialogues ambigus, fragmentaires.

**Vincennes** ▪ Ville du Val-de-Marne. 48 649 habitants. Château.

**Vincent de Beauvais** ▪ Dominicain français (mort en 1264). Auteur d'une vaste encyclopédie, le *Speculum majus* (« Grand Miroir »).

saint **Vincent de Paul** ▪ Prêtre français (1581-1660). Aumônier des galères, il fonda plusieurs congrégations, dont les Filles de la Charité.

Léonard de **Vinci** → Léonard de Vinci

Ivan **Vinogradov** ▪ Mathématicien soviétique (1891-1983). Théorie des nombres.

le mont **Vinson** ▪ Point culminant de l'Antarctique. 4 897 m.

**Vintimille**, en italien **Ventimiglia** ▪ Ville d'Italie, en Ligurie, sur le golfe de Gênes (province d'Imperia). 24 700 habitants.

Eugène **Viollet-le-Duc** ▪ Architecte français (1814-1879). Il restaura plusieurs monuments du Moyen Âge.

Rudolf **Virchow** ▪ Médecin et anthropologue prussien (1821-1902). Il fut le fondateur de la pathologie cellulaire (1858).

**Vire** ▪ Chef-lieu d'arrondissement du Calvados. 11 936 habitants.

**Virgile** ▪ Poète latin (70-19 avant J.-C.). Célébrant avec lyrisme la nature et la vie rustique, de manière épicurienne, il trouva pour évoquer les origines de Rome un ton épique et une religiosité héritée de Platon. *L'Énéide* ; les *Bucoliques* ; les *Géorgiques*.

la **Virginie** ■ État de l'est des États-Unis. 107 711 km². 7,08 millions d'habitants. Capitale : Richmond. ► la **Virginie-Occidentale**. État voisin du précédent. 62 600 km². 1,8 million d'habitants. Capitale : Charleston.

les **Visconti** ■ Famille italienne qui régna à Milan de 1277 à 1447.

Luchino **Visconti** ■ Cinéaste italien (1906-1976). Un des plus puissants et raffinés créateurs de toute l'histoire du cinéma. *Senso ; Le Guépard ; Mort à Venise.*

**Vishnou** ou **Viṣṇu** ■ Divinité de l'hindouisme.

les **Visigoths** → **Wisigoths**

Vladimir **Vissotski** ■ Poète, acteur et chanteur russe de l'époque soviétique (1938-1980). Des cassettes copiées, des concerts clandestins lui donnèrent une popularité exceptionnelle.

la **Vistule** ■ Fleuve de Pologne. 1 092 km.

**Vitebsk** ■ Ville de Biélorussie. 350 000 habitants. Cité ancienne, créée au XIᵉ s.

**Viterbe**, en italien **Viterbo** ■ Ville d'Italie, dans le Latium. 59 300 habitants. Cité médiévale.

Antoine **Vitez** ■ Acteur et metteur en scène de théâtre français (1930-1990). Il conçoit la mise en scène comme une écriture spécifique, en relation avec le texte.

Roger **Vitrac** ■ Poète et auteur dramatique français (1899-1952). Satire de la société bourgeoise et parodie du langage. *Victor ou les enfants au pouvoir.*

**Vitruve** ■ Architecte romain (Iᵉʳ s. avant J.-C.). *De architectura.*

**Vitry-le-François** ■ Chef-lieu d'arrondissement de la Marne. 13 106 habitants.

**Vittel** ■ Ville des Vosges. 5 390 habitants. Station thermale.

Antonio **Vivaldi** ■ Compositeur italien de Venise (1678-1741). Violoniste virtuose et chef d'orchestre, auteur de musique sacrée et d'opéras, il apparaît comme le véritable créateur du concerto. *Les Quatre Saisons.*

le **Vivarais** ■ Région du sud-est de la France, en bordure du Massif central.

**Viviers** ■ Chef-lieu de canton de l'Ardèche, près de Privas. 3 895 habitants.

**Vix** ■ Commune de la Côte-d'Or, près de Montbard. 112 habitants. On y découvrit en 1953 la sépulture d'une princesse celte du VIᵉ s. avant J.-C., contenant du mobilier précieux.

**Vladimir Iᵉʳ le Saint** ou **le Grand** ■ (v. 956-1015) Prince de Novgorod, grand-prince de Kiev de 980 à sa mort.

**Vladivostok** ■ Port de Russie, sur la mer du Japon. 591 800 habitants.

Maurice de **Vlaminck** ■ Peintre fauve français (1876-1958). *Les Arbres rouges.*

la **Vltava**, en allemand **Moldau** ■ Rivière de la République tchèque, affluent de l'Elbe qui arrose Prague. 430 km.

Vincent **Voiture** ■ Poète et épistolier français (1597-1648). Il donna à la prose française sa norme de « bel usage », au XVIIᵉ s.

la **Voïvodine** ou la **Vojvodine** ■ Province de Serbie. 21 506 km². 2 millions d'habitants. Capitale : Novi Sad.

les **Volces** → **Volques**

la **Volga** ■ Fleuve de Russie, le plus long d'Europe. 3 530 km. Il se jette dans la mer Caspienne.

**Volgograd**, anciennement **Tsaritsyne**, de 1925 à 1961 **Stalingrad** ■ Ville de Russie, sur la Volga. 1 million d'habitants.

Vsevolod Mikhaïlovitch Eïchenbaum, dit **Voline** ■ Anarchiste russe (1882-1945). Déporté par le tsar (1905), puis par les bolcheviks (1920), il s'exila en France. *La Révolution inconnue.*

**Volkswagen** ■ Entreprise de construction automobile allemande, établie en 1938 sur le site de Wolfsburg (Basse-Saxe). Elle produisit à partir de 1948 un modèle créé en 1937, la célèbre « Coccinelle ».

Ambroise **Vollard** ■ Marchand de tableaux et écrivain français (1868-1939). Il fit connaître Manet, Cézanne, Van Gogh, Picasso, Matisse..., alors refusés dans les Salons.

**Volnay** ■ Commune de la Côte-d'Or, arrondissement de Beaune. 279 habitants. Grands vins (bourgognes).

Constantin François de Chasseboeuf, comte de **Volney** ■ Écrivain, philosophe et homme politique français (1757-1820). Après son *Voyage en Égypte et en Syrie*, il participa à la Révolution et écrivit *Les Ruines ou Méditations sur les révolutions des empires.*

**Volpone** ■ Personnage de riche et vieux Vénitien, qui se joue de ceux qui briguent son héritage. Créé par Ben Jonson, repris par Stefan Zweig et Jules Romains. Charles Dullin l'incarna.

les **Volques** ou **Volces** ■ Populations celtiques établies au IIIᵉ s. avant J.-C. dans le sud de la France (Hérault et Gard) et en Asie Mineure.

les **Volsques** ■ Peuple italique qui envahit le Latium au VIᵉ s. avant notre ère. Les Romains (notamment Coriolan) les combattirent, puis les assimilèrent (IVᵉ s.).

Alessandro **Volta** ▪ Physicien italien (1745-1827). Inventeur de la pile électrique.

la **Volta** ▪ Fleuve du Ghana. ► le lac **Volta.** Lac artificiel (8 500 km²), formé par un barrage sur la Volta.

François Marie Arouet, dit **Voltaire** ▪ Écrivain français des Lumières (1694-1778). Son œuvre est multiple : théâtre, pamphlets, essais philosophiques, contes *(Zadig ; Candide)*. Célèbre de son vivant pour ses tragédies, il est surtout pour la postérité un témoin critique irremplaçable de son temps, un prosateur d'une intelligence aiguë, un conteur d'une ironie stimulante. Ses pamphlets, son immense correspondance ont des vertus qui semblent inépuisables.

**Volubilis** ▪ Site archéologique du Maroc, cité romaine de Maurétanie.

**Volvic** ▪ Commune du Puy-de-Dôme. 4 563 habitants. Carrières de lave. Eaux minérales.

**Võ Nguyên Giáp** ▪ Général vietnamien (1912-2013). Il battit les Français à Điện Biên Phu en 1954.

Anne Sofie **Von Otter** ▪ Cantatrice suédoise (née en 1955). Dotée d'une voix de mezzo-soprano d'une grande pureté, polyglotte, elle s'illustre aussi bien dans l'opéra, classique (Mozart) comme baroque (Monteverdi, Haendel), que dans le lied.

le **Vorarlberg** ▪ État fédéral d'Autriche. 2 601 km². 371 192 habitants. Capitale : Bregenz.

**Voronej** ▪ Ville de Russie. 848 700 habitants.

les **Vosges** n. f. pl. ▪ Massif montagneux du nord-est de la France. 1 424 m au ballon de Guebwiller. ► les **Vosges** [88]. Département français de la Région Lorraine. 5 903 km². 378 830 habitants. Chef-lieu : Épinal. Chefs-lieux d'arrondissement : Neufchâteau, Saint-Dié.

**Vosne Romanée** ▪ Village de la Côte-d'Or, près de Beaune. 460 habitants. Vin rouge (côte de Nuits).

Simon **Vouet** ▪ Peintre français (1590-1649). Premier peintre de Louis XIII.

**Vouziers** ▪ Chef-lieu d'arrondissement des Ardennes. 4 094 habitants.

**Vouvray** ▪ Chef-lieu de canton d'Indre-et-Loire, près de Tours. 3 062 habitants. Vins blancs.

Édouard Jean **Vuillard** ▪ Peintre français (1868-1940). Membre des nabis, il peignit surtout des scènes intimistes et bourgeoises, où le sujet est prétexte à des prodiges de composition colorale.

**Vulcain** ▪ mythol. romaine Dieu du Feu et des Forgerons, l'*Héphaïstos* des Grecs.

la **Vulgate** ▪ Traduction latine de la Bible, faite par saint Jérôme.

Alfred **Vulpian** ▪ Médecin et physiologiste français (1826-1887). Étudiant le système nerveux et ses maladies, il identifia la sclérose en plaques. Il fit progresser la connaissance des sécrétions hormonales.

Robert **Wace** ■ Clerc anglais de langue française (v. 1110-après 1170), auteur d'une histoire des Bretons, le *Roman de Brut* (15 000 octosyllabes), premier texte en français à évoquer le roi Arthur (1155), ainsi qu'une histoire des Normands, le *Roman de Rou*.

Abdoulaye **Wade** ■ Homme politique sénégalais (né en 1926). Président de la République de 2000 à 2012.

Richard **Wagner** ■ Compositeur allemand (1813-1883). D'abord attiré par la musique et par la philosophie, il fut chef d'orchestre et connut l'échec comme compositeur. *Le Vaisseau fantôme* (1841) inaugure l'emploi du *leitmotiv*. La théorie de son œuvre repose sur la collaboration de l'artiste et de l'esprit du peuple. Puisant ses sujets dans la légende celte (*Tristan et Isolde*) et germanique, écrivant lui-même ses livrets, il élabora, soutenu par le jeune souverain de Bavière, Louis II, une œuvre immense, puissante, novatrice par la mélodie, les harmonies, l'orchestration. *La Tétralogie : L'Or du Rhin, La Walkyrie, Siegfried, Le Crépuscule des dieux.* Festival à Bayreuth.

Otto **Wagner** ■ Architecte et théoricien autrichien (1841-1918). Art nouveau viennois.

**Wagram** ■ Village d'Autriche où Napoléon vainquit les Autrichiens, en 1809.

Andrzej **Wajda** ■ Cinéaste polonais (né en 1926). *Cendres et Diamant ; Le Bois de bouleaux ; L'Homme de fer ; Katyn.*

sainte **Walburge** ■ Religieuse bénédictine anglaise (v. 710-779). Elle s'installa en Allemagne. → **Walpurgis**.

George **Wald** ■ Biologiste américain (1906-1997). Il étudia le mécanisme photochimique de la vision. Prix Nobel de médecine 1967.

Pierre **Waldeck-Rousseau** ■ Homme politique français (1846-1904). Président du Conseil en 1899, il fit adopter une loi qui aboutit à la séparation de l'Église et de l'État.

Lech **Wałęsa** ■ Homme politique polonais (né en 1943). Président du syndicat indépendant Solidarność de 1981 à 1990, il a été président de la République de 1990 à 1995.

le **Walhalla** ou **Val-Hall** ■ Dans la mythologie germanique, séjour des guerriers morts au combat. Reçus par les Walkyries, ils y attendent, autour d'Odin (Wotan), le combat final contre les démons (Le Ragnarök).

les **Walkyries** ■ Dans la mythologie germanique, divinités féminines messagères d'Odin.

Edgar **Wallace** ■ Romancier américain d'origine britannique (1875-1932). Auteur de romans policiers (« thrillers »), il fut le scénariste du film *King Kong*, de Cooper et Schoedsack.

Albrecht von **Wallenstein** ■ Général d'origine tchèque au service de Ferdinand II durant la guerre de Trente Ans (1583-1634).

Thomas, dit Fats **Waller** ■ Pianiste, compositeur et chanteur de jazz américain (1904-1943). Pianiste solide et inventif ; chanteur humoriste, ironisant parfois sur des thèmes sentimentaux.

**Wallis et Futuna** ■ Collectivité française d'outre-mer formée de deux archipels de la Polynésie. 274 km². 12 400 habitants. Capitale : Mata Utu.

Henri **Wallon** ■ Psychologue et pédagogue français (1879-1962).

la **Wallonie** ■ Région francophone de la Belgique.

la **Région wallonne** ■ Région administrative francophone de Belgique, située dans le sud du pays. 16 844 km². 3,44 millions d'habitants. Capitale : Namur. Elle englobe à l'est la Communauté germanophone (853 km² ; 67 600 habitants).

**Wall Street** (« rue du Mur ») ■ Rue de New York, au sud de Manhattan, où se trouve la Bourse de New York, le plus grand centre financier du monde.

Robert **Walpole** ■ Homme politique anglais (1676-1745). Chef des whigs. ► Horace **Walpole**, son fils (1717-1797). Écrivain anglais. *Le Château d'Otrante*.

**Walpurgis** ■ Nuit précédant le jour de sainte *Walburge*\*, le 1er mai, dont la légende fit une nuit de sabbat, peuplée de sorcières.

Raoul **Walsh** ■ Acteur et cinéaste américain (1892-1980). Films d'action et d'aventures. *La Vallée de la peur.*

Mika **Waltari** ■ Romancier et auteur dramatique finlandais (1908-1979). Auteur de romans policiers et d'aventures, il connut le succès avec ses romans historiques. *Sinouhé l'Égyptien.*

Bruno **Walter** ■ Chef d'orchestre allemand, naturalisé américain (1876-1962). Un des très grands interprètes de Mozart et de Mahler.

Andy **Warhol** ▪ Peintre et cinéaste américain (1930-1987). Artiste du pop art.

Robert Penn **Warren** ▪ Écrivain américain (1905-1989). Critique littéraire, poète, il prit la défense des valeurs rurales du sud des États-Unis contre la démagogie politique, dans un roman, *All the King's Men* (« tous les hommes du roi »).

Walther von **Wartburg** ▪ Linguiste suisse (1888-1972). Romaniste et étymologiste, il mit en chantier et dirigea un monumental *Französisches Etymologisches Wörterbuch* (en cours depuis 1922, le début étant réécrit).

George **Washington** ▪ Homme d'État américain (1732-1799). Il fut le héros de la guerre d'Indépendance, puis le premier président des États-Unis, de 1789 à 1797.

**Washington** ▪ Capitale fédérale des États-Unis, située sur la côte est. 572 000 habitants. (zone urbaine : 3,9 millions). ▶ **Conférence et traité de Washington :** conférence de 1991-1992 sur la réduction des armements navals dans le Pacifique ; traité qui en résulta.

le **Washington** ▪ État des États-Unis, sur la côte Pacifique. 176 617 km². 6 millions d'habitants. Capitale : Olympia. Ville principale : Seattle.

**Wassy** ▪ Chef-lieu de canton de la Haute-Marne. 2 952 habitants. Un massacre des protestants, en 1562, y déclencha les guerres de Religion en France.

l'affaire du **Watergate** ▪ Scandale politique d'espionnage du parti démocrate qui contraignit le président des États-Unis (républicain) Richard Nixon à la démission (1974).

**Waterloo** ▪ Ville de Belgique. Défaite de Napoléon I$^{er}$ devant les Anglais et les Prussiens (1815) qui mit fin aux Cent-Jours.

John Broadus **Watson** ▪ Psychologue américain du comportement (1878-1958).

James Dewey **Watson** ▪ Biologiste américain (né en 1928). Découverte de la structure de l'A. D. N.

Sir Robert Alexander **Watson-Watt** ▪ Physicien britannique (1892-1973). Ses travaux permirent l'invention du radar.

James **Watt** ▪ Ingénieur et mécanicien écossais (1736-1819). Il perfectionna la machine à vapeur.

Antoine **Watteau** ▪ Peintre et dessinateur français (1684-1721). Son dessin vif et subtil, ses couleurs délicates suscitent des compositions où le rêve et la suggestion l'emportent sur la représentation sensible. *L'Embarquement pour Cythère.*

**Wattignies-la-Victoire** ▪ Commune du Nord, près d'Avesnes-sur-Helpe, où Jourdan et Carnot repoussèrent en 1793 les Autrichiens.

Evelyn Arthur St. John **Waugh,** dit Evelyn **Waugh** ▪ Romancier anglais (1903-1966). Romans humoristes, satiriques, sur des sujets parfois pathétiques. *Une poignée de cendres ; Le Cher Disparu, Officiers et Gentlemen.*

Marion Morrison, dit John **Wayne** ▪ Acteur américain, type de héros viril et généreux (1907-1979). *La Chevauchée fantastique ; Rio Bravo.*

Warren **Weaver** ▪ Mathématicien américain (1894-1978). → **Shannon**

Carl Maria von **Weber** ▪ Compositeur allemand (1786-1826). Également pianiste, chef d'orchestre et écrivain, il est aux origines de l'opéra romantique allemand. *Der Freischütz ; Oberon ; Euryanthe.*

Max **Weber** ▪ Sociologue allemand (1864-1920). *Économie et Société.*

Anton von **Webern** ▪ Compositeur autrichien (1883-1945). Un des pionniers de la musique sérielle, disciple de Schoenberg, mais affranchi de son influence dans des œuvres d'une concision extrême et d'une absolue rigueur formelle.

John **Webster** ▪ Auteur dramatique anglais (v. 1580-v. 1624). *La Duchesse d'Amalfi.*

Frank **Wedekind** ▪ Auteur dramatique allemand (1864-1918). *La Danse de mort.*

Alfred Lothar **Wegener** ▪ Géophysicien allemand (1880-1930). Théorie de la dérive des continents.

la **Wehrmacht** ▪ Nom de l'armée allemande à l'époque du nazisme, de 1935 à 1945.

Karl **Weierstrass** ▪ Mathématicien allemand (1815-1897). Fondateur de l'analyse moderne. Travaux sur les fonctions elliptiques.

Helene **Weigel** ▪ Actrice de théâtre autrichienne (1900-1971). Épouse de Bertolt Brecht, elle interpréta *La Mère,* d'après Gorki, et les pièces de Brecht, notamment *Mère Courage.* Après la mort du dramaturge, elle monta plusieurs de ses œuvres.

Simone **Weil** ▪ Philosophe française (1909-1943). Elle exprime dans ses œuvres une générosité passionnée et une spiritualité exigeante. *La Pesanteur et la Grâce.*

Kurt **Weill** ▪ Compositeur allemand, naturalisé américain (1900-1950). Il collabora avec Brecht. *L'Opéra de quat'sous.*

**Weimar** ▪ Ville d'Allemagne (Thuringe). 64 000 habitants. ▶ la **république de Weimar.** Nom donné au gouvernement de l'Allemagne (1918-1933), qui fut renversé par Hitler.

August **Weismann** ▪ Biologiste allemand (1834-1914). Études sur l'hérédité.

Louise **Weiss** ▪ Écrivain et femme politique française (1893-1983). Fondatrice de *L'Europe nouvelle* (1918) et de l'Institut de polémologie (1945, avec Gaston Bouthoul), elle milita pour les droits de la femme et l'idée européenne.

Pierre **Weiss** ▪ Physicien français (1865-1940). Il formula la théorie du ferromagnétisme.

Peter John, dit Johnny **Weissmuller** ▪ Nageur et acteur américain d'origine roumaine (1904-1984). Champion olympique au physique athlétique, il incarna Tarzan.

Chaïm **Weizmann** ▪ Homme d'état israélien (1874-1952). Sioniste, il contribua à la « déclaration Balfour », reconnaissance du projet sioniste par le gouvernement britannique (1917), et fut le premier président du nouvel État d'Israël (1949-1952).

Orson **Welles** ▪ Cinéaste et acteur américain (1915-1985). Il révolutionna la technique du film. *Citizen Kane* ; *La Soif du mal*. Il transposa avec puissance Shakespeare au cinéma (*Macbeth, Othello, Falstaff*).

le duc de **Wellington** ▪ Général britannique et homme politique (1769-1852). Vainqueur de Napoléon Ier à Waterloo.

**Wellington** ▪ Capitale de la Nouvelle-Zélande. 398 000 habitants.

Herbert George **Wells** ▪ Écrivain anglais (1866-1946). Autodidacte, journaliste, il s'illustra dans le roman d'anticipation (*L'Homme invisible, La Guerre des mondes*), créant un genre appelé à un succès mondial. D'autres romans (*Kipps*) et une autobiographie en font un témoin critique et anxieux de son époque, dans l'espoir d'une république mondiale.

**Wembley** ▪ Faubourg résidentiel au nord-ouest de Londres. On y construisit en 1923 un grand stade qui fut le stade national anglais, démoli et reconstruit entre 2000 et 2007 (par Norman Foster).

la famille de **Wendel** ▪ Famille d'industriels français, originaire de Bruges, établie à Coblence au XVIᵉ s., puis à Hayange au début du XVIIIᵉ s. ▶ Jean Martin **Wendel** (1665-1737) obtint la seigneurie et les forges de Hayange. ▶ Ignace de **Wendel** (1741-1795) fonda les forges du Creusot. ▶ François de **Wendel** (1778-1825) développa les forges de Hayange ; ses petits-fils créèrent en 1871 une société, développée sous l'impulsion, notamment, de François de **Wendel** (1874-1949), homme politique et régent de la Banque de France.

Wilhelm, dit Wim **Wenders** ▪ Cinéaste allemand (né en 1945). Œuvre de méditation sur l'identité, fascinée par le thème de l'errance. *L'Ami américain* ; *Paris Texas* ; *Les Ailes du désir*.

Abraham Gottlob **Werner** ▪ Minéralogiste et géologue allemand (1750-1817). Un des créateurs de la géologie moderne.

Carl **Wernicke** ▪ Psychiatre et neurologue allemand (1848-1905). Il étudia les localisations cérébrales et définit une forme d'aphasie.

Max **Wertheimer** ▪ Psychologue américain d'origine allemande (1880-1943). L'un des fondateurs de la « psychologie de la forme ».

la **Weser** ▪ Fleuve d'Allemagne centrale. 440 km.

John **Wesley** ▪ Réformateur religieux anglais (1703-1791). Fondateur du méthodisme.

le **Wessex** ▪ Royaume saxon (Vᵉ-IXᵉ s.).

Morris **West** ▪ Écrivain australien (1916-1999). Romans à succès sur fond historique. *Les Souliers de saint Pierre* ; *L'Ambassadeur*.

George **Westinghouse** ▪ Inventeur et industriel américain (1846-1914). Il inventa notamment le frein à air comprimé.

**Westminster** ▪ Quartier du centre de Londres. ▶ **Westminster Abbey,** abbaye de Westminster, où sont couronnés les rois d'Angleterre.

la **Westphalie,** en allemand **Westfalen** ▪ Anc. région d'Allemagne. Les *traités de Westphalie* mirent fin à la guerre de Trente Ans (1648).

Maxime **Weygand** ▪ Général français (1867-1965).

Edith **Wharton,** née Jones ▪ Écrivaine américaine (1862-1937). Elle dépeint en moraliste dans ses romans la haute société des États-Unis, menacée par le monde des affaires.

James Abbott McNeill **Whistler** ▪ Peintre américain (1834-1903). Influencé par les peintres hollandais et par Courbet, il est l'auteur d'une œuvre peinte et gravée, faite surtout de portraits et de paysages aux tons raffinés. À la fin de sa vie, ses compositions tendent à un jeu géométrique et coloré qui annonce l'abstraction.

Alfred North **Whitehead** ▪ Mathématicien, logicien et philosophe anglais (1861-1947). Il publia avec Bertrand Russell les *Principia mathematica*. Autres œuvres, parmi lesquelles *Le Concept de nature* ; *Le Devenir de la religion*.

Walt **Whitman** ▪ Poète américain (1819-1892). Le plus grand auteur lyrique des États-Unis au XIXᵉ s., au souffle puissant, à l'optimisme humaniste et sensible. Les *Feuilles d'herbe*.

le mont **Whitney** ▪ Montagne des États-Unis (Californie). 4 418 m.

WHITNEY

1044

William Dwight **Whitney** ■ Linguiste américain (1827-1894). Spécialiste du sanskrit, lexicographe de l'anglais, il publia deux ouvrages de synthèse sur le langage et son étude, qui annoncent le fonctionnalisme du XXᵉ s.

Benjamin Lee **Whorf** ■ Linguiste américain (1897-1941). Spécialiste des langues amérindiennes, il formula avec E. Sapir l'hypothèse selon laquelle les langues modèlent les cultures et les modes de pensée.

Charles Marie **Widor** [vidɔʀ] ■ Organiste et compositeur français (1844-1937). Symphonies pour orgue et orchestre.

Christoph Martin **Wieland** ■ Écrivain allemand (1733-1813). *Oberon*, poème.

Norbert **Wiener** ■ Mathématicien américain (1894-1964). Fondateur de la cybernétique.

**Wiesbaden** ■ Ville d'Allemagne (Hesse). 270 100 habitants.

Elie **Wiesel** ■ Écrivain juif américain d'expression française et anglaise (né en 1928). *Le Testament du poète juif assassiné*.

Simon **Wiesenthal** ■ Activiste et militant autrichien (1908-2005). Architecte de formation, rescapé des camps de concentration, il consacra sa vie à la recherche des criminels nazis.

l'île de **Wight** ■ Île britannique de la Manche. 381 km². 132 700 habitants. Chef-lieu : Newport.

Oscar **Wilde** ■ Écrivain britannique (1854-1900). Prosateur et dramaturge raffiné, esthète et humoriste, il critiqua avec esprit la haute société britannique. Il est l'auteur d'un récit fantastique admirable, *Le Portrait de Dorian Gray*. Persécuté pour ses mœurs homosexuelles, il tira de son emprisonnement les poèmes de la *Ballade de la geôle de Reading*.

Billy **Wilder** ■ Cinéaste américain d'origine autrichienne (1906-2002). *Certains l'aiment chaud. Boulevard du crépuscule*.

**Wilhelmine** ■ (1880-1962) Reine des Pays-Bas de 1890 à 1948.

Jonny **Wilkinson** ■ Rugbyman britannique (né en 1979). Buteur exceptionnel.

**Willem-Alexander** ■ Roi des Pays-Bas (né en 1967). Il a succédé à sa mère, Béatrix Iʳᵉ, en 2013.

William Carlos **Williams** ■ Écrivain américain (1883-1963). Il est l'auteur d'un grand poème *(Paterson,)* d'un cycle de romans, de nouvelles, d'essais et d'une *Autobiographie*.

Thomas Lanier **Williams**, dit Tennessee **Williams** ■ Auteur dramatique américain (1911-1983). Il évoque avec force les conflits psychologiques et sociaux dans son théâtre, qui met en scène la décadence de la société sudiste des États-Unis. Nombreux scénarios de films. *La Ménagerie de verre ; Un tramway nommé Désir ; La Chatte sur un toit brûlant*.

Albert Carel **Willink** ■ Peintre néerlandais (1900-1983). Il passa de l'abstraction à un réalisme fantastique, pratiquant une peinture d'idées qui fait songer à Chirico et aux surréalistes belges.

Richard **Wilson** ■ Peintre britannique (gallois) (1714-1782). Paysages poétiques, d'une facture précise.

Thomas Woodrow **Wilson** ■ (1856-1924) Président (démocrate) des États-Unis de 1913 à 1921.

sir Frank Johnstone, dit Angus **Wilson** ■ Auteur dramatique et romancier anglais (1913-1991). Ses nouvelles et romans critiquent la bourgeoisie intellectuelle britannique, n'épargnant que l'héroïne du roman *Les Quarante Ans de Mrs Eliot*.

Robert, dit Bob **Wilson** ■ Metteur en scène de théâtre américain (né en 1944). Ses spectacles mettent en évidence ce qui échappe au langage, le corps, les attitudes, la musique.

**Wimbledon** ■ Banlieue dans le sud-ouest de Londres où se déroule chaque année un tournoi de tennis sur gazon.

**Winchester** ■ Ville d'Angleterre (Hampshire). 107 200 habitants. Cathédrale.

Johann **Winckelmann** ■ Archéologue et historien d'art allemand (1717-1768).

**Windhoek** ■ Capitale de la Namibie. 234 000 habitants.

**Windsor** ■ Ville d'Angleterre (Berkshire). Château (XIIᵉ-XIXᵉ s.), résidence royale.

Donald Woods **Winnicott** ■ Pédiatre et psychanalyste anglais (1896-1971). Il étudia le développement du jeune enfant et promut les idées d'« espace » et d'« objets transitionnels ». *Jeu et réalité : l'espace potentiel*.

**Winnipeg** ■ Ville du Canada (Manitoba), sur le lac *Winnipeg* (24 650 km²). 633 500 habitants (zone urbaine 694 600).

Franz Xaver **Winterhalter** ■ Peintre allemand (1805-1873). Tableaux de groupes et portraits d'une grande élégance, pour l'aristocratie et les cours (de France : Louis-Philippe, Napoléon III ; d'Angleterre ; d'Autriche).

**Winterthur** ■ Ville de Suisse (Zurich). 94 700 habitants (zone urbaine 123 400).

le **Wisconsin** ■ État du nord des États-Unis. 145 439 km². 5,36 millions d'habitants. Capitale : Madison.

les **Wisigoths** ou **Visigoths** ■ Anc. peuple germanique qui envahit l'Italie puis la Gaule et fonda un royaume en Espagne (Vᵉ s.).

**Wissembourg** ■ Chef-lieu d'arrondissement du Bas-Rhin. 7 780 habitants.

Johan ou Jan de **Witt** ■ Homme d'État hollandais (1625-1672).

**Wittelsbach** ■ Famille royale de Bavière, du XII<sup>e</sup> s. jusqu'en 1918.

Ludwig **Wittgenstein** ■ Philosophe et logicien autrichien naturalisé britannique (1889-1951). *Tractatus logico-philosophicus.*

la **Woëvre** ■ Plaine fertile de l'est de la France.

Hugo **Wolf** ■ Compositeur autrichien (1860-1903). Auteur de lieder.

les **Wolofs** ou **Ouolofs** ■ Peuple du Sénégal. Société d'éleveurs, organisée en castes. Adeptes d'une confrérie musulmane fondée à la fin du XIX<sup>e</sup> s.

Wolfgang Schulze, dit **Wols** ■ Peintre allemand (1913-1951). Précurseur de l'art informel. Ses œuvres furent comparées à des « délires organisés » (M. Seuphor).

Steveland Morris, dit Stevie **Wonder** ■ Musicien et chanteur américain (né en 1950). Musique « soul », avec accompagnements électroniques.

**Wong** Kar-Wai ■ Cinéaste chinois de Hong Kong (né en 1958). Films d'un esthétisme raffiné, marqué par la nostalgie du Hong Kong des années 1960. *Chungking Express ; In the Mood for Love.*

Eldrick, dit Tiger **Woods** ■ Joueur de golf américain (né en 1975). Exceptionnellement précoce, il devint professionnel à vingt ans et numéro un mondial moins d'un an après. Il accumula ensuite victoires et titres.

**Woodstock** ■ Localité située entre New York et Albany, où eut lieu en août 1969 le premier grand rassemblement de la pop music (40 groupes ; 400 000 participants).

Virginia **Woolf** ■ Romancière anglaise (1882-1941). Ses récits explorent avec sensibilité les « courants de conscience » et leurs évolutions les plus fines, inaugurant l'un des courants essentiels du roman moderne. *Mrs Dalloway ; Les Vagues.*

William **Wordsworth** ■ Poète romantique anglais (1770-1850). *Ballades lyriques* (avec Coleridge).

**Worms** ■ Ville d'Allemagne (Rhénanie-Palatinat). 80 000 habitants. ► le **concordat de Worms** (1122) mit fin à la querelle des Investitures.

**Wotan** → **Odin**

sir Christopher **Wren** ■ Architecte britannique (1632-1723). Cathédrale Saint-Paul à Londres.

Frank Lloyd **Wright** ■ Architecte et théoricien américain (1867-1959). Musée Guggenheim à New York.

les frères **Wright** ■ Pionniers américains de l'aviation. Wilbur Wright (1867-1912) et Orville Wright (1871-1948) mirent au point le premier aéroplane.

Richard **Wright** ■ Romancier américain (1908-1960). Il dénonça la condition des Noirs en Amérique.

**Wrocław,** en allemand **Breslau** ■ Ville de Pologne, en basse Silésie. 634 600 habitants.

**Wuhan** ■ Ville de Chine (Hubei). 6,79 millions d'habitants.

**Wuppertal** ■ Ville d'Allemagne (Rhénanie-du-Nord-Westphalie). 366 000 habitants.

**Wurtemberg** ■ Anc. État de l'Allemagne du Sud-Ouest. → **Bade-Wurtemberg.**

**Würzburg** ■ Ville d'Allemagne (Bavière). 131 300 habitants. Monuments baroques.

le **W. W. F.** *(World Wide Fund for Nature)* ■ Organisation mondiale de protection de la nature, fondée en 1961 par l'ornithologiste Max Nicholson sur une initiative de Julian Huxley. Elle est implantée dans 100 pays (en France depuis 1973).

John **Wyclif** ou **Wycliffe** ■ Théologien anglais, précurseur de la Réforme (1320-1384).

William **Wyler** ■ Cinéaste américain d'origine suisse (1902-1981). *L'Insoumise ; La Vipère.*

le **Wyoming** ■ État de l'ouest des États-Unis. 253 597 km². 493 800 habitants. Capitale : Cheyenne.

Stanisław **Wyspiański** ■ Auteur dramatique polonais (1869-1907). *Les Noces.*

**Xanthippe** ▪ Épouse de Socrate (Vᵉ s. avant J.-C.). Selon Platon, femme acariâtre, épousée par le sage pour exercer sa patience.

**Yannis Xenakis** ▪ Compositeur grec naturalisé français (1922-2001). Il utilisa des modèles mathématiques pour renouveler l'organisation du temps par les sons, dans des œuvres puissantes et structurées.

**Xénophane** ▪ Philosophe grec d'Asie Mineure (VIᵉ s. avant J.-C.). Il dénonça l'anthropomorphisme de la religion grecque et son image des dieux, immorale à ses yeux.

**Xénophon** ▪ Écrivain et chef militaire grec (v. 430-v. 352 avant J.-C.). *Mémorables* ; *L'Anabase*.

**Xeres** → Jerez de la Frontera

**Xerxès Iᵉʳ** ▪ (v. 519-465 avant J.-C.) Roi de Perse de 486 à sa mort. Il battit les Spartiates de Léonidas aux Thermopyles en 480 avant J.-C. mais fut vaincu à Salamine.

**Xian** ou **Si-ngan** ▪ Ville de Chine (Shaanxi). 3,87 millions d'habitants. Anc. capitale des Han et des Tang.

**le Xinjiang** ou **Sin-kiang** ▪ Région autonome de l'ouest de la Chine. 1 653 000 km². Environ 20 millions d'habitants. Capitale : Urumqi.

**Xochimilco** ▪ Ville du Mexique, aujourd'hui intégrée dans la banlieue de Mexico. Bourg ancien, célèbre par ses jardins flottants.

# Y

Kateb **Yacine** → Kateb Yacine

**Yahvé** ▪ Bible Nom du Dieu d'Israël.

**Université Yale** ▪ Université située à New Haven (Connecticut, États-Unis). Fondée en 1701 à Killingworth, transférée en 1716 à New Haven, c'est l'une des plus prestigieuses universités privées des États-Unis.

**Yalta** ▪ Ville d'Ukraine, en Crimée. 89 000 habitants. ▶ La conférence de **Yalta** réunit Roosevelt, Churchill et Staline pour établir les nouvelles frontières politiques de l'Europe (1945).

**Yamoussoukro** ▪ Capitale de la Côte d'Ivoire depuis 1983. 150 000 habitants.

**Yangon** → Rangoun

**le Yangzi jiang** ou **Yang-tseu-kiang** → Chang jiang

**Yaoundé** ▪ Capitale du Cameroun. 1,8 million d'habitants.

**William Butler Yeats** ▪ Auteur dramatique et conteur irlandais (1865-1939). Marqué par des expériences médiumniques (*Vision*), il exploita dans sa poésie un monde d'images.

**Yellowknife** en anglais « couteau jaune » ▪ Capitale des Territoires du Nord-Ouest, au Canada. 16 500 habitants.

**Yellowstone** ▪ Parc national américain (Wyoming), traversé par la rivière *Yellowstone*, affluent du Missouri (1 600 km).

**le Yémen** ▪ État de la péninsule Arabique. 536 869 km². 19,7 millions d'habitants. Capitale : Sanaa. Réunion des anciens Yémen du Nord et Yémen du Sud (république démocratique et populaire).

**Narciso Yepes** ▪ Guitariste espagnol (1927-1997). Il composa et joua la musique du film *Jeux interdits* (René Clément).

**Alexandre Yersin** ▪ Biologiste français d'origine suisse (1863-1943). Il découvrit en 1894, en même temps que le Japonais Shibasaburo Kitasato le bacille de la peste.

**l'île d'Yeu** ▪ Île de la Vendée.

**Yezd** ou **Yazd** ▪ Ville d'Iran, en bordure du désert du Kavir. 432 200 habitants. Mausolée des Douze Imams.

**Yijing** ou **Yi-King** (« livre des mutations ») ▪ Traité de divination, un des plus anciens textes chinois (Iᵉʳ millénaire avant J.-C.). Il se présente comme le commentaire des 64 hexagrammes obtenus en maniant 50 tiges d'une plante, l'achillée.

**Yogyakarta** → Jogjakarta

**Yokohama** ▪ Port du Japon (Honshū). 3,6 millions d'habitants.

**l'Yonne** n. f. ▪ Rivière, affluent de la Seine. 293 km. ▶ l'**Yonne** [89]. Département français de la Région Bourgogne. 7 424 km². 342 463 habitants. Chef-lieu : Auxerre. Chefs-lieux d'arrondissement : Avallon, Sens.

**la maison d'York** ▪ Famille noble anglaise qui s'opposa à la maison des Lancastre lors de la guerre des Deux-Roses.

**York** ▪ Ville d'Angleterre (Yorkshire du Nord). 181 100 habitants. Cathédrale (XIIIᵉ-XVᵉ s.). ▶ le **Yorkshire**. Région du nord-est de l'Angleterre.

les **Yoroubas** ▪ Peuple d'Afrique de l'Ouest (Nigeria, Bénin, Togo).

**Yosemite National Park** ▪ Parc national des États-Unis (Californie), dans la Sierra Nevada, autour de la vallée de Yosemite.

**Yoshida** Shigeru ▪ Homme politique japonais (1878-1967). Président du Conseil entre 1946 et 1954, il œuvra à la réintégration du Japon dans le monde occidental.

la **Yougoslavie** ▪ Anc. État des Balkans, formé de 1946 à 1991 par six républiques fédérées : la Bosnie-Herzégovine, la Croatie, la Macédoine, le Monténégro, la Serbie, la Slovénie. ▶ la **république fédérale de Yougoslavie**, fondée en 1992, est devenue l'Union de Serbie-et-Monténégro en 2003.

**Edward Young** ▪ Poète anglais (1683-1765). *Les Nuits*.

**Brigham Young** ▪ Chef religieux américain (1801-1877). Il conduisit la secte des mormons en Utah, à Salt Lake City, en 1847.

**Lester Young** ▪ Saxophoniste de jazz américain, surnommé Prez « président » (1909-1959). Il fit évoluer le style de son instrument, le saxophone ténor, préfigurant le jazz « cool ».

**Marguerite Yourcenar** ▪ Romancière française (1903-1987). Elle est l'auteur de romans philosophiques à arrière-plan historique (*Mémoires d'Hadrien*) et de Mémoires (*Souvenirs pieux*). Première femme élue à l'Académie française.

**Ypres**, en néerlandais **Ieper** ▪ Ville de Belgique (Flandre-Occidentale). 34 900 habitants.

**Ys** ▪ Cité légendaire bretonne qui aurait été submergée par les flots (au IVe ou Ve s.).

**Eugène Ysaye** [izai] ▪ Violoniste, chef d'orchestre et compositeur belge (1858-1931). Virtuose, il composa surtout des pièces pour violon.

**Yser**, en néerlandais **Ijser** ▪ Fleuve côtier franco-belge. 78 km du département du Nord à la mer du Nord. Théâtre d'une importante bataille en 1914.

**Yssingeaux** ▪ Chef-lieu d'arrondissement de la Haute-Loire. 7 055 habitants.

les **Yuan** ▪ Dynastie mongole qui régna sur la Chine de 1279 à 1368.

le **Yucatán** ▪ Vaste péninsule du Mexique, dans le sud-est du pays. Ruines de la civilisation maya. Tourisme. ▶ l'**État du Yucatán** État du Mexique, correspondant à cette région. 62 000 km². 1,9 million d'habitants. Capitale : Merida.

**Hideki Yukawa** ▪ Physicien japonais (1907-1981). Il postula en 1935 l'existence du méson. Prix Nobel 1949.

le **Yukon** ▪ Fleuve du Canada et de l'Alaska. 3 185 km. ▶ le **Yukon**. Territoire du nord-ouest du Canada. 482 443 km². 30 400 habitants. Capitale : Whitehorse.

le **Yunnan** ▪ Province du sud-ouest de la Chine. 394 000 km². 42,4 millions d'habitants. Capitale : Kunming.

**Muhammad Yunus** ▪ Économiste bangladais (né en 1940). Il a développé le système du microcrédit en créant une banque spécialisée (la Grameen Bank) pour aider les pauvres des zones rurales. Prix Nobel de la paix 2006.

**Yunus Emre** ▪ Poète mystique turc (XIVe s.). Il illustre une philosophie panthéiste.

les **Yvelines** [78] ▪ Département français de la Région Île-de-France. 2 284 km². 1,41 million d'habitants. Chef-lieu : Versailles. Chefs-lieux d'arrondissement : Mantes-la-Jolie, Rambouillet, Saint-Germain-en-Laye.

**Yverdon-les-Bains** ▪ Ville de Suisse (canton de Vaud), station thermale à l'extrémité sud du lac de Neuchâtel. 24 700 habitants (zone urbaine 29 800). Le premier parc technologique de la Suisse (Y-Parc) y a été inauguré en 1986.

**Yvetot** ▪ Chef-lieu de canton de Seine-Maritime, près de Rouen. 11 725 habitants. Fief indépendant au Moyen Âge, la capitale du pays de Caux fut une principauté jusqu'en 1789.

# Z

Ossip **Zadkine** ■ Sculpteur russe naturalisé français (1890-1967). Œuvre d'une expressivité puissante, où la construction des volumes produit une impression sur la sensibilité.

**Zagreb** ■ Capitale de la Croatie. 790 017 habitants.

Mohammed **Zāher Shāh** ■ (1914-2007) Roi d'Afghanistan. Il succéda à son père en 1933 et fut renversé en 1973. Après un exil en Italie, il revint en Afghanistan à la chute du régime des talibans.

le **Zaïre**, anciennement **Congo belge** → République démocratique du **Congo**. ■ ► le **Zaïre** ou **Congo**, fleuve de 4 350 km de long, deuxième du monde par son débit.

**Zama** ■ Localité, dans le nord de la Tunisie actuelle, où Scipion, par sa victoire sur Hannibal, mit fin à la deuxième guerre punique, en 202 avant J.-C.

le **Zambèze** ■ Fleuve du sud de l'Afrique. 2 740 km. Chutes Victoria.

la **Zambie** ■ État du sud de l'Afrique. 752 614 km². 13 millions d'habitants. Capitale : Lusaka. Ancienne Rhodésie du Nord.

Lejzer Ludwik **Zamenhof** ■ Médecin et linguiste polonais (1859-1917). Il créa l'espéranto en 1887.

Ievgueni Ivanovitch **Zamiatine** ■ Conteur et romancier russe (1884-1937). *Nous autres* (1924).

**Zanzibar** ■ Île de Tanzanie, dans l'océan Indien. 1 660 km². 750 000 habitants.

**Zao Wou-ki** ■ Peintre français d'origine chinoise (1921-2013). Œuvres abstraites d'un raffinement extrême, évoquant un espace indécis traversé de graphismes vifs.

Emiliano **Zapata** ■ Révolutionnaire mexicain (1879-1919). Il fut assassiné.

José Luis Rodríguez **Zapatero** ■ Homme politique espagnol (né en 1960). Premier ministre (socialiste) de 2004 à 2011.

les **Zaporogues** ■ Cosaques qui vivaient sur le Dniepr.

**Zaporijjia** ■ Ville d'Ukraine. 891 000 habitants.

les **Zapotèques** ■ Peuple indien du Mexique précolombien.

**Zarathoustra** ou **Zoroastre** ■ Prophète et réformateur religieux de Perse (VIe s. avant J.-C.).

Emil **Zátopek** ■ Athlète tchécoslovaque (1922-2000). Il obtint, en 1952, trois médailles d'or aux jeux Olympiques d'Helsinki (marathon, 5 000 et 10 000 m).

Achille **Zavatta** ■ Artiste de cirque français (1915-1993). Acrobate, clown, acteur de théâtre et de cinéma, directeur de cirque.

**Zeami** Motokiyo ■ Créateur japonais du théâtre nô dans sa forme actuelle (1363-1443).

**Zeebrugge** ■ Port de Belgique, relié à Bruges.

Pieter **Zeeman** ■ Physicien néerlandais (1865-1943). Spectrographie des atomes. Prix Nobel en 1902.

la **Zélande** ■ Province des Pays-Bas. 1 791 km². 380 500 habitants. Chef-lieu : Middelburg.

**Zénobie** ■ Reine de Palmyre de 266 à 272. À la mort de son époux Odenath, elle s'affranchit du protectorat romain, conquit l'Égypte et l'Asie Mineure. Elle fut battue par Aurélien.

**Zénon d'Élée** ■ Philosophe grec (Ve s.), disciple de Parménide.

Ferdinand von **Zeppelin** ■ Industriel allemand (1838-1917). Il construisit des ballons dirigeables.

**Zermatt** ■ Ville de Suisse, au pied du Cervin. 6 600 habitants. Station de sports d'hiver.

Ernst **Zermelo** ■ Mathématicien et logicien allemand (1871-1953). Axiomatisation de la théorie des ensembles.

**Zeus** ■ Dieu suprême du Panthéon grec. Il fut identifié au *Jupiter* des Romains.

Michel **Zévaco** ■ Romancier français (1860-1918). Il créa en 1902 le personnage du chevalier de Pardaillan, qui apparaît dans de nombreux romans-feuilletons.

le **Zhejiang** ■ Province côtière de l'est de la Chine. 101 800 km². 45,9 millions d'habitants. Capitale : Hangzhou.

**Zhang Yimou** ■ Cinéaste chinois (né en 1951). *Le Sorgho rouge ; Épouses et concubines.*

**Zhengzhou** ■ Ville de Chine (Henan). 2,5 million d'habitants.

**Zhou Enlai** ou **Chou En-lai** ■ Premier ministre de la Chine de 1949 à sa mort (1898-1976).

**Zhuangzi** ou **Tchouang-Tseu** ■ Philosophe taoïste chinois (entre 350 et 275 avant J.-C.).

**Zibo** ■ Ville de Chine (Shandong). 1,93 millions d'habitants.

Zinedine **Zidane** ■ Footballeur français (né en 1972). Il est considéré comme l'un des meilleurs meneurs de jeu du monde.

**Ziguinchor** ■ Ville du Sénégal, au sud du pays (Casamance). 158 000 habitants.

le **Zimbabwe** ■ État d'Afrique subtropicale. 390 308 km². 12,6 millions d'habitants. Capitale : Harare. Ancienne Rhodésie du Sud.

Bernd Alois **Zimmermann** ■ Compositeur allemand (1918-1970). Il pratique un art musical « pluralistique », par montage de « couches sonores » et de citations. *Die Soldaten* (opéra). Il a écrit de la musique pour orchestre, violoncelle, instruments électroniques.

**Zinder** ■ Ville du Niger. 170 000 habitants.

Fred **Zinnemann** ■ Cinéaste américain d'origine autrichienne (1907-1997). *Le train sifflera trois fois ; Tant qu'il y aura des hommes.*

Grigori Ievseïevitch Radomyslski, dit **Zinoviev** ■ Révolutionnaire russe (1883-1936). Membre de la « troïka » avec Kamenev et Staline, il contribua à l'éviction de Trotski. Exclu du parti (1934), il fut accusé et exécuté. Réhabilité en 1988.

Aleksandr Aleksandrovitch **Zinoviev** ■ Écrivain russe (1922-2006). Professeur de logique, il dénonce le totalitarisme dans des œuvres satiriques. *Les Hauteurs béantes ; L'Avenir radieux.*

Jan **Žižka** ■ Gentilhomme et chef de guerre tchèque (1375-1424). Il prit la tête de la révolte hussite après l'exécution de Jan Hus (1415).

le **Zohar** ou **Sefer ha-Zohar** (« livre de la splendeur ») ■ Commentaire ésotérique de la Torah, attribué à Siméon bar Yohai (IIᵉ s.) mais sans doute dû à Moïse de León (XIIIᵉ s.). C'est le texte majeur de la kabbale juive.

**Zoïle** ■ Sophiste grec du IVᵉ s. avant J.-C. Critique acharné du texte homérique.

Émile **Zola** ■ Écrivain français (1840-1902). Chef de file du naturalisme, auteur des *Rougon-Macquart* (20 vol.). Voulant faire du roman le compte rendu exact d'une observation scientifique, il transcenda ce programme par son souffle épique, son imagination puissante et son humanisme social lucide. *L'Assommoir ; Nana ; Germinal ; la Terre ; la Débâcle...* Il dénonça le scandale de l'affaire Dreyfus (*J'accuse*).

le Deutscher **Zollverein** ■ Union douanière des États allemands sous l'égide de la Prusse au cours du XIXᵉ s. Étendu à toute l'Allemagne, il en fit une puissance économique majeure.

**Zoroastre** → **Zarathoustra**

**Zorro** (en espagnol « le Renard ») ■ Personnage créé par le feuilletoniste américain Johnston McCullay (*Le Fléau de Capistrano*, 1919). Justicier masqué agissant au Mexique en redresseur de torts, le personnage connut le succès grâce à ses déclinaisons cinématographiques (dès 1920, le *Signe de Zorro*, avec Douglas Fairbanks).

le canton de **Zoug,** en allemand **Zug** ■ Canton de Suisse. 239 km². 107 200 habitants. Chef-lieu : Zoug.

les **Zoulous** ■ Peuple de l'Afrique australe, parlant une langue bantoue.

Richard **Zsigmondy** ■ Chimiste autrichien (1865-1929). Auteur de travaux sur la chimie des colloïdes. Prix Nobel 1925.

le **Zuiderzee** ■ Anc. mer intérieure des Pays-Bas, endiguée en 1932.

Jacob **Zuma** ■ Homme politique sud-africain (né en 1942). Issu de l'ethnie zouloue, activiste anti-apartheid, il fut emprisonné puis exilé. Revenu en Afrique du Sud en 1990, il fut élu président de la République en 2009.

Paul **Zumthor** ■ Écrivain et médiéviste suisse d'expression française (1915-1995). Importants écrits sur l'histoire culturelle du Moyen Âge. *Essai de poétique médiévale ; Parler du Moyen Âge.*

les **Zuñis** → **Pueblos**

Francisco de **Zurbarán** ■ Peintre espagnol (1598-1664). L'un des grands maîtres de la peinture espagnole, que caractérisent la force de la construction plastique, le traitement de la lumière, l'expressivité de la couleur.

**Zurich,** en allemand **Zürich** ■ Ville de Suisse. 350 100 habitants (zone urbaine 1,1 million). ► le canton de **Zurich.** 1 729 km². 1,28 million d'habitants. Chef-lieu : Zurich.

Stefan **Zweig** ■ Écrivain autrichien (1881-1942). Ses nouvelles explorent la psychologie d'une société en déclin jusque dans ses dérèglements intimes. *La Confusion des sentiments ; La Pitié dangereuse.*

Ulrich **Zwingli** ■ Réformateur religieux suisse (1484-1531).

# Les conjugaisons

## 1. Le participe passé

## 2. Tableaux des conjugaisons

VERBES RÉGULIERS :
  conjugaison 1 *aimer ; arriver* ;
              forme pronominale *se reposer*
  conjugaison 2 *finir*

VERBES IRRÉGULIERS :
  conjugaisons 3 à 9 : verbes irréguliers en *-er*
  conjugaisons 10 à 22 : verbes irréguliers en *-ir*
  conjugaisons 23 à 34 : verbes irréguliers en *-oir*
  (conjugaison 34 verbe *avoir*)
  conjugaisons 35 à 61 : verbes irréguliers en *-re*
  (conjugaison 61 verbe *être*)

## Auxiliaire **AVOIR**

|  |  |  |
|---|---|---|
|  | v. intr. | Nous avons ri (passé composé) |
| **OBJET DIRECT** |  | Il m'a prêté des outils |
|  |  | Les outils qu'il m'a prêtés |
|  |  | Vos outils, je vous les ai rendus |
|  |  | Cette décision, c'est lui qui l'a prise |
|  |  | On vous a reçue, madame |
|  |  | L'impression qu'il m'a faite est excellente |
|  |  | Une des personnes que j'ai vues |
|  |  | Après l'avoir vue, j'ai changé d'avis |
|  |  | Dès qu'il nous a eus quittés, j'ai dormi |
|  |  | Combien as-tu écrit de pages ? Combien de pages as-tu écrites ? |
|  |  | Quelle joie nous avons eue ! |
|  | impers. | La patience qu'il a fallu ; la chaleur qu'il a fait |
|  | double objet | La récompense que j'avais espéré qu'on lui donnerait |
|  |  | La secrétaire que j'avais prévenue que nous viendrions |
| **OBJET INDIRECT** |  | Ces histoires nous ont plu [à nous] |
|  |  | On vous a écrit, madame |
| **ELLIPSE DE** *AVOIR* |  | Bien reçu ta longue lettre |
|  |  | Vu la loi de 1994 |
| **VERBES DE MESURE** | mesure | Les cinquante kilos qu'elle a pesé |
|  |  | Les trente ans qu'il a vécu |
|  |  | Les millions que cela a coûté |
|  | objet | Les voitures qu'on a pesées |
|  |  | Les horreurs qu'il a vécues |
|  |  | Les efforts qu'il nous a coûtés |
| **ATTRIBUT** |  | Ce médicament les a rendus malades |
|  |  | Il l'a traitée d'arriviste |
|  | v. d'opinion | On les a crus (ou cru) morts |
|  |  | Il l'aurait souhaitée (souhaité) plus attentive |
|  |  | Une maison qu'on aurait dite (dit) récente |
| **INFINITIF IMMÉDIAT** |  | On les a laissés partir |
|  |  | On les a laissé emmener [par qqn] |
|  |  | Les musiciens que j'ai entendus jouer |
|  |  | La musique que j'ai entendu jouer [par qqn] |
|  | faire | Les paquets qu'il a fait partir |
|  | (invar.) | Les paquets qu'il a fait expédier [par qqn] |
|  | v. d'opinion | La lettre qu'il a dit, affirmé, nié avoir écrite |
|  |  | Des tableaux qu'on avait cru, estimé, être des faux |
|  | ellipse du v. | J'ai fait tous les efforts que j'ai pu [faire] |
|  |  | Il a eu tous les honneurs qu'il a souhaité [avoir] |
| **PRÉPOSITION ET INFINITIF** |  | Les chemises que j'ai mis (mises) à sécher |
|  |  | La difficulté que nous avons eu (eue) à surmonter |
|  |  | La difficulté que nous avons eue à le convaincre |
| **AVEC LE PRONOM** *L'* |  | Elle était partie, comme je l'avais imaginé |
|  |  | Elle était encore plus belle que je ne l'avais imaginé [cela], |
|  |  | que je ne l'avais imaginée [elle] |
| **EMPLOYÉ AVEC** *EN* | OBJET DIRECT | Des pays, j'en ai vu ; j'en ai vu des pays ! |
|  |  | Des fautes, s'il en a commis |
|  | quantité | J'ai donné des conseils plus que je n'en ai reçu (ou reçus) |
|  |  | Des pays, j'en ai tant vu (ou vus) |
|  |  | Des pages, combien en as-tu écrit (ou écrites) ? |
|  | OBJET INDIRECT | Il gardait les cadeaux qu'il en avait reçus [de sa femme] |

# ARTICIPE PASSÉ

## Auxiliaire ÊTRE

### VERBES NON PRONOMINAUX

| | |
|---|---|
| v. intr. | Nous sommes partis |
| p. p. adj. | Nous sommes (on est) séparés et mécontents |
| | Nous lui sommes attachés et reconnaissants |
| passif | Elles ont été félicitées ; ayant été félicitées |
| | Bientôt nous sera confiée une mission |
| avec ci- | Veuillez trouver notre facture ci-jointe. Ci-joint notre facture |
| ellipse du v. | Inventée ou pas, son histoire est credible |
| | Sa mission terminée, il revint |
| | Fini (ou finis), les soucis ! [c'est fini ou ils sont finis] |
| | Sept ôté de dix [le nombre sept] |
| en préposition | Excepté les enfants (mais : les enfants exceptés) |
| | Passé six heures (mais : six heures passées) |

### VERBES PRONOMINAUX

| | | |
|---|---|---|
| SSENTIELS | | Elle s'est enfuie. Elles se sont tues. Elle s'y est mal prise. |
| | | Ils se sont emparés de l'objet ; ils s'en sont emparés |
| ACCIDENTELS | OBJET DIRECT réfl. | Elle s'est brûlée [brûler qqn] |
| | | Elle s'est crue malade, elle s'est crue arrivée |
| | | Elle s'est mise à chanter, à nous taquiner |
| | | Autrefois s'est produite une chose analogue |
| | | Ils se sont aperçus de leur erreur, ils s'en sont aperçus |
| | | Elle s'est persuadée qu'on la trompait |
| | récipr. | Ils se sont rencontrés au théâtre |
| | | On s'est bien connus, lui et moi |
| | passif | Ces modèles se sont bien vendus |
| | (impers.) | Il s'est vendu mille exemplaires du livre |
| | OBJET INDIRECT réfl. | Elle s'est plu, déplu, complu dans cette situation [plaire à qqn] |
| | | Elle s'est plu à les contredire |
| | | Ils se sont cru (ou crus) obligés d'attendre |
| | | Elle s'est brûlé la main |
| | | Elle s'est permis certaines choses ; les choses qu'elle s'est permises |
| | | Elles se sont donné des objectifs ; elles s'en sont donné |
| | | Elle s'est imaginé qu'on la trompait |
| | récipr. | Ils se sont parlé et ils se sont plu |
| | | Ils se sont succédé et ils se sont nui |
| | | Ils se sont écrit des lettres ; les lettres qu'ils se sont écrites ; des lettres, ils s'en sont écrit |
| VEC L'INFINITIF MÉDIAT | OBJET DIRECT | Ils se sont laissés mourir [ils meurent] |
| | | Ils se sont vus vieillir |
| | OBJET INDIRECT | Ils se sont laissé convaincre, faire [on les convainc] |
| | | Elles se sont vu infliger une amende |
| E FAIRE | attribut | Elles se sont fait belles |
| | récipr. | Ils se sont fait des farces |
| | réfl. | Elle s'est fait des idées ; les idées qu'elle s'est faites |
| | inf. | Nous nous sommes fait prendre, avoir |
| | | Elle s'est fait raccompagner par Paul |
| | | Ils se sont fait faire le même costume |

## INDICATIF

| PRÉSENT | PASSÉ COMPOSÉ |
|---|---|
| j'aime | j'ai aimé |
| tu aimes | tu as aimé |
| il/elle aime | il/elle a aimé |
| nous aimons | nous avons aimé |
| vous aimez | vous avez aimé |
| ils/elles aiment | ils/elles ont aimé |

| IMPARFAIT | PLUS-QUE-PARFAIT |
|---|---|
| j'aimais | j'avais aimé |
| tu aimais | tu avais aimé |
| il/elle aimait | il/elle avait aimé |
| nous aimions | nous avions aimé |
| vous aimiez | vous aviez aimé |
| ils/elles aimaient | ils/elles avaient aimé |

| PASSÉ SIMPLE | PASSÉ ANTÉRIEUR |
|---|---|
| j'aimai | j'eus aimé |
| tu aimas | tu eus aimé |
| il/elle aima | il/elle eut aimé |
| nous aimâmes | nous eûmes aimé |
| vous aimâtes | vous eûtes aimé |
| ils/elles aimèrent | ils/elles eurent aimé |

| FUTUR SIMPLE | FUTUR ANTÉRIEUR |
|---|---|
| j'aimerai [ɛm(ə)ʀe] | j'aurai aimé |
| tu aimeras | tu auras aimé |
| il/elle aimera | il/elle aura aimé |
| nous aimerons [ɛm(ə)ʀɔ̃] | nous aurons aimé |
| vous aimerez | vous aurez aimé |
| ils/elles aimeront | ils/elles auront aimé |

## SUBJONCTIF

| PRÉSENT |
|---|
| que j'aime |
| que tu aimes |
| qu'il/elle aime |
| que nous aimions |
| que vous aimiez |
| qu'ils/elles aiment |

| IMPARFAIT |
|---|
| que j'aimasse |
| que tu aimasses |
| qu'il/elle aimât |
| que nous aimassions |
| que vous aimassiez |
| qu'ils/elles aimassent |

| PASSÉ |
|---|
| que j'aie aimé |
| que tu aies aimé |
| qu'il/elle ait aimé |
| que nous ayons aimé |
| que vous ayez aimé |
| qu'ils/elles aient aimé |

| PLUS-QUE-PARFAIT |
|---|
| que j'eusse aimé |
| que tu eusses aimé |
| qu'il/elle eût aimé |
| que nous eussions aimé |
| que vous eussiez aimé |
| qu'ils/elles eussent aimé |

## CONDITIONNEL

| PRÉSENT |
|---|
| j'aimerais |
| tu aimerais |
| il/elle aimerait |
| nous aimerions |
| vous aimeriez |
| ils/elles aimeraient |

| PASSÉ 1ʳᵉ FORME |
|---|
| j'aurais aimé |
| tu aurais aimé |
| il/elle aurait aimé |
| nous aurions aimé |
| vous auriez aimé |
| ils/elles auraient aimé |

| PASSÉ 2ᵉ FORME |
|---|
| j'eusse aimé |
| tu eusses aimé |
| il/elle eût aimé |
| nous eussions aimé |
| vous eussiez aimé |
| ils/elles eussent aimé |

## IMPÉRATIF

| PRÉSENT | PASSÉ |
|---|---|
| aime | aie aimé |
| aimons | ayons aimé |
| aimez | ayez aimé |

## PARTICIPE

| PRÉSENT | PASSÉ |
|---|---|
| aimant | aimé, ée |
| | ayant aimé |

## INFINITIF

| PRÉSENT | PASSÉ |
|---|---|
| aimer | avoir aimé |

## conjugaison 1 **arriver** (avec l'auxiliaire **être**)

verbes réguliers en **-er**

### INDICATIF

| PRÉSENT | PASSÉ COMPOSÉ |
|---|---|
| j'arrive | je suis arrivé, ée |
| tu arrives | tu es arrivé, ée |
| il/elle arrive | il/elle est arrivé, ée |
| nous arrivons | nous sommes arrivés, ées |
| vous arrivez | vous êtes arrivés, ées |
| ils/elles arrivent | ils/elles sont arrivés, ées |

| IMPARFAIT | PLUS-QUE-PARFAIT |
|---|---|
| j'arrivais | j'étais arrivé, ée |
| tu arrivais | tu étais arrivé, ée |
| il/elle arrivait | il/elle était arrivé, ée |
| nous arrivions | nous étions arrivés, ées |
| vous arriviez | vous étiez arrivés, ées |
| ils/elles arrivaient | ils/elles étaient arrivés, ées |

| PASSÉ SIMPLE | PASSÉ ANTÉRIEUR |
|---|---|
| j'arrivai | je fus arrivé, ée |
| tu arrivas | tu fus arrivé, ée |
| il/elle arriva | il/elle fut arrivé, ée |
| nous arrivâmes | nous fûmes arrivés, ées |
| vous arrivâtes | vous fûtes arrivés, ées |
| ils/elles arrivèrent | ils/elles furent arrivés, ées |

| FUTUR SIMPLE | FUTUR ANTÉRIEUR |
|---|---|
| j'arriverai [aʁiv(ə)ʁe] | je serai arrivé, ée |
| tu arriveras | tu seras arrivé, ée |
| il/elle arrivera | il/elle sera arrivé, ée |
| nous arriverons [aʁiv(ə)ʁɔ̃] | nous serons arrivés, ées |
| vous arriverez | vous serez arrivés, ées |
| ils/elles arriveront | ils/elles seront arrivés, ées |

### SUBJONCTIF

| PRÉSENT |
|---|
| que j'arrive |
| que tu arrives |
| qu'il/elle arrive |
| que nous arrivions |
| que vous arriviez |
| qu'ils/elles arrivent |

| IMPARFAIT |
|---|
| que j'arrivasse |
| que tu arrivasses |
| qu'il/elle arrivât |
| que nous arrivassions |
| que vous arrivassiez |
| qu'ils/elles arrivassent |

| PASSÉ |
|---|
| que je sois arrivé, ée, |
| que tu sois arrivé, ée |
| qu'il/elle soit arrivé, ée |
| que nous soyons arrivés, ées |
| que vous soyez arrivés, ées |
| qu'ils/elles soient arrivés, ées |

| PLUS-QUE-PARFAIT |
|---|
| que je fusse arrivé, ée |
| que tu fusses arrivé, ée |
| qu'il/elle fût arrivé, ée |
| que nous fussions arrivés, ées |
| que vous fussiez arrivés, ées |
| qu'ils/elles fussent arrivés, ées |

### CONDITIONNEL

| PRÉSENT |
|---|
| j'arriverais [aʁivʁe] |
| tu arriverais |
| il/elle arriverait |
| nous arriverions [aʁivəʁjɔ̃] |
| vous arriveriez |
| ils/elles arriveraient |

| PASSÉ 1re FORME |
|---|
| je serais arrivé, ée |
| tu serais arrivé, ée |
| il/elle serait arrivé, ée |
| nous serions arrivés, ées |
| vous seriez arrivés, ées |
| ils/elles seraient arrivés, ées |

| PASSÉ 2e FORME |
|---|
| je fusse arrivé, ée |
| tu fusses arrivé, ée |
| il/elle fût arrivé, ée |
| nous fussions arrivés, ées |
| vous fussiez arrivés, ées |
| ils/elles fussent arrivés, ées |

### IMPÉRATIF

| PRÉSENT | PASSÉ |
|---|---|
| arrive | sois arrivé, ée |
| arrivons | soyons arrivés, ées |
| arrivez | soyez arrivés, ées |

### PARTICIPE

| PRÉSENT | PASSÉ |
|---|---|
| arrivant | arrivé, ée |
| | étant arrivé, ée |

### INFINITIF

| PRÉSENT | PASSÉ |
|---|---|
| arriver | être arrivé, ée |

## conjugaison 1 (forme pronominale) se reposer

verbes réguliers en -e

### INDICATIF

| PRÉSENT | PASSÉ COMPOSÉ |
|---|---|
| je me repose | je me suis reposé, ée |
| tu te reposes | tu t'es reposé, ée |
| il/elle se repose | il/elle s'est reposé, ée |
| nous nous reposons | nous nous sommes reposés, ées |
| vous vous reposez | vous vous êtes reposés, ées |
| ils/elles se reposent | ils/elles se sont reposés, ées |

| IMPARFAIT | PLUS-QUE-PARFAIT |
|---|---|
| je me reposais | je m'étais reposé, ée |
| tu te reposais | tu t'étais reposé, ée |
| il/elle se reposait | il/elle s'était reposé, ée |
| nous nous reposions | nous nous étions reposés, ées |
| vous vous reposiez | vous vous étiez reposés, ées |
| ils/elles se reposaient | ils/elles s'étaient reposés, ées |

| PASSÉ SIMPLE | PASSÉ ANTÉRIEUR |
|---|---|
| je me reposai | je me fus reposé, ée |
| tu te reposas | tu te fus reposé, ée |
| il/elle se reposa | il/elle se fut reposé, ée |
| nous nous reposâmes | nous nous fûmes reposés, ées |
| vous vous reposâtes | vous vous fûtes reposés, ées |
| ils/elles se reposèrent | ils/elles se furent reposés, ées |

| FUTUR SIMPLE | FUTUR ANTÉRIEUR |
|---|---|
| je me reposerai | je me serai reposé, ée |
| tu te reposeras | tu te seras reposé, ée |
| il/elle se reposera | il/elle se sera reposé, ée |
| nous nous reposerons | nous nous serons reposés, ées |
| vous vous reposerez | vous vous serez reposés, ées |
| ils/elles se reposeront | ils/elles se seront reposés, ées |

### SUBJONCTIF

| PRÉSENT |
|---|
| que je me repose |
| que tu te reposes |
| qu'il/elle se repose |
| que nous nous reposions |
| que vous vous reposiez |
| qu'ils/elles se reposent |

| IMPARFAIT |
|---|
| que je me reposasse |
| que tu te reposasses |
| qu'il/elle se reposât |
| que nous nous reposassions |
| que vous vous reposassiez |
| qu'ils/elles se reposassent |

| PASSÉ |
|---|
| que je me sois reposé, ée, |
| que tu te sois reposé, ée |
| qu'il/elle se soit reposé, ée |
| que nous nous soyons reposés, ées |
| que vous vous soyez reposés, ées |
| qu'ils/elles se soient reposés, ées |

| PLUS-QUE-PARFAIT |
|---|
| que je me fusse reposé, ée |
| que tu te fusses reposé, ée |
| qu'il/elle se fût reposé, ée |
| que nous nous fussions reposés, ées |
| que vous vous fussiez reposés, ées |
| qu'ils/elles se fussent reposés, ées |

### CONDITIONNEL

| PRÉSENT |
|---|
| je me reposerais |
| tu te reposerais |
| il/elle se reposerait |
| nous nous reposerions |
| vous vous reposeriez |
| ils/elles se reposeraient |

| PASSÉ 1re FORME |
|---|
| je me serais reposé, ée |
| tu te serais reposé, ée |
| il/elle se serait reposé, ée |
| nous nous serions reposés, ées |
| vous vous seriez reposés, ées |
| ils/elles se seraient reposés, ées |

| PASSÉ 2e FORME |
|---|
| je me fusse reposé, ée |
| tu te fusses reposé, ée |
| il/elle se fût reposé, ée |
| nous nous fussions reposés, ées |
| vous vous fussiez reposés, ées |
| ils/elles se fussent reposés, ées |

### IMPÉRATIF

| PRÉSENT |
|---|
| repose-toi |
| reposons-nous |
| reposez-vous |

### PARTICIPE

| PRÉSENT | PASSÉ |
|---|---|
| se reposant | s'étant reposé, ée |

### INFINITIF

| PRÉSENT | PASSÉ |
|---|---|
| se reposer | s'être reposé, ée |

## INDICATIF

**PRÉSENT**

je finis
tu finis
il/elle finit
nous finissons
vous finissez
ils/elles finissent

**PASSÉ COMPOSÉ**

j'ai fini
tu as fini
il/elle a fini
nous avons fini
vous avez fini
ils/elles ont fini

**IMPARFAIT**

je finissais
tu finissais
il/elle finissait
nous finissions
vous finissiez
ils/elles finissaient

**PLUS-QUE-PARFAIT**

j'avais fini
tu avais fini
il/elle avait fini
nous avions fini
vous aviez fini
ils/elles avaient fini

**PASSÉ SIMPLE**

je finis
tu finis
il/elle finit
nous finîmes
vous finîtes
ils/elles finirent

**PASSÉ ANTÉRIEUR**

j'eus fini
tu eus fini
il/elle eut fini
nous eûmes fini
vous eûtes fini
ils/elles eurent fini

**FUTUR SIMPLE**

je finirai
tu finiras
il/elle finira
nous finirons
vous finirez
ils/elles finiront

**FUTUR ANTÉRIEUR**

j'aurai fini
tu auras fini
il/elle aura fini
nous aurons fini
vous aurez fini
ils/elles auront fini

## SUBJONCTIF

**PRÉSENT**

que je finisse
que tu finisses
qu'il/elle finisse
que nous finissions
que vous finissiez
qu'ils/elles finissent

**IMPARFAIT**

que je finisse
que tu finisses
qu'il/elle finît
que nous finissions
que vous finissiez
qu'ils/elles finissent

**PASSÉ**

que j'aie fini
que tu aies fini
qu'il/elle ait fini
que nous ayons fini
que vous ayez fini
qu'ils/elles aient fini

**PLUS-QUE-PARFAIT**

que j'eusse fini
que tu eusses fini
qu'il/elle eût fini
que nous eussions fini
que vous eussiez fini
qu'ils/elles eussent fini

## CONDITIONNEL

**PRÉSENT**

je finirais
tu finirais
il/elle finirait
nous finirions
vous finiriez
ils/elles finiraient

**PASSÉ 1re FORME**

j'aurais fini
tu aurais fini
il/elle aurait fini
nous aurions fini
vous auriez fini
ils/elles auraient fini

**PASSÉ 2e FORME**

j'eusse fini
tu eusses fini
il/elle eût fini
nous eussions fini
vous eussiez fini
ils/elles eussent fini

## IMPÉRATIF

| PRÉSENT | PASSÉ |
|---|---|
| finis | aie fini |
| finissons | ayons fini |
| finissez | ayez fini |

## PARTICIPE

| PRÉSENT | PASSÉ |
|---|---|
| finissant | fini, ie |
| | ayant fini |

## INFINITIF

| PRÉSENT | PASSÉ |
|---|---|
| finir | avoir fini |

| | | INDICATIF | | | |
|---|---|---|---|---|---|
| | | **PRÉSENT** | | **IMPARFAIT** | **PASSÉ SIMP** |
| | | 1<sup>res</sup> personnes | 3<sup>es</sup> personnes | | |

| 3 | placer | je place [plas] nous plaçons [plasɔ̃] | il/elle place ils/elles placent | je plaçais | je plaçai |
|---|---|---|---|---|---|

REM. Les verbes en **-ecer** (ex. dépecer) se conjuguent comme **placer** et **geler**.
Les verbes en **-écer** (ex. rapiécer) se conjuguent comme **céder** et **placer**.

| | bouger | je bouge [buʒ] nous bougeons [buʒɔ̃] | il/elle bouge ils/elles bougent | je bougeais nous bougions | je bougeai |
|---|---|---|---|---|---|

REM. Les verbes en **-éger** (ex. protéger) se conjuguent comme **bouger** et **céder**.

| 4 | appeler | j'appelle [apɛl] nous appelons [ap(ə)lɔ̃] | il/elle appelle ils/elles appellent | j'appelais | j'appelai |
|---|---|---|---|---|---|

| | jeter | je jette [ʒɛt] nous jetons [ʒ(ə)tɔ̃] | il/elle jette ils/elles jettent | je jetais | je jetai |
|---|---|---|---|---|---|

| 5 | geler | je gèle [ʒɛl] nous gelons [ʒ(ə)lɔ̃] | il/elle gèle ils/elles gèlent | je gelais nous gelions [ʒəljɔ̃] | je gelai |
|---|---|---|---|---|---|

| | acheter | j'achète [aʃɛt] nous achetons [aʃ(ə)tɔ̃] | il/elle achète ils/elles achètent | j'achetais [aʃtɛ] nous achetions | j'achetai |
|---|---|---|---|---|---|

et les verbes en **-emer** (ex. semer), **-ener** (ex. mener), **-eser** (ex. peser), **-ever** (ex. lever), etc.
REM. Les verbes en **-ecer** (ex. dépecer) se conjuguent comme **geler** et **placer**.

| 6 | céder | je cède [sɛd] nous cédons [sedɔ̃] | il/elle cède ils/elles cèdent | je cédais nous cédions | je cédai |
|---|---|---|---|---|---|

et les verbes en **-é + consonne(s) + -er** (ex. célébrer, lécher, déléguer, préférer, etc.).
REM. 1. Les verbes en **-éger** (ex. protéger) se conjuguent comme **céder** et **bouger**.
Les verbes en **-écer** (ex. rapiécer) se conjuguent comme **céder** et **placer**.

| 7 | épier | j'épie [epi] nous épions [epjɔ̃] | il/elle épie ils/elles épient | j'épiais nous épiions [epijɔ̃] | j'épiai |
|---|---|---|---|---|---|

| | prier | je prie [pʀi] nous prions [pʀijɔ̃] | il/elle prie ils/elles prient | je priais nous priions [pʀijɔ̃] | je priai |
|---|---|---|---|---|---|

| 8 | noyer | je noie [nwa] nous noyons [nwajɔ̃] | il/elle noie ils/elles noient | je noyais nous noyions [nwajjɔ̃] | je noyai |
|---|---|---|---|---|---|

et les verbes en **-uyer** (ex. appuyer).
REM. **Envoyer** fait au futur : j'enverrai, et au conditionnel : j'enverrais.

| | payer | je paie [pɛ] ou je paye [pɛj] nous payons [pɛjɔ̃] | il/elle paie ou il/elle paye ils/elles paient ou ils/elles payent | je payais nous payions [pɛjjɔ̃] | je payai |
|---|---|---|---|---|---|

et tous les verbes en **-ayer**.

| FUTUR | CONDITIONNEL PRÉSENT | SUBJONCTIF PRÉSENT | IMPÉRATIF PRÉSENT | PARTICIPES PRÉSENT PASSÉ |
|---|---|---|---|---|
| e placerai [plasʀe] | je placerais | que je place<br>que nous placions | place<br>plaçons | plaçant<br>placé, ée |
| bougerai [buʒʀe] | je bougerais | que je bouge<br>que nous bougions | bouge<br>bougeons | bougeant<br>bougé, ée |
| j'appellerai<br>[apɛlʀe] | j'appellerais | que j'appelle<br>que nous appelions | appelle<br>appelons | appelant<br>appelé, ée |
| e jetterai [ʒɛtʀe] | je jetterais | que je jette<br>que nous jetions | jette<br>jetons | jetant<br>jeté, ée |
| e gèlerai [ʒɛlʀe] | je gèlerais | que je gèle<br>que nous gelions | gèle<br>gelons | gelant<br>gelé, ée |
| achèterai [aʃɛtʀe] | j'achèterais | que j'achète<br>que nous achetions | achète<br>achetons | achetant<br>acheté, ée |
| je céderai<br>sedʀe ; sedʀe ][2] | je céderais[2] | que je cède<br>que nous cédions | cède<br>cédons | cédant<br>cédé, ée |

1, 2. La prononciation actuelle appellerait plutôt l'accent grave au futur et au conditionnel *(je cèderai ; je cèderais)*.

| | | | | |
|---|---|---|---|---|
| 'épierai [epiʀe] | j'épierais | que j'épie | épie<br>épions | épiant<br>épié, ée |
| e prierai [pʀiʀe] | je prierais | que je prie | prie<br>prions | priant<br>prié, priée |
| noierai [nwaʀe] | je noierais | que je noie | noie<br>noyons | noyant<br>noyé, noyée |
| e paierai [pɛʀe]<br>ou<br>payerai [pɛjʀe]<br>nous paierons<br>ou<br>nous payerons | je paierais<br>ou<br>je payerais | que je paie<br>ou<br>que je paye<br>payons | paie<br>ou<br>paye | payant<br>payé, payée |

## INDICATIF

| PRÉSENT | PASSÉ COMPOSÉ |
|---|---|
| je vais [vɛ] | je suis allé, ée |
| tu vas | tu es allé, ée |
| il/elle va | il/elle est allé, ée |
| nous allons [alɔ̃] | nous sommes allés, ées |
| vous allez | vous êtes allés, ées |
| ils/elles vont [vɔ̃] | ils/elles sont allés, ées |

| IMPARFAIT | PLUS-QUE-PARFAIT |
|---|---|
| j'allais [alɛ] | j'étais allé, ée |
| tu allais | tu étais allé, ée |
| il/elle allait | il/elle était allé, ée |
| nous allions [aljɔ̃] | nous étions allés, ées |
| vous alliez | vous étiez allés, ées |
| ils/elles allaient | ils/elles étaient allés, ées |

| PASSÉ SIMPLE | PASSÉ ANTÉRIEUR |
|---|---|
| j'allai | je fus allé, ée |
| tu allas | tu fus allé, ée |
| il/elle alla | il/elle fut allé, ée |
| nous allâmes | nous fûmes allés, ées |
| vous allâtes | vous fûtes allés, ées |
| ils/elles allèrent | ils/elles furent allés, ées |

| FUTUR SIMPLE | FUTUR ANTÉRIEUR |
|---|---|
| j'irai [iʀɛ] | je serai allé, ée |
| tu iras | tu seras allé, ée |
| il/elle ira | il/elle sera allé, ée |
| nous irons | nous serons allés, ées |
| vous irez | vous serez allés, ées |
| ils/elles iront | ils/elles seront allés, ées |

## SUBJONCTIF

| PRÉSENT |
|---|
| que j'aille [aj] |
| que tu ailles |
| qu'il/elle aille |
| que nous allions |
| que vous alliez |
| qu'ils/elles aillent |

| IMPARFAIT |
|---|
| que j'allasse [alas] |
| que tu allasses |
| qu'il/elle allât |
| que nous allassions |
| que vous allassiez |
| qu'ils/elles allassent |

| PASSÉ |
|---|
| que je sois allé, ée |
| que tu sois allé, ée |
| qu'il/elle soit allé, ée |
| que nous soyons allés, ées |
| que sous soyez allés, ées |
| qu'ils/elles soient allés, ées |

| PLUS-QUE-PARFAIT |
|---|
| que je fusse allé, ée |
| que tu fusses allé, ée |
| qu'il/elle fût allé, ée |
| que nous fussions allés, ées |
| que vous fussiez allés, ées |
| qu'ils/elles fussent allés, ées |

**C**
**O**
**N**
**D**
**I**
**T**
**I**
**O**
**N**
**N**
**E**
**L**

PRÉSENT

j'irais
tu irais
il/elle irait
nous irions
vous iriez
ils/elles iraient

PASSÉ 1ʳᵉ FORME

je serais allé, ée
tu serais allé, ée
il/elle serait allé, ée
nous serions allés, ées
vous seriez allés, ées
ils/elles seraient allés, ées

PASSÉ 2ᵉ FORME

je fusse allé, ée
tu fusses allé, ée
il/elle fût allé, ée
nous fussions allés, ées
vous fussiez allés, ées
ils/elles fussent allés, ées

| IMPÉRATIF | PRÉSENT | PASSÉ |
|---|---|---|
| | va | sois allé, ée |
| | allons | soyons allés, ées |
| | allez | soyez allés, ées |

| PARTICIPE | PRÉSENT | PASSÉ |
|---|---|---|
| | allant | allé, ée |
| | | étant allé, ée |

| INFINITIF | PRÉSENT | PASSÉ |
|---|---|---|
| | aller | être allé, ée |

| | | INDICATIF | | | |
|---|---|---|---|---|---|
| | | **PRÉSENT** | | **IMPARFAIT** | **PASSÉ SIMPLE** |
| | | 1<sup>res</sup> personnes | 3<sup>es</sup> personnes | | |

| 10 | haïr | je hais ['ɛ] | il/elle hait ['ɛ] | je haïssais | je haïs ['ai] |
|---|---|---|---|---|---|
| | | nous haïssons ['aisɔ̃] | ils/elles haïssent ['ais] | nous haïssions | nous haïmes |
| 11 | courir | je cours [kur] | il/elle court | je courais [kurɛ] | je courus |
| | | nous courons [kurɔ̃] | ils/elles courent | nous courions | |
| 12 | cueillir | je cueille [kœj] | il/elle cueille | je cueillais | je cueillis |
| | | nous cueillons [kœjɔ̃] | ils/elles cueillent | nous cueillions [kœjjɔ̃] | |
| 13 | assaillir | j'assaille | il/elle assaille | j'assaillais | j'assaillis |
| | | nous assaillons [asajɔ̃] | ils/elles asssaillent | nous assaillions [asajjɔ̃] | |
| 14 | servir | je sers [sɛr] | il/elle sert | je servais | je servis |
| | | nous servons [sɛrvɔ̃] | ils/elles servent [sɛrv] | nous servions | |
| 15 | bouillir | je bous [bu] | il/elle bout | je bouillais | je bouillis |
| | | nous bouillons [bujɔ̃] | ils/elles bouillent [buj] | nous bouillions [bujjɔ̃] | |
| 16 | partir | je pars [par] | il/elle part | je partais | je partis |
| | | nous partons [partɔ̃] | ils/elles partent [part] | nous partions | |
| | sentir | je sens [sɑ̃] | il/elle sent | je sentais | je sentis |
| | | nous sentons [sɑ̃tɔ̃] | ils/elles sentent [sɑ̃t] | nous sentions | |
| 17 | fuir | je fuis [fɥi] | il/elle fuit | je fuyais | je fuis |
| | | nous fuyons [fɥijɔ̃] | ils/elles fuient | nous fuyions [fɥijjɔ̃] | nous fuîmes |
| 18 | couvrir | je couvre | il/elle couvre | je couvrais | je couvris |
| | | nous couvrons | ils/elles couvrent | nous couvrions | |
| 19 | mourir | je meurs [mœr] | il/elle meurt | je mourais [murɛ] | je mourus |
| | | nous mourons [murɔ̃] | ils/elles meurent | nous mourions | |
| 20 | vêtir | je vêts [vɛ] | il/elle vêt | je vêtais | je vêtis [vet] |
| | | nous vêtons [vetɔ̃] | ils/elles vêtent [vɛt] | nous vêtions | nous vêtîmes |
| 21 | acquérir | j'acquiers [akjɛr] | il/elle acquiert | j'acquérais [akerɛ] | j'acquis |
| | | nous acquérons [akerɔ̃] | ils/elles acquièrent | nous acquérions | |
| 22 | venir | je viens [vjɛ̃] | il/elle vient | je venais | je vins [vɛ̃] |
| | | nous venons [v(ə)nɔ̃] | ils/elles viennent [vjɛn] | nous venions | nous vînmes [ |

| FUTUR | CONDITIONNEL PRÉSENT | SUBJONCTIF PRÉSENT | IMPÉRATIF PRÉSENT | PARTICIPES PRÉSENT PASSÉ |
|---|---|---|---|---|
| je haïrai ['aiRE] | je haïrais | que je haïsse | hais haïssons | haïssant haï, haïe ['ai] |
| je courrai [kuRRE] | je courrais | que je coure | cours courons | courant couru, ue |
| je cueillerai | je cueillerais | que je cueille | cueille cueillons | cueillant cueilli, ie |
| j'assaillirai | j'assaillirais | que j'assaille | assaille assaillons | assaillant assailli, ie |
| je servirai | je servirais | que je serve | sers servons | servant servi, ie |
| je bouillirai | je bouillirais | que je bouille | bous bouillons | bouillant bouilli, ie |
| je partirai | je partirais | que je parte | pars partons | partant parti, ie |
| je sentirai | je sentirais | que je sente | sens sentons | sentant senti, ie |
| je fuirai | je fuirais | que je fuie | fuis fuyons | fuyant fui, fuie |
| je couvrirai | je couvrirais | que je couvre | couvre couvrons | couvrant couvert, erte [kuveR, eRt] |
| je mourrai [muRRE] | je mourrais | que je meure | meurs mourons | mourant mort, morte [mɔR, mɔRt] |
| je vêtirai | je vêtirais | que je vête | vêts vêtons | vêtant vêtu, ue [vety] |
| j'acquerrai | j'acquerrais | que j'acquière | acquiers acquérons | acquérant acquis, ise [aki, iz] |
| je viendrai [vjɛ̃dRE] | je viendrais | que je vienne | viens venons | venant venu, ue |

| | | INDICATIF | | |
|---|---|---|---|---|
| | | PRÉSENT | IMPARFAIT | PASSÉ SIMPLE |
| | | 1<sup>res</sup> personnes    3<sup>es</sup> personnes | | |

| | | | | | |
|---|---|---|---|---|---|
| **23** | pleuvoir | | il pleut [plø] | il pleuvait | il plut |
| **24** | prévoir | je prévois [pʀevwa]<br>nous prévoyons<br>[pʀevwajɔ̃] | il/elle prévoit<br>ils/elles prévoient | je prévoyais<br>nous prévoyions<br>[pʀevwajjɔ̃] | je prévis |
| **25** | pourvoir | je pourvois<br>nous pourvoyons | il/elle pourvoit<br>ils/elles pourvoient | je pourvoyais<br>nous pourvoyions | je pourvus |
| **26** | asseoir | j'assieds [asjɛ]<br>nous asseyons [asejɔ̃]<br>ou<br>j'assois<br>nous assoyons | il/elle assied<br>ils/elles asseyent<br>[asɛj]<br>ou<br>il/elle assoit<br>ils/elles assoient | j'asseyais<br>nous asseyions<br>ou<br>j'assoyais<br>nous assoyions | j'assis |
| **27** | mouvoir | je meus [mø]<br>nous mouvons [muvɔ̃] | il/elle meut<br>ils/elles meuvent [mœv] | je mouvais<br>nous mouvions | je mus [my]<br>nous mûmes |
| **28** | recevoir | je reçois [ʀ(ə)swa]<br>nous recevons<br>[ʀ(ə)səvɔ̃] | il/elle reçoit<br>ils/elles reçoivent<br>[ʀəswav] | je revevais<br>nous recevions | je reçus<br>[ʀ(ə)sy] |
| | | REM. **Devoir** fait au **p. p.** *dû, due.* | | | |
| **29** | valoir | je vaux [vo]<br>nous valons [valɔ̃] | il/elle vaut<br>ils/elles valent [val] | je valais<br>nous valions | je valus |
| | | REM. **Équivaloir** fait au **p. p.** *équivalu* (inv.). **Prévaloir** fait au subj. prés. *que je prévale.* | | | |
| | falloir | | il faut [fo] | il fallait [falɛ] | il fallut |
| **30** | voir | je vois [vwa]<br>nous voyons [vwajɔ̃] | il/elle voit<br>ils/elles voient | je voyais<br>nous voyions [vwajjɔ̃] | je vis |
| **31** | vouloir | je veux [vø]<br>nous voulons [vulɔ̃] | il/elle veut<br>ils/elles veulent [vœl] | je voulais<br>nous voulions | je voulus |
| **32** | savoir | je sais [sɛ]<br>nous savons [savɔ̃] | il/elle sait<br>ils/elles savent [sav] | je savais<br>nous savions | je sus |
| **33** | pouvoir | je peux [pø] ou je puis<br>nous pouvons [puvɔ̃] | il/elle peut<br>ils/elles peuvent [pœv] | je pouvais<br>nous pouvions | je pus |

| FUTUR | CONDITIONNEL PRÉSENT | SUBJONCTIF PRÉSENT | IMPÉRATIF PRÉSENT | PARTICIPES PRÉSENT PASSÉ |
|---|---|---|---|---|
| il pleuvra | il pleuvrait | qu'il pleuve [plœv] | | pleuvant plu |
| je prévoirai | je prévoirais | que je prévoie [pʀevwa] | prévois prévoyons | prévoyant prévu, ue |
| je pourvoirai | je pourvoirais | que je pourvoie | pourvois pourvoyons | pourvoyant pourvu, ue |
| j'assiérai [asjeʀe] ou j'asseyerai [asejʀe] | j'assiérais | que j'asseye | assieds asseyons | asseyant assis, ise |
| ou | ou | ou | ou | ou |
| j'assoirai | j'assoirais | que j'assoie | assois assoyons | assoyant assis, ise |

REM. La forme *j'asseyerai* (fut.) est vieillie.

| FUTUR | CONDITIONNEL PRÉSENT | SUBJONCTIF PRÉSENT | IMPÉRATIF PRÉSENT | PARTICIPES PRÉSENT PASSÉ |
|---|---|---|---|---|
| je mouvrai [muvʀe] | je mouvrais | que je meuve que nous mouvions | meus mouvons | mouvant mû, mue [my] |
| je recevrai | je recevrais | que je reçoive que nous recevions | reçois recevons | recevant reçu, ue |
| je vaudrai [vodʀe] | je vaudrais | que je vaille [vaj] que nous valions [valjɔ̃] | vaux valons | valant valu, ue |
| il faudra [fodʀa] | il faudrait | qu'il faille [faj] | | fallu |
| je verrai [veʀe] | je verrais | que je voie [vwa] que nous voyions [vwajjɔ̃] | vois voyons | voyant vu, vue |
| je voudrai [vudʀe] | je voudrais | que je veuille [vœj] que nous voulions [vuljɔ̃] | veux ou veuille voulons | voulant voulu, ue |
| je saurai [soʀe] | je saurais | que je sache [saʃ] que nous sachions | sache sachons | sachant su, sue |
| je pourrai [puʀe] | je pourrais | que je puisse [pɥis] que nous puissions | inusité | pouvant pu |

## conjugaison 34 avoir

### INDICATIF

| | PRÉSENT | PASSÉ COMPOSÉ |
|---|---|---|
| | j'ai [e ; ɛ] | j'ai eu |
| | tu as [a] | tu as eu |
| | il/elle a [a] | il/elle a eu |
| | nous avons [avɔ̃] | nous avons eu |
| | vous avez [ave] | vous avez eu |
| | ils/elles ont [ɔ̃] | ils/elles ont eu |

**IMPARFAIT**

| j'avais | PLUS-QUE-PARFAIT |
|---|---|
| tu avais | j'avais eu |
| il/elle avait | tu avais eu |
| nous avions | il/elle avait eu |
| vous aviez | nous avions eu |
| ils/elles avaient | vous aviez eu |
| | ils/elles avaient eu |

**PASSÉ SIMPLE**

| j'eus [y] | PASSÉ ANTÉRIEUR |
|---|---|
| tu eus | j'eus eu |
| il/elle eut | tu eus eu |
| nous eûmes [ym] | il/elle eut eu |
| vous eûtes [yt] | nous eûmes eu |
| ils/elles eurent [yʀ] | vous eûtes eu |
| | ils/elles eurent eu |

**FUTUR SIMPLE**

| j'aurai [ɔʀɛ] | FUTUR ANTÉRIEUR |
|---|---|
| tu auras | j'aurai eu |
| il/elle aura | tu auras eu |
| nous aurons | il/elle aura eu |
| vous aurez | nous aurons eu |
| ils/elles auront | vous aurez eu |
| | ils/elles auront eu |

### SUBJONCTIF

**PRÉSENT**

que j'aie [ɛ]
que tu aies
qu'il/elle ait
que nous ayons [ɛjɔ̃]
que vous ayez
qu'ils/elles aient

**IMPARFAIT**

que j'eusse [ys]
que tu eusses
qu'il/elle eût [y]
que nous eussions [ysjɔ̃]
que vous eussiez
qu'ils/elles eussent

**PASSÉ**

que j'aie eu
que tu aies eu
qu'il/elle ait eu
que nous ayons eu
que vous ayez eu
qu'ils/elles aient eu

**PLUS-QUE-PARFAIT**

que j'eusse eu
que tu eusses eu
qu'il/elle eût eu
que nous eussions eu
que vous eussiez eu
qu'ils/elles eussent eu

verbes irréguliers

### INDICATIF

| | | PRÉSENT | | IMPARFAIT | PASSÉ SIMPLE |
|---|---|---|---|---|---|
| | | 1ʳᵉˢ personnes | 3ᵉˢ personnes | | |
| **35** | conclure | je conclus [kɔ̃kly] nous concluons [kɔ̃klyɔ̃] | il/elle conclut ils/elles concluent | je concluais nous concluions | je conclus |

REM. **Exclure** se conjugue comme **conclure** : p. p. *exclu, ue* ; **inclure** se conjugue comme **conclure** sauf au p[...] *inclus, use.*

| **36** | rire | je ris [ʀi] nous rions [ʀijɔ̃] | il/elle rit ils/elles rient | je riais nous riions [ʀijɔ̃] | je ris |

| **37** | dire | je dis [di] nous disons [dizɔ̃] | il/elle dit vous dites [dit] ils/elles disent [diz] | je disais nous disions | je dis |

REM. **Médire, contredire, dédire, interdire, prédire,** se conjuguent comme **dire** sauf au présent de l'indica[...] de l'impératif à la deuxième personne du pluriel : *médisez, contredisez, dédisez, interdisez, prédisez.*

| | suffire | je suffis [syfi] nous suffisons [syfizɔ̃] | il/elle suffit ils/elles suffisent [syfiz] | je suffisais nous suffisions | je suffis |

REM. **Confire** se conjugue comme **suffire** sauf au p. p. : *confit, ite.*

| | PRÉSENT | | IMPÉRATIF | PRÉSENT | PASSÉ |
|---|---|---|---|---|---|
| C | j'aurais | | | aie [ε] | aie eu |
| O | tu aurais | | | ayons [εjɔ̃] | ayons eu |
| | il/elle aurait | | | ayez [eje] | ayez eu |
| N | nous aurions | | | | |
| | vous auriez | | | | |
| D | ils/elles auraient | | | | |

| | PASSÉ 1ʳᵉ FORME | | PARTICIPE | PRÉSENT | PASSÉ |
|---|---|---|---|---|---|
| I | j'aurais eu | | | ayant | eu, eue [y] |
| T | tu aurais eu | | | | ayant eu |
| I | il/elle aurait eu | | | | |
| | nous aurions eu | | | | |
| O | vous auriez eu | | | | |
| | ils/elles auraient eu | | | | |

| | PASSÉ 2ᵉ FORME | | INFINITIF | PRÉSENT | PASSÉ |
|---|---|---|---|---|---|
| N | j'eusse eu | | | avoir | avoir eu |
| N | tu eusses eu | | | | |
| E | il/elle eût eu | | | | |
| | nous eussions eu | | | | |
| L | vous eussiez eu | | | | |
| | ils/elles eussent eu | | | | |

en **-re** (conjugaisons 35 à 61)

| FUTUR | CONDITIONNEL PRÉSENT | SUBJONCTIF PRÉSENT | IMPÉRATIF PRÉSENT | PARTICIPES PRÉSENT PASSÉ |
|---|---|---|---|---|
| je conclurai | je conclurais | que je conclue | conclus<br>concluons | concluant<br>conclu, ue |
| je rirai | je rirais | que je rie | ris<br>rions | riant<br>ri |
| je dirai | je dirais | que je dise | dis<br>disons<br>dites | disant<br>dit, dite |
| je suffirai | je suffirais | que je suffise | suffis<br>suffisons | suffisant<br>suffi |

| | | INDICATIF | | |
|---|---|---|---|---|
| | | PRÉSENT | IMPARFAIT | PASSÉ SIMPLE |
| | | 1$^{res}$ personnes / 3$^{es}$ personnes | | |

| 38 | nuire | je nuis [nɥi]  il/elle nuit<br>nous nuisons [nɥizɔ̃]  ils/elles nuisent [nɥiz] | je nuisais<br>nous nuisions | je nuisis |
|---|---|---|---|---|
| | conduire | je conduis  il/elle conduit<br>nous conduisons  ils/elles conduisent | je conduisais<br>nous conduisions | je conduisis |

et les verbes : construire, cuire, déduire, détruire, enduire, instruire, introduire, produire, réduire, sédu... traduire.

| 39 | écrire | j'écris [ekʀi]  il/elle écrit<br>nous écrivons [ekʀivɔ̃]  ils/elles écrivent [ekʀiv] | j'écrivais<br>nous écrivions | j'écrivis |
|---|---|---|---|---|
| 40 | suivre | je suis [sɥi]  il/elle suit<br>nous suivons [sɥivɔ̃]  ils/elles suivent [sɥiv] | je suivais<br>nous suivions | je suivis |
| 41 | rendre | je rends [ʀɑ̃]  il/elle rend<br>nous rendons [ʀɑ̃dɔ̃]  ils/elles rendent [ʀɑ̃d] | je rendais<br>nous rendions | je rendis |

et les verbes en **-andre** (ex. *répandre*), **-erdre** (ex. *perdre*), **-ondre** (ex. *répondre*), **-ordre** (ex. *mordre*).

| | rompre | je romps [ʀɔ̃]  il/elle rompt<br>nous rompons [ʀɔ̃pɔ̃]  ils/elles rompent [ʀɔ̃p] | je rompais<br>nous rompions | je rompis |
|---|---|---|---|---|

et les verbes : corrompre et interrompre.

| | battre | je bats [ba]  il/elle bat<br>nous battons [batɔ̃]  ils/elles battent [bat] | je battais<br>nous battions | je battis |
|---|---|---|---|---|
| 42 | vaincre | je vaincs [vɛ̃]  il/elle vainc<br>nous vainquons [vɛ̃kɔ̃]  ils/elles vainquent [vɛ̃k] | je vainquais<br>nous vainquions | je vainquis |
| 43 | lire | je lis [li]  il/elle lit<br>nous lisons [lizɔ̃]  ils/elles lisent [liz] | je lisais<br>nous lisions | je lus |
| 44 | croire | je crois [kʀwa]  il/elle croit<br>nous croyons [kʀwajɔ̃]  ils/elles croient | je croyais<br>nous croyions<br>[kʀwajjɔ̃] | je crus<br>nous crûmes |
| 45 | clore | je clos [klo]  il/elle clôt<br>ils/elles closent [kloz]<br>(rare) | je closais (rare) | n'existe pas |
| 46 | vivre | je vis [vi]  il/elle vit<br>nous vivons [vivɔ̃]  ils/elles vivent [viv] | je vivais<br>nous vivions | je vécus [veky... |
| 47 | moudre | je mouds [mu]  il/elle moud<br>nous moulons [mulɔ̃]  ils/elles moulent [mul] | je moulais<br>nous moulions | je moulus |

REM. Formes rares sauf *moudre, moudrai(s), moulu, ue.*

| FUTUR | CONDITIONNEL PRÉSENT | SUBJONCTIF PRÉSENT | IMPÉRATIF PRÉSENT | PARTICIPES PRÉSENT PASSÉ |
|---|---|---|---|---|
| je nuirai | je nuirais | que je nuise | nuis<br>nuisons | nuisant<br>nui |
| je conduirai | je conduirais | que je conduise | conduis<br>conduisons | conduisant<br>conduit, ite |
| j'écrirai | j'écrirais | que j'écrive | écris<br>écrivons | écrivant<br>écrit, ite |
| je suivrai | je suivrais | que je suive | suis<br>suivons | suivant<br>suivi, ie |
| je rendrai | je rendrais | que je rende | rends<br>rendons | rendant<br>rendu, ue |
| je romprai | je romprais | que je rompe | romps<br>rompons | rompant<br>rompu, ue |
| je battrai | je battrais | que je batte | bats<br>battons | battant<br>battu, ue |
| je vaincrai | je vaincrais | que je vainque | vaincs<br>vainquons | vainquant<br>vaincu, ue |
| je lirai | je lirais | que je lise | lis<br>lisons | lisant<br>lu, lue |
| je croirai | je croirais | que je croie | crois<br>croyons | croyant<br>cru, crue |
| je clorai (rare) | je clorais | que je close | clos | closant (rare)<br>clos, close |
| je vivrai | je vivrais | que je vive | vis<br>vivons | vivant<br>vécu, ue |
| je moudrai | je moudrais | que je moule | mouds<br>moulons | moulant<br>moulu, ue |

| | | INDICATIF | | |
|---|---|---|---|---|
| | | PRÉSENT | IMPARFAIT | PASSÉ SIMPLE |
| | | 1<sup>res</sup> personnes · 3<sup>es</sup> personnes | | |

| | | PRÉSENT (1<sup>res</sup> personnes) | PRÉSENT (3<sup>es</sup> personnes) | IMPARFAIT | PASSÉ SIMPLE |
|---|---|---|---|---|---|
| **48** | coudre | je couds [ku] <br> nous cousons [kuzɔ̃] | il/elle coud <br> ils/elles cousent [kuz] | je cousais <br> nous cousions | je cousis [kuzi] |
| **49** | joindre | je joins [ʒwɛ̃] <br> nous joignons [ʒwaɲɔ̃] | il/elle joint <br> ils/elles joignent [ʒwaɲ] | je joignais <br> nous joignions [ʒwaɲjɔ̃] | je joignis |
| **50** | traire | je trais [tʀɛ] <br> nous trayons [tʀɛjɔ̃] | il/elle trait <br> ils/elles traient | je trayais <br> nous trayions [tʀɛjjɔ̃] | n'existe pas |
| **51** | absoudre | j'absous [apsu] <br> nous absolvons [apsɔlvɔ̃] | il/elle absout <br> ils/elles absolvent [apsɔlv] | j'absolvais <br> nous absolvions | j'absolus [apsɔly] (rare) |

REM. 1. **Dissoudre** se conjugue comme **absoudre**. **Résoudre** se conjugue comme **absoudre**, mais le passé sin<br>*je résolus* est courant; il a deux participes passés : *résolu, ue* (problème résolu) et *résous, oute* (brouillard résou<br>pluie).

| | | PRÉSENT (1<sup>res</sup> personnes) | PRÉSENT (3<sup>es</sup> personnes) | IMPARFAIT | PASSÉ SIMPLE |
|---|---|---|---|---|---|
| **52** | craindre | je crains [kʀɛ̃] <br> nous craignons [kʀɛɲɔ̃] | il/elle craint <br> ils/elles craignent [kʀɛɲ] | je craignais <br> nous craignions [kʀɛɲjɔ̃] | je craignis |
| | peindre | je peins [pɛ̃] <br> nous peignons [pɛɲɔ̃] | il/elle peint <br> ils/elles peignent [pɛɲ] | je peignais <br> nous peignions [pɛɲjɔ̃] | je peignis |
| **53** | boire | je bois [bwa] <br> nous buvons [byvɔ̃] | il/elle boit <br> ils/elles boivent [bwav] | je buvais <br> nous buvions | je bus |
| **54** | plaire | je plais [plɛ] <br> nous plaisons [plɛzɔ̃] | il/elle plaît <br> ils/elles plaisent [plɛz] | je plaisais <br> nous plaisions | je plus |
| | taire | je tais <br> nous taisons | il/elle tait <br> ils/elles taisent | je taisais <br> nous taisions | je tus |
| **55** | croître | je croîs [kʀwa] <br> nous croissons [kʀwasɔ̃] | il/elle croît <br> ils/elles croissent [kʀwas] | je croissais <br> nous croissions | je crûs <br> nous crûmes |
| | accroître | j'accrois <br> nous accroissons | il/elle accroît <br> ils/elles accroissent | j'accroissais <br> nous accroissions | j'accrus <br> nous accrûmes |
| **56** | mettre | je mets [mɛ] <br> nous mettons [mɛtɔ̃] | il/elle met <br> ils/elles mettent [mɛt] | je mettais <br> nous mettions | je mis |
| **57** | connaître | je connais [kɔnɛ] <br> nous connaissons [kɔnɛsɔ̃] | il/elle connaît <br> ils/elles connaissent [kɔnɛs] | je connaissais <br> nous connaissions | je connus |
| **58** | prendre | je prends [pʀɑ̃] <br> nous prenons [pʀanɔ̃] | il/elle prend <br> ils/elles prennent [pʀɛn] | je prenais <br> nous prenions | je pris |
| **59** | naître | je nais [nɛ] <br> nous naissons [nɛsɔ̃] | il/elle naît <br> ils/elles naissent [nɛs] | je naissais <br> nous naissions | je naquis [naki] |

REM. *Renaître* a pour participe passé rené, ée (très rare).

| FUTUR | CONDITIONNEL PRÉSENT | SUBJONCTIF PRÉSENT | IMPÉRATIF PRÉSENT | PARTICIPES PRÉSENT PASSÉ |
|---|---|---|---|---|
| je coudrai | je coudrais | que je couse | couds cousons | cousant cousu, ue |
| je joindrai | je joindrais | que je joigne | joins joignons | joignant joint, jointe |
| je trairai | je trairais | que je traie | trais trayons | trayant trait, traite |
| j'absoudrai | j'absoudrais | que j'absolve | absous absolvons | absolvant absous, oute [apsu, ut] |

REM. 2. Au p. p., on écrirait mieux **absout**, **dissout** avec un t final, sur le modèle des féminins **absoute**, **dissoute**.

| je craindrai | je craindrais | que je craigne | crains craignons | craignant craint, crainte |
| je peindrai | je peindrais | que je peigne | peins peignons | peignant peint, peinte |
| je boirai | je boirais | que je boive que nous buvions | bois buvons | buvant bu, bue |
| je plairai | je plairais | que je plaise | plais plaisons | plaisant plu |
| je tairai | je tairais | que je taise | tais taisons | taisant tu, tue |
| je croîtrai | je croîtrais | que je croisse | croîs croissons | croissant crû, crue |
| j'accroîtrai | j'accroîtrais | que j'accroisse | accrois accroissons | accroissant accru, ue |
| je mettrai | je mettrais | que je mette | mets mettons | mettant mis, mise |
| je connaîtrai | je connaîtrais | que je connaisse | connais connaissons | connaissant connu, ue |
| je prendrai | je prendrais | que je prenne que nous prenions | prends prenons | prenant pris, prise |
| je naîtrai | je naîtrais | que je naisse | nais naissons | naissant né, née |

## INDICATIF

| PRÉSENT | PASSÉ COMPOSÉ |
|---|---|
| je fais [fɛ] | j'ai fait |
| tu fais | tu as fait |
| il/elle fait | il/elle a fait |
| nous faisons [f(ə)zɔ̃] | nous avons fait |
| vous faîtes [fɛt] | vous avez fait |
| ils/elles font [fɔ̃] | ils/elles ont fait |

| IMPARFAIT | PLUS-QUE-PARFAIT |
|---|---|
| je faisais [f(ə)zɛ] | j'avais fait |
| tu faisais | tu avais fait |
| il/elle faisait | il/elle avait fait |
| nous faisions [f(ə)zjɔ̃] | nous avions fait |
| vous faisiez [f(ə)zje] | vous aviez fait |
| ils/elles faisaient | ils/elles avaient fait |

| PASSÉ SIMPLE | PASSÉ ANTÉRIEUR |
|---|---|
| je fis | j'eus fait |
| tu fis | tu eus fait |
| il/elle fit | il/elle eut fait |
| nous fîmes | nous eûmes fait |
| vous fîtes | vous eûtes fait |
| ils/elles firent | ils/elles eurent fait |

| FUTUR SIMPLE | FUTUR ANTÉRIEUR |
|---|---|
| je ferai [f(ə)ʀɛ] | j'aurai fait |
| tu feras | tu auras fait |
| il/elle fera | il/elle aura fait |
| nous ferons [f(ə)ʀɔ̃] | nous aurons fait |
| vous ferez | vous aurez fait |
| ils/elles feront | ils/elles auront fait |

## SUBJONCTIF

| PRÉSENT |
|---|
| que je fasse [fas] |
| que tu fasses |
| qu'il/elle fasse |
| que nous fassions |
| que vous fassiez |
| qu'ils/elles fassent |

| IMPARFAIT |
|---|
| que je fisse [fis] |
| que tu fisses |
| qu'il/elle fît |
| que nous fissions |
| que vous fissiez |
| qu'ils/elles fissent |

| PASSÉ |
|---|
| que j'aie fait |
| que tu aies fait |
| qu'il/elle ait fait |
| que nous ayons fait |
| que vous ayez fait |
| qu'ils/elles aient fait |

| PLUS-QUE-PARFAIT |
|---|
| que j'eusse fait |
| que tu eusses fait |
| qu'il/elle eût fait |
| que nous eussions fait |
| que vous eussiez fait |
| qu'ils/elles eussent fait |

## CONDITIONNEL

| PRÉSENT |
|---|
| je ferais [f(ə)ʀɛ] |
| tu ferais |
| il/elle ferait |
| nous ferions [fəʀjɔ̃] |
| vous feriez |
| ils/elles feraient |

| PASSÉ 1re FORME |
|---|
| j'aurais fait |
| tu aurais fait |
| il/elle aurait fait |
| nous aurions fait |
| vous auriez fait |
| ils/elles auraient fait |

| PASSÉ 2e FORME |
|---|
| j'eusse fait |
| tu eusses fait |
| il/elle eût fait |
| nous eussions fait |
| vous eussiez fait |
| ils/elles eussent fait |

## IMPÉRATIF

| PRÉSENT | PASSÉ |
|---|---|
| fais | aie fait |
| faisons | ayons fait |
| faites | ayez fait |

## PARTICIPE

| PRÉSENT | PASSÉ |
|---|---|
| faisant [f(ə)zɑ̃] | fait, e |
| | ayant fait |

## INFINITIF

| PRÉSENT | PASSÉ |
|---|---|
| faire | avoir fait |

## INDICATIF

| PRÉSENT | PASSÉ COMPOSÉ |
|---|---|
| je suis [sɥi] | j'ai été |
| tu es [ɛ] | tu as été |
| il/elle est [ɛ] | il/elle a été |
| nous sommes [sɔm] | nous avons été |
| vous êtes [ɛt] | vous avez été |
| ils/elles sont [sɔ̃] | ils/elles ont été |

| IMPARFAIT | PLUS-QUE-PARFAIT |
|---|---|
| j'étais [etɛ] | j'avais été |
| tu étais | tu avais été |
| il/elle était | il/elle avait été |
| nous étions [etjɔ̃] | nous avions été |
| vous étiez | vous aviez été |
| ils/elles étaient | ils/elles avaient été |

| PASSÉ SIMPLE | PASSÉ ANTÉRIEUR |
|---|---|
| je fus [fy] | j'eus été |
| tu fus | tu eus été |
| il/elle fut | il/elle eut été |
| nous fûmes | nous eûmes été |
| vous fûtes | vous eûtes été |
| ils/elles furent | ils/elles eurent été |

| FUTUR SIMPLE | FUTUR ANTÉRIEUR |
|---|---|
| je serai [s(ə)ʀɛ] | j'aurai été |
| tu seras | tu auras été |
| il/elle sera | il/elle aura été |
| nous serons [s(ə)ʀɔ̃] | nous aurons été |
| vous serez | vous aurez été |
| ils/elles seront | ils/elles auront été |

## SUBJONCTIF

| PRÉSENT |
|---|
| que je sois [swa] |
| que tu sois |
| qu'il/elle soit |
| que nous soyons [swajɔ̃] |
| que vous soyez |
| qu'ils/elles soient |

| IMPARFAIT |
|---|
| que je fusse |
| que tu fusses |
| qu'il/elle fût |
| que nous fussions |
| que vous fussiez |
| qu'ils/elles fussent |

| PASSÉ |
|---|
| que j'aie été |
| que tu aies été |
| qu'il/elle ait été |
| que nous ayons été |
| que vous ayez été |
| qu'ils/elles aient été |

| PLUS-QUE-PARFAIT |
|---|
| que j'eusse été |
| que tu eusses été |
| qu'il/elle eût été |
| que nous eussions été |
| que vous eussiez été |
| qu'ils/elles eussent été |

## CONDITIONNEL

| PRÉSENT |
|---|
| je serais [s(ə)ʀɛ] |
| tu serais |
| il/elle serait |
| nous serions [səʀjɔ̃] |
| vous seriez |
| ils/elles seraient |

| PASSÉ 1ʳᵉ FORME |
|---|
| j'aurais été |
| tu aurais été |
| il/elle aurait été |
| nous aurions été |
| vous auriez été |
| ils/elles auraient été |

| PASSÉ 2ᵉ FORME |
|---|
| j'eusse été |
| tu eusses été |
| il/elle eût été |
| nous eussions été |
| vous eussiez été |
| ils/elles eussent été |

| IMPÉRATIF | PRÉSENT | PASSÉ |
|---|---|---|
| | sois [swa] | aie été |
| | soyons [swajɔ̃] | ayons été |
| | soyez [swaje] | ayez été |

| PARTICIPE | PRÉSENT | PASSÉ |
|---|---|---|
| | étant | été [ete] |
| | | ayant été |

| INFINITIF | PRÉSENT | PASSÉ |
|---|---|---|
| | être | avoir été |

# ALPHABET PHONÉTIQUE
(Prononciations des mots, placées entre crochets)

### VOYELLES

[i]   il, vie, lyre
[e]   blé, jouer, chez
[ɛ]   lait, jouet, merci, fête
[a]   plat, patte
[ɑ]   pas, pâte
[ɔ]   mort, donner
[o]   mot, dôme, eau
      gauche, rose
[u]   genou, roue
[y]   rue, vêtu
[ø]   peu, deux
[œ]   peur, meuble
[ə]   le, premier
[ɛ̃]   matin, plein, main
[ɑ̃]   sans, vent
[ɔ̃]   bon, ombre
[œ̃]   lundi, brun, parfum

### SEMI-CONSONNES

[j]   yeux, paille, pied
[w]   oui, nouer, joua, joie
[ɥ]   huile, lui

### CONSONNES

[p]   père, soupe
[t]   terre, vite
[k]   cou, qui, sac, képi
[b]   bon, robe
[d]   dans, aide
[g]   gare, bague
[f]   feu, neuf, photo
[s]   sale, celui, ça, dessous
      tasse, nation
[ʃ]   chat, tache, schéma, short
[v]   vous, rêve
[z]   zéro, maison, rose
[ʒ]   je, gilet, geôle
[l]   lent, sol, aller
[ʀ]   rue, venir
[m]   main, flamme
[n]   nous, tonne, animal
[ɲ]   agneau, vigne

[h]   hop ! (exclamatif)
[']   haricot (pas de liaison, ni d'élision) (1)

[ŋ]   mots empruntés à
      l'anglais, camping
[x]   mots empruntés à l'espagnol,
      jota ; à l'arabe, khamsin, etc.

De nombreux signes se lisent sans difficulté (ex : [b, t, d, f], etc.).

Mais, ATTENTION aux signes suivants :

**Ne confondez pas :**

| | | | | | | | | |
|---|---|---|---|---|---|---|---|---|
| [a] | : | patte | et [ɑ] | : | pâte | [y] | : tu | et [ɥ] | : tuer |
| [ə] | : | premier | et [e] | : | méchant | [k] | : cas | et [s] | : se, acier |
| [e] | : | méchant | et [ɛ] | : | père | [g] | : gai | et [ʒ] | : âge |
| [ø] | : | peu | et [œ] | : | peur | [s] | : poisson | et [z] | : poison |
| [o] | : | mot, rose | et [ɔ] | : | mort | [s] | : sa | et [ʃ] | : chat |
| [y] | : | lu | et [u] | : | loup | [ʒ] | : âge, âgé | et [z] | : aisé |
| [i] | : | si | et [j] | : | ciel, yeux | [n] | : mine | et [ɲ] | : ligne |
| [u] | : | joue | et [w] | : | jouer | [ɲ] | : ligne | et [ŋ] | : dancing |

Le signe ˜ au-dessus d'une voyelle marque un son nasal :

[ɑ̃]   :   banc
[ɔ̃]   :   non
[œ̃]   :   brun
[ɛ̃]   :   brin

(1) REM. Les mots devant lesquels on ne fait ni la liaison ni l'élision sont précédés d'un astérisque (*héros, *ouistiti, *yoga).

# Table des matières

Achevé d'imprimer par Maury en France
en avril 2014
N° d'éditeur Poche : 10200919
N° d'éditeur Poche Plus : 10200920
Dépôt légal : avril 2014